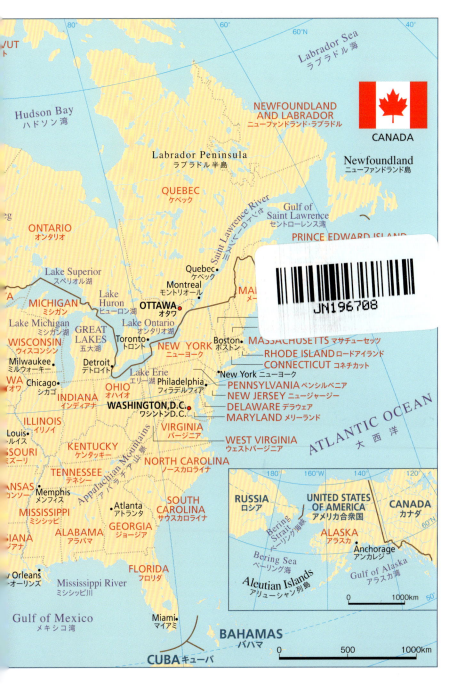

JUNIOR PROGRESSIVE
ENGLISH-JAPANESE
DICTIONARY
SECOND EDITION

プログレッシブ
中学英和辞典
第2版

編集主幹
吉田研作

SHOGAKUKAN

# プログレッシブ中学英和辞典 第2版
## JUNIOR PROGRESSIVE ENGLISH-JAPANESE DICTIONARY SECOND EDITION

First Edition 2014
Second Edition 2024
©Shogakukan 2014, 2024

| | |
|---|---|
| 編集主幹 | 吉田研作 |
| 編集委員 | 浜野実　柳瀬和明 |
| 本文執筆 | 猪又玲子　小林哲史　辰巳友昭　中山健一 |
| 英文校閲 | Aleda Krause |

| | |
|---|---|
| 編集協力 | 齋藤絵里子　廣瀬恵理奈（株式会社 kotoba）　藤島郁夫　星野守 |
| 見返し・口絵地図 | 株式会社小学館クリエイティブ |
| 校正 | 伊藤佐智子　小森里美　迫上真夕子 |
| 見出し語選定資料 | 『CEFR-J Wordlist Version 1.6』東京外国語大学投野由紀夫研究室<br>実用英語技能検定（英検®）公益財団法人　日本英語検定協会 |
| デザイン | 阿部美樹子 |
| 装画 | きゅう |
| イラスト | 青柳ちか　酒井うらら　satsuki　てづかあけみ　fancomi　福々ちえ　光安知子 |
| 写真 | iStock　Getty Images　Shutterstock.com　PIXTA　ユニフォトプレス |
| 制作 | 木戸礼　斉藤陽子 |
| 販売 | 福島真実 |
| 宣伝 | 一坪泰博 |
| 編集 | 有光沙織 |

英検®は、公益財団法人 日本英語検定協会の登録商標です。
このコンテンツは、公益財団法人 日本英語検定協会の承認や推奨、その他の検討を受けたものではありません。

## プログレッシブ中学英和辞典　First Edition 2014

| | |
|---|---|
| 編集主幹 | 吉田研作 |
| 編集委員 | 浜野実　柳瀬和明 |
| 本文執筆 | 小林哲史　辰巳友昭　中山健一 |
| 英文校閲 | Kenneth G. Okimoto　Lisa Fairbrother　Benjamin Boas |

## ジュニアプログレッシブ英和辞典　First Edition 1997
　　　　　　　　　　　　　　　　Second Edition 2003

| | |
|---|---|
| 編集主幹 | 吉田研作 |
| 編集委員 | 荒井貴和　伊藤典子　狩野晶子　霜崎實　出世直衛　東海林宏公　神保尚武　多田洋子<br>鳥飼玖美子　浜野実　松本茂　柳浦恭　柳田恵美子　柳瀬和明　吉冨朝子<br>Kenneth G. Okimoto |

# 英語が使われている国と地域

| 都市名 | London ロンドン | Moscow モスクワ | Tokyo 東京 | Sydney シドニー | Wellington ウェリントン |
|---|---|---|---|---|---|
| 日本との時差 | -9 | -6 | 0 | +1 | +3 |
| 日本が1月1日午前9時だとすると | 1月1日 午前0時 | 1月1日 午前3時 | 1月1日 午前9時 | 1月1日 午前10時 | 1月1日 午後0時 |

ここでは,「主に英語が使われている国と地域」と「さまざまな言語が使われていて英語もその1つという国と地域」を色で分けて示しています. この後のスポーツや食べ物, 色のページなどで登場する国の名前も, この地図で紹介(しょうかい)しています(国名につけた番号は, 口絵 p.4-p.11 で登場する国名にもついています).

| | Honolulu<br>ホノルル | Vancouver<br>バンクーバー | New York<br>ニューヨーク | Rio de Janeiro<br>リオデジャネイロ |
|---|---|---|---|---|
| | -19 | -17 | -14 | -12 |
| | 12月31日<br>午後2時 | 12月31日<br>午後4時 | 12月31日<br>午後7時 | 12月31日<br>午後9時 |

*サマータイムのある国や地域では, その時期, 標準時が早まります.

（国名や地域名についている番号は，p.2-p.3の地図上の国や地域の番号です）

# Sports スポーツで世界を見る

日本で人気のスポーツといえば野球やサッカーが思い浮(う)かぶけど，世界に目を向けると，国によって人気の高いスポーツはさまざまだ．

## soccer サッカー

世界で最も人気のあるスポーツの1つ．サッカーの母国英国①，サッカー王国ブラジル⑭のほか，多くの国に国内リーグがあり，国際大会も豊富．ヨーロッパや南米のほか，アフリカ，中東，アジアでも人気だ．

footballといえば，英国ではサッカーを，米国ではアメリカンフットボールをさすよ．

## (American) football アメリカンフットボール

米国㊺4大スポーツの代表格．米国国内では，他の3競技（野球，バスケットボール，アイスホッケー）よりも驚(おどろ)くほど人気が高い．

クリケットの伝統的なルールでは，5日もかけて戦い，休憩(きゅうけい)にティータイムがあるらしいよ．

## cricket クリケット

日本ではなじみが薄(うす)いが，100以上の国と地域で盛(さか)んなスポーツ．インド㊴やパキスタン㊳，バングラデシュ㊵，オーストラリア㊾などで絶大な人気を誇(ほこ)る．

## table tennis 卓球

卓球(たっきゅう)大国といえば中国㊶．オリンピックでも圧倒(あっとう)的な強さを誇る．ドイツ⑦でも盛んで卓球のプロリーグがある．

中国やドイツでは，公園に卓球台が置かれていて，自由に使えるんだ．それほど卓球は身近なスポーツなんだね．

4

# sepaktakraw セパタクロー

タイ㊺，マレーシア㊻など東南アジアで盛んなスポーツ．ネットで仕切られたコートで行うバレーボールに似た球技で，手ではなく足や頭を使ってボールを相手コートに返し合う．

「セパ」はマレー語で「蹴(け)る」，「タクロー」はタイ語で「ボール」の意味なんだ．

ラグビーは英国が発祥(はっしょう)のスポーツで，もともとはサッカーと同じ起源をもつスポーツなんだよ．

# rugby ラグビー

英国①やアイルランド②，フランス⑨などのヨーロッパ以外にも，オーストラリア㊷，ニュージーランド㊽などのオセアニアや南アフリカ共和国㉞，アルゼンチン㋦などでも人気が高い．

# (ice) hockey アイスホッケー

プロリーグの最高峰(ほう)NHL（ナショナル・ホッケー・リーグ）のある北米（米国㊴とカナダ㊵）をはじめ，寒冷な気候のロシア⑤，スウェーデン③，フィンランド④など多くの国で人気がある．

# baseball 野球

MLB（メジャー・リーグ・ベースボール）がある米国㊴をはじめ，キューバ㊽，ドミニカ共和国㋀，ベネズエラ㊽などのラテンアメリカ，日本や韓国(かんこく)㊷，台湾(たいわん)㊸など東アジアで盛ん．

grand slam（グランドスラム）は，テニスやゴルフでは４大国際大会すべてで優勝することを意味するけど，野球では満塁(まんるい)ホームランのことだよ．

選手同士が激しくぶつかり合うことから，「氷上の格闘(かくとう)技」って呼ばれているんだって．

(国名や地域名についている番号は, p.2-p.3の地図上の国や地域の番号です)

# Foods 食べ物で世界を見る

日本でもなじみ深い食べ物の中には, 外国から伝わったものがたくさんあるよ. そんな身近な食べ物から世界の食文化をちょっとのぞいてみよう.

ヨーロッパ

## fish and chips
フィッシュアンドチップス

白身魚（主にタラ類・カレイ類）のフライにフライドポテトを添（そ）えた英国①を代表する料理. オーストラリア㊾やニュージーランド㊿でもポピュラーな食べ物だ.

## paella パエリア

代表的なスペイン⑫料理の1つ. 野菜、魚介（ぎょかい）類、肉などが入った炊（た）きこみご飯で, 世界中で人気がある. 米国㊺のジャンバラヤはこのパエリアが起源と言われている.

本場スペインのバレンシア地方ではパエリア祭りがあるんだって.

アフリカ

## couscous クスクス

トルコ料理はフランス料理, 中国料理とともに世界三大料理と言われてきたよ.

粒（つぶ）状の小麦粉を蒸（む）したもので, モロッコ⑬やアルジェリア⑭など北アフリカの代表的な主食. フランス⑨, イタリア⑩など世界各国に伝わり, それぞれの国で独自の料理に発展した.

中東

## kabob, kebab
ケバブ

トルコ㊲などの中東地域で食べられている肉料理. 中でも肉を串（くし）に刺（さ）して焼いたものは shish kabob（シシカバブ）と呼ばれる.「シシ」は「串」の意味.

> アジア

## curry カレー

さまざまな種類の香辛(こう)料を使って肉や野菜などを煮(に)こんだインド㊴料理の総称(そうしょう). 一口に「カレー」といっても, いろんな種類の料理があって, インドでは別々の料理名で呼ばれている.

> インドでは, 手を使って食べるのが一般的. 左手を使わず, 右手の指先を使って食べるんだ.

## nasi goreng ナシゴレン

インドネシア㊽, マレーシア㊻の伝統的な焼き飯料理. 見た目は日本のチャーハンに似ている. イスラム教徒が多いので, 肉は豚(ぶた)肉ではなく, 鶏(とり)肉や牛肉, えびがよく使われる.

> マレー語で「ナシ」は「飯」,「ゴレン」は「揚(あ)げる」の意味なんだって.

## pancake
パンケーキ

パンケーキ(日本ではホットケーキとも呼ばれる)につけるメープルシロップはカナダ㊴の特産品. ケベック州にはメープルシロップを使ったさまざまな料理がある.

> カナダ国旗の中央のマークはメープル(maple＝かえで)の葉をデザインしたものだよ.

> 北中米

## taco タコス

メキシコ㊶を代表する料理の1つ. トウモロコシの粉から作る皮(トルティーヤ)で肉や野菜を巻いて食べる. 単数形は taco で,「タコス」という呼び名は複数を表す s がついた形から.

# Colors 色で世界を見る

文化によって色に対するイメージが同じものも違(ちが)うものもある．その違いを知るのは異文化を理解する上でとても重要だ．いろいろな色の英語の言い方もここで確認しよう．

- サッカーでは選手に退場を命じるときにレッドカードが出されるよね．
- 日本では太陽を赤色で描(か)くけど，欧米では黄色で描くんだって．
- サッカーのイエローカードは「警告」を表すよね．

**red** 赤
**orange** オレンジ色
**yellow** 黄色
**lemon yellow** レモン色

**pink** ピンク
**Shocking pink** ショッキング・ピンク
**violet** すみれ色
**purple** 紫(むらさき)色

**khaki** カーキ色
**yellow ocher** 黄土色
**beige** ベージュ
**brown** 茶色

● 欧米での赤のイメージは「怒(いか)り」「恥(は)ずかしさ」．道路標識では，信号機の赤など「禁止」や「危険」を表す．

● オランダ⑧はオレンジ色がナショナルカラー．オランダ独立運動指導者のオレンジ公ウィリアム1世にちなむ．

● 欧米での黄色のイメージは「臆病(おくびょう)」「(新聞記事の)低俗(ていぞく)さ」．道路標識では，信号機の黄など「注意」を表す．

「モノクロ映画」は black-and-white film と言うんだって．

- 欧米での緑のイメージは「自然」「環境(かんきょう)保護」「未熟さ」. 日本の「青信号」は米英では green light.

- 日本では，りんごは赤色のイメージだが，欧米では緑色（黄緑色）のイメージ.

- dark green の dark は「深い」，「濃(こ)い」の意味.
- 欧米での黒のイメージは「不吉」「陰うつ」.「クリームなしのコーヒー[紅茶]」は black coffee [tea].

- light blue の light は「薄(うす)い」の意味.
- 欧米での青のイメージは「（寒さなどで）青白い」「憂(ゆう)うつ」.

アイルランド② のナショナルカラーは緑. これはアイルランドの国花シャムロック（マメ科の草）の緑にちなんでいるよ.

**green** 緑

**dark green** 深緑

**light blue** 水色

イタリア⑩ のナショナルカラーは青. サッカーのイタリア代表はアズーリ（イタリア語で「空の青」）と呼ばれるんだ.

**yellow green** 黄緑色

ニュージーランド㊳ は黒がナショナルカラー. ラグビーの代表チーム All Blacks は黒のユニフォームで有名だね.

**blue** 青

**ultra-marine** 群青(ぐんじょう)色

**indigo** 藍(あい)色

**black** 黒

**gray** 灰色

**dark brown** こげ茶色

**gold** 金色

**silver** 銀色

日本ではたとえば電車の「シルバーシート」など，「老年」はシルバーで表すね.

**white** 白

- 虹(にじ)を描くとき，欧米では indigo（藍色）をはぶいて 6 色で描く人も多い.
○ 欧米での白のイメージは「潔白」「誠実」.

- 白髪(しらが)交じりの髪(かみ)は silver や gray を使い，真っ白の髪には white を使う.

- 欧米での灰色のイメージは「退屈(たいくつ)」「暗い」「老年」.

(国名や地域名についている番号は、p.2-p.3の地図上の国や地域の番号です)

# Holidays and Events
## 米英の主な祝休日と行事

ここで取り上げる祝休日や行事のほとんどが、キリスト教や国の歴史にもとづいている。日本人になじみのあるものでも、とらえ方や過ごし方に違(ちが)いがあるよ。

12月25日 祝日

### Christmas Day
クリスマス

イエス・キリストの誕生を祝う日。教会で行われるミサに行ったり、家族と家で過ごすのが一般的。イブ（12月24日）から元日（1月1日）までクリスマス休暇(きゅうか)が続く。

> 日本のホワイトデーや義理チョコの習慣は米英にはないんだって。

2月14日

### Valentine's Day
バレンタインデー

好きな人に、あるいは友達同士でチョコを贈(おく)る日本とは違い、家族や恋人同士などに花やカード、ケーキやチョコなど、いろいろな物がプレゼントとして贈られる。

1月1日 祝日

### New Year's Day
元日

米英ではクリスマス休暇の中の1日と考えられていて、1月2日から仕事が始まる。

春分以後の満月の次の日曜日

### Easter 復活祭

キリストの復活を祝う祭り。キリスト教圏(けん)ではクリスマスと並ぶ重要な行事。子どもたちは、公園や庭などに隠(かく)されたイースター・エッグを探して遊ぶ。

> April Fools' Day（エイプリルフール：4月1日）, Mother's Day（母の日：5月の第2日曜日）, Father's Day（父の日：6月の第3日曜日）なども米英から日本に伝わった行事だよ。

### 7月4日 ㊗日
# Independence Day
**アメリカの独立記念日**

1776年7月4日に米国㊺が英国①から独立したことを記念する日．米国各地でパレードや花火などのイベントが開催（かいさい）される．

> 米国はそれまで英国の植民地だったんだね．

### 10月31日
# Halloween
ハロウィーン

All Saints' Day（万聖節（ばんせい））の前日に行われる祭り．子どもたちはおばけや魔女（まじょ）などの仮装をして近所の家々を回る．"Trick or treat!"（お菓子（かし）をくれないと，いたずらするぞ！）と言ってお菓子をもらう．

> カナダでは10月の第2月曜日に行われるよ．

### 11月の第4木曜日 ㊗日
# Thanksgiving Day
**感謝祭**

米国㊺とカナダ㊵の祝日で，秋の収穫（しゅうかく）を神に感謝する日．家族で集まって，七面鳥やかぼちゃのパイを食べてお祝いする．

中学生スーザンのある1日

# A Day in the Life of Susan, a Junior High School Student

**START!**

**I'm still kind of sleepy.**
まだ少し眠(ねむ)いよ〜.

**I guess it's time to get up.**
もう起きる時間だ.

**"Come on, hurry up, Rick. I want to use the shower!"**
「ねえ,急いでよ,リック. シャワーを使いたいの!」

BEEP BEEP BEEP
ピピピピ

### 通学方法
ほとんどの生徒がスクールバスを使うか家族に車で送迎(そうげい)してもらう.

**OK, I've finished my breakfast. It's time to rush to the bus stop!**
よし,朝ご飯は済ませた. バス停まで急がないと.

**"Bye, Mom! Bye, Rick!"**
「じゃあね,ママ,リック!」

**Phew! I made it just in time.**
ふ〜! 何とか間に合った.

**Today is Thursday. This means I have math class.**
きょうは木曜日.ということは数学の授業だね.

**"Good morning Margie. Oh, you forgot your homework again?"**
「おはよう,マージー. あ,また宿題忘れたの?」

**It's time to go to first period class.**
1時間目の授業に行く時間だ.

### 生徒が教室移動
中学校と高校では,先生ではなく生徒が教室を移動して授業を受ける.

米国の中学生・スーザンの一日のつぶやきを紹介(しょうかい)します。朝,目が覚めてから夜の「おやすみ」まで,どんな場面でどんなことを言っているのか見てみよう。

**Oh no, I only have 15 minutes until the bus comes!**
うわ〜,バスが来る時間まで15分しかない!

**OK, let me just brush and dry my hair.**
よし,すぐ髪(かみ)をとかして乾(かわ)かそう。

**"Hi, Mom! Thanks for packing my lunch!"**
「ママ,おはよう!お弁当を作ってくれてありがとう」

**I think I'll wear this pink T-shirt and jeans today.**
きょうはこのピンクのTシャツとジーンズにしようかな

### 教科書はレンタル

学校から教科書を借りて,個人で好きなカバーをつけて使うのが一般的。

**Oh, there's the bell! That means the class is over!**
あ,ベルだ!授業は終わりだね!

次ページへ

**Oh no! I forgot my textbook!**
いけない! 教科書忘れた!

**"Andy, can I share your book with you?"**
「アンディ,いっしょに見せて」

RING RING RING ジリリリ

**OK, it's time for lunch.**
さあ，昼食の時間だ．

### 日本のような給食がない

お昼ご飯は各自お弁当を持ってきたり，カフェテリアで好きなものを食べる．

**Let's see what Mom packed me. Yeah! It's a roast beef sandwich!**
ママは何を作ってくれたのかな．
やった！ ローストビーフ・サンドイッチだ！

RING RING RING ジリリリ

**"Oh hi, Bob! Yeah, I'm going to the bus, too."**
「あ，ボブ！ 私もこれからバスに乗るよ」

**That's the end of the day!**
きょうはこれでおしまい！

**OK, I'm home now.**
家に着いたよ．

### GOAL!

**I hope tomorrow is as fun as today was!**
きょうと同じくらい楽しいあしたになりますように！

**It's almost time for bed! "Mom, I'm going to bed. Good night!"**
そろそろ寝(ね)る時間！
「ママ，寝るね．おやすみ！」

"Andy, what are you eating for lunch today?"
「アンディ，きょうはお昼ご飯に何食べてるの？」

RING RING RING ジリリリ

It's time for history class.
歴史の授業の時間．

So, so, sleepy ...
眠たいよ．

The history of ancient times is hard to understand.
古代の歴史は難しいよ．

I wonder what's for dinner.
夕飯は何かな．

"Thanks for dinner, Mom! It was delicious!"
「ママ，ごちそうさま．おいしかった！」

OK, now I'll start my homework.
さあ，宿題を始めよう．

I need a break. I'm going to play my video game.
息抜きをしないと．ゲームをしよう．

All done!
全部終わった〜！

### 塾があまりない

日本ほど学習塾が発達していない代わりに，学校の宿題は多い．

# 英語でコミュニケーション

小学校で習った表現も使いながら，いろいろな人と英語で話してみよう．

## あいさつ

朝，学校で友達に会いました．

A **Hello, John!**
こんにちは，ジョン．

B **Hi, Nancy!**
やあ，ナンシー．
⇒ Hello. と Hi. はどんな時間帯でも使える．

A **How are you (doing)?**
元気？

B **Great! How about you?**
元気だよ．きみはどう？

A **Pretty good!**
とっても元気だよ．

⇒しばらく会っていなかった人には How have you been? (久しぶり)を用いる．

初対面の人にあいさつをします．

A **Hello, my name is Sato Yumi.**
**Nice to meet you.**
こんにちは，佐藤ユミです．
はじめまして．
⇒姓名(せいめい)を言うのは改まった言い方．英語ではふつう名前だけであいさつする．
⇒日本人の名前は，「姓+名」の順で表す方法がある．

B **Hi, I'm Mary.**
**Nice to meet you.**
こんにちは，メアリーです．
こちらこそ，はじめまして．
⇒再会したときは，meet ではなく see を使って，Nice to see you again. を使う．

> 帰りの会が終わって，学校の友達と別れます．

A **Goodbye.**
さようなら
B **Bye.**
さようなら
C **See you tomorrow.**
またあしたね．

> 会ったときのあいさつ

**Good morning.**
おはよう（ございます）．

**Good afternoon.**
こんにちは．

**Good evening.**
こんばんは．
⇨ 上記3つは Hello. や Hi. などよりも改まった表現．

**How's it going? / How are things?**
調子はどう？

**Really well.**
すごくいいよ．

**So-so. / Not bad.**
まあまあだよ．

**What's up? / Anything new?**
何か変わったことある？

**Long time no see.**
久しぶりだね．

> 別れるときのあいさつ

**See you (later).**
また（後で）ね．

**Take care. / Take it easy. / So long.**
じゃあね．

**Have a nice day [evening, weekend].**
よい1日［晩，週末］を．

**Nice meeting [seeing] you.**
お会いできてよかったです．
⇨ 別れるときの表現．初対面の人とは meeting，2度目からは seeing を使う．

**Say hello to Bob for me.**
ボブによろしくね．

**I have to go now. / It's time to go. / I must be going.**
もう行かなくちゃ．

**Good night.**
おやすみなさい．

## おれを言う

A Thank you very much for your help.
手伝ってくれて本当にありがとう.

B You're welcome.
どういたしまして.

⇨ very much をつけるとよりていねいな言い方になる.
⇨ for の後ろには名詞または動詞の -ing 形がくる.

[その他の表現]

Thanks (a lot).
ありがとう.

Thank you for calling [your call].
電話をありがとう.

(It's) my pleasure. /
Not at all. /
Don't mention it. /
No problem.
どういたしまして.

## ほめる

A You are very good at skiing.
スキーがすごくじょうずだね.

B Thank you.
ありがとう.

⇨ ほめられたときは変に謙遜(けんそん)せずに「ありがとう」と返答しよう.

[その他の表現]

Well done. / Good job!
よくできたね.

Excellent! / Wonderful!
すばらしい!

You cook very well.
料理がじょうずですね.

I like your hat.
あなたの帽子(ぼうし), いいですね.

You look nice in that sweater. /
That sweater looks nice on you.
そのセーター, お似合いですよ.

## 謝る

A **Sorry I'm late.**
遅れてごめん．

B **No problem.**
だいじょうぶだよ．

[ その他の表現 ]

**Sorry!**
〔人にぶつかったときなどに〕ごめんなさい．
⇨ Sorry. → I'm sorry. → I'm very sorry. の順に謝罪の気持ちが強くなる．

**Excuse me.**
すみません．
⇨ Excuse me. は人に声をかけるときや席をはずすときなどに使う．

[ 謝られたときの表現 ]

**It doesn't matter.**
かまいません．

**Don't worry about it.**
気にしないでください．

**That's all right.**
だいじょうぶだよ．
⇨ No problem. / That's OK [all right].
（だいじょうぶだよ）はくだけた表現で，お礼を言われたときにも使う．

## 苦情を言う

A **Excuse me. Could you move to the side (, please)?**
すみません，どいていただけますか．

B **Oh, sorry.**
ああ，ごめんなさい．

[ その他の表現 ]

**Please be quiet.**
静かにしてください．

**Please turn down the music.**
音楽の音を小さくしてください．

**Could you please move over a little?**
〔電車の中で〕少しつめていただけませんか．

**This is not what I ordered.**
これは私が注文したものではありません．

## 理由・目的を説明する

> 昨日学校を休んだ友達と話します.

A Why were you absent from school yesterday?
どうしてきのう学校を休んだの?

B Because I had a fever.
熱があったからだよ.

> 日本語を勉強している友達に質問をします.

A Why do you study Japanese so hard?
なぜそんなにがんばって日本語を勉強するの?

B To read manga in Japanese.
日本語でマンガを読むためだよ.
⇒目的を説明するときは不定詞(to＋動詞の原形)を使う.

## 実物を見せながら説明する

> 海外からきた友達にふろしきの使い方を説明します.

A What is this cloth for?
この布は何のための物ですか.

B That's a *furoshiki*.
You use it to wrap things like clothes or gifts.
これはふろしきです. 衣服や贈(おく)り物を包むために使います.

> みかんの食べ方を説明します.

A How do you eat this?
これはどうやって食べるの?

B Peel it with your fingers and then eat it.
こんなふうに指で皮をむいて, そのまま食べるよ.

## 特徴・様子などを描写する

街で知っている人を見かけました.

A Look at that girl.
あの女の子を見て.

B Do you mean the girl in the red T-shirt?
赤いTシャツを着てる子?

[その他の表現]

Bob has long hair.
ボブは髪が長いです.

My bag is made of cotton.
私のバッグはコットンでできています.

[特徴を聞くときの表現]

What shape [color] is your bag?
あなたのバッグはどんな形[色]ですか.

## 比較を使った描写

A Which is larger, this room or yours?
この部屋とあなたの部屋はどちらが広いですか.

B My room.
私の部屋ですね.

[その他の表現]

He is taller than his father.
彼は父親よりも背が高い.

She runs faster than her sister.
彼女はお姉さん[妹]より足が速い.

John is playing better than Mike (is).
ジョンのほうがマイクよりいいプレーをしているね.

## 招待する

友達を誕生日パーティーに招待します．

A　I'd like to invite you to my birthday party.
私の誕生日パーティーに招待したいのですが．

B　I'd love to come!
喜んで行きます．

友達を文化祭に招待します．

A　Would you like to come to our school festival?
私たちの文化祭に来ませんか．

B　Of course.
もちろん．

## 申し出る

A　Can I help you?
手伝いましょうか．

B　Yes, please.
ええ，お願いします．

[その他の表現]

How can I help you?
（店で）いらっしゃいませ．

May I help you?
（困っている人などに）どうされましたか／
（店で）いらっしゃいませ．

Yes, thank you.
はい，ありがとう．

No, thank you.
いいえ，けっこうです．

## 誘う

放課後に友達と遊びます.

A **Let's practice dancing in the park.**
公園でダンスの練習をしようよ.

B **OK! Let's do it!**
いいよ！ そうしよう.

[ その他の表現 ]

**How about going to the shopping mall?**
ショッピングモールに行かない？

**Why don't you join us for lunch?**
昼食を私たちといっしょにどうですか.
⇨ Why don't you …? は上品な誘い方.

**Want to come in?**
入らない？
⇨ Let's …. よりも相手の意向を伺(うかが)う やわらかい表現.

[ 誘いを受けるときの表現 ]

**Sounds great [good]!**
いいね.

**Sure. / OK. / All right.**
いいよ.

[ 誘いを断るときの表現 ]

**I'm sorry, but ….**
申し訳ありませんが….

**Thank you, but ….**
ありがとうございます, でも….

**I'm afraid ….**
残念ですが….

## 約束する

A **Don't tell me any more lies.**
もう絶対うそはつかないでよ.

B **OK. I promise.**
わかった. 約束する.

[ その他の表現 ]

**Promise me that you'll come tomorrow.**
あした来ると約束して.

**You have to keep your promise [word].**
約束は守らないといけないよ.

## 相手のことをたずねる

**年齢をたずねます．**

A How old are you?
　何歳(さい)ですか．
B I'm five years old.
　5歳です．

**週末の予定をたずねます．**

A What are you going to do this weekend?
　この週末は何をしますか．
B I'm going to a concert.
　コンサートに行きます．
A That's good.
　それはいいですね．

[その他の表現]

Can I ask your name?
お名前は？

Where are you from?
どこの出身ですか．

What's your favorite food?
好きな食べ物は何ですか．

When is your birthday?
誕生日はいつですか．

What subjects do you like?
何の教科が好きですか．

Do you have any hobbies?
趣味(しゅみ)はありますか．

How many brothers and sisters do you have?
兄弟姉妹は何人いますか．

## 相手の日課をたずねる

- **A** What do you do after school?
  放課後は何をしますか.
- **B** I have my club.
  クラブ活動があります.
- **C** I enjoy chatting with my friends, usually at a fast-food restaurant.
  たいていファストフード店で,友達とおしゃべりをしています.

[その他の表現]

What do you usually have for breakfast?
ふだん朝食に何を食べますか.

What time do you usually leave home?
ふだん何時に家を出ますか.

How do you usually go to school?
ふだんどうやって学校に行きますか.

## 相手の体調をたずねる

- **A** What's wrong?
  どうしたのですか.
- **B** I have a stomachache.
  おなかが痛いです.

[体調について言うときの表現]

I'm fine.
元気です.

I'm a little tired.
少し疲れています.

I feel sick.
気分が悪いです.

I'm sleepy now.
今, 眠いです.

[その他の表現]

What's the matter?
どうしたのですか.

How do you feel?
具合はいかがですか.

How are you?
(あいさつとして) 元気?

## 時間・曜日などをたずねる

### 時間をたずねる

A What time is it (now)?
（今）何時ですか.

B It's five (o'clock).
5時です.
⇨ Do you have the time? も時間をたずねる表現.

### 曜日をたずねる

A What day of the week is it today?
きょうは何曜日ですか.

B It's Friday.
金曜日です.

### 日付をたずねる

A What's the date today?
きょうは何日ですか.

B It's October 10th.
10月10日です.

## 依頼する

A Can you close the door?
ドアを閉めてくれる?

B OK.
いいよ.

[その他の表現]

### Would [Could] you carry this bag for me?
このバッグを持っていただけますか?

⇨ Would [Could] you …? はていねいな言い方. Please close the door.（ドアを閉めてください）と, 命令文に please をつけて依頼を表すこともできる.

### Would [Could] you please lend me your bike?
あなたの自転車を貸していただけませんか?

⇨ Would [Could] you please …? は, Would you …? よりもていねいな表現になる.

[依頼を受けるときの表現]
Sure. / OK. / All right.
いいよ.

[依頼を断るときの表現]
I'm sorry, I can't.
すみませんが, できません.

# 楽しく会話をする

### 相づちをうつ

A I bought a new bag.
新しいバッグを買ったんだ.

B Oh, did you? That's great!
そうなんだ. よかったね!

[その他の表現]

Really?
本当に?

Great!
すばらしい!

That sounds interesting.
おもしろそう.

Oh, I see.
そうですか.

Oh, no!
わぁ, ひどい!

That's pretty funny.
それ, すごくおもしろい.

Wow!
へぇー!

### 聞き返す

A What do you think about the Sustainable Development Goals?
持続可能な開発目標についてどう思いますか.

B Please say that again.
もう一度言ってください.

[その他の表現]

Sorry? / I'm sorry? / Excuse me? / Pardon (me)?
〔文末を上げ調子に発音して〕
ごめんなさい(何とおっしゃいましたか).

I didn't understand [catch] that.
聞き取れませんでした.

### 繰り返す

A I went to the library yesterday.
きのう, 図書館に行きました.

B Oh, you went to the library? Me, too.
えっ, 図書館に行ったんだね? 私もだよ.

# ディスカッション
## Discussion

> 一緒に見た映画の感想を話し合います.

A　What did you think about the ending?
　エンディングについてどう思う?

B　It was the best of the best!
　本当に最高だった.
　That was the happiest ending that I have ever seen.
　私がこれまでに見た中で,一番ハッピーなエンディングだったよ.

A　I'm totally with you!
　本当にそうだよね!
　And Ken was great in the leading role.
　I think he is going to get the Academy Award in the future.
　しかも,ケンは上手に主役を演じていたよね.
　彼は将来アカデミー賞を取ると思う.

B　You bet!
　確かに!

> テーマを設定する・問題提起する

## The theme of today's discussion is our school trip.
今日のディスカッションのテーマは遠足［修学旅行］についてです．

## Let's exchange ideas.
アイデアを交換しましょう．

## What do you think about the exhibition?
展示についてどう思いますか．

## Which do you like better, the temple or the museum?
お寺と博物館, どちらが好きですか．

> 相手の考えを聞く

## What do you think about Yuka's opinion?
ユカの意見についてどう思いますか．

## Please tell us your opinion.
意見を教えてください．

> 自分の考えを言う

## I think that we should watch that video.
あの動画を見るべきだと思います．

## In my opinion, that movie is not for children.
私の意見では, あの映画は子ども向けではないです．

## I like Ken's second album better than his third one.
ケンの2番目のアルバムのほうが, 3番目のよりも好きです．

> 賛成・反対を言う

## I'm for it. / I'm against it.
私は賛成です． / 私は反対です．

## I think so, too.
私もそう思います．

## I agree (with your idea).
（あなたの考えに）賛成します．

## I think it's good, but I just can't agree.
いいと思いますが, 賛成できません．

# いろいろな前置詞

絵の中にある「前置詞を使った表現」を探してみましょう。前置詞は，たくさんの意味を持つ働き者です．

① The sun is shining **through** the window. 日の光が窓から差しこんでいる． → **through**
② We put the cloth **over** the table. テーブルクロスをテーブルにかけた． → **over**
③ The cat is **under** the table. 猫(ねこ)がテーブルの下にいる． → **under**
④ The pictures are **on** the wall. 絵が壁(かべ)に掛(か)かっている． → **on**
⑤ The cuckoo clock goes off **at** 12 o'clock. そのはと時計は 12 時に鳴る． → **at**
⑥ He is eating spaghetti **with** a fork. 彼はスパゲッティをフォークで食べている． → **with**
⑦ The woman is going **into** the restaurant. 女の人がレストランに入っていく． → **into**
⑧ "Please turn **to** the right **at** the next corner."「次の角で右に曲がってください．」 → **to, at**
⑨ The girl is walking **across** the road. 女の子が道を渡(わた)っている． → **across**

絵の下に紹介した英語の表現を確認したら，
その前置詞の本文のページも見てみましょう．

| | | |
|---|---|---|
| ⑩ The girl is standing **between** her parents.　女の子が両親の間に立っている． | → | **between** |
| ⑪ The boy threw the ball **at** the target.　男の子が的を目がけてボールを投げた． | → | **at** |
| ⑫ The girl is leaning **against** the wall.　女の子が壁に寄りかかっている． | → | **against** |
| ⑬ The students are now **in** class.　生徒たちは授業中だ． | → | **in** |
| ⑭ He is the tallest **of** the three.　彼は3人の中でいちばん背が高い． | → | **of** |
| ⑮ Our school is **by** the river.　私たちの学校は川のそばにある． | → | **by** |
| ⑯ The restaurant is open **from** 11 a.m. **to** 9 p.m.　そのレストランは午前11時から午後9時まで営業している． | → | **from, to** |
| ⑰ The woman is crying **for** help.　女の人が助けを求めて叫んでいる． | → | **for** |

# アルファベット
## Alphabet

英和辞典の見出し語はアルファベット順に並んでいるよ．
英語の基本アルファベットをもう一度確認しておこう．

| | | | |
|---|---|---|---|
| A a [éi エィ] | B b [bí: ビー] | C c [sí: スィー] | D d [dí: ディー] |
| E e [í: イー] | F f [éf エフ] | G g [dʒí: ヂー] | H h [éitʃ エイチ] |
| | I i [ái アィ] | J j [dʒéi ヂェィ] | K k [kéi ケィ] |
| L l [él エル] | M m [ém エム] | N n [én エン] | O o [óu オゥ] |
| P p [pí: ピー] | Q q [kjú: キュー] | R r [á:r アー] | S s [és エス] |
| T t [tí: ティー] | U u [jú: ユー] | V v [ví: ヴィー] | W w [dʌ́bljù: ダブリュー] |
| X x [éks エックス] | Y y [wái ワィ] | Z z [zí: ズィー \| zéd ゼッド] | |

## はじめに

『ジュニアプログレッシブ英和辞典』を前身に，現代中学生のニーズに合わせて生まれ変わった『プログレッシブ中学英和辞典』も第 2 版となりました．前版同様，グローバル社会に生きる現代中学生のための「生きた英語」をたっぷりと盛り込みながら，より使いやすく親しみやすい英和辞典を目指しました．その特長は以下のとおりです．

● **入門期から高校受験までカバーする，圧倒的な情報量**
中学 1 年から 3 年の教科書全点を検討し，最新データに基づく実際的な語彙(ごい)・表現を掲載しました．さらにメールやインターネット，人気の職業などの新語も多数採用しました．18,300 項目と 13,500 用例が収録され，高校受験にも十分な情報量です．

● **単語の意味が一覧でわかる**
つまずきやすい多義語・多品詞語の意味の一覧を見出し語の直後に掲げ，どのような意味や品詞を持つ語かが一目でわかるようになっています．

● **CEFR-J※，英検®のラベルを添付**
英語学習の目安としたり，その語のレベルや重要度がわかるよう，CEFR-J のラベル（A1，A2，B1，B2）をはじめ，英検®5 級，4 級，3 級，準 2 級，2 級を受験するときに知っておきたい語（小学館調べによる）には，該当級のラベルをつけました．

● **見やすい重要ポイントの表示**
見逃せない，理解に欠かせないポイントは一目でわかるように工夫しました．文型（文の構造）表示や語法ポイント，類語の使い分け，文化背景がわかる充実の囲み記事などを約 700 点入れました．

● **オールカラー！ 豊富な写真とイラストでビジュアルから学べる**
全てのページをカラー化し，合わせて約 1,100 点の写真やイラストを入れました．米英の雰囲気が伝わる写真や絵辞典要素のあるイラストにより，ビジュアルから英語を理解することができます．本辞典のキャラクターであるペンギンのイラストも各所に置かれています．

日本で生活をしたり，日本に旅行に来たりする外国の人たちが増えている昨今，中学生の皆さんも身近で英語を見聞きする機会が増えているのではないでしょうか．世界で第二言語として最も多く使われている英語は，単なる学習の「科目」ではありません．世界中の人たちとのコミュニケーションに生かせる「道具」の 1 つです．新しい『プログレッシブ中学英和辞典 第 2 版』を携え，ぜひ広い世界を冒険してみてください．

2024 年 10 月

編集主幹　吉田研作

---

※ CEFR-J とは
CEFR は，Common European Framework of Reference for Languages（ヨーロッパ言語共通参照枠(わく)）の略で，多くの国に大きな影響(えいきょう)力を持つ，外国語能力の到達度指標です．CEFR では，外国語能力を，A1, A2, B1, B2, C1, C2 の 6 レベルに分けています．本書では CEFR の日本版である CEFR-J の語彙(ごい)リストを基に，ラベルを添付しました．日本の学校教育での相当レベルは次の通りです．
A1：小学校から中学 1 年程度，A2：中学 2 年〜高校 1 年程度，
B1：高校 2 年〜大学受験レベル，B2：大学受験から大学教養レベル．

# この辞書の構成と使い方

**❶見出し語**
◆見出し語は以下の4種類です．
・＊＊赤色の見出し：最重要語
・＊赤色の見出し：重要語
・赤色の見出し：基本語
・紺色の小さな見出し：一般語  ❶a
◆見出し語はアルファベット順に配列しました．同じつづりの単語は，大文字で始まるものを小文字で始まるものより先にし，語源が違うときは別の語として，見出し語の肩に番号を振って区別しました．  ❶b

**❷英検®とCEFR-Jのラベル**
◆英検®各級の学習の目安となる語（小学館調べ）には，級を表す 5級 4級 3級 準2級 2級 のラベルを付けました．またCEFR-Jの語彙リストにある語には，レベルを表す A1 A2 B1 B2 のラベルを付けました．

**❸発音**
◆発音は［発音記号 カナ発音］で示しました．
◆強く発音する母音の上にはアクセント記号をつけました（いちばん強く発音する印´，次に強く発音する印`）．カナ発音では，特に強く発音する部分を太字で示しました．米英で発音が異なるときは，［米音｜英音］で示しました．  ❸a
◆省略した部分は「‐」で表しました．  ❸b
◆特に注意してほしい場合やつづりとの差が大きい場合は（★　）内に留意点を示しました．  ❸c

**❹品詞など**
◆**名 動 形**などで示しました．1つの見出し語に複数の品詞があるときは品詞の前に━ を表示しました．  ❹a
◆動詞の自動詞・他動詞は，**自 他**で示しました．自動詞と他動詞が両方ともあるときは━ を表示しました．  ❹b
◆数えられる名詞を C で，数えられない名詞を U で示しました．  ❹c

**❺変化形**
◆名詞：複数形を示しました．  ❺a
◆動詞：三人称単数現在・過去形・過去分詞・現在分詞（-ing形）を示しました．  ❺b
◆形容詞・副詞：比較級・最上級を示しました．  ❺c

---

❶a ＊**class** 5級 A1 ［klǽs クラス｜klάːs クラース］ ❸a
❹ **名**（複 classes[-iz]）❶ C （学校の）**クラス**, 組, 学級
❺a　❹c
・I'm in *Class* 3-D. （私は）3年D組です．
❷ C U （クラスの）**授業**, 授業時間
・What time does the next *class* begin?
　次の授業は何時に始まりますか．
❸（単数・複数扱い）**クラスの生徒たち**（▶クラス全体をひとまとまりで考える場合は単数扱い, 生徒1人ひとりを意識する場合は複数扱い）
❹ C U （社会の）**階級**, 階層
❺ C 種類；段級；（乗り物などの）…等

＊**close¹** 5級 A1
❶b ［klóuz クロウズ］（★**close²**との発音の違(ちが)いに注意）❸c

| **動 他** ❶（ドア・店など）を閉める
| ❷（集まり・話など）を終わりにする
| **自** ❶（ドア・店などが）閉まる
| ❷（集まり・話などが）終わる
| **名** 終わり, 終結

❹a━**動**（三単現 closes[-iz]; 過去・過分 closed[-d]; 現分
❺b　closing）
━**他** ❶（ドア・店など）を**閉める**, 閉じる（⇔ open 開ける） ⓫a
・*close* the gate [door]
　門[ドア]を閉める
❹b ❷（集まり・話など）を終わりにする
・They *closed* the meeting.
　彼らは会合を終えた．
━**自** ❶（ドア・店などが）**閉まる**
❷（集まり・話などが）終わる
*close down* （工場・店が）閉鎖する
❹a━**名**（a close または the close で）終わり, 終結
（▶形式ばった言い方）（= end）

**close²** 3級 A1
❶b ［klóus クロウス］（★**close¹**との発音の違(ちが)いに注意）
❺c━(比較 closer; 最上 closest)
━**形** ❶（空間的・時間的に）（とても）**近い**, 接近した
❷（関係が）**親しい**, 近い
━**副** 近くに, すぐそばに

**clothes** 4級 A1
［klóuz クロウズ, klóuðz クロウズズ］
❿ **名** U （複数扱い）**衣服**, 服, 着物 → clothing

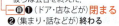

one hundred and thirty-five　　　13
❻

2　　two

※品詞などについては【付録】「辞書を使いこなすための文法」も参照してください．

**difficulty**

**\*cook** 5級 A1 [kúk クック]

> 動 他 …を料理する
> 自 ❶料理する
> ❷(物が)料理される
> 名 コック

— 動 (三単現 cooks[-s]; 過去・過分 cooked[-t]; 現分 cooking)
— 他 (熱を加えて)**…を料理する**；…に火を通す
- Mari *cooked* fish for dinner.
マリは夕食に魚を料理した．

cook +〈人〉+〈食事〉
=cook +〈食事〉+ for +〈人〉
〈人〉に〈食事〉を料理する
- Father *cooked* us lunch.
= Father *cooked* lunch *for* us.
父が私たちに昼ご飯を作ってくれた．

boil
ゆでる

fry
油でいためる・焼く

roast
(肉などを)焼く

**ここがポイント！** cook は加熱するときに使う！
**cook**は煮る，蒸す，揚げるなど熱を加えて料理することを意味します．サラダ(salad)やサンドイッチ(sandwich)など加熱しないものには**make**や**prepare**を使います．ただしスープ(soup)には**make**を使います．

— 自 ❶ 料理する
- He *cooks* well. 彼は料理がうまい．(= He is a good cook. このcookは名)
❷(物が)料理される，煮える，焼ける
— 名 (複 cooks[-s]) C **コック**，調理師；(一般的に)料理をする人
派生語 **cooker** 名, **cooking** 名

**couch** A1 [káutʃ カウチ] 名 (複 couches[-iz])
C 長いす，ソファー

**difficulty** 準2級 A2 [dífikʌlti ディフィカルティ | -kəl- -カル-] 名 (複 difficulties[-z]) ❶ U 難しさ，困難(⇔ease 容易さ)
- He had some *difficulty* (in) learning how to drive a car.
彼は車の運転を習うのに少し苦労した．(▶[話]ではinはしばしば省略される)

***with difficulty*** やっとのことで，苦労して

◆一般語については，不規則変化または注意の必要な語にのみ示しました．
❻ 語義
◆品詞や語義が多い語では，見出し語の下に語義の一覧を表示しました．
◆とくに重要な語義は大きな文字で示しました．
◆語義が複数あるときは，❶，❷，…と分けて表示しました．
❼ 用例
「•」に続けて用例を示しました．見出し語に相当する単語はイタリック体で示しました．
❽ 文型 (文の構造)
その単語を理解し活用するための文型を示しました．また，その文型を使った用例をその下に示しています．
❾ いろいろな囲み記事
特に知っておきたい情報を囲み記事にまとめました．「ここがポイント！」「くらべてみよう！」「これ，知ってる?」「表現メモ」「話してみよう！」「Let's try!」があります (p.4 参照)．
❿ 参照送り
参照してほしい見出し語や囲み記事，イラストなどを ➡ の後ろに示しています．
⓫ 言いかえと省略
言いかえが可能な語(句)は [ ] で示しました．
省略可能な語句は ( ) で示しています．
⓬ 注・解説
(▶ ) で使い方のポイントや追加情報を解説しています．
⓭ 成句 (イディオム)
決まった言い方や慣用句です．太いイタリック体で表示しました．
⓮ 派生語
見出し語と関連する他の品詞の語を示しました．
⓯ ページ表示
数字と英語でページを示しています．
⓰ 柱 (p.4 参照)

❶柱
左ページの柱はそのページの最初の語を，右ページの柱はそのページの最後の語を示しています．

❷アルファベット見出し
各ページの右端，または左端にアルファベットを順に示しました．そのページに該当するアルファベットを色で表示しています．アルファベット順を確認するときに活用してください．

away

\***away** 4級 A1 [əwéi アウェィ]

副 ❶《移動》離(はな)れたところへ，去って
❷《不在》留守で，不在で
❸《場所・時間》離れて，遠くに
❹消えて，なくなって
形 アウェーの，遠征(えんせい)の

─副 ❶《移動》離れたところへ，向こうへ；去って
・Don't go *away*. 行かないで．

## 囲み記事について

この辞書には以下のような囲み記事や会話のコーナーがあります．囲み記事の内容は p.6〜p.12 のさくいんを参照してください．

(ここがポイント！)
単語の使い方や文法などについて解説しています．

> ここが
> ポイント！ come to +《名詞》の表現
> come to +《名詞》で，しばしばその名詞の状態になることを表します．
> ・*come to* a close 終わる
> ・*come to* a conclusion 結論に達する
> ・*come to* an end 終わる
> ・*come to* a dead end 行き詰(づ)まる
> ・*come to* a stop 止まる

(くらべてみよう！)
似た意味をもつ語の使い分けや意味の違(ちが)いを解説しています．

> くらべて
> みよう！ cry と weep と sob
> **cry**:「悲しみや痛みなどで涙(なみだ)を流す」ことを表す一番ふつうの言い方
> **weep**: しくしく泣く
> **sob**: すすり泣く
>
> cry　weep　sob

(これ，知ってる？)
英語圏の文化や生活習慣の違いなどを解説しています．

> これ，
> 知ってる？ 日本と違(ちが)う浴室・トイレ事情
> 英米などの浴室はトイレといっしょになっていて，たいていは寝室(しんしつ)のそばにあります．洗い場はなく，浴槽(よくそう)の中で体を洗ってシャワーで流します．米国の家庭やホテル，学校では，トイレを遠回しに bathroom と言うことがあります．

(表現メモ)
見出し語と同じ分野や関連する語句を紹介しています．

> 表現メモ
> いろいろなケーキ
> birthday cake バースデーケーキ
> cheesecake チーズケーキ
> chocolate cake チョコレートケーキ
> cupcake カップケーキ
> pancake パンケーキ，ホットケーキ
> sponge cake スポンジケーキ
> wedding cake ウエディングケーキ

(話してみよう！)
見出し語を使った，覚えておくと便利な会話表現を紹介しています．

> 話してみよう！
> ◎How much does it *come to*?
> 合計でいくらになりますか．
> ●It *comes to* five thousand yen.
> 5000円になります．

(Let's try!)
料理や買い物などの場面で，実際に使える表現を紹介しています．

> **Let's try!** 英語のレシピでクッキーを作ろう

4　four

# 記号・略語一覧

**5級** **4級** **3級** **準2級** **2級** 英検®各級の学習の目安となる語(小学館調べ)
**A1** **A2** **B1** **B2** CEFR-Jの語彙リストにある語

**名** 名詞　Ⓒ 可算名詞(数えられる名詞)　Ⓤ 不可算名詞(数えられない名詞)
**動** 動詞　**自** 自動詞　**他** 他動詞　**助** 助動詞　**形** 形容詞　**副** 副詞　**代** 代名詞
**冠** 冠詞　**前** 前置詞　**接** 接続詞　**間** 間投詞　**接頭** 接頭辞　**接尾** 接尾辞

複　複数形　三単現　三人称(にんしょう)単数現在　**過去** 過去形
**過分** 過去分詞　**現分** 現在分詞(-ing形)　**比較** 比較(ひかく)級　**最上** 最上級

🇺🇸 アメリカ用法　🇬🇧 イギリス用法　《話》口語(話し言葉)
= 同義語・同義表現　⇔ 対語・反意語
★ 発音注記など
**同音** 見出し語と同じ発音の語を表示
▶ 注・解説
➡ 参照送り
⇦ 用例の直訳
《 　》　実際に使うときの語形, 文法的な補足説明
(　)　省略可能, または補足説明
[　]　言いかえ
〚　〛　百科表示

...
〜　┤ 任意の語句(特に対比を示したいときにはA, Bも使っています)
＿

*one's*　主語と同じ人称の所有格を表す(one **代** ❸ **ポイント!** 参照)
*...'s*　主語と異なる人称の所有格を表す
*oneself*　再帰代名詞(myself, yourselfなど)を表す(oneself **ポイント!** 参照)

**図** イラスト
**ポイント!** 「ここがポイント!」の囲み記事
**くらべて!** 「くらべてみよう!」の囲み記事
**知ってる?** 「これ, 知ってる?」の囲み記事

**表** **現** **メ** **モ**　見出し語と同じ分野の語のリスト
**話してみよう!** 会話表現
**Let's try!**　「Let's try!」の囲み記事

## この辞書の英語の音声について

この辞書に掲載している見出し語と,
「話してみよう!」の会話表現, 口絵の一部の
音声はこちらにアクセスして聞くことが
できます。

https://kotobanomado.jp/JPEJ2

# 囲み記事・主なイラストなど さくいん

## 囲み記事
### ●ここがポイント！

**A**
- a の使い方 — 15
- 未来や完了を表すには be able to — 16
- 似ているけれど，cross は動詞（across） — 21
- A.D. の意味と位置 — 22
- afternoon と前置詞 — 27
- all の使い方 — 32
- 「…みんな」と言うときの all の位置 — 32
- all は単数？ 複数？ — 32
- walk along の 2 つの意味 — 35
- also の使い方 — 36
- 頻度を表す副詞（always） — 36
- always の位置 — 36
- I am の略し方 — 37
- a と an の使い分け — 39
- and の使い方 — 40
- another の使い方 — 42
- any の使い方 — 44
- any と no — 44
- anyone の使い方 — 45
- anything の使い方 — 45
- are の略し方 — 50
- as に続く代名詞は he？ him？ — 53
- 大文字で始める Aunt — 60

**B**
- 赤ちゃんは it？ he？ she？ — 63
- 「バーゲンで」は sale を使う — 68
- be 動詞の変化形 — 72
- 変化させずに be のまま使う場合 — 72
- become +〈形容詞〉と get +〈形容詞〉 — 75
- 「…するようになる」と言うとき（become） — 75
- have been to … と have gone to … — 76
- begin to +〈動詞の原形〉と begin +〈-ing 形〉 — 77
- 「…から始まる」でも from は× (begin) — 77
- believe … と believe in … — 79
- best の使い方 — 81
- had better の使い方 — 82
- between の使い方 — 82
- both の使い方 — 93
- both *A* and *B* — 93
- bread の数え方 — 96
- 「兄弟」と brother の違い — 101
- build +〈名詞〉のいろいろ — 102
- 交通手段を表す by — 107
- by +〈手段・方法〉のいろいろ — 107

**C**
- ケーキの数え方 — 111
- can の使い方 — 114
- Can you speak …? でなく Do you speak …? — 114
- Can I +〈動詞の原形〉? は，許可？ 提案？ — 115
- 人に挑戦！ 物事に挑戦？（challenge） — 126
- チーズの数え方 — 130
- a や the は不要（college） — 143
- come to +〈名詞〉の表現 — 146
- cook は加熱するときに使う！ — 158
- crew は単数？ 複数？ — 168

**D**
- 日付の書き方・読み方 — 177
- 〈前置詞〉+ day — 178
- dear の使い方 — 181
- do の使い方 — 198
- 強調の do — 198
- do の付加疑問文 — 199
- スープは drink？ eat？ — 207
- drown は「おぼれて死ぬ」 — 210

**E**
- each の使い方 — 213
- each を受ける代名詞 — 213
- enjoy には目的語が必要 — 225
- enough は「必要十分な」 — 225
- enough の位置 — 225
- evening と前置詞 — 230
- 「every +名詞」を受ける代名詞 — 231
- everyone と everybody — 232
- everything は単数扱い — 232
- Excuse me. の使い方 — 235

**F**
- face と head — 239
- family の使い方 — 243
- far と a long way — 244
- far の比較級・最上級 — 244
- fat の使い方に注意！ — 246
- father などの使い方 — 248
- 数えられる fire と数えられない fire — 256
- one と first — 257
- 列挙のしかた — 258
- fish の使い方 — 258
- 米英で違う階の数え方 — 261
- food と foods — 265
- foot の使い方 — 266
- 「…（のため）に」の for と to — 266
- 意味上の主語を表す for — 268
- forget to +〈動詞の原形〉と forget +〈-ing 形〉 — 269
- 場所を示す語句があったら leave — 270
- a friend of mine と my friend — 275
- from に続く語 — 276
- from *A* to [till, until] *B* — 276
- fruit の使い方 — 277
- furniture の数え方 — 279

**G**
- gentleman はだれをさす？ — 284
- 「…させる」の make, let, have と get — 286
- 受け身をつくる get — 286
- 〈人〉に〈物〉を与える（give） — 289
- 「〈人〉に〈物〉を与える」の文の受け身の作り方（give） — 289
- give +〈動作を表す名詞〉の表現 — 289
- glove の数え方 — 292
- go to +〈施設名〉 — 292
- 相手の所へ「行く」ときは come（go） — 293

| | | |
|---|---|---|
| | go +〈-ing形〉のいろいろ | 293 |
| | go swimming to the river は× | 293 |
| | God と the gods | 295 |
| | goodbye について | 298 |
| | 別れのあいさつ | 298 |
| H | hair は数えられる？ | 308 |
| | half of +〈名詞〉の使い方 | 309 |
| | have の変化形 | 315 |
| | have の使い方 | 315 |
| | have +〈動作を表す名詞〉 | 316 |
| | have +〈形容詞〉+〈動作を表す名詞〉 | 316 |
| | 代名詞＋ have の短縮形 | 316 |
| | よくいっしょに使われる語（have） | 317 |
| | have to の使い方 | 317 |
| | he の変化形 | 318 |
| | he の使い方 | 318 |
| | her の使い方 | 324 |
| | 前置詞はいらない（here） | 324 |
| | his の使い方 | 328 |
| | 体の一部をたたくときの hit の使い方 | 328 |
| | 「ホームステイする」と言うとき | 331 |
| | hospital に the をつけるのは… | 334 |
| | 「どのくらい…か」How +〈形容詞・副詞〉…? | 337 |
| | 感嘆文の作り方 | 337 |
| | How are you? の使い方と答え方 | 338 |
| | hundred の使い方 | 339 |
| I | I の変化形 | 342 |
| | I の使い方 | 342 |
| | ice の使い方 | 342 |
| | if 節の動詞の形（❶条件） | 344 |
| | if 節の動詞の形（❷仮定） | 344 |
| | is の短縮形 | 360 |
| | it の変化形 | 361 |
| | it の使い方 | 361 |
| | to 不定詞の意味上の主語につく for と of | 362 |
| | its の使い方 | 363 |
| | its と it's の違いにご用心 | 363 |
| J | 月日の表し方 | 365 |
| K | know は進行形にしない！ | 378 |
| L | last の使い方 | 383 |
| | late の比較級と最上級 | 383 |
| | let us と let's | 391 |
| | lie¹, lie², lay の変化形 | 393 |
| | life の使い方 | 394 |
| | like に続く名詞 | 396 |
| | would like to +〈動詞の原形〉の使い方 | 396 |
| | a little と little | 400 |
| M | 「メールで」は by email | 411 |
| | make +〈動作を表す名詞〉 | 413 |
| | make +〈形容詞〉+〈動作を表す名詞〉 | 413 |
| | man 以外で「人」を表す | 415 |
| | mansion と「マンション」は違う | 416 |
| | 数量を表す形容詞 | 416 |
| | many の使い方 | 416 |
| | May I …? の使い方と答え方 | 422 |
| | million の使い方 | 431 |
| | Do [Would] you mind if I …? の答え方 | 432 |
| | Miss の使い方 | 434 |
| | more than … と「…以上」は違う | 439 |
| | morning と前置詞 | 439 |
| | the most と most | 440 |
| | most of … | 440 |
| | 母親を表す語 | 441 |
| | Mr. の使い方 | 443 |
| | Mrs. の使い方 | 444 |
| | Ms., Ms の使い方 | 444 |
| | music の数え方 | 446 |
| | must の使い方 | 446 |
| | my の使い方 | 447 |
| N | 「狭い部屋」は narrow？ small？ | 449 |
| | news の数え方 | 455 |
| | next の使い方 | 456 |
| | night の使い方 | 457 |
| | 「はい」「いいえ」と yes, no | 459 |
| | no の使い方 | 459 |
| | none の使い方 | 460 |
| | not の短縮形 | 462 |
| | 文章の最後にくる not | 463 |
| | 「ノート」と note は違う | 463 |
| | 修飾する語句の位置（nothing） | 464 |
| | a number of … の意味と使い方 | 465 |
| O | o'clock の使い方 | 470 |
| | A's B と B of A | 470 |
| | 〈最上級〉+ of と〈最上級〉+ in | 471 |
| | 意味上の主語としての of +〈人〉と for +〈人〉 | 471 |
| | of +〈抽象名詞〉=〈形容詞〉 | 472 |
| | older, oldest と elder, eldest | 475 |
| | once の位置 | 478 |
| | a, an と one | 478 |
| | one と it | 479 |
| | 辞典で使われる one, one's | 479 |
| | oneself の使い方 | 479 |
| | oneself の変化系 | 480 |
| | only の使い方 | 480 |
| | or の使い方 | 482 |
| | our の使い方 | 486 |
| | our ではなく ours を使うとき | 486 |
| P | a pair of の使い方 | 493 |
| | paper の数え方 | 494 |
| | I beg your pardon. の言い方 | 495 |
| | a piece of の使い方 | 507 |
| | play の使い方 | 512 |
| | please と「どうぞ」の違い | 513 |
| | plenty of … の使い方 | 514 |
| | price の使い方 | 526 |
| | put の訳し方のいろいろ | 535 |
| | put on で表す「身につけるもの」 | 536 |
| R | remember +〈-ing形〉と remember to +〈動詞の原形〉 | 554 |
| | ride の使い方 | 562 |

| | | |
|---|---|---|
| | the ＋川の名前 | 565 |
| **S** | 直接話法と間接話法（say） | 579 |
| | see または meet を使ったあいさつ | 589 |
| | she の変化形 | 599 |
| | she の使い方 | 599 |
| | should の意味 | 603 |
| | 「サイン」は sign ではない！ | 608 |
| | 手紙の書き出しと Sir | 611 |
| | sister の使い方 | 611 |
| | 「こんなに…な〜」（so） | 620 |
| | so ＋〈動詞〉＋〈主語〉 | 621 |
| | so ＋〈主語〉＋〈動詞〉 | 621 |
| | some の使い方 | 624 |
| | someone の使い方 | 625 |
| | something の使い方 | 626 |
| | sometimes の位置 | 626 |
| | I'm sorry. は謝る表現 | 627 |
| | 「スポーツをする」と言うとき | 634 |
| | spring に in がつくとき，つかないとき | 636 |
| | star は恒星 | 639 |
| | still の使い方 | 644 |
| | stop to ＋〈動詞の原形〉と stop ＋〈-ing形〉 | 645 |
| | such の使い方と位置 | 653 |
| | 曜日を表す名詞 | 655 |
| **T** | take ＋〈動作を表す名詞〉 | 664 |
| | take ＋〈形容詞〉＋〈動作を表す名詞〉 | 664 |
| | taste の使い方 | 667 |
| | 先生の呼び方 | 668 |
| | 序数のつくり方 | 673 |
| | than に続く人称代名詞 | 674 |
| | Thank you. の使い方 | 674 |
| | 関係代名詞の that | 676 |
| | that の使い方 | 676 |
| | 同格の that をとる名詞 | 677 |
| | the の使い方 | 677 |
| | 「1つしかないもの」に形容詞がつくときは "a [an]" | 678 |
| | the をつけない固有名詞 | 678 |
| | their の使い方 | 679 |
| | there is [are] ... の使い方 | 680 |
| | these の訳し方 | 681 |
| | these の使い方 | 682 |
| | they の変化形 | 682 |
| | they の使い方 | 682 |
| | 「…でないと思う」の表し方（think） | 683 |
| | 〈疑問詞〉＋ do you think ...? | 683 |
| | this の使い方① | 686 |
| | this の使い方② | 686 |
| | those の訳し方 | 686 |
| | those の使い方 | 687 |
| | thousand の使い方 | 687 |
| | 「…回」の言い方 | 692 |
| | 不定詞の3用法 | 696 |
| | 〈疑問詞〉＋ to ＋〈動詞の原形〉 | 696 |
| | トイレの表し方 | 697 |
| | 「…もまた」の too の使い方 | 699 |
| | 12時 | 712 |
| | 数詞の位置 | 713 |
| **U** | 大文字で始める Uncle | 714 |
| | use と useful の発音に注意 | 723 |
| | usually の位置 | 723 |
| **V** | very と much の使い方 | 727 |
| **W** | wait と wait for ... | 733 |
| | watch ＋〈人・物〉＋〈動詞の原形〉と watch ＋〈人・物〉＋〈-ing形〉 | 738 |
| | water の数え方 | 738 |
| | we の変化形 | 740 |
| | we の使い方 | 740 |
| | 「何曜日？」「何日？」と聞くとき | 743 |
| | 「どう思う？」は What ...? で | 747 |
| | What ...? が他の文の中に入った形 | 747 |
| | do you think が入ると（what） | 747 |
| | When ...? が他の文の中に入った形 | 749 |
| | do you think が入ると（when） | 749 |
| | 未来のことでも現在形（when） | 749 |
| | Where ...? が他の文の中に入った形 | 750 |
| | do you think が入ると（where） | 750 |
| | Which ...? のイントネーション | 751 |
| | Which ...? が他の文の中に入った形 | 751 |
| | 関係代名詞 which の使い方 | 751 |
| | who の変化形 | 753 |
| | Who are you? は失礼 | 753 |
| | Who ...? が他の文の中に入った形 | 753 |
| | do you think が入ると（who） | 753 |
| | 関係代名詞 who の使い方 | 753 |
| | whom の使い方 | 754 |
| | Whose ...? が他の文の中に入った形 | 754 |
| | 先行詞は「人」も「物」もOK！（whose） | 755 |
| | Why ...? への答え方 | 755 |
| | Why ...? が他の文の中に入った形 | 755 |
| | will の使い方 | 757 |
| | Will you ...? の使い方 | 757 |
| | wind の使い方 | 758 |
| | winter の使い方 | 759 |
| | 実現しそうもない願望を表す（wish） | 760 |
| | would の短縮形 | 767 |
| | Would you ...? の使い方 | 767 |
| | 「手紙を書く」の言い方（write） | 768 |
| **Y** | yacht と「ヨット」 | 771 |
| | year の使い方 | 771 |
| | yes の使い方 | 772 |
| | yet の位置 | 773 |
| | you の変化形 | 774 |
| | you の使い方 | 774 |
| | younger than I と younger than me | 775 |
| | your の使い方 | 775 |
| | of yours と your の使い分け | 775 |
| | 手紙の結句（yours） | 776 |
| | you と yourself の格と変化形 | 776 |
| **Z** | 0 の読み方（zero） | 777 |

## ◆くらべてみよう！

**A**
- across と over … 20
- ago と before … 28
- already と yet … 35
- among と between … 38
- arrive at [in] と get to と reach … 52
- 「場所」を表す at と in … 57

**B**
- bad と wrong … 65
- basement と cellar … 70
- bean と pea … 73
- beautiful, handsome, good-looking, pretty, lovely … 74
- because, since, as, for … 75
- big と large と great … 83
- borrow と rent と use … 92
- branch, bough, twig, shoot … 95
- break と cut と tear … 96
- bring と take … 99
- brush up と improve … 101
- buy と get と purchase … 107
- by と near と beside … 108
- 受け身の文の by と with … 108
- by と until [till] … 108

**C**
- can と may … 114
- certain と sure … 125
- charge と fee と fare … 128
- cheap と inexpensive と economical … 129
- chest と breast … 130
- choose と select と elect … 132
- clear と clean … 136
- clever と wise と bright … 137
- cold, cool, chilly, freezing … 143
- come と go … 146
- country と nation と state … 163
- cry と weep と sob … 171
- cup, glass, bowl, mug … 172
- cut と slice と chop … 173

**D**
- deep と deeply … 183
- desk と table … 188
- die と dead … 190
- dinner と supper … 193
- discover と invent … 195
- disease と illness と sickness … 195
- dish, platter, plate, saucer, bowl … 195
- dust, trash, rubbish, garbage … 212

**E**
- early と fast … 214
- eat と have … 216
- either と too と also … 219
- older と elder … 219
- especially と specially … 228
- evening と night … 230
- every と each と all … 231
- examination と quiz と test … 233

**F**
- fall と drop … 242
- famous と well-known … 243
- fast と quick … 246
- a few と a little … 251
- 「少しはある」と「少ししかない」… 251
- final と last … 254
- flower と blossom … 262
- for と during と while … 267
- fortune と luck … 271

**G**
- game と match … 281
- garbage と trash と rubbish … 281
- garden と yard … 281
- arrive at [in] と get to と reach … 287
- give と get … 289
- good と well … 297
- guest と customer と visitor … 306

**H**
- habit と custom … 308
- harbor と port … 312
- hear と listen … 320
- There is [are] … と Here is [are] … … 324
- high と tall … 326
- hope と I'm afraid … 333
- hour と o'clock … 335
- house と home … 336

**I**
- in と into … 347
- 「時」を表す at と in と on … 348
- in と after と within … 348
- insect と worm … 353
- 「物が」は interesting, 「人が」は interested … 356
- interesting と funny と amusing … 356

**L**
- learn と study … 387
- leave と start … 388
- let と make … 391
- letter と character … 392
- little と small … 400

**M**
- make と let と have … 413
- mend と repair と fix … 427
- middle と center … 429
- mind と heart … 431

**N**
- nice と good … 457

**O**
- of と about … 471
- on と above と over … 476
- on と about … 477
- order と command と tell … 483
- the other, the others, another, others … 485

**P**
- perhaps, maybe, probably, possibly … 503
- picture と painting と drawing … 507
- possible, likely, probable, certain … 519
- present と gift … 524
- put と take … 536

**Q**
- question と problem … 540
- quiet, still, silent, calm … 540

**R**
- 貸借を表す語 … 555
- river と stream と brook … 565
- road, street, avenue, path, way … 565
- rob と steal … 565

**S**
- save と help と rescue … 579
- say, speak, tell, talk … 580

| | | |
|---|---|---|
| | sea と ocean | 585 |
| | see と look と watch | 588 |
| | see と meet | 589 |
| | several と a few | 596 |
| | shadow と shade | 596 |
| | ship と boat | 600 |
| | shop と store | 601 |
| | sick と ill | 606 |
| | since と from | 609 |
| | sleep と go to bed | 615 |
| | 副詞の slow と slowly | 617 |
| | smile と laugh | 618 |
| | sound と noise と tone | 628 |
| T | put と take | 663 |
| | teach と tell と show | 668 |
| | that と it | 675 |
| | thief と robber と burglar | 683 |
| | thin, slim, slender, skinny, lean | 683 |
| | three と third | 684 |
| | this [these] と that [those] | 685 |
| | to と toward と for | 695 |
| | town と village と city | 702 |
| | travel, trip, tour, journey | 704 |
| | try to +〈動詞の原形〉と try +〈-ing 形〉 | 708 |
| U | under と below | 715 |
| | until と till | 719 |
| | on と upon | 720 |
| | used to と would | 722 |
| V | vacation と holiday | 724 |
| W | want と hope と wish | 735 |
| | war と battle と fight | 735 |
| | warm と hot | 736 |
| | wear と put on | 741 |
| | weather と climate | 742 |
| | wet, damp, moist, humid | 746 |
| | what と how の感嘆文 | 748 |
| | wide と large | 756 |
| | woman, lady, girl, female | 762 |
| | work, labor, job, task, business | 764 |
| | wound と injury | 767 |

● これ、知ってる？

| | | |
|---|---|---|
| A | アキレスのかかと | 20 |
| B | バベルの塔 | 63 |
| | ベビーシッター | 63 |
| | 日本と違う浴室・トイレ事情 | 71 |
| | ビートルズ | 74 |
| | 車輪の数 + cycle で | 83 |
| | 「断食」を「破る」? | 97 |
| C | カフェテリアって? | 110 |
| | 黒猫は不吉 | 121 |
| | "Merry Christmas!" の代わりに… | 133 |
| | 文化系クラブは club,<br>スポーツ系クラブは team | 140 |
| | 「アメリカンコーヒー」は日本製 | 142 |
| | コインのいろいろ | 142 |
| | ものの数え方 | 164 |
| D | セ氏とカ氏 | 184 |
| E | 英国の呼び方 | 224 |
| | 世界語としての英語 | 224 |
| F | カ氏とセ氏 | 240 |
| | fireplace って? | 257 |
| | フットボールとラグビー | 266 |
| | きつねのイメージ | 272 |
| G | 成績の表し方 | 299 |
| H | ハロウィーンの行事 | 309 |
| | 米英の祝休日 | 330 |
| J | juice は 100%果汁 | 368 |
| L | 口に手を当てる | 384 |
| | レモンのイメージ | 390 |
| | ライオンのイメージ | 399 |
| | ロンドンの「シティー」 | 403 |
| | 米国の学校の昼食 | 409 |
| M | マラソンの起源 | 417 |
| | 月の模様 | 438 |
| | マザーグースの歌 | 441 |
| N | 姓と名 | 448 |
| | 米英の「正月」 | 455 |
| | 数の言い方 | 466 |
| O | オリンピック | 475 |
| P | 「国会」の呼び方 | 496 |
| R | にじの色の覚え方 | 543 |
| | rice の食べ方と「ライスシャワー」 | 561 |
| | ばらのイメージ | 569 |
| S | サンドイッチの始まり | 577 |
| | 羊のイメージ | 599 |
| | くしゃみをした人にかける言葉 | 619 |
| | 幸運を運ぶ鳥 | 646 |
| | 米英の「通り」 | 648 |
| | 太陽の色 | 655 |
| T | 不吉な 13 | 685 |
| | 時刻の言い方 | 693 |
| | チップって? | 694 |
| X | X のいろいろな使い方 | 770 |
| Z | 郵便番号 | 777 |

● 表現メモ

| | | |
|---|---|---|
| A | 痛みのいろいろ | 19 |
| | 動物のいろいろ | 41 |
| B | bag のいろいろ | 65 |
| | 鳥のいろいろ | 84 |
| | いろいろな book | 91 |
| | いろいろなパン | 96 |
| C | いろいろなケーキ | 111 |
| | いろいろなカード | 117 |
| | clothes のいろいろ | 139 |
| | 文化系クラブのいろいろ | 140 |
| | 色の名前 | 144 |
| | cosmetics のいろいろ | 161 |
| D | いろいろな医者 | 200 |

| | | | | | | |
|---|---|---|---|---|---|---|
| E | いろいろな卵料理 | 217 | | 靴のいろいろ | 601 | |
| F | いろいろな図形 | 253 | | スマホにまつわる表現 | 617 | |
| | いろいろなfruit | 277 | | 文房具のいろいろ | 641 | |
| G | goodを使ったあいさつ | 297 | | ステーキの焼き加減 | 642 | |
| H | 高さ・長さなどを表す形容詞と名詞 | 322 | | 店のいろいろ | 646 | |
| | いろいろな病院 | 334 | | いろいろな教科 | 651 | |
| I | itを使った天候・寒暖などの表現 | 362 | | 泳ぎ方のいろいろ | 660 | |
| L | いろいろな言語 | 382 | T | いろいろなtable | 662 | |
| | 手紙にまつわる表現 | 392 | | スポーツ系クラブ（team）のいろいろ | 669 | |
| M | 計算や分数, 少数の言い方 | 421 | | 大きな数の言い方 | 688 | |
| | お金にまつわる言葉 | 437 | | きのう・あしたなどの言い方 | 697 | |
| | 月の名前と省略形 | 438 | | いろいろな歯の呼び方 | 699 | |
| | 映画のいろいろ | 443 | | いろいろなtrain | 703 | |
| | 音楽のいろいろ | 446 | | テレビ番組のいろいろ | 711 | |
| O | 世界の五大洋 | 469 | V | いろいろな野菜 | 726 | |
| P | 惑星の名前 | 511 | | 声のいろいろ | 731 | |
| R | roomのいろいろ | 568 | W | 天気のいろいろ | 742 | |
| S | 四季の名前 | 586 | | 曜日と省略形 | 743 | |
| | 高校・大学の学年の呼び方（米国） | 592 | | 疑問文をつくる疑問詞 | 747 | |
| | 羊にまつわる表現 | 599 | Z | 12星座の名前 | 778 | |

### ●話してみよう！

| | | | | | |
|---|---|---|---|---|---|
| A | afraid | 26 | | ever | 230 |
| | ahead | 29 | | exactly | 233 |
| | all right | 33, 34 | | exciting | 234 |
| | am | 37 | F | family | 243 |
| | any | 44 | | far | 244 |
| | are | 50 | | feel | 250 |
| B | because | 74 | | fine | 255 |
| | been | 76 | | for | 267, 268 |
| | believe | 79 | | forget | 269 |
| | best | 81 | | from | 276 |
| | better | 82 | | full | 278 |
| | birthday | 85 | G | get | 285, 286 |
| | both | 93 | | glad | 291 |
| | breakfast | 97 | | go | 295 |
| | brother | 100 | | grade | 299 |
| | by | 107, 108 | | great | 301 |
| C | call | 112 | | guest | 306 |
| | can | 114 | H | have | 315, 317 |
| | certainly | 125 | | her | 324 |
| | Christmas | 133 | | here | 325 |
| | club | 140 | | high | 326 |
| | coffee | 142 | | him | 327 |
| | come | 145, 146, 147 | | hobby | 329 |
| | could | 163 | | hope | 333 |
| | course | 166 | | how | 338 |
| D | date | 177 | I | in | 347, 349 |
| | day | 179 | | is | 360 |
| | decide | 182 | L | let | 391 |
| | deep | 183 | | like | 396 |
| | did | 190 | | little | 400 |
| | done | 201 | | look | 404 |
| E | easy | 215 | | love | 407 |
| | enough | 225 | M | matter | 421 |
| | especially | 228 | | may | 422 |
| | | | | me | 423 |

|   |         |          |   |         |          |
|---|---------|----------|---|---------|----------|
|   | mean[1] | 423      |   | size    | 613      |
|   | means   | 424      |   | so      | 620      |
|   | mention | 427      |   | sorry   | 627      |
|   | mind    | 432      |   | speak   | 631      |
|   | mine[1] | 432      |   | sure    | 657      |
|   | month   | 437      | T | take    | 664      |
| N | name    | 448      |   | talk    | 666      |
|   | neither | 453      |   | thank   | 674      |
|   | new year| 455      |   | that    | 675      |
|   | nothing | 464      |   | there   | 681      |
| O | o'clock | 470      |   | think   | 683      |
|   | OK[2], O.K. | 474  |   | this    | 685      |
|   | old     | 474      |   | time    | 691      |
| P | phone   | 505      |   | to      | 695, 696 |
|   | please  | 513      |   | today   | 697      |
|   | pleasure| 514      |   | too     | 699      |
|   | present[1] | 524   |   | trouble | 707      |
|   | problem | 528      | V | very    | 728      |
|   | purpose | 534      | W | wait    | 733      |
| R | ready   | 547      |   | way     | 739      |
|   | really  | 547      |   | weather | 742      |
|   | remember| 554      |   | week    | 743      |
|   | respect | 558      |   | well    | 745      |
|   | right   | 562      |   | why     | 755      |
| S | same    | 577      |   | with    | 761      |
|   | see     | 589, 590 |   | wrong   | 769      |
|   | shall   | 597      | Y | year    | 772      |

### ● Let's try!

| C | 英語のレシピでクッキーを作ろう | 159 |
|---|------------------------|-----|
| F | 英語のメニューで注文しよう   | 247 |

## 主なイラスト

- **A** airport — 30
- alligator — 33
- arm[1] — 51
- atlas — 58
- **B** bag — 66
- baseball — 69
- bathroom — 71
- beach — 73
- beard — 74
- bedroom — 75
- behind — 78
- bicycle — 83
- body — 90
- button — 106
- **C** canoe — 116
- car — 117
- chair — 125
- chip — 132
- circle — 134
- clock — 138
- computer — 151
- cone — 153
- container — 155
- cook — 158
- core — 160
- cover — 166
- **D** day — 178
- deep — 183
- depth — 187
- different — 191
- dining room — 192
- down — 203
- draw — 205
- drive — 208
- **E** egg — 217
- eye — 238
- **F** face — 239
- family — 243
- farm — 245
- feather — 249
- foot — 265
- finger — 255
- fish — 258
- **G** gesture — 284
- **H** hand — 310
- handle — 311
- hat — 314
- head — 319
- hip — 327
- house — 336
- **I** insect — 353
- **K** key — 373
- kitchen — 376
- **L** lap[1] — 382
- leg — 389
- living room — 402
- **M** mitten — 435
- moon — 438
- mouth — 442
- **N** nod — 460
- nose — 462
- **O** old — 474
- out — 487
- **P** pencil — 501
- plug — 514
- pot — 521
- pull — 533
- purse — 535
- **Q** quarter — 539
- **S** shoe — 601
- ski — 613
- soccer — 622
- station — 640
- sweet — 660
- **T** tool — 699
- top — 700
- tree — 705
- truck — 707
- **V** vegetable — 726
- vest — 728
- **W** wake — 734
- word — 764

# 発音記号表

## 母音

| 発音記号・カナ | 例 |
|---|---|
| [iː イー] | sheep[ʃíːp シープ] |
| [i イ] | ill[íl イル] |
| [e エ] | bed[béd ベッド] |
| [æ ア] | bad[bǽd バッド] |
| [ɑː アー] | calm[kɑ́ːm カーム] |
| [ɑ ア] | pot[⊛pɑ́t パット] |
| [ɔ オ] | pot[⊛pɔ́t ポット] |
| [ɔː オー] | caught[kɔ́ːt コート] |
| [u ウ] | put[pút プット] |
| [uː ウー] | boot[búːt ブート] |
| [ʌ ア] | cut[kʌ́t カット] |
| [əː アー] | bird[bə́ːrd バード] |
| [ə ア] | about[əbáut アバウト] |
| [ei エイ] | make[méik メイク] |
| [ai アイ] | bite[báit バイト] |
| [au アウ] | shout[ʃáut シャウト] |
| [ɔi オイ] | voice[vɔ́is ヴォイス] |
| [ou オウ] | note[nóut ノウト] |
| [iə イア] | ear[íər イア] |
| [eə エア] | there[ðéər ゼア] |
| [uə ウア] | usual[júːʒuəl ユージュアル] |
| [eiə エイア] | player[pléiər プレイア] |
| [ouə オウア] | lower[lóuər ロウア] |
| [aiə アイア] | tire[táiər タイア] |
| [auə アウア] | tower[táuər タウア] |
| [ɔiə オイア] | lawyer[lɔ́iər ロイア] |

## 子音

| 発音記号・カナ | 例 |
|---|---|
| [p パ, ピ, プ, ペ, ポ] | pen[pén ペン] |
| [b バ, ビ, ブ, ベ, ボ] | back[bǽk バック] |
| [t タ, ティ, トゥ, テ, ト] | tea[tíː ティー] |
| [d ダ, ディ, ドゥ, デ, ド] | date[déit デイト] |
| [k カ, キ, ク, ケ, コ] | key[kíː キー] |
| [g ガ, ギ, グ, ゲ, ゴ] | get[gét ゲット] |
| [f ファ, フィ, フ, フェ, フォ] | face[féis フェイス] |
| [v ヴァ, ヴィ, ヴ, ヴェ, ヴォ] | voice[vɔ́is ヴォイス] |
| [θ サ, スィ, ス, セ, ソ] | thick[θík スィック] |
| [ð ザ, ズィ, ズ, ゼ, ゾ] | then[ðén ゼン] |
| [s サ, スィ, ス, セ, ソ] | soon[súːn スーン] |
| [z ザ, ズィ, ズ, ゼ, ゾ] | zoo[zúː ズー] |
| [ʃ シャ, シ, シュ, シェ, ショ] | fish[fíʃ フィッシュ] |
| [ʒ ジャ, ジ, ジュ, ジェ, ジョ] | Asia[éiʒə エイジャ] |
| [tʃ チャ, チ, チュ, チェ, チョ] | cheek[tʃíːk チーク] |
| [dʒ ヂャ, ヂ, ヂュ, ヂェ, ヂョ] | jump[dʒʌ́mp チャンプ] |
| [ts ツ] | pants[pǽnts パンツ] |
| [dz ヅ] | beds[bédz ベッヅ] |
| [h ハ, ヒ, フ, ヘ, ホ] | hit[hít ヒット] |
| [m マ, ミ, ム, メ, モ/ン] | sum[sʌ́m サム] / camp[kǽmp キャンプ] |
| [n ナ, ニ, ヌ, ネ, ノ/ン] | neck[nék ネック] / sun[sʌ́n サン] |
| [ŋ ング/ン] | sing[síŋ スィング] / finger[fíŋgər フィンガア] |
| [l ラ, リ, ル, レ, ロ] | lead[líːd リード] |
| [r ラ, リ, ル, レ, ロ] | tree[tríː トゥリー] |
| [j ヤ, イ, ユ, イェ, ヨ] | yet[jét イェット] |
| [w ワ, ウィ, ウ, ウェ, ウォ] | wet[wét ウェット] |

※カナ表記はおよその目安としてください。
※[ə], [t], [d], [h], [r]などイタリックになっているものは、省略されることがある音です。
※[t], [d]が語尾にあるときは「ト」「ド」、語中にあるときは「トゥ」「ドゥ」と表しました。
※発音については、p.2「この辞書の構成と使い方」の❸発音」も参考にしてください。

言っているんだ.
❷《主に ⓂⒺ》…の周りに[を, の]; …のあちこち
に[で, を]（▶ⓂⒺでは主にaroundを使う）
- He looked *about* him.
  彼は周囲を見回した.

*be about to*+〈動詞の原形〉ちょうど…しよう
としている（▶「今まさに…するところだ」という
ごく近い未来を表すので, ふつうtomorrow（あ
した）などとはいっしょに使わない）
- The train *is about to* leave.
  電車がちょうど発車するところだ.

*How about*+〈名詞または-ing形〉?《話》…は
いかがですか; …するのはどうですか. → how
（成句）

*What about*+〈名詞または-ing形〉?《話》…は
いかがですか; …するのはどうですか. → what
（成句）

━副 ❶およそ, 約
- *about* an hour 約1時間
- *about* forty students およそ40人の生徒
- He came home (at) *about* seven o'clock.
  彼は7時ごろ帰宅した.（▶ aboutの前の前置詞
  は省略することがある）
- She is *about* as tall as you.
  彼女はあなたと同じくらいの身長だ.

❷《主に ⓂⒺ》あちこちに[を]; 辺りに（▶ⓂⒺでは主
にaroundを用いる）
- I walked *about* the town.
  私は町の中をあちこち歩いた.

## above 3級 A1 [əbÁv アバヴ]

━前 ❶（位置が）…の上に, …より高く（⇔below
…の下に）→ on 前 ❶〈らべて!〉
- Stars were shining *above* the mountains.
  山の上に星が光っていた.
- A helicopter was flying *above* my house.
  ヘリコプターが私の家の上を飛んでいた.

❷（数量・程度が）…より上で
- My math test score was *above* the class
  average.
  数学のテストはクラスの平均点より上だった.

❸…の上流に
- The dam is two kilometers *above* the
  bridge. ダムはその橋の2キロ上流にある.

*above all* とりわけ, 何よりもまず, 中でも
- She is intelligent, kind, and *above all*,
  honest. 彼女は頭がよくて親切で, そして何よ
  りも正直だ.

━副 上に（⇔below 下に）
- Please look at the chart *above*.
  上の図を見てください.

━形 上記の, 上述の

- the *above* number 上記の番号

**Abraham** [éibrəhæm エイブラハム] 名 ❶ エイブ
ラハム（▶男性の名. 愛称（あいしょう）はAbe）❷《聖書》
アブラハム（▶旧約聖書中のユダヤ人の始祖）

## abroad 準2級 A2 [əbrɔ́ːd アブロード]

━副 外国へ[に, で], 海外へ[に, で] → overseas
- go *abroad*
  外国へ行く（▶ go to abroadは×）
- study *abroad* 留学する
- travel *abroad* 海外旅行をする
- Have you ever been *abroad*?
  外国に行ったことがありますか.

━名 Ⓤ 外国, 海外
*from abroad* 外国[海外]から(の)
- a letter *from abroad* 海外から届いた手紙

**abrupt** [əbrÁpt アブラプト] 形 ❶突然（とつぜん）の, 不意
の（= sudden）❷ぶっきらぼうな

**absence** B1 [ǽbsəns アブサンス] 名 ⓊⒸ 欠席,
不在, 留守（⇔presence 出席）
- an *absence* note 欠席届
- There was a quiz during [in] your
  *absence*. 君が休みの間に小テストがあったよ.
- I met Sally after a long *absence*.
  私は久しぶりでサリーに会った.

## absent 2級 B1 [ǽbsənt アブサント]

形 不在の[で], 留守の[で]; 欠席して, 休ん
で（⇔present 出席して）;《be absent from
…で》…を欠席している
- Ben *is absent from* school today.
  ベンはきょう, 学校を休んでいる.
派生語 absence 名

**absent-minded** [ǽbsəntmáindid アブサントマ
インディド] 形 ぼんやりした, 上（うわ）の空の

**absolute** B1 [ǽbsəluːt アブサルート] 形《名詞の
前のみに用いる》絶対的な, 絶対の（⇔relative
相対的な）, 完全な, まったくの（= complete）
派生語 absolutely 副

**absolutely** B1 [ǽbsəlúːtli アブサルートゥリィ]
副 ❶絶対に, まったく
- It is *absolutely* right. それは絶対に正しい.
❷《話》そのとおり（▶返事に用いて同意を表す）
（= certainly）
- "Do you think it's a good idea?" "Oh,
  yes, *absolutely*."
  「それはいい考えだと思いますか」「ええ, 本当に
  そう思います」（▶「とんでもない」と答えるとき
  は"*Absolutely* not."）

**absorb** 2級 B1 [əbzɔ́ːrb アブゾーブ] 動 他 ❶（液
体・気体）を吸いこむ, (音・光など)を吸収する
❷（情報・知識など）を吸収する, 理解する

## abstract

❸ (注意・心など)を奪(ぼ)う; (人)を熱中させる; 《be absorbed in ...で》…に熱中している
- She *is absorbed in* her work.
彼女は仕事に熱中している.

**abstract** B1 [ǽbstrækt アブストゥラクト]
形 抽象(しょう)的な(⇔concrete 具体的な)
- *abstract* art 抽象芸術

**absurd** B2 [əbsə́ːrd アブサード] 形 ばかげた, 不合理な

**abundant** B1 [əbʌ́ndənt アバンダント] 形 豊富な, たくさんの

**abuse** B2 (★動と名で発音が異なる)
━動 [əbjúːz アビューズ] 他 ❶ (人・動物など)を虐待(ぎゃく)する ❷ (権力など)を乱用[悪用]する
━名 [əbjúːs アビュース] ❶ ⓤ 虐待 ❷ ⓤⓒ 乱用, 悪用
- drug *abuse* 薬物の乱用

**acacia** [əkéiʃə アケイシャ] 名 ⓒ 〖植物〗アカシア; ニセアカシア, 針えんじゅ (= locust tree)

**academic** B1 [ækədémik アカデミック] 形 学校の; 大学の; 学問的な

**academy** B1 [əkǽdəmi アカダミィ]
名 (複 academies[-z]) ⓒ ❶ 特殊(とく)専門学校, 高等教育機関(▶特殊技術を授(さず)ける学校)
❷ 学士院; 学術[美術]協会
- an *Academy* Award アカデミー賞(▶米国の映画芸術科学アカデミーが毎年優(すぐ)れた映画・監督(かんとく)・俳優などに与(あた)える賞)(= an Oscar)

アカデミー賞受賞者たちが持つオスカー像(ぞう)

派生語 **academic** 形

**accent** B1 (★名と動でアクセント位置が異なることがある)
━名 [ǽksent アクセント | ǽksənt アクサント] ❶ ⓤⓒ アクセント, 強勢(= stress); アクセント符号(ふごう)(´) (` , ˆ)(= *accent* mark)
❷ ⓒ (特有の)口調; なまり
- He speaks English with a French *accent*.
彼はフランス語なまりの英語を話す.
━動 [ǽksent アクセント | əksént アクセント] 他 …にアクセントを置く, …を強く発音する

## accept 準2級 A2 [əksépt アクセプト]
動 (三単現 accepts[-ts -ツ]; 過去・過分 accepted

[-id]; 現分 accepting) 他 ❶ (申し出・提案など)を受け入れる(⇔refuse …を断る); …を受け取る
- *accept* an invitation [offer]
招待[申し出]に応じる
- He *accepted* my present.
彼は私の贈(おく)り物を受け取った.
- Do you *accept* US dollars?
ここで米ドルは使えますか.
❷ (弁解・説明など)を認める
- My teacher didn't *accept* my excuse.
先生は私の言い訳を認めなかった.
派生語 **acceptable** 形

**acceptable** A2 [əkséptəbl アクセプタブル]
形 受け入れられる, (満足ではないが)十分な

**access** 2級 B1 [ǽkses アクセス]
━名 ⓤ ❶ 接近; 近づく方法
❷ 通路, 入り口; 交通手段
❸ 〖コンピュータ〗アクセス
- Internet *access* インターネットへのアクセス
━動 (三単現 accesses[-iz]) 他 〖コンピュータ〗(データなど)にアクセスする
派生語 **accessible** 形

**accessible** B1 [əksésəbl アクセサブル] 形 (場所や施設が)近づきやすい, だれでも利用しやすい, バリアフリーの

**accessory** B1 [əksésəri アクセサリィ] (★アクセント位置に注意) 名 (複 accessories[-z]) ⓒ 《ふつう accessories で》アクセサリー, 付属品(▶バッグ・ベルト・スカーフや自動車のエアコン・ラジオ, コンピュータのスキャナーなどをさす)

## accident 準2級 A2
[ǽksədənt アクスィダント] 名 (複 accidents[-ts -ツ]) ⓒ 事故; 偶然(ぐうぜん)の出来事
- My father had an *accident* yesterday.
父はきのう事故に遭(あ)った.
- She was killed in a traffic *accident*.
彼女は交通事故で亡(な)くなった.
*by accident* 偶然に, 思いがけなく

**accommodation** B2 [əkɑ̀mədéiʃən イション | əkɔ̀m- アコマ-] 名 ⓤⓒ 《⊛ではふつう accommodations で》(ホテルなどの)宿泊(はく)設備; 収容能力

**accompany** 2級 B1 [əkʌ́mpəni アカンパニィ]
動 (三単現 accompanies[-z]; 過去・過分 accompanied[-d]) 他 ❶ …についていく, 同行する(▶《話》ではふつう go with ...)
- I *accompanied* my sister to the dentist.
妹[姉]に付きそって歯医者に行った.
- He is *accompanied* by a bodyguard.
彼はボディーガードに付きそわれている.

# Achilles(') heel

❷ …の伴奏(ばんそう)をする
- I will *accompany* you on the piano.
  私がピアノであなたの伴奏をしましょう.

**accomplish** 2級 B1 [əkάmpliʃ アカンプリッシュ|əkʌ́m- アカン-] 動 (三単現 accomplishes[-iz])
他 …をやりとげる, (目的など)を果たす

**according** 2級 [əkɔ́ːrdiŋ アコーディング] 副 (▶次の成句で用いる)

*according to ...* …(の言うところ)によれば; …に従って[応じて] (▶「…」には名詞(句)がくる)
- *According to* the news, the hijacker was caught.
  ニュースによれば, ハイジャック犯は逮捕(たいほ)されたそうだ.

**accordion** [əkɔ́ːrdiən アコーディアン] 名 C 〖楽器〗アコーディオン

# account 準2級 A2 [əkáunt アカウント]

― 名 (複 accounts[-ts -ツ]) ❶ C 預金口座; (ふつう accounts で) 請求(せいきゅう)書, 勘定書(かんじょうがき); (貸し借りの)勘定
- have [open] an *account* with a bank
  銀行に口座を持っている[開く]

❷ 〖コンピュータ〗アカウント (▶コンピュータやインターネットなどを利用するための権利や登録)
- an email *account* 電子メールのアカウント

❸ C 記述, 報告, 記事, 説明 (▶個人的な体験に基づく話をさす)

*on account of ...* …の理由で (= because of …)
- Our picnic was canceled *on account of* bad weather.
  ピクニックは悪天候で取りやめになった.

*take ... into account* = *take account of ...* …を考慮(こうりょ)に入れる

― 動 (三単現 accounts[-ts -ツ]; 過去・過分 accounted[-id]; 現分 accounting)
自 《account for ...で》…を説明する
- Can you *account for* the mistake?
  間違(まちが)いの理由を説明できますか.
- There is no *accounting for* taste(s).
  (ことわざ) たで食う虫も好き好き. (⇔人の好みは説明できない)

派生語 accountant 名

**accountant** [əkáuntənt アカウンタント] 名 C 会計係, 会計士

**accumulate** B2 [əkjúːmjuleit アキューミュレイト] 動 他 …を蓄積(ちくせき)する, 少しずつためる

**accuracy** B1 [ǽkjurəsi アキュラスィ] 名 U 正確さ

**accurate** B1 [ǽkjurət アキュラット] 形 正確な, 精密な 派生語 accuracy 名

**accusation** B2 [ǽkjuzéiʃən アキュゼイション] 名 ❶ U 〖法律〗告訴(こくそ), 告発 ❷ 非難

**accuse** B1 [əkjúːz アキューズ] 動 他 《accuse ... of ~で》…を~で非難する; …を告訴(こくそ)する
- She was *accused of* stealing.
  彼女は盗(ぬす)みで告訴された.

**accustom** 2級 B1 [əkʌ́stəm アカスタム] 動 他 《be accustomed to +〈名詞または -ing形〉で》…に慣れている
- I'*m accustomed to* travel*ing* alone.
  私は1人で旅行することに慣れている.

**ace** [éis エイス] 名 ❶ C (トランプ・さいころの)1, エース
- the *ace* of diamonds ダイヤのエース

❷ C 《話》第一人者, 最優秀(さいゆうしゅう)選手, エース
- He is an *ace* at skiing.
  彼はスキーの第一人者だ.

❸ C (テニスやバレーボールの)サービスエース

**ache** B1 [éik エイク]
― 動 自 痛む (▶鈍(にぶ)い痛みが続く状態)
- My back *aches*.
  背中[腰(こし)]が痛い. (= I have a backache.)

― 名 U C 痛み (▶長く続く鈍い痛み) → pain
- I've got an *ache* in my leg.
  足が痛い.

痛みのいろいろ
backache 背中の痛み, 腰痛(ようつう)
headache 頭痛 / stomachache 胃痛, 腹痛
toothache 歯痛

**achieve** 準2級 A2 [ətʃíːv アチーヴ] 動 他 ❶ (仕事など)を成しとげる, (目標など)を達成する
- She *achieved* her goal.
  彼女は目標を達成した.

❷ (努力して名声など)を勝ち取る
- He *achieved* fame as an actor.
  彼は俳優として名声を得た.

派生語 achievement 名

**achievement** B1 [ətʃíːvmənt アチーヴマント] 名 ❶ C 業績, 功績; U 学力, 成績 ❷ U (目的の)達成, 成功

**achievement test** [ətʃíːvmənt tèst アチーヴマント テスト] 名 C 学力検査, アチーブメントテスト

**Achilles** [əkíliːz アキリーズ] 名 〖ギリシャ神話〗アキレス (▶トロイ戦争の英雄(えいゆう))

**Achilles(') heel** [əkíliːz híːl アキリーズ ヒール] 名 C アキレスのかかと; アキレスけん, 唯一(ゆいいつ)の弱点, 泣きどころ

## Achilles tendon

**これ、知ってる？ アキレスのかかと**
アキレスは赤ん坊(ぼう)のころ，母親に死後の世界の川に体を浸(ひた)され，母親がつかんでいたかかと以外は不死身になりました．しかしトロイ戦争で，唯一の弱点であるかかとに矢を射られて命を落とします．Achilles(') heelという言い方はここから来ています．

**Achilles tendon**[əkíliːz téndən アキリーズ テンダン] 名 C アキレスけん

**achoo**[ɑːtʃúː アーチュー] 間 ハクション（▶くしゃみの音．「くしゃみ(をする)」はsneeze）

**acid** B2 [ǽsid アスィッド]
— 名 U C (化学)酸
— 形 酸の, 酸性の; すっぱい

**acid rain**[ǽsid réin アスィッド レイン] 名 U 酸性雨（▶大気汚染(おせん)による酸性の雨で，樹木などに被害(ひがい)を与(あた)える）

**acknowledge** B1 [əknɑ́lidʒ アクナリッヂ |-nɔ́lidʒ -ノリッヂ] 動 他 ❶ …を認める
• He *acknowledged* his mistake.
彼は自分の間違(まちが)いを認めた．
❷ …を受け取ったことを知らせる
• She *acknowledged* the gift.
彼女は贈(おく)り物を受け取ったと知らせてきた．

**acorn**[éikɔːrn エイコーン] 名 C どんぐり（▶なら・かしなどの実）

**acquaint**[əkwéint アクウェイント] 動 他 (人などに)…を熟知させる;《be acquainted with …で》…と知り合いである
• He *is acquainted with* my brother.
彼は私の兄[弟]と知り合いだ．
派生語 acquaintance 名

**acquaintance** B1 [əkwéintəns アクウェインタンス] 名 ❶ C 知人, 知り合い（▶friendほどは親しくない人に用いる）
• Ms. King is an *acquaintance* of mine.
キングさんは私の知り合いだ．
❷ U 知っていること, 知識;（人との）面識
• I *made* his *acquaintance* three years ago. 3年前彼と知り合った．

**acquire** B1 [əkwáiər アクワイア] 動 他 (努力して)…を手に入れる, 獲得(かくとく)する(=get); …を習得する;（習慣など）を身につける（▶形式ばった語）

**acre** 3級 [éikər エイカァ]（★creのつづりに注意）
名 C エーカー（▶面積の単位．約4047平方メートル．a.と略す）
• 100 *acres* of land 100エーカーの土地

**acrobat** 3級 [ǽkrəbæt アクラバット] 名 C （綱渡(つなわた)り・空中ぶらんこなどの）軽業(かるわざ)師, 曲芸師

## across 準2級 A2

[əkrɔ́ːs アクロース | əkrɔ́s アクロス]（★「アクロス」でないことに注意）

前 ❶ …を横切って
❷ …の向こう側に[の]
❸ …のいたる所に
副 ❶ 横切って
❷ 幅(はば)で, 直径で
❸ 交差して

— 前

❶ …を横切って, …を渡(わた)って(⇔along …に沿って); …と交差して
• Be careful when you walk *across* the street. 通りを横切るときには注意しなさい．
• As the lake is small, we can swim *across* it. その湖は小さいので，私たちは泳いで渡れる．
❷ …の向こう側に[の]
• The bank is *across* the street.
銀行はちょうど通りの向こう側にあります．
❸ …のいたる所に
• The news spread *across* the United States. そのニュースは米国中に広まった．

**くらべてみよう！ across と over**
**across:** 平らなものの表面を端(はし)から端まで横切るさま
**over:** 上を越(こ)えて渡るさま
• run *across* a field 野原をかけぬける
• jump *over* a fence
フェンスを飛び越える
• a bridge *across* [*over*] a river
川にかかる橋

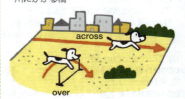

**come across ...** （人）にばったり出会う;（物）をたまたま見つける → come (成句)

***cut across ...*** …を横切る；…を横切って近道をする → cut(成句)

> **ここがポイント！** 似ているけれど，cross は動詞
>
> cross は「…を横切る」の意味の動詞です．
> ○ He *crossed* the street.
> 　彼は通りを横切った．
> × He went cross the street.
> ○ He went *across* the street.
> 　彼は通りを横切って行った．

―副 ❶ **横切って**，渡って，向こう側へ
- A dog went *across* to the other side of the road. 犬が道路の反対側へ渡って行った．

❷ 幅で，直径で，端から端までで
- How far *across* is Tokyo Bay?
東京湾(とう)はどのくらい幅がありますか．
(= How wide is Tokyo Bay?)

❸ 交差して

***across from ...*** ❀…の向かいに (= opposite)
- The bookstore is *across from* the bank.
書店は銀行の向かい側にある．

## act 準2級 A2 [ǽkt アクト]

―動 (三単現 acts[-ts -ツ]，過去・過分 acted[-id]，現分 acting)
― 自 **行動する，行う**
- *Act* carefully. 慎重(しん)に行動しなさい．

― 他 ❶ (…のように)**ふるまう**
- *Act* your age! 年相応にふるまいなさい．(▶子どもをしかるときの決まり文句)

❷ (役)を演じる
- Who is *acting* (the part of) Hamlet?
ハムレット(の役)を演じているのはだれですか．

***act on [upon] ...*** …に従って行動する

―名 (複 acts[-ts -ツ]) C ❶ **行い，行為(こう)；見せかけ，芝居(しばい)**
- a brave *act* 勇気ある行い
- His attitude was just an *act*.
彼の態度は見せかけにすぎなかった．

❷ 《しばしば Act で》(劇などの)幕
- a play in three *acts* (= a three-*act* play)
3幕物の芝居
- *Act* I, Scene 2
第1幕第2場(▶ act one, scene two と読む)

❸ 《しばしば Act で》条例，法令
- the Gun Control *Act* 銃砲(じゅう)規制法

***in the act of*** +〈-ing形〉…している最中で
- The camera caught him *in the act of* steal*ing*. カメラは彼が盗(ぬす)みを働いている現場をとらえた．

派生語 acting 形名，action 名，active 形，actor 名，actress 名

## acting [ǽktiŋ アクティング]

―形 代理の
―名 U 演technology；行為，裏技(うら)
- She began to study *acting*.
彼女は演技の勉強を始めた．

## action 4級 A1 [ǽkʃən アクション]

名 (複 actions[-z]) ❶ U **行動**，活動；C 行い，行為(こう)，《actions で》ふだんの行動
- Put your ideas into *action*.
考えを行動に移しなさい．
- Be more careful about your *actions*.
行動にもっと気をつけなさい．

❷ U C 作用，働き；効果
- the *action* of chemicals on the nervous system 神経系に及(およ)ぼす化学薬品の作用

❸ C 動作，演技，アクション
- an *action* movie アクション映画

❹ U C 戦闘

***in action*** 活動して，作用して
***out of action*** 活動しない，機能しない
***take action*** 行動を起こす
- We need to *take action* to protect the environment. 私たちは環境(きょう)を守るために行動を起こす必要がある．

## active 2級 B1 [ǽktiv アクティヴ]

形 ❶ **活動的な**，活発な
- Anne is an *active* student.
アンは活発な生徒だ．

❷ 活動中の
- an *active* volcano 活火山

❸ 積極的な (⇔ passive 消極的な)

❹ 《文法》能動態の (⇔ passive 受動態の)
- the *active* voice 《文法》能動態

派生語 activity 名

## activity 3級 A1 [æktívəti アクティヴィティ] 名

(複 activities[-z]) ❶ 《activities で》(学校や社会での)活動
- club *activities* クラブ活動

❷ U 活動していること；活力，活気
- His English class is full of *activity*.
彼の英語の授業は活気に満ちている．

## actor 4級 A1 [ǽktər アクタァ] 名 C 俳優，男優

(⇔ actress 女性の俳優)

## actress 2級 B1 [ǽktrəs アクトゥリス] 名 (複

actresses[-iz]) C 女性の俳優，女優 (⇔ actor 俳優)(▶最近では男女の区別を避(さ)けて actor が多く用いられる)

## actual B2 [ǽktʃuəl アクチュアル] 形 現実の，実際の

## actually

派生語 actually 副

## actually 準2級 A2
[ǽktʃuəli アクチュアリィ]
副 ❶ 実際に, 現実に
- I *actually* saw the singer at the airport.
  私は空港でその歌手を実際に見た.

❷《接続詞的に》(まさかと思うかもしれないが)本当は, 実は
- That man looks strict, but *actually* he is really kind.
  あの人は厳しそうに見えるが, 実はとても優(ﾔｻ)しい.

❸《話》実は(▶軽くつけ加えるときに用いる)
- We had a wonderful time, *actually*.
  楽しかったんですよ, 本当に.

**acute** B2 [əkjúːt アキュート] 形 ❶ (感情・痛みなどが)鋭(するど)い, 激しい; (事態が)深刻な
- an *acute* pain 激しい痛み

❷ (病気が)急性の
❸ (人が)敏感(びんかん)な, 鋭敏(えいびん)な
❹ (先の)鋭い, とがった;《数学》鋭角の

**ad** B1 [ǽd アッド] (★同音 add 加える) 名 C《話》広告(▶ advertisement の短縮形)

**ad.** adverb (副詞)の略

**A.D.** [éidi: エイディー] 西暦(せいれき), (キリスト)紀元(⇔ B.C. 紀元前)
- A.D. 20 = 20 A.D. 西暦20年

> ### ここがポイント! A.D.の意味と位置
> A.D.はラテン語 Anno Domini [ǽnou dάmənài アノゥ ダマナィ | dάmini ダミニィ] (= in the year of Our Lord わが主キリストの年の)の略です. 本来は数字の前に置きますが, しばしば数字の後にも置かれます. また最近では A.D. の代わりに CE (= the Common Era 西暦紀元)が, B.C.(紀元前)の代わりに BCE (= Before the Common Era 西暦紀元前)がよく使われます. → B.C.

**Adam** [ǽdəm アダム] 名 ❶ アダム(▶男性の名)
❷《聖書》アダム(▶旧約聖書中の, 神が創造した最初の男性) → Eve

**Adam's apple** [ǽdəmz ǽpl アダムズ アプル] 名 C のどぼとけ(▶アダムが禁断の木の実を食べ, かけらがのどにつかえてできたという伝説から)

**adapt** B1 [ədǽpt アダプト] 動
— 他 (状況(じょうきょう)に)…を適合させる;(目的に合わせて)…を変更(へんこう)する, 改造する, 改作する
- This book was *adapted* for TV.
  この本はテレビ用に書き直された.

— 自 (…に)適応する
- He soon *adapted* to his new school.
  彼はすぐに新しい学校に適応した.

派生語 adapter 名

**adapter** [ədǽptər アダプタァ] (▶ adaptor ともつづる) 名 C (電気・コンピュータの)アダプター

## add 3級 A1 [ǽd アッド]
動 (三単現 adds [-dz -ヅ]; 過去・過分 added [-id]; 現分 adding) 他 ❶ (〜に)…を加える, 足す (⇔ subtract 引く)
- I never *add* milk to my coffee.
  私はけっしてコーヒーにミルクを加えない.
- If we *add* seven and [to] four, we get eleven.
  7と4を足すと11になる(7+4=11).

❷ …と言い足す, 書き加える, つけ加える
- "I think so, too," he *added*.
  「私もそう思います」と彼はつけ加えた.
- He *added* Silvia's name to the list.
  彼はシルビアの名前をリストに書き加えた.

*add to ...* …を増す, 大きくする
- The news *added to* her worries.
  その知らせが彼女の不安を増した.

*add up* (…を)合計する
- Please *add up* the fare.
  料金を合計してください.

派生語 addition 名

**addict** B2 [ədíkt アディクト]
— 動 他《be addicted to ...で》…の中毒になっている, …にはまっている
- Ken is *addicted to* online games.
  ケンはオンラインゲームにはまっている.
— 名 C (悪い習慣などの)中毒者, 常習者
- a game *addict* ゲーム中毒者

派生語 addiction 名

**addiction** [ədíkʃən アディクション] 名 U C 中毒, 夢中なこと
- Internet *addiction* インターネット中毒

**addition** 準2級 A2 [ədíʃən アディション] 名 U つけ加えること; U C 足し算 (⇔ subtraction 引き算); C つけ加えたもの

*in addition* さらに, そのうえ
*in addition to ...* …に加えて, …のほかに
- He speaks three languages *in addition to* English.
  彼は英語のほかに3か国語を話す.

**additional** 準2級 A2 [ədíʃənl アディショヌル] 形 追加の, 添加(てんか)された, 特別な

## *address 4級 A1
(★ 名 と 動 でアクセント位置が異なる)

**名❶**住所；（Eメールなどの）アドレス
  **❷**演説, あいさつの言葉
**動他❶**（郵便物）にあて名を書く
  **❷**…に向かって話しかける
  **❸**（困難・問題に）取り組む, 立ち向かう

─**名** [ədrés アドゥレス, ǽdres アドゥレス]
（複 addresses [-iz]）C **❶住所**,（手紙などの）あて名,（Eメールなどの）アドレス（►この意味では米ではしばしば [ǽdres アドゥレス] と発音）
- an *address* book 住所録
- an email *address* Eメールアドレス
- What is your *address*? ご住所はどちらですか.（►Where is your address? は×）
- Please write your name and *address* here. あなたの住所と氏名をここに書いてください.（►your address and name は×）

**❷**（公式の）**演説**, あいさつの言葉（►speech より形式ばった演説を言う）
- an opening *address* 開会の辞［言葉］
- a closing *address* 閉会の辞［言葉］
- give［make, deliver］an *address* to the nation 国民に向けて演説をする

─**動** [ədrés アドゥレス]（三単現 addresses [-iz]，過去・過分 addressed [-t]；現分 addressing）他 **❶**（郵便物）にあて名を書く；（人）にあてて手紙を出す
- I *addressed* a letter to the Prime Minister. 私は首相あてに手紙を書いた.

**❷**…に向かって話しかける；（聴衆（しゅう））に話をする, 演説する（►形式ばった語）

**❸**（困難・問題に）取り組む, 立ち向かう
- *address* global warming 地球温暖化に取り組む

**adequate** B2 [ǽdikwət アディクウィット] 形 適切な, ふさわしい；十分な（= enough）

**adios** [ædióus アディオゥス | -ós -オス] 間（スペイン語で）さようなら

**adj.** adjective（形容詞）の略

**adjective** A2 [ǽdʒiktiv アヂェクティヴ] 名 C〖文法〗形容詞（►a. または adj. と略す）

**adjust** A2 [ədʒʌ́st アヂャスト] 動
─他 **❶**…に順応（じゅんおう）する, 適応する；（〜に）…を適合させる, 合わせる
**❷**…を調節する
- I *adjusted* my clock a few minutes. 私は時計を数分調節した.
─自 (…に）順応する, 慣れる
- My cat soon *adjusted* to his new home. 私の猫（ねこ）は新しい家にすぐ慣れた.
派生語 adjustment 名

**adjustment** B2 [ədʒʌ́stmənt アヂャストゥマント] 名 U C 調整, 調節；精算

# admit

**administration** B1 [ədmìnəstréiʃən アドゥミニストゥレイション] 名 **❶** U 管理, 経営
- business *administration* 企業経営
**❷** U 行政；C 行政機関；《the Administration で》米 政府

**admirable** B2 [ǽdmərəbl アドゥマラブル] 形 あっぱれな, 感心な；みごとな, すばらしい

**admiral** [ǽdmərəl アドゥマラル] 名 C 海軍大将, 艦隊（かんたい）司令長官, 提督

**admiration** B1 [ædməréiʃən アドゥマレイション] 名 U 賞賛, 感心, 感嘆（かんたん）
- with [in] *admiration* 感心して
- I had great *admiration* for her. 私は彼女にとても感心した.

**admire** 準2級 A2 [ədmáiər アドゥマイア] 動 他（►ふつう進行形にしない）**❶**…を賞賛する, …に感心する
- We *admired* him for his behavior. 私たちは彼のふるまいに感心した.
**❷**…に感嘆（かんたん）する, 見とれる
- They *admired* the view of the snowy mountains. 彼らは雪山の景色に感嘆した.
派生語 admirable 形, admiration 名

**admirer** [ədmáiərər アドゥマイ(ア)ラァ] 名 C 賞賛者, 崇拝（すうはい）者, ファン

**admission** B1 [ədmíʃən アドゥミッション] 名 U **❶** 入るのを許可すること；入場, 入会, 入学
- He got *admission* to the riding club. 彼はその乗馬クラブに入会を認められた.
- NO *ADMISSION* ALLOWED BEFORE 9 AM《掲示》午前9時前入場禁止
**❷** 入場料, 入学金
- *ADMISSION* FREE《掲示》入場無料

「動物園開場時間 毎日午前7:30〜午後7:30 入場料無料」の掲示（米国・ウィスコンシン州）

**admit** 準2級 A2 [ədmít アドゥミット] 動（過去・過分 admitted [-id]；現分 admitting）他 **❶**…を認める；…だと認める（►「しぶしぶ認める」ことを表す）（⇔ deny 否定する）
- I *admit*（that）he is right. 彼が正しいと認めます.
**❷**…を入れる,（人）に入ることを許す；（入場・入

## adopt

会・入学)を許可する
- He was *admitted* to the college.
彼はその大学に入学を許された.

派生語 admission 名

**adopt** B1 [ədápt アダプト | ədɔ́pt アドプト] 動 他 ❶
…を養子にする
- They *adopted* their nephew.
彼らはおいを養子にした.

❷(意見・方法など)を採用する, 選ぶ
- They *adopted* my opinion.
彼らは私の意見を採用した.

**adore** B2 [ədɔ́ːr アドア] 動 他 ❶ …を敬愛する, 慕(した)う, …にあこがれる ❷《話》…が大好きである

**adult** 準2級 A2 [ədʌ́lt アダルト | ǽdʌlt アダルト]
— 名 C 大人, 成人(⇔child 子ども)
- *ADULTS* ONLY 《掲示》未成年者お断り, 成人向き

16歳未満の立ち入りが制限されていることを示す看板

— 形 大人の, 成人した, 成長した; 成人向けの
- an *adult* man [woman] 成人男性[女性]

**adv.** adverb(副詞)の略

## advance B1

[ædvǽns アドゥヴァンス | ədvάːns アドゥヴァーンス]

— 動 (三単現 advances[-iz]; 過去・過分 advanced[-t]; 現分 advancing)
— 自 前進する; (…の点で)進歩する
- The car *advanced* slowly in the snow.
車は雪の中をゆっくりと進んだ.
- She *advanced* greatly in English.
彼女は英語で大きく進歩した.
— 他 …を前進させる; …を進歩させる

— 名 (複 advances[-iz]) U C 前進; 進歩
- make an *advance* 前進する

*in advance* 前もって, あらかじめ
- You have to pay *in advance*.
料金先払(さきばら)いになっています.

派生語 advanced 形

**advanced** 準2級 A2 [ædvǽnst アドゥヴァンスト | ədvάːnst アドゥヴァーンスト]
形 進んだ, 進歩した; 高等の, 上級の

- an *advanced* course 上級コース

**advantage** 準2級 A2 [ædvǽntidʒ アドゥヴァンティッヂ | ədvάːn- アドゥヴァーン-] 名 ❶ C 有利な点[立場], 強み; 有利, 優位(⇔disadvantage 不利); U 利益
- Living in Tokyo is a great *advantage* for him. 東京に住んでいることは彼にとって大きな強みだ.

❷ U『テニス』アドバンテージ(▶deuce(デュース)後最初の得点)

*take advantage of ...* (機会など)を利用する; …の弱みにつけこむ
- She is *taking advantage of* you.
彼女はあなたの弱みにつけこんでいる.

## adventure 準2級 A2

[ədvéntʃər アドゥヴェンチャァ]
名 (複 adventures[-z]) C U 冒険(ぼうけん); C 予期せぬ出来事, 珍(めず)しい[楽しい]経験
- Tom had many exciting *adventures*.
トムはわくわくするような冒険をたくさんした.

派生語 adventurer 名

**adventurer** [ədvéntʃərər アドゥヴェンチャラァ]
C 冒険(ぼうけん)家

**adverb** B1 [ǽdvəːrb アドゥヴァーブ] 名 C 『文法』副詞(▶adv. と略す)

**advertise** 2級 B1 [ǽdvərtàiz アドゥヴァタイズ]
動 — 他 …を広告する, 宣伝する
— 自 (…を求める)広告を出す
- He *advertised* for an assistant.
彼は助手募集(ぼしゅう)の広告を出した.

派生語 advertisement 名, advertising 名

**advertisement** 準2級 A2 [ǽdvərtáizmənt アドゥヴァタイズマント | ədvə́ːtis- アドゥヴァーティス-]
名 U C 広告, 宣伝(▶※《話》ではadともいう)
- put an *advertisement* for the book in the newspaper
新聞に本の広告を出す

**advertising** 準2級 A2 [ǽdvərtàiziŋ アドゥヴァタイズィング] 名 広告を出すこと, 広告; 広告業

## advice 準2級 A2

[ədváis アドゥヴァイス] (★動詞 adviseとのつづりの違(ちが)いに注意)

名 U 助言, アドバイス, 忠告(▶数えるときはan adviceではなく a piece of adviceと言う)
- ask for *advice* 助言を求める
- Can you give me some *advice*?
相談に乗ってくれる?
- He must take [follow] the teacher's *advice*. 彼は先生の忠告に従うべきだ.

派生語 advise 動

# afraid

**advise** 準2級 A2 [ədváiz アドゥヴァイズ]（★名詞adviceとのつづりの違いに注意）動他 ❶（～について）…に忠告する, 助言する
- I *advised* her on [about] her painting. 私は絵について彼女に助言した.

❷…に～するよう勧める
- The teacher *advised* me to talk to my family. 先生は私に家族と相談するよう勧めた.

派生語 adviser 名

**adviser** B1 [ədváizər アドゥヴァイザァ]（►advisorともつづる）名C 忠告者, 助言者, 相談相手；顧問；⊛（学生の）指導教官

**AED** [èiiːdíː エイイーディー] 名C 自動体外式除細動器（►Automated External Defibrillatorの略. 救命のために心臓に電気ショックを与える器具）
- learn how to use an *AED* AEDの使い方を学ぶ

**Aegean** [idʒíːən イヂーアン]
━形 エーゲ海の
- the *Aegean* Sea エーゲ海（►地中海の一部. バルカン半島と小アジアの間）

━名《the Aegeanで》エーゲ海

**aerial** [éəriəl エ（ア）リアル]
━形 空気の；空中の；飛行機からの
━名C ⊛ アンテナ（=⊛antenna）

**aerobics** B1 [eəróubiks エ（ア）ロゥビクス] 名U エアロビクス（►運動で体の酸素の消費量を高める健康法）

**aerogram** [éərəgræm エ（ア）ラグラム]（►aerogrammeともつづる）名C 航空書簡, エアログラム（►手紙を書き, 折りたたむと封筒に入れたような形になる便せん）

**aeroplane** A1 [éərəplèin エ（ア）ラプレイン] 名C ⊛飛行機（=⊛airplane）

**Aesop** [íːsəp イーサップ | -sɔp -ソップ] 名 イソップ（►620?-560? B. C.；古代ギリシャのぐう話作家.『イソップ物語』の作者と言われている）

**AET** [èiiːtíː エイイーティー] 名C 英語指導助手（►Assistant English Teacherの略）→ ALT

**affair** A2 [əféər アフェア] 名C ❶ 事, 事柄；《話》出来事（=event）；事件
- a strange *affair* 奇妙な事

❷《しばしばaffairsで》仕事, 事務；事情, 事態
- public *affairs* 公務

❸（個人的な）問題, 関心事
- That's my (own) *affair*. It's not yours.《話》それは私の問題だ, 君の知ったことではない.

**affect** 2級 B1 [əfékt アフェクト] 動他 ❶ …に（悪）影響を及ぼす, 作用する；（健康などを）冒す
- Sleeping poorly *affects* your concentration. 寝不足は集中力に悪影響を与える.

❷（人）の心を動かす（►ふつう受け身で用いる）
- I was deeply *affected* by his words. 私は彼の言葉に深く感動した.

派生語 affection 名

**affection** 2級 B1 [əfékʃən アフェクション] 名U C 愛, 愛情, 愛着（►loveに比べて, 家族や友人などに対する静かで長く続く愛情を意味する）

派生語 affectionate 形

**affectionate** B2 [əfékʃənət アフェクシャナット] 形 愛情のこもった, 優しい（=loving）

**affectionately** B2 [əfékʃənətli アフェクシャナットゥリィ] 副 愛情をこめて, 親しみをもって, 優しく

**afford** 2級 B1 [əfɔ́ːrd アフォード] 動他《can afford（to+〈動詞の原形〉で》（時間・金）に（…をする［買う］）余裕がある
- I *cannot afford* the time *to* go and see him. 私には彼を迎えに行く時間がない.
- *Can* you *afford*（*to* buy）this book? この本を買う余裕がありますか.

**affordable** B2 [əfɔ́ːrdəbl アフォーダブル] 形（値段が）無理なく買える, 手頃な価格の
- at an *affordable* price 手頃な値段で
- "*affordable* and clean energy" 「エネルギーをみんなに, そしてクリーンに」（►国連で採択されたSDGs（持続可能な開発目標）の7番目の目標）

**Afghan** [æfgæn アフギャン]
━形 アフガニスタンの；アフガニスタン人［語］の
━名C アフガニスタン人；U アフガニスタン語

**Afghanistan** [æfgǽnistæn アフギャニスタン] 名 アフガニスタン（►アジア南西部の共和国. 首都はカブール（Kabul））

派生語 Afghan 形 名

# afraid 3級 A1 [əfréid アフレイド]

形（比較 more afraid；最上 most afraid）《名詞の前には用いない》❶怖がって, 恐れて
- They seemed to be *afraid*. 彼らは怖がっているように思えた.

**be afraid of +〈名詞または-ing形〉**
…を怖がっている, 恐れている
- Children *are afraid of* ghosts. 子どもは幽霊を怖がる.
- *Are* you *afraid of* going there alone? そこにひとりで行くのが怖いのですか.

**be afraid to +〈動詞の原形〉**
怖くて…できない
- Ben *was afraid to* come here alone. ベンは怖くてここにひとりで来られなかった.

## Africa

> **be afraid (that) ...**
> …だと恐れる, 心配する
- She *is afraid* (*that*) she'll make a lot of mistakes. 彼女はたくさんミスをするのではと心配している.

❷ (人などを)心配して, 気づかって

***I am afraid* (*that*) ...** .(残念です[申し訳ない]が)…だと思う., …ではないかしら.(▶相手にとって悪い内容をていねいに伝えるときに使う, よい内容なら, I hope (that)... .を使う)→ hope くらべて!

- *I'm afraid* (*that*) your name is not on the list. お名前はリストにございませんが.

話してみよう!

☺ Are we late? 私たち, 遅刻(ちこく)?
☻ I'm afraid so. そうみたい.

☺ Can you come to the event tomorrow? あしたイベントに来られる?
☻ I'm afraid not. (悪いけど)駄目(だめ)なんです.

## Africa 4級 [ǽfrikə アフリカ]
名 アフリカ(大陸)
派生語 African 形名

## African 4級 [ǽfrikən アフリカン]
━形 アフリカの; アフリカ人の
━名 C アフリカ人

## African-American [ǽfrikənəmérikən アフリカンアメリカン]
━形 アフリカ系アメリカ人の
━名 C アフリカ系アメリカ人 → black 名❷

## Afro [ǽfrou アフロゥ] 名 (複 Afros[-z]) C アフロヘア(▶縮れ毛を丸くふわっとさせた髪形(かみがた))

## *after 5級 A1 [ǽftər アフタァ | ɑ́:f- アーフ-]

前 ❶(時間・順序)…の後に[で, の]
❷…の後を追って
❸…にならって
❹《前後に同じ名詞を用いて》次々に
接…した後で[に]
副後で[に]

━前 ❶(時間・順序)…の後に[で, の](⇔before …の前に), …の次に, …たってから; ㊂(…分)過ぎに(=㊇past)→ in 前❹ くらべて!
- *after* school 授業の後, 放課後
- the day *after* tomorrow あさって, 明後日
- the week [month, year] *after* next 再(さ)来週[月, 年]
- It's five (minutes) *after* two. 2時5分だ.
- Repeat *after* me. 私の後について言いなさい.(▶ after +〈目的格〉. after I は×)
- She called the police right *after* the accident. 彼女は事故の直後に警察へ電話した.
- He came back *after* a week. 彼は1週間過ぎてから帰ってきた.
- *After* doing my homework, I watched TV. 宿題をやってからテレビを見た.

❷…の後を追って, …を求めて
- The cat is running *after* a mouse. 猫(ねこ)がねずみを追いかけている.

❸…にならって, …の名を取って
- The baby was named Emily *after* her grandmother. その赤ちゃんは祖母の名を取ってエミリーと名づけられた.

❹《前後に同じ名詞を用いて》次々に(▶どちらの名詞にも冠詞はつけない)
- day *after* day 毎日毎日
- year *after* year 毎年, 長い間ずっと

***after a while*** しばらくして
***after all*** 結局, やはり
- She didn't go to college *after all*. 結局, 彼女は大学へ行かなかった.

***After you.*** (乗車や入室するときなどに)お先にどうぞ.(⇔あなたの後に)
***look after ...*** …の世話をする → look(成句)
***one after another*** = ***one after the other*** 次々に, 続々と, (2つ以上のものが)交互(こうご)に → one 代(成句)

━接…した後で[に](⇔before …する前に)
- She came *after* the party was over. 彼女はパーティーが終わった後でやって来た.
- I will wash the car *after* I clean up the house. 家の掃除(そうじ)が終わった後で車を洗います.(▶ afterに続く節の中では, ふつう未来の事柄(ことがら)も現在形で表す)

━副後で[に](▶ afterwardのほうがよく使われる)(⇔before 前に)
- He came to see me soon [long] *after*. 彼はすぐ[ずっと]後で私に会いに来た.

***ever after*** その後ずっと

## *afternoon 5級 A1
[ǽftərnú:n アフタァヌーン | ɑ́:f- アーフ-]
(複 afternoons[-z])
名 U C 午後(▶ after(…の後に)+ noon(正午)からなる. 正午から夕方までの間)→ day 図
- this [yesterday] *afternoon*

きょう[きのう]の午後
- tomorrow *afternoon* at three
あしたの午後3時に
- all *afternoon* 午後ずっと
- in the *afternoon* 午後に
- on Friday *afternoon* 金曜日の午後に
- on the *afternoon* of April 5
4月5日の午後に
- These days she spends her *afternoons* in the library. 最近, 彼女は午後はいつも図書館で過ごしている. (▶ afternoonsと複数形にすると「午後はいつも」「毎日午後に」の意味になる)

> **ここがポイント!** **afternoonと前置詞**
>
> ふつうはinを使いますが, 日付や曜日などの特定の日の午後にはonを使います.
> ○ *in* the afternoon 午後に
> ○ *on* the afternoon of July 15
>   7月15日の午後に
> early, late, yesterday, tomorrow, this, everyなどがafternoonの前につくときは前置詞は使いません.
> ○ yesterday afternoon きのうの午後
> × in yesterday afternoon

*Good afternoon.* こんにちは. (▶ 正午から夕方の間に人に会ったときのあいさつ)

**afternoon tea** [ǽftərnuːn tíː アフタヌーン ティー | ɑ̀ːftərnuːn - アーフタヌーン -] 名 U C 愛 午後のお茶, アフタヌーンティー (▶ 英国の習慣で, 午後4時ごろにサンドイッチなど軽食とともに飲む紅茶とその時間)

**afterward** 2級 B1 [ǽftərwərd アフタァワァド | ɑ́ːf- アーフ-] 副 後で, 後になって; その後
- We studied and had lunch *afterward*.
私たちは勉強して, その後昼食を食べた.

**afterwards** 2級 B1 [ǽftərwərdz アフタァワァヅ | ɑ́ːf- アーフ-] 副 = afterward

# *again 4級 A1 [əgén アゲン]

副 ❶ また, 再び, もう一度 (= once more); 《否定文で》もう二度と (…ない)
- I'd like to go to Disneyland *again*.
私はもう一度ディズニーランドに行きたい.
- Say that *again*, please.
もう一度それを言ってください.
- See you *again*. また会いましょう, さようなら. (▶ 今度いつ会うかわからない相手に対して言う)
- I will never make such a mistake *again*.
もう二度とそんな間違いはしません.

❷ 元のように, 元の所[状態]へ
- She soon felt well *again*.
彼女はすぐに気分が回復した.

*again and again* 何度も何度も
- Tom read the letter *again and again*.
トムはその手紙を何度も読み返した.

(*all*) *over again* もう一度, 繰(く)り返して
*now and again* 時々 → now 副 (成句)
*once again* もう一度 (= once more)
*over and over again* 何度も繰り返して

# against 準2級 A2 [əgénst アゲンスト]

前 ❶ …に反対して, …にさからって, 対抗(たいこう)して (⇔ for …に賛成して)
- fight *against* the enemy 敵と戦う
- They were *against* my plan.
彼らは私の計画に反対だった.

❷ …に向かって; …にぶつかって
- The strong winds blew *against* the building. 強い風が建物に向かって吹いた.

❸ …に反して
- It was *against* his will.
それは彼の意志に反していた.

❹ …にもたれて, 寄りかかって
- lean *against* the wall 壁(かべ)に寄りかかる

❺ …を防ぐために; …に備えて
- These trees protect the house *against* the north wind.
これらの木が北風から家を保護している.

❻ …を背景として; …と対照的に
- This red ski suit will stand out clearly *against* the snow. この赤いスキーウエアは雪を背景にくっきりと目立つでしょう.

❷  ❹  ❻

# age 4級 A1 [éidʒ エイヂ]

名 (複 ages [-iz]) ❶ C U 年齢(ねんれい), 年(とし); 年代
- old [middle] *age* 老齢[中年]
- *age* limit 年齢制限; 定年
- That boy is the same *age* as I [me].
その少年は私と同じ年だ.
- My grandfather died at the *age* of eighty. 私の祖父は80歳(さい)で亡(な)くなった.

❷ U C 《しばしばAgeで》 時代, 時期 (= period)
- the computer *age* コンピュータ時代
- the Ice *Age* 氷河期

### aged¹

- the Stone [Iron] *Age* 石器[鉄器]時代
- ❸《*ages*または*an age*で》《話》長い間(=a long time)
- It's been *ages* since I saw you last.
  = I haven't seen you for [in] *ages*.
  お久しぶりですね.
- ❹Ⓤ 成年；高齢, 老齢

***be [come] of age*** 成年である[に達する]
***for one's age*** 年齢のわりに
- The actor looked young *for his age*.
  その俳優は年齢のわりに若く見えた.

**aged¹** 準2級 A2 [éidʒd エイヂド] 形 …歳(と)の
- a man *aged* forty 40歳の男性

**aged²** A2 [éidʒid エイヂド] 形《名詞の前にのみ用いる》年取った(=very old)
- an *aged* person 高齢者
- the *aged*《複数扱い》高齢者

**agency** 準2級 A2 [éidʒənsi エイヂャンスィ] 名《複 agencies[-z]》Ⓒ ❶代理店, 取次店；あっせん所
- a travel *agency* 旅行代理店
- an employment *agency* 職業紹介(しょう)所
- ❷ ㊎(政府などの)機関, 庁

**agent** 準2級 A2 [éidʒənt エイヂャント] 名Ⓒ 代理人[業者, 店]；取次人；(公共機関の)職員
- a travel *agent* 旅行案内業者
- an FBI *agent* ＦＢＩ捜査(そう)官

派生語 agency 名

**aggressive** B1 [əgrésiv アグレッスィヴ] 形 ❶侵略(りゃく)的な, 攻撃(げき)的な；けんか腰(ごし)の
❷積極的な(=active), 押(お)しの強い

## \*ago 4級 A1 [əgóu アゴゥ]

副 (今から)…前に, …以前に(▶必ず時間の長さを表す語句とともに使う)
- an hour *ago* 1時間前に
- I visited Tokyo three years *ago*.
  3年前に東京を訪れた.
- He went out a few minutes *ago*.
  彼は数分前に出て行った.
- How long *ago* did she leave the room?
  彼女はどれくらい前に部屋を出ましたか.

***a long time ago***
(今から)ずっと前に(=long ago)
***a minute ago*** = ***a moment ago***
ちょっと前に
***long ago*** = a long time ago
***long, long ago*** 昔々(▶物語の始まりなどで)

> **くらべてみよう!** **ago と before**
>
> **ago**: 過去形の動詞とともに使い, 現在完了の文には使いません. agoの前には必ず時間の長さを表す語句がつきます.
>
> - I climbed Mt. Fuji *five years ago*.
>   私は5年前に富士山に登りました.
>
> **before**: ばく然と「以前に」の意味で, ふつう現在完了の文に使われます.
>
> - I have climbed Mt. Fuji *before*.
>   以前私は富士山に登ったことがあります.

**agony** B2 [ǽgəni アガニィ] 名《複 agonies[-z]》Ⓒ Ⓤ 激しい苦痛, 苦悩(のう)

## agree 3級 A1 [əgríː アグリー]

動《三単現 agrees[-z]；過去・過分 agreed[-d]；現分 agreeing》
—⾃ ❶意見が一致(いっち)する(⇔disagree 一致しない)
- Jack thinks we should go there, but I don't *agree*. われわれはそこへ行くべきだとジャックは考えているが, 私はそう思わない.

**agree with +〈人〉**
〈人〉と意見が一致する
- I *agree with* you.
  私はあなたの意見に賛成です.

**agree on +〈事〉**
〈事〉について意見が一致する
- They *agreed on* that point.
  彼らはその点について意見が一致した.

❷(提案などに)**賛成する**, 同意する
- I *agree* [can't *agree*].
  私は賛成だ[賛成できない].

**agree to +〈事〉**
〈事〉に同意する
- We *agreed to* his new plan.
  私たちは彼の新しい計画に同意した.

❸《ふつう否定文で》(食べ物などが)合う, 向く
- Eggs do *not agree* with me.
  卵は私の好み[体質]に合わない.

—⾃…(すること)に意見が一致する, 賛成する

**agree to +〈動詞の原形〉**
…することに同意する
- I *agreed to* do my best.
  私は全力をつくすことに同意した. (=I agreed that I would do my best.)

派生語 agreeable 形, agreement 名

**agreeable** [əgríːəbl アグリーアブル] 形 ❶(…に)心地のよい, 感じのよい(⇔disagreeable 嫌(いや)な) ❷《be agreeable to ...で》(提案などに)乗り気の

**agreement** B1 [əgríːmənt アグリーメント] 名 ❶Ⓤ (意見の)一致(いっち)；同意, 合意
- *in agreement* 意見が一致して
❷Ⓒ 協定, 契約(やく)

**agricultural** B1 [ægrikʌ́ltʃərəl アグリカルチャラ

## air conditioner

ル] 形 農業の, 農耕の
- *agricultural* products 農産物

**agriculture** B1 [ǽgrikʌltʃər アグリカルチャア]
(★アクセント位置に注意) 名 U 農業
派生語 agricultural 形

**ah** [á: アー] 間 ああ, おお (►驚き・喜び・悲しみなどを表す)

**aha** [a:há: アーハー] 間 ほほう, まあ, そうか, わかったぞ (►驚き・喜び・皮肉・理解などを表す)

## ahead 準2級 A2 [əhéd アヘッド]

副 ❶《位置》前に[へ], 前方に[へ] (⇔behind 後ろに)
- We can see Mt. Fuji *ahead*.
  前方に富士山が見えます.

❷《時間》先に; 前もって
- in the months *ahead* 数か月先に
- You should plan *ahead*.
  前もって計画を立てるべきだ.

❸勝ち越して, (力が)勝って
- Our team is *ahead* by two goals.
  私たちのチームは2ゴールリードしている.

***ahead of ...*** …の前方に; …より先に; …より勝って
- *ahead of* time 定刻より前に
- He was running *ahead of* me.
  彼は私の前を走っていた.
- Beth is *ahead of* me in science.
  ベスは理科では私より勝っている.

***go ahead*** ①《命令文で》(話・仕事などを)どうぞ続けてください; お先にどうぞ, さあどうぞ

話してみよう!
☺ Could I borrow your dictionary?
あなたの辞書を借りていいですか.
😊 Sure. *Go ahead*.
ええ, どうぞ.

②(話・仕事などを)進める; 先へ進む

**AI** [éiái エイアイ] 名 U《コンピュータ》人工知能 (► Artificial Intelligence の略)
- *AI* will change people's lives a lot.
  AIは人々の生活を大きく変えるだろう.

**aid** B1 [éid エイド] (★同音 aide 補佐官)
—動 他 …を助ける, 手伝う, 援助する (► help よりも形式ばった語)
—名 ❶ U 助け, 援助, 救助 (= help)
- first *aid* 応急手当て
- economic *aid* 経済援助
❷ C 助け[補助]になるもの
- a hearing *aid* 補聴器

**aide** [éid エイド] (★同音 aid …を助ける) 名 C (政治家などの)補佐官, 側近

**AIDS** [éidz エイヅ] 名 U《医学》エイズ, 後天性免疫不全症候群 (► Acquired Immune Deficiency Syndrome の略. ヒト免疫不全ウィルス(HIV)の感染によって起こる) → HIV

**aim** 2級 B1 [éim エイム]
—動 —他 ❶《aim ... at ~で》…を~に向ける, …で~をねらう
- He *aimed* his gun *at* the duck.
  = He *aimed at* the duck with his gun.
  彼は銃で鴨をねらった.
❷《aim to+〈動詞の原形〉で》…することを目ざす
- I *aim to* become a musician.
  私は音楽家になることを目ざしている.
—自《aim at ...で》…をねらう; …を目ざす
- *aim at* the target 的をねらう
—名 U ねらい; C 目的, 意図

**ain't** [éint エイント]《話》am not, are not, is not の短縮形 (►くだけた言い方で, 書き言葉や改まった会話では使わない)
- I'm late, *ain't* I? 私, 遅刻しちゃった?

**Ainu** [áinu アイヌー]
—名《複 Ainu, Ainus [-z]》C アイヌ人; U アイヌ語
—形 アイヌの; アイヌ人の; アイヌ語の

## air 準2級 A2 [éər エア]

—名《複 airs [-z]》❶ U 空気, 大気
- fresh *air* 新鮮な空気
- pollute the *air* 大気を汚染する
❷《the airで》空中, 空
- The girl threw a ball into *the air*.
  少女はボールを空中に投げ上げた.
❸ C 外見, 態度, 様子, 雰囲気
- He has a proud *air*.
  彼は高慢な態度をしている.

***by air*** 飛行機で (►「海路で」は by sea, 「陸路で」は by land)

***in the air*** 空中に; (うわさなどが)広まって

***in the open air*** 屋外で, 野外で

***on the air*** 放送されて, 放送中で, オンエアで
- The finals will be *on the air* tonight.
  決勝戦は今晩, 放送される.

—動《三現 airs [-z]; 過去・過分 aired [-d]; 現分 airing》他 ❶ (服など)を風に当てる, 空気にさらす, (部屋)に風を通す
❷《主に米》…を放送する

**airbus** [éərbʌs エアバス] 名《複 airbuses [-iz]》C エアバス (►中距離用のジェット旅客機)

**air-conditioned** [éərkəndiʃənd エアカンディションド] 形 空気調節をしてある, 冷房[暖房]装置のついた

**air conditioner** 4級 [éər kəndiʃənər エア カ

## air conditioning

ンディショナァ] **名**C 空気調節装置, エアコン, クーラー(▶「クーラー」は和製英語. → cooler **名**)

**air conditioning** B2 [éər kəndíʃəniŋ エア カンディショニング] **名**U 空調(装置), エアコン

**aircraft** B2 [éərkræft エアクラフト |-krɑ́:ft -クラーフト] **名**(複 aircraft)(▶単複同形)C 航空機(▶飛行機・飛行船・ヘリコプターなどの総称(ᄀᄀᄀ))

**aircraft carrier**[éərkræft kæriər エアクラフト キャリア |ɑ́:krɑ:ft - エアクラーフト -] **名**C 航空母艦(ᄒᄒ), 空母

**airfare**[éərfèər エアフェア] **名**C 航空運賃

**airfield**[éərfi:ld エアフィールド] **名**C (軍用などの小さな)飛行場

**air force** B1 [éər fɔ́:rs エア フォース] **名**C 空軍

**airline** 2級 B1 [éərlàin エアライン] **名**C 定期航空路; 《airlinesで》《ふつう単数扱い》⑱航空会社(=⑯airways)

**airmail**[éərmèil エアメイル] **名**U 航空郵便, エアメール(▶ air mailと2語に書くこともある)
- I sent a letter *by airmail*.
  私は航空便で手紙を出した.

## airplane 4級 A1 [éərplèin エアプレイン]

**名**(複 airplanes[-z])C **飛行機**(=⑯aeroplane)(▶《話》では単にplaneとも言う)
- by *airplane* 飛行機で
- get on [off] an *airplane*
  飛行機に乗る[から降りる]

**air pollution**[éər pəlù:ʃən エア パルーション] **名**U 大気汚染(ᄋᄋ)
- bad *air pollution* ひどい大気汚染

## airport 5級 A1 [éərpɔ̀:rt エアポート]

**名**(複 airports[-ts -ツ]) C **空港**, 飛行場
- Narita *Airport* 成田空港

check-in counter チェックインカウンター
baggage / ⑯luggage 手荷物
baggage cart 手荷物カート
passenger 乗客
suitcase スーツケース
pilot パイロット
flight attendant 客室乗務員

**air pressure**[éər préʃər エア プレッシャァ] **名**U 気圧

**airship**[éərʃip エアシップ] **名**C 飛行船

**airsick**[éərsik エアスィック] **形** 飛行機に酔(ᄉ)った
- get *airsick* 飛行機に酔う

**airway**[éərwèi エアウェイ] **名**C 定期航空路; 《airwaysで》《ふつう単数扱い》⑱航空会社(=⑯airlines)

**airy**[éəri エアリィ] **形** (比較 airier; 最上 airiest)風通しのよい
- an *airy* room 風通しのよい部屋

**aisle** 準2級 A2 [áil アイル] (★この s は発音しない) **名**C (教会・劇場・乗り物などの座席間の)通路
- an *aisle* seat 通路側の席

**AK** Alaska(米国アラスカ州)の郵便略語

**AL** Alabama(米国アラバマ州)の郵便略語

**-al** [-əl -(ア)ル] **接尾** ❶ …の, …のような(▶名詞の後について形容詞をつくる)
- natur*al* 自然の(▶ nature + -al. eが取れる)
❷ …すること(▶動詞の後について名詞をつくる)
- arriv*al* 到着(▶ arrive + -al. eが取れる)

**Alabama**[æ̀ləbǽmə アラバマ] **名** アラバマ(▶米国南東部の州. 州都はモンゴメリー(Montgomery). 郵便略語は AL)

**Aladdin**[əlǽdn アラディン] **名** アラジン(▶『アラビアン・ナイト』中の「アラジンと魔法(ᄒᄒ)のランプ」の主人公. 中国の貧しい少年だったが, 魔法のランプと指輪を手に入れ大金持ちとなる)

**alarm** 準2級 A2 [əlɑ́:rm アラーム]
—**名**❶C 警報; 警報器
- a fire *alarm* 火災警報, 火災報知器
❷U (危険に対する突然(ᄒᄒ)の)恐怖(ᄒᄒᄒ), 驚(ᄒᄒ)き
- She began to run in *alarm*.
  彼女は驚いて駆(ᄒ)け出した.
—**動**他 (人)をびっくりさせる, おびえさせる(=frighten)
- She was *alarmed* at the noise.
  彼女はその物音に驚いた.

**alarm clock** 準2級 A2 [əlɑ́:rm klɑ̀k アラーム クラック] **名**C 目覚まし時計 → clock 図
- I set my *alarm clock* for seven.
  私は目覚まし時計を7時に合わせた.

**alas**[əlǽs アラス] **間** ああ, 哀(ᄒ)れ(▶悲しみ・哀れみなどの気持ちを表す形式ばった語)

**Alaska**[əlǽskə アラスカ] **名** アラスカ(▶米国北西部の州. 州都はジュノー(Juneau). 郵便略語は AK)
派生語 Alaskan **形名**

**Alaskan**[əlǽskən アラスカン]
—**形** アラスカの; アラスカ州人の

―名C アラスカ州人

**Albania** [ælbéiniə アルベイニア] 名 アルバニア(▶東ヨーロッパのバルカン半島にある共和国. 首都はティラナ(Tirana))

**Albert** [ǽlbərt アルバァト] 名 アルバート(▶男性の名. 愛称はAl, Bert)

# album 5級 A1 [ǽlbəm アルバム]

名 (複 albums[-z]) C ❶ (CDなど音楽の)**アルバム**

❷ (写真・切手などの)**アルバム**
- a stamp [photo] *album* 切手[写真]帳

**alcohol** B1 [ǽlkəhɔ:l アルコホール | -hɔ̀l -ホル] 名 U アルコール；アルコール飲料, 酒
派生語 alcoholic 形名

**alcoholic** 2級 B1 [ælkəhɔ́:lik アルコホーリック | -hɔ́lik -ホリック]
― 形 アルコール性の；アルコールを含んだ
- *alcoholic* beverages アルコール飲料
― 名 C アルコール依存症患者

**ale** [éil エイル] 名 U エール(▶ビールの一種)

**alert** B2 [ələ́:rt アラート]
― 形 ❶ 油断のない, 気を配っている
❷ (思考などが)すばやい
― 名 C 警報；警戒態勢

**Alex** [ǽliks アリックス] 名 アレックス(▶男性・女性の名. Alexander(男性), Alexandra(女性)の愛称)

**Alexander** [æligzǽndər アリグザンダァ] 名 ❶ アレクサンダー(▶男性の名. 愛称はAlec, Alex) ❷ 《Alexander the Greatで》アレクサンダー大王(▶356-323 B. C.；マケドニアの王. ギリシャ・エジプトからインダス川流域までを征服し, ヘレニズム文化の基礎を築いた)

**Alexandra** [æligzǽndrə アリグザンドゥラ] 名 アレクサンドラ(▶女性の名. 愛称はAlec, Alex)

**Alfred** [ǽlfrid アルフリッド] 名 ❶ アルフレッド(▶男性の名. 愛称はAl, Fred)
❷ 《Alfred the Greatで》アルフレッド大王(▶849-899；イングランド南西部にあったアングロサクソンのウェセックスの王. 軍事・政治に優れ, また学芸の復興に力を注いだ)

**algebra** [ǽldʒəbrə アルヂブラ] 名 U 代数学(▶「幾何学」はgeometry)

**Algeria** [ældʒíriə アルヂリア] 名 アルジェリア(▶北アフリカにある共和国. 首都はアルジェ(Algiers))

**Ali Baba** [ɑ́:li bɑ́:bɑ: アーリィ バーバー | ǽli bɑ́:bə アリィ バーバ] 名 アリババ(▶『アラビアン・ナイト』中の「アリババと40人の盗賊」の主人公. Open sesame! (開け, ごま！)という呪文を知って, 洞くつに隠された盗賊の財宝を手に入れる)

**alibi** [ǽləbài アリバィ] 名 C アリバイ, 現場不在証明

**Alice** [ǽlis アリス] 名 ❶ アリス(▶女性の名. 愛称はAllie, Elsie) ❷ アリス(▶ルイス・キャロル作 "*Alice*'s Adventures in Wonderland" 『不思議の国のアリス』の主人公)

**alien** [éiljən エイリャン]
― 名 C 外国人, 在留外国人；(地球人に対して)宇宙人, エイリアン
― 形 ❶ 外国の(＝foreign), 外国人の
❷ 異質の, 反する, なじまない

**alike** B1 [əláik アライク]
― 形 《名詞の前には用いない》似ている, 同様の
- Andy and John are very much *alike*.
アンディとジョンはとてもよく似ている.
- The two pictures look *alike* to me.
2つの絵は私には同じように見える.
― 副 同じように, 同様に
- Mr. Reed treats all his students *alike*.
リード先生はすべての生徒を平等に扱う.

# alive 準2級 A2 [əláiv アライヴ]

形 ❶ 《名詞の前には用いない》生きている, 生きた状態で(＝living, ⇔dead 死んでいる)
- Is the bee still *alive*? そのはちはまだ生きているの. (▶「生きているはち」はa living beeと言い, an alive beeとは言わない)
- They caught a deer *alive*. 彼らは鹿を生けどりにした. (⇐生きたまま捕まえた)
❷ 生き生きした, 活気のある, にぎやかな
- The city is *alive*. その町は活気がある.

**alkali** [ǽlkəlài アルカライ] (★「アルカリ」でないことに注意) 名 U C 《化学》アルカリ

# all 5級 A1 [ɔ́:l オール]

形 ❶ 全部の
❷ 《notとともに》すべての…が〜とは限らない
代 全部
副 ❶ すっかり
❷ (スポーツで得点が)双方とも

― 形 ❶ 全部の, すべての, …じゅう → every
くらべて!
- *all* students in the school 全校生徒
- I ate *all* my food.
ぼくは自分の食べ物を全部食べた.
- We played softball *all* afternoon.
私たちは午後ずっとソフトボールをした. (▶ in all afternoonは×)

## all

**ここがポイント! allの使い方**

(1) **all**は数えられる名詞にも数えられない名詞にもつけられます. 数えられる名詞は複数形で使います.
(2) **all**は全体をひとまとめにして言う語です. 1つひとつ[1人ひとり]を個別的に考えて「全部」と言うときはevery, eachを使います. → every くらべて!
(3) 名詞にthe, this, theseなどや所有格(my, your)などがつく場合, **all**はその前につけます.
- *all* the money (そのお金全部)
- *all* these books (これらの本全部)
- *all* my bags (私のかばん全部)

❷《notとともに》すべての…が〜とは限らない (►部分否定) → not ❸
- *Not all* the students went there.
  すべての生徒がそこへ行ったとは限らない. (►「行かなかった生徒もいる」ということ)
- She doesn't know *all* their names. 彼女は彼らの名前を全部知っているわけではない.

***all day*** (***long***) 一日じゅう → day (成句)
***all night*** (***long***) 一晩じゅう → night (成句)
***all the time*** その間ずっと;いつも → time (成句)
***all the way*** 途中ずっと;はるばる → way (成句)
***all year round*** 一年じゅう → year (成句)
***for all ...*** …にもかかわらず → for (成句)

— 代 **全部**, みんな, すべての物[こと]
- *all* of the children = *all* the children
  子どもたちみんな
- *All* of us play tennis. = We *all* play tennis.
  私たちはみんなテニスをする.

**ここがポイント! 「…みんな」と言うときのallの位置**

○ We *all* **play** tennis.
× All we play tennis.
　私たちはみんなテニスをします.
○ We **are** *all* waiting for you.
× We all are waiting for you.
　私たちはみんなあなたを待ってます.
○ We **must** *all* leave soon.
× We all must leave soon.
　私たちはみんなすぐ出発しなくてはいけない.

こういう場合のallの位置は, playのような一般動詞の直前, be動詞またはmustのような助動詞の直後に置きます.

- I'll give these sweets to you *all*.
  あなたたちみんなにこのお菓子(し)をあげましょう.
- I'll give Mari *all* (that) I have.
  私は持っている物すべてをマリにあげよう.
- Will this be *all*?
  以上でよろしいですか. (►店員などが客に対して言う)

**ここがポイント! allは単数? 複数?**

**all**は「すべての人々」の意味では複数扱い, 「すべての物[こと]」の意味では単数扱いにします.
- *All* **are** well. みんな元気だ.
- *All* **is** over. 万事(じ)休すだ.

***above all*** とりわけ, 中でも → above (成句)
***after all*** 結局, やはり → after 前 (成句)
***all but ...*** …のほかは全部 → but 前 (成句)
***all together*** 全部いっしょに, 合わせて → together (成句)
***at all*** 《疑問文で》いったい;《ifの文で》仮にも
- If you do it *at all*, do it well.
  仮にもそれをやるのなら, ちゃんとやりなさい.
***first of all*** まず最初に
***in all*** 全部で, 合計で
- I paid twenty dollars *in all*.
  私は全部で20ドル支払(はら)った.
***Not at all.*** どういたしまして. (► Thank you. と礼を言われたときの答え方. You're welcome. やDon't mention it. なども使う)
***not ... at all*** 少しも[全然]…ない
- I'm *not* tired *at all*.
  私は全然疲(つか)れていない.
***That's all.*** それで終わりだ;それだけのことだ.
- *That's all* for today.
  きょうはこれで終わりです.

— 副 ❶ **すっかり**, まったく
- It's *all* my fault.
  すべて私の責任だ.
- Mike is *all* happy now.
  マイクは今すっかり満足している.
- The bride was dressed *all* in white.
  新婦は白ずくめの衣装(しょう)を着ていた.

❷ (スポーツで得点が) 双方とも
- The score is fifteen *all*.
  (テニスで) スコアはフィフティーンオールだ. (►選手2人とも得点は15)

***all alone*** ひとりぼっちで, 独力で
- He made that desk *all alone*.
  彼はその机をたった1人で作った.
***all around*** 辺り一面に

**all right**

***all at once*** 急に, 突然(⟨とつぜん⟩); いっせいに
→**once** 名(成句)
***all over*** 一面に →**over** 副 ❸
***all over ...*** …の一面に →**over** 前 ❻
***all the same*** まったく同じで; それでもやはり →**same** 代(成句)
**Allah** [ǽlə アラ] 名 アラー(▶イスラム教の神)
**Allen** [ǽlən アレン] 名 アレン(▶男性の名)
**allergic** B1 [ələ́ːrdʒik アラーヂック] 形 ❶(…に対して)アレルギーの
- Are you *allergic to* eggs?
  あなたは卵アレルギーですか.
❷《話》大嫌(⟨だいきら⟩)いな
**allergy** 2級 [ǽlərdʒi アラァヂィ](★「アレルギー」でないことに注意) 名(複 allergies [-z]) C ❶〖医学〗アレルギー
❷《話》反感, 毛嫌(⟨けぎら⟩)い
派生語 allergic 形
**alley** [ǽli アリィ] 名 C ❶狭(⟨せま⟩)い裏通り, 横町, 路地 ❷(公園などの)小道 ❸(ボウリングの)レーン;《alleys で》ボウリング場
**All Fools' Day** [ɔ́ːl fúːlz déi オール フールズ デイ] 名 エイプリルフール(▶4月1日. =April Fools' Day)
**alligator** [ǽligèitər アリゲイタァ] 名 C〖動物〗わに, アリゲーター(▶米国南東部・中国東部産のわに)→**crocodile**
- See you later, *alligator*.《話》またね, わにさん.(▶これに対して Not for a while, crocodile. と答える. later と alligator, while と crocodile のそれぞれで, 最後の音が韻(⟨いん⟩)をふんでいる. 子どもが使うユーモラスな別れのあいさつ)

alligator　　　crocodile

口先が広くて短く, 口を閉じると下の歯が見えないのが alligator. あごが細長く, 口を閉じても下の歯が見えるのが crocodile.

# allow 準2級 A2

[əláu アラゥ](★「アロウ」でないことに注意)
動(三単現 allows [-z], 過去・過分 allowed [-d], 現分 allowing) 他 ❶…を**許す**, 許可する, …させておく →**permit**
- Taking photographs is not *allowed* here.
  写真を撮(⟨と⟩)ることはここでは許されません.
- NO PETS (ARE) *ALLOWED*
  《掲示》ペット同伴(⟨どうはん⟩)禁止

**allow+〈人〉+ to +〈動詞の原形〉**
〈人〉に…するのを許す, 〈人〉に…させておく(=let)
- My parents don't *allow* me *to* stay up late.
  両親は私が夜ふかしするのを許してくれない.
- *Allow* me to introduce my friend.
  友達を紹介(⟨しょうかい⟩)させてください.(▶形式ばった言い方. ふつう Let me introduce my friend. と言う)

❷(人)に(お金・時間など)を与(⟨あた⟩)える,(時間)を割り当てる
派生語 allowance 名

**allowance** B1 [əláuəns アラゥアンス] 名 C(一定額の)手当, 費用; 割り当て; 《米》小遣(⟨こづか⟩)い(=《英》pocket money)

***make allowance(s) for ...*** …を大目に見る

**all-purpose** [ɔ́ːlpə́ːrpəs オールパーパス] 形 多目的の, 万能の

# *all right 5級 A1

[ɔ́ːl ráit オール ライト](★この gh は発音しない)

形 ❶よろしい
❷元気で, 無事で
❸《That's all right. で》構いません., どういたしまして.
❹問題ない, 差しつかえない
副 きっと, 間違(⟨まちが⟩)いなく

─形《間投詞的に》❶**よろしい**, わかりました(▶返事に用いる)(=OK)

😊Will you lend me this book? 話してみよう!
　この本を貸してくれない?
😃*All right*.
　いいよ.(▶しぶしぶ承諾(⟨しょうだく⟩)する場合にも用いる)

❷元気で, 無事で, だいじょうぶで(★「特に健康に問題はない」という意味で, 必ずしも「元気いっぱい」というわけではない)
- You look pale. Are you *all right*?
  顔色が悪いよ. だいじょうぶかい.

😊How are you doing? 話してみよう!
　調子はどうですか.
😃I'm doing *all right*.
　元気でやっています.

## All Saints' Day

❸《That's all right.で》構いません., どういたしまして. (▶謝られたり礼を言われたりしたときの返事)

> ☺ I'm sorry I'm late.
> 遅くなってごめんなさい.
> ☻ *That's all right.*
> 構いません.

❹問題ない, 差しつかえない; 申し分なく, りっぱに, ちゃんと
- Is this *all right*?
  これでいいですか.

> ☺ What was the food like at the new restaurant?
> 新しいレストランの料理はどうだった？
> ☻ It was *all right*.
> まあまあかな. (▶文脈によって「申し分ない」という意味にもなる)

—副《ふつう文末で》きっと, 間違いなく
- Was it a ghost *all right*?
  それは確かに幽霊だった？

**All Saints' Day** [ɔːl séints dèi オール セインツ デイ] 名 諸聖人の祝日 (▶カトリックの祭日で, 11月1日. 聖人の霊を祭る日)→ Halloween

**all-star** [ɔ́ːlstɑ̀r オールスター] 形《名詞の前にのみ用いる》スター総出演の
- *all-star* game
  オールスター戦

**almanac** [ɔ́ːlmənæk オールマナック] 名 C 暦 (▶日の出・日の入り・行事・天気予測などが書いてある); 年鑑

**almighty** [ɔːlmáiti オールマイティ] (★このghは発音しない)
—形 全能の
—名《the Almightyで》全能者, 神 (= God)

**almond** [ɑ́ːmənd アー(ル)マンド | ɑ́ːmənd アーマンド] 名 C 〔植物〕アーモンド (の木・実)

## almost 4級 A1 [ɔ́ːlmoust オールモウスト]

—副 ❶ ほとんど, たいてい, だいたい (= nearly)
- *almost* always
  ほとんどいつも
- It's *almost* noon.
  もうすぐお昼です.
- *Almost* all (the) students can swim.
  ほとんど全員の生徒が泳げる. (= Most of the students can swim.) (▶「ほとんどの生徒」と言うとき, almostは形容詞ではないのでalmost studentとは言わない)

- I'm *almost* as tall as my brother.
  ぼくは兄[弟]とほぼ同じ身長だ.
- Mary is *almost* ten (years old).
  メアリーはもうすぐ10歳になる.

❷もう少しのところで, すんでのところで, あやうく[もう少しで]…しそうで
- He *almost* drowned in the lake.
  彼はあやうく湖でおぼれるところだった.

**aloe** [ǽlou アロウ] 名 C 〔植物〕アロエ

**aloha** [əlóuhə アロウハ] 間 こんにちは, ようこそ; さようなら (▶ハワイ語の「愛」から)

**aloha shirt** [əlóuhə: ʃə̀ːrt アロウハー シャート | əlóuhə - アロウハ-] 名 C アロハシャツ

## alone 3級 A1 [əlóun アロウン]

—形 ❶《名詞の前には用いない》1人で, 単独で; …だけで
- I don't want to be *alone*.
  1人きりになりたくない.
- My mother and I were *alone* in the house.
  家には母と私の2人きりだった. (▶2人以上にも用いる)

❷《名詞・代名詞のすぐ後に用いる》ただ…だけ (= only)
- He *alone* knows the answer.
  ただ彼だけがその答えを知っている.

*all alone* ひとりぼっちで → all 副 (成句)

*leave* [*let*] *... alone* …をそのままにしておく
- *Leave* me *alone*.
  私には構わないで.

*let alone ...* …は言うまでもなく, …はもちろん (▶ふつう否定文で用いる)

—副 1人で, 単独で; …だけで (⇔together いっしょに)
- She came *alone*.
  彼女は1人で来た.
- I live *alone* with my father.
  私は父と2人きりで暮らしている.

## along 5級 A1 [əlɔ́ːŋ アローング | əlɔ́ŋ アロング]

—前 ❶ (道など) を通って; …に沿って, …伝いに (⇔across …を横切って)
- Many students walked *along* that narrow path.
  たくさんの生徒がその狭い道を歩いた.
- Let's put these chairs *along* the wall.
  壁に沿ってこのいすを並べよう.
- Cars are parked *along* both sides of the street.
  車は道の両側に駐車している.

> **ここがポイント!** walk along の2つの意味
>
> **walk along ...** には、「…の上を歩く」と「…の横を[…に沿って]歩く」の2つの意味があります。
> - walk *along* the road 道(の上)を歩く
> - walk *along* the river 川に沿って歩く

❷ …の間に(=during)、…の途中(ちゅう)に
- We chatted all *along* the way home.
  私たちは家に帰る途中ずっとしゃべっていた。

━副 ❶(止まらずに)前へ、進んで
- Move *along*, please. (乗り物や列などで)中へ詰(つ)めてください、前へ進んでください。
- Come *along*, Tom. トム、こっちへおいでよ。

❷ いっしょに(=together); 連れて、持って
- Is it all right if I come *along*?
  いっしょに行ってもいいですか。
- Why don't you take your dog *along*?
  あなたの犬をいっしょに連れて行ったらどうですか。

*along with ...* …といっしょに、…に加えて
*get along* 仲良くやっていく; 暮らしていく→get(成句)
*go along* 進む; 続ける

**aloud** B1 [əláud アラウド] 副 ❶ 声を出して
- Please read it *aloud*.
  それを音読してください。

❷ 大声で
- He cried *aloud* in pain.
  彼は痛さのあまり大声をあげた。

**alpha** [ǽlfə アルファ] 名 © アルファ(▶ギリシャ語アルファベットの第1字。A, α と書く)

# **alphabet** B1 [ǽlfəbèt アルファベット]

名(複 alphabets [-ts -ツ]) © **アルファベット**
(▶ABCの26文字全体をさす。ギリシャ語の α(アルファ), β(ベータ)が由来)

派生語 alphabetical 形

**alphabetical** B2 [æ̀lfəbétikəl アルファベティカル] 形 アルファベットの; アルファベット順の
- in *alphabetical* order
  アルファベット順に[の]

アルファベット順に整理された図書館の本棚(ほんだな)

**Alpine** [ǽlpain アルパイン] 形 アルプス山脈の;《alpineで》高山の

**Alps** [ǽlps アルプス] 名《the Alpsで》《複数扱い》アルプス山脈(▶フランス・ドイツ・スイス・イタリア・オーストリアにまたがる)

# *already 4級 A1
[ɔːlrédi オールレディ](★アクセント位置に注意)

副 **すでに、もう**(▶ be 動詞とともに使うとき以外は、ふつう完了形の文で使う)
- It is *already* eight o'clock. もう8時だ。
- We have *already* had lunch. = We have had lunch *already*.
  私たちはすでに昼食を済ませてしまった。

> **くらべてみよう!** already と yet
>
> (1) **already** はふつう肯定文に、**yet** は否定文・疑問文に使います。
> - I have *already* read the book, but he has not read it *yet*.
>   私はその本をもう読んだが、彼はまだ読んでいない。
>
> (2) 疑問文で「すでに…したか」の意味を表すには、ふつう **yet** を使います。
> - Have you finished your homework *yet*? もう宿題を済ませたかい。
>
> **already** を疑問文で使うと「予想よりも早い」という驚(おどろ)きを含(ふく)みます。このalreadyは強く発音します。
> - Have you finished your homework *already*?
>   君はもう宿題をやってしまったの?

# *also 5級 A1 [ɔ́ːlsou オールソウ]

━副 **…もまた**(=too, as well)
- She plays soccer. Her brother *also* plays it. 彼女はサッカーをする。彼女の兄[弟]もサッカーをする。(=Her brother plays it, too.)
- Karen can play the piano, and she can *also* sing. カレンはピアノも弾(ひ)けるし、歌も

## ALT

歌える.（=Karen can sing as well as play the piano.）

> **ここがポイント！** alsoの使い方
> (1) alsoはtooやas wellと同じ意味ですが,《話》ではtooやas wellが多く使われます.
> (2) alsoは一般動詞の前, be動詞や助動詞の後に置きます.
> (3)「…もまた～でない」という否定文ではeitherを使います. →either **くらべて！**
> ・She doesn't play soccer. Her brother doesn't play it, *either*. 彼女はサッカーをしない. 彼女の兄[弟]もしない.

***not only ... but***（***also***）***～*** …だけでなく～もまた →only（成句）

—接《話》そして, そのうえ

**ALT** [èiɛltíː エイエルティー] 名 © エーエルティー, 外国語指導助手（▶Assistant Language Teacherの略. 日本の学校で外国語の指導補助をする人）

**alter** B2 [ɔ́ːltər オールタァ] 動 他 自 …を(部分的に)変える, 改める; 変わる, 改まる

**although** 準2級 A2 [ɔːlðóu オールゾゥ]（★このghは発音しない）接 …ではあるが, …だけれども（=though）
・*Although* he is small, he runs fast. 彼は小さいが, 走るのは速い.

**altimeter** [ǽltimətər アルティマタァ]（★アクセント位置に注意）名 ©（飛行機の）高度計

**altitude** B2 [ǽltətùːd アルティトゥード | -tjùːd -テュード] 名 © U 高度, 標高, 海抜(ばつ)

**alto** [ǽltou アルトウ] 名（複 altos [-z]）U [音楽]アルト（▶女声の最低音域）; © アルト歌手, アルト音域の楽器

**altogether** B1 [ɔ̀ːltəɡéðər オールタゲザァ] 副 ❶ まったく, すっかり（▶強調する）;（notとともに）まったく…というわけではない（▶部分否定）
・They chose an *altogether* different plan. 彼らはまったく異なる案を選んだ.
・The rumor is*n't altogether* true. そのうわさは全部が真実というわけではない.

❷全部で, 合計で（=in all）（▶all together（全部いっしょに）と混同しないこと）
・How much is it *altogether*? 全部でいくらですか.

**aluminum** B2 [əlúːmənəm アルーミナム]（▶(英)ではaluminiumとつづる）名 U [化学]アルミニウム（▶記号はAl）

## *always 5級 A1 [ɔ́ːlweiz オールウェイズ]

副 ❶ **いつも**, 常に
・My sister *always* leaves home at seven. 姉はいつも7時に家を出る.
・Our teachers are *always* working in the teacher's room. 先生たちはいつも職員室で仕事ばかりしている.
・I must *always* get up at seven in the morning. 私はいつも朝7時に起きなければならない.

> **ここがポイント！** 頻度(ひんど)を表す副詞
> 頻度を表す副詞には以下のようなものがあります.
> 100%　　always（いつも）
> 　　　　 usually（ふつう）
> 　　　　 often（しばしば）
> 　　　　 sometimes（時々）
> 　　　　 seldom（めったに…しない）
> 0%　　　never（けっして…ない）

> **alwaysの位置**
> ふつう一般動詞の前, be動詞・助動詞のある文ではその後に置きます.
> I [always] enjoy reading.
> 　前に！　　一般動詞
> （私はいつも読書を楽しんでいる）
> I am [always] sleepy.
> 　be動詞　後に！
> （私はいつも眠(ねむ)い）

❷いつまでも, 永遠に
・I hope you will *always* be my friend. いつまでも私の友達でいてください.

❸《notとともに》いつも…とは限らない（▶部分否定）→not ❸
・The judge is *not always* right. 審判(しんぱん)がいつも正しいとは限らない.（▶「正しくない場合もある」ということ.「いつも正しくない」ではない）

***Always yours***, =***Yours always***, 敬具（▶親しい人への手紙の結びの言葉. 次の行にサインをする）

## *am 5級 A1 [əm アム,《強く言うとき》ǽm アム]

—動（過去 was [wəz ワズ,《強く言うとき》wáz ワズ | wəz ワズ,《強く言うとき》wɔ́z ウォズ]; 過分 been [bin ビン,《強く言うとき》bín ビン | bin ビン,《強く言うとき》bíːn ビーン]; 現分 being）
（▶主語がIのときのbeの現在形. →be）

自 ❶ (私は)**…である**, …だ, …です
・I *am* happy. 私は幸せです.（▶I am +〈形容詞〉）

- I *am* a student.
  私は学生です．(▶ I am +〈名詞〉)

> 話してみよう！
> ☺How old are you?
>   あなたは何歳ですか．
> ☺I'*m* thirteen (years old).
>   私は13歳です．

- I *am* [I'*m*] not a teacher.
  私は教師ではありません．(▶否定文)

**ここがポイント！** I amの略し方
(1) **I am**は《話》ではI'm [áim アイム]と略します．
(2) **I am**と2語で書かれていても，《話》ではしばしば[áim アイム]と読みます．
(3) 否定形は**I am not**で，I'm notと略します．I amn'tとはしません．

- *Am* I wrong?
  私は間違っていますか．(▶疑問文)
- "Are you a student?" "No, I'*m* not."
  「あなたは学生ですか」「いいえ，違います」
❷ (私は…に)**いる**
- I *am* in my room. 私は自分の部屋にいる．

> 話してみよう！
> ☺Where are you?
>   どこにいるの．
> ☺I'*m* here.
>   ここにいます．

- Where *am* I?
  ここはどこ？(⇦私はどこにいるのか)
─**助** ❶《am +〈-ing形〉で現在進行形をつくる》(私は)**…しているところだ**
- I'*m* do*ing* my homework now.
  私は今宿題をしているところだ．
- I'*m* arriv*ing* at Sydney tomorrow.
  私はあしたシドニーに到着する．(▶ go, come, leave, arriveなどの現在進行形は，しばしば「近い未来」を表す)
❷《am +〈過去分詞〉で受け身をつくる》(私は)**…される**，…されている
- I'*m* often scolded by my mother.
  私はしばしば母にしかられる．
❸《am to +〈動詞の原形〉で》(私は)…すること．…すべきである(▶予定や義務を表す，形式ばった言い方)
- I *am to* appear on TV this evening.
  私は今晩，テレビに出演することになっている．

## A.M., a.m. 5級 A1 [éiém エイエム]

午前(⇔P.M.午後)(▶ ラテン語ante meridiem (= before noon) の略)
- at 9 *a.m.*
  午前9時に(▶ a.m. は時刻の後につけ，o'clockとともには使わない)

**amateur** 3級 [ǽmətʃùər アマチュア](★eurのつづりに注意)
─**名** C 素人，アマチュア(⇔professional 玄人)
─**形** 素人の，アマチュアの(⇔professional 本職の)

**amaze** B2 [əméiz アメイズ] **動 他** …を(ひどく)びっくりさせる，驚かす
- The noise *amazed* me.
  その物音に私はびっくりした．
派生語 amazed **形**, amazement **名**, amazing **形**

**amazed** B1 [əméizd アメイズド] **形** びっくりした，驚いた
- I was *amazed* at the news.
  私はそのニュースに驚いた．

**amazement** B2 [əméizmənt アメイズメント] **名** U 驚き，びっくり仰天
- in [with] *amazement* びっくりして

## amazing 2級 B1

[əméiziŋ アメイズィング]
**形**（比較 more amazing；最上 most amazing）
**びっくりするような**，驚くほどの，驚くほどすばらしい
- *Amazing!* すごい！
- I was surprised at her *amazing* talent.
  私は彼女のすばらしい才能に驚いた．

**Amazon** [ǽməzən アマゾン｜ǽməzɔn アマゾン] **名** ❶《the Amazonで》アマゾン川(▶南米北部の長さ約6300キロの大河，流量・流域面積は世界最大) ❷ C《ギリシャ神話》アマゾン族(▶勇敢な女戦士の民族，黒海沿岸に住んでいたと考えられた)

**ambassador** B2 [æmbǽsədər アンバサダァ] **名** C 大使，使節(▶「大使館」はembassy)

**ambition** A2 [æmbíʃən アンビション] **名** U C 大きな望み，野心，野望
派生語 ambitious **形**

**ambitious** B1 [æmbíʃəs アンビシャス] **形** 大志を抱いた，野心のある；意欲的な
- Boys, be *ambitious*. 少年よ，大志を抱け．(▶札幌農学校(現北海道大学)で教えた米国人ウィリアム・クラークの言葉)

**ambulance** B1 [ǽmbjuləns アンビュランス] **名** C 救急車
- call an *ambulance* 救急車を呼ぶ

米国・ニューヨーク市消防局の救急車

**amen** [eimén エイメン, ɑː- アー-] 間 アーメン(▶キリスト教で祈(いの)りの最後に唱える言葉.「そうでありますように」の意味)

**amend** [aménd アメンド] 動他 (行いなど)を改める;(議案など)を修正[改正]する

# America 4級 [əmérikə アメリカ]

名 ❶ アメリカ(合衆国), 米国(▶正式名称(じょう)はthe United States of Americaと言う. U.S.A.またはUSAと略す. 米国人が自国のことを呼ぶときはthe (United) Statesやthe U.S.と言う)
❷ アメリカ大陸
- Central *America* 中央アメリカ, 中米
- North *America* 北アメリカ, 北米
- South *America* 南アメリカ, 南米

派生語 American 形名

# American 5級 [əmérikən アメリカン]

─形 アメリカの(▶南北アメリカ大陸全体をさすこともある), アメリカ合衆国の, 米国の; アメリカ人の
- *American* literature アメリカ文学
- John is *American*.
 ジョンはアメリカ人だ.

─名 (複 Americans[-z]) C アメリカ人, 米国人;《the Americansで》《複数扱い》アメリカ人(全体)

**American dream** [əmèrikən dríːm アメリカン ドゥリーム] 名《the American dreamで》アメリカンドリーム, アメリカの夢(▶米国では努力をすればだれでも成功し幸せになることが可能だという信念)

**American English** [əmèrikən íŋgliʃ アメリカン イングリッシュ] 名 U アメリカ英語, 米語(▶British Englishに対して用いる)

**American football** [əmèrikən fútbɔːl アメリカン フットボール] 名 U アメリカンフットボール, アメフト(▶⊕では単にfootballとも言う)➡スポーツ【口絵】

**American Indian** [əmèrikən índiən アメリカン インディアン] 名 C アメリカインディアン(▶アメリカ先住民族のこと. 現在ではNative Americanと言う)

**American League** [əmèrikən líːg アメリカン リーグ] 名《the American Leagueで》アメリカンリーグ(▶米国の2大プロ野球連盟の1つ)

**amiable** [éimiəbl エイミァブル] 形 気立てのよい, 感じのよい

**amigo** [əmíːgou アミーゴゥ] 名 (複 amigos[-z]) C (スペイン語で)友達

# among 準2級 A2 [əmʌ́ŋ アマング]

前 ❶ …の間に[の, で], …の中に[の, で], …に囲まれて
- a house *among* the trees
 木々に囲まれた家
- This singer is very popular *among* young people.
 この歌手は若者の間でたいへん人気がある.
- Divide this money *among* you four.
 あなたたち4人でこのお金を分けなさい.
- Choose one from *among* these books.
 これらの本の中から1冊選びなさい.

> くらべてみよう! **amongとbetween**
> どちらも「…の間に」を意味しますが, 原則として, 2つ[2人]の間にはbetweenを, 3つ[3人]以上の間にはamongを使います.

among

between

❷ …の中の1つ[1人]で(▶主に最上級とともに用いる)
- She is *among* the most famous writers in America. 彼女はアメリカで最も有名な作家の1人だ. (= She is one of the most ... .)

*among others* = *among other things* 特に, とりわけ(= above all)

# amount 2級 B1 [əmáunt アマウント]

─名 (複 amounts[-ts -ツ])
❶《the amountで》総額, 総計, 総数
- *The amount* of money is 70 dollars.
 お金の総額は70ドルだ.
❷ C 量 (= quantity); 額
- a great [large] *amount* of rice 大量の米

─動 (三単現 amounts[-ts -ツ]; 過去・過分 amounted[-id]; 現分 amounting) 自

# Anchorage

《amount to ...で》総額[総計]...になる
- The hotel bill *amounted to* 125 dollars.
 ホテル代は総額125ドルになった.

**ample** B2 [æmpl アンプル] 形 ❶有り余るほどの ❷豊かな, 大きい

**Amsterdam** 2級 [æmstərdæm アムスタァダム] 名 アムステルダム(▶オランダ(the Netherlands)の首都)

**Amtrak** [ǽmtræk アムトゥラック] 名 アムトラック(▶ American Travel (and) Trackの略. National Railroad Passenger Corporation (全米鉄道旅客会社)の通称(つうしょう))

駅に停車中のアムトラックの列車(米国)

**amuse** B2 [əmjúːz アミューズ] 動 他 ❶ ...を楽しませる, おもしろがらせる
- I like to *amuse* my friends *with* jokes.
 私は冗談(じょうだん)で友達を楽しませるのが好きだ.
❷《amuse oneselfで》楽しむ, おもしろがる
- The boy *amused himself* by drawing pictures. 男の子はお絵かきをして楽しんだ.
派生語 amused 形, amusement 名, amusing 形

**amused** A2 [əmjúːzd アミューズド] 形 楽しんで, おもしろがって
- They were *amused* by the comedian.
 彼らはそのコメディアンをおもしろがっていた.

**amusement** 準2級 A2 [əmjúːzmənt アミューズメント] 名 U 楽しみ, おもしろさ; C 楽しみ事, 娯楽(ごらく)
- for *amusement* 楽しみのために

**amusement park** 4級 [əmjúːzmənt pàːrk アミューズメント パーク] 名 C 遊園地

**amusing** B1 [əmjúːziŋ アミューズィング] 形 おもしろい, 愉快(ゆかい)な → **interesting** くらべて!
- an *amusing* story おもしろい話

**Amy** [éimi エイミィ] 名 エイミー(▶女性の名)

***an** 5級 A1 [ən アン, 《強く言うとき》æn アン]
冠《数えられる名詞の単数形の前で》**1つの, 1人の, 1ぴきの, ある**(▶初めて話題になった名詞の前につけるが, 日本語に訳さないことが多い)
→ a
- There is *an* orange on the table.

テーブルの上にオレンジが1つある.
- That's *an* excellent idea.
 それはすばらしいアイデアだ.

> **ここが ポイント!** aとanの使い分け
>
> つづり字でなく発音が子音(しいん)で始まる語の前にはaを, 母音(ぼいん)(ア, イ, ウ, エ, オに似た音)で始まる語の前にはanをつけます.
> - *a* pencil (pが子音, (1本の)鉛筆(えんぴつ))
> - *an* apple (aが母音, (1個の)りんご)
> - *a* small apple (sが子音, 小さいりんご)(▶appleは母音で始まるが, 前についたsmallが子音で始まるのでaをつける)
> - *an* honest boy 正直な少年(▶honestの発音は[ɑ́nist アニスト]で, つづりはhで始まるが発音は母音で始まるのでan)
> - *a* university 大学(▶universityはつづりは母音字uで始まるが, 発音は[juː ユー]で始まるのでa)
> - *an* NGO エヌジーオー(▶つづりはNで始まるが, 発音は[èn エン]で始まるのでan)
>
> また, anはしばしば次にくる語の最初の母音と続けて発音されます.
> - an orange [ən アン] + [ɔ́ːrindʒ オーリンヂ] → [アノーリンヂ]

**analogue** [ǽnəlɔ̀ːg アナローグ | -lɔ̀g -ログ] (▶米ではanalogともつづる)
形 アナログ式の(⇔digital デジタル式の)

**analysis** B1 [ənǽləsis アナリシィス]
名 (複 analyses [ənǽləsiːz アナリシィーズ]) C U 分析(ぶんせき); 分解 派生語 analyze 動

**analyze** 2級 B1 [ǽnəlàiz アナライズ] (▶英ではanalyseとつづる) 動 他 ...を分析(ぶんせき)する; ...を分解する

**ancestor** 準2級 A2 [ǽnsestər アンセスタァ]
名 C 先祖, 祖先

**ancestral** [ænséstrəl アンセストゥラル] 形 先祖の, 先祖から伝わる

**anchor** B2 [ǽŋkər アンカァ]
— 名 C ❶ (船の)いかり
❷固定させる物; 頼(たよ)みの綱(つな)
❸ (リレーの)最終走者[泳者], アンカー(▶ anchorperson とも言う)
❹ (ニュース番組の)総合司会者, ニュースキャスター(▶ anchorperson とも言う)
*at anchor* (船が)停泊(ていはく)中で
— 動 他 自 ❶ (船)を停泊させる; (船が)いかりを下ろす, 停泊する ❷ (テレビ・ラジオの)総合司会者を務める

**Anchorage** [ǽŋkəridʒ アンカリッヂ] 名 アンカレッジ(▶米国アラスカ州南部の都市)

## anchorman

**anchorman** B2 [ǽŋkərmæn アンカァマン] 名
(複 anchormen[-men]) C (男性の)総合司会者, ニュースキャスター (▶最近では男女の区別を避(さ)けて anchorperson が多く用いられる)

**anchorperson** B2 [ǽŋkərpə̀ːrsn アンカァパースン] 名 C 総合司会者, ニュースキャスター (▶男女の区別のない語)

**anchorwoman** [ǽŋkərwùmən アンカァウマン] 名 (複 anchorwomen[-wìmin]) C (女性の)総合司会者, ニュースキャスター (▶最近では男女の区別を避(さ)けて anchorperson が多く用いられる)

**ancient** 準2級 A2 [éinʃənt エインシャント] 形 古代の, 昔の (⇔modern 現代の); 古い, 古くからある
- *ancient* history 古代史

## **and** 5級 A1

[ənd アンド, ən アン, 《強く言うとき》 ǽnd アンド]

接 ❶ …と〜
❷ …つきの〜
❸ それから
❹ …なので
❺ 《命令文の後で》そうすれば
❻ 《... and ... で》ますます
❼ 《come [go, try] and + 〈動詞の原形〉で》…しに, …するために

接 ❶ …と〜, および
- I bought a pen *and* a notebook. 私はペンとノートを買った. (▶〈名詞〉+ and +〈名詞〉)
- Their living room was bright *and* warm. 彼らの居間は明るくて暖かかった. (▶〈形容詞〉+ and +〈形容詞〉)
- I can read *and* speak English. 私は英語を読んだり話したりできます. (▶〈動詞〉+ and +〈動詞〉)
- He studies in the morning *and* at night. 彼は午前中と夜に勉強する. (▶〈語句〉+ and +〈語句〉)
- I did the shopping, *and* my brother did the cooking. 私が買い物をして, 兄[弟]が料理を作った. (▶〈文〉+ and +〈文〉)
- You, Ed, *and* I are in the same group. 君とエドと私は同じグループだ.
- Five *and* eight make(s) thirteen. 5足す8は13 (5＋8＝13).

**ここがポイント!** and の使い方

(1) and は, 〈名詞〉+ and +〈名詞〉, 〈文〉+ and +〈文〉など, 同じ働きをする語句をつなぎます.

(2) 3つ以上のものを並べるときは, ふつうA, B(,) and C のように, 最後の語句の前にのみ and を置きます. また and の前にはコンマを入れても入れなくても構いません.

(3) 読むときは最後の語句のみ下げ調子にします.
   A *and* B↘
   A, B, *and* C↘
   A, B, C, *and* D↘

(4) 異なる人称(にんしょう)の語句を並べる場合, ふつう二人称, 三人称, 一人称の順にします.
- you *and* I あなたと私
- you, your brother(,) *and* I あなたとあなたのお兄さん[弟]と私

❷ 《〈名詞〉+ and +〈名詞〉で》…つきの〜, …と〜 (▶一体・一組になったものを表し, 単数扱い)
- bread *and* butter バターを塗(ぬ)ったパン (▶発音は [brédnbʌ́tər ブレッドゥンバタァ]. [bréd ənd bʌ́tər] と区切って発音すると「パンとバター」となる)
- ham *and* eggs ハムエッグ
- a knife *and* fork ナイフとフォーク (の一組)

❸ **それから**, そして (＝and then) (▶時間的な前後関係を表す)
- We went to the cafeteria *and* had lunch. 私たちはカフェテリアに行って, お昼を食べた.

❹ …なので, …だから (＝and so) (▶理由・結果・成り行きを表す)
- Maggie studied hard *and* got good grades in math.
  マギーは一生懸命(いっしょうけんめい)勉強したので数学でよい点を取った.

❺ 《命令文の後で》**そうすれば** (▶and の後の文はふつう未来を表す表現) (⇔or そうしなければ)
- Hurry up, *and* you will be there in time. 急ぎなさい, そうすれば間に合うでしょう. (＝If you hurry up, you will be ... .)

❻ 《... and ... で》**ますます, どんどん** (▶同じ語を繰(く)り返して, 反復・強意などを表す)
- They sang that song again *and* again. 彼らはその歌を何度も何度も歌った.
- He talked faster *and* faster. 彼はますます早口で話した.

❼ 《come [go, try] and +〈動詞の原形〉で》《話》…しに, …するために (▶主に命令文で)
- *Come* and see me again. また私に会いに来てね. (＝Come to see me again.) (▶※《話》では come, go の後の and は Come see me again. のようにしばしば省略される)
- *Go* and get the ball. ボールを取っておいで. (＝Go to get the ball.)

*and so* だから;それから
- We were cold, *and so* we went home.
寒かったので,私たちは家に帰った.

*and so on* = *and so forth* …など(▶etc.と略す. and so forthは形式ばった言い方)
- I like roses, lilies, tulips, *and so on*.
私はばら,ゆり,チューリップなどが好きだ.

*and then* それから

*and yet* それなのに,しかもなお →yet(成句)

**Andersen** [ǽndərsn アンダースン] 名 Hans Christian, ハンス・クリスチャン・アンデルセン(▶1805-1875;デンマークの童話作家.作品に『人魚姫』『マッチ売りの少女』など)

**Andes** [ǽndiːz アンディーズ] 名《the Andesで》《複数扱い》アンデス山脈(▶南米西部の山脈)

**Andorra** [ændɔ́ːrə アンドーラ] 名 アンドラ(▶スペインとフランスの間にある公国.首都はアンドラ・ラ・ベリャ(Andorra la Vella))

**Andrew** [ǽndruː アンドゥルー] 名 アンドルー(▶男性の名.愛称はAndy)

**Andy** [ǽndi アンディ] 名 アンディ(▶男性の名.Andrewの愛称)

**angel** A2 [éindʒəl エインヂャル] 名 C 天使;天使のような人

**anger** B1 [ǽŋgər アンガァ] 名 U 怒り,立腹
- I could not control my *anger*.
私は怒りをおさえることができなかった.

*in anger* 怒って

派生語 angry 形

**Angkor Wat** [ǽŋkɔːr wát アンコァ ワット] 名 アンコールワット(▶カンボジアにある石造寺院の遺跡で世界遺産の遺跡群の1つ)

**angle** B1 [ǽŋgl アングル] 名 C ❶《数学》角度,角
- a right *angle* 直角
- at an *angle* of 45 degrees 45度の角度で
❷角,隅(=corner)
❸《話》観点,(ものを見る)角度

**Anglican** [ǽŋglikən アングリカン]
— 形 英国国教会の
- the *Anglican* Church 英国国教会(=the Church of England)
— 名 C 英国国教徒

**Anglo-Saxon** [ǽŋglousǽksn アングロウサクスン] 名 C アングロサクソン人(▶5世紀にドイツから英国に移住したアングル族とサクソン族が混じり合った民族.1066年にノルマン人に征服されるまで英国を支配した.現在の英国人の祖先)

**Angola** [æŋgóulə アンゴウラ] 名 アンゴラ(▶アフリカ南西部にある共和国.首都はルアンダ(Luanda))

**angrily** A2 [ǽŋgrəli アングリィリィ] 副 怒って,立腹して

**angry** 4級 A1 [ǽŋgri アングリィ]
形《比較》angrier;《最上》angriest 怒った,怒って,腹を立てた
- an *angry* face 怒った顔

*be* [*get*] *angry with* [*at*]+〈人〉
〈人〉に対して怒る
- I'*m* very *angry with* him.
ぼくは彼にとても怒っている.
- I *got* [*became*] *angry at* my brother.
私は兄[弟]に対して怒った.

*be* [*get*] *angry about*+〈事〉
〈事〉に対して腹を立てる
- She *was angry about* his attitude.
彼女は彼の態度に腹を立てた.

派生語 angrily 副

\***animal** 5級 A1 [ǽnəməl アニマル]
— 名 (複 animals [-z]) C 動物(▶「植物」はplant,「鉱物」はmineral)
- an *animal* doctor 獣医(▶《話》vetとも言う)
- a domestic [wild] *animal* 家畜[野生の動物]
- I like *animals* very much.
私は動物がとても好きだ.
- DO NOT FEED THE *ANIMALS*
《掲示》動物にえさを与えないでください
— 形 動物の
- *animal* rights
(動物保護に基づく)動物の権利

表現メモ

動物のいろいろ
〈脊椎動物(背骨のある動物)〉
amphibians 両生類
birds 鳥類 / fish 魚類
reptiles は虫類
mammals ほ乳類
〈無脊椎動物(背骨のない動物)〉
insects 昆虫(ant あり,butterfly 蝶 など)
octopus たこ
squid いか

犬はほ乳類(mammals)の一種

**animated** B1 [ǽnəmèitid アニメイティド]
形 生き生きとした,活気に満ちた;生きているような
- an *animated* cartoon アニメーション

**animation** B1 [ænəméiʃən アニメイション]
名 ❶ U 生気,活気 ❷ U アニメ製作;C アニメ

**animator**

ーション
**animator** [ǽnimèitər アニメイタァ] 名C アニメ製作者, アニメーター
- a famous *animator* 有名なアニメ製作者

**anime** [á:nimèi アーニメィ] 名U アニメ(▶日本製の動画)

**ankle** 準2級 A2 [ǽŋkl アンクル] 名C くるぶし, 足首 → body 図

**Ann(e)** [ǽn アン] 名 アン(▶女性の名. Annaの別称)

**Anna** [ǽnə アナ] 名 アンナ, アナ(▶女性の名. 愛称はAnn(e), Annie, Nancy)

**Anne Frank** [ǽn frǽŋk アン フランク] 名 アンネ・フランク(▶1929-1945; ユダヤ人の少女. 第二次大戦時のドイツのユダヤ人迫害の中, アムステルダムの隠れ家で書き残した日記がのちに『アンネの日記』として出版され, 世界的ベストセラーになった)

**anniversary** A2 [æ̀nəvə́ːrsəri アニヴァーサリィ] 名(複 anniversaries [-z]) C (毎年の)記念日, …周年記念日, 記念祭
- a wedding *anniversary* 結婚記念日
- It's the seventieth *anniversary* of our school's foundation.
私たちの学校の創立70周年記念日だ.

**announce** 2級 B1 [ənáuns アナウンス] 動他 …を発表する, 知らせる
派生語 announcement 名, announcer 名

**announcement** 2級 B1 [ənáunsmənt アナウンスマント] 名UC 発表, 公表, 布告, アナウンス

**announcer** 準2級 [ənáunsər アナウンサァ] 名C (ラジオ・テレビの)アナウンサー; 告知する人

**annoy** A2 [ənɔ́i アノィ] 動他 (人)を悩ます, 困らせる, いらいらさせる; 《be annoyed at …で》…に悩む, 困る; 《be annoyed with …で》…に腹を立てる, 不愉快になる
- He *was annoyed with* Beth.
彼はベスに腹を立てた.
派生語 annoyed 形, annoying 形

**annoyed** B1 [ənɔ́id アノイド] 形《be annoyed …で》…にいらいらする, 腹を立てる

**annoying** A2 [ənɔ́iiŋ アノイイング] 形 人を悩ます, うるさい, 不快な

**annual** B1 [ǽnjuəl アニュアル] 形 ❶ 1年の, 年間の
- an *annual* income 年収
❷ 毎年の, 年1回の
- an *annual* school event
毎年ある学校行事
派生語 annually 副

**annually** 2級 B1 [ǽnjuəli アニュアリィ] 副 年に一度; 毎年, 年々

*__**another**__* 4級 A1 [ənʌ́ðər アナザァ]

形 ❶ もう1つ[1人]の
❷ 別の, ほかの
代 別のもの[人]; もう1つ[1人]

ー形 ❶ もう1つ[1人]の → other くらべて!
- He has *another* camera.
彼はカメラをもう1台持っている.
- Would you like *another* bowl of rice?
ご飯のお代わりはいかがですか.
- I'll be able to finish the work in *another* two weeks. もう2週間もすればその仕事を終えられるでしょう.

❷ 別の, ほかの(=different)
- *Another* player became the captain of the team.
別の選手がチームのキャプテンになった.
- I will go to see him *another* time.
また改めて(⇔別の時に)彼に会いに行きます.

> **ここがポイント!** anotherの使い方
>
> **another**=an(1つの)+other(ほかの)なので, 以下のように使います.
> (1) ふつう, 数えられる名詞の単数形の前につけます.
> 　○ *another* computer
> 　　もう1台のコンピュータ
> 　× *another* computers
> (2) a, the, this, that, 所有格(my, yourなど)などといっしょには使いません.
> 　○ *another* house 別の家
> 　× my another house
> 　× an another house
> 　○ *another* house of mine 私の別の家

ー代 別のもの[人]; もう1つ[1人]
- This dress is too large for me. Can I try on *another*? この服は私には大きすぎます. 別のを試着していいですか.
- To say is one thing, to do (is) *another*.
言うことと実行に移すことは別である.
(=Saying is one thing, doing (is) *another*.)

***one after another*** =***one after the other***
次々と, 続々と
- They put away the dishes *one after another*. 彼らは次々と皿を片づけた.

***one another*** お互いに(▶ふつう3つ[3人]以上のときに用いる. 2つ[2人]の場合はeach other)
- We must help *one another*.

私たちはお互いに助け合わなければならない．
- They threw snowballs at *one another*.
彼らはお互いに雪玉を投げ合った．

## *answer 5級 A1

[ǽnsər アンサァ | áːn- アーン-] (★このwは発音しない)

> 名 答え
> 動 他 ❶ (質問など)に答える
> ❷ (ノックや呼び出し)に応じる
> 自 答える

─名 (複 answers [-z]) C 答え，返事；解答 (⇔ question 質問)
- a correct [wrong] *answer* 正解[不正解]
- I didn't give an *answer* to his question.
私は彼の質問に答えなかった．(▶ for his question は×)
- I telephoned him, but there was no *answer*. 彼に電話をしたが，応答がなかった．

*in answer to ...* …に答えて，応じて

─動 (三現) answers[-z]; (過去・過分) answered[-d]; (現分) answering)
─他 ❶ (質問など) に答える (⇔ask たずねる); (手紙など) に返事をする
- Will you *answer* my question? 私の質問に答えてくれますか．(▶ answer＋〈質問〉)
- Please *answer* me now. 今すぐ私(の質問)に答えてください．(▶ answer＋〈人〉)
- "I can't do such a thing," he *answered*. 「私はそんなことはできません」と彼は答えた．
- He *answered* yes. 彼はそうだと答えた．
- He didn't *answer* his mother's letter. 彼は母親の手紙に返事をしなかった．

❷ (ノックや呼び出し)に応じる；(電話など)に出る
- Would you *answer* the door for me? 私の代わりに玄関(げんかん)に出てくれますか．
- The phone is ringing. Shall I *answer* it? 電話が鳴っています．出ましょうか．

─自 答える；解答する
- *Answer* in English, please.
英語で答えてください．

*answer back* (失礼な態度で)言い返す，口答えをする

**answering machine** [ǽnsəriŋ məʃìːn アンサァリング マシーン] 名 C 留守番電話

**ant** B1 [ǽnt アント] (★同音 米音のaunt おば) 名 C 〔虫〕あり

**Antarctic** [æntáːrktik アンタークティック]
─形 南極の，南極地方の (⇔Arctic 北極の)
─名 (the Antarcticで) 南極地方 (▶「南極点」は the South Pole)

派生語 Antarctica 名

**Antarctica** [æntáːrktikə アンタークティカ] 名 南極大陸 (＝the Antarctic Continent)

**Antarctic Continent** [æntáːrktik kántənənt アンタークティック カンタナント | -kɔ́nti- -コンティ-] 名 《the Antarctic Continentで》南極大陸

**Antarctic Ocean** [æntáːrktik óuʃən アンタークティック オウシャン] 名 《the Antarctic Oceanで》南極海

**antenna** [ænténə アンテナ] 名 C ❶ (複 antennas [-z]) ㊥ (㊨ラジオ・テレビの)アンテナ (＝㊨aerial) ❷ (複 antennae [ænténiː アンテニー]) (昆虫(こんちゅう)などの)触角(しょっかく)

**anthem** [ǽnθəm アンサム] 名 C 賛歌；聖歌，賛美歌
- a national *anthem* 国歌

**anti-** [ǽnti- アンティ-, æntai- アンタイ-] 接頭 反…，非…，対…，不… (▶名詞・形容詞などの前について反対の意味を表す)
- *anti*hero アンチヒーロー
- *anti*war 反戦の

**Antigua and Barbuda** [æntíːgwə ən baːrbúːdə アンティーグァ アン バーブーダ | æntíːgə ən baːrbjúːdə アンティーガ アン バービューダ] 名 アンティグア・バーブーダ (▶カリブ海にある国．首都はセントジョンズ (St. John's))

**antique** B1 [æntíːk アンティーク]
─形 古くて値打ちのある；古くからある；古風な
- an *antique* table 骨とう品のテーブル
─名 C 骨とう品

**antler** [ǽntlər アントゥラァ] 名 C (鹿(しか)などの，枝のようになった)角(つの)

**antonym** B1 [ǽntənim アンタニム] 名 C 反意語，反対語 (⇔synonym 同意語)
- 'Up' is the *antonym* of 'down.'
up はdownの反意語だ．

**anxiety** B1 [æŋzáiəti アングザィアティ] 名 (複 anxieties [-z]) ❶ U 心配，不安 (▶worryほど深刻ではない)；C 心配事 ❷ U 熱望，切望

## anxious A2 [ǽŋkʃəs アンクシャス]

形 (比較 more anxious; 最上 most anxious)
❶ 心配な，不安な 《be anxious about ... で》…が気になる
- He looked *anxious*. 彼は心配そうだった．
- Ben *is anxious about* making a speech tomorrow. ベンはあしたスピーチをすることが気になっている．

❷ 《be anxious for ... で》…を熱望して；しきりに…したがって
- We *are anxious for* peace.
私たちは心から平和を望んでいる．

## anxiously

**be anxious to ＋〈動詞の原形〉**
とても…したがっている
- The boy *was anxious to* go with his mother.
男の子は母親といっしょに行きたがっていた.
派生語 anxiety 名, anxiously 副

**anxiously** B1 [ǽŋkʃəsli アンクシャスリィ] 副 心配して；不安そうに

## *any 5級 A1 [əni アニィ,《強く言うとき》éni エニィ]

形 ❶ いくらかの, いくつかの, 何らかの
　❷《否定文で》少しも (…ない)
　❸ どんな…でも, だれでも
代 ❶ いくらか, いくつか, 何か
　❷《否定文で》少しも (…ない)
　❸ どれでも, だれでも
副 少しは；《否定文で》少しも (…ない)

— 形 ❶《疑問文または if の文で》**いくらかの, いくつかの**, 何らかの
- Do you have *any* questions?
質問がありますか.
- Is there *any* water in that can?
あの缶(ﾝ)の中に水はありますか.

### ここがポイント! anyの使い方
(1) **any**は, 数えられる名詞にも数えられない名詞にも使います. 数えられる名詞の場合, ❶ の意味では必ず複数形にします.
(2) ❶ の意味の **any** は多くの場合, 日本語に訳さなくても構いません.
(3) 肯定文で「いくらかの, いくつかの」と言うときは some を使います.
- I have *some* questions.
いくつか質問があります.
ただし yes の答えを期待するとき(人にものを勧(ﾁ)めるときなど)は, 疑問文でも some を使います. → some ポイント!
- Would you like *some* coffee?
コーヒーをいかがですか.

❷《否定文で》**少しも** (…ない), 何も (…ない), だれも (…ない), どんな～も (…ない)
- I *don't* have *any* money. 私はお金を少しも持っていない. (＝I have no money.)
- There *aren't any* boys in her school.
彼女の学校には男の子がだれもいない.
(＝There are no boys in her school.)

### ここがポイント! any と no
**any** を使った否定文は no を使って言いかえることができます. なお, 否定語は必ず any よりも前に置くので, any ＋〈名詞〉を主語にすることはできません. このような場合は no ＋〈名詞〉を主語にします.
× *Any* students didn't know the news.
○ *No* students knew the news.
そのニュースを知っている生徒はいなかった.

❸《肯定文で》**どんな…でも**, だれでも, どれでも (▶ この意味では単数形の名詞の前に用い, [éni エニィ]と強く発音する)
- *Any* student can answer this question.
どんな生徒でもこの質問に答えられる.
- Pam runs faster than *any* other girl in her school. パムは学校のどの女の子よりも速く走る. (＝Pam is the fastest runner in ... .)

***any one*** どれでも１つ, だれでも１人
**(at) *any time*** いつでも → time

「終日駐車禁止」の標識

***in any case*** 《話》とにかく, いずれにしても

— 代 ❶《疑問文または if の文で》**いくらか, いくつか**, 何か, だれか
- I'm collecting beautiful postcards. Do you have *any*? 私は美しい絵はがきを集めています. あなたは何枚か持っていますか.

❷《否定文で》**少しも** (…ない), 何も (…ない), だれも (…ない)

話してみよう!
☺ Are there any convenience stores in this village? (▶ この any は 形)
この村にコンビニはありますか.
☹ No, there aren't *any*.
いいえ, 全然ありません.

❸《肯定文で》**どれでも**, だれでも
- I can answer *any* of these questions.
私はこれらの質問のどれにでも答えられる.

— 副《疑問文で》**少しは**；《否定文で》少しも (…ない) (▶ 形容詞・副詞の比較(ﾋｬ)級または different などの前で用いる)
- Do you feel *any* better now?

《話》少しは気分がよくなりましたか.
- The idea is*n't any* different from mine.
その考えは私のと少しも変わらない.

***not ... any longer*** これ[それ]以上…ない(=no longer ...)
- I ca*n't* run *any longer*.
私はこれ以上走れない.

***not ... any more*** これ[それ]以上…ない(=no more ...)
- I ca*n't* eat *any more*.
私はこれ以上食べられない.

# anybody A1

[énibàdi エニィバディ | -bòdi -ボディ]
代《単数扱い》❶《疑問文またはifの文で》**だれか**
→ anyone ポイント!
- Does *anybody* live near his house?
だれか彼の家の近くに住んでいますか.

❷《否定文で》**だれも**(…ない)
- There was*n't anybody* at home.
家にはだれもいなかった.

❸《肯定文で》**だれでも**
- *Anybody* knows the answer.
だれでもその答えを知っている.

**anyhow** B1 [énihàu エニィハウ] 副《話》いずれにしても, とにかく(=anyway)
- She was tired, but she went to the party *anyhow*. 彼女は疲(%)れていたけれど, とにかくパーティーへ行った.

**anymore** 準2級 A2 [ènimɔ́ːr エニィモァ] 副《疑問文・否定文で》今はもう, もはや(…でない); これ以上(…でない)
- He is not young *anymore*.
彼はもう若くない.

# *anyone 4級 A1 [éniwÀn エニィワン]

代《単数扱い》❶《疑問文またはifの文で》**だれか**
- Is *anyone* there? そこにだれかいますか.
- Does *anyone* know him?
だれか彼を知っていますか.
- *If anyone* comes, please let me know.
だれか来たら私に知らせてください.

❷《否定文で》**だれも**(…ない)
- I did*n't* see *anyone* in the park. 公園ではだれにも会わなかった. (=I saw no one ... .)

ここがポイント! **anyoneの使い方**

(1)**anyone**は**anybody**と意味や用法は同じですが, anybodyのほうが《話》ではよく使われます.
(2)**anyone**を使った否定文はno oneを使って言いかえることができます.

(3)否定語は必ず**anyone**よりも前に置くので, anyoneを主語にはできません. このような場合はno one, nobodyを使います.
×Anyone doesn't hate her.
○*No one* hates her.
だれも彼女を嫌(%)ってはいない.
(4)肯定文で「だれか」はsomeoneです.
- There is *someone* in that room.
あの部屋にだれかいる.

❸《肯定文で》**だれでも**
- *Anyone* can knit. It's easy.
だれでも編み物はできます. 簡単ですよ.

# *anything 4級 A1

[éniθìŋ エニィスィング]
代《単数扱い》❶《疑問文またはifの文で》**何か**
- Do you need *anything* else?
ほかに何か必要ですか.
- Is there *anything* new on TV?
テレビで何か目新しいことをやっていますか.
- Do you have *anything* to drink?
何か飲む物を持っていますか.
- Is *anything* wrong with this camera?
このカメラはどこか具合が悪いのですか.
- Tell me *if* you remember *anything*.
何か思い出したら私に話してね.

❷《否定文で》**何も**(…ない)
- He did*n't* say *anything* to me.
彼は私に何も言わなかった. (=He said nothing to me.)

ここがポイント! **anythingの使い方**

(1)**anything**を修飾(%)する形容詞やto +〈動詞の原形〉はanythingの後に置きます.
(2)肯定文で「何か」を意味する場合にはsomethingを使います. また, 疑問文でもyesの答えが予想される場合はsomethingを使います. → something ポイント!
(3)**anything**を使った否定文はnothingを使って言いかえることができます.
(4)否定語は必ず**anything**よりも前に置くので, anythingを主語にすることはできません. このような場合はnothingを使います.
×Anything couldn't be seen there.
○*Nothing* could be seen there.
そこでは何も見えなかった.

❸《肯定文で》**何でも**
- Tom will do *anything* for her.
トムは彼女のためなら何でもするだろう.

***anything but ...*** …以外は何でも; 少しも[け

# anytime

って]…でない, …にはほど遠い
- You can use *anything but* my computer.
コンピュータ以外なら何でも使っていいよ.
- She is *anything but* shy.
彼女はけっして内気ではない.

***anything like ...*** …のようなもの, …に似たもの の

***if anything*** どちらかと言えば(= rather)

**anytime** 4級 [énitàim エニィタイム] 副《主に米》
いつでも;《話》いつでもどうぞ, どういたしまして

**anyway** 準2級 A2 [éniwèi エニィウェイ] 副 ❶ とにかく, いずれにしても(= anyhow)
- Thanks *anyway*. とにかくありがとう.(►相手の厚意(こうい)が結局は役に立たなかったが礼を言うときの言葉)

❷《話》ところで; まあ, とにかく(►話題を変えるきっかけに使う)
- *Anyway*, I must go now.
ところで, もう行かなければいけないんです.

# anywhere 準2級 A2

[énihwèər エニィ(ホ)ウェア]

副 ❶《疑問文またはifの文で》**どこかへ**, どこかに(►肯定文ではsomewhereを使う)
- Did you go *anywhere* yesterday?
きのうどこかへ行きましたか.

❷《否定文で》**どこへも**, どこにも
- I did*n't* go *anywhere* today.
きょうはどこへも行かなかった.(= I went nowhere today.)

❸《肯定文で》どこへでも, どこにでも
- Go *anywhere* you like.
どこへでも好きな所に行きなさい.

**apart** A2 [əpá:rt アパート] 副 ❶《距離(きょり)・時間が》離(はな)れて, 離して; 別々に
- The store and his house are two miles *apart*. その店と彼の家は2マイル離れている.
- She lives *apart* from her family.
彼女は家族から離れて生活している.

❷ ばらばらに
- take a clock *apart* 時計を分解する

***apart from ...*** …以外は
- *Apart from* the date, everything has been decided. 日程以外はすべて決まった.

**apartheid** [əpá:rtait アパータイト, əpá:rteit アパーテイト] 名 U《米》アパルトヘイト,(特に南アフリカ共和国で行われた)人種隔離(かくり)政策

**apartment** 準2級 A2 [əpá:rtmənt アパートゥマント] 名 C ❶《米》(apartment building内の) 1世帯分の部屋, アパート(= 《英》flat)
- She lives in a three-room *apartment*.

彼女は3部屋あるアパートに住んでいる.
- an *apartment* building [house] 《米》(いくつかのapartmentからなる) 共同住宅(►建物全体をさす)(= 《英》flats)

❷《米》共同住宅, アパート, マンション(= 《英》flats)

**ape** B1 [éip エイプ] 名 C《動物》猿(さる), 類人猿(るいじんえん)(►チンパンジー・ゴリラ・オランウータンなどの尾(お)のない猿.「尾のある猿」はmonkey)

**APEC** [éipek エイペック] 名 エイペック, アジア太平洋経済協力(► Asia-Pacific Economic Cooperationの略)

**Apollo** [əpálou アパロウ | əpɔ́lou アポロウ] 名《ギリシャ・ローマ神話》アポロ(ン)(►光・医術・音楽・詩・予言の神. のちに太陽神と同一視された)

**apologize** A2 [əpálədʒàiz アパラヂャイズ | əpɔ́lə-アポラ-] (►《英》ではapologiseとつづる) 動 自 (人に…を)わびる, 謝(あやま)る
- I *apologized* to him for breaking the vase. 花瓶(かびん)を割ったことを彼に謝った.

**apology** B1 [əpálədʒi アパラヂィ | əpɔ́lə- アポラ-] 名 (複 apologies [-z]) C おわび, 謝罪; 弁解
派生語 apologize 動

**apostrophe** B2 [əpástrəfi アパストゥラフィ | əpɔ́s- アポス-] 名 C アポストロフィー(►'の記号. don't(= do not)などの省略, boy's, boys'などの所有格を表すときなどに使う)

**app** [ǽp アップ] 名 C アプリ(► application programの略語)

**apparel** [əpǽrəl アパラル] 名 U《米》衣服, 衣料品

**apparent** B1 [əpǽrənt アパラント] 形 ❶ 明らかな, 明白な, はっきりした(= obvious) ❷ 見かけの, 外見上の
派生語 apparently 副

**apparently** A2 [əpǽrəntli アパラントゥリィ] 副 見たところは; どうやら(…らしい)

**appeal** 2級 B1 [əpí:l アピール]
━ 動 自 ❶ (人に…を) 懇願(こんがん)する,(助けなどを)求める
- I *appealed* to her for help.
私は彼女に援助(えんじょ)を求めた.

❷ (世論・武力などに) 訴(うった)える

# apply

- *appeal* to arms [public opinion]
武力[世論]に訴える

❸(人の心に)訴える, 興味を起こさせる
- This song will *appeal* to young people.
この歌は若い人たちに受けるだろう.

━名 ⓊⒸ 懇願; 訴え ❷Ⓤ 魅力
派生語 appealing 形

**appealing** [əpíːlɪŋ アピーリング] 形 魅力的な; 心に訴えかける

## appear 準2級 A2 [əpíər アピア]

動(三単現 appears [-z]; 過去・過分 appeared [-d]; 現分 appearing)自 ❶ 現れる, 姿を見せる(⇔disappear 見えなくなる), (テレビなどに)出る
- *appear* on TV テレビに出る
- The moon *appeared* through the clouds.
月が雲の間から現れた.

❷(外見が)…のように見える, …らしい(=seem)

| appear to be +〈名詞・形容詞〉
…であるように見える
- He *appeared to be* a rich man.
彼は金持ちのように見えた. (= It *appeared* (that) he was a rich man.)
- The house *appears* (*to be*) old.
その家は古そうに見える. (►形容詞が続く場合, to be は省略可)

| it appears (that) ...
…のように見える, …らしい
- *It appears* (*that*) she knows the truth.
彼女は真実を知っているように見える.
派生語 appearance 名

**appearance** A2 [əpíərəns アピ(ア)ランス] 名 ❶ Ⓒ 出現, 現れること ❷ ⓊⒸ 外観, 見かけ

**appendix** [əpéndɪks アペンディクス] 名 (複 appendixes [-ɪz], appendices [əpéndɪsiːz アペンディスィーズ]) Ⓒ ❶ (本の巻末などの)付録 ❷ 〖医学〗虫垂, 盲腸

**appetite** B1 [ǽpətàɪt アピタイト] 名 ⓊⒸ ❶ 食欲
- He has a good [poor] *appetite*.
彼は食欲がある[ない].

❷欲望, 意欲(=desire)
派生語 appetizer 名

**appetizer** [ǽpətàɪzər アピタイザァ] 名 Ⓒ 食欲を促す食べ物[飲み物](►前菜や食前酒)

**applaud** B1 [əplɔ́ːd アプロード] 動 他 自 (…を)拍手喝采する; (…を)ほめる
派生語 applause 名

**applause** B1 [əplɔ́ːz アプローズ] 名 Ⓤ 拍手喝采; 賞賛

## apple 5級 A1 [ǽpl アプル]

名(複 apples [-z]) Ⓒ りんご; りんごの木
- peel an *apple* りんごの皮をむく
- bite into an *apple* りんごをかじる
- *apple* bobbing アップル・ボビング(►水に浮かべたり糸でつるしたりしてあるりんごを口にくわえようとするゲーム)
- *apple* juice りんごジュース
- An *apple* a day keeps the doctor away.
(諺)1日1個のりんごで医者いらず. (►「りんごは健康の元」ということ)

**apple pie** 5級 [ǽpl páɪ アプル パイ] 名 ⓊⒸ アップルパイ(►アメリカの伝統的なデザートの1つ)
- (as) American as *apple pie* アップルパイのようにアメリカ的な, 非常にアメリカ的な

**appliance** 2級 [əpláɪəns アプライアンス] 名 Ⓒ 器具, 装置; (家庭用)電気製品

**applicant** B2 [ǽplɪkənt アプリカント] 名 Ⓒ 志願者, 申込者, 応募者

**application** 2級 B1 [æplɪkéɪʃən アプリケイション]

名 ❶ Ⓤ 適用, 応用
❷ Ⓒ 申しこみ, 志願; 申込書, 願書
- an *application* form 申込用紙
- make an *application* to the club
クラブに入会を申しこむ

❸ Ⓒ 〖コンピュータ〗アプリケーション

## apply 準2級 A2 [əpláɪ アプライ]

━動(三単現 applies [-z]; 過去・過分 applied [-d]; 現分 applying)
━自 ❶ 申しこむ, 出願する, 申請する
- My sister *applied* for a summer job.
姉[妹]は夏休みのアルバイトを申しこんだ.
- I'll *apply* to two high schools.
私は2つの高校に出願するつもりです.

❷(…に)適用される, 当てはまる
- This rule does not *apply* to children under 10.
この規則は10歳未満の子どもには当てはま

## appoint

らない.
— ⑩ ❶ …を応用する, 適用する, 当てはめる
- *apply* science to daily life
  科学を日常生活に応用する
❷ (薬・ペンキなど)をつける, 塗(ぬ)る, (物)をあてる
- *Apply* the cream to your hands.
  そのクリームを手につけなさい.

派生語 applicant 名, application 名

## appoint B1 [əpóint アポイント] 動 ⑩ ❶ (人)を任命する, 指名する
- Amber was *appointed* as Chair(person) of the Board.
  アンバーは委員会の議長に指名された.(▶このChair(person)のように1つしかない役職名にはふつうaやtheはつけない)
❷ (日時・場所)を定める, 決める (▶形式ばった言い方)

派生語 appointed 形, appointment 名

## appointed [əpɔ́intid アポインティド] 形 ❶ 任命された
❷ 定められた, 決められた, 約束の
- the *appointed* time and place
  約束の時間と場所

## appointment 準2級 A2 [əpɔ́intmənt アポイントゥマント] 名 ❶ ⓒ (人と会う)約束(= engagement), (診察(しんさつ)の)予約 (▶「ホテル・乗り物・劇場の座席などの予約」はreservation)
- keep an *appointment* 約束を守る
- I have an *appointment* with my dentist today.
  きょう歯医者の予約がある.
❷ Ⓤ 任命, 指名

## appreciate 準2級 A2 [əpríːʃièit アプリーシエイト] 動 ⑩ ❶ …を味わう, 鑑賞(かんしょう)する
- *appreciate* a good book よい本を味わう
❷ …の価値を認める, …を理解する
- I *appreciate* your efforts.
  私はあなたの努力を認めます.
❸ (物・事)をありがたく思う, (物・事)に感謝する
- I *appreciate* your help.
  ご援助(えんじょ)に感謝します.

## approach 2級 B1

[əpróutʃ アプロウチ]

— 動 (三単現 approaches[-iz]; 過去・過分 approached[-t]; 現分 approaching)
— ⓘ ❶ …に近づく, 接近する
- She *approached* the lion. 彼女はライオンに近づいた.(▶approach to the lionは×)
❷ (問題など)を扱(あつか)う, (研究・仕事など)に取りかかる

- *approach* a problem 問題に取り組む
— ⓘ (時・出来事などが)近づく, 接近する
- Summer is *approaching*.
  夏が近づいてきている.
— 名 (複 approaches[-iz]) Ⓤ 接近, 近づくこと; Ⓒ (学問などの)研究法, 取り組み方
- a new *approach* to the study of English
  英語学習の新しい方法

## appropriate 準2級 A2 [əpróupriət アプロウプリイット] 形 適切な, 適当な, ふさわしい

## approval B1 [əprúːvəl アプルーヴァル] 名 Ⓤ 賛成; 認可(にんか), 許可, 承認

## approve B1 [əprúːv アプルーヴ] 動
— ⑩ …に賛成する, …をよいと認める
- The teacher *approved* my plan.
  先生は私の計画に賛成した.
— ⓘ 《approve of ...で》…に賛成する; …を許可[承認(しょうにん)]する
- His parents didn't *approve of* his travel plans.
  両親は彼の旅行の計画に賛成しなかった.

派生語 approval 名

## approximately B1 [əpráksəmətli アプラクスィミトゥリィ | əprɔ́ksə- アプロクスィ-] 副 おおよそ, だいたい (= about, roughly)

## Apr. April(4月)の略

## apricot [ǽprikɑ̀t アプリカット | éiprikɔ̀t エイプリコット] 名 Ⓒ 〖植物〗あんず; あんずの木

## *April 5級 A1 [éiprəl エイプラル]

名 **4月** (▶常に大文字で書き始める. Apr. と略す. 詳(くわ)しい使い方は → January ポイント!)
- in *April* 4月に
- on *April* 18, 2014 = on the 18th of *April* in 2014
  2014年4月18日に(▶特定の日を表す場合はonを用いる. April 18はApril (the) eighteenthと読む. 米ではApril eighteenとも読む)
- Jill went to London last *April*.
  ジルはこの前の4月にロンドンへ行った.(▶this, last, next, everyなどがつくときは前置詞をつけない)

## April fool [éiprəl fúːl エイプラル フール] 名 Ⓒ 4月ばか(▶ April Fools' Day にだまされた人のこと. 4月1日という日にちをさすのではないことに注意)

## April Fools' Day [éiprəl fúːlz dei エイプラル フールズ デイ] 名 Ⓒ エイプリルフール, 4月ばかの日 (▶罪のないいたずらやうそで人をからかってもよいとされる日. 4月1日. All Fools' Day とも言う)

## apron 4級 A1 [éiprən エイプラン] 名 Ⓒ ❶ エプロ

ン, 前掛(まえが)け ❷(空港の)エプロン(▶格納庫前の広場); (劇場の)張り出し舞台(ぶたい)

**apt**[ǽpt アプト] 形 ❶《be apt to+〈動詞の原形〉で》…しがちである, …しやすい(▶好ましくないことに使うことが多い)
- He *is apt to* forget his promise.
  彼は約束を忘れがちだ.

❷(目的などに)ふさわしい, 適切な

**aqualung**[ǽkwəlʌŋ アクワラング | ɑ́:kwə- アークワ-] 名 C アクアラング(=scuba)

**aquarium** 4級 [əkwéəriəm アクウェ(ァ)リアム] 名 (複 aquariums[-z], aquaria[əkwéəriə アクウェ(ァ)リア]) C 水族館; (ガラス製の)水槽(すいそう)

**Aquarius**[əkwéəriəs アクウェ(ァ)リアス] 名 (複 Aquariuses[-iz]) U 〖天文・占星〗水瓶(みずがめ)座; C 〖占星〗水瓶座生まれの人

**AR** Arkansas(米国アーカンソー州)の郵便略語

**Arab**[ǽrəb アラブ]
—名 C アラブ人, アラビア人; 《the Arabで》アラブ民族(▶アラビア語を話しイスラム教を信仰(しんこう)する人々)
—形 アラブ人の, アラビア人の; アラブの, アラビアの
派生語 Arabic 形 名

**Arabia**[əréibiə アレイビァ] 名 アラビア(▶アジア南西部の半島地域. ペルシャ湾(わん)と紅海に挟(はさ)まれている)
派生語 Arabian 形 名

**Arabian**[əréibiən アレイビアン]
—形 アラブの, アラビアの; アラブ人の, アラビア人の
—名 C アラブ人, アラビア人

**Arabian Nights, Arabian Nights' Entertainments**[əréibiən nàits アレイビアン ナイツ, əréibiən nàits entərtéinmənts アレイビアン ナイツ エンタァテインマンツ] 名 《The Arabian Nights, The Arabian Nights' Entertainmentsで》『アラビアン・ナイト』(▶8世紀半ばにまとめられた民話集. 『千夜一夜物語』(*The Thousand and One Nights*)とも言う)

**Arabic**[ǽrəbik アラビック]
—形 アラビアの; アラビア語[文字]の; アラブ人の, アラビア人の
—名 U アラビア語

**Arabic numerals**[ǽrəbik nú:mərəlz アラビック ヌーマラルズ | -njú:- -ニュー-] 名 アラビア数字, 算用数字(▶0, 1, 2 など)

**Arbor Day**[ɑ́:rbər dèi アーバァ デイ] 名 植樹祭の日(▶米国・カナダなどで4月の後半から5月の初めごろに行われる)

**arc**[ɑ́:rk アーク] 名 C 〖数学〗弧(こ) → circle 図

**arcade**[ɑ:rkéid アーケイド] 名 C アーケード; アーケード商店街; ゲームセンター

**arch** B2 [ɑ́:rtʃ アーチ] 名 (複 arches[-iz]) C ❶ 〖建築〗アーチ; 弓形の門 ❷ 弓形の物; (足の)土踏(ふ)まず

**archaeology**[ɑ̀:rkiɑ́lədʒi アーキアラヂィ | -ɔ́lə- -オラ-] 名 U 考古学

**archer**[ɑ́:rtʃər アーチァ] 名 ❶ C 弓を射る人, アーチェリー選手 ❷《the Archerで》射手座(いてざ)
派生語 archery 名

**archery**[ɑ́:rtʃəri アーチャリィ] 名 U アーチェリー, 弓術(きゅうじゅつ)

**Archimedes**[ɑ̀:rkəmí:di:z アーキミーディーズ] 名 アルキメデス(▶287?-212 B.C.; 古代ギリシャの数学者・物理学者)

**architect** 2級 B1 [ɑ́:rkətèkt アーキテクト] 名 C 建築家, 設計者
派生語 architecture 名

**architecture** A2 [ɑ́:rkətèktʃər アーキテクチァ] 名 U 建築; 建築物; 建築学; 建築様式

**Arctic** B2 [ɑ́:rktik アークティック]
—形 北極の, 北極地方の(⇔Antarctic 南極の)
- the *Arctic* Circle 北極圏(けん)
- the *Arctic* Ocean 北極海
—名《the Arcticで》北極地方(▶「北極点」はthe North Pole)

*are 4級 A1 [ər ア, 《強く言うとき》ɑ́:r アー]
—動 (過去 were[wər ワァ, 《強く言うとき》wɔ́:r ワー]; 過分 been[bin ビン, 《強く言うとき》bí:n ビーン | bin ビン, bi:n ビーン]; 現分 being)
(▶主語がyou, we, theyまたは名詞の複数形のときのbeの現在形→be)
❶ …である, …だ, …です
- We *are* happy.
  私たちは幸せだ. (▶ are+〈形容詞〉)
- You *are* junior high school students.
  あなたたちは中学生だ. (▶ are+〈名詞〉)
- These songs *are* not [aren't] popular.
  これらの歌は人気ではない. (▶否定文)
- *Are* you sleepy?
  眠(ねむ)いですか. (▶疑問文)

# area

> 話してみよう！
> ☺ *Are* they students?
> 彼らは学生ですか．
> ☻ Yes, they *are* (students).
> はい, そうです．
> （▶Yes, they are. のようにareの後を省略した形ではthey'reと略さない. このareは強く発音する）

- You *are* a doctor, *aren't* you?
  あなたは医者ですよね．（▶付加疑問文. 念を押(お)す言い方）

❷《物が…に》**ある**,《人・動物が…に》**いる** → there 副 ❶

- Those old books *are* in that box.
  それらの古い本はあの箱の中にある．
- We *are* on the fifth floor.
  私たちは5階にいる．
- Where *are* we?
  ここはどこ？（⇔私たちはどこにいるのか）
- There *are* many children in the park. 公園にはたくさんの子どもたちがいる．

> **ここがポイント！** areの略し方
> (1) areは《話》ではしばしば以下のように略します.
>   you are → you're
>   we are → we're
>   they are → they're
> また, are notはaren'tと略します.
> (2) you areと2語で書かれていても,《話》ではしばしば短縮形と同じ読み方をします.

—助 ❶《are +〈-ing形〉で現在進行形をつくる》**…しているところだ**

- We *are* watch*ing* a football game. 私たちはフットボールの試合を見ているところだ．

> 話してみよう！
> ☺ What *are* you do*ing* now?
> 今何をしているの．
> ☻ I'*m* do*ing* my homework.
> 宿題をしているところ．

❷《are +〈過去分詞〉で受け身をつくる》**…される**, …されている

- These toys *are* made in Denmark.
  これらのおもちゃはデンマークで作られている．

❸《are to +〈動詞の原形〉で》…することになっている；…すべきである（▶予定や義務を表す. 形式ばった言い方）

- Our exams *are to* be held next week.
  試験は来週行われることになっている．

## area 準2級 A2 [éəriə エ(ァ)リア]

名 （複 areas[-z]）❶ C **地域**, 地方(→region); 区域; 空間
- the Tokyo *area* 東京地方
- a parking *area* 駐車(ちゅう)区域

❷ U C **面積**
- a floor *area* 床面積

❸ C （活動などの）領域, 範囲(はん)

**area code** [éəriə kòud エ(ァ)リア コウド] 名 C ※
（電話の）市外局番

**arena** B2 [ərí:nə アリーナ] 名 C 円形闘技(とう)場（▶古代ローマの円形劇場の中央部分）；（周囲に観覧席のある）球技場, 競技場, アリーナ

## aren't [á:rnt アーント]
《話》are notの短縮形

**Argentina** [à:rdʒəntí:nə アーヂェンティーナ]
名 アルゼンチン（▶南米の共和国. 首都はブエノスアイレス（Buenos Aires））
派生語 Argentine 形 名

**Argentine** [á:rdʒəntì:n アーヂャンティーン, -tain-タイン]
—形 アルゼンチンの；アルゼンチン人の
—名 C アルゼンチン人；《the Argentineで》アルゼンチン（=Argentina）

**argue** 準2級 A2 [á:rgju: アーギュー] 動
—自 ❶ 論争する, 言い争う
- I *argued* with Cathy *about* it.
  私はキャシーとそのことを議論した．

❷ （…に）賛成[反対]論を主張する
- He *argued* for [against] the change in the rules.
  彼はその規則の変更に賛成[反対]を主張した．

—他 …を論じる, 議論する；…を主張する（▶しばしば「一方的に自説を主張する」を意味することが多い）
- I *argued* that she was right.
  私は彼女が正しいと主張した．
派生語 argument 名

**argument** A2 [á:rgjumənt アーギュマント] 名 ❶
U C 議論, 論争；C 口論

❷ U C 論拠(きょ), （賛成・反対の）理由

**Aries** [éəri:z エ(ァ)リーズ] 名（複 Arieses[-iz]）U
『天文・占星』お羊座；C 『占星』お羊座生まれの人

**arise** B1 [əráiz アライズ] 動（過去 arose [əróuz ア

ロウズ］；**過分** arisen[ərízn アリズン]）**自**（問題・結果などが）起こる，生じる
**Aristotle**[ǽrəstὰtl アリスタトゥル｜-tɔ̀tl -トトゥル] **名** アリストテレス（▶384-322 B．C．；古代ギリシャの哲学(がく)者）
**arithmetic** 〔B1〕[əríθmətik アリスマティック] **名** U 算数，計算
**Arizona** 〔3級〕[ærəzóunə アリゾウナ] **名** アリゾナ（▶米国南西部の州．州都はフェニックス(Phoenix)．郵便略語はAZ）
**ark**[ά:rk アーク] **名** C 〖聖書〗（ノアの）箱舟(ばこ) → Noah
**Arkansas**[ά:rkənsɔ̀: アーカンソー] **名** アーカンソー（▶米国中南部の州．州都はリトルロック(Little Rock)．郵便略語はAR）

## arm¹ 〔5級〕〔A1〕[ά:rm アーム]

**名**（複 arms[-z]）C ❶腕(うで)（▶肩(かた)から手首までをさす）→ body 図
- My mother put her *arms* around me.
母は私を抱(だ)き締(し)めた．
- The woman held her baby in her *arms*.
その女性は赤ちゃんを抱いていた．

| take +〈人〉+ by the arm
〈人〉の腕をつかむ
- The police officer *took* the man *by the arm*. 警官は男の腕をつかんだ．

❷腕の形をした物，腕のように動く物（▶腕木・そで・枝・たこやいかの触手(しょく)など）
- the *arms* of a sofa ソファーのひじ掛(か)け

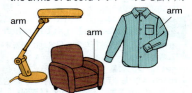

*arm in arm* 腕を組んで
- Andy and I walked up the hill *arm in arm*. アンディと私は腕を組んで丘(おか)を登った．

**arm²**[ά:rm アーム] **名**《armsで》武器，兵器（▶many, few, 数詞などをつけない）（＝weapon）
- take (up) *arms* 武器を取る；戦いを始める
**派生語** armed **形**

**armchair** 〔A2〕[ά:rmtʃèər アームチェア] **名** C ひじ掛(か)けいす
**armed** 〔A2〕[ά:rmd アームド] **形** 武装した
- the *armed* forces（一国または数か国からなる陸・海・空の）軍隊

**Armenia**[ɑ:rmí:niə アーミーニア] **名** アルメニア（▶西アジアのアルメニア高原にある共和国．首都はエレバン(Yerevan)）
**armor**[ά:rmər アーマァ]（▶ 英 ではarmourとつづる）**名** U よろいかぶと

## army 〔2級〕〔B1〕[ά:rmi アーミィ]

**名**（複 armies[-z]）C 軍隊；《the armyで》陸軍（▶海軍はthe navy, 空軍はthe air force）
**aroma**[əróumə アロウマ] **名** U 芳香(ほう)，香(かお)り（▶強くかぐわしいにおいをさす）
**arose** 〔B2〕[əróuz アロウズ] **動** arise（起こる）の過去形

## *around 〔5級〕〔A1〕[əráund アラウンド]

**前** ❶…の周りに[を]
❷英…を回って
❸英…の近くに
❹英《話》およそ
❺…を曲がった所に
**副** ❶周りに[を]
❷英ぐるりと
❸あちこち
❹英近くに[で]

━**前** ❶…の周りに[を]，…を取り巻いて
- We gathered *around* the teacher.
私たちは先生の周りに集まった．
- There are mountains *around* the city.
その市を取り巻いて山がある．

❷英…を回って，…のあちこちに[を]（＝round）
- The moon goes *around* the earth.
月は地球の周りを回っている．
- My dream is traveling *around* the world.
私の夢は世界一周旅行をすることだ．

❸英…の近くに，…の辺りに（＝about）
- There are no parks *around* here.
この辺りには公園がない．

❹英《話》およそ，約，ほぼ（＝about）
- I'll come *around* three o'clock.
3時ごろ来るつもりです．
- This book cost *around* 1,000 yen.
この本は1,000円ぐらいした．

❺…を曲がった所に

(*just*) *around the corner* 角を曲がった所に；すぐ近くに → corner（成句）

━**副** ❶周りに[を]，1周して
- This track is 400 meters *around*.
このトラックは1周400メートルある．

❷英ぐるりと，回って（＝英round）
- The wheels went *around* slowly.
車輪はゆっくりと回った．

❸あちこち

- travel *around* あちこち旅行して回る
- ❹⊛ 近くに[で]（＝about）
- The cat must be *around* somewhere.
  猫(&#12442;)はどこか近くにいるはずだ．

***all around*** 辺り一面に
***around and around*** ぐるぐると
***come around*** やって来る；ぶらりと訪問する
　→ come（成句）
***get around*** 広まる → get（成句）
***go around*** ⊛歩き回る；(食べ物などが)行きわたる → go（成句）
***See you around.*** (別れるとき)じゃあまたね．

**arouse** B2 [əráuz アラウズ] 動 他 ❶（感情・注意・関心など）を刺激(しげき)する，起こさせる
❷…の目を覚まさせる，…を起こす（▶この意味ではふつう awaken, wake を使う）

# arrange 2級 B1 [əréindʒ アレインヂ]

動（三単現 arranges[-iz]；過去・過分 arranged[-d]；現分 arranging）
― 他 ❶ …を手配する，計画して準備する；…を前もって決める
- We *arranged* a party for Miki's birthday.
  私たちはミキの誕生日パーティーの準備をした．
- I have *arranged to* meet him next Sunday. 今度の日曜日に彼と会うことにした．

❷ …を順番に並べる，整える，整とんする
- I have to *arrange* these books.
  これらの本をきちんと並べなくてはいけない．

― 自 手配する
- Could you *arrange for* a taxi?
  タクシーの手配をしていただけますか．

派生語 arrangement 名

**arrangement** B1 [əréindʒmənt アレインヂマント] 名 ❶ⓊⒸ 整理，整とん；配置，配列
- the *arrangement* of the chairs
  いすの配列
- flower *arrangement* 生け花

❷ⓊⒸ 協定，取り決め
❸《arrangements で》準備，用意，手配
- I made *arrangements* for my trip.
  私は旅行の準備をした．

❹Ⓤ『音楽』編曲

# arrest 2級 B1 [ərést アレスト]

― 動（三単現 arrests[-ts -ツ]；過去・過分 arrested[-id]；現分 arresting）他（人）を逮捕(たいほ)する，検挙する
― 名（複 arrests[-ts -ツ]）ⓊⒸ 逮捕，検挙
 ***under arrest*** 逮捕されて

**arrival** B1 [əráivəl アライヴァル] 名 Ⓤ 到着(とうちゃく)（⇔departure 出発）

- the *arrival* time [platform]
  到着時刻[ホーム]
- Please phone me on your *arrival*.
  到着し次第(しだい)私に電話をください．

到着ロビーを示す空港の表示（英国）

# *arrive 4級 A1 [əráiv アライヴ]

動（三単現 arrives[-z]；過去・過分 arrived[-d]；現分 arriving）自 ❶ 到着(とうちゃく)する，着く（⇔depart, start 出発する）
- This plane will *arrive at* Narita Airport at nine. この飛行機は9時に成田空港に到着する．
- They *arrived in* Tokyo yesterday.
  彼らはきのう東京に着いた．（▶ arrive at と arrive in の使い分け → at くらべて!）
- Tom *arrived* home late in the evening.
  トムは夜遅(おそ)く家に着いた．（▶この home は「家に」の意味の副詞なので，at などの前置詞をつけない）
- That package *arrived* yesterday.
  あの小包はきのう届いた．

> **くらべてみよう！** arrive at [in] と get to と reach
> **arrive at [in]**: 旅行などで目的地に到着する場合に使う．
> **get to**: 話し言葉でよく用いられる．
> **reach**: 努力して到達(とうたつ)する場合に使う．他動詞なので前置詞は不要．→ get くらべて!

❷《arrive at ...で》（決定・結論に）(ようやく)達する
- We *arrived at* a conclusion after a long discussion.
  私たちは長い議論の末に結論に達した．

派生語 arrival 名

**arrogant** B2 [ǽrəgənt アラガント] 形 傲慢(ごうまん)な，横柄(おうへい)な

**arrow** B1 [ǽrou ア　ロ　ゥ] 名 Ⓒ 矢（▶「弓」は bow）；矢印（→）
- shoot an *arrow* 矢を射る
- Time flies like an *arrow*. (ことわざ)光陰(こういん)矢のごとし．（⇔時は矢のように過ぎ去る）

## art 5級 A1 [ á:rt アート ]

名 (複 arts[-ts -ツ]) ❶ UC 芸術；美術
- the fine *arts* 美術
- a work of *art* 美術品, 芸術品
- an *art* museum 美術館

❷ UC 技術, 技法；こつ, 腕前
- the *art* of conversation 会話のこつ

❸ 《arts で》《単数扱い》人文科学；《複数扱い》(大学の)教養科目 (＝liberal arts)

派生語 artist 名, artistic 形

## artery B2 [ á:rtəri アータリィ ] 名 (複 arteries[-z]) C 動脈 (⇔vein 静脈)

## Arthur [ á:rθər アーサァ ] 名 ❶アーサー (►男性の名, 愛称はArt, Artie)
❷《King Arthur で》アーサー王 (►5-6世紀ごろの人物とされるアーサー王伝説の主人公. アーサー王の宮廷では, 騎士たちに席順で順位がつかないよう丸いテーブルが用いられたとされ, 彼らは「円卓の騎士団」と呼ばれた)

## article 3級 A1 [ á:rtikl アーティクル ]

名 (複 articles[-z]) C ❶ (新聞・雑誌などの) 記事；論説
- an editorial *article* (新聞の)社説

❷ 品物, 物品；(同種類の物の)1点 (►foodやclothingなど, 1個, 2個と数えられない名詞を数えるときの単位に用いる)
- an *article* of clothing 衣服1点

❸ 〖文法〗冠詞
- a definite *article*
  定冠詞 (►the のこと)
- an indefinite *article*
  不定冠詞 (►a, an のこと)

❹ (法律・契約などの) 条項, 箇条

## artificial A2 [ à:rtifíʃəl アーティフィシャル ] 形 ❶
人工の, 人造の (⇔natural 自然の)；模造の
- an *artificial* flower 造花

❷ 不自然な, わざとらしい

## artificial intelligence [ à:rtifíʃəl intéləʤəns アーティフィシャル インテリヂャンス ] 名 C
〖コンピュータ〗人工知能 (►しばしばAIと略される)

## artist 2級 B1 [ á:rtist アーティスト ] 名 (複 artists[-ts -ツ]) C ❶ 芸術家, (特に) 画家；音楽家, 芸能人 ❷ (その道の) 名人

## artistic B1 [ a:rtístik アーティスティック ] 形 美術的 [芸術的] な；美術家 [芸術家] の

## arts and crafts [à:rts ən kræfts アーツ アン クラフツ] 名 図画工作, 図工, 美術工芸

## artwork 準2級 [ á:rtwə̀:rk アートワーク ] 名 UC
芸術作品；U さし絵, 図版

## *as 5級 A1 [ əz アズ, 《強く言うとき》 æz アズ ]

接 ❶ …と同じくらい
　❷ …するように
　❸ …のときに
　❹ …なので
副 同じくらい
前 ❶ …として
　❷ …のとき
代 ～のような…

### ─接 ❶ …と同じくらい[ように]

**as ... as ～**
～と同じくらい… (►...には形容詞・副詞の原級が入る. 最初のasは「同じくらい…」の意味の副詞, 後のasは接続詞)
- This bag is *as* heavy *as* that one.
  このかばんはあれと同じくらい重い.
- I can swim *as* fast *as* him.
  私は彼と同じくらい速く泳げる.
- Miki has *as* many books *as* Ken (has).
  ミキはケンと同じ数の本を持っている.

**not as [so] ... as ～**
～ほど…でない
- Her hands are *not as* large *as* mine.
  彼女の手は私のほど大きくない.

**A times as ～ as ...**
…のA倍～
- The building is three *times as* tall *as* my house. その建物は私の家の3倍の高さだ.
- This bike costs *twice as* much *as* that one. この自転車の値段はあの自転車の2倍だ.
  (►2倍のときはふつうtwiceを使う)

> **ここがポイント!** as に続く代名詞は he? him?
> (1) asの後に代名詞がくる場合,《話》では主格 (I, heなど) ではなく目的格 (me, himなど) が多く使われます. 主格を使うと形式ばった感じになります.
> (2) また, 次のようにasの後を〈主語〉＋〈動詞〉にすることもできます.
> - I am *as* tall *as* he *is*.
>   私は彼と背の高さが同じだ.

❷ …するように, …するとおりに
- *As* you know, whales are not fish.
  ご存じのように, 鯨は魚ではない.
- When in Rome, do *as* the Romans do.
  郷に入っては郷に従え. (⇔ローマではローマ人のするようにせよ)

❸ …のときに, …しながら；…するにつれて (►2つの出来事がほぼ同時に起きる場合に使う)

- *as* time goes by 時間がたつにつれて
- Meg and I talked *as* we walked.
メグと私は歩きながら話した．(＝Meg and I talked while we walked.)

❹…なので，…だから(▶ふつう文頭に用いる．《話》ではbecauseまたはsinceを使う)
→ because くらべて!
- *As* he is Canadian, he is used to snow.
彼はカナダ人なので雪に慣れている．

━副 同じくらい，同じように
━前 ❶…として
- *as* a result 結果として
- She is famous *as* a singer.
彼女は歌手として有名だ．
- I worked *as* a volunteer.
私はボランティアとして働いた．

❷…のとき，…のころ
- I often played with her *as* a child.
私は子どものころよく彼女と遊んだ．

━代 《such ... as ～ または the same ... as ～で》～のような…；～と同じ…(▶関係代名詞)
- He bought *the same* kind of watch *as* before. 彼は前に持っていたのと同じような時計を買った．

*as ... as ～ can* できるだけ…
- He ran *as* fast *as* he *could*. 彼はできるだけ速く走った．(＝He ran as fast as possible.)

*as ... as possible* できるだけ… → possible(成句)

*as far as ...* …(ほど遠く)まで；…する限り(において) → far(成句)

*as for ...* …に関しては，…はどうかというと(▶ふつう文頭で用いる)
- *As for* Ken, we don't have to worry.
ケンに関しては，私たちは心配する必要はない．

*as if ...* まるで…のように(＝as though ...)
- He talks to us *as if* he were [《話》was] more intelligent than us. 彼はまるで私たちより賢(かし)いかのように話す．(▶as if …に続く部分では現在のことでもふつう過去形にする，be動詞は主語にかかわらずwereを用いるが，《話》ではwasも用いられる)

*as it is* 実は(▶ふつう文頭に用いる)；そのままで[に](▶ふつう文末に用いる)
- *As it is*, I have no money.
実はお金を持っていないのです．
- Please leave this table *as it is*. このテーブルはこのままにしておいてください．

*as it were* いわば

*as long as ...* ＝*so long as ...* …する間は；…する限りは → long¹副(成句)

*as many as ...* …もの多くの → many(成句)

*as many ... as ～* ～と同じ数の… → many(成句)

*as much as ...* …もの量[程度]の → much(成句)

*as much ... as ～* ～と同じ量[程度]の… → much(成句)

*as soon as ...* …するとすぐに → soon(成句)

*as though ...* ＝as if ...

*as to ...* …について；…について言えば

*as usual* いつものように → usual(成句)

*... as well* 《話》そのうえ…も → well¹副(成句)

*... as well as ～* ～と同様に…も；…と同じくらいじょうずに → well¹副(成句)

*as yet* まだ，今までのところでは

*...(,) such as ～* …のような… → such(成句)

*as you know* ご存じのように → know(成句)

**ASAP** [èièsèipí: エイエスエイピー] 《メールなどで》できるだけ早く(▶as soon as possibleの略)

「できるだけ早く読んで」と書かれたメモ

**ASEAN** [ɑ́ːsiən アースィアン | ǽsiæn アスィアン] 名 アセアン，東南アジア諸国連合(▶ Association of Southeast Asian Nationsの略)

**ash** B2 [ǽʃ アッシュ] 名 (複 ashes[-iz]) ❶ⓒⓊ 灰，燃えがら
- burn to *ashes* 燃えつきる，全焼する

❷《ashesで》遺骨，遺灰

**ashamed** 2級 B1 [əʃéimd アシェイムド] 形 ❶ 《名詞の前には用いない》恥(は)じて
- You should be *ashamed* of yourself.
恥(は)を知りなさい．

❷《be ashamed to＋〈動詞の原形〉で》…するのが恥ずかしい

**ashore** [əʃɔ́ːr アショァ] 副 浜(はま)に，岸に
- go *ashore* 上陸する

**ashtray** [ǽʃtrèi アッシュトゥレィ] 名 ⓒ 灰皿

# Asia 3級 [éiʒə エイジャ, éiʃə エイシャ]

名 アジア(大陸)
派生語 Asian 形 名

**Asian** 3級 [éiʒən エイジャン, éiʃən エイシャン]
━形 アジアの；アジア人の
━名 ⓒ アジア人

### assemble

**aside** [2級] [B1] [əsáid アサイド] 副 わきへ[に], そばに；少し離(はな)れて；別にして
- step *aside* わきへ寄る
- She put *aside* some money for the present. 彼女は贈(おく)り物のためにいくらかの金を取っておいた．

*aside from ...* ⊗ … は 別 と し て (=apart from); …のほかに

### *ask [5級] [A1] [ǽsk アスク | á:sk アースク]

— 動 (三単現) asks[-s]; (過去・過分) asked[-t]; (現分) asking)

— 他 ❶ (わからないことについて) **たずねる**, 聞く, 質問する (⇔answer 答える)
- I don't know. *Ask* the teacher. ぼくはわからない. 先生に聞いてみて．

**ask +〈人〉+〈事〉**
〈人〉に〈事〉をたずねる
- May I *ask* you some questions? いくつか質問してもよろしいですか．
- Bill *asked* me my email address. ビルは私に私のメールアドレスを聞いた．

**ask +〈人〉+ about +〈事〉**
〈人〉に〈事〉についてたずねる
- My mother *asked* me *about* my grades. 母は私に成績についてたずねた．

**ask +〈人〉+ if ...**
〈人〉に…かどうかたずねる
- Mary *asked* me *if* I knew his address. メアリーは私に彼の住所を知っているかどうか聞いた. (=Mary said to me, "Do you know his address?")

**ask +〈人〉+ why [how, who, when, where, what]**
〈人〉になぜ[どのように, だれが, いつ, どこで, 何を]…かをたずねる
- I *asked* Tom *why* he was sad. 私はトムになぜ悲しんでいるのか聞いた．

❷ (人) に頼(たの)む, (物・事)を求める
- Kim *asked* my advice.= Kim *asked* me for advice. キムは私にアドバイスを頼んだ．
- I'd like to *ask* you a favor. お願いしたいことがあるのですが．

**ask +〈人〉+ to +〈動詞の原形〉**
〈人〉に…するように頼む
- She *asked* me *to* clean the room. 彼女は私に部屋を掃除(そうじ)してくれるよう頼んだ．
- I was *asked* to wash the car. 私は車を洗うように頼まれた．
- I *asked* him not *to* wait. 私は彼に待たないでくれと頼んだ．

❸ …を招待する (=invite), 誘(さそ)う

- We *asked* Tom to tea. 私たちはトムをお茶に誘った．
- He tried to *ask* her out. 彼は彼女をデートに誘おうとした．

— ⓐ **たずねる**, 求める
- If you don't know, please *ask*. もし知らなかったら聞いてください．

*ask ... a favor* …にお願いをする
- May I *ask* you *a favor*? お願いがあるのですが．

*ask after ...* (人の健康・近況)をたずねる (▶相手に直接聞く場合には使わない)
- The doctor *asked after* my father. 医者は私の父の具合をたずねた．

*ask for ...* (ほしいもの)を求める; (人)に面会を求める
- The boy *asked for* a cold drink. その少年は冷たい飲み物を求めた．

### asleep [準2級] [A2] [əslí:p アスリープ]

形 ❶ 《名詞の前には用いない》眠(ねむ)って (⇔awake 目が覚めて)
- The children are *asleep*. 子どもたちは眠っている. (▶「眠っている子どもたち」はsleeping children)

❷ (手足が)しびれて

*fall asleep* 眠りこむ
- I sometimes *fall asleep* in class. ぼくは授業中ときどき寝(ね)てしまう．

*fast [sound] asleep* ぐっすり眠って
- All of them were *fast [sound] asleep*. 彼らはみなぐっすり眠っていた．

**asparagus** [əspǽrəgəs アスパラガス] 名 U 【植物】アスパラガス

**aspect** [2級] [B1] [ǽspekt アスペクト] 名 C 外観, 様子;（事態などの）局面, 状況(じょうきょう)

**asphalt** [ǽsfɔ:lt アスフォールト | -fælt -ファルト] 名 U アスファルト (▶道路の舗装(ほそう)などに使う)

**aspirin** [B1] [ǽspərin アスパリン] 名 U 【医学】アスピリン (▶解熱(げねつ)・鎮痛剤(ちんつうざい))

**ass** [ǽs アス] 名 (複 asses[-iz]) C ❶【動物】ろば (=donkey) ❷ばか者 (=fool)

**assemble** [B2] [əsémbl アセンブル] 動
— 他 ❶ …を集める, 召集(しょうしゅう)する
- Let's *assemble* all the information we have about the accident. その事故について持っているすべての情報を集めよう．

❷（機械など）を組み立てる
- My sister *assembled* my new shelves for me. 姉[妹]が新しい棚(たな)を組み立ててくれた．

## assembly

― 自 集まる

**assembly** B2 [əsémbli アセンブリィ]
名 (複 assemblies[-z]) ❶ U C 会合, 会議, 集会
- the UN General *Assembly* 国連総会
❷ U (機械の)組み立て ❸ C 部品

**assert** B2 [əsə́ːrt アサート] 動 他 …を断言する, 言い張る;(要求・権利など)を主張する

**assessment** B2 [əsésmənt アセスマント] 名 U 評価, 査定
- environmental *assessment* 環境(かんきょう)アセスメント(▶開発計画などが自然環境に与(あた)える影響を事前に調査すること)

**assign** B1 [əsáin アサイン] (★このgは発音しない)
動 他 ❶ (仕事など)を割り当てる, (宿題)を出す
- Our teacher often *assigns* homework *to* us. 私たちの先生はよく宿題を出す.
❷ (人)を任命する, 指名する
派生語 assignment 名

**assignment** 2級 B1 [əsáinmənt アサインマント] (★このgは発音しない) 名 ❶ U 割り当て;任命 ❷ C (割り当てられた)仕事, 任務;※宿題, 研究課題
- The teacher gave us two *assignments*. 先生は私たちに宿題を2つ出した. (▶homeworkと違(ちが)い, assignmentは数えられる)

**assist** B1 [əsíst アスィスト] 動 他 (人)を手伝う, 助ける, 援助(えんじょ)する(▶helpより形式ばった語)
派生語 assistance 名, assistant 名 形

**assistance** B1 [əsístəns アスィスタンス] 名 U 手伝い, 助力, 援助(えんじょ)(=help)

**assistant** 準2級 A2 [əsístənt アスィスタント]
― 名 C 助手, 補佐(ほさ)役;店員(=shop assistant)
― 形 (名詞の前にのみ用いる) 補助の, 副…
- an *assistant* language teacher 外国語指導助手(=ALT)

**associate** B1 (★動と名で発音が異なる)
― 動 [əsóuʃièit アソウシエイト]
― 他 (associate ... with ～で) …から～を連想する, …と～を関連づけて考える
- I *associate* the Beatles *with* the beginning of pop music. 私はビートルズからポピュラー音楽の始まりを連想する.
― 自 交際する, つきあう; (be associated with ... で) …の仲間になる
― 名 [əsóuʃiət アソウシエット] C (仕事) 仲間, 同僚(どうりょう);提携(ていけい)者;準会員
派生語 association 名

**association** A2 [əsòusiéiʃən アソウスィエイション] 名 ❶ C 団体, 協会;共同, 連合
❷ U 交際, 交流, つきあい

**Association football** [əsòusieiʃən fútbɔːl アソウスィエイション フットボール] 名 U ※ サッカー(=⊛soccer)

**assorted** [əsɔ́ːrtid アソーティッド] 形 詰め合わせの
- *assorted* chocolates チョコレートの詰め合わせ

**assume** B1 [əsúːm アスーム] 動 他 当然…だと思っている, …だと想定する
- I *assume* (that) someone told a lie. (当然)だれかがうそをついたのだと思っている.

**assure** B2 [əʃúər アシュア] 動 他 (人)に保証する, 確信させる;…だと保証する
- I can *assure* you *of* his honesty. =I can *assure* you that he is honest. 彼が正直であることを保証します.

**asterisk** [ǽstərisk アスタリスク] 名 C アステリスク, 星印(▶＊のマーク)

**astonish** B2 [əstániʃ アスタニッシュ | -tɔ́niʃ -トニッシュ] 動 (三単現 astonishes[-iz]) 他 ❶ (人)をひどく驚(おどろ)かせる, びっくりさせる(▶surpriseよりも意味が強い)
❷ (be astonished at [by] ... で) …に驚く; (be astonished to+〈動詞の原形〉で) …して驚く
- I *was astonished at* [*by*] her bravery. 私は彼女の勇気に驚いた.
- Meg *was astonished to* see Bill in Nara. メグは奈良でビルに会って驚いた.
派生語 astonishing 形, astonishment 名

**astonishing** B2 [əstániʃiŋ アスタニッシング | -tɔ́niʃiŋ -トニッシング] 形 驚(おどろ)くべき, びっくりするような

**astonishment** B2 [əstániʃmənt アスタニッシュマント | -tɔ́niʃ- -トニッシュ-] 名 U 驚(おどろ)き
- in [with] *astonishment* びっくりして
- *to* my *astonishment* 私が驚いたことに

**astro-** [ǽstrou- アストゥロウ-] (複合語をつくって) 星の, 天体の, 宇宙の
- *astro*naut 宇宙飛行士
- *Astro* Boy アストロボーイ(▶『鉄腕アトム』の英語名)

**astrology** [əstrálədʒi アストゥララヂィ | -trɔ́lədʒi -トゥロラヂィ] 名 U 占星(せんせい)術, 星占(うらな)い

**astronaut** 準2級 A2 [ǽstrənɔːt アストゥラノート] 名 C 宇宙飛行士

**astronomer** B1 [əstránəmər アストゥラナマァ | -trɔ́nə- -トゥロナ-] 名 C 天文学者

**astronomy** B2 [əstránəmi アストゥラナミィ | -trɔ́nə- -トゥロナ-] 名 U 天文学

# at

**\*at** 5級 A1 [at アット, 《強く言うとき》æt アット]

前 ❶《場所の一点》…に, …で
❷《時・年齢の一点》…に, …で
❸《方向・目標の一点》…を目指して
❹《原因・理由》…によって
❺《関連》…の点で
❻《状態・従事》…して
❼《数・割合・値段》…で
❽《所属》…の

前 ❶《場所の一点》…に, …で
- *at* the airport 空港で
- *at* the hotel ホテルで
- *at* the party パーティーで
- We finally arrived *at* the hospital.
  私たちはついに病院に到着した.

- He is *at* the top of the class.
  彼はクラスで一番だ. (▶㊟ではtoを使う)

**くらべてみよう！** 「場所」を表す at と in
**at**: 駅・店など比較的狭い場所に使います.「点」のイメージです.
**in**: 都市・国など比較的広い場所に使います.「面」のイメージです.
- *at* Tokyo 東京(駅)で[に]
- *at* my house 私の家で[に]
- *in* Tokyo 東京で[に]
- *in* Japan 日本で[に]

ただし, 状況や話し手のとらえ方により, 同じ場所でもatが使われたりinが使われたりすることがあります.
たとえばat Tokyo, in Tokyoはどちらも「東京で[に]」ですが, at Tokyoは東京(駅)という一地点を, in Tokyoは広がりのある都市としての東京をイメージしています.

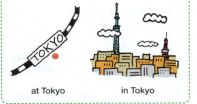

at Tokyo　　　in Tokyo

❷《時・年齢の一点》…に, …で, …歳のときに → in 前 ❸ くらべて！
- *at* noon 正午に
- *at* night 夜に
- *at* three (o'clock) 3時に
- Jane came to Japan *at* (the age of) twelve.
  ジェーンは12歳のとき日本に来た.

❸《方向・目標の一点》…を目指して, …を目がけて
- look *at* the stars 星を見る
- She waved *at* me.
  彼女は私に手を振った.
- I threw a ball *at* the target.
  私は的を目がけてボールを投げた.

❹《原因・理由》…によって, …を見て, 聞いて
- I was surprised *at* [by] the accident.
  私はその事故に[を見て]驚いた.

❺《関連》(能力などが)…の点で, …に関して
- I'm good *at* English.
  ぼくは英語が得意だ.

❻《状態・従事》…して, …中で
- He is *at* work. 彼は仕事[勉強]中だ.
- When I entered, he was *at* the dinner table.
  私が入って行ったとき, 彼は夕食中だった.

❼《数・割合・値段》…で
- *at* a low price 安い値段で
- We drove *at* 80 kilometers an hour.
  私たちは時速80キロで車を走らせた.

❽《所属》…の
- Mr. Green is a teacher *at* our school.
  グリーン先生は私たちの学校の先生だ.

***at all*** 《疑問文で》いったい；《ifの文で》仮にも → all 代 (成句)
***at first*** 最初(のうち)は → first 名 (成句)
***at home*** 家にいて；気楽に → home 名 (成句)
***at last*** ついに → last¹ (成句)
***at least*** 少なくとも → least (成句)
***at once*** 今すぐ；同時に → once 名 (成句)
***at one time*** 同時に, 一度に；昔は
***at (the) most*** 多くても, せいぜい
***Not at all.*** 《主に㊨》どういたしまして. → all 代 (成句)
***not ... at all*** 少しも…ない → all 代 (成句)

## atchoo

**atchoo** [ətʃúː アチュー] 間 ハクション → achoo

## ate 4級
[éit エイト] (★同音 eight 8(の))
動 eat(食べる; 食事をする)の過去形

**Athens** [æθinz アスィンズ] 名 アテネ(▶ギリシャ(Greece)の首都, 古代ギリシャ文明の中心地)

**athlete** 準2級 A2 [ǽθliːt アスリート] 名 C 運動選手, スポーツマン(▶sportsmanは狩猟, 乗馬など野外活動を好む人のことを言う), 競技者; ⑧ 陸上競技の選手
- *athlete*'s foot 水虫

派生語 athletic 形, athletics 名

**athletic** B1 [æθlétik アスレティック] 形 スポーツが得意な; 運動競技の, 体育の
- an *athletic* meet [meeting] 競技会, 運動会

**athletics** B2 [æθlétiks アスレティックス] 名 U 《ふつう単数扱い》運動競技; ⑧ 陸上競技

**Atlanta** [ætlǽntə アトランタ] アトランタ(▶米国ジョージア州の州都)

## Atlantic 2級 B1
[ətlǽntik アトゥランティック]
- 形 **大西洋の**(▶「太平洋の」はPacific)
- 名 《the Atlanticで》大西洋
  - *the* North [South] *Atlantic* 北[南]大西洋

**Atlantic Ocean** [ətlǽntik óuʃən アトゥランティック オウシャン] 名 《the Atlantic Oceanで》大西洋

**Atlantis** [ətlǽntis アトゥランティス] 名 アトランティス(▶大西洋上にあったとされる伝説の島, 大地震(じん)で一昼夜で海底に沈(しず)んだとされる)

**Atlas** [ǽtləs アトゥラス] 名 《ギリシャ神話》アトラス(▶世界の西の果てで天空を支えているとされる巨人(じん))

**atlas** [ǽtləs アトゥラス] 名 (複 atlases[-iz]) C 地図帳(▶mapは「1枚の地図」で, それを何枚も集めて1冊にした「地図帳」をatlasと言う)

atlas　　　　　map

**atmosphere** 2級 B1 [ǽtməsfiər アトゥマスフィア] 名 ❶《the atmosphereで》(地球を取り巻く) 大気 ❷ C(ある特定の場所での) 空気(=air) ❸ C U 雰囲気(ふんいき), ムード

**atom** A2 [ǽtəm アタム] 名 C 《物理・化学》原子; きわめて小さい物[微量]
派生語 atomic 形

**atomic** B1 [ətámik アタミック | ətɔ́mik アトミック]
形 原子の; 原子力による

**atomic bomb** [ətámik bám アタミック バム | ətɔ́mik bɔ́m アトミック ボム] 名 C 原子爆弾(ばくだん), 原爆(▶atom bomb, A-bombとも言う)
- *Atomic Bomb* Dome 原爆ドーム

**attach** 2級 B1 [ətǽtʃ アタッチ] 動 (三単現 attaches [-iz]) 他 ❶ …を付ける, くっ付ける, 取り付ける, 添(そ)える; 《インターネット》…を添付(てんぷ)する
- He *attached* the tags to my suitcases. 彼は私のスーツケースに札(ふだ)を付けた.

❷《be attached to ...で》…に愛着を持つ, 慕(した)う
- Jessie *was* deeply *attached to* her uncle. ジェシーはおじをとても慕っていた.

派生語 attachment 名

**attachment** B1 [ətǽtʃmənt アタッチマント] 名 C 《インターネット》添付(てんぷ)ファイル

## attack 準2級 A2
[ətǽk アタック]
- 動 (三単現 attacks[-s]; 過去・過分 attacked[-t]; 現分 attacking) 他 ❶ …を攻撃(こうげき)する, 攻(せ)める, 襲(おそ)う(⇔defend …を守る); (言葉などで)…を強く非難する
  - *attack* the enemy 敵を攻める
  ❷ (病気・不運などが)…に被害(ひがい)を与(あた)える
  ❸ (勢いよく)…に取りかかる, 取り組む
- 名 (複 attacks[-s]) ❶ U C 攻撃(⇔ defense 防御); 非難
  - an air *attack* 空襲(くうしゅう)
  - make a sudden *attack* on the enemy 敵を急襲する
  ❷ C 発病, 発作(ほっさ)
  - a heart *attack* 心臓発作
  ❸ U C (仕事などへの)着手

**attain** B1 [ətéin アテイン] 動 他 (目的など)を達成する, (名声, 地位など)を手に入れる(=get); …に達する(▶形式ばった語)

## attempt A2
[ətémpt アテンプト]
- 動 (三単現 attempts[-ts -ツ]; 過去・過分 attempted[-id]; 現分 attempting) 他 …を試みる, 企(くわだ)てる(=try)
  - He *attempted* an escape. 彼は逃亡(とうぼう)を試みた.

| **attempt to** +〈動詞の原形〉
…しようと試みる
- We *attempted to* rescue the child, but failed. 私たちはその子どもを救出しようと試みたが, だめだった.

- 名 (複 attempts[-ts -ツ]) C 試み, 企て(=try)
  - He made an *attempt* to break the world

record. 彼は世界記録を破ろうと試みた.

## attend 2級 B1 [əténd アテンド]
動 (三単現) attends[-dz -ヅ], 過去・過分 attended[-id], 現分 attending
— 他 ❶ (授業・会議・式など) に出席する; …に通う (▶この意味では, to をつけないことに注意)
- *attend* class 授業に出席する
- Jill and John *attend* the same school.
ジルとジョンは同じ学校に通っています.
❷…を世話する, 看護する, …の面倒をみる
— 自《attend to ...で》(仕事など)に精を出す; …を注意して聞く; …を世話する, 看護する
- Each doctor *attends* to fifty patients.
医者各自が50人ずつ患者をみている.
派生語 attendance 名, attendant 名

**attendance** B2 [əténdəns アテンダンス] 名 ❶
Ⓤ 出席, 参列
- The teacher takes *attendance* every morning. 先生は毎朝出席をとります.
❷Ⓒ 出席者; 出席者数
❸Ⓤ 付きそい, 世話

**attendant** [əténdənt アテンダント] 名 Ⓒ ❶ 付きそい人, 世話人
❷サービス係, 案内係
- a flight *attendant* 飛行機の客室乗務員

## attention 準2級 A2
[əténʃən アテンション]
名 Ⓤ ❶ 注意; 注目
- We need to give more *attention* to gender issue. 私たちはジェンダー問題にもっと注意を払う必要がある.
- *Attention*, please.
ご案内いたします. (▶アナウンスの言葉)
❷世話, 思いやり, 配慮
*pay attention to* ... …に注意を払う
- He doesn't *pay* any *attention to* his diet.
彼は自分の食事に全然注意を払わない.

**attic** [ǽtik アティック] 名 Ⓒ 屋根裏, 屋根裏部屋
→ loft

**attitude** 準2級 A2 [ǽtitùːd アティトゥード | ǽtitjùːd アティテュード] 名 Ⓒ 態度, 心構え; 意見, 考え方; 姿勢
- You have to change your negative *attitude*.
あなたは消極的な態度を変えなくてはいけない.

**attorney** [ətə́ːrni アターニィ] 名 Ⓒ 米 弁護士 (= lawyer)

**Attorney General** [ətə̀ːrni dʒénərəl アターニィ チェナラル] 名 (複 Attorneys General) Ⓒ (米国の) 司法長官 (▶日本の法務大臣に相当)

**attract** 2級 B1 [ətrǽkt アトゥラクト] 動 他 ❶ (注意・興味など) を引く; (人) を魅了する
- The music *attracted* their attention.
その音楽は彼らの注意を引きつけた.
❷ (磁石などが) …を引く, 引き寄せる
派生語 attraction 名, attractive 形

**attraction** 2級 B1 [ətrǽkʃən アトゥラクション]
名 ❶ Ⓤ 人を引きつける力, 魅力
❷ Ⓒ 呼び物, (遊園地などの) アトラクション
❸ Ⓤ 引きつけること; 〖物理〗引力

**attractive** 準2級 A2 [ətrǽktiv アトゥラクティヴ]
形 人を引きつける, 魅力的な
- It's a very *attractive* proposal.
それはとても魅力的な提案だ.

**AU** [éijúː エイユー] 名 アフリカ連合 (▶ the African Union の略)

**auction** [ɔ́ːkʃən オークション] 名 Ⓤ Ⓒ 競売, オークション

**audience** 準2級 A2 [ɔ́ːdiəns オーディアンス]
名 Ⓒ 《ふつう単数扱い》聴衆; (劇・コンサートなどの) 観客 (▶スポーツの観客は spectator という); (ラジオ・テレビの) 聴取者, 視聴者
- a small [large] *audience*
少ない[多くの]聴衆
- The *audience* was [were] moved by his speech. 彼の演説に聴衆は感動した. (▶米では聴衆のひとりひとりに重点を置くときは複数扱いにすることもある)
- an *audience* rating 視聴率

**audio** A2 [ɔ́ːdiòu オーディオゥ]
— 形 《名詞の前にのみ用いる》(テレビで) 音声の
— 名 (複 audios[-z]) Ⓤ Ⓒ (テレビの) 音声; (受信機の) 音声部門

**audio-visual** [ɔ̀ːdiouvíʒuəl オーディオゥヴィジュアル] 形 視聴覚の
- *audio-visual* aids
視聴覚教材 (▶ビデオ・スライドなど)

**audition** B2 [ɔːdíʃən オーディション] 名 ❶ Ⓒ (歌手・役者などの) 審査, オーディション
❷ Ⓤ 聴力, 聴覚

**auditorium** [ɔ̀ːditɔ́ːriəm オーディトーリアム] 名 (複 auditoriums[-z]) Ⓒ ❶ 米 講堂; ホール, 公会堂 (= hall)
- Many students gathered in the *auditorium*. 多くの学生が講堂に集まった.
❷ (劇場などの) 観客席

**Audrey** [ɔ́ːdri オードゥリィ] 名 オードリー (▶女性の名)

**Aug.** August (8月) の略

## August 5級 A1 [ɔ́ːɡəst オーガスト]
名 8月 (▶常に大文字で書き始める. Aug. と略

# aunt

す．詳(くわ)しい使い方は → January **ポイント!**)
- in *August*
  8月に
- on *August* 4＝on the 4th of *August*
  8月4日に（▶特定の日を表す場合はonを用いる．August 4はAugust (the) fourthと読む．⊛ではAugust fourとも読む）
- Let's go to Okinawa next *August*.
  今度の8月に沖縄へ行こう．（▶this, last, next, everyなどがつくときは前置詞をつけない）

## *aunt 5級 A1

[ǽnt アント｜ɑ́ːnt アーント]（★米音の**同音**antあり）
**名**（複 aunts[-ts -ツ]）C ❶ **おば**（⇔uncle おじ）
- I have an *aunt* in Tokyo.
  私は東京におばがいる．
- an *aunt* on my father's side 父方のおば
- *Aunt* Mary lives in Chicago.
  メアリーおばさんはシカゴに住んでいる．
- Let's go shopping, *Aunt*（Betty）!
  （ベティ）おばさん，買い物に行こうよ．

> **ここが ポイント!** 大文字で始める Aunt
> 名前につけて使うときにはAunt Maryのように大文字で書き始めます．また，呼びかけるときにはAuntだけでも使えます．

❷（血縁(けつえん)関係のない）おばさん（▶主に子どもが，親しみをこめて呼びかけに使う）

**aural**[ɔ́ːrəl オーラル]（★**同音**oral 口頭の）**形** 耳の；聴覚(ちょうかく)の

**aurora**[ərɔ́ːrə オーロラ] **名**（複 auroras[-z], aurorae[ərɔ́ːriː アローリー]）C オーロラ，極光

**Auschwitz**[áuʃwits アウシュヴィッツ] **名** アウシュビッツ（▶ポーランド南西部の都市．第二次大戦中ドイツ軍のユダヤ人強制収容所があった）

**Aussie**[ɔ́ːsi オースィ｜ɔ́zi オズィ]
— **形** オーストラリア人の；オーストラリアの
— **名** C オーストラリア人；オーストラリア

## Australia 5級

[ɔːstréiliə オーストゥレイリア｜ɔstréiliə オストゥレイリア]
**名** オーストラリア（▶英連邦(れんぽう)に属する南太平洋の国．首都はキャンベラ（Canberra））
**派生語** Australian **形 名**

## Australian 4級

[ɔːstréiliən オーストゥレイリアン｜ɔstréiliən オストゥレイリアン]
— **形** オーストラリアの；オーストラリア人の
— **名** C オーストラリア人

**Austria**[ɔ́ːstriə オーストゥリア｜ɔ́s- オス-] **名** オーストリア（▶ヨーロッパ中部の共和国．首都はウィーン（Vienna））
**派生語** Austrian **形 名**

**Austrian**[ɔ́ːstriən オーストゥリアン｜ɔ́s- オス-]
— **形** オーストリアの；オーストリア人の
— **名** C オーストリア人

**author** 準2級 A2 [ɔ́ːθər オーサァ] **名** C 著者，作者；作家

**authority** 2級 B1 [əθɔ́ːrəti アソーラティ｜ɔːθɔ́rə- オーソラ-] **名**（複 authorities[-z]）❶ U 権威(けんい)，権力；権限，職権
- She has the *authority* to decide the date of the meeting.
  彼女が会議の日程を決める権限を持っている．

❷ C 権威者，大家(たいか)；出どころ，根拠(こんきょ)
- an *authority* on American history
  アメリカ史の大家

❸ C《ふつう the authoritiesで》当局
- the school *authorities* 学校当局

**auto**[ɔ́ːtou オートウ] **名**（複 autos[-z]）C ⊛《話》自動車（▶ふつう carを使う）（＝automobile）

**autobiography**[ɔ̀ːtəbaiɑ́grəfi オータバイアグラフィ｜-baiɔ́grə- -バイオグラ-] **名**
（複 autobiographies[-z]）C 自叙(じじょ)伝，自伝；U 自伝文学

**autograph**[ɔ́ːtəgræf オータグラフ] **名** C（有名人などの）サイン（▶「書類などにする署名」は signature）→ sign **ポイント!**
- Can I have your *autograph*, please?
  （有名人に）サインしてもらえますか．

**automatic** A2 [ɔ̀ːtəmǽtik オータマティック] **形** 自動式の；（動作などが）無意識の，機械的な

**automatically** 準2級 A2 [ɔ̀ːtəmǽtikəli オータマティカリ] **副** 自動的に；無意識に

**automation**[ɔ̀ːtəméiʃən オータメイション] **名** U オートメーション，（機械による）自動操作

**automobile** 準2級 [ɔ̀ːtəməbíːl オータモビール] **名** C ⊛ 自動車（▶ふつう carを用いる）

## autumn 4級 A1

[ɔ́ːtəm オータム]（★このnは発音しない）
**名**（複 autumns[-z]）U C 秋（▶⊛ではfallをよく用いる）→ fall **名** ❶, spring **ポイント!**
- early [late] *autumn* 初[晩]秋
- in (the) *autumn* 秋に

- in the *autumn* of 2015 2015年の秋に
- We went to Hawaii last *autumn*. この前の秋にハワイへ行った. (▶this, last, next, everyなどがつくときは前置詞をつけない)

**autumnal** [ɔːtʌmnəl オータムヌル] 形 秋の, 秋らしい (▶形式ばった語)
- the *autumnal* [fall] equinox 秋分

**Autumnal [Fall] Equinox Day** [ɔːtʌmnəl [fɔːl] iːkwinəks dèi オータムヌル [フォール] イークウィナックス デイ] 名 秋分の日

**available** 2級 B1 [əvéiləbl アヴェイラブル] 形 ❶ (物が) 利用できる, 手に入る
- This tool is not *available* in Japan.
  この道具は日本では手に入らない.

❷ (人が) 手が空いている (=free)
- I'm not *available* this afternoon.
  きょうの午後は手が空いていません.

**avalanche** [ǽvəlæntʃ | -lɑːnʃ アヴァランチ | -ラーンシュ] 名 C なだれ

**avatar** [ǽvətɑːr アバター] (★アクセント位置に注意) 名 C (インド神話での) 神の化身; アバター (▶インターネットやゲームなどの仮想空間でユーザーを表す化身)

**Ave.** Avenue (…街) の略

**Ave Maria** [ɑːvei məríːə アーヴェィ マリーア] 名 アベマリア (▶聖母マリアへの祈り)

**avenue** 2級 B1 [ǽvənjuː | ǽvənjuː アヴァヌー | アヴァニュー] 名 C ❶ 米 大通り; …街 (▶米国では縦横に走る道路の一方をstreet, もう一方をavenueと言う場合が多い. Ave. と略す)
→ road くらべて!
- Madison *Avenue* マディソン街 (▶ニューヨークを南北に走る通り)

❷ 英 並木道

## average 準2級 A2

[ǽvəridʒ アヴァリッチ]
— 名 (複 averages [-iz]) U C 平均
- take an *average* 平均を取る
- batting *average* (野球の) 打率

*above* [*below*] (*the*) *average* 平均以上 [以下] で
- His grades are always *above average*.
  彼の成績はいつも平均以上だ.

*on* (*an* [*the*]) *average* 平均して

— 形 平均の; 並の, ふつうの
- an *average* person ふつうの人
- the *average* score 平均点
- the *average* life span 平均寿命

**avocado** 準2級 [ǽvəkɑːdou アヴ(ァ)カードウ] 名 (複 avocados, avocadoes [-z]) C 〖植物〗アボカド; アボカドの木

## avoid 準2級 A2 [əvɔ́id アヴォイド]

動 (三単現 avoids [-dz -ヅ]; 過去・過分 avoided [-id]; 現分 avoiding) 他 …を避ける
- *avoid* sweets
  甘いものを避ける

**avoid +〈-ing形〉**
…するのを避ける, …しないようにする
- You have to *avoid* stay*ing* up late.
  夜ふかしするのは避けなくてはいけない.

## awake 3級 A1 [əwéik アウェイク]

— 形 《名詞の前には用いない》目が覚めて, 眠らずに (⇔asleep 眠って)
- I was *awake* all night studying for the exam.
  私は試験のために勉強して一晩眠らずにいた.

— 動 (三単現 awakes [-s]; 過去 awoke [əwóuk アウォウク], awaked [-t]; 過分 awoke, awaked, awoken [əwóukən アウォウカン]; 現分 awaking)
— 自 ❶ 目覚める, 起きる
- I *awoke* at seven this morning.
  けさ7時に目が覚めた. (▶I woke up …のほうがふつう)

❷ 悟る, 気づく
— 他 ❶ …の目を覚まさせる, …を起こす
- The telephone *awoke* me from my nap.
  電話で私はうたた寝から覚めた.

❷ …を気づかせる
派生語 awaken 動

**awaken** [əwéikən アウェイカン] 動 他 自 …を起こす, 目覚めさせる; 目覚める (▶書き言葉で用いる) (=awake)

**award** 準2級 A2 [əwɔ́ːrd アウォード]
— 動 他 (賞など) を与える, 授与する, (人) に賞を与える
- She was *awarded* the Nobel Peace Prize.
  彼女にノーベル平和賞が授与された.

— 名 C 賞, 賞品, 賞金 (=prize)
- an *award* party 表彰式
- receive an *award* of 1,000 dollars
  1,000ドルの賞金を受け取る
- My school offers an academic *award* for the best student.
  私の学校では1番の生徒に優等賞を与える.

**aware** 2級 B1 [əwéər アウェア] 形 《名詞の前には用いない》…に気づいて, …を知って [わかって]
- He isn't *aware* of his mistake.
  彼は自分の間違いに気づいていない.
- Are you *aware* that he is a beginner?
  あなたは彼が初心者だとわかっていますか.

## *away 4級 A1 [əwéi アウェィ]

副 ❶《移動》離れたところへ；去って
❷《不在》留守で，不在で
❸《場所・時間》離れて，遠くに
❹消えて，なくなって
形 アウェーの，遠征の

━副 ❶《移動》**離れたところへ**，向こうへ；去って
- Don't go *away*. 行かないで．
- He threw *away* the empty can. 彼は空き缶を投げ捨てた．
- The movie was so frightening that Yumi turned her face *away*. 映画があまりに怖かったので，ユミは顔を背けた．

❷《不在》**留守で**（▶長時間遠くに離れていることを表す）
- I'll be *away* for a few days. 数日間留守にします．（▶「午後ちょっと出かけます」なら I'll be out in the afternoon.）
- My father is *away* on a business trip. 父は出張中で不在だ．

❸《場所・時間》**離れて**，遠くに
- The stadium is almost two kilometers *away* from the station. スタジアムは駅から2キロ近く離れている．
- Please keep [stay] *away* from the stage. 舞台から離れてください．
- The athletic meeting is only two days *away*. 競技会まであとわずか2日だ．

❹消えて，なくなって，(消え)去って
- The fire died *away*. 炎が消え去った．
- The snow has melted *away*. 雪が溶けてなくなった．
- I washed *away* the dirt from my shoes. 私は靴から泥を洗い流した．

*away from ...* …から離れて
- He stood *away from* the fire. 彼はたき火から離れて立っていた．

*do away with ...* …を廃止する → do 動 ⓐ (成句)
*far away* ずっと遠くに[へ] → far (成句)
*right away* (話)今すぐに → right 副 (成句)

━形 アウェーの，遠征の(⇔home 地元の)
- I like home games better than *away* games. 私はアウェーの試合よりも本拠地での試合のほうが好きだ．

**awe** B2 [ɔ́ː アー｜ɔ́ː オー] 名 U おそれ，畏敬
**awesome** B1 [ɔ́ːsəm オーサム] 形 ⊛(話)すごい
**awful** A2 [ɔ́ːfəl オーフル] 形 ❶ひどい，たいへん悪い(=very bad)
- I have an *awful* pain in my right eye. 私は右目にひどい痛みがある．

❷恐ろしい
派生語 awfully 副

**awfully** [ɔ́ːfəli オーフリィ] 副(話)ひどく，とても
**awkward** B1 [ɔ́ːkwərd オークワァド]
形 ❶ばつの悪い，気まずい
- I felt *awkward* when I heard the news. その知らせを聞いたとき，気まずい思いをした．

❷不器用な，へたな，ぎこちない
- The boy is *awkward* with his hands. その少年は手先が不器用だ．

❸(物・人が)扱いにくい，やっかいな
- He is in an *awkward* situation. 彼はやっかいな状況にある．

**awoke** [əwóuk アウォウク] 動 awake (目覚める；目を覚まさせる)の過去形・過去分詞の1つ
**awoken** [əwóukən アウォウカン] 動 awake (目覚める；目を覚まさせる)の過去分詞の1つ
**axe** B2 [ǽks アックス] 名 (▶⊛では ax とつづることもある) 複 axes[-iz] C おの，まさかり
**axis** B2 [ǽksis アクスィス] 名 複 axes[ǽksiːz アクスィーズ] C 軸，軸線，中心線
- the *axis* of the earth 地軸

**Ayers Rock** [èərz rǽk エアズ ラック｜-rɔ́k -ロック] 名 エアーズロック(▶オーストラリア中部にある世界最大級の一枚岩．最近は，オーストラリア先住民アボリジニの言葉でウルル(Uluru)と言うのがふつう)

**AZ** Arizona (米国アリゾナ州)の郵便略語
**azalea** [əzéiliə アゼイリァ] 名 C 【植物】アザレア，つつじ，さつき
**Azerbaijan** 準2級 [àzərbaidʒɑ́ːn アザァバイチャーン] 名 アゼルバイジャン(▶黒海とカスピ海に挟まれた地域にある共和国．首都はバクー(Baku))
**Aztec** 準2級 [ǽztek アズテック] 名 アステカ族(▶メキシコの先住民．16世紀にスペイン人によって征服された)

# B

**B, b**[bíː ビー] 名(複 B's, Bs, b's, bs[-z])
C ❶英語アルファベットの第2字 ❷《Bで》⊛(成績の)B(→grade 名❸);(品質の)Bクラス, 2級

**baa**[bǽː バー]
— 名 C メー(という鳴き声)
— 動 自 (羊・やぎなどが)メーと鳴く

**Babel**[béibəl ベイバル] 名《聖書》バベル(►古代バビロニアの都市);バベルの塔(とう)(=the Tower of Babel)

> **これ、知ってる?** バベルの塔
> 
> 旧約聖書中の伝説上の塔.ノア(Noah)の洪水(ずい)の後に人類はバベルに集まり,天まで届く塔を建てようとしましたが,神の怒(いか)りにふれ,それまで同じだった人々の言語は混乱させられました.
> 塔は倒(たお)れ人々は世界各地へと散らされたので,世界にたくさんの言語が存在するようになったとされます.

**Babe Ruth**[béib rúːθ ベイブ ルース] 名 ベーブ・ルース(►1895-1948;米国の野球選手)

## baby 4級 A1 [béibi ベイビィ]

名(複 babies[-z]) C ❶赤ちゃん,赤ん坊(ぼう)
- A *baby* was crying loudly.
  赤ちゃんが大声で泣いていた.
- My aunt is going to have a *baby*.
  私のおばに赤ちゃんが生まれます.(=My aunt is expecting a baby.)
- His wife gave birth to a *baby* girl [boy] yesterday.
  彼の妻はきのう女[男]の赤ちゃんを産んだ.
- *baby* talk 赤ちゃん言葉
- a *baby* tooth
  ⊛乳歯(=⊛milk tooth)

> **ここがポイント!** 赤ちゃんはit? he? she?
> 
> babyをさす代名詞はitを使いますが,男女を区別する場合はhe, sheを使います.
> 誕生カードなどで赤ちゃんの誕生を知らせるときは,
> - It's a boy [girl].
>   男[女]の子が生まれました.
> のように書きます.

❷⊛(恋人(びと)・夫・妻などに)君,あなた

**baby buggy**[béibi bÀgi ベイビィ バギィ] 名 C
⊛=baby carriage

**baby carriage**[béibi kǽridʒ ベイビィ キャリッヂ] 名 C ⊛乳母車(うばぐるま),ベビーカー→stroller❷

**babysit** 2級 B1 [béibisìt ベイビィスィット]
動 過去・過分 babysat[-sæt -サット];現分 babysitting)
—自 (アルバイトとして)子守(こもり)をする
—他 …の子守をする
- I *babysat* my neighbor's child.
  私は隣人(りんじん)の子どもの子守をした.
派生語 babysitter 名

**babysitter** 2級 B1 [béibisìtər ベイビィスィッタァ] 名 C 子守(こもり)をする人,ベビーシッター(►単にsitterとも言う)

> **これ、知ってる?** ベビーシッター
> 
> 米英では夫婦で外出することが多く,子育て中の家庭では留守番を兼(か)ねた子守を頼(たの)みます.
> 高校生や大学生がアルバイトでベビーシッターをすることもよくあります.

**Bach**[báːk バーク] 名 Johann Sebastian, ヨハン・セバスチャン・バッハ(►1685-1750;ドイツの作曲家で,音楽の祖と言われる)

## back

**\*back** 5級 A1 [bǽk バック]

> 名 ❶ 背中, 背
> ❷ …の後ろ, 後部, 裏
> ❸ (手足の)甲(こう), (本などの)背
> ❹ (サッカーなどの)バック, 後衛
> 副 ❶ 後ろへ[に]
> ❷ 元へ[に], 戻(もど)って
> ❸ さかのぼって, 以前に
> 形 後ろの, 裏の, 奥(おく)の
> 動 ⑩ ❶ …を後退させる, バックさせる
> ❷ …を後援(こうえん)する, 支持する
> ⑥ 後退する

— 名 (複 backs[-s]) ❶ C **背中**, 背 (▶肩(かた)(shoulder)から尻(しり)(buttocks)までをさす. 腰(こし)に相当することもある)
- Lie on your *back*, please.
  仰向(あおむ)けに横になってください.
- I have a pain in my *back*.
  背中[腰]が痛い. (= I have a backache.)
- She carried her baby on her *back*.
  彼女は赤ん坊(ぼう)をおんぶした.
- He turned his *back* to me.
  彼は私に背を向けた.

❷ C 《ふつう the back of ... で》**…の後ろ**, 後部, 裏 (⇔ the front of …の正面, 表) → behind
- to the *back* of the line 列の後ろに
- on the *back* of the card カードの裏に

❸ 《the back で》(手足の)甲; (本・ナイフ・いすなどの)背

❹ C (サッカー・フットボールなどの)バック, 後衛 (⇔ forward フォワード)

**at [in] the back of ...** …の後ろに (= behind) (⇔ in front of … …の前に)
- in the *back* of the car 車の後部座席に
- *At the back of* our school, there is a park. 私たちの学校の裏に公園がある.

**back to back** 背中合わせに

**behind ...'s back** (人)のいないところで, 陰(かげ)で
- Don't talk about others *behind their backs*. 陰で他人の悪口を言ってはいけない.

— 副 ❶ 後ろへ[に], 後方へ[に]
- Move *back*, please.
  後ろに下がってください.
- Don't look *back*. ふり向くな.

❷ 元へ[に], (元の場所・状態に)戻って, 帰って, 返して
- Put the dish *back* on the table.
  皿をテーブルの上に戻しなさい.
- I'm *back*. ただいま. (⇔ 私は戻っています)
- Give me a call when you get *back*.
  帰ったら電話してね.
- Father will be *back* by seven.
  父は7時までには戻るでしょう.
- Please give me *back* the book.
  その本を返してください.
- I'll call you *back* later.
  後で(電話を)かけ直します.

❸ さかのぼって, 以前に
- some time *back* しばらく前に
- *back* then その当時

**back and forth** 前後に; 行ったり来たりして
**on** one**'s way back** 帰る途中(とちゅう)に
- I met Yoko *on my way back*.
  帰る途中でヨーコに会った.

— 形 《名詞の前にのみ用いる》後ろの, 後部の, 裏の, 奥の (⇔ front 前の)
- the *back* seat of a car 車の後部座席
- at the *back* door 裏口で
- *back* teeth 奥歯

— 動 (三単現 backs[-s]; 過去・過分 backed[-t]; 現分 backing)
— ⑩ ❶ …を後退させる, バックさせる
- Be careful when you *back* (*up*) your car.
  車をバックさせるときは注意して.

❷ …を後援する, 支持する
- The people did not *back* (*up*) the government plan.
  国民は政府案を支持しなかった.
— ⑥ 後退する

**backache** B1 [bǽkèik バックエイク] 名 C 背中の痛み; 腰痛(ようつう)
- I have a *backache*. 背中[腰]が痛い.

**backbone** 2級 [bǽkbòun バックボウン] 名 ❶ 背骨 ❷ 《the backbone で》中心となる要素, 主力

**background** A2 [bǽkgràund バックグラウンド] 名 C ❶ (風景・舞台(ぶたい)・絵などの)背景
- *background* music バックグラウンドミュージック (▶BGMという略語は和製英語)

❷ (事件・人などの)背景, 背後関係, 経歴
- people of different *backgrounds*
  さまざまな経歴の人たち

**backhand** [bǽkhænd バックハンド] 名 U (テニス・卓球(たっきゅう)などの)バックハンド, 逆手打ち (⇔ forehand フォアハンド)

**back number** [bǽk nʌ̀mbər バック ナンバァ] 名 C (新聞・雑誌などの)バックナンバー

**backpack** 2級 B1

backpack

[bǽkpæ̀k バックパック]
━名 C バックパック, リュックサック
━動 自 バックパックを背負って旅をする

**backseat**[bǽksìːt バックスィート] 名 C (車などの)後ろの座席

**backstop**[bǽkstàp バックスタップ | -stɔ̀p -ストップ] 名 C (野球場やテニスコートなどの)バックネット(▶「バックネット」は和製英語)

**backstroke**[bǽkstròuk バックストゥロウク] 名 U 背泳ぎ, 背泳

**backup** B2 [bǽkʌ̀p バッカップ] 名 C 《コンピュータ》バックアップ(▶万一のための予備のデータ)

**backward** B2 [bǽkwərd バックワァド]
━形 後ろの; 後ろ向きの, 逆の; (発達・進歩などが)遅れた
━副 《主に⊛》後方へ; 後ろ向きに, 逆に(⇔forward 前方へ)
・go backward 後戻りする
**backward and forward** 前後に; 行ったり来たり

**backwards**[bǽkwərdz バックワァヅ] 副《主に⊛》=backward

**backyard, back yard** B2 [bæ̀kjɑ́ːrd バックヤード] 名 C 裏庭

**bacon** 2級 B1 [béikən ベイカン] 名 U ベーコン(▶a baconやbaconsとしない)
・a slice [piece] of bacon ベーコン1切れ
・bacon and eggs 《単数扱い》ベーコンエッグ

**bacteria**[bæktíəriə バクティ(ア)リァ] (★アクセント位置に注意) 名《複数扱い》細菌, バクテリア

## *bad 5級 A1 [bǽd バッド]

形 《比較》worse[wɔ́ːrs ワース]; 《最上》worst[wɔ́ːrst ワースト]) ❶悪い(⇔good よい), 不快な, いやな; 腐った(⇔good 腐っていない)
・use bad language 悪い言葉を使う
・bad weather 悪天候
・This cheese tastes [smells] bad.
このチーズはいやな味[におい]がする.
・The milk has gone bad.
牛乳が腐ってしまった.

> **くらべて みよう！ badとwrong**
> 
> **bad**:「悪い」を表し, 反対語はgood.
> **wrong**:「正しくない」を表し,「間違った, 誤った」という意味と,「道徳的に正しくない」という意味があり, 反対語はright.

❷(病気・事故などが)ひどい, 重い
・My father had a bad accident.
父はひどい事故に遭った.

・The pain in my back is really bad.
背中の痛みは本当にひどい.
❸へたな(=poor, ⇔good じょうずな), 《be bad at ...で》…がへたである
・She is bad at singing.=She is a bad singer. 彼女は歌がへただ.
**feel bad about ...** …を申し訳なく思う
・I felt bad about missing the party.
パーティーに欠席して申し訳なく思った.
**go from bad to worse** ますます悪くなる
**not bad=not so [too] bad** 《話》それほど悪くない, 思っていたよりよい
**too bad** 《話》気の毒な, かわいそうな
・That's too bad.
それは残念[気の毒]ですね.
派生語 badly 副

**badge** B2 [bǽdʒ バッヂ] 名 C 記章, バッジ
**badger**[bǽdʒər バヂャー] 名 C 《動物》アナグマ

## badly 準2級 A2 [bǽdli バッドゥリィ]

副 (《比較》worse[wɔ́ːrs ワース]; 《最上》worst[wɔ́ːrst ワースト]) ❶悪く；へたに, まずく(⇔well よく), 不十分に
・He spoke badly [ill] of her.
彼は彼女のことを悪く言った.
・Ron did badly in the exam.
ロンは試験がうまくいかなかった.
❷《話》とても, ひどく
・I was badly hurt. ぼくは大けがをした.
・Ben wants this toy badly.
ベンはこのおもちゃをひどくほしがっている.
**be badly off** 生活が苦しい

**badminton** 準2級 A2 [bǽdmintn バドゥミントゥン] 名 U バドミントン

**bad-tempered** B2 [bæ̀dtémpərd バッドテンパァド] 形 機嫌の悪い; 怒りっぽい

## bag 5級 A1 [bǽg バッグ]

名 (複 bags[-z]) C ❶かばん, バッグ; 袋
・a doggie bag
ドギー・バッグ(▶食べ残しを持ち帰るための袋)
・I'll carry the bag for you.
私がかばんを持ちましょう.
❷1袋(の量)
・a bag of candy 菓子1袋

**bagのいろいろ**
handbag ハンドバッグ
school bag 通学かばん
tote bag トートバッグ
traveling bag 旅行かばん

plastic bag
ビニール袋

shopping bag
買い物袋

paper bag
紙袋

Ⓔ carryall, Ⓑ holdall
大型のかばん

Ⓑ belt bag,
Ⓐ fanny pack,
Ⓑ bumbag
ウエストポーチ

**bagel**[béigəl ベイガル]名Ⓒベーグル（▶ドーナツ形のかたいパン）

**baggage** 2級 B1 [bǽgidʒ バギッヂ]名Ⓤ（主にⒶ）手荷物（▶suitcase, bagなどをまとめて表す）（=《主にⒷ》luggage）
- a piece of *baggage*
  手荷物1個（▶a baggageは×）
- a lot of *baggage*
  多くの荷物（▶many baggagesは×）
- a little *baggage*
  少しの荷物（▶a few baggagesは×）

**baggage claim**[bǽgidʒ klèim バギッヂ クレイム]名Ⓒ（空港の）手荷物受取所

**bagpipe**[bǽgpàip バグパイプ]名Ⓒ（しばしば（the）bagpipesで）『楽器』バグパイプ（▶皮袋(ﾌﾞｸﾛ)に何本かの管が付いたスコットランドの民族楽器）

bagpipes

**Bahamas**[bəhá:məz バハーマズ]名《the Bahamasで》バハマ（▶バハマ諸島からなる国で, 英連邦に属する. 首都はナッソー（Nassau））

**Bahrain**[ba:réin バーレイン]名バーレーン（▶ペルシア湾内の群島からなる王国で, もと英国保護領. 首都はマナマ（Manama））

**bait**[béit ベイト]名Ⓤ（魚つりで使う）えさ（▶飼育のためのえさはfeed）; 誘惑(ﾕｳﾜｸ), 甘い話
- put *bait* on a hook 針にえさを付ける

## bake 準2級 A2 [béik ベイク]

動（三単現）bakes[-s]; 過去・過分 baked[-t]; 現分 baking）他（オーブンでパン・菓子(ｶｼ)・ポテトなど）を焼く →cook 図
- *bake* a cake in an oven
  オーブンでケーキを焼く

派生語 baker 名, bakery 名

**baker** 2級 B1 [béikər ベイカァ]名Ⓒパン屋さん（▶人をさす）, パンを焼く人

**bakery** 2級 B1 [béikəri ベイカリィ]名（複 bakeries[-z]）Ⓒパン屋（▶店をさす）

**baking powder**[béikiŋ pàudər ベイキング パウダァ]名Ⓤベーキングパウダー, ふくらし粉

## balance 2級 B1 [bǽləns バランス]

名（複 balances[-iz]）❶Ⓤ釣(ﾂ)り合い, バランス;（心の）安定
- He keeps a *balance* between study and club activities. 彼は勉強とクラブ活動のバランスをとっている.
- I kept［lost］my *balance*. 私はバランスを保った［失った］; 私は平静を保った［失った］.

❷Ⓒ天びん, はかり

**balcony** A2 [bǽlkəni バルコニィ]名（複 balconies[-z]）Ⓒバルコニー（▶2階以上にあり, ベランダ（veranda）と違(ﾁｶﾞ)って屋根はない）;（劇場の）2階さじき席

**bald** B1 [bó:ld ボールド]形❶頭がはげた, 毛のない
- My uncle is *bald*. 私のおじははげている.
- a *bald* eagle『鳥』白頭(ﾊｸﾄｳ)わし（▶米国の国章）

❷（木・草などが）生えていない

**Balkan**[bó:lkən ボールカン]形バルカン半島の
- the *Balkan* Peninsula バルカン半島（▶ヨーロッパ南東部の地中海の半島）

## ball¹ 5級 A1 [bó:l ボール]

名（複 balls[-z]）❶Ⓒボール, 球, 玉; 球形の物
- a tennis *ball* テニスのボール
- throw［catch］a *ball*
  ボールを投げる［捕(ﾄ)る］
- a *ball* of wool 毛糸の玉

❷Ⓤ球技;（特に）野球（=baseball）
- a *ball* game 球技; Ⓐ野球の試合

❸Ⓒ『野球』ボール（⇔strike ストライク）; 投球, 打球
- one *ball* and two strikes
  1ボール2ストライク

*play ball* ボール投げをする; 野球をする;『野球』プレーボール（▶試合開始のときに言う）

**ball²**[bó:l ボール]名Ⓒ大舞踏(ﾌﾞﾄｳ)会（▶danceよりも大がかりで正式なもの）

**ballad** B2 [bǽləd バラッド]名Ⓒバラード（▶民間伝承の物語詩); 素朴(ｿﾎﾞｸ)なラブソング

**ballerina** 3級 [bæ̀ləri:nə バラリーナ]名Ⓒバレリーナ（▶バレエの女性の踊(ｵﾄﾞ)り手. 最近では男女の区別を避(ｻ)けてballet dancerが多く用いられる）

**ballet** B2 [bæléi バレィ | bǽlei バレィ]（★このtは発

音しない) 名CU バレエ, 舞踏(ぶとう)劇; C バレエ曲; バレエ団
- I take *ballet* classes.
私はバレエを習っている.

## balloon 準2級 A2 [bəlúːn バルーン]
名(複 balloons[-z])C ❶気球
❷(おもちゃの)風船
❸ふき出し(▶漫画(まんが)で会話を示す囲み)

**ballot** B2 [bǽlət バラット] 名C (無記名の)投票用紙
- cast a *ballot* 投票する
- an absentee *ballot* 不在投票用紙

**ballpark, ball park** [bɔ́ːlpɑːrk ボールパーク] 名C ⚾ 野球場; アメリカンフットボール場

**ballplayer, ball player** [bɔ́ːlplèiər ボールプレイア] 名C ⚾ 野球選手

**ballpoint (pen)** [bɔ́ːlpɔint (pén) ボールポイント(ペン)] 名C ボールペン → pencil 図

**Baltic** [bɔ́ːltik ボールティック] 形 バルト海の
- the *Baltic* Sea バルト海(▶ヨーロッパ北部とスカンジナビア半島に囲まれた海)

**bam** [bǽm バム] 名C バンという音(▶物がぶつかるときの音; 銃(じゅう)の発射音)

**bamboo** 3級 [bæmbúː バンブー]
名(複 bamboos[-z])C (1本の)竹; U (集合的に)竹; 竹材
- *bamboo* shoots 竹の子

**ban** B2 [bǽn バン]
━名C (法による)禁止, 禁制
━動 (過去・過分 banned[-d]; 現分 banning)他 …を禁止する(=forbid)

## banana 5級 A1
[bənǽnə バナナ | bɑnáːnə バナーナ](★アクセント位置に注意) 名(複 bananas[-z])C バナナ; バナナの木
- a bunch of *bananas* バナナ1房(ふさ)
- peel a *banana* バナナの皮をむく

## band 5級 A1 [bǽnd バンド]
名(複 bands[-dz ヅ])C ❶帯, ひも, バンド
- a rubber *band* 輪ゴム, ゴムバンド
❷(人・動物などの)一隊, 一団
- a *band* of robbers 盗賊(とうぞく)の一団

❸(吹奏楽(すいそうがく)などの)楽団, バンド
- a school *band* (学校の)吹奏楽部
- a brass [rock] *band* ブラス[ロック]バンド
━動━自 団結する; 結合する
- *band* together 団結する
━他 …を団結させる; …を結合させる

**bandage** B1 [bǽndidʒ バンディッヂ]
━名C 包帯
- Put a *bandage* around his finger.
彼の指に包帯を巻きなさい.
━動他 …に包帯をする

**Band-Aid** [bǽndèid バンドエイド] 名C〖商標〗バンドエイド(▶ガーゼ付きばんそうこう)

**bandanna** [bændǽnə バンダナ](▶bandana ともつづる) 名C バンダナ(▶首などに巻く大型ハンカチ)

**B & B, b & b** [bíːənbíː ビーアンビー] 名CU ビーアンドビー, 朝食つき簡易民宿(▶bed and breakfast の略)

**bang** B1 [bǽŋ バング]
━動━他 …を(〜に)強く(ドンと)たたく[ぶつける], (戸など)をバタンと閉める
- He *banged* his head *on* the wall.
彼は頭を壁(かべ)にドンとぶつけた.
━自 (…を)強く(ドンドン)たたく, (戸などが)バタンと閉まる
- The man *banged on* the door.
その男はドアをドンドンたたいた.
━名C バタン(という音); 強打, 一撃(げき)

**Bangkok** [bǽŋkɑk バンカック | bæŋkɔ́k バンコック] 名 バンコク(▶タイ(Thailand)の首都)

**Bangladesh** [bæ̀ŋɡlədéʃ バングラデッシュ] 名 バングラデシュ(▶インドの東に位置する共和国. 首都はダッカ(Dhaka))

**banjo** [bǽndʒou バンヂョウ] 名(複 banjos, banjoes[-z])C〖楽器〗バンジョー(▶ギターに似た弦(げん)4〜9本の楽器)

banjo

## bank¹ 5級 A1
[bǽŋk バンク] 名
(複 banks[-s])C ❶銀行, 貯金箱
- My mother keeps her money in the *bank*.
母はお金を銀行に預けてある.
- a *bank* account (銀行の)預金口座
- a *bank* clerk (一般の)銀行員, 窓口係
- a *bank* note 紙幣(しへい), 札
❷貯蔵所, …バンク
- an eye *bank* アイバンク
派生語 banker 名

## bank²

**bank²** A2 [bæŋk バンク] 名C 土手, 堤防, 堤; 岸, 川岸
- on the right [left] *bank* of the river
  川の右[左]岸に(▶「右岸」「左岸」は川下に向かって言う)

**banker** B2 [bæŋkər バンカァ] 名C 銀行家(▶銀行経営者や重役をさす.「銀行員」はbank clerk)

**banking** 準2級 A2 [bæŋkiŋ バンキング] 名U 銀行取引[業務]; 銀行経営

**bankrupt** B2 [bæŋkrʌpt バンクラプト] 形 破産した
- go *bankrupt* 破産する

派生語 bankruptcy 名

**bankruptcy** B2 [bæŋkrʌptsi バンクラプ(トゥ)スィ] 名(複 bankruptcies [-z]) U(一般的な)破産, 倒産状態; C(個別の)破産, 倒産

**banner** [bænər バナァ] 名C 旗, 横断幕, バナー広告(▶インターネットのサイト上にある横断幕状の広告)

## bar 3級 A1 [bá:r バー]

名(複 bars [-z]) C ❶ **棒**; 棒状の物
- an iron *bar*
  鉄の棒
- a *bar* of chocolate
  板チョコ1枚

❷(扉などの)かんぬき, 横木;(通行止めの)遮断棒

❸**酒場, バー**;(酒場などの)カウンター;(カウンターのある)軽食堂
- a salad *bar*
  サラダバー
- a sushi *bar*
  すし店

**Barbados** [ba:béidous バーベイドウス] 名 バルバドス(▶西インド諸島東部の共和国. 首都はブリッジタウン(Bridgetown))

**barbecue** 準2級 A2 [bá:rbikjù: バービキュー](▶BBQと略すこともある) 名C バーベキュー料理; バーベキューパーティー
- have [enjoy] a *barbecue*
  バーベキューをする[楽しむ]

**barber** A2 [bá:rbər バーバァ] 名C 理髪師

**barbershop** B2 [bá:rbərʃàp バーバァシャップ | -ʃɔp -ショップ] 名C 米 理髪店(=英 barber's (shop))

**bar code** [bá:r kòud バー コウド] 名C バーコード

## bare B1

[béər ベア] (★同音 bear¹熊, bear²耐える)
形(比較 barer; 最上 barest) 裸の, むき出しの(▶服を着ていない「裸の」はnaked)
- *bare* eyes [feet] 裸眼 [はだし]
- with *bare* hands 素手で

**barefoot** [béərfùt ベアフット]
─形 はだしの
─副 はだしで
- They walked *barefoot* on the beach.
  彼らは浜辺をはだしで歩いた.

**barely** B1 [béərli ベアリィ] 副 かろうじて, やっと
- She *barely* passed the examination.
  彼女はかろうじて試験に合格した.

**bargain** A2 [bá:rgən バーガン]
─名C ❶ 取り引き, (売買)契約
- He made a *bargain* with the car dealer.
  彼は車の販売業者と取り引きをした[契約を結んだ].

❷ お買い得品, 掘り出し物
- This sweater was a *bargain*.
  このセーターはお買い得品だった.

> **ここが ポイント!** 「バーゲンで」はsaleを使う
> - 私はこの服をバーゲンで買った.
>   I got this dress at a *sale*.
>   日本語の「バーゲンセール」は和製英語です.「バーゲンで」と言いたいときはat a saleを使います.

─動自 交渉する, 商談する, 値切る

## bark 2級 B1 [bá:rk バーク]

─動(三単現 barks [-s]; 過去・過分 barked [-t]; 現分 barking) 自(犬などが)**ほえる**
─名(複 barks [-s]) C(犬などの)ほえ声

**barley** B2 [bάːrli バーリィ] 名 U 大麦（▶小麦は wheat）

**barn** B2 [bάːrn バーン] 名 C （農家の）納屋（なや），物置；⊛家畜（かちく）小屋

**barometer** B2 [bərάmitər バラミタァ｜-rɔ́mi- -ロミ-]（★アクセント位置に注意）名 C 気圧計，晴雨計；（世論などの動きを示す）指標，バロメーター

**baron** [bǽrən バラン] 名 C 男爵（だんしゃく）（▶英国の貴族の最下位の階級．敬称（けいしょう）としては，英国人には Lord ... を使う．男爵夫人は baroness）

**barrel** B1 [bǽrəl バラル] 名 C ❶ （胴（どう）の膨（ふく）らんだ）たる ❷ 1たる（分の量）; 1バレル（▶容量の単位．石油で約159リットル．bbl. または bl. と略す）

**barren** B2 [bǽrən バラン] 形 （土地が）不毛の，やせた；作物のできない；（植物が）実を結ばない

**barricade** [bǽrəkèid バリケイド] 名 C バリケード，障害物

**barrier** B2 [bǽriər バリア] 名 C （通行を阻（はば）む）柵（さく），障壁（しょうへき）；障害（物），妨（さまた）げ
- overcome cultural *barriers*
文化的な障壁を乗り越える

**barrier-free** [bǽriəfríː バリアフリー] 形 （体の不自由な人などにとって）障害物のない，バリアフリーの（▶英語を母語としない国々の英語に見られる表現．ふつう，accessible を用いる）

# base 準2級 A2 [béis ベイス]

名 ❶ 土台
❷ 基礎（きそ）
❸ 本拠（ほんきょ）地
❹ 『野球』塁（るい），ベース
動 他 …の基礎を置く

---

**baseman**

— 名 （複 bases[-iz]）C ❶ 土台，基盤（きばん），底，台
- the *base* of a building 建物の基礎
- the *base* of a microscope 顕微（けんび）鏡の台
❷ （知識・考えなどの）基礎
- research *base* 研究の基礎
❸ 本拠地，基地，本店
- the *base* camp （登山の）ベースキャンプ
- an air *base* 空軍基地
❹ 『野球』塁，ベース
- first [second, third] *base* 1[2, 3]塁（▶the をつけない；「本塁」はふつう home plate）
- a *base* runner 走者

— 動 （三単現 bases[-iz]，過去・過分 based[-t]，現分 basing）他 …の基礎を置く

**be based on ...** …を基（もと）にしている，…に基づいている
- This story *is based on* facts.
この物語は事実を基にしている．

派生語 basic 形

# baseball 5級 A1 [béisbɔ̀ːl ベイスボール]

名 （複 baseballs[-z]）❶ U 野球，ベースボール
- play *baseball* 野球をする（▶baseball に a や the をつけない）→ スポーツ【口絵】
- a *baseball* game 野球の試合
- a *baseball* player 野球選手
- a *baseball* stadium 野球場
- He is on the *baseball* team.
彼は野球チームに入っている．
❷ C 野球のボール

**baseman** [béismæn ベイスマン] 名 （複 basemen [-mən]）C 『野球』内野手，…塁手（るいしゅ）
- the first [second, third] *baseman*
1[2, 3]塁手

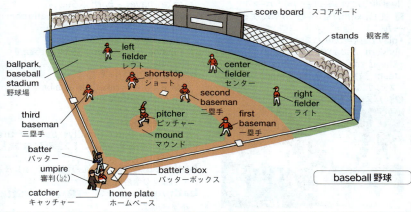

baseball 野球

## basement

**basement** 2級 B1 [béismənt ベイスマント]
名 C 地下室, 地階(▶デパートなどで見かけるBの表示はbasementの頭文字)

> **くらべてみよう！ basement と cellar**
> **basement**: 人が生活の場として使う「地下の部屋」
> **cellar**: 食品などの「地下貯蔵庫」

**bases¹** [béisiːz ベイスィーズ] 名 basis (基礎)の複数形
**bases²** [béisiz ベイスィズ] 名 base (土台)の複数形
**basic** 準2級 A2 [béisik ベイスィック] 形 基礎(き)の, 基本的な
- a *basic* course 基礎コース

**basically** 準2級 A2 [béisikəli ベイスィカリィ] 副 基本的に(は), 根本的に(は); つまり, 要するに

**basin** B1 [béisn ベイスン] 名 C ❶ 洗面器, たらい; (食材を入れる浅い) 鉢(はち) ❷ 洗面器[たらい]1杯(はい) (分の量) ❸ 盆地(ぼんち), くぼ地; (川の)流域

**basis** B1 [béisis ベイスィス] 名 (複 bases [béisiːz ベイスィーズ]) C (…の)基礎(き), 根拠(きょ)
*on the basis of ...* …に基(もと)づいて

## basket 準2級 A2

[bæskit バスキット | báːskit バースキット]
名 (複 baskets [-ts -ツ]) C ❶ かご, バスケット
- a shopping *basket* 買い物かご
❷ かご1杯(はい) (分の量) (=basketful)
- a *basket* of apples りんご1かご
❸ 『バスケットボール』ゴールの網(あみ); 得点
- shoot a *basket* 《話》得点を入れる

## basketball 5級 A1

[bǽskitbɔːl バスキットゥボール | báːs- バース-]
名 (複 basketballs [-z]) ❶ U バスケットボール
- play *basketball* バスケットボールをする(▶ basketballにaやtheをつけない)
- She is the captain of the *basketball* team. 彼女はバスケットボールチームのキャプテンだ.
❷ C バスケットボールのボール

**basketful** [bǽskitfùl バスキットゥフル] 名 C かご1杯(はい)(分の量)
**bass** [béis ベイス] 名 (複 basses [-iz]) C 『音楽』バス(▶男声の最低音域); バスの歌手; ベース

## bat¹ 4級 A1 [bǽt バット]

— 名 (複 bats [-ts -ツ]) C ❶ (野球などの)バット; 《英》(卓球(たっきゅう)などの)ラケット
- swing a *bat* バットを振(ふ)る
- I hit the ball with a *bat*.
私はバットでボールを打った.
❷ 打者, バッター (=batter)
*at bat* 打席に着いて
- He is *at bat*. 彼の打順だ.

— 動 (三単現 bats [-ts -ツ]; 過去・過分 batted [-id]; 現分 batting)
— 自 バットで打つ, 打席に立つ
- Dave *batted* well. デイブはうまく打った.
- Which team is *batting*?
どちらのチームが攻撃(こうげき)していますか.
— 他 打率…を残す
- The baseball player *bats* .300 every year.
その野球選手は毎年打率3割を残す.
(▶ .300は, three hundredと読む)
派生語 batter 名, batting 名

**bat²** [bǽt バット] 名 C 『動物』こうもり
**batch** A2 [bǽtʃ バッチ] 名 C ❶ 1束, 1群れ, 1回分 ❷ 『コンピュータ』バッチ(▶一括(いっかつ)で処理されるデータの集合体)

## bath 5級 A1 [bǽθ バス | báːθ バース]

名 (複 baths [bǽðz バズズ | báːðz バーズズ]) C ❶ 入浴, ふろ, 水浴; 日光浴
- a *bath* towel [mat] バスタオル[マット]
- *take* [*have*] a *bath* ふろに入る
❷ 浴槽(よくそう) (=bathtub); 浴室 (=bathroom)
- a public *bath* 公衆浴場, 銭湯(せんとう)
- run a *bath* 浴槽に水を入れる
- fill a *bath* with water 浴槽を水で満たす
派生語 bathe 動

**bathe** B1 [béið ベイズ] 動
— 自 入浴する (=take [have] a bath)
- I'll *bathe* before dinner.
夕食前におふろに入ろう.
— 他 …を入浴させる
- The new dad (timidly) *bathed* the baby. その新米パパは(おそるおそる)赤ちゃんを入浴させた.

**bathhouse** B2 [bǽθhàus バスハウス | báːθ- バース-] 名 C 公衆浴場, 銭湯(せんとう)
**bathing** [béiðiŋ ベイズィング] 名 U 入浴; 水遊び, 水泳

**bathing suit** [béiðiŋ sùːt ベイズィング スート] 名
C《主に米》(女性用の)水着(＝swimsuit)

**bathrobe** [bǽθròub バスロウブ | báːθ- バース-] 
C バスローブ(▶入浴前後に着るガウン)

# bathroom 5級 A1
[bǽθrùːm バスルーム | báːθrùːm バースルーム]
名 (複 bathrooms [-z]) C ❶ 浴室, ふろ場
❷ 米 (個人の家などの)トイレ, お手洗い
- Where is the *bathroom*? トイレを貸してください. (⇔トイレはどこですか.)

> **これ、知ってる?** 日本と違(ちが)う浴室・トイレ事情
> 米英などの浴室はトイレといっしょになっていて、たいていは寝室(しんしつ)のそばにあります. 洗い場はなく、浴槽(よくそう)の中で体を洗ってシャワーで流します. 米国の家庭やホテル、学校では、トイレを遠回しに bathroom と言うことがあります.

① mirror 鏡
② hand towel ハンドタオル
③ bath towel バスタオル
④ 米 sink, 英 washbasin 洗面台
⑤ shower シャワー
⑥ shower curtain シャワーカーテン
⑦ faucet, 《主に英》tap 蛇口(じゃぐち)
⑧ bathtub 浴槽
⑨ plug 栓(せん)
⑩ bath mat バスマット
⑪ toilet paper トイレットペーパー
⑫ toilet 便器

**bathtub** 3級 [bǽθtʌ̀b バスタブ | báːθ- バース-]
名 C 湯船, 浴槽(よくそう) → bathroom 図

**Batman** [bǽtmən バットゥマン] 名 バットマン(▶米国のボブ・ケイン作の漫画(まんが)の主人公)

**baton** [bətán バタン | bǽtn バトゥン] 名 C (音楽の)指揮棒；(警官の)警棒；(リレー競技の)バトン；(バトントワラーの)バトン

**baton twirler** [bətán twə́ːrlər バタン トゥワーラァ] 名 C バトントワラー

**batter** [bǽtər バタァ] 名 C (野球・クリケットの)打者, バッター

**battery** 準2級 A2 [bǽtəri バタリィ]
名 (複 batteries [-z]) C ❶ 電池, バッテリー
- a dry [solar] *battery* 乾(かん)[太陽]電池
- The (smartphone) *battery* is dead. (スマホの)電池が切れている.

❷ 〖野球〗バッテリー(▶投手と捕手(ほしゅ))

**batting** [bǽtiŋ バッティング]
—動 bat¹(バットで打つ；打率…を残す)の現在分詞・動名詞
—名 U (野球などの)バッティング, 打撃(だげき)
- a *batting* order 打順
- the *batting* champion 首位打者

# battle 2級 B1 [bǽtl バトゥル]
名 (複 battles [-z]) C 戦い, 戦闘(せんとう)；闘争 → war くらべて！
- win [lose] a *battle* 戦いに勝つ[負ける]
- *battle* royal 大勢の口論, 大乱闘(らんとう)

**battlefield** B2 [bǽtlfìːld バトゥルフィールド]
名 C 戦場

# bay 準2級 A2 [béi ベィ]
名 (複 bays [-z]) C 湾(わん), 入り江(▶gulfより小さいもの)
- Tokyo *Bay* ＝ the *bay* of Tokyo 東京湾(▶前者では the をつけない)

**bazaar** [bəzáːr バザー] 名 C (慈善(じぜん)のための)バザー

**BBC** [bìːbìːsíː ビービースィー] 名《the BBCで》ビービーシー, 英国放送協会(▶the British Broadcasting Corporationの略)

**BBQ** [bìːbiːkjúː ビービーキュー] 名 ビービーキュー, バーベキュー料理[パーティー](▶barbecue (バーベキュー)の略)

**B.C.** 2級 [bíːsíː ビースィー] 紀元前(▶before Christ(キリスト以前)の略. 数字の後につける. 最近ではB.C.の代わりにBCE(＝Before the Common Era 西暦(せいれき)紀元前)がよく使われる)(⇔A.D. 紀元)
- in 500 *B.C.* 紀元前500年に

**bcc** [bìːsìːsíː ビースィースィー]〖インターネット〗blind carbon copy((Eメールの)ブラインドコピー)の略

# be

**be** 5級 A1 [bi ビィ, (強く言うとき) bi: ビー]

**動** ❶ …である; …になる
  ❷ (…に)いる, ある
**助** ❶ 《be +〈-ing形〉で進行形をつくる》…しているところだ
  ❷ 《be +〈過去分詞〉で受け身の文をつくる》…される
  ❸ 《be to +〈動詞の原形〉で予定や義務を表す》…することになっている

### ここがポイント! be動詞の変化形

beは主語の人称(にんしょう)・単複・時制によって以下のように変化します.

|  | 人称 | 単数 | 複数 |
|---|---|---|---|
| 現在形 | 一人称 | I am | we are |
|  | 二人称 | you are | you are |
|  | 三人称 | he / she / it is | they are |
| 過去形 | 一人称 | I was | we were |
|  | 二人称 | you were | you were |
|  | 三人称 | he / she / it was | they were |

過去分詞 been; -ing形(現在分詞・動名詞) being

#### 変化させずにbeのまま使う場合
(例文は **動** ❶❷ 参照)
① 助動詞(will, may, must, canなど)の後に続く場合
② 命令文の場合; Be … . / Don't be … .
③ to +〈動詞の原形〉で使う場合; to be …

─ **動** ⓐ (▶am, are, is, was, wereに変化させての使い方は, それぞれの項を参照)
❶ **…である; …になる**
- It will *be* fine tomorrow.
  あすは晴れるだろう. (▶上記 ポイント! ①の例)
- You must *be* more careful.
  もっと注意しなければいけない. (▶①)
- Jim's story cannot *be* true.
  ジムの話は本当であるはずがない. (▶①)
- *Be* quiet, please.
  静かにしてください. (▶②)
- *Be* a good boy [girl].
  (幼い子どもに対して)いい子にしていなさい. (▶②)
- Don't *be* late for school.
  学校に遅刻(ちこく)してはいけない. (▶②)
- I want to *be* a soccer player.
  私はサッカー選手になりたい. (▶③)
- She grew up to *be* a teacher.
  彼女は大きくなって教師になった. (▶③)

❷ **(…に)いる, ある, 存在する**
- My father will *be* at home tomorrow.
  父はあす家にいるだろう. (▶①)
- *Be* here until ten.
  10時までここにいなさい. (▶②)

─ **助** ❶《be +〈-ing形〉で進行形をつくる》…**しているところだ**; (近い未来のことを表して)もうすぐ…する
- I *was* watch*ing* TV then.
  私はそのときテレビを見ていた.
- He will *be* sleep*ing* at ten p.m.
  彼は午後10時には寝(ね)ているだろう.
- She *is* arriv*ing* here tomorrow.
  彼女はあしたここに到着(とうちゃく)する. (▶go, come, leave, arriveなど出発・到着を表す動詞の現在進行形は, 「未来の確実な予定」を表す)

❷《be +〈過去分詞〉で受け身の文をつくる》…**される**, …されている
- This story *is* written in French.
  この物語はフランス語で書かれている.
- The picture *was* painted by Picasso.
  その絵はピカソによって描(か)かれた.
- Mt. Fuji can *be* seen from here. ここから富士山が見られる. (▶助動詞を含(ふく)む受け身)

❸《be to +〈動詞の原形〉で予定や義務を表す》…することになっている; …すべきである(▶形式ばった表現)
- The Prime Minister *is to* visit China next month.
  首相は来月中国を訪問する予定だ.
- We *are* not *to* eat in this room.
  この部屋では物を食べてはいけない. (▶否定形で禁止を表す)

***be able to*** +〈動詞の原形〉…することができる ➡ able ❶
***be going to*** +〈動詞の原形〉…するつもりだ; …しそうだ ➡ go (成句)
***have been*** ずっと…である ➡ been **動** ⓐ ❶
***have been to*** …へ行ったことがある; …へ行ってきたところだ ➡ been ポイント!

# beach 5級 A1 [bíːtʃ ビーチ]

名(複 beaches[-iz]) C 浜(はま), 海辺, 海岸, なぎさ, 波打ち際(ぎわ)
- play on the *beach* 浜辺で遊ぶ
- swim at the *beach* 海岸で泳ぐ
- a *beach* ball ビーチボール

beach umbrella ビーチパラソル
beach volleyball ビーチバレー
beach chair ビーチチェア
swim ring 浮き輪
beach ball ビーチボール

**beach umbrella** [bíːtʃ ʌmbrélə ビーチ アンブレラ] 名 C ビーチパラソル (►「ビーチパラソル」は和製英語)

**beach volleyball** [bíːtʃ válibɔːl ビーチ ヴァリィボール | -vɔ́li- -ヴォリィ-] 名 U ビーチバレー

**beacon** [bíːkən ビーカン] 名 C ❶(合図としての)かがり火, 信号灯 ❷航空標識灯; 灯台

**bead** [bíːd ビード] 名 C ❶ビーズ玉, 数珠(じゅず)玉;《beads で》ビーズのネックレス, 数珠, ロザリオ ❷1滴(てき), 滴(しずく)

**beagle** [bíːɡl ビーグル] 名 C ビーグル犬

**beak** [bíːk ビーク] 名 C (わし・たかなどのかぎ形の鋭(するど)い)くちばし →bill²

**beaker** [bíːkər ビーカー] 名 C (実験用の)ビーカー; (広口の)コップ

**beam** B2 [bíːm ビーム] 名 C ❶光線(=ray); 輝(かがや)き
- a *beam* of moonlight 月の光
❷(建物の)はり, けた(►屋根などを支える横材)

**bean** 3級 A1 [bíːn ビーン] 名 C 豆
- coffee *beans* コーヒー豆
- *bean* curd 豆腐(とうふ)(►tofu とも言う)
- *bean* sprouts 《複数扱い》もやし

> くらべてみよう! **bean と pea**
> **bean**: いんげん豆(kidney beans), そら豆(fava [fáːvə ファーヴァ] beans)のような大きめで平たい豆
> **pea**: えんどう豆のような丸い豆

fava beans (=㊧ broad beans) そら豆

kidney beans いんげん豆

pea えんどう豆

# bear¹ 4級 A1
[béər ベア] (★同音 bare 裸(はだか)の)

名(複 bears[-z]) C 【動物】熊(くま)
- a brown *bear* ひぐま
- a polar *bear* 北極熊, 白熊

# bear² 準2級 A2
[béər ベア] (★同音 bare 裸(はだか)の)

動(三単現 bears[-z]; 過去 bore[bɔ́ːr ボア]; 過分 borne, born[bɔ́ːrn ボーン]; 現分 bearing) 他 ❶(苦痛など)に耐(た)える, …を我慢(がまん)する(►ふつう can とともに, 否定文・疑問文で使われる)
- I *can't bear* that noise.
  あの音は我慢できない.
- How can you *bear* the heat?
  この暑さを我慢できるはずがない.(⇔どうして我慢できるか)

❷(重い物など)を支える;(責任)を負う
- He couldn't *bear* the weight of the heavy boxes.
  彼はその重い箱を支えることができなかった.

❸(花・実)をつける,(子)を産む(►形式ばった言い方)
- The plum trees *bear* fruit in summer.
  すももは夏に実をつける.
- Her efforts *bore* fruit at last.
  彼女の努力がついに実を結んだ.

**be born** 生まれる →born 動
- The baby *was born* at four o'clock.
  赤ちゃんは4時に生まれた.

**beard** 2級 B1 [bíərd ビアド] 名 C あごひげ
- a heavy [light] *beard*
  濃(こ)い[薄(うす)い]あごひげ
- grow [have] a long *beard*
  長いあごひげを生やす

## beast

beard
あごひげ

mustache
口ひげ

sideburns
もみあげ

**beast** [B1] [bíːst ビースト] 名 ❶ C 野獣(じゅう), U (人間に対して)けだもの
❷ C 野獣のような人, 悪漢
- "Beauty and the *Beast*"『美女と野獣』

**beat** [B2] [bíːt ビート]
— 動 (過去 beat; 過分 beaten[bíːtn ビートゥン], beat)
— 他 ❶ (何度も・繰(く)り返し)…を打つ, たたく
- *beat* a drum 太鼓(だい)をたたく
❷ (対戦相手に)勝つ, (相手を)打ち負かす(= defeat), 破る (▶「(試合に)勝つ」はwin the gameと言う)
- *beat* the record 記録を破る
- We *beat* the team 2 to 1.
  私たちはそのチームに2対1で勝った.
❸ (卵・クリームなど)をかき混ぜる, 泡立(あわだ)てる
- *Beat* flour and eggs together.
  小麦粉と卵をいっしょにかき混ぜなさい.
— 自 (心臓が)鼓動(こどう)する
— 名 C ❶ (続けざまに)打つこと, 連打; 打つ音
❷『音楽』拍子; (ジャズで)ビート
❸ (警官・郵便集配人などの)巡回(じゅんかい)区域

**beaten** [bíːtn ビートゥン] 動 beat (打つ; 鼓動(こどう)する)の過去分詞の1つ

**Beatles** [bíːtlz ビートゥルズ] 名《the Beatles で》ビートルズ

> **これ、知ってる?** ビートルズ
> 1962年に英国で結成された4人組のロックグループです. 1970年の解散まで数々のヒット曲を生み出し, 世界の音楽・風俗(ふうぞく)に大きな影響(えいきょう)を与(あた)えました.

**beautician** [bjuːtíʃən ビューティシャン] 名 C 美容師

## \*beautiful 5級 A1

[bjúːtəfəl ビュータフル]
形 (比較 more beautiful; 最上 most beautiful)
❶ 美しい, きれいな (⇔ugly 醜(みにく)い)
- *beautiful* music
  美しい音楽
- Her voice is *beautiful*.
  彼女の声はきれいだ.

> **くらべてみよう!** beautiful, handsome, good-looking, pretty, lovely
> **beautiful**: (主に女性・物が)美しい, きれいな
> **handsome**: (主に男性が)ハンサムな, 美しい, (女性が)堂々とした, りりしい
> **good-looking**: (人・物が)美しい, 顔立ちのよい
> **pretty**: (主に子ども・物が)かわいらしい
> **lovely**: 英 (人・物が)愛らしい

❷ すばらしい, とてもよい
- a *beautiful* poem
  すばらしい出来ばえの詩
- It was a *beautiful* game.
  とてもよい試合だった.

派生語 **beautifully** 副

**beautifully** [B1] [bjúːtəfəli ビュータフリィ] 副 美しく; みごとに, りっぱに

## beauty A2 [bjúːti ビューティ]

名 (複 beauties[-z]) ❶ U 美, 美しさ
- the *beauty* of nature
  自然の美

❷ C 美人; 美しい物, 見事な物

派生語 **beautician** 名, **beautiful** 形

**beauty salon** [bjúːti səlàn ビューティ サラン | -səlòn -サロン] 名 C 美容院 (=米 beauty shop, 英 beauty parlor)

**beaver** [B1] [bíːvər ビーヴァ] 名 C 『動物』ビーバー (▶主に北米の川や湖にすみ, かじった木などで水をせき止めてダムを作り, その中に巣を作る)
- work like a *beaver*
  あくせく働く

## became 4級 [bikéim ビケイム]

動 become (…になる)の過去形

## \*because 4級 A1

[bikɔ́ːz ビコーズ | -kɔ́z -コズ]
接 ❶ (なぜなら)…だから, …なので
- I can't eat out *because* I have to study.
  私は勉強をしなければならないので, 外食できません. (=*Because* I have to study, I can't eat out.)

> **話してみよう!**
> ☺Why did you miss class?
> どうして授業に出なかったのですか.
> ☹*Because* I overslept.
> 寝過(ねす)ごしたからです.

## くらべてみよう！ because, since, as, for

いずれも原因・理由を表すときに使われます．
**～ because ...**: …だから～だ
**since ..., ～**: …なので～だ
**as ..., ～**: …なので～だ
**～, for ...**: ～．というのは…だからだ
forは書き言葉で使われる古い言い方です．

❷《否定語の後で》…だからといって（…ではない）
- Do*n't* laugh at them just *because* they made a mistake. 間違いをしたというだけで彼らを笑ってはいけない．

***because of ...*** …のせいで，…が原因で
- We couldn't play tennis *because of* the typhoon. 台風のため私たちはテニスができなかった．(＝... because we had a typhoon.)

**beckon**[békən ベカン] 動
— ⾃ 手招きする，合図する
— 他 …に手招きする，合図する（▶英米人は手のひらを上向きにして手招きする）
- I *beckoned* Jim to come over.
 私はジムに手招きした．

**Becky**[béki ベッキィ] 名 ベッキー（▶女性の名．Rebeccaの愛称）

## *become 4級 A1 [bikám ビカム]

動 (三単現 becomes[-z]; 過去 became[bikéim ビケイム]; 過分 become; 現分 becoming) ⾃ **…になる**（▶人や物が何かになる，ある状態になる，という変化を伝える）
- He *became* a teacher.
 彼は教師になった．(▶become＋〈名詞〉)
- Tom and I *became* good friends.
 トムと私は仲良しになった．
- The sky *becomes* dark before a storm.
 嵐の前には空が暗くなる．(▶become＋〈形容詞〉)

### ここがポイント！ become＋〈形容詞〉とget＋〈形容詞〉

**become**＋〈形容詞〉は「永続的に…になる」を表し，**get**＋〈形容詞〉は「一時的に…になる」を表します．
- He *became* rich. 彼は金持ちになった．
- He *got* angry. 彼は怒った．

### 「…するようになる」と言うとき

○ I *came to* know him well.
 彼のことがよくわかるようになった．
× I became to know him well.
becomeの後には名詞か形容詞しか置くことができないので，「…するようになる」と言う場合は，becomeではなくcome to＋〈動詞の原形〉を使います．

***What becomes of ...?*** …はどうなるのか．
- *What* will *become of* me in ten years?
 10年後のぼくはどうなるのだろうか．

**becoming**[bikámiŋ ビカミング]
— 動 become(…になる)の現在分詞・動名詞
— 形 似合う；ふさわしい，適切な

## bed 5級 A1 [béd ベッド]

名 (複 beds[-dz -ヅ]) C ❶ **ベッド**；寝床
- a single [double] *bed*
 シングル[ダブル]ベッド
- *get into bed* ベッドに入る
- *get out of bed* ベッドから出る，起きる

❷ 花壇，苗床
- a flower *bed* 花壇
- plant seeds in the *bed* 苗床に種をまく

❸ (海・川などの)床，水底；土台
- an ocean *bed* 海の底
- a *bed* of concrete コンクリートの土台

***be in bed*** 寝ている，就寝中である
***be sick [⊕ill] in bed*** 病気で寝ている
***go to bed*** 寝る，床につく → sleep くらべて！
- She *went to bed* at ten yesterday.
 彼女はきのう10時に寝た．

***make the [a, one's] bed*** ベッドを整える
- She *made her own bed*.
 彼女は自分のベッドを整えた．

***put ... to bed*** (子どもなど)を寝かしつける

**bed and breakfast**[bèd ən brékfəst ベッドアン ブレックファスト] 名 C U 朝食つき簡易民宿（▶B & B, b & bと略す）

## bedroom 5級 A1
[bédrù:m ベッドルーム]

名 (複 bedrooms[-z]) C 寝室

alarm clock 目覚まし時計
mattress マットレス
pillow まくら
sheet シーツ
lamp ランプ
chest of drawers たんす
blanket 毛布
bed ベッド
nightstand ナイトテーブル
comforter 掛け布団
bed spread ベッドカバー

## bedside

**bedside** B1 [bédsàid ベッドサイド] 名C ベッドのそば; (病人の)まくら元

**bedspread** [bédsprèd ベッドスプレッド] 名C ベッドカバー

**bedtime** 2級 [bédtàim ベッドタイム] 名U 寝(ね)る時刻, 就寝(しゅうしん)時間

**bee** A1 [bíː ビー] 名C ❶《虫》みつばち, はち
- a queen *bee* 女王ばち
- a working [worker] *bee* 働きばち

❷《仕事・娯楽(ごらく)・競争などの》集まり
- a spelling *bee* つづり字競争
(*as*) *busy as a bee* とても忙(いそが)しい

**beech** [bíːtʃ ビーチ] 名 (複 beeches[-iz])C ぶな(の木); U ぶな材

**beef** 4級 A1 [bíːf ビーフ] 名U 牛肉, ビーフ → meat
- *beef* bowl 牛丼(ぎゅうどん)
- tender *beef* やわらかい牛肉

**beefsteak** [bíːfstèik ビーフステイク] 名UC ビーフステーキ; 牛肉の厚い切り身 → steak

**beehive** [bíːhàiv ビーハイヴ] 名C みつばちの巣(箱); みつばちの群れ

**beekeeper** [bíːkìːpər ビーキーパァ] 名C みつばちを飼う人, 養ほう家

## been 準2級 A2

[bin ビン,《強く言うとき》bín ビン | bin ビン,《強く言うとき》bíːn ビーン]

―動 (▶ be (…である)の過去分詞) 自 ❶《have [has] beenで現在完了をつくる》(今まで) **ずっと…である**, …だった, …がいた
- I *have been* sick since last week.
私は先週からずっと病気だ.

**話してみよう!**
☺How *have* you *been*?
(しばらく会っていなかった人に)最近調子はいかがでしたか.
☺Just fine. 元気でしたよ.
―
☺Where *have* you *been*?
どこへ行っていたのですか.
☺I *have* just *been to* the bookstore.
ちょうど書店へ行ってきたところです.

**ここがポイント!** have been to … と have gone to …

- She *has been to* China.
彼女は中国へ行ったことがある.(経験)
彼女は中国へ行ってきたところだ.(完了)
- She *has gone to* China. 彼女は中国へ行っていて今ここにいない.(結果)

*has been to …* には「…へ行ったことがある(経験)」と「…へ行って(帰って)きたところだ(完了)」の意味があります. いずれの意味であるかは前後関係から判断でき, ever, neverなどの副詞があれば経験, justがあれば完了だとわかります.

*have gone to …* は「…へ行っているので今ここにいない」という結果を表します.

❷《had beenで過去完了をつくる》(過去のある時まで) **ずっと…であった**, …だった, …がいた
- He *had been* busy until the end of the month. 彼は月末までずっと忙(いそが)しかった.

―助 ❶《have [has] been+〈-ing形〉で現在完了進行形をつくる》(今まで) **ずっと…し続けている**, …していた
- I *have been* read*ing* a book (until now). 私は今までずっと本を読んでいた.
- It *has been* rain*ing* for a week.
1週間ずっと雨が降り続いている.

❷《have [has] been+〈過去分詞〉で現在完了の受け身をつくる》**…されてしまった**, …されてきた, …されたことがある
- The tree *has* just *been* cut down.
その木はたった今切り倒(たお)されてしまった.
- This song *has been* loved for a long time. この歌は長い間愛されてきている.

**beep** [bíːp ビープ] 名C ビーッという音(▶車や船の警笛・ブザー・コンピュータのビープ音など)
- Please leave your message after the *beep*. ビーッという音の後に伝言を入れてください.(▶留守番電話で)

**beer** 準2級 A2 [bíər ビァ] 名UC ビール
- a glass of *beer* ビール1杯(ぱい)
- drink some *beer*
ビールを飲む(▶量が定まらないビールはU)

**Beethoven** [béitouvən ベイトウヴァン] 名Ludwig van, ルートヴィヒ・ヴァン・ベートーヴェン(▶ 1770-1827; ドイツの作曲家)

**beetle** [bíːtl ビートゥル] 名C《虫》甲虫(こうちゅう)(▶かぶと虫・てんとう虫などの総称(そうしょう))

## before 5級 A1 [bifɔ́ːr ビフォァ]

前 ❶《時間・順序》…の前に
❷《位置》…の前に[で]
接 …する前に, …しないうちに
副 前に, 以前(に), かつて

―前 ❶《時間・順序》**…の前に**, …より前に(⇔after …の後に); (…分)前に(=to)
- *before* breakfast 朝食前に

- five minutes *before* [*to*] ten 10時5分前
- the night *before* last おとといの晩
- I usually brush my teeth *before* going to bed. 私はたいてい寝る前に歯を磨く.

❷《位置》**…の前に[で]**,…を前にして(▶ふつう場所の「前で」は, in front of ...を用いる)(⇔behind …の後ろに)

- *before* a large audience 大ぜいの聴衆の前で
- The future is *before* you. 未来は君の前に広がっている.

*before long* まもなく, やがて
*the day before yesterday* おととい

—接 **…する前に**, …しないうちに(⇔after …した後で)

- Be sure to lock the windows *before* you leave. 外出前には必ず窓にかぎをかけなさい.
- She had left *before* you arrived. あなたが到着する前に彼女は出発しました.
- It wasn't long *before* he solved the problem. まもなく彼は問題を解決した.(⇔彼が問題を解決するのは長くなかった)

—副 **前に, 以前(に), かつて**;(過去のある時点から)…前に(⇔after 後で)→ago くらべて!

- long *before* ずっと前に
- two days *before* その2日前に
- the day [night] *before* その前日[夜]に
- I have seen this movie *before*. 私はこの映画を前に見たことがある.

**beforehand** [bifɔ́ːrhænd ビフォァハンド] 副 前もって, あらかじめ(=in advance)

# beg A2 [bég ベッグ]

動(三単現)begs[-z];過去・過分 begged[-d];現分 begging)

—他 ❶《beg+〈人〉+to+〈動詞の原形〉で》(人)に**…するように熱心に頼む**(▶askより形式ばった言い方)

- I *begged* my father *to* take me to the movie. 私は父に映画に連れて行ってと頼んだ.

❷(お金・物など)を(人)にせがむ, 請う

- The man *begged* me *for* help. その男は私に援助をせがんだ.

—自(お金・物などを)**せがむ**, 請う

*I beg your pardon.*(失礼をわびて)すみません;(話しかけて)失礼ですが;(聞き返して)何とおっしゃいましたか. →pardon ポイント!

派生語 beggar 名

# began 4級 [bigǽn ビギャン]

動 begin(始める;始まる)の過去形

**beggar** [bégər ベガァ] 名 C 物ごいをする人

# *begin 5級 A1 [bigín ビギン]

動(三単現)begins[-z];過去 began[bigǽn ビギャン];過分 begun[bigʌ́n ビガン];現分 beginning)

—他 **…を始める**(=start, ⇔end, finish …を終える)

- *Begin* your homework now. すぐに宿題を始めなさい.
- She *began* her speech. 彼女はスピーチを始めた.
- We have *begun* our lunch. 私たちは昼食を食べ始めたところだ.

begin to+〈動詞の原形〉
=begin+〈-ing形〉
…し始める

- The girl *began to* run.=The girl *began* run*ning*. 少女は走り始めた.

 **begin to+〈動詞の原形〉と begin+〈-ing形〉**

どちらも「…し始める」ですが, 次のような場合はbegin to+〈動詞の原形〉のほうをよく使います.
(1) beginが進行形のとき
- He is *beginning to* study Spanish. 彼はスペイン語を勉強し始めている.(▶〈-ing形〉の繰り返しを避けるため)
(2) feel(感じる), see(見える), like(好きである)など気持ちや感覚を表す動詞が続くとき
- I *began to* feel tired. 私は疲れを感じ始めた.
(3) 人以外が主語のとき
- It *began to* snow. 雪が降り始めた.

—自 **始まる**

- Our school festival will *begin* on Friday. 私たちの学校の文化祭は金曜日に始まります.

 **「…から始まる」でもfromは×**

begin at+〈時刻〉
begin on+〈曜日・日付〉
begin in+〈月・年〉
いずれの場合もfromは使いません.

- Summer vacation will *begin* tomorrow. 夏休みはあしたから始まる.(▶このtomorrowは副詞なので, 前置詞は不要)
- Let's *begin* on page 55. 55ページから始めましょう.(▶from page 55は×)

*begin by*+〈-ing形〉 …することから始める
*begin with ...* …で[から]始まる

### beginner

- That program *begins with* the day's news.
  その番組はその日のニュースで始まる.
- *to begin with* 《ふつう文頭で》まず第一に
- 派生語 beginner 名, beginning 名

**beginner** 準2級 A2 [bigínər ビギナァ] 名 C 初心者, 初学者, ビギナー

# beginning 準2級 A2

[bigíniŋ ビギニング]
- 動 begin (始める; 始まる) の現在分詞・動名詞
- 名 (複 beginnings [-z]) C 初め, 始まり, 最初 (⇔end 終わり)
  - at the *beginning* of this month
    今月の初めに
  - It was a good [bad] *beginning*.
    好調な出だしだった[出だしはよくなかった].

*from beginning to end* 初めから終わりまで

*in the beginning* 初めに, 初めのうちは

# begun 3級 [bigán ビガン]

動 begin (始める; 始まる) の過去分詞

**behalf** B1 [biháef ビハフ | -há:f -ハーフ] (★このlは発音しない) 名 U (▶次の成句で用いる)

*on* [*in*] *behalf of ...* …のために; …に代わって

**behave** 2級 B1 [bihéiv ビヘイヴ] 動
- 自 ふるまう
  - *behave* well [badly]
    行儀(ぎょう)がよい[悪い]
  - Don't *behave* like a child.
    子どものようなふるまいをしないで.
- 他 (▶次の成句で用いる)

*behave oneself* 行儀よくする
- *Behave* yourself!
  行儀よくしなさい. (▶子どもをしかる言葉)

派生語 behavior 名

**behavior** 準2級 A2 [bihéivjər ビヘイヴィァ] (▶英ではbehaviourとつづる) 名 U ふるまい, 行動, 態度; 行儀(ぎょう)
- good [bad] *behavior* よい[悪い]ふるまい

# behind 4級 A1 [bihaind ビハインド]

- 前 ❶《場所》…の後ろに[の], …の陰(かげ)に[の] (▶「後ろ[陰]に隠(かく)れて」の意味を含(ふく)む. 単に「後ろに」はat the back of ...) (⇔in front of ..., before ... …の前に)
  - *behind* the door ドアの後ろ[陰]に
  - the desk *behind* you あなたの後ろの机
  - He stood *behind* me.
    彼は私の後ろに立った.

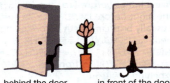

behind the door　　in front of the door

❷《時間・進歩など》…に遅(おく)れて
- The bus was seven minutes *behind* schedule. バスは定刻より7分遅れた.
- He is *behind* the others in math.
  彼は数学でほかの人たちより遅れている.

*behind ...'s back* (人)のいないところで→ back 名(成句)

- 副 ❶《場所》後ろに, 後に (⇔ahead 前に)
  - He stood *behind*. 彼は後ろに立った.
  - Many people stayed *behind*.
    多くの人たちが後に残った.

❷《時間・進歩など》遅れて, 劣(おと)って
- The last train is running *behind*.
  最終電車は遅れている.

*leave ... behind* …を後に置いていく→ leave¹(成句)

**beige** [béiʒ ベイジ] 名 U ベージュ色

**Beijing** [bèidʒíŋ ベイヂング] 名 ペキン(北京) (▶中国(China)の首都)

**being** 4級 A1 [bí:iŋ ビーイング]
- 動 be (である) の現在分詞・動名詞
  - The bridge is *being* built. その橋は建設されている[建設中だ]. (▶現在分詞, 受け身の進行形)
  - I love *being* alone.
    1人でいるのが好きだ. (▶動名詞)
- 名 ❶ U 存在, 生きていること
  ❷ C 生き物, 人間
  - a human *being* 人間

*come into being* 生じる, 生まれ出る

**Belarus** [bèlərú:s ベラルース] 名 ベラルーシ (▶ポーランドに隣接(りんせつ)する共和国で, 首都はミンスク(Minsk))

**belch** [béltʃ ベルチ]
- 動 (三単現 belches [-iz]) 自 げっぷをする
- 名 (複 belches [-iz]) C げっぷ (▶人前でげっぷをしてしまったら, Excuse me. と謝(あやま)るのがマナー)

**Belfast** [bélfæst ベルファスト | belfá:st ベルファースト] 名 ベルファスト (▶英国北アイルランドの中心都市)

**Belgian** [béldʒən ベルヂャン]
- 形 ベルギーの; ベルギー人の
- 名 C ベルギー人

# belongings

**Belgium** 3級 [béldʒəm ベルヂャム] 名 ベルギー(▶ヨーロッパ北西部の王国. 首都はブリュッセル(Brussels))
派生語 Belgian 形名

**belief** 2級 B1 [bilíːf ビリーフ] 名 U 信じること, 信念(⇔doubt 疑い); 信仰(½ん); 信頼(½ん), 信用

# believe 4級 A1 [bilíːv ビリーヴ]

動 (三単現) believes[-z]; (過去・過分) believed[-d]; (現分) believing

— 他 ❶ (事物・人・人の言うこと)を信じる(▶心の状態を表すので, 進行形にしない)(⇔doubt …を疑う)
- We all *believed* him. 私たちはみんな彼の言葉[言ったこと]を信じた.
- I couldn't *believe* my ears [eyes]. 私は自分の耳[目]が信じられなかった. (▶聞いたことや見たものが本当とは思えない驚(ホッジ)きを表す)

> 話してみよう!
> ☺ I'm not lying! *Believe* me! 私はうそをついていません, 信じて!
> ☺ OK. I *believe* you. わかった. あなた(の言うこと)を信じましょう. → ポイント!

believe (that) ... …だと信じる
- I *believe* (that) the story is true. 私はその話が本当だと信じている. (▶thatは省略されることが多い)(= I believe the story to be true.)

❷ …だと考える(= think), (たぶんそう)だと思う(= suppose), (本当)だと思う
- I *believe* (that) it will be fine tomorrow. あしたは晴れると思う.

— 自 信じる
Seeing is *believing*. (ことわざ) 百聞は一見にしかず. (⇔見ることは信じること)

*believe in* ... ① …の存在を信じる
- My sister *believes in* Santa Claus. 妹はサンタクロースの存在を信じている.
② …を信頼(½ん)する, あてにする, …の価値を信じる
- I *believe in* my coach. 私はコーチを信頼している.

> ここが ポイント! **believe ... と believe in ...**
> - I *believe* Jack. 私はジャックの言うことを(一時的に)信じている.
> - I *believe in* Jack. 私はジャックという人そのものを信じている., 私はジャックを信頼している.

*believe it or not* 《話》信じないかもしれないが
派生語 belief 名, believer 名

**believer** [bilíːvər ビリーヴァ] 名 C 信じる人; 信者

**Belize** [bəlíːz バリーズ] 名 ベリーズ(▶中央アメリカの東岸に位置する国. 首都はベルモパン(Belmopan))

**Bell** [bél ベル] 名 ベル(▶女性の名); Alexander Graham, アレキサンダー・グラハム・ベル(▶1847-1922; スコットランド生まれで, 電話を発明したアメリカの科学者)

# bell A1 [bél ベル]

名 (複 bells[-z]) C ベル, 鐘(ホネ), 鈴(ギ); ベル[鐘, 鈴]の音
- a bicycle [church] *bell* 自転車のベル[教会の鐘]
- ring a *bell* ベルを鳴らす

**bellboy** [bélbɔ̀i ベルボーイ] 名 C 《米》(ホテルなどの)ボーイ

**bellhop** [bélhɑ̀p ベルハップ] 名 C (ホテルなどの)ボーイ(▶男女の区別のない語)

**belly** A2 [béli ベリィ] 名 (複 bellies[-z]) C 《話》腹, 腹部; 胃(▶stomachのほうが形式ばった語)
- *belly* dance ベリーダンス
- a *belly* button へそ(= a navel)

# belong 準2級 A2

[bilɔ́ːŋ ビローング | -lɔ́ŋ -ロング]

動 (三単現) belongs[-z] (過去・過分) belonged[-d]; (現分) belonging) 自 (▶進行形にしない)《belong to ... で》…のものである; (学校・会社など)に所属する, 属する
- This dictionary *belongs to* me. この辞典は私のものだ. (= This dictionary is mine.)
- I *belong to* the volleyball club. 私はバレーボール部に所属している.

**belongings** B2 [bilɔ́ːŋiŋz ビローンギングズ | -lɔ́ŋiŋz -ロンギングズ] 名 《複数扱い》持ち物, 所持品, 手荷物

空港の保安検査場の掲示(米国)

## beloved

**beloved** B1 [bilʌ́vid ビラヴ(ィ)ド] 形《名詞の前にのみ用いる》最愛の, かわいい, いとしい

# below 3級 A1 [bilóu ビロゥ]
— 前 ❶ …の下に, …の下のほうに(⇔above …の上に); …の下流に → under くらべて!
- 15 meters *below* sea level
  海面より15メートル下に
- The basement is *below* the living room.
  地下室は居間の下にあります.

❷ (数値・年齢(ホム)・能力が) …より下で[の]
- It's *below* 5℃. (気温は)5度より低い. (▶5℃はfive degrees centigrade [Celsius]と読む)

— 副 下に, 下のほうに(⇔above 上に)
- look down *below* 下のほうを見下ろす
- See *below*. 下記を参照しなさい.
- We saw a lake *below*.
  下のほうに湖が見えた.

# belt 準2級 A2 [bélt ベルト]
名 (複 belts[-ts -ツ]) C ❶ベルト, 帯; シートベルト
- wear a *belt* ベルトをしている
- Ken loosened his *belt*.
  ケンはベルトを緩(ゆる)めた.
- Please fasten your seat *belt*(*s*). 座席ベルトをお締めください. (▶アナウンスの言葉)

❷ (ある特徴(とく)を持った)地帯, 地方
- a green *belt* 緑地帯

**Ben** [bén ベン] 名 ベン (▶男性の名. Benjaminの愛称(あいしょう))

# bench 準2級 A2 [béntʃ ベンチ]
名 (複 benches[-iz]) C ❶ベンチ, 長いす(▶背もたれのある物とない物もある)
- sit on a *bench* ベンチに座(すわ)る

❷ (大工などの)仕事台

# bend A2 [bénd ベンド]
— 動 (三単現 bends[-dz -ヅ]; 過去・過分 bent[bént ベント]; 現分 bending)
— 他 …を曲げる
- Can you *bend* your arm?
  腕(うで)を曲げられますか.
- The man *bent* the iron bar.
  その男は鉄の棒を曲げた.

— 自 曲がる; かがむ
- The branch *bent* in the wind.
  枝は風で曲がった.
- She *bent* down and picked up her handkerchief.
  彼女はかがんでハンカチを拾った.

— 名 (複 bends[-dz -ヅ]) C 曲がり; (川・道などの)曲がった所

**beneath** B1 [biní:θ ビニース]
— 前 …の下に (▶《話》ではふつうbelow, underを使う)
— 副 下に[で]

**beneficial** B2 [bènəfíʃəl ベナフィシャル] 形 ためになる, 有益な, 有利な

**benefit** 2級 B1 [bénəfit ベナフィット]
— 名 U 利益, ため; 恩恵(おんけい)
- the public *benefit* 公共の利益

***for the benefit of …*** …のために

— 動 (過去・過分 benefited, benefitted[-id]; 現分 benefiting, benefitting) 他 自 …のためになる; 利益を得る

派生語 beneficial 名

**Benelux** [bénəlÀks ベナラックス] 名 ベネルックス三国 (▶経済同盟で結ばれたBelgium(ベルギー), the Netherlands(オランダ), Luxembourg(ルクセンブルク)の総称(そうしょう))

**Benin** [biní:n ベニーン] 名 ベナン (▶アフリカ西部の共和国, 首都はポルトノボ(Porto-Novo))

**Benjamin** [béndʒəmin ベンチャミン] 名 ベンジャミン (▶男性の名. 愛称(あいしょう)はBen, Benny)

**bent** B1 [bént ベント] 動 bend(曲げる; 曲がる)の過去形・過去分詞

**bento** [béntou ベントゥ] 名 U C (複 bentos[-z -ズ]) 弁当 (箱) (▶ obentoとも言う)

**beret** [bəréi バレイ | béreiベレイ] (★このtは発音しない) 名 C ベレー帽(ぼう) (▶ひさしがなく中央につまみのある帽子. フランス語から) → hat 図

**Berlin** 準2級 [bəːrlín バーリン] 名 ベルリン (▶ドイツ(Germany)の首都)
- the *Berlin* Wall ベルリンの壁(かべ) (▶1990年のドイツ再統一まで, 東西ベルリンを分けていた壁)

**berry** B2 [béri ベリィ] 名 (複 berries[-z-]) C ベリー (▶木いちご(raspberry)など, 小粒(こつぶ)で柔(やわ)らかい実をさす)

# beside 4級 A1 [bisáid ビサイド]
前 …のそばに[で], …の横に (▶besides(…に加えて)と混同しないこと) → by 前 ❷ くらべて!
- There is a huge tree *beside* the house.
  家のそばに大木が立っている.
- Come and sit *beside* me.
  こっちへ来て私の横に座(すわ)りなさい.

***beside oneself*** (喜び・怒(いか)りなどで)我を忘れて
- She is *beside* herself with joy.
  彼女はうれしくて我を忘れている.

# besides 準2級 A2 [bisáidz ビサイヅ]

―副 ❶ …に加えて, …のほかにも(▶beside(…のそばに)と混同しないこと)
- He has a lot of friends *besides* me.
  彼には私のほかにたくさんの友達がいる.

❷《ふつう否定文・疑問文で》…以外に, …を除いて(=except)
- She has no friends *besides* me.
  彼女には私以外に友達がいない.

―副 さらに, おまけに
- It was getting dark, and, *besides*, I was hungry.
  暗くなってきた, おまけに腹ぺこだった.

# best 4級 A1 [bést ベスト]

形 最もよい, 最上の
副 最もよく, いちばん
名 最もよいもの, 最善

―形 (▶good, well¹の最上級) 最もよい, 最上の(⇔worst 最も悪い)
- Yumi is my *best* friend.
  ユミは私の親友です.(▶goodの最上級)
- Mike is the *best* player on our team.
  マイクは私たちのチームで最高の選手だ.
- Jane is the *best* singer of us all. ジェーンは私たちみんなの中で歌がいちばんうまい.
- This is the *best* game (that) I have ever seen. これは私が今までに見た最高の試合だ.
- I feel *best* in the morning. 私は朝に気分がいちばんよい.(▶well¹の最上級)

### ここがポイント! bestの使い方
(1) bestを名詞の前に置く場合はふつうtheをつけます.
- *the best* way 最もよい方法
ただしmy, your, his, herなどの代名詞がつく場合はtheをつけません.
- *my best* friend 私の最良の友, 親友
(2) 数詞がつく場合は次の順にします.
- the ten *best* teams of the year
  年間ベストテンのチーム
(3) bestのうしろに名詞がつかないときは, ふつうtheをつけません.

***With best wishes,*** = ***Best wishes,*** ご多幸を祈(いの)って; それではお元気で(▶手紙の最後, 自分の名前の前に書く決まり文句)

―副 (▶well¹の最上級) 最もよく, 最もじょうずに, いちばん(⇔worst 最も悪く)
- I can study *best* at night.
  私は夜にいちばんよく勉強できる.

### 話してみよう!
😊 What kind of sport do you like (the) *best*?
どのスポーツがいちばん好きですか.
😀 I like baseball (the) *best*.
野球がいちばん好きです(▶⊛ではtheをつけることが多い).

―名《the bestまたはone's bestで》最もよいもの, 最善, 最上(⇔the worst 最も悪いもの)
- I did *the best* I could for the test. テストのためにできる限りのことをした.(⇔できる最善のことをした)

***at one's best*** 最高の状態で
- I am *at my best* in the morning.
  朝がいちばん調子がよい.

***at (the) best*** いくらよくても, せいぜい

***Best of luck.*** 幸運を祈ります.; がんばって.

***do one's best*** 最善[全力]を尽(つ)くす
- I'll *do my best* to pass the exam.
  私は試験に合格するように最善を尽くします.

***make the best of ...*** (不利な条件など)をできるだけうまく生かす

**best-known** [bèstnóun ベストノウン] (★このkは発音しない) 形 well-known(有名な)の最上級

**best-seller** [béstsélər ベストセラァ] 名 C ベストセラー(▶非常によく売れる本など)

**bet** 2級 B1 [bét ベット] (過去・過分 bet, betted [-id]; 現分 betting)

―動 ―他 (お金・物など)を賭(か)ける
- *bet* a lot of money *on* the horse
  その馬に大金を賭ける
―自 賭けをする

***I bet (that) ... .*** 《話》きっと…だと思う.
- *I bet (that)* it will rain tomorrow.
  きっとあしたは雨だよ.

***I bet you.*** 《話》本当だ., そうだ.

***You bet!*** = ***Bet you!*** 《話》もちろん., 確かに.

―名 C 賭け; 賭け金
- He made a *bet on* that horse.
  彼はあの馬に賭けた.

**Bethlehem** [béθlihèm ベスリヘム] 名 ベツレヘム(▶イスラエルの町で, キリストが生まれた所)

**betray** B2 [bitréi ビトゥレィ] 動他 ❶ …を裏切る, だます ❷ (秘密など)を漏(も)らす

# better 5級 A1 [bétər ベタァ]

―形 ❶ もっとよい, よりよい, よりじょうずな(▶goodの比較(かく)級)(⇔worse もっと悪い)
- a *better* plan もっとよい計画
- This computer is *better than* my father's.

## between

このコンピュータは父のよりよい.
- This camera is good, but that one is *much better*. このカメラもいいが，あのカメラのほうがずっといい. (▶muchやfarでbetterを強める)

❷ (気分・病気が) **もっとよい**, 快方に向かって (▶well¹の比較級) (⇔worse もっと悪い)
- I feel *better* today.
きょうは(きのうより)気分がいい.
- My mother is getting *better*.
母は快方に向かっている.

***The sooner, the better.*** 早ければ早いほどよい. (▶the＋〈比較級〉…, the＋〈比較級〉〜で「…すればするほど〜」)

━ 副 (▶well¹の比較級) **もっとよく**, よりじょうずに (⇔worse もっと悪く)
- My father cooks *better than* my mother.
父は母よりも料理がじょうずだ.
- Tom speaks French *much better than* English. トムは英語よりもフランス語をずっとじょうずに話す.

【話してみよう!】
😊 Which do you like *better*, soccer or baseball?
サッカーと野球, どちらが好き?
😀 I like soccer *better than* baseball.
野球よりサッカーのほうが好き.

*had better*＋〈動詞の原形〉…すべきである, …しなさい, …したほうがよい
- You *had better* stay in bed.
あなたはベッドで寝(ね)ていなさい.

【ここがポイント!】had betterの使い方
(1)否定文はhad better notの語順です.
 - I *had better not* open this box.
 私はこの箱を開けないほうがよさそうだ.
(2)会話ではふつうhadを'dと短縮します.
 - You'*d better* sit down.
 座(すわ)ったほうがいいですよ[座りなさい].
(3)youを主語にすると命令に近くなるため，目上の人には使いません.
 - You *had better* go. 行きなさい.

## *between* 4級 A1

[bitwíːn ビトゥウィーン]

前 (2つ・2人の) **間に[で, の]**
- *between* one *and* three (o'clock)
1時から3時の間に
- This bus runs *between* Tokyo *and* Osaka.
このバスは東京と大阪の間を運行している.

- You can choose *between* rice *and* bread. ご飯かパンのどちらかを選べる.
- Ken is standing *between* his parents.
ケンは両親の間に立っている.

【ここがポイント!】betweenの使い方
(1)between … and 〜, またはbetween＋〈複数を表す名詞〉の形で使います.
(2)3つ以上の物[人]の間を表すときにはふつうamongを使います. → among【くらべて!】

*between you and me* = *between ourselves* ここだけの話だが, 内緒(ないしょ)だが

**beverage** [bévəridʒ ベヴ(ァ)リッヂ] 名 C ((しばしばbeveragesで))飲み物, 飲料 (▶牛乳・ジュース・お酒など, 水以外の飲み物をさす)

**beware** [biwéər ビウェア] 動 自 他 (…に)用心する, 気をつける (▶注意を促(うなが)す掲示によく使われる)
- *Beware of* the dog. 犬にご用心.

## beyond A2

[bijánd ビヤンド | -jónd -ヨンド]

前 ❶ ((場所))…**の向こうに[で]**, …**を越**(こ)**えて**
- We went *beyond* the river.
私たちは川の向こうに行った.

❷ ((時刻・時期など))…**を過ぎて**
- The meeting went on *beyond* midnight.
会合は真夜中を過ぎても続いた.

❸ ((範囲・能力・程度など))…**(の限度)を超**(こ)**えて**, …**以上に**
- That assignment is *beyond* me.
その任務は私の手に負えない.

**Bhutan** [buːtáːn ブータ―ン] 名 ブータン (▶ヒマラヤ山脈中にある王国. 首都はティンプー (Thimphu))
派生語 Bhutanese 名形

**Bhutanese** [bùːtəníːz ブータニーズ]
━ 名 (複 Bhutanese) (▶単複同形) C ブータン人
━ 形 ブータンの; ブータン人の

**Bible** [báibl バイブル] 名 ((the Bibleで))聖書, バイブル (▶天地創造から始まるユダヤ民族の歴史や信仰(しんこう)を記したthe Old Testament(旧約聖書)と, Jesus Christ(イエス・キリスト)の教え

や彼の弟子(で)たちのことを記したthe New Testament(新約聖書)の2部からなる)

## bicycle 5級 A1 [báisikl バイスィクル]

名(複 bicycles[-z]) © **自転車**(►《話》ではbikeと言う)
- ride (on) a *bicycle* 自転車に乗る
- go *on* a *bicycle* 自転車に乗って行く
- I go to school *by bicycle*.
私は自転車で通学する.(►byの後ではaやtheをつけない)

### これ、知ってる? 車輪の数＋cycleで

| uni- 1つの | ＋ cycle 車輪 | →unicycle 一輪車 |
|---|---|---|
| bi- 2つの | | →bicycle 自転車(二輪車) |
| tri- 3つの | | →tricycle 三輪車 |

unicycle(一輪車), bicycle(自転車), tricycle(三輪車)は、それぞれ車輪の数を表す接頭辞がcycle(車輪)と結びついてできた語です.

carrier 荷台 / saddle サドル / handlebar ハンドル / brake lever ブレーキレバー / reflector 反射板 / spoke スポーク / fender 泥(ど)よけ / chain チェーン / pedal ペダル / ⊛tire, ⊛tyre タイヤ

## *big 5級 A1 [bíg ビッグ]

形(比較 bigger; 最上 biggest) ❶(形・規模が)**大きい**(⇔little, small 小さい)
- a *big* room 大きい部屋
- *big* eyes 大きな目
- Tokyo is a *big* city.
東京は大都市だ.
- This orange is *bigger* than that one.
このオレンジはあのオレンジより大きい.(►oneはorangeをさす代名詞)
- Do you have a *big* family?
お宅は大家族ですか.
- a *big* mouth
《話》おしゃべりな人,口の軽い人
- a *big* toe
足の親指(►「手の親指」はthumbと言い,bigを使わない)

### くらべてみよう! bigとlargeとgreat

「大きい」の意味ではbigとlargeはほぼ同じように使われますが、**big**のほうが重さに重点があり、**large**は広さに重点があります。一方、**great**は形が大きいことよりも、程度や質の面で「大きい」「偉大(だい)である」ことに重点があります.

❷重要な,偉(えら)い; たいへんな,ものすごい
- a *big* problem 大問題
- a *big* game 重要な試合
- a *big* decision 重大な決定
- a *big* name 有名人

❸成長した; ⊛年上の
- a *big* brother 兄(＝an older brother)

**Big Apple** [bíg ǽpl ビッグ アプル] 名《the Big Appleで》ビッグアップル(►ニューヨーク市(New York)の愛称(あいしょう))

**Big Ben** [bíg bén ビッグ ベン] 名 ビッグベン(►英国の国会議事堂の時計塔(とう)の鐘(かね)時計.また,その時計塔.工事責任者の愛称(あいしょう)Big Ben(大男のベン)から)

**Big Dipper** [bíg dípər ビッグ ディッパァ] 名《the Big Dipperで》《天文》北斗(ほく)七星

**bigger** 4級 [bígər ビガァ] 形 big(大きい)の比較(か)級

**biggest** 4級 [bígist ビギスト] 形 big(大きい)の最上級

## bike 5級 A1 [báik バイク]

名(複 bikes[-s]) © ❶《話》**自転車**(＝bicycle)
- ride (on) a *bike*
自転車に乗る
- by *bike*
自転車で

# bikini

自転車専用道の標識

❷ オートバイ（＝motorbike, motorcycle）

**bikini** B2 [bikíːni ビキーニ] 名 C （水着の）ビキニ

**bilingual** B1 [bailíŋgwəl バイリングワル]
— 形 2か国語を話す；（本などが）2か国語で書かれた
— 名 C 2か国語を話せる人；2か国語で書かれた物

**Bill** [bíl ビル] 名 ビル（▶男性の名, Williamの愛称（あいしょう））

**bill¹** 準2級 A2 [bíl ビル] 名 C ❶ 勘定（かんじょう）書き, 請求（せいきゅう）書（▶米では「飲食店の勘定書き」は check）
- a hotel *bill* ホテルの請求書
- I'll *pay* the *bill*. 私が勘定を払（はら）います.
- Let's split [share] the *bill*.
  割り勘にしよう.

❷ 米 紙幣（しへい）, 札（さつ）（＝bank note）
- a twenty-dollar *bill* 20ドル札

❸ 法案, 議案
- pass [reject] a *bill* 議案を可決 [否決] する

**bill²** [bíl ビル] 名 C （鳥などの平たい）くちばし → beak

**billiards** [bíljərdz ビリャァヅ] 名《単数扱い》（一般的に）ビリヤード, 玉突（たまつ）き
- play *billiards* ビリヤードをする

**billion** B2 [bíljən ビリャン] 名 （複 billion, billions[-z]）C 10億
- a [one] *billion* 10億
- fifty *billion* 500億（▶billionsは×）

*billions of ...* 数十億の…；ばく大な数の…

派生語 billionaire 名

**billionaire** [biljənéər ビリャネア] 名 C 億万長者

**bind** B2 [báind バインド] 動 《過去・過分 bound [báund バウンド]》他 ❶ …を縛（しば）る, 縛りつける, くくる
- *Bind* these books *with* string.
  これらの本をひもで縛りなさい.

❷ （きずなで）…を結びつける, 団結させる

派生語 binder 名

**binder** [báindər バインダァ] 名 C ❶ 縛（しば）る物；ひも, 包帯 ❷ （ルーズリーフ用の）バインダー

**bingo** [bíŋgou ビンゴゥ]
— 名 ビンゴ（ゲーム）
— 間《話》やった！；ビンゴ！, 当たり！

**binoculars** [bainάkjulərz バイナキュラァズ] 名《複数扱い》双眼鏡（そうがんきょう）, オペラグラス

**biography** B1 [baiάgrəfi バイアグラフィ] 名 （複 biographies[-z]）C 伝記

**biologist** [baiάlədʒist バイアラヂスト] 名 C 生物学者

**biology** 2級 B1 [baiάlədʒi バイアラヂィ] 名 U 生物学

派生語 biologist 名

**biomass** [báioumæs バイオゥマス] 名 U バイオマス（▶動植物由来の再生可能な資源, 燃料として用いられる）

**biotechnology** B2 [bàiouteknάlədʒi バイオゥテクナラヂィ | -nɔ́lə- -ノラ-] 名 U バイオテクノロジー, 生物 [生命] 工学

\***bird** 5級 A1 [bə́ːrd バード]

名 （複 birds[-dz -ヅ]）C 鳥
- a water [wild] *bird* 水 [野] 鳥
- *Birds* are singing in the trees.
  鳥が木でさえずっている.
- *Birds* of a feather flock together.
  (諺) 類は友を呼ぶ.（⇐同じ羽の鳥はいっしょに集まる）
- The early *bird* catches the worm.
  (諺) 早起きは三文の得.（⇐早起き鳥は虫を捕（つか）まえる）（▶「早起きの人」をan early birdと言う）
- To kill two *birds* with one stone. (諺) 一石二鳥.（⇐1つの石で2羽の鳥を殺すこと）

●表現メモ●

鳥のいろいろ
sparrow すずめ / swan 白鳥 / seagull かもめ
crow からす / swallow つばめ
penguin ペンギン
pigeon はと

swan

**bird watching, bird-watching** [bə́ːrd wὰtʃiŋ バード ワッチング] 名 U バードウォッチング, 野鳥観察

**birth** 3級 A1 [bə́ːrθ バース] 名 ❶ C U 誕生, 出生 (⇔death 死亡); 出産
- *from birth* to death 生まれてから死ぬまで
- What's the date of your *birth*?
あなたの生年月日はいつですか.

❷ U 血統, 生まれ, 家柄(がら)

*by birth* 生まれは; 生まれながらの

*give birth to ...* …を産む, 出産する (=have a baby)

# birthday 5級 A1

[bə́ːrθdèi バースデイ]

名 (複 birthdays[-z]) C 誕生日; (会社などの)創立(記念)日
- a *birthday* cake バースデーケーキ
- a *birthday* card バースデー[誕生日]カード
- a *birthday* party 誕生日パーティー
- a *birthday* present 誕生日プレゼント

> 話してみよう!
> ☺When is your *birthday*?
> あなたの誕生日はいつですか.
> ☺It's July 10th. I was born in 2011.
> 7月10日です. 2011年に生まれたの.
> (▶July 10はJuly (the) tenthと読む)

年号は基本的に2ケタずつ数字を読みますが, 2000年以降は通常の数字の読み方で言うのが一般的です.
1999年= nineteen ninety-nine
1801年= eighteen oh one
2006年= two thousand and six
2014年= two thousand and fourteen

- Next Friday is my fifteenth *birthday*.
今度の金曜日は私の15歳(さい)の誕生日だ.
- *Happy birthday (to you)*!
お誕生日おめでとう.

**birthplace** B2 [bə́ːrθplèis バースプレイス] 名 C 出生地

**birthstone** [bə́ːrθstòun バースストウン] 名 C 誕生石 (▶生まれた月の宝石)

# biscuit A1 [bískit ビスキット]

名 (複 biscuit, biscuits[-ts -ツ]) C ❶ 米 ビスケット (= 英 cracker, cookie) ❷ 英 小さく柔(やわ)らかいケーキ状のパン, スコーン (= 米 scone)

英国のbiscuit     米国のbiscuit

**bishop** B1 [bíʃəp ビシャップ] 名 C ❶ (英国国教会の)主教; (カトリックの)司教; (プロテスタントの)主教, 監督(とく) ❷『チェス』ビショップ (▶斜(なな)めに動くこま)

**bison** 準2級 [báisn バイスン] 名 (複 bison, bisons[-z]) C 『動物』バイソン, アメリカ野牛 (=buffalo)

# bit¹ 準2級 A2 [bít ビット]

名 (複 bits[-ts -ツ]) ❶《a bitで》《話》(時間的・量的に) わずか, 少し
- *a bit* later 少し後で
- It's *a bit* too hot. 少し暑[辛(から)]すぎるね.

❷ C (…の) 小片(しょう), 少量, わずか;《a bit of ...で》少量の…, 1片の…
- *a bit of* bread ひとかけらのパン
- *a bit of* land 少しの土地

*bit by bit* じょじょに, だんだんと

*not a bit* 少しも…でない (= not at all)
- He was *not a bit* sleepy.
彼は少しも眠たくなかった.

**bit²** [bít ビット] 動 bite (かむ)の過去形・過去分詞の1つ

**bit³** [bít ビット] 名 C『コンピュータ』ビット (▶情報量を表す最小単位)

# bite 準2級 A2 [báit バイト]

— 動 (三単現 bites[-ts -ツ]; 過去 bit [bít ビット]; 過分 bitten [bítn ビトゥン], bit; 現分 biting)

— 他 ❶ …をかむ, かみ切る, …にかみつく, 食いつく
- *bite* an apple りんごをかじる
- He often *bites* his nails.
彼はよく爪(つめ)をかむ.
- The tiger *bit* the hunter *in* [*on*] *the* arm. 虎(とら)はハンターの腕(うで)にかみついた.

❷ (虫・蛇(へび)などが) …を刺(さ)す, かむ
- Jane was *bitten* by an insect.
ジェーンは虫に刺された.

— 自 かむ, かみつく

— 名 (複 bites[-ts -ツ]) C ❶ かむこと, ひとかじり; かみ[刺し]傷; (虫などに)刺された跡(あと)
- a mosquito *bite* 蚊にさされた跡

### bitten

- I *took* a *bite* of his steak.
  彼のステーキをひとかじりした．
- ❷（食べ物の）一口，一口分；軽い食事
- have [get] a *bite* 軽い食事をとる

**bitten** [bitn ビトゥン] 動 bite（かむ）の過去分詞の1つ

**bitter** 2級 B1 [bítər ビタァ] 形 ❶（味が）苦い（▶「甘い」はsweet，「すっぱい」はsour）
→ sweet 図
- *bitter* coffee 苦いコーヒー
- Good medicine tastes *bitter*.
  (ことわざ) 良薬は口に苦し．
❷つらい，苦しい；寒さが厳しい
- a *bitter* wind 身を切るような風

派生語 bitterly 副, bitterness 名

**bitterly** B2 [bítərli ビタァリィ] 副 ひどく，激しく

**bitterness** [bítərnis ビタァニス] 名 U 苦さ；苦しみ，つらさ

## *black 5級 A1 [blǽk ブラック]

— 形（比較 blacker；最上 blackest）❶ 黒い（⇔ white 白い）；真っ暗な
- a *black* dog 黒い犬
- *black* and white 白黒の，モノクロの（▶日本語とは逆で必ずblack and whiteの順）
- I have *black* hair. 私の髪の毛は黒い．
- a *black* eye （殴られてできた）目の周りの青あざ（▶「黒い目」は dark eyes と言う）
- *black* tea 紅茶（▶ふつう単にtea と言う．green tea（緑茶）などと区別するときに使う）
❷黒人の
- *black* music 黒人音楽
❸（コーヒーが）ミルク［クリーム］を入れない
- *black* coffee ブラックコーヒー

— 名 (複 blacks[-s]) ❶ U 黒（色）；黒い服，喪服
- She was dressed in *black*. 彼女は黒い服［喪服］を着ていた（▶the をつけないことに注意）
❷ C （しばしば Black で）黒人
（▶ African-American（アフリカ系アメリカ人）という言い方が一般的）

**blackberry** [blǽkbèri ブラックベリィ] 名 (複 blackberries[-z]) C 黒いちご（▶木いちごの一種）

## blackboard 準2級 A2

[blǽkbɔ̀ːrd ブラックボード]

名 (複 blackboards[-dz -ヅ]) C 黒板
- erase the *blackboard* (with an eraser)
  (黒板消しで)黒板をふく
- Write your answer *on* the *blackboard*.
  黒板にあなたの答えを書きなさい．

**black box** [blǽk báks ブラックバックス | -bɔ́ks -ボックス] 名 C ❶ブラックボックス（▶コンピュータのように内部の構造を知らずに使用しているもの）❷（飛行機の）フライトレコーダー

**blackout** [blǽkàut ブラックアウト] 名 C 停電

**blacksmith** [blǽksmiθ ブラックスミス] 名 C かじ屋さん，てい鉄工

**blade** B2 [bléid ブレイド] 名 C ❶（ナイフなどの）刃，刀身
❷（すすき・麦などの細長い）葉
- a *blade* of grass 草の葉（▶「木の葉」はleaf）

**blame** A2 [bléim ブレイム]

— 動 他 ❶（人）をとがめる，責める，非難する
- I don't *blame* you for saying such a thing.
  私はあなたがそんなことを言ったからといって責めはしない．
❷（罪・失敗などを）…のせいにする，…に責任を負わせる
- The man *blamed* his failure on me.
  = The man *blamed* me for his failure.
  その男は自分の失敗を私のせいにした．

*be to blame (for ...)* （…について）責任を負うべきである → be 動 ❸ be to +〈動詞の原形〉
- Who *is to blame for* the accident?
  その事故はだれの責任ですか．

— 名 U とがめ，非難；責任

**blank** A1 [blǽŋk ブランク]

— 形 白紙の，空白の
- a *blank* sheet of paper 1枚の白紙
- This page is *blank*. このページは空白だ．

— 名 C 空欄，空白；(米)書きこみ用紙
- *Fill (in) the blanks.* 空所を埋めなさい．

**blanket** 準2級 A2 [blǽŋkit ブランキット] 名 C 毛布
- a security *blanket* 安心毛布（▶子どもが安心感を得るために，いつも持ち歩く毛布やタオル）
- Put a *blanket* over her, please.
  彼女に毛布をかけてあげてください．

**blast** B2 [blǽst ブラスト | blάːst ブラースト] 名 C ❶（強風の）一吹き，突風
- a *blast* of wind 一陣の風
❷（らっぱなどを）吹く音；爆発

**blaze** B2 [bléiz ブレイズ]

— 名 C 炎，火炎；燃えるような色彩
- *in* a *blaze* ぱっと燃えたって

— 動 自 燃え立つ，燃え上がる；赤々と輝く

**blazer** [bléizər ブレイザァ] 名 C ブレザー（コート）

**bleach** [blíːtʃ ブリーチ]

— 動 (三単現 bleaches[-iz]) 他 自 …を漂白する，さらす；白くなる

―名 (複 bleaches[-iz]) C 漂白剤(ざい)

**bled**[bléd ブレッド] 動 bleed(出血する)の過去形・過去分詞

**bleed** B1 [blíːd ブリード] 動 (過去・過分 bled[bléd ブレッド]) 自 出血する，血を流す
- *bleed from* the nose 鼻血が出る
- *bleed to* death 出血多量で死ぬ

派生語 blood 名

**blend** B1 [blénd ブレンド]
―動 ― 他 …を混ぜる，混合する(= mix)
- *Blend* the milk and eggs.
牛乳と卵を混ぜ合わせなさい．
― 自 混ざる
―名 C 混合；混合物，ブレンド

**bless** B1 [blés ブレス] 動 (三単現 blesses[-iz]; 過去・過分 blessed[-t], blest[blést ブレスト]) 他 …を祝福する，…に神の恵(めぐ)みを祈(いの)る
- The priest *blessed* the children.
司祭は子どもたちの幸せを祈った．

***be blessed with ...*** …に恵まれている
- He *is blessed with* good friends.
彼はいい友達に恵まれている．

***God bless me!* = *Bless me!*** おやおや．，これはこれは．，とんでもない．(▶驚(おどろ)きなどを表す)

***God bless you!* = *Bless you!*** あなたに神のお恵みがありますように．，お幸せに．；(くしゃみをした人に)お大事に．

派生語 blessing 名

**blessing** B1 [blésiŋ ブレスィング] 名 C (牧師の)祝福，神の恵(めぐ)み；幸せ；ありがたいもの[こと]
- It is a *blessing* that we are in good health.
私たちが健康であるのはありがたいことだ．

**blest**[blést ブレスト] 動 bless(祝福する)の過去形・過去分詞の1つ

**blew**[blúː ブルー] (★同音 blue 青) 動 blow¹(吹(ふ)く；吹き動かす)の過去形

# blind 2級 B1 [bláind ブラインド]

―形 (比較 blinder; 最上 blindest) ❶ 目の見えない，目の不自由な，目の不自由な人のための(▶最近では visually impaired や visually challenged(視覚に障がいのある)が多く用いられる)
- become [go] *blind* 失明する

❷ (…を)理解しようとしない，(…に)気づかない；でたらめの；理性によらない
- a *blind* choice でたらめな選択
- He is *blind to* his own faults.
彼は自分自身の欠点に気づいていない．
- Love is *blind*.
(諺) 恋(こい)は盲目．
- a *blind* date ⊛《話》ブラインド・デート(▶第三者の紹介による初対面同士のデート)

―名 (複 blinds[-dz -ヅ]) C (ふつう blinds で) ブラインド，日よけ(= ⊛ window shade) (▶主に布製の物．細い板をつなぎ合わせた物は Venetian blinds)
- Pull up [down] the *blinds*.
ブラインドを上げなさい[下ろしなさい]．

**blindfold**[bláindfòuld ブラインドフォウルド] 名 C 目かくし(布)

**blink** B2 [blíŋk ブリンク] 動 自 他 まばたきをする；(目)をしばたたく；(星・明かりなどが)またたく
- Please *blink* your eyes.
まばたきをしてください．

**blister**[blístər ブリスタァ] 名 C まめ；火ぶくれ，水ぶくれ

**blizzard**[blízərd ブリザァド] 名 C 猛吹雪(もうふぶき)，ブリザード(▶「吹雪」は snowstorm)

# block 3級 A1 [blák ブラック | blɔ́k ブロック]

―名 (複 blocks[-s]) C ❶ (木・石・金属などの) **大きなかたまり**；ブロック材，角材；⊛ 積み木(= ⊛ brick)
- a *block* of ice 氷のかたまり
- concrete *blocks* コンクリートブロック

❷ ⊛ (都市の) 1区画，街区，ブロック

- The bank is five *blocks* from here.
銀行はここから5ブロック離(はな)れている．

―動 (三単現 blocks[-s]; 過去・過分 blocked[-t]; 現分 blocking) 他 (通路・交通など)をふさぐ，閉鎖(へいさ)する；(人・行動)を妨害(ぼうがい)する
- *BLOCKED!*
《掲示》通行止め

**block letter**[blák lètər ブラック レタァ | blɔ́k - ブロック -] 名 C ❶ ⊛《印刷》ブロック体(▶太さが一定でひげ飾(かざ)りのない字体) ❷ 《ふつう複数形で》(筆記体に対して)活字体

**blog** 2級 B1 [blɑ́g ブラグ] 名 《インターネット》ブログ(▶ weblog の略．個人が書くウェブ上の日記)

## blond, blonde

**blond, blonde** A2 [blánd ブランド | blónd ブロンド]
- 形 金髪(ぱつ)の, ブロンドの(▶ふつう男性にはblondを, 女性にはblondeを使うが, 米ではともにblondを使う傾向(こう)がある)
- 名 C 金髪の人(▶a blondで主に男性に用いる. 女性にa blondeを用いるのは侮蔑(ぶべつ)的なので避(さ)ける)

## blood 準2級 A2

[blád ブラッド](★ooは「ア」と発音)
名 U ❶ 血, 血液
- shed *blood* 血を流す
- *blood* donation 献血(けん)
- *blood* pressure 血圧

❷ 血統, 血縁(えん), 血筋
- a man of noble *blood* 高貴な生まれの人

派生語 bleed 動, bloody 形

**blood bank** [blád bæŋk ブラッド バンク] 名 C 血液銀行

**blood type** [blád taip ブラッド タイプ] 名 C 血液型(= blood group)

**bloody** B2 [bládi ブラディ] 形 (比較 bloodier; 最上 bloodiest) ❶ 血の出ている; 血まみれの
❷ 血生臭(くさ)い, 残忍(にん)な

## bloom 準2級 A2 [blú:m ブルーム]

- 名 (複 blooms[-z]) ❶ C U (特に観賞用の)花
  ❷ U 花盛(ざか)り, 開花期
  - *come into bloom* 花が咲(さ)き始める
  *in* (*full*) *bloom* 満開で
  - The lilies are *in full bloom*.
    ゆりの花が満開だ.(▶bloomの代わりにblossomも使う)
- 動 (三単現 blooms[-z]; 過去・過分 bloomed[-d]; 現分 blooming) 自 花が咲く, 開花する
  - This rose will *bloom* soon.
    このばらはもうすぐ咲くだろう.

## blossom B2

[blásəm ブラッサム | blɔ́s- ブロッ-]
- 名 (複 blossoms[-z]) ❶ C U (特に果実のなる木の)花 → flower くらべて!
  - cherry [apple] *blossoms* 桜[りんご]の花
  ❷ U 花盛り, 開花期
  - *come into blossom* 花が咲き始める
  *in* (*full*) *blossom* 満開で
  - The plum trees are *in full blossom*.
    すももの花が満開だ.(▶blossomの代わりにbloomも使う)
- 動 (三単現 blossoms[-z]; 過去・過分 blossomed[-d]; 現分 blossoming) 自 花が咲く, 開花する

桜が満開の時期のワシントン記念塔(とう)(米国・ワシントンDC)

**blouse** 2級 [bláus ブラウス | bláuz ブラウズ]
名 C ❶ ブラウス(▶女性・子ども用のゆったりした上着)
❷ (ゆったりした)仕事着

## blow¹ A1 [blóu ブロウ]

動 (三単現 blows[-z]; 過去 blew[blú: ブルー]; 過分 blown[blóun ブロウン]; 現分 blowing)

- 自 ❶ (風が) 吹(ふ)く
  - The wind is *blowing*. 風が吹いている.
  - Is it still *blowing*? まだ風が吹いていますか.
    (▶itは「天候」を表す)
  ❷ (風で)なびく
  - The leaves are *blowing* in the wind.
    木の葉が風に揺(ゆ)れている.
  ❸ 息を吹く
  - She *blew on* her tea to cool it down.
    彼女はお茶を吹いて冷ました.
- 他 ❶ (風が物を)吹き動かす
  - The wind *blew off* the cherry blossoms.
    風が桜の花を吹き飛ばした.
  ❷ (笛・らっぱなど)を吹いて鳴らす

*blow down* …を吹き飛(と)ばす, 吹き落とす
*blow one's nose* 鼻をかむ
- He *blew his nose* noisily.
  彼は大きな音をたてて鼻をかんだ.

*blow out* (火など)を吹いて消す; (風で)消える; (タイヤが)パンクする

*blow up* 爆発(はつ)する, …を爆破する; (空気で)膨(ふく)らむ, …を膨らませる; (話)かっとなる
- *blow up* a balloon 風船を膨らませる

**blow²** A2 [blóu ブロウ] 名 C (棒・こぶしなどによる)強打; (…への)(精神的な)打撃(げき), 痛手
- He received a *blow* on the head.
  彼は頭を殴(なぐ)られた.

**blown** [blóun ブロウン] 動 blow¹ (吹(ふ)く; 吹き動かす)の過去分詞

## *blue 5級 A1 [blú: ブルー](★同音 blew)

- 形 (比較 bluer; 最上 bluest) ❶ 青い, 空色の, 藍の

(き)色の
- a *blue* dress 青い服
- The sea is *blue*. 海は青い.
- the *Blue* Bird 青い鳥(►幸せのシンボル.メーテルリンクの同名の作品に出てくる鳥)

❷憂(ゆう)うつな,悲観的な,元気のない
- feel *blue* 気がめいる
- *blue* Monday
 (学校や会社の始まる)憂うつな月曜日

—名(複 blues[-z]) ❶ Ⓤ **青(色)**, 空色, 藍色; 青色の服[布]
- dark [light] *blue* 濃(こ)い[薄(うす)い]青
- He is dressed in *blue*.
 彼は青い服を着ていた.(►theをつけないことに注意)

❷ Ⓒ 《the bluesで》ブルーな気分, 憂うつ; 〖音楽〗ブルース

**blueberry**[blúːbèri ブルーベリィ|-bəri -バリィ] 名 (複 blueberries[-z]) Ⓒ 〖植物〗ブルーベリー(►こけももの類の低木.実は青く食用)

**bluebird**[blúːbə̀ːrd ブルーバード] 名 Ⓒ 〖鳥〗るりつぐみ(►北米産の青い鳥で,鳴き声が美しい)

るりつぐみの雄(おす)(米国・イリノイ州)

**blue-black**[blúːblǽk ブルーブラック]
—形 濃(こ)い藍(あい)色の,濃紺(のうこん)の
—名 Ⓤ 濃い藍色, 濃紺

**blunt**[blʌ́nt ブラント] 形 (刃(は)などが)鈍(にぶ)い,なまくらの; とがっていない(⇔sharp 鋭(するど)い)
- a *blunt* knife よく切れないナイフ

**blush** B2 [blʌ́ʃ ブラッシュ] 動 (三単現 blushes[-iz]) 自 顔を赤らめる, 赤面する; 恥(は)じる
- The boy *blushed* with shame.
 その男の子は恥ずかしくて赤面した.

# board 3級 A1 [bɔ́ːrd ボード]

—名 (複 boards[-dz -ツ]) ❶ Ⓒ (広くて薄(うす)い)**板**; (ある目的のための)板
- a piece of *board* 1枚の板
- a cutting *board* まな板
- a bulletin [⊛notice] *board* 掲示(けいじ)板
- a message *board* 伝言板

❷ Ⓒ 委員会; (官庁の)省,庁,局
- a *board* of directors 重役[役員]会

❸ Ⓤ 食事, 賄(まかな)い
- bed and *board* 宿泊と食事

**on board** (船・飛行機・列車・バスなど)に乗って
- Welcome *on board*.
 ようこそお乗りくださいました.
- There are 300 passengers *on board* this plane. この飛行機には300人の乗客がいる.

—動 (三単現 boards[-dz -ツ]; 過去・過分 boarded[-id]; 現分 boarding)
—他 ❶ (船・飛行機・列車・バスなど)に乗りこむ
- We *boarded* the plane.
 私たちはその飛行機に乗りこんだ.

❷ (人)を食事つきで下宿させる
—自 下宿する

派生語 boarding 名

**board game** A2 [bɔ́ːrd gèim ボード ゲイム]
名 Ⓒ (チェス・すごろくなどの)ボードゲーム

**boarding** 4級 [bɔ́ːrdiŋ ボーディング]
—動 board (乗りこむ; 下宿する)の現在分詞・動名詞
—名 Ⓤ ❶ 板; 板張り ❷ 乗船, 乗車, 搭乗(とうじょう) ❸ 下宿, 賄(まかな)い

**boarding pass**[bɔ́ːrdiŋ pæ̀s ボーディング パス|-pàːs -パース] 名 Ⓒ (飛行機・船の)搭乗券, 乗船券

**boarding school**[bɔ́ːrdiŋ skùːl ボーディング スクール] 名 Ⓒ 寄宿制の学校

**boast**[bóust ボウスト]
—動 自 (…を)自慢(じまん)する, 誇(ほこ)りにする, 鼻にかける
- My uncle *boasted of* his new car.
 おじは新車を自慢した.
—名 Ⓒ 誇り, 自慢; 自慢の種

# *boat 5級 A1

[bóut ボウト](★「ボート」でないことに注意)

—名 (複 boats[-ts -ツ]) Ⓒ ❶ **ボート**, 小舟(こぶね)(►「手こぎのボート」は⊛rowboat, ⊛rowing boat)
- *row* a *boat* ボートをこぐ
- get in [out of] a *boat*
 ボートに乗る[を降りる]

❷ **船**, 汽船(►大きさに関係なく船一般をさす)
→ **ship** くらべて!
- get on [off] a *boat* 船に乗る[を降りる]
- take a *boat* to [for] … …行きの船に乗る
- We crossed the lake *by boat*.
 私たちは船で湖を渡(わた)った.(►byの後ではaやtheをつけない)→ **by** 前 ❶ ポイント!

—動 (三単現 boats[-ts -ツ]; 過去・過分 boated[-id]; 現分 boating) 自 ボートをこぐ; ボートに乗る

**boat people**[bóut pìːpl ボート ピープル] 名 《複

## Bob

数扱い》ボートピープル, 漂流(りゅう)難民
**Bob**[báb バブ|bɔ́b ボブ] 名 ボブ(▶男性の名, Robertの愛称(あいしょう))
**bob**[báb バブ|bɔ́b ボブ] 動(過去・過分 bobbed; 現分 bobbing)自 ひょいと上下に動く
**bobsled**[bábslèd バブスレッド|bɔ́b- ボブ-] 名Ⓒ ボブスレー(▶競技用のそりの1種)
**bobsleigh**[bábslèi バブスレィ|bɔ́b- ボブ-](★このghは発音しない) 名Ⓒ = bobsled

# body 3級 A1 [bádi バディ|bɔ́di ボディ]

名(複 bodies[-z])Ⓒ ❶体, 身体, 肉体(⇔mind 精神) → eye 図, face 図, hip 図, mouth 図
- the human *body* 人体
- a strong and healthy *body*
  丈夫(じょうぶ)で健康な体

❷(頭・手足を除いた)胴体(どうたい);《the body of ...で》(物・道具などの)中心部, 本体, ボディー; (新聞記事や手紙などの)本文
- the *body* of a car 車体

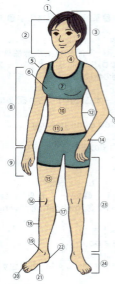

①hair 髪(かみ)
②face 顔
③head 頭部
④neck 首
⑤shoulder 肩(かた)
⑥breast 乳房(ちぶさ)
⑦chest 胸
⑧arm 腕(うで)
⑨hand 手
⑩stomach 腹部
⑪navel へそ
⑫waist ウエスト
⑬elbow ひじ
⑭wrist 手首
⑮thigh 太もも
⑯knee ひざ
⑰calf ふくらはぎ
⑱shin すね
⑲ankle くるぶし
⑳toe 足の指
㉑sole 足の裏
㉒heel かかと
㉓leg 脚(あし)
㉔foot 足

❸死体
- They buried his *body* at the cemetery.
  彼らは彼の遺体を墓地に埋葬(まいそう)した.
❹団体, 集団, 群れ, 集まり; かたまり
- a public *body* 公共団体
- a *body* of cold air 寒気団
❺物体; 物質
- a heavenly *body* 天体

*body and soul* 肉体と精神; 全身全霊(ぜんしんぜんれい)(で)
**bodyguard**[bádigà:rd バディガード|bɔ́di- ボディ-](★アクセント位置に注意) 名Ⓒ ボディーガード
**body language**[bádi læŋwidʒ バディ ラングゥイッヂ] 名ⓊⒸ ボディーランゲージ(▶身ぶり・表情など, 言葉以外の意思伝達手段)

## boil 準2級 A2 [bɔ́il ボイル]

— 動(三単現 boils[-z]; 過去・過分 boiled[-d]; 現分 boiling)
— 自 ❶沸(わ)く, 煮(に)え立つ; 煮える, ゆだる
- The kettle is *boiling*.
  やかんの湯が沸いている.
- Water *boils* at 100℃.
  水はセ氏100度で沸騰(ふっとう)する.
- The soup is *boiling*.
  スープが煮えている.
❷(人・血などが怒(いか)りで)煮えくり返る
— 他 (液体)を沸かす; (肉・野菜など)を煮る, ゆでる → cook 図
- *boil* water 湯を沸かす
- hard [soft] (-)*boil* an egg
  卵を固く[半熟に]ゆでる
- *boil* rice ご飯をたく
**boiled** A2 [bɔ́ild ボイルド]
— 動 boil(沸(わ)く; 沸かす)の過去形・過去分詞
— 形 沸いた; ゆでた
- a hard-*boiled* [soft-*boiled*] egg
  固ゆで[半熟]卵
- *boiled* water 湯
**boiler**[bɔ́ilər ボイラァ] 名Ⓒ ボイラー; (家庭用)給湯器; (調理用具の)煮沸(しゃふつ)器
**boiling** B2 [bɔ́iliŋ ボイリング]
— 動 boil(沸(わ)く; 沸かす)の現在分詞・動名詞
— 形 沸き立っている;《話》ひどく暑い
- *boiling* water 熱湯
**boiling point**[bɔ́iliŋ pɔ̀int ボイリング ポイント]
名《the boiling pointで》沸点(ふってん)(⇔the freezing point 氷点)
**bold** B1 [bóuld ボウルド] 形 ❶大胆(だいたん)な
- a *bold* adventure
  思いきった冒険
❷厚かましい, ずうずうしい
派生語 **boldly** 副
**boldly** B1 [bóuldli ボウルドゥリィ] 副 大胆(だいたん)に
**Bolivia** 準2級 [vəlíviə バリヴィア] 名 ボリビア(▶南米中西部の共和国, 首都はラパス(La paz))
**bolt** B2 [bóult ボウルト]
— 名Ⓒ ❶ボルト, ねじくぎ(▶一方の端(はし)をナット(nut)で締(し)める) ❷(門などの)かんぬき
— 動 他 …をボルトで締める; …にかんぬきを掛(か)ける

## bomb 2級 B1
[bám バム | bóm ボム] (★mの後のbは発音しない)
― 名 (複 bombs[-z]) C 爆弾
- an atomic *bomb* = an A-*bomb*
原子爆弾
― 動 他 自 …を爆撃する；爆弾を投下する
派生語 bomber 名

**Bombay** [bambéi バンベィ | bɔm- ボン-] 名 ボンベイ (►インド(India)西部の港市；現在の正式名称はムンバイ(Mumbai))

**bomber** B2 [bámər バマァ | bɔ́mər ボマァ] (★mの後のbは発音しない) 名 C 爆撃機；爆破犯人

**bond** B1 [bánd バンド | bɔ́nd ボンド] 名 C ❶ (しばしば bondsで)(血縁などの)きずな，結びつき，結束 ❷ (ふつう bondsで)束縛 ❸ 証文；債券；契約(=agreement)

## bone 3級 A1 [bóun ボウン]
名 (複 bones[-z]) C 骨
- He broke a *bone* in his arm.
彼は腕を骨折した．
*to the bone* 骨の髄まで；徹底的に

**bonfire** [bánfàiər バンファイア | bɔ́n- ボン-] 名 C (祝いなどの)大かがり火；たき火

**bonnet** [bánit バニット | bɔ́- ボ-] (★「ボンネット」でないことに注意) 名 C ❶ ボンネット(►ひもをあごの下で結ぶ女性・子ども用の帽子) ❷ 英 (自動車の)ボンネット(=米 hood)

**bonobo** [bənóubou バノウボウ] 名 C 〖動物〗ボノボ(►チンパンジーの一種)

**bonus** A2 [bóunəs ボウナス] 名 (複 bonuses[-iz]) C 賞与，ボーナス，特別手当

**boo** [bú: ブー]
― 間 ブー (►観衆の発する非難・不満などの声)
― 名 (複 boos[-z]) C ブー(という声)，ブーイング
― 動 自 他 (…に)ブーと言う，ブーイングする，(…を)やじる

## *book 5級 A1 [búk ブック]

名 ❶ 本
❷ (書物の)編，部
❸ 帳簿
動 他 (座席・部屋など)を予約する

― 名 (複 books[-s]) C ❶ 本，書物 (►英語では，book(本)とmagazine(雑誌)をはっきり区別する)
- a picture *book* 絵本
- a *book* on [about] Japanese history
日本史についての本 (►専門的な内容の場合にはonを使う)
- a *book* (written) by Mishima Yukio
三島由紀夫が書いた本
- I have two copies of this *book*.
私はこの本を2冊持っている．(►two booksは「2冊の本」，two copiesは「同じ本の2冊」)
- a *book* review 書評

❷ (書物の)編，部，巻 (►本の内容のひとまとまり．何冊かに分かれた本の各巻はvolume)
- *Book* One 第1編

❸ 《booksで》帳簿
- keep *books* 帳簿をつける

### いろいろなbook
address book 住所録
comic book 漫画の本 / guidebook 案内書
handbook 手引き書 / reference book 参考図書(►辞書・百科事典など) / textbook 教科書
workbook ワークブック

― 動 (三単現 books[-s]; 過去・過分 booked[-t]; 現分 booking) 他 (座席・部屋など)を予約する
(=reserve)
- *book* two concert tickets
コンサートのチケットを2枚予約する
- I *booked* a table for four.
私は4名分の席を予約した．

**bookcase** 準2級 A2 [búkkèis ブックケイス] 名 C 本箱

**bookend** [búkènd ブックエンド] 名 C (ふつう bookendsで)本立て，ブックエンド

**booking** B1 [búkiŋ ブッキング]
― 動 book(予約する)の現在分詞・動名詞
― 名 U C 英 (座席などの)予約

**booklet** B2 [búklit ブックリット] 名 C 小冊子，パンフレット

**bookmark** B2 [búkmà:rk ブックマーク] 名 C しおり；〖コンピュータ〗ブックマーク

**bookseller** [búksèlər ブックセラァ] 名 C 本屋さん (►人をさす)，書籍商

**bookshelf** 準2級 A2 [búkʃèlf ブックシェルフ] 名 (複 bookshelves[-ʃèlvz-シェルヴズ]) C 本棚

**bookshop** A2 [búkʃàp ブックシャップ | -ʃɔ̀p -ショップ] 名 C (主に英)書店，本屋(=米 bookstore)
(►bookshopは米では「小さな書店」をさす)

## bookstore 5級 A1
[búkstɔ̀:r ブックストァ]
名 (複 bookstores[-z]) C 米 書店，本屋(=(主に英)bookshop)

**bookworm** [búkwə̀:rm ブックワーム] 名 C (話)本の虫，読書家

**boom** B1 [bú:m ブーム] 名 C ❶ にわか景気，急

## boomerang

な人気, ブーム ❷(波・大砲(銃)などの)ドーンという音, とどろき

**boomerang** [búːməræŋ ブーメラング] 名C ブーメラン

**boot** 2級 B1 [búːt ブート] 名C ❶(ふつう boots で)⊛長靴(銃), ブーツ;⊛(くるぶしの上までくる)深靴
- a pair of *boots* ブーツ1足

❷⊛(自動車後部の)トランク(=⊛trunk)

**booth** B2 [búːθ ブース | búːð ブーズ] 名C ❶(市場などの)売店, 屋台
❷小さく仕切った部屋, ブース
- a telephone *booth* 電話ボックス
- a ticket *booth* 切符(きっぷ)売り場

**border** 2級 B1 [bɔ́ːrdər ボーダァ]
— 名C ❶へり, 縁(ふち)(=edge); 縁飾(ふちかざ)り
❷境界, 国境; 国境(地方)
- cross the *border*
  国境を越(こ)える
— 動他自 (…に)境を接する, (…と)隣(とな)り合う
- California *borders* on the Pacific Ocean.
  カリフォルニア州は太平洋に面している.

**borderline** [bɔ́ːrdərlàin ボーダァラインɳ] 名C 境界線, 国境線

**bore¹** [bɔ́ːr ボア] 動 bear²(耐(た)える)の過去形

**bore²** 2級 B1 [bɔ́ːr ボア] 動他 …を退屈(たいくつ)させる, うんざりさせる
- His speech *bored* us.
  彼の話は私たちを退屈させた.
派生語 bored 形, boring 形

**bored** 準2級 A2 [bɔ́ːrd ボード] 形 退屈(たいくつ)な気分の, つまらない;《be bored with … で》…に退屈[うんざり]した
- I *was bored with* that TV program.
  私はそのテレビ番組に退屈していた. (=That TV program bored me.)

## boring 4級 A1 [bɔ́ːriŋ ボーリング]

形 退屈(たいくつ)させる, 退屈な, つまらない, うんざりさせる
- That movie was *boring*.
  その映画はつまらなかった.

## born [bɔ́ːrn ボーン] (★同音 borne)

— 動 bear²(耐(た)える)の過去分詞の1つ(▶「生まれる」の意味の場合にのみ用いる)
- I *was born* in Nagoya in 2012.
  私は2012年に名古屋で生まれた.
— 形《名詞の前にのみ用いる》**生まれながらの**, 先天的な;《複合語で》…生まれの
- She is a *born* pianist.
  彼女は生まれながらのピアニストだ.
- an Australian-*born* painter
  オーストラリア生まれの画家

**borne** [bɔ́ːrn ボーン] (★同音 born) 動 bear²(耐(た)える)の過去分詞の1つ

## borrow 4級 A1 [bárou バロウ | bɔ́- ボ-]

動《三単現》borrows[-z]; 《過去・過分》borrowed[-d]; 《現分》borrowing) 他(金・物・考えなど)**を借りる**, 借用する(⇔lend 貸す)
- Can [May] I *borrow* your eraser?
  あなたの消しゴムを借りていいですか.
- I *borrowed* five dollars from her.
  私は彼女から5ドル借りた.

> **くらべてみよう!** borrow と rent と use
> **borrow**: 持ち運べるものをふつう無料で「借りる」
> **rent**: 使用料を払って「借りる」
> **use**: 備えつけてあって持ち運びできないものを「借りる」

borrow　　rent　　use

派生語 borrower 名

**borrower** [bárouər バロウァ] 名C 借り手(⇔lender 貸す人)

**Bosnia and Herzegovina** [bàːzniə ənd hèərtsəgouvíːnə バーズニア アン ヘァツァゴゥヴィーナ] 名 ボスニア・ヘルツェゴビナ(▶バルカン半島西部の共和国. 首都はサラエボ(Sarajevo))

**boss** 準2級 A2 [bɔ́ːs ボース | bɔ́s ボス] 名(複 bosses[-iz])C ⊛(話)長, 上司(▶社長・部長・課長などをさす); 経営者; (工事現場などの)監督(とく), 親方

**Boston** 4級 [bɔ́ːstən ボーストゥン | bɔ́s- ボス-] 名 ボストン(▶米国マサチューセッツ州(Massachusetts)の州都)

**botanical** [bətǽnikəl ボタニカル] 形 植物の; 植物学の

**botanical garden** [bətǽnikəl gáːrdn ボタニカル ガードゥン | botǽnikəl - ボタニカル -] 名C 植物園

**botany** B2 [bátəni ボタニィ | bɔ́tə- ボタ-]
名U 植物学
派生語 botanical 形

# both [4級 A1] [bóuθ ボウス]

形 両方の
代 両方(とも)
副 《both A and B で》A も B も両方とも

― 形 《数えられる名詞の複数形につけて》**両方の**,2つ[2人]の…とも
- *Both* (the) books are mine.
  両方の本とも私のものだ.
- I met *both* his sons.
  私は彼の2人の息子(むすこ)の両方に会った.
- *Both* my sisters are students.
  私の姉妹は2人とも学生だ.

### ここがポイント! both の使い方

(1) both を the, my, your, these, those などといっしょに用いるときは, both はそれらの前に置きます. ただし the はしばしば省略されます.
○ *both* my parents(私の両親2人とも)
× my both parents
○ *both* (the) books(その本両方とも)

(2) both を否定文で用いると,「両方とも…というわけではない」という部分否定になります. → not ❸
- I did*n't* see *both* movies.
  私はそれらの映画を両方とも見なかったというわけではない.(▶どちらか片方の映画は見た)

「両方とも…ない」を表すには, not ... either または neither を使います.
- I did*n't* see *either* movie.=I saw *neither* movie.
  私はどちらの映画も見なかった.

― 代 《複数扱い》**両方(とも)**, 両者(とも)

#### 話してみよう!
☺ You can have an apple or a banana.
りんごかバナナか食べていいよ.
😀 I want to eat *both*.
両方とも食べたいな.

- *Both* of the paintings are famous.
  その絵は両方とも有名だ.
- I like *both* of them.=I like them *both*.
  私は両方とも好きだ.

― 副 《both A and B で》**A も B も両方とも**
- *Both* Jane *and* Nancy are eighteen.
  ジェーンもナンシーも18歳(さい)だ.
- She can *both* sing *and* dance well.
  彼女は歌も踊(おど)りもじょうずにできる.

### ここがポイント! both A and B

(1) both A and B の A と B には同じ種類(品詞など)の語句がきます.
- *both* a pen *and* a pencil
  ペンも鉛筆(えんぴつ)も
- *both* in the schoolyard *and* in the library 校庭でも図書館でも

(2) both A and B を否定文で使うと「両方とも…というわけではない」という部分否定の意味になります.
- I do*n't* know *both* Tom *and* Bill.
  私はトムとビルの両方は知らない(▶トムかビルのいずれか一方しか知らない).

「両方とも…ない」には, not ... either A or B または neither A nor B を使います.
- I do*n't* know *either* Tom *or* Bill.
  =I know *neither* Tom *nor* Bill.
  私はトムもビルも知らない.

## bother [準2級 A2] [báðər バザァ | bɔ́ðər ボザァ] 動

― 他 …を悩(なや)ます, 困らせる, …に迷惑(めいわく)をかける, …の邪魔(じゃま)をする
- Don't *bother* me with such a thing.
  そんなことで私を困らせないでよ.
- I am sorry to *bother* you.
  ご迷惑をかけて[お邪魔して]すみません.

― 自 気にする, 心配する, 気を配る
- Please don't *bother* about [*with*] me.
  私のことは心配しないでください.

## Botswana [bɑːtswάːnə バーツワーナ] 名 ボツワナ(▶アフリカ南部の共和国. 首都はハボローネ(Gaborone))

## bottle [4級 A1] [bátl バトゥル | bɔ́- ボ-]

― 名 (複 bottles[-z]) C 瓶(びん); 1瓶分(の量) → container 図
- a glass *bottle* ガラス瓶
- a *bottle* of milk ミルク1本
- two *bottles* of wine ワイン2本

― 動 (三単現 bottles[-z]; 過去・過分 bottled[-d]; 現分 bottling) 他 …を瓶に入れる, 瓶詰(びんづ)めにする

## bottle opener [bàtl óupənər バトゥル オゥプナァ | bɔ̀tl - ボトゥル -] 名 C 栓(せん)ぬき

## bottom [3級 A1] [bátəm バタム | bɔ́- ボ-]

名 (複 bottoms[-z]) C ❶ 底, 底面
- the *bottom* of a cup カップの底
- the *bottom* of the sea 海の底

❷ 《ふつう the bottom で》(最)下部, ふもと(⇔ the top てっぺん); 根元; 根底; (心の)奥底 →

## bough

top 図
- at *the bottom* of the page
ページのいちばん下に
- My house is at *the bottom* of the mountain. その山のふもとに私の家がある．
- I thank you from *the bottom* of my heart. あなたに心の底から感謝しています．

❸〖野球〗(回の)裏(⇔top 表)；下位打者
*at* (*the*) *bottom* 内心は，本当は；根本は
*Bottoms up!*〘話〙乾杯(ホッム)！(＝Drink up!)

**bough**[báu バウ]（★このghは発音しない, 同音 bow¹ お辞儀(ビ)をする）名C 大枝（▶特に花や実がついた大枝）→ branch くらべて!

**bought** 4級 [bɔ́ːt ボート]（★このghは発音しない）動 buy(買う)の過去形・過去分詞

**boulevard**[búːləvɑ̀ːrd ブーラヴァード | búːlvɑ̀ːd ブールヴァード] 名C (広い)並木道；⦅米⦆大通り(▶ blvd. と略す．フランス語から)

**bounce** B1 [báuns バウンス] 動自他 (ボールなどが)弾(ニォ)む；(ボールなど)を弾ませる

**bound¹**[báund バウンド]
—動自 ❶ 飛び上がる，飛び跳(ュ)ねる(＝leap)
- I *bounded* from my chair in surprise.
私は驚(ᴴtʒ)いていすから飛び上がった．

❷(ボールなどが)弾(ʰʳ)む，跳ね返る，バウンドする(＝bounce)
—名C 飛ぶこと；弾み，跳ね返り，バウンド

**bound²** B1 [báund バウンド]
—動 bind(縛(ˡᵇ)る)の過去形・過去分詞
—形⦅be bound to ... で⦆きっと[必ず]…する
- He *is bound to* come to the party.
彼はきっとパーティーに来る．

**bound³** B1 [báund バウンド] 形 …行きの
- I took the train *bound for* Shinjuku.
私は新宿行きの電車に乗った．

**boundary**[báundəri バウンダリィ] 名
(複 boundaries[-z]) C 境界(線)(＝border)；限界，範囲(ʰʰ)

**bouquet**[bukéi ブケィ]（★このtは発音しない）名C 花束，ブーケ（▶フランス語から）

**boutique**[buːtíːk ブーティーク] 名C ブティック（▶フランス語から）

## bow¹ B2

[báu バウ]（★bow²との発音の違(ᶜʱ)いに注意. 同音 bough 大枝）

—動（三単現 bows[-z]；過去・過分 bowed[-d]；現分 bowing）
—自 お辞儀(ʲ)をする，頭を下げる，腰(ᶜˡ)をかがめる
- All of the students *bowed to* their teacher. 生徒全員が先生にお辞儀をした．

—他 (頭)を下げる，(腰)をかがめる
—名 (複 bows[-z]) C お辞儀，礼
*make a bow to ...* …にお辞儀をする

**bow²** B1 [bóu ボゥ]（★bow¹との発音の違(ᶜʱ)いに注意）名C ❶弓（▶「矢」はarrow）；(バイオリンなどの)弓
❷(リボン・ネクタイの)ちょう結び

**bowl¹** 4級 A1 [bóul ボウル]（★「ボール」でないことに注意）名C ❶どんぶり，鉢(ᴴʱ)，(茶)わん，ボウル → cup くらべて!, dish くらべて!
- a salad *bowl* サラダボウル
❷どんぶり[(茶)わん]1杯(ˡˡ)(分の量)
- a *bowl* of rice ごはん1杯
❸⦅米⦆(鉢形の)円形競技場，スタジアム；大学選抜(ˡᵗˡ)フットボール試合(＝bowl game)

**bowl²** B1 [bóul ボウル]
—名 C (ボウリングの)ボール
—動自他 ボウリングをする；(球)を転がす

**bowling** 4級 [bóuliŋ ボウリング] 名U ボウリング

**bow tie**[bòu tái ボウ タィ] 名C ちょうネクタイ

**bowwow**[bàuwáu バウワゥ] 名C ❶ワンワン（▶犬のほえ声）❷⦅幼児語⦆ワンワン，ワンちゃん（▶❷は[báuwau バウワゥ]と発音する）

## *box¹ 5級 A1 [báks バックス | bɔ́ks ボックス]

名 (複 boxes[-iz]) C ❶ 箱（▶ふつうふたつきで四角い物をさす）→ container 図
- a lunch *box* 弁当箱
- a cardboard *box* ダンボール箱
❷1箱分(の量)，1箱，箱一杯(ʰ)
- a *box of* oranges オレンジ1箱
❸(劇場・競技場などの)ボックス席，特別席；詰(ʰ)め所，交番
- the royal *box* 貴賓(ʱᴵ)席，ロイヤルボックス
- a police *box* 交番
- a *box* office (映画館などの)切符(ᴴˡ)売り場
❹〖野球〗ボックス，(投手・打者などの)定位置
- the batter's *box* バッターボックス
派生語 boxed 形

**box²** 3級 [báks バックス | bɔ́ks ボックス] 動他自 (…を)こぶしで殴(ʰ)る；ボクシングをする
派生語 boxer 名, boxing 名

**boxed**[bákst バックスト | bɔ́kst ボックスト] 形 箱入りの
- a *boxed* lunch (箱に入った)弁当

**boxer** B2 [báksər バクサァ | bɔ́ksə ボクサァ] 名C ❶ボクシングをする人，ボクサー
❷〖動物〗ボクサー（▶ドイツ原産の犬）

**boxing** 2級 B1 [báksiŋ バクスィング | bɔ́ksiŋ ボクスィング] 名U ボクシング
- a *boxing* match ボクシングの試合

**Boxing Day** [bάksiŋ dèi バクスィング デイ | bɔ́ksiŋ- ボクスィング -] 名⊛ クリスマスの贈(おく)り物の翌日(►クリスマスの翌日(日曜日に当たればその翌日), 使用人や郵便配達の人などに日ごろの感謝を込(こ)めて贈り物をする)

\***boy** 5級 A1 [bɔ́i ボーイ]

━名(複 boys[-z]) C ❶ **男の子**, 少年, 若者(►ふつう赤ん坊(ぼう)から16～18歳(さい)ぐらいまでをさす)(⇔girl 女の子)
- a *boy* student 男子生徒
- a *boys*(') school 男子校
- Is your baby a *boy*?
お宅の赤ちゃんは男の子ですか.

❷(年齢(ねい)に関係なく)息子(むすこ)(=son)
- our *boy* うちの息子
- That mother has two *boys* and one girl.
あの母親には息子2人と娘(むすめ)1人がいる.

━間《主に⊛》《話》わあ, おや, まあ(►驚(おどろ)き・喜び・失望などを表す. 男女の区別なく使う)
- (Oh, ) *Boy*! What a blizzard!
わあ！ なんて吹雪(ふぶき)なんだ.

派生語 boyhood 名, boyish 形

**boycott** [bɔ́ikɑt ボイカット | -kɔt -コット] 名 C 不買同盟, 不買運動, ボイコット

**boyfriend** A1 [bɔ́ifrènd ボーイフレンド] 名 C (親密な)男友達, 恋人(こいびと), ボーイフレンド(►単なる友達にはfriendを用いる)(⇔girlfriend 女友達)

**boyhood** [bɔ́ihùd ボーイフッド] 名 U 少年時代
- in my *boyhood* 私の少年時代に

**boyish** [bɔ́iiʃ ボーイッシュ] 形 少年らしい; (女の子が)男の子っぽい

**Boy Scouts** [bɔ̀i skáut ボーイ スカウト] 名《the Boy Scoutsで》ボーイスカウト(►個々の団員はa boy scoutと言う)

**bra** A2 [brάː ブラー] 名 C ブラジャー, ブラ(=brassiere)
- wear a *bra* ブラジャーをつけている

**bracelet** B1 [bréislit ブレイスリット] 名 C 腕(うで)輪, ブレスレット

**bracket** B2 [brǽkit ブラケット] 名《しばしばbracketsで》かっこ, ブラケット(►ふつう, 角かっこ[  ]をさす)

**braille** [bréil ブレイル] 名 U 点字(法)(►Brailleとも. この点字法を考案したフランス人Louis Brailleから)

## brain 3級 A1 [bréin ブレイン]

名(複 brains[-z]) C ❶ **脳**, 脳髄(のうずい)

❷《ふつうbrainsで》頭脳, 知力
- Use your *brain*. 頭を使え.
- She has *brains*. 彼女は頭がよい.

❸《話》秀才(しゅうさい);《しばしばbrainsで》(ある集団の)頭脳, 知的指導者

**brainstorm** A2 [bréinstɔ̀ːrm ブレインストーム] 名 ❶ C (突然(とつぜん)の)ひらめき, よいアイデア ❷ U ブレインストーミング(►会議などで自由にアイデアを出し合うやり方)

**brake** A2 [bréik ブレイク] (★同音 break 壊(こわ)す)
━名 C ブレーキ, 歯止め;《brakesで》制動装置
- *apply*[*put on*] the *brake*(s)
ブレーキをかける

━動 他 自 (…に)ブレーキをかける

## branch A2

[brǽntʃ ブランチ | brάːntʃ ブラーンチ]

名(複 branches[-iz]) C ❶(木の)**枝**

> **くらべて みよう!** branch, bough, twig, shoot
> **branch**は大小に関係なく, 広く木の枝を表します. **bough**は「大枝」, **twig**は「小枝」. また**shoot**は「芽・若枝」の意味です. →tree 図

❷(川の)支流; (鉄道の)支線(=a branch line)
- a *branch* of the Mississippi
ミシシッピ川の支流

❸支店, 支部, 支局; (学問などの)部門, 分科
- a *branch* office 支店, 支社, 支局

**brand** 準2級 A2 [brǽnd ブランド] 名 C 商標, 銘柄(めいがら), ブランド

**brand-new** 2級 B1 [brǽndnúː ブラン(ドゥ)ヌー | -njúː -ニュー] 形 真新しい, 新品の

**brandy** [brǽndi ブランディ] 名(複 brandies[-z]) U C ブランデー

**brass** B1 [brǽs ブラス | brάːs ブラース] 名(複 brasses[-iz]) ❶ U 真ちゅう(►銅と亜鉛(あえん)の合金) ❷ C《the brassまたはthe brassesで》真ちゅう製品; 金管楽器

**brass band** 3級 [brǽs bǽnd ブラス バンド | brάːs - ブラース -] 名 C ブラスバンド, 吹奏(すいそう)楽団

## brave 準2級 A2 [bréiv ブレイヴ]

形(比較 braver; 最上 bravest) 勇敢(ゆうかん)な
- a *brave* soldier 勇敢な兵士
- Be *brave*. 勇気を出せ., しっかりしろ.

派生語 bravely 副, bravery 名

**bravely** B1 [bréivli ブレイヴリィ] 副 勇敢(ゆうかん)に

**bravery** B2 [bréivəri ブレイヴ(ァ)リィ] 名 U 勇気, 勇ましさ, 勇敢(ゆうかん)な行為(こうい)

**bravo** [brάːvou ブラーヴォウ]
━間 ブラボー, うまいぞ(►イタリア語から)
━名(複 bravos[-z -ズ]) C ブラボーという叫(さけ)び, 喝采(かっさい)の叫び

## Brazil

**Brazil** 5級 [brəzíl ブラズィル] (★アクセント位置に注意) 名 ブラジル (▶南米の共和国. 首都はブラジリア (Brasilia)) 派生語 Brazilian 形名

**Brazilian** [brəzíljən ブラズィリャン]
— 形 ブラジルの; ブラジル人の
— 名 C ブラジル人

## *bread 5級 A1 [bréd ブレッド]

名 U パン

- bake *bread* in an oven
  オーブンでパンを焼く
- toast (a slice of) *bread*
  パンを(1枚)トーストする
- spread [put] butter on a slice of *bread*
  パンにバターを塗(ぬ)る

### ここがポイント! breadの数え方

breadは数えられない名詞なので, aをつけたり複数形にしたりしません. 数えるときには, 食パンやフランスパンなど, ひとかたまりの物にはloafを, それを切った物にはslice, pieceを使います.

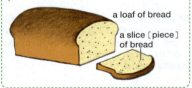

a loaf of bread
a slice [piece] of bread

表現メモ

**いろいろなパン**
brown bread 黒パン
bun ⊛ 丸パン (▶ハンバーガー用など); ⊛ 甘(あま)い菓子(かし)パン / French bread フランスパン
English muffin イングリッシュ・マフィン (▶平たく丸いパン) / roll ロールパン
toast トースト / white bread 精白パン

## bread and butter [bréd ən bʌ́tər ブレッド アン バタァ] 名 U (単数扱い) バターを塗(ぬ)ったパン; 生計 (▶ 1語1語はっきり区切って発音すると「パンとバター」の意となり, 複数扱い)

## breadth [brédθ ブレッドゥス, brétθ ブレットゥス] 名 C U 幅(はば) (= width); 広さ (▶「長さ」はlength, 「高さ」はheight, 「深さ」はdepth)

- This road is ten meters *in breadth*.
  この道は幅が10メートルある.

## *break 4級 A1

[bréik ブレイク] (★同音 brake ブレーキ)

動 他 ❶ …を壊(こわ)す
❷ …を破る
❸ …を中断する
❹ (お金)を細かくする
自 ❶ 壊れる
❷ 中断する
❸ (天気が)崩(くず)れる
❹ (夜が)明ける
名 ❶ (短い)休憩(きゅうけい)
❷ 急激な変化, 中断
❸ 割れ[切れ]た所

— 動 (三単現 breaks[-s]; 過去 broke[bróuk ブロウク]; 過分 broken[bróukən ブロウカン]; 現分 breaking)
— 他 ❶ …を壊す, 砕(くだ)く, 割る, 折る, ちぎる
- *break* an egg 卵を割る
- *break* a stick 棒を折る
- *break* bread (固い)パンをちぎる
- *break* a camera カメラを壊す
- Did you *break* that mirror?
  あなたがあの鏡を割ったのですか.
- The player *broke* his arm in the game.
  その選手は試合で腕(うで)を折った.

❷ (決めたこと)を破る; (約束・規則など)を守らない; (記録)を破る, 更新(こうしん)する
- *break* a promise 約束を破る
- *break* the traffic rules 交通違反(いはん)をする
- The world record was *broken*.
  その世界記録は破られた.

❸ (続いているもの)を中断する, やめる
- *break* a bad habit 悪い習慣をやめる

❹ (お金)を細かくする, 小銭(こぜに)にする, 崩す
- I need to *break* a 100-dollar bill.
  100ドル札を細かくする必要がある.

— 自 ❶ 壊れる, 砕ける, 割れる, 折れる, ちぎれる
- Glass *breaks* easily.
  ガラスは割れやすい.

### くらべてみよう! breakとcutとtear

breakは「ぶつける」「落とす」「曲げる」「引っ張る」など強い力を加え, 固いものを「ポキッ」「ガチャン」「バリバリ」「プチッ」と壊すことを意味します. 刃物(はもの)などでスパッと切る場

合は**cut**を, 紙や布など柔(やわ)らかいものを引き裂(さ)く場合は**tear**を使います.

break

cut

tear

❷ (…のために)(仕事などを)中断する, 休憩する
- Let's *break for* lunch.
  休憩して昼ご飯にしよう.

❸ (天気が)崩れる
- The weather *breaks* suddenly in the mountains. 山では天候は突然(とつぜん)崩れる.

❹ (夜が)明ける
- The day *broke*. 夜が明けた.

***break down*** 壊れる, (機械が)故障する
- My car *broke down* yesterday.
  私の車はきのう故障した.

***break in*** 侵入(しんにゅう)する; 口を挟(はさ)む, 邪魔(じゃま)をする
- A thief *broke in* while we were away.
  私たちが留守の間に泥棒(どろぼう)が入った.

***break into …*** …に侵入する; 突然…しだす
- Three men *broke into* the bank at night. 夜, 3人の男が銀行に押し入った.
- Mike *broke into* tears [laughter].
  マイクは突然泣き[笑い]だした.

***break off*** …を折って取る, 折れて取れる; 急に…をやめる; (関係を)断ち切る

***break …'s heart*** …の心をくじく[折る]
- His words *broke my heart*.
  彼の言葉で私の心は折れた.

***break out*** 急に起こる; (戦争・火事などが)発生する
- The war *broke out* in 1941.
  その戦争は1941年にぼっ発した.

***break up*** …をばらばらに壊す; 分かれて散る; 別れる; 極(学校の学期などが)終わる
- The party *broke up* at eleven.
  パーティーは11時に終わった.

—名 (複 breaks[-s]) C ❶ ((しばしば a break で)) (短い) 休憩, 中休み (► ⦅英⦆では学校の休み時間に break を使うが, ⦅米⦆では recess を使う)
- a tea [coffee] *break* ティー[コーヒー]ブレイク (►仕事の間の短い休み; 一服)
- Why don't we have [take] a 5-minute *break*? 5分間休みませんか.

❷ ((しばしば a break で))急激な変化, 中断
❸ 割れ[切れ]た所

- through a *break* in the clouds
  雲の切れ間から

***Give me a break!*** ⦅話⦆冗談(じょうだん)じゃない., いい加減にしてよ.

## *breakfast 5級 A1
[brékfəst ブレックファスト]

名 (複 breakfasts[-ts -ツ]) U C 朝食, 朝ご飯 →English breakfast, continental breakfast
- have [eat] *breakfast* 朝食を食べる
- before *breakfast* 朝食前に
- a good [big] *breakfast* たっぷりの朝食 (►goodなど形容詞がつくときは, a をつける)
- *Breakfast* is ready. 朝ご飯ができたよ.

話してみよう!
☺ What did you have *for breakfast*?
朝食は何を食べたの?
☺ I had eggs and a salad.
卵とサラダを食べたよ.

これ、知ってる? 「断食」を「破る」?
breakfastは, 前日の夜に食事を取ってから続いている「断食(fast)」のような状態を, 朝食を取って「破る(break)」ことからきた語です. ただし発音は, break[bréik ブレイク]ではなく[brék- ブレック-]となります.

**breast** B1 [brést ブレスト] 名 C ❶ (人・動物の)胸; (衣服の)胸部 →chest くらべて!, body 図 ❷ (女性の)乳房(ちぶさ)

**breaststroke** [brésts̀tròuk ブレストゥストゥロウク]
名 ((the breaststroke で))⦅水泳⦆平泳ぎ, ブレスト
- swim [do] (*the*) *breaststroke*
  平泳ぎをする

## breath B1 [bréθ ブレス]

名 (複 breaths[-s]) ❶ U 息, 呼吸; ((a breath で))一息, 一呼吸
- Take [Draw] a deep *breath*.
  深呼吸をしなさい.
- Hold your *breath*. 息を止めなさい.

❷ C ((ふつう a breath で))(風の)そよぎ
- There is not *a breath* of wind.
  風が全然ない.

***out [short] of breath*** 息を切らして
***catch one's breath*** 息をのむ, はっとする; (ほっとして)息をつく, 休息する
- I can't *catch my breath*.
  ひと息つくこともできない.

***hold one's breath*** 息を止める (→❶); 息を

### breathe

殺す、かたずをのむ
- I *held my breath* so (that) he wouldn't hear me.
彼に聞こえないように息を殺していた.

## breathe 3級 A1

[bríːð ブリーズ]（★**breath**との発音の違いに注意）
動（三単現 breathes[-z]; 過去・過分 breathed[-d]; 現分 breathing）
— 自 呼吸する, 息をする
- *Breathe in* deeply, and then *breathe out*. 息を深く吸ってから、吐きなさい.
— 他（空気）を呼吸する
- I *breathed* the ocean air.
私は海の空気を吸った.

派生語 breath 名, breathing 名

**breathing** [bríːðiŋ ブリーズィング] 名 U 呼吸、息遣い、息継ぎ

**breathtaking** B2 [bréθtèikiŋ ブレステイキング]
形 息をのむような（すばらしい）, 驚くべき
- a *breathtaking* view of the mountains
山々の息をのむような景色

**breed** B1 [bríːd ブリード]
— 動（過去・過分 bred [bréd ブレッド]) 他 ❶（動物が子）を産む
❷（家畜など）を飼育する, 飼う
— 名 C（動植物の）品種, 種類; 血統

派生語 breeder 名

**breeder** [bríːdər ブリーダァ] 名 C（家畜などの）飼育家, ブリーダー

**breeze** A2 [bríːz ブリーズ] 名 U C そよ風, 微風

**bribe** [bráib ブライブ]
— 名 C わいろ
— 動 他（人）にわいろを贈る,（人）を買収する

**brick** 2級 B1 [brík ブリック] 名 ❶ C（1個の）れんが; U（素材としての）れんが
- a *brick* house れんが造りの家
❷ C れんが状の物; 米 積み木（= 英 block）

**bridal** [bráidl ブライドゥル] 形 花嫁の; 婚礼の

**bride** A2 [bráid ブライド] 名 C 花嫁, 新婦（⇔ bridegroom 花婿）

派生語 bridal 形

**bridegroom** [bráidgrùːm ブライドグルーム] 名 C 花婿, 新郎（► 単に groom とも言う）（⇔ bride 花嫁）

## bridge 5級 A1 [brídʒ ブリッヂ]

— 名（複 bridges[-iz]）❶ C 橋, 橋状の物
- cross a *bridge* 橋を渡る
- build a *bridge* 橋をかける
- There are many *bridges over* [*across*] this river.
この川にはたくさんの橋がかかっている.
❷ U（トランプの）ブリッジ
- play *bridge* ブリッジをする
— 動（三単現 bridges[-iz]; 過去・過分 bridged[-d]; 現分 bridging) 他 …に橋をかける; …の橋渡しをする

**brief** B1 [bríːf ブリーフ]
— 形 短い, 短時間の; 簡単な
- a *brief* visit 短い訪問
- a *brief* note 簡単なメモ
— 名 C ❶ 簡潔な文書, 概要, 要約
❷《briefs で》ブリーフ（► ぴったりしたパンツ）
*in brief* 簡単に言えば, 要するに

派生語 briefly 副

**briefcase** [bríːfkèis ブリーフケイス] 名 C（主に革製の）書類かばん, ブリーフケース

**briefly** B1 [bríːfli ブリーフリィ] 副 手短に, 簡潔に

## bright 3級 A1

[bráit ブライト]（★ この gh は発音しない）
— 形（比較 brighter; 最上 brightest）❶ 輝いている, 輝く; 明るい（⇔ dark 暗い);（色が）鮮やかな（⇔ dull)
- *bright* moonlight 明るい月光
- The future seemed *bright* for us.
私たちにとって将来は輝かしいものに思えた.
❷ 利口な, 利発な; 巧みな（= clever）くらべて!
- a *bright* student 頭のよい生徒
- a *bright* idea すばらしいアイデア
❸ 朗らかな（= happy); 晴れやかな
- Jane's face was *bright* with joy.
ジェーンの顔は喜びで晴れやかだった.
— 副 明るく, きらきらと（► ふつう shine とともに用いる）（= brightly）
- a star shining *bright* きらきら光る星

派生語 brighten 動, brightly 副, brightness 名

**brighten** [bráitn ブライトゥン]（★ この gh は発音しない）動 他 自 … を輝かせる, 明るくする; 輝く, 明るくなる

**brightly** 2級 B1 [bráitli ブライトゥリィ]（★ この gh は発音しない）副 明るく, 輝いて, きらきらと

**brightness** [bráitnis ブライトゥニス]（★ この gh は発音しない）名 U 輝き, 明るさ; 鮮やかさ

**brilliant** A2 [bríljənt ブリリャント] 形 ❶（宝石・光などが）きらきら輝く, きらめく
❷ りっぱな, すばらしい
- a *brilliant* idea すばらしい考え

**brim** [brím ブリム] 名 C（コップなどの）縁, へり;（帽子の）つば

**British Museum**

*to the brim* あふれるばかりに, なみなみと

## \*bring 4級 A1 [bríŋ ブリング]

動 (三単現) brings[-z]; (過去・過分) brought[brɔ́ːt ブロート]; (現分) bringing) 他 ❶ 〈物〉**を持って来る**, 運んで来る (▶話し手の所へ, または話し手の示す所へ持って来ること); 〈人〉**を連れて来る** (⇔take 連れて行く)

- *Bring* that camera here.
  あのカメラをここへ持って来なさい.
- Can I *bring* a friend with me?
  友達をいっしょに連れて行っていいですか.

bring+〈人〉+〈物〉=bring+〈物〉+to[for]+〈人〉〈人〉に〈物〉を持って来る

- Can you *bring* me some bread?
  =Can you *bring* some bread *to* me?
  私にパンを持って来てくれませんか.

**くらべてみよう!** bring と take

**bring**: 話し手のいる所へ「持って来る, 連れて来る」

**take**: 話し手の所からどこか別の所へ「持って行く, 連れて行く」

bring / take

❷ (結果として) …をもたらす, (反応) を引き起こす

- Effort *brings* success.
  努力が成功をもたらす.
- The news *brought* tears to her eyes. その知らせを聞いて彼女の目に涙(なみだ)がこみ上げた. (⇔その知らせは彼女の目に涙をもたらした)
- Her song *brought* loud applause.
  彼女の歌は盛大(せいだい)な拍手(はくしゅ)を浴びた.

*bring about* …をもたらす, 引き起こす

- Computers *brought about* changes in our life. コンピュータは私たちの生活に変化をもたらした.

*bring back* …を持って[連れて]帰って来る; …を(人のために)買って戻(もど)って来る; …を思い出させる

- My father *brought* me *back* some books.
  父は私に本を何冊か持って帰って来た.
- This song *brings back* memories of my younger days. この歌は私が小さいころの思い出をよみがえらせる.

*bring in* …を持って[連れて]入って来る, 中に入れる

- The teacher *brought in* a new student.
  先生は新入生を連れて入って来た.

*bring out* …を外に出す; 持って[連れて]出る; (新製品などを)世に出す; (才能などを)引き出す

- They are *bringing out* a new product next month.
  来月彼らは新製品を出すつもりだ.

*bring together* …をまとめる, 集める

*bring up* …を育てる(=raise); (話題などを)持ち出す

- I was *brought up* in Hiroshima.
  私は広島で育った. (⇔育てられた)

**brisk** [brísk ブリスク] 形 きびきびした, 元気のよい, 活発な; (天候・空気などが)さわやかな

**Britain** 2級 [brítn ブリトゥン] 名 ❶ 英国, イギリス(▶Great Britainの略で, Englandより正式な語) → England ❷ グレートブリテン島(▶イングランド・スコットランド・ウェールズを含(ふく)むイギリスの主島)

## British 3級 [brítiʃ ブリティッシュ]

— 形 **イギリスの, 英国の; イギリス人の, 英国人の** → English

- a *British* citizen 英国市民

— 名 ((the Britishで))((複数扱い)) 英国人(全体)

- *The British* drink a lot of tea.
  英国人は紅茶をよく飲む.

**British Broadcasting Corporation** [brítiʃ brɔ́ːdkæstiŋ kɔːrpəréiʃən ブリティッシュ ブロードゥキャスティング コーペレイション] 名 ((the British Broadcasting Corporationで)) 英国放送協会(▶the BBCと略す)

**(British) Commonwealth of Nations** [(brítiʃ) kámənwelθ əv néiʃənz ブリティッシュ カマンウェルス アヴ ネイシャンズ] 名 ((the (British) Commonwealth of Nationsで)) イギリス連邦(れんぽう), 英連邦

**British English** [brítiʃ íŋgliʃ ブリティッシュ イングリッシュ] 名 U イギリス英語(▶英国で話される英語)

**British Isles** [brítiʃ áilz ブリティッシュ アイルズ] 名 ((the British Islesで)) イギリス諸島(▶グレートブリテン島(Great Britain)・アイルランド(Ireland)・マン島(the Isle of Man)と付近の島々)

**British Museum** [brítiʃ mjuːzíːəm ブリティッシュ ミューズィーアム] 名 ((the British Museumで)) 大英博物館(▶ロンドンにある世界最大級の博物館)

ninety-nine

## broad

**broad** B1 [brɔ́ːd ブロード] 形 ❶ (幅(はば)の)広い (⇔narrow 狭(せま)い); 広々とした, 広大な (=vast) →height 表現メモ
- a *broad* street [river]
  幅の広い通り[川]
- He has *broad* shoulders.
  彼は肩幅(かたはば)が広い.
- a *broad* bean
  米そら豆(= 米 a fava [fɑːvə ファーヴァ] bean)

❷ (心・教養などが)広い, 寛大(かんだい)な
- a *broad* mind 寛大な心
- a *broad* knowledge of computers
  コンピュータについての幅広い知識

*in broad daylight* 真っ昼間に, 白昼に
派生語 breadth 名, broaden 動

**broadcast** 2級 B1 [brɔ́ːdkæst ブロードキャスト|-kàːst -カースト]
—動 (過去・過分 broadcast, broadcasted[-id])
—他 …を放送する
- The program was *broadcast* live.
  その番組は生放送された.
—自 放送する
—名 C 放送; 放送番組
- a live *broadcast* 生放送
- a bilingual *broadcast* 2か国語放送

**broadcasting** [brɔ́ːdkæstiŋ ブロードキャスティング|-kɑːstiŋ -カースティング] 名 U 放送
- a *broadcasting* station 放送局

**broaden** B2 [brɔ́ːdn ブロードゥン] 動
—他 …を広げる, 広くする
—自 広がる, 広くなる

**broad-minded** [brɔ̀ːdmáindid ブロードマインディド] 形 心の広い, 寛大(かんだい)な, 偏見(へんけん)のない

**Broadway** [brɔ́ːdwèi ブロードウェイ] 名 ブロードウェー (▶米国ニューヨーク市にある劇場街)

**broccoli** B1 [brɑ́kəli ブラッカリィ|brɔ́kə- ブロッカ-] 名 U ブロッコリー

**brochure** B2 [brouʃúər ブロウシュァ|brɔ́uʃə ブロウシャ] 名 C パンフレット, 小冊子 (▶フランス語から)

**broil** [brɔ́il ブロイル] 動
—他 《主に米》(鉄板や網(あみ)で肉など)をあぶる
—自 (肉などが)焼ける
派生語 broiler 名

**broiler** [brɔ́ilər ブロイラァ] 名 C (食肉用の)若どり, ブロイラー; 米 肉焼き器(= 米 grill)

## broke 4級 [bróuk ブロウク]
動 break (壊(こわ)す; 壊れる)の過去形

## broken 4級 A1 [bróukən ブロウカン]
—動 break (壊(こわ)す; 壊れる)の過去分詞
—形 ❶ 壊れた, 破れた, 割れた, 折れた, 裂(さ)けた; 破られた, 守られなかった; (心が)傷ついた
- a *broken* cup 割れた茶わん
- a *broken* promise 破られた約束
- a *broken* heart 傷ついた心, 失恋(しつれん)

❷ (言葉が)間違(まちが)った, 不完全な, あやふやな
- He speaks *broken* English. 彼の話す英語は不完全だ. (▶意味は通じるが正確ではない)

**bronze** B1 [brɑ́nz ブランズ|brɔ́nz ブロンズ]
—名 U ❶ 青銅, ブロンズ (▶銅とすずの合金)
❷ 青銅色, ブロンズ色
—形 青銅製の, 青銅色の
- a *bronze* medal 銅メダル

**brooch** [bróutʃ ブロウチ] 名 (複 brooches[-iz]) C ブローチ, 襟(えり)留め

**brook** [brúk ブルック] 名 C 小川 →river くらべて!

**broom** [brúːm ブルーム] 名 C ほうき

**broth** [brɔ́ːθ ブロース|brɔ́θ ブロス] 名 U (肉・魚を煮(に)出した)薄(うす)いスープ

## *brother 5級 A1 [brʌ́ðər ブラザァ]

名 (複 brothers[-z]) C ❶ 兄, 弟, 兄弟 (⇔sister 姉, 妹, 姉妹(しまい))
- Bob and I are *brothers*.
  ボブとぼくは兄弟だ.
- Tom is Jane's *brother*.
  トムはジェーンの兄[弟]だ.

話してみよう!

☺ Do you have any *brothers* and [or] sisters?
きょうだいはいますか.
☻ Yes, I have one *brother* and one sister.
はい, 兄[弟]が1人と姉[妹]が1人います.

☺ How many *brothers* do you have, Ken? ケン, (男の)兄弟は何人いますか.
☻ I have one *brother*. 1人います.

- Bill and Anne are *brother* and sister.
  ビルとアンはきょうだいだ. (▶brother and sisterは決まった言い方で, aやtheをつけない)

## ここがポイント!「兄弟」とbrotherの違(ちが)い

英語では「兄」と「弟」を区別せずに、どちらもbrotherで表すのがふつうです。特に区別する必要がある場合は、an older brother, a big brother,《主に英》an elder brother(兄), a younger brother, a little brother(弟)のように言います。英語では、「お兄ちゃん」と呼びかけるのにbrotherは使わず、名前で呼ぶのがふつうです。

❷仲間, 同志, 同僚(りょう), 同胞(ほう)

**brotherhood** B1 [brʌ́ðərhùd ブラザァフッド]
名U 兄弟の(ような)関係; 兄弟愛; 同胞(ほう)愛

**brother-in-law** B2 [brʌ́ðərinlɔ̀ː ブラザァインロー]
名(複 brothers-in-law [brʌ́ðərzinlɔ̀ː ブラザァズインロー]) C 義理の兄[弟], 義兄, 義弟

## brought 4級

[brɔ́ːt ブロート] (★このghは発音しない)
動 bring (持って来る)の過去形・過去分詞

**brow** [bráu ブラゥ] 名C ❶《ふつう brows で》まゆ, まゆ毛 (= eyebrow)
• heavy brows 太いまゆ毛
❷ 額 (= forehead)

## brown 5級 A1 [bráun ブラウン]

—形 (比較 browner; 最上 brownest) **茶色の**, 褐色(かっしょく)の; 日焼けした
• He has brown eyes. 彼の目は茶色だ。
• brown bread 黒パン (▶色は茶色)
• brown rice 玄米(げんまい)
• brown sugar 赤[黒]砂糖, ざらめ
—名U 茶色, 褐色
• dark brown 濃(こ)い茶色

**browse** B2 [bráuz ブラウズ] 動
—自 (本などを)拾い読みする; 商品を見て歩く;《インターネット》(サイトなどを)閲覧(えつらん)する
—他《インターネット》(サイトなど)を閲覧する
派生語 browser 名

**browser** B2 [bráuzər ブラウザァ] 名C《インターネット》ブラウザ(▶情報検索(けんさく)閲覧(えつらん)用ソフトウエア)

**brunch** [brʌ́ntʃ ブランチ] 名(複 brunches [-iz]) C (昼食を兼(か)ねた)遅(おそ)い朝食(▶ breakfast (朝食)と lunch (昼食)を組み合わせてできた語)

**Brunei** [bruːnái ブルーナイ] 名 ブルネイ(▶ボルネオ島北西岸の国。首都はバンダル・スリ・ブガワン (Bandar Seri Begawan))

## brush 5級 A1 [brʌ́ʃ ブラッシュ]

—名(複 brushes [-iz]) C ❶ **ブラシ**, はけ, 筆, 毛筆, 画筆
• a hairbrush ヘアブラシ
• a clothes brush 洋服用ブラシ
❷《a brush で》ブラシをかけること
• My father gave his jacket a brush.
父は上着にブラシをかけた。

—動 (三単現 brushes [-iz]; 過去・過分 brushed [-t]; 現分 brushing) 他 …**にブラシをかける**;(ブラシで)…を磨(みが)く
• Brush your teeth. 歯を磨きなさい。
• Meg brushed her hair.
メグは髪(かみ)をブラシでとかした。
• I brushed my clothes. 服にブラシをかけた。

**brush off** (ブラシなどで)…を払う

**brush up** …に(きれいに)ブラシをかける, 磨きをかける;(忘れかけたこと)をやり直す
• My father is brushing up his English.
父は英語をやり直している。

### くらべてみよう! brush up と improve

**brush up**:「長い間使わなかった技能や知識をまた使えるようにする」という意味。
**improve**: 単に「上達させる」という意味。
• I'd like to improve my English.
私は英語を上達させたい。

**Brussels** [brʌ́səlz ブラッサルズ] 名 ブリュッセル (▶ベルギー (Belgium)の首都)

**BTW** [bìːtiːdʌ́blju ビーティーダブリュー]《インターネット》by the way (ところで)の略

**bubble** 2級 B1 [bʌ́bl バブル] 名C 泡(あわ); シャボン玉

**bubble gum** [bʌ́bl gʌ̀m バブル ガム] 名U 風船ガム

**bubble wrap** [bʌ́bl ræ̀p バブル ラップ] 名U《商標》気泡(きほう)緩衝(かんしょう)材(▶シート状のプチプチした梱包(こんぽう)用の緩衝材)

**buck** [bʌ́k バック] 名(複 buck, bucks [-s]) C ❶ 雄(おす)の鹿(しか) (▶雌(めす)の鹿は doe); (トナカイ・かもしか・羊・うさぎなどの)雄
❷《米》《話》ドル (= dollar)

**bucket**

**bucket** 3級 A1 [bʌ́kit バキット] 名C ❶バケツ, 手おけ ❷バケツ1杯(ﾊﾟｲ)(分の量)(=bucketful)
派生語 bucketful 名

**bucketful**[bʌ́kitfùl バキットゥフル] 名C バケツ1杯(ﾊﾟｲ)(分の量)
・a *bucketful* of water バケツ1杯の水

**Buckingham Palace**[bʌ́kiŋəm pǽlis バッキンガム パリス] 名《the Buckingham Palaceで》バッキンガム宮殿(ｷｭｳ)(▶ロンドンにある英国王室の宮殿)

**buckle**[bʌ́kl バックル] 名C(ベルトの)バックル

**bud** B2 [bʌ́d バッド]
─名C 芽;つぼみ
─動(過去・過分 budded[-id];現分 budding)自 芽を出す;つぼみをつける

**Budapest**[bú:dəpèst ブーダペスト] 名 ブダペスト (▶ハンガリー(Hungary)の首都)

**Buddha** 4級 [bú:də ブーダ | búdə ブッダ] 名 ❶仏陀(ﾀﾞ), 釈迦(ｶ)(▶463 ?-383 ? B．C．;仏教の開祖) ❷C 仏像, 大仏
・the Great *Buddha* in Nara 奈良の大仏
派生語 Buddhism 名, Buddhist 名

**Buddhism**[bú:dizm ブーディズム | bú- ブ-] 名U 仏教

**Buddhist** 3級 [bú:dist ブーディスト | bú- ブ-]
─名C 仏教徒
─形 仏教の;仏教徒の

**budget** A2 [bʌ́dʒit バヂット] 名C 予算, 予算案;経費;家計, 生活費
・a family *budget* 家計

**Buenos Aires**[bwéinəs áiriz ブウェイナス アイリズ] 名 ブエノスアイレス(▶アルゼンチン(Argentina)の首都)

**buffalo**[bʌ́fəlòu バファロウ] 名(複 buffalo, buffaloes, buffalos[-z])C ❶(米国産の)野牛, バッファロー(=bison) ❷(インド産の)水牛 (=water buffalo)

**buffet** 3級 [bəféi バフェィ | búfei ブフェィ] (★このtは発音しない) 名C (駅・列車内の)簡易食堂, ビュッフェ;立食形式の食事, バイキング

**bug** 準2級 A2 [bʌ́g バッグ] 名C ❶※虫(=insect) ❷〖話〗病原菌(ｷﾝ) ❸〖コンピュータ〗バグ(▶プログラムの誤り)

**buggy**[bʌ́gi バギィ] 名(複 buggies[-z])C ❶乳母車(ｸﾞﾙﾏ), ベビーカー(=baby buggy, baby carriage), 英簡便なタイプのベビーカー→stroller ❷

***build*** 3級 A1 [bíld ビルド]
動(三単現 builds[-dz -ヅ];過去・過分 built[bílt ビルト];現分 building)他 ❶(家など)**を建てる**, (道路・町・橋など)を建設する, 建築する, 造る (=construct);(機械など)を組み立てる
・*build* a house 家を建てる(▶業者に建ててもらう場合にも使える)

> **ここが** **build +〈名詞〉のいろいろ**
> **ポイント!**
> build + a machine 機械を組み立てる
> a railroad 鉄道を建設する
> a road 道路を造る
> a robot ロボットを組み立てる
> a ship [boat] 船を造る
> a snowman 雪だるまを作る
> a wall 塀(ｼｵ)を立てる

・Rome was not *built* in a day.
(ｺﾄﾜｻﾞ)ローマは1日にして成らず．(⇦ローマは1日で建設されたものではない)

・Michael *built* his son a house. = Michael *built* a house *for* his son.
マイケルは息子(ﾑｽｺ)に家を建ててやった．

・My father had his house *built* last year.
父は去年家を建てた．(▶have +〈物〉+〈過去分詞〉で「…を〜してもらう」)

・The building is *built* of bricks.
その建物はれんが造りだ．

❷(事業・人格・状態など)を築き上げる, 形作る
・He *built* a new business.
彼は新しい事業を築き上げた．

❸(火)をおこす
・*build* a fire 火をおこす

***build ... into 〜*** …を(〜の)作りつけにする, (〜の一部に)組みこむ
・The TV set is *built into* the wall.
テレビは壁(ｶﾍﾞ)に作りつけになっている．

***build up*** (健康・知識など)を増進させる, じょじょに強化する;(富・名声など)を築き上げる
派生語 builder 名, building 名

**builder** 2級 B1 [bíldər ビルダァ] 名C 建てる人, 建築者;建築業者

***building*** 5級 A1 [bíldiŋ ビルディング]
─動 build (建てる)の現在分詞・動名詞
─名(複 buildings[-z])C **建物**, ビル(ディング), (一般に)建造物(▶bldg. と略す)
・a tall *building*
高いビル(▶「超(ﾁｮｳ)高層ビル」はskyscraper)
・a school *building* 校舎
・a two-story wooden *building*
2階建ての木造の建物

**built** 3級 [bílt ビルト]
動 build (建てる)の過去形・過去分詞

**Burkina Faso**

**bulb** A2 [bʌ́lb バルブ] 名C ❶ 球根 ❷ 電球（= electric bulb）; 真空管

bulb ❶ 球根　　bulb ❷ 電球

**Bulgaria** [bʌlgéəriə バルゲアリア | bʌlgéəriə バルゲァリア] 名 ブルガリア（▶ヨーロッパ南東部バルカン半島の共和国. 首都はソフィア（Sofia））
派生語 Bulgarian 形

**Bulgarian** [bʌlgéəriən バルゲリアン | bʌlgéəriən バルゲァリアン]
― 名 ブルガリア人[語]
― 形 ブルガリア(人)の; ブルガリア語の

**bulk** [bʌ́lk バルク] 名U ❶ 大きさ, かさ, 容積, 体積 ❷《the bulk of ...で》…の大部分, 大半

**bulky** [bʌ́lki バルキィ] 形 かさばった, 大きい

**bull** B1 [búl ブル] 名C 雄牛（ぉす）（▶去勢されていない雄牛.「去勢された雄牛」は ox）（⇔ cow 雌牛（めす））

**bulldog** [búldɔ̀ːg ブルドーグ | -dɔ̀g - ドッグ] 名C【動物】ブルドッグ（▶かつて英国で雄牛（ぉす）（bull）と戦わせるために使われたことから）

**bulldozer** [búldòuzər ブルドウザァ] 名C ブルドーザー

**bullet** B1 [búlit ブリット] 名C 弾丸（だん）, 銃弾（じゅうだん）

**bulletin** B1 [búlətən ブラトゥン] 名C 公報, 掲示（けい）; (学会などの) 会報, 紀要; (報道の) 速報
・a news bulletin （テレビなどの）ニュース速報

**bulletin board** [búlətən bɔ̀ːrd ブラトゥン ボード] 名C ⊛ 掲示板（▶インターネット上の掲示板もさす）

**bullfight** [búlfàit ブルファイト]（★この gh は発音しない）名C 闘牛（とう）

**bullpen** [búlpèn ブルペン] 名C ❶【野球】ブルペン（▶救援（きゅうえん）投手の練習場所）❷ 牛の囲い場

**bully** B2 [búli ブリィ]
― 名（複 bullies[-z]）C いじめっ子
― 動（三単現 bullies[-z], 過去・過分 bullied）他 …をいじめる, 脅（ぉど）す

**bullying** [búliiŋ ブリイング] 名U いじめ

**bump** B1 [bʌ́mp バンプ]
― 動 ― 他 …をどんとぶつける
― 自 (…に)突（つ）き当たる, どんとぶつかる
・Sally bumped against the desk.
サリーは机にぶつかった.
bump into ... …にどんとぶつかる; …に出くわす
・I bumped into her today.
私はきょう彼女にばったり会った.
― 名C ❶ こぶ; (道路などの)でこぼこ ❷ 衝突（しょう）; ドスンという音
派生語 bumper 名

**bumper** B2 [bʌ́mpər バンパァ] 名C バンパー（▶自動車の前後に取り付け, 衝撃（しょうげき）を和（やわ）らげる）

**bun** B2 [bʌ́n バン] 名C ⊛ (ハンバーガー用などの)小型の丸パン; ⊛ (甘（ぁま）い) 小型のケーキ, 菓子（かし）パン → bread 表現メモ

**bunch** B1 [bʌ́ntʃ バンチ] 名（複 bunches[-iz]）C ❶ (ぶどうなどの)房（ふさ）; (花・かぎなどの)束
・a bunch of bananas バナナ1房
・a bunch of flowers 花束
❷《話》(人・動物などの)群れ, 集団（= group）
・a bunch of cattle [sheep]
牛[羊]の群れ

**bundle** [bʌ́ndl バンドゥル] 名C (手紙・札などの)束; (手荷物などをまとめた) 包み
・a bundle of letters 手紙1束

**bunny** [bʌ́ni バニィ] 名（複 bunnies[-z]）C《幼児語》うさぎちゃん（▶ rabbit の愛称（ぁぃしょう））

**bunt** [bʌ́nt バント]
― 動 ― 他【野球】(ボール)をバントする
― 自 バントする
― 名C【野球】バント

**buoy** [búːi ブーイ | bɔ́i ボーイ]
名C 浮標（ふひょう）, ブイ; 救命浮（ぅ）き袋（ぶくろ）

**burden** [bə́ːrdn バードゥン] 名C ❶ (重い)荷物 ❷ (心の)重荷, 負担; 心配の種

**bureau** B1 [bjúərou ビュ(ア)ロウ] 名（複 bureaus, bureaux[-z]）C ❶ (官庁の) 局, 部; 事務所; 案内所
・a travel bureau
旅行案内所
❷ ⊛ (引き出し付きの)衣服だんす; ⊛ (引き出し付きの)大机

**burger** 3級 A1 [bə́ːrgər バーガァ] 名C ⊛ ハンバーガー（▶ hamburger の略）

**burglar** B1 [bə́ːrglər バーグラァ] 名C (夜間に押（ぉ）し入る) 泥棒（どろ）, 強盗（ごう）→ thief くらべて!

**burial** B2 [bériəl ベリアル]（★発音注意. u をば [e エ] と発音する）名UC 埋葬（まい）, 葬式

**Burkina Faso** [bəːrkíːnə fáːsou バーキナ ファーソゥ] 名 ブルキナファソ（▶アフリカ中部の共和国. 首都はワガドゥグ（Ouagadougou））

# burn

## burn 準2級 A2 [bə́:rn バーン]

**動** ① 燃える
② (火・明かりなどが)輝(かがや)く
③ 日焼けする
④ (体が)ほてる
**他** ①…を燃やす
② …をやけどさせる
**名** やけど；日焼け

―**動** (三単現 burns[-z]；過去・過分 burned[-d], burnt[-t]；現分 burning)
―**自** ① **燃える**, 焼ける, 焦(こ)げる
- Paper *burns* easily.
紙はすぐに燃える.
- The toast is *burning*.
トーストが焦げている.
② (火・明かりなどが)輝く, ともる, 赤々と燃える
- Lights are *burning* in all the rooms.
明かりがすべての部屋にともっている.
③ (ひりひりするほど)日焼けする
- My skin *burns* easily.
私の肌(はだ)は日焼けしやすい.
④ ほてる, 焼けるように感じる；かっとなる
- My cheeks *burned* with shame.
ほおが恥(は)ずかしさでほてった.
―**他** ① **…を燃やす**, 焼く, 焦がす
- We *burned* dead leaves.
私たちは枯(か)れ葉を燃やした.
- I *burned* my skirt with the iron.
アイロンでスカートを焦がしてしまった.
② …をやけどさせる, 日焼けさせる
- He *burned* his finger while cooking.
彼は料理中に指にやけどした.

**be burnt to ashes** 燃えて灰になる, 全焼(ぜんしょう)する
**be burnt to death** 焼け死ぬ
***burn down*** 全焼する；…を焼きつくす
***burn out*** 燃えつきる；…を焼きつくす
***burn up*** 燃えつきる；…を焼きつくす

―**名** (複 burns[-z]) ⓒ (火・熱による)やけど；日焼け；焼け焦げ
- Beth had a small *burn* on her leg.
ベスは足に小さなやけどをした.
派生語 burning **形**

**burned-out** [bə́:rndáut バーンドアウト] **形** 丸焼けの, 燃えつきた；疲れきった
**burning** 2級 B1 [bə́:rniŋ バーニング] **形** 燃えて[焼けて]いる；輝(かがや)く, 燃え立つような；焼けるような
**burnt** [bə́:rnt バーント]
―**動** burn(燃える；燃やす)の過去形・過去分詞の1つ
―**形** 焼けた, 焦(こ)げた；やけどした
**burnt-out** [bə́:rntáut バーントアウト] **形** =burned-out
**burst** 2級 B1 [bə́:rst バースト] **動**
(過去・過分 burst)
―**自** ① 破裂(はれつ)する, 爆発(ばくはつ)する
- The balloon *burst*.
風船が破裂した.
② ぱっと現れる；(ドア・花が)ぱっと開く
- The door *burst* open.
ドアが急に開いた.
③ はちきれそうになる；(つぼみが)ほころびる
- I ate too much. My stomach is *bursting*.
食べ過ぎちゃった. おなかがはちきれそうだ.
―**他** …を破裂させる, 爆発させる
- *burst* a bomb 爆弾(ばくだん)を爆発させる
***burst into …*** …に急に飛びこむ, 押(お)し入る；突然(とつぜん)[急に]…しだす
- The students *burst into* laughter [tears].
生徒たちは急に笑い[泣き]だした.
***burst out***＋〈-ing形〉 突然[急に]…しだす
- The girl *burst out* crying.
その女の子は突然泣きだした.
**Burundi** [burúndi ブルンディ] **名** ブルンジ (▶アフリカ中東部の共和国. 首都はブジュンブラ (Bujumbura))

## bury A2

[béri ベリィ] (★「ブリー」でないことに注意)

**動** (三単現 buries[-z]；過去・過分 buried[-d]) **他** …を埋葬(まいそう)する, 葬(ほうむ)る；…を埋(う)める
- My uncle is *buried* in this cemetery.
私のおじはこの墓地に埋葬されている.
- They *buried* the treasure under the ground. 彼らは宝物を地中に埋めた.
派生語 burial **名**

## *bus 5級 A1 [bʌ́s バス]

**名** (複 buses, ⊛またbusses[-iz]) ⓒ **バス** (▶「すべての人のために」の意のラテン語omnibusを省略した語)
- a sightseeing [tour] *bus* 観光バス
- a school *bus* スクールバス
- a *bus* for Narita 成田行きのバス
- a *bus* driver バスの運転手
- get on [off] a *bus* バスに乗る[から降りる]
- Let's take a *bus* to the city hall.
市役所までバスに乗りましょう.
- I saw her *on the bus*. バスで彼女に会った.

- I went into town *by bus*. 私はバスで町中まで行った. (▶byの後にはaやtheをつけない)

米国のスクールバス

**bush** A2 [búʃ ブッシュ] 名(複 bushes[-iz]) ❶ C 低木(▶あまり高くならず, 根元からたくさんの葉や小枝が生える木を言う); U やぶ, 草むら ❷ U《しばしばthe bushで》(オーストラリアやアフリカの)奥地(おく), 未開墾(かいこん)地

**busier** [bíziər ビズィァ] 形 busy(忙(いそが)しい)の比較(ひかく)級

**busiest** [bíziist ビズィイスト] 形 busy(忙(いそが)しい)の最上級

**busily** 4級 [bízili ビズィリィ] 副 忙(いそが)しく, せっせと

# business 4級 A1

[bíznis ビズニス] (★このiは発音しない)

名(複 businesses[-iz]) ❶ U **仕事, 職業** → work
くらべて!
- *business* trip 出張
- What *business* are you in?
あなたの職業は何ですか.
- a *business* card (業務用)名刺(めいし) (▶米英では日本ほど名刺を使わない)
- a *business* college 実務学校 (▶簿記(ぼき)・速記など商業実務に必要なことを教える)
- a *business* school ビジネススクール (= business college); 米 経営大学院

❷ U **商売, 取り引き**; **営業**; C **店, 工場, 会社**
- the publishing *business* 出版業
- *business* hours
営業[勤務]時間

| BUSINESS HOURS | | |
|---|---|---|
| | AM | PM |
| MONDAY | 11:00 | 9:00 |
| TUESDAY | 11:00 | 9:00 |
| WEDNESDAY | 11:00 | 9:00 |
| THURSDAY | 11:00 | 9:00 |
| FRIDAY | 11:00 | 9:00 |
| SATURDAY | 11:00 | 9:00 |
| SUNDAY | 12:00 | 8:00 |

- How's *business*?
商売はうまく行っていますか.
- He has his own *business* in New York.
彼はニューヨークで事業を営んでいる.

❸ U **用事, 用件**; **関係のあること**
- urgent *business* 急ぎの用
- What is your *business* with her?
彼女に何の用事があるのですか.
- Mind your own *business*. = (It's) None of your *business*.
大きなお世話だ., おまえの知ったことではない.

**on *business*** 用事で, 仕事で
- Mr. Brown went to Osaka *on business*.
ブラウン氏は仕事で大阪へ行った.

**businessman** 準2級 A2 [bíznismæn ビズニスマン] 名(複 businessmen[-mən]) C (男性の)実業家 (▶最近では男女の区別を避(さ)けてbusinesspersonが多く用いられる) → businessperson

**businessperson** [bíznispə̀ːrsn ビズニスパースン] 名(複 businesspeople) C 実業家 (▶一般に, 経営者・重役・管理職などをさす. 男女の区別のない語.「(一般の)会社員」を表すこともあるが, ふつうはoffice worker, company employeeを使う)

**businesswoman** 準2級 A2 [bízniswùmən ビズニスウマン] 名(複 businesswomen[-wìmin]) C 女性実業家 (▶最近では男女の区別を避(さ)けてbusinesspersonが多く用いられる) → businessperson

**busses** [bʌ́siz バスィズ] 名 米 bus(バス)の複数形の1つ

**bus station** A2 [bʌ́s stèiʃən バス ステイシャン] 名 C バスターミナル

**bus stop** 準2級 A2 [bʌ́s stàp バス スタップ | - stɔ̀p - ストップ] 名 C バス停 → station 図

**bust** B1 [bʌ́st バスト] 名 C ❶胸像 ❷(女性の)胸部, 胸囲, バスト

# *busy 5級 A1 [bízi ビズィ]

形 (比較 busier; 最上 busiest)

❶ **忙(いそが)しい, 多忙(たぼう)な** (⇔ free 暇(ひま)な)
- a *busy* doctor 忙しい医者
- I'm very *busy* this week.
私は今週とても忙しい.

# but

- December is the *busiest* month of the year for stores. 12月は商店にとって1年でいちばん忙しい月だ.

**be busy with ...**
…で忙しい
- He *is busy with* his studies.
彼は勉強で忙しい.

**be busy +〈-ing形〉**
…するのに忙しい
- Beth *is busy* prepar*ing* for an exam.
ベスはテストの準備をするのに忙しい.

❷(場所が)**にぎやかな, 混雑している**
- a *busy* street (交通量の多い)にぎやかな通り

❸⊗(電話が)話し中で
- I'm sorry, the line is *busy* now.
恐(ぎ)れ入りますが, ただ今話し中です.

派生語 busily 副

\***but** 5級 A1 [bət バット, 《強く言うとき》bʌ́t バット]

接 しかし, だが
副 ほんの, ただ
前 …を除いては, …のほかは

―接 **しかし, だが, けれども**
- I called Tom, *but* he didn't answer.
トムに電話したけれど彼は出なかった.
- I'm sorry, *but* I can't help you.
申し訳ありませんが, お手伝いできません.(▶断りの表現の後で用いる)
- The man was poor *but* happy.
その男は貧しかったけれど幸せだった.
- The boy fell *but* didn't cry.
その少年は転んだが泣かなかった.

***not ... but*** ~ …ではなくて~
- He is *not* a writer *but* an artist.
彼は作家ではなく芸術家だ.
- This book is written *not* in Italian *but* in Spanish.
この本はイタリア語ではなくスペイン語で書かれている.

***not only ... but*** (*also*) ~ …だけでなく~もまた → only(成句)

―副 ほんの, ただ(▶書き言葉で用いる)(= only)
- She is *but* a young girl.
彼女はほんの小さな女の子だ.
- I cannot *but* admit my error.
私はただ自分の誤りを認めるしかない.

―前 …を除いては, …のほかは(= except)
- Everybody *but* me took part in the game.
私以外のみんながその試合に参加した.
- The store is open every day of the week *but* Monday.
その店は月曜日以外は毎日開いている.

***all but ...*** …のほかは全部; ほとんど(= almost)
- Beth could answer *all but* one question.
ベスは1つを除いて全部の質問に答えられた.

***anything but ...*** …以外は何でも → anything(成句)

***nothing but ...*** ただ…だけ, …にすぎない → nothing(成句)

**butcher** B1 [bútʃər ブッチャァ]
名 C 精肉販売者(▶食肉を処理して売る人. 店は meat [butcher] shopという)

# butter 4級 A1 [bʌ́tər バタァ]

名 U バター
- *Butter* is made from milk.
バターは牛乳から作られる.
- I spread [put] the *butter* on the bread.
私はパンにバターを塗(ゐ)った.

**buttercup** [bʌ́tərkʌ̀p バタァカップ] 名 C 〖植物〗
きんぽうげ(▶黄色い花の多年草)

**butterfly** 5級 A1 [bʌ́tərflài バタァフライ] 名
(複 butterflies[-z]) ❶ C 〖虫〗蝶(ちょう) ❷ U 〖水泳〗バタフライ(= butterfly stroke)

**buttock** [bʌ́tək バタック] 名 C 《ふつう buttocks で》(人間・動物の)尻(り) → hip 図

# button 3級 A1 [bʌ́tən バトゥン]

―名 (複 buttons[-z]) C ❶ (衣服の)ボタン
- fasten [unfasten, undo] *buttons*
ボタンをかける[外す]

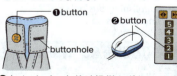

❷ (エレベーターなどの)押(ぉ)しボタン
- push [press] the *button* ボタンを押す

―動 (三単現 buttons[-z]; 過去・過分 buttoned[-d];
現分 buttoning) 他 …のボタンをかける; …にボタンを付ける
- I *buttoned* (up) my jacket.
私は上着のボタンをかけた.

**buttonhole** [bÁtənhòul バトゥンホウル] 名 C ボタンホール, ボタン穴 → button 図

## *buy 5級 A1 [bái バイ]

― 動 (三単現 buys [-z]; 過去・過分 bought [bɔ́ːt ボート]; 現分 buying) 他 …を買う (⇔ sell 売る)

- Jack often *buys* chewing gum at the kiosk.
  ジャックはよくキオスクでガムを買う.
- I will *buy* a watch at that store.
  あの店で時計を買うつもりだ.
- She *bought* this book *for* \$7.
  彼女はこの本を7ドルで買った. (▶ \$7は seven dollars と読む)

**buy +〈人〉+〈物〉= buy +〈物〉+ for +〈人〉**
〈人〉に〈物〉を買ってやる

- My grandmother *bought* me a computer.
  = My grandmother *bought* a computer *for* me.
  祖母がコンピュータを買ってくれた.
- I will *buy* you dinner.
  私はあなたに夕食をおごりましょう. (⇔あなたに夕食を買いましょう)

**くらべてみよう!  buy と get と purchase**

get (手に入れる) は buy (買う) よりくだけた表現で日用品などを買う場合に使います.
purchase (購入する) は buy より形式ばった表現で, 高価な物を入手する場合などに使います.

*buy back* …を買い戻す

― 名 (複 buys [-z]) C (話) 買い物; お買い得品 (= bargain)

- 30% off! That's really a good *buy*.
  30%引き! 本当にお買い得だよ.

**buyer** B1 [báiər バイア] 名 C 買い手, バイヤー, 仕入れ係 (⇔ seller 売り手)

**buzz** B2 [báz バズ]

― 名 (複 buzzes [-iz]) C (はちなどの) ブンブンいう音; (人の) ざわめき

― 動 ― 自 (はち・機械などが) ブンブンうなる; (人が) ガヤガヤいう; ブザーを鳴らす

- The audience was *buzzing*.
  観客はざわめいていた.

― 他 (羽など) をブンブン鳴らす; (人) をブザーで呼ぶ

派生語 buzzer 名

**buzzer** [bázər バザァ] 名 C ブザー; ブザーの音

## **by** 5級 A1 [bái バイ]

― 前 ❶《手段・方法》…によって
❷《場所・位置》…の (すぐ) そばに [の]
❸《受け身の文で》…によって
❹《期限》…までに [は]
❺《経路》…を通って
❻《程度・差異》…だけ, …で
❼《基準》…単位で
❽《体の部分を表して》…を
❾《数学》…で (掛けて・割って)
副 そばに [を]

―前 ❶《手段・方法》**…によって**, …で

- *by* car
  車で
- *by* hand
  手で
- They came to Japan *by* boat.
  彼らは船で日本にやって来た.

**話してみよう!**
☺ How do you go to school?
あなたはどうやって通学していますか.
😊 I go *by* train. 電車で通学しています.

- I let them know *by* email.
  私は彼らにメールで知らせた.
- What time is it *by* your watch?
  あなたの時計では何時ですか.
- I learned English *by* listening to the radio. 私はラジオを聞いて英語を学んだ.

**ここがポイント!  交通手段を表す by**

× He came to Tokyo by a [the] train.
× He came to Tokyo by his car.
○ He came to Tokyo *by* train [car].
彼は列車 [車] で東京に来た.

by の後の交通手段などを表す名詞には冠詞や his などをつけません.
ただし, 修飾語がつくと冠詞がつきます.

- *by* a **fast** boat 速い船で
- *by* the **10:15** train 10時15分発の列車で

**by +〈手段・方法〉のいろいろ**

(1) 交通手段

- *by* sea 船で, 海路で
- *by* air [plane] 飛行機で
- *by* bike [bicycle] 自転車で

by air [plane]

by sea

(2) 通信手段
- *by* airmail 航空便で
- *by* fax ファックスで
- *by* phone 電話で
- *by* email メールで

by airmail　　　by fax

❷《場所・位置》…の(すぐ)そばに[の]
- Our school is *by* a river.
  私たちの学校は川のそばにある.

- He sat *by* me.
  彼は私のそばに座った.

**くらべてみよう！ by と near と beside**

near が単に「近く」であることを示すのに対し, by は「すぐそば」「脇」という意味合いを持ちます. また, beside は by the side of という意味で,「横に」「そばに」を表します.

❸《受け身の文で動作の主体を表して》…によって
- This book is read *by* many people.
  この本は多くの人に読まれている.
- This play was written *by* Shakespeare.
  この演劇はシェークスピアによって書かれた.

- I was greatly helped *by* your advice.
  私はあなたの忠告によってとても助けられた.

**くらべてみよう！ 受け身の文の by と with**

ふつう受け身の文では, 行為をする人を示すときは **by**, その状態を作る道具や材料を示すときは **with** を使います.

- The house was made *by* him.
  その家は彼によって作られた.
- The glass was filled *with* milk.
  コップは牛乳で満たされた.

by him　　　with milk

❹《期限》…までに(は)
- *by* this time tomorrow
  あしたの今ごろまでに(は)

**話してみよう！**
☺ When will you come home?
　いつ帰宅しますか.
😊 I will be home *by* five.
　5時までに(は)家に戻ります.

**くらべてみよう！ by と until [till]**

**by**:「…までに(は)」の意味で, ある動作や状態がその時点までに終わることを表します.
**until [till]**:「…まで(ずっと)」の意味で, ある動作や状態がその時点までずっと続くことを意味します.

- I'll be back *by* noon. 私は正午までには戻る. (▶ 12時以降はここにいる)
- I'll be here *until* [*till*] noon.
  私は正午までずっとここにいる. (▶ 12時以降はここにいない)

by noon　　　until [till] noon

❺《経路》…を通って, 経由して
- He came in *by* the back door.
  彼は裏口から入ってきた.
❻《程度・差異》…だけ, …で
- She is older than you *by* five years.

彼女はあなたより5歳(さい)年上だ. (= She is five years older than you.)
- Our team won the game *by* a score of 10-1. 私たちのチームは10対1でその試合に勝った. (▶ 10-1は ten to one と読む)

❼《基準》…単位で, …ぎめで; …に従って
- I am paid *by* the hour [day, week, month]. 私は時給[日給, 週給, 月給]だ.
- They sell tea *by* the gram at that store. その店ではお茶をグラム単位で売っている.

- Play the game *by* the rules.
ルールに従って試合をしなさい.
- Don't judge people *by* their appearances.
外見で人を判断してはいけない.

❽《体の部分を表して》…を, …のところを
- The mother took her son *by* the hand.
母親は息子の手をつかんだ. (▶ by his hand は ×.「the + 体の部分を表す名詞」で表す)

❾〖数学〗…で(掛けて・割って)
- 4 multiplied *by* 2 is 8.
4掛ける2は8(4×2=8).
- 8 divided *by* 2 is 4. 8割る2は4(8÷2=4).

***by accident*** 偶然(ぐうぜん)に, 思いがけなく
***by all means*** よろしいですとも; 必ず, ぜひとも → means(成句)
***by chance*** 偶然に, たまたま → chance(成句)
***by far*** 断然 → far(成句)
***by mistake*** 誤って, 間違(まちが)えて → mistake 名(成句)
***by nature*** 生まれつき, 生来(せいらい) → nature(成句)
***by now*** 今までに, 今ごろは(もう)
***by oneself*** ひとりぼっちで; 独力で → oneself(成句)
***by the name of ...*** 通称(つうしょう)…で
***by the way*** ところで → way(成句)
***by way of ...*** …を通って, …経由で → way(成句)
***day by day*** 一日ごとに → day(成句)
***little by little*** 少しずつ, だんだん
***one by one*** 1つ[1人]ずつ; 次々と
***step by step*** 一歩一歩, 着実に, 地道に
***year by year*** 毎年毎年, 年々
━ 副 そばに[を]; 過ぎて, 通り過ぎて
- The car passed *by* slowly.
その車はゆっくりと通り過ぎた.
- A lot of time has gone *by* since my mother's death.
母が死んでから多くの時が流れた.

## bye 5級 A1 [bái バイ]

間《話》**さよなら**, バイバイ (▶ goodbye の短縮形; ごく親しい人の間で使う)
- *Bye* (for) now! ⊛ じゃ, さよなら.

**bye-bye** [bàibái バイバイ] 間《話》さよなら, バイバイ (= bye)
**bypass** [báipæs バイパス | -pɑ̀ːs -パース] 名 (複 bypasses [-iz]) C バイパス (▶ 交通量の多い所を避(さ)けた自動車専用のう回路)
**byte** [báit バイト] 名 C 〖コンピュータ〗バイト (▶ 情報量の単位)

# C, c

**C, c** [síː スィー] 名 (複 C's, Cs, c's, cs[-z])
❶ C 英語アルファベットの第3字
❷ C 《Cで》(成績の) C → grade 名 ❸
❸ U (ローマ数字の) 100

**C, C.** centigrade, Celsius (セ氏の) の略
- −6.2℃ セ氏マイナス6.2度 (►−6.2℃は minus six point two degrees centigrade [Celsius]と読む)

**c.** cent(s) (セント), century (世紀) の略

**¢** cent(s) (セント) の記号

**©** copyright (著作権) の記号

**CA** California (米国カリフォルニア州) の郵便略語

**cab** A2 [kǽb キャブ] 名 C 《主に米》タクシー (= taxi)
- take [call] a *cab* タクシーに乗る [を呼ぶ]

**cabbage** B1 [kǽbidʒ キャビッヂ] 名 C U キャベツ

**cabin** B1 [kǽbin キャビン] 名 C ❶ (簡素な) 小屋
- a log *cabin* 丸太小屋
❷ 船室; (飛行機の) 客室
- *cabin* attendant (旅客機の) 客室乗務員 (= flight attendant)

**cabinet** B2 [kǽbənit キャビニット] 名 C ❶ 飾り戸棚, 食器戸棚; (テレビ・ステレオなどを入れる) キャビネット; 作り付けの戸棚
- a kitchen *cabinet* 食器戸棚
❷ 《しばしば the Cabinet で》内閣, 閣僚

**cable** B2 [kéibl ケイブル] 名 U C (針金・麻などの) 太い綱; ケーブル (►海底ケーブル・電話線など)

**cable car** [kéibl kàːr ケイブル カー] 名 C ケーブルカー; ロープウェー

米国・サンフランシスコのケーブルカー

**cable TV** [kéibl tiːvíː ケイブル ティーヴィー] 名 U ケーブル [有線] テレビ (►略称は CATV. TV は television の略)

**Cabo Verde** [kàːbou véərdi カーボウ ヴェアディ] 名 カーボベルデ (►アフリカ最西端の沖合にある大西洋上の共和国. 首都はプライア (Praia))

**cacao** [kəkáu カカウ] 名 (複 cacaos[-z]) C カカオ (の木); カカオ豆 (= cacao bean)

**cactus** [kǽktəs キャクタス] 名 (複 cactuses[-iz], cacti [kǽktai キャクタイ]) C 《植物》サボテン

**Caesar** [síːzər スィーザァ] 名 Julius, ジュリアス・シーザー (►100?-44B. C.; ヨーロッパを征服 (服) した古代ローマの将軍・政治家)

**café** 4級 A1 [kæféi キャフェイ|kǽfei キャフェイ] (►cafe ともつづる) 名 C カフェ, 喫茶 (きっさ) 店, (ふつう, 酒類を置いていない) 軽食堂 (►フランス語から)
- Internet *café* インターネットカフェ

# cafeteria 準2級 A2

[kæfətíəriə キャフェティ(ア)リア]
名 (複 cafeterias[-z]) C カフェテリア

**これ,知ってる？ カフェテリアって？**
好みの料理をトレイにのせ, 精算してからテーブルまで運ぶセルフサービスの食堂です. 学校・工場・会社などに多く見られます.

**caffeine** [kæfíːn キャフィーン|kǽfiːn キャフィーン] (►caffein ともつづる) 名 U カフェイン (►茶・コーヒーなどに含 (ふく) まれる物質)

**cage** 2級 B1 [kéidʒ ケイヂ] 名 C 鳥かご, (動物の) おり

**Cairo** [káiərou カイ(ア)ロウ] 名 カイロ (►エジプト (Egypt) の首都)

# cake 5級 A1 [kéik ケイク]

名 (複 cakes[-s]) ❶ U C ケーキ, (洋) 菓子 (か)
- bake [make] a *cake* ケーキを焼く [作る]

- cut a *cake* ケーキを切る

> **ここがポイント!** ケーキの数え方
>
> 切り分ける前のホールのcakeは, a cake, two cakesと数えられますが, 切り分けた後のケーキは数えられない名詞となり, *a piece* [*slice*] *of* cake（1切れのケーキ）, *two pieces* [*slices*] *of* cake（2切れのケーキ）のように数えます.
>
>
> two cakes　　two pieces [slices] of cake

表現メモ

いろいろなケーキ
birthday cake バースデーケーキ
cheesecake チーズケーキ
chocolate cake チョコレートケーキ
cupcake カップケーキ
pancake パンケーキ, ホットケーキ
sponge cake スポンジケーキ
wedding cake ウエディングケーキ

- You can't have your *cake* and eat it (too).
（訳）両方いい思いをしようとしても無理だ. （⇔ケーキを食べてしまえば, それを持っていることはできない）

❷ⓒ (平たくて固い) かたまり, (固形物の) 1個
- a *cake* of soap
石けん1個

*a piece of cake* 《話》とても簡単なこと, 朝飯前, お茶の子さいさい

**calcium** [kǽlsiəm キャルスィアム] 名Ⓤ〖化学〗カルシウム（▶金属元素の1つ. 元素記号はCa）

**calculate** 2級 B1 [kǽlkjulèit キャルキュレイト] 動他自 (…を)計算する；(…を)見積もる
派生語 calculation 名, calculator 名

**calculation** 2級 B1 [kæ̀lkjuléiʃən キャルキュレイション] 名ⓊⒸ 計算；見積もり

**calculator** 2級 B1 [kǽlkjulèitər キャルキュレイタァ] 名Ⓒ 計算器, 電卓

**Calcutta** [kælkʌ́tə キャルカタ] 名 カルカッタ（▶インドの都市コルカタ（Kolkata）の旧称）

**calendar** 準2級 A2 [kǽləndər キャランダァ] （★arのつづりに注意）名Ⓒ ❶ カレンダー, 暦
❷ 日程表, スケジュール

**calf¹** B1 [kǽf キャフ | kɑ́ːf カーフ] （★このlは発音しない）名（複 **calves** [kǽvz キャヴズ | kɑ́ːvz カーヴズ]）

Ⓒ 子牛

**calf²** [kǽf キャフ | kɑ́ːf カーフ] （★このlは発音しない）名（複 **calves** [kǽvz キャヴズ | kɑ́ːvz カーヴズ]）Ⓒ ふくらはぎ → body 図

**California** 5級 [kæ̀ləfɔ́ːrnjə キャラフォーニャ] 名 カリフォルニア（▶米国太平洋岸の, 全米最大の人口を有する州. 州都はサクラメント（Sacramento）. 最大都市はロサンゼルス. Cal., 郵便略語はCA）

\***call** 5級 A1 [kɔ́ːl コール]

動他 ❶ …を呼ぶ
　　　❷ …を〜と呼ぶ
　　　❸ …に電話をかける
　　　❹ …を呼び集める；
　　　　(人)を呼んで起こす
自 ❶ 呼ぶ, 呼びかける
　　❷ 電話をかける
　　❸ 立ち寄る
名 ❶ 呼ぶ声, 呼ぶこと
　　❷ 電話(をかけること)
　　❸ ちょっと立ち寄ること

—動 (三単現 **calls** [-z]; 過去・過分 **called** [-d]; 現分 **calling**)

—他 ❶ (声を出して)(名前など)**を呼ぶ**, (来るように)…を呼ぶ
- *call* the police [doctor]
警察[医者]を呼ぶ
- Mr. White *called* Mike's name.
ホワイト先生はマイクの名前を呼んだ.

call +〈人〉+〈名詞〉
=call +〈名詞〉+ for +〈人〉
〈人〉に…を呼んでやる
- Please *call* me a taxi at five tomorrow.
=Please *call* a taxi *for* me at five tomorrow.
あした5時にタクシーを呼んでください.

❷ …**を〜と呼ぶ**, 名前をつける (=name)
call +〈名詞A〉+〈名詞B〉
AをBと呼ぶ
- My name is Yuri Sasaki. Please *call* me Yuri.
私の名前は佐々木ユリです. ユリと呼んでください.

# caller

😊 What do you *call* this animal in English? この動物を英語で何と言いますか. (▶How do you call ...?とは言えない) 【話してみよう!】
🙂 We *call* it a "giant panda." giant panda(パンダ)と言います.

- That dog is *called* Pochi.
あの犬はポチと呼ばれている. (▶We [They] *call* that dog Pochi.の受け身)

❸ …に電話をかける, 電話する (▶しばしば call up とも言う) (=telephone, phone, 英 ring (up))
- Please *call* me tonight.
今夜電話してください.
- *Call* 911 for an ambulance.
911番に電話して救急車を呼んで. (▶電話番号はふつう1桁(けた)ずつ区切って読む. この場合は nine one one. アメリカの消防署は911番)

❹ …を呼び集める; (人)を呼んで起こす
- A meeting was *called*. 会が召集(しょうしゅう)された.
- Please *call* me at seven tomorrow.
あした7時に私を起こしてください.

— 自 ❶ (大声で)呼ぶ, 呼びかける
- I *called* to Mike to open the door.
私はマイクにドアを開けてと呼びかけた.

❷ 電話をかける, 電話する

😊 Hello. Who's *calling*, please? 【話してみよう!】
もしもし, どちら様ですか.
🙂 This is William Green.
ウィリアム・グリーンです.

❸ 立ち寄る, 訪問する → (成句) call at ..., call on ...
- Please *call* again when you come to Tokyo. 東京へ来たらまた寄ってください.

*call at ...* (場所・家など)に立ち寄る, …を訪問する (▶「(人)を訪ねる」はcall on ...) (=visit)
- I *called at* Mary's apartment today.
私はきょうメアリーのアパートに行った.

*call back* (電話をかけた人が)後でもう一度電話する; (電話をかけた人に)後で折り返し電話する; …を呼びもどす
- Will you *call* me *back* after three o'clock?
3時以降にもう一度電話してくれますか.
- Please tell him to *call* me *back*.
私に電話をくれるよう彼に伝えてください.

*call for ...* 大声で(助けなど)を求める; (人)を連れに寄る, (物)を取りに訪(おとず)れる
- The drowning child *called for* help.
おぼれかけている子どもは助けを求めた.
- I will *call for* you at six.
6時にあなたを迎(むか)えに行きます.

*call it a day* (話)(1日の)仕事を切り上げる
- Let's *call it a day*.
きょうはこの辺で切り上げよう.

*call off* (計画など)を取りやめる, キャンセルする (=cancel)
- The meeting was *called off*.
会合は中止になった.

*call on ...* (人)を訪ねる, 訪問する (▶「(場所・家など)に立ち寄る」はcall at ...) (=visit)
- I am going to *call on* my aunt today.
きょうはおばに会いに行く予定だ.

*call out* 大きな声で叫(さけ)ぶ

*call up* 英 …に電話をかける (=英 ring up) → 他 ❸
- I *called* him *up*. 私は彼に電話した.

— 名 ⓒ ❶ 呼ぶ声, 叫(さけ)び(声); 呼ぶこと
- a *call* for help 助けを求める声

❷ 電話(をかけること), 通話, (電話の)呼び出し (=telephone call, phone call)
- a video *call* ビデオ通話
- Tom, there is a *call* for you. トム, 電話よ.
- I got a *call* from Mari.
マリから電話がかかってきた.
- You have a phone *call*, Mr. Smith.
スミスさん, お電話です.

❸ ちょっと立ち寄ること, 訪問
- make [pay] a short *call* ちょっと立ち寄る

*give ... a call* …に電話をかける
- I *gave* him *a call* tonight.
彼に今夜電話した.

*make a call* (*to ...*) (…に)電話をかける

派生語 caller 名, calling 名

**caller** B1 [kɔ́:lər コーラァ] 名 ⓒ 電話をかけてきた人; 訪問者

**calligraphy** [kəlígrəfi カリグラフィ] 名 Ⓤ 書道; カリグラフィー (▶文字を美しく書く技術; 美しい筆跡(ひっせき))

**calling** 5級 [kɔ́:liŋ コーリング]
— 動 call(呼ぶ)の現在分詞・動名詞

—名 C 呼ぶこと, 召集(しょう); 職業, 天職

## calm 2級 B1
[ká:m カーム](★このlは発音しない)
—形 (比較 calmer; 最上 calmest) ❶(天候・海・湖などが)穏(おだ)やかな, 静かな→quiet くらべて!
- a calm day [sea] 穏やかな日[海]

❷(態度などが)冷静な
- Keep calm. 落ち着きなさい.

—動 (三単現 calms[-z]; 過去・過分 calmed[-d]; 現分 calming)
—自 静まる; 落ち着く
- Calm down. 落ち着きなさい.
—他 …を落ち着かせる, なだめる
—名 U 静けさ; 落ち着き; U C 無風状態, なぎ
派生語 calmly 副, calmness 名

**calmly** B2 [ká:mli カームリィ](★最初のlは発音しない) 副 静かに, 穏(おだ)やかに; 落ち着いて

**calmness** B1 [ká:mnis カームニス](★このlは発音しない) 名 U 静けさ; 冷静さ, 穏(おだ)やかさ

**calorie** [kǽləri キャラリィ](★calory ともつづる) 名 (複 calories[-z]) C カロリー(►熱量の単位, 1グラムの水の温度を1度上げるのに必要な熱量)

**calves** [kǽvz キャヴズ | ká:vz カーヴズ] 名 calf¹(子牛), calf²(ふくらはぎ)の複数形

**Cambodia** 準2級 [kæmbóudiə キャンボウディア] 名 カンボジア(►アジア南東部の王国. 首都はプノンペン(Phnom Penh))
派生語 Cambodian 形 名

**Cambodian** [kæmbóudiən キャンボウディアン]
—形 カンボジア(人)の
—名 C カンボジア人; U カンボジア語, クメール語

**Cambridge** [kéimbridʒ ケインブリッヂ] 名 ❶ケンブリッジ(►英国東南部の都市. ケンブリッジ大学の所在地) ❷ケンブリッジ大学(►Cambridge University. オックスフォード大学とともに, 英国を代表する大学) ❸ケンブリッジ(►米国マサチューセッツ州の都市. ハーバード大学・マサチューセッツ工科大学の所在地)

## came 4級 [kéim ケイム]
動 come(来る)の過去形

**camel** B1 [kǽməl キャマル] 名 C 〖動物〗らくだ

**camellia** [kəmí:liə カミーリァ] 名 C 〖植物〗つばき

## camera 5級 A1 [kǽmərə キャメラ]
名 (複 cameras[-z]) C カメラ, 写真機(►テレビや映画などのカメラも含(ふく)む)
- a digital camera デジタルカメラ
- I took many pictures with my camera. 私は自分のカメラでたくさん写真を撮(と)った.

**cameraman** [kǽmərəmən キャマラマン] 名 (複 cameramen[-mən])C (映画・テレビなどの)カメラマン(►最近では男女の区別を避(さ)けて camera operator, cameraperson が多く用いられる. 「写真を撮(と)る人」は photographer)

**Cameroon** [kæmərú:n キャマルーン] 名 カメルーン(►アフリカ大陸西部に位置する共和国. 首都はヤウンデ(Yaoundé))

## camp 5級 A1 [kǽmp キャンプ]
—名 (複 camps[-s]) ❶ C キャンプ場; U キャンプ(生活), 野営(地)
- a summer camp サマーキャンプ, 夏合宿
- make camp キャンプをする

❷ C (難民などの)収容所, キャンプ
- a refugee camp 難民キャンプ[収容所]

—動 (三単現 camps[-s]; 過去・過分 camped[-t]; 現分 camping) 自 キャンプ(生活)をする, 野営する
- go camping キャンプに行く
- We camped (out) in the mountains. 私たちは山でキャンプをした.
派生語 camper 名, camping 名

**campaign** B2 [kæmpéin キャンペイン](★このgは発音しない) 名 C (社会的・政治的な)運動, キャンペーン; 軍事行動

**camper** [kǽmpər キャンパァ] 名 C キャンプをする人; 《主に米》キャンピングカー(►「キャンピングカー」は和製英語)

**campfire** 4級 [kǽmpfàiər キャンプファイア] 名 C キャンプファイアー(を囲む集(つど)い)

**campground** [kǽmpgraund キャンプグラウンド] 名 C 《米》キャンプ場

**camping** 準2級 A2 [kǽmpiŋ キャンピング]
—動 camp(キャンプをする)の現在分詞・動名詞
—名 U キャンプをすること, キャンプ生活

**campsite** B1 [kǽmpsàit キャンプサイト] 名 C 《英》キャンプ場; 《米》キャンプ場の1区画

**campus** 準2級 A2 [kǽmpəs キャンパス] 名 (複 campuses[-iz]) C (大学などの)構内, キャンパス

## *can¹ 5級 A1
[kən カン, 《強く言うとき》kǽn キャン]

助 ❶…できる
❷…してもよい
❸…でありうる
❹《Can you +〈動詞の原形〉?》で …してくれますか.
❺《Can I +〈動詞の原形〉?》で …しましょうか.

# can¹

**助**《過去》could[kəd カド,《強く言うとき》kúd クッド])
❶《能力》…〈することが〉**できる**;《可能》…〈することが〉**できる**(= be able to)
→ able **ポイント!**

- I *can* swim well. 私はうまく泳げる.
- You *cannot* [*can't*] put a price on love. 愛に値段をつけることはできない.
- *Can* you hear me? 私の声が聞こえますか.(►「聞く能力があるか」ではなく「聞こえているか」の意味)

### ここがポイント! canの使い方

(1) 主語にかかわらず **can** の後には必ず動詞の原形がきます.
× She can speaks Chinese.
○ She *can* speak Chinese.
彼女は中国語を話せる.

(2) **can** の否定形はcannot.《話》では短縮形can'tを使います. また, 特に否定を強めたいときにはcan notと書くこともあります. → cannot, can't

(3)「…することができた」と過去に能力が備わっていたことを表すときにはcouldを使いますが, 実際にできた行為(ミラ)を表すときには, was [were] able to +〈動詞の原形〉を使います. → could ❶, able ❶

(4)「(将来)…できるだろう」と未来のことを言いたいときにはwill be able to +〈動詞の原形〉を使います. 否定するときはwill not [won't] be able to +〈動詞の原形〉とします. また, 完了形はhave been able to +〈動詞の原形〉を使います.

○ You *will be able to* swim if you practice a little.
少し練習すれば泳げるようになるだろう.

---

### Can you speak ...? でなく Do you speak ...?

「英語を話せますか」など, ある言葉を話せるかどうかたずねるときはDo you speak English?とするのがふつうで, Can you speak English?とはあまり言いません. 相手の能力を直接聞くことが失礼に当たるからです.

- *Can* you come here at eight o'clock tomorrow night? あすの夜8時にここに来られますか.(►来る能力があるかではなく, 状況(ヒョ፟ウ)から判断して来ることができるかどうかをたずねる表現)

❷《許可》《話》…**してもよい**,《Can I [we] +〈動詞の原形〉? で》…してもいいですか.(►許可を求める)

**話してみよう!**

☺ *Can I* go to the movies tonight?
今晩, 映画に行ってもいいかな.
☻ Yes, you *can*. / Sure.
いいよ. / もちろん.

☺ *Can we* eat here?
ここで食べてもいいですか.
☻ No, you *can't*. いいえ, いけません.

- You *can* use the fitting room.
試着室を使ってもいいですよ.
- You *can't* have a barbecue here.
ここでバーベキューをしてはいけません.(► can'tの代わりにmust notを使うと,「禁止」の意味がさらに強くなる)

### くらべてみよう! canとmay

(1)「…してもいいですか」と許可を求める場合, **Can I** +〈動詞の原形〉? よりも**May I** +〈動詞の原形〉? のほうがていねいな言い方になります. また, couldを使ったCould I +〈動詞の原形〉?「…してもよろしいでしょうか」もていねいな言い方です(このcouldは過去の意味ではありません→ could ❹).

(2)「…してもいいです」と許可を与(ゑ)える場合は, You *can* +〈動詞の原形〉. のほうが柔(ዮ)らかい言い方になります. You *may* +〈動詞の原形〉. とすると「…することを私が許可してやる」という尊大な感じになります.

❸《可能性》…**でありうる**, …することがある;《疑問文で》はたして…だろうか(►強い疑いを表す);《否定文で》…であるはずがない(►肯定文で「…に違(ѣが)いない」はmust)

- This kind of accident *can* happen again.
この種の事故はまた起こりうる.
- *Can* the rumor be true?
そのうわさは本当なのだろうか.
- He *cannot* tell a lie.
彼がうそをつくはずがない.

❹《Can you +〈動詞の原形〉? で》…**してくれますか**(►親しい間で軽い頼(ѣの)み事をするときに使う. よりていねいにはCould you +〈動詞の原形〉? と言う)→ could ❹

**話してみよう!**

☺ *Can you* carry this bag for me?
このかばんを持ってくれるかい.
☻ Sure. いいよ.

❺《Can I+〈動詞の原形〉?で》…しましょうか，…してあげましょうか(▶申し出・提案を表す)
- *Can I* help you? お手伝いしましょうか．；(店員が客に)何かお探しですか，いらっしゃいませ．
- What *can I* do for you? 何をお手伝いしましょうか．；(店員が客に)何かご用はありませんか，いらっしゃいませ．

> **ここがポイント!** Can I+〈動詞の原形〉? は，許可? 提案?
> 
> 「…してもいいですか」と許可を求めているのか「…しましょうか」と申し出ているのかは，状況で判断します．
> - *Can I* go now?
>   もう行ってもいいですか．(許可)
> - *Can I* give you a ride?
>   車に乗せてあげましょうか．(提案)

*as ... as ~ can* できるだけ… → as(成句)
*cannot help*+〈-ing形〉…しないではいられない → help 動(成句)
*cannot*+〈動詞の原形〉+*too ...* いくら~しても…しすぎることはない → too(成句)

**can²** 準2級 A2 [kǽn キャン]
— 名 C ⊛(缶詰(づめ)などの)缶(=⊛tin)；⊛(ふたつきの)金属製容器 → container 図
- an empty *can* 空き缶
- a *can* of orange juice オレンジジュース1缶
— 動 (過去・過分 canned[-d]; 現分 canning) 他 …を缶詰にする

# Canada 5級 [kǽnədə キャナダ]

名 カナダ(▶北米大陸北部にある英連邦(れんぽう)の国．公用語は英語・フランス語．首都はオタワ(Ottawa))

派生語 Canadian 形 名

# Canadian 4級
[kənéidiən カネイディアン]
— 形 カナダ(人)の
— 名 (複 Canadians[-z]) C カナダ人；《the Canadiansで》《複数扱い》カナダ人(全体)

**canal** B1 [kənǽl カナル] 名 C 運河，水路
- the Panama *Canal* パナマ運河

**canary** [kənéəri カネ(ア)リィ] 名 (複 canaries[-z]) C 〖鳥〗カナリア

**Canberra** [kǽnbərə キャンベラ | -bərə -バラ] 名 キャンベラ(▶オーストラリア(Australia)の首都)

**cancel** 2級 B1 [kǽnsəl キャンサル]
動 (過去・過分 canceled, ⊛cancelled[-d]; 現分 canceling, ⊛cancelling) 他 (約束・注文など)を取り消す，中止する，キャンセルする

派生語 cancellation 名

**cancellation** [kæ̀nsəléiʃən キャンサレイション] 名 U 取り消し，キャンセル

**cancer** 2級 B1 [kǽnsər キャンサァ] 名 ❶ U C 〖医学〗がん
- die of *cancer* がんで死ぬ

❷ U《Cancerで》〖天文・占星〗かに座；C《Cancerで》〖占星〗かに座生まれの人

**candidate** B2 [kǽndidèit キャンディデイト] 名 C 候補者，志願者

# candle 2級 B1 [kǽndl キャンドゥル]

名 (複 candles[-z]) C ろうそく
- light a *candle* ろうそくに火をつける
- blow out a *candle* ろうそくを吹(ふ)き消す

**candlestick** [kǽndlstìk キャンドゥルスティック] 名 C ろうそく立て，燭台(しょくだい)

# candy 5級 A1 [kǽndi キャンディ]

名 (複 candies[-z]) U C ⊛キャンディー，砂糖菓子(がし)(▶日本語の「キャンディー」よりも幅(はば)広く使われ，キャラメルやチョコレートなども含(ふく)む)(=sweets)
- a *piece* [two *pieces*] of *candy* キャンディー1[2]個
- *candy* wrapper キャンディーの包み紙

**candy bar** [kǽndi bɑ:r キャンディー バー] 名 C キャンディーバー(▶棒状になったキャンディー．チョコレートバーも含まれる)

**cane** B2 [kéin ケイン] 名 C (籐(とう)・竹などの)茎(くき)；ステッキ，つえ，むち；U (家具などの用材としての)籐

**canned** B1 [kǽnd キャンド] 形 ⊛缶詰(づめ)の
- *canned* peaches 缶詰の桃(もも)

**cannon** [kǽnən キャナン] 名 (複 cannon, cannons[-z]) C (旧式の)大砲(たいほう)(▶現在の大砲はgun)

# cannot 3級

[kǽnɑt キャナット | kǽnɔt キャノット]
助 can¹の否定形(▶notを強調するときのみcan

**canoe**

notと2語に分ける. 会話ではふつうcan'tを用いる) → can¹, can't
❶ …(することが)できない ❷ …してはいけない ❸ …のはずがない

**canoe** [kənúː カヌー] 名 C カヌー

canoe — paddle

# can't [kænt キャント | káːnt カーント]

《話》cannotの短縮形
- I *can't* hear you.
 あなたの言うことが聞こえません.
- "Can you swim?" "No, I *can't*."
 「泳げますか」「いいえ, 泳げません」
- *Can't* you go with us?
 私たちといっしょに行けませんか.
- You can drive, *can't* you?
 あなたは車を運転できますよね. (▶念を押す言い方. ..., cannot you?は×)

**Canterbury** [kǽntərbèri キャンタァベリィ] 名 カンタベリー(▶英国南東部の都市. 英国国教会総本山のカンタベリー寺院がある)

**canvas** [kǽnvəs キャンヴァス] 名 (複 canvases [-iz]) ❶ U ズック, 帆布(ほ) (▶粗い厚地の綿や麻でできた布. テント・かばん・靴などに用いる) ❷ C (油絵をかく)カンバス, 画布; 油絵

**canyon** 3級 [kǽnjən キャニャン] 名 C (深い)峡谷(きょう)

# cap 5級 A1 [kǽp キャップ]

— 名 (複 caps[-s]) C ❶ (縁なしの)帽子, 学生帽, 野球帽, 水泳帽 → hat 図
- a baseball [swimming] *cap* 野球[水泳]帽
- put on a *cap* 帽子をかぶる
- take off a *cap* 帽子を取る
❷ (瓶の)ふた, (ペンの)キャップ

— 動 (三単現 caps[-s]; 過去・過分 capped[-t]; 現分 capping) ⓗ …にふたをする; …の上部を覆(おお)う; …に帽子をかぶせる

**capable** 2級 B1 [kéipəbl ケイパブル] 形 ❶ (be capable of ＋〈-ing形〉で) …ができる, …の能力がある; …する可能性がある
- He *is capable of* pass*ing* the exam.
 彼には試験に受かる力がある.
❷ 有能な
- a *capable* lawyer 腕利(うでき)きの弁護士

**capacity** B1 [kəpǽsəti カパサティ]
名 (複 capacities[-z]) ❶ U 収容能力, 容量, 容積
❷ U C 能力, 才能

**cape¹** [kéip ケイプ] 名 C 岬(みさき)
- the *Cape* of Good Hope 喜望峰(ほう) (▶アフリカ南端(たん)の岬. the Capeとも言う)

**cape²** [kéip ケイプ] 名 C ケープ (▶そでのない円形の短いマント)

**Cape Town** [kéip táun ケイプタウン]
(▶Capetownともつづる) 名 ケープタウン (▶南アフリカ(South Africa)の立法上の首都)

# capital 準2級 A2 [kǽpətl キャパトゥル]

— 名 (複 capitals[-z]) ❶ C 首都, 首府; 県庁所在地, 州都
- Washington, D.C. is the *capital* of the U.S. ワシントンDCはアメリカ合衆国の首都である.
❷ C 大文字 (＝capital letter), 頭(かしら)文字
- write *in capitals* 大文字で書く
❸ U 資本, 資本金, 元金

— 形 ❶ 最も重要な, 主な
- a *capital* city 首都
❷ 大文字の
❸ 死に値(あたい)する
- *capital* punishment 死刑(けい)

**capital letter** A2 [kǽpətl létər キャパトゥル レタァ] 名 C 大文字(⇔small letter 小文字)

**Capitol** [kǽpətl キャパトゥル] 名 《the Capitolで》(米国の)国会議事堂 (▶首都ワシントンの中心部の丘(おか) Capitol Hillにある)

米国の国会議事堂

**Capricorn** [kǽprikɔ̀ːrn キャプリコーン] 名 U 〖天文・占星〗やぎ座; C 〖占星〗やぎ座生まれの人

**capsule** B1 [kǽpsəl キャプサル | -sjuːl -スュール]
名 C (薬の)カプセル; (宇宙ロケットの)カプセル; 小さな容器
- a *capsule* toy machine カプセルトイの販売機 (▶ガチャ, ガチャポンは商標名)

# captain 準2級 A2

[kǽptən キャプタン | -tin -ティン]

名 (複 captains[-z]) C ❶ (チームの)キャプテン, 主将
- the *captain* of a tennis team

# cardigan

テニスチームの主将
❷船長, 艦長; (飛行機の)機長
- *Captain* Cook クック船長
❸陸軍大尉, 海軍大佐

**captive** B2 [kǽptiv キャプティヴ]
— 名 C 捕虜
— 形 捕らわれの, 捕虜の

**capture** B1 [kǽptʃər キャプチァ] (▶形式ばった語)
— 動 他 …を捕らえる
— 名 U 捕獲; C 捕獲物, ぶんどった品

**\*car** 5級 A1 [káːr カー]

名 (複 cars[-z]) C ❶**自動車**, 乗用車, 車 (▶乗用車をさし, バス・トラック・タクシーなどは含まない) (= 米 automobile, 英 motorcar)
- a used *car* 中古車
- drive a *car* 車を運転する
- get in [into] a *car* 車に乗る (▶ get on a car としない)
- get out of a *car* 車から降りる (▶ get off a car としない)
- I went to the airport by *car*. 私は空港まで車で行った. (▶ by の後では a や the をつけない) → by ポイント!
- Peter took his children to the zoo in his *car*. ピーターは子どもたちを彼の車で動物園へ連れて行った. (▶ by [on] his car は×) → by ポイント!

車・各部の名称

①米 windshield, 英 windscreen フロントガラス
②wiper ワイパー ③米 hood, 英 bonnet ボンネット
④headlight ヘッドライト
⑤米 license plate, 英 number plate ナンバープレート
⑥bumper バンパー ⑦米 door ドア
⑧door handle ドアハンドル ⑨tire, 英 tyre タイヤ
⑩wheel 車輪 ⑪taillight テールランプ
⑫米 trunk, 英 boot トランク
⑬米 side (view) mirror, 英 wing mirror サイドミラー
⑭steering wheel ハンドル
⑮rearview mirror バックミラー

❷《主に米》(列車の)**車両**, 客車 (= 英 carriage)
(▶ car が連なったものが train (列車))
- a dining [buffet] *car* 食堂車
- a sleeping *car* 寝台車
❸路面電車 (= 米 streetcar, 英 tram)

**caramel** [kǽrəməl キャラメル] 名 C キャラメル; U カラメル (▶砂糖を煮詰めた物)
**caravan** B2 [kǽrəvæn キャラヴァン] 名 C (砂漠の)隊商, キャラバン隊; ほろ馬車; 英 トレーラーハウス (= 米 trailer)
**carbon** B2 [káːrbən カーボン] 名 ❶ U 〖化学〗炭素 (▶元素記号は C)
❷ C U (複写用の)カーボン紙 (= carbon paper)
**carbon dioxide** B2 [kàːrbən daiáksaid カーボン ダイアクサイド | - -ɔ́ksaid - -オクサイド] 名 U 〖化学〗二酸化炭素 (▶記号は $CO_2$)

**carbon neutral, carbon-neutral**
[kàːrbən núːtrəl カーボン ヌートゥラル | - njúːtrəl - ニュートゥラル] 形 カーボンニュートラルな (▶二酸化炭素の排出量と吸収量が等しい)

**\*card** 5級 A1 [káːrd カード]

名 (複 cards[-dz -ヅ]) C ❶**カード**, 券; 名刺
- a credit *card* クレジットカード
- an ID [identification] *card* 身分証明書
- a report *card* 通知表, 成績表
- a prepaid *card* 料金前払いカード
- a business *card* 業務用の名刺
- a red [yellow] *card* (サッカーで) レッド[イエロー]カード

❷ (クリスマス・誕生日などの)あいさつ状, **カード** (= greeting [英 greetings] card); **はがき** (= postcard)
- I sent a *card* to Hiromi from Europe. 私はヨーロッパからヒロミにはがきを送った.

表現メモ

**いろいろなカード**
a birthday *card* バースデーカード
a Christmas *card* クリスマスカード
a get-well *card* お見舞いカード
an invitation *card* 招待状
a New Year's *card* 年賀状
(▶米英には年賀状の習慣はない)

❸トランプ(の札) (= playing card); 《cards で》トランプ遊び (▶ trump [トゥランプ] は「切り札」のことで, 「トランプ」の意味はない)
- a pack of *cards* トランプ1組
- play (at) *cards* トランプをする
- shuffle (the) *cards* トランプを切る
- deal (the) *cards* トランプを配る
- a *card* game トランプゲーム
❹ (スポーツなどの) 番組; 対戦カード

**cardboard** B2 [káːrdbɔ̀ːrd カードボード] 名 U 厚紙, ボール紙
**cardigan** B2 [káːrdigən カーディガン] 名 C カーディガン (▶前開きのセーター)

## care

**care** 4級 A1 [kéər ケア]

**名** ❶ 注意, 用心
❷ 世話, 保護
❸ 心配, 気苦労
**動** 自 気にする
他 ❶ …かどうか気にする
❷《care to +〈動詞の原形〉で》…したい

― **名** (複 cares[-z]) ❶ Ⓤ (細心の) **注意**, 用心
- Do your work with *care*. 注意して仕事をやりなさい. (=Do your work carefully.)
- HANDLE WITH *CARE*
《表示》取り扱い注意

❷ Ⓤ **世話**, 保護, 看護, ケア
- The *care* given in this hospital is excellent.
この病院で提供される看護はすばらしい.

❸ Ⓒ Ⓤ 心配, 気苦労;《しばしば cares で》気苦労の種, 心配事
- He doesn't have a *care* in the world.
彼には心配事はひとつもない.

***care of ...* = *in care of ...* …方(がた), …気付(づけ)**
(► c/o と省略して手紙のあて名などに用いる)
- Mr. Takano *c/o* Mr. Johnson
ジョンソン様方高野様

***take care* 気をつける, 注意する**
- *Take care*. じゃあね. (►非常にくだけた別れのあいさつ. 病人に向かって「お大事に」の意味でも用いる)
- *Take care* not to break the glasses.
コップを割らないように気をつけなさい.

***take care of ...* …に気をつける; …の世話をする; …を大事にする**
- My brother *takes care of* our dog.
兄[弟]がうちの犬の世話をしている.
- You have to *take* very good *care of* yourself. 体にくれぐれも気をつけて.

― **動** (三単現 cares[-z]; 過去・過分 cared[-d]; 現分 caring)
― 自《ふつう疑問文・否定文で》**気にする**, 気にかける, 心配する
- He didn't *care* about my feelings.
彼は私の気持ちを気にしてはいなかった.

― 他 ❶《ふつう疑問文・否定文で》…かどうか気にする; …を気にかける
- I don't *care* whether the Giants win or lose. ぼくはジャイアンツが勝とうが負けようがかまわない.
- I don't *care* what you do.
君が何をしようとどうでもいい.

❷《care to +〈動詞の原形〉で》《疑問文・否定文で》…したい
- Would you *care to* order now?
今, 注文なさいますか.

***care for ...* ①…の世話をする(=take care of, look after), …を心配する ②《疑問文・否定文で》…が好きだ; …がほしい**
- Would you *care for* some more tea?
もう少しお茶をいかがですか.

派生語 careful 形, careless 形

**career** 2級 B1 [kəríər カリァ] (★アクセント位置に注意)

**名** ❶ Ⓒ 経歴, 生涯(しょうがい);(専門的な)職業
- My aunt began [started] her *career* as a writer.
おばは作家として人生をスタートした.
❷《形容詞的に》❸ 専門の, 本職の

**carefree** B2 [kéərfri: ケァフリー] 形 心配事[苦労]のない, のんきな

## careful 4級 A1 [kéərfəl ケァフル]

形 (比較 more careful; 最上 most careful) ❶ 注意深い, 用心深い, 慎重(しんちょう)な; 気をつけて (⇔careless 不注意な)
- She is *careful about* everything.
彼女はすべてに注意深い.
- Be *careful* with that vase.
花瓶(かびん)(を割らないよう)に気をつけて.
- Be *careful* not to drop the eggs. = Be *careful* (that) you don't drop the eggs.
卵を落とさないように注意しなさい. (► not が to 不定詞の前にくることに注意)
- You can't be too *careful*.
《話》注意してもしすぎることはない.
❷《名詞の前に用いて》念入りな, 綿密な
- a *careful* investigation 念入りな調査

派生語 carefully 副

## carefully 3級 A1

[kéərfəli ケァフリィ]

副 (比較 more carefully; 最上 most carefully) 注意深く, 用心深く; 気をつけて, 念入りに

(⇔carelessly 不注意に)
- think *carefully* じっくり考える
- Listen to him very *carefully*.
彼の言うことをよく注意して聞きなさい.

**caregiver** [kéərgìvər ケアギヴァ] 名 C 介護士, ヘルパー

**careless** B1 [kéərlis ケアリス] 形 不注意な, 軽率な (⇔careful 注意深い); かまわない
- a *careless* mistake
不注意な間違い, ケアレスミス
- She is always *careless* with other people's things.
彼女はいつも他人のことにかまわない.
派生語 carelessly 副, carelessness 名

**carelessly** B1 [kéərlisli ケアリスリィ] 副 不注意に, うっかりして (⇔carefully 注意深く); いい加減に

**carelessness** B1 [kéərlisnis ケアリスニス] 名 U 不注意, 軽率

**caretaker** [kéərtèikər ケアテイカァ] 名 C 世話人; 管理人

**cargo** [káːrgou カーゴウ] 名 (複 cargoes, cargos [-z]) U C (船・飛行機などの)積み荷

**Caribbean** [kærəbíːən キャラビーアン] 形 カリブ人の, カリブ海の

**Caribbean Sea** [kærəbíːən síː キャラビーアン スィー] 名 《the Caribbean Seaで》カリブ海 (▶西インド諸島と南米に囲まれた海域)

**caribou** [kǽrəbùː キャラブー] 名 C 〖動物〗カリブー (▶北アメリカ産トナカイ)

**caring** B2 [kéəriŋ ケ(ア)リング] 形 人を気づかう [思いやる]

**carnation** 4級 [kɑːrnéiʃən カーネイション] 名 C 〖植物〗カーネーション

**carnival** B2 [káːrnivəl カーニヴァル] 名 ❶ U 謝肉祭, カーニバル ❷ C ばか騒ぎ, お祭り騒ぎ

**Carol** [kǽrəl キャラル] 名 キャロル (▶男性・女性の名)

**carol** [kǽrəl キャラル] 名 C 喜びの歌, キャロル, (特に)クリスマスキャロル

**Carolina** [kærəláinə キャラライナ] 名 カロライナ (▶米国大西洋岸の地域. ノースカロライナ州 (North Carolina) とサウスカロライナ州 (South Carolina) に分かれる)

**carp** [káːrp カープ] 名 (複 carp, 《種類をいうとき》 carps [-s]) C 〖魚〗こい

**car park** A2 [káːr pàːrk カー パーク] 名 C ◇ 駐車場 (=parking lot)

# carpenter 3級

[káːrpəntər カーパンタァ]
名 (複 carpenters [-z]) C 大工

**carpet** B1 [káːrpit カーピット] 名 U C カーペット, じゅうたん (▶ふつう, 部屋全体に敷(し)くもの. 部分的なものはrug)

**carport** [káːrpɔ̀ːrt カーポート] 名 C カーポート, 簡易ガレージ

**carriage** B1 [kǽridʒ キャリッヂ] 名 ❶ C 〘英〙(鉄道の)客車 (=〘米〙car) ❷ C 馬車 (▶特に自家用4輪馬車) ❸ C 〘米〙ベビーカー (=baby carriage) ❹ U 〘英〙運送, 運賃

**carried** [kǽrid キャリィド] 動 carry (運ぶ; 届く) の過去形・過去分詞

**carrier** [kǽriər キャリア] (★アクセント位置に注意) 名 C 運ぶ人, 運搬(ぱん)人, 配達人; 運送業者; (病原菌(きん)の) 保菌者, 媒介(かい)物, キャリア

**carries** [kǽriz キャリィズ] 動 carry (運ぶ; 届く) の三人称(にんしょう)単数現在形

**Carroll** [kǽrəl キャラル] 名 Lewis, ルイス・キャロル (▶1832-1898; 英国の数学者・童話作家, 代表作『不思議の国のアリス』)

# carrot 準2級 A2 [kǽrət キャラット]

名 (複 carrots [-ts ツ]) C にんじん; U (食材としての)にんじん

# *carry 5級 A1 [kǽri キャリィ]

動 (三単現 carries [-z]; 過去・過分 carried [-d]; 現分 carrying)
— 他 ❶ …を運ぶ, 運搬(ぱん)する, 持って行く
- I *carried* the bag upstairs.
私はそのかばんを2階に運んだ.
- He is *carrying* his baby on his back.
彼は赤ちゃんをおんぶしている.

❷ …を持ち歩く, 携帯(たい)する
- She always *carries* an electronic dictionary in her bag. 彼女はいつも電子辞書をかばんに入れて持ち歩いている.
- He was *carrying* a camera with him then. 彼はそのときカメラを持ち歩いていた.

❸ (乗り物が人・物を)運ぶ, 輸送する
- This plane can *carry* three hundred passengers.
この飛行機は300人の乗客を運べる.

❹ (ニュース・知らせなど)を伝える; (水・音など)を運ぶ; (病気)を伝染させる
- All the newspapers are *carrying* the same front-page story today. きょうはすべての新聞が第一面で同じ事件を伝えている.

— 自 (音などが) 届く
- Her voice *carries* well. 彼女の声はよく届く.

***carry away*** …を運び去る
***carry on (with ...)*** (…を)続ける
- The students *carried on with* their work

in silence. 生徒たちは黙々(もくもく)と勉強を続けた.
**carry out** (計画など)を実行する, (義務など)を果たす, 成しとげる
- John finally *carried out* his plans.
ジョンはついに計画を実行した.

派生語 carrier 名

**carryall** [kǽriɔ̀:l キャリィオール] 名 C ⑧ 大型のかばん → bag 図

**cart** 準2級 [káːrt カート] 名 C (2輪の)荷馬車, 荷車; 手押(お)し車, カート
- a grocery [shopping] *cart*
(スーパーなどの)買い物カート

**carton** B1 [káːrtn カートゥン] 名 C (一定量の商品の入った紙製の)容器, カートン, パック → container 図
- a *carton* of milk 牛乳1パック[カートン]

# cartoon 3級 A1 [kɑːrtúːn カートゥーン]
名 (複 cartoons[-z]) C ❶ (新聞・雑誌などの)**漫画**(まんが), 風刺(ふうし)漫画(▶ふつう1こまのもの); ⑧続き漫画(= comic strip) ❷ **アニメ映画**, アニメ (= animated cartoon)

派生語 cartoonist 名

**cartoonist** [kɑːrtúːnist カートゥーニスト] 名 C 漫画(まんが)家

**cartridge** [káːrtridʒ カートリッヂ] 名 C ❶ (プリンターなどのインクの)カートリッジ ❷ (銃(じゅう)の)薬きょう

**carve** B2 [káːrv カーヴ] 動 他 ❶ …を彫(ほ)る, 彫刻(ちょうこく)する; …を刻む
- *carve* a piece of wood *into* a Buddha
= *carve* a Buddha *from* a piece of wood
木を彫って仏像を作る
❷ (食卓(しょくたく)で肉)を切り分ける

# case¹ 準2級 [kéis ケイス]
名 (複 cases[-iz]) C ❶ **場合**; 事例
- *in* that *case* その場合には
- *in* most *cases* たいてい(の場合)
❷ C (犯罪など調査を要する)**事件**
- a murder *case* (= a *case* of murder)
殺人事件
❸ C 実例, 事例 (= example)
- a *case* in point 適切な例
- a *case* study 事例研究, ケーススタディー
❹ C (病気の)**症例**(しょうれい); 患者(かんじゃ)
- a *case* of the flu インフルエンザの症例
- an emergency *case* 救急患者
- a *case* history 病歴
❺ 《the case で》事情, 実情, 事実

**as is often the case with ...** …にはよくあることだが

***in any case*** 《話》とにかく, いずれにしても

***in case ...*** ① ⑧ もし…なら (= if)
- *In case* you cannot go, please call me.
もしあなたが行けないなら電話してください.
② …するといけないから
- Write down his phone number *in case* you forget it.
忘れるといけないから, 彼の電話番号を書きとめておきなさい.

***in case of ...*** …の場合には(▶ふつう, 望ましくない状況(じょうきょう)に用いる)
- *In case of* rain, the game will be postponed.
雨の場合には試合は延期される.

「火事の場合には階段を使うこと」という掲示

***in nine cases out of ten*** 十中八九, たいていは

***(just) in case*** 万一に備えて
- Take a flashlight *just in case*. 万一の用心に懐中(かいちゅう)電灯を持って行きなさい.

# case² 5級 A1 [kéis ケイス]
名 (複 cases[-iz]) C **箱**; ケース, …入れ; 1箱の分量
- a pencil *case* 筆箱 (▶ pencil box とも言う)
- a *case* of cola コーラ1箱

**casework** [kéiswə̀ːrk ケイスワーク] 名 U ケースワーク (▶障がい者・困窮(こんきゅう)家庭などの相談・援助(えんじょ)などの活動)

派生語 caseworker 名

**caseworker** [kéiswə̀ːrkər ケイスワーカァ] 名 C ケースワーカー (▶ casework に従事する人), 社会福祉(ふくし)士

**cash** 準2級 A2 [kǽʃ キャッシュ]
— 名 U **現金**
- He paid for the repairs *in cash*.
彼は修理代を現金で支払(しはら)った.
— 動 (三単現 cashes[-iz]) 他 (手形など)を現金に換(か)える
- *cash* a check 小切手を現金化する

派生語 cashier 名

**cashier** [kæʃíər キャシァ] 名 C 出納(すいとう)係; (商店・レストランなどの)レジ係

**cassette** A2 [kəsét カセット] 名 C (録音・録画テープの)カセット；フィルム入れ

**Cassiopeia** [kæ̀siəpíːə キャスィオピーア] 名 《天文》カシオペア座

**cast** B2 [kǽst キャスト | káːst カースト]
— 動 (過去・過分 cast) 他 ❶ …の配役を決める，(人)を役につける
- The director *cast* her as the heroine. 監督は彼女に主人公の役を割り当てた．

❷ …を投げる；(光・影など)を投げかける
- He *cast* his fishing line into the pond. 彼は釣り糸を池へ投げ入れた．

❸ (票)を投じる
- *cast* a vote 投票する

— 名 C ❶ (映画・芝居の)配役，キャスト
❷ (釣り糸・さいころなどを)投げること
❸ ギプス

**castanet** [kæ̀stənét キャスタネット] 名 C 《楽器》《ふつう castanets で》カスタネット

**caster** [kǽstər キャスタ | káːstər カースタア] (▶ 英では castor とつづる) 名 C キャスター，足車(▶ 家具・機械などに付ける小さな車輪)

## castle 準2級 A2
[kǽsl キャスル | káːsl カースル] (★このtは発音しない)
名 (複 castles [-z]) C 城；大邸宅

**casual** 2級 B1 [kǽʒuəl キャジュアル] 形 ❶ (衣服・態度・言葉などが)ふだん着の，くだけた，気さくな，カジュアルな
- *casual* wear ふだん着

❷ 偶然の，思いがけない；思いつきの
派生語 casually 副

**casually** B2 [kǽʒuəli キャジュアリィ] 副 何気なく；ふだん着で；偶然に (= by chance)

## cat 5級 A1
[kǽt キャット]
名 (複 cats [-ts -ツ]) C 猫；ネコ科の動物
- I have a *cat*. 私は猫を1匹飼っている．
- When the *cat*'s away, the mice will play. 鬼の居ぬ間に洗濯．(⇔猫がいないとねずみが遊ぶ)(▶ *cat*'s = cat is)
- A *cat* has nine lives. 猫は9つの命を持つ．(▶猫は執念深くて長生きだとされる)

💡これ，知ってる？ 黒猫は不吉
米英でも猫はペットとして好んで飼われますが，黒猫は悪魔や魔女の手先として不吉なものとされます．

*It's raining cats and dogs.* 《話》どしゃ降りの雨だ．(= It's raining heavily.)

**catalog** B2 [kǽtəlɔ̀ːg キャタローグ | -lɔ̀g -ログ] (▶ 主に英では catalogue とつづる) 名 C カタログ，目録

## *catch 4級 A1
[kǽtʃ キャッチ]

動 他 ❶ …を捕まえる，捕らえる
❷ …に間に合う；…に追いつく
❸ 《catch ...+〈-ing形〉で》…が〜しているところを見つける
❹ (病気)にかかる
❺ …を理解する
❻ …をはさむ，引っかける
❼ (注意など)を引く
❽ (火)がつく
自 ❶ 引っかかる
❷ 発火する
名 ❶ 捕まえる[捕らえる]こと；キャッチボール
❷ 捕まえた量，漁獲量[高]

— 動 (三単現 catches [-iz]；過去・過分 caught [kɔ́ːt コート]；現分 catching)
— 他

❶ …を捕まえる，捕らえる；…をつかむ
- *catch* a fish 魚を捕まえる
- She jumped up and *caught* the ball. 彼女は飛び上がってボールを捕らえた．
- The thief was *caught* by my mother. その泥棒は母に捕まえられた．
- Mike *caught* me *by* the arm. マイクは私の腕をつかんだ．(▶ by my arm は×)

❷ (公共の乗り物など)に間に合う (⇔ miss 乗り遅れる)；…に追いつく
- *catch* the last train 最終電車に乗る
- He ran fast but could not *catch* Meg. 彼は速く走ったがメグに追いつけなかった．

**catcher**

❸《catch ... +〈-ing形〉で》…が〜しているところを見つける（▶悪いことを見つける場合に用いる）
- The teacher *caught* him cheat*ing*. 先生は彼がカンニングしているところを見つけた．

❹（伝染(でんせん)性の病気）にかかる
- He *caught* a cold. 彼は風邪(かぜ)を引いた．（▶「風邪を引いている」はhave a cold）→ cold 名❶

❺…を理解する，…がわかる（＝understand）；…を聞き취ることができる
- Sorry. I didn't *catch* your name. すみませんが，お名前が聞き取れませんでした．

❻…をはさむ，引っかける
- I *caught* my jacket in the train door. 電車のドアに上着をはさまれた．

❼（注意など）を引く，集める
- His speech *caught* our attention. 彼のスピーチが私たちの注意を引いた．

❽（火）がつく
- This material *catches* fire very easily. この素材はとても火がつきやすい．

—自 ❶引っかかる
- My sweater *caught on* a nail. セーターがくぎに引っかかった．

❷発火する

***be caught in ...*** （にわか雨など）に降られる
- I *was caught in* a shower. にわか雨に降られた．

***catch one's breath*** 息をのむ，はっとする；（ほっとして）息をつく → breath（成句）
***catch hold of ...*** …をつかむ → hold 名（成句）
***catch on to ...*** …を理解する；流行する，人気が出る
- The students didn't *catch on to* the teacher's joke. 生徒たちには先生の冗談(じょうだん)がわからなかった．

***catch sight of ...*** …を見かける；…を見つける
***catch up*** （*with ...*）（…に）追いつく；（…と同じレベルまで）遅(おく)れを取りもどす
- He will *catch up with* us soon. 彼は私たちにすぐに追いつくだろう．

—名（複 **catches**[-iz]）❶Ⓒ 捕まえる[捕らえる]こと；捕球(ほきゅう)；Ⓤ キャッチボール
- play *catch* キャッチボールをする（▶「キャッチボール」は和製英語）
- a *catch* phrase キャッチフレーズ，注意を引く文句

❷Ⓒ 捕まえた量，漁獲量[高]
- The fishermen had a good *catch* yesterday. 漁師たちは大漁だった．

派生語 **catcher** 名

**catcher**[kǽtʃər キャチァァ] 名Ⓒ〖野球〗捕手(ほしゅ)，キャッチャー；捕(と)らえる人[道具]

**caterpillar**[kǽtərpilər キャタァピラァ] 名Ⓒ ❶毛虫，芋(いも)虫 ❷（戦車などの）キャタピラー；《Caterpillarで》キャタピラー（▶無限軌道(きどう)式トラクターの商標名）

**cathedral** B2 [kəθíːdrəl カスィードゥラル] 名Ⓒ（キリスト教の）大聖堂（▶ふつう司教（bishop）がいる）；大寺院

**Catherine**[kǽθərin キャサリン] 名 キャサリン（▶女性の名，愛称(あいしょう)はCathyなど）

**Catholic**[kǽθəlik キャサリック]
—形 カトリック（教会）の，旧教の
—名Ⓒ カトリック教徒，旧教徒（▶「新教徒」はProtestant）

**Cathy**[kǽθi キャスィ] 名 キャシー（▶女性の名，Catherineの愛称(あいしょう)）

**cat's cradle**[kǽts kréidl キャッツ クレイドゥル] 名Ⓤ あや取り（遊び）
- play *cat's cradle* あや取りをする

**cattle** B1 [kǽtl キャトゥル] 名Ⓤ《群れをさして複数扱い》（家畜(かちく)としての）牛
- There are *cattle* in the pasture. 牧場に牛がいる．（▶cattlesは×）

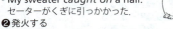

**CATV**[síːèitíːvíː スィーエイティーヴィー] 名 シーエーティービィー，共同聴視(ちょうし)アンテナテレビ（▶community antenna televisionの略）；ケーブルテレビ（▶cable televisionの略）

# **caught** 4級

[kɔ́ːt コート]（★このghは発音しない）
動 catch（捕(つか)まえる）の過去形・過去分詞

**cauliflower**[kɔ́ːləflàuər コーラフラウァ] 名Ⓒ Ⓤ カリフラワー

# **cause¹** 準2級 A2 [kɔ́ːz コーズ]

—名（複 **causes**[-iz]）❶Ⓤ Ⓒ 原　因（⇔effect, result 結果）
- the *cause* of a fire 火事の原因

❷Ⓤ（正当な）理由，わけ
- He has good *cause* to doubt you. 彼には君を疑う十分な理由がある．

❸《the causeで》主義，主張；目的
- fight for *the cause* of women's rights 女性の権利のために闘(たたか)う

—動（三単現 **causes**[-iz]；過去・過分 **caused**[-d]；現分 **causing**）他
❶…の原因となる，…を引き起こす，もたらす
- The accident *caused* his delay. その事故で彼は遅(おく)れた．（⇔事故が彼の遅れの原因となった）

❷《cause ... to+〈動詞の原形〉で》…に〜させる

- What *caused* her *to* cry?
なぜ彼女は泣いたのですか.(⇦何が彼女を泣かせたのか)

**'cause, cause²**[kəz カズ,《強く言うとき》kɔ́ːz コーズ]《話》becauseの短縮形

**caution** B1 [kɔ́ːʃən コーション]
- 名 U 用心; C U 警告(=warning), 注意
- 動 他 (人)に注意する,警告する

派生語 cautious 形

「注意／マスクを着用してください」という店舗入り口の掲示(英国)

**cautious** B1 [kɔ́ːʃəs コーシャス] 形 用心深い,注意深い,慎重(しんちょう)な(=careful)

**cave** 2級 B1 [kéiv ケイヴ] 名 C 洞穴(ほらあな),洞窟(どうくつ)

**caw**[kɔ́ː コー]
- 動 自 (からすが)カーカーと鳴く
- 名 C カーカー(という鳴き声)

**CBS**[sìːbiːés スィービーエス] 名 シービーエス(▶ Columbia Broadcasting Systemの略. ABC, NBCと並ぶ米国の3大テレビネットワークの1つ)

**cc**[síːsíː スィースィー] ❶《インターネット》carbon copy((Eメールの)カーボンコピー)の略 ❷cubic centimeter(立方センチメートル)の略

**CD** 5級 A1 [sìːdíː スィーディー]
名 (複 CDs, CD's[-z]) C CD(シーディー),コンパクトディスク(▶ compact diskの略)

**CD player** A1 [sìːdíː pléiər スィーディー プレイア] 名 C CDプレーヤー

**CD-ROM** B1 [sìːdíːrɑ́m スィーディーラム | -rɔ́m -ロム] 名 (複 CD-ROMs, CD-ROM's[-z]) C 《コンピュータ》CD-ROM, シーディーロム(▶ compact disk read-only memoryの略)

**cease** B2 [síːs スィース] 動
- 自 やめる;終わる(▶ stopより形式ばった語)
- 他 …をやめる
- Her daughter never *ceases* to amaze her. 彼女は娘(むすめ)に驚かされ続けている.(⇦彼女の娘は彼女を驚かせることをやめない)

**cedar**[síːdər スィーダァ] 名 C 《植物》ヒマラヤ杉(すぎ); U 杉材

**ceiling** B2 [síːliŋ スィーリング]
名 (複 ceilings[-z]) C 天井(てんじょう)
- There is a fly on the *ceiling*.
はえが1匹(ぴき)天井に止まっている.

**celebrate** 3級 A1
[séləbrèit セラブレイト]
動 (三単現 celebrates[-ts -ツ]; 過去・過分 celebrated[-id]; 現分 celebrating)
- 他 (出来事・日など)を祝う;(儀式(ぎしき)など)を行う
- We *celebrated* her birthday.
私たちは彼女の誕生日を祝った.
- 自 祝う;(儀式などを)行う

派生語 celebration 名

**celebration** A1 [sèləbréiʃən セラブレイション] 名 U 祝賀; C 祝典,祝賀会

**celery**[séləri セラリィ] 名 U 《植物》セロリ

**cell** B1 [sél セル](★同音 sell 売る) 名 C ❶ 細胞(さいぼう) ❷ (刑務所(けいむしょ)の)独房(どくぼう);(修道院の)独居室 ❸ (はちの巣の)みつ房 ❹ 電池

**cellar** B2 [sélər セラァ](★同音 seller 売る人) 名 C (食料などの)地下貯蔵室 → basement くらべて!

**cello** B2 [tʃélou チェロゥ] 名 (複 cellos[-z]) C 《楽器》チェロ(▶弦(げん)楽器)

**cell phone**[sél fóun セル フォウン](▶ cellphoneともつづる) 名 C 《主に米》携帯(けいたい)電話(= 米cellular phone, 英mobile phone)
- Please call me on my *cell phone*.
携帯電話にかけてください.

「この先携帯電話使用禁止」の標識

**cellular phone**[séljulər fóun セリュラァ フォウン] 名 C(主に米)=cell phone

**Celsius**[sélsiəs セルスィアス] 形 セ氏の(▶ Cまたは C. と略す)(=centigrade, ⇔Fahrenheit カ氏の) → degree 名 ❶

**Celt**[kélt ケルト] 名 C ケルト人;《the Celtsで》ケルト民族(▶英国・ヨーロッパの先住民族)

**cement**[simént スィメント] 名 U セメント

**cemetery** B2 [sémətèri セマテリィ | -tri -トゥリィ] 名 (複 cemeteries[-z]) C (特に教会に付属しない)共同墓地 → churchyard

# cent

**cent** 準2級 A2
[sént セント] (★同音 scent におい, sent)
名 (複 cents[-ts -ツ]) C セント(▶1ドルの100分の1に当たる貨幣(%)単位, c.と略す. 記号は¢; 1ユーロの100分の1に当たる貨幣単位); 1セント銅貨

## center 準2級 A2
[séntər センタァ] (▶英 では centre とつづる)
名 (複 centers[-z -ズ]) ❶ 《the centerで》中心, 真ん中, 中央 → middle くらべて!, circle 図
- the center of a town 町の中心

❷ C 中心地, センター; 中央施設(%)
- a center of trade 貿易の中心地
- a medical center 医療センター
- a shopping center ショッピングセンター, 商店街

❸ C (興味などの)的(%);(関心の集まる)中心的な人
- the center of attention 注目の的

❹ U (競技の)(守備位置の)センター
- a center fielder 〖野球〗中堅手, センター

派生語 central 形

**centigrade** B2 [séntəgrèid センタグレイド] 形
セ氏の(▶CまたはC.と略す)(= Celsius) → degree 名 ❶

**centimeter** 準2級 A2 [séntəmì:tər センタミータァ](▶英 では centimetre とつづる) 名 C センチメートル(▶cm または cm.と略す)

## central 2級 B1 [séntrəl セントゥラル]
形 中心の, 中央の; 主要な, 中心的な
- the central part of the city 市の中心部
- the central office 本部, 本社
- a central figure 中心的役割を果たす人
- central heating 集中暖房(%), セントラルヒーティング
- a central processing unit 〖コンピュータ〗中央処理装置(▶CPUと略す)

**Central African Republic** [séntrəl æfrikən ripábllik セントラル アフリカン リパブリック] 名 中央アフリカ(▶アフリカ大陸中央部に位置する共和国, 首都はバンギ(Bangui))

**Central America** [séntrəl əmérikə セントゥラル アメリカ] 名 中央アメリカ(▶メキシコと南アメリカの間の地域)

**Central Park** [sèntrəl pá:rk セントゥラル パーク] 名 セントラルパーク(▶米国ニューヨーク市のマンハッタン島の中心部にある公園)

## century 準2級 A2 [séntʃəri センチャリィ]

名 (複 centuries[-z]) C 世紀(▶c.と略す); 1世紀, 100年
- the twenty-first century 21世紀
- a quarter of a century 25年, 四半(%)世紀
- early in the twenty-first century 21世紀初頭
- for centuries 何百年もの間

**ceramic** [səræmik セラミック]
—形 陶磁器(%)の; 製陶の, セラミックの
—名 《ceramicsで》《複数扱い》陶磁器

**ceramist** [sérəmist セラミスト] 名 C 陶芸(%)家

**cereal** 準2級 A2 [síəriəl スィ(ア)リアル] 名 C 《ふつう cereals で》穀物(▶米・小麦・とうもろこしなど); C U 加工穀物食, シリアル(▶オートミール・コーンフレークなど)

さまざまな種類のシリアル

**ceremony** 2級 B1 [sérəmòuni セラモウニィ| -mə- -マ-] 名 (複 ceremonies[-z]) C 儀式(%), 式典; U C 作法; 儀礼
- an opening ceremony 開会式, 始業式
- a closing ceremony 閉会式
- a master of ceremonies 司会者(▶MCと略す)
- tea ceremony 茶会, 茶道

## certain 準2級 A2 [sə́:rtn サートゥン]
形 (比較 more certain; 最上 most certain)
❶ (人が…を)確信している
- She is certain of the truth. 彼女は真実を確信している.
- I am certain that our team will win. 私は私たちのチームが勝つと確信している.
- I'm not certain how much it will cost. それがいくらくらいかかるのか私にはよくわからない.

❷ 《be certain to +〈動詞の原形〉で》(人が)きっと…する, …するに決まっている(▶話し手の確信を表す) → possible くらべて!
- He is certain to win the game. 彼はきっと試合に勝つ.

## chairman

> **くらべてみよう！** certain と sure
> どちらも「確信して」を意味しますが，certainのほうがより強く確信していることを意味します．

❸ **確実な；間違いない；疑う余地のない**
- *certain* evidence 確かな証拠
- It is *certain* that they went there.
  彼らがそこへ行ったのは間違いない．

❹《名詞の前にのみ用いる》**ある…；《a certain …で》…とかいう人**
- a *certain* person ある人（►よくわからない，まははっきりと言いたくないときに用いる）
- in a *certain* sense ある意味では

❺《a certain …で》**ある程度の；一定の，決まった**
- to a *certain* extent ある程度まで

***for certain*** 確かに，確信を持って
***make certain*** 確かめる（＝make sure）；必ず…になるようにする
- *Make certain*（that）you come back by eight. 8時までには必ず帰ってきなさい．

派生語 certainly 副, certainty 名

## certainly 準2級 A2

[sə́ːrtnli サートゥンリィ]

副 ❶ **確かに，きっと**（►surelyと同意だが，certainlyのほうが確実性が高い）
- Emi will *certainly* pass the exam.
  エミはきっと試験に合格するだろう．

❷ **承知しました，いいですとも**（►質問・依頼に確信を持って答えるときに用いる．改まった言い方）（＝sure）

> **話してみよう！**
> ☺ May I play the video game?
> テレビゲームをしてもいいですか．
> 😊 *Certainly*. どうぞ．
>
> ☺ Did you use my bike while I was out? 私がいないときに私の自転車を使いましたか．
> 😊 *Certainly* not. いいえ，決して．

**certainty** B1 [sə́ːrtnti サートゥンティ] 名（複 certainties[-z]）U 確実性；確信；C 確かな事実
***with certainty*** 確信を持って

**certificate** B2 [sərtífikət サァティフィカット] 名 C 証明書；免許状

**cf.** [síːéf スィーエフ, kəmpéər カンペァ] 比較［参照］せよ（►ラテン語 confer（＝compare）の略）

**CFC** [síːefsíː スィーエフスィー] 名 クロロフルオロカーボン，フロン（►chlorofluorocarbonの略．オゾン層破壊の原因となるため，使用が規制されている）
- *CFC*-free フロンを使用していない

**CG** [síːdʒíː スィーヂー] 名 シージー，コンピュータグラフィックス（►computer graphicsの略）

**Chad** [tʃǽd チャド] 名 チャド（►アフリカ大陸北部の共和国．首都はウンジャメナ（N'Djamena））

## chain A2 [tʃéin チェイン]

— 名（複 chains[-z]）C ❶ **鎖，チェーン**
- a bicycle *chain* 自転車のチェーン
- keep a dog on a *chain*
  犬を鎖でつないでおく

❷ **連なり，連続**
- a *chain* of islands 列島
- a *chain* of mountains 山脈，連山，山系
- a *chain* reaction 連鎖反応

❸ **（店などの）チェーン**
- a *chain* store チェーン店

— 動（三現 chains[-z], 過去・過分 chained[-d], 現分 chaining）他 **…を鎖でつなぐ**
- *chain*（up）a dog 犬を鎖でつなぐ

## \*chair 5級 A1 [tʃéər チェア]

名（複 chairs[-z]）❶ C **いす**（►1人用で背もたれのある物をさす．種類によって呼び方が変わる）
- Ken is sitting on［in］a *chair*. ケンはいすに座っている．（►onは「腰掛ける」というイメージで，inを使うとひじ掛けいすなどにすっぽり身を沈めて座る感じになる）

❷《*the chair* で》**議長の職；議長；議長席**（＝chairperson）
- Jane will be *the chair* of the meeting.
  その会議ではジェーンが議長を務めるだろう．

armchair ひじ掛けいす

stool スツール

bench ベンチ

sofa ソファー  deck chair デッキチェア  rocking chair ゆりいす

**chairman** A2 [tʃéərmən チェアマン] 名（複

**chairperson**

chairmen[-mən]) ⓒ 議長, 委員長, 司会者;（企業(ぎょう)の）会長（▶最近では, 男女の区別を避(さ)けてthe chair, chairpersonが多く用いられる）

**chairperson**[tʃéərpə̀:rsn チェァパースン] 名ⓒ 議長, 委員長

**chairwoman**[tʃéərwùmən チェァウマン] 名〈複 chairwomen[-wimin]）ⓒ（女性の）議長, 委員長, 司会者;（企業(ぎょう)の）会長（▶最近では, 男女の区別を避(さ)けてthe chair, chairpersonが多く用いられる）→ chairman

**chalk** 5級 [tʃɔ́:k チョーク]（★このlは発音しない）名Ⓤⓒ チョーク, 白墨(はく)
- write *in* [*with*] *chalk* チョークで書く
- *a piece of chalk* 1本のチョーク（▶ a chalk は×. 2本のチョークはtwo pieces of *chalk*）

**challenge** 準2級 A2 [tʃǽlindʒ チャリンヂ]
━ 名ⓒ 挑戦(ちょう);（やりがいのある）難問
━ 動 他 ❶（人）に挑戦する
- We *challenged* them *to* a basketball game. 私たちは彼らにバスケットボールの試合を挑(いど)んだ.

❷（人や物事）に異議を唱える
- Many people *challenged* the result of the election.
多くの人々がその選挙の結果に異議を唱えた.

> **ここが ポイント! 人に挑戦？ 物事に挑戦？**
> **challenge**:（人や物事）に挑戦する
> **try** / **attempt**:（物事）に挑戦する
> - He will *try* [*attempt*] to break the record. 彼はその記録（を破ること）に挑戦するだろう.

派生語 challenged 形, challenger 名, challenging 形

**challenged**[tʃǽlindʒid チャレンヂド] 形 …に障がいのある
- physically [mentally] *challenged* 身体的[精神的]障がいのある

**challenger**[tʃǽlindʒər チャリンヂァ] 名ⓒ 挑戦(ちょう)者

**challenging** 2級 B1 [tʃǽlindʒiŋ チャリンヂング] 形 意欲をそそる, やりがいのある

**chamber**[tʃéimbər チェインバァ] 名ⓒ 会議室, 会館;《Chamberまたはthe chamberで》議院
- *chamber* music 室内楽

**chameleon**[kəmí:liən カミーリアン] 名ⓒ〖動物〗カメレオン

**chamomile**[kǽməmi:l キャマミール | kǽməmail キャママイル]（▶主に英ではcamomileとつづる）名Ⓤⓒ〖植物〗カモミール
- *chamomile* tea カモミール茶

**champ**[tʃǽmp チャンプ] 名ⓒ《話》優勝者, チャンピオン（= champion）

**champagne** A2 [ʃæmpéin シャンペイン]（★gは発音しない）名Ⓤ シャンパン（▶フランス・シャンパーニュ地方産の発泡(はっ)性のワイン）

**champion** B1 [tʃǽmpiən チャンピアン] 名ⓒ（競技の）優勝者, 選手権保持者, チャンピオン（▶《話》ではchampとも言う）
派生語 championship 名

**championship** 準2級 A2 [tʃǽmpiənʃìp チャンピアンシップ] 名ⓒ 選手権;《ふつう championships で》《単数扱い》選手権大会, 決勝戦
- win [lose] a *championship* 選手権を獲得(かく)する[失う]

# chance 準2級 A2

[tʃǽns チャンス | tʃɑ́:ns チャーンス]
━ 名〈複 chances[-iz]〉❶ⓒ（偶然(ぐう)の）機会, チャンス;《a chance to ...で》…する機会
- I had *a chance to* see the movie on TV. その映画をテレビで見る機会があった.

❷ⓒⓊ 可能性,（何かが起こる）見こみ;《a chance of +〈-ing形〉で》…する可能性
- *a chance of* success 成功の可能性
- She had no *chance of* winn*ing* the speech contest. 彼女はスピーチコンテストで優勝する見こみがまったくなかった.

❸Ⓤⓒ 偶然（の出来事）; Ⓤ 運（= luck）
- leave it to *chance* 運に任せる

***by chance*** 偶然に, たまたま（= by accident）
- I found the insect *by chance*.
私は偶然にその昆虫(こんちゅう)を見つけた.

***take a chance***（うまくいくかどうかわからないが）思い切ってやってみる

━ 動〈三単現 chances[-iz]; 過去・過分 chanced[-t]; 現分 chancing〉自《chance to +〈動詞の原形〉で》たまたま…する（▶ happen to +〈動詞の原形〉のほうがふつう）

**chandelier**[ʃændəlíər シャンダリァ] 名ⓒ シャンデリア

## *change 4級 A1 [tʃéindʒ チェインヂ]

> 動 他 ❶ …を変える
> ❷ …を交換(こう)する;（服・靴(くつ)など）を替(か)える
> ❸（列車・バスなど）を乗りかえる
> ❹ …を両替(りょう)する;（お金）をくずす
> 自 変わる; 替える; 乗りかえる
> 名 ❶ 変化; 変更
> ❷（硬貨(こう)の）小銭(ぜに), お釣(つ)り
> ❸ 両替, 交換; 乗りかえ, 着替え

―動(三単現 changes[-iz]; 過去・過分 changed[-d]; 現分 changing)
―他

❶ **…を変える**, 変更(<sup>こう</sup>)する
- Did you *change* your mind?
  君は気が変わったのかい.
- Heat *changes* ice *into* water.
  熱が氷を溶(と)かして水にする.

❷ **…を交換する**; (服・靴など)を替える
- I *changed* seats *with* him.
  私は彼と席を交換した. (►交換するには席が2つ必要なので, 必ず複数形(seats)にする)
- I *changed* my wet T-shirt *for* a new one.
  私はぬれたTシャツを新しいのと取り替えた.

❸ **(列車・バスなど)を乗りかえる**
- You have to *change* trains here.
  ここで乗りかえですよ. (►乗りかえるには列車が2本必要なので, 必ず複数形(trains)にする)

❹ **…を両替する**(＝exchange); (お金)をくずす
- Please *change* this bill [⊕note] for me.
  この紙幣(しへい)をくずしてください.
- Can you *change* Japanese yen *into* U.S. dollars?
  日本円を米ドルに替えてもらえますか.

―自 **変わる**, 変化する; 替える; 乗りかえる
- The traffic light *changed* *from* red *to* green. 信号が赤から青に変わった.
- A caterpillar *changes* *into* a butterfly.
  毛虫がちょうに変わる.
- He *changed* *into* jeans after coming home.
  彼は帰宅してジーンズにはき替えた.
- All *change* here!
  みなさん, 乗りかえですよ.
- Let's *change* *to* an express (train) at the next station. 次の駅で急行に乗りかえよう.

―名(複 changes[-z]) ❶ⓊⒸ **変化**; 変更
- a sudden *change* of plan
  突然(とつぜん)の計画変更

❷Ⓤ (硬貨の) **小銭, お釣り, 釣り銭**
- Do you have any small *change*?
  小銭を持っていますか.
- You can keep the *change*. お釣りは取っておいてください.

❸Ⓒ **両替, 交換**; **乗りかえ, 着替え**

ゲームコーナーの両替機(米国)

*for a change* 変化をつけるために, 気分転換に

派生語 **changeable** 形

**changeable**[tʃéindʒəbl チェインヂャブル] 形 (天候などが)変わりやすい; (人が)気まぐれな

**channel** 2級 B1 [tʃǽnl チャヌル] 名Ⓒ ❶ (ラジオ・テレビの)チャンネル
- Which *channel* can I watch the game on? その試合は何チャンネルで見られますか.

❷ 海峡(かいきょう) (►straitより大きい); (湾(わん)などの)水路
- the English *Channel*
  イギリス海峡 (►単にthe Channelとも言う)

**chant**[tʃænt チャント｜tʃɑːnt チャーント]
―動他自 …を何度も繰り返し声に出す; 詠唱(えいしょう)する, 繰り返し言う
―名Ⓒ 詠唱; チャント

**chapel**[tʃǽpəl チャパル] 名Ⓒ ❶ (教会付属の)礼拝堂; (学校・病院などの)礼拝堂, チャペル
❷ (英国国教会以外の)教会

**Chaplin**[tʃǽplin チャプリン] 名Sir Charles Spencer, 通称(つうしょう)Charlie, チャールズ・スペンサー・チャップリン (►1889-1977; 英国生まれの喜劇映画俳優・監督(かんとく))

**chapter** 準2級 A2 [tʃǽptər チャプタァ] 名Ⓒ (書物などの)章 (►chap., ch., c.と略す)
- *chapter* five＝the fifth *chapter* 第5章

# character 3級 A1

[kǽriktər キャリクタァ]

名(複 characters[-z]) ❶ⓊⒸ (人の) **性格**; 人格, 品性
- national *character* 国民性
- He is a man of *character*. 彼は人格者だ.

❷ⓊⒸ (事・場所・物の) **特性**, 特質

## characteristic

- the *character* of this country
  この国の特色

❸ C (小説などの)**登場人物**
- cartoon *characters* 漫画(まんが)の登場人物たち
- the leading *character* in a play 劇の主役

❹ C **文字**; 記号 → letter くらべて!
- Chinese *characters* 漢字

派生語 characteristic 形 名

### characteristic B1 [kæriktərístik キャリクタリスティック]

─形 **独特の**, 特有の
- This smell is *characteristic of* melon.
  このにおいはメロンに特有のものだ.

─名 C **特徴**(とくちょう), 特性

### charades [ʃəréidz シャレイヅ | ʃəráːdz シャラーヅ]

名 《単数扱い》言葉当て遊び, シャレード (▶言葉を分解して身ぶりで示し当てさせる遊び, 例えば wholesale (卸(おろし)売り) を hole (穴) と sail (帆(ほ))の身ぶりで示す)

### charcoal [tʃáːrkòul チャーコウル] 名 U 木炭, 炭

## charge 2級 B1 [tʃáːrdʒ チャーヂ]

─名 (複 charges[-iz]) ❶ U C **料金**, 代金; 費用(= cost); 手数料; クレジット, つけ
- free of *charge* 無料で
- Cash or *charge*?
  現金ですか, クレジットカードですか.

> くらべてみよう!  **charge と fee と fare**
> **charge**: 宿泊料, サービス料, 修理代など一般的な料金
> **fee**: 授業料, 入場料, 医療(いりょう)費など
> **fare**: バス・タクシーなどの乗り物の運賃

❷ U **管理**, 監督(かんとく); 責任; 世話
- Ms. Brown is in *charge* of the class.
  ブラウン先生はそのクラスの担任だ.
- Mari took *charge* of planning the party.
  マリはパーティーの計画を任せられた.

❸ C 非難; 告発
- on *charge* of murder 殺人の罪で

❹ C (バッテリーの)充電(じゅうでん)

─動 (三単現 charges[-iz]; 過去・過分 charged[-d]; 現分 charging)

─他 ❶ (料金など)**を請求**(せいきゅう)**する**; (品物)をつけて買う
- He *charged* me 500 dollars *for* the room.
  彼は部屋代として私に500ドル請求した.

❷ 《charge ... with ～で》…を～の罪で咎(とが)める, 非難する, 告発する
- The police *charged* him *with* speeding.
  警察は彼をスピード違反(いはん)で告発した.

❸ (バッテリーなど)を充電する
- I have to *charge* my smartphone.
  スマホを充電しなければならない.

─自 (…の支払いを)**請求する**
- *charge for* the delivery 配達料を請求する

### charity 2級 B1 [tʃǽrəti チャラティ]

名 (複 charities[-z]) U C 慈悲(じひ)心, 思いやり; 慈善; 《しばしば charities で》慈善事業, 慈善施設(しせつ) [団体]
- a *charity* concert チャリティ・コンサート

### Charles [tʃáːrlz チャールズ] 名 チャールズ (▶男性の名, 愛称(あいしょう)は Charley, Charlie)

### Charley [tʃáːrli チャーリィ] (▶Charlie ともつづる) 名 チャーリー (▶男性・女性の名, Charles (男性), Charlotte (女性)の愛称(あいしょう))

### charm B1 [tʃáːrm チャーム]

─名 ❶ U C **魅力**(みりょく), 人を引きつける力
❷ C (災難よけの)お守り; まじない

─動 他 (人)をうっとりさせる, 魅惑(みわく)する

派生語 charming 形

### charming B2 [tʃáːrmiŋ チャーミング] 形 魅力(みりょく)**的な**; すてきな

### chart B1 [tʃáːrt チャート] 名 C 図表; 海図; 《the charts で》(ポップスの)ヒットチャート
- a weather *chart* 天気図

### charter [tʃáːrtər チャータァ]

─名 C 憲章
- the *Charter* of the United Nations = the UN *Charter* 国連憲章

─動 他 (船など)を借りきる, チャーターする

### chase B1 [tʃéis チェイス]

─動 他 自 (…を)追う, 追いかける; 追い払(はら)う

─名 C U 追跡(ついせき), 追求

### chat 準2級 A2 [tʃǽt チャット]

─動 (過去・過分 chatted[-id]; 現分 chatting) 自 雑談する; (インターネット上で)チャットする

─名 U C 雑談, (くつろいだ)おしゃべり
- I *had* a long *chat* with Mari.
  マリと長話をした.

### chatter [tʃǽtər チャタァ]

─動 自 ぺちゃくちゃしゃべる; (鳥が)けたたましくさえずる, (猿(さる)が)キャッキャッと鳴く; (歯・機械が)カチカチ音をたてる

─名 U おしゃべり; キャッキャッ[ギャーギャー]と鳴く声; カチカチ鳴る音

## cheap 準2級 A2 [tʃíːp チープ]

─形 (比較 cheaper; 最上 cheapest) ❶ (価格・料金が) **安い**, 安価な (⇔expensive, 《主に米》 dear 高価な)
- a *cheap* hotel 安いホテル
- This bag is too expensive. Please show

me something *cheaper*. このバッグは高すぎる. もっと安いのを見せてください.
❷安っぽい, 安物の; 質の悪い; くだらない
- a *cheap* toy 安物のおもちゃ
- a *cheap* novel 三文小説, 価値のない小説

> **くらべてみよう！** **cheap と inexpensive と economical**
> **cheap**は「品質が劣(ﾏﾄ)るので安い」「安っぽい」という感じを伴(ﾄﾓﾅ)います. 単に値段の安さを言う場合は**inexpensive**(高くない)や**economical**(経済的な)などを使います.

━副 安く, 安価に
- I got the bike so *cheap*.
  私はその自転車をとても安く手に入れた.

**cheat** B2 [tʃíːt チート] 動
━他 (人)をだます
- He *cheated* her *out of* her money.
  彼は彼女をだまして金を巻き上げた.
━自 (試験で)カンニングをする, (ゲームで)いかさまをする
- Don't *cheat* on a test. 試験でカンニングをするな. (▶「カンニング」は和製英語)

# check 4級 A1 [tʃék チェック]

> 動 他 ❶…を調べる
> ❷…を食い止める
> ❸⊛(所持品)を預ける
> 自 調べる
> 名 ❶照合
> ❷勘定(ｶﾝｼﾞｮｳ)書き
> ❸小切手
> ❹預かり札
> ❺格子(ｺｳｼ)じま
> ❻妨害(ﾎﾞｳｶﾞｲ)

━動 (三単現 checks[-s]; 過去・過分 checked[-t]; 現分 checking)━他 ❶ (正しいか, 安全か)…を調べる, 検査する, 点検する
- Could you *check* my English?
  私の英語を見ていただけませんか.
❷…を食い止める, 阻止(ｿｼ)する; (感情など)を抑(ｵｻ)える
- He started to reply but then *checked* himself.
  彼は言い返し始めたが, やがて気持ちを抑えた.
❸⊛(預かり札を受け取って所持品)を預ける
━自 調べる, 検査する, 点検する
- Let me *check*.
  私に調べさせてください.

*check in* (ホテルで)宿泊(ｼｭｸﾊｸ)の手続きをする, チェックインする; (飛行機の)搭乗(ﾄｳｼﾞｮｳ)手続きをする
*check off* …に照合済みの印(✓)をつける
*check on ...* …を調べる, 確認する
*check out* (勘定を済ませて)ホテルを出る, チェックアウトする; (手続きをして本など)を借り出す; …を調べる
- *Check* it *out*.
  調べてみて.; ほらみて！

━名 (複 checks[-s]) ❶ C 照合, チェック, 検査, 点検; ⊛ 照合済みの印(✓)
- I ran a *check* on the data.
  私はデータを調べた.
❷ C ⊛ (レストランなどの)勘定書き, 伝票(=⊛ bill)
- Can I have the *check*?
  お勘定をお願いします.
❸ C ⊛ 小切手(=⊛ cheque)
- pay by *check* 小切手で支払(ｼﾊﾗ)う (▶ by の後では a をつけない)
❹ C (荷物の)預かり札
- a coat *check* コートの預かり札
❺ U C 格子じま(の織物), チェック
❻ C 妨害, 阻止(ｿｼ)

**checker** [tʃékər チェッカァ] 名 ❶ 《checkers で》《単数扱い》⊛ チェッカー(▶2人でする挟(ﾊｻ)み将棋(ｼｮｳｷﾞ)に似たゲーム) ❷ U C 格子(ｺｳｼ)じま, チェック

**checklist** [tʃéklist チェックリスト] 名 C 照合表, チェックリスト

**checkout** B1 [tʃékàut チェックアウト] 名 U C (ホテルなどの)チェックアウト; C (買い物の)精算; レジ(=checkout counter)

**checkup** [tʃékàp チェックアップ] 名 U C 検査; 《話》健康診断(ｼﾝﾀﾞﾝ)(=physical checkup)

**cheek** A2 [tʃíːk チーク] 名 C ほお → face 図

# cheer 準2級 A2 [tʃíər チア]

━動 (三単現 cheers[-z]; 過去・過分 cheered[-d]; 現分 cheering)
━他 ❶ …を声援(ｾｲｴﾝ)[応援]する, …に喝采(ｶｯｻｲ)を送る
- We *cheered* the batter when he hit a home run. そのバッターがホームランを打つと私たちは彼に喝采を送った.
❷ (人)を元気づける, 励(ﾊｹﾞ)ます
━自 (人が)元気づく, 元気が出る
- *Cheer up!* 頑張(ｶﾞﾝﾊﾞ)れ, 元気を出せ.
━名 (複 cheers[-z]) C 喝采, 歓呼(ｶﾝｺ); U 声援, 励まし, 激励(ｹﾞｷﾚｲ), 応援; 元気, 陽気
- We *gave* three *cheers* for the team.
  私たちはチームのために万歳(ﾊﾞﾝｻﾞｲ)三唱をした.

## cheerful

（▶チアリーダーの"Hip hip!"に続けて全員が"Hurray!"と受け、これを3回繰(く)り返す）
***Cheers!*** 《間投詞的に》①《話》乾杯(かん)！②⦿《話》ありがとう．（▶ちょっとした好意に対して用いる）；ではまた．③《話》よくやった！
派生語 **cheerful** 形

**cheerful** B1 [tʃíərfəl チアフル] 形 ❶（人が）元気のよい，機嫌(きげん)のよい，快活な，愉快(ゆかい)な，陽気な ❷（部屋・歌などが）心地(ここち)よい，楽しい
派生語 **cheerfully** 副, **cheerfulness** 名

**cheerfully** B2 [tʃíərfəli チアフリィ] 副 機嫌(きげん)よく，楽しそうに，元気よく

**cheerfulness** B2 [tʃíərfəlnis チアフルネス] 名 U 上機嫌(きげん)；快活，愉快(ゆかい)

**cheerleader** [tʃíərliːdər チアリーダァ] 名 C《主に⦿》チアリーダー，チアガール（▶高校や大学のフットボール・バスケットボールなどの応援(おうえん)団員．「チアガール」は和製英語）

**cheese** 5級 A1 [tʃíːz チーズ]
名（複 cheeses [-iz]）U（種類はC）チーズ
• a piece [slice] of *cheese* チーズ1切れ

> **ここが ポイント！ チーズの数え方**
> cheeseは数えられない名詞ですが，チーズのかたまりの数や種類を言うときは，aをつけたり複数形にしたりします．
> • three cheeses 3個[種類]のチーズ

***Say cheese!*** （写真を撮(と)るときに）はいチーズ．，さあ笑って．（▶cheeseと発音すると口元が笑ったようになるので）

**cheeseburger** 4級 [tʃíːzbəːrgər チーズバーガァ] 名 C チーズバーガー

**cheetah** [tʃíːtə チータ] 名 C 【動物】チータ

**chef** 準2級 A2 [ʃéf シェフ] 名（複 chefs [-s]）C コック長，シェフ；コック，料理人（▶フランス語から）

**chemical** 準2級 A2 [kémikəl ケミカル]
━ 形 化学の，化学上の；化学的に作られた
━ 名《chemicals で》化学製品，化学薬品

**chemist** B1 [kémist ケミスト] 名 C ❶ 化学者 ❷⦿ 薬剤(やくざい)師（=pharmacist）（▶人をさす．「薬局」は⦿ pharmacy, drugstore, ⦿ chemist's shop）
派生語 **chemistry** 名

**chemistry** 2級 B1 [kéməstri ケミストゥリィ] 名 U 化学

**cheque** A2 [tʃék チェック] 名 C ⦿ 小切手（=⦿ check）

**cherish** B1 [tʃériʃ チェリッシュ] 動 (三単現 cherishes [-iz]) 他 …を大事にする；（感情など）を心に抱(いだ)く

## cherry B2 [tʃéri チェリィ]

名（複 cherries [-z]）C 桜（の木）（=cherry tree）；さくらんぼ；U 桜材
• *cherry* blossoms 桜の花
• (a) *cherry* pie さくらんぼ入りパイ
• a *cherry* tree 桜の木

**chess** 準2級 A2 [tʃés チェス] 名 U チェス（▶将棋(しょうぎ)に似たゲーム．各自16個のこまをチェス盤(ばん)で動かし相手の王を追い詰(つ)めると勝ち）
• play *chess* チェスをする

**chest** A2 [tʃést チェスト] 名 C ❶ 胸，胸部；肺

> **くらべて みよう！ chest と breast → body 図**
> **chest**: 肋骨(ろっこつ)に囲まれた胸部全体をさします．
> **breast**: chestの前面部をさし，特に女性の乳房(ちぶさ)を意味します．

❷（ふた・引き出しのある）大きな箱
• a tool *chest* 道具箱

**chestnut** [tʃésnʌt チェスナット]（★初めのtは発音しない）名 C【植物】くりの木，くりの実；U くり材；くり色

**chew** B1 [tʃúː チュー] 動 他（食べ物など）をかむ，かみ砕(くだ)く

**chewing gum** B1 [tʃúːiŋ gʌm チューイング ガム] 名 U チューインガム

**Chicago** 5級 [ʃikáːgou シカーゴゥ] 名 シカゴ（▶米国中部イリノイ州のミシガン湖に臨(のぞ)む大都市）

**chick** [tʃík チック] 名 C ひな鳥, ひよこ

# chicken 5級 A1 [tʃíkən チキン]

名 (複 chickens[-z]) ❶ C 鶏(にわとり)(▶おんどり(⊛rooster, ⊛cock)とめんどり(hen)の両方を含(ふく)む.「コケコッコー」はcock-a-doodle-doo)

❷ C (鶏の)ひな鳥, ひよこ
- hatch *chickens* ひよこをかえす

❸ U 鳥肉, チキン
- fried *chicken* フライドチキン

❹ C (話)おく病者, 弱虫(▶特に子どもが使う)

# chief B1 [tʃíːf チーフ]

━形 主要な, 主な; 最高位の
- the *chief* cities of the United States アメリカの主要都市

━名 (複 chiefs[-s]) C (団体などの)長; (部族の)族長
- the *chief* of police 警察署長

*in chief* 最高位の
- the editor *in chief* 編集長

派生語 chiefly 副

**chiefly** [tʃíːfli チーフリィ] 副 主(おも)に, 主(しゅ)として

\***child** 5級 A1 [tʃáild チャイルド]

名 (複 children[tʃíldrən チルドゥラン])(★単数形と複数形の発音の違(ちが)いに注意) C ❶ (大人に対して)子ども, 児童(▶ふつう赤ん坊(ぼう)から14歳(さい)くらいまでをさす)(⇔adult 大人)
- I lived in Nagasaki when I was a *child*. 私は子どものころ長崎に住んでいた.
- This book is for *children*. この本は子ども向きだ.

❷ (親に対して)子, 子ども; 息子(むすこ), 娘(むすめ)(▶年齢(ねんれい)に関係なく用いる)(⇔parent 親)
- an only *child* ひとりっ子
- the youngest *child* 末っ子
- He has no *children*. 彼には子どもがいない.

派生語 childhood 名, childish 形, childlike 形

**childhood** 準2級 A2 [tʃáildhùd チャイルドフッド] 名 U 子どものころ, 幼年時代
- in my *childhood* 私の子ども時代に

**childish** B1 [tʃáildiʃ チャイルディッシュ] 形 子どもの; (よくない意味で)子どもらしい, 子どもじみた

**childlike** [tʃáildlàik チャイルドライク] 形 (よい意味で)子どもらしい, 純真な, 無邪気(むじゃき)な

# children 5級 [tʃíldrən チルドゥラン]

名 child(子ども)の複数形
- five *children* 5人の子ども

---

**chip**

**Children's Day** [tʃíldrənz dèi チルドゥランズ デイ] 名 (日本の)こどもの日

**Chile** [tʃíli チリィ] 名 チリ(▶南米南西部, 太平洋岸の共和国. 首都はサンティアゴ(Santiago))

**Chilean** [tʃíliən チリアン | tʃíliən チリアン]
━形 チリの; チリ人の
━名 C チリ人

**chili** A2 [tʃíli チリィ](▶⊛ではchilliとつづる) 名 (複 chilies, ⊛chillies[-iz]) U C チリ(▶唐辛子(とうがらし)の一種)

**chill** [tʃíl チル]
━名 U 冷たさ, 冷気; 寒け, 悪寒(おかん)
━動 自他 冷える; …を冷やす
派生語 chilly 形

**chilly** [tʃíli チリィ] 形 (比較 chillier; 最上 chilliest) ❶ 冷え冷えする, 肌(はだ)寒い → cold くらべて!
- I feel [am] a little *chilly*. 少し寒けがする.

❷ 冷淡(れいたん)な, よそよそしい
- a *chilly* reply そっけない返事

**chime** [tʃáim チャイム]
━名 C (ふつう chimes で)(調子を合わせた一組の)鐘(かね), 鐘の音; チャイム
━動 他 自 (鐘)を鳴らす; (鐘が)鳴る

# chimney B2 [tʃímni チムニィ]

名 (複 chimneys[-z]) C (屋根の)煙突(えんとつ)

**chimp** [tʃímp チンプ] 名 C (話) = chimpanzee

**chimpanzee** A2 [tʃìmpænzíː チンパンズィー] 名 C 『動物』チンパンジー

**chin** A2 [tʃín チン] 名 C あごの先端(せんたん)(▶「あご(全体)」はjaw)→ face 図

# China 4級 [tʃáinə チャイナ]

名 中国(▶アジア東部の共和国. 首都はペキン(Beijing))
派生語 Chinese 形 名

**china** [tʃáinə チャイナ] 名 U 磁器; 陶磁器(とうじき), 瀬戸物(せともの)(▶ a piece of china, two pieces of china と数える)

**Chinatown** [tʃáinətàun チャイナタウン] 名 C (外国の都市にある)中国人街, チャイナタウン

# Chinese 5級 [tʃàiníːz チャイニーズ]

━形 中国の; 中国人の; 中国語の
- *Chinese* food 中国料理
- *Chinese* characters 漢字

━名 (複 Chinese (▶ 単複同形) ❶ C 中国人; 《the Chinese で》《複数扱い》中国人(全体) ❷ U 中国語

**chip** B2 [tʃíp チップ] 名 C ❶ (木の)切れ端(はし); (陶器(とうき)などの)かけら

# chirp

❷《chipsで》⑱ポテトチップス（＝potato chips, ⑲(potato) crisps）; ⑲(スティック状の)フライドポテト（＝⑱French fries）

⑱potato chips　　　　⑱French fries
⑲(potato) crisps　　　⑲chips

❸〖コンピュータ〗シリコンチップ

### chirp A2 [tʃə́ːrp チャープ]

— 動 ⾃ (鳥・虫が)チュンチュン[チーチー]と鳴く
— 名 Ⓒ チュンチュン[チーチー]という鳴き声

# chocolate 5級 A1

[tʃɔ́ːkələt チョーカラット | tʃɔ́- チョ-]

名 ❶ Ⓤ チョコレート
- *a bar of chocolate*
  板チョコ1枚, チョコバー1本
- *a piece of chocolate*
  1かけらのチョコレート

❷ Ⓤ Ⓒ チョコレート飲料, ココア（＝cocoa）
- *a cup of hot chocolate* ココア1杯(ぱい)

❸ Ⓤ チョコレート色

# choice 準2級 A2 [tʃɔ́is チョイス]

— 名 (複 choices[-iz]) ❶ Ⓤ Ⓒ 選択(たく)
- You *made* the right *choice*.
  君は正しい選択をした.

❷ Ⓤ 選択権; Ⓒ 選択の種類[範囲(はん)]
- There is a great *choice of* goods in this supermarket. このスーパーマーケットは品物の種類が豊富だ.

❸ Ⓒ 選ばれた人[物]
- This dress is her *choice*.
  このドレスは彼女が選んだ物です.
- *Take* your *choice*. 好きな物を取りなさい.

— 形 （比較 choicer; 最上 choicest）えり抜(ぬ)きの, 精選した, 上等の

### choir B1 [kwáiər クワイア]（★発音に注意）名 Ⓒ (教会の)聖歌隊, 合唱団

### choke B1 [tʃóuk チョウク]

— 動 他 ⾃ …を窒息(そく)させる; 息が詰(つ)まる, むせる

*choke up* (管などが)詰まる; (感情に)むせぶ
— 名 Ⓤ Ⓒ 窒息, むせること

### Chomolungma [tʃoumoulúŋmɑː チョウモウルンマー] 名 チョモランマ → Everest

# choose 4級 A1 [tʃúːz チューズ]

動 （三単現 chooses[-iz]; 過去 chose[tʃóuz チョウズ]; 過分 chosen[tʃóuzn チョウズン]; 現分 choosing）

— 他 ❶ …を選ぶ, 選択(たく)する
- *Choose* one *from* among these hats.
  これらの帽子の中から1つ選びなさい.
- He *chose* this bag *for* me.
  彼は私にこのバッグを選んでくれた.
- The team *chose* the youngest player (*as*) captain. チームはいちばん若い選手をキャプテンに選んだ. (►1人しかいない役職名にはtheやaをつけない)

❷《choose to ＋〈動詞の原形〉で》(選んで)…することに決める
- I *chose to* go overseas.
  私は外国に行くことにした.

— ⾃ 選ぶ, 選択する
- *choose from* the two それらの2つから選ぶ

> **くらべてみよう！** choose と select と elect
> **choose**: 2つ（2人）あるいは3つ（3人）以上の中から選ぶ
> **select**: 多数の中から慎重(しんちょう)に選び出す, えり抜(ぬ)く
> **elect**: 投票などで選出する

派生語 choice 名 形

### chop B2 [tʃɑ́p チャップ | tʃɔ́p チョップ]

— 動 （過去・過分 chopped[-t]; 現分 chopping）他 (おのなどで)…をたたき切る; (肉・野菜など)を細かく切り刻む → cut くらべて！
- *chopped* onions みじん切りにした玉ねぎ

— 名 Ⓒ たたき切ること; (骨付きの)肉片(へん), チョップ; (短く鋭(するど)い)一撃(げき), チョップ

### chopstick 5級 [tʃɑ́pstik チャップスティック | tʃɔ́p- チョップ-] 名 Ⓒ 《ふつう chopsticks で》(食事用の)はし
- *a pair of chopsticks* はし1ぜん

### chord [kɔ́ːrd コード]（★同音 cord ひも）名 Ⓒ ❶〖音楽〗和音, コード; (楽器の)弦(げん) ❷〖数学〗弦 → circle 図

### chore [tʃɔ́ːr チョア] 名 Ⓒ 雑用;《しばしば choresで》(洗濯(たく)・掃除(そうじ)・炊事(すいじ)など家庭の)決

まりきった毎日の仕事

**chorus** [kɔ́ːrəs コーラス] 名 (複 choruses[-iz]) C 合唱, 合唱曲; 合唱団; コーラス
- a mixed *chorus* 混声合唱

*in chorus* 合唱して, 声をそろえて

**chose** 3級 [tʃóuz チョウズ] 動 choose (選ぶ) の過去形

**chosen** 2級 [tʃóuzn チョウズン] 動 choose (選ぶ) の過去分詞

**chowder** [tʃáudər チャウダァ] 名 U ※ チャウダー (►魚肉などと野菜を煮(に)こんだクリームスープ)

**Chris** [krís クリス] 名 クリス (►男性・女性の名. Christopher, Christian, Christina, Christine の愛称(あいしょう))

**Christ** [kráist クライスト] 名 ❶ イエス・キリスト (= Jesus Christ) ❷ ((the Christ で)) 救世主

**Christian¹** B1 [krístʃən クリスチャン]
― 名 C キリスト教徒, クリスチャン
― 形 キリストの, キリスト教の
派生語 Christianity 名

**Christian²** [krístʃən クリスチャン] 名 クリスチャン (►男性の名. 愛称(あいしょう)は Chris)

**Christianity** [krìstʃiǽnəti クリスチアナティ] 名 U キリスト教; キリスト教の精神[信仰(しんこう)]

**Christian name** [krístʃən nèim クリスチャン ネイム] 名 C 洗礼名, クリスチャンネーム

# Christmas 4級

[krísməs クリスマス] (★このtは発音しない)
名 (複 Christmases[-iz]) U C **クリスマス**, キリスト降誕(こうたん)祭 (► 12月25日. Xmas と略す. X'mas は ×); クリスマスの季節
- *on Christmas* クリスマスに
- *a white Christmas* 雪の積もったクリスマス
- *at Christmas* クリスマスの季節に
- *Christmas* cake クリスマスケーキ

話してみよう!
☺ *Merry Christmas* (*to you*)!
クリスマスおめでとう.
☺ (The) Same to you. おめでとう.

これ、知ってる? "Merry Christmas!" の代わりに…

最近ではクリスマスをキリスト教徒のためだけでなく, 人種・宗教に関係なくあらゆる人々が祝う行事としてとらえることが増えたため, "Merry Christmas!" の代わりに, "Happy Holidays!" (楽しい祝日を) などと言うようになってきました.

**Christmas card** [krísməs kàːrd クリスマス カード] 名 C クリスマスカード

**Christmas carol** [krísməs kærəl クリスマス キャラル] 名 C クリスマスキャロル

**Christmas Day** [krísməs dèi クリスマス デイ] 名 クリスマスの日, キリスト降誕日 (► 12月25日) → 祝休日と行事【口絵】

**Christmas Eve** [krísməs íːv クリスマス イーヴ] 名 クリスマスイブ, クリスマスの前夜 (► 12月24日)

**Christmas present** [krísməs prèzent クリスマス プレゼント] 名 C クリスマスプレゼント

**Christmas tree** [krísməs trìː クリスマス トゥリー] 名 C クリスマスツリー

**Christmas vacation** [krísməs veikéiʃən クリスマス ヴェイケイション | - vəkéiʃən - ヴァケイション] 名 ((the Christmas vacation で)) クリスマス休暇 (= ※ Christmas holidays)

**chrysanthemum** [krisǽnθəməm クリサンサマム] 名 C 【植物】菊(きく), 菊の花

**chubby** [tʃʌ́bi チャビィ] 形 (比較 chubbier; 最上 chubbiest) (子ども・顔などが) 丸々と太った, ぽっちゃりした → fat ポイント!

**chuck** [tʃʌ́k チャック] 動 他 …をぽいと投げる

**chuckle** B1 [tʃʌ́kl チャックル]
― 動 自 くすくす笑う
― 名 C くすくす笑い, 含(ふく)み笑い

# church 3級 A1 [tʃə́ːrtʃ チャーチ]

名 (複 churches[-iz]) ❶ C (キリスト教の) **教会**, 礼拝堂
❷ U (教会で行う) 礼拝
- a *church* service 礼拝
- We *go to church* every Sunday. 私たちは毎日曜日に教会 (の礼拝) に行く. (►「礼拝するために」の意味では church に the をつけない)
❸ C ((Church で)) 教派, …教会
- the Catholic [Protestant] *Church* カトリック [プロテスタント] 教会

**Churchill** [tʃə́ːrtʃil チャーチル] 名 Sir Winston, ウィンストン・チャーチル (► 1874-1965; 英国の政治家・首相・著述家・ノーベル文学賞受賞者)

## churchyard

**churchyard** [tʃə́ːrtʃjɑːrd チャーチャード] 名C 教会の敷地内；教会付属の墓地 → cemetery

**CIA** [síːaiéi スィーアイエイ] 名 シーアイエー, 米国中央情報局（▶Central Intelligence Agencyの略）

**cicada** [sikéidə スィケイダ |-káː- -カー-] 名（複 cicadas[-z], cicadae[sikéidiː スィケイディー]）C〖虫〗せみ

**cider** [sáidər サイダァ] 名U ⊛りんごジュース（＝apple cider）（▶日本語の「サイダー」(炭酸飲料)は⊛soda）；⊕りんご酒

**cigar** [sigɑ́ːr スィガー] 名C 葉巻, 葉巻きたばこ

**cigaret(te)** A2 [sígərèt スィガレット | sigərét スィガレット] 名C（紙巻き）たばこ（▶「たばこを吸う」はsmoke）

**Cinderella** [sìndərélə スィンダレラ] 名 シンデレラ（▶童話の主人公．「灰(cinder)をかぶった娘(むすめ)」という意味）

**cinema** A1 [sínəmə スィナマ] 名C（主に⊕）映画館（＝⊛movie theater）；《the cinemaで》映画（＝⊛the movies）

**cinnamon** 準2級 [sínəmən スィナマン] 名U シナモン, 肉桂(にっけい)（▶肉桂樹の皮から作るスパイス）

## circle 3級 A1 [sə́ːrkl サークル]

— 名（複 circles[-z]）C ❶円, 円周, 輪, 円形の物
- draw a *circle* 円をかく
- sit in a *circle* 輪になって座(すわ)る

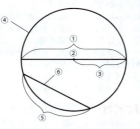

①diameter 直径　　②center 中心
③radius 半径　　　④circumference 円周
⑤arc 弧(こ)　　　　⑥chord 弦(げん)

❷《しばしばcirclesで》団体；仲間；集団；…界
- a *circle* of friends 友達仲間
- business *circles* 実業界

— 動（三単現 circles[-z]；過去・過分 circled[-d]；現分 circling）
　— 他 …を丸で囲む
- *Circle* the correct answer.
  正解を丸で囲みなさい．
　— 自（…の周りを）回る, 旋回(せんかい)する

- We *circled* around the park until we found my lost cat. 迷子の猫(ねこ)が見つかるまで公園の周りを回った．

派生語 circular 形C

**circular** B1 [sə́ːrkjulər サーキュラァ]
— 形 丸い, 円形の；巡回(じゅんかい)の
— 名C 広告びら, 案内状

**circumference** [sərkʌ́mfərəns サーカムファランス] 名U 円周 → circle 図

**circumstance** B2 [sə́ːrkəmstæns サーカムスタンス |-stəns -スタンス]

名C《ふつうcircumstancesで》周囲の事情, 状況(じょうきょう), 環境(かんきょう)；境遇(きょうぐう), 暮らし向き
- Under these *circumstances*, there is nothing else we can do.
  こんな状況で私たちにできることはほかにない．

**circus** 2級 B1 [sə́ːrkəs サーカス] 名（複 circuses[-iz]）C ❶サーカス；サーカス団
❷⊕（街路が放射線に集まる）円形広場
- Piccadilly *Circus*
  （ロンドンの）ピカデリー広場

**cities** [sítiz スィティズ] 名 city (市) の複数形

**citizen** 準2級 A2 [sítəzən スィティズン] 名（複 citizens[-z]）C ❶（都市の）市民, 住民
- a *citizen* of Tokyo 東京都民
❷国民；公民
- a Japanese *citizen* 日本国民

## *city 5級 A1 [síti スィティ]

名（複 cities[-z]）❶C 都市, 都会, 市,（大きな）町 → town くらべて!
- a big [small] *city* 大[小]都市
- the capital *city* 首都
- I live in the *city*.
  私は都会に住んでいる．
- Sydney is a sister *city* of Nagoya.
  シドニーは名古屋の姉妹(しまい)都市だ．
- New York *City*＝the *City* of New York
  ニューヨーク市

❷《the cityで》全市民（▶「1人の市民」はa citizen）
- All *the city* was awakened by the earthquake.
  全市民が地震(じしん)で目を覚ました．

❸《the Cityで》⊕シティー（▶正式にはthe City of London. ロンドンの旧市街をさし, 英国の金融(きんゆう)・商業の中心地）

**city hall** 3級 [síti hɔ́ːl スィティ ホール] 名C ⊛市役所, 市庁舎（＝⊕a town hall）

**civics** [síviks スィヴィックス] 名U（単数扱い）（学科としての）公民

**civil** B1 [sívəl スィヴァル] 形 ❶ 公民の, 市民の; (軍人などに対して) 一般市民の, 民間の (⇔military 軍人の)
- *civil* rights
  国民としての権利, 市民[公民]権
❷『法律』民事上の(⇔criminal 刑事上の)
- *civil* law 民法
❸ 礼儀正しい
派生語 civilian 名形

**civilian** [sivíljən スィヴィリャン]
— 名 C (軍人などに対して) 一般市民, 民間人
— 形 民間の, 一般市民の

**civilization** 2級 B1 [sìvəlizéiʃən スィヴァリゼイション] (▶ 英 では civilisation ともつづる)
名 U C 文明
- modern *civilization* 現代文明

**civilized** [sívəlàizd スィヴァライズド] (▶ 英 では civilised ともつづる) 形 文明の開けた; 礼儀正しい, 教養のある
- *civilized* society 文明社会

**civil war** [sívəl wɔ́ːr スィヴァル ウォー] 名 C 内乱, 内戦; 《the Civil War で》(米国の) 南北戦争 (1861-65); (英国の) チャールズ1世と国会との戦争 (1642-52)

**claim** A2 [kléim クレイム]
— 動 他 ❶ …だと主張する
- She *claimed* that she didn't lie.
  彼女はうそをついていないと言い張った.
❷ …を要求する
- He *claimed* a share of the profits.
  彼は利益の分け前を要求した.
— 名 C 要求; 主張; 正当な資格 (▶「苦情, クレーム」は complaint)
- baggage *claim* 米 (空港などの) 手荷物受け取り (所)

空港の「手荷物受け取り所」の表示(米国)

**clam** B2 [klǽm クラム] 名 C 二枚貝, (特に) はまぐり
- *clam* chowder クラムチャウダー

**clap** B2 [klǽp クラップ]
— 名 C ピシャッ[パチン]という音; (肩などを) 軽くたたくこと; 《a clap で》拍手
— 動 (過去・過分 clapped [-t]; 現分 clapping)
 — 他 (手を) たたく, (肩など) を軽くたたく
- Everyone *clapped* their hands.
  みんなが拍手した.
— 自 拍手をする

**clarinet** 4級 [klæ̀rənét クラリネット] 名 C 『楽器』クラリネット (▶ 木管楽器の一種)

**clash** [klǽʃ クラッシュ]
— 名 (複 clashes [-iz]) ❶ 《a clash で》(金属などのぶつかる) ガチャンという音 ❷ C (意見・利害などの) 衝突
— 動 (三単現 clashes [-iz]) 自 ガチャンと鳴る; (音を立てて) 衝突する; (意見などが) かち合う; (色などが) 調和しない

\***class** 5級 A1 [klǽs クラス | klɑ́ːs クラース]
名 (複 classes [-iz]) ❶ C (学校の) **クラス**, 組, 学級
- I'm in *Class* 3-D. (私は) 3年D組です.
❷ C U (クラスの) **授業**, 授業時間
- What time does the next *class* begin?
  次の授業は何時に始まりますか.
- How many *classes* do you have a week?
  週にいくつ授業がありますか. (▶ a week は「週につき」の意味)
- No talking in *class*!
  授業中は話をするな. (▶ class に a や the をつけないことに注意)
❸《単数・複数扱い》**クラスの生徒たち** (▶ クラス全体をひとまとまりで考える場合は単数扱い, 生徒1人ひとりを意識する場合は複数扱い)
- The *class* was divided on the matter.
  クラスの生徒はその問題で意見が分かれた.
- Half the *class* say that they like English.
  クラスの生徒の半数は英語が好きだと言う.
❹ C U (社会の) 階級, 階層
- the lower [middle, upper] *class*
  下層[中流, 上流]階級
❺ C 種類; 段階; (乗り物などの) …等
- She always travels (in) business [first] *class*. 彼女はいつもビジネス[ファースト]クラスで旅行する.

**classic** A2 [klǽsik クラスィック]
— 形 (芸術・文芸などで) 第一級の, 一流の; 典型的な; 古典的な
- a *classic* work 最高級作品
- a *classic* example 典型例
— 名 C (芸術・文芸などの) 最高傑作; 古典; 大作家, 文豪
派生語 classical 形

**classical** 2級 B1 [klǽsikəl クラスィカル] 形 古典(主義)の, 古典的な; 『音楽』クラシックの, 古典派の
- *classical* music クラシック音楽 (▶ この場合, classic は使わない)

# classmate 5級 A1

[klǽsmèit クラスメイト | kláːs- クラース-]
名 (複 classmates[-ts -ツ]) C **クラスメート, 級友, 同級生**
- We were *classmates* in elementary school. 私たちは小学校で同級生だった.

# classroom 5級 A1

[klǽsrùːm クラスルーム | kláːs- クラース-]
名 (複 classrooms[-z]) C **教室**
- They had lunch in the *classroom*. 彼らは教室で昼食を食べた.

**clatter** [klǽtər クラッタァ]
― 名 U ガタガタという音;騒々(ぞう)しさ
― 動 他 自 ❶…をガタガタ鳴らす;ガタガタ音を立てる;ペチャクチャしゃべる

**clause** B2 [klɔ́ːz クローズ] 名 C ❶ 〖文法〗節(► 文中で〈主語〉+〈述動詞〉の形を持つもの)
❷ (条約・法律などの)条項(じょう)

**claw** [klɔ́ː クロー] 名 C (鳥や獣(けもの)の)とがったつめ;(かになどの)はさみ

**clay** 2級 [kléi クレィ] 名 U 粘土(ねんど);土

# *clean 5級 A1 [klíːn クリーン]

形 ❶ 清潔な,きれいな;(エネルギーなどが)有害物質を出さない
❷ 清らかな
❸ (試合などが)フェアな
❹ みごとな,鮮(あざ)やかな
動 他 …をきれいにする;…を掃除(そうじ)する

― 形 (比較 cleaner; 最上 cleanest) ❶ **清潔な**, きれいな (⇔dirty 汚(きたな)い);(エネルギーなどが)有害物質を出さない →clear くらべて!
- *clean* hands 清潔な手
- My room is always *clean*. 私の部屋はいつもきれいだ.
- *clean* energy クリーンエネルギー

❷ 清らかな, 純粋(じゅんすい)な(=pure)
- *clean* living 清らかな生活

❸ (試合などが)フェアな, 正々堂々とした
- a *clean* fight フェアな試合

❹ みごとな, 鮮やかな
- make a *clean* hit 〖野球〗クリーンヒットを打つ

― 動 (三単現 cleans[-z]; 過去・過分 cleaned[-d]; 現分 cleaning)
― 他 **…をきれいにする**;…を掃除する
- *clean* a window 窓ガラスをふく
- He had his suit *cleaned*. 彼はスーツを洗濯(せんたく)してもらった.

― 自 掃除する,片づける
*clean up* …を掃除する,片づける
- I have to *clean up* my room. 自分の部屋の掃除をしなくてはいけない.
派生語 cleaner 名, cleaning 名, cleanly 副

**cleaner** 準2級 A2 [klíːnər クリーナァ] 名 C ((主に ㊍)) 掃除(そうじ)をする人;掃除機;クリーニング店,((ふつう a cleaner's で))ドライクリーニング店(► ㊍では a cleaners とも書かれる)

**cleaning** 5級 [klíːniŋ クリーニング]
― 動 clean (きれいにする)の現在分詞・動名詞
― 名 U 掃除(そうじ), 洗濯(せんたく), クリーニング(►「クリーニング店[業]」は laundry)

**cleanly** [klíːnli クリーンリィ] 副 手際(てぎわ)よく, 鮮(あざ)やかに

**cleanup** [klíːnʌ̀p クリーナップ]
名 ❶ ((a cleanup で)) 大掃除(そうじ), 清掃;(悪の)一掃 ❷ C 〖野球〗4番打者(=cleanup hitter)(► 日本語の「クリーンナップ」のように3番・4番・5番打者の3人をさすのではない)

# clear 準2級 A2 [klíər クリァ]

形 ❶ 澄(す)んだ, 透(す)き通った
❷ 晴れた, 明るい
❸ (音・形などが)明確な;はっきりした;わかりやすい
❹ 邪魔(じゃま)物のない;開(ひら)けた
副 はっきりと;すっかり
動 他 ❶ …を取り除く;…をきれいにする
❷ …をこえる, クリアする
自 晴れる, 明るくなる

― 形 (比較 clearer; 最上 clearest) ❶ **澄んだ;透き通った, 透明(とうめい)な**
- *clear* water [glass] 透明な水[ガラス]

**くらべてみよう!  clear と clean**

**clear**:「澄んだ,透き通った」の意
**clean**:「清潔な」の意
- The water is *clear*. その水は澄んでいる. (►飲むのに適していないかもしれない)
- The water is *clean*. その水はきれいだ. (►不純物がなく飲むのに適している)

❷ **晴れた**, 明るい
- a *clear* day 晴れた日
- The sky is *clear*. 空は晴れている.

❸ (音・形などが) **明確な;はっきりした;わかりやすい**
- *clear* voice よく通る声
- The meaning is *clear*.

その意味ははっきりしている.
- It became *clear* that he was lying.
彼がうそをついていることが明らかになった.
❹邪魔物のない；開けた(=open)
- a *clear* view 広々とした見晴らし
- The street is now *clear of* snow.
通りはもう雪がどけられている.
━ 副 はっきりと(=clearly)；すっかり
━ 動 (三単現 clears[-z]；過去・過分 cleared[-d]；現分 clearing)
━ 他 ❶ …を取り除く；…をきれいにする
- *clear* the desk 机を片づける
- Will you *clear* the dishes?
お皿を片づけてくれませんか.
- If you hit this key on the computer, it will *clear* the screen. コンピュータのこのキーを打つと画面上のデータは消える.
❷ (条件・障害に触(ふ)れずに)…をこえる，クリアする
- Our dog *cleared* the fence.
うちの犬はフェンスを飛びこえた.
━ 自 晴れる，明るくなる
- The sky *cleared* in the afternoon.
午後になって空が晴れた.

*clear away* (障害物など)を取り除く；晴れる
*clear up* 晴れ上がる；(問題など)を解く，明らかにする；…を片づける，整とんする
- His explanation *cleared up* the mystery.
彼の説明でそのなぞは明らかになった.
派生語 clearance 名, clearly 副

**clearance**[klíərəns クリ(ァ)ランス] 名 ❶ ＵＣ 片づけること；一掃(いっそう)，除去
❷ ＵＣ (物と物の間の)透(す)き間，ゆとり
❸ Ｕ 通関手続き；Ｃ 出入港許可書
❹ Ｃ 在庫一掃大売り出し(=clearance sale)

# clearly 準2級 A2 [klíərli クリアリィ]
副 はっきりと，明確に，明らかに
- speak *clearly* はっきりとしゃべる

**clergyman**[klə́ːrdʒimən クラーヂマン] 名 (複 clergymen[-mən]) Ｃ 聖職者，牧師(►⊗では聖職者一般を言うが，⊛では英国国教会の主教(bishop)以下をさす.男女の区別のない clergyperson も用いられる)

# clerk 準2級 A2
[klə́ːrk クラーク｜klá:k クラーク]
名 (複 clerks[-s]) Ｃ ❶ (会社・銀行などの)**事務員**
- a bank *clerk* 銀行員
❷ (官庁の)書記 ❸ ⊛(商店の)**店員**(=salesclerk, ⊛shop assistant)；(ホテルの)従業員

# clever 3級 A1 [klévər クレヴァ]
形 (比較 cleverer；最上 cleverest) ❶ **利口な，賢(かしこ)い，頭のよい**
- a *clever* student 頭のいい生徒

> くらべてみよう！ clever と wise と bright
> **clever**：「頭の回転が早く機転がきく」の意で，「ずる賢い」「抜(ぬ)け目のない」という意も表します．
> **wise**：「知識・経験が豊かで判断力がある」ことを意味します．
> **bright**：「頭がよい，学業優秀(ゆうしゅう)である」ことを意味します．(=smart)

❷ 器用な，じょうずな(=skillful)
- He is *clever with* his hands.
彼は手先が器用だ．(►「不器用だ」なら He is all thumbs.)
派生語 cleverly 副, cleverness 名

**cleverly**[klévərli クレヴァリィ] 副 利口に；器用に，じょうずに
- She *cleverly* hid the truth.
彼女はじょうずに真実を隠した．

**cleverness**[klévərnis クレヴァニス] 名 Ｕ 利口；器用さ

**click** 準2級 A2 [klík クリック]
━ 名 ＣＵ (錠前(じょうまえ)などの)カチッという音
━ 動 ━ 自 カチッと音がする；〖コンピュータ〗(アイコン・ボタンなどを)押(お)す，クリックする
- *Click* twice on the icon.
アイコンをダブルクリックしなさい．
━ 他 …をカチッと鳴らす；〖コンピュータ〗(アイコン・ボタンなどを)押す，クリックする
- *click* the 'start' button
「スタート」ボタンをクリックする

**client** 2級 [kláiənt クライアント] 名 Ｃ (弁護士などへの)依頼(いらい)人；(商店などの)顧客(こきゃく)

**cliff** B1 [klíf クリフ] 名 (複 cliffs[-s]) Ｃ 絶壁(ぜっぺき)，がけ

**climate** 2級 B1 [kláimit クライミット] 名 ❶ ＣＵ 気候(►ある地域の年間を通じた平均的な気候状況(じょうきょう)を言う)→ weather くらべて！
- a mild *climate* 温暖な気候
- "*climate* action"
「気候変動対策」(►国連で採択(さいたく)された SDGs (持続可能な開発目標)の 13 番目の目標)
- We need *climate* action to secure our future. 未来を確実なものとするために，気候変動対策が必要だ．
- *climate* change 気候変動

## climax

❷ C (気候から見た)地方, 風土

**climax** [kláimæks クライマックス] 名 (複 climaxes[-iz]) C 最高潮, クライマックス；(劇・物語などの)最高の山場

## climb 4級 A1

[kláim クライム] (★この b は発音しない)

— 動 (三単現 climbs[-z]; 過去・過分 climbed[-d]; 現分 climbing)

— 他 …を[に]登る
- *climb* Mt. Everest エベレスト山に登る
- *climb* (up) a ladder [tree]
はしごを[木に]登る

— 自 ❶ (手や足を使って)よじ登る
- *climb to* the top of a tree
木のてっぺんまで登る
- Let's *climb over* that wall.
あの塀(へい)を乗りこえよう.

❷ 上がる, 昇る, 上昇(じょう)する
- The plane *climbed* up *into* the sky.
飛行機は上空に上がっていった.

*climb down* (手や足を使って…を)降りる
*climb into ...* (手や足を使ってはうように)…に潜(もぐ)りこむ；(衣服など)を急いで着る

— 名 (複 climbs[-z]) C 登ること

派生語 climber 名, climbing 名

**climber** B1 [kláimər クライマァ] (★この b は発音しない) 名 C 登山者；よじ登る人

**climbing** 準2級 A2 [kláimiŋ クライミング] (★この b は発音しない)

— 動 climb (登る)の現在分詞・動名詞

— 名 U 登ること, 登山

**cling** [klíŋ クリング] 動 (過去・過分 clung[klʌ́ŋ クラング]) 自 (cling to ... で) (…に)くっつく, しがみつく, 執着(しゅうちゃく)する
- The little girl *clung to* her mother's arm.
少女は母親の腕(うで)にしがみついた.

**clinic** 2級 B1 [klínik クリニック] 名 C 医院, 診療(しんりょう)所

**clip¹** B1 [klíp クリップ]
— 名 C 紙ばさみ, クリップ
— 動 (過去・過分 clipped[-t]; 現分 clipping) 他 (クリップなどで)…を留める

**clip²** B1 [klíp クリップ]
— 動 (過去・過分 clipped[-t]; 現分 clipping) 他 …を刈(か)る；(はさみで)…を切りぬく
— 名 ❶ 切ること, (頭髪(とうはつ)・羊毛などの)刈りこみ；❷ (新聞・雑誌の)切りぬき(= clipping)；(映像の)1こま

派生語 clipper 名

**clipper** [klípər クリッパァ] 名 C 刈(か)る[切る]人；《ふつう clippers で》バリカン, (毛；つめ・植木などの)はさみ
- two pairs of nail *clippers*
つめ切り2個

**cloak** [klóuk クロウク] 名 C (そでなしの)マント

**cloakroom** [klóukrù:m クロウクルーム] 名 C (ホテル・劇場などの)携帯(けいたい)品預かり室, クローク；(駅の)手荷物一時預かり所 (▶ cloak は「マント」)

## clock 5級 A1 [klák クラック | klɔ́k クロック]

名 (複 clocks[-s]) C 時計 (▶置き時計も掛(か)け時計, 柱時計も含(ふく)む, 腕(うで)時計など携帯(けいたい)用のものは watch)
- set the alarm *clock* for six o'clock
目覚まし時計を6時にセットする
- This *clock* is two minutes fast [slow].
この時計は2分進んで[遅(おく)れて]いる.

alarm clock 目覚まし時計
wall clock 掛け時計
table clock 置き時計
digital clock デジタル式時計
watch 腕時計

①face 文字盤(ばん)　②hour hand 時針, 短針
③minute hand 分針, 長針　④second hand 秒針

**clockwise** [klákwàiz クラックワイズ | klɔ́k- クロック-]
— 形 右回りの, 時計回りの
— 副 右回りに, 時計回りに

**clone** A2 [klóun クロウン] 名 C 【生物】クローン(細胞(さいぼう))；そっくりなもの, コピー商品

## *close¹ 5級 A1

[klóuz クロウズ] (★ close² との発音の違(ちが)いに注意)

> 動 他 ❶ (ドア・店など)を閉める
> 　　❷ (集まり・話など)を終わりにする
> 　自 ❶ (ドア・店などが)閉まる
> 　　❷ (集まり・話などが)終わる
> 名 終わり, 終結

— 動 (三単現 closes[-iz]; 過去・過分 closed[-d]; 現分 closing)
— 他 ❶ (ドア・店など) **を閉める**, 閉じる (⇔ open 開ける)
- *close* the gate [door]
門[ドア]を閉める

# clothes

- *Close* your eyes. 目を閉じて.
- The students *closed* their textbooks.
  生徒たちは教科書を閉じた.
- The store is already *closed*.
  その店はもう閉まっている.
- CLOSED (掲示)閉店, 準備中
- STREET CLOSED (掲示)通行止め

❷(集まり・話など)を終わりにする
- They *closed* the meeting.
  彼らは会合を終えた.

━自 ❶(ドア・店などが)**閉まる**
- This hospital *closes* at five.
  この病院は5時に閉まる.

❷(集まり・話などが)**終わる**
- Church service *closed* with a prayer.
  礼拝はお祈りで終わった.

*close down* (工場・店が)閉鎖する

━名 (a close または the close で)終わり, 終結 (▶形式ばった言い方)(=end)
- The festival came to *a close*.
  祭りは終わった.

派生語 closed 形, closing 名形

## close² 3級 A1

[klóus クロウス] (★ close¹ との発音の違いに注意)
(比較 closer; 最上 closest)

━形 ❶(空間的・時間的に)(とても)**近い**, 接近した
- Where is the *closest* station from here?
  ここからいちばん近い駅はどこですか.
- Don't get too *close to* the fire.
  火に近づきすぎてはいけない.
- The exam is getting *close*.
  試験が近づいている.

❷(関係が)**親しい**, 近い
- a *close* friend 親友
- We are very *close*. 私たちはとても親しい.

❸注意深い; 念入りな
- We must keep a *close* watch on him.
  彼を注意深く見守らなければいけない.
- Take a *close* look at the picture.
  その絵をよく見てごらん.

❹(競争・勝敗などが)接戦の, 互角の
- a *close* match 接戦

━副 **近くに**, すぐそばに
- We live *close to* the park.
  私たちはその公園の近くに住んでいる.
- She sat *close* beside him.
  彼女は彼に寄りそって座っていた.
- Come *closer*.
  もっと近くに来なさい.

*close by* すぐ近くに (▶close-by ともつづる)

派生語 closely 副

## closed 4級 A1 [klóuzd クロウズド]
━動 close¹(閉める; 閉まる)の過去形・過去分詞
━形 閉じた, 閉鎖した; 閉店の

## closely 2級 B1 [klóusli クロウスリィ] 副 ❶綿密に; よく注意して
- Listen *closely*. よく注意して聞きなさい.

❷ぴったりと, ぎっしりと; 密接に, 親密に
- He followed me *closely*.
  彼は私にぴったりとついて来た.

## closet 4級 [klázit クラズィット | klɔ́zit クロズィット]
名 C ⊛ 押し入れ, 収納室, クローゼット

## close-up [klóusʌ̀p クロウスアップ] 名 C (映画・テレビ・写真などの)大写し, クローズアップ

## closing 5級 [klóuziŋ クロウズィング]
━動 close¹(閉める; 閉まる)の現在分詞・動名詞
━名 U 閉じること, 閉鎖; C U 終了; (手紙の)結びの文句
━形 終わりの; 閉会の

## cloth 3級 A1 [klɔ́:θ クロース | klɔ́θ クロス]
名 (複 cloths [-s, klɔ́:ðz クローズズ]) ❶ U **布**, 布地, 服地, 織物
- a *piece* [*sheet*] of *cloth* 1枚の布

❷ C (特定の用途に使う)**布切れ**; テーブルクロス, ぞうきん, ふきん
- Wipe the table with a *cloth*.
  ふきんでテーブルをふきなさい.

## clothe [klóuð クロウズ] 動 他 (人)に服を着せる (=dress); …を覆う
- She *was clothed in* white.
  彼女は白い服を着ていた.

## clothes 4級 A1

[klóuz クロウズ, klóuðz クロウズズ]
名 U 《複数扱い》**衣服**, 服, 着物 → clothing
- a suit of *clothes* 服1着
- The child can put on his *clothes* by himself.
  その子は自分で服を着ることができる.
- We have to take off our *clothes* here.
  ここで服を脱がなければならない.
- casual *clothes* カジュアルな服

━━━━━━ 表 規 メ モ ━━━━━━

### clothesのいろいろ

a blouse ブラウス / a cardigan カーディガン
a coat コート / a dress ドレス, ワンピース
a jacket ジャケット / a sweat suit ジャージ
a sweatshirt トレーナー
a sweater, 英 a pullover セーター
a uniform 制服 / jeans ジーパン
米 pants, 《主に英》trousers ズボン

## clothing

shorts 短パン
an undershirt 下着のシャツ
underpants 下着のパンツ
underwear 下着類 / socks 靴下

---

**clothing** B2 [klóuðiŋ クロウズィング] 名 U 衣類, 衣料品 (▶clothesよりもやや堅(かた)い表現で, 靴(くつ)・帽子(ぼうし)などを含(ふく)め身につけるもの全体を言う)
- an article of *clothing*
  衣類1点
- food, *clothing* and shelter
  衣食住 (▶日本語とは順序が異なることに注意)

## cloud 4級 A1 [kláud クラウド]

— 名 (複 clouds[-dz -ヅ]) ❶ C U 雲
- a rain *cloud* 雨雲
- There is not a *cloud* in the sky.
  空には雲ひとつない.
- Dark *clouds* covered the sky.
  黒雲が空を覆(おお)った.

❷ C 雲状のもの, 煙(けむり); (虫などの)大群
- a *cloud* of dust
  もうもうとしたほこり
- a *cloud* of mosquitoes 蚊(か)の大群

— 動 (三単現 clouds[-dz -ヅ]; 過去・過分 clouded[-id]; 現分 clouding)
— 自 曇(くも)る
- The sky has suddenly *clouded* over.
  空がにわかにかき曇った.

— 他 …を曇らせる, (表情など)を暗くする
- His face was *clouded* with sadness.
  彼の顔は悲しみで曇っていた.

派生語 cloudless 形, cloudy 形

**cloudless** [kláudlis クラウドゥリス] 形 雲のない, 晴れわたった

## cloudy 5級 A1 [kláudi クラウディ]

形 (比較 cloudier; 最上 cloudiest) (空・天候が) 曇(くも)った, 曇りの, 雲の多い
- a *cloudy* sky 曇り空
- It will be *cloudy* tomorrow.
  あしたは曇りでしょう.

**clover** 4級 [klóuvər クロウヴァ] 名 (複 clover, clovers[-z]) U C 〖植物〗クローバー (▶家畜(かちく)のえさになる)
- a four-leaf [four-leaved] *clover*
  四つ葉のクローバー

**clown** A2 [kláun クラウン] 名 C 道化(どうけ)(役者), ピエロ
- a class *clown*
  クラスのひょうきん者(お調子者)

---

*club 5級 A1 [kláb クラブ]

名 (複 clubs[-z]) C ❶ (学校や趣味(しゅみ)などの)クラブ, 部, サークル, 同好会 → team
- *club* activities クラブ活動 (▶ふつうはextracurricular [èkstrəkəríkjələr エクストラカリキャラァ] activities (課外活動)と言う)
- join a *club* クラブに入会する
- a *club* camp クラブの合宿

😊What *club* are you in?
何のクラブに入っているの？
😀I'm in the art *club*.
美術部に入ってるんだ.
(=I belong to the art *club*.
=I'm a member of the art *club*.)

話してみよう！

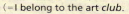

### 文化系クラブのいろいろ

art club 美術部 / brass band 吹奏(すいそう)楽部
calligraphy club 書道部
cartoon club 漫画(まんが)部
chorus 合唱部 / drama club 演劇部
flower arrangement club 華道部
literary club 文芸部
newspaper club 新聞部
photography club 写真部
science club 科学部
tea ceremony club 茶道部
(▶brass band, chorusはclubをつけない)

### これ、知ってる？ 文化系クラブはclub, スポーツ系クラブはteam

米英の学校のスポーツ活動は, たとえば秋はフットボール, 冬はバスケットボールというように, シーズンごとにチームを編成して行うことが多いようです. 日本のように年間を通して同じ部に所属して活動することはなく, clubという言い方もしません. そのためスポーツ系クラブ(運動部)は多くの場合, teamと呼びます. 「私は野球部に入っています」と言う場合は, I'm on the baseball team. となります.

❷ (ゴルフの)クラブ, (ホッケーの)スティック; こん棒
- a golf *club* ゴルフクラブ (▶「ゴルフ道具」だけでなく❶の意で団体としての「ゴルフクラブ」の意味にもなる)

❸ (トランプの札の) クラブ

**clue** A2 [klú: クルー] 名 C (なぞを解く)手がか

り, ヒント
- a *clue to* solve the mystery
なぞを解く手がかり

**clung** [klʌŋ クラング] 動 cling(くっつく)の過去形・過去分詞

**cluster** [klʌ́stər クラスタァ]
— 名 C (果物や花の)房(ﾌｻ);(人や物の)集団, 群れ
— 動 自 群がる, 寄り集まる

**cm, cm.** 5級 centimeter(s)(センチメートル)の略

**CO** Colorado(米国コロラド州)の郵便略語

**Co., co.** [kóu コゥ, kʌ́mpəni カンパニィ]
名 Company(会社)の略
- General Electric *Co*.
ゼネラル・エレクトリック社
- Jones & *Co*. ジョーンズ商会(▶人名がつく社名ではCo.の前に&を置く. & Co.は[ən kóu アンコゥ]または[ən kʌ́mpəni アン カンパニィ]と発音する)

**c/o** [síːóu スィーオゥ, kéərəv ケァラヴ] care of(…方(ｶﾀ), …気付(ｷﾂ))の略
- Mr. Jay Brown *c/o* Mr. George Collins
ジョージ・コリンズ様方ジェイ・ブラウン様

# coach 4級 A1 [kóutʃ コゥチ]

— 名 (複 coaches[-iz]) C ❶ (運動・競技・演芸などの)**コーチ**, 指導者
- a tennis *coach* テニスのコーチ
- the head *coach* of Japan's national team
日本代表監督(ｶﾝﾄｸ)
❷ (鉄道の)客車;⊛バス(= bus), 長距離(ｷｮﾘ)バス ❸ (屋根つき4輪の)大型馬車
— 動 他 …に指導する, …の指導をする

**coal** 2級 B1 [kóul コウル] 名 U C 石炭
- a *coal* mine 炭鉱

# coast 準2級 A2 [kóust コウスト]

名 (複 coasts[-ts -ツ]) C ❶ C **海岸**, 沿岸
- along the *coast* 海岸に沿って
- The town lies [is] on the *coast*.
その町は海岸にある.
❷ ((the Coast で))(米国・カナダの)太平洋沿岸(地方)(= the West Coast)
*from coast to coast* (米国内の)東海岸から西海岸まで, 全国的に
派生語 coaster 名

**coaster** 4級 [kóustər コウスタァ] 名 C ❶ ⊛ ジェットコースター(= roller coaster)
❷ (コップなどをのせる)コースター

# coat 5級 A1 [kóut コウト]

— 名 (複 coats[-ts -ツ]) C ❶ **コート**, オーバー;
(スーツの)上着
- wear a *coat* コートを着ている
- *put on* a *coat* コートを着る
- *take off* a *coat* コートを脱(ﾇ)ぐ
❷ (動物の)外皮(▶毛・毛皮・羽毛などをさす)
- My dog has a smooth *coat*.
うちの犬の毛はなめらかだ.
❸ (ペンキなどの)塗(ﾇ)り, 層
- He gave the wall two *coats* of paint.
彼は壁に2回ペンキを塗った.
— 動 (三単現 coats[-ts -ツ]; 過去・過分 coated[-id]; 現分 coating) 他 …を覆(ｵｵ)う;(ペンキなど)を塗る

**cobra** [kóubrə コウブラ] 名 C 〖動物〗コブラ(▶アフリカ・南アジア産の毒蛇(ﾄﾞｸﾍﾋﾞ))

**cobweb** [kʌ́bwèb カブウェブ | kɔ́b- コブ-] 名 C くもの巣(▶「くも」はspider)

**Coca-Cola** [kòukəkóulə コウカコウラ] 名 〖商標〗コカコーラ(= Coke)→ cola

**cock** [kák カック | kɔ́k コック] 名 C ❶ ⊛ おんどり(= ⊛ rooster, ⇔ hen めんどり)
❷ (ガス・水道などの)栓(ｾﾝ), コック

**cock-a-doodle-doo** [kákədùːdlúː カッカドゥードゥルドゥー | kɔ̀kə- コッカ-] 名 (複 cock-a-doodle-doos[-z]) C コケコッコー(▶おんどりの鳴き声)

**cockney, Cockney** [kákni カックニィ | kɔ́k- コック-] 名 C ロンドンっ子(▶ロンドンのEast End(イーストエンド)で生まれ育った人. 言葉に独特のなまりがある); U ロンドンなまり

**cockpit** [kákpìt カックピット | kɔ́k- コック-] 名 C (飛行機などの)操縦室, コックピット

**cockroach** [kákròutʃ カックロウチ | kɔ́k- コック-] 名 (複 cockroaches[-iz]) C 〖虫〗ごきぶり

**cocktail** B2 [káktèil カックテイル | kɔ́k- コック-] 名 C (お酒の)カクテル;前菜,(かき・えびなどの)カクテル

**cocoa** B2 [kóukou コウコゥ](★「ココア」でないことに注意) 名 U ココア(▶カカオ(cacao)の種子の粉末), U (飲み物の)ココア(= hot chocolate); C (1杯の)ココア

**coconut** B2 [kóukənʌ̀t コウカナット] 名 C 〖植物〗ココナッツ, ココやしの実

**cod** B1 [kád カッド | kɔ́d コッド] 名 (複 cod, cods[-dz -ヅ]) C 〖魚〗たら(= codfish); U たらの肉

# code 3級 A1 [kóud コウド] 名 ❶ C U 暗号;符号(ﾌｺﾞｳ), コード番号

- a zip *code*
⊛ 郵便番号(= ⊛ postal code)
- Scan the QR *code* with your smartphone.
スマートフォンでQRコードをスキャンしてください.

## codfish

❷ C (社会生活の)決まり, 規定, 慣例; 法典
- a dress *code* 服装規定

**codfish** [kάdfiʃ カッドフィッシュ | kɔ́d- コッド-] 名 = cod

**coed, co-ed** [kóuèd コウエッド | kòuéd コウエッド] 形 男女共学の; 米 男女混合の, 男女共用の

**coeducation** [kòuedʒukéiʃən コウエデュケイション | -edju- -エデュー-] 名 U 男女共学

**coexistence** [kòuigzístəns コウイグズィスタンス] 名 U 共存

# coffee 5級 A1 [kɔ́ːfi コーフィ | kɔ́fi コフィ]

名 (複 coffees [-z]) U コーヒー; C 《話》1杯 (ぱい)のコーヒー
- strong [weak] *coffee*
  濃(こ)い[薄(うす)い]コーヒー
- black *coffee*
  ブラックコーヒー (▶ミルクなし)
- iced *coffee*
  アイスコーヒー
- a cup of *coffee*
  コーヒー1杯 (▶コーヒー2杯は two cups of *coffee*)
- make [brew] *coffee*
  コーヒーをいれる

話してみよう!
☺ How do you like your *coffee*?
コーヒーはどのようにして飲みますか.
😊 With milk and sugar, please.
ミルクと砂糖を入れてください.

- Two *coffees*, please. コーヒーを2つお願いします. (▶店で注文するときなどは1杯, 2杯と数えられる名詞として扱(あつか)う)
- a *coffee* cup コーヒーカップ
- a *coffee* house コーヒー店, 喫茶(きっさ)店

これ、知ってる? 「アメリカンコーヒー」は日本製
浅くいったコーヒー豆でいれたコーヒーを言う「アメリカン(コーヒー)」は和製英語です.

**coffee break** [kɔ́ːfi brèik コーフィ ブレイク | kɔ́fi - コフィ -] 名 C 米 コーヒーブレイク (▶仕事の合間にコーヒーなどを飲む休憩(きゅうけい)時間)

**coffeemaker, coffee maker** [kɔ́ːfimèikər コーフィメイカァ | kɔ́fi- コフィ-] 名 C コーヒーメーカー

**coffepot** [kɔ́ːfipàt コーフィパット | kɔ́fipɔ̀t コフィポット] 名 C コーヒー沸(わ)かし器, コーヒーポット

**coffee shop** [kɔ́ːfi ʃàp コーフィ シャップ | kɔ́fi ʃɔ̀p コフィ ショップ] 名 C 喫茶(きっさ)店, (ホテルなどの)

軽食堂

**coil** [kɔ́il コイル]
— 動 他 自 …をぐるぐる巻く; 巻きつく, とぐろを巻く
— 名 C うず巻状のもの, (針金などの)巻いたもの; 〖電気〗コイル

米国で売られている蚊(か)取り線香 (repel は「退ける, 防ぐ」の意味)

# coin 準2級 A2 [kɔ́in コイン]

名 (複 coins [-z]) C 硬貨(こうか), コイン, 貨幣(かへい) (▶「紙幣」は paper money, 米 bill, 英 note; 「小銭(こぜに)」は change)
- a gold [silver, copper] *coin*
  金[銀, 銅]貨

これ、知ってる? コインのいろいろ
(1) 米英のコインの種類
米国: コインの通称(つうしょう)とその価値

penny
1セント

nickel
5セント

dime
10セント

quarter
25セント

half dollar
50セント

one dollar
1ドル

英国
1ペニー / 2ペンス / 5ペンス / 10ペンス / 20ペンス / 50ペンス / 1ポンド
(2) コインの表は head, 裏は tail と言います.
(3) 米英ではよく, コインを投げて (toss a coin) 表が出るか裏が出るかで物事を決めます.
- "Heads or tails?" "Heads [Tails]."
  「表が出るか裏が出るか」「表[裏]だ」

**Coke** A1 [kóuk コウク] 名 〖商標〗コカコーラ (= Coca-Cola)

**cola** A2 [kóulə コウラ] 名 U C コーラ

# Colombia

## *cold 5級 A1 [kóuld コウルド]

**形** ❶ 冷たい; 寒い
　❷ (人格などが)冷たい
**名** ❶ 風邪
　❷ 寒さ

─**形** (比較 colder; 最上 coldest) ❶ **冷たい; 寒い** (⇔hot 熱い, 暑い)
- a *cold* drink 冷たい飲み物
- a *cold* wind 冷たい風
- a *cold* day 寒い1日
- It is getting *colder* day by day.
  日に日に寒くなっている.
- He was [felt] *cold* without his coat.
  彼はコートを着ていなかったので寒かった.

**くらべてみよう!** cold, cool, chilly, freezing

**cold**: 寒い, 冷たい (▶coolより低温で不快な寒さ・冷たさを表す)
**cool**: 涼(すず)しくて快適な様子を言う.
**chilly**: 「冷え冷えする, 肌(はだ)寒い」の意味.
**freezing**: 「凍(こお)るように寒い」の意味.

❷ (人格・態度などが)冷たい; 冷淡(れいたん)な, 感情に動かされない (⇔warm 温かい)
- Sally is always *cold* to him.
  サリーは彼に対していつも冷たい.

─**名** (複 colds[-dz -ヅ]) ❶ⒸⓊ **風邪**
- I have a (bad) *cold*. 私は(ひどい)風邪を引いている. (▶aがつくことに注意)
- You'll catch (a) *cold*. 風邪を引きますよ.
- Yesterday I was absent because of a slight *cold*. きのう私は軽い風邪で欠席した.

❷Ⓤ (しばしばthe coldで)寒さ (⇔heat 暑さ); 冷たさ
- Jack can't stand *the cold*.
  ジャックは寒さががまんできない.
- She went out in *the cold* without her coat. 彼女は寒い中コートなしで出かけた.

派生語 coldly 副

**coldly** 4級 [kóuldli コウルドゥリィ] **副** 冷たく, 冷淡(れいたん)に

**collar** B1 [kálər カラァ|kɔ́lə コラ] (★colo(u)r (色)と混同しないこと) **名** Ⓒ 襟(えり), カラー; (犬などの)首輪

## collect 4級 A1 [kəlékt カレクト]

─**動** (三単現 collects[-ts -ツ]; 過去・過分 collected[-id]; 現分 collecting)
─**他** …を集める, 収集する
- I *collect* coins as a hobby.
  私は趣味(しゅみ)でコインを集めている.
─**自** (人が)集まる
- The students *collected* in the schoolyard to listen to their principal's talk. 生徒たちは校長先生の話を聞くために校庭に集まった.

派生語 collection 名, collector 名

**collect call** [kəlékt kɔ̀ːl カレクト コール] **名** Ⓒ コレクトコール, 料金受取人払いの電話

**collection** 3級 A1 [kəlékʃən カレクション] **名** ❶ Ⓒ 集めた物, コレクション
- She has a large [small] *collection* of stamps.
  彼女は切手をたくさん[少し]集めている.

❷ⒸⓊ (ごみなどの)収集, 回収
- garbage *collection*(s) ごみの収集

❸Ⓒ 募金(ぼきん)

**collector** B2 [kəléktər カレクタァ] **名** Ⓒ 収集者, 採集者, コレクター; 集金人

## *college 5級 A1 [kálidʒ カリッヂ|kɔ́l- コ-]

**名** (複 colleges[-iz]) Ⓒ ❶ **大学**
- a *college* student 大学生
- a women's *college* 女子大学
- a junior *college* 短期大学
- My brother goes to *college*.
  兄[弟]は大学に通っている.
- She is in *college*.
  彼女は大学に在学している.
- I want to study mathematics at *college*.
  私は大学で数学を勉強したい.

**ここがポイント!** aやtheは不要

go to collegeやin college, at collegeなどの決まった言い方ではcollegeにaやtheをつけないので注意しましょう.

❷ 専門学校, 専修学校, 職業学校
- a business *college*
  実業専門学校, ビジネススクール

❸ 《Collegeで》(総合大学の)学部; (オックスフォードやケンブリッジ大学などの)学寮(がくりょう)
- the *College* of Engineering 工学部

**collide** [kəláid カライド] **動** 自 衝突(しょうとつ)する
- The bicycle *collided with* a truck.
  その自転車はトラックと衝突した.

派生語 collision 名

**collision** [kəlíʒən カリジョン] **名** ⒸⓊ 衝突(しょうとつ)

**colloquial** [kəlóukwiəl カロウクウィアル] **形** 口語(体)の, 話し言葉の (⇔literary 文語(体)の, 書き言葉の)
- *colloquial* English 口語英語

**Colombia** [kəlʌ́mbiə カランビア] **名** コロンビア

## colon

（►南アメリカ大陸北西部に位置する共和国. 首都はボゴタ（Bogotá））

**colon** B2 [kóulən コウラン] 名C（句読点の）コロン(:)（►説明や引用の句の前, 時間, 対比を表す数字の間などに用いる）

**colony** [káləni カラニィ | kɔ́lə- コラ-] 名
（複 colonies[-z] ）C ❶植民地; 移民団 ❷（同じ人種・宗教・職業などの人たちが集まる）居住地

## *color 5級 A1

[kΛlər カラァ]（►⊛ではcolourとつづる）

> 名❶色
> ❷《colorsで》絵の具
> ❸顔色
> ❹《colorsで》旗
> ❺様子
> 動他 …に色をつける
> 自色づく

—名（複 colors[-z] ）❶ CU 色, 色彩(さい) → 色で世界を見る【口絵】
- a bright [loud] *color* 鮮(あざ)やかな[はでな]色
- a light [dark] *color* 明るい[暗い]色
- the *colors* of the rainbow にじの色
  → rainbow 知ってる?
- What *color* do you like? あなたは何色が好きですか.

⸺表現メモ⸺

**色の名前**
black 黒 / blue 青 / brown 茶
gray,《主に⊛》grey 灰色 / green 緑
indigo 藍(あい) / orange オレンジ
pink ピンク / purple 紫(むらさき) / red 赤
white 白 / yellow 黄

❷《colorsで》絵の具（＝paints）; 染料
- paint a picture in oil *colors* 油絵の具で絵をかく

❸ UC 顔色, 血色
- change *color* 顔色を変える
- lose *color* 青ざめる

❹《colorsで》旗, 国旗, 軍旗
❺ U 様子, 外見; 特色, 特性
- local *color* 地方色

—動（三単現 colors[-z]; 過去・過分 colored[-d]; 現分 coloring）

—他 …に色をつける, 色を塗(ぬ)る
- The girl was *coloring* in her coloring book. 女の子は塗り絵帳に色を塗っていた.

—自（果実・葉などが）色づく

派生語 colored 形, colorful 形

## Colorado 4級 [kàlərædou カララドウ | kɔ̀lərá:- コララー-] 名 ❶コロラド（►米国西部の州. 州都はデンバー（Denver）. 郵便略記はCO）
❷《the Coloradoで》コロラド川（►米国コロラド州北部に発しカリフォルニア湾(わん)に注ぐ. 流域にグランドキャニオンがある）

## colored [kΛlərd カラァド]（►⊛ではcolouredとつづる）
—動color（色をつける; 色づく）の過去形・過去分詞
—形 ❶色のついた, 着色した
❷《しばしばColoredで》有色人種の, (特に)黒人の（►軽べつ的な言い方）

## colorful 準2級 A2

[kΛlərfəl カラァフル]（►⊛ではcolourfulとつづる）

形（比較 more colorful; 最上 most colorful）
色彩(さい)豊かな, 華(はな)やかな, カラフルな
- *colorful* flowers 色とりどりの花

**Colosseum** [kàləsí:əm カラスィーアム | kɔ̀lə- コラ-] 名 コロシウム（►古代ローマ最大の円形競技場）

**colt** [kóult コウルト] 名C 雄(おす)の子馬
**Columbus** [kəlΛmbəs カランバス] 名
Christopher, クリストファー・コロンブス（►1451?-1506; ヨーロッパ人として初めて1492年に米大陸に到達(とうたつ)したイタリア人）
**Columbus Day** [kəlΛmbəs dèi カランバス デイ] 名 ⊛ コロンブスデー（►コロンブスの米大陸到達記念日. 10月第2月曜日の休日）
**column** A2 [káləm カラム | kɔ́ləm コラム]（★このnは発音しない）名C ❶【建築】円柱（►特に石材の装飾(そうしょく)的な柱）❷（新聞・雑誌などの）コラム, 寄稿(きこう)欄 ❸『コンピュータ』（表計算ソフトの）列
**coma** B2 [kóumə コウマ] 名 UC 昏睡(こんすい)状態
**comb** A2 [kóum コウム]（★このbは発音しない）
—名C ❶くし ❷（おんどりの）とさか

─**動 他**(毛・髪(なみ))をくしでとかす, すく
- Meg is *combing* her hair now.
  メグは今, 髪をとかしている.

**combat** [kámbæt カンバット | kɔ́m- コン-] **名** C U
戦闘(なう), 格闘

**combination** B1 [kàmbənéiʃən カンバネイション | kɔ̀m- コン-] **名** U C 結合；組み合わせ

**combine** 2級 B1 (★**動**と**名**でアクセント位置が異なる)

─**動** [kəmbáin カンバイン] **他 自 ❶** …を結合させる；結合する；…を両立させる **❷**〖化学〗…を化合させる；化合する

─**名** [kámbain カンバイン | kɔ́m- コン-] C **❶** コンバイン (▶ 刈(か)り取りと脱穀(なつ)が同時にできる農業用機械) **❷** 企業(きょう)合同；政治連合

派生語 combination **名**

* **come** 5級 A1 [kám カム]

```
動 自 ❶(話し手の所へ)来る
    ❷(相手の所へ)行く
    ❸届く
    ❹(ある状態に)なる
    ❺…するようになる
    ❻(結果が)…になる
    ❼(考えなどが)生じる
```

**動**(三単現 comes [-z]；過去 came [kéim ケイム]；過分 come；現分 coming (▶ 過分 は原形と同じ))
**自 ❶**(話し手の所へ)**来る**, やってくる (⇔go 行く)

- Can you *come* to my house?
  私の家に来られますか.
- Rachel said, "*Come* here, everybody!"
  レイチェルは「みんなここに来て」と言った.

- He *came* home at five.
  彼は5時に家に帰った.
- She *came* home from Canada last month. 彼女は先月カナダから帰国した.
- They haven't *come* yet.
  彼らはまだ来ていない.
- Here he *comes*. 彼が来た.(▶ 主語が代名詞のときは Here +〈主語〉+〈動詞〉. の語順)
- Here *comes* the bus. バスが来た.(▶ 主語が名詞のときは Here +〈動詞〉+〈主語〉. の語順)

- Joe is *coming* to Japan in August.
  ジョーは8月に来日する.(▶come の現在進行形は「未来の確実な予定」を表す)
- Thank you for *coming*.
  来てくれてありがとう.

**come and +〈動詞の原形〉= come to +〈動詞の原形〉**…しに来る

- Don't *come and* talk to me when I'm busy. = Don't *come to* talk to me when I'm busy.
  忙(いそ)がしいときに話をしに来ないでね.(▶《話》ではandのほうをよく使う. 米《話》ではしばしば come talk to me のようにandやtoを省略する)

話してみよう!
😊 Can Tom *come and* play?
  トムが遊びに来ていい？
😊 Of course. もちろん.

**come +〈-ing形〉**
…しながら来る

- Miwa *came* smiling toward me. ミワはにこにこしながら私のほうへやってきた.

**❷**(相手の所へ)**行く**
- I will *come* to your office tomorrow.
  あなたの事務所へあした伺(うかが)います.
- May I *come* with you?
  いっしょに行ってもいいですか.

話してみよう!
😊 Your friend is here!
  お友達が来ましたよ.
😊 I'm *coming*.
  今, 行きます.(▶I'm going. と言うと「私は出かける」の意になる)

# come

> **くらべてみよう！ come と go**
> come は話し手の所に「来る」, go は話し手の所からほかの場所に「行く」ことを表します. ただし, 話し手が相手の所に「行く」と言うときには, 相手の立場に立ってその場所へ「来る」と考え, come を使います.

❸ 《物が》届く, 達する;《時が》やってくる;《順番として》来る,《ある位置に》ある
- This dress *comes* to my ankles.
  このドレスは私の足首まである.
- Summer vacation is *coming* soon.
  夏休みがもうすぐやってくる.
- Finally my turn *came*. やっと私の番が来た.
- J *comes* between I and K in the alphabet.
  アルファベットで J は I と K の間にある.

❹ 《come +〈形容詞〉で》《ある状態に》なる（= become）
- We hope your dream will *come* true.
  あなたの夢がかなうことを願っています. → true(成句 come true)
- The string *came* loose. ひもが緩んだ.

❺ 《come to +〈動詞の原形〉で》（徐々に）…するようになる（▶ become to +〈動詞の原形〉は×）→ become ポイント!, get ❸❸
- Yuka *came to* like carrots.
  ユカはにんじんが好きになった.

❻ 《come to ... で》《結果が》…になる;《ある状態に》なる;《合計が》…になる
- *come to* an agreement 合意に達する

> **ここがポイント! come to +〈名詞〉の表現**
> come to +〈名詞〉で, しばしばその名詞の状態になることを表します.
> - *come to* a close 終わる
> - *come to* a conclusion 結論に達する
> - *come to* an end 終わる
> - *come to* a dead end 行き詰まる
> - *come to* a stop 止まる

😊 How much does it *come to*?　話してみよう！
合計でいくらになりますか.
😊 It *comes to* five thousand yen.
5000円になります.

❼ （考えなどが）生じる, 浮かぶ; 起こる
- An idea *came to* me.
  アイデアが浮かんだ.

***come about*** 起こる（= happen）
- How did the accident *come about*?
  どうしてその事故は起こったのか.

***come across ...*** 《人》にばったり出会う;《物》をたまたま見つける;《場所》を横切って来る
- I *came across* an old friend in the park.
  私は公園で昔の友達にばったり会った.
- I *came across* an old picture.
  私は古い写真をたまたま見つけた.

***come along*** （偶然）現れる;（物事が）うまく進む;（健康状態が）よくなる; いっしょに来る
- How's your homework *coming along*?
  宿題はうまく進んでいますか.
- You're going to see Bill? Can I *come along*, too?
  ビルに会いに行くの？ いっしょに行っていい？

***come and go*** 行ったり来たりする;（流行などが）移り変わる
- Seasons *come and go*. 季節は移り変わる.

***come around*** やってくる;（家などを）ぶらりと訪問する（= come round）
- *Come around* for some coffee.
  ちょっとうちに来てコーヒーを飲みなよ.

***come back*** 帰ってくる, 戻る（= return）
- I'll *come back* soon. 私はすぐに戻ります.

***come by*** 通り過ぎる, そばを通る;《米》《話》ふらりと立ち寄る
- *Come by* anytime. いつでも寄って.

***come by ...*** 《米》《話》…に立ち寄る; …を手に入れる（= get）
- I'll *come by* your room later.
  後であなたの部屋に寄ります.

***come down*** 降りてくる; 落ちる;（雨などが）降る;（伝説・習慣などが）伝わる
- *Come down* from there.
  そこから降りてきなさい.

***come for ...*** …を取りに来る, 迎えに来る

- Mark *came for* me at 7 p.m.
マークは午後7時に私を迎えに来た.

***come from ...*** …の出身である;…に由来する,…から生じる(►現在形で使う)

☺Where do you *come from*?
どこのご出身ですか.(=Where are you from?)
😋I *come from* Nara.
奈良の出身です.(=I'm from Nara.)
(►Where *did* you come from?と過去形を用いると「どこから来ましたか」の意味になる)

- This word *comes from* French.
この単語はフランス語に由来する.

***come in*** 入る,入ってくる;流行する

- She *came in* third in the marathon last month. 彼女は先月マラソンで3位に入った.

☺May I *come in*?
入ってもいいですか.
😋Of course.
もちろんです.

***come into ...*** …に入ってくる;(ある状態に)なる;…を相続する

- A lovely garden *came into* view.
すてきな庭が視界に入ってきた.
- When do grapes *come into* season?
ぶどうはいつ旬になりますか.

***come of ...*** …から生じる;…の生まれである

- Nothing will *come of* this plan.
この計画からは何も生まれないだろう.

***come of age*** 成年に達する

***come off*** 取れる,外れる,抜ける,(ペンキなどが)はげる

- Dirt *comes off* with soap.
汚れは石けんで落ちる.

***come off ...*** …から取れる,外れる,抜ける

- The button has *come off* the shirt.
シャツからボタンが外れた.

***come on*** (時などが)やってくる,近づく

***Come on.*** 《話》①さあ行こう(►促すときに使う)②やめてくれ,勘弁してくれ(►あきれたときに使う)③頑張れ,元気を出して(►励ますときに使う)

- *Come on*, you can do it! 頑張れ,できるよ.

***Come on in!*** 《話》どうぞ入って.(►Come in.より強い言い方)

***come out*** 出る,出てくる;(製品などが)世に出る;(秘密が)明らかになる;(歯などが)抜ける,(染みなどが)落ちる;(花が)咲く;(写真が)写る

- The truth finally *came out*.
真実がとうとう明らかになった.
- When will Mark's new book *come out*?
マークの新しい本はいつ出ますか.

***come out of ...*** …から出てくる;…から発する

- Ken was just *coming out of* his house.
ケンはちょうど家から出てくるところだった.

***come over*** 遠くからやってくる;(家などへ)ぶらりと立ち寄る

- Mike's family is *coming over* from Australia. マイクの家族がオーストラリアからやってくる.
- Will you *come over* to my house later?
後でうちに寄ってもらえますか.

***come round*** = come around

***come through*** (結果などが)明らかになる

***come through ...*** …を通り抜ける;(困難)を切り抜ける,生き延びる

***come to mind*** 心に浮かぶ

- A good idea *came to mind*.
よい考えが浮かんだ.

***come to*** (*oneself*) 意識を取り戻す

- When I *came to* (*myself*), I was in the hospital.
意識を取り戻したとき,私は病院にいた.
- It took a long time for her to *come to*.
彼女が意識を取り戻すのに長い時間がかかった.

***come up*** 上がる,のぼる;やってくる,(歩いて)近づく;(事が)持ち上がる;(話題などに)のぼる

- The question will *come up* at the next meeting.
その問題は今度の会議で話題にのぼるだろう.

***come up to ...*** …に近づく,…の所までやってくる;…まで達する;…に匹敵する

- A stranger *came up to* me.
知らない人が私に近づいてきた.

***come up with ...*** …に追いつく;《話》(意見・答えなど)を考え出す,思いつく

- I can't *come up with* a good idea.
私にはいい考えが思いつかない.

## comeback

***come upon ...*** …に出会う, ふと見つける(= come across); …を急に襲(おそ)う
- He *came upon* a strange building.
彼は奇妙(きみょう)な建物を見つけた.

***Coming soon!*** 近日発売[発表, 公開].
***How come (...)?*** ⊛(話)どうして(…)ですか. (=Why?) → how(成句)
***When it comes to ...*** …のことになると
- *When it comes to* music, I know nothing.
音楽のことになると, 私は何もわからない.

**comeback** [kámbæk カムバック] 名C カムバック, 復帰; (健康の)回復
- make a *comeback* 復帰する

**comedian** B1 [kəmí:diən カミーディアン] 名C 喜劇役者[俳優], コメディアン

**comedy** 2級 B1 [kámədi カマディ | kɔ́mə- コマ-] 名(複 comedies[-z]) CU 喜劇(⇔tragedy 悲劇)
派生語 comedian 名

**comet** B1 [kámit カミット | kɔ́mit コミット] 名C 〖天文〗すい星, ほうき星

**comfort** B1 [kámfərt カムファト]
— 名 ❶ U 慰(なぐさ)め, 安らぎ; C 慰めとなる物[人]
- The dog was a great *comfort to* the old man.
その老人にとって犬は大きな慰めだった.

❷ U 安楽, 快適さ
- She lives *in comfort*.
彼女は平穏(へいおん)に暮らしている.

— 動 他 …を慰める, …に安らぎを与(あた)える
派生語 comfortable 形

# comfortable 準2級 A2

[kámfərtəbl カムファ(ァ)タブル]
形(比較 more comfortable; 最上 most comfortable) 心地(ここち)よい, 快適な; 楽な(⇔ uncomfortable 居心地の悪い)
- a *comfortable* room 快適な部屋
- a *comfortable* living 安楽な暮らし
- I always feel *comfortable* with them.
彼らといるといつもくつろいだ気分になる.
- Please make yourself *comfortable*.
どうぞ楽になさってください.
派生語 comfortably 副

**comfortably** B2 [kámfərtəbli カムフ(ァ)タブリィ] 副 心地(ここち)よく, 快適に; 楽に, 不自由なく
- She is *comfortably* well off.
彼女は何不自由なく暮らしている.

# comic 準2級 A2

[kámik カミック | kɔ́mik コミック]
— 形(比較 more comic; 最上 most comic) ❶ 喜劇の
- a *comic* actor 喜劇俳優

❷ こっけいな, 漫画(まんが)の
- a *comic* book 漫画本

— 名(複 comics[-s]) C ❶ 《comicsで》(新聞・雑誌の)続き漫画; 漫画雑誌, 漫画本(=comic book) ❷ (話)喜劇俳優, コメディアン (=comedian)
派生語 comical 形

**comical** [kámikəl カミカル | kɔ́mi- コミ-] 形 こっけいな, おどけた, コミカルな

**comic strip** [kámik strip カミック ストリップ | kɔ́mik - コミック -] 名C (新聞・雑誌の)続き漫画 (=comics)(▶⊛ではcartoon stripとも言う)

**coming** 5級 [kámiŋ カミング]
— 動 come(来る)の現在分詞・動名詞
— 形 来(き)るべき, 次の
- the *coming* year[week] 来年[来週]
— 名 UC 来ること, 到来(とうらい), 到着
- the *coming* of winter[peace]
冬[平和]の到来

**Coming-of-Age Day** [kámiŋ əv éidʒ dèi カミング アヴ エイヂ デイ] 名 (日本の)成人の日

**comma** B1 [kámə カマ | kɔ́mə コマ] 名C (句読点の)コンマ, 読点(,)

**command** B1 [kəmǽnd カマンド | kəmá:nd カマーンド]
— 動 他 ❶ …を命令する(→ order くらべて!); (軍隊・軍艦(ぐんかん)など)を指揮する;《command ... to +〈動詞の原形〉で》…に~するように命令する
- The King *commanded* his men *to* attack the enemy.
王は家来たちに敵を攻(せ)めるよう命令した.

❷ (場所が風景など)を見晴らす
— 名 ❶ C 命令; 指揮
❷ U 自由に操(あやつ)る力
派生語 commander 名

**commander** B2 [kəmǽndər カマンダァ | kəmá:ndər カマーンダァ] 名C 指揮者; 司令官; ⊛海軍中佐(ちゅうさ)

**commencement** [kəménsmənt カメンスマント] 名 U ❶ 開始; 始まり ❷ ⊛(大学・高校の)卒業式, 学位授与(じゅよ)式(▶卒業は「新しい人生の始ま

**comment** 2級 B1 [kάment カメント | kɔ́- コ-]
(★アクセント位置に注意)
― 名 C U (短い)論評, 批評, 意見, コメント; 注釈, 解説
- No *comment*.
特に意見はない., ノーコメント.
― 動 ⾃ 《comment on [upon, about] …で》…について論評する, 批評する

**commerce** B2 [kάməːrs カマース | kɔ́məːs コマース] (★アクセント位置に注意) 名 U 商業; 通商, 貿易
派生語 commercial 形 名

**commercial** B1 [kəmə́ːrʃəl カマーシャル]
― 形 商業の; 通商の, 貿易の; 営利的な
― 名 C 広告放送, コマーシャル (▶CMは和製英語)

**commit** 2級 B1 [kəmít カミット] 動 (過去・過分 committed[-id]; 現分 committing) 他 (過ち・罪など)を犯す; (人)を引き渡す
- *commit* suicide 自殺する
- *commit* (a) murder 殺人を犯す

**commitment** A2 [kəmítmənt カミットマント] 名 C U 誓い; 献身, 関与
- I made a *commitment* to stop eating snacks.
お菓子を食べるのをやめる誓いを立てた.

**committee** A2 [kəmíti カミッティ] (★mもtもeも2つ重なるつづりに注意) 名 C 委員会;《単数・複数扱い》委員(全体) (▶1人の委員はa member of the committeeまたはa committee member)
- The *committee* meets every month.
委員会は毎月開かれる.

# common 準2級 A2

[kάmən カマン | kɔ́- コ-]
― 形 (比較 commoner, more common; 最上 commonest, most common) ❶ よくある, よく見かける (⇔uncommon めったにない)
- a *common* mistake よくある間違い
- This bird is *common* in Japan.
この鳥は日本ではよく見かけられる.

❷ ふつうの, ありふれた, 平凡な
- the *common* people 一般大衆, 庶民
- a *common* noun 〚文法〛普通名詞

❸ 共通の, 共有の; 公共の (▶比較変化なし)
- a *common* friend 共通の友人
- a *common* language 共通語
- The desire for peace is *common* to us all.
平和への願いは私たちすべてに共通している.

― 名 (複 commons[-z]) C 共有地
*in common* 共通に; 共有して
- I have a lot *in common with* her.
私は彼女と共通点がたくさんある.
派生語 commonly 副

**commonly** 2級 B1 [kάmənli カマンリィ | kɔ́- コ-] 副 一般に, ふつう

**common sense** B1 [kάmən séns カマン センス | kɔ́mən - コマン-] 名 U 常識的判断力, 良識

**commonwealth** B2 [kάmənwèlθ カマンウェルス | kɔ́- コ-] 名 C 連邦; 共和国 (=republic)
- the British *Commonwealth* of Nations イギリス連邦

**communicate** 準2級 A2 [kəmjúːnəkeit カミューニケイト] 動 ⾃ 連絡を取る, 意志疎通をはかる, 伝達する
- We *communicate with* each other by email.
私たちは電子メールで連絡を取り合う.
― 他 …を伝える, 伝達する
派生語 communication 名

# communication 準2級 A2

[kəmjùːnəkéiʃən カミューナケイション]
名 (複 communications[-z]) ❶ U コミュニケーション, 伝達, 意思の疎通
- face-to-face *communication* 対面でのコミュニケーション
- There is a lack of *communication* between them.
彼らは互いに意思が通じ合っていない.
❷ U 通信; 連絡; C 情報, 通知, 手紙
❸ U 《communicationsで単数扱い》通信機関, 伝達手段, 交通機関

**communism** [kάmjunìzm カミュニズム | kɔ́- コ-] 名 U 共産主義
派生語 communist 名

**communist** [kάmjunist カミュニスト | kɔ́- コ-] 名 C 共産主義者

**community** B2 [kəmjúːnəti カミューナティ] 名 (複 communities[-z]) ❶ C 地域共同体, 地域社会; (地域の)人々の集まり, 自治会
- a *community* center 自治館, 公民館
❷ C (利益・宗教・職業などをともにする人たちの)社会, 共同社会, 共同体
❸ 《the communityで》(一般に)社会, 公衆

**community college** [kəmjúːnəti kάlidʒ カミューナティ カリッジ] 名 C コミュニティカレッジ, 公立短期大学

**commute** B2 [kəmjúːt カミュート] 動 ⾃ 通勤[通学]する

## commuter

派生語 commuter 名

**commuter**[kəmjúːtər カミュータァ] 名C (特に定期券による)通勤[通学]者

**Comoros**[káːmərouz, kəmárouz カーマロゥズ, カマロゥズ] 名 コモロ(▶アフリカ大陸モザンビーク沖の共和国, 首都はモロニ(Moroni))

**compact**[kəmpǽkt カンパクト, kámpækt カンパクト] 形 ❶ 小さくて持ち運びに便利な
❷ ぎっしり詰(つ)まった

**compact disc**[kàmpækt dísk カンパクト ディスク] 名C コンパクトディスク, CD

**companion** B1 [kəmpǽnjən カンパニァン]
名C 仲間, 友人; 道連れ, 話し相手

## company 準2級 A2

[kʌ́mpəni カンパニィ]

名(複 companies[-z]) ❶C 会社(▶Co.またはco.と略す)
- run a *company* 会社を経営する
- a publishing *company* 出版社

❷ U 仲間, 友人; つきあい, 交際; 同席すること
- He is good *company*.
彼はいっしょにいて楽しい人だ.
- I enjoyed their *company* very much.
彼らといっしょにいてとても楽しかった.
- Keep me *company* for a while. しばらく私といっしょにいて. (▶話し相手になるなど)

❸ U 来客, 客(▶theをつけない)
- We'll have *company* this evening.
今晩, 来客がある.

❹ C 一行, 一団

派生語 companion 名

**comparative** A2 [kəmpǽrətiv カンパラティヴ]
— 形 比較(かく)の; かなりの; 『文法』比較級の
— 名《the comparativeで》『文法』比較級

派生語 comparatively 副

**comparatively**[kəmpǽrətivli カンパラティヴリィ] 副 比較(かく)的, わりあい; かなり

## compare 準2級 A2 [kəmpéər カンペァ]

動(三単現 compares[-z]; 過去・過分 compared[-d]; 現分 comparing)
— 他 ❶ …を比べる, 比較(かく)する,
《compare ... with[to] 〜で》…を〜と比べる
- *compare* two books 2冊の本を比べる
- *Compare* these figures *with*[*to*] those.
これらの数字をあれら(の数字)と比べなさい.

❷《compare ... to 〜で》…を〜に例える
- Life is often *compared to* a candle.
人の命はしばしばろうそくに例えられる.
— 自《ふつう否定文で》《compare with ...で》
…と比べる価値がある, …に匹敵(ひってき)する

- *No* soccer player can *compare with* him.
彼に匹敵するサッカー選手はいない.
(as) *compared with*[*to*] ... …と比べて

派生語 comparative 形名, comparison 名

**comparison** B1 [kəmpǽrisn カンパリスン]
名 U C 比較(かく); 対照, 対比; U 『文法』(形容詞・副詞の)比較(変化)
*in comparison with* ... …と比べると

**compartment**[kəmpáːrtmənt カンパートゥマント] 名C 仕切り, 区画; (乗り物の)個室

**compass**[kʌ́mpəs カンパス] 名(複 compasses[-iz])C 磁石; 羅針盤(らしんばん); (製図用の)コンパス
(▶コンパス1つはa compassまたはa pair of compassesという)

磁石　　　コンパス

**compel**[kəmpél カンペル]
動(過去・過分 compelled[-d]; 現分 compelling)
他 (人)に無理に…させる; …を強要する
- Her illness *compelled* her *to* quit school.
病気のため彼女は学校をやめなければならなかった.

**compete** 2級 B1 [kəmpíːt カンピート] 動自 競争する; 対抗(たいこう)する
- He *competed with* Bob *for* first prize.
彼はボブと1等賞を争った.
- Will you *compete in* the race?
あなたはその競走に出ますか.

派生語 competition 名

**competition** 準2級 A2 [kàmpətíʃən カンパティション | kɔ̀m- コン-] (★アクセント位置に注意) 名 U 競争; C 試合, 競技会, コンペ
- a dance *competition* ダンス競技会

**complain** 準2級 A2 [kəmpléin カンプレイン]
動自 不平[不満]を言う; 苦情を申し出る; (苦痛などを)訴(うった)える
- My father is always *complaining about* crowded trains. 父は電車が込(こ)んでいるといつもこぼしている.
- My younger brother often *complains of* a headache. 弟はよく頭が痛いと言っている.

派生語 complaint 名

**complaint** A2 [kəmpléint カンプレイント]
名C U 不平, 苦情, クレーム, 愚痴(ぐち); C 病気
- make a *complaint* about the food
食べ物のことで不平を言う

**complement** B1 [kámpləmənt カンプラマント]

## concentrate

|kóm- コン-] 名 C 〖文法〗補語(▶動詞の意味を補う働きをする語句，例 She is young. のyoung)

**complete** 準2級 A2 [kəmplí:t カンプリート]
— 形 ❶ 完全な，申し分のない(⇔incomplete 不完全な)；まったくの
- a *complete* victory 完勝
- She is a *complete* stranger to me. 彼女は赤の他人だ．

❷ 全部そろった，完備した
- the *complete* works of Poe ポー全集

❸ 完成[完結]した，仕上がった(⇔incomplete 未完成の)
- Our project is finally *complete*. 私たちのプロジェクトはやっと完成した．

— 動 他 …を完成させる，完結させる，仕上げる
- Have you *completed* your new novel yet? もう新しい小説を書き上げましたか．

派生語 completely 副

**completely** 2級 B1 [kəmplí:tli カンプリートゥリィ] 副 完全に，まったく；すっかり

**complex** B1 (★形と名でアクセント位置が異なる)
— 形 [kəmpléks カンプレックス | kómpleks コンプレックス] 複雑な，込(こ)み入った；複合の
— 名 [kámpleks カンプレックス | kóm- コン-] C ❶ 複合体；(建物などの)集合体，大型アパート，コンビナート ❷〖心理〗コンプレックス(▶「劣等感」の意の「コンプレックス」はan inferiority complexで表す)

**complicated** 2級 B1 [kámpləkèitid カンプラケイティド | kóm- コン-] 形 複雑な，込(こ)み入った，わかりにくい(⇔simple 簡単な)

**compliment** 2級 B1 [kámpləmənt カンプラマント | kóm- コン-] 名 C ほめ言葉；お世辞

**compose** B1 [kəmpóuz カンポウズ] 動 他 ❶ 《be composed of ...で》…で組み立てられている，構成されている
- Our group *is composed of* eight members. 私たちのグループは8人で構成されている．

❷ (詩・文・曲)を作る；(絵)を構図する
派生語 composer 名，composition 名

**composer** A2 [kəmpóuzər カンポウザァ] 名 C 作曲家；作者；作成者

**composition** B1 [kàmpəzíʃən カンパズィション | kòm- コン-] 名 ❶ U 創作，制作；C U 作文(法)，作詞(法)，作曲(法)；C (作られた)文章，詞，曲
- English *composition* 英作文

❷ U 組み立て，構成，構図；成分

**compound** B1 [kámpaund カンパウンド | kóm- コン-]
— 形 合成の，混合の，複合の
— 名 C 混合物，合成物；化合物；複合語

**comprehend** [kàmprihénd カンプリヘンド | kòm- コン-] 動 他 …を理解する(▶understandより形式ばった語)；…を含む
派生語 comprehension 名，comprehensive 形

**comprehension** B2 [kàmprihénʃən カンプリヘンション | kòm- コン-] 名 U 理解，理解力

**comprehensive** B2 [kàmprihénsiv カンプリヘンスィヴ | kòm- コン-] 形 包括(ほうかつ)的な

**compulsory** B2 [kəmpálsəri カンパルサリィ] 形 強制的な；義務的な，必修の
- *compulsory* education 義務教育

## computer 5級 A1

[kəmpjú:tər カンピュータァ]
名 (複 computers[-z]) C コンピュータ，電子計算機
- a personal *computer* = a PC パソコン
- play *computer* games コンピュータゲームをする
- Don't forget to shut down the *computer*. 忘れずにコンピュータをシャットダウンしなさい．
- We have a tablet *computer* or a laptop. 私たちはタブレット型コンピュータかノート型コンピュータを持っている．

desktop (computer) デスクトップコンピュータ
printer プリンター
laptop (computer) ノートパソコン

① monitor モニター
② screen スクリーン  ③ keyboard キーボード
④ mouse マウス  ⑤ mouse pad マウスパッド
⑥ USB (flash) drive USB メモリー
⑦ CD/DVD-ROM drive CD／DVD-ROMドライブ

**conceal** B2 [kənsí:l カンスィール] 動 他 …を隠(かく)す，秘密にする

**conceive** B2 [kənsí:v カンスィーヴ] 動 他 (計画など)を思いつく，考え出す；(考え・目的・感情など)を心に抱(いだ)く

**concentrate** 準2級 A2 [kánsəntrèit カンサントゥレイト | kón- コン-] (★アクセント位置に注意) 動
— 他 …を集中させる
- I *concentrated* my attention *on* my studies. 私は勉強に注意を集中した．
— 自 集中する，専念する
派生語 concentration 名

## concentration

**concentration** B1 [kɑ̀nsəntréiʃən カンサントゥレイション | kɔ̀n- コン-] 名 U C 集中, 集中力; U 専念; 凝集; 濃度

**concept** B1 [kɑ́nsept カンセプト | kɔ́n- コン-] 名 C 概念, 観念; コンセプト

**concern** 準2級 A2 [kənsə́ːrn カンサーン]
— 動 他 ❶ …にかかわる, …にとって重要である
- Environmental problems *concern* us all. 環境問題は私たちみんなにかかわる.

❷ …に心配させる
❸ …に関する, …についてのものである

— 名 C 関心(事), 関係; U 心配
- It's no *concern* of mine. それは私の知ったことではない.

派生語 concerned 形

**concerned** B1 [kənsə́ːrnd カンサーンド] 形 ❶ 関係して(いる); 関心がある;《be concerned with [in] ... で》…に関係する, かかわる
- He *is* not *concerned with* [*in*] that matter. 彼はその件とは関係がない.

❷ 心配して;《be concerned about ... で》… を心配する
- I *am concerned about* the result. 私はその結果が心配だ.

*as* [*so*] *far as ... be concerned* …が知る限りでは
- *As far as* I *am concerned*, this plan will not work. 私が知る限りでは, この計画はうまくいかないだろう.

## concert 5級 A1

[kɑ́nsəːrt カンサート | kɔ́nsət コンサット]

名 (複 concerts[-ts -ツ]) C **コンサート**, 音楽会, 演奏会
- a *concert* hall 演奏会場, コンサートホール
- go to a *concert* コンサートに行く
- give [hold] a *concert* コンサートを開く

**concise** [kənsáis カンサイス] (★アクセント位置に注意) 形 (文体・言葉などが) 簡潔な

**conclude** B1 [kənklúːd カンクルード] 動
— 他 ❶ …だと結論する; …すると決定する, 決心する
- We *concluded that* he was innocent. 私たちは彼は無罪だと判断した.

❷ …を終える, …に結末をつける
- He *concluded* his lecture with a quotation from Shakespeare. 彼はシェークスピアからの引用で講義を締めくくった.

— 自 (話などが) 終わる (▶形式ばった言い方)

派生語 conclusion 名

**conclusion** 2級 B1 [kənklúːʒən カンクルージョン] 名 U C 結末, 結び; C 結論

- I *came to the conclusion that* something was wrong. 私は何かが間違っているという結論に達した.

*in conclusion* 最後に; 結論として, 結局

**concrete** B2 [kɑ́nkriːt カンクリート | kɔ́n- コン-] (★アクセント位置に注意)
— 形 ❶ 具体的な (⇔abstract 抽象的な) ❷ コンクリート製の
— 名 U コンクリート

**condemn** B2 [kəndém カンデム] (★後の n は発音しない) 動 ❶ (人) を非難する, とがめる ❷ (人) に有罪の判決を下す

## condition 準2級 A2

[kəndíʃən カンディション]

名 (複 conditions[-z]) ❶ U C **状態**, コンディション; 体調
- My car is old, but *in* good *condition*. 私の車は古いが調子はよい.
- She has been sick and is *out of condition*. 彼女はこのところ病気で体の調子が悪い.

❷ C《しばしば conditions で》(周囲の) **状況**, 事情, 情勢
- weather *conditions* 天気の状況
- financial *conditions* 経済状況

❸ C 条件, 必要条件
- the *conditions* of employment 雇用条件

*on* (*the*) *condition that ...* …という条件で, もし…ならば (=if)
- I will do it *on* (*the*) *condition that* you also do it. あなたもやるなら私もそれをやりましょう.

**conditioner** [kəndíʃənər カンディショナァ] C U コンディショナー, リンス

**condominium** [kɑ̀ndəmíniəm カンダミニアム | kɔ̀n- コン-] 名 (複 condominiums[-z], condominia[kɑ̀ndəmíniə カンダミニア | kɔ̀n- コン-]) C 《米》(高級)分譲マンション (▶建物全体も, その中の1戸もさす.《話》では condo[kɑ́ndou カンドウ | kɔ́n- コン-] とも言う)

**condor** [kɑ́ndər カンダァ | kɔ́ndɔː コンドー] 名 C 〖鳥〗コンドル (▶南米産の大形のはげたか)

**conduct** B1 (★名と動でアクセント位置が異なる)
— 名 [kɑ́ndʌkt カンダクト | kɔ́n- コン-] U ❶ 行い, ふるまい; 品行 ❷ 指揮; 運営
— 動 [kəndʌ́kt カンダクト] 他 ❶ …を行う
- *conduct* a survey 調査をする

❷ …を指揮する; …を運営する
- *conduct* an orchestra オーケストラの指揮をする

❸ …を案内する, 導く (▶形式ばった言い方)

派生語 conductor 名

**conductor** B2 [kəndʌ́ktər カンダクタァ]
名 C ❶(オーケストラなどの)指揮者 ❷⊛(列車の)車掌(しょう)(=⊛guard), (バスなどの)車掌 ❸案内者

**cone** B2 [kóun コウン] 名 C 円すい形; 円すい形の物(►アイスクリームのコーン・道路工事の交通遮断(しゃだん)の標識・松かさ[松ぼっくり]など)

traffic cone
道路工事の標識

pine cone
松かさ

ice-cream cone
アイスクリームのコーン

**confectioner** [kənfékʃənər カンフェクショナァ]
名 C 菓子製造[販売]人

**confectionery** [kənfékʃənèri カンフェクショネリィ|-ʃənəri -シュナリィ] 名 (複 confectioneries [-z]) U (総称(そうしょう)として)菓子(かし)類; C 菓子店, 菓子製造所

**conference** B2 [kánfərəns カンフ(ァ)ランス|kɔ́n- コン-] 名 C 会議, 協議会
• a summit conference 首脳会議

**confess** B2 [kənfés カンフェス] 動 (三単現 confesses[-iz])他 自 (…を)認める, 白状[自白]する; (…を)ざんげする
派生語 confession 名

**confession** B2 [kənféʃən カンフェッション]
名 U C 白状, 自白; ざんげ

**confidence** B1 [kánfədəns カンファダンス|kɔ́n- コン-] 名 U ❶信頼(しんらい), 信用
• He won [lost] their confidence.
彼は彼らの信頼を得た[失った].
❷自信, 確信
• with confidence 自信を持って

**confident** 準2級 A2 [kánfədənt カンファダント|kɔ́n- コン-] 形 確信して; 自信のある
• Be confident about [of] your English.
自分の英語に自信を持ちなさい.

**confine** B2 [kənfáin カンファイン] 動 他 …を制限する, 限る; …を閉じこめる
• He is confined to bed with a cold.
彼は風邪(かぜ)で寝(ね)こんでいる.

**confirm** 2級 B1 [kənfə́ːrm カンファーム] 動 他 (約束・予約など)を確認(かくにん)する

**conflict** B1 (★名と動でアクセント位置が異なる)
—名 [kánflikt カンフリクト|kɔ́n- コン-] U C 戦い, 争い; 衝突(しょうとつ), 対立, 矛盾(むじゅん)
—動 [kənflíkt カンフリクト] 自 (利害・意見などが)対立する, 矛盾する; 争う

**confuse** A2 [kənfjúːz カンフューズ] 動 他 ❶…を混乱させる, まごつかせる
• That problem confused me.
その問題は私を困惑(こんわく)させた.
❷…を混同する
• I always confuse him with his brother.
私はいつも彼と彼のお兄さん[弟]を混同する.
派生語 confused 形, confusing 形, confusion 名

**confused** A2 [kənfjúːzd カンフューズド] 形 混乱した, 乱雑な; 困惑(こんわく)した

**confusing** B1 [kənfjúːziŋ カンフユーズィング]
形 混乱させるような, 訳のわからない
• The instructions were so confusing to me. その指示に私はひどく混乱した.

**confusion** B1 [kənfjúːʒən カンフュージョン]
名 U 混乱; 当惑(とうわく)
• The man just stood there in confusion.
その男性は混乱してそこに立ちつくしていた.

**Congo** [káːŋgou カーンゴゥ] 名 コンゴ(►アフリカ大陸中央部の地域, Republic of Congo(コンゴ共和国, 首都はブラザビル(Brazzaville))と, Democratic Republic of the Congo(コンゴ民主共和国, 首都はキンシャサ(Kinshasa))の2国がある)

**congratulate** B1 [kəngrǽtʃuleìt カングラチュレイト] 動 他 (人)にお祝いを述べる, (人)を祝う(►出来事や記念日などを祝う場合はcelebrate)
• I congratulated her on her victory.
私は彼女の勝利を祝った.
派生語 congratulation 名 間

**congratulation** 3級 [kəngrǽtʃuléiʃən カングラチュレイション]
—名 U 祝い, 祝賀; C (congratulationsで)祝いの言葉, 祝辞
—間 (Congratulations!で)おめでとう. (►努力して成功したときなどに用いる)
• Congratulations on your graduation!
卒業おめでとう!

**congress** [káŋgris カングリス|kɔ́ŋgres コングレス]
名 (複 congresses[-iz]) ❶ C (正式な)会議, 大会 ❷ (Congressで)(米国の)議会(►上院(the Senate)と下院(the House of Representatives)からなる)

**conj.** conjunction(接続詞)の略

**conjunction** B2 [kəndʒʌ́ŋkʃən カンチャンクション] 名 C 〖文法〗接続詞(►conj. と略す)

# connect 2級 B1 [kənékt カネクト]
動 (三単現 connects[-ts -ツ]; 過去・過分 connected[-id]; 現分 connecting)
—他 ❶…を結びつける, つなぐ
• I connected the printer to the computer.

## Connecticut

プリンターをコンピュータに接続した.
- Hokkaido and Honshu are *connected* by a tunnel.
北海道は本州とトンネルで結ばれている.

❷ …を関係[関連]づける; …を連想する
- There is no evidence to *connect* him to the crime.
その犯罪と彼を関連づける証拠(しょう)はない.

❸ (電話で…に人)をつなぐ
- Please *connect* me *with* Mr. Sato.
佐藤さんにつないでください.

―自 つながる, 接続する
- This train *connects with* the one to Osaka.
この電車は大阪行きの電車に接続している.

派生語 connection 名

**Connecticut** [kənétikət カネティカット] 名 コネチカット (▶米国北東部の州. 州都はハートフォード(Hartford). 郵便略語はCT)

**connection** 2級 B1 [kənékʃən カネクション] 名 ❶ CU 関係, 関連
- the *connection between* sleep *and* growth 睡眠(みん)と成長の関係

❷ C (乗り物の)接続; (コンピュータなどの)接続
- What's the best *connection to* Seattle?
シアトルへ行くにはどこで乗り継(つ)ぐのがいちばんいいですか.

❸ C 縁故(えん)関係, 親せき, コネ
*in connection with ...* …と関連して; (列車などが)…と連絡(れん)して

**conquer** B1 [káŋkər カンカァ | kɔ́ŋ- コン-] (★quのつづりに注意) 動他自 (国・敵・山など)を征服(せい)する, (困難・障害など)を克服(こく)する; (敵に)打ち勝つ

派生語 conqueror 名, conquest 名

**conqueror** [káŋkərər カンカラァ | kɔ́ŋ- コン-] 名 C 征服(せい)者

**conquest** B2 [káŋkwest カンクウェスト | kɔ́ŋ- コン-] 名 U 征服(せい), 克服(こく)

**conscience** B2 [kánʃəns カンシャンス | kɔ́n- コン-] (★scienceのつづり・発音注意) 名 UC 良心

**conscious** B1 [kánʃəs カンシャス | kɔ́n- コン-] 形 気づいている, 意識している; 意識のある
- become *conscious* 意識を取りもどす
- I was *conscious that* she was standing behind the door. 私は彼女がドアの後ろに立っていることに気がついていた.

**consent** B2 [kənsént カンセント] (▶形式ばった語)
―動自 同意する, 承諾(だく)する
- They will not *consent to* our proposal.

彼らは私たちの提案に同意しないだろう.
―名 U 同意, 承諾

**consequence** A2 [kánsəkwens カンサクウェンス | kɔ́nsikwəns コンスィクワンス] (★アクセント位置に注意) 名 ❶ C 結果 (=result)

❷ U 重要さ (=importance)
派生語 consequently 副

**consequently** 2級 B1 [kánsəkwèntli カンサクウェントゥリィ | kɔ́n- コン-] 副 その結果, したがって

**conservative** B1 [kənsə́ːrvətiv カンサーヴァティヴ] 形 保守的な, 保守主義の (⇔progressive 進歩的な, radical 急進的な)
- the *Conservative* Party (英国の)保守党

**consider** 準2級 A2 [kənsídər カンスィダァ] 動他 ❶ …をよく考える, 熟慮(じゅく)する, 検討する
- I *considered* his proposal carefully.
私は彼の提案を慎重(しん)に考えてみた.

❷ …を〜だと見なす; …だと思う
- Everyone *considers* her (*to* be) an excellent tennis player. = Everyone *considers that* she is an excellent tennis player. だれもが彼女を優秀(しゅう)なテニスプレーヤーだと思っている.

❸ (人の感情・状況(じょう)など)を考慮に入れる, 考え合わせる
- It is important to *consider* the feelings of others.
他人の感情を思いやることは大切だ.

派生語 considerable 形, considerate 形, consideration 名, considering 前

**considerable** B1 [kənsídərəbl カンスィダラブル] 形 かなりの, 相当の; 重要な
- a *considerable* amount of money
かなり多額のお金

派生語 considerably 副

**considerably** B2 [kənsídərəbli カンスィダラブリィ] 副 かなり, 相当に
- It's *considerably* hotter today.
きょうはいつもよりかなり暑い.

**considerate** [kənsídərət カンスィダラット] 形 思いやりのある

**consideration** B1 [kənsìdəréiʃən カンスィダレイション] 名 U 考慮(りょ); C 考慮すべきこと; U 思いやり
- *show* consideration *for* others
他人を思いやる

*take ... into consideration* …を考慮する
- We *took* his age *into consideration*.
私たちは彼の年齢(れい)を考慮した.

container

**considering** B2 [kənsídərɪŋ カンスィダリング]
前 …を考えてみると, …のわりには
- He looks young *considering* his age.
彼は年のわりには若く見える.

**consist** 準2級 A2 [kənsíst カンスィスト] 動自 (▶進行形では用いない)《consist of ... で》…からなる
- My lunch usually *consists of* rice, fish and vegetables.
私の昼食はたいてい, ご飯と魚と野菜だ.

**consonant** B1 [kάnsənənt カンサナント | kɔ́n- コン-] 名 C 子音(しいん) (⇔vowel 母音(ぼいん))

**constant** B2 [kάnstənt カンスタント | kɔ́n- コン-]
形 ❶絶え間のない
- a *constant* noise 絶え間のない騒音(そうおん)
❷一定の, 不変の
- a *constant* temperature 一定の温度
派生語 constantly 副

**constantly** B1 [kάnstəntli カンスタントゥリィ | kɔ́n- コン-] 副 絶えず, いつも

**constellation** [kὰnstəléɪʃən カンスタレイション | kɔ̀n- コン-] 名 C【天文】星座

**constitute** B1 [kάnstətùːt カンスタトゥート | kɔ́nstɪtjùːt コンスティテュート] 動他 …を構成する; (法律・制度など)を制定する
派生語 constitution 名

**constitution** B1 [kὰnstətúːʃən カンスタトゥーション | kɔ̀nstɪtjúː- コンスティテュー-] 名 ❶ C 憲法
- the *Constitution* of Japan 日本国憲法
❷ U C 体格, 体質 ❸ U 構成, 構造

**Constitution Memorial Day**
[kὰnstətùːʃən məmɔ́ːriəl dèɪ カンスタトゥーション メモーリアル デイ | kɔ̀nstɪtjùː- - - コンスティテュー- - -] 名
(日本の)憲法記念日(5月3日) (▶Constitution Dayと言われることもある)

**construct** B1 [kənstrʌ́kt カンストゥラクト] 動他 …を建造する, 建設する(=build, ⇔destroy 破壊(はかい)する); …を組み立てる
派生語 construction 名

**construction** 2級 B1 [kənstrʌ́kʃən カンストゥラクション] 名 ❶ U 建造, 建設(⇔destruction 破壊(はかい)); 構造, 構成; C 建造物
*under construction* 工事中
- The new house is *under construction*.
新しい家は建築中だ

**consult** B2 [kənsʌ́lt カンサルト] 動他 ❶ (人)に相談する, (医者)に診(み)てもらう
- Did you *consult* your teacher?
先生に相談しましたか.
❷ (辞書・地図など)を調べる, 引く
- *consult* a dictionary 辞書を引く
❸ コンサルタント[顧問(こもん)]を務める
派生語 consultant 名

**consultant** B2 [kənsʌ́ltənt カンサルタント] 名 C 専門的助言をする人, コンサルタント, 顧問

**consume** 2級 B1 [kənsúːm カンスーム | -sjúːm -スューム] 動他 …を消費する, 使いつくす; …を食べ[飲み]つくす; …を焼きつくす
派生語 consumer 名, consumption 名

**consumer** B1 [kənsúːmər カンスーマァ | -sjúːmər -スューマァ] 名 C 消費者(⇔producer 生産者)

**consumption** B1 [kənsʌ́mpʃən カンサンプション] 名 U 消費(⇔production 生産); 消費量, 消費高

**contact** 準2級 A2 [kάntækt カンタクト | kɔ́n- コン-]
─名 ❶ U 接触(せっしょく)
- body *contact* 体の接触
❷ U C 連絡(れんらく); つきあい, 交際, 関係
- I have a lot of *contact* with my grandmother. 私は祖母とのつきあいが多い.
*be in contact with ...* …に接触している; (人)と連絡を取り合っている
*come into [in] contact with ...* …と接触する, 出会う
*get in contact with ...* …に接触する; (人)と連絡を取り合う
*make [lose] contact with ...* …と連絡を取る[連絡が途絶(とだ)える]
─動他 …に連絡する, …と接触する
- I *contacted* him by email.
私は彼に電子メールで連絡を取った.

**contact lens** [kάntækt lènz カンタクト レンズ | kɔ́ntækt - コンタクト -] 名 (複 contact lenses [-ɪz]) C コンタクトレンズ
- She wears *contact lenses*.
彼女はコンタクトレンズをつけている.

**contain** 2級 B1 [kəntéɪn カンテイン] 動他 …を含(ふく)む, 中に入れている
- This bottle *contains* one liter of water.
この瓶(びん)には水が1リットル入っている.
派生語 container 名

**container** 準2級 A2 [kəntéɪnər カンテイナァ] (★アクセント位置に注意) 名 C 入れ物, 容器; (貨物の)コンテナ

containerのいろいろ

carton
(牛乳・卵などの)
パック, カートン

can, 英tin
缶(かん)

tube
チューブ

jar
瓶

box
箱

bottle
ボトル，飲み物などの瓶

**contemporary** B2 [kəntémpərèri カンテンパレリィ | -rəri -ラリィ]
—形 ❶ 同時代の，その当時の ❷ 現代の，当代の
—名 (複 contemporaries[-z]) C 同時代の人

**content¹** 2級 B1 [kάntent カンテント | kɔ́n- コン-] (★content²とのアクセント位置の違いに注意)
名 ❶ U 中身，内容，コンテンツ；《contentsで》(本などの)目次；要旨
• the *contents* of a bottle 瓶の中身
• download *content* from the Internet インターネットのコンテンツをダウンロードする
• a table of *contents* 目次
❷ U C 含有量，内容量

**content²** [kəntént カンテント] (★content¹とのアクセント位置の違いに注意) 形《名詞の前には用いない》…に満足している
• She is *content with* her new job.
彼女は新しい仕事に満足している．
派生語 contented 形, contentment 名

**contented** [kənténtid カンテンティド] 形 満足している
• a *contented* look 満足した表情

**contentment** [kənténtmənt カンテントゥマント] 名 U 満足

# contest 4級 A1

[kάntest カンテスト | kɔ́n- コン-]
名 (複 contests[-ts -ツ]) C **コンテスト**，コンクール；競技，競争；大会；争い，闘い
• a speech *contest* 弁論大会
• enter a *contest* コンテストに参加する
• I won a prize in the photo *contest*.
私は写真コンクールで入賞した．
• They are in a *contest* for the prize.
彼らは賞を目ざして競争をしている．

**context** A2 [kάntekst カンテクスト | kɔ́n- コン-]
名 U C ❶ 背景，状況 ❷ (文章などの)前後関係，文脈，コンテクスト

# continent A2

[kάntənənt カンタナント | kɔ́nti- コンティ-]
名 (複 continents[-ts -ツ]) C **大陸**；《the Continentで》(英国から見た)ヨーロッパ大陸
派生語 continental 形

**continental** [kὰntənéntl カンタネントゥル | kɔ̀nti- コンティ-] 形 大陸の，大陸性の[的な]；《Continentalで》(英国から見た)ヨーロッパ大陸の

**continental breakfast** [kὰntənentl brékfəst カンタネントゥル ブレックファスト | kɔ̀nti- - コンティ- -] 名 U C ヨーロッパ大陸風の朝食 (▶パンと紅茶やコーヒーだけの簡素な朝食)
→ English breakfast

**continual** B1 [kəntínjuəl カンティニュアル] 形 連続的な；(特に不快なことが)頻繁な
派生語 continually 副

**continually** B1 [kəntínjuəli カンティニュアリィ] 副 頻繁に；絶えず

# continue 準2級 A2

[kəntínju: カンティニュー]
動 (三単現 continues[-z]; 過去・過分 continued[-d]; 現分 continuing)
— 他 ❶ …を続ける，《continue＋〈-ing形〉またはcontinue to＋〈動詞の原形〉で》…し続ける
• He *continued* study*ing* all his life.
彼は一生研究を続けた．
• It *continued* snow*ing* all day.
一日じゅう雪が降り続いた．
• The guests *continued to* dance till late.
客は遅くまで踊り続けた．
❷ (中断していたもの)を再開する，(話など)を続ける
• "By the way," Meg *continued*.
「ところで」とメグは続けた．
— 自 **続く**；(話などが中断後に)続く
• This dry weather may *continue*.
この乾燥した天気はまだ続くだろう．
• After a short break, the discussion *continued*.
短い休憩の後で討論は再開された．
***To be continued.*** (連載物・連続ドラマなどが)続く，次号に続く (▶「次号完結」はTo be concluded.「完結」はConcluded.)
派生語 continual 形, continuous 形

**continuous** B1 [kəntínjuəs カンティニュアス] 形 絶え間のない，連続的な

**contract** B2 (★名と動でアクセント位置が異なる)
— 名 [kάntrækt カントゥラクト | kɔ́n- コン-] C U 契約；請け負い；C 契約書
• He made a *contract* with the company.
彼はその会社と契約を結んだ．
— 動 [kəntrǽkt カントゥラクト] 他 自 (…を)契約する，請け負う

**contrary** 2級 B1 [kάntreri カントゥレリィ

**conversation**

|kάntrəri コントゥラリィ]
━形 反対の, 逆の
*contrary to ...* …に反して
━名(複 contraries[-z]) C (ふつう the contrary で)反対; 逆
*on the contrary* それどころか
*to the contrary* それと反対に[の]

**contrast** 準2級 A2 (★名と動でアクセント位置が異なる)
━名[kάntræst カントゥラスト|kɔ́ntra:st コントゥラースト] ❶ U C 対照, 対比, コントラスト
• the *contrast between* black and white
黒と白の対照
❷ C (対比による)差異; 正反対のもの[人]
• There is a great *contrast between* her life before the accident and now. 事故の前と今では彼女の人生に著(いちじる)しい差がある.
━動[kəntrǽst カントゥラスト|-tráːst -トゥラースト]
━他 …を対照させる; (対照して)…をきわ立たせる
• The painter *contrasted* the red balloon *with* the blue sky. 画家は赤い風船を青い空を背景に引き立たせた.
━自 よい対照を成す

**contribute** B1 [kəntríbjuːt カントゥリビュート] (★アクセント位置に注意) 動
━他 ❶ …を寄付[提供]する
• He *contributes* a lot of money *to* the fund every year.
彼はその基金に毎年多額の寄付をする.
❷ (新聞・雑誌などに)…を寄稿(きこう)[投稿]する
━自 ❶ 寄付[提供]する
❷ (…の)原因となる; 貢献(こうけん)する
派生語 contribution 名

**contribution** 2級 B1 [kɑ̀ntrəbjúːʃən カントゥラビューション|kɔ̀n- コン-] 名 U C 貢献(こうけん); 寄付; 寄付金, 寄贈(きぞう)物; 寄稿(きこう)

# control 準2級 A2
[kəntróul カントゥロウル] (★アクセント位置に注意)
━動(三単現 controls[-z]; 過去・過分 controlled[-d]; 現分 controlling) 他 ❶ …を支配する, 統制する, 管理する
• The pilot couldn't *control* the plane.
パイロットは飛行機をコントロールできなかった.
❷ …を調節する; (感情など)を抑(おさ)える
• *control* the heating 暖房(だんぼう)を調節する
• Small kids can't *control* themselves.
小さい子どもたちは自分自身を抑えることができない.
━名(複 controls[-z]) ❶ U 支配, 統制, 管理; 取

り締(し)まり, 監督(かんとく)
• traffic *control* 交通整理
• The King had absolute *control* over the kingdom.
王は王国を完全に支配していた.
❷ U 抑制(よくせい), 制御(せいぎょ); 操作, 操縦, コントロール
• The boy was *beyond* my *control*.
その少年は私の手に負えなかった.
• Everything is now *under control*.
すべてが順調だ. (⇔すべてが支配下に置かれている)
• Finally I *lost control of* my temper.
ついに私はキレた. (⇔気分のコントロールを失った)
❸ U C (空港などの)検査所; 管制室[塔(とう)]
• passport *control* 出入国管理所
• a *control* tower (空港の)管制塔
*out of control* 制御しきれない

**convenience** 準2級 A2 [kənvíːnjəns カンヴィーニャンス] 名 U 便利, 好都合; C 便利な物
• Please call me at your *convenience*.
ご都合のよいときにお電話ください.

**convenience store** 4級 [kənvíːnjəns stɔ́ːr カンヴィーニャンス ストァ] 名 C コンビニエンスストア

# convenient 準2級 A2
[kənvíːnjənt カンヴィーニャント]
形 (比較 more convenient; 最上 most convenient) (物事が)便利な, 好都合な; 使いやすい (⇔inconvenient 不便な)
• From here, the most *convenient* station is Shibuya.
ここから最も便利な駅は渋谷(しぶや)だ.
• It is *convenient* to have a car.
車があると便利だ.
• If *it is convenient for* you, would you like to visit us next Sunday?
ご都合がよければ, 今度の日曜日うちに来ませんか. (▶ If you are convenient は×)
派生語 convenience 名

**convention** B2 [kənvénʃən カンヴェンション] 名 ❶ C (主に政治・宗教の)大会, (正式の)集会
❷ C U 慣例, しきたり ❸ C 協定, 協約
派生語 conventional 形

**conventional** B2 [kənvénʃənl カンヴェンショヌル] 形 従来の, 慣習的な; 型にはまった; 月並みな

# conversation 3級 A1
[kὰnvərséiʃən カンヴァセイション|kɔ̀n- コン-]

## convey

**名**(複 conversations[-z])**U C 会話**, 対話, 談話, おしゃべり, 座談
- English *conversation* 英会話

***have a conversation with ...*** …と話をする

**convey** B1 [kənvéi カンヴェイ] **動他** …を運ぶ；(感情など)を伝える
派生語 conveyor **名**

**conveyor** [kənvéiər カンヴェイア] **名 C** 運搬(うん)する人[物], コンベア
- a *conveyor* belt
ベルトコンベア

**convince** B1 [kənvíns カンヴィンス] **動他** (人)に確信させる, 納得(なっとく)させる
派生語 convinced **形**

**convinced** B2 [kənvínst カンヴィンスト] **形** 確信している
- I am *convinced* of her honesty. =I am *convinced* that she is honest.
私は彼女の誠実さを確信している.

**coo** [kúː クー]
─**動**(三単現 coos[-z])**自**(はとが)クークー鳴く
─**名**(複 coos[-z])**C** クークー(▶はとの鳴き声)

## *cook 5級 A1 [kúk クック]

> **動他** …を料理する
> **自 ❶** 料理する
> **❷** (物が)料理される
> **名** コック

─**動**(三単現 cooks[-s]；過去・過分 cooked[-t]；現分 cooking)
─**他**(熱を加えて)**…を料理する**；…に火を通す

- Mari *cooked* fish for dinner.
マリは夕食に魚を料理した.
- Do you know how to *cook* rice?
米のたき方[料理のしかた]を知っていますか.
- I *cooked* the onions with butter.
バターで玉ねぎを調理した.

cook +〈人〉+〈食事〉
=cook +〈食事〉+ for +〈人〉
〈人〉に〈食事〉を料理する
- Father *cooked* us lunch.
=Father *cooked* lunch *for* us.
父が私たちに昼ご飯を作ってくれた.

**boil**
ゆでる

fry
油でいためる・焼く

**roast**
(肉などを)焼く

**steam**
蒸(む)す

**deep-fry**
揚(あ)げる

**stew**
とろ火で煮(に)る

**grill**
あぶり焼きする

**bake**
オーブンで焼く

**toast**
トーストにする

> **ここが ポイント!** **cook** は加熱するときに使う！
> **cook** は煮る, 蒸す, 揚げるなど熱を加えて料理することを意味します. サラダ(salad)やサンドイッチ(sandwich)など加熱しないものには **make** や **prepare** を使います. ただしスープ(soup)には **make** を使います.

─**自 ❶** 料理する
- He *cooks* well. 彼は料理がうまい.(＝He is a good cook. このcookは**名**)

**❷**(物が)料理される, 煮える, 焼ける
- This beef *cooks* quickly.
この牛肉はすぐに火が通る.

─**名**(複 cooks[-s])**C** **コック**, 調理師；(一般的に)料理をする人
- Are you a good *cook*? あなたは料理がうまいですか. (＝Do you cook well?)
- Tom's mother is a *cook*.
トムのお母さんはコックだ.
派生語 cooker **名**, cooking **名**

**cookbook** 5級 [kúkbùk クックブック] **名 C** 料理の本(＝⊕cookery book)

**cooker** A2 [kúkər クッカア] **名 C** (加熱用の)調理器具(▶なべ, かまなど)；⊕料理用こんろ, レンジ(＝⊕stove)
- a rice *cooker* 炊飯(すいはん)器

## cookie 5級 A1 [kúki クッキィ]
**名**(複 cookies[-z])**C** ⊕**クッキー**(＝⊕biscuit) → p.159 Let's try!

## cooking 準2級 A2 [kúkiŋ クッキング]
─**動** cook (料理する)の現在分詞・動名詞
─**名 U** 料理；料理法
- learn *cooking*
料理を習う

**Cook Islands** [kúk àilandz クック アイランヅ] **名** クック諸島(▶ニュージーランド北東の15の島からなる国. 首都はアバルア(Avarua))

# Cook Islands

## Let's try! 英語のレシピでクッキーを作ろう

### クッキーのレシピ

**Ingredients** 材料

| | |
|---|---|
| butter バター | 120 g |
| sugar 砂糖 | 80 g |
| yolk 卵黄 | 1 (1個分) |
| soft flour 薄力(はくりき)粉 | 180 g |

What are you making, mom?
お母さん，何を作ってるの？

I'm making cookies.
クッキーを作ってるの．

❶ **Let butter warm to room temperature.
Put butter in a bowl, add sugar and mix well.**
バターを室温に戻(もど)しておく．ボウルにバターを入れ，
砂糖を加えてよく混ぜ合わせる．

egg beater
泡(あわ)立て器

❷ **Add yolk and soft flour, and mix it again.**
卵黄と薄力粉を加え，再び混ぜる．

❸ **Wrap with plastic kitchen wrap,
and keep in the fridge for 1 to 2 hours.**
ラップに包んで，冷蔵庫で1〜2時間寝(ね)かせる．

rolling pin
めん棒

❹ **Preheat oven to 180℃.**
オーブンを180℃に予熱する．

❺ **Place mixture on cooking board
with some flour, flatten to 5 mm
thickness with a rolling pin.**
寝かせておいたものを打ち粉をした台にのせ，
めん棒で5mmの厚さにのばす．

cookie cutter
抜き型

❻ **Cut into desired shapes using cookie cutters,
then put on a hot plate with baking sheet,
and bake for 10 to 15 min.**
クッキーの抜(ぬ)き型を使って好きな形に抜いて，
クッキングシートをしいた天板に並べ，10〜15分焼く．

## cool

**\*cool** 5級 A1 [kúːl クール]

- 形 ❶涼(ᵍᵈ)しい
  - ❷冷静な
  - ❸(態度などが)冷たい
  - ❹《話》すてきな,かっこいい
- 動 他 …を冷やす
  - 自 冷える

― 形 (比較 cooler; 最上 coolest) ❶ **涼しい**; (気持ちよく)冷たい (▶心地(ᶜᵉ)よい涼しさや冷たさのこと) (⇔warm 暖かい) → cold くらべて!
- a *cool* climate [breeze] 涼しい気候[風]
- Would you like a *cool* drink?
  冷たい飲み物はいかがですか.
- It was hot today, but it will be much *cooler* tomorrow. きょうは暑かったけれども,あしたはずっと涼しくなるだろう.

❷ 冷静な,落ち着いた(=calm)
- a *cool* manner 冷静な態度
- She remained *cool*. 彼女は落ち着いていた.

❸ (態度などが)冷たい, よそよそしい(=cold, ⇔warm 温かい)

❹ 《話》すてきな,かっこいい,いけてる
- You look *cool* in that sweatshirt.
  そのトレーナーを着るとかっこいいよ.

― 動 (三単現 cools[-z]; 過去・過分 cooled[-d]; 現分 cooling)
― 他 …**を冷やす**, 冷ます, 涼しくする; (情熱・怒(ᵏ)り)を鎮(ᵏ)める, 落ちつかせる
- *Cool* the coffee in the refrigerator.
  冷蔵庫でコーヒーを冷やしなさい.

― 自 冷える, 涼しくなる; (情熱・怒りなどが)冷める

*cool down* [*off*] 涼しくなる; 落ち着く
*Cool it!* 頭を冷やせ.
派生語 cooler 名

**cooler** 準2級 A2 [kúːlər クーラァ]

― 形 cool の比較(ᵏᵃᵏᵘ)級

― 名 C 冷却(ᵏᵉⁱ)器; クーラーボックス,保冷箱(▶日本語の「クーラー」は air conditioner)

**co-op** [kóuɑp コウアップ | -ɔp -オップ] 名 C 《話》生活協同組合(の店),生協

**cooperate** B2 [kouǽpərèit コウアパレイト | -ɔ́pərèit -オパレイト] 動 自 協力する, 協同する
派生語 cooperation 名

**cooperation** B2 [kouὰpəréiʃən コウアパレイション | -ɔ̀pəréi- -オパレイ-] 名 U 協力, 協同
*in cooperation with ...* …と協力して

**cop** A1 [kɑp カップ | kɔp コップ] 名 C 《話》警官, おまわりさん(▶軽べつに使うこともある)

**copier** [kɑ́piər カピァ | kɔ́piər コピァ] 名 C コピー機(=copy machine)

**copper** B2 [kɑ́pər カパァ | kɔ́- コ-] 名 U 銅(▶金属元素の1つ. 元素記号は Cu); C 銅貨; 銅製品; U 銅色

## copy 4級 A1 [kɑ́pi カピィ | kɔ́pi コピィ]

― 名 (複 copies[-z]) ❶ C **コピー**, 写し, 複製; まね(⇔original 原物)
- a *copy* machine コピー機
- the original and a *copy* 原本と写し
- make three *copies* of a document
  書類のコピーを3部作る

❷ C (同じ書物・雑誌などの)1部, 1冊
- He bought two *copies* of the book.
  彼はその本を2冊買った.

❸ U 広告文, コピー

― 動 (三単現 copies[-z]; 過去・過分 copied[-d]; 現分 copying)
― 他 …**を写す**, 複写する, コピーする(▶デジタルデータも含む); …をまねる
- *copy* the handout プリントをコピーする

― 自 写す, 複写する, コピーする; まねる

**copyright** B1 [kɑ́pirait カピライト | kɔ́pi- コピィ-] (★この gh は発音しない) 名 U C 著作権, 版権(▶記号は ©)

**coral** B2 [kɔ́ːrəl コーラル | kɔ́rəl コラル]
― 名 U さんご; さんご色, 赤黄色
― 形 さんごの, さんご色[製]の
- a *coral* reef さんご礁(ᵏˢⁱᵒ)

**cord** [kɔ́ːrd コード] (★同音 chord 和音) 名 C U ❶ (太い)ひも, 綱(ᵍᵃ) (▶string より太く rope より細いもの) ❷ (電気の)コード

**core** B2 [kɔ́ːr コァ]
名 C ❶ (なし・りんごなどの)しん ❷《ふつう the core で》(物事の)中心(部), 核心(ᵏᵃᵏᵘ), 中核

seed 種
core しん

**cork** [kɔ́ːrk コーク] 名 U コルク(▶コルクがしの樹皮); C コルク栓(ᵏˢⁿ)

**corkscrew** [kɔ́ːrkskrùː コークスクルー] 名 C コルク栓(ᵏˢⁿ)ぬき(▶単に screw ともいう. 「瓶(ᵏⁱⁿ)の栓」は bottle opener)

**cormorant** [kɔ́ːrmərənt コーマラント, コーマラント] 名 C 《鳥》鵜(ᵘ)

## corn 4級 A1 [kɔ́ːrn コーン]

名 U ⑧ **とうもろこし**(=Indian corn, ⑧ maize); ⑧ 穀物, 穀類
- three ears of *corn* とうもろこし3本
- the *Corn* Belt コーンベルト(▶米国中西部の

とうもろこし生産地帯)
- *corn* dog アメリカンドッグ(▶アメリカンドッグは和製英語)

**corned** [kɔ́ːrnd コーンド] 形 塩漬(づ)けの
- *corned* beef 塩漬けの牛肉, コンビーフ

## corner 4級 A1 [kɔ́ːrnər コーナァ]
名 (複 corners [-z]) C ❶角(かど); 曲がり角, 町角
- the *corner* of a table テーブルの角
- a store on the *corner* 町角の店
- Turn left [right] at the next *corner*. 次の角を左[右]へ曲がりなさい.

❷ (部屋・箱などの) 隅(すみ)
- There is a chair in the *corner* of the room. 部屋の隅にいすがある.

 ❶   ❷

(*just*) around [*round*] the *corner* 角を曲がった所に; すぐ近くに
- The post office is *around the corner*. 郵便局は角を曲がった所にある.
- Summer vacation is *just around the corner*. 夏休みはすぐそこまで来ている.

**cornfield** [kɔ́ːrnfìːld コーンフィールド] 名 C 米 とうもろこし畑; 英 穀物畑

**cornflakes** [kɔ́ːrnflèiks コーンフレイクス] 名 (複数扱い) コーンフレーク

**coronavirus** [kəróunəvàiərəs カロウナヴァイ(ア)ラス] 名 U 〖医学〗コロナウィルス

**corporation** B2 [kɔ̀ːrpəréiʃən コーパレイション] 名 C 法人 (▶個人と同じように法律上権利や義務が認められている団体); 米 株式会社

## correct 3級 A1
[kərékt カレクト] (★*collect*(集める)と混同しないこと)
— 形 (比較 more correct; 最上 most correct) 正しい, 正確な (⇔*incorrect* 不正確な)
- a *correct* answer 正しい答え, 正解
- What is the *correct* time, please? 正確な時刻は何ですか.

— 動 (三単現 corrects [-ts -ツ]; 過去・過分 corrected [-id]; 現分 correcting) 他 (誤りなど)を訂正(ていせい)する, 直す
- *correct* a mistake 誤りを訂正する
- Please *correct* me if I'm wrong. 私の言うことが間違(まちが)っていたら直してください.

派生語 correction 名, correctly 副

**correction** B1 [kərékʃən カレクション] 名 U C 訂正(ていせい), 修正, 校正; C 訂正箇所(かしょ)

**correctly** A2 [kəréktli カレクトゥリィ] 副 正しく, 正確に

**correspond** B2 [kɔ̀ːrəspánd コーラスパンド | kɔ̀rəspɔ́nd コラスポンド] 動 自 ❶相当する; 一致(いっち)する
- My opinion *corresponds with* his. 私の意見は彼のと一致する.

❷文通する
- I *correspond with* an Italian friend. 私はイタリア人の友達と文通している.

派生語 correspondence 名, correspondent 名

**correspondence** B2 [kɔ̀ːrəspándəns コーラスパンダンス | kɔ̀rəspɔ́n- コラスポン-] 名 U C ❶一致(いっち), 対応 ❷文通, 通信; 通信文

**correspondent** B2 [kɔ̀ːrəspándənt コーラスパンダント | kɔ̀rəspɔ́n- コラスポン-] 名 C (新聞などの)通信員, 特派員; 文通する人

**corridor** B2 [kɔ́ːridər コーリダァ | kɔ́ridɔ̀ː コリドー] 名 C (ビル・学校などの)廊下(ろうか)

**corrupt** B2 [kərʌ́pt カラプト]
— 形 堕落(だらく)した; 腐敗(ふはい)した
— 動 他 自 (人・品性・道徳など)を堕落させる, (人)を買収する; 堕落する

**cosmetic** [kɑːzmétik カーズメティック]
— 名 C (ふつう cosmetics で)化粧(けしょう)品
- put on *cosmetics* 化粧品をつける
— 形 化粧の, 美容の

表現メモ

### cosmeticsのいろいろ
body lotion ボディローション
a facial wash 洗顔料
(a) foundation ファンデーション
hand cream ハンドクリーム
(a) lipstick 口紅
makeup remover メイク落とし
nail polish マニキュア
perfume 香水
(a) skin [face] lotion, toner 化粧水
sunscreen 日焼け止め

## cosmos¹

**cosmos¹** [kázməs カズマス | kɔ́zmɔs コズモス] (★「コスモス」でないことに注意) 名《the cosmos で》宇宙 (= the universe)

**cosmos²** [kázməs カズマス | kɔ́zmɔs コズモス] (★「コスモス」でないことに注意) 名 (複 cosmos, cosmoses [-iz]) C 【植物】コスモス

## cost 準2級 A2 [kɔ́ːst コースト | kɔ́st コスト]

— 動 (三単現 costs [-ts -ツ]; 過去・過分 cost; 現分 costing) (▶過去・過分とも原形と同じ) 他 (▶受け身にしない) ❶ (金額)**がかかる**, (値段が)…である
- This book *costs* [*cost*] eight dollars.
  この本は8ドルする[した].
- "How much did it *cost* to fly to London?" "It *cost* (me) two hundred thousand yen."
  「ロンドンまで飛行機で行くのにいくらかかりましたか」「20万円かかりました」

❷ (人)に(労力・時間など)を犠牲(ぎせい)にさせる, かけさせる
- Working too hard *cost* me my health.
  働きすぎで私は健康を害した. (⇔働きすぎは私に健康を犠牲にさせた)

— 名 (複 costs [-ts -ツ]) U C ❶《しばしば costs で》**費用**, 経費; 代価, 値段
- living *costs* = the *cost* of living 生活費
- What is the *cost* of this car?
  この車の値段はいくらですか.

❷ 代償(だいしょう), 犠牲, 損失

**at any cost = at all costs** 何がなんでも, どんな代償[犠牲]を払(はら)っても
- We must advance to the finals *at any cost*. 私たちは何がなんでも決勝戦に進出しなければいけない.

**at the cost of ...** …を犠牲にして

派生語 costly 形

**Costa Rica** [kástə ríːkə カスタ リーカ | kɔ́s- コス-] 名 コスタリカ (▶中米の共和国. 首都はサンホセ (San José))

**costly** B2 [kɔ́ːstli コーストゥリィ | kɔ́st- コストゥ-] 形 (比較 costlier; 最上 costliest) 高価な (▶「高品質で貴重なため高い」という含(ふく)みがある); 犠牲(ぎせい)の大きい

**costume** B2 [kástuːm カストゥーム | kɔ́stjuːm コステューム] 名 U (ある地方・時代の)服装, 民族衣装(いしょう); C (舞台(ぶたい)などの)衣装, コスチューム

**cosy** B2 [kóuzi コウズィ] 形 (比較 cosier; 最上 cosiest) ⊛=cozy

**Côte d'Ivoire** [kòut divwáːr コート ディヴワー] 名 コートジボワール (▶アフリカ大陸西部に位置する共和国. 首都はヤムスクロ (Yamoussoukro))

**cottage** B2 [kátidʒ カティッヂ | kɔ́- コ-] 名 C (田舎(いなか)の)小住宅; ⊛(避暑(ひしょ)地などの小さな)別荘(べっそう)

## cotton 2級 B1 [kátn カトゥン | kɔ́- コ-]

名 U 【植物】綿, 綿花; 綿の木; 木綿(もめん), 綿布
- a *cotton* blouse
  木綿のブラウス
- These pants are made of *cotton*. このズボンは木綿でできている.
- the *Cotton* Belt コットンベルト (▶米国南部の綿花産出地帯)

**cotton candy** [kátn kǽndi カトゥン キャンディ | kɔ́tn - コトゥン-] 名 U ⊛綿菓子(わたがし), 綿あめ

cotton candy

**couch** A1 [káutʃ カウチ] 名 (複 couches [-iz]) C 長いす, ソファー

**cougar** [kúːgər クーガァ] 名 C 【動物】アメリカライオン, クーガー (▶北・南米産の大形のネコ科の動物. puma, mountain lion とも言う)

## cough 2級 B1 [kɔ́ːf コーフ | kɔ́f コフ]

— 名 C せき
- have a bad *cough* ひどいせきが出る

— 動 自 せきをする, せき払(ばら)いする

## *could 4級 A1

[kəd カド, 《強く言うとき》kúd クッド] (★この l は発音しない) 助 (▶can の過去形)

❶《可能》《能力》…**できた** → able ポイント!
- I *could* sleep well last night.
  ゆうべはよく眠(ねむ)れた.
- She *could* not swim in those days.
  彼女はそのころ泳げなかった.
- I *could* climb trees easily when I was a child. 私は子どものころ簡単に木に登れた.
- It was so dark that we *could*n't see very clearly.
  とても暗かったのであまりよく見えなかった.

❷《許可・提案》…**してもよい**; …したらどうでしょう
- You *could* go tomorrow if you like.
  行きたいならあした行ってもいいですよ.

❸《可能性》…かもしれない (▶現在のことについて用いる)
- This work *could* take hours to complete.
  この仕事は完成するまでに何時間もかかるかもしれない.

❹《Could you +〈動詞の原形〉? で》…していただけませんか; 《Could I +〈動詞の原形〉

# country

で))…してもよろしいですか(▶Can you [I]+〈動詞の原形〉? よりもていねい)→ can¹ ❷❹

> 話してみよう!
> ☺ *Could you* open the window?
> 窓を開けていただけませんか. (▶could youは[kədʒu カヂュ]のように発音する)
> 😀 Sure. / Certainly. はい.
>
> ☺ *Could I* use your telephone?
> 電話をお借りしてもよろしいですか.
> 😀 Yes, of course. はい, もちろん.

❺《仮定》(もし…なら)…できるかもしれないのに; …できればいいのだが(▶今そうではないことが, そうあってほしいという気持ちを表す)
- I would do it if I *could*. もし私にできるのならやるのだけれど. (▶実際はできない)
- I wish I *could* fly like a bird. 鳥のように空を飛べたらいいのに. (▶かなえられない願望)
- Jack *could* have done it. ジャックはそれをできただろうに. (▶could have +〈過去分詞〉で「やろうと思えば…できただろうに」)

## couldn't
[kúdnt クドゥント](★このlは発音しない)《話》could notの短縮形

**council** B1 [káunsəl カウンサル] 名C 会議, 協議会;(地方自治体の)議会
- a city *council* 市議会

**counselor** [káunsələr カウンサラァ] (▶英ではcounsellorとつづる) 名C 助言者, 顧問(こもん), カウンセラー(▶学校・会社などで悩(なや)み事などに助言をする人);英 弁護士(=lawyer)

## count¹ 準2級 A2 [káunt カウント]

━動《三単現》counts[-ts -ツ]; 《過去・過分》counted[-id]; 《現分》counting)→ p.164〜p.165 知ってる?
━他 ❶…を数える, 計算する
- *count* the books 本(の数)を数える

❷…を勘定(かんじょう)に入れる, 含(ふく)める
- There are six people in this room *counting* me.
この部屋には私を入れて6人いる.

❸《count ... as [for] 〜で》…を〜とみなす, 考える(=consider, regard)
- I *count* him *as* [*for*] a friend.
私は彼のことを友達とみなしている.

━自 ❶数える, 計算する
- *Count* from one to twenty.
1から20まで数えなさい.

❷重要である
- Every little thing *counts*.

どんな小さなことでも重要だ.

*count down* (3, 2, 1のように)数を逆に数える, (ロケット発射などの)秒読みをする
*count in* 《話》…を勘定に入れる, 数に加える
*count on* [*upon*] ... …を当てにする, 頼(たよ)りにする
- I am *counting on* his help.
私は彼の助けを当てにしている.

*count out* …を1つずつ数えて取り出す; 《話》…を数に入れない
━名(複 counts[-ts -ツ]) UC 数えること, 計算
派生語 countable 形名, counter¹ 名, countless 形

**count²** [káunt カウント] 名C (英国以外の男性の)伯爵(はくしゃく)(▶英国ではearl[ə́ːrl アール]と言う)

**countable** [káuntəbl カウンタブル]
━形 数えられる
━名C《文法》数えられる名詞, 可算名詞(▶この辞典では C で表示)(=countable noun, ⇔ uncountable 数えられない名詞)

**counter¹** B2 [káuntər カウンタァ] (★アクセント位置に注意) 名C ❶(店・銀行などの)勘定(かんじょう)台, 作業台, カウンター; (食堂・図書館などの)カウンター, 調理台 ❷計算器; 計算する人

**counter²** B1 [káuntər カウンタァ] (★アクセント位置に注意) 動他 ❶…に反対する ❷…に対策を立てる, 立ち向かう

**countless** B1 [káuntlis カウントゥリス] 形 数えきれない, 無数の

**countries** [kántriz カントゥリィズ] 名 country(国)の複数形

## *country 準2級 A2 [kántri カントゥリィ]

━名(複 countries[-z]) ❶C 国, 国家(=state); 国土; 《*one's country*で》祖国, 故郷
- a foreign *country* 外国
- a developing [developed] *country*
発展途上(とじょう)[先進]国
- the mother *country* 母国
- Asian *countries* アジアの国々
- all over the *country* 国じゅうに, 全国に
- In *my country* you wear your shoes inside the house.
私の国では家の中で靴(くつ)をはいている.

> くらべて みよう! **country**と**nation**と**state**
> いずれも「国」を意味しますが, **country**は「国土」に, **nation**は「国民」に重点が置かれた語です. また**state**は主に政治的な面から見た国をさして使います.

❷《the countryで》(都会に対して)田舎(いなか),

## country music

郊外(=the countryside)(▶「生まれ故郷」の意味の「田舎」はhome, hometown)
- I want to live in *the country* in the future. 私は将来は田舎に住みたい.

❸《the countryで》国民
- *The* whole *country* is united. 国民は一致団結している.

❹ U (地形・風景などの特徴から見た)土地,地域,地方,地帯
- mountainous *country* 山岳地帯

━形《名詞の前にのみ用いる》田舎の
- a *country* town 田舎町
- *country* life 田園生活

**country music** [kʌ́ntri mjúːzik カントゥリィ ミューズィック] 名 U カントリーミュージック(▶アメリカ南部発祥の民族音楽)

**countryside** 準2級 A2 [kʌ́ntrisàid カントゥリィサイド] 名《the countrysideで》田舎, 田舎地帯(⇔the town 都会)

**county** 2級 B1 [káunti カウンティ] 名 (複 counties[-z]) C 郡(▶州(state)の下の行政区分); 米州(▶地方行政上の最大区画で, 日本の県に相当)

## couple 準2級 A2

[kʌ́pl カプル](★ouのつづりに注意)
名 (複 couples[-z]) C ❶ (同種の2つのものの)1組, 1対
❷ カップル, (特に)夫婦, 恋人同士
- a married *couple* 夫婦

---

### これ、知ってる? ものの数え方

液体などの数えられないものや, ひとまとまりになっているものは, 容器や形状(巻いてある, 板状になっているなど)を使って数えます. 複数を表すときは, cup, bottleなどの容器を複数形にします. 以下の＊がついたものは数えられる名詞なので, 複数の場合は, その名詞も複数形にします.

a cup of coffee
1杯のコーヒー

two bowls of rice
2杯のご飯

three bottles of milk
牛乳3本

a bucketful of water
バケツ1杯の水

a roll of toilet paper
トイレットペーパー1ロール

a spoonful of sugar
スプーン1杯の砂糖

a bar of chocolate
チョコレート1枚

a tube of toothpaste
練り歯磨き1本

a pile of books＊
ひと山の本

two bunches of bananas＊
バナナ2房

a box of oranges＊
1箱のオレンジ

a carton of eggs＊
1パックの卵

***a couple of ...*** 2つの…, 2人の…; 《話》2, 3の…
- *a couple of* lemons 2個[2, 3個]のレモン
- *a couple of* days 2日[2, 3日]

**coupon** 準2級 [kúːpɑn クーパン | -pɔn -ポン] 名 C
（広告・商品につく）割引券, クーポン券

# courage B1

[kə́ːridʒ カーリッヂ | kʌ́ridʒ カリッヂ]
名 U 勇気
- a person of *courage* 勇気のある人
- show *courage* 勇気を見せる
- He didn't *have* the *courage to* speak to her. 彼には彼女に話しかける勇気がなかった.

派生語 courageous 形

**courageous** B1 [kəréidʒəs カレイヂャス] 形 勇気のある, 勇敢な

## course 5級 A1 [kɔ́ːrs コース]

名（複 courses[-iz]）❶ U C 進路, 方向, 針路
- She is thinking about her future *course*.
  彼女は進路について考えている.

❷ C （競技の）コース, 走路; ゴルフコース
- a marathon *course* マラソンコース
- a golf *course* ゴルフコース

❸ C （学校などの）課程, 学科, 講座, コース
- take a special *course* 特別講習を受ける

❹ C （ディナーで順番に出る料理の）一品, コース
- Fish was served for the main *course*.
  魚がメインの料理として出された.

❺ C 方針

---

**a piece of ...** 数えられない名詞のほか, 抽象的なものを数えるときにも用います.

⇨ a piece of ... , two pieces of ... のように piece を複数形にして数を表す.

three pieces of furniture
家具3点

eight pieces of pie
8切れのパイ

two pieces of paper
2枚の紙

a piece of advice
1つのアドバイス

a piece of music
1曲の音楽

**a pair of ...** pair は2つからなるものの「1組」を表します. パンツなども2つの部分からなるものとして数えます. 「片方の靴」は a shoe です.

three pairs of shoes
3足の靴

a pair of pants
1本のパンツ

two pairs of glasses
眼鏡2本

a pair of scissors
はさみ1丁

one hundred and sixty-five

## court

- He decided his *course*. 彼は方針を決めた.
- ⑥ U (時などの)進行, 経過, 成り行き
- the *course* of history 歴史の流れ
- in the *course* of events 事の成り行きで

**as a matter of course** 当然, もちろん
**in due course** 順当にいって；やがて
**in the course of ...** …の間に, …のうちに
**in (the) course of time** 時がたつにつれて；そのうちに
**of course** [əf kɔ́ːrs アフ コース, əv - アヴ -] もちろん (▶ It is a matter of course. の省略)

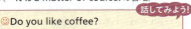 話してみよう!

☺ Do you like coffee?
コーヒーはお好きですか.
😊 *Of course* I do. もちろん好きです.

☺ Did you say that?
そう言ったのですか.
😊 *Of course* not. 言うもんですか. (⇔もちろん、言ってません)

☺ Do you eat hamburger in Japan?
日本ではハンバーガーを食べますか.
😊 Yes, we do. (× Of course.)
はい, 食べます. (▶質問の答えとしてOf course. を使うと,「当たり前です」のように尊大な感じを与えてしまうことがあるので注意)

## court 準2級 A2 [kɔ́ːrt コート]

名 (複 courts[-ts -ツ]) ❶ C (球技の)コート
- a tennis *court* テニスコート

❷ CU 裁判所, 法廷 (=a court of justice) (▶「裁判」の意味で使うときにはaやtheをつけない)
- go to *court* 裁判に訴える
- appear in *court* 出廷する
- He was brought to *court*.
 彼は法廷に呼び出された.

❸ UC《しばしばCourtで》宮廷, 王宮
❹ C (建物や壁で囲まれた)中庭

**courteous** [kə́ːrtiəs カーティアス] 形 礼儀正しい, ていねいな

**courtesy** B2 [kə́ːrtəsi カータスィ] 名 (複 courtesies[-z]) U 礼儀正しさ, 親切；C ていねいな行い [言葉]

## cousin 4級 A1 [kʌ́zn カズン]

名 (複 cousins[-z]) C いとこ (▶おじ・おばの子どもをさし, 男女を問わない)
- We are *cousins*. 私たちはいとこ同士です.

## cover 3級 A1 [kʌ́vər カヴァ]

動 他 ❶ …を覆う
❷ (範囲など)…にわたる
❸ …を包み隠す
❹ …を取り扱う
❺ (費用)をまかなう
❻ …をかばう
名 覆い, カバー

— 動 (三単現 covers[-z]; 過去・過分 covered[-d]; 現分 covering) 他 ❶ …を覆う；…を包む (⇔uncover 覆いを取る)
- She *covered* her legs *with* a blanket.
 彼女は脚に毛布を掛けた.
- Mt. Fuji is *covered with* snow.
 富士山は雪で覆われている.

❷ (範囲などが)…にわたる；(ある距離)を行く
- The park *covers* 10,000 square meters.
 その公園は1万平方メートルにおよぶ. (▶ 10,000はten thousandと読む)
- We had to *cover* fifteen kilometers a day. 私たちは1日15キロメートル進まなければならなかった.

❸《しばしばcover upで》…を包み隠す
- He laughed to *cover up* his mistake.
 彼は間違いをごまかすために笑った.

❹ …を取り扱う；(ニュースなど)を報道する
- This book *covers* the history of sports.
 この本はスポーツの歴史を扱っている.

❺ (費用)をまかなう
❻ …をかばう；〖野球〗…をカバーする

— 名 (複 covers[-z]) C 覆い, カバー；ふた；表紙；UC 隠れ場所
- the *cover* of a book 本の表紙 (▶表紙にかぶせる「カバー」はjacket)
- put the *cover* on a box 箱にふたをする

**read ... from cover to cover** (本)を初めから終わりまで読む
**under (the) cover of ...** …に紛れて, 乗じて

## cow 5級 A1 [káu カウ]

名 (複 cows[-z]) C 雌牛, 乳牛 (⇔bull 雄牛, ox 去勢された雄牛) (▶牛全般をさすこともある)

**coward** B2 [káuərd カウアド] 名 C おく病者

ひきょう者
**cowboy**[káubɔi カウボーイ] 名CⓊカウボーイ
**cozy** B2 [kóuzi コウズィ] 形 (比較 cozier; 最上 coziest) (▶︎Ⓔではcosyとつづる) 居心地(ここち)のよい, 気持ちのよい
**crab** B2 [krǽb クラブ] 名C 〖動物〗かに; Ⓤ かにの肉
**crack** B2 [krǽk クラック]
— 名C ❶ 割れ目, ひび
❷ (銃(じゅう)・むちなどの) 鋭(するど)い音
— 動— 自 ❶ ひびが入る, 割れる
• The window *cracked*. 窓にひびが入った.
❷ (物が)パン[ピシッ]と鳴る
— 他 ❶ …を割る
❷ (物を)パン[ピシッ]と鳴らす
**cracker** 4級 [krǽkər クラッカァ] 名C ❶ クラッカー (▶︎薄(うす)い塩味のビスケット) ❷ 爆竹(ばくちく), クラッカー
**cradle** [kréidl クレイドゥル] 名C 揺(ゆ)りかご; 《the cradleで》(文化・民族などの) 発祥(はっしょう)地
**craft** B1 [krǽft クラフト | krάːft クラーフト] 名 ❶ (複 crafts[-ts -ツ])ⓊC 技術, 技能; 工芸; (特に手先の技術を要する) 職, 仕事 (複 craft)C 船; 航空機 (▶︎この意味では単複同形)
**craftsman** B2 [krǽftsmən クラフツマン | krάːfts- クラーフツ-] 名 (複 craftsmen[-mən])C 職人; 熟練工, 名工 (▶︎最近では男女の区別を避(さ)けてcraftspersonが多く用いられる)
**craftsperson** [krǽftspəːrsn クラフツパースン] 名C 職人; 熟練工, 名工 (▶︎男女の区別のない語)
**cram** [krǽm クラム] 動 (過去・過分 crammed[-d]; 現分 cramming)
— 他 …を詰(つ)めこむ; …に詰めこみ勉強をさせる
— 自 詰めこみ勉強をする
• *cram* for an exam
試験のために詰めこみ勉強をする
**cram school** [krǽm skùːl クラム スクール] 名C 塾, 予備校
**cranberry** [krǽnbèri クランベリ | -bəri -バリィ] 名 (複 cranberries[-z])C 〖植物〗つるこけ桃(もも), クランベリー (▶︎実はジュース・ゼリー・ソースなどの材料)

**crane** 4級 [kréin クレイン]
名 (複 cranes[-z])C ❶ 〖鳥〗つる
• a paper *crane* 折りづる
❷ クレーン (▶︎形がつるを連想させることから)
• a *crane* game クレーンゲーム
**crash** 2級 B1 [krǽʃ クラッシュ]
— 名 (複 crashes[-iz])C ❶ (車などの) 衝突(しょうとつ); (飛行機の) 墜落(ついらく)
• a train [car] *crash* 電車[車]の衝突事故
❷ ガチャン[ドシン, ゴロゴロ]という音 (▶︎物が壊(こわ)れたり倒(たお)れたりする音)
• with a *crash* ガチャンと
❸ 〖コンピュータ〗突然(とつぜん)の故障, クラッシュ
— 動 (三現 crashes[-iz])
— 自 ❶ (車などが) 衝突する, (飛行機が) 墜落する
• The plane *crashed* into the ocean.
飛行機が海に墜落した.
❷ (固い物が) ガチャンと砕(くだ)ける
❸ (コンピュータが) 突然故障して動かなくなる, クラッシュする
• This computer *crashes* very often. このコンピュータはしょっちゅうクラッシュする.
— 他 ❶ (固い物を音をたてて砕く, つぶす
❷ (車など) を衝突させる
**crater** B2 [kréitər クレイタァ] 名C (火山の) 噴火(ふんか)口; (月面の) 穴, クレーター
**crawl** B2 [krɔ́ːl クロール]
— 動自 はう; のろのろ進む
— 名 ❶ 《a crawlで》はうこと; 徐行(じょこう)
❷ Ⓤ 《ふつうthe crawlで》〖水泳〗クロール
**crayon** 4級 [kréiən クレイアン | -ɔn -オン] 名C クレヨン; クレヨン画
**craze** [kréiz クレイズ] 名C 熱狂, 夢中; (一時的な) 大流行
派生語 crazy 形
**crazy** A2 [kréizi クレイズィ] 形 (比較 crazier; 最上 craziest) ❶ 熱狂(ねっきょう)して, 夢中で
• He is *crazy* about soccer.
彼はサッカーに夢中だ.
❷ ばかげた, まともでない
• a *crazy* idea ばかげたアイディア

**cream** 5級 A1 [kríːm クリーム]
名 ❶ Ⓤ クリーム (▶︎牛乳の脂肪(しぼう)分)
• coffee with *cream*
クリーム入りコーヒー
❷ CⓊ クリーム菓子(かし), クリーム製食品, クリーム状の食品
• ice *cream* アイスクリーム

## creamy

- a *cream* puff シュークリーム(▶shoe creamは「靴(⅓)ずみ」のこと)

❸ C U 化粧(けしょう)クリーム, クリーム状の薬品

**creamy** [krí:mi クリーミィ] 形 クリーム状の, クリームの入った

## create 準2級 A2 [kriéit クリエイト]

動 (三単現) creates [-ts -ツ]; (過去・過分) created [-id]; (現分) creating) 他 ❶ …を創造[創作]する, 作り出す
- God *created* the heaven and the earth. 神は天と地を創造した. (▶旧約聖書の一節)
- Good communication *creates* a good atmosphere. よいコミュニケーションはよい雰囲気(ふんいき)を作り出す.

❷ (騒動(そうどう)など)を引き起こす (= cause)
- *create* confusion 混乱を生じさせる.

派生語 creation 名, creative 形, creativity 名, creator 名, creature 名

**creation** B2 [kriéiʃən クリエイション] 名 ❶ U 創造, 創作, 創設; C 創造物, 創作物
❷ 《the Creation で》(神の)天地創造, (神の創造した)世界, 宇宙

**creative** A2 [kriéitiv クリエイティヴ] 形 創造的な, 独創的な
- *creative* power 創造力

**creativity** A2 [krìeitívəti クリエイティヴァティ] 名 U 創造力[性], 独創力[性]

**creator** B1 [kriéitər クリエイタァ] 名 ❶ C 創造者; 創作者 ❷ 《the Creator で》造物主, 天地創造の神

**creature** 準2級 A2 [krí:tʃər クリーチャァ] 名 C
❶ 生き物; 動物 ❷ 人, やつ (▶愛情・同情・軽べつなどを示す形容詞とともに用いる)
- a lovely *creature* かわいい子

**credit** 準2級 A2 [krédit クレディット] 名 ❶ U 信用貸し, つけ, クレジット (▶後払いで買うこと) ❷ U 名声, 評価, 賞賛 ❸ C 信用, 信頼(しんらい) ❹ 《the credits で》(映画などの)クレジット (▶監督(かんとく)・製作・配役などの一覧) ❺ C ㊍(学校の)履修(りしゅう)単位

**credit card** A1 [krédit kà:rd クレディット カード] 名 C クレジットカード

**creek** B2 [krí:k クリーク] 名 C ㊍小川; ㊀(小さな)入り江(え)

**creep** [krí:p クリープ] 動 (過去・過分) crept [krépt クレプト]) 自 はう, はって進む; 忍(しの)び寄る
- He *crept* over to the sofa. 彼はソファーまでそっとはっていった.

**crept** [krépt クレプト] 動 creep (はう) の過去形・過去分詞

**crescent** [krésnt クレスント] (★scのつづりに注意) 名 C 三日月, 新月; 三日月の形の物 → moon 図

**crew** B2 [krú: クルー] (★ewのつづりに注意) 名 C 《単数・複数扱い》(船・列車・飛行機などの)乗組員, 乗務員; 仕事仲間, (いっしょに作業する)チーム(班); ボートレースの選手

> ここが ポイント! **crewは単数? 複数?**
> 全体を1つのグループと考えるときは単数扱いに, 構成員1人ひとりを意識する場合は複数扱いにします. 1人をさすときはa member of the crew, one of the crewのように言います.
> - The ship's *crew* was large. その船の乗組員はたくさんいた.
> - He is a member of the TV camera *crew*. 彼はテレビのカメラ班の1人だ.

**crib** [kríb クリブ] 名 C ㊍ベビーベッド

**cricket¹** [kríkit クリキット] 名 C 【虫】こおろぎ

**cricket²** A2 [kríkit クリキット] 名 U クリケット (▶英国の国技で11人ずつ2組に分かれて行う球技)→ スポーツ【口絵】

**cried** [kráid クライド] 動 cry (泣く; 叫(さけ)ぶ) の過去形・過去分詞

**cries** [kráiz クライズ]
— 動 cry (泣く; 叫(さけ)ぶ) の三人称(にんしょう)単数現在形
— 名 cry (叫び声) の複数形

**crime** 準2級 A2 [kráim クライム] 名 C U (法律上の)罪, 犯罪 (▶「道徳上・宗教上の罪」はsin)
- commit a serious *crime* 重い罪を犯(おか)す
派生語 criminal 形

**criminal** B1 [krímənəl クリマヌル]
— 形 犯罪の; 刑事(けいじ)上の (⇔civil 民事上の)
— 名 C 犯罪人, 犯人

**crisis** B1 [kráisis クライスィス] 名 (複 crises [kráisi:z クライスィーズ]) C U (特に政治的・経済的な)危機, 重大な局面; (運命の)分かれ目
- an energy *crisis* エネルギー危機

**crisp** A2 [krísp クリスプ]
— 形 ❶ (食べ物が)かりかり[ぱりぱり]した
❷ (空気・天気などが)ひんやりしてさわやかな
❸ (態度などが)きびきびした, てきぱきした

―名《crispsで》⊛ポテトチップス（＝⊛potato chips）→chip 図
**crispy**[kríspi クリスピィ] 形 ＝crisp 形 ❶
**critic** 2級 B1 [krítik クリティック] 名 C 批評家, 評論家；あら探しをする人
派生語 critical 形, criticism 名, criticize 動
**critical** B1 [krítikəl クリティカル] 形 ❶批判的な ❷重大な, 決定的な ❸危機的な, 危篤(とく)の ❹評価の
**criticism** B2 [krítəsìzm クリタスィズム] 名 U C （文芸などの）批評, 評論；非難, 批判
**criticize** A2 [krítəsàiz クリタサイズ]（▶⊛ではcriticiseとつづる）動他 …を非難する, 批判する；…を批評する
**croak**[króuk クロウク]
―名 C （からす・かえるなどの）カーカー［ガーガー］鳴くかすれた声
―動自 カーカー［ガーガー］かすれた声で鳴く →caw
**Croatia** 3級 [krouéiʃə クロウエイシャ] 名 クロアチア（▶バルカン半島北西部に位置する共和国. 首都はザグレブ（Zagreb））
**crocodile** B2 [krákədàil クラカダイル | krɔ́kə- クロカ-] 名 C 〖動物〗クロコダイル（▶アフリカ・アジア産のわに）→alligator
**crocus**[króukəs クロウカス] 名 （複 crocuses[-iz]） C 〖植物〗クロッカス

## crop 2級 B1 [kráp クラップ | krɔ́p クロップ]

名 （複 crops[-s]） C 農作物, 作物；収穫(しゅう)物, 収穫（高）
- the rice *crop* 米作
- raise *crops* 作物を作る
- We had a good［bad］*crop* of apples this year. 今年はりんごが豊作[不作]だった.

**croquet**[kroukéi クロウケィ | króukei クロウケィ]（★このtは発音しない）名 U クローケー（▶木づちで木製のボールを打ち, 門柱の間を通す球技）

## *cross 準2級 A2 [krɔ́:s クロース | krɔ́s クロス]

名 十字架(じゅう)
動他 ❶…を交差させる
  ❷…を渡(わた)る
  ❸…に横線を引く
自 交差する
形 ❶交差した
  ❷《話》機嫌(きげん)の悪い

―名 （複 crosses[-iz]） C 十字架,《the Crossで》（キリストがはりつけになった）十字架；十字形, ×印；異種交配, 雑種
- the Red *Cross* 赤十字
- the Southern *Cross* 南十字星

―動 （三単現 crosses[-iz]； 過去・過分 crossed[-t]； 現分 crossing）
―他 ❶…を交差させる, 組む
- He *crossed* his legs［arms］. 彼は脚(あし)[腕]を組んだ.

❷（道路・川・橋など）を渡る, 横断する, 横切る
- Be careful when you *cross* the street. 道路を横切るときは気をつけなさい.

❸…に横線を引く
―自 交差する
- The roads *cross* there. 道はそこで交わる.

*cross one's fingers* 人さし指の上に中指を交差させる（▶幸運を祈(いの)るしぐさ）→gesture 図
- I'll *cross my fingers* for you. うまくいくように祈っています.

*cross off* （リストの名前などを）削除する, 消す
- I *crossed* his name *off* the list. 彼の名前をリストから消した.

*cross out* 線を引いて消す（▶訂正(ていせい)する場合に使う）

―形 （比較 crosser； 最上 crossest）❶交差した
- *cross* streets 交差した道路

❷《話》機嫌の悪い；怒(おこ)った
- He was *cross* with the children. 彼は子どもたちに腹をたてた.

派生語 crossing 名

**cross-cultural**[krɔ́:skʌ́ltʃərəl クロースカルチャラル | krɔ́s- クロス-] 形 異文化間の
- *cross-cultural* communication 異文化間交流

**crossing** 2級 B1 [krɔ́:siŋ クロースィング | krɔ́siŋ クロスィング]
―動 cross（交差させる；交差する）の現在分詞・動名詞
―名 C 交差点；踏切(ふみきり)（▶交通標識ではXingと略す）；U C 横断
- a school *crossing* 学童横断路
- NO *CROSSING* 《掲示》横断禁止

「歩行者横断禁止／横断歩道使用のこと」の標識（米国）

**crossroad** B1 [krɔ́:sròud クロースロウド | krɔ́s- クロス-

## crosswalk

ロス-] 名C 《米》交差道路,(幹線道路と交差する)横道;《crossroadsで》《ふつう単数扱い》交差点,十字路;(人生の)分かれ道

**crosswalk** [krɔ́:swɔ̀:k クロースウォーク | krɔ́s- クロス-] 名C 《米》横断歩道 (= 《英》 pedestrian [zebra] crossing)

**crossword** [krɔ́:swə̀:rd クロースワード | krɔ́s- クロス-] 名C = crossword puzzle

**crossword puzzle** [krɔ́:swə̀:rd pʌ̀zl クロースワード パズル | krɔ́s- - クロス- -] 名C クロスワードパズル

**crouch** [kráutʃ クラウチ]
— 動 (三単現 crouches [-iz]) 自 しゃがむ;うずくまる
— 名 C (複 crouches [-iz]) しゃがむこと;うずくまった姿勢
- *crouch* start クラウチングスタート(▶しゃがんだ姿勢からスタートする方法)

**crow¹** B1 [króu クロウ] 名C 〖鳥〗からす(▶鳴き声は caw, croak)

**crow²** [króu クロウ]
— 名C (おんどりの)鳴き声
— 動自 (おんどりが)鳴く

## crowd 準2級 A2

[kráud クラウド] (★ow の発音に注意)
— 名 (複 crowds [-dz -ヅ]) C ❶ 群衆, 人ごみ(▶群衆の1人ひとりを考える場合は複数扱いにすることがある);《the crowdで》大衆
- A large *crowd* cheered for the runners.
  大群衆がランナーたちに声援(えん)を送った.
- At last I found her in the *crowd*.
  ついに人ごみの中で彼女を見つけた.
❷ 多数;大ぜい
- *crowds* of students 大ぜいの学生
— 動 (三単現 crowds [-dz -ヅ]; 過去・過分 crowded [-id]; 現分 crowding)
— 他 (人が)…に群がる, 押(お)し寄せる;…を詰(つ)めこむ
— 自 (人が…に)群がる, 押し寄せる
- The students all *crowded* into the classroom.
  学生たちはみんな教室に押し寄せた.
派生語 crowded 形

**crowded** 準2級 A2 [kráudid クラウディド]
— 動 crowd(群がる)の過去形・過去分詞
— 形 込(こ)み合った, 満員の;《be crowded with ...で》…で混雑する
- a *crowded* room 人がいっぱいの部屋
- The bus *was crowded with* students.
  バスは学生で混雑していた.

**crowdfunding** [kráudfʌ̀ndiŋ クラウドファンディング] 名U クラウドファンディング(▶ある目的のためにインターネットなどで多数の人から資金を募る)

**crown** 準2級 A2 [kráun クラウン] (★clown(道化(し))と混同しないこと) 名C ❶ 王冠(かん);《the crown または the Crownで》王,女王,君主 ❷ 勝利の栄冠

**crude** [krú:d クルード] 形 天然のままの, 精製していない

**cruel** B1 [krú:əl クルーアル] 形 (比較 crueler, 《英》crueller; 最上 cruelest, 《英》cruellest) ❶ 残酷(ざんこく)な, 無慈悲(じひ)な, ひどい
- Don't be *cruel* to animals.
  動物を虐待(ぎゃくたい)してはいけない.
❷ 悲惨(ひさん)な
- a *cruel* sight 悲惨な光景
派生語 cruelty 名

**cruelty** B2 [krú:əlti クルーアルティ] 名 (複 cruelties [-z]) U 残酷(こく)さ;C 《crueltiesで》 残酷な行為(こうい)

**cruise** A2 [krú:z クルーズ]
— 動自他 (大型客船などで)船旅をする,(船などが)巡航(じゅんこう)する;(海など)を巡航する
— 名 クルージング, 船旅, 巡航
- My parents went on a *cruise* through the Mediterranean last month.
  私の両親は先月地中海を巡(めぐ)る船旅をした.

**cruiser** [krú:zər クルーザァ] 名C 巡洋艦(じゅんようかん);(居室を備えた)モーターつきヨット, クルーザー;《米》(警察の)パトロールカー

**crumb** [krʌ́m クラム] (★このbは発音しない) 名C 《ふつう crumbsで》(パンやケーキの)くず, パン粉;パンの柔(やわ)らかい中身

**crumble** [krʌ́mbl クランブル] 動自他 こなごなにくずれる;くずす

**crumpled** [krʌ́mpld クランプルド] 形 しわくちゃの

**crush** B1 [krʌ́ʃ クラッシュ] — 動 (三単現 crushes [-iz]) 他 …を押(お)しつぶす, 踏(ふ)みつぶす
— 名C ❶ 押しつぶすこと;殺到(さっとう), 雑踏(ざっとう)
❷ 片思いの恋(こい) (相手)
- My daughter may *have a crush on* her tutor.
  私の娘(むすめ)は家庭教師の先生に片思いをしているのかもしれない.

**crust** [krʌ́st クラスト] 名 ❶ CU パンの皮(▶「パンの柔(やわ)らかい中身」は crumb);U パイの皮 ❷ C (物の)かたい表面;〖地質〗地殻(ちかく)

**crutch** [krʌ́tʃ クラッチ] 名 (複 crutches [-iz]) 《ふつう crutchesで》松葉づえ
- *walk on crutches*
  松葉づえをついて歩く

## *cry 5級 A1 [krái クラィ]

動自 ❶（声をあげて）泣く
❷大声をあげる
❸（鳥・動物が）鳴く
他（…だ）と叫ぶ
名 ❶叫び声
❷泣き声
❸鳴き声

—動（三単現 cries[-z]；過去・過分 cried[-d]；現分 crying）
—自 ❶（声をあげて）泣く, 泣き叫ぶ（▶︎「笑う」は laugh）
- *cry* with [for] joy うれしさで泣く
- The baby is *crying*. 赤ちゃんが泣いている.
- My sister *cries* easily. 姉［妹］はすぐ泣く.

### くらべてみよう！ cryとweepとsob

**cry**:「悲しみや痛みなどで涙を流す」ことを表す一番ふつうの言い方
**weep**: しくしく泣く
**sob**: すすり泣く

cry　　weep　　sob

❷（…を求めて）大声をあげる, 叫ぶ
❸（鳥・動物が）鳴く, ほえる
—他（…だ）**と叫ぶ**, 大声で言う（= shout）
- "Don't touch it!" *cried* the lady.
「それに触らないで」とその女性は叫んだ.
- Rose *cried* out his name.
ローズは大声で彼の名前を呼んだ.

*cry* (*out*) *for* ... …をほしがって（大声で）泣く；（大声で）…を叫び求める
- I *cried* out for help.
私は大声で助けを求めた.

*cry over* ... （失敗・不幸など）を嘆く
- It is no use *crying over* spilt milk.
(ことわざ)覆水盆に返らず,（⇔こぼれたミルクをおしんで嘆いても無駄）だ）

—名（複 cries[-z]）❶ **叫び声**, 大声
- Mother gave a *cry* of joy [anger].
母は喜び［怒り］の叫び声をあげた.
❷泣き声；（声をあげて）泣くこと
- have a good *cry* 思う存分泣く
❸（鳥・動物の）鳴き声

**crystal** 2級 [krístl クリストゥル] 名U 水晶；UC クリスタルガラス（製品）；C 結晶, 結晶体

**CT** Connecticut（米国コネチカット州）の郵便略語

**cub** [kʌ́b カブ] 名C（くま・きつね・ライオン・おおかみなどの）子

**Cuba** [kjúːbə キューバ] 名 キューバ（▶︎西インド諸島中の島で共和国, 首都はハバナ（Havana））

**cube** B2 [kjúːb キューブ] 名C 立方体；立方体の物；〖数学〗立方, 3乗（▶︎「平方」は square）
- a sugar *cube* 角砂糖
- The *cube* of 2 is 8.
2の3乗は8である（$2^3 = 8$）.

**cuckoo** [kúːkuː クークー | kúkuː ククー] 名（複 cuckoos[-z]）C〖鳥〗かっこう（▶︎英国では春を告げる鳥とされる）

**cucumber** 2級 B1 [kjúːkʌmbər キューカンバァ] 名CU きゅうり

**cue** [kjúː キュー] 名C 手がかり, 合図；キュー（▶︎役者の登場やせりふの合図）

**cuff** B2 [kʌ́f カフ] 名（複 cuffs[-s]）C（ワイシャツの）カフス,（服の）そで口；⦅米⦆（ズボンのすその）折り返し

**cufflink, cuff link** [kʌ́f lìŋk カフ リンク] 名 カフスボタン（▶︎そで口のボタン）

**cuisine** [kwizíːn クウィズィーン] 名U 料理, 調理法
- More people are enjoying local *cuisine*.
地元の料理を楽しむ人が増えている.

**cultivate** B1 [kʌ́ltəvèit カルタヴェイト] 動他（田畑など）を耕す；（作物・植物など）を栽培する（= grow）；（心など）を養う

**cultural** 2級 B1 [kʌ́ltʃərəl カルチャラル] 形 文化の, 文化的な；教養の
- *cultural* heritage 文化遺産

**culturally** B2 [kʌ́ltʃərəli カルチャラリィ] 副 文化的に

## culture 4級 A1 [kʌ́ltʃər カルチャァ]

名（複 cultures[-z]）❶CU **文化**
- popular *culture* 大衆文化
- school *culture* 校風
- *culture* shock カルチャーショック（▶︎異文化に接したときに受ける衝撃）
- Each country has its own *culture*.
どの国も独自の文化を持っている.
❷U 教養,（心身の）修養
- a man of *culture* 教養のある人
❸U 栽培, 飼育, 養殖
派生語 cultural 形, culturally 副, cultured 形

**cultured** [kʌ́ltʃərd カルチャァド] 形 教養のある

**Culture Day** [kʌ́ltʃər dèi カルチャァ デイ] 名（日本の）文化の日

**cunning** [kʌ́niŋ カニング]

## cup

─形 ずるい, 悪がしこい
─名 U ずるさ, 悪がしこさ (▶「カンニング」は和製英語)

**＊cup** 5級 A1 [kʌ́p カップ]

名 (複 cups[-s]) C ❶ (コーヒー・紅茶などの)**カップ**, 茶わん
- a coffee [tea] cup コーヒー[ティー]カップ
- a cup and saucer 受け皿つきカップ (▶ [kʌ́p(ə)nsɔ́ːsr カッパンソーサァ]と発音する. カップと受け皿のセットで1客なので, 最初にのみ a がつく)

**くらべてみよう!** cup, glass, bowl, mug

**cup**: 温かい飲み物用の取っ手つきの容器 (▶「紙コップ」は paper cup)
**glass**: 冷たい飲み物用のガラスの「コップ」
**bowl**: ご飯などの「(茶)わん」
**mug**: 円筒(とう)形の大型の「マグカップ」 (▶「マグカップ」は和製英語)

❷ カップ1杯(ぱい)(の量)
- a cup of coffee コーヒー1杯
- I had two cups of cocoa. 私はココアを2杯飲んだ.
- Would you like another cup of tea? 紅茶をもう1杯いかがですか.

❸ 優勝カップ
- the World Cup (サッカーなどの)ワールドカップ
- win the cup 優勝カップを獲得(かく)する

**cupboard** A2 [kʌ́bərd カバァド] (★このpは発音しない) 名 C 食器棚(だな); (衣類などを入れる)戸棚, 押(お)し入れ

**cupful** [kʌ́pfùl カップフル] 名 C カップ[茶わん]1杯(ぱい)(の量)

**Cupid** [kjúːpid キューピッド] 名 『ローマ神話』キューピッド (▶女神(めがみ)Venus(ビーナス)の子で恋愛(れんあい)の神. その矢に射られると恋(こい)に落ちるという. ギリシャ神話の Eros(エロス)に相当)

**cure** 2級 B1 [kjúər キュア]
─動他 (病気・けが・病人など)を治す; (悪習・弊害(へいがい)など)を治す

- This medicine will cure your stomachache. この薬で腹痛は治るでしょう.
─名 C 治療; (健康の)回復; C U 治療薬; 治療法; 解決策

**curfew** [kə́ːrfjuː カーフュー] 名 C ❶ 門限, 帰宅時間
- You must not miss your curfew. 門限を破ってはいけない.
❷ 夜間外出禁止令, 戒厳(かいげん)令

**Curie** [kjúəri キュ(ア)リィ] 名 Marie, マリー・キュリー (▶1867-1934; フランスで活躍(かつやく)したポーランドの物理学者・科学者. 夫のピエールとともにラジウムを発見し, ノーベル物理学賞・ノーベル化学賞を受賞)

**curiosity** B1 [kjùəriásəti キュ(ア)リアサティ|-ɔ́si--オスィ-] 名 (複 curiosities[-z]) U 好奇(こうき)心; C 珍(めずら)しい物
- I did so out of curiosity. 私は好奇心からそうした.

**curious** B1 [kjúəriəs キュ(ア)リアス] 形 ❶ 好奇(こうき)心の強い, …したがる
- She was curious to read the letter. 彼女はその手紙を読みたがった.
❷ 好奇心をそそる, 興味深い, 珍(めずら)しい
- curious facts 好奇心をそそる事実
派生語 curiosity 名, curiously 副

**curiously** B1 [kjúəriəsli キュ(ア)リアスリィ] 副 奇妙(きみょう)にも; 物珍(めずら)しそうに

**curl** B2 [kə́ːrl カール]
─名 C 巻き毛, カール; 渦(うず)巻き状の物, カールした物
─動他 自 ❶ (髪)を巻き毛にする, カールさせる; (髪が)縮れる, カールする
❷ …を巻く; 巻きつく
派生語 curly 形

**curling** [kə́ːrliŋ カーリング] 名 U カーリング (▶氷の上で平円形の石を滑(すべ)らせて円形の目標に入れる競技)

**curly** B1 [kə́ːrli カーリィ] 形 (比較 curlier; 最上 curliest) 巻き毛の, カールした

**currency** B1 [kə́ːrənsi カーランスィ|kʌ́r- カ-] 名 (複 currencies[-z]) U C 通貨; U (通貨の)流通; (思想などの)通用, 普及(ふきゅう)

**current** 2級 B1 [kə́ːrənt カーラント|kʌ́r- カ-]
─名 C ❶ (空気・水などの)流れ; 潮流; 気流; 電流
❷ 風潮
─形 ❶ 通用する, 流通する
❷ 現在の
- current English 時事英語, 現代英語
- current events [affairs] 時事(問題)
派生語 currency 名

**curriculum** B1 [kəríkjuləm カリキュラム] 名

（複 curricula[kəríkjulə カリキュラ], curriculums [-z]）C カリキュラム, 教育課程

# curry 準2級 A2

[kə́:ri カーリィ | kʌ́ri カリィ]（★「カレー」でないことに注意）

名（複 curries[-z]）U C **カレー料理**；U カレー粉 → 食べ物【口絵】
- *curry* and rice カレーライス

**curse** A2 [kə́:rs カース]
- 名 C のろい, ののしり；のろいの言葉, 不敬な言葉
- 動 他 自 …をのろう, ののしる；（人を）のろう, のろしる

**cursor** B2 [kə́:rsər カーサァ] 名 C カーソル（▶コンピュータの画面で入力する位置を示す印）

# curtain 2級 B1 [kə́:rtn カートゥン]

名（複 curtains[-z]）❶ C **カーテン**
- open [close] the *curtains*
  カーテンを開ける[閉める]
- draw [pull] the *curtains*
  カーテンを引く（▶主に閉めるときに用いる）

❷ 《the curtain で》（劇場の）**幕**
- *The curtain* rose [fell, dropped] at 4 p.m.
  その芝居(しばい)は午後4時に始まった[終わった].

❸ C （幕のように）覆い隠(かく)す物

**curve** B1 [kə́:rv カーヴ]
- 名 C 曲線；カーブ；〖野球〗カーブ
- 動 自 他 （丸く）曲がる, カーブする；…を（丸く）曲げる, カーブさせる

**cushion** B1 [kúʃən クション] 名 C クッション, 座布団(ざぶとん)；衝撃(しょうげき)を和(やわ)らげるもの

**custodian** [kʌstóudiən カストウディアン] 名 C 管理人；守衛

# custom 準2級 A2 [kʌ́stəm カスタム]

名（複 customs[-z]）❶ C U （社会や集団の）**習慣, 慣習, 風習, しきたり** → habit くらべて!
- Eastern *customs* 東洋の風習
- follow [break] the *custom*
  習慣を守る[破る]

❷ 《customs で》《単数・複数扱い》関税；《単数扱い》税関
- pass through *customs* 税関を通過する

派生語 customer 名

**customer** 準2級 A2 [kʌ́stəmər カスタマァ]
名 C （商店などの）客, 顧客(こきゃく), 得意先（▶ guest は招待客の意味に）→ guest くらべて!

**custom-made** [kʌ̀stəméid カスタムメイド] 形 注文で作られた, オーダーメイドの（⇔ ready-made 既製(きせい)の）

# *cut 5級 A1 [kʌ́t カット]

動 他 ❶ （刃物(はもの)で）…を切る
　　❷ …を切って短くする
　　❸ …を切り取る
　　❹ …を減らす
　　❺ …をサボる
　　自 （刃物などが）切れる
名 ❶ 切ること；切り傷
　　❷ 切りつめること
　　❸ （肉などの）1切れ
　　❹ （服や髪の）切り方
　　❺ 近道

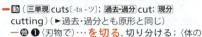

— 動 （三単現 cuts[-ts -ツ]；過去・過分 cut；現分 cutting）（▶過去・過分とも原形と同じ）
— 他 ❶ （刃物で）**…を切る**, 切り分ける；（体の一部を）切る, 傷つける → break くらべて!
- *cut* paper 紙を切る
- Would you *cut* the pizza in half?
  ピザを半分に切ってくれませんか.
- He *cut* the envelope open with scissors.
  彼は封筒(ふうとう)をはさみで開けた.
- Please *cut* me a slice of bread. = Please *cut* a slice of bread *for* me.
  私にパンを1切れ切ってください.
- She *cut* her finger with a knife.
  彼女はナイフで指を切ってしまった.

**くらべてみよう!** cut と slice と chop

**cut**: ナイフやはさみなどで「切り分ける」こと全般をいう
**slice**: パン, ハムなどを「薄く切る」
**chop**: ナイフなどで野菜などを「細かく刻む」, また, おのなどで「たたき切る」

cut　　slice　　chop

❷ （草木・髪(かみ)など）を切って短くする, 刈(か)る
- *cut* grass 草を刈る
- He is *cutting* his nails.
  彼はつめを切っている.
- Kate had her hair *cut* short.
  ケイトは髪を短く切ってもらった.（▶ have ＋〈名詞〉＋〈過去分詞〉で「…を～してもらう」）

❸ …を切り取る, 切りぬく
- He *cut* a picture out of the magazine.

## cute

彼は雑誌から絵を切りぬいた.
❹ (分量など)を減らす；…を小さく［短く］する
- Our company needs to *cut* costs. 私たちの会社は経費を削減する必要がある.
- She *cut* her speech short.
  彼女は話を短くした.
❺《話》(無断で授業や学校)をサボる
- My brother often *cuts* classes.
  兄［弟］はよく授業をサボる.
—⾃ (刃物などが)**切れる**
- This knife *cuts* very well.
  このナイフは非常によく切れる.

*cut across ...* …を横切る；…を横切って近道をする
- You must not *cut across* the parking lot.
  その駐車場を横切って近道してはいけない.

*cut down* (木など)を切って倒す；…を減らす
- I'll *cut down* that tree.
  私はあの木を切り倒すつもりだ.
- We have to *cut down* our expenses.
  私たちは経費を切りつめなければならない.

*cut down on ...* …の量を少なくする
- My father has *cut down on* sweets.
  父は甘い物を控えている.

*cut in* (列や話に)割って入る，(話を)さえぎる
*cut off* …を切断する；(電気・ガスなどの)供給を止める，接続を断つ
*cut out* …を切りぬく，取り除く；《話》…をやめる
***Cut it out!*** やめろ., よせよ.
*cut up* …を細かく切る

—名 (複 cuts[-ts -ツ]) C ❶切ること；切り傷, 切り口, 切れ目
- Bill has a *cut* on his face.
  ビルは顔に切り傷がある.
❷切りつめること, 削減；削除
❸ (肉などの) 1 切れ
❹ (服や髪の)切り方, 形, カット
❺近道, 通りぬける道(= a short cut)
派生語 cutter 名, cutting 名形

### cute 5級 A1 [kjúːt キュート]
形 (比較 cuter; 最上 cutest) ⊛ (子ども・動物・小物などが)**かわいらしい**, かわいい；(異性などが)魅力のある
- a *cute* little dog 小さくてかわいい犬
- This T-shirt is so *cute*!
  このTシャツすごくかわいい.

**cutlet** [kátlit カットゥリット] 名 C カツレツ, カツ；(カツレツ用の)肉の切り身

**cutter** [kátər カッタァ] 名 C 切る人；切る道具, カッター

**cutting** 5級 [kátiŋ カッティング]
—動 cut(切る)の現在分詞・動名詞
—名 ❶ U C 切ること, 切断；裁断 ❷ C 切り取ったもの
—形 鋭い；(風などが)身を切るような；(言葉などが)痛烈な

**cyberattack** [sáibərətæk サイバァアタック] 名 U C サイバー攻撃

**cyberbullying** [sáibərbùliiŋ サイバァブリイング] 名 U ネットいじめ

**cybercafé** B2 [sáibərkæfei サイバァカフェイ] (▶cybercafeともつづる) 名 C サイバーカフェ, インターネットカフェ

**cybercrime** B2 [sáibərkràim サイバァクライム] 名 C サイバー犯罪(▶ネットでの犯罪)

**cyberspace** B2 [sáibərspèis サイバァスペイス] 名 U サイバー空間

**cycle** 2級 B1 [sáikl サイクル]
—名 C ❶周期, 循環 ❷《話》自転車(= bicycle), オートバイ(= motorcycle) ❸〖電気〗周波数, サイクル
—動 ⾃ 循環する；自転車に乗る
- go *cycling* サイクリングに行く
派生語 cycling 名, cyclist 名

**cycling** 準2級 A2 [sáikliŋ サイクリング] 名 U 自転車に乗ること, サイクリング

**cyclist** B2 [sáiklist サイクリスト] 名 C 自転車に乗る人

**cyclone** [sáikloun サイクロウン] 名 C サイクロン(▶インド洋に発生する強い熱帯性低気圧)；大暴風

**cylinder** [sílindər スィリンダァ] 名 C 円筒；円柱；シリンダー, 気筒(▶エンジンの円筒部)

**cymbal** [símbəl スィンバル] 名 C《ふつう cymbals で》〖楽器〗シンバル

**cynical** [sínikəl スィニカル] 形 皮肉な, 冷笑的な

**Cyprus** [sáiprəs サイプラス] 名 キプロス(▶トルコ南方, 地中海に位置する共和国. 首都はニコシア(Nicosia))

**Czech Republic** [tʃèk ripáblik チェック リパブリック] 名 チェコ(▶東ヨーロッパ中央部に位置する共和国. 首都はプラハ(Prague))

# D d

**D, d** [díː ディー] 名 (複 D's, Ds, d's, ds[-z]) ❶ C 英語アルファベットの第4字 ❷ C 《Dで》❸ (成績の)D (▶5段階評価の合格点の最低ランク) → grade 名 ❸ ❹ U (ローマ数字の)500

**'d** [d ドゥ]《話》had, would, did の短縮形
- You'*d* better go home.
家に帰ったほうがいい. (▶you'd＝you had)
- I'*d* like to eat an apple.
私はりんごが食べたい. (▶I'd＝I would)

**-d** → -ed

## dad 5級 A1 [dǽd ダッド]
名 C《話》**お父さん**, パパ (▶呼びかける場合は, ふつう大文字で始め, a や the をつけない. 子どもだけでなく大人も使う) (＝father, ⇔ ❀mom, ❀mum お母さん)
- May I use your computer, *Dad*?
パパ, パパのコンピュータを使ってもいい？

**daddy** 5級 A1 [dǽdi ダディ] 名 (複 daddies[-z]) C《幼児語》**お父さん**, パパ (⇔mammy, ❀mommy, ❀mummy お母さん)

**daffodil** [dǽfədil ダファディル] 名 C《植物》らっぱ水仙(ﾛｯｽｲｾﾝ) (▶英国のウェールズを象徴(ｼｮｳﾁｮｳ)する花) → narcissus ❶

**dagger** [dǽɡər ダガァ] 名 C 短剣(ﾀﾝｹﾝ)

**dahlia** [dǽljə ダリャ | déiljə デイリャ] (★このhは発音しない) 名 C《植物》ダリア (▶メキシコの国花)

## daily 準2級 A2 [déili デイリィ]
-形 **毎日の**, 日々の, 日常の；日刊の
- *daily* life 日常生活
- *Daily* practice is necessary to win the game. 試合に勝つために毎日の練習が必要だ.
-副 **毎日**, 日々, 日ごとに (＝every day)
- He walks his dog twice *daily*.
彼は毎日2回犬を散歩させる.
-名 (複 dailies[-z]) C 日刊新聞 (＝daily (news) paper)

**dairy** [déəri デ(ア)リィ] (★daily(毎日の)と混同しないよう注意) 名 (複 dairies[-z]) C バター・チーズ製造所, 酪農(ﾗｸﾉｳ)場 (＝dairy farm)
- *dairy* product 乳製品, 酪農製品

**daisy** B1 [déizi デイズィ] 名 (複 daisies[-z]) C《植物》デージー, ひな菊(ｷﾞｸ)

**Dallas** [dǽləs ダラス] 名 ダラス (▶米国テキサス州北東部の都市. 1963年11月にここで第35代大統領 J．F．ケネディが暗殺された)

**dam** 準2級 A2 [dǽm ダム] (★同音 damn ののしる)
-名 C **ダム**, せき
-動 (過去・過分 dammed[-d]; 現分 damming) 他 (河川などに)ダムを造る；(流れを)ダムでせき止める

## damage 2級 B1
[dǽmidʒ ダミッヂ] (★「ダメージ」でないことに注意)
-名 U **損害**, 被害(ﾋｶﾞｲ), 損傷, ダメージ
- great [heavy] *damage* 大損害
- The typhoon did [caused] *damage* to crops. 台風が作物に被害を与(ｱﾀ)えた.
- suffer [receive] *damage* 損害をこうむる
-動 (三単現 damages[-z]; 過去・過分 damaged[-d]; 現分 damaging) 他 …に損害[被害]を与える；(評判など)を損(ｿｺ)ねる, 傷つける (＝hurt)
- The wall was *damaged* in the earthquake.
地震(ｼﾞｼﾝ)で壁(ｶﾍﾞ)が損害を受けた.
- His reputation was *damaged*.
彼の評判は傷つけられた.

**damn** [dǽm ダム] (★このnは発音しない. 同音 dam ダム) 動 他 …をののしる, のろう；《間投詞的に》ちくしょう, いまいましい (▶品のよくない語)

**damp** B1 [dǽmp ダンプ]
-形 (不快なほど)湿気(ｼｯｹ)のある, 湿(ｼﾒ)っぽい, じめじめした → wet くらべて!
- *damp* weather じめじめした天気
-名 U (不快な)湿気

## dance 5級 A1
[dǽns ダンス | dάːns ダーンス]
-名 (複 dances[-iz]) C ❶ **ダンス**, 踊(ｵﾄﾞ)り, 舞踊(ﾌﾞﾖｳ)
- do a *dance* ダンスを踊る
❷ ダンスパーティー (▶ball(舞踏(ﾌﾞﾄｳ)会)より略式のもの. ふつう dance party とは言わない)

### dancer

- give [hold] a *dance*
  ダンスパーティーを開く
- Let's go to a *dance*.
  ダンスパーティーに行きましょう.

— 動 (三単現 dances[-iz]; 過去・過分 danced[-t]; 現分 dancing)
— 自 ❶ 踊る, ダンスをする
- Everyone *danced to* the music.
  みんなが音楽に合わせて踊った.
- Will you *dance with* me?
  私と踊ってもらえない？

❷ (喜びなどで)小おどりする, 跳ね回る
- *dance with* [*for*] joy 小おどりして喜ぶ
— 他 (踊り)を踊る
派生語 dancer 名, dancing 名

**dancer** 準2級 A2 [dǽnsər ダンサァ | dɑ́ːnsər ダーンサァ] 名 C ❶ 踊る人, 踊り手 ❷ 舞踊家, ダンサー

**dancing** 5級 A1 [dǽnsiŋ ダンスィング | dɑ́ːnsiŋ ダーンスィング]
— 動 dance(踊る)の現在分詞・動名詞
— 名 U 舞踊, ダンス(をすること)

**dandelion** B2 [dǽndəlàiən ダンダライアン] 名 C 〖植物〗たんぽぽ (▶フランス語から, 葉の形が dent de lion (ライオンの歯)に似ているため)

# danger 準2級 A2

[déindʒər デインヂャァ] (★「デンジャー」でないことに注意)

名 (複 dangers[-z]) ❶ U 危険 (⇔safety 安全)
- *DANGER! KEEP OUT* (掲示)危険！立入禁止

「危険／建設地につき立入禁止」の掲示(米国)

- face *danger* 危険に直面する
❷ C 危険なもの[人], 脅威
- a *danger* to peace 平和への脅威

***in danger*** 危うい状態で, (…の)恐れがある
- Dan was *in danger of* losing his job.
  ダンは職を失う恐れがあった.

***out of danger*** 危機を脱して
- Luckily the patient was *out of danger*.
  幸いにも患者は危険な状態を脱した.
派生語 dangerous 形

# dangerous 準2級 A2

[déindʒərəs デインヂャラス] (★「デンジャラス」でないことに注意)

形 (比較 more dangerous; 最上 most dangerous) 危険な, 危ない, 人に危害を与える (⇔safe 安全な)
- a *dangerous* person 危険な人物
- It is *dangerous* to walk alone at night.
  夜間ひとりで出歩くのは危険だ.
派生語 dangerously 副

**dangerously** B1 [déindʒərəsli デインヂャラスリィ] 副 危険なほど, 危なく

**Danish** [déiniʃ デイニッシュ]
— 形 デンマークの; デンマーク人[語]の
— 名 U デンマーク語

**dare** B1 [déər デァ]
— 動 他 ❶ 《dare to +〈動詞の原形〉で》思い切って[あえて]…する, …する勇気がある
- She *dares to* do anything.
  彼女はなんでも思い切ってやる.

❷ (人)にできるなら…してみろと言う
- He *dared* me *to* dive off the cliff into the sea. 彼は私にがけから海に飛びこんでみろと言った.

— 助 (過去 dared[-d]) 《ふつう否定文・疑問文で》思い切って[あえて]…する, …する勇気がある
- He *dared not* speak.
  彼はあえて発言しなかった.

***Don't you dare*** +〈動詞の原形〉. …したら絶対にいけないぞ.
- *Don't you dare* tell your mother.
  お母さんに言っちゃ絶対に駄目だよ.

***How dare ...!*** よくも…できるものだ.
- *How dare* you lie to me!
  よくも私に対してうそがつけるね.

***I dare say*** たぶん, おそらく

# *dark 4級 A1 [dɑ́ːrk ダーク]

— 形 (比較 darker; 最上 darkest)
❶ 暗い, 光が少ない (⇔bright, light 明るい)
- a *dark* room
  暗い部屋 (▶ a darkroom は「暗室」)
- get [grow] *dark* 暗くなる

❷ (色が)黒に近い, 黒っぽい, 濃い (⇔light 薄い); (髪・目・皮膚などが)黒に近い色の (⇔fair 金髪の, 色白の)
- *dark* eyes [hair] 黒い目[髪]

❸ (気分や物事が)暗い, 陰気な
- He always looks on the *dark* side of things. 彼はいつでも物事を悲観的に見る. (⇔物事の暗い面を見る)

―名 ❶《the darkで》**暗やみ**, 暗いところ
- I am afraid of *the dark*.
  ぼくは暗やみが怖(こわ)い.

❷ U 夜；夕暮れ
- They worked hard until *dark*.
  彼らは夕暮れまで懸命(けんめい)に働いた.

*after dark* 暗くなってから
- The bus left the hotel *after dark*.
  バスは日が暮れてからホテルを出発した.

*before dark* 暗くなる前に
- Let's go home *before dark*.
  日が暮れる前に家に帰りましょう.

*in the dark* 暗やみの中で；知らないで；秘密にして
- Ted was sitting *in the dark*.
  テッドは暗やみの中ですわっていた.

派生語 darken 動, darkness 名

**darken** [dá:rkən ダークン] 動 他 自 …を暗くする；暗くなる

**dark horse** [dà:rk hɔ́:rs ダーク ホース] 名 C ダークホース,（競馬の）意外な勝ち馬, 予想外の実力を持つ競争相手

**darkness** B1 [dá:rknis ダークニス] 名 U 暗黒, 暗やみ（⇔ light 光）

**darling** B2 [dá:rliŋ ダーリング]
―名 C かわいい人[もの], 最愛の人（▶夫婦(ふうふ)・恋人(こいびと)・親子などの間で呼びかけに用いる）
- My *darling*! = *Darling*! おまえ., あなた.

―形 最愛の, お気に入りの；かわいい, すてきな

**dart** [dá:rt ダート] 名 ❶ C 投げ矢, 投げやり
❷《dartsで》《単数扱い》ダーツ（▶的(まと)にdart（投げ矢）を当てて得点を競(きそ)うゲーム）

**Darwin** [dá:rwin ダーウィン] 名 Charles, チャールズ・ダーウィン（▶ 1809-1882; 英国の生物学者,『種の起源』を著(あらわ)し進化論を提唱した）

**dash** B2 [dǽʃ ダッシュ]
―動（三単現 dashes [-iz]）
―自 ❶ 突進(とっしん)する, 急ぐ（= rush）
- We *dashed* to the classroom.
  私たちは教室へ急いだ.

❷（激しく）ぶつかる
- The waves *dashed against* the ship.
  波が船に激しくぶつかった.

―他 …を投げつける,（水など）を勢いよくかける
- Tom *dashed* water on the fire.
  トムは火に水を勢いよくかけた.

―名（複 dashes [-iz]）C ❶《a dashで》突進, 突撃(とつげき)
- We *made a dash for* the emergency exit. 私たちは非常口に向かって突進した.

❷ 短距離(きょり)競走
- the 100-meter *dash* 100メートル競走

❸『文法』ダッシュ記号（―）
- a swung *dash* 波形ダッシュ記号（〜）

**data** B2 [déitə デイタ] 名 資料, データ（▶本来はdatumの複数形だが, This data *is* available. のように単数扱いもされる. 単数形datumはほとんど用いない）
- I entered the *data* into my computer.
  私はデータを自分のコンピュータに入力した.

# date 5級 A1 [déit デイト]

―名（複 dates [-ts -ツ]）
C ❶ **日付**, 日,（年）月日；期日, 日どり
- the *date* on the letter 手紙の日付
- the *date* of birth 生年月日
- the *date* of departure 出発の日どり

話してみよう!
☺ What's the *date* today?
きょうは（何月）何日ですか.
☺ It's January 23. 1月23日です.

ここがポイント! **日付の書き方・読み方**
2022年7月10日
㊀ 書き方 July 10, 2022
　略式（月／日／年）7 / 10 /(20)22
　読み方 July (the) tenth, two thousand and twenty-two =《話》July ten, two thousand and twenty-two
㊁ 書き方 10(th) July, 2022
　略式（日／月／年）10 / 7 /(20)22
　読み方 the tenth of July, two thousand and twenty-two
年号は基本的に2ケタずつ数字を読みますが, 2000年以降は通常の数字の読み方で言うのが一般的です.

❷ 約束（の日どり）;《話》会う約束, デート；デートの相手
- a lunch *date* 昼食の約束
- set a *date* 約束の日を決める
- Lisa has a *date* with Andy tonight.
  リサは今夜アンディとデートの約束がある.

# datum

***out of date*** 時代後(おく)れで[の], 旧式で[の]
- This dress is *out of date*.
  このドレスは時代後れだ.

***up to date*** 最新の, 最先端(せんたん)の
- This map is *up to date*.
  この地図は最新のものだ.

— 動 (三単現 dates[-ts -ツ]; 過去・過分 dated[-id]; 現分 dating)
— 他 ❶ (手紙・書類など)に日付を入れる[書く]
- This letter is *dated* December 28.
  この手紙は12月28日の日付がある.
❷ …とデートする (= go out with …)
- Chris *dated* Judy last Sunday. クリスはジュディーとこの前の日曜日にデートした.
— 自 ❶ (…の日・日付から)始まる
❷ デートする, つきあう
- They only *dated* for a month.
  彼らは1か月しかつきあわなかった.

***dates back to …*** …までさかのぼる

**datum**[déitəm デイタム] 名 (複 data[déitə デイタ]) Ⓒ 資料, データ (▶ふつう複数形dataで用いる) → data

## \*daughter 5級 A1

[dɔ́ːtər ドータァ] (★このauは[ɔː オー]と発音する. このghは発音しない)

名 (複 daughters[-z]) Ⓒ 娘(むすめ) (⇔son 息子(むすこ))
- an only *daughter* ひとり娘
- the oldest [⦿eldest] *daughter* 長女
- the youngest *daughter* 末娘

**David**[déivid デイヴィッド] 名 ❶ デイビッド (▶男性の名. 愛称(あいしょう)はDave, Davy)
❷ 〖聖書〗ダビデ (▶紀元前1000年ごろのイスラエル第2代の王)

**dawn** B2 [dɔ́ːn ドーン]
— 名 Ⓤ Ⓒ 夜明け, 明け方 (= daybreak) → day 図
- from *dawn* to dusk 夜明けから日暮れまで
— 動 自 夜が明ける, (夜が明けて)明るくなる
- The day *dawned*. = The morning *dawned*.
  夜が明けた. (▶The night dawned. は×)

## \*day 5級 A1 [déi デイ]

名 ❶ 日, 1日
❷ 昼間
❸ (特定の)日, 記念日
❹ 時代

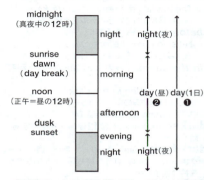

名 (複 days[-z]) ❶ Ⓒ 日, 1日, 一昼夜 (▶24時間を単位とする1日)
- a fine [rainy] *day* 晴れた[雨の]日
- the next *day* 翌日
- I like to go swimming *on* hot *days*.
  私は暑い日に泳ぎに行くのが好きだ.
- We met one winter *day*.
  私たちはある冬の日に出会った.

> **ここがポイント!** 〈前置詞〉+ day
>
> **特定の日をいう on**
> - *on* a cold day 寒い日に
> - *on* a cloudy day 曇(くも)りの日に
>
> **「…のうちに」を表す in**
> - *in* a day 1日のうちに (▶1日で)
> - *in* a few days 数日のうちに
>
> **期間(…の間ずっと)をいう for**
> - *for* days 何日も(ずっと)
> - *for* a few days 数日間(ずっと)

- at the end of the *day*
  1日の終わりに
- My mother works eight hours a *day*.
  母は1日に8時間働く. (▶このaは「…につき」)
- Have a nice *day*!
  いってらっしゃい. (⇦いい1日が過ごせますように)
- a *day* off
  仕事のない日, 休みの日 (▶複数形はdays off)

# daylight

話してみよう!

☺What *day*（of the week）is（it） today? きょうは何曜日ですか.
☻It's Friday. 金曜日です.

☺What *day* of the month is（it） today?（＝What is the date today?） きょうは何日ですか.
☻It's May 9. 5月9日です.（▶May 9は May（the）ninthと読む）

❷ U C 昼間, 日中（▶日の出（sunrise）から日の入り（sunset）までをさす）（⇔night 夜）
・Koalas sleep during the *day*. コアラは昼間は眠(ねむ)っている.（▶「夜に」はat night）
・*Day* breaks before five in summer here. 当地では夏には5時前に夜が明ける.
・The *days* grow longer in spring. 春には日［昼の時間］が長くなる.
・*day* school 昼間［全日制］の学校（⇔night school 夜間学校）; 通学制の学校（⇔boarding school 寄宿制の学校）

❸ C （特定の）日, 記念日, 祝祭日
・New Year's *Day* 元日
・Independence *Day* 独立記念日（▶米国では7月4日）

❹ C （ふつう days で）時代（＝age）; 時期
・the good old *days* 古きよき時代（▶日本語と順序が逆になる）
・in the old *days* 昔は
・Tom was a baseball player in his school *days*. トムは学生時代は野球の選手だった.

***all day***（***long***）一日じゅう
・I stayed home *all day*（*long*）. 一日じゅう家にいた.

***call it a day*** 《話》（1日の）仕事を切り上げる → call 動（成句）

***day after day*** 毎日毎日, 何日も続けて
・They nursed their son *day after day*. 彼らは来る日も来る日も息子(むすこ)の看病をした.

***day and night*** 昼も夜も, いつも（＝night and day）
・I want to be with him *day and night*. 私は彼といつもいっしょにいたい.

***day by day*** 一日ごとに, 日々だんだんと
・The baby is growing *day by day*. その赤ん坊(ぼう)は日に日に成長している.

***every day*** 毎日（▶1語のeverydayは「毎日の」の意味の形容詞）
・I check my email *every day*. 私は毎日Eメールをチェックする.

***every other day*** 1日おきに（▶every second dayとも言う）
・She swims *every other day*. 彼女は1日おきに泳ぐ.

***in those days*** そのころは, 当時は（＝in the past, then）

***night and day*** ＝ day and night

***one day***（過去の）ある日; （未来の）いつか（▶過去か未来かは動詞で判断する. 「未来のいつか」は some dayとも言う）
・I met an old friend of mine *one day* in the park. ある日私は公園で昔の友達に出会った.

***one of these days*** 《話》近いうちに, そのうちに
・Let's have a party *one of these days*. 近いうちにパーティーを開きましょう.

***some day***（未来の）いつの日か（▶「（明示されていない）ある特定の日」を意味する）
・My aunt will visit *some day* next month. 来月のどこかの日におばがやってくる.

***the day after tomorrow*** あさって（⇔あしたの次の日）
・I'm leaving for Tokyo *the day after tomorrow*. あさって東京に向けて出発する.

***the day before yesterday*** おととい（⇔きのうの前の日）
・I got a letter from Tom *the day before yesterday*. おとといトムから手紙をもらった.

***the other day*** 先日, この前（＝recently）
・We discussed the problem *the other day*. 私たちは先日その問題について話し合った.

***these days*** このごろ, 近ごろ（＝now）
・Mountain climbing is popular *these days*. 近ごろは登山が人気だ.

***to this day*** 今日まで, 現在まで

派生語 daily 形

**daybreak** [déibrèik デイブレイク] 名 C 夜明け（＝dawn）

**daycare center** [déikèər séntər デイケア センタァ] 名 C （働く親の子どもの）保育所; （高齢(れい)者・障がい者を昼間だけ預かる）介護(ごう)施設(しせつ), デイケア施設

**daydream** [déidrì:m デイドゥリーム] 名 C （楽しい）空想, 白昼夢, 白日夢

**daylight** A2 [déilàit デイライト]（★このghは発音しない）名 U ❶日光（＝sunlight）; 昼間
・in broad *daylight* 真っ昼間に, 白昼に
❷夜明け, 明け方（＝dawn）
・before *daylight* 夜が明けないうちに

## daytime

**daytime** B2 [déitàim デイタイム] 名 U 昼間, 日中
- We played outside in the *daytime*.
ぼくたちは昼間外で遊んだ.

**dazzle** B1 [dǽzl ダズル]
― 動 ― 他 (…の目を)くらませる
― 自 (光で目が)くらむ
― 名 U 目がくらむこと

**D.C., DC** [dì:sí: ディースィー] 名 コロンビア特別区, ►the District of Columbiaの略 (►米国の首都ワシントン市のこと. 連邦政府が直轄する. ふつうWashington, D.C.と言い, Washington(ワシントン州)と区別する)

**DE** Delaware (米国デラウェア州)の郵便略語

## dead 準2級 A2 [déd デッド]

― 形 ❶ 死んだ, 死んでいる (⇔alive, live, living 生きている); (植物が)枯れた →die¹ くらべて!
- a *dead* body 死体 (►bodyだけでも「死体」の意味になる)
- *dead* leaves 枯れ葉 (►落ち葉は fallen leaves)
- She has been *dead* (for) five years.
彼女が死んでから5年になる. (=It has been five years since she died.)

❷ (死んだように)静かな; (空気などが)動かない; 感覚のない, まひした
- a *dead* sleep 深い眠り
- *dead* water よどんだ水

❸ 活動をやめた; 廃れた, 使われなくなった
- a *dead* language 廃れた言語, 死語

― 副 まったく, すっかり (=completely)
- He is *dead* asleep. 彼はぐっすり眠っている.

― 名 《the deadで》《複数扱い》死者たち
- the dead and the living 死者と生者
派生語 deadly 形, death 名

**dead end** [déd énd デッド エンド] 名 C 行き止まり, 袋小路; (物事の)行きづまり
- come to a *dead end* 行きづまる

**deadline** 2級 B1 [dédlàin デッドライン] 名 C (原稿などの)最終期限, 締め切り
- meet [miss] the *deadline* 締め切りに間に合う[遅れる]

**deadlock** [dédlɑk デッドラック | dédlɔk デッドロック]
― 名 U|C (話し合いなどの)行きづまり
― 動 ― 他 …を行きづまらせる
― 自 行きづまる

**deadly** B1 [dédli デッドゥリィ]
形 (比較 deadlier; 最上 deadliest) 命にかかわる, 致命的な (=fatal)
- a *deadly* wound 致命傷
- a *deadly* disease 命取りの病気

**Dead Sea** [déd sí: デッド スィー] 名 《the Dead Seaで》死海 (►イスラエルとヨルダンの間の塩湖. 塩分が濃く生物の生息はまれ)

**deaf** B1 [déf デフ] 形 耳が聞こえない, 耳が遠い, 耳の不自由な (►最近では hearing impaired (聴力に障がいのある)が多く用いられる)
- He is *deaf* in one ear.
彼は片方の耳が聞こえない.

## deal¹ A2 [dí:l ディール]

名 (複 deals[-z]) C 量, 分量 (►次のような成句で用いる)

***a good* [*great*] *deal*** たくさん, 多量; 大いに
- Tom reads *a great deal*.
トムはたいへんな読書家だ.

***a good* [*great*] *deal of ...*** たくさんの…, 多量の… (►後に数えられない名詞が続く)
- We had *a good deal of* snow last year.
去年は雪がたくさん降った.

## deal² 2級 B1 [dí:l ディール]

― 動 (三単現 deals[-z]; 過去・過分 dealt[délt デルト]; 現分 dealing)
― 他 ❶ …を分配する, 分ける
- We *dealt* (out) bread *to* the children.
私たちは子どもたちにパンを配った.

❷ (人に打撃など)を与える, 加える
- Sam *dealt* Jack a sudden blow.
サムはジャックにいきなりなぐった.

― 自 (トランプの札を)配る

***deal in ...*** (商品)を扱う, …の商売をする
- The store *deals in* shoes.
その店は靴を売っている.

***deal with ...*** (問題・人など)に対処する, 処理する; …と取り引きする
- He was *dealing with* a difficult problem.
彼は難しい問題に取り組んでいた.

― 名 (複 deals[-z]) C ❶ 取り引き; 取り扱い
❷ (トランプの札の)配分, 配る番
- It's your *deal*. 君が配る番だ.

***big deal*** 大したこと[物, 人]
- It's not a *big deal*. 大したことではない.

***It's a deal.*** それで決まりだ.
派生語 dealer 名

**dealer** B1 [dí:lər ディーラァ] 名 C ❶ 販売人, 商人, …商, …業者; (為替の)ディーラー
- a car *dealer* 自動車販売業者
❷ (トランプの札の)配り手, 親

**dealt** [délt デルト] 動 deal²(分配する; 配る)の過去形・過去分詞

***dear*** 4級 A1 [díər ディア] (★同音 deer 鹿)

形 ❶ 親愛なる
　❷ いとしい; 大切な
　❸ 《主に⊛》高価な
名 ❶ 大切な人
　❷ いい子
　❸ ねえ, あなた
間 まあ., あら

ー形 (比較 dearer; 最上 dearest) ❶ (手紙の書き出しとして)**親愛なる…**, 拝啓(はいけい), …様
- *Dear* Ms. Brown, ブラウン様
- My *dear* friend, 親愛なる友へ

**ここがポイント! dearの使い方**

dearの後には, 姓(せい)か名のいずれか一方をつけます.
- *Dear* Mr. White, 姓(▶改まった場合)(親愛なる)ホワイト様
- *Dear* Mike, 名(▶親しい間柄(あいだがら)で)(親愛なる)マイクへ

会社や団体あての事務的な手紙では, 担当者名がわからないときは, Dear Sir or Madameなどと書かれることがありますが, 現在では性差のある言い方ではなく, Dear Accounting Department(経理部御中)やDear General Manager of Sales Department(営業部長様)などの言い方もされます.

❷ いとしい, かわいい; 大切な (▶形式ばった語)
- my *dear* daughter 私のいとしい娘(むすめ)
- His parents are very *dear to* him. 両親は彼にとってとても大切だ.

❸《主に⊛》高価な(=expensive, ⇔cheap 安い)

ー名 (複 dears[-z]) C ❶ 大切な人, いとしい[かわいい]人

❷ いい子
- That's a *dear*! (頼み事などをきいてくれて)いい子ね.

❸ ねえ, あなた (▶夫婦(ふうふ)や恋人(こいびと), また子どもなどに対する親しさを表す呼びかけ)
- Come with me, my *dear*. ねえ, いっしょに来て.

ー間 まあ., あら (▶驚(おどろ)き・失望・困惑(こんわく)・同情などを表す)
- Oh *dear*! Your clothes are muddy. まあ！あなたの服は泥(どろ)だらけね.
- *Dear* me! まあ. (どうしましょう)

## death 準2級 A2 [déθ デス]
名 (複 deaths[-s]) U 死(⇔life 生命); C 死亡(⇔birth 誕生); 死亡者
- his dog's *death* = the *death* of his dog 彼の愛犬の死
- die a natural *death* 寿命(じゅみょう)が来て死ぬ
- The accident caused many *deaths*. その事故は多数の死者を出した.

***to death*** 死に至るまで; 死ぬほど, ひどく
- bleed *to death* 出血多量で死ぬ
- She was tired *to death*. 彼女は死ぬほど疲(つか)れていた.

派生語 dead 形副名

## debate 準2級 A2 [dibéit ディベイト]
ー動 ー自 討論する, 討議する
- They will *debate on* [*over, about*] the problem. 彼らはその問題を討議するだろう.
　ー他 ❶ …を討論する, 討議する ❷ …を熟考する, よく考える, 検討する
ー名 ❶ U|C 討論, 討議
　❷ C 討論会, ディベート
- a TV *debate* テレビ討論会

## debt B1 [dét デット] (★このbは発音しない) 名 U|C
借金; 借金をしている状態
- He paid his *debt*. 彼は借金を支払(はら)った.
- I am in *debt* to her for thirty thousand yen. 私は彼女に3万円の借金がある.

***fall [get, run] into debt*** 借金をする
***get out of debt*** 借金をなくす

## debut [débju: デビュー] (★このtは発音しない) (▶débutともつづる) 名 C 初舞台(ぶたい), 初出演, デビュー (▶フランス語から)

## Dec. December(12月)の略

## decade B2 [dékeid デケイド, dekéid デケイド] 名 C 10年間
- for the last *decade* ここ10年間
- several *decades* ago 数十年前

## decay B2 [dikéi ディケイ]
ー動 ー自 ❶ 腐(くさ)る, 朽(く)ちる(=rot); 衰(おとろ)える
　❷ (建物・場所などが)衰退(すいたい)する, 寂(さび)れる
ー名 U 腐敗(ふはい); 衰え

## deceive B2 [disí:v ディスィーヴ] 動 他 …を欺(あざむ)く, だます

# *December 5級 A1
[disémbər ディセンバァ] (★アクセント位置に注意)

名 12月 (▶常に大文字で書き始める. Dec.と略す. 詳(くわ)しい使い方は → January ポイント!)
- *in December* 12月に
- *on December 10* 12月10日に(▶特定の日を表す場合はonを用いる. December 10はDecember (the) tenthと読む. ⊛ではDecember tenとも読む)
- My father went to France last *December*. 父は去年の12月にフランスへ行った. (▶this, last, next, everyなどがつくときは前置詞をつ

けない)

**decent** B2 [díːsənt ディースント] 形 ❶まともな, 悪くない, まあまあの
- "*decent* work and economic growth"
「働きがいも経済成長も」(▶国連で採択(さい)されたSDGs(持続可能な開発目標)の8番目の目標)

❷(言葉・行いなどが)上品な, 礼儀(れいぎ)正しい; (服装が)きちんとした ❸《話》親切な(= kind)

# decide 準2級 A2 [disáid ディサイド]

動 (三単現 decides[-dz -ヅ]; 過去・過分 decided[-id]; 現分 deciding)
— 他 ❶ …を決める;《decide to+〈動詞の原形〉》または《decide that ... で》…することに決める,…しようと決心する
- Jill *decided to* be a pilot. = Jill *decided that* she would be a pilot.
ジルはパイロットになろうと決心した.
- He *decided* not *to* go on a trip.
彼は旅行に行かないことにした.

❷(物事が)…を決定づける;(問題・事件など)を解決する
- Her penalty kick *decided* the game. 彼女のPK(ペナルティーキック)が試合を決めた.

— 自 決める

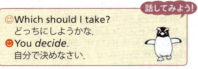

話してみよう!
☺Which should I take?
どっちにしようかな.
😃You *decide*.
自分で決めなさい.

**decide on [upon] ...** …(すること)に決める
- He *decided on* (buying) the jacket.
彼はその上着(を買うこと)に決めた.

派生語 decision 名

**decimal** [désəməl デサマル] 形 少数の; 10進法の
- a *decimal* point 小数点

**decision** 2級 B1 [disíʒən ディスィジョン]
名 U C 決定; 決心; 解決; U 決断力
- make [give] a *decision* 決める, 決定する
- come to [arrive at, reach] a *decision*
結論に達する

**deck** B2 [dék デック] 名 C ❶デッキ, 甲板(かんぱん); (電車・バスの)床(ゆか), 階 ❷《主に米》(一組の)トランプ

**deckchair, deck chair** [déktʃeər デックチェア] 名 C デッキチェア(▶浜辺(はまべ)などで使う折りたたみいす)

**declaration** B1 [dèkləréiʃən デクラレイション]
名 ❶ U C 宣言, 布告
- make a *declaration* of war against that nation その国に対して宣戦布告する

❷ U C (税関への)申告; C 申告書

**Declaration of Independence**
[dèkləréiʃən əv indipéndəns デクラレイション アヴ インディペンダンス] 名《the Declaration of Independence で》アメリカ合衆国独立宣言(▶1776年7月4日, 東部の13の植民地が英国からの独立を決議した宣言. 第3代大統領となるトーマス・ジェファーソンが起草)

**declare** B1 [dikléər ディクレア] 動 他 ❶ …を宣言する, 布告する
- *declare* war against [on, upon] the country その国に対して宣戦布告する

❷(…と)断言する, はっきり言う(▶書き言葉で用いる)
- He *declared* that he was right.
彼は自分は正しいと断言した.

❸(税務署・税関に)…を申告する, 申し立てる
- Do you have anything to *declare*?
申告する物[課税品]はありますか. (▶税関で)

派生語 declaration 名

**decline** 2級 B1 [dikláin ディクライン]
— 動 — 自 ❶ 衰(おとろ)える, 低下する
- The birth rate is *declining* year by year.
出生率は年々低下している.

❷ていねいに断る
— 他 …をていねいに断る, 辞退する(▶書き言葉で用いる)(⇔ accept …を受け入れる)
- Sarah *declined* the invitation to the meeting.
サラはその会合への招待をていねいに断った.

— 名 U C 衰え, 衰退(すいたい); 低下, 下落

**decorate** B2 [dékərèit デコレイト](★アクセント位置に注意) 動 他 (部屋・建物など)を飾(かざ)る, 装飾(そうしょく)する
- The room was *decorated with* beautiful flowers. その部屋は美しい花で飾られていた.

派生語 decoration 名

**decoration** B2 [dèkəréiʃən デコレイション]
名 U 装飾(そうしょく), 飾(かざ)りつけ;《decorations で》飾りつけられた物, 飾り(▶「デコレーションケーキ」は fancy cake)
- Christmas *decorations* クリスマスの飾り

**decrease** 2級 B1 (★動と名でアクセント位置が異なる)
— 動 [dikríːs ディクリース]
— 自 減少する, 下落する(⇔ increase 増加する)
- The members *decreased* to twenty.
会員は20人に減った.
— 他 …を減少させる
- The bus *decreased* its speed.
バスは速度を落とした.
— 名 [díːkriːs ディークリース] U C 減少(⇔ increase 増加)

- a *decrease* in population 人口の減少

**dedicate** B1 [dédikeit デディケイト] 動 他 (時間・労力など)を(…に)ささげる

**deed** B1 [di:d ディード] 名 C 行い, 行為(こう)(=act)
- a good *deed* 善行, りっぱな行い

# deep 準2級 A2 [di:p ディープ]

(比較 deeper; 最上 deepest)

—形 ❶ 深い(⇔shallow 浅い); 深さが…の

deep

shallow

- a *deep* hole in the ground 地面の深い穴
- That lake is very *deep*. あの湖は非常に深い.

> 話してみよう!
> ☺How *deep* is the swimming pool?
> そのプールの深さはどのくらいですか.
> ☻It's one meter *deep*.
> 深さ1メートルです.

❷ 深く感じる, 心からの; (学問などが)深遠な
- *deep* sorrow 深い悲しみ
- *deep* gratitude 心からの感謝

❸ (色が)濃(こ)い(⇔light 形 薄(うす)い); (声・音などが)太くて低い
- *deep* blue [purple] 濃紺(のうこん)[濃い紫(むらさき)]
- in a *deep* voice 太くて低い声で

❹ 《be deep in ... で》…に没頭(ぼっとう)している, 夢中になっている
- She *was* always *deep in* thought.
彼女はいつも物思いにふけっていた.

—副 深く, 深い所に → deeply くらべて!
- Jack dug *deep* into the earth.
ジャックは地面を深く掘(ほ)った.
- They went *deep* into the forest.
彼らは森の奥(おく)深くへ分け入った.

*deep down* 奥深く; 心の底では
派生語 deeply 副, depth 名

**deep-fry** [di:pfrái ディープフライ] 動 (三単現 deep-fries[-z]; 過去過分 deep-fried[-d]) 他 …をたっぷりの油で揚(あ)げる → cook 図

**deeply** 準2級 A2 [di:pli ディープリィ] 副 深く; (色が)濃(こ)く; (音・声が)低く, 太く; 非常に; 徹底(てってい)的に
- I was *deeply* disappointed.
ぼくは非常にがっかりした.

### くらべてみよう! deep と deeply

**deep**: dive *deep* into the sea(海に深く潜(もぐ)る)のように, 実際の距離(きょり)的な「深さ」について使います.

**deeply**: 実際の「深さ」についても使われますが, be *deeply* moved(深く感動する)のように, 主に比ゆ的な意味で使います.

# deer B2 [díər ディア] (★同音 dear 親愛なる)
名 (複 deer)(▶単複同形) C 〖動物〗鹿(しか)
- a lot of *deer* たくさんの鹿

**defeat** B1 [difí:t ディフィート]
—動 他 ❶ (敵・競争相手)を破る, 負かす(=beat)
- I *defeated* him at chess.
私はチェスで彼を負かした.
❷ (計画・希望など)を駄目(だめ)にする, くじく
- All her hopes were *defeated*.
彼女のすべての希望はくじかれた.
—名 U C 敗北, 負けること(⇔victory 勝利); 負かすこと

**defect** [dí:fekt ディーフェクト] 名 C 欠陥(けっかん), 欠点, 短所(=fault)

**defend** B1 [difénd ディフェンド] 動 他 ❶ …を防ぐ, 守る(=guard)
- The bodyguard *defended* his client *from* [*against*] danger.
ボディーガードは依頼(いらい)人を危険から守った.
❷ …を弁護する
派生語 defense 名, defensive 形 名

**defense** B1 [diféns ディフェンス] (▶ 英 では defenceとつづる) 名 ❶ U 防ぐこと, 防御(ぼうぎょ), 守備(⇔attack, offense 攻撃(こうげき))
- They fought *in defense of* their country.
彼らは国を守るために戦った.
- Offense is the best *defense*.
〖ことわざ〗攻撃は最良の防御.
❷ C 防御物, 防御設備 ❸ C 弁護 ❹ U (競技の)守備, ディフェンス; C 守備の選手[チーム]

**defensive** [difénsiv ディフェンスィヴ]
—形 防御(ぼうぎょ)の, 防衛の; 自己防衛的な(⇔offensive 攻撃(こうげき)の)
—名 U 防衛, 守勢

**define** B1 [difáin ディファイン] 動 他 ❶ …を定義する, 明示する
- Words are *defined* in dictionaries.
語は辞書に定義されている.
❷ …を限定する, …の境界を定める

**definite** B1 [défənit デファニット] 形 ❶ 限定された, 一定の(⇔indefinite 不定の)
- the *definite* article

### definitely

『文法』定冠詞(%し)(▶theのこと)
❷明確な,はっきりした(=clear,⇔indefinite あいまいな)
- a *definite* answer 明確な答え

派生語 definitely 副, definition 名

### definitely 2級 B1 [défənitli デファニットゥリィ]
副 明確に(=clearly);《話》(返事として)確かに,もちろん(=certainly)

### definition 2級 B1 [dèfəníʃən デファニション]
名 C (語句の)定義;(辞書の)語義

### deforest [di:fɔ́:rist ディーフォーリスト] 動
他 (場所)の森林を伐採(%)する
- This area is *deforested*.
この地域の森林は伐採されている.

### deforestation B2 [di:fɔ̀:ristéiʃən ディーフォーレステイション] 名 U 山林伐採(%), 森林破壊

## degree 準2級 A2

[digri: ディグリー](★アクセント位置に注意)

名 (複 degrees[-z]) ❶ C (角度・温度などの)度
- The thermometer shows forty *degrees* centigrade [Fahrenheit].
温度計はセ氏[カ氏]40度を示している.

これ、知ってる? **セ氏とカ氏**

米国では温度はふつうカ氏で表します.
- The freezing point of water is 32 *degrees* Fahrenheit.
氷点はカ氏32度だ.

英国ではセ氏もカ氏も使われます.また、0度はzero degreesと複数形にします.
また、セ氏は下のようにカ氏にすることができます.

[℃(セ氏)] 30℃
thirty degrees centigrade [Celsius]

↓

[℉(カ氏)] 86℉
eighty-six degrees Fahrenheit

セ氏(による温度)×9÷5+32
=カ氏(による温度)

❷ C U 程度, 段階, レベル
- a certain *degree* of skill ある程度の技術
- in some *degree* いくぶん, ある程度
❸ C 学位, 称号(とう)
- a *degree* in politics 政治学の学位

***by degrees*** 徐々に, ゆっくりと
***to a degree, to some degree, to a certain degree*** 少しは, 部分的には

### Delaware [déləwèər デラウェア] 名 デラウェア
(▶米国東部の州.州都はドーバー(Dover).郵便略語はDE)

### delay 準2級 A2 [diléi ディレィ]
─ 動 ─ 他 ❶ …を延期する, 延ばす(=put off, postpone)
- They *delayed* the conference for three weeks. 彼らは会議を3週間延期した.
❷ …を遅(*)らせる
- Heavy rain *delayed* the train.
大雨で電車が遅れた.
─ 自 遅れる, ぐずぐずする
─ 名 U C 遅れること;延期

***without delay*** ぐずぐずしないで, すぐに
- Do it *without delay*.
すぐにそれをやりなさい.

### delegate B2 [déligət デリガット] 名 C (政治的会議などの)代表者

### delete B1 [dilí:t ディリート] 動 他 (文字など)を消す, 削除(%)する
- *delete* the file *from* the computer
ファイルをコンピュータから削除する

### Delhi [déli デリィ] 名 デリー(▶インド北部の都市.町の南側の新市街ニュー・デリーに首都が置かれている)

### deli [déli デリィ] 名《話》C 総菜店;U 総菜(▶delicatessenの短縮形)

### delicacy B2 [délikəsi デリカスィ](★アクセント位置に注意) 名 (複 delicacies[-z]) ❶ U 繊細(%)さ;微妙(%;う)さ;思いやり ❷ C 珍味(%ん), 美味, ごちそう

### delicate B1 [délikət デリカット](★「デリケート」でないことに注意) 形 ❶ 優美な, 繊細(%)な, 上品な(=fine)
- *delicate* features 上品な顔だち
❷ (体が)か弱い, きゃしゃな;壊(*)れやすい
- a *delicate* vase 壊れやすい花瓶(%ん)
- He is in *delicate* condition.
彼は体が弱っている.
❸ 取り扱(%っ)いにくい, 微妙(%;う)な
- a *delicate* problem 微妙な問題

派生語 delicacy 名

### delicatessen [dèlikətésn デリカテッスン] 名 C デリカテッセン, 総菜店;U 総菜(▶ドイツ語から.《話》ではdeliとも言う)

## delicious 5級 A1
[díliʃəs ディリシャス] (★アクセント位置に注意)
形 (比較 more delicious; 最上 most delicious) **とてもおいしい**, 香(か)りのよい (=tasty); 楽しい, 快い, 気持ちのよい
- a *delicious* meal とてもおいしい食事
- Today's lunch looks *delicious*. きょうのランチはおいしそうだ.
- Everything was *delicious*. ごちそうさまでした. (←みんなおいしかった)

## delight B1 [diláit ディライト] (★このghは発音しない)
— 動 他 (人)を大いに喜ばせる, とても楽しませる; 《be delighted で》とてもうれしく思う
- Her success *delighted* her family. 彼女の成功は家族を喜ばせた.
- His sister *was delighted with* [*by*] his present. 彼の妹[姉]は彼のプレゼントに大喜びした.
- I'*m delighted to* go to the party. 喜んでパーティーに行きます.
— 名 U 歓喜, うれしさ; C 楽しみ
- The girl opened the box *with* [*in*] *delight*. 少女は喜んで箱を開けた.
派生語 delighted 形, delightful 形

## delighted B1 [diláitid ディライティド]
— 動 delight (大いに喜ばせる)の過去形・過去分詞
— 形 …を喜んで[楽しんで]いる

## delightful B1 [diláitfəl ディライトフル] (★このghは発音しない) 形 (物・事が)とても楽しい, うれしい; (人が)愉快(ゆかい)な
- They had a *delightful* vacation. 彼らはとても楽しい休暇(きゅうか)をすごした.

## deliver 2級 B1 [dilívər ディリヴァ] 動 他 ❶ (手紙・品物など)を配達する, 届ける; …を引き渡(わた)す
- *deliver* mail [a package] 郵便物[小包]を配達する
❷ (意見など)を述べる, 演説する
- *deliver* a speech 演説する
派生語 delivery 名

## delivery 2級 B1 [dilívəri ディリヴ(ァ)リィ]
名 (複 deliveries[-z]) U C 配達; C 配達物; U 話しぶり
- a *delivery* person 配達人
- a home *delivery* service 宅配便

## delta [déltə デルタ] 名 C 三角州(す), デルタ

## demand 2級 B1 [dimǽnd ディマンド | dimá:nd ディマーンド]
— 名 C 要求, 請求; U 需要(じゅよう) (⇔supply 供給)
- the law of supply and *demand* 需要と供給の法則 (►日本語と英語で語順が逆)
- make a *demand for* higher wages 賃上げ要求をする
- Healthy foods are *in* great *demand*. 健康食品の需要は大きい.
— 動 他 ❶ (有無を言わさず)…を要求する
- She *demanded that* I (should) pay the bill. 彼女は私にお金を払(はら)うよう要求した.
❷ (物・事が)…を必要とする
- Computers *demand* practice and skill. コンピュータを使うには練習と技能が必要だ.

## demerit [di:mérit ディーメリット]
名 C 欠点, 短所 (⇔merit 長所)

## demo [démou デモゥ] 名 (複 demos[-z]) C 《話》デモ (►demonstration の短縮形)

## democracy B1 [dimákrəsi ディマクラスィ | dimɔ́k- ディモク-] (★アクセント位置に注意) 名 (複 democracies[-z]) ❶ U 民主主義; 民主政治
- direct [representative] *democracy* 直接[代表]民主制
❷ C 民主(主義)国家
派生語 democrat 名, democratic 形

## democrat [déməkræt デマクラット] (★アクセント位置に注意) 名 C 民主主義者; 《Democrat で》⦅米⦆民主党員

## democratic B1 [dèməkrǽtik デマクラティック] (★アクセント位置に注意) 形 民主主義の, 民主的な; 《Democratic で》⦅米⦆民主党の (►「共和党の」は Republican)
- a *democratic* country 民主国家

## Democratic Party [deməkrǽtik pá:rti デマクラティック パーティ] 名 《the Democratic Party で》民主党 (►米国の政党の1つ. the Republican Party 共和党とともに2大政党を成す)

## demon 3級 [dí:mən ディーマン] 名 C 悪魔(あくま), 鬼

## demonstrate B1 [démənstreit デマンストゥレイト]
(★アクセント位置に注意) 動
— 他 ❶ (理論・実例で)…を証明する
- Can you *demonstrate that* your theory is correct? あなたは自分の説が正しいことを証明できますか.
❷ (技術など)を実演してみせる
- They *demonstrated how* to use the computer. 彼らはそのコンピュータの使い方を実演してみせた.
— 自 デモをする
- We *demonstrated against* the bill. 私たちはその法案に反対してデモを行った.
派生語 demonstration 名

## demonstration B1 [dèmənstréiʃən デマンス

トゥレイション] 名 U C 証明; 実演; C デモ(▶《話》ではdemoとも言う)
- She gave a *demonstration* of the machine.
彼女はその機械の実演をした.

**Denali** [dɑ́nɑ́ːli ダナーリ] 名 デナリ(▶マッキンリー山(McKinley)の正式名称(ぬぃ). 米国アラスカ州中南部にある北米最高峰(ほぅ))

**Denmark** 2級 [dénmɑːrk デンマーク] 名 デンマーク(▶ヨーロッパ北部の王国. 首都はコペンハーゲン(Copenhagen))
派生語 Danish 形 名

**dense** B2 [déns デンス] 形 密集した;(木などが)密生した;(霧(きり)が)濃(こ)い(=thick)
- a *dense* population 密集した人口
- a *dense* fog 濃霧(のう)

**dental** B2 [déntl デントゥル] 形 歯の; 歯科の
- a *dental* office 歯科医院

# dentist 準2級 A2 [déntist デンティスト]
名(複 dentists[-ts -ツ]) C 歯科医
- go to the *dentist* [*dentist*'s]
歯医者に(治療(りょう)に)行く(▶dentist'sはdentist's officeの略)
- see a *dentist* 歯医者に診(み)てもらう

**Denver** [dénvər デンヴァ] 名 デンバー(▶米国コロラド州(Colorado)の州都)

**deny** B1 [dinái ディナイ] 動(三単現 denies[-z]; 過去・過分 denied[-d]) 他 …を否定する, 否認する, …ではないと言う(⇔admit 認める)
- Nobody can *deny* the fact.
だれもその事実を否定することはできない.
- He *denied* that he went there. = He *denied* going there.
彼はそこへ行ったことを否定した.

**depart** B1 [dipáːrt ディパート] 動 自 出発する(=start, ⇔arrive 到着(ちゃく)する)
- The train for Shinjuku *departs from* platform 3.
新宿行きの電車は3番線から発車する.
派生語 department 名, departure 名

**department** 2級 B1 [dipáːrtmənt ディパートゥマント] 名 C ❶(会社などの)部門;(商品別の)売り場
- the accounting *department* 経理部
- the furniture *department* 家具売り場
❷ 《米》省;(官庁などの)局, 部, 課
- the *Department* of State =the State *Department*(米国の)国務省(▶日本の外務省に相当)
❸(大学の)学部, 学科
- the *department* of literature 文学部

# department store
準2級 A2 [dipáːrtmənt stɔ́ːr ディパートゥマント ストア] 名(複 department stores[-z]) C デパート, 百貨店(▶departmentは各々(おのおの)の「売り場」を表す)
- I went shopping at a *department store*.
デパートに買い物に行った.

**departure** B1 [dipáːrtʃər ディパーチャァ] 名 C U 出発, 発車(⇔arrival 到着(ちゃく))
- the *departure* time = the time of *departure* 発車[出発]時刻

出発便の情報を示す空港の案内板(英国)

# depend 準2級 A2 [dipénd ディペンド]
動(三単現 depends[-dz -ヅ]; 過去・過分 depended[-id]; 現分 depending) 自 ❶《depend on [upon] ...で》…に頼(たよ)る, …を当てにする, 信頼(らい)する, 依存(ぞん)する
- Japan *depends on* the Middle East *for* oil. 日本は石油を中東に頼っている.
❷《depend on [upon] ...で》…による, …次第(しだい)である, …にかかっている
- The future *depends on* what we do in the present. 未来は現在の我々の行動にかかっている.(▶ガンジー(Gandhi)の言葉)

*That*(*all*) *depends.* = *It all depends.*
《話》それは時と場合による., はっきりと言えない.
派生語 dependent 形

**dependent** B1 [dipéndənt ディペンダント] 形 ❶(経済的に…に)頼(たよ)っている, 依存(ぞん)している(⇔independent 独立した)
- Japan is *dependent on* other countries *for* its natural resources.
日本は天然資源を他国に依存している.
❷ …に左右される, …次第(しだい)である
- Their trip is *dependent on* the weather.
彼らの旅行は天気次第だ.

**deposit** B1 [dipázit ディパズィット | -pózit -ポズィット]
— 名 ❶ C 預金, 積立(つみたて)金; 手付金, 頭金; 保証金,

敷金(しき)
❷ⒸⓊ 堆積(たいせき)物, 埋蔵(まいぞう)物
・oil *deposit* 石油の埋蔵(量)
━動⑩ ❶(銀行に金)を預ける, (ある金額)を預金する
・*deposit* money *in* a bank 銀行に預金する
❷…を手付金[頭金]として払(はら)う
❸…を堆積させる, 沈殿(ちんでん)させる

**depress** [diprés ディプレス] 動⑩ …を落胆(らくたん)させる, 悲しくさせる; …を弱める; …を下に押す

**depressed** B1 [diprést ディプレスト] 形 落胆(らくたん)した; 不景気の

**depression** B1 [dipréʃən ディプレッション] 名 ❶ⓊⒸ 憂(ゆう)うつ, 意気消沈(しょうちん) ❷Ⓒ 不景気, 不況(ふきょう) ❸Ⓒ 低気圧

**deprive** B1 [dipráiv ディプライヴ] 動⑩ 《deprive+〈人〉+of ...で》(人)から…を奪(うば)う, 取り上げる

**dept.** department(部門)の略

**depth** B1 [dépθ デプス] 名ⓊⒸ ❶深さ, 深度
・The *depth* of the pond is twenty feet.
 =The pond is twenty feet deep.
池の深さは20フィートだ. (▶1 footは約30 cm → foot❷)
❷(建物・家具などの)奥(おく)行き

❸《the depthまたはthe depthsで》深い所, 奥, 底; 真っ最中
・*the depth* [*depths*] of the ocean
海の深い所

**derive** B1 [diráiv ディライヴ] 動
━⑩ ❶…を引き出す, 得る(▶形式ばった言い方)(=get)
・Mary *derives* pleasure *from* the fine arts. メアリーは美術から楽しみを得ている.
❷《be derived from ...で》…に由来する
・This word *is derived from* Arabic.
この単語はアラビア語に由来する.
━⾃(…に)由来する

**describe** 3級 A1 [diskráib ディスクライブ] 動⑩ (言葉などで)…を描写(びょうしゃ)する; (出来事がどうであったか)を述べる
・Words can't *describe* my feelings.
言葉で私の気持ちを表現することはできない.

派生語 description 名

**description** 準2級 A2 [diskrípʃən ディスクリプション] 名ⒸⓊ 描写(びょうしゃ), 記述; 説明
・She gave a detailed *description* of the race. 彼女はそのレースを詳(くわ)しく説明した.
*beyond* [*past*] *description* 言葉で言い表せないほど
・I found the movie exciting *beyond description*.
私はその映画は言葉で表現できないほどおもしろいと思った.

**desert**¹ 準2級 A2 [dézərt デザート] (★アクセント位置に注意)
━名ⒸⓊ 砂漠(さばく); 荒野(こうや), 不毛の土地
・the Gobi *Desert* ゴビ砂漠
━形 砂漠の; 人の住まない; 不毛の
・a *desert* island 無人島
派生語 desertification 名

**desert**² [dizə́ːrt ディザート] (★アクセント位置に注意. 同音dessert デザート) 動
━⑩ ❶(家族・故郷など)を捨てる, 見捨てる
❷(職務など)を放棄(ほうき)する
━⾃(…から)脱走(だっそう)する

**deserted** [dizə́ːrtid ディザーティッド] 形 人の住まない, さびれた; 見捨てられた

**desertification** [dizə̀ːrtəfikéiʃən ディザータフィケイション] 名Ⓤ 砂漠(さばく)化

**deserve** B1 [dizə́ːrv ディザーヴ] 動⑩ (賞・罰(ばつ))を受ける値打ちがある, …に値(あたい)する
・They *deserve to* be praised.
 =They *deserve* praise. 彼らは賞賛に値する.

# design 3級 A1

[dizáin ディザイン] (★このgは発音しない)
━名(複 designs[-z]) ❶ⒸⓊ **デザイン**, 図案, 模様
・a school of *design* デザイン学校
❷Ⓒ 設計図, 見取り図; 計画
━動(三単現 designs[-z]; 過去・過分 designed[-d]; 現分 designing)
━⑩ …をデザインする; …を設計する; …を計画する
・He *designed* a new school building.
彼は新校舎を設計した.
━⾃ デザインをする; 設計する; 計画する
派生語 designer 名

**designer** 2級 B1 [dizáinər ディザイナァ] (★このgは発音しない) 名Ⓒ 設計者; (衣服などの)デザイナー
・a fashion *designer* ファッションデザイナー

**desirable** B2 [dizáiərəbl ディザイ(ア)ラブル] 形 望ましい, 好ましい

# desire

## desire B1 [dizáiər ディザイア]
- 名 (複 desires[-z]) C U (強い)**望み**, 願望, 願い, 欲望
  - a *desire for* happiness 幸福への願い
  - She has a *desire of* becoming an actor.
    = She has a *desire to* become an actor.
    彼女は俳優になりたいと思っている.
- 動 (三単現 desires[-z]; 過去・過分 desired[-d]; 現分 desiring) 他 **…を強く望む**, 切望する, 願う (▶wantの形式ばった言い方; 進行形にしない)
  - People all over the world *desire* peace.
    世界じゅうの人々が平和を強く望んでいる.
  派生語 desirable 形

## *desk 5級 A1 [désk デスク]
名 (複 desks[-s]) C ❶ **机**
- a *desk* lamp 卓上(たくじょう)スタンド
- My mother is at the [her] *desk*.
  母は机で仕事をしている.

> くらべてみよう！ desk と table
> desk: ふつう引き出しつきで勉強や事務用.
> table: 食事や会議, ゲームなどに使う.

 desk   table

❷ 受付, フロント
- an information *desk* 案内所, 受付
- Please check in at the reception *desk*.
  フロントでチェックインしてください.

## desktop B2 [désktɑ́p デスクタップ | -tɔ́p -トップ]
- 名 C デスクトップコンピュータ(= desktop computer) → computer 図
- 形 〖コンピュータ〗デスクトップの

## despair B1 [dispéər ディスペア]
- 動 自 絶望する, あきらめる
  - I *despaired of* finding my cat.
    私は飼い猫(ねこ)を見つけることをあきらめた.
- 名 U 絶望, 落胆(らくたん)(⇔hope 希望)
  - I was *in despair*.
    私は絶望していた.

## desperate B1 [déspərət デスパラット] 形 ❶ 絶望的な(= hopeless)
- He is in a *desperate* situation.
  彼は絶望的な状態にある.

❷ 必死の, 命がけの; 破れかぶれの
- *desperate* efforts 必死の努力

❸ …がほしくて[したくて]たまらない
- I am *desperate for* a new watch.
  私は新しい時計がほしくてたまらない.
派生語 desperately 副

## desperately B2 [déspərətli デスパラットゥリィ]
副 絶望的に; 必死に; ひどく

## despise B2 [dispáiz ディスパイズ] 動 他 …を軽べつする, ひどく嫌う

## despite 2級 B1 [dispáit ディスパイト] 前 …にもかかわらず(= in spite of)
- *Despite* the heavy snow, the train arrived on time. 大雪にもかかわらず, 電車は時間通りに到着(とうちゃく)した.

## dessert 準2級 A2 [dizə́ːrt ディザート] (★ssのつづりに注意. 同音 desert² 捨てる) 名 U C デザート(▶食後の菓子(かし)・果物など)

## destination 2級 B1 [dèstənéiʃən デスタネイション] 名 C (旅行などの)行き先, 目的地; (手紙・荷物などの)あて先, 届け先

## destiny B2 [déstəni デスタニィ] 名 (複 destinies[-z]) U C 運命, 宿命(= fate)

## destroy 準2級 A2 [distrɔ́i ディストゥロイ]
動 (三単現 destroys[-z]; 過去・過分 destroyed[-d]; 現分 destroying) 他 ❶ …を破壊(はかい)する, 壊(こわ)す(⇔construct 建造する); …を滅(ほろ)ぼす
- The earthquake *destroyed* the town.
  地震(じしん)はその町を破壊した.

❷ (計画など)をくじく
派生語 destruction 名, destructive 形

## destruction B1 [distrʌ́kʃən ディストゥラクション] 名 U 破壊(はかい), 破滅(はめつ); 滅亡(めつぼう)(⇔construction 建設)

## destructive B1 [distrʌ́ktiv ディストゥラクティヴ] 形 破壊(はかい)的な(⇔constructive 建設的な); 有害な(= harmful)

## detail 準2級 A2 [díːteil ディーテイル] 名 C 細かい部分, 細部; 《detailsで》詳細(しょうさい)
- Please tell me the *details* of the incident.
  事件の詳細を話してください.

*in detail* 詳細に, 詳(くわ)しく
- There was no time to explain *in detail*.
  詳しく説明する時間がなかった.
派生語 detailed 形

## detailed B2 [díːteild ディーテイルド] 形 詳細(しょうさい)にわたる, 詳(くわ)しい

## detect B2 [ditékt ディテクト] 動 他 …を見つける, 発見する
- The doctor *detected* her breast cancer.
  医者は彼女の乳がんを発見した.
派生語 detection 名

## detection [ditékʃən ディテクション] 名 U 発見;

探知
**detective** 2級 B1 [ditéktiv ディテクティヴ]
ー名 C 探偵；刑事
ー形 探偵の；刑事の
- a *detective* story 探偵[推理]小説

**detergent** [ditə́ːrdʒənt ディターヂャント] 名 U
C (粉末または液体の)洗剤

**determination** B1 [ditə̀ːrmənéiʃən ディターマネイション] 名 U 決心, 決断力；U C 決定, 決断

**determine** B1 [ditə́ːrmin ディターミン] 動 他
(►decideより形式ばった語)…を決める；
《determine to+〈動詞の原形〉で》…する決心をする
派生語 determination 名, determined 形

**determined** B1 [ditə́ːrmind ディターミンド] 形
決心している, 断固とした, 揺るがない
- He is *determined to* do his best.
彼は最善を尽くす決心でいる.

**Detroit** [ditrɔ́it ディトゥロイト] 名 デトロイト(►米国ミシガン州の都市. 自動車産業の中心地)

**deuce** [djúːs ドゥース | djúːs デュース] 名 U (テニス・バレーボールなどの)デュース

# develop 準2級 A2

[divéləp ディヴェラップ]

動(三単現 develops [-s]；過去・過分 developed [-t]；現分 developing)
ー他 ❶ …を発達[発展]させる；…を開発する
- *develop* a new computer program
新しいコンピュータプログラムを開発する
- She *developed* her muscles by exercising.
彼女は運動で筋肉を発達させた.

❷ 〖写真〗(フィルム)を現像する
ー自 発達[発展]する
- Mark *developed into* a nice man.
マークはすてきな男性に成長した.
派生語 developed 形, developing 形, development 名

**developed** 準2級 A2 [divéləpt ディヴェラップト]
形 先進の；発達した, 発展した
- *developed* countries 先進国

**developing** B2 [divéləpiŋ ディヴェラッピング]
形 発展途上の
- *developing* countries 発展途上国

**development** 2級 B1 [divéləpmənt ディヴェラップマント] 名 ❶ U 発達, 発育；発展；U C (科学・技術などの)進歩, 発達 ❷ U (土地などの)開発 ❸ U C (写真フィルムの)現像

**device** 2級 B1 [diváis ディヴァイス] 名 C 仕掛け, 装置；くふう；〖コンピュータ〗デバイス
- a safety *device* 安全装置

**devil** B2 [dévəl デヴァル] 名 C ❶ 悪魔, 魔物
- Speak of the *devil*, here he is.
(諺) うわさをすれば影が差す. (⇔悪魔の話をすれば悪魔が現れる)

❷《the Devilで》魔王, サタン(=Satan)

**devise** [diváiz ディヴァイズ] 動 他 …をくふうする, 考案する；…を発明する

**devote** B2 [divóut ディヴォウト] 動 他 ❶ (人生・労力・時間など)をささげる, 充てる
- He *devoted* his life *to* the study of sleep.
彼は睡眠の研究に一生をささげた.

❷《be devoted to ...で》…に専念する, 没頭する
- She *is devoted to* music.
彼女は音楽に没頭している.
派生語 devotion 名

**devotion** B1 [divóutʃən ディヴォウション] 名 U
深い愛情, 献身；専念, 没頭

**dew** [djúː ドゥー | djúː デュー] (★同音 due …する予定で) 名 U 露, しずく

**dewdrop** [djúːdrɑ̀p ドゥードゥラップ | djúːdrɔ̀p デュードゥロップ] 名 C 露のしずく

**diagram** B1 [dáiəgræm ダイアグラム] 名 C 図, 図形；図表, グラフ, チャート

**dial** B1 [dáiəl ダイ(ア)ル]
ー名 C (時計などの)文字盤；(ラジオなどの)ダイヤル
ー動(過去・過分 dialed, 英 dialled [-d]；現分 dialing, 英 dialling)
ー他 (ラジオなどの)ダイヤルを回す, 電話をかける
- *dial* 911 911番に電話する(►米国の緊急電話番号. 英国の緊急電話番号は999)
ー自 (…に)電話をかける

**dialect** [dáiəlekt ダイアレクト] 名 U C 方言

**dialogue** B1 [dáiəlɔ̀ːg ダイアローグ | -lɔ̀g -ログ]
(►米ではdialogともつづる) 名 U C 対話；(小説などの)会話の部分

**diameter** B1 [daiǽmətər ダイアミタァ] (★アクセント位置に注意) 名 C 直径(►「半径」はradius)→ circle 図

**diamond** 準2級 A2 [dáiəmənd ダイ(ア)マンド | dáiə- ダイア-] (★「ダイヤモンド」でないことに注意) 名 C ❶ ダイヤモンド, 金剛石 ❷ ひし形, ダイヤ形 ❸ (ふつうthe diamondで) 〖野球〗内野 (=infield)；野球場 ❹ (トランプの)ダイヤの札

**Diana** [daiǽnə ダイアナ] 名 ❶ ダイアナ(►女性の名) ❷ ディアナ(►ローマ神話に出てくる月の女神)

**diaper** B1 [dáipər ダイ(ア)パァ | dáiəpər ダイアパァ] 名 C 米 (赤ん坊の)おむつ, おしめ

**diarrhea** B2 [dàiəríːə ダイアリーア | -ríə -リア] (►

**diary**

主に⽶ではdiarrhoeaとつづる） 名⓾下痢(げ),
腹下し

## diary 準2級 A2 [dáiəri ダィァリィ]

名 (複 diaries[-z]) ⓒ 日記；日記帳
- keep a *diary* （継続(けい)して）日記をつける
- I wrote down my thoughts in my *diary*.
  自分の考えを日記に書いた.

**dice** [dáis ダイス] 名ⓒ さいころ, ダイス（▶die² の複数形）；⓾ さいころ遊び［ゲーム］→ die²
- throw ［roll］ the *dice* さいころを投げる

**Dick** [dik ディク] 名ディック（▶男性の名. Richardの愛称(あい)）

**Dickens** [díkinz ディキンズ] 名 Charles, チャールズ・ディケンズ（▶1812-1870; 英国の小説家. 代表作『オリバー・ツイスト』『二都物語』）

**dictate** [díkteit ディクテイト] 動
—⽋ （口で言って）…を書き取らせる, 口述筆記させる
- The teacher *dictated* an English paragraph to the students.
  先生は生徒たちに英文の段落を書き取らせた.
—⾃ 口述する
派生語 dictation 名

**dictation** [diktéiʃən ディクテイション] 名⓾ ❶ 書き取り, 口述 ❷ 命令, 指図

**dictionaries** [díkʃənèriz ディクショネリィズ | -ʃənəriz -ショナリィズ] 名 dictionary（辞書）の複数形

## *dictionary 5級 A1

[díkʃənèri ディクショネリィ | -ʃənəri -ショナリィ]

名 (複 dictionaries[-z]) ⓒ 辞書, 辞典（▶「百科事典」はencyclopedia）
- an English-Japanese *dictionary* 英和辞典
- a Japanese-English *dictionary* 和英辞典
- a walking *dictionary* 生き字引き（▶「歩く辞書」の意味から比ゆ的に「物知りの人」をさす）
- consult a *dictionary*
  辞書を引く
- I *looked* up a word *in* a *dictionary*.
  私は辞書で単語を調べた.

## did 5級 A1 [dəd ダド, (強く言うとき) díd ディッド]

—助 doの過去形（▶過去の疑問文や否定文をつくる）
- *Did* you play basketball yesterday? あなたはきのうバスケットボールをしましたか.
- I *didn't* go to school yesterday.
  私はきのうは学校へ行かなかった.
- She *did* come to the party. 彼女は本当にパーティーに来た.（▶強調する言い方）

話してみよう!

☺Who took the cookies?
だれがクッキーを取ったの？
☻I *did*. 私だよ.

—動⽋⾃ do（する）の過去形
- He *did* it himself. 彼は自分でそれをやった.

## didn't [dídnt ディドゥント]

《話》did notの短縮形
- I *didn't* brush my teeth this morning.
  私はけさは歯を磨(みが)かなかった.
- *Didn't* you know? 君は知らなかったの？
- Yesterday you had a nice time, *didn't* you?
  きのうは楽しかったでしょう.（▶付加疑問文）

## die¹ 準2級 A2 [dái ダィ]

動(三単現 dies[-z]; 過去・過分 died[-d]; 現分 dying [dáiiŋ ダイイング]) ⾃ ❶ 死ぬ（▶ pass awayのほうがていねいな言い方. 事故・天災・戦争などで死ぬときはbe killedを使う）；（植物が）枯(か)れる（⇔live 生きる）
- *die* young 若くして死ぬ
- The painter *died* at ninety.
  その画家は90歳(さい)で死んだ.
- Plants *die* without water.
  植物は水がないと枯れる.

### くらべてみよう! die と dead

**die**：「死ぬ」という動作を表す動詞
**dead**：「死んだ」状態を表す形容詞
- My grandfather *died* five years ago.
  祖父は5年前に死んだ.

「死んだ」は過去のある時点で起こったことなので, dieを使います. ただし, deadを使って次のように言うこともできます.
- My grandfather has been *dead* (for) five years.
  (⇨祖父は5年間死んだ状態にある)

❷ （風・音・光などが）消える, 消えてなくなる

- The storm *died* suddenly.
嵐(あらし)は急に収まった.

***be dying for ...*** 《話》死ぬほど…がほしい, …がほしくてたまらない
- I'*m dying for* something sweet.
私は何か甘(あま)いものがほしくてたまらない.

***be dying to***+〈動詞の原形〉《話》死ぬほど…したい, …したくてたまらない
- I'*m dying to* go to Australia.
私はオーストラリアに行きたくてたまらない.

***die away*** (音・風・光などが)だんだん弱くなって消える, 消滅(しょうめつ)する
- The sound *died away*.
音が小さくなって消えた.

***die of [from] ...*** …(が原因)で死ぬ
- My grandmother *died of* cancer.
祖母はがんで死んだ.
- The businessperson *died from* overwork.
その実業家は過労がもとで死んだ.

***die out*** 死に絶える; (風習や考えなどが)完全に消えてなくなる

派生語 dying 形

**die²** [dái ダイ] 名 (複 **dice** [dáis ダイス]) C さいこ ろ (▶ふつう2個1組で使うので, 単数形は次の表現以外ほとんど用いない) → **dice**
- The *die* is cast. さいは投げられた. (▶「事はすでに着手され, もう後には引けない」の意味. ジュリアス・シーザーの言葉)

**Diet** [dáiət ダイエット] 名 C (《ふつう the Diet で》) (日本などの)国会, 議会 (▶「米国議会」は Congress, 「英国議会」は Parliament)
- *The Diet* is now in session.
国会は現在開会中である.

**diet** 準2級 A2 [dáiət ダイエット] 名 U C (毎日の)食事, 食物; (健康上の)規定食, 制限食, ダイエット
- a meat [vegetable] *diet* 肉食[菜食]
- He is *on a diet*. 彼はダイエット中だ.

**differ** B1 [dífər ディファァ] 動 (自) 違(ちが)う, 異なる; 意見が違う
- My idea *differs from* yours.
私の考えはあなたのとは異なる.
- I *differ with* you *on* this point.
私はあなたとはこの点で意見が違う.

派生語 difference 名, different 形

# difference 3級 A1

[dífərəns ディファ(ァ)ランス]

名 (複 differences [-iz]) U 違(ちが)い, 差, 意見の食い違い; C 相違(そうい)点
- the *differences between* a butterfly and a moth 蝶(ちょう)と蛾(が)の相違点

- What's the *difference*? どちらでも同じじゃないか. (⇔何が違いなのか)

***make a difference*** 違いを生じる, 重要である
- It *makes a difference* to me whether he goes today or tomorrow.
彼がきょう行くかあした行くかは重要だ.

***make no difference*** どちらでも同じことだ, どちらでもよい

# *different 4級 A1

[dífərənt ディフ(ァ)ラント]

形 (比較 more different; 最上 most different)

❶ 違(ちが)った, 異なる, 似ていない; 《be different from ... で》…と違っている (⇔the same 同じ)

different     the same

- He wears a *different* tie every day.
彼は毎日違うネクタイをする.
- My plan is *different from* yours.
私の計画は君のとは違う.

❷ 《複数形の名詞の前に用いて》別々の, 種々の, 数々の, いろいろな, さまざまな (= various)
- There are many *different* kinds of flowers in this garden.
この庭にはさまざまな種類の花がある.

**differently** 準2級 A2 [dífərəntli ディフ(ァ)ラントゥリィ] 副 異なって, それとは違(ちが)って

# difficult 4級 A1

[dífikʌlt ディフィカルト | -kəlt -カルト]

形 (比較 more difficult; 最上 most difficult)

❶ 難しい, 困難な, 骨の折れる (⇔easy やさしい)
- That is a *difficult* question.
それは難しい質問だ.
- Kanji was *difficult for* Tom to learn.
漢字を学ぶのはトムには難しかった.

***it is difficult (for＋人) to***+〈動詞の原形〉
(人にとって)…するのは難しい
- *It is difficult to* bake a cake.
ケーキを焼くのは難しい.
- *It was difficult for* her *to* explain the reason. 彼女にとってその理由を説明するのは難しかった.

❷ (人が)扱(あつか)いにくい, 気難しい
- He is a *difficult* child. 彼は手のかかる子だ.

派生語 difficulty 名

**difficulty** 準2級 A2 [dífikʌlti ディフィカルティ|

## dig

-kəl- -カル-] 名(複 difficulties[-z]) ❶ U 難しさ, 困難(⇔ease 容易さ)
- He had some *difficulty* (in) learning how to drive a car.
彼は車の運転を習うのに少し苦労した. (▶(話)ではinはしばしば省略される)

❷ C U 難しいこと, 困難な点; 困った立場, 苦境
- *run into difficulties* 困ったことになる
*with difficulty* やっとのことで, 苦労して
*without (any) difficulty* = *with no difficulty* たやすく, 何の苦もなく, 楽々と

**dig** 2級 B1 [díg ディッグ] 動 (過去・過分 dug [dʌ́g ダッグ]; 現分 digging) 他 (穴・地面など)を掘(ほ)る
- They *dug* a deep hole *in* the ground.
彼らは地面に深い穴を掘った.
*dig out* …を掘り出す, …をさがし出す
*dig up* …を掘り出す, 掘り起こす; …を発掘(はっくつ)する

**digest** B2 (★動と名でアクセント位置が異なる)
— 動 [daidʒést ダイヂェスト] 他 ❶ (食べ物)を消化する ❷ (意味など)を理解する, 会得(えとく)する
— 名 [dáidʒest ダイヂェスト] C 要約, 粗筋(あらすじ), ダイジェスト
派生語 digestion 名

**digestion** [daidʒéstʃən ダイヂェスチョン] 名 U C 消化; 消化力

**digital** 2級 B1 [dídʒətl ディヂトゥル] 形《名詞の前にのみ用いる》デジタル式の, 数字で表示する(⇔analogue アナログ式の)
- a *digital* clock デジタル式置き時計

**digital camera** A2 [dídʒətl kǽmərə ディヂトゥル キャメラ] 名 C デジタルカメラ

**dignity** B2 [dígnəti ディグニティ] 名 U 威厳(いげん), 気品
- a man of *dignity* 威厳のある人

**diligence** B1 [dílədʒəns ディラヂャンス] 名 U 勤勉, 努力

**diligent** B1 [dílədʒənt ディラヂャント] 形 (…に)勤勉な, 熱心な(⇔lazy 怠惰(たいだ)な)
- a *diligent* worker 勤勉な労働者
- She is *diligent in* her studies.
彼女は勉強に熱心だ.
派生語 diligence 名

**dim** B2 [dím ディム] 形 (比較 dimmer; 最上 dimmest) ❶ 薄(うす)暗い, ほの暗い
- We were sitting in the *dim* candlelight.
私たちはほの暗いろうそくの光の中に座(すわ)っていた.
❷ ぼんやりした, かすんだ, かすかな

**dime** B2 [dáim ダイム] 名 C ダイム(▶米国・カナダの10セント硬貨の通称(つうしょう))→coin 知ってる?

**dimension** B2 [diménʃən ディメンション, dai- ダイ-] 名 ❶ C U 寸法 ❷ C 《ふつう dimensions で》大きさ ❸ C 『数学』次元 ❹ C 局面; 要因

**dimly** [dímli ディムリィ] 副 薄(うす)暗く; ぼんやりと

**dimple** [dímpl ディンプル] 名 C えくぼ

**dine** [dáin ダイン] 動 自 夕食を取る, 食事をする (▶have dinner より形式ばった言い方)
*dine out* (レストランなど)外で食事をする, 外食する

**ding-dong** [díŋdɔ̀ːŋ ディングドーング | -dɔ̀ŋ -ドング] 名 U C ゴーンゴーン, ピンポーン, キンコン (▶呼び鈴(ベル), 鐘(かね)などの音)

**dining** 5級 [dáiniŋ ダイニング] 名 U 食事をすること, 食事

**dining car** [dáiniŋ kàːr ダイニング カー] 名 C (列車の)食堂車

**dining hall** [dáiniŋ hɔ̀ːl ダイニング ホール] 名 C (学校などの)食堂

# dining room 5級 A1

[dáiniŋ rùːm ダイニング ルーム] 名 (複 dining rooms[-z]) C (家・ホテルなどの)ダイニングルーム, 食堂

cupboard 食器棚(しょっきだな)
mug マグカップ
dining table 食卓(しょくたく), テーブル
glass コップ
plate 皿
spoon スプーン
chair いす
fork フォーク
knife ナイフ

## *dinner 5級 A1 [dínər ディナァ]

名 (複 dinners[-z]) ❶ U C 夕食, (その日の)主な食事, ディナー
- go out for *dinner*
夕食を食べに出かける
- What time do you have [eat] *dinner*?
何時に夕食を食べますか.
- Father is making [preparing, cooking] *dinner* today.
きょうは父が食事を作っている.
- a nice *dinner* おいしい夕食 (▶このように形容詞を伴(ともな)って夕食の種類などを言うときは, 数えられる名詞として扱(あつか)う)

### くらべてみよう！ dinner と supper

**dinner** はその日の中でいちばんのごちそうの食事をさします. 夜がdinnerなら昼はlunch, 昼がdinnerなら夜はsupperとなります.

❷ C 《ふつう a dinner で》(正式な)晩さん会, 夕食会(= dinner party)
- a *dinner* jacket タキシード(=米 tuxedo)

**dinosaur** 準2級 A2 [dáinəsɔːr ダイナソァ] 名 C 恐竜

**dioxin** [daiáksən ダイアクサン | -ɔ́ksən -オクサン] 名 U 《化学》ダイオキシン

**dip** B2 [díp ディップ]
—動 (過去・過分 dipped [-t]; 現分 dipping)
— 他 (水などに)…をちょっと浸す
- She *dipped* her hand *into* the river. 彼女は川に手をちょっと浸した.
— 自 (水などに)ちょっと浸る, ちょっと潜る
—名 C ❶ ちょっと浸すこと；一浴び ❷ ディップ(▶野菜などにつけるソース)

**diploma** B2 [diplóumə ディプロウマ] (★アクセント位置に注意) 名 C 卒業[修了]証書；資格免許状

**diplomat** B2 [dípləmæt ディプラマット] 名 C 外交官；駆け引きのうまい人

**diplomatic** [dìpləmǽtik ディプラマティック] 形 外交(上)の, 外交官の

**dipper** [dípər ディパァ] 名 C ひしゃく
- the Big *Dipper* 『天文』米 (大ぐま座の)北斗七星
- the Little *Dipper* 『天文』米 (小ぐま座の)小北斗七星

**direct** 準2級 A2 [dirékt ディレクト | dai- ダイ-]
—形 ❶ 直接的な, じかの(⇔indirect 間接的な)
- a *direct* call 直通電話
❷ まっすぐな, 直行の(=straight)
- a *direct* line 直線
- We can get a *direct* flight to Sydney. シドニーへは直行便で行ける.
❸ 率直な, そのものずばりの(=frank)
- I like her open and *direct* manner. 私は彼女の隠しだてしない率直な態度が好きだ.
—副 直接に；まっすぐに
- The flight goes *direct* to Seattle. その便[飛行機]はシアトルに直行する.
—動 他 ❶ …を指導する, …に命令する；(映画など)を監督[演出]する
- The police officer *directed* the man *to* step out of the car. 警察官はその男性に車から出るように命じた.
- She *directed* the movie. 彼女はその映画を演出した.
❷ (人)に(…への)道を教える
- Would you *direct* me *to* the hospital? 病院へ行く道を教えてくれませんか.

派生語 direction 名, directly 副, director 名

**direction** 準2級 A2 [dirékʃən ディレクション | dai- ダイ-]
名 ❶ U C (向かっていく)方向, 方角, 方面
- sense of *direction* 方向感覚
- in all *directions* 四方八方に(▶前置詞がinであることに注意)
- He ran away in the *direction* of the station. 彼は駅のほうに走り去った.
❷ U 管理, 指導；指揮；監督, 演出
- *under* Mr. Brown's *direction* ブラウン氏の監督の下で
❸ C 《ふつう directions で》指示, 指図；(薬・機械などの)説明(書), 注意書き
- follow the *directions* 指示に従う

**directly** 2級 B1 [diréktli ディレクトゥリィ | dai- ダイ-] 副 ❶ 直接に(⇔indirectly 間接に)
❷ まっすぐに(=straight), 直行で
- The plane flew *directly* to New York. 飛行機はまっすぐニューヨークに飛んだ.
❸ 率直に, はっきり
- Bill always speaks *directly*. ビルはいつもはっきり物を言う.

**director** 準2級 A2 [diréktər ディレクタァ | dai- ダイ-] 名 C ❶ (映画の)監督；(演劇・テレビなどの)演出家；(音楽の)指揮者
❷ (会社の)重役, 取締役；所長

派生語 directory 名

**directory** [diréktəri ディレクタリィ | dai- ダイ-] 名 (複 directories [-z]) C 名簿, 住所氏名録
- a telephone *directory* 電話帳

**dirt** B1 [dɔ́ːrt ダート] 名 U 泥(=mud)；ごみ, ほこり；土(=soil)

派生語 dirty 形

# dirty 4級 A1 [dɔ́ːrti ダーティ]

形 (比較 dirtier; 最上 dirtiest) ❶ 汚い, 汚れた, 不潔な(⇔clean きれいな)
- a *dirty* room 汚い部屋
- Your hands are *dirty*. 手が汚れているよ.
❷ 卑劣な, 下劣な, 不正な
- a *dirty* trick 卑劣なたくらみ

**dis-** [dis- ディス-] 接頭 不…, 非…, 無…(▶名詞・動詞・形容詞の前について反対の意味を表す)
- *dis*honest 不正直な
- *dis*like 嫌う

**disability** 2級 B1 [dìsəbíləti ディサビラティ] 名 (複 disabilities [-z]) C (身体・精神の)障がい

## disable

- people with *disabilities*
（身体・精神に）障がいのある人たち

**disable** B1 [diséibl ディセイブル] 動他《ふつう be disabled で》(人が)身体の障がいを負う
- She *was disabled* after an accident.
彼女は交通事故で障がいを負った.
派生語 disability 名, disabled 形

**disabled** B1 [diséibld ディセイブルド] 形 (身体・精神に)障がいのある;(身体・精神的)障がい者用の(▶ふつうdisabled peopleではなく people with disabilities を用いる)

**disadvantage** A2 [dìsədvǽntidʒ ディサドヴァンティッヂ | -váːn- -ヴァーン-] 名 U 不利 (⇔advantage 有利);不都合; C 不利な点[立場]

**disagree** 準2級 A2 [dìsəgríː ディサグリー] 動自
❶ 一致(いっち)しない;(…について人と)意見が合わない(⇔agree 意見が一致する)
- I *disagree*.《話》私は反対です.
- I *disagreed with* my father *on* [*about*] it. 私はそれについて父と意見が合わなかった.
❷ (食べ物・気候などが)体質に合わない
派生語 disagreeable 形

**disagreeable** [dìsəgríːəbl ディサグリーアブル] 形 不愉快(ふゆかい)な, 嫌(いや)な(=unpleasant, ⇔ agreeable 心地のよい)

# disappear 準2級 A2

[dìsəpíər ディサピア]
動(三単現 disappears[-z]; 過去・過分 disappeared[-d]; 現分 disappearing)自 見えなくなる, 消える, なくなる, 姿を消す (⇔appear 現れる)
- The sun *disappeared* behind a cloud.
太陽が雲の後ろに隠れた.

**disappoint** 2級 B1 [dìsəpɔ́int ディサポイント] 動他 (人)をがっかりさせる, 失望させる
- Her words *disappointed* me.
彼女の言葉は私をがっかりさせた.
派生語 disappointed 形, disappointment 名

**disappointed** 準2級 A2 [dìsəpɔ́intid ディサポインティド] 形 がっかりして, 失望して,《be disappointed with ... で》(物に)がっかりする,《be disappointed in ... で》(人に)がっかりする
- I *was disappointed with* the news.
私はその知らせにがっかりした.
- I *was disappointed in* you.
君には失望した.

**disappointing** A2 [dìsəpɔ́intiŋ ディサポインティング] 形 がっかりさせるような, つまらない

**disappointment** B1 [dìsəpɔ́intmənt ディサポイントゥマント] 名 U 失望, 落胆(らくたん), 期待外れ; C 失望させる物[人]
- The movie was a real *disappointment*.
その映画はまったく期待外れだった.
***to one's disappointment*** がっかりしたことには, 失望したことには
- *To my disappointment*, the tickets were all sold out.
がっかりしたことにはチケットはすべて売り切れだった.

**disaster** B1 [dizǽstər ディザスタァ | dizάːstər ディザースタァ] 名 C U (大規模で突発(とっぱつ)的な)災害, 惨事(さんじ), 災難
- a natural *disaster* 天災, 自然災害

**disc** B1 [dísk ディスク] 名《主に英》=disk

**discipline** B2 [dísəplin ディスィプリン] 名 U ❶ 規律;しつけ ❷ 訓練, 鍛練(たんれん)

**disclose** [disklóuz ディスクロウズ] 動他 (隠(かく)れているもの)を明らかにする, あばく

**disco** A2 [dískou ディスコウ] 名(複 discos[-z]) C《話》ディスコ(▶discothequeの短縮形)

**discotheque** [dískətèk ディスカテック, dìskətékディスカテック] 名 C ディスコ(=disco)(▶フランス語から)

**discount** 2級 B1 [dískaunt ディスカウント]
— 名 C 割引;割引額[率]
- a *discount* store 安売り店, 割引店
- sell at a fifteen percent *discount*
15パーセント引きで販売(はんばい)する
— 動他 …を割り引く

**discourage** B1 [diskə́ːridʒ ディスカーリッヂ | -kʌ́ridʒ -カリッヂ] 動他 ❶ (人)をがっかりさせる, 失望させる(⇔encourage 勇気づける)
- The bad weather *discouraged* him.
悪天候は彼をがっかりさせた.
- Don't be *discouraged*. 気を落とさないで.
❷ (人)に思いとどまらせる
- She *discouraged* him *from* quitting his club.
彼女は彼にクラブをやめるのを思いとどまらせた.

# discover 準2級 A2

[diskʌ́vər ディスカヴァ]
動(三単現 discovers[-z]; 過去・過分 discovered[-d]; 現分 discovering)他 …を発見する, 見つける;…に気づく, …を見いだす(=find)
- They *discovered* a secret room in the mansion.
彼らはその豪邸(ごうてい)で秘密の部屋を発見した.
- Radium was *discovered* by the Curies.
ラジウムはキュリー夫妻によって発見された.

### くらべてみよう! discover と invent

**discover**: 存在していたがそれまで知られていなかったものを「発見する」
**invent**: それまでなかったものを「作り出す,発明する」

派生語 discoverer 名, discovery 名

**discoverer** [diskÁvərər ディスカヴァラァ] 名 C 発見者

**discovery** B1 [diskÁvəri ディスカヴァリィ] 名 (複 discoveries[-z]) U C 発見; C 発見したこと[物]
- the *discovery* of gravity
  引力の発見

**discriminate** B2 [diskrímənèit ディスクリミネイト] 動 自 ❶ (…の間を)区別する, 見分ける
- *discriminate between* good *and* bad books 良書と悪書を見分ける
❷ 差別する
派生語 discrimination 名

**discrimination** B1 [diskrìmənéiʃən ディスクリミネイション] 名 U 差別; 差別待遇
- racial *discrimination* 人種差別

**discus** [dískəs ディスカス] 名 C (円盤投げに使う)円盤

## discuss 3級 A1 [diskÁs ディスカス]

動 (三単現 discusses[-iz]; 過去・過分 discussed[-t]; 現分 discussing) 他 …を話し合う, 討議する, 議論する
- I *discussed* the problem *with* my friends.
  私はその問題について友達と話し合った. (▶ discuss aboutは×)
- We *discussed* which plan was better.
  私たちはどちらの計画がよりよいか議論した.
- We *discussed* going on a picnic.
  ぼくたちはピクニックに行くことを話し合った.
派生語 discussion 名

## discussion 準2級 A2

[diskÁʃən ディスカッション]
名 (複 discussions[-z]) U C 話し合い, 討議
- have [hold] a *discussion about* [*on*] ...
  …について話し合う
- The plan is now *under discussion*.
  その計画は今討議中だ.

**disease** 2級 B1 [dizí:z ディズィーズ] 名 U C 病気
- heart [lung] *disease* 心臓[肺]病
- catch a *disease* 病気がうつる
- get a *disease* 病気にかかる

### くらべてみよう! disease と illness と sickness

**disease**: 病気全般, 特に病名がわかっているときや伝染性の病気についていいます. 人間のほか, 動物, 植物にも用いられます.
**illness**: diseaseと同じように病気全般, 特に病気の期間や状態を意識していう場合に用いられます. 風邪や頭痛など軽症の場合には使いません.
**sickness**: 病気や体調の悪い場合全般に用いられます. 特に吐き気の意味でも使います.

**disguise** B2 [disɡáiz ディスガイズ]
― 動 他 …を変装させる
- He *disguised* himself *as* a clown.
  彼はピエロに変装した.
― 名 U 変装, 仮装
*in disguise* 変装して; 装って

**disgust** [disɡÁst ディスガスト]
― 動 他 …をむかむかさせる; …をうんざりさせる; 《be disgustedで》むかむかする, 愛想をつかす, うんざりする
- The man's manner *disgusted* us.
  その男性の態度に私たちはうんざりした.
― 名 U (むかむかするような)嫌悪(感), 嫌気
派生語 disgusting 形

**disgusting** B1 [disɡÁstiŋ ディスガスティング] 形 むかつくような, いまいましい, 不快な
- It was a *disgusting* smell.
  それはむかつくようなにおいだった.

## dish 5級 A1 [díʃ ディッシュ]

名 (複 dishes[-iz]) C ❶ (料理を盛りつける)皿, 大皿, 《the dishesで》食器類
- a vegetable *dish* 野菜の盛り皿
- do [wash] *the dishes* 食器を洗う

### くらべてみよう! dish, platter, plate, saucer, bowl

**dish**: 皿一般
**platter**: 大皿
**plate**: 食卓で各自取り分けものを盛る平たい皿(▶取り皿)
**saucer**: ティーカップなどの受け皿
**bowl**: 深い鉢やどんぶり

## dishonest

❷料理
- Chinese *dishes* 中国料理
- What's your favorite *dish*?
あなたの好きな料理は何ですか．

**dishonest** A2 [disánist ディサニスト | disónist ディソニスト]（★この h は発音しない）形 (人が)不正直な，不誠実な（⇔ honest 正直な）；(手段などが)不正な

**dishwasher** B1 [díʃwàʃər ディッシュワッシャァ | -wòʃər -ウォッシャァ] 名 C (自動)食器洗い機

**disk** B1 [dísk ディスク]（▶主に米では disc とつづる）名 C ❶ 米円盤(ばん)；円盤状のもの；レコード，CD，DVD
❷『コンピュータ』(データを記録するための)磁気ディスク

**disk jockey** B1 [dísk dʒɑ́ki ディスク ヂャキィ | -dʒɔ́ki -ヂョキィ]（▶主に米では disc jockey とつづる）名 C ディスクジョッキー（▶ DJ, D.J. と略す）

**dislike** A2 [disláik ディスライク]
ー動 他 …が嫌(きら)いである（▶ hate より意味が弱く，don't like より意味が強い）（⇔ like 好きである）；（…するの）を嫌(いや)がる（▶進行形にしない）
- I *dislike* carrots. 私はにんじんが嫌いだ．
ー名 C U 嫌い，反感
- likes and *dislikes* 好き嫌い

**dismiss** B2 [dismís ディスミス]
動 (三単現 dismisses[-iz]) 他 ❶ …を解雇(こ)する，免職(しょく)する
- The factory *dismissed* fifty workers. その工場は50人の労働者を解雇した．
❷ (集まり・人など)を解散させる，立ち去らせる

**Disney** [dizni ディズニィ] 名 Walt，ウォルト・ディズニー（▶1901-1966; 米国のアニメ・映画製作者，ディズニーランドの創設者）

**Disneyland** [dízniland ディズニィランド] 名 ディズニーランド（▶1955年，ウォルト・ディズニーが米国ロサンゼルス近郊(こう)に創設した遊園地．日本・フランス・ホンコン(香港)・シャンハイ(上海)にもある）

**displace** B2 [displéis ディスプレイス] 動 他 …に取って代わる；…を立ち退(の)かす，追放する
派生語 displaced 形

**displaced** [displéist ディスプレイスト] 形 追放された，故国を追われた

**display** 準2級 A2 [displéi ディスプレイ]
ー動 他 …を展示する，陳列(ちんれつ)する
- New spring fashions are *displayed* in the store window. 新着の春物ファッションがショーウインドーに展示されている．
ー名 U 展示，陳列，見せ物；『コンピュータ』ディスプレイ

**disposal** B2 [dispóuzəl ディスポウザル] 名 ❶ U 処分，処理 ❷ C 生ごみ処理装置（▶台所の流しの下に取りつけ，生ごみを細かくする）

**dispose** [dispóuz ディスポウズ] 動
ー他 …を配置する
ー自《dispose of …で》…を処分する

**dispute** B2 [dispjú:t ディスピュート]
ー名 C U 論争，討論；けんか（= quarrel）
ー動 自 他 ❶ （…を）議論する，論争する；言い争う（= argue） ❷ …に反対する，異議を唱える

**dissolve** B1 [dizɑ́lv ディザルヴ | -zɔ́lv -ゾルヴ] 動
ー他 (液体が)…を溶(と)かす
ー自 (液体中に)溶ける（= melt）
- Sugar *dissolves in* hot water. 砂糖は湯に溶ける．

# distance 2級 B1

[dístəns ディスタンス]

名 (複 distances[-iz]) C U ❶ 距離(きょり)，間隔(かんかく)；遠方
- a short [long] *distance* 短[長]距離
- the *distance* between London and Paris ロンドンとパリの間の距離
- The restaurant is within walking *distance* of my house. そのレストランは私の家から歩いて行ける距離にある．
❷ (時間の)隔(へだ)たり，間隔
- a *distance* of twenty years 20年の隔たり

***at a distance*** 少し離(はな)れて
- The castle stands *at a distance* from the town. その城は町から少し離れた所にある．

***from a distance*** 遠くから
- I could see the fireworks *from a distance*. その花火は遠くからでも見えた．

***in the distance*** 遠くに[の]
- We saw Mt. Kenya *in the distance*. 遠くにケニア山が見えた．

# distant B1 [dístənt ディスタント]

形 (比較 more distant; 最上 most distant)（距離(きょり)・時間・関係が)遠い，離(はな)れた（⇔ near 近い）
- a *distant* country 遠い国
- in the *distant* future 遠い将来に
- a *distant* relative 遠い親せき
派生語 distance 名

**distill** [distíl ディスティル]（▶米では distil とつづる）動 他 …を蒸留する，蒸留して製造する

**distinct** [distíŋkt ディスティンクト] 形 (見て，聞いて)明らかに違(ちが)う；はっきりわかる；別個の，違った
- a *distinct* difference 明らかな相違(そうい)
派生語 distinction 名，distinctly 副

# DJ, D.J.

**distinction** B1 [distíŋkʃən ディスティンクション] 名 ❶ Ⓤ Ⓒ 区別；相違(そう)点
- There is a *distinction between* the two.
両者の間には相違点がある．

❷ Ⓤ 目立つ特徴(とょう)；優秀(ゆう)さ

**distinctly** B1 [distíŋktli ディスティンクトゥリィ] 副 はっきりと，明確に

**distinguish** B1 [distíŋɡwiʃ ディスティングウィッシュ] 動 (三単現 distinguishes[-iz]) 他 ❸ (…を)区別する，見分ける
- *distinguish* right *from* wrong = *distinguish between* right *and* wrong
善悪を区別する

派生語 distinguished 形

**distinguished** B2 [distíŋɡwiʃt ディスティングウィッシュト] 形 有名な；(見た目・態度が)威厳(いげん)のある

**distress** [distrés ディストゥレス]
— 名 Ⓤ ❶ 苦しみ，苦悩(のう) ❷ 困っている状態，苦境(きょう)
— 動 (三単現 distresses[-iz]) 他 …を苦しめる，悲しませる

**distribute** B1 [distríbjuːt ディストゥリビュート] 動 他 …を分配する，配る

**district** 2級 B1 [dístrikt ディストゥリクト] 名 Ⓒ 地方，地域；地区，行政区
- a mountainous *district* 山岳(がく)地方
- the Lake *District* (英国北西部の)湖水地方
- a school *district* 学区

**District of Columbia** [dístrikt əv kəlámbiə ディストゥリクト アヴ カランビア] 名 (the District of Columbia で)コロンビア特別区(▶米国の首都ワシントン市のこと，連邦(ぽう)政府直轄(ちょっ)の特別行政区．D.C. または DC と略す)

**disturb** 準2級 A2 [distə́ːrb ディスターブ] 動
— 他 ❶ (人)の邪魔(じゃ)をする，…を妨害(ぼう)する
- Don't *disturb* me while I am reading.
読書している間邪魔をしないでくれ．

❷ (人)の心を乱す，(人)を不安にする
- The bad news *disturbed* him greatly.
その悪い知らせは彼をひどく心配させた．

— 自 (休息・睡眠(すい)の)邪魔をする
- DO NOT *DISTURB*
《掲示》睡眠中につき入室ご遠慮(えん)ください
(▶ホテルの部屋のドアノブに下げる札の文句)

客室のドアにかかった「睡眠中につき入室ご遠慮ください」の札

**ditch** [dítʃ ディッチ] 名 (複 ditches[-iz]) Ⓒ 溝(みぞ)，どぶ，堀(ほり)，用水路

**dive** B1 [dáiv ダイヴ]
— 動 (過去 dived[-d], 米 dove[dóuv ドウヴ]) 自 ❶ (頭から)飛びこむ，(水中へ)潜(もぐ)る
- The boys *dived into* the river.
少年たちは川に飛びこんだ．

❷ (飛行機・鳥などが)急降下する；突進(しん)する
— 名 Ⓒ 飛びこみ，潜水(せん)；急降下；突進
派生語 diver 名，diving 名

**diver** B1 [dáivər ダイヴァ] 名 Ⓒ 潜水(せん)作業員，海女(ま)，ダイバー；(水泳の)飛びこみの選手

# divide 準2級 A2 [diváid ディヴァイド]

動 (三単現 divides[-dz -ヅ], 過去・過分 divided[-id]; 現分 dividing)
— 他 ❶ …を分ける，分割する；…を分配する
- The Seine *divides* Paris *in* two.
セーヌ川はパリを二分している．
- *Divide* the watermelon *between* [*among*] you. すいかをあなたたちで分けなさい．(▶ 2人で分けるときは between, 3人以上のときは among を使う)

❷ 〖数学〗(数)を割る，割り算する(⇔multiply) (数)に掛(か)ける
- *Divide* thirty by five, and you get six.
= Thirty *divided* by five is [makes] six.
30割る5は6 (30÷5＝6).

— 自 分かれる
- Let's *divide into* three groups.
3つのグループに分かれよう．

派生語 division 名

**divine** B1 [diváin ディヴァイン] 形 神の，神聖な

**diving** 2級 B1 [dáiviŋ ダイヴィング] 名 Ⓤ 潜水(せん)，ダイビング；(水泳の)飛びこみ

**division** B2 [divíʒən ディヴィジョン] 名 ❶ Ⓤ 分割，分配 ❷ Ⓒ (官庁・会社などの)局，部門，課 ❸ Ⓤ Ⓒ 〖数学〗割り算(⇔multiplication 掛(か)け算)

**divorce** B2 [divɔ́ːrs ディヴォース]
— 名 Ⓤ Ⓒ 離婚(こん)
- get a *divorce* 離婚する
— 動 他 (夫・妻)と離婚する；(人)を離婚させる
- They got *divorced* last year.
彼らは昨年離婚した．

**DIY, D.I.Y.** [díːaiwái ディーアイワィ] 《主に英》日曜大工(の) (▶ do-it-yourself の略)

**dizzy** A2 [dízi ディズィ] 形 (比較 dizzier; 最上 dizziest) めまいがする；目がくらむような
- I feel *dizzy*. めまいがする，くらくらする．

**DJ, D.J.** B1 [díːdʒéi ディーヂェイ] 名 ディージェイ，ディスクジョッキー (▶ disk jockey の略)

## Djibouti

**Djibouti** [dʒibúːti ヂブーティ] 名 ジブチ（▶アフリカ北東部の共和国。首都はジブチ（Djibouti））

**DNA** B2 [díːenéi ディーエンエィ] 名 ディーエヌエー，デオキシリボ核酸(かく)（▶deoxyribonucleic acidの略）

**\*do** 5級 A1 [du ドゥ, də ダ,《強く言うとき》dúː ドゥー]

助 ❶《疑問文をつくる》
　❷《否定文をつくる》
　❸《動詞を強調する》
　❹代動詞（動詞をくり返す代わりに用いる）
動他 ❶…をする
　❷…を処理する
　❸（人）に（利益・害など）を加える
自 ❶ふるまう
　❷間に合う
　❸暮らしていく

—助 （三単現 does [dəz ダズ,《強く言うとき》dʌ́z ダズ]; 過去 did [díd ディッド]）

❶《疑問文をつくる》
- *Do* you play baseball? 君は野球をしますか。
- *Does* he speak Chinese?
  彼は中国語を話しますか。
- *Did* she go to church?
  彼女は教会へ行きましたか。
- Why *do* you want to see Meg?
  あなたはなぜメグに会いたいのですか。

❷《否定文をつくる》
- I *do* not [*don't*] like fishing.
  私は釣(つ)りは好きではない。
- Tom *does* not [*doesn't*] have a bicycle.
  トムは自転車を持っていない。
- We *did* not [*didn't*] go there.
  私たちはそこへ行かなかった。
- *Don't* run. 走るな。
- *Don't* you know Mr. Egawa?
  江川さんを知らないのですか。

**ここがポイント！ doの使い方**

(1) 疑問文や否定文をつくるとき，助動詞のdoは一般動詞といっしょに使います。
- You study English.（▶study: 一般動詞）
  あなたは英語を勉強します。
  → *Do* you study English?
  　 あなたは英語を勉強しますか。
  　 You *don't* study English.
  　 あなたは英語を勉強しません。
ただしbe動詞を使った否定の命令文ではdon'tを使います。
- *Don't* be noisy. うるさくしないで。

(2) 主語が三人称単数のときはdoesになります。
- He *doesn't* like oranges.
  彼はオレンジが好きではありません。
- *Does* he like oranges?
  彼はオレンジが好きですか。

(3) 過去形は主語にかかわらずdidになります。
- I *didn't* play the game yesterday.
  私はきのうゲームをしなかった。
- He *didn't* play the game yesterday.
  彼はきのうゲームをしなかった。

(4) 否定形は次のように短縮できます。短縮しない形はふつう否定の意味を強めるときに使います。
　do not→don't
　does not→doesn't
　did not→didn't

(5) 疑問詞を使った疑問文は次のようになります。
- Where *do* you live?
  あなたはどこに住んでいますか。
- What *does* she like?
  彼女は何が好きですか。
ただし，whoなどの疑問詞が「主語」のときはdoは使いません。
- *Who* played the guitar?
  だれがギターを弾(ひ)きましたか。

❸《動詞を強調する》
- I *do* want a new bike.
  私は新しい自転車がすごくほしい。
- She *does* love you. 彼女は本当に君を愛している。（▶She does loves you. は×）
- I *did* see a ghost. 本当に幽霊(ゆうれい)を見たんだってば。（▶I did saw ... は×）

**ここがポイント！ 強調のdo**

(1) do [does, did] に続く動詞は必ず原形にします。
(2) この用法のdo [does, did] は強く発音します。

❹代動詞（▶同じ動詞のくり返しを避(さ)けるために，その動詞の代わりにdoを用いる用法）
①《前に出た動詞，または動詞を含(ふく)む語句の代わりをする》
- She speaks Japanese as well as I *do*.
  彼女は日本語を私と同じくらいじょうずに話す。（▶do＝speak Japanese）
②《疑問文に対する答えで》
- "Do you know his name?" "Yes, I *do*."

「彼の名前を知っていますか」「はい,知っています」(▶do＝know his name)
・"Who broke this window?" "Ken *did*."
「だれがこの窓を割ったのですか」「ケンです」
(▶did＝broke this window)

③《付加疑問文をつくる》
・You watch TV, *don't* you?
あなたはテレビを見ますよね.
・He doesn't take a bus, *does* he?
彼はバスに乗りませんよね.

> **ここが ポイント!** doの付加疑問文
> (1) 付加疑問文は念を押(お)したり確認(かくにん)したりする言い方です.
> (2) 前の文が肯定文の場合(上記③・上の例)はdon't, doesn't, didn'tを,否定文の場合(上記③・下の例)はdo, does, didを使います.
> (3) 下げ調子で発音すると「そうですよね」と相手に同意を求める感じになり,上げ調子にすると「…ですよね？」と確認する感じになります.

④《相づちを打つ》(▶一般動詞の文に対して相づちを打つときに用いる)
・"She likes swimming." "Oh, *does* she?"
「彼女は水泳が好きなんです」「ああ,そうですか」(▶相づちを打つにはdoes sheを下げ調子で発音する.上げ調子にすると軽い疑いを表す)

─ 動(三単現)does[dəz ダズ,《強く言うとき》dʌ́z ダズ]; 過去did[díd ディッド]; 過分done[dʌ́n ダン]; 現分doing)
─ 他 ❶ …をする, 行う
・I have to *do* my homework.
私は宿題をしなくてはいけない.
・What are you *doing* now?
今何をしているの.
・What can I *do* for you?
(店員が客に)何かご用はありませんか., いらっしゃいませ.
❷…を処理する,整理する,する(▶doの後にくる目的語によっていろいろな意味になる)
・*do* the dishes 皿を洗う
・*do* the laundry 洗濯(せんたく)をする

do the dishes　　do the laundry

・*do* a math problem 数学の問題を解く
・(My sister *did* the cooking and) I *did* the ironing.
(姉[妹]が料理をして,)私がアイロンをかけた.
❸(人)に(利益・害など)を加える,与える,もたらす
・This medicine will *do* you good.
この薬はよく効くでしょう.
・Watching too much TV will *do* you harm. テレビの見過ぎは体に悪い.
・Will you *do* me a favor?
お願いがあるのですが.
***do one's best*** 全力を尽(つ)くす,最善を尽くす
・*Do your best*. 全力を尽くしなさい.
─ 自 ❶ ふるまう, 行動する
・When in Rome, *do* as the Romans *do*.
(郷(ごう)に入っては郷に従え.(⇔ローマではローマ人のするようにしなさい))
❷《will doで》(物が)間に合う,役に立つ,十分だ
・Anything *will do*. なんでもいいよ.
・Water *will do*. 水で十分だ.
❸暮らしていく,やっていく,(事が)運ぶ,…の調子である(▶しばしばwell, badlyなどの副詞を伴(ともな)う)
・How are you *doing*? ❸《話》元気でやっていますか., 調子はどうですか.
・He *did well* on the test.
彼は試験のできがよかった.
***do away with ...*** …を廃止(はいし)する,取り除く,捨てる
・He can't *do away with* the bad habit.
彼はその悪い習慣をやめられない.
***do it*** 《話》うまくいく
・I *did it*! やった!
***do with ...*** 《ふつうwhatとともに》…を処理する,扱(あつか)う,使う
・*What* did you *do with* the old clock?
あの古い時計はどうしましたか[どこにやりましたか].
***do without ...*** …なしで済ます
・I can't *do without* a computer.
私はコンピュータなしではやっていけない.
***have ... to do with ~*** ~と…の関係がある
→have(成句)

***How do you do?*** はじめまして. (▶初対面のていねいなあいさつ) → how (成句)

**dock** B2 [dák ダック | dɔk ドック]
─名 ⓒ ❶ (船の修理・建造を行う)ドック；《docksで》造船所 ❷⊛ 波止場, 船着き場, ふ頭 (＝wharf)
─動 他 自 ❶ (船)をドックに入れる；(船が)ドックに入る ❷ (宇宙船)をドッキングさせる；(宇宙船が)ドッキングする

# doctor 5級 A1

[dáktər ダクタァ | dɔ́ktər ドクタァ]

名 (複 doctors[-z]) ⓒ ❶ 医者, 医師 (▶《話》ではdocとも言う)
- a family *doctor* かかりつけの医者, 家庭医
- a school *doctor* 校医
- see [go to] a *doctor* 医者に診(み)てもらう

表現メモ

### いろいろな医者
physician 内科医 / surgeon 外科(げか)医
pediatrician, children's doctor 小児科(しょうにか)医 / dentist 歯科医 / eye doctor 眼科医
dermatologist 皮膚(ひふ)科医
psychiatrist 精神科医
veterinarian, vet, animal doctor 獣医(じゅうい)

❷ 博士, 博士号 (▶Dr., Drと略して姓(せい)または姓名の前に置いて用いる → Dr.)
- a *doctor*'s degree 博士号

**document** 2級 B1 [dákjumənt ダキュマント | dɔ́kju- ドキュ-] 名 ⓒ 文書, 書類；証書
派生語 documentary 形 名

**documentary** 2級 B1 [dàkjuméntəri ダキュメンタリィ | dɔ̀kju- ドキュ-]
─形 事実に基(もと)づく, 記録の；文書の, 書類の
─名 (複 documentaries[-z]) ⓒ (映画・テレビの)記録物, ドキュメンタリー, 実録

**dodge ball** [dádʒ bɔ̀ːl ダッヂボール | dɔ́dʒ- ドッヂ-] 名 Ⓤ (球技の)ドッジボール (▶dodgeは「…をよける」という意味)

**dodo** [dóudou ドウドウ] 名 〔鳥〕ドードー (▶インド洋の西部にあるモーリシャス島に生息していたが絶滅(ぜつめつ)した鳥)

# *does 5級 A1 [dəz ダズ, 《強く言うとき》dʌ́z ダズ]

助 ❶《疑問文をつくる》
❷《否定文をつくる》
❸《動詞を強調する》
❹代動詞 (以下①〜④参照)
動 他 …をする, 行う
自 ふるまう

(▶doの三人称(にんしょう)単数現在形. 主語がhe, she, itや名詞の単数形に使う → do)

─助 ❶《疑問文をつくる》
- ***Does*** she like music?
  彼女は音楽が好きですか.
- ***Does*** your mother know that?
  あなたのお母さんはそれを知っていますか.

❷《否定文をつくる》
- My father ***does*** not [***does***n't] drive a car. 父は車を運転しない.

❸《動詞を強調する》
- He ***does*** know the truth.
  彼は本当に真実を知っている.

❹代動詞 ①《前に出た動詞の代わりをする》
- Bob runs as fast as Ted ***does***.
  ボブはテッドと同じくらい速く走る.
② 《疑問文に対する答えで》
- "Does Bill like sports?" "Yes, he ***does***." 「ビルはスポーツが好きですか」「はい, 好きです」
③《付加疑問文をつくる》
- Dick knows your father, ***does***n't he? ディックはあなたのお父さんを知っていますよね.
④《相づちを打つ》
- "Kenji's father works at the shop." "Oh, ***does*** he?" 「ケンジのお父さんはその店で働いています」「ああ, そうですか」

─動 ─他 …をする, 行う
- Tom ***does*** his homework before dinner.
  トムは夕食の前に宿題をする.
─自 ふるまう, 行動する

# doesn't [dʌ́znt ダズント]

《話》 does notの短縮形
- Joe *doesn't* play tennis.
  ジョーはテニスをしない.
- ***Doesn't*** Becky speak Japanese?
  ベッキーは日本語を話さないのですか.
- He often goes out on Sundays, *doesn't* he? 彼はよく日曜日に外出しますよね. (▶付加疑問文)

# dog 5級 A1 [dɔ́ːg ドーグ | dɔ́g ドッグ]

名 (複 dogs[-z]) ⓒ 犬 (▶「子犬」はpuppy, 「ワンワンという鳴き声」はbowwow)

puppy　　dog

- a guide [Seeing Eye] *dog*
盲導(もうどう)犬 (▶Seeing Eye dogは⊛で商標, guide dogは主に⊛)
- a service *dog* 介助(かいじょ)犬
- I have a *dog*. 私は犬を飼っている.
- My *dog* never barks at anyone.
ぼくの犬はけっしてだれにもほえない.

**doggie**[dɔ́:gi ドーギィ | dɔ́gi ドギィ] (▶doggyともつづる) 名 (複 doggies[-z]) C 《幼児語》小犬, わんわん, わんちゃん

**doggie bag**[dú:gi bæɡ ドーギィ バッグ | dɔ́gi ドギィ-] 名 C 持ち帰り袋(ぶくろ) (▶レストランでの食べ残しを入れる袋. 飼い犬に持ち帰るという口実からこう呼ばれた)

**doghouse** 4級 [dɔ́:ghàus ドーグハウス | dɔ́g- ドッグ-]

名 C 犬小屋 (=⊛kennel)

**dogwood**[dɔ́:gwùd ドーグウッド | dɔ́g- ドッグ-] 名 C 〖植物〗花水木(はなみずき) (▶北米原産の低木で春に白またはピンクの花が咲(さ)く)

**doing** 5級 A1 [dú:iŋ ドゥーイング]
― 動 do(する)の現在分詞・動名詞
― 名 ❶ U する[した]こと, 実行 ❷《doings で》行い, 行動

**do-it-yourself**[dù:itjursélf ドゥーイットユアセルフ]
― 名 U (組み立て・修理などの)日曜大工仕事, 素人(しろうと)仕事 (▶DIYまたはD.I.Y.と略す)
― 形 日曜大工(用)の, 素人にもできる

# doll 5級 [dál ダール | dɔ́l ドール]

名 (複 dolls[-z]) C **人形**
- play (with) *dolls* 人形遊びをする

# dollar 5級 A1 [dálər ダラァ | dɔ́lər ドラァ]

名 (複 dollars[-z]) C **ドル** (▶米国・カナダ・オーストラリアなどの貨幣(かへい)単位. 1ドルは100セント. 記号は$); 1ドル紙幣[硬貨(こうか)]
- ten *dollars* and twenty cents
10ドル20セント (▶《話》ではten twentyとも言う. $10.20とも書く)
- a *dollar* bill 1ドル紙幣
- I bought the scarf for twenty-five *dollars*.
私はそのスカーフを25ドルで買った.

**dollhouse** 2級 [dálhàus ダール ハウス | dɔ́l- ドール-] 名 C ⊛ (人形遊びで使う)人形の家 (=⊛doll's house)

**dolphin** 2級 B1 [dálfin ダルフィン | dɔ́l- ドル-]
名 C 〖動物〗いるか

**dome** 3級 [dóum ドウム] 名 C (半球状の)丸屋根(の建物), 丸天井(まるてんじょう), ドーム
- the Tokyo *Dome* 東京ドーム

**domestic** B2 [dəméstik ダメスティック] 形 ❶ 家庭の; 家庭的な
- *domestic* work 家事
❷ 国内の, 自国の (⇔ foreign 外国の)
- *domestic* mail 国内郵便
❸ 飼い慣らされた (⇔ wild 野生の)
- *domestic* animals 家畜(かちく)

**Dominica**[dəménikə, də:mənì:kə ダメニカ, ダーマニーカ] 名 ドミニカ国 (▶カリブ海のドミニカ島にある共和国. 首都はロゾー(Roseau).「ドミニカ共和国」とは異なる)

**Dominican Republic**[dəménikən ripʌ́blik ダメニカン リパブリック] 名 ドミニカ共和国 (▶カリブ海のイスパニョーラ島にある共和国. 首都はサントドミンゴ(Santo Domingo).「ドミニカ国」とは異なる)

**domino**[dámənou ダミノゥ | dɔ́mi- ドミ-] 名 C (複 dominoes, dominos[-z]) ドミノ牌(はい);《dominoesで》ドミノ遊び

**Donald**[dánld ダナルド | dɔ́nld ドナルド] 名 ドナルド (▶男性の名. 愛称(あいしょう)はDon)

**Donald Duck**[dànəld dʌ́k ダナルド ダック] 名 ドナルドダック (▶ウォルト・ディズニーのアニメに登場する, 水兵姿のあひる)

**donate** B2 [dóuneit ドウネイト | dounéit ドウネイト] 動 他 自 (…を)寄付する
派生語 donation 名, donor 名

**donation** B2 [dounéiʃən ドウネイション] 名 C 寄付金; U 寄付

# done 準2級 A2 [dʌ́n ダン]

― 動 do(する)の過去分詞
- Jim has already *done* the dishes.
ジムはもう食器を洗い終えた. (▶完了形)
― 形 ❶ 終わった, 済んだ
- It will be *done* in ten minutes.
それは10分でできるだろう.
- I'm *done*. 終わった. (= I'm finished.)
❷ (食べ物が)煮(に)えた, 焼けた

> 話してみよう!
> ☺How would you like your steak (*done*)?
> ステーキはどのようにいたしましょうか.
> ☻Well-*done*, please.
> よく焼いてください.

**donkey** B2 [dáŋki ダンキィ | dɔ́ŋki ドンキィ]
名 C ❶ 〖動物〗ろば (▶米国の民主党のシンボル → elephant)
❷ ばか者; 頑固(がんこ)者

**donor**[dóunər ドウナァ] 名 C 寄付者, 寄贈(きぞう)者; 〖医学〗(移植用の臓器の)提供者, ドナー

## don't

**don't** [dóunt ドウント]
《話》do notの短縮形
- I *don't* like snakes.
私は蛇(へび)が好きではない.
- *Don't* lie. = *Don't* tell lies. うそをついてはいけないよ.
- You have a dog, *don't* you?
あなたは犬を飼っているでしょう？（▶付加疑問文）

**donut** [dóunət ドウナット | -nʌ̀t -ナット] 名 C =doughnut

**\*door** 5級 A1 [dɔ́ːr ドア]
名 (複 doors[-z]) C ❶ **ドア**, 戸, 扉(とびら)
- open the *door* ドアを開ける
- shut [close] the *door* ドアを閉める
- lock the *door* ドアにかぎをかける

❷ **玄関**(げんかん), 戸口, 出入り口
- the front [back] *door* 玄関[裏口]
- answer the *door* 玄関に(応対に)出る

❸ 1軒(けん), 1戸
- An American family lives three *doors* away. 3軒先にアメリカ人家族が住んでいる.

(*from*) *door to door* 一軒一軒；戸口から戸口まで
- She sold flowers (*from*) *door to door*.
彼女は一軒ずつ花を売り歩いた.

*next door* (*to ...*) (…の)隣(となり)に, 隣の
- Judy lives *next door to* us.
ジュディは私たちの家の隣に住んでいる.

*out of doors* 戸外で(=outdoors)

**doorbell** [dɔ́ːrbèl ドァベル] 名 C 玄関(げんかん)のベル

**doorknob** [dɔ́ːrnɑ̀b ドァナブ | -nɔ̀b -ノブ] (★このkは発音しない) 名 C ドアの取っ手

**doorway** B2 [dɔ́ːrwèi ドァウェイ] 名 C (家・部屋の)戸口, 出入り口

**dorm** B2 [dɔ́ːrm ドーム] 名《話》=dormitory

**dormitory** B2 [dɔ́ːrmətɔ̀ːri ドーミトーリィ | -təri -タリィ] 名 (複 dormitories[-z]) C 寄宿舎, 寮(りょう)

**Dorothy** [dɔ́ːrəθi ドーラスィ] 名 ドロシー(▶女性の名, 愛称(あいしょう)はDolly, Dot)

**dot** B1 [dɑ́t ダット | dɔ́t ドット]
— 名 C (小さな)点(=point, spot); 終止符(ふ)(=period); 小数点；iやjの点(˙)；〖インターネット〗ドット(▶URL(インターネットアドレス)に使われるピリオドの読み方)
— 動 (過去・過分 dotted[-id]; 現分 dotting) 他 …に点を打つ；…に点在させる

**double** 準2級 A2 [dʌ́bl ダブル] (★ouのつづりに注意)
— 形 ❶ (数量などが)2倍の, 倍の
- *double* pay 2倍の給料
- at *double* the speed [price] 2倍の速度[値段]で (▶doubleはtheの前に置く)
- He is *double* your age.
彼の年齢(ねんれい)はあなたの2倍だ. (▶doubleの位置に注意)
- a *double* play 〖野球〗ダブルプレー
- a *double* steal 〖野球〗ダブルスチール

❷ 二重の；2人用の (▶「1人用の」はsingle)；表裏のある
- a *double* lock 二重かぎ
- a *double* bed ダブルベッド

— 副 2倍に；二重に；2人[2つ]で
- pay *double* 2倍の金額を払う

— 動 (三単現 doubles[-z]; 過去・過分 doubled[-d]; 現分 doubling)
— 他 ❶ …を2倍にする
- The store *doubled* its sales last year.
その店は去年売り上げを2倍にした.

❷ (紙・毛布など)を二つ折りにする, 畳(たた)む
— 自 2倍になる

**double bass** [dʌ̀bl béis ダブル ベイス] 名 C 〖楽器〗コントラバス

**double-decker** [dʌ́bldékər ダブルデッカァ] 名 C ❶ 2階建てバス[電車]

❷ ⦅米⦆ 2段重ねのサンドイッチ (▶3枚のパンの間に2層の具を挟(はさ)む)

**doubt** A2 [dáut ダウト] (★このbは発音しない)
— 名 U C 疑い, 疑惑(ぎわく), 疑わしさ, 疑問 (⇔belief 信じること)
- There is no *doubt about* that.
それについては何の疑いもない.
- He has *doubts about* the story.
彼はその話に疑いをもっている.

*in doubt* (未来が)不確かな；未定で
- The plan is still *in doubt*.
その計画はまだ確かではない.

*no doubt* 疑いなく, きっと
- *No doubt* Mike will win the game.
きっとマイクが試合に勝つ.

# down¹

*without* [*beyond*] *doubt* 確かに, 絶対に
━**動 他** …を疑う, 信じない (⇔believe 信じる);
《doubt if [whether] ... で》…かどうか疑問に思う;《doubt that ... で》…ではないと思う
(▶進行形にしない) → suspect
- I *doubt* his word.
  私は彼の言葉を疑う.
- I *doubt* if she will come to the party.
  彼女がパーティーに来るかどうか疑問だ.
- I *doubt* that he will help me.
  私は彼が助けてくれるとは思わない.

**派生語** doubtful 形

**doubtful** B2 [dáutfəl ダウトゥフル]（★このbは発音しない）形 ❶（人が…を）疑っている;（…について）確信が持てない
- I am *doubtful about* the whole idea.
  ぼくはその考え方全体を疑っている.

❷（事実・話が）疑わしい, あやふやな
- *It is doubtful that* he will pass the examination.
  彼がその試験に合格するかどうか疑わしい.

**dough** [dóu ドウ]（★このghは発音しない）名 U（パン・ケーキなどの）生地, 練り粉

**doughnut** 5級 [dóunət ドーナット | -nʌ̀t -ナット]（★このghは発音しない）(▶donutともつづる)
名 C ドーナツ

**Douglas** [dʌ́gləs ダグラス] 名 ダグラス（▶男性の名, 愛称はDoug）

**dove¹** B2 [dʌ́v ダヴ] 名 C 〘鳥〙はと（▶特に野生の白く小形のもの.「平和」「柔和」などの象徴）

**dove²** [dóuv ドウヴ] 動 ® dive (飛びこむ)の過去形の1つ

**Dover** [dóuvər ドウヴァ] 名 ドーバー（▶英国南東部の港市. 白い断がいで有名）
- the Strait of *Dover* ドーバー海峡

## ✱**down¹** 5級 A1 [dáun ダウン]

> 副 ❶ 下へ[に], 下のほうへ[に]
> ❷ 離れて, 向こうのほうへ
> ❸ 下がって, 減って
> ❹ 弱って
> 前 ❶ …を下って
> ❷ …の下流に
> ❸ …に沿って
> 形 ❶ 下への, 下りの
> ❷ 元気のない
> ❸ 故障した
> 名 不運, 逆境

━**副** ❶《動作・位置・状態》**下へ[に]**, 下のほうへ[に]（⇔up 上へ）

- Please sit [lie] *down*.
  座って[横になって]ください.
- The sun goes *down* in the west.
  太陽は西へ沈む.
- My brother came *down* to lunch.
  兄[弟]は昼食に（上から）降りてきた.
- The tree was cut *down*.
  その木は切り倒された.

❷（中心地・話し手から）離れて, 向こうのほうへ; ®（都会などから）地方へ, 田舎へ; ®（地図で）下へ, 南へ
- We went *down* to the country last week.
  私たちは先週, 田舎へ行った.
- I go *down* to Okinawa every winter.
  私は毎冬, 沖縄に行く.

❸（程度・量・質・値段などが）下がって, 減って
- Tom slowed *down* his car.
  トムは車の速度を落とした.
- Will you turn *down* the TV?
  テレビの音を小さくしてくれない？

❹（力・健康などが）弱って, 衰えて
- My mother is *down* with a cold.
  母は風邪で寝ている.

*up and down* 上下に; 行ったり来たり → up（成句）

━**前** ❶ **…を下って**, …を下りて（⇔up …を上がって）
- We went *down* the hill.
  私たちは丘を下った.

❷ …の下流に; …の下のほうに
- The family lives *down* the river.
  その一家は川の下流に住んでいる.

❸ …に沿って（=along）
- They walked *down* the street.
  彼らは道を歩いていった.（▶「下り坂」の意味ではない）

━**形** ❶《名詞の前にのみ用いる》下への, 下りの（⇔up 上への）; ® 南へ向かう
- a *down* slope 下り坂

❷ 元気のない, 気落ちして, 病気で
- I feel *down* these days.
  私はこのところ気がめいっている.

❸（機械などが）故障した
- My computer is *down* now.

**down²**
私のコンピュータは今故障して動かない．
─名 (複 downs[-z]) C (ふつう downs で) 不運, 逆境
- Her life was full of ups and *downs*.
彼女の人生は浮(う)き沈(しず)みが多かった．

**down²** A2 [dáun ダウン] 名 U (鳥の)綿毛 (▶軽くて保温性に富み，布団(ふとん)・ジャケットなどに利用)

**Downing Street** [dáuniŋ stri:t ダウニング ストゥリート] 名 ❶ ダウニング街 (▶ロンドンの官庁街，首相官邸(かんてい)はこの通りの 10 番地にある)
❷ 英国首相, 英国政府

**download** 準2級 A2 [dáunlòud ダウンロウド]
─動 他 〖コンピュータ〗(プログラム・データなど)をダウンロードする, 自分のコンピュータに取りこむ
─名 C ダウンロード

# downstairs 準2級 A2
[dàunstéərz ダウンステアズ]
─副 階下へ[で] (⇔ upstairs 階上へ)
- Please wait *downstairs*.
階下で待っていてください．
- I quickly ran *downstairs*.
ぼくは急いで下の階へ駆(か)け降りた．
─形 階下の

**downtown** 準2級 A2 [dàuntáun ダウンタウン]
─副 (町の中心の)繁華(はんか)街へ[に], 商業地区へ[に]
- We go *downtown* once a week.
私たちは週に1回繁華街へ行く．
─名 C 町の中心部, 繁華街, 商業地区 (▶オフィスや商店が集まった町の中心地域を言う)
─形 繁華街の, 商業地区の
- *downtown* New York
ニューヨークの中心部

ニューヨークのダウンタウンにあるウォール街(米国)

**downward** B1 [dáunwərd ダウンワァド]
─副 下のほうへ[に] (⇔ upward 上のほうへ)
- Cool air moves *downward*.
冷たい空気は下のほうへ流れる．
─形 下方への, 下向きの

**downwards** [dáunwərdz ダウンワァヅ]
─副 = downward

**Doyle** [dɔ́il ドイル] 名 Sir Arthur Conan, アーサー・コナン・ドイル (▶1859-1930; 英国の推理小説家・医師, 代表作『シャーロック・ホームズの冒険(ぼうけん)』)

**doz.** dozen(s) (ダース)の略

**doze** B1 [dóuz ドウズ]
─名 C 居眠(いねむ)り, うたたね (= nap)
─動 自 居眠りする, うたたねする (= nap)

# dozen B1 [dʌ́zn ダズン]
名 (複 dozen, dozens[-z]) C ダース, (同じ種類の)12個, 12人 (▶doz. または dz. と略す)
- half a *dozen* = a half *dozen*
半ダース
- a *dozen* pencils
鉛筆(えんぴつ)1ダース
- two *dozen* pencils
鉛筆2ダース (▶2ダース以上の場合も dozens とはしない)

*by the dozen* ダース単位で
- They sell eggs *by the dozen*.
卵はダースで売られる．

*dozens of ...* たくさんの…
- I've seen the movie *dozens of* times.
私はその映画を何回も見た．

# Dr., Dr 4級 A1
[dɑ́ktər ダクタァ | dɔ́ktər ドクタァ] 名 C (複 Drs., Drs[-z]) …博士, …医師, …先生 (▶ Doctor の略)
- *Dr*. Brown ブラウン博士[先生]

**Dracula** [drǽkjulə ドゥラキュラ] 名 ドラキュラ (▶英国の作家ブラム・ストーカーの怪奇(かいき)小説, およびその主人公の吸血鬼(きゅうけつき)の伯爵(はくしゃく))

**draft** B2 [dræft ドゥラフト | drɑ́:ft ドゥラーフト] (▶ 英では draught ともつづる)
─名 ❶ C 草稿, 下書き, 下図
- She made a *draft* of her speech.
彼女は演説の下書きをした．
❷ U C 透(す)き間風; 通風, 風通し
❸ U 米 ドラフト制 (▶プロスポーツのチームが選手を選んで雇(やと)うこと)
─動 他 …の草案を書く, 下書きをする

**drag** B1 [dræg ドゥラッグ]
動 (過去・過分 dragged[-d]; 現分 dragging)
─他 ❶ (重い物)を引っ張っていく, 引きずる
- *drag* a log *along* the ground
地面に丸太を引きずっていく
❷ 〖コンピュータ〗…をドラッグする (▶画面上をマウスで移動させること)

# drawn

―⾃ だらだら続く, 長引く

**dragon**[drǽgən ドゥラガン] 名C 竜(リュウ)(▶翼(ツバサ)と大蛇(ダイジャ)のような尾(オ)を持ち, 口から火を吐(ハ)く伝説上の怪獣(カイジュウ). 米英では悪魔(アクマ)と考えられている)

**dragonfly**[drǽgənflài ドゥラガンフライ] 名 (複 **dragonflies**[-z]) C 〖虫〗とんぼ

**drain** B2 [dréin ドゥレイン]
―名 C 排水(ハイスイ)管, 排水路; ®(流しなどの)排水口; 《drains で》下水施設(シセツ)
―動 ―他 …の水を抜(ヌ)く, (液体)を排出させる; …の水を切る
- *Drain* the water *from* the bathtub.
浴槽(ヨクソウ)の水を抜きなさい.
―⾃ (水が)はける; 排水する; 流れ出る → dump(写真)
- The land *drains* well.
その土地は水はけがよい.

# drama 4級 A1 [drɑ́:mə ドゥラーマ]

名 (複 **dramas**[-z]) ❶ C ドラマ, 劇, 戯曲(ギキョク), 脚本(キャクホン)
❷ U 演劇, 劇文学, 芝居(シバイ) → play 名 ❷
- She studies *drama*.
彼女は演劇[劇文学]を研究している.
❸ C 劇的な事件[出来事]
派生語 dramatic 形

**dramatic** B1 [drəmǽtik ドゥラマティック] 形 ❶ 戯曲(ギキョク)の, 劇に関する, 劇の
❷ 劇的な, 感動的な, 印象的な
- a *dramatic* victory
劇的な勝利

# drank 4級 [drǽŋk ドゥランク]

動 drink(飲む)の過去形

# *draw 5級 A1 [drɔ́: ドゥロー]

動 他 ❶(線)を引く, (線で絵)をかく
　　 ❷(物)を引く, 引っ張る
　　 ❸(物)を引き出す
　　 ❹(人)を引き寄せる
　　 ❺…を引き分けにする
　⾃ ❶絵をかく
　　 ❷(ゆっくりと)近づく
　　 ❸引き分ける
　名 ❶引くこと
　　 ❷引き分け

―動 (三単現 **draws**[-z], 過去 **drew**[drú: ドゥルー]; 過分 **drawn**[drɔ́:n ドゥローン]; 現分 **drawing**)
―他 ❶ (線)**を引く**, (線で絵)**をかく** (▶鉛筆(エンピツ)・ペン・チョークなどで図形や絵をかくこと)

paint 絵の具でかく
draw 線で絵をかく
write 字を書く

- *draw* a map [circle] 地図[円]をかく
- Thomas *drew* (a picture of) a train.
トーマスは電車の絵をかいた.
❷ (物)**を引く**, 引っ張る, 引いて動かす
- She *drew* the curtain over the window.
彼女は窓のカーテンを閉めた. (▶draw the curtain だけの場合は「カーテンを開ける」の意味にも「カーテンを閉める」の意味にもなる)
❸ (物)を引き出す, 取り出す, 引っ張り出す
- Tom *drew* a map *from* [*out of*] his pocket.
トムはポケットから地図を取り出した.
❹ (人)を引き寄せる; (注意)を引きつける
- His speech *drew* a lot of people.
彼の演説は大ぜいの人を集めた.
❺ (勝負など)を引き分けにする
- The game was *drawn*.
そのゲームは引き分けになった.
―⾃ ❶ **絵をかく**
- Tom *draws* well. トムは絵がうまい.
❷ (ゆっくりと)近づく, (少しずつ)寄る
- A train slowly *drew* into the station.
電車がゆっくりと駅に入って来た.
- Examinations are *drawing* near.
試験が近づいてきている.
❸ (勝負などが)引き分ける
The Giants and the Tigers *drew* 3-3.
ジャイアンツとタイガースは3対3で引き分けた.
(▶3-3は three to three と読む)
―名 (複 **draws**[-z]) C ❶引くこと, 抜(ヌ)くこと, 引っ張ること ❷引き分け, 無勝負
派生語 drawer 名, drawing 名, drawn 形

**drawer** A2 [drɔ́:r ドゥロアァ] 名 C (たんす・机などの)引き出し
- a chest of *drawers* たんす

**drawing** 準2級 A2 [drɔ́:iŋ ドゥローイング]
―動 draw(引く; 絵をかく)の現在分詞・動名詞
―名 ❶ C (線でかいた)絵, スケッチ → picture くらべて! ❷ U 線を引くこと; 製図; 図面

# drawn 3級 [drɔ́:n ドゥローン]

―動 draw(引く; 絵をかく)の過去分詞
―形 引き分けの
- a *drawn* game
引き分け試合

## dread

**dread** B2 [dréd ドゥレッド]
— 名 U (これから起こることへの)恐怖, 不安
— 動 他 …を恐(おそ)れる, 怖(こわ)がる
派生語 dreadful 形

**dreadful** B2 [drédfəl ドゥレッドフル] 形 ❶ 恐(おそ)ろしい, 怖(こわ)い (= terrible)
- a *dreadful* accident
  恐ろしい事故
❷ (話)とてもひどい, 嫌(いや)な (= very bad)

## dream 4級 A1 [dríːm ドゥリーム]

名 ❶ (眠(ねむ)っているときに見る)夢
 ❷ (実現したいと思う)夢
動 自 ❶ (…の)夢を見る
 ❷ (…を)想像する
他 ❶ (夢)を見る
 ❷ …を想像する

— 名 (複 dreams[-z]) C ❶ (眠っているときに見る)夢
- I met her in my *dream*.
  ぼくは夢の中で彼女に会った.
- Julia *had a* strange *dream*.
  ジュリアは変な夢を見た. (▶日本語の「見る」につられてseeを使わないこと)
❷ (実現したいと思う)夢, 理想, 希望
- I have a *dream* of becoming famous.
  私は有名になるという夢を持っている.
— 動 (三単現 dreams[-z]; 過去・過分 dreamed[drémt ドゥレムト, dríːmd ドゥリームド], dreamt[drémt ドゥレムト]; 現分 dreaming)
— 自 ❶ (…の)夢を見る
- I *dreamed* about you last night.
  ぼくはゆうべ君の夢を見た.
❷ (…を)想像する, 夢見る
— 他 ❶ (夢)を見る
- I *dreamed* a strange dream.
  私は変な夢を見た.
- Last night she *dreamed that* she was a singer. 昨夜, 彼女は歌手になった夢を見た.
❷ …を想像する, 夢見る
*dream of ...* …を夢見る
- She *dreams of* buying a car of her own.
  彼女は自分の車を買うことを夢見ている.
派生語 dreamer 名

**dreamer** [dríːmər ドゥリーマァ] 名 C 夢見る人; 夢想家, 空想家

**dreamland** [dríːmlænd ドゥリームランド] 名 U C 夢の国, ユートピア

**dreamt** [drémt ドゥレムト] (★「ドリームト」でないことに注意) 動 dream (夢を見る)の過去形・過去分詞の1つ

## dress 5級 A1

[drés ドゥレス] (★アクセント位置に注意)

名 ❶ ドレス
 ❷ 衣服
動 他 …に服を着せる
 自 服を着る

— 名 (複 dresses[-iz]) ❶ C (特にワンピースの)ドレス, ワンピース, 婦人服, 子ども服
- an evening *dress* イブニングドレス
- Lucy is making a *dress* for her daughter.
  ルーシーは娘(むすめ)のために服を作っている.
❷ U (一般に)衣服, 服装; 正装; 礼服
- casual [formal] *dress* ふだん着[礼服]
— 動 (三単現 dresses[-iz]; 過去・過分 dressed[-t]; 現分 dressing)
— 他 …に服を着せる
- She is *dressing* her child.
  彼女は子どもに服を着せているところだ.
- Meg was well *dressed*.
  メグはきちんとした身なりをしていた.
— 自 服を着る; 正装する
- *dress* for dinner
  夕食のために正装する
- I *dressed* warmly.
  ぼくは暖かく着こんだ.
*dress up* 着飾る, 正装する
- *Dress up* for the party in ten minutes!
  10分でパーティーのために着替えなさい.
派生語 dressed 形, dresser 名, dressing 名

**dressed** A2 [drést ドゥレスト] 形 洋服を着た, 着衣の
*be dressed in ...* …を着ている
- He *was dressed in* a brown suit.
  彼は茶色のスーツを着ていた.
*get dressed* 服を着る
- I *got dressed* quickly.
  私はすばやく身じたくを整えた.

**dresser** [drésər ドゥレッサァ] 名 C ❶ 米 化粧(けしょう)台, 鏡台; 衣装(いしょう)だんす ❷ 英 食器棚(だな)

**dressing** 3級 [drésiŋ ドゥレッスィング]
— 動 dress (服を着せる; 服を着る)の現在分詞・動名詞
— 名 ❶ U C (サラダなどにかける)ソース, ドレッシング
- French *dressing* フレンチドレッシング
❷ U C 米 (鳥料理の)詰(つ)め物 (= stuffing)
❸ C 包帯, ガーゼ
❹ U 身じたく, 着付け; 衣服; 飾(かざ)りつけ
- a *dressing* room (劇場などの)楽屋; (体育館などの)更衣(こうい)室

試着室を案内する掲示

**dressmaker** [drésmèikər ドゥレスメイカァ] 名
⃝C 洋裁師，婦人服を仕立てる人（⇔tailor 紳士(しん)服を仕立てる人）
派生語 dressmaking 名

**dressmaking** [drésmèikiŋ ドゥレスメイキング]
— 名 ⃝U 洋裁，婦人服仕立て

# drew 4級 [drú: ドゥルー]

動 draw（引く；絵をかく）の過去形

**dribble** [dríbl ドゥリブル]
— 動 他 自 ❶ …を滴(したた)らせる；滴る ❷（ボールを）ドリブルする
— 名 ⃝C ❶ 滴り，しずく（＝drop）；少量，わずか ❷（球技の）ドリブル（＝dribbling）

**dribbling** [dríbliŋ ドゥリブリング]
— 動 dribble（滴(したた)らせる；滴る）の現在分詞・動名詞
— 名 ⃝U（球技の）ドリブル

**dried** [dráid ドゥライド]
— 動 dry（乾(かわ)かす；乾く）の過去形・過去分詞
— 形 乾いた，乾燥(かんそう)した，干した
- *dried* fish（魚の）干物(ひもの)

**drier** [dráiər ドゥライア] （▶dryer ともつづる）名
⃝C 乾燥(かんそう)器，（ヘア）ドライヤー

**drift** [dríft ドゥリフト]
— 動 — 自 ❶（流れ・風に）流される，漂流(ひょうりゅう)する ❷（目的を定めず）動き回る，うろうろする
— 他 ❶ …を流す，漂流させる ❷（雪・葉など）を吹(ふ)き寄せる
— 名 ❶ ⃝U 流されること，漂流；放浪(ほうろう) ❷ ⃝C（雪などの）吹き寄せ，吹きだまり

**driftwood** [dríftwud ドゥリフトウッド] 名 ⃝U 流木

**drill** A2 [dríl ドゥリル]
— 名 ❶ ⃝C きり，ドリル，穴開け機
❷ ⃝C ⃝U（繰(く)り返して行う）訓練，反復練習
- a fire *drill* 火災訓練
- a *drill* book 練習帳
— 動 他 自 ❶（きりで穴）を開ける；穴を開ける
❷（繰り返して）…を訓練する；訓練を受ける

# *drink 5級 A1 [dríŋk ドゥリンク]

動 他（飲み物）を飲む
自 ❶ 飲み物を飲む
❷ 酒を飲む
❸ 乾杯(かんぱい)する
名 ❶ 飲み物
❷（飲み物の）1 杯

— 動（三単現 drinks[-s]; 過去 drank[dr&#230;ŋk ドゥランク]; 過分 drunk[dr&#225;ŋk ドゥランク]; 現分 drinking）
— 他（飲み物）**を飲む**
- *drink* a glass of milk
牛乳を 1 杯(ぱい)飲む
- I *drink* orange juice every day.
私は毎日オレンジジュースを飲む．

**ここがポイント！ スープはdrink? eat?**

「スープを飲む」場合，カップから直接飲むときは **drink** soup と言いますが，スープ皿からスプーンで飲むときは **eat** soup と言います．
また「薬を飲む」は粉末でも錠剤(じょうざい)，水薬でも **take** medicine と言います．

drink　　eat　　take

— 自 ❶ 飲み物を飲む
- eat and *drink* 食べたり飲んだりする
❷ 酒を飲む
- My sister doesn't *drink* at all.
姉は全然お酒を飲まない．
❸ 乾杯する
- Let's *drink to* your success in your new job!
君の新しい仕事の成功を祈(いの)って乾杯しよう．
*drink up* ... …を飲み干す
— 名（複 drinks[-s]）❶ ⃝C ⃝U 飲み物；酒
- food and *drinks*
飲食物（▶日本語とは語順が逆）
- soft *drinks* ソフトドリンク（▶アルコールを含(ふく)まない飲み物）
❷ ⃝C（飲み物の）1 杯，ひと飲み
- I'd like a *drink* of orange juice, please.
オレンジジュースを 1 杯ください．
派生語 drinking 名

**drinking** 5級 [dríŋkiŋ ドゥリンキング]
— 動 drink（飲む）の現在分詞・動名詞
— 名 ⃝U 飲むこと；飲酒

**drinking water**

**drinking water**[dríŋkiŋ wɔ́ːtər ドゥリンキング ウォータァ] 名U 飲料水

**drip**[dríp ドゥリップ]
—動(過去・過分 dripped, dript[drípt ドゥリップト]; 現分 dripping) 自
❶(水などが)滴(したた)る
 • Sweat was *dripping from* her face.
  汗(あせ)が彼女の顔からぽたぽた落ちていた.
❷(物が)しずくを滴らす
—名C しずくが落ちること, 滴り; 滴り落ちる音

\***drive** 4級 A1 [dráiv ドゥライヴ]

| 動 他 ❶(車など)を運転する |
| ❷(人)を車で送る |
| ❸…を追いやる |
| ❹…を動かす |
| ❺…を打ちこむ |
| 自 車を運転する |
| 名 ❶ドライブ |
| ❷車道 |
| ❸(組織的)運動, キャンペーン |

—動(三単現 drives[-z]; 過去 drove[dróuv ドゥロウヴ]; 過分 driven[drívən ドゥリヴン]; 現分 driving)
—他 ❶(車など)**を運転する**(▶自転車・馬などに「乗る」はride)

drive　　　　ride

 • *drive* a car 車を運転する
❷(人)を車で送る
 • My mother *drove* me *to* school.
  母が車で学校まで送ってくれた.
❸(ある方向・状態に人など)を追いやる
 • The shepherd dog *drove* sheep into the grassland.
  牧羊犬が羊を草地へ追いこんだ.
❹(動力などが)(機械)を動かす
❺(くぎなど)を打ちこむ;(ボールなど)を強打する
—自 **車を運転する**
 • *Drive* carefully.
  気をつけて運転しなさい.
 • We *drove* to Aomori.
  私たちは青森まで車で行った. (=We went to Aomori by car.)
*drive away* …を追いはらう

 • He *drove* the cats *away*.
  彼は猫(ねこ)を追いはらった.
—名(複 drives[-z])C ❶**ドライブ**, 乗って行くこと;(車で行く)距離(きょり)
 • We *went for a drive* last Sunday.
  私たちはこの前の日曜日にドライブに行った.
 • Please *take* us *for a drive*, Dad. ぼくたちをドライブに連れて行ってよ, お父さん.
 • It is about a two-hour *drive* to the lake.
  湖までは車で約2時間の距離だ. (▶このitは「距離」を表す)
❷(公園内・邸内(ていない)の)車道; 通り; 私道(=driveway)
❸(組織的)運動, キャンペーン; 本能的要求, 衝動(しょうどう)
派生語 driver 名, driving 名

**drive-in**[dráivìn ドゥライヴイン]
—形 ドライブイン式の, 自動車で乗り入れできる
 • a *drive-in* theater [bank]
  ドライブイン式映画館[銀行]
—名C ※ ドライブイン(▶車に乗ったまま利用できる銀行・売店・食堂・野外映画館など)

**driven**[drívən ドゥリヴン](★「ドライブン」でないことに注意) 動 drive(運転する)の過去分詞

**driver** 5級 A1 [dráivər ドゥライヴァ]
名(複 drivers[-z])C (車などを)**運転する人**, **運転手**
 • She is a good *driver*.
  彼女は運転がうまい. (=She drives well.)

**driver's license** A2 [dráivərz làisəns ドゥライヴァズ ライサンス] 名C ※ 自動車運転免許(めんきょ)(証)(=※ driving licence)

**drive-through**[dráivθrùː ドゥライヴスルー](★このghは発音しない)(▶drive-thruともつづる)
—形 ドライブスルーの, 車に乗ったまま利用できる
—名C ドライブスルーのレストラン[銀行]

ドライブスルーのファストフード店の表示

**driveway**[dráivwèi ドゥライヴウェイ] 名C (家の玄関(げんかん)口または車庫から通りまでの)私道, 車寄せ

## driving
**3級** [dráiviŋ ドゥライヴィング]
- 動 drive（運転する）の現在分詞・動名詞
- 名 U （自動車などの）運転
  - a *driving* school 自動車教習所

## driving licence
**A2** [dráiviŋ làisəns ドゥライヴィング ライサンス] 名 C 英 ＝ driver's license

## drone
**2級** [dróun ドゥロウン]
1. C （みつばちの）雄（おす）ばち
2. C ドローン，無人小型飛行機
   - You mustn't fly a *drone* in this area.
   この地域でドローンを飛ばしてはいけない．
3. U 低いブーンという音

ドローンを操縦（そうじゅう）する男性

## drop
**4級 A1** [dráp ドゥラップ | drɔ́p ドゥロップ]

動 自
1. 落ちる
2. 下がる，減る
3. 倒（たお）れこむ

他
1. …を落とす
2. …を下げる，減らす
3. …を抜（ぬ）かす
4. …を降ろす
5. …を書き送る
6. …をやめる

名
1. 滴（しずく）
2. 落ちること
3. あめ玉

— 動（三単現 drops[-s]; 過去・過分 dropped[-t]; 現分 dropping）
— 自 ❶ 落ちる → fall くらべて!
- The fruit *dropped* from the tree.
果実が木から落ちた．
❷ （物価・温度・勢いなどが）下がる，減る
- The price of gas has *dropped* sharply.
ガソリンの価格が急激に下がった．
- The temperature has *dropped*.
温度が下がった．
❸ （急に）倒れこむ；座（すわ）りこむ
- Jane *dropped to* the ground.
ジェーンは地面にばったりと倒れた．
— 他 ❶ …を落とす；（手紙）を投かんする

- He *dropped* his bag on the floor.
彼はかばんを床（ゆか）に落とした．
❷ …を下げる，減らす
- Her voice *dropped to* a whisper.
彼女の声は小さくなってささやき声になった．
❸ （文字・音声など）を抜かす；（人）を除く
- My name was *dropped* from the list.
私の名前はリストから除かれていた．
❹《話》（乗り物から人）を降ろす
- *Drop* me (*off*) in front of the station, please.
駅の前で降ろしてください．
❺ （短い手紙）を書き送る
- *Drop* me a line [*note*] sometime.
そのうち一筆お便りください．
❻《話》（計画など）をやめる；（履修（りしゅう）中の授業）をとりやめる；（人）と絶交する，別れる

*drop by*《話》ぶらりと立ち寄る（＝drop in）
*drop in* （…に）ちょっと立ち寄る；（…を）ひょっこり訪ねる（▶家を訪ねるときはdrop in at，人を訪ねるときはdrop in on）
- Ted *dropped in at* his sister's house.
テッドは姉［妹］の家にちょっと立ち寄った．
- Kate *dropped in on* me yesterday.
きのうケイトがひょっこり訪ねてきた．

*drop out* (*of* ...) （…から）脱落（だつらく）する；（…を）中途（ちゅうと）退学する

— 名（複 drops[-s]）C ❶ （雨などの）滴，滴（した）り，少量
- a *drop* of oil 1滴（てき）の油
- a tear *drop* 涙のひと滴
❷ 落ちること，落とすこと，下落，減少
- a *drop* in prices 物価の下落
- a *drop* of ten meters 10メートルの落下
❸ あめ玉
- a cough *drop* せき止めドロップ
- fruit *drops* フルーツのあめ玉

## dropout
**B2** [drápàut ドゥラップアウト | drɔ́pàut ドゥロップアウト] 名 C 中途（ちゅうと）退学者；脱落（だつらく）者

## drought
**B2** [dráut ドゥラウト] （★このghは発音しない）名 U C 日照り続き，干ばつ

## drove
**4級** [dróuv ドゥロウヴ] 動 drive（運転する）の過去形

## drown
**B1** [dráun ドゥラウン] （★「ドゥロウン」でないことに注意）動
— 自 おぼれ死ぬ，でき死する
- A *drowning* man will catch at a straw.
（ことわざ）おぼれる者はわらをもつかむ．
— 他 …をおぼれ死にさせる
- They were nearly [*almost*] *drowned*.
彼らは危（あや）うくおぼれ死ぬところだった．

## drowsy

> **ここがポイント!** drownは「おぼれて死ぬ」
> 日本語の「おぼれる」は死ぬとは限らないのに対し，**drown**は「おぼれて死ぬ」ことを意味します．したがって「おぼれて死にそうになる」はnearly [almost] *drown*, be nearly [almost] *drowned*, またはbe *drowning*で表現します．

**drowsy** [dráuzi ドゥラウズィ]
形 (比較 drowsier; 最上 drowsiest) 眠(ᵑᵇ)い(= sleepy)；眠気を誘(ᵉᵉ)う；活気のない

**drug** A2 [drág ドゥラッグ] 名 C 薬, 薬品, 薬剤(ᵖ゙)(= medicine)；麻薬(ᵐᵏ)(▶《話》では「麻薬」の意で用いられることが多い)
派生語 druggist 名

**druggist** [drágist ドゥラッギスト] 名 C ❶ 《主に ⊛》薬剤(ᵖ゙)師(= pharmacist, ⊛ chemist) ❷ ⊛ ドラッグストアの経営者

**drugstore** 準2級 A2 [drágstɔːr ドゥラッグストア] 名 C ⊛ ドラッグストア, 薬局(= chemist's)

## drum 5級 A1 [drám ドゥラム]

—名 (複 drums [-z]) C 《楽器》**太鼓**(ᵈᵒ), **ドラム**；《the drumsで》(ジャズバンドなどの)ドラムス, ドラムのパート；円筒(ᵉⁿ)形のもの, ドラム缶(ᵏ)
- beat a *drum* 太鼓をたたく
- play *the drums* ドラムを演奏する

—動 自他 太鼓をたたく；…をトントンたたく
派生語 drummer 名

**drummer** 4級 [drámər ドゥラマァ] 名 C ドラム奏者, ドラマー

## drunk 2級 B1 [dráŋk ドゥランク]

—動 drink(飲む)の過去分詞
—形 酔(ʸ)っている(▶名詞の前ではふつうdrunkenを用いる)(⇔sober しらふの)
- He got quite *drunk*.
  彼はすっかり酒に酔った．
—名 C 酔っぱらい
派生語 drunken 形

**drunken** [dráŋkən ドゥランカン] 形《名詞の前にのみ用いる》酒に酔(ʸ)った；酒の上での

## dry 4級 A1 [drái ドゥライ]

形 ❶ 乾(ᵏ)いた
❷ 雨の降らない
❸ 《話》のどが渇(ᵏ)いた
❹ おもしろくない
❺ (酒類が)辛口(ᵏᵃ)の
動 他 …を乾かす
自 乾く

—形 (比較 drier; 最上 driest) ❶ **乾いた**, 乾燥(ᵏˢ)した, ぬれていない (⇔wet ぬれた, damp 湿気(ˡᵏ)のある)
- *dry* air [clothes] 乾いた空気[衣類]
- The paint isn't *dry* yet.
  ペンキはまだ乾いていない．
- a *dry* battery [cell] 乾電池
- a *dry* cleaner ドライクリーニング店[業] (▶店はdry cleaner'sとも言う) →cleaner
- *dry* cleaning ドライクリーニング
- *dry* ice ドライアイス

❷ 雨の降らない, 日照り続きの (⇔rainy 雨降りの)
- the *dry* season 乾季
- *dry* weather 日照り

❸《話》のどが渇いた (= thirsty)
- My throat feels *dry* in this hot weather.
  この暑さでのどが渇いた．

❹ おもしろくない, 無味乾燥の (= dull)
- The lecture was *dry*.
  その講義はつまらなかった．

❺ (酒類が)辛口の (⇔sweet 甘口(ᵃᵐ)の)
- *dry* wine [beer] 辛口のワイン[ビール]

—動 (三単現 dries [-z]; 過去・過分 dried [-d]; 現分 drying)
—他 …を乾かす, (ぬれた物)をふく
- Why don't you *dry* your hands?
  手を乾かしたらどう．
—自 乾く；干(ʰ)上がる
- The ink *dries* quickly.
  そのインクはすぐ乾く．

***dry up*** …をすっかり乾かす；すっかり乾く, 干上がる

- My mouth *dried up* because I was nervous.
私は緊張(きんちょう)していたので, 口がすっかり乾いてしまった.

派生語 drier 名, dryer 名

**dryer** [dráiər ドゥライア] 名 C 乾燥(かんそう)機, (ヘア)ドライヤー(= drier)

**Dubai** 2級 [du:bái ドゥーバイ] 名 ドバイ(▶アラブ首長国連邦(れんぽう)(the United Arab Emirates)の首長国の1つ. またその首都)

**Dublin** [dʌ́blin ダブリン] 名 ダブリン(▶アイルランド共和国(Ireland)の首都)

**duck** A2 [dʌ́k ダック] 名 C 〘鳥〙かも, あひる(▶「あひるの子」はduckling, 「(あひるが)ガアガア鳴く」はquack)

duck　　　　duckling

**duckling** [dʌ́kliŋ ダックリング] 名 C あひるの子, 子がも → duck 図
- *The Ugly Duckling* 『醜(みにく)いあひるの子』(▶アンデルセン作の童話)

# due 3級 A1

[dú: ドゥー | djú: デュー] (★同音 dew 露(つゆ))

形 ❶ …する予定で;(列車などが)到着(とうちゃく)予定で
- He is *due to* graduate in March.
彼は3月に卒業する予定だ.
- The train is *due* at eight.
電車は8時に着く予定だ.

❷(金などが)当然払(はら)われるべき;(提出物などの)期限が来た
- The rent is *due* today.
家賃はきょう払われるべきだ.
- My homework is *due* on Monday.
私の宿題は月曜日が提出期限です.

❸《名詞の前にのみ用いる》当然の, 正当な
- a *due* reward 当然の褒美(ほうび)

***due to ...*** …による; …のために(= because of ...)
- The train stopped *due to* heavy snow.
電車は大雪のせいで止まった.
- The game was put off *due to* the rain.
試合は雨のため延期された.

**duet** [du:ét ドゥーエット | dju:ét デューエット] (★アクセント位置に注意) 名 C 〘音楽〙二重唱[奏]; 二重唱[奏]曲

**dug** [dʌ́g ダッグ] 動 dig (掘(ほ)る)の過去形・過去分詞

**dugout** [dʌ́gàut ダッガウト] 名 C 〘野球〙(球場の)選手控(ひか)え所, ダッグアウト

**duke** [dú:k ドゥーク | djú:k デューク] 名 C (英国の)公爵(こうしゃく)(▶公爵夫人はduchess);(ヨーロッパの公国の)君主

**dull** B1 [dʌ́l ダル] 形 ❶ 退屈(たいくつ)な, つまらない(⇔interesting おもしろい);単調な
- a *dull* book 退屈な本

❷(色・音などが)はっきりしない;(空・天気が)どんよりした, 曇(くも)った(⇔bright 鮮(あざ)やかな)
- The sky is *dull* today.
きょうは空がどんよりしている.

❸(痛みなどが)鈍(にぶ)い, (刃物(はもの)などが)鈍い, 切れ味の悪い(= blunt, ⇔sharp 鋭(するど)い)
- a *dull* pain 鈍痛(どんつう)
- a *dull* knife 切れ味の悪いナイフ

❹頭の鈍い, 鈍感(どんかん)な(= stupid)

**dumb** B2 [dʌ́m ダム] (★このbは発音しない) 形 ❶ 口のきけない(▶最近ではunable to speak (話すことができない)やspeech-impaired (言語に障がいのある)が多く用いられる) ❷物を言わない, 無言の ❸《話》まぬけの, ばかな(= stupid)

**Dumbo** [dʌ́mbou ダンボゥ] 名 ダンボ(▶ディズニーのアニメに登場する, 大きな耳を使って空を飛ぶ子象)

**dummy** [dʌ́mi ダミィ] 名 (複 dummies [-z]) C 模造品; マネキン人形; 愚(おろ)か者

**dump** B1 [dʌ́mp ダンプ]

— 動 他 ❶ (荷物など)をドシンと落とす[降ろす];(ごみなど)をドサッと捨てる ❷《話》(人)を厄介(やっかい)払(ばら)いする, 捨てる

「投げ捨て禁止／海に流れていきます」という表示(米国)

— 名 C ごみ捨て場

**dumpling** [dʌ́mpliŋ ダンプリング] 名 C U (小麦粉を練った)ゆでだんご; ぎょうざ

**dump truck** [dʌ́mp trʌ̀k ダンプ トゥラック] 名 C 《米》ダンプカー(= dumper, dumper truck)(▶「ダンプカー」は和製英語) → truck 図

**durable** [dúərəbl ドゥ(ア)ラブル | djúə- デュー-] 形 (製品などが)長もちする, 丈夫(じょうぶ)な

# during 準2級 A2

## dusk

[dúəriŋ ドゥ(ァ)リング | djúə- デュ-]
**前** ❶ (ある期間)**の間ずっと**, …(の間) じゅう (＝throughout)
- I was sick in bed *during* the holidays.
  私は休みの間ずっと病気で寝ていた.
- It didn't rain at all *during* the trip.
  旅行中に雨は一度も降らなかった.

❷ (しばらく続く時間・期間)**の間**(のある時)**に** → for くらべて
- A friend of mine came to see me *during* my absence. 私の友達が私の留守中に会いに来た. (＝... to see me while I was absent.)
- *During* the night it started to snow.
  夜の間に雪が降り始めた.

**dusk** [dʌ́sk ダスク] **名** Ⓤ 夕暮れ, たそがれ; 薄暗がり → day 図

## dust 準2級 A2 [dʌ́st ダスト]

— **名** Ⓤ **ほこり**, ちり; ごみ
- The old sneakers were covered with *dust*.
  その古い運動靴はほこりにまみれていた.

**くらべてみよう!** dust, trash, rubbish, garbage
**dust**: ほこり, 砂ぼこり
**trash**⊛, **rubbish**《主に⊛》: 紙くず, がらくたなど一般的な「ごみ」
**garbage**《主に⊛》: 主に「生ごみ」

— **動** (三単現 dusts[-ts -ツ]; 過去・過分 dusted[-id]; 現分 dusting) **他** …のほこり[ちり]を払う, ごみをふき取る
- *dust* a table テーブルのほこりを払う

派生語 duster **名**, dusty **形**

**dustbin** [dʌ́stbin ダストゥビン] **名** Ⓒ⊛ (大型の)ごみ入れ, ごみバケツ (＝⊛garbage can, trash can)
**duster** [dʌ́stər ダスタァ] **名** Ⓒ 掃除人, はたき, ぞうきん (＝⊛dust cloth)
**dustpan** [dʌ́stpæn ダストゥパン] **名** Ⓒ ちり取り
**dusty** B1 [dʌ́sti ダスティ] **形** (比較 dustier; 最上 dustiest) ほこりっぽい, ほこりだらけの
**Dutch** 3級 [dʌ́tʃ ダッチ]
— **形** オランダの; オランダ人[語]の → Holland, Netherlands
*go Dutch*《話》(レストランなどの)支払いを割り勘にする (＝split the bill)
— **名** ❶《the Dutchで》《複数扱い》オランダ人(全体) ❷ Ⓤ オランダ語

## duty 2級 B1 [dúːti ドゥーティ | djúː- デュー-]

**名** (複 duties[-z]) Ⓤ Ⓒ ❶ (道徳・法律上の)**義務, 本分** (⇔right 権利)
- You must do your *duty*.
  本分を尽くしなさい.
- It is our *duty* to obey the rules.
  規則に従うことは私たちの義務である.

❷《ふつう dutiesで》**職務, 任務, 仕事**
- He neglected his *duties*.
  彼は自分の任務を怠った.

❸《しばしば dutiesで》(輸出入品に課す)**税** (＝tax), 関税 (＝customs)
- export [import] *duties* 輸出[輸入]税

*off duty* 非番で[の], 勤務時間外で[の]
*on duty* 当番で[の], 勤務時間中で[の]

**duty-free** B1 [dùːtifríː ドゥーティフリー | djùː- デュー-]
— **形** 免税の
- a *duty-free* store 免税店
— **副** 免税で
— **名** Ⓤ Ⓒ 免税品; 免税品店

## DVD 5級 A1 [díːvìːdíː ディーヴィーディー]

**名** (複 DVDs[-z]) Ⓒ **ディーブイディー** (▶ digital versatile [video] disk の略)

**dwarf** B2 [dwɔ́ːrf ドゥウォーフ] **名** (複 dwarfs[-s], dwarves[dwɔ́ːrvz ドゥウォーヴズ]) Ⓒ ❶ (おとぎ話に出てくる)小人, 一寸法師 ❷ (ふつうよりずっと)小さい動物[植物]

**dwell** [dwél ドゥウェル] **動** (過去・過分 dwelt[dwélt ドゥウェルト], dwelled[-d]) **自** 住む (▶書き言葉で用いる) (＝live)

**dye** B2 [dái ダイ]
— **動** (現分 dyeing)
— **他** (布・服など)を染める, …に色を着ける
- She *dyed* her hair brown.
  彼女は髪を茶色に染めた.
— **自** 染まる
— **名** Ⓤ Ⓒ 染料

**dying** [dáiiŋ ダイイング] (★dyのつづりに注意)
— **動** die¹ (死ぬ)の現在分詞・動名詞
*be dying for ...*《話》死ぬほど…がほしい, …がほしくてたまらない → die¹ (成句)
*be dying to*+《動詞の原形》《話》死ぬほど…したい, …したくてたまらない → die¹ (成句)
— **形** ❶ 死にかかった, (植物が)枯れかかった; 臨終の
- a *dying* animal 死にかけている動物
❷ 滅びかけている, 消えかけている

**dynamic** B2 [dainǽmik ダイナミック] (★アクセント位置に注意) **形** (人が)精力的な, 活動的な; 動的な, ダイナミックな

**dynamite** [dáinəmait ダイナマイト] (★アクセント位置に注意) **名** Ⓤ ダイナマイト

**dz.** dozen(s) (ダース)の略

# E e

**E, e** [íː イー] 名(複 E's, Es, e's, es[-z]) C ❶英語アルファベットの第5字 ❷《Eで》⊛(成績の) E(►条件つき合格)

**E, E.** east(東)の略

**e-** [iː イー] 接頭 電子の(►electronicの頭文字(もじ)から), インターネットの
- *e-bicycle* [*e-bike*]
電動アシスト付き自転車
- *e-book* 電子書籍(しょせき)
- *e-commerce* 電子商取引
- *e-sports* イースポーツ(►インターネットを介(かい)したゲーム競技の総称)

## **each** 4級 A1 [íːtʃ イーチ]

形 それぞれの
代 それぞれ
副 1つ[1人]につき

—形 《数えられる名詞の単数形の前につけて, 2つまたはそれ以上の人・物について用いる》**それぞれの**, 各自の → every くらべて!
- *Each* student has their own computer.
どの生徒も自分のコンピュータを持っている.
→ 代 ポイント!
- There is a tall building on *each* side of the street. 通りのそれぞれの側に高いビルがある. (= ... on both sides of the street.)

> **ここがポイント！** **each**の使い方
>
> **each**は1つひとつ[1人ひとり]を分けて考える語なので, 後に続く名詞は単数形にします.
> ・生徒はそれぞれ教科書を1冊持っている.
> ○ *Each* student has a textbook.
> × Each students have a textbook.

*each time* 毎回；…するたびに
- *Each time* I read the book, I found it more and more interesting.
その本を読むたびに, ますますおもしろいと感じた.

—代 《単数扱い》**それぞれ**, 各自
- *Each* wants to do something different.
各自が何か別のことをしたがっている.
- We *each* have to do our own duty. = *Each* of us has to do our own duty.
私たちは各自それぞれの義務を果たさなければならない. (► we eachはwe = eachなので, 主語のweに合わせて動詞はhaveになる)

> **ここがポイント！** **each**を受ける代名詞
>
> **each**を受ける代名詞としては, 書き言葉ではhe or sheが使われることもありますが, 現在ではtheyを使うことが一般的です.
> ・*Each* of them has their [his or her] own room.
> 彼らはそれぞれ自分の部屋を持っている.

*each other* 互(たが)い(に)(►each otherは副詞句ではなく代名詞だが, 主語にはならない)
- We helped *each other*.
私たちは互いに助け合った.

—副 1つ[1人]につき, それぞれ
- The tickets are three hundred yen *each*.
チケットは1枚につき300円だ.

**eager** B1 [íːɡər イーガァ] 形 ❶《be eager for ...で》…を熱望している；《be eager to+〈動詞の原形〉で》しきりに…したがっている
- She *is eager for* success.
彼女は成功を熱望している.
- He *is* very *eager to* study abroad.
彼は留学したいと強く思っている.
❷(人・表情などが)熱心な
派生語 **eagerly** 副

**eagerly** B2 [íːɡərli イーガァリィ] 副 熱心に

**eagle** B2 [íːɡl イーグル] 名 C ❶〖鳥〗わし ❷わし印(►米国の国章)

米国・アラスカ州で撮影されたハクトウワシ

# ear¹

**\*ear¹** 5級 A1 [íər イァ]
- 名 (複 ears[-z]) ❶ C 耳 → face 図
  - Elephants have big *ears*. 象は耳が大きい.
  - Emily whispered in my *ear*.
    エミリーは私の耳にささやいた.
- ❷ 《an earで》聴覚(ちょう), 聴力; 音感
  - Wild animals have *a* sharp *ear*.
    野生動物は鋭(するど)い聴覚を持つ.
  - My sister has *an ear* for music.
    姉[妹]は音感がある.
- ***be all ears*** 《話》熱心に耳を傾(かたむ)ける(⇔全身を耳にして聞く)
  - Tell me, I'*m all ears*. ねえねえ, 話してよ.

**ear²** [íər イァ] 名 C (とうもろこしの)実;(麦などの)穂(ほ)

**earache** B1 [íəreik イァエイク] 名 C U 耳の痛み

**eardrum** [íərdrʌ̀m イァドゥラム] 名 C 鼓膜(こまく)

**earl** [ə́ːrl アール] 名 C 《英》伯爵(はくしゃく) → count²

**earlier** 4級 [ə́ːrliər アーリィア] 副 形 early(早く; 早い)の比較(ひかく)級

**earliest** 4級 [ə́ːrliist アーリィイスト] 副 形 early(早く; 早い)の最上級

**\*early** 5級 A1 [ə́ːrli アーリィ]
(比較 earlier; 最上 earliest)
- 副 (時間・時期が) **早く**, 早めに; 初期に(⇔late 遅(おそ)く)
  - *early* in the evening 夕方早く
  - I get up *early* every morning.
    私は毎朝早く起きる.
  - She went out ten minutes *earlier* than usual. 彼女はいつもより10分早く出かけた.

> **くらべてみよう！** early と fast
> **early**: 時間や時期が「早く」
> **fast**: 速度や動きが「速く」
>
>
> get up early　　run fast

- 形 (時間・時期が) **早い**, 早めの; 初期の(⇔late 遅い)
  - He was born in the *early* 1980(')s.
    彼は1980年代の初期に生まれた.
  - The *early* bird catches the worm. (諺) 早起きは三文の得.(⇔早起きの鳥は虫を捕(と)まえる)(▶「早起きの人」を early bird とも言う)
- ***at the earliest*** 早くとも
- ***keep early hours*** 早寝(はやね)早起きする

**earmuffs** 3級 [íərmʌfs イァマフス] 名《複数扱い》(防寒・防音用の)耳あて, イヤーマフ (▶単数形 earmuff では使われない)

# earn 準2級 A2 [ə́ːrn アーン]

動 (三単現 earns[-z]; 過去・過分 earned[-d]; 現分 earning) 他 …を稼(かせ)ぐ, 働いて(お金を)得る(⇔spend 使う);(信用・賞など)を獲得(かくとく)する
- ***earn*** *one's* ***living*** 暮らしを立てる[生計]を立てる
  - I *earn* my living as a writer.
    私は作家として生計を立てている.

**earnest** B1 [ə́ːrnist アーニスト]
- 形 真剣(しんけん)な; 熱心な, まじめな
  - She is *earnest* about her club activity.
    彼女はクラブ活動に熱心だ.
- 名 (▶次の成句で用いる)
- ***in earnest*** 本格的に[な]; 本気で[な]

**earphone** [íərfòun イァフォウン] 名 C 《ふつう earphones で》イヤホーン

**earring** A2 [íəriŋ イアリング] 名 C 《ふつう earrings で》イヤリング, 耳飾(みみかざ)り

# earth 準2級 A2 [ə́ːrθ アース]

名 (複 earths[-s]) ❶《the earth または(the) Earth で》**地球** → planet
  - *The earth* moves around [《英》round] the sun. 地球は太陽の周りを回る.
❷ U 土, 土壌(どじょう)(= soil) ❸ U(空や海に対して) **大地**, 陸地(= land, ⇔sky 空); 地面, 地表
- ***on earth*** この世で(▶最上級を強める)
  - I'm the happiest person *on earth*.
    私はこの世でいちばんの幸せ者だ.
- ***What*** [***Why***] ***on earth ...?*** 《話》いったいぜんたい何が[なぜ]…(▶疑問詞を強めた形)
  - *What on earth* has happened?
    いったいぜんたい何が起こったんだ.

**Earth Day** [ə́ːrθ dèi アース デイ] 名 C 地球の日(▶ 4月22日. 地球環境(かんきょう)・自然保護について考える日)

# earthquake 準2級 A2

[ə́ːrθkwèik アースクウェイク]
名 (複 earthquakes[-s]) C 地震(じん)
- We had a big [small] *earthquake* yesterday.
きのう大きな[小さな]地震があった.
- an *earthquake* with a magnitude of 5
マグニチュード5の地震

**earthworm** [ə́ːrθwə̀ːrm アースワーム] 名 C 〖虫〗みみず

**ease** B2 [íːz イーズ] 名 U C 容易さ, たやすさ (⇔difficulty 困難); 気楽さ, くつろぎ
- *with ease* たやすく (=easily)
*at ease* 気楽に, くつろで; 安心して
- Please feel *at ease*. 安心してください.
派生語 easy 形 副

**easel** [íːzl イーズル] 名 C イーゼル, 画架(が)

**easier** 3級 [íːziər イーズィア] 形副 easy (やさしい; 気楽)の比較(かく)級

**easiest** [íːziist イーズィイスト] 形副 easy (やさしい; 気楽)の最上級

# easily 準2級 A2

[íːzili イーズィリィ]
副 (比較 more easily; 最上 most easily) 簡単に, 容易に, 楽々と, たやすく
- Mary solved the problem *easily*.
メアリーはその問題を簡単に解いた.

# east 準2級 A2

[íːst イースト]
— 名 U ❶ 《ふつう the east で》東, 東部, 東方 (⇔the west 西, 西部)
- The sun rises in *the east*.
太陽は東から昇(のぼ)る.
- The library is on *the east* side of town.
図書館は町の東部にある.
- Idaho is to *the east* of Oregon.
アイダホ州はオレゴン州の東にある.
❷ 《the East で》東洋 (⇔the West 西洋); 米東部
- *the* Middle *East* 中東
— 形 東の, 東方の, 東向きの; 東方からの
- an *east* wind 東風
- *East* Asia 東アジア
— 副 東に, 東へ, 東方へ
- go *east* 東へ行く
派生語 eastern 形

**Easter** [íːstər イースタァ] 名 U イースター, 復活祭 (=Easter Day, Easter Sunday) (▶キリストの復活を祝う祭り) → 祝休日と行事【口絵】

**Easter egg** [íːstər èg イースタァ エッグ] 名 C イースターエッグ (▶復活祭用の殻(から)に着色した卵や, 卵形の菓子(かし))

**Easter holidays** [íːstər hɑ̀lədeiz イースタァ ハラデイズ] 名 《the Easter holidays で》復活祭の休暇(きゅう)

**Easter Island** [íːstər áilənd イースタァ アイランド] 名 イースター島 (▶モアイ像で有名な南太平洋南島部の島)

# eastern 2級 B1

[íːstərn イースタァン]
形 ❶ 東の, 東部の, 東方の; (風が)東からの
- the *eastern* sky 東の空
❷ 《Eastern で》東洋の; 米東部の

**eastward** B2 [íːstwərd イーストワァド]
— 形 東方(へ)の, 東向きの
— 副 東へ, 東方に (⇔westward 西方へ)

**eastwards** B2 [íːstwərdz イーストワァヅ] 副
= eastward

# *easy 5級 A1

[íːzi イーズィ]
(比較 easier; 最上 easiest)
— 形 ❶ (物事が) やさしい, 容易な, 簡単な, 楽な, 骨の折れない (⇔difficult, hard 難しい)
- an *easy* book やさしい本

*it is easy for +〈人〉+ to +〈動詞の原形〉*
= *be easy for +〈人〉+ to +〈動詞の原形〉*
〈人〉が…するのはやさしい
- *It is easy for* me *to* use this textbook.
= This textbook *is easy for* me *to* use.
私にとってこの教科書を使うのは簡単だ.

❷ 気楽な, 安楽な, くつろいだ, 心配のない (⇔uneasy 不安な)
- an *easy* life 気楽な暮らし
— 副 《話》気楽に, のんきに; 楽に
- It's *easier* said than done.
(諺) 言うは易(やす)く行うは難(かた)し.

*take it easy* 気楽にする, のんびりする, くよくよしない. (▶ふつう命令文で使う. 米では「じゃあね」といった気軽な別れのあいさつに使う)

話してみよう!
☺ Bye, Ben. さよなら, ベン.
☺ Bye, Cathy. *Take it easy*.
さよなら, キャシー. またね.

**派生語** easily 副

**easy chair** [íːzi tʃèər イーズィ チェア] 名C 安楽いす

**easygoing** B1 [íːzigóuiŋ イーズィゴウイング] 形 (性格が)気楽な, おおらかな

## *eat 5級 A1 [íːt イート]

動 (三単現 eats[-ts -ツ]; 過去 ate[éit エイト | ét エット]; 過分 eaten[íːtn イートゥン]; 現分 eating)

― 他 …を食べる
- *eat* breakfast 朝食を食べる
- *eat* soup with a spoon スプーンでスープを飲む → drink ポイント!
- Do you want anything to *eat*?
  何か食べる物が欲(ほ)しいですか.
- Have you ever *eaten* turkey?
  七面鳥を食べたことがありますか.

**くらべてみよう!** eat と have
**eat**: 「食べる」の意味の一般的な語
**have**: 「食べる」「飲む」などを遠回しに表す語

― 自 食事をする
- *eat* and drink 飲んだり食べたりする(▶日本語と逆で, eatを先に言う)
- Let's *eat* at that Chinese restaurant.
  あそこの中国料理店で食事をしよう.

*eat out* 外食する
- Let's *eat out* tomorrow night.
  明日の夜は外で食べよう.

*eat up* (…を)食べつくす, 平らげる
- Kevin *ate up* (all) the cookies.
  ケビンがクッキーを全部食べてしまった.

## eaten 3級 [íːtn イートゥン]
動 eat(食べる; 食事をする)の過去分詞

**eater** [íːtər イータァ] 名C 食べる人

**eating** 5級 [íːtiŋ イーティング]
― 動 eat(食べる; 食事をする)の現在分詞・動名詞
― 名U 食べること, 食事

**eating disorder** [íːtiŋ disɔ́ːrdər イーティング ディスオーダァ] 名C 摂食(せっしょく)障害

**eaves** [íːvz イーヴズ] 名《複数扱い》(家の)軒(のき), ひさし

**ebb** [éb エッブ]
― 名C《主にthe ebbで》引き潮(⇔the flow 上げ潮)
― 動自 (潮が)引く(⇔flow 潮が上がる)

**ebony** [ébəni エバニィ] 名U《植物》黒檀(こくたん)(▶家具などに用いる堅(かた)い材質の木)

**echo** [ékou エコゥ]
― 名 (複 echoes[-z]) UC こだま; 反響(はんきょう)

― 動 自他 反響する, こだまする; (音)を反響させる, …を繰(く)り返す

**eclipse** [iklíps イクリプス] 名C (太陽・月の)食
- a solar [lunar] *eclipse* 日[月]食

**eco-** [ekou- エコゥ-]《複合語をつくって》生態(系)の[に]…; 環境(かんきょう)の[に]…(▶名詞・形容詞などの前につく)
- *ecology* 生態学

**eco-friendly** [èkoufréndli エコゥフレンドゥリィ]
形 環境(かんきょう)に優(やさ)しい

**ecological** B1 [ìkəládʒikəl イカラヂカル | -lódʒikəl -ロヂカル] 形 生態学の; 生態の, 環境(かんきょう)の

**ecologist** B2 [ikálədʒist イカラヂスト | ikɔ́- イコ-] 名C 生態学者

**ecology** B1 [ikálədʒi イカラヂィ | ikɔ́lə- イコラ-] 名U ❶ 生態学(▶生物と生活環境(かんきょう)との関係を研究する学問) ❷ 生態; 環境
**派生語** ecological 形, ecologist 名

**economic** 2級 B1 [ìːkənámik イーカナミック | -nɔ́mik -ノミック](★アクセント位置に注意) 形 経済学の; 経済(上)の(▶economicalとの違(ちが)いに注意)
- *economic* growth 経済成長

**economical** B2 [ìːkənámikəl イーカナミカル | -nɔ́mi- -ノミ-] 形 経済的な, 徳用の; (人が)節約する, 無駄(むだ)にしない → cheap くらべて!
- an *economical* car (低燃費の)経済的な車

**economics** 2級 B1 [ìːkənámiks イーカナミックス | -nɔ́miks -ノミックス](★アクセント位置に注意) 名U《単数扱い》経済学

**economist** B2 [ikánəmist イカナミスト | ikɔ́nə- イコナ-] 名C 経済学者, 経済専門家, エコノミスト

**economy** 2級 B1 [ikánəmi イカナミィ | ikɔ́nə- イコナ-] 名 (複 economies[-z]) UC ❶ 経済, 財政 ❷ 節約, 倹約(けんやく)
**派生語** economic 形, economical 形, economics 名, economist 名

**economy class** [ikánəmi klæs イカナミィ クラス | ikɔ́nəmi klɑ̀ːs イコナミィ クラース] 名U (列車・旅客機などの)普通(ふつう)席, エコノミークラス

**ecosystem** B1 [ékousìstəm エコゥスィスタム] 名C《生物》生態系

**ecotourism** [ékoutùərizm エコゥトゥアリズム] U エコツーリズム, 環境保護観光

**Ecuador** [ékwədɔ̀ːr エクワドァ] 名 エクアドル(▶南アメリカ北西部の共和国. 首都はキト(Quito))

**-ed** [-d -ド, -t -ト, -id -イド] 接尾(▶規則動詞の末尾(まつび)について過去形・過去分詞をつくる)
- *asked* askの過去・過去分詞

# Egyptian

- lov*ed* loveの過去・過去分詞(▶dだけをつける)
- tr*ied* tryの過去・過去分詞(▶yをiにかえる)
- wrap*ped* wrapの過去・過去分詞(▶pを重ねる)

**Eden** [í:dn イードゥン] (★「エデン」でないことに注意) 名《the Garden of Edenで》エデンの園(その)(▶旧約聖書で,神が人類の祖先Adam(アダム)とEve(イブ)を住まわせた所)

**edge** B1 [édʒ エッヂ] 名 C ❶縁(ふち),端(はし),へり
- the *edge* of a table テーブルの縁
❷刃(は),刃先
- a sharp *edge* (ナイフの)鋭(するど)い刃

**edible** [édəbl エダブル] 形 食用になる

**Edinburgh** [édnbə̀:rə エドゥンバーラ | -bərə -バラ] (★このghは発音しない) 名 エディンバラ(▶英国スコットランドの中心都市)

**Edison** [édəsn エダスン] 名 Thomas, トーマス・エジソン(▶1847-1931; 米国の発明家, 電灯・蓄音(ちくおん)機・映写機などを発明)

**edit** B2 [édit エディット] 動 他 (文章・動画など)を編集する

**edition** B1 [idíʃən イディション] 名 C (本・新聞などの)版; (本の)型, 体裁(ていさい)
- the first *edition* 初版

**editor** 準2級 A2 [édətər エダタァ] 名 C 編集者

**editorial** B2 [èdətɔ́:riəl エダトーリアル] 名 C (新聞などの)社説, 論説

**educate** B1 [édʒukèit エヂュケイト | édju- エデュ-] (★アクセント位置に注意) 動 他 …を教育する
- She was *educated* at a college. 彼女は大学教育を受けた.
派生語 educated 形, education 名

**educated** B2 [édʒukèitid エヂュケイティド | édju- エデュ-] 形 教育を受けた, 教養のある

# education 準2級 A2

[èdʒukéiʃən エヂュケイション | èdju- エデュ-]
名 U (一般に)教育;《ふつうan educationで》(身につけた)教育, 教養
- higher *education* 高等教育
- lifelong *education* 生涯(しょうがい)教育
- He got [had, received] a good *education*. 彼はりっぱな教育を受けた.
派生語 educational 形

**educational** 準2級 A2 [èdʒukéiʃənəl エヂュケイショヌル | èdju- エデュ-] 形 教育の; 教育的な

**eel** [í:l イール] 名 (複 eels[-z], eel)C[魚]うなぎ

**effect** 準2級 A2 [ifékt イフェクト] 名 U C ❶結果(⇔cause 原因)
- cause and *effect* 原因と結果
❷効果; 影響(えいきょう)(力)
- The film had a good *effect* on them. その映画は彼らによい影響を及(およ)ぼした.

派生語 effective 形

**effective** 2級 B1 [iféktiv イフェクティヴ] 形 効果的な, 効力のある, 有効な

**effectively** B2 [iféktivli イフェクティヴリィ] 副 効果的に, 有効に

**efficient** 2級 B1 [ifíʃənt イフィシャント] 形 (機械・方法などが)効率のよい, 能率的な; 有能な

# effort 準2級 A2 [éfərt エファト]

名 (複 efforts[-ts -ツ]) U C 努力, 骨折り
- with *effort* 努力して
- without *effort* 努力しないで, やすやすと
*make an effort* = *make efforts* 努力する
- I *made an effort* to learn English. 私は英語を学ぼうと努力した.

**EFL** [ì:èfél イーエフエル] 名 English as a Foreign Language (外国語としての英語)の略 → ESL

**e.g.** [í:dʒí: イーヂー] 例えば(▶ラテン語exempli gratiaの略. 英語のfor exampleに相当)

# egg 5級 A1 [ég エッグ]

名 (複 eggs[-z]) C 卵 (▶鳥・虫・魚・は虫類などの卵に対して用いるが, ふつう鶏(にわとり)の卵をさす)

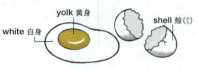

yolk 黄身 / white 白身 / shell 殻(から)

- lay an *egg* 卵を産む

―――― 表現メモ ――――

いろいろな卵料理
bacon and eggs ベーコンエッグ
boiled egg ゆで卵 / fried egg 目玉焼き
ham and eggs ハムエッグ
hard-boiled egg 固ゆで卵 / omelet オムレツ
poached egg 落とし卵, ポーチドエッグ
raw egg 生卵
scrambled eggs いり卵, スクランブルエッグ
soft-boiled egg 半熟卵
eggs sunny-side up (片面焼きの)目玉焼き

**eggplant** [égplæ̀nt エッグプラント | -plà:nt -プラーント] 名 C U [植物]なす

**ego** [í:gou イーゴゥ] 名 (複 egos[-z]) C 自我, 自己, エゴ

**Egypt** 3級 [í:dʒipt イーヂプト] 名 エジプト(▶アフリカ北東部の共和国. 首都はカイロ(Cairo))
派生語 Egyptian 形 名

**Egyptian** [idʒípʃən イヂプシャン] (★アクセント位置に注意)
― 形 エジプトの; エジプト人の; (古代)エジプト

# eh

語の
― 名 C エジプト人; U (古代)エジプト語
**eh** [éi エイ] 間 《驚(おどろ)きを表して》えっ
**Eiffel Tower** [áifəl táuər アイファル タウァ] 名 《the Eiffel Towerで》エッフェル塔(とう)

エッフェル塔(フランス・パリ)

## *eight 5級 A1

[éit エイト](★このghは発音しない. 同音 米音のate)
― 名 (複 eights[-ts -ツ]) U C 8; U 8歳(さい); 8時, 8分; 《複数扱い》8人, 8個 (▶詳(くわ)しい使い方は→ two)
・I go to school at *eight* (o'clock).
　私は8時に学校へ行く.
― 形 8の; 8人の, 8個の; 8歳で
・for *eight* hours 8時間
・I went to Europe when I was *eight*.
　私は8歳のときヨーロッパに行った.

## *eighteen 5級 A1

[èití:n エイティーン] (★このghは発音しない)
― 名 (複 eighteens[-z]) U C 18; U 18歳(さい); 《複数扱い》18人, 18個 (▶詳(くわ)しい使い方は→ two)
・They have a girl of *eighteen*.
　彼らには18歳の[になる]娘(むすめ)がいる.
― 形 18の; 18人の, 18個の; 18歳で
・*eighteen* boys 18人の男の子

**eighteenth** [èití:nθ エイティーンス] (★このghは発音しない)
― 形 ❶《ふつう the eighteenthで》第18の, 18番目の(▶18thと略す. 詳(くわ)しい使い方は→ third) ❷18分の1の
― 名 (複 eighteenths[-s]) ❶ U《ふつうthe eighteenthで》第18, 18番目; (月の)18日 (▶18thと略す) ❷ C 18分の1

## *eighth 5級

[éitθ エイトゥス] (★ghthの発音に注意)
― 形 ❶《ふつう the eighthで》第8の, 8番目の(▶8thと略す. 詳(くわ)しい使い方は→ third)
・on *the eighth* floor 8階に

❷ 8分の1の
― 名 (複 eighths[-s]) ❶ U《ふつうthe eighthで》第8, 8番目; (月の)8日 (▶8thと略す)
・on *the eighth* of August = on August (*the*) *eighth* 8月8日 に(▶on August 8 (th)と書く)
❷ C 8分の1

**eighties** [éitiz エイティズ] (★このghは発音しない)
名 eighty(80)の複数形

**eightieth** [éitiəθ エイティアス] (★このghは発音しない)
― 形 ❶《ふつう the eightiethで》第80の, 80番目の(▶80thと略す. 詳(くわ)しい使い方は→ third) ❷80分の1の
― 名 ❶ U《ふつうthe eightiethで》第80, 80番目(▶80thと略す) ❷ C 80分の1

## *eighty 5級 A1

[éiti エイティ] (★このghは発音しない)
― 名 (複 eighties[-z]) ❶ U C 80; U 80歳(さい); 《複数扱い》80人, 80個 (▶詳(くわ)しい使い方は→ two.「第80の」は eightieth)
❷《one's eightiesで》(年齢(ねんれい)の)80代; 《the eightiesで》(世紀の)80年代
・in *her* eighties 彼女が80代のときに
・in *the* nineteen *eighties*
　1980年代に (▶the 1980(')s [80(')s]と書く)
― 形 80の; 80人の, 80個の; 80歳で
・*eighty* people 80人の人

**Einstein** [áinstain アインスタイン] 名 Albert, アルベルト・アインシュタイン (▶1879-1955; 相対性理論の提唱者でノーベル物理学賞を受賞)

## *either 3級 A1

[í:ðər イーザァ | áiðər アイザァ] (★「エイザー」でないことに注意)

| 形 | ❶ どちらかの |
| | ❷《否定文で》どちらの…も(〜ない) |
| 代 | ❶ どちらか |
| | ❷《否定文で》どちらも(…ない) |
| 副 |《否定文で》…もまた(〜ない) |
| 接 | ❶《either A or Bで》AかBかどちらか |
| | ❷《not ... either A or Bで》AもBもどちらも…ない |

― 形 ❶《単数名詞の前に用いる》(2つのうち)どちらかの; どちらの…でも
・I have two cards here. You can take *either* one. ここに2枚のカードがあります. どちらか1枚取っていいですよ.
❷《否定文で》(2つのうち)どちらの…も(〜ない) → both 形 ポイント!

### electric guitar

- I don't like *either* book.
  私はどちらの本も好きではない.
- 代 ❶《ふつう単数扱い》(2つ[2人]のうち) **どちらか**(一方), どちらでも
  - You can use *either* of these two cars.
    これらの2台の車のどちらかを使っていい.
  - *Either* will do.
    どちらでもいい[だいじょうぶだ]. (▶この do は「間に合う, 用が足りる」の意)
- ❷《否定文で》(2つ[2人]のうち)どちらも(…ない) → **both** 代
  - I don't like *either* of these opinions.
    私はこれらの意見のいずれも好きではない.
- 副《否定文で》**…もまた(～ない)**
  - If he doesn't go, I won't go, *either*.
    もし彼が行かないのなら, 私も行かない. (▶ either の前にはふつうコンマ(,)をつける)

**くらべてみよう!** either と too と also

いずれも「…もまた」の意味で使いますが, **either** は否定文に, **too** と **also** は肯定文に使います.

- I don't like cats. She doesn't like cats, *either*. 私は猫が好きではない.
  彼女も猫が好きでない.

- I like dogs. She likes dogs, *too*.
  (= She *also* likes dogs.)
  私は犬が好きだ. 彼女も犬が好きだ.

- 接 ❶《either A or B で》**A か B かどちらか**
  - Please bring me *either* a pen *or* a pencil.
    私にペンか鉛筆を持ってきてください.
  - *Either* you *or* I am right. = *Either* you are right *or* I am. あなたか私のどちらかが正しい. (▶ either A or B が主語のとき, 動詞は B に合わせる)
- ❷《not ... either A or B で》A も B もどちらも…ない → **both** 副 ポイント!
  - I can't speak *either* Chinese *or* Korean.
    私は中国語も韓国語も話せない.

**elbow** B1 [élbou エルボゥ] 名 C ひじ(→ body 図); ひじの形をした「L 字形の」物

**elder** [éldər エルダァ] 形 (▶ old の比較級の1つ)《主に英》年上の(⇔ younger 年下の) → **old**
ポイント!
- Bill's *elder* sister is a doctor.
  ビルのお姉さんは医者だ.

**くらべてみよう!** older と elder

**older**: 人・物の両方について「年上の」「より古い」を意味します.
**elder**《主に英》: 人についてのみ使い, ふつう兄弟・姉妹関係について使います. また, than を伴って「…より年上だ」と比べる場合は elder を使えません.
- ジルはメアリーより年上だ.
  ○ Jill is *older* than Mary.
  × Jill is elder than Mary.

派生語 elderly 形

**elderly** 準2級 A2 [éldərli エルダァリィ] 形 年配の, 初老の(▶ old の遠回しな言い方)
- the *elderly* 年配の人たち(= *elderly* people)

**eldest** [éldist エルディスト] 形 (▶ old の最上級の1つ)《主に英》いちばん年上の, 最年長の(▶ 兄弟・姉妹関係を示す場合に使う)(⇔ youngest いちばん年下の)
- the *eldest* son [daughter] 長男[長女]

**elect** B2 [ilékt イレクト] 動他 …を選挙する, 選出する, 選ぶ → **choose** くらべて!
- They *elected* him (to be) Prime Minister.
  人々は彼を総理大臣に選んだ. (▶ 1名しかいない役職名には the をつけない)

派生語 election 名, elective 形

**election** B1 [ilékʃən イレクション] 名 U C 選挙; 選出; 当選
- run [《英》stand] for *election* 立候補する

**elective** B2 [iléktiv イレクティヴ] 形 (科目などが) 選択式の

# electric 準2級 A2

[iléktrik イレクトゥリック]

形 **電気の**; 電気じかけの, 電動の
- *electric* current [power] 電流[電力]
- an *electric* light [lamp] 電灯
- an *electric* vehicle 電気自動車(= EV)

派生語 electrical 形, electricity 名

**electrical** B1 [iléktrikəl イレクトゥリカル] 形 電気の; 電気を用いた; 電気に関する
- an *electrical* engineer 電気技師

**electric guitar** [iléktrik gitá:r イレクトゥリック ギター] 名 C エレキギター

**electrician** B2 [ilèktríʃən イレクトリシャン] 名 C 電気工

# electricity 2級 B1
[ilektrísəti イレクトゥリサティ] (★アクセント位置に注意)
名 U 電気, 電力; 電流
- We make [generate] *electricity* from wind power. 私たちは風力で発電している.

**electron** B1 [iléktrɑn イレクトゥラン | -trɔn -トゥロン] 名 C 〖物理〗電子
派生語 electronic 形, electronics 名

**electronic** 2級 B1 [ilèktrɑ́nik イレクトゥラニック | -trɔ́nik -トゥロニック] 形 電子の, 電子工学の
- an *electronic* mail Eメール, 電子メール (= an email)

**electronics** B2 [ilèktrɑ́niks イレクトゥラニックス | -trɔ́niks -トゥロニックス] 名 U 《単数扱い》電子工学

**elegance** B2 [éligəns エリガンス] 名 U 上品, 優雅(ゆうが)

**elegant** B2 [éligənt エリガント] 形 上品な, 洗練された 派生語 elegance 名

**element** B1 [éləmənt エラマント] 名 C ❶ 要素, 成分; 《ふつう elements で》(社会・団体の)構成員, 構成分子 ❷〖化学〗元素
派生語 elementary 形

**elementary** 4級 A1 [èləméntəri エラメンタリィ] 形 基本の, 初歩の, 基礎(きそ)的な

**elementary school** 4級 [èləméntəri skùːl エラメンタリィ スクール] 名 C 米 小学校 (= 英 primary school)

# elephant 準2級 A2
[éləfənt エラファント]
名 (複 elephants[-ts -ッ]) C 〖動物〗象 (▶記憶(きおく)力がよいとされる. 米国の共和党のシンボル → donkey)

# elevator 準2級 A2
[éləvèitər エラヴェイタァ] (★アクセント位置に注意) 名 (複 elevators[-z]) C 米 エレベーター (= 英 lift)
- go up by [in an] *elevator* エレベーターで昇(のぼ)る (▶by の後では an や the をつけない)
- *take* the *elevator* to the third floor 3階までエレベーターで行く

# *eleven 5級 A1 [ilévən イレヴァン]
━名 (複 elevens[-z]) ❶ U C 11; U 11歳(さい); 11時; 《複数扱い》11人, 11個 (▶詳(くわ)しい使い方は → two. 「第11の」は eleventh)
- It's *eleven* forty now. 今11時40分だ.
❷ C 《単数扱い》(サッカー・クリケットなどの) 11人のチーム
━形 11の; 11人の, 11個の; 11歳で
- *eleven* players 11人のプレーヤー

# *eleventh 5級 [ilévənθ イレヴァンス]
━形 ❶ 《ふつう the eleventh で》第11の, 11番目の (▶11th と略す. 詳(くわ)しい使い方は → third)
- the *eleventh* card 11番目のカード
❷ 11分の1の
━名 (複 elevenths[-s]) ❶ U 《ふつう the eleventh で》第11, 11番目; (月の)11日 (▶ 11th と略す)
- the *eleventh* of April = April (the) *eleventh* 4月11日 (▶ April 11(th) と書く)
❷ C 11分の1

**elf** [élf エルフ] 名 (複 elves[élvz エルヴズ]) C 小妖精(ようせい) (▶ 森や野に住むと考えられているいたずら好きの fairy (妖精)の一種)

**Elizabeth** [ilízəbəθ イリザバス] 名 ❶ エリザベス (▶ 女子の名. 愛称(あいしょう)は Bess, Beth, Betty, Elsie, Eliza, Liz など) ❷ *Elizabeth* I, エリザベス1世 (▶ 1533-1603; イングランドの女王, 在位 1558-1603) ❸ *Elizabeth* II, エリザベス2世 (▶ 1926-2022; 英国の女王, 在位 1952-2022)

**elm** [élm エルム] 名 C U 〖植物〗にれ(の木)

**El Salvador** [èl sǽlvədɔːr エル サルヴァドァ] 名 エルサルバドル (▶ 中央アメリカの共和国. 首都はサンサルバドル (San Salvador))

# else 4級 A1 [éls エルス]
副 そのほかに[の], 別に[の] (▶ 疑問詞 (what, who など) や, something, anyone, nobody などの後につける)
- Where *else* did you go?
ほかにどこへ行きましたか.
- Nobody *else* knows this but you and me.
あなたと私以外にだれもこのことを知らない.
- Anything *else*? (ご注文は) ほかに何かありますか. (▶ 店やレストランなどで)
*or else* そうでないと, さもなければ
- Wear this coat, *or else* you'll catch (a) cold. このコートを着なさい, そうしないと風邪(かぜ)を引きますよ.

**elsewhere** A2 [élshwèər エルス(ホ)ウェア | èlswéə エルスウェア] 副 どこかほかの所に[で, へ]

**elves** [élvz エルヴズ] 名 elf (小妖精(ようせい))の複数形

**'em** [əm アム] 代 《話》them (彼らを, 彼らに)の短縮形 (▶ 強める必要のない them の代わりに用いられる)

# email, e-mail 5級 A1

[í:meil イーメイル]
― 名 (複 emails, e-mails[-z]) UC Eメール, 電子メール (▶electronic mailの短縮形)
- by *email* Eメールで
- an *email* address Eメールアドレス
- my *email* friend メル友

― 動 (三単現 emails[-z]; 過去・過分 emailed[-d]; 現分 emailing) 他 …にEメールを送る
- I'll *email* you about it.
  そのことについてはEメールを送るよ.

**embarrass** B1 [imbǽrəs インバラス] 動 (三単現 embarrasses[-iz]) 他 …をまごつかせる, (人)に恥(は)ずかしい[きまりが悪い]思いをさせる

**embarrassed** B1 [imbǽrəst インバラスト] 形 恥(は)ずかしい, きまりが悪い;《be embarrassed で》まごつく
- I *was* very *embarrassed* by [at] the question. 私はその質問を受けてとてもきまりが悪い思いをした.

**embarrassing** A2 [imbǽrəsiŋ インバラスィング] 形 まごつかせるような, 困惑(こん)させるような

**embassy** B2 [émbəsi エンバスィ]
名 (複 embassies[-z]) C 大使館
- the British *Embassy* in Tokyo
  東京の英国大使館

**embrace** B2 [imbréis インブレイス]
― 動 他 …を抱(だ)き締(し)める; …を喜んで受け入れる
― 名 C 抱擁(よう)

**embroidery** [imbrɔ́idəri インブロイダリィ] 名 (複 embroideries[-z]) C U 刺(し)しゅう

**emerald** [émərəld エマラルド] (★アクセント位置に注意) 名 C 〖鉱物〗エメラルド; U エメラルド色

**emergency** 準2級 A2 [imə́:rdʒənsi イマーヂャンスィ] 名 (複 emergencies[-z]) U C 緊急(きん)事態, 非常の場合, 非常時
- an *emergency* door [exit] 非常口
- prepare for *emergencies*
  非常の場合に備える

「非常口」の表示

**emigrant** [émigrənt エミグラント] 名 C (他国へ出て行く)移民, 移住者 (▶「他国からやってくる移民」はimmigrant)

**emigrate** [émigrèit エミグレイト] 動 自 (他国へ)移住する (▶「他国から移住してくる」はimmigrate)
派生語 emigrant 名, emigration 名

**emigration** [èmigréiʃən エミグレイション] 名 U C (他国への)移住, 移民 (▶「他国からの移住」はimmigration); (他国への)移住者

**Emily** [éməli エマリィ] 名 エミリー (▶女性の名. 愛称(あい)はEmmie, Emmy)

**eminent** [éminənt エミナント] 形 著名な, 名の通った

**emission** [imíʃən イミッション] 名 U (ガスなどの)排出(はい), 放射

**emoji** [imóudʒi イモウヂ] 名 C 絵文字

**emoticon** [imóutikɑn イモウティカン | -kɔn -コン] 名 C 〖インターネット〗顔文字 (▶ :-) など)

**emotion** B1 [imóuʃən イモウション] 名 U C (喜び・悲しみなどの)感情; 感動
派生語 emotional 形

**emotional** B1 [imóuʃənəl イモウショナェル] 形 ❶ 感動的な ❷ 感情的な, 情にもろい

**emperor** B1 [émpərər エンパラァ] 名 C 皇帝(てい), (日本の)天皇 (⇔empress 女帝)

**Emperor's Birthday** [èmpərərz bə́:rθdèi エンパラァズ バースデイ] 名 《the Emperor's Birthdayで》(日本の)天皇誕生日

**emphasis** B1 [émfəsis エムファスィス] 名 (複 emphases[-si:z]) U C 強調, 重視; 強勢
- Our school *puts* [*lays*, *places*] *emphasis on* club activities.
  私たちの学校はクラブ活動に力を入れている.
派生語 emphasize 動

**emphasize** B1 [émfəsàiz エムファサイズ] (▶ 英 ではemphasiseとつづる) 動 他 …を強調する, 力説する

**empire** B1 [émpaiər エンパイァ] (★アクセント位置に注意) 名 C 帝国(てい)

**Empire State Building** [èmpaiər stéit bildiŋ エンパイァ ステイト ビルディング] 名 《the

## employ

Empire State Building で》エンパイアステートビル(▶ニューヨークのマンハッタンにある102階建てのビル. ニューヨーク州の別名が Empire State であることから)

**employ** B2 [implɔ́i インプロイ] 動他 (人)を雇(やと)う
- We *employ* several engineers.
  私たちは数名の技術者を雇っている.
派生語 employee 名, employer 名, employment 名

**employee** B2 [èmplɔ́i: エンプロイー, implɔ́ii: インプロイィー](★アクセント位置に注意) 名C 従業員, 雇(やと)われ人, 使用人(⇔employer 雇い主)

**employer** B2 [implɔ́iər インプロイア] 名C 雇(やと)い主, 社長(⇔employee 従業員)

**employment** B1 [implɔ́imənt インプロイマント] 名UC 仕事, 職業；U 雇(やと)う[雇われる]こと

**empress** [émpris エンプリス] 名(複 empresses [-iz])C 女帝(じょてい), 皇后(⇔emperor 皇帝)

**emptiness** [émptinis エンプティニス] 名U 空(から), 空虚(くうきょ), むなしさ

## empty 準2級 A2 [émpti エンプティ]

—形(比較 emptier; 最上 emptiest) 空(から)の, 何も入っていない；人のいない, だれもいない(⇔full いっぱいの)
- an *empty* box 空き箱
- The road was *empty*.
  道路にはだれもいなかった.

—動(三単現 empties[-z]; 過去・過分 emptied[-d]; 現分 emptying)
—他 …を空にする(⇔fill 満たす)
- He *emptied* the bottle.
  彼は瓶(びん)を空にした.
—自 空になる

**emu** [í:mju: イーミュー] 名C 〖鳥〗エミュー(▶オーストラリア原産の飛べない大きな鳥)

**en-** [in- イン-, en- エン-] 接頭 …(の状態)にする(▶名詞や形容詞について動詞をつくる)
- *en*courage 勇気づける, 励(はげ)ます
- *en*large 拡大する

**-en** [-ən アン] 接尾 …にする[なる](▶形容詞や名詞について動詞をつくる)
- dark*en* 暗くする[なる]
- length*en* 長くする[なる], のばす, のびる

**enable** B1 [inéibl イネイブル] 動他 《enable ... to+〈動詞の原形〉で》…に〜できるようにする, 可能にする
- His help *enabled* me *to* finish the job.
  彼の助けで私は仕事を終えることができた. (⇔彼の助けは私に仕事を終えられるようにした)

**enclose** B1 [inklóuz インクロウズ] 動他 ❶(手紙などに)…を同封(どうふう)する
- I *enclosed* a ticket with my letter.
  私は手紙にチケットを同封した.
❷ …を囲む, とり囲む

**encounter** 2級 B1 [inkáuntər インカウンタァ]
—動他 (偶然(ぐうぜん))…に出くわす; (敵・危険など)に直面する
—名C 出会い, 遭遇(そうぐう)

**encourage** 準2級 A2 [inkɔ́:ridʒ インカーリッヂ|-kʌ́ridʒ -カリッヂ] 動他 (人)を勇気づける, 励(はげ)ます(⇔discourage がっかりさせる); …を奨励(しょうれい)する; 《encourage+〈人〉+to+〈動詞の原形〉で》〈人〉が…するように励ます
- My father *encouraged* me *to* do my best. 父は私がベストを尽(つ)くすように励ましてくれた.
派生語 encouragement 名, encouraging 形

**encouragement** B1 [inkɔ́:ridʒmənt インカーリッヂマント|-kʌ́ridʒ- -カリッヂ-] 名U 激励(げきれい), 奨励(しょうれい), 促進(そくしん)

**encouraging** B1 [inkɔ́:ridʒiŋ インカーリッヂング|-kʌ́ridʒ- -カリッヂ-] 形 励(はげ)みとなる, 元気づける

**encyclopedia** B1 [insàikləpí:diə インサイクラピーディア](▶英 では encyclopaedia とつづる) 名C 百科事典

## end 4級 A1 [énd エンド]

| 名 | ❶終わり |
| | ❷先端(せんたん) |
| | ❸最期(さいご) |
| | ❹目的 |
| 動自 | 終わる |
| 他 | …を終える |

—名(複 ends[-dz -ツ])C ❶(時間・期間などの)終わり, 最後(⇔beginning 初め)
- at the *end* of the year 年末に
- by the *end* of next week 来週末までに
- Never give up till the *end*.
  最後まであきらめるな.
❷先端, 端(はし), 突(つ)きあたり, 最後
- the *end* of a cape 岬(みさき)の突端(とったん)

「自転車道の終点」を示す標識

❸《the end of ...で》…の最期, 死
- It was *the end of* him.
それが彼の最期だった.

❹目的, 目標(=aim, purpose)
- a means to an *end* 目的を果たすための手段

***bring ... to an end*** …を終わらせる
***come to an end*** 終わる
- My long vacation *came to an end*.
長い休暇(きゅうか)が終わった.

***from beginning to end*** 初めから終わりまで
***in the end*** ついに, 結局
***put an end to ...*** …をやめさせる, …に終止符(ふ)を打つ
***to the end*** 最後まで, あくまで
***without end*** 果てしなく, 果てしない

—動 (三単現 ends[-dz -ヅ]; 過去・過分 ended[-id]; 現分 ending)
—㊀ 終わる
- Summer vacation *ends* next Friday.
夏休みは次の金曜日で終わる.

—㊁ …を終える, 終わらせる(=finish, ⇔begin 始める)
- The teacher *ended* the class on time.
先生は時間どおりに授業を終わらせた.

***end in ...*** (結局)…に終わる
***end up*** 最後には…になる, …で終わりになる
- She *ended up* losing her job.
彼女は最終的に職を失った.

***end with ...*** …で終わる
- The opera *ends with* Mimi's death.
そのオペラはミミの死で終わる.

派生語 ending 名, endless 形

**endanger** B1 [indéindʒər インデインヂァァ]
動 ㊁ …を危険にさらす
派生語 endangered 形

**endangered** A2 [indéindʒərd インデインヂァァド] 形 (動物などが)絶滅(ぜつめつ)の危機にある
- an *endangered* animal [plant]
絶滅危惧(き)動物[植物]
- *endangered* species 絶滅危惧種

**endeavor** B2 [indévər インデヴァ](►㊀ では endeavourとつづる)
—動 ㊀ 努力する(=try)
—名 ⓒⓊ 努力(=effort)

**ending** 準2級 A2 [éndiŋ エンディング]
—動 end(終わる; 終える)の現在分詞・動名詞
—名 ⓒ 終わり; 結末
- a story with a happy *ending* ハッピーエンドの物語(►「ハッピーエンド」は和製英語)

**endless** B1 [éndlis エンドゥリス] 形 終わりのない, 果てしのない, 限りない

**endurance** B2 [indúərəns インドゥ(ァ)ランス | -djúərəns -デュアランス] 名 Ⓤ 忍耐(にんたい), 我慢(がまん); 耐久力

**endure** B1 [indúər インドゥァ | -djúə -デュア]
動 ㊁ ㊀ (苦しみなど)に耐(た)える, …を我慢(がまん)する; 持ちこたえる, 持続する
派生語 endurance 名

# enemy B1 [énəmi エナミィ]

名 (複 enemies[-z]) ⓒ ❶ 敵(⇔friend 味方)
- He has many *enemies*. 彼には敵が多い.

❷敵国; 《the enemyで》《単数・複数扱い》敵軍
- *The enemy* was defeated at last.
ついに敵軍は打ち破られた.

**energetic** A2 [ènərdʒétik エナァチェティック] 形 元気な, エネルギッシュな, 精力的な

# energy B2

[énərdʒi エナ(ァ)ディ](★「エネルギー」でないことに注意)

名 (複 energies[-z]) ❶ Ⓤ 元気, 精力, 活力, 気力; 労力; ⓒ《しばしば energiesで》活動力
- full of *energy* 活力に満ちあふれて
- She put all her *energies* into the project.
彼女は全精力をそのプロジェクトに注ぎこんだ.

❷ Ⓤ 『物理』エネルギー; (燃料の)エネルギー
- clean *energy* クリーンエネルギー(►環境(かんきょう)を破壊(はかい)しないエネルギー源)(=green energy)
- solar *energy* 太陽光エネルギー

**engage** 2級 B1 [ingéidʒ インゲイヂ] 動
—㊁ (人)を従事させる, 雇(やと)う
- The company *engaged* her as an interpreter.
その会社は彼女を通訳として雇った.
—㊀ 従事する, かかわる
派生語 engaged 形, engagement 名

**engaged** B1 [ingéidʒd インゲイヂド] 形 ❶《be engaged in ...で》…に従事する
- Helen *is engaged in* volunteer activities in college.
ヘレンは大学でボランティア活動に携(たずさ)わっている.

❷《be engaged to ...で》…と婚約(こんやく)している
- Judy *is engaged to* Logan.
ジュディはローガンと婚約している.

❸忙(いそが)しい; ㊓ 話し中で

**engagement** B2 [ingéidʒmənt インゲイヂマント] 名 ⓒ (会合などの)約束; 婚約(こんやく)

**engagement ring** [ingéidʒmənt riŋ インゲイヂマント リング] 名 ⓒ 婚約指輪(►「エンゲージリング」は和製英語)

## engine 2級 B1 [éndʒin エンヂン]

名 (複 engines[-z]) C ❶**エンジン**, 機関
- start an *engine* エンジンをかける

❷機関車(＝locomotive)
❸消防車(＝fire engine)

## engineer 3級 A1

[èndʒiníər エンヂニア] (★アクセント位置に注意)

名 (複 engineers[-z]) C ❶**技師**, 技術者, エンジニア ❷《米》(鉄道の)(＝engine driver); (船の)機関士 派生語 engineering 名

**engineering** B1 [èndʒiníəriŋ エンヂニ(ア)リング] 名 U 工学, エンジニアリング

## England 4級 [íŋɡlənd イングランド]

名 **イングランド**(▶英国のグレートブリテン島の一地方. 現在ではイングランドとウェールズをまとめて England と呼ぶこともある)

> これ、知ってる? **英国の呼び方**
>
> 英国全体をさして England と言う場合がありますが, England 以外の人々はこの呼び方を好みません. 「イギリス, 英国」の意味ではふつう Great Britain, または the United Kingdom (連合王国, UK と略す)を使います. 英国の正式名称(めいしょう) は the United Kingdom of Great Britain and Northern Ireland (グレートブリテンおよび北アイルランド連合王国)で, イングランド・スコットランド・ウェールズ・北アイルランドを合わせた呼び名です.

派生語 English 形名

## *English 5級 [íŋɡliʃ イングリッシュ]

―形 ❶**英語の**, 英語で話された［書かれた］
- an *English* word 英単語
- *English* conversation 英会話
- an *English*-Japanese dictionary 英和辞典
- an *English* teacher 英語の先生(▶English を強く読む. 名詞の English を使って a teacher of English とも言える)

❷**イングランド(人)の**(▶英国の一地方のイングランドについて用いる→England);イギリス(人)の

―名 ❶ U **英語**
- American *English* アメリカ英語
- British *English* イギリス英語
- speak *English* 英語を話す
- What is the *English* word for "uwagi"? 「上着」に当たる英語は何ですか.
- How do you say "enpitsu" *in English*? 「鉛筆(えんぴつ)」を英語でどう言いますか.

> これ、知ってる? **世界語としての英語**
>
> 英語は米国・英国・カナダ・オーストラリア・ニュージーランドなどの国語で, そのほかインド・南アフリカ・フィリピン・シンガポールなどでも公用語の1つになっています. 国連の公用語にもなっていて, 英語はまさに世界の共通語と言えます. → 英語が使われている国と地域【口絵】

❷《the English で》《複数扱い》**イングランド人(全体)**; イギリス人(全体)(▶「イギリス人」の意味では the British のほうが正確)

**English breakfast** [íŋɡliʃ brékfəst イングリッシュ ブレックファスト] 名 U C **イギリス式朝食**(▶紅茶・パン・シリアル・卵・ベーコンなどからなる) → continental breakfast

**Englishman** B1 [íŋɡliʃmən イングリッシュマン] 名 (複 Englishmen[-mən]) C **イングランド人男性**; イギリス人男性(▶最近ではあまり用いられない)

**English-speaking** [íŋɡliʃspìːkiŋ イングリッシュスピーキング] 形 **英語を話す**
- *English-speaking* countries 英語圏(けん)の国々(▶米国・英国・カナダ・オーストラリアなど)

**Englishwoman** [íŋɡliʃwùmən イングリッシュウマン] 名 (複 Englishwomen[-wìmin]) C **イングランド人女性**; イギリス人女性(▶最近ではあまり用いられない)

**engrave** [inɡréiv イングレイヴ] 動 他 (金属・石など)に彫刻(ちょうこく)する, 刻む

## *enjoy 5級 A1 [indʒɔ́i インチョイ]

動 (三単現 enjoys[-z]; 過去・過分 enjoyed[-d]; 現分 enjoying) 他 ❶**…を楽しむ**, 楽しいと思う
- *enjoy* food [wine] 食事[ワイン]を楽しむ
- *Enjoy* your meal! 食事を楽しんでください., どうぞ召(め)し上がれ.

| enjoy ＋〈-ing形〉
| …することを楽しむ, 楽しんで…する

- *enjoy* read*ing* 読書を楽しむ
- We *enjoyed* play*ing* games.
  私たちはゲームをして楽しんだ．(▶We enjoyed to play games. は×)

❷ …に恵(めぐ)まれている，…を享受(きょう)する
- He *enjoys* good health. 彼は健康だ．

*enjoy* one*self* 楽しむ，楽しく過ごす
- We *enjoyed* ourselves at the concert.
  私たちはコンサートを楽しんだ．

**ここがポイント！ enjoyには目的語が必要**

**enjoy**にはふつう目的語が必要です．「楽しむ」はenjoy oneselfで表します．
- 私は昨夜大いに楽しんだ．
  ○I *enjoyed myself* very much last night.
  ×I *enjoyed* very much last night.

派生語 enjoyable 形, enjoyment 名

**enjoyable** 2級 B1 [indʒɔ́iəbl インヂョイアブル]
形 おもしろい，楽しい，愉快(ゆかい)な

**enjoyment** B1 [indʒɔ́imənt インヂョイマント]
名 U C 楽しみ；喜び

**enlarge** [inláːrdʒ インラーヂ] 動 他 …を拡大する
- *enlarge* a photo 写真を引き伸(の)ばす

**enormous** A2 [inɔ́ːrməs イノーマス]
形 巨大(きょだい)な(= huge)；ばく大な

## \*enough 準2級 A2

[ináf イナフ](★ouとghの発音に注意)

形 十分な
副 十分に
名 十分な数[量]

― 形 **十分な**，必要なだけの(▶数えられない名詞にも数えられる名詞の複数形にもつく)

| enough +〈物〉+ for ...
| …に十分な〈物〉

- There is *enough* food *for* fifty people.
  50人に十分な食料がある．
- We don't have *enough* chairs *for* all of us. 私たち全員に十分なだけのいすがない．

| enough +〈物〉(+ for +〈人〉)+ to +〈動詞の原形〉(〈人〉が)…するのに十分な〈物〉

- Do you have *enough* money *to* buy the book? その本を買うのに十分なお金を持っていますか．

**ここがポイント！ enoughは「必要十分な」**

**enough**は「ある目的のために必要な数や量が満たされている」の意味で，「豊富な」「たっぷりの」という意味ではありません．したがって，Do you have enough money to buy the book? の enough money は「本を買うのに必要なだけのお金」を意味し，「たっぷりのお金」という意味ではありません．

*That's enough.* それで十分だ．；《話》やめなさい．

― 副 **十分に**，必要なだけ，ちょうどよく
- Is it warm *enough* in your room?
  あなたの部屋は十分暖かいですか．
- The boy was kind *enough* to show me the way. その少年は親切にも私に道を教えてくれた．(⇨道を教えてくれるほど親切だった)
- I can't thank you *enough*.
  お礼の申しようもありません．(⇨どんなに感謝しても十分ではない)

**ここがポイント！ enoughの位置**

「十分に…な[だ]」と言うとき，語順は
形容詞[副詞]＋**enough**
になることに注意しましょう．
- それは十分に大きい．
  ○It's big *enough*.
  ×It's *enough* big.

― 名 U **十分な数[量]**，必要なだけ

話してみよう！

😊Won't you have some more tea?
紅茶をもっといかがですか．
😊I've had *enough*, thank you.
ありがとう，十分にいただきました．

- Not *enough* is known about dinosaurs.
  恐竜(きょうりゅう)についてはあまり知られていない．

*more than enough* 必要以上(に)
- I've eaten *more than enough* already.
  私はもう十二分に食べた．

## enter 準2級 A2 [éntər エンタァ]

動 (三単現 enters [-z]; 過去・過分 entered [-d]; 現分 entering)

― 他 ❶ **…に入る**
- The train *entered* a tunnel.
  電車はトンネルに入った．

❷ …に入学する
- *enter* a senior high school
  高校に入学する

❸ …に参加する；…に加入する
- *enter* a contest コンテストに参加する
- He *entered* the game in the second half. 彼は試合後半に出場した．

❹ 〖コンピュータ〗…を入力する；…を記入する

## enterprise

- Please *enter* your name on this form.
氏名をこのフォームに入力してください.
―⾃ 入る
- May I *enter*? 入ってもいいですか.
*enter into ...* (仕事・話など)を始める
- They *entered into* a long discussion.
彼らは長い討論を始めた.
派生語 entrance 名, entry 名

**enterprise** B2 [éntərpràiz エンタプライズ](★アクセント位置に注意) 名 ❶ 事業, 企(きく)て; 企業(きぎょう), 会社; 起業; ⓤ 冒険(ぼうけん)心; 進取の気性

**entertain** B1 [èntərtéin エンタァテイン]
動他 ❶ (人)をもてなす, 接待する ❷ (人)を楽しませる
派生語 entertainer 名, entertainment 名

**entertainer** B1 [èntərtéinər エンタァテイナァ]
名 ⓒ 芸人, 芸能人, エンターテーナー

**entertainment** 準2級 A2 [èntərtéinmənt エンタァテインマント] 名 ⓤ もてなし, 歓待(かんたい); 娯楽(ごらく), 気晴らし, 楽しみ; ⓒ 余興, 催(もよお)し物

**enthusiasm** B1 [inθúːziæzm インスーズィアズム | inθjúː- インスュー-](★アクセント位置に注意) 名 ⓤ 熱中, 情熱, 熱狂(ねっきょう)
派生語 enthusiast 名, enthusiastic 形

**enthusiast** B1 [inθúːziæst インスーズィアスト | inθjúː- インスュー-] 名 (…に)熱心な[熱中している]人, (…)ファン

**enthusiastic** B1 [inθùːziǽstik インスーズィアスティック | inθjùː- インスュー-] 形 熱心な, 熱狂(ねっきょう)的な, 夢中になった

**entire** 2級 B1 [intáiər インタイア] 形《名詞の前にのみ用いる》全体の, 全部の; 完全な, まったくの
派生語 entirely 副

**entirely** B1 [intáiərli インタイアリィ] 副 まったく, すっかり, 完全に (= completely)

# entrance 準2級 A2

[éntrəns エントゥランス]
名 (複 entrances[-iz]) ❶ⓒ 入り口 (⇔exit 出口); 玄関(げんかん)
- There are three *entrances* to the station.
その駅には入り口が3つある.
❷ⓒ 入ること, 入場; ⓤ 入学, 入会
- an *entrance* ceremony 入学式
- an *entrance* examination 入学試験
- an *entrance* fee 入学料, 入学金
- NO *ENTRANCE*《掲示》立入(たちいり)禁止

**entry** B1 [éntri エントゥリィ] 名 (複 entries[-z])
❶ⓒⓤ 入ること, 入場, 入学, 入会; 参加
- NO *ENTRY*《掲示》《主に英》進入[立入(たちいり)]禁止 (= ⊛DO NOT ENTER)

「立入禁止」の掲示

❷ⓒ 入り口 ❸ⓤⓒ 記載(きさい); (辞書の)見出し語; 記載事項(じこう) ❹ⓒ (競技などの)参加者, 参加作品

**envelope** 準2級 A2 [énvəlòup エンヴァロウプ]
名 ⓒ 封筒(ふうとう)

**envious** [énviəs エンヴィアス] 形 うらやんだ, ねたんだ; しっと深い

**environment** B2 [inváiərənmənt インヴァイ(ア)ランマント] 名 (複 environments[-ts -ツ]) ⓤⓒ 環境(かんきょう), 周囲の状況(じょうきょう); 《the environment で》自然環境
派生語 environmental 形

**environmental** 2級 B1 [invàiərənméntl インヴァイ(ア)ランメントゥル] 形 周囲の; 環境(かんきょう)の
- *environmental* pollution 環境汚染(おせん)

**envy** A2 [énvi エンヴィ]
―動 (三単現 envies[-z]; 過去・過分 envied[-d]) 他 …をうらやむ
- I *envy* you. あなたがうらやましい.
―名 (複 envies[-z]) ⓤ うらやむこと, ねたみ, しっと; ⓒ せん望の的
派生語 envious 形

**e-pal** [íːpæl イーパル] 名 ⓒ Eメール友達, メル友

**episode** A2 [épəsòud エパソウド] 名 ⓒ (小説・劇などの中の)挿話(そうわ), エピソード

# equal 2級 B1

[íːkwəl イークワル] (★アクセント位置に注意)
―形 ❶ (量・程度などが)等しい, 同じ (⇔unequal 等しくない)
- He cut the cake into eight *equal* pieces.
彼はケーキを8等分した.
❷ (力などが)互角(ごかく)の, 五分五分の
- an *equal* match 互角の試合
- My strength is about *equal* to hers.
私の力は彼女といい勝負だ.
❸ 平等な, 対等の
- *equal* rights for all people
すべての人々の平等な権利
❹《be equal to ... で》(仕事などに)十分耐えられる, …するのに十分な力のある

―**名** (複 equals[-z]) C 同等のもの[人], 匹敵するもの[人]
- He treats his employees as *equals*.
彼は従業員を自分と同等に扱(ﾂ)う.

―**動** (三単現 equals[-z]; 過去・過分 equaled, ㊤equalled[-d]; 現分 equaling, ㊤equalling) ⑯ …に等しい, …と同じである; …にかなう
- Five and four *equals* nine.
5足す4は9に等しい(5+4＝9).
- Nobody can *equal* his record.
だれも彼の記録にはかなわない.

派生語 equality **名**, equally **副**

**equality** B1 [ikwάləti イクワラティ | -kwɔ́lə- -クウォラ-] **名** U 等しいこと, 平等, 同等

**equally** 2級 B1 [íːkwəli イークワリィ] **副** 等しく, 平等に

**equator** [ikwéitər イクウェイタァ] **名** 《the equator または the Equator で》赤道

**Equatorial Guinea** [ekwətɔ́ːriəl gíni エクワトーリアル ギニィ] **名** 赤道ギニア (►アフリカ中部西側の共和国. 首都はマラボ(Malabo))

**equinox** [íːkwənɑks イークウァナックス | -nɔks -ノックス] **名** (複 equinoxes[-iz]) C 昼夜平分時 (►年に2回, 昼と夜の長さが同じになる日)
- the vernal [spring] *equinox* 春分
- the autumnal [fall] *equinox* 秋分

**equip** B2 [ikwíp イクウィップ]
(動 (過去・過分 equipped[-t]; 現分 equipping) ⑯ …に備えつける; …を装備する; (人)に身じたくさせる
- Every room is *equipped with* an air conditioner.
どの部屋にもエアコンが備えつけてある.

派生語 equipment **名**

**equipment** 2級 B1 [ikwípmənt イクウィップマント] **名** U 備品, 装備; 用意, 準備
- sports *equipment* スポーツ用具

**er** [ə́ːr -アー] **間** えー, あー, あのー (►言葉につかえたときに発する声)

**-er** [-ər -アァ] **接尾** ❶ より… (►主に1音節, 一部の2音節からなる形容詞・副詞について比較(ﾋｶｸ)級をつくる) → more **副** ❷
- taller より高い
- earlier より早い[早く] (►early＋-er. y を i にかえる)
❷ …する人[もの] (►動詞・名詞の後について名詞をつくる)
- employ*er* 雇(ﾔﾄ)い主
- villag*er* 村人 (►village＋-er. e がとれる)

**era** B1 [íərə イ(ｱ)ラ | íərə イアラ] **名** C 《しばしば the era で》(歴史上重要な)時代; (ある特徴(ﾄｸﾁｮｳ)を持った)年代, 時期 → period

- *the* Meiji *era* 明治時代

**erase** [iréis イレイス | iréiz イレイズ] **動** ⑯ (消しゴムなどで)…を消す; …を削除(ｻｸｼﾞｮ)する
- *erase* the blackboard 黒板(の字)を消す

# eraser 5級

[iréisər イレイサァ | iréizər イレイザァ]

**名** (複 erasers[-z]) C 《主に㊤》消しゴム(＝㊤rubber); 黒板ふき(＝㊤blackboard eraser)

**erect** B2 [irékt イレクト]
―**形** 直立した, まっすぐな
- stand *erect* 直立する
―**動** ⑯ ❶ …を建てる (►形式ばった言い方)
❷ …を直立させる, まっすぐにする

**Erie** [íəri イ(ｱ)リィ] **名** 《Lake Erie で》エリー湖 (►北米の五大湖の1つ)

**Eritrea** [èrətríːə エラトゥリーア] **名** エリトリア (►アフリカ北東部の国. 首都はアスマラ(Asmara))

**err** [ə́ːr アー] **動** ⑱ 誤る

**errand** [érənd エランド] **名** C 使い, 使い走り; 用事
- She ran an *errand* for her parent.
彼女は親の代わりにお使いに行った.

**error** 準2級 A2 [érər エラァ] **名** C 間違(ﾏﾁｶﾞ)い, 誤り; 過失; 《野球》エラー
- I made three *errors* in spelling.
私はスペリングで3つ間違った.
- Correct your *errors*. 誤りを正しなさい.

**erupt** B2 [irʌ́pt イラプト] **動** ⑱ (火山が)噴火(ﾌﾝｶ)する

**-es** [-iz -イズ] **接尾** ❶ (►一部の動詞について三人称(ﾆﾝｼｮｳ)単数現在形をつくる) → -s² ❷ (►一部の名詞について複数形をつくる) → -s¹

**escalator** 準2級 A2 [éskəlèitər エスカレイタァ] (★アクセント位置に注意) **名** C エスカレーター
- get on the *escalator* エスカレーターに乗る

**escape** 準2級 A2 [iskéip イスケイプ]
―**動** ⓘ ❶ 逃(ﾆ)げ出す, 脱出(ﾀﾞｯｼｭﾂ)する
- A monkey *escaped* from the zoo.
猿(ｻﾙ)が動物園から逃げた.
❷ (気体などが…から)漏(ﾓ)れる, 流出する
―⑯ ❶ (病気・危険など)から逃(ﾉｶﾞ)れる, 免(ﾏﾇｶ)

## Eskimo

れる, 助かる
- *escape* death [danger] 死[危険]を免れる

❷ (物・事が) 思い出せない, 薄(𝑢𝑠)れる
- The name *escapes* me.
その名前を思い出せない.

❸ (ため息などが人の口)から思わず出る
- A sigh *escaped* his lips.
ため息が彼の口から漏れた.

━名 C U 逃げること, 脱出, 逃亡; C (危険などからの)避難
- She *made* her *escape* from the noisy party.
彼女は騒々(𝑠𝑜)しいパーティーから逃げ出した.

**Eskimo** [éskəmòu エスカモゥ] 名 (複 Eskimo, Eskimos [-z]) C エスキモー; U エスキモー語 (▶現在では, ふつう Inuit という言い方が好まれる) → Inuit

**ESL** [í:èsél イーエスエル] 名 English as a Second Language (第2言語としての英語)の略 (▶英語を母語としない子ども向けの授業などをさす) → EFL

# especially 準2級 A2

[ispéʃəli イスペシャリィ] 副 (比較 more especially; 最上 most especially) 特に, 特別に, とりわけ
- The price is *especially* high now.
今は値段が特に高い.
- I like classical music, *especially* Bach.
私はクラシック音楽, 特にバッハが好きだ.

話してみよう!

☺ Are you busy tonight?
今晩は忙(𝑖𝑠𝑜)しいですか.
☺ Not *especially*.
いいえ, 特には.

くらべてみよう! especially と specially

**especially**: 「特に」「きわだって」と強調するときに使います.
**specially**: especially と同様の意味がありますが, ふつうは「ある目的のために特別に」の意味で使います.
- This room is *specially* designed for the aged. この部屋は高齢(𝑘𝑜𝑢𝑟𝑒𝑖)者のために特別にデザインされています.

**Esperanto** [èspəráːntou エスパラーントウ |-ræn--ラン-] 名 U エスペラント語 (▶ヨーロッパ諸言語をもとにつくられた人工国際語)

**essay** 準2級 A2 [ései エセィ] 名 C 評論, 小論文; 随筆(ず𝑖𝑡𝑠𝑢), エッセー; (学校の)作文

派生語 essayist 名

**essayist** B2 [éseiist エセィイスト] 名 C 随筆(ず𝑖𝑡𝑠𝑢)家, エッセイスト

**essence** B1 [ésns エスンス] 名 U 本質; C U (植物・薬物などから抽出(ちゅうしゅつ)した)エキス, エッセンス; 香水(𝑘𝑜𝑠𝑢𝑖)

派生語 essential 形 名

**essential** B1 [isénʃəl イセンシャル]
━形 欠かすことのできない; 本質的な
- Sleep is *essential* for health.
睡眠(𝑠𝑢𝑖𝑚𝑖𝑛)は健康に欠かせないものだ.

━名 C 《ふつう essentials で》なくてはならないもの, 本質的要素; 要点

**-est** [-ist -イスト] 接尾 最も… (▶主に1音節, 一部の2音節からなる形容詞・副詞について最上級をつくる) → most 副 ❷
- young*est* 最も若い
- earli*est* 最も早い[早く] (▶ early + -est. y を i にかえる)

**establish** 準2級 A2 [istǽbliʃ イスタブリッシュ] 動 (三単現 establishes [-iz]) 他 (組織・会社など)を設立する, 創立する; (習慣・名声など)を確立する

派生語 establishment 名

**establishment** B1 [istǽbliʃmənt イスタブリッシュマント] 名 ❶ U 設立, 創立; 制定 ❷ C 施設(ず𝑒𝑡𝑠𝑢), (会社・病院・学校などの)社会的機関 ❸ 《the Establishment で》支配階級, (すでに確立している)体制

**estate** B2 [istéit イステイト] 名 C (大きな)地所, 屋敷(𝑠𝑘𝑖); U 財産
- real *estate* 不動産

**estimate** 2級 B1 (★動と名で発音が異なる)
━動 [éstəmèit エスタメイト] 他 …を見積もる; …を評価する
- We *estimated* our profits at 3,000 dollars.
私たちは利益を3000ドルと見積もった.

━名 [éstəmət エスタマット] C 見積もり; 評価

**Estonia** 2級 [estóunia エストウニア] 名 エストニア (▶北ヨーロッパの共和国. 首都はタリン (Tallinn))

**Eswatini** [èswətí:ni エスワティーニ] 名 エスワティニ (▶アフリカ南部の王国. かつてのスワジランド (Swaziland). 首都はムババーネ (Mbabane))

**ET** [í:tí: イーティー] 名 イーティー, 地球(大気圏(𝑘𝑒𝑛))外生物, 宇宙人 (▶ extraterrestrial の略)

**etc.** [et sétərə エト セタラ] エトセトラ, …など, その他 (▶ラテン語 et cetera (= and the rest)の略)

**eternal** B1 [itə́:rnl イターヌル] 形 永遠の, 永久の

**Ethiopia** [ìːθióupiə イースィオウピア] 名 エチオピア(▶アフリカ東部の共和国. 首都はアディスアベバ(Addis Ababa))

**ethnic** B2 [éθnik エスニック] 形 民族の, 民族的な; 人種の;(衣装・音楽・料理などが)民族特有の

**etiquette** [étikit エティキット | -kèt -ケット] 名 U 礼儀(ぎ), 作法, エチケット

**EU** 2級 [íːjúː イーユー] 名《the EUで》イーユー, 欧州(しゅう)連合(▶the European Unionの略. 1993年, 欧州共同体(EC)を基盤(ばん)に成立

欧州議会ビル前に掲げられたEUの旗(ベルギー・ブリュッセル)

**eucalyptus** [jùːkəlíptəs ユーカリプタス] 名 (複 eucalyptuses[-iz], eucalypti[-tai -タイ]) C U 〖植物〗ユーカリ

**Euro** [júərou ユ(ア)ロウ | júərou ユアロウ] 形 《名詞の前に用いて》ヨーロッパの, 欧州(しゅう)連合(EU)の

**euro** A2 [júərou ユ(ア)ロウ | júərou ユアロウ] 名 (複 euros[-z]) C ユーロ(▶欧州(しゅう)連合(EU)の通貨単位, 記号は€)

# Europe 4級

[júərəp ユ(ア)ラップ](★「ヨーロッパ」でないことに注意)

— 名 C ヨーロッパ, 欧州(しゅう)(▶® では英国を除いたヨーロッパ大陸の意味でも使う)
- Central [Eastern, Western] Europe
中央[東, 西]ヨーロッパ
- Northern [Southern] Europe 北[南]欧
派生語 **European** 形

**European** 3級 [jùərəpíːən ユ(ア)ラピーアン] (★アクセント位置に注意)
— 形 ヨーロッパの, 欧州(しゅう)の; ヨーロッパ人の
— 名 C ヨーロッパ人;《the Europeansで》(複数扱い)ヨーロッパ人(全体)

**European Union** [juərəpíːən júːniən ユ(ア)ラピーアン ユーニアン] 名《the European Unionで》欧州(しゅう)連合(▶EUと略す)

**EV** [íːvíː イーヴィー] 名 C 電気自動車(▶electric vehicleの略)

**evacuate** B2 [ivǽkjuèit イヴァキュエイト] 動 自他 避難(なん)する; 避難させる;(建物)を空(から)にする

**evacuation** B2 [ivækjuéiʃən イヴァキュエイション] 名 U C 避難(なん), 撤退(たい)
- an evacuation area [drill, map, route] 避難場所[訓練, 地図, 経路]

**evaluation** B2 [ivæljuéiʃən イヴァリュエイション] 名 U C 評価, 査定

**Eve** [íːv イーヴ] 名〖聖書〗イブ, エバ(▶旧約聖書中の, 神が創造した最初の女性. アダムの妻)→ Adam

**eve** 4級 [íːv イーヴ] 名 C《ふつうEveで》《ふつう単数形で》(祝祭日などの)前日, 前夜
- Christmas Eve
クリスマスイブ(▶12月24日の夜)
- New Year's Eve 大みそか(▶12月31日の夜)

# even 準2級 A2 [íːvən イーヴァン]

| 副 ❶ …でさえ
❷ さらに
形 ❶ 平らな
❷ 偶数(すう)の
❸ 規則的な |

— 副 ❶ …でさえ, …すら, …でも(▶ふつう修飾(しょく)する語句のすぐ前に置く)
- It snows even in April here.
当地では4月でさえ雪が降る.
- Even a small child can do it.
幼い子どもでさえすることができる.(▶名詞・代名詞を修飾することもある)
❷ さらに, いっそう, なお(▶比較(かく)級を強める)(=still)
- This rose is even more beautiful than that one.
このばらはそれよりさらにもっと美しい.

***even if ...*** たとえ[仮に]…でも, …だとしても
- I don't want to see him, even if he comes. たとえ彼が来ても私は会いたくない.

***even now*** それでも; 今となっても

***even so***《話》たとえそうだとしても

***even though ...*** …だけれども, …だが; たとえ…だとしても(= even if)
- Even though she was tired, she kept walking. 彼女は疲(つか)れていたが, 歩き続けた.

— 形 (比較 more even, evener; 最上 most even, evenest) ❶ 平らな(= flat); 滑(なめ)らかな(= smooth)(⇔ uneven でこぼこの)
❷ 偶数の(⇔ odd 奇数(すう)の)
- an even number 偶数
❸ 規則的な; 対等の;(数や量が)同じ

# *evening 5級 A1 [íːvniŋ イーヴニング]

名 (複 evenings[-z]) U C 夕方, 晩 → day 図

# evening dress

### くらべてみよう! evening と night

**evening**: ふつう日没(ぼつ)から就寝(しゅう)時間までをさします.
**night**: 日没から日の出までをさします.
- I usually read books in the *evening*.
  私は夜はたいてい本を読む.
- Owls are active at *night*.
  ふくろうは夜に活動する.

- this *evening* 今晩
- last [yesterday] *evening* 昨晩
- early [late] in the *evening*
  夕方早く[晩遅く]に
- on the *evening* of July 7
  7月7日の晩に
- on Monday *evening* 月曜の晩に
- It was a very quiet *evening*.
  とても静かな晩だった.(▶形容詞がつくときは a をつける)

### ここがポイント! evening と前置詞

単に「夕方に」「晩に」と言うときには前置詞に **in** を使いますが, 日付や曜日などとともに特定の日の夕方・晩をさすときは **on** を使います. また, evening に this, last, yesterday, tomorrow, all, one, every などがつくときは前置詞は使いません.
  ○ one *evening* ある晩
  × in one evening

***Good evening.*** こんばんは.(▶夕方や夜, 人に会ったときのあいさつ. 別れるとき, 寝(ね)る前の「おやすみなさい」は Good night.)

**evening dress** [íːvniŋ drès イーヴニング ドゥレス] 名 C イブニングドレス(▶夜会用のタキシードやロングドレス)

**evening paper** [íːvniŋ pèipər イーヴニング ペイパァ] 名 C 夕刊

## event 4級 A1 [ivént イヴェント]

名 (複 events [-ts -ツ]) C ❶ (重要な)**出来事**, 事件; 行事
- a historical *event* 歴史的な出来事
- a school *event* 学校行事

❷ (運動競技の)種目, 試合, 勝負
- the main *event* 呼び物, メインイベント

**eventually** B1 [ivéntʃuəli イヴェンチュアリィ] 副 最終的には, 結局, いつかは

## *ever 準2級 A2 [évər エヴァ]

副 ❶《疑問文で》**今までに**, かつて

☺ Have you *ever* been to Kyushu?
あなたは(今までに)九州へ行ったことがありますか.
☻ Yes, I have. / No, I haven't. = No, never.
はい, あります. / いいえ, (一度も)ありません.

- Do you *ever* do volunteer work?
  ボランティア活動をすることがありますか.(▶ ever を使った現在形の疑問文は「…することがありますか」の意で, 'Yes, I usually do. (はい, いつも)'のように, 頻度(ひんど)を表す副詞を用いて答える)

❷《比較(ひかく)級, 最上級の文で》今までに, これまでに
- This is *the best* book that I have *ever* read. これは私が今までに読んだ中でいちばんよい本だ.

❸《否定文で》今までに(…ない), 一度も(…ない)
- Nobody *ever* saw such a big whale.
  だれもこんなに大きな鯨(くじら)を見たことがなかった.

❹《肯定文で》いつも, 常に
- *ever* since [after] それ以来ずっと[その後]

❺《if の文で》《未来の》いつか
- *If* you *ever* visit Japan, come and see me. もしいつか日本を訪れることがあれば, 私に会いに来て.

❻《疑問詞の後につけて意味を強めて》いったい
- What *ever* are you doing now?
  いったい君は今, 何をしているの.

***as ... as ever*** 相変わらず…
- Jane is *as* kind *as ever*.
  ジェーンは相変わらず親切だ.

***Ever yours,*** = ***Yours ever,*** 敬具(▶親しい人への手紙の結びの言葉.「常にあなたのもの」の意味. '*Yours ever*, Ted' のように使う)

***for ever*** 永久に, いつまでも(▶㊎ではふつう forever と1語につづる)

***hardly ever*** めったに…ない

***never ever*** 《話》けっして…ない(▶ never だけより意味が強い)
- I *never ever* said such a thing!
  私は絶対にそんなことは言っていない!

***rarely, if ever*** めったに…ない, ほとんど…ない
- They *rarely, if ever*, go to church.
  彼らはめったに教会へ行かない.

**Everest** [évərist エヴ(ァ)リスト] 名《Mount [Mt.] Everest で》エベレスト山, チョモラン

マ(▶ヒマラヤ山脈にある世界の最高峰(ぽう))
**evergreen** [évərgri:n エヴァグリーン]
─ 形 常緑の
─ 名 C 常緑樹

## *every 5級 A1 [évri エヴリィ]

形 ❶ 《数えられる名詞の単数形の前で》**どの…も**, あらゆる, すべての

- *Every* student in my class likes games.
  私のクラスの生徒はみんなゲームが好きだ. (▶単数扱(あつか)いなので likes となる)
- *Every* book and magazine was discounted.
  どの本も雑誌も値引きされていた. (▶ every の次に名詞が2つ以上ついても単数扱い)
- I want to read *every* book in the library.
  私は図書館にあるどの本も読みたい.

> **くらべてみよう!** every と each と all
>
> **every**: 1つ[1人]ずつに関して「どれもすべて」と全部のもの[人]をさし, 個と全体の両方を意識します. 文法的には単数扱いです.
> **each**: 1つ[1人]ずつが「それぞれが」という意味で, 個々を意識します. 文法的にも単数扱いです.
> every および each の後には数えられない名詞はきません(×I lost every [each] money.).
> **all**: 全体をひとまとめにして「すべて」を表す語で, 数えられる名詞が続く場合は複数形が使われます. また every や each と違(ちが)って, 数えられない名詞を続けることができます(○I lost *all* the money.).
>
> - *Every* student has a dictionary.
>   生徒はだれもが辞書を持っている. (▶個と全体を意識)
> - *Each* student has a dictionary.
>   生徒は各自の辞書を持っている. (▶個を意識)
> - *All* (the) students have a dictionary.
>   生徒は全員辞書を持っている. (▶全体を意識)

❷ 《数えられる名詞の単数形の前, または〈数詞〉+〈名詞の複数形〉の前に用いる》**毎…, …ごと**

- *every* day [night]
  毎日[晩](▶この意味の every がつくと, 前置詞をつけずに副詞的に使う)
- *every* three days [months]
  3日[か月]ごとに
- *every* Saturday afternoon
  毎週土曜日の午後に

「ファーマーズマーケット(農産物直売所), ここで開催/毎週日曜日/午前10時〜午後2時」と書かれた案内板(英国)

❸ 《not とともに》**すべての…が〜というわけではない**(▶部分否定) ➡ not ❸

- *Not every* student can swim.
  すべての生徒が泳げるわけではない. (▶「泳げない生徒もいる」ということで, 「すべての生徒が泳げない」という意味ではない. 「すべての生徒が泳げない」は None of the students can swim.)

> **ここがポイント!** 「every＋名詞」を受ける代名詞
>
> 「every＋名詞」を受ける代名詞としては, 書き言葉では he or she がつかわれることもありますが, 現在では they を使うことが一般的です.
> - *Every* student has their [his or her] own ideas.
>   どの生徒も自分の考えを持っている.

(*every*) *now and then* 時々 ➡ now 副 (成句)
*every other* … = *every second* … 1つおきの…
- *every other* day 1日おきに
- *every other* Saturday 隔週(かくしゅう)土曜日に

**every time** …するときはいつも, …するたびに (= whenever) (▶ every time は接続詞的に働く)
- *Every time* he comes to see me, brings a cake. 彼は私に会いに来るたびにケーキを持ってくる.

## everybody 4級 A1
[évribàdi エヴリィバディ | -bɔ̀di -ボディ]
代 《単数扱い》❶ **だれでも, みんな** ➡ everyone
**ポイント!**
- *Everybody* knows the news.
  だれもがそのニュースを知っている. (▶ know としない)
- *Everybody*, repeat after me.
  みんな, 私のあとに繰(く)り返しなさい.

❷ 《not とともに》**みんなが…とは限らない**(▶部分否定)
- *Not everybody* can do it.
  だれもがそれをできるわけではない.

# everyday 3級 A1

[évridèi エヴリィデイ] 形 《名詞の前のみに用いる》
**毎日の**(▶every dayと2語になると「毎日」という副詞になる);日常の;ふだんの,ありふれた
- *everyday* life 日常生活
- *everyday* clothes ふだん着

# everyone 5級 A1

[évriwàn エヴリィワン] 代 《単数扱い》❶ **だれでも**, みんな(＝everybody)
- *Everyone* has the book.
  だれでもその本を持っている.(▶haveとしない)
- Good morning, *everyone*.
  みなさん,おはよう.

> **ここがポイント!** everyone と everybody
> (1) 共に単数扱いにしますが,《話》で代名詞で受ける場合,they, their, themがよく使われます.
>   - *Everyone* comes in their own car.
>     みんな自分の車で来る.
> (2) everyoneとeverybodyは意味や用法は同じですが,《話》では**everybody**のほうがよく使われます.
> (3) 後に「of＋複数名詞」が続く場合,everybodyは使われません.またこのときevery oneと2語に分けます.
>   - *Every one* of them passed the exam.
>     彼らの全員が試験に合格した.

❷《notとともに》みんなが…とは限らない(▶部分否定)
- *Not everyone* likes koalas.
  だれもがコアラが好きなわけではない.

# everything 4級 A1

[évriθìŋ エヴリスィング]
代 《単数扱い》❶ **すべてのもの[こと]**, 何でも,全部
- Please tell me *everything* you know about the plan.
  その計画についてあなたが知っているすべてのことを私に話してください.
- Thank you for *everything*.
  いろいろとありがとう.
- How's *everything*? 調子はどうだい.
- She did *everything* possible.
  彼女はできるだけのことをした.(▶形容詞はあとに置く)

> **ここがポイント!** everything は単数扱い
> **everything**はevery(すべての)＋thing(もの)の意味で,単数扱いにします.
>   - *Everything* is OK.
>     万事(ぜん)オーケーだ.
> また,代名詞で受ける場合はitを使います.

❷《notとともに》すべてのものが…とは限らない(▶部分否定)
- I don't know *everything* about Bob. 私はボブについて何でも知っているわけではない.
- Money isn't *everything* in life.
  お金が人生のすべてではない.
❸ 何よりも大切なもの,非常に重要なもの
- Health is *everything* to me.
  私には健康が何よりだ.

# everywhere 3級 A1

[évrihwèər エヴリィ(ホ)ウェア]
副 **どこでも,至る所に[で]**
- Convenience stores are *everywhere*.
  コンビニはどこにでもある.
- It seems that she has been *everywhere* in the world. 彼女は世界の至る所に行ったことがあるみたいだ.

**evidence** 準2級 A2 [évədəns エヴァダンス] 名 U
証拠(しょう)(＝proof);『法律』証言;証拠物件

**evident** B1 [évədənt エヴァダント] 形 明らかな,明白な

**evil** B2 [íːvəl イーヴァル]
— 形 (比較 more evil, eviler; ⊛eviller; 最上 most evil, evilest, ⊛evillest)❶ 悪い,邪悪(じゃく)な;有害な ❷ 不吉(きっ)な;不運な
— 名 U 悪(⇔good 善),罪悪;C 害悪;不幸
- good and *evil* 善悪

**evolution** B2 [èvəlúːʃən エヴァルーション | iːvə- イーヴァ-] 名 U (生物の)進化;発展
- the theory of *evolution* 進化論

**ex** [éks エクス] 名 C 《話》前の配偶(はい)者,先妻,先夫;別れた恋人

**ex.** example(例)の略

**ex-** [eks- エクス-] 接頭《名詞の前につけて》前の,元の
- *ex*-boyfriend [*ex*-girlfriend] 元彼[元カノ]
- *ex*-president 前の大統領(▶former presidentに比べてネガティブなイメージを伴(ともな)いやすい言い方)

**exact** 2級 B1 [igzǽkt イグザクト] 形 **正確な**;厳密な,精密な
- Radio clocks give the *exact* time.
  電波時計は正確な時を告げる.

***to be exact*** 《話》正確には, 厳密に言えば
- It costs $9.90 *to be exact*.
それは正確には9ドル90セントする.
派生語 exactly 副

**exactly** 準2級 A2 [iɡzǽktli イグザクトゥリィ]
副 ❶ 正確に; きっかり, ちょうど
- It's *exactly* nine o'clock.
ちょうど9時だ.
❷ そのとおり, まったくだ (▶返事に用いる)

話してみよう！
☺ Do you mean this plan is impossible?
この計画は不可能だということですか.
☻ *Exactly*.
そのとおりです.

***not exactly*** 必ずしも…でない (▶部分否定); ちょっと違う (▶否定の語調を柔らげる)
- "You love studying English, don't you?" "*Not exactly*. I just want to make international friends."
「君は英語を勉強するのが大好きなんだね」「それはちょっと違う. いろいろな国の友達をつくりたいだけなんだ」

**exaggerate** B2 [iɡzǽdʒərèit イグザチャレイト]
動 他 自 (…を)大げさに言う, 誇張する

**exam** 準2級 A2 [iɡzǽm イグザム] 名 C 《話》試験, テスト (▶examinationの短縮形)

# examination B1
[iɡzæmənéiʃən イグザマネイション]
名 (複 examinations[-z]) ❶ C 試験, テスト (▶《話》ではexamとも言う) (=test)
- a midterm [final] *examination*
中間[期末]試験 (▶「期末試験」はa term *examination* や an end-of-term *examination* とも言う)
- pass an *examination* 試験に合格する
- fail (in) an *examination* 試験に落ちる
- We took an English *examination*.
私たちは英語の試験を受けた.

くらべてみよう！ examination と quiz と test
**examination**: 入学試験や定期考査など「試験」一般に使われます. 《話》ではふつうexamと言われます.
**quiz**: 「小テスト」などに使われます.
**test**: examinationより軽くquizより重いニュアンスです.

❷ U C 検査, 調査; 診察
- have a medical *examination*
診察を受ける

***on*** [***upon***] ***examination*** 調査の上で, 調べてみると
***under examination*** 調査[審査]中で[の]

**examine** 2級 B1 [iɡzǽmin イグザミン] 動 他 …を検査する, 調べる; …を診察する; (人)に試験をする
- May I *examine* your baggage?
手荷物を検査させてください.
派生語 examination 名

# example 4級 A1
[iɡzǽmpl イグザンプル | iɡzάːm- イグザーン-]
名 (複 examples[-z]) C ❶ 例, 実例; 例題
- give [take] an *example* 例を挙げる
- This is an *example* of his work.
これは彼がした仕事の一例だ.
❷ 手本, 模範 (=model)
- He followed his father's *example*.
彼は父親を手本とした.

***for example*** 例えば (▶e.g.と略すことがある)
- Do you know anything about old movie stars, *for example*, Charlie Chaplin? あなたは例えばチャーリー・チャップリンといった昔の映画スターについて何か知っていますか.

# excellent 4級 A1
[éksələnt エクサラント]
形 優れた, 優秀な; (成績評点が)優の
- an *excellent* tennis player
優れたテニス選手
- *Excellent!* (相手をほめて[賛成して])すばらしい[いいね]！

# except 準2級 A2 [iksépt イクセプト]
前 …を除いて(は), …のほかは
- Everyone in her family lives in Tokyo *except* her. 彼女を除いて, 彼女の家族はみな東京に住んでいる.
- He runs every day *except* on rainy days.
彼は雨の日以外は毎日走る.

***except for ...*** …を除いては; …がなければ
- The room was silent, *except for* the

## exception

sound of a clock.
部屋は静かだった，時計の音を除いては．
派生語 exception 名

**exception** B2 [iksépʃən イクセプション]
名 U C 例外；例外となること[物]
- without *exception* 例外なく
- There are *exceptions* to every rule.
どの規則にも例外はある．

**excess** B1 名 [iksés イクセス] U 超過(ちょう)；過度，余分

**exchange** 準2級 A2 [ikstʃéindʒ イクスチェインヂ]
— 動 他 ❶ …をやり取りする；…を交換(こうかん)する，…を取り替(か)える
- *exchange* email addresses
メールアドレスを交換する
- *exchange* greetings あいさつをかわす
- I would like to *exchange* this shirt *for* a blue one.
このシャツを青いシャツと交換したいのですが．
❷ …を両替(りょうがえ)する
- Can I *exchange* yen for dollars?
円をドルに両替できますか．
— 名 U C やり取り，交換，取り替え；交換留学；U 両替；為替(かわせ)

空港の通貨両替所の看板(英国)

*in exchange for ...* …と引きかえに

**exchange student** [ikstʃéindʒ stúːdnt イクスチェインヂ ストゥードゥント | -stjúː- - ストュー-] 名 C 交換(留)学生

**excite** 4級 [iksáit イクサイト] 動 他 …を興奮させる；(ある感情など)を起こさせる，かき立てる
派生語 excited 形，excitement 名，exciting 形

## excited 4級 A1 [iksáitid イクサイティド]

形 (比較 more excited；最上 most excited) 興奮した，気の立った
- an *excited* audience 興奮した聴衆(ちょうしゅう)
- **be [get] excited about [by, at] ...**
…にわくわくする
- I'm *getting excited about* the summer vacation.
夏休みのことを思ってわくわくしている．
- They *were excited by* the victory.
その勝利に彼らは興奮した．
- **be [get] excited to +〈動詞の原形〉**
…してわくわくする
- She *was excited to* hear the news.
彼女はその知らせを聞いてわくわくした．

**excitement** B1 [iksáitmənt イクサイトゥメント]
名 U 興奮；騒(さわ)ぎ；C 刺激(しげき)，興奮させるもの
- in *excitement* 興奮して

## exciting 4級 A1

[iksáitiŋ イクサイティング]

形 (比較 more exciting；最上 most exciting)
わくわくさせる，興奮させる，おもしろくてたまらない
- an *exciting* race
手に汗(あせ)握(にぎ)るようなレース

> 話してみよう！
> ☺I'm going to a concert tomorrow.
> あしたコンサートに行くんだ．
> ☻That's *exciting*!
> それはわくわくするね！

**exclaim** B2 [ikskléim イクスクレイム] 動 自 他
(感情にかられて…だと)大声をあげる，叫(さけ)ぶ
派生語 exclamation 名

**exclamation** [èkskləméiʃən エクスクラメイション] 名 ❶ C 叫(さけ)び声；U 叫び；感嘆(かんたん)
❷ C 『文法』感嘆文；感嘆詞，間投詞

**exclamation point** B2 [èkskləméiʃən pɔ́int エクスクラメイション ポイント] 名 C ※感嘆符(ふ)，エクスクラメーションマーク(!)(=英 exclamation mark)

**exclude** B2 [iksklúːd イクスクルード] 動 他 …を除外する，中へ入れない(⇔include …を含(ふく)む)

**excursion** B2 [ikskə́ːrʒən イクスカージョン | -ʃən -ション] 名 C (団体による)小旅行，遠足
- *go on* an *excursion*
遠足に行く

## *excuse 5級 A1 (★動と名で発音が異なる)

— 動 [ikskjúːz イクスキューズ] (三単現 excuses[-iz]；過去・過分 excused[-d]；現分 excusing) 他 ❶ (軽い失敗・間違(まちが)い・人など)を許す，勘弁(かんべん)してやる
- Please *excuse* me for interrupting you.
お邪魔(じゃま)するのを許してください．
❷ …の言い訳をする，弁解をする；(物事が)の理由[弁解]となる
- That doesn't *excuse* your behavior.

そんなことは君の行動の言い訳にはならない．
❸ …を免除(めんじょ)する
- They didn't *excuse* me *from* attending the meeting.
私は会議の出席を免除してもらえなかった．

***Excuse me.*** 失礼します．；失礼しました．；失礼ですが．(▶自分を含めて2人以上ならExcuse us.)

 **Excuse me. の使い方**
(1)「ちょっと失礼」
他人に話しかけるとき，席を立つとき，人の前を通るときなど．「どうぞ，結構ですよ」と答えるには，Sure. / Of course. / Certainly. などと言います．
(2)「失礼しました」「すみません」
せき・くしゃみをしたとき，人にぶつかったり，ぶつかりそうになったときなど．答えるには，次のように言います．
That's all right.(＝That's OK.) いいんですよ．
Never mind. 気にしないで．
(3)「今何とおっしゃいましたか」
相手に聞き返すために，上がり調子でExcuse me? と言う場合があります．

- *Excuse me*, but could you tell me how to get to the nearest post office?
すみませんが，最寄りの郵便局にはどう行ったらいいでしょうか．

*excuse* oneself 中座する；弁解する
- Can I *excuse myself* for a minute?
ちょっと席を外してもいいですか．
―名 [ikskjúːs イクス**キュー**ス](複 *excuses*[-iz]) CU 言い訳，口実；弁解
- He made an *excuse for* being late.
彼は遅刻(ちこく)の言い訳をした．

**executive** B2 [igzékjutiv イグ**ゼ**キュティヴ]
―名 C (会社の)重役，管理職；(団体の)幹部，役員；《the executiveで》《単数・複数扱い》行政部
―形 行政上の；実行上の

# exercise 3級 A1
[éksərsàiz **エ**クサァサイズ]
―名(複 *exercises*[-iz]) ❶ CU 運動；体操(▶運動の種目や種類を言うときはC，運動全体をさすときはU)；(軍隊などの)演習
- get [take] *exercise* 運動をする
- do (physical) *exercises* 体操をする
❷ C 練習；課題；練習問題，練習曲；けいこ
- an *exercise* for the violin
バイオリンの練習曲
- Have you done your math *exercises*?
数学の練習問題をしましたか．
―動(三単現)*exercises*[-iz]；過去・過分 *exercised*[-d]；現分 *exercising*)
― 自 運動する，練習する
- You need to *exercise* more.
君はもっと運動する必要がある．
― 他 …を運動させる，訓練する

**exhaust** B2 [igzɔ́ːst イグ**ゾー**スト]
―動 他 (人)を疲(つか)れ果てさせる；…を使いつくす
―名 U 排気(はいき)ガス(＝exhaust gas)
派生語 exhausted 形

**exhausted** B1 [igzɔ́ːstid イグ**ゾー**スティド] 形
《be exhaustedで》疲(つか)れ果てる；へとへとの(＝tired)；(資源などが)使いつくされた
- I *was exhausted* from [by] the hike.
私はハイキングをして疲れ果てた．

**exhibit** B2 [igzíbit イグ**ズィ**ビット]
―動 他 …を展示する，陳列(ちんれつ)する
―名 C 展示品，陳列品
派生語 exhibition 名

**exhibition** 準2級 A2 [èksəbíʃən エクスィ**ビ**ション] 名 UC 展示，陳列(ちんれつ)；C 展覧会，展示会

**exist** 準2級 A2 [igzíst イグ**ズィ**スト] 動 自 存在する，ある(▶進行形にしない)(＝be)；生存する，生きている(＝live)
- He believes that ghosts *exist*.
彼は幽霊(ゆうれい)は存在すると信じている．
- We cannot *exist* without water.
私たちは水なしでは生きていけない．
派生語 existence 名

**existence** B1 [igzístəns イグ**ズィ**スタンス] 名 U 存在，実在；生存
- the *existence* of UFOs ＵＦＯの存在
- the struggle for *existence* 生存競争

**exit** 2級 B1 [égzit **エ**グズィット]
―名 C ❶ 出口(⇔entrance 入り口)
- an emergency *exit* 非常口

出口を示す公園の表示(米国)
❷ 退出；(役者の)退場
―動 自 退出する

**expand** 2級 B1 [ikspǽnd イクス**パ**ンド]
動 他 自 …を広げる，拡張する，発展させる；広が

## expect 準2級 A2 [ikspékt イクスペクト]

**動** (三単現 expects[-ts -ツ]; 過去・過分 expected[-id]; 現分 expecting) 他 ❶ (出来事など)**を予期する**, 予想する; (人が来ること)を期待する; (人・事)を待つ
- The house is bigger than I *expected*.
  その家は私が予想したより大きい.
- She is *expecting* a phone call.
  彼女は電話を待っている.

❷ (当然のこととして)**…を期待する**;《expect ... to+〈動詞の原形〉で》…が〜するのを期待[予定]する, …に〜してほしいと思う;《be expected to+〈動詞の原形〉で》…することになっている
- He *is expected to* come back by 7 p.m.
  彼は午後7時までに戻(もど)ってくることになっている.

❸ (話)…だと思う (=think); …だと推測する (=guess)
- I *expect* (*that*) you are very hungry.
  あなたはとてもおなかがすいているでしょう.

派生語 expectation 名

**expectation** B2 [èkspektéiʃən エクスペクテイション] 名 U C 期待, 予期, 予想;《しばしば expectations で》期待されること, 見こみ
- against [beyond] *expectation*
  予想に反して[以上に]

**expedition** B2 [èkspədíʃən エクスパディション] 名 C 探検; 遠征(えんせい); 探検隊, 遠征隊

**expense** 2級 B1 [ikspéns イクスペンス] 名 ❶ U 出費, 支出; 費用 ❷《expenses で》経費, …費
- living [travel] *expenses* 生活[旅]費

*at the expense of ...* …の費用で; …を犠牲(ぎせい)にして

派生語 expensive 形

## expensive 4級 A1

[ikspénsiv イクスペンスィヴ]

**形** (比較 more expensive; 最上 most expensive) **高価な**, 値段が高い, 費用のかかる (⇔ inexpensive, cheap 安価な)
- an *expensive* watch 高価な腕(うで)時計
- The computer is very *expensive*.
  そのコンピュータはとても高い.

## experience 準2級 A2

[ikspíəriəns イクスピ(ァ)リアンス]

━ 名 (複 experiences[-iz]) U C **経験**, 体験
- learn by [from] *experience*
  経験によって学ぶ

- five years' *experience* in business
  5年間の実務経験
- I have no *experience* in this field.
  この分野での経験はまったくない.

━ 動 (三単現 experiences[-iz]; 過去・過分 experienced[-t]; 現分 experiencing) 他 **…を経験する**, 体験する
- I've never *experienced* such hard work.
  こんな大変な仕事は初めてだ.

派生語 experienced 形

**experienced** B1 [ikspíəriənst イクスピ(ァ)リアンスト] 形 経験のある, ベテランの
- She is an *experienced* nurse.
  彼女はベテランの看護師だ.

**experiment** 2級 B1 [ikspérəmənt イクスペラメント]

━ 名 C 実験, (実地の)試み; U 実験をすること
- do [conduct] an *experiment* in chemistry
  化学の実験をする

━ 動 自 実験する

**expert** 準2級 A2 [ékspəːrt エクスパート]

━ 名 C 専門家; 熟練者, エキスパート
- an *expert* at [in] skiing スキーの名人

━ 形 熟練した; 専門家の

## explain 準2級 A2

[ikspléin イクスプレイン]

**動** (三単現 explains[-z]; 過去・過分 explained[-d]; 現分 explaining)

━ 他 **…を説明する**; …を明らかにする; …を釈明(しゃくめい)[弁解]する
- Let me *explain* my plan *to* you.
  あなたに私の計画を説明させてください.
- He *explained* that he had a cold.
  彼は風邪(かぜ)をひいていたのだと説明した.

━ 自 説明する
- It's difficult to *explain* in English.
  英語で説明するのは難しい.

*explain away* …の言い逃れをする
*explain oneself* はっきり説明する; 釈明する
- Let me *explain myself*. 釈明させてください.

派生語 explanation 名

**explanation** 準2級 A2 [èksplənéiʃən エクスプラネイション] 名 U C 説明, 釈明(しゃくめい)

**explode** B2 [iksplóud イクスプロウド] 動 自 他 爆発(ばくはつ)する; …を爆発させる

派生語 explosion 名

**exploration** B1 [èkspləréiʃən エクスプラレイション] 名 U 探検, 探査

**explore** 準2級 A2 [ikspló:r イクスプロア] 動 他 …を探検する, 実地踏査(とうさ)する; …を調査する

派生語 exploration 名, explorer 名

**explorer** B2 [ikspló:rər イクスプローラァ] 名 C
探検家

**explosion** B1 [iksplóuʒən イクスプロウジョン]
名 C 爆発(ばく); 爆発音; 急増

**expo** [ékspou エクスポゥ] 名《話》博覧会
(=exposition)

**export** B2 (★名と動でアクセント位置が異なる)
—名 [ékspɔ:rt エクスポート] U 輸出(⇔import 輸入); C 輸出品
・Cars are a main *export* of Japan.
車は日本の主要な輸出品だ.
—動 [ikspɔ́:rt イクスポート] 他 …を輸出する(⇔import 輸入する)
・Japan *exports* cars to other countries.
日本は自動車を外国に輸出している.

**expose** B1 [ikspóuz イクスポウズ] 動他 (日光・風雨などに)…をさらす; (危険などに身)をさらす; (秘密・正体など)をあばく
・He *exposed* his skin to the sun.
彼は日光に肌(はだ)をさらしていた.
派生語 exposition 名

**exposition** [èkspəzíʃən エクスパズィション] 名
C 博覧会(=《話》expo)
・a world *exposition* 万国(ばんこく)博覧会

# express 準2級 A2 [iksprés イクスプレス]

—動 (三単現 expresses[-iz]; 過去・過分 expressed[-t]; 現分 expressing) 他 ❶ …を(言葉で)**表現する**, 言い表す; (感情など)を外に表す
・I cannot *express* how glad I was.
どんなにうれしかったか口では言えない.
・Can you *express* yourself in English?
自分の思っていることを英語で言い表せますか.
・Her face *expresses* joy.
彼女はうれしそうな顔をしている.
❷ ⊛ …を急送する, ⊛ …を速達[至急]便で送る

—名 (複 expresses[-iz]) C (列車・バス・トラックなどの)急行; U ⊛ 速達便
・an *express* for London ロンドン行きの急行
**by *express*** 急行で; ⊛ 速達郵便で

—形 (名詞の前にのみ用いる)(列車・バス・道路などが)**急行の**, 高速(用)の
・an *express* train 急行列車
・by *express* mail 速達で
派生語 expression 名

**expression** A2 [ikspréʃən イクスプレッション]
名 ❶ U C 表現; U 言い回し
・Her kindness is *beyond expression*. 彼女の優(やさ)しさは言葉ではとても表現できない.
❷ C 表情; (声の)調子
・a sad *expression* 悲しそうな顔つき

**expressway** [ikspréswèi イクスプレスウェイ]
名 C ⊛ 高速自動車道路(=motorway)

米国の高速自動車道路

**extend** B1 [iksténd イクステンド] 動
—他 …を延ばす, 広げる, のばす
・He *extended* his stay for three days.
彼は滞在(たいざい)を3日延ばした.
—自 のびる, 広がる, (範囲が)及(およ)ぶ
・This area *extends* north to the Hudson River.
この地域は北はハドソン川まで続いている.
派生語 extension 名, extensive 形

**extension** B2 [iksténʃən イクステンション]
名 ❶ U 拡大; 延長
❷ C 広げた部分; 建て増し
❸ C (電話の)内線(▶ ext. と略す)
・*Extension* 555, please.
内線555番をお願いします.

**extensive** B2 [iksténsiv イクステンスィヴ] 形 広い; 広範囲(はんい)な(⇔intensive 集中的な)
・*extensive* reading 多読

**extent** B1 [ikstént イクステント]
名 ❶《an extent または the extent で》範囲(はんい), 程度, 限度
・*to a great extent* かなりの程度まで
・*to a certain extent* ある程度まで
❷ U C 広がり; 広さ, 大きさ(=size); 長さ

**exterior** [ikstíəriər イクスティ(ア)リア]
—形 外部の, 外面の, 外側の(⇔interior 内部の)
—名 C 外部, 外側; 外観

**external** B2 [ikstə́:rnl イクスターヌル] 形 外部の; 対外的な(⇔internal 内部の)

**extinct** B1 [ikstíŋkt イクスティンクト] 形 絶滅(ぜつめつ)した; 消えた
・an *extinct* animal 絶滅した動物

**extinction** B1 [ikstíŋkʃən イクスティンクション]
名 U 絶滅(ぜつめつ)

**extinguisher** [ikstíŋgwiʃər イクスティングウィッシャァ] 名 C 消火器(=fire extinguisher)

**extra** 準2級 A2 [ékstrə エクストゥラ]
—形《名詞の前にのみ用いる》余分の; (料金が)割り増しの; 臨時の; 規格外の
・an *extra* inning (野球の)延長(の回)

## extra-

- an *extra* charge 追加料金

洋服売り場の「特大サイズ」の表示

━ 名 C ❶余分のもの；追加料金(で受けるサービス) ❷(映画の)エキストラ ❸(新聞の)号外

**extra-** [ékstrə エクストゥラ] 接頭 「…外の」「…の範囲(はん)外の」の意味を表す(▶形容詞につく)

**extraordinary** B1 [ikstrɔ́:rdənèri イクストゥローダネリィ|-dənəri -ダナリィ] 形 並外れた；驚(おど)くべき(⇔ordinary ふつうの)

**extraterrestrial** [èkstrətəréstriəl エクストゥラタレストゥリアル] 形 地球外の, 宇宙の → ET

**extreme** B1 [ikstrí:m イクストゥリーム]
━ 形 ❶極端(きょく)な, はなはだしい ❷いちばん端(はし)の, 先端の ❸(思考などが)過激な
━ 名 C 極端；極端な行動[状態]

*go to extremes* 極端なことをする
派生語 extremely 副

**extremely** 準2級 A2 [ikstrí:mli イクストゥリームリィ] 副 《形容詞または副詞の前に用いて》非常に, とても

\***eye** 4級 A1 [ái アィ]

名 (複 eyes[-z]) C ❶目

eyebrow まゆ
eyelid まぶた
eyelash まつげ
pupil ひとみ
iris こう彩(さい)

- Open [Close] your *eyes*.
目を開けなさい[閉じなさい].
- She has dark (brown) *eyes*.
彼女は黒い目をしている. (▶a black eyeは「(殴(なぐ)られたりしてできた)目の周りの青黒いあざ」)
- There were tears in his *eyes*. = His *eyes* were wet with tears.
彼は目に涙(なみだ)を浮(う)かべていた.
- The dress caught my *eye*.
そのドレスが私の目にとまった.
- I couldn't believe my *eyes*.
私は自分の目が信じられなかった. (▶「見たものが本当であると信じられなかった」の意味)

- an *eye* bank アイバンク, 角膜(かくまく)[眼球]銀行
- an *eye* doctor 眼科医
- *eye* drops 《単数扱い》目薬

❷《しばしばeyesで》視覚, 視力；《ふつうan eyeで》(よい)物を見抜く力, 鑑識(かんしき)眼
- have good [weak] *eyes* 目がよい[悪い]
- She has *an eye for* antiques.
彼女は骨とう品には目が高い.

❸《しばしばeyesで》目つき, まなざし, 視線
- with dreamy *eyes* 夢見るようなまなざしで

❹目のようなもの(▶カメラのレンズ, 針の穴, 台風の目, ホックの留め穴, 虫のはん点など)

*an eye for an eye* 目には目を(▶同じ方法で同じ程度に仕返しをすること. 古代バビロニアの『ハムラビ法典』に由来)

*keep an eye on ...* …から目を離(はな)さない
- I will *keep an eye on* your baggage.
君の荷物を見ているよ.

*look ... in the eye* (人)をまともに見る(▶eyeを複数形にしないことに注意)
- Look me *in the eye*.
(あなたは)やましいことなど何もないですね. (▶「私はやましいことなど何もない」という意味でも使える. 欧米(おうべい)では目をそらすことは「うそをついている, やましいことがある」ととられることがあるため)

**eyeball** [áibɔ:l アィボール] 名 C 眼球

**eyebrow** B2 [áibràu アィブラゥ] 名 C まゆ, まゆ毛 → eye 図

*knit one's eyebrows* まゆをしかめる(▶不機嫌(ふきげん)の表情)
- Bill *knitted his eyebrows* at the man.
ビルはその男にまゆをしかめた.

*raise one's eyebrows* まゆをつり上げる(▶驚(おど)き・疑い・軽べつの表情)
- He *raised his eyebrows*. 彼はまゆをつり上げた.

**eye contact** [ái kɑ̀ntækt アィ カンタクト|- kɔ̀tækt - コンタクト] 名 U 視線を合わせること

**eyelash** B2 [áilæ̀ʃ アィラッシュ] 名 (複 eyelashes[-iz]) C まつげ → eye 図

**eyelid** B2 [áilìd アィリッド] 名 C まぶた → eye 図

**eyesight** B1 [áisàit アィサイト] (★このghは発音しない) 名 U 視力, 視覚
- She has good [poor] *eyesight*.
彼女は視力がよい[弱い].

**eyewitness** [áiwìtnis アィウィットゥニス] 名 C 目撃(もくげき)者；目撃証人

# F f

**F, f** [éf エフ] 名 (複 F's, Fs, f's, fs [-s]) C ❶英語アルファベットの第6字
❷《Fで》《成績の》F (▶failure「不合格」を表す）→ grade ❸
**F, F.** Fahrenheit (カ氏の) の略
**f.** female (女性) の略
**fable** [féibl フェイブル] 名 C ぐう話 (▶主に動植物を主人公にした，教訓を含(ふく)む短い物語)
• "Aesop's *Fables*"『イソップ物語』
**Fabre** [fɑ́:bər ファーブァ] 名 Jean Henri, ジャン・アンリ・ファーブル (▶1823-1915；フランスの昆虫(ちゅう)学者，『昆虫記』の著者)
**fabric** B2 [fǽbrik ファブリック] 名 ❶ C U 布，生地(じ)；織物；織り方 ❷ U （社会などの）構造，骨組み

## *face 5級 A1 [féis フェイス]

名 ❶顔
　❷表面
動 他 ❶…に向く
　　 ❷…に立ち向かう
　自 (…に）向く

― 名 (複 faces [-iz]) C ❶顔；顔つき，表情
• I washed my *face*. 私は顔を洗った.
• He has a round [square] *face*.
  彼は丸い[角張った]顔をしている.
• She was speaking with a smile on her *face*.
  彼女はほほえみを浮(う)かべて話していた.
• He always has an angry *face*.
  彼はいつも怒(おこ)ったような顔をしている.

**ここが ポイント!** face と head

face は「顔」，つまり「頭の前面」のみをさすため，「（乗り物などの）窓から顔を出す」と言うときはface ではなく，**head** を使います.
• Do not put your *head* [×face] out of the window.
  窓から顔を出してはいけません.

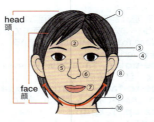

①hair 髪(かみ) ②forehead 額(ひたい) ③eyebrow まゆ
④eye 目 ⑤cheek ほお ⑥nose 鼻 ⑦mouth 口
⑧ear 耳 ⑨jaw あご（全体）⑩chin あごの先端(たん)

→ body 図, eye 図, mouth 図
❷表面 (＝surface)，表，(建物の）正面
• the *face* of the earth 地球の表面
• the *face* of a card トランプ[カード]の表
• the *face* of a clock 時計の文字盤(ばん)（▶時計の針はhand と言う）→ clock 図

***face to face*** （*with* ...) （…と）顔を突き合わせて，面と向かって，差し向かいで
• I sat *face to face* with Tom.
  ぼくはトムと向かい合って座(すわ)っていた.

***in (the) face of ...*** …に直面して；…にもかかわらず
• They didn't hesitate *in (the) face of* danger.
  彼らは危険に直面してもためらわなかった.

***keep a straight face*** 笑わないでいる
***lose face*** 面子(メンツ)を失う，顔をつぶす
***make a face*** ＝ ***make faces*** 顔をしかめる
• She *made a face* at the noisy children.
  彼女は騒(さわ)がしい子どもたちに顔をしかめた.

***save (one's) face*** 面子を保つ
• He tried to *save (his) face* by scolding his son.
  彼は自分の息子をしかることで面子を保とうとした.

***to one's face*** …に面と向かって
• She said it *to his face*.
  彼女は彼に面と向かってそれを言った.

― 動 (三単現 faces [-iz]； 過去・過分 faced [-t]； 現分 facing)
― 他 ❶…に向く，向いている，面している
• My house *faces* the park. 私の家は公園に面している.（▶face to ... としない）
❷（危険・困難など）に立ち向かう，…を直視す

## face-down, facedown

る；《be faced with ...で》(困難など)に直面している
- *face* the enemy 敵に立ち向かう
- *face*(the) facts 事実を直視する
- The country *is faced with* a food shortage.
その国は食糧(りょう)不足に直面している.
— 自 (…の方向に)向いている, 面している
- *face* to the north 北に面している

派生語 facial 形名

### face-down, facedown [fèisdáun フェイスダウン] 副 うつぶせに

### face-to-face 2級 B1 [féistəféis フェイスタフェイス] 形 向かい合った, 対面の；直接の

### face-up, faceup [fèisáp フェイスアップ] 副 あおむけに

### facial [féiʃəl フェイシャル] — 形 顔の；顔面用の
- You can perform a *facial* massage at home.
顔のマッサージは家でできる.
— 名 C 美顔術

### facility 2級 B1 [fəsíləti ファスィラティ] 名 (複 facilities[-z]) C 《facilitiesで》施設(しせつ), 設備；便宜(べんぎ)
- research *facilities* 研究施設

## fact 準2級 A2 [fǽkt ファクト]

名 (複 facts[-ts ツ]) C 事実；U 現実, 実際, 真実
- *It* is a *fact that* she is ill.
彼女が病気だということは事実だ.
- The story is based on *fact*.
その話は事実に基(もと)づいている.
- *Fact* is stranger than fiction.
(ことわざ)事実は小説より奇(き)なり.

(*as a*) *matter of fact* 実際のところ, 本当は
→ matter (成句)
- Ms. Green looks kind, but *as a matter of fact*, she is a very strict teacher.
グリーン先生は優(やさ)しそうに見えるが, 本当はとても厳しい先生だ.

*in fact* 実は；(前言を訂正(ていせい)して)実際のところ, それどころか(= as a matter of fact)
- I know her well — *in fact*, she is my aunt.
彼女をよく知っています. 実は, 私のおばです.

### factor B2 [fǽktər ファクタァ] 名 C 要素, 要因

## factory 3級 A1 [fǽktəri ファクタリィ]

名 (複 factories[-z]) C (大きな)工場, 製作所
(►仕事場・作業場はworkshopと言う)
- a *factory* worker [hand] 工場労働者
- work in an automobile *factory*
自動車工場で働く

工場内の自動車組立ラインの様子

### faculty B2 [fǽkəlti ファカルティ] 名 (複 faculties[-z]) C ❶ (知的な)才能, 能力 (= talent)
❷ 米 (大学の)学部 (= 英 department)
- the *faculty* of economics 経済学部
❸《主に米》教職員(全体)；学部教授(団)
- a *faculty* meeting 職員会議, 教授会

### fade B1 [féid フェイド] 動 自 (色が)あせる；(花が)しぼむ, しおれる；(音・記憶(きおく)などが)しだいに消える, 薄(うす)まる
- The sound of music *faded away*.
その音楽の音はしだいに消えた.

### Fahrenheit [fǽrənhàit ファランハイト] 形 カ氏の
(►FまたはF.と略す)(⇔Celsius セ氏の)
- 32°*F* カ氏32度(►thirty-two degrees Fahrenheitと読む. セ氏0度に相当)

> **これ、知ってる？** カ氏とセ氏
> カ氏温度目盛りはドイツの物理学者G. D. Fahrenheit(1686-1736)が考案しました. 米国ではふつう, セ氏ではなくカ氏を使います.

## fail 準2級 A2 [féil フェイル]

— 動 (三単現 fails[-z]；過去・過分 failed[-d]；現分 failing)
— 自 ❶ (…に)**失敗する**；(計画などが)うまくいかない (⇔succeed 成功する)
- He *failed in* business.
彼は事業に失敗した.
❷ (人などが)衰(おとろ)える, 弱る；(機械などが)機能しなくなる, 故障する
- My grandfather's health *failed*.
祖父の健康は衰えた.
— 他 ❶《fail to +〈動詞の原形〉で》…しない, …しそこなう
- I *failed to* see the movie.
私はその映画を見そこなった.
❷ (試験・学科に)落ちる, 落第する (⇔pass 合格する)

- I *failed* the math exam.
私は数学の試験に落第した.

***not [never] fail to＋〈動詞の原形〉*** 必ず…する（＝be sure to＋〈動詞の原形〉）
- I *never fail to* have breakfast in the morning.
私は毎朝必ず朝食を食べる.

━名 U 失敗（►次の成句で用いる）
***without fail*** きっと, 必ず, 間違いなく
- I'll return tomorrow *without fail*.
私はあした必ず戻ってきます.

派生語 failure 名

**failure** B1 [féiljər フェイリャァ] 名 ❶ U 失敗（⇔ success 成功）; 不合格; C 失敗者; 失敗作
- Our attempt ended [resulted] in *failure*.
私たちの企ては失敗に終わった.
- The play was a *failure*.
その劇は不評［失敗作］だった.

❷ U C 不足, 欠乏; 衰弱; 故障
- crop *failure* 不作
- a power *failure* 停電

**faint** B1 [féint フェイント]
━形 ❶（色・音・光などが）かすかな, 薄い, ほのかな; 弱々しい; わずかな
- a *faint* light [sound] かすかな光［音］
- a *faint* smell ほのかなにおい
- a *faint* hope わずかな望み

❷（病気・疲労などで）気が遠くなった
- I felt *faint*. 私は気が遠くなった.
- She was *faint* with heat.
彼女は暑さでふらふらだった.

━動 自 気が遠くなる, 失神する, 気絶する

**fair¹** A1 [féər フェア]（★同音 fare 料金）
（比較 fairer; 最上 fairest）
━形 ❶ 公平な, 公正な, 適正な; 規則にかなった, フェアな（⇔unfair 不公平な）
- a *fair* price 適正な価格
- A judge must be *fair to* all people.
裁判官はすべての人に公平でなければならない.

❷ 相当な, かなりの; まあまあの
- a *fair* crop かなりの収穫
- a *fair* amount of money 相当な額のお金

❸（肌が）色白の; 金髪の（＝blond, ⇔ dark（肌・髪が）黒っぽい）
- *fair* hair 金髪

❹（空・天気が）晴れた（＝fine）

━副 公正に, フェアに
- play *fair* 正々堂々と勝負する［やる］

派生語 fairly 副

**fair²** 2級 B1 [féər フェア]（★同音 fare 料金）
名 C ❶ 博覧会（＝exposition）, 見本市, フェア; 慈善市, バザー（＝bazaar）
- the World('s) *Fair* 万国博覧会

❷ 品評会（►農産物・家畜などを展示して優劣を決める会）❸ 定期市, 縁日（►祭日などに定期的に開かれる農産物の市）

**fairly** 準2級 A2 [féərli フェアリィ] 副 ❶ かなり（►ふつう好ましい意味の形容詞・副詞とともに用いる, 悪い意味での「かなり」は rather）
- My brother speaks French *fairly* well.
兄［弟］はフランス語をかなりうまく話す.

❷ 公明正大に, 公平に

**fair play** [féər pléi フェア プレイ] 名 U（スポーツなどで）フェアプレー, 正々堂々とした態度

**fair trade** [féər tréid フェア トゥレイド] 名 U 公正取引, フェアトレード（►開発途上国の生産物を適正価格で購入する仕組み）

**fairy** A1 [féəri フェ(ァ)リィ]
━名（複 fairies [-z]）C 妖精
━形 妖精の; 妖精のような

**fairy tale** [féəri téil フェ(ァ)リィ テイル] 名 C おとぎ話; 信じられないような話

**faith** B2 [féiθ フェイス] 名 ❶ U 信頼, 信用
- I *had faith in* her.
私は彼女を信じていた.

❷ U C 信念, 信仰; 宗教

派生語 faithful 形, faithfully 副

**faithful** B1 [féiθfəl フェイスフル] 形 忠実な, 誠実な
- He is *faithful to* everyone.
彼はみんなに誠実だ.

**faithfully** [féiθfəli フェイスフリィ] 副 忠実に, 誠実に; 正確に
***Yours faithfully, ＝Faithfully yours,***《主に英》敬具（►商用や改まった手紙の結びの言葉）

**fake** 2級 B1 [féik フェイク]
━動 他 ❶ …を偽造［模造］する,《話》…をでっち上げる ❷ …のふりをする, …を装う（＝pretend）
━名 C 偽物, 模造品; 詐欺師
━形《名詞の前にのみ用いる》偽の, 偽造の

***fall*** 準2級 A2 [fɔ́:l フォール]

| 動 自 | ❶落ちる |
| | ❷転ぶ |
| | ❸下がる |
| | ❹陥る |
| 名 | ❶秋 |
| | ❷落下 |
| | ❸滝 |

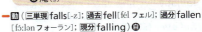

━動（三単現 falls [-z]; 過去 fell [fél フェル]; 過分 fallen [fɔ́:lən フォーラン]; 現分 falling）自

## fallen

❶ (重力で上から下に)**落ちる**, 落下する; (雨・雪などが)降る (▶試験に「落ちる」はfail, 飛行機が「落ちる」はcrash)
- She *fell* into a hole. 彼女は穴に落ちた.
- An apple *fell* from the tree.
りんごが木から落ちた.
- Tom *fell* down the stairs.
トムは階段から落ちた.
- A cold rain is *falling*.
冷たい雨が降っている.

**くらべて みよう!** **fall と drop**
**fall**:「落ちる」の意味の一般的な語です.
**drop**: しばしば「急に真下に落ちる」という意味合いを含みます.

❷ **転ぶ**, 転倒する, 倒れる
- Yumi *fell* to the floor. ユミは床に倒れた.
❸ (程度・数量などが)**下がる**, 減少する(⇔rise 上がる)
- The temperature here *falls* below zero in winter.
冬にはここの温度は氷点下に下がる.
❹ (病気・睡眠などの状態に)陥る, なる
- I *fell* asleep soon. 私はすぐ寝に入った.
***fall apart*** ばらばらに壊れる, 崩れる
***fall back on*[*upon*] ...** …に頼る
***fall behind ...*** (人)より後れる
- He *fell behind* the others in math.
彼は数学がほかの人より後れていた.
***fall behind with*** (支払い・仕事などが)遅れる
- We are *falling behind with* our work.
私たちは仕事が遅れている.
***fall down*** 落ちる, 転ぶ
***fall in*** (屋根・地面などが)落ちこむ, へこむ
***fall in love with ...*** …に恋をする→love 名 (成句)
***fall into ...*** (会話など)を始める
***fall on*[*upon*] ...** (休日などが)…にあたる; …におそいかかる
- Christmas *falls on* Friday this year.
今年のクリスマスは金曜日にあたる.
***fall out*** (髪の毛・歯などが)抜け落ちる
***fall out with ...*** …とけんかをする
***fall over*** 転ぶ, 倒れる

━名 (複 falls[-z]) ❶ U C ⊛ **秋** (=autumn)
- a cool *fall* 涼しい秋 (▶形容詞がつくときはふつうaをつける)
- I like *fall*. 私は秋が好きだ. (▶単に「秋」を表すときはaやtheをつけない)
- in the *fall* of 2015 2015年の秋に (▶特定の年の秋を表すときはtheをつける)
- Leaves turn red and yellow *in* (the) *fall*.
秋には葉が赤や黄色に色づく. (▶inなどの前置詞がつくとき⊛ではふつうtheをつける)
- I want to read many books this *fall*.
今年の秋にはたくさん本が読みたい. (▶thisなどがつくときはinをつけない)→spring
**ポイント!**

❷ C **落下**, 落ちること; 降雨(量), 降雪(量); 転倒; 下落(⇔rise 上昇)
- a 500-millimeter *fall* of rain
500ミリの降雨量
- a *fall* in prices 物価の下落
❸ 《*falls* で》《単数・複数扱い》滝 (▶「…の滝」のように, 名前として使うときは単数扱い)
- Niagara *Falls* ナイアガラの滝
派生語 fallen 形, falling 形

# fallen 2級 B1 [fɔ́ːlən フォーラン]
━動 fall (落ちる)の過去分詞
━形 落ちた; 倒れた; 死んだ
- *fallen* leaves 落ち葉

**falling** [fɔ́ːliŋ フォーリング]
━動 fall (落ちる)の現在分詞・動名詞
━形 落ちる, 下がる

**false** A1 [fɔ́ːls フォールス] 形 ❶ 間違った, 正しくない, 誤りの(⇔true 本当の)
- a *false* answer [idea] 間違った答え[考え]
- a true or *false* question 正誤問題, ○×問題
❷ 偽の, 本物でない(⇔genuine, real 本物の); 人工の(=artificial)
- *false* teeth 入れ歯
❸ 偽りの, うその(⇔true 真実の); 不誠実な
- *false* tears うその涙

**fame** B2 [féim フェイム] 名 U 名声, 有名なこと
派生語 famous 形

**familiar** 準2級 A2 [fəmíljər ファミリァァ] 形 ❶ (物・事が)ありふれた, いつもの, おなじみの
- a *familiar* story [name]
よくある話[名前]
- a *familiar* voice 聞き慣れた声
- The song is *familiar to* young people.
その歌は若者たちによく知られている.
❷ (物・事に)よく通じている, 詳しい
- Are you *familiar with* Japanese history?

あなたは日本史に詳しいですか.

## *family 5級 A1 [fǽməli ファミリィ]

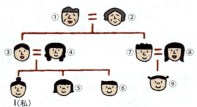

①grandfather 祖父　②grandmother 祖母
③father 父　　　　 ④mother 母
⑤sister 姉[妹]　　　⑥brother 兄[弟]
⑦uncle おじ　　　　⑧aunt おば　⑨cousin いとこ

名 (複 families[-z]) ❶ C **家族**, 一家, 家庭; 世帯

- a nuclear *family* 核家族
- He has a large *family*. 彼の家は大家族だ. (▶many families は「多くの世帯」の意味)
- There are fifty *families* in this area. この地域には50世帯住んでいる.
- My *family* are [is] all healthy. 私の家族はみんな健康だ. → ポイント!
- a *family* doctor かかりつけの医者, ホームドクター(▶「ホームドクター」は和製英語)

☺ How many people are there in your *family*? (= How big is your *family*?) あなたは何人家族ですか.
☻ There are four (people) in my *family*. = We are a *family* of four. 4人家族です.

### ここがポイント! family の使い方
**family** は, 全体を1つのまとまりと見なすときには単数として, メンバーの1人ひとりを考えるときには複数として扱(あつか)います. ただし, ㊤ではどちらの場合も単数扱いにすることがあります.

❷ U C 《しばしば a family で》(その家庭の)子どもたち
- We want to have a large *family*. 私たちは子どもがたくさんほしい.

❸ C 一族; U 家柄(がら); 名門
- the Royal [Imperial] *family* 王[皇]室

❹ C (生物の)科; (言語の)語族
- The cheetah belongs to the cat *family*. チータはネコ科の動物だ.

## family name [fǽməli nèim ファマリィ ネイム]
名 C 名字, 姓(せい) (= last name, surname (▶「名」は first name, given name と言う)

## family tree [fǽməli trí: ファミリィ トゥリー] 名
C 家系図

## famine [fǽmin ファミン] 名 U C 飢(き)きん; ひどい不足

## *famous 4級 A1
[féiməs フェイマス] (★ou のつづりに注意)
形 (比較 more famous; 最上 most famous)
(よい意味で) **有名な**, 名高い
- He is a *famous* violinist. = He is *famous* as a violinist. 彼は有名なバイオリン奏者だ.
- She is one of the most *famous* scientists in the world. 彼女は世界で最も有名な科学者の1人だ.
- Kyoto is *famous* for its temples. 京都は寺で有名だ.

### くらべてみよう! famous と well-known
**famous**: 一般に多くの人々に知られていることを意味します.
**well-known**: ふつう特定の地域やグループで有名な場合に使います.

## fan¹ 3級 [fǽn ファン]
— 名 C うちわ, 扇子(せんす); 扇風機

— 動 (過去・過分 fanned [-d]; 現分 fanning) 他
❶ (うちわなどで)…をあおぐ, …に風を送る
❷ …を扇動する, あおる

## fan² 3級 A1 [fǽn ファン]
名 (複 fans[-z]) C (スポーツ・有名人などの) **ファン**, 熱心な愛好者
- a basketball *fan* バスケットボールファン
- a *fan* letter [club] ファンレター[クラブ]
- She is a big *fan* of the Lions. 彼女はライオンズの大ファンだ.

## fancy A2 [fǽnsi ファンスィ]
— 形 (比較 fancier; 最上 fanciest) 装飾(そうしょく)的な, 凝(こ)った, はでな; 高級な
- a *fancy* cake デコレーションケーキ(▶「デコレーションケーキ」は和製英語)
— 名 (複 fancies[-iz]) ❶ U 空想, 想像
❷ C 好み, 愛好

## fantastic

- I *have a fancy for* playing tennis.
私はテニスをするのが好きだ.

─**動**(三単現 fancies[-iz]; 過去・過分 fancied[-id])
**他 ❶** …を空想する, 想像する; (なんとなく)…だと思う
**❷** …を気に入る, 好む(＝like)
**❸**《(命令形で)》…を考えてみなさい, …とは驚(おどろ)きだ
- *Fancy* meeting you here!
君にここで会うなんて驚きだ.

**fantastic** 準2級 A2 [fæntǽstik ファンタスティック] **形 ❶** とてもすばらしい, すてきな
**❷** 空想的な; 奇想(きそう)天外な, 風変わりな

**fantasy** 2級 B1 [fǽntəsi ファンタスィ] (★「ファンタジー」でないことに注意) **名**(複 **fantasies**[-z])**❶** Ⓤ 空想, 幻想(げんそう), ファンタジー
**❷** Ⓒ 空想の産物, 空想的作品; 幻想曲
派生語 **fantastic** 形

**FAQ** [èifeikjúː エフエイキュー | fæk ファック] **名** Ⓒ 〚コンピュータ〛エフエーキュー, よくある質問(▶ frequently asked questions の略)

## *far 準2級 A2 [fɑːr ファー]

(比較 **farther**[fɑ́ːrðər ファーザァ], **further**[fɑ́ːrðər ファーザァ]; 最上 **farthest**[fɑ́ːrðist ファーズィスト], **furthest**[fɑ́ːrðist ファーズィスト])

─**副 ❶** (距離(きょり)が)**遠くに**, はるかに(⇔near 近くに)
- My school is not *far* from the station.
私の学校は駅から遠くない.
- The store is too *far* (away) from here to walk. その店はここから歩いて行くには遠すぎる.

> 話してみよう!
> ☺How *far* is it from here to the library?
> ここから図書館まではどのくらいですか.
> ☺It's about two kilometers.
> 2キロぐらいです.

**ここがポイント!** **far** と **a long way**
**far**は「遠くに」の意味では, 疑問文や否定文で使うことが多く, 肯定文では**a long way**のほうが好まれます.
- The zoo is *a long way* from here.
動物園はここから遠い.

**❷** (時間・程度が)ずっと, はるかに; (比較(ひかく)級を強めて)断然, ずっと
- She studied *far* into the night.
彼女は夜遅(よるおそ)くまで勉強した.
- This car is *far* better than that other one. この車はあのほかの車よりもずっといい.

**ここがポイント!** **far** の比較級・最上級
原則として, 距離を表すときには**farther**, **farthest**の形を使い, 時間・程度を表すときには**further**, **furthest**を使います. ただし, 《話》ではどちらの場合にも**further**, **furthest**を使う傾向(けいこう)があります.

*as far as ...* (距離)…(ほど遠く)まで; 《範囲》…する限り(において)(＝so far as ...)
- This train goes *as far as* Sydney.
この電車はシドニーまで行く.
- *As far as* I know, he didn't say anything.
私の知る限り, 彼は何も言わなかった.

*by far* (ほかをはるかに引き離(はな)して)断然(▶比較級・最上級を強める)
- He is *by far* the most popular singer here.
彼は当地では断トツに人気のある歌手だ.

*far and wide* あらゆる[いたる]ところを[に]
*far away* ずっと遠くに[へ], はるかかなたに[へ]
- My brother lives *far away* from home.
兄[弟]は家から遠く離れたところに住んでいる.

*far from ...* (抽象(ちゅうしょう)的な意味で) …から遠い; 少しも…でない, …どころか(まったく逆)
- She is *far from* poor. 彼女は少しも貧しくない. (＝She is not poor at all.)
- "Are you happy with Tom?" "No, *far from* it!"
「トムといて楽しいかい」「いいえ, 全然!」

*so far* これまでは, 今まで(のところ)は(▶現在完了形とともに用いる)
- Nobody has climbed the mountain *so far*. 今まではまだだれもその山に登っていない.

*so far as ...* ＝as far as ...
*So far, so good.* ここまでは順調だ.

─**形** (距離的に)遠い(＝distant), 遠くの; 向こうの; (時間的に)ずっと先の
- the *far* future 遠い未来
- in the *far* distance はるかかなたに

**faraway** 2級 B1 [fɑ́ːrəwèi ファーラウェイ] **形** (場所・時間が)遠くの, 遠い

**fare** 準2級 A2 [féər フェア] (★同音 **fair**¹ 公平な, **fair**² 博覧会) **名** Ⓒ (乗り物の)料金, 運賃
→ **charge** くらべて!
- a bus [taxi] *fare* バス[タクシー]運賃
- What is the *fare to* Tokyo?
東京までの運賃はいくらですか.

**Far East** [fɑ́ːr íːst ファー イースト] **名**《the Far Eastで》極東(▶中国, 日本, 韓国, 北朝鮮などの

# fast¹

東アジア. 英国から見て「遠い東のはずれ」であることに由来)

**farewell** B1 [fèərwél フェアウェル]
—名 ⓤⓒ 別れ;ⓒ 別れの言葉
—形 別れの, 送別の
- a *farewell* party 送別会

\***farm** 5級 A1 [fá:rm ファーム]
名 (複 farms[-z]) ⓒ ❶**農場**, 農園
- a fruit *farm* 果樹園
- a *farm* worker 農民, 農業労働者
- run a *farm* 農場を経営する
- live [work] on a *farm*
  農場に住む[農場で働く]
- *farm*-to-table 地産地消の(▶地元の農場の新鮮な食材を使った, の意)

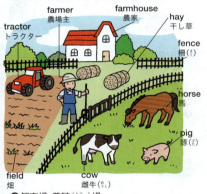

tractor トラクター / farmer 農場主 / farmhouse 農家 / hay 干し草 / fence 柵 / horse 馬 / pig 豚 / cow 雌牛 / field 畑

❷飼育場, 養殖場
- a chicken [pig] *farm* 養鶏[養豚]場
- a dairy *farm* 酪農場
❸〖野球〗(野球の)二軍チーム, ファーム
派生語 farmer 名, farming 名

# farmer 4級 A1 [fá:rmər ファーマァ]
名(複 farmers[-z]) ⓒ 農場主, 農場経営者; 農民
- *farmers* market ファーマーズマーケット, 農産物直売所

**farmhouse**[fá:rmhàus ファームハウス] 名 ⓒ 農家, 農場主の住宅

**farming** 2級 B1 [fá:rmiŋ ファーミング] 名 ⓤ 農業; 農場経営

**farmyard**[fá:rmyà:rd ファームヤード] 名 ⓒ 農家の庭

**farsighted**[fá:rsaitid ファーサイティド] (★このghは発音しない) 形 ❶ 先見の明ある ❷ ⊛ 遠視の(⇔nearsighted, shortsighted 近視の); 遠目のきく

**farther** B1 [fá:rðər ファーザァ](▶farの比較級の1つ→far)
—副 もっと遠く, ずっと離れて
- We went *farther* down the road.
  私たちは道をさらに先へと行った.
—形 もっと遠い, より離れた

**farthest** B1 [fá:rðist ファーズィスト](▶farの最上級の1つ→far)
—副 最も遠くに
- Mike swam the *farthest* in our class.
  マイクはクラスでいちばん遠くまで泳いだ.
—形 最も遠い

**fascinate** B1 [fǽsənèit ファスィネイト] 動 他 …をつくろがせる, 魅了する
派生語 fascinating 形

**fascinating** A2 [fǽsənèitiŋ ファスィネイティング] 形 魅惑的な, うっとりさせる, すばらしい

**fashion** 準2級 A2 [fǽʃən ファッション] 名 ⓤⓒ
❶流行, はやり;ファッション
- a *fashion* designer [show]
  ファッションデザイナー[ショー]
- the latest *fashion* in music 音楽の最新流行
- follow *fashion* 流行を追う
❷しかた, 流儀, …風
- in this *fashion* こんなやり方で
- in the Italian *fashion* イタリア風に
- She draws pictures *after* [*in*] her *own fashion*. 彼女は自己流で絵を描く.
*come into fashion* はやり出す
*go* [*be*] *out of fashion* 流行遅れになる[である]
*in fashion* はやって, 流行して
派生語 fashionable 形

**fashionable** 2級 B1 [fǽʃənəbl ファッショナブル] 形 はやりの, 流行の; しゃれた
- *fashionable* clothes 流行の服

\***fast¹** 5級 A1

[fǽst ファスト | fá:st ファースト](★first(最初の)との発音の違いに注意)

> 形 ❶速い
> ❷(時計が)進んでいる
> ❸しっかりした
> 副 ❶速く
> ❷短期間に
> ❸しっかりと

(比較 faster; 最上 fastest)
—形 ❶**速い**(⇔slow 遅い)
- a *fast* runner 走るのが速い人

## fast²

- She is a *fast* speaker.
  彼女は早口だ。(＝She speaks fast.)

> **くらべて みよう！** **fast と quick**
>
> **fast**: 人や物の動きの速度が速いことを表します．
>
> **quick**: 動作のすばやさ・機敏(きん)さを強調する語で，瞬間(しゅん)的な動作に使います．
>
> - a *fast* car 速い車
> - a *fast* swimmer 泳ぐのが速い人
> - a *quick* response 即答(とう)
> - a *quick* lunch 手軽な[すばやい]昼食

fast　　　　　quick

❷ (時計が)進んでいる (⇔slow 遅(おく)れている)
- Your watch is ten minutes *fast*.
  あなたの時計は10分進んでいる．

❸ しっかりした，ぐらついていない (⇔loose 緩(ゆる)んだ)
- a *fast* grip しっかりした握(にぎ)り方

━ 副 ❶ (速度が) **速く** (►時間的に「早く」は early) (⇔slowly 遅く) → early くらべて！
- He runs *fast*. 彼は速く走る．
- Slow down. You're moving too *fast*.
  もっとゆっくり行って．速すぎるよ．

❷ 短期間に，急速に
- This country is *fast* becoming an economic giant.
  この国は急速に経済大国へと成長している．

❸ しっかりと
- *fast* asleep ぐっすり眠(ねむ)って
- She held on *fast* to the rail.
  彼女は手すりにしっかりとつかまった．

## fast² [fǽst ファスト | fάːst ファースト]

━ 名 Ⓤ (主に宗教上の)断食(だんじき)；断食期間
━ 動 🅐 断食する，絶食する
派生語 fasting 名

## fasten 2級 B1 [fǽsn ファスン | fάːsn ファースン]
(★このtは発音しない) 動
━ 他 …を締(し)める，結びつける，固定する
- *Fasten* your seat belts, please.
  《旅客機で》座席ベルトを締めてください．
━ 🅐 (戸などが)閉まる，(かぎなどが)かかる
- This lock will not *fasten*.
  このかぎはどうしてもかからない．
派生語 fastener 名

## fastener [fǽsnər ファスナァ | fάːsnər ファースナァ]

(★このtは発音しない) 名 Ⓒ 締(し)める物，留め金，ファスナー (►ボタン・ホック・ジッパーなど)

## fast food A2 [fǽst fúːd ファスト フード | fάːst - ファースト -] 名 Ⓤ ファストフード (►出来上がるのが「速い食べ物」という意味．ハンバーガーなど)
→ p.247 Let's try!
- a *fast* (-) *food* restaurant
  ファストフードレストラン

セルフサービスで注文できる，ファストフード店のデジタルメニュー

## fasting [fǽstiŋ ファスティング | fάːstiŋ ファースティング] 名 Ⓤ 断食(だんじき)，絶食

## fat 3級 A1 [fǽt ファット]

━ 形 (比較 fatter；最上 fattest)
❶ 太った (⇔lean², thin やせた)；分厚い
- a *fat* cat 太った猫(ねこ)
- a *fat* book 分厚い本
- get [grow] *fat* 太る

> **ここが ポイント！** **fat の使い方に注意！**
>
> **fat** は軽べつ的な意味を含(ふく)む語です．そのため人について言う場合は，**big**, **large**, **overweight** といった語を使います．**plump**, **chubby** は肯定的な響(ひび)きのある表現で，「ぽっちゃりした」という意味です．**well-built**, **stout** を使えば，体格のよい，がっしりしたイメージになります．

❷ (肉が)脂肪(しぼう)分の多い，(料理などが)脂(あぶら)っこい (⇔lean² 脂肪分の少ない)
- *fat* meat 脂肪分の多い肉
━ 名 Ⓤ 脂肪；(肉の)脂身

## fatal B2 [féitl フェイトゥル] 形 命にかかわる，致命(ちめい)的な；取り返しのつかない，重大な
- a *fatal* wound [illness] 致命傷[不治の病]

## fate B2 [féit フェイト] 名 Ⓤ 運命，宿命；Ⓒ 死，末路

## *father 5級 A1 [fάːðər ファーザァ]

名 (複 fathers[-z]) ❶ Ⓒ 父，父親，お父さん，パパ (⇔mother 母)

**father**

### Let's try! 英語のメニューで注文しよう

**A  May I help you?**
いらっしゃいませ．

**B  I'd like a cheeseburger, a small French fries and a small hot coffee, please.**
チーズバーガーとポテトのSとホットコーヒーのSをください．

**A  For here or to go?**
ここで召(め)し上がりますか．
それともお持ち帰りですか．

**B  To go.**
持ち帰ります．

**A  That'll be four dollars and forty cents, please.**
4ドル40セントになります．

## Menu

### Food 食べ物

| | |
|---|---|
| Hamburger ハンバーガー | $1.50 |
| Cheeseburger チーズバーガー | $2.00 |
| Pancakes ホットケーキ | $4.00 |
| Chicken Nuggets チキンナゲット | $2.50 |
| French Fries フライドポテト | |
| S $1.40  M $1.80  L $2.00 | |

### Salads サラダ

| | |
|---|---|
| Caesar Salad シーザーサラダ | $3.50 |
| Potato Salad ポテトサラダ | $3.30 |
| Coleslaw コールスロー | $3.20 |

### Desserts デザート

| | |
|---|---|
| Ice Cream アイスクリーム | $1.00 |
| Apple Pie アップルパイ | $1.60 |
| Strawberry Yogurt ストロベリーヨーグルト | $1.10 |
| Vanilla Shake バニラシェイク | $3.10 |
| Chocolate Shake チョコレートシェイク | $3.10 |

### Hot Drinks 温かい飲み物

S $1.00  M $1.30  L $1.50
Coffee コーヒー
Tea ティー

### Cold Drinks 冷たい飲み物

S $1.00  M $1.30  L $1.50
Iced Coffee アイスコーヒー
Iced Tea アイスティー
Orange Juice オレンジジュース
Apple Juice アップルジュース
Cola コーラ
Milk ミルク

## Father Christmas

- My *father* is a taxi driver.
  父はタクシーの運転手だ.
- He is the *father* of five children.
  彼は5人の子どもの父親だ.
- Did you tell it to *Father*?
  お父さんにそのことを話したの？（▶fatherと小文字で書くこともある）

> **ここがポイント!** **father**などの使い方
> (1) 自分の父親をさすとき, 形式ばらない場合はmyをつけずにしばしば大文字で書き始め, 固有名詞のように扱います.
> (2) 父親を意味する語にはほかに《話》dad, 《話》daddyなどがあります. daddyはもっぱら幼児が使いますが, dadは大人も使います. いずれもFatherと同じく, しばしばDad, Daddyの形で使います.
> (3) Fatherは呼びかけにも使いますが, やや改まった感じがします. 呼びかけるとき一般にはDad, Daddyを使います.

❷ C 《the father of ...で》(…の)創始者, 父
- *the father of* the Internet
  インターネットの生みの親

❸《Fatherで》（特にカトリックの）神父（▶Fr.と略す）
- *Father* Williams ウィリアムズ神父

❹《the [our] Fatherで》（キリスト教の）父なる神（=God）

❺《fathersで》先祖

**Father Christmas** [fáːðər krísməs ファーザァクリスマス] 名 英 サンタクロース（=Santa Claus）

**father-in-law** B2 [fáːðərinlɔː ファーザァインロー] 名（複 fathers-in-law [fáːðərzinlɔː ファーザァズインロー]）C 義理の父, しゅうと

**Father's Day** [fáːðərz dèi ファーザァズ デイ] 名 米 父の日（▶6月の第3日曜日）

**faucet** [fɔ́ːsit フォースィット]（★auのつづりに注意) 名 C 米 (水道・たるの)蛇口, 栓, コック（=英 tap) → bathroom 図

**fault** 準2級 A2 [fɔ́ːlt フォールト]（★auのつづりに注意) 名 C ❶ 欠点, 短所, 欠陥
- No one is free of *faults*.
  欠点のない人はいない.

❷ 過失, 誤り; 落ち度, 責任
- a grammatical *fault* 文法的な誤り
- It's my *fault*. それは私の責任だ.

❸《テニス》フォールト（▶サーブの失敗）

*find fault with ...* …のあら探しをする, 文句を言う, 非難する
- He always *finds fault with* my work.
  彼は私の仕事に文句ばかり言っている.

## favor 準2級 A2 [féivər フェイヴァ]

（▶英ではfavourとつづる）名（複 favors [-z]）❶ C 親切な行為, 世話; お願い
- Would [Could] you do me a *favor*?
  = Would [Could] you do a *favor* for me?
  = May [Can] I ask you a *favor*?
  = I have a *favor* to ask (of) you.
  お願いがあるのですが.

❷ U 好意, 親切; 賛成, 支持

*in favor of ...* …に賛成して, …を支持して
- I am *in favor of* her opinion.
  私は彼女の意見に賛成だ.

派生語 favorable 形, favorite 形名

**favorable** B1 [féivərəbl フェイヴ(ァ)ラブル]（▶英ではfavourableとつづる）形 好意的な, 賛成の; 都合のよい

## favorite 5級 A1

[féivərit フェイヴ(ァ)リット]
（▶英ではfavouriteとつづる）

— 形 《ふつう比較変化なし》《名詞の前にのみ用いる》お気に入りの, 大好きな, 最も好きな
- my *favorite* singer 私のお気に入りの歌手

— 名（複 favorites [-ts -ツ]）C お気に入り, 大好きなもの;《the favoriteで》, 優勝候補, 本命
- This cake is his *favorite*.
  このケーキは彼のお気に入りだ.

**fax** B1 [fǽks ファックス] 名（複 faxes [-iz]）U C 《話》ファックス（▶facsimileの短縮形)

**FBI** [éfbiːái エフビーアイ] 名《the FBIで》エフビーアイ, 連邦捜査局（▶米国のthe Federal Bureau of Investigationの略)

**FC** [éfsíː エフスィー] 名 フットボールクラブ, サッカークラブ（▶FCはfootball clubの略. footballは英でサッカーのこと)

## fear A2 [fíər フィア]

— 名（複 fears [-z]）C U（危険・苦痛などへの）恐れ, 恐怖; 心配, 懸念
- cry *out of fear* 怖くて泣く
- have a *fear of* dogs 犬を怖がる
- He was pale *with fear*.
  彼は恐怖で青ざめていた.
- They live *in fear of* terrorism.
  彼らはテロにおびえながら生活している.

*for fear of ...* = *for fear that ...* …を恐れて, …するといけないから
- I cannot swim *for fear of* drowning.
  私はおぼれるのが怖くて泳げない.

— 動（三単現 fears [-z]; 過去・過分 feared [-d]; 現分 fearing）

―⑩(事・人)を恐れる, 危ぶむ
- We *fear* a big earthquake.
私たちは大地震を恐れている.

―⑪(安否などを)心配する, 気づかう
- I *fear for* the future of the world.
私は世界の行く末を案じている.

派生語 fearful 形

**fearful** [fíərfəl フィアフル] 形 恐(こわ)ろしい; 心配して

**feast** B1 [fí:st フィースト]
―名 C ❶ 祝宴(しゅくえん), ごちそう ❷ (クリスマスなど宗教上の)祝祭, 祭日, 祝日
―動 他 …をもてなす; (目や耳を)楽しませる

**feat** B2 [fí:t フィート] 名 C 功績, 偉業(いぎょう)

**feather** 準2級 A2 [féðər フェザァ] 名 C (1枚1枚の)羽; U 羽毛(うもう)(►「翼(つばさ)」はwing)

feather

wing

- Birds of a *feather* flock together.
(ことわざ) 類は友を呼ぶ.(⇦同じ羽の鳥は集まる)

**feature** 準2級 A2 [fí:tʃər フィーチャァ] 名 C ❶ 特色, 特徴(とくちょう)
- the *features* of the town その町の特色
❷ (目・鼻・口などの)顔のつくりの一部; 《*features*で》目鼻だち, 顔だち
- Kai has soft *features*.
カイは優(やさ)しい顔だちをしている.
❸ (新聞・雑誌などの)特集記事,(番組などの)呼び物;(映画のプログラムの中の)長編映画

**Feb.** February (2月)の略

# February 5級 A1

[fébjuèri フェビュエリィ | fébruəri フェブルアリィ]
名 2月(►常に大文字で書き始める. Feb.と略す. 詳(くわ)しい使い方は→January ポイント!)
- in *February* 2月に
- on *February* 14 2月14日に(►特定の日を表す場合はonを用いる. February 14はFebruary (the) fourteenthと読む. ⓂではFebruary fourteenともよむ)
- Jane went to Canada last *February*.
ジェーンはこの前の2月にカナダへ行った.(►this, last, next, everyなどがつくときは前置詞をつけない)

**fed** [féd フェッド] 動 feed (えさを与(あた)える) の過去形・過去分詞

**federal** B2 [fédərəl フェダラル] 形 連邦(れんぽう)の; 《Federalで》Ⓜ(州政府に対して) 連邦政府の, 合衆国政府の
- the *Federal* Government
連邦政府, アメリカ合衆国政府

**fee** 準2級 A2 [fí: フィー] 名 C ❶ (医師・弁護士などへの)報酬(ほうしゅう)(金), 謝礼(金)
❷ 料金, 手数料;《*fees*で》授業料 → charge
くらべて!
- an admission *fee* 入場料

**feeble** [fí:bl フィーブル] 形 弱々しい, 力のない; かすかな

# feed 2級 B1 [fí:d フィード]

動 (三単現 feeds [-dz -ヅ]; 過去・過分 fed [féd フェッド]; 現分 feeding)
―他 ❶ …にえさを与(あた)える; …に食べ物を与える; …を養う → wildlife (写真)
- Don't *feed* the animals.
動物にえさを与えないでください.
- *feed* a large family 大家族を養う
- The nurse *fed* the patient with a spoon.
看護師はスプーンで患者(かんじゃ)に食事を与えた.
❷ (必要なもの)を供給する
- *feed* data into a computer
コンピュータにデータを入れる
―自 (動物が)えさを食べる

**be fed up (with ...)**(…に)うんざりしている
- I *am fed up with* snow.
雪にはうんざりだ.

**feed on [upon] ...** …を常食とする

**feedback** B2 [fí:dbæk フィードゥバック] 名 U フィードバック, 意見, 反応
- I need your *feedback* on my essay.
私の作文についてあなたの意見がほしい.

# *feel 4級 A1 [fí:l フィール]

―動 (三単現 feels [-z]; 過去・過分 felt [félt フェルト]; 現分 feeling)
―他 ❶ (体・心が)…を感じる
- I *feel* a pain in my stomach.
おなかが痛い.(= I have a stomachache.)
- She *felt* hunger. 彼女は空腹を感じた.

feel +〈物〉+〈動詞の原形〉
〈物〉が…するのを感じる
- I *felt* my cell phone vibrate.
携帯電話が振動(しんどう)するのを感じた.

feel +〈物〉+〈-ing形〉
〈物〉が…しているのを感じる
- I *felt* the ground shak*ing*.
私は地面が揺(ゆ)れているのを感じた.
❷ …という気がする, …と思う

feel that ...
…という気がする, …と思う

## feeling

- I *feel* (*that*) someone is following me.
  だれかが私をつけている気がする.

❸ (手・指などで)…を触(さわ)る, 触ってみる
- The doctor *felt* her pulse.
  医者は彼女の脈を診(み)た.

━⃝自 ❶《feel+〈形容詞・副詞〉で》…と感じる
- I *feel* very hot. すごく暑い.
- I *feel* sick. 気分が悪い.

【話してみよう!】
☺How are you *feeling* this morning?
けさの気分はどうですか.
☻I'm *feeling* good, thank you.
気分はいいです, ありがとう.

❷ (物に触ると)…の感じがする, 手触りが…だ
- This paper *feels* smooth.
  この紙は手触りが滑(なめ)らかだ.

***feel as if ...*** まるで…のように感じる
***feel for ...*** …を手さぐりで探す; …に同情する
- He *felt for* the switch in the dark.
  彼は暗がりで手さぐりでスイッチを探した.

***feel free to +〈動詞の原形〉*** 自由に…する → free(成句)

***feel like ...*** …がほしい気分である;《feel like +〈-ing形〉で》…したい気がする; …のような感じがする
- I *feel like* a glass of cold water.
  私は冷たい水を1杯飲みたい気分だ.
- I *felt like* crying then.
  私はそのとき泣きたい気がした.
- I *felt like* a coward.
  私はおく病者のような気がした.

***feel one's way*** (暗やみなどで)手さぐりで進む
- He *felt his way* in the dark.
  彼は暗やみの中を手さぐりで進んだ.

━⃝名《a [the] feelで》手触り, 感触(かんしょく); 感じ, 気分; 感知力
派生語 **feeling** 名

## feeling 4級 A1 [fíːliŋ フィーリング]

━⃝動 feel(感じる)の現在分詞・動名詞
━⃝名(複 feelings [-z])
❶ Ⓤ 感情; Ⓒ《*one's* feelingsで》気持ち
- Don't hurt *her feelings*.
  彼女の感情を傷つけないで.

❷ Ⓒ《ふつう a feelingで》感じ, 印象
- *a feeling* of happiness 幸福感
- I have *a feeling* that she is interested in art. 彼女は芸術に関心がある気がする.

❸ Ⓤ 感覚
- It was so cold that I lost all *feeling* in my hands. とても寒かったので手の感覚がすっかりなくなった.

❹ Ⓒ 意見, 感想, 考え
- What is your *feeling* about my idea?
  私のアイデアをどう思いますか.

## feet 5級 [fíːt フィート]

名 foot(足)の複数形

**feint** [féint フェイント] 名 Ⓒ 見せかけ, ふり;《スポーツ》フェイント

## fell 4級 [fél フェル]

動 fall(落ちる)の過去形

## fellow B1 [félou フェロウ]

━⃝名(複 fellows [-z]) Ⓒ ❶《話》人, 男, やつ(=guy)
(▶ふつう前に形容詞をつけて使う)
- a good [pleasant] *fellow*
  いい[愉快(ゆかい)な]やつ

❷《ふつう fellowsで》仲間, 同僚(どうりょう), 連れ
━⃝形 仲間の, 同士の, 同僚の; 同類の
派生語 **fellowship** 名

**fellowship** [félouʃip フェロウシップ] 名 ❶ Ⓤ 親しいつきあい, 親交; 仲間であること ❷ Ⓒ (共通の目的・趣味(しゅみ)などを持つ人の)団体, クラブ

## felt¹ 4級 [félt フェルト]

動 feel(感じる)の過去形・過去分詞

**felt²** [félt フェルト] 名 Ⓤ フェルト; Ⓒ フェルト製品

## female 準2級 A2 [fíːmeil フィーメイル]

━⃝形 女性の; 雌(めす)の(⇔male 男性の; 雄(おす)の)
- the *female* sex 女性

━⃝名 Ⓒ 女性(▶書類などではf. と略すことがある); 雌 ▶**woman**【くらべて!】

**feminine** [fémənin フェマニン] 形 女性の; 女らしい, 女性的な(⇔masculine 男性の)

## fence 準2級 A2 [féns フェンス]

━⃝名 Ⓒ 塀(へい), 垣根(かきね), 柵(さく), 囲い
- a wood *fence* 板塀
- a stone *fence* 石垣
- build [put up] a *fence* 塀を作る

━⃝動 他 (柵などで)…に囲いをする, …を囲う

**fencing** [fénsiŋ フェンスィング] 名 Ⓤ フェンシング, 剣術(けんじゅつ)

**fern** [fə́ːrn ファーン] 名 Ⓒ《植物》しだ(類)

**Ferris wheel** [féris hwíːl フェリス(ホ)ウィール] 名 Ⓒ 大観覧車

## ferry 2級 B1 [féri フェリィ] 名(複 ferries [-z])
Ⓒ ❶ 渡(わた)し船, 連絡(れんらく)船, フェリーボート(=ferryboat) ❷ 渡し場, フェリー乗り場

**ferryboat** B2 [féribòut フェリィボウト] 名 Ⓒ 渡

(渡)し船, 連絡(%)船, フェリーボート (▶単に ferryともいう)

**fertile** [fə́:rtl ファートゥル | -tail -タイル] 形 (土地が)肥えた, 肥よくな

**fertilizer** [fə́:rtəlaizər ファータライザァ] 名 U C 肥料

# festival 5級 A1 [féstəvəl フェスタヴァル]

名 (複 festivals[-z]) C 祭り, 祭日, 祝日; …祭, フェスティバル
- a school *festival* 学園[文化]祭

**fetch** B1 [fétʃ フェッチ] 動 (三単現 fetches[-iz]) 他 (行って)…を取ってくる, 連れてくる, 持ってくる
- Max, *fetch* the ball.
マックス, ボールを取ってきて. (▶犬に対して使う)

**fever** 4級 A1 [fí:vər フィーヴァ] 名 ❶ U C (病気の)熱, 発熱; 熱病
- My sister has a high [slight] *fever*.
姉[妹]は高い[少し]熱がある.
❷ C 熱中, 熱狂(きょう)

## *few 準2級 A2 [fjú: フュー]

形 ❶ 《a few … で》少数の…
　❷ 《few … で》ほとんどない[いない]…
代 少ない数の物[人]

―形 (比較 fewer; 最上 fewest) ❶ 《a few + 数えられる名詞の複数形で》少数の…, 2, 3の…, 少しはある[いる]…, 少しの…(⇔many 多数の)
→ many ポイント!, several くらべて!
- for *a few* days 数日間
- in *a few* minutes 2, 3分で
- There are *a few* apples on the table.
テーブルの上にりんごが2, 3個ある.

くらべてみよう! **a few と a little**

**a few**: 数えられる名詞の複数形について「数が少ない…」「少しの…」という意味です.
**a little**: 数えられない名詞について「量が少ない…」「少しの…」という意味です.
- *a few* + books (▶数えられる名詞)
少しの本
- *a little* + water (▶数えられない名詞)
少しの水

❷ 《aをつけずにfew+数えられる名詞の複数形で》ほとんどない[いない]…, 少ししかない[いない]…
- We saw very *few* stars last night.
昨夜は星はほとんど見えなかった.

くらべてみよう! **「少しはある」と「少ししかない」**

**a few**は many(多い) に対して「少しはある」という意味です. それに対して, aを用いないfewは「少ししかない」という, 否定に重点を置く表現です. そこで実際には同じ数でも, 話し手の気持ちや見方しだいでa few … が使われたりfew … が使われたりします.

*no fewer than …* 少なくとも…, …もの(▶多いことを強調する)
- There were *no fewer than* a hundred people in the hall.
ホールには100人もの人がいた.
*not a few …* = quite a few …
*only a few …* ほんのわずかの…, ほんの少ししかない[いない]…
- I have *only a few* relatives in this town.
私はこの町にはごくわずかな親せきしかいない.
*quite a few …* 《話》かなり多くの…
- I've been to the park *quite a few* times.
私は何度もその公園へ行ったことがある.

―代 (複数扱い) 少ない数の物[人] (▶aをつけるかつけないかで意味が違(ホッ)うのは形容詞の語法と同じ) (⇔many 多くの物[人])
- *A few* of my friends came here today.
何人かの友達がきょうここに来た.
- I knew *few* of the guests at the party. 私はそのパーティーの客をほとんど知らなかった.
*not a few* かなり多くの物[人]
*only a few* ほんのわずかの物[人]
- *Only a few* of us could answer the question. 私たちのうちごくわずかしかその質問に答えられなかった.
*quite a few* 《話》かなり多くの物[人]

**fiber** B2 [fáibər ファイバァ] (▶英ではfibreとつづる) 名 C 繊維(せん)(の1本); U 繊維組織, 繊維質

**fiction** 準2級 A2 [fíkʃən フィクション] 名 ❶ U 小説, 創作, フィクション (▶架空(くう)の物語) (⇔nonfiction ノンフィクション)
- science *fiction* 空想科学小説 (▶ sci-fi [sáifai サイファイ] と略す)
❷ U C 作り事, 作り話, うそ

**fiddle** [fídl フィドゥル] 名 C 《楽器》フィドル, バイオリン (= violin)

# field 3級 A1 [fí:ld フィールド]

名 (複 fields[-dz -ヅ]) C ❶ 田畑, 牧草地; 野原
- a rice *field* [paddy] 田んぼ
- work in the *fields* 畑仕事をする

## field day

- We played in the *field* yesterday.
私たちはきのう野原で遊んだ

❷ 競技場；…場, グラウンド；フィールド（▶陸上競技場の走路の内側）（⇔track 走路）
- a football *field* フットボール競技場
- a *field* event フィールド競技（▶円盤(%)投げ・やり投げ・走り幅跳(%)び・走り高跳びなど）

❸ 活動範囲(%), 分野, 領域；現場, 現地
- the *field* of science 科学の分野
- *field* study 現地調査
- *field* work 野外研究, フィールドワーク

❹ 戦場（= battlefield）

派生語 fielder 名

**field day** [fíːld dèi フィールド デイ] 名 C 運動会, 体育祭；実地調査の日

**fielder** [fíːldər フィールダァ] 名 C（野球・クリケットなどの）野手（▶主に外野手をさす）

**field trip** [fíːld trìp フィールド トゥリップ] 名 C 校外学習, 社会科見学；野外研究

**fierce** B2 [fíərs フィアス] 形 どう猛(%)な；（風雨・感情などが）激しい, 猛烈(%)な
- a *fierce* lion どう猛なライオン

## \*fifteen 5級 A1 [fiftíːn フィフティーン]

— 名 （複 fifteens [-z]）❶ U C 15；U 15歳(%)；《複数扱い》15人, 15個（▶詳(%)しい使い方は → two）
- a girl of *fifteen* 15歳の少女

❷ C《単数扱い》（15人1組の）ラグビーチーム

— 形 15の；15人の, 15個の；15歳で
- *fifteen* dollars 15ドル
- He will be *fifteen* (years old) next month. 彼は来月15歳になる.

**fifteenth** [fiftíːnθ フィフティーンス]

— 形 ❶《ふつう the fifteenth で》第15の, 15番目の（▶15thと略す．詳(%)しい使い方は → third）
❷ 15分の1の

— 名 （複 fifteenths [-s]）❶ U《ふつう the fifteenth で》第15, 15番目；（月の）15日（▶15thと略す）❷ C 15分の1

## \*fifth 2級 B1 [fifθ フィフス]

— 形 ❶《ふつう the fifth で》第5の, 5番目の（▶5thと略す．詳(%)しい使い方は → third）
- the *fifth* line 第5列

❷ 5分の1の

— 名 （複 fifths [-s]）❶ U《ふつう the fifth で》第5, 5番目；（月の）5日（▶5thと略す）
- on the *fifth* of May = on May (the) *fifth*
5月5日に（▶ May 5(th)と書く）

❷ C 5分の1
- one *fifth* 5分の1
- two *fifths* 5分の2

**fifties** [fíftiz フィフティズ] 名 fifty (50) の複数形

**fiftieth** [fíftiəθ フィフティアス]

— 形 ❶《ふつう the fiftieth で》第50の, 50番目の（▶50thと略す．詳(%)しい使い方は → third）
❷ 50分の1の

— 名 ❶ U《ふつう the fiftieth で》第50, 50番目（▶50thと略す）❷ C 50分の1

## \*fifty 5級 A1 [fífti フィフティ]

— 名 （複 fifties [-z]）❶ U C 50；U 50歳(%)；《複数扱い》50人, 50個（▶詳(%)しい使い方は → two．「第50の」は fiftieth）
- He is under *fifty*. 彼は50歳未満だ.

❷《one's fifties で》（年齢(%)の）50代；《the fifties で》（世紀の）50年代
- He started a new job in *his fifties*.
彼は50代で新しい仕事を始めた.

— 形 50の；50人の, 50個の；50歳で
- *fifty* pictures 50枚の絵画

**fig** [fíɡ フィッグ] 名 C 〖植物〗いちじく（の実）；いちじくの木（= fig tree）

## fight 3級 A1

[fáit ファイト]（★このghは発音しない）

— 動 （三単現 fights [-ts -ツ]；過去・過分 fought [fɔːt フォート]；現分 fighting）

— 自 ❶（…と）戦う, 争う；（殴(%)り合いなどの）けんかをする, 格闘(%)する
- *fight for* freedom 自由を求めて戦う
- The soldiers *fought against* [*with*] the enemy day and night.
兵士たちは昼も夜も敵と戦った.
- Tom and Jim are *fighting* on the street.
トムとジムが路上でけんかをしている.

❷ 口論する, 激論を交(%)わす
- They *fought* over the problem.
彼らはその問題について激論を交わした.

— 他 ❶ …と戦う, けんかをする
- *fight* an enemy 敵と戦う

❷（病気・困難など）と闘(%)う
- *fight* a disease 病気と闘う

— 名 （複 fights [-ts -ツ]）❶ C 戦い, 戦闘；（殴り合いの）けんか → war くらべて!
- win [lose] a *fight* 戦いに勝つ［負ける］
- They had a big *fight*.
彼らは大げんかをした.

❷ U 闘志(%), ファイト（= fighting spirit）

派生語 fighter 名, fighting 名 形

**fighter** A2 [fáitər ファイタァ]（★このghは発音しない）名 C ❶ 戦う人, 戦士, 闘士(%) ❷ ボクサー（= boxer）❸ 戦闘機

**fighting** B2 [fáitiŋ ファイティング]（★このghは発音しない）
- 動 fight（戦う）の現在分詞・動名詞
- 名 U 戦い, 戦闘；けんか, 格闘
- 形 戦う；好戦的な；戦闘的な
  - *fighting* spirit 闘志

# figure 準2級 A2

[fígjər フィギャァ | fígə フィガ]
- 名（複 figures[-z]）C ❶ 図, 図版；図形
  - a plane *figure* 平面図形
  - See *Figure* 3. 図3を参照.

―表-現-メ-モ―
いろいろな図形

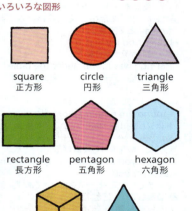

square 正方形　circle 円形　triangle 三角形

rectangle 長方形　pentagon 五角形　hexagon 六角形

cube 立方体　cone 円すい

sphere 球　pyramid 四角すい

❷ 数字；（数の）けた；（数字で表された）数量, 価格；《figuresで》計算, 算数
- the *figure* 3 数字の3
- double *figures* 2けたの数字

❸（人の）姿, 人影；体つき, スタイル
- a tall *figure* 背の高い人
- She has a good *figure*. 彼女はスタイルがよい.（▶ She has a good style. は×）

❹（世間から見た）人物；重要人物, 著名な人物
- His father is a well-known *figure*. 彼の父は有名な人物だ.

❺ 人物像, 肖像（ぞう）, 画像, 彫像
- 動 (三単現 figures[-z]; 過去・過分 figured[-d]; 現分 figuring) 他 ⊗《話》…であると思う, 考える

***figure out*** 《話》（考えた末）…を理解する, わかる；…を解決する
- "What do you think it is?" "I can't *figure it out*." 「それ何だと思う？」「わからないな」

**figure skater** [fígjər skèitər フィギャァ スケイタァ] 名 C フィギュアスケート選手

**figure skating** [fígjər skèitiŋ フィギャァ スケイティング] 名 U フィギュアスケート

**Fiji** [fí:dʒi: フィーヂー] 名 フィジー（▶南太平洋の300以上の島からなる共和国. 英連邦の国. 首都はスバ（Suva））

**file¹** A1 [fáil ファイル]
- 名 C ❶ とじこみ帳, 紙ばさみ, ファイル ❷（整理された）書類, とじこみ ❸〖コンピュータ〗ファイル（▶保存されたひとまとまりの情報）

***on file*** （ファイルに）整理されて, とじこんで
- 動 他 ❶（書類など）をとじこむ, ファイルする ❷（告訴(こくそ)など）を提起する, 提出する

**file²** [fáil ファイル] 名 C やすり

**Filipino** [fìləpí:nou フィラピーノゥ]
- 名（複 Filipinos[-z]）C フィリピン人（▶「フィリピン」は the Philippines）；U フィリピノ語
- 形 フィリピンの；フィリピン人の；フィリピノ語の

# fill 3級 A1 [fíl フィル]

動 (三単現 fills[-z]; 過去・過分 filled[-d]; 現分 filling)
― 他 （容器・場所など）を いっぱいにする；《fill ... with ~で》…を~で満たす（⇔ empty 空（から）にする）
- *fill* a kettle *with* water やかんを水で満たす
- Her eyes were *filled with* tears. 彼女の目は涙（なみだ）でいっぱいだった.

― 自 いっぱいになる, 満ちる
- The hall soon *filled with* children. ホールはすぐに子どもたちでいっぱいになった.

***fill in*** （空欄(くうらん)など）に記入する
- *Fill in* all the blanks. 空欄をすべて埋（う）めなさい.

***fill out*** （書類・用紙など）に記入する
- *fill out* a form 用紙に記入する

***fill up*** （グラス・タンクなど）を満たす；いっぱいにする
- Please *fill* it *up*. （ガソリンを）満タンにしてください；（グラスに）いっぱいに注いでください.

派生語 **filling** 名

## filling

**filling** B1 [fíliŋ フィリング] 名 U 満たすこと；C（歯などの）詰(つ)め物；（サンドイッチやケーキなどの）中身

中にジャムが入ったドーナツ（このジャム部分が filling）

**filling station** [fíliŋ stèiʃən フィリング ステイション] 名 C 米 ガソリンスタンド, 給油所（= gas station, 英 petrol station）

**film** 準2級 A2 [fílm フィルム] 名 ❶ C U （写真の）フィルム
- a roll of *film* フィルム1本

❷ C《主に英》映画（= 米 movie）
- go to see a *film* 映画を見に行く

❸ C 薄(うす)い膜(まく)
- a *film* of oil 油膜

**filmmaker** [fílmmèikər フィルムメイカァ] 名 C 映画監督(かんとく)[製作者]

**film star** [fílm stɑ̀ːr フィルム スター] 名 C（主に英）映画スター（= 米 movie star）

**filter** B1 [fíltər フィルタァ] 名 C ろ過器；（カメラの）フィルター
- *filter* paper ろ紙, こし紙(がみ)

**fin** [fín フィン] 名 C （魚の）ひれ（→ fish ❷ 図）；（潜水(せんすい)具の）足ひれ

# final 準2級 A2 [fáinl ファイヌル]

― 形《名詞の前にのみ用いる》**最後の**, 最終の；最終的な, 決定的な
- the *final* round （競技の）最終回

### くらべてみよう！ final と last
いずれも「最後の」を意味します．
**final**：「それで完結する」「すべてが終わる」という意味合いを持つ．
**last**：順番が「いちばん後」であることを示す．
- the *final* stage 最終段階
- the *last* day of June 6月の最後の日

― 名（複 finals [-z]）C（しばしば the finals で）決勝戦；最終試験, 学期末試験

派生語 finally 副

# finally 準2級 A2 [fáinəli ファイナリィ]

副 **ついに**, 最後に, 結局（= at last, in the end）；最終的に, 決定的に
- She *finally* got her driver's license.
  彼女はついに運転免許証を手に入れた．

**finance** B2 [fáinæns ファイナンス] 名 ❶ C U 財政, 金融(きんゆう) ❷《finances で》財源；収入, 財政状態, 金回り

派生語 financial 形

**financial** 2級 B1 [finǽnʃəl フィナンシャル, fai-ファイ-] 形 財政上の；金銭上の；金融(きんゆう)の

## *find 5級 A1 [fáind ファインド]

動（三単現 finds [-dz -ヅ]；過去・過分 found [fáund ファウンド]；現分 finding）他 ❶〈人・物〉を**見つける**, 発見する, 探し出す（▶偶然(ぐうぜん)の場合も努力した結果の場合も用いる）（⇔ lose なくす）
- *find* a job 職を見つける
- I can't *find* my watch.
  私の時計が見つからない．
- Her ring was *found* under the table.
  彼女の指輪はテーブルの下で見つかった．

| find + 〈人・物〉+ 〈-ing 形〉
…が〜しているのを見つける
- I *found* Jim run*ning* along the river.
  私はジムが川沿いを走っているのを見つけた．

| find + 〈人〉+ 〈物〉= find + 〈物〉+ for + 〈人〉
〈人〉に〈物〉を見つけてあげる
- I'll *find* you a nice dress. = I'll *find* a nice dress *for* you.
  君にすてきなワンピースを見つけてあげよう．

❷（経験して）**…だとわかる**, 気づく

| find + 〈人・物〉+ 〈形容詞または名詞〉
= find（that）+ 〈人・物〉+ be 動詞 + 〈形容詞または名詞〉〈人・物〉が…だとわかる
- I *found* this box empty. = I *found*（*that*）this box *was* empty. （開けてみて）この箱が空(から)であることに気づいた．
- I *found* him a nice guy.
  （会ってみて）彼がいい人とわかった．
- He was *found* asleep [dead].
  彼は眠(ねむ)って[死んで]いた．（⇔ 彼は眠って[死んで]いるとわかった）

**find oneself** 自分が…にいる[…である]のに気づく
- I *found* myself lying on the bed.
  私は気がつくとベッドに寝(ね)ていた．

**find out** （努力して）…を見つけ出す；…だとわかる
- I *found out* that he was telling a lie.
  私は彼がうそをついているとわかった．

派生語 finder 名, finding 名

**finder** [fáindər ファインダァ] 名 C ❶ 発見者, 拾得(しゅうとく)者 ❷（カメラの）ファインダー

**finding** 2級 B1 [fáindiŋ ファインディング]
- 動 find（見つける）の現在分詞・動名詞
- 名 U 発見；C（ふつう findingsで）発見物, 拾得(とくとく)物；（調査などの）結果

## *fine¹ 5級 A1 [fáin ファイン]

> 形 ❶ 申し分のない；(物・作品が)すばらしい
> ❷ (天気が)よい, 晴れている
> ❸ (人が)元気な
> ❹ (粒(つぶ)などが)細かい
> ❺ (人・物が)洗練された
> 副《話》よく, うまく

- 形（比較 finer；最上 finest）❶ **申し分のない**, よい, 悪くない；(物・作品が)**すばらしい**, りっぱな, すてきな
- This house is *fine* for two.
  この家は2人で住むにはいい.

> 話してみよう！
> ☺How about going to the zoo?
> 動物園に行きませんか.
> 😊That'll be *fine*. 悪くないね.

- make a *fine* play ファインプレーをする
  ❷ (天気が) **よい**, 晴れている (= clear)
- a *fine* day 晴れた日
- The weather was *fine* yesterday. = It was *fine* yesterday. きのうは天気がよかった.
  ❸《名詞の前には用いない》《話》(人が) **元気な**, 健康な (= well)

> 話してみよう！
> ☺How are you? お元気ですか.
> 😊I'm *fine*, thank you. And you?
> 元気です, ありがとう. で, あなたは？
> ☺I'm *fine*, too, thank you.
> 私も元気です, ありがとう.

❹ (粒などが)細かい
- *fine* powder [sand] 細かい粉[砂]
❺ (人・物が)洗練された, 上品な, 繊細(せんさい)な
- 副《話》よく, うまく, ちゃんと
- My daughter is doing just *fine* at school.
  うちの娘(むすめ)は学校でちゃんとやっている.

**fine²** B1 [fáin ファイン]
- 名 C 罰金(ばっきん)
- 動 他 (人)に罰金を科する
  - Beth was *fined* forty dollars *for* parking in a no-parking zone.
    ベスは駐車(ちゅうしゃ)禁止区域に駐車して40ドルの罰金を科せられた.

**fine art**[fáin ɑ́:rt ファイン アート] 名《the fine artsで》美術（►絵画・彫刻(ちょうこく)・建築など）

## finger 2級 B1 [fíŋɡər フィンガァ]

名 （複 fingers[-z]）C（手の）**指**（►ふつう親指(thumb)以外をさす）
- *fingers* and toes 手足の指

fingerprint
指紋(しもん)

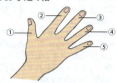

①thumb 親指
②index finger, forefinger 人さし指
③middle finger 中指
④ring finger 薬指
⑤little finger, pinkie, pinky 小指

*cross one's fingers* 人さし指の上に中指を交差させる（►幸運を祈(いの)る動作）→ gesture 図
- I'm *crossing my fingers* for you.
  成功[幸運]を祈っています.

**finger bowl**[fíŋɡər bòul フィンガァ ボウル] 名 C フィンガーボウル（►食卓(しょくたく)で指を洗うための器(うつわ)）

**fingernail** B2 [fíŋɡərneil フィンガァネイル] 名 C 指の爪(つめ)・

**fingerprint** 2級 [fíŋɡərprint フィンガァプリント] 名 C 指紋(しもん) → finger 図

## *finish 4級 A1 [fíniʃ フィニッシュ]

> 動 他 …を終える
> 自 終わる
> 名 ❶ 終わり
> ❷ 仕上げ

- 動（三単現 finishes[-iz]；過去・過分 finished[-t]；現分 finishing）
- 他 …**を終える**, 終わらせる, 済ませる (= end, ⇔ start 始める), …の仕上げをする
- *finish* high school 高校を終える[卒業する]
- She *finished* her homework.
  彼女は宿題を済ませた.
- The artist could not *finish* his last painting.
  その画家は最後の絵を完成できなかった.
- Have you *finished* breakfast?
  朝食を済ませましたか.

| finish +⟨-ing形⟩
| …し終える
- I *finished* writing my paper.
  私はレポートを書き終えた.（► finish の目的語に to +〈動詞の原形〉は使えない）
- 自 **終わる**, 終了する (= end, ⇔ start 始まる)

## finished

- The night game didn't *finish* until 11 p.m.
ナイターは午後11時まで終わらなかった.

***finish up*** (…を)すっかり終える;(飲食物を)平らげる;(最後には)…になる

***finish with ...*** …を終える

─名(複 *finishes*[-iz]) U C ❶ 終わり, 終了(しゅうりょう);(競走の)ゴール
- from start to *finish* 最初から最後まで
- It was a close *finish*. 接戦のゴールだった.
- a *finish* line (陸上競技などの)決勝線, ゴール

❷《ふつう a *finish* で》(表面の)仕上げ, 完成

派生語 finished 形

**finished**[fíniʃt フィニッシュト]
─動 finish(終える;終わる)の過去形・過去分詞
─形 ❶ 終わった, 終えて
- I'm *finished*. 終わりました., ごちそうさま.(▶何かを終えたときに広く使う)

❷ 終えた, 仕上がった, 完成した
- *finished* items [products] 完成品

❸ 駄目(だめ)になった, 運の尽(つ)きた

**Finland** 4級 [fínlənd フィンランド]名 フィンランド(▶北ヨーロッパの共和国. 首都はヘルシンキ(Helsinki))

派生語 Finn 名, Finnish 形名

**Finn**[fín フィン]名 C フィンランド人

**Finnish**[fíniʃ フィニッシュ]
─形 フィンランドの;フィンランド人の;フィンランド語の
─名 U フィンランド語

**fir**[fə́:r ファー]名 C 〖植物〗もみ(の木); U もみ材

## fire 4級 A1 [fáiər ファイア]

名 ❶ 火
❷ 火事
❸ 発砲(はっぽう)
動他 ❶ (銃(じゅう))を撃(う)つ
❷《話》(人)を首にする
自 発砲する

─名(複 *fires*[-z]) ❶ U (一般的に)**火**; C (料理・暖房(だんぼう)などの)火, たき火
- make [build, start] a *fire* 火をおこす
- light [put out] a *fire* 火をつける[消す]
- put a kettle on the *fire* やかんを火にかける
- *Fire* burns. 火は燃える.
- There is no smoke without *fire*.
(諺) 火のないところに煙(けむり)は立たない.
- I sat by the *fire* and warmed myself.
私は火のそばに座(すわ)って暖をとった.

❷ C **火事**, 火災
- a forest *fire* 森林火災
- There was a big *fire* last night.
昨夜, 大火事があった.

> **ここが ポイント!** 数えられる fire と 数えられない fire
>
> **fire** は一般に「火」を意味するときは数えられない名詞として扱(あつか)っています. ただし, 「たき火, 炉(ろ)の火」「火事」などの意味ではaやtheがつき複数形にもなります.

❸ U 発砲, 射撃(しゃげき)

***catch fire*** = ***take fire*** 火がつく
- Paper *catches fire* easily.
紙は火がつきやすい.

***on fire*** 燃えている, 火事である(= burning)
- Her house is *on fire*. 彼女の家が火事だ.

***set fire to ...*** = ***set ... on fire*** (燃やしてはいけない物)に火をつける, 放火する

─動(三単現 *fires*[-z];過去・過分 *fired*[-d];現分 *firing*)
─他 ❶ (銃)を撃つ;…を発砲する
- *fire* a gun 銃を撃つ

❷《話》(雇い人)を首にする, 解雇(かいこ)する
- The employer *fired* the employee.
雇用主はその従業員を首にした.

─自 発砲する, 射撃する
- *Fire*! 撃て!
- The gangster *fired at* the police officer.
ギャングは警官をねらって発砲した.

**fire alarm**[fáiər əlɑ̀:rm ファイア アラーム]名 C 火災警報;火災報知器

**fireboat**[fáiərbòut ファイアボウト]名 C 消防艇(てい)

**firecracker**[fáiərkrækər ファイアクラッカァ]名 C 爆竹(ばくちく), かんしゃく玉

**fire department**[fáiər dipɑ̀:rtmənt ファイア ディパートゥマント]名 C ⦅米⦆ 消防署[本部], 消防隊

**fire drill**[fáiər dril ファイア ドゥリル]名 C U 消防訓練;火災避難(ひなん)訓練

**fire engine**[fáiər èndʒin ファイア エンヂン]名 C 消防自動車

米国の消防自動車

**fire escape**[fáiər iskèip ファイア イスケイプ]名 C 非常階段, 避難(ひなん)ばしご

# first

**fire extinguisher** [fáiər ikstiŋgwiʃər ファイアイクスティングィッシャァ] 名C 消火器

**firefighter** 2級 B1 [fáiərfàitər ファイアファイタァ]（★このghは発音しない）名C 消防士, 消防隊員（▶男女の区別のない語）

**firefly** [fáiərflài ファイアフライ] 名（複 fireflies [-z]）C 〖虫〗蛍

**firehouse** [fáiərhàus ファイアハウス] 名C 米 消防署（= fire station）

**fireman** [fáiərmən ファイアマン] 名（複 firemen [-mən]) C 消防士, 消防隊員（▶最近では男女の区別を避けて firefighter が多く用いられる）→ firefighter

**fireplace** B2 [fáiərplèis ファイアプレイス] 名（複 fireplaces [-iz]) C 暖炉

これ、知ってる？ **fireplace** って？

fireplace は居間の壁に作りつけられた暖炉のことで, その周りは家族の団らんの場となります. 上には mantelpiece（マントルピース）と呼ばれる棚があり, しばしば写真やクリスマスカードなどを飾ります.

**fireproof** [fáiərprù:f ファイアプルーフ] 形 耐火性の, 不燃性の

**fireside** [fáiərsàid ファイアサイド] 名C 炉ばた
- by the *fireside* 炉ばたで[に]

**fire station** B1 [fáiər stèiʃən ファイア ステイション] 名C 消防署（= firehouse）

**firewall** [fáiərwɔ:l ファイアウォール] 名❶C 防火壁
❷U〖コンピュータ〗ファイアウォール（▶組織内のネットワークを不正な侵入から守るシステム）

**firewood** [fáiərwùd ファイアウッド] 名U まき, 薪

# firework 2級 B1

[fáiərwə:rk ファイアワーク]
名（複 fireworks [-s]) C《しばしば fireworks で》花火; 花火大会

**firm¹** B1 [fá:rm ファーム] 形 ❶ 堅い, 堅固な（= hard）
- I prefer a *firm* mattress. 私は堅めのマットレスが好きだ.

❷ しっかりした, ぐらつかない; 断固とした
- in a *firm* voice しっかりした声で

派生語 firmly 副

**firm²** B1 [fá:rm ファーム] 名C 商会, 会社（▶2人以上で経営される会社）
- a law *firm* 法律事務所

**firmly** B1 [fá:rmli ファームリィ] 副 堅く, しっかりと, 堅固に; 断固として

# *first 5級 A1

[fá:rst ファースト]（★fast¹ (速い), fast² (断食) との発音の違いに注意）

形 最初の
副 最初に
名 ❶ 最初の人[物]
❷ 〖野球〗1塁

━ 形《ふつう the first で》**最初の**, はじめの; 第1の, 1番目の（▶1st と略す）（⇔the last 最後の）

ここがポイント！ **one** と **first**

one が「1」「1つの」と数を意味するのに対し, first は「第1の」という順序を表します.

- *the first* train 始発列車
- He is in his *first* year of junior high school. 彼は中学1年生だ.
- win (the) *first* prize 1等賞を取る
- *first* base 〖野球〗1塁, ファースト
- *the first* ten days of January 1月の最初の10日間

***at first sight*** 一目見て; 一見したところ→ sight（成句）

***for the first time*** 初めて, 最初に
- How did you feel when you went abroad *for the first time*? 初めて海外に行ったときどんなふうに感じましたか.

***in the first place*** まず第一に

***the first time*** 最初は; 《接続詞的に》初めて…するときは
- *The first time* I met him, I was surprised at his fluent French. 彼に最初に会ったとき, フランス語が流ちょうなのに驚いた.

━ 副 **最初に**, まず, 第一に（⇔last 最後に）; 初めて
- Look at this map *first*. まずはこの地図を見なさい.
- *First* she asked my name, *then* my address. 彼女は最初に私の名前を, それから住所を聞いた.
- *First* come, *first* served. 早い者勝ち.（⇔最初に来た者が最初にサービスを受ける）

# first aid

> **ここがポイント！ 列挙のしかた**
> 事柄(ミミタ)を列挙するときは, first(第1に), secondly(第2に), thirdly(第3に)のように言います. firstのほかにfirst of all, in the first placeなども使います.

*first of all* まず最初に

─**名 ❶** U C 《ふつう the firstで》**最初の人[物]**; 第1(の人)[物], …1世; (その月の)1日(たち)(▶1stと書くことが多い)
- Elizabeth *the First*
  エリザベス1世(▶ Elizabeth Iと書く)
- on *the first* of May = on May (*the*) *first*
  5月1日に(▶ふつうon May 1(st)と書く)
- Rick was *the first to* help me when I was in trouble. リックはぼくが困っていたときに助けてくれた最初の人だった.

**❷** 〖野球〗U 1塁, ファースト(= first base); C 1塁手

*at first* 最初のうちは, 初めのころは(▶butとともに使われることが多い)
- *At first* English was very difficult but now it is my favorite subject. 最初のうちは英語は難しかったが, 今では私のお気に入りの科目だ.

*from the first* 最初から, 初めから

**first aid** [fə́ːrst éid ファースト エイド] **名** U 応急手当て, 応急措置(ミキ)

**first-aid** [fə́ːrstéid ファーストエイド] **形** 応急の, 緊急(きんきゅう)の
- a *first-aid* kit [case] 救急箱

**first class** [fə́ːrst klǽs ファースト クラス | -klɑ́ːs -クラース] **名** U C 第1等, 最高級; (飛行機・長距離列車などの)1等, ファーストクラス

**first-class** [fə́ːrstklǽs ファーストクラス | -klɑ́ːs -クラース]
─**形 ❶** 一流の, 第一級の, 最高級の **❷** (乗り物の)1等の, ファーストクラスの
─**副** 1等で
- travel *first-class* ファーストクラスで旅する

**first floor** B1 [fə́ːrst flɔ́ːr ファースト フロア] **名** C 米1階(= 英the ground floor); 英2階 → floor❷

**first lady** B1 [fə́ːrst léidi ファースト レイディ] **名** (複 -ladies[-iz])C 《しばしばthe First Ladyで》(米国などの)大統領夫人, 州知事夫人

**first name** A2 [fə́ːrst néim ファースト ネイム] **名** C (姓(せい)に対して)名(▶「姓」はfamily name, last name)
- Call me by *first name*, please.
  私を名前で呼んでください. (▶ Mr. Whiteのように姓で呼ぶと堅(かた)苦しい感じがする)

---

\***fish** 5級 A1 [fiʃ フィッシュ]
─**名** (複 fish, fishes[-iz]) **❶** C **魚**
- a *fish* 1匹(びき)の魚
- three *fish* 3匹の魚(▶このfishは複数形)
- many kinds of *fishes* たくさんの種類の魚
- a school of *fish*
  魚の群れ(▶このfishは複数形)

> **ここがポイント！ fishの使い方**
> **fish**はふつう複数形にも単数形と同じfishを使います. ただし, 特に魚の種類について言うときには複数形に**fishes**を使います.
>
>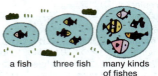
>
> a fish　　three fish　　many kinds of fishes

**❷** U (食品としての)魚肉, 魚
- raw *fish* 生の魚, 刺身(さしみ)
- fried [boiled] *fish* フライの[煮(に)た]魚
- eat *fish* raw 魚を生で[刺身にして]食べる

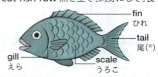

fin ひれ / tail 尾(お) / gill えら / scale うろこ

─**動** (三単現 fishes[-iz]; 過去・過分 fished[-t]; 現分 fishing)
─**自** 魚をとる, 釣(つ)りをする, 漁をする
- They *fish* in the river for trout.
  彼らは川でますの漁をする.
- I often *go fishing* in the sea. 私はよく海へ釣りに行く. (▶to the seaとしないこと)
─**他** (海や川など)で魚をとる, 釣りをする

派生語 **fisher** 名, **fisherman** 名, **fishing** 名

**fish and chips** [fíʃ ən tʃíps フィッシュ アン チップス] **名** U 《単数扱い》フィッシュアンドチップス(▶白身魚のフライとフライドポテトの盛り合わせ. 英国の代表的なファストフード) → 食べ物〖口絵〗

**fishbowl** [fíʃbòul フィッシュボウル] **名** C 金魚鉢

**fish dealer** [fíʃ díːlər フィッシュ ディーラァ] **名** C 米魚屋さん(人)(= 英fishmonger)

**fisher** 4級 [fíʃər フィッシャァ] **名** C 漁師, 漁夫; 釣(つ)り人(▶男女の区別のない語)

**fisherman** 準2級 A2 [fíʃərmən フィッシャァマ

ン] 名(複 fishermen[-mən])C 漁師, 漁夫; 釣(つ)り人(▶最近では男女の区別を避(さ)けて fisherが多く用いられる)→ fisher

**Fisherman's Wharf**[fíʃərmənz (h)wɔ́:rf フィッシャァマンズ(ホ)ウォーフ]名 フィッシャーマンズ・ワーフ(▶米国サンフランシスコの漁船が集まるふ頭)

## fishing 5級 A1 [fíʃiŋ フィッシング]

━動 fish(魚をとる)の現在分詞・動名詞
━名U 魚釣(つ)り; 漁業(▶娯楽(ごらく)としての釣りも職業としての漁業もさす)
- a *fishing* line [rod] 釣り糸[ざお]
- a *fishing* boat 漁船

**fishmonger**[fíʃmʌŋgər フィッシュマンガァ]名 C 英 魚屋さん(人)(=米 fish dealer)
- *fishmonger*'s 魚屋(店)(=米 fish store)

**fish store**[fíʃ stɔ̀:r フィッシュ ストァ]名 C 米 魚店(=英 fishmonger's)

**fist**[físt フィスト]名 C 握(にぎ)りこぶし, げんこつ

## fit¹ 準2級 A2 [fít フィット]

━形(比較 fitter; 最上 fittest)❶適した, 適切な, ぴったりの
- This movie is not *fit for* children.
この映画は子どもには向かない.
❷《名詞の前には用いない》健康な, 体調がよい
- You look very *fit* today.
きょうはとても元気そうですね.
━動(三単現 fits[-ts -ツ], 過去・過分 fitted[-id],《主に米》fit; 現分 fitting)
━他 ❶(衣服などの形・寸法が)…にぴったりと合う;(意図・目的などが)…に適する
- This sweater *fits* me very well.
このセーターはサイズが私にぴったり合う.
❷…を合わせる;取りつける, はめる
- Can you *fit* this ring *to* my finger?
この指輪を私の指に合わせてくれますか.
━自 合う

**fit²** B2 [fít フィット]名 C(病気などの)発作(ほっさ), ひきつけ;気絶

**fitness** 2級 B1 [fítnis フィットニス]名 U ❶健康(な状態) ❷適切[適当]であること

**fitting room** 3級 [fítiŋ rù:m フィッティング ルーム]名 C 試着室

## *five 5級 A1 [fáiv ファイヴ]

━名(複 fives[-z])U C 5; U 5歳(さい); 5時;《複数扱い》5人, 5個(▶詳(くわ)しい使い方は→ two.「第5の」は fifth)
- at *five*(o'clock)5時に
━形 5の; 5人の, 5個の; 5歳で

- *five* glasses of cola 5杯(はい)のコーラ

## fix 2級 B1 [fíks フィックス]

━動(三単現 fixes[-iz], 過去・過分 fixed[-t]; 現分 fixing)他 ❶…を修理する, 元通りにする, 直す→ mend くらべて!
- We need someone to *fix* the copy machine. 私たちにはコピー機を修理してくれる人が必要だ.
- *fix* the environment
環境(かんきょう)を元通りにする
❷(日時・場所・価格など)を決める, 指定する
- Let's *fix* a date *for* the party.
パーティーの日を決めよう.
❸…を固定させる, 据(す)える, 取りつける
- Father *fixed* shelves *to* the wall.
父は壁に本棚(ほんだな)を取りつけた.
❹《主に米》(食事など)を用意する, 作る
- I'll *fix* your breakfast tomorrow.
私はあしたあなたの朝食を用意しよう.
❺(目・注意・愛情など)をじっと向ける, 注ぐ
- He *fixed* his mind on the job.
彼はその仕事に精神を集中した.
❻《主に米》(髪(かみ)など)を整える
派生語 fixed 形

**fixed** B2 [fíkst フィックスト]
━動 fix(修理する)の過去形・過去分詞
━形 固定した, 据(す)えつけられた; 定められた; 一定の
- a *fixed* idea 固定観念
- a *fixed* price [time] 定価[定時]

**FL** Florida(米国フロリダ州)の郵便略号

## flag 3級 A1 [flǽg フラッグ]

名(複 flags[-z])C 旗, 国旗
- the national *flag* of Canada カナダの国旗
- *put up* a *flag*
旗を掲(かか)げる

**flake**[fléik フレイク]名 C(雪・羽毛(うもう)などの)一ひら; 薄(うす)いかけら, 薄片(はくへん)
- large *flakes* of snow ぼたん雪

**flame** B2 [fléim フレイム]
━名 U C《しばしば flamesで》炎(ほのお), 火炎(かえん)
- the *flame* of a candle ろうそくの炎
- The house was soon *in flames*.
家はたちまち炎に包まれた.
━動 自 燃える, 燃え上がる; 炎のように赤くなる

**flamingo**[fləmíŋgou フラミンゴゥ]名(複 flamingos, flamingoes[-z])C《鳥》フラミンゴ

## flap B2 [flǽp フラップ]

━動(過去・過分 flapped[-t]; 現分 flapping)
━自(旗などが)はためく;(鳥が)羽ばたく

## flash

- The flag is *flapping* in the wind.
旗が風にはためいている.
—他 ❶ (旗・帆・翼(??)など)をパタパタ動かす, はためかす, 羽ばたかせる
❷ (平たい物で)…をピシャリと軽くたたく
—名 C ❶ パタパタする音; はためき; 羽ばたき ❷ ピシャリと軽くたたくこと(＝slap) ❸ (ポケットの)垂れぶた; (封筒(??)の)折り返し

**flash** B2 [flǽʃ フラッシュ]
—名 (複 flash, flashes[-iz]) C ❶ せん光, (光の)ひらめき; (カメラの)フラッシュ(＝flashlight); (考えなどの)ひらめき
- a *flash* of lightning 稲妻(??), 電光
❷ (テレビなどの)ニュース速報
*in a flash* 一瞬(??)のうちに, たちまち
—動 (三単現 flashes[-iz])
—自 ❶ ぱっと光る, きらめく; (考えなどが)ひらめく
- Ben's eyes *flashed*.
ベンの両目がきらっと光った.
- A good idea *flashed* across [through] my mind.
よい考えが私の心にぱっとひらめいた.
❷ すばやく通り過ぎる
—他 (光・火など)をぱっと発する[照らす]

**flashlight** [flǽʃlàit フラッシュライト] (★このghは発音しない) 名 C ❶ 米懐中(??)電灯(＝torch)
❷ (カメラの)フラッシュ(＝flash)

**flask** [flǽsk フラスク | fláːsk フラースク] 名 C (実験用の)フラスコ

**flat**[1] 2級 B1 [flǽt フラット]
—形 ❶ 平らな, 平たい; (容器などが)浅い
- a *flat* road 平らな道路
- This land is broad and *flat*.
この土地は広くて平らだ.
❷ ばったり倒(??)れた, ぴったりと接した
- I lay *flat* on my back.
私は仰向(??)けに寝(??)た.
❸ 単調な, つまらない, 活気のない; (味や香りが)抜(??)けた
- This cola tastes *flat*.
このコーラは気が抜けている.
❹ 空気の抜けた; パンクした
- The tire went *flat* suddenly.
タイヤが突然(??)パンクした.
❺ はっきりした, 断固とした, あからさまの
- I gave a *flat* objection.
私ははっきり反対した.
❻ 『音楽』フラットの, 半音下がる
—副 ❶ はっきりと, 断固として
❷ 正確に, きっかり
- He ran a hundred meters in 12 seconds *flat*.
彼は100メートルを12秒きっかりで走った.
—名 C ❶ 平たい部分, 平面; 平地, 低地
- the *flat* of the hand 手のひら
❷ 《話》パンクしたタイヤ
❸ 『音楽』フラット, 変音(半音低い音); 変音記号(▶記号は♭), (⇔sharp シャープ)

**flat**[2] A1 [flǽt フラット] 名 C ❶ 英アパート, フラット(▶同一階の数室からなる住居)(＝米apartment) ❷ 《flatsで》英(フラット式)共同住宅(▶建物全体をさす)(＝米apartment house)

**flatter** [flǽtər フラッタァ] 動 他 (人)にお世辞を言う, へつらう, ごまをする; (人)を得意にさせる, 喜ばせる
*feel* [*be*] *flattered* 大いにうれしがる, 大得意になる
- I *feel flattered at* the invitation.
ご招待いただき光栄に思います.
*flatter oneself* うぬぼれる
- She *flatters herself* that she will win.
彼女は勝てるだろうとうぬぼれている.

**flavor** 2級 B1 [fléivər フレイヴァ] (▶英ではflavourとつづる)
—名 U C 味, 風味; 味わい
- a *flavor* of lemon レモン風味
—動 他 …に味をつける, 風味をつける

**flaw** B2 [flɔ́ː フロー] 名 C 欠点; ひび, 傷

**flea** 準2級 A2 [flíː フリー] (★同音 flee 逃(??)げる) 名 C 〘虫〙蚤(??)

**flea market** [flíː mɑ̀ːrkit フリーマーキット] 名 C 蚤(??)の市; フリーマーケット(▶中古品を売る市)

**fled** [fléd フレッド] 動 flee (逃(??)げる)の過去形・過去分詞

**flee** B2 [flíː フリー] (★同音 flea 蚤(??)) 動 (過去・過分 fled [fléd フレッド]) 自 逃(??)げる, 逃げ去る

**fleece** [flíːs フリース] 名 C (1頭分の)羊毛; U フリース; C フリース地の服

**fleet** B2 [flíːt フリート] 名 C 艦隊(??); (飛行機・自動車などの)一隊

**flesh** B2 [fléʃ フレッシュ] 名 ❶ U (人・動物の)肉(▶「(食用の)肉」はmeat); 果肉 ❷ 《the flesh で》肉体(＝body, ⇔soul, spirit 霊魂(??))

**flew** [flúː フルー] (★同音 flu インフルエンザ) 動 fly[1] (飛ぶ)の過去形

**flexible** B2 [fléksəbl フレクスィブル] 形 ❶ 融通(??)のきく, 柔軟(??)な ❷ よく曲がる, しなやかな

**flier** [fláiər フライア] 名 C ❶ (飛行機・鳥など)飛ぶもの; 飛行士, パイロット ❷ 米急行列車[バス]

**flies** [fláiz フライズ]

—動 fly¹(飛ぶ)の三人称単数現在形
—名 fly¹,²(野球のフライ,はえ)の複数形

# flight 準2級 A2

[fláit フライト] (★このghは発音しない)
名 (複 flights[-ts -ツ]) ❶ⓊⒸ 飛ぶこと, 飛行; 飛行機の旅; 飛行機の便
- a long *flight* 長距離飛行
- *flight* information
飛行情報, (飛行機の)運行情報
- Have a nice *flight*! よい空の旅を.
- He took *Flight* 350 to Los Angeles.
彼は350便でロサンゼルスへ行った.

空港の飛行情報案内板. 到着便と出発便が表示されている(米国)

❷Ⓒ 階段の一続き (▶ある階から次の階まで)
- I ran up a *flight* of stairs.
私は階段を駆け上がった.

**flight attendant** [fláit ətèndənt フライト アテンダント] (★このghは発音しない) 名Ⓒ (旅客機の)客室乗務員 (=cabin attendant)

**fling** [flíŋ フリング] 動 (過去・過分 flung [flʌ́ŋ フラング]) 他 …を強く投げる, ほうり投げる; 勢いよく動く

**float** A2 [flóut フロウト]
—動 — 自 浮く, 浮かぶ (⇔sink 沈む), 漂う, 流れる
- Wood *floats* on water. 木材は水に浮く.
— 他 …を浮かべる
- We *floated* paper lanterns on the lake.
私たちは湖に紙の灯ろうを浮かべた.
— 名Ⓒ ❶ (釣りの)浮き; 浮き袋, 救命具; いかだ ❷ フロート (▶アイスクリームを浮かべた飲み物) ❸ (祭り・パレードの)山車

**flock** B1 [flák フラック | flɔ́k フロック]
— 名Ⓒ ❶ (羊・やぎ・鳥などの)群れ→ herd
- a *flock of* sheep [birds] 羊[鳥]の群れ
❷ 群衆, 人の群れ (=crowd)
— 動 自 群がる, 集まる
- People *flocked* around the singer.
人々はその歌手の周りに集まった.

**flood** A2 [flʌ́d フラッド]

— 名Ⓒ ❶ ((しばしばfloodsで))((単数扱い))洪水, 大水
- The house was washed away by the *floods*. その家は洪水で流された.
❷ ((ふつう a flood of... で))(物・人)のはんらん, 殺到
- a *flood of* phone calls 殺到する電話
— 動
— 他 (川など)をはんらんさせる; (建物など)を水びたしにする
- Many houses were *flooded* by the storm.
たくさんの家が嵐で浸水した.
— 自 (川などが)はんらんする

# floor 5級 A1 [flɔ́:r フロア]

名 (複 floors[-z])Ⓒ ❶ 床
- clean the *floor* 床を掃除する
❷ (建物の)階 (▶それぞれの階をさす. 「…階建ての家」などの場合はstory (=英 storey)を使う)
- My room is on the second *floor*.
私の部屋は2階にある. (▶英では3階をさす)
- This elevator stops at every *floor*.
このエレベーターは各階に止まる.

**ここがポイント! 米英で違う階の数え方**

米国と英国とでは階の数え方が違い, 下図のように1階ずつずれます.

| 米国 | 英国 |
|---|---|
| the third floor (3階) | the second floor (3階) |
| the second floor (2階) | the first floor (2階) |
| the first floor (1階) | the ground floor (1階) |

**Florida** 4級 [flɔ́:ridə フローリダ | flɔ́ridə フロリダ]
名 フロリダ (▶米国東南海岸の州. 州都はタラハシー(Tallahassee). 郵便略語はFL)

**florist** 3級 [flɔ́:rist フローリスト | flɔ́- フロ-] 名Ⓒ 花屋さん (▶ふつう人をさす. 店はflower shopまたはflorist's)

**flour** 準2級 A2 [fláuər フラウア] (★同音 flower 花) 名Ⓤ 小麦粉

# flow 2級 B1 [flóu フロウ]

— 動 (三単現 flows[-z]; 過去・過分 flowed[-d]; 現分 flowing) 自 ❶ 流れる; 流れるように動く; 流れこむ
- This river *flows* south.
この川は南に流れている.
- The Tone (River) *flows into* the Pacific.

# flower

利根川は太平洋に流れこんでいる.
- Tears *flowed* from my eyes.
涙(なみだ)が私の目からあふれた.
❷ (潮が)上がる, 満ちる(⇔ebb 潮が引く)
—名 ❶ C ((a [the] flowで))流れ
❷ ((the flowで))上げ潮(⇔the ebb 引き潮)

## *flower 5級 A1
[fláuər フラウァ] (★「フラワー」でないことに注意. 同音 flour 小麦粉)
—名 (複 flowers[-z]) ❶ C 花, 草花
- a bunch of *flowers* 花束
- a *flower* shop 花屋(店), 生花店
- arrange *flowers* 花を生ける
- plant *flowers* 花を植える
- A lot of *flowers* come out in spring.
春にはたくさんの花が咲(さ)く.
❷ U 開花, 満開
—動 (三単現 flowers[-z]; 過去・過分 flowered[-d]; 現分 flowering) 自 (花が)咲く

### くらべてみよう!  flower と blossom

**flower**: 最も広く「花」を意味する語ですが, 特に草花をさして使います.

**blossom**: 桜や梅など, 樹木に咲いて果実をつける花を意味します.

**flower arrangement** [fláuər əreindʒmənt フラウァ アレインヂマント] 名 U 生け花
**flowerbed, flower bed** [fláuərbèd フラウァベッド] 名 C 花壇(だん)
**flower garden** [fláuər gàːrdn フラウァ ガードゥン] 名 C 花畑
**flowerpot** [fláuərpàt フラウァパット | -pɔ̀t -ポット] 名 C 植木鉢(ばち) → pot 図

# flown [flóun フロウン]
動 fly (飛ぶ)の過去分詞

**flu** B1 [flúː フルー] (★同音 flew) 名 U (話) インフルエンザ (▶ influenzaの短縮形)
- I caught [got] (the) *flu*.
私はインフルエンザにかかった.

インフルエンザのワクチンが接種できることを示す診療所の表示(カナダ)

**fluent** B1 [flúːənt フルーアント] 形 (言葉が)滑(なめ)らかな, 流ちょうな; (人が言葉に)達者な
- He speaks *fluent* English. = He is *fluent* in English. 彼は流ちょうな英語を話す.
派生語 fluently 副

**fluently** B1 [flúːəntli フルーアントゥリィ] 副 滑(なめ)らかに, 流ちょうに

**fluffy** [fláfi フラッフィ] 形 (比較 fluffier; 最上 fluffiest) ふわふわした
- My dog has *fluffy* white fur.
私の犬はふわふわした白い毛に覆(おお)われている.

ふわふわの毛に覆われた子犬

**fluid** B2 [flúːid フルーイッド]
—名 U C 液体
—形 流動体の, 流動性の

**flung** [fláŋ フラング] 動 fling (強く投げる)の過去形・過去分詞

**flunk** B1 [fláŋk フランク] 動 他 ❶ (試験)に失敗する ❷ (受験者)に落第点をつける

**flush** [fláʃ フラッシュ] 動 (三単現 flushes[-iz])
—自 ❶ (顔が)赤らむ, ほてる ❷ (トイレなどの

水が)どっと流れ出る
- 他 ❶ (人の顔)を赤くさせる
- ❷ (トイレなどの水)をどっと流す, …を水で洗い流す
- *flush* the toilet トイレの水を流す

## flute 2級 B1 [flúːt フルート]

名 (複 flutes[-ts -ツ]) C 〖楽器〗**フルート**, 横笛
- play the *flute* フルートを吹く

**flutter** B2 [flʌ́tər フラッタァ] 動 自 (鳥が)羽ばたきする; ひらひら舞う; (旗などが)はためく

## \*fly¹ 5級 A1 [flái フライ]

— 動 (三単現 flies[-z]; 過去 flew[flúː フルー]; 過分 flown[flóun フロウン]; 現分 flying)
— 自 ❶ (鳥・飛行機・虫などが)**飛ぶ**; 飛行機で旅行する (▶「跳躍する」の意味の「跳ぶ」は jump)
- Bees are *flying* about.
  はちが飛び回っている.
- Crows are *flying* west.
  からすが西へと飛んでいく.
- *fly* from Osaka to Sendai
  大阪から仙台まで飛行機で行く

❷ 飛ぶように行く; (時間などが)飛ぶように過ぎる
- *fly* up the steps
  階段を飛ぶように駆け上がる
- Time *flies*. 〖諺〗光陰矢のごとし. (⇔時は飛ぶように過ぎていく)

❸ (旗などが風に)なびく, ひるがえる
❹ 突然…になる
- *fly* into a rage 急に怒りだす

— 他 (飛行機など)を操縦する
- *fly* an airplane 飛行機を操縦する
- *fly* a kite たこを揚げる

— 名 (複 flies[-z]) C ❶ 〖野球〗フライ
❷ (ズボンの)ボタン[ファスナー]隠し

派生語 flier 名, flight 名, flying 形名

**fly²** [flái フライ] 名 C ❶ 〖虫〗はえ ❷ (釣りの)蚊針, 毛針

**flyer** [fláiər フライア] 名 = flier

**flying** [fláiiŋ フライイング]
— 動 fly(飛ぶ; 操縦する)の現在分詞・動名詞
— 形 飛ぶ, 飛んでいる
- a *flying* bird 飛ぶ鳥
- a *flying* doctor 飛行機で往診する医者 (▶遠隔地の急患に対応)
— 名 U 飛ぶこと, 飛行

**flying fish** [fláiiŋ fíʃ フライイング フィッシュ] 名 C U 〖魚〗飛び魚

**flying saucer** [fláiiŋ sɔ́ːsər フライイング ソーサァ] 名 C 空飛ぶ円盤

**FM, F.M.** [éfém エフエム] 名 エフエム, 周波数変調 (▶frequency modulation の略)

**foam** 2級 [fóum フォウム] 名 U (石けんなどのひとかたまりの)泡 (▶「1粒の泡」は bubble)

## focus 3級 A1 [fóukəs フォウカス]

— 名 (複 focuses[-iz], foci[fóusai フォウサイ]) C U (レンズの)焦点, ピント; (興味などの)中心
- This picture is *in* [*out of*] *focus*.
  この写真はピントが合っている[いない].

— 動 (三単現 focuses, focusses[-iz]; 過去・過分 focused, focussed[-t]; 現分 focusing, focussing)
— 他 …の焦点を合わせる; (注意など)を集中させる
- The program *focused* our attention *on* the accident. その番組は私たちの関心をその事故に向けさせた.

— 自 (…に)焦点が合う; 集中する
- *Focus on* your studies.
  勉強に集中しなさい.

**fog** A2 [fɔ́ːg フォーッグ | fɔ́g フォッグ] 名 U C 霧 (▶haze や mist よりも濃く, 見通しが利かないものをさす)
- a thick *fog* 濃い霧, 濃霧

派生語 foggy 形

**foggy** A1 [fɔ́ːgi フォーギー | fɔ́- フォ-] 形 (比較 foggier; 最上 foggiest) 霧の深い[濃い], 霧の立ちこめた
- *foggy* weather 霧の濃い天気

**foil** [fɔ́il フォイル] 名 U 金属の薄片, 箔, ホイル
- aluminum *foil* アルミホイル

## fold B1 [fóuld フォウルド]

— 動 (三単現 folds[-dz -ヅ]; 過去・過分 folded[-id]; 現分 folding)
— 他 ❶ …を折る, 折りたたむ, 折り曲げる, 折り重ねる (⇔unfold 広げる)
- She *folded* the paper *in* half.
  彼女はその紙を半分に折った.
- Tom *folded* his T-shirt *into* a square.
  トムはTシャツを四角く折りたたんだ.
- *Fold* your umbrella, please.
  傘を閉じてください.
- The bird *folded* its wings.
  鳥は翼をたたんだ.

❷ (手・腕・足など)を組む
- He *folded his arms* and thought about the problem.
  彼は腕を組んでその問題について考えた.

## folder

—⃝自 折り重なる, 折りたためる
- This chair *folds* small.
このいすは小さく折りたためる.
—⃝名 (複 folds[-dz -ʦ]) ⃝C 折り目, ひだ
派生語 folder ⃝名, folding ⃝形

**folder** A2 [fóuldər フォウルダァ] ⃝名⃝C ❶書類ばさみ ❷〖コンピュータ〗フォルダ (▶ファイルを分類・保存するところ)

**folding** [fóuldiŋ フォウルディング] ⃝形 折りたたみ式の
- *folding* bicycle
折りたたみ式自転車

**folk** B1 [fóuk フォウク](★この l は発音しない)
—⃝名 ❶《複数扱い》《⃝米ではしばしば folks で》人々 (▶people のほうがふつう) ❷《folks で》《複数扱い》《話》家族; 両親
—⃝形 民俗(ぞく)の

**folk dance** [fóuk dǽns フォウク ダンス] ⃝名⃝C 民俗(ぞく)舞踊(ぶよう), フォークダンス

**folk music** [fóuk mjúːzik フォウク ミューズィック] ⃝名⃝U 民俗(ぞく)音楽, フォークミュージック

**folk song** [fóuk sɔ́ːŋ フォウク ソーング | -sɔ̀ŋ -ソング] ⃝名⃝C 民謡(ようう), フォークソング

**folktale, folk tale** [fóuk téil フォウク テイル] ⃝名⃝C 民話, 伝説, 説話 (▶folk story とも言う)

## follow 準2級 A2 [fálou ファロウ | fɔ́- フォ-]

| ⃝動⃝他 ❶ …について行く [来る] |
| ❷ …に続く |
| ❸ …に従う |
| ❹ …を理解する |
| ❺ …を追って行く |
| ❻ …に沿って行く |
| ⃝自 ❶ ついて行く |
| ❷ 続いて起こる |

⃝動 (三単現 follows[-z]; 過去・過分 followed[-d]; 現分 following)
—⃝他 ❶ …について行く [来る]; …を追う, 追跡(ついせき)する
- Please *follow* me. 私について来てください.
- The man is *following* her.
その男は彼女の跡(あと)をつけている.

❷ …に続く, …の後で起こる
- Many fires *followed* the earthquake.
地震(じしん)に続いて, 多くの火事が起きた.
- The steak was *followed* by dessert. ステーキの後にデザートが続いた.

❸ (指示・忠告・規則など)に従う, …のとおりにする
- We have to *follow* the school rules.
私たちは校則を守らなくてはいけない.
- I'll *follow* your advice. ご忠告に従います.

❹ (話など)を理解する, (議論など)について行く
- It's difficult to *follow* his argument.
彼の議論について行くのは大変だ.

❺ (興味を持って)…を追って行く, 見守る
- I've been *following* the baseball news.
私は野球ニュースを欠かさず見ている.

❻ (道など)に沿って行く, 進む
- *Follow* this street to the first crossing.
この道を最初の十字路まで行きなさい.

—⃝自 ❶ ついて行く
- Tom *followed* after his father.
トムは父の後について行った.

❷ 続いて起こる
- No one knows what may *follow*.
次に何が起こるかだれにもわからない.

*as follows* 次のとおり, 次のように
- The results are *as follows*.
結果は次のとおりだ.

派生語 follower ⃝名, following ⃝形⃝名

**follower** B2 [fálouər ファロウァ | fɔ́- フォ-] ⃝名⃝C 信奉(しんぽう)者, 支持者; 弟子(でし); ファン; 〖インターネット〗フォロワー

**following** A1 [fálouiŋ ファロウイング | fɔ́- フォ-]
—⃝動 follow (ついて行く)の現在分詞・動名詞
—⃝形 《the following … で》次の…, 以下の…
- on *the following* day その次の日に
- Answer *the following* questions.
以下の質問に答えなさい.
—⃝名 《the following で》次のもの
- *The following* is a summary of the article. 以下はその記事の要約である.

## fond B1 [fánd ファンド | fɔ́nd フォンド]

⃝形 (比較 fonder; 最上 fondest) ❶《be fond of … で》…が好きである, …を好む (▶like より

も意味が強い)
- I *am* very *fond of* soccer.
  私はサッカーが大好きだ.
- She *is fond of* singing songs.
  彼女は歌うことが好きだ.
❷《名詞の前にのみ用いる》愛情のある；甘(あま)い
- a *fond* parent 子どもに甘い親

## *food 5級 A1 [fúːd フード](★ooの発音に注意)
名 (複 foods[-dz -ヅ]) Ⓤ **食物**, 食料; (飲み物に対して)食べ物; Ⓒ (特定の種類の)食べ物, 料理

> **ここがポイント!** food と foods
>
> **food** はふつう a をつけたり複数形にしたりしません. ただし, 個々の料理を問題にする場合は, 数えられる名詞として扱います.
> - Do you like Japanese *food*?
>   日本食は好きですか. (▶日本食一般をさしているので food は数えられない名詞)
> - I like sushi of all Japanese *foods*.
>   すべての日本食の中ですしが好きだ. (▶個々の日本食を意識しているので food は数えられる名詞)

- a *food* bank
  フードバンク(▶困窮(こんきゅう)する人に食料を配る活動をする組織)
- a *food* chain 食物連鎖(れんさ)
- a *food* court
  フードコート(▶ショッピングセンターなどのセルフサービス式の飲食スペース)
- *food* and drink
  飲食物(▶日本語と順番が逆になる)

「指定された場所以外は飲食物持ち込み禁止」の掲示 (**designated** は「指定された」の意味)

- *food*, clothing and shelter
  衣食住(▶必ずこの順番で言う)
- *food* poisoning 食中毒
- *food* waste 食品ロス, 食品廃棄(はいき)物
- frozen [natural, health] *foods*
  冷凍(れいとう)[自然, 健康]食品
- They have little [some] *food*.
  彼らはほとんど食べ物を持っていない[少し持っている].

## fool A2 [fúːl フール](★ooの発音に注意)
━名 (複 fools[-z]) Ⓒ **ばか者**, 愚(おろ)かな人
- Don't be a *fool*.
  ばかなことをするな[言うな].

***make a fool of ...*** …をからかう, 笑い者にする (▶ ... に名詞の複数形がくる場合は make fools of ... となる)

***make a fool of oneself*** ばかなことをする, 笑い者になる
- He *made a fool of himself* at the party.
  彼はパーティーでばかなことをした.

━動 (三単現 fools[-z]; 過去・過分 fooled[-d]; 現分 fooling) 自他 ばかなまねをする; ぶらつく; (人)をだます, ばかにする

***fool around*** ぶらぶら過ごす
派生語 **foolish** 形

### foolish B1 [fúːliʃ フーリッシュ] 形 (比較 more foolish, foolisher; 最上 most foolish, foolishest) 愚(おろ)かな, ばかな (⇔ wise 賢(かしこ)い)
- That sounds like a *foolish* idea to me.
  それは私にはばかげた考えに思える.

## *foot 2級 B1 [fút フット]
名 (複 feet[fíːt フィート]) Ⓒ ❶ **足**(▶くるぶしから下の部分. くるぶしから足の付け根までは leg) → body 図
- the right [left] *foot* 右[左]足
- My *feet* are big. 私の足は大きい.

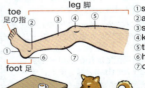

①sole 足の裏
②ankle くるぶし
③shin すね
④knee ひざ
⑤thigh もも
⑥heel かかと
⑦calf ふくらはぎ

❷ **フィート** (▶長さの単位. 人間の一般的な歩幅(ほはば)から. 1 foot = 30.48 cm. ft. と略す)
- The box is one *foot* wide.
  その箱は幅(はば)1 フィートだ. (▶ one feet は×)
- Margaret is five *feet* six inches tall.
  マーガレットは身長が 5 フィート 6 インチ(約 167 cm)ある.

## football

> **ここがポイント!** footの使い方
>
> footは数を表す語と組み合わせて「…フィートの」という形容詞をつくることができます。
> - There is a fifty-*foot* tower next to the church. 礼拝堂の横に50フィートの塔がある。(▶fifty-feetは×)

❸ (物の)下のほう；(山の)ふもと；足元
- *at the foot of* a page
  ページの下のほう(の余白)に
- *at the foot of* a mountain
  山のふもとに

***on one's feet*** 立って，立ち上がって
- She was *on her feet* all day.
  彼女は一日中立ちっぱなしだった。

***on foot*** 徒歩で
- It takes fifteen minutes *on foot* from here to the station.
  ここから駅まで徒歩で15分かかる。

***to one's feet*** (座って[寝て]いる状態から)立つ状態に
- Tom rose *to his feet*.
  トムは立ち上がった。

## football 5級 A1 [fútbɔ̀ːl フットボール]

名 (複 footballs[-z])❶ Ⓤ 米 (**アメリカン**)**フットボール** (=American football)；英 サッカー (=soccer)，ラグビー (=Rugby football)
→スポーツ【口絵】
- play *football*
  フットボールをする

> **これ、知ってる?** フットボールとラグビー
>
> (1) **アメリカンフットボール**: ラグビーを基にに米国で考案されたもので、1チーム11人。
> (2) **サッカー**: 英国ではfootballまたはassociation footballと言います。1チーム11人。
> (3) **ラグビー**: Rugby footballは英国のRugby School(ラグビー校)で始まったためにこう呼ばれ、単にRugbyまたはrugbyとも言います。1チーム15人か7人。
> (4) **オーストラリアンフットボール(オージーボール)**: オーストラリアのAustralian (Rules) footballは、楕円(だえん)形のグラウンドで行われるラグビーに似たスポーツです。1チーム18人。

❷ Ⓒ フットボール用のボール

**footlights** [fútlàits フットライツ] (★このghは発音しない) 名 《複数扱い》(舞台(ぶたい)照明用の)フットライト，脚光(きゃっこう)

**footprint** [fútprìnt フットプリント] 名 Ⓒ 足跡(あしあと)

**footstep** [fútstèp フットステップ] 名 Ⓒ 足音；足どり；足跡(あしあと)(=footprint)；踏(ふ)み段

## *for 5級 A1 [fər ファ, (強く言うとき) fɔːr フォア]

前 ❶ 《利益》…のために
　❷ 《目的・追求》…のために
　❸ 《方向・行き先》…に向かって
　❹ 《時間・距離》…の間
　❺ 《適合・用途》…に適した
　❻ 《代理・表示》…の代わりに
　❼ 《交換・返礼・代償》…と引き換(か)えに
　❽ 《比較・基準》…としては
　❾ 《日時・機会》…に
　❿ 《原因・理由》…のために
　⓫ 《支持・賛成》…に賛成して
　⓬ 〈for ... to+〈動詞の原形〉で〉
　　…が〜するのに
接 というのは…だから

— 前 ❶ 《利益》**…のために**，…のための
- Pat made a birthday cake *for* him.
  パットは彼のためにバースデーケーキを作った。(=Pat made him a birthday cake.)

> **ここがポイント!** 「…(のために)に」のforとto
>
> 「〈人〉(のために)に〈物〉を…する」を表す動詞はいくつもありますが、大半の動詞は「〈人〉(のために)に」を表すのに**to**を使い、一部の動詞は**for**を使います。
> for: buy(買う), make(作る), get(手に入れる), cook(料理する)など
> to: give(与(あた)える), send(送る), show(見せる), lend(貸す)など
> - I bought a CD *for* him.
>   私は彼(のために)にCDを買った。
> - I gave a CD *to* him.
>   私は彼にCDをあげた。

- What can I do *for* you?
  (店員が客に)何かご用はありませんか。, いらっしゃいませ。
- Regular exercise is good *for* your health.
  規則的な運動は健康によい。

❷ 《目的・追求》**…のために**，…を得るために，求めて
- They went out *for* a walk.
  彼らは散歩に行った。
- I cried *for* help.
  私は助けを求めて叫(さけ)んだ。

# for

- We are looking *for* a house *for* sale.
  私たちは売り家を探している.
- We fought *for* freedom.
  私たちは自由のために戦った.
- We are waiting *for* his arrival.
  私たちは彼の到着(ちゃく)を待っている.

**話してみよう!**
- ☺I want a big wooden box.
  大きな木の箱がほしい.
- ☻What *for*? 何のために?

❸《方向・行き先》**…に向かって**, …行きの; …あての → to **くらべて!**
- Is this train *for* Niigata?
  この電車は新潟行きですか.
- They left Los Angeles *for* Narita.
  彼らは成田に向かってロサンゼルスを出発した.
- There's a message *for* you.
  あなたあての伝言がある.

❹《時間・距離》**…の間**
- *for* a few minutes 少しの間
- I lived in Yokohama *for* three years.
  私は横浜に3年間住んだ.
- We ran *for* ten kilometers.
  私たちは10キロ走った.

**くらべてみよう!** for と during と while

**for** も **during** も「期間」を表す前置詞ですが, **for** の後には a month (1か月) や two years (2年) などのような「期間の長さ」を表す語句がくるのに対し, **during** の後には the spring (春) や the night (夜) のような「特定の期間」を表す語句がきます.
- We camped *for* two weeks *during* the summer.
  私たちは夏の間2週間, キャンプをした.
また, **while** も「期間」を表しますが, 接続詞なので, 後にはふつう, 文がきます.
- *during* my stay in London
  (▶during+《名詞》)
  ロンドン滞在(ざい)中に
- *while* I was staying in London
  (▶while+《主語》+《動詞》)
  私がロンドンに滞在していたときに

❺《適合・用途》**…に適した**, …向きの, …用の
- Fall is the best season *for* sports.
  秋はスポーツに最も適した季節だ.
- Do you have any medicine *for* a cold?
  風邪(かぜ)に効く薬はありますか.
- This is a knife *for* fruit.
  これは果物用のナイフだ.

**話してみよう!**
- ☺One cola, please?
  コーラを1つお願いします.
- ☻*For* here or to go? ここで召(め)し上がりますか, それともお持ち帰りですか.

❻《代理・表示》**…の代わりに**; …を代表して; …を表して
- Could you mail this letter *for* me?
  私の代わりにこの手紙を出してくれませんか.
- Jay gave the speech *for* our class. ジェイは私たちのクラスを代表してスピーチをした.
- What is the English word *for* 'yume'?
  英語で「夢」は何と言いますか.

❼《交換・返礼・代償》**…と引き換えに**, …に対して; …のお返しに; …の代金で
- Tom gave me his watch *for* nothing.
  トムは私に彼の腕(うで)時計をただでくれた.
- Thank you *for* your advice.
  助言してくれてありがとう.
- I paid 1,000 yen *for* the book.
  私はその本に1000円払った.

❽《比較・基準》**…としては**, …のわりには
- It's pretty warm *for* January.
  1月にしてはかなり暖かい.
- His father looks young *for* his age.
  彼のお父さんは年のわりには若く見える.

❾《日時・機会》**…に**
- I eat some yogurt *for* breakfast.
  私は朝食にヨーグルトを食べる.
- My son is coming home *for* Christmas.
  私の息子(むすこ)はクリスマスに帰ってくる.

❿《原因・理由》**…のために**, …が原因で, …の理由で
- *for* economic reasons 経済的な理由で
- They danced *for* joy.
  彼らは喜びのあまりに踊(おど)った.
- The train stopped *for* the heavy rain.
  電車は大雨で止まった. (=The train stopped

because of the heavy rain.）

❶ 《支持・賛成》…に賛成して（⇔against …に反対して）
- I am *for* your proposal.
  私はあなたの提案に賛成だ．
- She voted *for* Mr. Parker in the election.
  彼女は選挙でパーカー氏に投票した．

話してみよう！
☺Are you *for* or against this plan?
あなたはこの計画に賛成ですか，反対ですか．
☻I'm all *for* it. 私は大賛成です．

❷ 《for ... to+〈動詞の原形〉で》…が～するのは（▶…はto+〈動詞の原形〉の意味上の主語を表す）→ it ❺, to ❶①, of ❸ ポイント！
- Is it difficult *for* you *to* ride a unicycle?
  (あなたにとって)一輪車に乗るのは難しいですか．
- It is a lot of fun *for* me *to* play the guitar.
  ギターを弾くことは私にはとてもおもしろい．

ここがポイント！ 意味上の主語を表す for
- It is easy *for* him to catch such a ball.
  そういう球を捕るのは彼には簡単だ．
  (⇔彼がそういう球を捕るのは簡単だ)
  このitは形式主語と呼ばれ，himはto catch such a ballの意味上(事実上)の主語です．
  He is easy to catch such a ball. は×．

*for all ...* …にもかかわらず（= in spite of ...）
- *For all* his efforts, he didn't pass the exam. 彼は努力したのだが試験に落ちた．
*for a long time* 長い間
*for a minute* 少しの間
*for ever* 永久に，いつまでも（▶❀ではふつうforeverと1語につづる）
*for example* 例えば → example（成句）
*for now* 今のところは → now 名（成句）
*for oneself* 独力で；自分自身のために → oneself（成句）
*for the first time* 初めて → first 形（成句）
*for the time being* 当分の間
━接 というのは…だから（▶後から理由をつけ加えるときに用いる．前にコンマを置く．《話》ではあまり用いない．古い言い方）→ because くらべて！
- She fell from the tree, *for* the branch broke.
  彼女は木から落ちた．というのは枝が折れたからだ．

**forbade** [fərbǽd ファバッド, -béid -ベイド] 動
forbid（禁じる）の過去形．

**forbid** A2 [fərbíd ファビッド] 動 （過去 forbade [fərbǽd ファバッド, -béid -ベイド]; 過分 forbidden [fərbídn ファビドゥン]; 現分 forbidding) ⑩ …を禁じる，許さない
- Smoking is *forbidden* here.
  ここでは喫煙(読)は禁じられている．
- The doctor *forbade* me to swim. = The doctor *forbade* me from swimming.
  医者は私が泳ぐことを禁じた．

**forbidden** B1 [fərbídn ファビドゥン]
━動 forbid（禁じる）の過去分詞
━形 禁じられた，禁制の
- the *forbidden* fruit
  『聖書』禁断の木の実（▶エデンの園(%)にある知恵(%)の木の実．神から食べることを禁じられていたが，アダムとイブはその実を食べ，エデンの園から追放された）

# force 準2級 A2 [fɔ́ːrs フォース]
━動 (三単現 forces [-iz]; 過去・過分 forced [-t]; 現分 forcing) ⑩ (人)に無理やり…させる；…を強制する
- He was *forced to* pay the money.
  彼は無理やりお金を払(%)わされた．
- They *forced* us *to* work till late.
  彼らは私たちに遅(%)くまで働くことを強いた．
━名 (複 forces [-iz]) ❶ Ⓤ 力，強さ；腕力(%)，暴力；ⒸⓊ (自然の)力，勢力
- the *force* of the wind 風力
- the *forces* of nature
  （嵐(%)・地震(%)などの）自然の力
- The man took her bag *by force*.
  その男は彼女のバッグを力ずくで奪(%)った．
❷ Ⓒ 《しばしば forces で》軍隊，軍事力
- the armed *forces* (陸・海・空の)軍隊
- the air *force* 空軍

**Ford** [fɔ́ːrd フォード] 名 Henry，ヘンリー・フォード（▶ 1863-1947；米国の自動車製造業者）

**forecast** 2級 B1 [fɔ́ːrkæst フォーキャスト | -kà:st -カースト]
━動 (過去・過分 forecast, forecasted [-id]) ⑩ (天気・経済など)を予報する；…を予測する
━名 Ⓒ (天気・経済などの)予報；予測，予想
- a weather *forecast* 天気予報

米国の地図を背に,天気予報を解説するアナウンサー

**forefinger** [fɔ́ːrfìŋgər フォーフィンガァ] 名 C 人さし指(= index [first] finger) → finger 図

**forehand** B1 [fɔ́ːrhænd フォーハンド] 名 C (テニスなどの)フォアハンド(⇔backhand バックハンド)

**forehead** [fɔ́ːrhèd フォーヘッド | fɔ́ːhèd フォーヘッド] 名 C 額(ひたい),おでこ → face 図

# foreign 3級 A1

[fɔ́ːrən フォーラン | fɔ́rən フォラン] (★この g は発音しない) 形 **外国の**, 外国からの(⇔domestic, home 国内の); 外国産の
- a *foreign* language 外国語
- a *foreign* country 外国

派生語 foreigner 名

**foreigner** A1 [fɔ́ːrənər フォーラナァ | fɔ́rənər フォラナァ] (★この g は発音しない) 名 C 外国人(▶「よそ者」という感じを含(ふく)む. Canadian (カナダ人)などのように具体的に国名を言うほうがよい. 外国[海外]からの訪問者は a visitor from abroad [overseas] と言う)

**forename** [fɔ́ːrnèim フォーネイム] 名 C (姓(せい)に対して)名(= first name)

**foresight** [fɔ́ːrsàit フォーサイト] (★この gh は発音しない) 名 U 将来を見通す目, 先見の明

# forest 準2級 A2

[fɔ́ːrist フォーリスト | fɔ́rist フォリスト]

名 (複 forests [-ts -ツ]) C **森林**, 森; U 森林地帯
- *forest* fire
  山火事, 森林火災
- a deep [thick] *forest*
  うっそうとした森
- a tropical rain *forest*
  熱帯雨林

# forever 準2級 A2 [fərévər ファレヴァ]

(▶ 英 では for ever と2語につづることもある)
副 **永久に**, 永遠に
- I will love you *forever*.
  いつまでも君を愛しているよ.

**forgave** [fərgéiv ファゲイヴ] 動 forgive (許す)の過去形

**forge** [fɔ́ːrdʒ フォーヂ]
— 動 他 (文書・貨幣(かへい)など)を偽造(ぎぞう)する
— 名 C 鉄工所

# \*forget 4級 A1 [fərgét ファゲット]

動 (三単現 forgets [-ts -ツ]; 過去 forgot [fərgɑ́t ファガット | -gɔ́t -ゴット]; 過分 forgot, forgotten [fərgɑ́tn ファガトゥン | -gɔ́tn -ゴトゥン]; 現分 forgetting)

— 他 ❶ **…を忘れる**, 思い出せない(⇔ remember 覚えている)
- I'll never *forget* you.
  私はあなたのことをけっして忘れません.
- I *forget* her address. = I have *forgotten* her address.
  私は彼女の住所を忘れてしまった. (▶現在形で「忘れて今思い出せない」の意味. 現在完了形でも同じ意味)
- I *forgot* (that) you could speak English.
  私はあなたが英語が話せることを忘れていた. (▶過去形の forgot で「忘れていたが今思い出した」の意味になる)

話してみよう!
😊 I'm sorry I misunderstood you.
誤解してごめんなさい.
😊 *Forget* it!
いいんですよ. (⇔それは忘れなさい)

❷ 《forget to+〈動詞の原形〉で》…することを忘れる
- Don't *forget to* take your umbrella.
  傘(かさ)を持って行くのを忘れないように. (= Remember to take your umbrella.)

❸ 《forget+〈-ing形〉で》…したことを忘れる(▶主に否定文で用いる)
- I won't *forget* see*ing* you here.
  私はここであなたに会ったことを忘れない. (= I'll remember seeing you here.)

ここがポイント! forget to+〈動詞の原形〉と forget+〈-ing形〉

**forget to+〈動詞の原形〉**:「…しなければならないことを忘れる」(= そのことはまだ行われていない)

**forget+〈-ing形〉**:「過去に…したことを忘れる」(= そのことはすでに行われている)

❹ …を置き忘れる
- I *forgot* my watch.
  私は時計を忘れてきた.

## forgetful

> **ここがポイント!** 場所を示す語句があったら leave
>
> 「忘れた」といっても場所を示す語(句)を伴(ともな)う場合には、ふつう **leave** を使います。
> • He *left* his bag *in the taxi*.
>   彼はタクシーにかばんを忘れてきた。

— 圁 (…のことを)忘れる
• Did you *forget about* our plan?
  あなたは私たちの計画について忘れたのですか。
• "What's her name?" "I *forget*."
  「彼女の名前は何というの」「忘れちゃった」
• Oh, I almost *forgot*.
  おっと、忘れるところだった。

**forgetful** [fərgétfəl ファゲットゥフル] 形 物覚えが悪い、忘れっぽい

**forgetting** 4級 [fərgétiŋ ファゲッティング]
動 forget (忘れる)の現在分詞・動名詞

**forgive** B1 [fərgív ファギヴ]
動 (過去 forgave [fərgéiv ファゲイヴ]; 過分 forgiven [fərgívən ファギヴン])
— 他 (人・過ちなど)を許す、勘弁(かんべん)する
• Please *forgive* her [her mistake].
  彼女[彼女の間違(まちが)い]を許してください。
• I *forgave* him *for* being late.
  私は彼が遅刻(ちこく)したことを許した。
— 圁 許す

*forgive and forget* 過去のことを水に流す (⇨許して忘れる)

**forgiven** [fərgívən ファギヴン] 動 forgive (許す)の過去分詞

## forgot 4級 [fərgát ファガット | -gɔ́t -ゴット]
動 forget (忘れる)の過去形; 過去分詞の1つ

## forgotten 3級
[fərgátn ファガトゥン | -gɔ́tn -ゴトゥン]
動 forget (忘れる)の過去分詞の1つ

## fork 準2級 A2 [fɔ́ːrk フォーク]
名 (複 forks [-s]) ⓒ ❶ (食事用の)フォーク
• eat with (a) knife and *fork*
  ナイフとフォークを使って食べる
❷ (畑・庭仕事用の)くま手
❸ (道・川などの)分かれている所、分岐(ぶんき)点

## form 4級 A1 [fɔ́ːrm フォーム]
— 名 (複 forms [-z]) ❶ Ⓤ Ⓒ 形、姿; (競技者の)フォーム
• The bookmarks are all in the *form* of birds. しおりはどれも鳥の形をしている。
• The jet planes flew *in the form of* an 'M.' ジェット機はMの字を描(えが)いて飛んだ。
• The player changed his batting *form*.
  その選手はバッティングフォームを変えた。
❷ Ⓤ Ⓒ (内容に対して)**形式**、型; 形態; 表現形式
• The Internet is a *form* of media.
  インターネットはメディアの一形態だ。
• Her novel is written *in the form of* a diary. 彼女の小説は日記の形式で書かれている。
❸ Ⓒ 書式、(書きこみ)用紙
• Fill out this application *form*, please.
  この申込(もうしこみ)用紙に記入してください。
❹ Ⓒ 英 (中等学校の)学年 (= 米 grade)
❺ Ⓤ (心身の)調子、コンディション
• The player is in (good) *form* today.
  その選手はきょうは調子がよい。
— 動 (三単現 forms [-z]; 過去・過分 formed [-d]; 現分 forming)
— 他 ❶ …を形づくる、作る
• I *formed* a cup *out of* clay.
  私は粘土(ねんど)で茶わんを作った。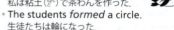
• The students *formed* a circle.
  生徒たちは輪になった。
• She has *formed* the habit of reading.
  彼女には読書する習慣がついた。(⇨習慣を形づくった)
❷ …を組織する、結成する
• They *formed* a soccer club.
  彼らはサッカークラブを結成した。
— 圁 (物・事が)形を成す
派生語 formal 形, formation 名

**formal** 2級 B1 [fɔ́ːrməl フォーマル] 形 ❶ 正式の、公式の (⇔ informal 非公式の)
• a *formal* invitation 正式の招待
• *formal* dress 正装
❷ 形式的な、儀礼(ぎれい)的な; 堅苦(かたくる)しい
• a *formal* expression 堅苦しい表現

**format** B1 [fɔ́ːrmæt フォーマット] 名 Ⓒ ❶ (本の)判型、体裁(ていさい) ❷ 『コンピュータ』書式、フォーマット

**formation** B2 [fɔːrméiʃən フォーメイション]
名 ❶ Ⓤ 形成、編成、構成 ❷ Ⓤ Ⓒ (軍隊などの)隊形; (スポーツの)フォーメーション

**former** B1 [fɔ́ːrmər フォーマァ] 形 ❶ 前の、以前の
• in *former* days [times] 昔は
• Mr. Brown is a *former* teacher of mine.
  ブラウン先生は私の前の先生だ。
❷ 《the former で》(2つのうち)前者の(⇔ latter 後者の); 《代名詞的に用いて》前者

- in *the former* case 前者の場合は
- *The former* has a larger territory than the latter. 前者は後者より広い国土がある.

**formula** B1 [fɔ́ːrmjulə フォーミュラ]
名 (複 formulas[-z], formulae[fɔ́ːrmjuliː フォーミュリー])C ❶(数学の)公式; (化学の)式 ❷(あいさつなどの)決まり文句; 決まったやり方 ❸(レーシングカーの)公式規格, フォーミュラ

**fort**[fɔ́ːrt フォート] 名C とりで, 要塞(ようさい)

**forth** B1 [fɔ́ːrθ フォース] (★同音 fourth 第4の) 副 (►書き言葉で用いる) ❶(空間で)前へ, 前方へ, 先へ(＝forward); 外へ(＝out)
- come [go] *forth* 出て来る[行く]
❷(時間が)先へ, 以後
- from this day *forth* きょう以降は

*and so forth* …など(→and(成句))
*back and forth* 前後に; 行ったり来たりして

**forties**[fɔ́ːrtiz フォーティズ] 名 forty (40) の複数形

**fortieth**[fɔ́ːrtiəθ フォーティアス]
─形 ❶《ふつう the fortieth で》第40の, 40番目の(►40thと略す. 詳(くわ)しい使い方は→third)
❷40分の1の
─名 ❶U《ふつう the fortieth で》第40, 40番目 (►40thと略す) ❷C 40分の1

**fortunate** B1 [fɔ́ːrtʃənət フォーチャナット] 形 運のよい, 幸運な(⇔unfortunate 不運な)
- You are *fortunate* to have good children. あなたはよい子どもたちを持って幸せだ.
派生語 fortunately 副

**fortunately** A2 [fɔ́ːrtʃənətli フォーチャナットゥリィ] 副 運よく, 幸運にも(⇔unfortunately 運悪く)

**fortune** A2 [fɔ́ːrtʃən フォーチュン] 名 ❶ U 運, 運命; 幸運(⇔misfortune 不運)
- good *fortune* 幸運
- draw a *fortune* slip おみくじを引く

>  **fortune と luck**
> **fortune**: 一生にかかわるような永続的な運.
> **luck**: 偶然(ぐうぜん)起こる一時的な幸運.

❷UC 財産, 富(＝wealth)
- make a *fortune* 財産を築く
派生語 fortunate 形

**fortune teller, fortune-teller**
[fɔ́ːrtʃəntèlər フォーチュンテラァ] 名C 占(うらな)い師, 易者

**fought** 3級 [fɔ́ːt フォート] (★この gh は発音しない)
動 fight (戦う) の過去形・過去分詞

**foul**[fául ファウル]
─名C (競技の)反則; 〖野球〗ファウル
─形 不潔(ふけつ)な; (競技で)反則の; 〖野球〗ファウルの

# found¹ 4級 [fáund ファウンド]
動 find (見つける) の過去形・過去分詞

**found²** B2 [fáund ファウンド] 動他 …を創立する, 設立する(＝establish)
- The college was *founded* in 1895.

 **found²**

─名 (複 forties[-z]) ❶UC **40**; U 40歳(さい);《複数扱い》40人, 40個(►詳(くわ)しい使い方は→two.「第40の」はfortieth)
❷《*one's* forties で》(年齢(ねんれい)の)40代;《*the forties* で》(世紀の)40年代
- He is in *his* late *forties*. 彼は40代後半だ.
─形 **40の**; 40人の, 40個の; 40歳で
- I am *forty* (years old). 私は40歳だ.

# forward 準2級 A2
[fɔ́ːrwərd フォーワァド]
─副 ❶(空間で)**前へ**, 前方へ, 先へ(⇔backward 後方へ)
- go *forward* 前進する
- He stepped *forward*. 彼は前に進み出た.
❷(時間が)先へ, 未来へ, 以後
- set the clock *forward* one hour 時計を1時間進める

*look forward to ...* …を楽しみにして待つ→look(成句)

─形 ❶前方への; 前方の, 前部の ❷進んだ, 進歩的な
─名 (複 forwards[-dz -ヅ])C (サッカー・バスケットボールなどの)フォワード, 前衛(⇔back バック)
─動 (三単現 forwards[-dz -ヅ], 過去・過分 forwarded[-id]; 現分 forwarding) 他 (メール・手紙など)を転送する

**forwards** A2 [fɔ́ːrwərdz フォーワァヅ]
副 ＝forward

**fossil** 2級 [fɑ́səl ファサル | fɔ́s- フォ-] 名C 化石
- *fossil* fuel 化石燃料(►石油・石炭など)

**foster**[fɔ́ːstər フォースタァ | fɔ́s- フォス-]
─動 他 ❶(実子でない子)を養育する, 育てる
❷…を育成する, 促進(そくしん)する
─形 育ての, 里親[里子]の, 養…
- a *foster* child 養子, 里子
- a *foster* father [mother] 育ての父[母], 養父[母]
- a *foster* parent 育ての親, 養父[母], 里親

## foundation

その大学は1895年に創立された.
派生語 foundation 名, founder 名

**foundation** 2級 B1 [faundéiʃən ファウンデイション] 名 ❶ C (しばしば foundations で)土台, 基礎(きそ);根拠(こんきょ)
- the *foundation* of a house 家の土台

❷ U 設立, 創立 ❸ C 基金;財団 ❹ UC (化粧(けしょう)用の)ファンデーション

**founder** [fáundər ファウンダァ] 名 C 創立者,設立者

**fountain** B1 [fáuntən ファウンタン] 名 C ❶噴水(ふんすい);(噴水式の)水飲み器(= drinking fountain);泉(= spring) ❷(知識などの)源, 源泉 ❸米 ソーダ水売り場(= soda fountain)

**fountain pen** [fáuntən pèn ファウンタン ペン] 名 C 万年筆 → pencil 図

## *four 5級 A1 [fɔːr フォー]

— 名 (複 fours[-z]) UC 4;U 4歳(さい);4時;《複数扱い》4人,4個(► 詳(くわ)しい使い方は → two)
- It's exactly *four*. ちょうど4時だ.

**on all fours** 四つんばいになって

— 形 4の;4人の,4個の;4歳で
- *four* seasons 四季
- His son is *four* (years old).
彼の息子(むすこ)は4歳だ.

## *fourteen 5級 A1

[fɔːrtíːn フォーティーン]
— 名 (複 fourteens[-z]) UC 14;U 14歳(さい);《複数扱い》14人,14個(► 詳(くわ)しい使い方は → two)
- a boy of *fourteen* 14歳の少年

— 形 14の;14人の,14個の;14歳で
- He is *fourteen* (years old). 彼は14歳だ.

**fourteenth** [fɔːrtíːnθ フォーティーンス]
— 形 ❶ 《ふつう the fourteenth で》第14の, 14番目の(► 14thと略す. 詳(くわ)しい使い方は → third) ❷ 14分の1の

— 名 (複 fourteenths[-s]) ❶ U 《ふつう the fourteenth で》第14;14番目;(月の)14日(► 14thと略す) ❷ C 14分の1

## *fourth 5級

[fɔːrθ フォース] (★同音 forth 前へ)

— 形 ❶ 《ふつう the fourth で》第4の, 4番目の (► 4thと略す. 詳(くわ)しい使い方は → third)
- I'm in the *fourth* year of this school.
私はこの学校の4年生だ.

❷ 4分の1の

— 名 (複 fourths[-s]) ❶ U 《ふつう the fourth で》第4, 4番目;(月の)4日(► 4thと略す)

- on *the fourth* of May = on May (the) *fourth* 5月4日に(► May 4(th)と書く)

❷ C 4分の1(= quarter)

**Fourth of July** [fɔːrθ əv dʒulái フォース アヴ ヂュライ] 名 《the Fourth of July で》米国独立記念日(► 7月4日. Independence Day とも言う)

**fowl** [fául ファウル] 名 C (にわとり, あひる, 七面鳥などの)食用の鳥

## fox B2 [fáks ファックス | fɔ́ks フォックス]

名 (複 foxes[-iz]) C ❶ きつね ❷ 《話》ずる賢(がしこ)い人

> **これ、知ってる?** きつねのイメージ
>
> きつねには「ずる賢い」というイメージがあり,次のような言い方があります.
> - old *fox* ずる賢い人「古だぬき」
> - *fox*'s sleep 寝(ね)たふり,「たぬき寝入り」;無関心を装(よそお)うこと

**Fr.** Father(神父), France(フランス), French(フランスの), Friday(金曜日)の略

**fraction** [frǽkʃən フラクション] 名 C 断片, 破片;『数学』分数

**fragile** [frǽdʒəl フラヂャル | frǽdʒail フラヂャイル] 形 壊(こわ)れやすい,もろい;(体が)虚弱(きょじゃく)な
- *Fragile*! 割れ物注意!(► 小包などの表示)

**fragment** B1 [frǽgmənt フラグマント] 名 C 破片, 断片

**fragrance** B2 [fréigrəns フレイグランス] 名 U C よい香り, 芳香(ほうこう)
- the *fragrance* of lilies ゆりの香り

**fragrant** [fréigrənt フレイグラント] 形 香りのよい, かぐわしい
派生語 fragrance 名

**frail** [fréil フレイル] 形 (体質が)弱々しい, 虚弱(きょじゃく)な;(物が)壊(こわ)れやすい, はかない

## frame A2 [fréim フレイム]

— 名 C ❶ (建物の)骨組み;(人間・動物の)骨格, 体格
- the *frame* of a bridge 橋の骨組み

❷ (窓・絵などの)枠(わく);額縁(がくぶち)
- a window *frame* 窓枠

❸ 《ふつう frames で》(眼鏡の)縁

— 動 他 …を枠に入れる

**framework** [fréimwəːrk フレイムワーク] 名 C 枠(わく)組み, 骨組み;構造, 組織

## France 5級

[frǽns フランス | fráːns フラーンス]

名 フランス(► ヨーロッパ西部の共和国. 首都はパリ(Paris))

派生語 French 形名
**Frank** [frǽŋk フランク] 名 ❶ フランク（▶男性の名．Francisの愛称(ぁぃしょぅ)）
❷ Anne, アンネ・フランク → Anne Frank
**frank** A2 [frǽŋk フランク] 形 率直(そっちょく)な, 隠(かく)し立てをしない
- a *frank* opinion 率直な意見

***to be frank with you*** 率直に言えば（=frankly speaking）
- *To be frank with you*, the lecture was boring. 率直に言って講演は退屈(たいくつ)だった．
派生語 frankly 副

**Frankenstein** [frǽŋkənstàin フランカンスタイン] 名 フランケンシュタイン（▶英国のメアリー・シェリー作の小説の題名および怪物(かぃぶつ)を作り出した主人公名）

**frankfurter** [frǽŋkfə:rtər フランクファータァ] 名 C フランクフルトソーセージ

**Franklin** [frǽŋklin フランクリン] 名 Benjamin, ベンジャミン・フランクリン（▶1706-1790; 米国の政治家・科学者・文筆家. 米国の独立に尽(つ)くした. また避雷針(ひらぃしん)を発明）

**frankly** B2 [frǽŋkli フランクリィ] 副 あからさまに, 率直(そっちょく)に
***frankly speaking*** 率直に言えば（=to be frank with you）

**freak** B2 [fríːk フリーク] 名 C ❶ 変わったもの, 珍(めずら)しいこと; 奇形(きけい)のもの[人]
❷《話》熱狂(ねっきょう)的愛好者
- a baseball *freak* 大の野球ファン

**freckle** [frékl フレックル] 名 C《しばしば freckles で》そばかす, 染(し)み

**Fred** [fréd フレッド] 名 フレッド（▶男性の名. Alfred, Frederickの愛称(あぃしょぅ)）

# free 5級 A1 [fríː フリー]

形 ❶ 自由な
❷ 暇(ひま)な
❸ 無料の
動 他 …を自由にする

― 形（比較 freer; 最上 freest）❶ **自由な**; 解放された; 独立している
- a *free* nation 自由な国, 独立国
- The prisoners were glad to be *free*. 囚人(しゅぅじん)たちは自由になれて喜んだ．

❷ **暇な**, 用事のない（⇔busy 忙(いそが)しい）;（場所が）空いている
- Are you *free* next week? あなたは来週は暇ですか．
- Is the music room *free* after school? 音楽室は放課後空いていますか．

❸ **無料の**, ただの
- a *free* pass 無料乗車券, 無料入場券

地下鉄の駅にある, 無料の新聞ラック（英国）

***be free to +〈動詞の原形〉*** 自由に…する
- You *are free to* go anywhere. どこへ行くのもあなたの自由だ．

***feel free to +〈動詞の原形〉***《ふつう命令文で》自由に…する
- *Feel free to* ask me any questions. どんな質問でも遠慮(えんりょ)なく私に聞いてください．

***for free*** ただで, 無料で
- I got this notebook *for free*. 私はこのノートをただでもらった．

***free from ...*** …がない
- Our town is *free from* smog. 私たちの町にはスモッグがない．

***free of ...*** …が免除(めんじょ)された, …がない

***get free of ...*** …から自由になる, …を逃(のが)れる; …を離(はな)れる

***set ... free*** …を解放する, 自由にする
- I caught a butterfly then *set* it *free*. 蝶(ちょう)をつかまえてから解放した．

― 動（三単現 frees [-z]; 過去・過分 freed [-d]; 現分 freeing）他 …を自由にする, 解放する
派生語 freedom 名, freely 副

**-free** [-fríː -フリー]《複合語をつくって》…のない, …が無料の（▶名詞の後について形容詞・副詞をつくる）
- smoke-*free* 禁煙(きんえん)の
- duty-*free* 免税の

# freedom 準2級 A2 [fríːdəm フリーダム]
名（複 freedoms [-z]）U C **自由**, 解放 → liberty
- *freedom* of speech [assembly, the press] 言論[集会, 出版]の自由

**freely** 2級 B1 [fríːli フリーリィ] 副 ❶ 自由に, 好きなように ❷ 惜(お)しみなく

**freeway** [fríːwèi フリーウェイ] 名 C 米 高速道路（=英 motorway）（▶highwayは「幹線道路」）

# freeze 準2級 A2 [fríːz フリーズ]
動（過去 froze [fróuz フロウズ]; 過分 frozen [fróuzn

## freezer

フロウズン])
—自 ❶ 凍(こお)る
- Water *freezes* at 0°C [32°F].
  水はセ氏0度[カ氏32度]で凍る.
- This river *freezes* over in February.
  この川は2月には一面が凍る.

❷《itを主語にして》(凍るほど)寒い, 氷が張る
- It is *freezing* in Canada.
  カナダは今とても寒い.

❸(人・体が)凍(こご)える, 冷えきる
- *freeze* to death 凍死(とうし)する

❹(恐怖(きょうふ)などで)ぞっとする；動かなくなる；《命令文で》動くな；(コンピュータが)動かなくなる, フリーズする
- *Freeze*!
  動くな. (▶「動くと撃つぞ」など危険な場面で使われる)

—他 ❶ …を凍らせる
- I *froze* the meat.
  私は肉を冷凍した.

❷(人)を凍えさせる
- He was found *frozen to death*.
  彼が凍死しているのが見つかった.

❸(人)をぞっとさせる；(体など)をこわばらせる
- The girl was *frozen* with fear.
  その少女は恐怖でぞっとした.

派生語 freezer 名, freezing 形, frozen 形

**freezer** B1 [fríːzər フリーザァ] 名 C 冷凍(れいとう)庫, フリーザー

**freezing** B1 [fríːziŋ フリーズィング] 形 凍(こお)るような, 凍るように寒い → cold くらべて!
- a *freezing* night
  ひどく寒い夜

**freezing point** [fríːziŋ pɔ̀int フリーズィング ポイント] 名《the freezing pointで》氷点(⇔the boiling point 沸点(ふってん))

**freight** [fréit フレイト] (★このghは発音しない) 名 ❶ U 貨物輸送, 運送(▶ ㊍では水上[航空]輸送の意味で用いる)；㊍ 貨物, 積み荷(=㊍ goods)
- a *freight* train ㊍貨物列車(=㊍ goods train) (▶単に freight ともいう)

❷ U 貨物運賃, 運送料

❸ C ㊍ 貨物列車(= freight train)

# French 5級 [fréntʃ フレンチ]

—形 フランスの；フランス人の；フランス語の
—名 ❶《the Frenchで》《複数扱い》フランス人(全体)

❷ U フランス語

**French fries** [fréntʃ fráiz フレンチ フライズ] 名《複数扱い》フライドポテト → chip 図

**French horn** [fréntʃ hɔ́ːrn フレンチ ホーン] 名 C 《楽器》フレンチホルン

**Frenchman** [fréntʃmən フレンチマン] 名 (複 Frenchmen[-mən])C フランス人男性

**Frenchwoman** [fréntʃwùmən フレンチウマン] 名 (複 Frenchwomen[-wìmin -ウィミン])C フランス人女性

**frequent** 2級 B1 [fríːkwənt フリークワント] (★アクセント位置に注意) 形 たびたびの, しばしば起こる
- My uncle makes *frequent* visits to London.
  おじはしばしばロンドンを訪(おとず)れる.

派生語 frequently 副

**frequently** 2級 B1 [fríːkwəntli フリークワントゥリィ] 副 たびたび, しばしば(▶ oftenより形式ばった語)
- *frequently* asked questions (=FAQ)
  よくある質問

# fresh 準2級 A2 [fréʃ フレッシュ]

形 (比較 fresher；最上 freshest) ❶ 新鮮(しんせん)な, 新しい；出来立ての
- *fresh* fruit [vegetables]
  新鮮な果物[野菜]
- *fresh* milk 搾(しぼ)りたての牛乳
- *fresh* ideas 新しいアイデア
- an employee *fresh* from college
  大学を出たての会社員(新入社員)
- *FRESH* PAINT
《掲示》㊍ペンキ塗(ぬ)りたて(= ㊍ WET PAINT)

❷ さわやかな, 生き生きした；はつらつとした
- *fresh* air さわやかな空気

❸ 塩分のない
- *fresh* water
  真水, 淡水(たんすい) (▶「新鮮な水」の意味にもなる)
- *fresh* butter 無塩バター

派生語 freshly 副

**freshly** [fréʃli フレッシュリィ] 副 新たに, 新鮮(しんせん)に；さわやかに

**freshman** B1 [fréʃmən フレッシュマン] 名 (複 freshmen[-mən])C ❶ 1年生, 新入生(▶女性にも用いる. ㊍では大学と4年制の高校の1年生に, ㊍では大学の1年生に用いる) → senior 名 ❷

❷ 新人, 新米(▶女性にも用いる)

**Fri.** Friday(金曜日)の略

**friction** [fríkʃən フリクション] 名 U 摩擦(まさつ)

# *Friday 5級 A1 [fráidei フライデイ]

名 (複 Fridays[-z])U C 金曜日(▶常に大文字で書き始める. Fr., Fri. と略す. 詳(くわ)しい使い方は → Sunday)

- Today is *Friday*. = It's *Friday* today.
きょうは金曜日だ.
- *on Friday* 金曜日に
- *on Friday* morning 金曜日の朝に
- *Friday* the thirteenth
13日の金曜日(►キリストの処刑(しょけい)日であることから縁起(えんぎ)の悪い日)
- She went to Chicago last *Friday*.
彼女はこの前の金曜日にシカゴへ行った.(► last, next, everyなどがつくときはonをつけない)

**fridge** 準2級 A2 [frídʒ フリッヂ] 名C《話》冷蔵庫(►refrigeratorの短縮形.つづり字dに注意)

**fried** 準2級 A2 [fráid フライド]
— 動 fry(いためる)の過去形・過去分詞
— 形 油で揚(あ)げた[いためた], フライの
- *fried* chicken [potatoes]
フライドチキン[ポテト]
- *fried* egg 目玉焼き
- *fried* rice チャーハン

# \*friend 5級 A1

[frénd フレンド] (★ieのつづりに注意)
名 (複 friends[-dz -ヅ]) C ❶**友達**, 友人
- Cathy and I are good *friends*. = Cathy is a good *friend* of mine.
キャシーと私は大の仲よしだ.
- John is my best *friend*.
ジョンは私の親友だ.
- A *friend* in need is a *friend* indeed.
(ことわざ)まさかのときの友こそ真の友.

>
> **a friend of mine と my friend**
> (1) **my friend**は, どの友達をさしているのか相手がわかっているときに使います. そうでないとき**my friend**と言うと, 「私のたった1人の友達」という意味合いになってしまうからです. ふつう「私の友達」を表したいときは**a friend of mine**を使います.
> (2) ただし名前を添(そ)えて言う場合には**my friend**を使います.
> - Let me introduce *my friend* Mary.
> 友達のメアリーを紹介します.

❷味方, 支持者(⇔enemy 敵)
- The President is a *friend* of the people.
大統領は人民の味方だ.

**be friends with ...** …と友人である, …と仲がよい(►主語が単数でも複数形friendsを用いる)
- Kelly *is friends with* Diana.
ケリーはダイアナと仲がよい.

**become [make] friends with ...** …と友達になる, …と親しくなる(►主語が単数でも複数形friendsを用いる)
- I *became [made] friends with* Bill in Tokyo.
ぼくは東京でビルと友達になった.
派生語 friendly 形, friendship 名

# friendly B2

[fréndli フレンドゥリィ](★ieのつづりに注意)
形 (比較 friendlier; 最上 friendliest) **好意的な**; 友好的な; 気さくな, 親切な, 親しい
(⇔unfriendly 好意的でない)
- a *friendly* smile
親しみのこもったほほえみ
- He was *friendly* to me.
彼は私に親切だった.
- Mr. White is *friendly with* his neighbors.
ホワイトさんは近所の人たちと親しくしている.

# friendship A2

[fréndʃip フレンドゥシップ]
名 (複 friendships[-s]) UC **友情**; 交友関係; 親しい交わり; (国家間の)友好関係
- form a *friendship*
友情を結ぶ[築く]

**fright** B1 [fráit フライト](★このghは発音しない)
名 UC (突然(とつぜん)の激しい)恐怖(きょうふ), ひどい驚(おどろ)き
派生語 frighten 動

**frighten** A2 [fráitn フライトゥン](★このghは発音しない) 動他 (突然(とつぜん))…を怖(こわ)がらせる, おびえさせる, びっくりさせる
- The strange voice *frightened* her.
耳慣れない声に彼女はおびえた.
- I was *frightened* by a bat.
私はこうもりにびっくりした.
派生語 frightened 形, frightening 形

**frightened** A2 [fráitnd フライトゥンド](★このghは発音しない)
— 動 frighten(怖(こわ)がらせる)の過去形・過去分詞
— 形 おびえた, びっくりした

**frightening** A2 [fráitniŋ フライトゥニング](★このghは発音しない) 形 怖(こわ)い, びっくりするような

**Frisbee** [frízbi フリズビィ] 名C《しばしばfrisbeeで》フリスビー(►投げ合って遊ぶプラスチック製円盤(えんばん)の商標名)

**frog** 3級 A1 [frág フラッグ | frɔ́g フロッグ] 名C かえる(►「ひきがえる, がま」はtoad, 「おたまじゃくし」はtadpole; 鳴き声はcroak)

# from

**from** 5級 A1

[frəm フラム, 《強く言うとき》frʌ́m フラム, frʌ́m フラム | frəm フラム, 《強く言うとき》frɔ́m フロム]

**前** ❶《場所》…から
❷《時間》…から
❸《出身・出所》…から(の)
❹《原因・理由》…から
❺《区別・相違》…から
❻《原料》…から
❼《分離・変化の状態》…から
❽《制止・免除・妨害》…から

**前** ❶《場所》…**から** (⇔to …へ)
- He has just come back *from* work.
  彼はちょうど仕事から帰ってきたところだ.
- The bus *from* Nara arrives at 7.
  奈良からのバスは7時に着く.
- I'm going to fly *from* Tokyo *to* Fukuoka.
  私は東京から福岡まで飛行機で行くつもりだ.
- She called me *from* across the street.
  彼女は通りの向こう側から私を呼んだ.

❷《時間》…**から** → since **くらべて!**
- They work at a restaurant *from* 10 a.m. *to* 3 p.m. 彼らは午前10時から午後3時までレストランで働いている.
- The amusement park is busy *from* morning *till* night.
  その遊園地は朝から晩までにぎわっている.

> **ここがポイント!** fromに続く語
>
> fromはほかの多くの前置詞と違って, 名詞・代名詞以外に以下のような語(句)も続きます.
>
> **from＋〈副詞〉**
> - *from* above 上から
> - *from* behind 後ろから
>
> **from＋〈前置詞〉＋〈名詞〉**
> - *from* under the desk 机の下から
> - *from* behind the curtain
>   カーテンの後ろから
>
> **from A to [till, until] B**
>
> AとBに入る名詞が同じ語や対になる語のときは, ふつうaやtheをつけません.
> - *from* tree *to* tree 木から木へ
> - *from* beginning *to* end
>   初めから終わりまで

❸《出身・出所》…**から(の)**, …出身の
- This is the present *from* my grandfather.
  これは祖父からのプレゼントだ.

**話してみよう!**

😊Where do you come *from*?
(＝Where are you *from*?)
あなたはどちらの出身ですか.

😊I come [am] *from* Okinawa.
沖縄の出身です. (▶Where did you come from?と過去形を用いると単に「どの場所から来ましたか」の意味になる)

❹《原因・理由》…**から**, …によって, …が原因で
- He died *from* a head injury.
  彼は頭のけがが原因で亡くなった. →die¹(成句die of [from] …)
- I get much pleasure *from* reading.
  私は読書から多くの楽しみを得ている.
- The problem resulted *from* some small mistakes.
  その問題はいくつかの小さなミスから生じた.

❺《区別・相違》…**から**, …と
- Can you tell ducks *from* geese?
  あひるとちょうの区別ができますか.
- She is different *from* her sister in character. 彼女は姉[妹]と性格が違う.

❻《原料》…**から**, …で(▶原料の質が変化して別の物になる場合に多く用いる. 材料が見た目でわかる場合はふつうofを用いる) →make(成句 make ... from ～, make ... of ～)
- Butter is made *from* milk.
  バターは牛乳から作られる.

❼《分離・変化の状態》…**から**
- Seven *from* ten is three.
  10引く7は3(10－7＝3).
- The dog saved him *from* danger.
  その犬は彼を危険から救った.

❽《制止・免除・妨害》…**から**, …しないように
- The heavy rain kept us *from* going out.
  大雨で私たちは外出できなかった. (⇔大雨が私たちを外出させないようにした)
- I stopped my dog *from* barking.
  私はうちの犬がほえるのをやめさせた.
- No one is totally free *from* prejudice.
  偏見をまったく持っていない人はいない.

**far from ...** …から遠く離れて; 少しも…でない →far(成句)
**from day to day** 1日1日, 日ごとに
**from now on** 今後は, これからは →now 名 (成句)
**from then on** そのときからずっと
**from ... through ～** …から～まで
- *from* Monday *through* Friday
  月曜日から金曜日まで

**from time to time** 時々 (＝sometimes)

# front 4級 A1

[fránt フラント] (★「フロント」でないことに注意)

— 名 (複 fronts[-ts -ツ]) C ❶ 《ふつう the front of ... で》…の前面, 前, 前部; …の正面, 表 (⇔the back of ... …の後ろ)
- *the front of* the building 建物の正面
- I wrote his name on *the front of* the envelope. 封筒(とう)の表に彼の名前を書いた.

❷ (戦いの)前線, 戦地

***in front*** 前に[の], 前面に[の]
- A woman *in front* put up her hand. 前方にいた女性が手を挙げた.

***in front of ...*** …の前に(▶離(はな)れた正面を表す)(⇔at the back of ... …の後ろに)
- The car stopped *in front of* my house. その車は私の家の前に止まった.

***in the front of ...*** …の前のほうに, …の前列に
- Tom is sitting *in the front of* the bus. トムはバスの前のほうに座(すわ)っている.

— 形 《名詞の前にのみ用いる》前面の, 前の, 正面の, 表側の
- the *front* door 正面玄関(げん)
- a *front* seat 前の座席
- the *front* page 新聞の第1面

**front desk** [fránt désk フラント デスク] 名 C 米 (ホテルの)フロント, 受付 (=英 reception desk)

**frontier** B2 [frʌ́ntiər フランティア | frʌ́ntiər フランティア] 名 C ❶ 国境, 国境地方
❷ 《the frontier で》《米》辺境, フロンティア (▶西部開拓(たく)時の開拓地と未開拓地の境界地方)
- *frontier* spirit 開拓者精神
❸ 《frontiers で》(学問・技術などの)最先端(たん)

**frost** B1 [frɔ́ːst フロースト | frɔ́st フロスト] 名 U 霜(しも)
派生語 frosty 形

**frosty** [frɔ́ːsti フロースティ | frɔ́sti フロスティ] 形 霜(しも)の降りる, 凍(こお)るような

**frown** [fráun フラウン] (★「フロウン」でないことに注意)
— 動 目 顔をしかめる, まゆをひそめる
- She *frowned at* me. 彼女はしかめっ面で私を見た.
— 名 C しかめっ面

**froze** [fróuz フロウズ] 動 freeze (凍(こお)る; 凍らせる)の過去形

**frozen** 2級 B1 [fróuzn フロウズン]
— 動 freeze (凍(こお)る; 凍らせる)の過去分詞
— 形 凍った, 氷の張った; 冷凍(とう)した
- a *frozen* lake 氷の張った湖
- *frozen* food 冷凍食品
- I'm *frozen* stiff! 体の芯(しん)まで冷えちゃったよ.

# *fruit 5級 A1 [frúːt フルート]

名 (複 fruits[-ts -ツ]) ❶ U C 果物, 果実; (木の)実
- *fruit* juice 果汁(じゅう), フルーツジュース
- *fruit* salad フルーツサラダ
- gather *fruit* 果物をつむ[狩(か)る]
- many kinds of tropical *fruits* 多くの種類の熱帯の果物
- I had some *fruit* after dinner. 私は夕食後に果物を食べた.
- This orange tree bears a lot of *fruit*. このオレンジの木にはたくさん実がなる.

> **ここが ポイント!** **fruit の使い方**
> **fruit** は, ふつう a をつけたり複数形にしたりしません. ただし異なる種類を強調したり, 特定の果物を言うときには, 数えられる名詞として扱(あつか)います.

表現メモ

いろいろな fruit

 peach 桃(もも)
 apple りんご
 cherry さくらんぼ
 grapes ぶどう

 orange オレンジ
pear 洋なし
 strawberry いちご
 watermelon すいか

❷ C 成果, 結果
- the *fruit* of hard work 勤勉さの成果

***bear fruit*** (努力などが)実を結ぶ
- His efforts finally *bore fruit*. 彼の努力はついに実を結んだ.

**fruitcake** 2級 [frúːtkèik フルートゥケイク]
名 U C フルーツケーキ (▶木の実やドライフルーツ入り)

## frustrate

**frustrate** [frʌ́streit フラストゥレイト | frʌstréit フラストレイト] 動 他 (人)を失望させる, 挫折(ざっ)させる
派生語 frustrated 形, frustration 名

**frustrated** B1 [frʌ́streitid フラストゥレイティド | frʌstréitid フラストレイティド] 形 不満を抱(いだ)いた, いらいらした
- He got *frustrated* with the Internet speed. 彼はインターネットのスピードにいらいらした.

**frustration** B1 [frʌstréiʃən フラストゥレイション] 名 U 失望, 挫折(ざせっ)

## fry 準2級 A2 [frái フライ]

— 動 (三単現 fries[-z]; 過去・過分 fried[-d]; 現分 frying) 他 …をいためる, (油で)揚(あ)げる
(▶多量の油で揚げる場合には deep-fry) → cook 図
— 名 (複 fries[-z]) C いため物, 揚げ物, フライ

**frying pan** B1 [fráiiŋ pæn フライイング パン] 名 C フライパン

**ft.** foot, feet (フィート) の略 (▶ 1 ft.= one foot, 2 ft.= two feet と読む)

**fuel** 2級 B1 [fjúːəl フューアル]
— 名 U C 燃料
- low *fuel* consumption 低燃費
— 動 (過去・過分 fueled, 英 fuelled[-d]; 現分 fueling, 英 fuelling) 他 自 (…に)燃料を補給する

**fuel cell** [fjúːəl sel フューアル セル] 名 C 燃料電池

**-ful** [-fəl -フル] 接尾 …に満ちた, …の多い; …の性質を持つ (▶名詞・動詞について形容詞をつくる)
- beauti*ful* 美しい (▶ beauty+-ful y を i にする)
- power*ful* 強力な, 力の強い

**fulfill** B2 [fulfíl フルフィル] (★アクセント位置に注意) (▶英では fulfil とつづる) 動 他 (約束・責任など)を果たす; (希望など)をかなえる

## full 4級 A1 [fúl フル]

— 形 (比較 fuller; 最上 fullest) ❶ いっぱいの, 満ちた (⇔ empty 空(から)の); 《話》おなかがいっぱいの, 満腹で
- This box is *full*. この箱はいっぱいだ.

**be full of ...** …でいっぱいである
- The basket *was full of* apples. そのかごはりんごでいっぱいだった.
- Her dress *is full of* ribbons. 彼女のワンピースはリボンでいっぱいだ.

😊 How about some more bread? 《話してみよう!》
もう少しパンはいかがですか.
😞 No, thank you. I'm *full*.
もうけっこうです. おなかがいっぱいです.

❷ 完全な, 全部の (= complete); 最大限の
- a *full* moon 満月
- *full* marks 満点
- I ran at *full* speed. 私は全速力で走った.
— 名 U 十分, 全部; 真っ盛(さか)り, 絶頂

**in full** 全部, 略さずに
- Paid *in full*. 全額支払(しはら)い済み.

**to the full** 十分に, 完全に, 心ゆくまで
- It is important to live your life *to the full*. 人生を存分に生きることが大切だ.
派生語 fully 副

**fullback** [fúlbæk フルバック] 名 C (サッカーなどの)フルバック

**full name** [fúl néim フル ネイム] 名 C 姓名(せいめい), 氏名, フルネーム

**full stop** [fúl stáp フル スタップ | - stɔ́p - ストップ] B1 名 C 《英》終止符(ふ), ピリオド (= 《米》period)

**full-time** 2級 B1 [fúltáim フルタイム]
— 形 フルタイムの, 常勤の (⇔ part-time 非常勤の)
— 副 フルタイムで, 常勤で

**fully** A2 [fúli フリィ] 副 十分に, 完全に, まるまる
- I *fully* understood what he said. 私は彼が言ったことを十分に理解した.

## fun 5級 A1 [fʌ́n ファン]

— 名 U 楽しさ; 戯(たわむ)れ; 楽しいこと, 楽しみ, おもしろいこと[人]
- Have a lot of *fun*! 楽しんで来てね.
- It is great *fun* going [to go] to the beach. 海に行くのはとてもおもしろい.
- That sounds like *fun*. それは楽しそうだね.
- What *fun* you are! 君は何て楽しいやつだ.

**for [in] fun** ふざけて, 冗談(じょうだん)に; 楽しみに
- I did it only *for fun*.
おもしろ半分でやりました.

**make fun of ...** …をからかう
- He *made fun of* me. 彼は私をからかった.
— 形 《話》楽しい; (人が)愉快(ゆかい)な
派生語 funny 形

**function** 準2級 A2 [fʌ́ŋkʃən ファンクション]
— 名 C ❶ 機能, 働き
❷ 《ふつう functions で》職務, 役目
— 動 自 機能する, 働く

**functional** B2 [fʌ́ŋkʃənəl ファンクシャヌル] 形 実用的な, 機能的な

**fund** B1 [fʌ́nd ファンド] 名 C ❶ 資金, 基金
❷ 《funds で》財源

**fundamental** B2 [fʌ̀ndəméntl ファンダメントゥル] 形 根本的な, 基本的な; 重要な
- *fundamental* human rights 基本的人権

## -fy

**fund-raising** [fʌ́ndrèiziŋ ファンドゥレイズィング]
- 名 資金集め, 募金
- 形 資金集めの, 募金の

**funeral** B1 [fjúːnərəl フューナラル]
- 名 C 葬式, 葬儀, 告別式
  - attend a *funeral* 葬式に参列する
- 形 葬式の, 葬送の

## funny 4級 A1 [fʌ́ni ファニィ]

形 (比較 funnier; 最上 funniest) ❶ **おかしい**, こっけいな → interesting くらべて!
- Don't be *funny*. 笑わせるなよ.

❷(話)変な, 奇妙な; 疑わしい
- That sounds *funny*. 変な話だ.
- It's *funny* (that) she hasn't come yet. 彼女がまだ来ないのは変だ.

**fur** B1 [fə́ːr ファー] 名 ❶ U (動物の)毛, 毛皮
- a *fur* coat 毛皮のコート

❷ C (しばしば furs で)毛皮製品(▶服・肩掛け・襟巻きなど)

**furious** B2 [fjúəriəs フュ(ア)リアス] 形 ものすごく怒った; (風雨・勢いなどが)猛烈な, 激しい

**furnace** [fə́ːrnis ファーニス] 名 C 炉, かまど, 溶鉱炉

**furnish** B1 [fə́ːrniʃ ファーニッシュ] 動 (三単現 furnishes [-iz]) 他 (備品など)を備える; (家・部屋)に家具を備えつける; …を供給する
- I *furnished* the room *with* a new bed. 私はその部屋に新しいベッドを入れた.

派生語 furnished 形, furniture 名

**furnished** [fə́ːrniʃt ファーニッシュト] 形 (部屋などが)家具つきの

## furniture 準2級 A2

[fə́ːrnitʃər ファーニチャア]

名 U 家具, 備品(▶机・いす・たんす・テーブルなどをまとめて言う)
- a set of *furniture* 家具一式
- little [a lot of] *furniture* 少しの[たくさんの]家具

> **ここがポイント！** furniture の数え方
> furniture は a をつけず, また複数形にもしません. 数えるには a piece of furniture のようにします.

**further** 準2級 A2 [fə́ːrðər ファーザァ] (▶ far の比較級の1つ → far)
- 副 ❶ さらに, もっと, そのうえに
  - We must check *further* into this matter. 私たちはこの件をもっとよく調べなければならない.

❷ さらに遠くへ, もっと先へ
- 形 それ以上の; もっと遠い
  - I need *further* information. 私はもっと詳しい情報が必要だ.

派生語 furthermore 副

**furthermore** 2級 B1 [fə̀ːrðərmɔ́ːr ファーザァモア | ‒‒‒ ファーザァモア] 副 そのうえ, さらに

**furthest** B1 [fə́ːrðist ファーズィスト] (▶ far の最上級の1つ → far)
- 副 最も遠くに
- 形 最も遠い

**fury** [fjúəri フュ(ア)リィ] 名 (複 furies [-z]) U C 激しい怒り; (風雨・勢いなどの)激しさ

**fuse** [fjúːz フューズ] 名 C【電気】ヒューズ; (火薬の)導火線

**fuss** B1 [fʌ́s ファス] 名 (複 fusses [-iz]) U C (ささいなことで)騒ぎたてること, 大騒ぎ
- *make a fuss about* nothing 何でもないことに大騒ぎする

**futon** [fúːtɑn フータン] 名 C (巻いたり折ったりできる)ソファーベッド(▶日本の布団は a Japanese *futon* set)

## future 4級 A1 [fjúːtʃər フューチャア]

- 名 (複 futures [-z]) ❶ ((the future で))未来, 将来(⇔ the past 過去, the present 現在); U C 将来性
  - the *future* of the earth 地球の将来
  - prepare *for the future* 将来に備える
  - He is a boy with a *future*. 彼は将来有望な少年だ.

❷ ((the future で))『文法』未来表現
**in future** これからは(▶㊧ではこの意味でも in the future を使うことが多い)
**in the future** 将来いつか, 未来に; ㊂ これからは
- I hope everyone can live in peace *in the future*. 将来はすべての人が平和に暮らせますように.

- 形 未来の, 将来の(⇔ past 過去の, present 現在の)
  - Emma is a *future* President. エマは将来の大統領だ.

**-fy** [-fai -ファイ] 接尾 …にする, …化する(▶動詞をつくる)
- justi*fy* …を正しいとする, 正当化する
- quali*fy* …に資格を与える

# G, g

G g

**G, g** [dʒíː チー] 名 (複 G's, Gs, g's, gs[-z]) C ❶ 英語アルファベットの第7字 ❷《Gで》米(映画の)一般向き(▶generalの略)
**g, g.** gram(s), 英 gramme(s)(グラム)の略
**GA** Georgia(米国ジョージア州)の郵便略語
**gable** [géibl ゲイブル] 名 C 〖建築〗破風(はふ), 切妻(きりづま)

gable

**Gabon** [ɡɑbɔ́ːn ガボーン] 名 ガボン(▶アフリカ中部にある共和国. 首都はリーブルビル(Libreville))
**gadget** [ɡǽdʒit ガヂット] 名 C 小さな機械装置, ちょっとした小物
**Gaelic** [géilik ゲイリック]
— 形 ゲール人[語]の
— 名 U ゲール語(▶スコットランド・アイルランドなどのケルト系の言語)

## gain 2級 B1 [géin ゲイン]

— 動 (三単現 gains[-z]; 過去・過分 gained[-d]; 現分 gaining)
— 他 ❶ (大事なことなど)を得る (⇔lose 失う)
• *gain* fame [a victory] 名声[勝利]を得る
• She has *gained* useful experience. 彼女は有益な経験を積んだ.
❷ (重さ・速度など)を増す;(時計が…だけ)進む (⇔lose 遅(おく)れる)
• He has *gained* 10 kilograms. 彼は体重が10キロ増えた.
• This clock *gains* 10 seconds a day. この時計は1日に10秒進む.
❸ (お金)をもうける, 稼(かせ)ぐ
• They *gained* a fortune in the enterprise. 彼らはその事業で富を得た.
***gain on ...*** …に近づく, 追いつく
— 自 利益を得る;(体重・人気が)増す;(時計が)進む
— 名 (複 gains[-z]) ❶ C 増進, 増加
• a *gain* in weight 体重の増加
❷ U 利益 (⇔loss 損失)
**galaxy** 4級 [ɡǽləksi ギャラクスィ] 名 (複 galaxies[-z]) C 〖天文〗銀河系;《the Galaxy または the galaxy で》銀河, 天の川 (=the Milky Way)
**gale** [géil ゲイル] 名 C U 強い風;(感情の)爆発(ばく はつ)
**Galileo** [ɡæləléiou ギャラレイオゥ] 名 Galilei, ガリレオ・ガリレイ(▶1564-1642;イタリアの物理学者・天文学者. 地動説を支持した)
**gallery** 準2級 A2 [ɡǽləri ギャラリィ] 名 (複 galleries[-z]) C ❶ 画廊(がろう);美術館(▶米 ではふつう「美術館」は museum)
• an art *gallery* 画廊
• the National *Gallery* 英国国立美術館
❷ (劇場の)天井(てんじょう)さじき(▶最上階の安価な見物席);《the gallery で》天井さじきの客
❸ (ゴルフなどの)観客;(裁判の)傍聴(ぼうちょう)人
**gallon** B1 [ɡǽlən ギャラン] 名 C ガロン(▶液量の単位. 米国では約3.785リットル, 英国・カナダ・オーストラリアなどでは約4.546リットル)
**gallop** [ɡǽləp ギャラップ]
— 名 C 《ふつう a gallop で》ギャロップ(▶馬術でいちばん速い駆(か)け方)
— 動 自 他 (馬が)ギャロップで駆ける;(馬)をギャロップで駆けさせる
**Gambia** [ɡǽmbiə ギャンビア] 名 ガンビア(▶西アフリカにある共和国. 首都はバンジュール(Banjul))
**gamble** [ɡǽmbl ギャンブル]
— 動 自 他 かけ事をする;(…にお金など)をかける
— 名 C かけ事, ばくち
派生語 gambler 名
**gambler** [ɡǽmblər ギャンブラァ] 名 C ばくち打ち;かけ事の好きな人

## *game 5級 A1 [géim ゲイム]

名 (複 games[-z]) ❶ C ゲーム, (ルールに従って勝負を争う)遊び
• a video *game* テレビゲーム(▶「テレビゲーム」は和製英語)

- play a computer *game*
  コンピュータゲームをする
- I like to play free online *games*.
  無料のオンラインゲームをするのが好きだ.

❷ C 試合, 競技;《gamesで》競技会
- win [lose] a *game* 試合に勝つ[負ける]
- We will play [have] a baseball *game* with Charlie's team. ぼくたちはチャーリーのチームと野球の試合をする予定だ.
- The Olympic *Games* were held in Tokyo in 2021. 2021年に東京でオリンピック大会が開かれた.

> **くらべてみよう!** game と match
>
> 米国ではbaseball, basketball, footballなど -ballの形の競技には一般に **game** を使い, それ以外の競技(tennis, golf, boxingなど)には **match** を使います.
> ただし英国ではどの競技にも match がよく使われます.

❸ C (テニスなどで1セット中の)ゲーム
❹ U (狩猟(しゅりょう)や釣(つ)りの)獲物(えもの) (▶ 1匹(ぴき)ではなく全体をさし, a をつけないことに注意)
- big *game* (ライオン・象などの)大形の獲物

**game creator** [géim krièitər ゲイム クリエイタァ] 名 C ゲームクリエイター, ゲームソフト開発者

**game streamer** [gèim strí:mər ゲイム ストリーマァ] 名 C ゲームストリーマー(▶ ゲームのライブ映像の配信実況(じっきょう)を行う人)

**Gandhi** [gá:ndi: ガーンディー | gǽn- ギャン-]
名 Mohandas Karamchand, モハンダス・カラムチャンド・ガンジー(▶ 1869-1948; 通称(つうしょう)マハートマ(「偉大(いだい)な魂(たましい)」の意)・ガンジー; インドの政治家. 英国に対して「非暴力・不服従」の独立運動を行った)

**gang** B2 [gǽŋ ギャング] 名 C ❶(悪党などの)一団, ギャング → **gangster**
- a *gang* of robbers 強盗(ごうとう)の一味
❷(労働者などの)一団(= group)
- a *gang* of workmen 労働者の一団
❸《話》遊び仲間

**Ganges** [gǽndʒi:z ギャンヂーズ]
名《the Gangesで》ガンジス川(▶ヒマラヤ山中に発しベンガル湾(わん)に注ぐ. ヒンドゥー教徒の聖なる川)

**gangster** B2 [gǽŋstər ギャングスタァ] 名 C 米 ギャングの一員(▶「ギャングの集団」は gang)

**gap** 2級 B1 [gǽp ギャップ] 名 C ❶割れ目, 透(す)き間
- a *gap* in the wall 塀(へい)の割れ目

❷切れ目, とぎれ, 空白部分
- a *gap* in the traffic 往来の切れ目
❸(意見などの)相違(そうい), ギャップ, ずれ
- the generation *gap* 世代間のずれ

**garage** 準2級 A2 [gərá:dʒ ガラーヂ | gǽra:dʒ ギャラーヂ] 名 C ❶(自動車の)車庫, ガレージ
❷自動車修理工場

**garage sale** [gərá:dʒ sèil ガラーヂ セイル | gǽra:dʒ- ギャラーヂ-] 名 C 米 ガレージセール(▶自宅の車庫などに不用品を並べて売ること)

# **garbage** 4級 A1 [gá:rbidʒ ガービッヂ]

名 U《主に 米》(台所の)**生ごみ**, 残飯
- *garbage* can 生ごみ入れ
- *garbage* truck ごみ収集車
- take out the *garbage* ごみを出す

> **くらべてみよう!** garbage と trash と rubbish
>
> **garbage**: 台所から出る生ごみ
> **trash**: 米 紙ごみ, いらなくなったもの, がらくたなどのごみ全般
> **rubbish**:《主に 英》garbage, trash を含むごみ

# \***garden** 5級 A1 [gá:rdn ガードゥン]

— 名(複 gardens[-z]) C ❶庭, 庭園; 花壇, 菜園
- an English *garden* 英国式庭園
- We had lunch in the *garden*.
  私たちは庭で昼食を食べた.
- a kitchen *garden* 家庭菜園

> **くらべてみよう!** garden と yard
>
> **garden**: 米国では花や野菜・果物を植える庭を, 英国ではふつう木や草花を植える庭をさします.
> **yard**: 米国では家の周りの空き地のことで, 主に芝生(しばふ)で覆(おお)って木や草花を植えたもの. 英国では家の裏手のコンクリートや石で舗装(ほそう)したところをさします.

❷《しばしば gardens で》公園, 遊園地

- Kensington *Gardens*
ケンジントン公園(▶ロンドンにある公園)
- zoological *gardens* 動物園(=zoo)

—動(三単現 gardens[-z]; 過去・過分 gardened[-d]; 現分 gardening) 自 庭仕事をする

派生語 gardener 名, gardening 名

**gardener** B2 [gáːrdnər ガードゥナァ] 名 C ❶ 庭師, 植木職人 ❷(趣味で)園芸をする人

**gardening** 2級 B1 [gáːrdniŋ ガードゥニング] 名 U 庭仕事, ガーデニング, 園芸

菜園で作業する男性

**garden party** [gáːrdn pàːrti ガードゥン パーティ] 名 C 園遊会

**gargle** [gáːrgl ガーグル]
—動 自 うがいをする
—名 《a gargle で》うがい; C U うがい薬

**garlic** A2 [gáːrlik ガーリック] 名 U 〖植物〗にんにく

# gas 準2級 A2 [gǽs ギャス]

名(複 gases, gasses[-iz])
❶ U C 気体; ガス(▶「固体」は solid, 「液体」は liquid)
- Oxygen is a *gas*. 酸素は気体の一種である.
❷ U (燃料用の)ガス, ガスの火
- natural *gas* 天然ガス
- Please turn on [off] the *gas*.
ガスの火をつけて[消して]ください.
❸ U 米 《話》ガソリン(=gasoline, 英 petrol)
- This car is out of *gas*.
この車はガソリン切れだ.

**gasoline** 2級 [gǽsəliːn ギャサリーン] 名 U 米 ガソリン(▶《話》では gas とも言う)(=英 petrol)

**gasp** B2 [gǽsp ギャスプ | gáːsp ガースプ]
—動 自 ❶ あえぐ, 息を切らす
- *gasp for* breath 苦しそうに呼吸する
❷(驚きなどで)はっとする, 息をのむ
- *gasp with* surprise 驚いてはっと息をのむ
—他 …を息を切らして言う
—名 C あえぎ, 息切れ; はっと息をのむこと

**gas station** [gǽs stèiʃən ギャス ステイション] 名 C 米 ガソリンスタンド(=filling station, 英 petrol station)

**gas stove** [gǽs stòuv ギャス ストウヴ] 名 C (料理用の)ガスレンジ, ガスこんろ(▶日本語の「ガスストーブ」が表すガスを用いた暖房は gas heater)

# gate 準2級 A2 [géit ゲイト]

名(複 gates[-ts -ツ]) C ❶ 門, 門の扉
- open [close] the *gate* 門を開ける[閉める]
- enter through a *gate* 門を通って入る
❷ 出入り口, (駅の)改札口, (空港の)ゲート, 搭乗口
- at the *gate* of the station 駅の改札口で
- Which way is *gate* number five?
5番ゲートはどちらですか.

**gateway** B2 [géitwèi ゲイトウェイ] 名 C ❶(門のある)出入り口
❷《比ゆ的に》(…に至る)道, 手段
- a *gateway* to success 成功を得る道

# gather 準2級 A2 [gǽðər ギャザァ]

動(三単現 gathers[-z]; 過去・過分 gathered[-d]; 現分 gathering)
—他 ❶ …を集める
- *gather* newspapers together
新聞を一まとめにする
- *gather* information on [from] the Internet インターネットで情報を集める
❷(速力・力など)を増す
- *gather* speed 加速する
❸(作物など)を収穫する; …を採集する
- They began to *gather* grapes.
彼らはぶどうの収穫を始めた.
—自 (…の周りに)集まる
- The girls *gathered* around him.
女の子たちは彼の周りに集まった.

派生語 gathering 名

**gathering** [gǽðəriŋ ギャザリング] 名 C 集まり, 集会(=meeting)

**gauge** [géidʒ ゲイヂ] (★auのつづりに注意)
名 C ❶ 計器, 測定器
- a fuel *gauge* 燃量計
❷(針金などの)規格, 標準寸法
❸(鉄道の)レールの間隔
❹(評価・判断の)尺度, 基準

# gave 4級 [géiv ゲイヴ]

動 give (与える)の過去形

**gay** B1 [géi ゲイ]
—形 ❶ 同性愛の, ゲイの ❷ 陽気な, 愉快な; (色などが)はでな
—名 C 同性愛者, ゲイ

## gentle

**gaze** B2 [géiz ゲイズ]
- 動 自 (じっと)見つめる
- *gaze at* the moon 月をじっと見つめる
- 名 《a gazeで》見つめること，注視

**GB, G.B.** [dʒiːbiː ヂービー] 名 Great Britain(グレートブリテン島；英国)の略

**GDP** [dʒiːdiːpiː ヂーディーピー] 名 ジーディーピー，国内総生産(▶ gross domestic productの略)

**gear** B2 [gíər ギア] 名 ❶ C U ギア，歯車
- change [shift] *gears* ギアを入れかえる
❷ C U (機械の一部として組みこまれた)装置
- landing *gear* 着陸装置
❸ U 道具一式；装備
- fishing *gear* 釣(つ)り具一式

**gee** B1 [dʒíː ヂー] 間 えっ，へえ，おや，ちぇっ(▶驚(おどろ)き・感嘆(かんたん)・失望などを表す)

**geek** [gíːk ギーク] 名 C (話)変わった人；(あるものに)熱中している人，オタク

**geese** [gíːs ギース] 名 goose(ちょう)の複数形

**gem** [dʒém チェム] 名 C 宝石(= jewel)；大切な物

**Gemini** [dʒémənài チェミナィ] 名 U 〖天文・占星〗双子(ふたご)座，C 〖占星〗双子座生まれの人

**gender** A2 [dʒéndər チェンダァ] 名 ❶ C U ジェンダー(▶特に社会的・文化的な役割から見た性)，性意識
- "gender equality" 「ジェンダー平等を実現しよう」(▶国連で採択(さいたく)されたSDGs(持続可能な開発目標)の5番目の目標)
❷ U 〖文法〗性，性別

## general 2級 B1 [dʒénərəl チェナラル]

― 形 (比較 more general；最上 most general)
❶ 一般的な；全体的な(⇔special 特殊(とくしゅ)な)
- a *general* opinion 一般的意見，世論
- *general* workers 一般職員
- the *General* Assembly 国連総会
- a *general* election 総選挙
- *General* Election Day ❀ (大統領を選ぶ)本選挙日(▶4年ごとの11月の第1月曜日の翌日)
- a *general* hospital 総合病院
❷ だいたいの，おおよその
- a *general* idea おおまかな考え，概念(がいねん)
- *general* knowledge おおよその知識

― 名 (複 generals[-z]) C ❀ 陸〖空〗軍大将(▶「海軍大将」はadmiral)，❀ 陸軍大将；将軍；将官

*in general* 一般に，ふつうは，一般の
- students *in general* 一般の学生
- Children like sweets *in general*.
一般に子どもは甘(あま)い物が好きだ．
派生語 generally 副

## generally B1
[dʒénərəli チェナラリィ]

副 ❶ たいてい，ふつうは(= usually)
- I *generally* walk to school.
私はふつう歩いて学校へ行く．
❷ 広く(= widely)，一般的に
- It was once *generally* believed that the earth was flat.
昔は地球は平らだと広く信じられていた．

*generally speaking* 一般的に言えば
- *Generally speaking*, children are active.
一般的に言って子どもは活発だ．

**generation** 準2級 A2 [dʒènəréiʃən チェナレイション]

名 C ❶ 1世代(▶生まれた子が親になり自分の子を生むまでの約30年間)；(家の)1代
- three *generations* (親・子・孫の)3代
❷ 《単数扱い》同時代[同世代]の人々
- the young *generation* 若い世代の人々

**generous** B1 [dʒénərəs チェナラス] 形 ❶ 気前がよい；寛大(かんだい)な，心の広い(⇔stingy けちな)
- John is *generous with* his money.
ジョンは気前がいい．
- He is *generous to* his students.
彼は生徒に対して寛大である．
❷ たくさんの，豊富な
- a *generous* slice of ham
厚く切ったハム1切れ

**Geneva** 3級 [dʒəníːvə チャニーヴァ] 名 ジュネーブ(▶スイスの都市，国際赤十字本部がある)

**genius** B2 [dʒíːnjəs ヂーニャス] 名 (複 geniuses [-iz]) C 天才，生まれつき才能のある人；U 生まれつきの才能
- Leonardo da Vinci was a *genius*.
レオナルド・ダ・ヴィンチは天才だった．
- She is a *genius* at playing the piano.
彼女には生まれつきピアノの才能がある．

**genre** B2 [ʒáːnrə ジャーンラ] 名 C ジャンル，種類；様式

## gentle 準2級 A2 [dʒéntl チェントゥル]

形 (比較 gentler；最上 gentlest) ❶ (人が)優(やさ)しい，温和な，穏(おだ)やかな
- Our teacher is *gentle to* [*with*] us.
先生は私たちに優しい．
- He has a *gentle* heart.
彼は優しい心の持ち主だ．
❷ (天候などが)穏やかな，静かな；(傾斜(けいしゃ)などが)緩(ゆる)やかな

- a *gentle* breeze そよ風
- a *gentle* slope 緩やかな坂

派生語 gently 副

# gentleman 2級 B1

[dʒéntlmən チェントゥルマン]
名(複 gentlemen[-mən]) C ❶紳士(しんし)(⇔lady 淑女)
❷男の人(►manよりもていねいな語)(⇔lady 女の人);《gentlemenで》みなさん,諸君(►男性の聴衆(ちょうしゅう)への呼びかけ)
- A *gentleman* came to see you this morning.
けさ男の人があなたに会いに来ました.
- Ladies and *gentlemen*!
みなさん.
❸《gentlemenで》⊕(トイレの表示で)男性用(=⊕men)

ここが ポイント! **gentleman はだれをさす？**
gentlemanは昔の英国で貴族に次ぐ上流の家系の男性をさしましたが,現在は教養のあるりっぱな人格の男性を意味します.また目の前にいる男性をさして言うときは,gentlemanを使うとmanを使うよりていねいな感じになります.

**gentlemen**[dʒéntlmən チェントゥルマン]
名 gentleman(紳士(しんし))の複数形

**gently** B2 [dʒéntli チェントゥリィ]
副 ❶優(やさ)しく,穏(おだ)やかに ❷静かに,そっと(=softly);緩(ゆる)やかに

**genuine** B2 [dʒénjuin チェニュイン](★アクセント位置に注意)
形 本物の(⇔false 偽(にせ)の);誠実な
- *genuine* gold 純金(►品質保証された本物の金)

**geography** 2級 B1 [dʒiágrəfi ヂアグラフィ|-ɔ́g- -オグ-](★アクセント位置に注意)
名 U 地理学,地理;(ある地域の)地形,地勢

**geometry** [dʒiámətri ヂアマトゥリィ|-ɔ́mə- -オマ-]
(★アクセント位置に注意) 名 U 幾何(きか)学

**George**[dʒɔ́ːrdʒ チョーヂ] 名 ❶ジョージ(►男性の名) ❷《St. Georgeで》聖ジョージ(►イングランドの守護聖人)

**Georgia**[dʒɔ́ːrdʒə チョーヂャ] 名 ❶ジョージア(►米国南東部の州.州都はアトランタ(Atlanta),郵便略語はGA) ❷ジョージア(►黒海沿岸の共和国.首都はトビリシ(Tbilisi))

**germ** B2 [dʒɔ́ːrm チャーム] 名 C ばい菌(きん),細菌

# German 4級 [dʒɔ́ːrmən チャーマン]

— 形 ドイツの;ドイツ人の;ドイツ語の
— 名(複 Germans[-z]) ❶ C ドイツ人;《the Germansで》《複数扱い》ドイツ人(全体)
❷ U ドイツ語

# Germany 4級

[dʒɔ́ːrməni チャーマニィ]
名 ドイツ(►ヨーロッパ西部の共和国.第二次大戦後に東西に分かれたが,1990年10月に統合.首都はベルリン(Berlin))

派生語 German 形 名

**gerund**[dʒérənd チェランド] 名 C《文法》動名詞(►動詞の原形にingがついた形で,「…すること」の意味)

# gesture B1 [dʒéstʃər チェスチァァ]

— 名(複 gestures[-z]) C ❶身ぶり,手まね,ジェスチャー
- She made an angry *gesture*.
彼女は怒(おこ)ったジェスチャーをした.
❷(形の上の)しぐさ,そぶり
- His smile was only a *gesture*.
彼の微笑(びしょう)は本心からのものではなかった.
— 動(三単現 gestures[-z]; 過去・過分 gestured[-d]; 現分 gesturing)
— 自 身ぶり[手まね]をする
- The teacher *gestured* for me to stand up. 先生は私に立つように身ぶりで示した.
— 他 …を身ぶり[手まね]で示す

OK
オーケー

peace sign/
V sign
平和,勝利

cross *one's*
fingers
幸運を祈(いの)る

shrug *one's* shoulders
知らない,どうでもよい

Thumbs up!
うまくいったね！

I
私(胸をさす)

Come here!
こっちへ来て！

Go away!
あっちへ行って！

(*one's*には,my, your, his, herなどが入ります)

## **get** 5級 A1 [gét ゲット]

**動 他** ❶ …を手に入れる
❷ …を受け取る
❸ …を取って来る
❹《話》…を理解する
❺（病気）にかかる
❻（列車・バスなど）に乗る
❼ …を（ある状態に）する
❽ …を〜させる
**自** ❶ 着く
❷ （ある状態に）なる
❸《get to +〈動詞の原形〉で》…するようになる
❹《get +〈過去分詞〉で》…される

**動**（三単現 gets[-ts -ツ]; 過去 got[gát ガット | gót ゴット]; 過分 got, gotten[gátn ガトゥン | gótn ゴトゥン]; 現分 getting）

— 他

❶ …**を手に入れる**, 得る；…を買う（＝buy）→ buy くらべて!
- We *got* the tickets for the concert.
  私たちはそのコンサートのチケットを手に入れた．
- Nancy *got* a job in the restaurant.
  ナンシーはそのレストランで仕事を得た．
- Where did you *get* this book?
  この本をどこで買いましたか．

**get +〈人〉+〈物〉= get +〈物〉+ for +〈人〉**
〈人〉に〈物〉を買ってあげる
- My uncle *got* me a book. ＝ My uncle *got* a book *for* me.
  おじは私に本を買ってくれた．→ for 前 ❶
  ポイント!

❷ …**を受け取る**, もらう（＝receive）
- I *got* an email from Tom.
  私はトムからEメールをもらった．

話してみよう!
😊 Father, I want to *get* your watch.
お父さんの腕時計がほしいなあ．
😀 OK. I'll give it to you.
わかった．あげよう．
（▶ get は「自分の所有にする」ことを意味します．「自分の所有から出す」は give です）→ give くらべて!

❸ …**を取って来る**, 持って来る
- I will go home and *get* my racket.
  家に行ってラケットを取って来るよ．

**get +〈人〉+〈物〉= get +〈物〉+ for +〈人〉**
〈人〉に〈物〉を持って来る
- Please *get* me a cup of coffee. ＝ Please *get* a cup of coffee *for* me.
  私にコーヒーを持って来てください．

❹《話》…**を理解する**（＝understand）
- I didn't *get* her joke.
  私には彼女の冗談がわからなかった．
- I *get* it. ＝ I *got* it. ＝ I've *got* it.
  わかったよ．

❺ （病気）**にかかる**；（打撃・損害）を受ける
- I *got* the flu.
  私はインフルエンザにかかった．

❻ （列車・バスなど）**に乗る**, …で行く
- They *got* the bus.
  彼らはバスに乗った．

❼ …**を（ある状態に）する**

**get +〈物〉+〈形容詞または -ing 形〉**
〈物〉を…の状態にする
- *Get* everything ready soon.
  すぐにすべてを準備しなさい．
- I *got* the class laugh*ing*.
  私はクラスを笑わせた．

❽ …**を〜させる**, 〜してもらう, 〜される

**get +〈物〉+〈過去分詞〉**
〈物〉を〜させる, 〜してもらう, 〜される
- I *got* my computer repaired.
  私はコンピュータを修理してもらった．
- I want to get my hair cut.
  私は髪を切ってもらいたい．

**get +〈人または物〉+ to +〈動詞の原形〉**
〈人・物〉に〜させる, 〜してもらう
- I *got* him *to* move the bookshelf.

# get

彼に本棚(ほんだな)を動かしてもらった. (▶「説得して…させる」という意味のことが多い)

- I can't ***get*** this machine *to* start.
  私はこの機械を始動させることができない.

### ここがポイント！ 「…させる」の make, let, have と get

「…させる」という意味の動詞(使役(しえき)動詞)にはほかに make, let, have があります. それらは後に〈動詞の原形〉が続きますが, get は to +〈動詞の原形〉が続くことに注意しましょう. → make くらべて！

―⑥ ❶ **着く**(= arrive)→ get to ...
- We ***got*** home at eight.
  私たちは8時に家に着いた.

❷ (ある状態に) **なる** → become ポイント！
**get +〈形容詞または過去分詞〉**
…の状態になる
- ***get*** hungry おなかがすく
- ***get*** old 年を取る
- ***get*** lost 道に迷う

get hungry　　get old　　get lost

- ***get*** tired 疲(つか)れる
- ***get*** started 始める
- It is ***getting*** colder day by day.
  日に日に寒くなってきている.
- I hope you will ***get*** well soon, Mary.
  早くよくなるといいね, メアリー.
- He ***got*** hurt on the arm.
  彼は腕(うで)にけがをした.
- He ***got*** dressed quickly.
  彼は急いで服を着た.

❸《get to +〈動詞の原形〉で》(時とともに)…するようになる, だんだん…する (▶ come to +〈動詞の原形〉でも言えるが,《話》では get のほうがよく使われる. become to +〈動詞の原形〉は ×)
- You must ***get to*** know all of your classmates first. まずは同級生全員と知り合いにならなければね.

❹《get +〈過去分詞〉で》…される
- I ***got*** caught in the traffic jam.
  私は交通渋滞(じゅうたい)に遭(あ)った. (⇦交通渋滞に捕(つか)まえられた)

### ここがポイント！ 受け身をつくる get

この get は be と同じ働きをして, 受け身をつくります. あることが突然(とつぜん)思いがけず起こったという意味合いを含(ふく)みます.

***get across*** (...) (…を)横断する, 渡(わた)る
- They managed to ***get across***.
  彼らは何とか向こうへ渡った.

***get along*** 仲良くやっていく; うまくやっていく; 暮らしていく (= get on)
- Are you ***getting along*** (well) with Bill?
  ビルとは仲良くやっていますか.

### 話してみよう！
☺ How are you ***getting along***?
  調子はどうですか, うまくやっていますか.
☺ I'm doing fine, thanks.
  元気です, ありがとう.

***get around*** 広まる
- The rumor ***got around*** fast.
  うわさはすぐに広まった.

***get at ...*** …に手が届く; …を突(つ)き止める; …を暗示する, 意味する
- What are you ***getting at***?
  あなたは何が言いたいのですか.

***get away*** 立ち去る, 出発する
- ***Get away***! あっちへ行け！

***get away from ...*** …から逃(に)げる, 逃(のが)れる; 目をそらす
- You can't ***get away from*** here!
  ここから逃げることはできないぞ.

***get away with ...*** …を持ち逃げする; (悪事)を(捕まらずに)やってのける
- You won't ***get away with*** this.
  このままでは済まないだろう.

***get back ...*** …を取り戻(もど)す
- I ***got*** the DVD ***back*** from my sister.
  私は姉[妹]からDVDを取り戻した.

***get back from ...*** …から戻る
- I ***got back from*** Aomori yesterday.
  私はきのう青森から戻った.

***get back to ...*** …に戻る, 帰る
- They ***got back to*** the lodge safely.
  彼らは無事に山小屋に戻った.

# get

***get down*** 降りる
- The jockey *got down* from the horse.
騎手は馬から降りた.

***get down to ...*** …に(真剣に)取りかかる
- Let's *get down to* work.
仕事に取りかかろう.

***get in ...*** …に入る;(車・タクシーなど)に乗る
- Please *get in* this room.
こちらの部屋にお入りください.

***get into ...*** …の中に入る;(車・タクシーなど)に乗りこむ(⇔get out of ... …から降りる);(ある状態)になる

- Emily *got into* the taxi.
エミリーはタクシーに乗りこんだ.
- Joe *got into* trouble with the police.
ジョーは警察ともめた.

***get off*** (...) (列車・バス・飛行機・馬などから)降りる(⇔get on 乗る)→ get into 図
- I *get off* here. ここで降ります.
- She *got off* the bus at the corner.
彼女はその角でバスから降りた.

***get on*** (...) ①(列車・バス・飛行機・馬などに)乗る(⇔get off 降りる)→ get into 図
- The children *got on* the train.
子どもたちは電車に乗った.
②仲良くやっていく;うまくやっていく;暮らしていく(=get along)
- How are you *getting on*?
いかがお過ごしですか.

***get out*** (...) 外へ出る;(…を)取り出す
- You should *get out* and see a lot of people. 外に出て行って、いろいろな人に会うべきです.

***get out of ...*** …から出る, 逃れる;(車・タクシーなど)から降りる(⇔get into ... …に乗りこむ)→ get into 図
- *Get out of* here! ここから出て行け.
- He *got out of* his car. 彼は車から降りた.

***get over ...*** …を乗りこえる;…を克服する;(病気)から回復する
- Things will be better when you *get over* your cold.
風邪が治れば状況はよくなるよ.

***get rid of ...*** …を免れる;…を取り除く → rid(成句)

***get through ...*** …を通り抜ける, 切り抜ける;(試験など)に合格する;…をやり通す;(電話)がつながる
- The ship *got through* the storm.
船はあらしを乗り切った.
- The connection was bad so my phone call didn't *get through*.
接続が悪くて私の電話はつながらなかった.

***get to ...*** ①…に到着する
- The plane *got to* Paris on time.
飛行機は定刻にパリに着いた.
- How can I *get to* the nearest station?
最寄りの駅へはどう行けばいいですか.

> **くらべてみよう！ arrive at [in]と get to と reach**
>
> **arrive at [in]**: 目的地に「到着する」の意味で最も一般的な表現です. 場所以外に決定や結論に「達する」という意味でも使われます.
> **get to**: 場所の場合は終着点に「到着する」, 場所以外ではある段階に「達する」という意味で使われます.
> **reach**: 長い旅, あるいは困難な過程を経て「到着する」という意味があり, get to, arrive at より形式ばった語です.
> なお, arriveにはat [in], getにはtoが続きますが, reachには前置詞は必要ありません.
> - *arrive at* [*in*] Hakone
> - *get to* Hakone
> - *reach* Hakone
> 箱根に到着する

②…に取りかかる
- *Get to* work now. すぐ仕事を始めなさい.

***get together*** 集まる;…を集める
- We must *get together* to celebrate.
お祝いに集まらなくちゃ.

***get up*** 立ち上がる;起床する, 起きる(▶「目が覚める」はwake up)→ wake 図
- She *got up* from the chair.
彼女はいすから立ち上がった.
- I cannot *get up* early.
早起きは苦手だ.

***have got*** 《話》…を持っている → have(成句)
***have got to*** +〈動詞の原形〉《話》…しなければならない → have(成句)

## getting

**getting** 5級 [gétiŋ ゲッティング] 動 get(手に入れる; 着く)の現在分詞・動名詞

**Gettysburg** [gétizbə̀:rg ゲティズバーグ] 名 ゲティスバーグ(▶米国ペンシルベニア州南部の町. 南北戦争の激戦地)
- the Gettysburg Address ゲティスバーグの演説(▶1863年, 米国第16代大統領リンカンが, ゲティスバーグの戦いの戦死者を葬(ほう)る国立墓地の開所式で行った演説. "government of the people, by the people, for the people"(人民の, 人民による, 人民のための政治)という民主主義の本質を表す言葉で有名)

**Ghana** [gá:nə ガーナ] 名 ガーナ(▶アフリカ西部の共和国. 首都はアクラ(Accra))

**ghost** 3級 A1 [góust ゴウスト] 名 C 幽霊(ゆうれい), お化け

# giant B1 [dʒáiənt チャイアント]

─ 名 (複 giants[-ts -ツ]) C ❶(物語・伝説の)巨人(きょじん), 大男 ❷偉人(いじん), 大人物; 巨大(きょだい)なもの
─ 形 《名詞の前にのみ用いる》巨大な
- a *giant* rock 大きな岩

**giant panda** [dʒàiənt pændə チャイアント パンダ] 名 C 〖動物〗ジャイアントパンダ

# gift 4級 A1 [gíft ギフト] 名 (複 gifts[-ts -ツ])

C ❶贈(おく)り物 → present² くらべて!
- a Christmas [birthday] *gift* クリスマス[誕生日]の贈り物
- This is a small *gift* for you. これはあなたへのちょっとした贈り物です.

❷(生まれつきの)才能(=talent)
- Mozart had a *gift for* music. モーツァルトには生まれつき音楽の才能があった.

派生語 gifted 形

**gifted** B1 [gíftid ギフティド] 形 生まれつき才能のある(=talented)
- Ken is a *gifted* violinist. ケンは生まれつき才能のあるバイオリン奏者だ.

**gift shop** [gíft ʃɑ́p ギフト シャップ | - ʃɔ́p -ショップ] 名 C みやげ品店, ギフトショップ

**gigantic** [dʒaigǽntik チャイギャンティック] 形 巨大(きょだい)な; 巨人のような

**giggle** B1 [gígl ギグル]
─ 動 自 くすくす笑う
─ 名 C くすくす笑い

**ginger** B1 [dʒíndʒər チンヂャァ] 名 U 〖植物〗しょうが

**ginger ale** [dʒíndʒər èil チンヂャァ エイル] 名 U ジンジャーエール(▶しょうがエキスで味つけした炭酸性清涼(せいりょう)飲料)

**gingerbread** [dʒíndʒərbrèd チンヂャァブレッド] 名 U しょうが風味のクッキー[ケーキ]

**ginkgo** [gíŋkou ギンコゥ] (★2つ目のgは発音しない) (▶gingkoともつづる) 名 (複 ginkgoes, gingkoesまたはginkgos, gingkos[-z]) C 〖植物〗いちょう

**giraffe** 2級 B1 [dʒəræf チラフ | -rɑ́:f -ラーフ] 名 (複 giraffe, giraffes[-s]) C 〖動物〗きりん

# *girl 5級 A1 [gə́:rl ガール]

名 (複 girls[-z]) C ❶女の子, 少女(▶ふつう赤ん坊(ぼう)から18歳(さい)ぐらいまでをさす) (⇔boy 男の子) → woman くらべて!
- a little *girl* 小さな女の子
- a *girl* student 女子生徒
- a *girls*(') school 女子校
- There are eighteen *girls* in our class. 私たちのクラスには女子が18人いる.

❷娘(むすめ)(=daughter)
- I have three *girls*. 私には娘が3人いる.

派生語 girlhood 名

**girlfriend** 3級 A1 [gə́:rlfrènd ガールフレンド] 名 C (親密な)女友達, 恋人(こいびと), ガールフレンド(▶単なる友達にはfriendを用いる)(⇔boyfriend 男友達)

**girlhood** [gə́:rlhùd ガールフッド] 名 U 少女時代

**Girl Scouts** [gə̀:rl skáuts ガール スカウツ] 名 《the Girl Scoutsで》⦅米⦆ ガールスカウト(▶個々のメンバーはa girl scoutと言う)

# *give 5級 A1 [gív ギヴ]

動 他 ❶…を与(あた)える
❷(ある行為(こうい))をする
❸(会など)を開く
❹(代金)を支払(はら)う
❺…を渡(わた)す
❻…を述べる

動 (三単現 gives[-z]; 過去 gave[géiv ゲイヴ]; 過分 given[gívən ギヴン]; 現分 giving) 他

# give

❶ …を与える, あげる, 贈(ぉく)る, やる
give ＋〈人〉＋〈物〉＝ give ＋〈物〉＋ to ＋〈人〉
〈人〉に〈物〉を与える

- We'll *give* my mother flowers. ＝ We'll *give* flowers *to* my mother.
私たちは母に花をあげます.
- Jill *gave* the book *to* me. ジルは私にその本をくれた.

> **ここが ポイント!** 〈人〉に〈物〉を与える
>
> ① give ＋〈人〉＋〈物〉
> ② give ＋〈物〉＋ to ＋〈人〉
>
> 原則として初めて話題になるものは文末に置いて強調します.
> ①では与える〈物〉が話題の中心になります. そのため強調すべき〈物〉には具体的な名詞を置き, itなどを置くことはできません.
> ②では与える〈人〉が話題の中心になります. この場合, toで「だれに与えるか」が強調されるので, 〈人〉には具体的な人名などのほか, 代名詞を置くこともできます. 〈物〉のところには, itなどを置くこともできます.
>
> ×He gave Mary it.
> ○He *gave* it to Mary.
> 　彼はメアリーにそれをあげた.
> ×He gave her it.
> ○He *gave* it to her.
> 　彼は彼女にそれをあげた.

---

**「〈人〉に〈物〉を与える」の文の 受け身の作り方**

「〈人〉に〈物〉を与える」の文は, 2通りの受け身の文にできます.

My father *gave* me this pen.
　　　　　　　〈人〉　〈物〉

父は私にこのペンをくれた.

①〈人〉を主語にして
　I was *given* this pen by my father.
　私はこのペンを父にもらった.

②〈物〉を主語にして
　This pen was *given* (to) me by my father. このペンは父にもらった. (▶ふつうtoを入れる)

- Will you *give* me some help?
ちょっと手伝ってくれない？
- He *gave* his life to his work.
彼は仕事に一生をささげた.

> **くらべて みよう！** give と get
>
> giveは「自分の所有から出す」ことを意味します. 反対に「自分の所有にする」はgetです.
> - Bob *gave* Meg a present.
> ボブはメグにプレゼントを贈った.
> - Meg *got* a present from Bob.
> メグはボブからプレゼントをもらった.

❷《give ＋〈動作を表す名詞〉で》…をする, 行う
- *give* (out) a cry 悲鳴を上げる
- Cindy was *giving* a short speech.
シンディーは短いスピーチをしていた.
- The boy *gave* the ball a hard kick.
その男の子はボールを強くけとばした.

> **ここが ポイント!** give ＋〈動作を表す名詞〉の表現
>
> give ＋〈動作を表す名詞〉はしばしばその名詞の動詞形と同じ意味を表します. 名詞を使う表現は特に《話》でよく使われます.
> - *give* advice アドバイスをする ＝動advise
> - *give* a bow おじぎをする ＝動bow
> - *give* a hand 手を貸す ＝動hand
> - *give* a hug 抱(だ)きしめる ＝動hug
> - *give* a kiss キスをする ＝動kiss
> - *give* a look ちらっと見る ＝動look
> - *give* a nod うなずく ＝動nod

## given

- *give* a push 一押しする ＝動 push
- *give* a shout 叫(さけ)ぶ ＝動 shout
- *give* a sigh ため息をつく ＝動 sigh
- *give* a smile ほほえむ ＝動 smile
- *give* a try やってみる ＝動 try
- *give* him a call 彼に電話する ＝動 call him

❸ (会など)を開く (＝hold)；(劇)を上演する
- *give* a concert [party]
  コンサート[パーティー]を開く
- The teacher was *giving* an English lesson then. 先生はそのとき英語の授業をしていた.

❹ (代金)を支払う (＝pay)
- I *gave* her two hundred dollars *for* this bike. 私はこの自転車の代金として彼女に200ドル払った.

❺ …を渡す, 手渡す
- *Give* me the salt, please.
  塩を取ってください.

❻ …を述べる, 伝える；…を示す (＝show)
- The man didn't *give* his name.
  その人は名前を言わなかった.

| give ＋〈人〉＋〈事〉＝give ＋〈事〉＋ to ＋〈人〉
〈人〉に〈事〉を述べる

- *Give* me your opinion about my plan.
  私の計画について君の意見を聞かせて.
- Please *give* my best regards [wishes] *to* your mother.
  お母さんにどうぞよろしくお伝えください.

***give and take*** 互(たが)いに譲り合う；意見をやり取りする

***give away ...*** …をあげてしまう, ただでやる
- I want to *give away* some of my clothes.
  私は洋服を少しだれかにあげたい.

***give back ...*** …を返す (＝return)
- I'll *give* him *back* the pen.＝I'll *give* the pen *back* to him. 私は彼にペンを返します.

***give in (to ...)*** (…に)降参する (＝surrender), 従う
- You must not *give in to* him.
  彼に従ってはいけない.

***give off ...*** (におい・熱・ガスなど)を出す, 発散する
- Plants *give off* oxygen.
  植物は酸素を出している.

***give out ...*** …を配る；(光・音・ガスなど)を発する；…を発表する
- Mr. Sato *gave out* the tests.
  佐藤先生はテスト用紙を配った.

- The dog *gave out* a howl.
  犬はうなり声を上げた.

***give up*** (…を)あきらめる, やめる；(席など)を譲る；《give up ＋〈-ing形〉で》…する習慣をやめる
- Never *give up*! けっしてあきらめるな.
- My father can't *give up* smok*ing*.
  父はたばこがやめられない.

***give way (to ...)*** 崩(くず)れる, 壊(こわ)れる；(…に)負ける, 道を譲(ゆず)る, 取って代わられる
- He *gave way to* the pedestrian.
  彼は歩行者に道を譲った.

派生語 given 形

## given 準2級 A2 [gívən ギヴン]

━動 give (与(あた)える)の過去分詞
━形《名詞の前にのみ用いる》与えられた；一定の

**given name** [gívən nèim ギヴン ネイム] Ⓒ ※ (姓(せい)に対する)名 (＝first name) (▶「姓」は family name, last name, surname)

**giving** [gíviŋ ギヴィング] 動 give (与(あた)える)の現在分詞・動名詞

**glacier** [gléiʃər グレイシャァ | glǽsjə グラスィァ] 名 Ⓒ 氷河

## *glad 4級 A1 [glǽd グラッド]

形《比較 gladder；最上 gladdest》《名詞の前には用いない》(人が) うれしい, 喜んで, 満足して (⇔sad 悲しい)
- I am *glad about* [*at*] the good news.
  よい知らせを聞いてうれしい.

| be glad to ＋〈動詞の原形〉
…してうれしい

- *I'm glad to* meet you.＝*Glad to* meet you. お会いできてうれしいです., はじめまして.

# glove

😊 Will you come to the party?
パーティーに来ますか.
😀 I'll **be glad to**.
喜んで.（▶toの後にcome to the partyが省略されている）

**be glad (that) ...**
…ということをうれしく思う
- I *am* very *glad* (*that*) you passed the examination.
あなたが試験に受かってとてもうれしい.

**glance** B1 [glǽns グランス | glάːns グラーンス]
━名 C ちらっと見ること，一目，一見
- He *took* a *glance at* the magazine.
彼は雑誌にざっと目を通した.

**at a glance** 一目で
- I recognized her *at a glance*.
私は一目で彼女がだれだかわかった.

━動 自 ちらっと見る，さっと見る
- *glance over* [*through*] the newspaper
新聞にざっと目を通す

**Glasgow** [glǽsgou グラスゴウ | glάːz- グラーズ-] 名 グラスゴー（▶英国のスコットランド南西部の港市．造船業で有名）

\***glass** 5級 A1
[glǽs グラス | glάːs グラース]（★grass（草）と混同しないこと）
名（複 glasses[-iz]）❶ U **ガラス**
- a *glass* jar ガラスの瓶
- stained *glass* ステンドグラス
- a sheet of *glass* ガラス1枚
- *Glass* is easily broken. ガラスは壊れやすい.

❷ C （ガラスの）**コップ**，グラス（▶ふつう取っ手がなく，冷たい飲み物用）；コップ1杯（の量）→ cup くらべて！
- a wine *glass* ワイングラス
- a *glass of* milk
コップ1杯のミルク（▶カップに入れた温かい飲み物はa cup of ...）

❸《glasses で》**眼鏡**（＝eyeglasses）；双眼鏡 (＝field glasses, binoculars)
- wear *glasses*
眼鏡をかけている（▶ふつうレンズが2つあるのでglassesとする）
- He put on his *glasses*, but took them off soon.
彼は眼鏡をかけたが，すぐに外した.

**glee** B2 [gliː] 名 ❶ U （あふれるような）喜び ❷ C グリー合唱曲（▶3部またはそれ以上の合唱曲）

**glee club** [gliː klʌ́b グリークラブ] 名 C 米 グリークラブ，合唱団

**glide** B1 [gláid グライド] 動 自 滑る，滑るように動く；滑空する 派生語 glider 名

**glider** [gláidər グライダァ] 名 C グライダー（▶エンジンのない軽飛行機）

**glimpse** B1 [glímps グリンプス]
━名 C ちらっと見ること，一目，一見
- catch [have] a *glimpse* of her
彼女がちらっと見える

━動 他 自 （…を）ちらっと見る，さっと見る

**glitter** [glítər グリタァ]
━名 U きらめき，輝き
━動 自 きらめく，ぴかぴか光る
- All that *glitters* is not gold.
(ことわざ) 光るもの必ずしも金ならず．（▶見かけは当てにならないということ）

**global** 2級 B1 [glóubəl グロウバル] 形 ❶ 地球規模の，世界的な ❷ 全体的な

**globally** B2 [glóubəli グロウバリィ] 副 地球規模で，世界的に；全体的に

**global warming** B2 [glòubəl wɔ́ːrmiŋ グロウバル ウォーミング] 名 U 地球温暖化

**globe** 準2級 A2 [glóub グロウブ]（★glove（手袋）と混同しないこと）名 ❶ C 球，球体；地球儀，天体儀 ❷ 《the globe で》地球（＝the earth）；世界
派生語 global 形, globally 副

**gloomy** B2 [glúːmi グルーミィ]
形（比較 gloomier；最上 gloomiest）
❶ 薄暗い，暗い（＝dark）
- a *gloomy* room 薄暗い部屋
❷ 陰気な；憂うつな；希望のない

**glorious** B1 [glɔ́ːriəs グローリアス] 形 ❶ 名誉ある；華麗な（＝splendid），荘厳な
- a *glorious* victory 輝かしい勝利
❷《話》とても楽しい；たいへんすばらしい

**glory** B1 [glɔ́ːri グローリィ] 名（複 glories[-z]）U 栄光，光栄，名誉；C 名誉となること
派生語 glorious 形

# glove A2
[glʌ́v グラヴ]（★「グローブ」でないことに注意）

# glow

**名** (複 gloves[-z]) ⓒ ❶《gloves で》(特に5本の指に分かれた)**手袋**(てぶくろ) (▶片方だけをさす場合は a glove とする) → mitten 図
- a pair of *gloves* 1組の手袋
- She put on her *gloves*.
  彼女は手袋をはめた.
- wear a pair of *gloves* 手袋をしている

❷ (野球の)**グローブ**, (ボクシングの)グラブ

> **ここがポイント!** glove の数え方
>
> 手袋やボクシングのグラブなど,左右で1組のものは
> a pair of **gloves**, two pairs of **gloves** と数えます.
> 野球のグローブなど,片手だけで使うものは
> a **glove**, two **gloves** と数えます.

(どちらも) a pair of gloves   two gloves

**glow** B2 [glóu グロウ]
— **名**《a [the] glow で》❶ **輝**(かがや)**き**
❷ (色などの)燃えるような**鮮**(あざ)**やかさ**
- *the glow* of a sunset 真っ赤な夕日
❸ (顔・体などの)**ほてり**
— **動** ⓘ ❶ (炎(ほのお)を出さないで)**赤々と燃える**; 白熱する; 光を放つ, 光り輝く
- The coal was *glowing* in the fireplace.
  暖炉(だんろ)の中で石炭が赤々と燃えていた.
❷ (顔などが)紅潮する, ほてる

**glue** 3級 [glú: グルー] **名** Ⓤ 接着剤(ざい), にかわ, 合成のり

**GNP** [dʒí:enpí: ヂーエヌピー] **名** ジーエヌピー, 国民総生産 (▶ **g**ross **n**ational **p**roduct の略)

**gnu** [nú: ヌー] (★このgは発音しない) **名** (複 gnu, gnus[-z]) ⓒ《動物》**ヌー**

## **go** 5級 A1 [góu ゴウ]

**動** ⓘ ❶ 行く
　❷ …しに行く
　❸ 消える
　❹ 過ぎる
　❺ 達する
　❻ (ある状態に)なる
　❼ (事が)運ぶ
　❽ (物が)置かれる
　❾ (機械などが)動く
　❿ 通用する

**動**(三単現)goes[-z]; 過去 went[wént ウェント]; 過分 gone[gɔ́:n ゴーン | gɔ́n ゴン]; 現分 going) ⓘ

❶ **行く** (⇔come 来る); 出かける; 去る (= leave) → been ポイント!
- *go* to the beach 浜辺に行く
- I *go* to school on foot.
  私は歩いて学校に行く.

> **ここがポイント!** go to + 〈施設(しせつ)名〉
>
> go to school は「勉強をしに」という意味です. 上の用例のように, その施設本来の目的 (学校は勉強をする所)のためにその場所に行く場合, 施設名(school)の前に the などは必要ありません. go to the school とすると,「勉強以外」の目的で「行く」ことを表します.
> - *go to* church 教会へ(礼拝に)行く
> - *go to* college 大学へ行く

- Let's *go* home. 家に帰ろう. (▶この home は「家に」という副詞なので go to home は×)
- They *went* to Kyoto last weekend.
  彼らは先週末に京都へ行った.
- My brother has *gone* to America.
  兄[弟]はアメリカへ行ってしまった.
- I'm *going* to the library.
  私は図書館へ行くところだ. (▶ be going to + 〈場所〉で「〈場所〉へ行くところである」)
- I must be *going* now.
  もうおいとましなければなりません. (▶ある場所から去るときの言い方)

**go and + 〈動詞の原形〉**
…しに行く
- *Go and* tell him yourself.
  自分で行って彼に話しなさい. (▶⊛《話》では Go tell him yourself. のようにしばしば and を省略する. go to + 〈動詞の原形〉よりも《話》でよく使う)

## go

**ここがポイント!** **相手の所へ「行く」ときは come**

話し手が相手の所に「行く」と言うときには，相手の立場に立ってその場所に「来る」と考え，goではなくcomeを使います．→come ❷

- When someone knocked on the door, I said, "I'm *coming*."
だれかがドアをノックしたので，私は「今行きます」と言った．

❷《go＋〈-ing形〉で》…しに行く
- *go* ski*ing*［skat*ing*］
スキー［スケート］をしに行く
- Shall we *go* fish*ing* in the sea?
海へ釣(つ)りに行きませんか．

**ここがポイント!** **〈go＋〈-ing形〉〉のいろいろ**

go＋〈-ing形〉で「…しに行く」という意味です．この場合，〈-ing形〉になる動詞はふつう，娯楽(ごらく)や気晴らしなど，楽しむ行為(こうい)に関するものです．それ以外の動詞には，「go to study 勉強をしに行く」のようにgo to＋〈動詞の原形〉を用います．
- *go* camp*ing* キャンプに行く
- *go* climb*ing* 登山に行く
- *go* danc*ing* 踊(おど)りに行く
- *go* jogg*ing* ジョギングをしに行く
- *go* rid*ing* 乗馬に行く
- *go* shopp*ing* 買い物に行く
- *go* swimm*ing* 泳ぎに行く

---

**go swimming to the riverは✕**

go＋〈-ing形〉では，〈-ing形〉の動詞に目的の中心があり，この形に続く場所は〈-ing形〉の動作をする場所です．
例えば「川へ泳ぎに行く」場合，川(river)は泳ぐ場所なので，(✕)go swimming to the riverではなく，go swimming **in** the riverとします．「川で泳ぎに行く」と考えましょう．

---

❸（物・事が）消える，なくなる；死ぬ（＝die）
- My bag is *gone*! 私のかばんがなくなった．
- She is *gone*. 彼女は亡(な)くなった．

❹（時が）過ぎる，たつ →go by
- Summer has *gone*. 夏が終わった．

❺達する，届く
- Does this road *go* to the city?
この道は町まで続いていますか．

❻《go＋〈形容詞〉で》（ある状態に）なる，変わる（＝become）；（ある状態で）いる，…のままである（▶ふつう好ましくない状態になる場合に使う）
- *go* dark 暗くなる
- *go* pale 青ざめる
- This milk has *gone* bad.
この牛乳は腐(くさ)ってしまった．

❼《go＋〈副詞〉で》(事が)運ぶ，進展する
- The party *went* well.
パーティーはうまくいった．
- How is it *going*? 《話》調子はどうですか．

❽（物が）置かれる，納まる；（色などが）合う
- Where do the glasses *go*?
コップはどこにしまうのですか．
- I'm afraid green and black don't *go*.
緑と黒は合わないと思う．

❾（機械などが順調に）動く，作動する；（鐘(かね)・銃声(じゅうせい)などが）鳴る，（動物が）鳴く
- How is the car *going*?
車の調子はどうですか．
- There *goes* the bell. ベルが鳴っているよ．

❿（通用する）；（話・歌などが…と）なっている
- He *goes* by the name of Jimmy.
彼はジミーの名で通っている．
- I know the song. It *goes* like this. 私はその歌を知ってます．それはこんなふうです．

***be going to***＋〈動詞の原形〉…するつもり［予定］だ，…しようとしている（▶近い未来や意志を表す）；…しそうだ（▶近い未来の予測を表す）
- I'*m going to* play tennis this afternoon.
きょうの午後はテニスをするつもりだ．
- It'*s going to* snow today.
きょうは雪が降りそうだ．

- She *was going to* have breakfast.
彼女は朝食を食べようとしていた．（▶過去の時点での未来を表す）

***come and go*** 行ったり来たりする；（流行などが）移り変わる →come（成句）

***go about*** ①歩き回る，出歩く（＝go around［《英》round］）②…を始める，…に取りかかる
- He *went about* his work.
彼は自分の仕事に取りかかった．

***go across …*** …を渡(わた)る，横切る
- We *went across* the river on a boat.
私たちは船で川を渡った．

## go

***go after ...*** …の跡(ぁと)を追う；(名声など)を手に入れようとする
- He kept *going after* fame.
  彼は名声を求め続けた．

***go against ...*** …に反対する；…に不利になる
- The boss *went against* my plan.
  上司は私の案に反対した．

***go ahead*** 進める →ahead(成句)

***go along*** 進む；続ける，やっていく
- Things *went along* smoothly.
  物事は順調に進んだ．

***go along with ...*** (人)といっしょに行く；…に賛成する，同調する
- She will *go along with* you.
  彼女はあなたに賛成するだろう．

***go around*** ㊤歩き回る；(食べ物などが)行きわたる
- Is there enough cake to *go around*?
  みんなに行き渡るだけのケーキがありますか．

***go around ...*** …の周りを回る
- The moon *goes around* the earth.
  月は地球の周りを回る．

***go away*** 立ち去る；(休暇(きゅうか)などで)出かける；(悩みや苦痛が)消える
- We *went away* to Okinawa for the holidays.
  私たちは休暇で沖縄に出かけた．

***go back (to ...)*** (…へ)帰る，戻(もど)る；(…に)さかのぼる
- He will *go back to* New York next week.
  彼は来週ニューヨークに戻る．

***go by*** (人・乗り物が)通り過ぎる；(時が)過ぎる
- Four months *went by*. 4か月が過ぎた．

***go down (...)*** (…を)降りる；下がる；(太陽が)沈(しず)む；(風などが)静まる
- I *went down* for breakfast at seven.
  私は7時に朝食のため階下へ降りた．
- The sun is *going down*.
  太陽が沈むところだ．

***go for ...*** …しに出かける；(物)を取りに行く，(人)を呼びに行く；《話》…を求める，ねらう，好む，気に入る
- Let's *go for* a walk in the park.
  公園に散歩に行きましょう．
- I'm *going for* first place.
  私は1等賞をねらっている．

***Go for it!*** 《話》頑張(がんば)れ！ やってみろ！

***go in*** 中に入る；出勤する
- I *went in* first. まず私が入った．

***go into ...*** …の中に入る；…をよく調べる；(職業など)に就(つ)く，従事する
- Jill said goodbye and *went into* the house.
  ジルはさよならと言って家の中に入った．

***go off*** 立ち去る；(銃(じゅう)などが)発射される；(警報などが)鳴る；(明かりなどが)消える
- The light in the next room *went off*.
  隣(となり)の部屋の明かりが消えた．

***go on*** 先に進む；(ある状態が)続く；(時が)過ぎていく；(事が)起こる
- *Go on*. 先を続けなさい．
- As time *went on*, the tree grew.
  時がたつにつれて木が成長した．
- What's *going on*? どうしたのですか．，何事ですか．(＝What's happening?)

***go on ...*** (旅行など)に行く
- *go on* a picnic [trip, hike]
  ピクニック[旅行，ハイキング]に行く

***go on*** ＋〈-ing形〉…し続ける
- She *went on* speaking. 彼女は話し続けた．

***go on with ...*** (中断の後に)…を続ける
- The politician *went on with* her speech.
  政治家は演説を続けた．

***go out*** 外へ出る，出て行く，外出する；(人と)つきあう；(火・明かりが)消える
- Let's *go out* for dinner. 食事に出かけよう．

***go out of ...*** …から出る
- He *went out of* the room.
  彼は部屋から出て行った．

***go over ...*** …を越(こ)える；…を詳(くわ)しく調べる；…を繰(く)り返す
- The plane *went over* the mountains.
  飛行機は山の上を越えていった．

***go over to ...*** …へ行く，渡る
- She *went over to* the door.
  彼女はドアのほうへ行った．

***go round*** ㊤ ＝go around

***go through ...*** …を通り抜(ぬ)ける；(苦しみ)を経験する；…をくまなく調べる；…をやり通す
- Nick *went through* various hardships.
  ニックはさまざまな苦しみを経験した．
- We *went through* the secret files.
  私たちは秘密の資料をくまなく調べた．

***go to bed*** 床(とこ)につく，寝(ね)る →bed(成句)

***go with ...*** (…と)いっしょに行く；(…と)よく調和する；(…と)つきあう

- Your skirt *goes* well *with* your jacket.
あなたのスカートは上着とよく合っている.

***go up (...)*** (…を)登る, 上がる；(成績・価格などが)上昇(じょうしょう)する
- The price of vegetables is *going up*.
野菜の値段が上がっている.

***go up to ...*** …に近寄る；…に上る
- I *went up to* the old man.
私はその老人に近寄った.

***go without ...*** …なしで済ます
- He sometimes *goes without* breakfast.
彼は朝食を時々抜く.

***It goes without saying that ... .*** …ということは言うまでもない. → say(成句)

***to go*** ㊈《話》(飲食物が)持ち帰り用の(▶㊉では to take away と言う)

話してみよう!

☺ Two hot dogs, please.
ホットドッグを2つください.
☺ For here or *to go*?
ここで召(め)し上がりますか, それともお持ち帰りですか.
☺ *To go*, please.
持ち帰りでお願いします.

派生語 going 名形, gone 形

## goal 4級 A1 [góul ゴウル]

名 (複 goals[-z]) C ❶ (競走の)**ゴール**
- reach [cross, enter] the *goal* first
1着でゴールする

❷ (サッカーなどの)**ゴール**；(ゴールに入った)得点
- score [miss] a *goal* ゴールを決める[外す]
- a *goal* kick (サッカーなどの)ゴールキック
- a *goal* line (サッカーなどの)ゴールライン
- a *goal*/post (サッカーなどの)ゴールポスト
(▶ゴールの左右の柱の1本)
- a winning *goal* 決勝点

❸ **目標**, 目的(＝aim)；目的地
- What is your *goal* in life?
あなたの人生の目標は何ですか.

**goalball** [góulbɔːl ゴウルボール] 名 U ゴールボール (▶目かくしをして鈴(すず)の入ったボールを使用する球技)

**goalie** [góuli ゴウリィ] 名 C 《話》＝goalkeeper

**goalkeeper** B1 [góulkiːpər ゴウルキーパァ] 名 C (サッカー・ホッケーなどの)ゴールキーパー(＝《話》goalie)

**goat** B2 [góut ゴウト] 名 (複 goat, goats[-ts -ツ]) C 《動物》**やぎ** (▶「悪人」「好色」のイメージがある)

**goblet** [gáblit ガブリット] 名 C ゴブレット (▶脚(あし)と台のついた取っ手のないグラス)

**goblin** [gáblin ガブリン | gɔ́b- ゴブ-] 名 C (童話などに出てくる, 醜(みにく)い小人の姿をした)鬼(おに)

## god B2 [gád ガッド | gɔ́d ゴッド]

名 (複 gods[-dz -ヅ]) ❶《God で》(キリスト教の)**神** ❷ C 神 (⇔goddess 女神(めがみ))

> ここが ポイント! **God と the gods**
>
> **god** は, 大文字で始めて冠詞がないときは固有名詞扱いで, 一神教の神, 特にキリスト教の神をさします. 冠詞がついていたり複数形になったりするときは, 日本やギリシャ・ローマ神話の神々など多神教の神をさします.

***God bless you!＝Bless you!*** あなたに神のお恵(めぐ)みがありますように.；お大事に. (▶くしゃみをした人に言う)

***God knows*** だれにもわからない
- *God* only *knows*. 神のみぞ知る.

***Oh my God!＝My God!＝Oh, God!＝Good God!*** さあたいへん., ああ困った. (▶不快に感じる人もいるので使わないほうがよい)

***Thank God!*** ありがたい. → thank 動(成句)

**goddess** B1 [gádis ガッディス | gɔ́d- ゴッ-] 名 (複 goddesses[-iz]) C 女神(めがみ) (⇔god 神)

**goes** [góuz ゴウズ] 動 go (行く)の三人称(にんしょう)単数現在形

**Goethe** [géitə ゲイタ | gɔ́ːtə ガータ] 名 Johann Wolfgang von, ヨハン・ヴォルフガング・フォン・ゲーテ (▶1749-1832；ドイツの詩人・作家.

**Gogh**
代表作『若きウェルテルの悩(なや)み』『ファウスト』)
**Gogh** [góu ゴウ] 名 Vincent van, ヴィンセント・ヴァン・ゴッホ(►1853-1890; オランダの画家, 代表作『ひまわり』『アルルの寝室(しつ)』)

**going** [góuiŋ ゴウイング]
—動 go(行く)の現在分詞・動名詞
—名 ❶ U C 行くこと, 去ること, 出発 ❷ U (仕事などの)進み方, 進み具合
—形 ❶ 活動中の, 進行中の ❷ 現行の

# gold 4級 A1 [góuld ゴウルド]

—名 U 金(きん), 黄金; 金貨(=gold coins); 金色
- pure *gold*
純金
- This ring is made of *gold*.
この指輪は金でできている.
—形 金の, 金製の
- a *gold* coin [medal] 金貨[メダル]
派生語 golden 形

## golden A2 [góuldən ゴウルドゥン]

形 ❶ 金色の(►「金の」「金製の」はふつう gold)
→ gold
- a *golden* wedding anniversary
金婚(こん)式
❷《名詞の前にのみ用いる》貴重な; 優(すぐ)れた; (時代などが)繁栄(はんえい)している
- a *golden* opportunity 絶好の機会
- the *golden* age 黄金時代, 最盛期
- Speech is silver, silence is *golden*.
(諺)雄弁(ゆうべん)は銀, 沈黙(ちんもく)は金.

**Golden Gate Bridge** [góuldən gèit brídʒ ゴウルドゥン ゲイト ブリッヂ] 名 金門橋(►サンフランシスコの金門海峡に架(か)けられた大釣(つ)り橋)

**goldfish** 準2級 [góuldfiʃ ゴウルドフィッシュ] 名 (複 goldfish, goldfishes[-iz]) C 金魚

**gold rush** [góuld rʌʃ ゴウルド ラッシュ] 名 C ゴールドラッシュ(►金鉱が発見されて人がどっと押(お)し寄せること. 1849年米国カリフォルニア州のものが有名)

**golf** 準2級 A2 [gálf ガルフ | gɔ́lf ゴルフ] 名 U ゴルフ

- play *golf* ゴルフをする
- *golf* club ゴルフクラブ(►ボールを打つ棒; ゴルフ愛好者の団体, その所有するゴルフ場)
- *golf* course [links] ゴルフ場
派生語 golfer 名

**golfer** 2級 B1 [gálfər ガルファ | gɔ́lfə ゴルファ]
名 C ゴルフをする人, ゴルファー

**gondola** [gándələ ガンダラ | gɔ́n- ゴン-] 名 C ❶ ゴンドラ(►イタリアのベネツィアの運河で使われる小さな舟(ふね)) ❷ (飛行船・気球・ロープウエーの)釣(つ)りかご, ゴンドラ

# gone 3級 [gɔ́:n ゴーン | gɔ́n ゴン]

—動 go(行く)の過去分詞
—形《be gone で》過ぎ去った, 去った; なくなった, 死んだ
- The happy days *are gone*.
楽しい時代は過ぎ去った.
- Everybody *is gone*.
みんないなくなった.

**gonna** [gənə ガナ, 《強く言うとき》gɔ́:nə ゴーナ] ☆《話》
going to の短縮形

# \*good 5級 A1 [gúd グッド]

形 ❶ よい
❷ じょうずな
❸ 楽しい
❹ おいしい
❺ 親切な
❻ 適している
❼ (気分が)よい; 健康な
❽ 十分な
名 ❶ 利益
❷ 善; よさ, 長所

—形 (比較 better [bétər ベタァ]; 最上 best [bést ベスト]) ❶ よい, 善良な; 親しい; りっぱな, 優(すぐ)れた, 正しい(⇔bad 悪い) → nice くらべて!
- This is a *good* dictionary.
これはよい辞書だ.
- We are *good* friends.
私たちは親友だ.
- Swimming is *good for* your health.
水泳は健康によい.
- Be a *good* boy [girl]!
いい子にしなさい.

❷ じょうずな, うまい(⇔poor, bad へたな)
- a *good* dentist
腕(うで)のいい歯科医
- She is a *good* pianist.
彼女はピアノがうまい. (=She plays the piano well.)

# goodbye

### くらべて みよう！ good と well

**good**:「じょうずな」という形容詞
**well**:「じょうずに」という副詞

- She is a good pianist.　名詞
（「じょうずな」ピアニスト）
▶名詞を修飾するのは形容詞
- She plays the piano well.　動詞
（「じょうずに」ピアノを演奏する）
▶動詞を修飾するのは副詞

❸ **楽しい**, おもしろい
- We had a good time at the party.
私たちはそのパーティーで楽しく過ごした.
- Have a good day! 行ってらっしゃい.

❹ **おいしい**(=delicious); 腐(く)っていない
(⇔bad 腐っている)
- This apple is [tastes] good.
このりんごはおいしい.
- This fish is still good.
この魚はまだ腐っていない.

❺ **親切な**(=kind)
- Tom is good to his classmates.
トムは同級生に親切だ.
- It's very good of you to help me. = You're very good to help me.
私を手伝ってくださってどうもありがとう.

❻ **適している**; 似合っている; 有効な
- This water is not good to drink.
この水は飲むのに適さない.
- That dress looks good on you. = You look good in that dress.
その洋服はあなたに似合っている.

❼ （気分が）よい; 健康な
- I feel good today. きょうは気分がよい.

❽ **十分な**; 相当な, かなりの
- Have a good sleep.
ぐっすりお休みなさい.
- Take good care of my dog while I'm away. 私の留守中に犬の面倒(どう)をしっかり見てね.(▶take care of ...の強調)

goodを使ったあいさつ
*Good* morning!
おはようございます.(▶朝・午前)
*Good* afternoon! こんにちは.(▶午後)
*Good* evening! こんばんは.(▶夕方・夜)
*Good* night! おやすみなさい.; さようなら.
(▶夜寝(ね)るときや別れるとき)

*a good deal of ...* たくさんの…, 多量の…→ deal¹(成句)

*a good many* (...) かなり多く(の…); かなり多くの人[物]→many(成句)

*as good as ...* …も同然で, ほとんど…(= almost)
- This camera is *as good as* new.
このカメラは新品同様だ.

*be good at ...* …がじょうずだ, 得意だ(⇔be bad [poor] at ... …がへただ, 不得意だ)(▶...には名詞や〈-ing形〉が入る)
- I'm *good at* (play*ing*) tennis.
私はテニスが得意だ.(=I'm a good tennis player. =I play tennis well.)
- I want to *be good at* math.
数学が得意になりたい.

*Good for ...!* よくやった.; おめでとう.
- "I passed the test." "*Good for* you!"
「試験に受かったよ」「よくやった」

*Good luck ...* (*to you*)*!*
幸運を祈(いの)ります.

━**名** U ❶ **利益, ため**
- for the *good* of mankind
人類のために
- I'm doing this for my own *good*.
自分自身のためにこうしている.

❷ **善**(⇔evil 悪); よさ, 長所
- *good* and evil
善と悪
- do *good*
善いことをする

*do ... good* （人）のためになる, …に役立つ, 効く
- This book will *do* you *good*.
この本はあなたに役立つだろう.

*for good* 永遠に, これを最後に(=forever)
- The actor left Hollywood *for good*.
その俳優はハリウッドを永遠に去った.

*It is no good* +〈-ing形〉 …しても無駄(だ)だ, …しても役に立たない(▶このitは〈-ing形〉以下をさす)
- *It is no good* complain*ing*.
不平を言っても無駄だ.

## *goodbye

5級 [gùdbái グッドバイ]（▶goodbyともつづる）
━**間 さようなら**, ごきげんよう
- *Goodbye*, Jack. See you tomorrow.
さようなら, ジャック. またあしたね.

## Good Friday

> **ここがポイント！ goodbye について**
> (1) **good-bye**, **good-by**とも書きます．God be with ye.（神があなたとともにありますように．ye＝you）が短くなった語です．
> (2) 別れるときに使う最もふつうのあいさつで，一日じゅういつでも，また電話を切るときにも使えます．出かけるときに言えば「行ってきます」「行ってらっしゃい」にも相当します．
>
> ---
>
> **別れのあいさつ**
> 別れのあいさつにはほかに以下のようなものがあります．
> - See you (later). (▶親しい間で，近いうちにまた会うときに使う)
> - I'll be seeing you. (▶くだけた言い方)
> - So long. (▶親しい間で)
> - Take care. (▶くだけた言い方)
> - Take it easy. (▶くだけた言い方)
> - Bye.＝Bye-bye. (▶かなりくだけた言い方．子どもがよく使うが，大人も用いる)

━ 名 (複 goodbyes, goodbys[-z]) Ⓤ Ⓒ 別れのあいさつ，さようなら
- I must [have to] say *goodbye* (to you) now. もう行かなければならない．(⇔さようならを言わなければならない)

**Good Friday** [gúd fráidei グッド フライデイ]
聖金曜日 (▶ Easter (復活祭)の前の金曜日)

**good-looking** A2 [gúdlúkiŋ グッドゥルッキング] 形 (人・物が)美しい, 顔だちのよい (▶男女ともに使われる) → beautiful くらべて!

**good-natured** [gúdnéitʃərd グッドゥネイチャァド] 形 気立てのよい, 親切な (＝kind, ⇔ill-natured 意地の悪い)

**goodness** B1 [gúdnis グッドゥニス] 名 Ⓤ ❶ よさ; 善良さ, 親切さ (＝kindness) ❷ (間投詞的に)神 (▶ God の遠回しな表現)
*Goodness (gracious)!＝My goodness!* おや，まあ．

**goods** B1 [gúdz グッヅ] 名 《複数扱い》(不動産以外の)財産; 商品, 製品; 米 貨物 (＝freight)
- household *goods* 家財
- woolen *goods* 羊毛製品

**goodwill, good will** B2 [gúdwíl グッドゥウィル] 名 Ⓤ 好意, 善意; 親善, 友好

**Google** [gú:gl グーグル]
━ 名 《商標》グーグル (▶インターネットの検索エンジンの1つ)
━ 動 ⾃ 他 《google で》(…を)グーグルで検索する

**goose** [gú:s グース] 名 (複 geese[gí:s ギース]) Ⓒ 〖鳥〗がちょう
- a wild *goose* 〖鳥〗がん

**gorgeous** B1 [gɔ́:rdʒəs ゴーヂャス] 形 豪華 (ごう)な, りっぱな; 《話》すばらしい, とても美しい

**gorilla** 2級 B1 [ɡərílə ガリラ] 名 Ⓒ 〖動物〗ゴリラ

**gosh** [gɑ́ʃ ガーシュ] 間 あらっ, おや, まあ (▶驚(おどろ)きや喜びを表す)

**gospel** [gáspəl ガスペル] 名 ❶ 《the gospel で》福音(ふく) (▶キリストとその使徒たちの教え) ❷ Ⓒ 《the Gospel で》福音書 (▶『新約聖書』の「マタイ」「マルコ」「ルカ」「ヨハネ」の4書またはその1つ) ❸ Ⓤ ゴスペル(ミュージック)

**gossip** B1 [ɡɑ́səp ガスィップ | gɔ́- ゴ-]
━ 名 Ⓤ うわさ話, ゴシップ; Ⓒ 世間話, 雑談
━ 動 ⾃ 無駄(むだ)話をする, 他人のうわさをする

## got 4級 [gɑ́t ガット | gɔ́t ゴット]

動 get (手に入れる; 着く)の過去形; 過去分詞の1つ

**Gothic** [gɑ́θik ガスィック | gɔ́θik ゴスィック] 形 ❶ 〖建築〗ゴシック様式の (▶12世紀から16世紀ごろまで西ヨーロッパで流行した建築様式) ❷ 〖印刷〗ゴシック体の, 太字の

**gotta** [gɑ́:tə ガータ] 《話》(have) got to の短縮形

**gotten** 3級 [gɑ́tn ガトゥン | gɔ́tn ゴトゥン] 動 get (手に入れる; 着く)の過去分詞の1つ (▶米ではgotよりも多く用いる)

**gourmet** [gúərmei グァメイ] (★この t は発音しない) 名 Ⓒ 食通, 美食家, グルメ

**govern** B1 [gʌ́vərn ガヴァン] 動 他 ⾃ (国・国民を)治める, 支配する (＝rule); (公共機関などを)管理する
派生語 government 名, governor 名

## government 準2級 A2
[gʌ́vərnmənt ガヴァンマント]

名 (複 governments[-ts -ツ]) ❶ Ⓒ 《しばしば Government で》政府; 英 内閣 (▶英ではしばしば複数扱い)
- the British *Government* 英国政府
- the Tokugawa *Government* 徳川幕府
- a *government* worker 国家公務員
❷ Ⓤ 政治, 統治, 行政; 政治体制
- democratic *government* 民主政治
- *government* of the people, by the people, for the people
人民の, 人民による, 人民のための政治 (▶米国第16代大統領リンカンの言葉) → Gettysburg

**governor** B1 [gʌ́vərnər ガヴァナァ] 名 Ⓒ ❶ (米国の州・日本の都道府県の)知事 ❷ (植民地な

**grand**

どの)総督(₍ₜₖ₎) ❸(協会などの)総裁, 理事; 管理者

**gown** B1 [ɡáun ガウン] 名 ❶ガウン(▶女性の正装用ロングドレス) ❷正服, 法衣, ガウン(▶聖職者・裁判官などが着る服) ❸室内着, 部屋着(=dressing gown); 寝巻(まき)き(=nightgown)

**GPS** 2級 [dʒí:pí:és ヂーピーエス] 名 ジーピーエス, 全地球測位システム(▶global positioning system)

**grab** B1 [ɡrǽb グラブ] 動 (過去・過分) grabbed [-d]; 現分 grabbing) 他 自 (…を)ぎゅっとつかむ, ひったくる; …をすばやく手に入れる

**grace** A2 [ɡréis グレイス] 名 ❶Ⓤ優美, 優雅(ゆう), 上品 ❷Ⓤ(神の)恩恵(おん), 慈悲(じひ) ❸ⓊⒸ(食前・食後の)感謝の祈(いの)り
派生語 graceful 形

**graceful** B1 [ɡréisfəl グレイスフル] 形 優美な, 優雅(ゆう)な, 上品な, しとやかな

**grade** 4級 A1 [ɡréid グレイド]

━名 (複 grades[-dz -ヅ]) Ⓒ 米 学年(=英 form) (▶小学校から高校までの12学年を通して, the first grade 〜 the twelfth gradeと呼ぶ)

> 😊 What *grade* are you in?
> あなたは何年生ですか. 〔話してみよう!〕
> 😃 I am in the seventh *grade*.
> 私は7年[(日本の)中学1年]生です.

• a *grade* school 小学校(▶米ではelementary school, 英ではprimary schoolとも)
❷等級, 段階(=degree)
• the *grade* of apples りんごの等級
• the second *grade* 2級, 2等級
❸《主に米》成績, 評点(=英mark)

> 【これ、知ってる?】 **成績の表し方**
> 米国ではふつうA, B, C, D, Fの5段階評価です. Dまでが合格で, Fは不合格(=failure)です. P(=passing 合格)とFの2段階評価の方法もあります.

━動 他 ❶…を等級に分ける ❷…に成績をつける
派生語 grader 名

**grader** [ɡréidər グレイダァ] 名 Ⓒ 米 (小学校から数えて高校までの)…年生
• a ninth *grader* 9年生(▶日本の中学3年生に相当)

**gradual** B2 [ɡrǽdʒuəl グラヂュアル] 形 少しずつの, 緩(ゆる)やかな
派生語 gradually 副

**gradually** 準2級 A2 [ɡrǽdʒuəli グラヂュアリィ] 副 だんだんと, しだいに(=little by little)

**graduate** 準2級 A2

(★動と名で発音が異なる)

━動 [ɡrǽdʒuèit グラヂュエイト] (三単現 graduates[-ts -ツ]; 過去・過分 graduated[-id]; 現分 graduating) 自 (大学などを)卒業する(▶米では大学に用い, 大学以外はleave schoolを使う)
• They *graduated from* high school.
彼らは高校を卒業した.

━名 [ɡrǽdʒuət グラヂュイット] (複 graduates[-ts -ツ]) Ⓒ 米 (大学の)卒業生; 英 (あらゆる学校の)卒業生; 大学院生(=graduate student)
• a *graduate* school 大学院
派生語 graduation 名

**graduation** 2級 B1 [ɡrǽdʒuéiʃən グラヂュエイション]
名 Ⓤ 卒業(▶米では大学のみに, 英ではあらゆる学校に用いる); Ⓒ 卒業式(=graduation ceremony)→commencement❷

**graffiti** [ɡrəfí:ti グラフィーティ] 名《複数扱い》(建物の壁(かべ)などの)落書き;《単数扱い》(総称(そうしょう)として)落書き

**grain** B2 [ɡréin グレイン] 名 ❶Ⓤ穀物, 穀類(=米corn)
• a field of *grain* 穀物畑
❷Ⓒ(穀物や砂・砂糖などの)粒(つぶ)
• a *grain* of wheat 1粒の麦

**gram** 準2級 A2 [ɡrǽm グラム] (▶英ではgrammeとつづる) 名 Ⓒ グラム(▶重さの単位. g, g., gm., gr. と略す)

**grammar** A1 [ɡrǽmər グラマァ] 名 Ⓤ 文法; Ⓒ 文法書
• English *grammar* 英文法

**grammar school** [ɡrǽmər skù:l グラマァ スクール] 名 Ⓒ 米 グラマースクール(▶大学進学のための準備教育を行う中等学校)

**Grammy** [ɡrǽmi グラミィ] 名 (複 Grammys, Grammies[-z]) Ⓒ 米 グラミー賞(▶米国で毎年優秀(ゆうしゅう)な音楽に与(あた)えられる賞)

**grand** B2 [ɡrǽnd グランド] 形 ❶《名詞の前にのみ用いる》雄大(ゆうだい)な, 壮大な; 気高い
❷(位などが)最高の

❸重要な, 重大な(=important)

**Grand Canyon**[grǽnd kǽnjən グランド キャニャン] 名《the Grand Canyonで》グランドキャニオン(▶米国アリゾナ州北西部のコロラド川沿いの大峡谷(きょう). 国立公園となっている)

**grandchild** A2 [grǽndtʃàild グラン(ドゥ)チャイルド] 名(複 grandchildren[grǽndtʃildrən グラン(ドゥ)チルドゥラン])C 孫

**gran(d)dad** A2 [grǽndæ̀d グランダッド] 名C《話》おじいちゃん(=grandpa)

**granddaughter** A2 [grǽndɔ̀:tər グランドータァ](★このghは発音しない) 名C 孫娘(むすめ), 女の孫(⇔grandson 孫息子(むすこ))

# grandfather 5級 A1

[grǽndfà:ðər グラン(ドゥ)ファーザァ]
名(複 grandfathers[-z]) C 祖父, おじいさん(▶《話》ではgrandpaとも言う)(⇔grandmother 祖母)

**grandfather('s) clock**[grǽndfà:ðər(z) klɑ́k グラン(ドゥ)ファーザァ(ズ) クラック | - klɔ́k - クロック] 名C 箱型大時計(▶振(ふ)り子式で床(ゆか)に置く背の高い時計)

**grandma** 5級 A1 [grǽnmà: グランマー] 名C《話》おばあちゃん(⇔grandpa おじいちゃん)

# grandmother 5級 A1

[grǽndmÀðər グラン(ドゥ)マザァ]
名(複 grandmothers[-z]) C 祖母, おばあさん(▶《話》ではgrandmaとも言う)(⇔grandfather 祖父)

**grandpa** 5級 A1 [grǽnpà: グランパー] 名C《話》おじいちゃん(=granddad)(⇔grandma おばあちゃん)

# grandparent 5級 A1

[grǽndpèərənt グラン(ドゥ)ペ(ア)ラント]
名(複 grandparents[-ts -ツ]) C 祖父, 祖母(▶祖父または祖母の一方をさす. 祖父母と言うときは複数形にする)

**grand piano**[grǽnd piǽnou グランド ピアノゥ] 名(複 -pianos[-z]) C グランドピアノ

**grand slam, Grand Slam**[grǽnd slǽm グランド スラム] 名C『野球』満塁(まんるい)ホームラン; 『ゴルフ・テニス』グランドスラム(▶1人の選手が1シーズンの4大大会ですべて優勝すること)

**grandson** 準2級 A2 [grǽndsÀn グラン(ドゥ)サン] 名C 孫息子(むすこ), 男の孫(⇔granddaughter 孫娘(むすめ))

**granny** A2 [grǽni グラニィ] 名C (複 grannies[-iz])《話》おばあちゃん; ろうるさい人

**grant** B1 [grǽnt グラント | grɑ́:nt グラーント] 動他 ❶(人)に(願いなど)を許可する; (人)に(資格など)を授(さず)ける
❷…だと認める(=admit)
• I *grant that* he is innocent.
私は彼が無罪だと認める.
**take ... for granted** …を当然のことと思う; (ありがたみを忘れて)…を軽視する
• I *took* it *for granted* that you attended the meeting.
私はあなたがその会合に出たのは当然だと思った.

# grape 5級 A1 [gréip グレイプ]

名(複 grapes[-s]) C 『植物』ぶどう(▶a grape はぶどう1粒(つぶ)のこと. 房(ふさ)になっているものは複数形で表す)
• a bunch of *grapes* 1房のぶどう

**grapefruit** 5級 [gréipfrù:t グレイプフルート] 名C (複 grapefruit, grapefruits[-ts -ツ]) 『植物』グレープフルーツ

**grapevine**[gréipvàin グレイプヴァイン] 名C 『植物』ぶどうのつる, ぶどうの木

**graph** B1 [grǽf グラフ | grɑ́:f グラーフ] 名C 図表, グラフ
• a line [bar, pie] *graph* 線[棒, 円]グラフ
• *graph* paper グラフ用紙, 方眼紙
派生語 graphic 形

**graphic** B1 [grǽfik グラフィック] 形 図[図表]を用いた, 図解の; グラフによる
• the *graphic* arts グラフィックアート(▶石版・木版・銅版などの印刷美術や書・画などの)

**grasp** B2 [grǽsp グラスプ | grɑ́:sp グラースプ]
— 動 — 他 ❶ …をしっかりと握(にぎ)る(=grip)
• He *grasped* her hand.
彼は彼女の手をつかんだ.
❷ …を理解する, 把握(はあく)する
• I couldn't *grasp* what my teacher was saying.
先生の言っていることが理解できなかった.
— 自 (…を)つかもうとする
— 名 ❶《a graspで》しっかりつかむこと(=grip) ❷ U (意味の)把握, 理解; 理解力

## grass 3級 A1

[grǽs グラス | grá:s グラース] (★glass(ガラス)と混同しないこと)

名 (複 grasses[-iz]) ❶ U|C 草, 牧草, 芝(ば) (▶草の種類を言うときのみ数えられる名詞として扱(あつか)う)
- Cows eat *grass*. 牛は草を食べる.

❷ U 芝生(しばふ); 草地, 牧草地
- cut [mow] the *grass*
芝生を刈(か)る
- KEEP OFF THE *GRASS*
《掲示》芝生内立入禁止

「芝生内立入禁止」の掲示

**grasshopper** [grǽshàpər グラスハッパァ | grá:shò- グラースホ-] 名 C 《虫》きりぎりす, ばった

**grassland** [grǽslæ̀nd グラスランド] 名 U 草原, 牧草地 (▶grasslands(複数扱い)でも用いる)

**grassy** [grǽsi グラスィ] 形 草で覆(おお)われた, 草の多い

**grate¹** [gréit グレイト] 名 C (暖炉(だんろ)の)火格子(ひごうし); 英 (仕切りなどのための)鉄格子

**grate²** [gréit グレイト] 動 他 (野菜・チーズなど)をおろし金でおろす

**grateful** A2 [gréitfəl グレイトゥフル] 形 感謝している, ありがたく思う (=thankful)
- I'm very *grateful to* you *for* your kindness.
ご親切本当にありがとうございます.

**gratitude** B1 [grǽtətù:d グラティトゥード | -tjù:d -テュード] 名 U 感謝, 謝意

**grave¹** B1 [gréiv グレイヴ] 名 C 墓穴(ぼけつ); 墓

**grave²** [gréiv グレイヴ] 形 ❶ 重大な, ゆゆしい (=important) ❷ (顔つきなどが)まじめな, 厳粛(げんしゅく)な

**gravel** [grǽvəl グラヴァル] 名 U 砂利(じゃり)

**gravestone** B2 [gréivstòun グレイヴストウン] 名 C 墓碑(ぼひ), 墓石

**graveyard** [gréivjà:rd グレイヴヤード] 名 C 墓地 (=cemetery)

**gravitation** B2 [grævətéiʃən グラヴィテイション] 名 U 《物理》重力, 引力; 重力[引力]作用
- the law of *gravitation*
万有(ばんゆう)引力の法則

**gravity** [grǽvəti グラヴィティ] 名 U ❶ 《物理》重力, 引力
- the center of *gravity* 重心

❷ 重大さ, ゆゆしさ ❸ まじめさ, 厳粛(げんしゅく)さ

**gravy** B1 [gréivi グレイヴィ] 名 U (肉を料理するとき出る)肉汁(にくじゅう); 肉汁で作ったソース

## gray 4級 A1

[gréi グレイ] (▶英ではgreyとつづる)

— 形 (比較 grayer; 最上 grayest) ❶ 灰色の, ねずみ色の, グレーの
- *gray* eyes
灰色の目

❷ 陰気(いんき)な; (空などが)どんよりした
- The sky is *gray* today.
きょうは空がどんよりしている.

❸ (髪(かみ)の毛が)白髪(しらが)まじりの
- Her hair is turning *gray*.
彼女の髪は白髪がまじりつつある.

— 名 U|C 灰色, ねずみ色, グレー; U 灰色の服

**grease** [grí:s グリース] (★同音 Greece ギリシャ) 名 U 獣脂(じゅうし), グリース (▶潤滑(じゅんかつ)油に使う)

## *great 5級 A1 [gréit グレイト]

形 (比較 greater; 最上 greatest) ❶ 偉大(いだい)な, 優(すぐ)れた (=excellent); 《話》すばらしい, すてきな (=very good)
- a *great* actor 名優
- I feel *great*.
気分がとてもよい.
- He is one of the *greatest* artists in the world.
彼は世界で最も偉大な芸術家の1人だ.

> 話してみよう!
> ☺ Let's go on a picnic next Sunday.
> 今度の日曜日にピクニックに行こう.
> ☺ That's *great*! (=*Great*!)
> それはいいね., すてき!

❷ (形・規模・範囲(はんい)などが)大きい, 巨大(きょだい)な; (程度が)非常な → big くらべて!
- a *great* success 大成功
- I wish you a *great* happiness.
どうぞお幸せに. (▶結婚(けっこん)した人などに対して言う)
- the *Great* Buddha 大仏
- the *Great* Plains
グレートプレーンズ, 大平原 (▶米国のロッキー山脈の東側からミシシッピ川にいたる大草原地帯)

❸ 重要な

## Great Bear

- a *great* issue 重大な問題

*a great deal of ...* たくさんの…, 多量の…→ deal¹(成句)
- a *great deal of* money 非常に多くのお金

*a great many* (...) 多数(の…); 非常に多くの人[物]
- a *great many* books 多数の本

*a great number of ...* 非常にたくさんの… →number ポイント!
- There are a *great number of* supporters in the soccer stadium.
サッカー場にはたくさんのサポーターがいる.

派生語 greatly 副, greatness 名

**Great Bear** [gréit béər グレイト ベア] 名《the Great Bearで》『天文』大ぐま座

**Great Britain** [gréit brítn グレイト ブリトゥン] 名 グレートブリテン島(►イングランド(England), スコットランド(Scotland), ウェールズ(Wales)を含(ふく)む英国の主島.「英国」という国そのものもさす. GBまたはG.B.と略す)→England, Scotland, Wales

**great-grandchild** [gréitgrǽndtʃaild グレイトグランドゥチャイルド] 名 (複 great-grandchildren [gréitgrǽndtʃildrən グレイトグランドゥチルドゥラン]) C ひ孫

**great-grandfather** [gréitgrǽndfɑ̀ːðər グレイトグランドゥファーザァ] 名 (複 great-grandfathers [gréitgrǽndfɑ̀ːðərz グレイトグランドゥファーザァズ]) C 曽(そう)祖父, ひいおじいさん

**great-grandmother** [gréitgrǽndmʌ̀ðər グレイトグランドゥマザァ] 名 (複 great-grandmothers [gréitgrǽndmʌ̀ðərz グレイトグランドゥマザァズ]) C 曽(そう)祖母, ひいおばあさん

**great-grandparent** [gréitgrǽndpèərənt グレイトグランドゥペ(ア)ラント] 名 (複 great-grandparents [gréitgrǽndpèərənts グレイトグランドゥペ(ア)ランツ]) C 曽(そう)祖父, 曽(そう)祖母

**Great Lakes** [gréit léiks グレイト レイクス] 名 《the Great Lakesで》五大湖(►米国とカナダの国境にある, スペリオル(Superior), ミシガン(Michigan), ヒューロン(Huron), エリー(Erie), オンタリオ(Ontario)の5つの湖)

**greatly** 準2級 A2 [gréitli グレイトゥリィ] 副 大いに, 非常に

**greatness** B2 [gréitnis グレイトゥニス] 名 U ❶ 偉大さ, 卓越(たくえつ) ❷ 大きいこと, 巨大(きょだい)さ

**Great Wall (of China)** [gréit wɔ́ːl (əv tʃáinə) グレイト ウォール (アヴ チャイナ)] 名《the Great Wall (of China)で》万里(ばんり)の長城 (►中国の歴代王朝が北方辺境の防衛のために築いた, 約2400キロに及(およ)ぶ大城壁(じょうへき))

**Greece** 3級 [gríːs グリース] (★同音 grease 獣脂(じゅうし)) 名 ギリシャ(►バルカン半島南部の共和国, 首都はアテネ(Athens))
派生語 Greek 形名

**greed** [gríːd グリード] 名 U どん欲, 欲ばり
派生語 greedy 形

**greedy** A2 [gríːdi グリーディ] 形 (比較 greedier; 最上 greediest) ❶ 強欲(ごうよく)な, どん欲な ❷ 食いしん坊(ぼう)の, 意地汚(きたな)い

**Greek** [gríːk グリーク]
— 形 ギリシャの; ギリシャ人の; ギリシャ語の
— 名 C ギリシャ人; U ギリシャ語

*★**green** 5級 A1 [gríːn グリーン]

形 ❶ 緑の, 緑色の
❷ 青野菜の
❸ 熟していない
❹ 環境(かんきょう)の, 環境に優(やさ)しい
❺ 青ざめた
名 ❶ 緑, 緑色
❷ 草地, 芝生(しばふ)
❸ (葉物(はもの)の)野菜

— 形 (比較 greener; 最上 greenest) ❶ 緑の, 緑色の; 緑の(草木・葉)に覆(おお)われた, 青々とした
- *green* leaves 緑の葉
- The traffic light has turned *green*.
信号が青に変わった. (►信号や青葉の「青」にblueは使わない)
- *green* belt 緑地帯

❷ 青野菜の
- a *green* salad 野菜サラダ(►レタスなど緑の生野菜を中心にしたもの)

❸ (果物などが)熟していない;《話》(人が)未熟な
- These bananas are still *green*.
これらのバナナはまだ熟していない.

❹ 環境の, 環境に優しい
- a *green* product 環境に優しい製品
- *green* energy グリーンエネルギー, 環境にやさしいエネルギー

❺ (しっと・病気などで)青ざめた

—名(複 greens[-z]) ❶ⓊⒸ緑, 緑色; Ⓤ緑色の服
- dark *green* 濃(こ)い緑色

❷Ⓒ草地, 芝生;『ゴルフ』グリーン
❸《greensで》(葉物の)野菜

**greenery**[gríːnəri グリーナリィ] 名Ⓤ緑の草木, 青葉

**Greenery Day**[gríːnəri dèi グリーナリィ デイ] 名(日本の)みどりの日

**greengrocer**[gríːnɡròusər グリーングロウサァ] 名Ⓒ英青果商(▶人をさす)
- a *greengrocer's*(shop)
青果店(▶店をさす)

**greenhouse** 2級 B1 [gríːnhàus グリーンハウス] 名(複 greenhouses[-iz])Ⓒ温室

**greenhouse effect**[gríːnhaus ifèkt グリーンハウス イフェクト] 名《the greenhouse effectで》温室効果(▶二酸化炭素などの影響で地表が温暖化する現象)

**greenhouse gas**[gríːnhaus ɡǽs グリーンハウス ガス] 名ⓊⒸ温室効果ガス(▶二酸化炭素など)

**Greenland**[gríːnlənd グリーンランド, -lænd -ランド] 名グリーンランド(▶北大西洋にある世界最大の島. デンマーク領)

**green pepper**[gríːn pépər グリーン ペッパァ] 名Ⓒピーマン

**green tea** 5級 [gríːn tíː グリーン ティー] 名Ⓤ緑茶

**Greenwich**[grénitʃ グレニッチ, grínidʒ グリニッヂ] 名グリニッジ(▶ロンドンの自治区; もと王立天文台があり, そこを通る経線を経度0度, 本初(しょ)子午線と定めた)

**Greenwich Mean Time**[grènitʃ míːn tàim, grìnidʒ - - グレニッチ ミーン タイム, グリニッジ - -] 名グリニッジ標準時(▶太陽がグリニッジ子午線を通る時を正午と定めた世界標準時. GMTまたはG.M.T.と略す)

**Greenwich Village**[grínitʃ vílidʒ グリニッチ ヴィリッヂ] 名グレニッチビレッジ(▶米国ニューヨーク市のマンハッタン南部の地区. 芸術家・学生が多く住む)

**greet** 3級 A1 [gríːt グリート] 動他…にあいさつする; …を迎(むか)える
- She *greeted* him *with* a smile.
彼女はほほえんで彼にあいさつした.

派生語 greeting 名

# greeting B1 [gríːtiŋ グリーティング]

名(複 greetings[-z])ⓒⓊ **あいさつ**; Ⓒ(ふつうgreetingsで)あいさつの言葉; あいさつ状(=greeting card)
- a *greeting* card (クリスマスや誕生日などの)あいさつ状, グリーティングカード

- exchange *greetings*
あいさつをかわす
- New Year's *greetings* 新年のあいさつ

**Grenada**[ɡrənéidə グレネイダ] 名グレナダ(▶中米カリブ海の西インド諸島にある島国. 首都はセントジョージズ(St. George's))

# grew 4級 [grúː グルー]

動grow(育つ; 育てる)の過去形

**grey** A1 [ɡréi グレイ] 形英=⊛gray

**greyhound**[ɡréihàund グレイハウンド] 名Ⓒグレイハウンド(▶やせ形で足が速い猟犬(りょう))

**grief** B2 [gríːf グリーフ] 名Ⓤ深い悲しみ, 悲嘆(たん)
- She was in deep *grief*.
彼女は深い悲しみに沈(しず)んでいた.

**grieve** B2 [gríːv グリーヴ] 動自他(…を)深く悲しむ; (人)を深く悲しませる

派生語 grief 名

**grill** 2級 B1 [ɡríl グリル]
—名Ⓒ ❶(肉・魚の)焼き網(あみ) ❷焼き肉[魚]料理 ❸簡易食堂, 焼き肉[魚]レストラン
—動他自(肉・魚)を焼き網で焼く; (肉・魚が焼き網で)あぶられる→cook 図

**grilled** 準2級 A2 [ɡríld グリルド] 形(焼き網(あみ)で)焼いた, あぶった

**Grimm**[grím グリム] 名グリム(▶Jakob, ヤコブ・グリム 1785-1863; Wilhelm, ウィルヘルム・グリム 1786-1859; ともにドイツの文献(けん)学者. 兄弟で『グリム童話集』を発表)

**grin** B2 [ɡrín グリン]
—動(過去・過分 grinned[-d]; 現分 grinning)自(歯を見せて)にやり[にこっ]と笑う; にやにや[にこにこ]する→laugh 図
- He *grinned at* me.
彼は私を見てにこっと笑った.
—名Ⓒ歯を見せて笑うこと

**grind**[ɡráind グラインド] 動(過去・過分 ground [ɡráund グラウンド])他 ❶…をひいて粉にする, すりつぶす
- *grind* wheat *into* flour
小麦をひいて粉にする

### grip

❷ (刃物(はもの))を研(と)ぐ, (レンズなど)を磨(みが)く; (歯)をきしらせる

**grip** B2
— 動 (過去・過分 gripped[-t]; 現分 gripping) 他 …をしっかりつかむ[握(にぎ)る]
— 名 ❶《a gripで》しっかりつかむ[握る]こと; 握力(あくりょく) ❷ C 取っ手, 柄(え) ❸ U 支配(力) ❹《a gripで》理解(力)

**groan** [gróun グロウン]
— 動 自他 (苦痛などで)うめく, うなる; (不満で)ぶつぶつ言う; (物が)きしむ; …とうなる
— 名 C うめき声, うなり声

**grocer** [gróusər グロウサァ] 名 C 食料雑貨商(▶缶詰(かんづめ)・瓶詰(びんづめ)・干物(ひもの)などの食品類, 日用雑貨などを扱(あつか)う商店主)
- a *grocer's* (shop)
  ⊛食料雑貨店(=⊛grocery)
派生語 grocery 名

**grocery** 2級 [gróusəri グロウサリィ] 名 (複 groceries[-z]) C ❶⊛食料雑貨店, 食料品店(=⊛grocer's (shop)) ❷《groceriesで》食料品, 雑貨類

**grocery store** 準2級 A2 [gróusəri stɔ́ːr グロウサリィ ストァ] 名 C 食料品店, 食料雑貨店(=grocery)

**groom** B1 [grúːm グルーム] 名 C 新郎(しんろう), 花婿(はなむこ)(=bridegroom)

**grope** [gróup グロウプ] 動 自 手さぐりでさがす

**gross** B2 [gróus グロウス]
— 名 (複 gross)(▶単複同形)《the grossで》総計, 総体, 全体
- *gross* domestic product
  国内総生産(▶GDPと略す)
— 形 ❶ 全体の, 総体の, 総計の
- the *gross* amount [weight]
  総額[重量]
❷ 粗野(そや)な, 下品な, 不快な; まったくひどい

## *ground¹ 5級 A1

[gráund グラウンド](★「グランド」でないことに注意)

名 (複 grounds[-dz -ヅ]) ❶ U《ふつう the groundで》地面; 土地; 土
- under *the ground* 地下に[の]
- *The ground* was frozen.
  地面は凍(こお)っていた.

❷ C《しばしばgroundsで》運動場, グラウンド; …場
- sports *grounds* スポーツ・グラウンド
- camping *grounds* 露営(ろえい)地, キャンプ場

❸《groundsで》(建物の周囲の)庭; 敷地(しきち), 構内
- on the college *grounds* 大学の構内で

❹ C《しばしば groundsで》根拠(こんきょ), 理由
- You have no *grounds for* complaining.
  あなたには文句を言う理由がない.

❺ U C ⊛《電気》アース(=⊛earth)

**ground²** [gráund グラウンド] 動 grind(ひいて粉にする)の過去形・過去分詞

**ground ball** [gráund bɔ́ːl グラウンド ボール] 名 C《野球》ゴロ(=grounder)

**grounder** [gráundər グラウンダァ] 名 C《野球》ゴロ(=ground ball)

**ground floor** B1 [gráund flɔ́ːr グラウンド フロァ] 名《the ground floorで》⊛1階(=⊛the first floor)→floor ❷

**groundwater** [gráundwɔ̀ːtər グラウンドゥウォータァ] 名 U 地下水

## group 4級 A1 [grúːp グループ]

— 名 (複 groups[-s]) C **グループ, 群れ, 集まり, 集団; 団体**
- Make *groups* of five.
  5人でひと組になりなさい.
- The students were divided into two *groups*.
  生徒たちは2つのグループに分けられた.

*in a group* 一団となって
*in groups* グループに分かれて
- They went home *in groups*.
  彼らはグループに分かれて家に帰った.

— 動 (三単現 groups[-s]; 過去・過分 grouped[-t]; 現分 grouping)
— 他 …を集める; …を分類する
- The books were *grouped* by subject.
  本はテーマによって分類された.
— 自 集まる
- The children *grouped* around the man.
  子どもたちはその男の人の周りに集まった.

**grouping** B1 [grúːpiŋ グルーピング] 名 C グループ分け; U C 配置, 配合

**grove** [gróuv グロウヴ] 名 C 小さな森, 林, 木立

## *grow 4級 A1 [gróu グロゥ]

動 自 ❶ 育つ, 成長する
　❷ 増える
　❸ (しだいに)…になる
　他 ❶ (植物)を育てる
　　 ❷ (髪(かみ)・ひげ)を伸(の)ばす

動 (三単現 grows[-z]; 過去 grew[grúː グルー]; 過分 grown[gróun グロウン]; 現分 growing)
— 自 ❶ 育つ, 成長する, 伸びる; (植物が)生える; 発展する
- Bamboo *grows* quickly. 竹は早く成長する.

# Guatemala

- I *grew* five centimeters in six months.
  私は6か月で5センチ背が伸びた.
- He *grew* into a fine young man.
  彼は成長してりっぱな若者になった.

❷《数量などが》**増える**, 大きくなる
- The population in our city is *growing*.
  私たちの市の人口は増えている.

❸《grow＋〈形容詞〉で》(しだいに)**…になる**(＝become, get)
- *grow* old 年を取る
- It is *growing* dark.
  暗くなってきている.
- His hair has *grown* white.
  彼の髪は白くなった.

— 他 ❶(植物)を**育てる**, 栽培(さい)する
- She *grows* a lot of flowers in the garden.
  彼女は庭でたくさんの花を育てている.

❷(髪・ひげ)を**伸ばす**, 生やす
- I am *growing* my hair [beard] long.
  私は髪[ひげ]を長く伸ばしている.

*grow up* 成長する, 大人になる
- I want to be a singer when I *grow up*.
  大きくなったら歌手になりたい.
- Mari *grew up* to be a good teacher.
  マリは成長してりっぱな教師になった.

派生語 growth 名

**growl** 3級 [grául グラウル]
— 動 自 他 ❶(動物が)うなる, (うなり声を)発する
❷不平を言う, ぶつぶつ言う
— 名 C うなり声, ほえ声

# grown 3級 [gróun グロウン]

— 動 grow(育つ；育てる)の過去分詞
— 形 成長した, 大きく[大人に]なった

**grown-up** B2 [gróunʌp グロウナップ]
— 形 成人した, 大人の
— 名 C 成人, 大人(＝adult)

**growth** B1 [gróuθ グロウス] 名 U 成長；発達；増加
- the *growth* of industry
  産業の発達

**grumble** [grʌ́mbl グランブル]
— 動 自 ❶ぶつぶつ言う, 不平を言う(＝complain)
❷(雷(かみなり)などが)ゴロゴロ鳴る
— 名 C ぶつぶつ言うこと, 不平

**grunt** [grʌ́nt グラント]
— 動 自 (豚(ぶた)が)ブーブー鳴く；(人が…を)ぶつぶつ言う
— 名 C ブーブー鳴く声；ぶつぶつ言う声

**GU** Guam(グアム)の郵便略語

**Guam** 4級 [gwáːm グワーム] 名 グアム島(▶西太平洋のマリアナ諸島で最大の島. 米国の自治領. 郵便略語はGU)

**guarantee** B1 [gærəntíː ギャランティー](★アクセント位置に注意)
— 名 C 保証；保証書
- a watch with a year's *guarantee*
  1年の保証(書)つき腕(うで)時計
— 動 他 …を保証する

# guard 準2級 A2 [gáːrd ガード]

— 動 (三単現 guards [-dz -ヅ] 過去・過分 guarded [-id]; 現分 guarding)
— 他 …を**守る**；…を見張る
- The police officers *guarded* the building.
  警官たちはそのビルを見張った.
— 自 (…に)注意する

— 名 (複 guards [-dz -ヅ]) ❶ C 警備員, 守衛, ガードマン(▶「ガードマン」は和製英語)(＝security guard)
- the Changing of the *Guard*
  (バッキンガム宮殿(きゅうでん)の)衛兵の交替(こうたい)式

バッキンガム宮殿での, 衛兵の交替式の様子(英国・ロンドン)

- Two *guards* rushed into the building.
  2人の守衛が建物の中に駆(か)けこんだ.

❷ U 見張ること, 警戒(けいかい)
❸ U C (スポーツで)防御(ぼうぎょ)(の構え), ガード
❹ C 《英》(列車の)車掌(しゃしょう)(＝《米》conductor)

*keep guard* 見張る, 警戒する
*off*(*one's*)*guard* 油断して
- Don't be thrown *off*(*your*)*guard*.
  油断するなよ.
*on guard* 当番で
*on*(*one's*)*guard* 注意して, 警戒して
- You must be *on*(*your*)*guard* against making careless mistakes.
  うっかりミスをしないよう注意しなさい.

派生語 guardian 名

**guardian** [gáːrdiən ガーディアン] 名 C 保護者, 守護者；(法律上の)後見人

**Guatemala** 準2級 [gwàːtəmάːlə グワータマーラ] 名 グアテマラ(▶中米の共和国. 首都はグアテマラ市(Guatemala City))

three hundred and five

## guess 3級 A1 [gés ゲス]

— 動 (三単現 guesses[-iz]; 過去・過分 guessed[-t]; 現分 guessing)
— 他 ❶ …を推測する；…を言い当てる
- I *guess* her to be our new classmate.
彼女は新しいクラスメートだと思います．(=I *guess* (that) she is our new classmate. → ❷)
- *Guess what* [*when*, *where*, *which*, *who*]?
何[いつ, どこ, どれ, だれ]だと思う？
❷《主に⑱》《話》…だと思う(►進行形にしない)
- I *guess* (that) she will quit her job.
彼女は仕事を辞(や)めるだろうと思う．
- "Is he guilty?" "I *guess* so [not]."
「彼は有罪だろうか」「私はそう思う[思わない]」
— 自 推測する；言い当てる
— 名 (複 guesses[-iz]) C 推測, 推量
- at a *guess* = by *guess* 推測で
- I made a *guess at* his height.
私は彼の身長を推測した．

## guest 3級 A1

[gést ゲスト](★同音 guessed)
名 (複 guests[-ts -ツ]) C ❶ (招かれた)客, 来客(⇔host 主人)
- We had six *guests* for [at] dinner.
私たちは夕食に6人のお客さんを招いた．
❷ (ホテルの)宿泊客；(個人の家の)下宿人
❸ (テレビ・ラジオの)ゲスト出演者
*Be my guest.* 《話》どうぞご自由に(お使いください)．

話してみよう！

☺ May I use this telephone?
この電話を使ってもいいですか.
🟠 *Be my guest.*
どうぞご自由に.

### くらべてみよう！ guest と customer と visitor
**guest**: 招かれた客, ホテルの宿泊客など.
**customer**: 商店・レストラン・会社などの客. 得意先の意を含(ふく)み, 銀行の客にも用いる.
**visitor**: 訪問客全般をさし, 観光客も含む.

**guest worker** [gést wə́ːrkər ゲストワーカァ] 名 C (短期間の労働を許可された)外国人労働者
**guidance** B1 [gáidns ガイドゥンス] 名 U 指導；案内；生徒指導, 補導, ガイダンス

## guide 2級 B1 [gáid ガイド]

— 動 (三単現 guides[-dz -ヅ]; 過去・過分 guided[-id]; 現分 guiding) 他 ❶ (人など)を案内する, 導く(=show)
- I'll *guide* you *through* this city.
この町を案内しましょう.
❷ (人)を指導する
- He is responsible for *guiding* me in my studies. 彼は私に勉強を教えてくれる.
— 名 (複 guides[-dz -ヅ]) C ❶ 案内者, (観光)ガイド；指導者(=leader)
- He will be our *guide* during our trip.
彼は旅行中ガイドになってくれる. (►「団体旅行を案内する人」は a tour guide, a tour conductor)
❷ ガイドブック, 手引き(=guidebook)
- a *guide to* computers
コンピュータの手引き
❸ 指標；基準
派生語 guidance 名

**guidebook** 準2級 A2 [gáidbùk ガイドブック] 名 C 案内書, 旅行案内, ガイドブック, 手引き
**guide dog** [gáid dɔ̀g ガイド ドッグ] 名 C ⑱ 盲導犬(もうどうけん)(=⑱ Seeing Eye dog)
**guideline** B2 [gáidlàin ガイドライン] 名 C 指針, ガイドライン
**guilt** B1 [gílt ギルト] 名 U 罪, 有罪(⇔innocence 無罪)
派生語 guilty 形
**guilty** 2級 B1 [gílti ギルティ] 形 (比較 guiltier; 最上 guiltiest) ❶ 罪のある, 有罪の(⇔innocent 無罪の)
- She was *guilty of* robbery.
彼女は盗(ぬす)みの罪を犯(おか)した.
❷ やましい, 気がとがめる
- She felt *guilty for* [*about*] hurting his feelings.
彼女は彼の気持ちを傷つけたことで気がとがめた.
**Guinea** [gíni ギニィ] 名 ギニア(►西アフリカにある共和国. 首都はコナクリ(Conakry).「ギニアビサウ」とは異なる国)
**Guinea-Bissau** [gìnibisáu ギニィビサゥ] 名 ギニアビサウ(►西アフリカにある共和国. 首都はビサウ(Bissau).「ギニア」とは異なる国)

## guitar 5級 A1

[gitáːr ギター](★アクセント位置に注意)
名 (複 guitars[-z]) C ギター
- play the *guitar* ギターを弾(ひ)く
- He plays classical music on the *guitar*.
彼はギターでクラシックの曲を弾く.
派生語 guitarist 名

**guitarist** 2級 B1 [gitá:rist ギターリスト] (★アクセント位置に注意) 名 C ギター奏者, ギタリスト

**gulf** [gʌ́lf ガルフ] 名 C 湾(わん) (▶bayより大きく奥(おく)行きの深いもの)
• the *Gulf* of Mexico メキシコ湾

**Gulf Stream** [gʌ́lf strì:m ガルフ ストゥリーム] 名《the Gulf Streamで》メキシコ湾流

**gull** [gʌ́l ガル] 名 C 〖鳥〗かもめ (=sea gull)

**Gulliver** [gʌ́ləvər ガリヴァ] 名 ガリバー (▶英国の作家ジョナサン・スウィフトの風刺(ふうし)小説『ガリバー旅行記』の主人公)

**gulp** B2 [gʌ́lp ガルプ]
— 動 他 自 (飲食物を)ごくりと飲む, がつがつ飲みこむ; はっと息を飲む
— 名 C ごくりと飲むこと, がつがつ飲みこむこと; はっと息を飲むこと

**gum¹** B2 [gʌ́m ガム] 名 U ❶ ゴム樹液; ⊛ゴム, 生ゴム (▶rubberのほうがふつう); ゴムのり ❷チューインガム (=chewing gum)

**gum²** [gʌ́m ガム] 名 C 《ふつうgumsで》歯茎(はぐき)

# gun A2 [gʌ́n ガン]

名 (複 guns[-z]) C 銃(じゅう), 鉄砲(てっぽう); 大砲; けん銃, ピストル
• fire [shoot] a *gun* 発砲する
• a machine *gun* 機関銃

**gunman** [gʌ́nmən ガンマン] 名 (複 gunmen [gʌ́nmən]) C 銃(じゅう)を持った悪者, 殺し屋

**gunpowder** [gʌ́npàudər ガンパウダァ] 名 U 火薬 (▶単にpowderともいう)

**gush** [gʌ́ʃ ガッシュ] 動 自 他 ふき出る, どっと流れ出る; …をどっとふき出す

**gust** [gʌ́st ガスト] 名 C 突風(とっぷう)
• a *gust* of wind 一陣(いちじん)の風

**gut** B2 [gʌ́t ガット] 名 ❶《gutsで》《話》根性(こんじょう), ガッツ, 勇気 ❷《gutsで》内臓; 腸, はらわた ❸ U (ラケット・楽器の弦(げん)などの)ガット, 腸線

**gutter** [gʌ́tər ガタァ] 名 C ❶ (屋根の)とい ❷ 側溝(そっこう), 排水(はいすい)溝 ❸ 〖ボウリング〗ガター

**guy** 3級 A1 [gái ガイ] 名 C ❶ ⊛《話》男 (=man); やつ (=fellow)

# gym shoe

• a nice *guy* いいやつ
❷⊛《guysで》《話》君たち, みんな; 人々 (▶性別に関係なく用いる)

**Guyana** [gaiá:nə, giǽnə ガイアーナ, ギアナ | gaiá:nə ガイアーナ] 名 ガイアナ (▶南米にある共和国, 首都はジョージタウン (Georgetown))

**Guy Fawkes Day** [gài fɔ́:ks dèi ガイ フォークス デイ] 名 ⊛ガイ・フォークス祭り (▶11月5日. 1605年, 英国国会議事堂に火薬を仕掛(しか)けた首謀(しゅぼう)者のガイ・フォークスが逮捕(たいほ)されたことを記念する祭り)

# gym 2級 B1 [dʒím ヂム]

名 (複 gyms[-z]) ❶ C 《話》**体育館**, ジム (▶gymnasiumの短縮形)
• in the *gym* 体育館で

学校の体育館(米国)

❷ U 《話》(学科の)**体育**, 体操 (▶gymnasticsの短縮形)

**gymnasium** [dʒimnéiziəm ヂムネイズィアム] 名 (複 gymnasiums[-z], gymnasia [dʒimnéiziə ヂムネイズィア]) C 体育館, 室内体操場 (▶《話》ではgymとも言う)

**gymnastics** B1 [dʒimnǽstiks ヂムナスティックス] 名 (▶《話》ではgymとも言う) ❶《複数扱い》体操
❷《単数扱い》(学科の)体育

**gym shoe** [dʒím ʃùː ヂム シュー] 名 C 《ふつう gym shoesで》運動靴(ぐつ), スニーカー

# H, h

H h

**H, h** [éitʃ エイチ] 名 (複 H's, Hs, h's, hs[-iz])
❶ C 英語アルファベットの第8字
❷ U《Hで》hard（硬（かた）い，鉛筆（えんぴつ）のしんの硬度（ど）を表す）の略
❸《hまたはHで》hour（時間）の略；hydrogen（水素）を表す記号

**ha, ha.** hectare(s)（ヘクタール）の略

**ha** [háː ハー]（▶hahともつづる）間 おや，はあ，まあ（▶喜び・驚（おどろ）き・得意・困惑（こんわく）・(ha-haで) 笑い声などを表す）

## habit 3級 A1 [hǽbit ハビット]

名 (複 habits[-ts -ツ]) U C 習慣，癖（くせ）
- break the *habit* of staying up late
  夜ふかしの習慣をやめる
- fall [get] into a bad *habit* 悪い癖がつく
- He is in the *habit* of taking a morning walk. = It is his *habit* to take a morning walk.
  彼は、朝に散歩をする習慣がある．

**くらべてみよう！** **habit** と **custom**
**habit**: 個人の身についた習慣や癖
**custom**: 社会のしきたりや慣習

**habitat** B1 [hǽbitæt ハビタット] 名 C 生息地
**hacker** [hǽkər ハッカァ] 名 C《コンピュータ》ハッカー（▶コンピュータシステムに不正に侵入（しんにゅう）する人）

## had 4級 A1

[d ド, əd アド, həd ハド,《強く言うとき》hǽd ハッド]
— 動 have（持っている）の過去形・過去分詞
— 助 have の過去形（▶had＋〈過去分詞〉で過去完了形をつくる）
***had better*** +〈動詞の原形〉…すべきである，…したほうがよい → **better** 副（成句）
***had to*** +〈動詞の原形〉…しなければならなかった → **have**（成句 have to +〈動詞の原形〉）

**hadn't** [hǽdnt ハドゥント]《話》had not の短縮形
**ha-ha** [hɑ́ːhɑ́ː ハーハー] 間 あはは，はは（▶笑い声）→ ha
**hail** B2 [héil ヘイル]
— 名 U あられ，ひょう
— 動 自《it を主語にして》あられ[ひょう]が降る
- It *hailed* this afternoon.
  午後あられ[ひょう]が降った．

## *hair 5級 A1 [héər ヘアァ]（★同音 hare 野うさぎ）

名 (複 hairs[-z]) ❶ U 髪（かみ）の毛 → body 図，face 図，(人・動物の)毛；体毛
- long [short] *hair* 長い[短い]髪
- I'm growing my *hair* long.
  私は今髪を伸（の）ばしているところだ．
- She has dark [black] *hair*.
  彼女は黒い髪をしている．
- I had my *hair* cut. 私は髪を切ってもらった．
  (▶この cut は過去分詞．have +〈目的語〉+〈過去分詞〉で「…してもらう」の意)
- Brush [Comb] your *hair*.
  髪をとかしなさい．
❷ C (1本の)毛
- I have a few gray *hairs*.
  私は少し白髪（しらが）がある．

**ここがポイント！** hair は数えられる？
髪の毛全体をさすときは数えられない名詞として **hair** で表し，1本1本をさすときは数えられる名詞として **a hair**, **hairs** で表します．

派生語 **hairy** 形

**hairbrush** [héərbrʌ̀ʃ ヘアブラッシュ] 名 (複 hairbrushes[-iz]) C ヘアブラシ
**haircut** 4級 A1 [héərkʌ̀t ヘアカット] 名 C 散髪（さんぱつ）；髪（かみ）の刈（か）り方，ヘアスタイル → hairdo
**hairdo** [héərdùː ヘアドゥー] 名 (複 hairdos[-z]) C《話》(主に女性の)髪形（かみがた），ヘアスタイル
**hairdresser** 2級 B1 [héərdrèsər ヘアドゥレッサァ] 名 C 美容師（＝hairstylist）(▶「美容院」は hairdresser's)
**hairdrier** B1 [héərdràiər ヘアドゥライア]
(▶hairdryer ともつづる) 名 C ヘアドライヤー（＝drier, dryer）
**hairstyle** [héərstàil ヘアスタイル] 名 C ヘアスタイル，髪型（かみがた）
**hairstylist, hair stylist** [héərstàilist ヘアスタイリスト] 名 C 美容師，ヘアスタイリスト（＝hairdresser）
**hairy** B2 [héəri ヘアリィ] 形 (比較 hairier; 最上 hairiest) 毛深い，毛だらけの；毛でできた
- a *hairy* caterpillar 毛虫
**Haiti** [héiti ヘイティ] 名 ハイチ（▶西インド諸島の共和国．首都はポルトープランス(Port-au-Prince)）

**halal** [həlǽl ハラル | həlá:l ハラール] 形 (食品などが)ハラルの(►イスラム教の戒律(かつ)に従って処理された)

## *half 4級 A1

[hǽf ハフ | há:f ハーフ] (★このlは発音しない)

名 ❶ 半分, 2分の1
❷ 半時間, 30分
❸ (試合などの)前半[後半]
形 半分の
副 半分(だけ)

━ 名 (複 halves [hǽvz ハヴズ | há:vz ハーヴズ])

❶ C|U 半分, 2分の1 → quarter 図
- one year and a *half* 1年半(►形のhalfを使ってone and a half yearsとも言える)
- the smaller *half* of the apple りんごの小さいほうの半分
- cut in *half* = cut into *halves* 半分に切る
- Two *halves* make a whole. 半分が2つで1つ[全体]になる.

**ここがポイント!** half of +〈名詞〉の使い方

**half of** +〈名詞〉が主語になるとき, 動詞は名詞の単数・複数に合わせます.
- *Half of the banana* **is** still good. そのバナナ(1本)の半分はまだ食べられる.
- *Half of the bananas* **are** still good. そのバナナ(数本)の半分はまだ食べられる.

half of the banana / half of the bananas

❷ U 半時間, 30分, …半
- It's *half* past nine. 9時半だ. (= It's nine thirty.)

❸ C (試合・競技などの)前半[後半]
- the first [second] *half* 前半[後半]

**by halves** 不完全に, いい加減に(►主に否定文で用いる)

━ 形 半分の
- *half* an hour = 《主に⊛》a *half* hour 30分
- two and a *half* months 2か月半(►**months**と複数形になることに注意, 名のhalfを使ってtwo months and a halfとも言える)
- a *half* cup of milk カップ半分のミルク
- a *half* moon 半月 → moon 図

━ 副 半分(だけ)
- The glass is *half* empty. グラスは半分空(から)だ.
- My work is *half* done. 仕事は半分済んだ.
- My team has only *half* as many players as theirs. 私のチームには彼らのチームの半分しか選手がいない.

**half-price** A2 [hǽfpràis ハフプライス | há:f- ハーフ-] (★このlは発音しない) 形 半額の, 半値の

**half time** [hǽf tàim ハフ タイム | há:f - ハーフ -] (★このlは発音しない) 名 U (フットボールなどの)ハーフタイム(►前半と後半の間の休み)

**halfway** [hǽfwèi ハフウェイ | há:f- ハーフ-] (★このlは発音しない)
━ 副 途中(ちゅう)で, 途中まで
- We were *halfway* through the dinner. 私たちは食事の途中だった.
━ 形 途中の, 中間の

## hall 4級 A1 [hó:l ホール]

名 (複 halls [-z]) C ❶ 会館, 公会堂; ホール, 大広間
- a city *hall* 市役所

❷ 玄関(げん); 玄関の広間; ⊛ 廊下(ろう) (= hallway)

**hallelujah** [hæ̀lelú:jə ハレルーヤ] (►alleluiaともつづる) 間 ハレルヤ(►ヘブライ語で「神をたたえよ」の意味)

**hallo** [həlóu ハロゥ] 間 ⊛ = ⊛ hello

**Halloween** 4級 [hæ̀louí:n ハロウィーン] (►Hallowe'enともつづる) 名 ハロウィーン(►10月31日. 諸聖人の祝日(→ All Saints' Day)の前夜祭) → 祝休日と行事〔口絵〕

**これ, 知ってる?** ハロウィーンの行事

米国などでは10月31日の夜, 子どもたちが魔女(じょ)やお化けなどの仮装をしてかぼちゃちょうちん(jack-o'-lantern)を持ち"Trick or treat."(ごちそうしてくれなきゃいたずらするぞ)と言いながら家々を訪ねてお菓子(し)をもらいます.

**hallway** [hó:lwèi ホールウェイ] 名 C 玄関(げん);

## halves

廊下(ろうか)

**halves** [hǽvz ハヴズ | háːvz ハーヴズ] (★このlは発音しない) 名 half(半分)の複数形

**ham¹** 準2級 A2 [hǽm ハム] 名 U ハム
- two slices of *ham* ハム2切れ
- *ham* and eggs ハムエッグ

**ham²** [hǽm ハム] 名 C アマチュア無線家

# hamburger 5級 A1

[hǽmbəːrgər ハンバーガァ]

名 (複 hamburgers[-z]) ❶ C ハンバーガー
❷ U 米 牛のひき肉

**Hamlet** [hǽmlit ハムリット] 名 ハムレット (▶シェークスピアの4大悲劇の1つ; またその主人公)

**hammer** B1 [hǽmər ハマァ] 名 C ハンマー, 金づち

**hammock** [hǽmək ハマック] 名 C ハンモック

**hamster** 5級 [hǽmstər ハムスタァ] 名 C 《動物》ハムスター

## *hand 5級 A1 [hǽnd ハンド]

> 名 ❶ 手
> ❷ 人手; 手助け
> ❸ (時計の)針
> ❹ (通りなどの)側
> ❺ 《a hand で》拍手(はくしゅ)
> 動 他 …を手渡(てわた)す

— 名 (複 hands[-dz -ヅ]) ❶ C 手 (▶手のひらと指の部分をさす) → body 図
- my [your] right [left] *hand*
  私[あなた]の右[左]手
- Raise your *hand*. 手を挙げなさい.
- What do you have in your *hand*?
  あなたは手に何を持っていますか.
- She took me by the *hand*. 彼女は私の手を取った. (▶by my hand としない)
- Tom walks with his *hands* in his pockets.
  トムはポケットに手を突(つ)っこんで歩く.
- *HANDS* OFF 《掲示》手を触(ふ)れるな

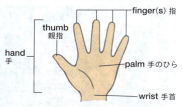

finger(s) 指
thumb 親指
hand 手
palm 手のひら
wrist 手首

❷ C 人手, 働き手; 《ふつう a hand で》手助け, (援助(えんじょ)の)手
- The store is short of *hands*.
  そのお店は人手が足りない.
- Give me a *hand* with this table.
  このテーブルを動かすのを手伝ってよ.

❸ C (時計の)針
- the hour *hand* 時針, 短針
- the minute *hand* 分針, 長針

❹ C (通りなどの)側 (= side)

❺ 《a hand で》拍手
- Please give her a big *hand*. どうぞ彼女に盛大(せいだい)な拍手を. (▶hands にしない)

***at first hand*** 直接に, じかに

***at hand*** 近づいて; 手もとに, 近くに (▶時間的にも空間的にも用いる)
- The school festival is near [close] *at hand*. 文化祭が近づいている.

***by hand*** (機械でなく)手で

***from hand to mouth*** その日暮らしで
- He lives *from hand to mouth*.
  彼はその日暮らしをしている.

***hand in hand*** 手に手を取って; 協力して

***Hands up!*** 《話》 (脅(おど)し) 手を挙げろ.; (賛成の印(しるし)として)手を挙げなさい.

***join hands (with …)*** (…と)手と手を取り合う, 手をつなぐ (▶hands と複数形にする)

***on hand*** 手もとに, 手持ちの
- Do you have small change *on hand*?
  小銭(こぜに)を持ち合わせていますか.

***on (the) one hand …, on the other (hand)*** ~ 一方では…, また一方では~
- *On (the) one hand*, a car is convenient, but *on the other (hand)*, it costs me a lot.
  車は便利だが, その一方でお金がかかる.

***on the other hand*** 一方; 逆に
- I love winter, but *on the other hand*, my sister hates the cold and likes summer.
  私は冬が大好きだが, 逆に, 姉[妹]は寒いのが大嫌(きら)いで夏が好きだ.

***shake hands (with …)*** (…と)握手(あくしゅ)する (▶hands と複数形にする)

— 動 (三単現 hands[-dz -ヅ]; 過去・過分 handed[-id]; 現分 handing) 他 …を手渡す, 取ってやる; …に手を貸す
- Please *hand* me the book. = Please *hand* the book *to* me.
  その本を取ってください.

***hand down …*** …を(後世に)伝える

***hand in …*** …を提出する; …を差し出す
- *Hand in* your report tomorrow.
  あしたレポートを提出しなさい.

***hand out …*** (プリントなど)を配る, 分け与(あた)える (▶handout は名詞で「印刷物, プリント」の意)

*hand over ...* …を手渡す, 引き渡す
派生語 handful 名, handy 形

**handbag** 準2級 A2 [hǽndbæg ハンドバッグ]
名 C ハンドバッグ(►⦅米⦆では purse とも言う)

**handball** B1 [hǽndbɔ:l ハンドボール] 名 ❶ U ⦅スポーツ⦆ハンドボール ❷ U ⦅スポーツ⦆米式ハンドボール(►硬いゴムのボールを壁に投げつけ, 相手に受けさせる) ❸ C ハンドボール用のボール

**handbook** [hǽndbùk ハンドブック] 名 C 案内書, 手引き; 旅行案内; ハンドブック

**handful** [hǽndful ハンドフル] 名 C 1つかみ(の量); 少量, 少数
• a *handful* of sand 1つかみの砂

**handicap** B2 [hǽndikæp ハンディキャップ](★アクセント位置に注意) 名 C ❶ 身体[精神]的障がい(►最近では代わりに disability が多く用いられる) ❷ ⦅スポーツ⦆ハンディキャップ, ハンディ(►競技者の優劣を平均するために能力の高い者に負わせる不利な条件); (一般に)不利な条件
派生語 handicapped 形

**handicapped** A2 [hǽndikæpt ハンディキャップト] 形 心身に障がいのある(►主に⦅米⦆. ⦅英⦆では代わりに disabled が, ⦅米⦆では physically [mentally] challenged も用いられる)

**handicraft** B2 [hǽndikræft ハンディクラフト|-krà:ft -クラーフト] 名 C ⦅handicrafts で⦆手工芸(品); 手芸

# **handkerchief** 2級 B1

[hǽŋkərtʃi:f ハンカァチーフ](★この d は発音しない)
名 (複 handkerchiefs[-s], handkerchieves [hǽŋkərtʃi:vz ハンカァチーヴズ]) C ハンカチ

# **handle** 準2級 A2 [hǽndl ハンドゥル]

— 名 (複 handles[-z]) C 柄, **取っ手**, (カップなどの)持ち手, ハンドル(►「自動車のハンドル」は (steering) wheel. 「自転車のハンドル」は全体は handlebars, 握りの部分は handle)
• a door *handle* ドアの取っ手

handle / handle / handle / handle / handle / handle

— 動 (三単現) handles[-z]; 過去・過分 handled[-d]; 現分 handling) 他 (道具・物など)**を取り扱う**; (問題)に対処する, (人・動物など)を扱う
• *HANDLE* WITH CARE ⦅掲示⦆取り扱い注意

**handlebar** [hǽndlbà:r ハンドゥルバー] 名 C ⦅ふつう handlebars で⦆(自転車などの)ハンドル

**handmade** [hǽndméid ハンドメイド] 形 手製の, 手作りの(►食べ物には homemade を使う)

**handout** B2 [hǽndàut ハンドアウト] 名 C (資料として配られる)印刷物, プリント; (無料で配布される)パンフレット, 広告びら

**handrail** B2 [hǽndreil ハンドゥレイル] 名 C (階段などの)手すり

**handshake** B1 [hǽndʃeik ハンドシェイク] 名 C 握手

# **handsome** A1

[hǽnsəm ハンサム](★この d は発音しない)
形 (比較 handsomer, more handsome; 最上 handsomest, most handsome) ❶ (一般的に男性の)**ハンサムな**, 美しい, 整った; (女性が)堂々とした, りりしい → beautiful くらべて!
• a *handsome* man 美男子
❷ (数・量が)かなりの, 相当な; 気前のよい
• a *handsome* amount of money かなりの(額の)お金

**handstand** [hǽndstænd ハンドスタンド] 名 C 逆立ち, 倒立
• do a *handstand* 逆立ちをする

**handwriting** B1 [hǽndràitiŋ ハンドライティング] 名 U 筆跡; 手書き, 肉筆

**handy** B1 [hǽndi ハンディ] 形 (比較 handier; 最上 handiest) ❶ (道具などが)使いやすい, 便利な, 手ごろな; 手近にあってすぐ使える
• a *handy* tool 使いやすい道具
❷ (人が)器用な; (…を)うまく使いこなす
• She is *handy with* a saw.
彼女はのこぎりを使うのがうまい.

# **hang** 2級 B1 [hǽŋ ハング]

動 (三単現 hangs[-z]; 過去・過分 hung[hʌ́ŋ ハング]; 現分 hanging)
— 他 ❶ …**を掛ける**, つるす, 下げる
• *hang* the laundry out
洗濯物を外に干す
• I want to *hang* a picture *on* this wall.
この壁に絵[写真]を掛けたい.
❷ …を首をつるして殺す, 絞首刑にする
(►この意味では過去・過分は hanged[-d])
— 自 (物が)**掛かる**
• A portrait *hung* on the wall.
肖像画が壁に掛かっていた.

# hanger

***hang around*** [***about***]《話》(何もせず)ぶらぶらしている, ぶらつく

***hang in there*** あきらめず頑張(がんば)る, 持ちこたえる (▶疲(つか)れている人を励(はげ)ます言葉)

***hang on*** しがみつく；辛抱(しんぼう)して頑張る；待つ,《電話で》切らないで待つ (=hold on)
- The boy *hung on to* the rope.
  少年はロープにしがみついた.
- *Hang on*, please.
  このまま電話を切らずにお待ちください.

***hang up*** 電話を切る；(物)を掛ける, つるす
- I have to *hang up* now.
  《電話で》もう切らなくちゃ.

**hanger** [hǽŋər ハンガァ] 名C 洋服掛(か)け, ハンガー

**hang glider** [hǽŋ glàidər ハング グライダァ] 名C ハンググライダー

**Hangul** [há:ngu:l ハーングール | hǽŋ- ハン-] 名U ハングル (▶朝鮮(ちょうせん)・韓国(かんこく)の文字)

# happen 4級 A1 [hǽpən ハパン]

動 (三単現 happens [-z]; 過去・過分 happened [-d]; 現分 happening) 自 ❶ (出来事が)(…に) **起こる**, 生じる
- What *happened to* you?
  何があったの[どうしたの]？
- Many strange things *happened to* him.
  彼に多くの不思議な出来事が起こった.
- What's *happening*? どうしたのだ, 何事だ.; ⑱どうしてる？ (▶気軽なあいさつ)

❷ (happen to +〈動詞の原形〉で) **たまたま…する**, 偶然(ぐうぜん)…する (▶進行形にしない)
- We *happened to* get on the same train.
  私たちはたまたま同じ電車に乗った.
- Do you *happen to* know her name?
  もしかして彼女の名前をご存じですか. (▶ Do you know …? よりもていねいな言い方)

***It*** (***so***) ***happens that …*** 偶然…である
- *It* (*so*) *happened that* we found a Japanese restaurant.
  私たちは偶然日本食レストランを見つけた.

派生語 happening 名

## happening 準2級 [hǽpniŋ ハプニング]
- 動 happen (起こる)の現在分詞・動名詞
- 名C (しばしば happenings で) 出来事, 事件 (▶「思いがけない」というニュアンスはない)

**happier** [hǽpiər ハピァ] 形 happy (幸せな)の比較(ひかく)級

**happiest** [hǽpiist ハピィイスト] 形 happy (幸せな)の最上級

**happily** 準2級 A2 [hǽpili ハピィリィ] 副 ❶ 幸せに, 楽しく
- The students are talking *happily*.
  生徒たちは楽しそうに話している.

❷ 運よく, 幸いにも (= fortunately) (▶文頭に置いて文全体を修飾(しゅうしょく)する)
- *Happily*, no one was injured.
  運よくだれもけがをしなかった.

**happiness** 準2級 A2 [hǽpinis ハピニス] 名U 幸せ, 幸福, 楽しさ；満足；幸運

# *happy 5級 A1 [hǽpi ハピィ]

形 (比較 happier; 最上 happiest) **幸せな**, 幸福な, **うれしい** (= glad), 楽しい (⇔ unhappy 不幸な)；満足した
- a *happy* ending ハッピーエンド (▶「ハッピーエンド」は和製英語)
- *Happy* birthday (to you)!
  お誕生日おめでとう.
- I'm not *happy about* [*with*] this situation. 私はこの状況(じょうきょう)に不満だ.

**be happy to +〈動詞の原形〉**
…してうれしい
- I'*m happy to* have you here. よくおいでくださいました. (▶来客へのあいさつ)
- I'll *be happy to* visit you. 喜んでお伺(うかが)いします. (▶未来表現では「喜んで…する」の意味)

**be happy (that) …**
…ということがうれしい
- They *are* very *happy* (*that*) their son passed the entrance exam. 彼らは息子(むすこ)が入試に合格してとても喜んでいる.

派生語 happily 副, happiness 名

**harassment** [hərǽsmənt ハラスマント | hǽrəs- ハラス-] 名U 苦しめること, 悩み(の種)
- sexual *harassment*
  性的嫌(いや)がらせ, セクハラ

**harbor** B1 [há:rbər ハーバァ] (▶⑱では harbour とつづる) 名CU 港

> **くらべてみよう！** harbor と port
> **harbor**: 船が発着・停泊(ていはく)する場所
> **port**: harbor のある港(町)

***in harbor*** 停泊中で

# *hard 4級 A1 [há:rd ハード]

形 ❶ かたい
❷ 難しい
❸ 熱心な
❹ 厳しい
副 ❶ 一生懸命(けんめい)に
❷ 激しく

(比較 harder; 最上 hardest)
─形

❶ **かたい**, しっかりした(⇔soft やわらかい)
- a *hard* mattress 固いマットレス
- The diamond is the *hardest* stone. ダイヤモンドは最も硬い石.

❷ **難しい**, 困難な(=difficult, ⇔easy やさしい)
- a *hard* exam 難しい試験
- It was *hard* for me to understand the lecture. その授業を理解することは私には難しかった.
- My grandfather is *hard of* hearing. 祖父は耳が遠い.(⇔聞くことが難しい)

❸ **熱心な**, 勤勉な
- She is a *hard* worker. 彼女は働き者[努力家]だ.(►副のhardを使ってShe works hard. とも言える)

❹ 厳しい；つらい, 苦しい
- a long *hard* winter 長く厳しい冬
- have a *hard* time つらい目に遭(あ)う, 苦労する
- Don't be too *hard* on me. 私にあまりつらく当たらないで.

─副 ❶ **一生懸命に**, 熱心に
- She studies *hard*. 彼女は一生懸命勉強する.

❷ 激しく, 強く, ひどく
- It's snowing *hard*. 雪が激しく降っている.
- I hit the ball *hard*. ボールを強く打った.

派生語 harden 動, hardship 名

**hard-boiled**[háːrdbɔ́ild ハードボイルド] 形 ❶ (卵が)固ゆでの(⇔soft-boiled 半熟の) ❷ (人・小説が)感傷的でない

**hardcover**[háːrdkλvər ハードカヴァ] 名 C ハードカバーの本(►表紙がかたい単行本)

**hard disk**[háːrd dìsk ハード ディスク] 名 C 〖コンピュータ〗ハードディスク

**harden**[háːrdn ハードゥン] 動 他 自 …をかたくする, 固める; かたくなる, 固まる

**hardly** 準2級 A2 [háːrdli ハードゥリィ] 副 ほとんど…ない(=scarcely)(►hardlyはふつう修飾

する語のすぐ前に, be動詞・助動詞があるときはそのすぐ後に置く)
- There was *hardly* any food in the fridge. 冷蔵庫にはほとんど食物がなかった.
- I can *hardly* swim. 私はほとんど泳げない.

**hardship** B1 [háːrdʃip ハードシップ] 名 U C 苦難

**hardware** B2 [háːrdwèər ハードウェア] 名 U 金物類；〖コンピュータ〗ハードウエア(►コンピュータの機械部分)(⇔software ソフトウエア)

**hardworking**[hàːrdwáːrkiŋ ハードワーキング] 形 勤勉な, よく働く, 熱心な

**hare**[héər ヘア] (★同音 hair 髪(かみ)の毛) 名 (複 hares[-z], hare) C 〖動物〗野うさぎ (►rabbitより大きく, 耳と後ろ足が長い)

**harm** 準2級 A2 [háːrm ハーム]
─名 U 害, 損害；悪意, 悪気
- I meant no *harm*. 悪意でした[言った]のではない, 悪気はなかった.

*do … harm* = *do harm to …* …に危害を加える；…を害する
- We should not *do harm to* the environment. 私たちは環境(かんきょう)を害してはならない.

─動 他 …に害を加える, …を傷つける
派生語 harmful 形, harmless 形

**harmful** 準2級 A2 [háːrmfəl ハームフル] 形 有害な, 害のある(⇔harmless 無害な)
- Smoking is *harmful to* your health. 喫煙(きつえん)は健康に害を及(およ)ぼす.

**harmless** B2 [háːrmlis ハームリス] 形 無害な, 害のない(⇔harmful 有害な)

**harmonica** 5級 [haːrmánikə ハーモニカ |-mɔ́ni- -モニ-] 名 C 〖楽器〗ハーモニカ

**harmony** 準2級 A2 [háːrməni ハーマニィ] 名 (複 harmonies[-z]) U C ❶ 調和, 一致(いっち) ❷ 〖音楽〗和声, 和音

*in harmony with …* …と調和して；…と仲良く

**harness** B1 [háːrnis ハーニス] 名 (複 harnesses[-iz]) ❶ U C 引き具, 馬具；(犬の)ハーネス

❷ C シートベルト；(高所作業用の)安全ベルト (=safety belt)

**harp** 2級 [háːrp ハープ] 名 C 〖楽器〗ハープ, 竪琴(たてごと)

## Harry Potter

**Harry Potter** [hǽri pɑ́tər ハリィ パタァ] 名 ハリー・ポッター (▶英国の作家 J・K・ローリングによるファンタジー小説の主人公)

**harsh** [hɑ́ːrʃ ハーシュ] 形 (目・耳に) 不快な; 厳しい, 残酷(ざんこく)な; (きめなどが) 粗(あら)い, ざらざらした
- *harsh* climate 過酷(かこく)な気候

**Harvard University** [hɑ̀ːrvərd juːnəvə́ːrsəti ハーヴァード ユーナヴァースィティ] 名 ハーバード大学 (▶米国マサチューセッツ州ケンブリッジにある米国最古の大学. 1636年創立)

## harvest 準2級 A2 [hɑ́ːrvist ハーヴィスト]

— 名 (複 harvests[-ts -ツ]) ❶ C 収穫(しゅうかく), 取り入れ
- the *harvest* of wheat 小麦の収穫
- *harvest* time 収穫期

❷ C 収穫物; 収穫高; C U 収穫期
- a good [rich] *harvest* 豊作
- a bad [poor] *harvest* 不作, 凶作(きょうさく)
- We had a *large* [*small*] *harvest* of tomatoes. トマトの収穫が多かった[少なかった].

— 動 (三単現 harvests[-ts -ツ]; 過去・過分 harvested [-id]; 現分 harvesting) 他 自 …を収穫する, 取り入れる; 収穫する

## has 5級 A1

[s ス, z ズ, əz アズ, həz ハズ, 《強く言うとき》hǽz ハズ]

— 助 have (持っている) の三人称(にんしょう)単数現在形
- Mari *has* a notebook in her hand. マリは手にノートを持っている.

— 助 have の三人称単数現在形 (▶has＋〈過去分詞〉で現在完了形をつくる)
- He *has* just finished breakfast. 彼は朝食を終えたところだ. (▶完了)
- She *has* been to Chicago a few times. 彼女はシカゴに何度か行ったことがある. (▶経験)
- He *has* known her for ten years. 彼は10年来, 彼女を知っている. (▶継続)

**hasn't** [hǽznt ハズント] 《話》has not の短縮形

**haste** B2 [héist ヘイスト] 名 U 急ぐこと; 慌(あわ)てること
- *Haste* makes waste. 《ことわざ》せいては事をし損じる.

*in haste* 急いで, 慌てて

派生語 hasten 動, hastily 副, hasty 形

**hasten** [héisn ヘイスン] (★このtは発音しない) 動 自 …を急がせる, (速度など) を速める; 急ぐ

**hastily** B2 [héistili ヘイスティリィ] 副 急いで, 慌(あわ)てて

**hasty** B1 [héisti ヘイスティ] 形 (比較 hastier; 最上 hastiest) 急ぎの, 慌(あわ)ただしい; 軽率(けいそつ)な
- They made a *hasty* departure. 彼らは慌ただしく出発した.

## hat 5級 A1 [hǽt ハット]

名 (複 hats[-ts -ツ]) C (縁(ふち)のある) 帽子(ぼうし)

straw hat 麦わら帽
baseball cap 野球帽
ski cap [hat] スキー帽
beret ベレー帽

- wear a *hat* 帽子をかぶっている
- put on a *hat* 帽子をかぶる
- take off a *hat* 帽子を取る

**hatch¹** B1 [hǽtʃ ハッチ] 動 (三単現 hatches[-iz])
— 他 (ひな・卵を) かえす, ふ化する
- Two chicks were *hatched* yesterday. きのう, ひなが2羽かえった.

— 自 (ひな・卵が) かえる

**hatch²** [hǽtʃ ハッチ] 名 (複 hatches[-iz]) C (船の甲板(かんぱん)や飛行機の) 昇降(しょうこう)口, ハッチ; (壁(かべ)に開けた) 窓口, (台所と食堂の間などの) カウンター

**hatchet** [hǽtʃit ハチット] 名 C 手おの

**hate** 準2級 A2 [héit ヘイト]
— 動 他 ❶ …を憎(にく)む, ひどく嫌(きら)う (⇔love 愛する)
- I *hate* snakes. 私は蛇(へび)が大嫌いだ.

❷《hate to ＋〈動詞の原形〉または hate ＋〈-ing形〉で》…することを嫌う
- I *hate to* get up early. 私は早く起きるのがとても嫌(いや)だ.

— 名 U 憎しみ, 憎悪(ぞうお) (＝hatred)

派生語 hatred 名

**hatred** B1 [héitrid ヘイトゥリッド] 名 U 憎(にく)しみ, 強い反感, 憎悪(ぞうお) (⇔love 愛)

**hat trick** [hǽt trik ハット トゥリック] (▶愛では hat-trick とつづる) 名 C 『スポーツ』ハットトリック (▶サッカーなどで1人の選手が1試合で3点以上得点すること)

**haunt** B2 [hɔ́ːnt ホーント] 動 他 ❶ (幽霊(ゆうれい)などが) …に出る, 出没(しゅつぼつ)する ❷ (考えなどが

人)につきまとう ❸ …によく行く
派生語 haunted 形
**haunted** [hɔ́:ntid ホーンティド] 形 幽霊(れい)の出
没(ぼつ)する[よく出る]
- a *haunted* house お化け屋敷(しき)

## *have 5級 A1

[v ヴ(▶母音のあと), əv アヴ, həv ハヴ, 《強く言うとき》hæ
v ハヴ]

動 他 ❶ …を持っている
❷ (特徴・性質など)がある
❸ …を食べる
❹ …を経験する
❺ …を取る
❻ …をする
❼ …を〜させる
❽ …に〜させる
助 《have +〈過去分詞〉で》
❶ (完了・結果)もう…してしまった
❷ (経験)…したことがある
❸ (継続)ずっと…している
❹ (現在完了進行形)ずっと…している

━動 (三単現 **has** [s ス, z ズ, əz アズ, həz ハズ, 《強く言うとき》hæz ハズ]; 過去・過分 **had** [d ド, əd アド, həd ハド, 《強く言うとき》hæd ハッド]; 現分 **having**)他

### ここがポイント! haveの変化形

|  | 単数 | 複数 |
|---|---|---|
| 一人称(にんしょう) | I have | we have |
| 二人称 | you have | you have |
| 三人称 | he, she, it, 単数名詞 } has | they, 複数名詞 } have |

❶ (手に)…を持っている; …を所有してい
る; (家族・友達など)がいる; (動物)を飼っている(▶進行形にしない)
- I *have* some coins in my pocket.
  ぼくはポケットに硬貨(か)を何枚か持っている.
- My grandmother *has* a cottage.
  祖母は別荘(そう)を所有している.
- She *had* a nice bike.
  彼女はかっこいい自転車を持っていた.
- I don't *have* any money *with* me. お金を
  全然持ち合わせていない.(▶have ... with で
  「…を持ち合わせている」の意味)
- Do you *have* any friends in Canada?
  あなたにはカナダに友人がいますか.
- Kenji *has* three little birds.
  ケンジは小鳥を3羽飼っている.

❷ (特徴・性質など)がある; (考え・感情など)を
持っている(▶進行形にしない)
- She *has* black hair. 彼女の髪(かみ)は黒い.
- Our house *has* a huge living room.
  私たちの家には広々とした居間がある.
- I *have* no idea of how to solve this
  problem. 私にはこの問題の解き方がまったく
  わからない.

### ここがポイント! haveの使い方

❶❷の意味では、米英とも《話》ではhaveの
代わりにしばしばhave gotを使います.
→ have got

❸ …を食べる(=eat), 飲む(=drink) →eat
くらべて!
- I am *having* breakfast now.
  私は今, 朝食を食べているところだ.

話してみよう!

☺ Will you *have* another cup of tea?
  もう1杯(ぱい)紅茶をお飲みになりますか.
😊 No, thank you. I've *had* enough.
  いいえ, けっこうです. 十分いただきました.

❹ …を経験する;(時)を過ごす;(病気)にかかっている
- We *had* a lot of snow last year.
  去年は雪がたくさん降った.
- He *had* a bad accident three years ago.
  彼は3年前, ひどい事故にあった.
- We are *having* a lot of fun at the party.
  私たちはパーティーを楽しく過ごしているところだ.
- I *had* a very good time tonight.
  今晩はとても楽しかった.
- *Have* a nice day! 楽しい一日を.
- I *have* a cold. 私は風邪(かぜ)を引いている.

# have

❺ (物)を取る, 受け取る, もらう；(パーティーなど)を開く；(授業・レッスンなど)を受ける
- *have* a party パーティーを開く
- *have* a piano lesson
  ピアノのレッスンを受ける
- *Have* a seat. 座(すわ)ってください.
- Can I *have* your email address?
  メールアドレスを教えてもらえますか.
- I *had* a call early this morning.
  けさ早く電話がかかってきた.

❻ 《have＋〈動作を表す名詞〉で》…をする, 行う
- I *had* a good sleep.
  私はよく眠(ねむ)った.（=I slept well.）

### ここがポイント! have＋〈動作を表す名詞〉

have＋〈動作を表す名詞〉はしばしばその名詞の動詞形で同じ意味を表せます. 名詞を使う表現は特に《話》でよく使われます.
- *have* a break 休憩(きゅうけい)する ＝ 動break
- *have* a chat 雑談する ＝ 動chat
- *have* a dance 踊(おど)る ＝ 動dance
- *have* a discussion 討議する
  ＝ 動discuss
- *have* a dream 夢を見る ＝ 動dream
- *have* a fight けんかをする ＝ 動fight
- *have* a rest 休む ＝ 動rest
- *have* a swim 泳ぐ ＝ 動swim
- *have* a talk 話す ＝ 動talk
- *have* a walk 散歩する ＝ 動walk

### have＋〈形容詞〉＋〈動作を表す名詞〉
- *have* a **good** dream よい夢を見る
- *have* a **long** talk 長話をする

good, longのような形容詞をつけることで, 動作の様子を説明できます.

❼ …を～させる, ～してもらう；～される（＝get）(▶以下の文型で使う)

### have＋〈物〉＋〈過去分詞〉
〈物〉を～させる, してもらう；〈物〉を～される
- I *had* my hair cut.
  私は髪を切ってもらった. (▶I cut my hair. は「自分で自分の髪を切る[切った]」の意)
- He *had* his bag stolen.
  彼はかばんを盗まれた.

❽ …に～させる, ～してもらう(▶「当然のこととして～してもらう」という意味合いがある. 以下の文型で使う)→ make 《くらべて!》

### have＋〈人〉＋〈動詞の原形〉
〈人〉に…させる[してもらう]
- I *had* the server bring some water to us.
  私はウエーターに私たちのところへ水を持ってきてもらった.

─ 助 (三単現 has[s ス, z ズ, əz アズ, həz ハズ, 《強く言うとき》hæz ハズ]; 過去 had[d ド, əd アド, həd ハド, 《強く言うとき》hǽd ハッド]) (▶have＋〈過去分詞〉で現在完了形をつくる)

### ここがポイント! 代名詞＋haveの短縮形

《話》ではしばしば主語と結びついて以下のように短縮されます.

| I have | → I've |
| you have | → you've |
| he has | → he's |
| she has | → she's |
| it has | → it's |
| we have | → we've |
| they have | → they've |

❶ 《完了・結果》もう…してしまった, (ちょうど)…したところだ
- They *have already* finished lunch.
  彼らはもう昼食を済ませてしまった.
- *Have* you written the report *yet*?
  もう報告書を書きましたか.
- We *haven't* done our work *yet*.
  私たちはまだ仕事を終えていない.
- Jack *has just* arrived here.
  ジャックはちょうどここに着いたところだ.
- She *has* gone to Europe.
  彼女はヨーロッパへ行ってしまった. (▶「行ってしまって今ここにいない」の意. ⦿では「行ったことがある」という経験の意味にもなる)
  → 助 ❷, been ポイント!

❷ 《経験》…したことがある
- I *have* met Jane *before*.
  私は以前ジェーンに会ったことがある.
- I *have never* been to Africa.
  私は一度もアフリカに行ったことがない. (▶have been to ...で「…へ行ったことがある」の意) → been ポイント!
- She *has* seen the movie three times.
  彼女はその映画を3回見たことがある.
- *Have* you *ever* seen such a beautiful bird?
  こんな美しい鳥を今までに見たことがありますか.

# have

❸《継続》ずっと…している
- I *have* lived in America *for* ten years.
私は10年間ずっとアメリカに住んでいる.
- They *have* been best friends *since* childhood.
彼らは子ども時代からずっと親友だ.
- How long *have* you been here? あなたはここにどのくらい滞在(㌽)していますか.

### ここがポイント! よくいっしょに使われる語

| | |
|---|---|
| ①完了を表すとき | already(すでに)<br>just(ちょうど)<br>yet(もう, まだ) |
| ②経験を表すとき | once(かつて)<br>before(以前)<br>ever(今までに)<br>never(一度も…ない) |
| ③継続を表すとき | for(…の間)<br>since(…以来) |

❹《have been＋〈-ing形〉で現在完了進行形をつくる》(今まで)ずっと…している, …し続けている →been 助❶
- It *has been* rain*ing* for three days.
雨が3日間降り続いている.

***do not have to***＋〈動詞の原形〉…する必要はない (＝need not＋〈動詞の原形〉)→have to＋〈動詞の原形〉
- You *don't have to* pay for the ticket.
あなたはそのチケット代を払(㌽)う必要はない.

話してみよう!
☺ Do I have to go there?
そこへ行かなければなりませんか.
😊 No, you *don't have to*.
いいえ, その必要はありません. (►Must I go there?(私はそこへ行かなくてはいけませんか)へのnoの答えにもなる)

***have got***《話》…を持っている(＝have) (►have gotは've got, has gotは's gotと短縮する)
- I*'ve got* a camera. 私はカメラを持っている. (＝I have a camera.)
- *Have* you *got* a map? 地図を持っていますか. (＝Do you have a map?)
- Tom *hasn't got* a car. トムは車を持っていない. (＝Tom doesn't have a car.)

***have got to***＋〈動詞の原形〉《話》…しなければならない(＝have to＋〈動詞の原形〉)
- I*'ve got to* finish my homework.
宿題を終えなければならない. (►否定形のI haven't got to＋〈動詞の原形〉は「…する必要はない」の意)

***have ... on*** …を着ている, 身につけている (►進行形にしない)
- He *has* a brown coat *on*.
彼は茶色のコートを着ている.

***have only to***＋〈動詞の原形〉…しさえすればよい(＝only have to＋〈動詞の原形〉)
- You *have only to* attend the meeting.
あなたはその会合に出席しさえすればよい.

***have to***＋〈動詞の原形〉…しなければならない →must 助❶
- I *have to* wash the dishes.
私は皿を洗わなければならない.

- Do you *have to* go to work today?
きょうは仕事に行かなければならないのですか.
- She *has to* rest for some time.
彼女はしばらく休まなければならない.
- We *had to* stay home.
私たちは家にいなければならなかった.

### ここがポイント! have toの使い方
(1) have toは[hǽftə ハフタ], has toは[hǽstə ハスタ]と発音します.
(2) mustはwillやmayなどの助動詞といっしょに使うことはできないので, その場合はhave toを使います.
- You will *have to* meet them. あなたは彼らに会わなければならないだろう.
(3) 否定形のdon't have to＋〈動詞の原形〉は「…する必要はない」の意味です →do not have to＋〈動詞の原形〉. 「…してはいけない」はmust notで表します.

***have ... to do with*** ～ ～と…の関係がある (►…には, something, anything, nothing, much, littleなどが入る)
- She *has* something [nothing] *to do with* the crime. 彼女はその犯罪と関係がある[何の関係もない].
- He *has* much [little] *to do with* the matter. 彼はその件とおおいに関係がある[ほとんど関係ない].

***only have to***＋〈動詞の原形〉＝have only to＋〈動詞の原形〉

**haven't** [hǽvənt ハヴァント]《話》have notの短縮形

**having** 5級 A1 [hǽviŋ ハヴィング] 動 have(持っている)の現在分詞・動名詞

# Hawaii 4級 [həwáii: ハワイイー]

名 ❶ ハワイ(▶the Hawaiian Islands(ハワイ諸島)からなる米国の州. 州都はホノルル(Honolulu). 郵便略語はHI) ❷ ハワイ島(▶ハワイ諸島中最大の島) 派生語 Hawaiian 形名

オアフ島のワイキキビーチ(米国・ハワイ州)

**Hawaiian** [həwáiən ハワイアン]
—形 ハワイの; ハワイ人の; ハワイ語の
—名 C ハワイ人; U ハワイ語

**hawk** [hɔ́:k ホーク] 名 C 〖鳥〗たか

**hawthorn** [hɔ́:θɔ:rn ホーソーン] 名 C U 〖植物〗さんざし(▶英国の田園に多いバラ科の低木)

赤い実をつけたさんざし

**hay** B2 [héi ヘイ] 名 U 干し草, まぐさ
・Make *hay* while the sun shines.
(諺)好機逸すべからず, 善は急げ. (⇦太陽が照っているうちに干し草を作れ)

**hay fever** [héi fi:vər ヘイ フィーヴァ] 名 U 花粉症

**hazard** B1 [hǽzərd ハザァド] 名 C 危険, 有害物
・*hazard* lights (車の)ハザードランプ

**haze** [héiz ヘイズ] 名 U もや, かすみ(▶mist, fogより薄い) 派生語 hazy 形

**hazel** [héizəl ヘイザル] 名 C U 〖植物〗はしばみ(▶カバノキ科の低木. 実は食用); U 薄茶色

**hazy** [héizi ヘイズィ] 形 (比較 hazier; 最上 haziest) もやのかかった, かすんだ; 不確かな

**H-bomb** [éitʃbɑ̀m エイチバム | -bɔ̀m -ボム] (★後のbは発音しない) 名 C 水素爆弾, 水爆(= hydrogen bomb)

## *he 5級 A1 [i イ, i: イー, hi ヒ, 《強く言うとき》hí: ヒー]

代 (複 they [ðéi ゼィ]) 彼は, 彼が(▶三人称単数の男性の主格)
・This is David. *He* is Australian. この方はデイビッドです. 彼はオーストラリア人です.
・"Who is that man?" "*He* is our English teacher." 「あの男の人はだれですか」「あの人は私たちの英語の先生です」

### ここがポイント! heの変化形

|  | 単数 | 複数 |
|---|---|---|
| 主格 | he 彼は[が] | they 彼らは[が] |
| 所有格 | his 彼の | their 彼らの |
| 目的格 | him 彼を[に] | them 彼らを[に] |
| 所有代名詞 | his 彼のもの | theirs 彼らのもの |

### heの使い方

(1) he は I(私), you(あなた)以外のあらゆる1人の男性を表す代名詞で, すでに話に出てきた人をさして使います.

(2) he を日本語に訳すとき, 「彼は」でなく「あの人は」「父は」「先生は」のようにしたり, 「ジョンは」のように具体的な名前を出すほうが自然な場合があります.
・My uncle lives in Boston. *He* is a computer engineer.
私のおじはボストンに住んでいる. おじはコンピュータ技師だ.

(3) he は人間以外に, 動物の雄(おす)もさします.
・Be careful of my dog. *He* bites. うちの犬に気をつけて. かみつきますから.

## *head 5級 A1 [héd ヘッド]

名 ❶ 頭
❷ 頭脳
❸ 最上部
❹ 長
❺ (硬貨(こうか)の)表
❻ 頭数
動 他 ❶ …の先頭に立つ
❷ (船・車など)を向ける
❸ (ボール)をヘディングする
自 (ある方向へ)向かう

―**名**(複 heads[-dz -ヅ]) ❶ⓒ 頭, 頭部(▶首から上の頭部全体をさす. 「首」「顔」と訳したほうがよいこともある)→ body 図, face ポイント!
- My brother hit his *head* on the ceiling.
  兄[弟]は天井に頭をぶつけた.
- We nod our *heads* to say "yes."
  「はい」と言うときは頭を縦に振(ふ)る.
- We shake our *heads* to say "no."
  「いいえ」と言うときは頭を横に振る.
- Don't put your *head* out of the window.
  窓から顔を出さないように. (▶頭部全体をさすのでfaceではなくheadを用いる)
- WATCH YOUR *HEAD* 《掲示》頭上注意

❷ⓒ 頭脳, 頭(の働き)(=mind, brains)
- Use your *head*.
  よく考えなさい. (⇔頭を使いなさい)
- The kid has a (good) *head* for numbers.
  その子は数字に強い.
- Two *heads* are better than one.
  (ことわざ)三人寄れば文殊(もんじゅ)の知恵(ちえ). (⇔2つの頭脳は1つの頭脳よりもよい)

❸ⓒ (物の)最上部, 先頭

head くぎの頭 / the head of the line 列の先頭 / the end of the line 列の最後

- the *head* of the line 列の先頭

❹ⓒ 長, 指導的立場; 首席
- a *head* coach
  ヘッドコーチ, (サッカーなどの)監督(かんとく)
- the *head* office 本社, 本店

❺《headsで》《単数扱い》(硬貨の)表
- *Heads* or tails? 表か裏か(▶硬貨を投げて何かを決めるときの言葉. tailsは「裏」)

❻ⓒ (人・動物の)頭数, 人数(▶この意味では単複同形)
- ninety *head* of cattle 牛90頭

***at the head of ...*** …の首席[先頭, 上部]に
- *at the head of* a page ページの上部に

***from head to foot[toe]*** 全身
***head over heels*** まっさかさまに
***keep one's head*** 落ち着いている
- *Keep* your *head*! 落ち着きなさい!

***lose one's head*** 慌(あわ)てる, 自制心を失う
- Don't *lose* your *head*. 慌てないで.

―**動**(三単現 heads[-dz -ヅ]; 過去・過分 headed[-id]; 現分 heading)
―**他** ❶…の先頭に立つ, …を率いる
- He *heads* a soccer team.
  彼はサッカーチームを率いている.

❷(船・車など)を向ける
❸《サッカー》(ボール)をヘディングする
―**自** (ある方向へ)向かう
- I'm *heading* home. 私は家に帰るところだ.

# headache 4級 A1 [hédèik ヘデイク]
**名**(複 headaches[-s])ⓒ 頭痛; 悩(なや)みの種
- I *have a headache*. 私は頭痛がする.

**heading**[hédiŋ ヘディング]
―**動** head(先頭に立つ; 向かう)の現在分詞・動名詞
―**名** ❶ⓒ (新聞などの)見出し, 表題
❷ⓤⓒ 《サッカー》ヘディング

**headlight**[hédlàit ヘッドライト](★このghは発音しない)**名**ⓒ (自動車などの)ヘッドライト(▶「尾灯(びとう)」はtaillight)

**headline** B1 [hédlain ヘッドライン] **名**ⓒ (新聞などの)見出し;《headlinesで》(ニュースの)主な項目(こうもく)

**headlong**[hédlɔ̀ːŋ ヘッドローング] **副** 頭からまっさかさまに; 向こう見ずに

**headmaster**[hédmæstər ヘッドマスタァ|-máːs- -マース-] **名**ⓒ (米)校長(▶(英)では小中学校の, (米)では私立学校の校長を言う)

**headphone** 準2級 A2 [hédfòun ヘッドフォウン]
**名**ⓒ 《ふつう headphonesで》ヘッドホン

**headquarters** B2 [hédkwɔ̀ːrtərz ヘッドクウォータァズ] **名**《しばしば単数扱い》本社, 本部, (軍隊などの)司令部(▶HQと略す)

**headteacher** A2 [hédtìːtʃər ヘッドティーチァ]
**名**ⓒ (英)校長(=(米)principal)

**heal** B1 [híːl ヒール](★同音heel かかと) **動他自** (病気・傷・病人など)を治す, (心の痛手など)をいやす; (傷などが)治る

# health 4級 A1 [hélθ ヘルス]
**名**ⓤ 健康(⇔sickness, illness 病気); 健康状態
- Walking is good for your *health*.
  歩くことは健康によい.
- I am *in good* [*poor*] *health*.
  私は体の調子がよい[悪い].
- *Health* is better than wealth.
  (ことわざ)健康は富に勝(まさ)る.
- *health* and physical education (学科の)保健体育

派生語 healthy **形**

**health care** B2 [hélθ kèər ヘルス ケア] **名**ⓤ 健康管理

**Health-Sports Day**[hèlθspɔ́ːrtsdèi ヘルススポーツ デイ] **名**(日本の)スポーツの日

# healthy 4級 A1 [hélθi ヘルスィ]
**形**(比較 healthier; 最上 healthiest) 健康な,

## heap

健康そうな(⇔sick 病気の); 健康によい(⇔unhealthy 健康に悪い)
- a *healthy* diet 健康によい食事
- Japanese food is *healthy*. 日本食は健康によい.

**heap** B2 [híːp ヒープ]
— 名 C (雑然と積み重ねられた)山; 《話》たくさん, どっさり
- a *heap* of papers 書類の山
— 動 他 …を積み上げる, 積み重ねる

## *hear 5級 A1 [híər ヒァ] (★同音 here ここで)

動 (三単現 hears [-z]; 過去・過分 heard [hə́ːrd ハード]; 現分 hearing) (★過去・過分の発音に注意)
— 他 (▶進行形にしない) ❶ (音)が**聞こえる**, …を聞く, 耳にする
- I *heard* the doorbell. 玄関(ばん)の呼び鈴(ぷ)が聞こえた.
- Can you *hear* me? 私の言っていることが聞こえますか.

hear +〈人・物〉+〈動詞の原形〉
〈人・物〉が…するのが聞こえる
- I *heard* him sing. 私は彼が歌うのが聞こえた.

hear +〈人・物〉+〈-ing 形〉
〈人・物〉が…しているのが聞こえる
- I *hear* the phone ring*ing*. 電話が鳴っているのが聞こえる.

hear +〈人・物〉+〈過去分詞〉
〈人・物〉が…されるのが聞こえる
- I *heard* my name called. 自分の名前が呼ばれるのが聞こえた.

### くらべてみよう! hear と listen

**hear**: 自分の意思に関係なく自然に音が耳に入って「聞こえる」という意味.
**listen**: 自分から積極的に聞こうとして耳を傾(がけ)けて「聞く」という意味.
- I *listened* carefully, but couldn't *hear* anything. 注意深く耳を傾けたが何も聞こえなかった.

hear

listen

❷ (ニュースなど)を耳にする, 聞いて知る, 伝え聞く
- We *heard* the news yesterday. 私たちはその知らせをきのう聞いた.
— 自 耳が聞こえる
- My grandfather doesn't *hear* well. 祖父は耳が遠い.

*hear about* [*of*] ... …について聞く (▶hear about は hear of よりも詳(ᡁ)しい内容について聞くときに用いる)
- I've *heard* a lot *about* you from Ken. あなたのことはケンからよく聞いている.
- I have never *heard of* such a thing. 私はそんなことは聞いたことがない.

*hear from* ... …から便り[連絡]がある
- I look forward to *hearing from* you. あなたからのお便りを楽しみにしています. (▶手紙の最後に用いる)

*hear of* ... → hear about [of] ...

*I hear* (*that*) ... …といううわさだ, …だそうですね
- *I hear* (*that*) she got married. = She got married, *I hear*. 彼女は結婚(ぷ)したそうですね.

## heard 4級 [hə́ːrd ハード]

動 hear (聞こえる)の過去形・過去分詞

## hearing 2級 B1 [híəriŋ ヒ(ア)リング]

— 動 hear (聞こえる)の現在分詞・動名詞
— 名 ❶ U C 聞くこと; U 聴力(ちょう) (▶「聞き取り, ヒアリング」は listening comprehension)
- a hearing dog [aid] 聴導犬[補聴器]
- She lost her *hearing* when she was young. 彼女は若いときに耳が聞こえなくなった.
❷ C 聞いてもらう[やる]こと; 審問(ぱん), 審理
- an open *hearing* 公聴会

**Hearn** [hə́ːrn ハーン] 名 Lafcadio, ラフカディオ・ハーン (▶1850-1904; 英国人で小説家・批評家, 後に日本に帰化. 日本名は小泉八雲. 代表作『怪談(ぷん)』)

## heart 3級 A1 [hɑ́ːrt ハート]

名 (複 hearts [-ts -ツ]) ❶ C **心臓**, 心室
- a *heart* attack 心臓発作(ぷ), 心臓まひ
- an artificial *heart* 人工心臓
- Her *heart* was beating fast with joy. 彼女の心臓は喜びで激しく打っていた.
❷ C **心**, 感情; U 愛情 (=affection); 思いやり
→ mind くらべて!
- He has a warm [tender] *heart*. 彼は心の優(ぷ)しい人だ.
- She has plenty of *heart*. 彼女はたいへん思いやりがある.
❸ C 胸, 胸部

- Mother pressed the child to her *heart*.
母は子どもを胸に抱(だ)きしめた.
❹《the heartで》中心, 真ん中; 核心(かくしん)
- in the *heart* of the town 町の中心で
- That's *the heart* of the matter.
それが事件の核心だ.
❺Ⓤ 勇気, 元気(＝courage)
- *take*［*lose*］ *heart* 元気を出す［なくす］
❻Ⓒ ハート形の物;（トランプの）ハートの札
- the queen of *hearts* ハートのクイーン
*at heart* 心の底では; 根は
- My grandfather is still young *at heart*.
祖父は気持ちが若い.
*from（the bottom of）one's heart* 心(の底)から
- I love you *from（the bottom of）my heart*. 私は心(の底)からあなたを愛している.
*learn ... by heart* …を暗記する
*with all one's heart* 心を込(こ)めて, 心から
- She might love him *with all her heart*.
彼女は心から彼を愛しているかもしれない.
派生語 heartily 副, heartless 形, hearty 形

**heartbeat**［há:rtbi:t ハートビート］名ⒸⓊ（心臓の）鼓動(こどう)

**heartbreak**［há:rtbreik ハートブレイク］名Ⓤ 胸も張りさけるような悲しみ, 悲嘆(ひたん)

**-hearted**［há:rtid ハーティド］**B1**《複合語をつくって》…の心を持った（▶他の語の後について形容詞をつくる）
- kind-*hearted* 優(やさ)しい心を持った

**hearth**［há:rθ ハース］名Ⓒ 炉床(ろしょう)（▶暖炉の前の床(ゆか)の部分. 一家団らんの象徴）; Ⓤ 炉端(ろばた); 家庭

**heartily**［há:rtili ハーティリィ］副 心から; 思う存分

**heartless**［há:rtlis ハートゥリス］形 非情な

**heartwarming, heart-warming**
**B2**［há:rtwɔ̀:rmiŋ ハートウォーミング］形 心温まる
- a *heartwarming* movie 心温まる映画

**hearty** **B1**［há:rti ハーティ］形（比較 heartier; 最上 heartiest）《名詞の前にのみ用いる》❶心からの
- Her family gave me a *hearty* welcome.
彼女の家族は私を心から歓迎(かんげい)してくれた.
❷（食事が）たっぷりの
- a *hearty* meal たっぷりの食事

# heat 準2級 A2 ［hí:t ヒート］
—名Ⓤ 熱（▶病気で出る熱はfever）, 熱さ; 暑さ（⇔cold 寒さ）
- the *heat* of the sun 太陽熱
- I can't stand this *heat*.

この暑さは我慢(がまん)できない.
—動（三単現 heats[-ts -ツ]; 過去・過分 heated[-id]; 現分 heating）
—他 …を熱する, 熱くする; …を暖［温］める
- *heat* milk 牛乳を温める
—自 熱くなる; 暖［温］まる
派生語 heater 名, heating 名

**heater** 2級 **B1**［hí:tər ヒータァ］名Ⓒ 暖房(だんぼう)器具, ストーブ
- a gas *heater* ガスストーブ

**heath**［hí:θ ヒース］名❶ⓊⒸ〖植物〗ヒース（▶英国の荒野(こうや)に生えるツツジ科の低木）
❷Ⓒ ⑱ ヒースの生えた荒野

**heather**［héðər ヘザァ］名Ⓤ〖植物〗ヘザー（▶各種のheathの総称(そうしょう)）

**heating** **A2**［hí:tiŋ ヒーティング］
—動 heat（熱する）の現在分詞・動名詞
—名Ⓤ 暖房(だんぼう)（装置）

**heat island**［hí:t àilənd ヒート アイランド］名Ⓒ ヒートアイランド（▶大都市などで地上の気温が周辺よりも高くなっている地域）

# heaven **B1** ［hévən ヘヴン］
名（複 heavens[-z]）❶Ⓤ 天国（⇔hell 地獄(じごく)）
- go to *heaven*
天国へ行く［死ぬ］
❷Ⓒ《ふつう the heavensで》天, 空（＝sky）
❸Ⓤ《Heavenで》神（＝God）
- *Heaven* helps those who help themselves. 〖諺〗天は自ら助くる者を助く.
*Good heavens!* おやまあ！ 困った！（▶古い言い回し）
派生語 heavenly 形

**heavenly** **B1**［hévənli ヘヴンリィ］形 ❶《名詞の前にのみ用いる》天の
- a *heavenly* body （月・星などの）天体
❷天国の（ような）; 神々(こうごう)しい;《話》すばらしい

**heavily** 準2級 **A2**［hévili ヘヴィリィ］副 ❶ 重く; 重そうに ❷ 激しく, ひどく
- It snowed *heavily* last night.
ゆうべは激しく雪が降った.

# heavy 4級 **A1** ［hévi ヘヴィ］
形（比較 heavier; 最上 heaviest）❶ 重 い（⇔light 軽い）
- a *heavy* book 重い本
- This box is too *heavy* for me to carry.
この箱は私には重すぎて運べない.
❷激しい, ひどい; 大量の
- a *heavy* rain［snow］大雨［雪］
- *heavy* traffic 混雑した交通, 渋滞(じゅうたい)

## heavy metal

❸つらい, 耐(た)えがたい
- *heavy* taxes 重税

❹(食べ物が)消化しにくい, もたれる
- a *heavy* lunch 胃にもたれる昼食

派生語 **heavily** 副

**heavy metal**[hèvi métl ヘヴィ メトゥル] 名 U
『音楽』ヘビーメタル(▶ロック音楽の一種)

**Hebrew**[híːbruː ヒーブルー]
─名 ❶ U ヘブライ語(▶旧約聖書が書かれた古代ヘブライ語, またはイスラエルの公用語である現代ヘブライ語) ❷ C (古代の)ヘブライ人; イスラエル人, ユダヤ人
─形 ヘブライ語の; ヘブライ人の; ユダヤ人の

**hectare**[héktear ヘクテア] 名 C ヘクタール(▶面積の単位で100アールに相当. ha, ha. と略す)

**he'd**[iːd イード, (強く言うとき)híːd ヒード]
《話》he would, he had の短縮形

**hedge** B2 [hédʒ ヘッヂ] 名 C 生け垣(がき), 垣根

**hedgehog**[hédʒhɔ̀ːg ヘッヂホーグ | -hɔ̀g -ホッグ]
名 C 『動物』針ねずみ; ⊛やまあらし

針ねずみ　　　　　やまあらし

**heed**[híːd ヒード] 動 他 (…を)心に留める, (…に)注意を払(はら)う

**heel** B1 [híːl ヒール] (★同音 heal 治す) 名 C (人の足の)かかと; (靴(くつ)・靴下の)かかと → body 図

**height** 2級 B1 [háit ハイト] (★ei のつづりに注意. この gh は発音しない) 名 ❶ U C 高さ → depth 図, 高度; 身長
- She is five feet *in height*. = Her *height* is five feet. 彼女の身長は5フィート(約152 cm)だ. (= She is five feet tall.)(▶1 foot は約30 cm → foot ❷)

表現メモ

高さ・長さなどを表す形容詞と名詞

| 形容詞 | | 名詞 | |
|---|---|---|---|
| broad | 幅(はば)が広い | breadth | 幅 |
| deep | 深い | depth | 深さ |
| high | 高い | height | 高さ |
| long | 長い | length | 長さ |
| wide | 幅が広い | width | 幅 |

❷《the height で》絶頂, 真っ盛(さか)り, 頂点
❸ C 《しばしば heights で》《単数扱い》高い所; 高地, 高台, 丘(おか)

**heir**[éər エア] (★このh は発音しない) 名 C 相続人, 跡(あと)取り

## **held** 3級 [héld ヘルド]
動 hold (手に持っている; 持ちこたえる)の過去形・過去分詞

**Helen**[hélən ヘラン] 名 ヘレン(▶女性の名. 愛称(あいしょう)は Nell, Nellie, Ellie, Lena など)

**helicopter** B2 [hélikàptər ヘリカプタァ | -kɔ̀p- -コプ-] 名 C ヘリコプター

**heliport**[hélipɔ̀ːrt ヘリポート] 名 C ヘリポート

**hell** B2 [hél ヘル] 名 U 《しばしば Hell で》地獄(じごく) (⇔heaven 天国)

**he'll**[il イル, iːl イール, hil ヒル, (強く言うとき)híːl ヒール]《話》he will, he shall の短縮形

## **hello** 5級 A1 [helóu ヘロゥ]
─間 ❶ やあ, こんにちは(▶あいさつ・呼びかけとして用いる. 一日じゅういつでも使える)
- *Hello* there! やあ, こんにちは.
- *Hello*, Tom! トム, こんにちは.

❷ もしもし(▶電話で)
- *Hello*. This is John Smith (speaking). もしもし, こちらはジョン・スミスです.

─名 (複 hellos[-z]) C U 「こんにちは」などの)あいさつ

*say hello to* ... …によろしくと言う[伝える]
- Please *say hello to* your parents. ご両親によろしく伝えてください.

**helmet** 2級 B1 [hélmit ヘルミット] 名 C かぶと, ヘルメット; (フェンシングの)面

## *help 5級 A1 [hélp ヘルプ]

> 動 他 ❶ …を手伝う
> ❷ (物事が)…に役立つ
> ❸ …を避(さ)ける
> 自 手伝う
> 名 ❶ 手伝い
> ❷ 助けてくれる人
> ❸ 手助けをする人

─動 (三単現 helps[-s]; 過去・過分 helped[-t]; 現分 helping)
─他 ❶ …を手伝う, 助ける → save くらべて!
- *Help* me! 助けて.
- He often *helps* others. 彼はよく他人を手助けする.
- She *helped* the man into the taxi. 彼女はその男の人がタクシーに乗る手助けをしてあげた.

help +〈人〉+ with +〈事〉
〈人〉の〈事〉を手伝う

- Yuka *helped* me *with* my homework.
  ユカは私の宿題を手伝った．(▶Yuka helped my homework. は×)

help＋〈人〉＋(to)＋〈動詞の原形〉
〈人〉が…するのを手伝う
- Please *help* me (*to*) find my umbrella.
  傘(かさ)を探すのを手伝ってください．(▶toをつけないことが多い)

❷(物事が)…に役立つ；(苦痛)を和(やわ)らげる，(病気)に効く
- Your advice *helped* him (*to*) decide to study abroad.
  あなたの助言は彼が留学を決心するのに役立った．
- This medicine will *help* your cold.
  この薬はあなたの風邪(かぜ)に効くだろう．

❸《canやcannotを伴(ともな)って》…を避ける，抑(おさ)える；…を我慢(がまん)する
- I *can't help* it. = It *can't be helped*.
  それはしかたがない．(⇔それを避けることはできない)

―⾃ 手伝う，助ける
- *Help!* 助けて．
- Does your son *help* at home?
  あなたの息子(むすこ)さんは家で手伝いをしますか．

*cannot help*＋〈-ing形〉…しないではいられない
- I *cannot help* crying.
  泣かずにいられない．

*help oneself*（*to ...*) (…を)自分でよそって食べる
- Please *help* yourself.
  ご自由にお召(め)し上がりください．
- *Help* yourself *to* the fruit.
  どうぞ果物をご自由にお取りください．

*May* [*Can*] *I help you?*
(店員が客に)何かお探しですか., いらっしゃいませ．；(困っている人に)お手伝いしましょうか．(▶mayを使うほうがていねい)

―名 (複 helps[-s]) ❶Ⓤ 手伝い，助け，援助(えんじょ)
- If you need *help*, please let me know.
  もし手伝いが必要だったら教えてね．
- Thank you very much for all your *help*.
  数々のご協力に深く感謝いたします．

❷《a helpで》助けてくれる人，役に立つ物
- He was *a* great [big] *help* to me.
  彼は私にとってたいへん助けになった．

❸Ⓒ 手助けをする人；(とくに臨時の)従業員
- *HELP WANTED*
  《掲示》従業員募集(ぼしゅう)

*be of help* 役に立つ（=be helpful）
- This DVD *was of* great *help* to me.
  このＤＶＤは私にとって役に立った．

派生語 helper 名, helpful 形, helping 名形, helpless 形

**helper** B2 [hélpər ヘルパァ] 名Ⓒ 助けてくれる人，助手，手伝い，ヘルパー

# helpful 準2級 A2 [hélpfəl ヘルプフル]

形 役に立つ，助けになる，有益な(=useful)
- Your advice was very *helpful*.
  あなたのアドバイスはとても役に立った．

**helping** [hélpiŋ ヘルピング]
―動 help(手伝う)の現在分詞・動名詞
―名 ❶Ⓒ (食べ物の)1盛り，1杯(はい)
- Won't you have another *helping* of ice cream?
  アイスクリームのお代わりはどうですか．

❷Ⓤ 助けること，助力，援助(えんじょ)
―形 助けの，救いの
- *helping* hand 援助，救いの手

**helpless** B1 [hélplis ヘルプリス] 形 (自分では)何もできない，無力な；困った；頼(たよ)る者のない
- a *helpless* baby
  ひとりでは何もできない赤ん坊(ぼう)

**Helsinki** [helsíŋki ヘルスィンキ] 名 ヘルシンキ (▶フィンランド(Finland)の首都)

**hem** [hém ヘム] 名Ⓒ (布・衣服の)縁(ふち)，すそ

**hemisphere** [hémisfiər ヘミスフィア] 名Ⓒ (地球などの)半球
- the Northern [Southern] *Hemisphere*
  北[南]半球

**hen** [hén ヘン] 名Ⓒ めんどり(⇔圏rooster, 圏cock おんどり)

**Henry** [hénri ヘンリィ] 名 ヘンリー (▶男性の名．愛称(あいしょう)はHal, Harry)

# \*\*her 5級 A1

[hər ハァ, ə:r アー, ər ア, 《強く言うとき》hə́:r ハー]

代 ❶ 彼女の (▶三人称(にんしょう)単数の女性(she)の所有格．動物の雌(めす)に使うこともある．「彼女た

## herb

ちの」はtheir)→she

- *Her* name is Kathy.
彼女の名前はキャシーだ.
- Yumi lost *her* hat. ユミは(自分の)帽子(ぼう)をなくした.(▶主語とherが同じ人をさすときherは「自分の」と訳すほうが自然な日本語になることが多い)

**ここがポイント!** herの使い方

herはa, the, thisなどといっしょには使えません.
- ○*her* dictionary 彼女の辞書
- ×a her dictionary
- ×the her dictionary
- ○this dictionary of *hers* 彼女のこの辞書(▶hersは「彼女のもの」の意味)

❷**彼女を, 彼女に**(▶三人称単数の女性(she)の目的格.「彼女たちを[に]」はthem)→she

**話してみよう!**
☺Do you know Linda?
リンダを知っていますか.
☺Yes. I know *her* very well.
はい, 彼女をとてもよく知っています.

- I wrote *her* a letter. = I wrote a letter to *her*. 私は彼女に手紙を書いた.
- I went on a picnic with *her*.
私は彼女といっしょにピクニックへ行った.

**herb** B2 [ə́ːrb アーブ, hə́ːrb ハーブ] 名Ⓒ ハーブ, 薬草, 香草(こうそう)

**Hercules** [hə́ːrkjuliːz ハーキューリーズ] 名『ギリシャ神話』ヘラクレス(▶Zeus(ゼウス)の息子(むすこ). 大力(だいりき)と忍耐(にんたい)で有名な英雄(えいゆう))

**herd** B1 [hə́ːrd ハード] 名Ⓒ (同種の動物の)群れ(▶特に牛, 豚など. 羊, やぎ, 鳥などの群れはflock)
- a *herd* of cattle 牛の群れ

## *here 5級 A1

[híər ヒァ](★同音 hear 聞こえる)

副
❶ここで
❷ここに…がある
❸《文頭で》ほらここに[へ]
❹《点呼の返事》はい
名 ここ
間 ほら

━副 ❶**ここで, ここに, ここへ**(⇔there そこで)
- I will stay *here* for two days.
私はここに2日間滞在(たいざい)する.
- Please come *here*. ここへ来てください.

**ここがポイント!** 前置詞はいらない

hereは「ここで[に, へ]」という副詞なので, in, to, atなどの前置詞は必要ありません.
×Please come to here.

- We can see many wild animals *here* in Kenya.
ここケニアではたくさんの野生動物を見ることができる.(▶hereとin Kenyaは同格.「ケニアの中のここ」の意味ではない)
- All the people *here* are very kind.
ここの人たちはみんなとても親切だ.
- Look *here*!
(相手の注意を引いて)おい., ねえ.(⇦こちらを見なさい.)

❷《Here is[are]...で》**ここに…がある;…をどうぞ**
- *Here's* your coffee. コーヒーをどうぞ.

**くらべてみよう!** There is[are]... と Here is[are]...

- *There are* some pens on the desk.
机の上に何本かペンがある.
- *Here are* some pens.
ここに何本かペンがある.

**There is[are]...**は単に「…がある」の意味で, ふつう場所を示す語句を伴(ともな)います. それに対し**Here is[are]...**は「ここに…がある」ことを意味します.

❸《文頭で》**ほらここに[へ]**(▶注意を向けさせるときに用いる)
- *Here* comes the train!
ほら, 電車が来たよ.(▶the trainが主語)
- *Here* she comes!
ほら, 彼女が来た.(▶主語が代名詞のときはこの語順になる)

❹《点呼の返事》**はい**(=yes, present)

***here and there*** あちこちに[で]
- There were white flowers *here and there*.
あちこちに白い花が咲(さ)いていた.

***Here I am.*** さあ, 着いた.

***Here's something for you.*** これをあげましょう.

***Here's your change.*** お釣(つ)りです.

***Here you are.*** = ***Here it is.*** はい, どうぞ.
(▶物を渡(わた)すときの表現. Here you are. は渡す相手に重点があり, Here it is. は渡す物に重点がある)

# hide

> 😊 Can I borrow an eraser? 消しゴムを貸してくれる.
> 😊 Sure. *Here you are.* いいよ, はい, どうぞ.

*Here we go!* さあ行こう., さあやるぞ.

━ 名 Ⓤ **ここ** (▶主に〈前置詞＋here〉の形で)
- Is the station far from *here*?
  駅はここから遠いですか.

> 😊 Is this *for here*, or to go? ここで召しあがりますか, それともお持ち帰りですか.
> 😊 *For here*, please. ここで食べます.

━ 間 **ほら, おい** (▶注意を引く)
- *Here*, give me a hand. ねえ, 手伝ってよ.

**here's** [híərz ヒアズ] 《話》here isの短縮形

**heritage** B2 [héritidʒ ヘリティッヂ] 名 Ⓒ Ⓤ 相続財産; (有形・無形の)文化遺産, 伝統
- World *Heritage* Site 世界遺産

**hero** A2 [híːrou ヒーロウ / híərou ヒ(ア)ロウ] 名 (複 heroes[-z]) Ⓒ ❶ 英雄(えいゆう); 偉人(いじん) ❷ (小説・劇などの)主人公, ヒーロー(⇔heroine 女主人公) 派生語 heroic 形

**heroic** [hiróuik ヒロウイック] 形 英雄(えいゆう)的な

**heroine** [hérouin ヘロウイン] (★「ヒロイン」でないことに注意) 名 Ⓒ ❶ (女性の)英雄(えいゆう) ❷ (小説・劇などの)女主人公, ヒロイン(⇔hero 主人公)

**herring** [hériŋ ヘリング] 名 (複 herring, herrings[-z]) Ⓒ 〘魚〙 にしん; Ⓤ にしんの肉

**\*\*hers** 5級 A1 [hə́ːrz ハーズ]
代 **彼女のもの** (▶三人称(にんしょう)単数の女性(she)の所有代名詞. hersのさすものが単数の場合は単数扱い, 複数の場合は複数扱い.「彼女たちのもの」はtheirs) → she
- This pencil is *hers*. この鉛筆(えんぴつ)は彼女のものだ. (＝This is her pencil.)
- My hair is longer than *hers*. 私の髪(かみ)は彼女のよりも長い. (▶hers＝her hair)
- His shoes are black and *hers* are red. 彼の靴(くつ)は黒で, 彼女のは赤だ. (▶hers＝her shoes. 複数のものをさすので動詞はare)
- Ken is a friend of *hers*. ケンは彼女の友達(の1人)だ. (＝Ken is one of her friends.)

## herself 準2級 A2

[hərsélf ハアセルフ, əːr- アー-, ər- ア-, 《強く言うとき》 həːr- ハー-]
代 (複 themselves [ðəmsélvz ザムセルヴズ])
→ oneself

❶ **彼女自身を[に]**
- Jane looked at *herself* in a mirror.
  ジェーンは鏡に自分を映してみた.

❷ **彼女自身で, 彼女自ら** (▶意味を強める)
- Sherry broke it *herself*. ＝Sherry *herself* broke it.
  シェリーは自分自身でそれを壊(こわ)した.

*by herself* (彼女が)ひとりぼっちで; 独力で
→ oneself (成句 by *oneself*)

*for herself* (彼女が)独力で; 自分自身のために → oneself (成句 for *oneself*)

**he's** [iːz イーズ, 《強く言うとき》 híːz ヒーズ]
《話》 he is, he hasの短縮形

**hesitate** B1 [hézətèit ヘズィテイト] 動 自 ためらう, ちゅうちょする
- If there's anything you need, please don't *hesitate* to ask me. ご用がありましたら遠慮(えんりょ)なくお申しつけください.
派生語 hesitation 名

**hesitation** B2 [hèzətéiʃən ヘズィテイション] 名 Ⓤ Ⓒ ためらい, ちゅうちょ
- *without hesitation* ちゅうちょせずに

**hey** 準2級 A2 [héi ヘイ] 間 おい, ちょっと, おや, へえ (▶注意を促(うなが)したり, 喜び・驚(おどろ)きなどを表す)

**HI** Hawaii(米国ハワイ州)の郵便略語

## hi 5級 A1 [hái ハイ]

間 《話》 **やあ, こんにちは** (▶helloよりさらにくだけたあいさつの表現)
- *Hi*! How are you doing? やあ, 元気かい.

**hiccup** [híkʌp ヒカップ]
━ 名 Ⓒ しゃっくり
- have *hiccups* しゃっくりをする
━ 動 (過去・過分 hiccuped, hiccupped[-t]; 現分 hiccuping, hiccupping) 自 しゃっくりをする

**hid** [híd ヒッド] 動 hide(隠(かく)す; 隠れる)の過去形・過去分詞の1つ

**hidden** B1 [hídn ヒドゥン]
━ 動 hide(隠(かく)す; 隠れる)の過去分詞の1つ
━ 形 隠された, 秘密の

## hide 3級 A1 [háid ハイド]

動 (三現 hides[-dz -ヅ]; 過去 hid[híd ヒッド]; 過分 hidden[hídn ヒドゥン], hid; 現分 hiding)
━ 他 (…から)人・物を**隠(かく)す**; (感情・事実など)を隠す
- Where did you *hide* my glasses?
  私の眼鏡をどこに隠したの？
- The moon was *hidden* by the clouds.
  月は雲に隠れた.

## hide-and-seek

- I tried to *hide* my feelings.
私は感情を隠そうとした.
- I have nothing to *hide* from her.
私は彼女に何も隠していない.

—⾃ 隠れる
- Sam is *hiding* behind the sofa.
サムはソファーの陰(かげ)に隠れている.

***hide oneself*** 隠れる, 身を隠す
- He *hid himself* in the closet.
彼は押(お)し入れの中に隠れた.

**hide-and-seek** [háidənsíːk ハイダンスィーク]
名 U かくれんぼ(う)
- play *hide-and-seek* かくれんぼをする

## \*high 5級 A1 [hái ハイ] (★このghは発音しない)

—形 (比較 higher; 最上 highest) ❶ 高い (⇔low 低い)
- a *high* fence 高い塀(へい)
- the *highest* mountain in the world
世界でいちばん高い山
- The balloon is *high* in the air.
気球が空高くにある.

### くらべてみよう！ highとtall

**high**: 一般に高いこと, 高い位置にあることを示します. 人については使いません.
**tall**: 垂直方向に, 細長く伸びている物や人について使います.

|  | high | tall |
|---|:---:|:---:|
| ceiling 天井(てんじょう) | ○ | × |
| fence 塀 | ○ | × |
| mountain 山 | ○ | ×<br>(▶ただし<br>⽶では○) |
| man / woman 男/女 | × | ○ |
| building 建物 | ○ | ○ |
| tower 塔(とう) | ○ | ○ |
| tree 木 | ○ | ○ |

❷ 高さが…ある(▶ふつう高さを示す数値を表す語につける)

話してみよう！
☺ How *high* is the mountain?
その山はどれくらいの高さですか.
😊 It is about 4,000 meters *high*.
約4000メートル(の高さ)です.

❸ (数量・程度などが)高い; 激しい
- *high* fever 高熱
- at a *high* speed 高速で
- in a *high* voice 高い声で
- The price of food is *high*. 食費は高い.

—副 高く, 高い所に (⇔low 低く)
- climb *high* up the tree 木の高い所まで登る

派生語 height 名, highly 副

**high heels** [hái híːlz ハイ ヒールズ] 名 《複数扱い》ハイヒール

**high jump** [hái dʒʌmp ハイ ヂャンプ] 名《the high jumpで》走り高跳(と)び

**highland** [háilənd ハイランド] (★このghは発音しない) 名 C ❶《しばしば highlandsで》高地, 高原, 台地
❷《the Highlandsで》《複数扱い》(スコットランド北西部の)高地地方

**highlight** B2 [háilait ハイライト] (★これらのghは発音しない) 名 C《ふつう highlightsで》ハイライト, 最も明るい部分

**highlighter** [háilaitər ハイライタァ] (★これらのghは発音しない) 名 C 蛍光(けいこう)ペン, マーカー

**highly** B1 [háili ハイリィ] (★このghは発音しない) 副 ❶ 大いに, 非常に; 高度に; (▶程度が高いこと)
- I *highly* recommend it.
大いにそれをおすすめします.
❷ 高く評価して
- They think *highly* of you.
彼らは君を高く評価している.

**high-rise** [háiraiz ハイライズ] (★このghは発音しない) 形 (建物が)高層の

## high school 準2級 A2

[hái skùːl ハイ スクール] (★このghは発音しない)

名 (複 high schools [-z]) C ⊕ ハイスクール
→ school¹
- a junior *high school* (主に日本の)中学校
(▶⊕ではmiddle school, ⊕ではsecondary schoolなどと呼ばれることが多い)
- a senior *high school* (主に日本の)高等学校
(▶⊕ではhigh school, ⊕ではsixth formなどと呼ばれる)
- go to *high school* ハイスクールに通う

**high-tech** B2 [hàiték ハイテック] (▶hi-techともつづる)
—形 先端(せんたん)技術を用いた, ハイテクの
—名 先端技術 (▶ high technologyの短縮形)

**high technology** [hái teknάlədʒi ハイ テクナラディ | - teknɔ́lədʒi - テクノラディ] 名 U 先端(せんたん)技術, ハイテク (▶ high-techと略すこともある)

**highway** A2 [háiwei ハイウェイ] (★このghは発音しない) 名 C《主に⊕》(都市間を結ぶ)主要道路, 幹線道路 (=main road) (▶「高速道路」は⊕ freeway, expressway, ⊕ motorway)

**hijack** B2 [háidʒæk ハイヂャック]
—動 他 (輸送中の物)を強奪(ごうだつ)する; (飛行機など)を乗っ取る

—名C 乗っ取り, ハイジャック
派生語 hijacker 名

**hijacker**[háidʒækər ハイヂャッカァ] 名C (飛行機などの)乗っ取り犯, ハイジャック犯

**hike** 準2級 A2 [háik ハイク]
—動自 ハイキングをする
—名C ハイキング
- Let's *go for [on] a hike* in the woods.
  森へハイキングに行こう.
派生語 hiker 名, hiking 名

**hiker** 準2級 [háikər ハイカァ] 名C ハイカー, ハイキングをする人

# hiking 準2級 A2 [háikiŋ ハイキング]
—動 hike(ハイキングをする)の現在分詞・動名詞
—名U ハイキング →picnic

# *hill 3級 A1 [híl ヒル]
名(複 hills[-z])C ❶ 丘(おか), 小山(▶mountainより低いもの. 米ではふつう2000フィート(約610メートル)以下のものを言う. 日本語の「丘」がさすよりも高いものまで含む)
- at the top of the *hill* 丘[山]の頂上に
❷坂, 坂道(=slope)
- go up [down] a *hill* 坂を上る[下りる]

**hillside**[hílsàid ヒルサイド] 名C 丘(おか)の斜面(しゃめん)[中腹(ちゅうふく)]

**hilltop**[híltàp ヒルタップ | -tɔ̀p -トップ] 名C 丘(おか)の頂上

# *him 5級 A1
[him ヒム, im イム, 《強く言うとき》hím ヒム]
代 **彼を, 彼に**(▶三人称(にんしょう)単数の男性(he)の目的格. 動物の雄(おす)に使うこともある. 「彼らを[に]」はthem) →he

> 話してみよう!
> 😊 Did you meet Tom yesterday?
> きのうトムに会いましたか.
> 😊 Yes. I met *him* in the library.
> はい, 図書館で彼に会いました.

- The teacher asked *him* a question.
  先生は彼に質問した.
- I played tennis with *him* yesterday.
  私はきのう彼といっしょにテニスをした.

**Himalayas**[hìməléiəz ヒマレイアズ] 名《the Himalayasで》《複数扱い》ヒマラヤ山脈(▶インドとチベットの間にあり, エベレスト山を含(ふく)む世界最高の山脈)

# himself 準2級 A2
[imsélf イムセルフ, 《強く言うとき》him- ヒム-]

代(複 themselves[ðəmsélvz ザムセルヴズ])
→oneself

❶彼自身を[に]
- He seated *himself* at the chair.
  彼はいすに座(すわ)った.
❷彼自身で, 彼自ら(▶意味を強める)
- Tom wrote the letter *himself*. =Tom *himself* wrote the letter.
  トムが自分でその手紙を書いたのだ.
***by himself*** (彼が)ひとりぼっちで; 独力で→oneself(成句 by oneself)
***for himself*** (彼が)独力で; 自分自身のために→oneself(成句 for oneself)

**hind**[háind ハインド] 形(対(つい)を成すものの)後ろのほうの, 後部の
- the *hind* legs of an animal 動物の後ろ足

**Hindi**[híndi: ヒンディー] 名U ヒンディー語(▶インドの公用語)

**Hindu**[híndu: ヒンドゥー, hindú: ヒンドゥー]
—名C ヒンドゥー教信者; インド人
—形 ヒンドゥー教(信者)の; インド人の
派生語 Hinduism 名

**Hinduism**[híndu:ìzm ヒンドゥーイズム] 名U ヒンドゥー教

**hint** B2 [hínt ヒント]
—名C 暗示, ヒント; 助言
- Will you *give* me *a hint*?
  私にヒントをくれない?
—動他 …をほのめかす, 暗示する

**hip** 2級 B1 [híp ヒップ] 名C 腰(こし), ヒップ(▶骨盤(こつばん)が左右に張り出した片側の部分を言う. 複数形hipsで用いることが多い)

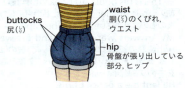

waist 胴(どう)のくびれ, ウエスト
buttocks 尻(しり)
hip 骨盤が張り出している部分, ヒップ

**hip-hop, hiphop** 準2級 [híphàp ヒップハップ | -hɔ̀p -ホップ] 名U 《音楽》ヒップホップ

**hippo**[hípou ヒッポゥ] 名(複 hippos[-z])C 《動物》《話》かば(▶hippopotamusの短縮形)

**hippopotamus**[hìpəpátəməs ヒパパタマス | -pɔ́tə- -ポタ-] 名(複 hippopotamuses[-iz], hippopotami[hìpəpátəmai ヒパパタマイ | -pɔ́tə- -ポタ-])C 《動物》かば

**hire** 2級 B1 [háiər ハイア]
—動他 ❶ (人)を(短期間)雇(やと)う
- She *hired* a carpenter to fix the roof.
  彼女は屋根を修理するために大工を雇った.

# his

❷ 🎨 …を(短期間)借りる, レンタルする (= 🎨 rent)
─ 名 Ⓤ 🎨 賃借り, レンタル；使用料
- boats *for hire*
  貸しボート(= 🎨 boats for rent)

## *his 5級 A1

[híz ヒズ, iz イズ；《強く言うとき》híz ヒズ]

代 ❶ 彼の(▶三人称(じんしょう)単数の男性(he)の所有格. 動物の雄(おす)に使うこともある. 「彼らの」は their) → he
- *His* father is a doctor. 彼の父親は医者だ.
- He scolded *his* son. 彼は自分の息子(むすこ)をしかった. (▶主語とhisが同じ人をさすときhisは「自分の」と訳すほうが自然な日本語になることが多い)

> **ここがポイント! hisの使い方**
> hisはa, the, thisなどといっしょには使えません.
> ○ *his* pen 彼のペン
> × a his pen
> × the his pen
> × this his pen
> ○ this pen of *his* 彼のこのペン(▶このhisは「彼のもの」の意味 → ❷)

❷ 彼のもの(▶三人称単数の男性(he)の所有代名詞. hisのさすものが単数の場合は単数扱い, 複数の場合は複数扱い. 「彼らのもの」はtheirs) → he
- This book is *his*. この本は彼のものだ.
  (= This is his book. his bookのhisは❶)
- My cap is smaller than *his*. 私の帽子(ぼうし)は彼のものより小さい. (▶ his = his cap)
- My answers were wrong and *his* were right. 私の答えは間違(まちが)っていて, 彼のは正しかった. (▶ his = his answers. 複数のものをさすので動詞はwereとなる)
- He lent me a pencil of *his*.
  彼は自分の鉛筆(えんぴつ)(の1本)を私に貸してくれた. (= He lent me one of his pencils.)

## Hispanic [hispǽnik ヒスパニック]

─ 名 Ⓒ ヒスパニック(▶アメリカに住んでいる, スペイン語を母語とする人)
─ 形 ヒスパニックの

## hiss [hís ヒス]

─ 動 《三単現》hisses[-iz] ─ 自 ❶ シューという音をたてる ❷ (不賛成・非難・怒(いか)りなどを表して)シーッと言う
─ 他 (人)をシーッと言って非難[反対]する
─ 名 《複》hisses[-iz]) Ⓒ シューという音；シーッという声

## historian 2級 B1 [histɔ́:riən ヒストーリアン]

名 Ⓒ 歴史家, 歴史学者

## historic 2級 B1 [histɔ́:rik ヒストーリック | -tɔ́rik -トリック]

形 歴史上有名な, 歴史に残る；歴史上重大な
- a *historic* spot [site] 史跡(しせき)

## historical 2級 B1 [histɔ́:rikəl ヒストーリカル | -tɔ́ri- -トリ-]  形 歴史の；歴史上の；歴史に基(もと)づく
- *historical* evidence 史実

## history 5級 A1 [hístəri ヒスタリィ]

名 《複》histories[-z]) ❶ Ⓤ 歴史；歴史学
- Japanese *history* 日本史
- *History* repeats itself. (ことわざ)歴史は繰(く)り返す.
❷ Ⓒ (個人の)経歴, 来歴；(物の)由来
- Please write your personal *history*.
  履歴(りれき)書を書いてください.

派生語 historian 名, historic 形, historical 形

## hit 準2級 A2 [hít ヒット]

動 他 ❶ …をたたく
  ❷ …をぶつける
  ❸ …を打つ
  ❹ (災害が)…を襲(おそ)う
自 打つ；ぶつかる
名 ❶ 打撃(だげき)
  ❷ 大成功；ヒット
  ❸ 〖野球〗安打
  ❹ ウェブサイトへの訪問数

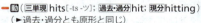

─ 動 《三単現》hits[-ts -ツ]; 《過去・過分》hit; 《現分》hitting)
(▶過去・過分とも原形と同じ)
─ 他 ❶ …をたたく, 殴(なぐ)る
- My parents have never *hit* me.
  両親は私を一度もたたいたことがない.

> **ここがポイント! 体の一部をたたくときのhitの使い方**
> - She *hit* my head.
> - She *hit* me on the head.
>   彼女は私の頭をたたいた.
> 〈hit + (人) + 前置詞 + the + (体の一部)〉という形が, より英語らしい表現です.

❷ …をぶつける；(車が人など)をはねる
- She *hit* her head against the wall.
  彼女は頭を壁(かべ)にぶつけた.
❸ …を打つ
- *hit* a home run ホームランを打つ
❹ (災害が)…を襲う

- A big earthquake *hit* this area last year.
去年, 大地震(じん)がこの地域を襲った.
— 自 打つ; ぶつかる; (災害が) 襲う

*hit on* [*upon*] *...* …を思いつく
- I *hit on* [*upon*] a good idea.
名案が浮(う)かんだ.

— 名 (複 hits[-ts -ツ]) C ❶ 打撃; 命中; 衝突
❷ 大成功; (歌・演劇などの) ヒット, 当たり
❸『野球』安打, ヒット
❹『インターネット』ウェブサイトへの訪問数, 検索結果の数
派生語 hitter 名

**hitchhike**[hítʃhàik ヒッチハイク] 動 自 ヒッチハイクする 派生語 hitchhiker 名

**hitchhiker**[hítʃhàikər ヒッチハイカァ] 名 C ヒッチハイクする人

**Hitler**[hítlər ヒトラァ] 名 Adolf, アドルフ・ヒトラー(▶1889-1945; ドイツの政治家. ナチス党首. 第二次世界大戦を引き起こした)

**hitter**[hítər ヒッタァ] 名 C 打つ人;『野球』打者

**HIV** B1 [èitʃaiví: エイチアイヴィー] 名 エイチアイブイ, ヒト免疫(めき)不全ウィルス(▶ human immunodeficiency virus の略) → AIDS

**hive**[háiv ハイヴ] 名 C みつばちの巣箱 (= beehive)

**hmm** 3級 [hmm, mm フム, ム](▶hmともつづる) 間 うーん, うーむ(▶疑い・思案・快適な状態などを表す)

**ho**[hóu ホゥ] 間 ほう(▶喜び・驚(おどろ)きなどを表す); おーい; サンタクロースの笑い声(ho, ho, ho)

# hobby 4級 A1 [hábi ハビィ | hɔ́- ホ-]

名 (複 hobbies[-z]) C 趣味(しゅみ), 道楽

> 😊Do you have any *hobbies*? 話してみよう！
> 趣味はありますか. (▶趣味が1つとは限らないので, hobbies(複数形)でたずねる)
> 😊My *hobby* is making train models.
> 私の趣味は鉄道模型を作ることです.

**hockey**[háki ハッキィ | hɔ́ki ホッキィ] 準2級 A2
名 U『スポーツ』ホッケー(▶⊕では主に field hockey, ⊕では主に ice hockeyを言う)

field hockey

ice hockey

## hold

**hoe**[hóu ホゥ] 名 C くわ(▶農具)
**hog**[hɔ́ːg ホーグ | hɔ́g ホッグ] 名 C 豚(ぶた) (= pig); (食肉用に)去勢した雄(おす)豚

# hold 3級 A1 [hóuld ホウルド]

— 動 (三単現 holds[-dz -ヅ] 過去・過分 held[héld ヘルド]; 現分 holding)

— 他 ❶ …を手に持っている, 握(にぎ)っている, つかんでいる
- *hold* hands 互(たが)いに手を取り合っている
- She *held* a bat *in* her hand.
彼女は手にバットを持っていた.

❷ (ある状態に)…を保つ; …を支える
- Will this board *hold* my weight?
この板は私の体重を支えられるだろうか.

❸ …を所有する; (地位など)に就(つ)いている
- He *holds* the record for the 100-meter dash. 彼は100メートル走の記録を持っている.

❹ (ある量・人数)を入れることができる
- The concert hall *holds* 700 people.
そのコンサートホールは700人を収容できる.

❺ (会・式など)を開く, 開催(かいさい)する
- *hold* a meeting 会議を開く

❻ …をおさえる, 止める
- *Hold* your breath. 息を止めて.

— 自 ❶ 持ちこたえる
- The old bridge didn't *hold*.
その古い橋は持ちこたえられなかった.

❷ (状態を)持続する, (天気などが)続く
- *Hold* still while I cut your hair.
髪(かみ)を切る間じっとしていなさい.

*hold back* (*...*) (感情)を抑(おさ)える, 押しとどめる; (…を)ためらう; (…を)隠(かく)しておく

*hold down ...* …を抑える, 抑制(よくせい)する

*hold on ...*《話》しばらく待つ; 電話を切らずに待つ(▶ふつう命令形で用いる)
- *Hold on*, please. (電話を切らずに)お待ちください. (= Hold the line, please.)

*hold on to ...* …につかまる
- *Hold on to* my hand.
私の手につかまりなさい.

*hold out* (手などを)さし出す

*hold up ...* …を持ち上げる, (手など)を上げる; …を支える

— 名 (複 holds[-dz -ヅ]) U 持つこと, 握る[つかむ]こと; C つかまる物

*catch* [*take*] *hold of ...* …をつかむ, つかまえる
- She *caught hold of* my sleeve.
彼女は私のそでをつかんだ.

*get hold of ...* …をつかむ, つかまえる; …を手に入れる

## holder

派生語 holder 名, holding 名

**holder** B2 [hóuldər ホウルダァ] 名 C (手形・地位・記録などの)所有者, 持ち主; 入れ物; 支えるもの
- a record *holder* 記録保持者

**holding** 3級 [hóuldiŋ ホウルディング]
- 動 hold(手に持っている; もちこたえる)の現在分詞・動名詞
- 名 U 保有; 所有地;〖スポーツ〗ホールディング (▶バレーボールなどの反則)

# hole 3級 A1

[hóul ホウル] (★同音 whole すべての)
名 (複 holes[-z]) C ❶ 穴, くぼみ
- dig a *hole* in the ground 地面に穴を掘(ほ)る
❷〖ゴルフ〗ホール(▶ボールを入れる穴)

# *holiday 4級 A1

[hάlədèi ハラデイ | hɔ́lədèi ホラデイ]

名 (複 holidays[-z]) C ❶ 休日; 祝日, 祭日 (⇔workday 平日, 労働日)
- a national *holiday* 国民の祝日
- We are closed on *holidays*. 当店は祝日は休業です.

 **米英の祝休日**
米国では a legal holiday (法定休日), 英国では a bank holiday (銀行休日)と言います.
→ 祝休日と行事【口絵】

〈米国〉
New Year's Day 元日(1月1日)
Martin Luther King Jr.Day キング牧師の日(1月の第3月曜日)
Washington's Birthday (Presidents' Day) プレジデンツデー(2月の第3月曜日)
Memorial Day 戦没(せんぼつ)将兵追悼(ついとう)記念日(5月の最終月曜日)
Independence Day 独立記念日(7月4日)
Labor Day 労働者の日(9月の第1月曜日)
Columbus Day コロンブスデー(10月の第2月曜日)
Veterans Day 退役(たいえき)軍人の日(11月11日)
Thanksgiving Day 感謝祭(11月の第4木曜日)
Christmas Day クリスマス(12月25日)

〈英国〉
New Year Holiday 元日(1月1日)
Good Friday 聖金曜日(復活祭の前の金曜日)
Easter Monday 復活祭の月曜日(復活祭の翌日)
Early May Bank Holiday 5月の公休日(5月の第1月曜日)
Spring Bank Holiday 春の公休日(5月の最終月曜日)
Summer Bank Holiday 夏の公休日(8月の最終月曜日)
Christmas Day クリスマス(12月25日)
Boxing Day クリスマスの贈り物の日(12月26日, 日曜日の場合は27日)

❷《主に英》休暇(きゅうか)(▶米 で「休暇」を表すには vacation を使う)→ vacation くらべて!
- the Christmas *holidays* クリスマス休暇
- Have a nice *holiday*! 楽しい休暇を.

***on holiday*** = ***on one's holidays*** 休暇中で
- My boss is *on holiday*.= My boss is *on her holidays*. 上司は休暇中だ.

**holidaymaker** [hάlədeimèikər ハラデイメイカァ | hɔ́lə- ホラ-] 名 C 英休暇(きゅうか)を取っている人; (休日の)行楽客(=米vacationer)

**Holland** [hάlənd ハランド | hɔ́lənd ホランド] 名 オランダ(▶ヨーロッパ北西部の王国. 公式には the Netherlands と言う. 首都はアムステルダム(Amsterdam))→ Dutch

**hollow** B2 [hάlou ハロウ | hɔ́- ホ-]
- 形 (比較 more hollow, hollower; 最上 most hollow, hollowest) (中が)空(から)の, 空洞(くうどう)の(⇔ solid 中身の詰(つ)まった); へこんだ, くぼんだ
- a *hollow* tree 中が空洞になった木
- 名 C くぼみ, 穴; くぼ地

**holly** [hάli ハリィ | hɔ́li ホリィ] 名 (複 hollies[-z]) C U〖植物〗西洋ひいらぎ(▶常緑の低木. 冬に赤い実をつける. クリスマスの飾(かざ)りに使う)

**Hollywood** 準2級 [hάliwùd ハリウッド | hɔ́li- ホリ-] 名 ハリウッド(▶米国の映画産業の中心地)

**holy** B1 [hóuli ホウリィ] 形 (比較 holier; 最上 holiest) 神聖な; 信仰(しんこう)のあつい

**Holy Bible** [hòuli báibl ホウリィ バイブル] 名《the Holy Bible で》聖書(▶the Bible とも言う)

# *home 5級 A1 [hóum ホウム]

名 ❶ 家庭
❷ ふるさと
❸ 収容施設(しせつ)
❹ 生息地
❺〖野球〗ホーム
形 家庭の
副 家へ[に]

# homestay

― 名 (複 homes[-z]) ❶ C U **家庭**；(家族の住む)家；自宅, わが家 → house **くらべて!**
- a happy *home* 楽しい家庭
- Liz left *home* when she was twenty.
リズは20歳の時に家を出(て独立し)た. (► leave homeには単に「出かける」の意もある)

❷ U **ふるさと**；故郷；本国
- Scotland is John's *home*.
スコットランドはジョンの故郷だ.

❸ C (病人などの)収容施設, ホーム
- a nursing *home* 養護施設

❹ C ((ふつう the homeで))(動物・植物の)生息地, 原産地；(文化などの)発祥(はっしょう)地
- The *home* of the panda is China.
パンダの生息地は中国だ.

❺ U [野球]ホーム, 本塁(ほんるい) (= home plate)

*at home* ①家にいて；自国で；故郷で
- My father is not *at home* today.
きょう父は家にいない.
②気楽に, くつろいで
- *feel at home* くつろぐ

*make oneself at home* 気楽にする, くつろぐ (⇦自分自身をくつろいだ状態にさせる)
- Have a seat and *make yourself at home*.
おかけになってくつろいでください.

― 形 家庭の；故郷の；国内の(= domestic, ⇔ foreign 外国の)；[スポーツ]地元の, 本拠(ほんきょ)地の
- *home* cooking 家庭料理
- the *home* team 地元のチーム
- at *home* and away
(サッカーなどで)本拠(ほんきょ)地とアウェーで
- Please tell me your *home* address.
あなたの住所を教えてください.

― 副 家へ[に]；故郷へ[に]；本国へ[に]
- go *home* 家に帰る(►このhomeは副詞なのでgo to homeは×)
- I'll walk *home*. 家まで歩いて帰ります.
- I will stay [be] *home* this afternoon.
きょうの午後は家にいる.
- Mom, I'm *home*. お母さん, ただいま.
- He came *home* from China last year.
彼は中国から去年帰国した.

*on one's way home* = *on the way home*
帰宅途中(きたくとちゅう)で
- Ellen did some shopping *on her way home*. エレンは家に帰る途中で買い物をした.

派生語 homeless 形, homer 名

**home base** [hòum béis ホウム ベイス] 名 = home plate

**homecoming** [hóumkÀmiŋ ホウムカミング] 名 C U 帰省, 帰宅；C ㊍ (高校・大学の)同窓会

**home economics** [hòum i:kənámiks ホウム イーカナミックス | -i:kənɔ́miks - イーカノミックス] 名 U ((単数扱い))家政学, 家庭科 (►home ecと略すことがある)

**homegrown** [hòumgróun ホウムグロウン] 形 自家製の, 自家栽培の；国産の

**homeland** [hóumlænd ホウムランド, -lənd - ランド] 名 C 自国, 故国, 母国

**homeless** 2級 B1 [hóumlis ホウムリス] 形 住む家のない, ホームレスの

**homemade** [hòumméid ホウムメイド] 形 自家製の, 手製の → handmade

**homemaker** [hóummèikər ホウムメイカァ] 名 C ㊍ 家庭を切り盛りする人, 主夫, 主婦 (►housewifeの代わりに用いられる. 男女の区別のない語)

**homemaking** [hóummèikiŋ ホウムメイキング] 名 U 家庭作り；(学科の)家庭科

**home page, homepage** [hóumpèidʒ ホウムペイヂ] 名 C [インターネット]ホームページ

**home plate** [hóum plèit ホウム プレイト] 名 [野球]本塁(= home base)

**Homer** [hóumər ホウマァ] 名 ホーマー, ホメロス (►古代ギリシャの詩人.『イリアッド』『オデュッセイア』の2大叙事(じょじ)詩の原作者とされる)

**homer** [hóumər ホウマァ] 名 C (話)[野球]本塁(ほんるい)打, ホームラン(= home run)

**homeroom** 5級 [hóumru:m ホウムルーム] 名 U C ㊍ ホームルーム(►クラスの生徒と担任の先生が集まって話し合う時間, またはその教室)
- a *homeroom* teacher 担任の先生

**home run** [hòum rÁn ホウム ラン] 名 C [野球]ホームラン(= homer)

**homesick** [hóumsik ホウムスィック] 形 家[故郷]を恋(こい)しがる, ホームシックの
- feel [get] *homesick* ホームシックになる

**homestay** 4級 [hóumstèi ホウムステイ] 名 U ホームステイ
- go to America on a *homestay* for three weeks アメリカへ3週間ホームステイに行く
- Yumi spent one year in the U.S. on a *homestay* program. ユミはホームステイプログラムで1年間アメリカで過ごした.

 **「ホームステイする」と言うとき**
動詞doを使ってdo a homestayとも言えますが, 英語のhomestayは日本語の「ホームステイ」ほど一般的ではありません. そこで, stay with a family in the U.S.(アメリカでホームステイする)のように言うことがよくあります.

**hometown**

**hometown** 4級 A1 [hóumtáun ホウムタウン]
名 C 故郷の町；現在住んでいる町

# homework 5級 A1

[hóumwə̀ːrk ホウムワーク]
名 U (学校の)**宿題**, 家庭学習(＝米 assignment)
- I have a lot of *homework* to do.
  やらなければならない宿題がたくさんある.
- Don't forget to do your *homework*.
  宿題するのを忘れないで. (▶宿題が複数あってもhomeworksとはしない)

**Honduras** [ha:ndúrəs ハーンドゥラス] 名 ホンジュラス (▶中米の共和国. 首都はテグシガルパ (Tegucigalpa))

# honest B1

[ánist アニスト | ɔ́nist オニスト] (★このhは発音しない)
形 (比較 more honest; 最上 most honest) **正直な**, 誠実な (⇔dishonest 不正直な)
- an *honest* person 正直な人
- She was *honest* about her mistake.
  彼女は自分の間違(ちが)いを隠(かく)さなかった.

*to be honest with you* ＝ *to be honest about it* 正直に言うと
派生語 honestly 副, honesty 名

**honestly** B1 [ánistli アニストゥリィ | ɔ́nist- オニストゥ-] (★このhは発音しない) 副 正直に；《文全体を修飾して》正直に言えば

**honesty** B1 [ánisti アニスティ | ɔ́nis- オニス-]
(★このhは発音しない) 名 U 正直, 誠実
- *Honesty* is the best policy.
  (ことわざ) 正直は最良の策.

**honey** 準2級 A2 [háni ハニィ] 名 ❶ U はちみつ ❷《話》かわいい人, いとしい人(▶呼びかけ)

**honeybee** [hánibiː ハニィビー] 名 C 『虫』みつばち

**honeycomb** [hánikòum ハニィコウム] (★このbは発音しない) 名 C みつばちの巣

**honeymoon** 2級 B1 [hánimùːn ハニィムーン]
名 C 新婚(しんこん)旅行, ハネムーン
- *go on a honeymoon* 新婚旅行に行く

**Hong Kong** 4級 [hàŋ káŋ ハング カング | hɔ̀ŋ kɔ́ŋ ホング コング] 名 ホンコン(香港) (▶中国南東部の元英国の植民地. 1997年に中国に返還(へんかん)された)

**Honolulu** [hànəlúːluː ハナルールー | hɔ̀nə- ホナ-] 名 ホノルル (▶米国ハワイ州(Hawaii)の州都)

**honor** A2 [ánər アナァ | ɔ́nər オナァ] (★このhは発音しない) (▶英ではhonourとつづる)
— 名 ❶ U **名誉**(めいよ), 名声
- a man of *honor* 名誉を重んじる人

❷《an honorで》名誉となるもの
- She is *an honor to* the country.
  彼女は国の名誉だ.

❸ U 尊敬, 敬意 (＝respect)
- We treated him *with honor*.
  私たちは彼を敬意をもって待遇(たいぐう)した.

❹《honorsで》(高校・大学の)優等；勲章(くんしょう)
- graduate *with honors*
  優等で卒業する

*in honor of ...* …に敬意を払(はら)って, …を記念して
- *in honor of* her 100th birthday
  彼女の100歳(さい)の誕生日を祝して

— 動 他《しばしばbe honoredで》…に名誉を与(あた)える
派生語 honorable 形

**honorable** B2 [ánərəbl アナラブル | ɔ́nərə- オナラ-] (★このhは発音しない) (▶英ではhonourableとつづる) 形 尊敬すべき, (道徳的に)りっぱな；名誉(めいよ)ある
- an *honorable* person 尊敬すべき人

**hood** B2 [húd フッド] 名 C ❶ (コートの)フード ❷ 米 (車の)ボンネット(＝英 bonnet)

**hoodie** [húdi フーディ] (▶hoodyともつづる)
名 C フード付きの上着 [トレーナー], パーカー

**hoof** [húːf フーフ] 名 (複 hoofs[-s], hooves [húːvz]) C (馬などの)ひづめ

**hook** B2 [húk フック] 名 C ❶ (物を掛(か)ける)かぎ；(洋服などの)ホック ❷ 釣(つ)り針 ❸『ボクシング』フック(▶ひじを曲げて打つパンチ)

**hoop** [huːp フープ] 名 C 輪, (おけなどの)たが；(バスケットボールの)リング

**hooray** 3級 [huréi フレイ] 間 ＝hurrah

**hop** 2級 B1 [háp ハップ | hɔ́p ホップ]
— 動 (過去・過分 hopped[-t]; 現分 hopping) 自 (が片足で)ぴょんぴょん跳(と)ぶ；(かえる・鳥などが足をそろえて)ぴょんと跳(は)ねる
- I *hopped* over a ditch.
  私は溝(みぞ)をひょいと飛びこした.
— 名 C 片足跳び, ぴょんぴょん跳ねること

# *hope 4級 A1 [hóup ホウプ]

```
動 他 …を望む
   自 望む
名 ❶ 希望
   ❷ 期待
   ❸ 期待される人
```

— 動 (三単現 hopes[-s]; 過去・過分 hoped[-t]; 現分 hoping)
— 他 …**を望む**, 希望する, 期待する → want
くらべて!

**hope to +〈動詞の原形〉**
…することを望む, …したいと思う
- I *hope to* see you again.
またお会いしたいですね.

**hope (*that*) ...**
…ということを望む, …だとよいと思う
- We *hope* (*that*) you will be happy.
私たちはあなたが幸せになることを願っている. (▶《話》では that はしばしば省略される)

話してみよう!

☺ Will he get well?
彼はよくなるだろうか.
☺ I *hope so*. そうなるといいですね.

☺ Will it rain tomorrow?
あしたは雨でしょうか.
☺ I *hope not*.
そうじゃないといいですね.

— 自 望む, 希望する, 期待する
- I'm *hoping for* the best. 私は最善を期待している. (▶進行形で用いると意味が強まる)

くらべて みよう! **hope と I'm afraid**

**hope** は望ましいことについて「…(だといい)と思う」と言う場合に使います. そうなってほしくない[望ましくない]ことについて「(残念ながら)…と思う」と言うときは, **I'm afraid** を使います.
- I *hope* it will be fine tomorrow.
あしたは晴れると思う.
- *I'm afraid* it will rain tomorrow.
あしたは雨になると思う.

I hope ...

I'm afraid ...

— 名(複 hopes[-s]) ❶ⓊⒸ 希望, 望み (⇔despair 絶望)
- I still have *hope for* a victory.
私はまだ勝利への希望を持っている.
- lose [give up] *hope* 望みを失う
❷ⓊⒸ 期待, 可能性, 見こみ
- There is little [no] *hope* of his success.
彼の成功の見こみはほとんど[まったく]ない.
❸Ⓒ 期待される人, 希望を与えるもの, ホープ
- She is the *hope* of our soccer team.
彼女はわれわれサッカーチームのホープだ.

*in the hope of* +〈-ing形〉, *in the hope that ...* …すること[…ということ]を期待して
派生語 hopeful 形, hopefully 副, hopeless 形

**hopeful** B1 [hóupfəl ホウプフル] 形 希望に満ちた; 有望な, 見こみのある (⇔hopeless 望みのない)

**hopefully** B1 [hóupfəli ホウプフリィ] 副 希望に満ちて; うまくいけば

**hopeless** B1 [hóuplis ホウプリス] 形 望みのない, 絶望的な (⇔hopeful 希望に満ちた)

**horizon** 2級 B1 [həráizn ハライズン] 名Ⓒ《ふつう the horizon で》地平線, 水平線
- The sun has sunk below *the horizon*.
太陽は地平線に沈んでしまった.
派生語 horizontal 形

**horizontal** [hò:rəzɑ́ntl ホーラザントゥル | hòrizɔ́n- ホリゾン-] 形 水平の, 水平面の (⇔vertical 垂直の)

**horn** 2級 B1 [hɔ́:rn ホーン] 名Ⓒ ❶ (牛などの) 角(ツノ) ❷ (車・船などの) 警笛 ❸《楽器》(フレンチ) ホルン

**horoscope** [hɔ́:rəskòup ホーラスコウプ | hɔ́rə- ホラ-] 名Ⓒ 星占(ウラナ)い; 占星(センセイ)術; (星占い用の) 天宮図, 十二宮図

**horrible** B1 [hɔ́:rəbl ホーラブル | hɔ́- ホ-] 形 ❶ ひどく恐(オソ)ろしい, ぞっとするような ❷《話》ひどく不愉快(フカイ)な, 悲惨(ヒサン)な

**horror** 準2級 A2 [hɔ́:rər ホーラァ | hɔ́- ホ-] 名 ❶ Ⓤ 恐怖(キョウフ), 恐(オソ)ろしさ ❷ⓊⒸ 嫌悪(ケンオ)
派生語 horrible 形

# **horse** 5級 A1 [hɔ́:rs ホース]
名 (複 horses[-iz]) Ⓒ ❶ 馬
- ride [mount] a *horse* 馬に乗る
- get off a *horse* 馬から降りる
❷ (体操用の) 跳箱(トビバコ); 鞍馬(アンバ)

**horseback** 3級 [hɔ́:rsbæk ホースバック] 名Ⓤ
馬の背

**horseman** [hɔ́:rsmən ホースマン] 名Ⓒ (複 horsemen[-mən]) 馬に乗る人; 騎手(キシュ)

**horse racing** [hɔ́:rs rèisiŋ ホース レイスィング] 名Ⓤ 競馬

**horseshoe** [hɔ́:rsʃù: ホースシュー] 名Ⓒ てい鉄; 馬てい (▶悪魔(アクマ)を払(ハラ)う力があり幸運をもたらすとされる)

# hose

**hose** [hóuz ホウズ]（★「ホース」でないことに注意）名
❶ C ホース
- a fire *hose* 消防用ホース

駐車場に設置された消防用ホース（米国）

❷ U 《複数扱い》長靴下(した), ストッキング（= stockings）

**hospice** B2 [háspis ハスピス | hɔ́s- ホス-] 名 C ホスピス（▶末期患者(かんじゃ)に苦痛を軽減する処置だけを行う施設(しせつ)）

**hospitable** B2 [hɑ́spitəbl ハスピタブル | hɔ́spi- ホスピ-] 形 手厚くもてなす；親切な

# hospital 5級 A1

[háspitl ハスピトゥル | hɔ́s- ホス-]

名（複 hospitals[-z]）C 病院（▶大きな総合病院をさす．「専門病院」「診療(しんりょう)所」は clinic）

- go to (the) *hospital*
  病院に行く；入院する
- enter (the) *hospital*
  入院する
- leave (the) *hospital*
  退院する
- Jack is *in* [*out of*] (the) *hospital*.
  ジャックは入院[退院]している．
- I went to the *hospital* to see my friend.
  私は友達を見舞(みま)いに病院へ行った．

**ここがポイント! hospital に the をつけるのは…**
「治療(ちりょう)を受けに行く」「入院する」「退院する」の意味では，ふつう米ではhospitalにtheをつけ，英では何もつけません．病院の「建物」を表す場合は米英ともにtheをつけます．

―表現メモ―

**いろいろな病院**
animal hospital 動物病院
emergency hospital 救急病院
general hospital 総合病院
university hospital 大学病院

派生語 hospitable 形, hospitality 名

**hospitality** B2 [hɑ̀spətǽləti ハスパタリティ | hɔ̀s- ホス-] 名 U 親切なもてなし, 歓待(かんたい)

**host** 準2級 A2 [hóust ホウスト]
― 名（複 hosts[-ts -ツ]）C ❶（客をもてなす）主人（役），ホスト（⇔ guest 客）（▶男女ともに用いる）；主催(しゅさい)者[国, 地]
- the *host* country for the next Olympic Games
  次のオリンピック開催国

❷（番組などの）司会者

― 動（三単現 hosts[-ts -ツ]; 過去・過分 hosted[-id]; 現分 hosting）他 ❶（イベントなど）を主催する
❷（番組など）の司会をする

**hostage** [hɑ́stidʒ ハスティッヂ | hɔ́s- ホス-] 名 C 人質(ひとじち)

**hostel** B1 [hɑ́stl ハストゥル | hɔ́s- ホス-] 名 C ホステル（▶安く泊(と)まれる宿泊(しゅくはく)施設(しせつ)）
- a youth *hostel*
  ユースホステル

**hostess** [hóustis ホウスティス] 名（複 hostesses[-iz]）C（客をもてなす）女主人（役）→ host

**host family** [hóust fæməli ホウスト ファミリィ] 名（複 host families[-z]）C ホストファミリー

**hostile** [hɑ́stl ハストゥル, -tail -タイル | hɔ́stail ホスタイル] 形 敵意のある；敵の

# *hot 5級 A1 [hát ハット | hɔ́t ホット]

形（比較 hotter; 最上 hottest）
❶ 熱い, 暑い（⇔ cold 冷たい, 寒い）→ warm

くらべて!
- *hot* water
  湯, 熱湯
- It's *hot* and humid today, isn't it?
  きょうは蒸(む)し暑いですね．
- Strike while the iron is *hot*.
  (ことわざ) 好機を逃すな．（⇔鉄は熱いうちに打て）

❷（味が）辛(から)い, ぴりっとする
- This curry is too *hot* for me.
  このカレーは私には辛すぎる．

❸《話》（ニュースなどが）最新の
- *hot* news
  最新のニュース, ホットニュース

❹（気性(きしょう)などが）激しい, 熱烈(ねつれつ)な；怒(おこ)りっぽい（= angry）
- a *hot* debate 激しい討論

**hot cake** [hát kèik ハット ケイク | hɔ́t ホット -] 名

- C（▶次の成句で用いる.「ホットケーキ」は,この言い方ではなくpancakeで表す）
- sell [go] like *hot cakes*
 飛ぶように売れる

**hot dog**[hát dɔ̀ːɡ ハット ドーグ | hɔ́t dɔ̀ɡ ホット ドッグ] 名 C ホットドッグ

# hotel 4級 A1

[houtél ホウテル]（★アクセント位置に注意）
名（複 hotels[-z]）C **ホテル**, 旅館
- stay at [in] a *hotel*
 ホテルに泊(と)まる
- check in at a *hotel*
 ホテルにチェックインする
- check out of a *hotel*
 ホテルをチェックアウトする

**hotline, hot line**[hátlàin ハットライン | hɔ́tlàin ホットライン] 名 C （政府首脳間の）緊急(きんきゅう)直通電話回線, ホットライン；電話での相談サービス

**hot spring**[hàt spríŋ ハット スプリング | hɔ́t - ホット-] 名 C 温泉

**hotter**[hátər ハッタァ | hɔ́tər ホッタァ] 形 hot（熱い）の比較(ひかく)級

**hottest**[hátist ハッティスト | hɔ́tist ホッティスト] 形 hot（熱い）の最上級

**hound**[háund ハウンド] 名 C 猟犬(りょうけん)

# *hour 5級 A1

[áuər アウァ]（★このhは発音しない. 同音our 私たちの）
名（複 hours[-z]）C ❶ **1時間**（▶h, H, hr. と略す.「分」はminute,「秒」はsecond）
- a half *hour*=half an *hour*
 30分（▶⊛ではふつうa half hourのほうを用いる. hourのhは発音しないので, an hourとなる）
- an *hour* and a half=one and a half *hours*
 1時間半（▶... and a half hoursと複数形になる）
- at 100 miles per [an] *hour*
 時速100マイルで
- every six *hours*
 6時間おきに
- about an *hour*'s drive [walk]
 車で[歩いて]1時間ぐらい（▶「2時間」ならば two *hours*' drive [walk]）
- I'll call again in a few *hours*.
 数時間したらもう一度電話します.
- a two-*hour* meeting
 2時間の会議（▶ハイフンでつなぐときはhourにsをつけない）

## くらべてみよう！ hourとo'clock

**hour**: 1時間という「時の長さ」を表す.
**o'clock**: 1時, 2時などの「時刻」を表す.
- for ten *hours* 10時間
- It's ten *o'clock*. 10時だ.

for ten hours　　　ten o'clock

❷ **時刻, 時間** → time
- during the rush *hour* ラッシュ時に
- The train for Nara starts at 1330 *hours*.
 奈良行きの電車は13時30分に出る.（▶1330は thirteen hundred and thirtyと読む）
- We finished our work at an early *hour*.
 私たちは早い時間に仕事を終えた.

❸《*hours*で》（仕事などの）時間, 授業時間
- school *hours* 授業時間
- office *hours* 勤務時間
- business *hours* 営業時間

営業時間を示す案内板

***by the hour*** 時間ぎめで, 1時間いくらで
***for hours*** 何時間も
***keep early [good] hours*** 早寝早起きをする
***keep late [bad] hours*** 夜ふかしする

**hourglass**[áuərɡlæ̀s アウァグラス | -ɡlɑ̀ːs -グラース] 名（複 hourglasses[-iz]）C 砂時計

**hour hand**[áuər hæ̀nd アウァ ハンド] 名 C （時計の）時針, 短針 → clock 図

# *house 5級 A1 [háus ハウス]

名（複 houses[háuziz ハウズィズ]）（★複数形の発音は「ハウスィズ」でないことに注意）C ❶ **家**, 住宅
- a *house* for sale [rent] 売り[貸し]家
- build a *house* 家を建てる
- My *house* has two bedrooms.

## household

私の家には寝室(しんしつ)が２つある.

> **くらべてみよう！ house と home**
> **house**: 建物としての「家」の意
> **home**: くつろぎを与(あた)える家庭生活の場としての「家」の意
> - There is a *house* on the hill.
>   丘(おか)の上に家がある.
> - There is no place like *home*.
>   わが家に勝(まさ)る(楽しい)場所はない.
> ただし, ⊕ では建物としての「家」の意味でもしばしばhomeを使います.

❷ (ある目的で用いられる)建物, 小屋
- a movie [coffee] *house*
  映画館[喫茶(きっさ)店]
- summer [winter] *house* 夏[冬]の別荘(べっそう)

❸ 《the Houseで》議院, 議事堂
- *the House* of Councilors (日本の)参議院
- *the House* of Representatives (米国・オーストラリアの)下院, (日本の)衆議院

***keep house*** 家事を引き受ける
***play house*** ままごと遊びをする

**household** B1 [háushòuld ハウスホウルド]
名 Ⓒ 《単数・複数扱い》家族, 一家 (►雇(やと)い人なども含(ふく)めて言う)

**housekeeper** B2 [háuski:pər ハウスキーパァ]
名 Ⓒ 家政婦, お手伝いさん

**housekeeping** [háuski:piŋ ハウスキーピング]
名 Ⓤ 家事

**Houses of Parliament**
[háuziz əv pá:rləmənt ハウズィズ アヴ パーラマント]
名 《the Houses of Parliamentで》(英国の)国会議事堂

**housewarming** [háuswɔ:rmiŋ ハウスウォーミング] 名 Ⓒ 新築祝いのパーティー

**housewife** B2 [háuswàif ハウスワイフ] 名 (複 housewives [-wàivz -ワイヴズ]) Ⓒ (家事専業の)主婦 (►最近では男女の区別を避(さ)けて homemaker が多く用いられる)

# housework 2級 B1
[háuswə̀:rk ハウスワーク]
名 Ⓤ 家事

**housing** 2級 [háuziŋ ハウズィング] 名 Ⓤ 住宅の供給; 住宅

**Houston** [hjú:stən ヒューストン] 名 ヒューストン (►米国テキサス州南東部の都市. NASAの所在地として有名)

**hover** B2 [hávər ハヴァ | hɔ́vər ホヴァ] 動 ⓐ (ヘリコプター・鳥などが)舞(ま)う, 空中に停止する

**hovercraft** [hávərkræft ハヴァクラフト | hɔ́vəkrà:ft ホヴァクラーフト] 名 Ⓒ 《主に⊕》ホバークラフト (►機体をわずかに浮(う)かせて走行する水陸両用の乗り物. 元商標名)

## *how 5級 A1 [háu ハウ]

> 副 ❶ 《程度・数量》どのくらい
> ❷ 《方法》どうやって
> ❸ 《状態》どんなふうで
> ❹ 《感嘆(かんたん)文で》なんと
> ❺ …する方法

副 ❶ 《程度・数量》**どのくらい**, どれほど, どの程度

---

house 家

- chimney 煙突(えんとつ)
- roof 屋根
- attic 屋根裏部屋
- bedroom 寝室(しんしつ)
- window 窓
- bathroom 浴室・トイレ
- balcony バルコニー
- second floor 2階
- garage 車庫
- first floor 1階
- living room 居間
- door ドア
- entrance 玄関(げんかん)
- stairs 階段
- dining room ダイニングルーム
- kitchen 台所

# how

> **ここが ポイント!** 「どのくらい…か」
> How +〈形容詞・副詞〉…?
>
> How far …? 距離
> How long …? 時間・期間・長さ
> How many …? 数
> How many times…? 回数
> How much …? 金額・量・体重
> How often …? 頻度
> How old …? 年齢
> How tall [high] …? 高さ・身長

- *How* far is it from Tokyo to Osaka? 東京から大阪までの距離はどのくらいありますか. (▶距離)
- "*How* long is the movie?" "About two hours." 「その映画はどのくらいの長さなの」「2時間くらいだよ」(▶時間)
- *How* many books are there in this library? この図書館には何冊の本がありますか. (▶数)
- "*How* many times have you been to Disneyland?" "Only once." 「ディズニーランドに何回行ったことがありますか」「1回だけです」(▶回数)
- "*How* much is this dictionary?" "It's 2,000 yen." 「この辞書はいくらですか」「2000円です」(▶金額)
- "*How* often do you play tennis?" "Three times a week." 「どのくらいの頻度でテニスをしますか」「週に3回です」(▶頻度)
- "*How* old is your uncle?" "He is forty (years old)." 「君のおじさんは何歳ですか」「40歳です」(▶年齢)
- *How* tall are you? 身長はどれくらい？ (▶身長)
- I don't know *how* long this river is. 私はこの川の長さを知らない. (▶ How long is this river? がknowの目的語になった文. how longの後は「主語+動詞…」の語順になる)

❷《方法》どうやって, どんなふうに;《how to +〈動詞の原形〉で》…のやり方, …のしかた, どのように…するか

- *How* do you come to school? どうやって通学していますか.
- *How* did you know the answer? どうやって答えを知ったのですか.
- *How* can I say that? そんなこと言えるわけないでしょう. (⇔どうやってそれが言えるだろうか)
- *How* do you study English? どうやって英語を勉強しているのですか.
- I know *how to* use this machine. 私はこの機械の使い方を知っている.

❸《状態》どんなふうで, どんな具合で

- *How* do you feel this morning? けさは気分はどうですか.
- *How* is your family? ご家族はお元気ですか.
- *How* was the weather in London? ロンドンの天気はどうでしたか. (＝What was the weather like in London?)
- "*How* do you like your eggs?" "Soft-boiled, please." 「卵はどのようにしますか」「半熟にしてください」(▶朝食時やレストランなどでの会話)

❹《感嘆文で》**なんと**, なんて(▶後に形容詞や副詞が続く)→ what くらべて!

- *How* tall he is! 彼はなんて背が高いんだろう. (▶ How+〈形容詞〉+〈主語〉+〈動詞〉! ⇔He is tall.)
- *How* well he plays the piano! 彼はなんとじょうずにピアノを演奏するのだろう. (▶ How+〈副詞〉+〈主語〉+〈動詞〉! ⇔He plays the piano well.)

> **ここが ポイント!** 感嘆文の作り方
> (1) 感嘆文は驚きや感動を表し, 最後に!(exclamation point)をつけます.
> (2) 疑問文とは語順が違います.
> 　How tall is he? 疑問文
> 　How tall he is! 感嘆文
> (3) 何について言っているか明らかなときは, しばしば〈主語〉+〈動詞〉を省略します.
> ・How beautiful (these flowers are)! (この花は)なんてきれいなんでしょう.
> (4) howに続く副詞は省略することがあります.
> ・How (hard) the wind is blowing! なんて風が強いんだろう.
> (5) 感嘆文には, ほかにwhatを使った言い方があります. → what 形 ❷
> ・What a heavy box this is! (＝How heavy this box is!) これはなんて重い箱なんだ.

❺《名詞節をつくる》…する方法

- This is *how* she became a singer. このようにして彼女は歌手になった. (＝This is the way she became a singer.)

***How about …?*** 《話》…はいかがですか;《How about+〈-ing形〉?で》…するのはどう

## however

ですか., …しませんか. (▶提案したり誘(ざそ)ったりするときの言い方. What about ...?とも言う)
- I will stay here. *How about* you?
  私はここにいる. あなたはどうする.
- *How about* playing cards?
  トランプをしない?

***How are you?*** 元気ですか., こんにちは.

> 話してみよう!
> ☺Hi, Cathy. *How are you?*
> こんにちは, キャシー. 元気?
> 😊Fine, thanks. And you?
> 元気だよ, ありがとう. あなたは?

> **ここがポイント！** How are you? の使い方と答え方
>
> (1) **How are you?** は知っている人にその日初めて会ったときに使います. また初対面の人に「はじめまして」というときにも使います.
> - Hi, I'm Tom Brown. *How are you?*
>   やあ, ぼくはトム・ブラウンです. はじめまして.
> - I'm Mary Woods. *How are you?*
>   私はメアリー・ウッズよ. はじめまして.
>
> (2) howを使った「元気ですか」に当たる表現には, ほかに次のようなものがあります.
> - How are you doing?
> - How's everything?
> - How is it going?
> - How have you been?
>
> (3) How are you?などと聞かれたとき, 以下のような答え方があります.
> - Pretty good. かなりいいよ.
> - I'm OK. 調子いいよ.
> - Not too bad. まあまあかな.
> - Not so good. それほどよくないです.
>   (▶親しい人以外には言わないようにしましょう)

***How come*** (...)? ㊇《話》どうして(…)ですか.

> 話してみよう!
> ☺I'll stay home tomorrow.
> ぼくはあしたは家にいるよ.
> 😠*How come?*
> どうして?

- *How come* you are so tired?
  どうしてそんなに疲(つか)れているの? (▶whyよりもくだけた言い方. How comeの後は「主語＋動詞…」の語順になる)

***How do you do?*** はじめまして. (▶形式ばった言い方. ㊇では今はほとんど使われず, Nice to meet you. と言うのがふつう)

# **however** 準2級 A2

[hauévər ハウエヴァ]

副 ❶《接続詞的に》**しかし**, けれども
- His idea is brilliant. *However*, it's not realistic. = His idea is brilliant. It's not, *however*, realistic. 彼の考えはすばらしい. しかし現実的ではない. (▶文中にhoweverを用いる場合は前後にコンマをつける)

❷《however＋〈形容詞[副詞]〉で》**どんなに…でも**, どんなに…しても
- You'll have to finish the homework, *however* long it takes. どんなに時間がかかっても宿題を終わらせなさい.

**howl** [hául ハウル]
━動 自 (犬・おおかみなどが)遠ぼえする; (風などが)うなる
━名 C (犬・おおかみの)遠ぼえ

**how's** [háuz ハウズ] 《話》how is, how hasの短縮形

**hr.** hour(s) (時間)の略

**Hudson** [hʌ́dsn ハドゥスン] 名《the Hudsonで》ハドソン川 (▶米国ニューヨーク市を流れ, 大西洋に注ぐ)

**huff** [hʌ́f ハフ] 動 自《話》《huff and puffで》はあはあと息をはく

**hug** 準2級 A2 [hʌ́g ハッグ]
━動 (過去・過分 hugged [-d]; 現分 hugging) 他 (愛情を込(こ)めて)…を抱(だ)きしめる
━名 C 抱きしめること, 抱擁(ほうよう)
- Give me a *hug*. 私を抱きしめて., ハグして.

# **huge** 2級 B1 [hjúːdʒ ヒューヂ]

形 (比較 huger; 最上 hugest) **巨大(きょだい)な**, ばく大な (=enormous)
- The statue is *huge*. その彫刻(ちょうこく)は巨大だ.

**huh** [hʌ́ ハ] (★鼻にかけて発音する) 間 ❶㊇ふん, なんだって (▶驚(おどろ)き・不信・軽べつなどを表す声)
❷㊇…でしょう (▶文の最後に用いて念を押(お)すだけた言い方)

**hula** [húːlə フーラ] 名 U フラ(ダンス) (▶ハワイの民族舞踊(ぶよう). a hula dance, hula dancingとも言う)

**hullo** [həlóu ハロゥ] 間 名《主に㊇》=hello

**hum** [hʌ́m ハム]
━動 (過去・過分 hummed [-d]; 現分 humming) 自
❶鼻歌を歌う, ハミングする
❷ (はち・こまなどが)ブンブンと音を立てる
━名 C (単数形で)ハミング, (はち・機械などが立てる)ブーンという音

# human 準2級 A2 [hjúːmən ヒューマン]

— 形 (比較 more human; 最上 most human) 人間の; 人間的な, 人間味のある
- *human* nature 人間性
- the *human* body 人体
- the *human* race 人類 (= humankind, mankind)

— 名 (複 humans[-z]) C 人間, 人

派生語 humanism 名, humanity 名

**human being** [hjúːmən bíːiŋ ヒューマン ビーイング] 名 C (動物に対して) 人間, 人

**humane** B2 [hjuːméin ヒューメイン] 形 人情のある, 思いやりのある, 人間味のある

**humanism** [hjúːmənizm ヒューマニズム] 名 U 人間主義, 人文主義 (▶神ではなく人間を中心とした考え方. 日本語の「ヒューマニズム」とはやや異なる)

**humanity** 2級 B1 [hjuːmǽnəti ヒューマニティ] 名 (複 humanities[-z]) ❶ U 《単数・複数扱い》人類 ❷ U 人情; 人道; 慈悲; 人間性 ❸ 《the humanities で》人文科学

**humankind** [hjúːmənkàind ヒューマンカインド] 名 U 人類, 人間

**human rights** B2 [hjúːmən ráits ヒューマン ライツ] 名 《複数扱い》人権

**humble** B2 [hʌ́mbl ハンブル] 形 ❶ 謙遜した, つつましい, 控えめな, 謙虚な; 卑屈な ❷ (身分・地位が) 低い (⇔ noble 高貴な); 粗末な

**humid** B1 [hjúːmid ヒューミッド] 形 湿気の多い, 湿っぽい → wet くらべて!

派生語 humidity 名

**humidity** [hjuːmídəti ヒューミディティ] 名 U 湿気; 湿度

**humming** [hʌ́miŋ ハミング] 名 U (はち・こまなどが) ブンブンいう音; 鼻歌, ハミング

**hummingbird** [hʌ́miŋbə̀ːrd ハミングバード] 名 C 『鳥』はち鳥

細長いくちばしで花のみつを吸うはち鳥. 羽を小刻みに動かすため, はちのような音を出す.

# humor 2級 B1

[hjúːmər ヒューマァ, júː- ユー-] (▶ 英 では humour とつづる)

名 (複 humors[-z]) ❶ U ユーモア, こっけい, しゃれ; ユーモアを理解する力[心]
- He *has a sense of humor*.
  彼はユーモアがわかる.

❷ C 気分, 機嫌 (= mood)

❸ U 気質
- Every man has his *humor*. 《ことわざ》十人十色.
  (⇨だれでもそれぞれの気質を持つ)

派生語 humorous 形

**humorous** B1 [hjúːmərəs ヒューマラス, júː- ユー-] 形 こっけいな, おかしな, ユーモラスな

**hump** [hʌ́mp ハンプ] 名 C (背の) こぶ

**Humpty Dumpty** [hʌ́mpti dʌ́mpti ハンプティ ダンプティ] ハンプティー・ダンプティー (▶ 英国古来の童歌集『マザー・グース』に登場する卵形の人物. 卵のように一度壊れたら元に戻らない物や, ずんぐりした人の例えにされる)

『鏡の国のアリス』の挿絵に描かれたハンプティー・ダンプティー

# *hundred 準2級 A2

[hʌ́ndrəd ハンドゥラッド]

— 名 (複 hundreds[-dz -ツ]) U C 100; 《複数扱い》100 個, 100 人; U 100 歳
- a [one] *hundred* 100 (▶ one を使うと「100」であることが強調される)
- three *hundred* (and) twenty 320 (▶ 米 では百の位の次に and は入れないことが多い)
- a [one] *hundred* thousand 10 万
- a [one] *hundred* million 1 億

> **ここがポイント!** hundred の使い方
> 
> 数詞や数量を表す形容詞とともに用いるとき, **hundred** は複数形にしません.
> 
> 300　× three hundreds
> 　　　○ three *hundred*
> 
> 数百　× several hundreds
> 　　　○ several *hundred*

## hundredth

***hundreds of ...*** 何百もの…, 多数の…（▶この場合はhundredsと複数形になる）
- *hundreds of* letters 何百通もの手紙
—形 **100の**；100個の, 100人の；100歳で
- three *hundred* pounds 300ポンド

派生語 hundredth 形名

**hundredth** [hʌ́ndrədθ ハンドゥラッドゥス]
—形 ❶《ふつうthe hundredthで》100番目の（▶100thと略す） ❷100分の1
—名 ❶ U 《ふつうthe hundredthで》100番目 ❷ C 100分の1

**hung** [hʌ́ŋ ハング] 動 hang (掛ける；掛かる)の過去形・過去分詞

**Hungarian** [hʌŋɡéəriən ハンゲ(ァ)リアン]
—形 ハンガリーの；ハンガリー人の；ハンガリー語の
—名 C ハンガリー人；U ハンガリー語

**Hungary** [hʌ́ŋɡəri ハンガリィ] 名 ハンガリー（▶ヨーロッパ中部の共和国. 首都はブダペスト(Budapest)）
派生語 Hungarian 形名

**hunger** B1 [hʌ́ŋɡər ハンガァ] 名 ❶ U 飢え；空腹
- Many people died of *hunger* in the famine.
  飢きんで多くの人々が飢え死にした.
- *Hunger* is the best sauce. 《ことわざ》すきっ腹にまずいものなし.（⇔空腹は最上のソース）
- "zero *hunger*"「飢餓をゼロに」（▶国連で採択されたSDGs（持続可能な開発目標）の2番目の目標）
❷《a hungerで》（…に対する）熱望, 渇望
- The people have *a hunger for* peace.
  国民は平和を強く望んでいる.

**hungrily** [hʌ́ŋɡrili ハングリリィ]
副 空腹で, 飢えて

## hungry 5級 A1 [hʌ́ŋɡri ハングリィ]

形 《比較 hungrier；最上 hungriest》❶ **空腹の, 飢えた**
- a *hungry* child 空腹の子ども
- I felt *hungry*. 私は空腹を覚えた.
- Are you *hungry*?
  おなかがすいていますか.
❷ 熱望している, 飢えている
- She is *hungry for* love.
  彼女は愛情に飢えている.

***go hungry*** 食べないでいる, 空腹でいる
- A lot of people *go hungry* in that country.
  その国では多くの人が飢えている.

派生語 hungrily 副

## hunt 2級 B1 [hʌ́nt ハント]

—動《三単現 hunts[-ts -ツ]；過去・過分 hunted[-id]；現分 hunting》
—自 ❶ 狩りをする；《英》きつね狩りをする
- They *went hunting*. 彼らは狩りに行った.
❷（…を求めて）さがす；追跡する
- I am *hunting for* a missing key.
  私はなくしたかぎをさがしている.
—他 ❶（鳥・獣）**を狩る**
- *hunt* a bear 熊を狩る
❷ …をさがす
—名 《複 hunts[-ts -ツ]》C 《ふつうa huntで》狩り, 狩猟（=hunting）；さがすこと
- a treasure *hunt* 宝さがし
- go on *a hunt* 狩りに出かける

派生語 hunter 名, hunting 名

**hunter** 準2級 A2 [hʌ́ntər ハンタァ] 名 C 狩猟家, ハンター, 猟師

**hunting** B2 [hʌ́ntiŋ ハンティング]
—動 hunt (狩りをする)の現在分詞・動名詞
—名 U ❶ 狩り, 狩猟（=《英》きつね狩り(= fox hunting)
❷ さがし求めること, 捜索
- job *hunting* 職探し

**hurdle** [hə́ːrdl ハードゥル] 名 C 《スポーツ》ハードル, 障害物；《hurdlesで》《単数扱い》ハードル競走（=hurdle race）

**hurl** [hə́ːrl ハール] 動 他 …を強く投げつける

**Huron** [hjúərɑn ヒュ(ア)ラン] 名 《Lake Huronで》ヒューロン湖（▶北米の五大湖の1つ）

**hurrah** [həráː ハラー] 間 万歳, フレー
- *Hurrah for* the King! 国王万歳！

**hurray** [həréi ハレィ | huréi フレィ]（▶hoorayともつづる）間 = hurrah

**hurricane** 3級 [hə́ːrəkein ハーラケイン] 名 C ハリケーン（▶主に西インド諸島付近に発生する暴風雨を伴う熱帯性低気圧）

**hurried** [hə́ːrid ハーリド | hʌ́rid ハリド] 動 hurry (急ぐ；急がせる)の過去形・過去分詞

**hurriedly** B1 [hə́ːridli ハーリドゥリィ | hʌ́ridli ハリドゥリィ] 副 急いで, 慌ただしく

## hurry 4級 A1 [hə́ːri ハーリィ | hʌ́ri ハリィ]

—動《三単現 hurries[-z]；過去・過分 hurried[-d]；現分 hurrying》
—自 急ぐ；慌てる；…へ急いで行く
- *hurry to* the station 急いで駅に行く
- *hurry* to get home 急いで帰宅する
- Don't *hurry*! 慌てないで.
—他 (人)**を急がせる, せかす**；…を急いでやる
- Don't *hurry* me. せかさないで.

- She *hurried* her children off *to* school.
彼女は子どもたちを急いで学校へ送り出した.
- The cook *hurried* the meal.
料理人は急いで食事を作った.

***hurry up*** 急ぐ；…を急がせる，せかす（▶しばしば命令文で用いる）
- *Hurry up*, Jim. 急いで，ジム．

—图U **急ぎ**, 慌てること；急ぐ必要
- What's (all) the *hurry*?
なぜそんなに急ぐのですか.
- There's *no hurry*. 何も急ぐ必要はない.

***in a hurry*** 急いで；慌てて
- He finished his lunch *in a hurry*.
彼は急いで昼食を済ませた.

# hurt 4級 A1 [hə́:rt ハート]

動他 ❶…を傷つける
　　 ❷…を害する
　自 痛む
形 けがをした
名 傷, けが

—動（三単現 hurts[-ts -ツ]，過去・過分 hurt；現分 hurting）（▶過去・過分とも原形と同じ）
—他 ❶ …を傷つける，…にけがをさせる；…に被害を与える；…を痛くする
- I *hurt* my knee when I fell.
私は転倒してひざをけがした.
- The rain *hurt* the crops.
雨は作物を駄目にした.
- These shoes *hurt* my feet.
この靴は足が痛い.

❷（感情など）を害する，傷つける
- His words *hurt* her deeply.
彼の言葉は彼女を深く傷つけた.
- I don't want to *hurt* your feelings.
あなたの気持ちを傷つけたくない.

—自 痛む
- My head *hurts* badly. 頭がひどく痛い.
- Where does it *hurt*? どこが痛いのですか.

***hurt oneself*** けがをする
- She *hurt herself* while she was cooking.
彼女は料理の最中にけがをした.

—形（比較 more hurt；最上 most hurt）**けがをした**, 傷つけられた
- The player is badly *hurt*.
その選手は重傷だ.

—图（複 hurts[-ts -ツ]）C（しばしば hurts で）**傷, けが**；UC（精神的な）苦痛；損害

# husband 4級 A1 [házbənd ハズバンド]

图（複 husbands[-dz -ヅ]）C **夫**（⇔wife 妻）

- *husband* and wife 夫婦（▶wife と対で言うときは a や the をつけない）

**hush** B2 [háʃ ハッシュ]
—動（三単現 hushes[-iz]）他自…を黙らせる，静かにさせる；黙る，静かにする
—間 しーっ, 静かに

**husk**[hásk ハスク] 名C（穀物の）皮, 殻；⚫とうもろこしの殻

**husky**[háski ハスキィ] 形（比較 huskier；最上 huskiest）（声が）しゃがれた, ハスキーな

**hustle**[hʌ́sl ハスル]（★このtは発音しない）動
—他（人）を急がせる，（人）を乱暴に押し出す
- They *hustled* me *out of* the room.
彼らは私を部屋から押し出した.
—自 急ぐ, 押し[突っ]き]進む

**hut** B1 [hát ハット] 名C（粗末な）小屋, あばら屋

**hyacinth** 2級 [háiəsinθ ハイアスィンス] 名C〖植物〗ヒヤシンス

**hybrid** B2 [háibrid ハイブリッド] 名C（動植物の）交配種；（異なる要素からなる）混成物, ハイブリッド
- a *hybrid* car ハイブリッドカー（▶ガソリンと電気を動力とする車）

**Hyde Park**[háid pá:rk ハイド パーク] 名 ハイドパーク（▶ロンドン西部の大公園. Speaker's Corner という, だれでも自由に演説・討論ができる場がある. ロンドンでは the Park とも言う）

**hydrant**[háidrənt ハイドゥラント] 名C（路上の）消火栓, 給水栓

**hydrogen**[háidrədʒən ハイドゥラヂァン] 名U〖化学〗水素（▶元素記号はH）
- a *hydrogen* bomb 水素爆弾, 水爆（= H-bomb）

**hyena**[haií:nə ハイイーナ] 名C〖動物〗ハイエナ（▶アジア・北アフリカ産の夜行性の動物）

**hymn**[hím ヒム]（★このnは発音しない）名C 賛美歌, 聖歌

**hyphen** B2 [háifən ハイフン] 名C ハイフン(-)（▶drive-through, thirty-five のように, 語と語をつなぐときに用いる）

# I, i

**I, i** [ái アイ] 名 (複 I's, Is, i's, is [-z]) ❶ C 英語アルファベットの第9字 ❷ U (ローマ数字の) 1

**I** ※ 5級 A1 [ái アイ] (★同音 eye 目)
代 私は, 私が (▶一人称単数の主格)
- I am [I'm] a student. 私は学生だ.
- I like listening to music. 私は音楽を聞くのが好きだ.
- Can I come in? (私は)入ってもいいですか.
- Mike and I are the same age. マイクとぼくは同じ年だ. (▶自分以外の人を先に言うので, I and Mikeは×)

### ここがポイント! Iの変化形

| | 単数 | 複数 |
|---|---|---|
| 主格 | I 私は[が] | we 私たちは[が] |
| 所有格 | my 私の | our 私たちの |
| 目的格 | me 私を[に] | us 私たちを[に] |
| 所有代名詞 | mine 私のもの | ours 私たちのもの |

### Iの使い方

(1) Iは文中でも必ず大文字で書きます. 小文字のiでは目立たないからです.
(2) Iは話し手が自分のことをさす言葉で, 年齢や性別に関係なく使います. 日本語にするときは, 「私は」「ぼくは」「おれは」「あたしは」のように, 状況に応じた日本語にします.
(3) Iをほかの代名詞や名詞と並べて使うときには, ふつうIを最後に置きます.
- you and I あなたと私
- you, Greg(,) and I あなたとグレッグと私

**IA** Iowa (米国アイオワ州) の郵便略語
**IC** [àisí: アイスィー] 名 integrated circuit (集積回路) の略
**-ic** [-ik -イク] 接尾 …に関する, …のような
- atomic 原子の
- economic 経済の

## ice 5級 A1 [áis アイス]
— 名 (複 ices [-iz]) ❶ U 氷
- the ice age 氷河期
- skate on the ice 氷の上でスケートをする

### ここがポイント! ice の使い方

ふつうaやtheをつけず, 複数形にしません. ただし, 飲み物などに入れる一定の形をした氷の場合は, an **ice** (氷1個[粒]), two **ices** (氷2個[粒]) のように言うことがあります. 「(池などに) 張っている氷」はふつうthe **ice** と言います.

❷ C 氷菓子 (▶シャーベットなど果汁を凍らせたもの)
**break the ice** (解決の) 糸口を見つける; (話の) 口火を切る, (パーティーなどで) 場をなごませる (⇔氷を割る)
— 動 (三単現 ices [-iz]; 過去・過分 iced [-t]; 現分 icing) 他 ❶ …を凍らせる; …を氷で冷やす
- The river is all iced over. 川はすっかり凍っている.
❷ (ケーキなどに) 糖衣をかける
派生語 iced 形, icing 名, icy 形

**iceberg** [áisbə:rg アイスバーグ] 名 C 氷山
**icebox** [áisbàks アイスバックス | -bòks -ボックス] 名 (複 iceboxes [-iz]) C アイスボックス (▶氷を使った冷蔵庫); 電気冷蔵庫
**ice cream** 5級 A1 [áis krì:m アイス クリーム] (★アクセント位置に注意) 名 U C アイスクリーム
- "What is your favorite *ice cream* flavor?" "I like chocolate." 「どの味のアイスクリームが好きですか」「チョコレート味が好きです」

**iced** 4級 [áist アイスト]
— 動 ice (凍らせる) の過去形・過去分詞
— 形 氷で冷やした
- *iced* tea [coffee] アイスティー[コーヒー]

**ice hockey** B1 [áis hàki アイス ハッキィ | -hòki - ホッキィ] (★アクセント位置に注意) 名 U ⦅米⦆ アイスホッケー (=⦅英⦆ hockey) → スポーツ【口絵】
**Iceland** [áislənd アイスランド] 名 アイスランド

（▶大西洋北部の島で共和国．首都はレイキャビク（Reykjavik））

**ice skate** 4級 [áis skèit アイス スケイト]
― 名 C 《ice skatesで》アイススケート靴(⁵)
― 動 自 アイススケートをする（＝skate）

**ice skating** B1 [áis skèitiŋ アイス スケイティング]
名 U アイススケート

**icicle** [áisikl アイスィクル] 名 C つらら

**icing** [áisiŋ アイスィング]
― 動 ice(凍(ặ)らせる)の現在分詞・動名詞
― 名 U 《主に米》 (菓子(ặ)などの)糖衣(ặ)，アイシング

**ICT** [àisi:tí: アイシーティー] 名 アイシーティー，情報通信技術（▶information and communication(s) technologyの略）

**icy** B2 [áisi アイスィ] 形（比較icier；最上iciest）
❶ 氷の，氷の張った；氷のように冷たい
・an *icy* wind 氷のように冷たい風
❷ 冷淡(ặ)な

**ID¹** 準2級 A2 [àidí: アイディー] 名 C U 身分証明書（＝ID card）；identification(同一であることの確認(ặ))の略

**ID²** Idaho(米国アイダホ州)の郵便略語

**I'd** [áid アイド] 《話》I had, I should, I wouldの短縮形

**Idaho** [áidəhòu アイダホゥ] 名 アイダホ（▶米国北西部の州．州都はボイシ(Boise)．郵便略語はID）

**ID card** A2 [àidí: kὰrd アイディー カード] 名 C 身分証明書（▶identification [identity] cardの略）

## \*idea 5級 A1

[aidí:ə アイディーア]（★アクセント位置に注意）
名 （複 ideas[-z]）❶ C **考え，思いつき，アイデア**
・I have an *idea*. 私にいい考えがある．
・A good *idea* occurred to me. ＝I hit upon a good *idea*. 私にいい考えが浮(う)かんだ．
❷ C U 《主に疑問文・否定文で》見当，想像
・Do you have any *idea* where he lives? 彼がどこに住んでいるかご存じですか．
・"What's that?" "I have no *idea*."
「あれは何ですか」「わかりません」

❸ C 意見，(はっきりとした)考え（＝opinion）

・I have the same *idea* as you.
私はあなたと同じ考えだ．
❹ C U 予感，(漠然(ばく)とした)感じ
・I have an *idea* (that) it will rain tomorrow. あした雨が降りそうな気がする．
❺ C 思想，観念（＝thought）
・Eastern [Western] *ideas* 東洋[西洋]思想

**ideal** A1 [aidí:əl アイディー(ア)ル] 形 理想的な，申し分のない
・It is an *ideal* day *for* a barbecue.
バーベキューにはうってつけの日だ．

**identification** B2 [aidèntəfəkéiʃən アイデンティファケイション] 名 C U 同一であることの確認(ặ)，身元確認（▶IDと略す）；身元確認のできる物；身分証明書
・an *identification* card＝an identity card
・an *identification* number 暗証番号

**identify** B2 [aidéntəfài アイデンタファイ] 動（三単現 identifies[-z]；過去・過分 identified[-d]）
他 ❶ …を見分ける，特定する
・Can you *identify* Tom among them? 彼らの中からトムを見分けることができますか．
❷ (人)の身元を確認(ặ)する
・The man was *identified* by his wife.
男は妻によって身元が確認された．
派生語 identification 名

**identity** 2級 B2 [aidéntəti アイデンタティ] 名 （複 identities[-z]）❶ U 一致(いっ)，同一であること
❷ U C 本人であること；(人の)正体，身元；個性
・an *identity* card 身分証明書（▶an identification cardとも言う．ID cardと略す）

**idiom** B1 [ídiəm イディアム] 名 C 慣用表現，熟語，成句，イディオム

**idiot** B2 [ídiət イディアット] 名 C 《話》ばか，まぬけ

**idle** B2 [áidl アイドゥル]（★同音 idol 偶像(ぐう)）
形 ❶ 何もしていない，働いていない；暇(ひま)な
・They spent an *idle* week on the beach.
彼らは海辺で1週間何もしないで過ごした．
❷ 《名詞の前にのみ用いる》価値のない，無駄(ṃ)な
・*idle* talk 無駄話
派生語 idleness 名

**idleness** [áidlnis アイドゥルニス] 名 U 何もしないこと，怠惰(ṃ)

**idol** 2級 B1 [áidl アイドゥル]（★同音 idle 働いていない）名 C 偶像(ぐう)；崇拝(ặ)される人[物]，アイドル
・a pop *idol* ポップスのアイドル(人気歌手)

**i.e.** [áií: アィイー，ðæt íz ザットイズ] すなわち（▶ラテン語id estの略で，英語のthat isに当たる）

## if

**if** 4級 A1 [if イフ]

接 ❶《条件》**もし…ならば**, もし…すれば
- *If* you want to pass the exam, you must work hard. 試験に合格したいのなら, 一生懸命(けん)勉強しなければならない.
- Give me a call *if* you come late at night. 夜遅(おそ)く来るなら, 電話をしなさい.

> **ここがポイント!** if 節の動詞の形(❶条件)
> 起こるかもしれないと考えていることを「もし…ならば」と言うときは, if の節の中では未来の事柄(ことがら)でも動詞は現在形を使います.
> - *If* it is fine tomorrow, I will go fishing.
>   もしあした晴れれば, 私は釣(つ)りに行く.

❷《仮定》**もし…ならば**, もし…だったら
- *If* he *knew* it, he *would* come. もし彼がそれを知っていれば, 彼は来るだろうに. (▶現在の事実に反する仮定. 仮定法過去)
- *If* he *had known* it, he *would have come*. もし彼がそれを知っていたら, 彼は来ていただろうに. (▶過去の事実に反する仮定. 仮定法過去完了)

> **ここがポイント!** if 節の動詞の形(❷仮定)
> 起こりえないことや, 事実と反対のことを「もし…だったら」と言うときは, if の節の中では過去形や過去完了などを使います.
> このとき be 動詞は主語にかかわらず were ですが, 《話》では was を使うこともあります.

❸《譲歩》**たとえ…でも[するとしても]**(▶ even をつけて用いることが多い)→ even if ...
- (Even) *If* it takes me one year, I will finish this job. たとえ1年かかっても, 私はこの仕事を終わらせるつもりだ.

❹**…かどうか**(▶ ask, doubt, know, wonder などの動詞の後に用いる)→ whether ❶
- Ask her *if* she will help us. 私たちを手伝ってくれるかどうか彼女に聞きなさい.
- I don't know *if* Jeff knows my name. ジェフが私の名前を知っているかどうかわかりません.
- I wonder *if* they have got lost. 彼らは道に迷ったのだろうか.

*as if ...* まるで…のように → as(成句)
*even if ...* たとえ…でも(= even though ...)
- *Even if* it rains, I have to go there. たとえ雨が降ってもそこへ行かなければならない. (▶未来のことでも will rain とはならない → ❶ポイント!)

*if necessary* もし必要ならば → necessary(成句)
*if not* (その前の内容を受けて)もしそうでなかったら;…でないとしても
- Are you ready? *If not*, please hurry up. 準備できましたか. もしまだなら急いでください.

*if only ...* (文頭につけて, 強い願望を表す. 多くの場合文末に!(exclamation point)をつける)ただ…でありさえすればなあ
- *If only* he would come to see me! ただ彼が会いに来てくれさえすればなあ.

*if possible* もしできれば → possible(成句)
*if you like* もしよろしければ, そうしたければ

**ignition** [igníʃən イグニション] 名 ⓤ 発火, 点火; ⓒ 点火装置

**ignorance** B2 [ígnərəns イグナランス] 名 ⓤ 無知

**ignorant** B2 [ígnərənt イグナラント] 形 (不勉強で)無知の, 無学の;…を知らない
- He is quite *ignorant* of computers. 彼はコンピュータのことをまったく知らない.
派生語 ignorance 名

**ignore** 2級 B1 [ignɔ́ːr イグノァ] 動 他 …を無視する, わざと知らないふりをする
- He *ignored* my warning. 彼は私の注意を無視した.

**iguana** [igwáːnə イグワーナ] 名 ⓒ 〖動物〗イグアナ

**IL** Illinois(米国イリノイ州)の郵便略語

## ill 準2級 A2 [il イル]

(比較 worse [wə́ːrs ワース]; 最上 worst [wə́ːrst ワースト])

— 形 ❶《名詞の前には用いない》**病気で**, 具合が悪い(▶名詞の前では sick を用いる)(⇔ well 健康で)→ sick くらべて!
- become [get] *ill* 病気になる
- feel *ill* 気分が悪い
- She is *ill* in bed now. 彼女は今, 病気で寝(ね)ている.

❷《名詞の前にのみ用いる》《性質・運などが》**悪い**(= bad, ⇔ good よい), 不吉(きつ)な(= evil)
- *ill* effects 悪影響

— 副 **悪く**(⇔ well よく)(▶しばしばハイフンがついて複合語として用いられる)
- This dog has been *ill*-treated, so I feel sorry for it. この犬はひどい扱(あつか)いをされているのでかわいそうだ.

*speak ill of ...* …の悪口を言う → speak(成句)
派生語 illness 名

**I'll** [áil アイル]《話》I will, I shallの短縮形
**illegal** A2 [ilí:gəl イリーガル] 形 不法の，違法の(⇔legal 合法の)
**illegally** B1 [ilí:gəli イリーガリィ] 副 不法に
**Illinois** [ìlənɔ́i イラノィ] 名 イリノイ(▶米国中部の州．州都はスプリングフィールド(Springfield)．郵便略語はIL)
**illiteracy** [ilítərəsi イリタラスィ] 名 U 読み書きのできないこと；無学，無教養
**illiterate** [ilítərət イリタラット]
— 形 読み書きができない；ひどく無知な
— 名 読み書きのできない人
**ill-natured** [ílnéitʃərd イルネイチァド] 形 意地の悪い(⇔good-natured 親切な)
**illness** 2級 B1 [ílnis イルネス] 名(複 illnesses[-iz]) U C 病気(⇔health 健康) → disease
くらべて!
・suffer from a serious *illness*
重い病気にかかる
・He was absent from school because of *illness*. 彼は病気で学校を休んでいた．
**illuminate** B1 [ilú:mənèit イルーマネイト](★アクセント位置に注意) 動 他 ❶ …を照らす，明るくする ❷ …をはっきりさせる，解明する
派生語 illumination 名
**illumination** [ilù:mənéiʃən イルーマネイション] 名 U 照明
**illusion** [ilú:ʒən イルージョン] 名 U C 幻覚，幻想；錯覚，思い違い
**illustrate** B2 [íləstrèit イラストゥレイト](★アクセント位置に注意) 動 他 ❶ (実例で)…を説明する ❷ (本など)に挿絵を入れる，…を図解する
派生語 illustration 名, illustrator 名
**illustration** B2 [ìləstréiʃən イラストゥレイション] 名 ❶ C 挿絵，図，イラスト ❷ U (実例による)説明；図解 ❸ C (説明のための)実例

**illustrator** [íləstrèitər イラストゥレイタァ] 名 C 挿絵画家，イラストレーター
**I'm** [áim アイム]《話》I amの短縮形
**im-** [im- イム-] 接頭 無…，不…，非…(▶b, m, pで始まる形容詞・名詞の前につく)

# immigrant

・*im*possible 不可能な

# image 準2級 A2

[ímidʒ イミッヂ](★アクセント位置に注意)
名(複 images[-iz]) C ❶ イメージ，印象；(心に浮かぶ)像，姿
・the *image* of my mother 母の面影
・a positive [negative] *image*
プラス[マイナス]のイメージ
・He improved [damaged] his *image*.
彼はイメージアップ[イメージダウン]した．
❷ 像，肖像；彫像
・an *image* of Buddha 仏像
❸ (鏡・画面などに映る)像，映像，画像
**imaginary** B1 [imædʒənèri イマヂネリィ|-nəri-ナリィ] 形 想像上の，架空の
**imagination** 準2級 A2 [imædʒənéiʃən イマヂネイション] 名 U C 想像；想像力；想像の産物
・It's just your *imagination*.
それは気のせいだよ．

# imagine 3級 A1 [imædʒin イマヂン]

動(三単現 imagines[-z]; 過去・過分 imagined[-d]; 現分 imagining) 他 ❶ …を想像する，心に描く
・Who can *imagine* a life without cell phones? 携帯電話のない生活をだれが想像できるだろうか．
・*Imagine* yourself in his place.
彼の立場になってみなさい．
❷ …だと思う，考える(=think)
・I *imagine* I've met you before.
前にお会いしたことがあるように思いますが．
派生語 imaginary 形, imagination 名
**imitate** B1 [ímətèit イミテイト](★アクセント位置に注意) 動 他 …をまねる，模倣する；…に似せて作る
派生語 imitation 名 形
**imitation** B2 [ìmətéiʃən イミテイション]
— 名 ❶ U C まね，模倣 ❷ C 模造品，偽物
— 形 模造の，人工の
**immediate** B1 [imí:diət イミーディアット] 形 ❶ すぐの，即座の ❷ 直接の，じかの(=direct)
派生語 immediately 副
**immediately** 2級 B1 [imí:diətli イミーディアットリィ] 副 すぐに，即座に，直ちに(=at once)
**immense** [iméns イメンス] 形 ばく大な，巨大な，広大な(=vast, huge)
**immigrant** B2 [ímigrənt イミグラント] 名 C (他国からの)移民，移住者(▶「他国への移民」はemigrant)

## immigrate

**immigrate** B1 [ímigrèit イミグレイト] 動自
(他国から)移住してくる(►「他国へ移住する」はemigrate)
- His grandfather *immigrated to* the U.S. *from* Ireland. 彼の祖父はアイルランドから合衆国へ移住してきた.

派生語 immigrant 名, immigration 名

**immigration** B1 [ìmigréiʃən イミグレイション]
名 C ❶(他国からの)移住(►「他国への移住」はemigration);(他国からの)移住者
❷(空港などの)出入国管理, 出入国カウンター

シンガポール・チャンギ空港の入国カウンター

**immortal** B2 [imɔ́ːrtl イモートゥル] 形 不死(身)の(⇔mortal 死すべき運命の);不滅の

**impact** 準2級 A2 [ímpækt インパクト] 名 C ❶衝突, 衝撃, ぶつかること
❷影響;効果
- The report had a great *impact* on our decision. その報告は私たちの決定に大きな影響を与えた.

**impatient** A2 [impéiʃənt インペイシャント]
形 ❶短気な, せっかちな;いらいらして(⇔patient 忍耐強い)
- Don't be so *impatient*. そう短気になるな.
- She is *impatient with* Charlie.
彼女はチャーリーにいらいらしている.
❷待ち遠しい;《be impatient to+〈動詞の原形〉で》しきりに…したがる
- I'm *impatient for* his email.
彼のメールが待ち遠しい.
- We *were impatient* to see the bride.
私たちは花嫁を見たくてたまらなかった.

**imperfect** [impə́ːrfikt インパーフィクト] 形 不完全な, 不十分な(⇔perfect 完全な)

**imperial** [impíəriəl インピ(ァ)リアル] 形 帝国の;皇帝の;皇室の
- the *Imperial* Family 皇室

**imply** B2 [implái インプライ] 動(三単現 implies [-z]; 過去・過分 implied[-d]) 他…をほのめかす, 暗示する

**impolite** B2 [ìmpəláit インポライト] 形 無礼な, 失礼な, 不作法な(⇔polite ていねいな)

**import** B2 (★動と名でアクセント位置が異なる)
━ 動 [impɔ́ːrt インポート] 他…を輸入する(⇔export 輸出する)
- Japan *imports* wool from Australia.
日本はオーストラリアから羊毛を輸入している.
━ 名 [ímpɔːrt インポート] U 輸入(⇔export 輸出);C 《ふつう imports で》輸入品

## importance 準2級 A2

[impɔ́ːrtəns インポータンス]
名 U 重要性, 重大さ
- the *importance* of water 水の大切さ
*of importance* 重要な
- a matter *of importance* 重大事
- It is *of* little [no] *importance*.
それはあまり[まったく]重要ではない.

## *important 4級 A1

[impɔ́ːrtənt インポータント]
形 (比較 more important; 最上 most important) ❶重要な, 重大な, 大切な(⇔unimportant 重要でない)
- an *important* meeting 重要な会議
- Her friendship was very *important* to me. 彼女の友情は私にはとても大切だった.
- Nothing is more *important* than health.
健康ほど大切なものはない.

it is important for+〈人〉+to+〈動詞の原形〉=it is important that+〈人〉+(should)+〈動詞の原形〉
〈人〉が…するのは重要だ
- *It is important for* me *to* learn English.
=*It is important that* I (*should*) learn English. 私にとって英語を習うことは大切だ.
❷偉い, 有力な
- a very *important* person
重要人物, 大物(►VIP, V.I.P.と略す)

派生語 importance 名, importantly 副

**importantly** A2 [impɔ́ːrtəntli インポータントゥリィ] 副 重要なことには;もったいぶって, 偉そうに

## impossible A2

[impɑ́səbl インパスィブル | -pɔ́- -ポ-]
形 (比較 more impossible; 最上 most impossible)
❶不可能な, 無理な(⇔possible 可能な)
- an *impossible* idea 実現不可能な案
- It is *impossible* for us to finish this work in a week. 私たちにはこの仕事を1週間で終らせるのは不可能だ. (►We are impossible to... . は×)

❷ありえない, 信じがたい
- an *impossible* rumor
信じられないうわさ

# impress 準2級 A2 [imprés インプレス]

動 (三単現 impresses[-iz]; 過去・過分 impressed [-t]; 現分 impressing) 他 ❶ (人) を感動させる, (人) に感銘(%)を与(%)える
- I was deeply *impressed with* the story.
私はその話に深く感動した.

❷ (人) に印象を与える, (事) を印象づける
- He *impressed* us *as* a sincere person.
彼は誠実な人だという印象を私たちに与えた.

派生語 impression 名, impressive 形

**impression** B1 [impréʃən インプレッション]
名 C U 印象, 感銘(%)
- What was your first *impression* of Ms. Mori?
森先生の第一印象はどうでしたか.
- He made a good [bad] *impression on* me.
彼は私によい [悪い] 印象を与(%)えた.

**impressive** B1 [imprésiv インプレッスィヴ] 形
印象的な, 感動的な, 人の心を打つ

**imprint** [ímprint インプリント] 動 他 (印など) を押す; (心など) に刻み込(°)む
派生語 imprinting 名

**imprinting** [ímprintiŋ インプリンティング] 名 U
刷り込(°)み (▶鳥類などが生後最初に見た動く物を親と思いこみ, 後を追うようになること)

# improve 準2級 A2
[imprú:v インプルーヴ]

動 (三単現 improves[-z]; 過去・過分 improved [-d]; 現分 improving)
— 他 …を改良する, 改善する; …を上達させる → brush くらべて!
- I must *improve* my English.
私は英語を上達させなければならない.
— 自 進歩する, 上達する
- His computer skills are *improving*.
彼のコンピュータ技能は上達している.
派生語 improvement 名

**improvement** 2級 B1 [imprú:vmənt インプルーヴマント] 名 U C 改良, 改善; 進歩, 上達

**impulse** B2 [ímpʌls インパルス] 名 C ❶ 衝撃(%), 推進力; 刺激(%) ❷ U C (…したいという) 衝動, 出来心

**IN** Indiana (米国インディアナ州) の郵便略語

# *in 5級 A1 [in イン, ən アン, (強く言うとき) ín イン]

前 ❶ (場所・位置) …の中に [で, の]
❷ (方向) …のほうに [へ, で]
❸ (時) …の間に
❹ (時間の経過) …後に
❺ (従事・活動) …に従事 [所属] して
❻ (着用) …を着て
❼ (方法・材料) …を使って
❽ (手段) …に乗って
❾ (状態) …の状態で
❿ (範囲・対象) …に (おいて)
⓫ (比率・割合) …のうちで, …につき
副 ❶ 中へ
❷ 在宅して

— 前 ❶ (場所・位置) …の中に [で, の], …に, …で (⇔out …の外に) → at くらべて!
- Nancy was born *in* Chicago.
ナンシーはシカゴで生まれた.
- The sun is shining *in* the sky.
空には太陽が輝(%)いている.

話してみよう!
☺ Where is Tom?
トムはどこにいますか.
☻ He is studying *in* the library.
彼は図書館で勉強しています.

☺ What do you have *in* your hand?
手 (の中) に何を持っていますか.
☻ I have a coin.
硬貨(%)を持っています.

くらべてみよう! **in と into**

**in**: ある場所の「中にある [いる]」状態
**into**: 「外から中へ」という移動
を示します. ただし, 《話》ではintoの代わりにinを使うこともあります.

in    into

また, intoは必ず「into+〈名詞〉」の形で使いますが, inには副詞としての用法もあります.
○ Come *in*. 中へ入りなさい.
× Come *into*.

❷ (方向) …のほうに [へ, で]
- The sun rises *in* the east and sets *in* the west. 太陽は東から昇(%)り西に沈(%)む. (▶

# in

from the east, to the westは×)

rise in　　　　　　set in

- Don't go *in* that direction. そっちの方向へ行くな．(▶to that directionは×)

❸《時》**…の間に，…(のとき)に**
- *in* 2024　2024年に
- *in* the twenty-first century　21世紀に
- *in* our school days　私たちの学生時代に
- at five o'clock *in* the evening　夕方5時に
- *in* the future　未来に
- There are twelve months *in* a year.
  1年は12か月ある．
- We visited Europe *in*（the）summer.
  私たちは夏にヨーロッパを訪(おとず)れた．

> **くらべてみよう！** 「時」を表す**at**と**in**と**on**
>
> **at**: 時のある一点を表すときに使います．
> **in**: ある時間帯や期間を表すときに使います．
> **on**: 曜日やある特定の日を表すときに使います．
> - *at* eight o'clock　8時に
> - *at* sunset　日没(にちぼつ)時に
> - *in*（the）winter　冬に
> - *in* February　2月に
> - *on* Sunday　日曜日に
> - *on* June 1　6月1日に
>
>
>
> また，「夜に」は*at* nightですが，「午前中[午後，夕方]に」は*in* the morning [afternoon, evening]と言います．ただし，特定の日の午前[朝]を言う場合は*on* Sunday morningのように**on**を使います．afternoon, evening, nightも同様です．

❹《時間の経過》**…後に，…たつと**
- The rain will stop *in* an hour or two.
  雨は1, 2時間でやむだろう．

> **くらべてみよう！** **in**と**after**と**within**
>
> **in**: 現在を基準にして「…たてば，…のうちに」
> **after**: 過去あるいは未来のある時を基準にして「その時から…後に」
> **within**:「…以内に」
> - I will finish the work *in* a week.
>   私は1週間で仕事を済ませます．
> - I finished the work *after* a week.
>   私は(それから)1週間後に仕事を済ませた．
> - I will finish the work *within* a week.
>   私は1週間以内に仕事を済ませます．

❺《従事・活動》**…に従事[所属]して；…をして**
- The students are now *in* class.
  生徒たちは今，授業中だ．

- She is engaged *in* a new project.
  彼女は新しいプロジェクトにたずさわっている．

❻《着用》**…を着て，身につけて**
- Look at that girl *in* red.
  赤い服を着たあの少女をごらんなさい．(▶redにaやtheをつけない)
- The man *in* a suit is my father.
  スーツを着た男の人は私の父だ．

in red　　　　　　in a suit

❼《方法・材料》**…を使って，…で**
- paint a picture *in* oils　油絵の具で絵をかく
- Let's speak *in* English. 英語で話そう．
- He wrote his name *in* pencil. 彼は鉛筆(えんぴつ)で名前を書いた．(▶pencilにaがつかないことに注意．withを用いるとwith a pencilとなる．→with❸)

### inconvenience

❽《手段》…に乗って
- They went there *in* my car.
彼らはわたしの車に乗ってそこへ行った.(▶だれの車を言いたい場合はinを使う.交通手段として車を使ったと言う場合はby car(車で)を使う)

❾《状態》…の状態で
- speak *in* a loud [quiet] voice
大きな[静かな]声で話す
- dance *in* a circle 輪になって踊る

- I'm *in* trouble. 私は困っている.
- She jumped back *in* surprise.
彼女は驚いて飛びのいた.
- Cherry blossoms are *in* full bloom.
桜の花は満開だ.

❿《範囲・対象》…に(おいて), …について, 関して → of ❷ ポイント!
- an expert *in* chemistry 化学の専門家
- He is the tallest *in* the class.
彼はクラスでいちばん背が高い.
- It is two meters *in* height [length, depth, width]. それは高さ[長さ, 深さ, 幅]が2メートルだ.
- Emi is strong [weak] *in* English.
エミは英語が得意[苦手]だ.
- *In* my opinion, we should change our plan. 私の考えでは計画を変更すべきだ.

⓫《比率・割合》…のうちで, …につき
- 99 people *in* [out of] 100
100人中99人(までは)

***in all*** 全部で, 合計で → all 代(成句)
***in front of ...*** …の前に → front(成句)
***in itself*** 本来は, それ自体で → itself(成句)

─ 副 ❶ **中へ**, 中に, 内に(⇔out 外へ) → out 図
- Please come *in*. 中へお入りください.
❷ 在宅して(⇔out 外出して)

話してみよう!
☺ Is Mr. Tanaka *in*?
田中さんはご在宅ですか.
☺ Sorry, but he's out now.
申し訳ありませんが, 彼は今, 外出しています.

**in-** [in- イン-] 接頭 無…, 不…, 非…(▶形容詞・名詞の前につく)
- *in*capable 無能な

**in.** inch(es)(インチ)の略

**inbound** [ínbaund インバウンド] 形 本国行きの; 上りの(⇔outbound 外国行きの)
- *inbound* tourists 海外からの観光客

**Inc.** ㊧incorporated(有限責任の)の略(=㊨Ltd.)

**Inca** [íŋkə インカ] 名 C インカ人;《the Incasで》インカ族(▶アンデス山脈の先住民.インカ帝国を建設し栄えたが, 16世紀初めにスペインに征服された)

**incapable** [inkéipəbl インケイパブル] 形 ❶《be incapable of ...で》…できない, …する能力[資格]がない ❷無能な, 役に立たない

## inch A2 [intʃ インチ]

名 (複 inches [-iz]) C **インチ**(▶長さの単位.約2.54センチメートル.in. と略す)
- He is six feet three *inches* tall.
彼は背が6フィート3インチ(約190cm)だ.
(▶1 footは約30 cm→foot ❷)

***by inches*** = ***inch by inch*** 少しずつ, しだいに, 徐々に
***every inch*** あらゆる点で, 完全に, すっかり

**incident** B1 [ínsədənt インスィダント] 名 C 出来事, 事件

**incline** [inkláin インクライン] 動 他 自 傾く; …を傾ける;《be inclined to +〈動詞の原形〉で》(心が傾いて)…したい気持ちになる; …する傾向がある

**include** 準2級 A2 [inklú:d インクルード] 動 他 (全体の一部として)…を含む, 含める(⇔exclude 除外する)
- Service is *included in* the bill.
サービス料は請求書に含まれている.
派生語 including 前

**including** B1 [inklú:diŋ インクルーディング] 前 …を含めて
- There were eleven, *including* Helen.
そこにはヘレンを含めて11人いた.

**inclusion** [inklú:ʒən インクルージョン] 名 U (…に)含めること, 包括
- diversity and *inclusion* ダイバーシティ・アンド・インクルージョン(▶多様性を持った人たちを受け入れて認め合う考え方)

**income** 2級 B1 [ínkʌm インカム] 名 U C (一定の)収入, 所得
- monthly [yearly] *income* 月[年]収
- *income* tax 所得税

**incomplete** [inkəmplí:t インカンプリート] 形 不完全な; 未完成の(⇔complete 完全な)

**inconvenience** [inkənví:niəns インカンヴィー

**inconvenient**
ニュアンス] 名U 不便, 不自由, 不都合；迷惑(%)

**inconvenient** 2級 B1 [ìnkənví:niənt インコンヴィーニアント] 形 不便な, 不自由な, 不都合な, 迷惑(%)な(⇔convenient 便利な)
派生語 inconvenience 名

**incorporated** [inkɔ́:rpərèitid インコーポレイティド] 形 ❶合体した；一部となった ❷※有限責任の(=⊛limited)

**incorrect** 2級 B1 [ìnkərékt インコレクト] 形 不正確な(⇔correct 正確な)；適切でない

# **increase** 準2級 A2
(★動と名でアクセント位置が異なる)
—動 [inkrí:s インクリース] (三単現 increases[-iz]；過去・過分 increased[-t]；現分 increasing)
—自 増える, 増加する(⇔decrease 減る)
- *increase* in size 大きさが増す
- The number of people who shop on the Internet is *increasing*.
インターネットで買い物する人が増えている.
—他 …を増やす
- *increase* speed スピードを増す
—名 [ínkri:s インクリース] (複 increases[-iz]) UC 増加, 増大(⇔decrease 減少)
- an *increase* in population 人口増加

**increasingly** B1 [inkrí:siŋli インクリースィングリィ] 副 ますます, だんだん

**incredible** B1 [inkrédəbl インクレダブル] 形 信じられない；とほうもない

**incredibly** B1 [inkrédəbli インクレダブリィ] 副 非常に；信じられないほど

# **indeed** 準2級 A2 [indí:d インディード]
副 ❶本当に, 実に, まったく(▶強調に用いる)
- This is *indeed* a nice dictionary.
これは実にいい辞書だ.
- It's very hot, *indeed*. まったく暑いね.
- A friend in need is a friend *indeed*.
(ことわざ)まさかのときの友こそ真の友.
- "Kai is really kind." "Yes, *indeed*."
「カイはとても親切だね」「本当にそうだね」
❷《butとともに》確かに…ではあるが(▶相手の意見を認めてから自分の意見を加える言い方)
- *Indeed* he is young, *but* he is capable.
= He is young *indeed*, *but* he is capable.
確かに彼は若いが, 有能だ.

**indefinite** [indéfənit インデフ(ァ)ニット] 形 あいまいな；(数・量が)不定の(⇔definite 明確な；一定の)

**independence** A2 [ìndipéndəns インディペンダンス] 名U 独立, 自立
- India won its *independence* from Britain. インドは英国から独立を勝ち取った.

**Independence Day** [ìndipéndəns dèi インディペンダンス デイ] 名 (米国の)独立記念日(▶7月4日, 独立を記念した祝日)→ 祝休日と行事【口絵】

**independent** A2 B1 [ìndipéndənt インディペンダント] 形 ❶独立した, 自主的な
- an *independent* country 独立国
❷自立した(⇔dependent 頼(%)っている)
- I am *independent* of my parents.
私は両親から自立している.
派生語 independence 名

**index** B2 [índeks インデックス](★アクセント位置に注意) 名C ❶(複 indexes[-iz])(本の)索引(%)
- an *index* card 索引カード, インデックスカード
❷(複 indices[índəsi:z インディスィーズ])(物価などの)指数

**index finger** [índeks fìŋgər インデックス フィンガァ] 名C 人さし指(=forefinger)→ finger 図

# **India** 5級 [índiə インディア]
名 インド(▶アジア南部の共和国. 首都はニューデリー(New Delhi))
派生語 Indian 形名

多くの人が行き交うニューデリーの通り(インド)

# **Indian** 4級 [índiən インディアン]
—形 ❶インドの；インド人の
- *Indian* food インド料理
❷アメリカ先住民の
—名 (複 Indians[-z])C ❶インド人 ❷アメリカ先住民(▶コロンブスがアメリカ大陸をインドと勘違(%)いし, そこに住む人々をIndianと呼んだことから. 現在はNative Americanを使う)

**Indiana** [ìndiǽnə インディアナ] 名 インディアナ(▶米国中部の州. 州都はインディアナポリス(Indianapolis). 郵便略語はIN)

**Indian Ocean** [índiən óuʃən インディアン オウシャン] 名《the Indian Oceanで》インド洋

**Indian summer** [índiən sʌ́mər インディアン サマァ] 名U インディアン・サマー, 小春日和(%)(▶米国・カナダで10月末から11月初めの暖かい気候)

**indicate** A2 [índikèit インディケイト](★アクセント位置に注意) 動他 …を指し示す,指示する;暗示する
派生語 indication 名, indicator 名

**indication** [ìndikéiʃən インディケイション] 名 ❶ U 表示,指示,指摘(てき) ❷ U C 兆候,印(しるし)

**indicator** [índikèitər インディケイタァ] 名 C 指示器,表示器;指針;(車の)方向指示器

**indifference** [indífərəns インディフ(ァ)ランス] 名 U 無関心,冷淡(れいたん)さ

**indifferent** B2 [indífərənt インディフ(ァ)ラント] 形 無関心な,冷淡(れいたん)な
・They are *indifferent* to politics.
彼らは政治に無関心だ.
派生語 indifference 名

**indigo** [índigòu インディゴゥ] 名 U 藍(あい),藍色→色で世界を見る【口絵】

**indirect** B1 [ìndərékt インディレクト] 形 ❶ 間接的な;(表現などが)遠回しの(⇔direct 直接的な) ❷ (道路などが)まっすぐでない,遠回りの
・take an *indirect* route 回り道をする

# **individual** 2級 B1
[ìndəvídʒuəl インディヴィヂュアル]
— 形 ❶《名詞の前にのみ用いる》個々の,それぞれの
・each *individual* person 各個人
❷《名詞の前にのみ用いる》個人(用)の,個人的な
・an *individual* locker 個人用のロッカー
❸ 独自の,独特の,個性的な
— 名《複 individuals[-z]》C ❶ 個人,個体
❷《話》人(►形容詞とともに用いる)
・an odd *individual* おかしなやつ

**Indochina, Indo-China** [ìndoutʃáinə インドゥチャイナ] 名 インドシナ半島(►アジア南東部の半島. 南シナ海とベンガル湾との間にある)

**Indonesia** 3級 [ìndəníːʒə インダニージャ |-ziə -ズィァ] 名 インドネシア(►東南アジアの共和国. 首都はジャカルタ(Jakarta))
派生語 indonesian 形 名

**Indonesian** [ìndəníːʒən インダニージャン |-ziən -ズィァン]
— 形 インドネシアの;インドネシア人の;インドネシア語の
— 名 C インドネシア人;U インドネシア語

**indoor** A2 [índɔːr インドァ](★アクセント位置に注意) 形《名詞の前にのみ用いる》室内の,屋内の(⇔outdoor 屋外の)
・*indoor* sports 室内スポーツ

**indoors** 2級 B1 [indɔ́ːrz インドァズ] 副 室内で[に],屋内で[に],家の中で[に](⇔outdoors 屋外で[に])
・Let's play *indoors*. 家の中で遊ぼう.

# **industrial** B1
[indʌ́striəl インダストゥリアル]
形 産業の,工業の
・*industrial* products 工業製品
・*industrial* waste 産業廃棄(はいき)物
・*industrial* design 工業デザイン

**Industrial Revolution** [indʌ̀striəl rèvəlúːʃən インダストゥリアル レヴァルーション] 名《the Industrial Revolutionで》産業革命(► 18-19世紀,英国に始まった経済的・社会的改革)

**industrious** [indʌ́striəs インダストゥリアス] 形 勤勉な,よく働く(=diligent)

# **industry** 2級 B1
[índəstri インダストゥリィ](★アクセント位置に注意)
名《複 industries[-z]》❶ C U 産業,工業(►個々の産業をさす場合は C ; 形 は industrial)
・heavy [light] *industries* 重[軽]工業
・the computer *industry* コンピュータ産業
❷ U 勤勉(► 形 は industrious)

**inequality** [ìnikwɑ́ːləti イニクワラティ] 名 U C 不平等,不均衡(ふきんこう)

**inevitable** B1 [inévətəbl イネヴィタブル] 形 ❶ 避(さ)けられない;必然的な ❷《話》お決まりの

**inexpensive** A2 [ìnikspénsiv イニクスペンスィヴ] 形 安価な(⇔expensive 高価な)→cheap くらべて!

**infamous** [ínfəməs インファマス](★「インフェイマス」でないことに注意) 形 評判の悪い,悪名の高い(►「無名の」という意味ではない)

**infancy** [ínfənsi インファンスィ] 名 U 幼年期

**infant** B2 [ínfənt インファント] 名 幼児
派生語 infancy 名

**infect** B2 [infékt インフェクト] 動他 (病気が人)に伝染(でんせん)する;《be infected with... で》(…に)感染している
・Everyone in my family *was infected with* the virus.
家族全員がウイルスに感染していた.
派生語 infection 名, infectious 形

**infection** B1 [infékʃən インフェクション] 名 U 伝染(でんせん),感染;C 伝染病
・hospital *infection* 院内感染

**infectious** B2 [infékʃəs インフェクシャス] 形 (病気が)伝染(でんせん)性の,感染する
・an *infectious* disease 伝染病,感染症

**inferior** [infíəriər インフィ(ァ)リァ] 形 劣(おと)った,下等の(⇔superior 優(すぐ)れた);下位の
・I feel *inferior* to my brother.

## inferiority

私は兄[弟]に劣等感を抱いている. (▶ inferior than ...は×)
派生語 inferiority 名

**inferiority** [infiəriɔ́:rəti インフィ(ァ)リオーリティ | -ɔ́ri- -オリ-] 名 U 劣っていること, 劣等
- *inferiority* complex 〖心理〗劣等感

**infield** [ínfi:ld インフィールド] 名 C 《単数形で》(野球・クリケットなどの)内野 (⇔outfield 外野)
派生語 infielder 名

**infielder** [ínfi:ldər インフィールダァ] 名 C (野球の)内野手 (⇔outfielder 外野手)

**infinite** [ínfənət インフィニット] 形 無限の, 果てしない
派生語 infinitive 名

**infinitive** B1 [infínətiv インフィニティヴ] 名 C 〖文法〗不定詞

**inflation** B2 [infléiʃən インフレイション] 名 U 〖経済〗インフレ(ーション), 通貨膨張

**influence** 準2級 A2 [ínfluəns インフルアンス]
— 名 ❶ U C 影響; 影響力
- He has a great *influence on* other students. 彼はほかの生徒に大きな影響力がある. (▶ He gives... は×)

❷ C 影響を及ぼす人[物]; 有力者
— 動 他 …に影響を与える, 影響する
- I was *influenced* by her opinion. 私は彼女の意見に影響された.
派生語 influencer 名, influential 形

**influencer** [ínfluənsər インフルアンサァ] 名 C インフルエンサー, 影響力を持つ人

**influential** B2 [influénʃəl インフルエンシャル] 形 影響を及ぼす; 勢力を持つ, 有力な

**influenza** B2 [influénzə インフルエンザ] 名 U インフルエンザ, 流行性感冒 (▶《話》では flu とも言う)

**inform** 2級 B1 [infɔ́:rm インフォーム] 動 他 (人)に知らせる, 通知する (▶tell よりやや形式ばった語)
- Please *inform* me when you will arrive. いつ到着するかお知らせください.
派生語 information 名

**informal** B2 [infɔ́:rməl インフォーマル] 形 非公式の (⇔formal 公式の); 形式ばらない, 気楽な
- an *informal* visit 非公式訪問
- *informal* English くだけた英語

# information 4級 A1

[infərméiʃən インファメイション]

名 (複 informations[-z]) ❶ U 情報; (断片的な)知識
- a piece [bit] of *information* 1つの情報
- a lot of useful *information* たくさんの役に立つ知識 (▶ informations としない)
- He gathered *information about* it. 彼はそれについての情報を集めた.

❷ C 案内係[所]
- an *information* desk 案内所, 受付

駅の案内所の看板(英国)

**infrastructure** [ínfrəstrʌ̀ktʃər インフラストゥラチャァ] 名 U C インフラ(ストラクチャー), (建物・道路・交通などの)社会基盤施設
- "industry, innovation and *infrastructure*"「産業と技術革新の基盤をつくろう」(▶国連で採択されたSDGs(持続可能な開発目標)の9番目の目標)

**-ing** [-iŋ -イング] 接尾 ❶ (▶動詞の原形について動名詞をつくる)
- I like swimm*ing*. (▶swimのmを重ねる) 私は水泳が好きだ.

❷ (▶動詞の原形について現在分詞をつくる)
- The baby is sleep*ing*. 赤ちゃんは眠っている.

**ingredient** 2級 B1 [ingrí:diənt イングリーディアント] 名 C 成分; 原料, (料理の)材料

**inhabit** B2 [inhǽbit インハビット] 動 他 (人間・動物が集団である場所)に住む, 生息する
派生語 inhabitant 名

**inhabitant** [inhǽbətənt インハビタント] 名 C (ある地域の)住民, 居住者; 生息動物

**inherit** B2 [inhérit インヘリット] 動 他 (財産・性質など)を受けつぐ, 相続する
派生語 inheritance 名

**inheritance** [inhérətəns インヘリタンス] 名 C 相続財産; 遺産; U 相続; 遺伝

**initial** B1 [iníʃəl イニシャル] (★アクセント位置に注意)
— 形 初めの, 最初の (=first); 語頭の
- an *initial* letter 頭文字
— 名 C 語頭の文字; 《ふつう initials で》(姓名の)頭文字, イニシャル
- His *initials* are J.T. 彼の頭文字はJ.T.だ.

**initiative** B2 [iníʃətiv イニシャティヴ] (★アクセント位置に注意) 名 ❶ C 主導権, イニシアチブ; 率先
- take the *initiative* イニシアチブを取る, 率

# insert

先してやる
❷Ｕ独創力；進んで新しいことに取り組む気持ち

**injection** B2 [indʒékʃən インヂェクション] 名 C Ｕ注射

# injure 準2級 A2 [índʒər インヂャァ]

動（三単現 injures[-z]；過去・過分 injured[-d]；現分 injuring）他（人・物）を傷つける，…にけがをさせる（▶事故や意図しない行為(ごう)によるけがに使う）（＝hurt）

- Sam was *injured* in the earthquake.
  サムはその地震(じん)でけがをした．

派生語 injured 形，injury 名

**injured** B2 [índʒərd インヂャァド] 形 けがをした，負傷した；《the injured で》けが人，負傷者

# injury 2級 B1

[índʒəri インヂャリィ]（★アクセント位置に注意）
名（複 injuries[-z]）Ｕ Ｃ け が，負 傷；損 害
→wound¹ くらべて!

- He got an *injury* during the game.
  彼は試合中にけがをした

**injustice** [indʒʌ́stis インヂャスティス] 名 ❶Ｕ不当，不公平，不正，不法（⇔justice 正義）❷Ｃ不当［不公平］な行為(こう)

**ink** 2級 B1 [íŋk インク] 名 Ｕ（筆記・印刷用の）インク

- write in black *ink*
  黒いインクで書く

**inland**（★形と副でアクセント位置が異なる）

— 形 [ínlənd インランド]《名詞の前にのみ用いる》内陸の，奥地(おく)の
- an *inland* sea 内海(ない)

— 副 [inlǽnd インランド] 内陸へ，奥地に向かって

**inn** 3級 [ín イン] 名 Ｃ 宿屋，小さなホテル
→hotel

- stay [put up] at an *inn*
  宿屋に泊(と)まる

**inner** A2 [ínər イナァ] 形 内部の，内側の（⇔outer 外部の）；精神的な，内面的な

**inning** [íniŋ イニング] 名 Ｃ《野球》イニング，回

- the top [bottom] of the ninth *inning*
  9回の表［裏］

**innkeeper** [ínki:pər インキーパァ] 名 Ｃ 宿屋の主人

**innocence** [ínəsəns イナサンス] 名 Ｕ ❶無罪，潔白（⇔guilt 有罪）❷無邪気(じゃき)さ，あどけなさ

**innocent** 2級 B1 [ínəsənt イナサント] 形 ❶無罪の，潔白な（⇔guilty 有罪の）

- She was *innocent* of the crime.
  彼女はその罪を犯(おか)していなかった．

❷無邪気(じゃき)な，あどけない；悪意のない
- an *innocent* child 無邪気な子ども

派生語 innocence 名

**innovation** B2 [inəvéiʃən イナヴェイション] 名 Ｕ革新，刷新；Ｃ新考案，新制度，新しい方法

**input** B2 [ínpùt インプット] 名 Ｕ Ｃ《コンピュータ》インプット，入力(⇔output アウトプット)；（資金などの）投入（量）

**inquire** B2 [inkwáiər インクワイア] 動

— 他 …をたずねる（▶ask よりも形式ばった語）

- She *inquired* whether I knew his name.
  彼女は私が彼の名前を知っているかどうかたずねた．

— 自 たずねる，問い合わせる；調べる

- The police *inquired into* the cause of the accident.
  警察は事故の原因を調査した．

派生語 inquiry 名

**inquiry** B1 [inkwáiəri インクワイ(ア)リィ] 名（複 inquiries[-z]）❶Ｕ Ｃ問い合わせ，質問 ❷Ｃ調査

**insane** B1 [inséin インセイン] 形 ❶正気でない（＝mad，⇔sane 正気の）❷非常識な，ばかげた

# insect 準2級 A2 [ínsekt インセクト]

名（複 insects[-ts -ツ]）Ｃ ❶昆虫(こん ちゅう) ❷（一般に）虫（＝bug）

> くらべて みよう! **insect と worm**
>
> **insect**: ant（あり），bee（はち），fly（はえ）や beetle（甲虫(こう ちゅう)）などをさします．
> **worm**: caterpillar（毛虫・芋(いも)虫），earthworm（みみず）など，細長い，はう虫をさします．

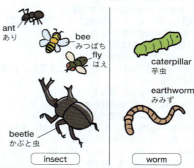

ant あり
bee みつばち
fly はえ
caterpillar 芋虫
earthworm みみず
beetle かぶと虫
insect
worm

**insert** 2級 [insə́:rt インサート] 動 他 …を挿入(そう にゅう)する，差しこむ；（文などを）差しはさむ

# inside

コイン投入口の表示.「ここにコインを挿入してください／コインはゆっくり入れてください」

## inside 4級 A1

名 内側
形 内側の
副 内側に[で]
前 …の内側に[で]

— 名 [ínsáid インサイド] (複 insides[-dz -ヅ]) C((ふつうthe insideで))**内側**, 内部(⇔the outside 外側)
- *the inside* of a house 家の内部
- I always lock the door from *the inside*.
私はいつも内側からドアにかぎをかける.

*inside out* 裏返しに, 引っくり返して
- Jack wore his shirt *inside out*. ジャックはシャツを裏返しに着ていた.

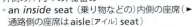
inside out

— 形 [ínsáid インサイド] **内側の**, 内部の; 屋内の(⇔outside 外側の); 内々の, 秘密の
- an *inside* seat (乗り物などの)内側の座席(▶通路側の座席はaisle[アイル] seat)
- an *inside* pocket 内ポケット
- *inside* information 内部情報

— 副 [ínsáid インサイド] **内側に[で]**, 内部に[で], 中に[で]; 屋内で(⇔outside 外側に)
- go *inside* 中に入る
- look *inside* のぞき込む

— 前 [ínsáid インサイド] **…の内側に[で]**, …の内部に[で]
- *inside* the city 市内に
- stand *inside* the fence フェンスの内側に立つ

**insight** B1 [ínsàit インサイト] (★このghは発音しない) 名 U C 洞察(力), 見識

**insist** 2級 B1 [insíst インスィスト] 動
— 自 強く主張する, 言い張る
- He *insisted on* [*upon*] his innocence.
彼は自分の無実を主張した.
- She *insisted on going* with us.
彼女は私たちといっしょに行くと言い張った.
— 他 (…である)と強く主張する;(…するように)強く要求する
- They *insist that* we are wrong.
彼らは私たちは間違っていると主張する.
- The teacher *insisted that* I (*should*) take the exam. 先生は私に試験を受けるよう要求した.(▶㊨ではshouldなしで用いる)

**inspect** B2 [inspékt インスペクト] 動 他 …を検査する, 綿密に調べる; …を視察する
派生語 inspection 名, inspector 名

**inspection** B1 [inspékʃən インスペクション] 名 U C 検査, 調査, 点検; 視察

**inspector** B2 [inspéktər インスペクタァ] 名 C ❶検査官, 調査官, 監督(とく)官 ❷㊨警視, ㊙警部

**inspiration** A2 [ìnspəréiʃən インスピレイション] 名 ❶U 霊感(恕), インスピレーション ❷C (霊感による)ひらめき ❸C 激励(常); 激励する人[もの]

**inspire** 2級 B1 [inspáiər インスパイア] 動 他 ❶(人)を励(情)ます, 激励(常)する ❷(感情などを人)に起こさせる ❸(人)にインスピレーションを与(た)える
派生語 inspiration 名

**Instagram** [ínstəgræm インスタグラム] 名 [商標] インスタグラム(▶写真や動画を投稿(ジ)して共有できる, ソーシャルネットワーキングサービスの1つ)
- He posts pictures of his cat every day on *Instagram*. 彼は毎日自分の猫(だ)の写真をインスタグラムに投稿する.
- This shaved ice looks great on *Instagram*.
このかき氷はインスタ映(ば)えする.

**install** B1 [instɔ́:l インストール] 動 他 (装置など)を取りつける, 設置する;(コンピュータに)(ソフト)を組み込(こ)む, インストールする
- have an air conditioner *installed*
エアコンを取りつけてもらう(▶have+〈名詞〉+〈過去分詞〉で「…を〜してもらう」)

**instance** 2級 B1 [ínstəns インスタンス] 名 C 例, 実例(=example); 場合(=case)
- in this *instance* この場合は
*for instance* 例えば(=for example)

**instant** 準2級 A2 [ínstənt インスタント]
— 形 ❶即座(ぎ)の
- an *instant* reply 即座の返事
❷(食品などが)即席の, インスタントの
- *instant* coffee インスタントコーヒー
— 名 C 瞬間(ジャ)(=moment); 即時
*for an instant* ちょっとの間
*in an instant* すぐに, 一瞬で

**派生語** instantly 副

**instantly** B2 [ínstəntli インスタントゥリィ] 副 直ちに, すぐに, 即座(そくざ)に(=at once)

# instead 準2級 A2 [instéd インステッド]
副(その)代わりに
- Andy can't come, so I've come *instead*.
アンディが来られないので, 私が代わりに来ました.

***instead of ...*** …の代わりに; …をしないで
- How about coming to my place at 5 *instead of* 3?
私の家に3時ではなく5時に来ませんか.
- Yesterday I went to school by bus *instead of* walking.
きのうは学校へ歩く代わりにバスで行った.

**instinct** B2 [ínstiŋkt インスティンクト] 名 U C
本能; 生まれつきの才能
- *by* [*from*] *instinct* 本能的に, 本能で

**派生語** instinctive 形

**instinctive** [instíŋktiv インスティンクティヴ] 形
本能の, 本能的な

**institute** B1 [ínstətùːt インスティトゥート | -tjùːt -テュート] 名 C ❶(学問・研究の)学会, 協会
❷(大学付属の)研究所;(理科系の)専門学校, 大学
- a language *institute* 言語研究所
- Massachusetts *Institute* of Technology
マサチューセッツ工科大学(▶MITと略す)

**派生語** institution 名

**institution** B2 [ìnstətúːʃən インスティトゥーション | -tjúː- -テュー-] 名 ❶ C 協会;(大規模な)施設(しせつ)(▶学校・病院・銀行など)
- an educational *institution* 教育施設
❷ C 慣習, しきたり(=custom)
- a social *institution* 社会制度
❸ U 設立;(法律などの)制定

**instruct** B2 [instrʌ́kt インストゥラクト] 動 他 ❶
…に指示する, 命令する(=direct, order)
- She *instructed* us *to* use a pencil.
彼女は私たちに鉛筆(えんぴつ)を使うよう指示した.
❷…に教える(▶teachよりも実践(じっせん)的にやり方を教えることを意味する)
- Mr. Wilson *instructs* us *in* dancing.
ウィルソン先生は私たちにダンスを教えている.

**派生語** instruction 名, instructive 形, instructor 名

**instruction** 2級 B1 [instrʌ́kʃən インストゥラクション] 名 ❶ U 指導, 教育(=teaching)
- give [receive] *instruction in* music
音楽の指導をする[指導を受ける]
❷《instructionsで》指図, 命令; 使用説明書

**instructive** [instrʌ́ktiv インストゥラクティヴ] 形
教育的な, 有益な, ためになる
- This is a very *instructive* book on Japanese culture.
これは日本文化についてのとてもためになる本だ.

**instructor** 2級 B1 [instrʌ́ktər インストゥラクタァ] 名 C ❶指導者, 教師 ❷ ※ (大学の)専任講師

# instrument 準2級 A2
[ínstrəmənt インストゥラマント](★アクセント位置に注意) 名 (複 instruments[-ts -ツ]) C
❶(主として精密な)器具, 器械, 道具
- optical *instruments*
光学器機(▶望遠鏡など)
❷楽器(=musical instrument)
- a stringed [wind] *instrument* 弦[管]楽器

**insult** B2 (★名と動でアクセント位置が異なる)
━名 [ínsʌlt インサルト] U C 侮辱(ぶじょく)
━動 [insʌ́lt インサルト] 他 …を侮辱する

**insurance** B1 [inʃúərəns インシュ(ァ)ランス] 名 U 保険; 保険金
- life [fire] *insurance* 生命[火災]保険
- Are you covered by *insurance*?
あなたは保険に入っていますか.

**insure** [inʃúər インシュァ] 動 他 …に保険をかける
- Our house is *insured against* fire.
私たちの家には火災保険がかけられている.

**派生語** insurance 名

**integrate** B2 [íntigrèit インティグレイト] 動 他 …を統合する

**integrated** [íntigrèitid インティグレイティド]
━動 integrate(統合する)の過去形・過去分詞
━形 統合された
- an *integrated* circuit 集積回路(▶ICと略す)

**intellect** [íntəlèkt インテレクト](★アクセント位置に注意) 名 U C ❶知性, 知力
❷《the intellect(s)で》知識人, インテリ

**派生語** intellectual 形 名

**intellectual** B2 [ìntəléktʃuəl インティレクチュアル]
━形 知的な, 知性の
━名 C 《しばしば軽べつ的に》知識人, インテリ

**intelligence** A2 [intéləd ʒəns インテリヂャンス]
名 U ❶知能; 知性; 理解力
- an *intelligence* quotient 知能指数, アイキュー(▶IQ, I.Q. と略す)
- an *intelligence* test 知能検査
❷情報,(特に)機密情報; 情報機関

**intelligent** 準2級 A2 [intéləd ʒənt インテリヂャント] 形 知能の高い, 利口な, 頭のいい

## intend

派生語 intelligence 名

**intend** B1 [inténd インテンド] 動他《intend to +〈動詞の原形〉で》…するつもりである
- I *intend to* go to that concert.
  私はそのコンサートに行くつもりだ.

***be intended for ...*** (物が)…向けである
- This book *is intended for* high school students. この本は高校生向けだ.

派生語 intention 名

**intense** B1 [inténs インテンス] 形 (程度が)激しい, 強烈な;(感情・性格が)激しい
- an *intense* pain 激痛

派生語 intensive 形

**intensive** B1 [inténsiv インテンスィヴ] 形 集中的な;激しい;徹底的な(⇔extensive 広範囲な)

**intention** B1 [inténʃən インテンション] 名 U C 意図, 意志;目的
- He *has no intention of* tell*ing* the truth. 彼は真実を話す気はない.

**interactive** B2 [intəræktiv インタラクティヴ] 形 対話型の, 双方向の, 参加型の, インタラクティブな;相互に作用する

**interchange** [intərtʃéindʒ インタァチェインヂ] 名 ❶ U C 交換, やり取り(=exchange)
❷ C 米 インターチェンジ(►高速道路と一般道路が接合する交差点)

**interdependent** [intərdipéndənt インタァディペンダント] 形 相互依存の

# interest 準2級 A2

[íntərəst インタラスト] (★アクセント位置に注意)

| 名 ❶ 興味, 関心 |
| ❷ 利子;利益 |
| 動 …に興味[関心]を持たせる |

─名 (複 interests [-ts -ツ]) ❶ U C **興味, 関心**; C 興味の対象
- *with interest* 興味を持って, 興味深く
- He *has a* great *interest in* music.
  彼は音楽に非常に興味を持っている.
- Beth showed much *interest in* kimonos.
  ベスは着物に大いに関心を示した
- This book is *of no interest to* me.
  この本は私にはまったくおもしろくない.
- My *interests* are dance and music.
  ぼくが興味があるのはダンスと音楽だ.

❷ U **利子, 利息**; C 利益

─動 (三単現 interests [-ts -ツ]; 過去・過分 interested [-id]; 現分 interesting) 他 …に興味[関心]を持たせる
- Those pictures *interested* me very much.
  それらの写真は私にとても興味を抱かせた.

派生語 interested 形, interesting 形

# interested 4級 A1

[íntərəstid インタラスティド] (★アクセント位置に注意)

─動 interest(興味を持たせる)の過去形・過去分詞

─形 (比較 more interested; 最上 most interested) **興味を持った, 関心のある** → interesting くらべて!
- with an *interested* look
  興味ありげな顔つきで

**be interested in** +〈名詞または -ing 形〉
…に興味[関心]を持っている
- Tom *is* very *interested in* history.
  トムは歴史にたいへん興味を持っている.

***get interested in*** = ***become interested in*** …に興味[関心]を持つ
- Jane *got interested in* watching baseball.
  ジェーンは野球を見ることに関心を持った.

# *interesting 5級 A1

[íntərəstiŋ インタラスティング] (★アクセント位置に注意)

─動 interest(興味を持たせる)の現在分詞・動名詞

─形 (比較 more interesting; 最上 most interesting) **おもしろい, 興味深い**(⇔dull 退屈な)
- an *interesting* idea おもしろい考え
- That sounds *interesting*.
  それはおもしろそうだ.
- This video is more *interesting* than that one. この動画はあの動画よりもおもしろい.
- This book is the most *interesting* of the five. 5冊のうちでこの本がいちばんおもしろい.
- It is *interesting* to learn foreign languages. 外国語を学ぶことはおもしろい.

> **くらべてみよう!** 「物が」は interesting, 「人が」は interested
>
> **interesting**: 物事が「興味を起こさせる」の意味.
>
> **interested**: 人が「興味を持った」の意味.
> - Novels are *interesting* to me.
>   小説は私にとっておもしろい.
> - I am *interested* in music.
>   私は音楽に興味を持っている.
>
> ─────────────
>
> **interesting** と **funny** と **amusing**
>
> **interesting**: 知的な興味や関心をそそるお

もしろさを表します．
**funny**：「こっけいでおもしろい」の意味です．
**amusing**：人を楽しませる娯楽(ごらく)としてのおもしろさを意味します．
- He made a *funny* face.
彼はおもしろい顔をしてみせた．
- I saw an *amusing* performance.
おもしろいパフォーマンスを見た．

interesting

funny

amusing

派生語 interestingly 副
**interestingly** [íntərəstiŋli インタラスティングリィ] 副 おもしろいことに，興味深く
**interfere** B2 [ìntərfíər インタァフィア] 動 ⾃ ❶ 干渉(かんしょう)する，口出しをする
- Don't *interfere* in other people's affairs.
他人のことに口出しするな．
❷ 邪魔(じゃま)をする，妨(さまた)げる
- Your snoring *interfered* with my sleep.
君のいびきで眠(ねむ)れなかった．
**interior** B2 [intíəriər インティ(ァ)リア]
━形 ❶ 内部の，内側の；室内の(⇔exterior 外部の)
- an *interior* decorator [designer]
室内装飾家，インテリアデザイナー
❷ 内陸の，奥地(おくち)の；国内の
━名 C 内部，内側；室内；内陸，奥地
**interjection** [ìntərdʒékʃən インタァチェクション] 名 C 《文法》間投詞(►oh や wow など)
**intermission** B1 [ìntərmíʃən インタァミッション] 名 C 米 (劇などの)休憩(きゅうけい)時間，幕あい(= 英 interval)
**intern** [íntə:rn インターン] (★アクセント位置に注意) 名 C (主に 米)インターン，研修医；実習生
**internal** B1 [intə́:rnl インターヌル] 形 《名詞の前にのみ用いる》内部の(⇔external 外部の)；国内の，内政の(⇔foreign 外国の)
- *internal* organs 内臓

# international 準2級 A2

[ìntərnǽʃənl インタァナショヌル]
形 (比較 more international；最上 most international) 国際的な，国家間の(►int., intl. と略す)
- an *international* call 国際電話
- an *international* airport 国際空港
- *international* students 留学生(►foreign students より好まれる言い方)
- the *international* date line 日付変更(へんこう)線

**international school** [ìntərnǽʃənl skú:l インタァナショヌル スクール] 名 C インターナショナルスクール

# Internet, internet

5級 A1 [íntərnet インタァネット] (★アクセント位置に注意) 名 《the Internet で》インターネット (►世界規模のコンピュータネットワーク) (►《話》では the Net とも言う)
- on *the Internet* インターネット上で
- access [get access to, log on to] *the Internet* インターネットにアクセスする
- I got this information from *the Internet*.
私はこの情報をインターネットで得た．
- We can download music from *the Internet*. 私たちは音楽をインターネットからダウンロードできる．

**internship** [íntə:rnʃip インターンシップ] (★アクセント位置に注意) 名 U C 実習，研修(期間)；就業体験，インターンシップ
**interphone** [íntərfoun インタァフォウン] (★アクセント位置に注意) 名 C インターホン，内部電話
**interpret** B2 [intə́:rprit インタープリット] (★アクセント位置に注意) 動
━他 ❶ …を通訳する
- His Japanese was *interpreted* into English. 彼の日本語は英語に通訳された．
❷ …を解釈(かいしゃく)する，説明する
- This sentence can be *interpreted* as follows. この文は次のように解釈できる．
━⾃ 通訳をする
派生語 interpretation 名, interpreter 名
**interpretation** B2 [intə̀:rprətéiʃən インタープラテイション] 名 ❶ U 通訳(►「行為(こうい)」をさす)
❷ U C 解釈(かいしゃく)，説明
**interpreter** B2 [intə́:rpritər インタープリタァ] 名 C 通訳者
**interrupt** B1 [ìntərʌ́pt インタラプト] 動
━他 …の邪魔(じゃま)をする；…を中断させる
- May I *interrupt* you? I have a question.
お邪魔していいですか．質問があります．
━⾃ 邪魔をする；中断させる
- Stop *interrupting*! 邪魔するのはやめて．
派生語 interruption 名
**interruption** B2 [ìntərʌ́pʃən インタラプション] 名 U C 邪魔(じゃま)(するもの)；中断
**interschool** [ìntərskú:l インタァスクール] 形 学

校間の
- an *interschool* athletic meet
学校対抗陸上競技会

**intersection** B2 [íntərsèkʃən インタァセクション] 名 C (主に米)交差点(=英junction); U 交差,交わること; C 交点

**interval** B1 [íntərvəl インタァヴァル] (★アクセント位置に注意) 名 C ❶ 間隔,隔たり,合間
- after a ten-year *interval* 10年ぶりに

❷ 英(劇などの)休憩時間,幕あい(=米 intermission)

*at intervals* 時々; あちこちに

# interview 3級 A1

[íntərvjùː インタァヴュー]

━名 (複 interviews[-z]) C ❶ 面接,面談,会見,面会

❷ (記者などの)インタビュー,取材訪問
- She had an *interview with* the actor.
彼女はその役者にインタビューした.

━動 (三単現 interviews[-z]; 過去・過分 interviewed[-d]; 現分 interviewing) 他 …に面接する; …と会見[対談]する; …にインタビューする

派生語 interviewee 名, interviewer 名

**interviewee** B1 [ìntərvjuːíː インタァヴューイー] (★アクセント位置に注意) 名 C 面接を受ける人; インタビューされる人

**interviewer** A1 [íntərvjùːər インタァヴューアァ] 名 C 面接官; 訪問記者,インタビューする人

**intimate** B2 [íntəmət インティミット] 形 ❶ ごく親しい,親密な(▶性的関係にあるという意味があるので,「親友」の意味では a close [good] friend などと言うほうがよい) ❷ (知識が)詳しい,よく知っている

# \*into 5級 A1

[《子音の前で》intə インタ,《母音の前で》íntu イントゥ,《強く言うとき》íntuː イントゥー]

前 ❶ …の中へ[に]
❷ …に(なる)
❸ …にぶつかって; …と偶然出会って
❹《話》…に夢中になって
❺《数学》…を割って

前 ❶ **…の中へ[に]** (▶内部への運動や動作の方向を表す)(⇔out of …から外へ) ➡ in 前 ❶
くらべて!
- run *into* a house 家へ走りこむ
- He fell *into* the river. 彼は川に落ちた.

❷ …に(なる)(▶状態の変化や結果を表す)
- The rain turned *into* snow.
雨が雪になった.
- Translate the sentence *into* Japanese.
その文を和訳しなさい.
- Milk is made *into* butter.
牛乳はバターになる.
- His novel will be made *into* a movie.
彼の小説は映画化される予定だ.

❸ …にぶつかって; …と偶然出会って
- The car crashed *into* the wall.
その車は塀に突っこんだ.
- I *ran into* my friend yesterday.
私はきのう友達に偶然出会った.

❹《話》…に夢中になって
- I'm really *into* you. ぼくは君に夢中なんだ.

❺《数学》…を割って
- Two *into* six is three. 6割る2は3(6÷2=3). (=Six divided by two is three.)

**intonation** [ìntənéiʃən イントネイション] 名 U C (声の)抑揚,音調,イントネーション

# \*introduce 3級 A1

[ìntrədjúːs イントゥラデュース | -djúː- -デュース]

動 (三単現 introduces[-iz]; 過去・過分 introduced[-t]; 現分 introducing) 他 ❶ **(人)を紹介する**,引き合わせる
- Tom *introduced* his girlfriend to his parents.
トムは両親にガールフレンドを紹介した.
- May I *introduce* myself?
自己紹介をさせてください.

❷ (新しい考え・製品・習慣など)を(初めて)導入する
- Many Latin words were *introduced* into the English language.
多くのラテン語が英語に取り入れられた.

❸ (人)に初めて経験させる,手ほどきをする
- My sister *introduced* me to figure skating. 姉[妹]が私にフィギュアスケートの手ほどきをしてくれた.

派生語 introduction 名

**introduction** B1 [ìntrədʌ́kʃən イントゥラダクション] 名 ❶ U C 紹介
- a letter of *introduction* 紹介状

❷ U 導入,採用

❸ C (本の)序論,序文; 入門書
- an *introduction* to English literature
英文学入門

**Inuit** 2級 [ínuːit イヌーイット] 名 (複 Inuit, Inuits [-ts -ツ]) ❶ C イヌイット(▶アラスカ・カナダ北部・グリーンランドに住む民族) ❷ U イヌイット語

**invade** A2 [invéid インヴェイド] 動 他 …に侵入する,侵略する; (権利など)を侵害する

派生語 invader 名, invasion 名

**invader** [invéidər インヴェイダァ] 名 C 侵入(にゅう)者, 侵略者

**invasion** B1 [invéiʒən インヴェイジョン] 名 U C 侵入(にゅう), 侵略, 侵害

# invent 準2級 A2 [invént インヴェント]

動 (三単現 invents [-ts -ツ]; 過去・過分 invented [-id]; 現分 inventing) 他 ❶ …を発明する, 考案する (▶「発見する」は discover) → discover

くらべて!

- *invent* new software
  新しいソフトを考案する
- Who *invented* the computer?
  だれがコンピュータを発明したのですか.

❷ (話など)をでっち上げる
- Jack *invented* excuses for being late.
  ジャックは遅刻(ちこく)の言い訳をでっち上げた.

派生語 invention 名, inventor 名

# invention 準2級 A2

[invénʃən インヴェンション]

名 (複 inventions [-z]) U 発明; C 発明品; U C でっち上げ
- Edison's *inventions* エジソンの発明品
- Necessity is the mother of *invention*.
  (ことわざ) 必要は発明の母.

**inventor** B2 [invéntər インヴェンタァ] 名 C 発明者

**invest** B1 [invést インヴェスト] 動 他 自 (…を)投資する; (時間・労力などを)費(つい)やす
派生語 investment 名

**investigate** B2 [invéstəgèit インヴェスティゲイト] 動 他 自 (…を細かく)調査する; 捜査(そうさ)する
派生語 investigation 名

**investigation** B1 [invèstəgéiʃən インヴェスティゲイション] 名 U C 調査, 研究; 取り調べ
- *under investigation* 調査中で

**investment** B2 [invéstmənt インヴェストゥマント] 名 U C 投資, 出資; 投資金, 投資額

**invisible** B2 [invízəbl インヴィズィブル] 形 目に見えない (⇔visible 目で見える)
- an *invisible* man 透明(とうめい)人間

# invitation 2級 B1

[ìnvətéiʃən インヴィテイション]

名 (複 invitations [-z]) U 招待; C 招待状
- an *invitation* card 招待状
- accept [decline] the *invitation*
  招待に応じる[を断る]
- Thank you for your kind *invitation*.
  お招きいただきありがとうございます.

# *invite 準2級 A2 [inváit インヴァイト]

動 (三単現 invites [-ts -ツ]; 過去・過分 invited [-id]; 現分 inviting) 他 ❶ …を招待する, 招く
- Thank you very much for *inviting* me.
  お招きいただき本当にありがとうございます.

| invite +〈人〉+ to +〈名詞〉
〈人〉を…に招待する
- He *invited* me to dinner [the party].
  彼は私を夕食[パーティー]に招待してくれた.

❷ …を誘(さそ)う, …に頼(たの)む; (危険など)を招く
- They *invited* me *to* join their club.
  彼らは私を彼らのクラブに入るように誘った.

派生語 invitation 名

**inviting** [inváitiŋ インヴァイティング]
— 動 invite (招待する)の現在分詞・動名詞
— 形 魅力(みりょく)的な, 人を引きつける

**involve** 2級 B1 [invάlv インヴァルヴ | -vɔ́lv -ヴォルヴ] 動 他 ❶ …を含(ふく)む; …を伴(ともな)う
❷ (困難・事件などに) …を巻きこむ
- It's not a good idea to *involve* all of us.
  私たち全員を巻きこむのはいい考えではない.

❸ ⦅be involved in [with] ...で⦆ …に関わる, …に参加する
- She *is involved in* a big project.
  彼女は大きなプロジェクトに参加している.

**inward** [ínwərd インワド]
— 形 ❶ 内部の, 内側の; 内側への (⇔outward 外側の) ❷ 心の中の, 精神的な
— 副 内部へ, 内側へ; 心の中へ (⇔outward 外部へ)

**inwards** [ínwərdz インワヅ] 副 = inward

**IOC** [àiousí: アィオゥスィー] 名 ⦅the IOC で⦆ アイオーシー, 国際オリンピック委員会 (▶ the International Olympic Committee の略)

**-ion** [-ʒən, -ən -ョン] 接尾 …すること, …した状態 (▶動詞の後について名詞をつくる)
- discuss*ion* 話し合い, 討議
- act*ion* 行動

**Iowa** 3級 [áiəwə アイアワ | áiouə アイオウア] 名 アイオワ (▶米国中西部の州. 州都はデモイン (Des Moines). 郵便略語は IA)

**IQ, I.Q.** [àikjú: アイキュー] 名 アイキュー, 知能指数 (▶ intelligence quotient の略)

**Iran** [irá:n イラーン] 名 イラン (▶アジア南西部の共和国. 首都はテヘラン (Tehran))
派生語 Iranian 形名

**Iranian** [iréiniən イレイニアン]
— 形 イランの; イラン人の; イラン語の
— 名 C イラン人; U イラン語

**Iraq** [irá:k イラーク] 名 イラク (▶アジア南西部の共和国. 首都はバグダッド (Baghdad))

## Iraqi

派生語 Iraqi 形名

**Iraqi** [iráːki イラーキ]
━形 イラクの; イラク人の; イラク語の
━名 © イラク人; Ⓤ イラク語(=Iraqi Arabic)(▶アラビア語のイラク方言)

**Ireland** 2級 [áiərlənd アイアランド](★「アイルランド」でないことに注意) 名 ❶ アイルランド(▶グレートブリテン島の西にある島. 北部は英国の一部で Northern Ireland と呼ばれ、南部はアイルランド共和国) ❷ アイルランド共和国(▶首都はダブリン(Dublin))

派生語 Irish 形名

**iris** [áiəris アイ(ア)リス] 名 (複 irises[-iz], irides [írədiːz イリディーズ])© ❶ 〖植物〗アイリス(▶アヤメ科) ❷ (眼球の)こう彩(さい)

**Irish** [áiərif アイ(ア)リッシュ]
━形 アイルランドの; アイルランド人の; アイルランド語の
━名 ❶ © アイルランド人;《the Irish で》《複数扱い》アイルランド人(全体) ❷ Ⓤ アイルランド語

**Irishman** [áiərifmən アイ(ア)リッシュマン] 名 (複 Irishmen[-mən]) © アイルランド人男性

**Irishwoman** [áiərifwùmən アイ(ア)リッシュウマン] 名 (複 Irishwomen[-wìmin]) © アイルランド人女性

## iron 2級 B1

[áiərn アイアン](★「アイロン」でないことに注意)
━名 (複 irons[-z]) ❶ Ⓤ 〖化学〗鉄
 • The bridge is made of *iron*.
 その橋は鉄でできている.
 • Strike while the *iron* is hot.
 (ことわざ)好機を逃(のが)すな. (⇔鉄は熱いうちに打て)
❷ © アイロン, こて
━形 鉄の, 鉄製の; 鉄のように固い
 • an *iron* door 鉄の扉
 • an *iron* will 強固な意志
━動 (三単現 irons[-z]; 過去・過分 ironed[-d]; 現分 ironing)他 …にアイロンをかける
 • I have to *iron* my uniforms.
 制服にアイロンをかけなくちゃ.

**irony** [áiərəni アイ(ア)ラニィ] 名 Ⓤ 皮肉, 風刺(ふうし); (わざと反対の語を用いる)反語(法)

**irregular** B1 [irégjulər イレギュラァ] 形 ❶ 不規則な(⇔regular 規則的な)
 • *irregular* verbs 不規則動詞
❷ 不ぞろいな; (道などが)でこぼこした

**irritate** B1 [írətèit イリテイト] 動他 ❶ (人)をいらいらさせる(=annoy), 怒(おこ)らせる ❷ (皮膚(ひふ)など)をひりひりさせる; …を刺激(しげき)する

## *is 5級 A1

[z ズ, s ス, 《強く言うとき》íz イズ]
(過去 was[wəz ワズ, 《強く言うとき》wáz ワズ, wáz ワズ | wəz ワズ, 《強く言うとき》wáz ウォズ]; 過分 been[bin ビン, 《強く言うとき》bíːn ビン | bin ビン, 《強く言うとき》bíːn ビーン]; 現分 being)
━動 (▶主語が三人称(にんしょう)単数(he, she, it, this, that および単数名詞)のときの be の現在形. → be)

> **ここが ポイント!** isの短縮形
> (1) is は《話》ではしばしば次のように短縮します.
>  he *is* → he's
>  she *is* → she's
>  it *is* → it's
> (2) he is のように2語で書かれていても,《話》ではしばしば短縮形と同じ読み方をします.

━自 ❶ …である, …だ, …です
 • Nancy *is* kind.
 ナンシーは親切だ. (▶is +〈形容詞〉)
 • He *is* a student. 彼は学生だ. (▶is +〈名詞〉)
 • This *is* not [*isn't*] my bag. これは私のかばんではない. (▶否定文. is not は isn't と略す)

> **話してみよう!**
> ☺ *Is* this a new video game?
>  これは新しいテレビゲームですか. (▶疑問文. is が文頭にくる)
> ☻ Yes, it *is*. / No, it *isn't*.
>  はい, そうです. / いいえ, 違(ちが)います. (▶Yes の場合, it is を短縮せず is は強く発音する. No の場合は, it's not とすることもある.)

 • "Who's that boy?" "He's my brother."
 「あの男の子はだれですか」「彼は私の兄[弟]です」(▶who's は who is の短縮形)
 • *Isn't* she a doctor? 彼女は医者ではないのですか. (▶否定の疑問文)
 • This book *is* interesting, *isn't* it? この本はおもしろいですよね. (▶念を押(お)す言い方)
❷ (物が…に)ある, (人・動物が…に)いる
 • The key *is* in the box. かぎは箱の中にある.
 • My father *is* at home now.
 父は今, 家にいます.
 • "Where *is* my bag?" "It's on the table."
 「私のバッグはどこにあるの」「テーブルの上にあるよ」
━助 ❶《is +〈-ing 形〉で現在進行形をつくる》…している, (近い未来のことを表して)もうすぐ …する
 • "What *is* your mother do*ing* now?" "She *is* eat*ing* breakfast." 「今あなたのお母さん

は何をしていますか」「朝食を食べています」
- *Is* he go*ing* soon? 彼はもうすぐ出かけるのですか.（▶ go, come, leave, arriveなどの動詞の現在進行形は, しばしば「近い未来」を表す）

❷《is ＋〈過去分詞〉で受け身をつくる》…される, …されている
- English *is* used in many countries.
英語は多くの国で使われている.

❸《is to ＋〈動詞の原形〉》…する予定だ; …すべきである（▶予定・義務を表す）
- The Prime Minister *is to* visit India in October. 首相は10月にインドを訪問することになっている.

**-ish** [-iʃ -イッシュ] 接尾 ❶ …に属する（▶地名・民族名などについて形容詞をつくる）
- Finn*ish* フィンランドの, フィンランド人の

❷ …のような; …の傾向(けいこう)のある（▶名詞の後について形容詞をつくる）
- child*ish* 子どもっぽい

**Islam** [ízlɑːm イズラーム] 名 U ❶ イスラム教 ❷ イスラム教徒(全体)

**Islamic** [izlǽmik イズラミック] 形 イスラム教の, イスラム教徒の

## island 3級 A1
[áilənd アイランド]（★このsは発音しない）
名（複 islands [-dz -ヅ]）C 島
- a desert *island* 無人島
- an *island* country 島国

**isle** B1 [áil アィル]（★このsは発音しない）名 C 小島

## isn't
[íznt イズント]
《話》is notの短縮形

**isolate** [áisəlèit アイソレイト] 動 他 …を孤立(こりつ)させる; …を隔離(かくり)する

**Israel** 2級 [ízriəl イズリアル | ízreiəl イズレイ(ァ)ル]（★「イスラエル」でないことに注意）名 イスラエル（▶地中海東部の共和国. 中心都市はエルサレム (Jerusalem)）
派生語 Israeli 形 名

**Israeli** 2級 [izréili イズレイリィ]
— 形 イスラエル(人)の
— 名（複 Israelis [-z], Israeli）C イスラエル人

**issue** 準2級 A2 [íʃuː イシュー]
— 名 ❶ C 問題; 争点, 論点
❷ C 発行物;（雑誌などの）号
- the March *issue* 3月号
❸ U（出版物などの）発行;（命令などの）発布
— 動 他 ❶（出版物など）を発行する
❷（命令など）を出す, 公布する

**Istanbul** [ìstɑːnbúːl イスターンブール | -tænbúl -タンブル] 名 イスタンブール（▶トルコ最大の都市）

---

**IT** A2 [aitíː アィティー] 名 アイティー, 情報工学, 情報技術（▶ information technologyの略）

## *it 5級 A1
[it イット, 《強く言うとき》ít イット]

代 ❶ それは, それが
❷ それを, それに
❸（天候などを表す文の主語に用いる）
❹（だれだかわからない人を表す）
❺（形式主語）
❻（事態を漠然(ばくぜん)とさす）
❼（形式目的語）
❽（it is ... that ～で）～なのは…である.
❾（it seems that ...などの形で用いる）
名（鬼(おに)ごっこの）鬼

### ここがポイント！ itの変化形

| | 単数 | 複数 |
|---|---|---|
| 主格 | it<br>それは[が] | they<br>それらは[が] |
| 所有格 | its<br>それの | their<br>それらの |
| 目的格 | it<br>それを[に] | them<br>それらを[に] |

— 代 ❶ それは, それが（▶三人称(にんしょう)単数の主格）
- I have a dog. *It's* a brown Shiba. 私は犬を飼っています.（それは）茶色い柴犬(しばいぬ)です.
- "Where is my pen?" "*It's* under the desk." 「私のペンはどこですか」「（それは）机の下にあります」
- "What is that?" "*It's* a kangaroo." 「あれは何」「（それは）カンガルーです」

❷ それを, それに（▶三人称単数の目的格）
- If you have a pen, please lend *it* to me. ペンを持っていたら,（それを）私に貸してください.
- "When did you draw this picture?" "I drew *it* three years ago." 「この絵をいつかきましたか」「（その絵を）3年前にかきました」

### ここがポイント！ itの使い方

(1) **it**はすでに話に出てきた単数の物や事柄(ことがら), 性別を問題にしないときの幼児や動物などをさして使います. → that くらべて！
(2) 日本語に訳すときは, 必ずしも「それは」「それを」とする必要はありません. 状況(じょうきょう)に応じて「その絵は」「この問題は」などと具体的に述べるほうが自然な日本語になることがあります. また, 特に訳さなくてよい場合もあります.

## it

❸（►天候・時間・日付・距離(ポ)・明暗などを表す文の主語に用いる。日本語には訳さない）
- *It's* fine today. きょうは晴れだ。（►天候）

**表現メモ**

**itを使った天候・寒暖などの表現**
*It's* cloudy. 曇(ポ)りだ。／ *It's* cold. 寒い。
*It's* foggy. 霧(ポ)がかかっている。
*It's* hot. 暑い。／ *It's* humid. 湿度(ド)が高い。
*It's* warm. 暖かい。／ *It's* windy. 風が強い。

- "What time is *it* now?" "*It's* half past ten." 「今何時ですか」「10時半です」（►時間）
- *It's* Sunday [January 9th] today.
きょうは日曜日[1月9日]だ。（►曜日・日付）
- "How far is *it* from here to your school?" "*It's* about two kilometers." 「ここから君の学校までどれくらいの距離ですか」「約2キロです」（►距離）
- *It* was dark outside. 外は暗かった。（►明暗）

❹（►だれだかわからない人を表す）
- "Who is *it*?" "*It's* me." (ノックなどに対して)「どなたですか」「私です」
- The phone rang. *It* was Hiroshi.
電話が鳴った。(かけてきたのは)ヒロシだった。

❺（►形式主語となって、後にくる事実上の主語(＝to不定詞句, that節など)を受ける。このitは「それ」とは訳さない）

**it is ＋〈形容詞・名詞〉＋ to ＋〈動詞の原形〉**
…するのは～だ
- *It is* important *to* learn English. 英語を学ぶことは大切だ。（►itはto learn Englishをさす。To learn English is important. とも言えるが、主語が長くなるので, it is ... to ＋〈動詞の原形〉という形で表すのがふつう）

**it is ＋〈形容詞〉＋ for [of] ＋〈人〉＋ to ＋〈動詞の原形〉**〈人〉が…するのは～だ
- *It is* interesting *for* me *to* study math.
数学を勉強するのは私にはおもしろい。（►itはto study mathをさす。for meはto study mathの意味上の主語）
- *It's* very kind *of* you *to* say so. そう言ってくれてあなたは本当に親切だ。（►itはto say soをさす。of youはto say soの意味上の主語）

**ここがポイント!** **to不定詞の意味上の主語につくforとof**

(1) it is *A* for *B* to ＋〈動詞の原形〉
この場合、A≠Bの関係になります。
- It's easy *for* me to speak English.
英語を話すのは私にはやさしい。（►easy ≠ me）

(2) it is *A* of *B* to ＋〈動詞の原形〉
この場合、A＝Bの関係が成り立ちます。
- It's kind *of* you to help me. 手伝ってくれてあなたは親切だ。（►kind＝you）
kind, brave（勇敢(ポ)な）, wise（賢(ポ)い）, foolish（愚(ポ)かな）などの形容詞を用いて人の性質などを表すときに(2)の形にします。

**it is ＋〈形容詞・名詞〉＋ that ...**
…ということは～だ
- *Is it* true *that* he is ill? 彼が病気だというのは本当ですか。（►itはthat he is illをさす）

❻（►文脈や状況から判断できる事態を漠然とさす。日本語には訳さないことが多い）
- Take *it* easy. 気楽にいこう。
- Now *it's* my turn. さあ、私の番だ。
- How's *it* going with you?
調子はどうですか。

❼（►形式目的語となって、後にくる事実上の目的語(＝to不定詞句, that節など)を受ける。「それ」とは訳さない）
- I found *it* easy *to* learn how to work a computer. 私はコンピュータの操作のしかたを習うのはやさしいとわかった。（►itはto learn以下をさす）
- I took *it* for granted *that* Ken would help me. 私はケンが私を手伝うのは当然のことだと思っていた。（►itはthat Ken would help meをさす）

❽《it is ... that ～ で》～ なのは…である（►...を強調する言い方。...の部分を強く発音する）
- *It is* dogs *that* I like. 私が好きなのは犬だ。
（►I like dogs. のdogsを強調した文）
- *It was* last Monday *that* he left Japan.
彼が日本を出発したのはこの前の月曜日だった。（►He left Japan last Monday.のlast Mondayを強調した文）
- *It is* I *that* [who] broke the vase.
その花瓶(ポ)を壊(ポ)したのは私だ。（►I broke the vase. のIを強調した文。強調されるのが「人」のときは、thatの代わりにwhoも使える）

❾《it seems [appears, happens] that ...》などの形で用いる）
- *It seems that* she has lost her keys.
彼女はかぎをなくしたようだ。（＝She seems to have lost her keys. →seem）
- *It happened that* I met her in the theater. たまたま劇場で彼女に出会った。（＝I happened to meet her in the theater.）

***as it is*** 実は；そのままで[に]→as（成句）
***Go for it !*** がんばれ。
***make it*** 《話》うまくいく →make（成句）

─ 名 U (鬼ごっこの)鬼 → tag²
- You're *it* now. 今度は君が鬼だ.

## Italian 5級 [itǽljən イタリャン]
─ 形 **イタリアの**; イタリア人の; イタリア語の
─ 名 (複 Italians[-z]) ❶ C **イタリア人**;《the Italiansで》《複数扱い》イタリア人(全体)
❷ U **イタリア語**

**italic** [itǽlik イタリック] (★アクセント位置に注意) 名 C 《ふつう italicsで》イタリック体 (▶*a*, *b*, *c*などの斜(なな)めの書体. 書名や強調する語などに使う)

## Italy 4級 [ítəli イタリィ]
名 **イタリア** (▶ヨーロッパ南部の地中海に臨(のぞ)む共和国. 首都はローマ(Rome))
派生語 Italian 形 名

イタリア・ローマのスペイン広場

**itch** B2 [ítʃ イッチ]
─ 動 自 かゆい, むずむずする
- My arm *itches*. 腕(うで)がかゆい.
─ 名 《an [the] itchで》かゆいこと, かゆみ
- have *an itch* かゆい
派生語 itchy 形

**itchy** [ítʃi イッチィ] 形 (比較 itchier; 最上 itchiest) かゆい, むずむずする
- I feel *itchy* all over. 体じゅうがかゆい.

**it'd** [ítəd イタッド]《話》it had, it should, it would の短縮形

## item 3級 A1 [áitəm アイタム]
名 (複 items[-z]) C ❶ **項目**(こうもく); 品目
- You have to buy more than two *items*. 2品目以上の商品を買う必要がある.
❷ (新聞などの)1項目, 1つの記事

**itinerary** [aitínərèri アイティナレリィ | aitínərəri アイティナラリィ] 名 (複 itineraries) C 旅程(表)

**it'll** [ítl イトゥル]《話》it willの短縮形

## its 5級 A1 [íts イッツ]
代 **その, それの** (▶itの所有格. 特に訳さなくてよいことが多い.「それらの」は their)
- "That's a nice dog. What's *its* name?"

「すてきな犬ですね. (その)名前は何ですか」
- The snake raised *its* head.
へびは頭を持ち上げた.

> ここが ポイント! **itsの使い方**
> 
> **its**はa, the, thisなどといっしょには使えません.
> ○ *its* name (その)名前
> × a [the] its name
> × this its name

> **itsとit'sの違いにご用心**
> 
> **it's**はit isまたはit hasの短縮形です.
> - *It's* (＝It is) hot today. きょうは暑い.
> - *It's* (＝It has) been snowing.
>   ずっと雪が降っている.

**it's** [íts イッツ]《話》it is, it hasの短縮形

## itself A2 [itsélf イットセルフ]
代 (複 themselves[ðəmsélvz ザムセルヴズ]) → oneself ❶ **それ自身を[に]**
- History repeats *itself*. (ことわざ)歴史はくり返す.
❷ **それ自身**(▶直前の語句の意味を強める)
- The test *itself* was not so hard.
テストそのものはそれほど難しくなかった.

***by itself*** それだけで, 単独で; ひとりでに(＝of itself)
- I saw your dog walking (all) *by itself*.
君の犬が(たった)1匹(ぴき)で歩いているのを見たよ. (▶allは強調)
- The door opened *by itself*.
ドアがひとりでに開いた.

***in itself*** 本来は, それ自体で, 本質的に
- This substance is not poisonous *in itself*.
この物質はそれ自体は有毒でない.

***of itself*** ひとりでに

**I've** [áiv アイヴ]《話》I haveの短縮形

**-ive** [-iv -イヴ] 接尾 …の性質を持つ, …の傾向(けいこう)のある(▶形容詞をつくる)
- act*ive* 活動的な

## ivory B1 [áivəri アイヴ(ァ)リィ]
─ 名 (複 ivories[-z]) U **象牙**(ぞうげ); 象牙色; C 《しばしば ivoriesで》象牙製品
─ 形 象牙の; 象牙色の

**ivy** [áivi アイヴィ] 名 U 《植物》つた
- the *Ivy* League アイビーリーグ (▶ハーバード大学, エール大学など米国東部の名門8大学)

**-ize** [-aiz -アイズ] (▶ **※** では-iseとつづる) 接尾 …(化)する (▶動詞をつくる)
- real*ize* 実感する, 実現する

**J, j** [dʒéi チェイ] 名(複 J's, Js, j's, js[-z]) C 英語アルファベットの第10字

**Jack** [dʒæk チャック] 名 ジャック(▶男性の名. Johnの愛称)

**jack** [dʒæk チャック] 名C ❶(車などを持ち上げる)ジャッキ ❷(トランプの)ジャック

## jacket 5級 A1 [dʒækit チャキット]

名(複 jackets[-ts -ツ])C ❶ ジャケット, (丈が短い)上着(▶「長い上着」はcoat), スーツの上着
❷(本の)カバー; ⊛(レコード・CDの)ジャケット (=⊛sleeve)→ cover 図

**jack-in-the-box**
[dʒækinðəbɑ̀ks チャッキンザバックス | -bɔ̀ks -ボックス] 名(複 jack-in-the-boxes[-iz], jacks-in-the-box[dʒæksin- ジャックスィン-]) C びっくり箱

jack-in-the-box

**jackknife** [dʒǽknàif チャックナイフ](★後のkは発音しない) 名(複 jackknives[dʒǽknàivz チャックナイヴズ]) C ジャックナイフ(▶折りたたみ式の大型ナイフ)

**jack-o'-lantern** [dʒǽkəlæ̀ntərn チャッカランタァン] 名C かぼちゃちょうちん(▶かぼちゃの中身をくり抜いて目鼻の穴を開け, 中にろうそくを入れる. 米国でハロウィーン(Halloween)の飾り. o'はofの短縮形)→ 祝休日と行事【口絵】

**jaguar** [dʒǽgwɑːr チャグワー | dʒǽgjuə チャギュア](★「ジャガー」でないことに注意) 名C 【動物】ジャガー, アメリカひょう(▶中南米産のネコ科の肉食獣)

**jail** 2級 B1 [dʒéil チェイル] 名C⊛ 拘置所, 留置場; ⊛刑務所(▶⊛では公式文書ではgaolとつづる. 発音は同じ)(=⊛prison)

**Jakarta** [dʒəkɑ́ːrtə チャカータ] 名 ジャカルタ(▶インドネシア(Indonesia)の首都)

## jam¹ 準2級 A2 [dʒǽm チャム]

名U (果肉つぶ入りの)ジャム(▶果肉のつぶが入っていないものはjelly)
• blueberry *jam* ブルーベリージャム

**jam²** B2 [dʒǽm チャム]
— 動(過去・過分 jammed[-d]; 現分 jamming)
— 他 …を詰(つ)めこむ, 押(お)しこむ; (場所)をふさぐ, いっぱいにする
• *jam* books *into* a box 本を箱に詰めこむ
• The train *was jammed with* students. 電車は学生で満員だった.
— 自 割りこむ; つかえる, 詰まる
— 名C 押し合い, 混雑; (機械の)故障
• a traffic *jam* 交通渋滞

**Jamaica** [dʒəméikə チャメイカ] 名 ジャマイカ(▶カリブ海の島国. 首都はキングストン(Kingston))

**James** [dʒéimz チェイムズ] 名 ジェイムズ(▶男性の名. 愛称はJim, Jimmyなど)

**Jan.** January(1月)の略

**Jane** [dʒéin チェイン] 名 ジェイン(▶女性の名. 愛称はJanetなど)

**Janet** [dʒǽnit チャニット] 名 ジャネット(▶女性の名. Janeの愛称)

**janitor** [dʒǽnətər チャニタァ] 名C《主に⊛》(ビル・学校などの)管理人; 用務員

## *January 5級 A1

[dʒǽnuèri チャヌエリィ | -njuəri -ニュアリィ]
名 1月(▶常に大文字で書き始める. Jan. と略す)
• *January* has 31 days. 1月は31日ある.
• Today is *January* 3. =It's *January* 3 today. きょうは1月3日だ.(▶January 3はJanuary (the) thirdと読む. ⊛ではJanuary threeとも読む)
• I went skiing *in January*.

私は1月にスキーへ行った.
- early [late] *in January*
1月の上旬(じょうじゅん)[下旬]
- Tom was born *on January* 7, 2012.
トムは2012年1月7日生まれだ.
- He went to Australia last *January*.
彼はこの前の1月にオーストラリアに行った.

> **ここがポイント！ 月日の表し方**
>
> (1) Januaryなど月を表す名詞はaやtheをつけずに使います.
> (2)「…月に」と言う場合には前置詞inを使いますが,「…月…日に」のように特定の日をさす場合にはonを使います.
> ○ in *January* 1月に
> ○ on *January* 7 1月7日に
> × in *January* 7
> (3) this, last, next, everyなどがつくときは, 前置詞をつけません.
> ○ next *January* 今度の1月に
> × in next January

## \*Japan 5級 [dʒəpǽn ヂャパン]
名 日本
- the Sea of *Japan* 日本海
- I am [come] from *Japan*.
私は日本の出身だ.

派生語 Japanese 形 名

**japan** [dʒəpǽn ヂャパン] 名 U 漆(うるし); C 漆器(しっき)

## \*Japanese 5級
[dʒæpəní:z ヂャパニーズ]

━形 **日本の；日本人の；日本語の**
- *Japanese* history 日本の歴史
- I am *Japanese*. 私は日本人です.(▶名詞のJapaneseを使ってI am a Japanese. とも言えるが, ふつう形容詞を使う)

━名 (複 Japanese)(▶単複同形) ❶ C **日本人**；《the Japaneseで》《複数扱い》日本人(全体)
- a *Japanese* 1人の日本人
- two *Japanese* 2人の日本人
- Many *Japanese* go abroad every year.
毎年たくさんの日本人が海外へ行く.

❷ U **日本語**,(日本人にとっての)国語
- Do you speak *Japanese*?
あなたは日本語を話しますか.
- What do you call that flower *in Japanese*? あの花は日本語で何と言いますか.

**Japanese-American**
[dʒæpəní:zəmérikən ヂャパニーザメリカン]
━形 日系アメリカ人の
━名 C 日系アメリカ人

**Japanese-Brazilian**
[dʒæpəni:zbrəzíljən ヂャパニーズブラズィリアン]
━形 日系ブラジル人の
━名 C 日系ブラジル人

**jar** B1 [dʒɑ:r ヂャー] 名 C (広口の)瓶(びん), つぼ, かめ → container 図
- a *jar* of marmalade マーマレード1瓶

**jasmine, jasmin** [dʒǽzmin ヂャズミン]
名 U C 【植物】ジャスミン
- *jasmine* tea ジャスミン茶

**jaw** B2 [dʒɔ́: ヂョー] 名 C あご(全体)(▶「あごの先端(せんたん)」はchin)→ face 図
- the lower [upper] *jaw* 下[上]あご

**jazz** 2級 B1 [dʒǽz ヂャズ] 名 U 【音楽】ジャズ

**jealous** 2級 B1 [dʒéləs ヂェラス] 形 しっと深い, 焼きもちやきの；しっとして, ねたんで
- a *jealous* person しっと深い人
- I was *jealous of* his success.
私は彼の成功をねたんだ.

派生語 jealousy 名

**jealousy** [dʒéləsi ヂェラスィ] 名 (複 jealousies [-z]) U C しっと, ねたみ, 焼きもち

## jeans 5級 A1 [dʒí:nz ヂーンズ]
名 ❶ 《複数扱い》**ジーパン**, ジーンズ(= blue jeans); デニム地の衣類(▶「ジーパン」は和製英語)
- a pair of *jeans* ジーパン1本

❷ U 《jeanで》デニム地, あや織り綿布

**Jeep** [dʒí:p ヂープ] 名 C 【商標】ジープ(▶4輪駆動(くどう)の小型自動車, 元は軍用)

**Jefferson** [dʒéfərsn ヂェファスン] 名 Thomas, トーマス・ジェファーソン(▶1743-1826; 米国第3代大統領で独立宣言の起草者)

**Jell-O, jello** [dʒélou ヂェロウ] 名 ® ゼリー(▶Jell-Oは商標)

スーパーのゼリー売り場(米国)

**jelly** 準2級 A2 [dʒéli ヂェリィ] 名 (複 jellies [-z]) U C ® ゼリー；®(果肉のつぶが入っていない)ジャム(▶果肉のつぶ入りのものはjam)

**jellyfish** 準2級 [dʒélifiʃ ヂェリィフィッシュ] 名 (複

jellyfish, jellyfishes[-iz])[C]【動物】くらげ
**Jennifer**[dʒénifər チェニファ]名 ジェニファー（▶女性の名，愛称(あいしょう)はJenny, Jennie）
**Jenny**[dʒéni チェニィ]名 ジェニー（▶女性の名．Jenniferの愛称(あいしょう)）
**jerk**[dʒə́ːrk チャーク]
━名[C] ぐいと引く[押(お)す]こと，急に動く[止まる]こと
- start *with a jerk* ガタンと動きだす
━動 他 自 …をぐいと引く[押す]；…を急に動かす[止める]；急に動く
**jersey**[dʒə́ːrzi チャーズィ]名 ❶[U] ジャージー（▶ゆったり編まれた伸縮(しんしゅく)性のある生地(きじ)）
❷[C] ラグビーなどの選手が着るユニフォームのシャツ；米 ジャージーのセーター

ユニフォームを着たサッカーチームの子どもたち
**Jerusalem**[dʒərúːsələm ヂャルーサラム]名 エルサレム（▶古代パレスチナの首都；イスラエルの中心都市）
**Jesse**[dʒési チェスィ]名 ジェシー（▶男性の名．愛称(あいしょう)はJessie）
**Jessica**[dʒésikə チェスィカ]名 ジェシカ（▶女性の名，愛称(あいしょう)はJessie）
**Jessie**[dʒési チェスィ]名 ジェシー（▶女性名Jessica, 男性の名Jesseの愛称(あいしょう)）
**Jesus**[dʒíːzəs チーザス]名 イエス，イエズス（▶4 B.C.?-30 A.D.?；キリスト教の創始者．Jesus Christ（イエス・キリスト）とも呼ばれる）→ Christ
**jet** A1 [dʒét チェット]名[C] ❶ ジェット機(=jet plane) ❷（水・ガスなどの）噴出(ふんしゅつ)
**jet lag**[dʒét æg チェット ラグ]名[U] 時差ぼけ
**jet plane**[dʒét plèin チェット プレイン]名[C] ジェット機
**Jew**[dʒúː チュー]名[C] ユダヤ人；ユダヤ教徒（▶「ユダヤ人」の意味ではHebrewのほうがふつう）
派生語 Jewish 形
**jewel** B1 [dʒúːəl チューアル]名[C] 宝石(=gem)
派生語 jeweler 名, jewelry 名
**jeweler** B2 [dʒúːələr チューアラァ]（▶英ではjewellerとつづる）[C] 宝石商，貴金属商；宝石職人
**jewelry** 3級 A1 [dʒúːəlri チューアルリィ]（▶英ではjewelleryとつづる）名[U] 宝石類（全体）（▶「個々の宝石」はjewel）
**Jewish**[dʒúːiʃ チューイッシュ]形 ユダヤ人の；ユダヤ教の
**JFK**[dʒèiefkéi ヂェィエフケィ]名 John Fitzgerald Kennedyの略 → Kennedy
**jigsaw**[dʒígsɔː ヂグソー]名[C] 糸のこぎり；ジグソーパズル(=jigsaw puzzle)
**jigsaw puzzle**[dʒígsɔː pʌzl ヂグソー パズル]名[C] ジグソーパズル，はめ絵
**Jill**[dʒíl ヂル]名 ジル（▶女性の名．Jillian, Gillianの愛称(あいしょう)．Gillともつづる）
**Jim**[dʒím チム]名 ジム（▶男性の名．Jamesの愛称(あいしょう)）
**Jimmie**[dʒími チミィ]（▶Jimmyともつづる）名 ジミー（▶男性の名．Jamesの愛称(あいしょう)）
**jingle**[dʒíŋɡl ヂングル]
━動 自 他 チリンチリン鳴る；…をチリンチリン鳴らす
━名[C] チリンチリン鳴る音；宣伝用の短い歌
**Jo**[dʒóu チョウ]名 ジョー（▶男性・女性の名．Joseph, Joel, Josephine, Joanなどの愛称(あいしょう)）
**Joan**[dʒóun チョウン]名 ジョーン（▶女性の名）
**Joan of Arc**[dʒóun əv áːrk ヂョウン アヴ アーク]名 ジャンヌ・ダルク（▶1412?-1431; フランスの英雄(えいゆう)的女性．オルレアンの少女）

# job 5級 A1 [dʒáb チャブ | dʒɔ́b チョブ]

名（複 jobs[-z]）[C] ❶（収入を伴(ともな)う）**仕事**，職，勤め口（▶「仕事は何ですか」と聞くときはWhat do you do?と言うのがふつう）→ work
くらべて!
- a part-time *job* パートの仕事，アルバイト
- a full-time *job* 常勤の仕事
- She *lost* her *job*. 彼女は失業した．
❷（しなければならない）仕事，作業，職務
- It is my *job* to wash our car.
洗車はぼくの役目だ．
***do a good job*** うまくやる
- (You *did a*) *good job*! よくやった！
**jockey**[dʒáki チャッキィ | dʒɔ́ki チョッキィ]名[C] 競馬の騎手(きしゅ)，ジョッキー
**Joe**[dʒóu チョウ]名 ジョー（▶男性の名．Josephの愛称(あいしょう)）
**jog** 2級 B1 [dʒág チャグ | dʒɔ́ɡ チョグ]
━動（過去・過分 jogged[-d]；現分 jogging）自 ゆっくり走る，ジョギングする
━名[C]《ふつうa jogで》ジョギング
- go for *a jog* ジョギングに行く
派生語 jogger 名, jogging 名

**jogger**[dʒágər チャッガァ|dʒɔ́gə チョッガ] 名 C ジョギングをする人

**jogging** 2級 B1 [dʒágiŋ チャギング|dʒɔ́giŋ チョギング] 名 U ジョギング

**John**[dʒán チャン|dʒɔn チョン] 名 ジョン(▶男性の名. 愛称(あいしょう)はJack, Johnnyなど)

**John Bull**[dʒàn búl チャン ブル|dʒɔ̀n -] 名 ジョン・ブル(▶典型的なイングランド人または英国人をさすニックネーム.「典型的な米国人」はUncle Sam)

**Johnnie**[dʒáni チャニィ|dʒɔ́ni チョニィ] (▶Johnnyともつづる) 名 ジョニー(▶男性の名. Johnの愛称(あいしょう))

John Bull

# join 4級 A1 [dʒɔ́in チョイン]

動 (三単現) joins[-z]; 過去・過分 joined[-d]; 現分 joining)
— 他 ❶ …を結合する, つなぐ; …に合流する
- *Join* the two pieces of paper together with tape. テープで2枚の紙をつなぎなさい.
❷ (団体など)に加わる, 参加する
- A new student *joined* our soccer club. 新入生が私たちのサッカークラブに入った.(▶学校のクラブなどに加入する場合はenterでなく joinを用いる, inは不要)
❸ (人)の仲間に入る, (人)といっしょになる
- She *joined* us for lunch. 彼女は私たちといっしょに昼食をとった.
- I *joined* her at Tokyo Station. 私は東京駅で彼女と落ち合った.
— 自 ❶ つながる, 合流する
- Where do these two rivers *join*? この2つの川はどこで合流するのですか.
❷ (活動などに)参加する, 加わる
- I *joined in* the discussion [game]. 私は議論[ゲーム]に加わった.
派生語 joint 名

**joint** B1 [dʒɔ́int チョイント]
— 名 C ❶ (体の)関節 ❷ 継(つ)ぎ目, 合わせ目
— 形 合同の, 共同の, 共有の
- a *joint* statement 共同声明

# joke 準2級 A2 [dʒóuk チョウク]

— 名 (複 jokes[-s]) C 冗談(じょうだん), しゃれ, ジョーク
- a practical *joke*
 (実害を伴(ともな)う)悪ふざけ, いたずら
- tell a *joke* 冗談を言う, しゃれを飛ばす
- It's no *joke*. 冗談ではないよ.
***play a joke on ...*** (人)をからかう

— 動 (三単現) jokes[-s]; 過去・過分 joked[-t]; 現分 joking) 自 冗談を言う
- Just *joking*. ほんの冗談です.
- You're *joking*! 冗談でしょう., うそでしょう.
派生語 joker 名

**joker**[dʒóukər チョウカァ] 名 C ❶ 冗談(じょうだん)を言う人, ふざける人 ❷ 〖トランプ〗ジョーカー

**jolly**[dʒáli チャリィ|dʒɔ́li チョリィ] 形 (比較 jollier, 最上 jolliest) (人が)陽気な; (物事が)楽しい, 愉快(ゆかい)な

**Jonathan**[dʒánəθən チャナサン|dʒɔ́nə- チョナ-] 名 ジョナサン(▶男性の名)

**Jordan**[dʒɔ́ːrdn チョードゥン] 名 ヨルダン(▶アジア南西部の国. 首都はアンマン(Amman))

**Joseph**[dʒóuzəf チョウザフ] 名 ❶ ジョゼフ(▶男性の名. 愛称(あいしょう)はJo, Joe) ❷ 〖聖書〗ヨセフ(▶聖母マリアの夫)

**journal** B1 [dʒɔ́ːrnl チャーヌル] 名 C ❶ 日記, 日誌(▶diaryよりも公的なものをさすことが多い)
- keep a *journal* 日誌をつける
❷ 新聞; (学会などの)定期刊行物, 雑誌, 専門誌
派生語 journalism 名, journalist 名

**journalism** B2 [dʒɔ́ːrnlizm チャーナリズム] 名 U ジャーナリズム(▶新聞・雑誌・放送など報道関係の仕事[業界]); 新聞・雑誌

# journalist B1

[dʒɔ́ːrnəlist チャーナリスト]
名 (複 journalists[-ts -ツ]) C ジャーナリスト, 新聞[雑誌, 放送]記者

**journey** 準2級 A2 [dʒɔ́ːrni チャーニィ] 名 C 旅行(▶ふつう, ある目的を持った陸上の長期間の旅行をさす) → travel くらべて!
- go [start, set out] on a *journey* 旅行に出かける
- *make* a long *journey* 長旅をする

# joy A2 [dʒɔ́i チョィ]

名 (複 joys[-z]) ❶ U 喜び, うれしさ(⇔sorrow 悲しみ)
- Whenever I see my grandmother, I am filled with *joy*.
 祖母に会うときはいつもとてもうれしい.
❷ C うれしいこと, 喜びのもと
- It was a great *joy to* meet my favorite baseball player. 私の大好きな野球選手に会えたのは大きな喜びでした.
***for [with] joy*** うれしくて, うれしさのあまり
- The boy jumped *for* [*with*] *joy*.
 その少年はうれしくて飛び跳(は)ねた.
***to one's joy*** うれしいことには
- *To my* great *joy*, I could see her again.

## joyful

大変うれしいことに彼女にまた会えた.
派生語 joyful 形

**joyful** [dʒɔ́ifəl チョイフル] 形 喜びに満ちた, うれしい;(出来事などが)喜ばしい(▶形式ばった語)

**Jr., jr.** [dʒúːniər チューニァ] junior(若いほうの)の略(▶父親と息子などが同姓同名の場合, 区別するために名前の後につける. 母と娘が共に特筆すべき人の場合, 女性にも使われる)
→ junior 形 ❷
- Martin Luther King, *Jr.*
マーチン・ルーサー・キング・ジュニア

**Judas** [dʒúːdəs ヂューダス] 名 『聖書』(イスカリオテの)ユダ(▶イエス・キリストの十二使徒の1人で, イエスを裏切った人物)

## judge 3級 A1 [dʒʌdʒ ヂャッヂ]

―名(複 judges[-iz]) C 裁判官, 判事;(競技・コンテストなどの)審査員, 審判(= referee);鑑定家
- a fair *judge* 公平な裁判官
- a *judge* at [of] the English speech contest 英語弁論大会の審査員
- the lay *judge* system 裁判員制度

―動(三単現 judges[-iz]; 過去・過分 judged[-d]; 現分 judging)
―他 ❶ …を判断[判定]する;(人)を…だと思う
- You shouldn't *judge* someone by [from] their appearance. 人を外見によって判断してはならない.(▶同じ意味でYou can't judge a book by its cover. ということわざもある)
❷ …を裁く;(人)に判決を下す;…を審査する
- The court will *judge* the young man's guilt. 法廷は青年に判決を下すだろう.
―自 審判をする;審査する

***judging from [by] ...*** …から判断すると
- *Judging from* the look on his face, he seems to be upset.
顔色から察すると, 彼は怒っているらしい.
派生語 judgment 名

**judgment** B1 [dʒʌdʒmənt ヂャッヂメント](▶英ではjudgementとつづる) 名 ❶ U C 裁判; 判決
❷ U C 判断, 識別; U 判断力, 分別
- a fair *judgment* 公正な判断
❸ U C 意見, 見解

**Judith** [dʒúːdiθ ヂューディス] 名 ジュディス(▶女性の名. 愛称はJudy, Judieなど)

**judo** B2 [dʒúːdou ヂュードウ] 名 U 柔道
- practice *judo* 柔道をする

**Judy** [dʒúːdi ヂューディ](▶Judieともつづる) 名 ジュディ(▶女性の名. Judithの愛称)

**jug** B1 [dʒʌɡ ヂャッグ] 名 C ❶ 米(細口で取っ手があり, コルク栓のついた)瓶, つぼ
❷ 英(広口で取っ手のある)水差し(= pitcher)

**juggler** [dʒʌ́ɡlər ヂャグラァ] 名 C 曲芸師, 奇術師

## juice 5級 A1 [dʒúːs ヂュース]

名(複 juices[-iz]) U C ジュース, 果汁;野菜の汁;肉汁
- a glass of apple *juice*
りんごジュース1杯

これ、知ってる？ **juiceは100%果汁**

juiceは果物や野菜を搾った汁をさし, 100%果汁[野菜汁]でないものはdrink(アルコールの入った飲料と区別するときにはsoft drink)と言います. また炭酸の入ったものはsodaと言います.

派生語 juicy 形

**juicy** B1 [dʒúːsi ヂューシィ] 形(比較 juicier; 最上 juiciest)汁[水分]の多い
- *juicy* melon 水分の多いメロン

**Jul.** July(7月)の略

**Juliet** [dʒúːliət ヂューリアット] 名 ❶ ジュリエット(▶女性の名)❷ ジュリエット(▶シェークスピアの"Romeo and *Juliet*"『ロミオとジュリエット』の女主人公)

## *July 5級 A1

[dʒulái ヂュラィ](★アクセント位置に注意)

名 7月(▶常に大文字で書き始める. Jul. と略す. 詳しい使い方は → January ポイント!)
- It is hot in *July*.
7月は暑い.(▶前置詞はinを用いる)
- Our summer vacation begins *on July 21*.
私たちの夏休みは7月21日に始まる.(▶特定の日を表す場合はonを用いる. July 21はJuly (the) twenty-firstと読む. 米ではJuly twenty-oneとも読む)
- Tom will go back to America next *July*.
トムは今度の7月にアメリカへ帰る予定だ.(▶

**juror**

this, last, next, everyなどがつくときは前置詞をつけない)
**jumbo**[dʒámbou チャンボゥ]形《名詞の前にのみ用いる》巨大(きょだい)な, 特大の
**jumbo jet**[dʒámbou dʒèt チャンボゥ ヂェット]名
Ⓒ ジャンボジェット機

# jump 5級 A1 [dʒámp チャンプ]

— 動 (三単現 jumps[-s]; 過去・過分 jumped[-t]; 現分 jumping)
— 自 ❶ 跳(と)ぶ, 跳(は)ねる; (…を)飛[跳]びこえる
 • *jump* out of bed ベッドから跳び起きる
 • *jump* into a pool プールに飛びこむ
 • *jump* on a bicycle 自転車に跳び乗る
 • *jump* over the fence さくを飛びこえる
 • The cat *jumped* down and ran away.
  猫(ねこ)は跳び降りて走り去った.
❷ (喜び・驚(おどろ)き・恐怖(きょうふ)などで)跳び上がる, ぎくっとする
 • *jump* for joy 跳び上がって喜ぶ
❸ 急に変わる; (価格・数量などが)跳ね上がる
— 他 …を飛[跳]びこえる; (順番など)を飛ばす
 • *jump* the fence さくを飛びこえる
***jump about*** 跳ね回る
***jump at ...*** …に跳びかかる, 跳びつく
***jump off ...*** …から跳び降りる
***jump on ...*** …に跳びかかる; (人)を激しく非難する
***Jump to it!*** 《話》すぐに始めろ.
— 名 (複 jumps[-s]) Ⓒ ジャンプ, 跳躍(ちょうやく); 急上昇
 • the high *jump* 走り高跳び
 • the long *jump* (走り)幅跳び
 • the triple *jump* =the hop, step, and *jump* 三段跳び
 • make a *jump* 跳躍する
派生語 jumper 名
**jumper** B1 [dʒámpər チャンパァ]名Ⓒ ❶ 跳(と)ぶ人[動物]; 跳躍(ちょうやく)選手 ❷ ⊕ ジャンパースカート ❸ ⊕ セーター(= ⊕ pullover)
**jump rope**[dʒámp ròup チャンプ ロウプ]
— 名 Ⓤ ⊕ 縄跳(なわと)び; ⊕ 縄跳び用の縄
— 動 自 ⊕ 縄跳びをする
**Jun.** June (6月)の略
**junction**[dʒáŋkʃən チャンクション]名 ❶ Ⓤ 接合, 連結 ❷ Ⓒ 接合点, 連結点; ⊕ 交差点 ❸ Ⓒ 連絡(れんらく)[接続]駅

# *June A1 [dʒúːn チューン]

名 6月 (▶常に大文字で書き始める. Jun. と略す. 詳(くわ)しい使い方は → January ポイント!)

 • In Japan we have a lot of rain in *June*.
  日本では6月に雨が多い.
 • He was born *on June 2*.
  彼は6月2日生まれだ. (▶特定の日を表す場合はonを用いる. June 2はJune (the) secondと読む. ⊕ ではJune twoとも読む)
 • We are going to marry next *June*.
  私たちは今度の6月に結婚(けっこん)する. (▶this, last, next, everyなどがつくときは前置詞をつけない)
 • a *June* bride
  6月の花嫁(はなよめ) (▶6月に結婚すると幸せになれるとされる)
**jungle**[dʒáŋɡl チャングル]名 Ⓒ Ⓤ (ふつうthe jungleで)(熱帯の)ジャングル, 密林地帯
**jungle gym**[dʒáŋɡl dʒìm チャングル ヂム]名Ⓒ ジャングルジム

# junior 準2級 A2 [dʒúːniər チューニア]

— 形 ❶ 下級の, 後輩(こうはい)の(⇔senior 上級の)
❷ (同じ姓名(せいめい)の男性の)若いほうの, 息子(むすこ)のほうの→Jr., senior 形 ❷
 • Henry Jones, *Junior*
  ヘンリー・ジョーンズ・ジュニア (▶同名の年少者をさす. Henry Jones, Jr. [jr.]と略す)
— 名 (複 juniors[-z]) Ⓒ ❶ (ふつう *one's* juniorで) 年少者, 後輩(こうはい) (⇔senior 年長者)
 • He is ten years *my junior*.
  彼は私より10歳年下だ.
❷ ⊕ (▶大学・高校で最高学年の1年下の学年の学生. 4年制なら3年生)→senior 名 ❷
**junior college**[dʒúːniər kálidʒ チューニア カリッヂ | kɔ́lidʒ コリッヂ]名Ⓒ 短期大学
**junior high (school)** 5級 [dʒúːniər hái (skùːl) チューニア ハィ (スクール)] (★このghは発音しない)名Ⓒ (主に日本の)中学校→school¹
 • a *junior high school* student
  中学生
**junk** A2 [dʒáŋk チャンク]名Ⓤ 《話》がらくた, くず; くだらないもの[こと]
**junk food** B2 [dʒáŋk fùːd チャンク フード]名 Ⓤ Ⓒ ジャンクフード (▶ファストフードなど, カロリーが高く栄養価の低い食べ物)
**junk mail**[dʒáŋk mèil チャンク メイル]名Ⓤ Ⓒ ジャンクメール (▶不要なダイレクトメールなど)
**Jupiter**[dʒúːpətər チュービタァ]名 ❶ 〖天文〗木星→planet ❷ 〖ローマ神話〗ジュピター (▶天界を支配する主神. ギリシャ神話のゼウス(Zeus)に相当)
**juror** B2 [dʒúərər チュ(ァ)ラァ]名Ⓒ 〖法律〗陪審(ばいしん)員 (▶jury (陪審団)の1人をさす)

# jury

裁判所の陪審員席に座る陪審員たち

**jury** B2 [dʒúəri チュ(ァ)リィ] 名 (複 juries[-z]) C
『法律』陪審(ばい), 陪審団(▶裁判で被告(ひこく)が有罪か無罪かを評決する.市民から選ばれた陪審員(ふつう12名)で構成される)

## *just 5級 A1

副 ❶ちょうど；ちょうど今
❷たった今
❸やっとのことで
❹ただ…だけ
❺《話》ちょっと
❻《話》まったく
形 正しい

— 副 [dʒəst チャスト, 《強く言うとき》dʒʌ́st チャスト]

❶ ぴったり　❷ たった今　❸ やっとのことで

❶**ちょうど**, まさに, ぴったり(=exactly);
ちょうど今(…するところ)(▶主に進行形の文で使う)
- *just* at noon ちょうど正午に
- This cake tastes *just* like my mom's.
このケーキは母が作るケーキとそっくりの味だ.
- That is *just* what I thought.
まさに私が思ったとおりだ.
- These shoes are *just* my size.
この靴(くつ)は私にぴったりだ.
- I was *just* going to call you.
ちょうどあなたに電話するところだった.

❷**たった今**(…したばかり)(▶ふつう完了形の文で使う. 米では過去形の文でも使う)
- He has *just* arrived. = 米 He *just* arrived.
彼はたった今ここに着いたばかりだ.

❸**やっとのことで**, かろうじて(=barely)
- He *just* caught the train in time.
彼はかろうじて電車に間に合った.

❹**ただ…だけ**, ほんの, 単に(=only)
- *just* a little ほんの少し
- *just* a child ほんの子ども(=only a child)
- *just* for fun ただおもしろ半分に
- I'm *just* looking, thank you. 見ているだけです(ので, けっこうです). (▶店で客が店員に)

❺《話》**ちょっと**, まあとにかく(▶命令文で表現を和(やわ)らげる)
- *Just* a minute [moment]. ちょっと待って.
- *Just* do as I say.
まあとにかく私の言うとおりにしなさい.

❻《話》**まったく**, 本当に(▶強調として使う)(=quite, really)
- Your idea is *just* wonderful.
あなたのアイデアは本当にすばらしい.

**just about** ほとんど, ほぼ(=almost)
- "Have you finished your homework?" "*Just about*."
「宿題は終わった？」「だいたいね」

**just as ...** ちょうど…と同じように, まさに…であるように
- Do *just as* you like.
君の好きなようにしなさい.

**just now** 《現在形の文で》ちょうど今；《過去形の文で》今しがた(▶完了形の文では使わない)
- My mother isn't here *just now*.
母はちょうど今ここにいない.
- I finished my homework *just now*.
私は今しがた宿題を終えた.

**just then** ちょうどその時
- *Just then*, she knocked on the door.
ちょうどその時彼女がドアをノックした.

— 形 [dʒʌ́st チャスト] (比較 more just, juster; 最上 most just, justest) **正しい**, 公正な(=right);公平な(=fair); 正当な
- a *just* decision 正しい決断
- He was a *just* man. 彼は公平な人だった.
派生語 justice 名, justify 動

**justice** B1 [dʒʌ́stis チャスティス] 名 U ❶正義,正しさ；公正, 公平；正当性(⇔injustice 不正)
- a sense of *justice* 正義感
❷裁判, 司法
- a court of *justice* 法廷(ほうてい), 裁判所

**justify** B2 [dʒʌ́stəfài チャスティファイ] 動 (三単現 justifies[-z]; 過去・過分 justified[-d]) 他 (行動・主張など)を正しいとする, 正当化する
- Her actions were *justified*.
彼女の行動は正当化された.

**juvenile** [dʒúːvənl チューヴァヌル | -nàil -ナイル] 形
未成年の, 少年少女の; 少年少女向きの
- a *juvenile* crime 少年犯罪

# K k

**K, k** [kéi ケイ] 名 (複 K's, Ks, k's, ks[-z]) C 英語アルファベットの第11字

**kabaddi** [kəbáːdi カバーディ] 名 U カバディ (▶インド発祥(ほっしょう)のスポーツ)

**kabuki** [kəbúːki カブーキ] 名 U 歌舞伎(かぶき)

**Kamchatka** [kəmtʃǽtkə カームチャートゥカ] 名 カムチャッカ半島 (= the Kamchatka Peninsula)

**kangaroo** B2 [kæŋgərúː キャンガルー] 名 (複 kangaroo, kangaroos[-z]) C 〖動物〗カンガルー

「カンガルーに注意」の標識(オーストラリア)

**Kansas** 4級 [kǽnzəs キャンザス] 名 カンザス (▶米国中西部の州. 州都はトピーカ (Topeka). 郵便略語は KS)

**karaoke** B2 [kærióuki キャリオウキ] 名 U カラオケ
- have a *karaoke* party カラオケパーティーをする

**Karen** [kǽrən キャラン] 名 カレン (▶女性の名)
**Kate** [kéit ケイト] 名 ケイト (▶女性の名. Katherine, Catherine の愛称(あいしょう))
**Katherine** [kǽθərin キャスリン] 名 キャサリン (▶女性の名, 愛称(あいしょう)は Kate)
**Katmandu** [kàːtmɑːndúː カートゥマーンドゥー] 名 カトマンズ (▶ネパール (Nepal) の首都)

寺院が建ち並ぶカトマンズのダルバール広場(ネパール)

**kayak** [káiæk カイアック] 名 C カヤック (▶カヌーの一種)

**Kazakhstan** [káːzakstàːn カーザクスターン] 名 カザフスタン (▶中央アジア北部の共和国. 首都はアスタナ (Astana))

**keen** B2 [kíːn キーン] 形 ❶ (頭脳・感覚などが)鋭敏(えいびん)な; 機敏な; (刃物(はもの)などが)鋭(するど)い (= sharp, ⇔ dull 鈍(にぶ)い)
- He has a *keen* sense of hearing. = He has a *keen* ear. 彼は耳が鋭い.
❷ (人が)熱心な (= eager); 熱中して
- My brother is *keen* on [about] tennis. 兄[弟]はテニスに熱中している.

## \*keep 4級 A1 [kíːp キープ]

| 動 他 ❶ …を持ち続ける |
| ❷ …を保管する |
| ❸ …を(ある状態に)しておく |
| ❹ (規則・約束など)を守る |
| ❺ …を養う |
| 自 ❶ …のままでいる |
| ❷ (食べ物などが)もつ |

動 (三単現 keeps[-s]; 過去・過分 kept[képt ケプト]; 現分 keeping)

― 他 ❶ **…を持ち続ける**, 保つ, 自分のものとする
- *Keep* my book if you like it. 私の本が気に入ったら持っていていいですよ.
- *Keep* that in mind. そのことを覚えておくように. (⇔心に持ち続ける)
- *Keep* the change. お釣(つ)りはけっこうです. (▶タクシーの会計などで)

❷ **…を保管する**, 預かる, とっておく
- *keep* the books on the shelf 棚(たな)に本を保管する

# keep

- My aunt will *keep* my dog while I'm away. 私のいない間おばが犬を預かってくれる.

❸ …を（ある状態に）**しておく**, 保つ
- My watch *keeps* good time. 私の時計は正確だ.（⇦正しい時間を保つ）

**keep** +〈人・物〉+〈形容詞・過去分詞〉
〈人・物〉を…にしておく
- We should *keep* our classroom clean. 私たちは教室をきれいにしておくべきです.
- She couldn't *keep* her eyes open. 彼女は目を開けていられなかった.

**keep** +〈人・物〉+〈-ing形〉
〈人・物〉を…させ続けておく
- Bill *kept* us wait*ing* for a long time. ビルは私たちを長い間待たせた.

❹（規則・約束など）を**守る**；（日記など）をつける
- He never *keeps* his promise. 彼はけっして約束を守らない.
- I *keep* a diary. 私は日記をつけている.

❺ …を**養う**；…を**飼う**（▶多数の動物を飼育すること、ペットとして飼う場合はふつうhaveを使う）
- They *keep* cows on their farm. 彼らの農場では牛を飼っている.

― ⑪ ❶ …**のままでいる**；（ある状態を）続ける

**keep** +〈形容詞・過去分詞〉
ずっと…でいる
- *Keep* quiet [still]. 静かに[じっと]していなさい.

**keep** +〈-ing形〉
ずっと…し続ける
- *Keep* go*ing*. やり続けろ., がんばれ.
- The ball *kept* roll*ing*. ボールは転がり続けた.

❷（食べ物などが腐らないで）**もつ**
- The milk won't *keep* till tomorrow. ミルクはあしたまでもたないだろう.

**keep (...) away** (**from** ～)（～に）**近づかない**；（…を～に）寄せつけない
- *Keep* the children *away from* the fire. 子どもたちを火に近づけないこと.
- An apple a day *keeps* the doctor *away*.（諺）1日に1個のりんごで医者いらず.

「可燃性／火を近づけないこと」の表示

**keep back** …を抑える, 妨げる；近づかない；…を近づけない

**keep ... from** +〈名詞または-ing形〉…を～から守る；…に～させない
- The rain *kept* us *from* play*ing* outside. 雨で私たちは外で遊べなかった.

**keep from** +〈-ing形〉…するのを避ける, …しないようにする
- We couldn't *keep from* crying. 私たちは泣かずにいられなかった.

**keep in** …を閉じこめる；閉じこもる；（生徒）を居残りさせる
- The typhoon *kept* us *in* all day. 台風で私たちは一日じゅう外出できなかった.

**keep off** (**of**) …に近寄らない；…を近づけない
- KEEP OFF THE GRASS 《掲示》芝生立入禁止

「芝生立入禁止」の掲示

**keep on** 進み続ける；そのまま続ける；…を身につけたままでいる
- He *kept on with* his travels. 彼は旅行を続けた.
- It's too hot to *keep* this sweater *on*. このセーターを着たままでいるのは暑すぎる.

**keep on** +〈-ing形〉…し続ける（▶keep+〈-ing形〉（→⑪❶）よりも, 何度も繰り返される感じが強い）
- They *kept on* danc*ing* for hours. 彼らは何時間も踊り続けた.

**keep out** …を中に入れない；中に入らない
- This jacket *keeps* the cold air *out*. このジャケットは冷たい空気を通さない.
- KEEP OUT 《掲示》立入禁止, 入室禁止

**keep ... out of** ～ …を～から締め出す, …を～の中へ入れない

**keep to ...** …から離れない；…を守る
- KEEP TO THE RIGHT [LEFT] 《掲示》右側[左側]通行

「左側通行をお願いします」の掲示（掲示では**the**は省略されることがある）

***keep ... to** one***self** …を自分だけのものにしておく；…を自分だけの秘密にしておく
- *Keep* it *to yourself*.
それは秘密にしておいて.

***keep up*** …を続ける, 維持(いじ)する
- *Keep up* the good work!
その調子で頑張(がんば)れ.

***keep up with ...*** …に遅れずについて行く
- I can't *keep up with* the class.
私は授業について行けない.

派生語 **keeper** 名

**keeper** B2 [kíːpər キーパァ] 名 C 番人；管理人；（小売店などの）持ち主, 経営者；飼い主；『スポーツ』ゴールキーパー（＝goalkeeper）

**Keller** [kélər ケラァ] 名 Helen, ヘレン・ケラー（▶1880-1968；米国の著述家・教育者. 目が見えない・耳が聞こえない・口がきけないという三重苦を克服(こくふく)して社会福祉(ふくし)に尽(つ)くした）

**Kelly** [kéli ケリィ] 名 ケリー（▶男性・女性の名）

**Ken** [kén ケン] 名 ケン（▶男性の名. Kennethなどの愛称(あいしょう)）

**Kennedy** [kénədi ケナディ] 名 John Fitzgerald, ジョン・フィッツジェラルド・ケネディ（▶1917-1963；米国第35代大統領. ダラスで遊説(ゆうぜい)中に暗殺された. JFKと略す）

**kennel** [kénl ケヌル] 名 C ⊛犬小屋（＝《主に⊛》doghouse）

**Kenneth** [kénəθ ケナス] 名 ケネス（▶男性の名. 愛称(あいしょう)はKenなど）

**Kentucky** 3級 [kəntáki ケンタッキィ] 名 ケンタッキー（▶米国中東部の州. 州都はフランクフォート（Frankfort）. 郵便略語はKY）

**Kenya** [kénjə ケニャ] 名 ケニア（▶アフリカ東部の共和国. 首都はナイロビ（Nairobi））
派生語 **Kenyan** 形 名

**Kenyan** [kénjən ケニャン]
─形 ケニアの；ケニア人の
─名 C ケニア人

# kept 3級 [képt ケプト]

動 keep（持ち続ける；…のままでいる）の過去形・過去分詞

**ketchup** 4級 [kétʃəp ケチャップ]（▶特に⊛ではcatchup, catsupともつづる）名 U ケチャップ
**kettle** B1 [kétl ケトゥル] 名 C やかん, 湯わかし
**Kevin** [kévin ケヴィン] 名 ケビン（▶男性の名）

# key 4級 A1 [kíː キー] (★同音 quay 岸壁(がんぺき))

─名（複 **keys** [-z]）C ❶ かぎ（▶差しこむほうのかぎのこと. 錠(じょう)は lock）
- turn a *key* in the lock
錠前にかぎを差して回す（▶かぎを「かける」「開ける」のどちらも表す）
- I lost the *keys* to my house.
私は家のかぎをなくした.

lock

key

❷《the keyで》(問題・事件などを解く)**手がかり**, かぎ, 秘けつ
- *the key to* the mystery なぞを解く手がかり
❸（ピアノ・タイプライターなどの）キー, 鍵(けん)
❹（楽曲の）調, （音階の）主音
- a major [minor] *key* 長[短]調
─形 基本的な, 重要な
- the *key* industries of Japan
日本の基幹産業

**keyboard** 2級 B1 [kíːbɔːrd キーボード] 名 C （ピアノなどの）鍵盤(けんばん), （コンピュータなどの）キーボード（→computer 図）；鍵盤楽器, キーボード

**key chain** [kíː tʃèin キー チェイン] 名 C キーホルダー（▶「キーホルダー」は和製英語. key ringとも言う）

**keyhole** [kíːhòul キーホウル] 名 C かぎ穴
**kg, kg.** kilogram(s)（キログラム）の略
**khaki** [kǽki キャキ | káːki カーキ] 名 U カーキ色

# kick 4級 A1 [kík キック]

─動（三単現 **kicks** [-s]；過去・過分 **kicked** [-t]；現分 **kicking**）
　─他 ❶ …を**ける**, けとばす
- I *kicked* the ball to him.
彼に向けてボールをけった.
❷（足）をけり上げる
- *Kick* your legs high. 足を高くけり上げなさい.
　─自 ける, けとばす
***kick off*** （サッカーなどで）試合を開始する；（会議などを）始める
***kick out*** 追い出す, 解雇(かいこ)する

## kickball

―名 (複 kicks[-s]) C ❶けること；(サッカーなどの)キック ❷《a kickで》《話》興奮, スリル, 快感
- *get a kick out of ...* …を楽しむ

**kickball**[kíkbɔ̀ːl キックボール] 名 U キックボール, キックベースボール(►野球に似たスポーツの一種. ルールは野球と似ているが, 打者は大きなボールをけって飛ばす)

**kickoff**[kíkɔ̀ːf キックオーフ | -ɔ̀f -オフ] 名
(複 kickoffs[-s]) C (サッカーなどの)キックオフ；《話》初め, 始まり, 発端

## kid¹ 3級 A1 [kid キッド]

名 (複 kids[-dz -ヅ]) C ❶《話》子ども(=child), 若者 ❷ C 子やぎ；U 子やぎの皮, キッド

**kid²** B1 [kid キッド]
― 自 《話》からかう；冗談を言う
- You're *kidding*! = You must be *kidding*! 冗談でしょう., まさか.
- No *kidding*! 冗談はよして.
― 他 《話》(人)をからかう, (人)に冗談を言う

**kiddie**[kídl キドゥル](►kiddyともつづる) 名
C ❶《話》子ども ❷ 子やぎ

**kidnap**[kídnæp キッドナップ] 動
(過去・過分 kidnapped[-t]; 現分 kidnapping) 他
(人)を誘拐する
派生語 kidnapper 名

**kidnapper**[kídnæpər キッドナッパァ] 名 C 誘拐犯

**kidney**[kídni キッドゥニィ] 名 C 腎臓
- a *kidney* bean 『植物』いんげん豆(►形が腎臓に似ていることから)

**Kilimanjaro**[kìləməndʒáːrou キラマンヂャーロゥ] 名 キリマンジャロ(►アフリカの最高峰)

アフリカのサバンナから見たキリマンジャロ

## kill 3級 A1 [kil キル]

動 (三単現 kills[-z]; 過去・過分 killed[-d]; 現分 killing) 他

❶ (人・動物)を殺す；(植物)を枯らす；《しばしばbe killedで》(事故・天災・戦争などで人が)死ぬ(►自然死・病気で死ぬ場合はdieを使う)

- To *kill* two birds with one stone. 《ことわざ》一石二鳥. (⇔1つの石で2羽の鳥を殺すこと)
- The frost *killed* the flowers. 霜で花が枯れた.
- Many people *were killed* in the war. 多くの人々が戦死した.

❷ (病気・痛みなど)を弱める；(光・音など)を消す；(速度)を落とす
- This medicine will *kill* your pain. この薬で痛みが和らぐでしょう.

❸ (勢い・効果など)を損なう；(希望・興味など)を失わせる

❹ (時間)をつぶす
- *kill* time 暇つぶしをする

❺ …をひどく疲れさせる[痛める]
- My back is *killing* me. 腰が痛くてたまらない.

*kill* oneself 自殺する
- The suspect *killed himself* [*herself*]. その容疑者は自殺した.

派生語 killer 名

**killer** A2 [kílər キラァ] 名 C 殺人者, 殺し屋

**kilo** A2 [kíːlou キーロゥ] 名 (複 kilos[-z]) C《話》キロメートル(=kilometer)；キログラム(=kilogram)

**kilogram** 準2級 A2 [kíləɡræm キラグラム] (★アクセント位置に注意)(►⟨英⟩ではkilogrammeとつづる) 名 C キログラム(►重さの単位, 《話》ではkiloとも言う. kg, kg. と略す)

**kilometer** 準2級 A2 [kilámətər キラメタァ] (★アクセント位置に注意)(►⟨英⟩ではkilometreとつづる) 名 C キロメートル(►長さの単位, 《話》ではkiloとも言う. km, km. と略す)

**kilt**[kilt キルト] 名 C キルト(►スコットランド高地地方の民族衣装. 男性がはく格子柄のプリーツスカート)

キルトをはいたスコットランドの男性

**kimono** 3級 [kəmóunou カモゥノゥ | kimóunou キモゥノゥ] 名 (複 kimonos[-z]) C 着物；着物風の部屋着

# King Kong

## *kind¹ 準2級 A2 [káind カインド]

形 (比較 kinder; 最上 kindest) **親切な**, 優(ﾔｻ)しい (⇔unkind 不親切な)
- a *kind* teacher 優しい先生
- She is *kind to* elderly people.
彼女はお年寄りに親切だ.

**it is kind of +〈人〉+ to +〈動詞の原形〉= 〈人〉+ be動詞 + kind to +〈動詞の原形〉**
〈人〉が…するのは親切だ
- *It's* very *kind of* you *to* teach me English. = You *are* very *kind to* teach me English.
英語を教えてくれてどうもありがとう. (⇔私に英語を教えてくれるのはとても親切だ)

**be kind enough to +〈動詞の原形〉= be so kind as to +〈動詞の原形〉** 親切にも…する
- Bob *was kind enough to* help me. = Bob *was so kind as to* help me.
ボブは親切にも私を手伝ってくれた.

派生語 kindly 副形, kindness 名

## kind² 5級 A1 [káind カインド]

名 (複 kinds[-dz -ヅ]) C **種類** (=sort)
- a new *kind* of computer
新しい種類のコンピュータ
- all *kinds of* trees [music]
すべての種類の木[音楽]
- many *kinds of* flowers
たくさんの種類の花
- this *kind* of animal = an animal of this *kind*
この種の動物
- What *kinds* of food do you like?
どんな種類の食べ物が好きですか.

**a kind of ...** 一種の…; …のようなもの
- *a kind of* rose 一種のばら
- He is *a kind of* artist.
彼はまあ芸術家のようなものだ.

**kind of ...** (話)いくぶん, ある程度 (►くだけた言い方では kinda [káində カインダ] とも言う. a kind of ... との違(ﾁｶﾞ)いに注意)
- I felt *kind of* tired.
私はいくぶん疲(ﾂｶ)れを感じた.

## kindergarten 4級 [kíndərgɑːrtn キンダガートゥン]

名 C 幼稚(ﾖｳﾁ)園 (►ドイツ語の Kinder(子どもたち) + Garten(庭)から)

## kind-hearted [kàindháːrtid カインドハーティド]

(►⊗ では kindhearted ともつづる) 形 心優(ﾔｻ)しい, 親切心のある

## kindly 準2級 A2 [káindli カインドゥリィ]

— 副 (比較 more kindly, kindlier; 最上 most kindly, kindliest) ❶ 親切に, 優(ﾔｻ)しく (►動詞の後に置く)
- Beth spoke *kindly* to the boy.
ベスはその少年に優しく話しかけた.

❷ 親切にも (►動詞の前に置く)
- He *kindly* came to see me.
彼は親切にも私に会いに来てくれた.

❸ お願いですから, どうぞ (►ていねいな依頼(ﾗｲ)に用いる) (= please)

— 形 (比較 kindlier; 最上 kindliest) 《名詞の前にのみ用いる》親切な, 優しい (= kind)
- *kindly* advice
心のこもった助言

## kindness B1 [káindnis カインドゥニス]

名 ❶ U 親切, 思いやり, 優(ﾔｻ)しさ
- Thank you for your *kindness*.
ご親切ありがとう.

❷ C 親切な行い

## King [kíŋ キング]

名 Martin Luther, Jr., マーチン・ルーサー・キング・ジュニア (►1929-1968; 米国の牧師で, 黒人公民権運動の指導者だったが暗殺された. ノーベル平和賞受賞. 1月の第3月曜日は生誕を記念して多くの州で祝日 (Martin Luther King, Jr. Day) となっている)

## king 4級 A1 [kíŋ キング]

名 (複 kings[-z]) C ❶ 《しばしば King で》**王**, 国王 (⇔queen 女王)
- *King* Henry VIII
ヘンリー8世 (►King Henry the eighth と読む)
- the *King's* English
キングズイングリッシュ, 英国の(標準)英語 (►女王が王位にあるときは the Queen's English と言う)

❷ (ある分野での)第一人者, 実力者; …王
- the home run *king*
ホームラン王

❸ (トランプ・チェスなどの)キング

派生語 kingdom 名

## kingdom 準2級 A2 [kíŋdəm キングダム]

名 C ❶ 王国 (►王または女王が元首の国家)
- the United *Kingdom*
連合王国, 英国 (►U.K. と略す)

❷ …界 (►自然界を分けたもの)
- the animal [plant] *kingdom*
動物[植物]界

❸ (学問・芸術などの)分野, 世界

## kingfisher [kíŋfiʃər キングフィッシァ]

名 C 〖鳥〗カワセミ

## King Kong [kíŋ kɔ́ːŋ キング コーング | -kɔ́ŋ -コング]

名 キングコング (►アメリカ映画. また, それに登場する巨大(ｷｮﾀﾞｲ)なゴリラ)

## King Lear

ろう人形館の外に飾られているキングコング（米国）

**King Lear** [kíŋ líər キング リア] 名 リア王（▶シェークスピア作の4大悲劇の1つ; またその主人公）

**kiosk** [kíːɑsk キーアスク | -ɔsk -オスク] 名 C ❶ キオスク（▶駅前などの新聞・雑誌などの売店） ❷ 米 公衆電話ボックス

**Kiribati** [kìribάːti, kìrəbǽs キリバーティ、キラバス] 名 キリバス（▶太平洋中部にある共和国．首都はタラワ（Tarawa））

## kiss A1 [kís キッス]

— 名 （複 kisses [-iz]）C キス
・Give me a *kiss*! キスして．

— 動 （三単現 kisses [-iz]; 過去・過分 kissed [-t]; 現分 kissing）
— 他 …にキスする，口づけする
・He *kissed* her cheek. 彼は彼女のほおにキスした．
— 自 キスする

**kit** A2 [kít キット] 名 C 《話》(用品・部品・道具などの)一式，1セット
・a ski *kit* スキー用具一式

## *kitchen 5級 A1 [kítʃən キッチン]

名 （複 kitchens [-z]）C 台所，調理場，キッチン

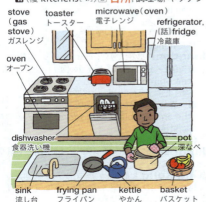

・a *kitchen* knife 包丁
・Father is cooking in the *kitchen*. お父さんは台所で料理をしている．

**kite** 4級 A1 [káit カイト] 名 C たこ
・fly a *kite* たこをあげる

**kitten** B1 [kítn キトゥン] 名 C 子猫（ｺﾞﾈｺ）

**kitty** [kíti キティ] 名 （複 kitties [-z]）C 《幼児語》子猫（ｺﾞﾈｺ），にゃんこ，ねこちゃん

**kiwi** 3級 [kíːwi キーウィ] 名 C ❶ 〖鳥〗キウィ（▶ニュージーランド産の翼（ﾂﾊﾞｻ）の退化した鳥．同国の国鳥）

❷ 〖植物〗キウイフルーツ（= kiwi fruit）（▶ニュージーランド産の果物．形が鳥のキウイに似ていることから）

**Kleenex** [klíːneks クリーネックス] 名 〖商標〗クリネックス; ティッシュペーパー（▶商標だが一般に kleenex の形でティッシュペーパーの意味で使われる）

**km, km.** kilometer(s)（キロメートル）の略

**knack** [nǽk ナック]（★初めの k は発音しない）名 《話》《a [the] knack of …で》…するこつ

**knapsack** [nǽpsæk ナップサック]（★初めの k は発音しない）名 C ナップサック，リュックサック

## knee 3級 A1 [níː ニー]（★この k は発音しない）

名 （複 knees [-z]）C ひざ，ひざがしら → body 図，lap¹
・He prayed on his *knees*. 彼はひざまずいて祈（ｲﾉ）った．

**kneel** B2 [níːl ニール]（★この k は発音しない）動 （過去・過分 knelt [nélt ネルト], kneeled [-d]）自 ひざまずく，ひざをつく

**knelt**[nélt ネルト]（★このkは発音しない）動 kneel（ひざまずく）の過去形・過去分詞

# knew 4級
[núː ヌー | njúː ニュー]（★このkは発音しない、同音 new 新しい）
動 know（知っている）の過去形

# knife 5級 A1
[náif ナイフ]（★このkは発音しない）
名（複 knives[náivz ナイヴズ]）C ナイフ, 小刀, 包丁;（食事用の）ナイフ;（手術用の）メス
- a sharp [blunt, dull] knife
  よく切れる[切れ味の悪い]ナイフ
- eat with (a) knife and fork
  ナイフとフォークを使って食べる

**knight**[náit ナイト]（★このk, ghは発音しない、同音 night 夜）名 C ❶ ㊟ ナイト爵(しゃく)を持つ者（▶国家に功労のあった個人に与(あた)える一代限りの爵位。Sirの称号(しょうごう)をつけて呼ぶ）
❷（中世の）騎士(きし), ナイト ❸『チェス』ナイト

中世の騎士のイメージ

**knit** 2級 B1 [nít ニット]（★このkは発音しない）動
（過去・過分 knit, knitted[-id]; 現分 knitting）
—他 …を編む
- She knitted her niece a sweater. = She knitted a sweater for her niece.
  彼女はめいのためにセーターを編んだ.
—自 編み物をする
派生語 knitting 名

**knitting**[kítiŋ ニッティング]（★このkは発音しない）
名 U 編み物

**knives**[náivz ナイヴズ]（★このkは発音しない）名 knife（ナイフ）の複数形

**knob**[náb ナップ | nɔ́b ノップ]（★このkは発音しない）
名 C ❶（ドア・引き出しなどの）取っ手
❷（木の）節, こぶ

# knock 準2級 A2
[nák ナック | nɔ́k ノック]（★初めのkは発音しない）
—動（三単現 knocks[-s]; 過去・過分 knocked[-t]; 現分 knocking）
—自 ❶（こぶしでドア・窓などを）ノックする, たたく
- knock on [at] the door
  ドアをノックする
❷ぶつかる
—他 ❶ …を強く打つ, たたく
- knock a ball with a bat
  バットでボールを打つ
- Tom knocked me on the head. トムが私の頭を殴(なぐ)った.（▶「knock＋〈人〉＋on the＋〈体の部分〉」で「人の…の部分を殴る」）
❷ …をぶつける
**knock down** …を打ち倒(たお)す;（家など）を取りこわす
- The house was knocked down by a typhoon. その家は台風でこわされた.
**knock off**（話）…を中止する; …を値切る
**knock out** …を（殴って）気絶させる;『ボクシング・野球』…をノックアウトする
**knock over** …をひっくり返す
—名（複 knocks[-s]）C 戸をたたくこと[音], ノック; 打つこと
- There was a knock at the door.
  ドアをノックする音がした.
派生語 knocker 名

**knocker**[nákər ナッカァ | nɔ́kə ノッカ]（★初めのkは発音しない）名 C ノッカー（▶訪問者がたたくドアの金具）

knocker

**knockout**[nákàut ナックアウト | nɔ́k- ノック-]（★アクセント位置に注意、初めのkは発音しない）名 C 『ボクシング』ノックアウト（▶KO, K.O., k.o.と略す）

**knot** B2 [nát ナット | nɔ́t ノット]（★このkは発音しない、同音 not …（で）ない）
—名 C ❶ 結び目;（木の）節, こぶ
- tie a knot in the rope
  ロープに結び目を作る
❷ ノット（▶船・航空機の速さの単位。1ノットは1時間に1海里（約1852メートル）進む速さ）
—動（過去・過分 knotted[-id]; 現分 knotting）他
自 …を結ぶ; 結び目ができる

# know

## *know 5級 A1

[nóu ノウ]（★このkは発音しない．同音 no いいえ）

**動 他 ❶**（情報・事実など）を知っている
**❷**（人）を（知り合いとして）知っている
**❸**…とわかる
**自** 知っている

**動**（三単現）knows[-z]；**過去** knew[nú:ヌー | njú: ニュー]；**過分** known[nóun ノウン]；**現分** knowing）

**—他**（▶進行形にしない）**❶**（情報・事実など）**を知っている**，知る，わかる

- Do you *know* her name?
  あなたは彼女の名前を知っていますか．
- Don't you *know* the story? その話を知らないのですか．（▶「当然知っているはずなのに知らない」という驚(おどろ)きの意味が含(ふく)まれる）
- I *know*（that）he is a dog lover.
  私は彼が犬好きであるのを知っている．（▶（話）ではこのthatはしばしば省略される）
- She doesn't *know* how to make pizza.
  彼女はピザの作り方を知らない．
- We don't *know* whether［if］he is rich.
  私たちは彼が金持ちなのかどうか知らない．
- I don't *know* why he is angry.
  私はどうして彼が怒っているのかわからない．（▶why以下の語順に注意）
- The hot spring is *known to* a lot of tourists.
  その温泉は多くの観光客に知られている．
- Mt. Fuji is *known for* its beauty.
  富士山はその美しさで知られている．
- She is *known as* a first-class violinist.
  彼女は一流のバイオリニストとして知られている．

**ここがポイント！** knowは進行形にしない！

knowは「知っている」という「状態」を表す語なので，進行形にしません．
○ I *know* the answer.
私はその答えを知っている．
× I am knowing the answer.
知識・情報を得る，知るという「動作」を表すにはlearnを使います．

**❷**（人）を（知り合いとして）知っている，（人）と面識がある

- I have *known* Bill since he was a child.
  私はビルと子どものころからの知り合いだ．
- I *know* Mary only by name.
  メアリーのことは名前しか知らない．（▶会ったことはない」の意）

**❸**…とわかる，…を見分けられる

- We *knew*（that）she was lying by the expression on her face. 私は彼女の表情から彼女がうそをついているとわかった．
- A man is *known* by the company he keeps.
  （諺）人はつきあう友によって見分けられる．

**—自** 知っている，知る

- I *know* about him.
  私は彼のことを知っている．（▶直接ではなく「うわさなどで聞いて知っている」の意）
- Please let me *know* if something happens.
  何かあったら私に知らせてください．

*as far as I know* 私の知っている限りでは
*as you know* ご存じのように

- *As you know*, our new teacher is from Australia. ご存じのように，私たちの新しい先生はオーストラリア出身です．

*become known* 知られるようになる

- Her song *became known* to everyone.
  彼女の歌はみんなに知られるようになった．

*I don't know.*《話》（質問に答えられないときに）わかりません．；（相手に同意しないときや不確かなときなどに）ちょっとわかりません．

*I know.*《話》（急に思いついて）ああ，わかった．；（同意などを表して）わかります．；（相手をさえぎって）わかっています．

*know better*（*than to*＋〈動詞の原形〉）（…しないくらいの）分別がある，（…するほど）ばかではない

- He *knows better than to* do such a thing.
  彼はそんなことをするほどばかではない．

*Who knows?*《話》それはだれにもわからない．（⇔いったいだれがわかるのか）；ひょっとすると．

*you know*《話》ほら，ねえ，…なんですよ，でしょ（▶文頭，文中，文末のいずれにも置く．表現を和(やわ)らげたり，軽く念を押(お)したり，あるいは単に間をかせぐためなどに用いる）

- This picture is really beautiful, *you know*.
  この絵は本当に美しいですよね．

**派生語** knowledge 名

**know-how**[nóuhàu ノウハウ]（★このkは発音しない）名 Ｕ《話》（物事のやり方の）実際的知識，ノウハウ；こつ

## knowledge 準2級 A2

[nálidʒ ナリッヂ | nɔ́lidʒ ノリッヂ]（★このkは発音しない．know[nóu ノウ]との発音の違(ちが)いに注意）

名⑪ 知識, 知っていること; 認識, 理解
- He has a good *knowledge* of Japanese history. 彼は日本史をよく知っている.

**to (the best of) one's knowledge** …の知るところ[限り]では
- *To my knowledge*, this is a real Van Gogh painting.
私の知る限りでは, これは本物のゴッホの絵画です.

## known B2
[nóun ノウン](★このkは発音しない)
- 動 know(知っている)の過去分詞
- 形 知られている, 有名な(⇔unknown 知られていない)
  a *known* fact 周知の事実

**knuckle**[nʌ́kl ナックル](★初めのkは発音しない)
名 © 指の関節(▶特につけ根の部分をいう); 《複数形で》げんこつ

**KO, K.O., k.o.**[kéióu ケィオゥ]
- 名(複 KO's[-z]) © ノックアウト(▶knock outの頭(ﾎﾞﾙ)文字から)
- 動(三単現 KO's; 過去･過分 KO'd; 現分 KO'ing)
他 …をノックアウトする

## koala 4級 [kouάːlə コウアーラ]
名(複 koalas[-z]) ©《動物》**コアラ**(= koala bear)(▶オーストラリア産の有袋(ﾀﾞｲ)類)

「コアラに注意」の標識 (オーストラリア)

**Kolkata**[kɑlkʌ́tə カルカタ] 名 コルカタ(▶インド東部の都市. 旧称はカルカッタ(Calcutta))

車で混み合うコルカタの通り(インド)

# Kyrgyzstan

## Korea 3級 [kərí:ə カリーア | -ríə - リア]
名 朝鮮(ﾁｮｳｾﾝ), 韓国(ｶﾝｺｸ)(▶現在は北緯38度線を境にして, 南は韓国(正式には大韓民国, 首都はソウル(Seoul)), 北は北朝鮮(正式には朝鮮民主主義人民共和国, 首都はピョンヤン(Pyongyang))の2国に分かれている)
派生語 Korean 形名

## Korean 4級
[kərí:ən カリーアン | -ríən - リアン]
- 形 朝鮮(ﾁｮｳｾﾝ)[韓国(ｶﾝｺｸ)]の; 朝鮮[韓国]人の; 朝鮮[韓国]語の
- 名(複 Koreans[-z]) © 朝鮮[韓国]人; ⑪ 朝鮮[韓国]語

**Kosovo**[kóusəvòu コウサヴォゥ] 名 コソボ(▶ヨーロッパ南東部, バルカン半島にある共和国. 首都はプリシュティナ(Pristina))

**KS** Kansas(米国カンザス州)の郵便略語

**kung fu**[kʌ̀ŋ fúː カング フー] 名 ⑪ カンフー(▶中国の武術)

**Kuwait**[kuwéit クウェイト | kju- キュ-] 名 クウェート(▶アジア南西部, ペルシャ湾(ﾜﾝ)に面した国. 首都はクウェート(Kuwait))

**KY** Kentucky(米国ケンタッキー州)の郵便略語

**Kyrgyz**[kíərgis キァギス | kə́ː- カー-] 名 キルギス(▶中央アジア南東部の共和国. 首都はビシュケク(Bishkek))

**Kyrgyzstan**[kìərgistǽn キァギスタン | kə̀ː- カー-] 名 キルギスタン(▶キルギス(Kyrgyz)の別称(ﾍﾞﾂｼｮｳ)) → Kyrgyz

# L, l

**L, l** [él エル] 名 (複 L's, Ls, l's, ls [-z])
❶ C 英語アルファベットの第12字 ❷ U (ローマ数字の)50

**l, l.** liter(s)(リットル)の略

**£** pound(s)(英国の貨幣単位のポンド)の記号(▶英語のpoundに相当するラテン語libraの頭文字をとったもので,数字の前につける)
・£10 10ポンド(▶ten poundsと読む)

**LA** Louisiana(米国ルイジアナ州)の郵便略語

**L.A.** [éléi エルエィ] 名 ロサンゼルス(の略)=Los Angeles

**lab** B1 [lǽb ラブ] 名 C (話)実験室,ラボ(▶laboratoryの短縮形)

**label** B2 [léibl レイブル](★「ラベル」でないことに注意)名 C (商品などにはる)ラベル,レッテル;荷札

**labor** A2 [léibər レイバァ](▶英ではlabourとつづる)名 ❶ U 労働,労力,苦労; C 骨の折れる仕事 → work くらべて! ❷ U (単数・複数扱い)労働者
派生語 **laborer** 名

**laboratory** 2級 B1 [lǽbərətɔ̀:ri ラブラトーリィ | ləbɔ́rətəri ラボラトゥリィ](★アクセント位置に注意)名(複 laboratories [-z]) C 実験室,演習室,研究所

**Labor Day** [léibər dèi レイバァ デイ] 名 労働者の日(▶米国・カナダの法定休日で9月の第1月曜日)

**laborer** B2 [léibərər レイバラァ](▶英ではlabourerとつづる)名 C 労働者,(特に)肉体労働者

**Labor Thanksgiving Day** [léibər θæŋksɡíviŋ dèi レイバァ サンクスギヴィング デイ] 名 (日本の)勤労感謝の日

**labor union** [léibər jù:niən レイバァ ユーニアン] 名 C 英労働組合(=英 trade union)

**labyrinth** [lǽbərinθ ラバリンス] 名 C 迷宮;迷路

**lace** [léis レイス] 名 ❶ U レース ❷ C 靴のひも(=英 shoelace)

**lack** 準2級 A2 [lǽk ラック]
─名 U 欠乏,不足(=want)
・lack of evidence 証拠不十分
・for lack of exercise 運動不足のために
─動 他 …を欠く,…がない(▶受け身にしない)
・lack common sense 常識を欠く
派生語 **lacking** 形

**lacking** [lǽkiŋ ラッキング] 形 不足して,欠けている
・He is *lacking* in experience.
彼には経験が不足している.

**lacrosse** [ləkrɔ́:s ラクロース | ləkrɔ́s ラクロス] 名 U 〖スポーツ〗ラクロス(▶1チーム10人(女子は12人),先が網になっているラケットを使用)

**lad** [lǽd ラッド] 名 C 少年,若い男性(⇔lass 少女)

**ladder** B1 [lǽdər ラダァ] 名 C はしご;英 ストッキングの伝線(=英 run)

**ladies room** [léidiz rù:m レイディズ ルーム] 名 C 《the ladies, the ladies roomで》(公共施設の)女性用トイレ(⇔men's room)

**ladle** [léidl レイドゥル] 名 C ひしゃく,おたま

# lady 5級 A1 [léidi レイディ]

名(複 ladies [-z]) ❶ C 淑女,貴婦人(▶身分や地位の高い女性に用いる)(⇔gentleman 紳士)
・the first *lady*=the First *Lady*
(米国の)大統領[州知事]夫人
❷ C 女の人,女性(▶womanよりていねいな語)(⇔gentleman 男の人) → woman くらべて!
・A cup of tea for this *lady*, please.
こちらの女性にお茶をお願いします.
❸ 《ladiesで》みなさん
・Good morning, *ladies*.
(女性だけに呼びかけて)おはよう,みなさん.
❹《Lady ...で》…夫人;…令嬢(▶貴族の夫人や令嬢に対する敬称で,姓,名につける)
・*Lady* Spencer スペンサー夫人[嬢]

**ladybird** [léidibə̀:rd レイディバード] 名 英 =米 ladybug

**ladybug** [léidibʌ̀ɡ レイディバッグ] 名 C 米 〖虫〗てんとう虫

**laid** [léid レイド] 動 lay¹(置く)の過去形・過去分詞

# language

**lain** [léin レイン]（★同音 lane 小道）動 lie¹（横になる）の過去分詞

**lake** 準2級 A2 [léik レイク]

名（複 lakes[-s]）C 湖, 湖水（▶ pond より大きいものをさすが, 自然のものには小さくても lake を使うことが多い）
- *Lake* Biwa = the *Lake* of Biwa 琵琶湖
- Let's go swimming in the *lake*.
  湖へ泳ぎに行こう.（▶ to the lake としない）
- the Great *Lakes* 五大湖（▶米国・カナダ国境にある5つの湖）→ Great Lakes

**Lake District** [léik dístrikt レイク ディストゥリクト] 名《the Lake District で》湖水地方（▶イングランド北西部の湖の多い山岳地帯）

**lamb** B1 [lǽm ラム]（★ b は発音しない）名 ❶ C 子羊（▶「羊」は sheep）❷ U 子羊の肉

**lame** B2 [léim レィム] 形 足の不自由な（▶差別的なニュアンスがあるので, 人にはふつう disabled, challenged を用いる）

## lamp A2 [lǽmp ランプ]

名（複 lamps[-s]）C 電気スタンド, ランプ, 明かり
- a street *lamp* 街灯
- turn on [off] a *lamp* = switch on [off] a *lamp* 明かりをつける［消す］

## land 準2級 A2 [lǽnd ランド]

━名（複 lands[-dz -ヅ]）❶ U《しばしば the land で》陸, 陸地（⇔ the sea 海）
- reach [come to] *land* 陸に着く
- live on the *land* 陸に住む
- "life on *land*"「陸の豊かさも守ろう」（▶国連で採択された SDGs（持続可能な開発目標）の15番目の目標）

❷ U 土地, 土壌（＝ ground, soil）
- rich [poor] *land* 肥えた［やせた］土地

❸ C 国（＝ nation, country）；国土（▶書き言葉で用いる.《話》ではふつう country を用いる）
- my native *land* 私の故国

❹ U C《しばしば lands で》地所, 所有地

**by land** 陸路で（▶「海路で」は by sea,「空路で」は by air）

━動（三単現 lands[-dz -ヅ]; 過去・過分 landed[-id]; 現分 landing）

━自 上陸［着陸, 入港］する（⇔ take off 離陸する）
- We will be *landing* shortly *at* Haneda Airport. 当機はまもなく羽田空港に着陸いたします.（▶旅客機でのアナウンス）

━他 …を上陸［着陸, 入港］させる

派生語 **landing** 名

**landing** B2 [lǽndiŋ ランディング]
━動 land（上陸する；上陸させる）の現在分詞・動名詞
━名 ❶ C（階段の）踊り場 ❷ U C 上陸；着陸；着水（⇔ takeoff 離陸）;（貨物の）陸揚げ

**landing card** [lǽndiŋ kà:rd ランディング カード] 名 C 入国カード

**landlady** B2 [lǽndlèidi ランドレイディ] 名（複 landladies[-z]）C ❶（旅館・下宿などの）女主人, おかみ ❷ 女家主, 女地主（⇔ landlord 主人）

**landline** [lǽndlàin ランドライン] 名 C 固定電話（回線）（▶携帯などの無線電話ではない従来の有線電話をさす. landline phone とも言う）
- use a *landline* 固定電話を使う

**landlord** B1 [lǽndlò:rd ランドロード] 名 C ❶（旅館・下宿などの）主人 ❷ 家主, 地主（⇔ landlady 女主人）

**landmark** [lǽndmà:rk ランドマーク] 名 C ❶（地理上の）目印となるもの ❷ 画期的な出来事

**landmine** [lǽndmàin ランドマイン] 名 C 地雷

**landowner** [lǽndòunər ランドオウナァ] 名 C 土地所有者, 地主

**landscape** A2 [lǽndskèip ランドスケイプ] 名 C 風景, 景色, 眺め；風景画

**lane** 準2級 A2 [léin レイン]（★同音 lain）名 C ❶ 小道；路地 ❷（船・飛行機などの）航路（＝ route）；（自動車走行用の）車線；（ボウリングの）レーン；（競争・競泳の）コース（＝ course）

## language 4級 A1

[lǽŋgwidʒ ラングウィッヂ]（★「ランゲージ」でないことに注意）

名（複 languages[-iz]）❶ U 言葉, 言語；言葉づかい, 言い回し
- spoken *language* 話し言葉, 口語
- written *language* 書き言葉, 文語
- Watch your *language*.
  言葉づかいに気をつけなさい.

❷ C（ある国・地域の）言語, 国語
- the English *language* 英語（▶単に English とするより形式ばった言い方）
- a foreign *language* 外国語
- a common *language* 共通語
- an international *language* 国際語
- an official *language* 公用語
- My native *language* is Japanese.
  私の母語は日本語だ.
- French is spoken as a second *language* in this country. この国では第二言語としてフランス語が話されている.

## language laboratory

### 表現メモ
**いろいろな言語**
Arabic アラビア語 / Chinese 中国語
English 英語 / French フランス語
German ドイツ語 / Hindi ヒンディー語
Italian イタリア語 / Japanese 日本語
Korean 朝鮮[韓国]語
Portuguese ポルトガル語 / Russian ロシア語
Spanish スペイン語 / Turkish トルコ語

❸ U C (音声・文字を使わない)言葉,記号言語
- sign *language* 手話
- body *language* ボディーランゲージ

**language laboratory** [lǽŋgwidʒ lǽbərətɔːri ラングウィッヂ ラブラトーリィ | -ləbɔ́rətɔri -ラボラトリィ] 名 C 語学演習室, LL教室(▶英語ではLLとは略さない)(=language lab)

**lantern** [lǽntərn ランタァン] 名 C ランタン, 手さげランプ; ちょうちん
- a paper [Japanese, Chinese] *lantern* ちょうちん

**Laos** [láːous, láus ラーオゥス, ラゥス] 名 ラオス(▶インドシナ半島の共和国. 首都はビエンチャン(Vientiane))

**lap¹** B2 [lǽp ラップ] 名 C ひざ(▶人が座(*すわ*)ったときの腰(*こし*)からひざ頭(knee)までの両もものの上の部分. 単数形で使い, lapsとはしない)

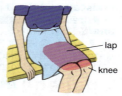
lap
knee

- Santa Claus was holding a child on his *lap*. サンタクロースは子どもをひざに抱(*だ*)いていた.

**lap²** B2 [lǽp ラップ]
— 名 C (トラックの)1周; (プールの)1往復
— 動 (過去・過分 lapped[-t]; 現分 lapping) 自 (競走で)トラックを1周する

**lap³** [lǽp ラップ] 動 (過去・過分 lapped[-t]; 現分 lapping)
— 他 (動物が水など)をぴちゃぴちゃなめる
— 自 (波などが)打ち寄せる

**laptop** B2 [lǽptɑp ラップタップ | -tɔ̀p -トップ]
— 形 〖コンピュータ〗ノート型の, ラップトップの
— 名 C ノートパソコン; ラップトップコンピュータ(=laptop computer)→ computer 図

**\*large** 5級 A1 [láːrdʒ ラーヂ]
— 形 (比較 larger; 最上 largest) ❶ **大きい**, (面積が)広い(⇔small 小さい)→ big くらべて!, wide くらべて!

- a *large* house 大きな家
- a *large* person 大柄(*おおがら*)な人
❷ (数・量が)多い, 多数の, 多量の
- a *large* family 大家族
- a *large* number of people 大ぜいの人
- a *large* amount [sum] of money 多額の金
- India has the *largest* population in the world.
インドは世界でいちばん人口が多い.
— 名 (▶次の成句で用いる)
*at large* (犯人が)逃走(*とうそう*)中で; 一般の
派生語 largely 副

**largely** B1 [láːrdʒli ラーヂリィ] 副 主として(=mainly); 大部分は
- The accident was *largely* due to bad weather.
その事故は主に悪天候が原因で起こった.

**lark** B2 [láːrk ラーク] 名 C 〖鳥〗ひばり(=skylark)

**larva** [láːrvə ラーヴァ] 名 C (複 larvae[láːrviː ラーヴィー]) (昆虫(*こんちゅう*)の)幼虫

**laser** B2 [léizər レイザァ] 名 C レーザー
- *laser* beams レーザー光線

**lass** [lǽs ラス] 名 (複 lasses[-iz]) C 少女, 若い女 (⇔lad 少年)

**\*last¹** 準2級 A2 [lǽst ラスト | láːst ラースト]

形 ❶ 最後の
　❷ この前の, 最近の
　❸ 最も…しそうにない
副 最後に
名 ❶ 最後の人[物]
　❷ この前のもの

— 形 (▶late (遅(*おそ*)い)の最上級の1つ→ late 形)
❶ 《ふつう the last で》(順番・時間が) **最後の**, いちばん後の(⇔the first 最初の)→ final
くらべて!
- the *last* train 最終列車
- the *last* day of the month 月の最後の日
- Sam was the *last* boy to arrive.
サムは到着(*とうちゃく*)した最後の少年だった.
❷ 《名詞の前にのみ用いる》(時間的に) **この前の**, 最近の; 昨…, 先…(⇔next 次の)
- *last* night 昨夜
- We bought a new car *last* month.
私たちは先月新車を買った.
- for the *last* few years ここ数年間

## lastの使い方

(1) lastが曜日, 週, 月, 年など時を表す語の前に置かれると, on, inなど前置詞は不要です.
- *last* Monday[week, month, year]
この前の月曜[先週, 先月, 昨年](に)

(2) *last* Wednesday(この前の水曜日)は, 今が金曜日なら, 今週の水曜日になります.「先週の水曜日に」を明確に表すには, on Wednesday *last* weekとします.

(3) *last* yearは過去形とともに使われます.
- She was very busy *last* year.
彼女は昨年とても忙しかった.

一方, the *last* yearは「今に至るまでの1年」という意味で, 現在完了形に使われます.
- She has been very busy for the *last* year. 彼女はここ1年とても忙しい.

❸《the lastで》最も…しそうにない
- You are *the last* man (that) we expected to see today. きょうあなたに会うとは夢にも思わなかった.(⇨あなたは私たちがきょう会えるというちばん期待していなかった人だ)

—副 (順序・時間が)**最後に**, いちばん後に(⇔first 最初に); この前, 最近
- I came *last* in the race.
私は競走でびりだった.
- It's been a long time since I saw you *last*. この前会ってからずいぶんたちましたね.

—名 U ❶《ふつう the lastで》**最後の人[物]**
- Dennis was *the last* to leave the room.
デニスが部屋を出た最後の人だ.

❷この前のもの; 最後, 終わり
- the year before *last* 一昨年, おととし
- the week before *last* 先々週, 2週間前
- the night before *last* おととい の晩

***at last*** ついに, やっと(▶好ましい結果が得られた場合に使う)
- *At last* he passed the exam.
彼はついに試験に合格した.

***last but not least*** 最後に, しかしとても大切なこととして(▶演説などのしめくくりによく使われる)

***to the last*** 最後の最後まで

派生語 lastly 副

**last²** 2級 B1 [lǽst ラスト | lάːst ラースト] 動 ⓘ (時間的に)続く; もつ, 長もちする
- Each class *lasts* (for) fifty minutes.
それぞれの授業は50分だ.
- *last* long 長もちする

**lasting** B1 [lǽstiŋ ラスティング | lάːstiŋ ラースティング]

—動 last²(続く)の現在分詞・動名詞
—形 永久の, 長く続く

**lastly** B2 [lǽstli ラストゥリィ | lάːstli ラーストゥリィ]
副 最後に, 終わりに(▶first(ly), second(ly), …と列挙するときに用いる)

**last name** A1 [lǽst nèim ラスト ネイム | lάːst - ラースト -] 名 C 名字, 姓(ﾄﾞｸﾓｸ)(= family name, surname)

## *late 5級 A1 [léit レイト]

形 ❶ 遅(ｵｿ)い
 ❷ 遅(ｵｸ)れた
 ❸ 最近の
 ❹ 最近亡(ﾅ)くなった
副 ❶ 遅く
 ❷ 遅れて
名 (成句で用いる)

—形 (比較 later, latter[lǽtər ラタァ]; 最上 latest, last[lǽst ラスト | lάːst ラースト]) ❶ (時刻・時期が) **遅い**, 終わりごろの(⇔early 早い)(▶「速度が遅い」はslow)
- have a *late* breakfast 遅い朝食を取る
- in the *late* afternoon 午後遅くに
- My homeroom teacher is in his *late* twenties. 私の担任の先生は20代後半である.
- in the *late* twentieth century
20世紀の終わりごろに

❷ (決められた時間に)**遅れた**, 遅刻(ﾁｺｸ)した
- I was *late* for school yesterday.
きのう学校に遅刻した.
- I'm sorry I'm *late*. 遅れてごめんなさい.
- The bus is ten minutes *late*.
バスは10分遅れている.

❸《名詞の前にのみ用いる》最近の, この前の
❹《名詞の前にのみ用いる》最近亡くなった, 故…
- the *late* Mr. Brown 故ブラウン氏

## lateの比較(ﾋｶｸ)級と最上級

形容詞lateの比較級と最上級は2つあります.
〈時刻・時期が遅い〉
 later(もっと遅い)-latest(最も遅い)
〈順番が遅い〉
 latter(順番が後のほうの)-last(最後の)

—副 (比較 later; 最上 latest) ❶ (時刻・時期が) **遅く**, 遅くまで(⇔early 早く)
- *late* in the evening 夕方遅く
- *late* in August 8月下旬(ｹﾞｼﾞｭﾝ)に
- We sat [stayed] up *late*.
私たちは夜ふかしした.

❷ (決められた時間に)遅れて(⇔in time 間に合

## lately

って)
- The airplane took off thirty minutes *late*. その飛行機は30分遅れて離陸した.

→ *of late* 《形式ばった表現》近ごろ, 最近 (= lately)
*till* [*until*] *late* 遅くまで (▶副のlate 1語でも同じ意味)

派生語 last¹ 形副名, lately 副, later 形副, latest 形副名, latter 形

## lately 2級 B1 [léitli レイトゥリィ]

副 近ごろ, 最近 (▶現在完了の文に用いることが多い) (= recently, of late)
- Have you seen [met] Mike *lately*?
  最近マイクに会いましたか.

## later 5級 A1 [léitər レイタァ]

— 形 (▶ late(遅い)の比較級の1つ → late 形) (時刻・時期が) **もっと後の**, もっと遅い (⇔ earlier もっと早い)
- a *later* plane もっと後の飛行機

— 副 (▶ late(遅く)の比較級 → late 副)
❶ もっと後に, もっと遅く (⇔ earlier もっと早く)
- get up *later* than usual
  いつもより遅く起きる
❷ 後で, 後ほど, (過去のある時点から)…後に
- See you *later*. また後で.
- I'll call you back *later*.
  後ほどこちらから電話を掛け直します.
- My cat came back four days *later*.
  私の猫は4日後に戻ってきた.

*later on* 後に, 後で
*sooner or later* 遅かれ早かれ, いつかは

## latest A2 [léitist レイティスト]

— 形 (▶ late(遅い)の最上級の1つ → late 形)
❶ **最新の**, 最近の
- the *latest* news 最新のニュース
- This novel is her *latest* work.
  この小説は彼女の最新作だ.
❷ (時刻・時期が)いちばん後の, 最も遅い

*at* (*the*) *latest* 遅くとも

— 副 (▶ late(遅く)の最上級 → late 副) いちばん [最も] 遅く, 最後に (= last¹)
— 名 《the latest で》最新型 [流行] のもの

**Latin** [lǽtən ラトゥン, lǽtin ラティン]
— 名 ①U ラテン語 (▶古代ローマの言語); C ラテン民族, ラテン系の人
— 形 ラテン語の; ラテン民族の, ラテン系の

**Latin America** [lǽtn əmérikə ラトゥン アメリカ | lǽtin - ラティン -] 名 ラテンアメリカ (▶スペイン語・ポルトガル語などラテン系言語を公用語とする中南米諸国の総称)

**latitude** [lǽtətù:d ラティトゥード | -tjù:d -テュード]
名 UC 緯度 (▶ lat. と略す) (⇔ longitude 経度)

## latter B2 [lǽtər ラタァ]

形 (▶ late(遅い)の比較級の1つ → late 形)
❶ (順番などが)後のほうの; (ある期間の)後半の
- the *latter* half of the year 年の後半
❷ 《the latter で》後者の (⇔ the former 前者の); 《代名詞的に用いて》後者
- I think *the latter* is better than the former. 私は後者のほうが前者よりよいと思う.

**Latvia** [lǽtviə ラトゥヴィア] 名 ラトビア (▶バルト海沿岸の共和国. 首都はリガ (Riga))

## laugh 4級 A1 [lǽf ラフ | lɑ́:f ラーフ]

— 動 (三単現 laughs [-s]; 過去・過分 laughed [-t]; 現分 laughing) ⓐ (声を出して) **笑う** (▶声を出さないで「にこにことほほえむ」は smile, 「歯を見せてにやにや笑う」は grin)

laugh　　smile　　grin

- She *laughed* happily.
  彼女はうれしそうに笑った.
- Don't make me *laugh*.
  笑わせないでくれ., 冗談でしょう.

*laugh at ...* …を見て [聞いて] 笑う; …をあざ笑う
- She *laughed at* my jokes.
  彼女は私の冗談を聞いて笑った.
- The children *laughed at* the clown.
  子どもたちはそのピエロを見て笑った. (▶受け身は The clown was *laughed at* by the children. となる. at を忘れないように注意)

— 名 (複 laughs [-s]) C 笑い声; 笑い
- have a good *laugh* 大笑いする
派生語 laughter 名

 **これ, 知ってる?** 口に手を当てる

日本人は笑うときによく口に手を当てますが, 英米人にとってこれは驚いたときのしぐさです. 笑いながらこのしぐさをすると, あざ笑いをこらえているように受け取られる恐れがあります.

**laughter** B1 [lǽftər ラフタァ | lɑ́:f- ラーフ-]

名U 笑い; 笑い声
- burst into *laughter* どっと笑いだす

**launch** B1 [lɔ́ːntʃ ローンチ] 動 (三単現 launches [-iz]) 他 ❶ (事業など)を始める; (新製品)を発表する ❷ (船)を進水させる ❸ (ロケットなど)を発射する

**laundry** B2 [lɔ́ːndri ローンドゥリィ] 名 (複 laundries [-z]) C クリーニング店; 《the laundry で》洗濯(せんたく)物(全体)

**laurel** [lɔ́ːrəl ローラル | lɔ́rəl ロラル] 名C ❶ 〖植物〗月桂樹(げっけいじゅ), ローレル(▶ヨーロッパ産クスノキ科の常緑樹. 葉に芳香(ほうこう)がある) ❷ (ふつう laurels で)月桂冠(げっけいかん)(▶月桂樹の枝の冠(かんむり). 古代ギリシャで勇士や競技の優勝者に授(さず)けた)

**lava** B2 [lɑ́ːvə ラーヴァ] 名U 溶岩(ようがん)

**lavatory** [lǽvətɔːri ラヴァトーリィ | -təri -タリィ] 名 (複 lavatories [-z]) C (学校・ホテルなどの)お手洗い, 洗面所(▶ toilet を遠回しに言う語として使われる) → bathroom ❷

**lavender** [lǽvəndər ラヴィンダァ] (★アクセント位置に注意) 名 ❶CU 〖植物〗ラベンダー ❷U ラベンダー色, ふじ色

# law 準2級 A2 [lɔ́ː ロー]

名 (複 laws [-z]) ❶U 法律(全体), 法; C (個々の)法律; U 法学
- criminal *law* 刑法(けいほう)
- a court of *law* 法廷(ほうてい) (= law court)
- break [keep, observe] the *law*
  法律を破る[守る]
- All people are equal before the *law*.
  すべての人は法のもとでは平等だ.

❷C (学問・自然などの)**法則**; 規則
- Mendel's *law* メンデルの法則

**lawful** B1 [lɔ́ːfəl ローフル] 形 法の許した, 合法の; 法律に従う

**lawn** B2 [lɔ́ːn ローン] 名C 芝生(しばふ), 芝地
- mow the *lawn* 芝生を刈(か)る

**lawn mower** [lɔ́ːn mòuər ローン モウァ] 名C 芝刈(しばか)り機

**law school** [lɔ́ː skùːl ロースクール] 名UC ロースクール, 法科大学院(▶法律家の養成を目的とする大学院)

**lawyer** 準2級 A2 [lɔ́ːjər ロイァ] 名C 弁護士, 法律家
- consult a *lawyer*
  弁護士に相談する

# lay¹ 2級 B1 [léi レィ]

動 (三単現 lays [-z]; 過去・過分 laid [léid レィド]; 現分 laying) 他 (★ lie¹(横になる)の過去形 lay² と混同しないこと) → lie¹ ポイント! ❶ …を(平らな状態に)置く, 横たえる
- Mother *laid* our keys *on* the table.
  母は私たちのかぎをテーブルの上に置いた.

❷ …を敷(し)く, 並べる; …を用意する
- *lay* a carpet *on* the floor
  床(ゆか)にカーペットを敷く
- *lay* rails [bricks]
  レールを敷く[レンガを積む]
- Father is *laying* the table for dinner. 父はディナーのために食卓(しょくたく)の用意をしている.

❸ (卵)を産む
- Our hens *lay* about ten eggs every morning. うちのめんどりは毎朝卵を約10個産む.

**lay aside ...** …をわきへ置く; …を取って置く, ためる; (習慣など)をやめる

**lay down ...** …を下に置く; (武器など)を捨てる; (規則など)を定める

**lay off ...** …を一時解雇(かいこ)する, 休業にする

**lay out ...** (品物)を並べる, 陳列(ちんれつ)する; (庭・建物など)を設計する; (印刷物などで文章や写真)を割りつける

**lay²** [léi レィ] 動 lie¹(横になる)の過去形

**layer** B1 [léiər レィァ] 名C ❶ (重なっている)層; (ペンキなどの)一塗(ぬ)り
- the ozone *layer* オゾン層

❷ (物を)積む人, 敷(し)く人, 置く人

**layoff** [léiɔ̀ːf レイオーフ] 名C レイオフ, 一時的解雇(かいこ)

**layout** [léiàut レィァゥト] 名C ❶ 設計; (部屋などの)間取り ❷ (印刷物などの文章や写真の)割りつけ, レイアウト

**laziness** A2 [léizinəs レイズィネス] 名U 怠(なま)け心, 怠惰(たいだ), 無精(ぶしょう)

# lazy A1 [léizi レイズィ]

形 (比較 lazier; 最上 laziest) ❶ 怠(なま)け者の, 怠惰(たいだ)な, 無精(ぶしょう)な (⇔ diligent 勤勉な)
- Paul is *lazy*. ポールは怠け者だ.
- Don't be *lazy*. 怠けるな.

❷ けだるい; ゆったりした, 動きがのろい
- a hot, *lazy* summer afternoon

暑くてけだるい夏の午後
- a *lazy* stream ゆったり流れる川

派生語 laziness 名

**lb.** (複 lb., lbs.) pound(s)(重量単位のポンド)の記号(▶英語のpoundに相当するラテン語libraの略.数字の後につける)
- 3*lb*(s).3ポンド(▶three poundsと読む)

## lead¹ 準2級 A2 [líːd リード]

━動 (三単現 leads[-dz -ヅ]; 過去・過分 led[léd レッド]; 現分 leading)
　━他 ❶ …を導く,案内する(=guide)
- *lead* the guests *to* the room
　客を部屋に案内する

❷ …を指導する,指揮する
- Our teacher *led* the orchestra.
　先生がオーケストラの指揮をした.

❸ (…の)先頭に立つ;(試合などで…を)リードする
- The Tigers are *leading* the Giants by two runs. (野球で)タイガースはジャイアンツを2点リードしている.

❹ 《lead a ... lifeで》 …な生活を送る
- When I retire, I want to *lead a* quiet *life*.
　引退したら静かな生活を送りたい.

❺ 《lead ... to +〈動詞の原形〉で》 …を〜する気にさせる
- Her experiences *led* her *to* write a book.
　経験が彼女に本を書く気にさせた.

　━自 《lead to ...で》(道・ドアなどが…に)通じる,(…を)引き起こす
- This door *leads to* the emergency exit.
　このドアは非常口に通じている.
- Stress can *lead to* illness.
　ストレスが病気を引き起こすことがある.

━名 (複 leads[-dz -ヅ]) C ❶ 先頭, 首位; 優勢, リード; 先導, 指導
- Nick took the *lead* in the marathon.
　ニックはマラソンで先頭に立った.

❷ 手本; 手がかり;(記事などの)導入部,書き出し

派生語 leader 名, leading 形

**lead²** [léd レッド] (★ lead¹との発音の違いに注意. 同音 led) 名 ❶ U 鉛(なまり)(▶金属元素の1つ.元素記号はPb) ❷ U|C 鉛筆(えんぴつ)のしん

## leader 2級 B1 [líːdər リーダァ]

名 (複 leaders[-z]) C リーダー,指導者
- the *leader* of a party 党首

派生語 leadership 名

**leadership** B1 [líːdərʃip リーダァシップ] 名 U 指導力,統率(とうそつ)力;指導者の地位

**leading** 2級 B1 [líːdiŋ リーディング]

━動 lead¹(導く;通じる)の現在分詞・動名詞
━形 主要な;一流の;先頭に立つ
- a *leading* hitter 首位打者
- a *leading* actor 主演俳優(⇔a supporting actor 脇役(わきやく))

## leaf 3級 A1 [líːf リーフ]

名 (複 leaves[líːvz リーヴズ]) C ❶ (草・木の)葉 →tree 図
- fallen [dead] *leaves* 落ち[枯(か)れ]葉

❷ (本の紙)1枚(▶表と裏の2ページ分を言う)

派生語 leaflet 名

**leaflet** B2 [líːflit リーフリット] 名 C ❶ (広告などの)ちらし,びら;小冊子 ❷ 小さい葉;若葉

**league** 2級 B1 [líːg リーグ] (★ueのつづりに注意)
名 C ❶ (国家・団体・協会などの)連盟,同盟
- the *League* of Nations 国際連盟(▶1919年のベルサイユ条約によって,翌20年に創設された国際機関.国際連合(the United Nations)の成立後1946年に解散された)

❷ (スポーツの)連盟,リーグ
- Major *League* Baseball
『野球』(米国の)メジャーリーグ

**leak** B2 [líːk リーク]

━名 C (水・空気・ガス・秘密などが)漏(も)れること;漏れ口
━動 自他 (屋根・船・容器などが)漏る;(水・空気・ガス・秘密などが)漏れる;(水・空気・ガス・秘密などを)漏らす

**lean¹** B2 [líːn リーン] 動 (過去・過分 leaned[-d], 《主に英》leant[lént レント])
　━自 ❶ 寄りかかる,もたれる
- *lean against* the wall 壁(かべ)に寄りかかる

❷ 上体を曲げる,かがむ;(柱などが)傾(かたむ)く
- *lean* forward [back]
　前かがみになる[反り返る]
- That post is *leaning* to the right.
　その柱は右に傾いている.

　━他 …を立てかける,もたせかける
- *lean* a ladder *against* the wall
　壁にはしごを立てかける
- She *leaned* her head *on* his shoulder.
　彼女は頭を彼の肩(かた)にもたせかけた.

**lean²** B1 [líːn リーン] 形 (健康的に)やせた(⇔fat 太った);(肉が)脂肪(しぼう)分の少ない(⇔fat 脂肪分の多い);(土地が)不毛の(=poor) → thin くらべて!

**leant** [lént レント] (★「リーント」でないことに注意) 動 lean¹(寄りかかる;立てかける)の過去形・過去分詞の1つ

**leap** B1 [líːp リープ]

━動 (過去・過分 《主に英》leaped[líːpt リープト], lépt

# leave¹

レプト],《主に⦅英⦆》leapt[lépt レプト]) **自** ぴょんと跳ぶ, 跳ねる(▶⦅話⦆ではふつうjumpを用いる)
- The cat *leaped* onto her lap.
その猫は彼女のひざに跳びのった.
━**名** C 跳ぶこと, 跳躍; 飛躍, 躍進

**leapfrog** [líːpfrɔ̀ɡ リープフラッグ | -frɔ̀ɡ -フロッグ] **名** U 馬跳び

**leapt** [lépt レプト] **動** leap(ぴょんと跳ぶ)の過去形・過去分詞の1つ

**leap year** [líːp jìər リープ イァ] **名** U C うるう年(▶「平年」はcommon yearと言う)

## *learn 4級 A1 [lə́ːrn ラーン]

**動 他 ❶**…を習う
**❷**…を知る
**❸**…を覚える
**自** 学ぶ

**動** (三単現 learns[-z]; 過去・過分 learned[-d], 《主に⦅英⦆》learnt[lə́ːrnt ラーント]; 現分 learning)
━**他 ❶** …**を習う**, 学ぶ(⇔teach 教える)
- *learn* foreign languages 外国語を習う
- I *learned* the song from my mother.
私はその歌を母から教わった.
- I want to *learn* how to drive(a car).
車の運転のしかたを習いたい.

> **くらべてみよう!** **learn と study**
> **learn**: 授業を受けたり体験したりして知識や技術を「習得する, 覚える」という意味で, 結果として身につけたという意味を含みます.
> **study**: 「努力して勉強や研究をする」という意味です.
> - I'm *learning* the tea ceremony now.
> 私は今, 茶道を習っている.
> - I want to *study* physics at university.
> 私は大学で物理学を勉強したい.

**learn to +〈動詞の原形〉**
…するようになる, …できるようになる
- At last the baby *learned to* walk.
やっと赤ちゃんは歩けるようになった.
**❷**…を知る(▶見たり聞いたりして知ること)
- We *learned* that she received the award from the newspaper. 私たちは彼女が賞を受けたことを新聞で知った.
**❸**…を覚える, 記憶する
- I *learn* ten English words every day.
私は毎日10個の英単語を覚える.
━**自** 学ぶ, 習う

- You are never too old to *learn*.
⦅ことわざ⦆学ぶのに年を取りすぎているということはない.

**learn ... by heart** …を暗記する
**learn of ...** …を知る
- I *learned of* the accident from the radio.
私はラジオでその事故のことを知った.
派生 learned² 形, learner 名, learning 名

**learned¹** 4級 [lə́ːrnd ラーンド] **動** learn(習う; 学ぶ)の過去形・過去分詞の1つ

**learned²** [lə́ːrnid ラーニッド](★learned¹との発音の違いに注意) **形** 学問のある, 博学な
- a *learned* man 学問のある人, 学者

**learner** A2 [lə́ːrnər ラーナァ] **名** C 学ぶ人, 学習者; 初心者

**learning** B2 [lə́ːrniŋ ラーニング]
━**動** learn(習う; 学ぶ)の現在分詞・動名詞
━**名** U 学習; 学問, 学識
- a man of *learning* 学者

**learnt** [lə́ːrnt ラーント] **動** learn(習う; 学ぶ)の過去形・過去分詞の1つ

**lease** B2 [líːs リース] **名** C (土地・建物などの)賃貸借契約, リース

**leash** B2 [líːʃ リーシュ] **名** (複 leashes[-iz]) C (犬などをつなぐ)革ひも, リード

## least 準2級 A2 [líːst リースト]

━**形** (▶little(少量の)の最上級)《ふつうthe least で》(量・程度の)**最も少ない**(⇔the most 最も多い), 最も小さい, 最少[小]の
- the *least* damage 最小限の損害
━**副** (▶little(少し)の最上級)**最も少なく, 最も…でない**
- Danny likes baseball *least* of all.
ダニーはあらゆるスポーツの中で野球が最も嫌いだ.
━**代** 《ふつうthe leastで》**最も少ない[小さい]もの**, 最少, 最小
- That is *the least* I want.
ぼくは少なくともそれだけはほしい.

**at least** 少なくとも(⇔at most 多くとも); ともかく
- Read your textbook *at least* twice.
教科書を少なくとも2回は読みなさい.

**not in the least** 少しも…ない(=not at all)
- This program is *not in the least* interesting.
この番組は少しもおもしろくない.

**leather** 準2級 A2 [léðər レザァ] **名** U (動物の)革, なめし革; C 革製品

## *leave¹ 4級 A1 [líːv リーヴ]

# leave²

**動他**
❶ (場所)を離(はな)れる
❷ (勤務先・学校など)を辞(や)める
❸ …を後に残す
❹ …を〜のままにしておく
❺ …を〜に任せる
**自** 出発する

**動**(三単現 leaves[-z]; 過去・過分 left[léft レフト]; 現分 leaving)

— **他** ❶ (場所)**を離れる**, (立ち)去る
- May I *leave* class early?
  早退してもいいですか.
- We are *leaving* Tokyo next month.
  私たちは来月東京を離れる. (▶leaveの現在進行形はしばしば近い未来を表す)

### leave +〈場所A〉+ for +〈場所B〉
〈場所B〉へ向けて〈場所A〉を出発する
- We will *leave* New York *for* Los Angeles.
  私たちはロサンゼルスへ向けてニューヨークを出発する.

> **くらべてみよう！ leaveとstart**
> どちらも「出発する」を意味しますが, leaveのほうがよく使われます. ただし使い方に違(ちが)いがあるので注意しましょう.
> - leave China = start *from* China
>   中国を出発する
> - leave *for* China = start *for* China
>   中国へ向けて出発する

❷ (勤務先・学校など)**を辞める**; (場所・人から)永遠に去る(=quit)
- *leave* school ⊛退学する; ⊛卒業する
- I *left* the soccer club in November.
  私はサッカー部を11月に引退した.

❸ **…を後に残す**; …を置いていく; …を置き忘れる → **forget**❹
- Five from nine *leaves* four.
  9から5を引くと4残る(9−5=4).
- Please *leave* a message when you hear the beep.
  ピーッと鳴ったらメッセージを残してください.
- Maggie *left* her umbrella in [on] the train. マギーは電車に傘(かさ)を忘れた.

「貴重品を車内に置いていかないこと」という掲示
DO NOT LEAVE VALUABLES IN VEHICLES

❹《leave ... +〈形容詞・現在分詞・過去分詞〉で》…を〜のままにしておく, 〜の状態にしておく
- *leave* the door open ドアを開けたままにしておく(▶openは形容詞)
- *leave* the candle burning ろうそくを火のついたままにしておく(▶burningは現在分詞)

❺《leave ... with [to] 〜で》…を〜に任せる, 預ける
- I *left* my baby *with* a babysitter.
  私は赤ちゃんをベビーシッターに預けた.
- I'll *leave* it *to* you. あなたに任せます.

— **自** 出発する, 出かける
- What time will this train *leave*?
  この電車は何時に出ますか.

### leave for +〈場所〉
〈場所〉へ向けて出発する
- The teacher *leaves for* school at seven.
  先生は7時に学校へ出かける.
- She *left for* Los Angeles in April.
  彼女は4月にロサンゼルスへ出発した.

***leave ... alone*** …をそのままにしておく
- Please *leave* me *alone*.
  どうか私を放っておいてください.

***leave ... behind*** …を後に置いていく; …を置き忘れる; (遺産・名声など)を後に残す

***leave off*** 終わる; (…を)やめる
- "Where did we *leave off* yesterday?" "Page 35." 「きのうはどこで終わりましたか」「35ページです」(▶前回の授業を終えた箇所(かしょ)を確認するときなど)

***leave ... out*** …を抜(ぬ)かす, 削除(さくじょ)する
- She *left* my name *out* of the list.
  彼女はリストから私の名前を削除した.

**leave²** B1 [líːv リーヴ] **名**Ⓤ❶(病気・出産などによる)休暇(きゅうか); (兵隊の)休暇
- sick *leave* 病気休暇
- My math teacher is on maternity *leave*.
  私の数学の先生は産休中だ.
❷許し, 許可(▶形式ばった言い方)

**leaves¹**[líːvz リーヴズ] **名** leaf(葉)の複数形

**leaves²**[líːvz リーヴズ] **動** leave¹(離れる; 出発する)の三人称(にんしょう)単数現在形

**leaving**[líːviŋ リーヴィング] **動** leave¹(離れる; 出発する)の現在分詞・動名詞

**Lebanon** 2級 [lébənɑːn, lébənən レバナーン, レバナン] **名** レバノン(▶アジア南西部, 地中海東岸にある共和国. 首都はベイルート(Beirut))

**lecture** 2級 B1 [léktʃər レクチァァ] **名**Ⓒ❶講義, 講演
- She gave a *lecture on* environmental issues.

彼女は環境(かんきょう)問題について講義[講演]した.
❷(子どもなどに対する)説教, 小言
**lecturer** B2 [léktʃərər レクチャラァ] 名 C 講演会講師; 大学講師
**LED** [èli:dí: エリーディー] 名 C 発光ダイオード (▶light-emitting diodeの略)

## led 2級 [léd レッド](★同音 lead² 鉛(なまり))

動 lead¹(導く; 通じる)の過去形・過去分詞

## *left¹ 3級 A1 [léft レフト]

形 左の
副 左に
名 ❶ 左
❷ 〖野球〗レフト
❸ 左派

— 形《名詞の前にのみ用いる》**左の**, 左側の(⇔ right 右の)
- People drive on the *left* side of the road in Japan.
日本では車は道路の左側を通行する.
- the *left* wing
(政治上の)左翼(よく)

— 副 **左に**, 左へ, 左側に(⇔ right 右に)
- Turn *left* at the next junction.
次の交差点を左に曲がりなさい.

— 名(複 **lefts**[-ts -ツ]) ❶ U《ふつう the [*one's*] leftで》**左**, 左側(⇔ the right 右)
- turn to *the left*
左に曲がる
- You'll find a post office on *your left*.
左側に郵便局が見えますよ.
- KEEP(TO THE)*LEFT*
《掲示》左側通行

❷ C 〖野球〗レフト, 左翼; 左翼手
- *left* field
レフト, 左翼
- a *left* fielder
レフト, 左翼手

❸ U《ふつう the Leftで》《単数・複数扱い》(政治上の)左派, 左翼(= the left wing, ⇔ the Right 右派)

## left² 4級 [léft レフト]

動 leave¹(離れる; 出発する)の過去形・過去分詞
**left-handed** [léfthændid レフトハンディド] 形 左きき(用)の, 左手による, 左回りの(⇔ right-handed 右きき(用)の)

## leg 5級 A1 [lég レッグ]

名(複 **legs**[-z]) C ❶(人・動物の)**脚**(あし)(▶もものつけ根から足首まで, またはfootを含(ふく)めた脚全体を言う)→ body 図

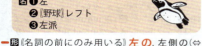

cross *one's* legs　　stretch *one's* legs　　stand on one leg
脚を組む　　脚を伸(の)ばす　　片脚で立つ
(*one's*には, my, your, his, herなどが入ります)

❷(いす・テーブルなどの)脚
- The table has three *legs*.
そのテーブルは3本脚だ.

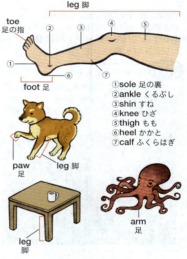

leg 脚
toe 足の指
foot 足
paw 足
leg 脚
arm 足
leg 脚

①sole 足の裏
②ankle くるぶし
③shin すね
④knee ひざ
⑤thigh もも
⑥heel かかと
⑦calf ふくらはぎ

*pull one's leg* (人)をからかう, かつぐ
- Don't worry. He's just *pulling your leg*.
心配しないで. 彼は君をからかっているだけだ.

**legacy** [légəsi レガスィ] 名(複 **legacies** [légəsiz]) C 遺産; (先人や過去から)受け継(つ)いだもの
**legal** B1 [lí:gəl リーガル] 形 法律上の; 法定の; 法律にかなった, 合法の(⇔ illegal 不法の)
- a *legal* holiday ⊛ 法定休日(= ⊛ bank holiday)

**legend** B2 [lédʒənd レヂェンド] 名 C 伝説, 言い伝え
**lei** [léi レィ] 名 C レイ(▶ハワイで首に掛(か)ける花輪)

# leisure

**leisure** A2 [líːʒər リージャァ | léʒər レジャァ]（★lei のつづりに注意）名 U 暇(ひま)，余暇(よか)，自由時間（▶日本語の「レジャー」のような「余暇の遊び」は leisure activity という）

***at one's leisure*** 都合のよいときに，暇なときに
- Please do this *at your leisure*.
都合のよいときにこれをやってください．

**lemon** 準2級 A2 [lémən レマン]名 ❶ C U レモン，レモンの木 ❷ U レモン色

> **これ、知ってる?** **レモンのイメージ**
> レモンはすっぱくて食べると顔をしかめることから英米では悪いイメージが強く，《話》では「不良品」「欠陥(けっかん)車」などの意味にも使われます．

派生語 lemonade 名

**lemonade** 準2級 A2 [lèmənéid レマネイド]名 U C ❶ 米 レモネード（▶レモン果汁(かじゅう)に砂糖と冷水を加えた飲み物）❷ 英 レモンスカッシュ（▶レモン果汁に砂糖とソーダ水を加えた飲み物）（＝lemon squash）

## *lend 準2級 A2 [lénd レンド]

動 （三単現） lends [-dz -ヅ]； （過去・過分） lent [lént レント]； （現分） lending）他 ❶ …を貸す（＝loan, ⇔ borrow 借りる）

**lend ＋〈人〉＋〈物〉＝ lend ＋〈物〉＋ to ＋〈人〉**
〈人〉に〈物〉を貸す
- He *lent* me his racket. ＝ He *lent* his racket *to* me.
彼は私にラケットを貸してくれた．
- This library *lends out* CDs.
この図書館はＣＤを貸し出す．

❷ (手・耳)を貸す，(助けなど)を与(あた)える
- *lend* a hand 手を貸す

派生語 lender 名

**lender** [léndər レンダァ]名 C 貸す人，貸し主

**length** 2級 B1 [léŋθ レングス]名 U ❶ (距離(きょり)・寸法の)長さ，縦 ❷ (時間の)長さ，期間

派生語 lengthen 動

**lengthen** B2 [léŋθən レングサン]動 他 自 …を長くする，のばす；長くなる，のびる

**Lennon** [lénən レナン]名 John，ジョン・レノン（▶1940-1980；英国のロックバンド the Beatles（ビートルズ）の中心メンバー）

**lens** [lénz レンズ]名（複 lenses [-iz]）C レンズ；コンタクトレンズ（＝contact lens）；(目の)水晶(すいしょう)体

**lent** 3級 [lént レント]動 lend (貸す) の過去形・過去分詞

**Leo** [líːou リーオゥ]名（複 Leos [-z]）U 【天文・占星】しし座；C 【占星】しし座生まれの人

**Leonardo da Vinci** [liːəná:rdou də víntʃi リーアナードゥ ダ ヴィンチ]名 レオナルド・ダ・ビンチ（▶1452-1519；イタリアの芸術家・科学者．代表作『モナリザ』など）

**leopard** B2 [lépərd レパァド]名 C 【動物】ひょう ➡ panther

**Lesotho** [ləsúːtuː ラストゥー]名 レソト（▶南アフリカ共和国に囲まれた王国．首都はマセル（Maseru））

# less 準2級 A2 [lés レス]

—形 （▶little (少量の) の比較(ひかく)級）《数えられない名詞の前に用いる》(量・程度が) **より少ない**（⇔more もっと多くの）；(価値などが) より小さい[低い]
- in *less* time より少ない時間で
- We had *less* rain this year *than* last year.
今年は去年より雨が少なかった．

—代 **より少ない数[量，額]**
- in *less* than a week 1週間足らずで

—副 （▶little (少し) の比較級）**より少なく**，(…ほど)〜でない
- This bag is *less* expensive than that one.
このバッグはあのバッグほどは高くない．（＝This bag isn't as expensive as that one.）

***less and less*** だんだん少なくなって，ますます…でなくなって

***more or less*** 多かれ少なかれ；おおよそ ➡ more (成句)

***much less ...*** ＝ ***still less ...*** （否定を表す語句

の後で)まして…ない
- I cannot even speak English, *much* [*still*] *less* Greek.
私は英語さえ話せない、ましてギリシャ語など話せない．

***no less than ...*** …ほどたくさん；…と同様に(►数・量の大きさ・多さを強調する)
- *No less than* three hundred students were present.
300人もの学生が出席していた．

***no*** [***not***] ***less ... than*** ~ ~に劣(おと)らず…で，~と同じかそれ以上に…で
- This problem is *no* [*not*] *less* difficult *than* that one.
この問題はあの問題に劣らず難しい．

***not less than ...*** …かそれ以上の，少なくとも…

**-less** [-lis -リス] 接尾 …がない，…できない(►名詞・動詞の後について形容詞をつくる)
- end*less* 終わりのない，果てしのない
- help*less* (自分では)何もできない，無力な
- price*less* プライスレス，値がつけられないほど貴重な

**lessen** B1 [lésn レスン] 動 — 他 …を減らす，小さくする
— 自 減る，少なくなる

## **lesson** 5級 A1 [lésn レッスン]
名 (複 lessons[-z]) C ❶ (教科書の)**課**
- *Lesson* 5[five]=the fifth *lesson* 第5課

❷ **授業**; (しばしばlessonsで)けいこ，レッスン
- an English *lesson*=a *lesson* in English 英語の授業
- take [give] violin *lessons* バイオリンのレッスンを受ける[する]
- How many *lessons* do you have today?
きょうは授業は何時間ありますか．

❸ 教訓，教え，戒(いまし)め
- The accident taught us a good *lesson*.
=We learned a good *lesson* from the accident.
その事故は私たちによい教訓を与(あた)えてくれた．

## *****let** 5級 A1 [lét レット]
動 (三単現 lets[-ts -ツ]; 過去・過分 let; 現分 letting) (►過去・過分 とも原形と同じ) 他 ❶ 《let ... +〈動詞の原形〉で》…**に~させる**，(したいように)~させておく
- *Let* me introduce myself.
私に自己紹介(しょうかい)させてください．
- Why don't you *let* her decide?
彼女に決めさせてはどうですか．

### くらべてみよう！ **let** と **make**
**let**: 本人がしたいことを許可を与(あた)えて「…させる」という意味です．
**make**: やりたくないことを強制的に「…させる」ことを意味します．→ **make** くらべて!

❷ 《**let's** +〈動詞の原形〉で》(いっしょに)…**しよう** (►let'sはlet usの短縮形．提案・勧誘(かんゆう)を表す)
- *Let's* dance. 踊(おど)ろう．

### 話してみよう！
☺ Let's play baseball.
野球をしよう．
😊 Yes [Sure]. / No, I don't want to.
うん，そうしよう．/ いや，やりたくないよ．

### ここがポイント！ **let us** と **let's**
「(いっしょに)~しよう」と相手を誘(さそ)う場合はlet's [léts レッツ]と言います．let us と分けて言うと「私たちに~させてください」と許可を求める言い方になります． → ❶
- Let's go. (いっしょに)行きましょう．
- Let us go. 私たちを行かせてください．

❸ 《let ... +〈副詞(句)〉で》…を入れる，出す，通す (►副詞(句)の前にgo, come, passなどの動詞がある場合と同じ意味になる)
- Don't *let* the child *out of* the room.
子どもを部屋から出してはだめですよ．(= Don't *let* the child *go out of* the room.)

❹ 米 (土地・家・部屋など)を貸す，賃貸しする (=米 rent)
- a room to *let*
貸し部屋 (=米 a room for rent)

***let alone ...*** …は言うまでもなく，…はもちろん (►ふつう否定文で用いる)
- The boy ca*n't* read, *let alone* write.
その少年は字を書けないのはもちろん，読むこともできない．

***let ... alone*** …をそのままにしておく，1人にしておく (=leave ... alone)
- *Let* me *alone*. 構わないでくれ．

***let down ...*** …を下ろす；…をがっかりさせる
***let ... go*** …を自由にする，放す
***let go of ...*** …から手を放す
***let in ...*** …を入れる，通す
- Please *let* her *in*.
どうぞ彼女をお通ししてください．

***Let me see.*** (話)ええと．，うーん．，そうだなあ．(=Let's see.)

## let's

***let off ...*** (銃(じゅう)など)を発射する, (花火など)を打ち上げる; (仕事・罰(ばつ)などから人)を解放する

***Let's see.*** = Let me see.

## let's 5級 [léts レッツ]

《話》let us の短縮形 → let ❷

## *letter 5級 A1 [létər レタァ]

名 (複 letters[-z]) C ❶ **手紙**(▶ふつう封書(ふうしょ)をさす)
- a *letter* of thanks = a thank-you *letter* 礼状
- a *letter* of introduction 紹介(しょうかい)状
- mail [⑧post] a *letter* 手紙を投かんする
- get [receive] a *letter* from her 彼女からの手紙を受け取る
- I wrote him a *letter*. = I wrote (a *letter*) to him. 私は彼に手紙を書いた.
- I sent [mailed] him a *letter*. = I sent [mailed] a *letter* to him. 私は彼に手紙を出した. (▶「出す」は⑧ではpost)
- Thank you very much for your *letter*. お手紙どうもありがとう.

――― 表現メモ ―――

**手紙にまつわる表現**
letter paper (1枚の)便せん
letter pad (1つづりの)便せん
envelope 封筒(ふうとう) / stamp 切手
card, postcard はがき
special [⑧express] delivery mail 速達
registered mail [⑧post] 書留

❷ 文字 → word 図
- a capital *letter* 大文字(▶ A, B, C など)
- a small *letter* 小文字(▶ a, b, c など)

――― くらべてみよう！ **letter と character** ―――
**letter**: アルファベットの a, b, c など, それだけでは意味を持たない文字(表音文字)のこと. letter は組み合わせることで初めて意味を持ちます. (例 t, r, e, e で tree(木))
**character**: 漢字などの意味を持つ文字(表意文字)のこと.

**letterbox**[létərbàks レタァバックス | -bòks -ボックス] 名(複 letterboxes[-iz]) C ⑧(家の)郵便受け; ポスト(= ⑧mailbox)

**letting**[létiŋ レッティング] 動 let(させる)の現在分詞・動名詞

**lettuce** B1 [létis レティス] (★「レタス」でないことに注意) 名 C U 〖植物〗レタス

**leukemia**[lu:kí:miə ルーキーミァ](▶⑧では leukaemia とつづる) 名 U 白血病

## level 準2級 A2 [lévəl レヴァル]

―名 (複 levels[-z]) C U ❶(地位・程度などの)レベル, 水準, 程度
- at the junior high school *level* 中学校レベルで
❷ 水平, 水平面[線]; 高さ, 高度
- the water *level* in the river 川の水位
- How high is the mountain above sea *level*? その山は海抜(かいばつ)何メートルですか.

―形(比較 leveler, ⑧leveller; 最上 levelest, ⑧levellest)(土地などが)**平らな**, 水平な; 同じ高さの, 同じ水準[程度]の
- *level* ground 平地

―動(三単現 levels[-z]; 過去・過分 leveled, ⑧levelled[-d]; 現分 leveling, ⑧levelling) 他 …を平らにする

**lever**[lévər レヴァ | lí:və リーヴァ] 名 C てこ, レバー

**LGBT(Q)**[èldʒi:bi:tí:, èldʒi:bi:tí:kjú: エルヂービーティー, エルヂービーティーキュー] 性的マイノリティー, LGBT(Q)(▶レズビアン(lesbian), ゲイ(gay), バイセクシャル(bisexual), トランスジェンダー(transgender), クイア(queer)またはクエスチョニング(questioning 迷っている人)の略)

**liable**[láiəbl ライアブル] 形 (好ましくないことを)しがちな, しやすい(= apt)
- She is *liable to* catch cold. 彼女は風邪(かぜ)を引きやすい.

**liar** B1 [láiər ライァ] 名 C うそつき(▶非難する気持ちを含(ふく)んだ強い言葉である点に注意)

**liberal** B2 [líbərəl リバラル] 形 ❶ 寛大(かんだい)な; 気前のよい; 豊富な ❷ 自由主義の, 進歩的な

**liberation** B1 [lìbəréiʃən リバレイション] 名 U 解放; 解放運動(▶《話》では lib とも言う)

**Liberia**[laibíəriə ライビ(ァ)リァ] 名 リベリア(▶西アフリカの共和国. 首都はモンロビア(Monrovia))

**liberty** A2 [líbərti リバァティ] 名 U 自由, 独立; 解放; 勝手
- the Statue of *Liberty* 自由の女神(めがみ)像
派生語 liberal 形

**Liberty Bell**[líbərti bèl リバァティ ベル] 名《the Liberty Bellで》自由の鐘(かね)(▶ 1776年, 米国の独立を宣言して鳴らされた鐘)

# Liechtenstein

**Libra** [líːbrə リーブラ] 名 U 〖天文・占星〗天びん座; C 〖占星〗天びん座生まれの人

**librarian** B1 [laibrέəriən ライブレ(ァ)リアン] 名 C 司書, 図書館員

**libraries** [láibrèriz ライブレリィズ | -brəriz -ブラリィズ] 名 library(図書館)の複数形

## *library 5級 A1

[láibrèri ライブレリィ | -brəri -ブラリィ]

名 (複 libraries[-z]) C ❶ **図書館**, 図書室;(個人の)書斎(しょさい)

- a public *library* 公立図書館
- a school *library* 学校の図書室[図書館]
- borrow a book from the *library* 図書館から本を借りる
- return a book to the *library* 図書館に本を返す

荘厳(そうごん)な雰囲気のニューヨーク公立図書館(米国・ニューヨーク州)

❷ 蔵書;(レコード・フィルムなどの)収集物

- She has a large [good] *library* of science books.
彼女は科学の本をたくさん持っている.

派生語 librarian 名

**Libya** [líbiə リビァ] 名 リビア(▶北アフリカの国. 首都はトリポリ(Tripoli))

**license** 3級 [láisəns ライサンス, ライスンス] (▶ ⓑ ではlicenceとつづる) 名 U C 免許(めんきょ), 許可, 認可; C 免許状, 許可証

- I got a driver's *license* (=ⓑdriving *licence*).
私は運転免許証を取った.

**license plate** [láisəns plèit ライサンス プレイト] 名 C (自動車の)ナンバープレート (=ⓑnumber plate)

**lick** B2 [lík リック]
— 動 他 …をなめる
- The cat *licked* the plate clean.
猫(ねこ)は皿をきれいになめた.
— 名 C なめること, ひとなめ

**lid** B2 [líd リッド] 名 C ❶ ふた(=cover) ❷ まぶた(=eyelid)

**lie¹** 準2級 A2 [lái ライ](★ieの発音に注意)

動 (三現 lies[-z]; 過去 lay[léi レイ]; 過分 lain[léin レイン]; 現分 lying[láiiŋ ライイング])

自 ❶ (人・動物が)**横になる**, 横たわる, 寝(ね)る
- The boy was *lying* on his stomach.
その少年はうつぶせに寝ていた.
- Please *lie* on your back [side].
あお向け[横向き]に寝てください.
- Tom was *lying* on the bed.
トムはベッドに横になっていた.
- Let sleeping dogs *lie*. (ことわざ)触(さわ)らぬ神にたたりなし.(⇔眠(ねむ)っている犬は寝かせておけ)

❷ (人・動物などが…の状態で)横たわっている;…のままである[いる]
- The baby *lay* sleeping.
赤ちゃんは眠っていた.
- The snow *lay* thick on the ground.
雪が地面に厚く積もっていた.

❸ (…に)ある, 位置する
- Kyushu *lies* to the west of Honshu.
九州は本州の西にある.

*lie down* 横になる, 横になって休む
- I'd like to *lie down* for a few hours.
数時間横になって休みたい.

*lie in* … (原因・理由などが)…にある

### ここがポイント! lie¹, lie², layの変化形

| | 過去 | 過分 | 現分 |
|---|---|---|---|
| lie¹ 自 横になる [ライ] | lay [レイ] | lain [レイン] | lying [ライイング] |
| lie² 自 うそをつく [ライ] | lied [ライド] | lied [ライド] | lying [ライイング] |
| lay 他 (平らに)置く [レイ] | laid [レイド] | laid [レイド] | laying [レイイング] |

**lie²** 準2級 A2 [lái ライ](★ieの発音に注意)

— 名 (複 lies[-z]) C **うそ**, いつわり(⇔truth 真実)
- tell a *lie* うそをつく
- a white [black] *lie*
罪のない[悪質な]うそ

— 動 (三現 lies[-z]; 過去・過分 lied[-d]; 現分 lying [láiiŋ ライイング]) 自 **うそをつく**, いつわる
- You are *lying*.
あなたはうそをついている.

派生語 liar 名

**Liechtenstein** [líktnstain リクトゥンスタイン] 名 リヒテンシュタイン(▶オーストリアとスイスとの間に位置する公国. 首都はファドーツ(Vaduz))

# life

**\*life** 5級 A1 [láif ライフ]

图 ❶ 生命
❷ 生活
❸ 一生
❹ 人生
❺ 生物
❻ 生気
❼ 伝記

图(複 lives[láivz ライヴズ])(★複数形の発音に注意)
❶ U **生命**, 命(⇔death 死); C (個人の)生命

**ここが ポイント！ life の使い方**
一般に「命」を意味するときにはaをつけたり複数形にしたりしませんが,「個々の命」の意味では数えられる名詞として扱います.

- human *life* 人命
- He lost his *life*. 彼は命を落とした.
- a matter of *life* and [or] death 死活問題
- Many *lives* were saved by the firefighters.
多くの命が消防士たちに救われた.
- *life* expectancy 平均余命
- *life* insurance 生命保険
- *life* sciences 生命科学(▶医学・生物学など)

❷ U C **生活**, 暮らし
- in her daily *life* 彼女の日常生活で
- Tom is getting used to (his) school *life*.
トムは学校生活に慣れてきている.
- He lived [led] a happy *life*.
彼は幸せな生活を送った.

❸ C **一生**, 生涯(しょうがい)
- a long [short] *life* 長い[短い]一生
- Those were the best days of my *life*.
当時は私の一生で最高の日々だった.
- a *life* span 寿命(じゅみょう)

❹ U **人生**; 生きていくこと
- *Life* is full of excitement.
人生は刺激(しげき)に満ちている.

❺ U **生物**, 生きている物
- We know there's no *life* on the moon.
月に生物がいないことは知られている.

❻ U **生気**, 活気
- The young man is always full of *life*.
その青年はいつも生き生きしている.

❼ C **伝記**(＝biography)
- the *life* of Washington ワシントンの伝記

***all one's life*** 生まれてから死ぬまで, 一生
- She lived there *all her life*.
彼女はそこで一生暮らした.

***bring ... to life*** …を生き返らせる; …を生きとさせる

***come to life*** 意識を回復する; 生き返る; 活気づく

***for life*** 一生(の), 生涯(の)

***for one's life*** 命がけで, 必死に
- I ran *for my life*. 私は必死で走った.

**lifeboat**[láifbòut ライフボウト] 图 C 救命ボート

**lifeguard** 2級 B1 [láifgàːrd ライフガード] 图 C
(海水浴場などの)監視(かんし)員, 救助員

公共プールの監視員

**life jacket**[láif dʒǽkit ライフヂャキット] 图 C 救命胴衣(どうい)

**life-size(d)**[láifsaiz(d) ライフサイズ(ド)] 形 実物大の, 等身大の

**lifestyle** 準2級 A2 [láifstàil ライフスタイル] 图 C
(個人・集団の)生き方, 生活様式

**lifetime** B2 [láiftàim ライフタイム] 图 C 一生, 一生涯(しょうがい); 寿命(じゅみょう)

**lifework**[láifwə̀ːrk ライフワーク] 图 《*one's*
lifework で》一生の仕事, ライフワーク(＝
*one's life's work*)
- This painting represents *my lifework*
[*life's work*].
この絵は私の一生の仕事を象徴(しょうちょう)している.

# lift 2級 B1 [lift リフト]

—動 (三単現 lifts[-ts -ツ]; 過去・過分 lifted[-id]; 現分 lifting)
—他 **…を持ち上げる**, (手・顔など)を上げる
- He *lifted* the heavy box.
彼はその重い箱を持ち上げた.
- I *lifted* my hand to wave.
私は手を振(ふ)るために手を上げた.
—自 (物などが)(持ち)上がる; (手・顔などが)上がる; (雲・霧(きり)などが)切れる
- The cloud *lifted*.
雲が切れた.(＝晴れた)

—图 (複 lifts[-ts -ツ]) C ❶ リフト; 英 エレベーター(＝米 elevator)
❷ 英 (自動車などに)乗せること(＝米 ride)
- Would you give me a *lift* to school?
学校まで乗せてくれませんか.

# *light¹ 5級 A1

[láit ライト] (★このghは発音しない)

名 ❶ 光
❷ 明かり
❸ (ライターなどの)火
❹ (物事の)見方
形 ❶ 明るい
❷ (色が)薄(うす)い
動 他 ❶ …に明かりをつける
❷ …に火をつける
自 明るくなる

―名 (複 lights[-ts -ツ]) ❶ U **光**, 光線; 明るさ (⇔ darkness 暗やみ)
- *light* and shadow 光と影
- *Light* travels much faster than sound.
光は音よりはるかに速く伝わる.
❷ C **明かり**, 電灯; 信号(灯)
- Turn on [off] the *light*.
明かりをつけなさい[消しなさい].
- The (traffic) *lights* changed to red.
信号が赤に変わった.
❸ C (ライター・たばこ・マッチなどの)火
❹ C (物事の)見方, 観点(=point of view)
- in a different *light* 違(ちが)った観点から

***bring ... to light*** (秘密など)を明るみに出す, 暴露(ばくろ)する
- The research *brought* new facts *to light*.
調査の結果, 新たな事実が明らかになった.

***come to light*** (秘密などが)明るみに出る, 暴露される
- The cause of the accident *came to light*.
その事故の原因が明るみに出た.

***throw light on ...*** …に光を当てる, (わからないこと)を明らかにする

―形 (比較 lighter; 最上 lightest) ❶ (場所が) **明るい** (⇔dark 暗い)
- This living room is very *light*.
この居間はとても明るい.
❷ (色が)薄い (⇔dark 濃(こ)い)
- *light* green 薄い緑
- *light* blue 水色

―動 (三単現 lights[-ts -ツ]; 過去・過分 lighted, lit [lít リット]; 現分 lighting)
―他 ❶ **…に明かりをつける**, …を照らす, 明るくする
- The garden was *lit* by many torches.
庭はたくさんのたいまつで照らされていた.
- A smile *lit* up his face.
ほほえみで彼の顔が輝(かがや)いた.
❷ …に火をつける, 点火する
―自 明るくなる; 火がつく
派生語 lighten¹ 動, lighter¹ 名, lighting 名

# light² 3級 A1

[láit ライト] (★このghは発音しない)
形 (比較 lighter; 最上 lightest) ❶ (重量が) **軽い** (⇔ heavy 重い)
- as *light* as down [a feather]
羽毛(うもう)のように軽い
❷ (程度などが)弱い; (アルコール分の)少ない; (食べ物が)あっさりした, もたれない
- a *light* sleep 浅い眠(ねむ)り
- a *light* wind そよ風
- a *light* meal 軽食
❸ やさしい, 骨が折れない
- a *light* task 楽な仕事
- *light* reading 軽い読み物
❹ (動作などが)軽い, すばやい; 快活な
❺ 軽装の; 軽装備の

***make light of ...*** …を軽んじる (⇔make much of ... …を重んじる)
- You must not *make light of* your parents' advice.
両親の助言を軽く考えてはいけない.
派生語 lighten² 動, lightly 副

**light bulb** [láit bʌ̀lb ライト バルブ] 名 C 電球

**lighten¹** B2 [láitn ライトゥン] (★このghは発音しない) 動 ―他 ❶ を明るくする, 照らす
- The moon *lightened up* the road.
月が道を明るく照らした.
―自 明るくなる; 輝(かがや)く; 光る

**lighten²** B2 [láitn ライトゥン] (★このghは発音しない) 動 他 自 ❶ (荷など)を軽くする; 軽くなる ❷ (気分)を楽にする; 楽になる

**lighter¹** B1 [láitər ライタァ] (★このghは発音しない)
―形 light¹(明るい)の比較(ひかく)級
―名 C (たばこ用の)ライター

**lighter²** [láitər ライタァ] (★このghは発音しない) 形 light²(軽い)の比較(ひかく)級

**lighthouse** 3級 [láithàus ライトハウス] (★このghは発音しない) 名 C 灯台

**lighting** B2 [láitiŋ ライティング] (★このghは発音しない)
―動 light¹(明かりをつける; 明るくなる)の現在分詞・動名詞
―名 U 照明; 点火

**lightly** 2級 B1 [láitli ライトゥリィ] (★このghは発音しない) 副 軽く, そっと; 軽快に; 軽率(けいそつ)に; たやすく

**lightning** B1 [láitniŋ ライトゥニング] (★このghは発音しない) 名 U 稲妻(いなずま), 雷光(らいこう) (▶雷(かみなり)の

**lightning rod**

光は lightning, 雷の音は thunder)
- The tree was struck by *lightning*.
その木は落雷を受けた.

**lightning rod** [láitniŋ ràd ライトニング ラッド | -rɔ̀d - ロッド] 名 ⓒ 避雷(ひらい)針(=⦅英⦆lightning conductor)

## *like¹ 5級 A1 [láik ライク]

— 動 (三単現 likes[-s]; 過去・過分 liked[-t]; 現分 liking)

— 他 (▶ふつう進行形にしない) ❶ …が好きである, …を好む, 気に入る(⇔dislike 嫌(きら)いである)

- I *like* soccer.
サッカーが好きだ.
- Do you *like* Italian food?
イタリア料理は好きですか.
- I don't *like* oranges.
私はオレンジが好きではない.

> **ここがポイント!** like に続く名詞
>
> 数えられる名詞について「…が好きだ」と言う場合は複数形にします.
> - 私はオレンジが好きだ.
>   ○ I like oranges.
>   × I like an orange.
> 特定の1つをさして言う場合は, 限定する語句をつけて単数形で使います.
> - 私はこのオレンジが好きだ.
>   I like this orange.

> 話してみよう!
> ☺ Which color do you *like* better, red or blue?
> 赤と青ではどちらの色が好きですか.
> ☻ I *like* red better (than blue).
> 赤のほうが(青よりも)好きです.

- "Which flower do you *like* (the) best?" "I *like* that rose (the) best."
「どの花がいちばん好きですか」「あのばらがいちばん好きです」

❷ 《like+〈-ing 形〉または like to+〈動詞の原形〉で》 …することが好きである

- I *like* sing*ing*. = I *like* to sing.
私は歌うことが好きだ.

❸ 《like ... to+〈動詞の原形〉または like ... +〈-ing 形〉で》 …に~してほしい (▶否定文では〈-ing 形〉が用いられることが多い)

- I *like* my children *to* study hard.
子どもたちには一生懸命(けんめい)勉強してほしい.
- I don't *like* you go*ing* out late at night.

君に夜遅(おそ)く外出してもらいたくない.
—❷ 好む, 望む
- You can come whenever you *like*.
好きなときにいつでも来ていいですよ.

***How do you like ...?*** …をどう思いますか., …はどうですか.; どのような…が好きですか.
(▶好み・感想をたずねる. もっとていねいに言うには How *would* you like ...?)
- *How do you like* your new apartment?
新しいアパートはどうですか.

***if you like*** もしよろしければ, そうしたければ

***would like ...*** …がほしいのですが (▶want よりていねい)
- I'd *like* a glass of water.
水を1杯(ぱい)ほしいのですが.

***would like to***+〈動詞の原形〉 …したいのですが

> **ここがポイント!** would like to+〈動詞の原形〉の使い方
>
> (1) want to+〈動詞の原形〉よりていねいな言い方です.
> (2) ⦅話⦆ では 'd like to+〈動詞の原形〉と短縮します.
> (3) ⦅英⦆ では would の代わりに should も使われます.
> (4) would like+〈-ing 形〉は×.

- We'd *like to* visit Kyoto again.
もう一度京都に行ってみたいものです.
- What *would* you *like to* drink?
何をお飲みになりますか.

> 話してみよう!
> ☺ *Would* you *like to* see the picture?
> 写真を見たいですか.
> ☻ I'd *like to*! ぜひ(そうしたいです).

***would like ... to***+〈動詞の原形〉 …に~してほしいのですが, …に~させたいのですが
- I'd *like* you *to* meet Mr. Jackson.
ジャクソンさんをご紹介(しょうかい)いたします. (⇔あなたに会ってもらいたい)

***Would you like ...?*** …はいかがですか. (▶物を勧(すす)めるときなどの言い方)
- *Would you like* some more dessert?
もっとデザートをいかがですか.

— 名 《ふつう likes で》 好きなこと, 好きなもの; SNS などでの「いいね」
- *likes* and dislikes
好き嫌い
- My post got so many *likes*.
私の投稿(とうこう)に「いいね」がたくさんついた.

# limousine

## like² 4級 A1 [láik ライク]
— 前 ❶ …に似た, …のような(⇔unlike …に似ていない)
- She is *like* her sister.
彼女は(内面的に)姉[妹]に似ている.
- She looks *like* her sister.
彼女は(外見的に)姉[妹]に似ている.
- I'm looking for a tennis racket *like* this.
これと似たテニスラケットを探している.
- walk *like* a fashion model
ファッションモデルのように歩く
- I like winter sports *like* skiing.
私はスキーのような冬のスポーツが好きだ.

❷ …らしい
- It's not *like* you to leave the key inside.
かぎを中に置き忘れるなんて君らしくないね.

*feel like ...* …がほしい気分である;…のような感じがする → feel(成句)
*Like what?* 例えばどのような?
*What is ... like?* …はどういうもの[人]ですか.

— 形 (比較 more like; 最上 most like) 似ている(⇔unlike 似ていない);同じような
- in *like* cases 同じような場合に

— 名 ((the likes of ...で))((話))…のような人[物] (▶ふつう, 好ましくない人や物に対して使う)

*and the like* その他, …など
- I bought pencils, notebooks, *and the like*. 私は鉛筆やノートなどを買った.

## -like [laik ライク] ((複合語をつくって))…のような (▶名詞の後について形容詞をつくる)
- child*like* 子どもらしい, 純真な

## likely 準2級 A2 [láikli ライクリィ]
— 形 (比較 likelier, more likely; 最上 likeliest, most likely) ❶ (be likely to +〈動詞の原形〉または it is likely that ...で) …しそうである
- It is *likely* to rain. 雨が降りそうだ.
- We *are* not *likely to* get the tickets. = *It is* not *likely that* we will get the tickets.
そのチケットは手に入りそうもない.

❷ ありそうな, ありうる(⇔unlikely ありそうにない) → possible くらべて!
- a *likely* story ありそうな話

— 副 (ふつう very [most] likelyで) たぶん, おそらく(=probably)
- Ted will *very likely* visit her.
テッドはたぶん彼女を訪ねるだろう.

## likeness B1 [láiknis ライクニス] 名 U C 似ていること, 類似(点);似顔絵

## liking [láikiŋ ライキング] 動 like¹(好きである)の現在分詞・動名詞

## lilac [láilək ライラック] (★アクセント位置に注意)
— 名 C U 〖植物〗ライラック, リラ(▶モクセイ科の低木で春に芳香のある小花が咲く)
— 形 薄紫色の

## lily 3級 A1 [líli リリィ]
名 (複 lilies[-z]) C 〖植物〗 ゆり, ゆりの花(▶キリスト教では「純潔」「清純」の象徴で, イースター(Easter 復活祭)には白ゆりが飾られる)
- a *lily* of the valley すずらん

## Lima [líːmə リーマ] 名 リマ(▶ペルー(Peru)の首都)

## limb B2 [lím リム] (★このbは発音しない) 名 C (人・動物の)腕, 脚;(鳥の)翼;(木の)大枝

## lime¹ [láim ライム] 名 U 石灰

## lime² 準2級 [láim ライム] 名 C 〖植物〗ライム, ライムの木(▶ミカン科の低木. 果実は酸味が強い)

## limit 2級 B1 [límit リミット]
— 名 C ❶ (数量などの)制限;限界, 限度
- the age *limit*
年齢制限
- There is a *limit* to everything.
何事にも限度がある.

「学校あり/制限速度時速15マイル」の標識

❷ ((limitsで))((単数扱い))(限られた)範囲(内), 境界(線), 区域
- OFF *LIMITS*
((掲示))立入禁止(区域)

— 動 他 …を制限する
- She *limits* the amount of sugar she eats each day.
彼女は1日の砂糖摂取量を制限している.
派生語 limited 形

## limited B1 [límitid リミティッド]
— 動 limit(制限する)の過去形・過去分詞
— 形 ❶ 限られた, 有限の
- *limited* time 限られた時間
❷ ⦅米⦆(列車・バスなどの)特別急行の
- a *limited* express 特急
❸ ⦅英⦆有限責任の(=⦅米⦆incorporated)

## limousine [líməziːn リマズィーン] 名 C リムジン;大型の高級自動車;(空港と市内間の)送迎

## limp

(愛)用バス

**limp** B1 [límp リンプ]
- 動⾃ 足を引きずって歩く
- 名C 足を引きずって歩くこと

**Lincoln** [líŋkən リンカン] 名 Abraham, エイブラハム・リンカン (▶1809-1865; 米国第16代大統領. 奴隷(ポい)解放に尽(?)くした)

**Lindbergh** [líndbə:rg リンドゥバーグ] 名 Charles, チャールズ・リンドバーグ (▶1902-1974; 米国の飛行家. 1927年, ニューヨーク・パリ間の大西洋横断無着陸飛行に成功)

## line¹ 4級 A1 [láin ライン]

名 ❶ 線
❷ 列
❸ (電話の)回線
❹ (バス・列車などの)路線
❺ 境界(線)
❻ 行(ぎょう)
❼ ひも
❽ 職業

動他 ❶ …に線を引く
❷ …を並べる
⾃ 並ぶ

— 名 (複 lines[-z]) C ❶ 線, 筋; (顔などの)しわ
- draw a straight [curved] line
  直[曲]線を引く

❷ (人・物の)列; (英)(順番を待つ人や車の)行列 (=(英)queue)
- the line for the movie
  映画を見る人の列
- Stand in (a) line.
  1列に並びなさい.
- Don't cut in line.
  列に割りこむな.

「列はここから始まります」という表示 (カナダ)

❸ (電話の)回線; 電話線
- The line is dead.
  回線が不通だ.
- The line is busy.
  (電話で)お話し中です.
- Hold the line, please.
  (電話で)そのままお待ちください.
- Your friend is on the line.
  お友達から電話ですよ.

❹ (バス・列車などの)路線, 線路; 航(空)路; 運輸会社
- the main Tokaido line 東海道本線

❺ 境界(線); 境目, 限界

❻ (書物・詩などの)行; 短い手紙;《linesで》(劇の)せりふ
- line eighteen 18行目
- the seventh line from the top [bottom]
  上[下]から7行目
- Drop me a line from Paris.
  パリから手紙をください.

❼ ひも, 糸, 綱(?)
- a fishing line 釣(?)り糸

❽ 職業, 商売; 専門

***read between the lines*** 行間を読む, 言外の意味を読み取る

— 動 (三単現 lines[-z]; 過去・過分 lined[-d]; 現分 lining)
— 他 ❶ …に線を引く; (顔)にしわをよせる
❷ (道などに沿って)…を並べる
- The avenue was lined with poplars.
  その通りに沿ってポプラが並んでいた.
— ⾃ 並ぶ

***line up*** 1列に並ぶ, 整列する; …を整列させる

**line²** [láin ライン] 動他 …に裏地をつける, 裏打ちをする

派生語 lining 名

**linear** [líniər リニア] 形 直線状の; 長さの
- a linear motor car リニアモーターカー

**linen** B2 [línin リニン] 名 ❶ UC 《しばしば linensで》リネン製品 (▶シーツ・テーブルクロス・ナプキンなど) ❷ U リネン, 亜麻(ぁま)布

**liner** B2 [láinər ライナァ] 名 C ❶ (大型)定期船, 定期航空機 ❷ 《野球》ライナー

**linger** B2 [líŋgər リンガァ] 動⾃ 長居する; のろのろする

**lining** [láiniŋ ライニング] 名 ❶ C (服などに)裏地をつけること, 裏打ち ❷ U 裏地, 裏布

**link** 2級 B1 [líŋk リンク]
— 名 C ❶ (鎖(くさり)の)輪, 環(ゎ) ❷ 結びつけるもの; きずな, つながり ❸ 《インターネット》リンク
— 動 他 ⾃ …を連結する, つなぐ; つながる

## lion 4級 A1 [láiən ライアン]

名 (複 lions[-z]) C 《動物》ライオン, しし (▶特に雌(めす)のライオンを言う場合はlioness [láiənis ライアニス])

# literature

## これ、知ってる？ ライオンのイメージ

ライオンは the king of beasts (百獣(ひゃくじゅう)の王)と言われ、「勇気」「力」の象徴(しょう)です. 英国王室の紋章(もんしょう)にはライオンと一角獣(unicorn)がデザインされています.

英国王室の紋章

## lip 【A2】 [líp リップ]

名(複 lips [-s]) C 唇(くちびる)(▶唇自体とその上下の部分を含(ふく)む) → mouth 図
- the upper *lip* 上唇
- the lower [under] *lip* 下唇
- Andy kissed her on the *lips*.
  アンディは彼女の唇にキスをした.
- He is paying *lip* service to you. 彼はあなたに口先でうまいことを言っているだけだ. (▶lip serviceは口先だけの賞賛の意)

**lipstick** [lípstìk リップスティック] 名 U C (棒状の)口紅

## liquid 【2級】【B1】 [líkwid リクウィッド]

— 名 U C 液体(▶種類を言うときには数えられる名詞として扱(あつか)う.「気体」はgas,「固体」はsolid)
- Water and alcohol are *liquids*.
  水とアルコールは液体である.

— 形 液体の

**liquor** [líkər リカァ] 名 U C (ふつう蒸留した)アルコール飲料; (一般に)酒(▶種類を言うときには数えられる名詞として扱(あつか)う)

**Lisa** [líːsə リーサ] 名 リサ(▶女性の名. Elizabethの愛称(あいしょう))

## list 【4級】【A1】 [líst リスト]

— 名 C リスト、一覧表; 目録、名簿(めいぼ)
- a *list* of names 名簿
- Let's make a shopping *list* before we go to the mall.
  商店街に行く前に買い物リストをつくろう.

— 動 他 …を表にする; …を名簿などに載(の)せる
- She is not *listed* in the telephone book.
  彼女の名前は電話帳に載っていない.

## *listen 【5級】【A1】

[lísn リスン](★このtは発音しない)

(動 (三単現) listens [-z]; 過去・過分 listened [-d]; 現分 listening) 自 ❶ (注意して)聞く, 耳を傾(かたむ)ける → hear くらべて！
- *Listen* and repeat after me.
  よく聞いて私の後について発音しなさい. (▶英語の授業などで)

**listen to +〈名詞〉**
…を聞く
- I'm *listening to* music.
  私は音楽を聞いている.
- Please *listen to* me carefully.
  私の言うことをよく聞いてください.

**listen to +〈名詞〉+〈動詞の原形または -ing 形〉**…が〜する[〜している]のを聞く
- *Listen to* the birds sing [sing*ing*].
  鳥が鳴く[鳴いている]のを聞きなさい.

❷ (忠告や要求に)耳を貸す, 従う
- Father never *listens to* us.
  父は私たちの言うことに絶対に耳を貸さない.
- You should *listen to* my advice.
  ぼくの忠告に従ったほうがいいよ.

**listen for ...** …が聞こえるかと耳を澄(す)ます
- I *listened for* the doorbell.
  私は玄関(げんかん)のベルが今鳴るかと待っていた.

派生語 listener 名

**listener** 【B2】 [lísnər リスナァ](★このtは発音しない)
名 C 聞き手; (ラジオの)聴取(ちょうしゅ)者

**lit** [lít リット] 動 light¹ (明かりをつける; 明るくなる)の過去形・過去分詞の１つ

**liter** 【A2】 [líːtər リータァ](▶ 英 ではlitreとつづる)
名 C リットル(▶容量の単位. lit. またはl., ltと略す)

**literacy** [lítərəsi リタラスィ, リトゥラスィ] 名 U 読み書きできる能力; (ある分野の)能力(⇔ illiteracy 読み書きのできないこと)
- computer *literacy* コンピュータ運用能力, コンピュータリテラシー

**literal** 【B2】 [lítərəl リタラル, リトゥラル] 形 文字通りの; 文字の

**literally** 【B2】 [lítərəli リタラリィ, リトゥラリィ] 副
❶ 文字どおりに ❷ まったく, 本当に(= really)

**literary** 【B1】 [lítərèri リタレリィ | lítərəri リタラリィ]
形 ❶ 文学の, 文芸の, 文学的な
- *literary* works 文学作品

❷ 文語(体)の, 書き言葉の(⇔colloquial 口語(体)の, 話し言葉の)
- *literary* language 文語

**literature** 【2級】【B1】 [lítərətʃər リタラチャァ]
名 U ❶ 文学, 文芸; 文学作品 ❷ 文献(ぶんけん)

## Lithuania

**Lithuania** [liθuéiniə リスゥエイニァ | liθjuéiniə リスュエイニァ] 名 リトアニア(▶バルト海沿岸の共和国. 首都はビリニュス(Vilnius))

**litter** B2 [lítər リタァ]
— 名 U くず, ごみ
— 動 自他 (ごみなどを)取り散らかす; (場所)をごみで散らかす
 - NO *LITTERING* = NO *LITTER*
   《掲示》ごみを捨てるな

**litter bin** [lítər bin リタァ ビン] 名 C 英 (公園などの)ごみ箱, くず入れ(= 米 litter basket)

公園のリサイクル用のごみ箱(英国)

## *little 5級 A1 [lítl リトゥル]

形 ❶ 小さい
　❷《a little + 数えられない名詞で》少量の…
　❸《a をつけないで》ほとんどない
　❹ わずかな
　❺ ささいな
副 ❶《a little で》少し
　❷《a をつけないで》ほとんど…ない
代 少量

— 形 (比較 less [lés レス]; 最上 least [líːst リースト]) (▶「小さい」の意味での比較級・最上級は, ふつう smaller, smallest を使い, less, least は「少量の」「程度が少ない」の意味で使う)

❶《名詞の前に用いて》小さい(⇔ big 大きい); 幼い, 若い(= young), 年下の; 小さくて愛らしい
 - a *little* doll 小さな人形
 - my *little* brother 私の弟(▶「弟」は younger brother とも言う)
 - This is such a nice *little* garden!
   これはとてもかわいらしい小さな庭ですね.
 - a *little* finger
   (手の)小指 → finger 図
 - *Little* League
   リトルリーグ; 少年野球リーグ
 - a *little* toe
   (足の)小指

### くらべてみよう! little と small

**little**:「小さくてかわいらしい」「ちっぽけでかわいそうな」という話し手の気持ちを含(ふく)みます.
**small**: 単に大きさや形が「小さい」ことを表します.
 - a *little* mouse
   小さくてかわいいはつかねずみ
 - A mouse is a *small* animal.
   はつかねずみは小形の動物だ.

❷《a little + 数えられない名詞で》少量の…, 少しの…, 少しはある…(⇔ much 多量の, → few ❶ くらべて!, many ポイント!)
 - I have *a little* money with me now.
   私は今少しお金を持っている.
 - She speaks *a little* English.
   彼女は少し英語が話せる.(▶ 副の little を使って She speaks English a little. とも言える)

❸《a をつけないで》(量が)ほとんどない, 少ししかない
 - We had *little* snow last year.
   去年は雪がほとんど降らなかった.
 - I have very *little* time to practice the piano.
   私はピアノを練習する時間がほとんどない.

### ここが ポイント! a little と little

**a little** は「少しはある」という意味. それに対し, **little** は「少ししかない」という否定的な気持ちを表します. 同じ量でも, 話し手の見方により **a little** が使われたり **little** が使われたりします.

❹ (時間・距離(きょり)が)わずかな, 短い(= short)
 - a *little* while 少しの間
❺ ささいな, つまらない
 - It's just a *little* problem.
   それはほんのささいな問題だ.
***a little bit*** 《話》ほんの, ちょっと

### 話してみよう!

☺ Do you speak French?
あなたはフランス語を話しますか.
☺ Yes, *a little bit*.
はい, ちょっとだけ.

***only a little ...*** ほんのわずかの…(▶ a をつけない little (→ ❸) とほぼ同じ意味)
 - There is *only a little* water left.
   ほんのわずかな水しか残っていない.
***quite a little ...*** 《話》かなりたくさんの…(=

much)
—副(比較 less[lés レス]; 最上 least[líːst リースト])❶《a littleで》**少し**(は…する)(▶ a littleとlittleの違いは形の場合と同じ)
- We walked *a little*. 私たちは少し散歩した.
- I'm *a little* sleepy. 私は少し眠い.

❷《aをつけないで》**ほとんど…ない**
- Emma ate very *little*.
エマはほとんど食べなかった.

***not a little*** 少なからず, 大いに(▶形式ばった言い方)(＝much)

—代 **少量**, 少し, わずか(▶ a littleとlittleの違いは形の場合と同じ)(⇔much 多量)
- Give me *a little* of that juice.
そのジュースを少しください.
- She did *little* to help me.
彼女は私の助けになることをほとんど何もしなかった.

***little by little*** 少しずつ, だんだん
***make little of ...*** …を何とも思わない, 軽んじる(＝think little of ...)
***quite a little*** 《話》かなり多くのもの
***think little of ...*** ＝make little of ...

**Little Bear**[lítl béər リトゥル ベア] 名《the Little Bearで》『天文』こぐま座

\***live**[^1] 5級 A1
[lív リヴ](★live[^2]との発音の違いに注意)
動(三単現 lives[-z]; 過去・過分 lived[-d]; 現分 living)
—自 ❶ **住む**, 住んでいる(▶ in [on, at]...など場所を表す語句を伴う)
- He *lives in* a small house.
彼は小さな家に住んでいる.
- She *lives at* 56 Wall Street.
彼女はウォール街56番地に住んでいる.
- "Where do you *live*?" "I *live in* Tokyo."
「あなたはどこに住んでいますか」「東京に住んでいます」
- He is *living* with his grandparents now.
彼は今は祖父母といっしょに住んでいる.(▶beliving と進行形にすると「一時的に住んでいる」という意味になる)

❷ **生きる**(⇔die 死ぬ)
- We cannot *live* without water.
私たちは水なしでは生きられない.
- She *lived* to be ninety. ＝She *lived* until she was ninety.
彼女は90歳まで生きた.

❸ **暮らす**, 生活する
- The family *lived* happily.
その家族は幸せに暮らしました.

—他《live a ... lifeで》…な生活を送る
- He *lives* a happy *life*.
彼は幸福な生活をしている.(＝He lives happily.)

***live on ...*** …を食べて生きる; (ある金額で)暮らしを立てる
- She *lives on* 120,000 yen a month.
彼女は月12万円で生活している.

***live through ...*** (苦難など)を生き延びる
***live up to ...*** …(の期待)にこたえる
- Greg *lived up to* his parents' expectations. グレッグは両親の期待にこたえた.

派生語 life 名, living 形名

**live**[^2] B1 [láiv ライヴ](★live[^1]との発音の違いに注意) 形 ❶《名詞の前にのみ用いる》生きている(＝living, ⇔dead 死んでいる)→alive ❶
- *live* animals 生きている動物

❷生放送の, 生演奏の
- a *live* concert ライブコンサート

派生語 livelihood 名, lively 形

**livelihood**[láivlihùd ライヴリィフッド] 名 C《ふつう a [one's] livelihoodで》生計, 暮らし(＝a living), 生計の手段
- He lost his job and *his livelihood*.
彼は仕事と生計の手段を失った.

**lively** A2 [láivli ライヴリィ] 形(比較 livelier; 最上 liveliest) ❶ 生き生きした, 元気のよい(＝active) ❷陽気な, にぎやかな ❸(色彩などが)鮮やかな(＝bright)

**liver** B1 [lívər リヴァ] 名 C 肝臓; U レバー

**Liverpool** 4級 [lívərpùːl リヴァプール] 名 リバプール(▶英国北西部の港市)

**lives**[^1][lívz リヴズ] 動 live[^1](住む; 生活を送る)の三人称単数現在形

**lives**[^2][láivz ライヴズ](★lives[^1]との発音の違いに注意) 名 life(生命)の複数形

# **living** 4級 A1 [líviŋ リヴィング]

—動 live(住む; 生活を送る)の現在分詞・動名詞
—形 **生きている**(⇔dead 死んでいる); 現存する, 現在使われている →alive ❶
- all *living* things すべての生き物

—名 U **生活**, 暮らし; C《ふつう a [one's] living で》生計
- the cost of *living* 生活費
- She earns *her living* as a photographer.
彼女は写真家として生計を立てている.(＝She makes her *living* from photography.)

**living room** 5級 A1 [líviŋ rùːm リヴィング ルーム] 名 C リビング(ルーム), 居間(＝《米》sitting room)

cushion クッション
sofa ソファー
TV テレビ
coffee table コーヒーテーブル
rug ラグ
footstool フットスツール
armchair ひじかけいす

**Liz** [líz リズ] 名 リズ(▶女性の名. Elizabethの愛称(あいしょう))

**lizard** [lízərd リザァド] 名 C 【動物】とかげ; U とかげの皮

**'ll** [l ル]《話》willまたはshallの短縮形

**load** A2 [lóud ロウド]
— 名 C 荷, 積み荷
• a heavy *load* 重い荷物
— 動 — 他 (人が車・船など)に荷を積む, (人が荷)を積む
• *load* the ship *with* coal = *load* coal *into* [*onto*] the ship 船に石炭を積みこむ
— 自 (車・船などが)荷を積む

**loaf** B1 [lóuf ロウフ] 名 (複 loaves [lóuvz ロウヴズ]) C (焼いたパンの)ひとかたまり → bread ポイント!
• a *loaf* of bread ひとかたまりのパン

**loafer** [lóufər ロウファァ] 名 C 《ふつう loafers で》ローファー(▶かかとの低いひもなしの靴(くつ))

**loan** B2 [lóun ロウン]
— 名 ❶ C 貸付金, ローン; 貸借物 ❷ U 貸すこと, 貸し付け
— 動 他 ※ (人にお金)を貸し付ける(=lend)

**loanword** [lóunwə̀:rd ロウンワード] 名 C 借用語, 外来語

**loaves** [lóuvz ロウヴズ] 名 loaf(パンなどのひとかたまり)の複数形

**lobby** B2 [lɑ́bi ラビィ | lɔ́bi ロビィ] 名 (複 lobbies [-z]) C (ホテルなどの)玄関(げんかん)広間, ロビー

**lobster** [lɑ́bstər ラブスタァ | lɔ́b- ロブ-] 名 C U 【動物】ロブスター, 海ざりがに(▶大形ではさみ(claw)を持った食用えび)(▶「くるまえび」は prawn, 「小えび」は shrimp)

lobster

prawn
shrimp

**local** 準2級 A2 [lóukəl ロウカル]
— 形 (比較 more local; 最上 most local) ❶ (ある)地方の, その土地の; 地元の, 現地の(▶「田舎(いなか)の」の意味はない → rural)
• *local* news 地方の[その土地の]ニュース
• a *local* newspaper (全国紙に対して)地方紙
❷ 各駅停車の
• a *local* train 普通(ふつう)列車
— 名 ❶ 《ふつう locals で》地元の人 ❷ ※ 各駅停車の列車
派生語 locally 副

**locally** 2級 [lóukəli ロウカリィ] 副 ある場所[地方]で, 局地的に, 近所で

**locate** 2級 B1 [lóukeit ロウケイト | loukéit ロウケイト] 動 他 ❶ (店・事務所など)を置く; 《be located で》(建物などが…に)位置する, ある
• The theater *is located in* the center of the city.
その劇場は市の中心にある.
❷ …の位置を突(つ)き止める, 見つける
派生語 location 名

**location** 2級 B1 [loukéiʃən ロウケイション] 名 ❶ C 位置, 場所, 所在地
❷ C U 映画の野外撮影(さつえい)地, ロケーション
• The film was shot on *location* in Africa.
その映画はアフリカで野外撮影された.

**loch** [lɑ́k ラック | lɔ́k ロック] 名 (複 lochs [-s]) C 《スコットランド語で》湖(= lake)

**Loch Ness** [lɑ̀:k nés ラーク ネス | lɔ̀k- ロック-] 名 ネス湖(▶スコットランド北部の湖. 怪獣(かいじゅう)伝説で有名)

**lock** 準2級 A2 [lɑ́k ラック | lɔ́k ロック]
— 名 C 錠(じょう), 錠前 → key
• open the *lock* with the key かぎで錠を開ける
— 動 — 他 ❶ …に錠をかける[おろす]
• *lock* the door ドアに錠をかける
• The room was *locked* from the inside.
その部屋は内側から錠がかかっていた.
❷ …を閉じこめる; …をしまいこむ
• The ship was *locked* in ice.
その船は氷の中に閉じこめられた.
— 自 錠がかかる
• The door of this room *locks* easily.
この部屋のドアは簡単に錠がかかる.
派生語 locker 名

**locker** 5級 [lɑ́kər ラッカァ | lɔ́kər ロッカァ] 名 C ロッカー

**locker room** [lɑ́kər rù:m ラッカァ ルーム | lɔ́kər ロッカァ-] 名 C 更衣(こうい)室, ロッカールーム

# long¹

**locomotive** [lòukəmóutiv ロウカモウティヴ] 名
Ⓒ 機関車
- a steam *locomotive* 蒸気機関車（▶この略語のSLは和製英語）

**locust** [lóukəst ロウカスト] 名Ⓒ〖虫〗いなご, ばった

**lodge** B1 [ládʒ ラッヂ | lɔ́dʒ ロッヂ]
—名Ⓒ ❶山小屋, ロッジ（=cabin） ❷番小屋, 門衛詰(つめ)め所
—動他自 …を泊(と)める；泊まる；…を下宿させる；下宿する

**lodging** [ládʒiŋ ラッヂング] 名 ❶Ⓤ 宿(舎)；宿泊設備 ❷《複数形で》下宿, 貸間

**loft** [lɔ́ːft ロ-フト | lɔ́ft ロフト] 名Ⓒ（物置用の）屋根裏, 屋根裏部屋（=attic）；ロフト

**log** 2級 B1 [lɔ́ːg ローグ | lɔ́g ログ]
—名Ⓒ 丸太 →tree 図
- a *log* cabin 丸太小屋
—動他自 ❶（木を）切り倒す ❷〖コンピュータ〗…を記録する
- *log* in [on] ログイン [オン] する
- *log* out [off] ログアウト [オフ] する

**logic** B1 [ládʒik ラヂック | lɔ́dʒik ロヂック] 名Ⓤ ❶論理学 ❷論理；理屈(くつ)
派生語 logical 形

**logical** A2 [ládʒikəl ラヂカル | lɔ́dʒi- ロヂ-] 形 ❶論理的な；必然的な ❷論理学の

**logo** B1 [lóugou ロウゴウ] 名（複 logos [lóugouz ロウゴウズ]）Ⓒ ロゴ, シンボルマーク

**lollipop** [lálipàp ラリパップ | lɔ́lipɔ̀p ロリポップ]（▶lollypopともつづる）名Ⓒ 棒つきキャンディー

# London 5級 [lʌ́ndən ランダン]

名 ロンドン（▶英国（Britain）の首都）
- *London* Bridge ロンドン橋（▶テムズ川にかかる最古の橋で, シティーと対岸を結ぶ）

**これ、知ってる？ ロンドンの「シティー」**

ロンドンは英国の首都で, イングランド南東部にある大都市です. 市内を流れるテムズ川北岸の一角はthe City（シティー）と呼ばれる旧市街で, 世界の金融(きんゆう)・商業の中心地となっています.

派生語 Londoner 名

**Londoner** [lʌ́ndənər ランダナァ] 名Ⓒ ロンドンっ子, ロンドン市民

**loneliness** B2 [lóunlinəs ロウンリィネス] 名Ⓤ さびしさ, 孤独(こどく)

# lonely 4級 A1 [lóunli ロウンリィ]

形（比較 lonelier; 最上 loneliest）❶ひとり（ぼっち）の, 孤独(こどく)な；さびしい, 心細い
- I feel *lonely*. 私はさびしい.
❷人の通らない, 辺ぴな, 人里離(はな)れた
- a *lonely* island 離れ小島
派生語 loneliness 名

**lonesome** [lóunsəm ロウンサム] 形（人が）さびしい, 心細い；（場所が）人里離(はな)れた

# *long¹ 5級 A1 [lɔ́ːŋ ローング | lɔ́ŋ ロング]

形 ❶長い
❷…の長さがある
副 ❶長く
❷…じゅう
名 長い間

—形（比較 longer [lɔ́ːŋɡər ローンガァ | lɔ́ŋɡər ロンガァ]; 最上 longest [lɔ́ːŋɡist ローンギスト | lɔ́ŋɡist ロンギスト]）❶（時間・距離(きょり)が）長い（⇔short 短い）
- a *long* trip 長い旅行
- a *long* speech 長い演説
- a *long* way 長い道のり

## long²

- a *long*-distance call 長距離電話
- a *long* weekend 3日以上連続して休める週末
- I haven't seen you for a *long* time. = It's been a *long* time since I saw you last. 久しぶりですね. (⇔長い間会っていない)
- What is the *longest* tunnel in Japan? 日本で最も長いトンネルは何ですか.

❷ **…の長さがある**, 長さが…の (▶ふつう長さを表す語の後につける)

- The desk is two meters *long*. その机は長さ2メートルだ.
- "How *long* is the TV drama?" "It's about two hours *long*." 「そのテレビドラマはどれくらいの長さですか」「約2時間です」

*Long time no see.* (話)久しぶりだね.

—副 (比較 longer [lɔ́ːŋɡər ローンガァ | lɔ́ŋɡər ロンガァ]; 最上 longest [lɔ́ːŋɡist ローンギスト | lɔ́ŋɡist ロンギスト]) ❶ (時間的に)**長く**, 長い間 (= for a long time)

- live *long* 長生きする
- Did you wait *long*? 長く待ちましたか.
- I have *long* wanted to visit Paris. 私は長い間パリに行きたいと思っている.
- How *long* have you been studying English? あなたはいつから英語を勉強していますか. (⇔どれくらい長く英語を勉強しているか)

❷ **…じゅう** (▶ふつう all といっしょに使う)

- *all* day [night] *long* 一日[一晩]じゅう

*a long time ago* = long ago

*as long as ...* …する間は; …であれば, …である限りは (= so long as ...)

- You can play the piano *as long as* you like. 好きなだけピアノを弾(ひ)いていい.
- We can have a picnic *as long as* it doesn't rain. 雨が降らない限り, ピクニックをすることができる.

*long ago* (今から)ずっと前に

- I met Mr. Hill *long ago*. 私はずっと前にヒルさんに会った.

*no longer* = *not ... any longer* もはや…ない

- He is *no longer* a child. = He is *not* a child *any longer*. 彼はもう子どもではない.

*So long!* (話)さようなら. (▶ Good-bye. よりもくだけた言い方. 親しい間で使う)

*so long as ...* = as long as ...

—名 U 長い間, 長い時間

*before long* まもなく, やがて (= soon)

*for long* 長い間, 長らく (▶ふつう疑問文, 否定文, if の文で使う) (= for a long time)

- Did you live there *for long*? 長い間そこに住んでいましたか.

派生語 length 名

**long²** [lɔ́ːŋ ローング | lɔ́ŋ ロング] 動 @ 強く(心から)望む, 切望する

- We *longed for* her arrival. 私たちは彼女の到着(ちゃく)を待ち焦(こ)がれた.
- He is *longing to* see you. 彼はしきりにあなたに会いたがっている.

派生語 longing 名

**longing** [lɔ́ːŋiŋ ローンギング | lɔ́ŋiŋ ロンギング] 名 U C 憧(あこが)れ, 切望

**longitude** [lándʒətùːd ランヂャトゥード | lɔ́ndʒitjùːd ロンヂテュード] 名 U C 経度 (▶ long. と略す) (⇔ latitude 緯度(いど))

**long jump** [lɔ́ːŋ dʒʌ́mp ローング ヂャンプ | lɔ́ŋ - ロング -] 名 C ((the long jump で))(走り)幅(はば)とび

## *look 5級 A1 [lúk ルック]

動 @ ❶見る
  ❷…に見える
  ❸向いている
名 ❶見ること
  ❷顔つき

—動 (三単現 looks [-s]; 過去・過分 looked [-t]; 現分 looking) @ ❶ **見る**; じっと見る; 目を向ける
→ see ❶ くらべて!

- *look* carefully よく見る, 注意して見る
- *look* to the left 左を見る

**look at +〈名詞〉**
…を見る

- *Look at* the blackboard. 黒板を見なさい.

話してみよう!
☺ May I help you? いらっしゃいませ, 何にいたしましょうか.
☺ Well, I'm just *looking*. ちょっと見ているだけです. (▶店で)

- *Look*! Here comes the teacher. ほら, 先生が来るよ. (▶ Look! は注意を促(うなが)すときの言い方)

❷ 《look +〈形容詞〉で》**…に見える**, …のようである (▶形容詞ではなく名詞を伴(ともな)う場合は look like ... → (成句)look like ...)

- *look* well [ill] 元気そうに[病気のように]見える
- *look* happy [sad] 幸せそう[悲しそう]である
- She *looks* young for her age. 彼女は年よりも若く見える.
- That suit *looks* good on him. = He *looks*

good in that suit. あのスーツは彼によく似合っている. (⇔よく見える)
❸《家・窓などが…に》向いている
- The house *looks* towards the ocean. その家は海に面している.

***look about*** = look around

***look after ...*** …の世話をする, 面倒(ぬぅ)を見る(=take care of ...); 見送る
- Would you *look after* my sister? 妹[姉]の面倒を見てくれませんか.

***look around*** 辺りを見回す; 見て回る(=look about, look round)
- I opened my eyes and *looked around*. 私は目を開けて辺りを見回した.

***look as if ...*** まるで…のように見える

***look away from ...*** …から目をそらす

***look back*** 後ろを見る; (過去などを)ふり返る

***look down*** (*at ...*) (…を)見下ろす
- They *looked down at* the ground. 彼らは地面を見下ろした.

***look down on [upon] ...*** …を見下す, 軽蔑する(⇔look up to ... …を尊敬する)

***look for ...*** …を探す
- We *looked for* the book. 私たちはその本を探した.

***look forward to ...*** …を楽しみにして待つ(▶このtoは前置詞なので, …には名詞または〈-ing形〉〈動名詞〉が来る)
- We are *looking forward to* the picnic. 私たちはピクニックを心待ちにしている.
- I'm *looking forward to* seeing you. あなたにお目にかかれるのを楽しみにしています.

***Look here!*** いいかい, ちょっと. (▶注意を促すときの言い方)

***look in*** 中をのぞく; 立ち寄る
- Please *look in* on us when you come to town. 町へ来たときには私たちの所に寄ってください.

***look in ...*** …の中をのぞく

***look into ...*** …の中をのぞく; …を調べる
- They are *looking into* the cause of the accident. 彼らは事故の原因を調べている.

***look like ...*** (まるで)…のように見える; …に似ている; …のようである
- This place *looks like* an amusement park. この場所は遊園地のようだ.
- A viola *looks like* a violin. ビオラはバイオリンに似ている.

***look on*** (手を出さずに)そばで見ている
- Meg just *looked on* and did nothing. メグはただ見ているだけで何もしなかった.

***look on [upon] ... as ~*** …を~と見なす
- They *looked upon* Jennie *as* their new captain. 彼らはジェニーを新しいキャプテンと見なした.

***look out*** 外を見る;《ふつう命令文で》気をつける
- I *looked out* (of) the window. 私は窓の外を見た. (▶⦅米⦆ではofを省略することがある)
- *Look out*! 気をつけて, よく見て.
- You must *look out* for bears here. ここでは熊(くま)に気をつけなさい.

***look over*** …をざっと調べる, 目を通す
- Please *look over* this report. このレポートに目を通してください.

***look round*** = look around

***look through ...*** …を詳(くわ)しく調べる, 目を通す

***look up*** 見上げる; (情報を)さがす, (辞書などで)…を調べる(=consult); (人を)ちょっと訪ねる
- She *looked up* at the sky. 彼女は空を見上げた.
- He *looked up* that word in the dictionary. 彼はその単語を辞書で調べた.

***look up to ...*** …を尊敬する(=respect, ⇔look down on [upon] ... …を見下す)

━ 名 (複 looks[-s]) ❶《a lookで》(ちょっと, 一目(ひとめ))**見ること**
- Can I *have* a *look at* that cap? あの帽子(ぼぅし)を見せてもらえますか.
- I *took* a quick *look at* my notebook. 私はノートをさっと見た.

❷ⓒ 顔つき, 目つき;《looksで》見た目, 外見, 容ぼう, ルックス
- good *looks* いいルックス, 外見のよさ
- He gave me an angry *look*. 彼は怒(おこ)ったような顔つきで私を見た.

**lookout** [lúkàut ルッカウト] 名ⓒ 見張り(▶人をさす);《a [the] lookoutで》警戒(けぃかい)

**loom** [lúːm ルーム] 名ⓒ はた織り機

**loop** [lúːp ループ] 名ⓒ (糸・縄(なゎ)・針金・リボンなどの)輪; 輪状のもの

**loose** A2 [lúːs ルース] (★「ルーズ」でないことに注意)
形 ❶ 緩(ゅる)い, 緩んだ; だぶだぶの(⇔tight きつい, fast ぐらついていない)
- a *loose* knot 緩い結び目
- *loose* trousers だぶだぶのズボン
- a *loose* tooth ぐらぐらした歯

❷ つながれていない, 縛(しば)っていない
- a *loose* dog つながれていない犬

## loosen

- *loose* hair 束ねていない髪
- ❸だらしない

**come loose**（結び目・ねじなどが）緩む, 解ける
派生語 loosen 動

**loosen**[lúːsn ルースン] 動他 ❶…を緩める, 解く（⇔tighten きつく締める）; 緩む
- *loosen* the screw ねじを緩める

**lord**[lɔ́ːrd ロード] 名 ❶C 支配者; 領主, 君主
❷《the [Our] Lordで》(キリスト教の)主, 神, キリスト
❸C 愛 貴族; 上院議員
- the House of *Lords* （英国議会の）上院
❹《Lord …で》愛 …卿, …閣下（▶姓につけて用いる）
- *Lord* Nelson ネルソン卿

**lorry** B1 [lɔ́ːri ローリィ | lɔ́ri ロリィ] 名《複 lorries [-z]》C 愛 トラック（=米truck）→truck 図

**Los Angeles** 4級 [lɔːs ǽndʒələs ローサンチャラス | lɔs ǽndʒəliːz ロサンチャリーズ] 名 ロサンゼルス（▶米国カリフォルニア州(California)南西部にある大都市）

## *lose 準2級 A2 [lúːz ルーズ]

動他 ❶…を失う
❷…に負ける
❸…を見失う
❹（時間）を無駄にする
❺（時計が…だけ）遅れる
自 ❶負ける
❷損をする

動《三単現 loses[-iz]》《過去・過分 lost[lɔ́ːst ロースト | lɔ́st ロスト]》《現分 losing》

— 他 ❶ …を失う, なくす（⇔gain 得る, find 見つける）
- I *lost* my money. 私はお金をなくした.
- I have *lost* my purse. 財布をなくした. （▶現在完了（結果）,「（その結果）まだ見つかっていない」の意味を含む）
- They *lost* their son in an accident. 彼らは息子を事故で亡くした.
- You need to *lose* some weight. あなたは体重をいくらか減らす必要がある.

❷ …に負ける（⇔win 勝つ）
- Our team *lost* the game. 私たちのチームはその試合に負けた.

❸ （人・方向など）を見失う;（道）に迷う
- She *lost* her mother in the crowd. 彼女は人ごみの中で母親を見失った.

❹ （時間）を無駄にする（=waste）;（機会）を失う
- Hurry! We have no time to *lose*. 急げ! 無駄にする時間はない.

❺ （時計が…だけ）遅れる（⇔gain 進む）
- This clock *loses* five minutes every month. この時計は1か月に5分遅れる.

— 自 ❶ 負ける
- Japan *lost* to Brazil (by a score of) 5-1 in the finals. 日本は決勝戦で5対1でブラジルに負けた.（▶5-1は five to one と読む）

❷ （仕事などで）損をする
- The banks *lost* heavily during the crisis. 銀行は経済危機で大損をした.

**lose oneself** 自分を見失う, 我を忘れる
**lose sight of …** …を見失う
**lose one's [the] way** 道に迷う
- I was trying to go to the station, but I *lost* my way. 駅に行こうとしたが道に迷ってしまった.

派生語 loser 名, loss 名

**loser** 3級 [lúːzər ルーザァ] 名 C 負けた人, 敗者; 失敗者; 損をした人（⇔winner 勝者）
- a good *loser* 負けた後の態度がりっぱな人

**losing** [lúːziŋ ルーズィング] 動 lose（失う; 負ける）の現在分詞・動名詞

## loss B1 [lɔ́ːs ロース | lɔ́s ロス]

名《複 losses[-iz]》❶U 失うこと, 紛失
- *loss* of sight 失明
❷C 損失, 損害, 赤字（⇔gain, profit 利益）
- profit and *loss* 利益と損失
❸U C 敗北

**be at a loss** 困っている, 途方にくれている
- I *was* at a *loss* for words. 私は言葉が出てこなかった［言葉につまった］.

## lost 準2級 A2 [lɔ́ːst ロースト | lɔ́st ロスト]

— 動 lose（失う; 負ける）の過去形・過去分詞
— 形 ❶ 失った, なくなった, 紛失した
- the *lost* watch なくした時計
❷ 道に迷った, 行方不明の
- a *lost* child 迷子
- get *lost* 道に迷う
❸ 負けた

**lost and found** [lɔ́ːst ən fáund ロースト アン ファウンド | lɔ̀st - - ロスト - -] 名《the lost and foundで》愛 遺失物取扱（=米lost property office）

遺失物取扱所の表示

# lot 〔準2級 A2〕[lát ラット | lɔ́t ロット]

**名**(複 lots[-ts -ツ]) **❶**《a lot または lots で》《話》**たくさん**
- I have *a lot* [*lots*] to do.
  私にはやることが山ほどある.
- She taught me *a lot*.
  彼女は私にたくさんのことを教えてくれた.

**❷**《a lot または lots で》《副詞的に》**たいへん, とても**(= very much)
- Thanks *a lot*. どうもありがとう. (▶Thank you very much. よりくだけた言い方)

**❸**Ⓒ **くじ**; Ⓤ **くじ引き**
- We drew *lots* to see who would go first.
  私たちはだれが最初に行くかを知る(= 決める)ためにくじを引いた.

**❹**Ⓒ **1区画の土地, 敷地**
- a parking *lot* 駐車場
- an open [empty] *lot* 空き地

**❺**Ⓒ (商品などの)**一山**
- five dollars *a lot* 一山5ドル

***a lot of ...*** = ***lots of ...*** たくさんの…(▶数にも量にも用いる) → **many** ポイント!
- There is *a lot* [*lots*] *of* water in the bucket.
  バケツにたくさんの水が入っている. (▶量)
- There are *a lot* [*lots*] *of* books on the desk. 机の上にたくさんの本がある. (▶数)
- It's *a lot* [*lots*] *of* fun to ski.
  スキーをするのはとてもおもしろい.

## lottery 〔2級 B1〕[lɑ́təri ラタリィ | lɔ́təri ロタリィ]
**名**(複 lotteries[-z]) Ⓒ **宝くじ, 福引**

## lotus [lóutəs ロウタス] **名**(複 lotuses[-iz]) Ⓒ 〖植物〗はす

# loud 〔2級 B1〕[láud ラウド]
(比較 louder; 最上 loudest)

**─形 声[音]の大きい**(⇔ low 声[音]の小さい); **騒々しい**(= noisy), **やかましい**
- shout in a *loud* voice 大声で叫ぶ
- That music is too *loud*.
  あの音楽は騒々しすぎる.

**─副 大声で**
- laugh (out) *loud* 大声で笑う
- Speak *louder*, please.
  もっと大きな声で話してください.

派生語 loudly **副**

## loudly 〔準2級 A2〕[láudli ラウドゥリィ] **副** 大声で; やかましく; 派手に

## loudspeaker 〔B1〕[láudspì:kər ラウドスピーカァ] **名**Ⓒ 拡声器, (ラウド)スピーカー(= speaker)

## Louisiana [lu:ì:ziǽnə ルーイーズィアナ] **名** ルイジアナ (▶米国南部の州. 州都はバトンルージュ (Baton Rouge). 郵便略語は LA)

## lounge [láundʒ ラウンヂ] **名**Ⓒ (ホテルや劇場の)休憩室; (空港の)待合室, ラウンジ

## Louvre [lú:v, lú:vrə ルーヴ, ルーヴラ] **名** 《the Louvre で》(パリの)**ルーブル美術館**

# *love 〔5級 A1〕[lʌ́v ラヴ]

**─動**(三単現 loves[-z]; 過去・過分 loved[-d]; 現分 loving) **他** (▶ふつう進行形にしない) **❶ …を愛する, 愛している, …に恋している**(⇔ hate 憎む)
- I *love* you. 私はあなたを愛しています.
- They *love* each other.
  彼らは愛し合っている.

**❷ …が大好きである** (▶like よりも好む度合いが強い)
- Alex *loves* chocolate.
  アレックスはチョコレートが大好きだ.

**love +〈-ing 形〉= love to +〈動詞の原形〉**
…することが大好きだ
- I *love* swimm*ing* in the sea. = I *love to* swim in the sea.
  私は海で泳ぐのが大好きだ.

***would love to* +〈動詞の原形〉** …したい (▶ would like to +〈動詞の原形〉と同じ. 主に女性が用いる. 《話》では 'd love to +〈動詞の原形〉と略す)
- I'*d love to* go on a picnic.
  ピクニックに行きたいな.

話してみよう!
☺ Will you join us?
私たちの仲間に入りませんか.
☺ I'*d love to*.
喜んで. (▶ to の後の join you が省略されている)

**─名**(複 loves[-z]) **❶**Ⓤ **愛, 愛情**(⇔ hatred 憎しみ); **恋愛**; 恋愛の対象
- a *love* letter [song] ラブレター[ソング]
- a mother's *love* for her children
  母親の子どもに対する愛情
- He was my first *love*.
  彼は私の初恋の人だった.

**❷**ⓊⒸ《しばしば a love で》**強い好み, 愛好**
- He has *a love for* [*of*] Mozart.
  彼はモーツァルトが大好きだ.

**❸**Ⓤ 〖テニス〗0点, ラブ
- fifteen-*love* 15対0
- a *love* game
  ラブゲーム (▶一方が無得点の試合)

**❹**Ⓒ **恋人**; **あなた** (▶カップル間や子どもに対し

## lovely

ての呼びかけ)
- Lisa is my *love*. リサは私の恋人です.

***be in love with ...*** …に恋をしている(▶状態を表す)
- She *is in love with* George.
彼女はジョージに恋をしている.

***fall in love with ...*** …に恋をする,…が好きになる(▶状態の変化を表す)
- They *fell in love with* each other.
彼らはお互(ﾀが)いに恋に落ちた.

***give [send] one's love to ...*** …によろしく伝える
- Please *give my love to* your family.
ご家族のみなさんによろしく伝えてください.

***With love, = Love,*** 愛を込(ﾞ)めて(▶親しい間での手紙の結びの言葉. 主に女性が使うが, 男性間で使うこともある. コンマの後に行を下げてサインする)

派生語 lovely 形, lover 名, loving 形

## lovely 4級 A1 [lʌ́vli ラヴリィ]

形 (比較 lovelier; 最上 loveliest) ❶愛らしい, かわいい, 美しい →beautiful くらべて!
- a *lovely* doll かわいい人形

❷(話)すばらしい, すてきな; 楽しい, 愉快(ﾕｶｲ)な(=delightful)
- *lovely* weather すばらしい天気
- have a *lovely* time 楽しい時間を過ごす

**lover** 準2級 A2 [lʌ́vər ラヴァ] 名 C ❶愛人, 恋人(ｺｲﾋﾞﾄ); ((lovers で))恋人同士

❷愛好者
- He is a music *lover*. 彼は音楽愛好家だ.

**loving** [lʌ́viŋ ラヴィング]
—動 love(愛する)の現在分詞・動名詞
—形 (ある人に対して)愛情の深い, 愛する, 愛情に満ちた
- Your *loving* friend, Mary あなたの親友メアリーより(▶手紙の結びの文句)

## low 準2級 A2 [lóu ロゥ]

(比較 lower; 最上 lowest)
—形 ❶(高さ・位置などが)低い(⇔high 高い)(▶「背が低い」は short)
- a *low* roof 低い屋根
- The chair is too *low* for me.
そのいすは私には低すぎる.

❷(値段が)安い; (程度・声・音などが)低い, 小さい(⇔loud 声[音]の大きい)
- at a *low* price 安い値段で
- a *low* temperature 低温
- in a *low* voice 小声で
- Tofu is *low* in fat. 豆腐(とうふ)は低脂肪(ぼう)だ.

—副 ❶低く(⇔high 高く)
- The plane was flying *low*.
その飛行機は低く飛んでいた.

❷安く; 小声で, 低い声で
- buy [sell] *low* 安く買う[売る]
- speak *low* 小声で話す

派生語 lower 形動

**lower** B2 [lóuər ロウァ]
—形 (▶low(低い)の比較(ﾋｶｸ)級) ❶《名詞の前にのみ用いる》下のほうの, 下級の, 下等な(⇔upper 上のほうの)
- the *lower* lip
下唇(したくちびる)
- *lower* animals
下等動物

「下の階」への通路を示す案内板(米国)

❷より低い(⇔higher より高い)
—動
—他 …を低くする, 下げる, 降ろす
- *lower* the shades 日よけを降ろす
- He *lowered* his voice. 彼は声を低くした.
—自 低くなる, 下がる, 降りる

**loyal** B1 [lɔ́iəl ロイアル] 形 忠誠な; 忠実な; 誠実な
- a *loyal* friend 誠実な友, 親友

派生語 loyalty 名

**loyalty** [lɔ́iəlti ロイアルティ] 名 (複 loyalties[-z])
U 忠誠, 忠実, 誠実; C 誠実な行為(ｺｳｲ)

**Ltd.** 英 limited (有限責任の)の略(=米 Inc.)

## luck 4級 A1 [lʌ́k ラック]

名 U 運; 幸運 →fortune くらべて!
- have good [bad] *luck* 幸運[不運]である
- Try your *luck*. 試(ﾀﾒ)しにやってみて.
- Better *luck* next time. この次はきっとうまくいくよ, また頑張(ｶﾞﾝﾊﾞ)ればいいじゃないか. (▶失敗した人を励(ﾊｹﾞ)ます言葉)
- You are in *luck*! タイミングがいいね.
- You are out of *luck*! 残念だね.
- by (good) *luck* 運よく, 幸運にも

***Bad luck!*** (話)ついていませんね, 残念ですね.
***Good luck (to you)!*** (話)幸運を祈(ｲﾉ)ります.; ごきげんよう.; 頑張って.

- *Good luck* with [on] the exams.
試験を頑張ってね.
派生語 lucky 形

**luckily** 準2級 A2 [lʌ́kili ラッキィリィ] 副 運よく, 幸いにも (＝fortunately)

# lucky 4級 A1 [lʌ́ki ラッキィ]

形 (比較 luckier; 最上 luckiest) **運のよい**, 幸運な (＝fortunate, ⇔unlucky 不運な); 縁起(ぎん)のよい
- *Lucky* you.
ついてるね.
- I was *lucky* (enough) to win first prize. ＝ It was *lucky* that I won first prize.
1等賞をもらえるなんて運がよかった.
派生語 luckily 副

**Lucy** [lúːsi ルースィ] 名 ルーシー (▶女性の名)

**luggage** B1 [lʌ́gidʒ ラギッヂ] 名 U (主に英) (旅行者の)手荷物 (＝米 baggage)
- a piece of *luggage* 1つの荷物

**lullaby** [lʌ́ləbài ララバィ] 名 (複 lullabies [-z]) C 子守(もり)歌

**lumber** [lʌ́mbər ランバァ] 名 U (米) (製材した)材木 (＝英 timber)

**lump** [lʌ́mp ランプ] 名 C ❶ かたまり
- a *lump* of clay 粘土(ねんど)のかたまり
- *lumps* of sugar いくつかの角砂糖
❷ こぶ, はれ物

**lunar** [lúːnər ルーナァ] 形 月の (▶「太陽の」は solar)
- a *lunar* eclipse 月食

# \*lunch 5級 A1 [lʌ́ntʃ ランチ]

名 (複 lunches [-iz]) ❶ U C **昼食**, ランチ
- eat [have] *lunch*
昼食を食べる (▶ふつうlunchにaやtheをつけたり複数形にしたりしない)
- school *lunch* 学校給食
- a late [light] *lunch*
遅(おそ)い[軽い]昼食 (▶このように形容詞を伴(ともな)うときは, 数えられる名詞として扱(あつか)う)
- a *lunch* break 昼休み
- What will you have for *lunch*?
お昼に何を食べますか.
- She is at *lunch* now.
彼女は今, 昼食中だ.
- Do you have a set *lunch* menu?
ランチセットはありますか (▶レストランで)
❷ C U 弁当;《主に米》軽い食事 (＝snack)
- a *lunch* box 弁当箱
- I take my *lunch* with me every day.
私は毎日弁当を持って行く.

## これ、知ってる? 米国の学校の昼食

米国の学校では昼食はふつう cafeteria (カフェテリア) と呼ばれる食堂で食べます. 家からサンドイッチなどを持参したり, ホットドッグ, ハンバーガー, ピザなど, その日のメニューから好きなものを買って食べたりします.

**lunchbox, lunch box** [lʌ́ntʃbɑ̀ks ランチバックス | lʌ́ntʃbɔ̀ks ランチボックス] 名 C 弁当箱

**luncheon** [lʌ́ntʃən ランチョン] 名 U C 昼食; (特に客を招いた正式な)昼食会

**lunchtime** 準2級 A2 [lʌ́ntʃtàim ランチタイム] 名 U 昼食時間 (＝lunch hour), 昼休み

**lung** B1 [lʌ́ŋ ラング] 名 C (ふつうlungsで)肺

**luster** [lʌ́stər ラスタァ] (▶英ではlustreともつづる) 名 U つや, 光沢(こうたく)

**Luther** [lúːθər ルーサァ] 名 Martin, マルティン・ルター (▶ 1483-1543; ドイツの宗教改革者)

**Luxembourg** [lʌ́ksəmbə̀ːrg ラクサンバーグ] 名 ルクセンブルク (▶フランス, ベルギー, ドイツに囲まれた大公国, 首都名は国名と同じ)

**luxurious** B2 [lʌgʒúəriəs ラグジュ(ア)リアス] 形 ぜいたくな, 豪華(ごうか)な

**luxury** B1 [lʌ́kʃəri ラクシャリィ] 名 (複 luxuries [-z]) U ぜいたく; 豪華(ごうか); C ぜいたく品, 高級品
- live in *luxury* ぜいたくに暮らす
派生語 luxurious 形

**-ly** [-li -リィ] 接尾 ❶ (▶形容詞の後について副詞をつくる)
- silent*ly* 静かに
❷ (▶名詞の後について形容詞をつくる)
- friend*ly* 親しい

**lying**¹ [láiiŋ ライイング] 動 lie¹ (横になる) の現在分詞・動名詞

**lying**² [láiiŋ ライイング] 動 lie² (うそをつく) の現在分詞・動名詞

**lyric** A2 [lírik リリック]
── 形 叙情(じょじょう)的な; 叙情詩的な (⇔epic 叙事詩的な)
── 名 C 叙情詩;《lyricsで》(流行歌などの)歌詞

# M, m

**M, m** [ém エム] 名 (複 M's, Ms, m's, ms[-z]) ❶ C 英語アルファベットの第13字 ❷ U (ローマ数字の)1000

**m, m.** meter(s)(メートル), mile(s)(マイル), minute(s)(分)の略

**'m** A1 [m ム]《話》am の短縮形
- I'm tired. 私は疲(ゔ)れている.

**MA** Massachusetts (米国マサチューセッツ州)の郵便略語

**ma** [máː マー] 名 C (ふつう Ma で)《幼児語》お母さん, ママ(= mama, mamma, ⇔ pa お父さん)

**ma'am** 4級 [məm マム,《強く言うとき》mǽm マム] 名 C 奥(ぉく)さま, お嬢(じょう)さま, 先生 (▶知らない女性や目上の女性に対する呼びかけ. madam の略)
- Excuse me, *ma'am*.
  ちょっと失礼します(, 奥さま).

**macaroni** [mækəróuni マカロウニィ] 名 U マカロニ

**Macbeth** [məkbéθ マクベス] 名 マクベス (▶シェークスピア作の4大悲劇の1つ；またその主人公)

**Macedonia** [mæsidóuniə マスィドウニア] 名 ❶ 北マケドニア → North Macedonia ❷ マケドニア (▶古代ギリシャ北方にあった王国)

# machine 4級 A1 [məʃíːn マシーン]

名 (複 machines[-z]) C 機械
- a sewing *machine* ミシン
- a vending *machine* 自動販売(はん)機
- an answering *machine* 留守番電話

派生語 machinery 名, mechanical 形

**machinery** [məʃíːnəri マシーナリィ] 名 U 機械類

**mackerel** [mǽkərəl マッカラル] 名 (複 mackerel, mackerels[-z]) C 〔魚〕さば；U さばの肉

**mad** A2 [mǽd マッド]
形 (比較 madder；最上 maddest)
❶ 気が変になった, 狂気(きょうき)の(= crazy)
- a *mad* dog 狂犬
❷《話》怒(ぉこ)って, 立腹して(= angry)
- What is the teacher so *mad about*?
  先生は何をそんなに怒っているの.
- Mia always gets *mad at* me.
  ミアはいつもぼくに腹を立てる.
❸《話》夢中になって, 熱中して(= eager)
- He's *mad about* video games.
  彼はテレビゲームに夢中だ.

***go mad*** 気が変になる

派生語 madness 名

**Madagascar** [mædəgǽskər マダギャスカァ] 名 マダガスカル (▶アフリカ南東沖, インド洋上の共和国. 首都はアンタナナリボ(Antananarivo))

**madam** B2 [mǽdəm マダム] 名 (複 madams[-z], mesdames [meidáːm メイダーム | -dǽm -ダム]) C《しばしば Madam で》奥(ぉく)さま, お嬢(じょう)さま (▶独身も含(ふく)めたすべての女性へのていねいな呼びかけ)(⇔ sir(男性に対して)あなた)

# made 5級

[méid メイド] (★同音 maid お手伝い)
動 make(作る)の過去形・過去分詞

**-made** [-méid -メイド]《複合語をつくって》…で作られた, …製の
- a home-*made* cookie 自家製クッキー
- a Japanese-*made* car 日本製の車

**madness** B2 [mǽdnis マッドゥニス] 名 U 狂気(きょうき)；激怒(げきど)

**Madonna** [mədɑ́nə マダナ | -dɔ́- -ド-] 名《the Madonna で》聖母マリア；C《しばしば madonna で》聖母マリアの(画)像

**Madrid** 3級 [mədríd マドゥリッド] 名 マドリード (▶スペイン(Spain)の首都)

# magazine 5級 A1

[mǽgəzìːn マガズィーン | mæ̀gəzíːn マガズィーン]
(★ ⊕ ⊛ でアクセント位置が違(ちが)うことに注意)

名 (複 magazines[-z]) C 雑誌
- a weekly [monthly] *magazine*
  週刊[月刊]誌
- a *magazine* for women = a women's *magazine* 女性誌
- take [subscribe to] a *magazine*
  雑誌を購読(こうどく)する

**Maggie** [mǽgi マギィ] 名 マギー (▶女性の名. Margaret の愛称(ぁぃしょう))

# magic 準2級 A2

[mǽdʒik マヂック] (★アクセント位置に注意)

━ 名 U ❶ 魔法(まほう), 魔術 (▶筆記具の「マジック」は felt-tip pen)；魔力, 不思議な力
- use [practice] *magic* 魔法を使う
❷ 奇術(きじゅつ), 手品
- perform *magic* 手品をする

━ 形《名詞の前にのみ用いる》魔法[魔術]の；奇術[手品]の

# mail order

- a *magic* carpet 魔法のじゅうたん
- a *magic* square 魔方陣(じん)
  (►縦・横・対角線それぞれの和が同じ数になるように,数を正方形のます目に並べたもの)

| 8 | 3 | 4 |
| --- | --- | --- |
| 1 | 5 | 9 |
| 6 | 7 | 2 |

- do *magic* tricks 手品をする

派生語 magician 名, magical 形

**magical** B1 [mǽdʒikəl マヂカル] 形 魔法(ほう)の(ような), 不思議な

**magician** B1 [mədʒíʃən マヂシャン] 名 C 手品師, 奇術(きゅう)師; 魔法(ほう)使い

**magnet** [mǽgnit マグニット] 名 C 磁石
派生語 magnetic 形

**magnetic** [mægnétik マグネティック] 形 磁石の, 磁気の; 磁気を帯びた

**magnificent** B1 [mægnífəsnt マグニフィサント] 形 壮大(そう)な, 雄大(ゆう)な;《話》すばらしい

**magnify** B2 [mǽgnəfai マグナファイ] 動《三単現》magnifies[-z];《過去・過分》magnified[-d]》他 ❶ (レンズなどが)…を拡大する ❷…を誇張(ちょう)する, 大げさに言う［考える］

**magnifying glass** [mǽgnəfaiiŋ glǽs マグナファイイング グラス | - glɑ́ːs - グラース] 名 C 拡大鏡, 虫眼鏡, ルーペ

**magnitude** [mǽgnətùːd マグナトゥード | -tjùːd -テュード] 名 U 巨大(きょ)さ, 規模, 重要さ; C マグニチュード (►地震(じん)の規模の単位)

**maid** [méid メイド] (★同音 made) 名 C お手伝い(の女性), (ホテルの)メイド (►hotel housekeeper, room attendantが男女の区別のない語)

**maiden** [méidn メイドゥン]
─形《名詞の前にのみ用いる》未婚(こん)の; 初めての
- a *maiden* voyage 処女航海
- a *maiden* name (女性の)結婚前の姓(せい), 旧姓
─名 C 乙女(おと), 少女 (►形式ばった言い方)

# mail 4級 A1

[méil メイル] (★同音 male 男性の)
─名《複 mails[-z]》U C《主に米》郵便; 郵便物 (= 主に英 post);《インターネット》E メール, 電子メール (= email)
- air *mail*
  航空便 (►airmailと1語で書くこともある)
- a *mail* carrier 郵便集配［配達］人
- *mail* service ［delivery］ 郵便業務［配達］
- We received a lot of *mail* this week.
  今週たくさんの郵便物が届いた.

- a *mail* address メールアドレス
**by *mail*** 《米》郵便で (= 《英》by post)
- Would you send me the paper *by mail*?
  その書類を郵便で送ってくれませんか.

**ここがポイント!** 「メールで」は by email
「メールで」という日本語はしばしば「Eメールで」を表しますが, 英語のby mailにはその意味はありません. 英語ではby emailと言います.

─動《三単現》mails[-z];《過去・過分》mailed[-d]》現分 mailing》他 ❶…を郵便で出す, 郵送する; 投かんする, ポストに入れる (=《英》post);《インターネット》…をEメールで送る (= email)
- Would you *mail* this letter for me?
  この手紙をポストに入れていただけませんか.
- I *mailed* him a book. = I *mailed* a book *to* him.
  私は彼に本を郵送した.
- a *mailing* list (ダイレクトメールなどの)郵送先名簿(ぼ);《インターネット》メーリングリスト (►Eメールアドレスを登録されたメンバー全員に同時に送信する仕組み)

**mailbox** 2級 B1 [méilbɑ̀ks メイルバックス | -bɔ̀ks -ボックス] 名《複 mailboxes[-iz]》C ❶《米》郵便ポスト (►米国のポストは箱形で一般に青く, 英国のポストは円柱形で赤い) (=《英》post box, pillar box)

米国のポスト　　英国のポスト

❷《米》(個人の)郵便受け (=《英》letter box)
❸《コンピュータ》メールボックス (►Eメールを一時的に保存しておくところ)

**mailman** [méilmæn メイルマン] 名《複 mailmen [-mèn]》C《米》郵便集配［配達］人 (►男女の区別を避(さ)けて mail [letter] carrier とも言う) (=《英》postman)

**mail order** [méil ɔ́ːdər メイル オーダァ] 名 U 通信販売(ばい)

# main

## main 2級 B1 [méin メイン]
─形《名詞の前にのみ用いる》**主な**, 主要な
- a *main* street 大通り
- the *main* office 本店, 本社, 本局

─名（複 mains[-z]）C《ふつうmainsで》(水道・ガスなどの)本管
派生語 mainly 副

## main course A2 [mèin kɔ́ːrs メイン コース]
名 C (食事の)主となる料理, メインコース

## Maine 4級 [méin メイン] 名 メーン（▶米国北東部の州. 州都はオーガスタ（Augusta）. 郵便略語はME）

## mainland [méinlænd メインランド | -lənd -ランド]
名 C《ふつう the mainland で》(島などに対して)本土, 大陸

## mainly 準2級 A2 [méinli メインリィ] 副 主(おも)として, 主(おも)に（=chiefly）; 大部分は

## maintain 2級 B1 [meintéin メインテイン]
動 他 ❶ …を保つ, 維持(いじ)する; (手入れをして)…を整備[保守]する
- *maintain* peace 平和を保つ
- *maintain* a car 車を整備する

❷ …を養う（=support）
- *maintain* a family 家族を養う
派生語 maintenance 名

## maintenance B1 [méintənəns メインタナンス]
（★「メンテナンス」でないことに注意）名 U 保持, 維持(いじ), 保全, メンテナンス

## maize [méiz メイズ]（★同音 maze 迷路(めいろ)）名 U 〖植物〗⊛ とうもろこし（=⊛corn）

## majestic [mədʒéstik マヂェスティック] 形 威厳(いげん)のある, 堂々たる, 雄大(ゆうだい)な

## majesty [mǽdʒəsti マヂャスティ]
名（複 majesties[-z]）❶ C《Majesty で》陛下（▶王・皇帝(こうてい)に対する敬称(けいしょう)）
- Your *Majesty* 陛下（▶面前での呼びかけ）
- His *Majesty* the King [Emperor] 国王[天皇]陛下
- Her *Majesty* the Queen [Empress] 女王[皇后]陛下

❷ U 威厳(いげん), 雄大(ゆうだい)さ
派生語 majestic 形

## major 準2級 A2 [méidʒər メイヂャア]
─形 ❶ (2つのうちで数量・程度が)大きいほうの, 多いほうの, 大部分の, 過半数の（⇔ minor 小さいほうの）
- the *major* part of the town 町の大部分

❷ 主要な, 一流の, 重大な
- the *major* industries 主要産業

─名 C ❶ ⊛ 少佐(しょうさ), ⊛陸軍少佐
❷ ⊛ 専攻(せんこう)科目
- His *major* is music. 彼の専攻は音楽だ.

❸〖音楽〗長調, 長音階（⇔minor 短調）
─動 他《major in ...で》⊛ …を専攻する
派生語 majority 名

## majority 2級 B1 [mədʒɔ́ːrəti マヂョーリティ | -dʒɔ́rə- -チョリ-] 名（複 majorities[-z]）❶《the [a] majority で》《単数・複数扱い》大多数; 大部分（⇔minority 少数）❷《a [the] majority で》《単数扱い》(得票などの)過半数; C 得票差

## major league [méidʒər líːɡ メイヂャァ リーグ]
名 C ⊛ (野球の)大リーグ, メジャーリーグ（▶ National League と American League からなる）

## major leaguer [méidʒər líːɡər メイヂャァ リーガァ] 名 C 大リーガー, メジャーリーガー, メジャーリーグの選手

## *make 5級 A1 [méik メイク]

| 動 他 ❶ …を作る |
| ❷ …を(作って)用意する |
| ❸ (友人など)を作る |
| ❹ …をする |
| ❺ …になる |
| ❻ …を引き起こす |
| ❼ …を〜にする |
| ❽ …に(むりやり)〜させる |
| 名 (製品などの)型 |

─動（三単現 makes[-s]; 過去・過分 made[méid メイド]; 現分 making）他

### ❶ …を作る
- *make* a pancake パンケーキを作る
- *make* a plan 計画を立てる
- This dress was *made* by my mom. このワンピースは私の母が作ったものです.

make+〈人〉+〈物〉=make+〈物〉+for+〈人〉
〈人〉に〈物〉を作ってあげる

- Henry *made* us hotdogs. = Henry *made* hotdogs *for* us.

# make

ヘンリーは私たちにホットドッグを作ってくれた．（▶前者はhot dogsを，後者はfor usを強調）
→ for 前❶ ポイント！

❷ **…を（作って）用意する**，整える
- *make* breakfast 朝ご飯を用意する
- *make* a bed ベッドを整える
- I *made* tea for my friends.
  私は友達にお茶を入れた．

❸（友人など）**を作る**；（金・名声など）を得る；（成績・得点など）をあげる
- She *made* a lot of friends in Canada.
  彼女はカナダでたくさんの友達を作った．
- He *made* a lot of money.
  彼はたくさんの金をもうけた．
- I *made* three goals.
  私は（ゴールを入れて）3得点をあげた．

❹《make＋〈動作を表す名詞〉で》**…をする**，行う
- *make* a note メモをする
- He *made* a decision to study abroad.
  彼は留学する決心をした．（＝He decided to study abroad.）

### ここがポイント！ make＋〈動作を表す名詞〉

make＋〈動作を表す名詞〉はしばしばその名詞の動詞形で同じ意味を表せます．名詞を使う表現は特に《話》でよく使われます．
- *make* a bow おじぎをする ＝動bow
- *make* a call 電話をする ＝動call
- *make* a choice 選ぶ ＝動choose
- *make* a decision 決心する ＝動decide
- *make* a mistake 間違（まちが）える ＝動mistake
- *make* a promise 約束する ＝動promise
- *make* a speech 演説する ＝動speak
- *make* a stop 止まる ＝動stop

### make＋〈形容詞〉＋〈動作を表す名詞〉
- *make* a **quick** call ちょっと電話をする
- *make* a **big** decision 大きな決断をする

quick, bigのような形容詞をつけることで，動作の様子をより詳細（しょうさい）に説明することができます．

❺（必然的に）…になる，合計…になる；（成長して）…になる
- This *makes* my second visit to Kyoto.
  これで京都への訪問は2回目になる．
- Four and five *make*(s) nine.
  4と5で9になる（4＋5＝9）．
- I am sure Lisa will *make* a good doctor.
  リサはきっといい医者になると思います．

❻ **…を引き起こす，生じさせる**
- *make* a noise［sound］雑音［音］を立てる
- It doesn't *make* any difference. それはどうでもよいことだ．（⇦何の違いも生じない）

❼《make ... ～ で》**…を～にする**

### make＋〈人〉＋〈形容詞または名詞〉
〈人〉を…にする
（▶〈人〉＝〈形容詞または名詞〉の関係が成り立つ）
- The baby's smile *makes* me happy.
  赤ちゃんのほほえみは私を幸せにしてくれる．
  （▶ me＝happyの関係）
- Eating too much *made* him sick. 食べ過ぎて彼は気持ち悪くなった．（▶him＝sickの関係）
- We *made* Fumi class president. 私たちはフミを学級委員長にした．（▶Fumi＝class presidentの関係，1名しかいない役職名にはaやtheをつけない）

### make＋〈人または事〉＋〈過去分詞〉
〈人または事〉を…されるようにする
- It's not easy to *make* yourself understood in English. 英語で自分の思うことを伝える（⇦自分自身を理解されるようにする）のは簡単ではない．

❽ …に（むりやり）～させる，あえて～させる（▶次の文型で）

### make＋〈人〉＋〈動詞の原形〉
〈人〉に（むりやり）～させる
- Tom *made* me laugh. トムが私を笑わせた．
- Ken's mother *made* him stay home.
  母親がケンを家にとどまらせた．
- They were *made* to work day and night.
  彼らは昼も夜も働かされた．（▶受け身ではto workのように動詞にtoがつくことに注意）

### くらべてみよう！ makeとletとhave

**make:** あまりしたくないこと，いやなことを「強制的にさせる」
**let:** 望むことを「させてやる，許可する」
**have:** 当然のこととして「してもらう」
- We *made* him go there.
  私たちは彼をそこへ（むりやり）行かせた．
- We *let* him go there. 私たちは（彼の望みどおり）彼をそこへ行かせた．
- We *had* him go there.
  私たちは彼にそこへ行ってもらった．

make　　let　　have

*make believe* ふりをする
*make for ...* …のほうへ進む
*make ... from* 〜 〜から…を作る(▶原料の質が変化して別のものになる場合に多く使われる) → make ... of 〜
- They *made* cheese *from* milk.
  彼らは牛乳からチーズを作った.
- Chocolate is *made from* cacao.
  チョコレートはカカオから作られる.

*make ... into* 〜 …を(加工して)〜にする, …を〜に作りかえる
- We *make* wood *into* paper. = Wood is *made into* paper.
  木を紙にする, 木で紙を作る. ( = We *make* paper *from* wood.)

*make it* (話)うまくいく; 間に合う; (日時を)決める
- Come on, you can *make it*!
  さあ, きみならできるよ.
- What time shall we *make it*?
  何時にしましょうか.

*make little of ...* …を軽んじる → little 代 (成句)
*make much of ...* …を重んじる → much (成句)
*make ... of* 〜 〜から…を作る(▶材料が見た目でわかるような場合に多く使われる) ( = make ... out of 〜) → make ... from 〜
- We *make* desks of wood. 私たちは木で机を作る. ( = Desks are *made of* wood. )
- This shelf is *made of* metal.
  この棚は金属でできている.

*make out* (書類・リストなど)を作る; …を見分ける, 理解する
- No one can *make out* this signature.
  この署名が判読できる人などいない.

*make ... out of* 〜 = make ... of 〜
*make sure ...* …を確かめる → sure 形 (成句)
*make the best of ...* (不利な条件など)をできるだけうまく生かす
*make the most of ...* …を最大限に活用する → most 代 (成句)
*make up* …を構成する; …を作り上げる, (話など)をでっち上げる; (…に)化粧する, メーク(アップ)する; 仲直りする; 《be made up of ...で》…から成り立っている
- A car *is made up of* many parts.
  車はたくさんの部品からできている.
- He *made up* an excuse.
  彼は言い訳をでっち上げた.
- Try to *make up with* her.
  彼女と仲直りするようにしなさい.

*make up for ...* …を埋め合わせる, 償う
*make up one's mind* 決心する → mind 名 (成句)
*make use of ...* …を利用する → use 名 (成句)

─名 (複 makes[-s]) Ⓤ Ⓒ (製品などの)型; 製作, …製
- a new *make* of computer
  新型のコンピュータ
- a car of Italian *make* イタリア製の車

派生語 maker 名

**maker** 準2級 A2 [méikər メイカァ] 名 Ⓒ 作る人; 製造業者, メーカー

**makeup, make-up** A2 [méikÀp メイカップ] 名 Ⓤ 化粧, メーキャップ; 化粧品
- She has just put on her *makeup*.
  彼女はちょうど化粧をしたところだ.
- remove [take off] *makeup*
  メイクを落とす

**makeup artist** [méikÀp à:tist メイカップ アーティスト] 名 Ⓒ メーキャップアーティスト

**making** 5級 [méikiŋ メイキング] 動 make(作る)の現在分詞・動名詞

**Malala Yousafzai** [məlà:lə jú:səfzai マラーラ ユーサフザイ] 名 マララ・ユスフザイ(▶1997-; パキスタン出身の女性で, 2014年ノーベル平和賞を受賞した人権運動家)

**Malawi** [məlá:wi マラーウィ] 名 マラウイ(▶アフリカ南東部の共和国. 首都はリロングウェ(Lilongwe))

**Malay** [méilei メイレィ]
─形 マレー人の, マレー語の; マレー半島の
─名 Ⓒ マレー人; Ⓤ マレー語

**Malaysia** [məléiʒə マレイジャ | -ziə -ズィァ] 名 マレーシア(▶東南アジアの国. 首都はクアラルンプール(Kuala Lumpur))
派生語 Malaysian 形 名

**Malaysian** [məléiʒən マレイジャン | -ziən -ズィアン]
─形 マレーシア(人)の; マレー諸島の
─名 Ⓒ マレーシア人, マレーシアの住民

**Maldives** [mɔ́:ldi:vz モールディーヴズ | -divz -ディヴズ] 名 モルディブ(▶インド洋上の珊瑚礁からなる共和国. 首都はマレ(Malé))

**male** 準2級 A2 [méil メイル] (★同音 mail 郵便)
─形 男性の, 雄の(⇔female 女性の, 雌の)
─名 Ⓒ 男性, 雄

**Mali** [má:li マーリ] 名 マリ(▶アフリカ西部の共和国. 首都はバマコ(Bamako))

**mall** 準2級 A2 [mɔ́:l モール] 名 Ⓒ 《主に米》(車両乗り入れ禁止の)商店街, ショッピングセンター, モール

**malt** [mɔ́:lt モールト] 名 Ⓤ 麦芽, 麦もやし, モ

ルト；麦芽酒（▶ビール，ウイスキーなど）

**Malta** [mɔ́ːltə モールタ] 名 マルタ（▶シチリア島とアフリカの間にある共和国．首都はバレッタ（Valletta））

**mama** B2 [máːmə マーマ]（▶mammaともつづる）名 C《幼児語》お母さん，ママ（⇔papa お父さん）

**mammal** [mǽməl ママル] 名 C ほ乳類
・Whales are *mammals*.
鯨(くじら)はほ乳類だ．

**mammoth** [mǽməθ ママス]
━名 C《動物》マンモス
━形 巨大な

**mammy** [mǽmi マミィ] 名（複 mammies[-z]）C《幼児語》お母さん（⇔daddy お父さん）

\***man** 5級 A1 [mǽn マン]
名（複 men [mén メン]）❶ C **男の人**，男，男性（▶大人の男性をさす）（⇔woman 女性）
・a tall *man* 背の高い男
・two *men* 2人の男性
❷ U **人間**，人類（＝mankind）
・the history of *man* 人類の歴史
❸ C 人，人間（▶男女を問わず一般的に「人」を意味する）（＝one）
・*Man* cannot live alone.
人はひとりでは生きられない．
・All *men* are born equal.
人はみな生まれながら平等だ．

> **ここが ポイント！ man以外で「人」を表す**
> 「人類」や「(一般的に)人」の意味では，manの代わりにhumans, human beings, the human race（人類），people（人々）などが使われます．また最近では男女差別を避(さ)けるために，-manの形の複合語も，別の言い方をするのが一般的です．
> chairman（議長）→chairperson
> policeman（警官）→police officer

❹ C《ふつう menで》（主に男性の）部下；兵士
派生語 manhood 名, manly 形

**manage** 準2級 A2 [mǽnidʒ マニッヂ] 動
━他 ❶ …を経営する，管理する
・*manage* a flower shop
生花店を経営する
❷《manage to＋〈動詞の原形〉で》どうにか[やっと]…する，…をどうにかやりとげる
・I *managed to* get home in the storm.
私は嵐(あらし)の中をどうにか家にたどり着いた．
━自 どうにかやっていく，間に合わせる
派生語 management 名, manager 名

**management** B1 [mǽnidʒmənt マニッヂマント] 名 U ❶ 経営；管理 ❷《the management で》《単数・複数扱い》経営者側

**manager** A2 [mǽnidʒər マニヂァァ]（★「マネージャー」でないことに注意）名 C（商社・会社・興行などの）支配人，経営者；（野球チームなどの）監督(かんとく)；（芸能人などの）マネージャー
・a general *manager* 総支配人
・player-*manager* 選手兼(けん)監督（▶「プレーイングマネージャー」は和製英語）

**Manchester** [mǽntʃèstər マンチェスタァ] 名 マンチェスター（▶イングランド北西部の都市）

**mandarin** [mǽndərin マンダリン] 名 ❶ U《Mandarinで》標準中国語，北京(ペキン)官話 ❷ C《植物》マンダリン（▶中国原産のみかん）

**mandolin** [mǽndəlín マンドリン] 名 C《楽器》マンドリン（▶弦(げん)楽器の1つ）

**mane** 準2級 [méin メイン] 名 C（馬・ライオンなどの）たてがみ

**manga** [máːŋgə マンガ] 名（複 manga）（▶単複同形）C U（日本の）漫画(まんが)

**mango** B2 [mǽŋgou マンゴゥ]
名（複 mangoes, mangos[-z]）C《植物》マンゴー；マンゴーの実

**mangrove** [mǽŋgròuv マングロウヴ] 名 C《植物》マングローブ（▶熱帯の川や海辺に生える常緑樹の総称(そうしょう)，またそれらが生育する森林）

**Manhattan** [mænhǽtn マンハットゥン] 名 マンハッタン（▶ニューヨーク市の島，商業の中心）

**manhole** [mǽnhòul マンホウル] 名 C マンホール

**manhood** [mǽnhud マンフッド] 名 U 成年男性であること；男らしさ（⇔womanhood 女らしさ）

**mania** [méiniə メイニァ]（★「マニア」でないことに注意）名 U C 熱狂(ねっきょう)，…熱（▶人をさして「マニア」と言うときはmaniacを使う）→maniac
・baseball *mania* 野球熱
派生語 maniac 名

**maniac** [méiniæk メイニアック] 名 C 熱狂(ねっきょう)者；熱中家，…マニア

**manicure** [mǽnəkjùər マニキュァ] 名 U C マニキュア（▶手の爪(つめ)の美容術）

**Manila** [mənílə マニラ] 名 マニラ（▶フィリピン（the Philippines）の首都）

**mankind** B1 [mænkáind マンカインド] 名 U《ふつう単数扱い》人類，人間（▶aやtheをつけずに用いる．最近では男女差別を避(さ)けるためにmanを使わないで，humans, human beings, the human race などを使うほうがふつう）

**manly** [mǽnli マンリィ] 形 男らしい，勇ましい

**man-made** [mǽnméid マンメイド] 形 人工の，人造の（＝artificial）；合成の

## manner

**manner** 準2級 A2 [mǽnər マナァ]

名(複 manners[-z]) C ❶《単数形で》**方法**, 仕方, やり方(＝way)
- a manner of speaking 話し方
- in a gentle manner 優しく

❷《mannersで》**行儀**, 作法
- table manners 食事の作法
- have good [no] manners 行儀をわきまえている[いない]
- Where are your manners? お行儀はどうしたの. (▶行儀の悪い子どもをたしなめる言葉)

❸《単数形で》**態度**, 様子(＝behavior)
- a friendly manner 友好的な態度

**mansion** B2 [mǽnʃən マンション] 名 C ❶大邸宅

> **ここが ポイント!** mansionと「マンション」は違う
> mansionは豪華な大邸宅を意味します. 日本でいう「マンション(共同住宅)」は 米 apartment building, 英 flatsなどと言います. → apartment

mansionの一例

❷《固有名詞のあとにつけて ... Mansionsで》米 …アパート, …マンション(▶アパート名に用いる)

**manta** [mǽntə マンタ] 名 C 〖魚〗オニイトマキエイ, マンタ

**mantelpiece** [mǽntlpìːs マントゥルピース] 名 C 炉棚, マントルピース(▶暖炉の上の飾り棚) → fireplace 知ってる?

**manual** B2 [mǽnjuəl マニュアル]
- 形 手の; 手動の
- 名 C 手引き, 案内書, 入門書, マニュアル

**manufacture** B2 [mæ̀njufǽktʃər マニュファクチァア]
- 名 U 製造; C 《しばしばmanufacturesで》製品
- 動 他 …を(大規模に)製造する
- 派生語 manufacturer 名

**manufacturer** B2 [mæ̀njufǽktʃərər マニュファクチャラア] 名 C 製造業者, メーカー; 工場主

**manuscript** [mǽnjuskript マニュスクリプト] 名 C (手書き・タイプの)原稿; 写本

**\*many** 5級 A1 [méni メニィ]
- 形 (比較 more [mɔ́ːr モァ]; 最上 most [móust モウスト]) **多数の**, (数が)**たくさんの**(⇔a few 少数の)
- There are many students in the schoolyard. 校庭にたくさんの生徒がいる.
- I've been to Hawaii many times. 私はハワイに何回も行ったことがある.
- I don't have many DVDs. 私はDVDをあまり持っていない. (▶否定文ではmanyは「あまり(…でない)」の意味になる)
- Not many people live around here. この辺りにはあまり多くの人は住んでいない.

> **ここが ポイント!** 数量を表す形容詞
>
> | 数えられる名詞につく | | 数えられない名詞につく |
> |---|---|---|
> | many (多数の) | 多 | much (多量の) |
> | some (いくつかの) | ｜ | some (いくらかの) |
> | a few (少数の) | 少 | a little (少量の) |
> | few (ほとんどない) | ｜ | little (ほとんどない) |
> | no (まったくない) | 無 | no (まったくない) |

> **manyの使い方**
> (1) **many**は数えられるものの「数」が多いときに, **much**は数えられないものの「量」が多いときに使います. a lot of, lots ofは数にも量にも使います.
> (2) manyの比較級・最上級はmuchと同じ形です.
>
> 　　　　比較級　最上級
> 　many - more - most
> 　much - more - most
>
> (3)《話》ではmanyは主に下の(ア)のような否定文や疑問文で使い, 肯定文で使うとやや形式ばった感じになります. a lot of, lots ofは主に(イ)のような肯定文で使います.
> 　(ア) I don't have many pens.
> 　　　私はペンをあまり持っていない.
> 　(イ) I have a lot of pens.
> 　　　私はペンをたくさん持っている.

- 代 《複数扱い》**多くの物[人]**, 多数(⇔a few 少ない数の物[人])
- Many of the children enjoyed the game. 子どもたちの多くがそのゲームを楽しんだ.
- There are many who don't think so. そう考えない人も多くいる.

**a good many** (...) かなり多く(の…); かなり多くの人[物]

- *a good many* books かなり多くの本(▶ many good booksは「たくさんのよい本」)
- *a great many* (...) 非常に多く(の…); 非常に多くの人[物]
  - He had *a great many* friends in America. 彼はアメリカに非常に多くの友人がいた.

*as many as ...* …もの多くの; …だけ全部
  - *As many as* thirty people were injured. 30人もの人がけがをした.
  - You can keep *as many as* you need. 必要なだけ全部取っておいていいですよ.

*as many ... as* ～ ～と同じ数の…
  - She bought *as many* notebooks *as* I did. 彼女は私と同じ冊数のノートを買った.

*How many ...?* いくつ(の)…ですか., 何人(の)…ですか.
  - *How many* classes do you have a week? 1週間に授業は何時間ありますか.
  - *How many* took part in the race? その競走には何人が参加しましたか.

**Maori** [máuri マウリィ] (▶ Māoriともつづる)
— 形 マオリ人の; マオリ語の
— 名 C マオリ人(▶ ニュージーランドの先住民); U マオリ語

## map 5級 A1 [mæp マップ]

名 (複 maps[-s]) C (1枚の)地図(▶「地図帳」はatlas) → atlas 図
- a *map* of Japan 日本地図
- a world *map* 世界地図
- a weather *map* 天気図
- draw a *map* 地図を描(か)く
- read a *map* 地図を見る[読み取る]
- This crossing is not on the *map*. この交差点は地図に載(の)っていない.

**maple** B1 [méipl メイプル] 名 C 【植物】かえで, もみじ
- *maple* syrup メープルシロップ → 食べ物【口絵】

**Mar.** March(3月)の略

**marathon** B2 [mǽrəθɑ̀n マラサン |-θən -スン] 名 C マラソン(▶ 正式距離(きょり)は26マイル385ヤード, すなわち42.195キロメートル)
- run a *marathon* マラソンをする

> これ、知ってる? **マラソンの起源**
> マラソンは, 紀元前490年ギリシャのマラトン(Marathon)の戦いで, ギリシャ軍の一勇士がペルシャ軍に対する自国の勝利を伝えるため, アテネ(Athens)までの26マイルを走ったという故事を記念してできた競走です.

**marble** B1 [má:rbl マーブル] 名 ❶ U 大理石 ❷ C ビー玉;《*marbles*で》《単数扱い》ビー玉遊び
- play *marbles* ビー玉遊びをする

## *March 5級 A1 [máːrtʃ マーチ]

名 3月(▶ 常に大文字で書き始める. Mar. と略す. 詳(くわ)しい使い方は → January ポイント!)
- *in March* 3月に
- *on March 7* 3月7日に(▶ 特定の日を表す場合はonを使う. March 7はMarch (the) seventhと読む. 米ではMarch sevenとも読む)
- They graduated from high school last *March*. 彼らはこの前の3月にハイスクールを卒業した(▶ this, last, next, everyなどがつくときは前置詞をつけない)

**march** 2級 B1 [má:rtʃ マーチ]
— 名 (複 marches[-iz]) ❶ U|C 行進, 行軍; デモ行進
- on the *march* 行進[行軍]中で
❷ C 【音楽】行進曲
- a wedding *march* ウェディングマーチ
— 動 自 行進する, 行軍する; 堂々と歩く
- The soldiers *marched* along the street. 兵士たちは通りを行進した.

**Marco Polo** [má:rkou póulou マーコゥ ポウロウ] 名 マルコ・ポーロ(▶ 1254?-1324; イタリアの旅行家.『東方見聞録』の著者)

**mare** [méər メァ] 名 C (成熟した)雌(めす)馬(⇔ horse 雄(おす)馬); 雌ろば(⇔ donkey 雄ろば)

**Margaret** [má:rgərit マーガリット] 名 マーガレット(▶ 女性の名. 愛称(あいしょう)は Meg, Maggie, Peggy など)

**margarine** [má:dʒərin マーヂャリン | mà:dʒəríːn マーヂャリーン] 名 U マーガリン

**margin** B2 [má:rdʒin マーヂン] 名 C ❶ (ページの)欄外(らんがい), 余白 ❷ (時間・距離(きょり)・得票などの)差 ❸ (時間・経費の)余裕(よゆう);(商売上の)利ざや, マージン ❹ (場所の)縁(ふち), 端(はし)(= edge)

**marguerite** [mà:rgəríːt マーガリート] 名 C 【植物】マーガレット(▶ キク科)

**Maria** [məríːə マリーア] 名 マリア(▶ 女性の名)

**marigold** [mǽrigòuld マリゴウルド] 名 C 【植物】マリゴールド, きんせんか

**marimba** [mərímbə マリンバ] 名 C 【楽器】マリンバ(▶ 木琴(もっきん)の1種)

**marina** [məríːnə マリーナ] 名 C マリーナ(▶ モーターボート・ヨットなどを係留する港)

**marine** 2級 B1 [məríːn マリーン]
— 形 海の; 船舶(せんぱく)の; 海運の
- *marine* products 海産物

## Marine Day

―名 C 海兵隊員

**Marine Day** [məri:n dèi マリーン デイ] 名（日本の）海の日

**marionette** [mæriənét マリアネット] 名 C 操(あやつ)り人形, マリオネット

**Mark** [má:rk マーク] 名 マーク（▶男性の名）

## mark 準2級 A2 [má:rk マーク]

> 名 ❶ 印(しるし)
> ❷ 跡(あと)
> ❸ ⊛点数
> ❹ 目印
> 動 他 ❶ …に印をつける
> ❷ …を示す
> ❸ ⊛（答案）を採点する

―名（複 marks[-s]）C ❶ 印, 記号, 符号(ふごう), マーク
- a question *mark* 疑問符（？）
- an exclamation *mark* ⊛感嘆(かんたん)符（！）（＝⊛exclamation point）
- quotation *marks* 引用符（" ", ' '）（▶必ず複数形で）

❷ 跡; あざ; 染(し)み, 汚(よご)れ
- I have a small *mark* on my left leg. ぼくは左足に小さなあざがある.
- a *mark* on the ceiling 天井(てんじょう)の染み

❸ ⊛点数, 成績（＝⊛grade）
- get good [high, full] *marks* in English 英語でよい[高い, 満]点を取る

❹ 目印, 的(まと), 目標
- The dart hit [missed] the *mark*. ダーツが的に当たった[的を外れた].

**On your mark(s), (get) set, go!** 位置に着いて, 用意, どん！（▶競走のスタートの合図. ⊛ではReady, steady, go! とも言う）

―動（三単現 marks[-s]; 過去・過分 marked[-t]; 現分 marking）他 ❶ …に印をつける; …に跡をつける
- *Mark* your shoes with your initials. 靴(くつ)に自分の頭(かしら)文字で印をつけなさい.

❷ …を示す, 表す（＝show）; …を特徴(とくちょう)づける
- The twentieth century is *marked* by scientific progress. 20世紀は科学の進歩を特徴とする世紀だ.

❸ ⊛（答案）を採点する（＝⊛grade）
- Our teacher is *marking* our papers. 先生は私たちの答案を採点している.

派生語 marker 名

**marker** [má:rkər マーカァ] 名 C ❶ 目印;（本の）しおり ❷ 印(しるし)をつける人[物, 道具]; マーカー 一, フェルトペン ❸（ゲームなどの）採点者

## market 準2級 A2 [má:rkit マーキット]

名（複 markets[-ts -ツ]）❶ C 市場(いちば), 市(いち)
- a fish *market* 魚市場
- a flea *market* 蚤(のみ)の市
- go to *market* 市場へ行く（▶「買い物に行く」場合はmarketにaやtheをつけないことが多い）

❷ C 販路(はんろ), 市場(しじょう); U C 需要(じゅよう)
- the stock *market* 株式市場
- There is a great *market* for tuna in Japan. 日本ではまぐろの需要が多い.

**Mark Twain** [má:rk twéin マーク トゥウェイン] 名 マーク・トウェイン（▶1835-1910; 米国の作家. 代表作『トム・ソーヤーの冒険(ぼうけん)』）

**marmalade** [má:rməlèid マーマレイド] 名 U マーマレード

**marriage** B1 [mǽridʒ マリッヂ] 名 U C 結婚(けっこん); 結婚生活; C 結婚式（＝wedding）
- have a happy *marriage* 幸せな結婚をする

**married** 準2級 A2 [mǽrid マリィド]
―動 marry（結婚(けっこん)する）の過去形・過去分詞
―形 結婚している（⇔single 独身の）
- *married* life 結婚生活
- a (newly) *married* couple （新婚）夫婦(ふうふ)

## marry 準2級 A2 [mǽri マリィ]

動（三単現 marries[-z]; 過去・過分 married[-d]; 現分 marrying）

―他 ❶ …と結婚(けっこん)する
- John *married* Mary. ジョンはメアリーと結婚した.（▶John married *with* Mary. は×）
→ get married（to ...）

❷ （親が子）を結婚させる;（牧師などが）…の結婚式を執(と)り行う
- The priest *married* the young couple. 司祭がその若いカップルの結婚式を行った.

―自 結婚する
- My parents *married* young [late]. 両親は若くして結婚した[晩婚だった].（▶marry＋〈形容詞〉で「…の状態で結婚する」）

**be married (to ...)** （…と）結婚している
- My aunt *is married* to a Frenchman. おばはフランス人と結婚している.
- They have *been married* for ten years. 彼らは結婚して10年になる.

**get married (to ...)** （…と）結婚する
- They will *get married* soon. 彼らはまもなく結婚するでしょう.
- She *got married* to Bill. 彼女はビルと結婚した.（＝She married Bill.）

派生語 marriage 名, married 形

**Mars** [máːrz マーズ] 名 ❶〖天文〗火星 → planet ❷〖ローマ神話〗マルス (▶戦争の神)

**marsh** [máːrʃ マーシュ] 名 (複 mashes[-iz]) C U 沼地(ぬまち), 湿地(しっち)

**Marshall** [máːrʃəl マーシャル] 《the Marshall Islandsで》 名 マーシャル諸島 (▶太平洋上のマーシャル諸島全域からなる共和国. 首都はマジュロ (Majuro))

**marshmallow** [máːrʃmèlou マーシュメロウ | màːʃmǽlou マーシュマロウ] 名 C マシュマロ

**martial arts** B2 [màːrʃəl áːrts マーシャル アーツ] 名 C (複数扱い) 武道, 武術 (▶柔道(じゅうどう), 剣道(けんどう), 空手など)

**Martian** [máːrʃən マーシャン]
— 形 火星(人)の
— 名 火星人

**Martin** [maːrtən マータン | -tin -ティン] 名 マーチン (▶男性の名)

**Martin Luther King, Jr.** [màːrtən lùːθər kíŋ dʒúːniər マータン ルーサァ キング チューニア] 名 → King

**marvelous** A2 [máːrvələs マーヴ(ァ)ラス] (▶ 英 ではmarvellousとつづる) 形 驚(おどろ)くべき, 不思議な; (話)すばらしい

**Mary** [méəri メ(ア)リィ] 名 ❶ メアリー, メリー (▶女性の名. 愛称(あいしょう)はMolly, Polly) ❷〖聖書〗聖母マリア (▶(the) Virgin MaryまたはSaint Maryとも言う)

**Maryland** 4級 [mérələnd メリランド | méəri- メアリ-] 名 メリーランド (▶米国東部の州. 州都はアナポリス (Annapolis). 郵便略語はMD)

**mascara** [mæskǽrə マスキャラ] 名 U マスカラ (▶まつげ用化粧(けしょう)品)

**mascot** [mǽskat マスカット | -kət -カット] (★アクセント位置に注意) 名 C (チームなどを象徴(しょうちょう)する幸運のお守り, 縁起(えんぎ)のいい物[人, 動物], マスコット

**masculine** [mǽskjulin マスキュリン] 形 男性の; 男性的な; 男らしい (⇔feminine 女性の)

**mash** B1 [mǽʃ マッシュ] 動 (三単現 mashes [-iz]) 他 …をすりつぶす
• *mashed* potatoes マッシュポテト, つぶしたじゃがいも

# mask B2 [mǽsk マスク | máːsk マースク]
名 (複 masks[-s]) C 仮面, 面, 覆面(ふくめん), マスク

• put on a *mask* 仮面[覆面]をかぶる
• wear a *mask* マスクをかぶっている
• take off [remove] a *mask* マスクをはずす

**mason** [méisn メイスン] 名 石工; れんが職人

**Mass, mass¹** [mǽs マス] 名 U C ミサ (▶特にカトリックでキリストの聖体に見立てたパンとぶどう酒を信者に分かち与(あた)える式); C ミサ曲

**mass²** B2 [mǽs マス] 名 ❶ C 固まり, 集まり
• a *mass* of ice 氷の固まり
❷ 《a mass of ... または masses of ...で》多数 [多量]の…
• a *mass of* people たくさんの人々
❸ 《the massesで》一般大衆

**Massachusetts** 3級 [mǽsətʃúːsits マサチューシッツ] 名 マサチューセッツ (▶米国北東部の州. 州都はボストン (Boston). 郵便略語はMA)

**massage** B2 [məsáːʒ マサージュ | mǽsaːʒ マサージュ]
— 名 U C あんま, マッサージ
• Please give me a *massage*. 私にマッサージをしてください.

— 動 他 …をマッサージする

**mass media** [mǽs míːdiə マス ミーディア] 名 《the mass mediaで》 (単数・複数扱い) マスメディア (▶大量伝達の媒体(ばいたい)となるテレビ・ラジオ・新聞・雑誌など. mass mediumの複数形)

**mass production** [mǽs prədʌ́kʃən マス プラダクション] 名 U 大量生産, マスプロ

**mast** [mǽst マスト | máːst マースト] 名 C マスト, 帆柱(ほばしら)

# master B2
[mǽstər マスタァ | máːs- マース-]
— 名 (複 masters[-z]) C ❶ 主人 (⇔mistress 女主人, servant 使用人), 長; (動物の)飼い主
• a station *master* 駅長
❷ 名人, 達人, 大家(たいか)
• a *master* of Japanese chess 将棋(しょうぎ)の名人
❸ 《ふつうMasterで》修士 (▶Bachelor(学士)とDoctor(博士)の間の学位)
• *Master* of Arts 文学修士 (▶M.A. と略す)
— 動 (三単現 masters[-z]; 過去・過分 mastered[-d]; 現分 mastering) 他 (言語・技術・わざ) を習得 [修得]する, マスターする, …に精通する; …を支配[征服(せいふく)]する
• *master* a foreign language 外国語を習得する (▶masterは「完璧(かんぺき)に習得する」という意味)

**masterpiece** B2 [mǽstərpìːs マスタァピース | máːstə- マースタ-] 名 C (ある芸術家の作品の中の)傑作(けっさく), 名作, 代表作

## mat

**mat** 準2級 [mæt マット] 名C マット, 敷(し)き物
- a bath [yoga] *mat* バス [ヨガ] マット

# match¹ [mætʃ マッチ]

名 (複 matches[-iz]) C (1本の) **マッチ**
- strike a *match* マッチをする

# match² 5級 A1 [mætʃ マッチ]

名 ❶試合
　❷競争相手
　❸似合う人[物]
動 他 ❶…と調和する
　❷…と互角(ごかく)である
　自 調和する

— 名 (複 matches[-iz]) C ❶ **試合** (=game) (▶ ⑳では球技の試合にはgameを多く用いる) → game くらべて!
- a chess [boxing] *match* チェス [ボクシング] の試合
- win [lose] a *match* 試合に勝つ [負ける]

❷ **競争相手**, 好敵手
- Bill is a good *match* for Ron in tennis. ビルはテニスではロンの好敵手だ.
- I'm no *match* for him in chess. ぼくはチェスでは彼の足もとにも及(およ)ばない.

❸ **似合う人[物]**
- That scarf is a perfect *match* for the sweater. そのスカーフはそのセーターにぴったりだね. (=That scarf and the sweater are a good *match*.)
- Mike and Lucy are a good *match*. マイクとルーシーは似合いの夫婦(ふうふ)だ.

— 動 (三単現 matches[-iz]; 過去・過分 matched[-t]; 現分 matching)

— 他 ❶ **…と調和する**, 似合う
- This tie doesn't *match* your jacket. このネクタイは君のジャケットに合っていない.

❷ **…と互角である**, …に匹敵(ひってき)する (▶ 主に否定文で用いる)
- I can't *match* her in English conversation. 私は英会話では彼女にかなわない.

— 自 **調和する**, 似合う
- This purse and these shoes don't *match*. このハンドバッグとこの靴(くつ)は合わない.

**mate** B2 [méit メイト] 名C ❶ **仲間, 友達** (▶ この意味ではclassmate, schoolmate, roommateのように複合語になることが多い)
❷ ⑳ 配偶(はいぐう)者の一方 (▶ 夫または妻); (動物の) つがいの一方
❸ (対(つい)の) 片方

**material** 準2級 A2 [mətíəriəl マティ(ア)リアル]
— 名 ❶ C U **原料, 材料**
- raw *materials* 原料
- building *materials* 建築資材

❷ U **資料, 題材**
- collect *material* for the report 報告書のための資料を集める

❸ C U (洋服などの) **生地(きじ), 服地**
- curtain *material* カーテン生地

❹ ((*materials* で)) **必要な道具, 用具**
- writing *materials* 筆記用具
- teaching *materials* 教材

— 形 **物質の, 物質的な** (⇔spiritual 精神的な)
- *material* civilization 物質文明

# math 5級 A1 [mæθ マス]

名 U ⑳ (話) **数学** (▶ mathematicsの短縮形) (= ⑭ (話) maths)

**mathematician** B1 [mæθəmətíʃən マサマティシャン] (★アクセント位置に注意) 名C **数学者**

# mathematics B1

[mæθəmætiks マサマティックス] (★アクセント位置に注意) 名U (単数扱い) **数学** (▶ ⑳ (話) ではmath, ⑭ (話) ではmathsとも言う. mathematicsは算数 (arithmetic), 代数学 (algebra), 幾何(きか)学 (geometry) の総称(そうしょう)) → p.421 表現メモ
- I am weak in *mathematics*. ぼくは数学が苦手だ.

派生語 mathematician 名

**maths** A1 [mæθs マスス] 名U ⑭ (話) = ⑳ math

**Matt** [mæt マット] 名 マット (▶ 男性の名. Matthewの愛称(あいしょう))

# matter 4級 A1 [mǽtər マタァ]

名 ❶ 事柄(ことがら)
　❷ ((the matter で)) 困ったこと
　❸ 物質
動 自 重要である

— 名 (複 matters[-z]) ❶ C **事柄, 問題**; ((matters で)) (漠然(ばくぜん) とした) **事情, 状況**
- a private [personal] *matter* 個人的な事柄
- a *matter* of life and death 死活問題
- family *matters* 家庭の事情

❷ ((the matter で)) **困ったこと** (=difficulty, trouble); 故障
- Is anything *the matter* with your computer? コンピュータがどうかしましたか.

❸ U **物質**; 物
- liquid [solid] *matter* 液 [固] 体
- printed *matter* 印刷物

***a matter of course*** 当然のこと,もちろんのこと

***(as a) matter of fact*** 実際のところ,本当は
- *As a matter of fact*, I've never met her. 実際のところ,私は彼女に会ったことがない.

***no matter what*** [***when, where, which, who, how***] ... 《話》たとえ何が[いつ,どこで,どれが,だれが,いかに]…であろうと
- *No matter what* she says, I'll go. 彼女が何と言っても私は行く.

***What's the matter?*** どうしたのですか→❷

話してみよう！

😊 *What's the matter?* どうしたの.
😀 I have a bad cold. ひどい風邪(💦)なんだ.

—動 (三単現 matters[-z]; 過去・過分 mattered[-d]; 現分 mattering) 🅑 《ふつう it を主語にして》《主に疑問文・否定文で》**重要である**, 問題となる

- What does *it matter*? それがどうしたというんだ.
- *It* does *not matter whether* it rains or not. 雨が降ろうが降るまいが関係ない. (▶it は whether 以下をさす)

**mattress**[mǽtris マトゥリス] 名 (複 mattresses[-iz]) ⓒ (ベッドの)マットレス

**mature** B2 [mətúər マトゥァ | -tjúə -チュア] 形 (人・動植物が)成熟した,円熟した;分別のある;(酒・チーズなどが)熟成した
- *mature* cheese 熟成したチーズ

**Maugham**[mɔ́ːm モーム] 名 William Somerset, ウィリアム・サマセット・モーム(▶1874-1965;英国の小説家・劇作家.代表作『人間の絆(💫)』『月と6ペンス』)

**Maui**[máui マウイ] 名 マウイ島(▶米国ハワイ州にある島)

**Mauritania**[mɔ̀ːritéinjə モーリテイニァ] 名 モーリタニア(▶アフリカ西部の共和国.首都はヌア

### Mauritania

---

表現メモ

# 計算や分数,小数の言い方

**計算**

[足す]
plus

[引く]
minus

[掛(か)ける]
times

[割る]
divided by

4 + 8 = 12　Four plus eight is [equals] twelve.

17 - 9 = 8　Seventeen minus nine is [equals] eight.

5 × 9 = 45　Five times nine is [equals] forty-five.

52 ÷ 4 = 13　Fifty-two divided by four is [equals] thirteen.

**分数**

$\dfrac{1}{2}$ =one half　　$\dfrac{1}{3}$ =one third　　$\dfrac{1}{4}$ =one quarter

$\dfrac{1}{5}$ =one fifth　　$\dfrac{5}{6}$ =five sixths

$\dfrac{1}{6}$ (one sixth) が5つあるので, sixth に -s がつくと考える.

⇨分子→分母の順に読む. ⇨分母の数字は序数の読み方になる.

**小数**

1.05 =one point oh five

⇨小数点以下の 0 (zero) は oh と読むことが多い.

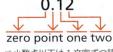

zero point one two

⇨小数点以下は1文字ずつ読む.

## Mauritius

クショット(Nouakchott))
**Mauritius** [mɔːríʃəs モーリシャス] 名 モーリシャス (▶モーリシャス島および島々からなる共和国. 首都はポートルイス(Port Louis))

**max** A2 [mǽks マックス]
名 C (話)最大(=maximum)

**maximum** B1 [mǽksəməm マクスィマム]
━ 名 (複 maximums[-z], maxima[mǽksəmə マクスィマ]) C 最大, 最大限, 最大量, 最高点 (⇔minimum 最小)
━ 形 最大の, 最高の, 最大限の

## \*May 5級 A1 [méi メィ]

名 **5月**(▶常に大文字で書き始める. 詳しい使い方は→January ポイント!)
- *in May* 5月に
- *on May* 5 5月5日に(▶特定の日を表す場合はonを用いる. May 5 は May (the) fifthと読む. 米ではMay fiveとも読む)
- I'm going to visit China next *May*.
私は今度の5月に中国を訪れる.(▶this, last, next, everyなどがつくときは前置詞をつけない)

## \*may 4級 A1 [méi メィ]

助 (過去 might[máit マイト]) ❶《許可》**…してもよい**→can¹ くらべて!
- You *may* go now. もう行ってもよろしい.(▶会話では, You can go now. とcanのほうが好まれる. mayでは「許可を与えてやる」という偉そうな感じになる)
- Where did you buy it if I *may* ask? 失礼ですが, それをどこでお買いになったのですか. (⇔おたずねしてよければ)

May I+〈動詞の原形〉?
…してもいいですか., …しましょうか.

話してみよう!

☺ *May I* ask you a question?
1つ質問してもいいですか.
☻ Certainly. いいですとも.

### ここが ポイント! May I ...? の使い方と答え方

(1)「…してもいいですか」と相手に許可を求める場合, May I+〈動詞の原形〉? のほうが Can I+〈動詞の原形〉? よりもていねいな言い方です.
(2) **May I+〈動詞の原形〉?**(…してもいいですか)への答え方
「いいですよ」
Sure. / Certainly. / Why not? / Yes, please. / Yes, certainly. など.

「悪いですが駄目です」
No, I'm sorry. / I'm afraid you can't. など.
Yes, you may. やNo, you may not. は偉そうな感じの言い方で, 子どもや目下の人以外には使いません. また, 特に強く禁止する場合はNo, you must not. を使います.

話してみよう!

☺ *May I* speak to Mrs. Watson?
ワトソンさんとお話ししたいのですが. (▶電話で)
☻ Hold on, please.
そのままお待ちください.

☺ *May I* help you?
いらっしゃいませ, 何にいたしましょうか. (⇔お手伝いいたしましょうか)(▶店で)
☻ (No, I'm) Just looking, thank you.
ちょっと見ているだけです. ありがとう.

❷《可能性・推量》**…かもしれない**(▶「確実ではないがそう思う」という意味)
- They *may* come a little late.
彼らは少し遅れるかもしれない.
- It *may* be very cold next week.
来週とても寒くなるかもしれない.
- She *may* not have a phone with her.
彼女は電話を持ち歩いていないかもしれない. (▶notはmayではなくhaveを否定する)

❸《譲歩》《後ろにbutを伴って》**…かもしれないが**; 《whatever, howeverなどとともに》たとえ…であっても
- This computer *may* be expensive, *but* it is very useful. このコンピュータは高いかもしれないが, とても役に立つ.
- *However* fast you (*may*) run, you won't be able to catch the train.
どんなに速く走ってもその電車には間に合わない. (▶(話)ではmayはしばしば省略される)

❹《May+〈主語〉+〈動詞の原形〉!》で**…が～しますように, でありますように**(▶祈願を表す. 書き言葉で用いる)
- *May* you recover your health!
健康を取りもどされますように.

**may as well**+〈動詞の原形〉(+*as*+〈動詞の原形〉)(…するくらいなら)～するほうがよい→well¹ 副(成句)

**may well**+〈動詞の原形〉…するのももっともだ→well¹ 副(成句)

**so** (*that*) ... *may*+〈動詞の原形〉…が～する[できる]ように(▶(話)ではmayの代わりにcan

やwillを用いることが多い. thatはしばしば省略される）→ so 成句(成句)
- I study every day *so*（*that*）I *may* get good grades. 私はいい成績が取れるように毎日勉強している.

## maybe 5級 A1 [méibi メイビィ]

副 たぶん, ひょっとすると（▶perhapsと同じ意味だが, 《話》ではmaybeのほうがふつう）→ perhaps くらべて!
- *Maybe* it will snow tomorrow.
 あしたはたぶん雪が降るでしょう.
- "Will she come?" "*Maybe* [*Maybe* not]."
 「彼女は来るだろうか」「たぶん来る[来ない]」

**May Day** [méi dèi メィデイ] 名 ❶五月祭（▶5月1日の春の到来を祝う祭り. 昔, ヨーロッパでは村の広場に花で飾った五月柱(maypole)を立て, その周りで踊ったり, 五月の女王(May queen)を選んだりした）→ Maypole
❷ メーデー, 労働祭（▶5月1日. 労働者の団結を示すため国際的に祭典が行われる. 米国では9月の第1月曜日の労働者の日(Labor Day)がこれに当たる）

**Mayflower** [méiflàuər メイフラウァ] 名《the Mayflowerで》メイフラワー号（▶1620年信仰の自由を求めた英国の清教徒たち(Pilgrim Fathers)を乗せてアメリカへ渡った船）

**mayonnaise** [méiənèiz メイアネイズ]（★「マヨネーズ」でないことに注意）名 U マヨネーズ

**mayor** 2級 B1 [méiər メイァ | méə メァ] 名 C 市長, 町長, 村長（▶知事はgovernor）

**Maypole, maypole** [méipòul メイポウル] 名 C 五月柱, メイポール（▶ヨーロッパで五月祭(May Day)の日に立てる柱. この柱に結びつけたリボンを持って踊る）→ May Day

**maze** 2級 [méiz メイズ] 名 C 迷路, 迷宮

**McKinley** [məkínli マキンリィ]《Mount [Mt.] McKinleyで》マッキンリー山, デナリ（▶米国アラスカ州中南部にある北米最高峰）→ Denali

**MD** Maryland（米国メリーランド州）の郵便略語

**ME** Maine（米国メーン州）の郵便略語

## *me 5級 A1 [mi ミ,《強く言うとき》mi: ミー]

代 ❶ 私を, 私に（▶一人称単数(I)の目的格.「私たちを」はus）→ I
- Do you love *me*?
 あなたは私を愛していますか.
- Please bring *me* some water. = Please bring some water to *me*.
 私に水を持って来てください.
- Come with *me*. 私といっしょに来なさい.
- Do you understand *me*?
 私の言うことがわかりますか.（▶このmeは「私が言うことを」の意）

❷《話》私（▶ Iの代わりに用いる）

話してみよう!
☺Who is it? だれですか.（▶ドアの向こうにいる人に向かって）
☻It's *me*. 私です.（▶正しくはIt's I. だが,《話》ではしばしばmeを用いる）

- Bob runs faster than *me*. ボブは私より速く走る.（▶正しくはthan Iだが,《話》ではしばしばmeを用いる）

話してみよう!
☺I'm tired.
 疲れたよ.
☻*Me*, too. ぼくも.（＝So am I.）

**meadow** [médou メドウ] 名 U C 牧草地（▶干し草用の牧草を生育する.「家畜の放牧場」はpasture）

## meal 4級 A1 [mí:l ミール]

名（複 meals [-z]）C 食事;（1食分の）食べ物
- eat between *meals* 間食をする
- We eat [have] three *meals* a day.
 私たちは1日に3度食事をする.

## *mean¹ 3級 A1 [mí:n ミーン]

動（三単現 means [-z]; 過去・過分 meant [mént メント]; 現分 meaning）（過去・過分 の発音に注意）
他（▶ふつう進行形にしない）❶（事物・言葉などが）…を意味する, …という意味である
- What does this word *mean*?
 この単語はどういう意味ですか.

話してみよう!
☻What does 'yume' *mean*?
 '夢'はどういう意味ですか.
☺It *means* 'dream.'
 dreamという意味です.

### mean²

- The red light *means*(*that*) you have to stop.
  赤信号は「止まれ」を意味する.

❷《人が》**…のつもりで言う**, …をさして言う;…を本気で言う
- What do you *mean by* that?
  それはどういう意味ですか.（⇦それによって何を意味しているのか）
- I don't *mean* him. I *mean* you.
  彼のことを言っているんじゃないよ, 君のことだよ.
- I *mean* what I say.＝I *mean* it. 私は本気で言っている.（►このwhatは関係代名詞）

❸《mean to＋〈動詞の原形〉で》**…するつもりである**（＝intend to＋〈動詞の原形〉）
- I didn't *mean to* hurt you.
  私はあなたを傷つけるつもりはなかった.

❹《人にとって》…に値(あたい)するほど重要である, 意味を持つ
- Health *means* everything *to* me.
  私には健康が何よりも重要である.

*I mean* つまり, いや（►説明をつけ加えたり言い直したりするときに使う）
- Can I talk to John ... *I mean*, Mr. White?
  ジョン…つまり, ホワイトさんはいらっしゃいますか.

### mean² A2 [míːn ミーン] 形 卑劣(ひれつ)な, 意地が悪い;《主に英》けちな
- The new coach is *mean* to him.
  新しいコーチは彼に意地悪だ.

## meaning 準2級 A2 [míːniŋ ミーニング]
— 動 mean¹（意味する）の現在分詞・動名詞
— 名《複 meanings[-z]》 C U《言葉などの》**意味**;U 意義
- What's the *meaning* of this word?
  この単語の意味は何ですか.（＝What does this word mean?）

派生語 meaningful 形

### meaningful B1 [míːniŋfəl ミーニングフル] 形 意味のある;意義のある

### means B2 [míːnz ミーンズ] 名（►複数形も同じ）
❶ C《単数・複数扱い》**方法, 手段**
- Email is a *means* of communication.
  電子メールは1つの伝達手段である.
- There is［are］no *means* of knowing the truth.
  真実を知る方法はない.

❷《複数扱い》**財産, 資産, 富**（＝wealth）
- a man of *means* 資産家

*by all means* ① よろしいですとも, どうぞ（►依頼(いらい)に答えて使う）（＝Of course.）

😊May I use your telephone?
電話をお借りしていいですか.
😀*By all means*. どうぞ.

② 必ず, ぜひとも
- You should write to me *by all means*.
  必ず手紙を書くんですよ.

*by means of ...* …によって, …を使って
- Explain the country *by means of* a map.
  地図を使ってその国を説明しなさい.

*by no means* けっして…でない
- I am *by no means* rich.
  私はけっして裕福(ゆうふく)ではない.

## meant 準2級
[mént メント]（★「ミーント」でないことに注意）
動 mean¹（意味する）の過去形・過去分詞

### meantime [míːntàim ミーンタイム] 名《the meantimeで》合間, その間
*in the meantime* その間に, そうするうちに

### meanwhile 2級 B1 [míːn(h)wàil ミーン(ホ)ワイル] 副 その間に（＝in the meantime）

### measles [míːzlz ミーズルズ] 名 U《しばしばthe measlesで》《単数扱い》《医学》はしか

## measure 2級 B1
[méʒər メジャァ]（★eaのつづりに注意）
— 名《複 measures[-z]》❶ C《物差し・はかり・ますなどの》**計量器具**;計量の単位;U 測定法
- a tape *measure* 巻き尺
- a *measure* of weight 重さの単位

❷ C《ふつう measuresで》**手段**, 処置, 対策
- take strong *measures* 強硬(きょうこう)手段をとる

❸ U 寸法, 分量, 大きさ（►長さ・重さ・面積・体積に用いる）

— 動（三単現 measures[-z]; 過去・過分 measured [-d]; 現分 measuring）
— 他 …**を測定する**, 計量する, 測[計]る
- The dressmaker *measured* me for a suit.
  洋服屋さんはスーツ用に私の寸法を測った.
- He *measured* the size of my neck.
  彼は私の首の寸法を測った.

— 自 寸法[重さ]が…ある

派生語 measurement 名

### measurement B1 [méʒərmənt メジャメント] 名 ❶ C《measurementsで》寸法, 大きさ, 量
❷ U 測定, 測量;測定法

## meat 5級 A1 [míːt ミート]（★同音 meet 会う）
名 U《食用の》**肉**（►ふつうbeef（牛肉）, pork（豚肉）, mutton（羊肉）など獣(じゅう)の肉をさす）

《主に⊕》(かに・えび・貝の)肉;《主に⊕》果物の身, 果肉
- a piece of *meat* 1切れの肉
- tender [tough] *meat* やわらかい[かたい]肉
- crab *meat* かにの肉

**meatball** 5級 [míːtbɔ̀ːl ミートボール] 名 C ミートボール, 肉だんご

**meatloaf, meat loaf** [míːtlòuf ミートゥロウフ] 名 C U ミートローフ(▶ひき肉にパン粉や調味料を混ぜて型に入れ, オーブンで焼いた料理)

**Mecca** [mékə メッカ] 名 ❶ メッカ(▶サウジアラビア西部の都市. マホメットの生誕地でイスラム教の聖地) ❷ C (しばしばmeccaで)あこがれの地;(信仰・活動などの)中心地, メッカ

**mechanic** B1 [mikǽnik ミキャニック] 名 C 機械工, 修理工

派生語 mechanical 形, mechanism 名

**mechanical** B1 [mikǽnikəl ミキャニカル] 形 機械の;機械で動く;機械的な
- a *mechanical* pencil シャープペンシル(▶「シャープペンシル」は和製英語)→ pencil 図

**mechanism** [mékənizm メカニズム] 名 U C 機械装置; C 機構, 仕組み, メカニズム

**medal** 準2級 A2 [médl メドゥル] 名 C メダル, 勲章
- win a gold *medal* 金メダルを獲得する

派生語 medalist 名

**medalist** [médəlist メダリスト](▶⊕ではmedallistとつづる) 名 C メダルを授与された人, メダリスト
- a gold *medalist* 金メダリスト

**meddle** [médl メドゥル] 動 自 おせっかいをする, 干渉する
- Don't *meddle* in my personal life. 私生活に干渉するな.

**media** B2 [míːdiə ミーディア] 名 ❶ medium(媒介)の複数形の1つ ❷《the mediaで》メディア(▶伝達の手段としてのテレビ・ラジオ・新聞・雑誌など)

**medical** 準2級 A2 [médikəl メディカル] 形 医学の, 医療の
- *medical* care 治療
- a *medical* college 医科大学
- a *medical* checkup 健康診断

**medicine** 4級 A1 [médəsin メダスィン| méd- メドゥ-] 名(複 medicines[-z]) ❶ U C 薬;(特に調合して作った)内服薬(▶「錠剤」はpill(⊕tablet), 「粉薬」はpowder, 「カプセル」はcapsule)
- a *medicine* for fever 解熱剤
- take *medicine* 薬を飲む
- Good *medicine* tastes bitter. (諺) 良薬は口に苦し.
❷ U 医学
- a Doctor of *Medicine* 医学博士

**medieval** B2 [mìːdíːvəl ミーディイーヴァル| mè-メ-](▶⊕ではmediaevalとつづる) 形 (ヨーロッパの)中世の, 中世風の

**meditation** B1 [mèdətéiʃən メディテイション] 名 U めい想, 黙想;熟考

**Mediterranean** B1 [mèdətəréiniən メディタレイニアン]
─形 地中海の
─名《the Mediterraneanで》地中海(= the Mediterranean Sea)

**medium** 2級 B1 [míːdiəm ミーディアム]
─名(複 mediums[-z], media[míːdiə ミーディア]) C (情報伝達の)媒介, 媒介物;(考えを表現する)手段, 方法(= means);中間
- Radio is a *medium* of communication. ラジオは伝達の手段である.
─形 中ぐらいの, 並の, ふつう程度の;(ステーキなどの焼け具合が)中くらいの, ミディアムの → steak 表現メモ
- *medium* size 中ぐらいのサイズ, Mサイズ

**medley** [médli メドゥリィ] 名 C ❶〖音楽〗混成曲, メドレー ❷寄せ集め, 雑多な集まり

*****meet** 5級 A1 [míːt ミート](★同音 meat 肉)

動 他 ❶ …に会う
❷ …を出迎える
❸ …と合流する
❹ …に応じる
自 ❶ 会う
❷ 合流する
名 競技会

─動 (三単現 meets[-ts -ツ]; 過去・過分 met[mét メット]; 現分 meeting)

## meeting

―他

❶ …**に会う**, 出会う; …と知り合う →see 他❷ くらべて!, ポイント!
- We will *meet* our old teacher tomorrow.
  私たちはあした昔の先生に会う.
- I *met* a friend of mine at the bookstore.
  私は書店で友達に会った.
- I'm glad to *meet* you. = Glad to meet you.
  はじめまして.(⇔あなたに会えてうれしい)
- I have never *met* Yoko.
  私は一度もヨウコに会ったことがない.

❷ **…を出迎える**(⇔see ... off 見送る)
- We will *meet* him at the station.
  私たちは駅で彼を出迎える.
- I was *met* by his family at the airport.
  私は彼の家族に空港で迎えられた.

❸ (川・道などが)…と合流する
- This road *meets* the freeway near the town.
  この道は町の近くで高速道路に合流する.

❹ (希望・要求など)に応じる, …を満たす
- We'll do our best to *meet* your request.
  ご要望に添えるよう全力を尽くします.

―自 ❶ **会う**, 出会う; 集まる; 会合する
- Let's *meet* for lunch!
  お昼ご飯に集まろう[会おう].
- We *meet* together once a week.
  私たちは週に1回会合する.

❷ (川・道などが)合流する
- The two rivers *meet* here.
  その2つの川はここで合流する.

***meet with ...*** (事故・不幸など)に遭(あ)う, …を経験する; 米(約束して人)と会う, 会見する
- Ken *met with* an accident yesterday.
  ケンはきのう事故に遭った.

―名(複 meets[-ts -ツ]) ⓒ 米(スポーツなどの)競技会(=米meeting)
- an athletic *meet* 競技会

派生語 meeting 名

## meeting 4級 A1 [míːtiŋ ミーティング]

―動 meet(会う)の現在分詞・動名詞
―名(複 meetings[-z]) ⓒ ❶ **会合**, 会, 会議, 集会(=assembly); 会うこと
- hold [have] a *meeting* 会を開く
- attend a *meeting* 会に出席する
- open [close] a *meeting* 開会[閉会]する

❷ 米競技会(=米meet)

**Meg** [még メグ] 名 メグ(▶女性の名. Margaret の愛称(あいしょう))

**melancholy** [mélənkɑ̀li メランカリィ | -kəli -カリィ]
―名 Ⓤ 憂(ゆう)うつ, 気がふさぐこと; もの悲しさ
―形 憂うつな, ふさぎこんだ; もの悲しい

**Melbourne** [mélbərn メルバァン] 名 メルボルン(▶オーストラリア南東部の都市)

**melody** B2 [mélədi メラディ] 名 (複 melodies [-z]) ⒸⓊ [音楽] メロディー, 旋律(せんりつ); 快い調べ

**melon** 準2級 A2 [mélən メラン] 名 ⒸⓊ [植物] メロン

## melt 2級 B1 [mélt メルト]

動 (三単現 melts[-ts -ツ]; 過去・過分 melted[-id]; 現分 melting)
―自 ❶ **溶**(と)**ける**
- This cheese *melts* easily.
  このチーズは簡単に溶ける.

❷ (感情などが)和(やわ)らぐ
―他 ❶ **…を溶かす**
- The sun *melted* the snow on the roof.
  太陽は屋根の上の雪を溶かした.
- a *melting* pot (金属を溶かす)るつぼ; (比喩的に)るつぼ(▶人種や文化が混ざり合った場所)

❷ (感情など)を和らげる
- Her smile *melted* his heart.
  彼女の笑顔(えがお)が彼の心を和らげた.

## member 準2級 A2 [mémbər メンバァ]

名(複 members[-z]) ⓒ (団体などの)**メンバー**, 一員, 会員
- She is a *member* of the committee [club].
  彼女はその委員会[クラブ]の一員だ.
- The baseball team has thirty-six *members*.
  その野球チームには36人のメンバーがいる.
- *MEMBERS* ONLY
  《掲示》会員制

**membership** 2級 B1 [mémbərʃip メンバァシップ] 名 Ⓤ 会員であること; 会員資格;《a [the] membership で》会員数;《単数・複数扱い》(全)会員
- a *membership* card 会員証

**memo** [mémou メモゥ] 名 (複 memos[-z]) ⓒ 《話》覚え書き, メモ, 社内回覧(▶memorandum

## merchant

の短縮形.「メモを取る」などの「メモ」はふつうnoteを使う)

**memorandum** [mèmərændəm メモランダム]
名 (複 memorandums[-z], memoranda [mèmərændə メモランダ]) C 覚え書き, メモ (▶《話》ではmemoとも言う)

**memorial** B2 [məmɔ́ːriəl モーリアル]
— 形 記念の; 追悼(ついとう)の
— 名 記念物, 記念碑(ひ), 記念館; 記念式
- the Lincoln *Memorial*
  リンカン記念堂

米国・ワシントンD.C.のリンカン記念堂

**Memorial Day** [məmɔ́ːriəl dèi モーリアル デイ] 名 《米》戦没(せんぼつ)将兵追悼記念日 (▶多くの州で5月の最後の月曜日, 祝日)

**memorize** B1 [méməràiz メマライズ] (▶《英》ではmemoriseとつづる) 動 他 …を記憶(きおく)する, 暗記する (= learn ... by heart)
- *memorize* ten English words a day
  1日に10個英単語を暗記する

**memory** 3級 A1 [méməri メモリィ]
名 (複 memories[-z]) ❶ U 記憶(きおく); C 記憶力
- Tom has a good [bad, poor] *memory*.
  トムは記憶力がよい[悪い].
❷ C (ふつうmemoriesで) 思い出
❸ C 《コンピュータ》メモリ, 記憶装置

*in memory of ...* …を記念して, しのんで

派生語 memorial 形名, memorize 動

## men 3級 [mén メン]
名 man(男)の複数形

## mend B1 [ménd メンド]
動 (三単現 mends[-dz -ヅ]; 過去・過分 mended[-id]; 現分 mending)
— 他 ❶ …を直す, 修理する, (衣類など)を繕(つくろ)う
- *mend* the roof
  屋根を修理する
- I had my watch *mended*.
  私は腕(うで)時計を直してもらった. → have 動 ❼
❷ (行い・誤りなど)を改める, 改善する

くらべてみよう! mend と repair と fix
**mend**: 簡単に修理できる物に使います.
**repair**: 比較(ひかく)的大きな物の, 技術を要する手の込(こ)んだ修理に使います.
**fix**: mend, repairの両方の意味に使います.

— 自 ❶ 直す, 修理する
❷ 改心する; (病人・健康などが)快方に向かう, よくなる
- It is never too late to *mend*.
  (諺)改めるのに遅(おそ)すぎることはない.

**men's room** [ménz rùːm メンズ ルーム] 名 C 《the men's roomで》(公共施設(しせつ)の)男性用トイレ (⇔ladies room)

**-ment** [-mənt -マント] 接尾 (▶動詞の後について結果・状態などを表す名詞をつくる)
- enjoy*ment* 楽しみ

**mental** B1 [méntl メントゥル] 形 ❶ 心の, 精神の (⇔physical 肉体の); 知力の, 知能の
- *mental* powers 精神力, 知能
❷ 《名詞の前にのみ用いる》頭の中で行う
- *mental* arithmetic 暗算
❸ 《名詞の前にのみ用いる》精神病の(ための)
- a *mental* hospital 精神科病院

**mention** B1 [ménʃən メンション] 動 他 …を(少し)話に出す, …に(言葉で)触(ふ)れる; …の名をあげる
- He did not *mention* the trip *to* anyone.
  彼は旅行についてだれにも言わなかった.

***Don't mention it.*** どういたしまして., それには及(およ)びません. (▶お礼・おわびに対するていねいな返事)

話してみよう!
😊Thank you very much for calling.
電話をかけてくれてどうもありがとう.
😊*Don't mention it*.
どういたしまして.

*not to mention ...* …は言うまでもなく

**menu** 準2級 A2 [ménjuː メニュー] 名 C (レストランなどの)献立(こんだて)表, メニュー; 《コンピュータ》メニュー (▶選択可能な処理の一覧表)
- What's on the *menu* today?
  今日のメニューは何ですか.

**meow** [miáu ミアゥ]
— 名 C ニャオー (▶猫(ねこ)の鳴き声)
— 動 自 (猫が)ニャオーと鳴く

**merchant** B1 [mə́ːrtʃənt マーチャント]
名 (複 merchants[-ts -ツ]) C 商人; 貿易商; 《米》小売商人

## Mercury

- "The *Merchant* of Venice"
『ベニスの商人』(►シェークスピアの喜劇)

**Mercury** [mɚ́ːrkjuri マーキュリィ] 名 ❶ 〖天文〗水星 → planet ❷〖ローマ神話〗マーキュリー(►神々の使者を務める神で, 商業・技術・雄弁・旅行などの守護神)

**mercury** [mɚ́ːrkjuri マーキュリィ] 名 U 水銀(►金属元素の1つ. 元素記号はHg)

**mercy** B2 [mɚ́ːrsi マースィ] 名 U 慈悲, 哀れみ, 情け
- without *mercy* 情け容赦なく
- show *mercy* 情けをかける

***at the mercy of ...*** …のなすがままに
- The ship was *at the mercy of* the big waves.
船は大波にほんろうされた.

**mere** B1 [míər ミァ] 形《名詞の前にのみ用いる》ほんの, 単なる
- She is a *mere* child.
彼女はほんの子どもだ. (= She is merely a child.)

派生語 merely 副

**merely** B1 [míərli ミァリィ] 副 単に, ただ(► onlyより形式ばった語)
- I *merely* wanted to see her.
ただ彼女に会いたかっただけだ.

**merit** [mérit メリット] 名 U 価値; C 長所, 取り柄(⇔demerit 短所)

**mermaid** [mɚ́ːrmèid マーメイド] 名 C (女性の)人魚

**merrily** [mérəli メラリィ] 副 陽気に, 愉快に, 楽しく
- sing *merrily* 陽気に歌う

**merry** A1 [méri メリィ] 形《比較 merrier; 最上 merriest》陽気な, 愉快な, 楽しい(⇔sad 悲しい)
- a *merry* laugh 陽気な笑い声
- (A) *Merry* Christmas (to you)!
クリスマスおめでとう. (⇔楽しいクリスマスを)

派生語 merrily 副

**merry-go-round** [mérigouràund メリィゴウラウンド] 名 C 回転木馬, メリーゴーラウンド(=⊛carousel, ⊛roundabout)

**mess** 2級 B1 [més メス]
━名《a messで》混乱, 乱雑, めちゃくちゃ(な状態); 散らかった物; 困った立場
- My room is in *a mess*.
部屋が散らかっている.
- What *a mess!*
なんて散らかってるの.

***in mess*** 散らかって; 混乱して
━動《三単現 messes [-iz]》他 乱雑にする, 散らかす

派生語 messy 形

## message 4級 A1 [mésidʒ メスィッヂ]

名《複 messages [-iz]》C **伝言**, ことづけ; メッセージ
- Shall [Can] I *take a message*?
ご伝言をうけたまわりましょうか. (►電話口や受付で使われる)
- Can I *leave a message for* Emma?
エマにことづけをお願いできますか.
- I *have a message for* you *from* him.
彼からあなたへの伝言があります.

**messenger** B2 [mésəndʒər メッサンヂァア] 名 C 使者; (郵便・電報の)配達人; 使い走りの人

**messy** [mési メスィ] 形《比較 messier; 最上 messiest》散らかった(⇔tidy 整然とした)
- a *messy* room 散らかった部屋

## met 4級 [mét メット]

動 meet (会う)の過去形・過去分詞

## metal 準2級 A2 [métl メトゥル]

名《複 metals [-z]》U C **金属**
- precious *metals* 貴金属(►金・銀など)

派生語 metallic 形

**metallic** [mətǽlik マタリック] 形 金属の, 金属製の; (音・声などが)金属性の

**meteor** [míːtiər ミーティァ] 名 C 流星(=shooting [falling] star)

**meteorite** [míːtiəràit ミーティアライト] 名 C 隕石

## meter¹ 準2級 A2 [míːtər ミータァ]

(►⊛ではmetreとつづる) 名《複 meters [-z]》C **メートル**(►長さの単位. mまたはm. と略す)
- The mountain is 2,000 *meters* tall.
その山は高さ2000メートルだ.

**meter²** [míːtər ミータァ] (►⊛ではmetreとつづる) 名 C (自動)計量器, メーター

## method 準2級 A2 [méθəd メサッド]

名《複 methods [-dz -ヅ]》❶ C (組織立った)**方法**, 方式
- a new *method* of teaching English
新しい英語教授法

❷ U (思考・行動などの)筋道

**metropolis** [mitrápəlis ミトゥラパリス | -trɔ́pə- -トゥロパ-] 《★アクセント位置に注意》名《複 metropolises [-iz]》C 大都市; (商業・文化などの中心となる)主要都市; (国の)首都(=capital)

派生語 metropolitan 形

**metropolitan** 2級 [mètrəpálitən メトゥロパリタン|-pɔ́li--ポリ-] 形 大都市の; 首都の

**mew** [mjúː ミュー] 名動 =meow

**Mexican** 4級 [méksikən メクスィカン]
─形 メキシコの; メキシコ人の
─名C メキシコ人

**Mexico** 4級 [méksikou メクスィコウ] 名 メキシコ (▶北米南端(なんたん)の共和国. 首都はメキシコシティ (Mexico City))
派生語 Mexican 形名

**MI** Michigan (米国ミシガン州) の郵便略語

**Miami** 4級 [maiǽmi マイアミィ] 名 マイアミ (▶米国フロリダ州の都市, 保養地)

**miaow** [miáu ミアゥ] 名動⊕ =meow

**mice** [máis マイス] 名 mouse (はつかねずみ) の複数形

**Michael** [máikəl マイカル] 名 マイケル (▶男性の名, 愛称(あいしょう)は Mike, Mickey)

**Michelangelo** [màikəlǽndʒəlou マイカレンヂャロウ] 名 ミケランジェロ (▶1475-1564; イタリアの彫刻(ちょうこく)家, 画家, 建築家)

**Michigan** 4級 [míʃigən ミシガン] 名 ❶ ミシガン (▶米国北中部の州, 州都はランシング (Lansing). 郵便略語はMI) ❷《Lake Michiganで》ミシガン湖 (▶北米の五大湖の1つ)

**Mickey** [míki ミッキィ] 名 ミッキー (▶男性の名. Michael の愛称(あいしょう))

**Mickey Mouse** [miki máus ミッキィ マウス] 名 ミッキーマウス (▶ディズニーのアニメーション作品の主人公のねずみ)

**microbus** [máikroubʌ̀s マイクロウバス] 名 (複 microbuses [-iz]) C 小型バス, マイクロバス

**microcomputer** B2 [máikroukəmpjuːtər マイクロウカンピュータァ] 名 C 小型 [マイクロ] コンピュータ

**Micronesia** [màikrəníːʒə マイクラニージャ | màikrəníːzi:ə マイクラ(ゥ)ニーズィア] 名 ミクロネシア (▶フィリピンの東部に位置する, 北太平洋の島々からなる国. 首都はパリキール (Palikir))

**microphone** B2 [máikrəfoun マイクラフォウン] 名 C マイクロホン, マイク (▶《話》ではmikeとも言う)

**microscope** B2 [máikrəskoup マイクラスコウプ] 名 C 顕微鏡(けんびきょう)

**microwave** B2 [máikrəwèiv マイクラウェイヴ]
─名 C 電子レンジ (=microwave oven);《電気》極超(ごくちょう) 短波, マイクロ波
─動⊕ (…を) 電子レンジで調理する

**mid-** [mid- ミッド-] 接頭 中間の, 真ん中の, …の半ば
 • *mid*night 真夜中
 • *mid*summer 真夏

**midday** A2 [míddèi ミッドゥデイ] 名 U 正午, 真昼
 • at *midday* 正午に

# middle 3級 A1 [mídl ミドゥル]

─名《the middleで》(場所の) **真ん中**, 中央; (時間の) 中間, 中ごろ
 • There is a statue in *the middle*.
  中央に像がある.

くらべてみよう！ middle と center

**middle**: 場所, 時間のだいたいの「真ん中, 中間」を表します.
 • the *middle* of the street
  道路の真ん中
 • the *middle* of June
  6月の中ごろ

**center**: middleより正確な「真ん中」を表し, 場所・位置だけでなく, 活動や意識の「中心」なども表します.
 • the *center* of the town
  街の中心
 • the *center* of attention
  注目の的

*in the middle of ...* …の中央 [真ん中] に; …の中ごろに; …の最中に
 • *in the middle of* April 4月の中ごろに
 • The city hall is *in the middle of* the city.
  市役所は市の中央にある.

─形 **真ん中の**, 中央の; 中ぐらいの, 並の
 • *middle* age 中年
 • the *middle* seat in the last row
  最後列の真ん中の席
 • *Middle* America 中部アメリカ, 中米

**Middle Ages** [midl éidʒiz ミドゥル エイヂズ] 名《the Middle Agesで》中世 (▶西洋史ではだいたい5世紀から15世紀までの1000年間を言う)

**middle class(es)** [midl klǽs(iz) ミドゥル クラス(ィズ) | -klɑ́ːs-クラース] 名《the middle class(es)で》中産 [中流] 階級

**Middle East** [midl íːst ミドゥル イースト] 名《the Middle Eastで》中東 (▶英国から見た言い方による)

**middle finger** [midl fíŋɡər ミドゥル フィンガァ] 名 C 中指 → finger 図

**middle name** [midl néim ミドゥル ネイム] 名 C ミドルネーム (▶例えばJohn Fitzgerald Kennedy のFitzgerald)

**middle school** [midl skúːl ミドゥル スクール] 名 C ⊛ミドルスクール (▶ふつう6〜8学年の中等学校をさす)

## Middle West

ミドルスクールの看板(英国)

**Middle West**[mídl wést ミドゥル ウェスト]
=Midwest

**midnight** 準2級 A2 [mídnàit ミッドゥナイト](★このghは発音しない) 名 U 真夜中, 夜の12時(⇔noon 正午)→day 図
- at *midnight* 真夜中に

**midsummer**[mìdsÁmər ミッドゥサマァ] 名 U 真夏; 夏至(げし)のころ

**midterm**[mídtə̀ːrm ミッドゥターム] 名 U ※(学期・任期などの)中間; C 《しばしばmidtermsで》※《話》中間試験(=midterm exams)

**midway**[mídwèi ミッドゥウェイ]
— 形 中途(ちゅうと)の; 中ほどの
— 副 中途に; 中ほどに

**Midwest**[mídwést ミドゥウェスト] 名 《theMidwestで》(米国の)中西部(=Middle West)

## might¹ 準2級 A2

[máit マイト](★このghは発音しない)
助(▶mayの過去形)
❶ …かもしれない(▶時制の一致(いっち)によりmayがmightとなったもの)
- She said (that) it *might* rain.
雨が降るかもしれないと彼女は言った.(=She said, "It may rain.")
❷ (許可)…してもよい(▶mayよりていねい)
❸ (可能)…できる
- I got up early so that I *might* catch the train. その電車に間に合うように早起きした.
❹ (可能性・推量)(もしかしたら)…かもしれない(▶mayよりも可能性が低い)
- She *might* know about it. もしかしたら彼女はそれについて知っているかもしれない.

*might as well*+〈動詞の原形〉(+*as*+〈動詞の原形〉)(…するくらいなら)〜するほうがよい → well¹ 副(成句)

*might well*+〈動詞の原形〉…するのももっともだ → well¹ 副(成句)

**might²** [máit マイト](★このghは発音しない)名 U (大きな)力; 勢力, 権力(▶形式ばった語)
派生語 mighty 形

**mighty** B2 [máiti マイティ](★このghは発音しない)形(比較 mightier; 最上 mightiest)力強い, 強力な; 巨大(きょだい)な
- The pen is *mightier* than the sword.
(諺)ペンは剣(けん)より強し.(▶言葉の力は武力よりも強いということ)

**migrate** 2級 [máigreit マイグレイト | maigréit マイグレイト] 動 自 (人が)移住する;(鳥・魚などが季節的に)移動[回遊]する, 渡(わた)る → immigrate
- *migrate* from Japan to Hawaii
日本からハワイに移住する

**Mike**[máik マイク] 名 マイク(▶男性の名. Michaelの愛称(あいしょう))

**mike**[máik マイク] 名 C 《話》マイク, マイクロホン(=microphone)

**mild** B1 [máild マイルド] 形 ❶ (性格・態度が)穏(おだ)やかな, 温厚(おんこう)な(=gentle)(⇔severe 厳しい)
- She has a *mild* nature.
彼女は穏やかな性格だ.
❷ (天候などが)穏やかな, 温暖な(⇔severe 厳しい)
- a *mild* winter 温暖な冬
❸ (口当たりが)まろやかな, 刺激(しげき)の少ない
- a *mild* flavor まろやかな風味

## mile 2級 B1 [máil マイル]

名(複 miles[-z]) C マイル(▶長さの単位, 約1.6キロメートル. mまたはm. と略す)
- for *miles* 何マイルも
- at twenty *miles* per hour 時速20マイルで

**military** 準2級 A2 [mílitèri ミリテリィ | -təri -タリィ] 形 軍隊の; 軍人の(⇔civil 民間の); 陸軍の

## *milk 5級 A1 [mílk ミルク]

— 名 U 牛乳, ミルク, 乳
- drink *milk* 牛乳を飲む(▶数えられない名詞なのでa milkやmilksとしない)
- a bottle [carton] of *milk* 牛乳1本[パック]
- mother's *milk* 母乳
- tea with *milk* ミルクティー(▶「ミルクティー」は和製英語)
- *milk* chocolate ミルクチョコレート
- a *milk* tooth ※ 乳歯(=※baby tooth)
— 動 (三単現 milks[-s]; 過去・過分 milked[-t]; 現分 milking) 他 (牛など)の乳を搾(しぼ)る
- *milk* a cow 牛の乳を搾る
派生語 milky 形

**milkman**[mílkmən ミルクマン] 名(複 milkmen[-mən]) C 牛乳配達人(=milk deliverer)

**milkshake, milk shake**[mílkʃèik ミルクシェイク] 名 U ミルクセーキ(▶牛乳に香料(こうりょう)や

アイスクリームを加えた飲み物)
**milky** [mílki ミルキィ] 形 (比較 milkier; 最上 milkiest) 乳のような; 乳白色の
**Milky Way** [mílki wèi ミルキィ ウェイ] 名 《the Milky Wayで》〖天文〗銀河, 天の川 (=Galaxy)
**mill** B2 [míl ミル] 名 C ❶製粉所; (粉をひく)水車小屋; 工場, 製造所
- a flour [paper] *mill* 製粉所[製紙工場]
❷製粉機; (コーヒー豆・こしょうなどの)粉ひき器
- a coffee [pepper] *mill* コーヒー[こしょう]ひき器

派生語 miller 名

**Miller** [mílər ミラァ] 名 ミラー (▶人の姓(紫))
**miller** [mílər ミラァ] 名 C 粉屋さん, 製粉業者
**milli-** [mili- ミリ-] 接頭語 1000分の1
- *milli*meter ミリメートル

**millimeter** B2 [mílimì:tər ミリミータァ] (▶ 愛 ではmillimetreとつづる) 名 C ミリメートル (▶長さの単位. mmまたはmm. と略す)

# million 準2級 A2

[míljən ミリャン] (★「ミリオン」でないことに注意)

— 名 (複 millions [-z]) C **100万**
- a [one] *million* 100万
- ten *million* 1000万
- a hundred *million* 1億

> **ここが ポイント!** **million の使い方**
> millionの前に数詞がつく場合, 複数形にすることもありますが, 単数形で用いるほうがふつうです. (hundred, thousand はtwo hundredのように必ず単数形で用います)

*millions of ...* 何百万という…; 無数の…
- *Millions of* people are suffering from hunger in the world. 世界では何百万という人々が飢(氵)えに苦しんでいる.

— 形 **100万の**; 無数の, 多数の
- a *million* dollars 100万ドル

派生語 millionaire 名

**millionaire** B2 [mìljənéər ミリャネアァ] 名 C 百万長者, 大富豪(翁)
**min.** minute(s) (分)の略

# mind 3級 A1 [máind マインド]

> 名 ❶心
>  ❷考え
>  ❸記憶(҈)
> 動 他 ❶…を気にする
>  ❷…に気をつける
>  自 気にする

— 名 (複 minds [-dz -ヅ]) ❶ U **心**, **精神** (⇔body 肉体); U C **知性**, **知力**; U **理性**
- body and *mind* 心身, 肉体と精神
- Are you out of your *mind*?
  あなたは理性を失ったのか.

> **くらべて みよう!** **mind と heart**
> **mind**は理性や知性に, **heart**は感情の動きに重点を置いた「心」をさします.
> - My *mind* is occupied with problems.
>   私の心は悩み事でいっぱいだ.
> - My *heart* aches. 私の心は痛む.

mind　　　　　heart

❷ C **考え**, **意見**
- in my *mind* 私の考えでは
- have an open *mind* 広い心[考え方]を持つ
❸ U **記憶**, **記憶力** (=memory)
- It's in my *mind*.
  それは私の記憶の中にある.

*bring* [*call*] *... to mind* …を思い出す
*change one's mind* 考えを変える, 気が変わる
- I *changed my mind*. 私は気が変わった.

*come to mind* = *come into ...'s mind* 心に浮(氵)かぶ
- A good idea *came to mind*. = A good idea *came into my mind*.
  名案が心に浮かんだ.

*have ... in mind* …のことを考えている
- Do you *have* anything *in mind*? 何か決めている物がおありですか (▶買い物などで)

*keep ... in mind* …を覚えておく
- I'll *keep* your advice *in mind*.
  ご忠告を心に留めておきます.

*make up one's mind* 決心する (=decide)
- Ken *made up his mind to* study law.
  ケンは法律を勉強しようと決心した. (=Ken decided to study law.)
- I *made up my mind* not to go there.
  私はそこに行かないことに決めた.

— 動 (三単現 minds [-dz -ヅ]; 過去・過分 minded [-id]; 現分 minding)
— 他 ❶ **…を気にする**, 嫌(ỳ)がる (▶疑問文・否定文に用いる)

| mind (...'s) + 〈-ing形〉
| (…が)〜するのを気にする

## mine¹

- Dick does not *mind* walking in the rain.
ディックは雨の中を歩くのを気にしない.
- Beth didn't *mind my* saying that.
ベスは私がそれを言ったのを気にしなかった.
- Do [Would] you *mind my* eating here?
ここで食べても構いませんか.
- Do [Would] you mind if I ...?
…しても構いませんか.
- "Do [Would] you *mind if I* turn on the radio?" "No, I don't."「ラジオをつけても構いませんか」「ええ,どうぞ(構いません)」

> **ここがポイント!** Do [Would] you mind if I ...? の答え方
>
> "Do [Would] you mind if I+〈動詞の原形〉?" や "Do [Would] you mind my+〈-ing形〉?" は許可を求める言い方です. wouldを使うとかなりていねいになります.「私が…するのは嫌ですか」という意味です. したがってyesと答えると「嫌です,駄目(だめ)です」, noと答えると「嫌ではない,いいです」となります.
>
> - *Do [Would] you mind if I* open the window?=*Do [Would] you mind my* opening the window?
>   窓を開けても構いませんか.
>   ► いいとき
>     No, I don't. どうぞ, 構いませんよ.
>   ほかに次のような答え方があります.
>     Of course not. / Not at all. / Go (right) ahead. / Certainly not.
>   ► 駄目なとき
>     Yes, I do. いいえ, 駄目です.
>   ただし, これは非常に強い不許可なので, 柔(やわ)らかく言うには次のようにします.
>     I wish you wouldn't.
>     I'd rather you didn't.

❷ …に気をつける; …の世話をする(►ふつう命令文に用いる)
- *Mind* the dog. 犬に注意して.
- Don't *mind* me. 私のことは構わないで.
—⾃ 気にする, 嫌がる
- Please come before seven if you don't *mind*.
差しつかえなかったら7時前に来てください.
*Mind you* (,) ... . いいかい, ….
- *Mind you*, do not touch the keyboard again. いいかい, 二度とキーボードに触(さわ)るんじゃないよ.
*Mind your own business* [*affairs*]. 大きなお世話だ. (⇔自分自身のことを気にかけろ)

*Never mind.* 気にしなくていいよ., だいじょうぶ. (=Don't worry.)
*Would you mind* +〈-ing形〉...? どうか…していただけませんか. (►非常にていねいな頼(たの)み方. 答え方は, いいときには否定文, 駄目なときには肯定文で→ 上記 ポイント!)

> 🟢 *Would you mind* open*ing* the window?
> どうか窓を開けていただけませんか.
> ☺ Certainly not. / I'm sorry I can't.
> いいですよ. / すみませんが, できません.

## *mine¹ 5級 A1 [máin マイン]

代 私のもの(►一人称(にんしょう)単数(I)の所有代名詞)→ I
- This dictionary is *mine*. この辞書は私のものだ. (=This is my dictionary.)

> 🟢 Whose pencil case is this?
> これはだれの鉛筆(えんぴつ)入れですか.
> ☺ It's *mine*.
> 私のです. (►mine=my pencil case)

- Your pen is new and *mine* is old.
あなたのペンは新しくて, 私のは古い. (►mine=my pen. penの繰(く)り返しを防ぐため代名詞mineを使用. 単数のものをさすのでis)
- Your hands are big and *mine* are small.
あなたの手は大きくて, 私のは小さい. (►mine=my hands. 複数のものをさすのでare)
- He is a friend of *mine*.
彼は私の友人(の1人)だ. → friend ポイント!

**mine²** B2 [máin マイン] 名 C ❶ 鉱山
- a coal [gold] *mine* 炭[金]鉱
❷ 地雷(じらい)
派生語 miner 名

**miner** [máinər マイナァ] 名 C 鉱山労働者

**mineral** 2級 B1 [mínərəl ミナラル]
—名 C 鉱物; ミネラル
—形 鉱物の, 鉱物を含(ふく)んだ

**mineral water** A2 [mínərəl wɔ́ːtər ミナラル ウォータァ] 名 U C 鉱泉水, ミネラルウォーター (►鉱物塩を含んだ水)

**mini** [míni ミニィ]
—形 小さい, 小型の
—名 C 小型のもの(►小型車, ミニスカートなど)

**miniature** B2 [míniətʃər ミニアチャァ | mínətʃə ミナチャ]
—名 C 小型模型, ミニチュア; 細密画
—形 小型の, 小規模の, ミニチュアの

- a *miniature* car 模型自動車, ミニカー

**minimum** B1 [míniməm ミニマム]
- 名 (複 minimums[-z], minima[mínimə ミニマ]) C 最小；最小量[額, 数]；最小[低]限度 (⇔ maximum 最大)
- 形 最小の；最小量[額, 数]の；最小[低]限度の

**mining** 2級 [máiniŋ マイニング] 名 U 採鉱；鉱業

**miniskirt** [míniskə̀:rt ミニスカート] 名 C ミニスカート

**minister** B2 [mínistər ミニスタァ] 名 C ❶ (英国・日本などの) 大臣
- the Prime *Minister* 総理大臣

❷公使 (▶大使 (ambassador) に次ぐ地位)
❸牧師, 聖職者 (= clergyman)
派生語 ministry 名

**ministry** [mínistri ミニストゥリィ] 名 (複 ministries[-z]) ❶ C (英国・日本などの) 省 (= ㊍ department)
- the *Ministry* of Justice 法務省

❷ U 大臣の職[任期] ❸ U 牧師の職務

**Minnesota** [mìnəsóutə ミナソウタ] 名 ミネソタ (▶米国北中部の州. 州都はセントポール (St. Paul), 郵便略語は MN)

**minor** B1 [máinər マイナァ]
- 形 ❶ 小さいほうの；少数の (⇔ major 大きいほうの) ❷ あまり重要でない, 二流の
- 名 C ❶ 未成年者 ❷ 〖音楽〗短調, 短音階 (⇔ major 長調)

派生語 minority 名

**minority** B1 [mənɔ́:rəti マノーリティ | mainɔ́rə- マイノリ-] 名 (複 minorities[-z]) U C 少数 (⇔ majority 大多数)；少数派；C 少数民族

**minor league** [máinər li:g マイナァ リーグ] 名 C (プロ野球などの) マイナーリーグ → major league

**mint** B2 [mínt ミント] 名 U 〖植物〗はっか, ミント

**minus** B1 [máinəs マイナス]
- 前 …を引いて (⇔ plus …を加えて)
- Five *minus* three is two.
5 引く 3 は 2 (5−3＝2).
- 形 マイナスの, 負の (⇔ plus プラスの)

\***minute** 5級 A1 [mínit ミニット]
- 名 (複 minutes[-ts -ツ]) ❶ C (時間の) 分 (▶ m., m., min. と略す)
- There are sixty *minutes* in an hour. = An hour has [makes] sixty *minutes*.
1 時間は 60 分だ.
- It is ten (*minutes*) to eleven.
11 時 10 分前だ.
- It is ten (*minutes*) after eleven.
11 時 10 分だ.
- This watch is three *minutes* fast [slow].
この時計は 3 分進んで [遅れて] いる.

❷ C 《ふつう a minute で》《話》ちょっとの間 (= moment)
- Wait [Just] *a minute*. ちょっと待って.
- I'll be back in *a minute*. すぐ戻ります.
- Can I speak to you (for) *a minute*? = Do you have *a minute* (to spare)?
ちょっとお話ししてもよろしいですか.

*at any minute* 今すぐにも
*the minute* (*that*) *...* …するとすぐに, …する瞬間に (= as soon as ...) (▶ 接続詞のように用いる. that は省略されることが多い)
- Call me *the minute* you arrive.
着いたらすぐに私に電話をしなさい.

**minute hand** [mínit hænd ミニット ハンド] 名 C (時計の) 分針, 長針 → clock 図

**miracle** B1 [mírəkl ミラクル] 名 C 奇跡, 不思議なこと, 驚異
- perform [do, work] *a miracle*
奇跡を行う；驚異的な効果がある

**mirage** [mirá:ʒ ミラージュ | mírɑ:ʒ ミラージュ] 名 C しんきろう；幻覚, 幻想

**mirror** 準2級 A2 [mírər ミラァ]
名 C 鏡 → bathroom 図
- He looked at himself in the *mirror*.
彼は鏡に自分の姿を映して見た.

**mis-** [mis- ミス-] 接頭 誤った, 悪い, 非…, 不… (▶ ふつう, 動詞や名詞の前につく)
- *mis*understand 誤解する
- *mis*fortune 不運

**mischief** B1 [místʃif ミスチフ] (★「ミスチーフ」でないことに注意) 名 U ❶ (悪意のない) いたずら；ちゃめっけ
- Don't make *mischief*! いたずらをするな.

❷ 害, 危害, 損害 (= harm)
派生語 mischievous 形

**mischievous** [místʃəvəs ミスチヴァス] 形 いたずらの；ちゃめっけのある；有害な

**miser** [máizər マイザァ] 名 C けちん坊, 欲ばり

**miserable** B1 [mízərəbl ミザラブル] 形 不幸な, 惨めな；みすぼらしい；嫌な, ひどい
- feel *miserable*
悲惨な思いをする, 惨めな気持ちになる

**misery** [mízəri ミザリィ] 名 (複 miseries[-z]) U C 惨めさ, 悲惨さ；《ふつう miseries で》大きな不幸
派生語 miserable 形

**misfortune** B2 [misfɔ́:rtʃən ミスフォーチュン] 名 U 不運, 不幸 (⇔ fortune 幸運)；C 災難

## misjudge

- by *misfortune* 不運にも
- *Misfortunes* never come single.
(諺) 泣きっ面に蜂. (⇔災難はけっして単独ではやってこない)

**misjudge** [misdʒʌ́dʒ ミスチャッチ] 動 他 …を誤って判断する

**miso** [míːsou ミーソウ] 名 U みそ
- *miso* soup みそ汁

**misprint** [mísprint ミスプリント] 名 誤植, ミスプリント

## Miss 4級 A1 [mís ミス]

名 (複 Misses[-iz]) ❶ C …さん, …先生

> **ここが ポイント! Missの使い方**
> 結婚していない女性の姓, または姓名の前につける敬称で, 名の前には使いません. Missの後にはピリオドをつけません. 結婚している女性にはMrs.やMrsを使います. ただし最近は未婚・既婚にかかわらずMs.やMsを使うようになっています. → Ms.

- *Miss* (Mary) Brown (メアリー・)ブラウンさん (▶ Miss Maryは×)

❷《話》お姉さん, 娘さん (▶女性店員・ウエートレスなどに対する呼びかけ) ❸《Miss＋地名・国名など》ミス… (▶コンテストなどで用いる)
- *Miss* America ミスアメリカ

## miss 3級 A1 [mís ミス]

動 (三単現 misses[-iz]; 過去・過分 missed[-t]; 現分 missing) 他 ❶ …を捕まえそこなう, 逃す; …に乗り遅れる (⇔catch 間に合う) (▶「ミスをする」はmistake)
- *miss* a ball [catch] ボールを取りそこなう
- The post office is near the station. You can't *miss* it. 郵便局は駅の近くです. すぐにわかりますよ. (⇔見逃すはずがない)
- I *missed* seeing the program.
私はその番組を見そこなった.
- I *missed* the bus [train].
ぼくはバス[電車]に乗り遅れた.

❷ …がいなくてさびしく思う, …を懐かしく思う; …がない[いない]のに気づく
- We *miss* you. あなたがいなくてさびしい.

❸ …を抜かす, 欠かす, 欠席する
- I never *miss* the English class.
私は英語の授業をけっして欠席しない.

**missile** [mísəl ミサル | misail ミサイル] (★「ミサイル」でないことに注意) 名 C ミサイル, 誘導弾

**missing** 準2級 A2 [mísiŋ ミスィング]

— 動 miss (捕まえそこなう)の現在分詞・動名詞
— 形 見つからない, 欠けている, 行方不明の
- a *missing* number 抜けている番号, 欠番
- Her canary is *missing*.
彼女のカナリアが行方不明だ.

**mission** B1 [míʃən ミッション] 名 C (特に軍の攻撃の)任務; 使命; 使節団; 伝道団
- a trade *mission* 貿易使節団

**missionary** [míʃənèri ミッシャネリィ | -ʃənəri -シャナリィ]

— 名 (複 missionaries[-z]) C 宣教師, 伝道者
— 形 伝道の, 布教の

**Mississippi** 3級 [misəsípi ミスィスィッピィ]
名 ❶ ミシシッピ (▶米国中南部の州. 州都はジャクソン (Jackson). 郵便略語はMS) ❷《the Mississippiで》ミシシッピ川 (▶米国中部を南流してメキシコ湾に注ぐ大河)

**Missouri** [mizúəri ミズ(ア)リィ] 名 ❶ ミズーリ (▶米国中部の州. 州都はジェファーソンシティ (Jefferson City). 郵便略語はMO) ❷《the Missouriで》ミズーリ川 (▶米国ミシシッピ川の支流)

**mist** B2 [míst ミスト]
— 名 C U かすみ, 霧, もや (▶fogよりも薄くhazeよりも濃いもの); 《米》霧雨
— 動 他 自 …をかすむ[霧, もや]で覆う, 曇らせる; 曇る, かすむ
派生語 misty 形

## mistake 準2級 A2 [mistéik ミステイク]

— 動 (三単現 mistakes[-s]; 過去 mistook [mistúk ミストゥック]; 過分 mistaken [mistéikən ミステイカン]; 現分 mistaking) 他 …を間違える, 誤解する
- They *mistook* the path in the woods.
彼らは森の中で道を間違えた.
- She *mistook* his words.
彼女は彼の言葉を誤解した.

*mistake ... for* ~ …を~と間違える
- Everyone *mistakes* me *for* my brother.
だれもがぼくを兄[弟]と間違える.

— 名 (複 mistakes[-s]) C **間違い**, 誤り
- a careless *mistake* 不注意な間違い, ケアレスミス (▶「ケアレスミス」は和製英語)
- make a *mistake* 間違いをする, ミスをする

*by mistake* 誤って, 間違えて
- John put on my shoes *by mistake*.
ジョンは間違ってぼくの靴を履いた.

**mistaken** [mistéikən ミステイカン]
— 動 mistake (間違える)の過去分詞
— 形 間違った; 思いちがいをした
- You are *mistaken about* the matter.

君はその件について思いちがいをしている.

**mister** [místər ミスタァ] 名《話》《misterで》あなた, 君, もし (▶男性に対する呼びかけ) (=sir) → Mr.

**mistletoe** [mísltòu ミスルトウ] 名Ⓤ〖植物〗宿り木 (▶クリスマスの装飾に用いる)
- kiss under the *mistletoe* 宿り木の下でキスをする (▶クリスマスの宿り木の飾りの下にいる人にはキスをしてもよいとされる)

**mistook** [mistúk ミストゥック] 動 mistake (間違える)の過去形

**mistress** [místris ミストゥリス] 名 (複 mistresses [-iz]) Ⓒ 女主人 (⇔master 主人); 愛人

**misty** B1 [místi ミスティ] 形 (比較 mistier; 最上 mistiest) 霧のかかった; かすんだ
- *misty* weather はっきりしない天気

**misunderstand** B2 [mìsʌndərstǽnd ミスアンダァスタンド] 動 (過去・過分 misunderstood [mìsʌndərstúd ミスアンダァストゥッド]) 他自 (…を)誤解する, 思いちがいをする
派生語 misunderstanding 名

**misunderstanding** B1 [mìsʌndərstǽndiŋ ミスアンダァスタンディング] 名ⓊⒸ 誤解, 思いちがい

**misunderstood** [mìsʌndərstúd ミスアンダァストゥッド] 動 misunderstand (誤解する)の過去形・過去分詞

**mitt** [mít ミット] 名Ⓒ (野球の)ミット; ミトン (= mitten)
- a catcher's *mitt* キャッチャーミット
- an oven *mitt* オーブンミトン

**mitten** [mítn ミトゥン] 名Ⓒ ミトン (▶親指だけ離れた手袋の片方) → glove, mitt

(a pair of) mittens　　(a pair of) gloves

# mix 準2級 A2 [míks ミックス]

― 動 (三単現 mixes [-iz]; 過去・過分 mixed [-t]; 現分 mixing)
　― 他 …を混ぜる, 混ぜ合わせる
- *mix* colors 絵の具を混ぜる

　― 自 ❶ 混ざる; 混合する
- Oil *and* water do not *mix*. = Oil does not *mix with* water. 油と水とは混ざらない.

❷ (初対面の人と)仲良くつきあう
- Ed *mixes* well *with* other boys.
　エドはほかの少年たちと仲良くやっている.

*mix up* …をよく混ぜ合わせる; …を混同する

― 名 (複 mixes [-iz]) ⓊⒸ 混合(物)
派生語 mixed 形, mixer 名, mixture 名

**mixed** 3級 [míkst ミックスト]
― 動 mix (混ぜる; 混ざる)の過去形・過去分詞
― 形 混ざった; (男女)共学の
- *mixed* candies 詰め合わせキャンディー
- a *mixed* school (男女)共学の学校 (=a coed school)

**mixer** [míksər ミクサァ] 名Ⓒ ❶ ミキサー (▶粉・バター・砂糖などを混ぜる機械, 野菜・果物用の「ミキサー」はblender) ❷ (録音などの)ミキサー (▶音量調整をする人や装置)
❸ 《形容詞＋mixerで》人づきあいが…の人
- a good *mixer* 人づきあいのよい人

**mixture** B2 [míkstʃər ミクスチャァ] 名ⓊⒸ 混合(物)

**mm¹, mm.** millimeter(s) (ミリメートル)の略

**mm²** [m ン, m: ンー] (▶mmmともつづる) 間 うーん (▶感心・同意・ちゅうちょなどを表す)

**MN** Minnesota (米国ミネソタ州)の郵便略語

**MO** Missouri (米国ミズーリ州)の郵便略語

**moan** [móun モウン]
― 名Ⓒ うめき声
― 動自 うめく, うなる; 不平を言う

**mob** [máb マブ | mɔ́b モブ] 名Ⓒ 暴徒; やじ馬; 《the mobで》大衆

**mobile** 3級 A1 [móubəl モウバル | -bail -バイル]
― 形 移動できる, 移動性の
― 名Ⓒ ⊛ 携帯電話 (= mobile phone, ⊛ cell phone)

**mobile home** [móubəl hòum モウバル ホウム | móubail -モウバイル -] 名Ⓒ 移動住宅 (▶長期滞在できる設備を持った家で, 自動車で引いて移動する) → motorhome

**mobile phone** A1 [móubəl fòun モウバル フォウン] 名Ⓒ ⊛ 携帯電話 (=⊛ cell phone)

**mock** B2 [mák マック | mɔ́k モック] 動他自 (人を)あざける, ばかにする

**mode** [móud モウド] 名Ⓒ 方法, 様式; Ⓤ 《ふつう the modeで》流行, モード

# model 準2級 A2
[mádl マドゥル | mɔ́dl モドゥル]

― 名 (複 models [-z]) Ⓒ ❶ 模型; (自動車・服などの)型
- a car *model* 自動車の模型
- This computer is the latest *model*.
　このコンピュータは最新型だ.

❷ 手本, 模範
- My father is a *model* of honesty.
　父は正直の手本のような人だ.

## moderate

❸ (絵・写真などの)モデル
- a fashion *model* ファッションモデル

━形 《名詞の前にのみ用いる》模型の；模範の
- a *model* plane 模型飛行機
- a *model* answer 模範解答

**moderate** B1 [mádərət マダリット | mɔ́də- モダ-]
形 適度の, ほどよい；中ぐらいの；節度のある, 穏健な
- *moderate* exercise 適度の運動

**moderator** [mádərèitər マーダレイタァ | mɔ́dərèitər モダレイタァ] 名 C ❶ 議長；司会者 ❷ 仲裁者

## modern 準2級 A2

[mádərn マダァン | mɔ́dərn モダァン] (★アクセント位置に注意)

形 (比較 more modern; 最上 most modern)
❶ 現代の；近代の (⇔ancient 古代の)
- *modern* times 現代
- *modern* music 現代音楽
- *modern* science 近代科学

❷ 現代的な, 近代的な, モダンな；最新の
- the most *modern* technique 最先端の技術

**modest** B2 [mádəst マダスト | mɔ́dist モディスト]
形 ❶ 謙虚な, 控えめな；しとやかな ❷ 適度の；地味な, 質素な

**modesty** [mádəsti マデスティ | mɔ́dəsti モデスティ]
名 U 謙遜, 遠慮, 控えめ

**Mohammed** [mouhǽmid モウハミッド]
名 =Muhammad

**moist** [mɔ́ist モイスト] 形 湿っぽい, 湿気を含んだ；(涙・露などで)ぬれた → wet くらべて!
派生語 moisture 名

**moisture** B1 [mɔ́istʃər モイスチャァ] 名 U 水分, 湿気

**mold**¹ B2 [móuld モウルド] (► 英ではmouldとつづる) 名 C 鋳型；(ゼリー・アイスクリームなどの)型

**mold**² B2 [móuld モウルド] (► 英ではmouldとつづる) 名 U かび

**Moldova** [mɑːldóuvə マールドウヴァ | mɔldóuvə モルドウヴァ] 名 モルドバ (►ウクライナとルーマニアの間にある共和国. 首都はキシナウ(Chisinau))

**mole**¹ [móul モウル] 名 C 〖動物〗もぐら
**mole**² [móul モウル] 名 C ほくろ, あざ

## mom 5級 A1 [mám マム | mɔ́m モム]

名 (複 moms[-z]) C 米《話》**お母さん**, ママ (►呼びかける場合は, ふつう大文字で始め, aやtheをつけない. 子どもだけでなく大人も使う)
(=英 mum, ⇔dad お父さん) → mother ポイント!

## moment 4級 A1 [móumənt モウマント]

名 (複 moments[-ts -ツ]) C ❶ **瞬間**, ちょっとの間
- Wait a *moment*. = Just a *moment*.
ちょっと待って.

❷ (特定の)時；《the [this] momentで》今；今すぐ
- You should start it *this moment*.
今すぐそれを始めるべきだ.

(*at*) *any moment* いつなんどき, 今にも
- A big earthquake may happen *at any moment*. 大地震はいつなんどき起きるかもしれない.

*at the last moment* いよいよというときに, 土壇場で

*at the moment* 今
- He's on vacation *at the moment*.
彼は今, 休暇中です.

*every moment* 刻々, 絶えず
*for a moment* ちょっとの間
*for the moment* さしあたり, とりあえず今は
*in a moment* すぐに, たちまち
*the moment* (*that*) ... …する瞬間に, するとすぐに (=as soon as …) (►接続詞のように用いる. thatは省略されることが多い)
- I recognized her *the moment* (*that*) I saw her.
私は会った瞬間に彼女だとわかった.

**mommy** A1 [mámi マミィ | mɔ́- モ-] (► 英ではmummyとつづる) 名 (複 mommies[-z]) C 米 《幼児語》お母さん, ママ (⇔daddy お父さん) → mother ポイント!

**Mon.** Monday(月曜日)の略.

**Monaco** [mánəkou マーナコゥ | mɔ́nəkou モナコゥ] 名 モナコ (►フランス南東部, 地中海沿岸の公国. 首都はモナコ(Monaco))

**monarch** [mánərk マナァク | mɔ́- モ-] 名 (複 monarchs[-s]) C 君主, 元首 (►king, queen, emperorなど)

## *Monday 5級 A1 [mándei マンデイ]

名 (複 Mondays[-z]) U C **月曜日** (►常に大文字で書き始める. Mon. と略す. 詳しい使い方は → Sunday)
- Today is *Monday*. = It's *Monday* today.
きょうは月曜日だ.
- on *Monday* 月曜日に
- on *Monday* morning 月曜日の朝に
- I didn't go to school last *Monday*.
私はこの前の月曜日に学校に行かなかった.
(►last, next, everyなどがつく場合はonはつ

けない)
- blue *Monday* ゆううつな月曜日

# money 5級 A1

[mʌ́ni マニィ] (★「マネー」でないことに注意)

名 U **お金**, 金銭, 貨幣(ﾍｲ); 財産
- paper *money* 紙幣(ｼﾍｲ)
- a lot of *money* = much *money* たくさんのお金 (▶ many moneys は×)
- spend little *money* お金をほとんど使わない (▶ few money は×)
- raise *money* 募金(ｷﾝ)をする
- *make* [*earn*] *money* お金をもうける[稼(ｶｾ)ぐ]
- I have no *money* with me. 私は全然お金を持ち合わせていない.
- Time is *money*. (諺) 時は金なり.
- Money talks. (諺) 金が物を言う.

**お金にまつわる言葉**
cash 現金
coin 硬貨(ｺｳ), コイン
⊛bill, ⊛note 紙幣
change お釣(ﾂ)り
small change 小銭(ｾﾞﾆ)
credit card クレジットカード
⊛check, ⊛cheque 小切手
electronic money 電子マネー

---

**Mongolia** 3級 [mɑŋɡóuliə マンゴウリァ | mɔŋ- モン-] 名 モンゴル (▶中央アジア東部の国. 首都はウランバートル(Ulaanbaatar)); モンゴル, 蒙古(ｺ) (▶モンゴル国を含(ﾌｸ)む中央アジア東部の広大な地域)

派生語 Mongolian 形名

**Mongolian** [mɑŋɡóuliən マンゴウリアン | mɔŋ- モン-]
→形 モンゴル(人, 語)の
→名 C モンゴル人; U モンゴル語

**monitor** 2級 B1 [mɑ́nətər マニタァ | mɔ́nə- モニ-]
→名 C ❶モニターテレビ(▶ビル管理や放送状態のチェック用);『コンピュータ』画面→computer 図; モニター(▶脈・呼吸などの状態を表示する装置) ❷学級委員, …係
→動 他 …を監視(ｶﾝ)する, チェックする

**monk** 2級 B1 [mʌ́ŋk マンク] 名 C 修道士; 修道僧(ｿｳ) (⇔nun 修道女)

# monkey 5級 A1 [mʌ́ŋki マンキィ]

名 (複 monkeys[-z]) C ❶ **猿**(ｻﾙ) (▶ふつう尾(ｵ)の長い小形の猿をさす. ゴリラ・チンパンジーなど尾のない「猿」は ape) ❷ (話)いたずらっ子 (▶子どもに対して愛情を込(ｺ)めて言う)

---

**monopoly** [mənɑ́pəli マナパリィ | -nɔ́pə- -ノパ-] 名 (複 monopolies[-z]) ❶ U C 独占(ｾﾝ)(権), 専売(権); C 専売品 ❷ ((Monopoly で))〖商標〗モノポリー (▶不動産の売買をして独占権を競(ｷｿ)っていくゲーム)

**monorail** [mɑ́nouréil マノウレイル | mɔ́nou- モノウ-] 名 C モノレール

**monotonous** [mənɑ́tənəs マナタナス | -nɔ́tə- -ノタ-] 形 単調な, 退屈(ｸﾂ)な

**monsoon** [mɑnsúːn マンスーン | mɔn- モン-] 名 《the monsoon で》(インド洋および南アジアの)雨季; モンスーン, 季節風, (季節風による)雨

**monster** 2級 B1 [mɑ́nstər マンスタァ | mɔ́n- モン-] 名 C (想像上の)怪物(ﾌﾞﾂ), 化け物; 巨大(ｷﾀﾞｲ)なもの

**Montana** [mɑntǽnə マンタェナ | mɔn- モン-] 名 モンタナ (▶米国北西部の州. 州都はヘレナ(Helena). 郵便略語は MT)

**Montenegro** [mɑ̀:ntəníːɡrou マーンタニーグロゥ | mɔ̀ntiníːɡrou モンティニーグロゥ] 名 モンテネグロ (▶バルカン半島中部の共和国. 首都はポドゴリツァ(Podgorica))

# *month 5級 A1 [mʌ́nθ マンス]

名 (複 months[-s]) C (暦(ｺﾖﾐ)の上の)**月**; ひと月, 1か月
- this *month* 今月
- last [next] *month* 先[来]月
- the *month* before last 先々月
- the *month* after next 再来月
- three *months* ago 3か月前に
- three *months* from now (今から)3か月後に
- half a *month* 半月
- for *months* 何か月も
- I save money every *month*. 私は毎月貯金する.
- My aunt visits us every other *month*. おばはひと月おきにうちに来る.
- There are twelve *months* in a year. = A year has twelve *months*. 1年は12か月ある.

話してみよう!
☺What day of the *month* is it today? きょうは何日ですか.
☻It's the 6th. 6日です.

***a month ago today*** 先月のきょう(⇔きょうから1か月前)
***a month from today*** 来月のきょう(⇔きょうから1か月後)
***at the beginning of a month*** 月の初めに
***at the end of a month*** 月の終わりに

## monthly

*this day month* = *today month* ⑱先月[来月]のきょう（►先月か来月かは動詞が過去形か未来を表す表現かで区別する）

―― 表現メモ ――

**月の名前と省略形**

| 1月 | January | Jan. |
| 2月 | February | Feb. |
| 3月 | March | Mar. |
| 4月 | April | Apr. |
| 5月 | May | （略さない） |
| 6月 | June | Jun. |
| 7月 | July | Jul. |
| 8月 | August | Aug. |
| 9月 | September | Sep., Sept. |
| 10月 | October | Oct. |
| 11月 | November | Nov. |
| 12月 | December | Dec. |

**monthly** B1 [mʌ́nθli マンスリィ]
― 形 月1回の, 毎月の, 月刊の
 • a *monthly* meeting 月例会
― 副 月1回, 毎月
― 名（複 monthlies[-z]）C 月刊誌

**Montreal** 3級 [mɑ̀ntriɔ́:l マントゥリオール｜mɔ̀nt-モントゥ-] 名 モントリオール（►カナダ南東部ケベック州の港市）

**monument** 2級 B1 [mɑ́njumənt マニュマント｜mɔ́nju- モニュ-] 名 C 記念碑（像, 建造物）；遺跡, 記念物

**moo** [mú: ムー]
― 名（複 moos[-z]）C モー（►牛の鳴き声）
― 動 自 (牛が) モーと鳴く

**mood** A2 [mú:d ムード] 名 C （一時的な) 気分, 機嫌
 • Alex is in a good [bad] *mood*.
  アレックスは機嫌がよい［悪い］.

## \*moon 4級 A1 [mú:n ムーン]

名（複 moons[-z]）❶ U《ふつう the moon で》(天体の) 月 → lunar
 • a full *moon*
  満月（►特定の時の月を表すときは a を使う）
 • a half [new] *moon* 半[新]月
 • a crescent (*moon*) 三日月

a full moon　　a half moon　　a crescent (moon)

 • There is a [no] *moon* tonight.
  今夜は月が出ている［出ていない］.
 • The *moon* is shining brightly.
  月が明るく輝いている.
❷ C （惑星の）衛星（= satellite）

**これ、知ってる?** 月の模様

月の表面の模様を日本では「うさぎのもちつき」に例えますが, 欧米では「人の顔」と言われます. また, 月からは「魔女」「魔力」といったものが連想され, 月の光に当たると心が乱れるという迷信もありました.

**moonlight** B2 [mú:nlàit ムーンライト]（★この gh は発音しない） 名 U 月光

**mop** [mɑ́p マップ｜mɔ́p モップ] 名 C （床掃除の）モップ

**moral** B1 [mɔ́:rəl モーラル｜mɔ́rəl モラル]
― 形 道徳の；道徳的な；精神的な
 • *moral* education 道徳教育
― 名 C 教訓；《morals で》品行, 道徳, モラル

## \*more 4級 A1 [mɔ́:r モア]

形 ❶ もっと多くの
 ❷ それ以上の
副 ❶ もっと
 ❷ もっと…（►比較級をつくる）
 ❸《more ... than ～で》～よりむしろ…
代 もっと多くのもの［人, こと］

― 形 ❶ （► many（（数が）多くの）, much（（量が）多くの）の比較級）（数・量が）もっと多くの（⇔ fewer（数が）より少ない, less（量が）より少ない）
 • I have *more* cousins than she (does).
  私には彼女よりたくさんのいとこがいる.（► many の比較級）
 • I have *more* time than you (do).
  私には君より時間がある.（► much の比較級）
 • We had much *more* rain this year than last year. 今年は去年よりずっと雨が多かった.（► このmuchは more を強調する副詞 → much 副 ❷）
❷《数量を表す語の後で》それ以上の, さらに
 • We have three *more* classes today.
  私たちはきょうはあと3時間授業がある.（► more three classes は×）
 • Would you like some *more* tea?
  もう少しお茶はいかがですか.

― 副（► much の比較級）
❶ もっと, さらに
 • I have to study *more*.
  私はもっと勉強しなければならない.
 • I love her *more* than anyone else.

私はほかのだれよりも彼女のことを愛している.

❷ もっと…, ずっと, さらに…(▶形容詞や副詞の前に置いて比較級をつくる)
- This test is *more* difficult *than* the last one. 今回のテストは前回のよりさらに難しい.
- Could you walk *more* slowly? もっとゆっくり歩いていただけますか.

❸《more ... than 〜で》〜よりむしろ…(= ...rather than 〜)
- It was *more* hot *than* warm yesterday. きのうは暖かいというよりむしろ暑かった.(= It was hot rather than warm yesterday.)

━代 もっと多くのもの[人, こと](▶数も量も表す)
- I'd like to know *more* about you. あなたについてもっとたくさん知りたい.

*all the more* なおさら, ますます
- I like her *all the more* because she is kind. 彼女は親切なので私はなおさら彼女が好きだ.

*more and more* (...) ますます(多くの…)
- The lessons are becoming *more and more* difficult. 授業はますます難しくなってきた.

*more or less* 多かれ少なかれ, 多少; おおよそ
- It costs ten thousand yen, *more or less*. それはだいたい1万円かかる.

*more than ...* …より多い
- I have been to Hawaii *more than* three times. 私はハワイへ4回以上行ったことがある.(▶「3回よりも多い」なので,「4回以上」となる)
- I ate *more than* enough. 私は十分以上[十二分]に食べた.

**ここがポイント!** more than ... と「…以上」は違う
日本語では「3回以上」に「3回」が含(ﾌﾞ)まれますが,英語でmore than three timesと言うとthree timesは含まれません.「3回以上」と言いたい場合は,
× more than three times
○ *more than* twice
となります.

*no more* もうそれ[これ]以上…ない(▶量や程度に関して用いる)(= not ... anymore)
- He is angry *no more*. 彼はもう怒(ｲｶ)っていない.(= He is not angry anymore.)

*no more than ...* たったの…, …にすぎない(= only)(▶少なさを強調する)
- I have *no more than* 1,000 yen. 私はたったの1000円しか持っていない.(= I have only 1,000 yen.)

*not more than ...* せいぜい…, 多くて…(▶上限を示す)
- I have *not more than* 3,000 yen. せいぜい3000円しか持っていない.

*once more* もう一度 → once 副 (成句)
*the more ..., the more 〜* …すればするほど〜 → the 副 ❶

**moreover** 2級 B1 [mɔːróuvər モーロウヴァ] 副
そのうえに, さらに(= besides)

\*__morning__ 5級 A1 [mɔ́ːrniŋ モーニング]

名 (複 mornings[-z]) ⓊⒸ 朝; 午前 → day 図
- early *in the morning* 朝早く
- every *morning* 毎朝
- this [yesterday] *morning* けさ[きのうの朝]
- *on* Sunday *morning* 日曜日の朝に
- The baby was born *on the morning of* June 9. その赤ちゃんは6月9日の朝に生まれた.(▶ June 9はJune (the) ninthと読む. 米ではJune nineとも読む)
- *on* a sunny *morning* 晴れた朝に
- a *morning* paper 朝刊

**ここがポイント!** morningと前置詞
単に「朝に」「午前中に」と言うときには前置詞にinを使いますが, 日付や曜日を伴(ﾄﾓﾅ)って特定の日の朝をさすときにはonを使います. また, morningにthis, yesterday, tomorrow, all, one, everyなどがつくときは前置詞を使いません.
○ *on* the morning of June 9
× *in* this morning

*from morning till* [*to*] *night* 朝から晩まで
*Good morning!* A1 おはよう.(▶午前中に人に会ったときのあいさつ)

**morning glory** [mɔ́ːrniŋ ɡlɔ̀ːri モーニング グローリィ] 名 Ⓒ 《植物》朝顔

**Morocco** [mərɑ́ːkou マラーコゥ | mərɔ́kou マロコゥ] 名 モロッコ(▶アフリカ北西部の王国. 首都はラバト(Rabat))

**mortal** B2 [mɔ́ːrtl モートゥル]
━形 死すべき運命の(⇔immortal 不死の); 命にかかわる
━名 C 《ふつう mortalsで》死すべき(運命の)者, 人間(▶形式ばった言い方)

**mosaic** [mouzéiik モウゼイイク] 名 Ⓒ モザイク画[模様]; Ⓤ モザイク

**Moscow** 2級 [mɑ́skou マスコゥ | mɔ́s- モス-] 名
モスクワ(▶ロシア(Russia)の首都)

## Moslem

**Moslem** [mázləm マズラム | mɔ́z- モズ-] 名形
= Muslim

**mosque** 4級 A2 [mɑ́sk マスク | mɔ́sk モスク] 名 C イスラム教寺院, モスク

**mosquito** B1 [məskíːtou マスキートウ] 名 (複 mosquitoes, mosquitos[-z]) C 〖虫〗蚊(か)

**moss** B1 [mɔ́ːs モース | mɔ́s モス] 名 (複 mosses [-iz]) U C 〖植物〗こけ
- A rolling stone gathers no *moss*. (ことわざ) 転がる石にこけは生えない. (▶米 では「転々と商売を変える人は成功しない」, 英 では「常に行動している人は老化しない」という意味で用いる)

## *most 4級 A1 [móust モウスト]

形 ❶ 最も多くの
　　❷ たいていの
副 ❶ 最も
　　❷ 最も… (▶最上級をつくる)
　　❸ たいへん, とても
代 ❶ 最も多くのもの[人, 数, 量]
　　❷ 大部分

―形 (▶many, much の最上級) ❶《ふつう the most で》(数・量・程度が)**最も多くの**, いちばん多い (⇔ fewest (数が)最も少ない, least (量が)最も少ない)
- Our school has *the most* students in the city. 私たちの学校は市内で最も生徒数が多い. (▶many の最上級)
- He has *the most* money among us. 彼は私たちの中でいちばん多くお金を持っている. (▶much の最上級)

❷《the をつけないで》**たいていの**, 大部分の
- *Most* children like cartoons. たいていの子どもは漫画(まんが)が好きだ.

***for the most part*** たいてい, 大部分は (= mostly)

―副 (▶much の最上級) ❶ **最も**, いちばん, 最も多く (⇔ least 最も少なく)
- I eat (the) *most* in my family. 家族の中で私がいちばん多く食べる.

> **ここがポイント!** the most と most
> (1) 形容詞の最上級には the をつけます.
>   - *the most* expensive watch here ここでいちばん高価な腕(うで)時計
> (2) 副詞の最上級には the をつけてもつけなくても構いません.
>   - Midori plays the violin (*the*) *most* beautifully. ミドリはいちばんみごとにバイオリンを弾(ひ)く.

❷ **最も…**, いちばん… (▶形容詞や副詞の前に置いて最上級をつくる)
- Math is the *most* difficult subject for me. = Math is my *most* difficult subject. 数学が私にはいちばん難しい科目だ.

❸《the をつけないで》**たいへん, とても** (= very)
- Mt. Fuji is a *most* beautiful mountain. 富士山はたいへん美しい山だ. (▶ the most beautiful mountain とすると「いちばん美しい山」の意)

***most of all*** 中でも, とりわけ

―代 ❶《the most で》**最も多くのもの[人, 数, 量]**, 最大限
- *The most* I can do is to be with you. 私にできるのはせいぜいあなたといっしょにいることくらいだ.

❷《the をつけないで》**大部分**, ほとんど
- I gave him *most* of my food. 私は自分の食べ物の大部分を彼にあげた.
- Some knew the news, but *most* didn't. そのニュースを知っている人もいたが, 大部分の人は知らなかった.

> **ここがポイント!** most of ...
> (1) 代名詞の most を使った most of には特定の名詞が続くので, その名詞には the, my, your, her, his などの限定する語句がつきます.
> (2) most of が主語になるとき, 動詞の形は of の後の名詞に一致させます.
>   - *Most of* the students *are* present today.
>   (その)生徒たちのほとんどはきょう出席している.

***at (the) most*** 多くても, せいぜい
***make the most of ...*** …を最大限に活用[利用]する
- *Make the most of* the time you have. 持っている時間を最大限生かしなさい.

派生語 mostly 副

**mostly** 準2級 A2 [móustli モウストゥリィ] 副 たいてい, 大部分は
- My father eats dinner *mostly* at home. 父はたいてい家で夕食を取る.

**motel** [moutél モウテル] 名 C 米 モーテル (▶自動車旅行者のための宿泊(しゅくはく)施設(しせつ). ふつう無料駐車場に隣接(りんせつ)し, 道路沿いにある. motel は, motor と hotel が混成してできた語)

# motorbike

1939年に建てられた歴史的なモーテル(米国)

**moth** [mɔ́ːθ モース | mɔ́θ モス] 名 (複 moths [mɔ́ːðz モーズズ | mɔ́θs モスス]) C 『虫』蛾(が)

## mother 5級 A1 [mʌ́ðər マザァ]

名 (複 mothers[-z]) ❶ C 母, 母親, お母さん, ママ (⇔ father 父)

- my *mother* and father
  私の父母(▶英語ではmotherを先に言うことが多い)
- a *mother* bird
  母鳥
- a *mother* of three sons
  3人の男の子の母親
- Where are you going, *Mother*?
  お母さん, どこに行くの.

### ここがポイント! 母親を表す語

(1) 自分の母親をさすときには, くだけた言い方ではa, the, myなどをつけずに大文字で書き始め, 固有名詞のように扱(あつか)います.
(2) 母親を意味する語にはほかに大人も使う⊛《話》mom, ⊛《話》mum, 幼児語の⊛mommy, ⊛mummyなどがあり, いずれもmotherと同じくしばしばMom, Mum, Mommy, Mummyの形で使います.
(3) Motherは呼びかけにも使いますが, やや改まった感じがします. 一般には⊛Mom, ⊛Mumを使います.

❷《the motherで》(物事を) 生みの親, 源

- Necessity is *the mother* of invention.
  (諺) 必要は発明の母.

**mother country** [mʌ́ðər kʌ́ntri マザァ カントゥリィ] 名 C 母国

**Mother Goose** [mʌ́ðər gúːs マザァ グース] 名 マザーグース

### これ、知ってる？ マザーグースの歌

「マザーグース」は英国に古くから伝わる童謡(どうよう)集と, その作者とされる伝説上の「がちょうおばさん」をさします. 子守(こもり)歌・なぞなぞ・早口言葉・ゲームの歌などが含(ふく)まれ,『メリーさんの羊』『ロンドン橋』『10人のインディアン少年』などが有名です.

「がちょうおばさん」が表紙のマザーグースの童謡集

**mother-in-law** B2 [mʌ́ðərinlɔ̀ː マザァリンロー] 名 (複 mothers-in-law [mʌ́ðərzinlɔ̀ː マザァズインロー]) C 義理の母, しゅうとめ

**Mother's Day** [mʌ́ðərz déi マザァズ デイ] 名 母の日 (▶米国・カナダでは5月の第2日曜日, 英国では四旬(じゅん)節の第4日曜日)

**Mother Teresa** [mʌ́ðər tərí:zə マザァ タリーザ] 名 マザー・テレサ ▶ 1910-1997; 神の愛の宣教者会を設立, 1979年ノーベル平和賞受賞

**mother tongue** [mʌ̀ðər tʌ́ŋ マザァ タン] 名 C 母語, 母国語

**motif** [moutíːf モウティーフ] 名 C (複 motifs[-s]) (文学・芸術作品の)モチーフ, 主題

**motion** B2 [móuʃən モウション] 名 ❶ U 動き, 運動

- the *motion* of the moon 月の運行

❷ C 動作, 身ぶり

**motion picture** [mòuʃən píktʃər モウション ピクチャァ] 名 C ⊛ 映画 (= movie)

**motivation** B1 [mòutəvéiʃən モウタヴェイション] 名 U C 動機づけ, モチベーション

**motive** B1 [móutiv モウティブ] 名 C (行動・学習の)動機; 目的, 意志
派生語 motivation 名

**motocross** [móutoukrɔ̀ːs モウトゥクロース | -krɔ̀s -クロス] 名 U モトクロス (▶荒(あ)れ地の競走路を走るオートバイレース)

## motor 2級 B1 [móutər モウタァ]

名 (複 motors[-z]) C モーター, 発動機, エンジン; ⊛ 自動車

**motorbike** B2 [móutərbàik モウタァバイク] 名 C ⊛《話》原動機つき自転車; ⊛ 小型オートバイ

## motorboat

**motorboat** [móutərbòut モータァボウト] 名 C モーターボート

**motorcycle** 2級 B1 [móutərsàikl モータァサイクル] 名 C オートバイ (▶「オートバイ」は和製英語)

**motorhome, motor home** [móutərhòum モータァホウム] 名 C 移動住宅自動車, キャンピングカー (▶自動車旅行・キャンプ用) → mobile home

**motorway** A2 [móutərwèi モウタァウェイ] 名 C 英 高速自動車道路 (= 米 expressway, freeway)

**motto** B1 [mátou マトウ | mɔ́tou モトウ] 名 (複 mottoes, mottos[-z]) C 標語, モットー

**mould**[1,2] [móuld モウルド] 名 英 = mold[1,2]

**mound** [máund マウンド] 名 C ❶ 盛り土, 土手; 塚 (づか) ❷『野球』マウンド

**mount**[1] B1 [máunt マウント] 名 C 山 (= mountain); 《Mount ... で》…山 (▶ふつう Mt. と略して山の名につける)
- *Mount* [*Mt.*] Everest エベレスト山

**mount**[2] B2 [máunt マウント] 動 他 自 (山・階段などを)のぼる; (自転車・馬などに)乗る

## *mountain 5級 A1

[máuntən マウンテン]

名 (複 mountains[-z]) ❶ C 山 (▶ふつう hill (丘(おか))よりも高く, 特に2000フィート (約610メートル)以上のものを言う) → mount[1]
- climb a *mountain* 山に登る
- *mountain* climbing 登山
- a *mountain* bike マウンテンバイク
- a *mountain* chain [range] 山脈, 連山
- at the top [foot] of a *mountain* 山の頂上[ふもと]で
- Mt. Fuji is the highest *mountain* in Japan. 富士山は日本でいちばん高い山だ.

❷《the ... Mountains で》…山脈 (▶山脈名に用いる)
- *the* Andes *Mountains* アンデス山脈

派生語 mountaineering 名, mountainous 形

**Mountain Day** [máuntən dèi マウンテン デイ] 名 (日本の)山の日

**mountaineering** [màuntəníəriŋ マウンテニ(ァ)リング] 名 U 登山

**mountainous** [máuntənəs マウンテナス] 形 山の多い, 山地の; 山のような

**mountainside** [máuntənsàid マウンテンサイド] 名 C 山腹, 山の斜面 (しゃめん)

**mountaintop** B1 [máuntəntàp マウンテンタップ | -tɔ̀p -トップ] 名 C 山頂

**mourn** B1 [mɔ́:rn モーン] 動 自 他 (人の死などを)嘆(なげ)く, 悲しむ; (死者を)悼(いた)む

**mournful** B2 [mɔ́:rnfəl モーンフル] 形 悲しい, 嘆(なげ)き悲しむ; 哀(あわ)れをさそう

## mouse 5級 A1 [máus マウス]

名 C ❶ (複 mice[máis マイス])『動物』はつかねずみ (▶小さいねずみ) → rat ❷ (複 mouses[-iz], mice)『コンピュータ』マウス (▶カーソルを移動させる入力装置) → computer 図

**mousse** [mú:s ムース] 名 C U ❶ (菓子(かし)・料理の)ムース ❷ (整髪(せいはつ)用の)ムース

**moustache** B2 [mʌ́stæʃ マスタッシュ] 名 英 = mustache

## *mouth 5級 A1 [máuθ マウス]

名 (複 mouths[máuðz マウズズ]) (★複数形では th が [ð] になることに注意) C ❶ (人・動物の) 口 → face 図

lip くちびる — tooth 歯 — tongue 舌

- Open your *mouth* wide. 口を大きく開けなさい.
- Close your *mouth*. 口を閉じなさい.
- Shut your *mouth*. 黙(だま)れ.
- Don't speak with your *mouth* full. 口を物でいっぱいにしたまましゃべってはいけない.

❷ 出入り口, (瓶(びん)の)口; 河口
- the *mouth* of a tunnel トンネルの出入り口
- the *mouth* of the Nile ナイル川の河口

***by word of mouth*** 口伝えで

***from mouth to mouth*** (うわさなどが)口から口へと, 口伝(づ)てに

***have a big mouth*** 《話》秘密を守れない; 生意気なことを言う

## move 準2級 A2 [mú:v ムーヴ]

動 (三単現 moves[-z]; 過去・過分 moved[-d]; 現分 moving)

— 自 動く, 移動する; 引っ越(こ)す, 移転する
- Don't *move*. 動くな.
- The train began to *move*. 電車は動き始めた.
- We *moved* from Nagasaki to Tokyo. 私たちは長崎から東京に引っ越した.

— 他 ❶ …を動かす, 移動させる
- I *moved* my desk to the corner. 私は机を隅(すみ)に移動させた.

❷ …を感動させる; (人を…する)気にさせる; 《be moved by ... で》(人が)…に感動する
- The story *moved* us deeply.

その話は私たちをいたく感動させた.
- I *was moved* to tears *by* the speech.
私はそのスピーチに感動して涙(なみだ)を流した.

***move around*** 動き回る
***move away*** 立ち去る；引っ越す
***move in*** 引っ越して来る，入居して来る
***move on*** どんどん先へ進む；…をどんどん先へ進ませる
***move out*** 引っ越して行く，出て行く
***move over*** 席などを詰(つ)める

派生語 movement 名, moving 形

# movement 2級 B1

[múːvmənt ムーヴマント]

名(複 movements[-ts -ツ]) ❶ⓒⓊ動き，動作，身ぶり
- a swift *movement* すばやい動き[動作]

❷ⓒ《政治・社会的な》運動
- a political *movement* 政治運動

❸ⓒ《音楽》楽章

# movie 5級 A1 [múːvi ムーヴィ]

名(複 movies[-z]) ⓒ ❶《主に米》《話》(1本の)映 画(＝米 film, cinema)；《the moviesで》映画(の上映)
- I saw the *movie* at the movie theater.
私はその映画を劇場で見た.
- I watched [saw] the *movie* on TV.
私はその映画をテレビで見た．(▶テレビで見るときはwatchが使われることが多い)
- Let's *go to the movies* tonight.
今夜映画を見に行こう．(▶ある特定の映画を見に行く場合はgo to the movie)
- a *movie* director 映画監督(かんとく)
- a *movie* theater 米映画館

❷《主に米》《the moviesで》映画館(＝movie theater，英the cinema)

――― 表現メモ ―――

### 映画のいろいろ
action movie アクション映画
animated cartoon [movie, film] アニメ映画
anime (日本の)アニメ映画，アニメ番組
comedy movie コメディー映画
documentary movie ドキュメンタリー映画
fantasy movie ファンタジー映画
horror movie ホラー映画
musical (movie, film) ミュージカル映画
mystery movie ミステリー映画
romance movie 恋愛映画
sci-fi [science fiction] movie ＳＦ映画
silent film 無声映画

**moving** B2 [múːviŋ ムーヴィング]
― 動 move (動く；動かす)の現在分詞・動名詞
― 形 ❶動く，動いている ❷感動させる，(人の)心を動かす

**mow**[móu モウ] 動(過去 mowed[-d]；過分 mowed[-d], mown[móun モウン]) 他自
(草・芝生(しばふ)などを)刈(か)る，刈り取る
派生語 mower 名

**mower**[móuər モウア] 名ⓒ 芝刈(しばか)り機

**mown**[móun モウン] 動 mow (刈(か)る)の過去分詞の1つ

**Mozambique**[mòuzæmbíːk モウザンビーク] 名
モザンビーク(▶アフリカ南東部にある共和国．首都はマプト(Maputo))

**Mozart**[móutsɑːrt モウツァート] 名 Wolfgang Amadeus, ウォルフガング・アマデウス・モーツァルト(▶1756-1791；オーストリアの作曲家．代表作『フィガロの結婚(けっこん)』『魔笛(まてき)』)

# Mr., Mr 5級 A1 [místər ミスタァ]

名 ❶ⓒ …さん，…氏，…先生
- *Mr.* Smith
スミスさん[氏，先生]
- *Mr.* and Mrs. Aoki
青木夫妻
- Good afternoon, *Mr.* Yoshida.
吉田先生，こんにちは．

> **ここがポイント!** Mr.の使い方
> (1) Mr., MrはMisterの略で，男性の姓(せい)または姓名の前につける敬称(けいしょう)です．Mr. Johnのように名だけにはつけられません．
> (2)「ブラウン先生」はMr. Brownのように表し，Teacher Brownは×です．

❷ …殿(どの)，…閣下(▶役職名につける呼びかけ)
- *Mr.* President
大統領閣下，会長殿，学長殿

❸ ミスター…(▶スポーツ名・地名・職業名などにつけて，その分野の代表的男性の意味で用いる)
- *Mr.* Giants
ミスタージャイアンツ

# Mrs., Mrs 5級 A1 [mísiz ミスィズ]

名ⓒ …さん，…先生；《夫の姓名(せいめい)の前につけて》…夫人
- *Mrs.* (Mary) Smith
(メアリー・)スミスさん
- *Mrs.* John Smith
ジョン・スミス夫人
- Goodbye, *Mrs.* Yamada.
山田先生，さようなら．

## MS

**ここがポイント!** Mrs. の使い方

(1) Mistressの略ですが, 現在では略した形でのみ使います.
(2) 結婚している女性の姓または姓名, また夫の姓名の前につける敬称です. 最近では既婚・未婚にかかわらずMs., Msを使うことが多くなっています. →Ms.
(3) 「グレイ先生」はMrs. Grayのように表し, Teacher Grayは×です.

**MS** Mississippi (米国ミシシッピ州) の郵便略語

## Ms., Ms 5級 A2 [míz ミズ]

名 C ⊛ …さん, …先生
- *Ms.* Jones ジョーンズさん[先生]

**ここがポイント!** Ms., Msの使い方

女性の姓, または姓名の前につける敬称です. 名だけの前には使いません.
○ *Ms.* Brown ブラウンさん
○ *Ms.* Mary Brown
　メアリー・ブラウンさん
× Ms. Mary
また, Mrs., Missと違って, 結婚している, していないにかかわらず使えます.

**MT** Montana (米国モンタナ州) の郵便略語

## Mt. 5級 [máunt マウント]

名 …山 (▶Mountの略. 山の名前の前に置く)
- *Mt.* Fuji 富士山

## *much 5級 A1 [mʌ́tʃ マッチ]

形 多くの
副 ❶ とても
　❷ ずっと
代 多量

(比較 more [mɔ́ːr モァ]; 最上 most [móust モウスト])

― 形 (量が)**多くの**, たくさんの, 多量の (⇔little 少量の) → many ポイント!
- We had *much* rain this year. = There was *much* rain this year.
今年はたくさん雨が降った. (▶数えられない名詞はたとえ量が多くても単数扱い)
- My father spends *much* money on his car. 父は車にたくさんのお金を使う.
- I don't have *much* time.
私はあまり時間がない. (▶否定文ではmuchは「あまり…でない」の意味になる)

― 副 ❶ **とても**, たいへん, 非常に → very ポイント!
- Taku likes soccer very *much*.
タクはサッカーが大好きだ.
- Jane doesn't like math very *much*.
ジェーンは数学があまり好きではない.

❷ **ずっと**, はるかに (▶形容詞・副詞の比較級・最上級を強める) → very ポイント!
- He is *much* older than I.
彼は私よりずっと年を取っている.
- Love is *much* more important than money. 愛はお金よりはるかに大切だ.
- She dances *much* better than Kate.
彼女はケイトよりもずっとうまく踊る. (▶このbetterは副詞wellの比較級)

― 代 (単数扱い) **多量**, たくさん (⇔little 少量)
- He doesn't tell us *much* about himself.
彼は自分についてあまり話さない. (▶「よく話す」はふつうHe tells us a lot about himself.)
- I didn't eat *much* in the morning.
朝はあまり食べなかった.
- *Much* of the town was covered with snow. 町の大部分が雪に覆われていた.

***as much as ...*** …もの量[程度]の; …と同じ量[程度]の
- The watch cost *as much as* ten thousand yen. その腕時計は1万円もした. (▶量や程度を強めるときに使う)

***as much ... as*** 〜と同じ量[程度]の…; 〜だけの量[程度]の…
- He has twice *as much* money *as* I have.
彼は私(が持っているのと同じだけのお金)の2倍のお金を持っている.

***be too much* (*for ...*)** (話) (…の)手に負えない
- This job *is too much for* me.
この仕事は私の手には負えない.

***how much* (*...*)** どれほどたくさん(の…); いくら
- *How much* water do you need?
あなたはどれくらいの水が必要ですか.
- *How much* is this sweater?
このセーターはいくらですか.

***make much of ...*** …を重んじる, 大事にする; (人)をちやほやする
- She *makes much of* his opinions.
彼女は彼の意見を重要視している.

***much less ...*** (否定を表す語句の後で) まして…ない → less (成句)

***much more*** もっとずっと, さらに
- I like apples, but I like bananas *much more*. ぼくはりんごが好きだがバナナはもっと好きだ.

***so much for ...*** …はそれだけ, これで打ち切り
* *So much for* today. きょうはこれで終わり.

***think much of ...*** …を重んじる, 高く評価する（▶否定文で用いることが多い）
* They didn't *think much of* my idea. 彼らは私の考えをあまり評価しなかった.

**mud** 2級 B1 [mʌ́d マッド] 名 U 泥(ξ); ぬかるみ
派生語 muddy 形

**muddy** B2 [mʌ́di マディ] 形 (比較 muddier; 最上 muddiest) 泥(ξ)だらけの, ぬかるみの; 濁(ξ)った

**muffin** [mʌ́fin マフィン] 名 C マフィン, 英 イングリッシュマフィン → bread 表現メモ

米国のマフィン

英国のマフィン

**muffler** [mʌ́flər マフラァ] 名 C ❶（自動車などの）消音装置, マフラー ❷ 襟(ξ)巻き, マフラー（▶特に厚手の長いものをさすが, 現在は scarf と言うのがふつう）

**mug** A2 [mʌ́g マグ] 名 C マグ（取っ手のついた筒(ξ)型のコップ）, ジョッキ → cup くらべて!

**muggy** [mʌ́gi マギィ] 形 (比較 muggier; 最上 muggiest)（天候が）蒸(ξ)し暑い

**Muhammad** [muhǽməd ムハマッド] 名 マホメット (=Mohammed)（▶570?-632; イスラム教の創始者）

**mule** B1 [mjúːl ミュール] 名 C 〖動物〗らば（▶雄(ξ)のろばと雌(ξ)の馬との雑種）

**multi-** [mʌ́lti- マルティ-] 接頭 多様な…, 多面的な…（▶形容詞・名詞の前につく）
* *multi*media マルチメディア

**multicultural** [mʌ̀ltikʌ́ltʃərəl マルティカルチャラル] 形 多文化の, 多様な文化を持つ人々の

**multimedia** [mʌ̀ltimíːdiə マルティミーディア] 名 U マルチメディア

**multiplication** [mʌ̀ltəplikéiʃən マルタプリケイション] 名 UC 〖数学〗掛(ξ)け算

**multiply** B2 [mʌ́ltəplài マルタプライ] 動（三単現 multiplies [-z]; 過去・過分 multiplied [-d]）
— 他 ❶ …を増やす
❷ 〖数学〗（数）に掛(ξ)ける, 乗ずる（⇔ divide（数）を割る）
* 3 *multiplied* by 6 equals [is] 18. 3掛ける6は18 (3×6=18).（▶この multiplied は過去分詞）
— 自 増える; 掛け算をする

**mum** A1 [mʌ́m マム] 名 C 〖話〗お母さん, ママ（= mom, ⇔ dad お父さん）
→ mother ポイント!

**Mumbai** 準2級 [múmbai ムンバイ] 名 ムンバイ（▶インド西部の都市, 旧称(ξ) ボンベイ (Bombay)）

**mummy**[1] [mʌ́mi マミィ] 名 (複 mummies [-z]) C ミイラ

**mummy**[2] [mʌ́mi マミィ] 名 英 = mommy

**munch** [mʌ́ntʃ マンチ] 動 (三単現 munches [-iz]) 他 自（…を）むしゃむしゃ食べる

**murder** A2 [mə́ːrdər マーダァ]
— 名 U 殺人; C 殺人事件
* commit (a) *murder* 殺人を犯(ξ)す
— 動 他（人）を殺す, 殺害する（= kill）

**murderer** B1 [mə́ːrdərər マーダラァ] 名 C 殺人者, 殺人犯

**murmur** B2 [mə́ːrmər マーマァ]
— 動 自 他（…を）つぶやく, ささやく; 不平を言う;（波・葉などが）サラサラ音を立てる
— 名 C つぶやき, ささやき; 不平, ぶつぶつ言うこと; サラサラいう音

**muscat** [mʌ́skət マスカット] 名 C 〖植物〗マスカット

**muscle** 2級 B1 [mʌ́sl マスル]（★この c は発音しない）名 UC 筋肉
派生語 muscular 形

**muscular** [mʌ́skjulər マスキュラァ] 形 筋肉の; 筋肉質の, 筋骨たくましい

# museum 準2級 A2

[mjuːzíːəm ミューズィーアム]（★アクセント位置に注意）
名 (複 museums [-z]) C 博物館; 美術館
* an art *museum* 美術館
* a science [historical] *museum* 科学[歴史]博物館
* the British *Museum* （ロンドンの）大英博物館

英国・ロンドンにある大英博物館

## mushroom

**mushroom** 準2級 A2 [mʌ́ʃruːm マッシュルーム]
名 C （食用の）きのこ，マッシュルーム

## *music 5級 A1 [mjúːzik ミューズィック]

名 U ❶ 音楽；曲
- listen to *music* 音楽を聞く
- sing to *music* 音楽に合わせて歌う
- play a piece of *music* 1曲演奏する
- a *music* festival 音楽祭
- a *music* room 音楽室

> **ここが ポイント！** **musicの数え方**
> aをつけたり複数形にしたりしません．「1曲」「2曲」と数えるにはa piece of music, two pieces of musicのように言います．

❷ 楽譜(ふ)（= musical score）
- read *music* 楽譜を読む
- play with［without］*music* 楽譜を見て［見ないで］演奏する

─────── 表 現 メ モ ───────

**音楽のいろいろ**
background music 背景音楽（▶BGMと略すのは和製英語）
chamber music 室内楽
classical music クラシック音楽（▶「クラシックミュージック」は和製英語）
country music カントリーミュージック
electronic music 電子音楽
folk music 民俗(ぞく)音楽
instrumental music 器楽
vocal music 声楽
blues ブルース / heavy metal ヘビーメタル
hip-hop ヒップホップ / jazz ジャズ
pop ポップス / punk rock パンクロック
rap ラップ / reggae レゲエ / R&B（rhythm and blues）リズム・アンド・ブルース
rock ロック / soul music ソウルミュージック

派生語 musical 形名, musically 副, musician 名

**musical** 準2級 A2 [mjúːzikəl ミューズィカル]
─形 音楽の；音楽的な；音楽好きの；音楽の才能がある
- a *musical* instrument 楽器
─名 C ミュージカル（▶歌と踊(おど)りを中心にした演劇），ミュージカル映画

**musical chairs** [mjúːzikəl tʃéərz ミューズィカル チェアズ] 名 U （単数扱い）いす取りゲーム

**musically** [mjúːzikəli ミューズィカリィ] 副 音楽的に

**music box** [mjúːzik bɑ̀ks ミューズィック バックス | -bɔ̀ks -ボックス] 名 C 米 オルゴール
（= 英 musical box）

## musician 5級 A1

[mjuːzíʃən ミューズィシャン]（★アクセント位置に注意）
名（複 musicians[-z]）C 音楽家（▶演奏家・作曲家・歌手など）

**Muslim** [múzlim ムズリム]
─名 C イスラム教徒
─形 イスラム教の，イスラム教徒の

## *must 4級 A1

[məst マスト，《強く言うとき》mʌ́st マスト]

> 助 ❶ …しなければならない
> ❷（きっと）…に違(ちが)いない
> ❸《must not ＋〈動詞の原形〉で》（絶対に）…してはいけない
> 名 絶対に必要なもの

─助 ❶《義務・命令・必要》…しなければならない，…すべきだ
- You *must* wash your hands before meals. 食事の前には手を洗わなければならない．
- I *must* be going now. = I *must* say goodbye now. もう行かなければなりません．

> **ここが ポイント！** **mustの使い方**
> (1) 主語が何であっても「must＋〈動詞の原形〉」の形で使います．
> (2) mustは「絶対にしなければならない」といった強い響(ひび)きを持つので，相手によっては失礼になります．そのため《話》ではより穏(おだ)やかなhave toを多く使います．
> (3) mustには過去形がないので，「…しなければならなかった」はhad toで表します．また，未来のことはwill have toで表します．willとmustを同時に使うことはできません．
> (4) 否定形must notは「（絶対に）…してはいけない」を意味します．（→❸）「…する必要はない」と言うにはdon't have to, またはneed notを使います．
> - *Must* I go with you?
>   いっしょに行かなければなりませんか．
>   → Yes, you *must*.
>   行かなければならない．
>   → No, you don't have［need］to.
>   行かなくてもいい．/ 行く必要はない．

❷《推量》（きっと）…に違いない（▶「確実にそうだと思う」という強い推量を表す）
- She *must* know the truth.
  彼女は真相を知っているに違いない．
- He *must* be tired after his long trip.

彼は長旅の後で疲れているに違いない．
- You *must* be kidding! 冗談でしょう．（⇨からかっているに違いない）

❸《must not＋〈動詞の原形〉で》《絶対に)…してはいけない（▶強い禁止を表す．《話》ではしばしば短縮して mustn't[mʌ́snt マスント］と言う）
- You *must not* tell a lie.
うそをついてはいけない．
- "Can I swim here?" "No, you *mustn't*."
「ここで泳いでもいいですか」「いいえ，駄目です」

━名《a must で》絶対に必要なもの；ぜひ見る［聞く］べきもの
- This book is *a must* for all children.
この本はすべての子どもたちの必読書だ．

**mustache** B2 [mʌ́stæʃ マスタッシュ｜məstáːʃ マスターシュ]（▶㊇では moustache とつづる）名 C 《しばしば mustaches で》口ひげ；（動物の口の周りの）ひげ→ beard 図

**mustard** B1 [mʌ́stərd マスタァド] 名 C U からし，からし菜；U （香辛料の）からし，マスタード

**mustn't** [mʌ́snt マスント]（★最初のtは発音しない）
《話》must not の短縮形

**mute** [mjúːt ミュート]
━形 無言の，沈黙した
━名 C （楽器などの）消音［弱音］器

**mutter** B2 [mʌ́tər マタァ] 動 他 自（不平などを）ぶつぶつ言う；つぶやく

**mutton** B2 [mʌ́tn マトゥン] 名 U （成長した）羊の肉，マトン（▶「羊」は sheep,「子羊」は lamb）

**mutual** B1 [mjúːtʃuəl ミューチュアル] 形 相互の，互いの；共通の，共同の
- *mutual* understanding 相互理解
- a *mutual* friend 共通の友人

**MVP** [émviːpíː エムヴィーピー] 名 エムブイピー，最優秀選手（▶ most valuable player の略）

## my 5級 A1 [mái マイ]

━代 ❶私の（▶一人称単数(I)の所有格．「私たちの」は our）→ I
- This is *my* bag.
これは私のかばんだ．
- *My* father is a teacher.
私の父は教師だ．
- I clean *my* room every day.
私は自分の部屋を毎日掃除する．（▶主語がI のときは「自分の」と訳すほうが自然なことが多い）
- I finished *my* homework.
私は宿題を終えた．（▶my を特に訳さなくてもよい場合もある）

**ここがポイント！ my の使い方**
my は a, the, this などといっしょには使えません．その場合は of mine を使います．
- ○ *my* book 私の本
- × a [the] my book
- × this my book
- ○ this book *of mine* 私のこの本

❷《my ... で》ねえ…（▶親しみを込めた呼びかけに用いる）
- Come here, *my* boy.
ねえ坊や，こっちへおいで．

━間 おや！，まあ！（▶驚きや喜びを表す）
- Oh, *my*! おやまあ．
- *My*, how beautiful!
まあ，なんてきれいなの．

**Myanmar** [mjænmáːr ミャンマー] 名 ミャンマー（▶東南アジアの共和国．首都はネーピードー (Naypyidaw)）

**Myanmarese** [mjænməríːz ミャンマリーズ]
━形 ミャンマー人の
━名 C ミャンマー人

## myself 準2級 A2 [maisélf マィセルフ]

代（複 ourselves [auərsélvz アウァセルヴズ]）
→ oneself ❶私自身を［に］
- I hurt *myself*. ぼくはけがをした．（▶自分の過失でけがをした場合に使う）
- May I introduce *myself*?
自己紹介をさせてください．

❷《主語の意味を強めて》私自身で，私自ら，自分で
- I'll do it *myself*. 自分でやります．

**by myself** ひとりぼっちで；独力で→ oneself（成句 by oneself）
**for myself** 独力で；私自身のために→ oneself（成句 for oneself）

**mysterious** 準2級 A2 [mistíəriəs ミスティ(ァ)リアス] 形 神秘的な，不思議な；不可解な

**mystery** 準2級 A2 [místəri ミスタリィ]
名（複 mysteries [-z]）❶ U 神秘，なぞ；C 不思議なこと
- the *mysteries* of nature 自然の神秘

❷ C 推理小説，ミステリー
派生語 mysterious 形

**myth** B1 [míθ ミス] 名 C （個々の）神話；U 神話（全体）
- the Greek *myths* ギリシャ神話

# N, n

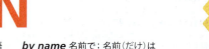

**N, n** [én エン] 名 (複 N's, Ns, n's, ns[-z]) C 英語アルファベットの第14字

**N, N.** north(北)の略

**n.** 〘文法〙noun(名詞)の略

**nail** B1 [néil ネイル] 名 C ❶ くぎ, びょう
- drive [hammer] a *nail* into a board 板にくぎを打つ

❷ (指の)つめ(▶猫(ネコ)などの「かぎづめ」はclaw)
- I cut [trimmed] my *nails*. 私はつめを切った.
- *nail* clippers つめ切り
- *nail* polish マニキュア(液)

**Nairobi** [nairóubi ナイロウビィ] 名 ナイロビ(▶ケニア(Kenya)の首都)

**naked** B1 [néikid ネイキッド] 形 裸(はだか)の; むき出しの; ありのままの
- the *naked* eye 肉眼, 裸眼(らがん)
- a *naked* tree 葉の落ちた木

## *name 5級 A1 [néim ネイム]

名 名前
動 他 ❶ …に名前をつける
　　 ❷ …の名を言う
　　 ❸ …を指名する

― 名 (複 names[-z]) C (人や物の) 名前, 姓名(せいめい), 名称(めいしょう)
- Write down your *name* and address, please. 住所氏名を書いてください. (▶必ずこのname and addressの順. 日本語の「住所氏名」と逆)
- What's the *name* of this fish? この魚の名前は何と言いますか.

話してみよう!
☺ May I ask your *name*? お名前は何とおっしゃいますか.
(▶What's your name?はぶっきらぼうな言い方)
☻ My *name* is John Smith. 私の名前はジョン・スミスです.

*by name* 名前で; 名前(だけ)は
- The principal knows all the students *by name*. その校長は全生徒を名前で呼べる.
- I know her only *by name*. (会ったことはないが)彼女の名前だけは知っている.

*by the name of ...* 通称(つうしょう)…で

*call ... names* …の悪口を言う
- You shouldn't *call* people *names*. 人の悪口を言ってはいけない.

*in the name of ...* …という名のもとに

*take the name* 名前を受けつぐ

> **これ、知ってる?** 姓と名
> (1) 英語圏の人名は日本とは逆に〈名〉+〈姓〉の順に表します.
>   Nancy  Miller　　森　由美
>   〈名〉　〈姓〉　　〈姓〉〈名〉
> 「名」は first name, given name, 「姓」は last name, family name と言います.
> (2) 英語圏では first name と last name の間に middle name を持つ人も多くいます.
>   George Walker Smith(▶Walkerが middle name)
> (3) first name (+ middle name) + last name がそろった形が full name です.
> (4) 英語圏ではある程度親しくなると必ずと言っていいほど名で呼び合います.
> (5) 日本人の名前は Yumi Mori(〈名〉+〈姓〉) と表すことも, Mori Yumi(〈姓〉+〈名〉) と表すこともあります.

― 動 (三単現 names[-z]; 過去・過分 named[-d]; 現分 naming) 他 ❶ …に名前をつける
name +〈人・物〉+〈名詞〉
〈人・物〉を…と名づける
- They *named* their baby Yumi. 彼らは赤ん坊をユミと名づけた.

❷ …の名を言う, 名前を挙げる
- Can you *name* all these cars? あなたはこれらの車の名前をすべて言えますか.

❸ …を指名する, 任命する, 指定する
name +〈人〉(+ as) +〈名詞〉
〈人〉を〈名詞〉に指名する
- They *named* me (*as*) the group leader. (=I was *named* (*as*) the group leader.) 私はグループのリーダーに任命された.

*name ... after* [⊛*for*] ~ ~にちなんで…と

# national

名づける
- The child was *named* Joe *after* [*for*] his grandfather. その子は祖父にちなんでジョーと名づけられた.

**nameless**[néimlis ネイムリス] 形 名無しの; 匿名(とくめい)の

**namely**[néimli ネイムリィ] 副 すなわち; つまり

**nameplate**[néimplèit ネイムプレイト] 名 C 名札, 表札, ネームプレート

**Namibia**[nəmíbiə ナミビア] 名 ナミビア(▶アフリカ南部の共和国. 首都はウィントフック(Windhoek))

**nan**[næn ナン] (▶naanともつづる) 名 U ナン(▶インドのパン)

**Nancy**[nænsi ナンスィ] 名 ナンシー(▶女性の名. Annaの愛称(あいしょう))

**nap** B1 [næp ナップ]
— 名 C うたた寝(ね), 昼寝
- *have* [*take*] *a nap* うたた寝をする
— 動 (過去・過分 napped[-t]; 現分 napping) 自 うたた寝する

**napkin** A2 [nǽpkin ナプキン] 名 C ❶ (食卓(しょくたく)用)ナプキン ❷ 米 生理用ナプキン

**Napoleon**[nəpóuliən ナポウリアン] 名 Bonaparte, ナポレオン・ボナパルト(▶1769-1821; フランスの皇帝(こうてい). フランス革命後皇帝になり, ヨーロッパの大部分を征服(せいふく)したがワーテルローの戦いに敗れ, セントヘレナ島に流された)

**narcissus**[nɑːrsísəs ナースィサス] 名 (複 narcissuses[-iz], narcissi[nɑːrsísai ナースィサイ]) ❶ C 【植物】水仙(すいせん)(▶各種水仙の総称(そうしょう)) ❷《Narcissusで》『ギリシャ神話』ナルキッソス(▶水に映った自分の美しい姿に恋(こい)をして泉に身を投げ, 水仙の花に化したという美少年)

**narration**[næréiʃən ナレイション | nərèi-ナレイ-] 名 ❶ U 物語ること ❷ U C 物語(=story); (映画などの)語り, ナレーション ❸ U 【文法】話法
- *direct* [*indirect*] *narration* 直接[間接]話法

**narrative** B1 [nǽrətiv ナラティヴ]
— 名 U C 物語, 話
— 形 物語の

**narrator** B2 [nǽreitər ナレイタァ | nərèi- ナレイ-] 名 C 物語る人; 語り手, ナレーター

# narrow 2級 B1 [nǽrou ナロゥ]
形 (比較 narrower; 最上 narrowest) ❶ (幅(はば)が)狭(せま)い(⇔broad, wide 広い)(▶「面積が狭い」はsmall)
- *a narrow river* (幅が)狭い川

**ここがポイント！**「狭い部屋」はnarrow? small?
「私の部屋は狭い」は,
○My room is **small**.
×My room is narrow.
です. narrowは部屋の幅が狭くて細長いことを表します.

small

narrow

❷ (範囲(はんい)が)限られた
❸ やっとの, かろうじての
- *a narrow victory* やっとの勝利, 辛勝(しんしょう)
❹ 心の狭い
- He is *narrow* in opinion [his thinking]. 彼は考えの幅が狭い.

**NASA** 3級 [nǽsə ナサ] 名 ナサ, 米国航空宇宙局(▶National Aeronautics and Space Administrationの略)

ケネディ宇宙センターの入り口にあるNASAの看板(米国・フロリダ州・オーランド)

**nasty** B1 [nǽsti ナスティ | nɑː́s- ナース-] 形 (比較 nastier; 最上 nastiest) 嫌(いや)な, 不快な(⇔nice すてきな); 不潔な; 意地の悪い
- *a nasty smell* 悪臭(あくしゅう)

# nation 準2級 A2 [néiʃən ネイション]
名 (複 nations[-z]) ❶ C 国家, 国 → country
**くらべて！**
- *an advanced nation* 先進国
❷ 《単数扱い》国民
- *the Japanese nation* 日本国民(全体)
派生語 national 形

# national 準2級 A2 [nǽʃənl ナショヌル]
形 ❶ 国民の; 国家の
- *a national holiday* 国民の休日

## National Foundation Day

- the *national* flag [flower] 国旗[国花]
❷**国立の**, 国有の
- a *national* theater [park] 国立劇場[公園]
派生語 nationality 名

**National Foundation Day** [néʃənl fáundéiʃən dèi ナショヌル ファウンデイション デイ] 名 (日本の)建国記念の日

**nationality** A1 [næ̀ʃənǽləti ナショナリティ]
名(複 nationalities[-z]) ⓊⓒC 国籍(ᡮᴇ)
- What is your *nationality*?
あなたの国籍はどこですか. (▶where は×)

**National League** [næ̀ʃənəl líːɡ ナショヌル リーグ] 名《the National Leagueで》ナショナルリーグ(▶米国の2大プロ野球連盟の1つ)

**National Trust** [næ̀ʃənəl trʌ́st ナショヌル トゥラスト] 名《the National Trustで》⑩ ナショナルトラスト(▶名勝(ᴍᴇ̀ᴏ)や史跡(ᴇᴇᴋ)の保存・保護を目的とする団体)

## native 準2級 A2 [néitiv ネイティヴ]

─形❶**生まれ故郷の**, 出生地の
- a *native* speaker of English=a *native* English speaker 英語を母語とする人
- His *native* language [tongue] is Italian.
彼の母語はイタリア語だ.
❷**その土地本来の**; 原産の
- The flowers are *native* to Australia.
その花はオーストラリア原産だ.
❸**生まれつきの**(=natural)
─名(複 natives[-z]) Ⓒ …生まれの人
- a *native* of Miami マイアミ生まれの人

**Native American** [néitiv əmérikən ネイティヴ アメリカン] ─名 アメリカ先住民(▶American Indianに代わる言い方)
─形 アメリカ先住民の

**NATO, Nato** [néitou ネイトウ] 名 ナトー, 北大西洋条約機構(▶the North Atlantic Treaty Organizationの略)

## natural 準2級 A2 [nǽtʃərəl ナチュラル]

形(比較 more natural; 最上 most natural)
❶《名詞の前にのみ用いる》**自然の**, 天然の(⇔artificial 人工の)
- *natural* disasters 自然災害
- *natural* science 自然科学
- *natural* gas 天然ガス
❷《名詞の前にのみ用いる》**生まれつきの**; 気取らない
- a *natural* actor 生まれながらの役者
- in a *natural* voice 自然な声で
❸**当然の**, 自然な
- It is *natural* for him to say so.

彼がそう言うのはもっともだ.

**naturally** 2級 B1 [nǽtʃərəli ナチャラリィ] 副 ❶ 自然に
- grow *naturally* 自然に育つ
❷**生まれつき**(=by nature)
❸**当然**, もちろん(▶文全体を修飾する)(=of course)
- *Naturally*, I've already seen the movie, too. もちろん私もその映画を見た.

## nature 準2級 A2 [néitʃər ネイチァ]

名(複 natures[-z]) ❶ Ⓤ **自然**, 自然界
- the laws of *nature* 自然の法則
- *Nature* is at its best in spring.
自然界は春が最も美しい.
❷ⓊⓒC(人・物の)**性質**; 本質
- human *nature* 人間が持つ性質
- This hamster has a gentle *nature*.
このハムスターはおとなしい性質だ.

*by nature* 生まれつき, 生来(ₛᴇᴋ)
- This dog is friendly *by nature*.
この犬は生まれつき人なつこい.
派生語 natural 形, naturally 副

**naughty** B2 [nɔ́ːti ノーティ](★このghは発音しない) 形(比較 naughtier; 最上 naughtiest)いたずらな, 腕白(ᴇᴇᴋ)な; 行儀(ɢᴇᴏ)の悪い

**Nauru** [nɑːúːruː ナーウールー] 名 ナウル(▶ミクロネシアの共和国. 首都はヤレン(Yaren))

**naval** B2 [néivəl ネイヴァル] 形 海軍の

**navel** [néivəl ネイヴァル] 名 Ⓒ へそ → body 図

**navigation** B2 [nævəɡéiʃən ナヴィゲイション] 名 Ⓤ (船・飛行機の)操縦(法), 航海術
- a car *navigation* system カーナビ(ゲーション)

**navigator** [nǽvəɡèitər ナヴィゲイタァ] 名 Ⓒ 航海士; 航空士; 操縦者; ナビゲーター

**navy** B2 [néivi ネイヴィ] 名(複 navies[-z]) Ⓒ 《the navyで》海軍(▶「陸軍」はthe army, 「空軍」はthe air force)
派生語 naval 形

**Nazi** [nɑ́ːtsi ナーツィ] 名 ❶ Ⓒ ナチ党員 ❷《the Nazisで》ナチス, ナチ党(▶ヒトラーの指導したドイツ国家社会主義政党. 1920年結成)

**NBA** [ènbiːéi エンビーエイ] 名 エヌビーエー, 全米バスケットボール協会(▶National Basketball Associationの略)

**NBC** [ènbiːsíː エンビースィー] 名 エヌビーシー(▶National Broadcasting Companyの略. ABC, CBSと並ぶ米国の3大テレビネットワークの1つ)

**NC** North Carolina(米国ノースカロライナ州)の郵便略語

**ND** North Dakota(米国ノースダコタ州)の郵便

**略語**
**NE** Nebraska(米国ネブラスカ州)の郵便略語

# near 5級 A1 [níər ニァ]

形 ❶ 近い
  ❷ 身近な
副 近くに[で]
前 …の近くに[の]

─形 (比較 nearer; 最上 nearest) ❶ (空間的・時間的に)**近い**(⇔distant 遠い) → by 前 ❷ くらべて!
- in the *near* future
  近い将来, 近いうちに
- Where is the *nearest* station?
  最寄(もよ)りの[いちばん近い]駅はどこですか.
❷ (関係などが)身近な
- *near* relatives 近い親戚(しんせき)

─副 (空間的・時間的に)**近くに[で]**(⇔far 遠くに)
- My birthday was drawing *near*.
  私の誕生日が近づいていた.

***near at hand*** 間近に, すぐ近くに
- I kept my cell phone *near at hand*.
  すぐそばに携帯(けいたい)電話を置いておいた.
- The exam is *near at hand*.
  試験が迫(せま)っている.

***near by*** 近くに(▶nearbyと1語でもつづる)
- She lives *near by*. 彼女は近くに住んでいる.

─前 (空間的・時間的に)**…の近くに[の]**
- She stood *near* the door.
  彼女はドアの近くに立っていた.
- There is no restaurant *near* the hotel.
  ホテルの近くにレストランは一軒(いっけん)もない.
- I sat *nearest* (to) the window.
  私は窓のいちばん近くに座(すわ)った.

派生語 nearly 副

**nearby** 2級 B1 [nìərbái ニァバィ]
─形 近くの
- a *nearby* bus stop 最寄(もよ)りのバス停
─副 近くに(=near by)

# nearly 準2級 A2 [níərli ニァリィ]

副 ❶ **ほとんど**, ほぼ(=almost)
- It is *nearly* twelve o'clock.
  もうそろそろ12時だ.
- The bottle was *nearly* empty.
  瓶(びん)はほとんど空(から)だった.

❷ **もう少しで**, あやうく
- I *nearly* forgot the promise.
  私はその約束をもう少しで忘れるところだった. (▶forgetが過去形になることに注意)

**nearsighted** [níərsàitid ニァサイティド] (★このghは発音しない) 形 《主に米》近視の, 近眼の(= 主に

《英》shortsighted, ⇔farsighted 遠視の)

**neat** B2 [ní:t ニート] 形 きちんとした, さっぱりした, こぎれいな; 《米・話》すてきな, かっこいい
- His room is always *neat* and tidy.
  彼の部屋はいつもきちんと片づいている.
- That's *neat*! それはすてきだ.

**Nebraska** [nəbræskə ナブラスカ] 名 ネブラスカ
(▶米国中部の州. 州都はリンカン(Lincoln). 郵便略語は NE)

**necessarily** B2 [nèsəsérəli ネサセラリィ | nésəsərə- ネサセラ-] 副 ❶ 必然的に ❷ 《notとともに》必ずしも…ではない(▶部分否定の言い方)
→ not ❸

# necessary 準2級 A2

[nésəsèri ネサセリィ | -səri -サリィ]

形 (比較 more necessary; 最上 most necessary) **必要な**, 欠くことのできない (⇔unnecessary 不必要な)
- Sleep is *necessary for* your health.
  睡眠(すいみん)は健康に欠かすことができない.

**it is necessary for ... to +〈動詞の原形〉**
…が〜することが必要である
- *It is necessary for* us *to* learn English.
  私たちが英語を学ぶことは必要だ. (▶We are necessary to learn ...は×)

**it is necessary that ...**
…ということが必要である
- *It is necessary that* you (should) see a doctor. 君は医者に診(み)てもらう必要がある.

***if necessary*** もし必要ならば
- You may use this dictionary, *if necessary*.
  もし必要ならこの辞書を使っていいですよ.

派生語 necessarily 副, necessity 名

**necessity** B2 [nəsésəti ネセサティ] 名 (複 necessities[-z]) ❶ ⓤ 必要, 必要性
- *Necessity* is the mother of invention.
  (ことわざ) 必要は発明の母.
❷ ⓒ 必要なもの, 不可欠なもの, 必需(ひつじゅ)品
- the *necessities* of life 生活必需品

# neck 3級 A1 [nék ネック]

名 (複 necks[-s]) ⓒ ❶ **首**(▶胴(どう)と頭部の間の部分)
- I wear a scarf around my *neck*.
  私は首にスカーフをしている.

## necklace

❷襟(えり); (瓶(びん)などの)くびれた部分, 首
- a V *neck* Vネック
- the *neck* of a bottle 瓶の首

**necklace** 2級 B1 [néklis ネクリス] 名C 首飾(かざ)り, ネックレス
- put on a *necklace* ネックレスをする

**necktie** 5級 [néktài ネクタイ] 名C 《主に米》ネクタイ (=英tie)
- wear a *necktie* ネクタイをしている
- tie a *necktie* ネクタイを結ぶ

**nectar** B1 [néktər ネクタァ] 名U 花の蜜(みつ); 濃(こ)い果汁(かじゅう); おいしい飲み物

## *need 5級 A1 [ní:d ニード]

> 動他 ❶…を必要とする
> ❷…する[される]必要がある
> 助 …する必要がある
> 名 ❶必要, 必要性
> ❷必要な物
> ❸困った事態

— 動 (三単現 needs[-dz -ヅ]; 過去・過分 needed[-id]; 現分 needing) (▶ふつう進行形にしない) 他 ❶ **…を必要とする**
- This kitten *needs* food.
 この子猫(こねこ)には食べ物が必要だ.
- You don't *need* your jacket today.
 きょうは上着は必要ないよ.
- This paper *needs* a lot of correcting.
 このレポートにはたくさんの修正が必要だ.

❷《need to +〈動詞の原形〉で》…する必要がある;《need +〈-ing形〉; need to be +〈過去分詞〉で》…される必要がある
- She *needs to* see a doctor.
 彼女は医者に診(み)てもらう必要がある.
- This watch *needs* mend*ing*.
 この時計は修理する必要がある. (▶「修理される必要がある」という受け身の意味であることに注意. This watch needs to be mended. と言いかえられる)

— 助 (▶過去形・過去分詞なし)《疑問文・否定文で》
**…する必要がある**
- He *need not* attend the meeting.
 彼が会議に出る必要はない. (▶このneedは助動詞なので, He needs not ... . は×)
- "*Need* I stay here?" "No, you *needn't*. / Yes, you must."
 「私はここにいる必要がありますか」「いいえ, その必要はありません. / はい, いなければなりません」(▶助needは形式ばった表現. 動のneedを用いるほうがふつう. "Do I need to stay here?" "No, you don't (need to). / Yes, you do." となる)

— 名 (複 needs[-dz -ヅ]) ❶UC **必要**, 必要性
- There is no *need for* you *to* go there.
 君がそこへ行く必要はない.
- You are *in need of* a rest.
 あなたは休養する必要がある.

❷《needs で》必要な物

❸U 困った事態; 貧困(ひんこん)
- A friend *in need* is a friend indeed.
 ⦅ことわざ⦆ まさかのときの友こそ真の友.

派生語 needless 形

**needle** B1 [ní:dl ニードゥル] 名C ❶ (縫(ぬ)い物・編み物の)針 (▶「針の穴」はeye)
- a *needle* and thread 糸を通した針

❷ (レコードプレーヤー・注射器などの)針

**needless** B2 [ní:dlis ニードゥリス] 形 不必要な
*needless to say* 言うまでもなく, もちろん

**needn't** [ní:dnt ニードゥント] 《話》need not の短縮形

**needy** B2 [ní:di ニーディ] 形 ひどく貧しい, 困窮(こんきゅう)している (=very poor)

**negative** 準2級 A2 [négətiv ネガティヴ]
— 形 ❶ 否定的な (⇔positive 肯定的な); 反対の
- have a *negative* attitude
 否定的な態度をとる

❷ 消極的な (⇔positive 積極的な)
❸ 〖写真〗 ネガの, 陰画(いんが)の (⇔positive ポジの)
❹ (検査結果が)陰性(いんせい)の (⇔positive 陽性の)

— 名C ❶ 否定(の言葉[答え]); 否定語 (▶no, not, never など) ❷ (写真の)ネガ

**neglect** B2 [niglékt ニグレクト] 動他 (仕事・義務)を怠(おこた)る; …を無視する;《neglect to +〈動詞の原形〉で》…することを忘れる
- He always *neglects* (*to* do) his duties.
 彼はいつも自分の任務を怠る.

**negotiate** B1 [nigóuʃièit ニゴウシエイト] 動自 交渉(こうしょう)する, 協議する
派生語 negotiation 名

**negotiation** B1 [nigòuʃiéiʃən ニゴウシエイション] 名UC 交渉(こうしょう), 協議

**Negro, negro** [ní:grou ニーグロウ] 名 (複 Negroes, negroes [-s -ズ]) C 黒人 (▶差別的な

表現のため、代わりにa black personや、an African-Americanなどが使われる）

**neigh** [néi ネイ] (★このghは発音しない) 名 C (馬の)いななき、ヒヒーン

# neighbor 4級 A1

[néibər ネイバァ] (★このghは発音しない) (▶ 英 では neighbourとつづる) 名 (複 neighbors [-z]) C
**近所の人**, 隣人; 隣国
- The woman is my *neighbor*.
その女性は私の近所の人だ．
- China is one of Japan's *neighbors*.
中国は日本の隣国の1つだ．

派生語 neighborhood 名, neighboring 形

**neighborhood** 2級 B1 [néibərhùd ネイバァフッド] (★このghは発音しない) (▶ 英 では neighbourhoodとつづる) 名 U ❶ 近所, 付近
- John lives *in the neighborhood of* the bank. ジョンはその銀行の近くに住んでいる．
- We are strangers *in* this *neighborhood*.
私たちはこの辺りには不案内だ．

❷《the neighborhoodで》《単数扱い》近所の人たち（＝neighbors）

**neighboring** B2 [néibəriŋ ネイバリング] (★このghは発音しない) (▶ 英 では neighbouringとつづる) 形 近所の, 隣の

# neither B2

[níːðər ニーザァ | náiðər ナイザァ] (★eiのつづりに注意)

形 どちらも…ない
代 どちらも…でない
接 ❶《neither A nor Bで》AでもBでもない
❷ …もまた〜でない

─ 形 《単数名詞の前に用いる》(2つ[2人]のうち)**どちらも…ない**
- *Neither* boy came here.
(2人のうち)どちらの少年もここに来なかった．

─ 代 (2つ[2人]のうち)**どちらも…でない**
- I saw *neither* of them.
私は彼らのどちらにも会わなかった．
- *Neither of* the cars is made in Japan.
その車はどちらも日本製ではない．(▶ neitherが主語のとき、動詞は原則として単数で受ける)

─ 接 ❶《neither A nor Bで》**AでもBでもない**(▶AとBには名詞と名詞、動詞と動詞、形容詞と形容詞など、同じ働きの語(句)がくる)
- I can speak *neither* French *nor* Italian.
私はフランス語もイタリア語も話せない．
- She *neither* cried *nor* laughed.
彼女は泣きも笑いもしなかった．
- *Neither* he *nor* I am wrong.
彼も私も間違っていない．(▶ neither A nor Bが主語のときは、動詞の人称・数はBに一致させる)

❷《否定文の後で》**…もまた〜でない**
- If you don't come to the party, *neither* will she.
あなたが来なければ、彼女もまた来ないだろう．(▶ neitherの後では主語と動詞(または助動詞)の順序が逆になる)

> 話してみよう！
> ☺I can't speak Chinese.
> 私は中国語が話せません．
> ☻*Neither* can I.
> 私もです．

**neon** [níːɑn ニーアン | níːɔn ニーオン] (★「ネオン」でないことに注意) 名 U 《化学》ネオン (▶気体元素の1つ．元素記号はNe)
- *neon* sign ネオンサイン

**Nepal** 4級 [nəpɔ́ːl ナポール] 名 ネパール (▶インドとチベットの間にあるヒマラヤ山脈中の共和国．首都はカトマンズ (Katmandu))

**nephew** 2級 B1 [néfjuː ネフュー] 名 C おい (⇔niece めい)

**Neptune** [néptuːn ネプトゥーン | -tjuːn -チューン] 名 ❶《天文》海王星 → planet
❷《ローマ神話》ネプチューン (▶海の神．ギリシャ神話のポセイドン (Poseidon) に相当)

**nerd** [nə́ːrd ナード] 名 C 《話》野暮ったい人; オタク

**nerve** B2 [nə́ːrv ナーヴ] 名 ❶ C 神経
❷ U 勇気, 度胸
- I didn't have the *nerve* to tell the truth.
私は真実を話す勇気がなかった．

***get on*** ...'s ***nerves*** (人)の神経にさわる, (人)をいらいらさせる
- His lack of manners *got on my nerves*.
彼のぶしつけな態度が私をいらいらさせた．

派生語 nervous 形

# nervous 準2級 A2 [nə́ːrvəs ナーヴァス]

形 (比較 more nervous; 最上 most nervous)
❶ **緊張している**; 神経質な; 不安な; おく病な
- Don't be *nervous about* such a thing.
そんなことを心配するな．

❷ 神経の
派生語 nervously 副

**nervously** B2 [nə́ːrvəsli ナーヴァスリィ] 副 神経質に; 心配そうに

**Ness** [nés ネス] 名《Loch Nessで》ネス湖 (▶英

国スコットランド北部の湖)→ Nessie

**-ness** B1 [-nis -ニス] 接尾 …さ, …性, …なこと (►形容詞の後について名詞をつくる)
- dark*ness* 暗さ

**Nessie** [nési ネスィ] 名 ネッシー (►英国スコットランドのネス湖にすむと言われる怪獣)

# nest 2級 [nést ネスト]

名 (複 nests[-ts -ツ]) C (鳥・虫・小動物などの)巣
- build [make] a *nest* 巣を作る

# net B1 [nét ネット]

名 (複 nets[-ts -ツ]) ❶ C 網, ネット
- a fishing *net* 魚捕りの網

❷ 《the Net で》インターネット (=the Internet)

**netball** [nétbɔːl ネットゥボール] 名 U 〖スポーツ〗ネットボール (►バスケットボールに似た7人制のスポーツ)

**Netherlands** 準2級 [néðərləndz ネザァランツ] 名 《the Netherlands で》 《単数扱い》オランダ (►Holland の公式名. ヨーロッパ北西部の王国. 首都はアムステルダム(Amsterdam)) → Dutch

**netiquette** [nétikit ネティキット] 名 U 〖インターネット〗ネチケット (►インターネットを利用するときに守るべきエチケット. network + etiquette から)

**network** B1 [nétwə:rk ネットワーク] 名 C 網状に整備された組織; (テレビ・ラジオ・コンピュータなどの)放送網, 通信網, ネットワーク
- a *network* of railroads [roads] 鉄道[道路]網

**neutral** B1 [nú:trəl ヌートゥラル | njú:- ニュー-] 形 中立の; あいまいな; 〖化学〗中性の
- a *neutral* country 中立国

**Nevada** [nəvǽdə ニヴァダ | -váːdə -ヴァーダ] 名 ネバダ (►米国西部の州. 州都はカーソンシティ (Carson City). 郵便略語はNV)

# *never 4級 A1 [névər ネヴァ]

副 ❶ けっして…ない (►not よりも強い否定を表す. 一般動詞の前, be動詞・助動詞の後に置く) → always ポイント!
- The child *never* cries. その子はけっして泣かない. (►主語が三人称単数なので, 現在形の文では動詞に三単現のsがつくことに注意)
- I'll *never* tell another lie. もうけっしてうそはつかない.
- *Never* mind. 心配するな, 構わないよ. (►否定の命令文)

❷ 《have never+〈過去分詞〉で》一度も…したことがない (►「経験」を表す現在完了)
- I *have never* seen the Statue of Liberty. 私は自由の女神像を一度も見たことがない.
- "Have you ever been to Europe?" "No, I *never have*." 「ヨーロッパへ行ったことがありますか」「いいえ, 一度もありません」(►この場合, I have never. とはしない. 単に "No, never." とも言う)

**nevertheless** 2級 B1 [nèvərðəlés ネヴァザレス] 副 それにもかかわらず, それでも (►butやhoweverよりも意味が強くやや形式ばった語)

# *new 5級 A1

[nú: ヌー | njú: ニュー] (★同音 knew)

形 (比較 newer; 最上 newest) ❶ 新しい (⇔old 古い); 新品の
- a *new* car 新しい車
- a *new* student [teacher] 新入生 [新任の先生]
- This computer is the *newest* model. このコンピュータは最新型だ.

❷ (仕事などに)慣れていない, 経験のない, 初めての
- I'm *new* to the job. ぼくはその仕事に慣れていない.
- I'm *new* around here. 私はこの辺りは初めてだ.

***What's new?*** 《話》何か変わったことはあるかい, 元気かい. (►親しい間でのあいさつ)

派生語 newly 副

**newcomer** 2級 B1 [nú:kàmər ヌーカマァ | njú:- ニュー-] 名 C 新しく来た人[物], 新入生[社員]

**New Delhi** [nù: déli ヌー デリィ | njù: - ニュー-] 名 ニューデリー (►インドの首都)

**New England** [nù: íŋglənd ヌー イングランド | njù: - ニュー-] 名 ニューイングランド (►米国北東部6州(コネチカット, マサチューセッツ, ロードアイランド, バーモント, ニューハンプシャー, メーン)の総称)

**New Guinea** [nù: gíni ヌー ギニィ | njù: - ニュー-] 名 ニューギニア (►オーストラリア北方の島)→ Papua New Guinea

**New Hampshire** [nù: hǽmpʃiər ヌー ハンプシャァ | njù: - ニュー-] 名 ニューハンプシャー (►米国北東部の州. 州都はコンコルド(Concord). 郵便略語はNH)

**New Jersey** [nù: dʒə́:rzi ヌー ヂャーズィ | njù: - ニュー-] 名 ニュージャージー (►米国東部の州. 州都はトレントン(Trenton). 郵便略語はNJ)

**newly** B1 [nú:li ヌーリィ | njú:- ニュー-] 副 新し

く, 新たに; 最近
- a *newly* married couple 新婚(しん)夫婦(ふうふ)

**New Mexico** [nùː méksikou ヌー メクスィコウ | njùː- ニュー -] 名 ニューメキシコ (▶米国西南部の州. 州都はサンタフェ(Santa Fe). 郵便略語はNM)

**New Orleans** [nùː ɔ́ːrliənz ヌー オーリアンズ | njùː- ニュー -] 名 ニューオーリンズ (▶米国ルイジアナ州の都市. ジャズの発祥(はっしょう)地)

## *news 5級 A1

[núːz ヌーズ | njúːz ニューズ] (★「ニュース」でないことに注意)

名 U ❶ (新聞・放送などの) **ニュース**, 報道
- the latest *news* about the accident
  その事故についての最新のニュース
- home [domestic] *news* 国内ニュース
- foreign *news* 海外ニュース
- local [national] *news*
  地方 [全国] ニュース
- The accident will be on the *news* tonight.
  その事故は今夜のニュースに出るだろう (▶「ニュース番組」の意味ではtheをつける)

> **ここがポイント!** news の数え方
> (1) newsは数えられない名詞なので, 数えるときはa *piece* of news, two *pieces* of newsなどと言います. a news item, two news itemsのような言い方もあります. a news, two newsとは言いません.
> (2) newsは常に単数扱いです.

❷ (個人的な) **知らせ**, **便り**
- I have some good *news* for you.
  あなたによい知らせがあるんだ.
- No *news* is good *news*.
  (ことわざ) 便りのないのはよい便り.

❸ 目新しいこと
- That's *news* to me. 《話》それは初耳だ.

**newscaster** B2 [núːzkæ̀stər ヌーズキャスタ | njúːzkɑ̀ːstər ニューズカースタ] 名 C (テレビ・ラジオの) ニュースを読む人, アナウンサー (▶ニュース番組などの「総合司会者, ニュースキャスター」は anchor, anchorperson)

**newsletter** [núːzlètər ヌーズレタ | njúːz- ニューズ-] 名 C 社報, 公報, PR誌, ニュースレター

## newspaper 5級 A1

[núːzpèipər ヌーズペイパァ | njúːz- ニューズ-]

名 (複 newspapers[-z]) C **新聞**; 新聞紙 (▶《話》ではpaperとも言う)
- a daily *newspaper* 日刊新聞
- a morning *newspaper* 朝刊
- an evening *newspaper* 夕刊
- I read about the accident *in* the *newspaper*.
  その事故について新聞で読んだ.

**newsstand** [núːzstænd ヌーズスタンド | njúːz- ニューズ-] 名 C (駅や街頭の) 新聞 (・雑誌) の売店

**New Testament** [nùː téstəmənt ヌー テスタマント | njùː- ニュー -] 名 《the New Testamentで》新約聖書 → Bible

**Newton** [núːtn ヌートゥン | njúːː- ニュー-] 名 Isaac, アイザック・ニュートン (▶1642-1727; 英国の物理学者・数学者, 万有(ばんゆう)引力の法則を発見)

**new year** [nùː jíər ヌー イァ | njùː- ニュー -] 名 《the new yearで》新年; 《New Yearで》正月 (▶年の初めの数日間)

> **これ, 知ってる?** 米英の「正月」
> 米英では正月よりもクリスマスを盛大(せいだい)に祝います. 新年はふつう1日は休みですが, 2日から学校や仕事が始まります.

> **話してみよう!**
> ☺ Happy *New Year*! (= I wish you a Happy *New Year*.)
>   新年おめでとう.
> ☺ (The) Same to you.
>   おめでとう. (⇔あなたも同様に)

**New Year's Day** [nùː jíərz déi ヌー イァズ デイ | njùː- - - ニュー - -] 名 = 《主に※》**New Year's** 元日, 1月1日 → 祝休日と行事 【口絵】

**New Year's Eve** [nùː jíərz íːv ヌー イァズ イーヴ | njùː- - - ニュー - -] 名 大みそか, 12月31日

## New York 5級

[nùː jɔ́ːrk ヌー ヨーク | njùː- ニュー -]

名 ❶ ニューヨーク市 → New York City
❷ ニューヨーク州 (▶米国北東部の州. 州都はオールバニー (Albany). 愛称(あいしょう)は the Empire State. 郵便略語はNY)

ブルックリン・ブリッジとニューヨーク市の高層ビル (米国)

## New York City

**New York City** [nùː jɔ́ːrk síti ヌー ヨーク スィティ | njùː - - ニュー - -] 名 ニューヨーク市（►ニューヨーク州にある米国最大の都市．5つの自治区からなる．愛称はthe Big Apple．略はN.Y.C.）

**New Yorker** [nùː jɔ́ːrkər ヌー ヨーカァ | njùː - ニュー -] 名 C ニューヨーク市民，ニューヨークの住民

# New Zealand 5級

[nùː zíːlənd ヌー ズィーランド | njùː - ニュー -]

名 ニュージーランド（►南太平洋の英連邦の国．首都はウェリントン（Wellington））

ウェリントン市内を走るケーブルカー（ニュージーランド）

## *next 準2級 A2 [nékst ネクスト]

形 ❶次の
　❷隣（となり）の
副 次に
名 次の人［もの］

─形 ❶ （時間・順序が）**次の**，今度の，来…，翌…（⇔ last この前の）

- *next* week［year］
  来週［年］（に）（►「現在」から見た言い方）
- the *next* week［year］
  その翌週［年］（に）（►theがつくと，過去または未来の一点から見て「その次の…」の意）
- *next* Thursday
  今度の木曜日（に）（►きょうが火曜日ならば「今週の木曜日（＝this（coming）Thursday）」を，金曜日ならば「来週の木曜日」をさす）
- *next* winter 今度の冬（に）
- the week［month］after *next*
  再来週［月］（に）

**ここがポイント! nextの使い方**
「（時間的に）次の」の意味のnextがつくときは前置詞をつけずに使います．
　○ *next* Monday 次の月曜日に
　× on next Monday
　○ the *next* morning その翌朝に
　× in the next morning

❷《the nextで》(場所が)隣の，次の

- The *next* house to his is one kilometer away.
  彼の隣の家は1キロメートル離れている．

***next door*** （***to ...***）（…の）隣に，隣の
→ door (成句)

***next time*** 次に，今度（…するとき）は

- *Next time* I come, I'll bring you the book.
  今度来るときにその本を持って来ます．（► next timeが接続詞的に使われている．next timeに続く副詞節の中では，未来のことでも現在形を用いる）

─副 **次に**，今度は

- What did he do *next*?
  次に彼は何をしましたか．

***next to ...*** …の隣に；…の次に

- She sat *next to* me.
  彼女は私の隣に座った．
- *Next to* baseball, she likes soccer.
  彼女は野球の次にサッカーが好きだ．

─名 U **次の人[もの]**（►形容詞nextの次にくる名詞が省略された形）

- *Next*, please.
  次の方どうぞ．；次の質問をどうぞ．

**next-door** B1 [nékstdɔ̀ːr ネクストドァ | nèkstdɔ́ːr ネクストドァ] 形 隣（となり）の，隣の家の

- *next-door* neighbor 隣人（りんじん）

**NGO** [èndʒiːóu エンヂーオゥ] 名 エヌジーオー，非政府組織（► non-governmental organizationの略）

**NH** New Hampshire（米国ニューハンプシャー州）の郵便略語

**Niagara** [naiǽgərə ナイアガラ] 名 ナイアガラの滝（たき）（＝Niagara Falls）

米国とカナダの国境にあるナイアガラの滝

**nibble** [níbl ニブル] 動 自 他 （…を）少しずつかじる，少しずつかむ

**Nicaragua** [nìkərάːgwə ニカラーグワ | nìkərǽgjuə ニカラギュア] 名 ニカラグア（►中央アメリカの共和国．首都はマナグア（Managua））

## *nice 5級 A1 [náis ナイス]

形 (比較 nicer; 最上 nicest) ❶ **すてきな**, よい, すばらしい;愉快(ゆかい)な; おいしい(⇔nasty 不快な)

- It's a *nice* day, isn't it? いい天気ですね.
- You look *nice* in that shirt. そのシャツは似合いますね.
- We had a *nice* time last Sunday. この前の日曜日は楽しかった.
- *Nice* [It's *nice*] to meet you. はじめまして, お会いできてうれしいです. (▶初対面の人に紹介(しょうかい)されたときのあいさつ)
- *Nice* [It's *nice*] to see you. こんにちは. (▶顔見知りとのあいさつ)
- *Nice* [It was *nice*] meeting you. お話しできてよかったです. (▶初対面の人との別れのあいさつ)
- Have a *nice* day [time]. さようなら. (▶「いってらっしゃい」の意味にもなる)

> **くらべてみよう！ nice と good**
> **good**:「よい」という意味の一般的な語です.
> **nice**:「感覚的によい印象を与(あた)える」という意味で, 特に会話でよく使います.

❷ 親切な(=kind), 優(やさ)しい

- The nurse was very *nice* to me. その看護師は私にとても親切だった.
- That was very *nice* of you. ご親切にどうも.

**it is nice of +〈人〉+ to +〈動詞の原形〉**
〈人〉が…するのは親切だ

- *It is nice of you to* say so. そう言ってくださってありがとう. (⇔あなたがそう言ってくれるのは親切だ)(= You are *nice* to say so.)

*nice and ...* [náisn ナイスン] [話] とても, 申し分なく (▶...にくる形容詞・副詞を強調し, 「気持ちのよさ」を表す)

- It's *nice and* warm in this room. この部屋はとても暖かくて気持ちよい.

**nice-looking** [náislúkiŋ ナイスルッキング] 形 顔立ちのよい, きれいな

**nicely** B2 [náisli ナイスリィ] 副 気持ちよく, すてきに

**Nicholas** [níkələs ニコラス] 名 ニコラス (▶男性の名. 愛称(あいしょう)は Nick)

**Nick** [ník ニック] 名 ニック (▶男性の名. Nicholas の愛称(あいしょう))

**nickel** [níkəl ニッカル] 名 ❶ U [化学] ニッケル (▶金属元素の1つ. 元素記号はNi) ❷ C (米国・カナダの)5セント白銅貨 → **coin** 知ってる？

**nickname** B1 [níknèim ニックネイム] 名 C あだ名, ニックネーム; 愛称(あいしょう)

- Ed is a *nickname* for Edward. エドはエドワードの愛称です.

**niece** B1 [níːs ニース] 名 C めい (⇔nephew おい)

**Niger** [náidʒər ナイヂャァ | niʒέə ニヂェア] 名 ニジェール (▶アフリカ北西部の共和国. 首都はニアメ(Niamey))

**Nigeria** [naidʒíəriə ナイチ(ァ)リア] 名 ナイジェリア (▶アフリカ北西部の共和国で英連邦(れんぽう)の1つ. 首都はアブジャ(Abuja))

## *night 5級 A1

[náit ナイト](★このghは発音しない. 同音 knight ナイト)

名 (複 nights [-ts -ツ]) U C **夜**, 晩, 夜間 (▶日没(にちぼつ)(sunset)から日の出(sunrise)までをさす) (⇔day 昼間) → **evening** くらべて！, **day** 図

- *at night* 夜に
- *every night* 毎晩
- *last night* きのうの夜, 昨夜
- *tomorrow night* あしたの晩
- *the night before last* おとといの夜
- *on Sunday night* 日曜の夜に (▶at Sunday nightは✕)
- *on the night of* March 10 3月10日の夜に
- We stayed four *nights* at that hotel. 私たちはそのホテルに4泊(はく)した.
- a *night* game (野球などの)ナイター, 夜間試合 (▶「ナイター」は和製英語)

> **ここがポイント！ nightの使い方**
> (1) **at** nightは単に「夜に」という意味です. **on** the night of March 10「3月10日の夜に」, **on** Sunday night「日曜日の夜に」のように日付や曜日などを伴(ともな)って特定の日の夜をさすときにはonを使います. また, nightに last, tomorrow, all, one, every などがつくときは前に何もつけません.
> 　○one night ある夜(に)
> 　✕at one night
> (2)「今晩」はtonightまたはthis evening と言います. this nightとはあまり言いません.

*all night* (*long*) 一晩じゅう

- It was raining *all night* (*long*). 一晩じゅう雨が降っていた.

*day and night* 昼も夜も (= night and day)

**nightdress**
→ day（成句）
***Good night!*** おやすみなさい．（▶夜寝(ﾈ)るときや，別れるときのあいさつ）
***night after night*** 毎晩
***night and day*** = day and night
**nightdress** [náitdrès ナイトゥドゥレス]（★このghは発音しない）名《主に英》= nightgown
**nightgown** [náitgàun ナイトゥガウン]（★このghは発音しない）名 C《主に米》(女性・子ども用のゆったりした)寝巻(ﾏｷ)き，ネグリジェ
**Nightingale** [náitŋgèil ナイトゥンゲイル]名 Florence, フローレンス・ナイチンゲール（▶1820-1910; 英国の看護師．クリミア戦争で傷病兵を看護し，近代看護法と看護師養成に貢献(ｺｳｹﾝ)）
**nightingale** [náitŋgèil ナイトゥンゲイル]（★ghは発音しない）名 C〖鳥〗ナイチンゲール（▶ツグミ科の渡(ﾜﾀ)り鳥，雄(ｵｽ)は夜に美しい声で鳴く）
**nightmare** B2 [náitmèər ナイトゥメア]（★このghは発音しない）名 C 悪夢; 悪夢のような経験
**night school** [náit skùːl ナイト スクール]
名 C U 夜間学校，定時制学校
**Nile** [náil ナイル] 名《the Nileで》ナイル川（▶アフリカ東部のビクトリア湖から北流し地中海に注ぐ世界最長の川．長さ約6700キロメートル）

\***nine** 5級 A1 [náin ナイン]
— 名（複 nines[-z]）❶ U C 9; U 9歳(ｻｲ); 9時; 《複数扱い》9人, 9個（▶詳(ｸﾜ)しい使い方は → two. 「第9の」はninth）
 ・*The clock struck nine.* 時計が9時を打った．
 ❷ C (単数扱い)⦅米⦆野球のチーム, チームの9人
— 形 **9の**; 9人の, 9個の; 9歳で
 ・*My brother is nine* (years old). 弟は9歳だ．
***nine times out of ten*** = ***in nine cases out of ten*** 十中八九, たいていは

\***nineteen** A1 [nàintíːn ナインティーン]
— 名（複 nineteens[-z]）U C **19**; U 19歳(ｻｲ); 《複数扱い》19人, 19個（▶詳(ｸﾜ)しい使い方は → two）
— 形 **19の**; 19人の, 19個の; 19歳で
**nineteenth** [nàintíːnθ ナインティーンス]
— 形 ❶《ふつう the nineteenthで》第19の, 19番目の（▶19thと略す．詳(ｸﾜ)しい使い方は → third） ❷ 19分の1の
— 名（複 nineteenths[-s]）❶ U《ふつう the nineteenthで》第19, 19番目; (月の)19日（▶19thと略す） ❷ C 19分の1
**nineties** [náintiz ナインティズ] 名 ninety(90)の複数形
**ninetieth** [náintiəθ ナインティアス]
— 形 ❶《ふつう the ninetiethで》第90の, 90番目の（▶90thと略す．詳(ｸﾜ)しい使い方は → third） ❷ 90分の1の
— 名 ❶ U《ふつう the ninetiethで》第90, 90番目（▶90thと略す） ❷ C 90分の1

\***ninety** A1 [náinti ナインティ]
— 名（複 nineties[-z]）❶ U C **90**; U 90歳(ｻｲ); 《複数扱い》90人, 90個（▶詳(ｸﾜ)しい使い方は → two. 「第90の」はninetieth） ❷《*one's* ninetiesで》(年齢(ﾈﾝﾚｲ)の)90代; 《the nintiesで》(世紀の)90年代
 ・*My grandmother is in her nineties.* 祖母は90代です．
 ・*in the eighteen nineties* 1890年代に（▶the 1890(')s とも書く）
— 形 **90の**; 90人の, 90個の; 90歳で
 ・*ninety percent* 90パーセント

\***ninth** 5級 [náinθ ナインス]
— 形 ❶《ふつう the ninthで》第9の, 9番目の（▶9thと略す．詳(ｸﾜ)しい使い方は → third）
 ・*the ninth volume* 第9巻
 ❷ 9分の1の
— 名（複 ninths[-s]）❶ U《ふつう the ninthで》第9, 9番目; (月の)9日（▶9thと略す） ❷ C 9分の1
**nitrogen** [náitrədʒən ナイトゥラヂャン] 名 U〖化学〗窒素(ﾁｯｿ)（▶気体元素の1つ．元素記号はN）
**Niue** [niːúː ニウーエィ | njuːei ニューエィ] 名 ニウエ（▶南太平洋の島国．首都はアロフィ(Alofi)）
**NJ** New Jersey(米国ニュージャージー州)の郵便略語
**NM** New Mexico(米国ニューメキシコ州)の郵便略語

\***no** 5級 A1
[nóu ノウ]（★「ノー」でないことに注意. 同音 **know** 知っている)

副 ❶ いいえ
 ❷《no＋〈比較(ﾋｶｸ)級〉で》少しも…ない
 ❸ まさか
形 ❶ 1つ[1人]の…もない
 ❷ けっして…ではない
 ❸ …禁止
名 いいえと言うこと

— 副 ❶ **いいえ**（⇔yes はい）
 ・"*Is he your brother?*" "*No, he isn't. He's my cousin.*"「彼はあなたの兄[弟]ですか」「いいえ，違(ﾁｶﾞ)います．彼は私のいとこです」
 ・"*Have you finished your homework?*"

# Nobel

"*No*, not yet."
「宿題は終わりましたか」「いいえ, まだです」

### ここが ポイント! 「はい」「いいえ」と yes, no
英語では質問が肯定形でも否定形でも, 答える内容が肯定ならyesを, 否定ならnoを使います. そのため, 否定形の質問(否定疑問文)に対する答えでは, yes, noは日本語の「はい」「いいえ」と逆になります.
- Do you speak English?
  英語を話しますか. (▶肯定形の質問)
  → **Yes**, I do. **はい**, 話します.
    **No**, I don't. **いいえ**, 話しません.
- Don't you speak English?
  英語を話さないのですか. (▶否定形の質問)
  → **Yes**, I do. **いいえ**, 話します.
    **No**, I don't. **はい**, 話しません.

❷《no +〈比較級〉で》少しも…ない
- The insect is *no* bigger than my thumb.
  その虫は私の親指ほどの大きさしかない. (⇔親指より少しも大きくない)

❸まさか, 何だって(▶驚(ます)き・疑い・不安などを表す)
- Oh, *no*!
  まさか.

*no less than ...* …ほどたくさん → less (成句)
*no less ... than* 〜 〜に劣(を)らず…で, 〜と同じ程度に…で → less (成句)
*no longer* もはや…ない → long¹ (成句)
*no more* もうそれ[これ]以上…ない → more (成句)
*no more than ...* たったの…, …にすぎない → more (成句)

━形 ❶《名詞の前にのみ用いる》**1 つ[1 人]の…もない**, 少しの…もない
- There was *no* water in the tank.
  タンクに水はまったくなかった.
  (= There wasn't any water in the tank.)
- *No* one could answer her question.
  だれも彼女の質問に答えられなかった. (▶no one = nobody) → nobody

### ここが ポイント! noの使い方
(1) noは数えられる名詞(C)にも数えられない名詞(U)にもつけることができます.
- I have *no* plan today.
  きょうは予定が何もない. (▶planはC)
- I have *no* money.
  お金が少しもない. (▶moneyはU)
(2) 一般に「少しの…もない」の意味のnoは not any と言いかえられます.
- I have *no* money.
  = I *don't* have *any* money.
ただし no +〈名詞〉が主語の場合は言いかえはできません.
  ○ *No* one talks to me.
  だれも私に話してくれません.
  × Anyone doesn't talk to me.

- This pen has *no* ink.
  このペンにはインクが入っていない.
- I have *no* brother(s) or sister(s).
  私には兄弟も姉妹(まい)もいない.

❷《be動詞の後の名詞の前に用いる》けっして…ではない, …どころではない(▶強い否定)
- He is *no* fool!
  彼はけっしてばかではない. (▶強い否定を表し,「その逆に利口だ」の意味を含(ふく)む. He is not a fool. は単に「ばかではない」の意)

❸ …禁止, …してはいけない(▶掲示(けい)などで, 主に省略文で用いる)
- *No* smoking. 禁煙(ぜん).

「駐車禁止/月曜から金曜の午前8時から午後6時まで」の標識(米国)

*There is no* +〈-ing形〉.《話》…することはできない. → there 副(成句)

━名(複 nos, noes[-z]) ⓒ ⓤ いいえと言うこと, いいえという返事; 否定, 拒否(きょ)
- Can you say *no* to them?
  彼らにいやと言えますか.

**No., no.** 5級[nʌ́mbər ナンバァ]名(複 Nos., nos.[-z])第一番, 第一号, …番地(▶numberを表すラテン語numeroの略; 数字の前につけて用いる)
- *No.*1 第1番[号]

**Noah**[nóuə ノウァ]名[聖書]ノア(▶旧約聖書中の人物. 神が悪人を滅(ほろ)ぼすために大雨を降らせて大洪水(ずい)を起こしたとき, ノアはあらかじめ神のお告げにより巨大(きょ)な箱舟(ばこ)をつくり, 彼の家族と動物の1つがいずつだけがそれに乗って難を逃(のが)れた)
- *Noah's* Ark ノアの箱舟

**Nobel**[noubél ノウベル]名 Alfred B., アルフレ

ッド・B・ノーベル (►1833-1896; スウェーデンの化学者, ダイナマイトの発明者)

**Nobel Prize** [nóubəl práiz ノウベル プライズ] 名
© ノーベル賞 (►アルフレッド・B・ノーベルの遺言 (ゆい) によって設けられた賞. 毎年, 物理学・化学・生理医学・文学・平和・経済学の6部門で優 (すぐ) れた業績のあった人に与 (あた) えられる)
- a *Nobel* Peace *Prize* ノーベル平和賞
- She won the *Nobel Prize* in [for] Literature. 彼女はノーベル文学賞を受賞した.

**noble** B2 [nóubl ノウブル]
― 形 ❶ 気高い, 高潔な
- have a *noble* mind 気高い心を持っている
  ❷ 貴族の, 高貴な
- a *noble* family 貴族 (の家柄 (いえがら))
― 名 © 《ふつう nobles で》 貴族

# nobody A2

[nóubàdi ノウバディ | -bədi -バディ]
代 《単数扱い》 だれも…ない (►《話》 では no one よりもよく用いる)
- *Nobody* answered the phone. だれも電話に出なかった.
- There was *nobody* in the house. その家にはだれもいなかった.

**nod** B1 [nάd ナッド | nɔ́d ノッド]
― 動 (過去・過分 nodded [-id]; 現分 nodding)
― 自 ❶ うなずく, 会釈 (えしゃく) する
- She *nodded*. 彼女はうなずいた. (= She nodded her head. ►この nod は 他)
  ❷ (居眠 (いねむ) りして) こっくりする
― 他 (首) を縦に振 (ふ) る (►「(首) を横に振る」は shake)

nod

shake

*nod off* (眠くて) こっくりする, (座 (すわ) ったままで) 眠りこむ
― 名 © うなずくこと, 会釈

# noise 3級 A1 [nɔ́iz ノイズ]

名 (複 noises [-iz]) ©U (不快な) 物音, 騒音 (そうおん); (ラジオなどの) 雑音 → sound¹ くらべて!
- the *noise* of cars 車の騒音
- Don't *make* too much *noise*. そんなに騒 (さわ) ぐな.

派生語 noisily 副, noisy 形

**noisily** B1 [nɔ́izili ノイズィリィ] 副 うるさく, 騒々 (そうぞう) しく

# noisy 準2級 A2 [nɔ́izi ノイズィ]

形 (比較 noisier; 最上 noisiest) 騒 (さわ) がしい, やかましい, 騒々 (そうぞう) しい (⇔ quiet 静かな)
- *noisy* children 騒がしい子どもたち
- The classroom was very *noisy*. 教室はとても騒がしかった.

**non-** [nɑn- ナン- | nɔn- ノン-] 接頭 非…, 不…, 無… (►語の前について「否定・反対」などの意味を表す)
- *non*stop 途中 (とちゅう) で止まらない

# none 2級 B1 [nΛ́n ナン]

代 だれも…ない, 何も…ない, 少しも…ない
- I know *none* of them. 私は彼らのだれも知らない.
- That's *none* of your business. 大きなお世話だ. (⇔ それは君の仕事ではない)

**ここがポイント!** noneの使い方
(1) none はふつう複数扱いにします.
(2) none of + 〈数えられない名詞〉の場合は単数扱いにします.
- *None* of the money *is* left. その金は全然残っていない.
(3) none of + 〈複数名詞〉の場合は, しばしば話し言葉では複数扱いにします. 書き言葉など改まった表現では単数扱いにもします.
- *None* of them *like* [*likes*] this picture. 彼らのだれもがこの絵を好まない.

**nonfiction** [nὰnfíkʃən ナンフィクション | nɔ̀n- ノン-] 名 U ノンフィクション (►事実に基 (もと) づいて書かれた文学) (⇔ fiction フィクション)

**nonsense** B1 [nάnsens ナンセンス | nɔ́nsəns ノンセンス] 名 U 意味をなさないもの; ばかげたこと, ナンセンス

**nonstop** [nὰnstάp ナンスタップ | nɔ̀nstɔ́p ノンストップ]
― 形 途中 (とちゅう) で止まらない
― 副 途中で止まらないで

**nonviolence, non-violence**
[nὰnváiələns ナンヴァイアランス | nɔ̀n- ノン-] 名 U 非暴力 (主義)

**nonviolent, non-violent** [nὰnváiələnt ナンヴァイアラント | nɔ̀n- ノン-] 形 非暴力 (主義) の

# noodle 4級 [núːdl ヌードゥル]

名 (複 noodles [-z]) © 《ふつう noodles で》 めん類, ヌードル
- instant *noodles* 即席 (そくせき) めん, インスタントラーメン

# North Star

米国の小売り店で売られている、テリヤキビーフ味の即席めん

**noon** 準2級 A2 [núːn ヌーン]
名U **正午**, 真昼 (＝midday, ⇔midnight 真夜中) → day 図
- *at noon* 正午に
- *around noon* 正午ごろ
- It's almost *noon*. もうすぐお昼だ.

**no one** 準2級 A2 [nóu wÁn ノゥ ワン]代《単数扱い》だれも…ない → nobody, none
- *No one* knows the truth.
  だれも真実を知らない.

**nor** B1 [nər ナァ, (強く言うとき) nɔ́ːr ノァ]
接 ❶《neither A nor Bで》AでもなくBでもない
- Ken has *neither* a dog *nor* a cat.
  ケンは犬も猫(ねこ)も飼っていない.
- *Neither* you *nor* I am wrong.
  あなたも私も間違(まちが)ってはいない.(▶neither A nor Bが主語のときは, 動詞の形はBに一致(いっち)させる)
❷《否定文の後で》…もまた〜でない
- She can't drive, *nor* can her friend.
  彼女は車の運転ができないが, 彼女の友もまたできない.(▶norの後では主語と動詞または助動詞の順序が逆になる)

**normal** A2 [nɔ́ːrməl ノーマル] 形 ふつうの, 標準の; 正常な(⇔abnormal 異常な)

**north** 準2級 A2 [nɔ́ːrθ ノース]
—名U ❶《ふつうthe northで》**北**, 北部, 北方(⇔the south 南, 南部)
- *north*, south, east and west
  東西南北(▶日本語と順序が異なる)
- Canada is to the *north* of the US.
  カナダは合衆国の北にある.
❷《the Northで》⑧米国北部(地方), 北部諸州;⑧イングランド北部(地方)
—形 北の, 北部の, 北方の; 北向きの; (風が)北からの

- a *north* wind 北風
- the *north* side of the building 建物の北側
—副 北に, 北へ, 北方へ
- go *north* 北へ行く
- Our school is one kilometer *north* of the station.
  私たちの学校は駅から1キロメートル北にある.
派生語 northern 形

**North America** [nɔ̀ːrθ əmérikə ノース アメリカ] 名 北アメリカ(大陸), 北米

**North Carolina** [nɔ̀ːrθ kærəláinə ノース キャラライナ] 名 ノースカロライナ(▶米国南東部の州. 州都はローリ(Raleigh). 郵便略語はNC)

**North Dakota** [nɔ̀ːrθ dəkóutə ノース ダコウタ] 名 ノースダコタ(▶米国中北部の州. 州都はビスマルク(Bismarck). 郵便略語はND)

**northeast** B1 [nɔ̀ːrθíːst ノースイースト]
—名U 北東; 北東部;《the Northeastで》米国北東部
—形 北東の, 北東への; (風が)北東からの
—副 北東へ[に]; 北東から

**northeastern** 2級 B1 [nɔ̀ːrθíːstərn ノースイースタァン] 形 北東の, 北東への; 北東部の; (風が)北東からの

**northern** 2級 B1
[nɔ́ːrðərn ノーザァン]
形 北の; 北方の, 北部の; 北に向かう; (風が)北からの;《Northernで》⑧北部(諸州)の

**Northern Ireland** [nɔ̀ːrðərn áiələnd ノーザァン アィアランド] 名 北アイルランド(▶アイルランドの北部を占(し)め, 英国の一部)

**northern lights** [nɔ̀ːrðərn láits ノーザァン ライツ] 名《the northern lightsで》オーロラ, 北極光

**North Korea** [nɔ̀ːrθ kəríːə ノース カリーァ] 名 北朝鮮(ちょうせん)(▶正式には朝鮮民主主義人民共和国(the Democratic People's Republic of Korea). 首都はピョンヤン(Pyongyang)) → Korea

**North Macedonia** [nɔ̀ːrθ mæsədóuniə ノース マサドウニァ] 名 北マケドニア(▶バルカン半島中部の共和国. 旧ユーゴスラビア. 首都はスコピエ(Skopje))

**North Pole** [nɔ̀ːrθ póul ノース ポウル] 名《the North Poleで》北極, 北極点(⇔the South Pole 南極)

**North Sea** [nɔ̀ːrθ síː ノース スィー] 名《the North Seaで》北海(▶イギリスとヨーロッパ本土の間に位置する海)

**North Star** [nɔ̀ːrθ stáːr ノース スタァ] 名《the North Starで》〖天文〗北極星(＝the polestar)

## northward

**northward** B2 [nɔ́:rθwərd ノースワァド]
- 形 北方への, 北向きの
- 副 北方へ[に](⇔southward 南方へ)

**northwards** B2 [nɔ́:rθwərdz ノースワァツ]
副 =northward

**northwest** 2級 B1 [nɔ̀:rθwést ノースウェスト]
- 名 U 北西; 北西部;《the Northwest で》米国北西部
- 形 北西の, 北西への;(風が)北西からの
- 副 北西へ[に]; 北西から

**northwestern** B1 [nɔ̀:rθwéstərn ノースウェスタァン] 形 北西の, 北西への; 北西部の;(風が)北西からの

**Norway** 2級 [nɔ́:rwei ノーウェイ] 名 ノルウェー(▶北ヨーロッパの王国. 首都はオスロ(Oslo))
派生語 Norwegian 形 名

**Norwegian** [nɔ:rwí:dʒən ノーウィーヂャン]
- 形 ノルウェーの; ノルウェー人[語]の
- 名 C ノルウェー人; U ノルウェー語

## \*nose A1 [nóuz ノウズ](★同音 knows)

名 (複 noses[-iz]) ❶ C 鼻 → face 図
- a long [large] *nose* 高い鼻
- a short [small, flat] *nose* 低い鼻(▶日本語では「鼻」について「高い」「低い」と言うが,英語では a high [low] nose とは言わない)

a long [large] nose　　a short [small, flat] nose

- Blow your *nose*. 鼻をかみなさい.
- My *nose* is running. = I have a runny *nose*. 鼻水が止まらない.
- Your *nose* is bleeding. 鼻血が出ているよ.

❷ きゅう覚
- Dogs have keen *noses*.
犬は鋭いきゅう覚を持つ.

❸ C (鼻のように)突き出た部分; 船首, 機首

**nosebleed** [nóuzbli:d ノウズブリード] 名 C 鼻血(が出ること)
- have a *nosebleed* 鼻血が出る

## \*not 5級 A1

[nát ナット | nɔ́t ノット](★同音 knot 結び目)
副 ❶ …(で)ない, …(し)ない
- I am *not* a student. 私は学生ではない.
- She can*not* [can*'t*] play the piano.
彼女はピアノを弾くことができない.
- He does *not* [does*n't*] like cheese.
彼はチーズが好きではない.
- Don*'t* be lazy. サボらないで.(▶否定の命令文の場合は be 動詞でも Don't を使う)
- They have*n't* arrived at the station yet.
彼らはまだ駅に着いていない.

> **ここがポイント！** not の短縮形
>
> not は be 動詞・助動詞と結びついて, 次のような短縮形を作ります.
> - is not → isn't
> - are not → aren't
> - was not → wasn't
> - were not → weren't
> - do not → don't
> - does not → doesn't
> - did not → didn't
> - will not → won't
> - would not → wouldn't
> - should not → shouldn't
> - cannot, can not → can't
> - could not → couldn't
> - must not → mustn't
> - need not → needn't(主に英)
> - have not → haven't
> - has not → hasn't
> - had not → hadn't
>
> なお, I am not は I'm not となります.

❷ …でなく(▶ふつう特定の語・句・節の直前に置き, それのみを否定する. この not は強く発音する)→ but 接(成句 not ... but ~)
- Ask him, *not* me.
私にではなく, 彼にたずねなさい.
- There were *not* a few people in the hall.
ホールにはかなり多くの人がいた.(⇔少なくはない人)(▶この意味では weren't と短縮することはできない)
- He told me *not* to go there. 彼は私にそこへ行かないように言った.(▶not の位置に注意)

❸ 必ずしも…ではない(▶ all, always, both, each, every, necessarily, quite などとともに用いる. 文の一部を否定する「部分否定」の用法)
- *All* that glitters is *not* gold.
(ことわざ) 光るもの必ずしも金ならず.
- *Not everyone* likes dogs. だれもが犬を好きなわけではない.(▶No one likes dogs. は「犬を好きな人は1人もいない」)

❹ まったく…しない, どちらも…しない(▶any, either などとともに用い, 文全体を否定する)
- I did *not* read *either* of the books.
それらの本のどちらも読まなかった.

❺そうではない(と) (▶否定を含(ふく)む節の代わりに用いる. このnotは強く発音する)
- "Do you think he likes her?" "I think *not*."「彼は彼女が好きだと思いますか」「好きではないと思います」(= I don't think so. / I don't think he likes her.)
- Do you want to come with us? If *not*, you can stay here.
いっしょに来たいですか. もしそうでないなら, ここにいてもいいです. (= If you don't want to come with us, ... .)

**ここがポイント! 文章の最後にくるnot**
この用法のnotは上記❺の例以外に, 次のような言い方でよく使います.
- I hope [believe, suppose] **not**.
そうではない(といい)と思う.
- I am afraid **not**.
(残念ながら)そうではないと思う.
- Probably [Perhaps] **not**.
たぶんそうではないだろう.
- Of course **not**. = Certainly **not**.
もちろん違(ちが)う.
- Why **not**? どうしてそうではないのですか.; いいですとも. → why (成句)

*not a ...* 1つ[1人]の…も~ない
- There is *not a* book on this shelf. この棚(たな)には本が1冊もない. (▶There are no books ... . より「1冊もない」ことを強調する)

*not always* いつも…とは限らない
- I'm *not always* at home on Sundays.
日曜日はいつも家にいるとは限らない.
→ always ❸

*Not at all.* どういたしまして. (▶Thank you. と言われたときの答え方. You're welcome., Don't mention it. なども使う)

*not ... at all* 少しも[全然]…ない → all 代(成句)

*not ... but ~* …ではなくて~ → but 接(成句)

*not only ... but (also) ~* …だけでなく~もまた → only (成句)

# note 3級 A1 [nóut ノウト]

名 ❶覚え書き
　❷短い手紙
　❸注
　❹⊛紙幣(へい)
　❺音色
動 他 …に注意する

―名 (複 notes [-ts -ツ]) C ❶覚え書き, メモ → notebook ポイント!
- Please *make a note of* my email address.
私のメールアドレスを書き留めてください.
- We *took notes* in our history class.
私たちは歴史の授業でノートを取った.
❷短い手紙
- a thank-you *note* 礼状
- Mary left a *note* for her friend on the table. メアリーはテーブルの上に友達あての置き手紙を残した.
❸注, 注釈(ちゅう)
- the *note* at the bottom of the page
ページの下にある注, 脚注(きゃく)
❹⊛紙幣, 札(= ⊛bill) → money
❺音色; 音符(ふ)

*take note of ...* …に注目する

―動 (三単現 notes [-ts -ツ]; 過去・過分 noted [-id]; 現分 noting) 他 …に注意する; 《しばしばnote downで》…を書き留める
派生語 noted 形

# *notebook 5級 A1
[nóutbuk ノウトブック] (★アクセント位置に注意)
名 (複 notebooks [-s]) C ❶ノート, 手帳
- Write the answer in your *notebook*.
答えをノートに書きなさい.

**ここがポイント! 「ノート」とnoteは違(ちが)う**
日本語の「ノート」の意味の英語はnotebookです. noteは「覚え書き, メモ」などの意味です. → note 名 ❶

notebook　　　note

❷ノートパソコン(= notebook computer)

**noted** [nóutid ノウティド] 形 有名な, 著名(ちょ)な

# **nothing 4級 A1 [nΛθiŋ ナッスィング]

―代 《単数扱い》何も…ない
- He said *nothing*. 彼は何も言わなかった. (= He didn't say anything.)
- There is *nothing* on my desk.
私の机の上には何もない.
- *Nothing* is more important than time.
時間より大切なものはない.
- I did *nothing* interesting yesterday.
きのうはおもしろいことが何もなかった.

### notice

- I have *nothing* to do today.
きょうは何もすることがない．

 **修飾(しゅうしょく)する語句の位置**

nothingを修飾する形容詞やto+〈動詞の原形〉はnothingの後に置きます．
- ここには特別なことは何もない．
  ○There is *nothing* special here.
  ×There is special *nothing* here.

— 名 (複 nothings[-z]) ❶ U 無, ゼロ
- We won by a score of five to *nothing*.
ぼくらは5対0で勝った．

❷ C U どうでもよいもの[人]

☺What's wrong?
どうしたんだ．
☻*Nothing*. / It's *nothing*.
何でもないよ．

***for nothing*** ① 無料で, ただで
- You can have this magazine *for nothing*. この雑誌を無料で差し上げます．
② 無駄(むだ)に

***have nothing to do with ...*** …と何も関係がない

***nothing but ...*** ただ…だけ, …にすぎない(=only)
- It's *nothing but* a joke.
それはほんの冗談(じょうだん)だ．

## notice 準2級 A2 [nóutis ノウティス]

— 名 (複 notices[-iz]) ❶ U 注意, 注目
(=attention)
- The news attracted our *notice*.
そのニュースは私たちの注意を引いた．

❷ U C 通知, 警告; 掲示(けいじ)
- a *notice* board 英 掲示板(=米 bulletin board)
- put up a *notice* on the wall
壁(かべ)に掲示をはり出す

***take notice of ...*** 《ふつう否定文で》…に注意する, 気づく
- The children *took* no *notice of* his warning.
子どもたちは彼の警告を少しも気に留めなかった．

***without notice*** 予告なしに
- absence *without notice* 無断欠席

— 動 (三単現 notices[-iz]; 過去・過分 noticed[-t]; 現分 noticing) 他 …に気がつく; …だとわかる

- She *noticed* a mistake in the report.
彼女は報告書の中の誤りに気がついた．
- I *noticed* that she was angry.
私は彼女が腹を立てていることに気がついた．

派生語 noticeable 形

**noticeable** B1 [nóutisəbl ノウティサブル] 形 目立つ; 著(いちじる)しい

**notion** B1 [nóuʃən ノウション] 名 C 考え (=idea), 観念; 意見

**notorious** B1 [noutɔ́ːriəs ノウトーリアス] 形 (悪い意味で)評判の, 悪名高い (▶よい意味で「有名な」はfamous)

**noun** A2 [náun ナウン] 名 C 《文法》名詞 (▶n.と略す)
- a common [proper] *noun*
普通(ふつう)[固有]名詞

**nourish** B2 [nə́ːriʃ ナーリッシュ | nʌ́riʃ ナリッシュ] 動 他 (栄養分)を与(あた)える, …を育てる

**Nov.** November(11月)の略

**novel** 準2級 A2 [nάvəl ナヴァル | nɔ́vəl ノヴァル] 名 C (長編の)小説 (▶「短編小説」はshort story, 小説全体をまとめて言うときにはfictionを用いる)

派生語 novelist 名

**novelist** B1 [nάvəlist ナヴァリスト | nɔ́vəlist ノヴァリスト] 名 C 小説家

## *November 5級 A1
[nouvémbər ノウヴェンバァ]

名 **11月** (▶常に大文字で書き始める. Nov.と略す. 詳(くわ)しい使い方は → January ポイント!)
- *in November* 11月に
- *on November* 1
11月1日に (▶特定の日を表す場合はonを用いる. November 1はNovember (the) firstと読む. 米ではNovember oneとも読む)
- Mary came to Japan last *November*.
メアリーはこの前の11月に来日した．(▶this, last, next, everyなどがつくときは前置詞をつけない)

## *now 5級 A1 [náu ナウ]

副 ❶ 今(は)
❷ 今すぐ(に)
❸ 《文頭で》さあ
❹ 《過去の動詞とともに》今や
接 今や…なので
名 今, 現在

— 副 ❶ **今(は)**, 現在(は)
- Are you busy *now*? 今, 忙(いそが)しいですか．
- He is at a meeting *now*. 彼は今, 会議中だ．

# number

- *Now* I know.
それでわかった．(⇦今は知っている)
❷今すぐ(に)，ただちに(＝at once)
- You should call him *now*.
今すぐ彼に電話したほうがいい．
❸《文頭で》さあ，さて，ところで(▶注意を引いたり話題を変えたりするときに使うつなぎの言葉)
- *Now*, listen to me.
さあ，私の言うことを聞きなさい．
- *Now* what do you want to eat?
ところで何が食べたいですか．
❹《過去の動詞とともに》今や，そのとき(▶主に物語で使われる)(＝then)
- She was *now* an excellent doctor.
今や彼女は優秀(しゅう)な医者であった．

(*every*) *now and then* ＝ *now and again*
時々(＝sometimes)
- She visits museums (*every*) *now and then*. 彼女は博物館を時々訪れる．

*just now* ちょうど今；今しがた → just(成句)

*right now* 《話》今すぐに；ちょうど今 → right 副(成句)

─接《しばしばnow that ...で》今や…なので
- *Now that* you are a big boy, you may stay up late.
もう大きくなったのだから，夜遅(おそ)くまで起きててもいいよ．

─名 Ｕ 今，現在
- *Now* is the time to buy a car.
今が車を買うときだ．

*by now* 今までに，今ごろは(もう)

*for now* 今のところは
- So long *for now*. ＝ Goodbye *for now*.
じゃあ，またね．

*from now on* 今後は，これからは
- I'll never be late *from now on*.
これからはけっして遅刻(ちこく)しない．

**nowadays** 準2級 A2 [náuədèiz ナウアデイズ]
副 このごろは，今日(こんにち)では

**nowhere** B1 [nóu(h)wèər ノウ(ホ)ウェア | -weər -ウェア] 副 どこにも…ない，どこへも…ない
- I went *nowhere* last Sunday.
この前の日曜日はどこにも行かなかった．

**nozzle** [názl ナズル | nɔ́zl ノズル] 名Ｃ (ホースなどの)先，ノズル，筒(つつ)

**NPO** [ènpi:óu エンピーオゥ] 名 エヌピーオー，非営利組織(▶nonprofit organizationの略)

**nuclear** B1 [nú:kliər ヌークリア | njú:- ニュー-]
形 核(かく)の；原子核の；原子力の
- a *nuclear* weapon 核兵器
- a *nuclear* power plant 原子力発電所
- *nuclear* energy 原子力

**nude** [nú:d ヌード | njú:d ニュード] 形 裸体(らたい)の，裸(はだか)の

**nuisance** B2 [nú:sns ヌースンス | njú:- ニュー-]
(★このiは発音しない) 名Ｃ(ふつうa nuisanceで)迷惑(めいわく)なもの[こと，人]
- What a *nuisance* that dog is!
その犬は何て迷惑なんだ．

**numb** [nám ナム] (★このbは発音しない) 形 (寒さなどで)感覚を失った，まひした，しびれた

# number 5級 A1 [námbər ナンバァ]

名 ❶ 数(かず)
　❷ (電話などの)番号
動 他 ❶ …に番号をつける
　❷ …を数える

─名 (複 numbers [-z]) ❶ Ｃ 数；数字；ＵＣ(…の)総数 → p.466 知ってる？
- odd [even] *numbers* 奇数(きすう)[偶数(ぐうすう)]
- The fans were small *in number*.
ファンの数は少なかった．
- The *number* of students in my class is forty. 私のクラスの生徒数は40人だ．

❷ Ｃ (電話などの)番号；(部屋・家・建物などの)…番；(雑誌などの)号(▶No., no.(複 Nos., nos.)と略す)
- a telephone *number* 電話番号
- a house *number* 住居番号，番地
- a room *number* (ホテルなどの)客室番号
- a back *number*
既刊(きかん)号，バックナンバー

*a number of ...* 多数の…(＝many)；いくつかの…(＝some)

> **ここがポイント!** a number of ... の意味と使い方
>
> a number of ... が「多数の…」なのか「いくつかの…」なのかは前後の文脈によって判断します．「多数の」「少数の」などとはっきり言うには，a large [great, good] number of ...(多数の…)，a small number of ...(少数の…)のようにします．
> - I read the poem *a number of* times.
> 私はその詩を何回となく[何回か]読んだ．
> - *a great number of* stars
> たくさんの星

*in* (*great* [*large*]) *numbers* 大ぜいで，多数で
- People visited the zoo *in large numbers*.
人々は大挙して動物園を訪(おとず)れた．

*numbers of ...* 多数の…

## number

### これ、知ってる? 数の言い方

| 0 | 1 | 2 | 3 | 4 | 5 | 6 | 7 |
|---|---|---|---|---|---|---|---|
| zero | one | two | three | four | five | six | seven |

**1**

| 8 | 9 | 10 | 11 | 12 | 13 | 14 | 15 |
|---|---|---|---|---|---|---|---|
| eight | nine | ten | eleven | twelve | thirteen | fourteen | fifteen |

| 16 | 17 | 18 | 19 | 20 | 30 | 40 | 50 |
|---|---|---|---|---|---|---|---|
| sixteen | seventeen | eighteen | nineteen | twenty | thirty | forty | fifty |

**10**

| 60 | 70 | 80 | 90 |
|---|---|---|---|
| sixty | seventy | eighty | ninety |

⇨ 21～99 は 21 = twenty-one, 67 = sixty-seven のように2けたの数字に1けたの数字を組み合わせて表す.

**100**

| 100 | 200 | …… | 800 | 900 |
|---|---|---|---|---|
| one hundred | two hundred | …… | eight hundred | nine hundred |

⇨ hundred は複数形にしないことに注意. 101～999 は 345 = three hundred and forty-five のように3けたの数字に1けたの数字や2けたの数字を組み合わせて表す.

**1,000**

thousand（千の位）

**10,000**
1,000（千）
one thousand

10,000（万）
ten thousand

**100,000**
100,000（十万）
one hundred thousand

大きな数字を読むコツは
3ケタごとに区切って読む!

　　　　　million　thousand
254,721,816

上の数字は,

two hundred fifty-four million
seven hundred twenty-one thousand
eight hundred and sixteen　と読みます.

**1,000,000**

million（百万の位）

**10,000,000**
1,000,000（百万）
one million

10,000,000（千万）
ten million

**100,000,000**
100,000,000（億）
one hundred million

⇨ thousand も million も, hundred と同様に複数形にしない.

**Ⓐ How many people are there in the world?**
世界の人口がどのくらいかわかる?

**Ⓑ About eight billion people.**
だいたい80億人だよ.

one billion（十億）
**1,000,000,000**

ten billion（百億）
**10,000,000,000**

one hundred billion（千億）
**100,000,000,000**

—動 (三単現 numbers[-z]; 過去・過分 numbered[-d]; 現分 numbering) 他
❶ …に番号をつける
・*Number* the pages from one to twenty.
1 から20 のページをふりなさい．
❷ …を数える；合計…になる

**number one**[nÁmbər wÁn ナンバァ ワン] 名 U
一番の人［物］，ナンバーワン

**number plate**[nÁmbər plèit ナンバァ プレイト] 名 C 英 (自動車の) ナンバープレート (► 米 license plate)

**numeral**[nú:mərəl ヌーマラル | njú:- ニュー-] 名 C 数字；『文法』数詞
・Arabic *numerals*
  アラビア数字 (► 1, 2, 3 など)
・Roman *numerals*
  ローマ数字 (► I, II, III など)

**numerous** B1 [nú:mərəs ヌーマラス | njú:- ニュー-] 形 多数の，たくさんの

**nun**[nÁn ナン] 名 C 修道女；尼(あま)(⇔monk 修道士)

# nurse 5級 A1 [nə́:rs ナース]

—名 (複 nurses[-iz]) C ❶ 看護師；看護人 (► 性別に関係なく使う) ❷ 乳母(うば)，保母

—動 (三単現 nurses[-iz]; 過去・過分 nursed[-t]; 現分 nursing) 他 (病人)を看護する；(赤ん坊(ぼう))に授乳する
・They *nursed* their daughter back to health.
  彼らは自分たちの娘(むすめ)が元気になるまで看病した．

派生語 nursery 名, nursing 名

**nursery** B2 [nə́:rsəri ナーサリィ] 名 (複 nurseries[-z]) C 保育園，託児(たくじ)所；育児室，子ども部屋

**nursery rhyme**[nə́:rsəri ràim ナーサリィ ライム] 名 C 童謡(どうよう)，童歌(わらべうた)

**nursery school**[nə́:rsəri skù:l ナーサリィ スクール] 名 C 保育所［園］

**nursing** 2級 [nə́:rsiŋ ナースィング] 名 U 看護，介護(かいご)

**nursing home**[nə́:rsiŋ hòum ナースィング ホウム] 名 C (介護(かいご)を行う)老人ホーム

# nut B2 [nÁt ナット]

名 (複 nuts[-ts -ツ]) C ❶ (くり・どんぐり・くるみなど殻(から)に覆(おお)われた) 木の実，ナッツ
・crack a *nut* 木の実を割る
❷ (ボルトを留める)留めねじ，ナット

**nutrient** B1 [nú:triənt ヌートゥリアント | njú:- ニュー-] 名 C 栄養分，栄養素

**nutrition** B1 [nu:tríʃən ヌートゥリション | nju:- ニュー-] 名 U ❶ 栄養摂取(せっしゅ)［補給］ ❷ 栄養物，食物

派生語 nutritious 形

**nutritious** B1 [nu:tríʃəs ヌートゥリシャス | nju:- ニュー-] 形 栄養のある

**NV** Nevada (米国ネバダ州) の郵便略語
**NY** New York (米国ニューヨーク州) の郵便略語
**N.Y.C.** [én wái sí エン ワィ スィー] 名 ニューヨーク市 (► New York City の略)

**nylon** 3級 [náilɑn ナイラン | -lɔn -ロン] 名 U ナイロン；《nylons で》ナイロン製のストッキング

**nymph** [nímf ニムフ] 名 C 『ギリシャ神話』ニンフ (►半神半人の美少女．海・川・泉・森などにすみ予言の力を持つとされる妖精(ようせい))

**N.Z.** New Zealand (ニュージーランド) の略

# O¹, o

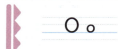

**O¹, o** [óu オウ] 名(複 O's, Os, o's, os[-z]) C ❶英語アルファベットの第15字
❷(数字を読むときの)ゼロ(=zero)
- My room number is 103. 私の部屋番号は103だ．(▶one-O[óu オウ]-three と読む)

**O²** [óu オウ] 間 おお，おや，あら(▶驚き・喜びなどを表す．常に大文字で書き，直後にコンマ(,)や感嘆符(!)はつけない)(=oh)
- *O* dear (me)! おやまあ．

**oak** A2 [óuk オウク] 名 C 〖植物〗オーク(▶かし・かしわ・くぬぎ・ならの類の落葉樹．実はacorn(どんぐり)); U オーク材(▶家具・造船用)

夏のオーク　　　秋のオーク

**oar** [ɔ́ːr オア](★「オール」でないことに注意) 名 C (ボートの)かい，オール
- pull an *oar* オールをこぐ

**oasis** [ouéisis オウエイスィス](★「オアシス」でないことに注意) 名 (複 oases[ouéisiːz オウエイスィーズ]) C オアシス(▶砂漠の中の水がわく緑地); いこいの場所

**oat** [óut オウト] 名 C (ふつう oats で)オート麦，えん麦(▶oatmeal(オートミール)や牛馬の飼料にする)

**oath** B2 [óuθ オウス] 名 C 誓い，誓約; (法廷の)宣誓

**oatmeal** [óutmiːl オウトゥミール] 名 U ひき割りオート麦; オートミール(▶ひき割りオート麦に牛乳と砂糖を混ぜてかゆ状に煮たもの．ふつう朝食に食べる)(=㊧porridge)

**obedience** B2 [oubíːdiəns オウビーディアンス|əbíː-アビー-] 名 U 服従，従順

**obedient** B2 [oubíːdiənt オウビーディアント|əbíː-アビー-] 形 (…に)従順な，素直な; 忠実な

**obey** B2 [oubéi オウベィ] 動 (三単現 obeys[-z]; 過去・過分 obeyed[-d]; 現分 obeying)
— 他 …に従う，服従する，…の言うことを聞く; (法律など)を守る(⇔disobey 従わない)
- *obey* the law 法律を守る
— 自 従う，服従する
派生語 obedience 名, obedient 形

# object 2級 B1

(★名と動でアクセント位置が異なる)
— [ábdʒikt アブヂクト|ɔ́b- オブ-] (複 objects[-ts -ツ]) C ❶ 物, 物体
- an unidentified flying *object* 未確認飛行物体，UFO
❷ 目的，目標; 対象となるもの[人]
- What is your *object* in buying a computer? コンピュータを買う目的は何ですか．
❸〖文法〗目的語
— 動 [əbdʒékt アブヂェクト] (三単現 objects[-ts -ツ]; 過去・過分 objected[-id]; 現分 objecting)(▶名との意味の違いに注意) 自 反対する，異議を唱える，《object to +〈名詞または-ing形〉で》…に反対する
- I *objected to* his plan. 私は彼の計画に反対した．
- *object to* building a dam. ダムを建設することに反対する
派生語 objection 名, objective 形 名

**objection** B1 [əbdʒékʃən アブヂェクション] 名 C 反対，異議
- *raise* [*make*] an *objection* 反対する
- I have no *objection to* the plan. 私はその計画になんら異議はない．

**objective** B1 [əbdʒéktiv アブヂェクティヴ]
— 形 ❶ 客観的な(⇔subjective 主観的な) ❷〖文法〗目的格の
— 名 C 目的，目標(=aim)

**oblige** [əbláidʒ アブライヂ] 動 他 (▶形式ばった語)(義務などが人)にやむなく…させる; 《be [feel] obliged to +〈動詞の原形〉で》…せざるをえない
- I *am* [*feel*] *obliged to* go. 私はどうしても行かなくてはならない．
- The law *obliges* parents to send their children to school. 法律は子どもを学校にやることを親に義務づけている．

**oblong** [áblɔːŋ アブローング|ɔ́blɔŋ オブロング] 名 C 長方形

**oboe** [óubou オウボウ オウボウ](★「オーボエ」でないことに注意) 名 C オーボエ(▶木管楽器)

# o'clock

**observation** 2級 B1 [àbzərvéiʃən アブザァヴェイション |ɔ̀b- オブ-] 名 U C 観察, 観測; 観察力
- under *observation* 観察[監視(かん)]されて

**observe** 2級 B1 [əbzə́ːrv アブザーヴ] 動 他
❶ …を観察する, 観測する; …に気づく
- *observe* animal life 動物の生態を観察する
❷ (法律など)を守る(= obey); (祝日など)を祝う
- *observe* traffic rules 交通規則を守る
派生語 observation 名, observer 名

**observer** B2 [əbzə́ːrvər アブザーヴァ] 名 C ❶ 観察者, 観測者 ❷ (会議に出席するが票決には加わらない)オブザーバー, 立会(たち)人

**obstacle** B1 [ábstəkl アブスタクル |ɔ́b- オブ-] (★アクセント位置に注意) 名 C 障害(物), 邪魔(じゃ)物

**obstacle race** [ábstəkl rèis アブスタクル レイス |ɔ́bstəkl- オブスタクル-] 名 C 障害物競走

**obstruct** [əbstrʌ́kt アブストゥラクト] 動 他 (道など)をふさぐ; …を妨(さまた)げる
派生語 obstruction 名

**obstruction** [əbstrʌ́kʃən アブストラクション] 名 U C 妨害(ぼう); 障害物

**obtain** 2級 B1 [əbtéin アブテイン] 動 他 (努力してほしい物)を手に入れる; (目的)を達成する
- He *obtained* his aim.
彼は目的を達成した.

**obvious** 2級 B1 [ábviəs アブヴィアス |ɔ́b- オブ-] 形 明らかな, 明白な
派生語 obviously 副

**obviously** B1 [ábviəsli アブヴィアスリィ |ɔ́b- オブ-] 副 明らかに

**occasion** 2級 B1 [əkéiʒən アケイジョン] 名 C ❶ (特定の)時, 場合
- *on* this happy *occasion* このめでたい時に
- I've seen her *on* several *occasions*.
彼女に何回か会ったことがある.
❷ 特別な出来事, 行事
- a dress for special *occasions* 晴れ着, 礼服
派生語 occasional 形, occasionally 副

**occasional** B1 [əkéiʒənəl アケイジョナル] 形 時折の, 時たまの(►あまり多くないことを表す)

**occasionally** B1 [əkéiʒənəli アケイジョナリィ] 副 時折, たまに(► sometimesより頻度(ひんど)は低い)

**occupation** A2 [àkjupéiʃən アキュペイション |ɔ̀kju- オキュ-] 名 ❶ U C 職業
- "What is her *occupation*?" "She is a dentist."
「彼女の職業は何ですか」「歯科医です」
❷ U 占領(せんりょう); 占有

**occupy** B1 [ákjupài アキュパイ |ɔ́kju- オキュ-] 動 (三単現 occupies[-z]; 過去・過分 occupied[-d]) 他 ❶ (場所・地位など)を占(し)める; (軍隊などが場所)を占領する
- Many guests *occupied* the room.
たくさんの客がその部屋を占めていた.
- *OCCUPIED*
《掲示》(トイレの)使用中(►(トイレの)空きはVACANT)

❷ (時間)を取る, 費(つい)やす
*be occupied in* [*with*] *...* = *occupy oneself in* [*with*] *...* …に従事している, …で忙(いそが)しい
- He *is occupied with* his studies.=He *occupies himself with* his studies.
彼は研究に専念している.
派生語 occupation 名

**occur** 2級 B1 [əkə́ːr アカー] (★アクセント位置に注意) 動 (過去・過分 occurred[-d]; 現分 occurring) 自 ❶ (事が)起こる, 生じる(►《話》ではふつう happenを用いる)
- A big earthquake *occurred* in Tokyo in 1923.
1923年に東京で大地震(じしん)が起こった.
❷ 《*occur to* で》(心に)浮(う)かぶ, 思いつく
- A good idea *occurred to* me.
私にいい考えが浮かんだ.

# ocean 2級 B1 [óuʃən オウシャン]
名 (複 oceans[-z]) ❶ U 《ふつう the oceanで》《米》海, 海洋 → sea くらべて! ❷ C 《ふつう the Oceanで》大洋; …洋

●表現メモ●

### 世界の五大洋
the Pacific Ocean 太平洋
the Atlantic Ocean 大西洋
the Indian Ocean インド洋
the Arctic Ocean 北極海
the Antarctic Ocean 南極海

**ocher** [óukər オウカァ] (►《英》では ochreとつづる) 名 U オークル色, 黄土色

# o'clock 5級 A1
[əklɑ́k アクラック |əklɔ́k アクロック]

**Oct.**

**副** …時(じ) (►of the clockの短縮形) → hour

くらべて!
- the nine *o'clock* news 9時のニュース

話してみよう!
- ☺ What time is it (now)?
  今何時ですか.
- 🙂 It's about four (*o'clock*).
  4時ぐらいです.

**ここがポイント!** o'clockの使い方

(1) o'clockは「1時」「2時」のように端数(はすう)のないちょうどの時刻を表す場合に使いますが, しばしば省略されます.「…時…分」の場合はo'clockは使えません.
- at six (*o'clock*) 6時に
- at six twenty 6時20分に

(2) o'clockは1から12までの数字とともに使い, 13時などの場合には使いません.

**Oct.** October(10月)の略

## \*October 5級 A1

[άktóubər アクトウバァ | ɔk- オク-]

**名** 10月 (►常に大文字で書き始める. Oct. と略す. 詳(くわ)しい使い方は → January ポイント!)
- *in October*
  10月に
- *on October* 10, 2023
  2023年10月10日に (►特定の日を表す場合はonを用いる. October 10は October (the) tenth と読む. 米ではOctober ten とも読む)
- We had a lot of rain last *October*.
  この前の10月には雨がたくさん降った. (► this, last, next, everyなどがつくときは前置詞をつけない)

**octopus** [άktəpəs アクタパス | ɔk- オク-] **名** (複 octopuses [-iz]) ⓒ 【動物】たこ
- I like *octopus* sushi.
  私はたこのすしが好きです.

**odd** B2 [άd アッド | ɔ́d オッド] **形** ❶ 変な, 奇妙(きみょう)な, とっぴな (=strange)
❷ 奇数(きすう)の (⇔even 偶数(ぐうすう)の)
- *odd* numbers 奇数

❸ (セットで用いるものの) 片方の, 半端(はんぱ)な

**odor** [óudər オウダァ] (►英ではodourとつづる) **名** ⓒ におい, 香り (►単にodorと言う場合は不快なにおいをさすことが多い) (=smell)

## \*\*of 5級 A1

[əv アヴ, ə ア, 《強く言うとき》ʌv アヴ | əv アヴ, ə ア, 《強く言うとき》ɔ́v オヴ]

**前** ❶ 《所属・所有》…の
❷ 《部分》…の中の[で]
❸ 《行為(こうい)者》…の
❹ 《対象》…の
❺ 《分量》…の量の
❻ 《関係・関連》…について(の)
❼ 《距離・時間の分離》…から(離(はな)れて)
❽ 《材料・構成要素》…でできている
❾ 《性質・特徴》…の(性質を持つ)
❿ 《原因・理由》…のため
⓫ 《同格》…という
⓬ 《起源・由来》…からの

**前** ❶ 《所属・所有》…*の*, …に属する
- the name *of* the street 通りの名前
- the color *of* the sky 空の色
- the capital *of* Japan 日本の首都
- the beginning *of* April 4月のはじめ
- a friend *of* mine
  私の友達の1人 (►a my friendは✕)

- that car *of* yours
  あなたのあの車 (►that your carは✕)

**ここがポイント!** *A*'s *B* と *B* of *A*

「AのB」と言う場合, Aが人や動物の場合は *A*'s *B*, 無生物の場合は *B* of *A* の形が主に使われます.「'」はapostrophe(アポストロフィー)と言います.
- Kathy's bicycle キャシーの自転車
- this monkey's face この猿(さる)の顔
- the cover *of* the book その本の表紙

ただし, 時間を表す名詞はふつう's の形を使います.
- a day's work 1日の仕事

❷ 《部分》…の中の[で]
- one *of* the students 生徒の中の1人

**of**

- some *of* the girls 少女たちのうちの何人か
- the first *of* May 5月(の)1日

### ここがポイント！ 〈最上級〉＋of と〈最上級〉＋in

最上級で「…(の中)で」を表すには**of**か**in**を使います. **of**の後には, 名詞の複数形または数詞がきます. **in**の後には集合体を表す名詞の単数形(the class「クラスの人々」など)がきます.

**of＋名詞の複数形[数詞]**
- *of* all すべての中で
- *of* her children 彼女の子どもたちの中で
- *of* all sports すべてのスポーツの中で
- He is the tallest *of* the three. 彼は3人の中でいちばん背が高い. (▶ of threeは×)

**in＋集合体**
- *in* Tokyo 東京で
- *in* the world 世界で
- *in* my family 私の家族(の中)で
- He is the tallest *in* the class. 彼はクラス(の中)でいちばん背が高い.

of the three

in the class

❸《行為者》…の, …による
- the works *of* Picasso
  ピカソの[による]作品(＝Picasso's works)
- *It is* stupid *of* you *to* do such a thing.
  そんなことをするなんてあなたはばかだ. (▶ youがto以下の意味上の主語)

### ここがポイント！ 意味上の主語としてのof＋〈人〉とfor＋〈人〉

It is＋〈形容詞〉＋to＋〈動詞の原形〉. の文の意味上の主語は, **of**＋〈人〉または**for**＋〈人〉で表します. **of**はkind(親切な)やnice(親切な), wise(賢い)など, 人の性質を表す形容詞のときに用いられ, 〈人〉＝〈形容詞〉の関係が成り立ちます.

(1) **It is**＋〈形容詞〉＋**of**＋〈人〉＋**to**＋〈動詞の原形〉. ＝〈人〉＋be動詞＋〈形容詞〉＋to＋〈動詞の原形〉.
- *It is* kind *of* you *to* carry my bag.
  ＝You *are* kind *to* carry my bag.
  荷物を持ってくれてあなたは親切ですね.
→ 〈人〉＝〈形容詞〉の関係になっています.

(2) **It is**＋〈形容詞〉＋**for**＋〈人〉＋**to**＋〈動詞の原形〉. (→ for⓬)
- *It is* easy *for* you *to* speak English.
  あなたが英語を話すのはたやすいことだ.
→ You are easy to speak English. は×.
〈人〉＝〈形容詞〉の関係は成り立ちません.

❹《対象》…の, …を, …への
- a love *of* adventure 冒険を愛すること
- the use *of* a computer コンピュータの使用
- She is a good player *of* koto.
  彼女は琴の名手だ.

❺《分量》…の量の, …の
- a box *of* potatoes 箱1杯のじゃがいも
- a glass *of* water 1杯の水
- two spoonfuls *of* sugar スプーン2杯の砂糖

❻《関係・関連》…について(の), …の点で
- the story *of* his life
  彼の生涯についての話
- I know *of* him. 私は彼(のこと)について(間接的に)知っている. (▶ I know him. は「私は彼を(直接)知っている, 彼と知り合いである」)

### くらべてみよう！ ofとabout

hear, know, speak, talk, tellなどの動詞とともに使うとき, **of**は軽く触れる場合に, **about**は比較的詳しい内容を扱う場合に多く使われます.
- I've heard *of* it. それについてうわさを耳にしたことがある.
- I've heard *about* it.
  それについて(詳しく)聞いたことがある.

hear of

hear about

❼《距離・時間の分離》…から(離れて), …を外れて; ⦅米⦆…前に(＝to, before)

# off

- within a mile *of* the town
  町から1マイル以内に
- Kanagawa prefecture is south *of* Tokyo.
  神奈川県は東京の南にある.

- at ten minutes *of* six 6時10分前に
❽《材料・構成要素》…でできている, …製の
- a necklace *of* pearls
  真珠(いつ)のネックレス
- a family *of* ten 10人家族
- This dress is made *of* silk. このドレスは絹でできている. (►ふつう材料が見た目でわかるような場合にofを使う. 原料の質が変化して別のものになる場合はfromを使うことが多い)→ make(成句 make ... of ～)
❾《性質・特徴》…の(性質を持つ)
- a person *of* courage 勇気のある人(＝a courageous person)
- a subject *of* importance 重要な事柄(ᶦⁿᵖ)(＝an important subject)

> **ここがポイント!** of ＋〈抽象名詞〉＝〈形容詞〉
> of＋〈抽象名詞〉で形容詞と同じ意味を表すことがあります.
> - *of* ability＝able(有能な)
> - *of* (great) importance ＝(very) important((とても)大切な)
> - *of* use＝useful(役に立つ)
> - *of* no use＝useless(役に立たない)
> - *of* value＝valuable(価値のある)

❿《原因・理由》…のため, …(のせい)で
- die *of* a heart attack
  心臓発作(ᵇᵃ)で死ぬ
⓫《同格》…という, …の
- the state *of* New York
  ニューヨーク(という)州
- the month *of* August 8月(という月)
- at the age *of* six 6歳(ᵃⁱ)の時に
⓬《起源・由来》…からの, …の
- a man *of* Texas
  テキサス出身の男性
- He was born *of* American parents.
  彼はアメリカ人の両親から生まれた.

**of course** もちろん → course(成句)

## \*off [5級] A1 [ɔ́ːf オーフ | ɔ́f オフ]

副 ❶(時間的・空間的に)離(はな)れて
　❷去って
　❸外れて
　❹(電気などが)切れて
　❺(仕事などを)休んで
　❻(出来事などを)中止して
　❼割り引いて
前 ❶…から外れて
　❷(仕事など)から離れて
形 時期外れの

━副 ❶(時間的・空間的に)**離れて**
- get *off* the train 電車を降りる
- give *off* light 光を放つ
- He stopped a little way *off*.
  彼は少し離れた所に止まった.
- My sister's wedding is a week *off*.
  姉[妹]の結婚は1週間先です.
❷《運動・移動を表す動詞とともに》**去って**, 離れて, 向こうへ
- run *off* 走り去る
- wash *off* the dirt 汚(ょご)れを洗い落とす
- The plane took *off*. 飛行機は離陸(ʳⁱ)した.
❸**外れて**, 取れて; 脱(ぬ)いで(⇔on 身につけて)
- A hook came *off*. ホックが1つ取れた.
- Take your cap *off*.＝Take *off* your cap.
  帽子(ʳⁱ)を取りなさい.
❹(電気・ガス・水道などが)**切れて**, 止まって(⇔on ついて)
- turn *off* the TV [light]
  テレビ[電気]を消す
❺(仕事・勤務などを)休んで
- take a day *off* 1日休む
❻(出来事・動作を)中止して, やめて
- The game is *off* because of an accident.
  試合は事故のため中止だ.
❼割り引いて
- at 15 percent *off* 15パーセント引きで

**be well [badly] off** 暮らし向きがよい[悪い]
→ well¹ 副(成句)
**get off** (乗り物などから)降りる → get(成句)
**off and on**＝**on and off** 断続的に, 時々
- I visit him *off and on*.
  私は彼を時々訪問する.

━前 ❶(分離)(接触しているところ)**から外れて, から離れて**
- The leaves are falling *off* the trees.
  木の葉が木から落ちている.
- Shake the snow *off* your coat.
  コートについた雪を払(ʰᵃ)い落としなさい.

- A button came *off* my jacket.
  上着からボタンが1つ取れた．

❷（仕事・義務など）から離れて, を休んで
- *off* work 仕事を休んで

***get off ...*** （乗り物など）から降りる → get（成句）

***take off ...*** （身につけている服など）を脱ぐ → take（成句）

—形 時期外れの, シーズン外の
- an *off* season for baseball 野球のシーズンオフ（►「シーズンオフ」は和製英語）

**offend** B2 [əfénd アフェンド] 動他（人）の感情を傷つける；《be offendedで》腹を立てる
- His words *offended* her.
  = She *was offended* by his words.
  彼の言葉は彼女を傷つけた．

派生語 offense 名

**offense** B2 [əféns アフェンス]（►⊛ではoffenceとつづる）名 ❶ U|C 感情を害するもの, 侮辱（ぶじょく）, 無礼；C 違反（いはん）；犯罪
- a minor *offense* 軽犯罪
- I meant no *offense*.
  私は怒（おこ）らせる気[悪気]はなかった．

❷ U 攻撃（こうげき）(= attack, ⇔defense 防御（ぼうぎょ））; C 攻撃側(⇔defense 防御側)

## offer 準2級 A2 [ɔ́ːfər オーファ | ɔ́- オ-]

—動（三単現 offers[-z]；過去・過分 offered[-d]；現分 offering）他（人に）…を申し出る；（人に）…を提供する, 勧（すす）める；…を提案する
- My uncle *offered* me some advice.
  おじが私にアドバイスをしてくれた．
- She *offered to* carry my baggage.
  彼女は私の荷物を運ぼうと申し出た．

—名（複 offers[-z]）C 申し出；提案
- accept [refuse] an *offer*
  申し出を受け入れる[断る]

## office 5級 A1 [ɔ́ːfis オーフィス | ɔ́- オ-]

名（複 offices[-iz]）C ❶ 事務所, 営業所；会社；⊛ 診療（しんりょう）所, 医院
- a lawyer's *office* 弁護士[法律]事務所
- the head *office* 本店
- a branch *office* 支店
- a dental [dentist's] *office* 歯科医院
- the principal's *office* 校長室
- My sister goes to the *office* by train.
  姉[妹]は電車で会社に行きます．
- *office* hours 《複数扱い》勤務時間；営業時間
- an *office* worker サラリーマン, 会社員,（官庁の）職員（►性別に関係なく使う．「オフィスレディ」やOLは和製英語）

❷ 役所, …局；《しばしばOfficeで》⊛…省(= ⊛ department)；⊛…局
- a post *office* 郵便局

## officer 5級 A1

[ɔ́ːfisər オーフィサァ | ɔ́- オ-]

名（複 officers[-z]）C ❶（軍の）将校, 士官
- an army *officer* 陸軍将校
- a naval *officer* 海軍将校
- an air-force *officer* 空軍将校

❷ 警察官, おまわりさん（►呼びかけにも用いる）(= police officer)

❸（上級の）役人, 公務員；役員

## official 準2級 A2

[əfíʃəl アフィシャル]（★アクセント位置に注意）

—形 ❶ 公式の, 公認（こうにん）の
- an *official* record 公認記録

❷ 公（おおやけ）の, 公務上の, 職務上の(⇔private 個人的な)
- an *official* language 公用語

—名（複 officials[-z]）C 役人, 公務員；係官, 職員
派生語 officially 副

**officially** B1 [əfíʃəli アフィシャリィ] 副 正式に, 公式に

**offline** [ɔ́ːflàin オーフライン | ɔ́f-オフ-] 形副《コンピュータ》《インターネット》オフラインの[で]（►コンピュータまたはインターネットに接続されていない状態をさす）(⇔online オンラインの[で])

## *often 5級 A1

[ɔ́ːfən オーフン, ɔ́ːftən オーフタン | ɔ́fən オフン, ɔ́ftən オフタン]

副（比較 more often, oftener；最上 most often, oftenest）よく, しばしば, たびたび, しょっちゅう（►ふつう一般動詞の前, またはbe動詞・助動詞の後ろに置く）(= frequently, many times, ⇔seldom めったに…ない) → always

ポイント!

- My mother *often* plays golf.
  母はよくゴルフをする．（►playという一般動詞の前に置く）
- Tom is *often* late for school. トムはよく学校に遅刻（ちこく）する．（►be動詞の後ろに置く）

- They go to see the movies very *often*.
  彼らはしょっちゅう映画を見に行く.

***How often ...?*** 何回, 何度, どれくらい(頻繁(ひんぱん)に) (=How many times ...?)
- "*How often* do you go to the language school?" "Once a week."
  「あなたは語学学校に何回ぐらい行きますか」「週に1回です」

**OH** Ohio(米国オハイオ州)の郵便略語

## oh 5級 [óu オウ]

間 ❶ **おお**, まあ, あら, おや(▶驚(おど)き・喜び・怒(いか)りなどを表す. ふつう後にコンマ(,)や感嘆符(かんたん)(!)を置く) → O²
- *Oh*, no! しまった!
- *Oh*, dear! = *Oh*, my! おやまあ.

❷ ねえ, そうそう(▶相手の注意を引きつけるために用いる)
- *Oh*, George, look at this.
  そうそう, これを見て, ジョージ.

**Ohio** 3級 [ouháiou オウハイオウ] 名 ❶ オハイオ(▶米国北東部の州. 州都はコロンバス(Columbus). 郵便略語はOH) ❷《the Ohio で》オハイオ川(▶米国中東部を流れる)

## oil 準2級 A2 [ɔ́il オイル]

― 名(複 oils[-z]) ❶ ⓊⒸ **油**; Ⓤ 石油(= petroleum)
- vegetable [olive] *oil* 植物[オリーブ]油
- fry a fish in *oil* 魚を油で揚(あ)げる
- crude [heavy] *oil* 原[重]油
- an *oil* field 油田

❷ Ⓒ《しばしばoilsで》油絵の具(= oil colors, oil paints); 油絵(= oil painting)
- paint in *oils* 油絵の具で描(えが)く

― 動 (三単現 oils[-z]; 過去・過分 oiled[-d]; 現分 oiling) 他 …に油を塗(ぬ)る[差す]
派生語 oily 形

**oily** B1 [ɔ́ili オイリィ] 形 油の, 油っこい
- *oily* French fries 油っこいフライドポテト

**oink** [ɔ́iŋk オインク] 名 Ⓒ ブーブー(▶豚(ぶた)の鳴き声)

**OK¹** Oklahoma(米国オクラホマ州)の郵便略語

## OK², O.K. 5級 A1 [òukéi オウケイ]

― 間 ❶ ⊕《話》**よろしい**, オーケー, いいですよ (= all right) → gesture 図
- "Can I use this pen?" "*OK*."
  「このペンを使ってもいいですか」「いいよ」

❷ それでは, さて(▶次の行動に移るときや話題を考えるときに用いる)
- *OK*, let's go. それでは出発しよう.

― 形 だいじょうぶな, よろしい
- Everything is *OK*. すべてうまくいっている.
- Are you *OK*? だいじょうぶ[お元気]ですか.

話してみよう
☺I'm sorry. どうもすみません.
☻That's *OK*.
いいんですよ.

― 副 うまく, 順調に
- He is doing *OK* now.
  彼は今, 順調にやっている.

― 動 (▶動詞の場合はOKとつづり, ピリオドはつけない)(三単現 OK's[-z]; 過去・過分 OK'd[-d]; 現分 OK'ing, OKing) 他《話》…を承認(しょうにん)する, オーケーする

― 名(複 OK's, O.K.'s[-z])Ⓒ 承認, オーケー

**okay** A1 [oukéi オウケイ] 間形副動名 = OK, O.K.

**Oklahoma** [òukləhóumə オウクラホウマ] 名 オクラホマ(▶米国中南部の州. 州都はオクラホマシティ(Oklahoma City). 郵便略語はOK)

## *old 5級 A1 [óuld オウルド]

形 (比較 older, elder; 最上 oldest, eldest)

❶ **年取った**, 年老いた(= aged, ⇔young 若い)(▶「年取った」と言うにはelderlyのほうがていねい)
- an *old* man [woman] 老人[老婦人]
- an *old* dog 年取った犬
- grow *old* 年を取る
- Be kind to the *old*. お年寄りに親切にしなさい. (▶the old = old people. 複数扱い)

old    young

❷ …**歳**(さい)**の**, …年[か月, 週, 日]たった

話してみよう
☺How *old* are you?
あなたは何歳ですか.
☻I'm fifteen years *old*. 私は15歳です.

- That house is twenty years *old*.
  あの家は築20年だ.
- My twenty-year-*old* sister is a college student. 私の20歳の姉は大学生だ. (▶「…歳の〜」というとき, yearはいつも単数形. twenty-years-*old*は×)

❸ **年上の** → elder くらべて!
- She is *older* than I (am).
  彼女は私より年上だ.

- He is Hiroko's *older* brother.
彼はヒロコのお兄さんだ.
- I am the *oldest* son. 私は長男だ.

> **ここが ポイント!** older, oldest と elder, eldest
>
> 兄弟・姉妹(しまい)の関係で, 年齢(ねん)が上であることを表す場合, 米ではolder, oldestを, 英ではelder, eldestを使います. ただし, 米英では日本ほど兄[姉]・弟[妹]という順番は意識せず, 単にbrotherやsisterと言うほうがふつうです. → elder くらべて!

❹ **古い**, 古びた(⇔new 新しい); 昔の, 昔からの
- an *old* friend 古い[昔からの]友人(▶「年を取った友人」の意味にはならない.「私の友人は年を取っている」はMy friend is old.)
- an *old* piano 古いピアノ
- the good *old* days
古きよき時代(▶日本語と語順が逆になる)

old　　　　　new

**old-fashioned** B1 [óuldfǽʃənd オウルドファッションド] 形 旧式の, 古風な, 流行遅(おく)れの
- He always wears *old-fashioned* clothes.
彼はいつも流行遅れの服装をしている.

**Old Testament** [òuld téstəmənt オウルド テスタマント] 名《the Old Testamentで》旧約聖書
→ Bible

**olive** B2 [ɑ́liv アリヴ | ɔ́liv オリヴ](★アクセント位置に注意) 名 ❶ C《植物》オリーブ(▶南ヨーロッパ産の常緑高木. 実はピクルスやオリーブ油にする)
- an *olive* branch オリーブの枝(▶ノア(Noah)の放ったはとが, 洪水(こうずい)の後, 箱舟(はこぶね)に初めてくわえて帰ったという旧約聖書の話から, 平和の象徴(しょうちょう)とされる)

❷ U オリーブ色, 黄緑色

実がついたオリーブの木

**olive oil** A2 [ɑ́liv ɔ́il アリヴ オイル | ɔ́liv - オリヴ -] 名 U オリーブ油

**Olympia** B2 [əlímpiə オリンピア] 名 オリンピア(▶ギリシャのペロポネソス半島北西部にある遺跡(いせき). ゼウスの神殿(しんでん)があり, オリンピック競技の発祥(はっしょう)の地)

**Olympiad** B2 [oulímpiæd オウリンピアッド] 名《the Olympiadで》国際オリンピック大会(= the Olympic Games)

**Olympic** 準2級 A2 [əlímpik オリンピック](★アクセント位置に注意) 形 ❶ 国際オリンピック競技の ❷(古代の)オリンピア競技の

**Olympic Games** 3級 [əlímpik géimz オリンピック ゲイムズ] 名《the Olympic Gamesで》国際オリンピック大会(= the Olympics);(古代の)オリンピア競技会

**Olympics** 3級 A1 [əlímpiks オリンピックス](★アクセント位置に注意) 名《the Olympicsで》《単数・複数扱い》国際オリンピック大会(= the Olympic Games)

> **これ, 知ってる?** オリンピック
>
> 世界の国と地域が参加するスポーツの一大イベント. 第1回大会は1896年にギリシャのアテネで開催(かいさい)された. オリンピックには夏季大会と冬季大会があって, それぞれ4年に一度開催される. 現在では, 夏季大会と冬季大会が2年ごとに交互に開催される.

**Oman** [oumɑ́ːn オウマーン] 名 オマーン(▶アラビア半島東南端に位置する国. 首都はマスカット(Muscat))

**omelet** A2 [ɑ́məlit アムリット | ɔ́mlit オムリット](▶英ではomeletteとつづる) 名 C オムレツ

**omit** [oumít オウミット] 動《過去・過分》omitted [-id];《現分》omitting 他 …を省く, 省略する; …を抜かす; …し忘れる
- This word may be *omitted*.
この語は省いてもよい.

**on** 5級 A1
[ən アン,《強く言うとき》ǽn アン | ən アン,《強く言うとき》ɔ́n オン]

> 前 ❶《位置・場所》…の上に[で]
> ❷《時》…に
> ❸《着用》…を身につけて
> ❹《近接》…の近くに
> ❺《手段》…で
> ❻《状態》…の最中で
> ❼《主題》…についての
> ❽《目的》…のために
> ❾《動作の方向・対象》…に対して

# on

⑩《支え》…で
⑪《所属》…に属して
⑫《根拠・理由》…に基(もと)づいて
⑬《on+〈-ing形〉で》…するとすぐに
⑭《話》…のおごりで
**副** ❶上に
❷身につけて
❸(動作を)続けて
❹(電気などが)通じて
❺(劇などが)上演[上映]されて

─**前** ❶《位置・場所》…の上に[で], 表面に → upon くらべて!

- There is a clock *on* the table.
テーブルの上に置き時計がある.
- Let's hang this calendar *on* the wall.
このカレンダーを壁(かべ)に掛(か)けよう.
- There's a light *on* the ceiling.
天井(てんじょう)に電灯が取りつけられている.

- He works *on* a farm.
彼は農場で働いている.
- Her office is *on* the third floor.
彼女のオフィスは3階だ.

### くらべてみよう! onとaboveとover

**on**:「表面に接している」状態を表す語で, 上の面, 側面, 下の面など, どの位置に対しても使えます.
**above**:「表面から離(はな)れて上のほうにある」状態を表し, 真上である必要はありません.
**over**:「離れて真上にある」状態, または「表面を覆(おお)って接触(せっしょく)している」状態を表します.

❷《時》(特定の日時)に → in 前 ❸ くらべて!
- *on* Sunday 日曜日に
- *on* New Year's Day 元日に
- *on* January 10th = *on* the 10th of January
1月10日に
- *on* Monday morning 月曜の朝に(►「朝[午前]に」はin the morningと言うが, ある特定の日の朝[午前]にはonを用いる)

❸《着用》…を身につけて, 着て
- The ring *on* her finger looks expensive.
彼女が指にはめている指輪は高そうに見える.

- Do you have your passport *on* you?
あなたはパスポートを携帯(けいたい)していますか.

❹《近接》…の近くに, …に接して[面して]; …の側に
- The hotel stands *on* the river.
そのホテルは川沿いに建っている.
- There is a church *on* the corner.
道の角に教会がある.

- You'll find it *on* your left.
それは左手に見える.

❺《手段》…で, …によって
- *on* TV テレビで
- *on* the Internet インターネットで
- talk *on* the telephone
電話で話す
- go *on* a bus
バスで行く(►ふつう大型の乗り物, またはまたがって乗る乗り物に使う)
- go *on* foot
歩いて行く

once

❻《状態》…の最中で,…して;…の途中で
- **on** sale 売り出し中で
- *On* my way home, I met Ms. Sato.
  家に帰る途中で佐藤さんに会った.
- My mother is now *on* a business trip.
  母は今,出張中だ.
- He's *on* the phone. 彼は電話中だ.

❼《主題》…についての,関する
- a book *on* animals 動物に関する本
- I agree with you *on* this point.
  この点に関してはあなたに賛成だ.

 **on** と **about**

一般に,本や話の内容が専門的な場合は **on** を,一般的な場合は **about** を使う傾向があります.
- lecture *on* education
  教育についての講義
- chat *about* Christmas
  クリスマスについての雑談

on          about

❽《目的》…のために
- They went *on* a picnic.
  彼らはピクニックに出かけた.

❾《動作の方向・対象》…に対して,向かって
- spend money *on* comics
  漫画にお金を使う
- I did my best *on* the test.
  私はテストで全力を尽くした.
- The tennis ball hit me *on* the head.
  テニスのボールがぼくの頭にぶつかった.(▶*on* my head は×.「the＋体の部分を表す名詞」で示す)

❿《支え》…で
- walk *on* tiptoe つま先で歩く

⓫《所属》…に属して
- He is *on* the baseball team at school.
  彼は学校の野球チームに入っている.

⓬《根拠・理由》…に基づいて
- *on* that condition その条件で

⓭《on＋〈-ing形〉で》…するとすぐに
- *On* hear*ing* the news, she started to cry.
  その知らせを聞いたとたんに彼女は泣き出した.

⓮《話》…のおごりで
- Everything is *on* me.
  全部私のおごりだよ.

━副 ❶上に,乗って
- The lid is *on*.
  ふたは上にかぶさっている.
- The train stopped and we got *on*.
  電車が止まったので私たちは乗った.

❷身につけて(⇔off 脱いで)
- Leave your shoes *on*.
  靴をはいたままでいい.
- She had her glasses *on*.
  彼女は眼鏡をかけていた.

❸《動作を》続けて,どんどん;先に[へ]
- What's going *on*? 何が起こっていますか.
- We walked *on* along the street.
  私たちは通りを歩き続けた.
- I kept *on* reading. 私は読書を続けた.→ keep《成句 keep on＋〈-ing形〉》
- Hold *on*, please.
  (切らずに)お待ちください.(▶電話で使う)

❹《電気・ガス・水道などが》通じて,出て,ついて(⇔off 切れて)
- The television is *on*. テレビがついている.
- Turn *on* the light. 明かりをつけなさい.

❺《劇などが》上演[上映]されて
- "Hamlet" is now *on* at the theater.
  その劇場で今『ハムレット』を上演している.

*and so on* …など→ and《成句》
*from now on* 今後は,これからは→ now 名《成句》
*off and on* = *on and off* 断続的に,時々→ off 副《成句》
*on and on*《話》どんどん
- The teacher's speech went *on and on*.
  先生の話は延々と続いた.

\***once** 4級 A1 [wʌ́ns ワンス]

━副 ❶1度,1回
  ❷かつて
接 一度…すれば
名 1度,1回

━副 ❶**1度**,1回
- *once* a week 週に1度
- I have been to Hawaii only *once*.

477

## one

私は1度だけハワイに行ったことがある.（▶文末に置く）

❷**かつて**, 以前

- I *once* talked with him about it.
かつてそのことについて彼と話し合った.
- She has *once* been to the United States.
彼女は以前アメリカへ行ったことがある.

> **ここがポイント!** onceの位置
>
> 「1度」の意味のときはonce（またはonceを含む語句）は文末に置きます.（→ ❶用例）
> 「以前」「かつて」の意味のときは文頭または動詞の前（助動詞・be動詞があればその後）に置きます.（→ ❷用例）

*once again* = once more
*once in a while* 時々, 時たま（= sometimes）
*once more* もう一度（= once again）
- Please say that *once more*.
それをもう一度言ってください.

*once upon a time*
昔々（▶おとぎ話の書き出し）

━**接** 一度…すれば, いったん…したからには
- *Once* you make a promise, don't break it. 一度約束したらそれを破ってはいけない.

━**名** Ⓤ 1度, 1回
*all at once* 急に, 突然（= suddenly）; いっせいに, 同時に
- The birds flew up *all at once*.
鳥はいっせいに飛び立った.

*at once* 今すぐ; 同時に
- Leave *at once*.
すぐに退去しなさい.
- Don't all talk *at once*.
みんなで同時にしゃべるな.

*(just) for once* 一度だけは
- Let me go there *just for once*, please.
一度だけそこへ行かせてください.

## *one 5級 A1 [wʌ́n ワン]（★同音 won）

> **形** ❶ 1つの
> ❷ ある…
> ❸ 一方の
> **名** 1; 1つ
> **代** ❶（同じ種類の）もの
> ❷ …の中の1つ[1人]
> ❸（一般に）人
> ❹ 一方のもの[人]

━**形** ❶ **1つの**, 1個の, 1人の; ただひとつの; 1歳で; 1時で
- I have *one* little brother.
私には弟が1人いる.
- *One* member of the club didn't come.
クラブのメンバーの1人が来なかった.
- *One* orange juice, please.
オレンジジュースを1つください.（▶juiceは数えられない名詞だが, 店で注文するときなどは「1杯の」の意味でこのように言う）
- My nephew is *one*（year old）.
私のおいは1歳だ.
- It's *one* o'clock now. 今1時だ.

> **ここがポイント!** a, an と one
>
> a, anも「1つの」の意味ですが, 例えばa bookよりもone bookのほうが「1」という数を強調した言い方です.「1つ」であることを特に強調しない場合はa, anを使うほうがふつうです. なお, a も [ei エイ] と発音すれば「1つ」を強調できます.

❷《時を表す名詞につける》**ある**…（▶過去または未来を表す）
- *one* morning
ある朝（▶*in* one morningとはしない）

❸ **一方の**（▶the other, anotherと対応して用いる）
- from *one* end of the street to *the other*
通りの一方の端からもう一方の端まで
- from *one* person to *another*
1人の人からほかの人へ（次々と）

*one day*（過去の）ある日; （未来の）いつか→day（成句）
*on（the）one hand ..., on the other（hand）~* 一方では…, また一方では~→hand **名**（成句）

━**名**（複 ones[-z]）ⓊⒸ **1**; Ⓤ **1つ**, 1個, 1人; 1歳; 1時（▶「第1の」はfirst）
- Chapter *One* 第1章
- *One* is enough. 1つで足りる.
- *One* and nine is [are] ten.
1足す9は10（1＋9＝10）.

*one by one* 1つ[1人]ずつ
*one of these days*《話》近いうちに, そのうちに →day（成句）

━**代**（複 ones[-z]）❶（同じ種類の）**もの**, 1つ, 人（▶前に出た名詞[句]の代わりとして, 繰り返しを避けるために用いる）
- This hat is too big for me. Show me another *one*.
この帽子は私には大きすぎます. 別のを見せてください.（▶ one = hat）
- His life was a wonderful *one*. 彼の一生はすばらしいものだった.（▶ one = life）

## oneself

- These aren't my gloves. Mine are blue *ones*.
これは私の手袋(ぶくろ)ではない. 私のは青いのだ. (▶ones=gloves)

**ここがポイント! one と it**
oneは前に出てきた名詞と同じ"種類"の不特定の物をさします.
- I lost a pen, so I bought a new *one*.
私はペンをなくしたので, 新しいのを買った. (▶oneはなくしたのとは別のペン. oneの前に形容詞がくる場合は必ずその形容詞の前に冠詞のa[an]をつける)

itは前に出てきた名詞と同一の物をさします.
- She gave me a pen, but I lost *it*.
彼女は私にペンをくれたが, 私はそれをなくしてしまった. (▶itは「彼女がくれたペン」をさす)

❷《one of ... で》…の中の1つ[1人] (▶...には名詞の複数形がくる)
- *One of* the students stood up.
生徒の1人が立ち上がった.
- This is *one of* the most interesting movies this year.
これは今年の最もおもしろい映画の1つだ.

❸ (一般に) 人, だれでも, 私たち (▶形式ばった言い方. ふつうはyou, we, they, peopleなどを使う. この意味では複数形にしない)
- *One* cannot live without food.
人は食べ物なしでは生きられない.
- No *one* knows the truth.
だれも真実を知らない. (▶no one=nobody. nobodyは1語につづる)

**ここがポイント! 辞典で使われる one, one's**
辞典ではよくoneをI, you, he, sheなどの人称(にんしょう)代名詞の代表として使います. この辞典ではoneの所有格one'sをmy, your, his, her, itsなどの代表として使っています. 例えばdo *one's* best (最善を尽(つ)くす)は, 主語に応じて以下のようになります.
- I do *my* best.
- You do *your* best.
- He does *his* best.
- They do *their* best.

❹ 一方のもの[人] (▶the other, anotherと対応して用いる)

***one after another*** = *one after the other*
次々に, 続々と, (2つ以上のものが)交互(ごう)に

- The passengers got off *one after another*. 乗客は続々と降りてきた.

***one another*** お互(たが)いに (▶ふつう3つ[3人]以上の場合に用いる. 2つ[2人]の場合はeach other)
- We often stay at *one another's* house.
私たちはよくお互いの家に泊まり合う.

***one ... the other*** ~ (2つ[2人]のうち)一方[1人]は…, もう一方[1人]は~
- *One* went to France and *the other* (went) to Germany.
1人はフランスへ行き, もう1人はドイツへ行った.
- Fred and Bob are twins. *One* likes baseball and *the other* (likes) soccer.
フレッドとボブは双子(ご)だ. フレッドは野球が好きでボブはサッカーが好きだ.

**one-on-one** [wʌ́nɑnwʌ́n ワナンワン | wʌ́nɔn- ワノン-] 形副 一対一の[で] (=one-to-one)

**one's** [wʌ́nz ワンズ]
━《話》one isの短縮形
━代 その人の, 自分の (▶oneの所有格) → one代
❸ ポイント!

# oneself B1 [wʌnsélf ワンセルフ]
代 ❶ 自分自身を[に]
- One must know *oneself*.
人は自分自身を知らなければならない.
- I fell and hurt *myself*.
転んでけがをした. (⇦自分自身にけがをさせた)

❷《主語を強めて》自分自身で, 自ら (▶意味を強める)
- Our teacher *himself* cleaned the classroom.
先生自ら教室を掃除(そうじ)した.

**ここがポイント! oneself の使い方**
(1) oneselfは主語が「(一般に)人」を意味するoneのときに使います.
(2) それ以外のときは主語に応じて変化します. たとえばenjoy *oneself* at the party (パーティーを楽しむ)は以下のようになります.
- I enjoy *myself* at the party.
- He enjoys *himself* at the party.
- Mary enjoys *herself* at the party.
- We enjoy *ourselves* at the party.

(3) 人間以外のものなどで主語がit (または名詞の単数形) の場合はitselfを使います.
- History repeats *itself*.
歴史は繰(く)り返す.

## one-to-one

### oneselfの変化系

| | 単数 | 複数 |
|---|---|---|
| 一人称 | myself 私自身を[に] | ourselves 私たち自身を[に] |
| 二人称 | yourself あなた自身を[に] | yourselves あなたたち自身を[に] |
| 三人称 | himself 彼自身を[に] herself 彼女自身を[に] itself それ自身を[に] | themselves 彼ら[彼女たち]自身を[に]、それら自体を[に] |

*by oneself* ひとりぼっちで；独力で
- She lives *by herself*.
  彼女はひとりで住んでいる．
- We did our homework *by ourselves*.
  私たちは自分たちだけの力で宿題をした．

*for oneself* 独力で；自分自身のために
- We made this system *for ourselves*.
  私たちは独力でこのシステムを作り上げた．
- He bought the book *for himself*.
  彼は自分のためにその本を買った．

**one-to-one** [wʌ́ntəwʌ́n ワンタワン] 形副 一対一の[で] (= one-on-one)

**one-way** [wʌ́nwéi ワンウェイ] 形 ❶ 奥(切符(きっぷ))が片道の(=奥single)
- a *one-way* ticket 奥 片道切符
❷ 一方向だけの, 一方通行の
- *one-way* love 片思い

一方通行の標示

**onion** 準2級 A2 [ʌ́njən アニャン] (★「オニオン」でないことに注意) 名 C 【植物】玉ねぎ

**online** 準2級 A2 [ɔ́nláin アンライン | ɔ́n- オン-] 形副 『コンピュータ』『インターネット』オンラインの[で] (▶コンピュータまたはインターネットに接続された状態をさす) (⇔ offline オフラインの[で])
- take an *online* course
  オンラインで授業を受ける
- play video games *online*
  ネットゲームをする

## *only 5級 A1

[óunli オウンリィ] (★「オンリー」でないことに注意)

— 形 《名詞の前にのみ用いる》ただ1つの, ただ1人の, ただ…だけの
- Kelly is an *only* child. ケリーはひとりっ子だ. (▶ the only childは×)
- Tom is my *only* son.
  トムは私のひとり息子です．

— 副 ただ…だけ, たった, ほんの
- I have *only* sixty yen. 私はたった60円しか持っていない. (▶ onlyを含(ふく)む文はしばしば「…しかない」と否定的に訳される)
- She slept for *only* two hours.
  彼女はたった2時間寝(ね)ただけだ．
- My puppy can walk *only* a little.
  私の子犬はほんの少ししか歩けない．
- Ken was *only* a child then.
  そのころケンはほんの子どもだった．

「スタッフのみ(=関係者以外立ち入り禁止)」の掲示

 **onlyの使い方**

onlyはふつう修飾(しゅうしょく)する語句の直前か直後に置かれ, 修飾される語句が強く発音されます. それによって文意も異なります.
- I saw *only* hím. 私は彼だけを見た. (= 彼以外は見ていない)
- I *only* sáw him. 私は彼を見ただけだ. (= 話したりはしていない)
- *Only* Í saw him. 私だけが彼を見た. (= 私以外は見ていない)

*have only to* +〈動詞の原形〉= *only have to* +〈動詞の原形〉 …しさえすればよい → have (成句)

*if only* … (▶文頭につけて, 強い願望を表す) ただ…でありさえすればなあ → if (成句)

*not only* … *but* (*also*) ~ …だけでなく~もまた (▶~の部分を強調する言い方)
- That table is *not only* expensive *but* (*also*) heavy. あのテーブルは高価なだけでなく重い．

- *Not only* the athletes, *but*(*also*) the coach goes for a run. 選手たちだけでなくコーチも一走りしに行く.(▶the coachが主語で強調されているので,次に来る動詞(go)の形はthe coachに合わせる)

**Ontario** 3級 [ɑntéəriòu アンテ(ァ)リオゥ|ɔn- オン-] 名《Lake Ontarioで》オンタリオ湖(▶北米の五大湖の1つ)

**onto** 2級 B1 [ɑ́ntə アンタ|ɔ́n- オン-](▶⊛ではふつうon toと2語につづる) 前 …の上へ(=upon), …に(=to)
- fall *onto* the ground 地面に倒れる

**onward** [ɑ́nwərd アンワァド|ɔ́n- オン-] 副 前のほうへ, 先へ
- move *onward* 前進する

**onwards** [ɑ́nwərdz アンワァヅ|ɔ́n- オン-] 副 =onward

**oops** [úps ウプス] 間 しまった, あら(▶失敗したりおどろいたりしたときに思わず出る言葉)

## *open* 5級 A1 [óupən オウプン]

動 他 ❶ …を開ける
　　 ❷ …を始める
　 自 ❶ 開く
　　 ❷ 始まる
形 ❶ (窓などが)開いている
　 ❷ (店などが)開いている
　 ❸ 公開した
　 ❹ さえぎるものがない

— 動 (三単現 opens[-z]; 過去・過分 opened[-d]; 現分 opening)
— 他 ❶ …を開ける, 開く(⇔close, shut 閉める)
- *open* a door ドアを開ける
- *Open* your eyes. 目を開けなさい.
- *Open* your textbook to [⊛at] page sixty. 教科書の60ページを開きなさい.

❷ …を始める; …を開店[開業]する
- *open* a bookstore 書店を開業する
- He *opened* the meeting with a joke. 彼は冗談で会議を始めた.

— 自 ❶ 開く; (花が)咲く
- This umbrella will not *open*. この傘はどうしても開かない.

❷ 始まる(=begin)
- The store *opens* at ten. 店は10時に開く.

— 形 (比較 opener; 最上 openest) ❶ (窓・ドアなどが)開いている, 開いた(⇔closed 閉じた)
- an *open* door 開いているドア
- The door is *open*. ドアが開いている.

❷ (店・学校などが)開いている, 営業中の[で]
- *OPEN* FROM 10 A.M. TO 7 P.M. 《掲示》午前10時から午後7時まで営業
- This supermarket is *open* seven days a week. このスーパーは毎日営業している.

❸ 公開した, 開放された, 出入り自由の
- an *open* meeting 参加自由の集会
- This hall is *open* to the public. このホールは一般に開放されている.

❹ さえぎるものがない; 広々とした; 率直な
- an *open* area 広々とした場所
- She has an *open* mind. 彼女は広い心を持っている.

派生語 opener 名, opening 名形, openly 副

**open-air** [òupənéər オウプンエァ] 形《名詞の前にのみ用いる》戸外の, 野外の(=outdoor)

**opener** [óupənər オウプナァ] 名 © 開ける道具
- a can *opener* 缶切り(=⊛a tin *opener*)
- a bottle *opener* 栓ぬき

**open house** [òupən háus オウプン ハウス] 名 Ⓤ © オープンハウス(▶自宅を開放して行う気軽なパーティー); © ⊛(学校やクラブなどの)一般公開日(=⊛open day)

**opening** 2級 B1 [óupəniŋ オウプニング]
— 動 open(開ける; 開く)の現在分詞・動名詞
— 名 ❶ Ⓤ 開始, 始まり(=beginning) ❷ © 穴(=hole); 透き間(=gap)
— 形 開始の, 始まりの
- an *opening* ceremony [game] 開会式[開幕戦]

**openly** B2 [óupnli オウプンリィ] 副 公然と, あからさまに

**opera** 3級 A1 [ɑ́pərə アパラ|ɔ́pərə オパラ] 名 Ⓤ © オペラ, 歌劇

**opera glasses** [ɑ́pərə glǽsiz アパラ グラスィズ|ɔ́pərə glɑ́ːsiz オパラ グラースィズ] 名《複数扱い》オペラグラス

**opera house** [ɑ́pərə hàus アパラ ハウス|ɔ́pərə -オパラ-] 名 © 歌劇場

**operate** A2 [ɑ́pərèit アパレイト|ɔ́pərèit オパレイト] (★アクセント位置に注意) 動
— 自 ❶ (機械などが)動く
- This machine doesn't *operate* well. この機械はうまく動かない.

❷ (人に)手術をする
- The surgeon *operated on* the patient. 外科医はその患者を手術した.

— 他 …を動かす, 操作する, 運転する
- He can *operate* this machine. 彼はこの機械を操作できる.

派生語 operation 名, operator 名

**operation** 2級 B1 [ɑ̀pəréiʃən アパレイション|ɔ̀pəréi- オパレイ-] 名 ❶ © 作業, 仕事 ❷ Ⓤ 運転,

## operator

操作 ❸Ⓒ 手術
- have an *operation* 手術を受ける

**operator** B2 [ápərèɪtər アパレイタァ|ɔ́pərèɪ- オパレイ-] [★アクセント位置に注意] 名Ⓒ (機械などを)操作する人;(コールセンターの)オペレーター

# opinion 準2級 A2 [əpínjən アピニャン]

名(複 opinions[-z]) ⒸⓊ **意見, 考え**;《a+〈形容詞〉+ opinion で》評価, 判断
- express[give] *one's opinion* 自分の意見を言う(▶ say *one's* opinion とは言わない)
- public *opinion* 世論
- an *opinion* poll 世論調査
- *In* my *opinion*, he is right.
  私の意見では彼は正しい.
- What's your *opinion* of[on] her?
  彼女のことをどう思いますか.
- I *have* a high[good] *opinion* of her.
  私は彼女を高く評価している.

**opponent** B2 [əpóunənt オポウネント] 名Ⓒ (試合などの)相手, 敵;反対者

**opportunity** 準2級 A2 [àpərtúːnəti アパァトゥーニティ|ɔ̀pətjúː- オパテュー-]

名(複 opportunities[-z]) ⒸⓊ **機会, 好機**
- I have a special *opportunity* to go to Paris. パリに行く特別な機会がある.
- take[seize, get] the *opportunity*
  機会をとらえる

**oppose** A2 [əpóuz オポウズ] 動他 ❶(計画, 提案など)に反対する, 対抗する
- We *oppose* the tax increase.
  私たちは増税に反対だ.

❷《be opposed to ...で》…に反対である
- He *was opposed to* our plan.
  彼は私たちの計画に反対だった.

派生語 opposite 形前名, opposition 名

# opposite A2

[ápəzɪt アパズィット|ɔ́- オ-] (★アクセント位置に注意)

―形(位置・方向が)**反対側の**, 向かい合った;(性質・意味などが)**反対の**, 逆の
- the *opposite* direction 反対の方向
- My opinion is *opposite* to yours.
  私の意見はあなたのと反対だ.
- The zoo is on the *opposite* side of the street. 動物園は通りの反対側にある.

―前**…の向かい側に**
(=⊛ across from)
- He sat *opposite* me.
  彼は私の向かい側に座った.

―名(複 opposites[-ts -ツ]) Ⓒ **反対のもの[人]; 反対語**
- The *opposite* of 'low' is 'high'.
  「低い」の反対は「高い」だ.

**opposition** B1 [àpəzíʃən アパズィション|ɔ̀pə- オパ-] 名❶Ⓤ 反対, 対立;抵抗;反感 ❷Ⓒ《the opposition で》ライバル, 反対者;対戦相手

**oppression** B1 [əpréʃən アプレッション] 名❶ⓊⒸ 圧迫, 抑圧 ❷Ⓤ 重圧[圧迫]感

**optimistic** B2 [àːptəmístɪk アープタミスティック|ɔ̀ptə- オプタ-] 形 楽天的な, 楽観的な
(⇔ pessimistic 悲観的な)

**option** 2級 B1 [ápʃən アプション|ɔ́p- オプ-] 名ⓊⒸ **選択**(=choice);選択権, 選択の自由, オプション

**OR** Oregon(米国オレゴン州)の郵便略語

## *or 5級 A1 [ər ァ,《強く言うとき》ɔ́ːr オァ]

接❶《肯定文・疑問文で》**…または〜**, あるいは, それとも
- I want to eat an orange *or* a grapefruit.
  私はオレンジかグレープフルーツが食べたい.
  (▶〈名詞〉+ or +〈名詞〉)
- Is it cheap *or* expensive?
  それは安いですか, 高いですか. (▶〈形容詞〉+ or +〈形容詞〉)
- Do you come to school by bus *or* on foot?
  あなたは学校へバスで来ますか, 歩いて来ますか. (▶〈副詞句〉+ or +〈副詞句〉)

> **ここがポイント！** **orの使い方**
> (1) or は〈名詞〉+ or +〈名詞〉など, 同じ働きをする語句をつなげます.
> (2)「Aですか, それともBですか」という疑問文はA ↗ or B ↘ という調子で発音します. また, 3つから選択する場合は, A ↗, B ↗, or C ↘ となります.

- You *or* Mia is going to be a captain.
  君かミアが主将を務めることになっている.
  (▶ *A* or *B* が主語の場合, 動詞は *B* に合わせる)

❷《否定文で》…も〜も(…ない)
- He *didn't* give me a call *or* an email.
  彼は私に電話もメールもくれなかった.
- I *can't* ski *or* skate.
  私はスキーもスケートもできない.

❸《命令文の後で》そうしなければ, さもないと (⇔ and そうすれば)
- Put on your jacket, *or* you'll catch cold.
  ジャケットを着ないと風邪を引くよ.

❹つまり, 言いかえると(▶ふつうorの前にコン

マ(,)をつける)
- Japanese houses have tatami, *or* straw mats.
日本の家にはたたみ,つまりわらのマットがある.

***either A or B*** AかBかどちらか → either 接
***... or so*** …かそれくらい → so 副 (成句)

**-or** [-ər -ァ] 接尾 …する人[物] (▶動詞の後について名詞をつくる)
- act*or* 演じる人,俳優
- process*or* 処理装置,プロセッサー

**oral** B2 [ɔ́ːrəl オーラル] 形 口頭の,口述の (= spoken, ⇔written 書かれた)
- an *oral* examination 口述試験

# orange 5級 A1

[ɔ́ːrindʒ オーリンヂ | ɔ́rindʒ オリンヂ] (★アクセント位置に注意)

―名 (複 oranges[-iz]) ❶ C **オレンジ**, オレンジの木 ❷ U オレンジ色, だいだい色

―形 オレンジの; オレンジ色の
- *orange* juice (果汁(じゅう)100%の)オレンジジュース

**orangutan** [ɔːrǽŋətæn オーラングタン] (★「オランウータン」でないことに注意) 名 C 〖動物〗オランウータン

**orbit** B1 [ɔ́ːrbit オービット] 名 C (天体・人工衛星の)軌道(きどう)

**orca** [ɔ́ːrkə オーカ] 名 C 〖動物〗シャチ (= killer whale)

**orchard** [ɔ́ːrtʃərd オーチァァド] 名 C 果樹園

**orchestra** 2級 B1 [ɔ́ːrkəstrə オーカストゥラ] (★アクセント位置に注意) 名 C オーケストラ, 管弦(げん)楽団

**orchid** B2 [ɔ́ːrkid オーキッド] 名 C 〖植物〗らん

# order 4級 A1 [ɔ́ːrdər オーダァ]

| 名 | ❶命令 |
| | ❷注文 |
| | ❸順番 |
| | ❹秩序(ちつじょ) |
| 動 他 | ❶…を命令する |
| | ❷…を注文する |
| 自 | 注文する |

―名 (複 orders[-z]) ❶ C ((しばしば ordersで)) **命令**, 指示, 指図
- Helen obeyed her doctor's *orders*.
ヘレンは医者の指示に従った.

❷ C **注文**; 注文品
- place [make] an *order*
注文する

- Can [May] I have [take] your *order*?
ご注文は何にいたしましょうか.

❸ U **順番**, 順序
- in alphabetical *order*
アルファベット順に
- in *order* of size 大きさの順に

❹ U **秩序**
- law and *order* 法と秩序

***in order*** 順序正しく (⇔out of order 順序を無視して); 整然と
- Put your things *in order*.
自分の持ち物を整理しなさい.

***in order to*** +〈動詞の原形〉…するために
- Let's start at seven *in order to* arrive there by noon.
正午までにそこへ着くために7時に出発しよう.
- He hurried *in order not to* miss the train.
彼は電車に乗り遅(おく)れないように急いだ. (▶notはtoの直前に置くことに注意)

***out of order*** (機械などが)故障して (▶主に公共のものに対して使う)
- This vending machine is *out of order*.
この自動販売(ばい)機は故障している.

―動 (三単現 orders[-z]; 過去・過分 ordered[-d]; 現分 ordering)
―他 ❶ …を命令する

order +〈人〉+ to +〈動詞の原形〉
〈人〉に…するよう命令する

- Mr. Tanaka *ordered* us *to* be quiet.
田中先生は私たちに静かにするよう命じた.
- The doctor *ordered* him *not to* eat too much.
医者は彼に食べすぎないようにと言った. (▶notはtoの直前に置く)

> くらべてみよう! order と command と tell
> **order**: 相手の気持ちに関係なく「命令する」
> **command**: 権力のある者が「正式に命令する」
> **tell**: 日常的な語で, 「…するように言う」

❷ …を注文する
- We *ordered* drinks first.
私たちは最初に飲み物を注文した.
- He *ordered* the book *from* the bookstore.
彼は書店にその本を注文した. (▶to the bookstoreとするのは×)

―自 注文する
- Are you ready to *order*?
ご注文はお決まりですか.

# ordinary

「止まれ/ここで注文してください」というドライブスルーの案内板(米国)

**ordinary** 2級 B1
[ɔ́:rdəneri オーダネリィ | -dənəri -ダナリィ]
形 (比較 more ordinary; 最上 most ordinary) ふつうの, いつもの(⇔extraordinary 並外れた); 平凡(ぼん)な, ありふれた
・*ordinary* people 普通(ふつう)の人々, 庶民(しょみん)
・an *ordinary* life 平凡な生活

**ore** [ɔ́:r オァ] (★発音注意) 名 UC 鉱石

**Oregon** 3級 [ɔ́:rigən オーリガン | ɔ́ri- オリ-] 名 オレゴン(▶米国北部, 太平洋岸の州. 州都はセーラム(Salem). 郵便略語はOR)

**organ** 2級 B1 [ɔ́:rgən オーガン] 名 C ❶ オルガン, (特に)パイプオルガン(=pipe organ)
・play the *organ* オルガンを演奏する
❷ (体の)器官
・internal *organs* 内臓
❸ (政府などの)機関; 機関誌
派生語 organic 形, organist 名, organize 動

**organic** B1 [ɔ:rgǽnik オーギャニック] 形 有機農法の; 有機肥料で育てた
・*organic* vegetables 有機野菜

スーパーの有機栽培作物売り場(米国)

**organist** [ɔ́:rgənist オーガニスト] 名 C オルガン奏者, (特に教会の)パイプオルガン奏者

**organization** B1 [ɔ̀:rgənizéiʃən オーガニゼイション | -gənai- -ガナイ-] (▶ 英 ではorganisationとつづる) 名 ❶ C 団体, 協会 ❷ U 組織化; C 組織
・a non-governmental *organization* 非政府組織, NGO

**organize** 準2級 A2 [ɔ́:rgənàiz オーガナイズ] (▶ 英 ではorganiseとつづる) 動 他 …を組織する, 設立[創立]する; …を計画[準備]する
・*organize* a trip to Nikko 日光への小旅行を計画する
派生語 organization 名, organized 形, organizer 名

**organized** A2 [ɔ́:rgənàizd オーガナイズド] (▶ 英 ではorganisedとつづる) 形 組織化された, 組織的な; 秩序(ちつじょ)だった

**organizer** B2 [ɔ́:rgənaizər オーガナイザァ] (▶ 英 ではorganiserとつづる) 名 C (イベントなどの)企画者, 主催(しゅさい)者, 世話人

**Orient** [ɔ́:riènt オーリエント] 名 《the Orientで》東洋(=the East); アジア
派生語 Oriental 形

**Oriental** [ɔ̀:riéntl オーリエントゥル] 形 東洋の(=Eastern)

**orientation** [ɔ̀:riəntéiʃən オーリアンテイション] 名 UC ❶ (活動などの)方針 ❷ (新入生などに対する)オリエンテーション, ガイダンス

**orienteering** [ɔ̀:riəntíəriŋ オーリエンティ(ア)リング] 名 U オリエンテーリング(▶地図と磁石を用いて目的地に着く時間を競(きそ)うスポーツ)

**origami** [ɔ̀(:)rigá:mi オ(ー)リガーミ] 名 U 折り紙(技術)

**origin** 2級 B1 [ɔ́:rədʒin オーリヂン | ɔ́rə- オリ-] (★アクセント位置に注意) 名 ❶ UC (物事の)起源, 始まり
・the *origin* of life 生命の起源
❷ U (人の)生まれ(=birth); 血統
派生語 original 形

**original** 準2級 A2 [ərídʒənl アリヂャヌル]
— 形 ❶ 最初の; 元の, 原文の
・an *original* meaning 元の意味, 原義
❷ 独創的な, 独自の(=creative)
・an *original* design 独創的なデザイン
— 名 C 原物, オリジナル(⇔copy 写し); 《the originalで》原文, 原作
・read Shakespeare *in the original* シェークスピアを原文で読む
派生語 originality 名, originally 副

**originality** B2 [ərìdʒənǽləti アリヂャナラティ] 名 U 独創性; 奇抜(きばつ)さ; 独創力

**originally** B2 [ərídʒənəli アリヂャナリィ] 副 ❶ 本来は, 元来は, 最初は ❷ 独創的に

**Orion** [əráiən アライアン] (★「オリオン」でないことに注意) 名 ❶ 『ギリシャ神話』オリオン(▶狩猟(しゅりょう)のうまい巨人(きょじん)) ❷『天文』オリオン座

**ornament** B2 [ɔ́:rnəmənt オーナマント] 名 飾(かざ)り; C 装飾(そうしょく)(品)(=decoration)

**orphan** A2 [ɔ́:rfən オーファン] 名 C 孤児(こじ), 親のない子(▶両親(または片親)をなくした子)

**orthodox** [ɔ́:rθədɑ̀ks オーサダックス | -dɔ̀ks -ドックス] 形 一般に正しいと認められた, 伝統的な; あ

# other

りきたりの；正統な

**Oscar** [ɑ́skər アスカァ | ɔ́skər オスカァ] 名 C《米商標》アカデミー賞(Academy Award)；オスカー(▶米国のアカデミー賞受賞者に授与される立像)

**Oslo** [ɑ́zlou アズロウ | ɔ́z- オズ-] 名 オスロ(▶ノルウェー(Norway)の首都)

**ostrich** [ɔ́:stritʃ オーストゥリッチ | ɔ́s- オス-] 名(複 ostrich, ostriches [-iz]) C《鳥》だちょう

**Othello** [ouθélou オウθェロウ] 名 オセロ(▶シェークスピア作の4大悲劇の1つ；またその主人公)

## *other 4級 A1 形 代 [ʌ́ðər アザァ]

形 ❶ ほかの
　❷ もう一方の, 残りの
代 ❶ ほかのもの
　❷ もう一方；残りのもの[人たち]

━ 形 ❶《名詞の前にのみ用いる》**ほかの**, 別の
- I have never been to *other* countries.
  私はほかの国へ一度も行ったことがない.
- Can you think of any *other* example?
  何かほかの例を思いつきますか. (▶名詞の単数形を修飾(しゅうしょく)するときはsome, any, noなどが前につく)
- Emma is taller than any *other* girl.
  エマはほかのどの少女よりも背が高い. (= Emma is the tallest girl.)
- I think some *other* boy took my shoes.
  だれかほかの少年が私の靴(くつ)を持っていったんだと思う.
- I have no *other* camera than this.
  私はこのほかにカメラを持っていない. (=This is the only camera that I have.)

❷《the other＋名詞の単数形で》(2つ[2人]のうち)**もう一方の**,《the other＋名詞の複数形で》(3つ[3人]以上のうち)**残りの**
- *the other* side of the lake 湖の向こう岸
- I don't want this pen. I want *the other* one. このペンはほしくない. もう1つのほうがほしい.
- He stopped, but *the other* boys kept running. 彼は止まったが, 残りの少年たちはみな走り続けた.

***among other things*** 特に, とりわけ
***every other ...*** 1つおきの…
- *every other* day 1日おきに, 2日に1回
***in other words*** 言いかえれば, すなわち
***on (the) one hand ..., on the other (hand)*** 〜 一方では…, また一方では〜 → hand 名(成句)
***the other day*** 先日, この前 (▶そのほか, the other night(この前の夜), the other week(この前の週)などの表現もある) → day(成句)
***the other way about*** [*around*, *round*] あべこべに, 逆に

━ 代(複 others[-z]) ❶《ふつう others で》**ほかのもの**, **ほかの人**, **他人**
- I have already seen it. Please show me some *others*. それはもう見ました. ほかのものを見せてください.
- *Some* people like jazz, but *others* don't.
  ジャズを好きな人もいるが, きらいな人もいる.
  (▶ some ..., others 〜で「…な人[もの]もいれば〜な人[もの]もいる」)

❷《the other で》(2つ[2人]のうち)**もう一方**；《the others で》(3つ[3人]以上のうち)**残りのもの[人たち]**(全部[全員])
- We have two dogs, one is black and *the other* (is) brown. うちには犬が2匹(ひき)いて, 1匹は黒, もう1匹は茶色です.
- Some of them are students, and *the others* are office workers. 彼らのうち何人かは学生で, 残りはみんな会社員だ.

> **くらべて みよう！** the other, the others, another, others
>
> **the other**: 2つ[2人]のうちの「残りの1つ[1人]」という意味です.
>
> **the others**: 3つ[3人]以上について「残りの全部」と言うときに使います.
>
> **another**: 残りの複数のもの[人]のうち, 「いずれか1つ[1人]」を意味します.
>
> **others**: 残りの複数のもの[人]のうち, 「いずれか複数のもの[人]」を意味します. また単独で「他人」という意味も表します.

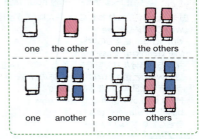

***among others*** 特に, とりわけ (=above all)
***each other*** 互(たが)い(に) → each 代(成句)
***one after the other*** 次々に, 交互(こうご)に → one 代(成句)
***one ... the other*** 〜 (2つ[2人]のうち)一方は…, もう一方は〜 → one 代(成句)
***some ... or other*** …か何[だれ]か (▶事柄

## otherwise

(誰)や人をぼかして言う表現)
- *some* day [time] *or other* いつか、いつの日か

**otherwise** 2級 B1 [ʌ́ðərwàiz アザワワイズ]
副 ❶そうでなければ、さもないと(=or)
- Hurry up, *otherwise* you will be late for school. 急ぎなさい、さもないと学校に遅(おく)れるよ。(▶otherwise=if you don't hurry up)

❷ほかの点では、それ以外では
- This room is small, but *otherwise* I like it. この部屋は小さいが、ほかの点では気に入っている。

❸別の方法で、ほかに
- I cannot think *otherwise*. 私にはほかに考えようがない。

**Ottawa** 3級 [ɑ́təwə アタワ | ɔ́tə- オタ-] 名 オタワ (▶カナダ(Canada)の首都)

**ouch** [áutʃ アウチ] 間 おお痛い(▶突然(とつぜん)の痛みに発する言葉)

**ought** B1 [ɔ́ːt オート] (★このghは発音しない) 助 《ought to +〈動詞の原形〉で》…すべきである、…したほうがよい、…するのが当然だ(▶ought toは[ɔ́ːtə オータ]と発音する。shouldとほぼ同じ意味だが、shouldの方がよく使われる)
- You *ought to* do your best. あなたは最善を尽(つ)くすべきだ。
- You *ought not to* give up hope. 君は希望を捨てるべきではない。(▶否定形はought not toの語順になる)

**ounce** B2 [áuns アウンス] (★「オンス」でないことに注意) 名 C オンス(▶重さの単位。1オンスは1ポンドで、約28.35グラム。oz. と略す)

## *our 5級 A1 [áuər アウア] (★同音 hour 1時間)

代 **私たちの**、われわれの(▶一人称(にんしょう)複数(we)の所有格) → we
- *our* school 私たちの学校
- We clean *our* classroom. 私たちは自分たちの教室を掃除(そうじ)する。(▶主語がweのときはourは「自分たちの」と訳すほうが自然な日本語になることが多い)
- He is one of *our* most well-known baseball players. 彼はわが国[わが校]で最も有名な野球選手の1人だ。

**ここがポイント! ourの使い方**

ourはa, the, thisなどといっしょには使えません。
○ *our* house 私たちの家
× a our house
× the our house

## *ours 5級 A1 [áuərz アウアズ]

代 **私たちのもの**(▶一人称(にんしょう)複数(we)の所有代名詞。oursのさすものが単数の場合は単数扱い、複数の場合は複数扱い) → we
- These books are *ours*. これらの本は私たちのものです。(=These are our books.)
- Your house is in Tokyo. *Ours* is in Yokohama. あなたの家は東京にある。私たちの家は横浜にある。(▶ours=our house)
- David is a friend of *ours*. デイビッドは私たちの友人(の1人)だ。

**ここがポイント! ourではなくoursを使うとき**

▶「私たちの友達の1人」
○ a friend *of ours*
× an our friend
▶「私たちのこの人形」
○ this doll *of ours*
× this our doll
our(私たちの)は、a, the, thisなどといっしょには使えません。その場合、of oursとoursを使います。

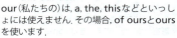

## ourselves 準2級 A2

[auərsélvz アウアセルヴズ]
代 (▶myselfの複数形) → oneself ❶私たち自身を[に]
- We introduced *ourselves* at the party. 私たちはパーティーで自己紹介(しょうかい)をした。

❷《主語を強めて》**私たち自身で**、私たち自ら
- We can do it *ourselves*. 私たち自身でそれができる。

***between ourselves*** ここだけの話だが、内緒(ないしょ)で
- *Between ourselves*, he is sick. ここだけの話だけれど彼は病気です。

***by ourselves*** 私たちだけで;私たちだけの力で → oneself (成句 by oneself)

***for ourselves*** 私たちだけの力で;私たちのために → oneself (成句 for oneself)

## *out 5級 A1 [áut アウト]

副 ❶外へ[に]
❷(外に)現れて
❸なくなって
❹完全に
❺〖野球〗アウトで
前 …から外へ[に]
名 〖野球〗アウト

# outline

**ー副 ❶ 外へ[に]**(⇔in 中へ); 外出して, 不在で(⇔in 在宅して)

in 中へ　　　out 外へ

- go *out* for a walk 散歩に行く
- eat *out* 外食する
- Mother is *out* now.
  母は今, ちょっと出ています.
- The police officer told the man to come *out*. 警官は男に出て来るように言った.

**❷**(外に)**現れて**;(花が)咲いて;(世に)出て
- A lot of stars are *out* tonight.
  今夜はたくさんの星が出ている.
- His first book came *out* in 1973.
  彼の最初の本は1973年に出た.

**❸**《しばしば動詞とともに》**なくなって**, 消えて;(期限が)切れて
- The gas is running *out*.
  ガソリンが切れてきた.
- The firefighters put *out* the fire.
  消防士が火を消した.

**❹ 完全に, 終わりまで, 徹底的に**
- Just hear me *out*. 話を最後まで聞きなさい.
- The tickets were sold *out*.
  切符は売り切れだった.

**❺**〖野球〗アウトで(⇔safe セーフで)
- The batter is *out*. その打者はアウトだ.

***out of ...*** ①《さまざまな動詞とともに》…から外に(⇔into …の中に);…を外れて
- go *out of* the room 部屋から出て行く
- get *out of* a car 車から降りる
- look *out of* the window 窓から外を見る
  (▶︎ 《話》ではofを省略することが多い)→ 前
- *out of* danger (病人などが)危険な状態を脱した(⇔in danger 危うい状態で)
- He took a handkerchief *out of* his pocket. 彼はポケットからハンカチを取り出した.

② …のうちで, …の中から
- Nine *out of* ten families have a car.
  10家族のうち9家族が車を持っている.

③ …を材料にして, …で
- I made an apron *out of* old clothes.
  私は古着でエプロンを作った.

④《be動詞, runなどとともに》…がなくて; …が切れて
- My brother is *out of* work. 兄は失業中で

す.
- The car *is running out of* gas.
  その車はガス欠です.

⑤(親切心・友情など)から(▶︎動機をさす)
- He said so *out of* kindness.
  彼は親切心からそう言った.

**ー前**《主に米》…から外へ[に](=out of)
- look *out* the window 窓から外を見る

**ー名**(複 outs[-ts -ツ])〖野球〗アウト
派生語 outer 形, outing 名

**outbound** [áutbaund アウトバウンド] 形 外国行きの; 下りの(⇔inbound本国行きの)

**outdoor** 2級 B1 [áutdɔːr アウトドア](★アクセント位置に注意)形《名詞の前にのみ用いる》屋外の, 野外の(⇔indoor 屋内の)

**outdoors** 2級 B1 [àutdɔ́ːrz アウトドァズ] 副 屋外で[に], 野外で[に](⇔indoors 屋内で[に])
- eat *outdoors* 野外で食事をする

**outer** B1 [áutər アウタァ] 形《名詞の前にのみ用いる》外の, 外側の, 外部の(⇔inner 内部の)
- *outer* space (大気圏外の)宇宙空間

**outfield** [áutfiːld アウトフィールド] 名 U 〖野球・クリケット〗外野(⇔infield 内野)

**outfielder** [áutfiːldər アウトフィールダァ] 名 C 〖野球・クリケット〗外野手(⇔infielder 内野手)

**outfit** B2 [áutfit アウトフィット] 名 C (ある目的に必要な)用具一式; 服装一式
- I really like your *outfit*.
  あなたの服とてもすてきですね.

**outgoing** [áutgòuiŋ アウトゴウイング] 形 ❶(性格・人が)外向的な, 社交的な ❷《名詞の前に用いて》出ていく, 去っていく

**outing** B2 [áutiŋ アウティング] 名 C (休日などの短期の)外出, 遠出, 遠足, ピクニック(=picnic)
- have a school *outing* 学校の遠足に行く

**outlet** B2 [áutlet アウトレット] 名 C ❶(電気の)コンセント(▶︎「コンセント」は和製英語)(英 = power point) ❷直売店, アウトレット ❸出口; はけ口

**outline** B2 [áutlàin アウトライン] 名 C 概略, あらまし; 輪郭, 略図
- an *outline* of the story 物語の概略

## outlook

**outlook** B2 [áutlùk アウトルック]
 名 C 眺(なが)め, 展望, 見晴らし(=view); 見通し(=prospect); 見解, 考え方

**out-of-date** B1 [áutəvdéit アウトァヴデイト] 形
 流行遅(おく)れの, 旧式の(⇔up-to-date 最新の)

**output** B2 [áutpùt アウトプット] 名 U C ❶生産(高) ❷『機械・電気』出力;『コンピュータ』出力, アウトプット(⇔input 入力)

## outside 4級 A1

— 名 [àutsáid アウトサイド](複 outsides[-dz -ヅ]) C 《ふつう the outsideで》**外側, 外部**(⇔the inside 内側); 外観
 * The *outside* of the house is made of brick.
  その家の外側はれんがでできている.
 * The door doesn't open from the *outside*. そのドアは外側から開かない.

— 形 [áutsàid アウトサイド]《名詞の前にのみ用いる》**外側の**(⇔inside 内側の); 屋外の; 外部の
 * an *outside* wall 外壁(がいへき)

— 副 [àutsáid アウトサイド]**外側に[で, へ]**; 屋外に[で](⇔inside 内側に)
 * Please wait *outside*.
  外で待っていてください.

— 前 [àutsáid アウトサイド]**…の外側に[で, へ, の]**
 * *outside* the house 家の外に[で]

**outskirts** B2 [áutskə̀:rts アウトスカーツ]《複数扱い》**郊外, 町外れ**(=suburb)
 * I live on the *outskirts* of Yokohama.
  横浜の郊外に住んでいる.

**outstanding** B1 [àutstǽndiŋ アウトスタンディング] 形 **目立つ, 飛びぬけた**

**outward** B1 [áutwərd アウトワァド]
— 形 外部の, 外側の, 外面の(⇔inward 内部の)
— 副 外部へ[に](向かって), 外側へ[に](⇔inward 内部へ)

**outwards** [áutwərdz アウトワァヅ] 副 = outward

**oval** B2 [óuvəl オウヴァル]
— 形 卵形の, だ円形の
— 名 C 卵形(の物), だ円形; (だ円形の)競技場

**oven** 準2級 A2 [ʌ́vən アヴン](★「オーブン」でないことに注意) 名 C **オーブン, 天火**
 * a microwave *oven* 電子レンジ

## *over 5級 A1 [óuvər オウヴァ]

 前 ❶《動作・状態》…を越(こ)えて
  ❷《位置》…の上に
  ❸《状態》…を覆(おお)って
  ❹《数量》…を超(こ)えて
  ❺《期間》…の間ずっと
  ❻《場所》…の一面に
  ❼《手段》(電話など)を通じて
  ❽《関連》…について
 副 ❶向こう側に[へ]
  ❷(…の)上のほうに
  ❸一面に
  ❹終わって
  ❺倒(たお)れて
  ❻(ある数量を)超えて
  ❼繰(く)り返して

— 前 ❶《動作・状態》**…を越えて, …の向こう側へ**→ across くらべて!
 * jump *over* a fence 垣根(かきね)を飛び越える
 * My school is just *over* the hill.
  私の学校は丘(おか)のすぐ向こうにある.

❷《位置》**…の上に, 上のほうに**(►この意味では接触(せっしょく)していない「真上」を示す)(⇔under …の下に)→ on 前 ❶ くらべて!
 * There is a moon *over* the mountain.
  山の上に月が出ている.

❸《状態》**…を覆って**
 * dark clouds *over* the sky 空を覆った黒い雲
 * He drew the blanket *over* himself.
  彼は毛布を引っ張ってかぶった.
 * Shall we put the cloth *over* the table?
  テーブルに布をかけましょうか.

❹《数量》**…を超えて, より多く**(=more than, ⇔under …未満の)
 * The flight took *over* ten hours.
  飛行は10時間以上かかった.(►厳密には10時間は含(ふく)まず, 「10時間より長く」の意味)

❺《期間》**…の間ずっと, …しながら**
 * *over* the weekend 週末の間ずっと
 * Shall we talk about it *over* dinner?
  それについて夕食の間に[夕食を食べながら]話し合いましょうか.

❻《場所》**…の一面に, 至る所に**
 * The roses are in full bloom (*all*) *over* the garden.
  ばらが庭一面に咲いている.(► allがつくと「一面に」の意味が強調される)
 * The news spread *over* the town.

# overseas

そのニュースは町じゅうに広まった.
❼《手段》(電話・ラジオなど)を通じて,…で
- talk *over* the telephone 電話で話す
- hear the news *over* the radio
ラジオでニュースを聞く
❽《関連》…について,関して
- We talked *over* the problem.
私たちはその問題についてじっくり話し合った.(►*about* よりも *over* のほうが「時間をかけて,広範囲にわたって」の意味が含まれる)

─副 ❶ 向こう側に[へ],あちらへ;こちら側に[へ],うちへ(►「遠くから,遠くへ」「わざわざ」といった意味を含む)
- Please come *over* for dinner tonight.
今晩うちへ夕食に来てください.
- He went *over* to say hello to Meg.
彼はメグにあいさつをしに行った.
❷ (ほかのものの) 上のほうに
- A big balloon flew *over*.
大きな風船が上のほうを飛んでいた.
- The branches are hanging *over*.
木の枝が上のほうから張り出している.
❸ 一面に,すっかり(►しばしば all を伴う)
- I cleaned the floor *all over*.
私は床一面をふいた.
- The boy was wet *all over*.
その男の子は全身ずぶぬれだった.
❹ 終わって,済んで
- The summer vacation is *over*.
夏休みは終わった.(►この *over* は夏休みが終わっている現在の状態を表すので is を使う)
- The baseball game was *over* at nine.
その野球の試合は9時に終わった.(►単に過去の事柄を述べているので was を使う)
❺ 倒れて,ひっくり返って
- I knocked the bottle *over*.
私は瓶をひっくり返した.
- I turned *over* the test paper.
私はテスト用紙をひっくり返した.(►裏返した)
❻ (ある数量を)超えて
- people twenty and *over* 20歳以上の人
❼ 繰り返して;《主に米》もう一度(=again)
(*all*) *over again* もう一度,繰り返して
*over and over* (*again*) 何度も繰り返して
*over here* こちらに,こちらでは
*over there* あそこに[向こう]に
- My house is *over there*. 私の家はあそこだ.

**over-** [óuvər- オウヴァ-] 接頭 上の,上に;…を横断して;過ぎる,過度の;外に,覆って
- *over*sleep 寝過ごす

**overall** 2級 [óuvərɔ́:l オウヴァオール] 名Ⓒ ❶
《*overalls* で》オーバーオール(►胸当てつきの作業ズボン) ❷《米》(女性・子どもが服の上から着る)上っ張り,スモック

**overcame** [òuvərkéim オウヴァケイム] 動
overcome (打ち勝つ)の過去形

**overcoat** B2 [óuvərkout オウヴァコウト] 名Ⓒ オーバー(コート),コート(►単に coat とも言う)

**overcome** 2級 B1 [òuvərkʌ́m オウヴァカム] 動
(過去 overcame [òuvərkéim オウヴァケイム]; 過分 overcome) 他 …に打ち勝つ;…を克服する
- *overcome* the difficulty 困難に打ち勝つ

**overflow** [òuvərflóu オウヴァフロウ]
─動 自他 (川などが)あふれる,はんらんする;…からあふれる,…を水浸しにする
─名Ⓒ はんらん;あふれた水

**overhead** (★副と形のアクセント位置に注意)
─副 [òuvərhéd オウヴァヘッド] 頭上に;上空に(=above)
─形 [óuvərhèd オウヴァヘッド] 頭上の;高架の

**overhear** B2 [òuvərhíər オウヴァヒア] 動
(過去・過分 overheard [òuvərhə́:rd オウヴァハード]) 他 …をふと耳にする;…を漏れ聞く

**overlook** B2 [òuvərlúk オウヴァルック] 動他 ❶
…を見下ろす,見わたす
- The house *overlooks* the sea.
その家は眼下に海が見わたせる.
❷ (不注意から)…を見落とす;…を大目に見る
- They *overlooked* his mistakes.
彼らは彼の誤りを大目に見た.

**overnight** 2級 B1 (★副と形のアクセント位置に注意.この gh は発音しない)
─副 [òuvərnáit オウヴァナイト] 夜通し,一晩じゅう;一夜のうちに
- He stayed at my house *overnight*.
彼は私の家に一晩泊まった.
─形 [óuvərnàit オウヴァナイト] 夜通しの;一泊の
- an *overnight* trip 一泊旅行

「夜通しのキャンプは禁止」の掲示(英国)

**overseas** 準2級 A2 [òuvərsí:z オウヴァスィーズ]
─形 海外の,海外への
- *overseas* travel 海外旅行
─副 海外に,外国へ(=abroad)
- travel *overseas* 海外旅行をする(►travel to

## oversleep

overseasは×)

**oversleep** 3級 [òuvərslíːp オウヴァスリープ] 動
(過去・過分 overslept[òuvərslépt オウヴァスレプト])
自 寝過(す)ごす,寝坊(ぼう)をする

**overtake** B2 [òuvərtéik オウヴァテイク] 動
(過去 overtook[òuvərtúk オウヴァトゥック];
過分 overtaken[òuvərtéikən オウヴァテイカン])
他 ❶ …に追いつく(=catch up with ...),…を追いこす ❷(不幸などが)…を突然(とつぜん)襲(おそ)う

**overweight** A2 [òuvərwéit オウヴァウェイト]
(★このghは発音しない) 形 太り過ぎの

**overwork** B1 (★動と名でアクセント位置が異なる)
— 動 [òuvərwə́ːrk オウヴァワーク] 他 …を働かせ過ぎる,使い過ぎる;働き過ぎる,過労になる
— 名 [óuvərwə̀ːrk オウヴァワーク] U 過労,過度の労働[勉強],オーバーワーク
• She is exhausted because of *overwork*.
彼女は過労で疲(つか)れ果てている.

**owe** B1 [óu オウ] 動 他 ❶ (人)に金を借りている;(人にある金額を)借りている(▶「借りる」はborrow)
• How much do I *owe* you?
あなたにいくら借りがあるのだろうか.
• He *owes* me six dollars.=He *owes* six dollars *to* me. 彼は私に6ドル借りている.
❷ …は(人に)恩を受けている,(人の)おかげである

owe +〈事〉+ to +〈人〉=owe +〈人〉+ for +〈事〉〈事〉は〈人〉のおかげである

• I *owe* my success *to* her.=I *owe* her *for* my success. 私の成功は彼女のおかげです.

**owing** B1 [óuiŋ オウイング] 形《owing to ...で》
…のため,…が原因で(=because of ..., on account of ...)
• *Owing* to the rain, the game was put off. 雨のため試合は延期になった.

**owl** B2 [ául アウル] (★発音に注意) 名 C 〖鳥〗ふくろう;みみずく(▶みみずくは horned owl (「角(つの)のあるふくろう」の意)とも言う)

## **own** 4級 A1 [óun オウン]

形 ❶自分自身の
　　❷特有の
名 《one's ownで》自分自身のもの
動 他 …を所有している

— 形 ❶ 自分自身の(▶my, yourなどの後に用いて所有の意味を強める)
• This is my *own* idea. これは私自身の考えだ.
• I saw a ghost with my *own* eyes.
私は自分自身の目で幽霊(ゆうれい)を見た.
❷ 特有の,独特の

• He has his *own* singing style.
彼は独特のスタイルで歌う.
— 名《one's ownで》**自分自身のもの**
• This stereo is my *own*.
このステレオは私自身のものです.
*of one's own* 自分自身の;独特の
• Ed has a computer *of his own*.
エドは自分自身のコンピュータを持っている.
*on one's own* ひとりで;独力で
• My brother lives *on his own*.
兄はひとりで暮らしている.
• I can't move this stone *on my own*.
この石はひとりでは動かせない.
— 動(三単現 owns[-z]; 過去・過分 owned[-d]; 現分 owning) 他 …を所有している,持っている(=possess)
• I don't *own* a car. 私は車を持っていない.
派生語 owner 名

**owner** 3級 A1 [óunər オウナァ] 名 C 持ち主,所有者
• Who is the *owner* of this car?
この車の持ち主はだれですか.

**ox** B2 [áks アックス | ɔ́ks オックス]
名(複 oxen[áksən アクスン | ɔ́ksən オクスン]) C (主に農耕・荷役用の)雄(おす)牛(⇔cow 雌(めす)牛)

**oxcart** [ákskàːrt アックスカート | ɔ́ks- オックス-] 名 C 牛車

**oxen** [áksn アクスン | ɔ́ksn オクスン] 名 ox(雄(おす)牛)の複数形

**Oxford** 4級 [áksfərd アックスファド | ɔ́ks- オックス-] 名 ❶ オックスフォード(▶英国中南部の都市.オックスフォード大学の所在地) ❷ オックスフォード大学(=Oxford University)

オックスフォード大学(英国)

**oxygen** B1 [áksidʒən アクスィヂャン | ɔ́ksi- オクスィ-] 名 U 〖化学〗酸素(▶元素記号はO)

**oyster** [ɔ́istər オイスタァ] 名 C 〖貝〗かき

**oz.** ounce(s)(オンス)の略

**ozone** B2 [óuzoun オウゾウン] (★「オゾン」でないことに注意) 名 U 〖化学〗オゾン(▶酸素の同素体)
• the *ozone* layer オゾン層

# P

**P, p** [píː ピー] 名 (複 P's, Ps, p's, ps[-z]) C 英語のアルファベットの第16字

**P** 《掲示》駐車(ちゅう)可(▶parkingの略)

**p** penny(ペニー), その複数形pence(ペンス)の略
- 1 *p* 1ペニー

**p.** [péidʒ ペイヂ] (複 pp. [péidʒiz ペイヂズ]) page(ページ)の略
- *p.*30 30ページ(▶page thirtyと読む)
- *pp.*10-15 10ページから15ページまで(▶pages ten to fifteenと読む)
- *pp.*10, 15 10ページと15ページ(▶pages ten and fifteenと読む)

**PA** Pennsylvania(米国ペンシルベニア州)の郵便略語

**pa** B2 [páː パー] 名 C 《幼児語》お父さん, パパ(=papa, daddy⇔ma お母さん)

**pace** B1 [péis ペイス]
― 名 C ❶ 歩調, 足並み, 速度
- walk at a quick *pace* 足早に歩く

❷ 1歩, 歩幅(はば)
- walk three *paces* forward 3歩前に歩く

**keep [hold] pace with ...** …と足並みをそろえる; …に後(おく)れをとらない
- I couldn't *keep pace with* him in English class. 私は英語では彼についていくことができなかった.

― 動 自他 (場所を)行ったり来たりする
- Tom is *pacing* up and down (the room). トムは(部屋の中を)行ったり来たりしている.

## Pacific A2 [pəsífik パスィフィック]

― 形 太平洋の(▶「大西洋の」はAtlantic)
- the *Pacific* coast of Japan 日本の太平洋岸

― 名 《the Pacificで》太平洋

**Pacific Ocean** [pəsífik óuʃən パスィフィック オウシャン] 名 《the Pacific Oceanで》太平洋

**pack** 準2級 A2 [pǽk パック]
― 名 C ❶ 包み, 荷物(▶人が背負ったり, 馬などに積んだりして運ぶもの)
- a hiker's *pack* ハイカーの荷物

❷ 《トランプの》1組(=《米》deck); 《たばこなどの》1箱, 1包み(=《米》packet)
- a *pack* of cards トランプ1組

❸ (おおかみなどの)群れ
- a *pack* of wolves おおかみの群れ

― 動 ― 他 …を荷造りする; …を詰(つ)めこむ

- I *packed* my dresses *into* the suitcase. =I *packed* the suitcase *with* my dresses. 私はドレスをスーツケースに詰めた.
― 自 荷造りする

## package 2級 B1 [pǽkidʒ パキッヂ]

名 (複 packages[-iz]) C ❶ (輸送・販売(はん)のための)小包, 包み, 荷物(=《英》parcel)
- a postal *package* 郵便小包

❷ (商品包装用の)箱, ケース, パッケージ

**package tour** [pǽkidʒ túər パキッヂ トゥア] 名 C パッケージツアー

**packet** B2 [pǽkit パキット] 名 C 小さい包み[束](=《英》package); 《たばこなどの》1包み(=《米》pack)
- a *packet* of letters 手紙の束

**packing** B1 [pǽkiŋ パッキング] 名 U ❶ 荷づくり ❷ 包装(ほう); (包装用の)詰(つ)め物

**pad** B2 [pǽd パッド] 名 C ❶ (衝撃(しょう)・損傷を防ぐ)当て物, クッション; 詰(つ)め物, パッド
❷ (はぎ取り式の)メモ帳, 便せん
- a writing *pad* レポート用紙

❸ スタンプ台

**paddle** B1 [pǽdl パドゥル]
― 名 C ❶ (カヌー用の)かい(▶短く幅(はば)が広い. ふつうのボートのかいはoar)→canoe 図 ❷ (卓球(たっ)の)ラケット
― 動 他 (カヌー)をかいでこぐ

**paddy** [pǽdi パディ] 名 (複 paddies[-z]) C 水田, 稲田(いな)
- a rice *paddy* [field] 水田

## page¹ 5級 A1 [péidʒ ペイヂ]

名 (複 pages[-iz]) C ❶ (本などの)ページ(▶1ページはp., 2ページ以上はpp. と略す)→p.
- *page* five=*p.*5 5ページ
- turn the *page* (over) ページをめくる

### page²

- The picture is on *page* 22.
その絵は22ページにある.
- Open your textbooks to [⊛at] *page* 30.
教科書の30ページを開きなさい.
- Maya is reading a 500-*page* novel.
マヤは500ページある小説を読んでいる.

❷ (新聞・雑誌の)面, 欄(らん)
- the front *page* of a newspaper
新聞の第一面
- the sports *page*(s) スポーツ欄

**page²** [péidʒ ペイヂ] 動他 (放送などで人)を呼び出す

**pageant** [pǽdʒənt パヂァント] 名C ❶ (史実などにちなんだ)野外劇
❷ (祭りなどの)行列; 山車(だし)

**pagoda** [pəgóudə パゴウダ] 名C (東洋諸国の寺院などの)塔(とう), 仏塔

**paid** B1 [péid ペイド] 動 pay(払(はら)う)の過去形・過去分詞

**pail** [péil ペイル] (★同音 pale 顔色が悪い) 名C ❶ 手おけ; バケツ(=bucket) ❷ 手おけ[バケツ]1杯(はい)の量
- a *pail* of water バケツ1杯の水

## pain 2級 B1 [péin ペイン]

名 (複 pains[-z]) ❶ UC (体・心の)**痛み**, 苦痛
- feel *pain* 痛みを感じる
- cry with *pain*
痛みで叫(さけ)び声をあげる
- I had a sharp [dull] *pain* in my arm.
私は腕(うで)に鋭(するど)い[鈍(にぶ)い]痛みがあった.
- The news caused me great *pain*.
その知らせを聞いて私はとてもつらかった.

❷ C 《ふつう pains で》苦労, 骨折り
- No *pain*, no gain.
(ことわざ)まかぬ種は生えぬ.(⇔骨折りがなければ得るものはない)
- Susie *took* great *pains to* bake the cake.
スージーはケーキを焼くのにとても苦労した.

派生語 painful 形

**painful** B1 [péinfəl ペインフル] 形 痛い, 苦しい; 骨の折れる; つらい
- Is the wound still *painful*?
傷はまだ痛みますか.

## paint 5級 A1 [péint ペイント]

― 名 (複 paints[-ts -ツ]) ❶ 《paints で》**絵の具**
- oil [water] *paints* 油[水彩(すいさい)]絵の具

❷ U **ペンキ**, 塗料(とりょう)
- a can of blue *paint* 青いペンキ1缶(かん)
- WET *PAINT* = ⊛FRESH *PAINT*
《掲示》ペンキ塗(ぬ)りたて

「注意／ペンキ塗りたて」の表示

― 動 (三単現 paints[-ts -ツ]; 過去・過分 painted[-id]; 現分 painting)
― 他 ❶ (絵の具で絵を)かく → draw 図
- *paint* flowers (絵の具で)花の絵をかく

❷ …にペンキを塗る
- *paint* the wall white
壁(かべ)をペンキで白く塗る

― 自 ❶ 絵をかく ❷ ペンキを塗る

派生語 painter 名, painting 名

**painter** 準2級 A2 [péintər ペインタァ]
名C 画家(=artist); 塗装(とそう)工

## painting 5級 A1

[péintiŋ ペインティング]
― 動 paint(絵をかく)の現在分詞・動名詞
― 名 (複 paintings[-z]) ❶ C (絵の具でかいた)**絵**, 絵画 → picture くらべて!
- an oil *painting* 油絵

❷ U (絵の具で)絵をかくこと; ペンキ塗り

## pair 4級 A1

[péər ペア] (★同音 pare 皮をむく, pear 洋なし)
名 (複 pairs[-z]) C ❶ ((靴(くつ), 手袋(てぶくろ)など)2つそろって用いられる物の)**組, 対**(つい)

- a *pair of* shoes [socks] 1足の靴[靴下]
- a *pair of* gloves 1組の手袋

❷ (はさみ, ズボンなど2つの部分からなる物の)**1個**; 《a pair of ... で》1組の…, 1対の…
- a new *pair of* scissors 新しいはさみ1丁
- a *pair of* jeans ジーンズ1本
- A *pair of* glasses was left in the room.
眼鏡が1つ部屋に置き忘れてあった.(▶単数扱いになることに注意)

### ここが ポイント! a pair of の使い方

❶❷いずれの場合も、複数の物を表すときは two pairs of ..., three pairs of ... のように、pair を複数形にします。
• two *pairs* of shoes 靴2足

❸(人間の)**1組**, 2人, 夫婦, カップル；(動物の)1つがい → **couple**
• A *pair* of birds are building their nest. 1つがいの鳥が巣を作っている。(►この場合は複数扱いになる)

❹『トランプ』ペア

**in pairs** = **in a pair** 2つ[2人]1組になって, 対をなして

**pajama** B2 [pədʒáːmə パチャーマ] (★アクセント位置に注意)(►主に⦅米⦆では pyjama とつづる) 名 ⦅pajamas で⦆パジャマ, 寝巻き(►上下1組をさす)
• a pair of *pajamas* パジャマ1着
• *pajama* pants パジャマのズボン(►名詞の前につくときは単数形になる)
• a *pajama* party パジャマパーティー(►子どもたちが泊まりこみで楽しく過ごすこと)

**Pakistan** [pǽkistæn パキスタン | pàːkistάːn パーキスターン] 名 パキスタン(►アジア南部にある共和国。首都はイスラマバード(Islamabad))

**Pakistani** [pæ̀kistǽni パキスタニ | pàːkistάːni パーキスターニ]
━形 パキスタンの；パキスタン人の
━名 ⦅複 Pakistani, Pakistanis [-z]⦆ⓒ パキスタン人

**pal** 準2級 A2 [pǽl パル] 名 ⓒ ⦅話⦆友達, 仲間
• a pen *pal* ペンパル, 文通友達(=⦅米⦆a pen friend)

**palace** 3級 A1 [pǽlis パリス] 名 ⓒ ❶ ⦅しばしば Palace で⦆宮殿, 王宮
• Buckingham *Palace* バッキンガム宮殿
❷大邸宅, 御殿；豪華な建物

**Palau** [pəláu パラウ] 名 パラオ(►太平洋ミクロネシア地域の島々からなる共和国。首都はマルキョク(Melekeok))

**pale** B1 [péil ペイル] (★同音 pail 手おけ) 形 ❶(顔色が)悪い, 青ざめた, 青白い
• go [turn] *pale* 青ざめる
• You look *pale*. 君は顔色が悪いよ。
❷(色が)薄い, 淡い
• *pale* blue 淡い青

**Palestine** [pǽləstàin パラスタイン] 名 パレスチナ(►アジア南西部、地中海沿岸の地域)
派生語 Palestinian 形 名

**Palestinian** [pæ̀ləstíniən パラスティニアン]
━形 パレスチナの；パレスチナ人の
━名 ⓒ パレスチナ人

**palette** [pǽlət パレット] 名 ⓒ パレット

**palindrome** [pǽlindròum パリンドゥロウム] 名 ⓒ 回文(►前後どちらから読んでも同じ語や文。level(レベル), Madam I'm Adam.(奥様、私はアダムです)など)

**palm** B1 [pάːm パーム] (★ l は発音しない) 名 ⓒ ❶手のひら ❷『植物』やし, しゅろ(= palm tree)

**pamphlet** [pǽmflət パムフレット] 名 ⓒ 小冊子, パンフレット

**Pan** [pǽn パン] 名 『ギリシャ神話』牧羊神, パン(►森林・牧羊の神。下半身はやぎ, 上半身は人間で角があり, 笛を吹く)

**pan** 準2級 A2 [pǽn パン] 名 ⓒ 平なべ；フライパン(= frying pan)；皿状の物

**Panama** 2級 [pǽnəmà: パナマー] 名 パナマ(►中央アメリカの共和国。首都はパナマシティー(Panama City))

**Panama Canal** [pǽnəmà: kənǽl パナマー カナル] 名 ⦅the Panama Canal で⦆パナマ運河(►パナマ地峡を通り太平洋と大西洋を結ぶ運河)

**pancake** B2 [pǽŋkèik パンケイク] 名 ⓒ パンケーキ, ホットケーキ

## panda 5級 [pǽndə パンダ]

名 ⦅複 pandas [-z]⦆ⓒ 『動物』**パンダ**
• a giant *panda* ジャイアントパンダ

**pandemic** B2 [pændémik パンデミック]
━形(病気が)全地域にわたる, (全国的・全世界的)流行の
━名 ⓒ 世界的に流行した病気

**Pandora** [pændɔ́ːrə パンドーラ] 名 『ギリシャ神話』パンドラ(►ゼウスが造らせた人類最初の女性。人類を懲らしめるため地上に送られた)

**pane** [péin ペイン] 名 ⓒ 窓ガラス(1枚)(= windowpane)

**panel** B2 [pǽnl パヌル] 名 ⓒ ❶(ドア・家具などの)はめ板, パネル(►飾り用に小さく仕切ってはめこんだ板) ❷(討論会の参加者・コンテストの審査員・クイズ番組の解答者などの)一団

**panel discussion**

派生語 **panelist** 名

**panel discussion** [pǽnl diskʌ́ʃən パヌル ディスカッション] 名 Ⓒ パネルディスカッション, 公開討論会

**panelist** [pǽnəlist パナリスト] (▶ 英 では panellist とつづる) 名 Ⓒ ❶ (パネルディスカッションの)参加者, パネラー ❷ (クイズ番組の)解答者

**panic** A2 [pǽnik パニック] 名 Ⓤ Ⓒ 大混乱, パニック(状態), 恐慌(きょう)
・The crowd was in a *panic*.
群衆は大混乱していた.

**pansy** [pǽnzi パンズィ] 名 (複 pansies [-z]) Ⓒ 『植物』パンジー, 三色(さん)すみれ

**panther** [pǽnθər パンサァ] 名 (複 panther, panthers [-z]) Ⓒ 『動物』ひょう(= leopard); 米 ピューマ(= puma), クーガー(= cougar)

**panties** [pǽntiz パンティズ] 名 《複数扱い》(女性用の)パンティー → pants ❷

**pantomime** [pǽntəmàim パンタマイム] 名 Ⓒ ❶ パントマイム, 無言劇 ❷ 英 (クリスマスに行う)おとぎ芝居(しば)

# pants 3級 A1 [pǽnts パンツ]

名 《複数扱い》 ❶ 米 《話》ズボン(= trousers)
・a pair of *pants* ズボン1本
・He put on his *pants*. 彼はズボンをはいた.
❷ 英 (下着の)パンツ(= underpants); (女性用の)パンティー(= panties)

**pantyhose, panty hose** [pǽntihouz パンティホウズ] 名 《複数扱い》 米 パンティーストッキング(= 英 tights)(▶「パンティーストッキング」は和製英語)

**papa** [pɑ́ːpə パーパ | pəpɑ́ː パパー] 名 Ⓒ 《話》パパ, お父さん(▶ 英 では古めかしい語)(= dad, daddy, ⇔ mama お母さん)

**papaya** B2 [pəpɑ́ːjə パパーヤ] 名 Ⓒ 『植物』パパイア; パパイアの木

# *paper 5級 A1 [péipər ペイパァ]

名 (複 papers [-z]) ❶ Ⓤ **紙**, 用紙
・a piece [sheet] of *paper* 紙1枚
・two pieces [sheets] of *paper* 紙2枚
・wrapping *paper* 包装紙

> **ここがポイント!** paper の数え方
> 「紙」の意味では paper は a をつけたり複数形にしたりしません.「紙1枚」は a **piece** [**sheet**] of *paper* と言います. piece は紙全般(ぜん)に対して使い, sheet は一定の大きさや形の紙について使います.

・a *paper* cup [bag] 紙コップ[袋(ふくろ)]
・a *paper* crane 折りづる
・This cup is made of *paper*.
このコップは紙製だ.
❷ Ⓒ 《話》**新聞**(= newspaper)
・a daily *paper* 日刊紙
・a local *paper* 地方新聞, 地方紙
・today's *paper* きょうの新聞
❸ Ⓒ レポート, 論文; 答案(用紙), 試験問題
・I wrote a *paper* on Japanese culture.
私は日本文化についてのレポートを書いた.
❹ 《papers で》書類, 文書(= documents); (パスポートなどの)証明書

**paperback** [péipərbæ̀k ペイパァバック] 名 Ⓒ ペーパーバック(▶ 薄(うす)い紙表紙の値段の安い本.「堅(かた)い表紙の本」は hardcover)

**paper clip** [péipər klìp ペイパァ クリップ] 名 Ⓒ ペーパークリップ, 紙ばさみ

**paper money** [pèipər mʌ́ni ペイパァ マニィ] 名 Ⓤ 紙幣(しへい)(= 米 bill, 英 note)

**Papua New Guinea** [pǽpjuə nù: gíni パピュア ヌー ギニィ | - njùː - - ニュー -] 名 パプアニューギニア(▶太平洋西部にある国. 首都はポートモレスビー(Port Moresby))

**parachute** B1 [pǽrəʃùːt パラシュート] (★アクセント位置に注意) 名 Ⓒ パラシュート, 落下傘(さん)

# parade B2 [pəréid パレイド]

— 名 (複 parades [-dz -ヅ]) Ⓒ Ⓤ **パレード**, 行列, 行進
— 動 (三単現 parades [-dz -ヅ]; 過去・過分 paraded [-id]; 現分 parading) 他 自 (通りなどを)パレードする, 行進する

**paradise** B1 [pǽrədàis パラダイス] 名 ❶ Ⓤ 《ふつう Paradise で》天国, 楽園; Ⓒ 楽園のような所, パラダイス ❷ 《the Paradise で》『聖書』エデンの園(その)(▶ アダムとイブが住んでいた楽園)(= the Garden of Eden)

**paragraph** A1 [pǽrəgræ̀f パラグラフ | -grὰːf -グラーフ] 名 Ⓒ (文章の)段落, 節, パラグラフ

**Paraguay** [pǽrəgwai, -gwei パラグワィ, -グウェィ | pǽrəgwai パラグワィ] 名 パラグアイ(▶南アメリ

力中央の共和国. 首都はアスンシオン(Asunción))

**parallel**[pǽrəlèl パラレル]
—形 平行の
- *parallel* lines 平行線
- This train runs *parallel to* [*with*] the river. この電車は川と平行して走る.
—名 C 平行線；類似(物)

**parallelogram**[pærəléləgræm パラレラグラム] 名 C 平行四辺形

**Paralympic**[pærəlímpik パラリンピック] 形 パラリンピックの
- a *Paralympic* athlete パラリンピック選手

**Paralympic Games** 3級 [pærəlímpik géimz パラリンピック ゲイムズ] 名 《the Paralympic Gamesで》パラリンピック(= the Paralympics)

**Paralympics** 3級 [pærəlímpiks パラリンピックス] 名《the Paralympicsで》《複数扱い》パラリンピック, 国際身体障がい者スポーツ大会(= the Paralympic Games)

**paralyze** B1 [pǽrəlaiz パラライズ] (► ⑧ では paralyseとつづる) 動 他 …をまひさせる

**parasol**[pǽrəsɔ̀:l パラソール |-sɔ̀l -ソル] 名 C 日傘(がさ), パラソル(►「雨傘」はumbrella,「ビーチパラソル」はbeach umbrellaと言う)

**parcel** B1 [pá:rsəl パーサル] 名 C 《主に ⑧》小包, 包み, 小荷物(= ⑩ package)

# pardon A1 [pá:rdn パードゥン]

—名 (複 pardons[-z]) U C 許すこと, 許し
***I beg your pardon.*** すみません.；失礼ですが.；何とおっしゃいましたか.

> **ここが ポイント!** I beg your pardon. の言い方
> 声の調子で意味が変わります.
> - I beg your pardon. ↘ (►下げ調子で) ごめんなさい, 失礼しました. (►過失・無礼をわびるていねいな言い方)
> - I beg your pardon. ↗ (►上げ調子で) ちょっと待ってください. (►相手の言うことに強く反対するときに使う)
> - I beg your pardon? ↗ (►強く上げ調子で)何とおっしゃいましたか, もう一度お願いします. (►聞き返すときのていねいな言い方. 《話》ではBeg your pardon?またはPardon?と略して言うことが多い)

—動 (三単現 pardons[-z]; 過去・過分 pardoned[-d]; 現分 pardoning) 他 …を許す
- *Pardon* me. すみません. (= Excuse me.)
- *Pardon* me for interrupting you. お話の邪魔(じゃ)をして申し訳ありません.

**pare**[péər ペア] (★同音 pair 組, pear 洋なし) 動 他
❶ (ナイフで果物や野菜など)の皮をむく → peel
- *pare* a potato じゃが芋の皮をむく
❷ …を切りそろえる；(つめ)を切る

# parent 4級 A1 [péərənt ペ(ア)ラント]

名 (複 parents[-ts -ツ]) C 親(►父または母)(⇔ child 子)；《parentsで》両親
- My *parents* like to travel. 私の両親は旅行が好きです.

**parfait**[pà:féi パーフェイ] 名 C パフェ(★このtは発音しない)

# Paris 5級 [pǽris パリス]

名 パリ(►フランス(France)の首都)

# *park 5級 A1 [pá:rk パーク]

名 ❶ 公園
❷ ⑧ 運動場
❸ 駐車(ちゅう)場
動 他 …を駐車する
自 駐車する

—名 (複 parks[-s]) C ❶ 公園；遊園地；自然公園
- a national *park* 国立公園
- Hibiya *Park* 日比谷公園(►公園名にはふつうtheをつけない)
- an amusement *park* 遊園地
- take a walk in the *park* 公園を散歩する
❷ ⑧ 運動場, 競技場
- a ball [baseball] *park* 野球場
❸ 駐車場
- a car *park* ⑧ 駐車場(= ⑩ a parking lot)
—動 (三単現 parks[-s]; 過去・過分 parked[-t]; 現分 parking)
—他 …を駐車する
- Where can I *park* the car? どこに駐車できますか.
—自 駐車する
派生語 parking 名

**parking** B1 [pá:rkiŋ パーキング]
—動 park(駐車(ちゅう)する)の現在分詞・動名詞
—名 U 駐車
- *PARKING* 《掲示》駐車可
- NO *PARKING* 《掲示》駐車禁止

「駐車禁止」の掲示

**parking lot**

**parking lot** [pάːrkiŋ lὰt パーキング ラット|- lɔ̀t - ロット] 名CU 駐車場(=英car park)

**parliament** B2 [pάːrləmənt パーラマント] 名UC 議会, 国会;《Parliamentで》英国議会
- the Houses of *Parliament*
 (英国の)国会議事堂
- a Member of *Parliament* (英国の)国会議員, 下院議員(▶MPまたはM.P.と略す)

> これ、知ってる? **「国会」の呼び方**
> 国会の呼び方は国によって異なります.
> Parliament—英国・カナダ・オーストラリア・ギリシャ・イタリア
> Congress—米国・メキシコ
> the Diet—日本・スウェーデン・デンマーク

**parlor** [pάːrlər パーラァ] (▶英ではparlourとつづる) 名C 店, 営業所
- a beauty *parlor* 美容院
- a pizza *parlor* ピザ専門店

**parrot** 2級 B1 [pǽrət パラット] 名C〖鳥〗おうむ

**parsley** [pάːrsli パースリィ] 名U〖植物〗パセリ

# part 準2級 A2 [pάːrt パート]

名 ❶《a part of ... で》…の一部分
❷部分
❸(仕事などの)役割
❹(本の)部; 声部
❺(機械などの)部品
❻地域, 区域
動 他 …を分ける
 自 分かれる

—名(複 parts[-ts -ツ]) ❶《a part of ... で》…の一部分(▶aは省略されることが多い. part of の後が単数形の名詞なら単数扱い, 複数形の名詞なら複数扱い)
- My father owned *part of* the building.
 父はそのビルの一部を所有していた.

❷C 部分, 一部(⇔whole 全部)
- the first *part* of the drama
 ドラマの初めの部分

❸C (仕事などの)**役割**, 役目;(劇などの)役
- play the *part* of the queen
 女王の役を演じる

❹C (本の)部, 編;〖音楽〗声部, パート
- *Part* V 第5部
❺C (機械などの)部品, パーツ
❻C 地域, 区域

**for** *one's* **part** …としては
- *For my part*, I want to visit London.
 私としてはロンドンに行きたい.

**for the most part** たいていは, 大部分は(=mostly)

*in part* 部分的には, いくらか
- I agreed *in part* with what she said.
 部分的には彼女の言ったことに賛成だった.

*play a part* 役割を果たす
- The Internet *plays an* important *part* in our lives. インターネットは私たちの生活に重要な役割を果たしている.

*take part in ...* …に参加する
- I *took part in* the speech contest.
 私はスピーチコンテストに参加した.

—動(三単現 parts[-ts -ツ]; 過去・過分 parted[-id]; 現分 parting)
— 他 …を分ける, 離(は)す
- He *parted* the students into two groups.
 彼は生徒を2つのグループに分けた.
— 自 分かれる, (人と)別れる
- We *parted* at the station.
 私たちは駅で別れた.

*part with ...* (しかたなく)…を手放す
派生語 **partly** 副

**partial** B1 [pάːrʃəl パーシャル] 形 ❶一部の, 部分的な(⇔total 全体の)
- a *partial* eclipse (太陽・月の)部分食
❷不公平な, えこひいきする
- Our teacher isn't *partial to* anyone.
 私たちの先生はだれにもえこひいきしない.
❸《話》(…が)大好きで
- Kathy is *partial to* chocolate.
 キャシーはチョコレートに目がない.

**participant** 2級 B1 [paːrtísəpənt パーティサパント] 名C 参加者, 関係者

**participate** 2級 B1 [paːrtísəpèit パーティサペイト] 動 自《participate in ... で》…に参加する, 加わる
- Will you *participate in* the contest?
 あなたはコンテストに参加しますか. (=Will you take part in the contest?)
派生語 **participant** 名

**particular** B2 [pərtíkjulər パァティキュラァ]
—形 ❶《名詞の前にのみ用い, this, thatなどが前につく》特定の, (ほかのものではなく)特にこの[その](⇔general 一般的な); 特別の, 格別の
- Why did he come here on that *particular* day?
 なぜ彼は特にその日にここへ来たのだろう.
- I paid *particular* attention to his words.
 私は彼の言葉に特別の注意を払(は6)った.
❷特有の, 独特の
- That is her *particular* way of speaking.

あれは彼女特有の言い回しだ．
❸《ふつう名詞の前には用いない》(好みが)うるさい, 気難しい
- Jim is *particular* about his shoes.
ジムは靴にはうるさい．
❹《名詞の前にのみ用いる》詳しい
— 名 C ❶ (個々の)項目 ❷《*particulars* で》詳細(= details)

*in particular* 特に
- I don't know about her *in particular*.
私は彼女については特に何も知らない．

派生語 particularly 副

**particularly** B1 [pərtíkjulərli パティキュラァリィ] 副 特に, とりわけ(= especially)
- "Are you interested in rap music?" "Not *particularly*." 「ラップには興味がありますか」「特にありません」

**partly** A2 [pá:rtli パートゥリィ] 副 一部分は, 部分的に(= in part); 少しは, いくぶん
- It will be *partly* cloudy this afternoon.
きょうの午後は所によりくもりでしょう．

**partner** 3級 A1 [pá:rtnər パートゥナァ] 名 C ❶ パートナー, 配偶者(▶夫または妻) ❷ (事業などの)共同経営者 ❸ (いっしょに活動する)相手, 仲間(= associate) ❹ (ダンス・テニス・ゲームなどで)組む人, パートナー

**partnership** B2 [pá:rtnərʃip パートゥナァシップ] 名 U C 提携, 共同, 協力, パートナーシップ; 共同経営
- "*partnerships* for the goals"
「パートナーシップで目標を達成しよう」
(▶国連で採択された SDGs (持続可能な開発目標)の17番目の目標)

**part-time** 2級 B1 [pà:rttáim パートタイム]
— 形 パートタイムの, 非常勤の; (学校が)定時制の(⇔ full-time フルタイムの)
- have a *part-time* job
パートタイムの仕事[アルバイト]をする
— 副 パートタイムで, 非常勤で
- work *part-time*
パートで働く, アルバイトをする

**part-timer** [pà:rttáimər パートタイマァ] 名 C パートタイムで働く人, 非常勤(の人)

**party** 5級 A1 [pá:rti パーティ]

名 (複 parties [-z]) C ❶ パーティー, 社交的な集まり, 会
- We had [gave, threw] a *party* for Jim.
私たちはジムのためにパーティーを開いた．
- Please attend the farewell [welcome, birthday] *party*. 送別[歓迎, 誕生日]会に出席してください．(▶手紙などで)

- I was invited to her wedding *party*.
私は彼女の結婚披露宴に招かれた．
❷ 党, 政党(= political party)
- a ruling *party* 与党
- an opposition *party* 野党
- the Democratic [Republican] *Party*
(米国の)民主[共和]党
❸ 一隊, 一行, 一団
- a climbing *party* 登山隊
- a *party* of tourists 観光客の一行

# pass A2 [pǽs パス | pá:s パース]

動 他 ❶ …を通り過ぎる
　　❷ (試験など)に受かる
　　❸ …を渡す
　自 ❶ 通過する
　　❷ (時が)過ぎる
　　❸ (試験などに)合格する
　　❹ (ボールを)パスする
名 ❶ 出入許可証
　❷ (球技の)パス
　❸ 山道, 峠

— 動 (三単現 *passes* [-iz]; 過去・過分 *passed* [-t]; 現分 *passing*)
— 他

❶ …を通り過ぎる; (人・車など)を追いこす
- We *passed* the post office.
私たちは郵便局の前を通り過ぎた．
- The other runners *passed* me.
ほかのランナーたちが私を追いこしていった．
❷ (試験など)に受かる, 合格する(⇔ fail 落ちる); (議案など)を通す
- He *passed* the test. 彼は試験に合格した．
❸ …を渡す, 回す; (ボール)をパスする
- Can you *pass* me the salt?
塩を取ってくれますか．
- She *passed* him the note. = She *passed* the note *to* him. 彼女は彼にメモを渡した．
— 自 ❶ 通過する; 追いこす
- *pass over* a bridge 橋を渡る
- *pass through* a long tunnel
長いトンネルを通る
❷ (時が)過ぎる, たつ
- Time *passes* very quickly.
時間は瞬く間に過ぎていく．

## passage

- Five years have *passed* since he went to Osaka. 彼が大阪へ行ってから5年が過ぎた.

❸(試験などに)合格する, 通る;(議案などが)通過する
- My brother took the examination and *passed*. 兄[弟]は試験を受けて合格した.
- The bill will never *pass*.
その法案はけっして通過しないだろう.

❹(ボールを)パスする

***pass around*** [❀**round**] ... …を順に回す
- We *passed around* a box of cookies.
私たちはクッキーの箱を順に回した.

***pass away*** 亡(な)くなる (▶die(死ぬ)の遠回しな言い方)

***pass by*** (...) ① …のそばを通り過ぎる
- Some cars *passed by* them.
何台かの車が彼らのそばを通り過ぎた.

②(時が)過ぎる, たつ
- A few hours *passed by*.
数時間がたった.

***pass out*** ❀…を配る;《話》気絶する

—名(複 passes[-iz]) C ❶出入許可証, 通行証; 乗車券
- a boarding *pass* (旅客機の)搭乗(とうじょう)券

❷(球技の)パス

❸山道, 峠

**passage** 準2級 A2 [pǽsidʒ パスィッヂ] 名 ❶ C 通路;《主に❀》廊下(ろうか) ❷ U C 通行, 通過
❸ C (文章の)一節

## passenger 準2級 A2

[pǽsəndʒər パセンヂャァ]

名(複 passengers[-z]) C 乗客, 旅客(▶「乗務員」はcrew)
- a *passenger* plane [boat] 旅客機[客船]

**passerby, passer-by** [pǽsərbái パサァバイ | pá:sə- パーサ-] 名(複 passersby, passers-by [pǽsərzbái パサァズバイ | pá:səz- パーサーズ-]) C 通行人

**passing** [pǽsiŋ パッスィング | pá:siŋ パースィング]
—名 U 通過, (時間の)経過
—形 通り過ぎる, つかのまの

**passion** B1 [pǽʃən パッション] 名 ❶ U C 熱情; 激情, 激怒(げきど)
❷ C (しばしばa passionで)《話》熱中
- She has *a passion for* singing.
彼女は歌うことが大好きだ.

**passive** B1 [pǽsiv パッスィヴ] 形 ❶受動的な, 消極的な(⇔active 積極的な); 逆(さか)らわない
❷〚文法〛受動態の, 受け身の(⇔active 能動態の)
- the *passive* voice 〚文法〛受動態

## passport 2級 B1

[pǽspɔ:rt パスポート | pá:s- パース-]

名(複 passports[-ts -ツ]) C **パスポート**, 旅券

世界各国のパスポート

**password** 2級 B1 [pǽswə:rd パスワード | pá:s- パース-] 名 C 合い言葉;〚コンピュータ〛パスワード

## past 3級 A1

[pǽst パスト | pá:st パースト] (★同音 passed)

前 ❶《時間》…を過ぎて
　❷《場所》…を通りこして
形 ❶過去の
　❷ここ…, 過去…
　❸〚文法〛過去の
名 ❶過去
　❷〚文法〛過去
　❸過去の生活
副 過ぎて

—前 ❶《時間・年齢(ねんれい)》…**を過ぎて**(⇔to …前)
- It's half [ten minutes] *past* three.
3時半[10分]だ.
- She is *past* sixty.
彼女は60歳(さい)を越(こ)している.

❷《場所》…**を通りこして**
- I ran straight *past* her house.
私は彼女の家の前を走って通り過ぎた.

—形 ❶**過去の**, 過ぎ去った(⇔present 現在の, future 未来の)
- learn from *past* mistakes
過去の失敗から学ぶ
- Our vacation is *past*. 休暇(きゅうか)は終わった.

❷ここ…, 過去…
- She has been sick for the *past* five days.
彼女はここ5日間ずっと病気だ. (▶for the last five daysとも言える)

❸〚文法〛過去の, 過去時制の
- the *past* tense 過去時制

—名 ❶《the pastで》**過去**(⇔the present 現在, the future 未来)

- *in the past* 過去に, 昔は
❷《the past で》『文法』過去, 過去時制, 過去形
❸《a [one's] past で》(人や場所の)過去の生活[歴史]
  - No one knows *his past*.
  だれも彼の過去を知らない.
━━**副** 過ぎて, 通りこして
  - Years went *past*. 何年もが過ぎた.

**pasta** 準2級 A2 [pάːstə パースタ | pǽs- パス-] **名** U
パスタ

**paste** [péist ペイスト]
━━**名** UC ❶ (接着用の)のり ❷ (パイなどの)生地(き)(▶小麦粉にバターなどを混ぜたもの); ペースト(▶果物・魚肉などをすりつぶしたもの)
━━**動** 他 …をのりではる; 『コンピュータ』(データを)はりつける, ペーストする

**pastime** [pǽstàim パスタイム | pάːs- パース-] **名** C
楽しみ事, 気晴らし, 娯楽(ごらく), 趣味

**pastry** [péistri ペイストゥリィ] **名** (複 pastries [-z]) ❶ U (パイ・タルトなどの)生地 ❷ C (パイ・タルトなどの)焼き菓子

**pasture** [pǽstʃər パスチァァ | pάːs- パース-] **名** U 放牧地, 牧草地(▶干し草を採るための「牧草地」は meadow)

**Pat** [pǽt パット] **名** パット(▶男性の名, Patrick の愛称(あいしょう); 女性の名, Patricia の愛称)

**pat** [pǽt パット]
━━**動** (過去・過分 patted [-id]; 現分 patting) 他 (愛情・親しみなどを込(こ)めて)…を軽くたたく, なでる
  - She *patted* me *on* the shoulder.
  彼女は私の肩(かた)をぽんとたたいた.
━━**名** C 軽くたたく[なでる]こと; 軽くたたく音

**patch** B2 [pǽtʃ パッチ] **名** (複 patches [-iz]) C ❶ (衣類などの)継(つ)ぎ, 当て布 ❷ ばんそうこう; 眼帯(= eye patch) ❸ はん点 ❹ (土地の)小さい区画, 小さな畑

**patchwork** [pǽtʃwὰːrk パッチワーク] **名** UC パッチワーク(▶さまざまな色や柄の布を縫(ぬ)い合わせる手芸)

**patent** 2級 [pǽtnt パトゥント | péitnt ペイトゥント] **名** C 特許, 特許権, パテント; (専売)特許品

# path A2 [pǽθ パス | pάːθ パース]

**名** (複 paths [pǽðz パズズ | pάːðz パーズズ])(★複数形の発音に注意) C ❶ **小道, 道** → road **くらべて！**
  - a *path through* the woods 森の中の小道
❷ (人・物の)通り道, 進路, 軌道(きどう)
  - the *path* of a typhoon 台風の通り道

**patience** B1 [péiʃəns ペイシャンス] **名** U 忍耐(にんたい), 我慢(がまん); 我慢強さ

**patient** 準2級 A2 [péiʃənt ペイシャント]
━━**形** 忍耐(にんたい)強い, 我慢(がまん)強い, 根気のよい(⇔ impatient 短気な)
  - Be *patient with* others.
  他人に対しては我慢強くしなさい.
━━**名** C (医者にかかっている)患者(かんじゃ), 病人
  - see [examine] a *patient* 患者を診(み)る
派生語 patience **名**, patiently **副**

**patiently** B2 [péiʃəntli ペイシャントゥリィ] **副** 忍耐(にんたい)強く, 我慢(がまん)強く, 根気よく

**Patricia** [pətríʃə パトゥリシャ] **名** パトリシア(▶女性の名, 愛称(あいしょう)は Pat, Patty)

**Patrick** [pǽtrik パトゥリック] **名** パトリック(▶男性の名, 愛称(あいしょう)は Pat)

**patrol** B1 [pətróul パトゥロウル]
━━**名** ❶ U 巡視(じゅんし), 巡回, パトロール
  - a *patrol* car パト(ロール)カー
  - He is now on *patrol*. 彼は今パトロール中だ.
❷ C パトロール隊, 偵察(ていさつ)隊
━━**動** (過去・過分 patrolled [-d]; 現分 patrolling) 自 他 (…を)巡回[巡視]する, パトロールする

**pattern** 2級 B1 [pǽtərn パタァン | pǽtən パタン](★アクセント位置に注意) **名** C ❶ 型; (服の)型紙
  - sentence *patterns* 文型
❷ (布などの)模様, 柄(がら), デザイン
  - I bought a T-shirt with a striped *pattern*.
  しま柄のTシャツを買った.
❸ 模範(もはん); 手本

**Patty** [pǽti パティ] **名** パティ(▶女性の名, Patricia の愛称(あいしょう))

**Paul** [pɔ́ːl ポール] **名** ポール(▶男性の名)

**Paula** [pɔ́ːlə ポーラ] **名** ポーラ(▶女性の名)

**pause** B1 [pɔ́ːz ポーズ](★au の発音に注意)
━━**名** C 小休止, 中断; (文などの)区切り
  - make [have, take] a *pause*
  小休止する, ひと息入れる
━━**動** 自 小休止する; 立ち止まる

**pave** B2 [péiv ペイヴ] **動** 他 (道路)を舗装(ほそう)する
派生語 pavement **名**

**pavement** B2 [péivmənt ペイヴマント] **名** ❶ C 《米》舗装(ほそう)道路; 《英》(舗装した)歩道(= 《米》sidewalk) ❷ U 舗装

**paw** B2 [pɔ́ː ポー] **名** C (犬・猫(ねこ)などの)足

# pay 3級 A1 [péi ペイ]

**動** 他 ❶ (代金)を払(はら)う
　　❷ (注意・敬意)を払う
**自** ❶ 支払う
　　❷ 割に合う
**名** 賃金, 給料

━━**動** (三単現 pays [-z]; 過去・過分 paid [péid ペイド]; 現分 paying)

### payday

— 他 ❶ (代金)を払う, …を支払う
- *pay* a fee 料金を払う
- pay +〈人〉+〈金額〉=
  pay +〈金額〉+ to +〈人〉
  〈人〉に〈金額〉を払う
- I'll *pay* you 10 dollars for the stamp. = I'll *pay* 10 dollars *to* you for the stamp.
  その切手を買うなら君には 10 ドル払おう.

❷ (注意・敬意)を払う; (訪問・あいさつ)をする
- *Pay* attention to what I'm saying.
  私の言っていることに注意を払いなさい.
- He promised to *pay* me a visit tomorrow.
  彼はあす私を訪問すると約束した.

— 自 ❶ 支払う, 払う
- *pay* by credit card クレジットカードで払う
- My father *paid* for the new computer in cash. 父は新しいコンピュータの代金を現金で支払った.

❷ (仕事などが)割に合う, 利益がある
- This work doesn't *pay*.
  この仕事は割に合わない.

*pay back* (借金など)を返す

— 名 U 賃金, 給料, 報酬(ほうしゅう)(▶ salary や wages よりもくだけた語)
- I got my *pay* today. きょう給料をもらった.
派生語 payment 名

**payday** [péidèi ペイデイ] 名 U 給料日
**payment** B2 [péimənt ペイメント] 名 U 支払(はら)い; C 支払い金額; UC 報酬(ほうしゅう)
- make a monthly *payment* of 30 dollars
  月々 30 ドルを支払う

**pay phone, payphone** [péi fòun ペイ フォウン] 名 C 公衆電話 (= pay telephone)
**PC** [pìːsíː ピースィー] ❶ パソコン, パーソナルコンピュータ (▶ personal computer の略) ❷ (言葉づかいや文章表現が)差別的でない(▶ politically correct の略)
**PDF** [pìːdìːéf ピーディーエフ] 名 U 『コンピュータ』ピーディーエフ(▶ コンピュータでの文書形式の一つ. Portable Document Format の略)

## PE, P.E. 5級 [pìːíː ピーイー]

名 体育 (▶ physical education の略)

**pea** A2 [píː ピー] 名 C 『植物』えんどう, えんどう豆 → bean くらべて!

## peace 3級 A1

[píːs ピース] (★同音 piece 断片)
名 U ❶ 平和 (⇔ war 戦争)
- world *peace* 世界平和
- a *peace* treaty 和平条約
- "*peace*, justice and strong institutions"
  「平和と公正をすべての人に」
  (▶国連で採択(さいたく)された SDGs (持続可能な開発目標)の 16 番目の目標)
- the *Peace* Memorial Park 平和記念公園

❷ 平穏(へいおん), 平静; 安らぎ, 安心
- maintain [lose] *peace* of mind
  心の平静を保つ[失う]

*at peace* 平和に; 安らかに; 仲よく
*in peace* 平和に; 安らかに
- Leave me *in peace*!
  ぼくの邪魔(じゃま)をしないで.

*make peace with ...* …と仲直りする, 和解する
- I *made peace with* her yesterday.
  私はきのう彼女と仲直りした.
派生語 peaceful 形, peacefully 副

**peaceful** 準2級 A2 [píːsfəl ピースフル] 形 平和な, 穏(おだ)やかな, 静かな
**peacefully** B2 [píːsfəli ピースフリィ] 副 平和に, 穏(おだ)やかに, 静かに
**peach** B2 [píːtʃ ピーチ] 名 C 『植物』桃(もも); 桃の木
**peacock** [píːkɑk ピーカック | -kɔk -コック] 名 (複 peacocks [-s], peacock) C 雄(おす)くじゃく; (一般に)くじゃく

**peak** B2 [píːk ピーク] 名 C ❶ (先のとがった)山頂, 峰(みね) ❷ (物事の)絶頂, 頂点, ピーク
**peanut** 2級 B1 [píːnʌt ピーナット] 名 C 『植物』ピーナッツ, 落花生(らっかせい)
**Peanuts** [píːnʌts ピーナッツ] 名 『ピーナッツ』(▶米国の漫画(まんが). チャーリー・ブラウンや犬のスヌーピーが出てくる)
**pear** A2 [péər ペア] (★同音 pair 組, pare 皮をむく) 名 C 『植物』洋なし; 洋なしの木
**pearl** B2 [pə́ːrl パール] 名 C 真珠(しんじゅ)
- a natural [cultured] *pearl*
  天然[養殖(ようしょく)]真珠
- a *pearl* necklace 真珠のネックレス

**peasant** [péznt ペズント] 名 C 小作農民
**pebble** B2 [pébl ペブル] 名 C (水に洗われて丸くなった)小石
**peck** [pék ペック] 動 他 自 (…を)くちばしでつつく, ついばむ; (穴などを)つついて開ける

**peculiar** B1 [pikjúːljər ピキューリァ] 形 ❶ 奇妙(きみょう)な, 一風変わった, 異様な(=queer, odd) ❷独特の, 特有な
- This custom is *peculiar* to Japan.
この風習は日本独特のものだ.

**pedal** B2 [pédl ペドゥル] 名C (ピアノ・オルガン・自転車などの)ペダル

**peddler** [pédlər ペドゥラァ] 名C 行商人

**pedestrian** B2 [pədéstriən パデストゥリアン]
— 名C 歩行者, 通行人
— 形 徒歩の; 歩行者用の
- a *pedestrian* bridge 歩道橋
- a *pedestrian* crossing 〘英〙横断歩道

**pee** B2 [píː ピー] 名UC 〘幼児語〙おしっこ(すること)

**peekaboo** [piːkəbúː ピーカブー] 名U 間〘米〙いないいないばあ

**peel** B2 [píːl ピール]
— 動他 (果物・野菜など)の皮をむく(▶ナイフを使ってむく場合は特にpareを用いることがある)
- *peel* a banana バナナの皮をむく
— 自 (皮などが)むける; はげ落ちる
— 名UC (果物・野菜などの)皮

**peep**¹ B2 [píːp ピープ]
— 動自 (透(す)き間・穴などから)のぞく, のぞき見する
- He *peeped* through the keyhole.
彼はかぎ穴からこっそりのぞいた.
— 名《a peep で》のぞき見, 一目見ること

**peep**² B2 [píːp ピープ]
— 動自 (ひな鳥やねずみが)ピーピー[チューチュー]鳴く
— 名C ピーピー[チューチュー]という鳴き声

**Peg** [pég ペッグ] 名 ペグ(▶女性の名. Margaretの愛称(あいしょう))

**peg** B2 [pég ペッグ] 名C くぎ; (物を掛(か)ける)掛けくぎ; (テントの)くい; (たるの)栓(せん)
- a hat *peg* 帽子(ぼうし)掛け

**Peggy** [pégi ペギー] 名 ペギー(▶女性の名. Margaretの愛称(あいしょう))

**pelican** [pélikən ペリカン] 名C 〘鳥〙ペリカン

\***pen**¹ 5級 A1 [pén ペン]

名 (複 pens[-z]) ❶C ペン(▶万年筆・ボールペンなどいろいろなペンをさす)→ pencil 図
- a fountain *pen* 万年筆
- a ballpoint *pen*
ボールペン(▶単にballpointとも言う)
- write with a *pen* ペンで書く
❷U (ふつうthe penで)文筆, 著述
- The *pen* is mightier than the sword.
〘諺〙ペンは剣(けん)よりも強し.

**pen**² [pén ペン] 名C (家畜(かちく)の)囲い, おり

**penalty** B2 [pénəlti ペナルティ] (★アクセント位置に注意) 名 (複 penalties[-z]) ❶UC 刑罰(けいばつ), 処罰(=punishment); 罰金 ❷C 〘スポーツ〙(反則に対する)罰, ペナルティー
- a *penalty* kick (サッカーなどでの)ペナルティーキック(▶ペナルティーエリアの中で守備側の選手が反則すると相手側に与(あた)えられる)

**pence** A2 [péns ペンス] 名 penny(ペニー)の複数形の 1 つ

\***pencil** 5級 A1 [pénsəl ペンサル]

名 (複 pencils[-z]) C 鉛筆(えんぴつ)
- a red [colored] *pencil* 赤[色]鉛筆
- a mechanical *pencil* シャープペンシル(▶a sharp pencilは「先のとがった鉛筆」の意)

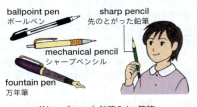

- a *pencil* box [case] 鉛筆入れ, 筆箱
- a *pencil* sharpener 鉛筆削(けず)り
- sharpen a *pencil* 鉛筆を削る
- write with a *pencil* / write in *pencil*
鉛筆で書く(▶inの後ではaやtheをつけない)

**pendant** [péndənt ペンダント] 名C ペンダント(▶首飾(くびかざ)りのほか, イヤリングなどぶら下げる装飾(そうしょく)品をさす)

**pendulum** [péndʒuləm ペンヂュラム|-dju- -デュ-] 名C (時計などの)振(ふ)り子

**penetrate** B2 [pénətrèit ペナトゥレイト] 動他 自 (…を)貫通(かんつう)する; (…に)浸透(しんとう)する

**pen friend, penfriend** A2
[pén frènd ペン フレンド]
名C 〘英〙ペンフレンド
(=〘米〙pen pal)

**penguin** B2
[péŋgwin ペングウィン]
(★「ペンギン」でないことに注意)
名C 〘鳥〙ペンギン

**penicillin** B2 [pènəsílin ペナスィリン] 名U ペニシリン(▶抗生(こうせい)物質の一種)

**peninsula** [pənínsjulə パニンスュラ] 名C 半島(▶Pen., pen. と略す)
- the Izu *Peninsula* 伊豆半島

**penmanship** [pénmənʃip ペンマンシップ] 名U ペン習字; 筆跡(ひっせき)

## pen name

**pen name** [pén nèim ペン ネイム] 名 C ペンネーム, 筆名

**pennant** [pénənt ペナント] 名 C ❶ (軍艦・船が信号として揚げる横長の) 三角旗
❷ 米 (競技の) 優勝旗, ペナント; 応援旗

**Pennsylvania** 準2級 [pènsəlvéinjə ペンサルヴェイニャ] 名 ペンシルベニア (▶米国東部の州. 州都はハリスバーグ (Harrisburg). 郵便略語はPA)

**penny** B1 [péni ペニ] 名 C ❶ (複 pence [péns ペンス]) ペニー (▶英国の貨幣の単位. 100分の1ポンドに当たる. 数字の後ではpと略す) → coin
知ってる?
・60 *p* = sixty *pence* 60ペンス
❷ (複 pennies [-z]) 1 ペニー銅貨; 米 (話) 1 セント銅貨 (= cent) → coin 知ってる?

**pen pal** [pén pæl ペン パル] 名 C 米 ペンパル, ペンフレンド (= 英 pen friend)

**pension¹** [pénʃən ペンション] 名 C 年金, 恩給
・live *on a pension* 年金で生活する

**pension²** B2 [pɑ̀:ŋsjɔ́:ŋ パーンスュオーング] (★「ペンション」でないことに注意) 名 C ペンション, (下宿式) 小ホテル; 食事つき下宿 〖フランス語から〗

**pentagon** B2 [péntəgɑ:n ペンタガーン] 名 C 五角形

## \*people 5級 A1 [pí:pl ピープル]

(★eoのつづりに注意) 名 (複 peoples [-z]) ❶ U 《複数扱い》人々: 世間の人々 (▶この意味ではaをつけたり複数形にしたりしない)
・young *people* in Asia アジアの若者たち
・There are three *people* in the room. 部屋の中に3人の人がいる. (▶three peoplesは「3つの民族」の意味)
・*People* say (that) he is honest. 彼は正直だと言われている. (= They say (that) ... = It is said (that) ...)
❷ C 国民, 民族 (▶この意味では数えられる名詞として扱う) → race²
・the British *people* イギリス国民
・the *peoples* of Africa アフリカの諸民族
❸ 《the peopleで》《複数扱い》一般民衆, 人民
・government *of the people*, by *the people*, for *the people* 人民の, 人民による, 人民のための政治 (▶米国の第16代大統領リンカンのゲティスバーグでの演説の一節)

**pep** [pép ペップ] 名 U (話) 元気, 活力, エネルギー
・a *pep* talk (コーチなどの) 激励 (の言葉)

**pepper** 準2級 A2 [pépər ペッパァ] 名 ❶ U 〖植物〗こしょう; C こしょう類の植物
・black [white] *pepper* 黒 [白] こしょう
❷ U 〖植物〗唐辛子; C 唐辛子類の植物
・a green *pepper* ピーマン

**peppermint** [pépərmìnt ペパァミント] (★アクセント位置に注意) 名 U 〖植物〗はっか, ペパーミント; C ペパーミント入りキャンディ

**per** 2級 B1 [pər パァ, 《強く言うとき》pə́:r パー] 前 …につき, …ごとに (▶perの後の名詞は単数形で, aやtheをつけない)
・20 miles *per* hour 時速20マイル (▶しばしば20 mph または 20 m.p.h. と書く)

**perceive** B2 [pərsí:v パァスィーヴ] 動 他 (五感で) …に気づく, …を知覚する; …を理解する, …がわかる (▶進行形にはしない)

**percent, per cent** 2級 B1 [pərsént パァセント] (★アクセント位置に注意) 名 (複 percent) (▶単複同形) C パーセント (▶記号は%)
・10% = ten *percent* 10パーセント
・Fifty-five *percent* of the students are for it. 生徒の55%が賛成している. (▶percent of の後に単数形の名詞が続く場合は単数扱い, 複数形の名詞が続く場合は複数扱いになる)
派生語 percentage 名

**percentage** B2 [pərséntidʒ パァセンティッヂ] 名 U C 百分率, パーセンテージ; 割合
・A large [small] *percentage* of the students were against the decision. 大部分 [少数] の学生はその決定に反対だった. (▶percentage of の後に単数形の名詞が続く場合は単数扱い, 複数形の名詞が続く場合は複数扱いになる)

**percussion** [pərkʌ́ʃən パァカッション] 名 《the percussionで》打楽器 (全体), パーカッション (▶オーケストラなどの打楽器のセクション)

## perfect 準2級 A2 [pə́:rfikt パーフィクト]

形 《比較 more perfect; 最上 most perfect》 ❶ 完全な, 申し分のない (⇔imperfect 不完全な)
・You are in *perfect* health. あなたは申し分なく健康だ.
・He got a *perfect* score on the math test. 彼は数学のテストで満点をとった.
❷ 《名詞の前にのみ用いる》まったくの
・a *perfect* stranger 全然知らない人
❸ 〖文法〗完了の
・the present *perfect* tense 現在完了時制
❹ 正確な
派生語 perfection 名, perfectly 副

**perfection** [pərfékʃən パァフェクション] 名 C 完全 (なこと), 完璧

**perfectly** 準2級 A2 [pə́:rfiktli パーフィクトゥリィ] 副 完全に, 申し分なく; まったく, すっかり

## perform 準2級 A2
[pərfɔ́:rm パァフォーム]

# persimmon

**動**(三単現 performs[-z]; 過去・過分 performed[-d]; 現分 performing)
―他 ❶（劇など）**を演じる**, 上演する（=act）; （音楽）を演奏する（=play）
- *perform* a play
  劇を演じる

❷（任務など）**を行う**, 実行する;（約束など）を果たす（=do, carry out）
- We *performed* our duties.
  私たちは自分の義務を果たした.

―自 **演じる**, 演奏する
派生語 performance **名**, performer **名**

## performance 準2級 A2
[pərfɔ́:rməns パフォーマンス]
**名**（複 performances[-iz]) ❶ⓒ **上演**, 公演; 演奏; 演技; 芸
- He gave a good *performance*.
  彼はよい演奏[演技]をした.

❷ⓊU **実行**, 行うこと, 遂行
❸Ⓤ **成績**, 出来ばえ

**performer** 2級 B1 [pərfɔ́:rmər パフォーマ] **名**ⓒ ❶ **役者**, 演技者, 演奏者, 歌手 ❷ **実行する者**

**perfume** A2 [pá:rfju:m パーフューム]（★アクセント位置に注意）**名**ⓊⓒU ❶ **香水**, 香料
- wear [put on] *perfume*
  香水をつけている[つける]

❷ **よい香り**, 芳香（►形式ばった言い方）

## perhaps 準2級 A2
[pərhǽps パハプス]（★アクセント位置に注意）
**副 ひょっとすると**, たぶん（=maybe）
- *Perhaps* it will rain tomorrow. ひょっとするとあしたは雨が降るかもしれない.
- "Will he win the game?" "*Perhaps.* / *Perhaps* not." 「彼は試合に勝つだろうか」「たぶんね／たぶん勝てないね」

### くらべて みよう！ perhaps, maybe, probably, possibly

**perhaps**, **maybe** は「ひょっとすると」の意味で, 確信があまりない場合に使います. 米 の特に（話）では maybe, 英 では perhaps がよく使われます.
**probably** は「十中八九」の意味で, 確信がある場合に, **possibly** は「ひょっとしたら」の意味で, 確信度がかなり低い場合に使います.

0%　←――｜確信度｜――→ 100%
possibly　maybe　probably
　　　　　perhaps

## period 3級 A1 [píəriəd ピ(ァ)リアッド]
**名**（複 periods[-dz -ヅ]）ⓒ ❶ **期間**, 時期
- for a short *period* しばらくの間

❷（歴史的な）**時代** → era
- the Edo *period* 江戸時代

❸【文法】**終止符**, ピリオド（=英 full stop）
❹（試合の前・後半などの）**ピリオド**, 一区切り
❺（授業の）**時間**, 時限
- the third *period* 第3時限

❻ **月経（期間）**, 生理
- *period* poverty
  生理の貧困（►経済的な理由などで生理用品を入手できないこと）

**perish**[périʃ ペリッシュ] **動自 滅びる**, 死ぬ（►主に書き言葉で用いる）; 腐る

**permanent** B1 [pá:rmənənt パーマナント] **形 永久の**, 不変の（⇔temporary 一時的な）; 永続する
- a *permanent* tooth 永久歯
- a *permanent* wave パーマ

**permission** 準2級 A2 [pərmíʃən パミッション] **名**Ⓤ **許し**, 許可, 認可
- ask for *permission* 許可を求める
- give *permission* 許可を与える
- with [without] *permission*
  許しを得て[許可なしで, 無断で]

**permit** B1 （★ **動**と**名**で発音が異なる）
―**動** [pərmít パミット]（過去・過分 permitted[-id]; 現分 permitting）
―他 **…を許可する**, 許す（►法律などで許可されていることを表す. allow よりも形式ばった語）
- Parking is not *permitted* here.
  ここでは駐車は許可されていない.

―自（物事が）**許す**
- weather *permitting* = if (the) weather *permits* 天気がよければ

―**名** [pá:rmit パーミット] ⓒ **許可証**
派生語 permission **名**

**Perry**[péri ペリ] **名** Matthew Calbraith, マシュー・カルブレイス・ペリー（► 1794-1858; 1853年日本に来航した米国の提督. 日本に開国を求め, 翌年日米和親条約を締結した）

**Persia**[pá:rʒə パージャ |-ʃə -シャ] **名** ペルシャ（= Iran イランの旧称）
派生語 Persian **形名**

**Persian**[pá:rʒən パージャン |-ʃən -シャン]
―**形** ペルシャの; ペルシャ語の
―**名**ⓒ ペルシャ人; Ⓤ ペルシャ語

**Persian Gulf**[pə̀:rʒən gʎlf パージャン ガルフ] **名**《the Persian Gulf で》ペルシャ湾

**persimmon**[pərsímən パァスィマン] **名**ⓒ 【植

物》かき；かきの木（▶英語ではkakiとも言う）

# person 5級 A1 [pə́:rsn パースン]

名（複 persons[-z]）❶ C 人, 個人（▶性別や年齢(ねん)に関係なく使う. 複数形のpersonsは形式ばった言い方で,《話》ではふつうpeopleを使う）
- a missing *person* 行方(ゆくえ)不明の人
- a very important *person* きわめて重要な人物（▶VIPと略す）

❷ U C 《文法》人称(にんしょう)
- the first [second, third] *person* 一[二, 三]人称（▶I, weは一人称, youは二人称, それ以外は三人称）

*in person* 本人自ら, 自身で
- Come to the office *in person*. オフィスにあなた自身が来なさい.

派生語 personal 形, personality 名, personally 副

# personal 3級 A1

[pə́:rsənl パーサヌル]

形（比較 more personal; 最上 most personal）
❶ 個人的な, 一個人の；私的な, 一身上の；（手紙が）親展の（= 米 private）
- a *personal* matter 個人的な事柄(ことがら)
- *personal* information 個人情報
- This is my *personal* opinion. これは私の個人的な意見です.
- Don't ask her any *personal* questions. 彼女に私的な[立ち入った]質問をしてはいけない.

❷《文法》人称(にんしょう)の
- a *personal* pronoun 人称代名詞

**personal computer** [pə́:rsənl kəmpjú:tər パーサヌル カンピューター] 名 C パーソナルコンピュータ, パソコン（▶PCと略す）

**personality** A2 [pə̀:rsənǽləti パーサナラティ]
名（複 personalities[-z]）❶ C U 個性, 性格；人格, 人柄(ひとがら)
- an actor with a strong *personality* 強烈(きょうれつ)な個性の俳優

❷ C（ある方面での）有名人
- a TV *personality* テレビタレント（▶「テレビタレント」は和製英語）

**personally** B1 [pə́:rsənəli パーサナリィ] 副 ❶ 個人的には ❷ 直接自分で

**persuade** B1 [pərswéid パァスウェイド] 動 他
《persuade ... to +〈動詞の原形〉で》（人）を説得して…させる
- He *persuaded* me not *to* open the box. 彼は私を説得して箱を開けるのをやめさせた.

**Peru** 準2級 [pərú: パルー] 名 ペルー（▶南アメリカ北部の共和国. 首都はリマ（Lima））

**pessimistic** [pèsəmístik ペサミスティック] 形 悲観的な（⇔ optimistic 楽観的な）

# pet 5級 A1 [pét ペット]

―名（複 pets[-ts -ツ]） C ❶ ペット, 愛がん動物
- have [keep] a *pet* ペットを飼っている
❷ お気に入りの人[物]

―形 ペットの, 愛がん用の；大好きな, かわいがっている
- a *pet* shop ペットショップ

―動（三単現 pets[-ts -ツ]；過去・過分 petted[-id]；現分 petting）他 …をかわいがる；…をなでる

**petal** [pétl ペトゥル] 名 C《植物》花びら, 花弁

**Pete** [pí:t ピート] 名 ピート（▶男性の名. Peterの愛称(あいしょう)）

**Peter** [pí:tər ピーター] 名 ピーター（▶男性の名. 愛称(あいしょう)は Pete）

**Peter Pan** [pí:tər pǽn ピーター パン] 名 ピーター・パン（▶英国の作家バリー作の劇, およびその主人公の少年の名）

**Peter Rabbit** [pí:tər rǽbit ピーター ラビット] 名 ピーター・ラビット（▶英国の作家ポター作の童話の主人公のうさぎの名）

**petition** [pətíʃən パティション] 名 C 嘆願(たんがん)書

**petrol** A2 [pétrəl ペトゥラル] 名 U 英 ガソリン（= 米 gasoline）

**petroleum** [pətróuliəm パトゥロウリウム] 名 U 石油

**petrol station** A2 [pétrəl stèiʃən ペトゥラル ステイション] 名 C 英 ガソリンスタンド（▶「ガソリンスタンド」は和製英語）（= 米 gas station）

**phantom** B1 [fǽntəm ファンタム] 名 C 幽霊(ゆうれい)（= ghost）；幻(まぼろし)（▶書き言葉で用いる）

**pharmacist** B2 [fá:rməsist ファーマスィスト] 名 C 薬剤(やくざい)師（= 米 druggist, 英 chemist）

**pharmacy** B1 [fá:rməsi ファーマスィ] 名（複 pharmacies[-z]）❶ C 薬局, 薬店（= 米 drugstore, 英 chemist's shop）❷ U 薬学, 調剤(ちょうざい)

派生語 pharmacist 名

**phase** B2 [féiz フェイズ] 名 C ❶（変化・発展していく）局面, 段階 ❷（物事の）ある面, 側面

# photographer

**pheasant**[féznt フェズント] 名 (複 pheasants [-ts -ツ], pheasant) C 〖鳥〗きじ

**phenomenon** B1 [finámənàn フィナマナン | -nɔ́minən -ノミナン] 名 (複 phenomena [finámənə フィナミナ | -nɔ́mi- -ノミ-]) C 現象
- a natural *phenomenon* 自然現象

**phew**[fjú: フュー] 間 ふーっ(▶いやなことが終わって安心したとき,疲(つか)れたり驚(おどろ)いたりしたときの擬声(ぎせい)語)

**Philadelphia** 3級 [filədélfiə フィラデルフィア] 名 フィラデルフィア(▶米国ペンシルベニア州の都市, 独立宣言の地)

**Philip**[fílip フィリップ] 名 フィリップ(▶男性の名, 愛称(あいしょう)は Phil)

**Philippine**[fíləpi:n フィラピーン] 形 フィリピン(諸島)の; フィリピン人の(▶「フィリピン人」は Filipino)
派生語 Philippines 名

**Philippines**[fíləpi:nz フィラピーンズ] 名 ❶ 《the Philippines で》《単数扱い》フィリピン(▶アジア南東部の共和国, 首都はマニラ(Manila)) ❷ 《the Philippines で》《複数扱い》フィリピン諸島(= the Philippine Islands)

**philosopher** B1 [filásəfər フィラサファ | -lɔ́sə- -ロサ-] 名 C 哲学(てつがく)者

**philosophy** B1 [filásəfi フィラサフィ | -lɔ́sə- -ロサ-] 名 (複 philosophies[-z]) ❶ U 哲学(てつがく) ❷ C 原理; 人生観, 人生哲学
派生語 philosopher 名

**Phnom Penh**[nà:m pén ナーム ペン | nɔ̀m pén ノム ペン] 名 プノンペン(▶カンボジア(Cambodia)の首都)

**phoenix** B1 [fí:niks フィーニックス](★「フェニックス」でないことに注意) 名 (複 phoenixes[-iz]) C 不死鳥, フェニックス

# phone 5級 A1 [fóun フォウン]

— 名 (複 phones[-z]) U 電話; C 電話機, 受話器(▶《話》では telephone よりもよく使われる)
- a cell [pay] *phone* 携帯(けいたい)[公衆]電話
- talk on [over] the *phone* = talk by *phone* 電話で話す
- answer the *phone* 電話に出る
- What's your home [cell] *phone* number? あなたの家[携帯]の電話番号は何番ですか.
- The *phone* is ringing. 電話が鳴っている.
- Don't hang up the *phone*. 電話を切るな.
- I'm on the *phone*. 今, 電話中です.

— 動 (三単現 phones[-z]; 過去・過分 phoned[-d]; 現分 phoning)
— 他 (人)に電話をかける(▶ふつう《話》では ⊛ call (up), ⊛ ring (up) を使う)
- Did anyone *phone* me? だれか私に電話をくれましたか.
— 自 電話をかける

話してみよう!

☺ What is your phone number?
電話番号は何番?
● It is 0123-456-789.
0123-456-789 よ.

oh-one-two-three / four-five-six / seven-eight-nine と数字を1つずつ読みます. 0(zero)はこのように oh[オゥ] とも発音します.

**phone book**[fóun buk フォウン ブック] 名 C 電話帳

**phone booth**[fóun bù:θ フォウン ブース | - bù:ð -ブーズ] 名 C 公衆電話ボックス(= ⊛ phone box)

**phone call**[fóun kɔ̀:l フォウン コール] 名 C 電話をかけること, 通話

**phone card, phonecard**[fóun kà:rd フォウン カード] 名 C ⊛ テレホンカード

**phonics**[fániks ファニックス | fɔ́niks フォニックス] 名 U フォニックス(▶単語のつづり字と発音の関係に着目した学習法)

# photo 4級 A1 [fóutou フォウトゥ]

名 (複 photos[-z]) C 《話》写真(▶photograph の短縮形)
- Would you *take* a *photo* of us? = Would you take our *photo*? 私たちの写真を撮(と)ってくれませんか.

**photograph** 準2級 A2 [fóutəgræf フォウタグラフ | -grà:f -グラーフ](★アクセント位置に注意) 名 C 写真(▶《話》では photo とも言う)(= 《話》picture)
- a family *photograph* 家族写真
派生語 photographer 名, photography 名

# photographer 準2級 A2

[fətágrəfər ファタグラファ | -tɔ́g- -トグ-](★アクセント位

米国の公衆電話

## photography

置に注意)

名(複 photographers[-z]) C **写真家**, 写真を撮(と)る人(►cameraman は報道写真や映画・テレビを撮影(さつ)する人を言う)

- He's a good *photographer*.
彼は写真を撮るのがうまい. (►プロの写真家でなくても使える表現)

**photography** A2 [fətágrəfi ファタグラフィ | -tóg- -トグ-] (★アクセント位置に注意) 名U 写真撮影(さつ)(術)

**phrase** B1 [fréiz フレイズ] 名C ❶ **成句, 熟語, 慣用句**
- a set *phrase* 成句, 決まり文句
❷〖文法〗句

**physical** 準2級 A2 [fízikəl フィズィカル] 形 ❶ **身体の, 肉体の**(⇔mental 精神の)
- *physical* condition 体調
- *physical* exercise 体操, 運動
- *physical* examination 身体検査, 健康診断(だん)

❷物質の, 物質的な(⇔spiritual 精神の); 自然の, 自然界の ❸物理学の, 物理的な
派生語 physically 副

**physical education** [fizikəl edʒukéiʃən フィズィカル エヂュケイション | -edju- -エデュ-] 名U 体育 (►PE, P.E. と略す)

**physically** A2 [fízikəli フィズィカリィ] 副 肉体的に; 物質的に; 物理的に

**physician** B2 [fizíʃən フィズィシャン] 名C 医者(=doctor), (特に)内科医(►形式ばった語.「外科医」は surgeon)

**physicist** [fízəsist フィザスィスト] 名C 物理学者

**physics** B1 [fíziks フィズィックス] 名U〖単数扱い〗物理学
派生語 physical 形, physicist 名

**pianist** 5級 [piǽnist ピアニスト | píənist ピアニスト] (★アクセント位置に注意) 名C ピアニスト

# piano 5級 A1

[piǽnou ピアノウ] (★アクセント位置に注意)

名(複 pianos[-z]) C〖楽器〗**ピアノ**
- play the *piano* ピアノを弾(ひ)く
- He played the melody on the *piano*.
彼はそのメロディーをピアノで弾いた.
派生語 pianist 名

**Picasso** [piká:sou ピカーソウ | -kǽsou -キャソウ] 名 Pablo, パブロ・ピカソ (►1881-1973; スペイン生まれでフランスで活躍(やく)した画家・彫刻(ちょう)家. 代表作『ゲルニカ』)

**Piccadilly** [píkədili ピカディリィ] 名 ピカデリー (►ロンドンにある繁華(はん)街の名)

**Piccadilly Circus** [pikədili sə́:rkəs ピカデリィ サーカス] 名 ピカデリーサーカス(►ピカデリーの東の端(はし)にあるにぎやかな広場)

**piccolo** [píkəlòu ピカロウ] 名(複 piccolos[-z]) C〖楽器〗ピッコロ

# pick 4級 A1 [pík ピック]

動(三単現 picks[-s]; 過去・過分 picked[-t]; 現分 picking)他 ❶ (よく考えたうえで)**…を選ぶ** (=choose, select)
- Jack *picked* his words carefully.
ジャックは慎重(しん)に言葉を選んだ.

❷ (花・果物など)**をつむ, もぐ**
- We *picked* some apples from the tree.
私たちは木からりんごをいくつかもいだ.

「ここの作物をつまないで」という農園の掲示(英国)

❸ …の中身を盗(ぬす)む, 抜(ぬ)き取る
❹ (歯・鼻など)をつつく; (つついて穴)を開ける
- Don't *pick* your nose. 鼻をほじるな.

*pick at …* (鳥などがえさなど)をつつく; …をいじくる

*pick on …* 《話》…を悩(なや)ませる, いじめる

*pick out …* …を選び出す
- I *picked out* a book from the shelf.
私は棚(たな)から本を1冊選んだ.

*pick up …* …を取り上げる, 拾う; (人)を車などに乗せる, 車で迎(むか)えに行く; (知識など)を学び取る
- The girl *picked up* the puppy in her arms. その少女は子犬を抱(だ)き上げた.
- I'll *pick* you *up* at your house.
私が家まで迎えに行きます.

**pickle** B2 [píkl ピクル] 名C ピクルス(►きゅうりなどの塩漬(づ)けまたは酢(す)漬け)

**pickpocket** [píkpɑ̀kit ピックパケット | -pɔ̀kit -ポケット] 名 C すり（▶人をさす）

**pickup** [píkʌ̀p ピカップ] 名 ❶ U C 集配；人[荷物]を載(の)せること ❷ C 小型トラック

## picnic 5級 A1 [píknik ピクニック]

— 名（複 picnics[-s]）C **ピクニック**, 遠足（▶野外に出かけて食事を楽しむこと）；屋外での食事
- go on [for] a *picnic* ピクニックに行く
- have [take] a *picnic* 野外で食事をする

— 動（三単現 picnics[-s]；過去・過分 picnicked[-t]；現分 picnicking）（★過去形・過去分詞・現在分詞のつづりのckに注意）自 ピクニック[遠足]に行く

## picture 5級 A1 [píktʃər ピクチァ]

— 名（複 pictures[-z]）C
❶ **絵**, 絵画
- a *picture* by Matisse マチスがかいた絵
- a *picture* of Lincoln リンカンをかいた絵
- paint a *picture* in oils 油絵の具で絵をかく
- draw a *picture* with a pen
  ペンで線画をかく

> くらべてみよう! **picture と painting と drawing**
> **picture**: 一般的に「絵」をさす語
> **painting**: 油絵や水彩(さい)画のように絵の具で彩色した「絵」
> **drawing**: ペンや鉛筆(ぴつ)でかく「線画」
> 「絵をかく」という意味の動詞 paint と draw にも, 同様の使い分けがあります.

❶

❷

❷ **写真**（= photograph, photo）
- take a *picture* 写真を撮(と)る
- NO *PICTURES*《掲示》写真撮影(えい)禁止
❸ （生き生きとした）描写(びょう), 記述
- His report gave us a good *picture* of the festival.
  彼のレポートはその祭りの様子を生き生きと伝えていた.
❹ （テレビなどの）映像, 画像；（心の）イメージ
- The *picture* on this TV is too bright.
  このテレビの画面は明るすぎる.
❺ 映画（= 米 movie, motion picture, 英 cinema, film）；《the pictures で》英（産業としての）映画（= 米 the movies）
- go to the *pictures* 映画を見に行く

— 動（三単現 pictures[-z]；過去・過分 pictured[-d]；現分 picturing）他 ❶ …を想像する（= imagine）❷ …を絵に描(か)く（= draw, paint）❸ …を生き生きと描写する

派生語 picturesque 形

**picture book** [píktʃər bùk ピクチァ ブック] 名 C 絵本

**picture card** [píktʃər kɑ̀ːrd ピクチァ カード] 名 C （トランプの）絵札

**picture postcard** [píktʃər póustkɑ̀ːrd ピクチァ ポウストカード] 名 C 絵はがき（▶単に postcard とも言う）

**picturesque** B2 [pìktʃərésk ピクチャレスク] 形 絵のような, 絵のように美しい

**pidgin** [pídʒən ピヂン] 名 U ピジン語（▶共通の言語を持たない人同士が交易のために作り出した混成語. pidgin は business の中国語なまりの発音から）

**pidgin English** [pìdʒin íŋgliʃ ピヂン イングリッシュ] 名 U ピジン英語（▶英語と現地の言語が混成してできた通商英語）

## pie 2級 B1 [pái パィ]

名（複 pies[-z]）C U **パイ**
- a *piece* of *pie* パイ1切れ（▶a pie は切り分ける前の丸いパイ1個全部を意味する）
- bake an apple *pie* アップルパイを焼く

## piece 4級 A1

[píːs ピース]（★同音 peace 平和）
名（複 pieces[-iz]）C ❶ **断片**, かけら, 破片(へん)；**一部分**
- cut the cake into eight *pieces*
  ケーキを8つに切る
- broken *pieces* of glass ガラスの破片
❷《a piece of ... で》**1つの…**, 1個の…, 1枚の…, 1本の…, 1切れの…
- *a piece of* paper 1枚の紙
- *a piece of* information ある情報
- *two pieces of* furniture 家具2点

> ここが ポイント! **a piece of の使い方**
> a piece of … は数えられない名詞の前につけてその個数を表すときに使います. 複数の物を表すときは, two pieces of … や some pieces of … のように piece を複数形にします. → p.164 〜 p.165 知ってる?

❸ （芸術作品などの）1点, 1編, 1曲
- a classical *piece* クラシックの曲

***a piece of cake***《話》とても簡単なこと → cake（成句）

*piece by piece* 1つずつ, 少しずつ
*to* [*into*] *pieces* ばらばらに, 粉々に
- The cup was broken *to* [*into*] *pieces*.
カップは粉々に割れた.
**pier**[píər ピア] 名©桟橋(さんばし), ふ頭
**pierce**[píərs ピアス] 動他…を突(つ)き通す, 突きさす, 貫(つらぬ)く

## pig 5級 A1 [píg ピッグ]
名(複 pigs[-z]) ©豚(ぶた)(▶︎⊕では豚全般(ぜんばん)を表す.⊕ではhog(成長した豚)に対して「子豚」をさす.「豚肉」はpork)
派生語 piggy 名

**pigeon** 2級 [pídʒən ピヂャン] 名©〔鳥〕はと(▶飼いならされたものをさすことが多い)
**piggy**[pígi ピギィ] 名©《話》子豚(ぶた); 小豚;《幼児語》ブーちゃん
**piggyback**[pígibæk ピギィバック] 副(大人が子どもを)肩車(かたぐるま)をして, おんぶして
**piggy bank**[pígi bæŋk ピギィ バンク] 名©(ふつう豚(ぶた)の形をした)貯金箱
**pigtail**[pígtèil ピッグテイル] 名©お下げ(の髪(かみ))
**pile** A2 [páil パイル]
—名© ❶(きちんとした)積み重ね, …の山
- *a pile of* clothes
きちんと積み重ねられた洋服
❷《a pile of ... または piles of ...》《話》たくさんの…(▶数えられる名詞にも数えられない名詞にも用いる)
- *a pile of* books [work] 本[仕事]の山
—動—他…を積み重ねる, 積む
- I *piled up* dishes on the table.
私はテーブルにお皿を積み上げた.
—自積もる, たまる
**pilgrim** A2 [pílgrim ピルグリム] 名©巡礼(じゅんれい)者(▶信仰(しんこう)のために旅をして聖地へ参拝する人)
**Pilgrim Fathers**[pílgrim fá:ðərz ピリグリム ファーザァズ] 名《the Pilgrim Fathersで》ピルグリムファーザーズ(▶1620年にメイフラワー号で英国から現在の米国に渡(わた)り, 植民地を築いた清教徒たち)
**pill** A2 [píl ピル] 名❶©錠剤(じょうざい)→medicine
❷《the pillで》ピル, 経口避妊(ひにん)薬
**pillar**[pílər ピラァ] 名© ❶柱, 支柱 ❷中心人物, 支えとなる人
**pillow** B1 [pílou ピロゥ] 名©まくら
**pillowcase, pillow case** B2 [píloukèis ピロゥケイス] 名©まくらカバー

## pilot 準2級 A2 [páilət パイラット]
名(複 pilots[-ts -ツ]) © ❶(飛行機の)パイロット, 操縦士 ❷(船の)水先案内人
**pimple**[pímpl ピンプル] 名©にきび, 吹(ふ)き出物

## pin B1 [pín ピン]
—名(複 pins[-z]) © ❶ピン, 留め針;(ピンのついた)バッジ, ブローチ
- a drawing *pin*
⊕画びょう(=⊕thumbtack)
- a safety *pin* 安全ピン
❷〖ボウリング〗ピン
—動(三単現 pins[-z]; 過去・過分 pinned[-d]; 現分 pinning)他…をピンで留める
- I *pinned* the calendar to the wall.
私はそのカレンダーを壁(かべ)にピンで留めた.
**pincers**[pínsərz ピンサァズ] 名《複数扱い》 ❶(かに・えびの)はさみ ❷ペンチ; くぎ抜(ぬ)き; 毛抜き
**pinch**[píntʃ ピンチ]
—動—他 ❶…をつねる, 挟(はさ)む, つまむ; …を指先ではさんで動かす
- He *pinched* his finger *in* the door.
彼はドアに指を挟んだ.
- *pinch* in [out]
(スマホなどの画面を)指で縮小[拡大]する

❷(靴(くつ)・帽子(ぼうし)などが)…を締(し)めつける
—自(靴・帽子などが)きつくて痛い
- My new shoes are *pinching*.
新しい靴がきつくて痛い.
—名© ❶つねること, 挟むこと
- She *gave* me *a pinch*. 彼女は私をつねった.
❷1つまみ
- *a pinch of* salt 1つまみの塩
❸危機, ピンチ
- *in* [⊕*at*] *a pinch* いざというときは
- *a pinch* hitter (野球の)ピンチヒッター, 代打者
- *a pinch* runner (野球の)ピンチランナー, 代走者
**pine** B2 [páin パイン] 名©松; 松の木(pine tree); Ⓤ松材
- *a pine* cone 松かさ, 松ぼっくり→cone 図

**pineapple** 2級 B1 [páinæpl パイナプル](★アクセント位置に注意)名CU パイナップル(▶実がpine cone(松かさ)に似ていることから)

**ping-pong** [píŋpɔ̀ŋ ピングパング | -pɔ̀ŋ -ポング](★gのつづりに注意)名U ピンポン, 卓球(たっきゅう)(▶Ping-Pongは⑧の商標)

# pink 5級 A1 [píŋk ピンク]
— 名(複 pinks[-s])❶U ピンク(色), 桃(もも)色 ❷C〘植物〙なでしこ
— 形(比較 pinker; 最上 pinkest) ピンク(色)の, 桃色の

**Pinocchio** [pinóukiòu ピノウキオウ] 名 ピノキオ(▶イタリアの作家コッローディ作の童話『ピノキオの冒険(ぼうけん)』の主人公で, 木でできた人形)

**pint** B2 [páint パイント] 名C パイント(▶液量の単位, 米国では約0.47リットル, 英国では約0.57リットル. pt., ptと略す)

**pioneer** [pàiəníər パイアニァ](★アクセント位置に注意)名C 開拓(かいたく)者;(新しい領域の)先駆(せんく)者, 草分け, パイオニア

**pipe** B1 [páip パイプ] 名C ❶(水道・ガスなどの)管, パイプ
・a water [gas] *pipe* 水道[ガス]管
❷(刻みたばこ用の)パイプ;(たばこの)一服
❸笛;(1本の管からなる)管楽器

**pipeline** [páiplàin パイプライン] 名C(石油・水・ガスなどの)輸送管, パイプライン

**pirate** B2 [páiərət パイ(ア)ラット] 名C ❶海賊(かいぞく) ❷盗作(とうさく)をする人, 著作権侵害(しんがい)者

**Pisces** [páisi:z パイスィーズ] 名(複 Pisceses[-iz]) U〘天文・占星〙魚座;C〘占星〙魚座生まれの人

**pistol** [pístl ピストゥル] 名C ピストル, けん銃(じゅう)

**pit** B1 [pít ピット] 名C ❶(地面の)穴(=hole), くぼみ;落とし穴(=pitfall) ❷(鉱山の)縦坑(たてこう) ❸(ふつう the pitで)(劇場の)オーケストラ席 ❹(体の)くぼみ

# pitch B2 [pítʃ ピッチ]
— 動(三単現 pitches[-iz]; 過去・過分 pitched[-t]; 現分 pitching)
— 他 ❶(ボールなど)を投げる
・They *pitched* a log into the river.
彼らは川に丸太を投げこんだ.
❷(テントなど)を張る
・*pitch* a tent テントを張る
❸(楽器・曲などの)音程[調子]を決める, 調子を整える
・*pitch* a violin バイオリンの調子を合わせる
— 自 ❶投げる;〘野球〙投球する
・Bill is going to *pitch* in today's game.

ビルはきょうの試合で投げる予定だ.
❷(船・飛行機が)縦揺(たてゆ)れする
— 名(複 pitches[-iz])❶UC 投げること;〘野球〙投球 ❷UC(音・声の)高さ, 調子, ピッチ ❸U(船・飛行機の)縦揺れ(⇔roll 横揺れ) ❹C⑧(サッカー・クリケットなどの)競技場, グラウンド

派生語 pitcher² 名

**pitcher¹** [pítʃər ピッチァ] 名C⑧(取っ手のついた)水差し, ピッチャー(=⑧jug)

**pitcher²** [pítʃər ピッチァ] 名C〘野球〙ピッチャー, 投手(▶「キャッチャー」はcatcher)

**pitfall** [pítfɔ̀:l ピットフォール] 名C 落とし穴

**pitter-patter** [pítərpæ̀tər ピタァパタァ]
— 名(the pitter-patterで)パラパラ;パタパタ;ドキドキ(▶雨音・足音・心臓の動悸(どうき)など)
— 副 パラパラ[パタパタ]音を立てて

# pity A2 [píti ピティ]
名 ❶(a pityで)残念なこと, 気の毒なこと
・It's *a pity*(that) you can't come.
あなたが来られないのは残念だ.
・What *a pity*! なんて気の毒な[残念な].
❷U 哀(あわ)れみ, 同情
・I feel *pity* for the victim.
私は被害(ひがい)者が気の毒だ.

*take pity on ...* …を哀れむ, 気の毒に思う

# pizza 5級 A1 [pí:tsə ピーツァ]
名(複 pizzas[-z])UC ピザ, ピッツァ
・a *pizza* parlor [house] ピザ専門店

ペパロニ, モッツァレラチーズ, トマトソースを使った典型的な米国のピザ

**pl.** plural(複数)の略(⇔sing. 単数)

**placard** [plæka:rd プラカード](★アクセント位置に注意)名C 張り紙, 掲示(けいじ), ポスター, プラカード

# place 4級 A1 [pléis プレイス]
— 名(複 places[-iz])C ❶場所
・a *place* to sit 座(すわ)る場所
・London is a *place* I want to go to.

## plain

ロンドンは私が行きたい場所だ.
❷《話》**住居**, 家(=house)
- Let's have a party at my *place*.
私の家でパーティーをしよう.
❸**席**;(決まった)位置
- Please take your *place* at the table.
席についてください.
❹**職**, 勤め口; 役割; 地位; 立場
- If I were in your *place*, I would never say such a thing. もし私があなたの立場だったら, そんなことは言わないだろうに.
❺順位
- in the first *place* 第一に
- take (the) second *place* 2位になる

***from place to place*** あちこちに
***in place of ...*** = ***in ...'s place*** …の代わりに (=instead of ...)
- She used a smartphone camera *in place of* a digital camera. 彼女はデジタルカメラの代わりにスマホのカメラを使った.

***take place*** (事が)起こる,(予定された行事などが)行われる(=be held)(▶偶然の出来事には happen, occur を使う)
- The Olympic Games *take place* every four years.
国際オリンピック大会は4年に1度行われる.

***take the place of ...*** = ***take ...'s place*** …の代わりをする, …に取って代わる
- Electric cars will *take the place of* gasoline cars.
電気自動車はガソリン車に取って代わるだろう.

─**動** (三単現 places[-iz]; 過去・過分 placed[-t]; 現分 placing)⑩ **…を置く**, 据(す)える, 配置する(=put)
- He *placed* the picture on the desk.
彼はその写真を机の上に置いた.

**plain** B1 [pléin プレイン](★同音 plane¹ 飛行機, plane² かんな)
─**形** ❶明白な, はっきりした(=clear)
- The reason was *plain*. 理由は明白だった.
❷やさしい, わかりやすい(=easy)
- in *plain* English わかりやすい英語で
❸飾(かざ)りのない, 地味な, 質素な;(食べ物が)あっさりした
- a *plain* blue dress 飾りのない青のドレス
- *plain* yoghurt プレーンヨーグルト

─**名** © 平野, 平原;《plains で》⑧ 大草原
- the Kanto *plains* 関東平野
- the (Great) *Plains* グレートプレーンズ(▶北米ロッキー山脈の東側からミシシッピ川にいたる大草原地帯)

派生語 plainly 副
**plainly** [pléinli プレインリィ] 副 ❶わかりやすく, はっきり, 明らかに; 率直(そっちょく)に
- explain *plainly* わかりやすく説明する
❷質素に, 地味に

## plan 4級 A1 [plǽn プラン]

─**名** (複 plans[-z]) © ❶**計画**, 案, プラン, 考え, 予定
- I have a *plan* to travel.
私には旅行の計画がある.
- Do you have any *plans for* tomorrow?
あしたは何か予定がありますか.
- Let's *make plans for* the summer vacation.
夏休みの計画を立てよう.
❷設計図, 図面
- a ground *plan* 平面図
- draw a *plan* 図をかく

─**動** (三単現 plans[-z]; 過去・過分 planned[-d]; 現分 planning)⑩ ❶**…を計画する**;《plan to + 〈動詞の原形〉で》…するつもりである
- We *planned* our vacation.
私たちは休暇(きゅうか)の計画を立てた.
- I *plan to* visit Kyoto this month.
ぼくは今月京都を訪れるつもりだ.
❷…を設計する, …の設計図をかく
- *plan* a house 家の設計をする

## *plane¹ 5級 A1

[pléin プレイン](★同音 plain 明白な)
**名** (複 planes[-z]) © ❶ **飛行機**(=airplane, ⑧ aeroplane)
- a *plane* ticket 航空券
- a passenger [jet] *plane* 旅客[ジェット]機
- the nine o'clock *plane* for Seattle
9時発のシアトル行きの飛行機
- go to London by *plane*
ロンドンへ飛行機で行く(▶by の後では a や the をつけない)
- take a *plane* to Osaka
大阪まで飛行機に乗る
❷平面

**plane²** [pléin プレイン](★同音 plain 明白な)
─**名** © かんな
─**動** ⑩ …にかんなをかける

## planet 準2級 A2 [plǽnit プラニット]

**名** (複 planets[-ts -ツ]) ©〖天文〗**惑星**(わくせい), 遊星(▶地球(the earth)のように, 自ら輝(かがや)かずに太陽の周りを公転する星)(▶「恒星(こうせい)」は fixed star)

― 表現メモ ―

**惑星の名前**

Mercury 水星 / Venus 金星
the earth 地球 / Mars 火星
Jupiter 木星 / Saturn 土星
Uranus 天王星 / Neptune 海王星

(左から)水星,金星,地球,火星,木星,土星,天王星,海王星の例

派生語 planetarium 名

**planetarium** 3級 [plæ̀nətéəriəm プラニテ(ァ)リアム](★「プラネタリウム」でないことに注意) 名 (複 planetariums[-z], planetaria[plæ̀nətéəriə プラネテ(ァ)リア]) ⓒ プラネタリウム(▶ドーム形の天井(⟨ん⟩)に星の運行を映す装置・建物)

**plank**[plǽŋk プランク] 名 ⓒ 厚板(▶「薄(⟨うす⟩)い板」は board)

**plankton**[plǽŋktən プランクタン] 名 Ⓤ〖生物〗プランクトン,浮遊(⟨ふゆう⟩)生物

# plant 準2級 A2

[plǽnt プラント | plάːnt プラーント]

―名 (複 plants[-ts -ツ]) ❶ ⓒ 植物,草木(▶「動物」は animal,「鉱物」は mineral);(樹木に対して)草;苗(⟨なえ⟩)
• tropical *plants* 熱帯植物
• cabbage *plants* キャベツの苗
❷ ⓒ 工場;Ⓤ プラント;機械装置,設備
• an automobile *plant* 自動車工場
• a nuclear power *plant* 原子力発電所

―動 (三単現 plants[-ts -ツ];過去・過分 planted[-id];現分 planting) 他 (植物)を植える,(種)をまく
• *plant* vegetables
野菜を植える

**plantation**[plæntéiʃən プランテイション] 名 ⓒ 大農園,大農場,プランテーション(▶特に熱帯・亜(⟨あ⟩)熱帯地方の大規模のもの)
• a rubber[sugar] *plantation*
ゴム[砂糖]の大農園

**plaster**[plǽstər プラスタァ | plάːs- プラース-] 名 ❶ Ⓤ しっくい(▶壁(⟨かべ⟩)・天井(⟨てんじょう⟩)などに用いる);石こう ❷ ⓒ こう薬;Ⓤⓒ ばんそうこう

# plastic 準2級 A2 [plǽstik プラスティック]

―名 (複 plastics[-s]) ❶ ⓒⓊ《しばしば plastics で》《単数扱い》**プラスチック**,ビニール(▶硬(⟨かた⟩)いものもやわらかいものもさすことに注意)
❷《plastics で》プラスチック[ビニール]製品

## Plato

「プラスチック製専用」のリサイクルボックス(米国)

―形 ❶ **プラスチック(製)の**,ビニール(製)の
• a *plastic* bag
ビニール袋(⟨ふくろ⟩),ポリ袋 → bag 図
• a *plastic* bottle ペットボトル
❷《名詞の前にのみ用いる》自由な形に加工できる

# plate 準2級 A2 [pléit プレイト]

名 (複 plates[-ts -ツ]) ❶ ⓒ (丸くて浅い)皿,平皿(▶個人用の取り分けに使われる.dish は皿全般をさす);料理1皿(分),1人前の料理 → dish くらべて!
• a soup[cake] *plate* スープ[ケーキ]皿
• a *plate* of spaghetti スパゲッティ1皿
❷ ⓒ (金属・プラスチック・ガラスなどの)**板**
• a door *plate* 表札
• a license *plate* (車の)ナンバープレート
❸ ⓒ〖野球〗プレート,塁(⟨るい⟩);《the plate で》本塁(= the home plate)
• the pitcher's *plate*
投手板,ピッチャープレート

**platform** 2級 B1 [plǽtfɔːrm プラットフォーム](★アクセント位置に注意) 名 ⓒ ❶ (駅の)**プラットホーム**(▶米国では大都市の駅や地下鉄以外プラットホームはない);乗降口,デッキ
❷ 壇(⟨だん⟩),教壇,演壇
❸《platforms で》厚底靴(⟨ぐつ⟩),厚底サンダル(= platform shoes)

**platinum** 2級 [plǽtənəm プラティナム] 名 Ⓤ〖化学〗プラチナ,白金(▶金属元素の1つ.元素記号は Pt)

**Plato**[pléitou プレイトウ] 名 プラトン(▶427-347 B. C.;古代ギリシャの哲学(⟨てつがく⟩)者,ソクラテス

の弟子で,アリストテレスの師)
**platypus**[plǽtipəs プラティパス] 名 C〖動物〗カモノハシ

## *play 5級 A1 [pléi プレイ]

> 動 他 ❶ (スポーツ・ゲームなど)をする
> ❷ (楽器)を弾(ひ)く
> ❸ (役)を演じる
> ❹ (役割)を果たす
> 自 ❶ 遊ぶ
> ❷ 試合をする
> ❸ 上映[上演]される
> 名 ❶ 遊び
> ❷ 演劇
> ❸ プレー,競技

— 動 (三単現 plays[-z]; 過去・過分 played[-d]; 現分 playing)
— 他

❶ (スポーツ・ゲームなど)**をする**; (子どもの遊びの)…ごっこをする
- *play* tennis テニスをする
- *play* catch キャッチボールをする
- Our team *played* a good game.
われわれのチームはいい試合をした.

**ここがポイント！ playの使い方**
(1) **play**の後にくるスポーツ名にはaやtheをつけません.
　〇 *play* tennis
　× play the tennis
(2) **play**とともに用いるスポーツ名は baseball, basketball, football, tennis, volleyball, golfなどの球技です.
(3) **play**の後にくる遊びにもaやtheはつけません.
- *play* cards カードゲーム(トランプ)をする
- *play* chess チェスをする
- *play* hide-and-seek かくれんぼをする
- *play* house ままごとをする
- *play* shogi 将棋(しょうぎ)をする
- *play* tag 鬼(おに)ごっこをする

❷ (楽器)**を弾く**, (楽器・曲)を演奏する; (CDなど)をかける
- *play* (the) piano [guitar] ピアノ[ギター]を弾く(▶playのあとの楽器名にはふつうtheをつけるが,⑱では省略されることがある)
- *play* a tune on the guitar ギターで1曲弾く
- He *played* the CD on a CD player.
彼はCDプレーヤーでCDをかけた.

❸ (芝居・演劇などで役)**を演じる**
- *play* (the part of) Hamlet
ハムレット(の役)を演じる

❹ (役割)を果たす
- He *played* an important part [role] in the project. 彼はそのプロジェクトで重要な役割を果たした.

— 自 ❶ **遊ぶ**(⇔work 働く)
- Ken is *playing* with his friends in the park. ケンは友達と公園で遊んでいる.

❷ **試合をする**, 試合に出る
- Our team *played* against the Reds.
私たちのチームはレッズと対戦した.

❸ **上映[上演]される**
- What's *playing* at the theater?
その劇場では何が上演されていますか.

***play at …*** …ごっこをする, …して遊ぶ; 遊び半分に…をする
- The boys *played at* being cowboys.
男の子たちはカウボーイごっこをした.
***play back*** (テープなど)を再生する

— 名 (複 plays[-z]) ❶ U **遊び**, 遊戯(ゆうぎ)
- a *play* on words 言葉遊び, だじゃれ
- All work and no *play* makes Jack a dull boy.
(ことわざ)よく学びよく遊べ. (⇔勉強ばかりして遊ばないとジャックはばかな少年になる)

❷ C **演劇**, 芝居(しばい); 戯曲
- go to a *play* 芝居を見に行く

❸ U プレー, 競技, 試合
- fine [rough] *play*
ファイン[荒(あら)っぽい]プレー

派生語 player 名, playful 形, playing 名

## player 5級 A1 [pléiər プレイア]

名 (複 players[-z]) C ❶ **選手**, 競技者, プレーヤー, ゲームをする人
- a soccer *player* サッカー選手
- a chess *player* チェスをする人
- a two-way *player* 二刀流選手

❷ 演奏者; 役者, 俳優
- a piano *player* ピアノ奏者

❸ (CD・DVDなどの)プレーヤー
- a DVD *player* DVDプレーヤー

**playful** A2 [pléifəl プレイフル] 形 いたずらな, 冗談(じょうだん)の, ふざけた (⇔serious 真剣(しんけん)な)
- *playful* kittens いたずらな子猫(こねこ)たち

## playground 準2級 A2

[pléigràund プレイグラウンド]（★アクセント位置に注意）
名（複 playgrounds[-dz -ヅ]）C（学校の）**運動場**；（公園などの）遊び場
- on the school *playground* 学校の運動場で

**playing** 4級 [pléiiŋ プレイイング]
— 動 play（…をする；遊ぶ）の現在分詞・動名詞
— 名 演奏

**playing card** [pléiiŋ kà:rd プレイイング カード]
名 C（1枚の）トランプ（►単に card とも言う）

**playoff** [pléiò:f プレイオーフ | -ò:f -オーフ]（★アクセント位置に注意）名 C（同点の場合の）決定戦，プレーオフ

**playtime** [pléitàim プレイタイム] 名 U C 遊び時間，休み時間

**plaza** 3級 [plá:zə プラーザ] 名 C（特にスペイン語圏の都市の）広場

## pleasant 準2級 A2

[plézənt プレザント]（★「プリーザント」でないことに注意）
形（比較 more pleasant, pleasanter；最上 most pleasant, pleasantest）**❶**（物事が）**気持ちのよい**，心地よい，楽しい，愉快な（= pleasing, ⇔ unpleasant 不愉快な）
- a *pleasant* wind 心地よい風
- a *pleasant* time 楽しい時

**❷**（人・態度などが）感じのよい，愛想のよい
- a *pleasant* person 感じのよい人

**pleasantly** B1 [plézəntli プレザントゥリィ] 副 楽しく，愛想よく

## *please 5級 A1 [plí:z プリーズ]

> 副 どうぞ
> 動 他 …を喜ばせる
> 　　自 気に入る

— 副 **どうぞ**［**どうか**]（…してください），すみませんが（…してください）（►命令文などに用いて，柔らかい言い方にする）
- *Please* come in. = Come in, *please*.
  お入りください．（►命令文では文頭にも文末にも置くことができる．ただし，文末に置くときはふつう前にコンマをつける）
- Will you *please* pass me the salt? = Will you pass me the salt, *please*? 塩を取ってくださいませんか．（►疑問文では主語の後か文末に置く．will の代わりに would や could を使うとさらにていねいな言い方になる）
- Coffee, *please*. コーヒーをお願いします．（►この形では文末に置く）
- *Please* don't speak so loudly.

そんなに大きな声で話さないでください．（►否定の命令文ではふつう文頭に置く）

> 話してみよう！
> ☺ Shall I clean the room?
>   部屋を掃除しましょうか．
> ☻ Yes, *please*. はい，お願いします．

### ここがポイント！ please と「どうぞ」の違い

(1) please は人に物を差し出すときの表現ではありません．そういうときは Here you are.「はいどうぞ」のように言います．
(2) 人に「…してもいいですか」と聞かれて「どうぞ」と答えるときにも Please. とは言いません．
- May I use your pen?
  あなたのペンを使ってもいいですか．
  *Sure. / Of course.* どうぞ．

— 動（三単現 pleases[-iz]；過去・過分 pleased[-d]；現分 pleasing）
— 他 **…を喜ばせる**，楽しませる，満足させる
- The present *pleased* her.
  そのプレゼントは彼女を喜ばせた．（= She was *pleased* with the present.）→ pleased
— 自 気に入る，したいと思う，好む（= like）
- You may take as much as you *please*.
  好きなだけ取っていい．

*if you please* よろしければ，どうぞ（►単に please とするより形式ばった言い方）
派生語 pleasant 形, pleasantly 副, pleased 形, pleasing 形, pleasure 名

**pleased** A2 [plí:zd プリーズド]
— 形 うれしい，喜んだ，満足した
- I am *pleased with* my new shoes.
  私は新しい靴が気に入っている．
- We were *pleased at* [*with*] the result.
  私たちはその結果に満足した．

**be pleased to +〈動詞の原形〉**
…してうれしい；喜んで…する
- He *was pleased to* hear that.
  彼はそれを聞いて喜んだ．
- I'd *be pleased to* come. 喜んで参ります．

**pleasing** A2 [plí:ziŋ プリーズィング]
— 動 please（喜ばせる）の現在分詞・動名詞
— 形 楽しい，愉快な，気持ちよい

## pleasure  3級 A1 [pléʒər プレジャァ]

名（複 pleasures[-z]）U **楽しみ**，愉快，喜び，満足；C 楽しいこと
- She *takes pleasure in* singing.
  彼女は歌うことを楽しむ．

## pleasure boat

- It was a great *pleasure* to see Mr. King.
キングさんに会ってとても楽しかった．

***for pleasure*** 楽しみに，遊びで

***It's my pleasure.*** =(***That's***) ***My pleasure.***
=***The pleasure is mine.*** 《話》どういたしまして，こちらこそ．(▶礼を言われたときの返事)

> 😊Thank you for helping me.
> 手伝ってくれてありがとう．
> 😀*My pleasure*. どういたしまして． 〈話してみよう！〉

***with pleasure*** 《話》喜んで(▶ていねいな言い方)

> 😊Will you dance with me?
> 私と踊ってもらえますか．
> 😀*With pleasure*. 喜んで． 〈話してみよう！〉

**pleasure boat** [plédʒər bòut プレヂャァ ボウト] 名C レジャー用の船，遊覧船

**pleat** [plí:t プリート] 名C (スカートなどの)ひだ，プリーツ

**plentiful** [pléntifəl プレンティフル] 形 たくさんの，豊富な，十分の

# plenty 準2級 A2 [plénti プレンティ]

名U たくさん，十分

- "Do you have enough money?" "Yes, we have *plenty*." 「お金は十分ありますか」「はい，十分あります」

***plenty of ...*** たくさんの…，十分な…

- I have *plenty of* dishes.
私は十分な数のお皿を持っている．
- She has *plenty of* time.
彼女には時間がたっぷりある．

> **ここがポイント!** ***plenty of ...*** の使い方
> plenty of ...はふつう肯定文で使い，数えられる名詞にも数えられない名詞にも使えます．否定文ではmanyやmuchを，疑問文ではenoughを使います．また，plenty of +〈名詞の単数形〉なら単数扱い，+〈名詞の複数形〉なら複数扱いにします．

派生語 plentiful 形

**pliers** [pláiərz プライアズ] 名《複数扱い》ペンチ
- a pair of *pliers* ペンチ1丁

**plop** [pláp プラップ | plɔ́p プロップ]
—名C ポチャン(という音)
—副 ポチャンと，ドブンと

**plot** B2 [plát プラット | plɔ́t プロット] 名C ❶(小説・劇などの)筋，プロット ❷たくらみ

**plow** [pláu プラウ](★このghは発音しない)(▶英ではploughとつづる)
—名C (耕作用の)すき(▶馬やトラクターで引く)
—動 他自 ❶(すきで畑を)耕す，すく ❷(…を)かき分けて進む

**pluck** B2 [plʌ́k プラック] 動 他自 (鳥の羽など)をむしる；(髪の毛)を引き抜く；(花)を摘む，(果物)をもぐ(=pick)；ぐっと引っ張る

**plug** B1 [plʌ́g プラグ]
—名C ❶栓 ❷(電気の)差しこみ，プラグ

plug❶　　🇺outlet, 主に🇬socket コンセント　　plug❷

—動 (過去・過分 plugged[-d]; 現分 plugging) 他 …に栓をする；…をふさぐ

***plug in*** (コンセントに)…のプラグを差しこむ
- Did you *plug in* the iron?
アイロンのプラグを入れましたか．

**plum** B2 [plʌ́m プラム] 名C 西洋すもも，プラム

**plump** [plʌ́mp プランプ] 形 丸々と太った；ぽっちゃりとした→fat ポイント！

**plunge** [plʌ́ndʒ プランヂ]
—動 —他 …を突っこむ；(突然ある状態に)…を追いこむ
　　—自 (…に)飛びこむ；(ある状態に)突入する
- A frog *plunged* into the pond.
かえるが池に飛びこんだ．
—名C 飛びこみ；突進，突入
- He *took a plunge into* the river.
彼は川に飛びこんだ．

**plural** A2 [plúərəl プル(ァ)ラル]
—形 『文法』複数の(⇔singular 単数の)
—名U 『文法』複数，複数形(▶pl.と略す)；C 複数形の語

**plus** 準2級 A2 [plʌ́s プラス]
—形 ❶《名詞の前にのみ用いる》正の，プラスの(⇔minus 負の)
- a *plus* sign 正符号(+)
❷《名詞の前にのみ用いる》『電気』陽の
—前 …を加えて，…を足して(⇔minus …を引いて)
- Five *plus* three is [equals] eight.
5足す3は8 (5+3=8).
—名C 正符号(+)

**Pluto** 準2級 [plú:tou プルートウ] 名 ❶『天文』冥王星 ❷『ギリシャ・ローマ神話』プルート(▶よみの国の神)

## P.M., p.m. 4級 A1 [pí:ém ピーエム]

**午後**(⇔A.M. 午前)(▶ラテン語post meridiem(=afternoon)の略)
- at 8 *p.m.* 午後8時に(▶p.m.は時刻の後につけ, o'clockとともには使わない)

**pneumonia** B2 [numóunjə ヌモウニャ](★このpは発音しない) 名U〖医学〗**肺炎**

**P.O., PO** [pí:óu ピーオゥ] 名 **郵便局**(▶post officeの略)

**poach** [póutʃ ポウチ] 動他 (割った卵など)を熱湯に落としてゆでる
- a *poached* egg 落とし卵

**P.O.B., POB** [pí:oubí: ピーオゥビー] 名 郵便局の私書箱(▶post-office boxの略)

**P.O. Box** [pí:ou bὰks ピーオゥ バックス | bɔ̀ks ボックス] 名 郵便局の私書箱(▶post-office boxの略)

「私書箱/仕分け済み」という表示

## pocket 5級 A1

[pákit パケット | pɔ́kit ポケット](★アクセント位置に注意)

—名 (複 pockets[-ts -ツ]) C **ポケット**
- an inner [outside] *pocket* 内[外]ポケット
- He took a handkerchief out of his *pocket*.
 彼はポケットからハンカチを取り出した.
- Don't put your hands in your *pockets*.
 ポケットに手を入れるな.

—形 ポケットに入れられる, 小型の
- a *pocket* dictionary 小型辞書

**pocketbook** [pákitbùk パケットブック | pɔ́kit- ポケット-](★アクセント位置に注意) 名C ❶⊛小型の本(▶ペーパーバックなど) ❷(ふつう革(か)製の)札入れ(▶この意味ではふつうはwalletを用いる); ⊛手帳 ❸⊛ハンドバッグ(=handbag)(▶❶以外はやや古めかしい言い方)

**pocket money** B1 [pákit máni パケット マニィ] 名U 小遣(こづか)い銭(ぜに); ⊛(子どもの毎週の)小遣い(=⊛allowance)

**pod** [pád パッド | pɔ́d ポッド] 名C〖植物〗(えんどう豆などの)さや

## point

**Poe** [póu ポゥ] 名 Edgar Allan, エドガー・アラン・ポー(▶1809-1849; 米国の詩人・作家. 代表作『アッシャー家の崩壊(ほうかい)』『黒猫(ねこ)』)

## poem A1

[póuəm ポウエム](★「ポエム」でないことに注意)

名 (複 poems[-z]) C (1編の)**詩**(▶「詩全体」はpoetry)
- write [compose] a *poem* 詩を書く

派生語 poet 名, poetic 形, poetry 名

**poet** B1 [póuit ポウイット] 名C 詩人

**poetic** [pouétik ポウエティック] 形 ❶詩の; 詩的な ❷詩人の

**poetry** B1 [póuitri ポウイトゥリィ] 名U 詩, 詩歌(▶「1編の詩」はpoem)

## point 4級 A1

[pɔ́int ポイント](★アクセント位置に注意)

—名 (複 points[-ts -ツ]) ❶C (とがったものの)**先, 先端**(せんたん)
- the *point* of a pencil 鉛筆(えんぴつ)の先

❷C (場所的な)**点, 地点, 場所**; (時間的な)**点, 時点**; (目盛りなどの)点, 度
- the starting *point* 出発点
- a decimal *point*
 小数点(▶5.3はfive point threeと読む)
- the freezing [boiling] *point* 氷[沸(ふっ)]点
- The car stopped at this *point*.
 その車はこの地点で止まった.

❸C (競技・成績などの)**得点**, 点数
- score a *point* 得点する
- Their team won by three *points*.
 彼らのチームは3点差で勝った.
- How many *points* did you get in math? 数学で何点取りましたか.

❹C **要点, ポイント, 核心**(かくしん)
- come [get] to the *point* 要点を言う
- miss the *point* 理解できない
- to the *point* 要点をとらえた

❺C (性質上の)**特徴**(とくちょう), 特質
- a strong [weak] *point* 長[短]所

❻C **観点, 事柄**(ことがら); 言い分
- from a doctor's *point* of view
 医者の観点から
- make a *point* 意見を言う
- I agree with her on this *point*.
 私はこの点では彼女に同感だ.

❼U **目的, 意義**; 利点
- What's the *point* of doing so?
 そんなことをして何になるのか.
- That's the *point*. そこが大切だ.

—動 (三単現 points[-ts -ツ]; 過去・過分 pointed[-id];

**pointed**

現分 pointing）
— 自 指を差す，指し示す
- He *pointed* at the house.
  彼はその家を指差した．
— 他（銃・カメラなど）を向ける
- The man *pointed* his pistol at her.
  その男は彼女にピストルを向けた．

*point out ...* …を指摘する
- He *pointed out* my mistakes.
  彼は私の間違いを指摘した．

**pointed** [pɔ́intid ポインティド] 形 とがった，鋭い

# poison 2級 B1 [pɔ́izn ポイズン]

— 名（複 poisons[-z]）U|C 毒，毒薬
- *poison* gas 毒ガス
— 動（三単現 poisons[-z]; 過去・過分 poisoned[-d]; 現分 poisoning）他 ❶ …に毒を入れる，…を毒殺する ❷ …を毒する,害する；…を汚染する

派生語 poisoned 形, poisoning 名, poisonous 形

**poisoned** [pɔ́iznd ポイズンド] 形 毒入りの

**poisoning** [pɔ́izəniŋ ポイザニング]
— 動 poison（毒を入れる）の現在分詞・動名詞
— 名 U 『医学』中毒
- food *poisoning* 食中毒

**poisonous** B1 [pɔ́izənəs ポイザナス] 形 有毒な；（道徳的に）有害な（= harmful）

**poke** [póuk ポウク] 動他自 ❶ （指や棒で…を）突く,つつく ❷ （…を）突き出す；突き出る；（…を）突っこむ

*poke one's nose into ...* …におせっかいをやく，首を突っこむ；…をせんさくする
- Don't *poke your nose into* my private affairs.
  プライベートな問題におせっかいをしないで．

**poker** [póukər ポウカァ] 名 U 『トランプ』ポーカー

**poker face** [póukər fèis ポウカァ フェイス] 名 C 《話》ポーカーフェイス，無表情な顔[人]

**Poland** 2級 [póulənd ポウランド] 名 ポーランド（▶ヨーロッパ中部の共和国．首都はワルシャワ（Warsaw））

派生語 Pole 名, Polish 形 名

**polar** [póulər ポウラァ] 形 極地の，北極[南極]の
- a *polar* bear 北極ぐま

**Pole** [póul ポウル] 名 C ポーランド人 → Polish

**pole¹** B1 [póul ポウル] 名 C 棒，柱，さお
- a telephone *pole* 電柱
- a tent *pole* テントの支柱
- the *pole* vault 棒高跳び（▶vault[vɔ́:lt ヴォールト]は「飛ぶこと」を意味する語）

**pole²** B1 [póul ポウル] 名 C ❶ （地球の）極；極地（▶北極または北極）
- the North[South] *Pole* 北[南]極
❷ 『電気』電極，磁極

**polestar** [póulstɑ:r ポウルスター] 名 《the polestar で》『天文』北極星（= the North Star）

# police 準2級 A2

[pəlí:s パリース]（★「ポリス」でないことに注意）

名 《ふつう the police で》《複数扱い》**警察**，警察官たち（▶「1人の警察官」は a police officer）
- a *police* box 交番
- a *police* car パトロールカー
- Call *the police*! 警察を呼んで．

**policeman** A2 [pəlí:smən パリースマン] 名（複 policemen[-mən]）C 警察官，巡査（▶女性警官は policewoman と言うが，男女の区別を避けた police officer がよく使われる．呼びかけるときは officer と言う）→ police officer

**police officer** 準2級 A2 [pəlí:s ɔ́:fisər パリース オーフィサァ | -ɔ̀fisər - オフィサァ] 名 C 警官,巡査（▶男女の区別のない語）

**police station** A2 [pəlí:s stèiʃən パリース ステイション] 名 C 警察署

**policewoman** A2 [pəlí:swùmən パリースウマン] 名（複 policewomen[-wìmin]）C 女性警官[巡査]（⇔ policeman 警官）→ police officer

**policy** B1 [pɑ́ləsi パリスィ | pɔ́lə- ポリ-] 名（複 policies[-z]）U|C 政策，方針；手段，方策
- a foreign *policy* 外交政策

**polio** B2 [póuliòu ポウリオウ] 名 U 『医学』ポリオ，小児まひ

**Polish** [póuliʃ ポウリッシュ]
— 形 ポーランドの；ポーランド人[語]の
— 名 U ポーランド語

**polish** B2 [pɑ́liʃ パリッシュ | pɔ́liʃ ポリッシュ]
— 動 他 ❶ …を磨く，…のつやを出す
- *Polish* your shoes. 靴を磨きなさい．
❷ （態度など）を洗練する，（文章など）に磨きをかける

*polish up* …を磨きあげる；（技術など）に磨きをかける
- He *polished up* his English in America.
  彼はアメリカで英語に磨きをかけた．

— 名 ❶ C|U 磨き粉，つや出し
- shoe *polish* 靴みがき用クリーム
❷ U つや，光沢

# polite A2 [pəláit パライト]

形（比較 more polite, politer; 最上 most

polite, politest) **ていねいな**, 礼儀(ぎ)正しい; 上品な(⇔impolite, rude 不作法な)
- a *polite* answer ていねいな返事
- Be *polite* to the elderly.
年配者に礼儀正しくしなさい.

派生語 politely 副, politeness 名

**politely** 2級 B1 [pəláitli パライトゥリィ] 副 ていねいに, 礼儀(ぎ)正しく; 上品に

**politeness** B2 [pəláitnis パライトゥニス] 名 U ていねい, 礼儀(ぎ)正しさ; 上品さ

**political** A2 [pəlítikəl パリティカル] 形 政治の, 政治上の
- a *political* party 政党

派生語 politically 副

**politically** B2 [pəlítikəli パリティカリィ] 副 政治的に, 政治上, 政略的に

**politically correct** [pəlítikəli kərékt パリティカリィ カレクト] 形《言葉づかいや文章表現が》差別的でない(▶PCと略す)

**politician** 2級 B1 [pàlətíʃən パリティシャン | pòlə- ポリ-] 名 C 政治家;《主に⊕》政治屋(▶「(党利・私利を追い求める)政治家」という意味でしばしば軽べつ的に用いる) → statesman

**politics** B1 [pálətiks パリティクス | pólə- ポリ-](★アクセント位置に注意) 名 U ❶《単数扱い》政治; 政治学 ❷《複数扱い》政見, 政治的信条

派生語 political 形, politician 名

**poll** [póul ポウル] 名 ❶ C 世論調査(=opinion poll) ❷《the polls で》⊕ 投票所 ❸ U 投票(▶voteのほうがふつう)

**pollen** [pálən パラン | pó- ポ-] 名 U 花粉

**pollute** A2 [pəlú:t パルート] 動 他 …を汚(けが)す, 汚染(せん)する
- *polluted* water 汚染された水

派生語 pollution 名

**pollution** 3級 A1 [pəlú:ʃən パルーション] 名 U 汚(けが)すこと, 汚染(せん);(主に汚染による)公害
- air [water, environmental] *pollution* 大気[水質, 環境(きょう)]汚染

**polo** B2 [póulou ポウロゥ] 名 U
❶《スポーツ》ポロ(▶馬に乗って4人ずつの2組で行う球技. 木の柄(え)の長いつちで木のボールを打って相手のゴールに入れる)

❷《スポーツ》水球(=water polo)

**polo shirt** [póulou ʃɚːrt ポウロウ シャート] 名 C ポロシャツ(▶poloとも言う)

**pomegranate** [pámə̀grænət パムグラニット | pómə- ポム-] 名 C《植物》ざくろ; ざくろの木

# **pond** 2級 B1 [pánd パンド | pónd ポンド]

名《複 ponds[-dz -ヅ]》C 池(▶lakeより小さく, 主に人工的に造られた物をさす)
- go fishing in the *pond* 池に釣(つ)りに行く

**pony** [póuni ポウニィ] 名《複 ponies[-z]》C ポニー(▶小形馬の品種)

**ponytail** [póunitèil ポウニィテイル](★アクセント位置に注意) 名 C ポニーテール(▶頭の後ろで束ねて垂らす髪(かみ)形)

**poodle** 4級 [pú:dl プードゥル] 名 C プードル(犬)

# **pool** 5級 A1 [pú:l プール]

名《複 pools[-z]》C
❶ (水泳用の)**プール**(=swimming pool)
- swim in the *pool* プールで泳ぐ
❷ **水たまり**(=puddle);(自然にできた)小さな池

**poop** [pú:p プープ] 名 U C《主に⊕》《幼児語》うんち(▶⊕ではpooとも言う)

# *poor 4級 A1 [púər プァ | pó: ポ-]

形《比較 poorer; 最上 poorest》❶ **貧しい**, 貧乏(ぼう)な(⇔rich 金持ちの)
- the *poor* 貧しい人々
- The family was *poor*.
その家族は貧しかった.
❷ **貧弱な**, 不十分な
- have a *poor* memory 記憶力がよくない
❸《名詞の前にのみ用いる》**かわいそうな**, 気の毒な, 不運な
- *Poor* thing! かわいそうに.
- The *poor* children had no food. そのかわいそうな子どもたちには食べ物がなかった.
❹ へたな, 不得意な,《be poor at ...で》…がへた(=bad, ⇔good じょうずな); 病弱な
- a *poor* excuse へたな言い訳

## poorly

- His handwriting is *poor*. 彼は字がへただ.
- She is a *poor* swimmer. = She is poor at swimm*ing*. 彼女は水泳が不得意だ.

派生語 poorly 副, poverty 名

**poorly** 2級 [púərli プアリィ | pɔ́ːli ポーリィ] 副 ❶ 貧しく, みすぼらしく ❷ へたに, まずく

## pop¹ 4級 A1 [páp パップ | pɔ́p ポップ]

—形《話》**大衆向きの**(▶popularの短縮形)
- *pop* music ポピュラー音楽, ポップス
- a *pop* singer ポピュラー音楽の歌手

—名(複 pops[-s])ⓊⒸ《話》**ポピュラー音楽**

**pop²** B2 [páp パップ | pɔ́p ポップ]

—動(過去・過分 popped[-t]; 現分 popping)
— 自 ポンと音がする, ポンとはじける
- The bubble *popped* on the ground. シャボン玉は地面に落ちてはじけた.
— 他 …をポンと鳴らす, はじけさせる
- *pop* corn とうもろこしをいってはじけさせる → popcorn

—名 ❶ Ⓒ ポンという音 ❷ Ⓤ 発泡(ほう)性飲料水 (▶炭酸入り清涼(せいりょう)飲料・シャンパンなど)

**popcorn** 2級 B1 [pápkɔ̀ːrn パップコーン | pɔ́p- ポップ-] 名 Ⓤ ✦ ポップコーン

**pope** [póup ポウプ] 名 Ⓒ《ふつう the Popeで》ローマ教皇, ローマ法王

**Popeye** [pápai パパイ | pɔ́pai ポパイ] 名 ポパイ(▶米国の漫画(まんが)の主人公)

**poplar** [páplər パプラァ | pɔ́p- ポプ-] 名 Ⓒ 〖植物〗ポプラ; ポプラの木

**poppy** [pápi パピィ | pɔ́pi ポピィ] 名(複 poppies [-z]) Ⓒ 〖植物〗けし

## \*popular 準2級 A2

[pápjulər パピュラァ | pɔ́pju- ポピュ-]

形 (比較 more popular; 最上 most popular)
❶ **人気のある**, はやっている, 《be popular with [among] ...で》…**に人気がある**(⇔ unpopular 人気のない)
- The singer *is popular with* [*among*] young people.
  その歌手は若者たちに人気がある.
❷《名詞の前にのみ用いる》**大衆向きの**(▶略してpopとも言う); 一般民衆の
- *popular* music ポピュラー音楽
- *popular* opinion 世論

派生語 popularity 名

**popularity** B2 [pàpjuláerəti パピュラリティ | pɔ̀pju- ポピュ-] 名 Ⓤ 評判, 人気; 大衆性; 流行

**population** 準2級 A2 [pàpjuléiʃən パピュレイション | pɔ̀pju- ポピュ-] 名 ❶ Ⓤ Ⓒ 人口, 全住民数
- The City has a large [small] *population*.

その都市は人口が多い[少ない]. (▶many や few などは使わない)
- What is the *population* of your country? あなたの国の人口はどれくらいですか. (▶ How many population ... ?は×)
- Japan has a *population* of about one hundred and twenty million. 日本の人口は約1億2000万人だ.

❷《the populationで》《単数・複数扱い》(ある地域の)住民(全体)
- *the* native *population* in North America 北米の先住民(全体)

**porch** B2 [pɔ́ːrtʃ ポーチ] 名(複 porches[-iz]) Ⓒ ❶(玄関(げんかん))ポーチ, 車寄せ(▶玄関のドアから外側の部分で屋根の張り出した部分)

❷ ✦ ベランダ(= veranda)

**pork** 2級 B1 [pɔ́ːrk ポーク] 名 Ⓤ 豚(ぶた)肉(▶「豚」はpig) → meat
- a slice of *pork* 豚肉1切れ

**porridge** [pɔ́ːridʒ ポーリッヂ | pɔ́- ポ-] 名 Ⓤ ✦ ポリッジ(▶ひき割りオート麦(oatmeal)などを水や牛乳で煮(に)たかゆ. 主に朝食にする)

## port 2級 B1 [pɔ́ːrt ポート]

名(複 ports[-ts -ツ]) Ⓒ 港; 港町, 港湾(こうわん)(都市) → harbor くらべて!
- a fishing *port* 漁港
- come into *port* 入港する
- leave *port* 出港する
- call at a *port* 寄港する

*in port* 入港して

**portable** 2級 [pɔ́ːrtəbl ポータブル] 形 持ち運びできる, 携帯(けいたい)用の
- a *portable* radio 携帯ラジオ

**portal** [pɔ́ːrtl ポートゥル] 名 Ⓒ 表玄関(げんかん), 入り口; 〖インターネット〗ポータル(サイト)

**porter** [pɔ́ːrtər ポータァ] 名 Ⓒ (駅・空港・ホテルなどの)手荷物運搬(うんぱん)人, ポーター, (ホテルなどの)ボーイ

**portion** B2 [pɔ́ːrʃən ポーション] 名 Ⓒ ❶ 部分, 一部分(= part)
❷ 分け前(= share); (食べ物の)1人前(の分量)

- We ordered a large *portion* of pasta.
私たちはパスタの大盛りを注文した.

**portrait** A2 [pɔ́ːrtrit ポートゥリット] (★「ポートレイト」でないことに注意) 名 C 肖像(ぞう)画, 肖像写真, ポートレート

**Portugal** 3級 [pɔ́ːrtʃugəl ポーチュガル] 名 ポルトガル(▶ヨーロッパ南西部にある共和国. 首都はリスボン(Lisbon))
派生語 Portuguese 形 名

**Portuguese** 3級 [pɔ̀ːrtʃugíːz ポーチュギーズ]
― 形 ポルトガルの; ポルトガル人[語]の
― 名 (複 Portuguese)(▶単複同形) C ポルトガル人; U ポルトガル語

**pose** B2 [póuz ポウズ]
― 名 C (写真や絵のための)姿勢, ポーズ
- strike [get into] a *pose* ポーズを取る
― 動 自 他 ある姿勢[ポーズ]を取る; (人)に姿勢[ポーズ]を取らせる

# position 準2級 A2

[pəzíʃən パズィション]

名 (複 positions[-z]) ❶ C 位置, 場所; U 所定の位置; **姿勢**
- He took his *position* on the starting line.
彼はスタートラインの位置に着いた.
- sit in a comfortable *position*
楽な姿勢で座(すわ)る

❷ C **地位**, 身分; 職, 勤め口 → job
- get a *position* in a travel agency
旅行代理店に就職する
- She has a high *position* in the company.
彼女は会社で高い地位にある.

❸ C 立場
- We were in a difficult *position*.
私たちは苦しい立場にあった.

❹ C (問題などに対する)態度
- What's their *position* on this matter?
この問題に関する彼らの態度はどのようなものですか.

**positive** B1 [pázətiv パズィティヴ | pɔ́zə- ポズィ-]
形 ❶ 積極的な, 前向きの(⇔negative 消極的な)
- *positive* thinking 前向きな思考

❷ 確信している, 自信がある
- I am *positive* that I saw him.
私は確かにこの目で彼を見た.

❸ 確実な, 明白な, はっきりした
- *positive* proof はっきりした証拠(しょうこ), 確証

❹ 肯定的な(⇔negative 否定的な)
- a *positive* answer 肯定的な答え

❺《写真》ポジの, 陽画の(⇔negative ネガの)

❻ (検査結果が)陽性(ようせい)の(⇔negative 陰性の)

派生語 positively 副
**positively** B1 [pázətivli パズィティヴリィ | pɔ́zə- ポズィ-] 副 確実に, はっきりと; 積極的に

**possess** B1 [pəzés パゼス] 動 他 (▶形式ばった語) …を所有する, 持つ(▶進行形にしない)(= have, own)
- He *possesses* a building in Chicago.
彼はシカゴにビルを所有している.
派生語 possession 名

**possession** B1 [pəzéʃən パゼッション] 名 U 所有; C 《ふつう possessions で》所有物; 財産

**possibility** B1 [pàsəbíləti パスィビラティ | pɔ̀sə-ポスィ-] 名 (複 possibilities[-z]) ❶ U 可能性, 見こみ; C 可能性のあること
- There is no *possibility* of his success.
彼の成功の可能性はまったくない.

❷《possibilities で》将来性

# possible 準2級 A2

[pásəbl パスィブル | pɔ́sə- ポスィ-]

形(比較 more possible; 最上 most possible)
❶ (物事が) **可能な**, できる, 実行できる(⇔impossible 不可能な)
- a *possible* selection 可能な選択(せんたく)
- Is it *possible* for me to lose 10 kilograms in a month?
私が1か月で10キロ減量することは可能だろうか. (▶ Am I possible to lose ... は×)

❷ (物事が) **ありうる**, 起こりうる
- a *possible* danger 起こりうる危険
- Lightning is *possible* today.
きょうは雷(かみなり)になるかもしれない.

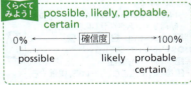

*as ... as possible* できるだけ…(= as ... as ～ can)
- Come back *as* soon *as possible*.
できるだけ早く帰りなさい. (= Come back as soon as you can.)

*if possible* もしできれば, できるなら
- Answer all the questions, *if possible*.
できれば全部の質問に答えなさい.

派生語 possibility 名, possibly 副

**possibly** 準2級 A2 [pásəbli パスィブリィ | pɔ́sə- ポスィ-] 副 ❶ ひょっとすると → perhaps くらべて!
- Bob may *possibly* come to see me.

## post¹

ひょっとするとボブが私に会いに来るかもしれない.
- "Will it snow tomorrow?" "*Possibly*."
「あしたは雪が降るだろうか」「ひょっとしたらね」(▶perhaps, maybeよりも確率は低い)

❷《疑問文で》何とかして(▶canとともに用いて疑問を強調する);《否定文で》とても…できない(▶cannot [can't]とともに用いて否定を強調する)
- *Can* you *possibly* go with me?
何とかして私といっしょに行ってくれないか.
- I *cannot possibly* do such a thing.
私はとてもそんなことはできない.

## post¹ 5級 A1 [póust ポウスト]

― 名 (複 posts[-ts -ツ]) ❶ U《主に⊕》郵便(制度);《the postで》郵便物(=⊛the mail)→mail 名
- send books *by post*
本を郵送する
- Has *the post* arrived [come] yet?
もう郵便は届きましたか.

❷《the postで》《主に⊕》郵便ポスト(=⊛postbox, ⊛mailbox)
❸『インターネット』(インターネット上の)投稿
- Your *post* got so many likes!
君の投稿に「いいね」がたくさんついてるよ.

― 動 (三単現 posts[-ts -ツ]; 過去・過分 posted[-id]; 現分 posting) 他《主に⊕》(郵便を)ポストに入れる, 投かんする; …を郵便で出す(=⊛mail); 『インターネット』(ネット上にメッセージや動画を)投稿する
- I *posted* the video on Instagram.
動画をインスタグラムに投稿した.

派生 postage 名, postal 形

## post² [póust ポウスト]

― 名 C 柱, くい, 支柱
― 動 他 (掲示・広告など)をはる, 掲示する
- *POST* NO BILLS
《掲示》張り紙禁止

派生 poster 名

## post³ [póust ポウスト] 名 C ❶地位, 職
- He resigned his *post*.
彼は辞職した.
❷持ち場, 部署

## postage 準2級 [póustidʒ ポウスティッヂ] 名 U 郵便料金

## postage stamp [póustidʒ stæmp ポウスティッヂ スタンプ] 名 C 郵便切手(▶形式ばった言い方, 単にstampと言うほうがふつう)

## postal B2 [póustl ポウストゥル] 形 郵便の
- *postal* charges
郵便料金

## postal card [póustl kàrd ポウストル カード] 名 C ⊛郵便はがき(=postcard)

## postal code [póustl kòud ポウストル コウド] 名 U C ⊛郵便番号(=⊛postcode, ⊛zip code)

## postbox [póustbàks ポウストバックス | -bɔ̀ks -ボックス] 名 (複 postboxes[-iz]) C《主に⊕》郵便ポスト(=⊛mailbox)

## postcard, post card

2級 B1 [póustkà:rd ポウストカード]

名 (複 postcards[-dz -ヅ]) C 郵便はがき; 絵はがき
- a picture *postcard*
絵はがき

## postcode [póustkòud ポウストコウド] 名 C ⊕郵便番号(=⊛zip code)

## poster 5級 A1 [póustər ポウスタァ] 名 C ポスター

## postman B1 [póustmən ポウストマン] 名 (複 postmen[-mən]) C ⊛郵便集配人(=⊛mailman)(▶最近では男女の区別を避(さ)けた mail carrierが多く用いられる)

## postmaster [póustmæstər ポウストマスタァ | -mà:s- -マース-] 名 C 郵便局長(▶最近では男女の区別を避(さ)けた post office supervisorが多く用いられる)

## post office 準2級 A2

[póust ɔ̀:fis ポウスト オーフィス | -ɔ̀fis -オフィス]

名 (複 post offices[-iz]) C 郵便局(▶P.O., POと略す)

## post-office box [póustɔ:fis bàks ポウストオーフィス バックス | -ɔfis bɔ̀ks -オフィス ボックス] 名 (複 post-office boxes[-iz]) C (郵便局内の)私書箱(▶P.O.B., POB, P.O. Boxと略す)

## postpone B2 [poustpóun ポウストゥポウン] 動 他《しばしば受け身で》…を延期する(=put off)
- The match was *postponed until* [*till*, *to*] next Sunday.
その試合は次の日曜日に延期された.

## postscript [póustskript ポウストスクリプト] 名 C (手紙の)追伸(ついしん)(▶書き終わりの署名の後に書く. P.S., PS, psと略す)

## pot 2級 B1 [pát パット | pɔ́t ポット]

名 (複 pots[-ts -ツ]) C ❶つぼ, 鉢(はち); (深い)なべ, ポット(▶一般に丸い容器をさす)
- a cooking *pot*
深なべ

cooking pot
深なべ

flowerpot
植木鉢

teapot
ティーポット

❷ポット[鉢]1杯(?)分(の量)
- three *pots* of tea 3ポット分のお茶

## potato 5級 A1 [pətéitou パテイトウ]

名(複 potatoes[-z]) © じゃが芋(?)(►㊇ではさつま芋(sweet potato)と区別するためwhite potato とも言う)
- a baked *potato*
ベークドポテト(►皮ごとオーブンで焼いたもの)
- a boiled *potato* ゆでたじゃが芋
- mashed *potato*
マッシュポテト(►ゆでてつぶしたもの)

**potato chip** [pətéitou tʃip パテイトウ チップ] 名 © (ふつう potato chips(?))ポテトチップス(= ㊇(potato) crisps)(► 芋(?)を細長く切って揚(?)げたフライドポテトは French fries と言う) → chip 図

**potluck** [pátlÀk パットラック | pót- ポット-] 名 ⓤ ❶あり合わせの料理 ❷㊇あり合わせの料理を持ち寄るパーティー(=potluck party)

**Potomac** [pətóumək パトウマック] 名 《the Potomacで》ポトマック川(►米国の首都ワシントンを流れる川. 両岸に日本から贈(?)られた桜の並木がある)

**potter** [pátər パタァ | pótər ポタァ] 名 © 陶芸(?)家

**pottery** B1 [pátəri パタリィ | pó- ポ-]
名(複 potteries[-z]) ⓤ ❶ 陶器(?)類 ❷ 陶器製造

**pouch** [pautʃ パウチ](★「ポーチ」でないことに注意) 名(複 pouches[-iz]) © (小物を入れる)小袋(?), ポーチ; (カンガルーなどの)腹袋

**poultry** [póultri ポウルトゥリィ] 名 ⓤ 《複数扱い》家きん, 飼い鳥(►卵・肉を食用にするために飼う鶏(?)・七面鳥・あひるなど); 《単数扱い》鳥肉

## pound¹ B1

[páund パウンド](★「ポンド」でないことに注意)

名(複 pounds[-dz -ヅ]) © ❶ポンド(►重量の単位. 1ポンドは16オンスで約454グラム. lbと略し, 単数にも複数にも使うが, 複数形のlbs.もよく使う)
- a *pound* of butter バター 1ポンド
- I weigh about one hundred *pounds*.
私は体重が約100ポンドある.

❷ポンド(►英国の貨幣(?)単位. 1ポンドは100ペンス. £と略し, 数字の前に置く)
- five *pounds* sixty pence =£5.60
5ポンド60ペンス

**pound²** B2 [páund パウンド] 動 他 自 ❶…を突(?)き砕(?)く ❷(…を)ドンドン打つ ❸(心臓などが)激しく鼓動(?)する

## pour 準2級 A2 [pɔːr ポァr]

動(三単現 pours[-z]; 過去・過分 poured[-d]; 現分 pouring)
— 他 (液体など)を注(?)ぐ, つぐ, 流す; …を浴びせる
- Would you *pour* a cup of coffee *for* me?
コーヒーを1杯(?)ついでいただけませんか.
— 自 (液体などが)流れる, (川などに)注ぐ; (雨が)激しく降る
- The Shinano *pours* into the Japan Sea.
信濃川は日本海に注ぐ.

**poverty** B1 [pávərti パヴァティ | póvə- ポヴァ-]
名 ⓤ 貧乏(?), 貧困; 欠乏
- live *in poverty* 貧しい暮らしをする
- "no *poverty*" 「貧困(?)をなくそう」
(►国連で採択(?)されたSDGs(持続可能な開発目標)の1番目の目標)

**powder** 2級 B1 [páudər パウダァ]
— 名 ⓤ © ❶粉末, 粉
- baking *powder*
ベーキングパウダー, 膨(?)らし粉
❷おしろい; 粉薬(→medicine); 火薬(=gunpowder)
— 動 他 ❶…を粉にする ❷…に粉をふり掛(?)ける; …におしろいをつける

## power 準2級 A2 [páuər パウァ]

名(複 powers[-z]) ❶ ⓤ © 力, 能力
- muscle *power* 筋力, 腕力(?)
- purchasing *power* 購買(?)力
- mental *powers* 知能
- My father lost his *power* of hearing.
父は聴力(?)を失った.

❷ ⓤ 権力; 権限

## powerful

- come to *power* （政治的な）権力を握（にぎ）る
- ❸ⓊU 動力, 電力, エネルギー
- nuclear *power* 原子力（＝nuclear energy）
- solar *power* 太陽光エネルギー
- *power* failure [cut] 停電
- ❹ⓒ 強国；有力[実力]者, 勢力家
- the Great *Powers* 世界の大国, 列強

派生語 powerful 形

## powerful 準2級 A2

[páuərfəl パウアフル]

形 (比較 more powerful; 最上 most powerful)
❶ 強力な, 力の強い
- a *powerful* engine 強力なエンジン

❷ （人などが）有力な, 勢力のある；（演説などが）説得力のある
- a *powerful* speech 説得力のある演説

**powerless** [páuərlis パウアリス] 形 無力な
**power plant** [páuər plænt パウア プラント｜- plà:nt - プラーント] 名ⓒ 発電所（＝⑧power station）
**pp.** [péidʒiz ペイヂズ] 名 page¹（ページ）の複数形 pagesの略 → p., page¹
**PR, P.R.** [pì:á:r ピーアー] 名 ピーアール, 広報[宣伝]活動（▶public relationsの略）
**practical** B1 [præktikəl プラクティカル] 形 ❶ 実際的な, 現実的な
- *practical* matters 実際上の問題

❷ 実用的な, 役に立つ（＝useful）
- *practical* English 実用英語
- His advice was very *practical*.
  彼の忠告はとても役に立った.

派生語 practically 副

**practically** B2 [præktikəli プラクティカリィ] 副 ❶ 実際的に, 現実的に ❷ 事実上, 実質的に；ほとんど（＝almost）

## practice 5級 A1 [præktis プラクティス]

ー名 (複 practices[-iz]) ❶ⓊC 練習, けいこ
- a *practice* game 練習試合
- *Practice* makes perfect. (ことわざ) 習うより慣れよ. (⇔練習をすれば完全になる)

❷ⓒⓊ 習慣；慣習 → habit
- They don't have the *practice* of eating fish. 彼らには魚を食べる習慣がない.

❸Ⓤ 実行, 実践（じっせん）（⇔theory 理論）
- put it into *practice* それを実行に移す

in *practice* 事実上は, 実際には

ー動 (三単現 practices[-iz]；過去・過分 practiced[-t]；現分 practicing)（▶⑧ではふつう 動はpractise とつづる）

ー他 ❶ …を練習する, けいこする

- *practice* the guitar ギターの練習をする
- *practice* playing the piano
  ピアノの練習をする（▶practiceの後には名詞または〈-ing形〉がくる）

❷ …を実行する, （習慣的に）…を行う, 実践する
- Martin *practices* rising early.
  マーチンは早起きを実践している.

ー自 練習する

派生語 practical 形

**practise** A1 [præktis プラクティス] 動 ＝practice（▶⑧では名はpractice, 動はpractiseとつづるのがふつう. ⑯ではどちらもpractice）

**prairie** [préəri プレ(ア)リィ] 名ⓒ 大草原, プレーリー（▶特に米国ミシシッピ川流域の大草原）

米国・カンザス州のプレーリー

## praise 2級 B1 [préiz プレイズ]

ー動 (三単現 praises[-iz]；過去・過分 praised[-d]；現分 praising) 他 …をほめる, ほめたたえる, 称賛（しょうさん）する
- Everyone *praised* him *for* his effort.
  だれもが彼の努力をほめたたえた.

ー名Ⓤ ほめたたえること, 称賛
- give *praise* 称賛する
- receive *praise* 称賛を受ける

**prawn** B2 [prɔ́:n プローン] 名ⓒ 〖動物〗くるまえび（▶lobsterより小さくshrimpより大きいえびの類）→ lobster 図

## pray A1 [préi プレイ]（★同音 prey えじき）

動 (三単現 prays[-z]；過去・過分 prayed[-d]；現分 praying) 自 （神に）祈（いの）る, 祈願（きがん）する
- We *prayed to* God *for* our success.
  私たちは成功を神に祈った.

派生語 prayer¹ 名, prayer² 名

**prayer¹** [préər プレア]（★prayer²との発音の違（ちが）いに注意）名ⓊC 祈（いの）り；（しばしば prayersで）祈りの言葉；願いごと
- a silent *prayer* 黙（もく）とう
- He said [gave] his *prayers*.
  彼はお祈りをした.

**prayer²** B1 [préiər プレイア] (★prayer¹との発音の違いに注意) 名C 祈る人

**pre-** [-pri プリ] 接頭 以前の；前もって，あらかじめ
- *pre*war 戦前の

**preach** [pri:tʃ プリーチ] 動他自 (…を)説教する，伝道する
派生語 preacher 名

**preacher** [pri:tʃər プリーチャァ] 名C 説教者，伝道者，牧師

**precious** B1 [préʃəs プレシャス] 形 高価な；貴重な (=valuable), 大切な
- This book is *precious* to me.
この本は私にとって大切なものだ．
- *precious* metal 貴金属 (▶金・銀・プラチナなど)

**precise** A2 [prisáis プリサイス] 形 正確な，精密な (=exact)
派生語 precisely 副

**precisely** B2 [prisáisli プリサイスリィ] 副 ❶正確に；明確に；ちょうど ❷そのとおり (▶同意の返事)

**predict** A2 [pridíkt プリディクト] 動他 …を予言する，予測する

**prediction** A2 [pridíkʃən プリディクション] 名U 予測すること；C 予言，予報

**preface** [préfis プレフィス] (★「プレフェイス」でないことに注意) 名C 序文，はし書き

**prefectural** [pri:fektʃərəl プリーフェクチャラル] 形 県[府]の，県立[府立]の

**prefecture** [prí:fektʃər プリーフェクチャァ | -tʃùə-チュア] 名C (日本・フランスなどの)県，府
- Saitama *Prefecture* 埼玉県
派生語 prefectural 形

# prefer 準2級 A2

[prifə́:r プリファー] (★アクセント位置に注意)
動 (三単現 prefers[-z]; 過去・過分 preferred[-d]; 現分 preferring) 他 …を好む；《prefer ... to 〜で》〜より…を好む (▶進行形にしない．名詞または〈-ing 形〉どうしの比較に用いる)
- "Which do you *prefer*, red or green?" "I *prefer* red *to* green."「赤と緑のどちらが好きですか」「私は緑よりも赤のほうが好きです」
- I *prefer* play*ing* tennis *to* play*ing* baseball. 私は野球よりテニスをするほうが好きだ．

**prefix** B1 [prí:fiks プリーフィクス] 名 (複 prefixes[-iz]) C 【文法】接頭辞 (▶unkindのun-, recycleのre-など，ある語の前について新しい意味をつくる働きをするもの) (⇔suffix 接尾辞)

**pregnant** B1 [prégnənt プレグナント] 形 妊娠(にん)している

**prehistoric** B2 [prì:histó:rik プリーヒストーリック | -tɔ́rik -トリック] 形 有史以前の，先史時代の

**prejudice** B1 [prédʒudis プレヂュディス] 名UC 偏見(へん)，先入観；毛嫌(けぎら)いする気持ち
- racial *prejudices* 人種的偏見
- He has a *prejudice against* rock music.
彼はロックを毛嫌いしている．

**prelude** [prélu:d プレルード] C (★アクセント位置に注意) 名C ❶【音楽】前奏曲，プレリュード ❷(出来事の)先ぶれ，前ぶれ，前兆

**premier** [primíər プリミァ | prémiə プレミア]
—名C 首相，総理大臣 (▶特に新聞で用いる) (= prime minister)
—形 最高の

**premium** 準2級 [prí:miəm プリーミアム] 名C 割り増し金，プレミアム

**prep** [prép プレップ]
—名UC ❶準備 (▶preparationの略) ❷私立の寄宿制高校 (▶preparatory schoolの略)
—形 準備の (▶preparatoryの略)

**prep.** preposition (前置詞)の略

**preparation** B1 [prèpəréiʃən プレパレイション] 名 ❶UC 《しばしばpreparationsで》準備，用意
- They *made preparations for* the party.
彼らはパーティーの準備をした．
- We worked hard *in preparation for* the ceremony.
私たちは必死になって式の準備をした．
❷U 米 予習

**preparatory** [pripǽrətɔ̀:ri プリパラトーリィ | -təri -タリィ] 形 予備の，準備の

**preparatory school** [pripǽrətɔ̀:ri skù:l プリパラトーリィ スクール | -təri - -タリィ -] 名C 米 (一流大学進学のための)私立の寄宿制高校 (▶prep schoolとも); 英 (パブリックスクール進学のための)私立小学校

# prepare 準2級 A2 [pripéər プリペア]

動 (三単現 prepares[-z]; 過去・過分 prepared[-d]; 現分 preparing)
—他 ❶…の準備をする，…を用意する
- *prepare* dinner 夕食のしたくをする
- *prepare* the room for the party
パーティーのために部屋を準備する
❷(人)に準備[用意]をさせる；《be prepared で》心の準備[覚悟]ができている
- I'm *prepared for* the test.
私はテストの準備ができている．
- He *is prepared to* make a speech.
彼はスピーチをする準備ができている．
—自 準備をする

### prepared

- They are *preparing for* their athletic meet. 彼らは競技会の準備をしている.
派生語 preparation 名, preparatory 形, prepared 形

**prepared** B1 [pripéərd プリペアド] 形 準備ができている；あらかじめ準備された

**preposition** B1 [prèpəzíʃən プレパズィション] 名 C 〖文法〗前置詞（▶prep. と略す）

**prescription** B1 [priskrípʃən プリスクリプション] 名 C （薬の）処方せん；処方薬

**presence** B1 [prézns プレズンス]
名 U ❶ いる[ある]こと, 存在（＝existence）
❷ 出席, 列席（⇔absence 欠席）
- Your *presence* is requested.
ご出席をお願いいたします.（▶招待状などの形式ばった言い方）
❸ （人の）いる所, 面前
- He signed the letter in my *presence*.
彼は私の見ている前で手紙に署名した.

## present¹ B1 [préznt プレズント]

― 形 ❶ 《名詞の前には用いない》**出席して**, 居合わせて（⇔absent 欠席して）
- Mary was *present at* the meeting.
メアリーはその会合に出席していた.

> 話してみよう！
> ☺Jim? ジム？
> ☻*Present*.
> はい.（▶出席を取るときのやや形式ばった返事. Here. や Yes. とも言う）

❷ 《名詞の前にのみ用いる》**現在の**, 今の（⇔past 過去の, future 未来の）
- my *present* address 私の現住所
- for *present* use さしあたって使うために
❸ 〖文法〗現在の, 現在時制の
- the *present* tense 現在時制

― 名 ❶ 《the present で》**現在**, 今（⇔the past 過去, the future 未来）
❷ 《the present で》〖文法〗現在時制

*at present* 今のところ, 現在は, 今は（▶the をつけないことに注意）
- Mother is not here *at present*.
母は今ここにはいない.

*for the present* 当分は, さしあたり
- I have to stay here *for the present*.
私は当分はここにいなければならない.

派生語 presence 名, presently 副

## present² 5級 A1

（★動と名でアクセント位置と発音が異なる）
― 名 [préznt プレズント]（複 presents[-ts -ツ]）C 贈

（き）り物, プレゼント（＝gift）
- a birthday *present* 誕生日の贈り物
- This is a *present* for you.
これはあなたへの贈り物だ.

> くらべてみよう！　present と gift
> **present**: 親しい人などの個人に対する贈り物に使います.
> **gift**: 個人に対してのほか, 学校・病院・教会などへの公式の寄贈（き）の場合にも使います. どちらかと言えば, gift は高価なものを含（ふ）む, やや形式ばった贈り物に使います.

― 動 [prizént プリゼント]（▶音節は pre·sent）（三単現 presents[-ts -ツ]; 過去・過分 presented[-id]; 現分 presenting) 他 ❶ …**を贈る**, 贈呈（ぞうてい）する（▶形式ばった言い方. ふつうは give を用いる）

present ＋〈物〉＋ to ＋〈人〉
＝ present ＋〈人〉＋ with ＋〈物〉
〈人〉に〈物〉を贈る

- We *presented* a scarf *to* her. ＝ We *presented* her *with* a scarf.
私たちは彼女にスカーフを贈った.

❷ …を提出する；…を示す, 見せる
- *present* a report at the meeting
会議で報告書を提出する
❸ （正式に人を）紹介（しょうかい）する
- She *presented* Mike *to* her parents.
彼女はマイクを両親に紹介した.
❹ …を上演する
- They will *present* "Romeo and Juliet."
彼らは『ロミオとジュリエット』を上演する.

*present oneself* （人が正式に）出頭する；（物が）現れる
- The man *presented himself* in the court.
その男は裁判所に出頭した.

派生語 presentation 名

**presentation** 2級 B1 [prèzəntéiʃən プレザンテイション] 名 C U 提示, 発表

**present-day** [prézntdéi プレズントデイ] 形 《名詞の前にのみ用いる》現代の, 今日（こんにち）の

**presently** [prézntli プレズントゥリィ] 副 ❶ やがて, まもなく（＝soon）❷ 《主に米》現在, 目下（＝now）

**preserve** 2級 B1 [prizə́ːrv プリザーヴ]
― 動 他 ❶ …を守る, 保護する；…を保存する；…を保つ
- *preserve* wild animals
野生動物を保護する
❷ （塩漬（づ）け・缶詰（かんづめ）などで食品を）保存する
― 名 C U 《ふつう preserves で》（果物・野菜などの）砂糖漬け, ジャム

# president 2級 B1

[prézədənt プレズィダント]

名 (複 presidents[-ts -ツ]) C ❶《しばしばthe Presidentで》**大統領**
- *President* Lincoln リンカン大統領
- *the President* of the United States of America アメリカ合衆国大統領

❷ (組織の)**会長**, 総裁; (大学の)学長, 総長; ⊛社長, 頭取 (=⊛managing director)

# press B1 [prés プレス]

—動 (三単現 presses[-iz]; 過去・過分 pressed[-t]; 現分 pressing)

—他 ❶ **…を押(ぉ)す**, 押しつける
- *press* the button ボタンを押す
- *press* a stamp スタンプを押す
- Don't *press* your plan *on* me. 君の計画をぼくに押しつけるな.

❷ **…にアイロンをかける**, プレスする
- *press* a shirt ワイシャツにアイロンをかける

❸ (果物など)を押してしぼる
- *press* an apple りんごをしぼる

❹ (人)に(…を)せかす; (…に)しつこくせがむ
- He *pressed* me *to* stay a little longer. 彼はもう少し長くいるように私にしつこくせがんだ.

—自 **押す**, 押しつける; 押し進む, 押し寄せる
- A lot of people *pressed* toward the gate. たくさんの人々が門に押し寄せた.

—名 (複 presses[-iz]) ❶《しばしばthe pressで》《単数・複数扱い》**報道機関**, 新聞, 雑誌, 出版物; 記者団, 報道陣(じん); 出版界
- *press* conference 記者会見
- freedom of the *press* 出版の自由

❷ C 圧搾(さく)機, しぼり器; 印刷機, 印刷所

❸ C 押すこと; アイロンをかけること, プレス

派生語 pressure 名

## pressure 準2級 A2 [préʃər プレッシァァ] 名 ❶

U C 押(ぉ)すこと, 圧力
- high [low] blood *pressure* 高[低]血圧

❷ U 精神的圧力, 重圧; 圧迫(はく), 強制
- The *pressure of* poverty forced him to become a thief. 貧困という重圧が彼を泥棒(どろ)にした.

## pretend A2 [priténd プリテンド] 動 他 ❶ …のふ

りをする, …のように見せかける
- Jack *pretended* illness. = Jack *pretended to* be ill. = Jack *pretended* (*that*) he was ill. ジャックは病気のふりをした.

❷ (遊びで)…ごっこをする
- Let's *pretend to* be cops and robbers. = Let's *pretend* (*that*) we are cops and robbers. "警官と泥棒(どろ)ごっこ"をしよう.

**prettier**[prítiər プリティァ] 形 pretty (かわいらしい)の比較(かく)級

**prettiest**[prítiist プリティイスト] 形 pretty (かわいらしい)の最上級

# *pretty 5級 A1 [príti プリティ]

—形 (比較 prettier; 最上 prettiest) **かわいらしい**, **きれいな**(▶愛らしさを強調する語) (→ beautiful くらべて!); (目・耳などに)快い
- a *pretty* baby かわいい赤ちゃん
- a *pretty* flower きれいな花
- Your cat is very *pretty*. あなたの猫(ねこ)はとてもかわいい.

—副 **かなり**, 相当に (= fairly)
- It's *pretty* late now. もうかなり遅(おそ)い.
- He plays the piano *pretty* well. 彼はピアノをかなりじょうずに弾(ひ)く.

**pretzel**[prétsəl プレッツァル] 名 C プレッツェル (▶結び目の形や棒状をした塩味のビスケット)

## prevent 準2級 A2 [privént プリヴェント] 動 他 ❶

…を妨(さまた)げる
- Bad weather *prevented* us *from going* out. 悪天候のため私たちは外出できなかった. (= Because of bad weather, we couldn't go out.)

❷ (病気・災害など)を防ぐ, 予防する
- *prevent* diseases 病気を予防する

派生語 prevention 名

## prevention B2 [privénʃən プリヴェンション]

名 U 防止, 予防; C 予防するもの
- the *prevention* of crime 犯罪の防止

**preview**[príːvjuː プリーヴュー] 名 C (映画の)試写(会), (演劇の)試演; 予告編

## previous

**previous** 2級 B1 [príːviəs プリーヴィアス] 形
《名詞の前にのみ用いる》(時間・順序が)前の,先の
- on the *previous* day その前の日に
- I'm sorry, I have a *previous* engagement [appointment].
  申し訳ありませんが先約があるんです.(▶招待を断るときの言葉)

派生語 previously 副

**previously** B2 [príːviəsli プリーヴィアスリィ] 副
前もって,以前に

**prey** [préi プレイ][★同音 pray 祈(いの)る] 名 U えじき,獲物(えもの); 犠牲(ぎせい)者

## price 4級 A1 [práis プライス]

名 (複 prices[-iz])
❶ C **値段**, 価格;《prices で》物価
- a set [fixed] *price* 定価
- at a low [high, reduced] *price*
  安い[高い, 割引]価格で
- at half *price* 半額で(▶ a は不要)
- What is the *price* of this computer?
  このコンピュータの値段はいくらですか.
- *Prices* are going up [down].
  物価は上がって[下がって]いる.

❷《a [the] price で》代償(だいしょう), 犠牲(ぎせい)
- She paid a heavy *price* for her success.
  彼女は成功のために大きな犠牲を払(はら)った.

***at any price*** どんな犠牲を払っても

> **ここが ポイント!** **price の使い方**
>
> price が主語のときは, expensive / cheap ではなく high / low を使います.
> - 値段が高い.
>   ○ The *price* is **high**.
>   × The price is expensive.
> - 値段が安い.
>   ○ The *price* is **low**.
>   × The price is cheap.

派生語 priceless 形

**priceless** B2 [práislis プライスリス] 形 (値のつけられないほど)貴重な, 金で買えない

**prick** [prík プリック] 動 他 …をちくりと刺(さ)す;(刺して穴)を開ける

**pride** 準2級 A2 [práid プライド]
— 名 U ❶ 誇(ほこ)り, 自尊心, プライド; 自慢(じまん)の種
- Every child needs his [her, their] *pride*.
  すべての子どもに自尊心は必要です.
- Her children are her *pride* and joy.
  彼女の子どもたちは彼女の自慢の種だ.

❷ うぬぼれ, 高慢

***take* [*have*] *pride in ...*** …を誇りとする, 自慢に思う
- He *takes pride in* his job.
  彼は自分の仕事に誇りを持っている.

— 動 他《pride *oneself* on [upon]... で》…を自慢する, 誇る
- Kate *prides herself on* her skill in tennis.
  ケイトはテニスの腕前(うでまえ)を自慢している.

**priest** 2級 B1 [príːst プリースト] 名 C (キリスト教の)司祭, 聖職者; 僧(そう)りょ

**prima donna** [príːmə dánə プリーマ ダナ | - dɔ́nə - ドナ] 名 C (歌劇の)女性主役歌手, プリマドンナ(▶イタリア語から)

**primary** B2 [práiməri プライメリィ | -məri -マリィ] 形 ❶ 第一の; 主要な ❷ 初歩の, 初級[初等]の
❸ 根本の, 本来の
- the *primary* colors 三原色
❹ 最初の, 初期の; 原始の

**primary school** B1 [práiməri skúːl プライメリィ スクール] 名 C (前期課程の)小学校(▶最初の3[4]学年;《主に④》(公立の)小学校(▶ふつう5歳(さい)から11歳までの初等教育を行う)
→ elementary school, preparatory school

**prime** B2 [práim プライム]
— 形 ❶ 主要な, 最も重要な
❷ 最上の
— 名 C 最盛(さいせい)期, 盛(さか)り
- The athlete is in her *prime*.
  その運動選手は今が全盛期だ.

**prime minister** B2 [práim mínistər プライム ミニスタァ] 名 C 《しばしば Prime Minister で》総理大臣, 首相

**prime time** [práim táim プライム タイム] 名 U プライムタイム, ゴールデンタイム(▶午後7時から10時ごろのテレビの視聴(しちょう)率の高い時間帯;「ゴールデンタイム」は和製英語)

**primitive** B1 [prímətiv プリミティヴ] 形 原始の, 太古の; 原始的な; 素朴(そぼく)な
- *primitive* ages 原始時代

**primrose** [prímròuz プリムロウズ] 名 C 〖植物〗桜草, プリムラ

**prince** 3級 A1 [príns プリンス] 名 (複 princes [-iz]) C 王子, 皇子(⇔ princess 王女)
- *Prince* George ジョージ王子
- the *Prince* of Wales 英国皇太子の称号(しょうごう)

**princess** 4級 A1 [prínsis プリンスィス | prinsés プリンセス] 名 (複 princesses[-iz]) C 王女, 皇女(⇔ prince 王子); 王妃(おうひ)
- *Princess* Charlotte シャーロット王女
- the *Princess* of Wales
  英国皇太子妃の称号(しょうごう)

**principal** 準2級 A2 [prínsəpəl プリンスィパル]
━形 主要な, 主な, 重要な; 第一の
- the *principal* exporting nations
  主要輸出国
━名 C ❶（主に小・中・高等学校の）校長; 圏（大学の）学長 ❷（組織の）長; 社長, 会長

**principle** B1 [prínsəpl プリンスィプル] 名 ❶ C 原理, 原則; 法則
- the *principles* of democratic government
  民主政治の原理
❷ C U 《ふつう principles で》主義, 信条
- It's against my *principles*.
  それは私の主義に反する.
*in principle* 原則として; おおむね
*on principle* 主義として

# print 準2級 A2 [prínt プリント]

━動（三単現 prints[-ts -ツ]; 過去・過分 printed[-id]; 現分 printing）他 ❶ …を印刷する;（本・新聞など）を発行する, 出版する
- The booklet was *printed* in French.
  その小冊子はフランス語で印刷されていた.
- The novel was first *printed* in 1987.
  その小説は初版が1987年に出版された.

❷ …を活字体で書く
- Please *print* your name and address.
  名前と住所を活字体で書いてください.
❸（ネガから写真）を焼きつける
*print out* …を印字する, プリントアウトする

━名（複 prints[-ts -ツ]）❶ U 印刷; 印刷された文字[字体]
- have clear *print* 印刷が鮮明だ
❷ C（物を押しつけてできた）跡, 印
- the *prints* of shoes 靴の跡
❸ C 版画;〖写真〗印画; U プリント地
*in print* 印刷[出版]中で
*out of print* (本が)絶版になって
派生語 printer 名, printing 名

**printer** A2 [príntər プリンタァ] 名 C 印刷業者, 印刷工; 印刷機;〖コンピュータ〗プリンター
→ computer 図

**printing** 準2級 [príntiŋ プリンティング]
━動 print(印刷する)の現在分詞・動名詞
━名 U 印刷(術); 印刷業; C（写真の）焼きつけ; 刷, 版; 印刷部数

**printout, print-out**[príntàut プリントアウト]（★アクセント位置に注意）名 C U 〖コンピュータ〗印字されたもの, プリントアウト

**priority** B2 [praió:rəti プライオーリティ | -ɔ́r- -オリ-] 名（複 priorities[-z]）U 優先(権); C 優先事項

**prism**[prízm プリズム] 名 C プリズム;〖数学〗角柱

**prison** B1 [prízn プリズン] 名 C 刑務所, 拘置所, 監獄
- They were sent to *prison*.
  彼らは刑務所へ入れられた.
- Bob is in *prison*. ボブは刑務所に入っている.
派生語 prisoner 名

**prisoner** B1 [prízənər プリズナァ] 名 C 囚人; 捕虜
- a *prisoner* of war 戦争捕虜

**privacy** 2級 B1 [práivəsi プライヴァスィ | prí- プリ-] 名 U 私的自由, プライバシー; 秘密

# private 準2級 A2 [práivət プライヴィット]

形（比較 more private; 最上 most private）❶ 個人の; 私的な, 個人的な(⇔public, official 公(おおやけ)の)
- *private* life 私生活
❷ 私有の, 私立の, 私営の, 民間の(⇔public 公立の)
- a *private* school 私立学校
- a *private* detective 私立探偵
❸ 内緒の, 秘密の, 内密の; 圏 親展の(= 圏 personal)
- a *private* talk 秘密の話
*in private* 内緒で, こっそりと
派生語 privacy 名

**privilege** B2 [prívəlidʒ プリヴィリッヂ] 名 U C 特権, 特典

**privileged**[prívəlidʒd プリヴィリッヂド] 形 特権をもつ

# prize 2級 B1 [práiz プライズ]

名（複 prizes[-iz]）C 賞, 賞品, 賞金
- the Nobel *Prize* ノーベル賞
- I won (the) first *prize* in the contest.
  私はそのコンテストで1等賞をとった.

**pro** 準2級 A2 [próu プロウ]（★アクセント位置に注意）
━名（複 pros[-z]）C《話》専門家, 職業選手, プロ（▶professionalの短縮形）
━形 プロの, 専門家の, 職業選手の
- a *pro* baseball player プロ野球選手

**probable** B2 [prábəbl プラバブル | prɔ́bə- プロバ-] 形 ありそうな, 起こりそうな（▶十中八九の可能性があるときに用いる）→ possible くらべて!
- It is *probable* that he'll resign next year.
  おそらく彼は来年辞任するだろう.
派生語 probably 副

# probably A2

[prábəbli プラバブリィ | prɔ́bə- プロバ-]
副（比較 more probably; 最上 most probably）

## problem

たぶん, 十中八九 → perhaps くらべて!
- Mike *probably* won't come.
マイクはまず来ないだろう.
- "Will they win the game?" "*Probably.* / *Probably* not."
「彼らはその試合に勝つかな」「たぶん勝つよ / たぶん勝たないよ」

## problem 4級 A1

[prábləm プラブラム | prób- プロブ-]
名 (複 problems[-z]) C ❶ (解決すべき)**問題**, 課題, 難問 → question くらべて!
- a social *problem* 社会問題
- solve [settle] a *problem* 問題を解決する
- I have a *problem*.
私には困ったことがある.
- What's the *problem*? どうしたの.
❷ (特に数学・理科などの)問題 (▶英語・社会などの「問題」にはquestionを用いる)
- solve the math *problem* 数学の問題を解く

***No problem.*** 《話》問題ない., かまいません.; ※どういたしまして.

話してみよう!

☺ Will you pass me the salt?
塩を取ってもらえますか.
☻ *No problem*! いいですよ.

☺ Thank you for helping me.
手伝ってくれてありがとう.
☻ *No problem*. どういたしまして.

**procedure** B2 [prəsí:dʒər プラスィーヂャア]
名 U C 手続き, 手順; 方法

**proceed** B1 [prəsí:d プラスィード] 動 ⾃ 進む, 行く; (中断した仕事・話などを)続ける(▶形式ばった語)

**process** 2級 B1 [práses プラセス | próuses プロウセス]
― 名 C ❶ 過程, 製法, 工程, プロセス; 方法
- the *process* of growth 成長の過程
❷ (時の)経過
- the *process* of time 時の経過
― 動 他 …を加工処理する; (コンピュータで)…を処理する
派生語 processor 名

**procession** [prəséʃən プラセッション] 名 C 行列, 列; C U 行進

**processor** [prásesər プラセサァ | próuse- プロウセ-] 名 C 加工業者; 《コンピュータ》処理装置, プロセッサー
- a word *processor*
ワードプロセッサー, ワープロ

## produce 準2級 A2

(★動と名でアクセント位置が異なる)
― 動 [prədú:s プラドゥース | -djú:s -デュース] (三単現 produces [-iz]; 過去・過分 produced[-t]; 現分 producing) 他 ❶ …を**生産する**, 産出する, 生み出す, 製造する (=manufacture)
- The country *produces* cotton.
その国は綿を産出する.
- Plastic can be *produced from* oil.
プラスチックは石油から製造することができる.
❷ (劇・映画など)を**製作する**, 演出する, 上演する
- *produce* a play [film]
劇[映画]を上演[製作]する
❸ …を見せる, 取り出す, 示す
- The magician *produced* a rabbit *from* his hat.
手品師は帽子(ぼう)からうさぎを取り出した.
― 名 [prádu:s プラドゥース | prɔ́dju:s プロデュース] U 生産物, (特に)農産物
- farm *produce* 農産物

派生語 producer 名, product 名, production 名

**producer** B1 [prədú:sər プラドゥーサァ | -djú:sə -デューサ] 名 C ❶ 生産者(⇔consumer 消費者), 生産地[国] ❷ (劇・映画などの)製作者, プロデューサー

**product** 準2級 A2 [prádʌkt プラダクト | prɔ́dʌkt プロダクト] (★アクセント位置に注意) 名 C ❶ 《ふつう products で》産物, 生産品; 製品
- farm [marine] *products* 農[海]産物
- foreign *products* 外国製品

市場で売られる農産物

❷ 成果, 結果

派生語 production 名

**production** 準2級 A2 [prədʌ́kʃən プラダクション] 名 ❶ U 生産(⇔consumption 消費); 製造; 生産高; (劇・映画などの)製作, 上演
- mass *production* 大量生産
❷ C 生産物; 製品; 作品

**Prof.** [práf プラフ | prɔ́f プロフ] 名 professor (教授)の略(▶姓名(せい)の前につける. 姓のみにつける

場合は略さずProfessorとするのがふつう)
- *Prof.* Robert Johnson
ロバート・ジョンソン教授

**profession** B1 [prəféʃən プラフェッション]
名 C U 職業(▶主に法律・医学などの知的職業を言う)
派生語 professional 形名

## professional 準2級 A2

[prəféʃənl プラフェッショヌル]
─形 ❶本職の, プロの
- a *professional* tennis player
プロのテニス選手

❷職業の, 知的職業の, 専門職の
─名(複 professionals[-z]) C 玄人(くろうと), 専門家; 職業選手, プロ(▶《話》ではproとも言う)(⇔ amateur 素人(しろうと))

**professor** 2級 B1 [prəfésər プラフェッサァ]
名 C (大学の)教授(▶姓名(せいめい)の前につけるときはProf.と略して書くことがある)
- *Professor* Einstein
アインシュタイン教授(▶Pを大文字にすることに注意. 姓のみにつけて書くときは略さないほうがふつう)

**profile** B2 [próufail プロウファイル](★「プロフィール」でないことに注意) 名 C ❶(人・彫刻(ちょうこく)などの)横顔 ❷輪郭(りんかく);(新聞などに出す簡単な)人物紹介(しょうかい), プロフィール

**profit** B2 [práfit プラフィット | prɔ́fit プロフィット]
─名 ❶ U C 利益, もうけ(⇔ loss 損失)
- make a *profit of* 500 dollars
500ドルの利益を得る

❷ U 益, 得
─動 自 利益を得る
派生語 profitable 形

**profitable** B2 [práfitəbl プラフィッタブル | prɔ́fitəbl プロフィッタブル] 形 利益のある, もうかる; ためになる

## program 4級 A1

[próugræm プロウグラム](★アクセント位置に注意)(▶英ではprogrammeとつづる)
名(複 programs[-z]) C ❶(テレビやラジオの)番組(表);(コンサートなどの)プログラム
- a television [radio] *program*
テレビ[ラジオ]番組
- watch sports *programs* on TV
テレビでスポーツ番組を見る
- a concert *program* コンサートのプログラム

❷計画(= plan), 予定(表)(= schedule)
- a ten-year *program* 10か年計画

❸〖コンピュータ〗プログラム(▶コンピュータに与(あた)えられる手順を指示する命令)
- write a computer *program*
コンピュータのプログラムを作成する
派生語 programmer 名, programming 名

**programmer** B2 [próugræmər プロウグラマァ]
(★アクセント位置に注意) 名 C (コンピュータの)プログラム製作者, プログラマー

**programming** B2 [próugræmiŋ プロウグラミング] 名 U (コンピュータの)プログラミング

## progress 2級 B1

(★名と動でアクセント位置が異なる)
─名 [prágres プラグレス | próug- プロウグ-] U 前進, 進行; 進歩, 発達, 発展
- the *progress* of mankind 人類の発達
- make *progress*
前進する, 上達する

*in progress* 進行中で[の]
- Our project is *in progress*.
私たちのプロジェクトは進行中だ.

─動 [prəgrés プラグレス](三単現 progresses[-iz]; 過去・過分 progressed[-t]; 現分 progressing)
自 前進する(= go forward); 進歩する, 上達する
派生語 progressive 形

**progressive** A2 [prəgrésiv プラグレッスィヴ]
形 進歩的な(⇔ conservative 保守的な); 前進[進歩]する; 〖文法〗進行形の
- the *progressive* form 〖文法〗進行形

**prohibit** B2 [prouhíbit プロウヒビット | prə- プラ-]
動 他 …を禁止する

**project** B2 (★名と動でアクセント位置が異なる)
─名 [prádʒekt プラヂェクト | prɔ́dʒekt プロヂェクト] C 計画, 企画(きかく);(大規模な)計画事業, プロジェクト; 研究課題
─動 [prədʒékt プラヂェクト]
─他 ❶…を計画する ❷…を発射する
❸…を投影(とうえい)する, 映写する
- *project* a slide onto a screen
スクリーンにスライドを映写する
─自 突(つ)き出す; 突き出る
派生語 projector 名

**projector** [prədʒéktər プラヂェクタァ] 名 C (映画・スライドの)映写機, プロジェクター

**Prometheus** [prəmí:θiəs プラミースィアス] 名
〖ギリシャ神話〗プロメテウス(▶火の神. 天から火を盗(ぬす)み人類に与(あた)えたためゼウスの怒(いか)りに触(ふ)れ, 大岩に縛(しば)られはげたかに肝臓(かんぞう)を食われたが, ヘラクレスに救われる)

**prominent** B1 [prámənənt プラミナント | prɔ́mə- プロミ-] 形 卓越(たくえつ)した, 抜(ぬ)きん出た; 目立った

# promise 準2級 A2

[prámis プラミス | prɔ́mis プロミス]

―名(複 promises[-iz]) ❶ⓒ 約束
- keep a *promise* 約束を守る
- break a *promise* 約束を破る
- make a *promise* 約束をする

❷Ⓤ (将来の)見こみ, 有望性
- She is a young pianist of great *promise*.
  彼女は前途(ぜん)有望な若手ピアニストだ.

―動(三単現 promises[-iz]; 過去・過分 promised[-t]; 現分 promising)

―他 …を約束する
- My mother *promised* me a bicycle.
  母は私に自転車を(買ってくれると)約束した.
- My uncle *promised* me (that) he would come to my birthday party. おじは私の誕生日パーティーに来ると約束してくれた.
- He *promised not to* tell a lie. 彼はうそをつかないと約束した. (▶notの位置に注意)

―自 約束する
- I'll never do this again, I *promise*.
  二度とこんなことはしません, 約束します.

派生語 promising 形

**promising** [prámisiŋ プラミスィング | prɔ́misiŋ プロミスィング]

―動 promise(約束する)の現在分詞・動名詞
―形 前途(ぜん)有望な, 見こみのある

**promote** 2級 B1 [prəmóut プロモウト] 動他 ❶ (人)を昇進(しょう)させる, 進級させる
- His mother was *promoted to* section chief. 彼の母は課長に昇進した.

❷ (健康など)を促進(そく)する, 増進する, 助長する

派生語 promotion 名

**promotion** 2級 B1 [prəmóuʃən プロモウション] 名ⓊⒸ 昇進(しょう), 進級; Ⓤ 促進(そく), 増進

**prompt** B2 [prámpt プランプト | prɔ́mpt プロンプト] 形 すばやい, 敏速(びん)な; 即座(そく)の

**promptly** B2 [prámptli プランプトゥリィ | prɔ́mptli プロンプトゥリィ] 副 すばやく, 即座(そく)に

**pron.** pronoun(代名詞)の略

**pronoun** B1 [próunaun プロウナウン] 名ⓒ 『文法』代名詞(▶pron. と略す)

**pronounce** A2 [prənáuns プラナウンス] 動他自 ❶(…を)発音する ❷(…を)宣告する, 断言する

派生語 pronunciation 名

**pronunciation** 準2級 A2 [prənÀnsiéiʃən プラナンスィエイション] (★pronounce(発音する)とのつづりの違(ちが)いに注意) 名ⓊⒸ 発音

英語の発音を教える教師

**proof** B1 [prú:f プルーフ]
―名Ⓤ 証明; 証拠(しょう)
―形 耐(た)えられる

**-proof** [-pru:f -プルーフ] 《複合語をつくって》…を防ぐ, …に耐(た)える
- water*proof* 防水の
- sound*proof* 防音の

**prop** [práp プラップ | prɔ́p プロップ] 名ⓒ 支柱, 支え; 《ふつう props で》(劇の)小道具

**propel** [prəpél プラペル] 動他 …を進ませる, 推進させる

**propeller** [prəpélər プラペラァ] 名ⓒ (飛行機の)プロペラ, (船の)スクリュー

**propelling pencil** [prəpéliŋ pénsəl プラペリング ペンサル] 名ⓒ 英 シャープペンシル(= 米 mechanical pencil) (▶sharp pencil は「先のとがった鉛筆(えん)」の意)

**proper** A2 [prápər プラパァ | prɔ́pə プロパ] 形 ❶ ふさわしい, 適切な; 正しい
- a *proper* book for children
  子どもに適した本
- a *proper* word 適切な言葉

❷ 固有の, 独特の; 本来の
- a *proper* noun 『文法』固有名詞

派生語 properly 副

**properly** 2級 B1 [prápərli プラパァリィ | prɔ́pə- プロパ-] 副 ❶ きちんと, 適切に; 正確に, 正しく ❷ 礼儀(れい)正しく

**property** B1 [prápərti プラパァティ | prɔ́pə- プロパ-] 名(複 properties[-z]) ❶Ⓤ 財産
- real *property* 不動産

❷ⓒ 所有地; Ⓤ 所有物
- This is her personal *property*.
  これは彼女の私物だ.

❸ⓒ (物質の)特性

**prophet** 2級 [práfit プラフィット | prɔ́fit プロフィット] 名ⓒ (神のお告げの)預言者; (一般的に)予言する人

**proportion** B1 [prəpɔ́:rʃən プラポーション] 名 ❶ⓊⒸ 割合, 比率; Ⓒ 部分; 分け前
- The *proportion of* girls *to* boys in our

class is 1 to 2. 私たちのクラスの男女比は2対1だ.
❷ ⓊⒸ 釣(つ)り合い, 調和

*in proportion to ...* …に比例して
- They are paid *in proportion to* their level of skill. 彼らには技術の程度に応じて賃金が支払(はら)われる.

**proposal** B1 [prəpóuzəl プラポウザル] 名 ⓊⒸ 提案, 申し出; Ⓒ 結婚(こん)の申しこみ, プロポーズ

**propose** B1 [prəpóuz プラポウズ] 動
― 他 ❶ …を提案する, 申し出る
- *propose* a plan 計画を提案する
- Maggie *proposed* to go to the movies.
 = Maggie *proposed* that we (should) go to the movies.
 マギーは映画に行こうと言い出した.
❷ …を計画する, 企(くわだ)てる
― 自 結婚(こん)を申しこむ
派生語 proposal 名

**prose** B2 [próuz プロウズ] 名 Ⓤ 散文, 散文体 (⇔verse 韻文(いん), poetry 詩)

**prospect** B2 [práspekt プラスペクト | prɔ́s- プロス-] 名 ❶ ⓊⒸ (ふつう prospectsで) 見こみ, 可能性, 見通し ❷ Ⓒ 眺(なが)め, 見晴らし

**prosper** B2 [práspər プラスパァ | prɔ́s- プロス-] 動 自 (人・事業などが) 成功する; 栄える
派生語 prosperity 名, prosperous 形

**prosperity** B1 [prɑspérəti プラスペラティ | prɔs-プロス-] 名 Ⓤ 繁栄(はんえい), 成功

**prosperous** B1 [práspərəs プラスパラス | prɔ́s-プロス-] 形 繁栄(はんえい)する, (経済的に) 成功した

# protect 2級 B1 [prətékt プラテクト]

動 (三単現 protects[-ts -ツ]; 過去・過分 protected [-id]; 現分 protecting) 他 (危険などから) …を守る, 保護する
- He *protected* the boy *from* the falling rocks. 彼はその少年を落石から守った.
- Wild animals *protect* themselves *against* their enemies.
 野生動物は敵から自分たちを守る.
派生語 protection 名

**protection** B1 [prətékʃən プラテクション] 名 Ⓤ 保護; Ⓒ 防護する物; 保護者

**protest** 2級 B1 (★動と名で発音・アクセント位置が異なる)
― 動 [prətést プラテスト]
― 自 (…に) 抗議(こうぎ)する, 異議を唱える, 反対する
- *protest* against the war 戦争に反対する
― 他 ❶ …に抗議する
❷ …を主張する, …と断言する
- I *protested* that I was not guilty.
 ぼくは無実だと主張した.
― 名 [próutest プロウテスト] ⓊⒸ 抗議, 異議(の申し立て), 反対
- make a *protest* against the law
 その法律に抗議する

**Protestant** [prátəstənt プラティスタント | prɔ́təs- プロティス-] (★アクセント位置に注意)
― 名 Ⓒ (キリスト教の) 新教徒, プロテスタント (▶ローマカトリック教会に異議を唱えて分離(ぶんり)したキリスト教派, 「旧教徒」は Catholic)
― 形 新教(徒)の, プロテスタントの

**protractor** [prətræktər プラトゥラクタァ] 名 Ⓒ 分度器

# proud 2級 B1 [práud プラウド]

形 (比較 prouder; 最上 proudest) ❶ 誇(ほこ)りを持っている, 光栄と思う
- I *am proud of* my talent.
 ぼくは自分の才能を誇りに思っている.
- I *am proud to* be a student at this school. この学校の生徒であることに誇りを持っている.
❷ 自尊心 [プライド] のある, 誇り高い
- He is too *proud* to ask his friends for help. 彼はプライドが高くて友達に助けを求めることができない.
❸ 高慢(こうまん)な, 思い上がった, うぬぼれた
- *proud* people 威張(いば)った人たち
派生語 pride 名動, proudly 副

**proudly** B2 [práudli プラウドゥリィ] 副 誇(ほこ)らしげに, 得意になって; 威張(いば)って

**prove** 2級 B1 [prúːv プルーヴ]
動 (過去 proved[-d]; 過分 proved, proven [prúːvən プルーヴン]; 現分 proving)
― 他 …を証明する, 立証する, 示す
- This fact *proves* his honesty. = This fact *proves* that he is honest.
 この事実が彼の正直さを証明している.
― 自 (…だと) わかる, 判明する
- The movie *proved* (to be) interesting.
 (実際に見てみると) その映画はおもしろかった.
派生語 proof 名形

**proverb** B1 [právəːrb プラヴァーブ | prɔ́vəːrb プロヴァーブ] 名 Ⓒ ことわざ, 格言

- As the proverb says [goes], 'Haste makes waste.' ことわざにあるように, 「せいては事をし損じる」だ.

**provide** 準2級 A2 [prəváid プラヴァイド] 動
― 他 …を供給する, 与(たぬ)える; …を提供する; …を用意する
- Chickens *provide* us *with* eggs. = Chickens *provide* eggs *for* us. 鶏(にわ)は私たちに卵を供給してくれる.
- The hotel *provided* us *with* breakfast. ホテルは私たちに朝食を用意してくれた.
― 自 備える
- *provide for* the future 将来に備える

**province** B2 [prάvins プラヴィンス | prɔ́vins プロヴィンス] 名 ❶ C (カナダなどの)州 (▶米国の州は state, 英国の州は county); (中国などの)省; (日本の昔の)国 ❷《the provincesで》地方, 田舎(いなか)

**provision** B2 [prəvíʒən プラヴィジョン] 名 ❶ U C 用意, 準備; 供給
- *make provision(s) against* an emergency 非常事態に備える

❷《provisionsで》食糧(しょくりょう)

**prudent** [prúːdnt プルードゥント] 形 用心深い

**prune** [prúːn プルーン] 名 C 干しすもも, プルーン

**PS, ps, P.S.** [píːés ピーエス] 名 ピーエス, 追伸(ついしん) (▶postscriptの略)

**psalm** [sάːm サーム] (★このp, lは発音しない) 名 C 賛美歌, 聖歌

**psychologist** A2 [saikάlədʒist サイカラヂスト | -kɔ́lə- -コラ-] (★このpは発音しない) 名 C 心理学者

**psychology** B2 [saikάlədʒi サイカラヂィ | -kɔ́lə- -コラ-] (★このpは発音しない) 名 (複 psychologies [-z]) U 心理学; U C《話》心理(状態)
派生語 psychologist 名

**PTA, P.T.A.** [píːtíːéi ピーティーエィ] ピーティーエー, 父母と教師の会 (▶Parent-Teacher Associationの略)

**PTO, P.T.O., p.t.o.** [píːtíːóu ピーティーオゥ] ❶《主に英》ピーティーオー, 父母と教師の協力制度 (▶Parent-Teacher Organizationの略) ❷《主に英》裏面[次ページ]へ続く (▶Please turn over. の略)

**pub** B1 [pʌ́b パブ] 名 C《英》大衆酒場, パブ (▶public houseの短縮形だが, 現在ではpubと言うほうがふつう)

# public 準2級 A2 [pʌ́blik パブリック]

― 形 (比較 more public; 最上 most public) ❶《名詞の前にのみ用いる》公(おおやけ)の, 公共の, 公衆の (⇔private 個人の)

- a *public* telephone 公衆電話
- a *public* bath 公共浴場, 銭湯
- a *public* holiday 国民の祝日
- a *public* servant 公務員
- *public* service (電気・水道・ガスなどの)公共事業, 公益事業; 公務, 公職
- *public* transportation (バス・鉄道などの)公共輸送機関

❷《名詞の前にのみ用いる》公開の; 公立の (⇔private 私立の)
- a *public* lecture 公開講座

❸ 公然の, 広く知られた
- It is *public* knowledge that they are dating. 2人がつき合っていることはみんな知っている.

*make public* 公表する, 公にする (▶受け身で使われることが多い)

― 名《the publicで》一般の人々, 大衆, 世間; 国民(全体)
- *the* general *public* 一般大衆

*in public* 公然と, 人前で (⇔in private 内緒(ないしょ)で)
- Can you sing *in public*? 人前で歌えますか.

**publication** B2 [pʌ̀blikéiʃən パブリケイション] 名 ❶ U 出版, 発行; C 出版物 ❷ U 公表, 発表

**public house** [pʌ́blik háus パブリック ハウス] 名 C《英》= pub

**public opinion** [pʌ̀blik əpínjən パブリック アピニャン] 名 C 世論

**public relations** [pʌ̀blik riléiʃənz パブリック リレイションズ] 名 U《単数扱い》広報活動, 宣伝活動, ピーアール (▶PR, P.R.と略す)

**public school** [pʌ́blik skúːl パブリック スクール] 名 C《米》公立小・中学校; 《英》パブリックスクール (▶上流階級の家庭の子弟が学ぶ寄宿制の私立中・高等学校. イートン, ハロウ, ラグビーなどが有名)

**publish** 準2級 A2 [pʌ́bliʃ パブリッシュ] 動 (三単現 publishes [-iz]) 他 ❶ …を出版する, 発行[刊行]する
- *publish* books [magazines] 本[雑誌]を出版する

❷ …を公表する, 発表する
- The photographer *published* his photos. カメラマンは自分の写真を発表した.

派生語 publisher 名

**publisher** 2級 B1 [pʌ́bliʃər パブリッシァァ] 名 C 出版社, 出版業者, 発行者

**pudding** B2 [púdiŋ プディング] 名 U C プディング, プリン (▶小麦粉に果物・牛乳・卵・香料(こうりょう)などを混ぜて作る甘(あま)い菓子(かし). 日本の「プリン」はcustard puddingに当たる)

**puddle** [pʌ́dl パドゥル] 名 C (特に雨水・泥(どろ)などの)水

の)水たまり

**puff** [pʎf パフ]

—名 C ❶(風・息などの)一吹(ひと)き;(たばこの)一服
- a *puff* of wind 一陣(いちじん)の風

❷ふわっとしたケーキ, シュー皮(►複合語をつくる);(化粧(けしょう)用)パフ;(服のそでなどの)膨(ふく)らみ
- a cream *puff*
シュークリーム(►「シュークリーム」はフランス語chou à la crèmeから)

—動 自他 ❶(たばこを)ふかす ❷(激しい運動の後などで)はあはあ息をする → huff

**Pulitzer Prize** [púlitsər praiz プリッツァ プライズ]
名 C ※ピュリッツァー賞(►ジャーナリズム, 出版, 文学, 音楽などの諸分野で顕著(けんちょ)な業績をあげた米国市民に授与(じゅよ)される賞)

# pull 準2級 A2 [púl プル]

動 (三単現 pulls[-z]; 過去・過分 pulled[-d]; 現分 pulling)

—他 …を引く, 引っ張る(⇔push 押(お)す);(草・くぎ・歯など埋まったもの)を引き抜(ぬ)く

pull　　　　　push

- *pull* a sled そりを引く
- *pull* the trigger (銃(じゅう)の)引き金を引く
- *pull* weeds 雑草を引き抜く
- The girl *pulled* my hair.
その少女は私の髪(かみ)を引っ張った.

—自 引く, 引っ張る
- She *pulled* at his arm.
彼女は彼の腕(うで)を引っ張った.

***pull down*** (日よけ・ブラインドなど)を下ろす;(建物)を取りこわす
- They will *pull down* the school.
校舎を取りこわす予定だ.

***pull in*** …を引きこめる;(列車など)到着(とうちゃく)する, 入って来る

***pull off*** (身に着けているもの)を引っ張って脱(ぬ)ぐ, 外す; …を引き抜く

***pull on*** …を引っ張って身に着ける, 着る, 履(は)く

***pull out*** (歯・栓(せん)など)を抜く;(列車・船などが)出て行く, 出発する
- She had her bad tooth *pulled out*.
彼女は虫歯を抜いてもらった.(►have+〈名詞〉+〈過去分詞〉で「…を～してもらう」)

***pull over*** (車など)を片側に寄せる

***pull together*** 力を合わせる

***pull up*** (車などが)止まる, 停止する;(草・木など)を引き抜く
- The bus *pulled up* at the traffic light.
バスは信号で止まった.

**pullover** B1 [púlouvər プルオウヴァ] 名 C プルオーバー(►頭からかぶって着る衣服をさす. 特にセーター)

**pulp** [pʎlp パルプ] 名 U ❶(桃(もも)などの, 汁(しる)の多い柔(やわ)らかな果肉 ❷(製紙用)パルプ

**pulse** B2 [pʎls パルス] 名 C 脈, 脈拍(はく);鼓動(こどう)
- The nurse took my *pulse*.
看護師は私の脈を診(み)た.

**puma** [púːma プーマ | pjúː- ピュー] 名 (複 pumas [-z], puma) C 【動物】アメリカライオン, ピューマ

**pump** B1 [pʎmp パンプ]

—名 C ポンプ

—動 他 (ポンプで)…をくみ出す[上げる]; …に水[空気など]を入れる
- *pump* water from [out of] a well
井戸(いど)から水をくみ上げる
- He *pumped up* a tire.
彼はタイヤに空気を入れた.

**pumpkin** B2 [pʎmpkin パンプキン] 名 U C 【植物】かぼちゃ
- a *pumpkin* pie パンプキンパイ(►米国ではハロウィーンや感謝祭に欠かせない食べ物)

**punch¹** B2 [pʎntʃ パンチ]

—名 C ❶げんこつで打つこと;(ボクシングなどの)パンチ
- She gave me a *punch* in the stomach.
彼女が私のお腹(なか)にパンチをくらわせた.
- *punch* line (落語・ジョークなどの)落ち

❷穴あけ器, パンチ

—動 他 ❶…をげんこつで打つ ❷…に(穴あけ器で)穴をあける

**punch²** [pʎntʃ パンチ] 名 U ポンチ, パンチ(►果汁ジュースにワインなどのアルコール飲料・ソーダ水などを混ぜ, 砂糖・レモン・香料(こうりょう)などを加

えた飲み物)

**punctual** B2 [pʌ́ŋktʃuəl パンクチュアル] 形 時間をきちんと守る, 時間[期限]どおりの
- a *punctual* person 時間厳守の人
- I'm always *punctual for* my appointments.
私はいつも約束の時間を守る.

派生語 punctually 副

**punctually** [pʌ́ŋktʃuəli パンクチュアリィ] 副 時間をきちんと守って, 時間[期限]どおりに

**punctuation** A2 [pʌ̀ŋktʃuéiʃən パンクチュエイション] 名 U 句読法(▶コンマ, ピリオドなどの用法); C 句読点

**punctuation mark** [pʌ̀ŋktʃuéiʃən mà:rk パンクチュエイション マーク] 名 C 句読点(▶ピリオド(.), コンマ(,), コロン(:), セミコロン(;), 疑問符(?), 感嘆符(!)など)

# punish B1 [pʌ́niʃ パニッシュ]

動 (三単現 punishes[-iz]; 過去・過分 punished[-t]; 現分 punishing) 他 …を罰する
- My teacher *punished* me *for* being late.
先生は私が遅刻したので罰した.

派生語 punishment 名

**punishment** B1 [pʌ́niʃmənt パニッシュマント] 名 U C 罰すること, 罰せられること; 罰, 刑罰

**punk** [pʌ́ŋk パンク] 名 U パンクロック(▶1970年代後半に流行したロック音楽)

# pupil¹ B1 [pjú:pəl ピューパル]

名 (複 pupils[-z]) C 生徒; 弟子, 教え子 → student
- Our school has about seven hundred *pupils*.
私たちの学校の生徒数は約700人です.

**pupil²** [pjú:pəl ピューパル] 名 C ひとみ(▶目の黒い部分) → eye 図

**puppet** [pʌ́pit パペット] 名 C 操り人形; 指人形
- a *puppet* show [play] 人形劇, 人形芝居

**puppy** 2級 B1 [pʌ́pi パピィ] 名 (複 puppies [-z]) C 子犬 → dog 図

**purchase** B2 [pə́:rtʃəs パーチャス]
— 動 他 …を購入する, 買う(▶buyよりも形式ばった言い方. 特に大きい物・高価な物を買うときに用いる) → buy くらべて!
- *purchase* a car 車を購入する
— 名 U 購入, 買い物; C 買った物

**pure** B1 [pjúər ピュア] 形 ❶ 純粋な, 混じり気のない
- *pure* gold 純金
- *pure* water 真水

❷ 清い, 汚れていない, きれいな
- *pure* air きれいな空気

派生語 purely 副

**purely** [pjúərli ピュアリィ] 副 純粋に; 単に; まったく

**Puritan** [pjúəritn ピュ(ア)リトゥン] 名 C 清教徒, ピューリタン(▶16世紀後半に英国国教会の教義に反対してできた新教徒の一派)

**purple** 5級 A1 [pə́:rpl パープル]
— 名 U C 紫色(▶すみれ色(violet)より赤みが強い)
— 形 紫色の

# purpose 準2級 A2 [pə́:rpəs パーパス]

名 (複 purposes[-iz]) C 目的, 意図, 目標
- This machine is used for various *purposes*. この機械はいろいろな用途に使われる.

話してみよう
☺ What's the *purpose* of your visit?
入国の目的は何ですか. (▶国際空港などの入国審査で)
☺ Sightseeing.
観光です.

***for the purpose of ...*** …する目的で, …するために
- I'm learning English *for the purpose of* studying abroad.
留学する目的で英語を勉強している.

***on purpose*** わざと, 故意に
- He hit me on the head *on purpose*.
彼はわざと私の頭をたたいた.

**purr** [pə́:r パー]
— 動 自 (猫が喜んで)のどをゴロゴロ鳴らす
— 名 C (猫が)のどをゴロゴロ鳴らす音

# purse 2級 B1 [pə́:rs パース]

名 (複 purses[-iz]) C ❶ 財布, 小銭入れ(▶「札入れ」はwallet) ❷ 米 ハンドバッグ (=英 handbag)

purse❶
wallet
purse❷

**purser** [pə́ːrsər パ〜サァ] 名 © (旅客機・客船の)パーサー, 事務長

**pursue** A2 [pərsúː パスー | -sjúː -スュー] (★アクセント位置に注意) 動 他 ❶ (捕(つか)まえようと)…を追いかける, 追跡(ついせき)する;(知識・目的など)を追い求める ❷ (仕事・研究など)を続ける;…に従事する

**pursuit** B2 [pərsúːt パスート | -sjúːt -スュート] (★アクセント位置に注意) 名 ❶ Ū 追跡(ついせき); 追求
• The hounds are *in pursuit of* the fox.
猟犬(りょうけん)たちがきつねを追いかけている.
❷ © 仕事; 趣味(しゅみ); 研究

## push 3級 A1 [púʃ プッシュ]

— 動 (三単現 pushes[-iz]; 過去・過分 pushed[-t]; 現分 pushing)
— 他 ❶ …を押(お)す(⇔pull 引く) → pull 図
• *push* the button ボタンを押す
• *push* the door open [shut]
ドアを押して開ける[閉める]
❷ (計画など)を推(お)し進める
• Father *pushed* his plan.
父は計画を推し進めた.
❸ (意見・商品など)を押しつける;《push ... to +〈動詞の原形〉で》(人)に強制的に〜させる
• Don't *push* your opinion on others.
自分の意見をほかの人に押しつけるな.
• My mother *pushed* me *to* go to the dentist. 母は私をむりやり歯医者へ行かせた.
— 自 押す
*push aside* (人を)押しのける
*push down ...* …を下に押す, 押し倒(たお)す
*push in ...* (列など)に割りこむ
*push out ...* …を押し出す
*push up ...* …を押し上げる
— 名 (複 pushes[-iz]) ❶ © 押すこと
• Give the door a *push*.
ドアをちょっと押してごらん.
❷ Ū© 粘(ねば)り, 頑張(がんば)ること

**pushup** [púʃʌ̀p プッシュアップ] 名 © 腕(うで)立て伏(ふ)せ
• I do fifty *pushups* every day.
私は毎日腕立て伏せを50回する.

**pussy** [púsi プスィ] 名 (複 pussies[-z]) ©《話》猫

(を)ちゃん(▶呼びかけ);《幼児語》にゃんにゃん

## put 5級 A1 [pút プット]

動 他 ❶ …を置く
❷ …を(ある状態に)する
❸ …を表現する

動 (三単現 puts[-ts -ツ]; 過去・過分 put(▶原形と同じ); 現分 putting) 他 ❶ …を置く, 載(の)せる, つける, 入れる, 出す
• *put* a newspaper *on* the table
新聞をテーブルの上に置く
• Where did you *put* my wallet?
私の財布(さいふ)をどこに置きましたか.

> ここが
> ポイント! **put の訳し方のいろいろ**
>
> put は場所を表す語句とともに用いられ, さまざまな日本語に訳されます.
> ① **put ... on 〜:** …を〜の上に置く, 載せる, 貼(は)る
>   • *put* jam *on* the toast
>     トーストにジャムを載せる[塗(ぬ)る]
>   • *put* a stamp *on* a letter
>     手紙に切手を貼る
> ② **put ... in [into] 〜:** …を〜(の中)に入れる
>   • He *put* his hands *in* his pockets.
>     彼はポケットに両手を突(つ)っこんだ.
>   • He always *puts* milk [sugar] *in* his coffee. 彼はいつもコーヒーにミルク[砂糖]を入れる.
> ③ **put ... out (of) 〜:** …を〜から出す
>   • Don't *put* your head *out* (*of*) the window. 窓から外に顔を出すな.
> ④ **put ... to 〜:** …を〜につける, 当てる
>   • She *put* her hands *to* her mouth.
>     彼女は口元に手を当てた. (▶驚(おどろ)きのしぐさ)

①   ②

③   ④

# put

> **くらべてみよう！ put と take**
> 
> **put**: 何かをある位置[状態]へ「持って行く」
> **take**: put されたものを積極的に「取る」

put

take

❷ …を(ある状態に)する
- *put* a room in order 部屋を整理整とんする
- *put* a baby to sleep
  赤ちゃんを眠(ねむ)らせる，寝(ね)かしつける

❸ …を表現する；…を書きつける；…を(〜語に)訳す
- *Put* your name and address here.
  ここに住所・氏名を記入しなさい．
- *put* a sentence *into* English
  文を英語に訳す

***put aside ...*** …をかたづける，脇(わき)に寄せる；…をためる
- He *put aside* the things on his desk to do his homework.
  彼は机の上の物を脇に寄せて宿題をした．

- I *put aside* half of my allowance.
  私は小遣(こづか)いの半分を貯金している．

***put away ...*** …をかたづける；…を蓄(たくわ)える
- *Put away* these comics immediately.
  これらの漫画(まんが)をすぐにかたづけなさい．

***put back ...*** (元あった場所に)…を戻(もど)す
- *Put* the toys *back* where they were.
  おもちゃを元の場所に戻しなさい．

***put down ...*** …を下に置く，降ろす；…を書き留める
- He *put* his baggage *down*.
  彼は荷物を下に置いた．
- She *put down* her phone number on a piece of paper.
  彼女は紙に電話番号を書いた．

***put forth ...*** (植物が芽・葉)を出す
- Trees *put forth* new leaves.
  木々は新しい葉を出した．

***put in ...*** …を入れる；(言葉)を差しはさむ；(時間・金など)を費(つい)やす
- I *put* the plug *in*. 私はプラグを差しこんだ．
- *Put in* the right number.
  正しい番号を入れなさい．
- I *put in* two hours at my studies.
  私は勉強に2時間費やした．

***put ... into words*** …を言葉にする（▶言う場合も書く場合も使う）
- *Put* your thoughts *into words*.
  あなたの考えを言葉にしなさい．

***put off ...*** …を延期する（= postpone）
- The field day was *put off* till next week.
  運動会は来週に順延となった．
- Don't *put off* till tomorrow what you can do today.
  (ことわざ)きょうできることをあすまで延ばすな．

***put on ...*** ①…を身につける，着る（⇔take off 脱(ぬ)ぐ）（▶「脱ぐ」は put off とは言わないので注意）；(化粧(けしょう)品など)をつける → **wear**

> **くらべて！**
> 
> - You should *put* your coat *on*. = You should *put on* your coat.
>   上着を着たほうがいい．

> **ここがポイント！ put on で表す「身につけるもの」**
> 
> put on は衣類に限らず，次のようなさまざまなものについて使います．日本語に訳すときは身につけるものに合わせて日本語らしく訳します．
> 
> - *put on* a Band-Aid
>   バンドエイドをはる
> - *put on* glasses 眼鏡をかける
> - *put on* a hat 帽子(ぼうし)をかぶる
> - *put on* lipstick 口紅を塗る
> - *put on* a necklace 首飾(くびかざ)りをつける
> - *put on* perfume 香水をつける
> - *put on* a seat belt シートベルトをする
> - *put on* shoes 靴(くつ)をはく
> - *put on* socks 靴下をはく
> - *put on* a watch 腕(うで)時計をする
> 
>

②(劇など)を上演する；(なべなど)を火にかける；《主に米》(電気製品などのスイッチ)を入れ

る
- We *put on* a play at our school festival.
私たちは学園祭で劇を上演した.
- I *put on* the kettle.
私はやかんを火にかけた.
- Do not *put on* the TV.
テレビをつけないで.

③（体重などが）増える
- My father has been *putting on* weight recently. 父は最近太ってきた.

***put out ...*** ①（火など）を消す,《主に⊛》（電灯など）を消す
- The firefighters *put out* the fire.
消防士は火を消した.

- I *put out* the light before I went out.
私は出かける前に電気を消した.

②（手など）を差し出す
③（植物が葉など）を出す, 伸ばす
④（ごみ・洗たく物など）を外に出す

***put ... together*** （ばらばらの部品など）を組み立てる, いっしょにまとめる
- I took the clock apart and then *put* the parts back *together*.
私は時計をばらして, また組み立てた.

***put up ...*** ①…を上げる
- *Put up* your hands. 手を上げなさい.

②…を建てる, 設置する,（テント）を張る；（ポスターなど）を掲げる
- The boys *put up* a tent in the forest.
少年たちは森の中にテントを張った.

- The shop owner *put up* a sign.
店主は看板を掲げた.

***put up with ...*** …を我慢(がまん)する（＝bear, stand）
- I cannot *put up with* this heat.
私はこの暑さには耐(た)えられない.

**putting** [pútiŋ プティング] 動 put（置く）の現在分詞・動名詞

**pyramid**

**puzzle** 2級 B1 [pʌ́zl パズル]
— 名 C 難問；なぞ；パズル
- *solve* [*work out*] the *puzzle*
パズルを解く
— 動 他 …を困らせる, 当惑(とうわく)させる
- The baby's cry *puzzled* the young parents.
赤ちゃんの泣き声は若い両親を困らせた.
— 自 頭を悩ます
- I *puzzled over* the problem all day long.
私はその問題で一日じゅう頭を悩ませた.

**pyjama** B2 [pədʒɑ́:mə パヂャーマ] 名《主に⊛》
＝pajama

**pyramid** 2級 [pírəmid ピラミッド] 名 C ❶（しばしばPyramidで）ピラミッド（▶古代エジプト国王の墓）❷ピラミッド形の物 ❸〖数学〗角すい

エジプト・ギザにあるピラミッド

# Q, q

**Q, q** [kjúː キュー] 名 (複 Q's, Qs, q's, qs[-z]) ⓒ 英語アルファベットの第17字

**Qatar** [ká:ta: カーター | kʌtáː カター] 名 カタール (▶中東にある国. 首都はドーハ(Doha))

**quack** [kwǽk クワック]
— 動 ⓘ (あひるが)ガーガー鳴く
— 名 ⓒ ガーガー (▶あひるの鳴き声)

**quack-quack** [kwǽkkwæk クワッククワック]
名 ⓒ ❶ ガーガー (▶あひるの鳴き声) (=quack)
❷《幼児語》あひるちゃん

**quail** [kwéil クウェイル] 名 ⓒ〖鳥〗うずら

**quake** B1 [kwéik クウェイク]
— 動 ⓘ ❶ (地震(じん)などで)揺(ゆ)れる ❷ (人が)震(ふる)える
- *quake* with fear 恐怖(きょうふ)で震える
— 名 ⓒ《話》地震 (=earthquake)

**Quaker** [kwéikər クウェイカァ] 名 ⓒ クエーカー教徒 (▶17世紀中ごろに英国に興(おこ)り, 後に米国に渡(わた)って栄えたフレンド派と呼ばれる平和主義に徹(てっ)したキリスト教の一派の人たち)

**qualification** B2 [kwàləfikéiʃən クワリフィケイション | kwɔ̀lə- クウォリ-] 名 ⓤⓒ ❶《しばしば qualifications で》資格, 能力
- She has the *qualifications for* this job. 彼女はこの仕事をする資格を持っている.
❷ 免許(めんきょ);《qualifications で》免許状, 資格証明書

**qualified** B1 [kwáləfàid クワリファイド | kwɔ́lə- クウォリ-] 形 ❶ 資格のある; 適任の
- a *qualified* teacher 資格のある先生
- He is *qualified to* teach English. 彼には英語を教える資格がある.
❷ 制限された, 限定された, 条件つきの

**qualify** B1 [kwáləfài クワリファイ | kwɔ́lə- クウォリ-] 動 (三単現 qualifies[-z]; 過去・過分 qualified[-d])
— 他 …に資格を与(あた)える
- The course *qualified* her *as* an English teacher. =The course *qualified* her *to* teach English. 彼女は講習を終えて英語教師の資格を得た(≒その講習は彼女に英語を教える資格を与えた).
— ⓘ 資格を取る;《qualify as [for] ... で》…の資格を得る, (試合など)の出場資格を得る
- *qualify as* a nurse 看護師の資格を取る
派生語 qualification 名, qualified 形

**quality** 準2級 A2 [kwáləti クワリティ | kwɔ́lə- クウォリ-]
— 名 (複 qualities[-z]) ❶ ⓤⓒ 質, 品質 (⇔quantity 量)
- an article of good [poor] *quality* よい[悪い]品質の品物
❷ ⓒ (人・物の)特質, 特性
- She has good *qualities*. 彼女にはいろいろよいところがある.
❸ ⓤ 良質
— 形 良質の, 高品質の
- "*quality* education"「質の高い教育をみんなに」(▶国連で採択(さいたく)されたSDGs(持続可能な開発目標)の4番目の目標)

**quantity** B1 [kwántəti クワンティティ | kwɔ́n- クウォン-] 名 (複 quantities[-z]) ❶ ⓤ 量 (⇔quality 質); ⓒ (ある)分量, 数量
- a large [small] *quantity* of oil 多[少]量の油
❷ ⓒ《しばしば quantities で》多量, 多数
- *quantities* of water 多量の水
- *quantities* of apples たくさんのりんご
*in quantity* =*in*（*large* [*great*]）*quantities* 多量に, たくさん

**quarrel** B2 [kwárəl クワーレル | kwɔ́rəl クウォラル]
— 名 ⓒ ❶ 口げんか, 口論, 言い争い (▶「殴(なぐ)り合いのけんか」は fight)
- a *quarrel* between brothers 兄弟げんか
- I had a *quarrel* with him about our club. 彼と私たちのクラブのことで言い争った.
❷ 口げんかの原因[種]
— 動 (過去・過分 quarreled, ⑧quarrelled[-d]; 現分 quarreling, ⑧quarrelling) ⓘ 口げんかする, 口論する; 文句をつける
- I *quarreled* with Jim over [about] the car. 私は車のことでジムと口げんかした.

**quarter** A1 [kwɔ́ːrtər クウォータァ]

## question

名(複 quarters[-z]) C ❶ 4分の1 (▶「全部」は whole, 「2分の1」は half)

whole

(a) half

a quarter
three quarters

- a *quarter* of a century 四半世紀, 25年
- three and a *quarter* miles
  3と4分の1マイル
- three *quarters* of the cake
  ケーキの4分の3
- Cut the pizza into *quarters*.
  ピザを4等分しなさい.

❷ 15分 (▶1時間の4分の1)
- It's (a) *quarter* to four.
  4時15分前だ.
- It's (a) *quarter* after four.
  4時15分だ.

❸ 四半期 (▶1年の4分の1); (米)(1年4学期制の学校の)学期 → term❶
❹ (米国・カナダの)25セント銀貨; 25セント(= 1ドルの4分の1) → coin 知ってる?
- Do you have a *quarter*?
  25セント銀貨を持っている?

❺ (都市のある特定の)地区, 地域
- the student *quarter* 学生街

❻ 〖スポーツ〗クォーター (▶アメリカンフットボール・バスケットボールなどの競技時間の4区分の1つ)

**quartet** [kwɔːrtét クウォーテット] (★アクセント位置に注意) (▶quartette ともつづる) 名 C 〖音楽〗四重奏[唱]; 四重奏[唱]曲; 四重奏[唱]団, カルテット

**quartz** [kwɔːrts クウォーツ] 名 U 〖鉱物〗石英(せきえい), クオーツ
- a nice *quartz* clock すてきなクオーツ時計

**quay** [kíː キー] (★同音 key かぎ) 名 C 岸壁(がんぺき), ふ頭, 波止場

**Quebec** [kwibék クウィベック] 名 ケベック州 (▶カナダ東部の州. 州都はケベック(Quebec). フランス語を話す人が多く住んでいる)

## queen 準2級 A2 [kwíːn クウィーン]

名(複 queens[-z]) C ❶ (しばしば Queen で) 女王, 王妃(おうひ) (⇔king 王)
- *Queen* Elizabeth II
  エリザベス2世 (▶II は the second と読む)
- the *Queen*'s English
  (英国の)標準英語 (▶男性が王位にあるときは the King's English)

❷ 女王のような人[もの], 花形
- the *queen* of the party パーティーの花形

❸ (トランプやチェスの)クイーン
❹ 〖虫〗女王あり(=queen ant), 女王ばち(=queen bee)

**queer** B2 [kwíər クウィア]
— 形 ❶ 奇妙(きみょう)な, 変な(=strange) ❷ クイアの (▶性自認やジェンダーなどが不確定な)
- a *queer* hat 風変わりな帽子(ぼうし)
— 名 (性自認やジェンダーが)クイアな人

## *question 5級 A1

[kwéstʃən クウェスチョン]

名 ❶ 質問
❷ (解決すべき)問題
❸ 疑問
❹ 〖文法〗疑問文
動 他 ❶ (人)に質問をする
❷ …を疑問に思う

— 名 (複 questions[-z]) ❶ C 質問, 問い, (テストの)問題 (⇔answer 答え)
- Can I ask you a personal *question*?
  個人的なことを聞いていいですか. (▶ask a question to you は×)
- Do you have any *questions*?
  何か質問はありますか. (▶しばしば単に Any questions? とも言う)
- I have a few *questions* about your country.
  あなたの国について2, 3質問がある.
- That's a good *question*!
  それはいい質問です. (▶すぐに答えられないような質問に対して)
- There will be a *question*-and-answer session.
  質疑応答の時間がある.
- I couldn't answer several *questions* in the test.
  試験の問題でいくつか答えられないものがあった.
- multiple-choice *questions*
  多肢(たし)選択(せんたく)式問題

## question mark

> **くらべてみよう！** question と problem
>
> **question**: 情報・知識についての質問を表します．知識を問うテスト問題も含(ふく)みます．
> - ask a *question* 質問する
> - answer the *question* 質問に答える
>
> **problem**: 解決すべき問題・課題を表し，「答える」というより「解く」がふさわしい数学の問題なども含みます．
> - solve the *problem* 問題を解決する

❷ C (解決すべき)**問題**(=problem); (一般的に)問題, 事柄(ことがら)(=matter)
- a *question* of money お金で片がつく問題
- The *question* is who will tell him.
  問題はだれが彼に話すかだ．
- To be, or not to be; that is the *question*.
  生きるか死ぬか, それが問題だ．(▶シェークスピアの『ハムレット』に出てくる有名なせりふ)

❸ U 疑問, 疑い(の余地)
- There is no *question* that John will pass the exam.
  ジョンが試験に受かるのは疑う余地がない．

❹ C 〖文法〗疑問文

***beyond question*** 疑いなく, 確かに
- It was, *beyond question*, a big success.
  それは疑いもなく大成功だった．

***out of the question*** 問題外の, とても不可能な
- They had little money, and going to college was *out of the question*.
  彼らにはほとんどお金がなかったので, 大学進学はとても無理だった．

—動 〖三単現〗questions[-z]; 〖過去・過分〗questioned[-d]; 〖現分〗questioning) 他 ❶ (人)に質問をする; (取り調べで) (人)を尋問(じんもん)する
- Mr. Brown *questioned* me about my school life. ブラウンさんは私の学校生活について質問した．
- He was *questioned* by the police.
  彼は警察に尋問された．

❷ …を疑問に思う, 疑う(=doubt)

**question mark** B1 [kwéstʃən màːrk クウェスチョン マーク] 名 C 疑問符(ふ), クエスチョンマーク(?)

**questionnaire** B1 [kwèstʃənéər クウェスチャネア] 名 C 質問表, アンケート(▶フランス語から)

**queue** B1 [kjúː キュー]
—名 C 英 (順番を待つ人・車などの)列(=米 line)
- stand *in* a *queue* 1列に並ぶ
- *make* [*form*] a *queue* 列を作る

—動 自 英 (順番を待って)列に並ぶ, 列を作る
- *queue* (*up*) for baseball tickets
  野球のチケットを手に入れるために列に並ぶ

## quick 準2級 A2 [kwík クウィック]

—形 (比較 quicker; 最上 quickest) ❶ (動作などが)**速い**, すばやい(⇔slow のろい) → fast¹
〖くらべて！〗
- a *quick* worker 仕事が速い人
- I'm busy but I'll have a *quick* lunch.
  忙(いそが)しいけれど急いで昼食を食べよう．

❷ 《名詞の前にのみ用いる》即座(そくざ)の
- a *quick* response
  すばやい反応

❸ 理解が早い
- He is a *quick* thinker.
  彼は頭の回転が早い．

❹ 短気な, せっかちな, すぐ怒(おこ)る

—副 《主に米》〖話〗**速く**, 急いで, すばやく, すぐに(=quickly)
- Come *quick*! 急いで来て！

派生語 quickly 副

## *quickly 4級 A1 [kwíkli クウィックリィ]

副 (比較 more quickly; 最上 most quickly) **速く**, 急いで, すばやく, すぐに(=fast, ⇔slowly ゆっくり)
- walk *quickly* 早足で歩く
- She *quickly* shut the door.
  彼女はすばやくドアを閉めた．
- Please come here as *quickly* as you can.
  できるだけすぐにここに来てください．

**quick-tempered** [kwìktémpərd クウィックテンパード] 形 短気な, 怒(おこ)りっぽい

## quiet 5級 A1 [kwáiət クワイアット]

—形 (比較 quieter; 最上 quietest) ❶**静かな**, 音のしない(⇔noisy 騒(さわ)がしい)
- a *quiet* holiday 静かな休日
- *Be* [*Keep*] *quiet*. 静かにしなさい．

> **くらべてみよう！** quiet, still, silent, calm
>
> **quiet**: 音量が小さくて「静かな」状態
> **still**: 物音がなく, ふつう動きもない「静かな」状態
> **silent**: 音がない状態, 特に人が「無言の」の意
> **calm**: もともと天候を表す語で, 海などが嵐(あらし)ではなく「静かな」ということ. また, 心が「平静な」の意

❷ (態度などが)おとなしい, 無口な, 落ち着いた; 平和な, 平穏(へいおん)な; 穏(おだ)やかな

- a *quiet* boy おとなしい少年
- live a *quiet* life 平穏な生活を送る
- The sea is *quiet*. 海は穏やかだ.

名 U 静けさ；平穏, 平静
- in peace and *quiet* 平穏無事に, 平穏に

派生語 quietly 副

# quietly A2 [kwáiətli クワイアットゥリィ]

副（比較 more quietly；最上 most quietly）静かに；平穏(おん)に；穏(おだ)やかに
- He entered the room *quietly*.
  彼は静かに部屋に入った.

**quilt**[kwílt クウィルト] 名 C キルト（▶羽毛(うもう)・綿・羊毛などを中に入れてステッチをかけて縫(ぬ)ったベッドの上掛(うわが)け）；キルト仕上げの物

派生語 quilting 名

**quilting**[kwíltiŋ クウィルティング] 名 U 刺(さ)し縫(ぬ)い, キルティング

**quintet**[kwintét クウィンテット]（★アクセント位置に注意）（▶ quintette ともつづる）名 C 〖音楽〗五重奏［唱］；五重奏［唱］曲；五重奏［唱］団, クインテット

# quit 準2級 A2 [kwít クウィット]

動（過去・過分 quit, quitted[-id]；現分 quitting）
—他 《話》…をやめる（＝stop）, 中止する；…を去る
- *Quit* making so much noise.
  うるさくするのをやめなさい.
- She *quit* her job [school].
  彼女は仕事［学校］を辞(や)めた.
—自 辞職する；やめる

# quite 準2級 A2 [kwáit クワイト]

副 ❶ まったく, 完全に, すっかり
- The baby is *quite* well.
  赤ん坊(ぼう)はまったく元気だ.
- Her ideas are *not quite* right.
  彼女の考えがまったく正しいというわけではない（いくらか間違(まちが)っている）.（▶ not とともに, 文の一部を否定する言い方）→ not ❸
❷《話》かなり, 相当, なかなか, まあまあ
- *quite* a long time ずいぶん長い間（▶ quite ＋〈冠詞〉＋〈形容詞〉＋〈名詞〉の語順に注意）
- It's *quite* hot today. きょうはかなり暑い.
- The speech was *quite* good. スピーチはなかなかよかった.（▶強くほめたいときには very good, excellent などを使う）

**quite a few**《話》かなり多数の（人, 物）
- *Quite a few* children gathered at the park. 公園にはかなりたくさんの子どもたちが集まった.

# quiz 準2級 A2 [kwíz クウィズ]

名（複 quizzes[-iz]）C **小テスト**, 簡単な試験；（ラジオ・テレビなどの）**クイズ** → examination

くらべて!
- a spelling *quiz* つづりのテスト
- a *quiz* program [show] クイズ番組

**quotation** B2 [kwoutéiʃən クウォウテイション]
名 U 引用；C 引用文, 引用語［句］
- *quotations from* the Bible
  聖書からの引用文

**quotation mark**[kwoutéiʃən mà:rk クウォウテイション マーク] 名 C《ふつう quotation marks で》引用符(ふ), クォーテーションマーク（▶ ' ' または " ". 人の言葉を引用した部分や会話文, または文中で特に注意を引かせたい語句などに用いる.「 」は日本語の記号なので英語では用いない）

クォーテーションマークを表すジェスチャー

**quote** B2 [kwóut クウォウト] 動
—他（言葉・文章など）を引用する；…を引き合いに出す
- His speech *quoted* a passage *from* Shakespeare.
  彼は演説にシェークスピアの一節を引用した.
—自 引用する

派生語 quotation 名

# R, r

**R, r** [ɑːr アー] 名 (複 R's, Rs, r's, rs [-z]) C 英語アルファベットの第18字
- the three *R*'s 読み書き算数
  (▶reading, writing, arithmeticのこと)

## rabbit 5級 A1 [rǽbit ラビット]

名 (複 rabbits [-ts -ツ], rabbit) C **うさぎ**, 飼いうさぎ (▶大型の野うさぎはhare)

rabbit　　　　　　　hare

**raccoon** [rækúːn ラクーン | rə- ラ-] 名 (複 raccoons [-z], raccoon) C 【動物】あらいぐま

**raccoon dog** [rækúːn dɔ̀ːg ラクーン ドーグ | - dɔ̀g - ドッグ] 名 C 【動物】たぬき

## race¹ 2級 B1 [réis レイス]

― 名 (複 races [-iz]) C 競走, レース; 競争
- a horse *race* 競馬
- a five-kilometer *race* 5キロ競走 (▶短距離(ﾀﾝｷ)走にはdashを用いる)
- win [lose] a *race* レースに勝つ [負ける]
- *have* [*run*] *a race* 駆(ｶ)けっこをする

― 動 (三単現 races [-iz]; 過去・過分 raced [-t]; 現分 racing)
― 自 競走する; 疾走(ｼｯｿｳ)する
- I *raced* with my friend. 友達と競走した.
― 他 …を競走させる
- I'll *race* you *to* that corner.
  あの角(ｶﾄﾞ)まで競走しよう.

派生語 **racer** 名

**race²** [réis レイス] 名 C U 人種, 民族 (▶肌(ﾊﾀﾞ)の色や顔つきなど身体的特徴(ﾄｸﾁｮｳ)から見た分け方
→ **people**❷); C (動植物の)類, 種類
- the human *race* 人類
- people of different *races* 異なる人種の人々

派生語 **racial** 形

**racer** [réisər レイサァ] 名 C 競走者

**racial** B1 [réiʃəl レイシャル] 形 人種の, 人種上の
- *racial* discrimination 人種差別
- *racial* prejudice 人種的偏見(ﾍﾝｹﾝ)

**rack** B2 [rǽk ラック] 名 C (物を載(ﾉ)せる)棚(ﾀﾅ), ラック; …掛(ｶ)け; (列車などの)網棚(ｱﾐﾀﾞﾅ)
- a towel *rack* タオル掛け
- a magazine *rack* マガジンラック, 雑誌立て

## racket 準2級 A2 [rǽkit ラキット]

名 (複 rackets [-ts -ツ]) C (テニス・バドミントンなどの)**ラケット** (▶卓球(ﾀｯｷｭｳ)のラケットはpaddleやbatと言う)
- hold [swing] a *racket*
  ラケットを握(ﾆｷﾞ)る[振(ﾌ)る]

**racoon** [rækúːn ラクーン | rə- ラ-] 名 = raccoon

**radar** B2 [réidɑːr レイダー] 名 U レーダー; C 電波探知機

**radiation** B1 [rèidiéiʃən レイディエイション] 名 U 【物理】放射線; (光・熱などの)放射

**radical** B2 [rǽdikəl ラディカル] 形 ❶ 急進的な, 過激な (⇔conservative 保守的な) ❷ 基礎(ｷｿ)的な, 根本的な (=fundamental)

## radio 5級 A1

[réidiòu レイディオゥ] (★「ラジオ」でないことに注意) 名 (複 radios [-z]) ❶ U (ふつう the radio で) **ラジオ(放送)**
- listen to *the radio* ラジオを聞く
- I often hear the song *over* [*on*] *the radio*. 私はラジオでその歌をよく聞く.

❷ C ラジオ(受信機) (=radio set)
- *turn on* [*off*] *the radio*
  ラジオをつける[消す]

❸ U 無線(電信)
- send an SOS *by radio* 無線でSOSを送る

**radioactive** [rèidiouǽktiv レイディオウアクティヴ] 形 【物理】放射能のある, 放射性の
- *radioactive* rays 放射線

**radioactivity** [rèidiouæktívəti レイディオウアクティヴィティ] 名 U 【物理】放射能

**radish** 3級 [rǽdiʃ ラディッシュ] 名 (複 radishes [-iz]) C 【植物】はつか大根, ラディッシュ

**radium** B2 [réidiəm レイディアム] 名 U 【化学】ラジウム (▶放射性金属元素, 元素記号はRa. キュリー夫妻によって発見された)

**radius** [réidiəs レイディアス] 名 (複 radii [réidiai レイディアイ], radiuses [-iz]) C 半径 (▶「直径」はdiameter) → **circle** 図

- within a *radius* of 2 miles
半径2マイル以内に
**raft** [rǽft ラフト | rɑ́:ft ラーフト] 名 C いかだ；救命ボート
**rag** B2 [rǽg ラッグ] 名 U C ぼろ切れ，布切れ；《ragsで》ぼろ服
**rag doll** [rǽg dɑ̀:l ラッグ ダール | - dɔ̀:l - ドール] 名 C ぬいぐるみ人形
**rage** B1 [réidʒ レイヂ]
—名 U C 激怒(ど)；激しさ，猛威(もう)
- *in a rage* かんかんに怒(おこ)って
—動 自 激怒する；(嵐(あらし)・病気などが)荒(あ)れ狂(くる)う，猛威をふるう
**ragged** [rǽgid ラギッド] 形 ぼろぼろの；ぼろを着た
**raid** [réid レイド]
—名 C (急な)襲撃(しゅうげき)，急襲
- an air *raid* 空襲
—動 他 …を急襲する，襲(おそ)う
**rail** B1 [réil レイル] 名 ❶ C (さく・階段などの)横木，横棒，手すり ❷ C 《ふつう railsで》(鉄道の)レール，線路；U 鉄道(=railway)
*by rail* 鉄道で，列車で

# railroad B1 [réilròud レイルロウド]
名 (複 railroads[-dz -ヅ]) C 米 鉄道；鉄道線路；鉄道会社(=英railway)
- a *railroad* station (鉄道の)駅
- a *railroad* crossing 鉄道の踏切(ふみきり)

「踏切／止まれ」の標識(米国)

**railway** 2級 B1 [réilwèi レイルウェイ] 名 C 英 鉄道；鉄道線路；鉄道会社(=米railroad)

## *rain 5級 A1
[réin レイン] (★同音 reign 支配, rein 手綱(たづな))
—名 (複 rains[-z]) ❶ U 雨，降雨(►「にわか雨」はshower,「嵐(あらし)」はstorm)
- walk in the *rain* 雨の中を歩く
- We had a lot of *rain* last year.
去年は雨が多かった．(►many rainsは×)
- It looks like *rain*. 雨が降りそうだ．
- I was caught in the *rain* on my way home from school.
私は学校の帰りに雨に遭(あ)った．
❷ C 《形容詞をつけて》…な雨；《the rainsで》(熱帯地方の)雨季
- a heavy *rain* 大雨
- a spring *rain* 春雨
- acid *rain* 酸性雨→acid rain
- *The rains* have already started.
雨季がもう始まっている．
*rain or shine* 雨でも晴れでも；どんな事情でも
- He takes a walk every day, *rain or shine*.
彼は雨が降っても晴れても毎日散歩をする．
—動 (三単現 rains[-z]; 過去・過分 rained[-d]; 現分 raining) 自 雨が降る (►天候を表すitを主語にする)
- It began to *rain*. = It began *raining*.
雨が降り出した．(►このrainingは動名詞)
- It is *raining* hard [heavily].
雨が激しく降っている．
- It has stopped *raining*.
雨がやんだところだ．
派生語 rainy 形
**rainbow** B2 [réinbòu レインボウ] (★アクセント位置に注意) 名 C にじ (►rain(雨)＋bow(弓)から)
- Look, there is a *rainbow*!
見て，にじがかかっているよ．

> これ，知ってる? **にじの色の覚え方**
> 英米ではにじの色の violet 紫(むらさき), indigo 藍(あい)色, blue 青, green 緑, yellow 黄色, orange オレンジ色, red 赤 をその頭文字をとって **vibgyor** [víbgiɔ:r ヴィブギオァ] と覚えます．

**raincoat** 準2級 A2 [réinkòut レインコウト] (★アクセント位置に注意) 名 C レインコート
**raindrop** [réindràp レインドゥラップ | -drɔ̀p -ドゥロップ] 名 C 雨垂れ，雨粒(あまつぶ)
**rainfall** B1 [réinfɔ̀:l レインフォール] 名 U C 降雨；降雨量，降水量
- the monthly *rainfall* 月間降水量
**rain forest** 2級 B1 [réin fɔ̀:rist レイン フォーリスト] 名 C 熱帯雨林，多雨林
**rainstorm** B2 [réinstɔ̀:rm レインストーム] 名 C

暴風雨

**rainwater** [réinwɔ̀:tər レインウォータァ] 名 U 雨水

# rainy 5級 A1 [réini レイニィ]

形 (比較 rainier; 最上 rainiest) 雨の, 雨降りの; 雨の多い (⇔dry 雨の降らない)
- the *rainy* season 雨季, 梅雨(つゆ)
- It is *rainy* in Osaka. 大阪は雨だ.

***for* [*against*] *a rainy day*** 万一の場合に備えて

# raise 準2級 A2 [réiz レイズ]

—動 (三単現 raises[-iz]; 過去・過分 raised[-d]; 現分 raising) 他 ❶ **…を上げる**, 持ち上げる
- *Raise* your hand if you have a question. 質問があったら手を上げなさい.

❷ (身分・給料など)を上げる; (声)を強める; (程度・強さ)を増す
- *raise* taxes 増税する
- The teacher *raised* his voice. 先生は声を張り上げた.

❸ (作物など)を栽培(さい)する; (家畜(かちく)など)を飼育する; (子ども)を育てる
- *raise* tomatoes トマトを栽培する
- *raise* pigs 豚(ぶた)を飼育する

❹ (資金など)を集める
- *raise* funds for charity 救援(きゅうえん)金を集める

—名 (複 raises[-iz]) C 米 賃上げ, 昇給(しょうきゅう) (= 英 rise)
- His boss gave him a *raise*. 社長は彼の給料を上げた.

**raisin** [réizn レイズン] 名 C 干しぶどう, レーズン

**rake** [réik レイク]
—名 C くま手, レーキ
—動 他 自 (くま手で…を)かき集める, かく

**rally** B2 [rǽli ラリィ] 名 (複 rallies[-z]) C ❶ (ある目的のための)大集会
- a peace *rally* 平和集会

❷ 長距離(きょり)自動車レース, ラリー; (テニス・バドミントンなどの)ラリー

**Ralph** [rǽlf ラルフ] 名 ラルフ (▶男性の名)

**Ramadan** [rǽmədɑ́:n ラマダーン] 名 U ラマダーン (▶イスラム暦(れき)の第9月; 日の出から日没(にちぼつ)まで断食(だんじき)する)

**ramen** [rɑ́:men ラーメン] 名 U ラーメン (▶日本語から)
- a bowl of *ramen* 1杯(はい)のラーメン

**ramp** B2 [rǽmp ランプ] 名 C 傾斜(けいしゃ)道 (▶高さの違(ちが)う道路や階などを結ぶ道・スロープ); (高速道路などへの)進入路; (飛行機の)タラップ

**Ramsar Convention** [rǽmsɑ:r kənvénʃən ラムサァ カンヴェンション] 名 《the Ramsar Convention で》ラムサール条約 (▶湿地(しっち)とそこに生息する動植物の保護を目的とした条約)

# ran 4級 [rǽn ラン]

動 run(走る)の過去形

**ranch** [rǽntʃ ランチ | rɑ́:ntʃ ラーンチ] 名 (複 ranches[-iz]) C (主に米国西部の)大牧場, 大農場

**random** [rǽndəm ランダム] 形 手当たりしだいの, でたらめの, 無作為(さくい)の
- a *random* choice 行き当たりばったりで選ぶこと, 無作為の選択(せんたく)

***at random*** 手当たりしだいに, でたらめに, 無作為に

**rang** [rǽŋ ラング] 動 ring²(鳴る; 鳴らす)の過去形

**range** 準2級 A2 [réindʒ レインヂ]
—名 C ❶ (人・物の)列, 並び; 山脈
- a mountain *range* 山脈, 連山

❷ U (変動の)幅(はば), 範囲(はんい)
- the *range of* tide 潮の干満の幅
- a wide *range* of cars 幅広い種類の車

❸ U (弾丸(だんがん)などの)射程, 着弾距離(きょり)

❹ C (料理用の電気・ガスの)レンジ (▶「電子レンジ」は microwave (oven))

—動 自 ❶ 並ぶ

❷ (範囲が…から〜に)及(およ)ぶ, わたる
- The prices of those books *range from* ten dollars *to* thirty dollars. それらの本の値段は10ドルから30ドルにわたる.

派生語 ranger 名

**ranger** B2 [réindʒər レインヂャァ] 名 C 米 森林監視(かんし)員, レーンジャー

**rank** B1 [rǽŋk ランク]
—名 ❶ C U 階級, 等級, ランク; 位, 地位; 高い身分[地位]
- a singer of the first *rank* 一流の歌手

❷ C (人・物の)列 (= row); (兵士などの)横列

—動 —他 …を位置づける, 評価する
- He is *ranked* as a first-class novelist. 彼は一流の小説家と評価されている.

—自 位置する, 位置を占(し)める

**ransom** [rǽnsəm ランサム] 名 C (人質などの)身代(しろ)金, 身代金の支払(しはら)い

**rap** A2 [rǽp ラップ]
—名 ❶ C とんとんとたたくこと[音]
❷ U 〖音楽〗ラップ (ミュージック)

—動 (過去・過分 rapped; 現分 rapping)
—他 (ドアや机など)をとんとんとたたく
—自 ❶ (…を)とんとんとたたく ❷ ラップを[で]歌う

**rapid** 2級 B1 [rǽpid ラピッド]
— 形 (動きが)すばやい;(変化などが)速い, 急速な(⇔slow 遅(¾)い)
- a *rapid* stream 急流
- a *rapid* train 急行列車
— 名 C《ふつう rapids で》急流, 早瀬(¾)
派生語 rapidly 副

**rapidly** 2級 B1 [rǽpidli ラピドゥリィ] 副 速く, 急速に;急いで(⇔slowly 遅(¾)く)

**rare¹** 2級 B1 [réər レァ] 形 まれな, 珍(¾)しい
- a *rare* coin 珍しいコイン
派生語 rarely 副

**rare²** B1 [réər レァ] 形 (肉が)生焼けの, レアの
→ steak 表現メモ

**rarely** 2級 B1 [réərli レァリィ] 副 めったに…ない(=seldom)
- He *rarely* goes to the library.
彼はめったに図書館へ行かない.

**rascal** [rǽskəl ラスカル | rɑ́:s- ラース-] 名 C 悪漢, ならず者, ごろつき;いたずらっ子

**rash¹** B2 [rǽʃ ラッシュ] 形 軽率(%)な, 向こう見ずな(=reckless);せっかちな

**rash²** [rǽʃ ラッシュ] 名 (複 rashes[-iz]) C 発しん, 吹(¾)き出物

**raspberry** B1 [rǽzbèri ラズベリィ | rɑ́:zbəri ラーズバリィ](★このpは発音しない) 名 (複 raspberries[-z]) C 〖植物〗木いちご(の実), ラズベリー

# rat A1 [rǽt ラット]
名 (複 rats[-ts -ツ]) C ねずみ(▶どぶねずみ, 野ねずみなど mouse より大きいもの)

# rate 準2級 A2 [réit レイト]
— 名 (複 rates[-ts -ツ]) ❶ C 割合, 率;速度
- the birth [death] *rate* 出生[死亡]率
- at a great *rate* 非常な速さで
- at *the rate of* one-hundred kilometers an hour 時速100キロで
❷ C (規定の)料金;値段(=price)
- postal [telephone] *rates* 郵便[電話]料金
- at a high [low] *rate* 高[安]値で
❸ U《ふつう序数とともに》等級(=class)
- a first-*rate* dancer 第一級のダンサー
*at any rate* とにかく, いずれにしても
— 動 (三単現 rates[-ts -ツ]; 過去・過分 rated[-id]; 現分 rating) 他 …を評価する

# rather 準2級 A2
[rǽðər ラザァ | rɑ́:ðə ラーザ]
副 ❶ (主に好ましくないことについて)**いくぶん**, やや;かなり(▶a little より程度が高く, very ほどではない)
- I'm *rather* tired.
私はいささか疲(%)れた.
- That is a *rather* small house. ＝ That is *rather* a small house.
それはかなり小さい家です.
❷《... *rather than* 〜 または *rather* ... than 〜で》〜よりはむしろ…, どちらかと言えば〜より…
- Paul should go *rather than* Mike.
マイクよりむしろポールが行くべきだ.
*would rather* ＋〈動詞の原形〉(＋*than* ＋〈動詞の原形〉)(〜するより)むしろ…したい
- I *would rather* go out *than* stay (at) home.
家にずっといるよりむしろ外出したい.

**rating** A2 [réitiŋ レイティング] 名 ❶ C 評価, 格付け;見積もり ❷《the ratings で》(テレビやラジオの)視聴(¾)率, 聴取率

**ratio** [réiʃou レイショウ] 名 C 比率, 割合
- The *ratio* of women to men is 3 to 2.
女性と男性の比率は3対2です.

**rattle** B2 [rǽtl ラトゥル]
— 動 — 自 ガタガタ[ガラガラ]鳴る;(車などが)ガタガタ走る
- The old car *rattled* along the road.
その古い車はガタガタと道を走った.
— 他 …をガタガタ[ガラガラ]鳴らす
- The strong wind *rattled* the windows.
強風が窓をガタガタ鳴らした.
— 名 ❶ U ガタガタ[ガラガラ]いう音
❷ C (おもちゃの)がらがら

**rattlesnake** [rǽtlsnèik ラトゥルスネイク] 名 C 〖動物〗がらがら蛇(%)(▶尾(%)を振(%)って音を出す)

**raven** [réivən レイヴン] 名 C 〖鳥〗渡(%)りがらす(▶からす類で最も大型, 不吉(%)な鳥とされる)

**raw** A2 [rɔ́: ロー] 形 生の, 調理されていない(⇔cooked 調理された);加工していない
- a *raw* egg 生卵
- *raw* material 原料

**ray** A2 [réi レィ] 名 C 光線, 放射線
- X-*rays* X線, レントゲン線
- the *rays* of the sun 太陽光線

**razor** B1 [réizər レイザァ] 名 C かみそり
- an electric *razor* 電気かみそり

**Rd.** Road (…通り)の略

**re-** [ri:- リー-] 接頭 再び…する, …し直す(▶動詞の前につける)
- *re*cover …を取り戻(%)す

# 're A1 [ər ァ]
《話》are の短縮形

# reach

**reach** 準2級 A2 [ríːtʃ リーチ]

動 他 ❶ (ある地点など)に着く
　　 ❷ (手など)を伸(の)ばす
　　 ❸ (ものが)…に届く
　　 ❹ (状態・レベルなど)に至る
　　 ❺ (電話などで人)に連絡(らく)を取る
　 自 (手などを)伸ばす
名 届く範囲(はん)

— 動 (三単現 reaches[-iz]; 過去・過分 reached[-t]; 現分 reaching)
— 他

❶ (ある地点など)**に着く**, 到着(ちゃく)する → get (成句 get to ...), get くらべて!
- *reach* the top 頂上に着く
- The train *reached* Nagoya at three.
  電車は3時に名古屋に到着した.

❷ (手など)**を伸ばす**; …を手を伸ばして取る
- I *reached* my hand into the bookshelf to get a book.
  本を取ろうと本棚(だな)に手を伸ばした.

❸ (ものが)**…に届く**
- My parcel *reached* her.
  私の小包は彼女に届いた.

❹ (状態・レベルなど)**に至る**, 達する
- *reach* a conclusion [decision]
  結論[決定]に達する

❺ (電話などで人)に連絡を取る
- Can you *reach* her immediately?
  彼女と至急連絡が取れますか.

— 自 (手などを)伸ばす
- He *reached* (out) for the balloon.
  彼はその風船を取ろうと手を伸ばした.

— 名 Ⓤ 届く範囲[距離(きょ)]; (力の及(およ)ぶ)範囲
- The car is (too expensive and) out of my *reach*. その車は高価で私の手に入らない.

**react** 2級 B1 [riǽkt リアクト] 動 自 反応する; 反発する, 反抗(こう)する
- The eye *reacts to* light. 目は光に反応する.
派生語 reaction 名

**reaction** B2 [riǽkʃən リアクション] 名 ⓊⒸ 反応; 反作用; 反発, 反動, 反響(きょう)

*__read__*¹ 5級 A1

[ríːd リード] (★同音 reed (植物の)あし)

動 他 ❶ …を読む
　　 ❷ …を読み取る
　　 ❸ (計器などが)…をさしている
　 自 ❶ 読む
　　 ❷ 読んで知る

動 (三単現 reads[-dz -ʦ]; 過去・過分 read[réd レッド]; 現分 reading) (★過去形と過去分詞は原形とつづりは同じだが発音は異なる)

— 他 ❶ **…を読む**; (人に本など)を読んで聞かせる
- *read* a newspaper [book] 新聞[本]を読む
- The teacher *read* my essay aloud in class.
  先生は私の作文を授業中に声に出して読んだ.

read+〈物〉+to+〈人〉＝read+〈人〉+〈物〉
〈人〉に〈物〉を読んでやる
- Beth *reads* a picture book *to* her son every night.＝Beth *reads* her son a picture book every night.
  ベスは息子(こ)に毎晩, 絵本を読んでやる.

❷ …を読み取る, (読んで)理解する
- *read* a map
  地図を読み取る (▶地図で場所を探す)
- I tried to *read* his mind.
  私は彼の心を読み取ろうとした.

❸ (計器などが)…をさしている; …と書いてある
- The clock *reads* 11:20.
  時計は11時20分をさしている.
- The message *reads* as follows.
  伝言には次のように書いてある.

— 自 ❶ **読む**, 読書する
- She has no time to *read* now.
  彼女には今読書する時間がない.

❷ 読んで知る
- I *read about* [*of*] his death in today's paper. 私はきょうの新聞で彼の死を知った.

***read between the lines*** 行間を読む, 言外(がい)の意味を読み取る

***read ... from cover to cover*** (本)を初めから終わりまで読む →cover (成句)

***read out*** …を声を出して読み上げる

***read through*** (本)を初めから終わりまで読む

***read to*** *oneself* 声を出さずに読む, 黙読(もくどく)する
- The students *read to themselves* for a while. 生徒たちはしばらく黙読した.
派生語 reader 名, reading 名

**read²** 4級 [réd レッド] (★同音 red 赤い)

**動** read¹(読む)の過去形・過去分詞

## reader 3級 A1 [ríːdər リーダァ]

**名**(複 readers[-z]) C ❶読者；読書家
- a fast [slow] *reader*
本を読むのが速い[遅(おそ)い]人

❷(初心者用の)読本(とくほん)，リーダー
❸〖コンピュータ〗読み取り装置，リーダー

**readily** B2 [rédəli レディリィ] **副** ❶快く，喜んで
- She *readily* told me the way to the station.
彼女は快く駅までの道を教えてくれた．

❷容易に，たやすく (=easily)  ❸すぐ

## reading 5級 A1 [ríːdiŋ リーディング]

━**動** read¹(読む)の現在分詞・動名詞
━**名** U 読むこと，朗読；読み物

**reading room** [ríːdiŋ rùːm リーディング ルーム]
**名** C (図書館などの)読書室

## ready 5級 A1 [rédi レディ]

**形**(比較 readier; 最上 readiest) ❶《名詞の前には用いない》**用意ができて**，準備ができて
- Are you *ready*? 用意はできましたか．

**be ready for ...**
…の用意[準備]ができている
- We *are ready for* the barbecue.
バーベキューの準備ができた．

**be ready to＋〈動詞の原形〉**
…する用意[準備]ができている
- I *am ready to* go.
出かける準備はできている．

話してみよう!
☺Dinner is *ready*.
食事の用意ができたよ．
☻I'm coming.
今行くよ．

❷《be ready to＋〈動詞の原形〉で》喜んで…する；今にも…しようとする；…がちである
- I'*m ready to* help you. 喜んで手伝います．
- That child *is* about *ready to* cry.
あの子どもは今にも泣きそうだ．

❸すばやい，即席(そくせき)の；手近の，すぐ使える
- a *ready* answer 即答
- He had a million yen *ready*.
彼は手もとに100万円持っていた．

***get ready*** = ***make ready*** 用意[準備]をする
- *get ready for* the field day
運動会の準備をする

***Ready, steady, go!*** ⊛位置に着いて，用意，どん！(=⊛On your mark(s), (get) set, go!)

派生語 readily **副**

**ready-made** [rèdiméid レディメイド] **形** 既成(きせい)の，出来合いの(⇔custom-made 注文で作られた)

## real 4級 A1 [ríːəl リー(ア)ル | ríəl リアル]

**形**(比較 more real, realer; 最上 most real, realest) ❶**本当の**，真実の；本物の(⇔false 偽(にせ)の)
- a *real* name 本名
- a *real* friend 真の友人

❷現実の，実在する，実際の
- the *real* world 実社会

派生語 reality **名**, realize **動**, really **副**

**realistic** 2級 B1 [ríːəlístik リーアリスティック | ríə- リア-] **形** ❶現実主義の，実際的な ❷写実的な，リアルな

**reality** 2級 B1 [riǽləti リ ア ラ ティ] **名**(複 realities[-z]) U C 現実性，実在性；現実(のもの)，実在(のもの)
- escape from *reality* 現実から逃(に)げる

***in reality*** 実際は，実は

**realize** 準2級 A2 [ríːəlàiz リーアライズ | ríə- リア-]
(►⊛ではrealiseとつづる) **動** 他

❶…をはっきり理解する，悟(さと)る，実感する
- I *realized that* my answer was wrong.
私は自分の答えが間違(まちが)っているとわかった．

❷(希望・計画など)を実現する
- What are you doing to *realize* your dream? あなたは夢を実現させるために何をしていますか．

## really 5級 A1 [ríːəli リー(ア)リィ | ríə- リア-]

**副** ❶**本当に**，実に，まったく (=truly)
- Mt. Fuji is a *really* beautiful mountain.
富士山は実に美しい山だ．

話してみよう!
☺Do you want to read this book?
この本を読みたいですか．
☻Not *really*. いいえ，それほどでも．

❷ **実は**，実際は[に]，本当は (=actually, in fact)
- We often quarrel, but we are *really* good friends. 私たちはよくけんかをしますが，本当は仲のいい友達です．

❸《間投詞的に》ほんと，おや，まあ(►驚(おどろ)きや疑いなどを表す)
- "I am going to study abroad next year." "Oh, *really*?"
「私は来年，留学します」「えっ，ほんと / まさか」
(►Really?を下げ調子に発音すると「ああ，そう

**reap** [ríːp リープ] 動他自 (…を)刈(か)る, 刈り取る, 収穫(しゅう)する(▶古い言い方. 現在ではharvest[háːrvist ハーヴィスト]を用いるのがふつう)

**rear** B2 [ríər リア]
─名 U ((ふつうthe rearで))後ろ, 後部(=the back)
・He was *at the rear of* the bus.
彼はバスの後部にいた.
─形 後ろの, 後部の
・the *rear* door of a car 車の後部ドア

**rearview mirror** [ríərvjuː mírər リアヴュー ミラァ] 名C (自動車などの)バックミラー(▶「バックミラー」は和製英語)

# reason 4級 A1 [ríːzn リーズン]
名(複 reasons[-z]) ❶ C U 理由, 訳
・*for* this *reason* こういう理由で
・The *reason for* her death was a mystery to me. 彼女がなぜ死んだのか私にはまったくわからなかった.
・That is the *reason* (*why*) he got angry. それが彼が怒(おこ)った理由だ. (▶whyは((話))ではふつう省略される) → why 副 ❷
❷ U 理性; 判断力; 正気
・Only humans have *reason*.
人間だけに理性がある.
❸ U 道理, 理屈(りくつ)
・listen to *reason* 道理に従う
派生語 reasonable 形

**reasonable** 2級 B1 [ríːzənəbl リーズナブル] 形 ❶ 道理にかなった, もっともな
・a *reasonable* request もっともな要求
❷ (値段・数量などが)適当な, 手ごろな
・at a *reasonable* price 手ごろな値段で
❸ 分別のある

**rebel** B2 (★名と動でアクセント位置と発音が異なる)
─名 [rébəl レバル] C 謀反(むほん)人, 反逆者
─動 [ribél リベル] (過去・過分 rebelled[-d]; 現分 rebelling) 自 反逆する; 反感を持つ

**rebound** (★名と動でアクセント位置と発音が異なる)
─動 [ribáund リバウンド] 自 (ボールなどが)はね返る; (経済・株などが)回復する, 反発する
─名 [ríːbaund リーバウンド] C はね返り; (バスケットボールの)リバウンド; 回復

**rebuild** B1 [riːbíld リービルド] 動 (過去・過分 rebuilt[riːbílt リービルト]) 他 …を建て直す, 再建する; 取り戻す

**recall** B1 [rikɔ́ːl リコール, ríːkɔːl リコール]
─動他 ❶ …を思い出す(=remember); …を思い出させる(=remind)

・I can't *recall* his name.
彼の名前が思い出せない.
❷ …を呼び戻す; (不良品などを)回収する; (注文など)を取り消す
❸ ((米))(市長・公務員など)を解任する, リコールする
─名 U C ❶ 回収, 召還(しょうかん) ❷ ((米)) リコール(▶住民投票による公務員などの解任)

**receipt** 準2級 A2 [risíːt リスィート] (★このpは発音しない) 名 C 領収書, レシート; U 受け取ること
・May I have a *receipt*?
レシートを頂けますか.

# receive 準2級 A2
[risíːv リスィーヴ] (★eiのつづりに注意)
動 (三単現 receives[-z]; 過去・過分 received[-d]; 現分 receiving) 他 ❶ …を受け取る(=get), もらう, 受ける(⇔send 送る)
・*receive* a letter from him
彼から手紙を受け取る
・*receive* an Academy Award
アカデミー賞を受賞する
❷ (球技でサーブ)を打ち返す, レシーブする
派生語 receipt 名, reception 名, receiver 名

**receiver** [risíːvər リスィーヴァ] 名 C ❶ 受取人(⇔sender 発送人) ❷ 受話器; (テレビの)受像機; (ラジオの)受信機 ❸ (テニスなどで)サーブを受ける人, レシーバー

**recent** 準2級 A2 [ríːsnt リースント] 形 近ごろの, 最近の
・*recent* fashions 最近の流行
・in *recent* years 近年, この数年(に)
派生語 recently 副

**recently** 準2級 A2 [ríːsntli リースントゥリィ] 副 近ごろ, 最近(▶ふつう現在完了や過去形の文で用いる. 現在形の文ではthese daysを使う)
・I read the book *recently*. 私は最近その本を読んだ. (▶このreadは過去形)

**reception** B1 [risépʃən リセプション] 名
❶ C 歓迎(かんげい)会, レセプション; U C (客など)を迎(むか)えること, 受け入れること
・a wedding *reception* 結婚(けっこん)披露宴(ひろうえん)
❷ U ((米))(ホテルの)フロント; (会社の)受付
派生語 receptionist 名

**reception desk** [risépʃən dèsk リセプション デスク] 名 C (ホテルの)受付, フロント

**receptionist** A2 [risépʃənist リセプショニスト] 名 C (ホテル・会社などの)受付係

**recess** [ríːses リーセス, risés リセス] 名 (複 recesses[-iz]) ❶ C U 休憩(きゅうけい); ((米))(学校の)休み時間
・*during* the noon *recess* 昼休み中に
❷ C ((recessesで))奥(おく)まった所, 奥地

## recipe / recycle

**recipe** B2 [résəpi レスィピィ] 名C (料理の)調理法, レシピ

**recital** [risáitl リサイトゥル] 名C 独奏会, 独唱会, リサイタル

**recitation** [rèsətéiʃən レスィテイション] 名UC 朗読, 暗唱

**recite** 2級 B1 [risáit リサイト] 動他自 (人前で…を)朗読する, 暗唱する
派生語 recital 名, recitation 名

**reckless** [réklis レックレス] 形 向こう見ずな, むちゃな, 無謀な

**reckon** B2 [rékən レカン] 動他自 ❶ (…を)大ざっぱに計算する, 数える (=count)
❷ …と見なす; 《話》(…と)思う (=think)

**recognition** B2 [rèkəgníʃən レカグニション] 名U ❶ (見たり聞いたりして)…とわかること, 見分け
・*beyond recognition* 見分けがつかないほど
❷ 認めること, 承認

**recognize** 2級 B1 [rékəgnàiz レカグナイズ] (★アクセント位置に注意) (▶ 英ではrecogniseとつづる) 動他 ❶ …を見て[聞いて]それとわかる, 見分けがつく; …に見覚え[聞き覚え]がある
・I *recognized* Jane's voice at once.
私はすぐにジェーンの声だとわかった.
❷ …を認める, 承認する
・Jim didn't *recognize* his failure.
ジムは自分の失敗を認めなかった.
派生語 recognition 名

**recollect** B2 [rèkəlékt レカレクト] 動他 …を思い出す, 回想する
派生語 recollection 名

**recollection** B2 [rèkəlékʃən レカレクション] 名UC 思い出すこと, 記憶; 思い出

**recommend** 2級 B1 [rèkəménd レカメンド] 動他 …を推薦する; …を勧める
・Please *recommend* a good dictionary *to* me. 私によい辞書を推薦してください.
派生語 recommendation 名

**recommendation** B2 [rèkəmendéiʃən レカメンデイション] 名 ❶U 推薦; C 推薦状 ❷C 勧告

**reconcile** [rékənsàil レカンサイル] (★アクセント位置に注意) 動他 …を和解させる, 仲直りさせる; …を調和させる

## record 準2級 A2

(★名と動でアクセント位置と発音が異なる)
—名 [rékərd レカァド | rékɔːd レコード] (複 records [-dz -ヅ]) C ❶ 記録, 記録されたもの
・an official *record* 公式記録
❷ (スポーツなどの)最高記録, レコード

・She *set* [*broke*] the world *record* in [for] the marathon. 彼女はマラソンで世界記録を樹立した[破った].
・a *record* holder 記録保持者
❸ 経歴, (学校の)成績; 業績
・have a good [bad] *record* at school
学校の成績がよい[悪い]
❹ (音楽などの)レコード(盤) (=disk)
—動 [rikɔ́ːrd リコード] (三単現 records [-dz -ヅ]; 過去・過分 recorded [-id]; 現分 recording)
—他 …を記録する, 書き留める; …を録音[録画]する
・*record* a speech on an IC recorder
スピーチをICレコーダーに録音する
—自 録音する, 録画する
派生語 recorder 名, recording 名

**recorder** [rikɔ́ːrdər リコーダァ] 名C ❶ 録音[録画]機, 記録機
・a DVD *recorder* DVDレコーダー
❷ 《楽器》リコーダー, 縦笛
❸ 記録係, 記録者

**recording** 2級 B1 [rikɔ́ːrdiŋ リコーディング]
—動 record (記録する; 録音する)の現在分詞・動名詞
—名 ❶U 録音, 録画
❷C 録音[録画]した物 (▶CD, DVDなど)

**recover** 2級 B1 [rikʌ́vər リカヴァァ] 動
—自 (病気から)快復する, 治る; 回復する
・He *recovered from* his cold.
彼は風邪が治った.
—他 (失ったものなど)を取り戻す, …を回復する
・I *recovered* my lost watch.
私はなくした時計を取り戻した.
派生語 recovery 名

**recovery** B1 [rikʌ́vəri リカヴァリィ] 名
(複 recoveries [-z]) UC (病気などからの)快復, 回復; 復旧, 復興; 回収
・make a *recovery from* a disaster
災害から復旧する

**recreation** B2 [rèkriéiʃən レクリエイション] 名CU (遊び・運動などの)気晴らし, 娯楽, レクリエーション; (娯楽などによる)休養

**recruit** B2 [rikrúːt リクルート]
—動他 (会員・社員・兵など)を新しく入れる, 募集する, 補充する
—名C 新会員; 新入社員; 新兵

**rectangle** [réktæŋgl レクタングル] 名C 長方形

## recycle 準2級 A2 [rìːsáikl リーサイクル]

動 (三単現 recycles [-z]; 過去・過分 recycled [-d]; 現分 recycling) 他 (廃品など)を再生利用

## recycled

する, リサイクルする
- Plastic bottles can be *recycled*.
ペットボトルは再生利用できる.

派生語 recycled 形, recycling 名

**recycled** 2級 B1 [ríːsáikld リーサイクルド] 形 再生利用された, リサイクルされた

「再生水／飲用禁止」の表示(オーストラリア)

**recycling** 2級 B1 [riːsáikliŋ リーサイクリング] 名 U 再生利用, リサイクル

瓶(%)・缶・紙のリサイクル用ボックスと, ごみ箱(米国)

**\*red** 5級 A1 [réd レッド] (★同音 read²)

— 形 (比較 redder; 最上 reddest) 赤い
- This apple is *red*. このりんごは赤い.
- turn *red* with anger 怒(%)りで真っ赤になる
- *red* pepper 〖植物〗唐辛子(%)し; 唐辛子粉

— 名 U 赤, 赤色; 赤い服
- The actor was dressed in *red*.
その俳優は赤い服を着ていた.

*in the red* (会計が)赤字で

**Red Cross** [rèd krɔ́ːs レッド クロース | - krɔ́s - クロス]
名《the Red Crossで》赤十字社

**redder** [rédər レダァ] 形 red(赤い)の比較(%)級

**reddest** [rédist レディスト] 形 red(赤い)の最上級

**Red Sea** [rèd síː レッド スィー] 名《the Red Seaで》紅海(▶アラビア半島とアフリカの間の海. スエズ運河で地中海に通じる)

## reduce 2級 B1

[ridúːs リドゥース | ridjúːs リデュース]
動 (三単現 reduces [-iz]; 過去・過分 reduced [-t]; 現分 reducing)

— 他 ❶ (大きさ・数量・額・程度など)を減らす, 小さくする, 下げる
- *reduce* the speed 速度を落とす
- The price of apples was *reduced*.
りんごの値段が下がった.
- "*reduced* inequalities" 「人や国の不平等をなくそう」(▶国連で採択(%)されたSDGs(持続可能な開発目標)の10番目の目標)

❷ (ある状態に)…をする, 変える
- He quickly *reduced* the tree *to* firewood.
彼は木をすばやく薪(%)にした.

— 自 減る,《話》減量する

派生語 reduction 名

**reduction** B1 [ridʌ́kʃən リダクション] 名 U C 減少, 縮小; 割引, 割引額

**redwood** [rédwùd レッドゥウッド] 名 C 〖植物〗アメリカ杉(%)(▶米カリフォルニア産の高さ100メートルにもなるセコイアの一種)

**reed** B2 [ríːd リード] (★同音 read¹ 読む) 名 C ❶〖植物〗あし, よし ❷ (クラリネット・サックス・オルガンなど楽器の)リード

**reef** 2級 B1 [ríːf リーフ] 名 (複 reefs [-s]) C 暗礁(%), 岩礁, 砂州(%)
- a coral *reef* さんご礁

**reel** [ríːl リール] 名 C (針金・テープなどの)巻き枠(%); (釣(%)りざおの根元につける)リール

**refer** 準2級 A2 [rifə́ːr リファー] (★アクセント位置に注意) 動 (過去・過分 referred [-d]; 現分 referring)

— 自 ❶《refer to ...で》…のことを言う, …に言及(%)する (= mention)
- I didn't *refer to* you.
あなたのことを言ったのではありません.

❷《refer to ...で》…を参照する
- *Refer to* your dictionary. 辞書を引きなさい.

派生語 reference 名

**referee** B1 [rèfərí: レファリー] (★アクセント位置に注意) 名 C (フットボール・ボクシングなどの)審判(%)員, レフェリー(▶野球の「審判員」はumpire)

**reference** B2 [réfərəns レフ(ァ)ランス] 名 ❶ U 言及(%); C 言及事項(%)
- This newspaper has many *references to* the accident. この新聞はその事故についてたくさん触(%)れている.

❷ U 参照, 参考; C 参考資料
- for *reference* 参考のために

**reference book** [réfərəns bùk レフ(ァ)ランス ブック] 名 C 参考図書(▶辞書・百科事典・地図など)

**refill** (★動と名でアクセント位置が異なる)

— 動 [riːfíl リーフィル] 他 …を再び満たす, 詰(%)め

替(か)える, 補充(じゅう)する
━ 名 [ríːfil リーフィル] C (替え芯(しん)などの)詰め替え品；(飲食物の)お代わり

**refine** [rifáin リファイン] 動 他 ❶ (石油など)を精製する
- *refine* oil 石油を精製する
❷ …を洗練させる
派生語 refined 形

**refined** [rifáind リファインド] 形 精製された, 精練された；(人・言葉などが)上品な
- *refined* sugar 精製糖

**reflect** 準2級 A2 [riflékt リフレクト] 動
━ 他 ❶ (光・熱など)を反射する, (音など)を反響(きょう)する；(鏡などが)…を映す
- A mirror *reflects* sunlight.
  鏡は日光を反射する.
❷ (考えなど)を反映する
━ 自 ❶ 反射する ❷ よく考える
派生語 reflection 名

**reflection** B1 [riflékʃən リフレクション] 名 ❶ U 反射, 反響(きょう)；反映 ❷ C 映った影(かげ), 映像 ❸ U よく考えること, 熟考

**reform** B2 [rifɔ́ːrm リフォーム]
━ 動 他 …を改革[改良]する；(行いなど)を改めさせる
━ 名 U C 改革, 改良, 改善
派生語 reformation 名

**reformation** [rèfərméiʃən レファメイション] 名
❶ U C 改革, 改良, 改善
❷ 《the Reformationで》宗教改革(▶16世紀に起こったカトリック教会の改革運動)

**refrain¹** [rifréin リフレイン] 動 自 《refrain from +〈-ing形〉で》…するのを慎(つつし)む, 差し控(ひか)える, 我慢(がまん)する
- Please *refrain from* drink*ing* the water.
  その水は飲まないでください.

**refrain²** B2 [rifréin リフレイン] 名 C (詩や歌の最後の)繰(く)り返しの部分, リフレイン

**refresh** 2級 [rifréʃ リフレッシュ] 動 (三単現 refreshes[-iz]) 他 ❶ (人)の気分をさわやかにする, …を元気にする；《refresh *oneself*で》元気を取り戻(もど)す, リフレッシュする
- The beautiful scenery *refreshed* me.
  その美しい光景が私の気分をさわやかにした.
- Father was *refreshing himself* with a cup of coffee.
  父はコーヒーを1杯(ぱい)飲んで元気をつけた.
❷ 『コンピュータ』(画面情報など)を更新(こうしん)する
派生語 refreshing 形, refreshed 形

**refreshing** [rifréʃiŋ リフレッシング] 形 気分をさわやかにする, 元気づける, すがすがしい

**refreshment** B1 [rifréʃmənt リフレッシュマン

ト] 名 ❶ U 元気回復, 休養；C 気分を回復させるもの ❷ 《refreshmentsで》軽い飲食物, 茶菓子(ちゃがし)

**refrigerator** 準2級 A2 [rifrídʒərèitər リフリヂャレイタァ] 名 C 冷蔵庫, 冷凍(とう)室(▶〈話〉ではfridgeとも言う. つづりgの前のdに注意)

**refuge** B2 [réfjuːdʒ レフューヂ] 名 ❶ U 避難(なん)；保護
- I *took refuge from* the rain under the roof. 私は屋根の下で雨を避(さ)けた.
❷ C 避難所
派生語 refugee 名

**refugee** B2 [rèfjudʒíː レフュヂー] (★アクセント位置に注意) 名 C 避難(なん)者, 難民；亡命者

**refusal** B1 [rifjúːzəl リフューザル] 名 U 断ること, 拒絶(きょぜつ), 拒否

# refuse B1 [rifjúːz リフューズ]

(動 (三単現 refuses[-iz]；過去・過分 refused[-d]；現分 refusing)
━ 他 …を断る, 拒否(きょひ)する(⇔accept 受け入れる)；《refuse to +〈動詞の原形〉で》どうしても…しようとしない
- He *refused* my advice.
  彼は私の忠告を拒否した.
- She *refused to* answer the question.
  彼女はその質問に答えようとしなかった.
━ 自 断る, 拒否する
派生語 refusal 名

**regain** B1 [rigéin リゲイン] 動 他 (健康など)を取り戻(もど)す, 快復[回復]する(=recover)

# regard 2級 B1 [rigáːrd リガード]

━ 動 (三単現 regards[-dz -ヅ]；過去・過分 regarded [-id]；現分 regarding) 他 《regard ... as ～で》…を～と見なす, 考える(=consider)
- We *regard* him *as* the best pianist in Japan. 私たちは彼を日本一のピアニストだと考えている.
━ 名 ❶ U 敬意, 尊敬(=respect)；好意
- The student *has* little *regard for* the teachers. その生徒は先生にほとんど敬意を持っていない.
❷ U 注意, 配慮(はいりょ), 心配り, 考慮
- You should *have* more *regard for* your health. もっと健康に注意を払うべきです.
❸ 《regardsで》よろしくというあいさつ
- Please *give* my (best) *regards to* your parents. どうぞご両親に(くれぐれも)よろしくお伝えください.
- With kind [best, warm] *regards*,
  敬具(▶手紙の結びの句. 次の行にサインをする)

**region**

*in* [*with*] *regard to ...* …に関して(は) (= about, as regards ...)

**region** 2級 B1 [ríːdʒən リーヂョン] 名C 地方, 地域, 地帯 (▶areaよりも広い地域を表す)
- *in* the tropical *region* 熱帯に

**register** 2級 B1 [rédʒistər レヂスタァ] (★アクセント位置に注意)

— 名C ❶記録, 登録; 記録簿(ぼ), 登録簿, 名簿
- an attendance *register* 出席簿

❷金銭登録機, レジスター (▶スーパーなどの会計をするところはcheckout (counter))

— 動他 ❶ …を登録する, 記録する
- *register* a child's birth 子どもの出生を届ける

❷(郵便物)を書留にする
- *register* a letter 手紙を書留にする

❸(温度計などが)…を表示する; (感情など)を表す
- The thermometer *registers* ten degrees Celsius. 温度計は七氏10度を示している.

**regret** A2 [rigrét リグレット]

— 動 (過去・過分 regretted [-id]; 現分 regretting)
他 …を後悔(こうかい)する; …を残念に思う; …を気の毒に思う; 《regret that ... またはregret ＋ 〈-ing形〉で》…したことを残念に思う; 《regret to ＋〈動詞の原形〉で》残念ながら…する
- He *regrets that* he bought a new car. = He *regrets* buy*ing* a new car. 彼は新車を買ったことを後悔している.
- I *regret to* say that I can't help you. 残念ながらお手伝いできません.

— 名UC 後悔; 残念
- She felt *regret* for her failure. 彼女は自分の失敗を後悔した.

*to one's regret* 残念なことに
- *To my* great *regret*, I could not see the movie. たいへん残念なことに私はその映画を見なかった.

# regular 準2級 A2 [régjulər レギュラァ]

— 形 (比較 more regular; 最上 most regular)
❶規則正しい, 規則的な (⇔irregular 不規則な); 整然とした; 『文法』(名詞・動詞・形容詞が)規則的な
- lead a *regular* life 規則正しい生活をする
- *regular* verbs 規則動詞

❷正規の, 正式の, レギュラーの
- a *regular* player 正選手, レギュラー

❸いつもの, ふつうの; 定期的な; 一定の
- a *regular* concert 定期演奏会
- at a *regular* speed 一定の速さで

❹(サイズが)ふつう[レギュラー]の; 標準の

- "*Regular* or large?" "*Regular*, please." 「レギュラーですか, ラージですか」「レギュラーをお願いします」(▶飲み物などの注文)

派生語 regularly 副

**regularly** 準2級 A2 [régjulərli レギュラァリィ]
副 規則正しく; 定期的に, きちんと

**regulation** B1 [règjuléiʃən レギュレイション] 名
❶C 規則, 規定
- traffic *regulations* 交通規則

❷U 規制; 調整

**rehabilitation** [rìːhəbìlətéiʃən リーア[ハ]ビリテイション] 名U (病人などの)社会復帰, リハビリ

**rehearsal** B2 [rihə́ːrsəl リハーサル] (★earのつづりに注意) 名UC (劇などの)リハーサル, 下げいこ

**rehearse** [rihə́ːrs リハース] 動他 (劇など)のリハーサルを行う, けいこをする
派生語 rehearsal 名

**reign** [réin レイン] (★このgは発音しない. 同音 rain 雨, rein 手綱(たづな))
— 名U 支配, 統治; C 在位期間, 治世
— 動自 統治する, 支配する, 君臨する

**rein** [réin レイン] (★同音 rain 雨, reign 支配) 名C 《ふつう reins で》手綱(たづな)

**reindeer** [réindiər レインディア] 名 (複 reindeer) (▶複数形も同じ) C 『動物』トナカイ

**reject** B1 [ridʒékt リヂェクト] 動他 …を断る, 拒絶(きょ)する (▶refuseよりも意味が強い)
- I *rejected* his offer. 私は彼の申し出を断った.
派生語 rejection 名

**rejection** B2 [ridʒékʃən リヂェクション] 名UC 拒絶(きょ), 拒否; 不認可(にんか), 不採用

**rejoice** [ridʒɔ́is リヂョイス] 動
— 自 喜ぶ
- She *rejoiced at* the good news. 彼女はそのよい知らせに喜んだ.
— 他 …を喜ばせる

**relate** 2級 B1 [riléit リレイト] 動
— 他 ❶ …を関係させる, 結びつける, 関連づける; 《be related to ... で》…と関係がある, …と親類関係である
- These events *are related to* each other.

これらのイベントは互いに関係がある.
❷ …を話す,物語る(=tell)
― ❶ 関係がある
派生語 relation 名, relative 形名, relatively 副

**relation** B1 [riléiʃən リレイション] 名 ❶ ⓒⓊ 関係,関連(=connection)
- There is a *relation between* the crops and the weather.
作物と天候の間には関係がある.
❷ Ⓤ 親類関係(=relationship); ⓒ 親せき(=relative)

**relationship** 2級 B1 [riléiʃənʃip リレイションシップ] 名 ⓒⓊ 関係,結びつき; Ⓤ 親類関係

**relative** 2級 B1 [rélətiv レラティヴ]
― 形 ❶ 関係のある,関連した
❷ 相対的な,相対の(⇔absolute 絶対的な)
❸ 〖文法〗関係(詞)節の
- a *relative* pronoun 〖文法〗関係代名詞
― 名 ⓒ (親・兄弟など)親類,親せき; 〖文法〗関係代名詞(=a relative pronoun)
- a close [distant] *relative*
近親[遠縁(えんえん)]の人

**relatively** B1 [rélətivli レラティヴリィ] 副 比較(かく)的,割合に

# relax 準2級 A2 [rilæks リラックス]

動 (三単現 relaxes[-iz]; 過去・過分 relaxed[-t]; 現分 relaxing)
― 他 ❶ (心)をくつろがせる,楽にさせる
- The music *relaxed* me.
その音楽は私をくつろがせた.
❷ (力・規則など)を緩(ゆる)める
- *relax* the regulations 規則を緩める
― 自 ❶ くつろぐ,リラックスする
- *relax* at the hotel ホテルでくつろぐ
❷ 緩む,和(やわ)らぐ

**relaxed** 準2級 A2 [rilækst リラックスト] 形 くつろいだ,リラックスした

**relaxing** 2級 B1 [rilæksiŋ リラックスィング] 形 (人を)くつろがせる,リラックスさせる

**relay** B2 [ríːlei リーレィ]
― 名 ⓒ ❶ 交代; 交代者 ❷ リレー競走(=relay race)
❸ 中継(ちゅうけい)放送
*in relays* 交代で
― 動 他 (伝言など)を伝える; …を中継する
- I *relayed* his message *to* her.
私は彼の伝言を彼女に伝えた.

**release** 準2級 A2 [rilíːs リリース]
― 動 他 ❶ …を解放する,釈放(しゃくほう)する,自由にする; …を放す
- The prisoner was *released* yesterday.
きのうその囚人(しゅうじん)は釈放された.
❷ …を公表する; (映画を)封(ふう)切る; (本など)を発売する
- This movie was *released* last week.
この映画は先週封切られた.
― 名 Ⓤ ❶ 解放,釈放; 免除(めんじょ)
❷ 公表, (映画の)封切り, (本などの)発売

**reliable** B1 [riláiəbl リライアブル] 形 信頼(しんらい)できる,確かな
- a *reliable* friend 頼りになる友人

**relief** B2 [rilíːf リリーフ] 名 ❶ Ⓤ (苦しみなどの)軽減; ほっとすること,安心
- give a sigh of *relief* ほっとひと息つく
❷ Ⓤ 救助,救済(=help); 救援(きゅうえん)物資
- a *relief* pitcher
救援投手,リリーフピッチャー
❸ Ⓤ 交代; ⓒ 交代者

**relieve** B2 [rilíːv リリーヴ] 動 他 ❶ (心配・苦痛など)を和(やわ)らげる,取り除く; …を安心させる
- This medicine will *relieve* your cough.
この薬であなたのせきは軽くなるでしょう.
❷ …を救助する(=help) ❸ …と交代する
派生語 relief 名

**religion** 2級 B1 [rilídʒən リリヂョン] 名 Ⓤ 宗教; ⓒ 宗派,…教; 信仰(しんこう)
- believe in *religion* 宗教を信じる
派生語 religious 形

**religious** 2級 B1 [rilídʒəs リリヂャス] 形 宗教(上)の; 信心深い,敬けんな

**reluctant** B2 [rilʌ́ktənt リラクタント] 形 いやいやながらの; 気の進まない
- Sue was *reluctant to* come here.
スーはここに来たがらなかった.

**rely** 2級 B1 [rilái リライ] 動 (三単現 relies[-z]; 過去・過分 relied[-d]) 自 《rely on [upon] …で》…に頼(たよ)る,…を当てにする,信頼(しんらい)する
- Don't *rely on* him.
彼に頼るな.
派生語 reliable 形

# remain 準2級 A2 [riméin リメイン]

動 自 ❶ …のままでいる
❷ 残る
名 《remainsで》残り(物), 遺跡(いせき)

― 動 (三単現 remains[-z]; 過去・過分 remained[-d]; 現分 remaining) 自 ❶ …のままでいる[ある]
- They *remained* friends for many years.
彼らは長年,友達づき合いをした.
- He *remained* silent.
彼は黙(だま)ったままだった.

## remark

❷残る, とどまる; 残っている
- He *remained* in the room.
彼は部屋にとどまった.
- Only a few apples *remained* in the box.
箱の中にはりんごがほんの少しだけ残っていた.
— 名《remainsで》残り(物); 遺跡(=ruins); 遺体
- the *remains* of ancient Egypt
古代エジプトの遺跡

**remark** B1 [rimá:rk リマーク]
— 動 他 …と述べる, 言う
— 名 C (簡単な)意見, 感想, 批評
- She *made* a few *remarks* about my report. 彼女は私のレポートについて2, 3意見を述べた.

派生語 remarkable 形, remarkably 副

**remarkable** B1 [rimá:rkəbl リマーカブル] 形
注目すべき; 目立った, 著(いちじる)しい; 並外れた

**remarkably** B2 [rimá:rkəbli リマーカブリィ]
副 目立って, 著(いちじる)しく; 並外れて

**remedy** B1 [rémidi レミディ] 名(複 remedies [-z]) C ❶治療(ちりょう), 治療法; 治療薬
❷救済手段, 改善法

## \*remember 4級 A1

[rimémbər リメンバァ]

動 他 ❶…を覚えている
❷…を思い出す
❸《話》(人に)よろしくと伝える
自 ❶覚えている
❷思い出す

動 (三単現 remembers[-z]; 過去・過分 remembered[-d]; 現分 remembering) (▶進行形にしない)

— 他 ❶ …を覚えている, 忘れない (⇔forget 忘れる)
- Do you *remember* me?
私のことを覚えていますか.

**remember+〈-ing形〉**
…したことを覚えている

- I *remember* visiting the church before.
私は以前その教会を訪ねたことを覚えている. (=I remember (that) I visited the church before.)
- I *remember* you saying so.
私はあなたがそう言ったのを覚えている. (=I remember (that) you said so.)

**remember to+〈動詞の原形〉**
忘れずに…する

- Please *remember to* buy a ticket for the movie. 忘れずにその映画のチケットを買ってください. (=Don't forget to buy a ticket for the movie.)

**ここがポイント！** remember+〈-ing形〉と remember to+〈動詞の原形〉

remember+〈-ing形〉は「(過去に)…したことを覚えている」という意味です. それに対してremember to+〈動詞の原形〉は,「これから…することを忘れない」「忘れずに…する」という意味です.

❷ …を思い出す (⇔forget 忘れる)
- I tried to *remember* his number, but I couldn't. 私は彼の電話番号を思い出そうとしたが思い出せなかった.

❸《話》(人に)よろしくと伝える (=say hello [hi] to ...)

**話してみよう**
☺ *Remember* me *to* your parents.
ご両親によろしく. (=Say hello [hi] to your parents.)
☻ I will. わかりました.

— 自 ❶覚えている, 忘れない
- if I *remember* correctly [right(ly)]
私の記憶(きおく)が正しければ
❷思い出す
- Now I *remember*. 思い出した.

**remind** 準2級 A2 [rimáind リマインド] 動 他 (人)に思い出させる, 気づかせる
- This movie *reminds* me *of* my childhood.
この映画を見ると子どものころを思い出す. (⇐この映画は私に子どものころを思い出させる)
- That *reminds* me. それで思い出した. (▶相手が言ったことで何かを思い出したときに使う)

**remote** A2 [rimóut リモウト] 形(比較 remoter, more remote; 最上 remotest, most remote)
(距離(きょり)・時間などが)遠い, 遠く離(はな)れた; 人里離れた, 辺ぴな
- a *remote* country 遠い国

派生語 remotely 副

**remote control** B1 [rimóut kəntróul リモウト カントゥロウル] 名 U 遠隔(えんかく)操作; リモコン

**remotely** [rimóutli リモウトゥリィ] 副 遠く, 離(はな)れて
- work *remotely* リモート勤務する

**removal** [rimú:vəl リムーヴァル] 名 U 移動; 除去

## remove 2級 B1 [rimú:v リムーヴ]

動 (三単現 removes[-z]; 過去・過分 removed[-d]; 現分 removing) 他 ❶…を取り除く, 片づける; (衣服)を脱(ぬ)ぐ, 外す
- I *removed* her name *from* the list.

# reply

私は彼女の名前をリストから外した.
❷ …を移す, 移転させる
- The patients were *removed* to a safe location.
患者(%)たちは安全な場所に移された.
派生語 removal 名

**Renaissance** [rènəsáːns レナサーンス | rənéisəns ラネイサンス] 名《the Renaissance で》ルネサンス, 文芸復興(▶14世紀から16世紀にかけてヨーロッパに起こった, 芸術・文学など古典文化の復活を目的とする運動)

**renew** B1 [rinúː リヌー | rinjúː リニュー] 動 他
❶ …を新しくする; …を新しい物と取り替(%)える; …を更新(%)する
- My mother *renewed* her driver's license.
母は運転免許(%)を更新した.
❷ (若さなど)を取り戻(%)す, 回復する (= recover); …を再び始める

**renewable** [rinúː:əbl リヌーアラブル | rinjúː:əbl リニューアブル] 形 再生可能な
- *renewable* energy 再生可能エネルギー

**rent** 準2級 A2 [rént レント]
— 名 U 賃貸(%)料, 家賃; 米 (車などの)使用料, レンタル料
- FOR *RENT*
《掲示》米 貸家[貸間]あり (= 英 TO LET)

「貸家あり／寝室(%)4つに浴室1つ／学生歓迎」の掲示(米国)

— 動 他 …を賃貸しする; …を賃借りする → borrow くらべて!
- He *rents* an apartment from my father.
彼は私の父からアパートを借りている.

| くらべてみよう! | 貸借を表す語 | |
|---|---|---|
| | 有料 | 無料 |
| 借りる | rent | borrow |
| 貸す | rent | lend |

**rent-a-car** [réntəkàːr レンタカー] 名 C 米 レンタカー, 貸し自動車

**rental** B2 [réntl レントゥル]
— 名 U 使用料, 賃貸(%)料; C 米 貸借物(▶アパート・車など)
— 形 賃貸しの, レンタルの

# repair 準2級 A2 [ripéər リペア]

— 動 (三単現 repairs [-z]; 過去・過分 repaired [-d]; 現分 repairing) 他 …を修理する, 修繕(%)する → mend くらべて!
- He *repaired* his house by himself.
彼は自分で家を修理した.
- I had the TV *repaired*.
私はテレビを直してもらった. (▶have ... +〈過去分詞〉で「…を〜してもらう」)
— 名 (複 repairs [-z]) U 修理, 修繕; C《ふつう repairs で》修理作業
*under repair* 修理中で

# repeat 4級 A1 [ripíːt リピート]

— 動 (三単現 repeats [-ts -ツ]; 過去・過分 repeated [-id]; 現分 repeating)
— 他 …を繰(%)り返す, 繰り返し言う
- *repeat* the same mistake
同じ過(%)ちを繰り返す
— 自 繰り返す, 繰り返し言う
- Please *repeat* after me.
私の後について言ってください.
*repeat oneself* 繰り返し言う; (物事が)繰り返し起こる
- History *repeats itself*. (ことわざ) 歴史は繰り返す.
派生語 repeatedly 副, repetition 名

**repeatedly** B1 [ripíːtidli リピーティッドゥリィ] 副 繰(%)り返して, 何度も

**repetition** B2 [rèpətíʃən レピティション] 名 U C 繰(%)り返し, 反復; (言葉の)復唱

**replace** 準2級 A2 [ripléis リプレイス] 動 他 ❶ …に取って代わる; …を取り替(%)える
- *replace* the old clock *with* a new one 古い時計を新しいものと取り替える
❷ …を元の場所に置く, 戻(%)す
- *replace* the book on the shelf
棚(%)に本を戻す
派生語 replacement 名

**replacement** B2 [ripléismənt リプレイスマント] 名 ❶ U 取り替(%)え, 交代 ❷ C 交代要員; 代用品

**replica** B2 [réplikə レプリカ] 名 C 複製品, レプリカ

# reply A2 [riplái リプラィ]

— 動 (三単現 replies [-z]; 過去・過分 replied [-d]; 現分 replying)
— 自 答える, 返事をする, 応答する (▶answer よりも形式ばった言い方)
- Have you *replied to* her letters?

## report

彼女の手紙に返事を出しましたか．
— 他 …と答える
* He *replied that* he didn't like it.
彼はそれが好きではないと答えた．
— 名 (複 replies[-z]) C 答え，返事
* *make a reply* 返事をする
*in reply* (*to ...*) (…に)答えて，(…の)返事に

## report 準2級 A2 [ripɔ́:rt リポート]

— 動 (三単現 reports[-ts -ツ]; 過去・過分 reported [-id]; 現分 reporting)
— 他 ❶ …を報告する；…だと報道する
* The newspaper *reported* her winning in judo.
新聞は彼女が柔道(じゅうどう)で勝ったことを伝えた．
❷ …を(警察に)報告する，連絡する
— 自 報告する；報道する
* The TV *reported on* the man's death.
テレビはその男性の死を報道した．
— 名 (複 reports[-ts -ツ]) C 報告，報告書，レポート；(新聞などの)報道，報道記事
* a news *report* ニュース報道
* She *made a report on* the accident.
彼女はその事故に関する報告書を書いた．
派生語 reporter 名

**report card** [ripɔ́:rt kà:rd リポート カード] 名 C 米 成績通知表 (= 英 a school report)

## reporter 3級 A1 [ripɔ́:rtər リポータァ]

名 (複 reporters[-z]) C 報道者；報道記者，通信員，レポーター

**represent** A2 [rèprizént レプリゼント] 動 他 ❶ (記号・文字などが)…を表す，意味する，象徴(しょう)する；(絵画などが)…を描く
* The dove *represents* peace.
はとは平和を象徴している．
❷ …を代表する；…の代理をする
* Maya *represented* us *at* the meeting.
マヤは会議に私たちの代表として出席した．
派生語 representative 名形

**representative** B1 [rèprizéntətiv レプリゼンタティヴ]
— 名 C ❶ 代表者，代理人
❷ 代議士，国会議員；《Representative で》米 下院議員 (▶「上院議員」は Senator)
* the House of *Representatives*
米 下院，(日本の)衆議院
— 形 代表する，代理の

**reproach** [ripróutʃ リプロウチ] 名
(複 reproaches[-iz]) U C 非難，叱責(しっせき)

**reproduce** B1 [rì:prədú:s リープロドゥース | -djú:s -デュース] 動 他 自 ❶ (…を)再生する，再現する

❷ (…を)複写する，複製する ❸ 《reproduce oneself で》(生物が)繁殖(はんしょく)する
派生語 reproduction 名

**reproduction** [rì:prədʌ́kʃən リープロダクション]
名 ❶ U 再生，再現 ❷ C 複製，複写 ❸ U 〖生物〗生殖(せいしょく)，繁(はん)殖

**reptile** [réptail レプタイル] 名 C は虫類 (▶蛇(へび)・とかげ・わに・かめなど)

**republic** B1 [ripʌ́blik リパブリック] 名 C 共和国 (▶国の元首が国民によって選ばれる国)
派生語 republican 形名

**republican** [ripʌ́blikən リパブリカン]
— 形 ❶ 共和国の ❷ 《Republican で》米 共和党の
— 名 C 共和主義者；《Republican で》米 共和党員

**Republican Party** [ripʌ́blikən pà:rti リパブリカン パーティ] 名 《the Republican Party で》米 共和党 (▶米国の政党の1つ．the Democratic Party 民主党とともに2大政党を成す)

**reputation** B1 [rèpjutéiʃən レピュテイション]
名 U C 評判；名声
* That restaurant has a good *reputation*.
そのレストランは評判がよい．

## request 準2級 A2 [rikwést リクウェスト]

— 名 U C 要請(ようせい)，依頼(いらい)； C 頼(たの)み事，願い事；リクエスト曲
* They made a *request* for money.
彼らは借金を頼んだ．
*by request* 求めに応じて，要請されて
*on request* 請求のあり次第(しだい)
— 動 他 …を要請する，依頼する，求める，願う，頼む (▶ ask (for ...) より形式ばった言い方)
* I *requested* her advice.
私は彼女の助言を求めた．
* You *are requested not to* take any photos here. ここは写真撮影(さつえい)禁止です． (⇔あなたがたはここで写真を撮(と)らないように要請されている) (▶美術館などの掲示)

**require** 2級 B1 [rikwáiər リクワイァ] 動 他 ❶ …を必要とする (▶ need よりも形式ばった言い方)
* He *requires* some rest. 彼には休養が必要だ．
❷ …を要求する，命じる (= ask, order)
* His boss *required* him *to* work harder.
= He was *required to* work harder by his boss. 上司は彼にもっと働くように要求した．
派生語 requirement 名

**requirement** B1 [rikwáiərmənt リクワイァマント] 名 C ❶ (requirements で)必要な物
❷ 要求される物；資格，必要条件
* meet the *requirements* 必要条件を満たす

## rescue 2級 B1 [réskju: レスキュー]

— 動 他 (危険などから)…を救う，救助する → save
くらべて！

- They *rescued* the woman *from* the burning building. 彼らは燃えているビルからその女の人を救い出した．
- 名 U C 救助, 救出, 救援(きゅうえん)
  - a *rescue* party 救助隊

**research** 準2級 A2 [rí:sə:rtʃ リーサーチ, risə́:rtʃ リサーチ]
- 名 U 研究, 調査, リサーチ
  - market *research* 市場(しじょう)調査
  - do *research* 研究する
- 動 (三単現 researches[-iz]) 自他 (…を)研究する
派生語 researcher 名

**researcher** 2級 B1 [rí:sə:rtʃər リーサァチァァ | risə́:rtʃər リサーチァァ] 名 C 研究者, 調査員

**resemblance** [rizémbləns リゼンブランス] 名 U 似ていること, 類似(るいじ); C 類似点

**resemble** B1 [rizémbl リゼンブル] 動 他 …に似ている (▶受け身や進行形にしない)
- My sister *resembles* my mother. 姉[妹]は母に似ている．
派生語 resemblance 名

**reservation** 2級 B1 [rèzərvéiʃən レザァヴェイション] 名 ❶ C (しばしば reservations で) 米 (部屋・座席などの)予約 (=英 booking)
- make a *reservation* 予約をする
❷ U C 取っておくこと, 保留
❸ C 米 (先住民のための)指定居住地, 保留地

**reserve** 2級 B1 [rizə́:rv リザーヴ]
- 動 (三単現 reserves[-z]; 過去・過分 reserved[-d]; 現分 reserving) 他 ❶ …を取っておく, 蓄(たくわ)えておく
  - *Reserve* your strength *for* the game. その試合のために力を取っておきなさい．
❷ 米 (部屋・座席など)を予約する (=英 book)
- I *reserved* a room at the hotel. 私はそのホテルに部屋を予約した．
- 名 (複 reserves[-z]) ❶ U C 蓄(たくわ)え, 備え ❷ U 遠慮(えんりょ)

*in reserve* 予備の, (いざという時のために)取っておいた

派生語 reservation 名, reserved 形

**reserved** [rizə́:rvd リザーヴド] 形 ❶ 予約済みの, 指定の, 貸し切りの; 予備の
- *reserved* seats 予約席, 指定席
❷ 控(ひか)えめの, 遠慮がちの

**reset** 2級 [ri:sét リーセット] 動 (過去・過分 reset; 現分 resetting) 他 …をセットし直す

**residence** B2 [rézidəns レズィダンス] 名 C 住宅, 邸宅(ていたく); 住居 (▶ house よりも形式ばった語)

**resident** B2 [rézidənt レズィダント] 名 C 居住者, 住民

**resign** B2 [rizáin リザイン] (★この g は発音しない) 動 — 自 (…を)辞職する, 辞任する, 辞(や)める
- He *resigned from* his position as prime minister. 彼は首相としての職を辞任した．
— 他 (地位など)を辞職する, 辞任する
派生語 resignation 名

**resignation** B2 [rèzignéiʃən レズィグネイション] 名 ❶ U 辞職; C 辞表 ❷ U あきらめ

**resist** B1 [rizíst リズィスト] 動 他 ❶ …に抵抗(ていこう)する, 反抗する
- *resist* the enemy attack 敵の攻撃(こうげき)に抵抗する
❷ (化学作用など)に耐(た)える, 侵(おか)されない
❸ (ふつう否定文で) …を我慢(がまん)する, こらえる
- He can*not resist* sweets. 彼は甘(あま)い物に目がない．
派生語 resistance 名

**resistance** B2 [rizístəns リズィスタンス] 名 U 抵抗(ていこう), 反抗; (病気などに対する)抵抗力; (しばしば the Resistance で) (占領(せんりょう)軍への)地下抵抗運動, レジスタンス

**resolution** B2 [rèzəlú:ʃən レザルーション] 名
❶ U C 決断, 決意, 決心
- my New Year's *resolutions* 私の新年の決意
❷ C (議会などの)決議; 決議案
❸ U (問題などの)解決

**resolve** B1 [rizɑ́lv リザルヴ | -zɔ́lv - ゾルヴ] 動 他
❶ (問題など)を解決する (=solve); (疑いなど)を晴らす, 解消する
- *resolve* a problem 問題を解く
❷ …を決心する, 決意する; …を決議する
派生語 resolution 名

**resort** 2級 B1 [rizɔ́:rt リゾート] 名 C ❶ 行楽地, 保養地, リゾート; 人のよく集まる所, 盛(さか)り場
- a summer *resort* 避暑(ひしょ)地
❷ 頼(たよ)りにする物[人], 最後の手段
- as a last *resort* 最後の手段として

**resource** B1 [rí:sɔ:rs リーソース | rizɔ́:rs リゾース] 名 C (ふつう resources で) 資源; 資産; 源泉
- natural *resources* 天然資源

## respect

# respect 2級 B1 [rispékt リスペクト]

— 動 (三単現 respects[-ts -ツ]; 過去・過分 respected[-id]; 現分 respecting) 他 …を尊敬する, (⇔ despise 軽べつする); …を尊重する
- Anna *respects* her teacher.
  アナは先生を尊敬している.

— 名 (複 respects[-ts -ツ]) ❶ U 尊敬, 敬意(= regard); 尊重
❷ C 点, 箇所
- *in* this *respect* この点に関しては
❸ 《respects で》よろしくというあいさつ(= regards)

> 話してみよう!
> ☺ Please give [send] my *respects to* your family.
> ご家族によろしくお伝えください.
> ☺ I will. はい.

*have respect for ...* …を尊敬している; …を尊重する
*show* [*pay*] *respect to ...* …に敬意を払(は)う
派生語 respectable 形, respectful 形

**respectable** B1 [rispéktəbl リスペクタブル] 形 (人・行動などが)尊敬すべき, りっぱな; (服装などが)まともな, ちゃんとした
- a *respectable* citizen りっぱな市民

**Respect-for-the-Aged Day** [rispéktfɚðiéidʒd dèi リスペクトファズィエイヂド デイ] 名 (日本の)敬老の日

**respectful** [rispéktfəl リスペクトフル] 形 敬意を表する; ていねいな, 礼儀(ぎ)正しい

**respective** [rispéktiv リスペクティヴ] 形 それぞれの

**respond** B1 [rispánd リスパンド | rispónd リスポンド] 動 自 (…に)答える, 応答する(= reply); (…に)応じる, 反応する(= react)
- *respond to* a question 質問に答える
派生語 response 名, responsible 形

**response** 準2級 A2 [rispáns リスパンス | rispóns リスポンス] 名 C 答え, 応答(= reply); C U 反応(= reaction)
- *make* a quick *response* 即答(とう)する

**responsibility** B1 [rispànsəbíləti リスパンスィビリティ | rispòn- リスポン-] 名 (複 responsibilities[-z]) ❶ U 責任, 義務(があること)
- a sense of *responsibility* 責任感
❷ C 責任を負うべき事柄(がら), 仕事, 務め
- Cleaning is his *responsibility*.
  掃除(じ)は彼の仕事だ.

**responsible** B1 [rispánsəbl リスパンスィブル | rispón- リスポン-] 形 ❶ 責任のある; 責任の重い
- Who is *responsible for* the accident?
  その事故の責任はだれにあるのですか.
- "*responsible* consumption and production"「つくる責任つかう責任」(⇔責任ある消費と生産)(▶国連で採択(たく)されたSDGs(持続可能な開発目標)の12番目の目標)
❷ 信頼(らい)できる(= reliable)
❸ (…の)原因である
派生語 responsibility 名

# rest¹ 2級 B1 [rést レスト]

— 名 (複 rests[-ts -ツ]) C U 休息, 休憩(けい); 休養; 睡眠(みん)
- *have* [*take*] *a rest* 休息する
- You need a good night's *rest*.
  君には一晩ぐっすり眠(ねむ)ることが必要だ.

— 動 (三単現 rests[-ts -ツ]; 過去・過分 rested[-id]; 現分 resting)
— 自 ❶ 休む, 休息[休憩]する; 眠る
❷ (動き・視線などが)止まる, 静止する
- Her eyes *rested on* the new dress.
  彼女の視線は新しいドレスに止まった.
— 他 ❶ …を休ませる
- You should *rest* your eyes.
  目を休ませなさい.
❷ …をもたせかける, 置く
- He *rested* his back *against* the wall.
  彼は壁(かべ)に寄りかかっていた.

**rest²** 準2級 [rést レスト] 名 《the rest で》残り; 《複数扱い》残り[その他]の人[物]
- *The rest of* the oranges were rotten.
  残りのオレンジは腐(くさ)っていた. (▶rest ofの後が数えられる名詞のときは複数扱い)
- *The rest of* her life was full of happiness.
  彼女の人生の残りは幸せに満ちていた. (▶rest ofの後が数えられない名詞のときは単数扱い)

**restart** [ri:stá:rt リースタート] 動 他 自 (…を)再始動させる; 再開する; 〖コンピュータ〗(…を)再起動する

# restaurant 5級 A1

[réstərənt レスタラント | -rònt -ロント] (★au のつづりに注意)

名 (複 restaurants[-ts -ツ]) C レストラン, 料理店, (ホテルなどの)食堂
- He had dinner at a French *restaurant*.
  彼はフランス料理店で食事をした.

**restless** [réstlis レストゥリス] 形 落ち着きのない, そわそわした; 不安な; 眠(ねむ)れない
- a *restless* child 落ち着きのない子ども

**restore** B1 [ristɔ́:r リストァ] 動 他 (元の位置・状

態に)…を戻(೭ど)す, 返す, 回復させる; (元の地位・職などに)…を復帰させる; (建物など)を修復する
- *restore* an old church 古い教会を復元する

**restrict** B1 [ristríkt リストゥリクト] 動他 …を制限する(＝limit)
- Speed is *restricted to* 40 kilometers an hour on this road.
この道路は制限速度40キロだ.

派生語 restriction 名

**restriction** B2 [ristríkʃən リストゥリクション] 名 U C 制限, 限定; 制約

**restroom, rest room** 準2級 [réstrù:m レストゥルーム] 名 C ⑧ (駅・劇場などの)トイレ, 洗面所

トイレとシャワーの場所を示す案内板(米国)

**result** 3級 A1 [rizʌ́lt リザルト]
— 名 (複 results[-ts -ツ]) U C 結果, 結末(⇔cause 原因); 《results で》(試験・試合の)成績; C (計算問題の)答え
- The accident is a *result of* his careless driving. その事故は彼の不注意運転の結果だ.
- What were *the results of* your test? テストの成績はどうでしたか.

*as a result* 結果として

— 動 (三単現 results[-ts -ツ]; 過去・過分 resulted[-id]; 現分 resulting) 自 ❶《*result from* ...で》…の結果として起こる
- Mistakes often *result from* carelessness. 失敗は不注意の結果起こることが多い.

❷《*result in* ...で》結果として…に終わる, …の結果となる
- The fire *resulted in* the death of three people. その火事で3人の死者が出た.

**retelling** [ri:téliŋ リーテリング] 名 C 再び語ること, リテリング

**retire** 準2級 A2 [ritáiər リタイア] 動 自 ❶ 退職する, 引退する
- Mother will *retire from* the company at the age of sixty. 母はその会社を60歳(ホロ)で退職する.

❷ 引き下がる, 退く
- She *retired to* her room. 彼女は自分の部屋に引き下がった.

**retired** A2 [ritáiərd リタイアド] 形 退職した, 引退した

**retouch** [rì:tʌ́tʃ リータッチ] 動他 (絵・写真など)を修整する

**retreat** B2 [ritrí:t リトゥリート]
— 動 自 退く, 退却する
— 名 ❶ U C 退却(ポ); 退却の合図 ❷ C 憩(ピ)いの場所

**return** 準2級 A2 [ritə́:rn リターン]

動 自 ❶ 帰る
❷ (元の状態・話題に)戻(೭ど)る
他 …を返す
名 ❶ 帰り
❷ 巡(ゼ)ってくること
❸ 返事
形 帰りの; ⑧往復の

— 動 (三単現 returns[-z]; 過去・過分 returned[-d]; 現分 returning)
— 自 ❶ 帰る, 戻る
- *return* home 帰宅する
- He *returned to* Tokyo *from* Paris last week.
彼は先週パリから東京へ帰ってきた.

❷ (元の状態・話題に)戻る

— 他 (元の場所などに)…を返す; …を戻す; 《*return* ... *to* ～で》…を～に返す
- Kate *returned* the doll *to* me. ケイトは私に人形を返した.

— 名 (複 returns[-z]) ❶ U C 帰り; U 返すこと, 返却
- I'm looking forward to your *return*. あなたの帰りを楽しみにしています.

❷ U C 巡ってくること; 再来
- *Many happy returns (of the day)!* この幸福な日が何回も巡ってきますように. (▶バースデーカードなどに書く祝いの言葉)

❸ C 返事, 返礼

*in return (for ...)* (…の)お返しとして
- I want nothing *in return*. お返しは何もいりません.

— 形 帰りの; ⑧往復の(⇔single 片道の); お返しの
- a *return* ticket
⑧帰りの切符(ポ), ⑧往復切符(▶⑧では「往復切符」は a round-trip ticket)
- a *return* match リターンマッチ, 雪辱(ホミミ)戦

**retweet** [rì:twí:t リートゥウィート]
— 名 C 『インターネット』リツイート(▶旧ツイッ

## reunion

ター(現在の名称(めいしょう)はX(エックス))で他者が発したつぶやきを引用して投稿(とうこう)すること)
— 動 〖インターネット〗…をリツイートする
- *retweet* a post 投稿をリツイートする

**reunion** A2 [riːjúːniən リーユーニアン] 名 U 再会; C 同窓会

## reuse 2級 (★動と名で発音が異なる)

— 動 [riːjúːz リーユーズ] (三単現 reuses[-iz]; 過去・過分 reused[-d]; 現分 reusing) 他 …を再利用する
- *reuse* plastic bottles
ペットボトルを再利用する
— 名 [riːjúːs リーユース] U 再利用

**reveal** 準2級 A2 [rivíːl リヴィール] 動 他 (秘密など)を明かす, 漏(も)らす; (隠(かく)れていたもの)を見せる
- He *revealed* my secret *to* her.
彼は私の秘密を彼女に漏らした.

**revenge** B2 [rivéndʒ リヴェンヂ]
— 名 U 復しゅう, 仕返し; 恨(うら)み
- He *took* his *revenge on* the man.
彼はその男に復しゅうした.
— 動 他 …に復しゅうする, 仕返しをする

**revenue** B2 [révənùː レヴァヌー|-njùː -ニュー] 名 U (国などの)歳入(さいにゅう); 収入

**reverse** B2 [rivə́ːrs リヴァース]
— 形 逆の, 反対の; 裏の
- in the *reverse* direction 反対の方向に
— 名 《the reverse で》逆, 反対; 裏側
— 動 他 …を逆にする, 反対にする; …を裏返しにする; …をくつがえす
派生語 reversible 形

**reversible** [rivə́ːrsəbl リヴァースィブル] 形 逆にできる, 反対にできる; (衣服が)裏返して使える, リバーシブルの

**review** 3級 A1 [rivjúː リヴュー]
— 名 ❶ C U 見直し, 再調査, 再検討; 米 復習
- a *review* exercise 復習問題
❷ U C 批評, 論評; C 批評記事
- a book *review* 書評
— 動 他 ❶ …を見直す, 再調査する, 再検討する; 米 …を復習する(= 英 revise)
- *review* this lesson この課を復習する
❷ (本・劇など)を批評する, 論評する

**revise** B1 [riváiz リヴァイズ] 動 他 ❶ (本など)を改訂(かいてい)する, 修正する; (意見など)を改める
- a *revised* edition 改訂版
❷ 英 …を復習する(= 米 review)
派生語 revision 名

**revision** B1 [rivíʒən リヴィジョン] 名 U C 改訂(かいてい), 修正, 改正; 英 復習(= 米 review)

**revival** B2 [riváivəl リヴァイヴァル] 名 U C 回復, 復活; C (劇・映画などの)再上演[映]

**revive** B2 [riváiv リヴァイヴ] 動 他 自 ❶ …を生き返らせる; 生き返る ❷ …を回復させる, 復活させる; 回復する, (流行・習慣などが)再流行する
派生語 revival 名

**revolt** [rivóult リヴォウルト]
— 動 自 反乱を起こす, 背(そむ)く, 反抗(はんこう)する(= rebel)
- *revolt against* the government
政府に反抗する
— 名 U C 反乱, 反逆

**revolution** B2 [rèvəlúːʃən レヴァルーション]
名 ❶ C U 革命, 大改革
- the French [Industrial] *Revolution*
フランス[産業]革命
❷ C 回転; U C (天体の)公転(▶「自転」は rotation)
- the *revolution* of the earth around the sun 地球の太陽の周りの公転
派生語 revolutionary 形

**revolutionary** B2 [rèvəlúːʃənèri レヴァルーショネリィ] 形 革命の, 革命的な

**revolve** B2 [riválv リヴァルヴ|rivɔ́lv リヴォルヴ]
動 自 (あるものを中心にして)回る; (天体が)公転する
- The earth *revolves around* the sun.
地球は太陽の周りを公転する.

**revolver** [riválvər リヴァルヴァ|rivɔ́lvər リヴォルヴァ] 名 C 回転式連発けん銃(じゅう), リボルバー

**reward** B1 [riwɔ́ːrd リウォード]
— 名 C U 報酬(ほうしゅう), ほうび, 報(むく)い; C 謝礼金, 懸賞(けんしょう)金
- a *reward for* the effort
努力に対するほうび
— 動 他 …に報いる; …にほうびをやる

**rewrite** B1 [rìːráit リーライト](★このWは発音しない) 動 (過去 rewrote[rìːróut リーロウト]; 過分 rewritten[rìːrítn リーリトゥン])
他 …を再び書く; …を書き直す

**Rhine** [ráin ライン] 名 《the Rhine で》ライン川(▶スイスからドイツ・オランダを通り北海に注ぐ. 長さ約1300キロメートル)

**rhino** [ráinou ライノゥ](★このhは発音しない) 名 (複 rhino, rhinos[-z]) C 《話》〖動物〗さい
(▶ rhinoceros の短縮形)

**rhinoceros** B2 [rainásərəs ライナサラス|-nɔ́sərəs -ノサラス] 名 (複 rhinoceros, rhinoceroses[-iz]) C 〖動物〗さい(▶《話》では rhino とも言う)

**Rhode Island** [ròud áilənd ロウド アイランド] 名 ロードアイランド(▶米国北東部の州. 州都はプロビデンス(Providence). 郵便略語は RI)

**rhyme** B2 [ráim ライム](★このhは発音しない)
名U 韻(%);(▶詩で行末の音をbat [bǽt]とcat [kǽt], day [déi]とway [wéi]のように, ほかの行末の母音の発音と一致(%)させること)

**rhythm** 準2級 A2 [ríðm リズム](★初めのhは発音しない)名CU (音楽・ダンスなどの)リズム, 調子, 律動

**rhythm and blues** [ríðm ənd blú:z リズム アンド ブルーズ] 名U《単数扱い》《音楽》リズム・アンド・ブルース(▶1940年代から60年代初期に演奏されたポピュラー音楽の一種. R&Bとも表記する)

**rhythmic** B2 [ríðmik リズミック] 形 リズミカルな;調子のよい(=rhythmical)
• *rhythmic* gymnastics 新体操

**rhythmical** [ríðmikəl リズミカル] 形 リズミカルな;調子のよい

**RI** Rhode Island(米国ロードアイランド州)の郵便略語

**rib** B2 [ríb リブ] 名C ろっ骨, あばら骨;(骨つきの)あばら肉

**ribbon** 3級 A1 [ríbən リバン] 名CU リボン, 飾(%)りひも
• The girl wore a red *ribbon* in her hair.
その少女は髪(%)に赤いリボンをつけていた.

\***rice** 5級 A1 [ráis ライス]
名U 米, ご飯;稲(%)

米

ご飯

稲

• a *rice* ball [cake] おにぎり[もち]
• curry and *rice* カレーライス
• boil [cook] *rice* ご飯を炊(%)く
• wash *rice* 米をとぐ
• grow *rice* 稲を育てる
• *rice* pudding ライスプディング(▶米に牛乳・砂糖などを加えて作ったデザート)

**これ、知ってる?** **riceの食べ方と「ライスシャワー」**
(1) 欧米(%)では米は主食としてではなく, 主につけ合わせやプディングに使われます.
• Would you like *rice* or pasta with your beef?
牛肉料理にライスかパスタをつけますか.
(2) 欧米では米は「幸福・多産」の象徴(%)です. 結婚(%)式を終えて教会から出てきた新郎(%)新婦に参列者が米粒(%)を投げかけて祝うライスシャワーという習慣があります.

**ride**

**rice field** [ráis fi:ld ライス フィールド] 名C 田, たんぼ, 水田(=rice paddy)

\***rich** 4級 A1 [rítʃ リッチ]
形 (比較 richer;最上 richest) ❶ 金持ちの, 富んだ, 裕福(%)な(=wealthy, ⇔poor 貧しい)
• a *rich* country
富んだ[富裕な]国
• The *rich* are not always happy. = *Rich* people are not always happy.
金持ちが必ずしも幸福とは限らない.
❷ 豊かな, 豊富な;(土地が)肥えた(=fertile)
• *rich* soil 肥沃(%)な土地
• Japan is not *rich* in natural resources.
日本は天然資源が豊富ではない.
❸(食べ物が)栄養豊富な;濃厚(%)な
• *rich* food こってりした食べ物
❹ 高価な, 貴重な, ぜいたくな

**Richard** [rítʃərd リチャァド] 名 リチャード(▶男性の名. 愛称(%)はRick, Dick)

**riches** [rítʃiz リッチィズ] 名《複数扱い》富, 財産, 豊かさ

**rickshaw** [ríkʃɔ: リックショー] 名C 人力車(▶日本語の「力車」の音が英語化したもの)

**rid** 2級 B1 [ríd リッド] 動 (過去・過分 rid, ridded [-id];現分 ridding) 他《rid ... of ~で》…から~を取り除く
• Alex *rid* the kitchen *of* cockroaches.
アレックスは台所からごきぶりを追い出した.
**get rid of ...** …を取り除く;…を免(%)れる, …を追い払(%)う(▶このridは過去分詞)
• I cannot *get rid of* this stomachache.
胃の痛みが取れない.

**ridden** [rídn リドゥン]
動 ride(乗る)の過去分詞

**riddle** B2 [rídl リドゥル] 名C なぞ, なぞなぞ
• solve a *riddle*
なぞを解く

\***ride** 5級 A1 [ráid ライド]

# rider

動 自 (馬・乗り物に)乗る,乗って(…に)行く
他 (馬・乗り物)に乗る,乗って行く
名 ❶ 乗ること
❷ (遊園地などの)乗り物

— 動 (三単現 rides[-dz -ヅ]; 過去 rode[róud ロウド]; 過分 ridden[rídn リドゥン]; 現分 riding)(★過去分詞の発音に注意)
— 自 (馬・自転車・バイクなどの乗り物に)**乗る**,乗って(…に)行く →drive 図
- ride in a taxi タクシーに乗る
- We *rode* home in a taxi.
  私たちはタクシーで帰宅した.
- Have you ever *ridden* on an elephant?
  あなたは象に乗ったことがありますか.
- The boy *rode* on his father's shoulders.
  男の子は父親に肩車をしてもらった.
— 他 (馬・乗り物)**に乗る**,乗って行く
- Can you *ride* a bike? 自転車に乗れますか.
- I *ride* a bus to my school every morning.
  私は毎朝バスで学校に行く.

### ここがポイント! ride の使い方
(1)「…に乗る」には2通りの言い方があります.
(A) ride on [in] + 〈乗り物〉
　　　　　　(►この ride は 自)
(B) ride + 〈乗り物〉(►この ride は 他)
(B)は自転車やバイクなどを自分で運転する場合に,(A)は乗り物に乗せてもらったり乗客として乗る場合に多く使われます.
(2) 乗り物に前置詞がつく場合,ふつう馬・自転車のようにまたがって乗るものにはon,中に乗り込むものにはinを使います. ただし大きな乗り物にはonがよく使われます.
　ride on — a bicycle, a motorbike, a horse, a boat
　ride in — a car, a taxi, an elevator
　ride on [in] — a bus, a train

— 名 (複 rides[-dz -ヅ]) C ❶ (馬・自転車・バイクなどの乗り物に)**乗ること**; 乗せてやること
- Thank you for the *ride*.
  (車に)乗せてくれてありがとう.
- It is a fifty-minute train *ride* to Nikko.
  日光まで電車で50分だ.
❷ (遊園地などの)乗り物

***give ... a ride to*** 〜 …を〜まで車に乗せてやる
- She *gave* me *a ride to* the hospital.
  彼女は私を病院まで車に乗せて行ってくれた.

***go for a ride*** (気晴らしに車・自転車・馬などに)乗って出かける

***have [take] a ride on [in]*** ... …に乗る
- You can *have a ride on* my bicycle.
  私の自転車に乗ってもいいですよ.
派生語 rider 名, riding 名

**rider** B2 [ráidər ライダァ] 名 C (自転車などに)乗る人; 騎手
- He is a good [poor] *rider*.
  彼は馬に乗るのがうまい[へただ].

**ridge** B2 [rídʒ リッヂ] 名 C (山の)背, 尾根; (畑などの)畝; (屋根の)棟

**ridiculous** B1 [ridíkjuləs リディキュラス] 形 ばかげた, こっけいな; おかしな

**riding** 3級 [ráidiŋ ライディング]
— 動 ride (乗る)の現在分詞・動名詞
— 名 U 乗馬(= horse riding); 乗車

**rifle** [ráifl ライフル] 名 C ライフル銃

## *right 5級 A1

[ráit ライト](★ この gh は発音しない. 同音 write 書く)

形 ❶ 正しい
　❷ 右の
　❸ 健康な
副 ❶ 正しく
　❷ 右に
　❸ 《話》ちょうど
　❹ まっすぐに
名 ❶ 正しいこと
　❷ 権利
　❸ 右
　❹ 右派

— 形 (比較 more right, righter; 最上 most right, rightest)

left　　right

❶ (考え・答えなどが) **正しい** (⇔ wrong 間違った); 正確な (= correct); 適切な, うってつけの (= proper)
- the *right* answer [decision]
  正しい答え[決定]
- You may be *right*, but I don't think so.
  あなたの言うことは正しいかもしれない, でも私はそう思わない.

### 話してみよう!
☺ Did John break the vase?
　ジョンが花瓶を割ったのですか.
☻ That's *right*. = You're *right*. そうです.

- She did the *right* thing at the *right* moment.
彼女は適切なときに適切なことをした.
- Mary was the *right* person for the job.
メアリーはその仕事にうってつけの人だった.

❷《名詞の前にのみ用いる》**右の**, 右側の(⇔left 左の)
- on the *right* side 右側に
- Make a *right* turn at the next light.
次の信号で右折してください.

❸《名詞の前には用いない》健康な, (体の)調子がよい(＝healthy, well)
- She doesn't feel *right* today.
きょう彼女は気分がよくない.

*all right* よろしい; 元気で; 差しつかえない→ all right

─ 副 ❶ **正しく**, 正確に(＝rightly, correctly)(⇔wrong 誤って)
- guess [act] *right* 正しく推測[行動]する
- If I remember *right*, her name is Yumi.
私の記憶が正しければ, 彼女の名前はユミだ.

❷ **右に**, 右へ, 右側に(⇔left 左に)
- turn *right* 右折する

❸《話》**ちょうど**, まさに, きっかり(▶後ろに置かれる副詞などを強調する言い方)(＝just); すぐに(＝right now)
- *right* in front of the gate 門の真ん前に
- *right* here ちょうどここで
- *right* after [before] breakfast
朝食後すぐに[朝食の直前に]
- I'll be *right* back. すぐに戻ってきます.

❹ **まっすぐに**(＝straight)
- go *right* home まっすぐに帰宅する
- Please come *right* in.
さあどうぞお入りください.

*right away*《話》今すぐに, 直ちに(＝immediately, right now, at once)
- Come here *right away*.
すぐにここへ来なさい.

*right now*《話》①今すぐに
- I'm leaving *right now*. 今すぐ帰ります.
②ちょうど今
- I'm very busy *right now*.
ちょうど今私はとても忙しい.

─ 名 (複 rights[-ts -ツ]) ❶ ⓤ **正しいこと**, 正義, 善(⇔wrong 悪)
- know [tell] *right* from wrong
善悪の区別がつく

❷ ⓒⓤ **権利**(⇔duty 義務)
- the *right* to vote 選挙権
- fundamental human *rights* 基本的人権

❸《ふつう the [one's] right で》**右**, 右側(⇔the left 左);《野球》ⓤ ライト, 右翼(ﾖｸ); ⓒ 右翼手
- You'll see the station on *your right*.
右手に駅が見えます.

❹ ⓤ《ふつう the Right で》《単数・複数扱い》(政治上の)右派; 右翼(⇔the Left 左派)
- the *right* wing (政治上の)右翼

*be in the right* 正しい(⇔be in the wrong 間違っている)
- You *are in the right*. あなたは正しい.

派生語 **rightly** 副

**right-handed** [ràithǽndid ライトハンディド](★このghは発音しない)形 右ききの; 右きき用の; 右回りの(⇔left-handed 左きき(用)の)

**rightly** B2 [ráitli ライトゥリィ] 副 正しく, 公正に

**rigid** [rídʒid リヂッド] 形 かたい(＝stiff); (考えなどが)柔軟(ﾅﾝ)性のない; 厳格な(＝strict)

**rim** B2 [rím リム] 名 ⓒ (丸いものの)縁(ﾌﾁ), へり; (車輪の)枠(ﾜｸ), リム

# ring¹ 準2級 A2 [ríŋ リング]

名 (複 rings[-z]) ⓒ ❶ **輪**, リング状の物; **指輪**
- dance *in a ring* 輪になって踊(ｵﾄﾞ)る
- a wedding *ring* 結婚(ｹｯｺﾝ)指輪
- wear a *ring* on one's finger 指輪をしている

❷ (サーカスなどの円形の)競技場, 演技場; (ボクシングやレスリングの)リング; (相撲(ｽﾓｳ)の)土俵

# ring² 4級 A1 [ríŋ リング]

─ 動 (三単現 rings[-z]; 過去 rang[rǽŋ ラング]; 過分 rung[rʌ́ŋ ラング]; 現分 ringing)
─ 自 (鐘(ｶﾈ)・ベルなどが)**鳴る**
- The alarm clock is *ringing*. 目覚まし時計が鳴っている
- Your cell phone *rang*, but I didn't pick it up.
君の携帯(ｹｲﾀｲ)が鳴ったけど, 私は出なかったよ.

─ 他 ❶ (鐘・ベルなど)**を鳴らす**
- *ring* the doorbell 玄関(ｹﾞﾝｶﾝ)のベルを鳴らす

❷《しばしば ring up で》**働 (人)に電話をかける**(＝⊛call (up))
- I *rang* him *up* yesterday.
きのう彼に電話をかけた.

*ring back* ⊛ (電話をくれた人に)電話をかけ直す(＝call back)

*ring off* ⊛ 電話を切る(＝hang up)

─ 名 (複 rings[-z]) ⓒ ❶ (鐘・ベルなどを)鳴らすこと; 鳴る音, 鳴り響(ﾋﾋﾞ)く音[声]

❷ ⊛《話》電話(をかけること)(＝⊛call)
- I *gave* him *a ring*.
彼に電話をかけた.

## rink

**rink** 4級 [ríŋk リンク] 名C アイス[ローラー]スケート場

**rinse** [ríns リンス]
— 動他 …をすすぐ, ゆすぐ
- I *rinsed* my mouth. 私は口をすすいだ.
— 名C すすぎ, ゆすぎ；CU リンス(剤)

**Rio de Janeiro** [rì:ou dei ʒənéərou リーオゥ デイ ジャネ(ア)ロゥ | - də dʒəníərou - ダ ジャニアロゥ] 名 リオデジャネイロ (▶ブラジル(Brazil)の旧首都, カーニバルで有名)

**riot** [ráiət ライアット]
— 名C 暴動, 騒動(ぞうどう)
— 動自 暴動[騒動]を起こす

## ripe B1 [ráip ライプ]

形 (比較 riper；最上 ripest) ❶(果物などが) 熟した, (穀物などが)実った；食べ[飲み]ごろになった
- *ripe* fruit 熟した果物

❷円熟した, 成熟した；機が熟した
- The time is *ripe*. 機は熟した.

**ripple** [rípl リプル]
— 名C さざ波(の音)；(声・笑いなどの)さざめき
— 動他自 …にさざ波を立てる；さざ波が立つ

**Rip Van Winkle** [rìp væn wíŋkl リップ ヴァンウィンクル] 名 リップ・バン・ウィンクル (▶米国の小説家ワシントン・アービング作『スケッチブック』の中の1編およびその主人公の名)

## *rise 2級 B1 [ráiz ライズ]

— 動 (三単現 rises[-iz]；過去 rose[róuz ロウズ]；過分 risen[rízn リズン]；現分 rising) (★過去分詞の発音に注意) 自

❶ **上がる**, 上昇(じょうしょう)する；(太陽・月が) **昇**(のぼ)**る** (⇔set 沈(しず)む)
- The sun *rises* in the east and sets in the west. 太陽は東から昇り西に沈む. (▶ from the east, to the west は×)
- The curtain *rose* at seven. 幕は7時に上がった[開演した].

❷(数量・程度・値段などが) **上がる**, 増える, 増加する (⇔ fall 下がる)
- His temperature *rose* to 40°C. 彼の体温は40度まで上がった.
- The water is *rising* high. 水かさが増している.

❸立ち上がる (▶stand up のほうがふつう)；起きる, 起床(きしょう)する (▶get up のほうがふつう)
- *rise* from the chair いすから立ち上がる
- *rise* early 早起きする

❹(山などが)そびえ立つ；(道などが)上りになる
- Mt. Fuji *rises* to a height of 3,776 meters. 富士山は3776メートルの高さにそびえ立っている.

❺生じる, 起こる (=arise)

— 名 (複 rises[-iz]) C **上がること**, (物価などの)上昇, 増加 (⇔fall 下落)；英 昇給 (=米 raise)
- a *rise* in prices 物価の上昇

***give rise to ...*** (望ましくないこと)を引き起こす
- His silence *gave rise to* suspicion. 彼の沈黙(ちんもく)は疑いを引き起こした.

***on the rise*** 上昇中で

派生語 rising 形名, riser 名

**risen** [rízn リズン] 動 rise (上がる)の過去分詞

**riser** [ráizər ライザァ] 名C 起きる人
- an early *riser* 早起きする人
- a late *riser* 遅く起きる人

**rising** [ráiziŋ ライズィング]
— 動 rise (上がる)の現在分詞・動名詞
— 形 上がる, (太陽などが) 昇(のぼ)る
- the *rising* sun 昇る朝日
— 名U 上がること, 上昇(じょうしょう)
- the *rising* of the moon 月の出

## risk 2級 B1 [rísk リスク]

— 名UC 危険, 危険性, おそれ；冒険(ぼうけん)
- run [take] a *risk* 危険を冒(おか)す

***at any risk*** どんな危険を冒しても, 何が何でも

***at the risk of ...*** …の危険を冒して
- She saved the child *at the risk of* losing her life. 彼女は命懸(いのちが)けでその子を助けた.

— 動他 (生命など)を危険にさらす, 懸ける
- The firefighter *risked* his life to save the President. 消防士は命を懸けて大統領を救った.

**rival** B2 [ráivəl ライヴァル] 名C 競争相手, ライバル；匹敵(ひってき)する人[物]
- Jane has no *rivals* in math. ジェーンに数学でかなう者はいない.

## *river 5級 A1 [rívər リヴァ]

名 (複 rivers[-z]) C **川**, 河
- go swimming in the *river* 川へ泳ぎに行く (▶ to the river としない)
- The *river* flows [runs] through the woods. その川は森の中を流れている.

# robe

### ここがポイント! the＋川の名前
川の名前には必ずtheをつけ、㊇ではthe Hudson River, ㊈ではthe River Thamesの順で言います。また, 紛(まぎ)らわしくない場合は, the Hudson, the Thamesのようにいずれも River を省略します。

### くらべてみよう! river と stream と brook
**river**: 比較(ひかく)的大きな川
**stream**: river より小さな川. 水の流れそのものも指します
**brook**: 泉から流れ出る自然の小川

**riverbank** [rívərbæ̀ŋk リヴァバンク] 名 C 川岸, 川の土手

**riverside** [rívərsàid リヴァサイド]
— 名 C 川岸, 川辺, 河畔(かはん)
— 形 川岸の, 川辺の, 河畔の

## road 準2級 A2 [róud ロウド]
名(複 roads [-dz -ヅ]) C ❶道路, 道, 街道(かいどう); 《Roadで》…通り, …街(►Rd.と略す)
- a *road* map 道路地図
- walk along the *road* 道に沿って歩く
- Where does this *road* lead?
 この道はどこに通じていますか.
❷(ある目的に達する)道, 手段, 方法(＝means)
- a *road* to success 成功への道

***by road*** 陸路で, 車で

### くらべてみよう! road, street, avenue, path, way
**road**: 町から町へと続き, ふつう車の通れる道を言います.
**street**: 町中を通り, 両側に建物が立ち並んだ道を言い, 歩道も車道も含(ふく)みます.
**avenue**: 両側に邸宅(ていたく)や建物が立ち並び, しばしば街路樹の植えてある大通りです.
**path**: 人や動物に踏(ふ)みならされて自然にできた小道を言います.
**way**: highway, railwayなどのように複合語で用いることが多く, 単独で「道路」の意味ではあまり使いません.

**roadside** B1 [róudsàid ロウドゥサイド]
— 名 C 道端(みちばた), 路傍(ろぼう)
— 形 道端の, 路傍の

**road sign** [róud sàin ロウド サイン] 名 C 道路標識

**roar** B2 [rɔ́ːr ロァ]
— 動 自 (猛獣(もうじゅう)などが)ほえる; (波・風などが)とどろく; (人が)どなる, わめく, 笑いどよめく
- The lion is *roaring*.
 ライオンがほえている.
— 名 C ほえる声; とどろき, どよめき, うなり

**roast** 準2級 A2 [róust ロウスト]
— 動 他 (肉など)を焼く, あぶる; (豆など)をいる → cook 図
- *roast* meat 肉を焼く
— 名 U C 焼き肉, 焼き肉用の肉, ロース
— 形 焼いた, あぶった; いった
- *roast* beef ローストビーフ

**rob** 準2級 A2 [ráb ラブ | rɔ́b ロブ] 動 (過去・過分 robbed [-d]; 現分 robbing) 他《rob ... of 〜で》…から〜を奪(うば)う
- The man *robbed* her *of* her camera.
 その男は彼女からカメラを奪った.
- I was *robbed of* my watch.
 私は時計を奪われた. (►My watch was robbed. は×)

### くらべてみよう! rob と steal
それぞれ以下の形で使います.
**rob**＋〈人・場所〉＋**of**＋〈物・金など〉
**steal**＋〈物・金など〉
- He *robbed* the bank *of* five million yen. 彼は銀行から500万円を奪った.
- He *stole* her purse.
 彼は彼女の財布を盗んだ.

派生語 robber 名, robbery 名

**robber** [rábər ラバァ | rɔ́bə ロバ] 名 C 強盗(ごうとう), 泥棒(どろぼう) → thief くらべて!

**robbery** A2 [rábəri ラバリィ | rɔ́bəri ロバリィ] 名 (複 robberies [-z]) U C 強盗(ごうとう); C 強盗事件

**robe** [róub ロウブ] 名 C ❶長くてゆったりした衣服, ガウン; バスローブ(＝bathrobe) ❷《しば

しば robes で)(裁判官・聖職者などの)礼服, 官服, 法衣

**Robert** [rɑ́bərt ラバァト | rɔ́bərt ロバァト] 名 ロバート(▶男性の名. 愛称(あいしょう)は Bob, Bobby, Rob, Robin)

**Robin** A2 [rɑ́bin ラビン | rɔ́bin ロビン] 名 ロビン(▶男性の名. Robert の愛称(あいしょう))

**robin** [rɑ́bin ラビン | rɔ́bin ロビン] 名 C [鳥]こま鳥(▶英国の国鳥)

**Robin Hood** [rɑ́bin hùd ラビン フッド | rɔ̀bin húd ロビン フッド] 名 ロビン・フッド(▶12世紀ごろ, 英国のシャーウッドの森に住んでいたという伝説的人物. 弓が得意で, 貧しい人々を助けたという)

**Robinson Crusoe** [rɑ́binsən krúːsou ラビンサン クルーソゥ | rɔ́bin- ロビン-] 名 ロビンソン・クルーソー(▶英国の小説家デフォーの小説およびその主人公の名)

**robot** 2級 B1
[róubɑt ロウバット | -bɔt -ボット](★アクセント位置に注意)
名 (複 robots [-ts -ツ]) C ロボット, 人造人間
- an industrial *robot* 産業用ロボット

**robotics** [roubɑ́tiks ロウバティックス | -bɔ́tiks -ボティックス] 名《単数扱い》ロボット工学

**rock¹** 準2級 A2 [rɑ́k ラック | rɔ́k ロック]
名 (複 rocks [-s]) ❶ U C 岩; C 岩石
- climb up on a *rock*
  岩の上に登る
❷ C 《米》石(=stone)
- throw a *rock*
  小石を投げる
❸ C 《しばしば rocks で》暗礁(あんしょう), 岩礁
派生語 rocky 形

**rock²** B2 [rɑ́k ラック | rɔ́k ロック]
―動―他 (前後または左右に)…を揺(ゆ)する
- *rock* a cradle
  揺りかごを揺する
―自 揺れ動く
- The boat was *rocking* on the waves.
  ボートは波の上で揺れていた.
―名 ❶ U C (前後または左右の)揺れ, 動揺(どうよう)
❷ U [音楽]ロック, ロックンロール(=rock'n' roll)

**rock climbing** [rɑ́k klàimiŋ ラック クライミング | rɔ́k- ロック-] 名 U 岩登り, ロッククライミング

**rocket** B2 [rɑ́kit ラキット | rɔ́kit ロキット](★アクセント位置に注意) 名 C ❶ (宇宙開発などの)ロケット; ミサイル(=missile); ロケット弾(だん)
- launch [fire] a *rocket*
  ロケットを打ち上げる

❷打ち上げ花火(=firework); のろし

**Rockies** [rɑ́kiz ラッキィズ | rɔ́kiz ロッキィズ] 《the Rockies で》《複数扱い》ロッキー山脈(=the Rocky Mountains)

**rocking chair** [rɑ́kiŋ tʃèər ラッキング チェア | rɔ́kiŋ- ロッキング-] 名 C 揺(ゆ)りいす, ロッキングチェア

**rocking horse** [rɑ́kiŋ hɔ̀ːrs ラッキンング ホース | rɔ́kiŋ- ロッキング-] 名 C 揺(ゆ)り木馬

**rock'n'roll** [rɑ́kənróul ラッカンロウル | rɔ́kə- ロッカ-] 名 U ロックンロール(▶米国で1950年代に生まれた躍動(やくどう)的な音楽. rock-and-roll の略) (=rock)

**rocky** B2 [rɑ́ki ラッキィ | rɔ́ki ロッキィ] 形 (比較 rockier; 最上 rockiest)岩の多い; 岩のような

**Rocky Mountains** [rɑ́ki máuntənz ラッキィ マウンタンズ | rɔ́ki- ロッキィ-] 名 《the Rocky Mountains で》ロッキー山脈(▶北米西部を南北に走る大山脈)(=the Rockies)

**rod** 4級 [rɑ́d ラッド | rɔ́d ロッド] 名 C さお, 棒, むち
- a fishing *rod*
  釣(つ)りざお

**rode** 4級 [róud ロウド]
動 ride (乗る)の過去形

**rodeo** [róudiòu ロウディオゥ | róudiou] 名 (複 rodeos [-z]) C ロデオ(▶カウボーイが, 暴れ馬を乗りこなしたり, 投げ縄(なわ)で牛を捕(と)らえたりする競技会)

**role** 3級 A1 [róul ロウル] 名 C (劇などの)役; 役割, 任務
- *play* the *role of* Juliet
  ジュリエットの役を演じる
- *play* the leading *role*
  主役を演じる

**role model** [róul mɑ̀dl ロウル マドゥル | - mɔ̀dl -モドゥル] 名 C 役割モデル, お手本, ロールモデル

**role play, role-play** [róul plei ロウル プレイ, róulplei ロウルプレイ] 名 C U 役割演技(▶自分とは違(ちが)う人物を演じること), ロールプレー, (語学学習における)役割練習
―動 他 自 (…の)ロールプレイを行う

# Roman Empire

## roll 準2級 A2 [róul ロウル]

動 自 ❶ 転がる
❷ (乗り物が車輪で)動く
❸ (船・飛行機が)横揺(ゆ)れする
❹ (雷(かみなり)などが)鳴り響(ひび)く
他 ❶ …を転がす
❷ …を巻く
❸ (ローラーなどで)…をならす
名 ❶ 巻いた物
❷ ロールパン
❸ 出席簿(ぼ)
❹ (船・飛行機の)横揺れ
❺ (雷などの)とどろき

— 動 (三単現 rolls[-z]; 過去・過分 rolled[-d]; 現分 rolling)
— 自

❶ 転がる, 転がっていく
• The soccer ball *rolled* away.
サッカーボールが転がっていった.
❷ (乗り物が車輪で)動く, 進む
• The car *rolled along* the street.
車は通りを進んでいった.
❸ (船・飛行機が)横揺れする(⇔pitch 縦揺れする), (波などが)うねる
• The ship *rolled* and pitched heavily.
船は前後左右に激しく揺れた.
❹ (雷・ドラムなどが)鳴り響く

— 他 ❶ …を転がす, 回す
• He *rolled* a ball with his foot.
彼は足でボールを転がした.
❷ …を巻く, 丸める, くるむ
• *roll* the yarn (up) into a ball
毛糸を巻いて玉にする
❸ (ローラー・めん棒などで)…をならす, 伸(の)ばす

*roll over* 転がる; (人)を転がす
*roll up* …を巻き上げる, くるくる巻く
• Tom *rolled up* his trousers.
トムはズボンのすそをまくり上げた.

— 名 (複 rolls[-z]) C

❶ 巻いた物; 1巻[本]
• *a roll of* toilet paper
トイレットペーパー1巻
❷ ロールパン → bread 表現メモ
❸ 出席簿; 名簿
• *call the roll* 出席を取る
❹ (船・飛行機の)横揺れ(⇔pitch 縦揺れ)
❺ (雷・ドラムなどの)とどろき, 太く長い音
派生語 roller 名

**roller** [róulər ロウラァ] 名 C ローラー(►地ならし・ペンキ塗(ぬ)り・印刷などに用いる道具)

**roller coaster** 準2級 [róulər kòustər ロウラァ コウスタァ] 名 C ジェットコースター(►「ジェットコースター」は和製英語)

**roller skate** [róulər skèit ロウラァ スケイト] 名 ((roller skates で))ローラースケート靴(くつ)

**roller-skate** [róulər skèit ロウラァスケイト] 動 自 ローラースケートをする(►単に skate とも言う)

**roller-skating** [róulərskèitiŋ ロウラァスケイティング] 名 U ローラースケート

**ROM** [rám ラム | róm ロム] 名 C 《コンピュータ》ロム, リードオンリーメモリー(►read-only memory の略, 読み出し専用の記憶(きおく)装置)

**Roman** 3級 [róumən ロウマン]
— 形 (古代・現代の)ローマの; ローマ人の
— 名 C 古代ローマ人; (現代の)ローマ市民

**Roman Catholic Church** [ròumən kǽθəlik tʃə́:rtʃ ロウマン キャサリック チャーチ] 名 《the Roman Catholic Church で》カトリック教会(►ローマの司教である教皇(Pope)を最高首長とするキリスト教会)

**romance** A2 [rouméns ロウマンス] 名 ❶ C U 恋愛(れんあい), ロマンス ❷ C 空想小説; 中世騎士(きし)物語

**Roman Empire** [ròumən émpaiər ロウマン エン

## Romania

バイア】图《the Roman Empireで》ローマ帝国(略) (▶紀元前27年にアウグストゥスによって建設された大帝国. 395年に東西に分裂(略)した)

**Romania** [rouméiniə, ru:méiniə ロゥメィニァ, ルーメィニァ | ruméiniə ルメィニァ] 图 ルーマニア (▶東ヨーロッパにある共和国. 首都はブカレスト (Bucharest))

**Roman numerals** [ròumən nú:mərəlz ロゥマン ヌーマラルズ | - njú:mərəlz -ニューマラルズ] 图 ローマ 数 字 (▶ I (= 1), II (= 2), III (= 3), IV (= 4), V (= 5), X (= 10)など)

**romantic** A2 [rouméntik ロゥマンティック] 形 空想的な, ロマンチックな, 恋愛(略)の; 非現実的な; 空想的な

**Rome** 4級 [róum ロゥム] 图 ローマ (▶イタリア (Italy)の首都; 古代ローマ帝国(略)の首都)
- All roads lead to *Rome*.
 (諺)すべての道はローマに通じる. (▶「目的を達するための手段はいろいろある」という意味)
- *Rome* was not built in a day.
 (諺)ローマは1日にして成らず. (▶「何事も長い間の努力なしには成しとげられない」という意味)
- When in *Rome*, do as the Romans do.
 (諺)郷(ごう)に入っては郷に従え. (⇔ローマではローマ人のするようにせよ)

**Romeo** [róumiòu ロゥミオゥ] 图 ロミオ (▶シェークスピア作の悲劇『ロミオとジュリエット』の主人公の青年の名)

# roof A2 [rú:f ルーフ]

图 (複 roofs [-s]) C (建物の)**屋根**, 屋上
- a flat *roof*
 平屋根
- There is a ball on the *roof*.
 屋根の上にボールが載(の)っている.

**rookie** [rúki ルキィ] 图 C (話)新人, 新米; (野球やフットボールの)新人選手, ルーキー

# *room 5級 A1 [rú:m ルーム]

图 (複 rooms [-z]) ❶ C **部屋**, 室
- a large *room*
 広い部屋 (▶ a wide roomは×)
- a small *room*
 狭(せま)い部屋 (▶ a narrow roomは×)
- My house has five *rooms*.
 私の家には5部屋あります.

───── 表現メモ ─────

roomのいろいろ
(1) 家庭
bathroom 浴室, トイレ / bedroom 寝室(しん)/ dining room 食堂 / drawing room 応接間 / living room, ⑱sitting room 居間

(2) 公共の建物
classroom 教室 / meeting room 会議室 / music room 音楽室 /
reading room 読書室, 図書閲覧(えつ)室 /
restroom トイレ /
waiting room 待合室

───────────────

❷ U (人・物が占(し)める)**空間**, **場所** (= space); (何かを受け入れる)**余地** (▶この意味ではtheをつけない)
- There's *room* in this car for five people.
 この車は5人乗りだ. (⇔この車には5人分の空間がある)
- There's no *room* for doubt.
 疑いの余地はまったくない.

***make room for ...*** …のために場所[席]を空ける
- She *made room for* an elderly person.
 彼女はお年寄りのために席を空けた[譲(ゆず)った].

**roommate** B2 [rú:mmèit ルームメイト] 图 C (寮(りょう)などの)同室者, ルームメート

**Roosevelt** [róuzəvèlt ロゥザヴェルト] 图
❶ Franklin Delano, フランクリン・デラノゥ・ル(ロ)ーズベルト (▶ 1882-1945; 米国第32代の大統領; 在職1933-1945) ❷ Theodore, セオドア・ル(ロ)ーズベルト (▶ 1858-1919; 米国第26代の大統領; 在職1901-1909)

**rooster** [rú:stər ルースタァ] 图 C ⑱ おんどり (= ⑱ cock, ⇔ hen めんどり)

# root 準2級 A2 [rú:t ルート] (★同音 route 道)

─图 (複 roots [-ts -ツ]) ❶ C (植物の)**根** (→ tree 図); (毛・歯などの)根元, つけ根
- *roots* of a tree 木の根
- the *root* of a hair 毛根(こん)

❷ U 《ふつう the rootで》**根本**, 根底; **原因**, 根源
- the *root* of all evil 諸悪の根源

❸ C 祖先;《rootsで》ルーツ (▶物事の始め, 起源, また, 民族文化などの源泉)
- This dance has its *roots* in Japanese culture.
 この踊(おど)りは日本文化にルーツがある.

❹ C 『数学』根(こん), ルート (▶記号は√)
- a square *root* 平方根

***by the root(s)*** 根こそぎ; 根本から
***take root*** (植物が)根づく; (習慣などが)定着する

─動 (三単現 roots [-ts -ツ]; 過去・過分 rooted [-id]; 現分 rooting) ⑲ ⑳ ❶ …を根づかせる; 根づく
❷ (考え方・習慣など)を定着させる; 定着する

***root out*** = ***root up*** …を根こそぎにする; …

を根絶させる

## rope A2 [róup ロウプ]

名(複 ropes[-s]) C|U 縄(なわ), 綱(つな), ロープ
* jump *rope* 縄跳(なわと)びをする

**ropeway**[róupwèi ロウプウェイ] 名 C ロープウエー, 空中ケーブル

## rose¹ 3級 [róuz ロウズ]

動 rise(上がる)の過去形

## rose² 5級 A1 [róuz ロウズ]

名(複 roses[-iz]) ❶ [植物] C ばら, ばらの花
* a wild *rose* 野ばら
* No *rose* without a thorn.
(ことわざ) とげのないばらはない.(▶「どんなよいことにもどこか悪い点がある」という意味)

❷ U ばら色

> **これ、知ってる?** ばらのイメージ
> 欧米(おうべい)では, ばらはしばしば人生の幸福・安楽に例えられます. イングランドを象徴(しょうちょう)する花で, また1986年には米国の国花にも制定されています.

派生語 rosy 形

**rosebud**[róuzbÀd ロウズバッド] 名 C ばらのつぼみ

**rosy** B2 [róuzi ロウズィ] 形 ばら色の; 希望に満ちた

**rot**[rát ラット | rɔ́t ロット]
動(過去・過分 rotted[-id]; 現分 rotting) 自他 腐(くさ)る, 朽(く)ちる; …を腐らせる, 朽ちさせる

**rotary**[róutəri ロウタリィ]
—形 回転する, 回転式の
—名(複 rotaries[-z]) C 米 ロータリー, 円形交差点(=traffic circle, 英 roundabout)

米国のロータリーの例

**rotate**[róuteit ロウテイト | routéit ロウテイト] 動
自他 ❶ 回転する; …を回転させる
❷(順番に)交代する; …を交代させる
派生語 rotation 名

**rotation**[routéiʃən ロウテイション] 名 ❶ U|C 回転 ❷ U|C 交代, ローテーション ❸ U(天体の)自転(▶「公転」は revolution)

**rotten** B1 [rátn ラトゥン | rɔ́tn ロトゥン] 形 ❶ 腐(くさ)った, 腐敗(ふはい)した, 朽(く)ちた
❷(道徳的に)堕落(だらく)した

**rouge**[rúːʒ ルージュ] 名 U 口紅, ほお紅(▶フランス語から)

**rough** 2級 B1 [ráf ラフ] (★ouのつづりに注意)
形 ❶(表面が)でこぼこした, ざらざらした, きめの粗い(⇔smooth 滑(なめ)らかな)
* a *rough* road でこぼこ道
* This shell feels *rough*.
この貝がらはざらざらしている.
❷(態度・性格などが)荒(あら)っぽい, 乱暴な;(空・海などが)荒(あ)れた
* *rough* weather 荒れた天気
❸ 大まかな, だいたいの, おおよその
* a *rough* sketch 素描(そびょう), ラフスケッチ
派生語 roughly 副

**roughly** A2 [ráfli ラフリィ] 副 手荒(てあら)く, 乱暴に; 大まかに, だいたい

## round 準2級 A2 [ráund ラウンド]

> 形 ❶ 丸い
>  ❷ 一周の
> 副 ❶(ぐるりと)回って
>  ❷ 周囲に
> 前 ❶ …の周りに
>  ❷ …のあちこちを
> 名 ❶ 回転
>  ❷ 巡回(じゅんかい)
>  ❸(ボクシングなどの)1ラウンド
>  ❹ 円
> 動 自 回る
>  他 …を回る

—形 (比較 rounder; 最上 roundest) ❶ 丸い, 円形の, 球形の(⇔ square 四角い); 丸みのある
* a *round* plate 丸い皿
* *round* cheeks ふっくらしたほお
* A baseball is *round*. 野球のボールは丸い.
❷ 一周の, ぐるっと回る
* a *round* trip
米 往復旅行; 英 周遊旅行 → round-trip
—副(▶米ではaroundを用いることが多い)
❶(ぐるりと)回って; あちこちに
* walk *round* 歩き回る
* look *round* 辺りを見回す
❷ 周囲に, 周囲が…で
* The pond is 30 feet *round*.
その池は周囲が30フィートある.(▶ 1 footは

## roundabout

約30 cm →foot❷)
***all year round*** 一年じゅう
***round and round*** ぐるぐる回って
**━前**(►㊤ではaroundを用いることが多い)
❶…の周りに, …を回って
- sit *round* the table
  テーブルの周りに座(ⓢ)る

❷…のあちこちを
- look *round* the room 部屋の中を見回す

**━名**(複 rounds[-dz -ヅ]) Ⓒ ❶回転; (ある長い過程の)一部

❷《しばしばroundsで》巡回, 巡回区域; (同じ仕事の)繰(ⓒ)り返し
- The police officer made her daily *rounds*.
  その警察は一日の務めを終えた.

❸(ボクシング・ゴルフなどの)1ラウンド, 1勝負
- a 10-*round* fight 10回戦の試合

❹円, 輪, 丸いもの
- dance *in a round* 輪になって踊(ⓞ)る

**━動**(三単現 rounds[-dz -ヅ]; 過去・過分 rounded[-id]; 現分 rounding)
━自回る, 曲がる; 丸くなる
- *round* to the right 右に曲がる

━他…を回る, 曲がる; …を丸くする
- *round* the corner 角(ⓚ)を曲がる

**roundabout** A2 [ráundəbàut ラウンダバウト]
━形 遠回りの; (言い方などが)遠回しの
━名 Ⓒ ❶㊧回転木馬(=㊤merry-go-round, carousel, carrousel)
❷㊧円形交差点, ロータリー(=traffic circle, ㊤rotary)

**round-trip** [ráundtríp ラウンドトゥリップ] 形 ㊤往復の, 往復旅行の; ㊧周遊の, 周遊旅行の
- a *round-trip* ticket
  ㊤往復切符(ⓢ)(=㊧a return ticket)

**route** B2 [rúːt ルート] (★同音 root 根) 名 Ⓒ 道, 道筋, ルート; 航路; (国道などの)…号線
- *Route* 18 18号線
- the shortest *route to* Los Angeles
  ロサンゼルスへ行く最短ルート

**routine** B1 [ru:tíːn ルーティーン] (★アクセント位置に注意)
━名 Ⓒ Ⓤ 決まった仕事, 日常の仕事; 決まりきったやり方; 慣例
- daily *routine* 毎日の決まった仕事, 日課
━形 日常の; 決まりきった

## row¹ 3級 A1 [róu ロウ]

名(複 rows[-z]) Ⓒ 列, 並び, (劇場・教室・車などの)座席の列(►ふつう横に並んだ列をさす)
- a *row* of poplar trees
  ポプラ並木

- sit in the last [front] *row* of the classroom
  教室のいちばん後ろ[前]の列に座(ⓢ)る

***in a row*** 1列に; 連続して
- Place the cups *in a row*.
  カップを1列に並べなさい.
- I was late for school three days *in a row*.
  3日連続で学校に遅(ⓞ)れた.

**row²** B2 [róu ロウ]
━動━他(舟(ⓕ)・ボート)をこぐ
- *row* a boat ボートをこぐ
━自 舟をこぐ
- *row across* the river 舟をこいで川を渡(ⓣ)る
━名 Ⓒ 舟[ボート]をこぐこと, 舟こぎ
- go for a *row* ボートをこぎに行く

**rowboat** [róubòut ロウボウト] 名 Ⓒ ㊤(オールでこぐ)舟(ⓕ), ボート

**royal** 準2級 A2 [rɔ́iəl ロイアル] 形 王の, 女王の; 王室の
- the *royal* family 王室, 王家

**RSVP, R.S.V.P.** [àːresviːpíː アーエスヴィーピー]
お返事をお願いします(►招待状などの末尾に書く. フランス語のRépondez s'il vous plaît.(=Please respond.)から)

**rub** B2 [rʌ́b ラブ] 動(過去・過分 rubbed[-d]; 現分 rubbing)
━他…をこする, 磨(ⓜ)く
- Don't *rub* your eyes *with* your dirty fingers.
  汚(ⓚ)い指で目をこすってはいけない.
━自 こすれる, すれる

***rub out*** ㊧…を消しゴムで消す
派生語 rubber 名

**rubber** B1 [rʌ́bər ラバァ]
━名 ❶Ⓤ ゴム; Ⓒ ゴム製品; ㊧輪ゴム(=rubber band); ㊧消しゴム(=eraser) ❷《rubbersで》㊤オーバーシューズ(►靴(ⓒ)の上に履(ⓗ)くゴムの防水靴)
━形 ゴム製の
- *rubber* boots ゴム長靴

**rubbish** B1 [rʌ́biʃ ラビッシュ] 名 Ⓤ ❶くず, ごみ, がらくた(=㊧garbage, ㊤trash) →garbage

# run

**くらべて!** ❷ くだらないこと, ばかげたこと (=nonsense)

**ruby** [rú:bi ルービィ] (★「ルビー」でないことに注意) 名 (複 rubies[-z]) C ルビー(►赤色の宝石)

**rucksack** [rʌ́ksæk ラックサック] 名 C 米 リュックサック(►ドイツ語から)(=knapsack)

**rudder** [rʌ́dər ラダァ] 名 C (船の)舵(かじ);(飛行機の)方向舵(だ)

**rude** A1 [rú:d ルード] 形 失礼な, 不作法な, 無礼な(⇔polite ていねいな);粗野(そ)な, 乱暴な
- *rude* manners 不作法
- It is not *rude* to ask questions.
  質問をするのは失礼ではない.

**rug** B2 [rʌ́g ラッグ] 名 U ❶ (床(ゆか)の一部を覆(おお)う)敷物(しきもの)→ carpet ❷ 英 ひざ掛(か)け

# Rugby, rugby 準2級 A2

[rʌ́gbi ラグビィ]

名 U ラグビー(►英国中部のラグビーにあるパブリックスクールのラグビー校でこのゲームが初めて行われたことに由来する)(=Rugby football) スポーツ【口絵】

**rugged** [rʌ́gid ラギッド] 形 でこぼこの, ごつごつした, 岩だらけの

**ruin** A2 [rú:in ルーイン]

―名 ❶ U 破壊(はかい), 破滅(はめつ);荒廃(こうはい)
- *fall into ruin*
  破滅する

❷ C ((しばしば ruins で))廃墟(はいきょ), 遺跡(いせき)
- the *ruins* of an old temple
  古い寺院の遺跡

―動 他 …を破滅させる;…を駄目(だめ)にする
- The earthquake *ruined* the town.
  その地震(じしん)はその町を壊滅させた.

# rule 3級 A1 [rú:l ルール]

名 ❶ 規則
❷ 慣例
❸ 支配
動 他 ❶ …を支配する
❷ …と裁決する
❸ …に線を引く
自 支配する

―名 (複 rules[-z]) ❶ C **規則**, 法則, 規定, ルール
- *obey* [*keep*] the school *rules*
  学校の規則を守る
- *break* the traffic *rules*
  交通規則を破る

❷ C 慣例, 習慣
❸ U 支配, 統治
- during the *rule* of Queen Elizabeth II
  エリザベス2世の治世に(►IIは the second と読む)

*as a* (*general*) *rule* ふつうは, 一般に
- She gets up at six *as a rule*.
  彼女はふつう6時に起きる.

*make it a rule to* +〈動詞の原形〉= *make a rule of* +〈-ing形〉いつも…することにしている
- My father *makes it a rule to* read the newspaper every morning.
  父は毎朝新聞を読むことを常としている.

―動 (三単現 rules[-z]; 過去・過分 ruled[-d]; 現分 ruling)

―他 ❶ …を支配する, 統治する(=govern)
- Louis XIV *ruled* France in the 17th century.
  ルイ14世は17世紀にフランスを統治した. (► XIV は the fourteenth と読む)

❷ (裁判官などが)…と裁決する, 決定する
❸ (定規などで)…に線を引く
―自 支配する, 統治する
派生語 ruler 名

**ruler** 5級 A1 [rú:lər ルーラァ] 名 C ❶ 支配者, 統治者 ❷ 定規, 物差し

**rum** [rʌ́m ラム] 名 U ラム酒(►砂糖きびから作るアルコール度数の強い酒)

**rumor** A2 [rú:mər ルーマァ] (►英では rumour とつづる)

―名 U C うわさ
- There is a *rumor* that the athlete is sick.
  その選手は病気だといううわさだ.

―動 他 …をうわさする

# *run 5級 A1 [rʌ́n ラン]

動 自 ❶ 走る
❷ (バスなどが)運行している
❸ (川などが)流れている
❹ (機械などが)動く
❺ 《run +〈形容詞〉で》(…の状態に)なる
❻ (映画などが)続く
❼ (選挙に)立候補する
他 ❶ (距離(きょり))を走る
❷ (機械など)を運転する
❸ (店など)を経営する
❹ …を走らせる
名 ❶ 走ること
❷ 続くこと
❸ (野球などの)得点
❹ ストッキングの伝線

―動 (三単現 runs[-z]; 過去 ran[rǽn ラン]; 過分 run; 現分 running) (►過分は原形と同じ)

# run

— 自

❶ (人・動物などが) **走る**, 走って行く[来る]; 逃げる
- *run* fast 速く走る
- Don't just walk – *run*! 歩いてないで, 走って!
- The little girl *ran* to me. 女の子は私の所へ走って来た.
- He came *running* toward me. 彼が私のほうへ走って来た.

❷ (バス・列車などが) **運行している**, 走行する
- This bus *runs* between Shinjuku and Hakone. このバスは新宿と箱根の間を運行している.

❸ (川などが) **流れている** (▶進行形にしない), (線路・道路などが) **通じている**; (涙・水などが) 流れる; 《米》(ストッキングが) 伝線する
- The road *runs* east to west. その道は東西に走っている.
- Tears *ran* down my cheeks. 私のほおを涙が流れ落ちた.
- My nose is *running*. 鼻水が止まらない.

❹ (機械などが) **動く**
- The motor runs on [by] electricity. そのモーターは電気で動く.

❺ 《run +〈形容詞〉で》(…の状態に) なる, 変わる (▶好ましくない状態になる場合に用いる)
- We are *running* short of water. 水が不足してきている.
- This river *runs* dry in the summer. この川は夏にかれる.

❻ (映画・芝居・行事などが時間的に) 続く
- The play *ran* for three years. その芝居は3年間続いた.

❼ 《米》(選挙に) 立候補する
- *run* for President 大統領に立候補する

— 他 ❶ (距離・道) **を走る**; (競走など) をする
- *run* a race 競走する
- *run* the 100 meters 100メートル競走に出る

❷ (機械など) **を運転する**
- *run* a machine 機械を動かす

❸ (店など) **を経営する**, 運営する

- *run* a small inn 小さな旅館を経営する

❹ (動物) を走らせる; (手・視線など) を動かす
- *run* the horse to the lake 馬を湖まで走らせる
- The girl *ran* her fingers over the keys of the organ. その少女はオルガンのキーに指を走らせた.

***run across ...*** (道など) を走って渡る; (人) に偶然出会う (= run into)
- I *ran across* one of my old friends at the airport. 私は空港で旧友にばったり会った.

***run after ...*** …を追いかける
- A boy is *running after* a ball. 少年がボールを追いかけている.

***run away*** (*from ...*) (…から) 逃げる, 走り去る
- He *ran away from* home last month. 彼は先月家出した.

***run down*** (*...*) (…を) 駆け降りる; 流れ落ちる; (機械が) 止まる; (乗り物が人を) ひく
- She *ran down* the stairs. 彼女は階段を駆け降りた.
- The battery has *run down*. 電池が切れた.

***run into ...*** …に駆けこむ; …にぶつかる; (人) に偶然出会う (= run across ...)
- I *ran into* Ted at the library. 私は図書館でテッドにばったり会った.

***run off*** 走り去る, 逃げる

***run out*** (*of ...*) (…から) 走り出る; (…が) なくなる, (…を) 使い果たす
- Time is *running out*. 時間切れになるよ.
- They *ran out of* money. 彼らは金を使い果たした.

***run over*** (車などが) …をひく (▶しばしば受け身で使う); あふれる; …にざっと目を通す
- Our cat was *run over* by a car. うちの猫は車にひかれた.

***run through ...*** …を走り抜ける; …にざっと目を通す
- Mary *ran through* her mail. メアリーは郵便物にざっと目を通した.

***run up*** (*...*) (…を) 駆け上がる; (旗など) を揚げる

***run up to ...*** …の所に駆け寄る
- The students *ran up to* their teacher. 生徒たちは先生の所に駆け寄った.

— 名 (複 runs[-z]) © ❶ 走ること; 競走
- take [have] a *run* = go for a *run* 一走りする
- a 400-meter *run* 400メートル競走

❷ 続くこと, 連続; (劇・映画などの) 連続公演
- a *run* of bad luck 不運の連続

- a long *run* on Broadway
  ブロードウエーの長期公演
- ❸(野球・クリケットの)得点
  - score two *runs* 2点入れる
- ❹⊛ストッキングの伝線(＝ladder)

***in the long run*** 長い目で見れば,結局は
***in the short run*** 短期的には,さしあたっては

派生語 runner 名, running 名形, runny 形

**rung**[rʌ́ŋ ラング] 動 ring²(鳴る; 鳴らす)の過去分詞

# runner 準2級 A2 [rʌ́nər ラナァ]

名(複 runners[-z]) C **走る人**, 競走者;(野球の)走者, ランナー
- a good *runner* 速く走る人

# running 準2級 A2 [rʌ́niŋ ラニング]

- 動 run(走る)の現在分詞・動名詞
- 名 U 走ること,ランニング; 経営;(水などが)出ること
- 形 走る, 走りながらの; 流れている
  - *running* water 流れている水, 水道の水

**runny**[rʌ́ni ラニィ] 形 鼻水が出る; 水っぽい
- I have a *runny* nose. 鼻水が出る.

**runway** B1 [rʌ́nwèi ランウェィ] 名 C (空港の)滑走(ｿｳ)路

**rupee**[rúːpiː ルーピー] 名 C ルピー(▶インド・パキスタン・スリランカなどの貨幣(ﾍｲ)単位)

**rural** B2 [rúərəl ル(ｱ)ラル] 形 田舎(ｲﾅｶ)の, 田園の, 農村の; 田舎風の(⇔urban 都市の)

# rush A2 [rʌ́ʃ ラッシュ]

- 動 (三単現 rushes[-iz]; 過去・過分 rushed[-t]; 現分 rushing)
  - ⓐ 突進(ﾂﾝ)する, 急いで行く[来る]; 急いで運ぶ
    - The patrol car *rushed to* the spot.
      パトカーは現場に急行した.
    - He *rushed into* the room.
      彼は部屋に飛びこんできた.
  - ⓗ (仕事など)を急いでする;(人)を急がせる
    - You don't have to *rush* your work.
      急いで仕事をする必要はない.
- 名(複 rushes[-iz]) ❶ C 《ふつう a rush で》**突進**; 殺到(ﾄｳ); ラッシュ, 急いで動くこと
  - a gold *rush* ゴールドラッシュ(▶金の産出地へ人々が殺到すること)
  - They *made a rush for* the door.
    彼らはドアに向かって突進した.
  - ❷ U 慌(ｱﾜ)ただしさ; 忙しさ
    - What's the *rush*?
      何をそんなに急いでいるの.

**rush hour** B2 [rʌ́ʃ àuər ラッシュ アウァ] 名 C 《しばしば the rush hour で》ラッシュアワー

**Rushmore**[rʌ́ʃmɔːr ラシュモァ]
名 《Mt. Rushmore で》ラシュモア山(▶米国サウスダコタ州の山. 山腹にアメリカ大統領だったワシントン, ジェファーソン, リンカン, ル(ロ)ーズベルトの大きな顔が刻まれている)

# Russia 3級 [rʌ́ʃə ラッシャ]

名 ❶ ロシア連邦(ﾎｳ)(▶ヨーロッパ北東部からアジア北部に広がる国. 首都はモスクワ(Moscow). 1991年ソビエト連邦の消滅(ﾒﾂ)で成立) ❷ ロシア帝国(ｺｸ)(▶1917年にロシア革命で倒(ﾀｵ)れた)

派生語 Russian 形名

**Russian** 4級 [rʌ́ʃən ラシャン]
- 形 ロシアの; ロシア人の; ロシア語の
- 名 C ロシア人; U ロシア語

**rust**[rʌ́st ラスト]
- 名 U (金属の)さび
- 動 自他 さびる, さびつく; …をさびつかせる

派生語 rusty 形

**rustle**[rʌ́sl ラスル](★このtは発音しない)
- 動 自他 (木の葉・絹などが)さらさら[かさかさ]音を立てる;…をさらさら[かさかさ]動かす
- 名 C U さらさら[かさかさ]という音

**rusty** B2 [rʌ́sti ラスティ] 形 (比較 rustier; 最上 rustiest) さびた, さびついた
- a *rusty* nail さびたくぎ

**Ruth**[rúːθ ルース] 名 ルース(▶女性の名)

**Rwanda**[ruáːndə ルアーンダ | ruǽndə ルアンダ] 名 ルワンダ(▶東アフリカにある共和国. 首都はキガリ(Kigali))

**rye**[rái ラィ] 名 U 《植物》ライ麦(▶北ヨーロッパの主要穀物; 黒パンやウイスキーの原料や飼料)

**rye bread**[rái brèd ラィ ブレッド] 名 U ライ麦パン, 黒パン

# S, s

**S, S**[és エス] 名(複 S's, Ss, s's, ss[-iz]) C 英語アルファベットの第19字

**S, S.** south(南)の略

**s.** singular(単数)の略

**-s¹**[-z -ズ, -s -ス](▶名詞の複数形をつくる)
- three books 3冊の本(▶book＋-s)

**-s²**[-z -ズ, -s -ス](▶動詞の三人称(にんしょう)単数現在形をつくる)
- My mother plays tennis. 母はテニスをする.(▶play＋-s)

**-'s** A1 [-z -ズ, -s -ス]
❶ …の(▶名詞の所有格をつくる)➡of❶
- Jack's younger brother ジャックの弟(▶Jack＋-'s)
- students' hall 学生会館(▶複数を示す-sのついた語にはアポストロフィー(')だけをつける)

❷(▶is, has, usの短縮形をつくる)
- he's＝he is, he has(▶このhasは助動詞)
- she's＝she is, she has(▶このhasは助動詞)
- let's＝let us

❸(▶文字・数字・略語などの複数形をつくる)
- three P's Pの文字3つ(▶three Psのようにアポストロフィー(')を省略することも多い)

**$, $** dollar(s)(ドル)の記号
- $10.45 10ドル45セント(▶ten dollars forty-five(cents)と読む)

**sack**[sǽk サック] 名 C 麻袋(あさぶくろ), (粗(あら)い布製や丈夫(じょうぶ)な紙製の)大袋(▶じゃが芋(いも)・小麦粉など用); 1袋分(のう)
- a sack of flour [potatoes, coal] 1袋分の小麦粉[じゃが芋, 石炭]

**sacred** B1 [séikrid セイクリッド] 形 神聖な; 宗教に関する

**sacrifice** 2級 [sǽkrifais サクリファイス]
━名 ❶ U C 犠牲(ぎせい); C 〖野球〗犠牲打
- Lisa's parents made great sacrifices to pay for her education. リサの両親は彼女の教育費を払(はら)うために大きな犠牲を払った.
❷ C (神への)生けにえ
━動 他 (動物など)を生けにえとしてささげる; (貴重なもの)を犠牲にする

\***sad** 5級 [sǽd サッド]
形 (比較 sadder; 最上 saddest) 悲しい(⇔glad うれしい, merry 楽しい); 悲しそうな
- sad news 悲しい知らせ, 悲報
- a sad look 悲しそうな顔つき
- Why are you looking so sad? なぜそんなに悲しそうな顔をしているの.
- He was [felt] sad at the tragic sight. 彼はその痛ましい光景を見て悲しんだ.
派生語 sadly 副, sadness 名

**sadder**[sǽdər サッダァ] 形 sad(悲しい)の比較(かく)級

**saddest**[sǽdist サッディスト] 形 sad(悲しい)の最上級

**saddle**[sǽdl サドゥル] 名 C (馬の背に置く)くら; (自転車・オートバイなどの)サドル

**sadly** 準2級 A2 [sǽdli サッドゥリィ] 副 悲しそうに, 悲しげに; 〖文頭に置き, 文全体を修飾して〗悲しいことに

**sadness** B1 [sǽdnis サッドゥニス] 名 U 悲しみ

**safari** 2級 B1 [səfɑ́:ri サファーリィ](★「サファリ」でないことに注意) 名 C (特にアフリカでの)狩猟(しゅりょう)旅行, サファリ

**safari park**[səfɑ́:ri pà:rk サファーリィ パーク] 名 C ((主に英))サファリパーク, 野生動物公園

**safe** 準2級 A2 [séif セイフ]
━形 (比較 safer; 最上 safest) ❶ 安全な, (…の)危険がない(⇔dangerous 危険な)
- a safe place 安全な場所
- My father is a safe driver. 父は安全運転をする.(⇔安全な運転手だ)
- Are they safe? 彼らは無事ですか.
- Is it safe to swim here? ここで泳いでもだいじょうぶですか.

❷ 《arrive, come, bring, keepなどの動詞の後に用いて》安全に, 無事に(＝safely)
- The parcel arrived safe. 小包は無事に届いた.

❸ 〖野球〗セーフの[で](⇔out アウトで)

- He was *safe* on first base.
  彼は1塁(&#x1f517;)でセーフになった.
*safe and sound* 無事に
―名 (複 safes[-s]) C 金庫
派生語 safely 副, safety 名
**safely** 2級 B1 [séifli セイフリィ] 副 安全に, 無事に

## safety B1 [séifti セイフティ]

名 U **安全**, 無事(⇔danger 危険)
- *SAFETY* FIRST
 《揭示》安全第一(►工事現場などで使う)
*in safety* 安全に, 無事に(＝safely)

**safety belt** [séifti bèlt セイフティ ベルト] 名 C (飛行機・自動車などの)座席ベルト, シートベルト(＝seat belt); (高所作業用の)安全ベルト

**safety pin** [séifti pìn セイフティ ピン] 名 C 安全ピン

**safety razor** [séifti rèizər セイフティ レイザァ] 名 C 安全かみそり

**Sagittarius** [sædʒətéəriəs サヂャテ(ァ)リアス] 名 (複 Sagittariuses[-iz]) U 〖天文・占星〗射手(いて)座; C 〖占星〗射手座生まれの人

**Sahara** [səhǽrə サハラ | -hάːrə -ハーラ] 名 《the Saharaで》サハラ砂漠(ばく)

## said 4級 A1

[séd セッド] (★「セイド」でないことに注意)
動 say(言う)の過去形・過去分詞

## sail B2 [séil セイル] (★同音 sale 販売(ばい))

―名 (複 sails[-z]) ❶ C U (船の)**帆**(ほ) (►a sail は1枚の帆, sail または the sails は船の帆全体)
- *put up* [*lower*] *the sails*
 帆を揚(あ)げる[下ろす]
❷ C (特に帆船(はんせん)での)**船旅**; 帆走
- *go for a sail* 船遊びをしに行く
❸ C 帆船
*set sail* 帆を揚げる; 出航する
- The ship *set sail for* America.
 船はアメリカに向けて出航した.
―動 (三単現 sails[-z]; 過去・過分 sailed[-d]; 現分 sailing)
―自 ❶ (船が)**航行する**; 帆走する; 出帆する, 出航する
- The ship *sailed* north.
 その船は北へ向かった.
❷ すべるように進む[飛ぶ]; (雲が)流れる
―他 (船)**を走らせる**; (人が海)を渡(わた)る; …を航海する
- They *sailed* the Pacific Ocean for two weeks. 彼らは太平洋を2週間航海した.

派生語 sailing 名, sailor 名

**sailboat** 3級 [séilbòut セイルボウト] 名 C 〖米〗(小さな)帆船(はんせん), ヨット(＝〖英〗sailing boat) →yacht

## sailing A2 [séiliŋ セイリング]

―動 sail(航行する)の現在分詞・動名詞
―名 U 帆走(はんそう); ヨット遊び; C 航海

**sailor** 3級 A1 [séilər セイラァ] 名 C ❶ 船員, 水夫, 船乗り; 水兵
❷ 船に…な人 (►形容詞をつけて用いる)
- a good *sailor* 船に強い人, 船酔(ふなよ)いしない人
- a bad [poor] *sailor*
 船に弱い人, 船酔いする人

**saint** [séint セイント] (★「セント」でないことに注意) 名 C 聖者, 聖人 (►キリスト教で, 正式に認められ称号(しょうごう)を授(さず)かった人); 《Saintで》聖…(►人名の前につけ, St. と略す)

**Saint Christopher and Nevis** [seint krístəfər ən níːvis セイント クリスタファ アン ニーヴィス] 名 セントクリストファー・ネービス (►大西洋とカリブ海の間にある2つの島からなる国. 首都はバセテール(Basseterre)) (►Saint Kitts and Nevis とも呼ばれる)

**Saint Lucia** [seint lúːʃiə セイント ルーシァ] 名 セントルシア (►西インド諸島にある島国. 首都はカストリーズ(Castries))

**Saint Valentine's Day** [seint vǽləntainz dèi セイント ヴァレンタインズ デイ] 名 聖バレンタインの祝日 (►2月14日. 本来はキリスト教殉教(じゅんきょう)者バレンタインを記念する日. 現在は恋人(こいびと)や大切な人にカードや花などを贈(おく)る. 〖話〗ではSaintは省略されることが多い) →祝休日と行事〖口絵〗

**Saint Vincent and the Grenadines** [seint vìnsənt ən ðə grénədiːnz セイント ヴィンサント アン ザ グレナディーンズ] 名 セントビンセント及びグレナディーン諸島 (►カリブ海南部にある複数の島からなる国. 首都はキングスタウン(Kingstown))

**sake** A2 [séik セイク] 名 C (►次の成句で用いる)
*for heaven's sake* 〖話〗お願いだから
- Please tell me *for heaven's sake*.
 お願いだから私に話してよ.
*for the sake of ...* ＝ *for ...'s sake* …のために
- They fought *for the sake of* freedom.
 彼らは自由のために戦った.

## salad 5級 A1

[sǽləd サラッド] (★「サラダ」でないことに注意)
名 (複 salads[-dz -ヅ]) C U **サラダ**
- make [fix, prepare] a *salad* サラダを作る

(►cookは用いない)→cook ポイント!

**salaried** [sǽlərid サラリィド] 形 給料を取っている
- a *salaried* worker サラリーマン(►特に「日本のサラリーマン」をさしてsalarymanと言うことがあるが,ふつうは使わない)

**salary** B2 [sǽləri サラリィ] 名 (複 salaries[-z]) ⓒⓊ 給料,サラリー(►salaryは定期的に支払(はら)われるもの.アルバイトなどの時給・日給・週給にはふつうwageを用いる)
- a monthly *salary* 月給

# sale 4級 A1 [séil セイル] (★同音 sail 帆(ほ))

名 (複 sales[-z]) ❶ⓒⓊ 販売(はんばい),売ること
- a *sales* slip Ⓥ領収書,レシート
❷ⓒ 安売り,特売,バーゲン(セール)
- I bought this bag *at a sale*.
  私はこのかばんをバーゲンで買った.

「特売」の表示(英国)

❸ⓒ 売れ行き;《ふつうsalesで》売上高
- *Sales* are up [down] this week.
  今週は売り上げが上がった[落ちた].

**for sale** 売り物の
- NOT FOR SALE 《掲示》非売品

**on sale** 売りに出された;Ⓥ特売で
- Summer clothes are now *on sale*.
  ただ今,夏物衣料を販売中です.

**salesclerk** 4級 [séilzklə̀:rk セイルズクラーク |-klɑ̀:k -クラーク] (★「セールス…」でないことに注意)
名 ⓒⓋ(商店の)販売(はんばい)員,店員(=Ⓥshop assistant)

**salesman** 2級 B1 [séilzmən セイルズマン] (★「セールス…」でないことに注意) 名 (複 salesmen[-mən])
ⓒ 男性店員;《主にⓋ》訪問販売(はんばい)員,セールスマン(►最近では男女の区別を避(さ)けたsalespersonが多く用いられる)

**salesperson** B2 [séilzpə̀:rsn セイルズパースン] (★「セールス…」でないことに注意)
名 (複 salespeople[-pì:pl -ピープル], salespersons[-z]) ⓒ 店員,販売係(►男女の区別のない語)

**saleswoman** B2 [séilzwùmən セイルズウマン] (★「セールス…」でないことに注意)
名 (複 saleswomen[-wìmin]) ⓒ 女性店員;《主にⓋ》女性訪問販売(はんばい)員(►最近では男女の区別を避(さ)けたsalespersonが多く用いられる)

**Sally** [sǽli サリィ] 名 サリー(►女性の名.Sarahの愛称(あいしょう))

**salmon** 2級 B1 [sǽmən サマン] (★このlは発音しない) 名 (複 salmon)(►単複同形) ⓒ 〖魚〗さけ;Ⓤ さけの肉

**salon** B2 [səlán サラン | sǽlɔn サロン] 名 ⓒ (美容・服飾(ふくしょく)などの)店
- a beauty *salon* 美容院

**saloon** [səlú:n サルーン] 名 ⓒ ❶ (ホテル・客船などの)大広間 ❷ Ⓥ(19世紀ごろの)酒場,バー

# salt 準2級 A2 [sɔ́:lt ソールト]

━名 Ⓤ 塩,食塩
- a pinch of *salt* 1つまみの塩
- Pass me the *salt*, please.
  塩を取ってください.(►食卓(しょくたく)での言い方)
━形 塩気のある,塩辛(から)い;塩漬(づ)けにした
- *salt* water 塩水,海水
派生語 salty 形

**Salt Lake City** [sɔ́:lt léik síti ソールト レイク スィティ] 名 ソルトレークシティー(►米国ユタ州の州都)

**salty** B2 [sɔ́:lti ソールティ] 形 (比較 saltier; 最上 saltiest) 塩気のある,塩辛(から)い

**salute** [səlú:t サルート]
━動 自他 (…に)敬礼する
━名 ⓒⓊ (軍人などの)敬礼

**Sam** [sǽm サム] 名 サム(►男性・女性の名. Samuel(男性),Samantha(女性)の愛称(あいしょう))

**samba** [sǽmbə サンバ] 名 ⓒ サンバ(►ブラジルの軽快なダンス;その音楽)

# *same 4級 A1 [séim セイム]

━形 《ふつうthe sameで》同じ,同一の;同じような(⇔different 違(ちが)った→different 図)
- We go to *the same* school.
  私たちは同じ学校に通っている.
- I have *the same* pen *as* he does.
  私は彼と同じ(種類の)ペンを持っている.
- I'm *the same* age *as* Ayu.
  私はアユと同じ年だ.

**at the same time** 同時に→time(成句)
**in the same way** 同じように
**the same …**(**that**) ~ ~と同じ…
- This is *the same* girl (*that*) I saw at the drugstore. こちらは私が薬局で見た少女と同一人物です.

━代 《ふつうthe sameで》同じもの[こと]

# Santa Claus

☺I'll have a coffee.
私はコーヒーをいただきます．
☻(The) Same for me, please.
私にも同じものをください．

話してみよう！

***all the same*** ①まったく同じで
- Whether it rains tomorrow or not, it's *all the same* to us.
たとえあした雨が降ろうと降るまいと，私たちには同じことだ．
②それでもやはり
- This job is hard, but I like it *all* [*just*] *the same*.
この仕事はたいへんだが，それでもやはり私は好きだ．

***just the same*** = all the same
***Same here.*** 《話》私[こちら]も同様です．
***the same*** (...) ***as*** ~ ~と同じ(…)，~と同種類の(…)
- This computer is *the same as* mine.
このコンピュータは私のと同じだ．
***(The) Same to you!*** 《話》あなたもご同様に．(▶あいさつに対する答えとして用いる)(=I wish you the same.)

☺Have a nice vacation!
楽しい休暇(かか)を．
☻*Same to you!* あなたも．

話してみよう！

**Samoa** [səmóuə サモウァ] 名 サモア(▶南太平洋にある複数の島からなる国．首都はアピア(Apia))
**sample** 準2級 A2 [sǽmpl サンプル | sáːm- サーン-] 名 C (商品・材料などの)見本，サンプル，標本；実例
**Samuel** [sǽmjuəl サミュエル] 名 サミュエル(▶男性の名．愛称(あいしょう)はSam)
**sanctuary** 3級 [sǽŋktʃuèri サンクチュエリィ] 名 (複 sanctuaries[-z]) C ❶ 避難(ひなん)所 ❷ 鳥獣(ちょうじゅう)保護区，禁猟(きんりょう)区

## sand B1 [sǽnd サンド]

名 (複 sands[-dz -ヅ]) ❶ U 砂
- *a grain of sand* 1粒(つぶ)の砂

❷ C ((しばしばsandsで))砂浜(はま)，砂地；砂漠(ばく)
- play on the *sands* 砂浜で遊ぶ

派生語 sandy 形

**sandal** B1 [sǽndl サンドゥル] 名 C サンダル
- *a pair of sandals* サンダル1足
**sandbox** [sǽndbɑks サンドゥバックス | -bɔks -ボックス] 名 (複 sandboxes[-iz]) C 米 砂場(＝英 sandpit)
**sandpaper** [sǽndpèipər サンドゥペイパァ] 名 U 紙やすり，サンドペーパー
**sandpit** [sǽndpìt サンドゥピット] 名 英
＝米 sandbox
**Sandra** [sǽndrə サンドゥラ] 名 サンドラ(▶女性の名．Alexandraの愛称(あいしょう))

## sandwich 5級 A1

[sǽndwitʃ サンドゥウィッチ | sǽnwidʒ サンウィッヂ]
(★アクセント位置に注意)

名 (複 sandwiches[-iz]) C サンドイッチ

これ，知ってる？　**サンドイッチの始まり**
英国のサンドイッチ伯爵(はくしゃく)(1718-92)が，大好きなかけ事をしながら食べられるよう，パンに具を挟(はさ)んだ食べ物を考えたのがサンドイッチの始まりと言われています．

**sandy** A2 [sǽndi サンディ] 形 (比較 sandier; 最上 sandiest)砂の，砂地の；砂だらけの
**sane** [séin セイン] 形 (人が)正気の(⇔insane 正気でない)；良識ある，分別のある
**San Francisco** [sǽn frənsískou サン フランスィスコゥ] 名 サンフランシスコ(▶米国カリフォルニア州の太平洋岸の港市)

## sang 5級 [sǽŋ サング]

動 sing (歌う)の過去形
**sanitary** B2 [sǽnitèli サニテリィ] 形 衛生的な，(公衆)衛生の；生理用の
**sanitation** B2 [sæ̀nitéiʃən サニテイション] 名 公衆衛生；衛生設備，下水設備
- "clean water and *sanitation*"「安全な水とトイレをみんなに」(▶国連で採択(さいたく)されたSDGs(持続可能な開発目標)の6番目の目標)
**sank** [sǽŋk サンク] 動 sink (沈(しず)む；沈める)の過去形
**San Marino** [sǽn mərí:nou サン マリーノゥ] 名 サンマリノ(▶イタリア半島にある共和国．首都名は国名と同じ)
**Santa Claus** [sǽntə klɔ́:z サンタ クローズ] (★アクセント位置に注意) 名 サンタクロース(▶子どもの守護聖人ニコラスの名に由来．《話》では単にSantaとも言う)(＝英 Father Christmas)

## Santiago

**Santiago** [sæntiɑ́:gou サンティアーゴゥ] 名 サンティアゴ (►チリ(Chile)の首都)

**São Paulo** [sau páulou サゥ パウロゥ | saum - サウム -] 名 サンパウロ (►ブラジルの都市)

**Sao Tome and Principe** [sàu təmèi ən prínsipei サウ タメィ アン プリンスィペィ] 名 サントメ・プリンシペ (►大西洋にある島々からなる共和国. 首都はサントメ(Sao Tome))

**sap** [sǽp サップ] 名 U 樹液

**sapphire** [sǽfaiər サファイア] (★アクセント位置に注意) 名 C U サファイア

**Sara** [séərə セ(ァ)ラ] (►Sarahともつづる) 名 サラ (►女性の名. 愛称(あいしょう)はSally)

**sardine** [sɑ:rdí:n サーディーン] (★アクセント位置に注意) 名 (複 sardine, sardines[-z]) C 『魚』いわし

**sari** [sɑ́:ri サーリ] 名 C サリー (►インドなどで女性が身にまとう長い布)

**sash¹** [sǽʃ サッシュ] 名 (複 sashes[-iz]) C サッシュ, 飾(かざ)り帯

**sash²** [sǽʃ サッシュ] 名 (複 sashes[-iz]) C (ガラスをはめこむ窓や戸の)わく, サッシ

## sat 4級 [sǽt サット]

動 sit(座(すわ)る; 座らせる)の過去形・過去分詞

**Sat.** Saturday(土曜日)の略

**Satan** [séitən セイトゥン] (★「サタン」でないことに注意) 名 U (キリスト教・ユダヤ教で)サタン, 悪魔(あくま)

**satellite** B1 [sǽtəlàit サタライト] (★アクセント位置に注意) 名 C 人工衛星(=artificial satellite); 『天文』衛星
- a weather *satellite* 気象衛星

**satin** [sǽtn サトゥン | -tin -ティン] 名 U サテン (►つやがあって滑(なめ)らかな絹織物)

**satire** [sǽtaiər サタイア] 名 U C 皮肉; 風刺(ふうし)

**satisfaction** B1 [sæ̀tisfǽkʃən サティスファクション] 名 ❶ U 満足, 喜び
- *with satisfaction* 満足して

❷ C 満足を与(あた)える物

**satisfactory** [sæ̀tisfǽktəri サティスファクタリィ] 形 満足できる, 申し分のない

**satisfied** B1 [sǽtisfàid サティスファイド] 形 満足した; (人を)満足させる; 《be satisfied with ...で》...に満足している
- She *was satisfied with* her grades.
彼女は自分の成績に満足していた.

**satisfy** 準2級 A2 [sǽtisfài サティスファイ] 動 (三単現 satisfies[-z]; 過去・過分 satisfied[-d]) 他 (人・欲望など)を満足させる; (条件など)を満たす
- My answer didn't *satisfy* him.
私の答えに彼は満足しなかった.

派生語 satisfaction 名, satisfactory 形

## *Saturday 5級 A1

[sǽtərdèi サタデイ]

名 (複 Saturdays[-z]) U C 土曜日 (►常に大文字で書き始める. Sat.と略す. 詳(くわ)しい使い方は → Sunday)
- Today is *Saturday*. = It's *Saturday* today.
きょうは土曜日だ.
- *on Saturday* 土曜日に
- *on Saturday* evening 土曜の夜に
- I'm going to visit her next *Saturday*.
私は今度の土曜日に彼女を訪ねる. (►last, next, everyなどがつくときはonはつけない)

**Saturn** [sǽtərn サタァン] 名 ❶ 『天文』土星 → planet ❷ 『ローマ神話』サトゥルヌス, サターン (►農耕の神)

**sauce** 準2級 A2 [sɔ́:s ソース] 名 U C (料理に用いる)ソース
- tomato *sauce* トマトソース
- Hunger is the best *sauce*. 諺 すきっ腹にまずいものなし. (⇔空腹は最上のソース)

**saucepan** B1 [sɔ́:spæ̀n ソースパン] 名 C シチューなべ (►柄(え)とふたのついた深なべ)

**saucer** B1 [sɔ́:sər ソーサァ] 名 C (コーヒーカップなどの)受け皿 → dish 受け皿
- a cup and *saucer* 受け皿つきのカップ (►[kʌ́pənsɔ:sər カッパンソーサァ]と発音する)
- a flying *saucer* 空飛ぶ円盤(えんばん) → UFO

**Saudi Arabia** [sàudi əréibiə サウディ アレイビア] 名 サウジアラビア (►アラビア半島にある王国. 首都はリヤド(Riyadh))

派生語 Saudi Arabian 形

**Saudi Arabian** [sàudi əréibiən サウディ アレイビアン]

━形 サウジアラビア(人)の

━名 C サウジアラビア人

**sauna** 準2級 [sɔ́:nə ソーナ] (★「サウナ」でないことに注意) 名 C 蒸しぶろ, サウナぶろ (►フィンランド語から)

**sausage** 準2級 A2 [sɔ́:sidʒ ソースィッヂ | sɔ́- ソ-] (★「ソーセージ」でないことに注意) 名 C U ソーセージ, 腸詰(ちょうづ)め

**savage**[sǽvidʒ サヴィッヂ]
─形 (動物などが)どう猛(もう)な；残忍(にん)な，野蛮(ばん)な，未開の；(攻撃(げき)・非難が)激しい
─名C 野蛮人，未開人

**savanna**[səvǽnə サヴァナ]（★「サバンナ」でないことに注意）(▶savannahともつづる) 名UC サバンナ(▶亜(あ)熱帯または熱帯地方の木の少ない大草原)

## save 3級 A1 [séiv セイヴ]

動 (三単現 saves[-z]; 過去・過分 saved[-d]; 現分 saving) 他 ❶ (危険などから)…を救う，助ける；(名誉(よ)・体面など)を守る
- The medicine *saved* thousands of lives.
その薬はたくさんの命を救った．

> くらべて みよう！ **save** と **help** と **rescue**
> **save**: 危険から人や命を「救う，助ける」
> **help**: 「助ける」という意味で最も一般的な語（▶「手伝う」「手助けをする」の意もある）
> **rescue**: 差しせまった危険から「救出する」

**save ＋〈人・物〉＋ from ＋〈事〉**
〈人・物〉を〈事〉から救う
- The firefighter *saved* the boy *from* the burning house. 消防士は燃えている家から男の子を救い出した．

❷ (金など)を蓄(たくわ)える，残しておく；⊛取っておく
- She *saved* $20 *for* that book.
彼女はその本を買うために20ドルためた．

**save ＋〈人〉＋〈物〉＝ save ＋〈物〉＋ for ＋〈人〉**
〈人〉に〈物〉を取っておく
- *Save* me this place. = *Save* this place *for* me. 私にこの場所を取っておいて．

❸ (費用・手間・時間など)を省く，節約する
- We can *save* a lot of trouble *by* using this machine. = This machine can *save* us a lot of trouble. この機械を使うとかなり手間を省くことができる．

❹『コンピュータ』(データ)を保存する，セーブする
- Don't forget to *save* the file.
そのファイルを保存するのを忘れないで．

派生語 saving 名

**saving** B2 [séiviŋ セイヴィング]
─動 save(救う)の現在分詞・動名詞
─名C 節約；((savingsで))貯金
- He spent all his *savings* on the guitar.
彼はギターに貯金を全部使った．

**saw¹** 4級 [sɔ́ː ソー]
動 see(見える)の過去形

**saw²** A1 [sɔ́ː ソー]
─名C のこぎり
─動 (過去 sawed[-d]; 過分 sawed[-d], ⊛sawn[sɔ́ːn ソーン]) 他 自 …をのこぎりで切る；のこぎりを使う

**sawdust**[sɔ́ːdʌ̀st ソーダスト] 名U おがくず

**sax**[sǽks サックス] 名 (複 saxes[-iz])C 〖楽器〗《話》サックス(▶saxophoneの短縮形)

**saxophone**[sǽksəfòun サクサフォウン] 名C 〖楽器〗サキソホーン(▶《話》ではsaxとも言う)

## *say 5級 A1 [séi セイ]

> 動 他 ❶ …を言う
> ❷ (本などに)…だと書いてある
> 自 ❶ 言う
> ❷ そうですね
> ❸ ⊛《話》ねえ，ちょっと

動 (三単現 says[séz セッズ]; 過去・過分 said[séd セッド]; 現分 saying) (★三単現, 過去・過分の発音に注意)
─他 ❶ …を言う，話す，述べる
- *Say* it again, please.
もう一度言ってください．
- He *said* good-bye *to* us.
彼は私たちにさようならと言った．
- Beth *said*, "That's a good idea." = "That's a good idea," *said* Beth. 「それはいい考えね」とベスは言った．(▶後者の場合はBeth said でもsaid Bethでもよい)

> ここが ポイント！ **直接話法と間接話法**
> 「私はいつも忙(いそが)しい」と彼女は言っている．
> (1) She *says*, "**I'm** always busy." (▶直接話法)
> (2) She *says* (that) **she is** always busy.
> (▶間接話法)
> ある人の言葉を" "に入れてそのまま表すのを「直接話法」，" "は使わないで表したものを「間接話法」と言います．間接話法では人称(にんしょう)(I, you, heなど)を話し手の立場に従って変えなければならないので注意が必要です((1)ではIだが,(2)ではshe)．動詞の形も主語に合わせます．

- I'm sorry to *say* (that) I can't come to your house. 残念ですがお宅に伺(うかが)えません．(⇨お宅に伺えないと言うのが残念だ)
- He went out without *saying* a word.
彼は一言も言わずに出ていった．
- My sister *says* in her letter (that) she is

## saying

having a good time in the United States. 姉[妹]は手紙でアメリカで楽しく過ごしていると書いてきた.
- How do you *say* "*kitsutsuki*" in English? 「きつつき」は英語で何と言いますか.

**くらべて みよう!** say, speak, tell, talk

**say**: 言いたいこと,考えていることを「言葉で表現する」「言う」
**speak**: 言う内容よりも「言葉を口に出して言う」という行為に重点がある.「話す」
**tell**: ある内容をだれかに「話して伝える」「告げる,知らせる」
**talk**: 「打ち解けて会話する」「語る」
- He didn't *say* anything. 彼は何も言わなかった.
- He *speaks* English. 彼は英語を話す.
- He *told* me about his experience in Africa. 彼はアフリカでの体験を私に話した.
- He *talked* about his experience in Africa. 彼はアフリカでの体験を語った.

❷(本・掲示などに)…だと書いてある
- Her email *says* (that) she is going to Kyoto this summer. 彼女のEメールには今年の夏に京都に行くつもりだと書いてある.
- The sign *says*, "KEEP OFF THE GRASS." 掲示には「芝生に入るな」と書いてある.

―動 ❶言う,話す,述べる
- Do as I *say*. 私が言うとおりにしなさい.

❷そうですね,言ってみれば,たとえば(▶挿入的に使う)
- I'll be there, *say*, in about an hour. 私はそこに,そうですね,1時間くらいで着きます.

❸⦅話⦆ねえ,ちょっと,おい(▶相手の注意を引く)(=⦅話⦆I say)

**be said to**+⟨動詞の原形⟩…する[である]と言われている,…だそうだ
- This *is said to* be the oldest house in the town. これは町で一番古いと言われている家だ.

**I'd rather not say.** あまり言いたくない.
**It goes without saying (that) ... .** …ということは言うまでもない.(=Needless to say, ... .)
**It is said (that) ... .** = They [People] say (that) ... .
**say hello to ...** …によろしくと言う → hello
(成句)
**say to oneself** 心の中で思う,自分に言い聞かせる(▶「ひとり言を言う」はtalk [speak] to *one*self)

- Jack *said to himself*, "I'm not wrong." ジャックは「ぼくは間違っていない」と自分に言い聞かせた.

***that is to say*** つまり,すなわち(=that is)
- They live in the largest city in Japan, *that is to say*, Tokyo. 彼らは日本最大の都市,すなわち東京に住んでいる.

***They* [*People*] *say* (*that*) ... .** …だと言われている.,…だそうだ.,…という話[うわさ]だ.(▶It is said (that) ... .のほうが形式ばった言い方)
- *They say* (*that*) the actor is ill. その役者は病気だそうだ.(=It is said (that) the actor is ill. = The actor is said to be ill.)

***to say nothing of ...*** …は言うまでもなく
- I can speak French, *to say nothing of* English. 英語は言うまでもなくフランス語も話せる.

***What do you say to***+⟨**-ing形**⟩ **...?** ⦅話⦆…するのはいかがですか.(▶相手の意向を聞く)
- *What do you say to* going to a concert? コンサートに行くのはどうですか.

***You can say that again!*** ⦅話⦆おっしゃるとおり.,そのとおり.,まったくそうだね.
***You don't say*** (***so***). ⦅話⦆まさか.,本当ですか.,へえ.(▶疑問・驚き・皮肉などを表す)
***You said it.*** そうだ.,そのとおりだ.

**saying** 4級 [séiiŋ セイイング]
―動 say(言う)の現在分詞・動名詞
―名 ❶ⓊCⓊ 言う[言った]こと ❷ⓒ ことわざ,格言(=proverb)

**SC** South Carolina(米国サウスカロライナ州)の郵便略語

**scale¹** A2 [skéil スケイル] 名 ❶ⓒ (温度計・定規などの)目盛り;物差し(=ruler)
❷ⓒⓊ (地図などの)縮尺
❸ⓒⓊ 程度,規模
- *on* a small [large] *scale* 小規模に[大規模に,手広く]

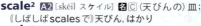

**scale²** A2 [skéil スケイル] 名ⓒ (天びんの)皿;⦅しばしばscalesで⦆天びん,はかり

**scale³** [skéil スケイル] 名ⓒ (魚などの)うろこ → fish 図

**scallop** [skáləp スキャラップ] 名 ⓒ 帆立(ほたて)貝;帆立貝の貝柱

**scan** B2 [skǽn スキャン] 動 ⟨過去・過分⟩ scanned [-d]; ⟨現分⟩ scanning) ⓗ …をよく調べる;(本・記事など)をざっと見る;(画像など)を読み取る

**scandal** B2 [skǽndl スキャンドゥル] 名ⓒⓊ スキャンダル,醜聞(しゅうぶん);汚職(おしょく)(事件)

**Scandinavia** 2級 [skændənéiviə スキャンダネイヴィア] 名 スカンジナビア(▶ノルウェー・スウェ

ーデン・デンマークを含(ふく)む地域, フィンランド
とアイスランドを含むこともある)

**scar** B2 [ská:r スカー] 名C (やけどなどの)跡(あと), 傷跡

**scarce** [skéərs スケァス] 形 乏(とぼ)しい, 不十分な
- Food is *scarce* in the region.
その地域では食糧(しょくりょう)が不足している.

派生語 scarcely 副

**scarcely** B2 [skéərsli スケァスリィ] 副 ほとんど…ない(= hardly)
- I was *scarcely* able to walk.
私はほとんど歩くことができなかった.

**scare** 2級 B1 [skéər スケア]
━動 他 …を怖(こわ)がらせる, おびえさせる
- You *scared* me! びっくりしたなあ. (▶驚(おどろ)かされたときに言う決まり文句)
━名 C ((ふつう a scare で))恐怖(きょうふ), おびえ
派生語 scared 形, scary 形

**scarecrow** [skéərkròu スケァクロウ] 名C かかし (▶scare(怖(こわ)がらせる)+crow(カラス))

**scared** 2級 B1 [skéərd スケァド] 形 おびえた, 怖(こわ)がった(= afraid)
- I am *scared* of the dark. 私は暗やみが怖い.
***be scared to death*** 死ぬほど怖(こわ)い思いをする
- I *was scared to death* on the roller coaster. ジェットコースターに乗って死ぬほど怖い思いをした.

**scarf** 準2級 A2 [ská:rf スカーフ] 名(複 scarfs [-s], scarves [ská:rvz スカーヴズ]) C スカーフ; マフラー, 襟(えり)巻き

**scarlet** B2 [ská:rlit スカーリット]
━名 U 深紅(しんく), 濃く明るい赤色
━形 深紅の, 濃く明るい赤色の

**scary** 2級 B1 [skéəri スケ(ア)リィ] 形 ((比較)scarier; (最上)scariest) ((話)) 恐(おそ)ろしい, 怖(こわ)い
- The movie was so *scary*.
その映画はとても怖かった.

**scatter** B1 [skǽtər スキャタァ] 動
━他 …をまき散らす
━自 (群衆などが)散らばる

- The boys *scattered* when the police arrived. 警察がやってくると少年たちはちりぢりになった.

# scene 準2級 A2

[sí:n スィーン] (★同音 seen)

名(複 scenes [-z]) C ❶ (劇・映画・小説などの)一場面, シーン; 舞台(ぶたい)
- Act 1, *Scene* 1 第1幕 第1場(▶ Act one, Scene one と読む)
- set the *scene* of the novel in New York 小説の舞台をニューヨークに設定する

❷ 景色, 光景(= view)
- the *scene* from the window of the bus バスの窓からの眺(なが)め

❸ (事件の)現場
- the *scene* of a crime 事件の現場
- An ambulance arrived *on* the *scene*.
救急車が現場に到着(とうちゃく)した.

***make a scene*** ((話))(人前で泣いたり怒(おこ)ったりして)大騒(おおさわ)ぎする

**scenery** 準2級 A2 [sí:nəri スィーナリィ] 名U (ある地域全体の美しい)景色, 風景

**scent** B2 [sént セント] (★同音 cent セント, sent)
名U C ❶ (かすかな)におい, (ほのかな)香(かお)り; ((主に(英)))香水(= perfume)
- the *scent* of roses ばらの香り

❷ (猟犬(りょうけん)などの)きゅう覚

# schedule 準2級 A2

[skédʒu:l スケデュール | ʃédju:l シェデュール]

名C ❶ (時間によって定められた)予定, スケジュール; 予定表
- my *schedule* for today きょうの私の予定
- have a tight[heavy, full] *schedule* ハードスケジュールである(▶「ハードスケジュール」は和製英語)

❷ (米)時刻[時間]表(=(英)timetable)
- a class *schedule* 授業の時間割
- a train *schedule* 列車の時刻表
***ahead of schedule*** 予定より早く
***behind schedule*** 予定より遅(おく)れて
***on schedule*** 予定[時間]どおりに(= on time)
- The train arrived at the station *on schedule*.

電車は予定どおりに駅に到着(ちゃく)した.
**scheme** B2 [skíːm スキーム] 名C 計画, 案(＝plan); たくらみ(＝plot)
**scholar** 2級 B1 [skálər スカラァ|skɔ́lə スコラ] 名C 学者(▶︎米では特に人文科学系の学者をさすことが多い); 学問のある人
派生語 scholarship 名
**scholarship** B1 [skálərʃip スカラァシップ|skɔ́lə- スコラ-] 名 ❶C 奨学(がく)金 ❷U 学問, 学識
\***school**¹ 5級 A1 [skúːl スクール]
名(複 schools[-z]) ❶C (建物としての)学校(▶︎ふつう小学校から高校までをさす)
- an elementary *school* 小学校
- a primary *school* 英 小学校
- a junior high *school* 《主に日本の》中学校(▶︎米では middle school, 英では secondary school などと呼ばれることが多い)
- a senior high *school* 《主に日本の》高等学校(▶︎米では high school, 英では sixth form などと呼ばれる)
- a boys(') [girls(')] *school* 男子[女子]校
- a coed *school* 共学校
- a boarding *school* 寄宿学校
- a public [private] *school* 公立[私立]学校
- Which *school* do you go to?
あなたはどちらの学校に通っていますか.
❷U 授業, (授業の意味での)学校(＝class)
- go to *school* 学校に行く(▶︎「授業を受けに行く」の意味ではschoolにaやtheをつけない. go to the schoolとすると, それ以外の目的で行くことになる)
- enter *school* 入学する
- graduate from *school* ＝米 leave *school* 卒業する
- walk to *school* 歩いて学校に行く
- We have no *school* on Saturday.
私たちは土曜日には授業がない.
- *School* begins at eight.
学校は8時に始まる.
- *School* is over. 授業が終わった.
❸《the school で》《単数・複数扱い》学校の人々, 全校生徒
- The teacher is liked by *the school*.
その先生は学校の人々から好かれている.
❹C (大学の)専門学部; 大学院
- a law [medical] *school*
法[医]学部; 法[医]科大学院
- a graduate *school* 大学院
❺C (学問・芸術などの)学派, 流派
- the Impressionist *school* 印象派

*after school* 放課後
- I'll see you *after school*.
放課後会いましょう.
*at school* 学校で, 授業中で; 英(高校までの学校に)在学中で
- We learn many things *at school*.
私たちは学校で多くのことを学ぶ.
*in school* 米 在学中で; 学校で
*leave school* 下校する; 退学する; 米 卒業する
派生語 schooling 名
**school**² [skúːl スクール] 名C (魚などの)群れ
- a *school* of fish 魚の群れ
**schoolbag** 5級 [skúːlbæɡ スクールバッグ] 名C 通学かばん
**schoolboy** [skúːlbɔ̀i スクールボーイ] 名C (小・中学校の)男子生徒(⇔schoolgirl 女子生徒)
**school bus** [skúːl bʌ̀s スクール バス] 名(複 -buses[- -iz]) C スクールバス

米国のスクールバス

**schoolchild** A2 [skúːltʃàild スクールチャイルド] 名(複 schoolchildren [skúːltʃìldrən スクールチルドゥラン])C 学童, 生徒
**school day** [skúːl dèi スクール デイ] 名C(ふつう *one's* school days で)《主に英》学生[学校]時代
- I have fun memories of *my school days*.
私には学生時代の楽しい思い出がある.
**school festival** [skúːl fèstəvəl スクール フェスタヴァル] 名C 学園祭, 文化祭
**schoolgirl** B2 [skúːlgə̀ːrl スクールガール] 名C (小・中学校の)女子生徒(⇔schoolboy 男子生徒)
**schoolhouse** [skúːlhàus スクールハウス] 名(複 schoolhouses[-iz]) C (特に小さな町の学校の)校舎
**schooling** [skúːliŋ スクーリング] 名U (正規の)学校教育; (通信教育の)教室授業, スクーリング
**school life** [skúːl làif スクール ライフ] 名UC 学校生活
**school lunch** [skùːl lʌ́ntʃ スクール ランチ] 名C 学校給食
**schoolmaster** [skúːlmæ̀stər スクールマスタァ]

-mà:s- -マース-] 名C《主に英》(私立学校の)男性教師(►古めかしい語)

**schoolmate** B1 [skú:lmèit スクールメイト] 名C 学校友達, 学友

**school report** [skú:l ripɔ̀:rt スクール リポート] 名C《英》成績表, 通知表(=《米》report card)

**schoolteacher** 2級 B1 [skú:lti:tʃər スクールティーチァ] 名C (小・中・高校の)教師

**school trip** [skú:l trip スクール トゥリップ] 名C 修学旅行(►米英にはない), 遠足

**school uniform** [skú:l jú:nəfɔ̀:rm スクール ユーナフォーム] 名C 学校の制服
- in *school uniform* 制服を着て, 制服姿で

**schoolwork** 準2級 A2 [skú:lwə̀:rk スクールワーク] 名U 学校の勉強; 宿題, 学業(成績)

**schoolyard** 5級 [skú:ljà:rd スクールヤード] 名C 校庭, (学校の)運動場

**school year** [skú:l jìər スクール イァ] 名C 学年度(=academic year)(►米英ではふつう9月から翌年の6月まで)

**Schubert** [ʃú:bərt シューバァト] 名 Franz Peter, フランツ・ペーター・シューベルト(► 1797-1828; オーストリアの作曲家)

**Schweitzer** [ʃwáitsər シュワイツァ] 名 Albert, アルバート・シュバイツァー(► 1875-1965; フランス生まれの神学者・哲学(ﾊﾞ)者・医師・音楽家)

# science 5級 A1

[sáiəns サイアンス](★sciのつづりに注意)
名(複 sciences[-iz]) ❶U 科学; UC ...学
- social *science* 社会科学(►経済学・法学など)
- medical *science* 医学
- natural *science* 自然科学

❷U 自然科学(=natural science); 理科
- a *science* class 理科の授業

派生語 scientific 形, scientist 名

**science fiction** 2級 B1 [sàiəns fíkʃən サイアンス フィクション] 名U 空想科学小説(=sci-fi), SF

**scientific** 準2級 A2 [sàiəntífik サイアンティフィック] 形 科学の, 自然科学の; 科学的な
- a *scientific* discovery 科学上の発見

# scientist 4級 A1

[sáiəntist サイアンティスト](★アクセント位置に注意)
名(複 scientists[-ts -ツ])C 科学者, 自然科学者

**sci-fi** [sáifai サイファイ]
─名U 空想科学小説(=science fiction), SF
─形 空想科学小説の
- a *sci-fi* movie SF映画

**scissors** 準2級 A2 [sízərz スィザァズ]
名《複数扱い》**はさみ**(►単数形scissorでは使わない)
- a pair of *scissors* はさみ1丁(►はさみ2丁は two pairs of *scissors*)
- These *scissors* don't cut very well. このはさみはよく切れない.

**scold** B1 [skóuld スコウルド] 動他 ...をしかる, ...に小言を言う
- Our teacher *scolded* her *for* forgetting her homework. 宿題を忘れたことを理由に先生は彼女をしかった.

**scone** [skóun スコウン | skɔ́n スコン] 名C《英》スコーン(=《米》biscuit)→biscuit

**scoop** [skú:p スクープ]
─名C ❶ (砂糖・小麦粉・アイスクリームなどをすくう)ひしゃく, 大さじ; 小さなシャベル, スコップ; 1すくいの量 ❷ (新聞の)特ダネ, スクープ
─動他 ❶ ...をすくう, すくい上げる ❷ (ほかの新聞社)を特ダネで出しぬく, スクープする

**scooter** B2 [skú:tər スクータァ] 名C ❶ (足でけって進む)スクーター, キックボード ❷ (モーターつきの)スクーター(=motor scooter)

スクーター(キックボード)に乗る少年

**scorch** [skɔ́:rtʃ スコーチ] 動
─他 ❶ (...の表面を)焦(ﾞ)がす ❷ (太陽の熱などで)(草木)を枯(ﾟ)らす
─自 焦げる, 枯れる

# score 2級 B1 [skɔ́:r スコァ]

─名(複 scores[-z])C ❶ (競技の)**得点**, スコア
- "What's the *score* now?" "It's three to one." 「今スコアはどうなってる?」「3対1だ」
- He won the game *by a score of* 2 *to* 1. 2対1のスコアで彼は試合に勝った.

❷ (試験の)点数, 成績
- a perfect *score* 満点
- I got a *score* of 80 on the English test. 私はその英語のテストで80点を取った.

❸ [音楽] (特にオーケストラ用の)楽譜(ｶﾞｸ), スコア; (映画などの)背景音楽

## scoreboard

**—動** (三単現 scores[-z]; 過去・過分 scored[-d]; 現分 scoring) 他 (試合・テストなどで点を)取る, 得点する
- *score* 90 on the math test 数学のテストで90点を取る
- *score* two goals (サッカーなどで)2点をあげる
- *score* two runs (野球で)2点をあげる

**scoreboard** [skɔ́ːrbɔ̀ːrd スコアボード] 名 C スコアボード, 得点掲示板

**scorebook** [skɔ́ːrbùk スコアブック] 名 C (野球などの)スコアブック, 得点記入帳

**scorecard** [skɔ́ːrkàːrd スコアカード] 名 C 得点表, スコアカード, 採点表

**scorn** [skɔ́ːrn スコーン]
—名 U 軽べつ, ちょう笑
—動 他 …を軽べつする, あざ笑う

**Scorpio** [skɔ́ːrpiòu スコーピオゥ] 名 (複 Scorpios[-z]) U『天文・占星』さそり座; C 『占星』さそり座生まれの人

**scorpion** [skɔ́ːrpiən スコーピアン] 名 C さそり

**Scot** [skɑ́t スカット | skɔ́t スコット] 名 (複 Scots[-ts -ツ]) C スコットランド人

**Scotch** [skɑ́tʃ スカッチ | skɔ́tʃ スコッチ]
—形 スコットランドの (=Scottish, Scots) (▶人に対してはふつう Scots または Scottish を使う)
—名 (複 Scotches[-iz]) U C スコッチウイスキー

**Scotland** 3級 [skɑ́tlənd スカットゥランド | skɔ́t- スコットゥ-] 名 スコットランド (▶グレートブリテン島の北部を占める英国の一区分. 中心都市はエディンバラ (Edinburgh))

**Scots** [skɑ́ts スカッツ | skɔ́ts スコッツ]
—形 スコットランドの; スコットランド人の; スコットランド英語の (=Scottish)
—名 ❶ 《the Scots で》《複数扱い》スコットランド人 (全体) (=the Scottish) ❷ 《単数扱い》スコットランド英語 (=Scottish)

**Scotsman** [skɑ́tsmən スカッツマン | skɔ́ts- スコッツ-] 名 (複 Scotsmen[-mən]) C スコットランド人男性

**Scotswoman** [skɑ́tswùmən スカッツウマン | skɔ́ts- スコッツ-] 名 (複 Scotswomen[-wìmin]) C スコットランド人女性

**Scottish** 3級 [skɑ́tiʃ スカティッシュ | skɔ́- スコ-]
—形 スコットランドの; スコットランド人の; スコットランド英語の (=Scots)
—名 ❶ 《the Scottish で》《複数扱い》スコットランド人 (全体) (=the Scots) ❷ U スコットランド英語 (=Scots)

**scout** [skáut スカウト] 名 C ❶ 偵察兵; 偵察艦[機] ❷ ボーイ[ガール]スカウトの一員 ❸ 《米》(新人を発掘する)スカウト

**scramble** B2 [skrǽmbl スクランブル] 動
—他 …をかき混ぜる, (卵など)をかき混ぜながら焼く
- *scrambled* eggs いり卵, スクランブルエッグ
—自 ❶ よじ登る, はい上がる ❷ 奪い合いをする, 先を争って…(しようと)する

**scrap** [skrǽp スクラップ] 名 ❶ C (紙などの)小片, 切れ端 (=fragment)
- a *scrap* of paper 紙切れ
❷ U くず鉄, スクラップ; 廃物
❸ 《scraps で》(新聞などの)切りぬき, 抜粋
❹ 《scraps で》残飯, 野菜くず

**scrapbook** [skrǽpbùk スクラップブック] 名 C 切りぬき帳, スクラップブック

**scrape** [skréip スクレイプ]
動 他 ❶ …をこする; (不要なものなど)をこすり落とす; …をすりむく
❷ …にすり傷を作る
- I fell and *scraped* my knee. 転んでひざをすりむいた.

**scratch** B1 [skrǽtʃ スクラッチ]
—動 (三単現 scratches[-iz]) 他 (つめなどで) …をかく, ひっかく; …にひっかき傷を作る
- He *scratched* his head. 彼は頭をかいた.
—名 (複 scratches[-iz]) C ひっかくこと; ひっかき傷, すり傷

*from scratch* 最初から, ゼロから

**scream** 準2級 A2 [skríːm スクリーム]
—動 自 叫ぶ, 金切り声[悲鳴]をあげる
- *scream* for help 助けを求めて叫ぶ
- *scream* in [*with*] pain 痛くて悲鳴をあげる
—名 C 金切り声, 悲鳴
- give a sharp *scream* 鋭い悲鳴をあげる

**screech** B2 [skríːtʃ スクリーチ]
—名 (複 screeches[-iz]) C 鋭い叫び声, 金切り声 (▶ scream より耳ざわりな叫び); (ブレーキなどの)キーッという音
—動 (三単現 screeches[-iz]) 自 金切り声で言う; キーキー鳴る

**screen** 準2級 A2 [skríːn スクリーン] 名 C ❶ (映画の)スクリーン, (テレビなどの)画面 → computer 図
- a television [computer] *screen* テレビ[コンピュータ]の画面
❷ (仕切り用の)ついたて

**screw** A2 [skrúː スクルー] (★アクセント位置に注意)
—名 C ❶ ねじ ❷ (船の)スクリュー; (飛行機の)プロペラ (=propeller)
—動 他 …にねじを取り付ける; …をねじって固定する[締める]

**screwdriver** [skrúːdràivər スクルードゥライヴァ]

名C ねじ回し, ドライバー

**scribble** B2 [skríbl スクリブル]
― 動他自 (…を)走り書きする, なぐり書きする, 落書きする
― 名UC 走り書き, なぐり書き；乱文

**script** A2 [skrípt スクリプト] 名 ❶C (映画・テレビなどの)台本, 脚本 ❷UC 手書き；筆跡

**scroll** [skróul スクロウル]
― 名C (紙などでできた)巻物
― 動他自〖コンピュータ〗(画面を)スクロールする

**scrub** [skráb スクラブ] 動 (過去・過分 scrubbed [-d]；現分 scrubbing) 他 (ブラシ・布などで)…をごしごしこする

**scuba** B2 [skjú:bə スキューバ] 名C スキューバ (►水中呼吸用器具)

**scuba diving** [skjú:bə dàiviŋ スキューバ ダイヴィング] 名U スキューバダイビング

**sculptor** [skálptər スカルプタァ] 名C 彫刻家

**sculpture** B1 [skálptʃər スカルプチァァ] 名 ❶U 彫刻 ❷C 彫刻品, 彫像

**SD** South Dakota (米国サウスダコタ州)の郵便略語

**SDGs** [èsdi:dʒí:z エスディーチーズ] 名 持続可能な開発目標 (►Sustainable Development Goalsの略. 2015年の国連サミットで採択された17の目標. 2030年までに達成することを目ざしている)

*****sea** 5級 A1 [sí: スィー] (★同音 see 見える)
名 (複 seas [-z]) ❶ ((the sea で))海 (⇔the land 陸)
- swim *in the sea* 海で泳ぐ
- The ship is *on the sea.* その船は航海中だ.
- The hotel is *by the sea.* そのホテルは海辺にある.
- *the Sea* of Japan 日本海
- a *sea* bird 海鳥
- a *sea* breeze 海風
- *sea* mail 船便 (►「航空便」はairmail)

 **くらべてみよう！ sea と ocean**

sea は「海」をさす一般的な語です. ocean は the Pacific Ocean (太平洋) のように大きな海洋をさします. ただし ⊕ (話) では sea の代わりに ocean を使うことがあります. 固有名詞の場合, sea は the Black Sea (黒海) のように陸に囲まれた海や, the Dead Sea (死海) のように大きな湖にも使われます.

❷ C ((a [an] +〈形容詞〉+sea または〈形容詞〉+seas で))(ある状態の)海, 波
- *a quiet* [*stormy*] *sea* 穏やかな[荒れた]海
- *mountainous seas* (山のような)大波

*at sea* 航海中で, 海上で[に] (►at the sea は「海岸で」)

*by sea* 船で, 海路で (►by the sea は「海のそばに」)

*go to sea* 船乗りになる；航海に出る (►go to the sea は「海に(遊びに)行く」)

**seafood** 準2級 A2 [sí:fu:d スィーフード] (★アクセント位置に注意) 名U 海産食品, シーフード

**seagull** [sí:gàl スィーガル] 名C 〖鳥〗かもめ

**seahorse** [sí:hò:rs スィーホース] 名C 〖魚〗竜の落とし子

**seal¹** B2 [sí:l スィール] 名C 〖動物〗あざらし (►あしか, おっとせいなども含む)

**seal²** B2 [sí:l スィール]
― 名C ❶ 印章, 判 ❷ (手紙などの)封印；(瓶などの)封 ❸ (…の)印
― 動他 ❶ …に印を押す, 調印する (=sign) ❷ …を封印する；…をふさぐ

**sea level** [sí: lèvəl スィー レヴァル] 名U (平均)海面
- eighty meters above [below] *sea level* 海抜[海面下]80メートル
- a *sea level* rise of 3 meters 3メートルの海面上昇

**sea lion** [sí: làiən スィー ライアン] 名C 〖動物〗あしか

**seam** [sí:m スィーム] 名C 縫い目, (板などの)継ぎ目

**seaman** [sí:mən スィーマン] 名 (複 seamen [-mən]) C 船乗り, 船員；水兵 (►男女の区別を避けて sailor とも言う)

**sea otter** [sí: átər スィー アタァ | -ɔ̀tər - オタァ] 名U 〖動物〗らっこ (►「海のかわうそ」の意味.「らっこ」はアイヌ語から)

**seaport** [sí:pɔ̀:rt スィーポート] 名C 海港；港町, 港市

# search

## search 準2級 A2 [sə́ːrtʃ サーチ]

- **動** (三単現 searches[-iz]; 過去・過分 searched[-t]; 現分 searching)
  - **他** …を捜す, (物を捜すために)…を調べる, …を捜索する, 〖コンピュータ〗(インターネットで情報などを)検索する
  - *search* the house 家の中を捜す
  - The police *searched* the town *for* him. 警察は彼を捜して町じゅうを捜索した.
  - **自** 捜す, 調べる
  - *search for* the house 家を捜す
- **名** (複 searches[-iz]) ⓊⒸ 捜索
- *in search of* … …を捜して, 求めて

## search engine [sə́ːrtʃ èndʒin サーチ エンヂン]

- **名** Ⓒ 〖コンピュータ〗サーチエンジン (▶情報検索用のプログラム)

## searchlight [sə́ːrtʃlàit サーチライト]

- (★このghは発音しない) **名** Ⓒ サーチライト, 探照灯

## seashell [síːʃel スィーシェル]

- **名** Ⓒ (海の)貝; 貝殻
- She sells *seashells* on the seashore. 彼女は海岸で貝殻を売る. (▶英語の早口言葉)

## seashore [síːʃɔːr スィーショア]

- **名** Ⓤ 《ふつう the seashore で》海岸, 海浜

## seasick [síːsik スィースィック]

- **形** 船に酔った
- *get seasick* 船酔いする

## seaside A2 [síːsàid スィーサイド]

- **名** Ⓤ 《ふつう the seaside で》海辺
- a *seaside* resort 海辺の保養地

## *season 2級 B1 [síːzn スィーズン]

- **名** (複 seasons[-z]) Ⓒ ❶ 季節
  - four *seasons* 四季
  - Which *season* do you like (the) best? どの季節がいちばん好きですか.

────表現メモ────

**四季の名前**
spring 春 / summer 夏
Ⓐfall, Ⓑautumn 秋 / winter 冬

❷ (特定の)時期, 時節, シーズン
- the dry [rainy] *season* 乾[雨]季
- the harvest *season* 収穫期
- the baseball *season* 野球のシーズン

*in season* (食べ物が)出盛りで, 食べごろで
- Oysters are *in season*. かきが食べごろだ.

*out of season* (食べ物が)季節外れで
- Watermelons are *out of season*. すいかは季節外れだ.

*Season's Greetings!* 時候のごあいさつを申しあげます. (▶カードやはがきなどの定型表現)

- **動** (三単現 seasons[-z]; 過去・過分 seasoned[-d]; 現分 seasoning) **他** (塩・こしょうなどで食べ物)に味つけをする
  - *Season* the soup with salt and pepper. 塩とこしょうでスープに味をつけなさい.

派生語 seasonal 形, seasoning 名

## seasonal B2 [síːzənəl スィーザナル]

**形** 季節の, 季節的な
- a *seasonal* event 季節の催し物

## seasoning [síːzəniŋ スィーズニング]

- **動** season (味つけをする)の現在分詞・動名詞
- **名** ⓊⒸ 調味料

## season ticket [síːzn tikit スィーズン ティキット]

**名** Ⓒ (催し物などの)定期入場券; Ⓑ 定期(乗車)券 (= Ⓐcommutation ticket, commuter pass)

## seat 4級 A1 [síːt スィート]

- **名** (複 seats[-ts -ツ]) Ⓒ ❶ 席, 座席 (▶chair, bench など座る物すべてを含む)
  - the front [back] *seat* of a car 車の前部[後部]座席
  - a reserved *seat* 予約席
  - leave a *seat* 席を立つ
  - Please *take* [*have*] *a seat*. どうぞ座ってください.
  - *Is* this *seat taken*? この席はふさがっていますか.
  - Go back to your *seat*. 席に戻りなさい.

❷ (いすなどの)腰を下ろす部分; (体・ズボンなどの)尻の部分
- There was a hole *in* the *seat* of his jeans. 彼のジーンズのお尻に穴が開いていた.

- **動** (三単現 seats[-ts -ツ]; 過去・過分 seated[-id]; 現分 seating) **他** ❶ …を着席させる; 《be seated または seat oneself で》着席する
  - Please *be seated*. どうぞお掛けください. (▶sit down よりていねいな言い方)

❷ (場所が)…を収容する, …人分の座席がある

## seat belt [síːt bèlt スィート ベルト]

**名** Ⓒ (飛行機・自動車などの)座席ベルト, シートベルト (= safety belt)
- Fasten your *seat belt*(*s*), please. 座席のベルトをお締めください. (▶掲示では字数を減らすために FASTEN SEAT BELT とする)

## Seattle 4級 [siǽtl スィアトゥル]

**名** シアトル (▶米国西海岸のワシントン州の港市)

## sea turtle [síː tɔːrtl スィー タートゥル]

**名** Ⓒ 〖動物〗海がめ → turtle, tortoise

## seawater 2級 B1 [síːwɔːtər スィーウォータァ]

名 U 海水
**seaweed** B1 [síːwiːd スィーウィード] 名 U 海草
**sec.** second(s)²(秒)の略

# second¹ 5級 A1

[sékənd セカンド] (★アクセント位置に注意)

> 形 ❶第2の
> ❷もう一つの
> 名 ❶第2
> ❷〖野球〗2塁
> ❸お代わり
> 副 第2に

—形 ❶《ふつう the second で》**第2の**, 2番目の (►2nd と略す)
- *the second* day of the week 週の2日目
- *the second* year of elementary school 小学校2年生
- on *the second* floor ㋶2階に;㋶3階に → floor ❷
- win (*the*) *second* prize in the contest コンテストで2位を取る
- *second* base 〖野球〗2塁, セカンド

❷《a second で》**もう一つの**, 別の (=another)
- *a second* language (母語以外に学ぶ)第二言語
- Please give me *a second* chance. 私にもう一度チャンスをください.

*second to none* 《話》だれにもひけをとらない

—名 (複 seconds[-dz -ヅ]) ❶ U 《ふつうthe second で》**第2**, 2番目; 2番目の人[物]; (月の) 2日 (►2nd と略す)
- on *the second* of August=on August (*the*) *second* 8月2日に (►on August 2(nd) と書く)
- Henry *the Second* ヘンリー2世 (► Henry II と書く)

❷ U 〖野球〗2塁, セカンド (=second base)
❸《seconds で》《単数・複数扱い》《話》(食事の) お代わり
- He always asks for *seconds*. 彼はいつもお代わりを求める.

—副 第2に, 2番目に
- She came *second* in the marathon. 彼女はマラソンで2位になった.
- Osaka is *the second* largest city in Japan. 大阪は日本で2番目に大きな都市だ.

派生語 secondary 形, secondly 副

# second² 準2級 A2 [sékənd セカンド]

名 (複 seconds[-dz -ヅ]) C ❶ (時間・角度の)秒 (►sec. と略す.「時間」はhour,「分」はminute)
- There are sixty *seconds* in a minute. 1分は60秒ある.

❷ちょっとの間, 瞬間 (=moment)
- *Just* [*Wait*] *a second*. ちょっと待って.
- I'll be back *in a second*. すぐに戻ります.

**secondary** B2 [sékəndèri セカンデリィ | sékəndəri セカンダリィ] 形 第2位の; 副の; 中等教育の
- a *secondary* product 副産物

**secondary school** B1 [sékəndèri skùːl セカンデリィ スクール | sékəndəri - セカンダリィ -] 名 C 中等学校 (► 英国のsecondary schoolやsixth form, 米国のmiddle schoolやhigh school, 日本の中学校・高校など)

**second hand** [sékənd hǽnd セカンド ハンド] 名 C 秒針 → clock 図

**secondhand** 2級 [sékəndhǽnd セカンドハンド]
—形 中古の (=㋶used)
- *secondhand* books [clothes] 古本[古着]
—副 中古で

**secondly** B2 [sékəndli セカンドゥリィ] 副 第2に, 次に (►事柄を列挙するときに用いる)

# secret 準2級 A2 [síːkrit スィークリット]

—形 (比較 more secret; 最上 most secret) 秘密の; 人目につかない, 隠れた
- a *secret* code 暗号
- Please *keep* my name *secret*. 私の名は秘密にしておいてください.

—名 (複 secrets[-ts -ツ]) C ❶ 秘密
- It's a *secret* between you and me. それは君とぼくだけの秘密だよ.
- keep [betray] *a secret* 秘密を守る[もらす]

❷秘けつ
- What was the *secret* of your success? あなたの成功の秘けつは何だったのですか.

*in secret* 秘密に, こっそりと

派生語 secretly 副

**secretary** 準2級 A2 [sékrətèri セクラテリィ | -təri -タリィ] 名 (複 secretaries[-z -ズ]) C ❶秘書; 書記
❷《the Secretary で》㋶(各省の)長官; ㋶大臣
- the *Secretary* of State (米国の)国務長官

**secretly** 2級 B1 [síːkritli スィークリットゥリィ] 副 ひそかに, 秘密に, こっそりと

**section** 4級 A1 [sékʃən セクション] 名 C ❶ 部分 (=part); (書物の)節; (新聞などの)…欄

### secure

- the sports *section* of a newspaper
  新聞のスポーツ欄
❷ (官庁・会社などの) 部, 課
❸ (都市などの) 区域

### secure B1 [sikjúər スィキュア]
―形 (比較 more secure, securer; 最上 most secure, securest) ❶ 安全な (=safe); 心配のない, 安心できる
- feel *secure* 安心する

❷ (土台・結び目などが) しっかりした, 安定した
❸ 確実な

―動 他 ❶ (攻撃(芯)・危険などから) …を守る, 安全にする ❷ (努力して) …を手に入れる, 確保する
派生語 security 名

### security 2級 B1 [sikjúərəti スィキュ(ア)ラティ]
名 (複 securities[-z]) U 安全; 安心; C U 防衛(手段)

### *see 5級 A1 [síː スィー] (★同音 sea 海)

動 他 ❶ …が見える
  ❷ …に会う
  ❸ …がわかる
  ❹ …かどうか見てみる
  ❺ …を見物する
  ❻ …を見送る
自 ❶ 見える
  ❷ わかる

(動 (三単現 sees[-z]; 過去 saw[sɔ́ː ソー]; 過分 seen [síːn スィーン]; 現分 seeing)

―他

❶ **…が見える**, …を見る (▶自然に目に入ってきて見えるという意味. 進行形にしない)
- I *saw* a lot of flowers in the park.
  公園でたくさんの花を見た.
- You can *see* that tall building from here.
  ここからあの高い建物が見える.
- He can't *see* a thing without his glasses.
  彼は眼鏡なしでは何も見えない.
- Have you ever *seen* a panda?
  あなたはパンダを見たことがありますか.

### see +⟨人・物⟩+⟨動詞の原形⟩
⟨人・物⟩が…するのを見る
- I *saw* the man cross the street.
  私はその男の人が通りを渡(た)るのを見た. (▶渡るのを初めから終わりまで見たという意味. 受け身にすると The man was seen *to* cross the street. とtoがつく)

I *saw* the man cross the street.

I *saw* the man crossing the street.

### see +⟨人・物⟩+⟨-ing形⟩
⟨人・物⟩が…しているのを見る
- I *saw* the man cross*ing* the street.
  私はその男の人が通りを渡っているところを見た. (▶渡っている進行中の動作を一部見たという意味)

### くらべてみよう！ see と look と watch
**see**: 自然に目に入ってきて「見える」という意味.
**look**: 対象となるものを見ようとして意識的に「目を向ける」こと.
**watch**: 「注意して見守る」という意味で, 動いているもの・試合・事態の変化などを look よりも長い間見続けること.

- Bill *saw* a crying baby.
  ビルは泣いている赤ん坊(智)を見た.
- Bill *looked at* his watch.
  ビルは時計を見た.
- Bill is *watching* TV now.
  ビルは今テレビを見ている.

see　look　watch

❷ **…に会う**, 面会する; (医者など) に診(み)てもらう
- I'm going to *see* Emma tonight.
  今晩エマに会うつもりだ.
- Come and [to] *see* me tomorrow.
  あした会いにいらっしゃい.
- I haven't *seen* her for many years.
  私は何年も彼女に会っていない.
- You should *see* a doctor.
  あなたは医者に診てもらったほうがいい.

# see

### くらべて みよう! seeとmeet

**see**:「知っている人に会う」ときに使います.「…を見かける」という場合にもseeを使います.

**meet**: ふつう「約束して会う」場合に使いますが,「偶然(ぐうぜん)出会う」場合にも使えます.また「初めて会う」「知り合いになる」の意味もあります.

### ここが ポイント! seeまたはmeetを使った あいさつ

(1) 初対面の人と会ったとき
(I'm) Glad to *meet* you.
Nice to *meet* you.
Pleased to *meet* you.
はじめまして.(⇦あなたに会えてうれしい)
(2) 初対面の人と別れるとき
(It was) Nice *meet*ing you.
お会いできてよかったです.
(3) 知り合いに会ったとき
(I'm) Glad to *see* you.
Nice to *see* you.
会えてうれしいです.
(4) 知り合いと別れるとき
(It's) Nice *see*ing you.
会えてよかったです.

❸ …がわかる, 理解する(▶進行形にしない)(= understand)
- I *see* how to do it.
  それのやり方がわかった.
- I can't *see* why he said that.
  私はなぜ彼がそう言ったのかわからない.

❹ …かどうか見てみる, 調べる, 確かめる; …するように注意する
- Go (and) *see* who is at the door.
  玄関(げんかん)にだれがいるか行って見てきなさい.
- *See* (*that*) it never happens again.
  そんなことが二度と起こらないように注意しなさい.

❺ …を見物する; (劇・試合など)を見る
- My aunt wants to *see* the sights of Kamakura.
  おばは鎌倉見物をしたがっている.
- We went to *see* a movie yesterday.
  きのう私たちは映画を見に行った.

❻ …を見送る, 送っていく → see ... off
- He *saw* his friend home.
  彼は友達を家まで送っていった.

— ⓐ ❶ 見える, 見る(▶進行形にしない)
- I can *see* well with my new glasses.
  新しいめがねでよく見える.

❷ わかる, 理解する
- You'll *see*. そのうちわかるでしょう.
- Now I *see*. それでわかった.

***I see.*** わかりました., なるほど.

話してみよう!
🙂 You need to turn in your homework by Friday.
金曜日までに宿題を提出しなくてはいけません.
🙂 *I see*. わかりました.

***Let me see.*** = ***Let's see.*** 《話》ええと., そうですね.(▶会話の途中(とちゅう)で考えたりするときに使う)

話してみよう!
🙂 Excuse me, may I use this computer?
すみません, このコンピュータを使っていいですか.
🙂 *Let me see*. Sure, go ahead.
ええと. はい, どうぞ.

***Long time no see.*** 《話》久しぶりですね.

話してみよう!
🙂 Hi, John. *Long time no see*.
こんにちは, ジョン. 久しぶりね.
🙂 Hi, Cathy. Nice to see you again.
やあ, キャシー. また会えてうれしいよ.

***see ... off*** …を見送る
- We went to the airport to *see* our friends *off*.
  私たちは友人を見送りに空港へ行った.

***see to ...*** …を取り計らう, 気をつける; …の面倒(めんどう)をみる
- Would you *see to* my plants while I'm

### seed

away?
私が留守の間,植物の世話をしてくれませんか.
***See you.*** 《話》さようなら.
- *See you* later [soon]. また後でね.
- *See you* again.
またいつかね.(▶しばらく会わないとき)

話してみよう!
☺ ***See you*** tomorrow.
またあした.
😊 Take care.
じゃあね.

***you see*** 《話》いいですか,あのね(▶文頭・文中・文末のいずれにも置く)
- *You see*, I'm very tired.
いいかい,ぼくはへとへとなんだよ.

派生語 seeing 名, sight 名

**seed** 準2級 A2 [síːd スィード]
─名 C U (草木の)種,種子(▶(桃(もも)などの)「堅(かた)い種」は stone)→ core 図
- plant [sow] *seeds* 種をまく
─動 他 (土地)に種子をまく

**seeing** 5級 [síːiŋ スィーイング]
─動 see(見える)の現在分詞・動名詞
─名 U 見ること;視覚
- *Seeing* is believing.
(諺)百聞は一見にしかず.(⇔見ることは信じることだ)(= To see is to believe.)

**Seeing Eye dog** [síːiŋ ái dɔ̀ːg スィーイング アイ ドーグ] 名 ⊛[商標]盲導(もうどう)犬(= guide dog)

**seek** A2 [síːk スィーク] 動 (過去・過分 sought [sɔ́ːt ソート]) 他 …を探し求める(▶ look for … よりも形式ばった語)
- *seek* advice [a job] 忠告[職]を求める

**seem** 準2級 A2 [síːm スィーム]

動 (三単現 seems [-z]; 過去・過分 seemed [-d]; 現分 seeming) ⓐ …のように思える,見える,…らしい(= appear)

seem (to be) + 〈形容詞・名詞〉
…であるように思える
- She *seems* (*to be*) happy. 彼女は幸せそうだ.(= It *seems* (that) she is happy.)
- The man *seemed to be* a police officer.
その男は警官のように見えた.

seem to + 〈動詞の原形〉
…するように思える(= appear)
- He *seems to* know everything.
彼は何でも知っているように思える.(= It *seems* (that) he knows everything.)

it seems (that) …
…のように思われる,…らしい

- *It seems* (*that*) they are twins.
彼らは双子(ふたご)であるらしい.(= They *seem* (to be) twins.)
- *It seems* to me (*that*) he is telling a lie.
私には彼がうそをついているように思われる.

**seen** 3級 [síːn スィーン] (★同音 scene 一場面)
動 see(見える)の過去分詞

**seesaw** B2 [síːsɔː スィーソー] 名 C シーソー
- ride a *seesaw* シーソーに乗る

**seize** B1 [síːz スィーズ] 動 他 ❶ (急に,しっかり)…をつかむ,握(にぎ)る(= grasp)
- I *seized* him *by* the arm.
私は彼の腕(うで)をつかんだ.
❷ (恐怖(きょうふ)・病気などが人)を急に襲(おそ)う

**seldom** B2 [séldəm セルダム] 副 めったに[ほとんど]…しない(⇔ often しばしば)→ always
ポイント!
- I *seldom* go out. 私はめったに外出しない.
- Sam is *seldom* late.
サムはほとんど遅刻(ちこく)しない.

**select** 2級 B1 [silékt スィレクト]
─動 他 (多くのものの中から)…を選ぶ,選択(せんたく)する → choose くらべて!
- You can *select* one of these prizes.
ここにある賞品の中から1つ選んでいいですよ.
- I was *selected* for the soccer team. 私はサッカーチームのメンバーに選抜(せんばつ)された.
─形 えり抜(ぬ)きの,選ばれた
派生語 selection 名

**selection** B1 [silékʃən スィレクション] 名 ❶ U 選ぶこと,選択(せんたく)
- *make* a *selection* 選択する
❷ C 選ばれたもの[人];選集;品ぞろえ
- That store has a nice *selection* of bags.
あの店はバッグの品ぞろえがいい.

**self** A1 [sélf セルフ] 名 (複 selves [sélvz セルヴズ]) U C 自分,自己,自身
- for my own *self* 私自身のために
派生語 selfish 形

**self-help** [sèlfhélp セルフヘルプ] 名 U 自助,自立

**selfie** [sélfi セルフィ] 名 C 自撮り,自撮り写真
- take a *selfie* 自撮りする

**selfish** B1 [sélfiʃ セルフィッシュ]
形 利己的な,自己本位の,わがままな

**selfishness** [sélfiʃnis セルフィッシュニス] 名 U わがまま,自分勝手,利己主義

**self-portrait** [sèlfpɔ́ːrtrit セルフポートゥリット]
名 C 自画像

**self-service** B1 [sèlfsə́ːrvis セルフサーヴィス]
─形 (食堂・商店などが)セルフサービスの
- a *self-service* store [cafeteria]

セルフサービスの店[カフェテリア]
━名 U セルフサービス

空港の, セルフサービスで乗り継ぎ手続きできる機械

\*__sell__ 5級 A1 [sél セル](★同音 cell 細胞((誤)))

動 (三単現 sells[-z]; 過去・過分 sold[sóuld ソウルド]; 現分 selling)

━他 ❶ …を売る(⇔buy 買う), 売っている
- They *sell* T-shirts for 800 yen.
  Tシャツが800円で売られている. (▶They は「店の人たち」を表す. 売り値を表すときは for を用いる)
- I *sold* my old books. 私は古本を売った.
- Postcards are *sold* at the post office.
  はがきは郵便局で売られている.
- Do you *sell* swimsuits? こちらでは水着を売っていますか. (▶店員に対して用いる)

sell +〈人〉+〈物〉=sell +〈物〉+ to +〈人〉
〈人〉に〈物〉を売る
- I *sold* Emily my bike.= I *sold* my bike *to* Emily. 私はエミリーに自転車を売った.

❷ (商品がある量)を売る, (数量)が売れる
- The book *sold* more than ten thousand copies. その本は1万部以上売れた.

━自 (物などが)売れる, 売られている
- The new cameras are *selling* well.
  その新型カメラはよく売れている.

*sell out* (*...*) …を売りきる; 売りきれる
- The tickets were *sold out* in an hour.
  そのチケットは1時間で売りきれた.
- Sorry, we're *sold out*.
  すみません, 売りきれです.
- (ALL) *SOLD OUT*《掲示》売りきれ

派生語 sale 名, seller 名

__seller__ B2 [sélər セラァ](★同音 cellar 地下貯蔵室)
名 C 売る人, 売り手(⇔buyer 買い手); 売れる物
- a best *seller*
  ベストセラー(▶特に本についていう)

__selves__ [sélvz セルヴズ] 名 self(自分)の複数形

__semester__ A2 [siméstər スィメスタァ](★アクセント位置に注意) 名 C (年2学期制の)学期 → term ❶

__semicolon__ B2 [sémikòulən セミコウラン | sèmikóulən セミコウラン] 名 C セミコロン(;) (▶コンマ(,)とピリオド(.)との中間の句読点. 2つの文が互(ⅰ)いに対照されているときなどに用いる)

__semifinal__ [sèmifáinl セミファイヌル] 名 C 準決勝

__senate__ [sénət セナット] 名 ❶ 《the Senate で》(米国・カナダ・フランスなどの議会の)上院(▶英国の上院は the House of Lords) ❷ U C (古代ローマの)元老院
派生語 senator 名

__senator__ B2 [sénətər セナタァ] 名 C ❶ 《しばしば Senator で》(米国・カナダ・フランスなどの)上院議員(▶「下院議員」は Representative) ❷ (古代ローマの)元老院議員

\*__send__ 準2級 A2 [sénd センド]

動 (三単現 sends[-dz -ヅ]; 過去・過分 sent[sént セント]; 現分 sending) ━他 ❶ …を送る, 届ける(⇔receive 受け取る)
- *send* an email E メールを送る

send +〈人〉+〈物〉=send +〈物〉+ to +〈人〉
〈人〉に〈物〉を送る
- Susie *sent* me a birthday card. = Susie *sent* a birthday card *to* me.
  スージーは私に誕生日カードを送ってくれた.

❷ (人)を行かせる, 派遣(ﾊﾟ)する
- My parents *sent* me *to* a school in the US. 両親は私をアメリカの学校に行かせた.
- The president will *send* him abroad.
  社長は彼を海外に派遣するだろう.

*send away ...* …を追いはらう; …を派遣する
*send back ...* …を送り返す
*send for ...* …を呼びに(人を)行かせる, …を取りに(人を)行かせる
*send forth* (香(ｶ)りなど)を放つ, 発散する
*send in* (*...*) (郵送で)…を提出する; …を中へ入れる, 通す
- We *sent in* our application forms.
  私たちは願書を郵送で提出した.
- Please *send* the guest *in*.
  お客様をお通ししてください.
*send off* (*...*) (荷物など)を発送する, 出す
*send out* (*...*) …を送り出す, 発送する; …を発散する
*send up* (値段など)を上げる, (ロケット)を飛ばす

__send-off__ [séndɔ̀ːf センドゥオーフ | séndɔ̀f センドゥオフ] 名 C 《話》 見 送 り, 送 別(会)(=send-off party)
- give a *send-off* party for ...
  …のために送別会を開く

## Senegal

**Senegal** [sènigɔ́ːl セニゴール] 名 セネガル（▶アフリカ西部の共和国. 首都はダカール（Dakar））

## senior 準2級 A2

[síːnjər スィーニャァ]（★「シニア」でないことに注意）
─ 形 ❶ 上級の, 先輩(はい)の（⇔junior 下級の）; 米（大学・高校の）最上級の
❷（同じ姓名(めい)の）男性の）年上のほうの, 父親のほうの（▶Sr., sr. と略す）→ junior 形 ❷
- Henry Smith, *Senior* [*Sr.*] ヘンリー・スミス・シニア（▶同名の年長者をさす）
─ 名（複 seniors[-z]）C ❶ 年長者, 年上の者, 先輩（⇔junior 年少者）
- He is four years my *senior*.
彼は私より4つ年上だ.
❷ 米（大学・高校の）最上級生

表現メモ

### 高校・大学の学年の呼び方（米国）

|  | 4年制大学・高校 |
| --- | --- |
| 1年生 | freshman |
| 2年生 | sophomore |
| 3年生 | junior |
| 4年生 | senior |

**senior citizen** [síːnjər sítəzən スィーニャァ スィティズン] 名 C 高齢(れい)者, お年寄り

**senior high (school)** [síːnjər hái (skúːl) スィーニャァ ハイ（スクール）] 名 C（日本の）高等学校

**sensation** B1 [senséiʃən センセイション] 名
❶ U C（直接的な）感覚, 知覚; C 感じ, 気持ち
❷ C（大衆・聴衆(しゅう)などの）興奮; 大評判; センセーション

## sense 準2級 A2 [séns センス]

名（複 senses[-iz]）❶（a senseで）理解力, 感じ取る力, センス; 感じ, …感; U（しばしばthe senseで）（…の）感覚
- She has *a sense* of humor.
彼女はユーモアを理解する力がある.
- (a) *sense* of money 金銭感覚
❷ U 分別, 判断力
- common *sense* 常識, 良識
❸ C 感覚
- the five *senses* 五感（▶sight（視覚）, hearing（聴覚(かく)）, smell（きゅう覚）, touch（触覚(かく)）, taste（味覚）の5つ）
- a sixth *sense* 第六感, 直感
- have a keen [poor] *sense* of smell
きゅう覚が鋭(するど)い[鈍(にぶ)い]
❹ C（行動などの）意義;（語句の）意味（= meaning）
- In this *sense*, you are right.

この意味では君は正しい.
❺《*one's* sensesで》正気
- He recovered *his senses*.
彼は意識を取りもどした.

*come to one's senses* 意識を取りもどす; 迷いから覚める
- That woman *came to her senses* about ten minutes after the accident. あの女性は事故後10分ほどして意識を取りもどした.
*in a sense* ある意味では; ある程度までは
*make sense* 意味をなす, 理解できる
- It doesn't *make sense*. それはおかしいよ.
*make sense of …*《ふつう疑問文・否定文で》…を理解する
*out of one's senses* 正気でない
- The man was *out of his senses*.
その男は正気ではなかった.
派生語 sensible 形, sensitive 形

**sensible** B2 [sénsəbl センスィブル] 形 分別のある, 賢明(けんめい)な（= wise）
- a *sensible* young man 良識のある青年

**sensitive** B2 [sénsətiv センスィティヴ] 形 ❶（刺激(げき)などに）感じやすい, 敏感(びん)な
- *sensitive* skin 敏感な肌(はだ)
❷ 物事を気にしやすい, 神経質な
- He is too *sensitive* about his appearance.
彼は自分の外見を気にしすぎだ.

## sent 4級

[sént セント]（★同音 cent セント, scent におい）
動 send（送る）の過去形・過去分詞

## sentence 3級 A1 [séntəns センタンス]

─ 名（複 sentences[-iz]）❶ C『文法』文
- Read the *sentence* aloud.
その文を声に出して読みなさい.
❷ C U『法律』（裁判の）判決,（刑(けい)の）宣告; 刑
- a three-year *sentence* 3年の刑
─ 動（三単現 sentences[-iz］; 過去・過分 sentenced[-t]; 現分 sentencing）他（人）に判決を下す
- The judge *sentenced* him *to death*.
判事は彼に死刑の判決を下した.

**sentiment** [séntəmənt センティマント] 名
❶ U C 感情, 気持ち, 情緒(じょう)
- appeal to *sentiment* 感情に訴(うった)える
❷ U 多感, 涙(なみだ)もろいこと
派生語 sentimental 形

**sentimental** [sèntəméntl センティメントゥル] 形 感情的な; 感傷的な, 涙(なみだ)もろい

**Seoul** [sóul ソウル] 名 ソウル（▶大韓民国(だいかんみんこく)（South Korea）の首都）

**Sep.** September（9月）の略

## separate 準2級 A2

(★動と形で発音が異なる)

— 動 ([sépərèit セパレイト] (三単現 separates[-ts -ツ]; 過去・過分 separated[-id]; 現分 separating)

— 他 …を分ける, 離(はな)す
- *separate* the good tomatoes *from* the bad ones よいトマトを悪い物からより分ける
- The garden is *separated from* the road by a fence.
庭は塀(へい)で道路から隔(へだ)てられている.

— 自 別れる, 離れる
- We *separated* at five.
私たちは5時に別れた.

— 形 [sépərət セパリット] 分かれた; 別々の
- My brother and I have *separate* rooms.
兄[弟]と私は別々の部屋を持っている.

派生語 separately 副, separation 名

**separately** B2 [sépərətli セパリットゥリィ] 副
別々に; 別れて

**separation** B1 [sèpəréiʃən セパレイション]
名 U C 分けること, 分離(ぶんり)

**Sept.** September(9月)の略

## September 5級 A1

[septémbər セプテンバァ]

名 9月 (►常に大文字で書き始める. Sept., Sep. と略す. 詳(くわ)しい使い方は → January ポイント!)
- *in September* 9月に
- *on September* 9
9月9日に (►特定の日を表す場合はonを用いる. September 9はSeptember (the) ninthと読む. 米ではSeptember nineとも読む)
- Many typhoons struck Japan last *September*. この前の9月にはたくさんの台風が日本を襲(おそ)った. (►this, last, next, everyなどがつくときは前置詞をつけない)

**sequence** B1 [sí:kwəns スィークワンス] 名 U 連続, 続発; 順序; C 連続して起こるもの
- a *sequence* of events 一連の事件

**Serbia** [sə́:rbiə サービア] 名 セルビア (►ヨーロッパ南東部の共和国. 首都はベオグラード (Beograd))

派生語 Serbian 形 名

**Serbian** [sə́:rbiən サービアン]
— 形 セルビアの, セルビア人[語]の
— 名 C セルビア人; U セルビア語

**sergeant** [sá:rdʒənt サーヂャント] 名 C 〖軍隊〗軍曹(ぐんそう); 巡査(じゅんさ)部長

**serial** B2 [síəriəl スィ(ア)リアル]
— 名 C (テレビ番組・小説などの)連続物, 続き物
— 形 シリーズの, 通しの; 連続している

## series B1

[síəri:z スィ(ア)リーズ] (★「シリーズ」でないことに注意)

名 (複 series) (►単複同形) C (単数・複数扱い)

❶ 一続き, 連続
- a *series of* ten stamps 10枚一組の切手

❷ (テレビ番組・小説などの)続き物, シリーズ
- a new TV *series* 新しい連続テレビ番組

派生語 serial 名 形

## serious 2級 B1 [síəriəs スィ(ア)リアス]

形 (比較 more serious; 最上 most serious)

❶ まじめな, 本気の, 真剣(しんけん)な
- a *serious* student まじめな生徒
- Are you *serious about* going abroad?
海外へ行くって本気ですか.

❷ 重大な; (病気などが)重い, 深刻な
- a *serious* matter 重大な問題
- Her illness seems to be *serious*.
彼女の病気は重いらしい.

派生語 seriously 副

**seriously** A2 [síəriəsli スィ(ア)リアスリィ] 副 ❶
まじめに, 本気に
- He didn't take my words *seriously*.
彼は私の言葉を本気にしなかった.

❷ 深刻に; (病気などが)重く, ひどく
- My father is *seriously* ill. 父は重病だ.

**sermon** [sə́:rmən サーマン] 名 C (教会での)説教; お説教, 小言(こごと)

**servant** B2 [sə́:rvənt サーヴァント] 名 C ❶ (家事をする)使用人 (►米ではふつうhelpと言う) (⇔master 主人)

❷ 奉仕(ほうし)者; 公務員
- a public [civil] *servant* 公務員

## serve 準2級 A2 [sə́:rv サーヴ]

— 動 (三単現 serves[-z]; 過去・過分 served[-d]; 現分 serving)

— 他 ❶ (飲食物)を出す, 給仕(きゅうじ)する
- *serve* breakfast [lunch, dinner]
朝食[昼食, 夕食]を出す
- She *served* us sandwiches. = She *served* sandwiches *to* us.
彼女は私たちにサンドイッチを出してくれた.
- They *served* us *with* wine.
彼らはわれわれをワインでもてなしてくれた.

❷ …に役立つ, 間に合う; (食事などが)…人分の分量がある
- The new hall will *serve* many purposes.
新しいホールは多くの目的に役立つだろう.
- This stew *serves* ten people.
このシチューは10人分ある.

### server

❸ **…に仕える**, 勤める; …のために働く, …に奉仕(ほう)する
- He *served* his community.
  彼は地域社会のために働いた.
❹《ふつう be served で》(店員が客)に応対する
- *Are* you being *served*?
  (客に対して)ご用は承(うけたまわ)っておりますか.
❺ (食料・電気・ガスなどを)…に供給する
❻《スポーツ》(ボール)をサーブする
— 自 ❶ 役立つ, 間に合う
- This plastic case *serves* as a lunch box.
  このプラスチック容器は弁当箱として使える.
❷ 勤める, 勤務する
- She *served* as principal at the junior high school. 彼女は中学で校長を務めた.
❸《スポーツ》(ボールを)サーブする
— 名 (複 serves [-z]) © 《スポーツ》サーブ
派生語 server 名, service 名

**server** B1 [sə́ːrvər サーヴァ] 名 © ❶《スポーツ》サーブをする人 ❷ (料理取り分け用の)大型フォーク, スプーン, サーバー ❸ ⊛ ウエーター, 給仕(きゅう)人 ❹《コンピュータ》サーバー(▶ネットワークを管理するコンピュータ)

## service 2級 B1 [sə́ːrvis サーヴィス]

名 (複 services [-iz]) ❶ Ⓤ (客に対する)**サービス**(▶日本語の「サービス」に含(ふく)まれる「値引き, おまけ」の意味はない)
- The *service* at this hotel is good [bad, poor]. このホテルのサービスはよい[悪い].
- *service* charge 手数料, サービス料

❷ © Ⓤ 公共事業; (電気・水道・ガスなどの)供給; (交通の)便
- postal *service* 郵便事業
- a bus [air] *service* バス[飛行機]の便
- OUT OF *SERVICE*《掲示》(エレベーターなどが)調整中; (バス・電車などが)回送中

「お知らせ/エレベーター調整中」の掲示
❸ Ⓤ 奉仕(ほうし); 勤務; © Ⓤ 貢献(こうけん)
- public [social] *service* 社会奉仕
❹ © Ⓤ (教会の)礼拝; © (宗教上の)式
- morning *service* 朝の礼拝

❺ © Ⓤ (機械などの)修理点検
❻《スポーツ》サーブ(の順番)

**service dog** [sə́ːrvis dɔ̀ːg サーヴィス ドーグ|-dɔ̀g-ドッグ] 名 © 介助(かいじょ)犬

**sesame** [sésəmi セサミィ] 名 Ⓤ《植物》ごま; ごまの実
- Open *sesame*! 開け, ごま! (▶『アリババと40人の盗賊(とうぞく)』の門を開けるまじない)

**session** 2級 B1 [séʃən セッション] 名 © Ⓤ (議会などの)開会, (法廷(ほうてい)の)開廷; © 会期, 開廷期間 ❷ © ⊛ (大学の)授業時間; 学期(= term) ❸ © 講習会, 集(つど)い

## set 3級 A1 [sét セット]

> 動 他 ❶ …を用意する
> ❷ …を置く
> ❸ (日時など)を決める
> ❹ …に(仕事など)を課する
> ❺ …を(ある状態に)する
> 自 (太陽・月などが)沈(しず)む
> 名 ❶ 一組
> ❷ (ラジオ・テレビの)受信機
> ❸《スポーツ》セット
> ❹ (演劇・映画の)舞台(ぶたい)装置
> ❺ (髪の)セット
> 形 ❶ 定められた
> ❷ 型どおりの
> ❸《話》準備ができて

— 動 ( 三単現 sets [-ts -ツ]; 過去・過分 set; 現分 setting) (▶過去形・過去分詞とも原形と同じ)

他❶  他❷  自

— 他 ❶ …を用意する, 整える; (時計など)を合わせる
- *set* the table for lunch
  昼食の食卓(しょくたく)を用意する
- *set* the alarm for 7 a.m.
  目覚まし時計を午前7時にセットする
❷ …を置く, 据(す)える(= put); つける
- *set* a computer on the desk
  コンピュータを机の上に置く
❸ (日時・場所など)を決める; (記録)を樹立する
- *set* the date for the party
  パーティーの日取りを決める
❹ …に(仕事・課題など)を課する
❺ …を(ある状態に)する, させる

**set**＋〈人・物〉＋〈形容詞・副詞句または-ing形〉〈人・物〉を…にする
- I *set* the rabbit *free* because it was in a trap. わなにかかっていたうさぎを自由にしてやった.

━ 🔵 (太陽・月などが)**沈む**(⇔rise 昇る)
- The sun *sets in* the west.
太陽は西に沈む.(▶方角の前にはinを使う)

***set about ...*** …を始める, …に取りかかる
***set aside*** …を取っておく, 別にしておく
***set in*** (悪天候・病気などが)始まる(＝begin)
- The rainy season has *set in*.
梅雨の季節が始まった.

***set off*** 出発する; …を爆発させる, 発射する
***set out*** 出発する
- They *set out for* a drive.
彼らはドライブに出かけた.

***set to ...*** …に取りかかる
***set up*** …を立てる, 建てる; (商売など)を始める, 創設する; …を準備する

━ 名 (複 sets[-ts -ツ]) ⓒ ❶ 一組, ひとそろい, セット
- a dinner *set* (ディナー用の)食器ひとそろい
❷ (ラジオ・テレビの)受信機, 受像機
- a television *set* テレビ(受像機)(▶a radio set, a television setのsetは省略されることが多い)
❸ [スポーツ]セット
❹ (演劇・映画の)舞台装置, セット
❺ (髪の)セット

━ 形 ❶ ((名詞の前にのみ用いる))定められた
❷ 型どおりの; 動かない, 頑固な
- a *set* phrase 決まり文句
❸ ((名詞の前には用いない))((話))準備ができて(＝ready)
- On your mark(s), (get) *set*, go!
位置に着いて, 用意, どん!

派生語 setting 名

**setting** B1 [sétiŋ セッティング]
━ 動 set(用意する; 沈むの現在分詞・動名詞
━ 名 ❶ Ⓤ (太陽・月などが)沈むこと ❷ Ⓤ Ⓒ (小説などの)場面設定, 舞台; (演劇の)舞台装置

**settle** 2級 B1 [sétl セトゥル] 動
━ 他 ❶ (ある場所に人を)定住させる, 落ち着かせる; (心・人など)を静める, 落ち着かせる
❷ (勘定など)を支払う, 清算する; (事柄)を解決する; …を取り決める
- *settle* the matter [dispute]
問題[論争]を解決する
━ 自 定住する; 落ち着く; 静まる

***settle down*** 定住する; 落ち着く
派生語 settlement 名, settler 名

**settlement** B1 [sétlmənt セトゥルメント] 名
Ⓒ (特に初期の)植民地(＝colony); Ⓤ 移住, 植民 ❷ Ⓤ Ⓒ 解決; 清算 ❸ Ⓒ 社会福祉事業団, セツルメント

**settler** B1 [sétlər セトゥラァ] 名 Ⓒ 植民者, 移住者, 入植者

\***seven** 5級 A1 [sévən セヴン]
━ 名 (複 sevens[-z]) Ⓤ Ⓒ 7; Ⓤ 7歳; 7時;((複数扱い))7人, 7個(▶詳しい使い方は→two.「第7の」はseventh)
- I got up at *seven* this morning.
私はけさ7時に起きた.
━ 形 7の; 7人の, 7個の; 7歳で
- *seven* pieces of candy キャンディー7個
派生語 seventh 形 名

\***seventeen** 5級 A1
[sèvəntíːn セヴンティーン]
━ 名 (複 seventeens[-z]) Ⓤ Ⓒ 17; Ⓤ 17歳;((複数扱い))17人, 17個(▶詳しい使い方は→two)
- It is *seventeen* after four. 4時17分だ.
━ 形 17の; 17人の, 17個の; 17歳で
- My son is *seventeen* (years old).
息子は17歳だ.
派生語 seventeenth 形 名

**seventeenth** [sèvəntíːnθ セヴンティーンス]
━ 形 ❶ ((ふつうthe seventeenthで))第17の, 17番目の(▶17thと略す. 詳しい使い方は→third) ❷ 17分の1の
━ 名 (複 seventeenths[-s]) ❶ Ⓤ ((ふつうthe seventeenthで))第17, 17番目; (月の)17日(▶17thと略す) ❷ Ⓒ 17分の1

\***seventh** 4級 [sévənθ セヴンス]
━ 形 ❶ ((ふつうthe seventhで))**第7の**, 7番目の(▶7thと略す. 詳しい使い方は→third)
- *the seventh* floor ㊤7階; ㊥8階→floor❷
❷ 7分の1の
━ 名 (複 sevenths[-s]) ❶ Ⓤ ((ふつうthe seventhで))**第7**, 7番目; (月の)7日(▶7thと略す)
- on *the seventh* of June＝on June (*the*) *seventh* 6月7日に(▶on June 7(th)と書く)
❷ Ⓒ 7分の1

**seventies** [sévəntiz セヴンティス] 名 seventy (70)の複数形;((the seventiesで))70年代

**seventieth** [sévəntiəθ セヴンティアス]
━ 形 ❶ ((ふつうthe seventiethで))第70の, 70番目の(▶70thと略す. 詳しい使い方は→third) ❷ 70分の1の
━ 名 ❶ Ⓤ ((ふつうthe seventiethで))第70, 70

### seventy

番目(▶70thと略す) ❷C 70分の1

## *seventy 5級 A1 [sévənti セヴンティ]

—名(複 seventies[-z]) ❶UC 70; U 70歳(に);《複数扱い》70人, 70個(▶詳(しょう)しい使い方は→two.「第70の」はseventieth)
- *Seventy* and ten is [are] eighty.
70足す10は80(70+10=80).

❷《one's seventiesで》(年齢(れい)の)70代;《the seventiesで》(世紀の)70年代
- He began golf in *his seventies*.
彼は70代になってからゴルフを始めた.
- in *the* nineteen *seventies*
1970年代に(▶in the 1970(')s[70(')s]と書く)

—形 70の; 70人の, 70個の; 70歳で
- *seventy* books 70冊の本

派生語 seventieth 形名

## several 準2級 A2 [sévərəl セヴ(ァ)ラル]

—形《名詞の前にのみ用いる》**いくつかの**, 数個の, 数人の
- *several* times 数回
- for *several* days 数日間

> くらべてみよう! **several と a few**
> **several**: 3以上でmany(多い)よりは少ない数(4〜7くらい)
> **a few**: 2〜3くらいの「少ない」数

—代 数人, 数個
- *Several of* us passed the exam.
私たちのうち数人は試験に受かった.

**severe** B1 [səvíər スィヴィア] 形 ❶(天候・病気などが)厳しい, 重い, ひどい(⇔mild 穏(おだ)やかな)
- a *severe* winter
厳しい冬

❷(人・規則などが)厳しい, 厳格な
- She gave him a *severe* look.
彼女は厳しい顔つきで彼を見た.

派生語 severely 副

**severely** B1 [səvíərli スィヴィアリィ] 副 厳しく, ひどく

## sew A2

[sóu ソゥ](★同音 so それほど, sow 種をまく)
動(三単現 sews[-z]; 過去 sewed[-d]; 過分 sewed, sewn[sóun ソウン]; 現分 sewing)
—他 …を縫(ぬ)う, 縫い合わせる
- She *sewed* a button *on* her coat.
彼女はコートにボタンを縫い付けた.
—自 縫い物をする

**sewing**[sóuiŋ ソウイング]
—動 sew(縫(ぬ)う)の現在分詞・動名詞
—名 U 裁縫(さいほう), 針仕事

**sewing machine**[sóuiŋ məʃìːn ソウイング マシーン] 名 C ミシン

**sewn**[sóun ソウン] 動 sew(縫(ぬ)う)の過去分詞の1つ

**sex** B1 [séks セックス] 名(複 sexes[-iz]) ❶UC 性, 性別 ❷U 性的な事柄(がら); セックス, 性行為(い)

派生語 sexual 形

**sexual** B2 [sékʃuəl セクシュアル] 形 性の; 性的な

**Seychelles** [seiʃélz, seiʃélz セイシェルズ, セイシェルズ | seiʃélz セイシェルズ] 名 セーシェル(▶インド洋にある島々からなる共和国. 首都はビクトリア(Victoria))

**sh**[ʃ シッ] 間 しっ, 静かに

**shabby** B2 [ʃǽbi シャビィ] 形(比較 shabbier; 最上 shabbiest) ❶(人・場所などが)みすぼらしい ❷(衣服などが)ぼろぼろの, 着古した

## shade 準2級 A2 [ʃéid シェイド]

—名(複 shades[-dz -ヅ]) ❶U《ふつうthe shadeで》日陰(かげ), 物陰; 陰(⇔sun 日なた)→shadow くらべて!
- in *the shade*
日陰で
- under *the shade* of a tree
木の陰で

❷C(電灯の)かさ; 日よけ, 《米》ブラインド
- a lamp *shade* ランプのかさ
- a window *shade* 窓の日よけ

❸C 色合い, (色の)濃淡
❹C (意味の)微妙(びみょう)な差異, ニュアンス

—動(三単現 shades[-dz -ヅ]; 過去・過分 shaded[-id]; 現分 shading) 他 …を陰にする, …の光を遮(さえぎ)る

派生語 shady 形

## shadow A2 [ʃǽdou シャドウ]

名(複 shadows[-z]) ❶C (人や物の)影(かげ)
- The tree cast *a shadow* in the yard.
その木は庭に影を落としていた.

> くらべてみよう! **shadow と shade**

shadow     shade

**shadow**:「影」のこと．光が人や物に当たってその後ろにできる輪郭(りんかく)のはっきりした暗い像．
**shade**:「陰(かげ)」のこと．物に遮(さえぎ)られてできた，光の当たらない部分．

❷ Ⓤ 暗がり，陰；(比喩的に)暗い影

**shady** [ʃéidi シェイディ] 形 (比較 shadier; 最上 shadiest)陰(かげ)の多い；陰を作る

# shake 3級 A1 [ʃéik シェイク]

— 動 (三単現 shakes[-s]; 過去 shook[ʃúk シュック]; 過分 shaken[ʃéikən シェイカン]; 現分 shaking)

— 他 ❶ …を振(ふ)る，揺(ゆ)さぶる → nod 図
・I *shook* my head. 私は首を横に振った．
・The wind *shook* the trees.
　風が木々を揺すった．
❷ (人)を動揺(どうよう)させる
・He was too *shaken* to speak.
　彼は動揺して話すことができなかった．

— 自 ❶ 揺れる，揺れ動く
・The ground is *shaking*. 地面が揺れている．
❷ (寒さ・恐(おそ)ろしさ・感動などで)震(ふる)える
・*shake with* cold [fear]
　寒さ[恐怖(きょうふ)]で震える

***shake hands*** (***with*** ...) (…と)握手(あくしゅ)する
(► handsと複数形にすることに注意)
・He *shook hands with* every student.
　彼は生徒ひとりひとりと握手した．

***shake off*** …を振り落とす，振り離(はな)す；※ 《話》(悪い習慣などを)断(た)ち切る

— 名 (複 shakes[-s]) Ⓒ ❶ 振ること，振動 ❷ ミルクセーキ(=milk shake)

**shaken** [ʃéikən シェイカン] 動 shake(振(ふ)る；揺(ゆ)れる)の過去分詞

**Shakespeare** [ʃéikspiər シェイクスピア] 名 William, ウィリアム・シェークスピア(► 1564-1616；英国の劇作家・詩人．代表作『ハムレット』『リア王』『ロミオとジュリエット』など)

# *shall 準2級 A2

[ʃəl シャル，(強く言うとき)ʃæl シャル] 助 (過去 should [ʃəd シャド，(強く言うとき)ʃúd シュッド]) ❶《Shall I [we]+〈動詞の原形〉?》で》**…しましょうか**．(►相手の気持ちや意見を聞いていねいな言い方)

話してみよう!

☺ *Shall I* answer the phone?
　電話に出ましょうか．
☻ Yes, please. / No, thank you.
　はい，お願いします．/ いいえ，けっこうです．(► *Shall I* ...?「(私が)…しましょうか」と相手に申し出る(手をさしのべる)ときに使う表現)

☺ *Shall we* go for a walk?
　散歩に行きましょうか．
☻ Yes [Sure]. / I'm afraid I can't. ええ，行きましょう．/ 残念ですが行けません．
(► *Shall we* ...? 「…しませんか」と相手といっしょに何かをすることを提案するときに使う表現．Let's ... 「…しよう」よりも相手の意向を尊重するていねいさがある)

・What *shall I* do next?
　次は何をしましょうか．(►相手のアドバイス・判断を仰(あお)ぐ，ていねいさを含(ふく)む言い方)

❷《(I [We] shall+〈動詞の原形〉．で》(私[私たち]は)…するだろう．(►単なる未来を表す．⑧ではふつうshallの代わりにwillを用いる．㊚でも《話》ではwillを用いる)
・If we practice hard, *we shall* win.
　一生懸命(けんめい)練習すれば，勝てるだろう．

❸《(I [We] shall+〈動詞の原形〉．で》(私[私たち]は)必ず…するつもりだ．(►話し手の強い意志・意図を表す．このshallは強く発音する)
・*I shall* come back. 私は必ず戻(もど)って来る．

❹《You [He, She, They] shall+〈動詞の原形〉．で》(あなた[彼, 彼女, 彼ら]に)…させてやる．，…させる．(►話し手の意志を表す．今はあまり使われない)
・If you pass the exam, *you shall* have this watch. 試験に合格したらこの時計をあげよう．(►失礼な感じを与えかねず，ふつうは ..., I will give you this watch. と言う)

**shallow** B1 [ʃǽlou シャロウ] 形 浅い(⇔deep 深い) → deep 図
・a *shallow* stream [dish] 浅い川[皿]

**shame** B1 [ʃéim シェイム] 名 ❶ Ⓤ (かなり深刻な)恥(は)ずかしさ；恥(はじ)，不名誉(めいよ)(= disgrace)
・The boy blushed *with shame*.
　少年は恥ずかしさで顔を赤らめた．
❷《a shameで》恥となる人[もの]；ひどいこと；残念なこと(=pity)
・It's *a shame* (that) you can't come to the party.
　あなたがパーティーに来られないのは残念だ．
・*Shame on* you! みっともないぞ，恥を知れ．
・What *a shame*! 何と残念なことか．

**shampoo** A2 [ʃæmpú: シャンプー] (★アクセント位置に注意)
— 名 (複 shampoos[-z]) Ⓒ 洗髪(せんぱつ)；Ⓒ Ⓤ シャンプー

## Shanghai

—動他 (髪(髪))をシャンプーで洗う

**Shanghai** [ʃæŋhái シャンハイ] 名 シャンハイ(上海)(▶中国東部の港市・商工業都市)

## shape 準2級 A2 [ʃéip シェイプ]

—名(複 shapes[-s]) ❶ⒸⓊ 形, 格好(=form, figure); Ⓒ 姿
- What *shape* is the shell?
  その貝殻(かい)はどんな形をしていますか.

❷Ⓤ (話)状態, 調子(=condition)
- I am in good *shape*.
  私は体調がよい.

*in shape* 体調がよくて
*in the shape of ...* …という形で; …の姿で
*out of shape* 体調が悪くて

—動(三単現 shapes[-s]; 過去・過分 shaped[-t]; 現分 shaping) 他 ❶ …の形を作る ❷ …を具体化する

## share 4級 A1 [ʃéər シェア]

—名(複 shares[-z]) ❶Ⓒ 分け前, 取り分
- I ate my *share* of the cake.
  ぼくは自分の分のケーキを食べた.

❷Ⓒ (費用・仕事の)分担; Ⓤ 役割
❸Ⓒ (米)株, 株式(=(英)stock); ⓊⒸ 市場占有率

—動(三単現 shares[-z]; 過去・過分 shared[-d]; 現分 sharing) 他 ❶ …を分かち合う, 共有する, 共にする, (動画など)をシェアする, (人に)話す
- He *shares* his joy and sorrow with his teammates.
  彼は喜びも悲しみもチームメートと分かち合う.
- I *share* this apartment with my friend.
  私は友人と共にこのアパートに住んでいる.

❷ …を分配する, 分ける
- They *shared* the food among them.
  彼らは食べ物を分け合った.

**shark** 3級 [ʃáːrk シャーク] 名(複 sharks[-s], shark) Ⓒ 〖魚〗さめ, ふか

## sharp 2級 B1 [ʃáːrp シャープ]

—形(比較 sharper; 最上 sharpest) ❶ (刃(は)が)鋭(するど)い(⇔blunt, dull 鈍(にぶ)い); (先が)とがった
- a *sharp* needle 先の鋭い針
- a *sharp* pencil (先が)とがった鉛筆(えんぴつ)(▶シャープペンシルは mechanical pencil → pencil 図)

❷ (カーブ・坂が)急な; 急激な
- a *sharp* curve 急カーブ

❸ (物の輪郭(りんかく)・差異が)はっきりした
- a *sharp* contrast はっきりした違(ちが)い

❹ (言葉などが)厳しい, 痛烈な; (味・においが)刺激性の; (痛みが)激しい
- a *sharp* pain 激痛

❺ 頭が切れる; (感覚が)鋭い
- He is *sharp*.
  彼は頭が切れる.

❻ 甲高(かんだか)い, 〖音楽〗半音高い, シャープの

—副 (時間が)きっかり, ちょうど
- The news began at nine *sharp*.
  ニュースは9時きっかりに始まった.

—名(複 sharps[-s]) Ⓒ 〖音楽〗シャープ, (ある音より)半音高い音; シャープ記号(#) (⇔flat フラット)

派生語 sharpen 動, sharpener 名, sharply 副

**sharpen** [ʃáːrpən シャープン] 動他自 …を鋭(するど)くする, とがらせる; (刃物(はもの))を研(と)ぐ; 鋭くなる, とがる
- *sharpen* a pencil 鉛筆(えんぴつ)を削(けず)る

**sharpener** [ʃáːrpənər シャープナァ] 名 Ⓒ 研(と)ぐ人[物], 削(けず)る道具
- a pencil *sharpener* 鉛筆(えんぴつ)削り

**sharply** B2 [ʃáːrpli シャープリィ] 副 ❶鋭(するど)く; (痛み・攻撃(こうげき)などが)激しく; (言葉などが)厳しく

❷急に; くっきりと

**shatter** B2 [ʃǽtər シャタァ] 動他自 …を粉々に壊(こわ)す; 粉々になる

**shave** 2級 B1 [ʃéiv シェイヴ]

—動(過分 shaved[-d], shaven[ʃéivən シェイヴン])
—他 (ひげ・毛)をそる; …を薄(うす)く削(けず)る
—自 ひげをそる
- My father *shaves* every morning.
  父は毎朝ひげをそる. (▶「ひげをそる, 顔をそる」は *shave one's* face とはあまり言わない)

—名 Ⓒ (ふつう a shave で)ひげをそること

**shaved ice** [ʃéivd áis シェイヴド アイス] 名 Ⓤ かき氷

**shaven** [ʃéivən シェイヴン] 動 shave(ひげ・毛をそる)の過去分詞の1つ

**shawl** [ʃɔːl ショール] 名 Ⓒ ショール, 肩掛(かたか)け

## *she 5級 A1

[ʃi シィ, (強く言うときは)ʃiː シー] (★sea[síː スィー], see[síː スィー]との発音の違(ちが)いに注意)

代(複 they[ðéi ゼィ]) 彼女は, 彼女が (⇔he 彼は) (▶三人称(にんしょう)単数の女性の主格)

- This is Jane. *She* comes from the U.S.
  こちらはジェーンです. 彼女はアメリカ出身です.
- "Who is that lady?" "*She* is Jennifer's mother."
  「あの女の人はだれですか」「あの人はジェニファーのお母さんです」

# shelves

## ここがポイント! sheの変化形

|  | 単数 | 複数 |
|---|---|---|
| 主格 | she 彼女は[が] | they 彼女たちは[が] |
| 所有格 | her 彼女の | their 彼女たちの |
| 目的格 | her 彼女を[に] | them 彼女たちを[に] |
| 所有代名詞 | hers 彼女のもの | theirs 彼女たちのもの |

### sheの使い方

(1) sheはI(私), you(あなた)以外のあらゆる1人の女性を表す代名詞で, すでに話に出てきた人をさして使います.
(2) sheは人間以外に, 動物の雌(めす)もさします. またnature(自然), the moon(月), the earth(地球), ship(船), car(車), country(国)などもsheで受けることがあります.

**shed¹** B2 [ʃéd シェッド] 名C 物置, 小屋
**shed²** [ʃéd シェッド] 動 (過去・過分 shed; 現分 shedding) 他 (血・涙(なみだ)など)を流す; (植物などが葉)を落とす; (皮・衣服など)を脱(ぬ)ぐ
- *shed* tears
  涙を流す

**she'd** [ʃid シィド, 《強く言うとき》ʃiːd シード]《話》she would, she hadの短縮形

## sheep 5級 A1 [ʃíːp シープ]

名 (複 sheep) (▶単複同形) C 羊
- a flock of *sheep* 羊の群れ

羊を連れて歩く羊飼い(アルメニア)

### これ知ってる? 羊のイメージ

羊には「従順」「善良」「おく病」などのイメージがあり,《話》では「おく病者」「人に引きずられがちな人」という意味でも使います.
また, キリスト教では, キリストと人間, 聖職者と信者の関係を, しばしば羊飼いと羊にたとえます.

## 羊にまつわる表現 表現メモ

ram 雄(おす)羊 / lamb 子羊 / mutton 羊の肉
lamb 子羊の肉 / wool 羊毛 / shepherd 羊飼い

**sheepdog** [ʃíːpdɔ̀ːg シープドーグ | ʃíːpdɔ̀g シープドッグ] 名C 牧羊犬, 羊の番犬

## sheet 2級 B1 [ʃíːt シート]

名 (複 sheets [-ts -ツ]) C ❶ (紙など薄(うす)い物の) **1枚**
- an answer *sheet* 解答用紙
- a *sheet* of paper
  1枚の紙 (▶2枚の紙はtwo *sheets* of paper)
❷《ふつう sheetsで》**シーツ**, 敷布(しきふ)
- put *sheets* on a bed
  ベッドにシーツをかける
❸ (水・雪・氷などの)一面の広がり

**shelf** 4級 A1 [ʃélf シェルフ] 名 (複 shelves [ʃélvz シェルヴズ]) C **棚(たな)**
- put the books *on* the *shelf*
  本を棚の上に載(の)せる

## shell 準2級 A2 [ʃél シェル]

名 (複 shells [-z]) C U **貝殻(かいがら)** (=seashell); (かめなどの)甲羅(こうら); (生物・種子・落花生・卵などの)殻 → egg 図

卵の殻

貝殻

落花生の殻

甲羅

**she'll** [ʃil シィル,《強く言うとき》ʃiːl シール]《話》she willの短縮形

**shellfish** [ʃélfìʃ シェルフィッシュ] 名 (複 shellfish) (▶単複同形) C U 貝; 甲殻(こうかく)類 (▶かに・えびなど)

**shelter** B1 [ʃéltər シェルタァ]
— 名 ❶ C (悪天候・危険などからの)避難(ひなん)所; U (雨露(あめつゆ)をしのぐ場所としての)住まい
- food, clothing and *shelter*
  衣食住 (▶日本語との順序の違(ちが)いに注意)
❷ U 避難; 保護
- take *shelter from* the typhoon [rain]
  台風から避難する / 雨宿りする
— 動 自他 ❶ 避難する; 隠(かく)れる ❷ …を保護する, かくまう

**shelves** [ʃélvz シェルヴズ] 名 shelf (棚(たな))の複数形

## shepherd

**shepherd** 準2級 [ʃépərd シェパァド] 名C 羊飼い

**sherbet** [ʃə́ːrbit シャービット] 名UC 《米》(冷菓(かし)の)シャーベット

**sheriff** B1 [ʃérif シェリフ] 名C 《米》(郡(county)の)保安官, シェリフ (►住民によって選挙で選ばれる法執行(しっこう)官); 《英》州長官

**Sherlock Holmes** [ʃə́ːrlɑk hóumz シャーラック ホウムズ | -lɔk - -ロック -] 名 シャーロック・ホームズ(►コナン・ドイルの推理小説に登場する名探偵(たんてい))

**she's** [ʃiz シィズ, 《強く言うとき》ʃíːz シーズ] 《話》 she is, she hasの短縮形

**shh** [ʃ シッ] 間 =sh

**shield** B2 [ʃíːld シールド]
─名C 盾(たて); 防御(ぼうぎょ)物; 防いでくれる人
─動他 …を防御する, 守る

**shift** B1 [ʃíft シフト]
─動他自 ❶ …を移動させる, …の位置[方向]を変える; 移動する, (位置などが)変わる ❷《米》(車のギアを)変える(=change)
─名C ❶ 移動, 変化, 転換(てんかん) ❷ (作業員などの)交替(こうたい), 交替時間

**shilling** [ʃíliŋ シリング] 名C シリング; シリング銀貨(►1971年に廃止(はいし)された英国の貨幣(かへい)単位. 20分の1ポンドで12ペンスに相当)

**shin** [ʃín シン] 名C 向こうずね →body 図

## shine 準2級 A2 [ʃáin シャイン]

─動 (三単現 shines[-z]; 過去・過分 shone [ʃóun ショウン | ʃɔ́n ション], shined[-d] (→他❶); 現分 shining)
─自 (太陽・月・星などが)輝(かがや)く, 光る, 照る; (表情などが)明るくなる
• The sun *shines on*.
太陽は輝き続ける.
• Her face was *shining* with happiness.
彼女の顔は幸福感で輝いていた.
─他 ❶ …を磨(みが)く(►この意味の場合だけ過去形・過去分詞はshined)(=polish)
• Sam *shined* his shoes.
サムは靴(くつ)を磨いた.
❷ (光など)を向けて照らす
• *shine* the flashlight *on* the stairs
懐中(かいちゅう)電灯で階段を照らす
─名UC 《しばしばa shineで》光, 輝き; 光沢, つや; 晴天
*rain or shine* 雨でも晴れでも →rain(成句)
派生語 shiny 形

**shiny** B1 [ʃáini シャイニィ] 形 (比較 shinier; 最上 shiniest) (ぴかぴか)輝(かがや)く, 光る, つやのある; 晴天の

## ship 5級 A1 [ʃíp シップ]

─名 (複 ships[-s]) C (大型の)船
• take a *ship* 船に乗る
• leave a *ship* 船から降りる
• get on board a *ship* 船に乗る

**くらべてみよう!** ship と boat

**ship**: 大洋を航海する「大型船」をさします.
**boat**:「小舟(こぶね)」を意味するほか, 《話》では大きさにかかわらず一般に「船」をさします. また, 船を受ける代名詞にはしばしばsheが使われます.

*by ship* = *on* [*in*] *a ship* 船で
• We went to Yokohama *by ship*.
私たちは船で横浜に行った.
─動 (三単現 ships[-s]; 過去・過分 shipped[-t]; 現分 shipping) 他 ❶ …を船で送る, 船に積む
• *ship* the cargo to New York
貨物をニューヨークへ船で送る
❷《米》(鉄道・トラック・飛行機などで)…を送る, 輸送する(=transport)

**shipyard** [ʃípjɑːrd シップヤード] 名C 造船所

## shirt 5級 A1 [ʃə́ːrt シャート]

名 (複 shirts[-ts -ツ]) C ❶ シャツ, ワイシャツ (►女性用のシャツ, ブラウスも含(ふく)む)
• a T-*shirt* Tシャツ
• He put on his *shirt*. 彼はシャツを着た.
❷《米》(下着の)シャツ, 肌着(はだぎ)(=undershirt, 《英》vest)

**shiver** B1 [ʃívər シヴァー]
─動自 (寒さ・恐(おそ)ろしさなどで小刻みに)震(ふる)える
─名C 《しばしばthe shiversで》身ぶるい

## shock 準2級 A2 [ʃɑ́k シャック | ʃɔ́k ショック]

─名 (複 shocks[-s]) ❶ CU ショック, 精神的打撃(だげき)
• have a culture *shock*
カルチャーショックを受ける
• The accident was a great *shock to* us.
事故は私たちにとって大きなショックだった.
❷ C 衝撃(しょうげき); (地震(じしん)などの)震動
• the *shock* of a fall 落下の衝撃
❸ CU《電気》電気ショック
─動 (三単現 shocks[-s]; 過去・過分 shocked[-t]; 現分 shocking) 他 …にショック[衝撃]を与(あた)える
• I was *shocked* to hear the news.
私はその知らせを聞いてショックを受けた.

派生語 shocked 形, shocking 形
**shocked** 2級 B1 [ʃákt シャックト | ʃɔ́kt ショックト] 形 ショックを受けた；憤慨した
**shocking** 2級 B1 [ʃákiŋ シャッキング | ʃɔ́kiŋ ショッキング]
— 動 shock（衝撃を与える）の現在分詞・動名詞
— 形 衝撃的な，ショッキングな；ぎょっとさせる，恐ろしい
- *shocking* news 衝撃的なニュース

## shoe 5級 A1 [ʃúː シュー]
名（複 shoes[-z]）C《ふつう shoes で》靴，(特に)短靴(▶⑧では一般にくるぶしが隠れる長さまでのものをshoesと言い、それ以上の長靴をbootsと言うことが多い。⑲では、くるぶしの下までの短いものをshoesと言い、くるぶしの隠れる長さ以上のものはbootsと言う)
- *a pair of shoes*
  靴1足(▶靴2足はtwo pairs of *shoes*)
- Please put on your *shoes*.
  どうぞ靴を履いてください。
- Mary wore her new *shoes*.
  メアリーは新しい靴を履いていた。

表現メモ

### 靴のいろいろ
boots ブーツ / high heels ハイヒール
loafers ローファー / rubber boots ゴム長靴
sandals サンダル / slippers 上ばき、室内用の靴
sneakers スニーカー

sneakers スニーカー
slippers スリッパ
high heels ハイヒール
sandals サンダル
boots ブーツ
loafers ローファー

**shoelace**[ʃúːlèis シューレイス] 名 C《しばしば shoelaces で》⑧靴ひも(= shoestring)
**shoemaker**[ʃúːmèikər シューメイカァ] 名 C 靴屋さん(▶人をさす)，靴職人
**shoestring**[ʃúːstrìŋ シューストゥリング] 名 C《しばしば shoestrings で》⑧靴ひも(= shoelace)

**shone**[ʃóun ショウン | ʃɔ́n ション] 動 shine(輝く；照らす)の過去形・過去分詞

## shook 3級 [ʃúk シュック]
動 shake(振る；揺れる)の過去形

## shoot 準2級 A2 [ʃúːt シュート]
— 動（三単現 shoots[-ts -ツ] 過去・過分 shot[ʃát シャット | ʃɔ́t ショット] 現分 shooting）
— 他 ❶（銃など）を撃つ，発射する；（銃・弓などで）…を撃つ，射る
- *shoot* a gun 銃を撃つ
- *shoot* an arrow 矢を射る
- He *shot* a bear. 彼は熊を撃った。(▶命中したことを意味する)
❷（質問など）を浴びせる
- She *shot* questions *at* the doctor.
  彼女は医者に質問を連発した。
❸（写真・映画・ビデオなど）を撮影する
- We *shot* a video of the school festival.
  私たちは文化祭をビデオで撮影した。
❹《スポーツ》(ボールなど)を(ゴールに)シュートする(▶名詞の「シュート」はshot)
— 自 ❶(…をねらって)撃つ，射る
- He *shot at* a bear. 彼は熊をねらって撃った。(▶命中したかどうかは不明)
❷勢いよく動く，飛び出す
— 名（複 shoots[-ts -ツ]）C ❶射撃；狩猟会
❷芽(=bud)→branch くらべて!
- a bamboo *shoot* 竹の子
派生語 shooting 名, shot¹ 名
**shooting** B2 [ʃúːtiŋ シューティング]
— 動 shoot(撃つ)の現在分詞・動名詞
— 名 U 射撃；(特に銃での)狩猟
**shooting star**[ʃúːtiŋ stáːr シューティング スター] 名 C 流れ星

## *shop 5級 A1 [ʃɑ́p シャップ | ʃɔ́p ショップ]
— 名（複 shops[-s]）C ❶《主に⑲》店，商店，小売店(= ⑧ store)
- a flower *shop* 生花店
- a book *shop* 書店(= ⑧ bookstore)
- open[close] a *shop* 開店[閉店]する
- keep[run] a *shop* 店を経営する

くらべてみよう! **shop と store**
どちらも「店」を表しますが，⑧ではstore，⑲ではshopが多く使われます。また，小規模な「専門店」や，理髪店(barbershop)など「サービスを提供する店」には，⑧でもshopを使います。

## shop assistant

❷仕事場, 作業場(＝workshop)
- a repair *shop* 修理工場

━動 (三単現)shops[-s]; 過去・過分shopped[-t]; 現分shopping) ❸ 買い物をする
- He often *shops* at the department store.
彼はよくそのデパートで買い物をする.

*go shopping* 買い物に行く
- Mother *went shopping* in Ginza.
母は銀座に買い物に行った. (▶to Ginzaは×)

派生語 shopper 名, shopping 名

**shop assistant** A2 [ʃáp əsìstənt シャップ アスィスタント|ʃɔ́p- ショップ-] 名 C 英 店員(＝米 salesclerk)

**shopkeeper** B2 [ʃápkìːpər シャップキーパァ|ʃɔ́p- ショップ-] 名 C(主に英)店主, 小売商人(＝米 storekeeper)

**shopper** 2級 B1 [ʃápər シャッパァ|ʃɔ́pə ショッパ] 名 C 買い物客

## shopping 5級 A1

[ʃápiŋ シャッピング|ʃɔ́piŋ ショッピング]

━動 shop(買い物をする)の現在分詞・動名詞
━名 U 買い物, ショッピング
- do the *shopping*
買い物をする
- a *shopping* center [mall]
(特に郊外の)ショッピングセンター[モール]

数多くの店が並ぶショッピングセンター(英国・リバプール)

**shopping bag** [ʃápiŋ bæɡ シャッピング バッグ|ʃɔ́piŋ- ショッピング-] 名 C 英(紙・ビニールの)買い物袋(＝米 carrier bag)→bag 図

**shopping cart** [ʃápiŋ kɑ̀ːrt シャッピング カート|ʃɔ́piŋ- ショッピング-] 名 C 米(スーパーマーケットの店内などで使う)ショッピングカート

**shore** A2 [ʃɔ́ːr ショァ] 名 C(海・湖・川などの)岸
- the *shore* of Lake Biwa
琵琶湖岸

*off shore* 沖に, 岸を離れて
*on shore* 岸に; 陸上に[で]
- go [come] *on shore* 上陸する

## *short 5級 A1 [ʃɔ́ːrt ショート]

形 ❶短い
❷背が低い
❸不足した
❹そっけない
副 急に
名 ❶《shortsで》ショートパンツ
❷《野球》ショート

━形 (比較 shorter; 最上 shortest)

❶ (長さ・距離・時間などが)短い(⇔long 長い)
- a *short* pencil 短い鉛筆
- take a *short* trip 小旅行をする
- take a *short* break 短い休憩をとる
- I had my hair cut *short*.
私は髪を短くしてもらった.
- The days are getting *shorter*.
日が短くなってきている.

❷背が低い(⇔tall 背が高い)
- I'm the *shortest* in my family.
私は家族の中でいちばん背が低い.

❸ (数量・期間などが)不足した, 足りない→be short of(成句)

❹そっけない, 無愛想な
- a *short* answer そっけない返事

*be short for ...* …の省略形[略語]である
- TV *is short for* television.
TVはtelevisionの省略形である.

*be short of ...* …が不足している, 足りない
- I'm a bit *short of* money today.
きょうはちょっとお金が足りない.

━副 急に, 突然, だしぬけに(＝suddenly)
- The bicycle stopped *short*.
自転車は急に止まった.

*come [fall] short of ...* (目標・基準などに)達しない, 及ばない

*cut short ...* …を短く切る(→形❶); (話など)を途中で遮る
- Our trip was *cut short* by the rain. 私たちの旅行は雨のため途中で切り上げられた.

*run short (of ...)* (…が)不足する, なくなる
- We are *running short of* water.
水が底を突きそうだ.

━名 (複 shorts[-ts -ツ]) ❶《shortsで》ショート

パンツ, 半ズボン; 🇺🇸(男性用下着の)パンツ(=🇬🇧pants)
- a pair of tennis *shorts*
テニス用ショートパンツ

❷ C 〖野球〗ショート, 遊撃手(=shortstop)

*for short* 略して, 短く
- "Tom" is Thomas *for short*.
「トム」はトーマスを略した言い方だ.

*in short* 手短に言えば, 要するに(=in a word)

派生語 shortage 名, shorten 動, shortly 副

**shortage** 2級 B1 [ʃɔ́ːrtidʒ ショーティッヂ] 名 U C 不足, 欠乏

**shortcoming** [ʃɔ́ːrtkʌ̀miŋ ショートゥカミング] 名 C 《ふつう shortcomings で》欠点, 短所

**shortcut** [ʃɔ́ːrtkʌ̀t ショートカット] 名 C 近道
- *take a shortcut* 近道をする

**shorten** [ʃɔ́ːrtn ショートゥン] 動 他 自 …を短くする, 縮める; 短くなる, 縮む

**shorthand** [ʃɔ́ːrthæ̀nd ショートハンド] 名 U 速記

**shortly** B1 [ʃɔ́ːrtli ショートゥリィ] 副 ❶ じきに, まもなく ❷ 手短に; ぶっきらぼうに

**shortsighted** [ʃɔ́ːrtsàitid ショートサイティド | ʃɔ̀ːrtsáitid ショートサイティド] (★このghは発音しない) 形 🇬🇧近視の(=おもに🇺🇸nearsighted) (⇔farsighted 遠視の); 近視眼的な

**shortstop** [ʃɔ́ːrtstɑ̀p ショートスタップ | -stɔ̀p -ストップ] 名 C 〖野球〗ショート, 遊撃手

# shot¹ 準2級 A2 [ʃɑ́t シャット | ʃɔ́t ショット]

名 (複 shots [-ts -ツ]) C ❶ 発砲, 発射, 射撃; 銃声 ❷ 弾丸; (砲丸投げの)砲丸 ❸ 〖スポーツ〗シュート, ショット, 1打
- Good *shot*! ナイスシュート[ショット]!(▶「ナイスシュート[ショット]」は和製英語)

❹ (話)写真; (映画の)一場面
❺ (話)注射(=injection)

**shot²** [ʃɑ́t シャット | ʃɔ́t ショット] 動 shoot (撃つ)の過去形・過去分詞

**shotgun** [ʃɑ́tgʌ̀n シャットガン | ʃɔ́t- ショット-] 名 C 散弾銃, ショットガン, 猟銃

# *should 4級 A1

[ʃəd シャッド, 強く言うときはʃúd シュッド](★ouのつづりに注意)

助 (▶shallの過去形) ❶《義務・当然・提案》**…すべきである, …したほうがよい**(▶話し手が望ましいと思うことやすべきだと思うことを表す. 形は過去形だが意味は現在)
- You *should* take a rest.
あなたは休んだほうがよい.
- You *should* be more patient.
あなたはもっと我慢強くなるべきだ.

- *Should* I go to see a doctor?
医者に診てもらったほうがいいかな.
- You *should* not [*shouldn*'t] swim in this river. この川で泳いではいけない.

> ここが ポイント! **should の意味**
>
> (1) should は must, have to(…しなければならない), ought to, had better(…すべきである)などより穏やかに義務を伝える表現です.
> (2) I think をつけるとさらに穏やかな言い方になります.
> - I think (that) you *should* study harder.
> もっとちゃんと勉強したほうがいいよ.
> (3)「…するべきだった」と過去を表すには, should have + 〈過去分詞〉とします.
> - I *should have* studied harder.
> もっとちゃんと勉強すればよかった.(▶「実際はしなかった」ことを表す)

❷《見こみ・推測》…するはずだ, きっと…するだろう
- Your friends *should* help you.
あなたの友達があなたを助けてくれるはずだ.

❸ (私[私たち]は)…するだろう(▶「時制の一致」で用いられるshallの過去形, 🇺🇸ではwouldを用いる. 🇬🇧でも《話》ではwouldを用いる)
- I thought (that) I *should* catch the train. 私はその電車に間に合うだろうと思った.(▶I think (that) I shall catch the train. の過去形)

❹《If ... should+〈動詞の原形〉で》万一…が〜するならば(▶可能性が低い未来のことに用いる)
- *If I should* be late, start the party without me. 万一, 私が遅れたら, 私抜きでパーティーを始めてね.

❺ …するとは, …するなんて(▶that節の中で用い, 驚き・当然などの感情・意見を表す)
- It is strange (*that*) he *should* get upset. 彼が怒るなんて変だ.

❻ いったい(…なのか)(▶how, who, whyなどとともに用い, 強い驚きなど意外な気持ちを表す)
- *How should* I know? 私が知っているわけがないじゃないか.(⇔どうして知っていようか)

*should like to*+〈動詞の原形〉🇬🇧…したいのですが→like¹〖成句 would like to+〈動詞の原形〉〗

# shoulder 5級 A1

[ʃóuldər ショウルダァ]

## shouldn't

名 (複 shoulders[-z]) C 肩(かた) (▶両肩をさす場合はshoulders) → body 図
- have stiff *shoulders*
  肩が凝(こ)っている
- She has a pain *in* her *shoulder*.
  彼女は肩に痛みがある.
- I *carried* a pair of skis *on* my *shoulder*.
  私はスキーを肩に担(かつ)いだ.
- I *shrugged* my *shoulders*.
  ぼくは肩をすくめた.(▶「しかたがない」「わからない」「どうしようもない」という動作)
- a *shoulder* bag
  ショルダーバッグ

**shouldn't**[ʃúdnt シュドゥント] 《話》should notの短縮形

## *shout 準2級 A2 [ʃáut シャウト]

— 動 (三単現 shouts[-ts -ツ] 過去・過分 shouted[-id]; 現分 shouting)
— 自 叫(さけ)ぶ, 大声で言う, 怒鳴(どな)る (=cry)
- *shout for* help
  大声で助けを求める
- Mr. Sato *shouted to* [*at, for*] us *to* be quiet. 佐藤先生は私たちに静かにするようにと大声で言った.

— 他 …を叫ぶ, 大声で言う
- The teacher *shouted* my name.
  先生が私の名前を大声で呼んだ.

— 名 (複 shouts[-ts -ツ]) C 叫び, 叫び声, 大声
- She *gave* a *shout* of joy.
  彼女は喜びの声をあげた.

## shovel [ʃʌ́vəl シャヴァル]

— 名 C シャベル; シャベル1杯(はい)の量
— 動 (過去・過分 shoveled, 英 shovelled[-d]; 現分 shoveling, 英 shovelling) 他 自 (…を) シャベルですくう; シャベルで掘(ほ)る

## *show 5級 A1 [ʃóu ショウ]

動他 ❶…を見せる
❷…に〜を教える
❸…を案内する
❹…を明らかにする
❺…を展示する
自 ❶見える
❷上演[上映]される
名 ❶展覧会
❷見せること
❸見せかけ

— 動 (三単現 shows[-z] 過去 showed[-d]; 過分 shown[ʃóun ショウン], showed; 現分 showing)
— 他

❶ …を見せる, 示す
- Please *show* your passport at the immigration office.
  入国管理局でパスポートを見せてください.
- She *showed* no interest.
  彼女はまったく興味を示さなかった.

show+〈人〉+〈物〉=show+〈物〉+to+〈人〉
〈人〉に〈物〉を見せる
- He *showed* me his camera. = He *showed* his camera *to* me.
  彼は私にカメラを見せてくれた.

❷《show ... 〜》…に〜を教える, (示して)説明する → teach くらべて!
- Would you *show* me the way to the mall? 商店街への道を教えてくださいませんか.
- I'll *show* you how to use this computer.
  このコンピュータの使い方を説明しましょう.

❸ …を案内する, (部屋などに人)を通す
- She *showed* me *around* Sydney. 彼女は私にシドニーをあちこち案内してくれた.

❹ …を明らかにする, 証明する
- His words *show (that)* he is clever.
  彼の言葉で彼が賢(かしこ)いことがわかる.

❺ …を展示する; (劇・映画など)を上演する, 上映する
- The theater is *showing* "The Lion King" now. その劇場では今『ライオンキング』を上演している.

— 自 ❶ 見える, 現れる
- Your shirt tail is *showing*.
  シャツのすそが見えていますよ.

❷ (劇・映画などが)上演[上映]される
- What is *showing* at the movie theater now? 今その映画館では何を上映中ですか.

***show off ...*** …を見せびらかす; …を誇示(こじ)する
- Jane *showed off* her expensive bag.
  ジェーンは高価なバッグを見せびらかした.

***show up*** 《話》姿を見せる, 現れる
- He didn't *show up* at the meeting.
  彼はその集まりに姿を見せなかった.

— 名 (複 shows[-z]) ❶ C 展覧会, 品評会; 見せ物, ショー; (放送の)番組
- a flower *show* 花の展覧会
- a quiz *show* クイズ番組

## shut

❷ⓒ《ふつうa showで》見せること, 展示, 表示
- vote *by a show of hands*
挙手で決をとる
❸Ⓤ 見せかけ, ふり
*for show* 見せびらかして
*on show* 展示中で

**Showa Day**[ʃóuwa dèi ショウワ デイ] 名 (日本の)昭和の日

**show and tell, show-and-tell**[ʃòu ən tél ショウ アン テル] 名Ⓤ《単数扱い》ショー・アンド・テル(▶生徒が旅行の写真や趣味(しゅみ)のものなどを学校に持って来て, その説明を英語ですること)

**showcase** B2 [ʃóukeis ショウケイス] 名Ⓒ (商店・博物館などのガラス製の)陳列(ちんれつ)箱, ショーケース

**shower** 5級 A1 [ʃáuər シャウァ]
―名Ⓒ ❶ にわか雨, 夕立
- I *was caught in a shower* on my way back.
帰ってくる途中(とちゅう)でにわか雨にあった.
❷ シャワー→bathroom 図
- *take* [*have*] *a shower* シャワーを浴びる
❸《主に ⊛》(結婚)[出産]を控(ひか)えた女性に)贈(おく)り物をするパーティー
―動 ―⾃ ❶《itを主語にして》にわか雨が降る
- It *showered* last night.
きのうの夜にわか雨が降った.
❷ シャワーを浴びる
― ⾃他 …に水を注ぐ; (雨のように)…を注ぐ, どっさり与(あた)える

**showing** 準2級 [ʃóuiŋ ショウイング]
―動 show(見せる; 見える)の現在分詞・動名詞
―名Ⓒ《しばしばa showingで》見せること, 展示

# shown 準2級 [ʃóun ショウン]

動 show(見せる; 見える)の過去分詞の1つ

**showroom**[ʃóuruːm ショウルーム](★アクセント位置に注意)名Ⓒ 展示室, ショールーム

**show window**[ʃou wíndou ショウ ウィンドウ]
名Ⓒ ショーウインドー(▶現在ではstore windowや⊛shop windowのほうがふつう)

**shrank**[ʃræŋk シュランク] 動 shrink(縮む)の過去形の1つ

**shrewd**[ʃrúːd シュルード] 形 賢明(けんめい)な(=clever), 鋭(するど)い; (商売などで)抜(ぬ)け目のない

**shriek**[ʃríːk シュリーク]
―名Ⓒ 金切り声, 悲鳴
―動⾃他 (…を)金切り声で言う, 叫(さけ)ぶ; 悲鳴をあげる, キャーと言う

**shrill**[ʃríl シュリル] 形 (音・声が)甲高(かんだか)い, けたたましい

**shrimp** 2級 B1 [ʃrímp シュリンプ] 名

(複 shrimps[-s], shrimp)Ⓒ《動物》小えび(▶小形のえびの総称(そうしょう))(▶「大形のえび」はlobster, 「中形のくるまえび類」はprawn→lobster 図)

# shrine 3級 [ʃráin シュライン]

名 (複 shrines[-z])Ⓒ (聖者の遺体などを祭った)聖堂; (日本の)神社
- a Shinto *shrine* 神道(しんとう)の神社

**shrink** B2 [ʃríŋk シュリンク] 動 (過去 shrank [ʃræŋk シュランク], shrunk[ʃráŋk シュランク]; 過分 shrunk, shrunken[ʃráŋkən シュランクン])⾃ (布・衣類などが)縮む, 収縮する

**shrub**[ʃráb シュラッブ] 名Ⓒ 低木, かん木

**shrug** B2 [ʃrág シュラッグ]
―動 (過去・過分 shrugged[-d]; 現分 shrugging)
―他 (手のひらを上にして肩(かた)を)すくめる(▶無理解・無関心・不賛成・不快などを表す)→gesture 図
- He *shrugged* his shoulders.
彼は肩をすくめた.
―⾃ 肩をすくめる
―名Ⓒ 肩をすくめること
- with a *shrug* 肩をすくめて

**shrunk**[ʃráŋk シュランク] 動 shrink(縮む)の過去形・過去分詞の1つ

**shrunken**[ʃráŋkən シュランクン] 動 shrink(縮む)の過去分詞の1つ

**shudder**[ʃádər シャダァ]
―動⾃ (怖(こわ)さ・寒さなどで)身ぶるいする, (嫌(いや)で)ぞっとする
―名Ⓒ 身ぶるい

# shut 準2級 A2 [ʃát シャット]

動 (三単現 shuts[-ts -ツ]; 過去・過分 shut; 現分 shutting)(▶過去・過分とも原形と同じ)
―他 ❶ …を閉める, 閉じる(=close, ⇔open 開ける)
- *shut* the door
ドアを閉める
- Anna *shut* her eyes.
アナは目を閉じた. (▶このshutは過去形)
- *Keep* your eyes *shut*.

## shutter

目を閉じていなさい. (▶このshutは過去分詞で「閉じられた状態の」を表す)
❷ (本など)を閉じる; (傘(ﾂ)など)をたたむ
— 自 閉まる
- The door won't *shut*.
 ドアがどうしても閉まらない.

***shut down ...*** …を閉める[閉鎖(ｻ)する]; (コンピュータ)をシャットダウンする
***shut in ...*** …を閉じこめる; …を取り囲む
***shut off ...*** (水道・電気・交通など)を止める
***shut out ...*** …を締(し)め出す; …を遮(ｻｴｷﾞ)る; ⦿〖野球〗…をシャットアウト[完封(ﾌｳ)]する
- The trees in the garden *shut out* the sunlight. 庭の木々は日光を遮る.

***shut up (...)*** 〘話〙…を黙(ﾀﾞﾏ)らせる; (店など)を閉める; 閉じこめる; 黙る
- *Shut up*! 黙れ!; うるさい! (▶乱暴な言い方)
- I *shut* the mouse *up* in a cage.
 私ははつかねずみをかごに閉じこめた.

派生語 **shutter** 名

**shutter**[ʃʌ́tər シャタァ] 名 C ❶ (ふつう shuttersで)よろい戸, 雨戸; (商店などの)シャッター ❷ (カメラの)シャッター

**shuttle**[ʃʌ́tl シャトゥル] 名 C ❶ 近距離(ｷｮ)往復列車[バス, 飛行機]; スペースシャトル(= space shuttle) ❷ (はた織り機の)杼(ﾋ) (▶縦糸の間に横糸を左右に通す器具)

**shuttlecock**[ʃʌ́tlkɑ̀k シャトゥルカック | -kɔ̀k -コック] 名 C (バドミントンの)羽根

**shy** 3級 A1 [ʃái シャィ] 形 (比較shyer, shier; 最上shyest, shiest) 恥(ﾊ)ずかしがる, 内気な
- a *shy* person 恥ずかしがり屋
派生語 **shyness** 名

**shyness**[ʃáinis シャイニス] 名 U 内気, はにかみ

## *sick 4級 A1 [sík スィック]

形 (比較sicker; 最上sickest) ❶ 病気の, 病気で (⇔well, healthy 健康な)
- the *sick* 病気の人々 (= *sick* people 複数扱い)
- look *sick* 顔色が悪い
- My father is *sick* in bed.
 父は病気で寝(ﾈ)ている.
- Andy got very *sick* yesterday.
 アンディは昨日ひどく具合が悪くなった.

くらべてみよう! **sick**と**ill**
いずれも「病気の」の意味ですが, ⦿では**sick**, ⦾では**ill**のほうがよく用いられます. ただし, 名詞の前には⦿⦾ともにふつう**sick**が用いられます.
- a *sick* boy 病気の少年

❷ 《名詞の前には用いない》気分が悪い, むかつく, 吐(ﾊ)き気がする
- I feel *sick*. 吐き気がする.
- The sight made me *sick*. その光景に私は気分が悪くなった. (⇔光景は私を気分悪くさせた)
❸ 嫌気(ｲﾔｹ)がさして, うんざり[あきあき]して
- I am *sick of* listening to the story.
 またその話を聞くのはうんざりです.
派生語 **sickness** 名

**sickness** B1 [síknis スィックニス] 名 U 病気(= illness, ⇔health 健康); 吐(ﾊ)き気 → **disease**
くらべて!
- motion *sickness* 乗り物酔(ﾖ)い

## side 4級 A1 [sáid サイド]

— 名 (複 sides[-dz -ヅ]) C ❶ (左右・前後などの)側; (表裏などの)面; (立体などの)面
- the left [right] *side* of the river
 川の左[右]側
- the right [wrong] *side* of the cloth
 布の表[裏]側
- He lives on the south *side* of Paris.
 彼はパリの南側に住んでいる.
- In the US, people drive on the right *side* of the road. 米国では車は道路の右側を走る.
- A box has six *sides*. 箱には6つの面がある.
❷ わき; 側面; 横腹, わき腹; (山などの)斜面(ｼｬ)
- There is a fire exit *at the side of* the hotel building.
 ホテルの建物の側面に非常口がある.
- I have a pain in my right *side*.
 私は右のわき腹が痛い.
❸ (対立する人の)一方の側
- Our *side* won the game.
 私たちの側が試合に勝った.
- You know I'm always on your *side*.
 ぼくはいつも君の味方だって知っているだろう.
❹ (物事の)一面, 局面
- look on the bright [dark] *side* of life
 人生の明るい[暗い]面を見る
- think about the issue from all *sides*
 あらゆる面からその問題を考える

***by the side of ...* = *by ...'s side*** …のそばに
- She sat *by the side of* me. = She sat *by my side*. 彼女は私のそばに座(すわ)った.

***from side to side*** 左右に, 横に
***side by side*** 並んで

—形 わきの, 側面の; 副の, つけ足しの
- a *side* door 横のドア
- a *side* dish (主要料理に対して)副菜
- a *side* table サイドテーブル(▶壁際(かべぎわ)などに置く小型テーブル)

**sidewalk** B1 [sáidwɔ̀ːk サイドウォーク] 名 C 米
(舗装(ほそう)された)歩道(=英 pavement)

「歩道閉鎖中」の掲示(米国)

**Sierra Leone** [sièrə lióun スィエラ リオウン] 名
シエラレオネ(▶西アフリカにある共和国. 首都はフリータウン(Freetown))

**siesta** [siéstə スィエスタ] 名 C シエスタ(▶南ヨーロッパ・ラテンアメリカの昼寝(ひるね)の習慣)

**sigh** B1 [sái サイ] (★このghは発音しない)
—動 自 ため息をつく
- *sigh with* disappointment
落胆(らくたん)のため息をつく

—名 C ため息

# sight 3級 A1

[sáit サイト] (★このghは発音しない, 同音 site 用地)

名 (複 sights [-ts -ツ]) ❶ C 光景, 眺(なが)め; ((ふつう the sights で))名所
- Enjoy the *sight* of a beautiful sunset.
日没(にちぼつ)の美しい光景を楽しんで.
- see *the sights* of New York
ニューヨーク見物をする

❷ U 視力(=eyesight), 視覚(=vision); 視界, 視野(=view)
- have good [poor] *sight* 視力がよい[悪い]
- She *lost* her *sight*. 彼女は視力を失った.

❸ U (ひと目)見ること, 一見(=glimpse); 見えること
- She was shocked at the *sight* of the accident.
彼女はその事故を見てショックを受けた.

***at first sight*** 一目見て, ただちに; 一見したところ

- *At first sight* she seemed smart.
一見したところ彼女は利口そうに見えた.

***at (the) sight of ...*** …を見て
- The girl smiled *at the sight of* her father.
少女は父親の姿を見てにっこりした.

***catch [get, have] sight of ...*** …を見かける; …を見つける

***in [within] sight*** 見えて, 見える範囲(はんい)に
- Land is *in sight*. 陸地が見える.

***in [within] sight of ...*** …の見える所に[で]
***lose sight of ...*** …を見失う
***out of (one's) sight*** (…の)見えない所に[の]
- Put the present *out of sight*.
プレゼントを見えない所に置いて.
- Get *out of my sight*. 出ていきなさい.

# sightseeing 準2級 A2

[sáitsìːiŋ サイトスィーイング] (★このghは発音しない)

名 U 観光, 見物, 遊覧
- a *sightseeing* bus 観光バス

***go sightseeing in ...*** …へ観光に行く
- We *went sightseeing in* Hakone.
私たちは箱根へ観光に出かけた.

# sign 4級 A1 [sáin サイン] (★このgは発音しない)

名 ❶ 前ぶれ
　❷ 合図
　❸ 標識
　❹ 記号
　❺ 〖天文〗宮(きゅう)
動 他 ❶ …に署名する
　　❷ …に合図する
　自 ❶ 署名する
　　❷ 合図する

—名 (複 signs [-z]) C ❶ 前ぶれ, 徴候(ちょうこう), 印
- Those dark clouds are a *sign* of a storm.
あの黒雲は嵐(あらし)の前ぶれだ.

❷ 合図; 手まね, 身ぶり(=gesture)
- give the *sign* to stand up
立てという合図をする

❸ 標識, 標示; 看板
- road *signs* 道路標識

❹ (音楽・数学などで用いる)記号, 符号(ふごう)
- the plus [minus] *sign*
プラス[マイナス]の符号
- a flat *sign* 〖音楽〗フラット記号

❺ 〖天文〗宮(=star sign)

—動 (三単現 signs [-z]; 過去・過分 signed [-d]; 現分 signing)
—他 ❶ (手紙・契約(けいやく)書など)に署名する, (名前)をサインする

## signal

- Please *sign* your name here. ここに署名してください.

❷…に合図する

―㉠ ❶署名する, サインする ❷合図する, 身ぶりや手まねで知らせる

***sign up*** 契約をする, 登録する, 申し込む

ウェブサイトでアカウント登録をするための画面

**ここがポイント!** 「サイン」はsignではない!

日本語の「サイン」は英語の**sign**とは違う場合が多いので注意しましょう.
(1) 手紙や書類の署名―**signature**
「署名する, サインする」という動詞は**sign**
(2) 有名人などのサイン―**autograph**
(3) 野球で選手に送るサイン―**signal**

signature   autograph   signal

派生語 signature 名

## signal B1 [sígnəl スィグナル]

―名 (複 signals[-z]) C 信号, 合図, サイン; 信号機 → sign ポイント!

- a traffic *signal* 交通信号
- give the *signal* to start 出発の合図を出す

―動―他 (三単現 signals[-z]; 過去・過分 signaled, ㊧signalled[-d]; 現分 signaling, ㊧signalling) …に合図する, サインを出す, 信号を送る

- The coach *signaled* the batter *to* swing at the next pitch. コーチはバッターに次の投球を打てとサインを出した.

―㉠ 合図する, 信号を送る

- He *signaled* to the waiter for the check. 彼はウエーターに勘定書きを持って来るように合図した.

## signature B1 [sígnətʃər スィグナチャァ] 名 C 署名, サイン → sign ポイント!

**signboard**[sáinbɔ̀ːrd サインボード] (★このgは発音しない) 名 C 看板, 掲示板

**significance** B1 [signífikəns スィグニフィカンス] 名 U 意味, 意義; 重要性, 重大さ

**significant** A2 [signífikənt スィグニフィカント] 形 重要な(=important), 意義深い; 意味ありげな

**sign language**[sáin læ̀ŋgwidʒ サイン ラングウィッヂ] (★1つ目のgは発音しない) 名 U 手話, 手話法

## silence 準2級 A2 [sáiləns サイランス]

―名 (複 silences[-iz]) ❶ U 静けさ, 静寂(=quietness)

- the *silence* of the night 夜の静けさ

❷ U C 沈黙, 無言; 沈黙の状態

- *break* the *silence* 沈黙を破る
- *Silence*! 静粛に!
- Speech is silver, *silence* is golden. (ことわざ) 雄弁は銀, 沈黙は金.

❸ U 音信のないこと

***in silence*** 黙って

- We sat *in silence*. 私たちは黙って座っていた.

―動 (三単現 silences[-iz]; 過去・過分 silenced[-t]; 現分 silencing) 他 …を黙らせる, 静かにさせる

## silent 2級 B1 [sáilənt サイラント]

形 (比較 more silent; 最上 most silent) ❶ 静かな, 静寂な(=quiet)

- a *silent* evening 静かな夕暮れ

❷ 沈黙した, 黙っている, 無言の→quiet くらべて!

- *keep silent* 黙ったままでいる
- Be *silent*, everybody. みんな, 静かにして.
- I put my cell phone on [in] *silent* (mode). 私は携帯をマナーモードに設定した. (▶「マナーモード」は和製英語)

❸ 発音しない, 黙音の

- a *silent* letter 黙字(▶highのghなど)

派生語 silence 名 動, silently 副

**silently** A2 [sáiləntli サイラントゥリィ] 副 無言で, 黙って; 静かに

**silhouette**[siluét スィルエット] (★このhは読まない) 名 C シルエット; 影絵

**silk** 2級 B1 [sílk スィルク] 名 U 絹; 絹糸; 《silksで》絹織物

**Silk Road**[silk róud スィルク ロウド] 名 《the Silk Roadで》シルクロード, 絹の道(▶中国とローマを結んだ古代の要路. 中国の絹などを運んだことから)

**silkworm**[sílkwə̀ːrm スィルクワーム] 名 C 〔虫〕蚕

**silly** A2 [síli スィリィ] 形 (比較 sillier; 最上

silliest）愚(おろ)かな，ばかな；（言動などが）ばかばかしい
- Don't be *silly*. ばかなことを言うな[するな].

**silo**[sáilou サイロウ] 名（複 silos[-z]）C サイロ（▶穀物や牧草を貯蔵する円筒(えんとう)形の建物）

# silver 準2級 A2 [sílvər スィルヴァ]

—名 U（金属元素の）**銀**；銀色；銀貨（=silver coins）；銀食器
- a ring made of solid *silver* 純銀の指輪

—形 **銀の**, 銀製の；銀色の
- a *silver* dish 銀の皿
- a *silver* medal 銀メダル

- a *silver* wedding anniversary
銀婚(ぎん)式（▶結婚25周年）

# similar 準2級 A2 [símələr スィマラァ]

形（比較 more similar; 最上 most similar）**同じような**, 似通った
- Amy's dress is *similar* to mine.
エイミーの服は私のとよく似ている.

**Simon**[sáimən サイマン] 名 サイモン（▶男性の名）

# simple 準2級 A2 [símpl スィンプル]

形（比較 simpler; 最上 simplest）❶ **簡単な**, やさしい, 単純な（=plain, ⇔complicated 複雑な）
- The question is *simple*. その質問は簡単だ.
- The story is written in *simple* English.
その物語はやさしい英語で書かれている.

❷ **質素な**, 地味(じみ)な, 飾(かざ)り気のない（=plain）
- a *simple* life 質素な生活
- a *simple* dress 地味な服

❸ 純真な, 無邪気(むじゃき)な（=innocent）；お人よしの；愚(おろ)かな（=foolish）
- My aunt is (as) *simple* as a child.
おばは子どものように純真だ.

❹《名詞の前にのみ用いる》まったくの
派生語 simply 副

**simply** 準2級 [símpli スィンプリィ] 副 ❶ わかりやすく, 簡単に；質素に, 地味(じみ)に
- The lady was *simply* dressed.
その女性は地味な身なりをしていた.

❷ 単に, ただ（=only）
- He did this job *simply* for money.
彼はその仕事をお金のためだけにしていた.

❸ まったく
- This flower is *simply* beautiful.
この花は美しいとしか言いようがない.

**simulate**[símjulèit スィミュレイト] 動 他 …の模擬(ぎ)実験をする, シミュレーションを行う

**simulation**[sìmjuléiʃən スィミュレイション] 名 U C 模擬(ぎ)実験, シミュレーション

**sin**[sín スィン] 名 C U（道徳・宗教上の）罪, 罪悪

# *since 準2級 A2 [síns スィンス]

> 前 …から（今まで）
> 接 ❶ …してから（今まで）
> ❷ …だから
> 副 その後（今まで）

—前 **…から**（今まで）, …以来
- She has been on a diet *since* April.
彼女は4月からダイエットをしている.
- I have been here *since* eleven last night.
私は昨晩11時からずっとここにいる.

> **くらべてみよう!** since と from
>
> **since**:「過去のある時点から現在までずっと継続(けい)して」の意味で, ふつう現在完了形とともに使います.
>
> **from**: 単に始まりの時点のみを表し,「現在まで」という意味は含(ふく)みません.
> - I have been working *since* early this morning.
> 私はけさ早くからずっと働いている.
> - I worked *from* early this morning till after dark.
> 私はけさ早くから日没(にちぼつ)後まで働いた.

—接 ❶ **…してから**（今まで）, …して以来
- I have lived here *since* I was ten.
私は10歳(さい)のときからここに住んでいる.
- It has been five years *since* Tom came to Japan. = It is five years *since* Tom came to Japan. = Five years have passed *since* Tom came to Japan.
トムが日本に来て5年になる.
- It's a long time *since* we met last.
久しぶりですね.（⇔この前会ってから長い時間がたった）

❷《理由》**…だから**, …なので（▶ふつう文頭に用

### sincere

いる）→ because くらべて!
- *Since* I was sick, I didn't go to school.
私は病気だったので学校へ行かなかった．

―副 その後(今まで), それ以来(ずっと)
- I saw her last Saturday, but I haven't spoken to her *since*. 私はこの前の土曜日に彼女に会ったが, その後は彼女と話をしていない．

*ever since* (...)（…して)以来ずっと, その後ずっと (▶everはsinceの意味を強める)
- He was elected in 2020 and has been chairperson *ever since*.
彼は2020年に選ばれて以来ずっと会長だ．

**sincere** B2 [sinsíər スィンスィァァ] 形 (人柄などが)誠実な; (言動などが)心からの, まじめな
派生語 sincerely 副

## sincerely 4級

[sinsíərli スィンスィァリィ]
副 (比較 more sincerely; 最上 most sincerely)
**心から**, 真心こめて
*Sincerely yours,* =《主に英》*Yours sincerely,* 敬具(▶友人・知人間での手紙の結びの 言葉. 次の行にサインをする)

## *sing 5級 A1 [síŋ スィング]

動 (三単現 sings[-z]; 過去 sang[sǽŋ サング]; 過分 sung[sʌ́ŋ サング]; 現分 singing)

―自 ❶ **歌う**
- He *sings* well. 彼は歌がうまい．(▶ふつう He is a good singer. と言う)
- I like to *sing*. 私は歌を歌うのが好きだ．
- They *sang to* the piano [guitar].
彼らはピアノ[ギター]に合わせて歌った．

❷ (小鳥・虫などが)鳴く, さえずる; 音を立てる
- The crickets were *singing* in the grass.
こおろぎが草むらで鳴いていた．

―他 **(歌)を歌う**
- He *sang* her a song. = He *sang* a song *for* [*to*] her. 彼は彼女のために歌を歌った．
派生語 singer 名, singing 名

**sing.** singular(単数)の略(⇔pl. 複数)

**Singapore** 5級 [síŋɡəpòːr スィンガポァァ] 名 シンガポール(▶マレー半島南端の島々からなる共和国, およびその首都)

## singer 5級 A1 [síŋər スィンガァ]

名 (複 singers[-z]) C **歌う人, 歌手**
- She is a good *singer*. 彼女は歌がうまい．

**singer-songwriter** [síŋərsɔ́(ː)ŋràitər スィンガァソーングライタァ]（★このWは発音しない) 名 C シンガーソングライター

**singing** 準2級 A2 [síŋiŋ スィンギング]

―動 sing(歌う)の現在分詞・動名詞
―名 U C 歌唱, 歌うこと; 鳥のさえずり

## single 準2級 A2 [síŋɡl スィングル]

―形 ❶《名詞の前に用いて》**たった1つ[1人]の**(=only one)
- in a *single* day たった1日で
- He didn't say a *single* word.
彼はただの一言もしゃべらなかった．

❷《名詞の前に用いて》**1つの**; (ホテルなどが)**1人用の**; (試合などが)1対1の(⇔double 2人用の)
- a *single* bed シングルベッド

❸ **独身の**(⇔married 結婚している)
- a *single* man [woman] 独身男性[女性]

❹《every, eachなどを強調して》1つひとつの, それぞれの
- every *single* day 毎日毎日

❺《名詞の前に用いて》《英》(切符が)**片道の**(⇔return 往復の)
- a *single* ticket
英片道切符(=英a one-way ticket)

―名 (複 singles[-z]) C ❶ (ホテルの)1人用の部屋 ❷《singlesで》《単数扱い》(テニスなどの)シングルス(⇔doubles ダブルス) ❸ 独身者 ❹《野球》シングルヒット ❺英片道切符

**singular** A2 [síŋɡjulər スィンギュラァ]
―形《文法》単数の(⇔plural 複数の)
―名 U《ふつう the singularで》《文法》単数(形)（▶s. またはsing. と略す); C 単数形の語

## sink 準2級 A2 [síŋk スィンク]

―動 (三単現 sinks[-s]; 過去 sank[sǽŋk サンク]; 過分 sunk[sʌ́ŋk サンク]; 現分 sinking)

―自 ❶ (水面下に)**沈む**(⇔float 浮かぶ), **沈没する**; (水平線下に)落ちる
- The ship *sank into* the Atlantic.
その船は大西洋に沈んだ．
- The sun *sinks in* the west. 太陽は西に沈む．

❷ (人が崩れるように)**倒れる, 腰をおろす**
- *sink into* a sofa ソファーに倒れこむ

❸ 徐々に下がる; (地面などが)しだいに沈下する
- The balloon was *sinking* to the ground.
風船はゆっくり地面に落ちていった．

❹ (価格・評価などが)下がる; (音量などが)弱く[低く]なる
- The price of oil *sank*.
石油の値段は下がった．

❺ (心などが)**沈む, 落ちこむ**; (病人などが)衰える
- My heart *sank*. 私はがっくり落ちこんだ．

― 他 …を沈める, 沈没させる
- The storm *sank* the ship.
嵐がその船を沈没させた.

― 名 C (台所の)**流し**;⑧洗面台(= ⑧washbasin) → bathroom 図

**sinner** [sínər スィナァ] 名 C (道徳・宗教上の)罪を犯した人, 罪人(►「法律上の罪人」は criminal)

**sip** [síp スィップ]

― 動 (過去・過分 sipped[-t]; 現分 sipping) 他 自 (…を)ちびちび飲む, すする

― 名 C (飲み物の)ひとすすり, 一口
- take a *sip* 一口飲む

## sir 4級 A1 [sər サァ, 《強く言うとき》sə́:r サー]

名 ❶ U **あなた, 先生**, お客様(►目上の男性に対する呼びかけなどに用いる. ふつう無理に日本語に訳さなくてよい. 女性に対してはma'amやmadamを使う)
- Good morning, *sir*.
(目上の男性に対して)おはようございます.
- May I help you, *sir*? (店員が男性客に対して)いらっしゃいませ.; 何を差し上げましょうか.; どういったご用でしょうか.

❷《Sir ...で》…**卿**, サー(►英国でknight(ナイト爵)またはbaronet(準男爵)の位を持つ人の称号として, 姓名または名前の前につける. 姓だけのときには用いない)
- *Sir* Arthur Conan Doyle アーサー・コナン・ドイル卿(► Sir Conan Doyleは×)

### ここがポイント! 手紙の書き出しとSir
手紙の書き出しはふつうDear Mr. Brownのようにしますが, 事務的な手紙で相手の名前がわからないときは, Dear Sir or Madamなどと書かれることがあります. ただし現在ではこのような性差のある言い方は避けられます. → dear ポイント!

**siren** [sáiərən サイ(ア)ラン] 名 ❶ C 警笛, サイレン ❷《しばしばSirenで》『ギリシャ神話』セイレン(►海の精. 上半身は女性, 下半身は鳥の姿で, 美声で船人をおびき寄せ, 船を難破させるという)

## sister 5級 A1 [sístər スィスタァ]

名 (複 sisters[-z]) ❶ C **姉, 妹, 姉妹**(⇔ brother 兄, 弟, 兄弟)
- Lisa and I are *sisters*. リサと私は姉妹だ.
- This is my *sister* Victoria.
こちらは姉[妹]のビクトリアです.
- "Do you have any *sisters*?" "Yes. I have one *sister*."「女のきょうだいはいますか」「はい, 1人います」
- Frank and Sally are brother and *sister*.
フランクとサリーはきょうだいだ. (► brother and sisterは決まった言い方で, 男女の順に関係なく用いる)

### ここがポイント! sisterの使い方
(1) 英語では「姉」と「妹」を区別せずに, どちらもsisterで表すのがふつうです. 区別する必要がある場合には, an older sister, an elder sister, a big sister(姉), a younger [little] sister (妹)のように言います.
(2) 英語では「姉さん」と呼びかけるのにはsisterは使わず, 名前で呼ぶのがふつうです.

❷《形容詞的に》姉妹の(ような関係の)
- *sister* schools [cities] 姉妹校[都市]

❸ C (カトリックの)シスター, 修道女

**sisterhood** [sístərhùd スィスタァフッド] 名 U 姉妹の(ような)関係; 姉妹愛; C 女子修道会

**sister-in-law** B2 [sístərinlò: スィスタァインロー] 名 (複 sisters-in-law [sístərzinlò: スィスタァズインロー]) C 義理の姉[妹]

## *sit 5級 A1 [sít スィット]

動 (三単現 sits[-ts -ツ]; 過去・過分 sat[sét サット]; 現分 sitting)

― 自 ❶ **座る**; 座っている(⇔stand 立つ; 立てる)
- *sit on* a bench [floor]
ベンチ[床]に座る
- *sit on* a sofa ソファーに座る

❷ (鳥が)止まる; 卵を抱く
- A bird is *sitting* on the branch.
鳥が1羽枝に止まっている.
- The hen is *sitting* on the eggs.
めんどりは卵を抱いている.

― 他 …を座らせる
- Hiroko *sat* her little sister on the sofa.
ヒロコは妹をソファーに座らせた.

*sit at ...* (テーブルなど)に着く
- We *sat at* the table.
私たちは食卓に着いた.

*sit down* 座る, 着席する
- *Sit down*, please. どうぞお座りください.

*sit for ...* 《主に⑧》(筆記試験)を受ける; (肖像画)をかいてもらう, (写真)を撮ってもらう

*sit up* (背筋を伸ばして)きちんと座る;(寝た状態から)上半身を起こす; 夜ふかしをする(=stay up); (犬が)ちんちんをする
- *Sit up* straight, please.

背筋を伸ばして座ってください.
- We *sat up* all night talking.
私たちは一晩じゅう起きて語り明かした.

## site 3級 A1 [sáit サイト](★同音 sight 光景)

名(複 sites[-ts -ツ]) C ❶**用地**,(建設などの)敷地,場所;(事件などの)現場
- the *site* for the 2016 Olympic Games
2016年のオリンピックの開催地

「建設現場／立ち入り禁止」の標識

❷跡,遺跡
- a World Heritage *site* 世界遺産

❸(インターネットの)サイト(=website)

**sitting** 5級 [sítiŋ スィッティング]
━動 sit(座る;座らせる)の現在分詞・動名詞
━名 U 座ること,着席

**sitting room** A2 [sítiŋ rùːm スィッティング ルーム] 名 C (主に英)居間(=living room)

**situated** [sítʃuèitid スィチュエイティド] 形(ある場所に)位置している,ある
- The church is *situated on* the hillside.
その教会は丘の中腹にある.

## situation 準2級 A2

[sìtʃuéiʃən スィチュエイション]
名(複 situations[-z]) C ❶**立場**,境遇;事態,情勢,状況
- She is in a difficult *situation*.
彼女は難しい立場にある.
❷(建物などの)位置,場所

**sit-up** [sítʌp スィットアップ] 名 C 腹筋運動(▶寝ている姿勢から上半身を起こす運動)

## *six 5級 A1 [síks スィックス]

━名(複 sixes[-iz]) U C **6**; U 6歳;《複数扱い》6人,6個(▶詳しい使い方は→two.「第6の」はsixth)
- I left home at *six* (o'clock).
私は6時に家を出た.
━形 **6の**;6人の,6個の;6歳で
- Phil is *six* feet tall. フィルは身長6フィート(約183 cm)だ.(▶ 1 footは約30 cm→foot

❷)
派生語 sixth 形名

## *sixteen 5級 A1

[sìkstíːn スィックスティーン]
━名(複 sixteens[-z]) U C **16**; U 16歳;《複数扱い》16人,16個(▶詳しい使い方は→two)
- They have a son of *sixteen*.
彼らには16歳の息子がいる.
━形 **16の**;16人の,16個の;16歳で
- *sixteen* grandchildren 16人の孫
派生語 sixteenth 形名

**sixteenth** 5級 [sìkstíːnθ スィックスティーンス]
━形 ❶《ふつうthe sixteenthで》第16の,16番目の(▶16thと略す.詳しい使い方は→third)
❷16分の1の
━名(複 sixteenths[-s]) ❶ U《ふつう the sixteenthで》第16,16番目;(月の)16日(▶16thと略す) ❷ C 16分の1

## *sixth 5級 [síksθ スィックスス]

━形 ❶《ふつうthe sixthで》**第6の**,6番目の(▶6thと略す.詳しい使い方は→third)
- He is in (the) *sixth* grade.
彼は小学6年生だ.
- her *sixth* birthday 彼女の6歳の誕生日
❷6分の1の
━名(複 sixths[-s]) ❶ U《ふつうthe sixthで》**第6**,6番目;(月の)6日(▶6thと略す)
- on *the sixth* of August=on August (the) *sixth*
8月6日に(▶on August 6(th)と書く)
❷ C 6分の1

**sixties** [síkstiz スィックスティズ] 名 sixty(60)の複数形;《the sixtiesで》60年代
**sixtieth** [síkstiəθ スィックスティアス]
━形 ❶《ふつうthe sixtiethで》第60の,60番目の(▶60thと略す.詳しい使い方は→third)
❷60分の1の
━名 ❶ U《ふつうthe sixtiethで》第60,60番目(▶60thと略す) ❷ C 60分の1

## *sixty 5級 A1 [síksti スィックスティ]

━名(複 sixties[-z]) ❶ U C **60**; U 60歳;《複数扱い》60人,60個(▶詳しい使い方は→two.「第60の」はsixtieth)
- That man is over *sixty*.
あの人は60歳を超えている.
❷《*one's* sixtiesで》(年齢の)60代;《the sixtiesで》(世紀の)60年代
- She wrote her first book in *her sixties*.

彼女は初めての本を60代に書いた.
- in *the* nineteen *sixties*
1960年代に(▶in the 1960(')s[60(')s]と書く)
―形 **60の**; 60人の, 60個の; 60歳で
- He is *sixty* (years old). 彼は60歳だ.
派生語 sixtieth 形名

## size 5級 A1 [sáiz サイズ]

名 (複 sizes[-iz]) ❶ Ⓤ (人・物の) **大きさ**
- It's about the *size* of a tennis ball. それはだいたいテニスボールくらいの大きさだ.
- This box is twice the *size* of that one. この箱はあの箱の2倍の大きさだ.

❷ Ⓒ (帽子・靴・衣服などの) **サイズ**

話してみよう!
☺ What *size* do you take [wear]?
(= What is your *size*? / What size are you?) 何号をお召しですか.
☺ I take [wear] a *size* four. (= I'm a *size* four.) 4号です.

**-sized** [-saizd -サイズド]《複合語をつくって》…のサイズの
- medium-*sized* 中くらいの, Mサイズの

## skate 準2級 A2 [skéit スケイト]

―名 (複 skates[-ts -ツ]) Ⓒ《ふつう skatesで》**スケート靴** (▶アイススケートの靴, ローラースケートの靴, どちらをも言う. スポーツとしての「スケート」はskating)
- a pair of *skates* スケート靴1足

―動 (三単現 skates[-ts -ツ]; 過去・過分 skated[-id]; 現分 skating) ⦿ **スケートをする**
- I can *skate* a little.
私は少しスケートができる.

*go skating* スケートに行く
派生語 skater 名, skating 名

**skateboard** B2 [skéitbɔ̀:rd スケイトボード]
―名 Ⓒ スケートボード
―動 ⦿ スケートボードをする

**skateboarding** A2 [skéitbɔ̀:rdiŋ スケイトボーディング] 名 Ⓤ スケートボード乗り, スケートボードをすること

**skater** 5級 [skéitər スケイタァ] 名 Ⓒ スケートをする人, スケーター

**skating** 準2級 A2 [skéitiŋ スケイティング]
―動 skate(スケートをする)の現在分詞・動名詞
―名 Ⓤ スケート
- ice *skating* アイススケート

**skeleton** B1 [skélətn スケラトゥン] 名 Ⓒ ❶ がい骨; 骨格 ❷ (建造物の) 骨組み

**sketch** B2 [skétʃ スケッチ]

―名 (複 sketches[-iz]) Ⓒ ❶ 写生画, スケッチ; 略図 ❷ 概要, あらまし ❸ (文学・音楽などの) 小品, 短編
―動 (三単現 sketches[-iz]) 他 ⦿ (…を) スケッチする, 写生する; (…の) 略図を描く

**sketchbook** [skétʃbùk スケッチブック] 名 Ⓒ スケッチブック, 写生帳

## ski 準2級 A2 [skí: スキー]

―名 (複 skis[-z], ski) Ⓒ《ふつう skisで》**スキー(板)** (▶スポーツとしての「スキー」はskiing)
- a pair of *skis* スキー板1組
- I've never been *on skis*. 私はスキーをしたことがない. (⇔スキーをはいたことがない)
- a *ski* jump スキーのジャンプ競技[台]
- a *ski* meet スキー大会
- a *ski* resort (行楽地としての) スキー場
- a *ski* slope ゲレンデ

―動 (三単現 skis[-z]; 過去・過分 skied[-d]; 現分 skiing) ⦿ **スキーをする**
- She can *ski* well. 彼女はスキーがうまい.

*go skiing* スキーに行く
派生語 skier 名, skiing 名

ski goggles スキー用ゴーグル
ski cap [hat] スキー帽
ski gloves スキー手袋
ski jacket スキージャケット
ski poles スキーストック
ski pants スキーパンツ
skis スキー板
ski boots スキー靴
(glove, ski, pole, bootはセットで使う場合, 複数形を用いる)

**skier** 5級 [skí:ər スキーァ] 名 Ⓒ スキーをする人, スキーヤー

**skies** [skáiz スカイズ] 名 sky(空)の複数形

**skiing** 準2級 A2 [skí:iŋ スキーイング] (★iiのつづりに注意)
―動 ski(スキーをする)の現在分詞・動名詞
―名 Ⓤ スキー
- a *skiing* ground スキー場

**skill** 3級 A1 [skíl スキル] 名 Ⓤ 熟練, (優れた)技量, 腕前; Ⓒ (特殊な) 技術, 技能
- He has great *skill in* [*at*] skiing.
彼は並外れたスキー技術を持っている.
派生語 skilled 形, skillful 形

**skilled** B2 [skíld スキルド] 形 熟練した; 熟練を要する

**skillful** B2 [skílfəl スキルフル] (▶ 英では skilful とつづる) 形 熟練した, 上手な

## skin

**skin** 2級 B1 [skín スキン]
名 (複 skins[-z]) ❶ UC (人の)**皮膚**(ひふ), 肌(はだ)
❷ CU (動物の)皮, 皮革, 毛皮
❸ C (果物・野菜の)皮
- a banana *skin* バナナの皮

*to the skin* 肌まで
- I got wet *to the skin* in the rain.
私は雨でずぶぬれになった. (⇨肌までぬれた)
派生語 skinny 形

**skin diving** [skín dàiviŋ スキン ダイヴィング] 名 U スキンダイビング (►「素潜(すもぐ)り」の意だが, 呼吸のための器具を装着して潜るスキューバダイビング(scuba diving)をさすこともある)

**skinny** [skíni スキニィ] 形 (比較 skinnier; 最上 skinniest) 骨と皮ばかりの, やせこけた; (ズボンなどが)細身でぴったりした → thin くらべて!

**skip** B2 [skíp スキップ] 動 (過去・過分 skipped[-t]; 現分 skipping)
— 自 ❶ 軽く飛ぶ, 跳(は)ねる, スキップする; 米 縄跳(なわと)びをする(=米 jump rope)
- The children *skipped* around in the field.
子どもたちは野原を跳ね回った.
❷ 省略する, 抜(ぬ)かす, 飛ばす
— 他 ❶ …を軽く飛びこえる
❷ …を省略する, 抜かす; …を飛ばす
- *skip* breakfast
朝食を抜く
- *skip* a few pages
2, 3ページ飛ばして読む

**skirt** 5級 A1 [skə́ːrt スカート] 名 C スカート
- wear [put on] a *skirt*
スカートをはいている[はく]

**skit** [skít スキット] 名 C 短い風刺(ふうし)劇, 寸劇, スキット

**skunk** [skʌ́ŋk スカンク] 名 C 〖動物〗スカンク (►北米産のイタチ科の動物. 攻撃されると悪臭(あくしゅう)を放つ)

## *sky 5級 A1 [skái スカイ]

名 (複 skies[-z]) ❶ U 《ふつう the sky で》**空**, 天 (⇔earth 大地)
- in *the sky* 空に
- a blue [cloudy] *sky* 青い[曇(くも)った]空 (►形容詞がつくとaをつけることがある)
- *The sky* is clear.
空は晴れている.
❷ 《skies で》天候, 空模様
- stormy *skies* 荒(あ)れた天候

**skydiving** [skáidàiviŋ スカイダイヴィング] 名 U スカイダイビング (►飛行機からパラシュートで降下し, 目標地点に着地する競技)

**skylark** B2 [skáilàːrk スカイラーク] 名 C 〖鳥〗ひばり (=lark)

**skyline** [skáilàin スカイライン] 名 C 地平線 (=horizon); (山や建物などの)空を背景とした輪郭(りんかく)線

**skyscraper** B1 [skáiskrèipər スカイスクレイパァ] 名 C 摩天楼(まてんろう), 超(ちょう)高層ビル

**slacks** [slǽks スラックス] 名 《複数扱い》スラックス (►スポーツ用やふだんばきのズボン)

**slam** B2 [slǽm スラム] 動 (過去・過分 slammed[-d]; 現分 slamming) 他 自 ❶ (戸・窓などを)バタンと閉める ❷ (物を)ドシンと置く

**slang** B2 [slǽŋ スラング] 名 U 俗語(ぞくご), スラング (►「俗語全体」をさす. 「個々の俗語」は a slang word, a slang expression)
- American *slang* アメリカの俗語

**slant** [slǽnt スラント | slɑ́ːnt スラーント]
— 動 自 他 (屋根・土地などが)傾(かたむ)く, 傾斜(けいしゃ)する (=slope); …を傾ける, 傾斜させる
— 名 C 傾き, 傾斜

**slap** B2 [slǽp スラップ]
— 動 (過去・過分 slapped[-t]; 現分 slapping) 他 (平手または平たい物で)…をピシャリと打つ
— 名 C 平手打ち, (平たい物で)ピシャリと打つこと

**slash** B2 [slǽʃ スラッシュ]
— 動 他 (刃物などで)…をさっと切る; (値段など)を大幅に切り下げる
— 名 C ❶ さっと切ること ❷ 斜線(しゃせん), スラッシュ記号(/)

## slave A2 [sléiv スレイヴ]

名 (複 slaves[-z]) C 奴隷(どれい)
派生語 slavery 名

**slavery** B1 [sléivəri スレイヴ(ァ)リィ] 名 U 奴隷(どれい)制度; 奴隷の身分

**sled** [sléd スレッド] 名 C 《主に米》(馬や犬に引かせる)大型のそり; (子ども用または競技・遊技の)小型のそり

**sledge** [slédʒ スレッヂ] 名 《主に英》=sled

## *sleep 5級 A1 [slíːp スリープ]

— 動 (三単現 sleeps[-s]; 過去・過分 slept[slépt スレプト]; 現分 sleeping) 自 **眠**(ねむ)**る**, 睡眠(すいみん)を取る (⇔wake 目覚める) → wake 図
- *sleep* well [badly] よく眠る[眠れない]
- *sleep* soundly ぐっすり眠る
- I usually *sleep* (for) about six hours.
私はたいてい6時間くらい眠る.
- She *sleeps* late in the morning.
彼女は朝寝坊(あさねぼう)だ.

# slight

## くらべてみよう! sleep と go to bed

**sleep**:「眠っている」という状態を表す.
**go to bed**:「床(とこ)につく」という動作を表し, 実際に眠るか眠らないかは問題にしない.

sleep

go to bed

- Tom *went to bed* early last night, but couldn't *sleep* at all. ゆうべトムは早く床についたが全然眠れなかった.

─名 U 眠り, 睡眠(状態)
- fall into *a* deep *sleep* 深い眠りに落ちる
- Did you have *a* good [sound] *sleep* last night? ゆうべはぐっすり眠れましたか.
- Have *a* good *sleep*. おやすみなさい. (▶夜, 別れるときのあいさつ)
- My father had only four hours' *sleep*. 父は4時間しか眠れなかった.
- He often talks in his *sleep*. 彼はよく寝言を言う.

***get to sleep*** 《ふつう否定文で》(何とか)寝つく
- I could*n't get to sleep* till late last night. 私はゆうべは遅(おそ)くまで寝つけなかった.

***go to sleep*** 眠る, 眠りにつく; 《話》(手・足などが)しびれる
- The girl *went to sleep* about nine o'clock. その少女は9時ごろに寝ついた.

派生語 sleeper 名, sleeping 名形, sleepless 形, sleepy 形

**sleeper** [slíːpər スリーパァ] 名 C ❶ 眠(ねむ)る人 ❷ 寝台(しんだい)車 (= sleeping car)

**sleeping** 4級 [slíːpiŋ スリーピング]
─動 sleep(眠(ねむ)る)の現在分詞・動名詞
─名 U 眠り, 睡眠(すいみん)
─形 眠っている; 睡眠用の
- a *sleeping* baby 眠っている赤ちゃん

**sleeping bag** [slíːpiŋ bæɡ スリーピング バッグ] 名 C (キャンプ用の)寝袋(ねぶくろ)

**Sleeping Beauty** [slíːpiŋ bjúːti スリーピング ビューティ] 名『眠れる森の美女』(▶童話)

**sleeping car** [slíːpiŋ kàːr スリーピング カー] 名 C (列車の)寝台(しんだい)車

**sleepless** A2 [slíːplis スリープリス] 形 眠(ねむ)れない, 不眠(ふみん)症の
- I had many *sleepless* nights. 私は何日も眠れない夜を過ごした.

**sleepy** 準2級 A2 [slíːpi スリーピィ]
形 (比較 sleepier; 最上 sleepiest) 眠(ねむ)い, 眠そうな
- *sleepy* eyes 眠そうな目
- Tom looks *sleepy*. トムは眠そうに見える.
- I *feel* a bit *sleepy*. 私はちょっと眠い.
- Soon I became [got] *sleepy*. 私はまもなく眠くなった.

**sleepyhead** [slíːpihèd スリーピィヘッド] 名 C (特に子どもについて)眠(ねむ)たがり屋, 寝(ね)ぼすけ

**sleeve** B1 [slíːv スリーヴ] 名 C (衣服の)そで
- Alice rolled up her *sleeves*. アリスは腕(うで)まくりをした.

**sleigh** [sléi スレィ](★このghは発音しない) 名 C (馬や犬に引かせる)乗用そり

**slender** [sléndər スレンダァ] 形 ほっそりした, スマートな (= slim); 細長い →thin くらべて!

## slept 5級 [slépt スレプト]
動 sleep(眠(ねむ)る)の過去形・過去分詞

**slice** 準2級 A2 [sláis スライス]
─名 C (薄(うす)く切った)1切れ, 1枚
- *a slice* of bread 1枚のパン(▶2枚のパンは two *slices* of bread)
- a lemon *slice* レモンのスライス
─動 他 (パンなど)を薄く切る →cut くらべて!

**slid** [slíd スリッド] 動 slide(滑(すべ)る; 滑らせる)の過去形・過去分詞の1つ

**slidden** [slídn スリドゥン] 動 slide(滑(すべ)る; 滑らせる)の過去分詞の1つ

**slide** A2 [sláid スライド]
─動 (過去 slid [slíd スリッド]; 過分 slid, slidden [slídn スリドゥン])
─自 滑(すべ)る, 滑るように進む; するりと動く; 『野球』滑りこむ
- *slide* on the ice 氷上を滑る
- *slide into* second base 2塁(るい)に滑りこむ
─他 …を滑らせる; …をするりと入れる
─名 C ❶ ひと滑り, 滑走(かっそう) ❷ 滑り台 ❸ (写真・顕微鏡(けんびきょう)の)スライド ❹『野球』滑りこみ, スライディング

**sliding** [sláidiŋ スライディング]
─形 滑らせて操作する, 移動する
- a *sliding* door 引き戸(▶横に滑らせて開閉する戸)

**slight** B2 [sláit スライト](★このghは発音しない) 形 わずかな, 少しの
- I have a *slight* headache. ちょっと頭痛がする.

## slightly

派生語 **slightly** 副
**slightly** 2級 B1 [sláitli スライトゥリィ]（★このghは発音しない）副 わずかに, 少し

**slim** A2 [slím スリム] 形（比較 slimmer; 最上 slimmest）ほっそりした, すらりとした, スマートな（= slender）→ thin くらべて!

## slip¹ 2級 B1 [slíp スリップ]

―動（三単現 slips[-s]; 過去・過分 slipped[-t]; 現分 slipping）
―自 ❶ 滑(すべ)る; 滑って転ぶ, 滑り落ちる
- He *slipped* and fell on the stairs.
  彼は階段で滑って転んだ.

❷（滑るように）こっそり動く［入る, 出る］;（衣服などを）するっと着る［脱(ぬ)ぐ］
- She *slipped into* [*out of*] the room.
  彼女はそっと部屋に入った［から出た］.
- *slip on* [*off*] a dress = *slip into* [*out of*] a dress
  ドレスをするっと着る［脱ぐ］

―他 ❶ …を滑らせる ❷ …をこっそり置く［入れる, 出す］
―名（複 slips[-s]）C ❶ 滑ること; 滑って転ぶこと ❷（うっかりした）間違(まちが)い, 過失 ❸（女性用肌着(はだぎ)の）スリップ

派生語 **slipper** 名, **slippery** 形

**slip²** B1 [slíp スリップ] 名 C（細長い）紙片(しへん); 伝票

**slipper** [slípər スリッパァ] 名 C《ふつう slippers で》(室内用のかかとのついた）上ばき（►日本で言う「スリッパ」は 米 scuff (slipper), 英 mule にあたる）
- a pair of *slippers* 上ばき1足（►上ばき2足は two pairs of *slippers*）
- a glass *slipper* ガラスの靴（►シンデレラがはいていた靴の片方）

**slippery** [slípəri スリッパリィ] 形（比較 slipperier, more slippery; 最上 slipperiest, most slippery）滑(すべ)りやすい, つるつるする

**slit** [slít スリット] 名 C（細長い）切り口, 裂(さ)け目;（自動販売(はんばい)機の）硬貨(こうか)投入口

**slogan** B1 [slóugən スロゥガン] 名 C スローガン, 標語; 宣伝［うたい］文句

**slope** B1 [slóup スロゥプ]
―名 C 坂, 斜面(しゃめん), スロープ;（スキーの）ゲレンデ
- a gentle *slope* なだらかな坂
―動 自 傾斜(けいしゃ)する, 傾(かたむ)く

**sloppy** B2 [slápi スラッピィ | slɔ́pi スロッピィ] 形（比較 sloppier; 最上 sloppiest）いいかげんな, ずさんな, だらしのない

**slot** B1 [slát スラット | slɔ́t スロット] 名 C（手紙・硬貨(こうか)などの）投入口

slot

slot

**slot machine** [slát məʃi:n スラット マシーン | slɔ́t - マシーン -] 名 C スロットマシーン; 英 自動販売(はんばい)機（= vending machine）

**Slovakia** [slouvá:kiə スロウヴァーキア | sləvǽkiə スラヴァキア] 名 スロバキア（►中央ヨーロッパにある共和国. 首都はブラチスラバ (Bratislava)）

**Slovenia** [slouví:niə スロウヴィーニア | sləví:niə スラヴィーニア] 名 スロベニア（►中央ヨーロッパにある共和国. 首都はリュブリャナ (Ljubljana)）

## slow 5級 A1 [slóu スロゥ]

形 ❶ 遅(おそ)い
　 ❷（時計が）遅(おく)れている
副 遅く
動 自 速度を落とす
　 他 …の速度を落とす

―形（比較 slower; 最上 slowest）❶（速度などが）遅い, のろい（►時期や時間が「遅い」は late）（⇔ fast 速い, quick, rapid すばやい）
- a *slow* starter
  出だしの遅い人
- The dog is *slow* to learn. = The dog is *slow* in learning.
  その犬は物覚えが悪い.
- *Slow* and steady wins the race.（ことわざ）急がば回れ.（⇔ ゆっくり着実なのが競走に勝つ）

❷《名詞の前には用いない》(時計が）遅れている（⇔ fast 進んでいる）
- That clock is three minutes *slow*.
  あの時計は3分遅れている.

―副 遅く, ゆっくり（= slowly）
- DRIVE [GO] *SLOW*
  《掲示》徐行(じょこう)せよ

「徐行せよ／この先スクールゾーン」の標識

# smile

> **くらべてみよう！** 副詞の slow と slowly
> (1) **slow** は本来形容詞ですが、slowly の代わりに副詞としても使えます。slow のほうが口語的で力強い感じになるため、特に命令文では slow を使います。
> (2) He got up *slowly*.（彼はゆっくりと起き上がった）のように、他の副詞（ここでは up）が重なるときは **slowly** を使います。

— 動（三単現 slows[-z]; 過去・過分 slowed[-d]; 現分 slowing）
— 自 速度を落とす
- The taxi *slowed* to a stop.
  タクシーは速度を落として止まった。
— 他 …の速度を落とす　派生語 slowly 副

## slowly 準2級 A2 [slóuli スロゥリィ]

副（比較 more slowly; 最上 most slowly）**ゆっくり**, 遅く（⇔ fast, quickly, rapidly 速く）
→ slow くらべて！
- Speak a little more *slowly*, please.
  もう少しゆっくり話してください。

**slum** 2級 [slám スラム] 名 C スラム、貧民街
**slump** [slámp スランプ] 名 C （活動などの）不調、スランプ
**sly** [slái スラィ] 形（比較 slyer, slier; 最上 slyest, sliest）ずるい、悪賢(わるがしこ)い（= cunning）

## small 5級 A1 [smɔ́ːl スモール]

形（比較 smaller; 最上 smallest）
❶ **小さい**、（面積が）狭(せま)い（⇔ large, big 大きい）→ little くらべて！, narrow ポイント！
- a *small* box [town] 小さな箱[町]
- *small* children 幼い子どもたち
- a *small* playground
  狭い運動場（▶「幅(はば)が狭い」は narrow）
❷ （数量などが）**少ない**、わずかな
- a *small* number of people 少数の人々
- in a *small* voice 小声で
❸ ささいな、取るに足りない
- a *small* matter 取るに足りない問題

**small letter** [smɔ̀ːl létər スモール レタァ] 名 C 小文字（⇔ capital letter 大文字）

## smart 4級 A1 [smáːrt スマート]

形（比較 smarter; 最上 smartest） ❶ **利口な**、賢(かしこ)い、頭の回転の早い；抜(ぬ)け目のない
- a *smart* student 頭がいい生徒
- make a *smart* choice 賢明(けんめい)な選択をする
❷ （身なりが）きちんとした；（着こなしが）スマートな、いきな（▶ smart には「やせている」の意味はない）
- You look *smart* in that dress. 君はそのドレスを着るとおしゃれな感じがするね。

**smartphone** 4級 [smáːrtfòun スマートフォゥン] 名 C スマートフォン、スマホ

**━表現メモ━**

### スマホにまつわる表現
post a picture on the Internet インターネットに写真を投稿(とうこう)する
install an app アプリをインストールする
update an app アプリを更新(こうしん)する
charge a battery （電池を）充電(じゅうでん)する
fingerprint scanner 指紋(しもん)認証
face recognition 顔認証
wi-fi connection wi-fi 接続

**smash** B2 [smǽʃ スマッシュ]
— 動（三単現 smashes[-iz]）他 ❶（音を立てて）…を粉々に砕(くだ)く、たたき壊(こわ)す；…を強打する
❷ （テニスのボール）をスマッシュする
— 名（複 smashes[-iz]）C ❶（音を立てて）粉々に砕けること、粉砕(ふんさい)、激突(げきとつ) ❷（テニスなどの）スマッシュ

## smell 3級 A1 [smél スメル]

— 動（三単現 smells[-z]; 過去・過分 smelled[-d], smelt [smélt スメルト]; 現分 smelling）
— 他 ❶ …のにおいをかぐ
- *Smell* this perfume.
  この香水(こうすい)の香(かお)りをかいでごらん。
❷ …のにおいがする
- I (can) *smell* something burning.
  何かがこげているにおいがする。
— 自 ❶ においがする
- This flower *smells* sweet.
  この花はよい香りがする。
❷ 臭(くさ)い、悪臭(あくしゅう)を放つ
- My shirt is starting to *smell*.
  シャツが臭くなってきた。
— 名（複 smells[-z]）❶ U C **におい**、悪臭
- a good [bad] *smell* よい[嫌(いや)な]におい
- the *smell* of the sea 海の香り
❷ U きゅう覚
派生語 smelly 形

**smelly** [sméli スメリィ] 形（比較 smellier; 最上 smelliest）不快なにおいのする、悪臭(あくしゅう)を放つ
**smelt** [smélt スメルト] 動 smell（…のにおいがする）の過去形・過去分詞の1つ

## smile 5級 A1 [smáil スマイル]

— 動（三単現 smiles[-z]; 過去・過分 smiled[-d]; 現分 smiling）

## smiley

- 自 **ほほえむ**, 微笑(びしょう)する, にっこりする
- *smile* happily [sadly, friendly]
うれしそうに[悲しそうに, 親しげに]ほほえむ
- She *smiled at* me. 彼女は私にほほえんだ.
- Let's *smile at* the camera.
カメラに向かってにっこり笑いましょう.

> **くらべてみよう!** smile と laugh
> **smile**: 声を出さずににっこりと笑うこと.
> **laugh**: 声を出して笑うこと, また, あざ笑うこと. → laugh 図

- 名 (複 smiles[-z]) C **ほほえみ**, 微笑
- a gentle *smile* 優(やさ)しいほほえみ
- with a *smile* ほほえんで

**smiley** [smáili スマイリィ]
- 形 にこにこした, にこやかな
- 名 (複 smileys[-z]) C スマイルマーク;スマイリー, 顔文字(▶「:-)」のように記号を組み合わせて感情を示したもの. emoticon とも言う)

**Smith** A1 [smíθ スミス] 名 スミス(▶米英で最も多い姓(せい)の1つ)

**smog** [smág スマッグ | smɔ́g スモッグ] 名 U C スモッグ, 煙霧(えんむ) (▶smoke(煙(けむり))+fog(霧(きり))から)

## smoke 3級 A1 [smóuk スモウク]

- 名 (複 smokes[-s]) ❶ U 煙(けむり)
- There is no *smoke* without fire. = Where there is *smoke*, there is fire.
(ことわざ)火のない所に煙は立たない.
❷ C たばこを吸うこと, 一服
- 動 (三単現 smokes[-s]; 過去・過分 smoked[-t]; 現分 smoking)
- 自 ❶ たばこを吸う
- Nobody *smokes* in my family.
私の家族にたばこを吸う人はいない.
❷ 煙を出す, 煙(けむ)る
- Mt. Aso is *smoking*.
阿蘇山が煙をはき出している.
- 他 ❶ (たばこなど)を吸う
- *smoke* a cigarette たばこを吸う
❷ …をいぶす, くん製にする
派生語 smoked 形, smoker 名, smoking 名

**smoked** [smóukt スモウクト]
- 動 smoke(たばこを吸う)の過去形・過去分詞
- 形 いぶした, くん製にした
- *smoked* salmon [cheese] くん製のさけ[チーズ], スモークサーモン[チーズ]

**smoker** B1 [smóukər スモウカァ] 名 C (習慣として)たばこを吸う人, 喫煙(きつえん)家

**smoking** 3級 A1 [smóukiŋ スモウキング]
- 動 smoke(たばこを吸う)の現在分詞・動名詞
- 名 U 喫煙(きつえん)
- NO *SMOKING* ((掲示))禁煙

「禁煙／構内での喫煙は法律で禁止されています」の掲示(premise は「建物, 敷地」の意味)(英国)

## smooth A2 [smúːð スムーズ]

- 形 ❶ 滑(なめ)らかな, すべすべする(⇔rough ざらざらした); (道路などが)平たんな
- This material feels *smooth*.
この布地は手触(てざわ)りが滑らかだ.
❷ (動きが)滑らかな; (物事が)順調な
- a *smooth* flight
(機体の揺(ゆ)れの少ない)順調な飛行
❸ (天候・水面などが)静かな, 穏(おだ)やかな
- 動 他 …を滑らかにする, 平らにする
派生語 smoothly 副

**smoothly** A2 [smúːðli スムーズリィ] 副 滑(なめ)らかに; すらすらと; 順調に

## snack 準2級 A2 [snǽk スナック]

名 (複 snacks[-s]) C 軽食; (間食としての)スナック(甘(あま)いおやつ類は sweets)

**snack bar** [snǽk bàːr スナック バー] 名 C 軽食堂(▶酒類は置いていない)

**snail** 2級 [snéil スネイル] 名 C (動物)かたつむり
- at a *snail's* pace
のろのろと(⇔かたつむりの歩みで)
- *snail* mail かたつむりメール, 普通(ふつう)郵便(▶Eメールに比べて遅(おそ)いことから)

## snake 4級 A1 [snéik スネイク]

名 (複 snakes[-s]) C 蛇(へび)
- a poisonous *snake* 毒蛇

**snap** B2 [snǽp スナップ]
- 動 (過去・過分 snapped[-t]; 現分 snapping)
- 自 ❶ パチン[ポキッ]と音を立てる
❷ 音を立てて切れる, 折れる
❸ (開け閉めで)パチン[カチャッ]と音を立てる
- The suitcase *snapped* shut [open].
スーツケースはパチンと閉まった[開いた].
- 他 ❶ …をパチン[カチャッ]と鳴らす
- He *snapped* his fingers.
彼は指をパチンと鳴らした.
❷ …を音を立てて切る, 折る

# Snow White

❸ …をパチン[カチャッ]と閉める[開ける]
━ 名 C ❶ パチンという音；ポキッと折れる音 ❷《話》スナップ写真（＝snapshot）❸ 留め金、スナップ、ホック

**snapshot** [snǽpʃɑ̀t スナップシャット | -ʃɔ̀t -ショット]
名 C スナップ写真（▶《話》では単にsnapとも言う）

**snatch** [snǽtʃ スナッチ] 動 (三単現 snatches [-iz]) 他 …をすばやく取る[奪(ば)う]、ひったくる；ひったくろうとする

**snea**k **B2** [sníːk スニーク] 動 自 他 こっそり入る[出る]、忍(しの)びこむ；…をこっそり持ちこむ[持ち出す]
派生語 sneaker 名

**sneaker** 3級 [sníːkər スニーカァ] 名 C ❇《ふつうsneakersで》運動靴(ぐつ)、スニーカー

**sneeze** **B1** [sníːz スニーズ]
━ 動 自 くしゃみをする
━ 名 C くしゃみ（▶くしゃみの音はachoo）

> これ、知ってる？  **くしゃみをした人にかける言葉**
>
> 英語圏ではくしゃみをした人に対してBless you!（お大事に）と言う習慣があります．言われた人はThank you.と答えます．

**sniff** **B2** [snɪ́f スニッフ] 動 他 自 ❶（くんくんと…の）においをかぐ ❷鼻をすする，鼻をぐすぐすいわせる

**Snoopy** [snúːpi スヌーピィ] 名 スヌーピー（▶チャールズ・シュルツ作の米国の漫画(まんが)『ピーナッツ』に登場するビーグル犬）

**snore** **B2** [snɔ́ːr スノァ]
━ 動 自 いびきをかく
━ 名 C いびき

**snorkel** [snɔ́ːrkəl スノーカル]（★「シュノーケル」でないことに注意）名 C シュノーケル（▶潜水(せんすい)時のJ字型の呼吸用管）（＝snorkeling）

*****snow** 5級 **A1** [snóu スノゥ]
━ 名 U 雪，降雪（▶ふつうaやtheをつけず，また複数形にしない）
• powder snow 粉雪

• deep snow 深く積もった雪
• a fresh snow 新雪（▶形容詞がつくとaやtheをつけることがある）
• a heavy snow 大雪
• We have a lot of snow in February.
2月には雪がたくさん降る．（＝It snows a lot in February.）
• It looks like snow. 雪になりそうだ．
• The mountain is covered with snow.
その山は雪に覆(おお)われている．
• We walked in the snow.
私たちは雪の中を歩いた．
━ 動 (三単現 snows[-z]；過去・過分 snowed[-d]；現分 snowing) 自 雪が降る（▶天候を表すitを主語にする）
• It snowed all day yesterday.
きのうは一日じゅう雪が降った．
派生語 snowy 形

**snowball** **B2** [snóubɔ̀ːl スノゥボール] 名 C（雪合戦などの）雪玉
• a snowball fight 雪合戦

**snowboard** 2級 **B1** [snóubɔ̀ːrd スノゥボード]
━ 名 C スノーボード（＝snowboarding）
━ 動 自 スノーボードをする

**snowboarding** 準2級 **A2** [snóubɔ̀ːrdiŋ スノゥボーディング] 名 U スノーボード（をすること）

**snowcapped, snow-capped**
[snóukæ̀pt スノゥキャップト] 形（山などが）雪をかぶった，雪をいただいた
• snowcapped mountains
雪をいただいた山々

**snowfall** [snóufɔ̀ːl スノゥフォール] 名 C 降雪；U 降雪量

**snowflake** [snóuflèik スノゥフレイク] 名 C（降ってくる）雪の一ひら，雪片(せっぺん)

**snowman** 4級
[snóumæ̀n スノゥマン] 名
(複 snowmen[-mèn]) C
雪だるま（▶欧米(おうべい)では3段のものが多い）

**snowmobile**
[snóuməbìːl スノゥマビール]
名 C 雪上車，スノーモービル

**snowshoe** [snóuʃùː スノゥシュー] 名 C《ふつうsnowshoesで》雪靴(ぐつ)，かんじき

**snowstorm** **B1** [snóustɔ̀ːrm スノゥストーム] 名 C 吹雪(ふぶき)（▶「猛(もう)吹雪」はblizzard）

**snow-white** [snóuhwáit スノゥ(ホ)ワイト] 形 雪のように白い

**Snow White** [snòu hwáit スノゥ(ホ)ワイト] 名 『白雪姫(ひめ)』（▶グリム童話．またその主人公の名前）

## snowy

ショーウインドーに登場した白雪姫の展示(米国)

## snowy 5級 A1 [snóui スノウィ]

形 (比較 snowier; 最上 snowiest) ❶ 雪の多い; 雪の積もった; 雪の降る
- a *snowy* winter 雪の多い冬

❷ 雪のように白い (= snow-white)

**SNS** [èsenés エスエンエス] 名 ソーシャル・ネットワーキング・サービス, ソーシャル・ネットワーキング・サイト (▶Social Networking Service, Social Networking Site の略. 英語では social media という言い方がふつう) → social media

## *so 5級 A1

[sóu ソウ] (★同音 sew 縫(ぬ)う, sow 種をまく)

副 ❶ それほど
❷《話》とても
❸ そのように
❹ …もまたそうである
❺ そのとおり
接 そういうわけで

━副 ❶ **それほど**, そんなに, こんなに (▶程度を表し, 比較(ひかく)の意味を含(ふく)む)
- Don't talk *so* fast, please. そんなに速く話さないでください. (▶so+〈副詞〉)
- I have never seen *so* beautiful a scene. 私は今までにこんなに美しい景色を見たことがない. (▶so+〈形容詞〉+(a [an])+〈名詞〉)

> **ここがポイント!** 「こんなに…な～」
> ×I have never seen a so beautiful scene.
> ○I have never seen *so* beautiful *a* scene.
> ○I have never seen *such a* beautiful scene.
>
> 「こんなに…な～」は, so+〈形容詞〉+(a [an])+〈名詞〉の語順になります. また, such+(a [an])+〈形容詞〉+〈名詞〉の形もよく使われます. → such ❷

❷《話》**とても**, ずいぶん (▶強調を表し, 比較の意味は含まない) (= very)
- Thank you *so* much.
  どうもありがとう.
- I'm *so* glad to see you.
  私はあなたに会えて本当にうれしい.
- Oh, you have *so* many (books)!
  まあ, ずいぶんたくさん(の本を)持っているんですね.

❸ **そのように**, そう (▶直前の内容を受ける)

> 話してみよう
> ☺ Is this Mike's book?
> これはマイクの本かな.
> ☻ I think *so*.
> そう思うよ. (▶I think (that) it's his. の意味, 「そうは思わない」はI don't think *so*.)
>
> ☺ Will it be fine tomorrow?
> あしたは晴れかな.
> ☻ I hope *so*.
> そうなるといいな.
>
> ☺ Will it rain tomorrow?
> あしたは雨かな.
> ☻ I'm afraid *so*.
> そのようだね. (▶I hope so. なら「雨が降る」のを期待していることになり, afraid なら期待していないが「そう思う」を意味する. また I hope not. は「そうならないといいな」の意味)
>
> ☺ I went to the hospital to see Lisa.
> 私はリサを見舞(みま)いに病院へ行きました.
> ☻ Is that *so*?
> へえ, そうなんですか. (▶Is that so? は驚(おどろ)きや疑いの気持ちが強いときには上がり調子に, 単に相づちを打つときには下がり調子に言う)

❹ **…もまたそうである** (▶前の肯定文を受ける)

> 話してみよう
> ☺ Ted can play the guitar.
> テッドはギターを弾(ひ)けます.
> ☻ *So* can I.
> 私も弾けます. (= I can play the guitar, too.)

- Mark likes baseball and *so* does Greg.
  マークは野球が好きだしグレッグもそうだ. (= … and Greg likes baseball, too.)

## soar

> **ここがポイント!** so +〈動詞〉+〈主語〉
> (1) soの後は主語と動詞の順が逆になります．
>   (A) 前の文がbe動詞・助動詞を含む場合
>     so +〈be動詞・助動詞〉+〈主語〉
>   (B) 一般動詞を含む場合
>     so + do [does, did] +〈主語〉
> (2) soと主語を強く発音します．

❺ そのとおり，まったく（▶強い同意を表す）
- "It's very hot today." "*So it is*."
「きょうはすごく暑いですね」「まったくですね」

> **ここがポイント!** so +〈主語〉+〈動詞〉
> (1) soを文頭に置き，前の文を簡略化した形でくり返します．この意味では倒置（主語と動詞の順の逆転）は起こりません．
> (2) 次の違いに注意しましょう．
>   "Jack is happy." 「ジャックは幸せだ」
>   "*So he is*." 「そのとおりだ」（▶❺の用法）
>   "*So is Kate*." 「ケイトもそうだ」（▶❹の用法）（▶太字は強く発音する部分）

***and so on*** = ***and so forth*** …など → and（成句）

***not so [as] ... as ~*** ～ほど…でない → as  ❶

***... or so*** …かそれくらい
- He will get well in a week *or so*.
彼は1週間かそこらで病気がよくなるだろう．

***so as to*** +〈動詞の原形〉…するように，…するために
- He got up early *so as to* catch the first train. 彼は始発電車に間に合うように早起きした．（▶「…しないように」はso as not to +〈動詞の原形〉）

***so ... as to*** +〈動詞の原形〉〜するほど…で，とても…なので〜する（▶程度や結果を表す）
- I am not *so* stupid *as to* believe the rumor.
私はそのうわさを信じるほどおろかではない．

***so far*** これまでは → far（成句）

***so far as ...*** = ***as far as ...*** …（ほど遠く）まで；…する限り（において）→ far（成句）

***So long!*** 《話》さようなら．（▶Good-bye. よりもくだけた言い方．親しい間で使う）

***so long as ...*** = ***as long as ...*** …する間は；…する限りは → long¹ 団（成句）

***so much for ...*** …はそれだけ，これで打ち切り → much（成句）

***so ... (that)*** 〜 とても…なので〜（▶《話》ではthatはしばしば省略する）
- I was *so* busy (*that*) I couldn't have lunch. 私はとても忙しかったので昼食を食べることができなかった．（=I was too busy to have lunch.）

***so (that) ... can [will, may]*** +〈動詞の原形〉…が〜できる[する]ように（▶《話》ではふつうcanやwillを使い，thatはしばしば省略する）
- Study hard *so* (*that*) you *will* pass the exam.
試験に合格するように一生懸命勉強しなさい．（=Study hard to pass the exam.）
- I left home early *so* (*that*) I *could* catch the first bus.
私は始発バスに間に合うように家を早く出た．（▶時制の一致でcanがcouldになる）

***so to speak*** いわば → speak（成句）

—接 そういうわけで，だから，それで，じゃあ（▶前の文やそれまでの状況を受けて，結果・結論を表す）
- It began to rain, (and) *so* I went home.
雨が降り始めたので，私は家に帰った．
- *So* you haven't mailed the letter yet.
それではまだ手紙を出していないのですね．

**soak** B2 [sóuk ソウク] 動
—他 (水などに)…を浸す，漬ける；…をずぶぬれにする，びしょびしょにする
- *soak* the bread *in* the milk
パンをミルクに浸す
- I was *soaked* in the rain.
私は雨でずぶぬれになった．
- She *soaked up* the water with a cloth.
彼女は布で水を吸い取った．（▶soak upで…を吸い取るの意）

—自 浸る，漬かる；染みこむ；ずぶぬれになる

**so-and-so** [sóuənsòu ソウアンソウ]（★andは弱く発音することに注意）名（複 so-and-sos [-z]）Ｕ Ｃ だれだれさん，だれそれ（▶名前を思い出せなかったり，言う必要のないときなどに用いる）
- Mr. *So-and-so* なんとかさん

## soap 準2級 A2 [sóup ソウプ]

名 Ｕ 石けん
- *two cakes* [*bars*] *of soap* 石けん2個
- Did you wash your hands well with *soap* and water?
石けんでよく手を洗いましたか．

**soap opera** B1 [sóup ὰpərə ソウプ アパラ | -ɔ̀pərə -オパラ] 名 Ｃ (テレビの)連続メロドラマ（▶しばしば石けん会社がスポンサーであったことから）

**soar** B2 [sɔ́ːr ソァ] 動 自 (鳥・飛行機などが)空高

## sob

く上がる, 舞(\*)い上がる; 急上昇する
**sob** B2 [sɑ́b サップ | sɔ́b ソップ]
— 動 (過去・過分 sobbed[-d]; 現分 sobbing) 自 すすり泣く, むせび泣く → cry くらべて!
— 名 C すすり泣き

**sober** [sóubər ソウバァ] 形 (比較 soberer, more sober; 最上 soberest, most sober) 酒に酔(\*)っていない, しらふの (⇔drunk 酔っている)

**so-called** B2 [sòukɔ́:ld ソゥコールド] 形 いわゆる (▶「そのように呼ぶのはどうかと思うが」の意味合いがある)
・*so-called* free country いわゆる自由主義国

## soccer 5級 A1 [sɑ́kər サッカァ | sɔ́kə ソッカ]

名 U サッカー (=⑧football) → スポーツ【口絵】
・play *soccer* サッカーをする
・a *soccer* game [match] サッカーの試合
・I'm on the *soccer* team in my school.
学校のサッカー部に入っている.

**sociable** B2 [sóuʃəbl ソウシャブル] 形 (人が)社交的な, 人付き合いのよい

## social 4級 A1 [sóuʃəl ソウシャル]

形 ❶ 社会の, 社会的な
・*social* life 社会生活
・*social* problems 社会問題
❷ 社交の, 社交的な
・a *social* party 懇親(\*)会

派生語 socialism 名, socialist 名 形, society 名

**socialism** [sóuʃəlìzm ソウシャリズム] 名 U 社会主義

**socialist** [sóuʃəlist ソウシャリスト]
— 名 C 社会主義者
— 形 社会主義(者)の

**social media** [sóuʃəl mí:diə ソウシャル ミーディア] 名 U ソーシャルメディア (▶ブログやインスタグラムなど, インターネット上で個人が情報を発信したり共有したりするメディア)

**social networking** B1 [sòuʃəl nétwə:rkiŋ ソウシャル ネットワーキング] 名 U 多数の人とインターネット上で交流すること
・*social networking* service ソーシャル・ネットワーキング・サービス (▶英語では social media という言い方がふつう)

**social studies** 4級 [sóuʃəl stʌ̀diz ソウシャル スタディズ] 名 (単数扱い) (小・中学校の)社会科

**social worker** [sóuʃəl wə̀:rkər ソウシャル ワーカァ] 名 C ソーシャルワーカー, 社会福祉(\*)相談員, 民生委員

## society 準2級 A2 [səsáiəti ササイアティ]

名 (複 societies[-z]) ❶ U C 社会, 世間 (▶一般に「社会全体」の意味では U でa をつけず, 複数形にもしない)
・modern *society* 現代社会
・a member of *society* 社会の一員
❷ C 会, 協会, 団体 (=association)
・the English Speaking *Society*
英語会, 英会話クラブ (▶ESS と略す)
❸ U 上流社会, 社交界
・high *society* 上流社会

## sock 準2級 A2 [sɑ́k サック | sɔ́k ソック]

名 (複 socks[-s], (主に⑧)sox[sɑ́ks サックス | sɔ́ks ソックス]) C (ふつう socks で)(短い)靴下(\*), ソックス (▶「ひざの所までの靴下」は knee socks, 「ひざの上まである長靴下」は stockings)
・a pair of *socks*
靴下1足 (▶靴下2足は two pairs of *socks*. 「片方の靴下」は a sock)
・put on *socks* 靴下をはく

soccer サッカー

goalkeeper, 《話》goalie ゴールキーパー
goal ゴール
goal area ゴールエリア
goal line ゴールライン
assistant referee 副審
penalty area ペナルティエリア
field, ⑧pitch フィールド, ピッチ
defender ディフェンダー
manager 監督(\*)
midfielder ミッドフィルダー
center line, halfway line センターライン, ハーフウェーライン
referee 審判(\*)
forward フォワード
touchline タッチライン
center circle センターサークル

- take off *socks* 靴下を脱(ぬ)ぐ

**socket** [sάkit サキット | sɔ́kit ソキット] 名C (物を差しこむ)穴; (プラグを差しこむ)コンセント, ソケット(▶「コンセント」は和製英語)

**Socrates** [sάkrətì:z サクラティーズ | sɔ́k- ソク-] 名 ソクラテス(▶469?-399 B. C.; ギリシャの哲学(がく)者でプラトンの師)

**soda** A2 [sóudə ソウダ] 名UC ソーダ水, 炭酸水(=soda water); 炭酸飲料
- a *soda* fountain ⊛ソーダ水売り場(▶ドラッグストアやスーパーマーケットの一角にあり, 飲み物・菓子(かし)・軽食などを売っているカウンター)

米国のレストランのソーダ水売り場

**sofa** 5級 A1 [sóufə ソウファ] 名C ソファー, 長いす

# soft 準2級 A2 [sɔ́:ft ソーフト | sɔ́ft ソフト]

形 (比較 softer; 最上 softest) ❶ やわらかい (⇔hard かたい); (手ざわりの)滑(なめ)らかな
- *soft* ground 軟(やわ)らかい地面
- a *soft* coat 肌(はだ)ざわりのよいコート
- *soft* skin すべすべした肌
- This rabbit's fur is very *soft*.
このうさぎの毛はとても柔(やわ)らかい.

❷ 穏(おだ)やかな; 静かな; 優(やさ)しい
- a *soft* breeze 穏やかな風
- *soft* music 静かな音楽
- His voice is *soft*.
彼の声は穏やかだ.

派生語 soften 動, softly 副

# softball 5級

[sɔ́:ftbɔ̀:l ソーフトボール | sɔ́ft- ソフト-]
名(複 softballs [-z]) U ソフトボール; C ソフトボール用の球
- play *softball* ソフトボールをする

**soft-boiled** [sɔ̀:ftbɔ́ild ソーフトボイルド | sɔ́ft- ソフト-] 形 (卵が)半熟の(⇔hard-boiled 固ゆでの)

**soft drink** A2 [sɔ́:ft drìŋk ソーフト ドゥリンク | sɔ́ft- ソフト-] 名CU 清涼(せいりょう)飲料, ソフトドリンク(▶アルコール分を含(ふく)まない飲み物)

**soften** [sɔ́:fən ソーフン | sɔ́fən ソフン] (★このtは発音しない) 動他 …をやわらかくする, 和(やわ)らげる; やわらかくなる

**softly** 準2級 A2 [sɔ́:ftli ソーフトゥリィ | sɔ́ft- ソフトゥ-] 副 そっと, 穏(おだ)やかに; 優(やさ)しく

**soft tennis** [sɔ́:ft tènis ソーフト テニス | sɔ́ft- ソフト-] 名U 軟式(なんしき)テニス

**software** 準2級 A2 [sɔ́:ftwèər ソーフトウェア | sɔ́ft- ソフト-] 名U 〖コンピュータ〗ソフトウエア (▶コンピュータシステムを運用するためのプログラム・手順・規則などの総称(そうしょう)) (⇔hardware ハードウエア)

**soil** B2 [sɔ́il ソイル] 名UC
土, 土壌(じょう)(=earth)
- rich [fertile] *soil* 肥えた土
- poor *soil* やせた土

# solar B2 [sóulər ソウラァ]

形 太陽の(▶「月の」はlunar)
- a *solar* eclipse 日食
- *solar* heat 太陽熱
- a *solar* heating system ソーラーシステム (▶太陽熱を利用した暖房(だんぼう)装置)
- a *solar* panel 太陽電池板

**solar cell** [sòulər sél ソウラァ セル] 名C 太陽電池

**solar power** [sòulər páuər ソウラァ パウァ] 名 太陽エネルギー(=solar energy)

**solar system** [sóulər sìstəm ソウラァ スィスティム] 名 《the solar systemで》〖天文〗太陽系

# sold 3級 [sóuld ソウルド]

動 sell(売る; 売れる)の過去形・過去分詞

**soldier** 準2級 A2 [sóuldʒər ソウルヂァァ] 名C (陸軍の)軍人(▶「海軍の軍人」はsailor); 兵士 (▶「将校」はofficer)

**sole**¹ [sóul ソウル] (★同音soul 霊魂(れいこん)) 名C 足の裏(→body 図); 靴(くつ)の底, (靴の)底革(そこがわ)

**sole**² [sóul ソウル] (★同音soul 霊魂(れいこん)) 形 ❶ ただ1つ[1人]の, 唯一(ゆいいつ)の(=only) ❷ 独占(どくせん)的な

**solemn** [sάləm サラム | sɔ́ləm ソラム] (★このnは発音しない) 形 厳(おごそ)かな, 厳粛(げんしゅく)な; まじめな
- a *solemn* ceremony 荘厳(そうごん)な儀式(ぎしき)

**solid** B1 [sάlid サリッド | sɔ́lid ソリッド]

— 形 ❶ 固体の, 固形の(▶「液体の」はliquid)
- *solid* food [fuel] 固形食[燃料]

❷ (体格・構造などが)頑丈(がんじょう)な; 中身の詰(つ)まった(⇔hollow 空(から)の); 混じりもののない, 純正の
- a *solid* structure 頑丈な造り[建物]

— 名C 固体(▶「液体」はliquid, 「気体」はgas)

## solitary

**solitary** [sάlətèri サリテリィ | sɔ́litəri ソリタリィ] 形 孤独(こどく)の, ひとりぼっちの; 人里離(ひとざとはな)れた, 寂(さび)しい(=lonely)
- a *solitary* village
人里離れた村

**solo** B2 [sóulou ソウロゥ] 名 (複 solos[-z], soli [sóuli: ソウリー]) C 独奏(曲), 独唱(曲), ソロ(▶「二重奏」はduet, 「三重奏」はtrio, 「四重奏」はquartet, 「五重奏」はquintet)
派生語 soloist 名

**soloist** [sóulouist ソウロゥイスト] 名 C 独奏者; 独唱者; ソリスト

**Solomon** [sάləmən サラマン] 名 ソロモン(▶紀元前10世紀ごろのイスラエルの王)

**Solomon Islands** [sάləmən áiləndz サラマン アイランヅ | sɔ́ləmən - ソラマン -] 名 ソロモン諸島(▶南太平洋にある数百の島からなる国. 首都はホニアラ(Honiara))

**solution** 準2級 A2 [səlú:ʃən サルーション] 名 ❶ C (問題などの)解決; 解決法, 解答 ❷ U 溶解(ようかい); C U 溶液

## solve 3級 A1 [sάlv サルヴ | sɔ́lv ソルヴ]
動 他 (問題・なぞなど)を解く, 解決する
- *solve* a problem
問題を解く
派生語 solution 名

**Somalia** [səmά:liə サマーリァ | sou- ソウ-] 名 ソマリア(▶アフリカ東岸の共和国. 首都はモガディシュ(Mogadishu))

## *some 5級 A1

[səm スム, 《強く言うとき》sʌ́m サム] (★《強く言うとき》の 同音 sum 合計)

> 形 ❶ いくつかの
> ❷ ある…
> ❸ ある(一部の)
> ❹ 相当な
> 代 ❶ いくつか
> ❷ ある人たち, あるもの
> 副 約

― 形 ❶ **いくつかの**, いくらかの, 多少の, 何人かの(▶この意味では[səm スム]と弱く発音する)
- There are *some* apples on the table.
テーブルの上にいくつかのりんごがある. (▶some +〈数えられる名詞の複数形〉で「いくつかの…」と数を表す)
- There is *some* tea in the pot.
ポットの中に多少のお茶がある. (▶some +〈数えられない名詞〉で「いくらかの…, 多少の…」と量を表す. 単数扱いとなり, isを使う)

> **ここがポイント！** some の使い方
> (1)「いくつかの」「いくらかの」の意味のsomeは多くの場合日本語に訳さなくてもかまいません.
> - Would you like *some* ice cream?
> アイスクリームはいかがですか.
> (2) someはふつう肯定文で使います. 否定文・疑問文・ifの文ではanyを使います.
> - I have *some* pencils. 私は鉛筆(えんぴつ)を何本か持っている. (▶肯定文)
> - I don't have *any* pencils. 私は鉛筆を1本も持っていない. (▶否定文)
> - Do you have *any* pencils? あなたは鉛筆を持っていますか. (▶疑問文)
> ただし, 疑問文でもyesの答えを期待するとき(人に物を勧(すす)めるときや頼(たの)むときなど)には, anyではなくsomeを使います.
> - May I have *some* more coffee?
> コーヒーをもう少しいただけませんか.

❷ **ある…**, 何かの, だれか, どこかの(▶数えられる名詞の単数形につける. この意味では[sʌ́m サム]と強く発音する)
- *Some* girl told me about it.
ある少女が私にそのことを教えてくれた.
- For *some* reason she changed her mind and left the team. どういうわけか, 彼女は考えを変えてチームを去った.

❸ (全体の中の)**ある(一部の)**, 中には…もある (▶しばしばsome ... others ~ またはsome ... some ~ の形で対照して使われる. この意味では[sʌ́m サム]と強く発音する)
- *Some* people like baseball and *others* don't. 野球が好きな人もいれば嫌(きら)いな人もいる. (⇔何人かの人は野球が好きで, ほかの人は好きではない)
- *Some* movies are boring.
中には退屈(たいくつ)な映画もある. (▶Not all movies are interesting.「すべての映画がおもしろいわけではない」を暗示している)

❹ 《話》**相当な**, なかなかの, たいした(▶この意味では[sʌ́m サム]と強く発音する)
- She is *some* singer.
彼女はなかなかの歌い手だ.

***for some time*** しばらくの間
***some day*** (未来の)いつの日か(▶「(明示されていない)ある特定の日」を意味する) → day(成句)
- She will visit me *some day* next month.
彼女は来月のいつか, 私に会いに来ます.
***some other time*** いつかそのうち

***some time*** しばらく；⑩いつか
- This will take *some time*.
  これはしばらく時間がかかります。

━**代**（▶代名詞は[sám サム]と強く発音する）❶《単数・複数扱い》**いくつか**, いくらか, 多少, 何人か（▶数えられるものをさすときは複数扱い, 数えられないものをさすときは単数扱い）
- *Some* of the students attended the meeting. 生徒の中の何人かはその会合に出席した。（▶some of の後にはthe［these, my］＋〈名詞〉やthem, youのように何［だれ］をさすかがはっきりしたものがくる）
- I have a lot of snacks. Would you like *some*? おやつがたくさんあるんだけど，少し食べない？

❷《複数扱い》（全体の中の）**ある人たち, あるもの, 中には…の人［物］もある**（▶しばしばsome ... others ～ または some ... some ～ の形で対照して使われる）
- *Some* knew the actor's name.
  その役者の名前を知っている人もいた。
- *Some* win and *others* lose.
  勝つ人もいれば負ける人もいる。
- *Some* are big and *some* are small.
  大きい物もあれば小さい物もある。

━**副** 約, およそ（＝about）
- There are *some* nine hundred students in our school.
  私たちの学校にはおよそ900人の生徒がいる。

# somebody 準2級 A2

[sámbədi サムバディ]

**代**《単数扱い》**だれか**, ある人（▶意味・用法はsomeoneと同じだが, someoneより《話》でよく使う → someone **ポイント!**）
- *Somebody* is knocking at the door.
  だれかがドアをノックしている。
- Will *somebody* open the window, please? だれか窓を開けてくれませんか。

**someday** 準2級 A2 [sámdèi サムデイ] **副**（未来の）いつか, そのうちに（▶some day と2語につづると「（明示されていない）ある特定の日」の意味になる）
- I want to go to Australia *someday*.
  いつかオーストラリアに行ってみたい。

**somehow** B1 [sámhàu サムハゥ] **副** ❶ 何とかして, どうにかして
- I will get it for you *somehow*.
  何とかそれを手に入れましょう。

❷ どういうわけか
- *Somehow* I like him.
  どういうわけか私は彼のことが好きです。

# *someone 4級 A1 [sámwʌn サムワン]

**代**《単数扱い》**だれか**, ある人（＝somebody）
- There is *someone* at the door.
  玄関（げんかん）にだれかがいる。
- *Someone* called my name.
  だれかが私の名前を呼んだ。
- I'm busy now. Ask *someone* else.
  今忙（いそが）しい。だれかほかの人に聞いて。

### ここがポイント! someone の使い方

(1) **someone**はふつう単数扱いです。
(2) **someone**とsomebodyは意味・用法は同じですが, somebodyのほうが《話》でよく使います。
(3) **someone**はふつう肯定文で使います。疑問文・否定文・ifの文で「だれか」はanyone（またはanybody）を使います。
- Did *anyone* clean my room?
  だれか私の部屋を掃除（そうじ）しましたか。
- There isn't *anyone* in the house.（＝There is no one in the house.）
  その家にはだれもいない。

ただし, 疑問文でもyesの答えを期待するとき（人に物を勧（すす）めるときや頼（たの）むときなど）には, **someone**を使います。
- Will *someone* come with me?
  だれかいっしょに来てくれませんか。

**somersault** [sámərsɔ̀ːlt サマァソールト] **名**C とんぼ返り, 宙返り；（飛びこみなどで, 空中での）回転

# *something 4級 A1

[sámθiŋ サムスィング]

━**代**《単数扱い》**何か**, あるもの
- She has *something* in her hand.
  彼女は手に何か持っている。
- *Something* is wrong with this computer.
  このコンピュータはどこかおかしい。
- I have *something* to tell you.
  私はあなたに話すことがある。

## sometime

- Here's *something* for you.
  これをあなたにあげる.

> **ここがポイント！** something の使い方
> (1) **something** は単数扱いです.
> (2) **something** を修飾する形容詞や to +〈動詞の原形〉は **something** の後に置きます.
> - *something* cold
>   何か冷たいもの（×cold something）
> - *something* to wear 何か着るもの
> - *something* cold to drink
>   何か冷たい飲み物
> (3) **something** はふつう肯定文で使います. 疑問文・否定文・if の文では anything を使います. → anything ポイント!
> - Is there *anything* in the box?
>   その箱の中に何かありますか.
> - There isn't *anything* in the box.
>   (=There is nothing in the box.)
>   その箱の中には何もない.
>
> ただし，疑問文でも yes の答えを期待するとき（人に物を勧めるときや頼むときなど）には，**something** を使います.
> - Would you like *something* to drink?
>   何かお飲みになりませんか.

***have something to do with ~*** ～と関係がある → have（成句 have ... to do with ～）
***... or something*** 《話》…か何か
- Please lend me a ballpoint pen *or something*.
  ボールペンか何か貸してください.

***something like ...*** …のようなもの
- It's *something like* a cake.
  それはケーキのようなものだ.

***something of a ...*** 《話》ちょっとした…, かなりの…
- She is *something of a* singer.
  彼女はちょっとした歌手だ.

─ 名 U 重要な人[もの], たいしたこと[人]
- Isn't that *something*?
  それはすごいじゃないの.

**sometime** 2級 B1 [sʌ́mtàim サムタイム] 副 (未来の)いつか, そのうち；(過去の)いつか, あるとき
- I hope (that) you will come and see me *sometime* soon.
  近いうちに遊びに来てください.

## *sometimes 2級 B1
[sʌ́mtàimz サムタイムズ]

副 **時々**, 時には（=from time to time, now and then, once in a while）（▶ sometime「(未来の)いつか, そのうち」との違いに注意）→ always ポイント!

> **ここがポイント！** sometimes の位置
> **sometimes** は一般動詞の前, be 動詞・助動詞の後に置くのがふつうですが, 文頭・文末にくることもあります.

- He *sometimes* enjoys karaoke.
  彼は時々カラオケをする.
- She is *sometimes* late for school.
  彼女は時々学校に遅刻する.
- *Sometimes* we go there for a picnic. = We go there for a picnic *sometimes*.
  私たちは時々ピクニックでそこに行く.

**somewhat** B2 [sʌ́mhwʌ̀t サム(ホ)ワット | -wɔ̀t -ウォット] 副 いくぶん, いくらか, やや（=a little）
- I'm *somewhat* disappointed at the results.
  私はその結果に少しがっかりしている.

**somewhere** 準2級 A2 [sʌ́mhwèər サム(ホ)ウェア | -wèə -ウェア] 副 (肯定文で)どこかに[で], どこかへ（▶疑問文・否定文・if の文では anywhere を使う）
- He lives *somewhere* near Hakata.
  彼は博多の近くのどこかに住んでいる.

## *son 5級 A1 [sʌ́n サン]（★同音 sun 太陽）

名 (複 sons[-z]) C **息子**（⇔daughter 娘）
- an only *son* ひとり息子
- the oldest [eldest] *son* 長男
- the youngest *son* 末の息子
- She has three *sons*.
  彼女には息子が3人いる.

**sonata** [sənɑ́:tə サナータ]（★「ソナタ」でないことに注意） 名 C 《音楽》ソナタ（▶イタリア語から）

## song 5級 A1 [sɔ́:ŋ ソーング | sɔ́ŋ ソング]

名 (複 songs[-z]) ❶ C **歌**, 歌曲, 唱歌
- a folk *song* 民謡；フォークソング
- a popular *song* 流行歌
- sing [compose] a *song* 歌を歌う[作る]
❷ U C (鳥・虫の)鳴き声, さえずり
- the *songs* of crickets こおろぎの鳴き声

## *soon 5級 A1 [sú:n スーン]

副 (比較 sooner；最上 soonest)
❶ **まもなく**, すぐ；そのうち（=before long）
- Let's leave *soon*. まもなく出発しよう.

- He will be back *soon*. 彼はすぐに戻(も)る.
- Come and see me again *soon*.
近いうちにまた遊びに来てね.
- The train left Osaka *soon* after two o'clock. 電車は2時少しすぎに大阪を出発した.

❷ **早く**, 早めに (=early)
- We arrived at the station too *soon*.
私たちは駅に着くのが早すぎた.
- How *soon* can I get the tickets? いつ切符(きっぷ)が手に入りますか. (⇨どのくらい早く)
- The *sooner*, the better. 早ければ早いほどいい. (►the+〈比較(ひかく)級〉, the+〈比較級〉の形)

*as soon as ...* …するとすぐに
- She turned on the light *as soon as* she entered the room.
彼女は部屋に入るとすぐに明かりをつけた.

*as soon as possible* = *as soon as ... can*
できるだけ早く
- I want to finish my homework *as soon as possible* [*I can*].
できるだけ早く宿題を終わらせたい.

*sooner or later* 遅(おそ)かれ早かれ

**soothe** B1 [súːð スーズ] 動他 (人・感情など)をなだめる; (痛みなど)を和(やわ)らげる

**sophomore** B1 [sɑ́fəmɔ̀ːr サファモア|sɔ́fə- ソファ-] 名C (4年制大学・4年制高校の)2年生 → senior 名 ❷

**soprano** [səprǽnou サプラノゥ|-prɑ́ː- -プラー-] 名 (複 sopranos[-z]) U 〖音楽〗ソプラノ (►女声・少年の声の最高音域); C ソプラノ歌手

**sore** 2級 B1 [sɔ́ːr ソァ] 形 (触(ふ)ると)痛い, ひりひりする
- I have a *sore* throat. 私はのどが痛い.

**sorrow** B1 [sɑ́rou サロゥ|sɔ́- ソ-] 名 ❶ U 悲しみ, 悲嘆(ひたん) (=grief, ⇔joy 喜び)
- He *felt sorrow at* [*over*] the death of his friend.
彼は友人の死を悲しんだ.

❷ C 悲しいこと, 不幸
派生語 sorrowful 形

**sorrowful** [sɑ́rəfəl サラフル|sɔ́- ソ-] 形 (人が)悲しんでいる; (物事が)悲しむべき

## sort

\***sorry** 5級 A1 [sɑ́ri サリィ, sɔ́ː- ソー-|sɔ́- ソ-]
形 (比較 sorrier; 最上 sorriest) ❶ 《名詞の前には用いない》**すまなく思って**, 後悔(こうかい)して
- I'm *sorry*.
すみません. (►単に Sorry. とも言う)

be sorry for + 〈-ing形〉= be sorry to + 〈動詞の原形〉…してすまなく思う
be sorry (that) ...
…ということをすまなく思う
- I'*m sorry for* be*ing* so careless. = I'*m sorry about* my carelessness. = I'*m sorry to* be so careless. = I'*m sorry (that)* I'm so careless. 不注意ですみません.

話してみよう!
☺ I'm *sorry*. ごめんなさい.
😊 That's all right./ Don't worry about it./ Never mind.
気にしないでください.

ここがポイント! I'm sorry. は謝(あやま)る表現
I'm sorry. と言うと, 自分の非を認めることになります. 自己の責任を問われるようなときには軽い気持ちで言ってはいけません.
日本語で「すみません」と言う場合でも, 英語では下のように言います.
お礼を言うとき → Thank you.
人に呼びかけるとき → Excuse me.

❷ **残念に思って**, 残念で
- I'm *sorry*, but I can't come.
残念ですが, 私は行けません.
- I'm *sorry about* that. それは残念だ.
- I'm *sorry (that)* you can't come with us.
君がぼくたちといっしょに行けなくて残念だ.

❸ **気の毒で**, かわいそうで
- I felt [was] *sorry for* his children.
彼の子どもたちがかわいそうだった.
- I'm *sorry to* hear that.
それを聞いて気の毒に思う.
- We are *sorry about* your mother's illness. = We are *sorry (that)* your mother is ill. 私たちはあなたのお母さんの病気を気の毒に思います.

*Sorry?* 何ですか, 何と言いましたか. (►聞き返すときの言い方, 上げ調子に言う) → excuse (成句 Excuse me.), pardon (成句 I beg your pardon.)

**sort** 2級 B1 [sɔ́ːrt ソート] 名 C 種類, 部類 (=kind), タイプ
- *this sort of* dictionary = dictionaries *of*

*this sort* この種の辞書
- *all* [*many*] *sorts of* books
あらゆる[いろいろな]種類の本
- *What sort of* music do you like best?
どんな種類の音楽がいちばん好きですか.
***a sort of ...*** 一種の…; …のようなもの
- *a sort of* cake ケーキのようなもの
***sort of*** 《話》いくぶん, 多少
- The boy was *sort of* angry. その少年はちょっと怒っていた. (▶意味を和らげる)

**SOS** [ésòués エスオウエス] 名 (複 SOSes[-iz]) C (無電による)遭難信号
- The ship *sent out* an *SOS*.
船は遭難信号を送信した.

**so-so** [sóusòu ソウソウ] 形 《話》よくも悪くもない, まあまあの

**sought** [sɔ́:t ソート] (★このghは発音しない)
動 seek (探し求める)の過去形・過去分詞

**soul** 2級 B1 [sóul ソウル] (★同音 sole¹ 足の裏, sole² ただ1つの) 名 C ❶霊魂; 精神
(⇔body, flesh 肉体)
- I love him with all my heart and *soul*.
私は彼を心から愛している.
❷人, 人間 (= person)
- an honest *soul* 正直な人

# sound¹ 準2級 A2 [sáund サウンド]

— 名 (複 sounds[-dz -ヅ]) C U 音, 物音; 響き
- a loud [big] *sound* 大きな音
- a low [soft] *sound* 低い[静かな]音
- turn up [down] the *sound*
音量を上げる[下げる]
- the *sound* of a bell 鐘の音
- *make a sound* 音を立てる

**くらべてみよう!  sound と noise と tone**

**sound**: 「音」を意味する最も一般的な語
**noise**: 騒音や雑音など耳ざわりな音
**tone**: 高低・強弱・音質など, 音や声の調子

sound

noise

tone

— 動 (三単現 sounds[-dz -ヅ]; 過去・過分 sounded[-id]; 現分 sounding)
— 自 ❶音がする, 鳴る, 響く
- The fire alarm *sounded*.
火災報知機が鳴った.
❷ (…のように)聞こえる, 思える
- It *sounded* like a drum.
それは太鼓の音のようだった.
- It *sounds* interesting *to* me.
それはおもしろそうだね.
- That *sounds* great. すごいなあ.
— 他 …を鳴らす
- *sound* the horn
(車の)クラクションを鳴らす

**sound²** B2 [sáund サウンド]
— 形 ❶健全な, 健康な (= healthy)
❷ (判断などが)的確な; しっかりした
- *sound* advice 的確な助言
❸十分な
- have a *sound* sleep ぐっすり眠る
— 副 ぐっすりと, 十分に
- The baby is *sound* asleep.
赤ん坊はぐっすり眠っている.

**soundproof** [sáundprù:f サウンドプルーフ] 形 (壁・部屋などが)防音の
- a *soundproof* room 防音の部屋

# soup 5級 A1

[sú:p スープ] (★ouのつづりに注意)
名 (複 soups[-s]) U C スープ
- vegetable *soup* 野菜スープ
- eat *soup* (スプーンで)スープを飲む (▶スープを「飲む」にはふつうeatを使う)
- drink *soup*
(カップに口をつけて)スープを飲む

**sour** B1 [sáuər サウァ] (★ourのつづりに注意) 形 すっぱい (▶「甘い」はsweet, 「苦い」はbitter)
→ sweet 図
- go [turn] *sour* すっぱくなる
- *sour* cream サワークリーム
- *sour* grapes 負け惜しみ (▶『イソップ物語』で, ぶどうを取ろうとして届かなかったきつねが,「あのぶどうはすっぱい」と言ったことから)

**source** 準2級 A2 [sɔ́:rs ソース] 名 C ❶源, 源泉; 水源(地)
- an energy *source* エネルギー源
- This river takes its *source* from that lake.
この川の水源はあの湖です.
❷ (物事が生じる)元, 起こり, 原因
- a *source* of trouble トラブルの元
❸ (情報などの)出所, 源
- a news *source* ニュースの出所

# south 準2級 A2 [sáuθ サウス]

— 名 U ❶ (ふつう the south で)南, 南部, 南方 (⇔ the north 北, 北部)

・from north to *south* 北から南へ
・Those birds came from *the south*.
あの鳥たちは南からやって来た.
・The island is *to the south* of Japan.
その島は日本の南方にある.
・The lake is *in the south* of Japan.
その湖は日本の南部にある.
❷《the Southで》㊝米国南部(地方), 南部諸州;㊡イングランド南部(地方)
━形 南の, 南部の, 南方の;南向きの;(風が)南からの
・a *south* wind 南風
・the *south* coast 南海岸

━副 南に, 南へ, 南方へ
・My room faces *south*.
私の部屋は南に面している.
・The wind is blowing *south*.
風は南へ吹いている.
派生語 southern 形

**South Africa** [sàuθ ǽfrikə サウス アフリカ] 名 南アフリカ(►アフリカ大陸南部に位置する共和国. 行政上の首都はプレトリア(Pretoria), 立法上の首都はケープタウン(Cape Town))

**South America** [sàuθ əmérikə サウス アメリカ] 名 南アメリカ(大陸), 南米

**South Asia** [sàuθ éiʒə サウス エイジャ|-éiʃə-エイシャ] 名 南アジア

**South Carolina** [sàuθ kærəláinə サウス キャラライナ] 名 サウスカロライナ(►米国南東部, 大西洋岸の州. 州都はコロンビア(Columbia). 郵便略語はSC)

**South Dakota** [sàuθ dəkóutə サウス ダコウタ] 名 サウスダコタ(►米国中北部の州. 州都はピア(Pierre). 郵便略語はSD)

**southeast** 2級 B1 [sàuθí:st サウスイースト]
━名U 南東;南東部;《the Southeastで》米国南東部(地方)
━形 南東の;南東への, 南東からの
━副 南東へ
派生語 southeastern 形

**Southeast Asia** [sauθì:st éiʒə サウスイースト エイジャ|-éiʃə-エイシャ] 名 東南アジア

**southeastern** 3級 [sàuθí:stərn サウスイースタァン] 形 南東の;南東への, 南東からの

**southern** 2級 B1 [sʌ́ðərn サザァン](★「サウザン」でないことに注意) 形 南の, 南方の, 南部の, 南へ向かう;(風が)南からの;《Southernで》㊝米国南部(諸州)の
・*Southern* Europe 南ヨーロッパ
・in the *southern* part of the country
その国の南部に

**Southern Cross** [sʌ́ðərn krɔ́:s サザァン クロース|-krɔ́s-クロス] 名《the Southern Crossで》〖天文〗南十字星

**Southern Hemisphere** [sʌ́ðərn hémisfiər サザァン ヘミスフィァ] 名《the Southern Hemisphereで》南半球

**South Korea** [sàuθ kərí:ə サウス カリーァ] 名 韓国(かんこく)(►東アジアにある共和国. 正式には大韓民国(the Republic of Korea). 首都はソウル(Seoul))→Korea

**South Pole** [sàuθ póul サウス ポウル] 名《the South Poleで》南極, 南極点(⇔the North Pole 北極)

**South Seas** [sàuθ sí:z サウス スィーズ] 名《the South Seasで》南太平洋

**South Sudan** [sàuθ su:dǽn サウス スーダン|--dá:n--ダーン] 名 南スーダン(►アフリカ北東部の共和国. 首都はジュバ(Juba))

**southward** B2 [sáuθwərd サウスワァド]
━副 南へ, 南方に(⇔northward 北方へ)
━形 南に向いた, 南方への

**southwards** B2 [sáuθwərdz サウスワァヅ]
副 =southward

**southwest** B1 [sàuθwést サウスウェスト]
━名U 南西;南西部;《the Southwestで》米国南西部(地方)
━形 南西の;南西への, 南西からの
━副 南西へ
派生語 southwestern 形

**southwestern** [sàuθwéstərn サウスウェスタァン] 形 南西の;南西への, 南西からの

**souvenir** 2級 B1 [sù:vəníər スーヴァニァ] 名C 記念品, みやげ物(►ふつう自分のための物を言う. 人にあげる物にはgift, presentなどを使う)
・a *souvenir* shop みやげ物店

米国・ニューヨークのみやげ物店

**Soviet Union** [sóuviet jú:niən ソウヴィエット ユーニァン] 名《the Soviet Unionで》(旧)ソビエト連邦(れんぽう)(►1991年解体)

**sow** [sóu ソゥ](★同音 sew 縫(ぬ)う, so それほど) 動(過分 sown[sóun ソウン], sowed)他 (種)をまく
・*sow* wheat in the field=*sow* the field *with* wheat

A B C D E F G H I J K L M N O P Q R S T U V W X Y Z

畑に小麦の種をまく

**soy** [sɔ́i ソィ] 名 U しょうゆ (= soy sauce); C 大豆 (= soybean)

**soybean** B2 [sɔ́ibi:n ソィビーン] 名 C 〖植物〗大豆

**soy sauce** [sɔ̀i sɔ́:s ソイ ソース] 名 U しょうゆ

**spa** B2 [spá: スパー] 名 C 温泉(地), スパ

# space 準2級 A2 [spéis スペイス]

名 (複 spaces[-iz]) ❶ U 空間 (⇔time 時間), 虚空(こう)
- time and *space*
時間と空間, 時空
- stare [look] into *space*
虚空を見つめる

❷ U 宇宙, 宇宙空間
- *space* travel 宇宙旅行
- a *space* rocket 宇宙ロケット
- I would like to travel through *space*.
私は宇宙を旅行したい.
- *space* foods 宇宙食

❸ U C 余地, 余白, スペース (= room); (ある目的のための)場所
- an open *space*
空き地
- Is there *space* for the table?
そのテーブルを入れる余地はありますか.
- This bed takes up too much *space*.
このベッドは場所を取りすぎる.

**spacecraft** [spéiskræft スペイスクラフト | -krɑ̀:ft -クラーフト] 名 (複 spacecraft) (▶単複同形) C 宇宙船 (= spaceship)

**spaceman** [spéismæn スペイスマン] 名 (複 spacemen[-mèn]) C 宇宙飛行士 (= astronaut); (SF小説などで)宇宙人

**spaceship** A2 [spéisʃip スペイスシップ] 名 C 宇宙船 (= spacecraft)

**space shuttle** [spéis ʃʌtl スペイス シャトゥル] 名 C スペースシャトル, 宇宙連絡(れん)船 (▶2011年, スペースシャトル計画は終了)

**space station** [spéis stèiʃən スペイス ステイション] 名 C 宇宙ステーション

**spacesuit, space suit** [spéissù:t スペイススート] 名 C 宇宙服

**spacewalk, space walk** [spéiswɔ̀:k スペイスウォーク] 名 C 宇宙遊泳

**spade** [spéid スペイド] 名 C ❶ (農作業用などの)すき ❷ 〖トランプ〗スペード(の札)

# spaghetti 準2級 A2

[spəɡéti スパゲティ] (★ghとttiのつづりに注意)
名 U スパゲッティ (▶イタリア語から)

# Spain 5級 [spéin スペイン]

名 スペイン (▶ヨーロッパ南西部のイベリア半島にある王国. 首都はマドリード(Madrid))
派生語 Spanish 形 名

**spam** [spæm スパム] 名 U 〖インターネット〗迷惑(わく)メール

**span** B2 [spæn スパン] 名 C (ある一定の)期間, (短い)時間; 全長; 端(はし)から端までの長さ
- the average life *span* 平均寿命(じゅみょう)

**Spaniard** [spǽnjərd スパニァァド] 名 C スペイン人 (▶スペイン人全体をさすときはthe Spanishを用いる)

# Spanish 5級 [spǽniʃ スパニッシュ]

― 形 スペインの; スペイン人の; スペイン語の
― 名 ❶ 《the Spanishで》《複数扱い》スペイン人(全体) (▶個人をさすときはa Spaniardやa Spanish personを用いる) ❷ U スペイン語

**spank** [spǽŋk スパンク] 動 他 (罰(ばつ)として子どもの尻(しり)など)を平手でピシピシとたたく

**spanner** [spǽnər スパナァ] 名 C 《主に英》スパナ, ねじ回し (= 《米》wrench)

**spare** B2 [spéər スペア]
― 動 《過去・過分》spared[-d]; 《現分》sparing) 他 ❶ (時間・お金など)を割(さ)く, (物)を分けてやる, 貸す
- Could you *spare* me a few minutes?
私に少しお時間をいただけませんか.
- I can't *spare* the time to exercise.
私には運動する暇(ひま)がない.
- Can you *spare* me ten dollars?
私に10ドル貸してくれませんか.

❷ 《ふつう否定文で》(費用・努力など)を出し[使い]惜(お)しみする
- *spare* no money [efforts]
お金[努力]を惜しまない
- *Spare* the rod and spoil the child.
(ことわざ) かわいい子には旅をさせよ. (⇔むちを控えると子どもを駄目(だめ)にする)

― 形 《名詞の前にのみ用いる》予備の; 空いている; 余分の

- a *spare* key 予備のかぎ
- *spare* money 余分な金

**spark** B2 [spáːrk スパーク] 名C 火花, 火の粉; (電気の)スパーク

**sparkle** B1 [spáːrkl スパークル]
— 動自 (宝石・星などが)きらきら光る, きらめく
— 名CU 輝き, きらめき

**sparrow** B2 [spǽrou スパロゥ] 名C〖鳥〗すずめ

**spat** [spǽt スパット] 動 spit(つばを吐(は)く)の過去形・過去分詞の1つ

# speak 5級 A1 [spíːk スピーク]

動 (三単現 speaks[-s]; 過去 spoke[spóuk スポウク]; 過分 spoken[spóukən スポウクン]; 現分 speaking)
— 自 ❶ 話す, しゃべる
- Don't *speak* so fast, please.
そんなに速くしゃべらないでください.

話してみよう！
☺Hello, this is Yoko *speaking*. May I *speak to* Mike? もしもし, ヨウコですが, マイクをお願いします.
☻*Speaking*. ぼくです.

- Who's *speaking*?
どちら様ですか. (▶電話で使う)
❷ 演説する, 講演する(=make a speech)
- The Prime Minister will *speak* on the problem tomorrow.
総理はあすの問題について演説する.
— 他 ❶ (言語)を話す → say くらべて！
- Excuse me. Do you *speak* English?
すみません. 英語を話されますか. (▶Can you ...? は, 能力を聞くことになるので失礼な印象を与える)
- English is *spoken* in many countries. =They *speak* English in many countries.
英語はたくさんの国で話されている. (▶この they は一般に「人々」の意味)
❷ (真実・意見など)を言う
- *Speak* the truth. 本当のことを言いなさい.
*generally speaking* 一般的に言えば → generally(成句)
*not to speak of ...* …は言うまでもなく
*so to speak* いわば, 言ってみれば(▶文中や文末で用いる)
- He is the hero of our team, *so to speak*.
彼はいわば私たちのチームのヒーローです.
*speak for ...* …を代弁[代表]する；…の弁護をする
*speak ill* [*badly*] *of ...* …の悪口を言う(⇔ *speak well of ...* …のことをよく言う)
- Don't *speak ill of* others behind their backs. 陰(かげ)で他人の悪口を言ってはいけない.
*speak of ...* …のことを言う
*speak out* [*up*] 大声で話す, はっきり言う；率直(そっちょく)に意見を言う, (反対意見などを)言う
- She *spoke out* against the policy.
彼女はその方針にはっきりと反対した.
*speak with* [*to*] ... …と話す
- May I *speak with* [*to*] Mr. Brown?
ブラウンさんとお話できますか.
*speak well of ...* …のことをよく言う(⇔ speak ill of ... …の悪口を言う)
派生語 speaker 名, speech 名, spoken 形

# speaker 準2級 A2 [spíːkər スピーカァ]

名 (複 speakers[-z]) C ❶ 話す人；演説者
- a good *speaker* of English=a good English *speaker*
英語を話すのがじょうずな人
❷ 拡声器, スピーカー(=loudspeaker)
❸《ふつう the Speaker で》(米英の下院の)議長

**Speakers' Corner** [spíːkərz kɔ́ːrnər スピーカァズ コーナァ] 名 スピーカーズコーナー(▶英国ロンドンのハイドパークにある演説広場. だれでも自由に演説ができる)

**speaking** 3級 [spíːkiŋ スピーキング] 動 speak (話す)の現在分詞・動名詞

**spear** [spíər スピァ]
— 名C やり
— 動他 …をやりで突(つ)く

# special 4級 A1 [spéʃəl スペシャル]

— 形 (比較 more special; 最上 most special)
❶ 特別な, 特殊(とくしゅ)な, (特別に)大切な(⇔ general 一般的な)
- a *special* dish 特別な料理
- Today is a *special* day for me.
きょうは私にとって特別大切な日だ.
- I have nothing *special* to do today.
きょう私は特にすることがない.
❷ 専門の, 専攻(せんこう)の
- That's my *special* field of study.
それは私の専門分野だ.
❸ 臨時の, 特設の
- a *special* train 臨時列車
— 名 (複 specials[-z]) C 特別の人[物]；特別番組；特別料理
派生語 specialist 名, specialize 動, specially 副, specialty 名

**specialist** B1 [spéʃəlist スペシャリスト] 名C 専

## speciality

門家, スペシャリスト; 専門医
- a *specialist* in heart disease 心臓病専門医

**speciality** [spèʃiǽləti スペシアラティ] (★アクセント位置に注意) 名 (複 specialities[-z]) 英 = specialty

**specialize** 2級 B1 [spéʃəlaiz スペシャライズ] (▶英ではspecialiseとつづる) 動 自 専攻する; 専門的に従事する
- *specialize in* education 教育学を専攻する

**specially** B1 [spéʃəli スペシャリィ] 副 特に, 特別に(=especially, particularly); わざわざ → especially くらべて!

**specialty** B2 [spéʃəlti スペシャルティ] 名 (複 specialties[-z]) (▶英ではふつうspecialityを用いる) C ❶ 専門, 専攻
- His *specialty* is Japanese history. 彼の専門は日本史だ.

❷名産, 特産

**species** B2 [spíːʃiːz スピーシーズ] 名 (複 species) (▶単複同形) C (生物分類上の)種 (▶「属」の下の単位); (一般に)種類(=kind, sort)
- an extinct [endangered] *species* 絶滅した[絶滅の危機にひんしている]種

**specific** A2 [spisífik スピスィフィック] 形 特定の, 一定の; 具体的な, 明確な

**specimen** [spésəmən スペサマン] 名 C 見本; (動植物・鉱物などの)標本, サンプル(=sample)

**spectacle** B2 [spéktəkl スペクタクル] 名 C (印象に残る)光景; 壮観; (大規模な)見せ物, スペクタクル
- a fine *spectacle* すばらしい光景

**spectator** B1 [spékteitər スペクテイタァ | spektéitər スペクテイタァ] 名 C 見物人, 観客

**sped** [spéd スペッド] 動 speed (急ぐ)の過去形・過去分詞の1つ

## speech 4級 A1 [spíːtʃ スピーチ]

名 (複 speeches[-iz]) ❶ U 話すこと, 言論; 話し方, 話しぶり; 話す力
- freedom of *speech* 言論の自由

❷ C 演説, スピーチ, あいさつ (▶より形式ばった演説はaddress)
- a *speech* contest 弁論大会, スピーチコンテスト
- *make* [*give*, *deliver*] a *speech* 演説する

❸ U C 話し言葉; U 【文法】話法

## speed 準2級 A2 [spíːd スピード]

━ 名 (複 speeds[-dz -ツ]) U 速さ, 速いこと; C U 速度, 速力, スピード
- a *speed* limit 制限速度

「制限速度時速45マイル」の標識(米国)

- at full [top] *speed* 全速力で
- at a *speed* of 60 kilometers per hour 時速60キロメートルで
- The car gained *speed*. その車はスピードを増した.

━ 動 (三単現 speeds[-dz -ツ]; 過去・過分 sped [spéd スペッド], speeded[-id]; 現分 speeding) 自 急ぐ; 速度を増す; スピード違反をする
- Her car *sped* along the freeway. 彼女の自動車は高速道路を疾走した.

*speed up* (…の)速度を上げる (▶「速度を落とす」はslow downまたはslow up)

派生語 speedy 形

**speedy** [spíːdi スピーディ] 形 (比較 speedier; 最上 speediest) 速い; 即刻の, 速やかな

## spell 準2級 A2 [spél スペル]

動 (三単現 spells[-z]; 過去・過分 spelled[-d], 《主に英》spelt[spélt スペルト]; 現分 spelling) 他 (語)をつづる, (語の)つづりを言う[書く]
- How do you *spell* your name? あなたの名前はどうつづりますか.
- My name is *spelled* K-E-N. ぼくの名前はK, E, Nとつづる.

*spell out* (語など)を略さずにつづる; (語など)を1字1字丹念に言う[書く]

派生語 spelling 名

**spelling** 2級 B1 [spéliŋ スペリング]

━ 動 spell (語をつづる)の現在分詞・動名詞

━ 名 C U (語の)つづり, スペリング
- a *spelling* mistake [error] つづりの誤り, スペルミス (▶「スペルミス」は和製英語)

**spelling bee** [spéliŋ bíː スペリング ビー] 名 C 米 つづり字競争 (▶単語のつづり(スペル)の正確さを競うコンテスト)

**spelt** [spélt スペルト] 動 spell (語をつづる)の過去形・過去分詞の1つ

## *spend 4級 A1 [spénd スペンド]

動 (三単現 spends[-dz -ツ]; 過去・過分 spent [spént スペント]; 現分 spending) 他 ❶ (金・資源など)を使う (⇔earn 稼ぐ)

- Tomoko *spent* one thousand yen at the store. トモコはその店で1000円使った.
- Father *spent* a lot of money *on* computers. 父はコンピュータにたくさんのお金を使った. (▶お金を使う対象はonや《主に⊕》forで表す)

❷ (時)**を費やす**, 過ごす
- I *spent* three days in the country. 私は田舎(いなか)で3日間過ごした.
- How did you *spend* your summer vacation? どうやって夏休みを過ごしましたか.

❸ (労力・言葉など)を費やす, 用いる
- He *spent* a lot of energy to finish the project. 彼はその計画を終えるのに多くの労力を費やした.

## spent 3級 [spént スペント]
動 spend(使う)の過去形・過去分詞

**sphere** B1 [sfíər スフィア] 名 C ❶球, 球体; 天体 ❷ (知識・活動などの)範囲(はんい); 領域

**Sphinx** [sfíŋks スフィンクス] 名 (*the Sphinx* で) ❶『ギリシャ神話』スフィンクス (▶女性の頭と胸, ライオンの胴(どう), わしの翼(つばさ)を持つ怪物(かいぶつ)) ❷ (エジプトのギザの)スフィンクス像 (▶ライオンの体に人の頭を持つ巨大(きょだい)な石像)

**spice** 2級 B1 [spáis スパイス] 名 U C 薬味, 香辛(こうしん)料, スパイス (▶こしょう・しょうがなど)
派生語 spicy 形

**spicy** 2級 B1 [spáisi スパイスィ] 形 (比較 spicier; 最上 spiciest) 薬味を入れた; スパイスの効いた

**spider** 2級 B1 [spáidər スパイダァ] 名 C 【虫】くも

**spike** [spáik スパイク] 名 C ❶ (太い木材を留める)大くぎ ❷ (運動靴(ぐつ)の底に打つ)スパイク; 《spikesで》スパイクシューズ

**spill** 準2級 A2 [spíl スピル] 動 (過去・過分 spilled[-d], 《主に⊕》spilt [spílt スピルト]) 他 (液体・粉など)をこぼす
- I *spilled* sugar all over the floor. 私は床(ゆか)一面に砂糖をこぼしてしまった.
- There is no use crying over *spilt* milk. (ことわざ) 覆水(ふくすい) 盆(ぼん) に返らず, 済んだことを悔(く)やんでもしかたがない. (⇔こぼれたミルクを嘆(なげ)いても無駄(むだ)だ)

**spilt** [spílt スピルト] 動 spill(…をこぼす)の過去形・過去分詞の1つ

**spin** B2 [spín スピン]
─ 動 (過去・過分 spun[spán スパン]; 現分 spinning)
─ 他 ❶ (糸)を紡(つむ)ぐ; (材料)を紡いで糸にする
- Cotton is *spun* into thread. 綿は紡がれて糸になる.
❷ (蚕・くもが糸)を出す, (巣)をかける
❸ (こまなど)を回す
- *spin* a top [coin] こま[コイン]を回す
─ 自 ❶回転する ❷糸を紡ぐ; 糸を出す
─ 名 U 回転

**spinach** B1 [spínitʃ スピニッチ | spínidʒ スピニッヂ] 名 U 【植物】ほうれん草

## spirit B1 [spírit スピリット]

名 (複 spirits[-ts -ツ]) ❶ C U **精神**, 心 (=mind, ⇔body, flesh 肉体)
- body and *spirit* 肉体と精神
❷ C 霊魂(れいこん), 霊; 幽霊(ゆうれい)
- evil *spirits* 悪霊(あくりょう), 悪魔(あくま)
❸ U …精神; 気力, 気迫(きはく), 勇気
- the fighting *spirit* 闘争(とうそう)心, 闘志
❹《spiritsで》気分, 機嫌(きげん), 元気 (=mood)
- Mike is in high [low] *spirits*. マイクは元気だ[元気がない].
❺《spiritsで》(アルコール度の高い)酒
派生語 spiritual 形, spiritually 副

**spiritual** B1 [spírítʃuəl スピリチュアル] 形 ❶精神の, 精神的な (⇔material 物質的な, physical 肉体的の); 霊魂(れいこん)の ❷宗教上の

**spiritually** [spírítʃuəli スピリチュアリィ] 副 精神的に; 霊(れい)的に; 宗教的に

**spit** [spít スピット] 動 (過去・過分 spit, 《主に⊕》spat [spǽt スパット]; 現分 spitting) 自 他 つばを吐(は)く; (つば・血など)を吐く

**spite** B2 [spáit スパイト] 名 U 悪意, 恨(うら)み
*in spite of* ... …にもかかわらず
- He went out *in spite of* the heavy rain. 彼はひどい雨にもかかわらず出かけた.

**splash** A2 [splǽʃ スプラッシュ]
─ 動 (三単現 splashes[-iz])
─ 他 (水・泥(どろ)など)をはねかける
- A car *splashed* mud on her dress. = A car *splashed* her dress with mud. 自動車は彼女の服に泥をかけた.
─ 自 (液体が)はねる
─ 名 (複 splashes[-iz]) C (水・泥などの)はね; はねかける音, ザブンという音; はねること
- He jumped into the pool with a *splash*. 彼はザブンとプールに飛びこんだ.

**splendid** [spléndid スプレンディッド] 形 (建物・景色などが)壮麗(そうれい)な, 華麗(かれい)な; (行為(こうい)な

## split

どが)みごとな, りっぱな;《話》すばらしい
- We had a *splendid* time at his home.
私たちは彼の家ですばらしい時間を過ごした.

**split** B1 [splít スプリット]
— 動 (過去・過分 split; 現分 splitting)
— 他 ❶ …を裂(さ)く, 割る
- *split* a log *in* two 丸太を2つに割る
❷ …を分ける, 分割する(=divide)
- Let's *split* the bill.
割り勘(かん)にしよう.(⇔勘定を分けよう)
— 自 裂ける, 割れる; 分裂(ぶんれつ)する
— 名 C 裂け目, 割れ目; (組織などの)分裂

**spoil** 2級 B1 [spɔ́il スポイル] 動
(過去・過分 spoiled[-d], spoilt[spɔ́ilt スポイルト])
他 ❶ …を駄目(だめ)にする, だいなしにする; (食べ物など)を腐(くさ)らせる
- That tall building *spoils* the scenery.
あの高いビルが景観を損(そこ)ねている.
❷ (子どもなど)を甘(あま)やかして駄目にする
- *spoil* a child with money
子どもにお金を与(あた)えて甘やかす

**spoilt** [spɔ́ilt スポイルト] 動 spoil(駄目(だめ)にする)の過去形・過去分詞の1つ

## spoke 4級 [spóuk スポウク]

動 speak(話す)の過去形

## spoken 4級 [spóukən スポウクン]

— 動 speak(話す)の過去分詞
— 形 口頭(こうとう)の, 話される; 口語の(=oral, ⇔written 書かれた)
- *spoken* language 話し言葉, 口語

**spokesman** B2 [spóuksmən スポウクスマン] 名
(複 spokesmen[-mən]) C スポークスマン, 代弁者(► 最近では男女の区別を避(さ)けてspokespersonが多く用いられる)

**spokesperson** [spóukspə̀:rsn スポウクスパァスン] 名 C スポークスマン, 代弁者

**sponge** B1 [spʌ́ndʒ スパンヂ] 名 C U (入浴・清掃(せいそう)用などの)スポンジ, 海綿

**sponsor** B1 [spɑ́nsər スパンサァ | spɔ́n- スポン-]
名 C (身元などの)保証人; (イベントなどの)後援(こうえん)者, (ラジオ・テレビ番組の)スポンサー, 番組提供者; 発起人

**spontaneous** [spɑntéiniəs スパンテイニアス | spɔn- スポン-] 形 ❶ 自然発生的な ❷ 自発的な

## spoon 準2級 A2 [spúːn スプーン]

名 (複 spoons[-z]) C ❶ スプーン, さじ
- eat soup with a *spoon*
スープをスプーンで飲む
❷ スプーン[さじ]1杯(はい)(の量)(=spoonful)

- three *spoons* of sugar 砂糖3さじ
派生語 spoonful 名

**spoonful** [spúːnfùl スプーンフル] 名 C スプーン[さじ]1杯(はい)(分)
- two *spoonfuls* of sugar 砂糖2さじ

## *sport 5級 A1 [spɔ́ːrt スポート]

名(複 sports[-ts -ツ]) ❶ U C スポーツ, 運動, 競技
- What *sport* do you play [⦿do]?
どんなスポーツをしますか.
- Volleyball is my favorite *sport*.
バレーボールは私の好きなスポーツです.
❷《sportsで形容詞的に》スポーツの, 運動用の
- *sports* shoes 運動ぐつ
- a *sports* club フィットネスクラブ
❸《sportsで》⦿ 運動会, 運動競技会
❹ U 娯楽(ごらく), 楽しみ, 気晴らし; 冗談(じょうだん)
- in [for] *sport* ふざけて

> **ここが ポイント!** 「スポーツをする」と言うとき
> 具体的なスポーツの種目について「○○をする」というとき, 種目によって言い方が異なります.
> (1) 種目名に動詞の意味があるものはそのまま使う
> - I ski [skate, swim, jog]. 私はスキー[スケート, 水泳, ジョギング]をする.
> (2) 種目名に動詞の意味がないものは種目に応じて動詞をつける
> ❶ play をつけるもの(主に球技)
> - I play baseball [basketball, volleyball, soccer, tennis]. 私は野球[バスケットボール, バレーボール, サッカー, テニス]をする.
> ❷ practice や do をつけるもの
> - I practice karate [kendo, judo].
> 私は空手[剣道(けんどう), 柔道(じゅうどう)](のけいこ)をする.
> - I do yoga [aerobics].
> 私はヨガ[エアロビクス]をする.

**sports car** [spɔ́ːrts kɑ̀ːr スポーツ カー] 名 C スポーツカー

**sports center** A2 [spɔ́ːrts sèntər スポーツ センタァ](►⦿ではsports centreとつづる) 名 C スポーツセンター(►いろいろな屋内スポーツの設備が整った施設(しせつ))

**sports day** [spɔ́ːrts dèi スポーツ デイ] 名 C ⦿ 運動会, 体育祭(=⦿field day)

**sportsman** [spɔ́ːrtsmən スポーツマン] 名(複 sportsmen[-mən]) C スポーツマン, スポーツ

好きの人（▶「運動選手」はathlete．最近では男女の区別を避(さ)けてsportspersonやathleteが多く用いられる）

**sportsmanship** B1 [spɔ́ːrtsmənʃip スポーツマンシップ] 名U スポーツマンシップ，フェアプレーの精神

**sportsperson** [spɔ́ːrtspə̀ːrsn スポーツパースン] 名C スポーツ好きの人

**sportswoman** [spɔ́ːrtswùmən スポーツウマン] 名（複 sportswomen [-wimin]）C スポーツ好きの女性（▶最近では男女の区別を避(さ)けてsportspersonやathleteが多く用いられる）

**sporty** [spɔ́ːrti スポーティ] 形（比較 sportier; 最上 sportiest）❶（人が）スポーツ好きの ❷（服などが）スポーティーな

## spot 3級 A1 [spɑ́t スパット | spɔ́t スポット]

— 名（複 spots [-ts -ツ]）C ❶ 地点，場所（＝place）
• a good fishing *spot* よい釣(つ)り場
❷ はん点，まだら，ぶち，染(し)み，汚(よご)れ
• There are some ink *spots* on my shirt.
私のシャツにインクの染みがついている．
**on the spot** その場で，即座(そくざ)に

— 動（三単現 spots [-ts -ツ]; 過去・過分 spotted [-id]; 現分 spotting）他 ❶ …を汚す，…に染みをつける ❷ …を見つける，見抜(みぬ)く

**spout** [spáut スパウト] 名C（ティーポット，やかんなどの）注ぎ口，（噴水(ふんすい)などの）噴出口

**sprain** [spréin スプレイン]
— 動他（手首・足首など）をくじく，ねんざする
— 名C ねんざ

**sprang** [sprǽŋ スプラング] 動 spring（跳(と)ぶ）の過去形の1つ

**spray** B2 [spréi スプレイ]
— 名UC ❶ しぶき，水煙(みずけむり)，水しぶき ❷（殺虫剤(ざい)・消毒液・香水(こうすい)などの）噴霧(ふんむ)（液）；噴霧器，スプレー
— 動他（噴霧器で液）を吹(ふ)きつける
• *spray* paint on the wall ＝ *spray* the wall with paint
壁(かべ)にペンキを吹きつける

## spread 準2級 A2 [spréd スプレッド]

動他 ❶ …を広げる
　　 ❷ …を薄く塗(ぬ)る
　　 ❸ …を広める
自 ❶ 広がる
　 ❷ 広まる
名 ❶ 広がり
　 ❷ スプレッド（バターやジャムなど）
　 ❸ 掛(か)け布

— 動（三単現 spreads [-dz -ヅ]; 過去・過分 spread; 現分 spreading）（▶過去・過分とも原形と同じ）
— 他 ❶ …を広げる
• *spread* a newspaper on the table
新聞紙をテーブルの上に広げる
❷（バターなど）を薄く塗る
• *spread* glue on paper 紙にのりを塗る
❸（ニュースなど）を広める；（病気）をまん延させる
• He *spread* the news among the students.
彼がその知らせを生徒の間に広めた．
— 自 ❶ 広がる
• The smoke *spread* through the building.
煙(けむり)はビルいっぱいに広がった．
❷（ニュースなど）広まる；（病気が）まん延する
• Bad news *spreads* fast. (ことわざ)悪事千里を走る．（⇔悪い知らせはすぐ広まる）
— 名（複 spreads [-dz -ヅ]）❶ U 広がり；普及(ふきゅう)；（病気の）まん延 ❷ UC スプレッド（▶パンに塗るバター・ジャムなど）❸ C（ベッド・テーブルなどの）掛け布

## *spring 5級 A1 [spríŋ スプリング]

名 ❶ 春
　 ❷ ばね
　 ❸ 泉
　 ❹ 跳(と)ぶこと
動自 ❶ 跳ぶ
　　 ❷ 急に流れ出す

— 名（複 springs [-z]）

❶ ❷ ❸

❶ UC 春
• early [late] in *spring* 早[晩]春に
• in the *spring* of 2015 2015年の春に（▶特定の年の春を表すときはtheをつける）
• a pleasant *spring* 快適な春（▶形容詞がつくときはふつうaをつける）
• *Spring* has come.
春が来た．（▶単に「春」を表すときはaやtheをつけない）
• I like going hiking in (the) *spring*.
私は春にハイキングに行くのが好きです．
• We will finally become high school students next *spring*.
今度の春，私たちはいよいよ高校生になる．

# springboard

>
> **ここがポイント!** springにinがつくとき、つかないとき
>
> 「春に」はin (the) springと言いますが、this, last, next, everyなどがつくときはinはつけません。
> ○ in (the) spring
> ○ last spring この前の春に
> × in last spring

❷ C **ばね**, ぜんまい, スプリング
- This toy works by a *spring*.
  このおもちゃはぜんまいで動く。

❸ C 《しばしばsspringsで》**泉**, わき水
- hot *springs* 温泉

❹ C 跳ぶこと, 跳躍

━ 動 (三単現 springs[-z]; 過去 sprang[spráŋ スプラング], sprung[spráŋ スプラング]; 過分 sprung; 現分 springing) 自 ❶ **跳ぶ**, 跳ねる, 飛び上がる(=jump)
- *spring* out of bed ベッドから飛び起きる
- He *sprang* into the pool.
  彼はプールに飛びこんだ。

❷ (水・血・涙などが) 急に流れ出す
- Tears *sprang* to his eyes.
  彼の目に突然涙があふれ出た。

**springboard** [spríŋbɔ̀:rd スプリングボード] 名 C (水泳の) 飛び板, (体操の) 跳躍板

**sprinkle** [spríŋkl スプリンクル] 動
━ 他 (液体・粉末など) をふり掛ける, まき散らす
- *sprinkle* water on the flowerbed
  = *sprinkle* the flowerbed with water
  花壇に水をまく
━ 自 《itを主語にして》雨がぱらぱら降る
派生語 sprinkler 名

**sprinkler** [spríŋklər スプリンクラァ] 名 C 自動散水装置, スプリンクラー

**sprint** B2 [sprínt スプリント]
━ 動 自 (短距離を)全速力で走る, ダッシュする
━ 名 C 短距離競走

**sprout** [spráut スプラウト]
━ 動 自 発芽する, 芽を出す, 生え始める
━ 名 C 芽; 新芽, 若枝

**sprung** [spráŋ スプラング] 動 spring (跳ぶ) の過去形の1つ・過去分詞

**spun** [spán スパン] 動 spin (紡ぐ) の過去形・過去分詞

**spy** A1 [spái スパイ]
━ 名 (複 spies[-z]) C スパイ
━ 動 (三単現 spies[-z]; 過去・過分 spied[-d]) 自 (人を)ひそかに見張る; スパイ行為をする

## square 準2級 A2 [skwéər スクウェア]

名 ❶ 正方形
❷ 《Squareで》…広場
❸ 〖数学〗2乗
形 ❶ 四角の
❷ 〖数学〗2乗の

━ 名 (複 squares[-z]) C ❶ **正方形**, 四角(形); 四角いもの; (将棋・チェス盤などの)目
- draw a *square* 正方[四角]形をかく

❷ 《Squareで》…**広場** (▶大きな街路の交差点にある四角い広場。中央に植木や芝があり小公園になっていることが多い。Sq. と略す)
- Times *Square* タイムズスクエア (▶ニューヨークの中心地区。劇場が多くある)

多くの人でにぎわうタイムズスクエア (米国)

❸ 〖数学〗2乗, 平方 (▶ sq. と略す)

━ 形 (比較 squarer; 最上 squarest) ❶ **四角の**, 正方形の; 直角の; 角張った (⇔round 丸い)
- a *square* desk 四角い机
- *square* shoulders 角張った肩, いかり肩

❷ 〖数学〗2乗の, 平方の
- a *square* root 平方根
- five *square* kilometers
  5平方キロメートル (= 5km²)

**squash¹** B2 [skwáʃ スクワッシュ | skwɔ́ʃ スクウォッシュ]
━ 動 他 …を押しつぶす (= crush)
━ 名 U ❶ 〚英〛スカッシュ (▶果汁をソーダ水に入れた飲み物) ❷ スカッシュ (▶1対1, または2対2で室内の壁にボールを打ち合う競技)

**squash²** [skwáʃ スクワッシュ | skwɔ́ʃ スクウォッシュ]
名 C U 〖植物〗かぼちゃ; ウリ科の植物

**squeak** [skwí:k スクウィーク]
━ 動 自 (ドアなどが) きしる, キーキー音を立てる; (ねずみが) チューチュー鳴く
━ 名 C キーキーいう音[声]; チューチュー鳴く声

**squeeze** B2 [skwí:z スクウィーズ]
━ 動 他 ❶ …を搾る; (水分を)搾り出す
- I *squeezed* the juice out of the orange.

私はオレンジから汁(½)を搾り出した.
❷ …をぎゅっと握(½)る, 抱(½)きしめる
- He *squeezed* my hand.
彼は私の手をぎゅっと握った.
❸ …を詰(?)めこむ; …を押(※)しこむ
- He *squeezed* himself into the crowded train.
彼は満員の電車に無理に乗りこんだ.
━名 C (少量の)搾り汁; 搾ること; 強く握ること, 抱きしめること

**squid** [skwíd スクウィッド] 名 (複 squids[-dz -ヅ], squid) C 〖動物〗いか

**squirrel** [skwə́ːrəl スクワーラル | skwírəl スクウィラル] 名 C 〖動物〗りす

**Sr., sr.** [síːnjər スィーニャ | síːniə スィーニア] senior (年上の)の略

**Sri Lanka** [sriː láːŋkə スリー ラーンカ | - láeŋkə - ランカ] 名 スリランカ (▶インド洋上の島国で共和国. 首都はスリ・ジャヤワルダナプラ・コッテ(Sri Jayawardenepura Kotte))

**St.¹** [séint セイント] (★「セント」でないことに注意) 名 Saint (聖…)の略 (▶キリスト教の聖者(saint)の名前の前につける)
- *St.* Mark 聖マルコ (▶キリストの弟子(?)の1人)

**St.²** [stríːt ストゥリート] 名 Street (…通り)の略
- 10 Downing *St.* ダウニング街10番地 (▶英国の首相官邸(※)所在地)

**-st** (▶1の位が1の数字の後について序数を表す)
- 21*st* 21日[番目] (▶twenty firstと読む)

**stab** B2 [stáeb スタッブ]
━動 (過去・過分 stabbed[-d]; 現分 stabbing) 他 (刃物(※)で)…を刺(⅀)す; …を突(𝄞)きさす
━名 C 刺すこと, 刺し[突き]傷

**stable¹** B1 [stéibl ステイブル] 形 (比較 stabler, more stable; 最上 stablest, most stable) 安定した, しっかりした; 堅実(½)な

**stable²** [stéibl ステイブル] 名 C 馬小屋, うまや; (ある組織の)一団, 部屋, グループ
- a sumo *stable*
相撲(⅀)部屋

**stack** B2 [stáek スタック]
━名 C (物を整然と積み重ねた)山 (=pile, heap); (干し草・麦わらなどを)積み重ねたもの
- a *stack* of newspapers
(きちんと)積み重ねた新聞の山
━動 他 …を積み重ねる

# stadium 準2級 A2

[stéidiəm ステイディアム] (★「スタジアム」でないことに注意) 名 (複 stadiums[-z], stadia [stéidiə ステイディア]) C (階段式観覧席のある) **スタジアム**, 屋外競技場, 野球場

- a baseball *stadium*
野球場

# staff 準2級 A2 [stáef スタッフ | stáːf スターフ]

名 (複 staffs[-s]) C 《単数・複数扱い》**職員, 部員, 局員, スタッフ**
- a teaching *staff*
教職員
- I am a *staff* member of this company.
私はこの会社のスタッフだ. (▶I am a staff of this company. は×)

# stage 3級 A1 [stéidʒ ステイヂ]

名 (複 stages[-iz]) ❶ C (劇場の)**舞台(½), ステージ** (=platform); 《the stageで》演劇
- appear on the *stage*
舞台に登場する
- go on *the stage*
舞台を踏(⅀)む, 俳優になる
❷ C (発達・成長などの)**段階, 時期**
- the final *stage*
最終段階
❸ C (多段式ロケットの中の)1段

**stagecoach** [stéidʒkòutʃ ステイヂコウチ] 名 (複 stagecoaches[-iz]) C 駅馬車 (▶一定区間を馬を換(ゕ)えながら旅客や郵便などを運んだ馬車)

**stagger** [stáegər スタガァ] 動 自 よろめく, よろよろ歩く

**stain** B2 [stéin ステイン]
━動 他 …を汚(⅀)す, …に染(⅀)みをつける
- Tom *stained* his shirt with ink.
トムはシャツにインクの染みをつけた.
━名 C 汚れ, 染み
派生語 stainless 形

**stained glass** [stèind gláes ステインド グラス | - gláːs - グラース] 名 U (教会の窓などに用いる)ステンドグラス

**stainless** [stéinlis ステインリス] 形 汚(⅀)れのない; さびない
- *stainless* steel
ステンレススチール, ステンレス鋼(⅀) (▶さびない鋼鉄)

## stair

**stair** 準2級 A2
[stéər ステア] (★同音 stare じっと見つめる) 名(複 stairs[-z]) C (階段の)段(=step);《stairsで》階段
- go up [down] the *stairs*
  階段を上る[下りる]

**staircase** [stéərkèis ステアケイス] 名 C 階段(▶手すりを含む一続きの階段全体を言う)

**stairway** [stéərwèi ステアウェイ] 名 C 階段(=staircase)

**stale** [stéil ステイル] 形 新鮮でない,古くなった;(炭酸飲料などが)気の抜けた

**stalk** [stɔ́ːk ストーク] 名 C (植物の)茎,葉柄

**stall** B1 [stɔ́ːl ストール] 名 C ❶家畜小屋の一仕切り ❷(駅・街頭・マーケットなどの)売店,屋台

マーケットに並ぶ,食べ物の屋台(英国・ロンドン)

**stammer** B2 [stǽmər スタマァ] 動 自他 口ごもる,言葉がつかえる;…を口ごもりながら言う

## stamp 準2級 A2 [stǽmp スタンプ]

— 名(複 stamps[-s]) C ❶切手;印紙
- a postage *stamp* 郵便切手
- a ten-cent *stamp* 10セント切手

❷スタンプ,判,印,消印
- a rubber *stamp* ゴム印

— 動(三単現 stamps[-s]; 過去・過分 stamped[-t]; 現分 stamping) 他 ❶(足を)踏み鳴らす;(足で)…を踏みつける
- He *stamped* his foot.
  彼は怒ってじだんだを踏んだ.

❷…に印[判]を押す
- Please *stamp* your name on the paper.
  その書類に自分の名前の判を押してください.

❸(手紙など)に切手をはる
- *stamp* a letter
  手紙に切手をはる

## *stand 5級 A1 [stǽnd スタンド]

— 名(複 stands[-dz -ヅ]) C ❶(物を載せる)台,

動 自 ❶立つ
  ❷立っている
  ❸(…の状態で)ある
  ❹立ち止まる
他 ❶…を立てる
  ❷…を我慢する
名 ❶台
  ❷売店
  ❸観客席

— 動(三単現 stands[-dz -ヅ]; 過去・過分 stood[stúd ストゥッド]; 現分 standing)

— 自 ❶立つ,立ち上がる;立っている(⇔sit 座る)
- *stand* up 立つ,立ち上がる
- *stand* still じっと立っている(▶stillは「静止した」の意味の形容詞)
- A man is *standing* at the door.
  男の人がドアの所に立っている.
- They *stood* talking for an hour. 彼らは1時間立ち話をした.(⇔話しながら立っていた)

❷(建物などが)立っている;ある,位置する(▶進行形にしない)
- Their house *stands* on the hill.
  彼らの家は丘の上にある.

❸(…の状態で)ある;(得点・温度などが)…である(▶be動詞の働きに近い)
- The door *stands* open.
  そのドアは開いたままだ.
- The thermometer *stands* at 5°C.
  温度計は氏5度を示している.

❹立ち止まる;《米》一時停車する
- NO *STANDING*《掲示》停車禁止

— 他 ❶…を立てる,立たせる
- She *stood* a ladder against the wall.
  彼女は壁にはしごを立てかけた.

❷《ふつうcanとともに疑問文・否定文で》…を我慢する,耐える
- I can't *stand* (to hear) that noise.
  あの騒音には我慢できない.

*stand back* 後ろに下がる

*stand by* 何もしないで見ている,傍観する;待機する

*stand by ...* …のそばに立つ;…に味方する,…を助ける

*stand for ...* …を表す,意味する;…を支持する
- AI *stands for* artificial intelligence.
  AIは人工知能を表す.

*stand out* 目立つ;突き出る
- The black building *stands out* from a distance. その黒い建物は遠くからでも目立つ.

…立て
- an umbrella *stand* 傘(ネネ)立て

❷売店, 屋台(=stall)
- a hot dog *stand* ホットドッグの売店

❸《the stands で》観客席, スタンド
派生語 standing 名

**standard** 2級 B1 [stǽndərd スタンダァド]
—名 ❶ⒸⓊ 基準; 標準, 水準
- His work is up to the *standard*.
  彼の作品は水準に達している.

❷Ⓒ (音楽の)スタンダードナンバー
—形 標準の; 定評のある
- *standard* time 標準時(▶それぞれの国・地域で公式に使用している時間)

**standby** [stǽn*d*bài スタン(ドゥ)バイ | stǽnd- スタンドゥ-] 名 (複 standbys [-z]) Ⓒ ❶ (いつでも使えるように準備されている)代替(ミニ)物; 交替要員; 控(ミ)えの選手 ❷ (飛行機・列車などの)キャンセル待ちの客

**standing** 3級 [stǽndiŋ スタンディング]
—動 stand (立つ)の現在分詞・動名詞
—名 ⓊⒸ ❶ 立っていること ❷ 地位 ❸ 《standings で》(競技などの)順位

**standpoint** [stǽndpɔ̀int スタンドポイント] 名 Ⓒ 見地, 立場, 観点

**staple¹** [stéipl ステイプル]
—名 Ⓒ 《ふつう staples で》主要食品, 主要産物
—形 主要な; 中心的な, 重要な
- *staple* food [diet] 主食

**staple²** [stéipl ステイプル] 名 Ⓒ ホチキスの針

**stapler** 3級 [stéiplər ステイプラァ] 名 Ⓒ ホチキス(▶日本語の「ホチキス」は商標名から)

# *star 5級 A1 [stάːr スター]

名 (複 stars [-z]) Ⓒ ❶ 星, 恒星(ミミ)
- a shooting [falling] *star* 流れ星
- *Stars* are shining [twinkling].
  星が輝(ミミ)いて[瞬(ミミ)いて]いる.

> **ここがポイント！ star は恒星**
> 
> star は一般に星をさしますが, 厳密には「恒星」(fixed star, 自ら光を発している星)を意味します. 恒星以外の星は以下のように言います.
>   comet すい星 / planet 惑星(ミミ) / satellite 衛星

❷スター, 人気者, 花形選手
- a movie [film] *star* 映画スター
- He was a *star* football player.
  彼はフットボールの花形選手だった.

❸星印(=asterisk); 星形の物; (ホテルなどの等級を表す)星
- a three-*star* restaurant 3つ星レストラン

**starch** [stάːrtʃ スターチ] 名 Ⓤ でん粉; (洗濯(ミミ)用の)のり

**stardust** [stάːrdʌ̀st スターダスト] 名 Ⓤ 星くず

**stare** B1 [stéər ステァ] (★同音 stair 階段の段)
動 ⃝ (驚(ミミ)きや恐(ミミ)れで…を) じっと見つめる, じろじろ見る, 目を丸くして見る
- He *stared* at me in surprise.
  彼は驚いて目を丸くしてぼくを見た.

**starfish** 2級 [stάːrfiʃ スターフィッシュ] 名 (複 starfish) Ⓒ 《動物》ひとで

**starry** [stάːri スターリィ] (★rr のつづりに注意) 形 (比較 starrier; 最上 starriest) 星の多い; 星のように輝(ミミ)く
- a *starry* night 星月夜

**Stars and Stripes** [stάːrz ən stráips スターズ アン ストゥライプズ] 名 《the Stars and Stripes で》星条旗(▶米国の国旗. 独立当時の13州を表す13本のしま (stripe) と, 現在の50州を表す50個の星 (star) がある)

米国連邦議会議事堂にはためく星条旗(米国・ワシントン州)

**star-spangled** [stάːrspæ̀ŋgld スタースパングルド] 形 星をちりばめた
- the *Star-Spangled* Banner
  星条旗(=the Stars and Stripes); 米国国歌

# *start 5級 A1 [stάːrt スタート]

> 動 ⃝ ❶ 出発する
> ❷ 始まる
> ❸ 動き出す
> ❹ (驚(ミミ)いて)飛び上がる
> 他 ❶ …を始める
> ❷ (機械など)を始動させる
> 名 ❶ 出発
> ❷ (驚いて)飛び上がること

—動 (三単現 starts [-ts -ツ]; 過去・過分 started [-id]; 現分 starting)
— ⃝ ❶ 出発する (⇔arrive 到着(ミミ)する) → leave¹ くらべて！

## starter

- We have to *start* early to get there by noon. お昼までにそこに着くには早く出発しなければならない.

❷ **始まる**; 発生する(=begin, ⇔end, finish 終わる)

- The game will *start* at six. 試合は6時に始まる予定だ.

❸ 動き出す

- The engine won't *start*. エンジンがどうしてもかからない.

❹ (驚いて)飛び上がる, ぎくっとする

- *start* at the noise 物音にぎくっとする

―他 ❶ …を始める(⇔finish 終わらせる)

- *start* a party [flower shop] パーティー[生花店]を始める

start to +〈動詞の原形〉=start +〈-ing形〉 …し始める

- She *started to* clean her room. = She *started* clean*ing* her room. 彼女は自分の部屋を掃除(そうじ)し始めた.

❷ (機械など)を始動させる

- *start* (up) the computer コンピュータを立ち上げる

*get started* 始める
- Let's *get started*. 始めよう.

*start out* [*off*] 出発する; (…することに)着手する

*start with ...* …で始まる
- The word 'hour' *starts with* the letter 'h'. 'hour'という単語は'h'の文字で始まる.

*to start with* まず, 初めに(=to begin with)

―名(複 starts[-ts -ツ]) Ⓒ ❶ 出発, スタート; 開始; 出発点

- make a *start* 出発する, 始める
- get off to a good [bad] *start* 出だしがよい[悪い]

❷ 《ふつう a startで》(驚いて)飛び上がること

*from start to finish* 始めから終わりまで

**starter**[stá:tər スターター] 名 Ⓒ 始める人[もの]; (野球の)先発投手

**startle** B2 [stá:rtl スタートゥル] 動 他 (人など)をびっくりさせる, ぎょっとさせる
- I *was startled* to see him. 私は彼に会ってびっくりした.

**starvation** B2 [sta:rvéiʃən スターヴェイション] 名 Ⓤ 飢(う)え, 飢餓(きが)

**starve** B2 [stá:rv スターヴ] 動
―自 ❶ 飢(う)える, 餓死(がし)する
- *starve* to death 餓死する

❷ (話)非常に腹がへる
- I am *starving*. おなかがぺこぺこだ.

―他 …を飢えさせる, 餓死させる

## state 準2級 A2 [stéit ステイト]

―名(複 states[-ts -ツ]) ❶ Ⓒ 状態, 様子, ありさま
- a solid [liquid] *state* 固体[液]状
- the *state* of the world 世界情勢

❷ Ⓒ Ⓤ 《しばしばStateで》(特に主権を有する) **国家, 国; 政府** →country くらべて!
- an independent *state* 独立国家
- the *State* Department (米国の)国務省(►ほかの国の外務省にあたる機関. the Department of Stateとも言う)

❸ Ⓒ 《しばしばStateで》(米国・オーストラリアの)州
- the *State* of Oregon オレゴン州
- "How many *states* are there in the United States?" "There are 50 *states*." 「合衆国には何州ありますか」「50州あります」

❹ 《the Statesで》(話)米国(►ふつうほかの国に住む米国人が自分の国を呼ぶときに用いる)

―形 国の, 国家の; ⑧ 州の, 州立の
- a *state* highway 州道

―動 (三単現 states[-ts -ツ]; 過去・過分 stated[-id]; 現分 stating) 他 …を正式に述べる, 明言する
派生語 statement 名

**state flower**[stéit fláuər ステイト フラウア] 名 Ⓒ (米国の)州花(►米国の各州で制定されている花. ニューヨーク州花rose ばら, カリフォルニア州花California poppy ハナビシソウなど)

**statement** 準2級 A2 [stéitmənt ステイトゥメント] 名 ❶ Ⓤ 陳述(ちんじゅつ); Ⓒ 声明書

**statesman** B2 [stéitsmən ステイツマン] 名(複 statesmen[-mən]) Ⓒ 政治家(►「りっぱな政治家」などのよい意味で用いる. 最近では男女の区別を避(さ)けたstatespersonが多く用いられる)→ politician

**statesperson**[stéitspə̀:rsn ステイツパースン] 名 Ⓒ 政治家

**stateswoman**[stéitswumən ステイツウマン] 名(複 stateswomen[-wimin]) Ⓒ (女性の)政治家(►最近では男女の区別を避(さ)けたstatespersonが多く用いられる)

## *station 5級 A1 [stéiʃən ステイション]

名(複 stations[-z]) Ⓒ ❶ (鉄道の)**駅**, (バスの)ターミナル, 発着所(►バス停はbus stop)

railroad [⑧railway] station

bus station

bus stop

- a railroad [®railway] *station* 鉄道の駅
- a subway *station* 地下鉄の駅
- Shinjuku *Station* 新宿駅(▶駅名にはtheをつけない)
- change trains at the *station* 駅で電車を乗りかえる
- This train stops at every *station*. この電車は各駅に停車する.

❷(官庁などの)…署, …局, …所
- a fire [police] *station* 消防[警察]署
- a TV [radio] *station* テレビ[ラジオ]局
- a filling *station* = ®a gas *station* = ®a petrol *station* ガソリンスタンド(▶「ガソリンスタンド」は和製英語)
- a first-aid *station* 救護所

**stationer**[stéiʃənər ステイショナァ] 名C 文房(ぼう)具商 派生語 stationery 名

**stationery**[stéiʃənèri ステイショネリィ|-ʃənəri -シュナリィ] 名U 文房(ぼう)具;便せん・封筒(ふう)類

表現メモ

**文房具のいろいろ**
a pencil case 筆箱
a pencil 鉛筆(えん)
a pencil sharpener 鉛筆削(けず)り
a mechanical pencil シャープペンシル
a ballpoint (pen) ボールペン
a highlighter 蛍光(けい)ペン
a stapler ホチキス
staple(s) ホチキスの針
an eraser 消しゴム
glue のり / scissors はさみ
a (box) cutter カッターナイフ
a clip クリップ
a correction tape 修正テープ
a sticky note (粘着(ねん)性の)ふせん(▶a Post-it《商標》とも言われる)
Scotch tape《商標》セロハンテープ
a compass コンパス / a ruler 定規
a protractor 分度器
a triangle 三角定規
a plastic folder クリアファイル
a notebook ノート
a ring binder (リング)バインダー
a loose-leaf notebook ルーズリーフ

---

**stationmaster**[stéiʃənmæstər ステイションマスタァ|-mà:s- -マース-] 名C 駅長

**statue** 準2級 [stétʃu: スタチュー] 名C 彫像(ちょう), 像(▶ふつう等身大以上のものを言う)

**Statue of Liberty** [stǽtʃu: əv lívərti スタチュー アヴ リバァティ] 名《the Statue of Liberty で》(ニューヨークの)自由の女神像

## steady

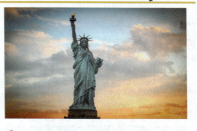

*__stay__ 4級 A1 [stéi ステイ]

動⾃ ❶ とどまる
　　❷ 滞在(たい)する
　　❸ (ある状態の)ままでいる
名 滞在

—動 (三単現 stays[-z]; 過去・過分 stayed[-d]; 現分 staying) ⾃ ❶ (同じ場所に)**とどまる**, いる
- *stay* (at) home 家にいる
- *Stay* here. ここにいて.

❷ **滞在する**; 泊(と)まる
- *stay in* London ロンドンに滞在する
- *stay at* a hotel ホテルに泊まる
- I am *staying with* my aunt. 私はおばの所に泊まっている. (▶「場所」の場合はat [in], 「人」の場合はwithを使う)

❸《stay +〈形容詞〉で》(ある状態の)ままでいる(▶be動詞の働きに近い)(= remain)
- *stay* calm 冷静でいる

*stay away from ...* …に近づかない; …を留守にする, 欠席する
- *Stay away from* the fire. 火から離(はな)れていなさい.

*stay up* 寝(ね)ずに起きている(= sit up)
- I *stayed up* all night. 私は一晩じゅう起きていた.

—名 (複 stays[-z]) C **滞在**; 滞在期間
- Did you enjoy your *stay* in Hawaii? ハワイでの滞在は楽しかったですか. (= Did you enjoy staying in Hawaii?)
- Have a nice *stay*! 滞在を楽しんでください.

**steadily** B1 [stédili ステディリィ] 副 着実に, しっかり

**steady** B1 [stédi ステディ] 形 (比較 steadier; 最上 steadiest) ❶ しっかりした, 安定した
❷ 着実な; 変わらない
- His English made *steady* progress. 彼の英語力は着実に伸(の)びた.
- Slow and *steady* wins the race. (ことわざ)急がば回れ. (⇔ゆっくりと着実なのが競走に勝つ)

*go steady with ...* (決まった1人の相手)と交

際する(►古めかしい言い方)
派生語 steadily 副

## steak 準2級 A2

[stéik ステイク](★eaのつづりに注意)

名(複 steaks[-s])U|C ステーキ, ビーフステーキ(=beefsteak);(肉・魚の)厚い切り身
- "How would you like your *steak*?" "Medium, please."「肉はどのように焼きましょうか」「ミディアムにしてください」

━━━ 表現メモ ━━━

ステーキの焼き加減
rare レア(ほとんど火が通っておらず, 血がにじみ出る状態)
medium rare ミディアムレア
medium ミディアム(表面は火が通っているが中心は生に近い状態)
medium well-done ミディアムウェルダン
well-done ウェルダン(十分に火が通った状態)

## steal 準2級 A2

[stí:l スティール](★同音 steel 鋼(はがね))
動(三単現 steals[-z]; 過去 stole[stóul ストウル]; 過分 stolen[stóulən ストウルン]; 現分 stealing)
━他 ❶(こっそり)…を盗(ぬす)む→ rob くらべて!
- Someone *stole* money from my safe. だれかが私の金庫からお金を盗んだ.
- I had my camera *stolen*. 私はカメラを盗まれた.(►have ... +〈過去分詞〉で「…を～される」. I was stolen ...は×)
❷⦅米⦆〖野球〗…に盗塁(とうるい)する
- He *stole* second. 彼は2塁に盗塁した.
━自 ❶盗みをする
❷こっそり…する
- I *stole* into [out of] the room. 私はこっそり部屋に入った[部屋から抜(ぬ)け出した].

## steam B1 [stí:m スティーム]

━名U 蒸気, 湯気, スチーム(=vapor)
- a cloud of *steam* 湯煙(ゆけむり)
- give off *steam* 蒸気を出す

━動(三単現 steams[-z]; 過去・過分 steamed[-d]; 現分 steaming)
━自 蒸気を出す, 湯気を立てる
- The kettle is *steaming*. やかんは湯気を立てている.
━他 …を蒸(む)す, ふかす→ cook 図

**steamboat**[stí:mbòut スティームボウト]名C (川や湖を走る)小型汽船

**steam engine**[stí:m èndʒin スティーム エンヂン]名C 蒸気機関

**steam locomotive**[stí:m loukəmóutiv スティーム ロウカモウティヴ]名C 蒸気機関車(►英語ではSLと略さない)

**steel** 2級 B1 [stí:l スティール](★同音 steal 盗(ぬす)む)名U 鋼(はがね), 鋼鉄

**steep** B1 [stí:p スティープ]形(坂などが)険しい, 急な
- *steep* stairs [slopes] 急な階段[坂]

**steeple**[stí:pl スティープル]名C (教会・公共の建物などの)せん塔(とう)

**steer** B2 [stíər スティア]動
━他 …のかじを取る; …を操縦する
- *steer* a car [ship] 車[船]を操縦する
━自 (ある方向に)進路をとる
- The boat *steered* toward [to] the port. 船は港に向かって進路をとった.

**steering wheel** B2 [stíəriŋ hwì:l スティアリング(ホ)ウィール]名C (自動車の)ハンドル;(船の)だ輪(►単に wheel とも言う. 「ハンドル」は和製英語)

**stem** B1 [stém ステム]名C ❶(植物の)茎(くき)(=stalk); 幹(=trunk) ❷(道具などの)柄(え);(杯(さかずき)・グラスなどの)脚(あし) ❸船首

## step 4級 A1 [stép ステップ]

━名(複 steps[-s])C ❶歩み, 1歩
- make [take] a *step* forward 1歩前に進む(►forward の代わりに backward だと「1歩後退する」)
- The library is only a few *steps* from the bank. 図書館はその銀行から歩いてすぐの所だ.
- Watch your *step*! 足元に気をつけなさい.

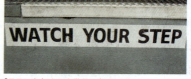

「足元に注意」という階段の表示
❷(成功などへの)1歩, 1段階; 手段, 方法

- a first *step* toward problem solving
  問題解決への第1歩
❸ 足取り, 歩き方, 歩調; (ダンスの)ステップ
- with slow *steps* ゆっくりした足取りで
❹ 足跡(あと)(＝footprint); 足音(＝footstep)
- *steps* in the snow 雪の中の足跡
❺ (階段などの)段;《the steps で》階段
- go up [down] *the steps*
  階段を上る[下りる]

*keep step with ...* …に歩調を合わせる
*step by step* 一歩一歩, 着実に

—動 (三単現 steps[-s]; 過去・過分 stepped[-t]; 現分 stepping) ⾃ 歩を進める; (一歩一歩)進む; 踏(ふ)む
- *step* over a puddle 水たまりをまたいで通る
- *step* on the brake ブレーキを踏む

*step aside* わきへ寄る, どく
*step back* 後ずさりする, 退く
*step down* (車などから)降りる
*step up* 上がる, 登る; (程度などが)だんだん上がる; 進歩する

**Stephen** [stí:vən スティーヴン] (★phのつづりに注意) 名 スティーブン (▶男性の名, 愛称(あいしょう)は Steve)

**stepladder** [stéplædər ステップラダァ] 名 C 脚立(きゃたつ)

**stereo** [stériou ステリオゥ] 名 (複 stereos[-z]) C ステレオ (＝stereo set); U ステレオ方式(録音, 再生)

**stereotype** B2 [stériətàɪp ステリアタイプ] 名 C (軽べつして)型にはまった人[物]; 固定観念

**stern** B2 [stə́:rn スターン] 形 (人・規則・罰(ばつ)などが)厳しい, 厳格な (＝severe, strict)
- a *stern* teacher 厳しい先生

**Steve** [stí:v スティーヴ] 名 スティーブ (▶男性の名. Stephen, Steven の愛称(あいしょう))

**Steven** [stí:vən スティーヴン] 名 スティーブン (▶男性の名, 愛称(あいしょう)は Steve)

**stew** B2 [stjú: ストゥー|stjú: ステュー]
—名 U シチュー
- beef *stew* ビーフシチュー
—動 他 …をとろ火で煮(に)る, シチューにする → cook 図

**steward** [stú:ərd ストゥーアード|stjú:- ステュー-] 名 C (船・列車・旅客機などの)男性の旅客係, 男性客室乗務員, スチュワード (▶最近では男女の区別を避(さ)けた flight attendant, cabin attendant, cabin crew が多く用いられる)

**stewardess** [stú:ərdɪs ストゥーアディス|stjú:- ステュー-] 名 (複 stewardesses[-ɪz]) C (船・列車・旅客機などの)女性旅客係, 女性客室乗務員, スチュワーデス (▶最近では男女の区別を避(さ)けた flight attendant, cabin attendant, cabin crew が多く用いられる)

# stick¹ B2 [stík スティック]

名 (複 sticks[-s]) C ❶ 棒, 棒切れ, こん棒; (折られたりした)小枝; 棒状の物
- a *stick* of celery セロリ1本
- two *sticks* of gum ガム2枚
- I tossed my dog a *stick*.
  犬に棒切れを投げてやった.
❷ つえ, ステッキ (＝cane, walking stick)
- walk with a *stick* つえを突(つ)いて歩く
❸ (ホッケーの)スティック; (太鼓(たいこ)・ドラムなどの)スティック; 指揮棒

# stick² 2級 B1 [stík スティック]

動 (三単現 sticks[-s]; 過去・過分 stuck[stʌ́k スタック]; 現分 sticking)
— 他 ❶ …を突(つ)き刺(さ)す
- *stick* a fork into a steak
  ステーキにフォークを突き刺す
❷ …をはりつける, くっつける
- *stick* a stamp on an envelope
  切手を封筒(ふうとう)にはる
❸ …を動かなくする
- My car got *stuck* in the snow.
  私の車は雪にはまって動けなくなった. (▶この stuck は過去分詞)

— ⾃ ❶ 突き刺さる, 刺さる
- A fish bone *stuck* in my throat.
  魚の骨がのどに刺さった.
❷ はりつく, くっつく
- A piece of seaweed is *sticking* to your tooth. のりが歯についてるよ.
❸ はまりこむ, 動かなくなる

*stick out* …を突き出す; 突き出る
- He *stuck out* his tongue.
  彼はべーと舌を出した.

*stick to ...* …にくっつく; …を固く守る; …をやり通す
- *Stick to* your promise.
  約束を固く守りなさい.

派生語 sticker 名, sticky 形

**sticker** 2級 B1 [stíkər スティッカァ] 名 C ステッカー, シール

**sticky** 2級 B1 [stíki スティッキィ] 形
(比較 stickier; 最上 stickiest) ❶ ねばねばする, べたべたする, くっつく ❷ (天候が)蒸(む)し暑い, 湿気(しっけ)が多い

**stiff** B2 [stíf スティッフ] 形 ❶ かたい; こわばった
- I have *stiff* shoulders.

## still¹

肩(%)が凝(%)っている. ❷堅苦(%)しい；（要求・刑罰(%)などが）厳しい

**\*still¹** 準2級 A2 [stíl スティル]

**副 ❶まだ**, 今でも（▶ふつう一般動詞の前, be動詞・助動詞の後に置く）
- The store is *still* open. 店はまだ開いている.
- He *still* lives in London.
  彼はまだロンドンに住んでいる.
- Do you *still* love him?
  あなたはまだ彼を愛しているのですか.
- Jim was *still* talking. ジムはまだ話していた.

### ここがポイント! stillの使い方

(1) stillは「予想以上に長く」といった驚(%)きの気持ちを表します. alreadyはその逆で「予想以上に早く」という気持ちを表します.
(2) 現在・過去・未来のいずれにも使います.
(3) ふつう肯定文で使います. 否定文で「まだ」はyetを使います. → yet ❶
- He hasn't come back *yet*.
  彼はまだ戻(%)っていない.

❷《比較(%)級を強めて》なおいっそう
- We need *still* more time.
  私たちにはもっと多くの時間が必要だ.
❸それでも, やはり
- The wind blew hard, but we *still* kept playing outside. 風が強く吹(%)いたが, それでも私たちは外で遊んでいた.

## still² A1 [stíl スティル]

**形**（比較 stiller；最上 stillest） ❶（場所などが）**静かな**, 音のしない → quiet くらべて!
- a *still* night 静かな夜
- The streets are *still* now.
  通りは今は静かだ.
❷じっとした, 静止した
- stand *still* じっと立っている
- The cat kept *still*.
  猫(%)はじっとして動かなかった.
- *Still* waters run deep.
  (諺)黙(%)っている人は思慮(%)が深い.（⇔静かな川は深い）

**stilt** [stílt スティルト] **名**C《ふつう stiltsで》竹馬
- walk on *stilts* 竹馬に乗って歩く

**sting** [stíŋ スティング]
— **動**（過去・過分 stung [stáŋ スタング]）他自 ❶（昆虫(%)などが針・とげなどで）…を刺(%)す；針で刺す ❷…に鋭(%)い痛みを感じさせる；刺すように痛む
— **名**C（はちなどの）針；（はちなどの針の）一刺し；刺し傷

**stingy** B2 [stíndʒi スティンヂィ] **形**
(比較 stingier；最上 stingiest)（話）けちな
（⇔generous 気前がよい）

**stir** B1 [stə́ːr スター] **動**（過去・過分 stirred [-d]；現分 stirring）
— 他 ❶（軽く）…を動かす；…をかき混ぜる
- I *stirred* my coffee with a spoon.
  私はコーヒーをスプーンでかき混ぜた.
❷…を感動[興奮]させる；(感情)を起こさせる
— 自（軽く）動く

**stitch** B2 [stítʃ スティッチ] **名**（複 stitches[-iz]）C 一針, 一縫(%)い, 一編み

**stock** B2 [stɑ́k スタック | stɔ́k ストック]
— **名** ❶UC 在庫品, ストック；貯蔵, 蓄(%)え
- in [out of] *stock* 在庫があって[品切れで]
- That store has a large *stock* of casual clothes.
  あの店はふだん着をたくさんそろえている.
❷UC ⊛株式, 株（=⊛share）
❸U 家畜(%)
— **動**他（商品）を仕入れる；…の在庫がある, …を蓄えている

**Stockholm** [stɑ́khoulm スタックホウ(ル)ム] **名** ストックホルム（▶スウェーデン(Sweden)の首都）

## stocking

[stɑ́kiŋ スタッキング | stɔ́kiŋ ストッキング]

**名**（複 stockings[-z]）C《ふつうstockingsで》長靴下(%)、ストッキング（▶ひざの上まである靴下）
- a pair of *stockings* ストッキング1足（▶片方だけをさすときはa *stocking*）

**stole** 3級 [stóul ストウル] **動**steal(盗(%)む)の過去形

**stolen** 3級 [stóulən ストウルン] **動**steal(盗(%)む)の過去分詞

## stomach 準2級 A2 [stʌ́mək スタマック]

**名**（複 stomachs[-s]）C 胃；腹, おなか（=belly）
→ body 図
- I have a pain in my *stomach*.
  おなかが痛む.

**stomachache** 準2級 A2 [stʌ́məkèik スタマックケイク]

**名**UC 胃の痛み；腹痛
- I had a *stomachache* last night.
  ゆうべ胃が痛かった.

**stomp** [stɑ́mp スタンプ | stɔ́mp ストンプ] **動**— 他 …を踏(%)みつける, (足を)踏み鳴らす
— 自 足を踏み鳴らす

## stone 4級 A1 [stóun ストウン]

名 (複 stones[-z]) ❶ C 石, 小石 (▶rock(岩)の小片(<ruby>片<rt>へん</rt></ruby>))
- throw a *stone* 石を投げる
- To kill two birds with one *stone*. (<ruby>諺<rt>ことわざ</rt></ruby>) 一石二鳥. (⇔1つの石で2羽の鳥を殺すこと)

❷ U 石材
- a *stone* bridge [wall] 石橋[石壁(<ruby>かべ<rt></rt></ruby>)]

❸ C 宝石 (=jewel, gem)

❹ C (桃(<ruby>もも<rt></rt></ruby>)・オリーブなどの堅(<ruby>かた<rt></rt></ruby>)い)種 (▶「(草木の)種」はseed)

**Stone Age** [stóun èidʒ ストウン エイヂ] 名 《the Stone Ageで》石器時代

**stony** [stóuni ストウニィ] 形 (比較 stonier; 最上 stoniest) ❶ 石の; 石の多い ❷ 無情な, 冷酷(<ruby>こく<rt></rt></ruby>)な

## stood 4級 [stúd ストゥッド]

動 stand(立つ; 立てる)の過去形・過去分詞

**stool** B2 [stú:l ストゥール] 名 C (背もたれやひじ掛(<ruby>か<rt></rt></ruby>)けのない)腰(<ruby>こし<rt></rt></ruby>)掛け, スツール

**stoop** [stú:p ストゥープ] 動 自 前かがみになる

## stop 5級 A1 [stáp スタップ | stɔ́p ストップ]

> 動 他 ❶ …を止める
> ❷ …をやめる
> 自 ❶ 止まる
> ❷ (<ruby>米<rt></rt></ruby>)《話》泊(<ruby>と<rt></rt></ruby>)まる
> 名 ❶ 止まること
> ❷ 停留所

— 動 (三単現 stops[-s]; 過去・過分 stopped[-t]; 現分 stopping)
— 他 ❶ …を止める
- *stop* a taxi タクシーを止める
- *stop* the machine 機械を止める

❷ …をやめる, 中止する; …をやめさせる
- *stop* the work 仕事をやめる
- *stop* the fight けんかをやめさせる

**stop +〈-ing形〉**
…するのをやめる
- My father *stopped* jogg*ing*.
父はジョギングをやめた.
- It *stopped* snow*ing*.
雪がやんだ. (= The snow has *stopped*.)

**stop +〈人・物〉(+ from)+〈-ing形〉**
〈人・物〉が…するのをやめさせる
- I *stopped* him *from* go*ing* to such a dangerous place. 私は彼がそんな危険な所へ行くのをやめさせた.

— 自 ❶ 止まる, 立ち止まる
- My watch *stopped* last night.
腕(<ruby>うで<rt></rt></ruby>)時計がゆうべ止まった.
- Does this bus *stop* at Lincoln Center?
このバスはリンカン・センターに止まりますか.
- *STOP*《掲示》止まれ

**stop to +〈動詞の原形〉**
…するために立ち止まる
- The man *stopped to* rest. その男性は休むために立ち止まった[立ち止まって休んだ].

> **ここが ポイント!** stop to +〈動詞の原形〉と stop +〈-ing形〉
>
> stop to +〈動詞の原形〉は「…するために立ち止まる」の意味で, stopは自動詞です.
> stop +〈-ing形〉は「…するのをやめる」の意味で, このstopは他動詞です.
> - He *stopped to* eat. (to +動詞の原形)
> 彼は食べるために立ち止まった. (→自❶)
> - He *stopped* eat*ing*. (-ing形: 動名詞)
> 彼は食べるのをやめた. (→他❷)

stop to eat

stop eating

❷ (<ruby>米<rt></rt></ruby>)《話》泊まる (=stay)
- *stop at* an inn 宿に泊まる

***stop by*** 《話》立ち寄る
- Won't you *stop by* for a while?
うちにちょっと寄っていきませんか.

***stop in*** 《話》立ち寄る; 家にいる, 外出しない

***stop off*** [*over*] (旅先で)ちょっと滞在(<ruby>たい<rt></rt></ruby>)する, 途中(<ruby>ちゅう<rt></rt></ruby>)下車する
- I *stopped over* in San Francisco for one day on my way to Las Vegas.
私はラスベガスへ行く途中サンフランシスコに1日滞在した.

— 名 (複 stops[-s]) C ❶ 止まること, 中止, 停止
- come to a sudden *stop* 突然(<ruby>ぜん<rt></rt></ruby>)止まる
- The train made a *stop* at Osaka.
電車は大阪に止まった.

❷ (道路の)停留所
- a bus *stop* バス停

**stopped** 4級 [stápt スタップト | stɔ́pt ストップト]
動 stop(止める; 止まる)の過去形・過去分詞

**stopping** [stápiŋ スタッピング | stɔ́piŋ ストッピング]
動 stop(止める; 止まる)の現在分詞・動名詞

**stopwatch** B2 [stápwàtʃ スタップウァッチ | stɔ́pwɔ̀tʃ ストップウォッチ] 名 (複 stopwatches

**storage**
[-iz]) C ストップウォッチ

**storage** B1 [stɔ́:ridʒ ストーリッヂ] 名 U 貯蔵, 保管; 収納

**\*store** 5級 A1 [stɔ́:r ストア]
— 名 (複 stores[-z]) ❶ C 《主に⊛》店, 商店 (=⊛ shop) → shop くらべて!
- a grocery *store* 食料品店
- a chain *store* チェーン店
- a department *store* デパート
- I bought a sofa at this *store*.
  私はこの店でソファーを買った.
- She runs [keeps] a convenience *store*.
  彼女はコンビニ(エンスストア)を経営している.

❷《stores で》⊛百貨店, デパート (=department store)

❸ C 蓄(たくわ)え, 貯蔵 (=stock); 倉庫, 貯蔵場所
- This room is used as a *store* for old equipment. この部屋は古い備品の倉庫として使われている.

*in store* 蓄えて, 用意して

— 動 (三単現 stores[-z]; 過去・過分 stored[-d]; 現分 storing) 他 …を蓄える
- We *stored* canned foods in the closet.
  私たちは缶詰(かんづめ)を戸棚(とだな)に蓄えた.

派生語 storage 名

―――― 表現メモ ――――

**店のいろいろ**
a bookstore (⊛a bookshop) 書店
a confectionery, a candy store 菓子(かし)店
a convenience store コンビニエンスストア
a drugstore ドラッグストア
an electrical appliance store 電器店
a fast-food restaurant ファストフードレストラン
a fish store 魚店
a flower shop 花屋(店), 生花店
a fruit and vegetable store 八百屋(店)
a grocery store 食料品店
a kiosk キオスク
a laundry [cleaner(')s] クリーニング店
a meat [butcher] shop 肉店, 精肉店
an outlet store アウトレットストア
a pharmacy 薬店, 薬局
a shoe store (⊛a shoe shop) 靴(くつ)店
a supermarket スーパーマーケット
a toy store おもちゃ店

**storehouse** [stɔ́:rhàus ストアハウス] 名 (複 storehouses[-iz]) C 倉庫

**storekeeper** [stɔ́:rkì:pər ストアキーパァ] 名 C ⊛小売商, 店主 (=⊛shopkeeper)

**storeroom** [stɔ́:rrù:m ストアルーム] 名 C 物置(部屋), 貯蔵室

**store window** [stɔ́:r windou ストア ウィンドウ] 名 C ⊛ショーウィンドー (=⊛shop window)

**storey** A1 [stɔ́:ri ストーリィ] 名 ⊛ =story²

**stories** [stɔ́:riz ストーリィズ] 名 story¹(物語), story²(階)の複数形

**stork** [stɔ́:rk ストーク] 名 C [鳥]こうのとり

> **これ、知ってる?** 幸運を運ぶ鳥
>
> 欧米(おうべい)諸国ではこうのとりが軒先(のきさき)に巣を作った家には幸運が舞(ま)いこむと考えられており, 赤ん坊(ぼう)はこうのとりが運んでくるという言い伝えがあります.

**storm** 準2級 A2 [stɔ́:rm ストーム]
名 (複 storms[-z]) C ❶ 嵐(あらし), 暴風雨
- A *storm* is coming up. 嵐が近づいている.
- A *storm* hit the area.
  嵐がその地方を襲(おそ)った.

❷《ふつう a storm で》(感情・言動などの)嵐, 激発
- *a storm* of laughter 爆笑

派生語 stormy 形

**stormy** 2級 B1 [stɔ́:rmi ストーミィ] 形 (比較 stormier; 最上 stormiest) ❶ 嵐(あらし)の
- *stormy* weather 荒天(こうてん)

❷ (議論などが)激しい

**\*story¹** 5級 A1 [stɔ́:ri ストーリィ]

名 (複 stories[-z]) C ❶ (事実または架空(かくう)の)物語, 話
- a fairy *story* おとぎ話
- a short *story* 短編小説 (▶長編小説は novel)
- She *read a story* to the children.
  彼女は子どもたちに物語を読んで聞かせた.
- Can you believe his *story*?
  彼の話は信じられますか.

❷ (新聞・雑誌の)記事
- There was a *story* about UFOs on the Internet. インターネットに未確認飛行物体についての記事があった.

❸《話》作り話, うそ(=lie)
**story²** [stɔ́:ri ストーリィ] (►⊛ではstoreyとつづる) 名 (複 stories[-z]) C (建物の)階
- a ten-*story* building 10階建ての建物

**storybook** 4級 [stɔ́:ribùk ストーリィブック] 名 C (子どものための)物語の本, 童話の本

**storyteller** B1 [stɔ́:ritelər ストーリィテラァ] 名 C 物語を話す人, 物語作家

**storytelling** [stɔ́:ritelìŋ ストーリィテリング] 名 U 物語を話すこと

**stout** [stáut スタウト] 形 ❶ 丈夫(じょうぶ)な, 頑丈(がんじょう)な, がっしりした ❷ 太った, でっぷりした

**stove** A2 [stóuv ストウヴ] 名 C ❶ (主に⊛)(料理用の)こんろ, レンジ ❷ (暖房(だんぼう)用の)ストーブ(►⊛では暖房器具の意味ではheaterを使うことが多い)

**St. Paul's (Cathedral)** [seint pɔ́:lz (kəθí:drəl) セイント ポールズ (カスィードゥラル)] 名 (ロンドンの)セントポール[聖パウロ]大聖堂

**St. Peter's** [seint pí:tərz セイント ピータァズ] 名 サンピエトロ[聖ペテロ]大聖堂(►ローマのバチカン市国にあるローマカトリック教会の総本山)

# straight 3級 A1

[stréit ストゥレイト] (★このghは発音しない)

形 ❶ まっすぐな
　❷ 連続した
　❸ 率直(そっちょく)な
副 ❶ まっすぐに
　❷ 連続して
　❸ 率直に

—形 (比較 straighter; 最上 straightest) ❶ まっすぐな(⇔curved, bent 曲がった); 直立した, 垂直の
- a *straight* line 直線
- Her hair is *straight*.
彼女の髪(かみ)はまっすぐだ.

❷ 連続した
- for seven *straight* games 7試合連続で
❸ 率直な, 正直な(=honest)
- I'll be *straight* with you.
率直にお話ししましょう.
- He gave a *straight* answer to my question. 彼は私の質問に対して正直に答えた.

—副 ❶ まっすぐに, 一直線に
- He went *straight* to Kyoto.
彼は京都に直行した.
- Come *straight* home. (寄り道しないで)まっすぐに帰ってきなさい.

❷ 連続して
- for ten days *straight* 10日間連続して

❸ 率直に, 正直に
- He told his friend *straight*.
彼は友達に率直に話した.
派生語 straighten 動

**straighten** B2 [stréitn ストゥレイトゥン] (★このghは発音しない) 動 他 自 …をまっすぐにする; まっすぐになる

**strain** B1 [stréin ストゥレイン]
—動 他 自 ❶ (綱(つな)・ひもなど)をぴんと張る; 引っぱる ❷ (体の一部など)を最大限に使う ❸ (筋肉など)を痛める
—名 U C (極度の)緊張(きんちょう); 過労; 筋違(すじちが)い

**strait** B2 [stréit ストゥレイト] 名 C 海峡(かいきょう)(►固有名詞につけるときは複数形になることが多いが, その場合も単数扱い)

**Straits of Dover** [strèits əv dóuvər ストゥレイツ アヴ ドウヴァ] 名《the Straits of Doverで》ドーバー海峡

# strange 4級 A1 [stréindʒ ストゥレインヂ]

形 (比較 stranger; 最上 strangest) ❶ 奇妙(きみょう)な, 不思議な, 変な
- *strange* customs 奇妙な習慣
- Truth [Fact] is *stranger* than fiction.
(ことわざ) 事実は小説よりも奇なり. (►「作られた話よりも実際の話のほうが奇妙なことがある」という意味)

❷ 見知らぬ, 初めての
- a *strange* town 見知らぬ町
*feel strange* (体の調子が)変である
*strange to say* 奇妙な話だが
- *Strange to say*, a rat killed a cat.
奇妙なことに, ねずみが猫(ねこ)を殺した.
派生語 strangely 副, stranger 名

**strangely** B1 [stréindʒli ストゥレインヂリィ] 副 奇妙(きみょう)にも, 不思議なことに

# stranger 準2級 A2

[stréindʒər ストゥレインヂァァ]
名 (複 strangers[-z]) C ❶ 見知らぬ人, 他人
- That man is a *stranger* to me.
あの男性は私の知らない人だ.

❷ (ある土地に)初めて来た人, 不案内な人
- I'm a *stranger* here.
私はこの辺りは不案内だ.

**strap** [stræp ストゥラップ] 名 C 革(かわ)ひも, ストラップ; (電車などの)つり革

**strategy** A2 [strǽtədʒi ストゥラタヂィ] 名 (複 strategies[-z]) U C 戦略

# straw B1 [strɔ́: ストゥロー]

名 (複 straws[-z]) ❶ U 麦わら, わら; C (1本

## strawberry

の)わら
- a *straw* hat 麦わら帽子(ぼう) → hat 図
❷ C (ジュースなどを飲むときの)ストロー

**strawberry** 2級 B1 [strɔ́:bèri ストゥローベリィ | -bəri -バリィ] 名 (複 strawberries[-z]) C 〖植物〗いちご

**stray** [stréi ストゥレィ]
— 動 自 道に迷う, はぐれる
— 形 《名詞の前にのみ用いる》道に迷った, はぐれた
- a *stray* child 迷子
- a *stray* dog 野良(のら)犬

## stream B1 [strí:m ストゥリーム]

— 名 (複 streams[-z]) C ❶ **小川**, 流れ → river くらべて!
- Little *streams* make great rivers. 小川が集まって大河になる.

❷ (水・人・車などの)**流れ**(= flow)
- a *stream* of people 人の流れ

— 動 (三単現 streams[-z]; 過去・過分 streamed[-d]; 現分 streaming) 自 どっと流れる, 流れ出る
- Sweat *streamed* down his face. 彼の顔を汗(あせ)が流れ落ちた.

**streamline** [strí:mlàin ストゥリームライン]
— 名 C 流線; 流線型
— 動 他 …を流線型にする; …を現代風にする

## *street 5級 A1 [strí:t ストゥリート]

名 (複 streets[-ts -ツ]) ❶ C **通り**, 街路(►建物が立ち並ぶ道を言う) → road くらべて!
- a main *street* 本通り, 大通り
- a back *street* 裏通り
- a shopping *street* 商店街
- cross a *street* 道路を横断する
- a *street* musician 街頭で音楽を演奏する人
- walk along [down] the *street* 通りを歩く (► along も down も「…に沿って」の意味)

❷ 《Street で》…通り, …街(► St. と略す)
- Wall *Street* ウォール街
- We live on [英in] Baker *Street*. 私たちはベーカー街に住んでいる.

> **これ、知ってる?** 米英の「通り」
> (1) 米国ではニューヨークのように東西に走る通りを Street, 南北に走る通りを Avenue と呼ぶ都市が多くあります.
> (2) 米英では小さな通りにも名前があって, 住所にはふつう通りの名前が使われます.
> - 55 Lake St. レーク通り55番地

**streetcar** [strí:tkà:r ストゥリートカー] 名 C 米 市街電車, 路面電車(= 英 tram, tramcar)

**street children** [strí:t tʃíldrən ストゥリート チルドラン] 名 《複数扱い》ストリートチルドレン(► 保護者がいなくて路上で暮らす子どもたち)

**strength** A2 [stréŋkθ ストゥレンクス] 名 U (身体・精神的な)力, 体力; 強さ
- He pulled the rope with all his *strength*. 彼は力いっぱいロープを引っ張った.
派生語 strengthen 動

**strengthen** B1 [stréŋkθən ストゥレンクスン] 動 他 自 …を強くする; 強くなる(⇔ weaken 弱くする[なる])

**stress** 2級 B1 [strés ストゥレス]
— 名 (複 stresses[-iz]) ❶ U C (心理的)緊張(きんちょう), ストレス(= strain)
- I am under *stress*. 私はストレスを感じている.

❷ U C 圧迫(あっぱく), 圧力(= pressure) ❸ U 強調, 重点(= emphasis) ❹ U C (音声・語の)強勢, アクセント(= accent)

— 動 (三単現 stresses[-iz]) 他 ❶ …を強調する(= emphasize) ❷ …に強勢[アクセント]を置く

**stressed** 2級 B1 [strést ストゥレスト] 形 緊張(きんちょう)した, ストレスを感じた

**stressful** 2級 B1 [strésfəl ストゥレスフル] 形 緊張(きんちょう)[ストレス]の多い, 緊張[ストレス]を引き起こす

## stretch 2級 B1 [strétʃ ストゥレッチ]

— 動 (三単現 stretches[-iz])
— 他 (引っ張って)…を伸(の)ばす, 広げる, 張る
- *stretch* a rope tight ロープをぴんと張る
- He *stretched* out his arm to catch the ball. 彼はボールを取ろうとして手をいっぱいに伸ばした.

— 自 伸びる, 広がる; (手足・体などを)伸ばす
- She *stretched* out on the bed. 彼女はベッドで大の字になった.

— 名 (複 stretches[-iz]) C (時間・空間の)広がり; 《ふつう a stretch で》(体を)伸ばすこと, 伸び
派生語 stretcher 名

**stretcher** [strétʃər ストゥレッチァァ] 名 C 担架(たんか)

**stricken** [stríkən ストゥリクン] 動 strike(殴(なぐ)る)の過去分詞の1つ

## strict 3級 A1 [stríkt ストゥリクト]

形 (比較 stricter; 最上 strictest) ❶ (規律・規則などが)**厳しい**; (人が)厳格な(= severe)
- a *strict* teacher 厳しい先生
- His parents are very *strict* with him. 彼の両親は彼にとても厳しい.

❷ 正確な, 厳密な

派生語 **strictly** 副

**strictly** B2 [stríktli ストゥリクトゥリィ] 副 厳しく；厳密に
* *strictly speaking* 厳密に言えば

**stridden** [strídn ストゥリドゥン] 動 stride（大またに歩く）の過去分詞

**stride** B2 [stráid ストゥライド]
― 動（過去 strode [stróud ストゥロウド]；過分 stridden [strídn ストゥリドゥン]）自 大またに歩く；またぐ
― 名 C 大またの1歩，大またに歩くこと
* take big *strides* 大またに歩く

## strike A2 [stráik ストゥライク]

動 他 ❶ …を殴(なぐ)る，打つ
❷ …にぶつかる
❸ (マッチ)をする
❹ (考えなどが人)の心に浮(う)かぶ
自 ❶ 殴る，打つ
❷ ぶつかる
名 ❶ 打つこと
❷ ストライキ

― 動 (三単現 **strikes** [-s]；過去 **struck** [strák ストゥラック]；過分 **struck, stricken** [strikən ストゥリクン]；現分 **striking**)
― 他

❶ …を殴る，打つ，たたく；(時計が時)を打つ
* *strike* him on the head 彼の頭を殴る
* The clock *struck* ten.
時計が10時を打った．

❷ …にぶつかる
* The boy's head *struck* the wall.
男の子の頭が塀(へい)にぶつかった．

❸ (マッチ)をする
* *strike* a match マッチをする

❹ (考えなどが人)の心[頭]に浮かぶ
* I was *struck* by a good idea.
ふと名案を思いついた．

― 自 ❶ 殴る，打つ
* The woman suddenly *struck* at me.
その女は突然(とつぜん)私に殴りかかってきた．
* *Strike* while the iron is hot.
(ことわざ)好機を逃(のが)すな．(⇔鉄は熱いうちに打て)

❷ ぶつかる
* *strike* against a fence 塀にぶつかる

*strike out* 〖野球〗(打者)を三振(さんしん)させる；三振する；(語句など)を削除(さくじょ)する
* He *struck out* three batters.
彼は三者三振に打ち取った．

― 名 (複 **strikes** [-s]) ❶ C 打つこと；攻撃(こうげき)，空爆；〖野球〗ストライク (⇔ball ボール)
* three *strikes* 三振

❷ C U (労働組合などの)ストライキ
* go [be] on *strike*
ストライキに入る[中である]

派生語 **striker** 名，**striking** 形，**stroke**¹ 名

**strikeout** [stráikàut ストゥライクアウト] 名 C 〖野球〗三振(さんしん)
* get a *strikeout* 三振を取る

**striker** [stráikər ストゥライカァ] 名 C ❶ ストライキ参加者 ❷ 〖サッカー〗ストライカー，フォワード

**striking** B2 [stráikiŋ ストゥライキング]
― 動 strike（殴(なぐ)る）の現在分詞・動名詞
― 形 目立つ，人目を引く；きわ立った，著(いちじる)しい

**string** A2 [stríŋ ストゥリング] 名 ❶ U C 糸，細ひも (▶thread, string, cord, ropeの順で太くなる)
* a piece of *string* 1本の細ひも

❷ C (ひもに通した)一続き
* a *string* of pearls 一連の真珠(しんじゅ)

❸ C (弓の)弦(つる)，(弦(げん)楽器の)弦；《the strings で》オーケストラの弦楽器(パート)；(ラケットの)ガット

**stringed instrument** [stríŋd ínstrəmənt ストゥリングド インストゥラマント] 名 C 弦(げん)楽器

**strip**¹ B2 [stríp ストゥリップ] 動 (過去・過分 **stripped** [-t]；現分 **stripping**)
他 自 (皮など)をはぐ，むく；(人)を裸(はだか)にする，(衣類)を脱(ぬ)ぐ；裸になる

**strip**² B1 [stríp ストゥリップ] 名 C ❶ (紙・布などの)細長い一片(いっぺん)；(土地などの)細長い部分
* a *strip* of paper [land]
細長い紙切れ[土地]

❷ (新聞などの数こまの)続き漫画(まんが) (= comic strip, 〖英〗= strip cartoon)

**stripe** B1 [stráip ストゥライプ] 名 C しま，筋
* a tie with *stripes* ストライプのネクタイ
派生語 **striped** 形

**striped** [stráipt ストゥライプト] 形 筋の入った；しま模様の
* a *striped* shirt しまのシャツ

**strive** B2 [stráiv ストゥライヴ] 動 (三単現 **strives**

## strode

[-z -ズ]; 過去 strove[stróuv ストゥロウヴ], strived [-d -ド]; 過分 striven[strívn ストゥリヴン], strived [-d -ド]; 現分 striving) 自 …しようと努力する, (…を求めて)励む(for)

**strode**[stróud ストゥロウド] 動 stride(大または歩く)の過去形

**stroke¹** B2 [stróuk ストゥロウク] 名 C ❶ 打つ[たたく]こと; 一打ち
- with one *stroke* of an ax おのの一撃(げき)で

❷ (繰(く)り返される動作の)一動作; (ボートなどのオールの)一こぎ; (水泳の)一かき
- row with quick *strokes* of the oars 急ピッチでこぐ

❸ (時計・鐘(かね)の)打つ音
❹ (病気の)発作(ほっさ); 卒中, 脳いっ血

**stroke²** B2 [stróuk ストゥロウク]
— 動 他 …をなでる, (優(やさ)しく)さする
— 名 C なでること

**stroll**[stróul ストゥロウル]
— 動 自 ぶらぶら歩く, 散歩する
- We *strolled* along the beach. 私たちは海辺を散歩した.
— 名 C ぶらぶら歩くこと, 散歩(=walk)
派生語 stroller 名

**stroller**[stróulər ストゥロウラァ] 名 C ❶ 散歩する人 ❷ 米(折りたたみ式の)ベビーカー

## *strong 4級 A1

[stró:ŋ ストゥローング | stróŋ ストゥロング]
形 (比較 stronger; 最上 strongest) ❶ (力・体などが)強い, 丈夫(じょうぶ)な(⇔weak 弱い); (物が)強固な, 頑丈(がんじょう)な
- a *strong* wrestler 力の強いレスラー
- a *strong* wind 強い風
- She has a *strong* mind [will]. 彼女は強い精神[意志]を持っている.
- This bookshelf is *strong*. この本棚(だな)は頑丈だ.

潮の流れが強いため, 遊泳を禁止するという掲示(オーストラリア)

❷ 得意な, 優(すぐ)れた
- Painting is her *strong* point. 絵をかくことは彼女の得意とするところだ.
- I'm *strong in* English. 私は英語が得意だ.

❸ (味・においなどが)強い; (コーヒーなどが)濃(こ)い(⇔weak 薄(うす)い)
- a *strong* smell 強烈(きょうれつ)なにおい
- *strong* coffee 濃いコーヒー
派生語 strength 名, strongly 副

**strongly** A2 [stró:ŋli ストゥローングリィ | stróŋ- ストゥロング-] 副 強く; 頑丈(がんじょう)に; 激しく(⇔weakly 弱く)

**struck**[strák ストゥラック] 動 strike(殴(なぐ)る)の過去形・過去分詞の1つ

**structure** 準2級 A2 [stráktʃər ストゥラクチァァ] 名 C ❶ 構造, 構成, 組織 ❷ 建造物

**struggle** 2級 B1 [strágl ストゥラグル]
— 動 自 ❶ (敵などと)戦う; (…しようと)もがく
- The trapped tiger *struggled to* get free. わなにかかった虎(とら)は逃げようともがいた.
❷ 奮闘(ふんとう)する; (懸命(けんめい)に)努力する
— 名 C 戦い, 奮闘; もがき; 必死の努力

**stubborn** B1 [stábərn スタバァン] 形 頑固(がんこ)な, 強情(ごうじょう)(そう)な; 手に負えない
- a *stubborn* young man 強情(そう)な若者

**stuck**[sták スタック] 動 stick²(突(つ)き刺(さ)す; 突き刺さる)の過去形・過去分詞

## *student 5級 A1

[stú:dnt ストゥードゥント | stjú:- ステュー-]
名 (複 students[-ts -ツ]) C ❶ 学生, 生徒(⇔teacher 教師)
- a junior high school *student* (主に日本の)中学生(=米 a middle school student, 英 a secondary school student [pupil])
- a high school *student* 高校生 (=米 an upper school student, sixth former)
- a college *student* 大学生
- a *student* council 生徒会, 学生自治会
- Ken is a *student* at Waseda University. ケンは早稲田大学の学生だ. (▶of を使わないことに注意)

❷ (…の)研究者, 研究家, 学者
- a *student* of Shakespeare シェークスピアの研究家

**student teacher**[stú:dnt ti:tʃər ストゥードゥント ティーチァ | stjú:- - ステュー- -] 名 C 教育実習生, 教生(=practice teacher)

**studied**[stádid スタディド] 動 study(勉強する)の過去形・過去分詞

**studies**[stádiz スタディズ]
— 動 study(勉強する)の三人称(にんしょう)単数現在形
— 名 study(勉強)の複数形

**studio** 2級 B1 [stú:diòu ストゥーディオウ | stjú:- ステュー-](★「スタジオ」でないことに注意) 名 (複

studios[-z]）C ❶(画家・写真家などの)仕事場, 制作室, アトリエ；(音楽・ダンスなどの)練習場；(映画・ラジオ・テレビの)スタジオ ❷(ふつう台所・浴室つきの)1部屋のアパート, ワンルームマンション

# study 5級 A1 [stádi スタディ]

動 他 ❶ …を勉強する
　　❷ …を(詳(くわ)しく)調べる
　 自 勉強する
名 ❶ 勉強；研究
　 ❷ 書斎(しょさい)

― 他 (三単現 studies[-z]; 過去・過分 studied[-d]; 現分 studying)
― 他 ❶ …を勉強する, 学ぶ, 研究する → learn くらべて!
- *study* English 英語を勉強する
- *study* physics under Professor Tanaka 田中教授のもとで物理を研究する
- What subjects are you *studying*? どんな科目を勉強していますか.

❷ …を(詳しく)調べる(= examine)
- *study* the map 地図を調べる
- The doctor *studied* my eyes. 医者は私の目をじっくり調べた.

― 自 勉強する, 研究する
- *study* hard for the test テストに備えて一生懸命(けんめい)勉強する
- *study* abroad 留学する

― 名 (複 studies[-z]) ❶ U 勉強；C U 研究
- social *studies* 社会科
- She made [did] a *study* of Japanese history. 彼女は日本史の研究をした.

❷ C 書斎, 勉強部屋

## stuff A2 [stáf スタッフ]

― 名 U ❶ 材料, 原料
- building *stuff* 建築資材

❷ (漠然(ばくぜん)と)物, 物体
- Have you brought all of your *stuff*? 自分の持ち物を全部持ってきましたか.

― 動 他 …に詰(つ)める；…を詰めこむ
- I *stuffed* the bag *with* my clothes.
= I *stuffed* my clothes *into* the bag.
私はかばんに衣類を詰めこんだ.

**stuffed** B1 [stáft スタッフト] 形 詰(つ)め物をした, 詰め込まれた
- a *stuffed* animal 動物のぬいぐるみ

**stumble** B1 [stámbl スタンブル] 動 自 つまずく, よろめく
- *stumble over* a stone 石ころにつまずく

**stump**[stámp スタンプ] 名 C ❶ (木の)切り株→ tree 図 ❷ 使い残し(▶ろうそくの燃え残りなど)

**stun** B1 [stán スタン] 動 (過去・過分 stunned [-d]; 現分 stunning) 他 (頭を打って人)を気絶させる；(人)をぼう然とさせる

**stung**[stáŋ スタング] 動 sting(刺(さ)す)の過去形・過去分詞

**stupid** B1 [stú:pid ストゥーピッド | stjú:- ステュー-] 形 ばかな, 愚(おろ)かな；くだらない
- a *stupid* question ばかげた質問
- Don't be *stupid*. ばかなことをする[言う]な.

**St. Valentine's Day**[seint vǽləntainz dèi セイント ヴァランタインズ デイ] 名 聖バレンタインの祝日(= Saint Valentine's Day)(▶(話)ではSt. は省略されることが多い)→ 祝休日と行事【口絵】

# style 準2級 A2 [stáil スタイル]

名 (複 styles[-z]) C U ❶ 様式, 型；やり方, スタイル
- a modern *style* of living 現代の生活様式
- the Japanese *style* breakfast 日本式の朝食

❷ (服装などの)流行, (流行の)型(= fashion)
- shoes in the latest *style* 最新流行の靴(くつ)
- This dress is in [out of] *style*.
このドレスは流行している[流行遅(おく)れだ].

❸ 文体；話しぶり
- a classic *style* 古典的な文体

**stylish** 2級 B1 [stáiliʃ スタイリッシュ] 形 流行の, おしゃれな, 上品な
- *stylish* clothes おしゃれな服

**stylist** B2 [stáilist スタイリスト] 名 C (服飾(ふくしょく)などの)デザイナー, スタイリスト

# subject 5級 A1 [sábdʒikt サブヂクト]

名 (複 subjects[-ts -ツ]) C ❶ 教科, 学科, 科目
- My favorite *subject* is English.
私の好きな教科は英語です.
- What *subjects* do you study at school?
学校ではどんな科目を勉強しますか.

**表現メモ**

いろいろな教科

Japanese 国語(日本語) / English 英語
mathematics 数学(= 米math, 英maths)
science 理科 / social studies 社会
history 歴史 / geography 地理
music 音楽 / art 美術 / industrial arts 工芸
physical education 体育(▶ P.E. と略す)
home economics, homemaking 家庭科

❷ (話・論文・研究などの)主題, 題目, 話題, テーマ
- the *subject* of a study 研究のテーマ
- change the *subject* 話題を変える

❸ 『文法』主語, 主部

## subjective

派生語 subjective 形

**subjective** [səbdʒéktiv サブ**チェ**クティヴ] 形
❶主観的な(⇔objective 客観的な) ❷『文法』主格の

**submarine** B1 [sÀbmərí:n サブマリーン] C
潜水艦(せんすいかん)

**subscribe** [səbskráib サブスク**ラ**イブ] 動自 (新聞・雑誌を)予約購読(こうどく)する;(オンラインサービスなどに)申し込む,加入する
- *subscribe to* a YouTube channel
ユーチューブのチャンネルに登録する

**subscription** [səbskrípʃən サブスク**リ**プション]
名UC(新聞・雑誌などの)定期購読(料);(サービスなどの)定額制
- *subscription* service for ...
…のための定期購読[定額制]サービス

**substance** B2 [sÁbstəns サ**ブ**スタンス] 名❶C物質,物 ❷U(形式に対する)実質,内容;本質

**substitute** B1 [sÁbstətù:t サ**ブ**スティトゥート | -tjù:t -テュート]
— 名C 代用品,代わりの人[もの];補欠選手
— 動他自 (あるものの代わりに)…を用いる,代用する;代わりをする
- You can *substitute* honey *for* sugar.
砂糖の代わりにはちみつを使ってもいい.

**subtitle** B2 [sÁbtàitl サ**ブ**タイトゥル] 名C ❶ (本などの)副題 ❷ 《ふつうsubtitlesで》(テレビ・映画などの)字幕

**subtle** B2 [sÁtl サ**トゥ**ル] (★このbは発音しない) 形
微妙(びみょう)な,かすかな

**subtract** B2 [səbtrækt サブト**ゥラ**クト] 動
— 他 (数)を減じる,引く(⇔add 加える)
- *Subtract* 2 *from* 5, and you have 3.
5引く2は3(5−2=3).
— 自 引き算をする
派生語 subtraction 名

**subtraction** [səbtrækʃən サブト**ゥラ**クション]
U 差し引くこと;引き算(⇔addition 足し算)

## suburb B2 [sÁbə:rb サ**バ**ーブ]

名 《複 suburbs[-z]》 C《ふつう suburbs で》郊外(こうがい);郊外住宅地
- move to the *suburbs* 郊外に引っこす
- I live in the *suburbs* of Tokyo.
私は東京の郊外に住んでいる.

## subway 5級 A1 [sÁbwèi サ**ブ**ウェイ]

名 《複 subways[-z]》 C ❶ ㊊ 地下鉄(=㊇ tube, underground)
- take the *subway* 地下鉄に乗る
- go by *subway* 地下鉄で行く(▶交通手段を表すbyの後ではaやtheをつけない)

❷ ㊇ 地下道

米国・ニューヨークの地下鉄駅のホーム

## succeed A2 [səksí:d サク**スィ**ード]

動 (三単現 succeeds[-dz -ツ]; 過去・過分 succeeded[-id]; 現分 succeeding)
— 自 ❶ 成功する;(計画などが)うまくいく(⇔fail 失敗する)
- I *succeeded in* getting the ticket. 私はそのチケットを手に入れることに成功した.
- She will surely *succeed in* life.
彼女はきっと出世するだろう.
❷ 引き継(つ)ぐ,相続する
- Prince Charles *succeeded to* the throne.
チャールズ王子が王位を継いだ.
— 他 …に続いて起こる,…の跡(あと)をつぐ
派生語 ❶ success 名, ❷ succession 名

## success 準2級 A2 [səksés サク**セ**ス]

名 《複 successes[-iz]》 ❶ U 成功,うまくいくこと(⇔failure 失敗)
- He'll achieve *success in* business.
彼は事業で成功するだろう.
- I wish you *success*. ご成功をお祈(いの)りします.(=*Success* will be yours.)
❷ C 成功したもの[こと],成功者
- The party was a great *success*.
そのパーティーは盛会(せいかい)だった.
派生語 successful 形

## successful 3級 A1
[səksésfəl サク**セ**スフル]

形 (比較 more successful; 最上 most successful) 成功した,うまくいった
- a *successful* play 大当たりの芝居(しばい)
- The concert was very *successful*.
コンサートは大成功だった.
派生語 successfully 副

**successfully** A2 [səksésfəli サク**セ**スフリィ] 副
首尾(しゅび)よく,うまく

**succession** [səkséʃən サク**セ**ション] 名
❶ UC 連続

# sugar

- *in succession* 連続して
- ❷ Ｕ 相続, 継承

**successor** [səksésər サクセサァ] 名 Ｃ 後任者, 後継者；相続人

## such 準2級 A2 [sátʃ サッチ]

― 形 ❶ 《such (a [an])+〈名詞〉で》**そのような**, このような, そんな, こんな
- *such* a thing そのようなこと
- I have never said *such* a thing. = I said no *such* thing.
  私はそんなことを言ったことは一度もない.

### ここが ポイント! suchの使い方と位置

(1) **such a [an]**+〈数えられる名詞の単数形〉
- *such* a book このような本(1冊)(▶ a such bookは×)

(2) **such**+〈数えられる名詞の複数形〉
- *such* books このような本(複数あるとき)

(3) **such**+〈数えられない名詞〉
- *such* kindness このような親切

(4) suchとともにno, any, some, many, allなどを用いるときはsuchの前に置きます.
- all *such* books そういった本すべて

❷ 《such (a [an])+〈形容詞〉+〈名詞〉で》そんなに[こんなに]…な, とても…な
- Don't ask me *such* a difficult question.
  そんな難しい質問を私にしないで.
- I have never seen *such* beautiful roses.
  私はこんな美しいばらを見たことがない.

❸ 《such (a [an])+〈名詞〉で強意的に》たいへんな, 非常な
- He was *such* a fool.
  彼はばかもいいところだった.

*such ... as* ～ ～するような…(▶形式ばった言い方)
- I want *such* a watch *as* Betty has. 私はベティが持っているような腕時計がほしい.

*...(,) such as* ～ = *such ... as* ～ ～のような…
- I like fruits *such as* apples and oranges. = I like *such* fruits *as* apples and oranges.
  私はりんごやオレンジのような果物が好きだ.

*such ... that* ～ 非常に…なので～だ(▶suchの後ろは, (a [an])+〈形容詞〉+〈名詞〉)
- Charley is *such* an honest boy *that* everybody trusts him. チャーリーは非常に正直な少年なので, だれもが彼を信頼している. ( = Charley is so honest (a boy) that everybody trusts him.)(▶soの後ろは〈形容詞〉(+a [an])+〈名詞〉)

― 代 そのようなこと[物, 人]

**suck** B2 [sák サック] 動 他 自 (液体を)吸う, 吸いこむ；(指・あめなど)をしゃぶる

**Sudan** [su:dǽn スーダン, -dá:n -ダーン] 名 スーダン (▶アフリカ北東部の共和国. 首都はハルツーム (Khartoum))

派生語 Sudanese 形 名

**Sudanese** [sù:dəní:z スーダニーズ]
― 形 スーダン(人)の
― 名 Ｃ スーダン(人)

**sudden** A2 [sádn サドゥン]
― 形 突然の, 急な
- a *sudden* change in the weather
  天候の急変
― 名 《次の成句で用いる》
*all of a sudden* 突然, 急に, 不意に ( = suddenly)(▶副詞的に用いる)
派生語 suddenly 副

## suddenly 2級 B1 [sádnli サドゥンリィ]

(比較 more suddenly；最上 most suddenly)
副 **突然**, 急に, 不意に
- *Suddenly* the baby started crying.
  突然赤ん坊が泣き出した.

**Sue** [sú: スー] 名 スー(▶女性の名. Susan, Susanna, Susannahの愛称)

## suffer 2級 B1 [sáfər サファ]

動 (三単現 suffers [-z]；過去・過分 suffered [-d]；現分 suffering)
― 他 (苦痛・災害など)**を被る**, 受ける
- *suffer* minor injuries *from* the accident
  事故で軽傷を負う
― 自 **苦しむ**；(病気に)かかる
- *suffer from* a toothache [headache]
  歯痛[頭痛]に苦しむ
派生語 suffering 名

**suffering** B2 [sáfəriŋ サフ(ァ)リング]
― 動 suffer (被る；苦しむ)の現在分詞・動名詞
― 名 Ｕ 苦しみ, 苦痛；《sufferingsで》被害；苦難

**sufficient** 2級 B1 [səfíʃənt サフィシャント] 形 (ある目的にかなうだけ)**十分な**, (…するのに)足りる(▶「有り余っている」の意味ではない)

**suffix** B1 [sáfiks サフィックス] 名 (複 suffixes [-iz]) Ｃ 〖文 法〗**接 尾　辞** (▶kindlyの-ly, homelessの-lessなど, ある語の語尾について新しい語をつくる働きをするもの)(⇔prefix 接頭辞)

## sugar 5級 A1 [ʃúgər シュガァ]

## sugar cane

名(複 sugars[-z]) ⓤⒸ **砂糖**(▶ふつうはaをつけず複数形にしないが,《話》などで「角砂糖…個」「砂糖…杯(ば)」の意味では,aをつけたり,複数形にしたりする)
- a pinch of *sugar* 砂糖ひとつまみ
- a lump of *sugar* 角砂糖1個
- three spoonfuls of *sugar* 3さじ分の砂糖
- Do you take *sugar* in your tea?
紅茶に砂糖を入れますか.

**sugar cane**[ʃúɡər kèin シュガァ ケイン] 名 〔植物〕さとうきび

## suggest 準2級 A2

[səɡdʒést サグチェスト | sədʒést サチェスト]

動(三単現 suggests[-ts -ツ] 過去・過分 suggested[-id], 現分 suggesting) 他 ❶ **…を提案する**, …と言い出す
- We *suggested* a different plan *to* our teacher. 私たちは先生に別の計画を提案した.
- He *suggested* going to the concert.
彼はコンサートに行こうと言った.
- I *suggested* (*that*) we (should) have a break.
ちょっと休憩(ポゥ)したらどうかと提案した.

❷ **…を暗示する**, それとなく示す
- Her manner *suggested* (*that*) she was sad. 態度から彼女が悲しんでいるのがわかった.

派生語 suggestion 名

**suggestion** A1 [səɡdʒéstʃən サグチェスチョン | sədʒés- サチェス-] 名 ❶ⒸⓊ 提案
- make a *suggestion* 提案する

❷Ⓒ 暗示, 示唆(ポ)

**suicide** B1 [súːəsàid スーァサイド] 名 Ⓤ 自殺; 自殺行為(ポ)
- commit *suicide* 自殺する

## suit 準2級 A2 [súːt スート]

━名(複 suits[-ts -ツ]) Ⓒ ❶ **スーツ**(▶男子服では,上着・ベスト・ズボンの三つぞろい,または上下そろいの服を言い,婦人服では,上着・スカートかズボンの2つが多い,(同じ生地(ジッ)でできた衣服の)**ひとそろい**
- wear a new *suit* 新しいスーツを着ている

❷(ある用途(ド)のための)**…服**, **…着**(\*)
- a space *suit* 宇宙服
- a Sunday *suit* 晴れ着

━動(三単現 suits[-ts -ツ] 過去・過分 suited[-id], 現分 suiting) 他 **…に適する**, 好都合である; **…に似合う**(=become)
- Will four o'clock *suit* you?
4時でご都合はよろしいでしょうか.
- White *suits* her well.

白は彼女によく似合う.

派生語 suitable 形

**suitable** A2 [súːtəbl スータブル] 形 (…に)ふさわしい, 適当な, 適している
- a *suitable* present *for* his birthday
彼の誕生日にふさわしいプレゼント

**suitcase** 準2級 A2 [súːtkèis スートゥケイス] 名Ⓒ 旅行かばん, スーツケース

## sum A1 [sʌ́m サム]

━名 ❶《the sumで》**合計**, 総計
- *The sum* of 3 and 5 is 8.
3と5を足すと8だ(3+5=8).

❷Ⓒ **金額**; (ある金額の)総額
- a large [small] *sum* of money
多[少]額の金

❸Ⓒ《しばしば sumsで》(算数の)計算

━動(過去・過分 summed[-d], 現分 summing) 他 **❶…を合計する**; 合計…になる;《sum upで》(…を)要約する

***to sum up*** 要約すると

**Sumatra** [sumɑ́ːtrə スマートゥラ] 名 スマトラ(▶インドネシア西部, マレー半島の南にある島)

**summary** A2 [sʌ́məri サマリィ] 名(複 summaries[-z]) Ⓒ 要約; まとめ
***in summary*** 要約すると

## *summer 5級 A1 [sʌ́mər サマァ]

名(複 summers[-z]) ⓤⒸ **夏**
- (a) *summer* school 夏期学校, 夏期講習
- a cool *summer* 涼(ず)しい夏, 冷夏(▶形容詞がつくとふつうaをつける)
- I like *summer* best.
私は夏がいちばん好きだ. (▶単に「夏」を表すときはaやtheをつけない)
- early [late] in *summer* = in (the) early [late] *summer* 初[晩]夏に
- in the *summer* of 2015
2015年の夏に(▶特定の年の夏を表すときはtheをつける)
- We enjoy swimming *in* (*the*) *summer*.
私たちは夏に水泳を楽しむ. (▶inなどの前置詞がつくとき, 米ではふつうtheをつける)
- My friend in Australia will come to Japan next *summer*.
オーストラリアの私の友人は次の夏に日本に来る. (▶next, thisなどがつくときはinはつけない)→ **spring** ポイント!
- *summer* time 米夏時間, サマータイム(▶夏の間, 時間を1時間早める制度)(=米 daylight saving time)

**summer vacation** [sʌ́mər veikéiʃən サマァ ヴ

エイケイション, -və-, - ヴァ-] 名《the summer vacation [holidays]で》夏休み(=⑳summer holidays)

**summit** B1 [sʌ́mit サミット] 名C ❶頂上, 頂(=top) ❷首脳会談, サミット

# sun 4級 A1 [sʌ́n サン](★同音son 息子(ﾑｽｺ))

名 ❶《the sunで》**太陽**
- *the* rising [setting] *sun* 朝[夕]日
- *The sun* is shining. 太陽が輝(ｶｶﾞﾔ)いている.
- *The sun* rises in the east and sets in the west.
太陽は東から昇(ﾉﾎﾞ)り西に沈(ｼｽﾞ)む.(▶最初のinをfromに, 次のinをtoは×)

 **太陽の色**

英米では太陽の色はふつうyellow(黄色)またはgolden(金色)ととらえます.

ロンドンのテムズ川と夕日(英国)

❷U《しばしばthe sunで》日光; ひなた
- sit in *the sun*
ひなたぼっこをする
- We get a lot of *sun* in this park.
この公園はよく日が当たる.

派生語 sunny 形

**Sun.** Sunday(日曜日)の略

**sunburned** [sʌ́nbə:rnd サンバーンド] 形 (ひりひり痛むほど)日焼けした(▶sunburnt [sʌ́nbə:rnt サンバーント]とも言う)→ suntanned

**sundae** [sʌ́ndei サンデー] 名C サンデー(▶アイスクリームにナッツ片(ｶｹﾗ)や果物をのせ, チョコレートなどをかけたもの)

## *Sunday 5級 A1 [sʌ́ndei サンデイ]

名(複 Sundays[-z]) UC 日曜日(▶常に大文字で書き始める. Sun. と略す)
- Today is *Sunday*. = It's *Sunday* today.
きょうは日曜日だ.
- I usually watch TV on *Sunday* morning.
私は日曜日の朝にはたいていテレビを見る.
- *Sunday* school (教会の)日曜学校

**ここが ポイント！ 曜日を表す名詞**

(1) Sundayのように曜日を表す名詞には, ふつうaやtheはつけません.
(2) 「日曜日に」という場合はon Sundayのように前置詞にonを使います. 文脈により「この前の日曜日」の意味にも「次の日曜日」の意味にもなります.
(3) 曜日を表す名詞の前にthis, last, next, everyなどがつくときは, 前置詞をつけません.
- I went skiing *on Sunday*. = I went skiing *last Sunday*.
私はこの前の日曜日にスキーに行った.
(× I went skiing on last Sunday.)
- I'll go skiing *on Sunday*. = I'll go skiing *next Sunday*.
私は次の日曜日にスキーに行く.
(× I'll go skiing on next Sunday.)
(4) on Sundaysのように複数形にすると「毎週日曜日に」の意味になります. on Sundayでもこの意味になりますが, 複数形のほうが「日曜日にはいつも」という習慣を強く表します.
- We play tennis *on Sundays*. = We play tennis *every Sunday*.
私たちは毎週日曜日にテニスをする.

**sunflower** 準2級 A2 [sʌ́nflàuər サンフラウァ] 名C 〖植物〗ひまわり

## sung [sʌ́ŋ サング]

動 sing(歌う)の過去分詞

**sunglasses** 準2級 A2 [sʌ́nglæ̀siz サングラスィズ | -glà:siz -グラースィズ] 名《複数扱い》サングラス
- a pair of *sunglasses* サングラス1つ

**sunk** [sʌ́ŋk サンク] 動 sink(沈(ｼｽﾞ)む; 沈める)の過去分詞

**sunlight** 準2級 A2 [sʌ́nlàit サンライト](★このghは発音しない) 名U 日光(=sunshine)

## sunny 5級 A1 [sʌ́ni サニィ]

形 (比較 sunnier; 最上 sunniest) ❶日当たりのよい; 日の差す; 晴れた
- a *sunny* place 日当たりのよい場所
- a *sunny* day 天気のよい日
❷陽気な, 快活な(=bright)

**sunny-side up** [sʌ̀nisàid ʌ́p サニィサイド アップ] 形 ⑳ (卵が)目玉焼きの

**sunrise** 2級 B1 [sʌ́nràiz サンライズ] 名UC 日の出; 日の出の時刻(⇔sunset 日の入り)→ day 図

- at *sunrise* 日の出のときに, 夜明けとともに

**sunscreen** [sʌ́nskriːn サンスクリーン] 名U 日焼け止めクリーム[ローション](＝sunscreen cream [lotion])

**sunset** B1 [sʌ́nsèt サンセット] 名UC 日没(ぼつ), 日の入り; 日暮れ(時)(⇔sunrise 日の出)→day 図
- at *sunset* 日没時に

**sunshine** A1 [sʌ́nʃàin サンシャイン] 名U《しばしばthe sunshineで》日光; ひなた
- *in the sunshine* ひなたで

**suntan** [sʌ́ntæn サンタン] 名C (健康的な)日焼け(＝tan)

**suntanned** [sʌ́ntænd サンタンド] 形 (小麦色に)日焼けした →sunburned

**super** 4級 A1 [súːpər スーパァ]
形《話》極上の, すばらしい, 超一流の

**superhighway** [súːpərhàiwei スーパァハイウェイ](★このghは発音しない)名C ⦅米⦆高速道路(▶両側とも2車線以上ある)

**Superior** [supíəriər スピ(ァ)リア｜suː- スー-] 名《Lake Superiorで》スペリオル湖(▶北米の五大湖の1つで, 世界最大の淡水(たんすい)湖)

**superior** B1 [supíəriər スピ(ァ)リア｜suː- スー-]
―形 (程度・品質などが…より)優(すぐ)れた, 上等の (⇔inferior 劣(おと)った); (地位などが)上の, 上位の
- This engine is *superior to* that one. このエンジンはあれよりも優れている. (▶superior *than* ...は×)(＝That engine is inferior to this one.)
―名C 上役, 上司; 目上の人

**superlative** A2 [supə́ːrlətiv スーパーラティヴ] 名C 最高の人[もの]; 《文法》(形容詞・副詞の)最上級

**superman** [súːpərmæn スーパァマン](★アクセント位置に注意)名 (複 -men[-mèn]) ❶C 超人(ちょうじん)的な力を持つ人 ❷《Supermanで》スーパーマン(▶米国の漫画(まんが)の主人公)

# supermarket 5級 A1

[súːpərmàːrkit スーパァマーキット](★アクセント位置に注意)
名 (複 supermarkets[-ts -ツ])C **スーパーマーケット**

**superstar** A2 [súːpərstàːr スーパァスター] 名C (芸能・スポーツでの)スーパースター

**superstition** B1 [sùːpərstíʃən スーパァスティション] 名UC 迷信

**supervisor** B2 [súːpərvàizər スーパァヴァイザァ] 名C 監督(かんとく)者, 管理者

# supper A2 [sʌ́pər サパァ]

名 (複 suppers[-z]) UC **夕食**, 夜食(▶ふつうtheをつけず複数形にしない)→dinner 〈くらべて!〉
- before [after] *supper* 夕食前[後]に
- They are at *supper*. 彼らは夕食中だ.
- What did you have [eat] for *supper*? 夕食に何を食べましたか.

**supplement** B2 [sʌ́pləmənt サプリマント] 名C ❶補足, 追加; (雑誌・新聞などの)付録, 補遺 ❷栄養補助食品, サプリメント

**supply** 2級 B1 [səplái サプライ]
―動 (三単現 supplies[-z]; 過去・過分 supplied[-d])
他…を供給する; …に与(あた)える
- This store *supplies* us *with* food.＝This store *supplies* food *for* [*to*] us. 食料品はこの店で手に入る.
―名 (複 supplies[-z]) ❶U 供給
- *supply* and demand 需要(じゅよう)と供給(▶英語と日本語は語順が逆)
❷C 蓄(たくわ)え, 在庫品;《suppliesで》供給品, 必需品, 物資
- Rice is in short *supply*. 米が不足している.

# support 準2級 A2 [səpɔ́ːrt サポート]

―動 (三単現 supports[-ts -ツ]; 過去・過分 supported[-id]; 現分 supporting) 他 ❶**…を支える**
- The shelf won't *support* these books. その棚(たな)はこれらの本を支えられないだろう.
❷(家族)**を養う**, 扶養(ふよう)する
- *support* a large family 大家族を養う
❸**…を支持する**, 支援(しえん)する; …を応援する
- We *supported* her plan. 私たちは彼女の計画を支持した.
- I *support* our local soccer team. 私は地元のサッカーチームを応援している.
―名 (複 supports[-ts -ツ]) U 支え, **支持**, 援助, 支援; C 扶養
派生語 supporter 名, supportive 形

**supporter** B1 [səpɔ́ːrtər サポータァ] 名C 支持者, 支援(しえん)者; (サッカーなどの)サポーター

**supportive** B1 [səpɔ́ːrtiv サポーティヴ] 形支えてくれる, 力になってくれる

# suppose 2級 B1 [səpóuz サポウズ]

動 (三単現 supposes[-iz]; 過去・過分 supposed[-d]; 現分 supposing) 他 ❶**…と思う**, 考える; …と推測する
- You are Tom, I *suppose*. あなたはトムですね.
- I *suppose* (*that*) he is an honest man.＝I *suppose* him (*to* be) honest.

私は彼は正直だと思う.
❷《suppose ... または supposing ... で》(可能性・提案などを示して)**仮に…とすれば**
- *Suppose* (*that*) you are invited to the party. あなたがそのパーティーに招待されることを想像してみて.
- *Supposing* (*that*) you could fly for free, where would you go? 無料で飛行機に乗れるとしたら, どこに行きますか. (▶実現の可能性がないことを仮定して言う場合には, 助動詞はcould, wouldのように過去形を用いる)

*be supposed to*+〈動詞の原形〉…することになっている, …するはずだ
- He *is supposed to* come home by noon. 彼は正午までに帰宅することになっている.

**supreme** [suprí:m スプリーム] 形 最高位の; (程度などが)最高の, 最大の
- the *Supreme* Court 最高裁判所

\***sure** 5級 A1 [ʃúər シュア | ʃɔ́ː ショー]
─ 形 (比較 surer; 最上 surest) ❶《名詞の前には用いない》**確信して, 確かで** → certain くらべて!

話してみよう!
☺ Are you *sure*? 確かですか.
☻ Yes, I'm *sure*. はい, 確かです.

- I am *sure of* his success.
 =I am *sure* (*that*) he will succeed.
 私は彼の成功を確信している.
- I am *sure about* that.
 そのことについては確かです.
- I'm not *sure if* I locked the door.
 ドアにかぎをかけたか自信がない. (▶if ... は「…かどうか」の意)

❷《be sure to+〈動詞の原形〉で》**きっと…する**
- He *is sure to* come. 彼はきっと来る. (▶「彼が」ではなく「話し手が」確信しているという意味. =I am sure (that) he will come.)
- *Be sure to* shut the window.
 必ず窓を閉めなさい.

❸《名詞の前にのみ用いる》(物事が)**確かな**(=certain); (人が)**信頼のおける**(=reliable)
- a *sure* way 確実な方法

*for sure* 確かに, 確実に
*make sure ...* …を確かめる(▶sureの後にはof+〈名詞〉またはthat [what, whenなど]…が続く)
- I *made sure of* her telephone number.
 私は彼女の電話番号を確かめた.
- *Make sure* (*that*) you have enough money.
 十分なお金があることを確かめなさい.

*to be sure* (ふつう後ろにbut ... を伴って)(なるほど)確かに
- He is capable, *to be sure*, but he lacks experience.
 確かに彼は有能だが経験が足りない.

─ 副 ❶※《話》**もちろん**(=certainly); いいとも(=surely)

話してみよう!
☺ May I use this? これを使っていいですか.
☻ *Sure*. もちろん.

❷※《話》確かに, きっと
*sure enough* 思ったとおり, 案の定
派生語 surely 副

**surely** B1 [ʃúərli シュアリィ | ʃɔ́ː- ショー-] 副 ❶確かに, きっと(▶比較(災)変化なし)
- She will *surely* keep her promise.
 彼女はきっと約束を守るよ.

❷着実に, 確実に
❸※《話》いいですよ, 承知しました(=sure)
❹《否定文で》まさか(▶不信・確信を表す)
- *Surely* you would *not* lie to us? 君はまさか私たちにうそをつかないだろうね.

**surf** 3級 A1 [sá:rf サーフ]
─ 名 U 岸に砕(だ)ける波, 寄せ波
─ 動 ─ ⃝自 サーフィンをする, 波乗りをする
- go *surfing* サーフィンをしに行く
─ ⃝他 (インターネットのサイト)を見て回る
- *surf* the (Inter)net (インター)ネットのサイトを見て回る, ネットサーフィンをする

派生語 surfer 名, surfing 名

**surface** 2級 B1 [sá:rfis サーフィス] 名 ❶ C 表面, 外側; (立体などの)面
- the *surface* of the water 水面
❷《the surfaceで》うわべ, 外観
- on *the surface* 表面上は, うわべは

**surfboard** [sá:rfbɔ̀:rd サーフボード](★アクセント位置に注意) 名 C サーフボード(▶サーフィン用の板)

**surfer** [sá:rfər サーファ](★アクセント位置に注意) 名 C サーファー, サーフィンをする人

**surfing** 準2級 A2 [sá:rfiŋ サーフィング] 名 U サーフィン, 波乗り

**surgeon** B1 [sá:rdʒən サーヂョン] 名 C 外科(げ)

**surgery**
医(►「内科医」はphysician)
**surgery** B1 [sə́ːrdʒəri サージャリィ] 名
(複 surgeries[-z]) C 外科, 外科手術
- I had *surgery* on my right knee.
右ひざの手術を受けた.

**Suriname** [súrinà:m スリナーム | sùriná:m スリナーム] 名 スリナム(►南アメリカの北東部にある共和国. 首都はパラマリボ(Paramaribo))

**surname** A2 [sə́ːrnèim サーネイム] 名 C 姓, 名字(=family name, last name)

# surprise 4級 A1 [sərpráiz サプライズ]

—動 (三単現 surprises[-iz]; 過去・過分 surprised[-d]; 現分 surprising) 他 …を驚かせる, びっくりさせる
- The news *surprised* me.
そのニュースは私を驚かせた.

—名 (複 surprises[-iz]) U C 驚き；驚くべきこと[物]；思いがけないこと
- It was a big *surprise*.
それは大きな驚きだった.
- He showed no *surprise*.
彼は少しも驚いた様子を見せなかった.
- Here's [I have] a *surprise* for you.
君を驚かせる物があるんだ. (►意外なプレゼントを渡すときなど)

*in surprise* 驚いて, びっくりして
- She stood up *in surprise*.
彼女はびっくりして立ち上がった.

*to one's surprise* 驚いたことには
- *To my surprise*, the boy spoke to me in Japanese. 驚いたことにその男の子は私に日本語で話しかけてきた.

派生語 surprised 形, surprising 形, surprisingly 副

# surprised 準2級 A2

[sərpráizd サプライズド]
—動 surprise(驚かせる)の過去形・過去分詞
—形 (比較 more surprised; 最上 most surprised) 驚いた, びっくりした
- a *surprised* face びっくりした顔

be surprised at [by] ...
…に驚く
- I *was surprised at* her failure.
私は彼女の失敗に驚いた.

be surprised to +〈動詞の原形〉
…して驚く
- I *was surprised to* read his letter.
私は彼の手紙を読んで驚いた.

be surprised that ...
…ということに驚く

- I *am surprised that* you ate the whole pie. パイを丸ごと食べたとは驚いたね.

**surprising** 準2級 A2 [sərpráiziŋ サプライズィング]
—動 surprise(驚かせる)の現在分詞・動名詞
—形 驚くべき, 意外な
- *surprising* news びっくりするような知らせ

**surprisingly** B1 [sərpráiziŋli サプライズィングリィ] 副 驚くほど；《文頭で》驚いたことに

**surrender** B2 [səréndər サレンダァ] 動
—自 降伏する
—他 …を放棄する(=give up); …を引き渡す

**surround** B1 [səráund サラウンド] 動他 …を囲む, 取り巻く
- The town is *surrounded* by hills.
その町は丘に囲まれている.

派生語 surrounding 形 名

**surrounding** B1 [səráundiŋ サラウンディング]
—形 《名詞の前にのみ用いる》周りの, 周囲の
—名 《surroundingsで》環境, 周囲の状況

**survey** 3級 A1 (★動と名でアクセント位置が異なる)
—動 [sərvéi サヴェイ] 他 ❶ …を見わたす, 概観する ❷ …を調査する；…を測量する
—名 [sə́ːrvei サーヴェイ] C ❶ 調査；測量
- conduct a *survey* about ...
…について調査する
❷ 概観, 概説

**survival** B1 [sərváivəl サヴァイヴァル] 名 U 生き残ること, 生存；C 生き残ったもの, 遺物

**survive** 準2級 A2 [sərváiv サヴァイヴ] 動
—他 (災害など)から死を免れる；…より長生きする
- Only two passengers *survived* the accident.
その事故で生き残った乗客は2人だけだった.
—自 生き残る
派生語 survival 名, survivor 名

**survivor** B1 [sərváivər サヴァイヴァ] 名 C 生存者, 生き残った人

**Susan** [súːzən スーザン] 名 スーザン(►女性の名. 愛称はSue, Susie)

**sushi** [súːʃi スーシ] 名 U すし
- a *sushi* restaurant すし屋(店)

**Susie** [súːzi スーズィ] 名 スージー(►女性の名. Susanの愛称)

**suspect** B1 (★動と名でアクセント位置が異なる)
—動 [səspékt サスペクト] 他 ❶ (人)を怪しいと思う, 疑う
- The man is *suspected of* murder.
その男には殺人の容疑がかかっている.

❷ …ではないかと思う(=suppose)(▶doubt は「…ではないと思う」)
- I *suspect* (*that*) he is not telling the truth. 彼は真実を語っていない(のではないか)と思う.(=I doubt (that) he is telling the truth.)

―名[sǽspekt サスペクト] C 容疑者

**suspend** B2 [səspénd サスペンド] 動他 ❶ …をつるす, 掛(か)ける(=hang)
- A lamp was *suspended* from the ceiling. ランプが天井(じょう)から下がっていた.

❷ (一時的に)…を中止する, 停止する;(人)を停学[停職]にする

**suspender** [səspéndər サスペンダァ] 名 C 《ふつう suspenders で》 ⊛ ズボン[スカート]つり, サスペンダー

**suspense** [səspéns サスペンス](★アクセント位置に注意) 名 U (何が起こるか, どうなるかと)はらはらすること;(小説・映画などの)サスペンス

**suspicion** B1 [səspíʃən サスピション] 名 U C 疑い;(犯罪などの)容疑
派生語 suspicious 形

**suspicious** B2 [səspíʃəs サスピシャス] 形 ❶ (物事・人が)疑わしい;怪(あや)しい ❷ 疑い深い

**sustain** B2 [səstéin サステイン] 動他 …を支える, 持続させる, 維持(じ)する
- *sustain* life 生命を維持する
- The ice will not *sustain* your weight. その氷に乗ったら割れちゃうよ.(⇔その氷はあなたの体重を支えられない)

**sustainability** [səstèinəbíləti サステイナビィラティ] 名 U 持続可能性, 持続[維持(じ)]できる力, サステナビリティー

**sustainable** [səstéinəbl サステイナブル] 形 持続[維持(じ)]可能な, 持ちこたえられる, 耐えられる
- "*sustainable* cities and communities" 「住み続けられるまちづくりを」(⇔持続可能な都市とコミュニティ)(▶国連で採択(たく)されたSDGs(持続可能な開発目標)の11番目の目標)

**Swahili** [swɑhíːli スワーヒーリィ] 名 (複 Swahili, Swahilis[-z]) C スワヒリ語を話す人; U スワヒリ語(▶東アフリカの言語)

**swallow**¹ [swɑ́lou スワロゥ | swɔ́- スウォ-] 名 C 〖鳥〗つばめ

**swallow**² A2 [swɑ́lou スワロゥ | swɔ́- スウォ-] 動他自 ❶ (食べ物・飲料などを)飲みこむ ❷ 《話》 (人の話など)を鵜(う)呑みに受ける

## swam 4級 [swǽm スワム]
動 swim(泳ぐ)の過去形

**swamp** [swɑ́mp スワンプ | swɔ́mp スウォンプ] 名 C U 沼地(ぬまち), 湿地(しっち)

**swan** B2 [swɑ́n スワン | swɔ́n スウォン] 名 C 〖鳥〗白鳥

**swarm** B1 [swɔ́ːrm スウォーム]
―名 C (虫・鳥・人などの)群れ
―動自 群がる

**sway** [swéi スウェイ]
―動自他 ❶ 前後[左右]に揺(ゆ)れる;…を前後[左右]に揺らす ❷ (考えなど)を変えさせる, …を動揺(どうよう)させる
―名 揺れること;動揺

**swear** B1 [swéər スウェア] 動 (過去 swore [swɔ́ːr スウォア]; 過分 sworn [swɔ́ːrn スウォーン])
―他 …を誓(ちか)う, 宣誓(せい)する;…だと断言する
- He *swore* to tell the truth. 彼は真実を述べると誓った.
- She *swore* (*that*) she would never be late again. 彼女は二度と遅刻(こく)しないと誓った.
―自 誓う;ののしる, 毒づく

**sweat** A2 [swét スウェット]
―名 U 汗(あせ)
- She wiped the *sweat* off her brow. 彼女は額の汗をぬぐった.
―動 (過去・過分 sweated [-id], sweat) 自 汗をかく
派生語 sweater 名

## sweater 準2級 A2
[swétər スウェタァ](★「セーター」でないことに注意)
名 (複 sweaters[-z]) C セーター
- wear a *sweater* セーターを着る

**sweatpants** [swétpænts スウェットパンツ] 名 C スウェットパンツ

**sweatshirt** [swétʃəːrt スウェットシャート] 名 C スウェットシャツ, トレーナー

**Swede** [swíːd スウィード] 名 C スウェーデン人(▶スウェーデン人全体は the Swedish)

**Sweden** 2級 [swíːdn スウィードゥン] 名 スウェーデン(▶北ヨーロッパにある王国. 首都はストックホルム(Stockholm))
派生語 Swedish 形名

**Swedish** 2級 [swíːdiʃ スウィーディッシュ]
―形 スウェーデンの;スウェーデン人[語]の
―名 ❶ 《the Swedish で》《複数扱い》スウェーデン人(全体)(▶個人をさすときは a Swede を用いる) ❷ U スウェーデン語

## sweep B2 [swíːp スウィープ]
―動 (三単現 sweeps[-s]; 過去・過分 swept [swépt スウェプト]; 現分 sweeping)
―他 ❶ (ほうきなどで部屋など)を掃(は)く, 掃除(そうじ)する
- *sweep* the floor with a broom

## sweet

床(%)をほうきで掃く
- We *swept up* the fallen leaves.
私たちは落ち葉を掃き集めた.

❷ …を吹(%)き飛ばす, 押(%)し流す
- The flood *swept away* many bridges.
洪水(%)が多くの橋を押し流した.

— 自 掃く, 掃除する

— 名 (複 sweeps[-s]) C 掃除, 掃くこと；一掃

## sweet 5級 A1 [swíːt スウィート]

— 形 (比較 sweeter; 最上 sweetest) ❶ 甘(%)い (►「すっぱい」はsour,「苦い」はbitter)；(酒などが)甘口の(⇔dry 辛口(%)の)

sweet

sour

bitter

- *sweet* cakes 甘いケーキ
- I like *sweet* things. 私は甘党だ.

❷ (声などが)耳に快い, 美しい；香りのよい, 気持ちのよい
- a *sweet* voice すてきな声
- Lilies smell *sweet*. ゆりはよい香りがする.

❸ 感じのよい, 優(%)しい, かわいい
- a *sweet* smile かわいい笑顔
- *It's* very *sweet of* you *to* come. = You're very *sweet* to come.
よくいらっしゃいました.

— 名 (複 sweets[-ts -ツ]) ((sweets で)) 英 (ケーキ・キャンディーなどの)砂糖菓子(%)(=米candy)；英甘いデザート(=米dessert)

### sweetheart [swíːthɑ̀ːrt スウィートハート]

名 C 恋人(%)；ねえ, 君(►古めかしい言い方. 夫婦や恋人への呼びかけ)

### sweet pea [swíːt píː スウィート ピー] 名 [植物] スイートピー

### sweet potato [swíːt pətèitou スウィート ポテイトウ | swíːt pətéitou スウィート ポテイトウ] 名 C [植物] さつま芋(%)

### swell B1 [swél スウェル]

— 動 (過分 swelled[-d], swollen[swóulən スウォウルン])
— 自 膨(%)らむ；はれ上がる；増える, 増大する
- His wrist began to *swell*.
彼の手首ははれてきた.
— 他 …を膨らませる；…を増大させる

— 名 U|C 膨張(%)；(波の)うねり

### swept [swépt スウェプト] 動 sweep (掃(%)く) の過去形・過去分詞

### swift B2 [swíft スウィフト] 形 (動作が)速い, 敏速(%)な (=quick ⇔slow のろい)

派生語 swiftly 副

### swiftly [swíftli スウィフトゥリィ] 副 速く, 敏速(%)に

## *swim 5級 A1 [swím スウィム]

— 動 (三単現 swims[-z]；過去 swam[swǽm スワム]；過分 swum[swʌ́m スワム]；現分 swimming) 自

❶ 泳ぐ, 水泳をする
- *swim* in the pool プールで泳ぐ
- *swim* across the river 川を泳いで渡(%)る
- Let's go *swimming* in the river. 川へ泳ぎに行こう. (►to the river としないこと)

❷ (頭などが)ふらつく, めまいがする

— 名 (複 swims[-z]) C ((ふつう a swim で)) 泳ぐこと, 水泳
- go for *a swim* 泳ぎに行く

派生語 swimmer 名, swimming 名

### swimmer 2級 B1 [swímər スウィマァ] 名 C 泳ぐ人

- He is a very good *swimmer*.
彼は泳ぎがとてもうまい.

### swimming 5級 A1 [swímiŋ スウィミング]

— 動 swim (泳ぐ) の現在分詞・動名詞
— 名 U 泳ぐこと, 水泳

---

表現メモ

**泳ぎ方のいろいろ**
backstroke 背泳ぎ
breaststroke 平泳ぎ
butterfly バタフライ
diving 飛び込み, 潜水(%)
dog paddle 犬かき
freestyle 自由形(クロール)

---

### swimming costume A2 [swímiŋ kàstuːm スウィミング カストゥーム | - kɔ̀stjuːm - コステューム] 名 C 英 (女性用の)水着

### swimming pool A1 [swímiŋ pùːl スウィミング プール] 名 C プール

### swimming trunks [swímiŋ trʌ̀ŋks スウィミング トゥランクス] 名 C 水泳パンツ

### swimsuit 準2級 A2 [swímsùːt スウィムスート] 名 C (トランクスタイプではない)水着

### swing B2 [swíŋ スウィング]

— 動 (過去・過分 swung[swʌ́ŋ スワング])
— 他 …を振(%)る, 振り動かす；…をぐるりと回す, 回転させる
- *swing* a racket ラケットを振る
— 自 (振り子のように)揺(%)れる, ぶらぶら動く；回転する, ぐるりと回って…になる
- The kitchen door *swung* open.
台所のドアがバタンと開いた.

― 名 C ❶振ること, 一振り, スイング; 振動(どう) ❷ぶらんこ

**swipe**[swáip スワイプ] 動他自 …を強打する; (カードなど)を機械に通す;(スマートフォンなどのタッチスクリーン上で)スワイプする

**Swiss**[swís スウィス]
― 形 スイスの; スイス人の; スイス製の
― 名 (複 Swiss)(▶単複同形) C スイス人;《the Swissで》《複数扱い》スイス人(全体)(▶国名の「スイス」はSwitzerland)

**switch** B1 [swítʃ スウィッチ]
― 名 (複 switches[-iz]) C ❶【電気】スイッチ
・turn on [off] a *switch* (テレビ・ラジオ・明かりなどの)スイッチを入れる[切る]
❷(意見・計画などの)(思いがけない)変更(こう), 転換(かん)
― 動 (三単現 switches[-iz])
― 他 ❶…のスイッチをひねる
・*switch on* [*off*] the lights 明かりのスイッチを入れる[切る]
❷…を変える
・I *switched* positions *with* her. 私は彼女と位置を交替(たい)した.
― 自 切り替える(=exchange)

**Switzerland**[switsərlənd スウィッツァランド] 名 スイス(▶ヨーロッパ中部の共和国. 首都はベルン(Bern))→Swiss

**swollen** B1 [swóulən スウォウルン] 動 swell(膨(ふく)らむ; 膨らませる)の過去分詞の1つ

**sword** B1 [sɔ́ːrd ソード](★このwは発音しない) 名 C 刀, 剣(けん)
・The pen is mightier than the *sword*. (諺)ペンは剣より強し. (▶「文の力は武力よりも強い」ということ)

**swore**[swɔ́ːr スウォァ] 動 swear(誓(ちか)う)の過去形

**sworn**[swɔ́ːrn スウォーン] 動 swear(誓(ちか)う)の過去分詞

**swum** [swám スワム]
動 swim(泳ぐ)の過去分詞

**swung**[swáŋ スワング] 動 swing(振(ふ)る; 揺(ゆ)れる)の過去形・過去分詞

**Sydney** 5級 [sídni スィドゥニィ]
名 シドニー(▶オーストラリア最大の都市)

**syllable** B2 [síləbl スィラブル] 名 C 音節, シラブル(▶単語において, 主に母音の発音を含(ふく)んだ1つの区切りのこと)

**symbol** 準2級 A2 [símbəl スィンバル]
名 (複 symbols[-z]) C ❶象徴(しょう), シンボル

 **systematic**

・a *symbol of* peace 平和の象徴
❷記号, 符号(ごう)(=sign)
派生語 symbolic 形

**symbolic**[simbɑ́lik スィンバリック] 形 象徴(しょう)的な

**sympathetic** B2 [sìmpəθétik スィンパセティック] 形 思いやりのある; 共感する
・The teacher was *sympathetic to* my idea. 先生は私の考えに共感してくれた.

**sympathize** B2 [símpəθàiz スィンパサイズ](▶英ではsympathiseとつづる)動自 ❶同情する
・He *sympathized with* that girl. 彼はその女の子に同情した.
❷共感する, 賛成する

**sympathy** B1 [símpəθi スィンパスィ] 名 (複 sympathies[-z]) ❶ U 同情
・The teacher felt *sympathy for* the student. 先生はその生徒に同情した.
❷ U C 共感, 賛成
派生語 sympathetic 形, sympathize 動

**symphony** A2 [símfəni スィンファニィ] 名 (複 symphonies[-z]) C 交響(こう)曲, シンフォニー
・a *symphony* orchestra 交響楽団

**symptom** B1 [símptəm スィンプタム] 名 C (病気などの)徴候(ちょう); (一般に)印, 兆(きざ)し

**synonym** B2 [sínənìm スィナニム] 名 C 同義語, 類義語(⇔antonym 反意語)

**synthesizer** [sínθəsàizər スィンササイザァ] 名 C【楽器】シンセサイザー

**Syria**[síliə スィリァ] 名 シリア(▶中東にある共和国. 首都はダマスカス(Damascus))

**syrup** 2級 [sírəp スィラップ] 名 U シロップ(▶砂糖や果汁(じゅう)を煮詰(につ)めた甘(あま)い汁(しる))
・maple *syrup* メープルシロップ

**system** 準2級 A2 [sístəm スィスティム]
名 (複 systems[-z]) ❶ C 体系, 系統, …網(もう); システム
・the solar *system* 太陽系
・a computer *system* コンピュータシステム
❷ C 制度, 組織
・Japanese school *system* 日本の学校制度
❸ C (体系的)方法, 方式; U (整然とした)手順
派生語 systematic 形

**systematic** B1 [sìstəmǽtik スィスティマティック] 形 組織的な, 系統立った, 体系的な

# T, t

T t

**T, t** [tí: ティー] 名 (複 T's, Ts, t's, ts[-z]) C 英語アルファベットの第20字

**t.** ton(s)(トン)の略

**tab** [tǽb タブ] 名 C (缶(%)を開けるためのの)つまみ, プルタブ(＝pull-tab); (ファイルなどの外側にとび出してつける)ラベル; 勘定書(かんじょう)(＝bill); 〖コンピュータ〗タブキー(＝tab key), タブ

## *table 5級 A1 [téibl テイブル]

名 (複 tables[-z]) C ❶ **テーブル**, 食卓(しょく), 台(▶食事・会議・ゲーム・作業などのためのもの) → desk くらべて!

- a dining *table* 食卓
- a *table* lamp 卓上スタンド
- put some flowers on the *table*
  テーブルの上に花を置く
- reserve a *table* for four (レストランなどの)4人用のテーブルを予約する
- a *table* mat テーブルマット, なべ敷(し)き

――― 表現メモ ―――

**いろいろなtable**
billiard table ビリヤード台
card table トランプ用テーブル
coffee table コーヒーテーブル(▶ソファー用の低いテーブル)
kitchen table 台所用テーブル
work table 作業台

❷ 表(ひょう), 一覧表(＝list)
- a *table* of contents (本の)目次
- a multiplication *table* (掛(か)け算の)九九表

***at (the) table*** 食事中で, 食卓に着いて(▶⊕ではふつうtheをつける)
- We sat *at (the) table*.
  私たちは食卓に着いた.

***clear the table*** 食卓のあと片づけをする
***set [lay, spread] the table*** 食卓の用意をする

**tablecloth** B2 [téiblklɔ̀:θ テイブルクロース|-klɔ̀θ -クロス] 名 (複 tablecloths[-s, -ðz]) C テーブルクロス
- spread a *tablecloth* on the table
  テーブルクロスをテーブルにかける

**table manners** [téibl mǽnərz テイブル マナーズ] 名 《複数扱い》テーブルマナー, 食事作法

**tablespoon** A2 [téiblspù:n テイブルスプーン] 名 C (各自の皿に取り分けるためのの)食卓(しょく)用スプーン; 大さじ(1杯(ぱい)の分量)

**tablet** 2級 B1 [tǽblit タブリット] 名 C ❶ 錠剤(じょう)→ medicine ❷ 銘板(めい)(▶平らな木・石などに銘を刻んだ物) ❸ はぎ取り式便せん[メモ帳] ❹ 〖コンピュータ〗タブレット型コンピュータ

**table tennis** 準2級 A2 [téibl tènis テイブル テニス] 名 U 卓球(たっ), ピンポン(＝ping-pong)(▶Ping-Pongは⊕の商標) → スポーツ【口絵】

**taboo** [təbú: タブー] 名 (複 taboos[-z]) C タブー(▶話題にしたり近づいたりしてはいけないとされるもの); (一般に)禁句, 禁制

**tackle** B2 [tǽkl タックル]
― 名 C (ラグビーなどのの)タックル
― 動 他 (人)にタックルする; (仕事など)に取り組む

**taco** 準2級 [tá:kou ターコゥ] 名 (複 tacos[-s]) C タコス(▶とうもろこしの粉で作った皮に肉や野菜をはさんだメキシコ料理) → 食べ物【口絵】

**tadpole** [tǽdpòul タッドゥポウル] 名 C 〖動物〗おたまじゃくし

**tag¹** B2 [tǽg タッグ] 名 C 下げ札, 荷札
- a name [price] *tag* 名札[値札]

**tag²** [tǽg タッグ] 名 U 鬼(おに)ごっこ
- Let's play *tag*. You're it!
  鬼ごっこをしようよ. 君が鬼だよ！(▶itは鬼を指す) → it 名

**tag question** [tǽg kwèstʃən タッグ クエスチョン] 名 C 〖文法〗付加疑問(▶平叙(じょ)文の後にisn't it?, aren't you?などをつけた疑問文. 例: We were in the same class, *weren't we?* 私たち同じクラスだったよね)

## tail B2 [téil テイル] (★同音 tale 話)

名 (複 tails[-z]) C ❶ (動物の)**しっぽ**, 尾(お); 尾に似た物 → fish ❷ 図
- the *tail* of a comet すい星の尾

- My dog is wagging his *tail*.
 私の犬がしっぽを振(ふ)っている.
❷後部；末尾；(衣類などの)すそ
❸《ふつう tails で》《単数扱い》(硬貨(こうか)の)裏面(めん), 裏(⇔heads 表(おもて))
- Heads or *tails*?
 (硬貨を投げて)表か裏か.

**taillight**[téillàit テイルライト](★この gh は発音しない)名 C (自動車などの)尾灯(び とう)

**tailor**[téilər テイラァ]名 C 紳士(し)服を仕立てる人, 洋服店(⇔dressmaker 婦人服を仕立てる人)

**Taipei**[tàipéi タイペイ]名 タイペイ(台北)(▶台湾(たいわん)の中心都市)

**Taiwan** 3級 [táiwɑ́ːn タイワーン]名 台湾(たいわん)(▶中国大陸南東岸から台湾海峡(きょう)を隔(へだ)てた位置にある島. 中心都市はタイペイ(台北)(Taipei))

**Tajikistan**[tədʒíːkistæn タヂーキスタン | tɑːdʒikistɑ́ːn ターヂキスターン]名 タジキスタン(▶中央アジアに位置する共和国. 首都はドゥシャンベ(Dushanbe))

**Taj Mahal**[tɑ̀ːdʒ məhɑ́ːl ターヂ マハール]名《the Taj Mahal で》タージ・マハール(▶インドのアグラ(Agra)にある白大理石の霊廟(れいびょう))

## *take 5級 A1 [téik テイク]

動 他 ❶ (手に)…を取る
❷ (人)を連れて行く；(物)を持って行く
❸ (乗り物)に乗る
❹ (時間・場所・手間など)がかかる
❺ …を手に入れる
❻ (写真)を撮(と)る
❼ (講義・試験など)を受ける
❽ (薬・飲み物など)を飲む
❾ …をする
❿ …を引く
⓫ …を買う
⓬ (言葉など)を受け止める
⓭ (体温・脈など)を計る

動(三単現 takes[-s]; 過去 took[túk トゥック]; 過分 taken[téikən テイクン]; 現分 taking)他

# take

❶ (手に)…を取る, つかむ；…を捕(と)らえる
- My mother *took* a book from the shelf.
 母は棚(たな)から本を取った.
- I *took* her hand. 私は彼女の手を取った.
- The security guard *took* me by the arm.
 ガードマンは私の腕(うで)をつかんだ. (▶by my arm は×.「the ＋〈体の部分を表す名詞〉」で表す)
- Mary *took* the baby in her arms.
 メアリーは赤ん坊(ぼう)を腕に抱(だ)き上げた.

> **くらべてみよう！ put と take**
> put は「(何かもの)をある位置[状態]に持って行く」ことを表し, take は「(置かれたもの)を取る」ことを意味します. → put くらべて!

❷ (人)を連れて行く；(物)を持って行く
(⇔bring 持って来る)→ bring くらべて!
- My father *took* me to the aquarium.
 父は私を水族館に連れて行ってくれた.
- This bus will *take* you to the zoo.
 このバスに乗れば動物園へ行けます. (⇔このバスはあなたを動物園へ連れて行く)
- *Take* your umbrella with you.
 傘(かさ)を持って行きなさい.

**take ＋〈人〉＋〈物〉＝take ＋〈物〉＋ to ＋〈人〉**
〈人〉に〈物〉を持って行く
- Jim *took* her some flowers. ＝ Jim *took* some flowers *to* her. → for 前 ❶ ポイント!
 ジムは彼女に花を持って行った.

❸ (乗り物)に乗る, 乗って行く
- *take* a taxi [bus, train, plane]
 タクシー[バス, 列車, 飛行機]に乗る
- We *took* the elevator to the fifth floor.
 私たちは5階までエレベーターを使った.

❹ (時間・場所・手間など)がかかる, …を取る, 要する (▶しばしば it を主語にする)
- *Take* your time.

# take

ゆっくりやりなさい．，急がなくていいですよ．
- His training *took* three weeks.
彼の訓練は3週間かかった．
- *It takes*（me）twenty minutes *to* walk to school.
学校まで歩いて20分だ．（►この it は to walk to school をさす．It takes twenty minutes for me to walk to school. は×）

**話してみよう！**
☺ How long does *it take*（you）*to* get to the station by bicycle?
自転車で駅に行くのにどのくらいかかりますか．
☻ *It takes*（me）ten minutes.
10分かかります．

❺ …を手に入れる；…を受け取る，もらう（⇔ give 与(あた)える）
- Miki *took* the gold medal in the marathon.
ミキはマラソンで金メダルを取った．
- Can I *take* your order, please?
ご注文をお聞きしましょうか．（►レストランなどで）

❻（写真）を撮る；（記録など）を取る；…を書き取る
- Could you *take* a picture of us?
私たちの写真を撮っていただけますか．
- She *took* notes of the lecture.
彼女はその講義のメモを取った．

❼（講義・試験など）を受ける；（席など）を取る；…を選ぶ
- *take* an English lesson
英語の授業を受ける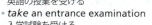
- *take* an entrance examination
入学試験を受ける
- She *took* a window seat in the train.
彼女は列車の窓側の席を取った．
- Please *take* your seat, everyone.
みなさん，ご着席ください．

❽（薬・飲み物など）を飲む；…を吸う（►「薬を飲む」場合は液体でも drink は用いない）→ drink
**ポイント！**
- *Take* this medicine three times a day.
1日3回この薬を飲みなさい．
- *take* a deep breath
息を深く吸いこむ

❾《take＋〈動作を表す名詞〉で》…をする，行う
- *take* a nap
うたた寝(ね)をする
- *take* a trip to Hokkaido
北海道に旅行する

**ここがポイント！** take＋〈動作を表す名詞〉

take＋〈動作を表す名詞〉はしばしばその名詞の動詞形で同じ意味を表せます．名詞を使う表現は特に《話》でよく使われます．
- *take* a bath ふろに入る ＝bathe 動
- *take* a glance（at ...）（…を）ちらっと見る ＝glance 動
- *take* a look（at ...）（…を）（ひと目）見る ＝look 動
- *take* a rest 一休みする ＝rest 動
- *take* a shower シャワーを浴びる ＝shower 動
- *take* a walk 散歩する ＝walk 動

take＋〈形容詞〉＋〈動作を表す名詞〉
- *take* a **nice** drive 楽しいドライブをする
- *take* a **big** risk 大きな危険を冒(おか)す
nice, big のような形容詞をつけることで，動作の様子をより細かく説明できます．

❿ …を引く；…を取り去る
- If you *take* 7 from 10, you get 3.
10から7を引けば3になる（10－7＝3）．

⓫ …を買う；（家など）を借りる；《英》（新聞など）を購読(こうどく)する
- I'll *take* this watch. この時計にします．（►店員に向かって買うことを告げる場合）
- What newspaper do you *take*?
新聞は何を取っていますか．

⓬（言葉など）を受け止める；思う
- John *took* it as a joke at first.
ジョンは最初はそれを冗談(じょうだん)だと思った．

⓭（体温・脈など）を計る，調べる；（寸法など）を取る
- Let me *take* your temperature［pulse, blood pressure］.
あなたの体温［脈，血圧］を計らせてください．

***take after ...*** （親など）に似ている（＝ resemble）
- Anne *takes after* her mother.
アンは母親に似ている．

***take away ...*** …を持ち去る，連れ去る；《英》（買った飲食物）を持ち帰る
- Don't *take away* this magazine from my room.
この雑誌をぼくの部屋から持ち出さないで．

***take back ...*** …を取り返す，連れ戻(もど)す；…を返す，返品する；（言葉）を取り消す
- My father *took back* the car to Mia.
父は車をミアに返した．
- That shirt was too big so I *took* it *back*.

シャツが大きすぎたので返品した.
***take care*** 気をつける, 注意する→care 名(成句)
***take care of ...*** …に気をつける; …の世話をする, …を大事にする→care 名(成句)
***take down ...*** …を書き留める; …を降ろす; (建物など)を取りこわす
***take ... for ~*** …を~だと思う; …を~と間違える
- He *took* me *for* my twin brother.
彼は私を双子の兄[弟]と間違えた.
***take in ...*** …を取り入れる, 持ちこむ; 《話》(人)をだます, 引っかける
***take it easy*** 気楽にする→easy(成句)
***take off ...*** (身につけている服など)を脱ぐ, 外す(⇔put on 身につける); …を取り除く; (飛行機が)離陸する(⇔land 着陸する)
- He *took off* his shoes [glasses].＝He *took* his shoes [glasses] *off*.
彼は靴を脱いだ[眼鏡を外した].
***take on*** (仕事など)を引き受ける; (性質・様相など)を帯びる
***take out ...*** …を取り出す, 連れ出す; …を取り除く, 抜く
- She *took out* a handkerchief.
彼女はハンカチを取り出した.
***take ... out of ~*** ~から…を取り出す
- He *took* a key *out of* his pocket.
彼はポケットからかぎを取り出した.
***take over ...*** (仕事など)を引き受ける, (経営など)を取り仕切る, 乗っ取る; (事業など)を引きつぐ
- Lisa has to *take over* the shop.
リサはその店をつがなければならない.
***take part in ...*** …に参加する→part 名(成句)
***take place*** (事が)起こる; (予定された行事などが)行われる→place(成句)
***take to ...*** …が好きになる, …になつく; …が習慣になる
***take up ...*** …を取り上げる, 持ち上げる; …を始める; (時間・場所など)を取る
- My teacher decided to *take up* jogging.
先生はジョギングを始めることにした.

**takeaway** B1 [téikəwèi テイカウェイ] 名形(英)
＝(米)takeout

# taken 3級 [téikən テイクン]
動 take(取る)の過去分詞

**takeoff, take-off** B1 [téikɔ̀ːf テイコーフ|-ɔ̀f -オフ](★アクセント位置に注意) 名 UC (飛行機などの)離陸, 出発(⇔landing 着陸)

**takeout** [téikàut テイカウト](★アクセント位置に注意)
— 名 C (米)持ち帰り用飲食物[店](＝(英)takeaway)
— 形 (米)(飲食物が)持ち帰りの(＝(英)takeaway)

**taking** [téikiŋ テイキング] 動 take(取る)の現在分詞・動名詞

**tale** 2級 B1 [téil テイル](★同音 tail しっぽ) 名 C 話, 物語
- a fairy *tale* おとぎ話, 童話
***tell tales*** 告げ口する; 悪いうわさを立てる

**talent** A2 [tǽlənt タラント](★アクセント位置に注意) 名
❶ UC 才能
- a *talent* for music 音楽の才能
- an exceptional *talent*
類まれなる才能
❷ U 《単数・複数扱い》才能のある人々(►talent に「芸能人, タレント」の意味はない→personality❷)
派生語 talented 形

**talented** B1 [tǽləntid タランティド] 形 才能のある, 有能な

# *talk 5級 A1 [tɔ́ːk トーク]
— 動 (三単現 talks[-s]; 過去・過分 talked[-t]; 現分 talking)
— 自 話す, しゃべる; 話し合う(►打ち解けて話をすること. 「英語を話す」などと言うときは speakのほうがふつう)→say くらべて!
- The baby began to *talk*.
その赤ん坊はしゃべり始めた.
- My mother *talks* too much.
母はおしゃべりだ.
- Stop *talking*. おしゃべりをやめなさい.
— 他 …のことを話す, 論じる
- They are *talking* politics.
彼らは政治の話をしている.
***talk about ...*** …について話す; …のうわさをする
- Judy *talked about* her dream.
ジュディは自分の夢について話した.
- What are you *talking about*? 何の話をしているのですか. (►問いただすような口調で「なんてことを言うんだ」の意味にもなる)
- Don't *talk about* others behind their backs.
陰口を言ってはいけない.
***talk back*** 《話》口答えする, 言い返す
- You must not *talk back to* your parents.
親に口答えしてはいけない.
***talk big*** 《話》大きいことを言う, ほらを吹く
***talk of ...*** …について話す; …のうわさをする(►「…について話す」の意味では, talk about …のほうがよく使われる)

## talkative

***talk over*** …についてよく話し合う, 相談する
- We *talked over* the future.
  私たちは将来のことについてよく話し合った.

***talk to ...*** (人)と話をする, 話し合う; (人)に話しかける
- I *talked to* my friend on the phone.
  私は友達と電話で話した.
- Please don't *talk to* me.
  私に話しかけないでください.

***talk to*** *oneself* ひとり言を言う (► say to *oneself* は「心の中で思う[考える]」)

> 話してみよう！
> ☺What did you say?
> 何て言ったの？
> ☻Sorry, I was just *talking to myself*.
> ごめん, ただのひとり言だよ.

***talk with ...*** (人)と相談する, 話し合う
- I'm going to *talk with* my teacher about it. それについては先生と相談するつもりだ.

***talking of ...*** 《話》…と言えば
- *Talking of* New York, have you ever been there in the winter? ニューヨークと言えば, 冬に行ったことがありますか.

— 名 (複 talks[-s]) ❶ⓒ 話, おしゃべり; 話し合い; (短い)講演
- I had a long *talk* with my friend.
  私は友達と長い時間話した.

❷《talksで》会談
❸Ⓤ《ふつうthe talkで》《話》うわさ, 話の種
派生語 talkative 形

**talkative** B1 [tɔ́:kətiv トーカティヴ] 形 話好きな, おしゃべりな

## *tall 5級 A1 [tɔ́:l トール]

— 形 (比較 taller; 最上 tallest) ❶ 高い, 背が高い (⇔ short 背が低い) (► 人間のほか, 細長くて高いものについて使う) → high くらべて！
- a *tall* boy 背の高い少年
- a *tall* building [tree, tower]
  高いビル[木, 塔]
- I am *taller* than Bill. 私はビルより背が高い.
- Who is the *tallest* in your class?
  あなたのクラスでいちばん背が高いのはだれですか.

❷ (背の)高さが…で
- "How *tall* are you?" "I am one meter and fifty-five centimeters (*tall*)."
  「身長はどのくらいですか」「1メートル55センチです」(► 答えではtallはしばしば省略される)

❸ 大げさな, 信じられない
- a *tall* tale [story]
  大げさな話, 信じられない話

**tambourine** [tæ̀mbərí:n タンバリーン] (★「タンバリン」でないことに注意) 名 ⓒ 〖楽器〗タンバリン

**tame** B2 [téim テイム]
— 形 ❶ (動物が人に)なれた, 飼いならされた (⇔ wild 野生の) ❷ 従順な, おとなしい
— 動 他 (動物)を飼いならす
派生語 tamer 名

**tamer** [téimər テイマァ] 名 ⓒ (動物の)調教師
- a lion *tamer* ライオンの調教師, ライオン使い

**Tamil** [tǽmil タミル] 名 (複 Tamils[-z], Tamil) ⓒ タミル族(の人) (► インド南部やスリランカなどに住む); Ⓤ タミル語

**tan** B2 [tǽn タン]
— 名 ❶ (健康的な)日焼け (= suntan)
❷Ⓤ 黄褐色(おうかっしょく)
- You have a nice [beautiful] *tan*.
  こんがり[きれいに]日に焼けてるね.
- I got a *tan*. 日焼けした.
— 動 (過去・過分 tanned[-d]; 現分 tanning) 他 自
❶ (肌)を日焼けさせる; (肌が)日に焼ける
❷ (皮)をなめす

**tangerine** [tæ̀ndʒərí:n タンヂャリーン] 名 ⓒ 〖植物〗タンジェリン (► 北アフリカ原産で, 日本のみかんに似る)

**tangle** [tǽŋgl タングル] 動 他 自 (糸など)をもつれさせる; もつれる

**tank** B1 [tǽŋk タンク] 名 ⓒ ❶ (水・油などを入れておく)タンク ❷ 戦車, タンク
派生語 tanker 名

**tanker** [tǽŋkər タンカァ] 名 ⓒ タンカー (► 石油などを運ぶ船); タンクローリー車

**Tanzania** [tæ̀nzəní:ə タンザニーア] 名 タンザニア (► アフリカ東部にある英連邦(えいれんぽう)内の共和国, 首都はドドマ (Dodoma))

**tap¹** B2 [tǽp タップ]
— 動 (過去・過分 tapped[-t]; 現分 tapping)
— 他 …を軽くたたく, コツコツ[トントン]たたく
- He *tapped* me on the back.
  彼は私の背中をポンとたたいた.
— 自 軽くたたく, コツコツ[トントン]たたく

# taxi

- *tap* on [at] the door 戸をトントンたたく
- **名** C 軽くたたくこと；コツコツ[トントン]たたく音

**tap²** A2 [tǽp タップ] **名** C ❶ 《米》(水道などの)蛇口(ぐち) → bathroom 図, (ガスなどの)栓(せん) (=《米》faucet)
- turn on [off] the *tap* = turn the *tap* on [off] 蛇口を開ける[閉める]
- *tap* water 水道水
❷ (たるの)飲み口, 栓

## tape 準2級 A2 [téip テイプ]

— **名** (複 tapes[-s]) C U ❶ (細長い紙・布などの)**テープ**；接着用のテープ
- a roll of *tape* テープ1巻
❷ 録音[録画]テープ
❸ (ゴールライン用の)テープ
- reach the finish *tape* テープを切る, 1着になる

— **動** (三単現 tapes[-s], 過去・過分 taped[-t], 現分 taping) 他 ❶ …をテープで縛(しば)る；…にテープをはる ❷ …をテープに録音[録画]する

**tape measure** [téip mèʒər テイプ メジャァ] **名** C 巻き尺

**tape recorder** [téip rikɔ̀ːrdər テイプ リコーダァ] **名** C テープレコーダー

**tar** [tɑ́ːr ター] **名** U タール (▶石炭・木材などを乾留(かんりゅう)したときできる黒い油状の液)

**target** A2 [tɑ́ːrgit ターギット] **名** C ❶ (射撃(しゃげき)などの)的, 標的；(批判などの)的 ❷ (学習・仕事などの)目標 (=aim), 達成目標

**tart** [tɑ́ːrt タート] **名** C U タルト (▶果物などの入った上面の皮のないパイ)

**tartan** [tɑ́ːrtn タートゥン] **名** U タータン (▶スコットランド高地地方の格子(こうし)じまの毛織物)

**Tarzan** [tɑ́ːrzən ターザン] **名** ターザン (▶米国のエドガー・ライス・バローズ作の一連のジャングル冒険(ぼうけん)小説の主人公)

**task** 準2級 A2 [tǽsk タスク | tɑ́ːsk タースク] **名** C (課せられた)仕事, 課題；(果たすべき)任務 (=duty) → work くらべて!

## taste 2級 B1 [téist テイスト]

— **動** (三単現 tastes[-ts -ツ], 過去・過分 tasted[-id], 現分 tasting)
— 自 (食べ物が…の)**味がする** (▶この意味では進行形にしない)
- "What does it *taste* like?" "It *tastes* like onions." 「それは何の味がしますか」「玉ねぎのような味がします」
- This soup *tastes of* garlic. このスープはにんにくの味がする.

**ここがポイント!** tasteの使い方

**taste** +〈形容詞〉「…の味がする」
(tasteの後に副詞は使えない)
- *taste* sweet〈形容詞〉 甘い味がする
**taste of** +〈名詞〉「…の味がする」
- *taste* of fish〈名詞〉 魚の味がする

— 他 …の味見をする
- *taste* the soup スープの味をみる

— **名** (複 tastes[-ts -ツ]) ❶ C U 味, 風味；U 味覚
- How do you like the *taste* of this coffee? このコーヒーの味はいかがですか.
❷ C U (…に対する)**好み**；U (個人・ある時代などの)趣味(しゅみ)
- have no *taste* in art 芸術を見る目がない
- There is no accounting for *taste*(*s*). (ことわざ)たで食う虫も好きずき., 十人十色. (⇔好みは説明できない)
❸ 《a tasteで》試食, 試飲；一口, 一飲み
- have [take] a *taste* of tea 茶を少し味わってみる

***to* one's** *taste* …の趣味に合って
- This music is *to my taste*. この音楽は私の好みだ. (=I like this type of music.)
派生語 tasty 形

**tasty** B1 [téisti テイスティ] **形** (比較 tastier, 最上 tastiest)《話》おいしい, 味がよい (=delicious)

**tattoo** B2 [tætúː タトゥー] **名** (複 tattoos[-z]) C 入れ墨(ずみ)

## taught 4級

[tɔ́ːt トート] (★このghは発音しない)
**動** teach (教える) の過去形・過去分詞

**Taurus** [tɔ́ːrəs トーラス] **名** (複 Tauruses[-iz]) U 《天文・占星》お牛座；C 《占星》お牛座生まれの人

**tax** 2級 B1 [tǽks タクス]
— **名** (複 taxes[-iz]) C U 税, 税金
- income [consumption] *tax* 所得[消費]税
- a *tax* cut 減税
— **動** (三単現 taxes[-iz]) 他 (人・物など)に税金をかける, 課税する
- We are *taxed* according to the amount of our income. 私たちは所得の額に応じて課税される.

## taxi 5級 A1 [tǽksi タクスィ]

**名** (複 taxis, taxies[-z]) C **タクシー** (=cab, taxicab) (▶米英のタクシーは日本のように自動ドアではない. 米ではメーター料金のほかにチップを払(はら)うのがふつう)

- go by *taxi* タクシーで行く
- take a *taxi* タクシーで行く
- Call me a *taxi*, please. = Call a *taxi* for me, please. タクシーを呼んでください.

## tea 5級 A1 [tíː ティー]

名 (複 teas[-z]) ❶ U 茶, 紅茶 (▶ふつう紅茶をさす. 緑茶と区別するときはblack teaと言う); 茶の葉; C 〖植物〗茶の木
- green [oolong] *tea* 緑茶[ウーロン茶]
- strong [weak] *tea* 濃(³)い[薄(⁵)い]茶
- a cup of *tea* 1杯(ଖ)の茶 (▶2杯の茶はtwo caps of *tea*)
- I'll make *tea* for you.
  紅茶を入れてあげましょう.
- "How do you like your *tea*?" "With milk [lemon], please."「紅茶には何を入れますか」「ミルク[レモン]を入れてください」
- a *tea* break 米ティーブレーク (▶仕事の合間に紅茶などを飲んでひと休みする時間 = 米coffee break)

❷ C (店で注文するときなどで)1杯の茶[紅茶]
- Four *teas*, please.
  紅茶を4つください.

❸ U C 英軽い夕食 (= supper)

**tea bag, teabag** [tíː bæɡ ティー バッグ] 名 C
ティーバッグ (▶ティーバッグに入っていないバラ売りの茶葉は, loose (leaf) teaと言う)

**tea ceremony** [tíː sèrəmouni ティー セラモウニィ | - sèrəməni - セラマニィ] 名 U (日本の)茶道(⁵⁰); C 茶会

## \*teach 5級 A1 [tíːtʃ ティーチ]

動 (三単現 teaches[-iz]; 過去・過分 taught[tɔ́ːt トート]; 現分 teaching)
—他 (教科・人など)を教える (⇔learn 習う)
- *teach* Japanese history at a college
  大学で日本史を教える
- She likes *teaching* children.
  彼女は子どもを教えるのが好きだ.

teach + 〈人〉+ 〈事〉
= teach + 〈事〉+ to + 〈人〉
〈人〉に〈事〉を教える

- Mr. Mori *teaches* us music. = Mr. Mori *teaches* music *to* us.
  森先生は私たちに音楽を教えてくれる.
- She *taught* me how to make a dress.
  彼女は私に服の作り方を教えてくれた. (▶how to + 〈動詞の原形〉で「…のしかた」)
- They *teach* Korean at that school.
  = Korean is *taught* at that school.
  あの学校では韓国(⁽ᵏ⁾)語を教えている.

### くらべてみよう! teachとtellとshow

**teach**: 学問や知識, またはやり方など技術を「教える」

**tell**: 道案内など, 単に知っている情報を口頭で相手に「伝える」

**show**: 例示したり, しぐさで教えたり, 実際に道案内をしたり, 具体的に地図を使ったりして「示す」

- Would you *tell* [*show*] me the way to the station?
  駅に行く道を教えていただけますか. (▶ Would you teach …? とは言えない)

teach　　tell　　show

—自 (人が)**教える**, 教師をする
- He has been *teaching* for ten years.
  彼は10年間教師をしている.

派生語 teacher 名, teaching 名

## \*teacher 5級 A1 [tíːtʃər ティーチァァ]

名 (複 teachers[-z]) C **先生, 教師** (▶teach (教える) + -er (…する人)) (⇔student 学生)
- a music *teacher* 音楽の先生
- a homeroom [class] *teacher* 担任の先生
- a student *teacher* 教育実習生
- a *teachers*' room (学校の)職員室
- My mother is a *teacher* at a junior high school. = My mother is a junior high school *teacher*. 母は中学校の教師だ.

### ここがポイント! 先生の呼び方

先生に呼びかけるには, 姓(⁵)にMr., Ms.などをつけてMr. Carter「カーター先生」のように言います. (Teacher CarterやTeacher! は×) また, 英米では生徒が先生を名(first name)で呼ぶこともあります.

## teaching 2級 B1 [tíːtʃɪŋ ティーチング]

—動 teach (教える)の現在分詞・動名詞
—名 ❶ U 教えること, 教職 ❷ (teachingsで)(道徳的な)教え, 教訓

## teacup 3級 [tíː kʌp ティーカップ] (★アクセント位置に注意) 名 C 紅茶用の茶わん, ティーカップ

## team 5級 A1 [tíːm ティーム]

名(複 teams[-z])C (スポーツなどの)**チーム**, 組, 団 → club
- a baseball [soccer] *team*
野球[サッカー]チーム
- a medical [rescue] *team*
医療[救助]チーム
- What *team* are you on?
あなたは何のチームに入っていますか.
- Tom is on [⑳in] our hockey *team*.
トムはぼくたちのホッケーチームに入っている.
(= Tom belongs to our hockey *team*. = Tom is a member of our hockey *team*.)

――――表現メモ――――
スポーツ系クラブ(team)のいろいろ
American football team アメリカンフットボール部
badminton team バドミントン部
baseball team 野球部
basketball team バスケットボール部
gymnastics team 体操部
(ice) hockey team アイスホッケー部
judo team 柔道(どう)部
kendo team 剣道(けん)部
soccer team サッカー部
soft tennis team ソフトテニス部
swimming team 水泳部
table tennis team 卓球(たっきゅう)部
tennis team テニス部
track-and-field team 陸上部
volleyball team バレーボール部

# teammate 2級 B1
[tíːmmèit ティームメイト](★アクセント位置に注意)
名(複 teammates[-ts -ツ])C チームメート, チームの仲間

**teamwork** 2級 B1 [tíːmwə̀ːrk ティームワーク](★アクセント位置に注意) 名U チームワーク, 共同作業

**teapot** 4級 [tíːpɑ̀t ティーパット | -pɔ̀t -ポット](★アクセント位置に注意) 名C ティーポット, 紅茶用ポット

# tear¹ A2
[tíər ティア](★tear²との発音の違(ちが)いに注意)
名(複 tears[-z])C (ふつうtearsで)涙(なみだ)
- Betty's eyes were full of *tears*.
ベティーの目は涙でいっぱいだった.
- Big *tears* ran [rolled] down his cheeks.
大粒(つぶ)の涙が彼のほおを伝って流れた.

***burst [break] into tears*** わっと泣きだす
***in tears*** 涙を浮(う)かべて

## teddy bear
- Ken was *in tears*. ケンは涙を浮かべていた.
***with tears*** 涙ながらに

**tear²** 2級 B1 [téər テア](★tear¹との発音の違(ちが)いに注意)
――動(過去 tore[tɔːr トア]; 過分 torn[tɔːrn トーン])
――他 ❶ …を引き裂(さ)く, 破る → break くらべて!
- *tear* the letter into [to] pieces
手紙をずたずたに引き裂く
❷ …をもぎ取る, 引きちぎる
――自 裂ける, 破れる
***tear up*** …をずたずたに引き裂く
――名C 裂け目, かぎ裂き, ほころび

**teardrop**[tíərdrɑ̀p ティアドゥラップ | -drɔ̀p -ドゥロップ] 名C 涙(なみだ)の一滴(てき)

**tearoom**[tíːrùːm ティールーム](★アクセント位置に注意) 名C 喫茶(きっさ)室[店]

**tease** B2 [tíːz ティーズ] 動他自 (…を)からかう; (…を)いじめる
- Don't *tease* me. (私を)からかわないで.

**teaspoon** B2 [tíːspùːn ティースプーン](★アクセント位置に注意) 名C ティースプーン, 茶さじ; 小さじ(1杯(ぱい)の分量)

**teatime**[tíːtàim ティータイム](★アクセント位置に注意) 名U (午後の)お茶の時間

**technical** B2 [téknikəl テクニカル] 形 ❶ 専門の, 専門的な
- *technical* terms 専門用語, 術語
❷ 技術上の; 工業の
- *technical* skill 技巧(ぎこう)
- a *technical* school 工業学校

**technique** 2級 B1 [tekníːk テクニーク](★「テクニック」でないことに注意) 名UC ❶ (芸術家などの)手法, テクニック ❷ (専門的な)技術; 技巧(ぎこう)

# technology 3級 A1
[teknɑ́lədʒi テクナラディ | -nɔ́lə- -ノラ-]
名(複 technologies[-z]) ❶ U 科学技術, テクノロジー
- information *technology*
情報工学[技術](► I T と略す)
❷ UC (個々の)技術

**Ted**[téd テッド] 名 テッド(► 男性の名. Edward, Theodoreの愛称(あいしょう))

**teddy bear**[tédi bèər テディ ベア](★アクセント位置に注意) 名C テディーベア, くまのぬいぐるみ(► 単にteddyとも言う. 狩猟(しゅりょう)中に子ぐまの命を助けた米国第26代大統領Theodore Roosevelt(セオドア・

**teenage**

ル(ロ)ーズベルト)の愛称(あいしょう)Teddyにちなむ)

**teenage** A2 [tí:nèidʒ ティーネイヂ](★アクセント位置に注意) 形 10代(13 ～ 19歳(さい))の
派生語 teenaged 形, teenager 名

**teenaged** [tí:nèidʒdティーネイヂド](★アクセント位置に注意) 形 = teenage

**teenager** 準2級 A2 [tí:nèidʒər ティーネイヂァ](★アクセント位置に注意) 名 C 10代の人, ティーンエージャー(▶つづりがteenで終わる13歳(さい)から19歳までの人)

**teens** [tí:nz ティーンズ] 名《複数扱い》10代(▶つづりがteenで終わる13歳(さい)から19歳まで)
- a girl in her early [late] *teens*
  13歳から14歳[18歳から19歳]ぐらいの少女

# teeth 5級 [tí:θ ティース]

名 tooth(歯)の複数形

**tele-** [telə- テレ-]《名詞や動詞の前につけて》遠い; テレビの
- *tele*phone 電話(をかける)

**telecommute** [tèləkəmjú:t テレコミュート] 動 自 (パソコンなどで)在宅勤務する(= telework)

**telecommuting** [tèləkəmjú:tiŋ テレコミューティング] 名 U (パソコンなどを使った)在宅勤務

**telegram** B1 [téləgræm テレグラム] 名《複 telegrams[-z]》C (打たれた)電報(▶通信手段としての電報はtelegraph)

**telegraph** [téləgræf テレグラフ |-grɑ:f -グラーフ] 名 U (通信手段としての)電信, 電報; C 電信機

# telephone 5級 A1

[téləfòun テレフォウン]

—名《複 telephones[-z]》U 電話; C 電話機(▶《話》ではふつうphoneを用いる)
- a *telephone* number 電話番号
- a public [pay] *telephone* 公衆電話
- answer [pick up] the *telephone*
  電話に出る
- May I use your *telephone*?
  電話をお借りしてもよろしいですか.(▶携帯(けいたい)電話ではborrowも用いる)

**on the telephone** 電話で(= over the telephone); 電話口に出て
- My mother is *on the telephone*.
  母は電話中だ.

—動《三単現 telephones[-z]; 過去・過分 telephoned [-d]; 現分 telephoning》他 自 (…に)電話をかける; …を電話で言う(▶《話》ではふつうphoneまたは米call(up), 英ring(up)を用いる)

**telescope** B2 [téləskòup テレスコウプ] 名 C 望遠鏡

# television 3級 A1

[téləviʒən テレヴィジョン]

名《複 televisions[-z]》❶ C テレビ(受像機)(= television set)(▶ふつうTV(set)と略す)
- turn on [off] *television*
  テレビをつける[消す]

❷ U テレビ放送(▶TVと略す)
- watch *television* テレビを見る
- watch the baseball game on *television*
  テレビで野球の試合を見る
- What's on *television* now?
  テレビで今, 何をやっているの.

**telework** [téləwə:rk テレワーク] 動 自 (パソコンなどで)在宅勤務する(= telecommute)

**teleworking** [téləwə:rkiŋ テレワーキング] 名 U (パソコンなどを使った)在宅勤務, テレワーク

# *tell 5級 A1 [tél テル]

動《三単現 tells[-z]; 過去・過分 told[tóuld トウルド]; 現分 telling》

—他 ❶ …を話す, 言う → say くらべて!
- *tell* a lie うそをつく

**tell +〈人〉+〈事〉= tell +〈事〉+ to +〈人〉**
〈人〉に〈事〉を話す

- She *told* the children a fairy tale. = She *told* a fairy tale *to* the children.
  彼女は子どもたちにおとぎ話をした.
- Please *tell* me about your dream.
  あなたの夢について話してください.
- The woman *told* me (that) she was a police officer.
  その女性は私に自分は警官だと言った.

❷ (情報など)を知らせる, 教える, 告げる → teach くらべて!
- I *told* her my email address.
  私は彼女にEメールアドレスを教えた.
- Would you *tell* me the way to the library? 図書館へ行く道を教えていただけますか.

❸ 〜に…しなさいと言う, 命令する(▶以下の文型で使う)→ order くらべて!

**tell +〈人〉+ to +〈動詞の原形〉**
〈人〉に…しなさいと言う[命令する]

- She *told* me *to* sit down.
  彼女は私に座(すわ)りなさいと言った.(= She said to me, "Sit down.")
- He *told* his son *not to* go out.
  彼は息子(むすこ)に外出しないように言った.(= He said to his son, "Don't go out.")(▶notをtoの前に置いて,「…しないように」を表す)

❹《canとともに否定文・疑問文で》(…が)わか

る, 見分ける, 識別する
- *Can* you *tell* the difference between a goat and a sheep?
やぎと羊の区別がつきますか.

tell +〈名詞A〉+ from +〈名詞B〉
AとBを見分ける
- I can't *tell* a donkey *from* a horse.
私はろばと馬の見分けがつかない.
― 自《canとともに》わかる
- Time can *tell*. 時がたてばわかるよ.

***Don't tell me*** (***that***) ***...!*** 《話》まさか…ではないよね.
- *Don't tell me* you forgot your homework! まさか宿題を忘れたんじゃないよね.

***I*** (***can***) ***tell you ...*** 《話》本当に, 確かに, 絶対に (= let me tell you ...)
- *I* (*can*) *tell you*, that man is a good actor. あの人はよい役者だよ, 本当に.

***I'm not telling you.*** 《話》それは言いたくない., それは秘密.

***I told you so!*** 《話》だから言ったじゃないの., それごらん.

***let me tell you ...*** = I (can) tell you ...

***tell*** (***...***) ***on ~*** (…に)~の告げ口をする, 言いつける (▶主に子どもが使う)
- I'll *tell* the teacher *on* you.
君のことを先生に言いつけるぞ.

***tell tales*** 告げ口をする; 悪いうわさを立てる

***to tell*** (***you***) ***the truth*** 実を言うと → truth (成句)

***You're telling me!*** 《話》(相手の言ったことを受けて)君の言うとおりだね., そんなこと百も承知だ.

**temper** B1 [témpər テンパァ] 名 ❶ⒸⓊ気分, 機嫌(きげん) (= mood)
- She was in a bad [good] *temper*.
彼女は不機嫌[上機嫌]だった.
❷ⒸⓊ気質, 気性(きしょう)
- He has a short *temper*. 彼は短気だ.
❸Ⓤ《ふつうa temperで》かんしゃく, 立腹
- fly [get] into a *temper*
かんしゃくを起こす, かっとなる
❹Ⓤ落ち着き

***control one's temper*** 平静を保つ
- *Control* your *temper*!
落ち着け., がまんしろ.

***lose one's temper*** 平静を失う
- Don't *lose your temper*. 落ち着きなさい.

**temperate** B2 [témpərət テンパラット] 形 (気候が)温和な, 温暖な

**Temperate Zone** [témpərət zòun テンパラット ゾウン] 名 《the Temperate Zoneで》温帯

**temperature** 準2級 A2 [témpərətʃər テンパラチャァ] 名 ❶ⒸⓊ温度, 気温
- high [low] *temperature* 高[低]温
- "What's the *temperature* now?" "It's 20°C."
「今, 何度ですか」「セ氏20度です」(▶20°Cは twenty degrees centigrade [Celsius] と読む)
- The *temperature* rose [fell] by 2°C.
気温がセ氏2度上がった[下がった].
❷ⒸⓊ体温; 《a temperatureで》熱
- Take your *temperature*.
体温を計りなさい.

**tempest** [témpist テンピスト] 名Ⓒ 暴風雨, 大あらし (▶書き言葉で用いる)

# temple¹ 4級 A1 [témpl テンプル]

名 (複 temples[-z]) Ⓒ (古代ギリシャ・ローマ・エジプトなどの)**神殿**(しんでん); (ヒンドゥー教・仏教などの)**寺院** (▶日本の「神社」はshrine)
- the *Temple* of Apollo アポロ神殿
- the Horyuji *Temple* 法隆寺(ほうりゅうじ)

**temple²** [témpl テンプル] 名Ⓒ 《ふつうtemplesで》こめかみ

**temporary** 2級 B1 [témpərèri テンパレリィ | -rəri -ラリィ] 形 一時的な; 仮の, 臨時の (⇔permanent 永久の)

**tempt** B1 [témpt テンプト] 動他 (人)を誘惑(ゆうわく)する; (人を…する)気にさせる
派生語 temptation 名

**temptation** B2 [temptéiʃən テンプテイション] 名 ❶Ⓤ 誘惑(ゆうわく) ❷Ⓒ 誘惑するもの

# *ten 5級 A1 [tén テン]

― 名 (複 tens[-z]) ⓊⒸ **10**; Ⓤ10歳(さい); 10時; 《複数扱い》10個, 10人 (▶詳(くわ)しい使い方は→ two. 「第10の」はtenth)
- at *ten* after *ten* 10時10分に

***ten to one*** 十中八九, きっと
- *Ten to one* the plane will be late.
十中八九その飛行機は遅(おく)れるだろう.
― 形 **10の**; 10個の, 10人の; 10歳で
- She is *ten* (years old). 彼女は10歳だ.

**tend** 2級 B1 [ténd テンド] 動自 《tend to +〈動詞の原形〉で》…しがちである, …する傾向(けいこう)がある
- He *tends* to be late for school.
彼は学校に遅刻(ちこく)しがちだ.
派生語 tendency 名

**tendency** B1 [téndənsi テンダンスィ] 名 (複 tendencies[-z]) Ⓒ 傾向(けいこう), 風潮; 癖(くせ)

## tender

**tender** B2 [téndər テンダァ] 形 ❶(肉などが)やわらかい(⇔tough かたい)
- a *tender* steak やわらかいステーキ

❷優(ゃさ)しい, 親切な(=kind)
- a *tender* heart 優しい心

派生語 tenderly 副

**tenderly** B2 [téndərli テンダァリィ] 副 優(ゃさ)しく, 親切に(=kindly)

**Tennessee** 3級 [tènəsí: テナスィー] 名 ❶テネシー(▶米国東南部の州. 州都はナッシュビル(Nashville). 郵便略記はTN) ❷《theをつけて》テネシー川(▶テネシー州東部からアラバマ州・ケンタッキー州を経てオハイオ川に合流する)

## tennis 5級 A1 [ténis テニス]

名 U テニス, 庭球
- a *tennis* court テニスコート
- a *tennis* ball [racket] テニスボール[ラケット]
- play *tennis* テニスをする(▶tennisにaやtheをつけない)

**tenor** [ténər テナァ] 名 ❶ U 〖音楽〗テノール, テナー(▶男声の最高音域) ❷ C テノール歌手

**tense¹** [téns テンス] 名 U C 〖文法〗時制
- the past [present] *tense* 過去[現在]時制

**tense²** B1 [téns テンス] 形 ❶(綱(つな)などが)ぴんと張った ❷緊張(きんちょう)した, 張り詰(つ)めた
派生語 tension 名

**tension** B1 [ténʃən テンション] 名 U ❶ぴんと張ること ❷(精神的な)緊張(きんちょう); (情勢などの)緊迫(きんぱく)

## tent 2級 B1 [tént テント]

名(複 tents[-ts -ツ]) C テント, 天幕
- pitch [put up] a *tent* テントを張る

## *tenth 5級 [ténθ テンス]

─形 ❶《ふつうthe tenthで》第10の, 10番目の(▶10thと略す. 詳(くわ)しい使い方は→third)
- *The tenth* boy from the right is my brother. 右から10番目の少年は兄[弟]だ.

❷10分の1の

─名(複 tenths[-s]) ❶ U 《ふつうthe tenthで》第10, 10番目; (月の)10日(▶10thと略す)
- the *tenth* of April=April (the) *tenth* 4月10日(▶April 10(th)とも書く)

❷ C 10分の1
- three *tenths* 10分の3

**Teresa** [təríːzə テリーザ] 名 テレサ(▶女性の名. 愛称(あいしょう)はTerry)

## term B1 [tá:rm ターム]

名(複 terms[-z]) C ❶(3学期制の)学期(▶「2学期制の学期」はsemester, 「4学期制の学期」はquarter); (一定の)期間
- the first [second, third] *term* 1[2, 3]学期
- a mid*term* [final] exam 中間[期末]テスト(▶期末試験はa term examや⦅米⦆an end-of-term examとも言う)

❷専門用語, 学術用語
- technical *terms* 専門用語

❸《*terms*で》間柄(あいだがら), 関係
- They're on good [bad] *terms* with each other. 彼らはお互(たが)い仲がよい[悪い].

❹《*terms*で》(契約(けいやく)などの)条件
- the *terms* of payment 支払(しはら)い条件

*in terms of ...* …の点で, …に関しては

**terminal** 2級 B1 [tə́:rmənl ターミヌル]
─形 ❶終点の, 終着の ❷終わりの; (病気が)末期の
─名 C ❶(バス・鉄道などの)終着駅, 終点 ❷〖コンピュータ〗端末(装置)

**terrace** B2 [térəs テラス] 名 C ❶テラス(▶家屋に接して張り出したタイル張りや石畳(いしだたみ)の部分や, アパートの外壁(がいへき)から張り出した広いバルコニー) ❷高台, 台地

## terrible 3級 A1 [térəbl テラブル]

形(比較 more terrible; 最上 most terrible)
❶恐(おそ)ろしい, 怖(こわ)い
- a *terrible* crime 恐ろしい犯罪

❷《話》ひどく悪い, ひどい(=very bad)
- a *terrible* pain ひどい痛み
- *terrible* food まずい食べ物

派生語 terribly 副

**terribly** 2級 B1 [térəbli テラブリィ] 副(話)ひどく, 非常に(=very); 恐(おそ)ろしく
- It's *terribly* hot, isn't it? ひどく暑いですね.
- I'm *terribly* sorry about the accident. その事故が起こったことは本当に残念です.

**terrific** B1 [tərífik タリフィック] (★アクセント位置に注意) 形 ❶《話》すごい, すばらしい(=wonderful, very good)
- a *terrific* idea すばらしいアイデア

❷恐(おそ)ろしい, ものすごい

**terrified** B1 [térəfàid テラファイド]
─動 terrify(怖(こわ)がらせる)の過去形・過去分詞
─形 怖がって, ひどくおびえて
- He was *terrified* of the big dog. 彼はその大きな犬にひどくおびえた.

**terrify** A2 [térəfài テラファイ] 動(三単現 terrifies

[-z]; 過去・過分 terrified[-d]) 他 … を怖(こわ)がらせる, おびえさせる
派生語 terrified 形

**territory** B2 [térətɔ̀:ri テラトーリィ | -təri -タリィ] 名(複 territories[-z]) ❶ U 領土, 領地 ❷ U (広い)地域, 地方(= region) ❸ U C (動物などの)縄張(なわば)り ❹ C 《Territoryで》(カナダ・オーストラリアなどの)準州

**terror** B1 [térər テラァ] 名 ❶ U 恐怖(きょうふ), 恐(おそ)ろしさ ❷ C 恐ろしい人[事] ❸ U テロ行為(こうい)
派生語 terrorist 名

**terrorist** B1 [térərist テラリスト] 名 C テロリスト, テロ行為(こうい)をする人

**Terry** [téri テリィ] 名 テリー(▶男性・女性の名. Terrence, Theodore, Theresa, Teresaの愛称(あいしょう))

## test 5級 A1 [tést テスト]

— 名(複 tests[-ts -ツ]) C U
❶ テスト, 試験(= examination)
• a test in English = an English test
英語の試験
• have [take] a test
試験がある[を受ける]
• pass [fail] the test
試験に受かる[落ちる]

❷ 検査
• a blood [eye] test
血液[視力]検査

— 動 (三単現 tests[-ts -ツ]; 過去・過分 tested[-id]; 現分 testing) 他 … を試験する, 検査する, 試(ため)す
• The teacher tested us in math.
先生はぼくたちに数学の試験をした.

**Texas** 3級 [téksəs テクサス] 名 テキサス(▶米国南部の州. 州都はオースティン(Austin). 郵便略語はTX)

**text** A2 [tékst テクスト]
— 名 ❶ U (注釈(ちゅうしゃく)や挿絵(さしえ)に対して)本文 ❷ C (翻訳(ほんやく)などに対して)原文, 原典 ❸ C 教科書(= textbook) ❹ (携帯(けいたい)電話などの)メール(= text message)
— 動 他 自 (携帯電話などで)(…に)メールする, メールを送る

# Thailand

• I'll text you when I get home.
家に着いたらメールするよ.

## textbook 準2級 A2

[tékstbùk テクストブック]
名(複 textbooks[-s]) C 教科書(= text)
• Open your textbook to [@at] page 35.
教科書35ページを開きなさい.

**textile** [tékstail テクスタイル] 名 C 《ふつう textilesで》織物, 布地;織物材料

**texting** [tékstiŋ テクスティング] 名 (携帯(けいたい)電話などで)メールを打つこと

**text message** A2 [tékst mèsidʒ テクスト メスィッヂ] 名 C (携帯(けいたい)電話などの)メール

**Th.** Thursday(木曜日)の略

**-th** [-θ -ス] 接尾 … 番目(の)(▶4以上の基数について序数をつくる)
• fourth 4番目(の)

> **ここが** **序数のつくり方**
> **ポイント!**
> -thをつけるとき, 基数の語幹を変形させるものもあるので注意しましょう.
> five(5) → fifth, eight(8) → eighth, nine(9) → ninth, twelve(12) → twelfth, twenty(20) → twentieth など.

**Thai** 3級 [tái タイ]
— 形 タイの;タイ人の;タイ語の
— 名 C タイ人;U タイ語

**Thailand** 4級 [táilænd タイランド] 名 タイ(▶アジア南東部の王国. 首都はバンコク(Bangkok))

バンコクの仏教寺院, ワット・アルン・テンプル(タイ)

## Thames

**Thames** [témz テムズ] 名 《the Thamesで》テムズ川 (▶英国イングランド南部を東流し、ロンドンを貫流(かんりゅう)して北海に注ぐ)

## *than 4級 A1

[ðən ザン、《強く言うとき》ðǽn ザン]

接 ❶ …よりも (▶形容詞・副詞の比較(ひかく)級の後に用いる)

- Nancy is older *than* Bill (is).
  ナンシーはビルよりも年上だ.
- He speaks faster *than* I (do).
  彼は私よりも早口だ.
- Kate runs more slowly *than* he [him].
  ケイトは彼よりも走るのが遅(おそ)い.
- This book is more difficult *than* that one.
  この本はあの本よりも難しい.
- I like summer better *than* winter.
  私は冬よりも夏のほうが好きだ.
- He is taller *than* any other student in my class. = He is the tallest student in my class.
  彼は私のクラスでほかのどの生徒よりも背が高い. (▶any other +〈名詞の単数形〉で「ほかのどの…」)

**ここがポイント！** thanに続く人称代名詞

thanの後にI, heなどの人称(にんしょう)代名詞がくる場合,《話》ではふつうthan I, than heのような主格ではなく, than me, than himのような目的格が使われます. このときthanは前置詞と考えられます.

❷ …よりほかの (▶other, anywhere, different, elseなどの後に用いる)

- There is no *other* reason *than* that.
  それ以外の理由はない.

***more than ...*** …より多い → **more**(成句)

***... rather than ~*** = ***rather ... than ~*** ~よりはむしろ… → **rather** ❷

## *thank 5級 A1 [θǽŋk サンク]

— 動 (三単現 thanks[-s]; 過去・過分 thanked[-t]; 現分 thanking) 他 …に感謝する, 礼を言う

- I always *thank* my parents.
  私はいつも両親に感謝している.

**thank +〈人〉+ for +〈名詞または-ing形〉**
〈人〉に…を感謝する

- He *thanked* me *for* my help.
  彼は私が手伝ったことのお礼を私に言ってくれた.

***No, thank you.*** いいえ, けっこうです. (▶ていねいに断るときの言い方)

**話してみよう**
☺Would you like another piece of cake? ケーキをもう１ついかがですか.
😊*No, thank you.*
いいえ, けっこうです. (▶「はい, いただきます」は, Yes, please.)

***Thank God [Heaven]!*** ありがたい., 助かった.
- *Thank God*, he has come.
  助かった, 彼が来てくれた.

***Thank you.*** ありがとう.
- *Thank you* for your call [email].
  電話[Eメール]をくれてありがとう.
- *Thank you* for listening.
  ご静聴(せいちょう)ありがとうございます(以上です).
  (▶スピーチの終わりに言う)

**話してみよう**
☺How are you?
ご機嫌(きげん)いかがですか.
😊Fine, *thank you*. And you?
元気です, ありがとう. あなたは？

**話してみよう**
☺I'm sorry, they are sold out.
すみません, それは売り切れです.
😊I see. *Thank you* anyway.
わかりました. (とにかく)ありがとう. (▶相手の厚意(こうい)が役に立たなかったときのお礼の言い方)

- *Thank you* in advance.
  とりあえずお礼を. (▶手紙やEメールなどで頼(たの)み事をしたときに使う)

**ここがポイント！** Thank you.の使い方

(1) Thank you. はI thank you. (私はあなたに感謝する)のIが省略された形です.
(2) 親しい人の間ではThanks.も使われます. (→ 名)
(3) Thank you.に対する答え方としては, (It's) My pleasure. / You're welcome. / Don't mention it. / Not at all. / No problem.(どういたしまして)などがあります.
(4) 英米では客が(買い物の手伝いをしてくれたことで)店員にthank youと言うなど, この表現はさまざまな場面で非常によく使われます. 受けた親切にその場でthank youと言えばお礼は済んだことになるので, 日本人のように「この前はどうも(ありがとう)」と再びお礼を言うことはほとんどありません.

―名 (複 thanks[-s])《thanks で》感謝, 感謝の言葉[気持ち], お礼
- I expressed my *thanks*.
私はお礼を述べた.

***No, thanks.*** いいえ, けっこうです. (▶No, thank you. のくだけた言い方)

***Thanks.*** ありがとう. (▶Thank you. のくだけた言い方)
- *Thanks* a lot.＝Many *thanks*.
どうもありがとう.
- *Thanks* for coming. 来てくれてありがとう.

***thanks to ...*** …のおかげで, …が原因で
- *Thanks to* their efforts, the park has become clean. 彼らの努力のおかげで, その公園はきれいになった.

派生語 thankful 形

**thankful** B1 [θǽŋkfəl サンクフル] 形 (人が) 感謝している, ありがたく思っている
- He was *thankful* to her for helping him.
＝He thanked her for her help.
- 彼は助けてくれたことで彼女に感謝していた.

**thanksgiving** [θæŋksgívɪŋ サンクスギヴィング]
名 ❶ Ⓤ (神への) 感謝 ❷《Thanksgiving で》感謝祭 (＝Thanksgiving Day)

**Thanksgiving Day** [θæŋksgívɪŋ dèɪ サンクスギヴィング デイ] 名 感謝祭 (▶米国では11月の第4木曜日, カナダでは10月の第2月曜日で, ともに法定休日. 1620年に英国から渡(た)ってきた清教徒が, 翌年の秋に最初の収穫(しゅう)を神に感謝して祝ったのが始まりで, 家族が集まり, 七面鳥の丸焼きやかぼちゃのパイなどを食べて祝う) → 祝休日と行事【口絵】

**thank-you** [θǽŋkjùː サンキュー]
―形《名詞の前にのみ用いる》感謝の, 感謝を表す
- a *thank-you* letter 礼状
―名 Ⓒ 感謝[ありがとう]の言葉

## *that 5級 A1 [ðǽt ザット]

代 ❶ あれ
 ❷ それ
 ❸《that of ... で》(…の) それ
 ❹ …するところの (関係代名詞)
形 あの, その
副 そんなに
接 ❶ …ということ
 ❷《It is ... that ~. で》~ ということは…である.
 ❸《It is ... that ~. で》~なのは…である.
 ❹《〈名詞〉+ that ... で》…という~
 ❺《so that ... can [may] +〈動詞の原形〉で》…が~できるように
 ❻《so +〈形容詞・副詞〉+ that ~ または such (a [an]) +〈形容詞〉+〈名詞〉+ that ~ で》とても…なので~である
 ❼《〈形容詞〉+ that ... で》…なんて

―代 ❶ (複 those[ðóuz ゾウズ]) あれ, それ, あの人, その人 (▶主語にも目的語にもなる) (⇔this これ) → **this** くらべて!
- *That's* [*That* is] a hotel.
あれはホテルだ.
- "Is *that* your school?" "Yes, it is."
「あれが君の学校ですか」「はい, そうです」
- *That* isn't my father.
あの人は父ではありません. (▶that が人をさすのは主語の場合のみ. My father isn't that. は×)
- "What's *that*?" "It must be a UFO."
「あれは何ですか」「ユーフォーに違(ちが)いない」

### くらべてみよう！ that と it

**that** は物や人をさし示す語です. それに対して **it** は"すでに話題になっている物事"をさす語です. したがって「あれは何ですか」は
○ What's *that*?
× What's it?
それに対する答えは
○ *It's* a hotel.
× *That's* a hotel.

❷ **それ**, そのこと (▶前に述べたことなどをさして使う)
- Really? I didn't know *that*.
本当？それは知らなかった.
- *That's* right. そのとおりだ.
- *That's* it. (話) そのとおり.；もう駄目(だめ)だ.；それが問題だ.
- *That's* all for today. きょうはこれで終わりです. (▶授業の終わりなどに使う)

話してみよう！

☺ I feel sick.
気分が悪いんです.
☻ *That's* too bad.
それはお気の毒に.

☺ I'm sorry, I don't have a ticket.
ごめんなさい. チケットを持っていないんです.
☻ *That's* all right.
構いませんよ.

❸《しばしば that of ... で》(…の) **それ** (▶前に出た単数形の名詞の繰(く)り返しを避(さ)けるため

## that

に用いる.複数形の名詞の場合はthoseを用いる)
- The population of China is larger than *that* of Japan. 中国の人口は日本のそれ[人口]よりも多い. (▶that＝the population)

❹ **…するところの**(▶関係代名詞.ふつう日本語に訳さない)
- I have a friend *that* can play soccer well. 私にはサッカーがうまい友達がいる.(▶主格.I have a friend.＋*The friend* can play soccer well. このthatはwhoに置きかえることができる)
- I've bought a house *that* stands near the seaside. 海辺の近くに建っている家を買った.(▶主格.I've bought a house.＋*The house* stands near the seaside. このthatはwhichに置きかえることができる)
- The book (*that*) I read yesterday was interesting. 私がきのう読んだ本はおもしろかった.(▶目的格.The book was interesting.＋I read *the book* yesterday. このthatは省略できる.またwhichに置きかえることもできる)
- Ken is *the only* person *that* [who] went to China during the vacation. ケンは休暇(きゅうか)中に中国に行ったただ1人の人だ.
- This is *the same* pen (*that*) I lost last week. これは私が先週なくしたのと同じペンだ.
- Show me *everything* (*that*) you have. あなたが持っている物をすべて私に見せなさい.

> **ここがポイント！ 関係代名詞のthat**
> (1) 関係代名詞の**that**は[ðət ザット]と弱く発音されます.
> (2) **that**は先行詞が人でも物でも使うことができ,また,主格にも目的格にもなります.したがって関係代名詞のwho, whom, whichはすべて**that**で言いかえられます.ただし,「人」の場合はwho, whomのほうが多く使われます.また,「物」の場合は《話》ではwhichより**that**のほうが多く使われます.
> (3) 目的格の場合は省略できます.
> (4) 先行詞に形容詞の最上級や, the same, the only, very, the first, all, every, any, noなどがつく場合は, **that**が比較(ひかく)的好まれます.
>
> | 先行詞 | 主格 | 所有格 | 目的格 |
> |---|---|---|---|
> | 人 | who | whose | whom |
> | 物 | which | whose of which | which |
> | 人・物 | that | – | that |

*that is* (*to say*) つまり,すなわち
- That's true, *that is*, I agree with you. それは本当です,つまり,あなたに賛成だということです.

━形 **あの,その**(▶名詞の単数形の前に使う.複数形の場合はthoseを使う.⇔this この)
- Please shut *that* window. あの窓を閉めてください.
- *That* DVD is a gift from a friend. そのDVDは友達からのプレゼントだ.
- We went out together *that* evening. あの晩,私たちはいっしょに出かけた.(▶in that eveningは×)

> **ここがポイント！ thatの使い方**
> **that**はa, the, 所有格(my, yourなど), some, anyなどとはいっしょに使いません.
> ○ *that* tree あの木
> × a that tree
> ○ *that* picture of yours あなたのあの絵
> × your that picture

━副《話》**そんなに,それほど**
- She can't walk *that* far. 彼女はそんなに遠くまでは歩けない.

━接 [ðət ザット] ❶ **…ということ**(▶《話》ではこのthatはしばしば省略される)
- I think (*that*) he is wrong. 彼は間違(まちが)っていると私は思う.
- I knew (*that*) Meg loved Jeff. 私はメグがジェフを愛していることを知っていた.
- I understand (*that*) you're doing your best. あなたが最善を尽(つ)くしているのはわかっている.

❷《It is ... that ~. で》~ということは…である.
- *It is* a fact *that* the test was hard. その試験が難しかったのは事実だ.

❸《It is ... that ~. で》~なのは…である.(▶…を強調する言い方)
- *It was* Meg *that* I met at the station. 私が駅で会ったのはメグだった.(▶I met Meg at the station. のMegを強調)
- *It was* at the station *that* I met Meg. 私がメグに会ったのは駅でだった.(▶I met Meg at the station. のat the stationを強調)

❹《〈名詞〉＋that ... で》…という~
- The rumor *that* he will get married is wrong. 彼が結婚(けっこん)するといううわさは間違(まちが)っている.(▶the rumorとthat以下は同じことを表している.このthatを「同格のthat」と言う)

## the

> **ここがポイント！ 同格のthatをとる名詞**
>
> **that**で始まる節と同格になる名詞には, rumorのほかに, fact, belief, idea, information, news, promiseなどがあります.
> - the fact *that* ... …という事実
> - the news *that* ... …というニュース

❺《so that ... can [may]+〈動詞の原形〉で》…が～できるように, …が～するように(▶soはしばしば省略される.《話》ではthatのほうを省略することがある)
- Please sit down (*so*) *that* we *can* see the movie. 私たちが映画(のスクリーン)を見られるように座(す゚)ってください.

❻《so+〈形容詞・副詞〉+that ～またはsuch (a [an])+〈形容詞〉+〈名詞〉+that ～で》とても…なので～である
- She is *so* kind *that* everybody likes her. 彼女はとても親切なのでみんな彼女が好きだ. (▶《話》ではこのthatは省略することが多い)
- You are *such* a good son *that* I am proud of you. おまえはとてもいい息子(むす゚こ)なので私は鼻が高いよ.

❼《〈形容詞〉+that ...で》…なんて, …して(▶that以下が原因・理由を表す.《話》ではthatはしばしば省略される)
- I'm sad (*that*) you will move away. あなたが引っこしてしまうなんて, 私は悲しい.

*now that ...* 今や…なので → **now** 接

**thatch** [θǽtʃ サッチ]
─名 (複 **thatches** [-iz]) C 草[わら]ぶき屋根；U ふきわら
─動 他 (屋根)を草[わら]でふく
- a *thatched* roof わらぶき屋根(▶thatchedは過去分詞の形容詞的用法)

# that'll
[ðətl ザトゥル, 《強く言うとき》ðǽtl ザットゥル]《話》that willの短縮形

# that's
[ðəts ザッツ, 《強く言うとき》ðǽts ザッツ]《話》that is, that hasの短縮形

## *the 5級 A1
[《子音の前で》ðə ザ, 《母音の前で》ði ズィ, 《強く言うとき》ðiː ズィー]

─冠 ❶ その, あの
❷《前後の関係で相手がどのものをさしているかわかっている名詞につける》
❸《関係詞節やof ...など説明の語句がついて限定される名詞につける》
❹《1つしかないものにつける》
❺《単数形の名詞につけて》…というもの
❻《一部の固有名詞につける》
❼《形容詞につけて》…の人々
❽《単位を表す語につけて》…単位で
❾《体の一部をさす語につけて》
─副 ❶《the+〈比較(ぴく)級〉..., the+〈比較級〉～で》…すればするほど～
❷《the+〈比較級〉で》ますます, かえって

─冠 ❶《前に出てきた名詞につける》その, あの
- There is a tree in the garden. *The* tree is very tall. 庭に1本の木がある. その木はとても高い. (▶「ある木」を最初に話題にするときはa treeとし, 2文目では「その木」を特定して示すためにthe treeとなっている)

❷《前後の関係で相手がどのものをさしているかわかっている名詞につける》
- Close *the* window, Mike. マイク, 窓を閉めてくれ. (▶状況(じ゚ょうきょう)からどの窓かわかっているのでtheを用いる)
- How's *the* family? 家族のみなさんはお元気ですか.
- I have to go to *the* airport to meet her. 彼女を迎(むか゚)えに空港に行かなければならない.

> **ここがポイント！ theの使い方**
>
> (1) **the**は名詞につけてある特定のものを表す語で, 定冠詞(か゚んし)と言います.
>
> (2) **the**と**a**
> **the**は特定されたものに, **a**は特定されていないものにつけます.
> - I want *a* watch. 私は腕(う゚で)時計がほしい. (▶どの腕時計か特定されていない)
> - I want *the* watch. 私はその腕時計がほしい. (▶すでに話題になって, どれかわかっている腕時計をさしている)
>
> **a**は数えられる名詞の単数形につけますが, **the**は数えられる名詞・数えられない名詞, および単数形・複数形のいずれにもつきます.
>
> (3) **the**は特定のものをさす語なので, this, that, 所有格(my, yourなど)など, 名詞を限定する語句といっしょには使いません.
> - ○ *my* dictionary 私の辞書
> - ○ *the* dictionary その辞書
> - × the my dictionary
>
> (4) 直接指差して「その本」「あの家」などと言うときは, theではなくthatを使ってthat book, that houseのように言います.
>
> (5) 名詞に形容詞などの修飾(し゚ゅうしょく)語句がつく

# the

場合は,その前にtheをつけます.
○ *the* white building
× white the building
ただし,allまたはhalfとともに使うときは,theのほうが後になります.
○ all *the* money そのお金全部
○ half *the* boys その少年たちの半数

❸《関係詞節やof ...など説明の語句がついて限定される名詞につける》(►日本語には訳さないことが多い)
- *the* letter in the drawer
引き出しの中の手紙
- *the* man standing there
あそこに立っている男性
- *the* capital of China 中国の首都
- *the* day after tomorrow あさって
- *the* eleventh of December 12月11日
- at *the* end of this month 今月末に
- Show me some of *the* pictures (that) you took in Hawaii.
ハワイで撮(と)った写真を見せて.
- Tokyo is one of *the* biggest cities in the world.
東京は世界でいちばん大きな都市の1つだ.(►形容詞の最上級がつくときはtheをつける)
- She is *the* first runner. 彼女が第一走者だ.
(►first, secondなど序数がつくときはtheをつける)
- He was *the* only person that helped me.
私を手伝ってくれたのは彼だけだった.(►only, sameなどがついて,名詞が特定されるときはtheをつける)

❹《1つしかないものにつける》(►天体・方角など)
- *the* earth 地球
- *the* world 世界
- *the* moon [sun] 月[太陽]
- *the* sky [sea, ocean] 空[海]
- *the* north [south, east, west]
北[南,東,西]
- *the* left [right] 左[右]
- in *the* morning 朝[午前中]に

### ここがポイント! 「1つしかないもの」に形容詞がつくときは"a [an]"

1つしかないものでも,形容詞がついて一時的な状態を表すときにはa [an]を使います.
- *a* blue sky 青い空
- *an* autumn sky 秋の空
- *a* bright sun 明るい太陽
- *a* cold wind 冷たい風

❺《単数形の名詞につけて》…というもの(►動植物などの種類全体を表す.また楽器名につける)
- play (*the*) violin バイオリンを弾(ひ)く(►⦅米⦆ではplayのあとの楽器にはtheをつけないことがある)
- *The* whale is a mammal. 鯨(くじら)(という種類)はほ乳類だ.(►形式ばった言い方.⦅話⦆ではWhales are mammals. と複数形で言う)

❻《一部の固有名詞につける》
(1) 固有名詞＋(普通名詞)
- *the* Nile ナイル川(►川)
- *the* Atlantic (Ocean) 大西洋(►海)
- *the* Sahara サハラ砂漠(ばく)(►砂漠)
- *the* Titanic タイタニック号(►船)
- *the* Yamanote Line 山手線(►鉄道)
- *The* New York Times
ニューヨーク・タイムズ紙(►新聞)
(2) 固有名詞の複数形(theをつけてひとまとめにする)
- *the* United States of America
アメリカ合衆国(►単にAmericaとする場合はtheはつけない)
- *the* Rockies ＝ *the* Rocky Mountains
ロッキー山脈(►山脈)
- *the* Philippines
フィリピン諸島(►諸島)
- *the* Jacksons ジャクソン一家[夫妻]
- *the* Americans アメリカ人(►国民全体)
(3) 普通名詞＋普通名詞(theをつけて同種のものと区別する)
- *the* White House
ホワイトハウス,アメリカ大統領官邸(てい)(►官庁など公共の建造物)
- *the* Civil War
(アメリカの)南北戦争(►歴史上の出来事)
(4) of ... で限定される名詞
- *the* University of Tokyo 東京大学
- *the* Tower of London ロンドン塔(とう)

### ここがポイント! theをつけない固有名詞

以下のような固有名詞にはtheをつけません.
湖: Lake Michigan ミシガン湖
山: Mt. Everest エベレスト山
駅: Tokyo Station 東京駅
空港: Kennedy Airport ケネディ空港
街: Wall Street ウォール街
公園: Hyde Park ハイドパーク(►英国ロンドンの公園)
橋: London Bridge ロンドン橋

❼《形容詞につけて》…の人々(►全体を表す.複数扱い);…であるもの(►抽象(ちゅうしょう)的に言う.単

# themselves

数扱い)
- *the* rich 金持ち(の人々)(= rich people)(▶1人をさす場合はa rich person)
- *the* young [old] 若者[老人](たち)
- *the* impossible 不可能なこと

❽《単位を表す名詞につけて》…単位で
- These ribbons are sold by *the* meter.
これらのリボンはメートル単位で売っている.
- You are paid by *the* hour.
あなたの給料は時間給だ.

❾《体の一部をさす語につけて》
- He caught me by *the* arm [×my arm].
彼は私の腕(ﾞ)をつかまえた. (▶「私をつかまえた」ということに重点があり, つかまえた体の部位が「腕」ということになる)

─副 ❶《the +〈比較級〉..., the +〈比較級〉~で》…すればするほど~
- *The* sooner, *the* better.
早ければ早いほどよい.

❷《the +〈比較級〉で》ますます, かえって
- Things are getting *all the* worse.
事態はますます悪くなっている. (▶しばしばallをつけて強調する)

# theater 5級 A1

[θíːətər スィーアタァ | θíə- スィア-] (▶⊛では theatreとつづる)

名(複 theaters[-z]) ❶ⒸC 劇場; ⊛映画館 (= movie theater, ⊛cinema)
- go to the *theater* 観劇に行く

❷Ⓤ《ふつう the theaterで》劇, 演劇
- the modern *theater* 近代劇

# *their 5級 A1

[ðər ザァ, 《強く言うとき》ðéər ゼァ]

代 **彼らの, 彼女たちの, それらの**(▶三人称(にんしょう)複数(they)の所有格) → they
- James and Mike are brothers. *Their* mother is a teacher. ジェームズとマイクは兄弟だ. 彼らのお母さんは教師だ.
- *Their* car was stolen yesterday.
彼ら[彼女たち]の車はきのう盗(ﾇ)まれた. (▶theirの後が単数形であることに注意. このtheirは「彼らみんなの」の意味)
- Do you know *their* names?
あなたは彼らの名前を知っていますか. (▶theirの後が複数形であることに注意. このtheirは「彼らひとりひとりの」の意味)
- They clean *their* room every day.
彼らは自分たちの部屋を毎日掃除(ｿｳｼﾞ)する. (▶主語がtheyで, 人をさすときは「自分たちの」と訳すほうが自然な日本語になることが多い)

> **ここが ポイント!** theirの使い方
> theirはa, the, thisなどといっしょには使いません.
> ○ *their* house 彼らの家
> × a their house
> × the their house

# theirs 準2級 A2

[ðéərz ゼァズ]

代 (▶三人称(にんしょう)複数(they)の所有代名詞) → they ❶**彼ら[彼女たち]のもの**(▶theirsのさすものが単数のときは単数扱い, 複数のときは複数扱い)
- This cake is *theirs*, not ours. このケーキは彼女たちのもので, 私たちのものではない. (▶This is their cake. と言うほうがふつう)
- Our town is smaller than *theirs*.
私たちの町は彼らの(町)より小さい.

❷《... of theirsで》彼ら[彼女たち]の…
- Are you a friend *of theirs*?
あなたは彼らの友達ですか.

# *them 5級 A1

[ðəm ザム, 《強く言うとき》ðém ゼム]

代 **彼らを[に], 彼女たちを[に], それらを[に]**(▶三人称(にんしょう)複数(they)の目的格) → they
- Meg and Ken are kind to me. I like *them*.
メグとケンは私に親切だ. 私は彼らが好きだ.
- I go to school with *them*.
私は彼ら[彼女たち]と学校に行く.

# theme B2

[θíːm スィーム] (★「テーマ」でないことに注意) 名Ⓒ ❶主題, テーマ(= subject); (主に⊛)(学校の)作文(= composition) ❷《音楽》主題, 主旋律(ｾﾝﾘﾂ)

# themselves 準2級 A2

[ðəmsélvz ザムセルヴズ]

代 (▶himself, herself, itselfの複数形) → oneself ❶**彼ら[彼女たち]自身を[に], それら自体を[に]**→ oneself ポイント!

## then

- Nancy and Jane dressed *themselves* in a hurry. ナンシーとジェーンは急いで服を着た.

❷《主語を強めて》彼ら[彼女たち]自身で, それら自体で

- They *themselves* wrote the manuscript. 彼らは自分たち自身でその原稿(ごう)を書いた.

***by themselves*** 自分たちだけで; 独力で →oneself(成句 by *one*self)

***for themselves*** 独力で; 自分たち自身のために →oneself(成句 for *one*self)

## *then 5級 A1 [ðén ゼン]

副 ❶ その時は
❷(時間・順序などが)その(すぐ)後で
❸ そうなったら
形 その時の
名 その時

━副 ❶ **その時は**, 当時は(=at that time)(▶過去・未来の一時点をさす)

- She was a high school student *then*. 彼女はその当時は高校生だった.
- She will be away *then*. 彼女はそのころには不在だろう.

❷(時間・順序などが)**その**(すぐ)**後で**, それから(すぐ); その次に

- I finished my homework *and then* went to bed. 宿題を終え, それから寝(ね)た.

❸ そうなったら, それなら, それでは

- "I don't like this bag." "*Then* how do you like this one?"「このバッグは気に入らない」「それならこれはいかがですか」

(*every*) *now and then* 時々 →now 副(成句)

***then and there*** = ***there and then*** すぐさま, その時その場で

━形 その時の, 当時の

━名 U その時, 当時

- before *then* それ以前は
- till *then* それまで
- from *then* on その時以来

**Theodore** [θíːədɔːr スィーアドア] 名 セオドア(▶男性の名, 愛称(あいしょう)はTed, Teddy, Terry)

**theory** 2級 B1 [θíːəri スィーアリィ|θíə- スィア-] 名(複 theories[-z]) U 理論(⇔practice 実践(じっせん)); C 学説

*in theory* 理論上は

**therapy** B2 [θérəpi セラピィ] 名(複 therapies [-iz]) UC 治療(ちりょう), 療法, セラピー

## *there 5級 A1

[ðər ザァ,《強く言うとき》ðéər ゼァア]

━副 ❶《there is [are] ...で》**…がある**, …がいる →here くらべて!

- *There is* a map on the wall. 壁(かべ)に1枚の地図がある. (▶there isは《話》ではしばしばthere'sと略す)
- *There are* six chairs in this room. この部屋には6つのいすがある.
- *There was* nobody at home. = *There wasn't* anybody at home. 家にはだれもいなかった.
- "*Is there* any water in the bottle?" "Yes, there is. / No, there isn't."「瓶(びん)の中に水はありますか」「はい, あります / いいえ, ありません」
- How many trees *are there* in the garden? 庭には何本の木がありますか.

### ここがポイント！ there is [are] ... の使い方

(1) このthereには「そこに」という意味はなく, 単に「…がある[いる]」という存在を示しているだけです. どこにあるかを示すには場所を表す語句が必要です.

- *There is* a church near the station. 駅のそばに教会がある.
- *There is* a church there. そこに教会がある. (後のthereは「そこに」→❷)

(2) ...の部分が主語に当たります. be動詞は主語の単数・複数に合わせます.

(3) …の部分は不特定のもの[人]で, the, this, myなど特定のものを限定する語句はつけません.

- *There is* a pen on the desk. 机の上にペンがある.
- *There are* two pens on the desk. 机の上にペンが2本ある.

the, this, myなどがついて特定されているものが「ある」と言うには, 次のように表します.

- My pen *is* on the desk. 私のペンは机の上にある.
 (× There is my pen ...)
- The two pens *are* on the desk. その2本のペンは机の上にある.
 (× There are the two pens ...)

(4) the White Houseのような固有名詞は特定のものなので, There is [are]の後には置きません.

○The White House *is* in Washington.
ホワイトハウスはワシントンにある.
×There is the White House in Washington.

❷ **そこに, そこで, あそこに, あそこで**(⇔here ここに)
- Sit down *there*. そこに座りなさい.
- Let's go *there*.
あそこへ行こう. (▶go to thereは×)

**話してみよう!**
☺Did you stay at the hotel?
そのホテルに滞在していましたか.
☻Yes, I stayed *there* for two weeks.
はい, そこに2週間滞在していました. (▶there = at the hotel)

- Are you *there*?
そこにいるの., 聞こえているの. (▶別の部屋にいる人に呼びかけるとき, または電話で使う)
- That bag *there* is mine.
あそこのかばんは私のだ. (▶このthereは前のbagを修飾している)

❸ **さあ, ほら**(▶文頭に使って相手の注意を引く)
- *There* they come [are]! ほら, 彼らが来たよ. (▶主語が代名詞の場合はthere+〈主語〉+〈動詞〉)
- *There* goes his car. ほら, 彼の車が行くよ. (▶主語が名詞の場合はthere+〈動詞〉+〈主語〉)
- *There* goes the bell.
ベルが鳴っているよ.

❹《there live ...などで》**…がいる**(▶形式ばった言い方. 日本語には訳さない)
- Once upon a time, *there lived* a poor girl. 昔々, 1人の貧しい少女がいました.

***here and there*** あちこちに[で] → here(成句)
***over there*** あそこ[向こう]に → over(成句)
***There is no***+〈-ing形〉**… .**《話》…することはできない.
- *There is no* knowing the fact.
真実を知ることはできない. (= It is impossible to know the fact.)
***There you are.*** ほらこれです., さあどうぞ. (= Here you are.) (▶相手の求める物を差し出すときの言い方. 捜していた人が見つかって「ああ, ここにいたのですか」の意味にもなる → ❸)
***There you go.*** さあどうぞ. (= There you are.); ほらまた言い出した.; その調子.; ほらね.
***There's a good boy [girl].*** いい子だね. (▶子どもをなだめる言い方)
***up there*** あそこで[に], あそこの上で[に]
- Do you see a bird *up there*?
あそこに鳥が見えますか.

─图 Ⓤ **そこ, あそこ**
- near *there* あそこの近くに

─圕 **やれやれ, ほら, さあ**(▶満足・激励・慰め・呼びかけなどを表す)
- *There, there.* Come here.
ほらほら, こっちにおいで.
- *Hello* [*Hi*] *there!* やあ, こんにちは.

# therefore 準2級 A2
[ðéərfɔːr ゼアフォア]
─圕 **それゆえに, したがって**(▶soより形式ばった語)
- Tom had a cold. *Therefore* he could not go fishing. トムは風邪を引いていて, それで釣りに行けなかった.
- I think, *therefore* I am. 我思う, ゆえに我あり. (▶フランスの哲学者デカルトの言葉)

**there'll**[ðərl ザァル, 〈強く言うとき〉ðéərl ゼアル]《話》there willの短縮形
**there're**[ðərər ザラァ, 〈強く言うとき〉ðéərər ゼアラァ]《話》there areの短縮形
**there's**[ðərz ザァズ, 〈強く言うとき〉ðéərz ゼアズ]《話》there is, there hasの短縮形
**thermometer** B2 [θərmámətər サァマミタァ | -mɔ́mə- -モミ-](★アクセント位置に注意)图 Ⓒ 温度計, 寒暖計; 体温計
**thermos**[θə́ːrməs サーマス] 图 (複 thermoses [-iz]) Ⓒ 〔商標〕サーモス, 魔法瓶 (= vacuum bottle, thermos bottle, thermos flask)

# *these 5級 A1
[ðíːz ズィーズ] (▶thisの複数形)
─代 (複数扱い)**これら; この人たち**(▶主語にも目的語にもなる)(⇔those あれら) → this

**くらべて!**
- *These* are my pencils.
これ(ら)は私の鉛筆だ.
- "What are *these*?" "They are lilies."
「これ(ら)は何ですか」「ゆりです」(▶答えるときにtheseでなくtheyを使う)
- *These* are my friends from abroad.
この人たちは外国から来た私の友人だ. (▶theseが人をさすのは主語の場合のみ)
- Look at *these*. これ(ら)を見てごらん.

**ここがポイント!** theseの訳し方
日本語では複数の物をさして「これ」と言えるので, **these**は必ずしも「これら」と訳さなくても構いません.

─形 **これらの**(▶名詞の複数形の前に使う. 単数形の場合はthisを使う. ⇔those あれらの)
- *These* three children are my cousins.
これら[この]3人の子どもたちは私のいとこだ.
- I haven't heard from him *these* past few

days. 彼からここ数日便りがない. (▶ for these past few daysは×)
- *These* people are from Canada. こちらの人たちはカナダ出身だ.

**ここがポイント！ theseの使い方**

theseはthe, 所有格(my, your, ourなど), some, anyなどといっしょには使いません.
- ○ *these* pens of mine 私のこれらのペン
- × the these pens
- × my these pens

*one of these days* 《話》近いうちに, そのうちに → day(成句)
*these days* このごろ, 近ごろ → day(成句)

## **they** 5級 A1 [ðéi ゼィ]

代 ❶ 彼らは[が], 彼女たちは[が], それらは[が] (▶三人称(にんしょう)複数の主格) → he, she, it

**ここがポイント！ theyの変化形**

| | 複数 | 単数 |
|---|---|---|
| 主格 | they 彼らは[が] 彼女たちは[が] それらは[が] | he, she, it 彼は[が] 彼女は[が] それは[が] |
| 所有格 | their 彼らの 彼女たちの それらの | his, her, its 彼の 彼女の その |
| 目的格 | them 彼らを[に] 彼女たちを[に] それらを[に] | him, her, it 彼を[に] 彼女を[に] それを[に] |
| 所有代名詞 | theirs 彼らのもの 彼女たちのもの | his, hers 彼のもの 彼女のもの |

- Lilly and Noah are cousins. *They* often play tennis together. リリィとノアはいとこだ. 彼らはよくいっしょにテニスをする.
- I bought five apples today. *They* were very cheap. きょう私はりんごを5個買った.(それらは)とても安かった.

**ここがポイント！ theyの使い方**

(1) theyはI(私), you(あなた)以外の複数の人や複数の物を表す代名詞で, すでに話に出てきた人や物, あるいはその場の状況(じょうきょう)で特定できる人や物をさして使います. 人と物の組み合わせでも使うことができます.
- The boy and his dog are good friends. *They* play together every day. その少年と犬の犬は仲良しだ. 彼らは毎日いっしょに遊ぶ.

(2) theyが物をさすとき, 多くの場合「それらは」とせず「それは」とするほうが自然です.
- I picked some flowers. *They* were really beautiful. 私は花を何本か摘(つ)んだ. それは本当にきれいだった.

❷ (一般の) 人々, 世間の人々(ある集団や店などの人たち)(▶日本語には訳さないことが多い)
- *They* say (that) we will have a lot of snow this winter. 今年の冬は雪が多いそうだ.
- *They* speak Spanish in Mexico. メキシコでは(人々は)スペイン語を話す. (= Spanish is spoken in Mexico.)
- *They* sell flowers at that shop. あの店では花を売っている.

**they'd** [ðéid ゼイド]《話》they would, they hadの短縮形
**they'll** [ðéil ゼイル]《話》they willの短縮形
**they're** [ðər ザァ, (強く言うとき)ðéər ゼァ]《話》they areの短縮形
**they've** [ðéiv ゼイヴ]《話》they haveの短縮形

## **thick** 3級 A1

[θík スィック](比較 thicker; 最上 thickest)
─形 ❶ 厚い(⇔thin 薄(うす)い)
- a *thick* book [dictionary] 厚い本[辞書]

❷ 太い(⇔thin 細い)
- a *thick* rope [line] 太い綱(つな)[線]
- a *thick* neck 太い首

❸ (液体などが)濃(こ)い, (髪(かみ)・木などの生え方が)濃い, 密生した(⇔thin 薄い)
- *thick* soup 濃いスープ
- *thick* hair 濃い髪の毛

❶  ❷  ❸

❹ 厚さが…の[で], …の厚さの[で]
- "How *thick* is your book?" "It's about one centimeter *thick*." 「君の本の厚さはどのくらいあるの」「厚さ約1センチだよ」

─副 厚く; 濃く; 密集して
派生語 thicken 動

**thicken** [θíkən スィックン] 動他自 …を厚くする, 濃(こ)くする, 太くする; 厚くなる, 濃くなる, 太くなる

**thief** A2 [θíːf スィーフ] 名 (複 thieves [θíːvz スィーヴズ]) C 泥棒(どろぼう), こそ泥

## think

> **くらべて みよう！** thief と robber と burglar
> **thief**: こっそりと盗(ぬす)む泥棒
> **robber**: 暴力で奪(うば)い取る強盗(ごうとう)
> **burglar**: 夜間に押(お)し入る泥棒

**thigh** B2 [θái サィ]（★このghは発音しない）名 C 太もも → body 図

# thin 3級 A1

[θín スィン]（比較 thinner; 最上 thinnest）
— 形 ❶ 薄(うす)い（⇔thick 厚い）
・a *thin* board 薄い板
❷細い（⇔thick 太い）；やせた（⇔fat 太った）
・a *thin* branch [needle] 細い枝 [針]
・*thin* legs やせた脚(あし)

> **くらべて みよう！** thin, slim, slender, skinny, lean
>
> | （－）のイメージ | （＋）のイメージ |
> | --- | --- |
> | **thin**<br>（病気などで弱々しくやせた） | **slim**<br>**slender**<br>（細くすらりとした） |
> | **skinny**<br>（ガリガリにやせこけた） | **lean**<br>（ぜい肉のない） |

❸（液体などが）薄い，（髪(かみ)・木などの生え方が）薄い，まばらな（⇔thick 濃(こ)い）
・*thin* air 希薄(きはく)な空気
・His hair has become *thin*.
彼の髪は薄くなった．
— 副 薄く；細く；まばらに

# thing 4級 A1 [θíŋ スィング]

名 （複 things[-z]）C ❶物
・a useful *thing* 役に立つ物
・living *things* 生物
・*things* to eat 食べ物
❷事，事柄(ことがら)
・*things* to do やるべき事柄
・Don't think such a *thing*.
そんなことを考えるな．
❸《thingsで》事情，状況(じょうきょう)，事態；風物
・*Things* have changed for the better.
状況は好転した．
・He is interested in *things* Japanese.
彼は日本の風物に関心がある．（►形容詞はthingsの後ろにつく）
❹《*one's* thingsで》持ち物，所持品；衣服；《...thingsで》…用品 [道具]
・kitchen *things* 台所道具
・I packed *my things*. 所持品を荷造りした．
***for one thing*** 1つには，1つの理由として
・*For one thing*, I'm busy; for another (*thing*), I don't have enough money.
1つには忙(いそが)しいしし，また1つには十分なお金がない．

# *think 5級 A1 [θíŋk スィンク]

動 （三単現 thinks[-s]; 過去・過分 thought[θɔ́:t ソート]; 現分 thinking）
— 他 ❶ …だと思う（►この意味のthinkは進行形にしない）
・I *think*（that）she is kind. 私は彼女は親切だと思う．（►She is kind, I think. と I think を後につけるのはやや確信がないときの言い方）

> **話してみよう！**
> ☺ Do you *think* I can win the game?
> 私がその試合に勝てると思いますか．
> ☻ Yes, I *think* so. / No, I don't *think* so. はい，そう思います．/ いいえ，そうは思いません．

> **ここが ポイント！**「…でないと思う」の表し方
> 英語ではふつう think のほうを否定して「…だとは思わない」という形にします．
> ○ I don't *think* he took the train.
> 彼はその電車に乗らなかったと思う．
> × I think he didn't take the train.
> これは英語では否定語を前に出す形がふつうだからです．

---

> **〈疑問詞〉＋ do you think ...?**
>
> Do you think ...?を疑問詞（what, who, where, when など）とともに使う場合，疑問詞が文頭にくることに注意しましょう．また，do you think の後は〈主語〉＋〈動詞〉の語順になります．
> ・Where does Meg come from?
> メグの出身地はどこですか．
> ・Where *do you think* Meg comes from?
> メグの出身地はどこだと思いますか．
> × Do you think where does Meg come from?
> ・Who is he? 彼はだれですか．
> ・Who *do you think* he is?
> あなたは彼がだれだと思いますか．
> × Do you think who is he?
> think のほかに believe, guess, imagine, suppose などがこの形で使われます．

## thinking

❷ …を〜だと思う, 見なす
- I *thought* it right to tell the truth.
私は本当のことを言うのが正しいと思った. (▶このitはto以下をさす. = I thought (that) it was right to tell the truth.)

― ⓐ **考える**, 頭を使う
- Let me *think* for a minute.
ちょっと考えさせてください.
- *Think* a lot before you act.
行動する前によく考えなさい.

***think about ...*** …について(よく)考える
- I am *thinking about* my future.
私は将来のことについて考えている. (▶ふつうthinkは進行形にしないが, aboutやofがつくときには進行形にできる)
- What do you *think about* this movie?
あなたはこの映画をどう思いますか.

***think of ...*** …のことを思う; …を思いつく; …しようかと思う
- What do you *think of* Japan?
日本のことをどう思いますか.
- She is *thinking of* studying abroad.
彼女は留学しようかと思っている.
- I've *thought of* a good idea.
いい考えを思いついた.

***think ... of 〜*** 〜のことを…と思う, 〜を…と評価する
- Many people *thought* highly *of* his work.
多くの人々が彼の作品を高く評価した.

***think over*** …をじっくり考える
- I *thought over* your plans.
あなたの計画をよく考えてみた.

***think to oneself*** 心の中でひそかに思う
- "He is a liar," she *thought to herself*.
「彼はうそつきだ」と彼女は心の中で思った.

派生語 thinking 名形, thought 名

**thinking** [θíŋkiŋ スィンキング]
― 動 think (思う; 考える)の現在分詞・動名詞
― 名 Ⓤ 考えること, 思考
― 形 《名詞の前にのみ用いる》考える, 思考する

**thinner** [θínər スィナァ] 形副 thin (薄(う)い; 薄く)の比較(く)級

**thinnest** [θínist スィニスト] 形副 thin (薄(う)い; 薄く)の最上級

## *third 準2級 A2 [θə́ːrd サード]

― 形 ❶ 《ふつう the thirdで》**第3の**, 3番目の (▶ 3rdと略す)

### くらべてみよう! three と third
threeが「3」「3つの」を意味するのに対し, thirdは「第3(の)」という順序を表します.

- the *third* lesson 第3課
- the *third* floor ㊤3階; ㊥4階 → floor ❷
- *third* base 〖野球〗3塁(るい), サード
- This is my *third* visit to the United States. アメリカに来たのはこれが3回目です.

❷ 3分の1の

― 名 (複 thirds[-dz -ヅ]) ❶ Ⓤ 《ふつう the thirdで》**第3**, 3番目; 3番目の人[もの]; (月の)3日 (▶ 3rdと略す)
- Henry *the Third*
ヘンリー3世 (▶ Henry IIIと書く)
- Tracy was *the third* to reach the mountaintop. トレーシーは3番目に山頂に着いた.
- the *third* of March = March (the) *third*
3月3日 (▶ March 3(rd)とも書く)

❷ Ⓒ 3分の1
- a [one] *third* 3分の1
- I have read two *thirds* of the book.
私はその本の3分の2を読んだ.

❸ Ⓤ 〖野球〗3塁, サード (= third base)

― 副 3番目に[で]
- I finished *third* in the marathon.
私はマラソンで3着になった.
- Amy is the *third* tallest girl in this class.
エイミーはこのクラスで3番目に背が高い女子だ.

派生語 thirdly 副

**thirdly** B2 [θə́ːrdli サードゥリィ] 副 第3に, 3番目に

**thirst** B2 [θə́ːrst サースト] 名 ❶ Ⓤ (のどの)渇(かわ)き ❷ 《a thirstで》熱望, 切望
派生語 thirsty 形

## thirsty 準2級 A2 [θə́ːrsti サースティ]

形 (比較 thirstier; 最上 thirstiest) ❶ のどが渇(かわ)いた
- I am [feel] *thirsty*.
私はのどが渇いている.

❷ 熱望して, しきりに求めて
- I am *thirsty* for knowledge.
私は知識欲に燃えている.

## *thirteen 5級 A1 [θə̀ːrtíːn サーティーン]

― 名 (複 thirteens[-z]) Ⓤ Ⓒ **13**; Ⓤ 13歳(さい); 《複数扱い》13個, 13人 (▶ 詳(くわ)しい使い方は → two)

- at *thirteen* after four 4時13分に
- 形 **13の**；13個の, 13人の；13歳で
  - I am *thirteen* (years old). 私は13歳だ.

> これ、知ってる？ **不吉な13**
> 欧米では13は不吉な数とされ, ホテル・病院・飛行機などでは多くの場合13階・13号室・13番などはありません. これは, キリストの最後の晩さんのときに, 裏切り者のユダを含んで人数が13人だったことによるとされます.
>
>
>
> 「13」のボタンがないエレベーター

**thirteenth** [θə̀ːrtíːnθ サーティーンス]
- 形 ❶《ふつう the thirteenth で》第13の, 13番目の (▶13thと略す. 詳しい使い方は→third)
  - *the thirteenth* birthday 13回目の誕生日
  ❷13分の1の
- 名 (複 thirteenths [-s]) ❶ U《ふつう the thirteenth で》第13, 13番目；(月の)13日 (▶13thと略す)
  - Friday *the thirteenth* is believed to be an unlucky day. 13日の金曜日は不吉な日だと信じられている.
  ❷ C 13分の1

**thirties** [θə́ːrtiz サーティズ] 名 thirty (30)の複数形

**thirtieth** [θə́ːrtiəθ サーティアス]
- 形 ❶《ふつう the thirtieth で》第30の, 30番目の (▶30thと略す. 詳しい使い方は→third)
  ❷30分の1の
- 名 ❶ U《ふつう the thirtieth で》第30, 30番目；(月の)30日(▶30thと略す) ❷ C 30分の1

## *thirty 5級 A1 [θə́ːrti サーティ]

- 名 (複 thirties [-z]) ❶ U C 30；U 30歳；《複数扱い》30個, 30人 (▶詳しい使い方は→two.「第30の」は thirtieth)
  - I get up at seven *thirty* every morning. 私は毎朝7時30分に起きる.
  ❷《*one's* thirties で》(年齢の)30代；

《the thirties で》(世紀の)30年代
  - My teacher is in *his thirties*. 担任の先生は30代だ.
- 形 **30の**；30個の, 30人の；30歳で
  - My uncle is *thirty* (years old). おじは30歳だ.

## *this 5級 A1 [ðís ズィス]

代 ❶ これ
  ❷ このこと
  ❸ 今
形 ❶ この
  ❷ 今の

- 代 (複 these [ðíːz ズィーズ]) ❶ **これ**, こちら, この人 (▶主語にも目的語にもなる) (⇔that あれ)

> くらべてみよう！ **this [these] と that [those]**
> 話し手に近い物・人・事：this(これ), these(これら)
> 話し手から遠い物・人・事：that(あれ), those(あれら)
>
>
> this   these   that   those

- *This* is a koala. これはコアラです.
- "What is *this*?" "It's an American stamp." 「これは何ですか」「アメリカの切手です」
- Look at *this*. これを見て.
- Emi, *this* is Ted. エミ, こちらはテッドです. (▶人を紹介するときは This is ... . と言う)

> 話してみよう！
> ☺Hello. *This* is Miki (speaking). Is *this* [⊛that] Mike?
> もしもし, こちらはミキですが, そちらはマイクですか. (▶電話での決まった言い方. I am ... や Are you ...? は×)
> ☻Yes, *this* is he. はい, そうです.
> (▶電話で答えるときの決まった言い方. 答える側が女性の場合は she となる)

- Who is *this*? ⊛どちらさまですか. (▶電話で用いる. ⊛では that を使う)

❷ このこと, ここ (▶すでに述べたことや, これから述べることをさして使う)

# thistle

- *This* is what she said: "I am very sorry."
 これが彼女の言ったことだ,「たいへん申し訳ない」と.

❸ 今, きょう, 現在
- *This* is the age of globalization.
 今はグローバル化の時代だ.
- *This* is Independence Day.
 きょうは独立記念日だ.

***this and that*** あれこれ, あらゆること
***This is it.*** 《話》いよいよ来たなあ.. これだよ.

—形 ❶ **この**, こちらの (▶名詞の単数形の前に使う. 複数形の場合はtheseを使う. ⇔that あの)
- *this* purple sweater
 この紫(むらさき)色のセーター (▶thisは長さや色を表す形容詞より前にくる)
- *This* bag is hers.
 このバッグは彼女のだ.

> **ここがポイント!** thisの使い方①
>
> **this**はa, the, 所有格(my, your, ourなど), some, anyなどとはいっしょに使いません.
> ○ *this* book この本
> × a *this* book
> ○ *this* dress of mine 私のこのドレス
> × my *this* dress

- *This* way, please.
 こちらへどうぞ.

❷ 今の, きょうの, 現在の
- *this* week [month, year] 今週[今月, 今年]
- *this* morning [afternoon, evening]
 けさ[きょうの午後, 今晩] (▶「今夜」はthis nightではなくtonight)
- *this* (coming) Friday 今度の金曜日

> **ここがポイント!** thisの使い方②
>
> この意味の**this**がついた語句は, 前置詞をつけないで使います.
> ○ *this* afternoon きょうの午後に
> × in *this* afternoon
> ○ *in* the afternoon 午後に

***this day week*** [***month***] 《英》来週[来月]のきょう (▶「先週[先月]のきょう」を意味することもある) (=《米》a week [month] from today)
***this time*** 今度は

—副《話》これくらい
- That boy was about *this* tall.
 その少年の背はこれくらいだった.

**thistle** [θísl スィスル] (★後のtは発音しない) 名 C 〖植物〗あざみ (▶スコットランドを象徴(しょうちょう)する花)

あざみの花

**Thomas** [tɔ́məs タマス | tɔ́məs トマス] 名 トーマス (▶男性の名. 愛称(あいしょう)はTom, Tommy)

**thorn** [θɔ́ːrn ソーン] 名 ❶ C (植物の)とげ, 針
❷ U C とげのある植物, いばら
- Roses have *thorns*. ばらにはとげがある.

**thorough** B1 [θə́ːrou サーロゥ | θʌ́rə サラ] (★このghは発音しない) 形《名詞の前にのみ用いる》徹底(てってい)的な, 完全な, 十分な (=complete)
派生語 thoroughly 副

**thoroughly** B2 [θə́ːrouli サーロゥリィ | θʌ́rə- サラ-] (★このghは発音しない) 副 徹底(てってい)的に, 完全に, 十分に

## *those 5級 A1 [ðóuz ゾウズ]

> 代 ❶ あれら
> ❷《ふつう those of ... で》(…の)それら
> ❸《ふつう those who ... で》(…する)人々
> 形 あれらの

(▶thatの複数形)

—代 ❶《複数扱い》**あれら**, それら; あの[その]人たち (▶主語にも目的語にもなる) (⇔these これら) → this くらべて!

> **ここがポイント!** thoseの訳し方
>
> 日本語では複数の物をさして「あれ」「それ」と言えるので, thoseは必ずしも「あれら」「それら」と訳さなくても構いません.

- *Those* are my pens. あれ(ら)は私のペンだ.
- *Those* are my classmates.
 あの人たちは私のクラスメートだ. (▶thoseが人をさすのは主語の場合のみ)
- I'll bring *those*.
 私はあれ(ら)を持って来ますよ.

❷《ふつう those of ... で》(…の)それら (▶前に出た複数形の名詞の繰(く)り返しを避(さ)けるために使う. 単数形の名詞の場合はthatを用いる)
- The shapes of modern cars are different from *those of* the 1920's.
 現代の車の形は1920年代のそれとは違(ちが)って

いる.（▶those=the shapes of the cars）
❸《ふつうthose who ... で》(…する)人々
- I don't know those who live there.
私はそこに住んでいる人々を知らない.
─形 **あれらの**, それらの（▶名詞の複数形の前に使う. 単数形の場合はthatを使う. ⇔these これらの）
- *Those* pictures were taken by Dick.
あれらの[あの]写真はディックが撮(と)った.

> **ここが ポイント！** thoseの使い方
>
> **those**はtheや所有格（my, yourなど）, some, anyなどとはいっしょに使いません.
> ○ *those* books あれらの本
> × the those books
> ○ *those* pens of mine
> 　私のあれらのペン
> × my those pens

*in those days* そのころは, 当時は → day(成句)

# though 準2級 A2
[ðóu ゾウ]（★このghは発音しない）
─接 ❶ …だけれども, …にもかかわらず（=although）
- Mike is a good basketball player *though* he is not so tall.
マイクはそれほど背が高くないけれどもバスケットボールの名選手だ.
- *Though* Japan is a small country, it has a large economy.
日本は小さい国だが, 経済規模が大きい.
❷ もっとも…ではあるが
- He is bright, *though* not very organized.
彼は頭がいい. もっともあまりきちょうめんでないけれど.

*as though ...* まるで…のように → as(成句)
*even though ...* …だけれども; たとえ…だとしても → even(成句)

─副《話》でも, だが（▶ふつう文末に置き, 代わりにalthoughは使えない）
- Did you have to buy the bag, *though*?
でも, そのかばんを買う必要があったの？

# thought 準2級 A2
[θɔ́ːt ソート]（★このghは発音しない）
─動 think(思う; 考える)の過去形・過去分詞
─名（複 thoughts[-ts -ツ]）❶ Ⓤ **考えること**, 思考, 物思い
- I was lost [deep] in *thought*.
私は物思いにふけっていた.

- After a lot of *thought*, they decided to get married.
よくよく考えて彼らは結婚(けっ)することにした.
❷ ⒸⓊ 考え（=idea）, 思いつき; Ⓒ《ふつう thoughtsで》意見（=opinion）
- I (have) just had a *thought*.
今, 考えが浮かんだ.
- What are your *thoughts* on his suggestion?
彼の提案についてあなたの意見はどうですか.
❸ ⒸⓊ 思いやり, 心づかい
- She shows a great deal of *thought* for the elderly.
彼女はお年寄りに対して非常に思いやりがある.
❹ Ⓤ（時代・民族などの）思想
- Western [Oriental] *thought*
西洋[東洋]思想

*on second thought* [⊛*thoughts*] 考え直した結果
派生語 thoughtful 形, thoughtless 形

**thoughtful** B2 [θɔ́ːtfəl ソートゥフル]（★このghは発音しない）形 ❶ 考えこんでいる, 物思いに沈(しず)んだ
- a *thoughtful* expression 考えこんだ表情
❷ 思慮(りょ)深い
- a *thoughtful* person 思慮深い人
❸ 思いやりのある, 親切な（=kind）
- It was *thoughtful* of you to remember my birthday.
私の誕生日を覚えていてくださってありがとうございます.（▶for youは×）

**thoughtless** B2 [θɔ́ːtlis ソートゥリス]（★このghは発音しない）形 ❶ 不注意な, 考えの浅い（=careless）❷ 思いやりのない

# *thousand 準2級 A2
[θáuzand サウザンド]
─名（複 thousands[-dz -ヅ]）ⒸⓊ 1000;《複数扱い》1000個, 1000人
- a [one] *thousand* 1000（▶oneを使うと「1000」であることが強調される）

> **ここが ポイント！** thousandの使い方
>
> 数詞や数量を表す形容詞とともに使うとき, thousandは複数形にしません.
> × three thousands
> ○ three *thousand* 3000
> ○ several *thousand* 数千

- ten *thousand* 1万（▶「1000が10個」ということ. 英語には1語で1万を表す語はない）
- fifteen *thousand* 1万5000

# thousandth

### 表現メモ
**大きな数の言い方**
- 100 one hundred
- 1000 one thousand
- 1万 ten thousand
- 10万 one hundred thousand
- 100万 one million
- 1000万 ten million
- 1億 one hundred million
- 10億 one billion

***thousands of ...*** 何千もの…, 無数の…(▶ofとともに使う場合はthousandsと複数形にする)
- *Thousands of* people went to the concert. 何千もの人々がそのコンサートを聞きに行った.

— 形 ❶ **1000の**; 1000個の, 1000人の
- six *thousand* dollars 6000ドル

❷ 無数の, 多数の
- A *thousand* thanks for your kindness. ご親切本当にありがとう.

派生語 thousandth 形名

**thousandth** [θáuzənθ サウザンス]
— 形 ❶ 《ふつうthe thousandthで》1000番目の
❷ 1000分の1の
— 名 ❶ U《ふつうthe thousandthで》1000番目 ❷ C 1000分の1

**thread** B2 [θréd スレッド]
— 名 ❶ UC 糸, 縫(ぬ)い糸 → string ❶
- a needle and *thread* 糸のついた針
❷ C 〖インターネット〗スレッド(▶SNSなどで, あるテーマについての一連の投稿(とう))
— 動 他 (針など)に糸を通す
- *thread* a needle 針に糸を通す

**threat** B1 [θrét スレット] 名 ❶ UC 脅(おど)し, 脅迫(きょう), 脅威(い); 脅(おど)かす人[物]
❷ C (悪い)兆(きざ)し, 前兆

**threaten** B2 [θrétn スレットゥン] 動 他 ❶ (人)を脅(おど)す, 脅迫(きょう)する ❷ (災害などが)…を脅(おど)かす ❸ …するおそれがある

## *three 5級 A1 [θríː スリー]

— 名 (複 threes[-z]) UC 3; U 3歳(さい); 3時; 《複数扱い》3個, 3人(▶詳(くわ)しい使い方は→two. 「第3の」はthird→third くらべて!)
- cut an apple in *three* りんごを3つに切る
- at *three* (o'clock) 3時に

— 形 **3の**; 3個の, 3人の; 3歳で
- *three* times 3回
- He has *three* children. 彼には3人の子どもがいる.
- My brother is *three* (years old). 弟は3歳だ.

**threw** 4級 [θrúː スルー] (★同音through 通りぬけて) 動 throw(投げる)の過去形

**thrill** B2 [θríl スリル]
— 名 C (恐(おそ)ろしさ・うれしさなどで)ぞくぞく[わくわく]する感じ, スリル
— 動 他 自 (人)をぞくぞく[わくわく]させる; ぞくぞく[わくわく]する

**throat** B2 [θróut スロウト] 名 C のど
- I have a sore *throat*. のどが痛い.

**throne** [θróun スロウン] 名 C 王座, 玉座; 《the throneで》王位, 王権
- come to *the throne* 王位に就(つ)く

## *through 4級 A1

[θrúː スルー](★このghは発音しない. 同音threw)

| 前 ❶《通過》…を通りぬけて |
| ❷《手段・原因》…によって |
| ❸《期間》…の間じゅう |
| ❹《終了・完了》…を終えて |
| ❺《場所》…の至る所を |
| ❻《時間》(日時が)…(の終わり)まで |
| 副 ❶《通過》通りぬけて |
| ❷《継続》初めから終わりまで |
| ❸すっかり |
| ❹《話》終わって |
| 形《名詞の前にのみ用いる》直通の |

— 前 ❶《通過》**…を通りぬけて**, …を通って
- drive [walk] *through* the tunnel トンネルを車で[歩いて]通りぬける
- Sun shines *through* the window. 日の光が窓から差しこむ.

❷《手段・原因》…によって, …を通じて
- hear the news *through* a friend 友人からその知らせを聞く
- learn *through* experience 経験を通じて学ぶ

❸《期間》…の間じゅう, …の初めから終わりまで
- *through* the lesson 授業の間じゅう
- It rained all *through* the night. 夜の間ずっと雨が降った. (▶allがつくと「ずっと」の意味が強調される)

❹《終了・完了》…を終えて
- I am halfway *through* the novel. 私はその小説の半分まで読み終えた.

❺《場所》…の至る所を, …のあちこちを, …じゅう(に)
- The rumor spread *through* the school. うわさは学校じゅうに広まった.

❻《時間》《主に米》(日時が)…(の終わり)まで(=米to)

- *from* Friday *through* Sunday
金曜日から日曜日まで
- **副 ❶**《通過》**通りぬけて**
- drive *through* 車で通りぬける
- **❷**《継続》**初めから終わりまで, 通しで**
- read all the way *through* 終わりまで読む
- **❸すっかり, まったく**
- get soaked *through* すっかりびしょぬれになる
- **❹**《話》終わって；⊛（電話が）終わって；⊛（電話が）つながって
- Are you *through* with your lunch?
昼食は終わりましたか.
- I'm *through*. 終わりました.（▶仕事などが, また⊛では電話が終わったとき）
- **形**《名詞の前にのみ用いる》**直通の;（切符など）通しの**
- a *through* train 直通列車

**throughout** 2級 B1 [θruːáut スルーアウト]（★このghは発音しない, ouの発音に注意）
- **前 ❶**《場所》**…の至る所に**
- search *throughout* the house
家じゅうくまなく捜す
- **❷**《時間》**…の間じゅう, …を通じて**
- *throughout* the year 一年じゅう
- **副 ❶すっかり, あらゆる点で ❷初めから終わりまで**

# throw 4級 A1 [θróu スロゥ]

- **動**（三単現 throws[-z] 過去 threw[θrúː スルー]; 過分 thrown[θróun スロウン]; 現分 throwing）
**— 他 ❶…を投げる, ほうる;（人などに）…を投げつける,（人などに）…を投げてやる**
- *throw* a ball at him
彼をねらって（ぶつけようと）ボールを投げる
- *throw* a ball to him
彼に（捕ってもらおうと）ボールを投げる

- **❷**（質問・視線など）を**投げかける;（光・影など）を浴びせる, 投じる**
- She *threw* an angry look at him.
彼女は彼に怒りの視線を投げかけた.
**— 自 投げる**

- I'll *throw* and you catch.
ぼくが投げるから君が捕って.

*throw away* …を捨てる; …を浪費する
- She *threw away* the old handouts.
彼女は古いプリントを捨てた.

*throw down* …を投げ落とす, 投げ捨てる
*throw in* …を投げこむ;（言葉）を差しはさむ;（景品など）を添える
*throw on* [*off*] ... …を急いで着る[脱ぐ]
*throw open* （戸・窓など）をぱっと開ける;（一般の人に庭園・家など）を開放[公開]する
*throw out* …を投げ[ほうり]出す, 追い出す, 捨てる
*throw up* …を投げ上げる;《話》（食べ物を）吐く, もどす

**— 名**（複 throws[-z]）**ⓒ 投げること, 投球; 投げて届く距離**
- an overhand [underhand] *throw* 上手[下手]投げ
- at a stone's *throw*
石を投げて届くくらい近い所に

**thrown** 2級 B1 [θróun スロウン] **動** throw（投げる）の過去分詞

**thrush** [θráʃ スラッシュ] **名**（複 thrushes[-iz]）ⓒ 〖鳥〗つぐみ

**thrust** [θrást スラスト]
**— 動**（過去・過分 thrust; 原形と同じ）
**— 他 …を強く押す; …を突き刺す; …を押し分けて進む**
- The murderer *thrust* a knife into her back. 殺人犯は彼女の背中をナイフで刺した.
**— 自 強く押す; 突く**
**— 名 ❶ⓒ 一押し, 一突き ❷ⓤ（プロペラ・ジェットなどの）推力**

**thud** [θád サド] **名** ⓒⓤ ドシン[ドサッ]という音

# thumb B1 [θám サム]（★このbは発音しない）

**名**（複 thumbs[-z]）ⓒ（手の）**親指**（▶「足の親指」はbig toe）;（手袋・グローブなどの）親指の部分 → finger 図
- a *thumb* and four fingers 親指と4本の指
*be all thumbs* 《話》ひどく不器用である
- I *am all thumbs*. 私は不器用だ.
*Thumbs down!* 《話》反対!, だめだ!
*Thumbs up!* 《話》賛成!, いいぞ!

Thumbs down!

Thumbs up!

## thumbtack

**thumbtack** [θÁmtæk サムタック]（★このbは発音しない）名C🇺🇸画びょう（＝🇬🇧drawing pin）

**thunder** 2級 B1 [θÁndər サンダァ]
─名U ❶雷（かみなり）, 雷鳴（らいめい）（▶「稲妻（いなずま）」はlightning）
- a clap of *thunder* 雷鳴
❷（雷のような）とどろき
─動自 ❶《itを主語にして》雷が鳴る
- It *thundered* during the storm.
嵐（あらし）の間ずっと雷が鳴っていた.
❷（雷のような）大きな音を立てる；怒鳴（どな）る

**thunderstorm** A2 [θÁndərstɔ̀ːrm サンダァストーム] 名C 激しい雷雨（らいう）

**Thur., Thurs.** Thursday（木曜日）の略

## *Thursday 5級 A1

[θə́ːrzdei サーズデイ]

名（複 Thursdays[-z]）UC **木曜日**（▶常に大文字で書き始める. Th., Thur., Thurs.と略す. 詳（くわ）しい使い方は→Sunday）
- Today is *Thursday*. ＝It's *Thursday* today.
きょうは木曜日だ.
- on *Thursday* 木曜日に
- on *Thursday* morning 木曜日の朝に
- Come and play with me next *Thursday*.
今度の木曜日に遊びにおいでよ.（▶last, next, everyなどがつく場合はonはつけない）

**thus** B1 [ðÁs ザス] 副このようにして（＝in this way）; したがって, それゆえに, だから（＝therefore）（▶主に書き言葉で用いる）

**tick** B1 [tík ティック] ─名C（時計などの）カチカチという音；🇬🇧チェックマーク（✓）（＝🇺🇸check）
─動─自（時計などが）カチカチという
─他（時計が時間）を刻む；《主に🇬🇧》（項目など）にチェックマークをつける

## ticket 5級 A1 [tíkit ティキット]

名（複 tickets[-ts -ツ]）C ❶ **チケット, 切符（きっぷ）, 乗車券, 入場券**
- a one-way [round-trip] *ticket* 🇺🇸片道［往復］切符（＝🇬🇧a single [return] *ticket*）
- a commutation *ticket* 🇺🇸定期券（＝🇬🇧a seasonal *ticket*）
- a *ticket* for the movie 映画の切符
- a *ticket* for [to] Edinburgh
エディンバラ行きの乗車券
- a *ticket* agency（公演, コンサートなどの）チケット取扱所, プレイガイド（▶「プレイガイド」は和製英語）
❷交通違反（いはん）切符［チケット］

**ticket office** [tíkit ɔ́ːfis ティキット オーフィズ |-ɔ̀fis -オフィス] 名C 🇺🇸切符売り場（＝🇬🇧booking office）

**tickle** B2 [tíkl ティクル] 動他自（人・体の一部）をくすぐる；くすぐったがる, むずむずする

**tick-tack-toe** [tiktæktóu ティックタックトウ] 名🇺🇸 三目（さんもく）並べ

**tick tock, tick-tock** [tik ták ティック タック |- tɔ́k -トック] 名U（時計・心臓などの）カチカチ［ドキドキ］いう音

tick-tack-toe

**tide** B1 [táid タイド] 名CU 潮, 潮の満ち干（ひ）, 潮流
- high [low] *tide* 満［干］潮

**tidy** A2 [táidi タイディ] 形（比較 tidier；最上 tidiest）きちんとした, 整然とした（⇔messy 散らかった）
- a *tidy* room きちんと片づいた部屋

## tie 準2級 A2 [tái タイ]

─動（三単現 ties[-z]；過去・過分 tied[-d]；現分 tying）
─他 ❶…を結ぶ, 縛（しば）る, つなぐ
- *Tie* your shoestrings. 靴（くつ）ひもを結びなさい.
- Mika *tied* her hair with a ribbon.
ミカは髪（かみ）をリボンで結んだ.
❷…と同点になる
- The two teams were *tied* at 3 to 3.
両チームは3対3で同点になった.
─自 結べる；同点になる
- Japan and Brazil *tied* for third place.
日本とブラジルは3位を分け合った.

*tie up ...* …をしっかり結ぶ；…を提携（ていけい）させる
- She *tied up* the magazines *with* ropes.
彼女は縄（なわ）で雑誌をしっかり結んだ.
- That firm is *tied up with* a drug company.
あの会社は製薬会社と提携している.

─名（複 ties[-z]）C ❶ **ネクタイ**（▶ふつうnecktieではなくtieと言う）
- knot [wear] a *tie*
ネクタイを結ぶ［している］
❷《tiesで》きずな, つながり
- family *ties* 家族のきずな
❸同点, 引き分け, タイ
- The game ended in a *tie*.
結局その試合は同点だった.

## tiger 4級 A1 [táigər タイガァ]

名（複 tigers[-z]）C【動物】（特に雄（おす）の）**虎（とら）**（⇔tigress 雌（めす）の虎）

**tight** B2 [táit タイト]（★このghは発音しない）
─形 ❶堅（かた）く結んだ, きつく締（し）めた（⇔loose

緩(ゆる)い
- a *tight* knot 堅い結び目

❷ぴんと張った(=tense)
- a *tight* rope ぴんと張ったロープ

❸(衣服・靴)などが)きつい
- This shirt is too *tight* for me.
このシャツは私にはきつい.

❹(時間的・空間的に)余裕(ょゅう)のない
- a *tight* schedule 過密なスケジュール

━副 堅く,しっかりと(=tightly); 十分に
- Sleep *tight*.
(子どもに対して)ぐっすり眠(ねむ)りなさい.

派生語 tighten 動, tightly 副

**tighten** B1 [táitn タイトゥン] (★このghは発音しない) 動他❶…を堅く結ぶ, きつく締(し)める (⇔loosen 緩(ゆる)める); きつくなる

**tightly** 2級 B1 [táitli タイトゥリィ] (★このghは発音しない) 副 堅(かた)く, しっかりと

**tightrope** B2 [táitròup タイトゥロウプ] (★このghは発音しない) 名 C (綱渡(つなわた)りの)渡り綱
- *tightrope* walking 綱渡り

**tights** A2 [táits タイツ] (★このghは発音しない) 名《複数扱い》タイツ;《主に米》パンティーストッキング(=米 pantyhose)

**tigress** [táigris タイグリス] 名 (複 tigresses [-iz]) C 雌(めす)の虎(とら) (⇔tiger 雄(おす)の虎)

**tile** B1 [táil タイル]
━名 C 屋根がわら; タイル
━動他…をかわらでふく;…にタイルを張る

**\*till** 準2級 A2 [tíl ティル]

前…まで(ずっと)
接❶…するまで(ずっと)
 ❷《not ... till ~で》~(する)まで…ない
 ❸…してついに

━前 …まで(ずっと)(=until) (▶時間の継続(けいぞく)を表す) → by 前 ❹ くらべて!, until くらべて!
- I was there *till* four o'clock.
私は4時までそこにいた.
- She didn't come back *till* late at night.
彼女は夜遅(よるおそ)くまで帰ってこなかった.

━接❶ …するまで(ずっと)(=until)
- Please wait here *till* I come back.
私が戻(もど)ってくるまでここで待っていてください. (▶tillに続く節では未来のことでもふつう現在形を用いる)

❷《not ... till ~で》~(する)まで…ない
- I did*n't* eat carrots *till* I was ten.
私は10歳(さい)までにんじんを食べなかった.

❸…してついに(▶tillの前にコンマ(,)をつけることが多い)

- We walked and walked, *till* (at last) we reached a village.
私たちは歩きに歩いて, ついにある村に着いた.

**Tim** [tím ティム] 名 ティム (▶男性の名. Timothy の愛称(あいしょう))

**timber** [tímbər ティンバァ] 名 U ❶《英》(建築用に製材した)材木, 木材(=米 lumber) ❷森林

## \***time** 5級 A1 [táim タイム]

名❶時間
 ❷時刻
 ❸(特定の)時
 ❹…回
 ❺《しばしば a time で》(一定の)期間
 ❻《ふつう times で》時代
 ❼《times で》…倍
動他❶…の時間[速度]を計る
 ❷…の時間を合わせる

━名 (複 times [-z]) ❶ U 時間, 時 (⇔space 空間)
- *Time* flies (like an arrow). (ことわざ)光陰(こういん)矢のごとし. (⇨時間は(矢のように)飛ぶように過ぎ去る)
- *Time* is money. (ことわざ)時は金なり.
- *Time* and tide wait for no man. (ことわざ)歳月(さいげつ)人を待たず. (⇨時はだれをも待たない)
- I spend a lot of *time* reading books.
私は本を読むのに多くの時間を使う.
- *Time* is up. 時間切れだ.
- It's a waste of *time*. それは時間の無駄(むだ)だ.
- Do you have some *time*? 時間はありますか.

❷ U 時刻 → p.693 知ってる?

話してみよう!

☺What *time* is it? = What is the *time*?
今何時ですか.
☺It's four (o'clock).
4時です.

- What *time* do you have? =米Do you have the *time*? 今何時ですか. (▶Do you have the time?は,「時計を持っていますか」(今何時ですか)の意味. Do you have time?は,「時間がありますか」の意味となり, theのあるなしで意味が異なる)
- "What *time* do you get up?" "At seven."
「あなたは何時に起きますか」「7時です」

❸ U (特定の)時
- at this *time* next year 来年の今ごろ
- It's *time* to say goodbye now.
もう帰らなくてはなりません.
- It's *time* for a break. 休憩(きゅうけい)しましょう.

❹ C …回, …度

## time capsule

> **ここがポイント!** 「…回」の言い方
> 「1回」はonce,「2回」はtwice,「3回」はthree times,「4回」はfour timesとなります.

- one more *time* もう1回
- four *times* a day 1日に4回
- many *times* 何度も
- How many *times* did you go skiing last year? 去年は何回スキーに行きましたか.

❺ⓒ《しばしばa timeで》(一定の)期間, 時間(=period)

- It's *a* long *time* since I saw you last. お久しぶりです.(⇨この前会ってからずいぶんたちましたね)(=Long time no see!)

❻ⓒ《ふつうtimesで》時代(=age); 情勢
- in modern [ancient] *times* 現代[古代]では
- *Times* have changed. 時代は変わった.

❼《timesで》…倍(▶3倍以上に使う.「2倍」はtwice)→ times 副
- Canada is about twenty-eight *times* as large as Japan. カナダは日本の約28倍の面積がある.

*ahead of time* 予定より早く
*all the time* その間ずっと; いつも
- He kept on talking *all the time*. 彼はその間ずっと話していた.

*at a time* 一度に
*at all times* いつも(▶書き言葉で用いる)(=always)
*(at) any time* いつでも
- Please use my car (*at*) *any time*. いつでも私の車を使ってください.

*at one time* 同時に, 一度に; 昔は
*at that time* そのころは, 当時は(=then)
*at the same time* 同時に
- Bill and George stood up *at the same time*. ビルとジョージは同時に立ち上がった.

*at this time of ...* …の今ごろは
- It seldom rains *at this time of* the year. 毎年今ごろはめったに雨が降らない.

*at times* 時々(=sometimes)
*behind the times* 時代後れで
*behind time* 時間に遅れて
- The bus was running *behind time*. バスは時刻表より遅れて運行していた.

*by this time* 今ごろは; この時までには
*every* [*each*] *time* 毎回; …するたびに(▶後に〈主語〉+〈動詞〉を伴って接続詞的に使う)
- *Every time* I visited him, he was out. 私が訪ねるたびに彼は留守だった.

*for a long time* 長い間
*for a* [*some*] *time* しばらく
*for the first time* 初めて→ first 形(成句)
*for the time* (*being*) 当分の間
*from time to time* 時々(=sometimes)
*gain time* (時計が)進む; 時間をかせぐ
*have a good time* 楽しく過ごす
- We *had a good time* on the beach. 私たちは浜辺で楽しく過ごした.

*have a great time* すばらしい時を過ごす
*have a hard* [*bad*] *time* つらい目に遭う, 苦労する
*in no time* (*at all*) あっという間に, たちまち
*in time* 間に合って; そのうちに, やがて
- I was just *in time* for the plane. 私は飛行機に間に合った.
- It will stop raining *in time*. そのうち雨はやむだろう.

*keep good* [*bad*] *time* (時計が)正確[不正確]である
- This clock *keeps good time*. この時計は正確だ.

*kill time* 時間[暇]をつぶす
*lose time* (時計が)遅れる
*on time* 時間どおりに(=punctually)
- She came to the meeting *on time*. 彼女はその会合に時間どおりに来た.

*once upon a time* 昔々→ once 副(成句)
*some time* しばらく; ⓐいつか
*take time* 時間がかかる
*take one's time* ゆっくり[のんびり]やる
- *Take your time*. (あせらないで)のんびりやりなよ.

*this time* 今度は
- He will pass the examination *this time*. 彼は今度は試験に合格するだろう.

*time after time* 何度も, たびたび

ー動(三単現 times[-z]; 過去・過分 timed[-d]; 現分 timing) ⓣ❶ …の時間[速度]を計る ❷ …の時間を合わせる

派生語 timely 形, timing 名

**time capsule** [táim kǽpsəl タイム キャプサル | -kǽpsju:l - キャプスュール] 名ⓒ タイムカプセル

**time difference** [táim dífərəns タイム ディフ(ァ)ランス] 名ⓤ 時差
- What's the *time difference* between Tokyo and New York? 東京とニューヨークの間の時差はどのくらいですか.

**timely** B1 [táimli タイムリィ] 形 (比較 timelier; 最上 timeliest) 時期がちょうどよい, タイムリーな
- a *timely* hit (野球の)タイムリーヒット

# timing

## これ、知ってる? 時刻の言い方

five (o'clock)

five ten

five thirty

five fifty

⇨ 基本は「…時〜分」の順に数字を並べて言えばよい.
⇨ o'clock は「…時ちょうど」と言うときに用い、「…時〜分」と言うときには用いない.

### そのほかの表現

- half past five  《主に英》5時半
- ten to six  6時10分前 (5時50分)
- quarter after five  5時15分
- quarter to six  6時15分前 (5時45分)

⇨ quarter は 4 分の 1 を意味する.
※ 60 分の 4 分の 1 = 15 分

quarter after five

quarter to six

### 午前と午後の表現

**A** What time is it over there?
そちらは何時?

**B** It's seven p.m. here.
こちらは午後7時よ.

⇨ It is … . を使って具体的な時間を答える.
⇨ a.m. (午前) と p.m. (午後) は数字の後に置く.
また、これらは o'clock といっしょに使うことはできない.
ただし、nine o'clock in the morning [afternoon]
(午前 [午後] 9 時) のような言い方は可能.

**time machine** [táim məʃíːn タイム マシーン]
名 C タイムマシン

**time-out, timeout** [tàimáut タイムアウト]
名 C U 《スポーツ》タイムアウト, 作戦タイム;
U (作業などの) 中休み

**Times** [táimz タイムズ] 名 ❶ 《The Times で》タイムズ (▶英国の新聞の名前) ❷ 《… Times で》
…タイムズ (▶いろいろな新聞の名前)

**times** B2 [táimz タイムズ]
— 名 time (…回) の複数形
— 動 time (時間を計る) の三人称単数現在形
— 前 …の (…) 倍
- Two *times* six is [are] twelve. = Two *times* six makes [make] twelve. 2×6= 12. (▶日本では 2×6 は「2 が 6 つ集まる」と考えるが、米英では「6 が 2 つ集まる」と考える)

**timetable** A2 [táimtèibl タイムテイブル] 名 C
時刻表; 予定表, 計画表; (学校の) 時間表, 時間割り (=米schedule)

**time zone** [táim zòun タイム ゾウン] 名 C 時間帯 (▶同じ標準時を使う地域. アメリカには、アラスカとハワイを除いて4つの時間帯がある)

**timid** [tímid ティミッド] 形 おく病な, 小心な; 内気な; びくびくした

**timing** B2 [táimiŋ タイミング]
— 動 time (時間を計る) の現在分詞・動名詞

## Timor-Leste

- 名 U タイミング, 時機を選ぶこと, 時間調整

**Timor-Leste** [tiːmɔːrléstei ティーモールレステイ] 名 東ティモール (▶東南アジアの共和国. 首都はディリ (Dili))

**tin** B1 [tín ティン] 名 ❶ U 〖化学〗すず (▶金属元素の1つ. 元素記号はSn) ❷ U ブリキ ❸ C ⊕ ブリキの缶(か), 缶詰(かん)(= ⊕ can)
→ container 図
- a *tin* opener ⊕ 缶切り (= ⊕ can opener)

**tinkle** [tíŋkl ティンクル]
- 名 C チリンチリン (▶小さな鈴(すず)の音)
- 動 自 他 (鈴などが) チリンチリン鳴る; (鈴など) をチリンチリン鳴らす

**tiny** 2級 B1 [táini タイニィ] 形 (比較 tinier; 最上 tiniest) ちっぽけな, ちっちゃな, ごく小さい (= very small)

**-tion** [-ʃən -ション] 接尾 …すること, …した状態 (▶動詞について名詞をつくる)
- introduc*tion* 紹介(しょう) (▶ introduce + -tion. eがとれる)

**tip**[1] A2 [típ ティップ] 名 C (とがった) 先, 先端(せん) (= point)
- the *tips* of the fingers 指先

**tip**[2] A2 [típ ティップ]
- 名 C ❶ チップ, 心づけ, 祝儀(しゅうぎ)
- Here's a *tip* for you. はい, チップです.
❷ 内密の情報; ヒント, 助言
- 動 (過去・過分 tipped [-t]; 現分 tipping) 他 (人) にチップを渡(わた)す

> **これ、知ってる?** **チップって?**
> チップはタクシーの運転手, レストランやホテルの従業員など, サービスをしてくれた人に渡(わた)す少額の謝礼です.
>
>
>
> カフェで, 会計の時にチップをわたす客

**tiptoe** B2 [típtou ティプトウ]
- 名 C つま先
- walk on *tiptoe* つま先で歩く
- 動 自 (用心して) つま先で歩く, 忍(しの)び足で歩く

**tire**[1] 2級 B1 [táiər タイア] 動 他 自 ❶ (人) を疲(つか)れさせる; 疲れる (▶ふつう「疲れさせる」は make ... tired, 「疲れる」は get [be] tiredを使う) ❷ (人) を飽(あ)きさせる; 飽きる
派生語 tired 形, tiring 形

**tire**[2] 4級 [táiər タイア] (▶⊕ では tyreとつづる)
名 C (車輪用のゴムの) タイヤ
- a spare *tire* 予備のタイヤ

## tired 5級 A1 [táiərd タイアド]

形 (比較 more tired; 最上 most tired) ❶ 疲(つか)れた, くたびれた;《tired from ...で》…で疲れた
- Jane looked very *tired*.
  ジェーンはとても疲れた様子をしていた.
- I am *tired from* walking. 私は歩き疲れた.
❷《tired of ...で》…に飽(あ)きた, うんざりした, 嫌(いや)になった
- I'm *tired of* playing tennis every day.
  ぼくは毎日テニスをするのにうんざりだ.

**tiring** B1 [táiəriŋ タイアリング] 形 (仕事や話などが) 疲(つか)れさせる

**tissue** 2級 B1 [tíʃuː ティシュー] 名 ❶ U C (生物体の) 組織 ❷ C ティッシュペーパー (▶ tissue paperは包装用の薄手(うす)の紙のこと)

**title** 準2級 A2 [táitl タイトゥル] 名 C ❶ 書名, 題名, 表題
❷ 肩(かた)書き, 称号(しょうごう) (▶ Mr., Dr., Captain, Professorなど) ❸ 〖スポーツ〗タイトル, 選手権 (= championship)

**TN** Tennessee (米国テネシー州) の郵便略語

## *to 5級 A1

[《子音の前》tə タ, 《母音の前》tu トゥ, 《強く言うとき》túː トゥー]

> 前 ❶《到着(とうちゃく)点・方向》…へ
> ❷《状態・結果》…へ
> ❸《対象》…に (対して)
> ❹《範囲(はんい)・程度》…(にいたる)まで
> ❺《比較(ひかく)・割合》…と比べて
> ❻《目的》…のために [の]
> ❼《適合》…に合って
> ❽《所属・付着・付加》…に
> ❾《接触(せっしょく)》…に
> ❿《to one's +〈感情を表す名詞〉で》…な [した] ことには
> ⓫《to +〈動詞の原形〉で不定詞をつくる》
>  ①…すること
>  ②…するための
>  ③…するために
>  ④《〈疑問詞〉+ to +〈動詞の原形〉で》
>   …すればよいか

**to**

前❶《到着点・方向》…へ, …に, …まで; …のほうへ(⇔from …から)

- He traveled from Europe *to* China.
  彼はヨーロッパから中国まで旅をした.

- He lives a few miles *to* the south of the city.
  彼はその町の南方数マイルの所に住んでいる.

話してみよう！
☺ Please tell me how to get *to* the library.
図書館へ行く道を教えてください.
☻ Turn right at the next corner.
次の角(かど)を右に曲がりなさい.

くらべてみよう！ **to と toward と for**

**to**:「方向」と同時に「到着点」を示し, 実際にそこへ着いたことを意味する.
- She went *to* Paris.
  彼女はパリへ行った. (▶=着いた)

**toward**:「…のほうへ向かって」という「方向」を意味する.
- She went *toward* Paris.
  彼女はパリのほうへ行った. (▶実際にパリへ行ったかどうかは問題にしない)

**for**:「…に向かって」の意味で, 出発に際しての「方向・行き先」を示す.
- She left *for* Paris.
  彼女はパリに向かって出発した. (▶出発時の方向・行き先で, その後は問題にしない)

❷《状態・結果》…へ, …に
- The traffic light turned from red *to* green.
  信号が赤から青に変わった.

- The climbers froze *to* death.
  登山家たちは凍(こご)え死んだ.

❸《対象》…に(対して), …へ, …にとって
- My friend gave a cat *to* my mother.
  友達が猫(ねこ)を私の母にくれた. →for 前❶
  ポイント！
- That book is useless *to* me.
  その本は私には役に立たない.

❹《範囲・程度》…(にいたる)まで;《主に英》(時刻が)…前(⇔past …を過ぎて)
- *to* some extent ある程度まで
- *to* the end 最後まで
- from Monday *to* Friday 月曜日から金曜日まで(▶米では(from) Monday through Friday とも言う. through を使うと金曜日を確実に含(ふく)む)
- The temperature dropped *to* 5 degrees centigrade [Celsius].
  気温はセ氏5度まで下がった.
- It's five (minutes) *to* twelve.
  12時5分前だ.

to 5 degrees centigrade [Celsius]

five to twelve

❺《比較・割合》…と比べて, …より
- I prefer classical music *to* rock.
  私はロックよりクラシック音楽のほうが好きだ.
- The score is two *to* one. 得点は2対1だ.

❻《目的》…のために[の]
- He came *to* her assistance.
  彼は彼女を助けに来た.

❼《適合》…に合って, …に合わせて
- dance *to* music 音楽に合わせて踊(おど)る

❽《所属・付着・付加》…に

- He belongs *to* the team.
  彼はそのチームに属している.
❾《接触》…に
- She put her hands *to* her mouth.
  彼女は口に手を当てた.
❿《to *one's* +〈感情を表す名詞〉で》…な[した]ことには(▶文全体を修飾する)
- *to* my regret [surprise]
  残念な[驚(ホッ)いた]ことには
⓫《to +〈動詞の原形〉で不定詞をつくる》

> **ここがポイント!** 不定詞の3用法
> 不定詞には次のような用法があります.
> ①…すること(名詞として働く)
>   文の主語・目的語・補語になる.
> ②…するための(形容詞として働く)
>   名詞や代名詞を修飾(゜ョ゚)する.
> ③…するために(副詞として働く)
>   動詞や形容詞を修飾する.

①…すること(▶名詞として働く)
- I like *to* ski. 私はスキーをするのが好きだ.(▶ *to ski*はlikeの目的語. =I like skiing.)
- *To* see is *to* believe. (ニ)百聞は一見にしかず.(⇦見ることは信じることだ)(=Seeing is believing.)(▶To seeは主語, to believeは補語)
- *It* is difficult *for* me *to* solve that problem.
  その問題を解決するのは私には難しい.(▶このitはto solve that problemをさす)
- I found *it* easy *to* speak Spanish.
  スペイン語を話すことは簡単だとわかった.(▶このitはto speak Spanishをさす)
- He told me not *to* go out.
  彼は私に外へ出ないように言った.(▶notの位置に注意)

話してみよう!

😊Do you want *to* join us?
私たちに加わりたいですか.
😄Yes, I'd like *to*. はい.

②…するための, …すべき(▶形容詞として働く)
- I have no time *to* play.
  私には遊ぶ時間がない.(▶to以下が前の名詞timeを修飾する)
- I have something *to* tell you.
  私にはあなたに伝えたいことがある.(▶to以下がsomethingを修飾する)
- Do you have anything cold *to* drink? 何か冷たい飲み物はありますか.(▶「anything+〈形容詞〉+to +〈動詞の原形〉」の語順に注意)
③…するために;…して(▶副詞として働く)
- I went to Canada *to* ski.
  私はスキーをするためにカナダに行った.(▶目的を表す)
- I'm glad *to* meet you.
  (初対面のあいさつで)お会いできてうれしいです.(▶原因・理由を表す)
- He came home *to* find the letter.
  彼が家に帰ってみると手紙が届いていた.(▶結果を表す)
- She lived *to* be one hundred years old.
  彼女は100歳(ポ)になるまで生きた.
- This problem isn't easy *to* solve.
  この問題を解くのは簡単ではない.(▶形容詞easyを修飾する)
- *To* be honest, I don't know him.
  正直に言うと, 彼を知らない.(▶続く文全体を修飾する)
④《〈疑問詞〉+ to +〈動詞の原形〉で》…すればよいか
- Could you tell me *how to* use this machine?
  この機械の使い方を教えていただけませんか.
- He showed me *where to* catch the bus.
  彼はどこでバスに乗ればよいか教えてくれた.

> **ここがポイント!** 〈疑問詞〉+ to +〈動詞の原形〉
> 疑問詞によって, 訳し方が変わります.
> **what to ...**: 何を…すればよいか
> **where to ...**: どこに[へ, で]…すればよいか
> **when to ...**: いつ…すればよいか
> **which to ...**: どちらを…すればよいか
> **how to ...**: どのように…すればよいか

**toad** [tóud トウド] 名C 〔動物〕ひきがえる, がま →frog

# toast¹ 準2級 A2 [tóust トウスト]
─名U トースト
- have [eat] *toast* トーストを食べる(▶a toastとは言わない)
- two slices [pieces] of *toast* トースト2枚
─動 (三単現 toasts [-ts -ツ]; 過去・過分 toasted [-id]; 現分 toasting) 他 (パン)をこんがりと焼く, トーストにする →cook 図
派生語 toaster 名
**toast²** [tóust トウスト]
─名C 乾杯(然), 祝杯
─動 他 …に祝杯をあげる, 乾杯する
**toaster** [tóustər トウスタァ] 名C パン焼き器, トースター
**tobacco** B1 [təbǽkou タバコゥ](★ccのつづりに注意) 名(複 tobaccos, tobaccoes [-z]) UC 刻み

# tollgate

たばこ(►「紙巻きたばこ」はcigarette,「葉巻」はcigar);(原料の)たばこの葉

## today 5級 A1

[tədéi トゥデイ](★アクセント位置に注意)
― 名 U ❶ **きょう**, 本日
- *today*'s paper きょうの新聞
- *Today* is Monday. きょうは月曜日だ.
- That's all for *today*. きょうはこれでおしまい.(►授業の最後などに言う)

**表現メモ**

**きのう・あしたなどの言い方**

yesterday きのう / tomorrow あした
the day before yesterday おととい
the day after tomorrow あさって

❷ **今日**(こんにち), 現代
- *today*'s fashion 今日の流行
- young people of *today* 現代の若者

― 副 ❶ **きょう(は)**, 本日(は)
- I saw her *today*. 私はきょう彼女に会った.

**話してみよう!**

☺ What day of the week is (it) today?
きょうは何曜日ですか.
😊 It's Thursday. 木曜日です.

☺ What is the date *today*?
きょうは何日ですか.
😊 It's the seventh. 7日です.

☺ What day of the month is (it) today? きょうは何月何日ですか.
😊 It's October 2nd. 10月2日です.

❷ 今日では, 現代では(= nowadays)
- Many people live in big cities *today*. 今日ではたくさんの人々が大都市に住んでいる.

**toddle**[tádl タドゥル] 動 ⾃ (幼児などが)よちよち歩く

**toddler**[tádlər タドゥラァ] 名 C よちよち歩きの幼児

**toe** A2 [tóu トウ](★oeのつづりに注意)名 C ❶ 足の指(►「手の指」はfinger); つま先(= tiptoe) → body 図
❷ (靴(くつ)・靴下の)つま先の部分

**TOEFL**[tóufəl トウフル] 名 〖商標〗トーフル(►米国などへの留学のための英語能力検定試験. Test of English as a Foreign Languageの略)

**TOEIC**[tóuik トウイック] 名 〖商標〗トーイック(►英語による国際コミュニケーション能力検定試験. Test of English for International Communicationの略)

## together 5級 A1

[təgéðər タゲザァ](★アクセント位置に注意)
副 ❶ **いっしょに**, ともに(⇔alone ひとりで); 合わせて
- Jim and Mike played *together*.
ジムとマイクはいっしょに遊んだ.
- Mix sugar and milk *together*.
砂糖と牛乳を混ぜ合わせなさい.
❷ 同時に(= at the same time), いっせいに
- The birds flew away *together*.
鳥がいっせいに飛び立った.

***all together*** 全部いっしょに, 合わせて
- How much is it *all together*?
全部でいくらですか.

***get together*** 集まる; …を集める → get(成句)

***together with ...*** …とともに, …に加えて
- He gave me some pencils *together with* a notebook. 彼は私にノートといっしょに鉛筆(えんぴつ)をくれた.

**Togo**[tóugou トウゴゥ] 名 トーゴ(►アフリカ西部の共和国. 首都はロメ(Lomé))

**toilet** 3級 A1 [tóilit トイリット] 名 C ❶ (水洗式の)便器 → bathroom 図 ❷ (主に英)(浴室・トイレつきの)化粧(けしょう)室, 洗面所

> **ここがポイント!** **トイレの表し方**
>
> トイレをさすのに米ではtoiletは使いません. ふつう個人の家や学校のトイレはbathroom, 駅・公園など公共のトイレはlavatory, レストラン・劇場などのトイレはrestroom(一般に), men's room(男性用), ladies' roomまたはpowder room(女性用)などと言います.

**toilet paper**[tɔ́ilit pèipər トイリット ペイパァ] 名 U トイレットペーパー → bathroom 図

**token**[tóukən トウクン] 名 C ❶ 代用硬貨(こうか)(= token coin), コイン, トークン ❷ 印(しるし); 記念品

## told 4級 [tóuld トウルド]

動 tell(話す; わかる)の過去形・過去分詞

**toll** B2 [tóul トウル] 名 C 使用料,(有料道路の)通行料金
- a *toll* road 有料道路

**toll-free**[tòulfríː トウルフリー] 形 副 米 フリーダイヤルの[で](►「フリーダイヤル」は和製英語)
- a *toll-free* number
通話料無料, フリーダイヤル

**tollgate**[tóulgèit トウルゲイト] 名 C (有料道路な

**Tom** どの)通行料徴収(ちょう)所[門], 料金所

**Tom** [tám タム | tóm トム] 名 トム(▶男性の名. Thomasの愛称(あいしょう))
- *Tom* Sawyer トム・ソーヤー(▶米国のマーク・トウェインの小説『トム・ソーヤーの冒険(ぼうけん)』に出てくる主人公の少年)
- *Tom* Thumb 親指トム(▶童話の主人公で, 親指くらいの大きさの男)

# tomato 5級 A1

[təméitou タメイトウ | -má: - -マー-] (★「トマト」でないことに注意) 名 (複 tomatoes[-z]) ⓒ〔植物〕 **トマト**; トマトの実
- *tomato* juice トマトジュース
- I don't like *tomatoes* very much.
  私はトマトがあまり好きではない.

**tomb** B2 [tú:m トゥーム] (★このbは発音しない) 名 ⓒ (墓石のある)墓(→ grave¹); 墓石

**tomboy** [támbɔ̀i タムボーイ | tɔ́m- トム-] 名 ⓒ おてんば娘(むすめ)

**Tommy** [támi タミィ | tɔ́mi トミィ] 名 トミー(▶男性の名. Thomasの愛称(あいしょう))

# *tomorrow 5級 A1

[təmá:rou トゥマーロウ | -mɔ́- -モ-] (★アクセント位置に注意)

―名 Ⓤ ❶ **あした**, あす (▶「きょう」はtoday, 「きのう」はyesterday)
- *tomorrow* afternoon あすの午後
- *Tomorrow* is Sunday. あしたは日曜日だ.
- She is leaving for London *tomorrow* morning.
  彼女は明朝ロンドンへ向けて出発する.(▶in tomorrow morningは×)

❷ (近い)未来, 将来, あす
- the world of *tomorrow* あすの世界

*the day after tomorrow* あさって, 明後日

―副 **あした(は)**, あす(は)
- It will be cloudy or rainy *tomorrow*.
  あすは曇(くも)り雨だろう.
- See you *tomorrow*.
  じゃあ, またあした.

**ton** B2 [tʌ́n タン] 名 (複 tons[-z], ton) ⓒ トン (▶重さの単位. 1トンは, 米国では2000ポンド (約907キログラム), 英国では2240ポンド(約1016キログラム), 日本では1000キログラム. t.と略す)

*a ton of* 《話》大量の, ものすごい量(数)の(= tons of)

**tone** A2 [tóun トウン] 名 ❶ ⓒ 口調, 語気
- speak in a friendly *tone*
  親しげな口調で話す

❷ ⓒⓊ 音調, 音色; ⓒ 音 → sound¹ くらべて!

❸ ⓒ 色調, 色合い

**Tonga** [tá:ŋgə タンガ] 名 トンガ(王国) (▶170を超えるオセアニアの島群からなる国. 首都はヌクアロファ(Nuku'alofa))

**tongs** [tɔ́:ŋz トーングズ | tɔ́ŋz トングズ] 名《複数扱い》物をつまむ道具, …ばさみ, トング

**tongue** 2級 B1 [tʌ́ŋ タング] (★ueのつづりに注意)
名 ⓒ ❶ **舌** → mouth 図
- Ken stuck out his *tongue*.
  ケンは舌を出した.

❷ 国語, 言語(▶書き言葉で用いる)(= language)
- Japanese is my mother [native] *tongue*.
  日本語は私の母国語だ.

❸ 話す能力; 言葉づかい
- He has a sharp *tongue*.
  彼は毒舌(どくぜつ)家だ.

*hold one's tongue* 黙(だま)っている, 口を慎(つつし)む
- He held his *tongue* about it.
  彼はそれについて黙っていた.

**tongue twister** [tʌ́ŋ twistər タング トゥウィスタァ] 名 ⓒ 早口言葉 (▶ She sells seashells by the seashore. など)

# tonight 5級 A1

[tənáit トゥナイト] (★このghは発音しない)

―名 Ⓤ **今夜, 今晩** (▶「昨晩」はlast night, 「明晩」はtomorrow night)
- *tonight*'s TV programs 今夜のテレビ番組

―副 **今夜(は)**, 今晩
- It is cool *tonight*. 今夜は涼(すず)しい.

# *too 5級 A1 [tú: トゥー] (★同音 two 2))

> 副 ❶ …もまた
> ❷ あまりに…すぎる
> ❸ 《話》とても

副 ❶ **…もまた**, そのうえ (▶alsoよりも《話》でよく用いる)
- I like apples, and (I like) oranges, *too*.
  私はりんごが好きで, オレンジも好きだ.

# tooth

> 話してみよう！
> 
> 😊 I like soccer.
> 私はサッカーが好きです.
> 😀 Me, *too*. (= I like soccer, *too*.)
> 私もです.

- "That mountain is very beautiful." "I think so, *too*." 「あの山はとても美しい」「私もそう思います」

### ここがポイント！ 「…もまた」のtooの使い方

(1) **too**の前にはコンマ(,)をつけてもつけなくても構いません.

(2) **too**はふつう文の終わりに置き, tooが修飾(しゅうしょく)する語句を強く読みます.
- I have a brother. 私には兄[弟]がいる.
  → I have a síster, tóo.
  私には姉[妹]もいる.
  → Jáck has a brother, tóo.
  ジャックにも兄[弟]がいる.

(3) **too**は肯定文・疑問文で使います. 否定文で「〜も(また)…ない」と言うときは, eitherを使います. → either くらべて！
- I like dogs. 私は犬が好きだ.
- He likes dogs, *too*. 彼も犬が好きだ.
- I don't like dogs.
  私は犬が好きではない.
- He doesn't like dogs, *either*.
  彼も(また)犬が好きではない.

(4) どの語句を修飾しているかをはっきりさせる場合は, 修飾する語句の直後にtooを置くことができます.
- Jack, *too*, has a brother.
  ジャックにも兄[弟]がいる.

❷ **あまりに…すぎる** (▶形容詞・副詞の前に置く)
- It is *too* noisy here. ここはうるさすぎる.
- You are walking *too* fast.
  あなたは早く歩きすぎる.
- There are *too* many people in Tokyo.
  東京はあまりに人が多すぎる.
- I have *too* much homework today.
  きょうは宿題が多すぎる.

❸ (話)とても, 非常に(= very); 《否定文で》あまり(…でない)
- That's *too* bad. それはお気の毒に.
- I don't like math *too* much.
  私は数学があまり好きではない.

***cannot*** +〈動詞の原形〉+ ***too …*** いくら…してもしすぎることはない
- You *can't* be *too* careful.
いくら用心してもしすぎることはない.

***too … to*** +〈動詞の原形〉 あまりに…なので〜できない, 〜するには…すぎる
- He is *too* tired *to* go out.
  彼はとても疲(つか)れているので外出できない.
  (= He is so tired that he can't go out.)
- It is never *too* late *to* learn. (ことわざ)学ぶのに遅(おそ)すぎるということはけっしてない.

## took 4級 [túk トゥック]
動 take(取る)の過去形

## tool 3級 A1 [túːl トゥール]
名 (複 tools[-z]) C ❶(職人などが手で使う)**道具**, 工具
- the *tools* of writing 筆記用具

❷手段; 《コンピュータ》ツール
- Using gestures is an effective communication *tool*. ジェスチャーは効果的なコミュニケーションの手段だ.

screwdriver ねじまわし / screw ねじ / hammer 金づち / saw のこぎり / nail くぎ / drill ドリル / ax おの

**toolbox** [túːlbɑ̀ks トゥールバックス | -bɔ̀ks -ボックス]
名 (複 toolboxes[-iz]) C 道具箱, 工具箱

## tooth 5級 A1 [túːθ トゥース]
名 (複 teeth[tíːθ ティース]) C ❶歯 → mouth 図
- a decayed *tooth* 虫歯
- Brush [Clean] your *teeth*.
  歯を磨(みが)きなさい.
- One of her *teeth* came out.
  彼女の歯が1本抜(ぬ)けた.

------ 表現メモ ------

### いろいろな歯の呼び方
baby tooth (= 米 milk tooth) 乳歯
back tooth 奥(おく)歯 / front tooth 前歯
permanent tooth 永久歯
wisdom tooth 親知らず
artificial [false] tooth 入れ歯

## toothache

❷（歯車・のこぎりなどの）歯

**toothache** A2 [tú:θeik トゥースエイク] 名 U C
歯痛
- have a *toothache* 歯が痛い

**toothbrush** 準2級 A2 [tú:θbrʌʃ トゥースブラッシュ] 名（複 toothbrushes[-iz]）C 歯ブラシ

**tooth fairy** [tú:θ fèəri トゥース フェ(ア)リィ]
名 C《the tooth fairyで》歯の妖精（ﾖｳｾｲ）（▶米英では，抜（ﾇ）けた乳歯をまくらの下に置いておくと，妖精がお金に代えてくれるという言い伝えがある）

**toothpaste** B1 [tú:θpèist トゥースペイスト]
名 U 練り歯磨（ﾊﾐｶﾞ）き

**toothpick** [tú:θpik トゥースピック] 名 C つまようじ

## top¹ 4級 A1 [táp タップ | tɔ́p トップ]

— 名（複 tops[-s]）C ❶《the topで》頂上，てっぺん（= the summit, ⇔the bottom, the foot 最下部，ふもと）；表面；（ページの）上部（⇔the bottom 下部）；ふた，キャップ
- *the top* of the mountain 山の頂上
- *the top* of a table テーブルの表面
- *the top* of the page ページの一番上

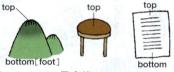

top　　　top　　　top
bottom[foot]　　　　　　　bottom

❷《the topで》最高位，最上位
- come at *the top* 一番[首席]になる

❸（衣類の）トップ，上半身に着る服
❹《野球》（回の）表（⇔bottom 裏）

***from top to bottom*** すっかり
***from top to toe*** 頭のてっぺんから足の先まで

***on (the) top of ...*** …の上に；…に加えて
- We got lost and *on top of* that, it began to rain. 私たちは道に迷った．そのうえ，雨が降りだした．

***on top*** 先頭に立って；《話》成功して

— 形 頂上の；最高の；トップの
- the *top* shelf 一番上の棚（ﾀﾅ）
- the *top* girl in a class クラスでトップの少女
- the *top* ten トップテン（▶ポピュラー音楽の売り上げ上位10曲．「ベスト・テン」は和製英語）

— 動（三単現 tops[-s]）過去・過分 topped[-t] 現分 topping）他（数字など）を超（ｺ）える；（ほかの人・物）に勝（ﾏｻ）る

派生語 topping 名

**top²** [táp タップ | tɔ́p トップ] 名 C こま

- spin a *top* こまを回す

## topic 3級 A1 [tápik タピック | tɔ́pik トピック]

名（複 topics[-s]）C 話題，トピック；（講演・論文などの）主題，題目，テーマ
- current *topics* = *topics* of the day きょうの話題，時事問題

**topping** [tápiŋ タッピング | tɔ́piŋ トッピング] 名 U C（ケーキ・アイスクリーム・ピザなどの）上に載（ﾉ）った物[飾（ｶｻﾞ）り]；（料理の）ソース

**torch** B2 [tɔ́:rtʃ トーチ] 名（複 torches[-iz]）C ❶たいまつ ❷ 英 懐中（ｶｲﾁｭｳ）電灯（= 米 flashlight）

**tore** [tɔ́:r トァ] 動 tear²（引き裂（ｻ）く；裂ける）の過去形

**torn** [tɔ́:rn トーン] 動 tear²（引き裂（ｻ）く；裂ける）の過去分詞

**tornado** B1 [tɔ:rnéidou トーネイドウ] 名（複 tornadoes, tornados[-z]）C トルネード（▶特に米国中西部に発生する竜巻（ﾀﾂﾏｷ））（= twister）

**Toronto** 5級 [tərántou タラントゥ | -rɔ́n- - ロン-] 名 トロント（▶カナダ南東部の都市）

**torrent** [tɔ́:rənt トーラント | tɔ́rənt トラント] 名 C ❶急流，激流 ❷ほとばしる水 ❸（言葉・感情などの）ほとばしり

**tortoise** [tɔ́:rtəs トータス] 名 C《動物》かめ（▶特に 米 では陸にすむかめ，英 では淡水（ﾀﾝｽｲ）にすむかめをさす．「海がめ」は turtle）

**torture** B2 [tɔ́:rtʃər トーチァァ]
— 名 U C ❶拷問（ｺﾞｳﾓﾝ） ❷（心身の）ひどい苦痛
— 動 他（人）を拷問にかける；（人）を大いに苦しめる

## toss 2級 B1 [tɔ́:s トース | tɔ́s トス]

— 動（三単現 tosses[-iz]）
— 他 ❶ …をぽいと投げ上げる，ほうり投げる
- *toss* the dog a bone = *toss* a bone to the dog 犬に骨を投げる

❷ …を激しく上下に揺（ﾕ）り動かす
- The boat was *tossed* by the waves. ボートは波に激しく揺り動かされた．

❸（事を決めるために硬貨（ｺｳｶ））を投げる
— 自 ❶激しく上下に揺れる；寝返（ﾈｶﾞｴ）りを打つ
❷硬貨を投げて決める
- Let's *toss* (a coin) to decide. 硬貨を投げて決めよう．

— 名（複 tosses[-iz]）C ぽんと投げること；硬貨投げ

## total 2級 B1 [tóutl トウトゥル]

— 形 ❶ 総計の，全体の（= whole, ⇔partial 一部の）
- the *total* cost 総経費

❷ まったくの，完全な（= complete）
- a *total* stranger 一面識もない人

— 名 C 合計，総額

- in *total* 全部で, 総計で
- What's the *total*? 合計はいくらですか.
─動 (過去・過分 totaled, 英 totalled[-d]; 現分 totaling, 英 totalling) 他自 …を合計する; 合計…となる
派生語 totally 副

**totally** B1 [tóutəli トウタリィ] 副 まったく, 完全に

**totem pole** [tóutəm pòul トウタム ポウル] 名 C トーテムポール (►totem は北米の先住民の間で氏族・家族・集団の象徴(しょうちょう)と見なされる鳥や獣(けもの)など. このtotemを彫(ほ)って彩色(さいしき)した柱で, 家の前などに立てる)

# touch 4級 A1

[tʌtʃ タッチ] (★ouのつづりに注意)

─動 (三単現 touches[-iz]; 過去・過分 touched[-t]; 現分 touching)
─他 ❶ (手・指で)…に触(ふ)る, 触(ふ)れる
- I *touched* his shoulder to get his attention. 彼の注意をひくために彼の肩(かた)に触った.
- DON'T *TOUCH* THE EXHIBITS 《掲示》展示品には手を触れないでください.

❷ (人や心)を感動させる (= move)
- His victory *touched* people around the world. 彼の優勝は世界中の人々を感動させた.

❸ …に届く
- Bill's head almost *touched* the ceiling. ビルの頭は天井(てんじょう)に届きそうだった.
─自 (…に)触れる
- Our hands *touched*. 手が触れ合った.

**touch down** (ラグビーなどで)タッチダウンする

**touch on** [*upon*] ... …に軽く言及(げんきゅう)する

─名 (複 touches[-iz]) ❶ U C 触ること, 接触(せっしょく); U 手触り (= feel)

❷ C (筆・ペンなどの)一筆

❸《a touch of ...で》わずかな…, …気味
- have *a touch of* fever 少し熱がある

**get** [**keep**] **in touch** (**with ...**) (…と)連絡(れんらく)を取る[保つ]

- Please *get in touch with* Ms. Adams. アダムズさんに連絡してください.
- Let's *keep in touch*. (交通・交際などで)これからも続けていこう.

**in touch** (**with ...**) (…と)連絡を取って, 接触を保って

**out of touch** (**with ...**) (…と)接触がなくなって

**touchdown** [tʌtʃdàun タッチダウン] 名 ❶ C 《アメリカンフットボール・ラグビー》タッチダウン (による得点) ❷ U C (飛行機の)着陸

**tough** B2 [tʌf タフ] 形 ❶ 困難な, 難しい (= difficult)
- a *tough* problem 困難な問題

❷ たくましい, 頑丈(がんじょう)な, タフな
- a *tough* guy たくましい男, タフガイ

❸ (物が)丈夫な; (肉などが)かたい (⇔ tender やわらかい)

# tour 準2級 A2

[túər トゥア] (★「ツアー」でないことに注意)

─名 (複 tours[-z]) C ❶ (何か所かに立ち寄る)旅行, 観光旅行, 周遊旅行; 見物, 見学 → travel くらべて!
- a *tour* guide ツアーガイド
- take [make] a *tour* around the world 世界一周旅行をする
- a factory *tour* 工場見学

❷ (芸能・スポーツ関係の)巡業, 遠征(えんせい)

─動 (三単現 tours[-z]; 過去・過分 toured[-d]; 現分 touring) 他自 (…を)旅行する, 周遊する
派生語 tourism 名, tourist 名

**tourism** 2級 B1 [túərizm トゥ(ア)リズム] 名 U 観光旅行; 観光産業

**tourist** 準2級 A2 [túərist トゥ(ア)リスト] (★「ツーリスト」でないことに注意) 名 C 観光客, 旅行者
- a *tourist* information center 観光案内所

**tourist class** [túərist klæs トゥ(ア)リスト クラス | - klà:s - クラース] 名 U ツーリストクラス (►船・飛行機などの割安の席) (= economy class)

# tournament 2級 B1

[túərnəmənt トゥアナマント]

名 (複 tournaments[-ts -ツ]) C (スポーツやゲームの)勝ちぬき戦, トーナメント
- a regional [local] *tournament* 地方大会

# toward 準2級 A2

[tɔ́:rd トード | təwɔ́:d タウォード]

前 ❶ (方向・位置)…へ向かって, …のほうへ → to くらべて!
- I ran *toward* the gym.

## towards

私は体育館へ向かって走った.
❷《時間・数量》…近く, …ごろ
- He came home *toward* nine o'clock.
彼は9時近くに帰宅した.
❸《対象》…に対して, …に関して
- What are your feelings *toward* Rick?
リックに対するあなたの気持ちはどうですか.

**towards** A2 [tɔ́ːrdz トーツ | təwɔ́ːdz タウォーツ] 前⊛＝⊛toward

**towel** 5級 A1 [táuəl タウ(ァ)ル](★「タオル」でないことに注意) 名C タオル, 手ぬぐい
- a bath *towel* バスタオル

## tower 5級 A1

[táuər タウァ](★「タワー」でないことに注意)
名(複 towers[-z]) C 塔(と), タワー
- Tokyo *Tower* 東京タワー
- a control *tower* (航空)管制塔

**Tower of London** [táuər əv lʌ́ndən タウァ アヴ ランダン] 名《the Tower of Londonで》ロンドン塔(▶テムズ川北岸にある. 当初は王宮で, 後に牢獄(ろうごく)として使われ, 現在は歴史博物館になっている)

## *town 4級 A1 [táun タウン]

名(複 towns[-z]) ❶C 町

> くらべて
> みよう! **town** と **village** と **city**
> **town**はふつう**village**(村)よりも大きく**city**(都市)よりも小さいものをさします. ただし, city規模の都市でも,《話》では愛着を込(こ)めて my town と言うことがあります.

- He lives in a small *town*.
彼は小さな町に住んでいる.
❷U 町の中心部, 繁華(はんか)街(▶theをつけないで用いる. ⊛ではロンドンをさすことがある)
- Let's go to *town* for lunch.
お昼ごはんを食べに繁華街へ行こう.
❸《the townで》都会(⇔the countryside 田舎(いなか))
- I like the countryside better than *the town*. 私は都会よりも田舎のほうが好きだ.
❹《the townで》町民, 市民
- *The* whole *town* respected her.
町じゅうの人々が彼女を尊敬していた.

**town hall** [táun hɔ́ːl タウン ホール] 名C 町役場, 市役所; 公会堂

## toy 5級 A1 [tɔ́i トイ]

名(複 toys[-z]) C おもちゃ
- a *toy* car おもちゃの自動車
- a *toy* store おもちゃ店(▶a *toy* shop とも言う)
- play with a *toy* おもちゃで遊ぶ

**toyshop** [tɔ́iʃɑ̀p トイシャップ | -ʃɔ̀p -ショップ] 名C おもちゃ店

**trace** B1 [tréis トゥレイス]
— 名 ❶CU 跡(あと), 形跡(けいせき) ❷《a trace of ...で》…の兆(きざ)し, わずかな…
— 動 —他 ❶ …の跡をたどる, …を追跡する ❷ …をさかのぼって調べる ❸ …を透写(とうしゃ)する, トレースする
— 自《起源などが…に》由来する

## track 準2級 A2 [trǽk トゥラック]

名(複 tracks[-s]) C ❶(陸上競技の)トラック, 走路(⇔field フィールド); トラック競技(▶「フィールド競技」はfield)
- run on a *track* トラックを走る
❷⊛鉄道線路; …番線, プラットホーム
- The train leaves on [from] *track* 5.
その電車は5番線から出る.
❸(物の)通った跡(あと); 《tracksで》(動物・人の)足跡(あしあと)
- A deer left *tracks* in the snow.
鹿(しか)が雪の中に足跡を残した.
❹(踏(ふ)みならされてできた)小道
*keep [lose] track of* ... …との接触(せっしょく)を保つ[失う]

**track and field** [trǽk ən fíːld トゥラック アン フィールド] 名U《単数扱い》陸上競技

**tractor** [trǽktər トゥラクタァ] 名C トラクター; けん引車

## trade 準2級 A2 [tréid トゥレイド]

— 名(複 trades[-dz -ヅ]) ❶UC 商売, 商業(＝business); U 貿易
- free *trade* 自由貿易
- a *trade* name (商店の)商号, 屋号; 商標名, 商品名
❷C (特に技術的熟練を要する)職業, 手仕事
- learn a *trade* 手に職をつける
❸C 交換(こうかん)(＝exchange); (プロ野球選手の)トレード
*by trade* 職業は, 商売は
- She is a hairstylist *by trade*.
彼女の職業は美容師だ.
— 動(三単現 trades[-dz -ヅ]; 過去・過分 traded[-id]; 現分 trading)
— 自 (…を)商(あきな)う; (…と)貿易する, 取り引きする
- They *trade* in teas.
彼らは紅茶を商っている.

- Japan *trades* with Russia.
  日本はロシアと貿易をしている.
—他 …を交換する
- She *traded* seats with him.
  彼女は彼と席を交換した.

**trademark** [tréidmɑ̀ːrk トゥレイドマーク] (★アクセント位置に注意) 名C 商標, トレードマーク

**trader** B2 [tréidər トゥレイダァ] 名C 貿易業者, 商人; ⑱トレーダー(▶株などの売買を行う人)

# tradition 準2級 A2

[trədíʃən トゥラディション]

名(複 traditions[-z]) CU ❶伝統, (長い間の)しきたり, 慣例
- We keep our school *tradition*.
  私たちは学校の伝統を守っている.
❷伝説, 言い伝え
派生語 traditional 形

# traditional 準2級 A2

[trədíʃənl トゥラディショヌル]

形 (比較 more traditional; 最上 most traditional) 伝統的な; 伝説の
- a *traditional* sport 伝統的なスポーツ
- a *traditional* way of life 伝統的な生活様式

# traffic 準2級 A2 [tréfik トゥラフィック]

名U (人・車などの)交通, 往来; 交通量
- a *traffic* accident 交通事故
- We were caught in a *traffic* jam. = We were stuck in *traffic*.
  私たちは交通渋滞にはまった.
- *Traffic* is heavy on Monday. = There is heavy *traffic* on Monday.
  月曜日は交通が激しい.
- NO *TRAFFIC* 《掲示》通行止め

**traffic light** A2 [tréfik làit トゥラフィック ライト] (★このghは発音しない) 名《通例 traffic lights で》交通信号(灯) (▶ traffic signals とも言う)

歩行者用の信号(米国)

# tragedy B1 [trǽdʒədi トゥラヂャディ]

名(複 tragedies[-z]) C 悲劇(⇔comedy 喜劇); CU 悲惨な[痛ましい]出来事

**trail** 2級 B1 [tréil トゥレイル]
—動他 ❶ (…を)引きずる ❷ …の跡を追う
—名C ❶ (人・動物の通った)跡 ❷ (森などの中を通っている)小道

**trailer** B2 [tréilər トゥレイラァ] 名C ❶ (トラクター・自動車などに引かれる)トレーラー ❷ ⑱ (自動車で運べる)移動簡易住宅(=⑲caravan)

# train 5級 A1 [tréin トゥレイン]

—名(複 trains[-z]) C ❶列車, 電車
- get on [off] a *train*
  列車に乗る[から降りる]
- catch [miss] the last *train*
  最終電車に間に合う[乗り遅れる]
- change *trains* 列車を乗りかえる

●表現メモ●

いろいろなtrain

local train 普通列車, 各駅停車
local express train 準急列車
express train 急行列車
limited [⑱special] express train 特急列車
super express train, bullet train 超特急列車

❷ (人・車・動物などの)列(=line)
- a funeral *train* 葬式の列

**by train** 列車で, 電車で, 鉄道で
- We went to Paris *by train*.
  私たちは列車でパリへ行った. (▶take a train to …と言うほうが多い)

—動 (三単現 trains[-z]; 過去・過分 trained[-d]; 現分 training)
—他 (人・動物)を訓練する, 仕込む, しつける
- I *trained* my dog *to* bring the newspaper.
  私は犬に新聞を持って来るように訓練した.
—自 (試合などに備えて)練習する, トレーニングする
- *train for* the race
  レースに備えてトレーニングをする
派生語 trainee 名, trainer 名, training 名

**trainee** B2 [treiníː トゥレイニー] 名C 訓練を受けている人[動物], 訓練生

**trainer** B2 [tréinər トゥレイナァ] 名C (運動選手などの)訓練係, トレーナー; (競走馬やショーに出る動物などの)調教師 (▶服の「トレーナー」は sweatshirt)

**training** 準2級 A2 [tréiniŋ トゥレイニング] 名U 訓練, 練習, トレーニング

**traitor** B2 [tréitər トゥレイタァ] 名C 裏切り者

**tram** A2 [trǽm トゥラム] 名C ⑱市街電車, 路面

電車(=tramcar, ⊛streetcar)

**trampoline** [træmpəlí:n トゥランパリーン]（★アクセント位置に注意）名C トランポリン(▶体操の運動器具の1つ)

**trans-** [træns- トゥランス-, trænz- トゥランズ-] 接頭 越(こ)えて, 別の状態[場所]へ
- *trans*port 輸送する

**transfer** 2級 B1 (★動と名でアクセントが異なる)
—動 [trænsfə́:r トゥランスファー] (過去・過分 transferred[-d]; 現分 transferring)
—他 (人・物)を移す, 転校[転任]させる
- Our English teacher was *transferred to* another school. 英語の先生は転勤した.
—自 ❶ 移る, 転校[転任]する
❷ (乗り物などを)乗りかえる(=change)
- *transfer* to the JR Line JR線に乗りかえる
—名 [trǽnsfər トゥランスファ] ❶ UC 移動, 移転
❷ UC 乗りかえ; C ⊛乗りかえ切符(きっぷ)

**transform** B1 [trænsfɔ́:rm トゥランスフォーム]
動 他 (別の外見・性質・状態などに)…を一変させる, 変化させる, 変形[変質]させる

**transgender** [trænzdʒéndər, træns- トゥランズヂェンダァ, トゥランス-]—形 トランスジェンダーの(▶身体的性別と性自認が一致しない)
—名 UC トランスジェンダー(の人)

**transistor** B2 [trænzístər トゥランズィスタァ]
名 C トランジスター(▶真空管の代わりに半導体を利用した小型増幅(ぞうふく)装置); トランジスタラジオ(=transistor radio)

**transit** [trǽnzit トゥランズィット] 名 U ❶ (人・物の)通過, 通行 ❷ 輸送

**translate** 2級 B1 [trænsléit トゥランスレイト]
動 他 …を翻訳(ほんやく)する, 通訳する
- *translate* the report *into* Japanese 報告書を日本語に翻訳する
派生語 translation 名

**translation** B2 [trænsléiʃən トゥランスレイション, trænz- トゥランズ-] 名 ❶ U 翻訳(ほんやく) ❷ C 翻訳したもの, 訳本, 訳文

**translator** B2 [trænsléitər トゥランスレイタァ]
名 C 訳者, 翻訳(ほんやく)家

**transparent** B2 [trænspéərənt トゥランスペ(ア)ラント] 形 ❶ 透明(とうめい)な ❷ 率直(そっちょく)な ❸ 見えすいた

**transport** 2級 B1 (★動と名でアクセント位置が異なる)
—動 [trænspɔ́:rt トゥランスポート] 他 (鉄道・船舶(せんぱく)などで)…を輸送する, 運ぶ
—名 [trǽnspɔ:rt トゥランスポート] U ⊛運送, 輸送; 輸送機関(=transportation)
派生語 transportation 名

**transportation** 2級 B1 [trænspərtéiʃən トゥランスパァテイション] 名 U ⊛運送, 輸送; 輸送機関(=⊛transport)

**trap** 準2級 A2 [trǽp トゥラップ]
—名 C ❶ (動物を捕(と)らえる)わな, 落とし穴; (人を陥(おとしい)れる)わな, 計略
- fall into a *trap* わなに落ちる; 策略に陥(おちい)る
—動 (過去・過分 trapped[-t]; 現分 trapping) 他 (動物)をわなで捕らえる; (人)を計略にかける

**trash** 2級 B1 [trǽʃ トゥラッシュ] 名 U ⊛ごみ, くず, 廃品(はいひん); がらくた → garbage くらべて!
- a *trash* can ⊛ごみ入れ(=⊛dustbin)

歩道に設置されたごみ箱(米国)

# travel 4級 A1 [trǽvəl トゥラヴ(ァ)ル]

—動 (三単現 travels[-z]; 過去・過分 traveled, ⊛travelled[-d]; 現分 traveling, ⊛travelling)
—自 ❶ 旅行する, 旅をする
- *travel* abroad [in foreign countries] 外国旅行をする
- *travel* all over the world 世界じゅうを旅行する
❷ (音・光・うわさなどが)伝わる, 進む; 移動する
- Light *travels* faster than sound. 光は音より速く伝わる.
—他 …を旅行する
—名 (複 travels[-z]) ❶ CU 旅行, 旅; C《ふつう travelsで》(遠方や外国への長期間の)旅行
- space *travel* 宇宙旅行
- a *travel* agent 旅行業者
- a *travel* bureau [agency] 旅行案内所, 旅行代理店
❷《travelsで》旅行記
- "Gulliver's *Travels*"『ガリバー旅行記』

**くらべてみよう!** travel, trip, tour, journey
**travel**: 比較(ひかく)的長い旅行で, 周遊, 観光旅行を含(ふく)みます.
**trip**: 長・短どちらの旅行にも, また仕事にも遊びにも使います.《話》では近所への外出や通勤など, 短い距離(きょり)の移動もさします.
**tour**: 視察または周遊, 観光旅行に使います.
**journey**: 長くて旅自体に重点のある, どちらかというと楽ではない旅行.

# triathlon

派生語 traveler 名, traveling 形名

**traveler** 準2級 A2 [trǽvələr トゥラヴ(ァ)ラァ] (▶⊛ではtravellerとつづる) 名 C 旅行者, 旅人

**traveling** [trǽvəliŋ トゥラヴ(ァ)リング] (▶⊛ではtravellingとつづる)
- 動 travel (旅行する) の現在分詞・動名詞
- 形 旅行の, 旅行用の; 移動する
  - a *traveling* bag 旅行用かばん
- 名 U 旅行

**tray** B2 [tréi トゥレィ] 名 C 盆(ぼん), 浅皿; 盛り皿
- a pen *tray* ペン皿

**tread** B2 [tréd トゥレッド]
- 動 (過去 trod [trɑ́d トゥラッド | trɔ́d トゥロッド]; 過分 trodden [trɑ́dn トゥラッドゥン | trɔ́dn トゥロッドゥン], trod) 自他 (…を) 踏(ふ)む, 踏みつける, 踏みつぶす; 歩く
- 名 C 踏むこと; 歩くこと; 足音

# treasure A2

[tréʒər トゥレジァァ] (★eaのつづりに注意)
- 名 (複 treasures [-z]) ❶ U C 宝, 財宝
  - a national *treasure* 国宝
  ❷ C 貴重品; (話) 貴重な人, 最愛の人
- 動 (三単現 treasures [-z]; 過去・過分 treasured [-d]; 現分 treasuring) 他 …を大切にする; …を大事にしまっておく

# treat 2級 B1 [tríːt トゥリート]

- 動 (三単現 treats [-ts -ツ]; 過去・過分 treated [-id]; 現分 treating) 他 ❶ (人・動物) を 扱(あつか)う; (人) を待遇(たいぐう)する
  - He *treats* me *like* his own child.
    彼は私を自分の子どものように扱う.
  - We *treated* the dog *as* a member of our family.
    私たちはその犬を家族の一員として扱った.
  ❷ (人) をもてなす; (人に) ごちそうする, おごる
  - Peter *treated* me to a pizza.
    ピーターはぼくにピザをおごってくれた.
  - Let me *treat* you.
    勘定(かんじょう)は私に払(はら)わせてください.
  ❸ (物事) を (…と) 見なす, 考える (＝consider)
  ❹ (病気・病人) を治療(ちりょう)する
- 名 (複 treats [-ts -ツ]) ❶ C 喜びを与(あた)えてくれるもの, うれしいこと; ほうび; (ペットなどの) おやつ
  - Bill took his son to the park as a *treat*.
    ビルはほうびとして息子(むすこ)を公園に連れて行った.
  ❷ ((*one's* treat で)) おごること; おごる番
  - It's *my treat* now. 今回は私がおごります.

派生語 treatment 名

**treatment** 2級 B1 [tríːtmənt トゥリートゥマント] 名 ❶ U 取り扱(あつか)い; 待遇(たいぐう) ❷ U C (病気・病人などの) 治療(ちりょう) (法), 手当て

**treaty** B2 [tríːti トゥリーティ] 名 (複 treaties [-z]) C U (国家間の) 条約, 協定
- a peace *treaty* 平和条約

# *tree 5級 A1 [tríː トゥリー]

名 (複 trees [-z]) C ❶ 木, 樹木, 高木 (▶「低木」は bush, shrub)
- a tall *tree* 高い木
- a big pine *tree* 大きな松の木
- climb a *tree* 木に登る
❷ 木でできた物; 木の形の物
- a family *tree* 家系図

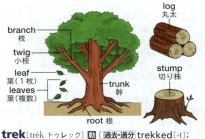

**trek** [trék トゥレック] 動 (過去・過分 trekked [-t]; 現分 trekking) 自 トレッキング (山道などを歩く旅行) をする

**tremble** B1 [trémbl トゥレンブル] 動 自 ❶ (恐怖(きょうふ)・怒(いか)りなどで) 震(ふる)える
- *tremble* with fear 恐怖で震える
❷ (木の葉などが) そよぐ, 揺(ゆ)れる

**tremendous** B1 [trəméndəs トゥラメンダス] 形 ❶ (程度・量などが) ものすごい, 巨大(きょだい)な
❷ (話) すばらしい (＝wonderful)

**trend** 2級 B1 [trénd トゥレンド] 名 C 方向; (世論などの) 傾向(けいこう), 動向
派生語 trendy 形

**trendy** [tréndi トゥレンディ] 形 (比較 trendier; 最上 trendiest) (話) 最新流行の, はやりの

**trial** B2 [tráiəl トゥライアル]
- 名 ❶ C U (使用する前の) 試験, 試(ため)し
  - *trial* and error 試行錯誤(さくご)
  ❷ C (忍耐(にんたい)などを試す) 試練, 苦難 ❸ C U 裁判, 公判
  *on trial* 試しに; 公判 [審理(しんり)] 中で
- 形 試し [試験, 試行, 実験] の

**triangle** B2 [tráiæŋgl トゥライアングル] (★アクセント位置に注意) 名 C ❶ 三角形; 三角定規 ❷ 〖楽器〗トライアングル

**triathlon** [tràiǽθlɑn, -lɔːn トゥライアスラン, -ローン]

**tribe**

名C トライアスロン(▶水泳,自転車,マラソンの3種競技.「鉄人レース」とも呼ばれる)

**tribe** B2 [tráib トゥライブ] 名C 部族,種族

# trick A2 [trík トゥリック]

―名(複 tricks[-s]) C ❶ **たくらみ**,計略,策略;ごまかし

❷ **いたずら**,悪ふざけ
- Paul enjoys playing *tricks* on me.
ポールは私に悪ふざけをして喜ぶ.

❸ 手品,芸当;(動物などの)芸
- do card *tricks* トランプの手品をする

***Trick or treat!*** ⊛ お菓子(⁶)をくれないといたずらするぞ.(▶ハロウィーンの晩,仮装をした子どもたちが家々を訪ねてお菓子をもらうときに言う言葉)

―動(三単現 tricks[-s]; 過去・過分 tricked[-t]; 現分 tricking) 他 (人)をだます
派生語 tricky 形

**tricky** B2 [tríki トゥリキィ] 形(比較 trickier; 最上 trickiest) ❶ (人が)ずるい,油断のならない ❷ (仕事・問題などが)扱(ᵃ⁾)いにくい

**tricycle** [tráisəkl トゥライスィクル] 名C 三輪車
→ bicycle 知ってる?

**tried** [tráid トゥライド] 動 try (試みる)の過去形・過去分詞

**tries** [tráiz トゥライズ]
―動 try (試みる)の三人称(ᵇ⁾)単数現在形
―名 try (試(ᶜ⁾)し)の複数形

**trigger** B1 [trígər トゥリガァ] 名C (銃(ᵈ⁾)の)引き金
- pull the *trigger* 引き金を引く

**trillion** [tríljən トゥリリァン] 名C 1兆(ᵉ⁾)
- a [one] *trillion* 1兆

**trim** B1 [trím トゥリム]
―形(比較 trimmer; 最上 trimmest) きちんとした,整った
―動(過去・過分 trimmed[-d]; 現分 trimming) 他 (切ったり刈(ᶠ⁾)ったりして)…を手入れする;…を刈りこむ,切り取る

**Trinidad and Tobago** [trínədæd ən təbéigou トゥリナダッド アンタベイゴウ] 名 トリニダード・トバゴ(▶南米ベネズエラ沖の共和国.首都はポート・オブ・スペイン(Port-of-Spain))

**trio** B2 [trí:ou トゥリーオウ] (★「トリオ」でないことに注意) 名(複 trios[-z]) C ❶ [音楽]三重唱,三重奏;三重奏[唱]団,トリオ ❷《単数・複数扱い》三つぞろい;三人組

# trip 5級 A1 [tríp トゥリップ]

―名(複 trips[-s]) C ❶ 旅行;(楽しみでの)外出
→ travel くらべて!

- a day *trip* 日帰り旅行
- a school *trip* 修学旅行,遠足
- a field *trip* 校外学習,社会科見学
- go on a *trip* 旅行に出かける
- make [take] a *trip* 旅をする
- Have a nice *trip*. (旅に出る人に)いってらっしゃい.(⇦楽しい旅行を)

❷ (仕事での)外出;短い距離(ᵃ⁾)の移動

―動(三単現 trips[-s]; 過去・過分 tripped[-t]; 現分 tripping) 自他 つまずく;…をつまずかせる

**triple** [trípl トゥリプル] 形 3倍の;3重の

**triumph** B1 [tráiəmf トゥライアムフ] 名C 大勝利;大成功; U 勝利[成功]の喜び,勝利[満足]感
- in *triumph* 勝ち誇(ᵇ⁾)って,意気揚々(ᶜ⁾)と

**trivia** [tríviə トゥリヴィア] 名U (複数形だがときに単数扱い)ささいなこと;雑学的知識

**trivial** B2 [tríviəl トゥリヴィアル] 形 ささいな,つまらない

**trod** [trád トゥラッド | tród トゥロッド] 動 tread (踏(ᵈ⁾)む)の過去形・過去分詞の1つ

**trodden** [trádn トゥラッドゥン | tródn トゥロッドゥン] 動 tread (踏(ᵉ⁾)む)の過去分詞の1つ

**trolley** B2 [trá:li トゥラーリィ | tráli トゥラリィ] C ❶ ⊛ 路面電車,市電(= trolley car, streetcar);トロリーバス(= trolley bus) ❷ ⊛ カート,ワゴン(= ⊛ cart)

**trombone** [trambóun トゥランボウン | trɔm- トゥロム-] 名C [楽器]トロンボーン(▶金管楽器の1つ)

**troop** B2 [trú:p トゥループ] 名C ❶ (移動している人・動物の)群れ,一団,一隊
- a *troop* of monkeys 猿(ᶠ⁾)の群れ

❷《troops で》軍隊,部隊

**trophy** B2 [tróufi トゥロウフィ] (★「トロフィー」でないことに注意) 名(複 trophies[-z]) C 優勝記念品,トロフィー,賞品;戦利品

**tropic** B2 [trápik トゥラピック | trápik トゥロピック]
―名C ❶ 回帰線 ❷《the tropics で》熱帯地方
―形 熱帯の(= tropical)
派生語 tropical 形

**tropical** 2級 B1 [trápikəl トゥラピカル | trápi- トゥロピ-] 形 熱帯の,熱帯地方の
- a *tropical* rain forest 熱帯雨林

**trot** [trát トゥラット | trát トゥロット]
―動(過去・過分 trotted[-id]; 現分 trotting) 自 (馬が)速足で駆(ᵍ⁾)ける;(馬)を速足で駆けさせる;(人が)小走りで歩く
―名(ふつう a trot で)(馬などの)速足(▶並み足(walk)と駆け足(run)の中間の速度);(人の)小走り,急ぎ足

# trouble 準2級 A2 [trábl トゥラブル]

名❶困難
　❷心配(事)
　❸もめごと
　❹病気
動他❶(人)を心配させる
　❷《話》(人)に面倒(%)をかける

─名(複 troubles[-z]) ❶ⓊⒸ **困難**, 苦労; 面倒, 迷惑(%), 手間
- I had *trouble* finishing my homework.
  私は宿題を終えるのに苦労した.

話してみよう!

☺Thank you very much.
　どうもありがとう.
☻No *trouble* at all.
　どういたしまして.

❷ⓊⒸ **心配(事)**, 悩(%)み
- What's the *trouble* with you? どうしたの.
- I want to go abroad, but the *trouble* is, I hate airplanes. 私は海外に行きたいけれど, 困ったことに飛行機が嫌(%)いだ.

❸ⓊⒸ《しばしばtroublesで》**もめごと**, 紛争(%)
- money *troubles* お金に関するもめごと

❹ⓊⒸ **病気**(▶illness, diseaseより穏(%)やかな表現); (機械などの)**故障**
- heart *trouble* 心臓病
- I had *trouble* with my car.
  私の車が故障した.

***be in trouble*** 困っている
- I'm in *trouble*. 困ったな.

***get into trouble*** もめごとを起こす

***go to the trouble to*** +〈動詞の原形〉骨折って…する

***make［cause］trouble*** 面倒を起こす, 困らせる

***take（the）trouble to*** +〈動詞の原形〉わざわざ…する

***without（any）trouble*** わけなく, 楽々と

─動(三単現 troubles[-z]; 過去・過分 troubled[-d]; 現分 troubling) 他❶ (人)**を心配させる**, 悩ます
- What's *troubling* you? 何か困っているの.

❷《話》(人)**に面倒をかける**
- I'm sorry to *trouble* you.
  お手数をおかけしてすみません.

派生語 troublesome 形

**troublemaker** [tráblmèikər トゥラブルメイカァ]
名Ⓒ トラブルメーカー, ごたごたを起こす人

**troublesome** B2 [tráblsəm トゥラブルサム] 形
厄介(%)な, 面倒(%)な; 扱(%)いにくい

**trousers** A1 [tráuzərz トゥラウザァズ] 名《複数扱い》《主に英》ズボン(▶米《話》ではpantsとも言う)
- a pair of *trousers* ズボン1着
- wear *trousers* ズボンをはいている
- These *trousers* are tight for me.
  このズボンは私にはきつい. (▶1着でも複数扱いなのでtheseやareを使う)

**trout** [tráut トゥラウト] 名(複 trout, trouts[-ts-ツ]) Ⓒ《魚》ます

# truck 3級 A1 [trʌ́k トゥラック]

名(複 trucks[-s]) Ⓒ ❶ **トラック**, 貨物自動車(▶英ではlorryとも言う. 「ダンプカー」は和製英語. 「トラック」をさしてcarとは言えないことに注意)
- a dump *truck*
  米 ダンプカー(＝a dumper truck)
- a *truck* driver トラックの運転手

米 truck
英 lorry

米 dump truck
英 dumper truck

❷手押(%)し車; 英(屋根のない)貨車, トロッコ

# true 3級 A1 [trúː トゥルー]

形(比較 truer; 最上 truest) ❶ **本当の**, 真実の(⇔false 誤りの, 偽(%)りの)
- the *true* meaning of the word
  その単語の本当の意味
- It can't be *true*. そんなはずはない.; まさか.

❷ **本物の**; (動植物が)純粋(%)の(＝real)
- a *true* diamond 本物のダイヤモンド
- *true* silver 純銀

❸ **誠実な**, 忠実な(＝faithful)
- He was *true* to his word. 彼は約束を破らなかった. (⇔彼は自分の言葉に忠実だった)

***come true*** (夢・予言などが)本当になる, 実現する; 的中する
- His dream *came true*. 彼の夢は実現した.

***It is true that ..., but ~.*** なるほど…だが, しかし～.
- *It is true that* she is rich, *but* she is not happy.
  彼女はなるほど金持ちだが, 幸せではない.

派生語 truly 副, truth 名

# truly A2 [trúːli トゥルーリィ]

副(比較 more truly; 最上 most truly)

## trumpet

❶**本当に**, 実に(=really)
- a *truly* beautiful scene 実に美しい景色

❷心から(=sincerely); 正直に
- I am *truly* sorry. 本当にすみません.

❸正確に

***Yours truly,*** = ***Truly yours,*** 敬具(▶商業文や改まった手紙の結びの言葉. コンマの後に行を下げてサインする)

**trumpet** 2級 B1 [trʌ́mpit トゥランピット](★「トランペット」でないことに注意) 名 C 『楽器』トランペット

**trunk** B2 [trʌ́ŋk トゥランク] 名 C ❶(木の) 幹 (→tree 図); (人間・動物の)胴体(どう)
❷(旅行用の)トランク(▶数人で運ぶような大型のかばん. 日本語の「トランク」はsuitcase)
❸(象の)鼻
❹⊛(自動車後部の)トランク(=⊛boot)
❺《trunksで》(水泳やボクシングの)パンツ, トランクス

## trust 準2級 A2 [trʌ́st トゥラスト]

― 名 (複 trusts[-ts -ツ]) U ❶**信用**, 信頼(らい)
- I have [put, place] complete *trust* in him. 私は彼を完全に信用している.

❷委託(いたく); 世話

― 動 (三単現 trusts[-ts -ツ]; 過去・過分 trusted[-id]; 現分 trusting) 他 ❶**…を信用する**, 信頼する, 当てにする
- I *trust* him [his words].
  私は彼[彼の言葉]を信用している.

❷…を期待する, 確信する
- I *trust* (that) you will pass.
  あなたは合格すると思う. (▶I hope … より強い確信を表す)

❸…を(人に)預ける, 任せる
- I *trusted* Joe with my money.=I *trusted* my money to Joe. 私はジョーに金を預けた.

## truth A2 [trúːθ トゥルース]

名 (複 truths[trúːðz トゥルーズズ]) (★-thsの発音に注意)❶U **真実**, 事実, 本当のこと(=fact, ⇔lie うそ)
- Tell me the *truth*. 本当のことを言いなさい.

❷U C **真理**
- a scientific *truth* 科学的真理

❸U **真実性**, 真実味

***in truth*** 本当に, 実際

***The truth is***(***that***)**….** 実は…である.

***to tell***(***you***)***the truth*** 実を言うと, 実は
- *To tell* (*you*) *the truth*, I have no money.
  実を言うとお金がないんだ.

派生語 truthful 形

**truthful** B2 [trúːθfəl トゥルースフル] 形 (人が)正直な; 真実の

## *try 4級 A1 [trái トゥライ]

動 他 ❶…しようと試みる
❷試(ため)しに…してみる
❸…をやってみる
❹(人)を裁く
自 やってみる
名 ❶試し
❷『ラグビー』トライ

― 動 (三単現 tries[-z]; 過去・過分 tried[-d]; 現分 trying)
― 他 ❶《try to +〈動詞の原形〉で》**…しようと試みる**, 努力する
- He *tried to* climb the tree.
  彼はその木に登ろうとした.
- We *tried* our best to prepare for the concert. 私たちはコンサートの準備に向けてできるだけのことをした.

❷《try +〈-ing形〉で》**試しに…してみる**
- Karen *tried* eat*ing* with chopsticks.
  カレンは試しにはしで食べてみた.

> **くらべてみよう!** try to +〈動詞の原形〉と try +〈-ing形〉
>
> **try to +〈動詞の原形〉**:「そうしようと努力する」ことのみを表し, 実際にできたかどうかは不明.
>
> **try +〈-ing形〉**:「(実際に)試しにやってみる」の意味.

❸**…をやってみる**, 試す
- Tom wanted to *try* natto.
  トムは納豆(なっとう)を食べてみたかった.

❹(人)を裁く; (事件)を審理(しんり)する

― 自 **やってみる**, 試みる
- I *tried* again and again.
  私は何度もやってみた.

***try on*** (服・帽子(ぼう)・靴(くつ)など)を身につけてみる

- She *tried on* the shoes for size.
  彼女はサイズが合うかどうか靴を試してみた.
- "I want this shirt." "*Try* it *on*." 「このシャツがほしい」「試着してみたら」(►代名詞の場合, tryとonの間に置く)

***try out*** …を試してみる

━**名** (複 tries[-z]) ❶ C 試し, 試み
- have a *try* 試してみる
- Just give it a *try* for a few days.
  試しに2, 3日やってみて.
❷ C 〖ラグビー〗トライ

派生語 trial **名形**, trying **形**

**trying** 4級 [tráiiŋ トゥライイング]
━**動** try (試みる)の現在分詞・動名詞
━**形** つらい, 骨の折れる, 厄介(やっかい)な

# T-shirt 5級 A1

[tíːʃəːrt ティーシャート] (★「ティーシャツ」でないことに注意)

**名** (複 T-shirts[-ts -ツ]) C **Tシャツ** (►広げるとT字形をしていることから)
- an L-sized *T-shirt* LサイズのTシャツ

**tsunami** [tsunáːmi ツーナーミ] **名** (複 tsunami, tsunamis[-z -ズ]) C 津波

**Tu.** Tuesday (火曜日) の略

**tub** B2 [táb タブ] **名** C ❶ おけ, たらい ❷《話》浴槽(よくそう), バスタブ (= bathtub)

**tuba** 2級 [túːbə トゥーバ | tjúːbə テューバ] **名** C 〖楽器〗**チューバ** (►大型の低音用金管楽器)

**tube** 3級 A1 [túːb トゥーブ | tjúːb テューブ]

**名** C ❶ (ガラス・ゴム・金属などの)管, 筒(つつ); (絵の具・歯磨(はみが)きなどの)チューブ → container 図
- a test *tube* 試験管
- a *tube* of toothpaste
  チューブ入り歯磨き

❷ 《しばしば the tube で》英 (ロンドンの)地下鉄 (►トンネルが筒状になっていることから) (= underground, 米 subway)

**tuck** [ták タック] **動** 他 ❶ (狭(せま)い所へ)…を押(お)しこむ, 挟(はさ)みこむ ❷ (そで・ズボンのすそなど)をまくり上げる

**Tue., Tues.** Tuesday (火曜日) の略

# *Tuesday 5級 A1

[túːzdei トゥーズデイ | tjúːz- テューズ-]

**名** (複 Tuesdays[-z]) U C **火曜日** (►常に大文字で書き始める. Tu., Tue., Tues. と略す. 詳(くわ)しい使い方は → Sunday)
- Today is *Tuesday*. = It's *Tuesday* today.
  きょうは火曜日だ.
- on *Tuesday* 火曜日に
- on *Tuesday* afternoon 火曜日の午後に
- We have a meeting every *Tuesday*.
  私たちは毎週火曜日に会合を開く. (► last, next, every などがつく場合は on はつけない)

**tug** B2 [tág タグ]
━**動** (過去・過分 tugged[-d]; 現分 tugging) 他 自 (…を)強く引く
━**名** C 強く引くこと

**tugboat** [tágbòut タグボウト] (★アクセント位置に注意) **名** C 引き船, タグボート

**tug of war, tug-of-war** [tàg əv wóː タグ アヴ ウォー] **名** C 綱(つな)引き
- have a *tug of war* 綱引きをする

# tulip B2 [túːlip トゥーリップ | tjúː- テュー-]

**名** (複 tulips[-s]) C 〖植物〗**チューリップ**

**tumble** B1 [támbl タンブル]
━**動** 自 転ぶ, 転がる, 転がり落ちる; 転げ回る
━**名** C 転ぶこと

**tumbler** [támblər タンブラァ] **名** C (平底でガラス製の)大きめのコップ, タンブラー

**tuna** 2級 B1 [túːnə トゥーナ | tjúːnə テューナ] (★「ツナ」でないことに注意) **名** (複 tuna, tunas[-z]) C 〖魚〗まぐろ, U まぐろの肉, ツナ

**tundra** [tándrə タンドゥラ] **名** U C ツンドラ (►凍土(とうど)地帯)

**tune** A2 [túːn トゥーン | tjúːn テューン]
━**名** ❶ C 曲; 旋律(せんりつ), 節, メロディー
- play a *tune* 曲を演奏する
❷ U (音楽の)正しい調子
- sing in [out of] *tune*
  正しい音程で[調子外れに]歌う
❸ U (周囲との)調和 (= harmony)

━**動** 他 (楽器)の調子を合わせる, 調律する; (ラジオ・テレビのチャンネルなど)を合わせる; (エンジンなど)を調整する
- Stay *tuned*.
  チャンネルはそのままで. (►放送局から視聴(しちょう)者に言う)

***tune in*** (放送局・番組に)ダイヤル[チャンネル]を合わせる

***tune up*** (楽器)の調子を合わせる; (機械・エンジンなど)を調整する

派生語 tuner **名**

**tuner** [túːnər トゥーナァ | tjúːnə テューナ] **名** C
❶ (楽器の)調律師 ❷ (ラジオ・テレビの)チューナー, 同調器

**Tunisia** [tuːníːʒə トゥーニージャ | tjuːníːʒə テュニージャ] **名** チュニジア (►北アフリカの共和国. 首都はチュニス (Tunis))

**tunnel** B2 [tánl タヌル] (★「トンネル」でないことに注意) **名** C トンネル; 地下道

**turban**

**turban** [tə́ːrbən ターバン] 名 C (シーク教徒・イスラム教徒などが頭に巻く)ターバン

**turbine** [tə́ːrbin タービン, tə́ːrbain タービイン | tə́ːbain タービイン] 名 C タービン (▶蒸気やガスなどで回転するモーター)

**turf** [tə́ːrf ターフ] 名 (複 turfs[-s], turves[tə́ːrvz ターヴズ]) U 芝(しば), 芝地 (▶芝生(しばふ) (lawn) が生えている地面); C 芝土 (▶移植するために芝地から切り取られた一片(ぺん))

**Turk** [tə́ːrk ターク] 名 C トルコ人

**Turkey** [tə́ːrki ターキィ] 名 トルコ (▶アジア西部にある共和国. 首都はアンカラ(Ankara))
派生語 Turkish 形 名

## turkey 3級 A1 [tə́ːrki ターキィ]

名 (複 turkeys[-z]) C **七面鳥**; U 七面鳥の肉 (▶七面鳥の丸焼きは米国では感謝祭やクリスマスのごちそうとして欠かせない)

**Turkish** [tə́ːrkiʃ ターキッシュ]
— 形 トルコの; トルコ人の; トルコ語の
— 名 U トルコ語

**Turkmenistan** [təːrkménəstæn タークメナスタン | təːkmènistáːn タークメニスターン] 名 トルクメニスタン (▶中央アジア西南部に位置する共和国. 首都はアシガバート(Ashgabat))

## *turn 4級 A1 [tə́ːrn ターン]

動 他 ❶…を回す
　　 ❷…を向ける
　　 ❸…を変える
　　 ❹…をひっくり返す
　 自 ❶回る
　　 ❷曲がる
　　 ❸変わる
名 ❶回転
　　 ❷順番
　　 ❸曲がり角
　　 ❹変化

— 動 (三単現 turns[-z]; 過去・過分 turned[-d]; 現分 turning)
— 他

❶ **…を回す**, 回転させる
・ *turn* a door handle ドアの取っ手を回す

❷ **…を向ける, 曲がる**, …の向きを変える
・ She *turned* her face to me.
　彼女は私に顔を向けた.
・ The car *turned* the next corner.
　その車は次の角を曲がった.

❸ **…を変える**
・ *turn* yen *into* dollars 円をドルに換(か)える

❹ **…をひっくり返す**, 裏返す; (ページ)をめくる
・ *turn* the pages of the book
　本のページをめくる
・ *turn* the table upside down
　テーブルをひっくり返す

— 自 ❶ **回る**, 回転する
・ The earth *turns* around the sun.
　地球は太陽の周りを回っている.

❷ **曲がる**; ふり向く; 向きを変える
・ The car *turned* (to the) right at the corner. その車は角で右に曲がった.
・ Ellen *turned* to Ben.
　エレンはベンのほうをふり向いた.

❸ **変わる**, なる (=change)
・ Her anger *turned* into sorrow.
　彼女の怒(いか)りは悲しみに変わった.
・ The leaves *turned* red. 葉が赤くなった. (▶ turn +〈形容詞〉で「…の状態になる」)

***turn around*** 回転する; 向きを変える (=turn round)

***turn away*** …をそらす, 追いはらう

***turn back*** 戻(もど)る, 引き返す

***turn down*** (音量・火力など)を弱くする (⇔ turn up 強くする); …を折る, 折り返す; …を拒絶(きょぜつ)する
・ *Turn down* the light. 照明を弱くしなさい.
・ They *turned down* his offer.
　彼らは彼の申し出を断った.

***turn in*** (答案など)を提出する; (不要な物)を返す

***turn off*** (スイッチ・栓(せん)など)を止める, 消す (⇔ turn on つける)
・ *Turn off* the TV. テレビを消しなさい.

***turn on*** (スイッチ・栓など)をつける, 出す(⇔turn off 止める)
- *Turn on* the light. 明かりをつけなさい.

***turn out*** (明かりなど)を消す;(結局)…になる, …であることがわかる;…を生産する;…を追い出す
- *Turn out* the light. 明かりを消しなさい.
- He *turned out* to be a liar. 彼は結局うそつきだとわかった.

***turn over*** …をひっくり返す;(ページなど)をめくる;ひっくり返る
- The boy *turned over* the table. その男の子はテーブルをひっくり返した.
- Please *turn over*. ページをめくってください.,裏面に続く.(▶書類などでP.T.O.と略して示される)

***turn round*** =turn around

***turn up*** (音量・火力など)を強くする(⇔turn down 弱くする);姿を現す(=appear)

**—名** (複 turns[-z]) C ❶ **回転**, 回すこと
- give the key a *turn* かぎを回す

❷ **順番**
- It's his *turn* to clean the room. 彼が部屋を掃除(そうじ)する番だ.

❸ 曲がり角, カーブ;方向転換;曲がること
- make a left[right] *turn* 左[右]へ曲がる

「赤信号では右折禁止」という米国の標識(米国では車は右側通行で,赤信号でも右折できるが,この標識があるときは右折してはいけない)

❹ 変化
- the *turn* of seasons 季節の変わり目

***by turns*** 交代で,かわるがわる

***in turn*** 順番に

***take turns*** +⟨-ing形⟩ 交代で…する
- They *took turns* watch*ing* the baby. 彼らは交代で赤ちゃんの面倒(めんどう)をみた.

派生語 turning 名

**turning** 2級 B1 [tə́:niŋ ターニング]
**—動** turn(回す;回る)の現在分詞・動名詞
**—名** U 回転;C ⑧ 曲がり角

**turning point** [tə́:niŋ pɔ́int ターニング ポイント]
名 C 転換(てんかん)点[期],分岐(ぶんき)点;危機

**turnip** [tə́:rnip ターニップ] 名 C 【植物】かぶ;U かぶ(の食用の根)

**turnpike** [tə́:rnpàik ターンパイク] 名 C ⑧ 有料高速道路

**turtle** 2級 B1 [tə́:rtl タートゥル] 名 C 【動物】海がめ → tortoise

**tutor** B2 [tú:tər トゥータァ | tjú:- テュー-] 名 C 家庭教師(▶住みこみの場合もある)

**Tuvalu** [tú:vəlu:, tu:vá:lu:, トゥーヴァールー, トゥーヴァールー] 名 ツバル(▶太平洋中南部の9島からなる国. 首都はフナフティ(Funafuti))

**tuxedo** [tʌksí:dou タクスィードウ] 名 C ⑧ タキシード

**TV** 5級 A1 [tì:ví: ティーヴィー]

名 (複 TV's, TVs[-z]) U **テレビ放送**;テレビ番組;C テレビ受像機(▶televisionの略)(=TV[television] set)
- a *TV* program テレビ番組
- turn on [off] the *TV* テレビをつける[消す]
- watch *TV* テレビを見る
- watch a movie on *TV* テレビで映画を見る

━━━ 表現 メモ ━━━

テレビ番組のいろいろ
a cartoon show アニメ
a children's program 子供番組
a comedy お笑い
a cop show 警察ドラマ
a documentary ドキュメンタリー
a live broadcast 生中継(ちゅうけい)
a music show 音楽番組
a mystery ミステリー
a quiz show クイズ番組
a romantic comedy 恋愛コメディ
a soap opera, a TV drama 連続ドラマ
a sports program スポーツ番組
a talk show トーク番組
a variety show バラエティー番組

**Twain** [twéin トゥウェイン] 名 Mark, マーク・トウェイン(▶1835-1910;米国の作家. 代表作『トム・ソーヤーの冒険(ぼうけん)』)

**tweet** [twí:t トゥウィート]
**—動** 自 ❶ (小鳥が)さえずる ❷【インターネット】(旧ツイッターで)つぶやく,(旧ツイッターで)ツイートする → Twitter
**—名** C ❶ (小鳥の)さえずり ❷【インターネット】(旧ツイッターの)つぶやき,ツイート → Twitter

***twelfth*** 5級
[twélfθ トゥウェルフス](★fのつづりに注意)
**—形** ❶ (ふつう the twelfthで)**第12の**,12番目の(▶12thと略す. 詳(くわ)しい使い方は → third)

- the *twelfth* lesson 第12課
❷ 12分の1の
―名(複 twelfths[-s]) ❶ U (ふつう the twelfth で)第12，12番目；(月の)12日(▶12thと略す)
- *the twelfth* of September = September (the) *twelfth*
9月12日(▶ September 12(th)と書く)
❷ C 12分の1

## *twelve 5級 A1 [twélv トゥウェルヴ]

―名(複 twelves[-z]) U C 12；U 12歳；12時；(複数扱い)12個，12人(▶詳しい使い方は→two. 「第12の」はtwelfth)
- I usually have lunch at *twelve*.
私はふつう12時に昼食を食べる．

> **ここが ポイント!** 12時
> 「昼の12時」か「夜の12時」かを区別する場合は，次のように言います．
> 昼の12時に at *twelve* noon
> 夜の12時に at *twelve*（o'clock）at night, at *twelve* midnight

―形 12の；12個の，12人の；12歳で
- I am *twelve* (years old). 私は12歳です．
**twenties**[twéntiz トゥウェンティズ] 名 twenty (20)の複数形
**twentieth**[twéntiəθ トゥウェンティアス]
―形 ❶(ふつう the twentiethで)第20の，20番目の(▶20thと略す．詳しい使い方は→third)
- *the twentieth* century 20世紀
❷ 20分の1の
―名(複 twentieths[-s]) ❶ U (ふつう the twentiethで)第20，20番目；(月の)20日(▶20thと略す)
- on *the twentieth* of June 6月20日に
❷ C 20分の1

## *twenty 5級 A1 [twénti トゥウェンティ]

―名(複 twenties[-z]) ❶ U C 20；U 20歳；(複数扱い)20個，20人(▶詳しい使い方は→two. 「第20の」はtwentieth)
- *twenty*-four
24(▶2桁の数を書くときは10の位と1の位の間に-(ハイフン)を入れる)
- It's *twenty* after eleven. 11時20分です．
❷(*one's* twentiesで)(年齢の)20代；(the twentiesで)(世紀の)20年代
- in *the* nineteen *twenties*
1920年代に(▶the 1920(')s[20(')s]と書く)
- My father started his business in *his twenties*. 父は20代で起業した．

―形 20の；20個の，20人の；20歳で
- for *twenty* years 20年間
- Alice is *twenty* (years old).
アリスは二十歳です．

## twice 準2級 A2 [twáis トゥワイス]

―副 ❶ 2度，2回(▶「1度」はonce，「3度」以上はthree timesのようにtimesを使う)
- I go swimming in the pool *twice* a week.
私は週に2度プールに泳ぎに行く．
❷ 2倍
- He is about *twice* as heavy as I am.
彼は私の約2倍の体重がある．
**twig**[twíg トゥウィッグ] 名 C 小枝 → branch くらべて!，tree 図
**twilight**[twáilàit トゥワイライト](★アクセント位置に注意．このghは発音しない) 名 U (日の出前・日没後の)薄明かり；夕暮れ，たそがれどき
**twin** 2級 B1 [twín トゥウィン]
―名 C 双子の1人；(twinsで)双子；よく似ている物の一方
―形 双子の；一対の，対を成す
- *twin* brothers [sisters]
双子の兄弟[姉妹]

**twinkle** B2 [twíŋkl トゥウィンクル]
―動 自(星などが)ぴかぴか[きらきら]光る；(目が)輝く
- A lot of stars are *twinkling* in the sky.
たくさんの星が空で輝いている．
- Her eyes were *twinkling* with joy.
彼女の目は喜びで輝いていた．
―名 U きらめき；C (目の)輝き
**twirler**[twə́:rlər トゥワーラァ] 名 C バトントワラー，バトンガール(▶「バトンガール」は和製英語) (= baton twirler)
**twist** B1 [twíst トゥウィスト]
―動 他 ❶(糸など)をよる；…を巻きつける
❷ …をねじる；(足など)をねんざする，くじく
- He *twisted* his ankle.
彼は足首をねんざした．
―自(川・道が)曲がりくねる；身をよじる
―名 C より，ねじれ；ねんざ；カーブ

**twister** [twístər トゥイスタァ] 名C ❶《米》竜巻(たつまき)(＝tornado) ❷《米》ぺてん師,詐欺(さぎ)師 ❸難問;早口言葉(＝tongue twister)

**Twitter** [twítər トゥウィッタァ] 名『商標』ツイッター(►コメントや写真を投稿(とうこう)して共有できるソーシャルネットワーキングサービスの1つ. Xの旧名称(めいしょう)→ X²)

**twitter** [twítər トゥウィッタァ]
— 動 自 (小鳥などが)さえずる
— 名 U (小鳥の)さえずり

## *two 5級 A1 [tú: トゥー] (★同音 too …もまた)

— 名 (複 twos[-z]) U C 2; U 2歳(さい); 2時;《複数扱い》2個,2人(►「第2の」はsecond)
- a boy of *two* 2歳の男の子
- Chapter *Two* 第2章
- *Two* and one is [are] three.
  2足す1は3 (2＋1＝3).
- It's half after *two*. 2時半だ.

***in two*** 2つに,半分に
- She cut the pie *in two*.
  彼女はパイを2つに切った.

— 形 **2の**; 2個の,2人の; 2歳で
- *two* bananas 2本のバナナ
- *two* glasses of milk コップ2杯(はい)の牛乳
- I have *two* American friends.
  私には2人のアメリカ人の友達がいる.

> **ここがポイント! 数詞の位置**
> one, two などの数詞がほかの形容詞とともに名詞を修飾(しゅうしょく)するときには,ふつう数詞をいちばん前に置きます.
> ○ *two* big (white) dogs
> 2匹(ひき)の大きな(白い)犬
> × big (white) *two* dogs

- My daughter is *two* (years old).
  娘(むすめ)は2歳だ.
- *Two* heads are better than one.
  (ことわざ)三人寄れば文殊(もんじゅ)の知恵(ちえ).(⇔2つの頭脳は1つの頭脳よりもよい)

**TX** Texas(米国テキサス州)の郵便略語

**tying** [táiiŋ タイイング] (★yのつづりに注意) 動 tie(結ぶ;結べる)の現在分詞・動名詞

## *type 3級 A1 [táip タイプ]

— 名 (複 types[-s]) C ❶**型**,**タイプ**,種類; 典型,見本
- a new *type* of bicycle 新型の自転車
- What *type* of books do you read?
  どのような種類の本を読みますか.(►type of の後の名詞にはaやtheをつけない. また《米》《話》ではofを省略することがある)
- He isn't really the sporty *type*.
  彼は実際,体育会系ではない.
- Jack isn't my *type*.
  ジャックは私の好みのタイプではない.

❷ U 活字,(印刷された)字体,文字
- This book is printed in large *type*.
  この本は大きな活字で印刷してある.

— 動 (三単現 types[-s]; 過去・過分 typed[-t]; 現分 typing)
— 他 (キーボードなどで文字・文章を)打つ,タイプする
- *type* a letter 手紙をタイプで打つ
— 自 (キーボードなどで文字・文章を)打つ
- He *types* fast. 彼はタイプを打つのが速い.

派生語 typical 形, typist 名

**typewriter** [táipràitər タイプライタァ] (★アクセント位置に注意) 名 C タイプライター

**typhoon** 3級 [taifú:n タイフーン] 名 C 台風(►北太平洋西部で発生する熱帯性低気圧. インド洋で発生するものはcyclone(サイクロン), メキシコ湾(わん)やカリブ海で発生するものはhurricane(ハリケーン))
- The *typhoon* will hit Okinawa tomorrow.
  その台風はあした沖縄を襲(おそ)うだろう.(►動詞にattackを使わないことに注意)

**typical** B1 [típikəl ティピカル] 形 典型的な,代表的な;(…に)特有の
- a *typical* Japanese style 典型的な日本様式

**typist** [táipist タイピスト] 名 C タイピスト

**tyrannosaur** [tirǽnəsɔ̀:r ティラノサァ]→ tyrannosaurus

**tyrannosaurus** [tirǽnəsɔ̀:rəs ティラナソーラス] 名 C ティラノサウルス(►白亜(はくあ)紀に生存した, 地上最大の肉食恐竜(きょうりゅう))

**tyrant** B2 [táiərənt タイ(ア)ラント] 名 C 暴君;専制君主

**tyre** [táiər タイア] 名《英》＝《米》tire²

## U, u

**U, u** [júː ユー] 名(複 U's, Us, u's, us[-z]) C 英語アルファベットの第21字

**UFO** [jùːéfóu ユーエフオゥ, júːfou ユーフォゥ] 名(複 UFOs, UFO's) C 未確認(にん)飛行物体, ユーフォー(▶unidentified flying objectの略, 空飛ぶ円盤(ばん)(flying saucer)など)

**Uganda** [juːgǽndə ユーギャンダ] 名 ウガンダ(▶アフリカ大陸中東部内陸に位置する共和国. 首都はカンパラ(Kampala))

## ugly A1

[ʌ́gli アグリィ]

形(比較 uglier; 最上 ugliest) ❶ 醜(みに)い, 見苦しい(⇔beautiful 美しい); 不格好な
- an *ugly* building 不格好な建物

❷不快な, 嫌(いや)な; ひどい

**uh** [ʌ́ ア] 間 ❶ = huh ❷ あのー, ええーっと(▶すぐに次の言葉が出ないときなどに使う)

**uh-huh** [ʌhʌ́ アハ] 間 うん, うんうん(▶肯定・同意を表す)

## UK, U.K.

[jùːkéi ユーケィ]

名《the UK, the U.K. で》連合王国, 英国(▶the United Kingdomの略)

**Ukraine** [juːkréin ユークレイン] 名 ウクライナ(▶ロシア南西部に隣接(りん)し, 黒海北岸に広がる共和国. 首都はキーウ(Kyiv))

**ukulele** 5級 [jùːkəléili ユーカレイリィ](★「ウクレレ」でないことに注意) 名 C《楽器》ウクレレ

**ultimate** B2 [ʌ́ltəmət アルティマット] 形 最後の, 究極の, 最終的な

**ultra** [ʌ́ltrə アルトゥラ] 形 極端(きょく)な, 過激な

**Uluru** [úluru: ウルルー, ulúru: ウルルー] 名 ウルル(▶オーストラリア先住民アボリジニの言葉でエアーズロックのこと)

**um** [ʌ́m アム](▶ummともつづる) 間 うーん, いや(▶ためらい・疑いなどを表したり, 会話をつなぐ)

## umbrella 5級 A1

[ʌmbrélə アンブレラ](★アクセント位置に注意)

名(複 umbrellas[-z]) C 傘(かさ), 雨傘(▶「日傘」はparasol)
- open [put up] an *umbrella* 傘をさす
- close [fold] an *umbrella* 傘を閉じる
- Take an *umbrella* with you.
傘を持って行きなさい.

**umpire** [ʌ́mpaiər アンパイア](★アクセント位置に注意) 名 C (スポーツの)審判(しん)員, アンパイア

## UN, U.N. 2級 [jùːén ユーエン]

名《the UN, the U.N. で》国際連合, 国連(▶the United Nationsの略)

**un-** [ʌn- アン-] 接頭 …でない, …がない(▶形容詞・動詞・副詞・名詞の前について反対の意味を表す)
- *un*happy 不幸な
- *un*cover 覆(おお)いを取る

**unable** 2級 [ʌnéibl アネイブル] 形
《be unable to +《動詞の原形》で》…することができない(⇔able …することができる)
- She *was unable to* finish the report.
彼女は報告書を仕上げることができなかった.

**unanimous** [juːnǽnəməs ユーナナマス] 形 満場一致(いっち)の, 全員異議のない

**unbelievable** B1 [ʌ̀nbilíːvəbl アンビリーバブル] 形 信じられない(⇔believable 信じられる)

**uncertain** A2 [ʌnsə́ːrtn アンサートゥン] 形
❶《名詞の前には用いない》(人が)確信がない, はっきり知らない(⇔certain 確信している)
- He was *uncertain* of his success.
彼は自分の成功に自信がなかった.

❷不安定な, 変わりやすい; 当てにならない

**unchanged** B2 [ʌ̀ntʃéindʒd アンチェインヂド] 形 変わらない, 元のままの

## *uncle 5級 A1 [ʌ́ŋkl アンクル]

名(複 uncles[-z]) C ❶ おじ(⇔aunt おば)
- I have an *uncle* in Canada.
私にはカナダにおじがいる.
- Let's play catch, *Uncle* (Billy)!
(ビリー)おじさん, キャッチボールをしよう.

> **ここがポイント!** 大文字で始めるUncle
> 名前につけて使うときにはUncle Bobのように大文字で書き始めます. また, 呼びかけるときにはUncleだけで使うこともできます.

❷(血縁(けつ)関係のない)おじさん(▶主に子どもが, 親しみを込(こ)めて呼びかけに使う)
- We call him *Uncle* John. 私たちは彼をジョンおじさんと呼んでいる.

**unclean** [ʌ̀nklíːn アンクリーン] 形 汚(よご)れた, 不潔な(⇔clean きれいな)

**Uncle Sam** [ʌ̀ŋkl sǽm アンクル サム] 名 アンクル・サム, サムおじさん(▶the United States

の頭(がしら)文字をもじって擬人(ぎじん)化したもので,「アメリカ政府」または「典型的なアメリカ人」を表す.星としま模様のシルクハットをかぶり,しまのズボンにえんび服を着て,あごひげを生やした長身の男の姿に描(えが)かれる)

Uncle Sam

**uncomfortable** A2 [ʌnkʌ́mfərtəbl アンカンフ(ァ)タブル] 形 居心地(ごこち)の悪い(⇔comfortable 心地よい)

**uncommon** B2 [ʌnkámən アンカマン | -kɔ́- -コ-] 形 めったにない, 珍(めずら)しい (=rare, ⇔common ありふれた)

**unconscious** B2 [ʌnkánʃəs アンカンシャス | -kɔ́n- -コン-] 形 ❶《名詞の前には用いない》気づいていない;無意識の(⇔conscious 気づいている)
- Bill was *unconscious* of the danger.
  ビルは危険に気づいていなかった.
❷ 意識を失った,意識不明の

**uncountable** [ʌnkáuntəbl アンカウンタブル]
━形 数えられない(⇔countable 数えられる)
━名 C 《文法》数えられない名詞,不可算名詞(▶物質名詞・抽象(ちゅうしょう)名詞など.この辞典では U で表示)(⇔countable 数えられる名詞)

**uncover** 2級 B1 [ʌnkʌ́vər アンカヴァ] 動他 ❶ …の覆(おお)い[ふた]を取る(⇔cover 覆う) ❷ …を明らかにする,あばく,暴露(ばくろ)する

## *under 5級 A1 [ʌ́ndər アンダァ]

前 ❶《位置・場所》…の下に[へ, の]
  ❷《程度・数量》…より少なく
  ❸《状態》…中で
  ❹《支配・監督(かんとく)・指導》…の下(もと)に
副《位置が》下へ

━前 ❶《位置・場所》…の下に[へ, の](⇔over …の上に);…に覆(おお)われて
- *under* the table テーブルの下に
- a house *under* the hill
  丘(おか)のふもとの家
- stay *under* water
  水に潜(もぐ)っている
- A kitten came out from *under* the bed.
  子猫(こねこ)がベッドの下から出てきた. (▶from under …は「…の下から」)
- He was wearing a vest *under* his coat.
  彼は上着の下にチョッキを着ていた.

### くらべてみよう！ under と below

**under**:「…の真下に」を意味します. (⇔over …の上に)
**below**:「…の下のほうに」を意味し,真下である必要はありません. (⇔above …の上に)

❷《程度・数量》…より少なく, …未満で[の] (⇔over …より多く)
- All the boys in this baseball team are *under* thirteen.
  この野球チームの少年はみんな13歳(さい)未満だ.
- This sweater cost me *under* 2,000 yen.
  このセーターは2000円もしなかった.
❸《状態》…中で, …の最中で
- *under* construction 工事中で
- You're *under* arrest. あなたを逮捕(たいほ)する.
❹《支配・監督・指導》…の下に, …を受けて
- We started to swim *under* a new coach.
  私たちは新しいコーチの下で水泳を始めた.
━副《位置が》下へ, 下のほうへ
- A shark pulled a diver *under*.
  さめがダイバーを海中へと引きずりこんだ.

**undergo** B1 [ʌ̀ndərgóu アンダゴゥ] 動《過去》underwent [ʌ̀ndərwént アンダウェント];《過分》undergone [ʌ̀ndərgɔ́:n アンダゴーン | -gɔ́n -ゴン] 他 …を経験する(=experience);(手術など)を受ける;(困難など)に耐(た)える.

**undergone** [ʌ̀ndərgɔ́:n アンダゴーン | -gɔ́n -ゴン] 動 undergo(経験する)の過去分詞

**underground** B2 (★形名と副でアクセント位置が異なる)
━形 [ʌ́ndərgràund アンダグラウンド] ❶ 地下の ❷ 秘密の ❸ (芸術などが)前衛的な
━副 [ʌ̀ndərgráund アンダグラウンド] 地下に[で]
━名 [ʌ́ndərgràund アンダグラウンド] C 《ふつう the underground で》《英》地下鉄(=《米》subway)

英国の地下鉄駅のホーム

**underline** A1 (★動と名でアクセント位置が異なる)
━動 [ʌ̀ndərláin アンダライン] 他 …に下線を引く;…を強調する
- *Underline* difficult words.

## underneath

難しい語に下線を引きなさい.
- 名 [ʌ́ndərlàin アンダァライン] C 下線, アンダーライン

**underneath** 2級 B1 [ʌ̀ndərníːθ アンダァニース] 前 …の下に, …の真下に(▶ under(…の下に)よりも「隠(かく)れている」の意味が強い)
- She is taking a nap *underneath* a tree.
  彼女は木の下でうたた寝(ね)をしている.

**underpants** B1 [ʌ́ndərpæ̀nts アンダァパンツ] 名《複数扱い》⊕(男性・女性用下着の)パンツ, ⊕(男性用下着の)パンツ

**undershirt** [ʌ́ndərʃə̀ːrt アンダァシャート] 名 C ⊕肌着(はだぎ), アンダーシャツ, シャツ(= ⊕vest)
→ vest 図

## \*understand 準2級 A2

[ʌ̀ndərstǽnd アンダァスタンド]
動 (三単現 understands [-dz -ヅ]; 過去・過分 understood [ʌ̀ndərstúd アンダァストゥッド]; 現分 understanding)
- 他 ❶ …を理解する, 了解(りょう)する, …がわかる(▶進行形にしない)
- *understand* the word
  その単語の意味がわかる
- I don't *understand* you. = I don't *understand* what you say.
  私はあなたの言うことがわからない.
- I can't *understand* why she was angry.
  彼女がなぜそんなに怒(おこ)っていたのか私にはわからない.

❷《understand (that) …で》…だと聞いている
- I *understand* (*that*) you are from Italy.
  あなたはイタリアのご出身だそうですね.

- 自 理解する, わかる
- You still don't *understand*.
  きみはまだわかっていないね.

*make oneself understood* 自分の考え[言葉]を(人に)わからせる
- Can you *make yourself understood* in French? あなたはフランス語で意思を通じさせることができますか.

派生語 understanding 名形

**understanding** B2 [ʌ̀ndərstǽndiŋ アンダァスタンディング]
- 動 understand(理解する)の現在分詞・動名詞
- 名 ❶ U 理解; 理解力

❷《ふつう an understanding で》相互(そうご)理解, 了解(りょうかい)
- We came to *an understanding* about the matter.
  私たちはその件について意見が一致した.

- 形 物わかりのよい, 思いやりのある

## understood 準2級

[ʌ̀ndərstúd アンダァストゥッド]
動 understand(理解する)の過去形・過去分詞

**underwater** 準2級 A2 [ʌ̀ndərwɔ́ːtər アンダァウォータァ]
- 形 水中の, 水面下の, 水中用の
- 副 水中で[に], 水面下で[に]

**underwear** B2 [ʌ́ndərwèər アンダァウェア] 名 U 肌着(はだぎ)類, 下着類

**underwent** [ʌ̀ndərwént アンダァウェント]
動 undergo(経験する)の過去形

**undid** [ʌ̀ndíd アンディド] 動 undo(ほどく)の過去形

**undo** B1 [ʌ̀ndúː アンドゥー] 動 (三単現 undoes [ʌ̀ndʌ́z アンダズ]; 過去 undid [ʌ̀ndíd アンディド]; 過分 undone [ʌ̀ndʌ́n アンダン]) 他 ❶ (包み・結び目など)をほどく; (包みなど)を開ける; (ボタンなど)を外す
- *undo* a knot 結び目をほどく

❷ (したこと)を元どおりにする; …を取り消す
❸『コンピュータ』(直前の操作)を取り消す, 元の状態に戻す

**undone** [ʌ̀ndʌ́n アンダン] 動 undo(ほどく)の過去分詞

**undoubtedly** B2 [ʌ̀ndáutidli アンダウティドゥリィ] 副 疑いなく, 確かに

**undress** B1 [ʌ̀ndrés アンドゥレス] 動 他 自 …の服を脱(ぬ)がせる; 服を脱ぐ(⇔dress 服を着せる[着る])

*undress oneself* = *get undressed* 服を脱ぐ
- The young man *undressed himself* and tried on a new shirt. その若者は服を脱いで新しいシャツを試着した.

**uneasy** A2 [ʌ̀níːzi アニーズィ] 形
(比較 uneasier; 最上 uneasiest) 不安な, 心配な(⇔easy 気楽な); 落ち着かない
- I am *uneasy* about the future.
  私は将来が不安だ.

**unequal** [ʌ̀níːkwəl アニークワル] 形 等しくない, 不平等な(⇔equal 等しい)

**UNESCO** [juːnéskou ユネスコゥ] 名 ユネスコ, 国際連合教育科学文化機関(▶ United Nations Educational, Scientific, and Cultural Organizationの略)

**uneven** B2 [ʌ̀níːvən アニーヴン] 形 ❶ 平らでない, でこぼこの(⇔even 平らな) ❷ 一様でない, むらのある; 不規則な

**unexpected** B1 [ʌ̀nikspéktid アニクスペクティド] 形 思いがけない, 予期しない, 不意の

派生語 unexpectedly 副

**unexpectedly** B1 [ʌ̀nikspéktidli アニクスペクティドゥリィ] 副 思いがけなく, 不意に

**unfair** A2 [ʌ̀nfέər アンフェア] 形 不公平な; 不当な; 不正な(⇔fair 公平な)
派生語 unfairly 副

**unfairly** B1 [ʌ̀nfέərli アンフェアリィ] 副 不公平に, 不正に

**unfamiliar** B2 [ʌ̀nfəmíljər アンファミリァ] 形 ❶ よく知られていない, 見慣れない, 聞き慣れない(⇔familiar ありふれた)
- The landscape is *unfamiliar* to me.
  その景色は私にとって見慣れないものだ.
❷ …をよく知らない

**unfasten** [ʌ̀nfǽsn アンファスン -fά:sn -ファースン] (★このtは発音しない) 動 他 自 (結び目などを)解く, 緩(ゆる)める, ほどく; (ボタンなどを)外す(⇔fasten 締(し)める)

**unfold** B1 [ʌ̀nfóuld アンフォウルド] 動 他 自 (折りたたんだ物)を開く, 広げる; (つぼみなどが)開く(⇔fold 折りたたむ)

**unforgettable** A2 [ʌ̀nfərgétəbl アンファゲッタブル] 形 忘(わす)れられない, 記憶(きおく)に残る

**unfortunate** B1 [ʌ̀nfɔ́:rtʃənət アンフォーチュナット] 形 不運な, 不幸な(⇔fortunate 運のよい)
派生語 unfortunately 副

**unfortunately** 準2級 A2 [ʌ̀nfɔ́:rtʃənətli アンフォーチュナットゥリィ] 副 不幸にも, 運悪く, あいにく(⇔fortunately 幸運にも)

**unfriendly** B1 [ʌ̀nfréndli アンフレンドゥリィ] 形 (比較 unfriendlier; 最上 unfriendliest) 好意的でない; 不愛想(あいそう)な(⇔friendly 好意的な)

# unhappy 準2級 A2

[ʌ̀nhǽpi アンハピィ]

形 (比較 unhappier; 最上 unhappiest)
❶ **不幸な**; 不運な; 悲しい, みじめな
(⇔happy 幸福な)
❷ (…に)不満な
- The girl was *unhappy* with the toy.
  女の子はそのおもちゃに不満だった.

**unhealthy** A2 [ʌ̀nhélθi アンヘルスィ] 形 不健康な, 健康に悪い; 不健全な(⇔healthy 健康な)

**unheard** B1 [ʌ̀nhə́:rd アンハード] 形 聞きとれない, 聞いてもらえない

**uni-** [juni- ユニ-] 接頭 1つの…, 単一の…(▶名詞の前について「1つの」の意味を表す)
- a *uni*cycle 一輪車

**UNICEF** [jú:nəsèf ユーニセフ] 名 ユニセフ, 国連児童基金(▶United Nations International Children's Emergency Fundの略. 現在は United Nations Children's Fundというが, 略称(しょう)は以前のまま使用)

**unicorn** [jú:nəkɔ̀:rn ユーナコーン](★「ユニコーン」でないことに注意) 名 C 一角獣(じゅう)(▶額(ひたい)に1本のねじれた長い角(つの)のある馬に似た想像上の動物)

unicorn

**unicycle** [jú:nəsàikl ユーナサイクル] 名 C 一輪車
→ bicycle 知ってる?
- ride a *unicycle* 一輪車に乗る

# uniform 準2級 A2

[jú:nəfɔ̀:rm ユーナフォーム]

— 名 (複 uniforms[-z]) U C **制服**; ユニフォーム
- a school *uniform* 学校の制服
- We must go out in a *uniform*.
  私たちは制服で外出しなければならない.

— 形 **一定の; 同一の, そろいの**
- These boxes are *uniform* in weight.
  これらの箱は重さが同じだ.

**unimportant** A2 [ʌ̀nimpɔ́:rtənt アニンポータント] 形 重要でない(⇔important 重要な)

**union** 2級 B1 [jú:niən ユーニアン] 名 ❶ U 連合, 結合; 団結 ❷ C 組合, 同盟, 労働組合(=⊛labor union, ⊛trade union) ❸ C 《しばしば Unionで》連邦(ぽう), 連合国家

**Union Jack** [jù:niən dʒǽk ユーニアン チャック] 名《the Union Jackで》英国国旗, ユニオンジャック(▶イングランド, スコットランド, アイルランドの旗を組み合わせてできた)

# unique 2級 B1 [ju:ní:k ユーニーク]

形 (比較 more unique; 最上 most unique)
❶ **独特の**, ほかに類のない; 唯一(ゆいいつ)の
- This ice cream has a *unique* flavor.
  このアイスクリームは独特の味がする.
❷ (話)特異な; めったにない, 珍(めずら)しい

**unisex** [jú:nəsèks ユーナセックス] 形 男女の区別のない, 男女共用の

男女共用トイレの表示(オーストラリア)

## unit

**unit** 準2級 A2 [júːnit ユーニット] 名 ❶ C (構成)単位；1個，1人
- The family is a *unit* of society.
  家族は社会の一単位である．
❷ C (計量の基準としての)単位
- *units* of time
  時間の単位（▶second（秒），minute（分），hour（時）など）
❸ U 設備一式，ユニット
❹ U ⊛（学科の）単位，単元

**unite** B1 [juːnáit ユーナイト] 動
—他 …を一つにする，結合する；…を団結させる
- The two companies were *united*.
  その2つの会社は合併（がっぺい）した．
—自 一つになる，結合する；団結する

**united** B2 [juːnáitid ユーナイティド] 形 団結した，結合した；連合した

**United Arab Emirates** [juːnàitid ǽrəb émərəts ユーナイティド アラブ エマラッツ] 名 アラブ首長国連邦（▶アラビア半島，ペルシャ湾（わん）沿いに位置し，7つの首長国からなる国．首都はアブダビ（Abu Dhabi））

**United Kingdom** [juːnàitid kíŋdəm ユーナイティド キングダム] 名 《the United Kingdomで》イギリス連合王国，英国（▶正式名はthe United Kingdom of Great Britain and Northern Ireland グレートブリテンおよび北アイルランド連合王国．首都はロンドン．イングランド（England），スコットランド（Scotland），ウェールズ（Wales），北アイルランド（Northern Ireland）の4つの地方からなる．the UK, the U.K.と略す）

**United Nations** [juːnàitid néiʃənz ユーナイティド ネイションズ] 名 《the United Nationsで》国際連合，国連（▶国連憲章の下（もと）に，世界平和・安全保障・国際協力・文化交流などを増進する目的で結成された国際機関．本部は米国のニューヨーク市．the UN, the U.N.と略す）

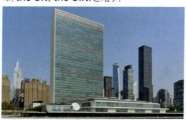

ニューヨーク市にある国連本部（米国）

## United States (of America) 4級

[juːnàitid stéits (əv əmérikə) ユーナイティド ステイツ（アヴ アメリカ）] 名 《the United States (of America)で》アメリカ合衆国，米国（▶首都はワシントンD.C.（Washington, D.C.）で，the US, the U.S., the USA, the U.S.A.と略す）→America❶

**unity** [júːnəti ユーニティ] 名 U 単一（性），統一（性）

**universal** B2 [jùːnəváːrsəl ユーナヴァーサル] 形 すべての人に共通の；宇宙の；全世界の；広く一般の，普遍（ふへん）的な
- *universal* design ユニバーサルデザイン（▶文化・年齢（ねんれい）・障がいの有無・言語などに関係なく万人が使える製品・設計）
- Music is a *universal* language.
  音楽は世界普遍の言語です．

**Universal Studios** [juːnəvàːrsəl stúːdiou ユーナヴァーサル ストゥーディオゥ] 名 ユニバーサルスタジオ（▶米国ハリウッドにある映画スタジオ）

**universe** B1 [júːnəvàːrs ユーナヴァース] 名 《the universeで》宇宙；全世界
派生語 universal 形

## university 準2級 A2

[jùːnəváːrsəti ユーナヴァースィティ]
名 (複 universities[-z]) C 大学（▶大学院・研究所などがあり学位授与（じゅよ）の資格を持つ総合大学）
- a *university* student 大学生
- go to (the) *university* 大学へ行く（▶⊛ではtheを省略することが多い）
- study at (the) *university* 大学で学ぶ
- finish *university* 大学を卒業する
- the *University* of Cambridge
  ケンブリッジ大学

**unkind** B2 [ʌ̀nkáind アンカインド] 形 不親切な，思いやりのない（⇔kind 親切な）

**unknown** A2 [ʌ̀nnóun アンノウン]（★このkは発音しない） 形 知られていない，未知の，無名の（⇔known 知られている）

**unless** B1 [ənlés アンレス] 接 もし…でなければ，…でない限り
- You will miss the train *unless* you leave immediately.
  すぐ出発しないと電車に乗り遅（おく）れるよ．

**unlike** 準2級 A2 [ʌ̀nláik アンライク]
—前 …に似ていない，…と違（ちが）って（⇔like …に似た）；…らしくない
- She is *unlike* her mother in many ways.
  彼女は多くの点で母親と違っている．

## unwillingly

─形 似ていない(⇔like 似ている)
派生語 unlikely 形

**unlikely** B1 [ʌnláikli アンライクリィ]
形 (比較 unlikelier, more unlikely; 最上 unlikeliest, most unlikely) ありそうない; …しそうにない(⇔likely ありそうな)
- an *unlikely* plan
  成功しそうにない計画
- He is *unlikely* to come. = It is *unlikely* that he will come.
  彼は来そうもない.

**unlock** B2 [ʌnlák アンラック |-lɔ́k -ロック] 動 他
(ドアなど)の錠(じょう)を開ける(⇔lock 錠をかける)
- *unlock* the door [window]
  ドア[窓]のかぎを開ける(▶unlock the keyとは言わない)

# unlucky B1 [ʌnláki アンラッキィ]

形 (比較 unluckier; 最上 unluckiest) **不運な**, 不幸な; 不吉(きち)な(⇔lucky 運のよい)

**unnecessary** A2 [ʌnnésəseri アンネセサリィ | -səri -サリィ] 形 不必要な(⇔necessary 必要な)

**unpleasant** A2 [ʌnplézənt アンプレザント] 形 不愉快(ゆかい)な, 嫌(いや)な(⇔pleasant 楽しい)

**unplug** [ʌnplʌ́g アンプラグ] 動 他 (電気製品)のプラグを抜く; …から栓(せん)を抜く(⇔plug 栓をする)
- Please *unplug* the power cord from the outlet.
  コンセントからコードを抜いてください.

**unpopular** B2 [ʌnpápjulər アンパピュラァ | -pópju- -ポピュ-] 形 人気のない, 不評の(⇔popular 人気のある)

**unreasonable** B2 [ʌnríːzənəbl アンリーズナブル] 形 ❶ 道理をわきまえない; 不合理な(⇔reasonable 道理にかなった) ❷ (値段などが)法外な, とても高い

**untie** B2 [ʌntái アンタイ] 動 (現分 untying) 他 (結び目など)をほどく, 解く; …を自由にする(⇔tie 結ぶ)

## *until 4級 A1 [əntíl アンティル]

前 …まで(ずっと)
接 ❶ …するまで(ずっと)
  ❷ …してついに

─前 …まで(ずっと)(▶時間の継続(けいぞく)を表す)(=till) → by 前 ❹ くらべて!
- The store is open *until* eight o'clock.
  その店は8時まで開いている.
- I won't be back *until* Friday.
  私は金曜日まで戻(もど)らない.

- He didn't tell the truth *until* yesterday.
  彼はきのうになってやっと本当のことを話した. (⇔きのうまで話さなかった)

### くらべて みよう！ untilとtill

(1) untilとtillは同じ意味ですが, 文頭に置かれる場合と, It is [was] not *until* ... that ～. の形の文ではuntilのほうが多く使われます→ (成句). また, 米では一般にuntilを使う傾向(けいこう)があります.
(2) untilのつづりは'l'が1つであることに注意しましょう.

─接 ❶ …するまで(ずっと)(=till)
- I'll stay here *until* my mother comes back.
  母が戻って来るまで私はここにいる. (▶untilに続く文の中では未来の事柄(ことがら)も現在形で表す)
- She stayed in bed *until* she felt better.
  彼女は気分がよくなるまでベッドにいた.
- She didn't watch TV *until* she finished her homework.
  彼女は宿題を終えるまでテレビを見なかった.
❷ …してついに(▶untilの前にコンマ(,)をつけることが多い)
- My father worked hard every day, *until* (at last) he got sick.
  父は毎日一生懸命(けんめい)働いて, とうとう病気になってしまった.

*It is not until ... that ～.* …して初めて～する.
- *It was not until* I watched the news *that* I learned about the accident.
  私はニュースを見て初めてその事故を知った.

**unused** [ʌnjúːzd アンユーズド] 形 今は使われていない; 未使用の

**unusual** 準2級 A2 [ʌnjúːʒuəl アニュージュアル] 形 異常な, ふつうでない; 珍(めずら)しい, まれな(⇔usual いつもの)
派生語 unusually 副

**unusually** B1 [ʌnjúːʒuəli アニュージュアリィ] 副 異常に, いつもと違(ちが)って; 非常に

**unwilling** B2 [ʌnwíliŋ アンウィリング] 形 気が進まない, いやいやながらの(⇔willing 進んでする); 《be unwilling to＋〈動詞の原形〉で》…したがらない
- He *was unwilling to* join the club.
  彼はそのクラブに入りたくなかった.
派生語 unwillingly 副

**unwillingly** [ʌnwíliŋli アンウィリングリィ] 副 しぶしぶ, いやいやながら(⇔willingly 進んで)

## up 5級 A1 [ʌ́p アップ]

> 副 ❶ 上へ[に]
> ❷ 起きて; 立って
> ❸ (中心地・話し手に)近づいて
> ❹ (数量などが)上がって
> ❺ すっかり
> ❻ 始動して
> 前 ❶ …を上って
> ❷ (道など)に沿って
> 形 ❶ 上への
> ❷ 米 北へ向かう; 英 都会へ向かう

─副

❶ 上へ[に], 上がって(⇔down 下へ→down¹図)
- This elevator goes *up* to the fourteenth floor. このエレベーターは14階まで上がる.
- The sun is *up*. 日[太陽]は昇(のぼ)っている.
- The child jumped *up* from his chair. その子どもはいすから飛び上がった.
- The kite is high *up* in the air. たこは空高く上がっている.

❷ 起きて, 目を覚まして; 立って
- Stand [Wake] *up*. 立ち[起き]なさい.
- I always get *up* at seven. 私はいつも7時に起きる.
- stay *up* until midnight 真夜中まで起きている

❸ (中心地・話し手に)近づいて; 米 北へ; 英 都会へ, ロンドンへ
- A car drove *up* to me. 1台の車が近づいてきた.
- We flew *up* to Alaska. 私たちは飛行機でアラスカまで行った.

❹ (数量などが)上がって, 増して
- The price of oil is going *up*. 石油の価格は上昇(じょうしょう)している.
- Speak *up*. 大きな声で言いなさい.

❺ すっかり, 完全に; 終わって
- He used *up* all the money. 彼はそのお金をすべて使い果たした.
- I'll tell you when your time is *up*. 時間切れになったら教えます.

❻ 始動して
- start *up* the computer コンピュータを立ち上げる

***be up to ...*** ①《話》…の責任で, …次第(しだい)で
- It's *up to* you to carry out the plan. 計画を実行するかどうかはあなた次第だ.
②《話》…をたくらんで
- What *are* you *up to*? 何をたくらんでいるの?

***up and down*** 上下に, 上がったり下がったり; 行ったり来たり, あちこちと

***up to ...*** (数量に関して)…まで, …に至るまで
- I have already read *up to* page 100. 私はすでに100ページまで読んだ.

***What's up?*** 《話》どうしたの?, 何事?; どうしてる?, 元気?

─前 ❶ …を上って(⇔down …を下って); …の上のほうへ
- I climbed *up* a hill. 私は丘(おか)を登った.
❷ (道など)に沿って(= along)
- We walked *up* the street to the station. 私たちは通りに沿って駅まで歩いた.(▶「上っていく」の意味ではない)

─形 ❶《名詞の前にのみ用いる》上への, 上りの(⇔down 下への)
- an *up* escalator 上りのエスカレーター
❷《名詞の前にのみ用いる》米 北へ向かう; 英 都会[ロンドン]へ向かう
- an *up* train 米 北行きの電車; 英 上り電車

## update B1 (★動と名でアクセント位置が異なる)
─動 [ʌpdéit アップデイト] 他 …を最新のものにする; 〖コンピュータ〗…をアップデートする, 更新(こうしん)する
- *update* a website ホームページを更新する
─名 [ʌ́pdèit アップデイト] U|C 最新情報; 更新

## upgrade [ʌpgréid アップグレイド] 動 他 〖コンピュータ〗…をアップグレードする; …をグレードアップする(▶「グレードアップ」は和製英語)

## upload B1 [ʌplóud アップロウド] 動 他 〖コンピュータ〗(データなど)をアップロードする, 投稿(とうこう)する
- She *uploads* a new video to YouTube every weekend. 彼女は毎週末新しい動画をユーチューブに投稿する.

## upon A2 [əpán アパン | əpɔ́n アポン]
前 …の上に→on

> くらべて みよう! **on と upon**
> ほとんど同じように使われますが, **on**は《話》で, **upon**は書き言葉で多く使われます.

***once upon a time*** 昔々→once 副《成句》

**upper** B1 [ápər アッパァ] 形《名詞の前にのみ用いる》より上の, 上のほうの; 上位の(⇔lower 下のほうの); 上流の
- the *upper* lip 上唇(うわくちびる)
- the *Upper* House
上院(⇔the Lower House 下院)

**upright** B2 [ápràit アップライト](★このghは発音しない) 形 ❶ 直立した, まっすぐな
- an *upright* piano アップライトピアノ
- They stood *upright*.
彼らは直立姿勢で立っていた.
❷ 正直な

**upset** 準2級 A2 [ʌpsét アプセット]
― 動 (過去・過分 upset; 現分 upsetting) 他 ❶ …の心を乱す, …を動揺(どうよう)させる
- The rumor *upset* him.
そのうわさは彼を動揺させた.
❷ (計画など)を駄目(だめ)にする
❸ …をひっくり返す
- *upset* a cup of coffee
コーヒーカップをひっくり返す
― 形 気が動転して, 動揺して
- She was *upset* about the news.
彼女はその知らせを聞いて気が動転した.

**upside** [ʌ́psàid アップサイド] 名 C 上側, 上部
*upside down* (上下)逆さまに
- He turned the toolbox *upside down*.
彼は工具箱をひっくり返した.

**upside-down** [ʌ̀psaiddáun アップサイドダウン] 形 逆さまの, 上下逆の

# upstairs 準2級 A2

[ʌ̀pstéərz アップステァズ]

― 副 階上へ[で], 2階へ[で](⇔downstairs 階下へ)
- I went *upstairs* to my bedroom. 私は2階の寝室(しんしつ)へ行った. (▶go to upstairsは×)
― 形 《名詞の前にのみ用いる》上の階の, 2階の
- The *upstairs* window is open.
2階の窓が開いている.
― 名 《単数扱い》上の階, 2階

**up-to-date** B1 [ʌ̀ptədéit アップトゥデイト] 形 最新の, 現代的な(⇔out-of-date 流行後(おく)れの)

**upward** B1 [ʌ́pwərd アップワァド]
― 副 上のほうへ, 上向きに(⇔downward 下のほうへ)
- The kite flew *upward*.
たこは高く上がっていった.
― 形 《名詞の前にのみ用いる》上向きの
- an *upward* slope 上り坂

**upwards** [ʌ́pwərdz アップワァツ] 副 = upward

**uranium** [juəréiniəm ユ(ア)レイニアム] (★「ウラニウム」でないことに注意) 名 U 《化学》ウラニウム, ウラン(▶放射性金属元素の1つ, 元素記号はU)

**Uranus** [júərənəs ユ(ア)ラナス] 名 ❶ 『天文』天王星 → planet ❷ 『ギリシャ神話』ウラノス(▶天の神で, 世界の支配者)

**urban** B2 [ə́ːrbən アーバン] 形 《名詞の前にのみ用いる》都市の, 都市に住む(⇔rural 田舎(いなか)の)

**urge** B2 [ə́ːrdʒ アーヂ] 動 他 ❶ (人)に熱心に勧(すす)める, 強く促(うなが)す
- I *urged* her to read the book.
私は彼女にその本をぜひ読むように勧めた.
❷ …をせき立てる, 駆(か)り立てる

**urgent** B1 [ə́ːrdʒənt アーヂャント] 形 差しせまった, 急ぎの

**Uruguay** 3級 [júərəgwai ユ(ア)ラグワィ] 名 ウルグアイ(▶南米大陸南東部に位置する共和国. 首都はモンテビデオ(Montevideo))

# US, U.S. 4級 [jùːés ユーエス]

名《the US, the U.S.で》アメリカ合衆国, 米国(▶the United States (of America) の略)

*__us__ 5級 A1 [əs アス, s ス, 《強く言うとき》ʌ́s アス]
代 私たちを[に], われわれを[に](▶一人称(いちにんしょう)複数(we)の目的格) → we
- Our parents love *us* very much.
私たちの両親は私たちをとても愛している.
- My uncle bought *us* a camera. = My uncle bought a camera for *us*.
おじは私たちにカメラを買ってくれた.
- Amy went shopping with *us*. エイミーは私たちといっしょに買い物に行った.
- Tom is older than *us*. = Tom is older than we are. トムは私たちより年上だ.

# USA, U.S.A. [jùːeséi ユーエスエィ]

名《the USA, the U.S.A.で》アメリカ合衆国, 米国(▶the United States (of America) の略)

*__use__ 5級 A1 (★動と名で発音が違(ちが)うことに注意)

> 動 他 ❶ …を使う
> ❷ (頭・体)を働かせる
> 名 ❶ 使用
> ❷ 役に立つこと

― 動 [júːz ユーズ] (三単現 uses [-iz]; 過去・過分 used [-d]; 現分 using) 他 ❶ …を使う, 利用する → borrow くらべて!
- We *use* heaters in winter.

## used¹

私たちは冬には暖房(鬱)器具を使います。
- Can I *use* your bathroom [phone]?
トイレ[電話]をお借りしてもいいですか。(▶ useは「ちょっと借りてその場で使う」こと)
- I *used* the Internet from 8 p.m. to 9 p.m.
私は午後8時から9時までインターネットを利用した。
- I always *use* the bus to go to the library.
図書館に行くときいつもバスを使う。
- I'll show you how to *use* this machine.
この機械の使い方を教えてあげよう。

❷ (頭・体)を働かせる
- *Use* your head. 頭を使いなさい。

***use up*** …を使い果たす、使いきる
- All the paper was *used up*.
紙は全部使い果たされた。

━名 [júːs ユース] (複 uses[-iz]) ❶ Ⓤ **使用**, 利用; Ⓒ 用途(ばぅ), 使い道
- the *use* of email Eメールの使用
- This room is for the *use* of members only. この部屋は会員専用だ。
- Computers have many *uses*.
コンピュータにはたくさんの使い道がある。

❷ Ⓤ 役に立つこと
- What's the *use* of complaining? 不平を言って何になるの。(⇦何の役に立つのか)

***be in use*** 使用されている
- *Is* that vase still *in use*?
あの花瓶(ぴん)はまだ使われていますか。

***be of no use*** 役に立たない(=be useless); 意味がない
- This broken pen *is of no use*.
このこわれたペンは役に立たない。

***be of use*** 役に立つ(=be useful)
- This file will *be of* great *use* to you. このファイルはあなたにとても役立つでしょう。

***be out of use*** 使用されていない
- This room has *been out of use* for two months. この部屋は2か月使われていない。

「申し訳ありません が、使用できません(使用されていません)」というガソリンスタンドの表示(英国)

***come into use*** 使われるようになる
- This service will *come into* common *use*.
このサービスは一般的に利用されるようになるだろう。

***It is no use*** +⟨-ing形⟩. = ***There is no use*** (***in***) +⟨-ing形⟩. …しても無駄(ﾀﾞ)である。
- *It is no use* crying over spilt milk.
(諺) 覆水(ふく)盆(ぼん)に返らず。(⇦こぼれたミルクのことを嘆(なげ)いても無駄である)

***make use of …*** …を利用する
- He always *makes use of* the library.
彼はいつも図書館を利用している。

***put … to use*** …を使う
- She *puts* the computer *to* good *use*.
彼女はコンピュータを有効に使っている。

***There is no use*** (***in***) +⟨-ing形⟩. = It is no use +⟨-ing形⟩.

派生語 used¹ 形, used² 形助, useful 形, useless 形, user 名

## used¹ 準2級 A2 [júːzd ユーズド] (★「ユースト」でないことに注意)

━動 use (使う)の過去形・過去分詞

━形 《名詞の前にのみ用いる》使用された、中古の (=secondhand)
- a *used* book [car] 古本[中古車]

## used² 準2級 A2 [júːst ユースト] (★「ユーズド」でないことに注意)

━形 《be used to +⟨名詞または-ing形⟩で》…に慣れている; 《get [become] used to +⟨名詞または-ing形⟩で》…に慣れる
- You will soon *get used to* your new school. すぐに新しい学校に慣れるでしょう。
- He *is used to* cook*ing*.
彼は料理することに慣れている。

━助 《used to +⟨動詞の原形⟩で》以前はよく…したものだった、以前は…だった (▶ used toは [júːst tu ユースト トゥ, júːstə ユースタ]と発音する)
- I *used to* play with her after school.
私は放課後よく彼女と遊んだものだ。
- There *used to* be a park here.
以前ここに公園があった。

> **くらべてみよう!** used to と would
>
> **used to**: 過去の長期的な習慣や状態を表す。「現在はそうではないが」という意味を暗に含(ふく)みます。
>
> **would**: 過去の短期的で不規則な反復動作を表し、しばしばoften, sometimes などと共に使います。

## *useful 準2級 A2 [júːsfəl ユースフル]

━形 (比較 more useful; 最上 most useful) **役に立つ**, 有益な (⇦useless 役に立たない)
- a *useful* machine 役に立つ機械

Uzbekistan

- His advice was very *useful* to [for] me.
彼の忠告は私にとってとてもためになった.
- The Internet is *useful* for collecting information. インターネットは情報収集に役立つ.

***make oneself useful*** 手伝う
- I'd like to *make myself useful*.
お手伝いをしたいのですが.

**ここがポイント! useとusefulの発音に注意**

use [júːz ユーズ] 動 使う
use [júːs ユース] 名 使用
useful [júːsfəl ユースフル] 形 役に立つ

**useless** B1 [júːslis ユースリス] 形 役に立たない, 無用な, 無駄(だ)な(⇔useful 役に立つ)

**user** B2 [júːzər ユーザァ] 名 C 使用者, 利用者, ユーザー

**user-friendly** [jùːzərfréndli ユーザァフレンドゥリィ] 形 (利用者にとって)使いやすい, 扱(あつか)いやすい, わかりやすい, 便利な

**usher** B2 [ʌ́ʃər アシャァ]
— 名 C (教会・劇場などの)案内係
— 動 他 (客など)を案内する

**using** [júːziŋ ユーズィング] 動 use(使う)の現在分詞・動名詞

**U.S.S.R., USSR** [jùːesesáːr ユーエスエスアー] 名 ソビエト社会主義共和国連邦(▶the Union of Soviet Socialist Republicsの略)

## usual  準2級 A2 [júːʒuəl ユージュアル]

形 (比較 more usual; 最上 most usual) いつもの, ふだんの, ふつうの(⇔unusual ふつうでない)
- Shall we meet at the *usual* place?
いつもの場所で会いましょうか.

***as usual*** いつものように
- I went to bed at ten *as usual*.
私はいつものように10時に寝(ね)た.

***than usual*** いつもより(▶比較(ひかく)級の後に使う)
- I woke up later *than usual*.
私はいつもより遅(おそ)く起きた.

派生語 usually 副

## *usually 5級 A1 [júːʒuəli ユージュアリィ]

副 (比較 more usually; 最上 most usually) たいてい, ふつう, いつも, 通常
→ always ポイント!
- I *usually* leave home at eight.
私はたいてい8時に家を出る.
- This chair is *usually* in the kitchen.
このいすはいつもは台所にある.

**ここがポイント! usuallyの位置**

usuallyはふつう一般動詞の前, またはbe動詞・助動詞の後に置きます. ただしusuallyを強調する場合は, 文頭に置くこともあります.
- *Usually* I don't work on weekends.
いつもなら週末に仕事はしない.

**UT** Utah(米国ユタ州)の郵便略語

**Utah** [júːtɑː ユーター] 名 ユタ(▶米国西部の州. 州都はソルトレークシティー(Salt Lake City). 郵便略語はUT)

**utensil** [juːténsəl ユーテンサル] 名 C (屋内, 特に台所で用いる)器具, 用具

**utility** B2 [juːtíləti ユーティラティ] 名
(複 utilities[-z]) ❶ U 有用, 実用性
❷ ((utilitiesで))役に立つもの;(ガス・水道・電気などの)公益事業[施設(しせつ)], 公共料金

**utility room** [juːtíləti rùːm ユーティラティ ルーム]
名 C ユーティリティールーム(▶掃除(そうじ)機・洗濯(せんたく)機などが置いてある家事室)

**utilize** B2 [júːtəlàiz ユータライズ](▶(英)ではutiliseとつづる) 動 他 …を利用する, 役立たせる

**utmost** [ʌ́tmoust アットゥモウスト]
— 形 ((名詞の前にのみ用いる))最大限の, 極限の
- She drove on a snowy road with the *utmost* care.
彼女は最大限の注意を払(はら)って雪道を運転した.
— 名 ((the [one's] utmostで))(努力・能力などの)最大限, 極限

***do one's utmost*** 最善を尽(つ)くす
- He *did his utmost* in the game.
彼は試合で最善を尽くした.

**Utopia** [juːtóupiə ユートウピア] 名 ユートピア

**utter¹** [ʌ́tər アタァ] 形 まったくの, 完全な
- an *utter* failure 大失敗

**utter²** [ʌ́tər アタァ] 動 他 (言葉)を口に出す;(考えなど)を言葉で表現する

**UV** [jùːvíː ユーヴィー] 紫外線(しがいせん), ユーブイ(▶ultravioletの略)

**Uzbekistan** [uzbékistæn ウズベキスタン | uzbékistɑːn ウズベキスターン] 名 ウズベキスタン(▶中央アジアに位置する共和国. 首都はタシケント(Tashkent))

# V, v

**V, v** [víː ヴィー] 名(複 V's, Vs, v's, vs[-z]) ❶ C 英語アルファベットの第22字 ❷ U (ローマ数字の)5

**v.** verb(動詞); versus(…対〜)の略

**VA** Virginia(米国バージニア州)の郵便略語

**vacancy** B1 [véikənsi ヴェイカンスィ] 名(複 vacancies[-z]) ❶ U 空(から)(の状態), 空虚(くう) ❷ C 空き地; 空き部屋
- NO *VACANCY*
《掲示》満員, 空室なし(▶ホテルなどで用いる)

朝食付き簡易民宿(B&B)の「空室なし(満室)」の掲示

❸ C (職・地位などの)空席, 欠員

**vacant** B2 [véikənt ヴェイカント] 形 ❶ (家・部屋などが)空いている, 使用されていない; (職・地位などが)空席の, 欠員の
- *VACANT*
《掲示》(トイレの)空き(▶(トイレの)使用中はOCCUPIED)
❷ (時間などが)空いている; ぼんやりした
派生語 vacancy 名

## \*vacation 5級 A1

[veikéiʃən ヴェイケイション, və- ヴァ-]
名(複 vacations[-z]) C (主に米)**休暇**(きゅう), 休み(=(英)holiday(s))
- (the) summer *vacation* 夏休み
- a two-week *vacation* 2週間の休暇
- the Easter *vacation* 復活祭休暇(▶米英の学校では3月の終わりごろ1, 2週間の休みがある)
- take a *vacation* 休暇を取る
- during winter *vacation* 冬休み中に
- Have a nice *vacation*! よい休暇を. (▶休暇を取る人に対して言う言葉)

***on vacation*** 《主に米》休暇中で, 休暇を取って(=(英)on holiday)
- He has gone to Canada *on vacation*.
彼は休暇でカナダにいる.

- We are *on* summer *vacation*.
私たちは夏休み中だ.

### くらべてみよう！ vacationとholiday

学校や会社の数日以上にわたる休暇を米ではvacation, 英ではholidaysと言います. 英ではvacationは大学の休暇, 法廷(ほう)の休廷日についてのみ使います. また, 米英ともに日曜・祝日などの休日はholidayと言います.

**vaccinate** [væksineit ヴァクスィネイト] 動他 …にワクチンを接種する, …に予防接種をする
- You should get *vaccinated* against the flu. インフルエンザの予防接種を受けたほうがいいよ.

**vaccine** B2 [væksíːn ヴァクスィーン | væksíːn ヴァクスィーン](★「ワクチン」でないことに注意)名 U C ❶ (接種用の)ワクチン

❷ 《コンピュータ》ワクチン(▶ウイルス感染(かん)防止用プログラム)

**vacuum** [vækjuːm ヴァキューム, vækjuəm ヴァキュアム](★「バキューム」でないことに注意)
—名(複 vacuums[-z], vacua[vækjuə ヴァキュア]) C ❶ 真空 ❷《話》電気掃除(そう)機(=vacuum cleaner)
—動他《話》…に電気掃除機をかける

**vacuum cleaner** [vækjuːm klìːnər ヴァキューム クリーナァ, vækjuəm - ヴァキュアム -] 名 C 電気掃除機

**vague** B1 [véig ヴェイグ] 形 漠然(ばく)とした, ぼんやりした; あいまいな
- a *vague* promise あいまいな約束

**vain** 2級 B1 [véin ヴェイン] 形 無駄(む)な; むなしい
- a *vain* effort 無駄な努力, 骨折り

***in vain*** 無駄に, むなしく
- I tried to comfort her *in vain*.

私は彼女を慰(なぐさ)めようとしたが無駄だった.

**valentine** B2 [vǽləntain ヴァランタイン](★アクセント位置に注意) 名 ❶ C 聖バレンタインの祝日の贈(おく)り物[カード, 手紙]; 聖バレンタインの祝日にカードなどを受け取った人 ❷《St. Valentineで》聖バレンタイン(►キリスト教の殉教(じゅんきょう)者) → Saint Valentine's Day

# valley 準2級 A2 [vǽli ヴァリィ]

名 (複 valleys[-z]) C ❶ 谷, 谷間, 渓谷(けいこく) → canyon
❷《ふつう the valleyで》(大河の)流域
- the Tennessee *Valley* テネシー川流域

**valuable** B1 [vǽljuəbl ヴァリュ(ア)ブル]
— 形 高価な; 貴重な, 有益な
- a *valuable* ring 高価な指輪
- *valuable* information 重要な情報
— 名 C《ふつう valuablesで》貴重品(►特に宝石・貴金属類)

# value 準2級 A2 [vǽlju: ヴァリュー]

— 名 (複 values[-z]) ❶ U 価値, 値打ち(=worth)
- the *value* of time 時間の価値
❷ U C 価格, 値段; 交換(こうかん)価値
- What is the *value* of this necklace? このネックレスの値段はどのくらいですか.
*of value* 価値がある(=valuable)
- His study is *of* great *value* to the field of medical science. 彼の研究は医学の分野にとって非常に価値がある.
— 動 (三単現 values[-z]; 過去・過分 valued[-d]; 現分 valuing) 他 ❶ …を評価する; …を～と見積もる
- His painting was *valued at* one million dollars.
彼の絵は100万ドルと評価された.
❷ …を尊重する, 大切にする
派生語 valuable 形 名

**valve** [vælv ヴァルヴ](★アクセント位置に注意) 名 C ❶ (機械の)弁(べん), バルブ ❷ (血管・心臓などの)弁, 弁膜(べんまく)

**vampire** [vǽmpaiər ヴァンパイア](★アクセント位置に注意) 名 C 吸血鬼(き), バンパイア(►夜, 墓から抜(ぬ)け出て, 眠(ねむ)っている人の血を吸うといわれる悪霊(あくりょう))

**van** B1 [væn ヴァン] 名 C ❶ バン, ボックス型の車 ❷⦅英⦆(鉄道の)屋根のある貨車(⇔wagon 屋根のない貨車)

**Vancouver** 4級 [vænkú:vər ヴァンクーヴァ] 名 バンクーバー(►カナダ太平洋岸の港市); バンクーバー島(►カナダのブリティッシュコロンビア州南西にある島)

**van Gogh** [væn góu ヴァン ゴウ] 名 → Gogh

**vanilla** 5級 [vəníɫə ヴァニラ](★アクセント位置に注意) 名 U バニラ(►バニラの実から取ったアイスクリームなどに使う香料(こうりょう)); C《植物》バニラ(►熱帯アメリカ産のラン科のつる植物)

乾燥させたバニラの枝と花

**vanish** B2 [vǽniʃ ヴァニッシュ] 動 自 (視界から急に)見えなくなる, 消える; なくなる, 消滅(しょうめつ)する

**vanity** B2 [vǽnəti ヴァニティ] 名 (複 vanities[-z]) U 虚栄(きょえい)心, うぬぼれ; 空虚, はかなさ

**Vanuatu** [vænuá:tu: ヴァヌアートゥー] 名 バヌアツ(►南太平洋に位置する約80の島からなる共和国, 首都はポートビラ(Port Vila))

**vapor** [véipər ヴェイパァ](► ⦅英⦆ではvapourとつづる) 名 U C (霧(きり)・かすみ・湯気などの)蒸気

**variation** B2 [vèəriéiʃən ヴェアリエイション] 名 ❶ C U 変化, 変動; C 変種 ❷ C《音楽》変奏曲

**variety** 2級 B1 [vəráiəti ヴァライアティ] 名 (複 varieties[-z]) ❶ U 変化に富むこと, 多様性
- the *variety* of city life 都会生活の多様さ
❷《a variety of ...で》さまざまな…
- for *a variety of* reasons いろいろな理由で
❸ C 種類; (動植物の)品種
- a new *variety* of rose ばらの新しい変種
❹ U ⦅英⦆バラエティーショー(►音楽・ダンス・手品・曲芸などいろいろな出し物で構成される演芸)(=variety show)

# various 2級 B1 [véəriəs ヴェ(ア)リアス]

形 (比較 more various; 最上 most various) いろいろな, さまざまな
- *various* opinions さまざまな意見
派生語 variety 名, vary 動

**vary** 2級 B1 [véəri ヴェ(ア)リィ] 動 (三単現 varies[-z]; 過去・過分 varied[-d])
— 自 変わる, 異なる
- My father's mood *varies* from day to day.
父の機嫌(きげん)は日によって変わる.
— 他 …を変化させる, 変える
派生語 variation 名

## vase

**vase** 4級 A1 [véis ヴェイス | vάːz ヴァーズ]
名 (複 vases[-iz]) C 花瓶(かびん); (装飾(そうしょく)用の)つぼ
- She arranged some flowers in the *vase*.
  彼女は花瓶に花を生けた.

**vast** B1 [vǽst ヴァスト | vάːst ヴァースト] 形 広大な; ばく大な
- a *vast* country
  広大な国

**Vatican** [vǽtikən ヴァティカン] 名《the Vaticanで》バチカン宮殿(きゅうでん)(▶ローマ教皇の住居・執務(しつむ)室. イタリアのローマ市内のバチカン市国(the Vatican City)にある); ローマ教皇庁

**'ve** [əv (ア)ヴ]《話》haveの短縮形で, I, we, you, they, whoの後に用いる
- I*'ve* been living here for five years.
  私は5年間ここに住んでいる.

**vegan** [víːɡən ヴィーガン] 名C 完全菜食主義者, ビーガン(▶卵や乳製品を含め, 動物性食品を一切とらない人)

## vegetable 5級 A1

[védʒətəbl ヴェヂタブル]

― 名 (複 vegetables[-z]) C《ふつう vegetablesで》野菜
- green *vegetables*
  (根菜類(roots)に対して)青物, 葉菜類
- boil [fry] *vegetables*
  野菜をゆでる[炒(いた)める]
- My mother grows *vegetables* in the garden.
  母は庭で野菜を育てている.

―― 表現メモ ――

いろいろな野菜
(a) cabbage キャベツ
a carrot にんじん
(a) Chinese cabbage 白菜
⊛corn, ⊛maize とうもろこし
a cucumber きゅうり
an eggplant なす
a Japanese radish, a giant radish 大根
(a) lettuce レタス
an onion 玉ねぎ
a potato じゃが芋(いも)
a pumpkin かぼちゃ
spinach ほうれん草
a sweet potato さつま芋
a tomato トマト
a turnip かぶ
a zucchini ズッキーニ

cabbage
キャベツ

carrot
にんじん

cucumber
きゅうり

onion
玉ねぎ

potato
じゃがいも

tomato
トマト

pumpkin
かぼちゃ

spinach
ほうれん草

― 形 野菜の; 植物の; 植物性の
- *vegetable* soup 野菜スープ
- a *vegetable* garden 菜園

派生語 vegetarian 名

**vegetarian** 2級 B1 [vèdʒətéəriən ヴェヂャテ(ア)リアン] 名C 菜食主義者, ベジタリアン(▶卵や乳製品は食べる. 動物性食品を一切とらない人はvegan(完全菜食主義者)という)

**vehicle** 2級 B1 [víːəkl ヴィーアクル | víːi- ヴィーイ-](★このhは発音しない) 名C (陸上の)乗り物, 車
- motor *vehicle* 自動車

**veil** [véil ヴェイル] 名C (女性の)ベール; 覆(おお)い隠(かく)す物
- wear a *veil*
  ベールをかぶっている

**vein** B1 [véin ヴェイン] 名C ❶ 静脈(じょうみゃく)(⇔artery 動脈); 血管 ❷ 葉脈; (虫の羽の)し脈; 鉱脈

**velvet** [vélvit ヴェルヴィット] 名U ビロード, ベルベット

**vending machine** [véndiŋ məʃìːn ヴェンディング マシーン] 名C 自動販売(はんばい)機

**vendor** [véndər ヴェンダァ] 名C (小さな品物を)売り歩く人, 行商人; 自動販売(はんばい)機

**Venezuela** [vènəzwéilə ヴェナズウェイラ] 名 ベネズエラ(▶南米北部の共和国. 首都はカラカス(Caracas))

派生語 Venezuelan 形 名

**Venezuelan** [vènəzwéilən ヴェナズウェイラン]
― 形 ベネズエラの; ベネズエラ人の
― 名C ベネズエラ人

**Venice** 2級 [vénis ヴェニス] 名 ベニス, ベネチア(▶イタリア北東部の港市. 運河を巡(めぐ)らし,「水の都」と言われる)

**ventilator** [véntəlèitər ヴェンタレイタァ] 名C 換気(かんき)装置；人工呼吸器

**venture** B2 [véntʃər ヴェンチャァ]
— 名 ❶ U 冒険(ぼうけん), 冒険的事業
- *venture* business ベンチャー企業(きぎょう)
❷ C 投機
— 動 — 他 ❶ …を危険にさらす；(金・財産・生命など)をかける ❷ …を思い切ってやってみる
— 自 危険を冒(おか)して…をする

**Venus** [víːnəs ヴィーナス] 名 ❶『天文』金星 → planet ❷『ローマ神話』ビーナス（►愛と美の女神(めがみ), ギリシャ神話のアフロディテ(Aphrodite)に相当）

**veranda** [vərǽndə ヴァランダ] （►verandahともつづる）名C (ふつう屋根がある)ベランダ（＝⊛ porch）

**verb** A2 [və́ːrb ヴァーブ] 名C『文法』動詞（► v. と略す）

**verbal** B2 [və́ːrbəl ヴァーバル] 形 言語の, 言葉による
- *verbal* communication
言語によるコミュニケーション（⇔ non(-)verbal communication ジェスチャー, 表情など言葉以外の手段によるコミュニケーション）

**Vermont** 3級 [vərmɑ́nt ヴァマント | -mɔ́nt -モント] 名 バーモント（►米国東部の州. 州都はモントピーリア(Montpelier). 郵便略語はVT）

**vernal** [və́ːrnl ヴァーヌル] 形 春の, 春に起こる（►書き言葉で用いる）
- the *vernal* [spring] equinox 春分

**Vernal [Spring] Equinox Day** [və́ːrnəl [spríŋ] íːkwinɑks dèi ヴァーナル [スプリング] イークウィナックス デイ] 名 春分の日

**versatile** [və́ːrsətl ヴァーサトゥル | -tàil -タイル] 形 多才の, 何でもできる

**verse** B2 [və́ːrs ヴァース] 名 U 詩歌；韻文(いんぶん)（⇔ prose 散文）

**version** B2 [və́ːrʒən ヴァージョン] 名 C ❶ (製品・映画などの)…版；翻訳版；『コンピュータ』(ソフトウエアの)…バージョン
- the Japanese *version* of the U.S. best seller 米国のベストセラーの日本語版

❷ (個人的な)解釈(かいしゃく), 意見

**versus** B2 [və́ːrsəs ヴァーサス] 前 (訴訟(そしょう)・競技などで)…対〜（► vs. または v. と略す）
- the Giants *versus* the Tigers
ジャイアンツ対タイガース(の試合)

**vertical** [və́ːrtikəl ヴァーティカル] 形 垂直の, 縦の, 直立した（⇔ horizontal 水平の）
- a *vertical* line [panel] 垂直線[面]

\***very** 5級 A1 [véri ヴェリィ]

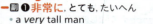

— 副 ❶ 非常に, とても, たいへん
- a *very* tall man
とても背の高い男性（► very ＋〈形容詞〉）
- This soup is *very* hot. このスープはとても熱い[辛(から)い].（► very ＋〈形容詞〉）
- run *very* fast
とても速く走る（► very ＋〈副詞〉）
- Thank you *very* much. どうもありがとう.
（► very ＋〈副詞〉）

> **ここが ポイント！** very と much の使い方
>
> (1) **very** は形容詞・副詞の原級を修飾(しゅうしょく)して, 意味を強めます.
> - *very* beautiful とても美しい（►形容詞）
> - *very* beautifully とても美しく（►副詞）
>
> (2) 動詞を強めるときはふつう **very much** を使います.
> - I love him *very much*.
> 私は彼をとても愛している.
>
> (3) 過去分詞・現在分詞はふつう **much** で修飾しますが, 形容詞と同じように使われているものには **very** を使います.
> - a *very* surprising story たいへん驚(おどろ)くべき話（► very ＋〈形容詞化した現在分詞〉）
> - The concert was *very* exciting.
> コンサートはとても楽しかった.（► very ＋〈形容詞化した過去分詞〉）
> - I'm *very* tired. 私はひどく疲(つか)れている.（► very ＋〈形容詞化した過去分詞〉）
>
> (4) 形容詞・副詞の比較(ひかく)級を強めるときは **much, far** などを使います.
> - Your bag is *much* bigger than mine.
> あなたのかばんは私のよりずっと大きい.
> （► very biggerは×）

❷ 《否定文で》あまり（…ではない）, たいして（…ではない）
- This hamburger is *not very* good.
このハンバーガーはあまりおいしくない.
- She doesn't eat *very* much.
彼女はあまりたくさん食べない.

## Vespucci

❸ 本当に, まさに(▶最上級, または best, last, next, first, same などを強める)
- You are my *very* best friend.
あなたはまさに私の最高の友人だ.
- I came here at the *very* same time.
まさに同じ時刻に私はここへ来た.

***Very good.*** たいへんけっこうです.;承知しました.(▶同意を表す)(= Certainly.)

😊 I'll have this steak.
このステーキにします.
😀 ***Very good.*** 承知しました.(▶レストランなどで用いる)
【話してみよう!】

***Very well.*** たいへんけっこうです.;いいですよ.(▶しぶしぶ同意する場合にも使う)

— 形 ❶《the, this, my などとともに, 名詞の前にのみ用いる》ちょうどの, ぴったりの, まさにその
- She is the *very* person for this job.
彼女はまさにこの仕事にうってつけの人物だ.(⇨この仕事に向いたまさにその人だ)(▶ *very* は直後の名詞を修飾する)
- this *very* minute まさにこの瞬間(しゅん)

❷《名詞の前にのみ用いる》《ふつう the very で》…だけで(= even)
- *The very* thought of it makes me happy.
それを考えるだけで私は幸せだ.

**Vespucci** [vespú:tʃi ヴェスプーチィ] 名 Amerigo, アメリゴ・ベスプッチ(▶ 1451-1512;イタリアの航海者・探検家. America(アメリカ)という名称(めいしょう)は彼の名から)

**vessel** B1 [vésəl ヴェサル] 名 C ❶(大型の)船(▶ ship, boat よりも形式ばった言い方)❷容器, 器(うつわ)(水差し・つぼ・瓶(びん)・たるなど液体を入れる物)

**vest** [vést ヴェスト] 名 C ❶米チョッキ, ベスト(= 英 waistcoat) ❷英シャツ, 肌着(はだぎ)(= 米 undershirt)

米の vest
(英では waistcoat)

英の vest
(米では undershirt)

**vet** B1 [vét ヴェット] 名 C (話) 獣医(じゅうい)(▶ veterinarian(獣医)の略)

**veteran** B2 [vétərən ヴェテラン](★アクセント位置に注意)

— 名 C ❶米(実戦経験豊富な)退役(たいえき)軍人;古参兵 ❷老練な人

— 形 老練な(▶日本語の「ベテラン」は英語では expert(専門家),「ベテランの」は experienced(経験豊富な)と言うほうがよい)

**Veterans Day** [vétərənz dèi ヴェテランズ デイ] 名 米 退役軍人の日(▶第一次・第二次世界大戦の終戦記念日. 11月11日で休日)

**veterinarian** [vètərənéəriən ヴェタラネ(ア)リアン] 名 C 獣医(じゅうい)(= vet)

**via** B1 [ví:ə ヴィーア, váiə ヴァイア] 前 ❶ …経由で(= by way of)
- *via* London ロンドン経由で
❷(話)…によって
- *via* airmail 米 航空便で(= by airmail)

**vibrate** B2 [váibreit ヴァイブレイト] 動 自 他 ❶(小刻みに)振動(しんどう)する, 震(ふる)える;…を振動させる
❷(音が)反響(はんきょう)する
派生語 vibration 名

**vibration** B2 [vaibréiʃən ヴァイブレイション] 名 U C 振動(しんどう), 震(ふる)え

**vice** B1 [váis ヴァイス] 名 U (道徳上の)悪, 悪徳(⇔ virtue 徳)
- virtue and *vice* 美徳と悪徳

**vice-** [vais- ヴァイス-] 接頭 副…, 次…, …代理(▶官職名の前につける)
- *vice*-chairman 副議長

**vice-president** [vàisprézədənt ヴァイスプレズィダント] 名 C 副大統領;副総裁, 副会長, 副社長

**victim** B1 [víktim ヴィクティム] 名 C 犠牲(ぎせい)者, 被害(ひがい)者, 被災者
- fire [war] *victims* 火事[戦争]の犠牲者

**victor** [víktər ヴィクタァ] 名 C (大げさに)勝利者, 優勝者(▶ふつうは winner を使う)

**Victoria** [viktɔ́:riə ヴィクトーリァ] 名 ❶ ビクトリア(▶女性の名. 愛称(あいしょう)は Vicky, Vickie)
❷《Queen Victoria で》ビクトリア女王(▶ 1819-1901;英国の女王(1837-1901))

**victory** B1 [víktəri ヴィクタリィ] 名(複 victories [-z]) C U 勝利, 優勝(⇔ defeat 敗北)
- They gained [won] a *victory* over their enemies. 彼らは敵に対して勝利を得た.
派生語 victor 名

# video 5級 A1 [vídiòu ヴィディオゥ]

— 名(複 videos [-z]) C U 動画, ビデオ;C テレビ;U (テレビの)映像, 画像
- shoot a *video*
動画を撮影(さつえい)する
- make a music *video*
ミュージックビデオを制作する
- watch *videos* on the Internet
インターネットで動画を見る

— 形 テレビの;映像の(⇔ audio 音声の)

動画を編集している女性

**videocassette**[vídiouk ə sèt ヴィディオゥカセット] 名 C ビデオカセット
- a *videocassette* recorder
ビデオカセットレコーダー(▶VCRと略す)

**videodisc**[vídioudìsk ヴィディオゥディスク](▶videodiskともつづる) 名 C ビデオディスク

# video game 準2級 A2
[vídiou gèim ヴィディオゥ ゲイム]
名(複 video games[-z]) C テレビゲーム
(▶「テレビゲーム」は和製英語)
- play *video games* テレビゲームをする
- an interactive *video game*
双方(ホラ)向型のテレビゲーム
- He is involved in *video games*.
彼はテレビゲームに熱中している.

**videotape**[vídioutèip ヴィディオゥテイプ]
— 名 U C ビデオテープ
- a *videotape* recorder
ビデオテープレコーダー(▶VTRと略す)
— 動 他 …をビデオテープに録画する

**Vienna**[viénə ヴィエナ] 名 ウィーン(▶オーストリア(Austria)の首都)

**Vietnam** 準2級 [viètnɑ́ːm ヴィエトゥナーム | -nǽm -ナム] 名 ベトナム(▶アジア南東部の共和国.首都はハノイ(Hanoi))
派生語 Vietnamese 名形

**Vietnamese**[viètnəmíːz ヴィエトゥナミーズ]
— 名 ❶ C ベトナム人 ❷ U ベトナム語
— 形 ベトナムの; ベトナム人[語]の

# view 準2級 A2 [vjúː ヴュー]

名(複 views[-z]) ❶ C 眺(ホホ)め, 見晴らし, 景色
- The *view* from the window is beautiful.
その窓からの眺めは美しい.
- I have a wonderful *view* of Mt. Fuji from this room.
この部屋からの富士山の眺めはすばらしい.
❷ U 視界, 視野
- A plane came into *view*.

飛行機が見えてきた.
❸ C (物の)見方, 考え, 意見(=opinion)
- They have [take] different *views on* the subject. 彼らはその問題について違(ネボ)った意見を持って[見方をして]いる.
- In my *view*, he cares about others too much. 私の考えでは, 彼は他人を気にしすぎる.

***in view***(***of*** ...)(…の)見える所で; (…を)考慮(ワホ)して
- *In view of* the weather, we should put off the plan.
天気を考慮すると, その計画は延期するべきだ.

***on view*** 展示[公開]中で

***point of view*** 観点, 見地
- from an educational *point of view*
教育的見地から言うと

***with a view to***+⟨-ing形⟩ …する目的で(▶ふつうto+⟨-ing形⟩の形だが, まれにto+⟨動詞の原形⟩がくることもある)

派生語 viewer 名

**viewer** B2 [vjúːər ヴューア] 名 C 見る人, 観察者; テレビの視聴(ゥホ)者
- *viewer* rating(s) 《ふつう複数形で》視聴率

**Viking, viking** 2級 [váikiŋ ヴァイキング]
名 C バイキング(▶8世紀から10世紀にかけてヨーロッパの北部・西部海岸を荒(ホ)らし回ったスカンジナビアの海賊(ホシ))

**villa** B2 [vílə ヴィラ] 名 C ビラ(▶田舎(ホホ)や郊外(ホェ)にある広い庭つきの別荘(ベシ); 主に南ヨーロッパで休暇(ホゥウ)を過ごすための大きな家)

フランスのビラ

# *village 準2級 A2 [vílidʒ ヴィリッヂ]

名(複 villages[-iz]) C ❶ 村, 村落(▶「都市」はcity,「町」はtown) → town くらべて!
- a fishing [farming, mountain] *village*
漁[農, 山]村
- in a little mountain *village* 小さな山村で
❷《the villageで》《単数・複数扱い》村民, 村の人々
- All *the village* attended the meeting.
村じゅうの人々がその会議に出席した.

## villager

派生語 villager 名
**villager** B2 [vílidʒər ヴィリッヂァァ] 名C 村人
**villain** [vílən ヴィラン] 名C 悪者, 悪漢
**vine** [váin ヴァイン] 名C 〖植物〗ぶどうの木(= grapevine)(▶「ぶどうの実」はgrape);(つたなどの)つる性植物
**vinegar** B2 [vínigər ヴィニガァ] 名U 酢(す)
**vineyard** [vínjərd ヴィニャァド] 名C (特にワイン製造用の)ぶどう園
**vinyl** [váinil ヴァイニル] (★「ビニール」でないことに注意) 名UC〖化学〗ビニール(▶「ビニール袋(ぶくろ)」は plastic bag)
**viola** [vióulə ヴィオウラ] 名C〖楽器〗ビオラ(▶バイオリンに似たやや大きな弦(げん)楽器)
**violence** B1 [váiələns ヴァイオランス] 名U ❶ 暴力, 乱暴, 暴行 ❷ 激しさ, 猛烈(もうれつ)さ
**violent** 準2級 A2 [váiələnt ヴァイアラント] 形 激しい, 猛烈(もうれつ)な; 暴力的な, 乱暴な
- a *violent* storm 激しい嵐(あらし)
- a *violent* temper 激しい気性(きしょう)
派生語 violence 名
**violet** [váiəlit ヴァイアリット]
― 名 ❶ C〖植物〗すみれ ❷ U すみれ色
― 形 すみれ色の

## violin 準2級 A2

[vàiəlín ヴァイアリン](★アクセント位置に注意)
名(複 violins[-z]) C〖楽器〗**バイオリン**
- play the *violin* バイオリンを弾(ひ)く

**violinist** [vàiəlínist ヴァイアリニスト] 名C バイオリニスト, バイオリン奏者
**VIP, V.I.P.** [ví:aipí: ヴィーアイピー](★「ビップ」でないことに注意) 名(複 VIP's, VIPs[-z]) C〖話〗重要人物, 要人(▶ very important person の略)
**viral** [váirəl ヴァイラル] 形 ❶〖医学〗ウイルスの ❷〖インターネット〗(ネット上で情報が)拡散して, 広まって
- go *viral* (ネット上で)拡散する, 流行する
**virgin** [və́:rdʒin ヴァーヂン]
― 名 ❶ C 処女, 乙女(おとめ) ❷《the Virgin で》聖母マリア
― 形 ❶ 処女の ❷ けがれのない;初めての;人跡(じんせき)未踏(みとう)の
- *virgin* snow 新雪
**Virginia** [vərdʒínjə ヴァヂニャ] 名 バージニア(▶米国東南部の州. 州都はリッチモンド(Richmond). 郵便略語はVA)
**Virgin Mary** [və́:rdʒn méəri ヴァーヂン メ(ア)リィ] 名《ふつう the Virgin Mary で》聖母マリア(= the Virgin, the Virgin Mother)
**Virgo** [və́:rgou ヴァーゴウ] 名(複 Virgos[-z]) U〖天文・占星〗乙女(おとめ)座;C〖占星〗乙女座生まれの人

**virtual** 2級 B1 [və́:rtʃuəl ヴァーチュアル] 形 ❶ 実際の, 事実上の
❷〖コンピュータ〗バーチャルの, 仮想(かそう)の;ネットワーク[インターネット]上の
- a *virtual* shop 仮想商店
- *virtual* reality B2 仮想現実, バーチャルリアリティー, V R
**virtue** [və́:rtʃu: ヴァーチュー] 名U 徳, 美徳(⇔ vice 悪徳);C U 美点, 長所
**virus** B1 [váiərəs ヴァイ(ア)ラス](★「ウイルス」でないことに注意) 名(複 viruses[-iz]) C ❶〖医学〗ウイルス ❷〖コンピュータ〗ウイルス(▶ファイルの情報を破壊(はかい)するためにプログラムに組みこんだ悪意のある指示)
**visa** 2級 B1 [ví:zə ヴィーザ] 名C (旅券の)査証, ビザ(▶旅行者が正当な理由と資格で旅行する者であることを証明する物. ふつう, 行こうとする国の駐在(ちゅうざい)領事が発給する)
**visible** B1 [vízəbl ヴィズィブル] 形 目に見える(⇔ invisible 目に見えない);明らかな
- The star is easily *visible*.
  その星は容易に見ることができる.
**vision** B1 [víʒən ヴィジョン] 名 ❶ U 視覚, 視力
- He has good [poor] *vision*.
  彼は視力がいい[弱い].
❷ U 先見の明, (詩人などの)想像力
❸ C 幻(まぼろし), 幻想(げんそう);理想像, ビジョン

## *visit 4級 A1 [vízit ヴィズィット]

― 動(三単現 visits[-ts -ツ]; 過去・過分 visited[-id]; 現分 visiting)
― 他 ❶(人)**を訪問する**, 訪ねる, (人)に会いに行く(= call on ...); (病人)を見舞(みま)う;⦅米⦆(人の家)に泊(と)まる
- I am going to *visit* him tomorrow.
  私はあした彼を訪ねる予定だ.
- We *visited* our aunt for the weekend.
  私たちは週末をおばの所で過ごした.
❷(場所)へ行く, を見物する, 訪(おとず)れる
- He *visited* India fifteen years ago.
  彼は15年前にインドを訪れた.

❸〖インターネット〗(サイト)にアクセスする
- Please *visit* our website for more information. 詳(くわ)しい情報については私たちのサイトにアクセスしてください.

―動 **訪問する**; 滞在(たいざい)する
―名 (複 visits[-ts -ツ]) C **訪問**, 見舞い; 見学, 見物
- *During* my *visit* to Tokyo, I saw many sights. 東京訪問中に私はたくさんの名所を見た. (= While I visited Tokyo, I saw many sights.)
- This is my first *visit* to Okinawa. 私は今回初めて沖縄に来た. (⇔これが私の沖縄への最初の訪問だ)
- We received a *visit* from the mayor. 私たちは市長の訪問を受けた.

***on a visit to ...*** …を訪問中で, …に滞在中で
***pay [make] a visit to ...* = *pay [make] ... a visit*** …を訪問する
- I *paid* a *visit* to Sapporo last Saturday. 私は先週の土曜日に札幌に行った.

派生語 visitor 名, visiting 名形

**visiting** 4級 [vízitiŋ ヴィズィッティング]
―動 visit(訪問する)の現在分詞・動名詞
―名 U 訪問
―形 訪問
- a *visiting* nurse 訪問看護師

# visitor 準2級 A2 [vízitər ヴィズィタァ]

名 (複 visitors[-z]) C **訪問者, 来客**; 見舞(みま)い客; 泊(と)まり客; 観光客 → guest くらべて!
- She had three *visitors* yesterday. 彼女にはきのう来客が3人あった.

**visual** B1 [víʒuəl ヴィジュアル] 形 視覚の; 目に見える
- the *visual* organ 視覚器官
- a *visual* impression 目で見た印象

**vital** B2 [váitl ヴァイトゥル] 形 ❶ 生命の, 生命維持(じ)に必要な; 致命(ちめい)的な
- the *vital* organs (心臓や脳など)生命を維持する器官
- a *vital* wound 致命傷

❷ きわめて重大な, 不可欠の
派生語 vitality 名

**vitality** [vaitǽliti ヴァイタリティ] 名 U 生命力, 活力, バイタリティー

**vitamin** B2 [váitəmin ヴァイタミン] (★「ビタミン」でないことに注意) 名 C U ビタミン

**vivid** B1 [vívid ヴィヴィッド] 形 ❶ (色・光などが)鮮(あざ)やかな ❷ (描写(びょうしゃ)などが)生き生きした; (記憶(きおく)・印象などが)鮮明(せんめい)な
派生語 vividly 副

**vividly** B1 [vívidli ヴィヴィッドゥリィ] 副 鮮(あざ)やかに; 生き生きと

**vocabulary** A2 [voukǽbjulèri ヴォウキャビュレリィ | -ləri -ラリィ] 名 (複 vocabularies[-z]) ❶ C

U 語い(▶ある個人・階層・作品などで用いる言葉の全体); 用語範囲(はんい), ボキャブラリー
- He has a large *vocabulary*. 彼はたくさんの語を知っている.

❷ C 単語表, 用語集

**vocal** [vóukəl ヴォウカル] 形 声の, 音声の; 声楽の
- *vocal* cords 声帯
- the *vocal* organs 発声器官
- *vocal* music 声楽
派生語 vocalist 名

**vocalist** B2 [vóukəlist ヴォウカリスト] (★アクセント位置に注意) 名 C (ポピュラーソングの)歌手, ボーカル, ボーカリスト

# voice 準2級 A2 [vóis ヴォイス]

名 (複 voices[-iz]) U C ❶ (特に人間の)**声**, 音声
- speak in a loud [low] *voice* 大声[小声]で話す
- Meg has a soft and clear *voice*. メグは柔(やわ)らかで澄(す)んだ声をしている.
- The singer lost her *voice*. その歌手は声が出なくなった.
- a *voice* actor 声優, ボイスアクター

―― 表現メモ ――

**声のいろいろ**
a call 呼び声 / a cry 叫(さけ)び声
a groan うめき声 / a laugh 笑い声
a roar 怒鳴(どな)り声 / a scream 金切り声
a shout 大声 / a whisper ささやき
a yell 叫(さけ)び声

❷ 意見
- the general [popular, public] *voice* 世論

❸ 〖文法〗態
- the active *voice* 能動態
- the passive *voice* 受動態, 受け身

***at the top of one's voice*** ありったけの声を張り上げて
- We sang our school song *at the top of our voices*. 私たちはありったけの声を張り上げて校歌を歌った.
派生語 vocal 形

**vol.** volume(…巻)の略
- *vol.* 5 第5巻 (▶ volume five と読む)

**volcano** 2級 B1 [vɑlkéinou ヴァルケイノゥ | vɔl-ヴォル-] 名 (複 volcanoes, volcanos[-z]) C 火山; 噴火(ふんか)口
- an active *volcano* 活火山
- a submarine *volcano* 海底火山

# volleyball 5級 A1

[válibɔ̀ːl ヴァリィボール | vɔ́li- ヴォリィ-] (★「バレーボール」でないことに注意)
名 (複 volleyballs[-z]) ❶ Ⓤ バレーボール
- play *volleyball* バレーボールをする
❷ Ⓒ バレーボール用のボール

**volume** B1 [vάljuːm ヴァリューム | vɔ́ljuːm ヴォリューム] (★アクセント位置に注意) 名 ❶ Ⓤ Ⓒ 体積, 容積, 量
- the *volume* of the barrel たるの容積
- the *volume* of traffic 交通量
❷ Ⓤ 音量, ボリューム
- turn down [up] the *volume*
  音を小さく[大きく]する
❸ Ⓒ 書物, 本; (全集などの)1冊, 1巻 (▶vol. と略す)
- a work in twenty *volumes* 全20巻の作品

**voluntary** [vάləntèri ヴァランテリ | vɔ́ləntəri ヴォランタリィ] 形 自発的な, 自ら進んでする, ボランティアの
- a *voluntary* worker
  無料奉仕(ほう)者, ボランティア

派生語 volunteer 名形動

# volunteer 2級 B1

[vὰləntíər ヴァランティア | vɔ̀lən- ヴォラン-] (★アクセント位置に注意)

— 名 (複 volunteers[-z]) Ⓒ ボランティア, 志願者, 有志; 志願兵 (▶volunteerは自分から進んで仕事をする人を意味し, 必ずしも慈善(ぜん)活動に従事する人に限らない)

— 形 ボランティアの, 志願した
- do *volunteer* work
  ボランティアの仕事をする
- International *Volunteer* Day
  国際ボランティアデー

— 動 (三単現 volunteers[-z]; 過去・過分 volunteered[-d]; 現分 volunteering)
— 他 …を進んで引き受ける, …を自発的に申し出る
- She *volunteered* to help me.
  彼女は私の手伝いを自発的に申し出た.
— 自 志願する, 自発的に従事する, ボランティアをする

**vomit** B2 [vάmit ヴァミット | vɔ́mit ヴォミット] 動
自他 ❶ (食物などを)吐(は)く, 戻(もど)す (= 《話》throw up) ❷ (煙(けむ)などを)吐き出す

**vote** 3級 A1 [vóut ヴォウト]
— 名 Ⓒ 投票; 票決; (個々の)票; Ⓤ (ふつう the vote で)選挙権; 得票
- cast a *vote* in the election
  選挙で票を入れる
- The candidate got 3,000 *votes*.
  その候補者は3000票を獲得(かく)した.

*take a vote* 票決[採決]する

— 動 — 自 投票する
- the right to *vote* 選挙権
- *vote* for [against] his plan
  彼の計画に賛成[反対]票を投じる
— 他 …を投票で決める

派生語 voter 名

米国の投票所で投票をする女性たち

**voter** B2 [vóutər ヴォウタァ] 名 Ⓒ 投票者, 有権者

**vow** B2 [váu ヴァウ]
— 名 Ⓒ 誓(ちか)い, 誓約(やく)
— 動 他 …を誓う, 誓約する

**vowel** B1 [váuəl ヴァウ(ァ)ル] 名 Ⓒ 母音(いん) (⇔ consonant 子音(いん))

**voyage** B1 [vɔ́iidʒ ヴォイイッヂ] 名 Ⓒ 船の旅, 航海; 空の旅; 宇宙旅行
- a *voyage* to the moon 月旅行
- make [take] a *voyage* to New Zealand
  ニュージーランドへ航海する
- go on a *voyage* around the world
  世界一周の船旅に出る

**vs.** versus (…対〜)の略

**V sign, V-sign** [víː sàin ヴィーサイン] 名 Ⓒ Vサイン (▶手のひらを前に向けて中指と人さし指を立ててV(victoryの頭(かしら)文字)をつくる勝利の印(しるし). peace signともいう. 英国ではその形のまま手の甲を相手に向けると侮辱(ぶじょく)のサインになるので注意)

**VT** Vermont (米国バーモント州)の郵便略語

**VTR** [vìːtíːάːr ヴィーティーアー] 名 (複 VTR's, VTRs[-z]) Ⓒ ブイティーアール (▶videotape recorder (ビデオテープレコーダー)の略)

**vulgar** [vΛlgər ヴァルガァ] 形 下品な, ひわいな

**vulture** [vΛltʃər ヴァルチァァ] 名 Ⓒ 〖鳥〗はげわし (▶死肉を食う猛鳥(もうちょう)); コンドル

# W w

**W, w** [dʌ́bljuː ダブリュー] 名 (複 W's, Ws, w's, ws [-z]) C 英語アルファベットの第23字

**W, W.** west(西)の略

**WA** Washington(米国ワシントン州)の郵便略語

**waddle** [wάdl ワドゥル | wɔ́dl ウォドゥル] 動 自 (あひるのように)よたよた歩く, よちよち歩く

**wade** [wéid ウェイド] 動 自 (水・雪・泥(ピ)などの中を)歩いて渡(ビ)る

**wafer** [wéifər ウェイファ] 名 C ウエハース (▶軽い焼き菓子(ビ))

**waffle** [wάfl ワッフル | wɔ́fl ウォッフル] 名 C ワッフル (▶小麦粉・卵・牛乳などを混ぜ, 格子(ビ)状の型で焼いたもの)

**wag** [wǽg ワッグ] 動 (過去・過分 wagged [-d]; 現分 wagging) 他 自 (尾(ぉ)など)を振(ふ)り動かす; 揺(ゅ)れ動く

**wage** B2 [wéidʒ ウェイヂ] 名 C ((しばしば wagesで))(時給・週給制の)賃金, 給料 → salary

**wagon** B1 [wǽgən ワガン] 名 C ❶ (4輪の)荷馬車; 小さな4輪のカート

❷ (鉄道の)屋根のない貨車 (⇔van 屋根のある貨車)

❸ (配膳(ビ)用の)ワゴン

❹ (荷物配達用の)軽トラック; ステーションワゴン

**waist** B2 [wéist ウェイスト] (★同音 waste 無駄(ぉ)) に使う) 名 C ❶ 腰(ビ), ウエスト → body 図 ❷ (衣服の)胴部(ビ), ウエスト

**waistcoat** B2 [wéistkout ウェイス(トゥ)コウト, wéskət ウェスカット | wéskət ウェスカット] 名 C (英)チョッキ, ベスト (= (米)vest) → vest 図

## \*wait 4級 A1

[wéit ウェイト] (★同音 weight 重さ)

— 動 (三単現 waits [-ts -ツ]; 過去・過分 waited [-id]; 現分 waiting)

— 自 待つ → wait for ...

- *Wait* a minute [moment], please.
  少々お待ちください.
- I'll *wait* until she comes back.
  彼女が戻(ビ)るまで私はここで待ちます.
- I'm *waiting* to talk to him.
  話をしようと彼を待っている.
- I'm sorry to have kept you *waiting*.
  お待たせしてすみません.
- I can't *wait*.
  (うれしくて)待ちきれない.

— 他 (機会・順番など)を待つ

- I *waited* my turn. 私は自分の番を待った.
  (▶このturnは「(ゲームなどの)順番」. この場合はforをつけなくてもよい. → ポイント!)

### ここがポイント! wait と wait for ...

ふつう「人」や目に見える具体的な「物」を待つ場合はwait for ...を使います. ただし「機会・順番」など目に見えないものを待つ場合にはwait+〈名詞〉の形も使われます.

*wait and see* (少しの間)様子を見守る;《命令文で》待っててごらん

☺What are you making?
何を作っているの.
😊*Wait and see*! まあ見てのお楽しみ.

*wait for ...* …を待つ
- I *waited for* her at the station.
  私は駅で彼女を待った.
- I *waited for* the bus for thirty minutes.
  私はバスを30分待った.
- What are you *waiting for*? 何をぐずぐずしているんですか. (⇔何を待っているの)

*wait for ... to +*〈動詞の原形〉…が〜するのを

## waiter

待つ
- We are *waiting for* Christmas *to* come.
私たちはクリスマスが来るのを待っている.
- I can't *wait for* the summer vacation *to* begin.
夏休みが始まるのが待ち遠しい.(⇔待てない)

*wait on ...* …の世話[応対]をする;…に給仕(きゅう)する

—名(複 waits[-ts -ツ]) C《ふつう a wait で》待つこと;待ち時間
- We had a long *wait* for the bus.
私たちはバスを長いこと待った.

派生語 waiter 名, waiting 名, waitress 名

**waiter** 5級 A1 [wéitər ウェイタァ](★アクセント位置に注意) 名 C ウェーター, 男性の給仕(きゅう)人(⇔waitress ウエートレス)(▶ ㊤では男女の区別を避(さ)けて server が多く用いられる)

**waiting** 4級 [wéitiŋ ウェイティング]
—動 wait(待つ)の現在分詞・動名詞
—名 U 待つこと

**waiting list** [wéitiŋ list ウェイティング リスト] 名 C 補欠[キャンセル待ち]名簿(ぼ)

**waiting room** [wéitiŋ rù:m ウェイティング ルーム] 名 C (駅・病院などの)待合室

**waitress** 4級 A1 [wéitris ウェイトゥリス] 名(複 waitresses[-iz]) C ウエートレス, 女性の給仕(きゅう)人(⇔waiter ウエーター)(▶ ㊤では男女の区別を避(さ)けて server が多く用いられる)

## wake 2級 B1 [wéik ウェイク]

動(三単現 wakes[-s]; 過去 woke[wóuk ウォウク], waked[-t]; 過分 woken[wóukən ウォウクン], waked; 現分 waking)

—自 目が覚める, 起きる(⇔sleep 眠(ねむ)る)

sleep 眠る | wake up 目が覚める | get up 起床(しょう)する

- He usually *wakes (up)* at six.
彼はたいてい6時に目が覚める.

—他 (人)の目を覚まさせる, (人)を起こす
- Please *wake* me (*up*) at seven tomorrow morning.
あしたの朝7時に起こしてください.

**waken** [wéikən ウェイクン] 動 他 (人)の目を覚まさせる, (人)を起こす(= wake)(▶ wake のほうがふつう)

**Wales** 3級 [wéilz ウェイルズ] 名 ウェールズ(▶英国のグレートブリテン島南西部の地方)

- the Prince [Princess] of *Wales*
英国皇太子[皇太子妃(ひ)]

## *walk 5級 A1 [wɔ́:k ウォーク]

—動(三単現 walks[-s]; 過去・過分 walked[-t]; 現分 walking)
—自 ❶ 歩く, 歩いて行く;散歩をする
- *walk* to school 歩いて学校へ行く
- *walk* along the street 通りを歩いて行く
- *walk* in the garden 庭を散歩する

❷《野球》(フォアボールで1塁(るい)に)歩く

—他 ❶ (人)と(いっしょに)歩く;(動物)を歩かせる, 散歩させる
- I'll *walk* you home.
家まで(歩いて)送って行きましょう.
- I *walk* my dog every morning. 私は毎朝犬を散歩させる.(▶ walk with my dog は×)

❷《野球》(フォアボールで投手が打者)を歩かせる

*walk around* 歩き回る
*walk into ...* …に歩いて入る

—名(複 walks[-s]) C ❶ 散歩;歩くこと, 歩行
- go for a *walk* 散歩に出かける
- take [have] a *walk* 散歩する

❷ 歩行距離(きょ), 道のり
- The bank is a five-minute *walk* from here. 銀行はここから歩いて5分の所だ.

❸ (遊)歩道, 散歩道
❹《野球》フォアボール(▶「フォアボール」は和製英語)

派生語 walking 形, walker 名

**walker** B2 [wɔ́:kər ウォーカァ] 名 C 歩行者, 散歩する人;歩行器
- a good [weak] *walker* 足の強い[弱い]人

**walkie-talkie** [wɔ́:kitɔ́:ki ウォーキィトーキィ] 名 C 携帯(たい)用無線電話器

**walking** 準2級 A2 [wɔ́:kiŋ ウォーキング]
—動 walk(歩く)の現在分詞・動名詞
—名 U 歩くこと, 歩行
—形 歩く;歩行用の
- a *walking* dictionary 生き字引き, 物知り
- *walking* shoes ウォーキングシューズ

## *wall 5級 A1 [wɔ́:l ウォール]

名(複 walls[-z]) C ❶ 壁(かべ)
- hang a picture on the *wall*
壁に絵を掛(か)ける
- *Walls* have ears. (諺) 壁に耳あり.

❷ (木・石・れんがなどの)塀(へい)
- a stone [brick] *wall* 石[れんが]の塀

❸《ふつう walls で》防壁, 城壁
- the Great *Wall* of China

(中国の)万里(ばんり)の長城

**wallet** 準2級 A2 [wálit ワリット | wɔ́- ウォ-] 名 C (ふつう革(かわ)製で折りたたみ式の)札入れ, 財布(さいふ) → purse 図

**wallpaper** [wɔ́:lpèipər ウォールペイパァ] 名 U (室内装飾(そうしょく)用の)壁紙(かべがみ)

**Wall Street** [wɔ́:l strì:t ウォール ストリート] 名 ウォール街(►米国ニューヨークのマンハッタンにある通りで, 金融(きんゆう)の中心地)

**walnut** B2 [wɔ́:lnʌ̀t ウォールナット] 名 C くるみ(の木); U くるみ材(►主に家具用)

**walrus** [wɔ́:lrəs ウォールラス] 名 (複 walrus, walruses [-iz]) C 【動物】せいうち

**Walter** [wɔ́:ltər ウォールタァ] 名 ウォルター(►男性の名, 愛称(あいしょう)は Wally, Walt)

**waltz** 3級 [wɔ́:lts ウォールツ | wɔ́:ls ウォールス] (★「ワルツ」でないことに注意) 名 (複 waltzes[-iz]) C ワルツ; ワルツ曲, 円舞(えんぶ)曲

**wand** [wánd ワンド | wɔ́nd ウォンド] 名 C (魔法(まほう)使いなどの)細いつえ [棒]; 魔法のつえ

**wander** 準2級 A2 [wándər ワンダァ | wɔ́n- ウォン-] 動 自 (当てもなく)歩き回る, ぶらつく, さまよう

**wanna** [wánə ワナ | wɔ́- ウォ-] ⊛(話) want to の短縮形

# **want** 5級 A1

[wánt ワント | wɔ́nt ウォント] (★ won't と混同しないこと)

— 動 (三単現 wants[-ts -ツ]; 過去・過分 wanted[-id]; 現分 wanting)

— 他 (►ふつう進行形にしない)

❶ …がほしい, …をほしがる
- I *want* a computer. コンピュータがほしい.
- Do you *want* something to drink? 何か飲み物がほしいですか.

くらべて みよう！ want と hope と wish

**want**: (不足しているものが)ほしい
**hope**: (実現する可能性のあることを)望む
**wish**: (実現する可能性の低いことを)願う

❷《want to +〈動詞の原形〉で》…したい, …したがっている
- She *wants to* be a scientist. 彼女は科学者になりたがっている.
- He *wants to* go there, but I don't *want to*. 彼はそこへ行きたいが, 私は行きたくない. (►to go の繰(く)り返しを避(さ)けるため, 後の to go は to のみにする)

❸《want +〈人〉+ to +〈動詞の原形〉で》(人)に…してもらいたい, (人)が…することを望む
- I *want* you to help me. あなたに手伝ってもらいたい.
- What do you *want* me *to* do? あなたは私に何をしてほしいの.

❹ (人)に用がある, (人)を求める; (人)を探す
- Ken, Mr. Smith *wants* you. ケン, スミス先生が呼んでいるよ.
- Yumi, you are *wanted* on the phone. ユミ, あなたに電話よ.

❺《主に⊛》(話)…を必要とする(= need); 《want +〈-ing形〉で》…される必要がある
- This wall *wants* paint*ing*. この壁(かべ)は塗装(とそう)する必要がある.

— 自 《want for ... で》…を欠く, …が不足する
- She *wants* for experience. 彼女は経験不足です.

— 名 U 不足, 欠乏(けつぼう)(= lack); 貧困(= poverty); 必要

**for [from] want of ...** …の不足のため
**in want of ...** …が必要で

派生語 wanting 形

**wanting** [wántiŋ ワンティング | wɔ́ntiŋ ウォンティング]

— 動 want (ほしい) の現在分詞・動名詞
— 形 欠けている, 足りない

# **war** 3級 A1 [wɔ́:r ウォー]

名 (複 wars[-z]) ❶ U 戦争(⇔ peace 平和); C (個々の)戦争
- a nuclear *war* 核(かく)戦争
- a civil *war* 内乱, 内戦
- His grandfather was killed in the *war*. 彼のおじいさんは戦死した. (►戦争で「死ぬ」は be killed)

くらべて みよう！ war と battle と fight

**war**: 国家間の長期にわたる戦争
**battle**: war の中で繰(く)り返される個々の戦闘(せんとう)
**fight**: battle よりさらに小規模な戦闘行為(こうい), 殴(なぐ)り合い

❷ C 闘(たたか)い, 争い(= conflict)

## ward

- a *war* against disease 病気との闘い
- **be at war**（**with ...**）（…と）戦争中である
- Those two countries *are at war*.
  この2国は戦争中だ．
- **go to war**（**against**［**with**］**...**）（…と）戦争を始める

**ward** B1 [wɔ́ːrd ウォード] 名 C ❶（特定患者（ニャ）用の）病棟（トゥ），病室 ❷（行政区画としての）区

**wardrobe** B1 [wɔ́ːrdroub ウォードゥロウブ] 名
❶ C 洋服だんす ❷ U（個人の）持ち衣装（ショウ）（全部）

**warehouse** [wéərhàus ウェアハウス] 名 C 倉庫

\***warm** 5級 A1 [wɔ́ːrm ウォーム]

**―形**（比較 warmer; 最上 warmest）
❶ **暖かい**, 温かい, 温暖な（⇔cool 涼（ズ）しい）
- *warm* clothes 暖かい衣服
- *warm* tea 温かいお茶
- It is *warm* in this room. = This room is *warm*.
  この部屋は暖かい．（▶このitは寒暖を表す）
- It's getting *warmer* these days.
  このところ暖かくなってきている．

**くらべてみよう!  warmとhot**
気温について言う場合, warmは「かなり暖かい」程度まで使われます．特に比較（ヒ）的気温の低い英国では, 夏の心地（ココ）よい暑さにwarmがよく使われます．hotは「非常な暑さ, 不快なまでの暑さ」を意味します．

❷（心が）温かい, 思いやりのある（⇔cold 冷たい）
- receive a *warm* welcome
  温かい歓迎（ネン）を受ける

**―動**（三単現 warms[-z]; 過去・過分 warmed[-d]; 現分 warming）
**―他 …を暖める**, 温める
- The hot drink *warmed* me.
  その熱い飲み物で体が暖まった．（⇔熱い飲み物が私を暖めた）
**―自 暖まる**, 温まる

**warm up** …を暖める; 暖まる; 準備運動をする
- Let's *warm up* a little.
  ちょっと準備運動をしよう．

派生語 warming 名, warmly 副, warmth 名

**warm-hearted** [wɔ̀ːrmháːrtid ウォームハーティド] 形 心の温かい, 思いやりのある

**warming** 2級 [wɔ́ːmiŋ ウォーミング] 名 U 暖める［暖まる］こと
- global *warming* 地球温暖化

**warmly** B1 [wɔ́ːrmli ウォームリィ] 副 ❶ 暖かく ❷ 心から（＝heartily）, 親切に

**warmth** B1 [wɔ́ːrmθ ウォームス] 名 U ❶ 暖かさ, ぬくもり ❷（心の）温かさ, 思いやり

**warm-up** [wɔ́ːrmʌ̀p ウォーマップ] 名 C 準備運動, ウオーミングアップ

**warn** 2級 B1 [wɔ́ːrn ウォーン]（★同音 worn）
動 他（人）に警告する, 注意する
- I *warned* him about his behavior.
  私は彼に行動について注意した．
- The doctor *warned* me not to eat too much.
  医師は私に食べすぎないようにと注意した．
派生語 warning 名

**warning** 2級 B1 [wɔ́ːrniŋ ウォーニング] 名 U C
警告, 注意, 警報

「警告／さめが目撃されています／立入禁止」の掲示（米国）

**warrior** 2級 B1 [wɔ́ːriər ウォーリァ] 名 C 武人, 兵士; 戦士

## was 4級 A1

[wəz ワズ,《強く言うとき》wáz ワズ | wəz ワズ,《強く言うとき》wɔ́z ウォズ]

**―動 自**（▶ am, isの過去形 → be）**…だった**;（ある場所に）**いた**, あった
- I *was* a small child then. 私はそのころ小さな子どもだった．
- There *was* a castle on that hill.
  あの丘（ォヵ）には城があった．

**―助 ❶**《was ＋〈-ing形〉で過去進行形をつくる》**…していた**, …しているところだった
**❷**《was ＋〈過去分詞〉で過去の受け身をつくる》**…された**, …されていた

\***wash** 5級 A1 [wáʃ ワッシュ | wɔ́ʃ ウォッシュ]

**―動**（三単現 washes[-iz]; 過去・過分 washed[-t]; 現分 washing）
**―他 ❶ …を洗う**, 洗濯（タヶ）する; …を洗って～（の状態）にする
- *wash* the dishes 食器を洗う
- I *washed* myself with soap.
  私は石けんで体を洗った．
- He *washed* his car clean.

彼は自分の自動車を洗ってきれいにした.
❷(波・嵐(あらし)などが)…を洗い流す, さらっていく; (海水などが)…に打ち寄せる
― 自 ❶体[顔, 手]を洗う
❷(衣服などが)洗濯ができる
* This shirt *washes* well [easily].
このシャツは洗濯ができる[簡単に洗える].
*wash away* (洪水(こうずい)などが)洗い流す; (人を)殺す, 消す
* The car was *washed away* by the flood.
その車は洪水で流された.
―名(複 washes[-iz]) ❶C《a washで》洗う[洗われる]こと, 洗濯
* I'll give your shirt *a wash*.
私があなたのシャツを洗いましょう.
❷U《単数形で》1回の洗濯分, 洗濯物
* hang out the *wash* 洗濯物を外に干す
派生語 washing 名

**washbasin**[wɑ́ʃbèisn ワッシュベイスン | wɔ́ʃ- ウォッシュ-] 名 ⑧ = ⑱ washbowl → bathroom 図

**washbowl** B1 [wɑ́ʃbòul ワッシュボウル | wɔ́ʃ- ウォッシュ-] 名 C ⑱ 洗面器, 洗面台 (=⑧washbasin)

**washcloth**[wɑ́ʃklɔ̀ːθ ワッシュクロース | wɔ́ʃklɔ̀θ ウォッシュクロス] 名 C ⑱ (入浴用の小さな)タオル

**washer**[wɑ́ʃər ワッシァァ | wɔ́ʃər ウォッシァァ] 名 C 《話》洗濯(せんたく)機

**washing** 5級 [wɑ́ʃiŋ ワッシング | wɔ́ʃiŋ ウォッシング]
―動 wash(洗う)の現在分詞・動名詞
―名 U 洗うこと, 洗濯(せんたく); 《the washingで》洗濯物
* do *the washing* 洗濯をする

**washing machine** A2 [wɑ́ʃiŋ məʃìːn ワッシング マシーン | wɔ́ʃiŋ - ウォッシング -] 名 C 洗濯機

**Washington** 4級 [wɑ́ʃiŋtən ワシングタン | wɔ́ʃiŋ- ウォッシング-] 名 ❶ワシントン(▶米国(the United States of America)の首都. ワシントン州と区別するためにWashington, D.C.[díːsíː ディースィー]と言う. なお, D.C.はDistrict of Columbia(コロンビア特別区)の略) ❷ワシントン州(▶米国北西部の州, 州都はオリンピア(Olympia). 郵便略語はWA) ❸George, ジョージ・ワシントン(▶1732-99; 独立戦争の総指揮官, 米国初代大統領)

**wasn't**[wɑ́znt ワズント | wɔ́z- ウォズ-]《話》was not の短縮形

**wasp** B2 [wɑ́sp ワスプ | wɔ́sp ウォスプ] 名 C [虫] すずめばち → bee ❶

# waste 2級 B1

[wéist ウェイスト] (★同音 waist 腰(こし))

―動(三単現 wastes[-ts -ツ]; 過去・過分 wasted[-id]; 現分 wasting) 他 …を無駄(むだ)に使う, 浪費(ろうひ)する
* *waste* time and money
時間とお金を無駄にする

―名(複 wastes[-ts -ツ]) U C ❶無駄使い, 浪費
* a *waste* of water 水の無駄使い
❷ごみ, 廃棄(はいき)物

―形 ❶廃棄された, 不用の, くずの
* *waste* water [paper] 廃水[紙くず]
❷(土地が)不毛の, 荒(あ)れた(=wild)

**wastebasket**[wéistbæ̀skit ウェイストゥバスキット | -bàːs- -バース-] 名 C ⑧ (紙)くずかご(=⑱ wastepaper basket)

**wastepaper**[wéistpèipər ウェイストゥペイパァ] 名 U 紙くず
* *wastepaper* basket
⑱ くずかご(=⑧wastebasket)

## \*watch 5級 A1 [wɑ́tʃ ワッチ | wɔ́tʃ ウォッチ]

> 動 他 ❶…を(じっと)見る
> ❷…を見張る
> ❸…の世話をする
> 自 ❶じっと見る
> ❷見張る
> ❸世話をする
> 名 ❶腕(うで)時計
> ❷見張り

―動(三単現 watches[-iz]; 過去・過分 watched[-t]; 現分 watching)
― 他

❶…を(じっと)見る; …を観察する(▶主に動いているものを注意して見ること) → see ❶
くらべて!
* *watch* TV
テレビを見る
* *watch* a soccer game on TV
テレビでサッカーの試合を見る

watch +〈人・物〉+〈動詞の原形または -ing形〉〈人・物〉が…する[している]のを見る
* We *watched* some ducks cross [cross*ing*] the street.
私たちはかもが道を切る[横切っている]のを見た.

# watchdog

> **ここがポイント!** watch+〈人・物〉+〈動詞の原形〉と watch+〈人・物〉+〈-ing形〉
>
> **watch**+〈人・物〉+〈動詞の原形〉: その動詞が表す動作の「初めから終わりまでを見る」
> **watch**+〈人・物〉+〈-ing形〉: その動詞が表す動作を「しているところを見る」

❷ …を見張る, …に注意する, …を見守る
- Will you *watch* my suitcase?
  私のスーツケースを見ていてくれない?
- *Watch* your step. 足もとに注意しなさい.
- *Watch* it! ほら危ない., 気をつけろ.

❸ …の世話をする, …の番をする
- *watch* the cows 牛の世話[番]をする

― 自 ❶ じっと見る ❷ 見張る ❸ 世話をする

***watch for ...*** …を(注意して・期待して)待つ
- We were *watching for* the bus.
  私たちはバスが来るのを今か今かと待っていた.

***watch out*** (*for ...*) (…に)注意[用心]する
- *Watch out*! A car's coming.
  危ない! 車が来るぞ.

***watch over ...*** …の世話をする

― 名 (複 watches[-iz]) ❶ C 腕時計(= wristwatch), 懐中(かいちゅう)時計(▶持ち歩く小型の時計.「掛(か)け時計」「置き時計」はclock) → clock 図
- a stop*watch* ストップウォッチ
- This *watch* is five minutes fast [slow].
  この時計は5分進んで[遅れて]いる.

❷ U C 見張り, 警戒(けいかい), 用心; 番人

***be on the watch for ...*** …を見張っている, 警戒している
- The police *are on the watch for* pickpockets. その警官はすりを見張っている.

**watchdog** [wátʃdɔ̀ːg ワッチドーグ | wɔ́tʃdɔ̀g ウォッチドッグ] 名 C 番犬

**watchmaker** [wátʃmèikər ワッチメイカァ | wɔ́tʃ- ウォッチ-] 名 C 時計職人, 時計屋さん(▶人をさす)

**watchman** [wátʃmən ワッチマン | wɔ́tʃ- ウォッチ-] 名 (複 watchmen[-mən]) C 夜警員, ガードマン(▶男女の区別を避(さ)けてwatchまたはguardとも言う)

\***water** 5級 A1 [wɔ́ːtər ウォータァ]

― 名 (複 waters[-z]) ❶ U 水
- sea [fresh] *water* 海[淡(たん)]水
- drinking *water* 飲み水
- much *water*
  たくさんの水(▶many watersは×)
- Give me some [a glass of] *water*.
  水[1杯(はい)の水]をください.
- a *water* bottle 水筒(すいとう)
- a *water* pistol 水鉄砲(でっぽう)

> **ここがポイント!** water の数え方
>
> waterはふつうは数えられない名詞なので, 数えるにはa *glass* of water / two *glasses* of water(コップ1[2]杯の水), a *bucketful* of water / two *bucketfuls* of water(バケツ1[2]杯の水)のように言います.

❷ C (the waterで)(陸に対して)水, 水中;(ふつう the watersで)海(の水), 湖(の水), 川(の水); 水域, 領海
- Fish live in *the water*. 魚は水中にすむ.
- "life below *water*"「海の豊かさを守ろう」(▶国連で採択(さいたく)されたSDGs(持続可能な開発目標)の14番目の目標.

***by water*** 船で; 船便で(= by ship, by sea)

― 動 (三単現 waters[-z]; 過去・過分 watered[-d]; 現分 watering)

― 他 ❶ …に水をやる, 水をまく;(動物)に水を飲ませる
- He *waters* the flowers every day.
  彼は毎日, 花に水をやる.

❷ …を水で薄(うす)める

― 自 (鼻水・よだれ・涙(なみだ)などが)出る

**water bird, waterbird** [wɔ́ːtər bə̀ːrd ウォータァ バード] 名 C 水鳥

**water buffalo** [wɔ́ːtər bʌ̀fəlou ウォータァ バッファロウ] 名 C 〖動物〗水牛

**watercolor** [wɔ́ːtərkʌ̀lər ウォータァカラァ] (▶英ではwatercolourとつづる) 名 U 水彩(すいさい)絵の具; C 水彩画

**waterfall** B1 [wɔ́ːtərfɔ̀ːl ウォータァフォール] 名 C 滝(たき)(▶単にfallとも言う)

**watering can** [wɔ́ːtəriŋ kæ̀n ウォータリング キャン] 名 C じょうろ

**water lily** [wɔ́ːtər lìli ウォータァ リリィ] 名 C 〖植物〗すいれん

**watermelon** 5級 [wɔ́ːtərmèlən ウォータァメラン] 名 U C 〖植物〗すいか

**way**

**water polo** [wɑ́ːtər pòulou ウォータァ ポウロウ] 名U 水球

**waterproof** B2 [wɔ́ːtərprùːf ウォータァプルーフ] 形 防水の, 水を通さない
- a *waterproof* watch 防水時計

**waterski, water-ski** [wɔ́ːtərskìː ウォータァスキー] 動自 水上スキーをする

**waterskiing, water-skiing** [wɔ́ːtərskìːiŋ ウォータァスキーイング] 名U 水上スキー

**waterway** [wɔ́ːtərwèi ウォータァウェイ] 名C (船の通る)水路(=channel); 運河(=canal)

**waterwheel** [wɔ́ːtərhwìːl ウォータァ(ホ)ウィール] 名C 水車

**watt** [wɑ́t ワット | wɔ́t ウォット] 名C 『電気』ワット (▶電力の単位. W, w. と略す)

## wave 準2級 A2 [wéiv ウェイヴ]

— 名 (複 waves[-z]) C ❶ 波; うねり
- The *waves* are high. 波が高い.

❷『物理』(音・光・熱などの)波動
- an electric *wave* 電波

❸ウエーブ, (髪(ﾟ)の)縮れ
- a permanent *wave* パーマ

❹(手・旗・ハンカチなどを)振(ﾟ)ること

— 動 (三単現 waves[-z], 過去・過分 waved[-d]; 現分 waving) 自他 ❶ 揺(ゆ)れ動く, ひらひらする

❷(手などを振って…の)合図をする;(手などを)振る
- He was *waving* goodbye.
  彼は手を振って別れを告げていた.

❸(髪が)ウエーブしている;(髪)にウエーブをつける

**wave power** [wéiv pàuər ウェイヴ パウァ] 名U 波力; 波力発電

**wax** B1 [wǽks ワックス] 名U ❶ろう;(みつばちが巣を作る)みつろう ❷(床(ﾟ)などを磨(ﾟ)く)ワックス

## *way 5級 A1
[wéi ウェイ] (★同音 weigh 重さを量る)

名 ❶ 方法
 ❷ 道
 ❸ 方向
 ❹ 距離(ﾘ)
 ❺ 習慣
 ❻ 観点
 ❼ 進むこと

名 (複 ways[-z]) ❶C **方法**, やり方(=method)
- the best *way* 最善の方法
- her *way* of thinking 彼女の考え方
- There are various *ways* to recycle it.
  それをリサイクルする方法はいろいろある.
- Cut the vegetables (in) this *way*.
  野菜はこのように切りなさい.(▶(話)ではinはしばしば省略する)

❷C 道, 道路;(…への)道, 道筋(▶道路そのものよりも,「…へ行く道」の意味で使われることが多い) → road くらべて!

**話してみよう!**
☺ Could you tell [show] me the *way* to the hospital?
病院へ行く道を教えていただけますか.
☺ Certainly. / Sure.
いいですよ.

- She lost her *way*. 彼女は道に迷った.

❸C **方向**, 方角(=direction)
- This *way*, please.=Come this *way*, please. こちらへどうぞ.(▶to this wayとはしないのがふつう)
- Which *way* is it to your school?
  あなたの学校はどちらの方向ですか.
- ONE WAY 《掲示》一方通行

❹(a ... wayで)**距離**, 道のり(▶...には形容詞がくる)
- My cousins live *a* long *way* from this town. いとこたちはこの町から遠く離(ﾊﾅ)れた所に住んでいる.(▶a long wayで副詞的に「遠くに」の意味) → far ポイント!

❺C **習慣**, しきたり
- the Japanese *way* of living 日本の生活様式

❻C **観点**, 面, 事柄(ｶﾗ)(=point, respect)
- In many *ways*, this plan is better than that one.
  多くの点でこの計画のほうがあれよりよい.

❼U **進むこと**, 前進
- I pushed my *way* through the crowd.
  私は人ごみを押(ｵ)し分けて進んだ.

***all the way*** ①途中(ﾁｭｳ) ずっと
- I walked her *all the way* home.
  私は彼女を家までずっと歩いて送って行った.

## way out

②はるばる
- He came *all the way* from Australia.
彼はオーストラリアからはるばるやって来た.

***by the way*** (話題を変えるときに)ところで
- *By the way*, do you play soccer?
ところで,あなたはサッカーをしますか.

***by way of ...*** …を通って,…経由で(=via)
- I will go to London *by way of* Paris.
私はパリ経由でロンドンに行く.

***find*** *one's* ***way*** 何とかして進む,やっとたどり着く
- I *found my way* back.
何とかして元の場所にたどり着いた.

***give way*** (***to ...***) ①(…に)負ける,道を譲(ゆず)る ②(橋などが)崩(くず)れる,壊(こわ)れる

***go*** [***have***] *one's* (***own***) ***way*** 自分の思いどおりにする(=take *one's* (own) way)
- You can't *go your* (*own*) *way* this time.
今回は君の思いどおりにはできないよ.

***go out of*** *one's* [***the***] ***way*** 回り道をする
- They *went out of their* [*the*] *way*.
彼らは回り道をした.

***in a way*** ある意味では
***in the same way*** 同じように
***in the way***=***in*** *one's* ***way*** (人の)邪魔(じゃま)になって
- You are *in the* [*my*] *way*.
邪魔だよ.

***lead the way*** 先に立って行く,案内する
***lose*** *one's* [***the***] ***way*** 道に迷う(=get lost)
- The boy *lost his way*. 少年は道に迷った. (=The boy got lost.)

***make*** *one's* ***way*** 進む,前進する;成功する
- She *made her way* in life.
彼女は人生で成功した[出世した].

***make way for ...*** …のために道を空ける[譲る]
- We *made way for* an ambulance.
私たちは救急車のために道を空けた.

***No way!*** 《話》絶対に嫌(いや)だ..,とんでもない..,《主に米》まさか..,そんなことはありえない.

***on the*** [*one's*] ***way*** (***to ...***) (…への)途中で
- I saw an accident *on my way* home.
帰宅途中で事故を見た. (►home は副詞で「家へ」の意味なので to home としない)

***out of the*** [*one's*] ***way*** 邪魔にならない所に
- Keep [Stay] *out of her way*, please.
彼女から離れていてください.

***take*** *one's* (***own***) ***way***→go [have] *one's* (own) way

***this way and that*** あちこち

***under way*** (計画・仕事などが)進行中で

**way out** [wèi áut ウェイ アウト] 名 C 《英》出口(=《米》exit)

**W.C., WC** [dʌ̀bljuːsíː ダブリューシー] 名 水洗トイレ(►water closet の略. 《米》ではまれ. 《英》でもあまり使われなくなってきている)

## \*\***we** 5級 A1 [wi ウィ,《強く言うとき》wíː ウィー]

代 ❶ **私たちは,私たちが**(►一人称(にんしょう)複数の主格)

### ここがポイント! we の変化形

| | 単数 | 複数 |
|---|---|---|
| 主格 | I 私は[が] | we 私たちは[が] |
| 所有格 | my 私の | our 私たちの |
| 目的格 | me 私を[に] | us 私たちを[に] |
| 所有代名詞 | mine 私のもの | ours 私たちのもの |

- Ken and I are friends. *We* often go fishing together.
ケンとぼくは友達だ. ぼくたちはよくいっしょに釣(つ)りに行く. (►we=Ken and I)
- *We* all love our teacher.
私たちはみんな先生が大好きだ.

❷(自分を含(ふく)めて一般に)人は,私たちはみんな(►日本語には訳さないことが多い)
- *We* should respect the old.
(私たちは)老人を敬(うやま)うべきだ.

❸(自分のいる地域・職場などをさして)当地は,当社は,当店は(►日本語には訳さないことが多い)
- *We* had little rain here last year.
去年ここではほとんど雨が降らなかった.

### ここがポイント! we の使い方

we は I(私)の複数を表す代名詞で,年齢(ねんれい)や性別などに関係なく使います. 日本語に訳すときは,必ずしも「私たちは」とする必要はありません. 状況(じょうきょう)に応じて「われわれは」「ぼくたちは」「人は」のようにしたほうが自然な日本語になることがあります.

## weak 準2級 A2

[wíːk ウィーク] (★同音 week 週)

形 (比較 weaker; 最上 weakest) ❶(体力・精神力などが)**弱い**, 力のない(⇔strong 強い); 病弱な
- a *weak* voice 弱々しい声
- a person with *weak* eyes 視力の弱い人

# weary

❷ (物が)壊(ミネ)れやすい, もろい
- *weak* chair legs 壊れやすいいすの脚

❸ (知力などが)劣(ネツ)った; へたな, 不得意な
- a *weak* team 弱いチーム
- a *weak* point [side] 弱点, 弱み
- She is *weak* at sports.
  彼女は運動が不得意だ.

❹ (飲み物が)薄(ラ)い(⇔strong 濃(ヒ)い)
- *weak* tea [coffee] 薄いお茶[コーヒー]

派生語 **weaken** 動, **weakly** 副, **weakness** 名

**weaken** B2 [wíːkən ウィークン] 動他自 …を弱くする; 弱くなる, 弱まる(⇔strengthen 強くする[なる])

**weakly** B2 [wíːkli ウィークリィ] 副 弱く, 力なく, 弱々しく(⇔strongly 強く)

**weakness** B1 [wíːknis ウィークニス] 名 (複 weaknesses[-iz]) ❶ U (体力・精神力などの)弱さ, 衰(ムトǒ)え
❷ C 弱点, 短所(=fault)
❸ C 好きでたまらないもの
- She has a *weakness* for chocolate.
  彼女はチョコレートには目がない.

**wealth** 準2級 A2 [wélθ ウェルス] 名 U 富, 財産(=riches)
- a man of great *wealth* 非常な財産家

派生語 **wealthy** 形

**wealthy** B2 [wélθi ウェルスィ] 形 (比較 wealthier; 最上 wealthiest) 裕福(ミク)な, 金持ちの(=rich)
- the *wealthy* = *wealthy* people
  金持ちの人々

**weapon** 2級 B1 [wépən ウェパン] 名 C 武器, 兵器
- nuclear *weapon* 核(ヵ)兵器

## wear 4級 A1 [wéər ウェア]

> 動他 ❶ …を着ている
> ❷ (表情など)を表している
> ❸ ((wear out [down]で)) …を使い古す
> 自 ❶ 長もちする
> ❷ ((wear out [down]で)) すり減る
> 名 ❶ 衣服
> ❷ 使い古し

—動 (三単現 wears[-z]; 過去 wore[wɔ́ːr ウォァ]; 過分 worn[wɔ́ːrn ウォーン]; 現分 wearing)

—他 ❶ …を着ている, 身につけている, (ひげなど)を生やしている (▶日本語では身につける物によって「着ている」「かぶっている」「履(ハ)いている」などと使い分けるが, 英語ではすべてwearで表せる)

- *wear* a coat 上着を着ている
- *wear* a hat 帽子(ぼ)をかぶっている
- *wear* glasses [contact lens] 眼鏡をかけている[コンタクトレンズをつけている]
- *wear* gloves [shoes]
  手袋(ぶくろ)をはめている[靴(ヘ)を履いている]
- Nancy always *wears* green.
  ナンシーはいつも緑色の服を着ている.

> **くらべて みよう!** wearとput on
> **wear**:「身につけている」という状態
> **put on**:「身につける」という動作
> - He *wore* a new watch.
>   彼は新しい腕(ふ)時計をしていた.
> - He *put on* a new watch.
>   彼は新しい腕時計をした.

wear

put on

❷ (表情など)を表している
- He always *wears* a smile.
  彼はいつもほほえみを浮(ウ)かべている.

❸ ((しばしばwear out [down]で)) …を使い古す, すり減らす
- My gloves are *worn out*.
  私の手袋はすり切れている.

—自 ❶ (品物などが)長もちする
- These shoes [jeans] *wear* well.
  この靴(ヘ)[ジーンズ]は長もちする.

❷ ((しばしばwear out [down]で)) すり減る, すり切れる

—名 U ❶ 衣服, 衣類
- casual [everyday] *wear* ふだん着
- men's [ladies'] *wear* 紳士(ぶん)[婦人]服
❷ 使い古し, すり切れ

**wearable** [wéərəbl ウェアラブル] 形 (機器などが)身につけられる, 着用できる
- a *wearable* computer
  ウェアラブル[装着型]コンピュータ

**weary** B2 [wíəri ウィ(ア)リィ] 形 (比較 wearier; 最上 weariest) ❶ 疲(ʦか)れている(=tired)
- I am *weary* from walking.
  私は歩き疲れた.

❷ 飽(ヵ)き飽きしている, うんざりしている; 退屈(たい)な
- I am *weary* of listening to excuses.
  言いわけは聞き飽きた.

## weasel

**weasel** [wíːzəl ウィーザル] 名 (複 weasels[-z], weasel) C 【動物】いたち

# weather 5級 A1

[wéðər ウェザァ] (★eaのつづりに注意)

名 U **天気**, 天候; 気象 (▶空模様だけでなく, 気温・湿度(ど)・風の状態なども含(ふく)む)

- fine *weather*
晴天 (▶形容詞がつくときはtheをつけない)
- the *weather* forecast
天気予報

話してみよう！

☺How is the *weather* today? = What is the *weather* like today?
きょうの天気はどう？

☹It's cold and windy.
寒くて風がある.

- The *weather* changed quickly.
天候が急に変わった.

くらべてみよう！　**weather** と **climate**

**weather**: 比較(かく)的短い期間の「天気」
**climate**: ある地域の年間を通じた平均的な「気候」

表現メモ

天気のいろいろ
cloudy 曇(くも)った / sunny 晴れた
rainy 雨の, 雨降りの, 雨が多い
snowy 雪が降る, 雪の多い
windy 風の吹く, 風の強い
foggy 霧(きり)のかかっている

**weathercock** [wéðərkɑ̀k ウェザァカック | -kɔ̀k -コック] 名 C 風見鶏(どり), 風向計 (▶特におんどりの形をしたものを言う)

**weather forecast** [wéðər fɔ̀ːrkæst ウェザァ フォーキャスト] 名 C 天気予報

**weather forecaster** [wéðər fɔ̀ːrkæstər ウェザァ フォーキャスタァ] 名 C 天気予報士

**weather vane** [wéðər vèin ウェザァ ヴェイン] 名 C 風向計, 風見(かざみ)

**weave** B2 [wíːv ウィーヴ] 動 (過去 wove [wóuv ウォウヴ], 過分 woven [wóuvən ウォウヴン], wove) 他自 (…を)織る, 編む; …を織って作る

**web** 準2級 A2 [wéb ウェブ] 名 C ❶ くもの巣 ❷ (水鳥・かえるなどの)水かき ❸ 【インターネット】 《the Webで》 ウェブ (▶インターネット上の情報通信網(もう) the World Wide Web (WWW)のこと)

**webpage, web page** A2 [wébpèidʒ ウェブペイヂ] 名 C 【インターネット】 ウェブページ (▶ウェブサイトに公開されているそれぞれの情報ページ)

**website** 準2級 A2 [wébsàit ウェブサイト] 名 C 【インターネット】 ウェブサイト (= web site, Website) (▶インターネット上で情報を提供しているホームページなどのこと)

- Please visit our *website*. 私たちのウェブサイトにアクセスしてください.

**Wed.** Wednesday (水曜日)の略

**we'd** [wíːd ウィード] 《話》we would, we hadの短縮形

**wedding** 準2級 A2 [wédiŋ ウェディング] 名 C ❶ 結婚(こん)式 (= wedding ceremony)
❷ 結婚記念日 (= wedding anniversary)

- a silver [golden] *wedding* anniversary
銀[金]婚式 (▶米ではanniversaryが省略されることがある)

**wedding cake** [wédiŋ kèik ウェディング ケイク] 名 C ウエディングケーキ

**wedding ring** [wédiŋ rìŋ ウェディング リング] 名 C 結婚指輪

# *Wednesday 5級 A1

[wénzdei ウェンズデイ] (★最初のdは発音しない)

名 (複 Wednesdays[-z]) U C **水曜日** (▶常に大文字で書き始める. Wed. と略す. 詳(くわ)しい使い方は → Sunday)

- Today is *Wednesday*. = It's *Wednesday* today.
きょうは水曜日だ. (▶aやtheをつけないことに注意)
- on *Wednesday* 水曜日に
- on *Wednesday* morning 水曜日の朝に
- He left for France last *Wednesday*.
彼はこの前の水曜日にフランスに向けて出発した. (▶last, next, everyなどがつくときはonをつけない)

**weed** B2 [wíːd ウィード]
—名 C 雑草
—動 —他 (…の)草取りをする

- Please *weed* the garden.

## weight lifting

庭の草取りをしてください.
—⑩ 草取りをする

## week 5級 A1

[wíːk ウィーク] (★同音 weak 弱い)
名(複 weeks[-s]) ❶ⓒ 週, 1週間
- this [last, next] *week*
  今[先, 来]週 (▶weekにthis, next, last, everyなどがつくときは前置詞をつけない)
- the *week* before last 先々週
- the *week* after next 再(ﾌﾟ)来週
- for three *weeks* 3週間
- once a *week* 週に1度

話してみよう!

☺ What day (of the *week*) is (it) today?
きょうは何曜日ですか.
☻ It's Monday.
月曜日です.

ここがポイント! 「何曜日?」「何日?」と聞くとき
単にWhat day is (it) today? でも「何曜日ですか」の意味になります. 日付を聞くにはWhat day of the month is (it) today? やWhat's the date today? を使います.

- I was absent from school for a *week* with a cold.
  私は風邪(ﾌﾟ)をひいて学校を1週間休んだ.
- She'll be back in a *week*.
  彼女は1週間たったら戻(ﾘ)ります. (▶「1週間後に」という意味. within a *week*なら「1週間以内に」)

―表・現・メ・モ―

**曜日と省略形**
月曜 Monday (Mon.)
火曜 Tuesday (Tu., Tue., Tues.)
水曜 Wednesday (Wed.)
木曜 Thursday (Th., Thur., Thurs.)
金曜 Friday (Fr., Fri.)
土曜 Saturday (Sat.)
日曜 Sunday (Sun.)

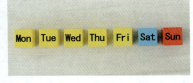

❷ⓒ (1週間の中の)平日, ウイークデー (▶ふつう土曜・日曜以外の5日)
- I study hard during the *week*.
  私は平日には一生懸命(ﾊﾟ)勉強する.
❸Ⓤ (... Weekで)…週間
- Book *Week* 読書週間

*a week ago today* ⊛ 先週のきょう
*a week from today* ⊛ 来週のきょう
*by the week* 週決めで, 1週間単位で
派生語 weekly 形副名

**weekday** 準2級 A2 [wíːkdèi ウィークデイ] 名ⓒ
平日, ウイークデー (▶ふつう土曜・日曜以外の5日)

## weekend 5級 A1

[wíːkènd ウィーケンド]
名(複 weekends[-dz -ヅ]) ⓒ 週末, ウイークエンド (▶金曜日の夜または土曜日の朝から日曜日の夜または月曜日の朝まで)
- Have a nice *weekend*!
  楽しい週末を.
- What are you doing on [for] the *weekend*?
  週末はどのように過ごしますか.

**weekly** 準2級 A2 [wíːkli ウィークリィ]
―形 毎週の, 週1回の
- a *weekly* magazine 週刊誌
―副 毎週, 週に1回
―名(複 weeklies[-z]) ⓒ 週刊誌

**weep** A2 [wíːp ウィープ] 動 (過去・過分 wept [wépt ウェプト]) ⓐ (涙(ﾅ)を流して)しくしく泣く; 悲しむ (=grieve) → cry くらべて!
- *weep* for [with] joy うれし泣きする

**weigh** 準2級 A2 [wéi ウェイ] (★このghは発音しない. 同音 way 方法) 動 —他 …の重さを量る
- I often *weigh* myself on the scales.
  私はよく体重計で体重を量る.
―ⓐ 重さが…である
- "How much do you *weigh*?" "I *weigh* about 50 kilograms."
  「体重はどのくらいですか」「だいたい50キロです」
派生語 weight 名

## weight 準2級 A2

[wéit ウェイト] (★このghは発音しない. 同音 wait 待つ)
名(複 weights[-ts -ツ]) ❶Ⓤ 重さ, 重量; 体重 (=body weight)
- the *weight* of a box 箱の重さ
- lose [gain, put on] *weight*
  体重が減る[増える]
❷ⓒ (はかりの)おもり, 分銅; おもし

**weight lifting** [wéit líftiŋ ウェイト リフティング]

## welcome

(★このghは発音しない) 名〖スポーツ〗重量挙げ, ウェートリフティング

## *welcome 5級 A1
[wélkəm ウェルカム]

─ 間 **ようこそ**, いらっしゃい
- *Welcome* to Japan!
  日本へようこそ.
- *Welcome* home [back]!
  お帰りなさい. (▶長い間家を留守にしていた人に対して言う)
- *Welcome* aboard.
  ご乗車[搭乗(とうじょう)]ありがとうございます.

「ヒースローへようこそ」というロンドン・ヒースロー空港の表示(英国)

─ 動 (三単現 welcomes[-z]; 過去・過分 welcomed [-d]; 現分 welcoming) (★comeと違(ちが)い規則的に変化する) 他 …を歓迎(かんげい)する, 喜んで受け入れる
- We *welcomed* her into the club.
  私たちは喜んで彼女をクラブに迎(むか)えた.

─ 形 (比較 more welcome; 最上 most welcome)
❶ (人が)歓迎される; うれしい, ありがたい
- a *welcome* guest
  歓迎される客
- You are always *welcome* at my house.
  私たちはいつでもあなたを歓迎します.

❷《be welcome to ...で》…を自由に使ってよい;《be welcome to+〈動詞の原形〉で》自由に…してよい
- You *are welcome to* (use) my bicycle.
  私の自転車を自由に使っていいですよ.

***You're welcome.*** どういたしまして. (▶Thank you. (ありがとう)などのお礼の言葉に対しての返事. 単にWelcome. とも言う)

─ 名 (複 welcomes[-z]) C 歓迎
- give a warm [cold] *welcome*
  温かく[冷たく]迎える

**welfare** B2 [wélfeər ウェルフェア] 名 U 幸福, 福祉(ふくし), 繁栄(はんえい); 福祉事業
- public *welfare* 公共の福祉

## *well¹ 5級 A1 [wél ウェル]

副 ❶ よく, じょうずに
❷ (程度が) 十分に
形 ❶ 健康で
❷ 適切な
間 おや, まあ

(比較 better[bétər ベター]; 最上 best[bést ベスト])

─ 副 ❶ **よく**, じょうずに, うまく (⇔badly, ill 悪く, へたに) → good くらべて!
- play the piano *well*
  ピアノをじょうずに弾(ひ)く
- Our play went *well*.
  私たちの劇はうまくいった.

❷ (程度が) **十分に**, よく
- I know her brother very *well*.
  私は彼女のお兄さん[弟]をよく知っている.
- Did you sleep *well* last night?
  ゆうべはぐっすり眠(ねむ)れた?

*... as well* 《話》そのうえ…も, …もまた (▶文末に置く) (=too, also, in addition)
- He plays the guitar, and the piano *as well*. 彼はギターを弾き, そのうえピアノも弾く.

*... as well as ~* ① ～と同様に…も, ～だけでなく…も (▶…を強調した言い方) (=not only ~ but (also) ...)
- Bob plays the violin *as well as* the piano.
  ボブはピアノだけでなくバイオリンも弾く. (= Bob plays not only the piano but (also) the violin.) (▶語順の違(ちが)いに注意)
② …と同じくらいじょうずに[うまく]
- Tom sings *as well as* Nancy.
  トムはナンシーと同じくらいうまく歌う.

*be well off* 暮らし向きがよい, 裕福(ゆうふく)である (⇔be badly off 生活が苦しい)
- Her family is *well off*.
  彼女の家は裕福だ.

*do well* うまくいく
- Her business is *doing well*.
  彼女の商売はうまくいっている.

*may* [*might*] *as well*+〈動詞の原形〉(+*as*+〈動詞の原形〉) (～するくらいなら)…するほうがよい
- I *may as well* stay at home *as* go out.
  外に行くくらいなら家にいたほうがましだ.

*may* [*might*] *well*+〈動詞の原形〉…するのももっともだ
- He *may well* think so.
  彼がそう考えるのももっともだ.

*speak well of ...* …のことをよく言う → speak(成句)

***Well done!*** よくやった., でかした.
- "I finished all the homework." "*Well*

done!"
「宿題を全部終えたよ」「よくやったね」
─形 ❶《ふつう名詞の前には用いない》**健康で**, 元気で(=healthy, ⇔ill, sick 病気で)
- I feel *well* this morning.
けさは体調がいい.
- You look *well* today.
きょうは体調がよさそうですね.
- She'll get *well* soon.
彼女はすぐに元気になるだろう.

《話してみよう!》
☺Hi, Jane. How are you?
やあ, ジェーン. 元気かい.
☻I'm very *well*, thank you. / I'm fine, thank you.
ええ, ありがとう.

❷《名詞の前には用いない》適切な, 好都合な, 満足な
- Everything is *well* with me.
私はすべてうまくいっている.

*Very well.* たいへんけっこうです.; いいですよ. → very (成句)

─間 **おや**, **まあ**; **ええと**, そうですね; **さて**, ところで, それでは(▶驚きを表したり, 間を置いたりするときに使う)
- *Well*, I've never heard of it.
おや, それは初耳だ.
- *Well*, let me see.
(返事をためらったりして)ええと, そうですね え.
- *Well*, then?
へえ, それで?

**well²** [wél ウェル] 名 C 井戸; 泉
- dig [sink] a *well* 井戸を掘る

**we'll** [wil ウィル, 《強く言うとき》wi:l ウィール]《話》we will, we shallの短縮形

**well-balanced** B2 [wèlbǽlənst ウェルバランスト] 形 (食事などが)バランスのとれた; (人・性格などが)常識のある
- a *well-balanced* diet
バランスのとれた食事

**well-being** [wélbi:iŋ ウェルビーイング] 名 U 幸福, 健康, 福祉
- "good health and *well-being*"「すべての人に健康と福祉を」(▶国連で採択されたSDGs (持続可能な開発目標)の3番目の目標)

**well-built** B2 [wèlbílt ウェルビルト] 形 体格のよい

**well-done** [wèldʌ́n ウェルダン] 形 ❶ (肉などが) よく焼けた → steak 表現メモ
❷ (仕事などが) よくできた

**well-dressed** B1 [wèldrést ウェルドゥレスト] 形 流行の服装をした, 身なりのよい

**Wellington** [wéliŋtən ウェリンタン] 名 ウェリントン (▶ニュージーランド (New Zealand) の首都)

**well-known** A2 [wèlnóun ウェルノウン] (★このkは発音しない) 形 (比較 better-known [bétər- ベタァ-], 最上 best-known [bést- ベスト-]) よく知られた, 有名な (=famous) → famous 《くらべて!》
- a *well-known* song
よく知られた歌

**well-off** [wèlɔ́:f ウェルオーフ | -ɔ́f -オフ] 形 裕福な

**Welsh** [wélʃ ウェルシュ]
─形 ウェールズの; ウェールズ人 [語] の
─名 ❶ 《the Welshで》《複数扱い》ウェールズ人 (全体) (▶個人をさすときはa Welshman, a Welshwomanを用いる) ❷ U ウェールズ語

# went 4級 [wént ウェント]
動 go (行く)の過去形

**wept** [wépt ウェプト] 動 weep (泣く)の過去形・過去分詞

# were 4級 A1
[wər ワァ, 《強く言うとき》wə́:r ワー]

─動 自 (▶areの過去形 → be) …**だった**, …でした; (ある場所に)**いた**, あった
- You [We, They] *were* young then.
あなた [私たち, 彼ら] はそのころ若かった.
- There *were* many houses in the town.
その町には家がたくさんあった.

*as it were* いわば
*if it were not for ...* …がなければ (▶現在の事実に反する仮定を表す)
- *If it were not for* water, all living things would die.
水がなければ, すべての生物は死んでしまうだろう.

─助 ❶《were+〈-ing形〉で過去進行形をつくる》…**していた**, …しているところだった ❷《were+〈過去分詞〉で過去の受け身をつくる》…**された**, …されていた

**we're** [wiər ウィア]《話》we areの短縮形
**weren't** [wə́:rnt ワーント]《話》were notの短縮形

# west 準2級 A2 [wést ウェスト]
─名 U ❶ 《ふつう the westで》**西**, 西部, 西方 (⇔ the east 東, 東部)
- The sun sets in *the west*.
太陽は西に沈む. (▶to the westとはしな

# western

い)
❷《the Westで》西洋(⇔the East 東洋); ⑩米国西部(▶ふつうミシシッピ川から西の太平洋岸までの地域)

—形 西の, 西方の; 西向きの; 西方からの
- a *west* wind
  西風(▶欧米(#)では春をもたらす風)
- the *West* Coast
  アメリカ西海岸

—副 西に, 西へ, 西方へ
- The room faces *west*.
  部屋は西に面している.
- The river flows *west*.
  川は西へ流れている.

派生語 western 形名

## western B2 [wéstərn ウェスタァン]

—形 ❶西の, 西部の, 西方の; (風が)西からの
- He lives in the *western* part of the city.
  彼は町の西部に住んでいる.

❷《Westernで》西洋の, 欧米(#)の; ⑩西部の
—名(複 westerns[-z]) C 《しばしばWesternで》(物語・映画などの)西部物, 西部劇

**West Indies** [wèst índiz ウェスト インディズ] 名《the West Indiesで》西インド諸島(▶北米東南部と南米の間にある諸島)

**Westminster** [wéstminstər ウェストミンスタァ] 名 ウェストミンスター(▶英国ロンドン市中央の一区. ウェストミンスター寺院・国会議事堂・バッキンガム宮殿(#)などがある)

**Westminster Abbey** [wèstminstər ǽbi ウェストミンスタァ アビィ] 名 ウェストミンスター寺院(▶英国ロンドンにあるゴシック様式の教会堂. 国王・女王の戴冠(#)式が行われる)

**West Virginia** [wèst vərdʒínjə ウェスト ヴァチーニャ] 名 ウェストバージニア(▶米国東部の州. 州都はチャールストン(Charleston). 郵便略語はWV)

**westward** B1 [wéstwərd ウェストゥワァド]
—副 西方へ, 西へ(⇔eastward 東方へ)
—形 西方への, 西に向かう

**westwards** B1 [wéstwərdz ウェストゥワァヅ]
副 =westward

## wet 準2級 A2 [wét ウェット]

—形 (比較 wetter; 最上 wettest) ❶ ぬれた, 湿(#)った(⇔dry 乾(#)いた); (ペンキなどが)乾いていない
- The leaves were *wet* with dew.
  木の葉は露(#)でぬれていた.
- *WET* PAINT
  ⑩《掲示》ペンキ塗(#)りたて(=⑩FRESH PAINT)

「注意／ペンキ塗りたて」の表示

> くらべてみよう！ **wet, damp, moist, humid**
> ぬれている度合いは**wet**が最も大きく, **damp**, **moist**の順に小さくなります. また, **damp**は「じめじめした」という不快な気持ちを含(#)むものに対して, **moist**は「心地(#)よい湿り気」について使います. **humid**は空気中の「不快な湿り気」を表します.

❷雨降りの, 雨天の(=rainy)
- the *wet* season 雨季

—動 (三単現 wets[-ts -ツ]; 過去・過分 wet, wetted[-id]; 現分 wetting) 他 ❶ …をぬらす; ぬれる

**wetland** B1 [wétlænd ウェットゥランド] 名 U 湿地(#)帯(▶wetlands[-dz -ヅ](複数扱い)とも言う)

**we've** [wí:v ウィーヴ] 《話》we haveの短縮形

## whale 2級 B1 [hwéil (ホ)ウェイル]

名 (複 whales[-z], whale) C 《動物》鯨(#)

**whale watching** [hwéil wætʃiŋ (ホ)ウェイル ワッチング] 名 U ホエールウォッチング

**wharf** [hwɔ́ːrf (ホ)ウォーフ] 名 (複 wharves [hwɔ́ːrvz (ホ)ウォーヴズ], wharfs[-s]) C 波止場

## *what 5級 A1

[hwət (ホ)ワット, 《強く言うとき》hwát (ホ)ワット | wɔ́t ウォット]

> 代 ❶ 何
>   ❷ (…するところの)もの[こと]
> 形 ❶ 何の
>   ❷ 《感嘆(#)文で》なんと(いう)
> 間 なに

—代 ❶ 何, どんなもの[こと](▶What ...?の形の疑問文の文末は原則として下げ調子で発音する)
- "*What* is this?" "It's a new computer."
  「これは何ですか」「新しいコンピュータです」
  (▶what is は《話》ではしばしば what's と略す)
- "*What* is your name, please?" "My name

is Ken."
「お名前は何ですか」「ケンです」(▶May I have [ask] your name?のほうがていねい)
- *What* is his address?
彼の住所はどこですか.(▶この場合whereは使わない)
- "*What* does your father do?" "He is a doctor."
「あなたのお父さんは何をしていますか」「医者です」(▶whatを人に用いると職業をたずねる意味になる)
- *What* can I do for you?
(店員が客に)何かご用はありませんか., いらっしゃいませ.
- *What* do you think of her new song?
彼女の新曲をどう思いますか.

**ここがポイント!**「どう思う?」はWhat ...? で
*What* do you think of ...? は相手に意見や感想を求める言い方です. 日本語の「どう思いますか」につられた言い方のHow do you think of ...? は×です.

**ここがポイント!** What ...? が他の文の中に入った形
- I can't understand *what* he is thinking.
彼が何を考えているのかわからない.
- Do you know *what* this animal is?
この動物が何なのか知っていますか.
上の2例は, What ...?という疑問文が他の文に組みこまれています. これを「間接疑問」といいます. 語順がwhat＋〈主語〉＋〈動詞〉になることに注意しましょう.

**ここがポイント!** do you think が入ると
- *What* do you think this animal is?
この動物は何だと思いますか.
上の例ではWhat is this animal?(この動物は何ですか.)という文にdo you thinkが組みこまれています. do you thinkが入ると, その後が疑問文の形ではなく,〈主語〉＋〈動詞〉の語順になることに注意しましょう.

- I don't know *what* to say. = I don't know *what* I should say.
何と言ってよいかわからない.(▶what to＋〈動詞の原形〉で「何を…すべきか」)
- *What* happened? 何が起こったのですか., どうしたのですか.(▶主語のwhat)

- *What* makes you believe it?
どうしてそれを信じるのですか.(⇦何があなたにそれを信じさせるのですか)

**表現メモ**

**疑問文をつくる疑問詞**
what 何 / when いつ / where どこに
which どちら / who だれ / whose だれの
whom だれを / why なぜ / how どのように

❷ (…するところの)**もの[こと]** (▶関係代名詞)
- I can understand *what* he says.
私は彼の言うことは理解できる.
- *What* I want is a notebook computer.
私のほしい物はノートパソコンだ.
- This is *what* I wanted to know.
これが私の知りたかったことだ.
- Do you know *what* happened then?
その時起こったことを知っていますか.
(**and**) *what is more* そのうえ, さらに
- She is clever, *and what is more*, very kind.
彼女は頭がよく, そのうえとても親切だ.
(**and**) *what is worse* もっと悪いことには
*So what?* 《話》それがどうしたというのか.
*What about ...?* 《話》…はいかがですか;《What about＋〈-ing形〉?》で)…するのはどうですか.(▶提案したり意見をたずねたりするときの言い方. How about ...?とも言う)
- *What about* a cup of tea?
お茶をいかがですか.
- *What about* going to see a movie?
映画を見に行きませんか.
*What do you say to* ＋〈-ing形〉...? 《話》…するのはいかがですか.(▶相手の意向を聞く言い方) ➔ say(成句)
*What* (...) *for?* 《話》(…は)何のためですか., なぜ(…)ですか.
- *What* is this cloth *for*?
この布は何のためのものなの.
- "I need a stopwatch." "*What for*?"
「ストップウォッチが必要だ」「何に使うの」
*What if ...?* 《話》…してはどうですか.; …ならどうするのですか.
- *What if* it rains?
雨が降ったらどうするのですか.
*what is called* いわゆる(＝what we [you, they] call)
- That is *what is called* a "tablet."
あれはいわゆる「タブレット(コンピュータ)」だ.
*What is ... like?* …はどういう物[人]ですか.
- *What is* your English teacher *like*?

## whatever

あなたの英語の先生はどんな人ですか.
***what we*** [***you, they***] ***call*** = what is called
***What's new?***《話》何か変わったことはあるかい., 元気かい(成句)
***What's the matter?*** どうしたのですか. → matter(成句)
***What's up?***《話》どうしたの?; どうしてる?, 元気?(= What's new?)

―形 ❶ **何の**, 何という, どんな
- "***What*** time is it now?" "It's five."
「今何時ですか」「5時です」
- ***What*** color do you like best?
あなたは何色がいちばん好きですか.
- "***What*** day (of the week) is (it) today?" "It's Tuesday."
「きょうは何曜日ですか」「火曜日です」
- "***What*** day of the month is (it) today?" "It's September 14."
「きょうは何月何日ですか」(= What's the date today?)「9月14日です」

❷《感嘆文で》**なんと(いう), なんて**
- ***What*** a cute dog (it is)!
なんてかわいい犬でしょう.

> くらべて みよう!　**what と how の感嘆文**
>
> what と how の感嘆文の違いに注意しましょう. → how ❹
> - ***What*** a beautiful flower (that is)!
>   ▶What (a, an)+〈形容詞〉+〈名詞〉(+〈主語〉+〈動詞〉)!
>   (あれは)なんてきれいな花でしょう.
> - ***How*** beautiful that flower is!
>   ▶How +〈形容詞〉+〈主語〉+〈動詞〉!
>   あの花はなんてきれいなんでしょう.

- ***What*** a pity [shame]! (▶ What (a)+〈名詞〉!) なんて気の毒な.

―間 **なに, なんだって**
- ***What!*** You lost your purse?
なに！財布(ﾌﾟ)をなくした？

## whatever 準2級 A2 [hwʌtévər (ホ)ワッテヴァ | wɔtévər ウォッテヴァ]

―代 ❶《関係代名詞》…**するもの[こと]は何でも**(= anything that)
- Eat ***whatever*** you want.
ほしい物は何でも食べなさい.

❷ **たとえどんなことが…しても; たとえどんなことを…しても**(▶ whatever の後は〈動詞〉, または〈主語〉+〈動詞〉)(= no matter what)
- I won't forget this, ***whatever*** happens.
たとえどんなことが起きてもこのことは忘れない.

―形 ❶ **どんな…でも**
- You may take ***whatever*** book you want.
ほしい本はどんな本でも持っていってよい.

❷ **たとえどんな…でも**
- ***Whatever*** reason you (may) give me, it won't help.
たとえ君がどんな理由を言っても役に立たないよ. (▶《話》では may を省略することが多い)

## what's [hwʌts (ホ)ワッツ, 〈強く言うとき〉hwʌ́ts (ホ)ワッツ | wɔts ウォッツ]《話》what is, what has の短縮形

# wheat B2 [hwíːt (ホ)ウィート]

名 U **小麦**(▶「大麦」は barley)
- a ***wheat*** field 小麦畑

広大な小麦畑(米国・カンザス州)

# wheel A1 [hwíːl (ホ)ウィール]

名 (複 wheels [-z]) ❶ C **車輪**
- a rubber ***wheel*** ゴムタイヤの車輪

❷《the wheel で》(自動車の)**ハンドル**(= steering wheel)(▶「ハンドル」は和製英語)

## wheelchair 準2級 A2 [hwíːltʃèər (ホ)ウィールチェア] 名 C 車いす

# *when 5級 A1

[hwən (ホ)ウァン, 〈強く言うとき〉hwén (ホ)ウェン]

# when's

| 副 | ❶いつ |
| | ❷…する[した]ところの(時) |
| | ❸するとその時 |
| 接 | ❶…するとき |
| | ❷…であるのに |
| 代 | いつ |

━ 副 ❶ **いつ** (▶When …?の形の疑問文の文末は原則として下げ調子で発音する)
- "*When* is the festival?" "It's (on) August 10."
「その祭りはいつですか」「8月10日です」(▶August 10は August (the) tenth と読む)
- *When* did you meet her?
あなたはいつ彼女に会いましたか.
- *When* will he come back?
彼はいつ戻(もど)って来るだろうか.

### ここがポイント! When …? が他の文の中に入った形

- Please tell me *when* he went out.
彼がいつ外出したか教えてください.

上の例は*When* did he go out? が他の文の中に組みこまれた形(間接疑問)です. 語順がwhen＋〈主語〉＋〈動詞〉になることに注意しましょう.

### ここがポイント! do you think が入ると

- *When* do you think he went out?
彼がいつ外出したと思いますか.

上の例では*When* did he go out? という文に do you think が組みこまれています. do you think が入ると, その後が疑問文の形ではなく, 〈主語〉＋〈動詞〉の語順になることに注意しましょう.

- She asked me *when* to add milk.＝She asked me *when* she should add milk.
彼女は私にいつ牛乳を加えたらいいか聞いた. (▶when to＋〈動詞の原形〉で「いつ…すべきか」)

❷…する[した]ところの(時) (▶関係副詞. ふつうこのwhenは日本語に訳さない)
- I remember the first day *when* I went to school.
私は学校に行った最初の日を覚えている.

❸するとその時 (▶関係副詞. 前にコンマ(,)をつける) (＝and then)
- I was reading a book (,) *when* the doorbell rang. 私は本を読んでいたが, その時, 玄関(げんかん)のベルが鳴った.

━ 接 ❶ **…するとき, …すると**
- *When* my mother called me, I was in my room.＝I was in my room *when* my mother called me.
母が私を呼んだとき, 私は部屋にいた.
- Emi was living in America *when* (she was) ten.
エミは10歳(さい)のときアメリカに住んでいた. (▶文の主語(Emi)とwhenの後の主語(she)が同じ場合, whenの後の主語とbe動詞は省略できる)
- I will see him *when* I go to Tokyo next time.
今度東京に行ったら彼に会うつもりだ.

### ここがポイント! 未来のことでも現在形

when …が「…したら」の意味の場合, 未来のことでも動詞は現在形を使います. 上の例では… when I will go to Tokyo next time. は×.

次の違(ちが)いに注意しましょう.
- Ask him *when* he comes.
彼が来たら聞いてみなさい.
- Ask him *when* he will come.
いつ彼が来るか聞いてみなさい. (▶このwhenは副詞で「いつ」の意味 → 副❶)

❷…であるのに, …にもかかわらず
- She helped me even *when* she was busy.
彼女は忙(いそが)しかったのに私を手伝ってくれた.

*Say when.* 《話》いいときになったら言って. (▶飲み物をつぐときなどの言い方. 言われた人はWhen. (いいよ)などと答える)

━ 代 **いつ** (▶since や till, until の後に使う)
- Since *when* have you played the piano?
(いったい)いつからピアノを弾(ひ)き始めたのですか. (▶「意外だ, 驚(おどろ)いた」というニュアンス. ふつうはWhen did you start playing …? と言う)
- Until *when* will you stay here?
いつまでこちらに滞在(たいざい)するのですか.

**whenever** 2級 B1 [hwènévər (ホ)ウェネヴァ]
接 ❶…するときはいつでも, …するたびに (▶wheneverの後は〈主語〉＋〈動詞〉)
- Come *whenever* you like.
好きなときにいつでも来なさい.

❷たとえいつ…しても (＝no matter when)
- You'll be welcome *whenever* you (may) come. いつ来てもあなたは歓迎(かんげい)される. (▶《話》ではmayを省略することが多い)

**when's** [hwénz (ホ)ウェンズ] 《話》when is, when has の短縮形

seven hundred and forty-nine

## where

**\*where** 5級 A1 [*hwéər* (ホ)ウェア]

副 ❶ どこに
❷ …する[した]ところの(場所)
❸ そしてそこで[に, へ]
接 …する所に[で]
代 どこ

━ 副 ❶ **どこに, どこへ, どこで**(▶Where …?の形の疑問文の文末は原則として下げ調子で発音する)

- "*Where* does he live?" "He lives in Osaka."「彼はどこに住んでいますか」「大阪に住んでいます」
- *Where* did you buy your racket?
君はラケットをどこで買ったの.
- Excuse me, but *where* is the post office?
すみませんが, 郵便局はどこですか.
- *Where* have you been? どこに行ってたの.

 **Where …? が他の文の中に入った形**

- I remember *where* the building is.
私はその建物がどこにあるか覚えている.
上の例は*Where* is the building?が他の文の中に組みこまれた形(間接疑問)です. 語順がwhere+〈主語〉+〈動詞〉になることに注意しましょう.

 **do you think が入ると**

- *Where* do you think the hospital is?
その病院はどこにあると思いますか.
上の例では*Where* is the hospital?という文にdo you thinkが組みこまれています. do you thinkが入ると, その後が疑問文の形ではなく, 〈主語〉+〈動詞〉の語順になることに注意しましょう.

- She didn't know *where* to go.
＝She didn't know *where* she should go.
彼女はどこへ行けばいいかわからなかった.(▶where to+〈動詞の原形〉で「どこに[へ, で]…すればよいか」)
- *Where* am I? ここはどこ？(⇔私はどこにいるのか)(▶Where is here?は×)

❷ **…する[した]ところの(場所)**(▶関係副詞, ふつうこのwhereは日本語に訳さない)

- That is the hotel *where* I once stayed.
あれは以前に泊(と)まったホテルだ.

❸ **そしてそこで[に, へ]**(▶関係副詞, 前にコンマ(,)をつける)(＝and there)

- We went back to the hotel, *where* we had dinner. 私たちはホテルへ戻(もど)り, そしてそこで夕食を食べた.

━ 接 **…する所に[で]**

- Let's sit *where* we can get a nice view.
いい景色の見える所に座(すわ)ろう.

━ 代 **どこ**(▶fromやtoなどの前置詞とともに使う)

- *Where* is Mr. White from? ＝ *Where* does Mr. White come from?
ホワイト先生はどちらの出身ですか.(▶出身地について言うときは現在形を用いる)

**where're** [*hwéərər* (ホ)ウェ(ァ)ラァ]《話》where areの短縮形

**where's** [*hwéərz* (ホ)ウェァズ]《話》where is, where hasの短縮形

**wherever** 2級 B1 [*hweərévər* (ホ)ウェ(ァ)レヴァ] 接 ❶ **…するところはどこでも[どこへでも]**

- You may go *wherever* you like.
どこでも好きな所へ行ってよい.

❷ **たとえどこに[どこで]…しても**(＝no matter where)

- *Wherever* you (may) go, you can see this flower. どこへ行ってもこの花を見ることができる.(▶《話》ではmayを省略することが多い)

## whether 2級 B1 [*hwéðər* (ホ)ウェザァ]

接 ❶ **…かどうか** → if❹

- I will ask her *whether* she can eat right now. 彼女が今食べられるかどうか聞いてみる.
- The question is *whether* Mary will come to the party (*or not*). 問題はメアリーがパーティーに来るかどうかだ.

❷《whether … or ～で》**…かそれとも～か**

- *Whether* she is right *or* wrong doesn't matter to me. ＝ It doesn't matter to me *whether* she is right *or* wrong.
彼女が正しいか間違(まちが)っているかは私にとって問題ではない.(▶whether … or ～ が主語になる場合はif … or ～ に言いかえることはできない)

❸《whether … or notで》**…であろうとなかろうと**;《whether … or ～で》**…であろうと～であろうと**

- *Whether* you like it *or not*, you just have to do it.
好きだろうが好きでなかろうが, あなたはそれをやらなければならない.
- *Whether* busy *or* sick, she is always smiling.
忙(いそが)しかろうと病気だろうと, 彼女は笑顔(えがお)を絶やさない.

# which 5級 A1 [hwitʃ] (ホ)ウィッチ

代 ❶ どちら
　❷ …する[した]ところの(もの[こと])
　❸ そしてそれは[を]
形 どちらの

― 代 ❶ **どちら**, どれ
- *Which* are his shoes?
  彼の靴(くつ)はどちらですか.
- *Which* is your bag?
  どれが君のかばんですか.
- "*Which* do you like better, basketball or soccer?" "I like soccer better."
  「バスケットボールとサッカーではどちらが好きですか」「サッカーのほうが好きです」
- *Which* is larger, Lake Biwa or Lake Towada?
  琵琶湖と十和田湖ではどちらが大きいですか.

> **ここが ポイント!** Which ...? のイントネーション
> *Which* ... ↘?
> *Which* ... ↗, A↗ or B↘?

> **ここが ポイント!** Which ...? が他の文の中に入った形
> - Tell me *which* you want to eat.
>   どちらが食べたいか言ってください.
> 上の例は *Which* do you want to eat? が他の文の中に組みこまれた形(間接疑問)です. 語順が which＋〈主語〉＋〈動詞〉になることに注意しましょう.

- *Which* do you think is bigger, a whale or an elephant?
  鯨(くじら)と象とどちらが大きいと思いますか. (▶ do you think は which の後ろに置く. Do you think which is bigger ...? は×)
- I can't decide *which* to buy.＝I can't decide *which* I should buy.
  私はどちらを買うべきか決められない. (▶ which to ＋〈動詞の原形〉で「どちらを…すべきか」)

❷ **…する[した]ところの**(もの[こと]) (▶関係代名詞. ふつう日本語に訳さない)

- I have a bird *which* sings well.
  私はじょうずに歌う鳥を飼っている. (▶主格の which. I have a bird. ＋ *The bird* sings well.)
- This is the purse (*which*) I found in the park.
  これが私が公園で見つけた財布(さいふ)だ. (▶目的格の which. This is a purse. ＋ I found *the purse* in the park.)

> **ここが ポイント!** 関係代名詞 which の使い方
> (1) 関係代名詞の which は弱く発音されます.
> (2) 先行詞は「人」以外の「もの」「こと」「動物」で, which 以下が先行詞を修飾(しゅうしょく)します. 先行詞が「人」の場合は who または that を使います. → who 代 ❸, that 代 ❹
> (3) 関係代名詞の which は that に置きかえることができ, 《話》では that がよく使われます.
> (4) 目的格の which はしばしば省略されます.

- This is the hotel at *which* we stayed.
  ＝This is the hotel (*which*) we stayed at.
  これは私たちが滞在(たいざい)したホテルだ. (▶目的格の which. at which とするのは形式ばった言い方. また at which とした場合の which は省略できない. where (関係副詞) を使って the hotel where we stayed とも言える)

❸ **そしてそれは[を]** (▶関係代名詞. 前にコンマ(,)をつける)

- There is a big tree in the garden, *which* will be cut down soon.
  庭に大きな木があり, それはじきに切り倒(たお)される.
- This comic book, *which* he gave me yesterday, is not very funny.
  この漫画(まんが)はきのう彼がくれたのだが, あまりおもしろくない.

― 形 **どちらの**, どの
- *Which* bus goes to the station?
  どちらのバスが駅に行きますか.
- I don't know *which* club to join.
  私はどのクラブに入ればいいかわからない.

# whichever B1 [hwitʃévər] (ホ)ウィッチエヴァ

― 代 ❶ **どちら[どれ]でも** (▶関係代名詞)
- Take *whichever* you want.
  どちらでもほしいのを取りなさい.

❷ **たとえどちら[どれ]が…でも；たとえどちら[どれ]を…でも** (＝no matter which)
- *Whichever* you (may) choose, the price will be the same.
  どちらを選んでも値段は同じだ. (▶《話》では may を省略することが多い)

― 形 ❶ **どちらの[どの]…でも**
- You can have *whichever* picture you like.
  どれでもあなたが好きな絵をあげよう.

❷ **たとえどちらの[どの]…でも**

# while

- I'll be glad *whichever* day you (may) come.
  どの日にいらっしゃってもうれしく思う．(▶《話》ではmayを省略することが多い)

## while 準2級 A2 [hwáil (ホ)ワイル]

— 接 ❶ …する間に → for くらべて!
- He likes listening to music *while* (he is) doing his homework.
  彼は宿題をしながら音楽を聞くのが好きだ．

❷ …ではあるが, …なのに
- *While* I understand your feelings, I can't agree with your idea. 気持ちはわかるが, あなたの考えには賛成できない．

❸ ところが, その一方で(▶ふつう前にコンマ(,)を置く)
- Jim is a great swimmer, *while* his brother is poor at swimming.
  ジムは泳ぎがうまい．でも彼のお兄さん[弟]は泳ぐのが苦手だ．

— 名 《a whileで》時間; しばらくの間
- It took me *a while* to become friends with her. 彼女と友達になるのにしばらく時間がかかった．

*after a while* しばらくして
*all the while* その間ずっと
*(for) a long while* 長い間
*for a while* しばらくの間
*in a while* まもなく, すぐ
*It is worth while*+⟨-ing形⟩[*to*+⟨動詞の原形⟩]. …することには価値がある．→worth(成句)
*once in a while* ときどき, たまに

## whip B2 [hwíp (ホ)ウィップ]
— 名 C むち; むちで打つこと
— 動 (過去・過分 whipped[-t]; 現分 whipping) 他
❶ …をむちで打つ
❷ (卵・クリームなど)をかき回して泡(ࠀ)立てる
- *whip* cream クリームを泡立てる

## whirl [hwə́:rl (ホ)ワール]
— 動 自 他 ぐるぐる回る, 回転する; …をぐるぐる回す

— 名 《a whirlで》ぐるぐる回ること, 渦(ݐ)巻き

**whisker** [hwískər (ホ)ウィスカァ] 名 C 《ふつう whiskersで》猫(ߏ)などのひげ

**whiskey** B2 [hwíski (ホ)ウィスキィ] (▶英国・カナダなどではwhiskyとつづる) 名 U C ウイスキー

## whisper B1 [hwíspər (ホ)ウィスパァ]

— 動 (三単現 whispers[-z]; 過去・過分 whispered[-d]; 現分 whispering)
— 他 …をささやく
- She *whispered* something *to* Jane.
  彼女は何かジェーンにささやいた．
— 自 ひそひそ話す

— 名 (複 whispers[-z]) C ささやき, 小声; ひそひそ話; さらさらいう音
- He spoke in a *whisper*.
  彼は小声で話した．

**whistle** B1 [hwísl (ホ)ウィッスル] (★このtは発音しない)
— 動 自 他 ❶ 口笛を吹(ߔ)く; (曲など)を口笛で吹く; (風などが)ピューと鳴る ❷ 汽笛[警笛]を鳴らす, (車などに)笛で合図する
— 名 C 口笛, 汽笛, 警笛, ホイッスル; ピューという音

## *white 5級 A1 [hwáit (ホ)ワイト]

— 形 (比較 whiter; 最上 whitest) ❶ 白い, 白色の (⇔black 黒い)
- (a) *white* hair
  白髪(ߨ)(▶「1本の白髪」のときはaをつける)
- Her skin is (as) *white* as snow.
  彼女の肌(߼)は雪のように白い．

❷ (顔色が)青白い, 青ざめた, 血の気のない(=pale)
- He turned *white* with fear.
  彼は恐怖(ߏߟߏ)で真っ青になった．

❸ 白人の

— 名 (複 whites[-ts -ツ]) ❶ U 白, 白色
❷ U 白い(衣)服; 白衣
- She is wearing *white*. = She is dressed in *white*. 彼女は白い服を着ている．
❸ C 白人
❹ U C (卵の)白身(▶「黄身」はyolk)(→egg図); C (目の)白目

**whiteboard** [hwáitbò:rd (ホ)ワイトボード] 名 C ホワイトボード

**white-collar** [hwáitkàlər (ホ)ワイトカラァ | -kɔ́lə -コラ] 形 事務職の, ホワイトカラーの

**White House** [hwáit háus (ホ)ワイト ハウス] 名 《the White Houseで》ホワイトハウス(▶ワシントンD. C. にあるアメリカ大統領官邸(ݐߦ))

# who

**WHO** [dʌ́bljuːèitʃóu ダブリューエイチオゥ] 名 ダブリューエイチオー, 世界保健機関 (▶World Health Organizationの略. [húː フー] とも発音する)

## who 5級 A1 [húː フー]

代 ❶ **だれ**, だれが (▶Who ...?の形の疑問文の文末は原則として下げ調子で発音する)

### ここがポイント! whoの変化形

| 主格 | who | だれ, だれが |
|---|---|---|
| 所有格 | whose | だれの |
| 目的格 | who(m) | だれを, だれに |

- "*Who* is that tennis player?" "That's Hewitt."
「あのテニスプレーヤーはだれですか」「ヒューイットです」(▶who isは《話》ではしばしばwho'sと略す)

### ここがポイント! Who are you? は失礼
相手に名前を直接たずねる場合, *Who* are you?とすると「おまえはだれだ」という感じで失礼に当たります. その場合はMay I have [ask] your name?やWhat's your name, please?のような言い方をします.

- "*Who* teaches you English?" "Mr. Smith does."
「だれが君たちに英語を教えていますか」「スミス先生です」(▶whoは三人称(にんしょう)単数扱い)
- "*Who* made this cake?" "Emi did."
「だれがこのケーキを作ったの」「エミです」
- *Who* can run faster, Nancy or Ted?
ナンシーとテッドではどちらが速く走れますか. (▶Which can run ...?は×)
- *Who*'s calling, please?
どちら様ですか. (⇦だれが電話をかけているか) (▶電話で相手の名前をたずねる言い方. Who is this speaking?とも言う)
- "*Who* is it?" "It's me."
「(ノックに対して)どなたですか」「私だよ」

### ここがポイント! Who ...? が他の文の中に入った形

- I don't know *who* that singer is.
あの歌手がだれなのか知らない.
上の例は*Who* is that singer?が他の文の中に組みこまれた形(間接疑問)です. 語順がwho+〈主語〉+〈動詞〉になることに注意しましょう. ただし, 次の例ではwhoは主語なので, 語順は変わりません.
- I asked him *who* came here last night.
ゆうべだれがここに来たのか彼にたずねた. (▶Who came here last night? がほかの文の中に組みこまれている)

### ここがポイント! do you think が入ると

- "*Who* do you think the man is?" "I think he is Mr. Jackson."
「その人はだれだと思いますか」「ジャクソンさんだと思います」
上の例は*Who* is the man?(その人はだれですか.)という文にdo you thinkが組みこまれています. do you thinkが入ると, その後が疑問文の形ではなく, 〈主語〉+〈動詞〉の語順になることに注意しましょう.

❷ 《話》 **だれを**, だれに
- *Who* did you invite? だれを招待したのですか. (▶このwhoはinviteの目的語だが, 《話》ではふつう, whomでなくwhoを使う)
- *Who* did you go there with?
だれとそこに行ったのですか.

❸ **…する[した]ところの**(人) (▶関係代名詞. ふつう日本語に訳さない)
- The man *who* painted this picture is Picasso. この絵をかいた人はピカソだ. (▶The man is Picasso.＋*The man* painted this picture.)

### ここがポイント! 関係代名詞whoの使い方
(1) 関係代名詞のwhoは弱く発音されます.
(2) 先行詞は「人」です. who以下の部分の主語になり, 先行詞を修飾(しゅうしょく)します.
(3) この用法のwhoはthatに置きかえられますが, ふつうはwhoを使います. ➡that 代 ❹

❹ **そしてその人は** (▶関係代名詞. 前にコンマ(,)をつける)
- I have two elder brothers, *who* are both

### whoever

high school students. 私には2人の兄がいて、2人とも高校生です。(=..., and they are both high school students.)

**whoever** 2級 B1 [hu:évər フーエヴァ] 代 ❶ …する人はだれでも(=anyone who)
- *Whoever* comes first may take it.
最初に来た人はだれでもそれを取ってよい。

❷だれが…しても；…がだれであろうとも
- *Whoever* comes [may come], don't open the door. だれが来てもドアを開けないこと。(►may comeのほうが固い言い方)

## whole 準2級 A2

[hóul ホウル] (★同音 hole 穴)

—形 ❶《the [one's] wholeで》**すべての**, 全体の
- *the whole* country 全国
- *the whole* truth すべての真実

❷《名詞の前にのみ用いる》**完全な**, まるまる
- a *whole* week まる1週間

❸まるごとの(►名詞の後に置く)
- eat an egg *whole* 卵をまるごと食べる

—名《the wholeで》**全部**, **全体**(⇔part 一部)→ quarter 図
- *the whole* of the night 一晩じゅう

***as a whole*** 全体として
- We should think about these problems *as a whole*.
これらの問題は全体として考えるべきだ。

***on the whole*** 全体としては, だいたいは
- His report was, *on the whole*, good.
彼の報告書は全般(ぜん)的によかった。

派生語 **wholly** 副

**wholesale** [hóulsèil ホウルセイル]
—形 卸(おろし)売りの
—名 U 卸売り

**who'll** [hú:l フール] 《話》who will の短縮形

**wholly** [hóulli ホウルリィ] 副 まったく, すっかり

## whom 準2級 A2

[hú:m フーム; ❷, ❸ではhum フム, um ウム]
代《who(だれ)の目的格》❶ **だれを**, **だれに**
- *Whom* did you meet yesterday?
きのうだれに会ったのですか。(►whomが文頭にくる場合, ふつうはwhoを代わりに使う) → who ❷
- For *whom* are you waiting?
あなたはだれを待っているのですか。(►《話》ではWho are you waiting for?と言う)
- By *whom* was this pointed out?
これはだれに指摘(してき)されたのですか。

❷…するところの(人)(►関係代名詞, 《話》では省略される。ふつう日本語には訳さない)
- The boy (*whom*) we met is Peter.
私たちが会った少年はピーターです。(►The boy is Peter.＋We met *Peter*.)
- Do you know the girl (*whom*) Mia is talking with? ミアと話している女の子を知っていますか。(►Do you know the girl?＋Mia is talking with *the girl*.)

❸そしてその人に[を](►関係代名詞, 前にコンマ(,)をつける。この場合は省略できない)
- I have two younger sisters, *whom* I take care of.
私には妹が2人いて, 私はその2人の面倒を見ている。(=..., and I take care of them.)

**ここがポイント！** whomの使い方

❶❷の用法では, whomをwhoで代用する人が増えています。ただし前置詞の後にくるときと❸の用法ではwhoは使えず, 省略もできません。

**who's** [hú:z フーズ] 《話》who is, who hasの短縮形

## whose 5級 A1

[hú:z フーズ; ❷, ❸ではhuz フズ, uz ウズ]
代《who(だれ)の所有格・所有代名詞》❶ **だれの**, **だれのもの**(►Whose ...?の形の疑問文の文末は原則として下げ調子で発音する)
- "*Whose* dictionary is this?" "It's mine."
「これはだれの辞典ですか」「私のです」
- *Whose* is that bicycle?
あの自転車はだれのものですか。

**ここがポイント！** Whose ...? が他の文の中に入った形

- Do you know *whose* book this is?
これはだれの本か知っていますか。

上の例は*Whose* book is this?が他の文の中に組みこまれた形(間接疑問)です。語順がwhose＋〈主語〉＋〈動詞〉になることに注意しましょう。

- *Whose* book do you think this is?
これはだれの本だと思いますか。

一方, こちらの例ではdo you thinkがwhose bookの後にきていることに注意しましょう(Do you think whose book this is?は×)。
また, do you thinkが入ると, その後が〈主語〉＋〈動詞〉の語順になることにも注意しましょう。

# wicked

❷(その人[物]の)…が[を]～するところの(▶所有格の関係代名詞. ふつう日本語に訳さない)

- I know a teacher *whose* name is the same as mine. 私は自分と同じ名前の先生を知っている. (▶I know a teacher.＋*His* [*Her*] name is the same as mine.)
- Meg is a girl *whose* father I know well. メグは私がその父親をよく知っている女の子だ. (▶Meg is a girl.＋I know *her father* well.)

**ここが ポイント!** 先行詞は「人」も「物」もOK!

所有格の関係代名詞whoseは, 先行詞が「人」「物」いずれの場合にも使われます.
主格のwho, 目的格のwho(m)は「人」の場合のみ使います. → that 代 ❹

- We live in a house *whose* roof is red. 私たちは屋根が赤い家に住んでいる. (▶やや形式ばった言い方. We live in a house with a red roof. がふつう)

❸そしてその人[物]の…は[を](▶関係代名詞. 前にコンマ(,)をつける)

- I have an American friend, *whose* sister lives in Hawaii. 私にはアメリカ人の友達がいて, その人のお姉さん[妹]はハワイに住んでいる. (=..., and *his* [*her*] sister lives in Hawaii.)

## **why** 5級 A1 [hwái (ホ)ワィ]

副 ❶なぜ
❷…するところの(理由)
間 おや

―副 ❶**なぜ**, どうして(▶Why ...?の形の疑問文の文末は原則として下げ調子で発音する)

- "*Why* are you so angry?" "Because my brother laughed at me."
「なぜそんなに怒(おこ)っているの?」「お兄ちゃん[弟]がぼくのことを笑ったから」
- "*Why* did you get up so early?" "To go out jogging."「なぜそんなに早く起きたの」「外でジョギングするためです」

**ここが ポイント!** Why ...? への答え方

Why ...?という質問に対して, 理由を言うときはBecause ... .(…だから), 目的を言うときはTo＋〈動詞の原形〉.(…するために)のように答えます.

- "I like studying math." "*Why*?"「私は数学を勉強するのが好きです」「どうして?」

**ここが ポイント!**  Why ...?が他の文の中に入った形

- Do you know *why* she is late? 彼女がなぜ遅(おく)れているのか知っていますか.

上の例は*Why* is she late?が他の文の中に組みこまれた形(間接疑問)です. 語順がwhy＋〈主語〉＋〈動詞〉になることに注意しましょう.

- *Why* do you think she is late? あなたは彼女がなぜ遅れていると思いますか.

一方, こちらの例ではdo you thinkがwhyの後にきていることに注意しましょう(Do you think why she is late? は×). また, do you thinkが入ると, その後が〈主語〉＋〈動詞〉の語順になることにも注意しましょう.

❷**…するところの(理由)**(▶関係副詞)

- That's (the reason) *why* I told a lie. そういうわけで私はうそをついたんです. (⇔それが私がうそをついた理由だ)(▶ふつうthe reasonとwhyのどちらかを省略する)

―間 [wái ワ(ー)ィ]**おや, まあ**(▶驚(おどろ)き・反対などを表す)

- *Why*, it's John! おや, ジョンじゃないか.

***Why don't we***＋〈動詞の原形〉**?** 《話》いっしょに…しませんか.

- *Why don't we* go to London? いっしょにロンドンに行きませんか.

***Why don't you***＋〈動詞の原形〉**?**＝***Why not***＋〈動詞の原形〉**?** 《話》…してはどうですか.

- *Why don't you* have some more tea? もう少しお茶をどうですか.

***Why not?*** 《話》どうしてそうではないのですか. (▶否定文に対してその理由をたずねる); いいですとも., そうしましょう. (▶提案に対して同意する)

**話してみよう!**

☺I don't like baseball.
野球は好きではないんだ.
☻Oh, *why not?* おや, どうして.

☺Shall we dance? 踊(おど)りましょう.
☻*Why not?* うん, いいね.

**WI** Wisconsin(米国ウィスコンシン州)の郵便略語

**wicked** [wíkid ウィキッド] 形 (人・行為(こう)が)悪い, 邪悪(じゃあく)な; 意地の悪い

# wide

**wide** 準2級 A2
[wáid ワイド]（比較 wider；最上 widest）
—形 ❶（幅が）広い（⇔narrow（幅が）狭い）
- a *wide* street 広い通り

> **くらべてみよう！** wide と large
> この家は広い．
> ×This house is wide.
> ○This house is large.
> wide はふつう「幅が広い」という意味で使われます．四方に広がりのある場合は large などを使います．

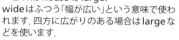

❷ 幅が…の［で］（►ふつう長さを表す語の後につける）
- How *wide* is the river?
  その川の幅はどれくらいありますか．
- This street is eighty yards *wide*.
  この通りは幅が80ヤード（約73メートル）ある．
❸ 広々とした，広大な（=vast）
- a *wide* world 広い世界
❹（目・口などが）大きく開いた
- She watched the scene with *wide* eyes.
  彼女は目を丸くしてそのシーンを見ていた．

❶  ❷

❸  ❹

❺（知識・選択肢などが）広い，豊富な
—副 広く；大きく開けて（=widely）
- Open your mouth *wide*.
  口を大きく開けなさい．
派生語 widely 副，widen 動，width 名

**widely** 準2級 A2 [wáidli ワイドゥリィ] 副 広く；広範囲に；大いに

**widen** B2 [wáidn ワイドゥン] 動 他 自 …を広くする，広げる；広くなる，広がる（=expand）

**widow** B2 [wídou ウィドウ] 名 C 夫を亡くした女性，未亡人（⇔widower 妻を亡くした男性）

**widower** [wídouər ウィドウァ] 名 C 妻を亡くした男性（⇔widow 夫を亡くした女性）

**width** B2 [wídθ ウィドゥス] 名 U C 広さ；幅

→depth 図

**wife** 4級 A1 [wáif ワイフ]
名（複 wives [wáivz ワイヴズ]）C 妻，夫人（⇔husband 夫）
- husband and *wife* 夫婦

**Wi-Fi, wi-fi** [wáifai ワイファイ] 名 U 〖商標〗ワイファイ（►無線LANの規格）
- Do you have free *Wi-Fi* here?
  ここに無料ワイファイはありますか．

**wig** [wíg ウィッグ] 名 C かつら

**wild** 準2級 A2 [wáild ワイルド]
—形（比較 wilder；最上 wildest）❶（動植物が）野生の（⇔tame（人に）なれた）
- a *wild* animal 野生動物
- These flowers grow *wild*.
  これらの花は自生している．
❷（風・海・時代などが）荒れ狂う，激しい
- *wild* waves 荒波
❸（土地などが）荒れ果てた；自然のままの；未開の
- *wild* land 荒れ地
❹ 熱狂的な；乱暴な；とっぴな
- She is *wild* with delight［anger］.
  彼女は喜び［怒り］で興奮している．
- Jack went *wild*. ジャックは怒り狂った．
—名《the wilds で》荒野，荒れ地；《the wild で》野生の状態

**wild boar** [wáild bɔ́:r ワイルド ボア] 名 C 〖動物〗いのしし

**wildcat** [wáildkæt ワイルドキャット] 名 C 〖動物〗山猫

**wilderness** B2 [wíldərnis ウィルダニス] 名（複 wildernesses [-iz]）《the［a］wilderness で》荒れ地，荒野

**wild goose** [wáild gú:s ワイルド グース] 名（複 wild geese [gí:s ギース]）C 〖鳥〗がん，かり

**wildlife** 2級 B1 [wáildlaif ワイルドライフ] 名 U 野生生物（►特に動物をさす）

「野生動物にえさを与えてはいけません／罰金100ドル」という公園の掲示（米国）

**Will** [wíl ウィル] 名 ウィル（►男性の名．William の愛称）

# will¹ 4級 A1

[wəl ワル, 《強調するとき》wil ウィル]

> 助 ❶ …だろう
> ❷《(I [We] will +〈動詞の原形〉.で》…しよう(と思う)
> ❸ どうしても…しようとする
> ❹《Will you +〈動詞の原形〉? で》(あなたは)…しますか.
> ❺《Will you +〈動詞の原形〉? で》…してくれませんか.
> ❻ …するものだ

助 (過去 would [wúd ウッド]) ❶ **…だろう, …でしょう**(▶単なる未来を表す)
- I'll [I *will*] be fifteen (years old) next year. 私は来年15歳(さい)になる.
- There *will* be a school festival next Saturday. 今度の土曜日に文化祭がある.
- It *will* rain tomorrow. あしたは雨だろう.
- They *will* leave Japan next month. 彼らは来月日本を離(はな)れる.
- "*Will* she come to the party?" "Yes, she *will*. / No, she *won't*."
「彼女はパーティーに来るだろうか」「はい, 来ます / いいえ, 来ません」

> **ここが ポイント!** will の使い方
> (1) 主語に関係なく will の後には動詞の原形がきます.
> (2)《話》では代名詞の後の will はしばしば 'll と短縮されます. ただし will の後の動詞が省略されている Yes, I will. などの場合は Yes, I'll. などと短縮しません.
> (3) will not は won't [wóunt ウォウント] と短縮します.
> (4) 単なる未来を表すとき, 英では主語が I, we のときは shall を用いることがあります. → shall ❷

❷《(I [We] will +〈動詞の原形〉.で》**…しよう (と思う), …するつもりだ.**(▶話し手の意志を表す)
- I *will* prepare dinner. 私が夕食の準備をしよう.
- I *won't* trouble you. 私はあなたに迷惑(めいわく)をかけるつもりはない.

❸ **どうしても…しようとする**(▶主語の強い意志を表す. この will は強く発音する. 主語には人だけでなく物もくる)
- He *won't* listen to me. 彼は私の言うことをどうしても聞こうとしない.
- The door *won't* open. そのドアはどうしても開かない.

❹《Will you +〈動詞の原形〉? で》**(あなたは)…しますか., …するつもりですか.**(▶相手の意志をたずねる)
- *Will you* buy a car? あなたは車を買うつもりですか.

❺《Will you +〈動詞の原形〉? で》**…してくれますか., …しませんか.**(▶依頼(いらい)・勧誘(かんゆう)を表す)
- *Will you* turn on the TV? テレビをつけてくれない?

> **ここが ポイント!** Will you ...? の使い方
> (1) 依頼する場合は, Would you +〈動詞の原形〉? とするとていねいな言い方になります. また, please を添(そ)えると, よりていねいになります.
> (2) 命令文の後ろに will you? をつける言い方もあります. この場合 will you? を上げ調子に発音すると命令の感じが和(やわ)らぎます.
> - Please open the window, *will you*? 窓を開けてくれる?
> (3) 勧誘する場合は Won't you +〈動詞の原形〉? の形がよく使われます.
> - *Won't you* join us? 私たちの仲間に入りませんか

❻ **…するものだ; よく…する**(▶習慣や傾向(けいこう)を表す)
- Accidents *will* happen on a rainy day. 雨の日には事故が起こるものだ.

# will² B2 [wíl ウィル] 名 ❶ U C **意志, 意志力; 決心**
- have a strong [weak] *will* 意志が強い[弱い]

❷ C **遺言(ゆいごん); 遺言書**
*at will* 意のままに, 自由に
*of one's own free will* 自分の自由意志で
- I came here of *my own free will*. 私は自分の自由意志でここへ来た.

# William [wiljəm ウィリャム] 名 **ウィリアム**(▶男性の名. 愛称(あいしょう)は Bill, Billy など)
- *William* Tell ウィリアム・テル(▶14世紀ごろのスイスの伝説的勇士. 息子(むすこ)の頭の上に置いたりんごを射落とした話で有名)

# willing B2 [wíliŋ ウィリング] 形 ❶《be willing to +〈動詞の原形〉で》**進んで…する, …することをいとわない**
- He *is* always *willing to* help others. 彼はいつも進んで他人を助ける.

❷《名詞の前にのみ用いる》**進んでやる, 自発的**

## willingly

な(⇔unwilling いやいやながらの)
- *willing* service 自発的な奉仕(ほう)

派生語 willingly 副

**willingly** B2 [wíliŋli ウィリングリィ] 副 進んで, 喜んで, 自発的に(⇔unwillingly しぶしぶ)

**willow** [wílou ウィロウ] 名 C 〖植物〗柳(やなぎ)

**Willy** [wíli ウィリィ] (▶Willieともつづる) 名 ❶ ウィリー(▶男性の名. Williamの愛称(あいしょう)) ❷ ウィリー(▶女性の名)

# win 4級 A1 [wín ウィン]

— 動 (三単現 wins[-z]; 過去・過分 won[wán ワン]; 現分 winning)
— 他 ❶ (競技・戦争など)に勝つ(⇔lose 負ける)
- The Japan National Team *won* the game (with a score of) three to one.
  日本代表チームはその試合に3対1で勝った.
❷ (名声・賞品・勝利など)を勝ち取る, 得る
- *win* fame (努力の結果として)有名になる
- He *won* (the) first prize in the contest.
  彼はそのコンテストで1等を取った.
— 自 勝つ
- *win* or lose 勝っても負けても
- Which side *won*? どっちが勝ったのか.

— 名 (複 wins[-z]) C 勝ち, 勝利
派生語 winner 名, winning 名形

## *wind¹ 4級 A1 [wínd ウィンド]

名 (複 winds[-dz -ヅ]) ❶ U C 〖ふつう the wind で〗風 (▶「風」をさす一般的な語.「心地(ここち)よい風」という意味では breeze を使う)
- a strong [gentle] *wind* 強[微(そよ)]風
- a north [south] *wind* 北[南]風
- *The wind* is blowing hard.
  風が強く吹(ふ)いている.
- *The wind* has dropped. 風がやんだ.
- I ran against [before] *the wind*.
  私は風に逆らって[追い風を受けて]走った.

> **ここが ポイント!** windの使い方
> ふつうthe windの形で使いますが, 形容詞がつくとaやanがつき, 複数形にもなります.

❷ U 〖話〗息, 呼吸 (=breath)
❸ 〖the winds で〗(オーケストラの)管楽器部門
派生語 windy 形

**wind²** B2 [wáind ワインド] (★wind¹との発音の違(ちが)いに注意) 動 (過去・過分 wound[wáund ワウンド])
— 他 (時計・取っ手などを)巻く, 巻きつける
- Please remember to *wind* the clock.
  時計のねじを巻くのを忘れないでね.
— 自 ❶ 曲がりくねる, うねる
- The river *winds* through the plains.
  川は平野を曲がりくねって流れている.
❷ 巻きつく, 絡(から)みつく

**wind farm** [wínd fɑ́ːrm ウィンド ファーム] 名 C 風力発電所

英国の風力発電所

**wind instrument** [wínd ìnstrəmənt ウィンド インストゥラマント] 名 C 管楽器, 吹奏(すいそう)楽器

**windmill** 準2級 [wíndmìl ウィンドミル] 名 C 風車(ふうしゃ); 風車小屋

## *window 5級 A1 [wíndou ウィンドウ]

名 (複 windows[-z]) C ❶ 窓
- open [shut, close] the *window*
  窓を開ける[閉める]
- I looked out (of) the *window*.
  私は窓から外を眺(なが)めた.
- Don't throw cans out the *window*.
  窓から缶(かん)を投げ捨てないこと.
- a *window* box (窓際(まどぎわ)に置く)プランター
❷ 窓ガラス (=windowpane)
- Who broke the *window*?
  だれが窓ガラスを割ったの.
❸ 〖コンピュータ〗ウインドー (▶画面に表示される四角形の枠(わく)とその中)
- open [close] a *window* ウインドーを開く[閉じる]

**windowpane** [wíndoupèin ウィンドウペイン] 名 C (1枚の)窓ガラス

**wind power** [wínd pàuər ウィンド パウァ] 名 U 風力

**windscreen** B1 [wíndskrìːn ウィンドスクリーン] 名 C 〖英〗 = 〖米〗 windshield

**windshield** B2 [wíndʃìːld ウィンドシールド] 名 C 〖米〗(自動車の)フロントガラス (▶「フロントガラス」は和製英語) (= 〖英〗 windscreen)

**windsurfing** B1 [wíndsə̀ːrfiŋ ウィンドサーフィング] 名 U 〖スポーツ〗ウインドサーフィン

# windy 準2級 A2 [wíndi ウィンディ]

形 (比較 windier; 最上 windiest) 風の吹(ふ)く, 風の強い; 風の当たる
- a *windy* day 風の強い日
- It is *windy* today. きょうは風が強い.

# wine 準2級 A2 [wáin ワイン]

名U ワイン, ぶどう酒
- a glass [bottle] of *wine*
  1杯(ぱい) [1本] のワイン

# wing 2級 B1 [wíŋ ウィング]

名 (複 wings[-z]) C ❶ (鳥などの) 翼(つばさ) → (feather 図); (昆虫(こんちゅう)の) 羽; (飛行機・電車(でんしゃ)などの) 翼(よく)
- The bird flapped its *wings*.
  鳥は羽ばたいた.

❷ (建築物の主要部から突(つ)き出た) 翼(よく), そで;《wings で》(舞台(ぶたい)の) そで
❸ (サッカーなどの) ウイング

*on the wing* 飛んでいる

**wingspan**[wíŋspæn ウィングスパン] 名C (鳥・飛行機などの) 翼(つばさ)の端(はし)から端までの長さ

**wink** B2 [wíŋk ウィンク]
— 動自 ❶ 目くばせする, ウインクする ❷ (星・光などが) きらめく, またたく (=twinkle)
— 名 ❶ C 目くばせ, ウインク ❷《a wink で》(まばたきする間ぐらいの) 短い時間, 一瞬(いっしゅん) (=a moment)

**winner** 準2級 A2 [wínər ウィナァ] 名C 勝者, 優勝者; 受賞者 (⇔loser 敗者)

**Winnie-the-Pooh**[wíniðəpúː ウィニィザプー] 名 くまのプーさん (▶英国の作家ミルン作の童話およびその主人公のくまの名)

カナダで発行されたくまのプーさんの記念切手

**winning**[wíniŋ ウィニング]
— 動 win (勝つ) の現在分詞・動名詞
— 名U 勝つこと, 勝利
— 形 決勝の, 勝利の

# *winter 5級 A1 [wíntər ウィンタァ]

名 (複 winters[-z]) UC 冬
- a hard [mild] *winter*
  厳しい [暖かい] 冬 (▶形容詞がつくときはふつう a をつける)
- (the) *winter* vacation [米holidays] 冬休み
- *Winter* is coming soon.
  もうすぐ冬がやって来る. (▶単に「冬」を表すときは a や the をつけない)
- early [late] in *winter*=in (the) early [late] *winter* 冬の初め [終わり] に
- the *Winter* Olympics [Olympic Games] 冬期オリンピック
- Jim often goes skiing in (the) *winter*.
  ジムは冬によくスキーに行く. (▶in などの前置詞がつくとき 米 ではふつう the をつける)
- I visited Australia in the *winter* of 2023.
  私は2023年の冬にオーストラリアを訪れた. (▶特定の年の冬を表すときは the をつける)
- It was mild last *winter*.=We had a mild *winter* last year. 去年は暖冬だった.
- They will come to Osaka next *winter*.
  彼らは今度の冬に大阪に来るだろう.

> **ここが ポイント!** winter の使い方
>
> 「冬に」は in (the) winter と言いますが, this, last, next, all などが前につくとき in はつけません.
>   ○ *in* (the) winter
>   ○ *this* winter この冬に
>   × *in this* winter

- all *winter* 冬の間じゅう
- *winter* clothes《複数扱い》冬服
- *winter* sleep 冬眠(とうみん)
- *winter* sports《複数扱い》ウインタースポーツ

# wipe B2 [wáip ワイプ]

動 (三単現 wipes[-s]; 過去・過分 wiped[-t]; 現分 wiping) 他 …をふく, ぬぐう; …をふき取る
- *wipe* the dishes 皿をふく
- The girl *wiped away* her tears.
  少女は涙(なみだ)をぬぐった.

派生語 wiper 名

**wiper**[wáipər ワイパァ] 名C ❶ ふく人 [物] ❷ (車の) ワイパー

# wire 2級 B1 [wáiər ワイア]

— 名 (複 wires[-z]) UC ❶ 針金; 電線
- an electric *wire* 電線
❷ 電報, 電信 (=telegram)
- send [receive] a *wire*
  電報を打つ [受け取る]

## wireless

*by wire* 電報で(= by telegram)
— 動 (三単現 wires[-z]; 過去・過分 wired[-d]; 現分 wiring) 他自 ❶《話》(人に)電報を打つ ❷(…を[に])配線する
派生語 wireless 形

**wireless**[wáiərlis ワィアリス] 形 無線の, ワイヤレスの
- a *wireless* LAN 無線ＬＡＮ

**Wisconsin**[wiskánsən ウィスカンスィン | -kɔ́n--コン-] 名 ウィスコンシン(▶米国中北部の州. 州都はマディソン(Madison), 郵便略語はWI)

**wisdom** 準2級 A2 [wízdəm ウィズダム] 名 U 賢明(ぬ)さ, 知恵(ぢ), 分別
- a man of *wisdom* 賢者
- a *wisdom* tooth 親知らず

## wise A2 [wáiz ワィズ]

形 (比較 wiser; 最上 wisest) 賢(ぢ)い, 賢明(ぬ)な(⇔ foolish, stupid ばかな) → clever くらべて!
- a *wise* man 賢い男
- *wise* advice 賢明な忠告
- It was *wise* of you to stay home. = You were *wise* to stay home.
あなたが家にとどまったのは賢明でした.
派生語 wisdom 名, wisely 副

**wisely**[wáizli ワィズリィ] 副 賢(ぢ)く; 賢明(ぬ)にも

## wish 3級 A1 [wíʃ ウィッシュ]

— 動 (三単現 wishes[-iz]; 過去・過分 wished[-t]; 現分 wishing)
— 他 ❶《wish to +〈動詞の原形〉で》…したいと思う(▶ wantよりもていねいで形式ばった言い方)
- I *wish* to see the principal.
校長先生にお会いしたいのですが.

❷《I wish (that) ... で》…であればよいと思う → want くらべて!, if ❷ ポイント!

**ここが ポイント!** 実現しそうもない願望を表す
現在の事実と反対のことを仮定して言う言い方(仮定法過去)です. wishの後は, 過去形や過去完了などを使います. 実現しそうなことを望む(期待する)ときはhopeを使います.
- I *wish* he would win.
彼が勝てばなあ. (▶勝つ見こみは低い)
- I *hope* he will win.
彼に勝ってほしい. (▶勝つと期待している)

- I *wish* I were [《話》was] five centimeters taller. 私がもう５センチ背が高ければいいのに. (▶仮定法過去のbe動詞はwereだが《話》ではwasも使われる)
- I *wish* I could speak English well.
英語がうまく話せればいいのだが(話せなくて残念だ).

❸(人に幸運・成功)を願う, 祈(ぃ)る
wish +〈人〉+〈事〉〈人〉に〈事〉を願う, 〈人〉が〈事〉であればよいと願う
- I *wish* you a Merry Christmas.
クリスマスおめでとう.
- We *wished* him good luck.
私たちは彼のために幸運を祈った.

— 自 願う
- *wish* for peace
平和を願う
- She *wished* on a falling star.
彼女は流れ星に願いをかけた.

— 名 (複 wishes[-iz]) ❶ C U 願望, 望み; 願い事, 望みのもの
- make a *wish*
願いごとをする
- My *wish* is to be a scientist.
私の願いは科学者になることだ.

❷ C 《ふつう wishesで》(人の)幸福を願う気持ち, 祝福の言葉
- Give my best *wishes* to your parents.
ご両親によろしくお伝えください.

*With (all) best wishes,* = *Best wishes,*
よいことがありますように, それではお元気で(▶親しい相手への手紙の結びの言葉)

**wishbone**[wíʃbòun ウィッシュボウン] 名 C
(鳥の胸の)Ｙ字形の骨(▶食事のときに皿に残ったこの骨の両端(た)を2人で引っ張り合って, 長いほうを取ると願いごとがかなうといわれる)

wishbone

**wit** B2 [wít ウィット] 名 ❶ U 機知, ウイット
- Her talk is full of *wit* and humor.
彼女の話は機知とユーモアにあふれている.

❷ C 《しばしば witsで》理解力
- have a quick [slow] *wit*
理解が早い[遅(ぉ)い]

**witch**[wítʃ ウィッチ] 名 (複 witches[-iz]) C 魔女(ぢょ), (女性の)魔法使い(⇔ wizard (男性の)魔法使い)

**witchcraft**[wítʃkræft ウィッチクラフト | -krɑ́:ft-クラーフト] 名 U 魔法(ぽぅ), 魔術, 魔力

## *with 5級 A1

[wið ウィズ, 《強めるとき》wíð ウィズ]

# withdraw

前 ❶《同伴・共同》…といっしょに
❷《所有・所持》…を持って
❸《道具・材料》…で
❹《対象・相手》…と
❺《状態》…で
❻《付帯状況》…した状態で
❼《原因・理由》…のために
❽《一致・賛成》…と合って
❾《同時》…とともに

前 ❶《同伴・共同》**…といっしょに**, …とともに

- I went shopping *with* my mother.
  私は母と買い物に行った.
- He bought the chairs *with* the table.
  彼はテーブルといっしょにいすを買った.
- I mixed sugar *with* butter.
  私は砂糖とバターをいっしょに混ぜた.
- I had cake *with* a cup of tea.
  私は紅茶を飲みながらケーキを食べた.

❷《所有・所持》**…を持って**, 身につけて（⇔ without …なしで）

- a man *with* large eyes 目の大きい男性
- a clock *with* an alarm アラームつきの時計
- Take an umbrella *with* you.
  傘を持って行きなさい.

❸《道具・材料》**…で**, …を使って, …によって → by 前❸ くらべて!

- eat spaghetti *with* a fork
  スパゲッティをフォークで食べる

- take a picture *with* a camera
  カメラで写真を撮る
- The mountain top is covered *with* snow.
  山頂は雪で覆われている.

❹《対象・相手》…と; …に対して; …に関して

- I often fight *with* my brother.
  私はよく兄[弟]とけんかをする.
- How about playing tennis *with* me?
  私とテニスをしませんか.
- What shall I do *with* this box?
  この箱をどうすればよいですか.

☺ What's the matter? どうしましたか. 話してみよう!
☻ Something is wrong *with* this phone.
  この電話は何かおかしいです.

❺《状態》…で, …をもって, …して（▶名詞とともに用いて副詞句をつくる）

- *with* ease 楽に（=easily）
- *with* care 注意して（=carefully）
- *with* pleasure 喜んで
- *with* a smile ほほえんで

with a smile

❻《付帯状況》…した状態で, …しながら（▶しばしば with +〈名詞〉+〈形容詞[副詞]（句）〉などの形で用いる）

- She was sleeping *with* her mouth open.
  彼女は口を開けたまま眠っていた.
- He spoke *with* tears in his eyes.
  彼は目に涙を浮かべながら話した.
- She listened to the song *with* her eyes closed. 彼女は目を閉じてその曲を聞いた.

❼《原因・理由》…のために, …が原因で

- I was in bed all day *with* a headache.
  私は頭痛のため一日じゅう寝ていた.
- My father turned red *with* anger.
  父は怒りで顔が赤くなった.

❽《一致・賛成》…と合って, …に賛成して

- Oily food does not agree *with* me.
  油っこい料理は私には合わない.
- I agree *with* you.
  私はあなたの意見に賛成だ.
- Are you *with* me or against me?
  あなたは私に賛成ですか, 反対ですか.

❾《同時》…とともに

- I got up *with* the sunrise.
  私は日の出とともに起きた.

***with all ...*** …にもかかわらず
***with all one's ...*** すべての…をこめて[尽くして]

- I ran *with all my* strength and finished first [in first place].
  全力を尽くして走り, 1等になった.

***With love,*** 愛をこめて → love 名（成句）

**withdraw** B2 [wiðdrɔ́ː ウィズドゥロー] 動（過去 withdrew [wiðdrúː ウィズドゥルー]; 過分

**withdrawn**

**withdrawn**[wiðdrɔ́ːn ウィズドゥローン]）
― 他 ❶（手など）を引っこめる ❷（預金）を引き出す ❸（約束・申し出など）を取り消す
― 自 引き下がる, 退く

**withdrawn**[wiðdrɔ́ːn ウィズドゥローン]
― 動 withdraw（引っこめる；引き下がる）の過去分詞
― 形 内向的な, 引きこもった

**withdrew**[wiðdrúː ウィズドゥルー]
動 withdraw（引き下がる）の過去形

**wither** B1 [wíðər ウィザァ] 動 自 他 （植物などが）しぼむ, しおれる；（植物など）をしぼませる, 枯(か)らす

# within 準2級 A2

[wiðín ウィズイン]（★アクセント位置に注意）
前《時間・距離(きょり)・範囲(はんい)》…以内に[で], …の範囲内に[で], …の内側に[で]→in 前 ❹

**くらべて!**

- I will be back *within* an hour.
  私は1時間以内に戻(もど)る.（▶in an hourは「1時間で」）
- The castle is located *within* ten miles of the city.
  城は市から10マイル以内にある.

# *without 準2級 A2

[wiðáut ウィズアウト]（★アクセント位置に注意）
前 ❶ …なしで, …なしに（⇔with …を持って）
- drink coffee *without* milk
  ミルクなしでコーヒーを飲む
- I went for a walk *without* Pochi.
  私はポチを連れないで散歩に行った.
❷《条件》もし…がなければ
- We could not live *without* water.
  水がなければ私たちは生きられないだろう.
❸《without+〈-ing形〉で》…しないで, …せずに
- work *without* tak*ing* a rest
  休むことなく働く

*do* [*go*] *without ...* …なしで済ます, …がなくても何とかやっていく
- How can you *do without* money?
  お金がなくてどうしてやっていけるのですか.

*not* [*never*] +〈動詞の原形〉+ *without* +〈-ing形〉 ～せずには…しない, …すれば必ず～する
- We *never* meet *without* talk*ing* about movies.
  私たちは会うと必ず映画の話をする.

*without fail* きっと, 必ず, 間違(まちが)いなく → fail 名（成句）

**witness** B1 [wítnis ウィットゥニス]
― 名（複 witnesses[-iz]）❶ C 目撃(もくげき)者；（法廷(ほうてい)での）証人 ❷ U 証拠(しょうこ), 証言（▶書き言葉で用いる）
― 動 ― 他 …を目撃する
- Did you *witness* the accident?
  あなたはその事故を目撃しましたか.
― 自 （…を）証言する

**wives**[wáivz ワイヴズ] 名 wife（妻）の複数形

**wizard** 2級 B1 [wízərd ウィザァド] 名 C （男性の）魔法(まほう)使い（⇔witch 魔女）

**woke** 4級 [wóuk ウォウク] 動 wake（目が覚める；目を覚まさせる）の過去形の1つ

**woken**[wóukən ウォウクン] 動 wake（目が覚める；目を覚まさせる）の過去分詞の1つ

**wolf** B2 [wúlf ウルフ] 名（複 wolves[wúlvz ウルヴズ]）C 《動物》狼(おおかみ)

**wolves**[wúlvz ウルヴズ] 名 wolf（おおかみ）の複数形

# *woman 5級 A1 [wúmən ウマン]

名（複 women[wímin ウィミン]）（★単数形と複数形の発音の違(ちが)いに注意）C （成人した）**女性**, 女の人, 婦人（⇔man 男性）
- a married *woman*
  既婚(きこん)女性
- Who is the *woman* by the door?
  ドアのそばにいる女性はだれですか.

**くらべてみよう!** woman, lady, girl, female

**woman**:「成人の女性」を意味する一般的な語.
**lady**: womanよりもていねいな語で, 例えば「年配の女性」はan elderly womanよりもan elderly ladyのほうが好まれる.
**girl**:「少女, 若い女性」の意.
**female**: male（男性）に対する語で性別を表すのに使う. 動物の「雌(めす)」の意を持つ.

**womanhood**[wúmənhùd ウマンフッド] 名 U 成年女性であること；女らしさ（⇔manhood 男らしさ）

**wombat**[wámbæt ワンバット | wɔ́m- ウォン-] 名 C 《動物》ウォンバット（▶オーストラリアにすむ有袋(ゆうたい)動物）

wombat

# women 4級

[wímin ウィミン]（★単数形との発音の違(ちが)いに注意）
名 woman（女性）の複数形

- the *women's* room
女性用トイレ（= the ladies' room）

# won [4級] [wʌ́n ワン] (★同音 one 1つの)
動 win（勝つ）の過去形・過去分詞

# wonder [準2級] A2 [wʌ́ndər ワンダァ]
— 動 (三単現) wonders[-z]; (過去・過分) wondered[-d]; (現分) wondering)
— 他 …だろうかと思う, …かを知りたいと思う（▶ if, why, where などを伴(ﾄﾞ)う）
- I *wonder* if it will rain tomorrow.
  あしたは雨が降るだろうか.
- I *wonder* if I can borrow this DVD.
  このＤＶＤをお借りできますか.（▶ていねいな依頼(ﾗｲ)）
- I *wonder* why she got angry.
  なぜ彼女は怒(ｵｺ)ったのかな.
— 自 不思議に思う, 感嘆(ｶﾝ)する
— 名 (複 wonders[-z]) ❶ U 驚(ｵﾄﾞﾛ)き（の気持ち）
- The boy looked at the spaceship with *wonder*.
  その男の子は宇宙船に目を見張った.
❷ C 不思議なこと, 驚くべきこと
- the seven *wonders* of the world
  世界の七不思議

*It is no* [*small, little*] *wonder* (*that*) ... .
= *No* [*Small, Little*] *wonder* (*that*) ... .
…ということは不思議ではない.
- *It is no wonder* (*that*) he gets angry.
  彼が怒るのも不思議はない.
派生語 wonderful 形

# *wonderful [4級] A1
[wʌ́ndərfəl ワンダァフル]
形 (比較 more wonderful; 最上 most wonderful) ❶ すばらしい, すてきな, みごとな（= fantastic）
- The play was *wonderful*.
  劇はすばらしかった.
- This is the most *wonderful* sunset I've ever seen.
  これは私が今まで見た中でいちばんすばらしい夕焼けだ.
❷ 不思議な, 驚(ｵﾄﾞﾛ)くべき
- a *wonderful* world
  不思議な世界

**wonderland** [wʌ́ndərlænd ワンダァランド]
名 U おとぎの国, 不思議の国; C すばらしい所
- "Alice's Adventures in *Wonderland*"
  『不思議の国のアリス』（▶英国の作家ルイス・キャロル作の童話）

『不思議の国のアリス』のティーパーティーの場面を描いた彫刻（英国・ワーリントン）

# won't [wóunt ウォウント]
(★ want（ほしい）と混同しないこと)
《話》will not の短縮形 → will¹

# wood [準2級] A2 [wúd ウッド]
名 (複 woods[-dz -ヅ]) ❶ C 《しばしば woods で》森, 林
- walk in the *woods* 森の中を歩く
❷ U C 木, 木材（▶「製材した材木」は lumber, (英) timber）; 薪(ﾏｷ), まき（= firewood）
- This box is made of *wood*.
  この箱は木でできている.
派生語 wooden 形

**woodchuck** [wúdtʃʌk ウッドチャック] 名 C 〖動物〗ウッドチャック（▶北米産のリス科の動物）

**woodcutter** [wúdkʌtər ウッドカッタァ] 名 C きこり

**wooden** [準2級] A2 [wúdn ウッドゥン] 形 《名詞の前にのみ用いる》木製の, 木造の

**woodpecker** [wúdpèkər ウッドペッカァ] 名 C 〖鳥〗きつつき

**woodworking** [wúdwə̀:rkiŋ ウッドワーキング] 名 U 木工

**woof** [wúf ウフ] 間 ウー（▶犬などのうなり声）

# wool [準2級] A2
[wúl ウル] (★「ウール」でないことに注意)
名 U 羊毛, ウール; 毛糸; 毛織物
- a *wool* skirt ウールのスカート
- knitting *wool* 編み物用毛糸
派生語 woolen 形

**woolen** [wúlən ウルン] (▶ (英) では woollen とつづる) 形 《名詞の前にのみ用いる》羊毛の, 毛織りの

# *word [4級] A1 [wə́:rd ワード]
名 (複 words[-dz -ヅ]) ❶ C 語, 単語
- What does this *word* mean?

## word game

この単語の意味は何ですか．
- Look up the *word* in your dictionary.
その単語を辞書で調べなさい．

❷ C 言葉; 《a wordで》(手短な)会話; 《wordsで》話, 歌詞, せりふ
- a man of few [many] *words*
口数が少ない[多い]人
- I can't express my sorrow in *words*.
私の悲しみは言葉では表せない．
- May I have *a word* with you?
ちょっとお話があるのですが．

❸ 《*one's* wordで》約束 (＝promise)
- Tom *keeps his word*. トムは約束を守る．
- Ashley often *breaks her word*.
アシュリーはよく約束を破る．

❹ U 便り, 知らせ
- Send me *word* as soon as you arrive in Canada. カナダに着いたらすぐに知らせてね．

***beyond words*** 言葉では言えないほど
***in a [one] word*** 一言で言うと
***in other words*** 言いかえれば
***word for word*** 一語一語

**word game** [wə́ːrd gèim ワード ゲイム] 名 C 言葉遊び

**word processor** [wə́ːrd prɑ̀sesər ワード プラセサァ | - prə̀usesər - ブロウセサァ] 名 C 《コンピュータ》ワードプロセッサー

**Wordsworth** [wə́ːrdzwəːrθ ワーヅワース | -wəθ -ワス] 名 William, ウィリアム・ワーズワース (▶ 1770-1850; 英国のロマン派の詩人)

## wore 4級 [wɔ́ːr ウォァ]
動 wear (着ている; 長もちする) の過去形

## *work 5級 A1 [wə́ːrk ワーク]

名 ❶ 仕事
　❷ 職
　❸ 作品
　❹ 《a ...worksで》…工場
動 自 ❶ 働く
　　❷ (機械などが)動く
　他 (機械など)を動かす

— 名 (複 works [-s]) ❶ U (一般的な) **仕事**, 労働, 作業; 勉強

- I have a lot of *work* to do today. きょうはしなければならないことがたくさんある．
- My brother is looking for *work*.
兄[弟]は仕事を探している．
- All *work* and no play makes Jack a dull boy. (ことわざ) よく学びよく遊べ．(⇔勉強ばかりで遊ばないとジャックはばかな少年になる)

> くらべてみよう！ work, labor, job, task, business
>
> **work**: 体や頭を使ってする「仕事」「作業」
> **labor**: 骨の折れる「肉体的労働」
> **job**: 収入を得るための「仕事」「職」
> **task**: 課せられた「仕事」「任務」
> **business**: 「事業」「商売」

❷ U 職; 勤務先, 職場
- go to *work* by car 車で通勤する

❸ C 作品, 著作; U 制作
- a great *work* of art すばらしい美術品
- the collected [complete] *works* of Miyazawa Kenji 宮沢賢治全集

❹ C 《a ...worksで》…工場, …製作所
- an iron*works* 鉄工所

***at work*** 仕事中で, 働いて; 作業中で; 職場で
- She is *at work* setting up her computer.
彼女はパソコンをセットアップ中だ．
- MEN AT *WORK* 《掲示》作業中, 工事中

***get to work*** 仕事に取りかかる
***out of work*** 失業して (⇔in work 職に就いて)

— 動 (三単現 works [-s]; 過去・過分 worked [-t]; 現分 working)
— 自 ❶ **働く**, 仕事をする; 勤めている; 勉強する (⇔play 遊ぶ)
- *work* at [in] a supermarket
スーパーに勤めている
- My father *works* for a trading company.
父は貿易会社に勤務している．
- My mother *works* as a teacher.
母は教師として働いている．
- He *worked* hard for the exam.
彼は試験のために一生懸命勉強した．
- She is *working* from home today.
彼女は今日在宅勤務をしている．

❷ (機械などが)動く, 作動する; (計画・方法などが)うまくいく; (薬が)効く
- The toy *works* by electricity.
そのおもちゃは電気で動く．
- Their plan didn't *work*.
彼らの計画はうまくいかなかった．

— 他 (機械など)を動かす, 操作する

- *work* a computer コンピュータを操作する
*work on ...* …に従事する,取り組む;(人・感情)に影響(えいきょう)を与(あた)える,…を説得する
- *work on* history
歴史の勉強をする
- My father is *working on* a new book.
父は新しい本を書いている.
*work out* (物事が)うまくいく;結果が…になる,トレーニングをする;…を解決する,(問題)を解く

派生語 worker 名, working 形

**workbook** [wə́:rkbùk ワークブック] 名 C 練習帳,ワークブック

# worker 4級 A1 [wə́:rkər ワーカァ]

名 (複 workers[-z]) C **働く人**,労働者;勉強する人
- a hotel *worker* ホテル従業員

**working** 2級 B1 [wə́:rkiŋ ワーキング]
— 動 work(働く;動かす)の現在分詞・動名詞
— 形 働く,仕事の;作業用の
- *working* hours 勤務[労働]時間

**workman** B2 [wə́:rkmən ワークマン] 名 (複 workmen[-mən]) C (男性の)労働者,工員;職人

**workplace** 2級 B1 [wə́:rkplèis ワークプレイス] 名 C ((しばしば the workplace で))職場,仕事場

**workshop** 2級 B1 [wə́:rkʃɑ̀p ワークシャップ|-ʃɔ̀p -ショップ] 名 C ❶ 仕事場,工作場

❷ ⊛ 研修会

# *world 5級 A1 [wə́:rld ワールド]

名 (複 worlds[-dz -ヅ]) ❶ ((the world で)) **世界**,地球;((単数扱い))世界の人々
- around *the world* 世界じゅうで
- *the world* record 世界記録
- the biggest country in *the world*
世界最大の国
- All *the world* wishes for peace.
世界じゅうの人々が平和を望んでいる.
❷ ((the world で))世の中,世間;((単数扱い))世間の人々
- You know nothing of *the world*.
君は世間知らずだ.
❸ C …界,(…の)世界
- the business *world* 実業界
- the natural *world* 自然界
*all over the world* 世界じゅうで[に]
*in the world* 世界で,世界じゅうで(→❶);いったい全体,そもそも(►疑問詞を強める)
- Where *in the world* were you?
いったい君はどこにいたの.
*It's a small world.* ((話))世の中は狭(せま)いね.
(►思いがけず知り合いに会ったときなどに言う)

**World Cup** [wə̀:rld kʌ́p ワールド カップ] 名 ((the World Cup で))ワールドカップ(►サッカーなどの世界選手権)

**world-famous** [wə̀:rldféiməs ワールドフェイマス] 形 世界的に有名な

**World Heritage (Site)** [wə̀:rld héritidʒ (sàit) ワールド ヘリティッヂ (サイト)] 名 C 世界遺産(として登録された場所)

**World Series** [wə̀:rld síəri:z ワールド スィ(ア)リーズ] 名 ((the World Series で))『野球』ワールドシリーズ(►アメリカのナショナルリーグとアメリカンリーグの優勝チーム間で行われる王座決定戦)

**World War** [wə̀:rld wɔ́:r ワールド ウォー] 名 C 世界大戦

**World War I** [wə̀:rld wɔ:r wʌ́n ワールド ウォー ワン] 名 第一次世界大戦(► 1914-1918, the をつけないことに注意. I は one と読む)(= the First World War)

**World War II** [wə̀:rld wɔ:r tú: ワールド ウォー トゥー] 名 第二次世界大戦(► 1939-1945, the をつけないことに注意. II は two と読む)(= the Second World War)

**worldwide** B2 [wə̀:rldwáid ワールドワイド] 形 世界的な,世界じゅうに知れわたった

**World Wide Web** [wə̀:rld waid wéb ワールド ワイド ウェブ] 名 ((the World Wide Web で))ワールドワイドウェブ(►インターネット上の情報通信網(もう), WWW, the Web と略す)

**worm** B2 [wə́:rm ワーム] 名 C (細長くてはう)虫(►毛虫・みみずなど) → insect くらべて!

# worn 2級 B1

[wɔ́:rn ウォーン] (★同音 warn 警告する)
— 動 wear(着ている;長もちする)の過去分詞
— 形 すり減った,すり切れた;疲(つか)れきった

**worn-out** B2 [wɔ̀:rnáut ウォーナウト] 形 (使えないほど)すり減った,すり切れた;へとへとに疲(つか)れた

**worried** 準2級 A2 [wə́:rid ワーリィド | wʌ́rid ワリィド]

# worries
―**動** worry（心配する[させる]）の過去形・過去分詞
―**形** 心配そうな

**worries** [wə́ː riz ワーリィズ | wʌ́riz ワリィズ]
―**動** worry（心配する[させる]）の三人称単数現在形
―**名** worry（心配）の複数形

## \*worry 4級 A1 [wə́ːri ワーリィ | wʌ́ri ワリィ]
―**動**（**三単現** worries[-z]; **過去・過分** worried[-d]; **現分** worrying）
―**自** 心配する, くよくよする, 悩む
- I'm *worrying* about my father's health.
  私は父の健康を心配している.
- Don't *worry* about it.
  いいんですよ., 気にしないで.（▶That's all right., Never mind. などとも言う）
―**他** …を心配させる, 悩ませる
- What's *worrying* him? 彼は何を心配しているのですか.（⇔何が彼を心配させているのか）
- He is *worried* about the English exam.
  彼は英語の試験のことを心配している.（▶be worried と受け身だが,「心配している」と訳す）
―**名**（複 worries[-z]）❶Ⓤ **心配**, 不安
- He is free from *worry*. 彼は気苦労がない.
❷Ⓒ 心配事, 心配[悩み]の種
**派生語** worried **形**

**worrying** B2 [wə́ːriiŋ ワーリィイング | wʌ́ri- ワリィ-] **動** worry（心配する[させる]）の現在分詞・動名詞

## worse 準2級 A2 [wə́ːrs ワース]
―**形**（▶bad, illの比較級）**もっと悪い**, もっとひどい（⇔better もっとよい）→bad
- The weather is getting *worse*.
  天気が悪化しつつある.
- The situation is *worse* than I expected.
  状況は私が予想していたよりも悪い.
―**副**（▶badly, illの比較級）**もっと悪く, もっとひどく**（⇔better もっとよく）
- She sang *worse* than usual because of a cold. 彼女は風邪のためいつもより歌がへただった.

**worship** B2 [wə́ːrʃip ワーシップ]
―**名** Ⓤ ❶ 崇拝, 尊敬 ❷（教会での）礼拝
―**動**（**過去・過分** worshiped, ⓑworshipped[-t]; **現分** worshiping, ⓑworshipping）**他** **自**（…を）崇拝する; 礼拝に出る

## worst 準2級 A2 [wə́ːrst ワースト]
―**形**（▶bad, illの最上級）**最も悪い**, 最もひどい（⇔best 最もよい）
- Today is the *worst* day of my life.
  きょうは人生最悪の日だ.
- This is the *worst* storm (that) we have had in twenty years.
  これは過去20年間でいちばんひどい嵐だ.
―**副**（▶badly, illの最上級）**最も悪く, 最もひどく**（⇔best 最もよく）
- She danced *worst* of all. 彼女はみんなのうちでいちばんへたに踊った.
**worst of all** 何よりも悪いことには
―**名**《the worstで》**最も悪いもの[こと], 最悪の事態**（⇔the best 最もよいもの）
- prepare for *the worst* 最悪の事態に備える
**at (the) worst** 最悪の場合でも, どんなに悪くても

## worth 2級 B1 [wə́ːrθ ワース]
―**形**《worth ...で》**…の価値がある**;《worth+〈-ing形〉で》…**するだけの値打ちがある**
- That picture is *worth* 5,000 dollars.
  あの絵は5000ドルの価値がある.
- This book is *worth* read*ing*.
  この本は読む価値がある.

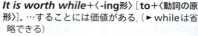

**It is worth while+〈-ing形〉[to+〈動詞の原形〉]. …**することには価値がある.（▶whileは省略できる）
- *It is worth while* learning [to learn] Chinese. 中国語は学ぶ価値がある.（=Chinese is worth learning.）
**worth one's while**（物事が）時間を費やすだけの価値がある
- This job is *worth our while*.
  この仕事は私たちにとってやりがいがある.
―**名** Ⓤ（人・物などの）値打ち; 価値; …だけの量
- one thousand yen's *worth* of rice
  1000円分の米
**派生語** worthless **形**, worthy **形**

**worthless** B2 [wə́ːrθlis ワースリス] **形** 価値のない（⇔worthy 価値のある）

**worthwhile** B1 [wə̀ːrθhwáil ワース(ホ)ワイル] **形** 時間[労力]をかける価値のある

**worthy** B1 [wə́ːrði ワーズィ] **形**（**比較** worthier; **最上** worthiest）❶ 価値のある, 尊敬すべき（⇔worthless 価値のない）❷《worthy of ...で》…の価値のある, …にふさわしい

## \*would 4級 A1
[wəd ワド,《強く言うとき》wúd ウッド]（★このlは発音しない）

**助**（▶willの過去形）❶ **…だろう**; …するつもりだ（▶「時制の一致」で使われる）
- I thought (that) I *would* catch the bus.
  私はそのバスに間に合うだろうと思った.（▶

think (that) I will catch the bus.の過去形. 過去形thoughtに合わせてwouldを使う.「間に合っただろうと思った」とは訳さない)
- He said (that) he *would* get up early.
彼は朝早く起きるつもりだと言った. (= He said, "I will get up early.")

> **ここがポイント！** **wouldの短縮形**
> wouldは《話》ではしばしば短縮形 'd が使われます.
> I would → I'd,
> you would → you'dなど
> would notはwouldn'tと短縮されます.

❷ **どうしても…しようとした**(►過去の強い意志)
- She *would* become a teacher against her father's will.
彼女は父親の意に反して教師になろうとした.
- My mother *wouldn't* let me have a dog.
母は私に犬を飼うことを許そうとしなかった.

❸《Would you +〈動詞の原形〉で》**…していただけませんか.** (►Will you +〈動詞の原形〉?のていねいな依頼の言い方, 形は過去形だが意味は現在)
- *Would you* pass me the salt?
塩を取っていただけませんか.

> **ここがポイント！** **Would you …? の使い方**
> (1) would youは[wudʒu ウッヂュ]のように続けて発音します.
> (2) pleaseをつけるとさらにていねいになります.
> - *Would you* please bring me the newspaper?
> 新聞を持って来ていただけませんか.
> (3) さらにていねいに依頼するにはWould you mind +〈-ing形〉?と言います.
> - *Would you mind* taking a picture?
> 写真を撮っていただけるでしょうか.
> (4) 命令文の後ろにwould you?をつける言い方もあります. この場合, would you?を上げる調子に発音すると命令の感じが和らぎます.
> - Please wait outside, *would you*?
> 外で待っていただけますか.

❹ **よく…したものだ**(►過去の不規則な習慣を表す. しばしばalways, often, sometimesなどを伴う) → used² くらべて！
- Father *would* often go fishing.
父はよく魚釣りに行ったものだ.

❺(もし…ならば)**〜するだろうに, 〜するのだが** (►現在の事実に反する仮定やありえない仮定を表す)
- If I were a bird, I *would* fly to her.
もし私が鳥だったら, 彼女の所へ飛んで行くのに. (►実際は飛べない)

❻《willの代用として》**たぶん…だろう** (►控え目な表現)
- I'*d* say it's too late.
もう手遅れだと思いますが.

***would like …*** …**がほしいのですが** (►wantよりもていねいな言い方) → like¹(成句)
- I *would like* some tea, please.
お茶をいただけますか.

***would like to*** +〈動詞の原形〉…**したいのですが** → like¹(成句), ポイント！
- I'*d like to* see the picture.
私はその絵を見てみたい.

***would rather*** +〈動詞の原形〉(+than +〈動詞の原形〉) **(〜するより)むしろ…したい** → rather(成句)

***Would you like …?*** …**はいかがですか.** → like¹(成句)

**wouldn't**[wúdnt ウドゥント]《話》would notの短縮形

**wound¹** B1 [wúːnd ウーンド]
— 名 C **傷, けが**
- a serious [light] *wound* 重[軽]傷

> **くらべてみよう！** **woundとinjury**
> **wound**: 主に戦争や犯罪などで受ける「傷」
> **injury**: 事故などによる「けが」

— 動 他 …**を負傷させる**
派生語 wounded 形

**wound²**[wáund ワウンド] 動 wind²(巻く; 曲がりくねる)の過去形・過去分詞

**wounded**[wúːndid ウーンディド] 形 **負傷した, けがをした**

**wove**[wóuv ウォウヴ] 動 weave(織る)の過去形; 過去分詞の1つ

**woven**[wóuvən ウォウヴン] 動 weave(織る)の過去分詞の1つ

# **wow** 5級 [wáu ワウ]
間 ⊛《話》**わあ, まあ, おや** (►賞賛・喜び・驚きなどを表す)
- "Kids, the dinner's ready." "*Wow*! It looks great!"「子どもたち, 夕食ができたよ」「わあ, おいしそう！」
- *Wow*, the plate costs 100 dollars.
まあ, その皿100ドルもする.

# wrap 2級 B1

[rǽp ラップ]（★このwは発音しない）
- 動（三単現 wraps[-s]；過去・過分 wrapped[-t]；現分 wrapping）他 …を包む，くるむ，巻く
  - Shall I *wrap* this (up) in paper?
    これを紙に包みましょうか．

- 名（複 wraps[-s]）① C 米 スカーフ，ショール ② U 米 包み（= wrapping）；食品保存用ラップ（= plastic wrap）
  派生語 wrapper 名，wrapping 名

**wrapper** [rǽpər ラッパァ] 名 C 包み紙，包装紙；（郵送用の）帯封；本のカバー

**wrapping** B1 [rǽpiŋ ラッピング]
- 動 wrap（包む）の現在分詞・動名詞
- 名 U（しばしば wrappings で）（単数扱い）包み，包装材
- 形 包装用の
  - *wrapping* paper 包装紙

**wreath** [ríːθ リース]（★このwは発音しない）名 C 花輪，リース，（花や葉の）冠
  - a Christmas *wreath* クリスマスリース（▶玄関に飾る）

**wreck** B2 [rék レック]（★このwは発音しない）
- 名 C 難破船；（難破船・飛行機などの）残がい
- 動 他（船）を遭難させる；（飛行機・車など）を破壊する

**wrench** [réntʃ レンチ]（★このwは発音しない）
- 動 他 …をねじる，ひねる；…をもぎ取る
- 名（複 wrenches[-iz]）C ❶ ねじること ❷ 米 レンチ，スパナ（= 英 spanner）

**wrestle** 4級 [résl レスル]（★このwとtは発音しない）
動 自 ❶ 取っ組み合う；レスリングをする ❷（困難などに）取り組む
派生語 wrestler 名，wrestling 名

**wrestler** 4級 [réslər レスラァ]（★このwとtは発音しない）名 C レスリング選手
  - a sumo *wrestler* 相撲取り，力士

# wrestling 4級

[résliŋ レスリング]（★このwとtは発音しない）
名 U《スポーツ》レスリング；格闘

- arm *wrestling* 腕相撲

**wring** [ríŋ リング]（★このwは発音しない）動（過去・過分 wrung [ráŋ ラング]）他（ぬれた物）を絞る；（水分など）を絞り出す

**wrinkle** [ríŋkl リンクル]（★このwは発音しない）
- 名 C（肌・布などの）しわ
- 動 他 自 …にしわを寄せる；しわが寄る

**wrist** B1 [ríst リスト]（★このwは発音しない）名 C 手首 → body 図

**wristwatch** B1 [rístwàtʃ リストワッチ｜-wɔ̀tʃ ウォッチ] 名（複 wristwatches[-iz]）C 腕時計

# *write 5級 A1

[ráit ライト]（★このwは発音しない．同音 right 正しい）
動（三単現 writes[-ts -ツ]；過去 wrote [róut ロウト]；過分 written [rítn リトゥン]；現分 writing）（★過去分詞の発音に注意）

- 他 ❶（文字・文章など）を書く（▶「絵をかく」は paint, draw）→ draw 図
  - Please *write* your name here.
    ここにあなたの名前を書いてください．
  - I *wrote* him a long letter. = I *wrote* a long letter to him. 彼に長い手紙を書いた．
  - I *wrote* a composition on [about] my school life. 学校生活について作文を書いた．
  - This novel is *written* in French.
    この小説はフランス語で書かれている．（▶by French は×）

❷（人）に手紙を書く，手紙を出す
  - I *wrote* her yesterday.
    私はきのう彼女に手紙を書いた．
  - He *wrote* us (that) he was fine. 彼は私たちに元気でやっていると手紙に書いた．

> ここが ポイント！ 「手紙を書く」の言い方
> 「手紙を書いた」と言う場合，I wrote him a letter. よりも，letter を用いずに，I wrote him. とするほうがふつうです．

- 自 ❶ 文字を書く，記入する
  - *write* with a pencil 鉛筆で書く（▶具体的な筆記用具は with で表す）

# Wyoming

- *write* in ink インクで書く
- ❷《write to +〈人〉で》(人に)**手紙を書く**
- Please *write to* me soon.
  すぐ私に手紙を書いてください. (▶ ⊛ではふつうtoは省略する. → 他❷)
- ❸(ペンなどが)書ける
- This pen *writes* very well.
  このペンはとてもよく書ける.

*write back* 返事を書く
- *Write* me *back*, please. 返事をください.
- I *wrote back to* him yesterday.
  私はきのう彼に返事を書いた.

*write down ...* …を書き留める
- I *wrote down* the answers in my notebook. 私は答えをノートに書き留めた.
- Please *write down* my phone number.
  私の電話番号を書いておいてください.

*write out ...* …を詳しく書く;…を清書する

派生語 writer 名, writing 名, written 形

# writer 4級 A1

[ráitər ライタァ](★このWは発音しない)

名(複 writers[-z]) C 筆者, 著者; 作家; 書く人
- my favorite *writer* 私の大好きな作家
- a good *writer* 文[字]を書くのがうまい人

# writing 準2級 A2

[ráitiŋ ライティング](★このWは発音しない)

—動write(書く)の現在分詞・動名詞

—名(複 writings[-z]) ❶ U (字・文を)**書くこと**;執筆(しっぴつ)
- learn reading and *writing* 読み書きを学ぶ
- ❷ U 筆跡(ひっせき), 書体(=handwriting)
- ❸ U C 書かれた物(▶手紙・書類など)
- ❹ C 《しばしばwritingsで》著作(集), 作品

# written 2級 B1

[rítn リトゥン](★このWは発音しない)

—動write(書く)の過去分詞

—形 ❶ 書かれた, 書面の(⇔oral 口頭の)
- a *written* examination 筆記試験
- ❷ 文語の(⇔spoken 口語の)
- *written* English 文語の英語

# *wrong 4級 A1

[rɔ́ːŋ ローング | rɔ́ŋ ロング](★このWは発音しない)

—形(比較 more wrong; 最上 most wrong)
❶(考え・選択(せんたく)などが)**間違(まちが)った**, 誤った(⇔right 正しい)
- Your answer is *wrong*.
  あなたの答えは間違っている.
- We took the *wrong* train.
  私たちは間違った電車に乗ってしまった.

話してみよう!
☺ Hello. Is this Mr. Smith's office?
もしもし, スミスさんのオフィスですか?
☻ I'm afraid you have the *wrong* number. 番号違いのようです. (⇔あなたは間違った番号にかけている)

❷(道徳的に)**悪い**, 不正な(⇔right 正しい)→ bad くらべて!
- It was *wrong* of me to stay out late at night. = I was *wrong* to stay out late at night. 深夜まで外出していたのはまずかった.
❸ 不適切な, ふさわしくない(⇔right 適切な)
- the *wrong* speech for the party
  パーティーにふさわしくないスピーチ
❹ 具合[調子]の悪い;(機械などが)故障した
- What's *wrong* (with you)? = Is there anything *wrong* with you?
  どうしたの., どこか悪いの. (▶What's the matter?とも言う)
- Something is *wrong* with this camera.
  このカメラはどこか故障している.
❺ 裏側の, 逆の

—副 間違えて, 誤って(⇔right 正しく)
- Everyone reads my name *wrong*.
  だれもが私の名前を読み間違える.

*get ... wrong* …を誤解する
- Don't *get* me *wrong*. 私を誤解しないで.
*go wrong* 道を間違える;(物事が)うまくいかない;(機械などが)故障する

—名(複 wrongs[-z]) U 悪, 不正(⇔ right 善); C 悪事, 不正行為

*be in the wrong* 間違っている(⇔ be in the right 正しい)
- I think that you *are in the wrong*.
  あなたが間違っていると思う.

# wrote 4級 [róut ロウト]

動write(書く)の過去形

**wrung**[rʌ́ŋ ラング]動wring(絞(しぼ)る)の過去形・過去分詞

**WV** West Virginia(米国ウエストバージニア州)の郵便略語

**WWW, www**〖インターネット〗ワールドワイドウェブ(▶World Wide Webの略. インターネットの情報通信網(もう))

**WY** Wyoming(米国ワイオミング州)の郵便略語

# Wyoming 2級 [waióumiŋ ワイオウミング] 名 ワイオミング(▶米国北西部の州. 州都はシャイアン(Cheyenne). 郵便略語はWY)

# X¹, x

**X¹, x** [éks エックス] 名 (複 X's, Xs, x's, xs[-iz]) ❶ C 英語アルファベットの第24字 ❷ U (ローマ数字の)10 ❸ C 〖数学〗第1未知数; 未知の人[物]

> **これ、知ってる？ Xのいろいろな使い方**
>
> 英語圏(%)ではXをいろいろな場面で使います.
>
>
>
> 手紙の最後にキスマーク
>
>
>
> 投票などで×をつけて選ぶ
>
>
>
> 地図上のある地点
>
> また, カナダやオーストラリア, 米国などでは, パスポートの性別欄(%)で, M(male 男性)とF(female 女性)以外に, 男女に限定しない第三の選択肢(%)を選択できますが, その際にもX(性別不特定)が使われます.

**X²** [éks エックス]
名 エックス (▶コメントや写真を投稿(%)して共有できるソーシャルネットワーキングサービスの1つ. 旧ツイッター)

**Xerox** [zíərɑks ズィ(ァ)ラックス | -rɔks -ロックス]
— 名 (複 **Xeroxes**[-iz]) 〖商標〗ゼロックス(コピー機); C (ゼロックスでとった)コピー
— 動 《時にxeroxで》他 自 (…を)コピーする

**Xing** [krɔ́ːsiŋ クロースィング | krɔ́siŋ クロスィング]
名 C 交差点, 横断地点 (▶crossingのcrossをXで表したもの. 交通標識で用いる)

**Xmas** [krísməs クリスマス, éks- エクス-] 名《話》クリスマス(=Christmas) (▶Christを表すギリシャ語の頭(紫)文字Xと「祭り」を意味するmasから. クリスマスカードや掲示(%)で用いられる. X'masとアポストロフィー(')を入れるのは誤り)

**X-ray** B2 [éksrèi エックスレィ]
— 名 C ❶ 《ふつう X-rays で》エックス線, レントゲン線 (▶19世紀末にドイツの物理学者レントゲンが発見. X-raysは「未知の線」の意) ❷ レントゲン写真

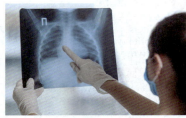

— 形 エックス線の, レントゲン線の
• an *X-ray* examination レントゲン検査
— 動 他 …のレントゲン写真を撮(²)る

**xylophone** [záiləfòun ザイラフォウン] 名 C 〖楽器〗木琴(きん)

# year

**Y, y** [wái ワィ] 名 (複 Y's, Ys, y's, ys[-z]) C ❶英語アルファベットの第25字 ❷〘数学〙第2未知数

**y.** yard(s)(ヤード)の略

**-y** 接尾 …の特徴(とくちょう)を持つ;…に満ちた;いくぶん…の(▶名詞の後について形容詞をつくる)
- rainy 雨の
- sunny 晴れた(▶sun +-y. nが重なる)

**¥** yen(円)の記号
- ¥100 100円(▶記号は数字の前につけるが, one hundred yen[ワン ハンドゥレッド イェン]と読む)

**yacht** B2 [ját ヤット | jɔ́t ヨット](★このchは発音しない)
― 名 C 帆船(はんせん), ヨット;(帆(ほ)のない)快速船
- sail on a *yacht* ヨットで航海する

> **ここが ポイント!** **yachtと「ヨット」**
> yachtは帆やエンジンで走る, 主に大型の船をさします. 日本語の「ヨット」に相当する小型の帆船はふつう, 米sailboat, 英sailing boatと言います.

― 動 自 ヨットに乗る, ヨットを走らせる

**Yankee** [jǽŋki ヤンキィ] 名 C ヤンキー(▶米ではニューイングランド地方や北部出身の人をさす. また外国人が米国人をさしても使い, その場合は軽べつ的な意味になることが多い)

**\*yard¹** 4級 A1 [já:rd ヤード]

名 (複 yards[-dz -ʦ]) C ❶庭, 中庭;(学校・駅などの)構内 → garden くらべて!
- a back [front] *yard* 裏[前]庭(▶back yardは1語でbackyardともつづる)
- a railroad *yard* 駅の構内
- a vegetable garden in the *yard* 庭の菜園
- a *yard* sale 米ヤードセール, 不用品セール(▶自宅の庭に不用になった物を並べて売る)

❷作業場, (囲いをした)置き場(▶ふつう複合語で使われる)
- a dock*yard* 造船所

**yard²** [já:rd ヤード] 名 C ヤード(▶長さの単位. 約0.9メートル. y. またはyd. と略す)

**yarn** [já:rn ヤーン] 名 U (紡(つむ)いだ)糸;(編み物用の)毛糸

**yawn** B2 [jɔ́:n ヨーン]
― 名 C あくび
― 動 自 あくびをする

**yd.** yard(s)(ヤード)の略

**yea** [jéi イェィ]
― 名 C 賛成(の返事);賛成投票
― 間 頑張(がんば)れ(▶応援(おうえん)の言葉)

**yeah** 準2級 A2 [jéə イェァ] 副〘話〙=yes

**\*year** 5級 A1 [jíər イァ]

名 (複 years[-z]) C ❶年, 1年
- this *year* 今年
- last *year* 去年
- next *year* 来年
- the *year* before last おととし
- the *year* after next 再(さ)来年
- two *years* ago 2年前に
- five *years* from now 今から5年後
- in ten *years* 10年後に;10年の間に
- once a *year* 1年に1度
- every other *year* = every two *years* 1年おきに
- There are twelve months in a *year*.
  = A *year* has twelve months.
  1年は12か月だ.

> **ここが ポイント!** **yearの使い方**
> yearにthis, last, next, everyなどがつくときは, 前置詞はつけません.
> - 私は去年そこへ行った.
>   I went there last year.

## yearbook

> 話してみよう！
> ☺Happy New *Year*!
> 新年おめでとう．
> ☺(The) Same to you.
> おめでとう．(⇔あなたも同様に)

❷ …歳 (►数を表す語を伴(ともな)う)；《years で》年齢(ねんれい)(=age)
- a fourteen-*year*-old boy 14歳の男の子(►この場合 year は複数形にしない)(=a boy of fourteen (*years*); a boy fourteen *years* old)
- "How old are you?" "I'm fourteen (*years* old)." 「何歳ですか」「私は14歳です」(►I'm fourteen years. は×)
- My sister is five *years* younger than I [me]. 妹は私より5歳年下だ．

❸ 学年, 年度
- a first-*year* student 1年生
- The school *year* begins in September and ends before summer in the United States. アメリカでは学校年度は9月に始まり，次の年の夏前に終わる．

*all year round* 一年じゅう
- In Thailand it is hot *all year round*. タイでは一年じゅう暑い．

*for years* 何年も, 何年間も

*from year to year* = *year after* [*by*] *year* 毎年毎年, 年々

派生語 yearly 形副

**yearbook** [jíərbùk イァブック] 名 C ❶ 年鑑(ねんかん), 年報 ❷ ⊛ 卒業記念アルバム

**yearly** [jíərli イァリィ]
— 形 年1回の, 毎年の
- a *yearly* event 年中行事
— 副 年1回; 毎年

**yeast** [ji:st イースト] 名 U 酵母(こうぼ)(菌(きん)), イースト(►パンの製造, ワインなどアルコールの醸造(じょうぞう)などに用いる)

**yell** B1 [jél イェル]
— 動 ⾃ 大声で叫(さけ)ぶ, わめく
— 名 C ❶ 叫び声, わめき
❷ ⊛ 声援(せいえん), エール
- They gave a big *yell* for the home team. 彼らは地元のチームに盛(さか)んな声援を送った．

## *yellow 5級 A1 [jélou イェロゥ]

— 形 (比較 yellower; 最上 yellowest) 黄色の, 黄色い
- a *yellow* ribbon 黄色いリボン
- a *yellow* card (サッカーの)イエローカード
— 名 ❶ U 黄色; 黄色い服
- She was dressed in *yellow*. 彼女は黄色い服を着ていた．
❷ U C (卵の)黄身(=yolk)(◆「白身」はwhite)

**Yellow Cab** [jèlou kǽb イェロゥ キャブ] 名 イエローキャブ(►アメリカ最大のタクシー会社. またはそのタクシー. 車体が黄色い)

**yellow pages** [jèlou péidʒiz イェロゥ ペイヂズ] 名 職業別電話帳；(電話帳の)職業別ページ(►ふつう黄色い紙を使うことから)

**Yemen** [jémən イェメン] 名 イエメン(►中東の共和国. 首都はサヌア(Sana'a))

## yen 5級 [jén イェン]

名 (複 yen) (►複数形も同じ) C 円(►日本の貨幣(かへい)単位. 記号は¥)

## *yes 5級 A1 [jés イェス]

— 副 ❶ (質問に答えて)はい, そうです(⇔no いいえ)
- "Do you know her?" "*Yes*, I do." 「あなたは彼女を知っていますか」「はい, 知っています」
- "Can you read German?" "*Yes*, I can." 「ドイツ語が読めますか」「はい, 読めます」
- "May I open the window?" "*Yes*, please." 「窓を開けていいですか」「はい, お願いします」
- "Aren't you hungry?" "*Yes*, I am." 「おなかがすいていないのですか」「いや, すいています」

> **ここが ポイント！** yesの使い方
>
> 英語では質問が肯定形でも否定形でも, 答える内容が肯定ならyesを, 否定ならnoを使います. そのため, 否定形の質問に対する答えでは, yes, noは日本語の「はい」「いいえ」と逆になります.
>
> Are you busy? 忙(いそが)しいですか.
> → Yes, I am. はい, 忙しいです.
>   No, I'm not.
>   いいえ, 忙しくありません.
> Aren't you busy? 忙しくないのですか.
> → Yes, I am. いや, 忙しいです.
>   No, I'm not.
>   はい, 忙しくありません.

## Yosemite National Park

❷ (相手に同意して)そのとおりです,そうです
- "She speaks English very well." "*Yes, indeed.*"
「彼女は英語をとてもじょうずに話しますね」「本当にそうですね」

❸ (呼びかけ・命令に対して)はい
- "Jimmy!" "*Yes.*"
「ジミー!」「はい」
- "Come at once." "*Yes, Dad.*"
「すぐに来なさい」「はい,お父さん」

❹ そうですか;それで?;何でしょうか(▶上げ調子で言う.相づちを打ったり軽い疑いを表す)
- "I went to the zoo yesterday." "*Yes?*"
「きのう動物園へ行ったんだ」「そう,それで?」

━名 (複 yeses, yesses[-iz]) ⒸⓊ 「はい」と言うこと,「はい」という返事;肯定,賛成
- He said *yes* to my order.
彼は私の命令を承諾(しょうだく)した.(⇐私の命令にはいと言った)
- Answer with a *yes* or no.
イエスかノーで答えなさい.

## yesterday 5級 A1
[jéstərdèi イェスタァデイ]

━副 きのう(は),昨日(は)(▶「きょう」はtoday,「あした」はtomorrow)
- It was cold *yesterday*.
きのうは寒かった.

━名 Ⓤ きのう,昨日
- *yesterday* evening きのうの夕方(=last evening)(▶「きのうの夜」はlast nightと言い,yesterdayは使わない)
- *yesterday*'s paper きのうの新聞
- *Yesterday* was Wednesday.
きのうは水曜日だった.
- It rained *yesterday* morning [afternoon].
きのうの朝[午後]に雨が降った.(▶前置詞をつけないことに注意)

*the day before yesterday* おととい,一昨日
- We played tennis *the day before yesterday*.
私たちはおとといテニスをした.

## *yet 4級 A1 [jét イェット]

━副 ❶ 《否定文で》まだ(…ない)(▶肯定文で「まだ(…である)」はふつうstill → ❸)
- The store is *not* open *yet*.
その店はまだ開いていない.
- They don't know the result *yet*.
彼らはまだ結果を知らない.

### ここが ポイント! yetの位置
yetはふつう文末に置きますが,
- The job is not *yet* finished.
その仕事はまだ終わっていない.
のように否定語 not の直後に置くこともあります.

- "Have you had dinner?" "No, *not yet*."
「夕食を食べましたか」「いいえ,まだです」(▶I have *not* had dinner *yet*.の省略)→ already くらべて!

❷《肯定の疑問文で》もう,すでに
- Is she here *yet*?
彼女はもうここに来ていますか.
- "Has the train left *yet*?" "Yes, it has already left."
「電車はもう出発しましたか」「はい,もう出発しました」

❸《肯定文で》まだ,今でも
- He is waiting for Mary *yet*.
まだ彼はメアリーを待っている.(▶肯定文でyetを使うと,驚(おどろ)きやじれったさを表す)

*and yet* それなのに,しかもなお(=but yet)
- I made great efforts, *and yet* I failed.
私は大変な努力をしたが,それでも失敗した.

*as yet* まだ,(将来はともかく)今[それ]までのところでは

━接 しかし,だが,それにもかかわらず(=and yet)
- I am tired, *yet* I can't sleep.
私は疲(つか)れているのに眠(ねむ)れない.

## yield B2 [ji:ld イールド]
━動 ━他 …を産する,生じる;(利益など)をもたらす,与(あた)える,譲(ゆず)る
━自 負ける,従う,譲る,屈(くっ)する
- *yield to* temptation 誘惑(ゆうわく)に負ける
━名 Ⓒ 産出(高),収穫(しゅうかく)(高),収益

## yippee [jípi イッピィ] 間 やった(▶喜びなどの叫(さけ)び声)

## Y.M.C.A. [wàiemsi:éi ワイエムスィーエィ] 名《the Y.M.C.A.で》ワイエムシーエー,キリスト教青年会(▶the Young Men's Christian Associationの略)

## yogurt 5級 A1 [jóugərt ヨウガァト | jɔ́- ヨ-](▶yoghurtともつづる) 名 Ⓤ ヨーグルト

## yolk [jóuk ヨゥク] 名 Ⓤ Ⓒ (卵の)黄身(=yellow)(▶「白身」はwhite)→ egg 図

## Yosemite National Park [jousèmətinǽʃənl pɑ́:rk ヨウセマティ ナショヌル パーク] 名 ヨセミテ国立公園(▶米国カリフォルニア州の自然景観が美しい国立公園)

# you

**\*you** 5級 A1 [ju ユ, jə ヤ, 《強く言うとき》júː ユー]

代 ❶ **あなたは[が]**, 君は[が]; **あなたたちは[が]**, 君たちは[が] (▶二人称単数・複数の主格)

### ここがポイント! youの変化形

|  | 単数 | 複数 |
|---|---|---|
| 主格 | you あなたは[が] | you あなたたちは[が] |
| 所有格 | your あなたの | your あなたたちの |
| 目的格 | you あなたを[に] | you あなたたちを[に] |
| 所有代名詞 | yours あなたのもの | yours あなたたちのもの |

- *You* are my best friend.
  あなたは私の親友だ. (▶friendが単数形なので, youは「あなた」となる)
- "Are *you* junior high school students?" "Yes, we are."
  「あなたたちは中学生ですか」「はい, そうです」(▶studentsと複数形なのでyouは「あなたたち」となる)
- Do *you* have a camera?
  あなた[あなたたち]はカメラを持っていますか.
- *You* and I are the same age.
  君とぼくは同じ年だ. (▶you, Iなどを並べるときはyouを最初に, Iを最後にする)→ I ポイント!

### ここがポイント! youの使い方

youはI(私)が話している相手を表す代名詞で, 相手が1人でも2人以上でもyouを使います.

また, 年齢(紙)や地位や性別などに関係なく使うことができます.
日本語に訳すときは, 必ずしも「あなたは」「あなたたちは」とする必要はありません, 場合によっては訳さないほうが自然な日本語になります.

❷ **あなたを[に], 君を[に]; あなたたちを[に], 君たちを[に]** (▶二人称単数・複数の目的格)

- I remember *you* well.
  私はあなた[あなたたち]をよく覚えている.
- I'll give *you* a dictionary. = I'll give a dictionary to *you*.
  あなた[あなたたち]に辞書をあげましょう.
- This letter is for *you*.
  この手紙は君[君たち]あてだ.
- I can't understand *you*. 私にはあなた[あなたたち]の言うことが理解できない. (▶このyouは「あなた(たち)の言うことを」の意)
- We love *you* all.
  私たちはあなたたちみんなを愛しています.

❸ (一般的に)人は, だれでも (▶日本語には訳さないことが多い)

- In a big city, *you* don't generally need a car. 大都会では一般に車が必要ではない.
- *You* can't live without water.
  (人はだれでも)水がなければ生きられない.

❹ (相手のいる地域・職場などをさして)あなたがたは, 人々は (▶日本語には訳さないことが多い)

- Do *you* have a library in this city?
  この町に図書館はありますか.

*you know* 《話》ほら, ねえ, …なんですよ → know (成句)
*you see* 《話》いいですか, あのね → see (成句)

**you'd** [jud ユド, jəd ヤド, 《強く言うとき》júːd ユード]
《話》you would, you hadの短縮形

# you'll

[jul ユル, jəl ヤル, 《強く言うとき》júːl ユール]
《話》you willの短縮形

**\*young** 5級 A1

[jʌ́ŋ ヤング] (★ouの発音に注意)

— 形 (比較 younger [jʌ́ŋɡər ヤンガァ]; 最上 youngest [jʌ́ŋɡist ヤンギスト]) ❶ **若い**, 幼い, 年少の (⇔old 年取った) → old 図

- a *young* child 幼い子ども (▶youngは若者だけでなく幼児にも用いる)
- *young* people 若者
- *young* leaves 若葉
- He lived here when he was *young*. = He lived here in his *young* days.

彼は若いころここに住んでいた．
- a *young* adult
  ※ヤングアダルト（▶主に10代後半の人々をさす語）

書店のヤングアダルト向けの棚（米国）

❷（ほかと比較(ひかく)して）**年下の**；年下のほうの（▶同名の人・親子・きょうだいなどを区別するときに使う）
- a *younger* brother [sister] 弟［妹］
- He is *younger* than I [me].
  彼は私より年下だ．(= He is junior to me.)

> **ここがポイント!** younger than I と younger than me
>
> He is younger than I. が文法的に正しい文ですが，《話》では He is younger than me. のほうがよく使われます．

- I am three years *younger* than my brother. = I am *younger* than my brother *by* three years.
  私は兄より3歳(さい)年下だ．
- Who is the *youngest* in this team?
  だれがこのチームでいちばん年下ですか．

❸**若々しい**（=youthful）
- Meg's father looks *young* for his age.
  メグのお父さんは年のわりに若く見える．
- My grandfather is *young* at heart.
  祖父は気が若い．

***young and old*** 若い者も年取った者も，老いも若きも
- *Young and old* enjoyed the game.
  若者も老人もそのゲームを楽しんだ．

━**名** U（複数扱い，主にthe ...で）若い人たち；（動物などの）子どもたち（全体）
派生語 youth 名

## *your 5級 A1

[jər ヤァ，《強く言うとき》júər ユァ | jər ヤァ，《強く言うとき》jɔ́ː ヨー]

**代 あなたの**，君の；**あなたたちの**，君たちの（▶二人称(にんしょう)単数・複数（you）の所有格）→ you

- Is that *your* car?
  あれはあなた［あなたたち］の車ですか．
- "We are high school students." "Where is *your* school?"
  「私たちは高校生です」「君［君たち］の学校はどこにありますか」

> **ここがポイント!** your の使い方
>
> your は a, the, this などといっしょには使えません．
> - あなた［あなたたち］の辞書
>   ○ *your* dictionary
>   × a your dictionary
>   × the your dictionary

**you're** [jər ヤァ，《強く言うとき》júər ユァ | jər ヤァ，《強く言うとき》jɔ́ː ヨー]《話》you are の短縮形

## *yours 5級 A1 [júərz ユァズ | jɔ́ːz ヨーズ]

**代 ❶ あなた［君］のもの**；**あなた［君］たちのもの**（▶二人称(にんしょう)単数・複数（you）の所有代名詞．yours のさすものが単数の場合は単数扱い，複数の場合は複数扱い）→ you

- "Which dictionary is *yours*?" "This one is mine."
  「どちらの辞書があなたのものですか」「こちらが私のものです」（▶yours = your dictionary）
- My piano is older than *yours*.
  私のピアノはあなたのより古い．

❷（*... of yours* で）**あなた（たち）の…**
- Jim is a friend *of yours*, isn't he?
  ジムはあなた（たち）の友達（の1人）だよね．
- Lend me that book *of yours*, please.
  あなたのあの本を貸してください．

> **ここがポイント!** of yours と your の使い分け
>
> your は a, the, this などといっしょには使えません（→ your **ポイント!**）．「1人の」「この」などを表現したい場合は of yours を使います．
> - あなた［あなたたち］の友達（の1人）
>   ○ a friend *of yours*
>   × a your friend
> - あなた［あなたたち］のこの［あの］本
>   ○ this [that] book *of yours*
>   × this [that] your book

❸ 敬具，草々（▶手紙の結びの言葉）
- *Yours*, Lisa
  リサより

***Sincerely yours,*** =《主に米》***Yours sincerely,*** 敬具（▶手紙の結びの言葉）

## yourself

> **ここが ポイント!** 手紙の結句
>
> 親しい友人・知人への手紙では,「Sincerely yours,」以外に「Sincerely,」または「Yours,」だけで書くことも多く, ビジネスでは「Best regards,」なども用いられます. いずれも, コンマの後で改行してサインをします.

# yourself 4級 A1

[juərsélf ユァセルフ | jɔː- ヨー-]

代 (複 yourselves [juərsélvz ユァセルヴズ | jɔː-ヨー-]) → oneself ❶ あなた自身を[に], 君自身を[に] (▶動詞や前置詞の目的語になる)

> **ここが ポイント!** you と yourself の格と変化形
>
> | | 単数 | 複数 |
> |---|---|---|
> | 主格 | you あなたは[が] | you あなたたちは[が] |
> | 再帰代名詞 | yourself あなた自身を[に] | yourselves あなたたち自身を[に] |

- Please introduce *yourself*, Mr. Brown.
 ブラウンさん, 自己紹介(しょうかい)をしてください.
- Take care of *yourself*. お体に気をつけて. (▶別れるときのあいさつとしても使う)

❷《主語を強めて》**あなた自身**, 君自身 (▶主語の後や文の最後に置き, 強く発音する)

- You must do it *yourself*.
 あなたは自分でそれをしなければいけません.
- You *yourself* made the mistake.
 君自身がその間違(まちが)いを犯(おか)したんだよ.

***by yourself*** ひとりぼっちで; 独力で → oneself (成句 by oneself)

***for yourself*** 独力で; あなた自身のために → oneself (成句 for oneself)

***Help yourself* (to ...).** (…を)ご自由にお召(め)しあがりください. → help 動 (成句 help oneself (to ...))

# yourselves

[juərsélvz ユァセルヴズ | jɔː- ヨー-]

代 (▶ yourselfの複数形) → oneself ❶ あなたたち自身を[に], 君たち自身を[に]

- Take care of *yourselves*.
 みなさんお体に気をつけて. (▶別れるときのあいさつとしても使う)

❷《主語を強めて》**あなたたち自身**, 君たち自身 (▶主語の後や文の最後に置き, 強く発音する)

- You said so *yourselves*.
 君たち自身がそう言ったのだ.

**youth** 準2級 A2 [júːθ ユース] 名 (複 youths [júːθs ユーッス | júːðz ユーズズ]) ❶ U 若さ, 若いこと
- She has kept her *youth*.
 彼女は(今も)若さを保っている.

❷ U 青年時代, 青春(期)
- He studied abroad in his *youth*.
 彼は若いころ外国で勉強した[留学した].

❸ C 青年, 若者 (▶特に10代の男性に用いることが多い);《the youth で》《単数・複数扱い》若い人々, 青年男女

派生語 youthful 形

**youthful** B2 [júːθfəl ユースフル] 形 若々しい, 元気いっぱいの; 青年の, 青年らしい

**youth hostel** [júːθ hɑ̀stl ユース ハストゥル | -hɔ̀stl - ホストゥル] 名 ユースホステル (▶主に若い旅行者用の世界規模の宿泊(しゅくはく)施設(しせつ))

**YouTube** [júːtuːb ユートューブ | -tjuːb -テューブ] 名《商標》ユーチューブ (▶動画投稿(とうこう)サイト)
- I often watch *YouTube* videos in my free time.
 暇(ひま)なときはよくユーチューブの動画を見る.

**YouTuber** [júːtuːbər ユートゥーバァ | -tjuːbər -テューバァ] 名 C ユーチューバー (▶YouTubeに頻繁(ひんぱん)に動画を公開し, 収入を得る人)

**you've** [juv ユヴ, jəv ヤヴ,《強く言うとき》júːv ユーヴ]《話》you have の短縮形

**yoyo, yo-yo** [jóujou ヨウヨウ] 名 (複 yoyos [-z]) C (おもちゃの)ヨーヨー

**Yugoslavia** [jùːgouslɑ́ːviə ユーゴウスラーヴィア] 名 ユーゴスラビア (▶ヨーロッパ南東部バルカン半島にあった旧連邦共和国)

**yum** [jʌ́m ヤム] 間《話》おいしい (▶ yum-yum と繰(く)り返すこともある)

**yummy** B2 [jʌ́mi ヤミィ] 形 (比較 yummier; 最上 yummiest) とてもおいしい

**Y.W.C.A.** [wáidʌbljuːsìːéi ワイダブリューシーエィ] 名《the Y.W.C.A.で》ワイダブリューシーエー, キリスト教女子青年会 (▶the Young Women's Christian Association の略)

# Z z

**Z, z** [zíː ズィー | zéd ゼッド] 名 (複 Z's, Zs, z's, zs [-z | -dz -ヅ]) C 英語アルファベットの第26字

**Zambia** [zémbiə ザンビア] 名 ザンビア (▶アフリカ南部の共和国. 首都はルサカ (Lusaka))

**zeal** [ziːl ズィール] 名 U 熱意

**zebra** B2 [zíːbrə ズィーブラ | zé- ゼ-]
名 (複 zebra, zebras[-z]) C 〔動物〕しま馬

**zebra crossing** [zíːbrə krɔ́ːsiŋ ズィーブラ クロースィング] 名 C 英 横断歩道 (▶白黒のしまになっていることから) (=米 crosswalk)

## zero

[zíərou ズィ(ァ)ロウ] (★「ゼロ」でないことに注意)
名 (複 zeros, zeroes[-z]) ❶ C (数字の) **ゼロ**, 零(れい)

### ここがポイント! 0の読み方

(1) 数学などでは zero と読みます.
　0.9 → zero point nine
(2) 電話番号や部屋番号ではふつう O [óu オウ] と読みます.
　50-3021 → five O, three O two one
(3) 競技の得点ではふつう nothing と読みます.
　3-0 → three to nothing

❷ U (温度の) 零度; C (試験などの) 零点
- 5 degrees above [below] *zero*
  5度[零下5度]
- get a *zero* on the test
  テストで0点を取る
- The temperature is *zero* degrees.
  気温は零度だ. (▶ zero でも degrees と複数形になることに注意)

**zero gravity** [zíərou grǽvəti ズィ(ァ)ロウ グラヴィティ] 名 U 無重力状態 (▶ zero-g と略す)

**Zeus** [zúːs ズース | zjúːs ズュース] 名 〔ギリシャ神話〕 ゼウス (▶天地を支配する最高神. ローマ神話のジュピター (Jupiter) に相当)

**zigzag** [zígzæg ズィグザグ]
— 名 C Z字形, ジグザグ形

— 副 ジグザグに
— 動 (過去・過分 zigzagged[-d]; 現分 zigzagging)
　自 ジグザグに進む

**Zimbabwe** [zimbáːbwei ズィンバーブウェイ] 名 ジンバブエ (▶アフリカ南部の共和国. 首都はハラレ (Harare))

**zip** B2 [zíp ズィップ]
— 名 ❶ C 英 ファスナー, ジッパー (=米 zipper)
❷ C ビュッ (▶弾丸(だんがん)などの音) ❸ U 〈話〉元気, 活力
— 動 (過去・過分 zipped[-t]; 現分 zipping)
　— 自 〈話〉勢いよくやる [進む]
　— 他 …をファスナー [ジッパー] で閉める

**zip code** [zíp kòud ズィップ コウド] (▶ Zip Code, ZIP code ともつづる) 名 U C 米 郵便番号 (▶ zip は zone improvement program [plan] の略)

### これ、知ってる? 郵便番号

米国の郵便番号は5けたの数字からなり, 州名の直後に書きます. 英国やカナダではアルファベットと数字から, オーストラリア, ニュージーランドでは4けたの数字からなり, postcode, postal code と呼びます.

```
Yamada Ichiro              切手
2-3-1 Hitotsubashi
Chiyoda-ku, Tokyo
101-8001, JAPAN

       Mr. Michael Brown
       1234 Avenue of the Americas
       New York, New York 10020
       U.S.A.

AIR MAIL              zip code
```

## zipper

**zipper** [zípər ズィッパァ] 名 C ⊛ ファスナー, ジッパー (= fastener, ⊛ zip)

**zodiac** [zóudiæk ゾウディアック] 名 ❶ 《the zodiacで》黄道(こうどう)帯(▶太陽と月と主な惑星(わくせい)がこの中を運行すると想像された天球上の帯状の部分)
❷ C 十二宮図(▶黄道帯を12等分した黄道十二宮(sign of the zodiac)のそれぞれに星座を配した図. 星占(ほしうらな)いに使う)

―― 表現 メモ ――

### 12星座の名前
Aries お羊座 / Taurus お牛座
Gemini 双子(ふたご)座 / Cancer かに座
Leo しし座 / Virgo 乙女(おとめ)座
Libra 天びん座 / Scorpio さそり座
Sagittarius 射手(いて)座 / Capricorn やぎ座
Aquarius 水がめ座 / Pisces 魚座

ARIES

TAURUS

GEMINI

CANCER

LEO

VIRGO

LIBRA

SCORPIO

SAGITTARIUS

CAPRICORN    AQUARIUS    PISCES

**zone** A2 [zóun ゾウン] 名 C ❶ (特定の)地帯, 地域
• a school *zone* 学校地区

スクールゾーンの表示(オーストラリア)

❷ (気候区分の)…帯
• the temperate *zone* 温帯
• the tropical *zone* 熱帯

**zoo** 5級 A1 [zú: ズー]

名 (複 zoos [-z]) C 動物園
• Ueno *Zoo* 上野動物園
• go to the *zoo* 動物園へ行く

**zookeeper** [zú:kì:pər ズーキーパァ] 名 C 動物園の飼育係

アムールヒョウにえさを与える動物園の飼育員(カナダ)

**zoological** [zòuəládʒikəl ゾウアラヂカル | -lódʒi- -ロヂ-] 形 動物学の
• a *zoological* garden 動物園 (= a zoo)

**zoologist** [zouáladʒist ゾウアラヂスト | -ólə- -オラ-] 名 C 動物学者

**zoology** [zouáladʒi ゾウアラヂィ | -ólə- -オラ-] 名 U 動物学

派生語 zoological 形, zoologist 名

**zoom** B2 [zú:m ズーム]
― 名 U (飛行機の)急上昇(きゅうじょうしょう)(の音)
― 動 自 ❶ (飛行機が)急上昇する ❷ (カメラのズームレンズで)画像を急に拡大[縮小]する

**zucchini** [zuki:ni ズキーニ] 名 C U 《植物》ズッキーニ (▶夏かぼちゃの一種)

**ZZZ, zzz** [z: ズー] 間 グーグー (▶いびきの音)

# 辞書を使いこなす
# ための文法

辞書で使っているいろいろな記号の意味がわかります．

名詞って？／複数形って？　780
C・Uって？／冠詞(かん)って？　781
代名詞って？　782
動詞って？／自・他って？　784
三単現って？／
過去・過分・現分って？　785
助動詞って？　786
　　辞書を引いて
　　　困ったときは…　787
形容詞って？／副詞って？　788
比較(ひかく)級・最上級って？　789
前置詞って？／
接続詞って？　790
間投詞って？／
接頭辞って？／
接尾辞って？　791
文型って？　792
句と節って？　793
不規則動詞・助動詞の変化表　794
不規則形容詞・副詞の変化表　799

seven hundred and seventy-nine

## 名 名詞って？ 人や動物，ものの名前を表す語

 girl（女の子）  dog（犬）  desk（机）

これらはすべて「名詞」です．water（水），air（空気）などの形のないものや，Mary（メアリー），Japan（日本）などの固有の名前も名詞です．名詞は5つのグループに分けられます．

**たとえば，こんな単語**

① **人や動物，ものを表す**
- teacher 先生
- flower 花
- classroom 教室

② **同じ種類の人やものの集まりを表す**
- family 家族
- people 人々

③ **人やものなどの固有の名前を表す**
- Smith スミス
- Tom トム
- America アメリカ

④ **決まった形を持たない物質を表す**
- milk 牛乳
- wood 木材
- rain 雨

⑤ **目に見えないものの性質や状態などを表す**
- love 愛
- peace 平和
- weight 重さ

## 複 複数形って？
名詞の示すものが1つ（単数）の場合の形＝「単数形」
2つ以上（複数）の場合の形＝「複数形」

 a dog（1匹（ぴ）の犬）　単数形↑　　 two dogs（2匹の犬）　複数形↑

複数を表すときは，ふつう名詞の最後に -s や -es をつけます．

**複数形のつくり方**

| | | |
|---|---|---|
| 基本⇒ -s をつける | girl 女の子－girls | boy 男の子－boys |
| -s, -o, -x, -ch, -sh で終わる語⇒ -es をつける | bus バス－buses | box 箱－boxes |
| 〈子音字＋y〉で終わる語⇒ y を i にして -es | city 市－cities | country 国－countries |
| -f, -fe で終わる語⇒ -f(e) を -v にして -es | leaf 葉－leaves | knife ナイフ－knives |
| そのほか⇒ -(e)s をつけないで複数を表す | man 男の人－men child 子ども－children | foot 足－feet |

注：子音字＝a, e, i, o, u 以外の文字

 three girls は日本語では「女の子3人」でOK！いちいち「女の子たち3人」って言わないよね．

# 名 C・Uって？

C = 数えられる（countable）名詞
U = 数えられない（uncountable）名詞

**C**

## a pencil, two pencils
（鉛筆(えんぴつ)1本，鉛筆2本…）

鉛筆は1本，2本…と数えられます．こういう名詞を「数えられる名詞（可算名詞）」といい C で表します．数えられる名詞には単数形・複数形があります．

**U**
（水）

水は1つ，2つ…とは数えられません．こういう名詞を「数えられない名詞（不可算名詞）」といい U で表します．数えられないので，単数形や複数形という分け方をしません．

### たとえば，こんな単語

**C** book 本
student 生徒
building 建物
park 公園

**U** coffee コーヒー
snow 雪
friendship 友情
weather 天気

---

### 「コーヒー1杯(ぱい)」って数えられる？

「コーヒー（カップ）1杯」は英語では a cup of coffee といいます．数えているのは「コーヒー」ではなく「カップ」という容器です．びん（bottle）に入っているなら two bottles of milk（びん2本の牛乳）のように bottle を複数形にして表します．milk はそのままの形で変わりません．→ p.164 〜 p.165 知ってる?

---

# 名 冠詞(かんし)って？

名詞の前に置いて特定のものかどうかを表す
a [an] と the の2種類

## I have a dog and a cat. The dog's name is Ben.

冠詞

（私は犬と猫(ねこ)を飼(か)っている．その犬の名前はベンだ）

**a [an]**：初めて出てきたなど，「不特定」の1つのものの前に置く（不定冠詞）．
　　an apple のように，母音（ア・イ・ウ・エ・オの音）の前につけるときは an になる．

**the**：前に出てきたか，何をさすかがわかる「特定」のものの前に置く（定冠詞）．

★詳(くわ)しくはこの辞書の見出し語 a, an, the のページを見てください．

seven hundred and eighty-one

## 代 代名詞って？ 名詞の代わりの働きをする語

### I know that man. He is Mr. Brown.
↑代名詞
（私はあの男の人を知っています．彼はブラウンさんです）

この文で，He（彼は）は前の文の that man（あの男の人）をさしています．
英語では前に出た同じ名詞を表すとき，That man is Mr. Brown. のようにその名詞を繰(く)り返すのではなく，「彼は」を表す He を使います．
このように名詞の代わりをする語を「代名詞」といいます．

代名詞には，次に説明する「人称(にんしょう)代名詞」や，人やものなど具体的なものをさし示す「指示代名詞」，漠然(ばくぜん)としたものをさし示す「不定代名詞」などがあります．

#### たとえば，こんな単語

**指示代名詞**

this これ　　that あれ
these これら　those あれら

指示代名詞はこの4つ

**不定代名詞**

anyone だれでも　　something 何か
everybody みんな　　one あるもの
each それぞれ　　　　some いくつか

### 人称代名詞って？ 人を表す代名詞

「**自分**」か「**相手**」か「**それ以外**」か，どれをさすかによって人称は大きく3つに分けられます．
その人称を表す代名詞を「**人称代名詞**」といいます．

| 自分 | 相手 | それ以外 |
|---|---|---|
| 私，私たち | あなた，あなたたち | 彼，彼女，それ など |
| ＝ | ＝ | ＝ |
| 一人称 | 二人称 | 三人称 |

人称代名詞には「単数」と「複数」があります．
★詳(くわ)しくは次のページの表を見てください．

# 「人称代名詞」の「主格・所有格・目的格」って？　代名詞の役割

人称代名詞は働きによって，次のように分けられます．

　　　　主格 ───────── 主語になる．「…は，…が」．
　　　　所有格 ──────── 所有を表す．「…の」．後ろに名詞が必要．
　　　　目的格 ──────── 目的語になる．「…を，…に」．
　　　　所有代名詞 ────── 所有を表す．「…のもの」．後ろに名詞は不要．

## 【人称と格】

| | | 単　数 | | | |
|---|---|---|---|---|---|
| | | 主格<br>(…は，…が) | 所有格<br>(…の) | 目的格<br>(…を，…に) | 所有代名詞<br>(…のもの) |
| 一人称 | 私 | I | my | me | mine |
| 二人称 | あなた | you | your | you | yours |
| 三人称 | 彼 | he | his | him | his |
| | 彼女 | she | her | her | hers |
| | それ | it | its | it | ─ |

| | | 複　数 | | | |
|---|---|---|---|---|---|
| | | 主格<br>(…は，…が) | 所有格<br>(…の) | 目的格<br>(…を，…に) | 所有代名詞<br>(…のもの) |
| 一人称 | 私たち | we | our | us | ours |
| 二人称 | あなたたち | you | your | you | yours |
| 三人称 | 彼ら<br>彼女ら<br>それら | they | their | them | theirs |

日本語では「私は」「私の」「私を」のように「私」のあとの語を変えるけど，英語では"I"の形が変わるんだね．

## 動 動詞って？  動作や状態などを表す語

(動作)
I <u>walk</u>. (私は歩く)
↑動詞

(状態)
I <u>have</u> a dog. (私は犬を飼(か)っている)
↑動詞

このように，人やものの動作や状態を表す語を「動詞」といいます．

### たとえば，こんな単語

**動作を表す**

drink 飲む　　eat 食べる
play 遊ぶ　　study 勉強する

**状態を表す**

live 住んでいる　　like 好きである
belong 所属している

このように動作や状態を表す動詞のほかに，「…である」「…になる」「…にいる」などを表す「be動詞」もあります．★詳(くわ)しくはこの辞書の見出し語 be のページを見てください．

## 自・他って？
自＝自動詞（後ろに目的語がなくても意味が成り立つ動詞）
他＝他動詞（後ろに目的語がないと意味が成り立たない動詞）

I <u>run</u>. (私は走る)
↑自動詞

I <u>have</u> a bag. (私はかばんを持っている)
↑他動詞．後ろに目的語（ここでは a bag）が必要．

目的語とは，「…を〜する」という文の「…を」に当たる語です．
動作が影響(えいきょう)を与(あた)える対象を表します．

### たとえば，こんな単語

**自動詞**

go 行く　　walk 歩く
cry 泣く　　swim 泳ぐ

**他動詞**

give …を与える　　take …を取る
make …を作る　　want …がほしい

ただし，get（着く／…を手に入れる）のように，ひとつの動詞が自動詞，他動詞，両方の働きをするものもあります．

I **got** home at seven.
自動詞↑　（私は7時に家に着いた）
※ここでは，home は「家に」という意味の副詞

I **got** the ticket for the concert.
他動詞↑　（私はコンサートのチケットを手に入れた）

### 「公園を歩く」って言うけれど，英語 walk（歩く）は自動詞？

「私は公園を歩く」は英語では "I walk in the park." と言います．日本語では「…を」と言いますが，示しているのは「場所」であって，動作が影響を与える対象ではありません．この場合，in the park は walk の目的語ではなく，場所を表す修飾(しゅうしょく)語句です．

## 三単現 三単現って？  「三人称(にんしょう)・単数・現在」の動詞の形

主語が三人称（782 ページ参照）・単数形で現在のことを表す文の場合，
動詞の原形に -s や -es をつけます．この形を「三単現」と呼んでいます．

### 三単現のつくり方

| | |
|---|---|
| 基本⇒ -s をつける | run 走る－ run**s**　walk 歩く－ walk**s** |
| -s, -o, -x, -ch, -sh で終わる語 ⇒ -es をつける | go 行く－ go**es**　teach 教える－ teach**es** |
| 〈子音字＋ y〉で終わる語 ⇒ y を i にして -es | cry 泣く－ cr**ies**　study 勉強する－ stud**ies** |

## 過去 過分 現分 過去・過分・現分って？  過去形・過去分詞・現在分詞(-ing 形)

動詞は形を変えることで，過去のことを表したり，完了形をつくったり，名詞を修飾(しゅうしょく)したりできます．
**過去形**：過去のことを表す動詞の形．語の最後に -d や -ed をつける「規則動詞」と，不規則に変化する「不規則動詞」があります（p.794 ～ p.798 の「不規則動詞・助動詞の変化表」参照）．

「分詞」とは動詞の形のひとつで，過去分詞と現在分詞があります．
**過分＝過去分詞**：「…される」という意味．受け身の文で使ったり名詞を修飾したりします．
また「have ＋過去分詞」で完了形の文をつくります．（規則動詞の過去分詞は過去形と同じ形です．
不規則動詞については p.794 ～ p.798 の「不規則動詞・助動詞の変化表」参照）
**現分＝現在分詞**：「…している」という意味．進行形の文で使ったり名詞を修飾したりします．
動詞の原形に -ing をつけてつくります．

### 過去形・過去分詞のつくり方（規則動詞）

| | |
|---|---|
| 基本⇒ -ed をつける | help 手伝う－ help**ed**　walk 歩く－ walk**ed** |
| -e で終わる語 ⇒ -d をつける | like 好きである－ like**d**　live 住んでいる－ live**d** |
| 〈子音字＋ y〉で終わる語<br>⇒ y を i にして -ed をつける | cry 泣く－ cr**ied**　study 勉強する－ stud**ied** |
| 〈短母音＋子音字〉で終わる語<br>⇒ 子音字を重ねて -ed をつける | stop 止める－ stop**ped**<br>drop 落ちる－ drop**ped** |

注：母音＝日本語の「アイウエオ」の音．短母音＝伸ばさずに短く発音する母音．

### 現在分詞のつくり方

| | |
|---|---|
| 基本⇒ -ing をつける | eat 食べる－ eat**ing**　read 読む－ read**ing** |
| -e で終わる語 ⇒ e を取って -ing をつける | make 作る－ mak**ing**　take 取る－ tak**ing** |
| 〈短母音＋子音字〉で終わる語<br>⇒ 子音字を重ねて -ing をつける | run 走る－ run**ning**<br>swim 泳ぐ－ swim**ming** |

## 助　助動詞って？　動詞の働きを助ける語

動詞の前に置いて動詞に意味を加える語を「助動詞」といいます．

Birds fly.（鳥は飛ぶ）　　Birds <u>can</u> fly.（鳥は飛ぶことができる）
　　　　　　　　　　　　　　　　↑助動詞

動詞 fly の前に「…することができる」という意味の can を置くと，「飛ぶことができる」という意味になります．

**たとえば，こんな単語**

**can** …することができる
I can cook.
（私は料理をすることができる）

**may** …かもしれない
I may cook.
（私は料理をするかもしれない）

**should** …すべきである
I should cook.
（私は料理をすべきである）

**shall** 〔疑問文の形で〕…しましょうか
Shall I cook?
（私が料理をしましょうか）

**must** …しなければならない
I must cook.
（私は料理をしなければならない）

**will** …するつもり
I will cook tomorrow.
（私はあした料理をするつもりだ）

これらの助動詞は主語が三人称（ミムムしょう）・単数でも同じ形です．
また，助動詞がある文では動詞に「三単現の -s」はつけません．

　　　　　┌動詞に三単現の -s はつけない
He <u>can</u> cook.（彼は料理をすることができる）
　　　└主語が三人称・単数でも同じ形

助動詞が入ると，こんなに意味が変わるんだね．

## 辞書を引いて困ったときは…

調べたい単語が見つからない…，単語の意味がどれかわからない…など，
辞書を引いて困ったら，ここを読んでみましょう．
問題が解決するかもしれません．

### 単語がない!?

調べたい単語が見つからない…．
そんなときは，次の3つを考えてみましょう．

#### ❶ アルファベット順に探しているか

単語はアルファベット（ABC）順に載(の)っています．最初の文字だけでなく，2番目の文字も3番目の文字もアルファベット順です．もう一度確認してみましょう．

#### ❷ 変化形でないか

名詞には複数形，動詞には三単現や過去形，分詞など，形容詞や副詞には比較(ひかく)級・最上級と，変化した形があります．調べたい単語がない場合は，変化形かも，と考えてみましょう．変化のしかたについてはp.780（名詞）やp.785（動詞），p.789（形容詞・副詞）を見てください．

#### ❸ つづりが間違っていないか

ちゃんと調べているつもりでも，l（エル）とr（アール）やa（エイ）とe（イー）など，似たような音のつづりを勘違(かんちが)いしている可能性もあります．また，night（夜）のghのように読まない文字を含(ふく)む語もあるので，それもチェックしてみましょう．

### 意味がどれかわからない!?

この辞書では，中学生のみなさんがよく出会う順に品詞や意味を掲載(けいさい)しています．品詞や意味がたくさんある語は，全体を見渡(みわた)せるように見出し語のすぐ下に右のような一覧を掲(かか)げているので，どれが探している意味に当てはまりそうか，予測しながら引いてみましょう．まずは辞書を何度も引いてみて，「辞書ってこういうふうにつくられているんだ」ということを体験してみてください．少しずつ英語にも辞書にも慣れていきましょう．

> \*cool 5級 A1 [kúːl クール]
> 形 ❶涼(すず)しい
> ❷冷静な
> ❸（態度などが）冷たい
> ❹《話》すてきな，かっこいい
> 動他 …を冷やす
> 自 冷える

## 形 形容詞って？　名詞を修飾して，その性質や状態などを表す語

**a <u>long</u> pencil**（長い鉛筆(的)）
　↑形容詞

**a <u>short</u> pencil**（短い鉛筆）
　↑形容詞

このように，pencil（鉛筆）が長いか短いか，その状態を表す語を「**形容詞**」といいます．

### たとえば，こんな単語

**性質や状態を表す**
good よい
bad 悪い
big 大きい
small 小さい

**数や量を表す**
some いくらかの
many たくさんの
one ひとつの
first 1番目の

形容詞は名詞の前に置くだけでなく，This pencil is long.（この鉛筆は長い）のように，be動詞の後に置くこともあります．この場合も pencil の状態を表しています．

---

## 副 副詞って？　動詞や形容詞などを修飾する語

 **swim <u>fast</u>**
　　　　　　　↑副詞
（速く泳ぐ）

**<u>very</u> tall**
↑副詞

（とても高い）

fast はどんなふうに泳ぐのか，動詞 swim を説明しています．
very はどのくらい高いのか，形容詞 tall の程度を表しています．

このように，動詞や形容詞，副詞を修飾する語を「**副詞**」といいます．

### たとえば，こんな単語

**時を表す**
yesterday きのう　　now 今
then そのとき　　　already すでに

**様子を表す**
carefully 注意深く　well 上手に
slowly ゆっくり　　badly 下手に

**場所を表す**
in 中に　　here ここに
out 外に　　there そこに

**頻度(ひん)を表す**
sometimes 時々
always いつも
usually ふつう

**そのほか**
so それほど
much たいへん
too …もまた
little 少し

なお，fast（速い／速く）のように，形容詞，副詞，両方の働きをする語もあります．詳(くわ)しくは右ページの囲み記事を見てください．

副詞って奥が深い！使えれば，いろいろなことを言えるようになるね．

## 比較 最上 比較級・最上級って? 形容詞・副詞の変化形

形容詞や副詞には, **比較級**と**最上級**という2つの変化形があります.

**比較級** ――――「より…」. 語の最後に -er や -r をつけるか, 語の前に more を置く.
**最上級** ――――「最も…」. 語の最後に -est や -st をつけるか, 語の前に most を置く.

-(e)r/-(e)st か more/most か, どちらの形になるかは語によりますが,
比較的長めの語には more/most を使います.
ただし, good (よい) – better (よりよい) – best (最もよい) のように,
不規則に変化する語も少しあります (p.799 の「不規則形容詞・副詞の変化表」参照).

### 比較級・最上級のつくり方

|  | 原級 | 比較級 | 最上級 |
| --- | --- | --- | --- |
| 基本⇒ -er/-est をつける | long 長い<br>small 小さい | long**er**<br>small**er** | long**est**<br>small**est** |
| -e で終わる語⇒ -r/-st をつける | large 大きい<br>safe 安全な | large**r**<br>safe**r** | large**st**<br>safe**st** |
| 〈子音字+ y〉で終わる語⇒<br>y を i にして -er/-est をつける | happy 幸せな<br>easy 簡単な | happ**ier**<br>eas**ier** | happ**iest**<br>eas**iest** |
| 比較的長い語⇒<br>前に more/most を置く | beautiful 美しい<br>slowly ゆっくり | **more** beautiful<br>**more** slowly | **most** beautiful<br>**most** slowly |

### stay home?　stay at home?

「家にいる」は stay home でも stay at home でもいいのはなぜでしょう?
home には名詞「家」の意味と副詞「家に」の意味があります. 副詞には場所を示す「…に」
の意味も含まれるので前置詞 (790 ページ参照) は必要なく, stay home でいいのです.
一方, 名詞には「家」という「もの」を表す意味しかないので, 「…に」を表す前置詞 at が
必要です. つまり, 「副home」は「at +名home」と同じ働きをします.
この辞書では2つ以上の品詞がある場合, ―名, ―副 のように ― を使って示しています.
― が出てきたら, 要注意! 右下の fast は形容詞と副詞がある例です.

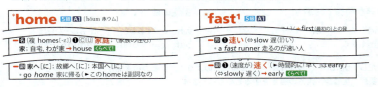

## 前　前置詞って？　名詞や代名詞の前に置いて場所や時などを表す語

**on** the box
↑前置詞　（箱の上に）

**in** the box
↑前置詞　（箱の中に）

**at** ten （10時に）
↑前置詞

**in** 2025 （2025年に）
↑前置詞

文字どおり，名詞や代名詞の「前」に「置」いて，場所や時，方向などを示します．

### たとえば，こんな単語

**場所・方向を表す**
before …の前に
at …に
on …の上に
in …の中に

**時を表す**
for …の間
at …に
on …に
in …に

**その他**
with …といっしょに〈関係〉
by …によって〈手段〉
of …の〈所有〉

1つの前置詞が，場所や時など，さまざまな意味を表します．
口絵の p.30 ～ p.31 に，よく使う前置詞のイメージを示すイラストを載(の)せてあります．
意味だけでなく，それぞれの語が持つニュアンスも考えてみましょう．

## 接　接続詞って？　語と語，句と句，文と文などをつなぐ語

cats **and** dogs
　　↑接続詞
（猫(ねこ)たちと犬たち）

I know **that** she is American.
　　　　↑接続詞
（私は彼女がアメリカ人だということを知っている）

この and や that が「接続詞」です．前後をつないでその関係を示します．

### たとえば，こんな単語

**対等な関係で結ぶ**
and …と～　　or …か～
but しかし

**主従の関係で結ぶ**
when …するとき　　if もし…ならば
before …する前に　　though …だけれど

ただし，before（…の前に／…する前に）のように，ひとつの単語が
前置詞，接続詞，両方の働きをするものもあります．

# 間 間投詞って？ 感情を表したり呼びかけに使ったりする語

<u>Oh</u>, I see. (ああ，わかった)　　<u>Well</u>, let me see. (ええと，そうですね)
↑間投詞　　　　　　　　　　　↑間投詞

感情を表したり呼びかけたりする語です．

### たとえば，こんな単語

**感情を表す**
- ah ああ
- bingo やった
- ouch 痛い
- wow まあ

**呼びかけやあいさつを表す**
- goodbye さようなら
- hi やあ
- hello こんにちは
- welcome ようこそ

# 接頭 接頭辞って？ 語の最初につけて意味を加える

<u>in-</u> + formal = informal
↑接頭辞
（非…）+（公式の）=（非公式の）

in- が「接頭辞」．この in- には「無…，不…，非…」の意味があって，形容詞や名詞，動詞の前につきます．

**un- 反対の意味を表す**
- unhappy 不幸な
- unbelievable 信じられない
- uncommon めったにない

**re- 再び…する**
- recall 呼び戻す
- reuse 再利用する
- recover 取り戻す

# 接尾 接尾辞って？ 語の最後につけて意味を加える

nation + <u>-al</u> = national
　　　　　↑接尾辞
（国家）+（…の）=（国家の）

-al が「接尾辞」．この -al には「…の，…のような」の意味があって，名詞の後について形容詞をつくります．

### たとえば，こんな単語

**-ly** 形容詞の後について副詞をつくる
- commonly 一般に
- kindly 親切に
- quickly 速く

名詞の後について形容詞をつくる
- friendly 友好的な

**-er** …する人
- player 選手
- golfer ゴルファー
- driver 運転手

これで辞書のいろいろな記号の意味がわかったね！

## 文型って？ 単語などの並びで決まる文の型（文の構造）

英語の文の基本部分は，次の4つの役割の語が並んで成り立っています．

主語 ──────「だれが」「何が」など，動作する人［もの］を表す語．
動詞 ──────「…をする」「…だ」など，主語の動作や状態を表す語．
目的語 ─────「…を」「…に」など，動詞の影響（えいきょう）を受ける対象（＝目的）を表す語．
補語 ──────主語や目的語の状態などの説明を補う語．

どんな動詞がどのように使われるかによって，文型は次の5つに分けられます．

### ❶ 主語＋動詞

I run. （私は走る）
主語 動詞

in the morning（午前中に）などの語句が続くこともありますが，基本は〈主語＋動詞〉 ★ p.784の囲み記事参照

**たとえば，こんな単語**　go 行く　walk 歩く　live 住んでいる　swim 泳ぐ

### ❷ 主語＋動詞＋補語

I am thirteen years old. （私は13歳(さい)だ）
主語 動詞　補語（主語を説明する語句．I = thirteen years old）

**たとえば，こんな単語**　become …になる　feel …のように感じる　look …のように見える

### ❸ 主語＋動詞＋目的語

I have a bag. （私はバッグを持っている）
主語 動詞　目的語（動詞の影響を受ける対象）

**たとえば，こんな単語**　watch …を見る　love …を愛する　open …を開ける

### ❹ 主語＋動詞＋目的語＋目的語

I teach her swimming. （私は彼女に水泳を教えている）
主語 動詞　目的語(…に)　目的語(〜を)

**たとえば，こんな単語**　give …に〜を与える　send …に〜を送る　tell …に〜を話す

### ❺ 主語＋動詞＋目的語＋補語

I call him Ken. （私は彼をケンと呼んでいる）
主語 動詞　目的語(…を)　補語(〜と)（目的語を説明．him = Ken）

**たとえば，こんな単語**　make …を〜にする　keep …を〜のままにしておく　think …を〜と思う

同じ動詞でも，使われ方によって，例えば❸の文型になったり❺の文型になったりします．
目的語や補語もよく見て文型を確認しましょう．

## 句と節って？

句：2語以上の単語のかたまり．主語と動詞がない
節：2語以上の単語のかたまり．主語と動詞がある

2語以上の単語のかたまりのうち，その中に主語と動詞を含(ふく)まないものを「句」といいます．2語以上の単語のかたまりのうち，その中に主語と動詞を含むものを「節」といいます．
句と節はその働きで次の3つに分けられます．

名詞句／名詞節 ——— 名詞の働きをして，主語や目的語，補語になる．
形容詞句／形容詞節 —— 形容詞の働きをして，名詞や代名詞を説明する．
副詞句／副詞節 ——— 副詞の働きをして，動詞や形容詞，副詞を説明する．

### たとえば，こんな単語

**名詞句** I like **to play soccer**. （私はサッカーをするのが好きだ）
「サッカーをすること」動詞 like の目的語

**形容詞句** The girl **playing soccer** is Emi. （サッカーをしている少女はエミだ）
「サッカーをしている」名詞 The girl を説明

**副詞句** I play soccer **on Sundays**. （私は日曜日はいつもサッカーをする）
「日曜日はいつも」動詞 play を説明

それぞれのかたまりが，名詞，形容詞，副詞の働きをしています．

**名詞節** I think **(that) this book is interesting**.
　　　　　　　　　　　主語　　　　動詞
（私は，この本はおもしろいと思う）
that 以下が名詞の働きをして
動詞 think の目的語

**形容詞節** The book **I read yesterday** was interesting.
　　　　　　　　　主語　動詞
（私がきのう読んだ本はおもしろかった）
I read yesterday が
形容詞の働きをして
名詞 the book を説明

**副詞節** I recommend the book **because it is interesting**.
　　　　　　　　　　　　　　　　　　　　　　主語　　動詞
（おもしろいので私はその本を推薦(すいせん)する）
because 以下が
動詞 recommend の「理由」を説明

〈主語＋動詞〉が含まれるか含まれないか，
それが句と節の違いです．

> 長い語句をひとかたまりで考えるんだね．

# 不規則動詞・助動詞の変化表

| 原形 | 過去形 | 過去分詞 | 現在分詞(-ing形) |
|---|---|---|---|
| am (be) …である | was | been | being |
| are (be) …である | were | been | being |
| arise 起こる | arose | arisen | arising |
| awake 目覚める | awoke, awaked | awoke, awaked, awoken | awaking |
| babysit 子守(こも)りをする | babysat | babysat | babysitting |
| be (am, are, is) …である | was, were | been | being |
| bear 耐(た)える | bore | borne, born | bearing |
| beat 打つ | beat | beaten, beat | beating |
| become …になる | became | become | becoming |
| begin 始める | began | begun | beginning |
| bend 曲げる | bent | bent | bending |
| bet 賭(か)ける | bet, betted | bet, betted | betting |
| bind 縛(しば)る | bound | bound | binding |
| bite かむ | bit | bitten, bit | biting |
| bleed 出血する | bled | bled | bleeding |
| bless 祝福する | blessed, blest | blessed, blest | blessing |
| blow 吹(ふ)く | blew | blown | blowing |
| break 壊(こわ)す | broke | broken | breaking |
| breed 産む | bred | bred | breeding |
| bring 持って来る | brought | brought | bringing |
| broadcast 放送する | broadcast, broadcasted | broadcast, broadcasted | broadcasting |
| build 建てる | built | built | building |
| burn 燃える | burned, burnt | burned, burnt | burning |
| burst 破裂(はれつ)する | burst | burst | bursting |
| buy 買う | bought | bought | buying |
| can …できる | could | — | — |
| cast 配役を決める | cast | cast | casting |
| catch 捕(つか)まえる | caught | caught | catching |
| choose 選ぶ | chose | chosen | choosing |
| cling くっつく | clung | clung | clinging |
| come 来る | came | come | coming |
| cost (金額)がかかる | cost | cost | costing |
| creep はう | crept | crept | creeping |
| cut 切る | cut | cut | cutting |
| daydream 空想する | daydreamed, daydreamt | daydreamed, daydreamt | daydreaming |
| deal 分配する | dealt | dealt | dealing |
| die 死ぬ | died | died | dying |
| dig 掘(ほ)る | dug | dug | digging |
| dive 飛びこむ | dived, ⓶dove | dived | diving |
| do (does) する | did | done | doing |
| draw 引く | drew | drawn | drawing |
| dream 夢を見る | dreamed, dreamt | dreamed, dreamt | dreaming |
| drink 飲む | drank | drunk | drinking |
| drive 運転する | drove | driven | driving |

| 原形 | 過去形 | 過去分詞 | 現在分詞(-ing形) |
| --- | --- | --- | --- |
| dwell 住む | dwelt, dwelled | dwelt, dwelled | dwelling |
| eat 食べる | ate | eaten | eating |
| fall 落ちる | fell | fallen | falling |
| feed えさを与(あた)える | fed | fed | feeding |
| feel 感じる | felt | felt | feeling |
| fight 戦う | fought | fought | fighting |
| find 見つける | found | found | finding |
| fit 合う | fitted, 《主に米》 fit | fitted, 《主に米》 fit | fitting |
| flee 逃(に)げる | fled | fled | fleeing |
| fly 飛ぶ | flew | flown | flying |
| forbid 禁じる | forbade | forbidden | forbidding |
| forecast 予報する | forecast, forecasted | forecast, forecasted | forecasting |
| forget 忘れる | forgot | forgot, forgotten | forgetting |
| forgive 許す | forgave | forgiven | forgiving |
| freeze 凍(こお)る | froze | frozen | freezing |
| get 手に入れる | got | got, gotten | getting |
| give 与(あた)える | gave | given | giving |
| go 行く | went | gone | going |
| grind ひいて粉にする | ground | ground | grinding |
| grow 育つ | grew | grown | growing |
| hang 掛(か)ける | hung | hung | hanging |
| 　　　首をつるして殺す | hanged | hanged | hanging |
| have, has 持っている | had | had | having |
| hear 聞こえる | heard | heard | hearing |
| hide 隠(かく)す | hid | hidden, hid | hiding |
| hit たたく | hit | hit | hitting |
| hold 手に持っている | held | held | holding |
| hurt 痛む | hurt | hurt | hurting |
| input 入力する | input, inputted | input, inputted | inputting |
| is (be) …である | was | been | being |
| keep 持ち続ける | kept | kept | keeping |
| kneel ひざまずく | knelt, kneeled | knelt, kneeled | kneeling |
| knit 編む | knit, knitted | knit, knitted | knitting |
| know 知っている | knew | known | knowing |
| lay 置く | laid | laid | laying |
| lead 導く | led | led | leading |
| lean 寄りかかる | leaned, 《主に英》 leant | leaned, 《主に英》 leant | leaning |
| leap ぴょんと跳(と)ぶ | 《主に英》 leaped, 《主に英》 leapt | 《主に英》 leaped, 《主に英》 leapt | leaping |
| learn 習う | learned, 《主に英》 learnt | learned, 《主に英》 learnt | learning |
| leave 離(はな)れる | left | left | leaving |
| lend 貸す | lent | lent | lending |
| let ～させる | let | let | letting |
| lie 横になる | lay | lain | lying |
| lie うそをつく | lied | lied | lying |
| light 明かりをつける | lighted, lit | lighted, lit | lighting |

| 原形 | 過去形 | 過去分詞 | 現在分詞(-ing形) |
|---|---|---|---|
| lose 失う | lost | lost | losing |
| make 作る | made | made | making |
| may …してもよい | might | — | — |
| mean 意味する | meant | meant | meaning |
| meet 会う | met | met | meeting |
| mimic まねする | mimicked | mimicked | mimicking |
| mistake 間違(まちが)える | mistook | mistaken | mistaking |
| misunderstand 誤解する | misunderstood | misunderstood | misunderstanding |
| mow 刈(か)る | mowed | mowed, mown | mowing |
| must …しなければならない | (must) | — | — |
| output 出力する | output, outputted | output, outputted | outputting |
| overcome 打ち勝つ | overcame | overcome | overcoming |
| overhear ふと耳にする | overheard | overheard | overhearing |
| oversleep 寝過(ねす)ごす | overslept | overslept | oversleeping |
| overtake 追いつく | overtook | overtaken | overtaking |
| overwrite 上書きする | overwrote | overwritten | overwriting |
| panic パニックになる | panicked | panicked | panicking |
| pay 払(はら)う | paid | paid | paying |
| picnic ピクニックに行く | picnicked | picnicked | picnicking |
| prove 証明する | proved | proved, proven | proving |
| put 置く | put | put | putting |
| quit やめる | quit, quitted | quit, quitted | quitting |
| read 読む | read [réd レッド] | read [réd レッド] | reading |
| rebuild 改築する | rebuilt | rebuilt | rebuilding |
| remake 作り直す | remade | remade | remaking |
| reset リセットする | reset | reset | resetting |
| rewrite 再び書く | rewrote | rewritten | rewriting |
| rid 取り除く | rid, ridded | rid, ridded | ridding |
| ride 乗る | rode | ridden | riding |
| ring 鳴る | rang | rung | ringing |
| rise 上がる | rose | risen | rising |
| run 走る | ran | run | running |
| saw のこぎりで切る | sawed | sawed, ⊛sawn | sawing |
| say 言う | said | said | saying |
| see 見える | saw | seen | seeing |
| seek 探し求める | sought | sought | seeking |
| sell 売る | sold | sold | selling |
| send 送る | sent | sent | sending |
| set 用意する | set | set | setting |
| sew 縫(ぬ)う | sewed | sewed, sewn | sewing |
| shake 振(ふ)る | shook | shaken | shaking |
| shall …しましょうか | should | — | — |
| shave (ひげ)をそる | shaved | shaved, shaven | shaving |
| shed 流す | shed | shed | shedding |
| shine 輝(かがや)く | shone | shone | shining |
| 磨(みが)く | shined | shined | shining |
| shoot 撃(う)つ | shot | shot | shooting |
| show 見せる | showed | shown, showed | showing |
| shrink 縮む | shrank, shrunk | shrunk, shrunken | shrinking |
| shut 閉める | shut | shut | shutting |

| 原形 | 過去形 | 過去分詞 | 現在分詞(-ing形) |
|---|---|---|---|
| sing 歌う | sang | sung | singing |
| sink 沈(しず)む | sank | sunk | sinking |
| sit 座(すわ)る | sat | sat | sitting |
| sleep 眠(ねむ)る | slept | slept | sleeping |
| slide 滑(すべ)る | slid | slid, slidden | sliding |
| smell においをかぐ | smelled, smelt | smelled, smelt | smelling |
| sow (種)をまく | sowed | sown, sowed | sowing |
| speak 話す | spoke | spoken | speaking |
| speed 急ぐ | sped, speeded | sped, speeded | speeding |
| spell つづる | spelled, 《主に英》spelt | spelled, 《主に英》spelt | spelling |
| spend 使う | spent | spent | spending |
| spill こぼす | spilled, 《主に英》spilt | spilled, 《主に英》spilt | spilling |
| spin 紡(つむ)ぐ | spun | spun | spinning |
| spit つばを吐(は)く | spit, 《主に英》spat | spit, 《主に英》spat | spitting |
| split 裂(さ)く | split | split | splitting |
| spoil 駄目(だめ)にする | spoiled, spoilt | spoiled, spoilt | spoiling |
| spread 広げる | spread | spread | spreading |
| spring 跳(と)ぶ | sprang, sprung | sprung | springing |
| stand 立つ | stood | stood | standing |
| steal 盗(ぬす)む | stole | stolen | stealing |
| stick 突(つ)き刺(さ)す | stuck | stuck | sticking |
| sting 刺(さ)す | stung | stung | stinging |
| stink 臭(くさ)い | stank, stunk | stunk | stinking |
| stride 大またに歩く | strode | stridden | striding |
| strike 殴(なぐ)る | struck | struck, stricken | striking |
| strive 努力する | strove, strived | striven, strived | striving |
| swear 誓(ちか)う | swore | sworn | swearing |
| sweat 汗(あせ)をかく | sweated, sweat | sweated, sweat | sweating |
| sweep 掃(は)く | swept | swept | sweeping |
| swell 膨(ふく)らむ | swelled | swelled, swollen | swelling |
| swim 泳ぐ | swam | swum | swimming |
| swing 振(ふ)る | swung | swung | swinging |
| take 取る | took | taken | taking |
| teach 教える | taught | taught | teaching |
| tear 引き裂(さ)く | tore | torn | tearing |
| tell 話す | told | told | telling |
| think 思う | thought | thought | thinking |
| throw 投げる | threw | thrown | throwing |
| thrust 強く押(お)す | thrust | thrust | thrusting |
| tie 結ぶ | tied | tied | tying |
| tread 踏(ふ)む | trod | trodden, trod | treading |
| undergo 経験する | underwent | undergone | undergoing |
| understand 理解する | understood | understood | understanding |
| undo (undoes) ほどく | undid | undone | undoing |
| untie ほどく | untied | untied | untying |
| unwind 緩(ゆる)む | unwound | unwound | unwinding |
| upset 心を乱す | upset | upset | upsetting |
| wake 目が覚める | woke, waked | woken, waked | waking |

| 原形 | 過去形 | 過去分詞 | 現在分詞(-ing形) |
|---|---|---|---|
| wear 着ている | wore | worn | wearing |
| weave 織る | wove | woven, wove | weaving |
| weep しくしく泣く | wept | wept | weeping |
| wet ぬらす | wet, wetted | wet, wetted | wetting |
| will …だろう | would | — | — |
| win 勝つ | won | won | winning |
| wind 巻く | wound | wound | winding |
| withdraw 引っこめる | withdrew | withdrawn | withdrawing |
| wring 絞(しぼ)る | wrung | wrung | wringing |
| write 書く | wrote | written | writing |

**動詞の変化形には，-ed をつける以外に次のようなパターンがあります．**

① 「-d をつける」形をとる
   -e で終わる語がこのパターンをとります．〈-ing形〉は e をとって -ing をつけます．
   例) live 住んでいる　　lived　　　　　　lived　　　　　（〈-ing形〉は living）
   　　use 使う　　　　　used　　　　　　 used　　　　　（〈-ing形〉は using）

② 「y を i にかえて -ed をつける」形をとる
   原則として「子音字 + y」で終わる語がこのパターンをとります．
   例) cry 泣く　　　　　cried　　　　　　cried　　　　　（〈-ing形〉は crying）
   　　study 勉強する　　studied　　　　　studied　　　　（〈-ing形〉は studying）

③ 「子音字を重ねて -ed をつける」形をとる
   原則として「短母音 + 子音字」で終わる語がこのパターンをとります．
   例) drop 落ちる　　　 dropped　　　　　dropped　　　　（〈-ing形〉は dropping）
   　　occur 起こる　　　occurred　　　　 occurred　　　 （〈-ing形〉は occurring）

# 不規則形容詞・副詞の変化表

| 原級 | 比較級 | 最上級 |
|---|---|---|
| bad 悪い | worse | worst |
| badly 悪く | worse | worst |
| far 《距離》遠くに | farther | farthest |
| 《時間・程度》ずっと | further | furthest |
| good よい | better | best |
| ill 病気で；悪く | worse | worst |
| kindly 親切に | more kindly, kindlier | most kindly, kindliest |
| late 《時刻・時期》遅(おそ)い | later | latest |
| 《順番》遅い | latter | last |
| likely …しそうである | likelier, more likely | likeliest, most likely |
| little 小さい；少し | less | least |
| many 多数の | more | most |
| much 多くの | more | most |
| old 年取った | older | oldest |
| (⊕で兄弟関係を示すとき) | elder | eldest |
| shy 恥(は)ずかしがる | shyer, shier | shyest, shiest |
| slippery 滑(すべ)りやすい | slipperier, more slippery | slipperiest, most slippery |
| sly ずるい | slyer, slier | slyest, sliest |
| well よく；健康で | better | best |

形容詞・副詞の変化形には ,-er,-est をつける以外に次のようなパターンがあります．

① 「-r, -st をつける」形をとる
    -e で終わる語がこのパターンをとります．
    例) large 大きい          larger          largest
        safe 安全な           safer           safest

② 「y を i にかえて -er, -est をつける」形をとる
    原則として「子音字 ＋ y」で終わる語がこのパターンをとります．
    例) happy 幸せな          happier         happiest
        early 早く；早い      earlier         earliest

③ 「子音字を重ねて -er, -est をつける」形をとる
    原則として「短母音 ＋ 子音字」で終わる語がこのパターンをとります．
    例) big 大きい            bigger          biggest
        sad 悲しい            sadder          saddest

JUNIOR PROGRESSIVE
JAPANESE-ENGLISH
DICTIONARY
SECOND EDITION

プログレッシブ
中学和英辞典
第2版

編集主幹
吉田研作

# プログレッシブ中学和英辞典 第2版
## JUNIOR PROGRESSIVE JAPANESE-ENGLISH DICTIONARY SECOND EDITION

First Edition 2014
Second Edition 2024
©Shogakukan 2014, 2024

| | |
|---|---|
| 編集主幹 | 吉田研作 |
| 編集委員 | 荒井貴和　柳田恵美子 |
| 英文校閲 | Aleda Krause |

| | |
|---|---|
| 編集協力 | 齋藤絵里子　廣瀬恵理奈（株式会社 kotoba）　星野守 |
| 校正 | 小森里美　迫上真夕子 |
| 項目・用例資料提供 | 田中牧郎（国立国語研究所）　青柳有季 |
| デザイン | 阿部美樹子 |
| 装画 | きゅう |
| イラスト | 青柳ちか　かりた　てづかあけみ　fancomi　福々ちえ　光安知子 |
| 写真 | iStock　Getty Images　Shutterstock.com　PIXTA　ユニフォトプレス |
| 写真協力・提供 | 葵祭行列保存会　出雲大社　熊本城総合事務所<br>首里城公園（守礼門）　竹浪比呂央ねぶた研究所　彦根市 |
| 制作 | 木戸礼　斉藤陽子 |
| 販売 | 福島真実 |
| 宣伝 | 一坪泰博 |
| 編集 | 有光沙織 |

プログレッシブ中学和英辞典　First Edition 2014

| | |
|---|---|
| 編集主幹 | 吉田研作 |
| 編集委員 | 荒井貴和　柳田恵美子 |
| 本文執筆 | 奥田朋世　高橋良子　藤井里美 |
| 英文校閲 | Kenneth G. Okimoto　Lisa Fairbrother　Benjamin Boas |

ジュニアプログレッシブ和英辞典　First Edition 1999
　　　　　　　　　　　　　　　　Second Edition 2003

| | |
|---|---|
| 編集主幹 | 吉田研作 |
| 編集委員 | 荒井貴和　伊藤典子　狩野晶子　霜崎實　出世直衛　東海林宏司　神保尚武　多田洋子<br>鳥飼玖美子　浜野実　松本茂　柳浦恭　柳田恵美子　柳瀬和明　吉冨朝子<br>Richard L. Curé　Kenneth G. Okimoto |

# 日本を英語で紹介しよう

みんなは日本のことをどれだけ知っているかな？
さまざまな文化をもつ世界の人々と
交流するには，まず，自分たちの文化や
生活習慣を知ることが大事だ．
日本のことを世界の人々に紹介(しょうかい)しよう．

## 日本の地理を簡単に説明してみよう！

日本はアジアの東部にある島国で，5つの主な島
（北海道，本州，四国，九州，沖縄）と多くの島がある．
Japan is an island country in the east of Asia.
It has five main islands — Hokkaido, Honshu,
Shikoku, Kyushu, and Okinawa— and many
other minor islands.

日本は国土の70％近くが山岳(さんがく)地帯なんだよ．

5つの主な島以外に，約6,800もの離島(りとう)があるんだ！

# 日本の年中行事

四季折々に行われる年中行事は,日本人の生活に密接に結びついた,日本ならではの文化だよ.

## January 1月

### 元日 New Year's Day 1月1日★

正月は日本人にとって一年で最も重要な行事で,特別な料理(おせち料理)と飾(かざ)りつけで新年を祝う.また,社寺へ初もうでに行き,新年の健康と幸福を祈る.
*Shogatsu* is the biggest event of the year for the Japanese. People celebrate the New Year with special dishes (*osechi*) and decorations. They also go to a shrine or a temple, and pray for their health and happiness in the new year.

### 成人の日 Coming-of-Age Day 第2月曜日★

## February 2月

### 節分 "Setsubun" 2月3日ごろ

立春の前日の夜,家の内側と外側にいった豆をまき,福を呼びこんで,悪霊(あくりょう)を追い払う.
On the Eve of the first day of spring, people scatter roasted soybeans inside and outside their homes to bring in good fortune and drive out evil spirits.

### 建国記念の日 National Foundation Day 2月11日★

### バレンタインデー Valentine's Day 2月14日

日本では好きな人や友達にチョコレートやお菓子(かし)を贈(おく)る日.
In Japan, Valentine's Day is a day when you give chocolate or candy to someone you love or your friends.

### 天皇誕生日 The Emperor's Birthday 2月23日★

## March 3月

### ひな祭り Doll(s') Festival 3月3日

桃(もも)の節句またはひな祭りと呼ばれる女の子のための祭り.ひな人形をかざり,お菓子や白酒をささげる.
This is a festival for girls and is also called *momo-no-sekku*. People display *hina* dolls and offer them candy and *shirozake*.

### 春分の日 Vernal [Spring] Equinox Day 3月20日または21日★

### 卒業式 Graduation Ceremony
### 春休み Spring Vacation

★ = 国民の祝日

# April 4月

## 花見
### Cherry Blossom Viewing

公園などへピクニックに出かけ, 家族や友達と桜の花を見て楽しむ.
People go on a picnic in some places such as parks to enjoy viewing the cherry blossoms with family or friends.

## 入学式
### Entrance Ceremony

## 昭和の日
### "Showa" Day
4月29日★

# May 5月

## ゴールデンウィーク
### "Golden Week" Holidays

4月29日, 5月3日, 4日, 5日を含む大型連休のこと(「ゴールデンウィーク」は和製英語).
This is a long holiday season which includes April 29 as well as May 3, 4 and 5.

## 母の日
### Mother's Day  第2日曜日

## 憲法記念日
### Constitution (Memorial) Day
5月3日★

## みどりの日
### Greenery Day
5月4日★

## こどもの日
### Children's Day
5月5日★

子どもの健康と幸福を願う日.
This is a day when people wish for the health and happiness of children.

# June 6月

## 梅雨 "Tsuyu"

初夏の雨の多い季節のこと. とても蒸し暑くなる.
*Tsuyu* is the rainy season which begins in early summer. It becomes very humid.

## 衣替え "Koromogae"

生徒たちは夏用の制服に替える.
Students change their school uniforms for the summer season.

## 父の日
### Father's Day  第3日曜日

# July 7月

### 七夕 Star Festival 7月7日

人々は短冊(たんざく)に願い事を書いて,ささの枝につるす.

During the Star Festival, people write their wishes on *tanzaku*, narrow strips of paper, and hang them on bamboo branches.

### 海の日 Marine Day 第3月曜日★

# August 8月

### 盆踊(ぼんおど)り "Bon" Festival Dance

お盆には先祖の霊(れい)が家に戻(もど)ってくると信じられており,霊を迎(むか)え入れてもてなし,盆踊りを楽しむ.

During *Bon*, it is believed that the souls of ancestors come back home. People welcome and entertain them, and enjoy *Bon* festival dancing.

### 夏休み Summer Vacation

学校の夏休みは7月下旬に始まり8月下旬に終わるのが一般的.ふつうこの期間には宿題がたくさん出される.

Summer vacation at schools generally starts in late July and ends in late August. Students usually have a lot of homework during this period.

### 山の日 Mountain Day 8月11日★

# September 9月

### 月見 Full Moon Viewing

旧暦(きゅうれき)の8月15日の月は「中秋の名月」と呼ばれ,人々は月をながめて楽しむ.月見団子やすすきを月に供える.

The moon on August 15 in the old calendar is called "Harvest Moon." Japanese people enjoy viewing the moon. They offer *tsukimi-dango* (rice dumplings) and *susuki* (Japanese pampas grass) to the moon.

### 敬老の日 Respect-for-the-Aged Day, Senior Citizens Day 第3月曜日★

### 秋分の日 Autumnal [Fall] Equinox Day
9月23日ごろ★

★ = 国民の祝日

# October 10月

## スポーツの日
**Health-Sports Day** 第2月曜日★

1964年の東京オリンピックを記念する日．スポーツイベントが各地で開催(かいさい)される．
This is a day which commemorates the 1964 Tokyo Olympics. Sports events are held in various regions.

## 紅葉狩り Fall Leaf Viewing

秋になると広葉樹の葉が赤や黄色に紅葉する．この秋の色を見て楽しむ．
In fall, the leaves of broad-leaved trees turn red and yellow. People have fun looking at the fall colors.

## 秋祭り Fall Festival

秋には一年の収穫(しゅうかく)を感謝する祭りが多く行われる．
Many festivals take place in the fall as a show of thanks for the year's harvest.

# November 11月

## 文化の日 Culture Day 11月3日★

## 七五三 "Shichi-go-san" 11月15日

3歳の男の子と女の子，5歳の男の子，7歳の女の子のための，すこやかな成長を祝うお祭り．
*Shichi-go-san* is a festival for 3-year-old boys and girls, 5-year-old boys, and 7-year-old girls to celebrate children's healthy growth.

# December 12月

## クリスマス
**Christmas Day** 12月25日

日本では，ふつう友達や恋人，家族とクリスマスイブにパーティーをする．パーティーではクリスマスケーキなどを食べる．
In Japan, people usually have a party on Christmas Eve with their friends, boyfriend or girlfriend, or family. They eat things like Christmas cakes at the party.

## 冬休み
**Winter Vacation**

## 大みそか
**New Year's Eve** 12月31日

一年の最後の日，人々は家族と共に過ごし，夜には年越しそばを食べる．深夜0時前後，多くの寺院では108回鐘(かね)をつく．
On the last day of the year, people spend time at home with family. At night, they eat noodles called *toshi-koshi soba*. Around midnight, many Japanese temples ring their bells 108 times.

## 勤労感謝の日
**Labor Thanksgiving Day** 11月23日★

# 日本の観光地

みんなは外国の人に日本の何を見てもらいたい？ 伝統的なお祭り？ それとも古い神社やお寺かな？
ほかにも美しい自然やハイテクの建物などいろいろあるね．

## Kanagawa

### 横浜中華街 (ちゅうか)
Yokohama Chinatown

日本最大級の中国人街．何百もの中華料理店があり，たくさんの中国人が暮らしている．
This is the largest Chinatown in Japan. It has hundreds of Chinese restaurants and a lot of Chinese people live there.

> 米国や英国などにも大きな中国人街があるんだって．

## Shizuoka/Yamanashi

### 富士山 Mt. Fuji

高さは3,776mで，日本で最も高い山．日本の象徴(しょうちょう)として世界中に知られている．
This is 3,776 meters high and the highest mountain in Japan. It is known to the world as a symbol of Japan.

> 2013年に世界文化遺産に登録されたよ．

## スキー Skiing

日本は南北に長いので，気候が大きく異なる．北海道ではスキーが，沖縄ではマリンスポーツが楽しめる．
Because Japan is long from north to south, it has widely different climates. Japanese people enjoy skiing in Hokkaido and marine sports in Okinawa.

### Hokkaido

> 北海道にスキーをしにくる外国人観光客も多いんだ．

### Aomori

ねぶた制作：竹浪比呂夫

## ねぶた祭り
### "Nebuta" Festival

ねぶたと呼ばれる灯籠（とうろう）の大きな山車（だし）と，ハネトと呼ばれる踊（おど）り手が元気よく音楽に合わせて踊る様子が見られる．
During the *Nebuta* Festival, you can see big lantern floats called *nebuta*, and dancers called *haneto* dancing cheerfully to music.

> What a tall tower!

### Tokyo

## 東京スカイツリー
### Tokyo Skytree

日本で最も高いタワーで，高さは634m．展望台から東京の街並みを一望できる．
This is the tallest tower in Japan and is 634 meters tall. The observation decks offer a special view of Tokyo.

## Shimane

# 出雲大社
(いずも)
*Izumo Oyashiro / Izumo Taisha*

旧暦の10月には全国の神々がこの神社に集まるとされている．また，縁結びのご利益があると言われている．
In October of the old calendar, gods from all over Japan are said to gather at this shrine. It is also said to bring good luck in love and relationships.

## Kumamoto

# 熊本城
*Kumamoto Castle*

日本で最も有名な城の1つ．加藤清正によって17世紀に建てられた．
This is one of the most famous castles in Japan. It was built by Kato Kiyomasa in the 17th century.

## Okinawa

# 首里城 *Shuri Castle*

15世紀から19世紀まで沖縄地方を統治していた琉球(りゅうきゅう)王国の城．
This is a castle from the former Kingdom of Ryukyu. This Kingdom governed the Okinawan area from the 15th century to the 19th century.

※首里城正殿は2019年の火災により消失．2026年ごろ復元予定．

# 伏見稲荷大社
## Fushimiinari Taisha

京都の中で,外国人観光客に最も人気のある観光名所の1つ.鳥居がたくさんある.
This is one of the most popular sightseeing spots among foreign tourists in Kyoto. There are many *torii*-gates there.

**Hiroshima**

**Kyoto**

# 原爆ドーム
## The Atomic Bomb Dome

最も有名な被爆(ひばく)建造物.世界平和の象徴として,原爆の恐(おそ)ろしさを世界に伝えている.
This is the most famous atomic-bombed building in the world. As a symbol of world peace, it conveys the horror of atomic bombs to the world.

多くの寺院・神社が古都京都の文化財として世界文化遺産に登録されているよ.5月に行われる葵(あおい)祭りは1200年以上の歴史があるんだ.

**Ehime**

日本には宿泊施設(しゅくはく)のある温泉地が数千か所もあるんだって!

# 道後温泉
## Dogo "Onsen" Hot Springs

日本で最も古い温泉の1つで,夏目漱石の小説『坊っちゃん』に描(えが)かれている.
This is one of the oldest hot springs in Japan and is depicted in the novel *Botchan* by Natsume Soseki.

# 日本の食生活

季節の野菜や魚介(ぎょかい)類を使った伝統料理から、日本で独自に進化した外国料理まで、日本の食文化はとても豊かでバラエティーに富んでいるよ。

## 和食 Japanese Cuisine

伝統的な日本の料理である「和食」の基本はご飯とみそ汁(しる)。これに、魚や野菜、豆類を使ったおかずがつく。
The basis of traditional Japanese cuisine, *washoku*, is cooked rice and miso soup. Dishes using fish, vegetables and beans are served with them.

「和食」は2013年にユネスコの無形文化遺産に指定されたよ。

## すし Sushi

すしはふつう酢飯(すめし)の上に生の魚の切り身やほかの魚介類を載(の)せたもの。
Sushi is vinegared rice usually topped with a slice of raw fish or other seafood.

## すき焼き Sukiyaki

すき焼きは牛肉を野菜や豆腐(とうふ)といっしょに鉄鍋(てつなべ)に入れて、食卓(しょくたく)で調理する料理。
Sukiyaki is beef cooked with vegetables and tofu in an iron pot at the table.

## てんぷら Tempura

てんぷらは魚や野菜をたっぷりの油で揚(あ)げたもので、専用のつゆにつけて食べる。
Tempura refers to deep-fried fish and vegetables. They are dipped in a special broth and then eaten.

# うどん, そば　Udon, Soba

うどんとそばはめん類．うどんはこねた小麦粉で，そばはそば粉で作られる．
Udon and soba are noodles. Udon is made of kneaded flour, and soba is made of buckwheat flour.

They look yummy!

# おにぎり　"Onigiri"

おにぎりはご飯を三角形や丸形に握(にぎ)ったもの．ふつう中に具を入れ，外にのりを巻く．
*Onigiri* are rice balls made into triangular or round shapes by hand. They usually have fillings in the middle, wrapped with dried seaweed on the outside.

# 日本で人気の料理
## Popular Dishes in Japan

日本ではさまざまな外国料理が食べられている．その中には日本で独自に発展して国民食になったものもある．
In Japan, people enjoy various foods which are from foreign countries. Some of them have developed into some of Japan's most popular unique dishes.

# カレーライス
## Curry and Rice

家庭では市販(しはん)のカレールーを使うことが多い．さまざまな種類のルーが日本の至る所で売られている．
Most people who cook at home use store-bought curry. A wide variety of curries are sold everywhere in Japan.

# ラーメン
## Ramen

ラーメンは中国にルーツを持つ．日本には無数のラーメン店があり，インスタントラーメンの種類も豊富にある．
Ramen has its roots in China. In Japan, there are countless ramen shops and many different varieties of instant ramen noodles.

## 日本の 衣生活

はなやかで美しい和服は外国の人にとても人気があるよ．日本の夏を楽しむのにぴったりの浴衣(ゆかた)や学校の制服についても，英語で説明してみよう．

## 和服，着物
### Japanese Clothes, Kimono

着物は伝統的な日本の衣服．現代では，成人式や結婚(けっこん)式などに着ることが多いが，休日に普段(だん)着の着物を楽しむ人も増えている．

A kimono is a traditional Japanese clothing. Nowadays most people wear it during events such as coming-of-age ceremonies and weddings, but more and more people enjoy wearing casual kimonos on holidays as well.

米国では，制服も体操服もないところがほとんどらしいよ．

ぞうり zori — Japanese sandals

うちわ uchiwa — a Japanese round fan

帯 obi — a belt for a kimono

げた geta — wooden clogs

## 浴衣 "Yukata"

浴衣は薄(う)い木綿(もめん)の着物で，湯上がりや暑いときに着られる．夏の花火大会や盆踊(ぼんおど)りに行くときによく着る．

A yukata is a thin cotton kimono. It is worn after a bath or in hot weather. People often wear it when they go to summer fireworks displays or take part in the dancing at Bon festivals.

## 制服
### School Uniform

学校生活では，生徒はふつう制服を着て登校する．体育の授業用の体操服もある．

Most students go to school in their school uniforms. There is also a uniform for gym class.

最近の日本の家は洋風化されているけれど、和室のある家は多いよね。おふろも外国のものと形はあまり変わらないけど、使い方は少し違(ちが)うよ。

# 日本の 住生活

床(とこ)の間
*tokonoma*
a small alcove

障子 *shoji*
a sliding paper screen

ふすま *fusuma*
a sliding paper door

畳 *tatami*
a straw mat

## 座敷(ざしき) "Zashiki"

座敷は畳(たた)を敷(し)いた日本式の部屋。たいてい家の中でいちばん眺(なが)めがよく、客間としてよく使われる。

A *zashiki* is a Japanese-style room with tatami mats. It usually has the best view in the house and is often used as a guest room.

欧米では浴そうの中で体を洗うんだよ。

## ふろ Bath

浴そうの湯を家族全員で使えるように、浴そうに入る前に体を洗う。浴そうから出たら、湯が冷めないようにふたをする。

Before getting into the tub, people wash themselves so that the whole family can use the same bathwater. After getting out of the tub, they put the cover on it so the water won't get cold.

布団をしまうことで、部屋を広く使うことができるんだね。

## 布団(ふとん) Japanese Futon

布団は寝(ね)るときに用いるもので、掛(か)け布団と敷き布団がある。夜は畳の上に広げて、朝になると畳(たた)んで押し入れにしまう。

Japanese futon is a set of a mattress and a comforter for sleeping. People spread it out on the tatami mats at night and fold it up and store it in the closet in the morning.

# 日本の 習慣・マナー

日本人が何気なくしている習慣も，外国の人から見れば興味深いものがたくさんあるんだ．

あぐらはくつろいだ座り方．「あぐらをかく」は sit cross-legged と言うよ．

## 正座 "Seiza"

正式な場での伝統的な座り方．ひざから足の甲(こう)までを床につけて，尻(しり)をかかとの上にのせて座る．
The traditional way to sit on formal occasions, with knees and insteps on the floor and buttocks resting on the heels.

欧米(おうべい)ではおじぎをする習慣はあまりなくて，握手(あくしゅ)をしたり，抱(だ)き合ったり，キスをしたりするよ．

## お辞儀 Bow

あいさつや感謝，敬意，謝罪を表すためにお辞儀をする．
People bow to say hello or goodbye, and also to express their appreciation, respect or apologies.

欧米ではクリスマスカードに新年のあいさつを書くことがよくあるんだって．

## 年賀状 New Year's Card

新年のあいさつとして送られるはがき，友達や親戚(しんせき)などに元日に届くように送る．最近では，多くの人がオンラインで年賀状を送る．
This is a card sent as a New Year's greeting. People send it to people such as their friends and relatives so that it arrives on New Year's Day. Today, many people send New Year's cards online.

## 印鑑(いんかん) Seal

欧米では正式な書類にサインをするのが一般的だが，日本ではサインの代わりに印鑑を使うことが多い．
In Western countries, people usually sign a formal document but in Japan, most people use a stamped seal in place of a signature.

## 玄関で靴を脱ぐ

家に入るときは，玄関で靴を脱ぐ．靴を脱いだらそろえるのがマナー．

When people enter a house, they take off their shoes at the entrance. It is good manners to put the shoes neatly together after taking them off.

## 包装紙を丁寧に開ける

日本では包装をとても大切にしている．だれかから贈(おく)り物をもらったら，その包み紙を丁寧に開ける．
Wrapping is very important in Japan. When people receive a gift from someone, they unwrap it carefully.

## 茶わんやおわんを持って食べる

食事をするときは，茶わんやおわんを手に持つのがマナー．
When you eat in Japan, it is good manners to hold your bowl in your hand.

## めん類はすすって食べてもOK

うどんやそば，ラーメンなどのめん類を食べるときは，音を立てても無作法ではない．
It is not impolite to slurp when eating noodles such as udon, soba or ramen.

# 日本の ここが すごい

日本が世界に発信するポップカルチャーや，日本人にとっては当たり前でも外国の人が驚(おど)くことなど，日本のすごいところを聞いてみたよ．

## アニメ，漫画 — Anime, Manga

日本ではアニメや漫画はすべての人のためのもの．年齢(ねんれい)を問わず多くの人に楽しまれている．日本のアニメと漫画は世界でとても人気があり，多くの国の大衆文化に大きな影響(えいきょう)を与(あた)えている．
In Japan, anime and manga are for everyone. They are enjoyed by people of all ages and genders. Japanese anime and manga are very popular all over the world and they have a big influence on pop culture in many countries.

## カワイイ文化 — "Kawaii" Culture

日本語の「カワイイ」は英語で "cute" の意味．日本人は年齢(ねんれい)性別を問わずかわいいものが大好きで，自社を象徴(しょうちょう)するかわいいマスコットを持つ企業もある．さらに日本の都道府県や市などにもマスコットがいる．
The Japanese word *kawaii* means cute in English. People of all ages and genders love *kawaii* things and some companies have *kawaii* mascots which represent them. There are even mascots for prefectures and cities!

彦根市キャラクター「ひこにゃん」

## コンビニ — "Konbini" (convenience store)

おそらく日本のコンビニが世界で最も便利．食べ物や飲み物に加えて，24時間営業でほとんど何でも売っている．ペン，シャツや下着，さらにはコンサートのチケットも！
The Japanese *konbini* are probably the most convenient in the world! In addition to food and drinks, they sell practically anything 24 hours a day. This includes pens, shirts and underwear, and even concert tickets!

# 時間に正確な電車

**Trains on Time**

日本の電車は時間どおりに走る！ 運行スケジュールをきちんと守っている．もし電車が遅(おく)れたら鉄道会社は事情を説明し，仕事や学校に遅れる人々に遅延(えん)証明書を配る．すごくていねいだ．
Japanese trains run exactly on time! They are very serious about scheduling. If the train is late, the railway company will announce the reason for the delay and hand out certificates for people who are late to work or school. They are very courteous!

# 治安のよさ

**Public Safety**

非常に治安がよいので，とても幼い頃(ころ)から子どもは自分たちだけで歩いて学校に行く．また，東京などの大都市でも小学生が1人で公共交通機関に乗っているのを見かけることがある．
It is so safe that children often walk to school on their own from a very young age. You can also often see elementary school students riding public transportation by themselves in major cities like Tokyo.

# 清潔さ

**Cleanliness**

日本人は清潔にすることをとても大切にしている．通りや公園，電車など，公共の場でのごみのポイ捨てはほとんど見られない．一般に公衆トイレもとても清潔に保たれている．
Japanese people care deeply about cleanliness. Littering is seldom seen in public places such as streets, parks or trains. Public restrooms are also generally kept very clean.

# 自動販売機

**Vending Machine**

日本の自動販売機がおそらく世界でいちばん進んでいる．街中や寺院の中，さらには富士山の頂上にさえ置かれている．それらの多くは冷たい飲み物だけでなく，冬には温かい飲み物も販売する．
The vending machines in Japan are probably the most advanced in the world! They are on city streets, in the middle of Buddhist temples, and even on top of Mt. Fuji! Many of them dispense not only cool drinks but hot drinks in winter.

# 日本の 学校生活

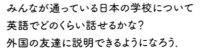

みんなが通っている日本の学校について英語でどのくらい話せるかな？
外国の友達に説明できるようになろう．

## 義務教育 Compulsory Education

日本では小学校6年間，中学校3年間，高校3年間の6-3-3制の学校教育が全国共通で行われている．この期間のうち最初の9年間が義務教育．
Education for children in Japan is provided nationwide on the 6-3-3 system: six years of elementary school, three years of junior high school, and three years of high school. The first nine years of the education are compulsory.

> 米国では，高校が4年間のところが多くて，州や市によって小学校や中学校の学年制度が違(ちが)うよ．

## 教室 Classroom

各クラスは決まった教室をもち，そこで生徒は大半の授業を受ける．ほとんどの公立の中学校では給食があり，各自の席で昼食をとる．
Each class of students has its own fixed classroom and most students have their classes there. Most public junior high schools have a lunch program. Students have lunch at their desk.

## 学年暦 School Year

日本の多くの学校は3学期制で，4月に1学期，9月に2学期，1月に3学期が始まる．1か月の夏休みと2週間の冬休みがある．
Most schools in Japan have a three-term system, with the first term beginning in April, the second term in September, and the third term in January. The summer vacation lasts one month and the winter vacation lasts two weeks.

# 定期テスト
## Regular Examinations

学期半ばと学期末にテストがあることが多い.
In most cases, examinations are given two times a term: one in the middle and the other at the end.

# 文化祭 School Festival

クラスやクラブなどが，それぞれの活動を学校内外の人に発表する．合唱や演劇，制作物の展示などを行う.
Classes and clubs present their activities to people inside and outside the school. The event will include a chorus, a drama, and an exhibition of art products by students.

# 体育祭 Sports Festival

競技で競ったり，マスゲームを発表したりする．特に，クラス対抗のリレーや応援合戦が盛り上がる.
Students compete in games and present mass games. The inter-class relays and the cheering contests are especially exciting.

# 部活動 Club Activities

放課後，多くの生徒は部活動に参加している．生徒は好きな部に入って，年間を通して同じ部で活動する.
After school, many students participate in club activities. Students join a club they like and are active in that club for the whole year.

> 米国には日本のような"部活"はなくて，いくつかの学校のスポーツチームがあり，シーズンごとに違うチームに入る生徒もいるよ.

# 修学旅行 School Trip

中学3年生になると，学年全体で旅行に行く．旅先の地理や歴史を学びながら，友人との思い出を作る.
In the third year of junior high school, the students go on a trip all together. Students learn about the geography and history of the destination while making memories with their friends.

# 英語で話そう

いろいろな場面で実際に使える表現を集めてみたよ.

## あいさつ
### Greeting

朝, 教室で友だちに会いました.

**ケイト** Good morning, Jim.
I like your shirt.
おはよう, ジム. 君のシャツ, 素敵だね.

**ジム** Thanks. This is my favorite.
ありがとう. これ, お気に入りなんだ.

しばらく会っていない友だちに会いました.

**ユミ** Oh, wow. It's Ian!
まあ, イアン!

**イアン** Hi, Yumi.
Long time no see!
やあ, ユミ. 久しぶりだね!

メッセージアプリで友だちに話しかけます.

Hey, what's up?
やあ, 何か変わったことある?

 Hiroshi
ヒロシ

Nothing special.
What about you?
特にないよ. 君は?

# 自己紹介
## Self-introduction

> クラスで転校生が紹介されます．

**先生** This is our new student, Tomoya.
こちらは新しい生徒のトモヤです．

Could you introduce yourself to everyone?
みんなに自己紹介してくれるかな．

**トモヤ** Hello, everyone. I'm very happy to meet you.
みなさん，こんにちは．みなさんに会えてとてもうれしいです．

My name is Kato Tomoya. Please call me Tomo.
ぼくの名前は加藤トモヤです．トモと呼んでください．

I'm from Tokyo, Japan.
日本の東京から来ました．

> 転校生がクラスメートからの質問に答えます．

**先生** Any questions?
何か質問はある？

**生徒A** What do you do in your free time?
ひまな時は何をしますか．

**生徒B** What subject do you like best?
何の教科がいちばん好きですか．

**トモヤ** I often go mountain climbing. I love Mt. Fuji.
よく山登りに行きます．富士山が大好きです．

My favorite subject is math. I can do quick mental calculations.
いちばん好きな教科は数学です．
すばやく暗算することができます．

# 電話
## Telephone

ミアとヒロシが駅で待ち合わせをしています．
先に駅に着いたミアにヒロシから
電話がかかってきました．

- ミア Hello?
  もしもし？

- ヒロシ Hi, Mia. This is Hiroshi.
  やあ，ミア．ヒロシだよ．

- ミア What's up? I'm already at the station.
  どうしたの？　私はもう駅にいるよ．

- ヒロシ I'm sorry but I'll be about 30 minutes late.
  The train was delayed.
  ごめん，30分遅(おく)れそうなんだ．電車が遅れてて．

- ミア It's OK. I'll wait for you in the café near the station.
  OK．駅の近くのカフェで待っているから．

- ヒロシ Thanks. I'll meet you there.
  ありがとう．そこに行くね．

[ その 他 の 表 現 ]

どちら様ですか．
**Who's calling, please?**
ケイトさんをお願いします．
**May I speak to Kate?**
彼女は今留守にしていますが．
**She's out at the moment.**
伝言はありますか．
**Can I take a message?**
ちょっと聞き取りづらいのですが．
**Sorry, but I can't hear you very well.**
電話，ありがとう．じゃあね．
**Thanks for calling. Bye.**

# 買い物
Shopping

> ケンがみやげ物屋さんで買い物をしています.

- 店員 **May I help you?**
  いらっしゃいませ.
- ケン **I'm looking for something good for a souvenir.**
  おみやげにいいものを探しているんですが.
- 店員 **How about this?**
  こちらはいかがでしょうか.
- ケン **How much is it?**
  それ, いくらですか.
- 店員 **It's eleven dollars.**
  11ドルです.
- ケン **OK. I'll take it.**
  それをください.

[ そ の 他 の 表 現 ]

見ているだけです.
**I'm just looking, thank you.**
シールは置いていますか.
**Do you have stickers?**
(指さしたり, 品物を持って) これをください.
**This one, please.**
それ(と同じもの)を4つください.
**I'll take four of these [them].**

> ユミが衣料品店で試着しています.

- ユミ **Can I try it on?**
  試着してもいいですか.
- 店員 **Certainly.**
  もちろんです.
- 店員 **How is it?**
  いかがですか.
- ユミ **It's a little big for me. Do you have a smaller size?**
  私にはちょっと大きいですね. もっと小さいサイズはありますか.

[ そ の 他 の 表 現 ]

あれを見てもいいですか.
**May I see that one?**
ほかの色を見せてもらえますか.
**Can you show me another color?**
(サイズが) ぴったりです.
**It's just right. / This is just my size.**
これはセール品ですか.
**Is this on sale?**
(商品を買わずに) ちょっと考えます.
**I'll [Let me] think about it.**

# 食事
Meals

> レストランで食事をします．

**店員** Good evening.
How many in your party?
いらっしゃいませ．何名様ですか．

**客** There are four of us.
4人です．

**店員** Are you ready to order?
ご注文はお決まりでしょうか．

**客** I'll have the roast chicken and a vegetable salad.
ローストチキンと野菜サラダをお願いします．

**店員** Anything else?
ほかにご注文はございますか．

**客** No, that's all.
いいえ，以上です．

[ そ の 他 の 表 現 ]

3人ですが，席はありますか．
**Do you have a table for three?**

メニューを見せてもらえますか．
**May I see the menu?**

いい［おいしそうな］においですね．
**That smells good [delicious].**

（きょうの）おすすめは何ですか．
**What do you recommend (today)?**

これは私の大好物です．
**This is my favorite food.**

すみません，チーズは苦手なんです．
**I'm sorry, I don't like cheese very much.**

# 道案内
Guide

### 駅で案内をします．

A Which platform is for Minami Park?
南公園行きの電車は何番ホームですか．

B Go to platform 4.
4番線のホームに行ってください．

### 街で道を聞かれました．

A Excuse me. Could you tell me the way to the post office?
すみません．郵便局に行く道を教えてもらえませんか．

B Sure. First, turn left at that convenience store.
ええ．まず，あのコンビニを左に曲がってください．

And then go straight for about a hundred meters. You will see it on your right.
それから100メートルほどまっすぐ行くと，右手に見えます．

[ その他の表現 ]

あそこです．
It's over there.
もうちょっと先です．
It's a little farther.
ここから歩いて2～3分です．
It's a few minutes' walk from here.
すぐにわかりますよ．
You can't miss it.
この電車は新宿に止まりますか．
Does this train stop at Shinjuku?
5つ目の駅［停留所］で降りてください．
Get off at the fifth station [stop].

## 旅行
Travel

### 飛行機の中でアナウンスがあります．

**機内アナウンス** Attention, all passengers. We will be taking off shortly, so please fasten your seatbelts at this time.
みなさま，当機は間もなく離陸(りく)いたしますので，シートベルトをお締(し)めください．

### 飛行機の中で機内食のサービスが始まります．

**客室乗務員** Which would you like to have, fish or chicken?
魚とチキン，どちらになさいますか．

**乗客** Chicken, please.
チキンをお願いします．

[ そ の 他 の 表 現 ]

毛布をいただけますか．
May I have a blanket, please?
お茶をいただけますか．
Can I have some tea, please?

### 空港で入国審査(しんさ)をします．

**係官** Passport, please.
パスポートをお願いします．

**旅行客** Here you are.
はい，どうぞ．

**係官** What's the purpose of your visit?
訪問の目的は何ですか．

**旅行客** Sightseeing. / Study.
観光です．／ 留学です．

# 教室で使う英語
## Classroom English

> これから授業が始まります．

先生　Hello, everyone.
　　　みなさん，こんにちは．

生徒　Hello, Mr. Smith.
　　　スミス先生，こんにちは．

先生　Let's start today's lesson.
　　　今日の授業を始めましょう．

> プリントを使った授業中です．

先生　I'm passing out the handouts.
　　　Take one and pass the rest back.
　　　プリントを配ります．1枚取って後ろに回して．

先生　Raise your hand
　　　if you have any questions.
　　　質問がある人は手を挙げて．

生徒　I have a question.
　　　1つ質問があります．

[ その他の表現 ]

**先生が使う表現**

教科書の10ページを開けてください．
**Open your book to page ten.**
教科書を閉じてください．
**Close your book.**
先生の後について言ってください．
**Repeat after me.**
音声を聞いてください．
**Listen to the recording.**

**生徒が使う表現**

この文はどういう意味ですか．
**What does this sentence mean?**
もう一度言ってください．
**Could you say that again?**
辞書を使ってもいいですか．
**May I use a dictionary?**
わかりません．
**I have no idea.**

# 発表
## Speech and Presentation

好きなアーティストについて
スピーチをします．

Hello, I'm Kumi.
こんにちは．クミです．

Today, I'll introduce my favorite singer to you.
きょうは，私の好きな歌手をみなさんに紹介します．

I'm a big fan of Tiffany.
私はティファニーの大ファンです．

She is a very talented singer,
and her voice always cheers me up.
彼女は才能のある歌手で，私は彼女の歌声にいつも勇気づけられています．

Last week she released a new song.
先週は，新曲が発売されました．

It was awesome!
とてもすばらしかったです．

I can't wait for her concert this weekend.
今週末のコンサートが待ちきれません．

Thank you for your listening.
以上です，ありがとうございました．

## [ その他の表現 ]

### 導入の表現

今日は我が家の猫(ねこ)について話します.
Today, I'll talk about my pet cat.

私の趣味を紹介します.
Let me introduce my hobby.

### 体験を話す

友達とティファニーのライブに行きました.
I went to a Tiffany concert with my friend.

最近, ゲームの実況(じっきょう)動画を公開しました.
I recently posted a "Let's Play" video.

⇨ Let's Play とはビデオゲームのプレーの様子を見せる,
動画のジャンルの1つです.

### 希望を話す

将来, ゲームクリエイターとして働きたいです.
I want to work as a game creator in the future.

次のイベントを楽しみにしています.
I'm looking forward to the next event.

### 感想を言う

コンサートはすばらしかったです.
The concert was amazing!

私はその曲を聞いてハッピーになりました.
The song made me happy.

(スポーツで) そのプレーはすごかったです.
The play was awesome!

### 聞き手に問いかける

このゲームをどう思いますか.
What do you think about this game?

(私のスピーチについて) 質問はありますか.
Do you have any questions (about my speech)?

### 発表の最後に

ありがとうございました.
Thank you.

聞いてくださり, ありがとうございました.
Thank you for your attention.

# 英語で書こう

手紙やメールを英語で書いて，世界中に友達を作ろう．

## 手紙 Letter

① Yamada Ichiro
② 2-3-1 Hitotsubashi
   Chiyoda-ku, Tokyo
   101-8001, JAPAN

切手

③ Mr. Michael Brown
④ 1234 Avenue of the Americas
   New York, New York 10020
   U.S.A.

⑤ AIR MAIL

⑥ December 10, 2015

⑦ Dear Mr. Brown,

⑧ This is Yamada Ichiro.
   I hope you remember me!
   It has been nine months since you left Japan.
   I hope you are enjoying life in New York.
   I hear it is very cold there, so please take good care of yourself.
   We all miss you, so please come back soon!

⑨ Sincerely,
⑩ Yamada Ichiro

---

①差出人の名前
②差出人の住所
　地番→町名→区（市・町・村）→都道府県→郵便番号→国名（大文字）の順で書く．
③受取人の名前
　目上の人には敬称をつける（男性＝Mr.　女性＝Ms.　夫妻＝Mr. and Mrs.）．友達には不要．
④受取人の住所
⑤航空便の指示
⑥日付
　日付は右上に書く．
⑦呼びかけの句
　友達の場合は名前だけを，目上の人の場合はMr. Brownのように「敬称＋姓」をDearの後に書く．最後にコンマ (,) を入れる．
⑧本文
⑨結びの句
　友達や親しい人にはYours, やLove, などを，目上の人にはSincerely yours, やBest wishes, などを使う．最後にコンマ (,) を入れる．
⑩サイン
　友達の場合はふつう名前だけを，目上の人の場合は姓名をサインする．パソコンなどで手紙を書く場合でも，サインは手書きにする．

【ALTの
ブラウン先生への手紙】
山田イチローです．覚えていますか．先生が日本を離れて9か月がたちました．ニューヨークの生活は楽しいですか．そちらはとても寒いと聞きました．お体に気をつけてください．みんな先生がいなくて寂(さび)しがっています．早く戻(もど)ってきてください．

# グリーティングカード
## Greeting Cards

### クリスマスカード
### Christmas card

ボブへ
すてきな年末年始を！
楽しいクリスマスとよい新年をむかえてね．
ユキコより

> Dear Bob,
>
> **Happy Holidays!**
> I wish you a Merry Christmas
> and a Happy New Year!
>
> Love, Yukiko

> **Happy 14th Birthday!**
> Wishing you a wonderful birthday.

### バースデーカード
### Birthday card

14 歳(さい)の誕生日おめでとう！
すてきな誕生日になりますように．

### バレンタインカード
### Valentine's card

ハッピーバレンタイン！
ずっといっしょだよ！
ナオより

> **Happy Valentine's Day!**
> I hope we stay
> together forever!
>
> from Nao

> **Get well soon!**
> If there is anything
> I can do
> for you, please let me
> know.

### お見舞いのカード
### Get well card

早くよくなってね！
何かできることがあったら
言ってね．

> Dear Ellie,
> We are having a
> party at my home
> and we would
> love it
> if you could come.
>
> Love, Kaoru

### 招待状
### Invitation

エリーへ
私の家でパーティーをするので，
来てくれるととてもうれしいです．
カオルより

# メール
## Email

| | |
|---|---|
| 宛先 | sally123@email.com |
| cc | |
| bcc | |
| 件名 | From your new pen pal |

Dear Sally, —呼びかけの句

Hello! —あいさつ

My name is Yamamoto Tomomi. I'm a 13-year-old girl from Japan, and in my second year of junior high school in Hiroshima.

I like English the best of all my subjects, but I can't write and speak it very well. I'm interested in American culture because I want to go to America to study in the near future.

I'd like to learn English and American culture by corresponding with you by email. —本題

I hope to hear from you soon. —終わりのあいさつ

Your new friend, —結びの句
Tomomi —自分の名前

あなたの新しいペンフレンドより

サリーさんへ

こんにちは!

私の名前は山本トモミです.13歳の日本の女の子で,広島の中学2年生です.

私は全教科の中で英語がいちばん好きですが,あまり上手に書いたり話したりできません.私は近い将来,アメリカに留学したいと思っているので,アメリカの文化に興味があります.

あなたとのメール交換を通して,英語とアメリカの文化を学びたいです.

お返事待っています.

あなたの新しい友達
トモミ

---

**メールでよく使う略語 abbreviation**

- **ASAP** できるだけ早く as soon as possible
- **BC** なぜなら because
- **IDK** わからない. I don't know.
- **TY** ありがとう. Thank you.
- **PLS** どうぞ please
- **B4** …の前に before
- **TTYL** またね. Talk to you later.
- **FYI** 参考までに for your information
- **BTW** ところで by the way
- **CU** またね. See you.
- **AFAIK** 私の知る限りでは as far as I know
- **J / K** 冗談だよ. Just kidding.
- **LOL** 大笑い laughing out loud

**メールでよく使う顔文字 emoticon**

:-) 笑顔　:-D 大笑い　;-) ウインク　:-O 驚き
:-( 不機嫌　:'-( 泣き顔　>:-( 怒り　:-* キス　:-P あっかんべー

顔が横向きになっているよ.

## はじめに

『ジュニアプログレッシブ和英辞典』を前身とし，その内容を全面的に見直して作られた『プログレッシブ中学和英辞典』も第 2 版となりました．外国の文化や生活を知りたい，日本のことを外国の人に伝えたい，という思いはあるけれど，どうやって英語で表現すればよいかわからない——そんな中学生のために編まれたのがこの和英辞典です．中学生のみなさんの気持ちに寄り添い，本当に言いたいことを英語で表現できるように工夫しました．その特徴は以下のとおりです．

### ● 中学生に身近な言葉を数多く採用
メールやインターネット，ファッションに環境関連まで，現代の中学生に身近な言葉を見出し語などに多数採用しました．20,400 項目と 15,200 用例が収録され，自分の言いたいことを表現するのに十分な情報量となっています．

### ● 探している表現にすぐにたどり着ける
中学生がよく使う見出し語は赤字で大きく表示し，見つけやすくしました．また，意味の多い見出し語では，言いたい・書きたい表現をすぐに探し出せる一覧方式を採用しました．求めている表現をまず日本語で確認し，その後，的確な英語を確実に探せるようになっています．

### ● 中学生が本当に言いたい例文がいっぱい
授業や課題で中学生が「言いたかったけれど言えなかった表現」を集め，そのデータを分析して用例に採用しました．作文にも会話にも確実に使える，いきいきとした用例でいっぱいです．用例は極力フルセンテンス（文）にし，できるだけ具体的な使い方がわかるようにしました．

### ● 楽しく発信できる付録と口絵
囲み「ミニ絵辞典」や口語表現がたっぷりの口絵など，見ているだけでも楽しく，「話す」ときにも「書く」ときにも活用できる，楽しいページを設けました．英語で発信するときにぜひ活用してください．

### ● オールカラー！　豊富な写真とイラストでビジュアルから理解できる
全てのページをカラー化し，合わせて約 950 点の写真やイラストを入れました．日本文化の写真や絵辞典要素のあるイラストにより，「これは英語で何て言うの？」がビジュアルからわかります．本辞典のキャラクターであるペンギンのイラストも各所に置かれています．

英語で話したり書いたりするには，英単語を知識として覚えるのではなく，それを英語らしい言い方で，相手に伝わるように使うことが必要です．新しい『プログレッシブ中学和英辞典 第 2 版』には，そのためのさまざまな情報がつまっています．それらを活用し，グローバルの時代に生きるみなさんが外国の人たちとたくさん交流できるよう，心から願っています．

2024 年 10 月

編集主幹　吉田研作

# この辞書の構成と使い方

**❶見出し語**

◆見出し語は以下の2種類です．
・赤色の大きな見出し：重要語
・紺色の小さな見出し：一般語

◆見出し語はあいうえお順に並べました．長くのばす音は，その直前の母音をくり返した形で探してください．（例：「ケーキ」は「ケエキ」で探す）．「会う，遭う」と「合う」のように，かなで書くと同じ「あう」になるような語は肩付(かた)きの数字で区別してあります．

**訳語の見方について**

**❷語義一覧**

見出し語の語義が多い場合は，見出しの下に一覧で表示しています．❶❷❸…で大きく区分し，それぞれの意味の違(ちが)いを日本語で示しています．

**❸訳語**

よく使われる順に並べてあります．「；」「，」の順で区分をして，（ ）で意味の違いを示しています．

**❹発音**

訳語の後ろの[ ]内に，発音の手がかりとしてカナ文字の発音を示しました．強く発音する部分は太字で表しています．

**❺名詞の複数形**

名詞の複数形を必要に応じて示しています．

**❻数えられる名詞・数えられない名詞**

a, an がついている名詞は数えられる名詞，ついていない名詞は数えられない名詞です．the がついている名詞はふつう the をつけて使う名詞です．

**❼文型（文の構造）**

訳語を使って文をつくるとき知っておきたい文型がある場合に示しています．

**❽用例**

そのまま使える用例を挙げています．訳語にあたる語はイタリック体で示しています．

**❾「/」で並べた用例**

複数の言い方がある場合，「/」で区切って並べています．

**❿参照送り**

参照してほしい見出し語や囲み記事，イラストなどを → の後ろに示しています．

---

**あう¹**【会う，遭う】

❶ 人に　meet, see
❷ 事故などに　have, meet with ...

❶ [人に] **meet**[ミート], **see**[スィー]
・私は来週の水曜日にユミと会う予定だ．
I will *meet* Yumi next Wednesday.
❷ [事故などに] **have**[ハヴ], **meet with** ...
・ケンがきのう交通事故にあった．
Ken *had* a traffic accident yesterday.

**あう²**【合う】

❶ 服などが（寸法が）**fit**; （色・形が）**suit**; （調和する）**match, go with** ...
❷ 折り合う（意見が合う）**agree**（**with** ...）; （仲よくやっていく）**get**［**go**］**along**（**with** ...）

❶ [服などが]（寸法が）**fit**[フィット]; （色・形が）**suit**[スート]; （調和する）**match**[マッチ], **go with** ...[ゴゥ ウィズ]
・そのTシャツは彼には合わない．大きすぎるよ．
That T-shirt doesn't *fit* him. It's too big.
❷ [折り合う]（意見が合う）**agree**（**with** ...）[アグリー]; （仲よくやっていく）**get**［**go**］**along**（**with** ...）[ゲット ［ゴゥ］ アローング]
・その計画について彼女と意見が合った．
I *agreed with* her about the plan.

**あし**【足, 脚】
（足首からつま先まで）**a foot**[フット]（複 **feet**[フィート]）; （足首から太ももの付け根まで）**a leg**[レッグ]; （動物の）**a paw**[ポー]; （机・いすなどの）**a leg**; （いか・たこの）**an arm**[アーム]

**あたえる**【与える】**give**[ギヴ]; （えさなどを）**feed**[フィード]; （損害などを）**cause**[コーズ]→**あげる**❸, **くれる¹**

〈人など〉に〈物〉を与える
give +〈人など〉+〈物〉/
give +〈物〉+ to +〈人など〉
・父は私にチャンスを与えてくれた．
My father *gave* me a chance. / My father *gave* a chance *to* me.

**アドバイス** **advice**[アドゥヴァイス] → **ちゅうこく**
━**アドバイスする** **advise**[アドゥヴァイズ]（★名詞とのつづり・発音の違(ちが)いに注意）, **give** ...（**a piece of**）**advice**[(ピース)]（▶ give ... an adviceは×）

fifteen

いっけん

**み**【網】**a net**[ネット]
- 私たちは網で魚を捕(と)った.
  We caught some fish with a *net*.
- 網棚(だな) **a baggage [luggage] rack**
- 網戸(窓の) **a window screen**; (ドアなどの)**a screen door**

**らう**【洗う】
**wash**[ワッシュ]
- ミキは毎日髪(かみ)を洗う. Miki *washes* [*shampoos*] her hair every day.
- このセーターは家で洗えますか.
  Is this sweater *wash*able (at home)?

**わせる**【合わせる】
❶ いっしょにする　**put together**; (協力する)**work together**
❷ 一致(いっち)させる　**set**; (照合する)**check**

❶ work together
❷ set

**かが how**[ハウ] (►具合・様子・印象などをたずねる)

**話してみよう!**
☺ ごきげんいかがですか.
  *How* are you?
☻ おかげさまで元気です.
  (I'm) fine, thank you.

**し**¹【石】
(a) **stone**[ストウン], 米 **a rock**[ラック]; (小石)**a pebble**[ペブル]

**ここがポイント!** stone と a stone の使い分け
「物質としての石」を意味する場合にはaをつけたり複数形にしたりせずstoneの形で使いますが,「石1個」の意味で使う場合にはa stoneとaをつけます.

**っけん**【一見して】**at a glance**[グランス]
**慣用表現**
百聞は一見にしかず. Seeing is believing. (←見ることは信じることだ)

---

⓫ **準見出し**
見出し語から派生する語についての情報を示しています.

⓬ **注・解説**
( ► )で使い方のポイントや百科情報を解説します.

⓭ **柱**
左ページの柱はそのページの最初の語を, 右ページの柱はそのページの最後の語を示しています.

⓮ **あいうえお見出し**
左ページの左端にはそのページの最初の語の五十音, 右ページの右端にはそのページの最後の語の五十音が表示されています.

⓯ **複合語**
見出し語が他の語と結びついた合成語です.

⓰ **言いかえ・省略**
直前の語と言いかえが可能な語(句)は[ ]で示しました. 省略可能な語(句)は( )で示しています.

⓱ **イラスト・写真**
理解を助けるためのイラストや写真を入れています. イラスト内の丸数字は, 語義についている番号と一致(いっち)しています.

⓲ **いろいろな囲み記事**
見出し語について, より深く理解するために欠かせないポイントや表現を囲み記事にしました.「ここがポイント!」「くらべてみよう!」「これ, 知ってる?」「表現メモ」「話してみよう!」「ミニ絵辞典」があります（p.4参照）.

⓳ **慣用表現**
慣用表現やことわざを示し, 必要に応じて用例を出しています.

⓴ **用例の直訳**
日本語と英語の違(ちが)いが大きい場合は,「←」の後に, 英語に近い形に言い換(か)えた日本語を示しています.

㉑ **ページ表示**
数字と英語でページを示しています.

# 囲み記事について

この辞書では，英語表現，および日本と英語圏(けん)の文化の違(ちが)いについて理解を深めるための囲み記事を掲載(けいさい)しています．p.6～p.8のさくいんも参照してください．

### ここがポイント！
英語で表現するときに特に知っておきたいポイントを示しています．

### これ，知ってる？
日本と英語圏では文化背景や習慣が異なるものを紹介(しょうかい)しています．

### 話してみよう！
見出し語を使った，覚えておくと便利な会話表現を紹介しています．

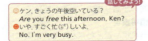

### くらべてみよう！
同じような意味を持つ語の使い分けを比較(ひかく)説明しています．

### 表現メモ
見出し語と同じ分野の語や表現を紹介しています．

**相づちのいろいろ**
なるほど．I see. / 本当？ Really?
よかったね．／すごい．That's great.
残念だね．That's too bad.
信じられない．I can't believe it.
えっ，何？ What?

### ミニ絵辞典
場面ごとによく使う語や表現を絵とともに紹介しています．

# 和英辞典を使いこなそう！

- 言いたい・書きたい日本語を引いたとき，訳語がいくつもある場合があります．そのときは訳語の注や用例での使い方を見て，言いたいことに近いものを探してください．
- この辞書では，そのまま使える身近な用例を，できるだけ文で示すようにしています．また，より自然な英文になるように，訳語以外の語を使った用例も示していますので，言いたいことに近い用例を参考にしましょう．
- 言いたいことに近い用例が見つからない場合は，付録の「英文のつくり方」を参考にして，訳語を使って文を組み立ててみてください．難しく考えずに，まずは日本語を簡単な文にしてから英語で表現するようにしてみましょう．

# 記号・略語一覧

複　複数形

⊛ アメリカ用法（アメリカ用法とイギリス用法でつづりが一部異なるだけの場合は，アメリカ用法の⊛を省略してあります）
⊕ イギリス用法
《話》口語

━ 準見出し
→ 参照送り
← 用例の直訳
⇔ 反意語
★ 発音注記など
► 注・解説
〘　〙百科表示
日≠英 日本語と英語の表現に大きなずれがあるもの
（　） 省略可能，または補足説明
[　] 言いかえ
〔　〕 大きな意味分類
... ┐
～ ├ 任意の語句（特に対比を示したいときにはA, Bも使っています）
＿ ┘

*one*'s　主語と同じ人称の所有格を表す
...'s　主語と異なる人称の所有格を表す
*one*self　再帰代名詞（myself, yourselfなど）を表す

図 イラスト
ポイント!　「ここがポイント！」の囲み記事
くらべて!　「くらべてみよう！」の囲み記事
知ってる?　「これ、知ってる？」の囲み記事

表 現 メ モ　見出し語と同じ分野の語のリスト
話してみよう!　会話表現
ミニ絵辞典　「ミニ絵辞典」の囲み記事
慣 用 表 現　慣用表現, ことわざ

## この辞書の英語の音声について

この辞書に掲載している「話してみよう！」の
会話表現と，口絵の一部の音声は
こちらにアクセスして聞くことができます。

https://kotobanomado.jp/JPJE2

# 囲み記事・主なイラストなど　さくいん

## 囲み記事
### ●ここがポイント！

**あ**
- 日本語では「青」でも英語では… 15
- 「店が開く」と「店が開いている」 17
- morning と前置詞の関係 19
- head の範囲 23
- you（あなた）の変化形 28
- 兄と brother の使い方の違い 28
- that +〈名詞の単数形〉と those +〈名詞の複数形〉 29
- not がなくても「あまり…ない」 31
- 「雨が降った」と言うとき 32
- 「どうもありがとう」のいろいろな言い方 34
- there is [are] ... と ... is [are] ~ 35

**い**
- 「はい」「いいえ」と yes, no 40
- under twenty と「20 歳以下」は違う 43
- 「…以下」の言い方（数が大きいとき） 43
- 「イギリス」「イギリス人」の言い方 45
- stone と a stone の使い分け 48
- 「…以上」の言い方（数が大きいとき） 49
- 「…月」と前置詞の関係 54

**え**
- 「鉄道の駅」と言うとき 84

**お**
- 「お母さん」「お父さん」 94
- 「遅い」の late と「遅く」の late 99
- 「…でないと思う」と言うとき 108

**か**
- 「階」の数え方 116
- 「家具」の数え方 127
- 学年の表し方・日米の違い 129
- candy と「キャンディー」 132
- wonder の後の語順 134
- 「家族」は単数？複数？ 135
- かっこのいろいろ（複数形） 139
- お金の表し方 144
- she（彼女）の変化形 145
- 「紙」の数え方 147
- he（彼）の変化形 152
- they（彼ら）の変化形 153

**き**
- B.C. と A.D. の読み方 168
- last は「いちばん最後の」 187

**く**
- fruit に a をつける？ 197
- 「車に乗る」と「車から降りる」 206

**け**
- 「髪の毛」の数え方 209
- 「ケーキ」の数え方 212
- 「この前の月曜日に」と「この次の月曜日に」 217

**こ**
- 「…個」と英語で言うとき 223

- black tea とも 230
- 日本語の「腰」は範囲が広い 239

**さ**
- 「砂糖」の数え方 268
- 「さようなら」の言い方 270
- Mr., Ms., Miss, Mrs. の使い方 272

**し**
- o'clock の使い方 275
- 過去形の作り方 286
- oneself（自分自身）の変化形 294
- 下着の「シャツ」は shirt でない 299
- 「ジャンパー」は jumper でない 300
- 食事の言い方 321
- I don't know. の使い方 327
- last Wednesday とはいつの水曜日？ 336

**す**
- 「…する」のいろいろな言い方 352

**せ**
- 「…先生」と呼びかける場合 370

**そ**
- it（それ）の変化形 385

**た**
- 過去形の作り方 389
- only の位置 402
- who（だれ）の変化形 415

**て**
- be の現在形 454

**と**
- 「どういたしまして」のいろいろな言い方 465

**な**
- no と〈数えられる名詞〉 490
- 名前のたずね方 499
- 名前の順序 499
- 「…しなければならない」の過去・未来を表す表現 501
- 「…してはならない」の言い方 501

**に**
- 「肉」の言い方 508

**ね**
- 付加疑問文 519

**の**
- 代名詞の所有格 524
- 〈名詞〉+ 's と of +〈名詞〉 524

**は**
- 日本語の「…は」が目的語を表す場合 530
- 「はい」と no 532

**ひ**
- 「1 つ」の言い方 568

**ふ**
- 分数の読み方 599

**も**
- 所有代名詞 666

**ら**
- next は「来週の」にも「今週の」にも 697

**り**
- 加熱しない料理に cook は× 705

**わ**
- I（私）の変化形 722
- I はオールラウンドプレーヤー 722
- I の位置 722

**を**
- 「…を～する」を表す他動詞と自動詞 725
- 代名詞の目的格 725

### ●くらべてみよう！

**あ**
- during と while と for 13
- meet と see 14
- play と game 22
- gather と collect 26
- some と certain 35

**い**
- say, speak, talk, tell 42
- go と come 46

- some と any 47
- before と ago と once 50

**う**
- receive と accept 70
- strike, hit, beat, slap 74
- beautiful, pretty, lovely, good-looking 75

**え**
- picture, drawing, painting, illustration 82

- well と Let me see. と Let's see. 84

**お**
- big と large と great 91

**か**
- wise, clever, smart, bright, intelligent 133
- be patient, put up with ..., stand, bear 146
- from と since 149

| | | | | | |
|---|---|---|---|---|---|
| | borrow と use と owe 152 | | believe と believe in 330 | | wide, broad, big, large 575 |
| | rent と lease 152 | す | a few, few, a little, little, some 341 | ま | 「マンション」と「アパート」 638 |
| | cute と pretty 154 | | every と all 347 | み | see と look と watch 647 |
| | complete と perfect 160 | た | want と would like と hope 390 | む | insect と bug と worm 651 |
| き | hear と listen 167 | | high と tall 399 | も | story と tale 666 |
| | strict と severe 175 | | many, much, a lot of ..., lots of ..., plenty of 401 | | wood と forest 668 |
| | vacation と holiday 180 | つ | arrive at と arrive in 439 | や | cheap と inexpensive と low 674 |
| | put on と wear と have ... on 189 | | can と be able to 452 | | stop, give up, quit, cancel 678 |
| こ | I'm sorry. と Excuse me. と Pardon me. 249 | な | among と of と in 493 | り | charge, rate, fare, toll, fee 705 |
| さ | cry と shout と scream 264 | | must と have to 501 | | trip, travel, tour, journey, voyage 707 |
| し | game と match 275 | に | 時を表す at と on と in 506 | | |
| | die と be killed と pass away 293 | | 場所を表す at と in と on 506 | わ | laugh と smile 723 |
| | juice と drink と beverages 303 | | to と for と toward 506 | | sick と ill 724 |
| | repair と mend と fix 305 | ひ | low と short 562 | | |
| | occupation, job, profession, trade 320 | | very と (very) much と so 564 | | |

## ●これ、知ってる？

| | | | | | |
|---|---|---|---|---|---|
| あ | 相づち yes に注意 13 | | とき 106 | | とき 234 |
| い | 「いただきます」と英語で言いたかったら 51 | | 温度目盛りの「セ氏」と「カ氏」 113 | | 「ごちそうさま」と英語で言いたかったら 241 |
| | 「行ってきます」と「行ってらっしゃい」 57 | か | 英語で遊ぶ「かくれんぼう」 130 | し | 日本と意味が異なるジェスチャー 277 |
| う | 「うそ！」と英語で言うとき 72 | | 「頑張れ」と英語で言うとき 162 | | じゃんけんの代わりに… 300 |
| え | エープリルフール 84 | く | くしゃみをした人にかける言葉 195 | | 英語でもしりとり 326 |
| お | 英語に「お疲れ様」はない!? 101 | | 親しい人には名前だけで呼びかける 208 | は | バレンタインデー 554 |
| | Congratulations! と言う | こ | 「ゴールイン」と英語で言う | | ハロウィーン 554 |
| | | | | や | 米国の薬局 676 |

## ●表現メモ

| | | | | | |
|---|---|---|---|---|---|
| | | | 化粧品のいろいろ 214 | | 自然現象 459 |
| あ | 相づちのいろいろ 13 | こ | いろいろな高校 227 | | 電話のいろいろ 462 |
| | 味のいろいろ 20 | | コンピュータに関することば 255 | な | 動物の鳴き声のいろいろ 495 |
| い | 委員会のいろいろ 41 | さ | いろいろなサイズ表示 258 | | 動物によって異なる「…が鳴く」の言い方 495 |
| | 医者のいろいろ 49 | し | 試験のいろいろ 281 | は | バスのいろいろ 541 |
| | インターネットのいろいろ 66 | | いろいろな写真 298 | | いろいろな発電 545 |
| う | 牛のいろいろ 71 | | 日本の祝日 306 | | いろいろな花 547 |
| お | 汚染のいろいろ 99 | | 日本の省の言い方 313 | | パンのいろいろ 555 |
| | 物音の表現いろいろ 102 | す | スポーツのいろいろ（「スポーツをする」と言うとき）348 | ふ | いろいろな服 581 |
| | おもちゃのいろいろ 109 | | スマホ関連のことば 349 | へ | いろいろなヘアグッズ (hair accessories) 601 |
| か | 家族・親せきの呼び方 135 | せ | 星座名 356 | ほ | 本のいろいろ 622 |
| | 楽器のいろいろ 139 | そ | 臓器のいろいろ 375 | み | 店のいろいろ 642 |
| | 学校のいろいろ 140 | | ＳＮＳ関連のことば 378 | や | いろいろな野菜 674 |
| | 髪型のいろいろ 147 | た | 卵料理のいろいろ 411 | よ | 曜日の言い方 689 |
| き | いろいろな教科 183 | | ダンスのいろいろ 417 | り | 旅行のいろいろ 707 |
| く | 薬のいろいろ 196 | つ | 月の言い方 438 | れ | 列車のいろいろ 712 |
| | 果物のいろいろ 197 | て | いろいろなテレビ番組 458 | わ | 惑星のいろいろ 720 |
| | ケーキのいろいろ 212 | | 天気のいろいろ 459 | | |
| | ゲームのいろいろ 213 | | | | |

seven

## ●話してみよう！

| あ | あう¹ | 14 |
| | あく² | 17 |
| い | いいえ | 40 |
| | いつ | 55 |
| | いつから | 56 |
| | いっぱい | 58 |
| | いる¹ | 63 |
| | いろ | 65 |
| う | うまれる | 77 |
| え | えき | 84 |
| お | おせじ | 99 |
| | おはよう | 105 |
| | おめでとう | 106 |
| | おもう | 108 |
| | おもしろい | 108 |
| | おやすみなさい | 109 |
| | おりる | 110 |
| | おんど | 113 |
| か | かえる | 122 |
| | かかる¹ | 124 |
| | かす | 134 |
| | がっこう | 140 |
| | かまう | 146 |
| | かわいそう | 154 |
| き | きょう¹ | 182 |
| | きょうだい | 184 |
| く | クリスマス | 204 |
| け | けっこう¹ | 216 |
| こ | ここ | 237 |
| | こちら | 242 |
| | …ことがある | 244 |
| | こんにちは | 253 |
| さ | さあ | 256 |
| | …さい | 256 |
| | さようなら | 270 |
| | さんせい¹ | 273 |
| し | …じ | 275 |
| | しつれい | 290 |
| | しまる¹ | 296 |
| | じゅぎょう | 306 |
| | しゅみ | 310 |
| | しょくぎょう | 320 |
| | じんこう¹ | 329 |
| | しんこく² | 329 |
| す | すごい | 341 |
| | ステーキ | 344 |
| | すばらしい | 346 |
| | すみません | 350 |
| | すむ¹ | 350 |
| | する¹ | 352 |
| せ | せ | 354 |
| | せいせき | 357 |
| そ | そう¹ | 374 |
| た | だいがく | 391 |
| | だいじょうぶ | 393 |
| | たまご | 411 |
| | だれ | 415 |
| | たんじょうび | 417 |
| て | …です | 454 |
| | でんわ | 462 |
| と | どういたしまして | 465 |
| | どうぞ | 468 |
| | とし¹ | 477 |
| な | なぜ | 497 |
| | なまえ | 499 |
| | …なる | 502 |
| | なん… | 503 |
| | なんさい | 504 |
| | なんじ | 504 |
| | なんねん | 505 |
| ね | ねん¹ | 523 |
| の | のみもの | 528 |
| は | はじめまして | 540 |
| ふ | ぶかつ | 580 |
| | プレゼント | 596 |
| | ふん¹ | 597 |
| ま | …ましょう | 629 |
| も | もちかえる | 663 |
| | もちろん | 664 |
| よ | ようび | 689 |

## ●ミニ絵辞典

| い | 家 House | 42 |
| | 位置（上下左右） Position | 53 |
| か | 学校行事 School Events | 141 |
| | 体 Body | 150 |
| き | 季節と月 Seasons and Months | 170 |
| | 教室 Classroom | 185 |
| こ | コンビニ Convenience Store | 254 |
| さ | サッカー Soccer | 267 |
| し | 趣味 Hobbies | 311 |
| | 職業 Occupation | 322, 323 |
| た | 台所 Kitchen | 396 |
| に | …日（曜日 Day 日付 Date） | 509 |
| | 日記 Diary | 511 |
| | 英語になった日本語 Japanese Words Adopted into English | 513 |
| ひ | 病気 Illness | 573 |
| ふ | 部活動 Club Activities | 582, 583 |
| | 文房具 Stationery | 600 |
| へ | 私の部屋 My Room | 606 |
| や | 野球 Baseball | 671 |
| り | 料理法 How to Cook | 706 |
| れ | 冷蔵庫 Refrigerator | 710 |

## ● 慣用表現

| | | |
|---|---|---|
| あ | あか「赤の他人」 | 15 |
| | あし「足を引っ張る」 | 20 |
| | あした「あしたはあしたの風が吹く.」 | 21 |
| | あしもと「足もとにも及ばない」 | 21 |
| | あたま「頭が痛い」「頭がいっぱい」「頭が固い」「頭にくる」「頭を冷やす」 | 23 |
| | あと¹「後には引けない.」「後の祭り」 | 27 |
| | あな「穴があったら入りたい.」 | 28 |
| | あらし「嵐の前の静けさ」 | 33 |
| い | いそぐ「急がば回れ.」 | 51 |
| | いたい「痛い目にあう」「痛くもかゆくもない」 | 51 |
| | いっけん「百聞は一見にしかず.」 | 56 |
| う | うで「腕に覚えがある」「腕によりをかける」「腕の見せ所」 | 76 |
| | うり¹「うりふたつ」 | 79 |
| お | おわり「終わりよければすべてよし.」 | 112 |
| か | かお「顔が売れる」「顔が広い」「顔を合わせる」「顔を出す」「顔をつぶす」 | 123 |
| | がくもん「学問に王道なし.」 | 129 |
| | かた¹「肩を持つ」「肩の力を抜く」 | 136 |
| | かち²「早い者勝ち.」 | 138 |
| き | きそく「例外のない規則はない.」 | 171 |
| | きる¹「切っても切れない」 | 189 |
| く | くち「口は災いの元.」「良薬は口に苦し.」 | 198 |
| | くび「首を長くする」 | 200 |
| け | けいさん「計算に入れる」 | 210 |
| | けち「けちをつける」 | 215 |
| こ | こうかい¹「後悔先に立たず.」 | 225 |
| | こうげき「攻撃は最大の防御である.」 | 227 |
| | ごま「ごまをする」 | 247 |
| さ | さる²「猿も木から落ちる.」 | 271 |
| し | しっぱい「失敗は成功のもと.」 | 290 |
| | しっぽ「しっぽを出す」 | 290 |
| | しょうじき「三度目の正直.」 | 315 |
| | しる¹「知らぬが仏.」 | 327 |
| せ | ぜん¹「善は急げ.」 | 367 |
| た | たぬき「たぬき寝入りする」 | 409 |
| | たのみ「頼みの綱」 | 410 |
| ち | ちり²「ちりも積もれば山となる.」 | 433 |
| て | て「手に入れる」「手につかない」「手も足も出ない」 | 447 |
| と | とき¹「時は金なり.」 | 472 |
| な | ならう「習うより慣れろ.」 | 501 |
| に | に²「荷が重い」 | 506 |
| | にど「二度あることは三度ある.」 | 512 |
| ふ | ぶたい「清水の舞台から飛び下りる」 | 587 |
| ほ | ほね「骨折り損のくたびれもうけ」 | 620 |
| ま | まつり「後の祭り」 | 633 |
| み | みみ「耳を傾ける」 | 646 |
| | みる¹「見て見ぬふりをする」 | 648 |
| め | め¹「見る目がある」「目がない」「目を合わせる」「目を引く」「目を丸くする」 | 654 |
| ろ | ローマ「ローマは一日にして成らず.」 | 715 |

## 主なイラスト

| | | | | | | | | |
|---|---|---|---|---|---|---|---|---|
| あ | 足, 脚 | 20 | こ | コンピュータ | 255 | て | 手 | 447 |
| い | いす | 50 | さ | 魚 | 261 | と | 時計 | 475 |
| う | 腕 | 76 | し | 自転車 | 291 | ふ | 風呂 | 596 |
| か | 顔 | 122 | | 十二(十二支) | 304 | ほ | 方角 | 610 |
| | 鍵 | 125 | | 白身 | 327 | | 帽子 | 611 |
| | かばん | 145 | す | 水道 | 335 | め | 目 | 654 |
| き | 木 | 163 | | スキー | 338 | も | 模様 | 668 |
| く | 口 | 198 | せ | 線 | 367 | や | 焼く | 672 |
| | 靴 | 199 | ち | 地球 | 422 | ゆ | 遊園地 | 680 |
| | 車 | 206 | つ | 月 | 437 | | 指 | 685 |
| | | | | 釣り | 446 | | | |

# 発音記号表

## 母音

| 発音記号・カナ | 例 |
|---|---|
| [iː イー] | sheep[ʃíːp シープ] |
| [i イ] | ill[íl イル] |
| [e エ] | bed[béd ベッド] |
| [æ ア] | bad[bǽd バッド] |
| [ɑː アー] | calm[kɑ́ːm カーム] |
| [ɑ ア] | pot[⊛pɑ́t パット] |
| [ɔ オ] | pot[⊛pɔ́t ポット] |
| [ɔː オー] | caught[kɔ́ːt コート] |
| [u ウ] | put[pút プット] |
| [uː ウー] | boot[búːt ブート] |
| [ʌ ア] | cut[kʌ́t カット] |
| [əː アー] | bird[bə́ːrd バード] |
| [ə ア] | about[əbáut アバウト] |
| [ei エイ] | make[méik メイク] |
| [ai アイ] | bite[báit バイト] |
| [au アウ] | shout[ʃáut シャウト] |
| [ɔi オイ] | voice[vɔ́is ヴォイス] |
| [ou オウ] | note[nóut ノウト] |
| [iə イア] | ear[íər イア] |
| [eə エア] | there[ðéər ゼア] |
| [uə ウア] | usual[júːʒuəl ユージュアル] |
| [eiə エイア] | player[pléiər プレイア] |
| [ouə オウア] | lower[lóuər ロウア] |
| [aiə アイア] | tire[táiər タイア] |
| [auə アウア] | tower[táuər タウア] |
| [ɔiə オイア] | lawyer[lɔ́iər ロイア] |

## 子音

| 発音記号・カナ | 例 |
|---|---|
| [p パ, ピ, プ, ペ, ポ] | pen[pén ペン] |
| [b バ, ビ, ブ, ベ, ボ] | back[bǽk バック] |
| [t タ, ティ, トゥ, テ, ト] | tea[tíː ティー] |
| [d ダ, ディ, ドゥ, デ, ド] | date[déit デイト] |
| [k カ, キ, ク, ケ, コ] | key[kíː キー] |
| [g ガ, ギ, グ, ゲ, ゴ] | get[gét ゲット] |
| [f ファ, フィ, フ, フェ, フォ] | face[féis フェイス] |
| [v ヴァ, ヴィ, ヴ, ヴェ, ヴォ] | voice[vɔ́is ヴォイス] |
| [θ サ, スィ, ス, セ, ソ] | thick[θík スィック] |
| [ð ザ, ズィ, ズ, ゼ, ゾ] | then[ðén ゼン] |
| [s サ, スィ, ス, セ, ソ] | soon[súːn スーン] |
| [z ザ, ズィ, ズ, ゼ, ゾ] | zoo[zúː ズー] |
| [ʃ シャ, シ, シュ, シェ, ショ] | fish[fíʃ フィッシュ] |
| [ʒ ジャ, ジ, ジュ, ジェ, ジョ] | Asia[éiʒə エイジャ] |
| [tʃ チャ, チ, チュ, チェ, チョ] | cheek[tʃíːk チーク] |
| [dʒ ヂャ, ヂ, ヂュ, ヂェ, ヂョ] | jump[dʒʌ́mp チャンプ] |
| [ts ツ] | pants[pǽnts パンツ] |
| [dz ヅ] | beds[bédz ベッヅ] |
| [h ハ, ヒ, フ, ヘ, ホ] | hit[hít ヒット] |
| [m マ, ミ, ム, メ, モ/ン] | sum[sʌ́m サム] / camp[kǽmp キャンプ] |
| [n ナ, ニ, ヌ, ネ, ノ/ン] | neck[nék ネック] / sun[sʌ́n サン] |
| [ŋ ング/ン] | sing[síŋ スィング] / finger[fíŋgər フィンガァ] |
| [l ラ, リ, ル, レ, ロ] | lead[líːd リード] |
| [r ラ, リ, ル, レ, ロ] | tree[tríː トゥリー] |
| [j ヤ, イ, ユ, イェ, ヨ] | yet[jét イェット] |
| [w ワ, ウィ, ウ, ウェ, ウォ] | wet[wét ウェット] |

---

※カナ表記はおよその目安としてください。
※[ə], [t], [d], [h], [r]などイタリックになっているものは、省略されることがある音です。
※[t], [d]が語尾にあるときは「ト」「ド」、語中にあるときは「トゥ」「ドゥ」と表しました。
※発音については、p.2「この辞書の構成と使い方」の「❹発音」も参考にしてください。

# あ ア

## ああ
- ❶ 感動・驚きなど　　　　Oh, Ah
- ❷ 返事　　　　　　　　yes

❶〔感動・驚きなど〕**Oh**[オゥ], **Ah**[アー]
- ああ，それはいいね．
  *Oh*, that's nice.
- ああ，驚いた．
  *Oh*, what a surprise!

❷〔返事〕**yes**[イェス] → はい¹ ❶

**ああいう** such[サッチ], like that[ライク] → あんな

**アーケード** an arcade[アーケイド]

**アース**〖電気〗(アース線) ⓐ **a ground（wire）**[グラウンド（ワイァ）], ⓑ **an earth（wire）**[アース]

**アーチ** an arch[アーチ]

**アーチェリー** archery[アーチャリィ]

**アーティスティックスイミング** artistic swimming[アーティスティック スウィミング]

**アーティスト** an artist[アーティスト]

**アート** (an) art[アート] → げいじゅつ

**アームチェア** an armchair[アームチェア]

**アーモンド** an almond[アーマンド]

**あい**〖愛〗(a) love[ラヴ] → あいする
- 彼の動物への愛
  his *love* for [*toward*] animals
- ケンはルリに愛を告白した．
  Ken told Ruri (that) he *loved* her.

**あいかぎ**〖合いかぎ〗(予備の) **a spare key**[スペアキー]; (複製の) **a duplicate key**[ドゥープリカット]

**あいかわらず**〖相変わらず〗(以前と変わらず…) **as ... as before**[ビフォァ], **as ... as ever**[エヴァ]; (いつものとおりに) **as usual**[ユージュアル]; (いまだに) **still**[スティル]
- 君の犬は相変わらず元気だね．
  Your dog is *as* active *as ever*.
- 父は相変わらず忙しい．
  My father is busy *as usual*.
- 彼は相変わらずサッカーに夢中だ．
  He is *still* crazy about soccer.

**あいきどう**〖合気道〗*aikido*

**あいきょう**〖愛きょうのある〗(魅力的な) **charming**[チャーミング]; (こっけいでユーモアがある) **humorous**[ヒューマラス]
- マリは愛きょうがある．
  Mari is *charming*.

**あいけん**〖愛犬〗**one's pet dog**[ペット ドーグ]
- 私の愛犬はチワワです．
  My *pet dog* is a Chihuahua.
▌愛犬家 a dog lover, a lover of dogs

**あいこ**〖あいこの〗**even**[イーヴン]

**あいこくしん**〖愛国心〗**patriotism**[ペイトゥリオティズム], **love for [of] one's country**[ラヴ][カントゥリィ]
- 彼は愛国心が強い．
  He has a great *love for his country*.

**あいことば**〖合い言葉〗(味方同士の) **a password**[パスワード]; (スローガン) **a slogan**[スロウガン]

**アイコン** an icon[アイカン]
- アイコンをダブルクリックした．
  I double-clicked the *icon*.

**アイコンタクト** eye contact[アイ カンタクト]

## あいさつ
**a greeting**[グリーティング]
- 私たちは互いにあいさつをした．
  We exchanged *greetings*.

━**あいさつ(を)する** **say hello**[セィ ハロゥ], **greet**[グリート]
- 私はミキにあいさつした．
  I *said hello* to Miki.
▌あいさつ状 a greeting card

**アイシーカード**〖ICカード〗**an IC card**[アイスィーカード], **a prepaid transportation card**[プリペイ

## アイシーティー

ドゥトゥランスポーテイション カード]

**アイシーティー** [ICT]**ICT**[アイスィーティー]
 (►Information and Communication Technologyの略)

**アイシャドー** **eye shadow**[アイ シャドゥ]

**あいしょう**¹ 〔…と相性がいい〕**get**[**go**]**along well**(**with ...**)
 ・私はケンと相性が悪い.
  I don't *get along well with* Ken.

**あいしょう**² 〔愛称〕**a nickname**[ニックネイム]
 ・私の愛称はハルです.
  My *nickname* is Haru.

**あいじょう**〔愛情〕(**a**)**love**[ラヴ],(**an**)**affection**(**for ...**)[アフェクション]→あい
 ・愛情のこもった言葉
  warm-*hearted*[*affectionate*]words

**アイス**〔氷〕**ice**[アイス]〔▶「氷」の意味のほか,⑧「氷菓子(ご)」,⑨「シャーベット」の意味がある〕

**あいず**〔合図〕(身ぶり)**a sign**[サイン];(警告, 指示)**a signal**[スィグナル];(きっかけ)**a cue**[キュー]
 ・ケンは開始の合図を出した.
  Ken gave the *signal*[*cue*]to start.
 ━合図(を)する **make a sign**(**to**+〈動詞の原形〉),**give ... a sign**
 ・彼女は静かにするよう彼らに合図をした.
  She *made a sign* for them *to* be quiet.

**アイスキャンディー** ⑧[商標]**a Popsicle**[パプスィクル],⑨**an ice lolly**[アイス ラリィ]

**アイスクリーム**(**an**)**ice cream**[アイス クリーム];(コーンに入った)**an ice cream cone**[コウン]
 ・バナナ味のアイスクリーム
  banana-flavored *ice cream*

**アイスコーヒー** **ice**(**d**)**coffee**[アイス(ト) コーフィ]

**アイススケート** **ice skating**[アイス スケイティング]
 (►ice skateは「アイススケート靴(ご)」の意)
 ━アイススケートをする **ice-skate**

**アイスダンス** **ice dancing**[アイス ダンスィング]

**アイスティー** **ice**(**d**)**tea**[アイス(ト) ティー]

**アイスボックス** **a cooler**[クーラァ]
 (►**an icebox**[アイスバックス]は古い言い方)

**アイスホッケー** **ice hockey**[アイス ハッキィ],⑧**hockey**
 ━アイスホッケーをする **play**(**ice**)**hockey**

**アイスランド** **Iceland**[アイスランド]
 ┃アイスランド人 **an Icelandic**, **an Icelander**

**あいする**〔愛する〕**love**[ラヴ](⇔憎(ピ)む**hate**)
 ・私はペットの犬を愛している.
  I *love* my pet dog.(►I am loving ...は×)
 ・2人は互(ぷ)いに愛し合っていた.
  The two *loved* each other.
 ・その赤ちゃんはみんなから愛されている.
  The baby is *loved* by everybody.
 ・私の愛する家族
  my *dear* family

**あいそ**〔愛想〕
 ━愛想がいい **friendly**[フレンドゥリィ],**nice**(**to ...**)
 ・バスの運転手は私たちに愛想がよかった.
  The bus driver was *nice to* us.
 ━愛想が悪い **unfriendly**

## あいだ〔間〕

| ❶関係, 位置 | (2つのものの)**between**(**... and ~**); (3つ以上の)**among ...** |
|---|---|
| ❷期間 | **during ...**, **while ...**, **for ...** |

❶〔関係, 位置〕(2つのものの)**between**(**... and ~**)[ビトゥウィーン];(3つ以上の)**among ...**[アマング]
 ・2時から3時の間
  *between* two *and* three o'clock
 ・私はユミとエリの間に座(ご)った.
  I sat *between* Yumi *and* Eri.
 ・ページの間にしおりをはさんだ.
  I put a bookmark *between* the pages.
 ・これはあなたと私の間だけの話よ.
  This is *between* you *and* me.
 ・私たちは木々の間を歩いた.
  We walked *among* the trees.

❷〔期間〕**during ...**[ドゥ(ァ)リング],**while ...**[(ホ)ワイル],**for ...**[フォァ]
 ・夏の間ケンと私は毎日泳ぎに行った.
  Ken and I went swimming every day *during* the summer.
 ・食事をしている間にマリが私を訪ねてきた.
  Mari visited me *while* I was having a meal.
 ・3年の間彼は海外で暮らした.
  He lived abroad *for* three years.

アイロン

> **くらべてみよう！** duringとwhileとfor
>
> **during**: 前置詞．特定の期間を表す名詞とともに、during＋〈名詞〉の形で使います．
> ・春休みの間
>   *during* (the) spring vacation
>
> **while**: 接続詞．while＋〈主語〉＋〈動詞〉などの形で使います．
> ・彼女が寝ている間
>   *while* she is asleep
>
> **for**: 具体的な時間を示す前置詞．「動作などがその間ずっと続いていること」を表します．
> ・5か月の間 *for* five months

**あいつ** ⑭《話》that guy［ガイ］(▶単に男性はhe、女性はsheとすることが多い)

**あいついで**【相次いで】one after another［アナザァ］→つぎつぎ

**あいづち**【相づちを打つ】nod yes［ナッド イェス］，《話》chime in［チャイム］

> **これ、知ってる？** 相づちyesに注意
> 英語圏では、uh-huh［アハ］、yesなどで相づちを打ちますが、yesは日本語の「はい」に比べて「相手に同意した」と受け取られやすいので気をつけましょう．

― 表現メモ ―

**相づちのいろいろ**
なるほど. I see. / 本当？ Really?
よかったね., すごい. That's great.
残念だね. That's too bad.
信じられない. I can't believe it.
えっ、何？ What?

# あいて【相手】

(物事をいっしょに行う人)a **partner**［パートゥナァ］; (試合などの)an **opponent**［オポウネント］; (ライバル)a **rival**［ライヴァル］
・班活動の相手
  my *partner(s)* during group work
・(子どもの)遊び相手 a playmate
・相談相手 an adviser
・チャットの相手はだれ？
  Who are you chatting with online?
・彼女が次の試合の相手だ．
  She is my *opponent* in the next match.
・あのチームなら相手にとって不足はない．
  That team is a good *match* for us.

**アイディア** an **idea**［アイディア］→かんがえ❶
・それはすばらしいアイディアだ．

  That's a great *idea*.
・いいアイディアが浮かんだ．
  I hit upon a good *idea*.
・いいアイディアが浮かばなかった．
  I couldn't come up with a good *idea*.

**アイティー**【ＩＴ】**IT**［アイティー］(▶information technology（情報技術）の略)

**アイディーカード**【ＩＤカード】an **ID card**［アイディーカード］(▶IDはidentificationの略)

**あいている**¹【開いている】→あく¹

**あいている**²【空いている】→あく²

**アイテム** an **item**［アイタム］

**あいどく**【愛読】
  愛読者 a devoted reader
  愛読書 one's favorite book

**アイドル** an **idol**［アイドル］
  アイドル歌手 a pop idol
  アイドルグループ an idol group

**あいにく** unfortunately［アンフォーチャナトゥリィ］
・あいにく図書館は閉まっていた．
  *Unfortunately*, the library was closed.
・あいにくですが、いっしょに行けません．
  I'm sorry [*afraid*] I can't go with you.

**アイヌ** (人)an **Ainu**［アイヌー］
  ―アイヌ(人)の Ainu
  アイヌ語 Ainu

**アイバンク** an **eye bank**［バンク］

**アイボリー** ivory［アイヴ(ァ)リィ］

**あいま**【合間】an **interval**［インタァヴァル］
・あなたの勉強の合間に on your study break / between your studies

**あいまい**【あいまいな】vague［ヴェイグ］, not clear［クリア］
・あいまいな返事 a *vague* answer
・彼の説明はあいまいだ．
  His explanation is*n't clear*.

**アイマスク** an **eye patch**［パッチ］

**アイメイト** (盲導犬)a **guide dog**［ガイド ドーグ］, a seeing eye dog［スィーイング アイ］

**あいよう**【愛用の】favorite［フェイヴ(ァ)リット］
・私の愛用のバッグ my *favorite* bag

**アイライン** an eyeliner［アイライナァ］

**あいらしい**【愛らしい】lovely［ラヴリィ］, pretty［プリティ］, charming［チャーミング］
・愛らしい子猫 a *lovely* kitten

**アイルランド** Ireland［アイアランド］
  ―アイルランド(語、人)の Irish［アイリッシュ］
  アイルランド語 Irish
  アイルランド人 (男性)an Irishman, (女性)an Irishwoman, (全体)the Irish

**アイロン** an **iron**［アイアン］(★発音注意)
  ―アイロンをかける iron

## あう¹ 【会う, 遭う】

- 彼はシャツにアイロンをかけた.
  He *ironed* his shirt.
- アイロン台 an ironing board

## あう¹ 【会う, 遭う】

| ❶人に | meet, see |
|---|---|
| ❷事故などに | have, meet with ... |

❶〔人に〕**meet**[ミート], **see**[スィー]

- 私は来週の水曜日にユミと会う予定だ.
  I will *meet* Yumi next Wednesday.
- 「ミキにはよく会うの?」「いや, 長い間会っていないよ」 "Do you *see* Miki often?" "No. I haven't *seen* her for a long time."
- あした会いましょう. *See* you tomorrow.

**話してみよう!**

▶初対面のとき
☺お会いできてうれしいです.
Nice to *meet* you.
☻こちらこそ, お会いできてうれしいです.
Nice to *meet* you, too.
▶初対面の人と話をした後に別れるとき
☺お会いできてうれしかったです.
Nice *meeting* you.
☻こちらこそ, お会いできてうれしかったです.
Nice *meeting* you, too.
▶再会したとき
☺また会えてうれしいです.
Nice to *see* you again.
☻私もです.
Nice to *see* you again, too.

**くらべてみよう!** meetとsee

**meet**: 初めて人に会うとき, または約束して会うときに使います.
**see**: 人を直接訪ねて行って話をするときや, 久しぶりに会うときに使います.

❷〔事故などに〕**have**[ハヴ], **meet with** ...

- ケンがきのう交通事故にあった.
  Ken *had* a traffic accident yesterday.
- ひどい目にあった. I *was in* big trouble.

## あう² 【合う】

| ❶服などが (寸法が) | fit; (色・形が) suit; (調和する) match, go with ... |
|---|---|
| ❷折り合う (意見が合う) | agree (with ...); (仲よくやっていく) get [go] along (with ...) |
| ❸正確である | be right, be correct |

❶〔服などが〕(寸法が)**fit**[フィット]; (色・形が)**suit**[スート]; (調和する)**match**[マッチ], **go with** ...[ゴゥ ウィズ]

- そのTシャツは彼には合わない. 大きすぎるよ.
  That T-shirt doesn't *fit* him. It's too big.
- 赤は彼女によく合う. Red *suits* her well.
- このシャツはあなたのジャケットと合う. This shirt *matches* [*goes with*] your jacket.

not fit　　fit　　suit

❷〔折り合う〕(意見が合う)**agree**(with ...)[アグリー]; (仲よくやっていく)**get** [**go**] **along**(with ...)[ゲット[ゴゥ] アローング]

- その計画について彼女と意見が合った.
  I *agreed with* her about the plan.
- 私たちはとても気が合う. We *get along* very well (*with* each other).

❸〔正確である〕**be right**[ライト], **be correct**[カレクト]

- その答えは合っているよ.
  The answer *is correct*.
- 君の時計は合っていますか.
  *Is* your watch *right* [*correct*]?

**アウト**【アウトの】**out**[アウト] (⇔セーフの safe)
- バッターはアウトだ. The batter is *out*.

**アウトコース**〖野球〗**the outside**[アウトサイド], 〖陸上〗**the outside track**[トゥラック]

**アウトドア**【アウトドアの】**outdoor**[アウトドア]
- アウトドアスポーツ *outdoor* sports
- アウトドアライフ *outdoor* life

**アウトプット**〖コンピュータ〗**output**[アウトプット] (⇔インプット input)
－アウトプットする output

**アウトレット** an **outlet**[アウトレット]

**あえて**【あえて…する】**dare**(**to**)+〈動詞の原形〉[デア]
- 私たちはあえて彼女に本当のことを話さなかった. We didn't *dare*(*to*) tell her the truth.

## あお 【青】

| ❶色 | blue |
|---|---|
| ❷信号・葉・果実などの色 | green |
| ❸顔色 | (下記❸参照) |

❶〔色〕**blue**[ブルー]

- 濃い[薄い]青 dark [light] *blue*
- **青い** *blue*
- 青い空 the *blue* sky

❷ [信号・葉・果実などの色] **green** [グリーン]

**ここがポイント!** 日本語では「青」でも英語では…
日本語では緑色のものを「青」と言う場合がありますが，英語では **green** で表します．
- 青信号 a *green* light
- 青葉 *green* leaves
- 青りんご a *green* apple

- 信号が青になるまで待ちなさい．
  Wait for the *green* light.
- **青い** *green*

❸ [顔色]
- **青い**（青白い）**pale** [ペイル]
- だいじょうぶかい？ 顔色が青いよ．
  Are you all right? You look *pale*.
∥ 青っぽい **bluish**

**あおぐ**（うちわなどで）**fan** [ファン]
- 彼は扇子で顔をあおいだ．
  He *fanned* his face with a folding fan.

**あおざめる**【青ざめる】**turn pale** [ターン ペイル]
- 母は（そのニュースを聞いて）青ざめた．
  My mother *turned pale*（when she heard the news）.

**あおじろい**【青白い】（顔色が）**pale** [ペイル]→あお❸
**あおむけ**【仰向けに】**on one's back** [バック]
- 私は仰向けに倒れた．I fell *on my back*.

# あか¹【赤】

**red** [レッド]
- 濃い[薄い]赤 dark [light] *red*
- 赤鉛筆[信号] a *red* pencil [light]
- **赤い** *red*
- 赤い車 a *red* car
- **赤くなる turn red** [ターン レッド],（恥ずかしくて）**blush** [ブラッシュ]
- 彼女は恥ずかしさで顔が赤くなった．
  She *blushed* [*turned red*] with embarrassment.
∥ 赤っぽい **reddish**

―――慣用表現―――
赤の他人 a complete stranger

**あか²** **dirt** [ダート]
- 体のあかを落とした．
  I washed the *dirt* off my body.
- **あかだらけの dirty** [ダーティ]

**アカウント**〖コンピュータ〗**an account** [アカウント]
- メールアカウント an email *account*
- アカウントにログインする
  log into an *account*
- アカウントを削除する
  delete an *account*
- アカウントを作る
  set up an *account*
- 私のアカウントが乗っ取られている．
  My *account* has been hacked.

**あかぎれ chapped skin** [チャップト スキン]
- あかぎれの手 *chapped* hands

**あかじ**【赤字】**the red** [レッド]（⇔黒字 the black），**a loss** [ロース]
- 赤字になる go into *the red*
- その店は今月も赤字だ．
  The shop is in *the red* this month, too.

**あかしお**【赤潮】**a red tide** [レッド タイド]

**あかす**【明かす】

❶ [打ち明ける] （秘密を）**tell**, 《話》**let out**:
  （本心などを）**reveal**

❷ [夜を過ごす] **spend, pass**

❶ [打ち明ける]（秘密を）**tell** [テル], 《話》**let out** [レット アウト]:（本心などを）**reveal** [リヴィール]
- タクは秘密を私に明かしてくれた．
  Taku *told* his secret to me.
- 彼女はついに本心を明かした．
  She finally *revealed* her true feelings.

❷ [夜を過ごす] **spend** [スペンド], **pass** [パス]
- 私たちはテストの準備で夜を明かした．We *spent* the night preparing for the test.

**あかちゃん**【赤ちゃん】**a baby** [ベイビィ]
- 男[女]の赤ちゃん a *baby* boy [girl]
- 赤ちゃんはおばあさんにだっこされていた．
  The *baby* was held in his [her, its] grandmother's arms.（▶itsは赤ん坊の性別がわからない場合に用いる）

**アカデミーしょう**【アカデミー賞】**an Academy Award** [アカデミィ アウォード]

**あかぬけた sophisticated** [サフィスティケイティド]
- この服はあかぬけて見える．
  This dress looks *sophisticated*.

**あかり**【明かり】**a light** [ライト]
- 明かりをつけなさい[消しなさい]．
  Turn on [off] the *light*.
- 明かりがついている[消えている]．
  The *lights* are on [out / off].

## あがる【上がる】

| | |
|---|---|
| ❶上昇(じょう)する | go up, rise |
| ❷能力・程度などが | improve |
| ❸人前で | get nervous |
| ❹水から出る | get out of ... |
| ❺雨などが | →やむ |

❶[上昇する]**go up**[ゴァ](⇔下りる go down), **rise**[ライズ](⇔下がる go down, fall)
- 階段を上がった.
 I *went up* the steps [stairs].
- きょうの午後は気温が35度まで上がった.
 The temperature *went up* to 35 degrees (centigrade) this afternoon.
- 水面が上昇している.
 The water surface is *rising*.

❷[能力・程度などが]**improve**[インプルーヴ]
- 彼女のテニスの腕(うで)はすごく上がった.
 Her tennis skills have greatly *improved*.

❸[人前で]**get nervous**[ナーヴァス]
- 人前で話すときいつも上がってしまう.
 I always *get nervous* when I talk in front of others.

❹[水から出る]**get out of ...**[アウト]
- ケンはちょうどおふろ[プール]から上がったところだ.
 Ken has just *got out of* the bath [pool].

❺[雨などが]→やむ

## あかるい【明るい】

| | |
|---|---|
| ❶光・色が | light, bright |
| ❷性格が | cheerful |

❶[光・色が]**light**[ライト](⇔暗い dark), **bright**[ブライト]
- 明るい日光 *bright* sunlight
- 明るい色のドレス
 a *light*-colored [*bright*-colored] dress
━明るくする[なる] **light**(up), **brighten**(up)[ブライトゥン]
- 明るくなってきた. It's *getting light*.
━明るく **brightly**

❷[性格が]**cheerful**[チフル]
- アイはいつも明るい. Ai is always *cheerful*.
━明るく **cheerfully**

**あかんぼう**【赤ん坊】→あかちゃん

## あき¹【秋】

⊛(**a**) **fall**[フォール], (**an**) **autumn**[オータム](★このnは発音しない)→はる¹
- 秋に in (the) *fall* [*autumn*]
- 去年の秋に last *fall* [*autumn*]
- 2022年の秋に
 in the *fall* [*autumn*] of 2022
- 私の家族は毎年秋に京都を訪(おとず)れる. My family visit Kyoto every *fall* [*autumn*].

秋風 an autumn breeze
秋晴れ: 秋晴れの日 a *fine autumn* day

**あき²**【空き】(空間)**space**[スペイス]; (余地)**room** (**for** ...)[ルーム]
- 後ろの座席にあと2人分の空きがある.
 There's *room for* two more people in the back seat.

空き缶(かん) an empty can
空き時間 free [spare] time
空き巣 (人)a sneak thief; (行為)a burglary
空き地 a vacant lot
空きびん an empty bottle
空き家 an empty house, a vacant house

**あきたけん**【秋田犬】**an Akita**

**あきらか**【明らかな】(はっきりした)**clear**[クリァ]; (見てわかる)**obvious**[アブヴィアス]; (わかりやすい)**plain**[プレイン]
- 明らかな証拠(しょうこ) *clear* evidence
- 明らかな間違(まちが)い an *obvious* mistake
- 明らかな事実 a *plain* fact
━明らかに **clearly; obviously**
- 彼は明らかにうそをついている.
 *Clearly*, he is lying. / It is *clear* that he is lying.

**あきらめる give up**[ギヴ アップ]
- あきらめるな.
 Don't *give up*.
- 私は海に行く計画をあきらめた.
 I *gave up* my plan to go to the sea.

**あきる**【飽きる】**get tired** (**of** ...)[タイァド], **be tired** (**of** ...), **be sick** (**of** ...)[スィック]; (うんざりする)《話》**be fed up** (**with** ...)[フェッド]
- 単語を覚えるのに飽きてしまった. I *got* [*was*] *tired of* learning words by heart.
- このゲームに飽きちゃった.
 I'*m sick of* this game.
- 彼はユリを待つのに飽きてしまった.
 He *got fed up with* waiting for Yuri.
- 彼は飽きっぽい.
 He *gets bored* easily.

**アキレスけん an Achilles tendon**[アキリーズ テンダン]
- 私はアキレスけんを切った.
 I tore my *Achilles tendon*.

**あきれる**(驚(おどろ)く)**be amazed** (**at** ..., **by** ...)[アメイズド], **be surprised** (**at** ...)[サプライズド]; (嫌気(いやけ)がさす)**be disgusted** (**at** ..., **by** ...

[ディスガスティド]
- 私たちは彼女の行動にあきれた．
  We *were amazed by* her behavior.
- 私は彼らの言葉づかいにあきれた．
  I *was disgusted by* their language.

## あく¹【開く】

**open**[オウプン]
- その店は午前10時に開く．
  That store *opens* at ten in the morning.
- この店は24時間開いている．
  This store *is open* 24 hours (a day). (►このopenは形容詞)

**ここがポイント！** 「店が開く」と「店が開いている」
「開店する」の意味の「開く」は動作を表す動詞openを使いますが，「開いている」状態を表す場合は「be動詞＋形容詞のopen」を使います．

開く　　　　　開いている
open　　　　be動詞＋open

## あく²【空く】

❶ 場所が　　be empty, be vacant
❷ 時間が　　be free

❶[場所が] **be empty**[エンプティ], **be vacant**[ヴェイカント]
- 席はずいぶん空いていた．
  Many seats *were empty*.
- あの教室は空いている．(←使われていない)
  That classroom *isn't in use*. /
  That classroom *is vacant*.
- この席，空いていますか．(←ふさがっていますか)
  Is this seat *taken*?

❷[時間が] **be free**[フリー]

**話してみよう！**
😊 ケン，きょうの午後空いている？
*Are* you *free* this afternoon, Ken?
😊 いや，すごく忙(いそが)しいよ．
No. I'm very busy.

## あく³【悪】(an) evil[イーヴァル] (⇔善 good)
- 小さな子どもは善悪の区別をつけられない．
  Small children can't tell good from *evil*.

悪影響(えいきょう) **a bad influence**
悪天候 **bad weather**

## あくい【悪意】malice[マリス], ill will[イル ウィル]
- 彼に悪意はなかった．
  He meant no *harm*.
- 悪意のある **malicious**[マリシャス]
- 悪意のない **innocent**[イノセント]

## あくしゅ【握手】a handshake[ハンドシェイク]
- 握手(を)する **shake hands** (**with** ...)[シェイク] (►この場合handは常に複数形)
- 彼はケンとかたい握手をした．
  He *shook hands* firmly *with* Ken.

## あくしゅう【悪臭】a (bad) smell[(バッド) スメル]
- その肉は悪臭を放った．
  The meat gave out a (*bad*) *smell*.

## アクション an action[アクション]
アクション映画 an action movie
アクションスター an action star

## アクセサリー accessories[アクセサリィズ]
(►accessoriesは帽子(ぼう)，靴(くつ)，かばんなども含(ふく)む)，jewelry[チューアルリィ]

## アクセス〖コンピュータ〗access[アクセス]
- アクセス数 the number of *accesses*
- アクセスする **access**, **visit**[ヴィズィット], **go**[ゴウ]
- 彼女のウェブサイトにアクセスした．
  I *went to* her website.

## アクセル an accelerator[アクセラレイタァ], ⓂⒷthe gas pedal[ギャス ペドゥル] (►「アクセル」は和製英語)
- アクセルを踏(ふ)む
  step on the *accelerator*

## アクセント an accent[アクセント], a stress[ストゥレス] (►accentには「(言葉の)なまり」の意もある．「強く発音する部分」の意味ではstressを使うことが多い)

## アクティビティ activities[アクティヴィティーズ]
(►ふつう複数形で用いる)
- いろいろなスポーツアクティビティ
  various athletic *activities*

## あくにん【悪人】a bad [wicked] person[バッド [ウィキッド] パーソン] (⇔善人 a good person)

あくび

**あくび** a yawn[ヨーン]
- 私はあくびをかみ殺した．
I stopped [suppressed] a *yawn*.
━あくびをする yawn, give a yawn

**あくま**【悪魔】a devil[デヴァル], a demon[ディーマン]

**あくむ**【悪夢】a bad dream[バッド ドリーム], a nightmare[ナイトメア]
- 彼はときどき悪夢を見る．
He sometimes has *nightmares*.

**あくめい**【悪名】
━悪名高い notorious (for ...)[ノウトーリアス]

**あくやく**【悪役】a bad guy[バッド ガイ], a criminal[クリマヌル]

**あくゆう**【悪友】a bad friend[バッド フレンド], bad company[カンパニィ] (▶1人でも複数でも company)

**あくよう**【悪用する】use for a bad purpose[ユーズ][バッド パーパス]

**あぐら**【あぐらをかく】sit cross-legged[クロースレギッド]

**あくりょく**【握力】a grip[グリップ]
▌握力計 a hand dynamometer

**アクロバット** acrobatics[アクロバティックス]; (曲芸師) an acrobat[アクラバット]

**あけがた**【明け方】→ よあけ

**あげもの**【揚げ物】fried food[フライド フード]

# あける¹【開ける】

open[オウプン]
- 目を開けなさい．
*Open* your eyes.
- クッキーの箱を開けてもいい？
May I *open* the box of cookies?
- 彼女はドアを開けておいた．
She kept [left] the door *open*. (▶この open は形容詞)

# あける²【空ける】

| ❶場所などを | make room for ...; (道を)make way for ... |
| ❷暇を作る | spare |
| ❸空にする | empty; (部屋などを)clear |

❶[場所などを]make room for ...[ルーム]; (道を)make way for ...[ウェイ]
- 友達が場所を空けておいてくれた．
My friends *made room for* me.
- 車が救急車に道を空けた．
The cars *made way for* the ambulance.
- 1行ずつ空けて書いた．
I wrote on every other line.

❷[暇を作る]spare[スペア]
- 火曜日の午後を空けておいてくれる？
Can you *spare* (some time on) Tuesday afternoon?

❸[空にする]empty[エンプティ]; (部屋などを)clear[クリア]
- びんの水を空けた．
I *emptied* the water *out of* the bottle.
- この部屋を空けなくてはいけない．
We have to *clear* this room.

**あける**³【明ける】(夜が)break[ブレイク], dawn[ドーン]; (年が)begin[ビギン]
- 夜が明けてきた．
The day is *breaking* [*dawning*]. (▶The night is ...は×)
- 年が明けた．
The new year has *begun*.
- 梅雨(ゆ)が明けた．
The rainy season *is over*.
- 明けましておめでとうございます．
(A) Happy New Year!

# あげる¹【上げる, 挙げる】

| ❶上へ動かす | raise, put up, lift |
| ❷増やす | (程度・量・金額を)increase, raise; (音・温度などを)turn up |
| ❸与える | give |
| ❹向上させる | improve |
| ❺声を出す | raise, scream, yell, cry |
| ❻示す | (例を)give |
| ❼執り行う | hold, have |

❶[上へ動かす]raise[レイズ], put up[プット アップ], lift[リフト](⇔下げる lower)
- 質問があるときは手を上げなさい．
*Raise* your hand when you have a question.
- その箱を棚(たな)に上げなさい．
*Put* the box *up* on the shelf.
- 頭を上げた．I *lifted* my head.

❷[増やす](程度・量・金額を)increase[インクリース], raise; (音・温度などを)turn up[ターン]
- ランナーたちは速度を上げた．
The runners *increased* their speed.
- 母はぼくのお小遣(づか)いを上げてくれた．
My mother *raised* my allowance.
- 部屋の温度を上げてくださいますか．
Would you *turn up* the heat, please?

❸[与える]give[ギヴ]
- ぼくは母に誕生日のプレゼントをあげた．

I *gave* my mother a birthday present. /
I *gave* a birthday present *to* my mother.
❹[向上させる]**improve**[インプルーヴ]
・私は数学の成績を上げたかった．
I wanted to *improve* my grade in math.
❺[声を出す]**raise**, **scream**[スクリーム], **yell**[イェル], **cry**[クライ]
・反対の声を上げるべきだ．
We should *raise* our voices in protest.
・だれかが叫(さけ)び声を上げた．
Someone *screamed*.
❻[示す](例を)**give**
・いくつか例を挙げましょう．
I'll *give* you some examples.
❼[執り行う]**hold**[ホウルド], **have**[ハヴ]
・姉はハワイで結婚(けっこん)式を挙げた．
My sister *held* her wedding in Hawaii.

**あげる²**【揚げる】**fry**[フライ]；(多量の油で)**deep-fry**[ディープフライ]
・じゃがいもを揚げる
*fry* some potatoes

**…あげる**【…(して)あげる】(▶英語には「…あげる」にあたる表現はない．「動詞＋for［to］＋〈人〉」「動詞＋〈人〉」などで表す)
・彼は妹にノートを買ってあげた．
He bought a notebook *for* his sister.
・ミキはケンの宿題を手伝ってあげた．
Miki *helped* Ken do his homework.

**あご**(先端(せんたん))**a chin**[チン]；(全体)**a jaw**[ヂョー]
・上［下］あご the upper［lower］*jaw*
▶あごひげ a beard → ひげ図

**アコースティックギター an acoustic guitar**[アクースティック ギター]

**アコーディオン**〖音楽〗**an accordion**[アコーディアン]

**あこがれる admire**[アドゥマイア]；(夢見る)**dream of ...**[ドゥリーム]；(切望する)**long (for ...)**[ローング]
・彼女はあの歌手にあこがれている．
She *admires* that singer.
・メジャーリーガーになることにあこがれている．
I *dream of* becoming a major leaguer.

# あさ¹【朝】

**morning**[モーニング](⇔晩 (an) evening, (a) night)
・日曜日の朝に on Sunday *morning*
・私は朝7時に起きる．
I get up at seven in the *morning*.
・私の父は毎朝ジョギングする．
My father jogs every *morning*.

> **ここが ポイント！** **morning と前置詞の関係**
> (1) 単に「朝に」という場合は，前置詞はふつう **in** を使います．
>  ・朝に *in* the morning
> (2) 曜日や日付とともに使うとき，また特定の日の朝を言うときには **on** を使います．
>  ・2月2日の朝に
>   *on* the morning of February 2
>  ・クリスマスの朝に
>   *on* Christmas morning
> (3) this, yesterday, every, one, all などがあるときは前置詞を使いません．
>  ・あしたの朝 *tomorrow* morning
>  ・朝のうちずっと *all* morning

**あさ²**【麻】〖植物〗**hemp**[ヘンプ]；(麻製品)**linen**[リニン]
・麻のジャケット a *linen* jacket

**あざ**(打ち身の)**a bruise**[ブルーズ]；(生まれつきの)**a birthmark**[バースマーク]
・ひざにあざができた．
I've got a *bruise* on my knee.

# あさい【浅い】

❶深さが　　　　 shallow
❷眠(ねむ)り・傷が　(眠りが)light；
　　　　　　　 (傷が)slight

❶[深さが]**shallow**[シャロウ](⇔深い deep)
・この池は浅い．This pond is *shallow*.
❷[眠り・傷が](眠りが)**light**[ライト]；(傷が)**slight**[スライト]
・ケンは眠りが浅い．Ken is a *light* sleeper.
・さいわい，私の傷は浅かった．
Fortunately, I was only *slightly* injured.
➡浅く lightly; slightly

**あさがお**【朝顔】〖植物〗**morning glory**[モーニング グローリィ]

**あさごはん**【朝ご飯】**(a) breakfast**[ブレックファスト]→ ちょうしょく

**あさって** **the day after tomorrow**[トゥマーロウ]
・あさってから試験が始まる．The exams will begin (on) *the day after tomorrow*.

**あざとい clever**[クレヴァ], **sly**[スライ]

**あさねぼう**【朝寝坊する】**get up late in the morning**[レイト][モーニング]
・彼は朝寝坊だ．
He always *gets up late in the morning*.

**あさひ**【朝日】**the morning sun**[モーニング サン]；(昇(のぼ)りかけている)**the rising sun**[ライズィング]

**あさめしまえ**【朝飯前】(容易なこと)**an easy**

# あざやか

**task** [job][イーズィ タスク [チョブ]], 《話》**a piece of cake** [ピース][ケイク]
- そんなこと朝飯前だ. It's an *easy task*.

**あざやか**【鮮やかな】(色などが)**bright**[ブライト]; (はっきりした)**vivid**[ヴィヴィッド]; (すばらしい)**brilliant**[ブリリャント]
- 鮮やかな赤 *bright* red
- 彼の演技は鮮やかだった.
  His performance was *brilliant*.

**あざらし**【動物】**a seal**[スィール]

**あさり**【貝】**a** (**short-necked**) **clam**[(ショートネックト) クラム]

**あされん**【朝練】**morning practice** [**training**] [モーニング プラクティス [トゥレイニング]]
- 今日は朝練がなかった.
  We didn't have *morning practice* today.

**あざわらう**【あざ笑う】**sneer**(**at** ...)[スニア]
- 彼の行為(ニラ)をあざ笑ってはいけない.
  Don't *sneer at* his behavior.

# あし【足, 脚】

(足首からつま先まで)**a foot**[フット](複 **feet**[フィート]); (足首から太ももの付け根まで)**a leg**[レッグ]; (動物の)**a paw**[ポー]; (机・いすなどの)**a leg**; (いか・たこの)**an arm**[アーム]

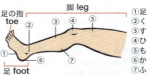

脚 leg / 足の指 toe / ①足の裏 sole / ②くるぶし ankle / ③すね shin / ④ひざ knee / ⑤もも thigh / ⑥かかと heel / ⑦ふくらはぎ calf / 足 foot

脚 leg / 足 paw / 脚 leg / 足 arm

- 小さい足 small *feet*
- 長い[短い]足 long [short] *legs*
- 彼は太い[細い]足をしている.
  He has fat [slim] *legs*.
- 私はくぎを踏(ふ)んで足をけがした.
  I stepped on a nail and injured my *foot*.
- 足がしびれていた.
  My *feet* were asleep. (▶しびれているのが足首より上なら legs を使う)
- 彼女はベッドの上で足を伸(の)ばした.
  She stretched out her *legs* on the bed.
- 彼女は足を組んだ. She crossed her *legs*.
- 足が棒のようだ. My *legs* got really tired.
- マリは足が速い. Mari *runs fast*. (←速く走る)

- 4本足の動物 a four-*legged* animal
- テーブルの脚 the *legs* of a table

⦅慣用表現⦆

足を引っ張る **hold back**:
彼はいつもチームの足を引っ張ってしまう.
He always *holds back* the team.

# あじ¹【味】

(**a**) **taste**[テイスト]; (風味)(**a**) **flavor**[フレイヴァ]
- 私はこのポテトチップの味が好きだ.
  I like the *taste* of these chips.
- ミント味のアイスクリーム
  mint(-*flavored*) ice cream
━味がよい **tasty, delicious**[ディリシャス]
- 「味はどう?」「とっても味がいいね」
  "How do you like it?" "It's *tasty* [*delicious*]. / It *tastes* very *good*."
━味がする **taste**
- この飲み物は甘(あま)い[苦い]味がする.
  This drink *tastes* sweet [bitter].
━味をみる **taste**; (試食する)**try**[トゥライ]
- 味見させて.
  Let me *taste* [*try*] it!

⦅表現メモ⦆

味のいろいろ
甘い sweet / 辛(から)い hot
激辛 extremely hot / すっぱい sour
苦い bitter / しょっぱい salty
甘じょっぱい sweet and salty

**あじ²**【魚】(**a**) **horse mackerel**[ホース マッカラル]

**アジア Asia**[エイジャ]
- 日本はアジアの東部にある.
  Japan is in the eastern part of *Asia*.
- 東南アジア Southeast *Asia*
━アジア(人)の **Asian**[エイジャン]
アジア人 an *Asian*
アジア大陸 the *Asian* Continent

**あしあと**【足跡】**a footprint**[フットプリント]

**あしおと**【足音】**a footstep**[フットステップ]
- 私は足音を聞いた.
  I heard *footsteps*.

**あしか**【動物】**a sea lion**[スィー ライアン], **a seal**[スィール]

**あしくび**【足首】**an ankle**[アンクル]

**あじさい**【植物】**a hydrangea**[ハイドゥレインヂャ]

**アシスタント an assistant**[アスィスタント]

**アシスト**〖スポーツ〗**an assist**[アスィスト] (▶他の選手の得点を助けるプレー)
- 山田は今日の試合で2アシストした. Yamada made two *assists* in today's game.

# あした【明日】

**tomorrow**[トゥマーロウ]
- あしたは私の誕生日だ.
  *Tomorrow* is my birthday.
- あしたのこの時間に会おう.
  I'll see you at this time *tomorrow*.
- 私はあしたの朝大阪へ行く.
  I'm going to Osaka *tomorrow* morning.
- またあしたね.
  See you *tomorrow*.

――慣用表現――

あしたはあしたの風が吹(ふ)く.
*Tomorrow* will take care of itself. / *Tomorrow* is another day.

## あじつけ【味つけする】**season**[スィーズン]
- 彼は肉を塩とこしょうで味つけした. He *seasoned* the meat with salt and pepper.

## あしなみ【足並み】**step**[ステップ]
- 足並みをそろえて行進した.
  We marched in *step*.

## あしもと【足もと】**one's step**[ステップ], **one's feet**[フィート]
- 足もとに気をつけなさい. Watch *your step*.
- 彼女の足もとで猫(ねこ)が眠(ねむ)っている.
  A cat is sleeping at *her feet*.

――慣用表現――

足もとにも及(およ)ばない **be no match**(**for** ...):
ぼくは数学ではエリの足もとにも及ばない.
I *am no match for* Eri in math.

## あじわう【味わう】**taste**[テイスト]; (楽しむ)**enjoy**[インチョイ]; (経験する)**experience**[イクスピ(ア)リアンス]
- この手作りピザを味わってみてください.
  *Taste* this homemade pizza.

## あす【明日】**tomorrow**[トゥマーロウ] → あした

## あずかる【預かる】(保管する)**keep**[キープ]; (世話をする)**take care of** ...[ケア]
- 私が戻(もど)ってくるまでこのかばんを預かってもらえますか.
  Would you *keep* this bag for me until I come back?
- いとこの犬を預かった.
  I *took care of* my cousin's dog.

## あずき【小豆】〖植物〗**an adzuki**(**bean**)[アズーキ(ビーン)]

## あずける【預ける】**leave**[リーヴ]; (荷物を一時的に)**check**[チェック]; (預金する)**deposit**[ディパズィット], **put**[プット]
- 彼にその本を預けた.
  I *left* the book *with* him.
- 荷物を手荷物一時預かり所に預けた. I *checked* my baggage in the baggage room.
- 彼は銀行にお金を預けた.
  He *deposited* [*put*] money in a bank.

## アスパラガス〖植物〗**asparagus**[アスパラガス]
## アスファルト **asphalt**[アスフォールト]
- アスファルトの道路 an *asphalt* road
## アスベスト **asbestos**[アスベスタス]
## アスリート **an athlete**[アスリート]

# あせ【汗】

**sweat**[スウェット]
- 彼は顔の汗をタオルでふいた.
  He wiped the *sweat* off his face with a towel.
- このジャージは汗くさい.
  This sweatshirt smells of *sweat*. / This sweatshirt is *sweaty*.
- 彼女は汗びっしょりだ.
  She is all *sweaty*.
- 汗をかく **sweat, get sweaty**
  父はよく[たくさん]汗をかく.
  My father *sweats* easily [heavily].

## あせる¹【焦る】
(急ぐ)**hurry**[ハーリィ], **be in a hurry**; (うろたえる)**get nervous**[ナーヴァス] → あわてる
- 焦らないで. ゆっくりやりなさい.
  Don't *hurry*. Take your time.
- 焦って昼ごはんを食べた.
  I ate lunch *in a hurry*.
- 授業中に突然さされて焦った.
  I *got nervous* when I was called on in class suddenly.

## あせる²(色や記憶(きおく)が)**fade**(**away**)[フェイド(アウェイ)]
- 写真の色があせてしまった.
  The picture has *faded*.

## あそこ(**over**) **there**[ゼア] → あちら❶
- あそこにファミレスがあるよ.
  There is a family restaurant *over there*.

# あそび【遊び】

**play**[プレイ]; **a game**[ゲイム]
- 鬼(おに)ごっこはケンのいちばん好きな遊びだ.
  Tag is Ken's favorite *game*.
- 遊びに行こう.
  Let's go out and *play*.
- 今度の日曜日ぼくのうちへ遊びにおいで.
  Come over to my house (to *play*) next Sunday.

あそぶ

**くらべてみよう！ play と game**

play: ぶらんこや砂遊びのように「特にルールや勝敗がない遊び」.

game: テレビゲームやかくれんぼのように「ルールや勝敗がある遊び」.

遊び時間 playtime
遊び道具 a toy, a plaything
遊び仲間 a friend, a playmate, a friend to play with
遊び場 a playground

## あそぶ【遊ぶ】

| ❶好きなことをする | play; (楽しむ)enjoy *oneself* |
| ❷ぶらぶらする | be idle, idle away |

❶[好きなことをする]**play**[プレィ]; (楽しむ)**enjoy** *oneself*[インヂョィ]
- トランプをして遊ぼう. Let's *play* cards.
- ケンはときどきジュンと遊ぶ. Ken sometimes *plays* with Jun.
- 私たちはディズニーランドで遊んだ. We *enjoyed ourselves* at Disneyland.
- いっしょに遊ぼうよ. Let's *have* some *fun* together. / Let's *have a good time* together. (←楽しく過ごそう)
- 先週末は友達と遊びに行った. I went out with my friends last weekend. (←出かけた)

❷[ぶらぶらする]**be idle**[アィドゥル], **idle away**

**あたい**【値する】**be worth**（+〈-ing形〉）[ワース]→かち¹

- その映画は一見に値する. The movie *is worth* see*ing*.

**あたえる**【与える】**give**[ギヴ]; (えさなどを)**feed**[フィード]; (損害などを)**cause**[コーズ]→あげる¹❸, くれる¹

〈人など〉に〈物〉を与える
give +〈人など〉+〈物〉/
give +〈物〉+ to +〈人など〉

- 父は私にチャンスを与えてくれた. My father *gave* me a chance. / My father *gave* a chance *to* me.
- マザー・テレサはノーベル平和賞を与えられた. Mother Teresa was *given* [*awarded*] the Nobel Peace Prize.
- うさぎにえさを与えないでください. Don't *feed* the rabbits.
- 台風はその地域に大きな被害(ﾊﾞｲ)を与えた. The typhoon *caused* serious [*severe*] damage *to* the area.

## あたたかい【暖かい, 温かい】

| ❶温度が高い | warm, hot |
| ❷心・態度が | warm, kind |

❶[温度が高い]**warm**[ウォーム]（⇔涼(ｽｽﾞ)しい cool）, **hot**[ハット]（⇔冷たい cold）
- 暖かい気候 *warm* weather
- この部屋は暖かい. It is *warm* in this room. / This room is *warm*.
- カップ1杯(ﾊﾟｲ)の温かい牛乳 a cup of *hot* milk (►飲食物にはhotを使うことが多い)
- 何か温かい飲み物をくださいますか. Would you give me something *hot* to drink, please. (►something+〈形容詞〉の語順に注意)
— あたたかく **warmly**
- 暖かくして出かけた. I dressed *warmly* and left.

❷[心・態度が]**warm**, **kind**[カィンド]（⇔冷たい cold）
- ホワイト一家から温かい歓迎(ｶﾝ)を受けた. I received a *warm* welcome from the Whites.
— あたたかく **warmly, kindly**

**あたたまる**【暖まる, 温まる】**warm**（**up**）[ウォーム]; (体が)**warm** *oneself*（**up**）
- 部屋はすぐに暖まるでしょう. The room will soon *warm up*.
- 私はファンヒーターの前で暖まった. I *warmed myself up* in front of the fan heater.
- 熱い紅茶で体が暖まった. The hot tea

*warmed* me.(←熱い紅茶が私を暖めた)
- 心温まる話 a heart*warming* story

**あたためる**【暖める, 温める】**warm（up）**[ウォーム]（⇔冷やす cool）；（熱を加えて）**heat（up）**[ヒート]
- ストーブで手を暖めた. I *warmed* my hands by [in front of] the heater.
- 彼女は電子レンジでスープを温めた. She *heated* some soup in the microwave.

**アタック**（an）**attack**[アタック]→こうげき
➡アタックを打つ attack

**あだな**【あだ名】**a nickname**[ニックネイム]
➡あだ名をつける nickname, give ... a nickname
- 私たちは彼に「ハカセ」というあだ名をつけた. We *nicknamed* him "Hakase." / We *gave* him the *nickname* "Hakase."

**アダプター**〖電気〗**an adapter, an adaptor**[アダプタァ]

## あたま【頭】

| ❶頭部 | a head |
| --- | --- |
| ❷頭髪(とうはつ) | hair |
| ❸頭脳 | brains, a head, mind |

❶[頭部]**a head**[ヘッド]
- はげ頭 a bald *head*
- 試合で頭にけがをした. I injured my *head* in the game.
- 頭からつま先まで from *head* to toe
- 彼は「こんにちは」と言って頭を下げた. He bowed and said hello.

**ここがポイント！** head の範囲(はんい)

英語の **head** は「顔も含(ふく)めて首から上全体」をさします. したがって, 日本語で「顔」や「首」と言う場合でも, 英語では head を使うことがあります. →p.150 ミニ絵辞典

顔 face / 頭髪 hair / 頭部 head / 首 neck

❷[頭髪]**hair**[ヘア]
- シャンプーで頭を洗った. I shampooed my *hair*.
- 彼は頭を丸刈(まるが)りにしている. He has close-cropped *hair*.
- 父は頭がはげてきた. My father started losing his *hair*.

❸[頭脳]**brains**[ブレインズ], **a head, mind**[マインド]
- 頭を使いなさい. Use your *brains* [*head*].
- 彼は頭がさえている. He has a sharp *mind*.
- ユミは頭がいい. Yumi is *smart* [*bright*].

―――――――慣用表現―――――――

**頭が痛い** ❶（体調が悪くて）きょうは頭が痛い. I *have a headache* today. ❷《悩(なや)みの種》あしたの試験のことを考えると頭が痛い. I *am worried about* tomorrow's examination.

**頭がいっぱい** one's head is full of ...:
ぼくはいつもばかげた考えで頭がいっぱいだ.
My head is always *full of* crazy ideas.

**頭が固い** be stubborn

**頭にくる** be [get] mad (at ..., about ...):
彼女には本当に頭にきている. I'm really *mad at* her.

**頭を冷やす** calm [cool] down

## あたらしい【新しい】

**new**[ヌー]（⇔古い old）；（新鮮(しんせん)な）**fresh**[フレッシュ]
- 新しいコート a *new* coat
- このシャツは新しい. This shirt is *new*.
- あの店の魚は新しい.
  The fish sold at that shop are *fresh*.
- 新しい制度 a *modern* [*new*] system
- 最も新しいニュース the *latest* news
➡新しく newly; freshly
- 新しく買ったタブレット
  a *newly* bought tablet

**あたり¹**【辺り】**around ...**[アラウンド], **about ...**[アバウト], **near ...**[ニア]≒ちかく
- この辺りで財布(さいふ)をなくした. I lost my wallet somewhere *around* here.
- 彼女は机の辺りを注意深く見た. She looked carefully *around* the desk.
- 7月辺り遊びに行ってもいいかな.
  May I come and see you *around* July?
- 駅の辺りに *near* the station

**あたり²**【当たり】**a hit**[ヒット]；（成功）**a success**[サクセス]；（命中, 図星）**bull's-eye**[ブルズアィ]
- その番組は大当たりだった.
  The program was a big *hit* [*success*].
- 当たりくじ a winning ticket

**…あたり**【当たり】**per ...**[パー], **a**→…つき²

**あたりまえ**【当たり前の】**natural**[ナチュラル]→とうぜん
- 彼女が成功したのも当たり前だ.

It is *natural* that she succeeded.

## あたる【当たる】

| ❶ぶつかる | hit, strike |
|---|---|
| ❷的中する | (予想が)be right, turn out (to be) right, come true |
| ❸指名される | be called on |
| ❹成功する | make a hit, succeed (in ...), 《話》make it |
| ❺当選する | win |
| ❻さらされる | (太陽に)get some sunshine; (火に)warm oneself (up) |
| ❼相当する | be, correspond (to ...); (日付が)fall (on ...) |
| ❽中毒する | get food poisoning (from ...); get sick |
| ❾接する | (人に)be hard (on ...) |

❶[ぶつかる]**hit**[ヒット], **strike**[ストゥライク]
- 石が猫に当たった. A stone *hit* the cat.

〈人〉の〈体の部分〉に当たる

hit+〈人〉+on [in]+〈体の部分〉
- ボールは彼の頭に当たった.
  The ball *hit* him *on* the head.
- ボールは私の顔に当たった.
  The ball *hit* me *in* the face.

❷[的中する](予想が)**be right**[ライト], **turn out (to be) right**[ターン アウト], **come true**[トゥルー]
- 彼の予想は当たった. His guess *was right*.
- 天気予報は当たらなかった. The weather forecast didn't *turn out right*.
- きょうの星占いは当たった.
  Today's horoscope *came true*.

❸[指名される]**be called on**[コールド]
- マミは理科の時間によく当たる.
  Mami *is* often *called on* in science class.

❹[成功する]**make a hit**[ヒット], **succeed (in ...)**[サクスィード], 《話》**make it**
- その歌手はアメリカで当たった. The singer *succeeded* [*made it*] in the U.S.

❺[当選する]**win**[ウィン]
- くじでパソコンが当たった.
  I *won* a PC in a raffle.

❻[さらされる](太陽に)**get some sunshine**[サンシャイン]; (火に)**warm oneself**[ウォーム]
- 外に出て日に当たろう. Let's go outdoors and *get some sunshine*.
- ストーブに当たった.
  I *warmed myself* with the heater.
- 私の部屋はあまり日が当たらない.
  My room doesn't *get* much *sun*.

❼[相当する]**be, correspond (to ...)**[コーラスパンド]; (日付が)**fall (on ...)**[フォール]
- 「かわいい」に当たる英語は何ですか.
  What *is* the English for "kawaii"?
- 私の今年の誕生日は日曜日に当たる. My birthday *falls on* (a) Sunday this year.

❽[中毒する]**get food poisoning (from ...)**[フード ポイズニング]; **get sick**[スィック]
- 多くの人がその昼食にあたった. Many people *got sick* from eating the lunch.

❾[接する](人に)**be hard (on ...)**[ハード]
- 彼はいつも私につらく当たる.
  He *is* always *hard on* me.

**あちこち here and there**[ヒ ア][ゼ ア], **from place to place**[プレイス]; (行ったり来たり)**up and down**[ダウン]; (動詞につけて)**around**[アラウンド], **about**[アバウト]
- あちこちに高い建物が見える. We can see tall buildings *here and there*.
- 庭をあちこち歩き回った.
  I walked *around* [*about*] in the garden.

## あちら

| ❶場所 | there, over there |
|---|---|
| ❷人, 物 | that |

❶[場所]**there**[ゼア], **over there**(⇔こちら here)
- 何時にあちらに着く予定ですか.
  What time will you get *there*?

❷[人, 物]**that**[ザット](⇔こちら this)
- あちらは吉井さんです. *That* is Ms. Yoshii.

━あちらの that
- こちらの人形よりあちらの人形のほうが好きだ. I like *that* doll better than this one.

**あっ Oh!**[オッ]; (失敗して)**Oops**[ウプス]
- あっ, そうか. *Oh*(, *that's right*)!
- あっ, あれを見て. *Oh*, look at that.
- あっ, 忘れ物をした.
  *Oops*! I forgot something!

## あつい¹【熱い】

**hot**[ハット](⇔冷たい cold)
- 熱いおふろに入った.
  I took a *hot* bath.
- このなべは熱すぎて持てない.
  This pot is too *hot* to hold.

- 2人は熱い仲だ．
 The two *are* deeply *in love*.
 ━**熱くなる**（興奮して）**get excited**[イクサイティド]
- 彼のラフプレーで選手たちは熱くなった．The players *got excited* by his rough play.

## あつい² 【暑い】
**hot**[ハット]（⇔寒い cold）
- きょうはとても暑い．It is very *hot* today.
- 夏の京都はかなり暑い．
 Kyoto in summer is pretty *hot*.
 ━**暑くなる get hot**
- だんだん暑くなってきている．
 It's *getting hotter and hotter*.

## あつい³ 【厚い】

| ❶厚さがある | thick |
|---|---|
| ❷心のこもった | warm, kind |

thick

warm

❶[厚さがある]**thick**[スィック]（⇔薄(ﾗｽ)い thin）
- 厚いステーキ a *thick* steak
- この辞書は厚い．
 This dictionary is *thick*.
 ━**厚く thickly**
- トーストにバターを厚く塗(ﾇ)ってちょうだい．
 Please spread the butter *thickly* on the toast.

❷[心のこもった]**warm**[ウォーム]，**kind**[カインド]
- 私たちは厚い友情で結ばれている．
 *Warm* friendship binds us together.

## あつかう 【扱う】

| ❶操作する | handle, operate |
|---|---|
| ❷相手にする | treat, deal（with …） |

❶[操作する]**handle**[ハンドゥル]，**operate**[アパレイト]
- その箱はていねいに扱ってください．
 Please *handle* the box carefully.
- このコンピュータを扱う方法
 how to *operate* this computer

❷[相手にする]**treat**[トゥリート]，**deal**（with …）[ディール]
- 彼はチーム全員を公平に扱う．He *treats* all the members of the team fairly.
- この本は社会問題を扱っている．
 This book *deals with* social problems.

**あつかましい** 【厚かましい】**impudent**[インピュダント]，（話）**pushy**[プシィ]➡ ずうずうしい
- その店員はとても厚かましかった．
 The salesclerk was very *pushy*.

**あつぎ** 【厚着する】**wear a lot of clothes**[ウェア][ラット][クロウズ]，**wear a lot of layers**[レイアズ]
- 外は寒いから，厚着をして出かけたほうがいい．
 It is cold outside so you should *wear a lot of layers*.

**あつくるしい** 【暑苦しい】**sultry**[サルトゥリィ]
- 暑苦しい夜 a *sultry* night

**あっけない**（時間が短すぎて）**too soon**[スーン]，**too short**[ショート]；（簡単すぎて）**too easy**[イーズィ]
- その試合はあっけなく終わった．
 The game ended *too soon*.

**あつさ¹** 【暑さ】**heat**[ヒート]➡ あつい²
- 夏の暑さ the *heat* of summer

**あつさ²** 【厚さ】（a）**thickness**[スィックニス]
- この壁(ﾍﾞ)の厚さは10センチだ．
 This wall is 10 centimeters *thick*. / The *thickness* of this wall is 10 centimeters.

## あっさり 【あっさりした】

（簡単な）**simple**[スィンプル]，**easy**[イーズィ]；（簡潔な）**brief**[ブリーフ]；（味が）**plain**[プレイン]，**light**[ライト]
- あっさりした説明 a *simple* explanation
- あっさりした食事 a *plain* [*light*] meal
 ━**あっさりと simply, easily; plainly**
- 私たちはその問題をあっさりと解決した．
 We solved the problem *easily*.

**あっしゅく** 【圧縮する】《コンピュータ》**compress**[カンプレス]
- 圧縮されたファイル a *compressed* file

**あつぞこぐつ** 【厚底靴】**platform shoes**[プラットフォーム シューズ]➡ くつ図

## あっち

**あっち** there[ゼァ], over there; (あっちの)that[ザット] → あちら
- あっちで待ちなさい. Wait (*over*) *there*.
- あっちへ行け. Go *away*.

**あっというま**【あっと言う間に】in an instant[インスタント], quickly[クウィックリィ]

**あっとう**【圧倒する】overwhelm[オウヴァ(ホ)ウェルム]
- わがチームは相手チームを圧倒した. Our team *overwhelmed* the opposing team.
- **圧倒的な** overwhelming
- 圧倒的勝利 an *overwhelming* victory

**アップ**
- アップの写真 a *close-up* photo
- 彼女は髪(鬢)をアップにしている. She is wearing her hair *up*.
- **アップする** (上がる) go up[ゴゥ], rise[ライズ]; (上げる) raise[レイズ]
- 英語の成績がアップした. My English grades *rose* [*improved*].

**アップグレード**【アップグレードする】〖コンピュータ〗upgrade[アップグレイド]

**アップデート**【アップデートする】〖コンピュータ〗update[アップデイト]

**アップリケ** an appliqué[アプリケイ](★発音注意)(►フランス語から)

**アップルパイ** (an) apple pie[アプル パイ]

**アップロード**【アップロードする】〖コンピュータ〗upload[アップロゥド](⇔ダウンロード download)
- 写真をウェブにアップロードした. I *uploaded* [*posted*] the photos on the website.

**あつまり**【集まり】(会合)a meeting[ミーティング]

## あつまる【集まる】

| ❶人・動物が | gather, get together;(会合する)meet |
| ❷関心・注意が | be focused (on ...) |

❶[人・動物が]gather[ギァザァ], get together[タゲザァ]; (会合する)meet[ミート]
- 先生の周りに生徒が集まった. The students *gathered* around their teacher.
- たくさんの友達が私の誕生会に集まってくれた. Many friends of mine *got together* at my birthday party.
- 私たちのクラブは毎週火曜日に集まる. Our club *meets* every Tuesday.

❷[関心・注意が]be focused (on ...)[フォウカスト]
- けがした子どもにみんなの注目が集まった. Everyone's attention *was focused on* the injured child.

## あつめる【集める】

gather[ギァザァ], gather [bring] together[[ブリング] タゲザァ]; (目的をもって)collect[カレクト]; (お金を)raise[レイズ], collect
- 情報を集める *gather* [*collect*] information
- 私たちは落ち葉を集めた. We *gathered* the fallen leaves *together*.
- 切手[寄付]を集める *collect* stamps [donations]

> **くらべてみよう!** gather と collect
> **gather**: 人や物を1か所に集める.
> **collect**: 目的をもって収集する.

gather

collect

**あつりょく**【圧力】pressure[プレッシァ]
▶圧力なべ a pressure cooker

**あて**【当て】(目的)an aim[エイム], a purpose[パーパス]; (期待)(an) expectation[エクスペクテイション]
- 当てもなく without any *purpose*
- 当てが外れた. My *guess* was wrong.
- **当てにする** (信頼(鬢)する) rely (on ...)[リライ], depend (on ...)[ディペンド]; (期待する) expect[イクスペクト], (話)count on ...[カウント]
- 彼は当てにならない. I can't *rely* [*count*] *on* him. (←当てにすることができない)

**…あて** for ...[フォア]
- あなたあてのカード a card *for* you

**あてずっぽう**【当てずっぽう】a guess[ゲス], a shot[シャット]
- 私は当てずっぽうに答えた. I made a *shot* at the answer.

**あてな**【あて名】...'s name and address[ネイム][アドゥレス]
- 封筒(鬢)にマリのあて名を書いた. I wrote *Mari's name and address* on the envelope.
- それはあて名が違(鬢)っている. It has the wrong *name and address*.

**あてはまる**【当てはまる】apply (to ...)[アプライ], fit into ...[フィット], be true (of ...)[トゥルー]

- この規則はすべての場合に当てはまる．
  This rule *applies to* all cases.
**あてはめる**【当てはめる】**apply**[アプライ]

## あてる【当てる】

| | |
|---|---|
| ❶ぶつける | hit, strike |
| ❷推測する | guess |
| ❸つける | (…を〜に)put … to 〜 |
| ❹指名する | call on … |
| ❺賞を得る | win |
| ❻さらす | expose |

❶[ぶつける]**hit**[ヒット], **strike**[ストゥライク]
- 彼女はテニスボールを壁に当てた．
  She *hit* a tennis ball against the wall.

❷[推測する]**guess**[ゲス]
- マキは私の年齢を当てた．
  Maki *guessed* my age correctly.
- これが何だか当ててごらん．
  *Guess* what this is.

❸[つける](…を〜に)**put … to 〜**[プット]
- 彼はドアに耳を当てた．
  He *put* his ear *to* the door.

❹[指名する]**call on …**[コール]
- ブラウン先生は授業中よくタクを当てる．
  Mr. Brown often *calls on* Taku in class.

❺[賞を得る]**win**[ウィン]
- 宝くじで1等を当てた．
  I *won* (the) first prize in a lottery.

❻[さらす]**expose**[イクスポウズ]
- 肌を日光にあまり当てないで．
  Don't *expose* your skin *to* the sun too much.

## あと¹【後】

| | |
|---|---|
| ❶後方に | back, behind |
| ❷以後 | after …; (のちに)later |
| ❸残り | the rest |
| ❹残りの時間 | (これから)in …, away; (さらに)more |

❶[後方に]**back**[バック], **behind**[ビハインド]
- 彼女は何度か後をふり返った．
  She looked *back* a few times.
- エミは彼を後に残した．
  Emi left him *behind*.
- だれかが私の後をつけている．
  Somebody is *following* me.

❷[以後]**after …**[アフタァ]; (のちに)**later**[レイタァ]
- 昼食の後で *after* lunch
- 後でメールするね．I'll email you *later*.
- また後でね．See you *later*.

❸[残り]**the rest**[レスト]
- あとのクッキーはあしたまでとっておこう．
  I'll keep *the rest* of the cookies till tomorrow.
- あとは君が話してよ．You tell *the rest*.

❹[残りの時間](これから)**in …**[イン], **away**[アウェイ]; (さらに)**more**[モァ]
- あと1週間で学校が終わる．
  School will be over *in* a week.
- 私の誕生日まであと3日だ．
  My birthday is three days *away*.
- あと5分待って．
  Please wait five *more* minutes.

━━━━ 慣用表現 ━━━━
**後には引けない**．It's too late to turn back．(←引き返すには遅すぎる)
**後の祭り**：今になって文句を言っても後の祭りだ．(←遅すぎる)
It's too late to complain about it now.

**あと²**【跡】**a mark**[マーク]; (通った跡)**a track**[トゥラック]; (遺跡)**remains**[リメインズ]
- 道にタイヤの跡がある．There are tire *marks* [*tracks*] on the road.
- 城の跡 the *remains* of a castle

**あとあじ**【後味】**an aftertaste**[アフタァテイスト]
- そのスープはいいにおいだったが，妙にすっぱい後味がした．The soup smelled good, but it had a strangely sour *aftertaste*.

**あとかたづけ**【後かたづけをする】 **put … in order**[オーダァ], **clean up**[クリーン]; (食事の)**clear the table**[クリア][テイブル]
- 私たちは部屋の後かたづけをした．
  We *put* the room *in order*.
- だれが食事の後かたづけをするの？
  Who will *clear the table*?

**アドバイス** **advice**[アドゥヴァイス] → ちゅうこく
- 先生のアドバイスに従った．
  I followed my teacher's *advice*.
━**アドバイスする** **advise**[アドゥヴァイズ] (★名詞とのつづり・発音の違いに注意), **give …** (**a piece of**) **advice**[ピース] (▶give … an adviceは×)
- コーチは彼にもっと練習をするようにアドバイスした．
  The coach *advised* him *to* practice more.

**アドバンテージ**(テニスなどで)**advantage**[アドゥヴァンティッヂ]

**アトピー** **atopy**[アタピィ]
▌アトピー性皮膚炎 **atopic dermatitis**

**あとまわし**【後回しにする】**put off**[プット], **do** (…) **later**[レイタァ]

アトラクション

- 彼は医者に行くのを後回しにしている. He keeps *putting off* a visit to the doctor.

**アトラクション** an attraction[アトゥラクション]
**アトリエ** an atelier[アタリエイ](★発音・アクセント位置に注意)(▶フランス語から), a studio[ストゥーディオウ]
**アドリブ** an ad lib[アドリブ]
→アドリブでやる ad-lib[アドゥリブ]
**アドレス** an address[アドゥレス]→じゅうしょ；『コンピュータ』an (email) address[(イーメイル)]→メール
**あな**【穴】a hole[ホウル]

- 穴をふさぐ close［fill］a *hole*
- 彼は庭に穴を掘った.
  He dug a *hole* in the garden.
- 靴下に穴が開いている.
  There is a *hole* in my sock.

―――慣用表現―――

穴があったら入りたい. I'm so ashamed that I want to hide myself away.

**あなうめ**【穴埋めする】(補う) make up (for ...)[メイク]→うめあわせる

- 穴埋め問題 a *fill-in-the-blank(s)* question

**アナウンサー** an announcer[アナウンサァ], a reporter[リポータァ]
**アナウンス**(an) announcement[アナウンスマント]

- アナウンスがあった.
  I heard an *announcement*.
  →アナウンスする announce[アナウンス]

**あなご**【魚】a conger eel[カンガァ イール]

# あなた

| ❶相手 | you |
|---|---|
| ❷夫婦間の呼びかけ | dear, darling |

❶[相手] you[ユー](複 you)(▶単複同形)

- あなたはとても頭がいいね.
  *You* are very smart.
- 「あなたはテニスが好きですか」「はい, 好きです」 "Do *you* like tennis?" "Yes, I do."
- あなたと私は親友だ.
  *You* and I are good friends.(▶ふつう I and you とはしない)
- あの男の人はあなたのお父さんですか.
  Is that man *your* father?
- あなたにこのセーターをあげましょう.
  I'll give *you* this sweater.
- 「この本はあなたのものですか」「はい, 私のです」 "Is this book *yours*?" "Yes, it's mine."
- あなた自身で考えなさい.
  Think for *yourself*.

### ここがポイント! you(あなた)の変化形

「…自身」以外, 単数と複数が同じ形です.

| 単数 | 複数 |
|---|---|
| あなたは[が] you | あなたたちは[が] you |
| あなたの your | あなたたちの your |
| あなたを[に] you | あなたたちを[に] you |
| あなたのもの yours | あなたたちのもの yours |
| あなた自身 yourself | あなたたち自身 yourselves |

❷[夫婦間の呼びかけ] dear[ディア], darling[ダーリング]
**あなどる**【侮る】(軽く見る) make light of ...[ライト];(見下す) look down on ...[ルック]

- あのチームを侮ってはいけない.
  Don't *make light of* that team.

**アナログ**【アナログの】analog, 英 analogue[アナローグ]

# あに【兄】

a brother[ブラザァ];(弟と区別して) an older brother[オウルダァ], a big brother[ビッグ], an elder brother[エルダァ](⇔ 弟 a younger[little] brother)→きょうだい

- 私のいちばん上の兄
  my *oldest*［*eldest*］*brother*
- 私には兄が2人います. 上の兄は教師で下の兄は大学生です. I have two *older brothers*. The older is a teacher and the younger is a college student.

### ここがポイント! 兄と brother の使い方の違い

英語では兄も弟も **brother** で表します. 姉と妹の場合もともに **sister** で表します. 特に弟(妹)と区別するときは older や big, elder をつけます. また, 「brother(お兄さん)」とは呼ばずに, Tom のように名前(first name)で呼びます.

**アニメ**(ーション) an animation[アニメイション];(日本の) an anime[アーニメィ]→ここがすごい【口絵】

- アニメのキャラクター an *animated*［*anime*］character［figure］/ a cartoon character

**アニメ**(ーション)映画 an animated film, an anime movie
**アニメ**(ーション)監督 an animation［anime］director
**アニメーター** an animator

パソコンで画像を制作するアニメーター

## あね【姉】

a sister[スィスタァ]; (妹と区別して)an older sister[オウルダァ], a big sister[ビッグ], an elder sister[エルダァ](⇔妹 a younger [little] sister)→あに ポイント!
- 私のいちばん上の姉
 my *oldest* [*eldest*] *sister*
- 私の姉は大学生だ.
 My *sister* is a college student.
- こちらは私の姉のアヤです.
 This is my *older* [*elder*] *sister*, Aya.

## あの

that[ザット](複 those[ゾウズ])(⇔この this)→その
- あのパソコン *that* PC
- 私のあのかばん
 *that* bag of mine(▶that my bagは×)
- あの手袋(ぶくろ) *those* gloves
- あの人たちはだれですか.
 Who are *those* people? / Who are they?
- あのころ in *those* days
- あの時から since *then*

> **ここが ポイント!** that＋〈名詞の単数形〉と those＋〈名詞の複数形〉
> - あの生徒(生徒が1人)
>   ○ *that* student
>   × *those* student
> - あの生徒たち(生徒が2人以上)
>   ○ *those* students
>   × *that* students

## あの(う)
Excuse me, ...[イクスキューズ ミー], Hello ...[ハロゥ,ヘロゥ]; (ためらって)uh[ア]
- あの(う), トイレを貸してもらえませんか.
 *Excuse me*, can I use the bathroom?

## あのね
You know what?[ユーノゥ(ホ)ワット], well[ウェル], You see[スィー]

## あのような
such[サッチ]→あんな

## あのように
like that[ライクザット], (in) that way[ウェィ]

## アパート
(建物全体)⊛an apartment building[アパートゥマント ビルディング], ⊛flats[フラッツ]; (1世帯分)⊛an apartment, ⊛a flat[フラット]→マンション くらべて!

⊛apartment building
⊛flats

⊛apartment
⊛flat

- アパートの2階 the second floor of the *apartment building*
- 私はアパートに住んでいる.
 I live in an *apartment*.

## あばれる【暴れる】
act violently[アクト ヴァイアラントゥリィ]; (走り回る)run wild[ラン ワイルド]
- 男の子たちが庭で暴れている.
 The boys are *running wild* in the yard.

## アピール【アピールする】
appeal[アピール]
- この映画は多くの人にアピールした.
 This film *appealed to* many people.

## あびせる【浴びせる】
(水・光などを)pour[ポァ]; (質問などを)fire[ファイア]
- インタビュアーは彼に質問を浴びせた.
 The interviewers *fired* questions *at* him.

## あひる〖鳥〗
a duck[ダック]
- あひるの子 a *duck*ling

## あびる【浴びる】
(シャワーを)take a shower[シャゥァ]; (日光などを)bask[バスク]
- 私は朝, シャワーを浴びる.
 I *take a shower* in the morning.
- 日光を浴びる *bask in* the sunshine

## あぶく
a bubble[バブル]→あわ

## アフターケア
aftercare[アフタケア]

## アフターサービス
after-sales service[アフタ セイルズ サーヴィス](▶「アフターサービス」は和製英語)

## あぶない【危ない】

dangerous[デインヂャラス]; (冒険的な)risky[リスキィ]; (危険にさらされている)be in danger[デインヂャア]→きけん¹
- その赤ちゃんの命が危ない.
 The life of the baby *is in danger*.

**…するのは危ない**
It is dangerous to＋〈動詞の原形〉
- 赤信号のときに道路を横断するのは危ない.
 *It is dangerous to* cross the street when

## あぶら

the light is red.
- 危ない！
Watch [Look] out!
—危なく(もう少しで) **nearly**[ニアリィ], **almost**[オールモウスト]
- 危なくバスに乗りそこねるところだった．
I *nearly* [*almost*] missed the bus.

**あぶら**【油, 脂】(液体) (**an**) **oil**[オイル]; (固形, 脂肪(ﾎﾞｳ)) (**a**) **fat**[ファット]; (豚(ﾌﾞﾀ)の) **lard**[ラード]
—あぶらっこい **greasy**[グリースィ], **oily**; **fatty**
油揚(ｱｹﾞ)げ deep-fried bean curd, fried tofu
油絵 an oil painting
あぶらとり紙 facial paper

**あぶらむし**【油虫】【虫】**an aphid**[アフィッド], **a plant louse**[プラント ラウス] (►複数形は lice)

**アフリカ Africa**[アフリカ]
—アフリカ(人)の **African**
アフリカ人 an African
アフリカ大陸 the African Continent

**アプリ(ケーション)**【コンピュータ】 **an application**[アプリケイション], **an app**[アップ]
- このアプリをダウンロードした．
I downloaded this *application*.
アプリケーション・ソフト(ウエア) application software

**あぶる broil**[ブロイル], **grill**[グリル], **roast** ... (**over fire**)[ロウスト] [(ファイア)]→やく²❶

**あふれる**(こぼれる) **overflow**[オウヴァフロウ], **run over**[ラン]; (いっぱいになる) **fill with** ...[フィル], **be full of** ...[フル]
- 川の水があふれた．
The river *overflowed*.
- 彼の目には涙(ﾅﾐﾀﾞ)があふれていた．
His eyes were *filled with* tears.
- 自然界は驚(ｵﾄﾞﾛ)きにあふれている．
Nature *is full of* surprises.

**アプローチ an approach**[アプロウチ]
—アプローチする **approach**

**あべこべ**【あべこべに】(上下が) **upside down**[アップサイド ダウン]; (裏表が) **inside out**[インサイド アウト]→ぎゃく
- 長靴(ﾅｶﾞｸﾞﾂ)をあべこべにはいてるよ．
You're wearing the boots *on the wrong feet*.

**アボカド**【植物】**an avocado**[アヴァカードウ]

**アポストロフィ an apostrophe**[アポストラフィ] (★発音注意) (►記号は', I am を I'm と短縮するときなどに用いる)

**あま**【尼】**a nun**[ナン]

## あまい【甘い】

| ❶〔味・香(ｶｵ)りなどが〕 | **sweet** |
| ❷きびしくない | **easy, soft**; (採点が) **lenient** |
| ❸楽観的な | **optimistic** |

❶〔味・香りなどが〕**sweet**[スウィート] (⇔苦い **bitter**)
- このアイスクリームは甘い．
This ice cream tastes *sweet*.

- 私は甘いものに目がない．
I like *sweet* things very much. / I like *sweets* very much.
—甘く **sweetly**
—甘くする **sweeten, make ... sweet**
- 砂糖でコーヒーを甘くした．
I *sweetened* my coffee with sugar.

❷〔きびしくない〕**easy**[イーズィ], **soft**[ソフト]; (採点が) **lenient**[リーニアント]
- 彼は子どもにいつも甘い．
He is always *soft* [*easy*] on his child.

❸〔楽観的な〕**optimistic**[アプティミスティック]
- 君は考えが甘い．You're too *optimistic*.

**あまえる**【甘える】(赤ん坊(ﾎﾞｳ)のようにふるまう) **act like a baby**[アクト ライク][ベイビイ]; (頼(ﾀﾖ)りすぎる) **depend too much on** ...[ディペンド]
- 弟はいつも母親に甘えている．
My little brother always *acts like a baby* in front of our mother.
- 彼に甘えてはいけない．
Don't *depend too much on* him.

**あまぐ**【雨具】**rain gear**[レイン ギア]

**あまぐつ**【雨靴】**rain shoes [boots]**[レイン シューズ [ブーツ]]

**あまざけ**【甘酒】**a sweet drink made from fermented rice**[スウィート ドゥリンク][ファーメンティド ライス]

**あまだれ**【雨垂れ】**a raindrop**[レインドゥラップ]

**アマチュア an amateur**[アマチュア] (★つづり注意) (⇔プロ **a professional**)
—アマチュアの **amateur**

**あまったるい**【甘ったるい】**too sweet**[スウィート], **sugary**[シュガリィ]

**あまど**【雨戸】(sliding) **shutters**[スライディング シャッタァズ], ⊕ **storm windows**[ストーム ウィンドウズ]
- 彼は雨戸を開けた[閉めた].
  He opened [closed] the *shutters*.

**あまのがわ**【天の川】【天文】**the Milky Way**[ミルキィ ウェィ]

**あまみず**【雨水】**rainwater**[レインウォータァ]

**あまもり**【雨漏り】**a leak** (**in the roof**)[リーク][(ルーフ)]
- 屋根から雨漏りがしている.
  There is *a leak in the roof*.
- ➡雨漏りする **leak**

**あまやかす**【甘やかす】**spoil**[スポイル]
- あの子たちは甘やかされている.
  Those children are *spoiled*.

**あまやどり**【雨宿りする】
- 店の中で雨宿りした. I *took shelter from the rain* in the shop.

## あまり¹【あまり…ない】

(程度が)**not** ... **very**[**so**]〜[ヴェリィ], **not** ... **much**[マッチ]; (数が)**few**[フュー]; (量が)**little**[リトゥル]
- あまりにんじんが好きではない.
  I *don't* like carrots *very much*.
- この写真はあまりよく撮(と)れていない.
  This picture does *not* look *very* good.
- 今年はあまり雨が降らない.
  It hasn't rained too *much* this year.
- ぼくはあまり本をもっていない.
  I have *few* books. / I don't have *many* books.
- あまり時間がなかった.
  We had *little* time. / We didn't have *much* time.

> **ここが ポイント!** **not**がなくても「あまり…ない」
> 「**few**＋数えられる名詞」「**little**＋数えられない名詞」は「あまり…ない」という意味になります. この場合, fewにもlittleにもaはつけないことに注意しましょう.

few books

little milk

## あまり²【余り】

| ❶残り | the rest |
| ❷…以上 | over ..., more than ... |

❶[残り] **the rest**[レスト]
- ケーキの余りはとっておこう.
  I'll save *the rest* of the cake for later.

❷[…以上] **over** ...[オウヴァ], **more than** ...[モア]
- 私たちは1時間余り待っていた. We waited for *over* [*more than*] an hour.

## あまりに

**too**[トゥー]
- このTシャツは私にはあまりに大きすぎる.
  This T-shirt is *too* big for me.

> あまりに…なので〜
> **so** ... **that**〜(▶that以下は肯定の文)
- あまりに寒かったのでダウンを着ていた. It was *so* cold *that* I wore my down jacket.

> あまりに…なので〜ない
> **so** ... **that**〜(▶that以下は否定の文) / **too** ... **to**＋(動詞の原形)
- あまりに疲(つか)れていたので私は勉強できなかった. I was *so* tired *that* I couldn't study. / I was *too* tired *to* study.

**あまる**【余る】**be left**[レフト](▶leftはleaveの過去分詞)
- お金はどのくらい余っていますか.
  How much money *is left*?

**あみ**【網】**a net**[ネット]
- 私たちは網で魚を捕(と)った.
  We caught some fish with *a net*.

- 捕虫(ほちゅう)網 an insect *net*
  網棚(だな) a baggage [luggage] rack
  網戸(窓の) a window screen; (ドアなどの) a screen door

**あみばり**【編み針】**a knitting needle**[ニッティング ニードゥル], (かぎ編み針)**a crochet hook**[クロウシェイ フック], **a knitting stick**[ニッティング スティック]

**あみぼう**【編み棒】**a knitting needle**[ニッティング ニードゥル]

**あみもの**【編み物】**knitting**[ニッティング]
- ➡編み物をする **knit** → **あむ**

## あむ

**あむ**【編む】(毛糸・縄(なわ)などを)**knit**[ニット]; (髪(かみ)を)**braid**[ブレイド]
- 母がこのセーターを編んでくれた.
  My mother *knitted* this sweater *for* me.

## あめ¹【雨】

(a) **rain**[レイン]
- 大[小]雨 a heavy [light] *rain*
- どしゃ降りの雨 a pouring *rain*
- しとしと降る雨 a drizzling *rain*
- 雨がやんだ. It has stopped *raining*. / The *rain* has stopped.
- 6月は雨が多い. It *rains* a lot in June. / We have a lot of *rain* in June.
- 学校からの帰り道雨にあった. I was caught in the *rain* on my way home from school.
- **―雨が降る rain**(►itを主語とする)
- すごく雨が降っているよ. It's *raining* hard.
- 雨が降りそうだ. It looks like *rain*.
- あしたは雨が降るだろう.
  It will *rain* [*be rainy*] tomorrow.
- 雨が降り出した. It began [started] to *rain*. / It started *raining*.
- **―雨の, 雨の多い rainy**
- 雨の日には on *rainy* days

**「雨が降った」と言うとき**
- ○ It *rained*.
- ○ It was *rainy*.
- ○ We had *rain*.
- × It was rain.

**あめ²** ⊗(a) **candy**[キャンディ], ⊗**sweets**[スウィーツ]; (棒付きの)**a lollipop**[ラリィパップ]
- あめ1個 a (piece of) *candy*
- その子どもはあめをなめていた.
  That child was sucking on a *candy*.

**アメーバ**【生物】**an amoeba**[アミーバ]

**アメリカ America**[アメリカ], (アメリカ合衆国)**the United States (of America)**[ユーナイティドステイツ], **the U.S.**[ユーエス]
- 北[南]アメリカ North [South] *America*
- 中央[ラテン]アメリカ
  Central [Latin] *America*
- **―アメリカ(人)の American**
- アメリカ人(1人)**an American**, (全体)**the Americans**: 彼女はアメリカ人だ. She is *American*. (►国籍(こくせき)を言うときはふつう形容詞を用いる)
- アメリカ先住民 a native American

**アメリカンフットボール American football**[アメリカン フットボール], ⊗**football**

**あやうく**【危うく】**nearly**[ニアリィ], **almost**[オールモウスト]
- 彼は危うく学校に遅(おく)れるところだった.
  He was *nearly* [*almost*] late for school.

## あやしい【怪しい】

(変な)**strange**[ストゥレインヂ]; (疑わしい)**doubtful**[ダウトゥフル]; (不審(ふしん)な)**suspicious**[サスピシャス]; (当てにならない)**not sure**[シュア]
- 怪しい物音 a *strange* noise
- 彼が勝つかどうか怪しいものだ.
  It's *doubtful* that he will win.
- 昨夜怪しい人物を見た.
  I saw a *suspicious* character last night.

**あやしむ**【怪しむ】**doubt**[ダウト]➡うたがう

**あやつりにんぎょう**【操り人形】**a puppet**[パピット], **a marionette**[マリオネット]

**あやとり**【あや取り】**cat's cradle**[クレイドゥル]
- あや取りをする play *cat's cradle*

**あやまち**【過ち】**a mistake**[ミステイク], **an error**[エラァ]; (落ち度)**a fault**[フォールト]➡まちがい
- 彼はまた大変な過ちを犯(おか)した.
  He made a big *mistake* again.

**あやまり**【誤り】**a mistake**[ミステイク], **an error**[エラァ]➡まちがい
- つづりの誤り a spelling *error*

**あやまる¹**【謝る】**apologize (to ...)**[アパラヂャイズ], **ask [beg] ...'s pardon**[ベッグ][パードゥン]
- 彼は遅(おく)れてきたことを私に謝った.
  He *apologized to* me for being late.

**あやまる²**【誤る】**make a mistake**[ミステイク]➡まちがえる
- **―誤った wrong**[ローング]
- 誤った答え a *wrong* answer
- **―誤って**(取り違(ちが)えて)**by mistake**; (うっかりして)**by accident**[アクスィダント]
- 誤って窓ガラスを割ってしまった.
  I broke the window *by accident*.

**あら Oh!**[オゥ], **Why!**[(ホ)ワィ]
- あら, まあ. *Oh, my!*

**アラーム an alarm**[アラーム]

**あらあらしい**【荒々しい】**violent**[ヴァイアラント],

**rough**[ラフ]
- 荒々しい海 *rough* sea
- **荒々しく violently**
- 彼は荒々しくドアを閉めた. He shut the door *violently*.

**あらい¹**【荒い】(乱暴な)**rough**[ラフ], **wild**[ワイルド]; (金づかいが)**wasteful**[ウェイストゥフル]
- マリは言葉づかいが荒い. Mari uses *rough* language.
- 彼は金づかいが荒い. He *wastes* his money.
- **荒く roughly; wastefully**

**あらい²**【粗い】**coarse**[コース]; (手触りが)**rough**[ラフ]

# あらう【洗う】

**wash**[ワッシュ]
- 石けんで手を洗った. I *washed* my hands with soap.
- ミキは毎日髪を洗う. Miki *washes* [*shampoos*] her hair every day.
- 朝食の後, 兄が皿を洗った. My brother *did* [*washed*] the dishes after breakfast.
- このセーターは家で洗えますか. Is this sweater *wash*able (at home)?

**あらかじめ in advance**[アドヴァンス]
- あらかじめ部屋を掃除しておこう. Let's clean the room *in advance*.

**アラカルト**〖料理〗**à la carte**[アラカート] (▶フランス語から)

**あらさがし**【あら探しをする】**find fault**(**with ...**)[ファインド フォールト]
- 人のあら探しをしてはいけない. Don't *find fault with* others.

**あらし**【嵐】**a storm**[ストーム]
- 嵐になりそうだ. It looks like a *storm*.
- **嵐の stormy**
- 嵐の夜 a *stormy* night

――慣用表現――

嵐の前の静けさ the calm before the storm

**あらす**【荒らす】**damage**[ダミッヂ], **ruin**[ルーイン]; (盗みに入る)**break into ...**[ブレイク]
- くまが畑を荒らした. A bear *damaged* the fields.
- 空き巣が留守中家を荒らした. A thief *broke into* our house while we were out.

**あらすじ**【粗筋】**an outline**[アウトゥライン], **a plot**[プラット]
- その本の粗筋 the *outline* of the book

**あらそい**【争い】(なぐり合い)**a fight**[ファイト]; (口論)**an argument**[アーギュマント],《主に英》**a quarrel**[クウォーラル]; (競争)**a competition**[カンパティション]
- 優勝争い a *competition* for the championship

**あらそう**【争う】**fight**(**with ...**)[ファイト]; (口げんかをする)**argue**[《主に米》**quarrel**](**with ...**)[アーギュー [クウォーラル]]; (競争する)**compete**[カンピート]
- マリと学園祭のことで争った. I *argued with* Mari about the school festival.
- 私たちはそのテニストーナメントで争った. We *competed* in the tennis tournament.

**あらたまる**【改まる】(格式ばる)**be formal**[**serious**][フォーマル [スィ(ァ)リアス]]
- そんなに改まらないで. Don't be so *formal*.
- **改まった formal**
- 彼は先生に改まった言葉づかいをする. He uses *formal* language to his teacher.

**あらためて**【改めて】**again**[アゲン]; (後で)**later**[レイタァ]; (別の機会に)**some other**[**another**] **time**[タイム]
- 改めて先生に宿題を提出した. I gave the homework to my teacher *again*.
- また改めてお電話します. I'll call you *later*.

**あらためる**【改める】(変える)**change**[チェインヂ]; (訂正する)**correct**[カレクト]
- 災害について考え方を改めた. They *changed* their way of thinking about disasters.

**アラビア Arabia**[アレイビア](★発音注意)
- **アラビア語[文字]の Arabic**[アラビック]
- **アラビア(人)の Arabian**

アラビア語 Arabic
アラビア人 an Arab
アラビア数字 Arabic numerals

**アラブ**(アラブ人)**an Arab**[アラブ]; (アラブ諸国) **Arab countries**[カントゥリィズ]➡ アラビア

**アラブしゅちょうこくれんぽう**【アラブ首長国連邦】**United Arab Emirates**[ユーナイティド アラブ エマラッツ]

**あらゆる all**[オール], **every**[エヴリィ]➡ すべて
- あらゆる種類の動物 *all* kinds of animals
- 新しい学校はあらゆる面でおもしろい. My new school is interesting in *every* way.

**あられ**(空から降る)**hail**[ヘイル]
- **あられが降る hail**(▶it を主語とする)
- きのう, あられが降った. It *hailed* yesterday.

# あらわす¹【表す】

| ❶表現する | express |
|---|---|
| ❷示す | show |
| ❸意味する | stand for ... |

❶[表現する]**express**[イクスプレス]

## あらわす²

- 私がどんなにうれしいか言葉では表せない。I can't *express* in words how happy I am.
- ❷[示す] **show**[ショウ]
- このグラフは何を表していますか。
  What does this graph *show*?
- ❸[意味する] **stand for ...**[スタンド]
- ＶＩＰは「非常に重要な人物」を表す。
  VIP *stands for* "very important person".

**あらわす²**【現す】**appear**[アピア]
- 彼は突然(とつぜん)姿を現した。
  He *appeared* suddenly.

**あらわれる**【現れる】**appear**[アピア]（⇔消える disappear), **come out**[アウト], 《話》**show up**[ショウ]
- 月が雲の間から現れた。The moon *appeared* through the clouds.
- 切り株の下からたくさんのありが現れた。Many ants *came out* from under the stump.

**あり**【虫】**an ant**[アント]

**ありうる**【あり得る】**possible**[パスィブル]
- それは十分にあり得る話だ。
  That's quite *possible*.

**ありえない**【あり得ない】**impossible**[インパスィブル]
- そんなことはあり得ない。It's *impossible*.

**ありがたい grateful**[グレイトゥフル], **thankful**[サンクフル]; (歓迎(かんげい)すべき) **welcome**[ウェルカム]
- 君の忠告はありがたい。
  I'm *grateful* / *thankful* for your advice. / *Thank* you *for* your advice.

━ありがたいことに **fortunately**[フォーチャナットゥリィ], **luckily**[ラッキィリィ]
- ありがたいことに私にはよい仲間がいた。
  *Fortunately* I had good friends.

**ありがためいわく**【ありがた迷惑】**an unwelcome favor**[アンウェルカム フェイヴァ]

# ありがとう
**Thank you.** [サンキュー], 《話》**Thanks.** [サンクス]
- 「どうもありがとう」「どういたしまして」
  "*Thank you* very much."
  "You are welcome."

> **ここがポイント!** 「どうもありがとう」のいろいろな言い方
> - *Thank you* very [so] much. (▶ていねいな言い方)
> - *Thanks* a lot.
> - *Thanks* a million.
> - Many *thanks*.
> (▶後者3つはくだけた言い方)

**…をありがとう**
Thank you for ... / Thanks for ...
- 手伝ってくれてありがとう。
  *Thank you for* your help. / *Thanks for* your help.

**…してくれてありがとう**
Thank you for +〈-ing形〉
- 会いに来てくれてありがとう。
  *Thank you for* co*ming* to see me.

**ありさま**【有様】**a state**[ステイト] → ようす❶

**ありそうな likely**[ライクリィ]
- それはありそうな話だ。
  It's a *likely* story.
- そんなこと、ありそうもない。
  It is not *likely* to happen.

**ありのまま**【ありのままの】
- ありのままの君が好きだ。
  I like you *as you are*.

━ありのままに **frankly**[フランクリィ]
- 君の考えをありのままに話しなさい。
  Tell me *frankly* what you think. (◀ 率直(そっちょく)に)

**アリバイ an alibi**[アリバイ]

**ありふれた common**[カマン], **ordinary**[オーダネリィ]
- ありふれた名前 a *common* name

**…ありませんか**【…(では)ありませんか】
**Isn't ...?, Aren't ...?**
- 彼は原さんではありませんか。
  *Isn't* he Mr. Hara?
- 疲(つか)れたのではありませんか。
  *Aren't* you tired?

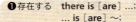

# ある【有る・在る】

| ❶存在する | there is [are] ...; ... is [are] 〜; (ここに)here is [are]... |
|---|---|
| ❷所有する | have |
| ❸起こる | happen, take place |
| ❹行われる | be held |
| ❺数量が | (距離(きょり)が)be; (重さが)weigh; (長さ[高さ]が)be long [tall] |
| ❻経験が | have +〈過去分詞〉 |

❶[存在する] **there is [are] ... ; ... is [are] 〜; (ここに)here is [are] ...**
- 私たちの学校の近くに公園がある。
  *There is* a park near our school.
- 東京ディズニーランドは千葉県にある。
  Tokyo Disneyland *is* in Chiba prefecture.
- ここに彼のスマホがある。

アルバイト

*Here is* his smartphone.
- 右に曲がると郵便局がありますよ。Turn right, and *you will find* the post office.

> **ここがポイント！** there is [are] … と … is [are] 〜
>
> (1) the, this, my などがついていないものについて「ある」というとき、単数ならば **there is** …、複数ならば **there are** … を使います。
> - 机の上に本がある。
>   There *is a* book on the desk.
>   There *are* books on the desk.
>
> (2) the, this, my などがついたものについて「ある」というときは、単数ならば … **is** 〜、複数ならば … **are** 〜 を使います。
> - 私の本は机の上にある。
>   My book *is* on the desk.
>   My books *are* on the desk.

> **くらべてみよう！** some と certain
>
> **some**:「はっきりとわからないもの」に対して使います。
> **certain**:「自分ではわかっているが、はっきりと言わない場合」に使います。

## あるいは

❶ または　　　　　　or
❷ おそらく　　　　　　perhaps, maybe

❶ [または] **or** [オァ]
- そこへは車あるいはバスで行けます。
  You can go there by car *or* by bus.

❷ [おそらく] **perhaps** [パァハプス], **maybe** [メイビィ]
- あるいは本当かもしれない。
  *Maybe* [*Perhaps*] it is true.

**アルカリ**〖化学〗**alkali**[アルカライ]（★発音注意）
　→アルカリ性の **alkaline**[アルカライン]
　| アルカリ性反応 an alkaline reaction
　| アルカリ電池 an alkaline battery

❷ [所有する] **have** [ハヴ]
- 私にいい考えがある。
  I *have* a good idea.
- この部屋には窓が4つある。
  This room *has* four windows.

❸ [起こる] **happen**[ハパン], **take place**[プレイス]
- 「何があったの」「車の衝突(とうとつ)事故だよ」
  "What *happened*?" "A car crash."

❹ [行われる] **be held**[ヘルド]
- 体育館でロックコンサートがあった。
  A rock concert *was held* in the gym.

❺ [数量が] (距離が) **be**; (重さが) **weigh**[ウェイ]; (長さ[高さ]が) **be long [tall]**[ローング [トール]]
- 青森から東京まではどのくらいありますか。
  How far *is* it from Aomori to Tokyo?
- 「体重はどのくらいあるの」「ちょうど40キロです」
  "How much do you *weigh*?" "I *weigh* just 40 kilograms."

❻ [経験が] **have** + 〈過去分詞〉（▶現在完了形）→ …ことがある❶
- 私は3回ロンドンへ行ったことがある。
  I *have* been to London three times.

## ある…

a, an (▶ an は母音(ぼいん)で始まる語の前につく)，**one**[ワン], **some**[サム], **certain**[サートゥン]
- ある日 *one* day
- ある人 *someone* / *a certain* person
- ある程度 to *some* extent
- ある意味であなたは正しい。
  In *a* sense, you are right.
- 彼はある理由で出かけられなかった。
  He couldn't go out for *some* reason.

## あるく【歩く】

**walk**[ウォーク]; (歩いて行く)**go on foot**[フット]
- イズミは歩くのが速い[遅(おそ)い]。
  Izumi *walks* fast [slowly].
- 私は歩いて学校へ行く。I *walk* to school. / I go to school *on foot*.
- 歩いて家に帰ろう。I'll *walk* home.（▶この home は「家へ」という副詞なので、walk to home は×。walk to my house とは言える）
- 駅までは歩いて15分だ。
  It's a fifteen-minute *walk* to the station.
- 歩き回る *walk* around [about]

**アルコール alcohol**[アルカホール]; (酒)**liquor**[リカァ]（★ともに発音注意）
　| アルコール飲料 alcoholic drinks
　| アルコールランプ a spirit lamp

**アルゼンチン Argentina**[アーヂャンティーナ]
　| アルゼンチン人 an Argentine

**アルツハイマーびょう**【アルツハイマー病】
**Alzheimer's disease**[アールツハイマァズ ディズィーズ]

**アルト**〖音楽〗(音域)**alto**[アルトゥ]; (歌手)**an alto**
(▶イタリア語から)

## アルバイト

**a part-time job**[パートタイム チャブ];
(人) **a part-time worker**[ワーカァ]（▶「アルバイト」はドイツ語から）→ バイト¹
　→アルバイトをする **work part-time**[ワーク パートタイム]

**アルバム** an album[アルバム]
- 卒業アルバム a school yearbook

**アルファベット** the alphabet[アルファベット]
ー**アルファベットの** alphabetical[アルファベティカル]
- これらの語をアルファベット順に並べなさい．
  Put these words in *alphabetical* order.

**アルプス** the Alps[アルプス]
- 日本アルプス the Japan *Alps*

**アルミ(ニウム)**[化学]aluminum[アルーミナム]
- アルミ缶(ホ) an aluminum can
- アルミサッシ an aluminum (window) sash
- アルミホイル aluminum foil

# あれ¹
that[ザット] (複 those[ゾウズ]) (⇔これ this)
**あれは…だ**
(…が単数のとき)That is … /
(…が複数のとき)Those are …
- あれは私の本だ．
  *That is* my book. / *Those are* my books.
- あれはどういう種類の鳥なの？
  What kind of bird is *that*?

**あれ²** Oh[オゥ] (▶軽い驚(ホ⁴ピ)きを表す)
- あれ，みんな(どこかへ)行っちゃった．
  *Oh*, everybody's gone.

**あれから** after that[アフタァ]; (あれ以来)since then[スィンス] (▶after thatは過去形と，since thenは現在完了形とともに使う)
- あれからあなたはどこへ行ったの？
  Where did you go *after that*?
- あれから彼に会っていない．
  I haven't seen him *since then*.

**あれこれ** this and that[ズィス][ザット] (▶語順に注意)
- あれこれ考えてみた．
  I thought about *this and that*.

**あれら** those[ゾウズ] (▶thatの複数形) → あれ¹

**あれる**【荒れる】be〔get〕rough[ラフ]; (天候が)be stormy[ストーミィ]
- 庭仕事をしたため彼の手は荒れた．
  His hands *got rough* from gardening.
- 台風のため今夜は荒れるでしょう． It *will be stormy* tonight because of the typhoon.

**アレルギー** an allergy[アラァヂィ] (★発音注意)
- 彼は卵アレルギーだ．He is *allergic to* eggs. /
  He has an *allergy to* eggs.
ー**アレルギーの** allergic (to …)[アラーヂック]
- アレルギー体質 an allergic constitution
- アレルギー反応 an allergic reaction

**アレンジ(an)** arrangement[アレインヂマント]
ー**アレンジする** arrange

**アロエ**【植物】aloe[アロゥ]

**あわ**【泡】a bubble[バブル]; (泡のかたまり)foam[フォウム] (▶複数形では用いない)

bubbles　　　　　foam

- 石けんの泡 soap *bubbles*
ー**泡立つ** bubble; foam, lather[ラザァ]
ー**泡立てる** beat[ビート], whip[(ホ)ウィップ]
- 卵を3つ泡立てた．I *beat* three eggs.

**あわい**【淡い】(色が)light[ライト], pale[ペイル]
- 淡いピンク *pale* pink

# あわせる【合わせる】

❶いっしょにする　put together; (協力する)work together

❷一致(ゲ)させる　set; (照合する)check

work together　　　set

❶ [いっしょにする] put together[タゲザァ]; (協力する)work together[ワーク]
- 神社で手を合わせて祈(Åº)った．
  I *put* my hands *together* and prayed at the shrine.
- 私たちはその大会で優勝するために力を合わせた．
  We *worked together* to win the tournament.
ー**合わせて** altogether[オールタゲザァ], in all
- 合わせていくらですか．
  How much is it *altogether* [*in all*]?

❷ [一致させる] set[セット]; (照合する)check[チェック]
- 私は目覚まし時計を7時に合わせた．
  I *set* the alarm clock for seven.
- 私たちは答えを合わせた．
  We *checked* our answers.
- 私たちは音楽に合わせて歌った．
  We sang *along with* the music.

**あわただしい**【慌ただしい】busy[ビズィ], hasty

[ヘイスティ]→いそがしい
- あわただしい朝 a *busy* morning
- **あわただしく** in a *hurry*[ハーリィ]
- カヨはあわただしく部屋を出て行った．Kayo went out of the room *in a hurry*.

**あわだてき**【泡立て器】**a whisk**[(ホ)ウィスク]

## あわてる【慌てる】
**hurry**[ハーリィ], **panic**[パニック]; **be in a panic**
- 私はあわてた．I *was in a panic*.
- あわてるな．*Take it easy*.(←のんびりやれ)
- **あわてて** in a *hurry*
- 彼はあわてて病院へ行った．He went to the hospital *in a hurry*.

**あわび**〖貝〗**an abalone**[アバロウニ]
**あわれ**【哀れな】**poor**[プァ], **pitiful**[ピティフル]
- 哀れな馬はけがをしていた．The *poor* horse was hurt.
- 私は彼を哀れに思った．I felt *sorry* for him.

**あん¹**【案】**an idea**[アイディーア](★アクセント位置に注意); (計画)**a plan**[プラン]
- いい案を思いついた．I came up with a good *idea*.

**あん²**(あんこ) **sweet bean jam [paste]**[スウィート ビーン ヂャム [ペイスト]]

**あんい**【安易な】**easy**[イーズィ]
- 安易な方法を選んだ．I chose the *easy* way.
- **安易に easily**

**アンカー**(リレーの) **an anchor**[アンカァ]
**あんがい**【案外】**unexpectedly**[アニクスペクティドゥリィ]
- 試験の点数は案外よかった．My exam score was *unexpectedly* good.

## あんき【暗記する】
**memorize**[メマライズ], **learn ... by heart**[ラーン][ハート]
- 詩を暗記する *memorize* a poem
- 私は金曜日までに40個の英単語を暗記しなければならない．I have to *learn* forty English words *by heart* by Friday.
∥暗記力 a memory：彼は暗記力がある[ない]．He has a good [bad] *memory*.

**アングル**(角度) **an angle**[アングル]

## アンケート
**a questionnaire**[クウェスチャネァ](►「アンケート」はフランス語から)
- アンケートに答える[用紙に記入する] answer [fill out] a *questionnaire*
- アンケート調査 a survey by *questionnaire*
- 将来の職業についてのアンケートを発送した．We sent out *questionnaires* about future jobs.

**あんごう**【暗号】**a code**[コウド], **a cipher**[サイファ]
- 暗号を解読する decode [decipher] a *code*
∥暗号文 a message in code

**アンコール an encore**[アンコァ]
- **アンコールする encore, call for an encore**

**あんさつ**【暗殺】**(an) assassination**[アササネイション]
- **暗殺する assassinate**[アササネイト]

**あんざん**【暗算】**mental arithmetic**[メントゥル アリスマティック], **mental calculation**[キャルキュレイション]
- **暗算する do mental arithmetic**

**あんじ**【暗示】**(a) suggestion**[サグヂェスチョン], **a hint**[ヒント]
- 私は彼の暗示にかかった．I was influenced by his *suggestion*.
- 自己暗示 auto*suggestion*
- **暗示する suggest, give a hint**

**あんしょう**【暗唱】**(a) recitation**[レスィテイション]
- **暗唱する** (詩などを)**recite**[リサイト]; (暗記して言う)**repeat ... from memory**

**あんしょうばんごう**【暗証番号】**a personal identification number**[パーサヌル アイデンティフィケイション ナンバァ](►PIN (number)と略す), **an ID number**[アィディー]

## あんしん【安心】
**(a) relief**[リリーフ]
- ああ安心だ！ What a *relief*!
- **安心する be [feel] relieved**[リリーヴド]
- 母の顔を見て安心した．I *was* [*felt*] *relieved* to see my mother.
- 安心してください．*Don't worry*.
- 安心して眠(ねむ)った．I slept *in peace*.

**あんず**〖植物〗**an apricot**[アプリカット]
**あんせい**【安静】**(a) rest**[レスト]
- **安静にする rest**
- 私は数日間安静にしていなければならない．I have to *rest* for several days.

## あんぜん【安全】
**safety**[セイフティ](⇔危険 danger), **security**[スィキュ(ァ)リティ]
- 安全のためシートベルトを着用してください．Wear your seat belt for your *safety*.
- **安全な safe**(⇔危険な dangerous), **secure**
- ここにいれば安全です．You are *safe* here. / You are *out of danger* here.

## あんだ

- ━安全に safely, in safety
- 安全運転 《掲示》DRIVE SAFELY
- 安全装置 a safety device
- 安全第一 《掲示》SAFETY FIRST
- 安全地帯 a safety zone, a safety island
- 安全ピン a safety pin
- 安全ベルト a safety belt, a seat belt

**あんだ**【安打】〖野球〗**a hit**[ヒット]
- その選手は安打を3本打った。
 The player made three *hits*.
- きょうタカは4打数3安打だった。Today Taka had three *hits* in four times at bat.

**アンダーシャツ** ⊛an undershirt[アンダァシャート], ⊛a vest[ヴェスト]

**アンダースロー**〖野球〗an underhand throw[アンダァハンド スロウ], underhand pitching[ピッチング]

**アンダーライン** an underline[アンダァライン]
- ━アンダーラインを引く underline[アンダァライン](★名詞とのアクセント位置の違いに注意)
- 私はその文にアンダーラインを引いた。
 I *underlined* the sentence.

**あんてい**【安定した】stable[ステイブル]
- 安定した生活［職業］a *stable* life [job]
- このはしごは安定していない。
 This ladder is not *stable*.

**アンティーク** an antique[アンティーク]

**アンテナ** ⊛an antenna[アンテナ], ⊛an aerial[エアリアル]
- アンテナショップ an antenna shop

## あんな

such[サッチ], like that[ライク ザット], so[ソウ], that → そんな
- だれがあんなことをしたのか。
 Who did *such* a thing?(▶such a(+〈形容詞〉)+〈名詞〉の語順に注意)
- あんな犬を飼いたい。
 I want to have a dog *like that*.
- ━あんなに so
- 彼女があんなに優(やさ)しいなんて思わなかった。
 I didn't think that she was *so* kind.

## あんない【案内する】

show[ショウ]; (観光客に)guide[ガイド]
- 私が郵便局まで案内します。I'll *show* you (the way) to the post office.
- 私たちは香港(ホンコン)を案内してもらった。
 We were *guided* through Hong Kong.
- 案内係 (受付)a receptionist; (劇場内などの)an usher
- 案内書 a guide(book), a handbook
- 案内所 an information desk [booth], 《掲示》INFORMATION
- 案内状 (招待状)an invitation (card); (通知状)a notice
- 案内図 a guide map
- 案内人 (登山・観光の)a guide

駅の案内所の看板(英国)

**アンパイア** an umpire[アンパイア](★アクセント位置に注意)
- 野球の試合でアンパイアを務める
 act as (an) *umpire* in a baseball game

**あんパン** a bean-jam bun[ビーンヂャム バン]

**アンプ**〖電気〗an amplifier[アンプリファイア], 《話》an amp[アンプ]

**あんぷ**【暗譜する】memorize a piece of music [メモライズ] [ピース] [ミューズィック]

**アンペア**〖電気〗an ampere[アンピア]

**あんまり**
- 私の点数はあんまりだ。
 My grades are *awful*.(←ひどく悪い)
- 言ってくれないなんてあんまりだ。
 It's *unfair* that you didn't tell me.(←不公平だ)

**アンモニア**〖化学〗ammonia[アモウニア]

**あんらくし**【安楽死】mercy killing[マースィ キリング]; 〖医学〗euthanasia[ユーサネイジャ]

# い イ

**い**【胃】**a stomach**[スタマック]（★発音注意）
- 彼は胃が丈夫(じょう)だ［弱い］.
  He has a strong［weak］*stomach*.
- 胃が痛い. I have（a）*stomach*ache.

**…い**【…位】**a place**[プレイス]
- ユミは100メートル走で1位になった. Yumi won first *place* in the 100-meter dash.

**いあわせる**【居合わせる】**be present**[プレズント]
- 彼は事故の現場に居合わせた.
  He happened to *be present* at the scene of the accident.

## いい → よい¹

❶ 良好な, 優(すぐ)れている
　　　　　　　good, nice, fine;
　　　　　　　（すばらしい）wonderful
❷ 正しい, 適切な right, correct, good
❸ ためになる good（for ...）
❹ 善良な, りっぱな good
❺ 十分な enough
❻ 問題ない all right, OK;
　　　　　　　（質問に対して）yes, sure

❶［良好な, 優れている］**good**[グッド]（⇔悪い bad）, **nice**[ナイス], **fine**[ファイン]; （すばらしい）**wonderful**[ワンダフル]
- それはいい考えだ. That's a *good* idea.
- いい天気ですね. *Nice*［*Fine*］day, isn't it?
- その歌手はいい声をしている.
  The singer has a *wonderful* voice.
- きょうはきのうより体調がいい.
  I feel *better* than yesterday.
- いちばんいい服を着て出かけた.
  I went out in my *best* dress.
　…することは（〈人〉にとって）いいことだ
　It is good（for＋〈人〉+）to＋〈動詞の原形〉
- 外で遊ぶのは子どもにとっていいことだ.
  *It is good for* children *to* play outdoors.

❷［正しい, 適切な］**right**[ライト], **correct**[カレクト]（⇔間違(まちが)った wrong）, **good**
- 彼の答えでいい.
  His answer is *right*［*correct*］.
- 東京駅へ行くにはこのバスでいいですか.
  Is this the *right* bus to Tokyo Station?
- それでいい. That's *good*.

❸［ためになる］**good**（for ...）
- 牛乳は健康にいい.
  Milk is *good for* your health.

❹［善良な, りっぱな］**good**
- ボランティアをするのはいいことだ.
  It's *good* to be a volunteer.

❺［十分な］**enough**[イナフ]
- ケーキは6切れあればいいだろう.
  Six pieces of cake will be *enough*.
- 「もう少しクッキーをどう？」「もういいです」
  "Would you like some more cookies?"
  "*No*, thank you."

❻［問題ない］**all right**[ライト], **OK**[オウケイ];（質問に対して）**yes**[イエス], **sure**[シュア]
- これでいいかい？
  Is this *all right*? / Is this *OK*?
- 「消しゴム借りていい？」「いいよ」
  "Can I borrow your eraser?" "*Sure*. / *Why not?*"

## …いい

❶ …するほうがいい
　　　　　　　should＋〈動詞の原形〉
❷ …してもいい
　　　　　　　may＋〈動詞の原形〉,
　　　　　　　can＋〈動詞の原形〉
❸ …しなくてもいい
　　　　　　　do not have to＋〈動詞の原形〉,
　　　　　　　need not＋〈動詞の原形〉

❶［…するほうがいい］**should**＋〈動詞の原形〉[シュッド] → …ほうがいい［よい］
- すぐに電話したほうがいい.
  You *should* call soon.

❷［…してもいい］**may** ＋〈動詞の原形〉[メイ], **can**＋〈動詞の原形〉[キャン]
- もう帰ってもいい. You *may* go home now.
- 「入ってもいいですか」「ええ, どうぞ」
  "*May* I come in?" "Yes, please. / Sure."
- 「この本を借りてもいいですか」「すみません, 駄目(だめ)なんです」"*May* I borrow this book?"
  "No, I'm sorry."
- ケーキ, もっと食べてもいい？
  *Can* I have some more cake?

❸［…しなくてもいい］**do not have to**＋〈動詞の原形〉[ハフタ], **need not**＋〈動詞の原形〉[ニード]
- 急がなくてもいいですよ. You *don't have to* hurry. / You *need not* hurry.

**いいあてる**【言い当てる】**guess**[ゲス] → あてる❷
**いいあらそう**【言い争う】（口論する）**argue**［《主に英》］**quarrel**（with＋〈人〉, about＋〈事〉）[アーギュー［クウォーラル］]
- ケンジは母親とささいなことでよく言い争う.
  Kenji often *argues with* his mother

about trivial matters.
- 私は将来のことで父と言い争った. I *argued with* my father *about* my future.

**いいあらわす**【言い表す】**express**[イクスプレス]
- あの時のうれしさは言い表すことができない.
I can't *express* how happy I was then.

# いいえ

**no**[ノゥ](⇔はい yes)
- 「あなたは高校生ですか」「いいえ,違います」
"Are you a high school student?" "*No*, I'm not."

**話してみよう!**
☺ サラダのお代わりをいかがですか.
Would you like some more salad?
😊 いいえ, もうけっこうです.
*No*, thank you.

**ここがポイント!** 「はい」「いいえ」と yes, no
英語では質問の形に関係なく,答えの内容が肯定ならyes,否定ならnoで答えます.
A:あなたはそこへ行きましたか.
Did you go there?
B:はい,行きました./いいえ,行きませんでした. Yes, I did. / No, I didn't.
否定の疑問文に対しては「はい」がnoで,「いいえ」がyesとなります.
A:あなたはそこへ行かなかったのですか.
Didn't you go there?
B:はい,行きませんでした./いいえ,行きました. No, I didn't. / Yes, I did.

**いいかえす**【言い返す】**talk back**（**to** ...）[トークバック], **answer back**（**to** ...）[アンサァ]（▶前者は口語的な言い方）
- 私は父に言い返すのをやめた.
I stopped *talking back* to my father.

**いいかえる**【言いかえる】**say**（...）**in other words**[セィ][アザァ ワーヅ], **say**（...）**in another way**[アナザァ ウェィ]
- この単語を言いかえてください.

*Say* this word *in another way*.
━**言いかえると in other words**, **that is**（**to say**）→つまり

**いいかげん**【いい加減な】（無責任な）**irresponsible**[イリスパンサブル];（ずさんな）**sloppy**[スラッピィ]
- 彼女の態度はいい加減だった.
Her attitude was *irresponsible*.
- 彼は仕事がいい加減だ.
He does a *sloppy* job.

**いいかた**【言い方】**a way of speaking**[ウェィ][スピーキング]
- 彼の言い方が悪かった.
His *way of speaking* was not good.

**いいき**【いい気になる】**be**［**get**］**conceited**[カンスィーティド]
- 彼はいい気になっている. He *is conceited*.

**いいきかせる**【言い聞かせる】（説得する）**persuade**[パァスウェイド]
- 彼は私に意見を聞くように言い聞かせた.
He *persuaded* me to listen to his idea.

**いいすぎる**【言いすぎる】（多くを）**say too much**[セィ][マッチ]
- きのうは言いすぎてしまった.
I *said too much* yesterday.

**イースター**（復活祭）**Easter**[イースタァ]
▎イースターエッグ **an Easter egg**（▶復活祭で贈り物や飾りにする卵）

**イースポーツ**【eスポーツ】**e-sports**[イースポーツ]（▶electronic sportsの略）
▎eスポーツ選手 **an e-sports player**

eスポーツの大会で競技する選手たち(米国)

**いいだす**【言い出す】（最初に）**say**（...）**first**[セィ][ファースト];（提案する）**suggest**[サグチェスト]
- 言い出したのは君のほうだ.
You *said* that *first*.
- 父はいっしょに映画に行こうと言い出した.
My father *suggested* that we go to the movie together.

**いいつけ**【言いつけ】（命令）**an order**[オーダァ]
- 私たちはリーダーの言いつけに従った.
We obeyed our leader's *order*.

**いいつける**【言いつける】(命令する)**order**[オーダァ], **tell**[テル]; (告げ口する)**tell** (～) **on** ...
- 外出しないよう言いつけられた.
 I was *told* not to go out.
- もしそれをしたらあなたのことを言いつけるよ. If you do that, I'll *tell on* you.

**いいつたえ**【言い伝え】**a tradition**[トゥラディション], **a legend**[レヂェンド]

**イートイン**【イートインの】**eat-in**[イートイン], **dine-in**[ダインイン]
- イートインですか, テイクアウトですか.
 *For here* or to go?
- イートインコーナー(スペース) *eat-in* area

**いいなり**【言いなりになる】**be under** …**'s thumb**[アンダァ][サム]
- 彼はいつも兄[弟]の言いなりだ. He *is* always *under his brother's thumb*.

**いいね**(SNSなどで)**like**[ライク], **great**[グレイト]
- 「いいね」ボタンを押(お)す
 press the *like* button
- 「いいね」ボタンを取り消す
 cancel the *like* button
- 「いいね」の数 the number of *likes*
- 「いいね」が増えている. This post is getting more and more *likes*.

**いいはる**【言い張る】**insist** (**on** ...)[インスィスト]
- レンはすぐ出発しようと言い張った.
 Ren *insisted on* starting at once.
- ユカリは自分は正しいと言い張った.
 Yukari *insisted that* she was right.

**いいぶん**【言い分】**one's say**[セイ]
- 私の言い分を聞いて.
 Let me have *my say*. (◀私にも言わせて)

**イーメール**【Eメール】(**an**) **email**, (**an**) **e-mail**[イーメイル] → メール

**イーユー**【欧州(おう)連合】**the EU**[イーユー] (▶the European Unionの略)

**いいわけ**【言い訳】(**an**) **excuse**[イクスキュース]
 ━言い訳をする **make an excuse**
- 私は遅刻(ちこく)の言い訳をした.
 I *made an excuse* for being late.

# いいん¹【委員】
**a member of a committee**[メンバァ][カミッティ]
- 保健委員 a health *officer*
 委員長: ハルは学級委員長に選ばれた. Haru was elected (to be) class *president*. / 副委員長 a class vice-*president*

**いいん²**【医院】**a doctor's office**[ダクタァズ オーフィス], **a clinic**[クリニック]

**いいんかい**【委員会】**a committee**[カミッティ]; (会議)**a committee meeting**

─── 表現メモ ───

## 委員会のいろいろ
- 美化委員会 the cleaning committee
- 文化委員会 the cultural committee
- 体育委員会 the athletic committee
- 保健委員会 the health committee
- 広報委員会 the public relations committee
- 放送委員会 the broadcasting committee

# いう【言う】

| | |
|---|---|
| ❶話す | say, speak, talk, tell |
| ❷名づける, 呼ぶ | call |
| ❸うわさする | It is said that ..., They [People] say that ... |

❶ 〔話す〕**say**[セイ], **speak**[スピーク], **talk**[トーク], **tell**[テル]
- そんなことを言わないで.
 Don't *say* such a thing.
- もっとゆっくり言ってください.
 Please *speak* more slowly.
- 君に言いたいことがあります.
 I have something to *talk* to you about.

**…だと言う**
say, "..." / say that ...
- ジュンは「おなかがすいている」と言った.
 Jun *said*, "I'm hungry." / Jun *said that* he was hungry. (▶"..."内の動詞が現在形であってもsaid that ...の後では過去形になる)

**〈人〉に…と言う**
say to +〈人〉, "..." / say +〈人〉+ (that)...
- 彼は私に「リツはとても親切だ」と言った.
 He *said to* me, "Ritsu is very kind." / He told me (that) Ritsu was very kind.

**〈人〉に〈事〉を言う**
tell +〈人〉+〈事〉/ tell +〈事〉+ to +〈人〉
- ケンは彼女に本当のことを言った.
 Ken *told* her the truth. / Ken *told* the truth *to* her.

**〈人〉に…だと言う**
tell +〈人〉+ (that)...
- マリは私にきょうは部活が中止になったと言った. Mari *told* me *that* club activities were canceled today.

**〈人〉に…するように言う**
tell +〈人〉+ to +〈動詞の原形〉
- タクはミカに手伝うように言った.
 Taku *told* Mika *to* help him.

**〈人〉に…しないように言う**
tell +〈人〉+ not to +〈動詞の原形〉
- 先生は私たちにショッピングモールに行かない

# いうまでもなく

ように言った. Our teacher *told* us *not to* go to the shopping mall.

> **くらべてみよう！ say, speak, talk, tell**
> **say**:「ある言葉や事柄(読)を実際に口に出して言う」場合に使います.
> **speak**:「電話での応答や演説など広い範囲(懿)で言葉を発する」ときなどに使います.
> **talk**:「打ち解けて話す」ときに使います.
> **tell**:「事柄を告げたり内容を伝える」場合に使います.

❷ [名づける, 呼ぶ] **call**[コール]
〈人・物〉を…と言う
call + 〈人・物〉+ 〈形容詞・名詞〉
- 「この花は英語では何と言いますか」「sunflower(ひまわり)と言います」
  "What do you *call* this flower in English?" "We *call* it a sunflower."
- あの塔(給)は「東京スカイツリー」と言います.
  That tower is *called* "Tokyo Skytree."

❸ [うわさする] **It is said that … .**[セッド], **They [People] say that … .**[ピープル] → …いわれている
- 彼はインドに帰ったと言われている.
  *They say that* he has returned to India.

**いうまでもなく** 【言うまでもなく】 **needless to say**[ニードゥリス][セィ];(…だけでなく) **to say nothing of …**[ナッスィング], **not to mention …**[メンション]
- 言うまでもなくチャンピオンが楽々とタイトルを防衛した. *Needless to say*, the champion easily defended his title.
- その歌は日本国内は言うまでもなく, アジアじゅうで人気がある. The song is popular throughout Asia, *not to mention* Japan.

## いえ 【家】
(建物) **a house**[ハウス](複 **houses**[ハウズィズ]); (家庭, 住まい) **(a) home**[ホウム] → p.42

ミニ絵辞典
- 大きな[小さな]家 a large [small] *house*
- 私たちは先生の家に行った.
  We visited our teacher's *house*.
― 家へ[に] **home**
- 今すぐ家に帰りなさい. Go *home* right now.
  (►このhomeは副詞. go to homeは×)
- アキはその日ずっと家にいた.
  Aki stayed *home* all day.
- 家に帰る途中(懿)でユミに会った.
  I met Yumi on my way *home*.

**いえいえ** → いいえ

**いえで** 【家出する】 **run away from home**[ランアウェィ][ホウム]

ミニ絵辞典 家 House

いがく

家出人 a runaway
イエローカード a yellow card
いおう【硫黄】sulfur[サルファ]

## いか¹【以下】

❶ …から下　（数量）... or less [fewer],
　　　　　　 ...（and）under [below];
　　　　　　 （程度）below ...
❷ 次に続くもの the following

❶ [...から下]（数量）... or less [fewer][レス［フューア］]（⇔以上 ... and over [above]）, ...（and）under [below][アンダー［ビロゥ］]（⇔以上 ... and over [above]）;（程度）below ...
- 彼は50メートルを8秒以下で走る. He runs 50 meters in eight seconds *or less*.
- 8歳以下の子どもたち children eight *and under*（▶ children under eightは「8歳未満の子どもたち」）
- 彼女の英語の成績は平均以下だった. Her grade in English was *below* the average.

**ここがポイント!** under twenty と「20歳以下」は違う

日本語の「20歳以下」には,「20歳」が含まれますが, 英語でunder twentyというと「20歳よりも下」の意味となり, 20歳は含まれません.「19歳以下」を表すことになります.

日本語の「20歳以下」

英語の under twenty

「...以下」の言い方（数が大きいとき）

「3人以下」はthree people or lessのように表しますが, たとえば「300人以下」のように数が大きくなると, less than three hundred peopleのように表すのがふつうです. less than ... は「...より少ない」の意味で「...」は含みませんが, 厳密に表す必要がない場合に用いられます.

❷ [次に続くもの] the following[ファロウイング]
ー以下の following
- 以下の質問に答えなさい.
Answer the *following* questions.

いか²（甲いか）a cuttlefish[カトゥルフィッシュ]（複 cuttlefish）;（やりいか）a squid[スクウィッド]（複 squid, squids）
いがい【意外な】unexpected[アニクスペクティド]
- 意外な知らせ *unexpected* news
- ユリが遅れるなんて意外だ. It is quite a *surprise* that Yuri is late.（←驚きだ）
- 彼は意外に元気だった. He was better than I expected.（←予想していた以上に）
ー意外に（も）unexpectedly
…いがい【…以外】（…を除いて）except ...[イクセプト];（…のほかに）besides ...[ビサイヅ]
- 金曜日以外は暇です.
I'm free *except*（for）Friday.
- にんじん以外の野菜はどれも好きだ.
I like any vegetables *except* carrots.
- 父は英語以外にスペイン語を話す. My father speaks Spanish *besides* English.
いかが how[ハゥ]（▶具合・様子・印象などをたずねる）

**話してみよう!**
☺ごきげんいかがですか.
*How* are you?
☻おかげさまで元気です.
（I'm）fine, thank you.

- 「スペイン旅行はいかがでしたか」「すばらしかったです」"*How* was your trip to Spain?" "It was great."
…してはいかがですか
How [What] about+〈名詞または-ing形〉? /
Why don't you +〈動詞の原形〉?
- 歌舞伎を見に行ってみたらいかがですか.
*How about going* to see Kabuki?
- ご自分でそれをやってみたらいかがですか.
*Why don't you* do it yourself?
〈飲食物〉はいかがですか
Would you like +〈飲食物〉? /
How about +〈飲食物〉?

**話してみよう!**
☺トーストをもう1枚いかがですか.
*Would you like* another slice of toast?
☻ええ, いただきます. / いいえ, けっこうです. Sure, why not? / No, thank you.

いがく【医学】medicine[メディスン], medical science[メディカル サイアンス]
ー医学（部）の medical
- 医学部の学生 a *medical* student
医学部 the medical department, ⊛a medical school

**いかす**【生かす】(…を活用する) **make (good) use of ...**[メイク][ユース]
- このチャンスを生かしたい.
 I want to *make use of* this chance.

**いかだ** **a raft**[ラフト]
 ━いかだで行く **raft**
- いかだで川を下って行った.
 I *rafted* down the river.

**いかに**(どれほど, どのように) **how**[ハウ]
- それがいかに難しいかすぐにわかるよ.
 You will soon know *how* difficult it is.

**いかり¹**【怒り】**anger**[アンガァ]
- 彼は怒りを抑(おさ)えられなかった.
 He couldn't control his *anger*.

**いかり²**(船の) **an anchor**[アンカァ]

**いかる**【怒る】**get angry**[アングリィ] → **おこる¹ ❶**

# いき¹【息】

(a) **breath**[ブレス]
- みんな息を切らしていた.
 Everyone was out of *breath*.
- 深く息を吸った. I took a deep *breath*.
- 彼らは息を止めて待った.
 They held their *breath* and waited.
- 息をはいた. I *breathed* out.
- 息がつまりそう. I'm choking.
 ━息をする **breathe**[ブリーズ]

**いき²**【行き】
- 行きは電車だったが, 帰りはバスに乗った.
 I *went* by train but came back by bus.

**いき³**【生きのよい】**fresh**[フレッシュ]

**いき⁴**【粋な】**stylish**[スタイリッシュ]; (特に服装が) **chic**[シーク]

## …いき【…行き】

(方面) **for ...**[フォア], **bound for ...**[バウンド]
- 東京発名古屋行きの列車
 a train from Tokyo (*bound*) *for* Nagoya
- このバスはどこ行きですか.
 Where does this bus *go*?

**いぎ¹**【異議】**an objection**[オブチェクション]
 ━異議を唱える **object, make an objection**

**いぎ²**【意義】(a) **significance**[スィグニフィカンス] (▶やや形式ばった語), (a) **meaning**[ミーニング]
 ━意義のある **significant, meaningful**

**いきいき**【生き生きした】(元気な) **lively**[ライヴリィ] (★発音注意); (新鮮(しんせん)な) **fresh**[フレッシュ]; (鮮(あざ)やかな) **vivid**[ヴィヴィッド]
- ユウコはいつも生き生きしている.
 Yuko always looks *lively*.
- 生き生きとした花 *fresh* flowers
 ━生き生きと **lively; freshly; vividly**
- この作文は学校生活を生き生きと描(えが)いている. This essay *vividly* describes school life.

**いきうめ**【生き埋めになる】**be buried alive**[ベリィドアライヴ]
- 2人が生き埋めになった.
 Two people *were buried alive*.

**いきおい**【勢い】**force**[フォース], **power**[パウア]
- 風の勢い the *force* of the wind
- このチームには勢いがある.
 This team is *in top form*.

**いきがい**【生きがい】**the purpose of one's life**[パーパス][ライフ]
- あなたの生きがいは何ですか.
 What is the *purpose of your life*?

**いきかえる**【生き返る】**revive**[リヴァイヴ], **be revived, come to life**[カム][ライフ]
- 水をやったらばらが生き返った.
 The roses *revived* when I watered them.
- シャワーを浴びて生き返った.
 I *was refreshed* after taking a shower.

**いきかた¹**【生き方】**one's way of life** [**living**][ウェイ][ライフ][リヴィング]; **a** [**one's**] **lifestyle**[ライフスタイル]
- 彼の生き方はかっこいいと思った.
 I thought *his lifestyle* was cool.
- 彼女の生き方は若者に大きな影響(えいきょう)を与(あた)えた.
 *Her way of life* had a great influence on young people.

**いきかた²**【行き方】**the way to ...**[ウェイ], **how to get** [**go**] **to ...**[ゲット][ゴゥ]
- バス停への行き方を教えてください.
 Please tell me *the way to* the bus stop.

**いきごみ**【意気込み】(熱意) **enthusiasm**[インスーズィアズム]
- 勝利への意気込み the *will* to win

**いきさき**【行き先】(目的地) **one's destination**[デスタネイション]
- バスは1時間遅(おく)れて行き先に着いた. The bus reached *its* destination an hour late.

**いきちがい**【行き違いになる】
- 私は母と行き違いになってしまった.

I *couldn't meet* my mother. / I *missed* my mother.

**いきづまり**【行き詰まり】**a standstill**[スタンドゥスティル], (**a**) **deadlock**[デッドゥラック]

**いきづまる**【息詰まる】(息をのむような) **breathtaking**[ブレステイキング]
- 息詰まる試合になった．
  The game was *breathtaking*.

**いきどまり**【行き止まり】**a dead end**[デッドエンド]
- この道は行き止まりになっている．
  This road comes to a *dead end*.

「行き止まり」の標識(米国)

**いきなり suddenly**[サドゥンリィ] → **とつぜん**

**いきぬき**【息抜き】(休憩(きゅう)) **a rest**[レスト]
━**息抜きをする take a rest**［**break**］[ブレイク], **relax**[リラックス]
- 息抜きをしたい．
  I want to *take a break*.

**いきのこる**【生き残る】**survive**[サァヴァイヴ]
- その事故では3人が生き残った．
  The three *survived* the accident.

**いきもの**【生き物】**a living thing**[リヴィングスィング], **a creature**[クリーチャア]

**イギリス Britain**[ブリトゥン], **Great Britain**[グレイト], **England**[イングランド], **the United Kingdom**[ユーナイティドキングダム], **the U.K.**[ユーケィ]
━**イギリス(人)の British**[ブリティッシュ], **English**
- 彼女はイギリス人だ．She is *British*.(▶国籍(せき)はふつう形容詞で表す)

> **ここがポイント!** 「イギリス」「イギリス人」の言い方
>
> Englandは「イギリス」の意味で用いられることもありますが，厳密にはイギリスの一地方をさす語なので，国全体を言うときは(Great) Britain, the United Kingdom (the U.K.)などを使うほうがよいでしょう．また人についても同様で，Englishman, Englishwomanは厳密には「イングランド人」をさします．

**イギリス英語 British English**
**イギリス人**(男性)**a Britishman**, (女性)**a Britishwoman**, (全体)**the British** → **ポイント!**

**いきる**【生きる】
**live**[リヴ](⇔死ぬ **die**)
- うちの猫(ねこ)は10歳(さい)まで生きた．
  Our pet cat *lived* to be ten years old.
━**生きている，生きた live**[ライヴ](★動詞との発音の違(ちが)いに注意), **alive**[アライヴ], **living**[リヴィング]
- 生きている動物 a *live* animal
- このかには生きているのですか．
  Is this crab *alive*?(▶aliveは名詞の前では用いない)

**いきわたる**【行き渡る】**go around**

**いく**【行く】

| ❶ 出かける | **go; come** |
| ❷ 物事がうまく行く | **go well** |

❶[出かける]**go**[ゴゥ](⇔来る **come**); **come**[カム]
- 私たちはバスで学校に行く．
  We *go* to school by bus.(▶busにaやtheはつかない)
- この電車は新宿へ行きますか．
  Does this train *go* to Shinjuku?
- 公園に散歩に行こう．
  Let's *go* for a walk in the park.(▶公園の中を歩くのでto the parkは×)
- きのうピクニック［ハイキング］に行った．
  We *went* on a picnic [hike] yesterday.

…(し)に行く
**go**＋〈**-ing**形〉
- ぼくたちは渋谷(しぶや)へ買い物に行った．
  We *went* shop*ping* in Shibuya.(▶to Shibuyaは×)

〈場所〉に行ったことがある
**have been to**＋〈場所〉
- その店には何度か行ったことがある．
  I *have been to* that shop a few times.
- ロンドンに行ったことがありますか．
  *Have* you ever *been to* London?

…へ行ってしまった
**have gone to**＋〈場所〉
- 姉［妹］はカナダへ行ってしまった．
  My sister *has gone to* Canada.

いく…

> **くらべてみよう！ go と come**
>
> **go**:「話しているほうが自分を中心に考えて，ある場所からどこかへ移動する」場合に使います．
> **come**:「相手のいる所，あるいは相手が話題にしている所へ移動する」場合に使います．
> ☺どこへ行くの？
>   Where are you *going*?
> 😀映画を見に行くんだ．
>   I'm *going* to a movie.

> ☺ご飯よ．
>   Dinner is ready.
> 😀今行きます．
>   I'm *coming*.（►この現在進行形（am coming）は近い未来を表す）

❷[物事がうまく行く] **go well**[ウェル]
- すべてうまく行っている．
  Everything is *going well*.
- 彼はだれとでもうまく行く．
  He can *get along with* anybody.

**いく…**【幾…】(2, 3の) **a few**[フュー]; **some**[サム], **several**[セヴ(ァ)ラル]; （どのくらい）**how**[ハゥ]（►疑問文で用いる）
- いく日かの間 for *some*［*several*］days

**いくじ¹**【育児】**childcare**, **child care**[チャイルド ケア]
- 育児に興味を持つようになった．
  I'm getting interested in *child care*.
▍育児休暇(きゅうか) **childcare leave**

**いくじ²**[意気地がない] **coward**[カウァド], **timid**[ティミッド], 《話》**chicken**[チキン]
▍意気地なし **a coward**, 《話》**a chicken**

# いくつ【幾つ】

| ❶数が | how many |
| ❷年齢(ねんれい)が | how old |

❶[数が] **how many**[ハゥ メニィ]
- 間違(まちが)いはいくつありますか．
  *How many* mistakes are there?（►How manyの後の名詞は複数形）
➡いくつもの **many**, **a lot of ...**
- いくつもの星が見える．
  *Many*［*A lot of*］stars can be seen.
➡いくつでも **as many ... as** *one* **like**［**want**］
- りんごをいくつでも取ってよい．You can take *as many* apples *as you like*.

❷[年齢が] **how old**[オウルド]
- 先生はいくつだろう．
  I wonder *how old* our teacher is.

> **話してみよう**
> ☺あなたのおじいさんはおいくつですか．
>   *How old* is your grandfather?
> 😀68歳(さい)です．
>   He is sixty-eight（years old）．

**いくつか**【幾つか】(2, 3の) **a few**[フュー]; **some**[サム], **several**[セヴ(ァ)ラル]
- きょうはやらなければならないことがいくつかある．
  I have *several* things to do today.

# いくら¹【幾ら】

| ❶金額が | how much |
| ❷どんなに…しても | however ..., no matter how ... |

❶[金額が] **how much**[ハゥ マッチ]
…はいくらですか
How much is ...? /
How much does ... cost?
- その新しいラケットはいくらでしたか．
  *How much was* the new racket? /
  *How much did* the new racket *cost*?
- それいくらするの？
  *How much* is that? / *What's the price* of that?

❷[どんなに…しても] **however ...**[ハウエヴァ], **no matter how ...**[ノゥ マタァ]
- いくら頑張(がんば)っても今夜中に終えられない．
  *However*［*No matter how*］hard I work, I can't finish it tonight.
➡いくらでも **as much (...) as**
- この水はいくらでも飲んでいい．
  You can drink *as much* water *as you like*.

**いくら²**[魚] **salmon roe**[サマン ロゥ]

## いくらか【幾らか】

| ❶数量 | some, any |
|---|---|
| ❷程度 | a little |

❶〔数量〕**some**[サム]，**any**[エニィ]

**話してみよう！**
☺100円玉をいくらか持っている？
Do you have any 100 yen coins?
☻少し持っているよ．/全然ないよ．
Yes, I have *some*. / No, I don't have *any*.

### くらべてみよう！ some と any

**some**は肯定(ぶ)文で，**any**は疑問文や否定文，またはifを用いた文で使います．
- ジャムはいくらか残っていますか．
  Is there *any* jam left?
- もし助けが必要なら言ってください．
  If you need *any* help, just tell me.
ただし，疑問文でも「…しませんか」と相手に勧(ず)める場合やあらかじめyesという返事を期待できる場合にはsomeを使います．
- アイスクリームをいくらかいかがですか．
  Would you like *some* ice cream?

❷〔程度〕**a little**[リトゥル]
- ケンはいくらかスキーがうまくなった．
  Ken improved his skiing *a little*.

**いけ**【池】**a pond**[パンド]；(小池)**a pool**[プール]
- 池でボートをこいで楽しんだ．I enjoyed rowing on the *pond*．(▶ボートをこぐのは池の水面上なのでin the pondは×)

**いけがき**【生け垣】**a hedge**[ヘッヂ]

## いけない

(悪い)**bad**[バッド]；(間違(ちが)った)**wrong**[ローング]→**わるい**❶❷

…するのはいけない
It is bad to＋〈動詞の原形〉
- うそをつくのはいけない．
  *It is bad to* tell lies.
- 「少し熱があります」「それはいけないですね」
  "I feel slightly feverish."
  "That's too *bad*."
- 彼女に何かいけないこと言ったかな？
  Have I said something *wrong* to her?

…するといけないから
in case ...
- 教科書をなくすといけないので名前を書いた．
  I wrote my name on my textbook *in case* I lose it.

## …いけない

| ❶必要 | must＋〈動詞の原形〉, have to＋〈動詞の原形〉 |
|---|---|
| ❷禁止 | must not＋〈動詞の原形〉, may not＋〈動詞の原形〉, should not＋〈動詞の原形〉, Don't＋〈動詞の原形〉 |

❶〔必要〕**must**＋〈動詞の原形〉，**have to**＋〈動詞の原形〉[ハフタ] →**…ならない**❶
- 朝6時に起きなければいけない．
  I *must* [*have to*] get up at six in the morning.

❷〔禁止〕**must not**＋〈動詞の原形〉，**may not**＋〈動詞の原形〉，**should not**＋〈動詞の原形〉[シュッド]，**Don't**＋〈動詞の原形〉→**…ならない**❷
- 約束を破ってはいけない．
  You *must not* break a promise.
- チャンスを逃(のが)してはいけない．
  You *shouldn't* miss the chance. / *Don't* miss the chance.

**いけばな**【生け花】**ikebana; flower arrangement**[フラワァ アレインヂマント]
- マコトは生け花を習っている．
  Makoto takes lessons in *flower arrangement*.

生け花部 a flower arrangement club

**いける**【生ける】(花などを)**arrange**[アレインヂ]
- 赤いばらを数本花瓶(びん)に生けた．
  I *arranged* several red roses in a vase.

## いけん【意見】

(考え)**an opinion**[アピニャン]；(忠告)**advice**[アドゥヴァイス]（▶数えるときはa piece of *advice*と言う）
- 私はその点について意見を述べた．
  I gave my *opinion* about that.
- 私の意見では，それは間違(ちが)っている．
  In my *opinion*, it's wrong.
- 先生の意見に従おう．
  Let's follow our teacher's *advice*.
- あなたとは意見が合う[合わない]．
  I *agree* [*disagree*] with you.
- 意見がまとまった．We reached an agreement.(←合意に達した)

**いげん**【威厳のある】**dignified**[ディグナファイド]
- 彼女は威厳のあるリーダーになると思う．I think she will become a *dignified* leader.

## いご¹【以後】

## いご²

| ❶ある時から後 | after ...; (…以来) since ...; (それ以来ずっと) since, ever since |
|---|---|
| ❷今後 | from now on |

**❶**[ある時から後]**after** ...[アフタァ]; (…以来)**since** ...[スィンス]; (それ以来ずっと)**since, ever since**[エヴァ]
- 12時以後なら出かけられます.
 I can go out *after* twelve.
- それ以来彼女から連絡(%)がない.
 I haven't heard from her *since*.

**❷**[今後]**from now on**[ナゥ アン]
- 以後注意します.
 I'll be careful *from now on*.

**いご²**【囲碁】*igo*, (**the game of**) *go* → ご³
∥囲碁部 **an** *igo* **club**

**いこう**【以降】**after** ...[アフタァ]→いご¹ ❶

**イコール**(…に等しい)**equal**[イークワル](★アクセント位置に注意)(▶記号は=)
- 2プラス3は5.
 Two plus three *equals* [*makes*, *is*] five.
 (▶2+3=5と表す)

**いごこち**【居心地がよい】**comfortable**[カ ム フ(ァ) タブル], **cozy**[コウズィ]
- 居心地のよい部屋
 a *comfortable* room

**いさぎよい**【潔い】**brave**[ブレイヴ]; (率直な)**frank**[フランク]
- 彼女は潔い性格だ.
 She is *frank*.
—潔く **bravely**; **frankly**

**いざこざ**(a) **trouble**[トゥラブル]→トラブル

**いさましい**【勇ましい】**brave**[ブレイヴ]
—勇ましく **bravely**

**いさん**【遺産】**an inheritance**[インヘリタンス]; (代々の文化的な)(a) **heritage**[ヘリティッヂ]
- 彼はばく大な遺産を相続した.
 He came into an enormous *inheritance*.
- この城は世界遺産になっている.
 This castle is registered as a World *Heritage* Site.

## いし¹【石】

(a) **stone**[ストウン], 米**a rock**[ラック]; (小石)**a pebble**[ペブル]
- エリは池に石を投げた.
 Eri threw a *stone* into the pond.
- あの彫像(%)は石でできている.
 That sculpture is made of *stone*.
—石の, 石の多い **stony**

**ここが ポイント! stoneとa stoneの使い分け**
「物質としての石」を意味する場合にはaをつけたり複数形にしたりせずstoneの形で使いますが, 「石1個」の意味で使う場合にはa stoneとaをつけます.

石垣(%) **a stone wall**
石段 **stone steps**
石橋 **a stone bridge**

**いし²**【意志】(a) **will**[ウィル]
- 私は意志に反してあきらめた.
 I gave up against my *will*.
- 兄[弟]は意志が強い[弱い]. My brother is strong-*willed* [weak-*willed*].
- 彼女は意志を曲げない.
 She never changes her *mind*.

**いし³**【意思】(an) **intention**[インテンション]
- 彼の意思を理解した.
 I understood his *intentions*.

**いし⁴**【医師】**a doctor**[ダクタァ]→いしゃ

**いじ¹**【意地】(誇(%)り)**pride**[プライド]; (根性)**guts**[ガッツ]
—意地の悪い **ill-natured**[イルネイチァド], **nasty**[ナスティ], **mean**[ミーン]→いじわる
—意地っ張りな **stubborn**[スタバン], **obstinate**[アブスタナット]
- そう意地を張るなよ.
 Don't be so *stubborn* [*obstinate*].

**いじ²**【維持】**maintenance**[メインテナンス]
—維持する **maintain**[メインテイン]; (保つ)**keep**
- ミキは体調を維持するためにジョギングをしている.
 Miki jogs in order to *keep* in shape.

**いしき**【意識】**consciousness**[カンシャスニス]; (a) **sense**[センス]
- 罪の意識 *sense* of guilt
- その子は意識を失った.
 The child *fainted*.
—意識がある, 意識している **be conscious**(**of** ...)
- 君は他人の意見を意識しすぎだ. You *are* too *conscious of* others' opinions.
—意識的に, 意識して **on purpose**[パーパス], **consciously**, **intentionally**
意識不明: 彼女は意識不明だった. She was *unconscious*.

**いしけり**【石けり】**hopscotch**[ハップスカッチ]

**いしつぶつ**【遺失物】**a lost article**[ロースト アーティクル], **lost property**[プラパァティ]
遺失物取扱(%)所 **the lost and found**(**office**)

遺失物取扱所の表示

**いじめ** bullying [ブリイイング]
| いじめっ子 a bully
| いじめられっ子 a bullied child

**いじめる** bully [ブリィ], pick on ... [ピック]
- 彼は学校でいじめられているらしい。
  He seems to be *bullied* at school.
- 彼女にいじめられた。
  She *picked on* me. (←彼女が私をいじめた)

## いしゃ【医者】

a doctor [ダクタァ]
- 医者を呼んでください。
  Please call [get] a *doctor*.
- かかりつけの医者に行った。
  I went to my family *doctor*.

表現メモ

### 医者のいろいろ
内科医 a physician / 外科医 a surgeon
小児(にょう)科医 a pediatrician, a children's doctor
歯科医 a dentist
皮膚(ふ)科医 a dermatologist
精神科医 a psychiatrist
獣医(じゅう) a veterinarian, a vet, an animal doctor
眼科(がん)医 an eye doctor
かかりつけの医者 a family doctor

**いじゅう**【移住する】settle [セトゥル]; (外国へ) emigrate [エミグレイト]; (外国から) immigrate [イミグレイト]

**いしょ**【遺書】(遺言(ごん))a will [ウィル]

**いしょう**【衣装】clothes [クロウズ]; (芝居(い)・舞台(だい)の) costume [カストゥーム]
- 民族衣装 ethnic [native] *costume*
- 花嫁(よめ)衣装 a wedding [bridal] *dress*

## いじょう¹【以上】

| ❶ …から上 | (数量)... or more, |
| | ... and above [over]; |
| | (程度) above ... |
| ❷ これまで述べたこと | the above |
| ❸ …するからには | once, since |

❶ [...から上] (数量)... or more [モァ] (⇔以下 ... or less), ... and over [above] [オウヴァ][アバ

ヴ]] (⇔以下 ... (and) under [below]); (程度) above ...
- 5人以上がやってきた。
  Five *or more* people came.
- 10番以上の番号 number ten *and over* [*above*]
- 数学の成績は平均点以上だった。My grade in math was *above* the average.
- そのホールには300人以上が入れる。
  The hall can hold *more than* three hundred people.
- これ以上待てない。I can't wait *any longer*.

 ここがポイント!「…以上」の言い方（数が大きいとき）

「5以上」を5を含(ふく)めて表すには five and more のようにしますが、大きな数になるとその数を含めるかどうか厳密に区別されなくなる傾向(けいこう)があります。例えば「500人以上の乗客」は more than 500 passengers のように表すのがふつうです。→いか¹ ポイント!

❷[これまで述べたこと]the above
- 以上の理由で彼の意見を支持します。
  I back him up for the reasons *above*. (▶この above は副詞)
- 以上です。*That's all*.

❸[...するからには]once [ワンス], since [スィンス]
- いったん約束した以上守らなければならない。
  *Once* you make a promise, you must keep it.

**いじょう²**【異常な】(正常でない) abnormal [アブノーマル]; (ふつうでない) unusual [アニュージュアル]
- 1月にしては異常な暖かさだ。This warm weather is *unusual* for January.
| 異常気象 unusual [abnormal] weather

**いじょう³**【異状】trouble [トゥラブル], something wrong [サムスィング ローング]
- エンジンの異状 engine *trouble*
- このパソコンには異状がある。
  There is *something wrong* with this PC.

**いしょく**【移植】(a) transplant [トゥランスプラント]
- 臓器移植 an organ *transplant*

**いしょくじゅう**【衣食住】food, clothing and shelter [フード][クロウズィング][シェルタァ] (▶英語では「食衣住」の順になる)

**いじる** (手で) touch [タッチ]; (指で) finger [フィンガァ]; (もてあそぶ) play with ... [プレィ]
- 彼女は髪(かみ)をいじる癖(くせ)がある。
  She has a habit of *playing with* her hair.

## いじわる【意地悪な】

いす

mean[ミーン], nasty[ナスティ], ill-natured[イルネイチャード]; (不親切な)unkind[アンカインド]
- 意地悪な
 a *nasty* person / an *ill-natured* person
- 彼女に意地悪するな.
 Don't be *mean* to her.

## いす【椅子】
a chair[チェア]
- そのお年寄りはいすに座っていた. That old man [woman] was sitting on [in] a *chair*. (▶ sit in a chair は深く腰掛ける場合に用いる)
- 彼女はいすから立ち上がった.
 She got up from the *chair*.

いすのいろいろ

ソファー sofa, couch
デッキチェア deck chair
折りたたみいす folding chair
ひじ掛けいす armchair
ベンチ bench
スツール stool
揺りいす rocking chair

**いずみ**【泉】a spring[スプリング], a fountain[ファウンティン]

**イスラエル** Israel[イズリアル]
―イスラエル(人)の Israeli[イズレイリ]
‖イスラエル人 an Israeli

**イスラムきょう**【イスラム教】Islam[イスラーム]
―イスラム教(徒)の Muslim[ムズリム], Islamic[イズラミック]
‖イスラム教徒 a Muslim

**いずれ**(まもなく)before long[ビフォァ ローング]; (いつか)some day[サム デイ]

**いずれにしても**(どのみち)anyway[エニウェイ]

**いせい**[1]【威勢のいい】energetic[エナァチェティック], in high spirits[スピリッツ], lively[ライヴリィ]
- 威勢のいい祭り a *lively* festival

**いせい**[2]【異性】the opposite sex[アパズィット セックス]
- ケンは異性(女性)の友達が多い.
 Ken has many *female* friends.

**いせき**[1]【移籍する】move[ムーヴ]; (スポーツ選手などが)transfer[トゥランスファー]; be traded[トゥレイディド]
- 彼は大リーグのチームへ移籍した.
 He *was traded* to a Major League team.
‖移籍料 a transfer fee

**いせき**[2]【遺跡】remains[リメインズ], ruins[ルーインズ], a site[サイト]
- 古代エジプトの遺跡
 the *remains* [*ruins*] of ancient Egypt

## いぜん[1]【以前】
before (...)[ビフォァ]; ago[アゴゥ]; (かつて)once[ワンス]→まえ❷
- 以前そこへ行ったことがある.
 I have been there *before*.
- その写真はずっと以前に撮られたものだ.
 The photo was taken a long time *ago*.
- 私は以前犬を飼っていた.
 I *once* had a dog.

以前は…だった
used to +〈動詞の原形〉
- 田中氏は以前サッカー選手だった.
 Mr. Tanaka *used to* be a soccer player.

くらべてみよう! **before と ago と once**
**before**: 漠然と「以前に」を表し, 過去形・完了形の文で用います.
**ago**: long や a week などの時間を表す語句といっしょに過去形の文で用います.
**once**: 「むかし」という意味で過去形の文で用います.

**いぜん**[2]【依然として】(今もなお)still[スティル]‖まだ❶
- 依然としてどしゃ降りだ.
 It is *still* raining heavily.

## いそがしい【忙しい】
busy[ビズィ](⇔暇な free)
- ぼくは今忙しい. I am *busy* right now.

…するのに忙しい
be busy +-ing形
- ユキは試験の準備をするのに忙しい.
 Yuki *is busy* preparing for the exam.

…で忙しい
be busy with ...
- きょうは宿題で忙しかった.
 I *was busy with* my homework today.
―忙しく busily

**いそぎ**【急ぎの】(緊急の)urgent[アーヂャント]; quick[クウィック], hasty[ヘイスティ]
- 急ぎの電話 an *urgent* phone call

## いそぐ【急ぐ】
hurry (up)［ハーリィ］, hasten［ヘイスン］
- 帰宅を急いだ. I *hurried* home.
- 急いで，学校に遅刻するわよ.
  *Hurry up*, or you'll be late for school.
- 私は電車に間に合うよう急いだ.
  I *hurried* to catch the train.
- **急いで in a hurry, in haste, quickly**
- 私は急いで昼食を済ませた.
  I ate lunch *in a hurry*.

慣用表現

急がば回れ. Haste makes waste.（←急ぐと無駄が生じる）

## いぞん【依存する】depend［rely］(on ...)［ディペンド［リライ］］, be addicted to ...［アディクティド］
| ゲーム依存症 game addiction
| スマホ依存症 smartphone addiction
| ネット依存症 Internet addiction

## いた【板】a board［ボード］;（金属・ガラスの板）a plate［プレイト］
- （1枚の）板チョコ a *bar* of chocolate

## …いた［…(して)いた］(▶be動詞の過去形，過去完了形や過去進行形で表す)
- その時ぼくは動画を見ていた.
  I *was* watch*ing* a video at that time.

## いたい【痛い】
painful［ペインフル］;（炎症・筋肉痛などで）sore［ソァ］→いたむ¹, いたみ
- 注射はとても痛かった.
  The shot was very *painful*.
- のどがひりひり痛い. I have a *sore* throat.
- 痛い！ *Ouch*!
- 頭が痛い. I have a head*ache*. /
  My head *aches*.
- 歯がひどく［少し］痛い.
  I have a bad [slight] tooth*ache*.
- どこが痛いの. Where does it *hurt*?

慣用表現

痛い目にあう have a terrible experience
痛くもかゆくもない: 私にはそんなことは痛くもかゆくもない. I *couldn't care less* about it.

## いだい【偉大な】great［グレイト］
- 偉大な科学者 a *great* scientist

## いだく【抱く】(心 に) have［ハヴ］, feel［フィール］, cherish［チェリッシュ］→もつ❸
- 私は宇宙飛行士になりたいという望みを抱いている. I *have* a desire［wish］to become an astronaut.

## いたずら
（悪意のない）mischief［ミスチフ］;（悪ふざけ）a trick［トゥリック］
- **いたずら(を)する do mischief, be up to mischief, play a trick on**
- 弟はよく私にいたずらをする. My little brother often *plays a trick on* me.
- **いたずらな mischievous［ミスチヴァス］, naughty［ノーティ］**
| いたずら書き: ノートにいたずら書きをした. I *scribbled* in my notebook.
| いたずらっ子 a naughty boy［girl］
| いたずら電話 a prank call

## いただき【頂】(山頂)the top［タップ］, the summit［サミット］;（峰，頂点）a peak［ピーク］

## いただきます 日≠英

> 「いただきます」と英語で言いたかったら
>
> 英語には食事の前の「いただきます」に当たる表現はありません. 食べ始める前に Shall we eat?（いただきましょうか）, Let's eat.（いただきましょう）, It looks delicious.（おいしそう）などさまざまな表現が使われます. また, キリスト教を信仰する家庭では一般的に食前の祈りをしてから食べ始めます.
>
>
>
> 食前の祈りをする家族

## いただく

| | | |
|---|---|---|
| ❶もらう | have, get;（受け取る）receive;（取る）take | |
| ❷飲食する | have;（食べる）eat;（飲む）drink | |
| ❸…してもらう | （下記❸参照） | |

❶[もらう] have［ハヴ］, get［ゲット］;（受け取る）receive［リスィーヴ］;（取る）take［テイク］
- 同じものをいただけますか.
  May I *have* the same thing, please?
- プレゼントをいただきました.

いたち

I *received* a present.
❷[飲食する]**have**;（食べる）**eat**[イート]；（飲む）**drink**[ドゥリンク]
- お茶をもう一杯(監)いただけますか．
Could I *have* another cup of tea?
❸[…してもらう]
**…していただけますか**
Would you ＋〈動詞の原形〉? /
Would you mind ＋〈-ing形〉?
- もう一度言っていただけますか．
*Would you* say that again? / *Would you mind* saying that again?
**〈人〉に…していただきたい**
I'd like ＋〈人〉＋ to ＋〈動詞の原形〉
（▶ I'dはI の短縮形）
- あなたにメンバーになっていただきたいのですが．*I'd like* you *to* join our team.

**いたち**[動物]**a weasel**[ウィーザル]

**いたばさみ**【板ばさみ】**a dilemma**[ディレマ]
- 私は板ばさみになった．I was in a *dilemma*.

**いたまえ**【板前】**a chef of Japanese cuisine**[シェフ][ヂャパニーズ クウィズィーン]

**いたましい**【痛ましい】**pitiful**[ピティフル]；（つらい）**painful**[ペインフル]，**heartbreaking**[ハートゥブレイキング]

**いたみ**【痛み】**(a) pain**[ペイン]，**(an) ache**[エイク]
- 激しい［軽い，鈍(ﾆﾌﾞ)い］痛み
a severe [light, dull] *pain*
- 左目に刺(ｻ)すような痛みがあります．
I have [feel] a sharp *pain* in my left eye.
- 痛みが治まった［ひどくなった］．
The *pain* stopped [got worse].
痛み止め **a painkiller**

**いたむ**¹【痛む】**hurt**[ハート]，**ache**[エイク]→いたみ，いたい
- 足はまだ痛む？
Does your leg still *hurt*?
- お別れの時を思うと胸が痛む．
When I think about saying goodbye, my heart *aches*.

**いたむ**²【傷む】（破損する）**be damaged**[ダミッヂド]；（腐(ｸｻ)る）**go bad**[バッド]
- あなたの髪(ﾐ)はひどく傷んでいる．
Your hair *is* badly *damaged*.
- 卵は傷みやすいから冷蔵庫に入れておきなさい．Eggs *go bad* easily, so keep them in the refrigerator.

**いためる**¹【痛める】**hurt**[ハート]；（特に身体的に）**injure**[インヂァ]
- 私はテニスをしていてひざを痛めた．I *hurt* [*injured*] my knee while playing tennis.
- 彼は父親の病気に心を痛めている．

He *is worried about* his father's illness.
**いためる**²【炒める】（油で）**fry**[フライ]
炒め物 **fried food**

**イタリア Italy**[イタリィ]
**ーイタリア（語，人）の Italian**[イタリャン]
イタリア語 Italian
イタリア人 an Italian

**いたるところ**【至る所】**everywhere**[エヴリィ(ホ)ウェア]，**all over**[オール オウヴァ]
- 世界の至る所に *everywhere* in the world / *all over* the world

**いたわる**（親切にする）**be kind**（**to …**）[カインド]；（大事にする）**take**（**good**）**care**（**of …**）[テイク][ケア]
- お年寄りをいたわりましょう．
Please *be kind to* the elderly.
- お体をいたわってください．
*Take good care of* yourself.

# いち¹【一（の）】

**one**[ワン]
- 1から5まで数える count from *one* to five
- 1時間で in *an* hour
- ケンはクラス一背が高い．
Ken is *the tallest* in the class.（▶ tallestは tall の最上級．the ＋〈形容詞の最上級〉で「いちばん…」の意）
**ー第一（の）the first**[ファースト]（▶ 1stと略す）→いちばん❶
- 第一の理由 *the first* reason
- チャールズ1世 Charles *the First*（▶ ふつう Charles I と書く）
**ー第一に firstly, first of all**
- 第一にリストを作らないと．*Firstly* [*First of all*], we have to make a list.

# いち²【位置】

**a position**[パズィション]，**a place**[プレイス]，**a location**[ロウケイション]→p.53 ミニ絵辞典
- 部屋の机の位置を変えた．I changed the *position* of the desk in my room.
- いすを元の位置に戻(ﾓﾄ)しなさい．
Put the chair back in its original *place*.
- 私はその建物がどこに位置しているか知らない．I don't know where the building is.
- 位置に着いて，よーい，どん！ On your *mark(s)*, (get) set, go! / Ready, set, go!

**いち**³【市】（市場）**a market**[マーキット]；（見本市）**a fair**[フェア]
- 朝市 a morning *market*
- 骨(ｺｯ)とう市 an antique *fair*

**いちい**【1位】**first place**［**prize**］[ファースト プレイ

ス[プライズ]→いちばん❶
・1位になりたい.
　I want to be [come] *first*.
**いちいち**(ことごとく)**every**[エヴリィ]
・いちいち文句を言うな.
　Don't complain about *everything*.
**いちいん**【一員】**a member**[メンバァ]
**いちおう**【一応】(念のため)**just in case**[チャスト][ケイス]; (さしあたり) **for the present**[プレズント], **for the time being**[タイム ビーイング]
・一応母に聞いてみます.
　I'll ask my mother *just in case*.
・私たちは一応仲直りした.
　We made up *for the time being*.
**いちおし**【一押し】
・これは私の一押しの動画だ. I highly *recommend* this video *as the best one*.

## いちがつ【一月】
**January**[チャヌエリィ](▶常に大文字で始め, Jan. と略す)
・1月上旬(じょうじゅん)[下旬]に

### ミニ絵辞典　位置(上下左右)　Position

左端(さ)　　　　　真ん中　　　　　右端
far left　　　　　middle　　　　　far right

いちばん上の段
the top row

真ん中の段
the middle row

いちばん下の段
the bottom row

右から2つ目のバッグを見せてください.
Could you show me the second bag from the right?

 赤いバッグの<u>左に</u>あるバッグ
the bag <u>on the left of</u> the red bag
⇔…の右に　on the right of ...

 赤いバッグの<u>真下に</u>ある靴(くつ)
the shoes <u>under</u> the red bag
⇔…の真上に　over ...

 赤いバッグの<u>右上に</u>ある帽子(ぼうし)
the hat <u>on the upper right of</u> the red bag
⇔…の左下に
on the lower left of ...

 <u>左上の角に</u>ある帽子
the hat <u>at the top left corner</u>
⇔右下の角に
at the bottom right corner

fifty-three　53

# いちがん

in early [late] *January*
- 1月に大雪が降った. We had heavy snow in *January*.
- 2015年の1月6日に生まれた. I was born on *January* 6, 2015. (▶6は(the) sixthと読む)

> **ここがポイント！** 「…月」と前置詞の関係
> 単に「…月に」と言う場合には in を,「…月〜日に」と特定の日を言う場合には on を使います.
> - 1月に in January
> - 1月6日に on January 6
>
> また, this, last, next, every などとともに用いる場合には前置詞を使いません.
> - この1月に this January

**いちがん**【一丸となる】unite[ユーナイト], be united[ユーナイティド]
- 私たちは一丸となった. We *were united*.

**いちぐん**【一軍】the first team[ファースト ティーム]

**いちご**【植物】a strawberry[ストゥローベリィ]
- イチゴジャム *strawberry* jam
- ぼくたちはいちご狩りに行った. We went *strawberry* picking.

## いちじ¹【一時】

| ❶時刻 | one o'clock |
|---|---|
| ❷しばらく | for a time, for a while; (仮の)temporary |
| ❸かつて | once, at one time |

❶〔時刻〕one o'clock[ワン アクラック]
- 1時に at *one o'clock*
- 今1時半です. It is half after *one* now.

❷〔しばらく〕for a time[タイム], for a while[(ホ)ワイル];(仮の)temporary[テンパレリィ]
- 台風のため電車が一時ストップした. Train services were suspended *for a while* because of the typhoon.
- **一時的な** temporary
- **一時的に** temporarily[テンパレラリィ]

❸〔かつて〕once[ワンス], at one time
- サキは一時ロンドンに住んでいた. Saki *once* lived in London.

**いちじ²**【一次】(1回目の)first[ファースト]
- 第一次世界大戦 the *First* World War (▶World War Iとも書き, その場合の読み方は World War One となる)
- 一次試験 the *first* examination / a preliminary examination

**いちじく**【植物】a fig[フィッグ]

**いちじるしい**【著しい】remarkable[リマーカブル]
- 医学は著しい進歩を遂(と)げた. Medical science has made *remarkable* progress.
- **著しく** remarkably

## いちど【一度】

once[ワンス]
- 私たちは週に一度クラブ活動がある. We have club activities *once* a week.
- もう一度試してもいいですか. Can I try *again* [*one more time*]?

**一度…したことがある**
have +〈過去分詞〉+ once
- 一度北海道に行ったことがある. I *have* been to Hokkaido *once*.

**一度も…したことがない**
have never +〈過去分詞〉
- マキは一度も飛行機に乗ったことがない. Maki *has never* been on an airplane.
- **一度に** at once, at a time
- 一度に宿題を全部やろうなんて無理だよ. You can't finish all your homework *at once*.

## いちにち【一日】

a day[デイ], one day[ワン] (▶one day は強調した言い方)
- 1日か2日でそこに着くだろう. We will arrive there in *a day* or two.
- エリから1日に1回はメールが来る. Eri emails me at least once *a day*.
- あしたは一日中出かけています. I will be out all *day* tomorrow.
- ケンは1日おきにジョギングをしている. Ken jogs every other *day*.
- 彼は日一日と元気になりつつある. He is getting better *day by day*.
- **一日乗車券** a one-day pass

**いちにんまえ**【一人前】(食べ物などの)a portion[ポーション], a serving[サーヴィング]
- サラダ一人前 one salad
- **一人前になる**(ある分野で)become full-fledged[フルフレッヂド]
- 彼はついに柔道(じゅう)部のメンバーとして一人前になった. He has finally *become* a *full-fledged* member of the judo team.

## いちねん【一年】

a year[イア], one year[ワン]
- 1年前 *a year* ago
- 彼が来日して1年になる. It has been *a year* since he came to Japan.
- この祭りは1年に1度開催(かい)される. This festival is held once *a year*.

- 一年じゅう *all*(*the*) *year round*
- 1年おきに
  *every other year* / *every two years*

**いちねんせい**【1年生】(小学校の)**a first-year student**[ファーストイァ ストゥードゥント], ⊛**a first grader**[グレイドァ];(中学校の)**a first-year student**, ⊛(ふつう)**a sixth grader**[スィックス ス];(3年制高校の)**a first-year student**, ⊛**a tenth grader**[テンス],(4年制高校・大学の)⊛**a freshman**[フレッシュマン](複 **freshmen**[-メン])
(►女性にも使う)→**がくねん** ポイント！

- 私は中学1年生です. I'm in *the first year* of junior high school.

**いちば**【市場】**a market**[マーキット]

## いちばん【一番】

❶最初　(順番が)(**the**)**first**(**place**), **the top**:(番号が)**number one, No.1**
❷最も　(下記❷参照)

❶[最初](順番が)(**the**)**first**(**place**)[ファースト(プレイス)], **the top**[タップ];(番号が)**number one**[ナンバァ ワン], **No.1**(►No.はnumberの略)
- 1番窓口
  the *number one* window
- ユカリは数学の成績がクラスで1番だ.
  Yukari has *the highest* grades in her math class. / Yukari is *the best* student in her math class.
- ミキは100メートル競走で1番だった. Miki got *first* place in the 100-meter dash.

━**一番の first**;(最もよい)**the best**
━**一番に first**(**of all**)

❷[最も]**the**+〈形容詞の最上級〉または(**the**)+〈副詞の最上級〉で表す→**もっとも**¹
- これは東京でいちばん高い建物だ. This is *the tallest* building in Tokyo.(►the+〈形容詞の最上級〉+〈名詞〉で「いちばん…な〜」の意)
- 彼は沖縄(はなは)へ行った時がいちばん楽しかった. He had *the best* time when he went to Okinawa.(►the bestはgoodの最上級で「最もよい…」の意)
- あなたは何色がいちばん好きですか.
  What color do you like *best*?(►bestはwellの最上級で「最もよく」の意)

**いちぶ**【一部】(一部分)(**a**)**part**[パート], **some**[サム];(本などの一冊)**a copy**[カピィ]
- 歌の一部 *a part* of a song
- 一部の生徒は来られなかった.
  *Some* of the students couldn't come.
- その本を1部買った.

  I bought a *copy* of the book.
▌一部始終 the whole story

**いちまい**【一枚の】
**a**[**an**], **one**[ワン];(紙・板などの)**a sheet**[**piece**](**of** …)[シート[ピース]];(パン・肉などの)**a slice**(**of** …)[スライス]
- タオル1枚 *a*[*one*] towel
- 画用紙1枚 *a sheet of* drawing paper
- パン1枚 *a slice of* bread

**いちめん**【一面に】**all over**[オール オウヴァ], **all around**[アラウンド]
- 床(ゆか)一面に牛乳をこぼした.
  I spilled milk *all over* the floor.

**いちもくさん**【一目散に】**at full speed**[スピード]
**いちやく**【一躍】(突然(とつ))**suddenly**[サドゥンリィ], **overnight**[オウヴァナイト]
- マリはきのうの一勝で一躍スターになった.
  Mari *suddenly* became a star because of her win yesterday.

**いちやづけ**【一夜漬けで…する】(勉強で)**cram**[クラム]
- タエは試験のために一夜漬けで勉強した.
  Tae *crammed* all night for the exam.

**いちょう**【植物】**a ginkgo**[ギンコウ](★発音注意)
- いちょう並木 an avenue of *ginkgo* trees

**いちらんひょう**【一覧表】**a list**[リスト]
**いちりゅう**【一流の】**first-class**[ファーストクラス], **first-rate**[-レイト]
- 一流のホテル *a first-class* hotel
- 一流のテニス選手 *a top* tennis player

**いちりんしゃ**【一輪車】**a unicycle**[ユーニサイクル]
**いちるい**【一塁】【野球】**first base**[ファースト ベイス]
- 一塁を守る play *first base*
▌一塁手 a first baseman

## いつ

**when**[(ホ)ウェン];(何時に)**what time**[(ホ)ワット タイム]

 話してみよう！
☺誕生日はいつですか.
*When* is your birthday?
☻8月4日です.
It's August(the) fourth.

- 彼がいつ学校から戻(もど)ってくるのか知らない.
  I don't know *when* he will come back from school.
- いつごろ出かけましょうか.
  About *what time* shall we start?
- 彼女はいつ見ても笑っている.
  She is smiling every time I see her.

**いつう**【胃痛】(a) **stomachache**[スタマックエイク]

**いつか**[1]（未来の）**someday**[サムデイ], **sometime**[サムタイム]；（過去の）**before**[ビフォア], **once**[ワンス]
- いつかいっしょにスキーに行こう．
  Let's go skiing together *someday*.
- いつか近いうちそこを訪ねてみるよ．
  I will visit the place *sometime* soon.
- この話はいつか君にしたよね？
  Didn't I tell you this story *before*?

**いつか**[2]【五日】(the) **fifth**[フィフス]
- 5日目 *the fifth* day
- 5日間 for *five* days

**いっか**【一家】**one's family**[ファミリィ]
- 一家そろって花見に出かけた．All *my family* went out to see the cherry blossoms.
- 橋本さん一家 *the* Hashimoto*s*

**いっかい**[1]【一回】**once**[ワンス] → いちど

**いっかい**[2]【一階】㊇**the first floor**[ファースト フロア], ㊇**the ground floor**[グラウンド] → …かい[2]
ポイント！

# いつから

**how long**[ハゥ ローング], **since when**[スィンス (ホ)ウェン]

話してみよう！
☺いつからバイオリンを習っているの．
*How long* have you been taking violin lessons?
☻5歳の時から．/ 6年前から．
Since I was five. / For six years.

- 新学期はいつからですか．
  *When* will the new term begin?
- いつからいつまで東京にいるの．From *when* to *when* are you staying in Tokyo?

**いっき**【一気に】（座って中断せずに）**in one sitting**[スィッティング]；（ひと飲みに）**in one gulp**[ガルプ]；（すばやく）**at a dash**[ダッシュ]
- その本を一気に読んだ．
  I read the (whole) book *in one sitting*.
- 彼は牛乳を一気に飲み干した．
  He drank his milk *in one gulp*.
- 一気に階段をかけ上がった．
  I *dashed* up the stairs.

**いっけん**【一見して】**at a glance**[グランス]
- 一見して，テストは難しそうだった．
  *At a glance*, the test looked difficult.

慣用表現
百聞は一見にしかず．Seeing is believing.（← 見ることは信じることだ）

**いっこ**【一個】**one**[ワン] → ひとつ ❶
- 卵1個 *an* egg
- 石けん1個 *a piece* [*bar*] *of* soap
- このレモンは1個60円だ．
  These lemons are sixty yen *each*.

**いっこう**[1]【一行】**a party**[パーティ], **a group**[グループ]
- 観光客の一行 *a party* of tourists

**いっこう**[2]【一向に】**at all**[オール]
- 一向に返事が来ない．
  I haven't gotten an answer *at all*.

**いっさんかたんそ**【一酸化炭素】**carbon monoxide**[カーバン マナクサイド]

**いっしき**【一式】**a set**[セット]；（道具などの）**a kit**[キット], **gear**[ギア]

**いっしゅ**【一種の】**a kind (of …)**[カインド]（▶ of の後にくる名詞にはふつう a [an] や the はつけない）
- くじらはほ乳類の一種だ．
  A whale is *a kind of* mammal.

**いっしゅう**【一周】（走路などの）**a lap**[ラップ]；（…の周囲を）**around …**[アラウンド]
- トラックをあと1周しよう．
  Let's run *one* more *lap*.
- 両親はヨーロッパ一周旅行をした．
  My parents made a trip *around* Europe.

**──一周する go around**
- 池を一周するのに10分かかった．It took me ten minutes to *go around* the pond.

# いっしゅうかん【一週間】

**a week**[ウィーク]
- 1週間に1回ミーティングがある．
  We have a meeting once a *week*.
- その展覧会は1週間開催される．
  The exhibition will be held for *a week*.

**いっしゅん**【一瞬】**a moment**[モウマント], **a minute**[ミニット], **an instant**[インスタント]
- 一瞬のうちにそのチケットは売り切れた．
  The tickets were sold out *in a moment*.
- 彼は一瞬気を失った．
  He fainted *for a moment*.

# いっしょ【一緒に】

| ❶共に | **together**; （いっせいに）**all together**; （…といっしょに）**with …** |
| --- | --- |
| ❷同じ | **the same**; （おそろいの）**matching** |
| ❸同時に | **at the same time** |

❶[共に] **together**[タゲザァ]；（いっせいに）**all together**；（…といっしょに）**with …**[ウィズ]

## いってきます

- みんなでいっしょに富士山に登った．
  We climbed Mt. Fuji *together*.
- ぼくといっしょに行かないか．
  Won't you come *with* me?
- いっしょにやらない？
  Why don't you *join* us?

❷[同じ]**the same**[セイム]；(おそろいの)**matching**[マッチング]
- ケンとはクラブがいっしょでした．
  I was in *the same* club as Ken.

❸[同時に]**at the same time** → いっせい

**いっしょう**【一生】(a) **life**[ライフ], **a lifetime**[ライフタイム]；(一生ずっと)**all** *one*'s **life**
- 祖母は幸せな一生を送った．
  My grandma lived a happy *life*.
- 夢を実現するには一生かかるだろう．It will take a *lifetime* to realize my dream.
- 彼は一生幸せだった．
  He was happy *all his life*.
- 君のことは一生忘れません．
  I will never forget you *as long as* I *live*.
  (←生きている限り)
- 一生に一度のチャンス
  a once-in-a-*lifetime* chance

**いっしょうけんめい**【一生懸命】**hard**[ハード], **as hard as possible**[パスィブル]
- 一生懸命勉強した．I studied *hard*.
- 一生懸命頑張（がんば）ります．I'll *do* my *best*.
- そのチームを一生懸命応援した．I cheered for the team with *all my heart*.

**いっせい**【いっせいに】(同時に)**at the same time**[セイム タイム]；(声をそろえて)**in unison**[ユーニスン]
- 全走者はいっせいにスタートを切った．All the runners started *at the same time*.
- 彼らはいっせいに「すごい」と言った．
  They said "Amazing!" *in unison*.

**いっせきにちょう**【一石二鳥】**killing two birds with one stone**[キリング][バーヅ][ストウン]

**いっそう**(もっと)**more**[モア] (▶形容詞や副詞の比較（ひかく）級を用いて表す)；(ますます)**even more**[イーヴン], **all the more**
- ビーズをつけたらいっそうかわいくなるよ．
  If you add beads to it, it will look *even prettier*.
- 満塁（まんるい）になって観客はいっそう興奮した．
  With the bases loaded, the spectators became *all the more* excited.

**いっそく**【一足】**a pair**[ペア]
- 靴下（くつした）1足 *a pair* of socks

**いったい** **on earth**[アース], **in the world**[ワールド] (▶疑問文で用いる)

- 彼はいったいどこ行っちゃったの．
  Where *on earth* has he been?

**いったん** **once**[ワンス]
- いったん何かをすると決めたら最後までやりなさい．*Once* you've decided to do something, you should follow through.

**いっち**【一致する】**agree** (**with** ...)[アグリー]
- 私は彼女と意見が一致している．
  I *agree with* her.
- 私たちは趣味（しゅみ）が一致している．
  We have *the same* taste.

**いっちょういったん**【一長一短】**merits and demerits**[メリッツ][ディーメリッツ]
- どの案にも一長一短がある．Every plan has both its *merits and demerits*.

**いっちょくせん**【一直線】**a straight line**[ストゥレイト ライン]
- ゴールに向かって一直線に走った．
  I ran *straight* to the goal.

**いつつ**【五つ(の)】**five**[ファイヴ] → ご¹

**いっつい**【一対】**a pair**[ペア] → つい²

**いってい**【一定】(定まった)**fixed**[フィクスト]；(規則的な)**regular**[レギュラー]；(変わらない)**constant**[カンスタント], **steady**[ステディ]
- 一定額のお金 a *fixed* amount of money
- 一定の温度 a *constant* temperature
- 一定のリズム a *steady* rhythm

**いってき**【一滴】**a drop**[ドゥラップ]

**いってきます**【行ってきます】日≠英

> **これ、知ってる？** 「行ってきます」と「行ってらっしゃい」
>
> 英語には「行ってきます」「行ってらっしゃい」に当たる言い方はなく，出かけるほうは
> - Bye.(じゃあね)
> - See you（later）.(また後で)
>
> などと言います．送り出すほうも同様の言い方のほかに，
> - Take care. / Be safe.(気をつけて)
> - Have fun.(楽しんでおいで)
> - Have a nice day.(よい一日を)
>
> 旅立つ人には
> - Have a nice trip.(すてきな旅を)
>
> などと言います．

## いつでも

**いつでも** (at) **any time**[エニィ タイム];（常に）**always**[オールウェイズ]
- いつでも歓迎(然)しますよ.
  You are welcome *any time*.
- 彼はいつでもビデオゲームをしている.
  He is *always* playing video games.

**いってらっしゃい**【行ってらっしゃい】日≠英→いってきます

**いっとう**【一等】(賞の) **first prize [place]**[ファースト プライズ [プレイス]]；(乗り物などの) **first class**[クラス]
- われわれのチームが1等になった.
  Our team won (the) *first prize*.

**いつのまにか**【いつの間にか】
- いつの間にか雨がやんでいた.
  It stopped raining *before I knew it*.

## いっぱい

| ❶容器に入る分量 | a cup (of ...), a glass (of ...) |
| --- | --- |
| ❷満ちている | be full (of ...), be filled (with ...) |
| ❸全部 | all |

❶[容器に入る分量] **a cup (of ...)**[カップ], **a glass (of ...)**[グラス]
- コーヒー1杯(株) *a cup of* coffee（►コーヒー2杯は *two cups of* coffee）
- 水を1杯ください.
  May I have *a glass of* water?

❷[満ちている] **be full (of ...)**[フル], **be filled (with ...)**[フィルド]
- その通りは人でいっぱいだった. The street *was full of* people. / The street *was crowded with* people.

話してみよう!
- ☺パンをもう少しいかがですか.
  Would you like some more bread?
- ☻いいえ，けっこうです．おなかがいっぱいです．
  No, thank you. I'm *full*.

- セイコは喜びで胸がいっぱいだった.
  Seiko's heart *was filled with* joy.
  **―いっぱいにする fill**
- バケツを水でいっぱいにして. *Fill* the bucket (to the brim) with water.

❸[全部] **all**[オール]
- 今月いっぱい体育の授業を休みます.
  I'll skip my P.E. classes *all* this month.

**いっぱん**【一般の】**general**[チェナラル], **common**[カマン], **ordinary**[オーダネリィ], **public**[パブリック]
- まず一般の人の意見を聞いてみよう. Why don't we listen to *public* opinion first?
- その庭園は一般に公開されている.
  The garden is open to *the public*.（►the+〈形容詞〉で「…の人々」の意）
  **―一般(的)に in general, generally**
- 一般に子どもはアイスクリームが大好きだ.
  *In general*, kids love ice cream.
  **―一般的に言えば generally speaking**
  **―一般人 the public, ordinary people**

**いっぺん once**[ワンス] → いちど

**いっぽ**【一歩】**a step**[ステップ] → …ほ
- 勝利への第一歩
  the first *step* toward victory
- 私たちは一歩前進[後退]した.
  We took *a step* forward [backward].
- 一歩一歩(地道に) *step by step*

## いっぽう【一方】

| ❶片方 | （2つのうちの）one,（2つのうちのもう一方）the other |
| --- | --- |
| ❷他方では | (…するかたわら）while ...; (対照的に) on the other hand |

❶[片方]（2つのうちの）**one**[ワン],（2つのうちのもう一方）**the other**[アザァ]
- ボートは一方に傾(然)いた.
  The boat leaned to *one* side.
- 靴下(尨)の一方はあるがもう一方がない.
  I have *one* sock but cannot find *the other*.
  **―一方的な one-sided**
- 一方的な意見 a *one-sided* opinion

❷[他方では]（…するかたわら）**while ...**[(ホ)ワイル];（対照的に）**on the other hand**[ハンド]
- 彼は高校に通う一方，プロのピアニストでもある.
  *While* he is only a high school student, he is also a professional pianist.
  **一方通行**《掲示》**ONE WAY**: この通りは一方通行だ. This street is *one way*. / This is a *one-way* street.

「一方通行」の標識（米国）

**いっぽん**【一本の】**a [an], one**（► one は「1本」を強調する場合に使う）；（飲料などの）**a bottle**

of ...[バトゥル]；（チョークなど）**a piece of** ...[ピース]
- 鉛筆(約)1本 *a pencil*
- コーラ1本 *a bottle of* cola
- ひも1本 *a piece of* string

**いつまで**（期間）**how long**[ハゥ ローング]；（期限）**by when**[(ホ)ウェン], **until when**
- 日本にはいつまで滞在(弦)するのですか. *How long* are you going to stay in Japan?
- いつまでに返事をすればいいですか. *By when* should I reply?

**いつまでも**（永遠に）**forever**[フォレヴァ]；（生きている限り）**as long as** *one* **lives**[ローング][リヴズ]；（長い間）**for a long time**[タイム]
- 君のことはいつまでも忘れない. I'll remember you *forever*. / I will never forget you *as long as I live*.

## いつも
（常に）**always**[オールウェイズ], **all the time**[タイム]；（ふつう）**usually**[ユージュアリィ]（▶ *always* と *usually* はふつう be動詞・助動詞の後, 一般動詞の前に置く）
- 彼女はいつもだれに対しても優しい. She is *always* kind to everyone.
- ケンはいつも朝6時に起きる. Ken *usually* gets up at six.
- 彼はいつも宿題を忘れなかった. He *never* forgot his homework.
━**いつも …とは限らない not always …**→ …かぎらない
- いつもうまくいくとは限らない. You can*not always* succeed.
━**いつもの usual, ordinary**
- 彼はいつもの席に座(弦)った. He sat in his *usual* seat.
━**いつものように as usual**
- いつものように練習後にミーティングをした. *As usual*, we had a meeting after training.
━**いつもより than usual**
- きょうはいつもより早く学校へ行った. I went to school earlier *than usual*.

**いつわり**【偽り】**a lie**[ライ]→ うそ
━**偽りの false**[フォールス]
━**偽りのない frank**[フランク]
━**偽る**（うそを言う）**lie, tell a lie**
- 彼は年齢(弦)を偽った. He *lied* about his age.

**イディオム an idiom**[イディアム]
**いてざ**【射手座】**Sagittarius**[サヂャテ(ァ)リアス]；（人）**a Sagittarius**
- 私は射手座です. I am a *Sagittarius*.

**いでん**【遺伝】**heredity**[ハレダティ]
━**遺伝の hereditary**
━**遺伝する inherit**[インヘリット]
遺伝子 **a gene**
遺伝子組みかえ食品 **genetically modified food(s)**

**いと**¹【糸】（縫(ぬ)い糸）**(a) thread**[スレッド]；（やや太い）**(a) string**[ストゥリング]；（つり糸）**a line**[ライン]
- 糸くず pieces of *thread*
- 穴をもめん糸でかがった. I sewed up the hole with cotton *thread*.
- 彼女は針に糸を通した. She *threaded* a needle.（▶ この thread は動詞）
‖ 糸ようじ **a dental floss pick**

**いと**²【意図】**(an) intention**[インテンション]
━**意図的に intentionally**

**いど**¹【井戸】**a well**[ウェル]
- 井戸水 *well* water

**いど**²【緯度】**latitude**[ラティトゥード]（▶ lat. と略す）（⇔経度 longitude）→ ほくい, なんい, ちきゅう図

**いどう**【移動する】**move**[ムーヴ]；**migrate**[マイグレイト]；（旅行する）**travel**[トゥラヴェル]
- 隣(なり)の教室へ移動しなさい. *Move* to the next classroom.
‖ 移動教室 **a school camp**

**いとこ a cousin**[カズン]（▶ 男女いずれもさす）
- アキラは私のいとこだ. Akira is my *cousin*.
- またいとこ a second *cousin*

**いどころ**【居所】**where** *one* **is**[(ホ)ウェア]；（住所）*one***'s address**[アドゥレス]
- ぼくは彼女の居所を知っている. I know *where she is*.

## いない
（存在しない）**be not**；（所有していない）**do not have any**→ ない
- ユキはここにいないよ. Yuki *is not* here.
- 父はきょうは一日家にいない. My father *isn't* at home today.
- だれもそこにいなかった. *No* one *was* there.
- 私には兄弟姉妹がいない. I *have neither* a brother *nor* a sister.
- いないいないばあ！ Peekaboo!

**…いない**【…以内】**within** …[ウィズイン]
- 2時間以内に戻(も)ります. I'll be back *within* two hours.
- 3位以内に入りたい. I want to reach the top three.

# いなか

**いなか**【田舎】
(都会に対して)**the country**[カントゥリィ]; (田園地方)**the countryside**[カントゥリィサイド]; (ふるさと)(**one's**) **hometown**[ホウムタウン], (**one's**) **home**[ホウム]
- 田舎に住みたい.
  I want to live in *the country*.
- 父の田舎に行った.
  I went to my father's *hometown*.
━田舎(風)の **rural**[ル(ァ)ラル], **country**
田舎生活 country life
田舎道 a country road

**いなご**【虫】**a grasshopper**[グラスハッパァ], **a locust**[ロウカスト]

**いなずま**【稲妻】**lightning**[ライトゥニング]
- 突然稲妻が走った.
  The *lightning* flashed suddenly.

**いなびかり**【稲光】→いなずま

**イニシャル** **an initial**[イニシャル] (▶ふつう複数形で用いる) = かしらもじ

**イニング**【野球】**an inning**[イニング] → …かい¹ ❷

**いぬ**【犬】**a dog**[ドーグ]; (子犬)**a puppy**[パピィ]
- 彼は犬を2匹飼っている.
  He has two *dogs*.
- この犬はだれにでもほえる.
  This *dog* barks at everyone.
- ぼくは毎日犬を散歩させる.
  I walk my *dog* every day.
- 犬にえさをあげるのを忘れていた.
  I forgot to feed the *dog*.
犬かき (the) dog paddle
犬小屋 a doghouse, a kennel
犬ぞり a dog sled

**イヌイット** **Inuit**[イヌーイット] (複 Inuit, Inuits)

**いね**【稲】【植物】**rice**[ライス]
- 祖父は稲を栽培している.
  My grandfather grows *rice*.
- 秋には稲を刈る.
  We harvest *rice* in the fall.
稲刈り rice harvesting

**いねむり**【居眠り(を)する】(眠りこむ)**fall asleep**[フォール アスリープ]; (こっくりする)**nod**[ナッド]

- 授業中に居眠りしてしまった.
  I *fell asleep* during class.

**いのこり**【居残りする】
- 居残して勉強しなければいけなかった.
  I had to *stay after* school to study.

**いのしし**【動物】**a wild boar**[ワイルド ボァ]

**いのち**【命】(**a**) **life**[ライフ] (複 **lives**[ライヴズ])
- あなたは私たちの命の恩人だ.
  You saved our *lives*.
- その事故で彼は命を失った.
  He lost his *life* in the accident. / He was killed in the accident.
- 彼女は命がけでエベレストに登った.
  She climbed Mt. Everest at the risk of her *life*.
- 彼はがんの研究に命をかけた. He devoted his *life* to the study of cancer.

**いのり**【祈り】(**a**) **prayer**[プレァ](★「祈る人」prayer[プレィア]との発音の違いに注意); (食前・食後の感謝の)**grace**[グレイス]
- 祈りをささげる
  offer a *prayer*

**いのる**【祈る】**pray**[プレィ]; (願う)**wish**[ウィッシュ]
- 試験に受かるよう神様に祈った.
  I *prayed* (to God) that I would pass the examination.
- 早く快復するよう祈っています.
  I'll *pray* for your quick recovery.
- あなたの成功を祈ります.
  I *wish* you success. / Good luck.

**いばる** **be proud** (**of** …)[プラウド], **act big**[アクト ビッグ]
- そんなにいばらないで.
  Don't *be so proud*.

**いはん**【違反】(**a**) **violation**[ヴァイアレイション]
- 交通違反 a traffic *violation*
━違反する **violate**[ヴァイアレイト], **break**[ブレイク]
- 交通規則に違反する
  *violate* (the) traffic laws [regulations]
- 彼女は校則に違反した.
  She *broke* the school rules.

**いびき** **a snore**[スノァ]
━いびきをかく **snore**
- 母は私がゆうべいびきをかいていたと言った.
  My mother told me I was *snoring* last night.

**イブ**(祝祭日の前日・前夜)**eve**[イーヴ] (▶ふつう大文字で始める)
- クリスマスイブに on Christmas *Eve*

**いふく**【衣服】**clothes**[クロウズ] (★発音注意) → ふく¹

**イベント** **an event**[イヴェント]
- イベントに行ってきた.
  I attended the *event*.

# いま¹【今】

| | |
|---|---|
| ❶現在 | now, at present, at the moment; (現代)today |
| ❷たった今 | just, just now |
| ❸すぐに | at once, in a moment, right away |

❶[現在]**now**[ナゥ], **at present**[プレズント], **at the moment**[モウマント]; (現代)**today**[トゥデイ]
- 今, 勉強中. I'm studying *now*.
- ロングヘアが今流行している. Long hair is *now* in fashion.
- 父は今出かけています. My father is out *at present*.
- 母は今家にいません. My mother isn't home *at the moment*.

━今の **present, today, current**[カーラント]
- 今の担任の先生 (our) *current* homeroom teacher
- 今の世の中で大切なことは何ですか？ What is important in *today's* world?

❷[たった今]**just**[ヂャスト], **just now**[ナゥ]
- アキは今出て行ったところだ. Aki has *just* gone out. / Aki went out *just now*. (▶現在完了形の文ではjust, 過去形の文ではjust nowを用いる)

❸[すぐに]**at once**[ワンス], **in a moment, right away**[ライト アウェイ]
- 今すぐ来てください. Please come *at once*.
- 今行きます. I'll be there *in a moment*. / I'll come *right away*.

**いま²**[居間]**a living room**[リヴィング ルーム]

## いまいち
- いまいちその話がわからない. I *don't quite* understand the story.
- このTシャツ, いまいちだね. This T-shirt is *not great*, is it?

## いまから【今から】(これから)**from now**(**on**)[ナゥ]; (さかのぼって)**ago**[アゴゥ]
- 今から10年後に ten years *from now* / *in* ten years
- 今から3年前に three years *ago*
- 今からでも遅(#)くない. It's still not too late.

## いまごろ【今ごろ】**about this time**[アバウト][タイム]; (今時分には)**by now**[ナゥ]
- あしたの今ごろは *about this time* tomorrow
- 今ごろユミは寝(#)ているに違(#)いない. Yumi must be asleep *by now*.
- 妹は今ごろどうしているかしら. I wonder what my sister is doing *right now*.
- 今ごろ準備しているの？ Haven't you finished preparing yet?(◀まだ準備が終わっていないの？)

## いまさら【今さら】**now**[ナゥ]
- 今さら言ってもしかたないよ. It is no use saying it *now*. / It is too late to say it *now*.

## いまだに【いまだに…ない】**not … yet**[イェット]→まだ❷
- いまだに彼から電話がない. He has *not* called me *yet*.
- いまだに真相はわからない. The truth is *not* clear *yet*.

## いまでも【今でも】**still**[スティル]
- 今でもその歌を覚えている. I *still* remember the song.

## いまに【今に】(まもなく)**soon**[スーン], **before long**[ローング]; (いつか)**someday**[サムデイ]
- 今に彼は現れるだろう. He will be here *soon*.
- 今に幸せだと思える時が必ず来るよ. You will find yourself happy *someday*.
- 今に見ていろ. Just wait and see!

## いまにも【今にも】**at any moment**[モウマント]
- 今にも雪が降り出しそうだ. It may snow *at any moment*.

## いまのところ【今のところ】(当分は)**for now**[ナゥ]
- 今のところ, うちのチームが優勢だ. Our team is in the lead *for now*.
- 今のところ私たちはだいじょうぶだ. We're okay *so far*.

# いままで【今まで】

**until now**[アンティル ナゥ], **till now**; (かつて)**ever**[エヴァ]; (この間じゅう)**all this time**[タイム]
- 今までどこにいたの？ Where have you been *until now*?
- 今まで何も食べていない. I haven't eaten anything yet.

**今までに…したことがある**
have＋〈過去分詞〉
- 今までに海外に行ったことがありますか. *Have* you ever been abroad?
- 今までに一度だけパンダを見たことがある. I *have* seen a panda only once.

**今までに一度も…したことがない**
have never＋〈過去分詞〉
- 今までに一度もアメリカに行ったことがない. I *have* never been to America.

## いみ【意味】

(a) meaning[ミーニング], (a) sense[センス]
- "take"という語にはたくさんの意味がある.
The word "take" has a lot of *meanings*.
- この単語はどういう意味ですか.
What's the *meaning* of this word? / What does this word *mean*?
- ある意味ではそれは正しい.
In a *sense*, it is right.
- それはどういう意味だい？
What do you *mean* (by that)?

**―意味する** mean;（表す）stand for …
- ＮＺはニュージーランドを意味する.
NZ *stands for* New Zealand.

**―意味のある** meaningful
- 彼の言葉は私にとって意味のあるものだった.
His words were *meaningful* to me.

**―意味のない** meaningless
- こんなことをしても意味ないんじゃない？
*Isn't* there any *point* in doing this?

**いみん**【移民】（外国への移住者）an emigrant[エミグラント];（外国からの移住者）an immigrant[イミグラント]

**イメージ** an image[イミッヂ]（★発音注意）
- イメージチェンジしてみたんだ.
I tried changing my *image*.
- イメージアップしたい.
I want to improve my *image*.
- うそをついて彼はイメージダウンした.
The lie harmed his *image*.

**いも**【芋】【植物】（じゃがいも）a potato[パテイトウ];（さつまいも）a sweet potato[スウィート]
- 焼きいも a baked *sweet potato*

## いもうと

【妹】a sister[スィスタァ];（姉と区別して）a little [younger] sister[リトゥル][ヤンガァ]（⇔姉 a big [an older, an elder] sister) → あに ポイント!
- 妹はぼくより5つ年下だ. My *sister* is five years younger than I [me].
- 私のいちばん下の妹 my *youngest sister*

**いもむし**【芋虫】a caterpillar[キャタァピラァ]

## いや¹【嫌な】

nasty[ナスティ], bad[バッド];（不愉快な）unpleasant[アンプレズント], disagreeable[ディサグリーアブル];（むかつくような）disgusting[ディスガスティング]
- いやな天気 bad [*unpleasant*] weather
- 彼はいやなやつだ.
He is an *unpleasant* guy.

**―…はいやだ** do not like[ライク], dislike[ディスライク], hate[ヘイト]
- 日曜日に勉強するのはいやだ.
I *don't like* studying on Sundays.
- このにおいはいやだ. I *hate* this smell.

**―いやになる** get [be] sick [tired] of …
- 彼はサッカーの練習がいやになった.
He *got sick of* practicing soccer.

**いや²**（返事）no[ノゥ] → いいえ

**いやいや** unwillingly[アンウィリングリィ]
- 私はいやいや塾に行った.
I went to a cram school *unwillingly*.

**いやがらせ**【嫌がらせ】harassment[ハラスマント]

**いやがる**【嫌がる】（…はいやだ）do not like[ライク], dislike[ディスライク], hate[ヘイト] → いや¹
- 彼は学校へ行くのを嫌がる.
He *doesn't like* going to school.

**いやす** heal[ヒール], relieve[リリーヴ]
- ストレスをいやすもの
things to *relieve* stress

**イヤホン** an earphone[イァフォウン];（右と左で1組の）(a pair of) earphones
- イヤホンをする wear [use] *earphones*
- イヤホンで音楽を聞いた.
I used *earphones* to listen to the music.

**いやみ**【いやみな】sarcastic[サーキャスティック]
- 友達にいやみを言われた.
My friend was *sarcastic* (to me).

**いやらしい** dirty[ダーティ]
- いやらしい言葉 *dirty* language

**イヤリング** an earring[イアリング]（▶ふつう複数形で用いる）
- イヤリング1組 a pair of *earrings*（▶2組のイヤリングは two pairs of *earrings*）
- 彼女は真珠のイヤリングをつけている.
She is wearing pearl *earrings*.

## いよいよ

（ついに）at last[ラスト];（ますます）more and more[モァ]（▶ほかに〈比較級〉＋and＋〈比較級〉でも表す）
- いよいよ冬がやってきた.

## いる¹

Winter has come *at last*.
- 試合はいよいよおもしろくなってきた.
The game is getting *more and more exciting*. （▶excitedにはしない）
- 雪はいよいよ激しくなってきた.
It snowed *harder and harder*.

**いよく【意欲】**（a）**will**[ウィル], **motivation**[モウティヴイション]
- 数学を勉強する意欲がわいた.
I got *motivated* to study math.
- **意欲的な ambitious**[アンビシャス]

**いらい【依頼】a request**[リクウェスト]
- **依頼する request, ask**（for ...）→**たのむ❶**
- 私たちは彼に援助(秘)を依頼した.
We *asked for* his help.

**…いらい【…以来】since ...**[スィンス]
- 彼とはそれ以来ずっと会っていない.
I haven't seen him *since* then.
- この学校に入学して以来，ぼくたちは友達です．
We have been friends *since* we entered this school.

## いらいら【いらいらする】

**be irritated**[イリテイティド]
- どうしてそんなにいらいらしているの？
Why *are* you so *irritated*?

**イラク Iraq**[イラーク]
- **イラク人 an Iraqi**[イラーキ]

**イラスト an illustration**[イラストゥレイション]
- 彼女はイラストを描(が)くのが好きだ.
She likes to draw *illustrations*.

**イラストレーター an illustrator**[イラストゥレイタァ]（★アクセント位置に注意）

**いらっしゃい**
- ようこそいらっしゃい. *Hello. / Welcome.*
- こちらへいらっしゃい. *Come* here.
- （店員が客に）いらっしゃいませ. *May I help you? / What can I do for you?*

**いらっしゃる come**[カム], **go**[ゴゥ]（▶英語には「いらっしゃる」に当たる敬語はない）→**いく, くる**
- お客様はいついらっしゃるの？
When are the guests *coming*?
- いらっしゃる前にお電話をください.
Please call me before you *come*.

**…いられない**（…してはいられない）**cannot**＋〈動詞の原形〉;（…しないではいられない）**cannot help**＋〈-ing形〉[ヘルプ]→**…せずにいられない**
- こうしてはいられない.
I *can't* wait.
- 時間をこのようにむだにしてはいられない.
I *cannot* be wast*ing* time like this.

**イラン Iran**[イラーン]
- **イラン人 an Iranian**[イレイニアン]

**いりぐち【入り口】an entrance**[エントゥランス]（⇔出口 an exit）
- 入り口で待っていて.
Wait at the *entrance*.

**いりょう【医療】medical care**[メディカル ケア]
- **医療費 medical expenses**

**いりょうひん【衣料品】→いるい**

**いりょく【威力】power**[パウァ]
- **威力のある powerful**

# いる¹

| ❶存在する | be; there is [are] |
|---|---|
| ❷とどまる | stay |
| ❸所有する | have |

❶[存在する]**be; there is [are]**→**ある ポイント!**
- あしたはずっと図書館にいると思う.
I'll *be* at the library all day tomorrow.
- 2年生は体育館にいる.
The second-year students *are* in the gym.
- 今までずっとどこにいたの？
Where have you *been* all this time?
- だれかいませんか？
*Is* anybody there?

**…に〜がいる**
There is [are]＋〈人・物〉＋〈場所〉
（▶〈人・物〉が単数形ならis, 複数形ならare）
- 入り口に大きな犬がいる.
*There is* a big dog at the entrance. / A big dog *is* at the entrance.
- そのレストランには大ぜいの人がいた. *There were* many people in the restaurant.
- この学校には生徒が500人いる.
*There are* five hundred students in this school. / This school *has* five hundred students.
- あそこに何かいる.
*There is* something over there.

❷[とどまる]**stay**[ステイ]
- 彼は家にいるのが好きだ.
He likes to *stay* home.
- ちょっとここにいて.
Please *stay* here.

❸[所有する]**have**[ハヴ]

**話してみよう!**
☺きょうだいはいるの？
Do you *have* any brothers or sisters?
☻はい，兄が1人います.
Yes, I *have* one older brother.

## いる²【要る】

**need**[ニード], **be necessary**[ネサセリィ], **take**[テイク]

- 旅行には何がいるの？
  What do I *need* for the trip?
- 助けがいるならいつでもメールしてくれ．
  If you *need* some help, text me anytime.
- 医者になるには免許がいる．
  You *need* a license to be a doctor.
- 燃焼には酸素がいる．
  Oxygen *is necessary* for things to burn.
- 先生に逆らうには勇気がいる．
  It *takes* courage to disobey the teacher.
- ナオのことなら心配いらないよ．
  You *don't have to* worry about Nao.
- おつりはいりませんよ．
  Please keep the change.

## いる³【射る】 **shoot**[シュート]
- 矢を射る *shoot* an arrow

## いる⁴【煎る】 **roast**[ロウスト]
- 煎った豆 *roasted* beans

## …いる【…(して)いる】

| ❶動作の進行・継続 | be+〈-ing形〉, have been+〈-ing形〉, have+〈過去分詞〉 |
| ❷状態 | 動詞の現在形; be+〈形容詞〉; keep+〈形容詞または-ing形〉 |

❶ [動作の進行・継続] **be+〈-ing形〉**(▶進行形), **have been +〈-ing形〉**(▶現在完了進行形), **have+〈過去分詞〉**(▶現在完了形(継続))

- リサは音楽を聞いている．
  Risa *is* listen*ing* to music.
- 今何をしているの？
  What *are* you do*ing* now?
- マキは3歳の時からずっとバイオリンを習っている．
  Maki *has been* tak*ing* violin lessons since she was three years old.
- 彼は3年間英語を勉強している．
  He *has* studied English for three years.
- 眠っている赤ん坊 a sleep*ing* baby
- ベッドで眠っている赤ん坊 a baby sleep*ing* in its bed (▶「…している」の部分が2語以上の場合は名詞のうしろに置く)

❷ [状態] 動詞の現在形 (▶know(知っている)など，それ自体で状態を示す動詞は進行形にしない); (…の状態である) **be+〈形容詞〉**; (…のままでいる) **keep+〈形容詞または-ing形〉**[キープ]

- その話は知っているよ．I *know* the story.
- きょうは店が開いている．
  The shop *is* open today.
- 彼女は父をずっと待っていた．
  She *kept* wait*ing* for her father.

## いるい【衣類】 **clothes**[クロウズ]; (全体) **clothing**[クロウズィング] (▶帽子や靴など身につけるものすべて)

## いるか〖動物〗 **a dolphin**[ダルフィン]

## イルミネーション **illuminations**[イルーマネイションズ], **the lights**[ライツ]

## いれかえる【入れ替える】 **replace**[リプレイス]
- 彼はDVDを別のと入れ替えた．
  He *replaced* the DVD with another one.

## いれば【入れ歯】 **a false tooth**[フォールス トゥース] (複 **false teeth**[ティース])

## イレブン〖スポーツ〗 **(an) eleven**[イレヴン] (▶サッカー，アメリカンフットボールなど11人からなるチーム)

## いれもの【入れ物】 (箱・ケースなど) **a box**[バックス], **a case**[ケイス]; (容器) **a container**[カンテイナァ]

## いれる【入れる】

| ❶物を | (…を〜に) **put ... in [into]** 〜; (注ぐ) **pour** |
| ❷人などを中へ | **let in**; (…を〜に) **let ... into** 〜; (会などに) **admit**; (学校・病院へ) **send** |
| ❸数・計算に | **include** |
| ❹お茶などを | **make** |
| ❺スイッチなどを | **turn on, switch on** |

put ... in   pour

let in   turn [switch] on

❶ [物を] (…を〜に) **put ... in [into]** 〜[プット]; (注ぐ) **pour**[ポァ]

- 新しいノートをかばんに入れた．
  I *put* a new notebook *in* my bag.
- レンジに入れて3分です．*Put* it *in* the microwave for three minutes.
- コップに水を入れてください．

いんけん

Please *pour* some water *into* the glass.
❷[人などを中へ]**let in**[レット イン];(…を〜に)**let ... into 〜**;(会などに)**admit**[アドゥミット];(学校・病院へ)**send**[センド]
・窓を開けて新鮮(炊)な空気を入れた.
I opened the window and *let in* some fresh air.
・仲間に入れて. May [Can] I *join* you?
❸[数・計算に]**include**[インクルード]
・私を入れて5人がピクニックに行った.
Five people, *including* myself, went on a picnic.
❹[お茶などを]**make**[メイク]
・母がお茶を入れてくれた.
My mother *made* tea for me.
❺[スイッチなどを]**turn on**[ターン], **switch on**[スウィッチ](⇔切る turn off, switch off)
・エアコンを入れてくれない? Will you *turn* [*switch*] *on* the air conditioner?

## いろ【色】

**a color**, ⑱**a colour**[カラァ]
・明るい[暗い]色 bright [dark] *colors*
・薄(氵)い[濃(ﾉ)い]色 light [deep] *colors*
・この色のセーターがほしい.
I want a sweater in this *color*.
・ちょっと色が違(ﾁｶﾞ)う.
This *color* looks wrong.
・これの色違いがほしい.
I want this in another *color*.

話してみよう!
☺どんな色が好き?
What *color* do you like?
☻明るい[鮮(ｱﾀﾞ)やかな]色が好きです.
I like bright [vivid] *colors*.

━色を塗(ﾇ)る **color**, ⑱**colour**;(ペンキなどで)**paint**[ペイント]
・エリはばらを赤い色で塗った.
Eri *painted* roses red.
| 色鉛筆(ｴﾝﾋﾟﾂ) **a colored pencil**
| 色紙(ｶﾞﾐ) **colored paper**

## いろいろ【いろいろな】

(種々の)**various**[ヴェ(ァ)リアス], **many kinds of ...**[カインツ], **different**[ディファラント];(たくさんの)**many, a lot of ...**(►いずれも名詞の複数形が後に来る)
・いろいろな問題 *various* problems
・いろいろな(種類の)犬 *many kinds of* dogs
・いろいろお話ししたいことがあるんです.
I have *many* [*a lot of*] things to tell you.

・いろいろありがとうございました.
Thank you for *everything*.
**いろは** the Japanese alphabet[ヂャパニーズ アルファベット];(初歩)**the ABCs**;(基礎(ｷ))**the basics**[ベイスィックス]
**いろん**【異論】**a different opinion**[ディファラント アピニャン];(反対)**an objection**[アブチェクション]
・それについて異論はありません.
I have no *objection* to it.
**いろんな** →いろいろ
**いわ**【岩】(**a**) **rock**[ラック]
━岩の, 岩の多い **rocky**
**いわい**【祝い】(**a**) **celebration**[セラブレイション];(祝いの言葉)**congratulations**[カングラチュレイションズ]
・お誕生日のお祝いを申し上げます.
*Congratulations* on your birthday.
**いわう**【祝う】(事柄(ｶﾞﾗ)を)**celebrate**[セラブレイト];(人を)**congratulate**[カングラチュレイト]
・新年を祝う *celebrate* the New Year
・私たちはケンの合格を祝った.
We *congratulated* Ken *on* his success in the exam.
・彼らは兄が大学を卒業した時盛大(ﾀﾞｲ)に祝ってくれた. They *held* a big *celebration* [*party*] for my brother when he graduated from college.
**いわし**【魚】**a sardine**[サーディーン]
**いわば so to speak**[スピーク]
・佐藤先生はいわば学校でのお母さんだ.
At school Ms. Sato is our mother, *so to speak*.
**いわゆる what we** [**you, they**] **call**[(ﾎ)ワット][コール], **what is called, so-called**[ソウコールド]
・彼はいわゆる天才だ.
He is *what you call* a genius.
**…いわれている**【…と言われている】(…と考えられている)**They** [**People**] **say that ...**[ピープル][セイ], **It is said that ...**[セッド];(…と呼ばれている)**be called ...**[コールド] →いう❸
・彼女は大会で優勝すると言われている. *They say that* she will win the tournament.
・この番組はとてもよいと言われている.
*It is said that* this program is very good.
**いんかん**【印鑑】**a seal**[スィール] →習慣・マナー[口絵]
**いんき**【陰気な】**gloomy**[グルーミィ]
・陰気な顔 a *gloomy* face
**インク ink**[インク]
**イングランド England**[イングランド] →イギリス
ポイント!
**いんけん**【陰険な】**sly**[スライ], **cunning**[カニング]

## いんこ

**いんこ**〖鳥〗a parakeet[パラキート]
**インコース**〖野球〗the inside[インサイド];〖陸上〗the inside track[トゥラック]
**いんさつ**〖印刷〗printing[プリンティング]
- カラー印刷 colored *printing*
- **印刷する** print
- チラシを印刷してもらおう.
  Let's have the flyers *printed*.（►have＋〈人・物〉＋〈過去分詞〉で「〈人・物〉を…してもらう」の意）
  印刷機 a printing press［machine］;（プリンター）a printer
  印刷物 printed matter

## いんしょう〖印象〗

(an) impression[インプレッション]
- 奈良の印象はどうだった.
  What were your *impressions* of Nara?
- **印象を与える** impress, make an impression (on ...)
- ミキはみんなによい印象を与えた. Miki *made a good impression on* everyone.
- **印象的な** impressive
- 彼女の笑顔がとても印象的だった.
  Her smile was very *impressive*.

**いんしょうは**〖印象派〗impressionist art[インプレッショニスト アート]
**いんしょく**〖飲食〗eating and drinking[イーティング アンド ドゥリンキング]（►日本語と逆の語順に注意）
**いんしょくてん**〖飲食店〗a restaurant[レスタラント]
**いんすうぶんかい**〖因数分解〗〖数学〗factorization[ファクタリゼイション]
**インスタ(グラム)**〖商標〗Instagram[インスタグラム]
- インスタに投稿する
  post on *Instagram*

**インスタント**【インスタントの】instant[インスタント]
| インスタントコーヒー instant coffee
| インスタント食品 instant food
| インスタントラーメン instant ramen (noodles)

**インストール**【インストールする】〖コンピュータ〗install[インストール]
- ソフトをパソコンにインストールした.
  I *installed* the software on my PC.
**インストラクター** an instructor[インストゥラクタァ]
**インスピレーション** (an) inspiration[インスピレイション]
- ふとインスピレーションがわいた.
  I had a sudden *inspiration*.
**いんせい**〖陰性の〗negative[ネガティヴ]
- ウイルス検査では陰性だった.
  I tested *negative* for the virus.
**いんせき**〖隕石〗a meteorite[ミーティアライト]
**いんそつ**〖引率する〗take[テイク], lead[リード]
| 引率者 a leader
**インターセプト**【インターセプトする】〖球技〗intercept[インタァセプト]
**インターチェンジ** an interchange[インタァチェインヂ]
**インターネット**〖コンピュータ〗the Internet[インタァネット],《話》the Net[ネット]→ネット², コンピュータ
- 私はその情報をインターネットで入手した. I got that information from *the Internet*.
- 彼はその動物についてインターネットで検索した. He did an *Internet* search for the animal.
- 留学のことをインターネットで調べた.
  I searched the *Internet* about studying abroad.
- この部屋はインターネットができる.
  This room has *Internet* access.
| インターネットカフェ an Internet café

**インターネットのいろいろ**
コピーする copy ／ペーストする paste
コピペする copy and paste
保存する save ／ダウンロードする download
アップロードする upload

**インターハイ** an inter-high-school athletic meet[インタァハイスクール アスレティック ミート]
**インターバル**（間隔）an interval[インタァヴァル]（★アクセント位置に注意）
**インターホン** an intercom[インタァカム]
- インターホンで話す
  talk on［over］the *intercom*
**いんたい**〖引退する〗（定年で）retire (from ...)[リタイア];（仕事・活動などを）《話》quit[クウィット]
- もう部活は引退した.
  I have already *quit* my club activities.

**インタビュアー** an interviewer[インタァヴューア]（★アクセント位置に注意）
**インタビュー** an interview[インタァヴュー]
→インタビュー(を)する interview, have an interview (with ...)

**インチ** an inch[インチ]（►長さの単位. in. と略す. 約2.54センチメートル）
**いんちき** cheating[チーティング]
・いんちきをするな.
Don't *cheat*.
**インテリア** interior decoration [design][インティ(ァ)リア デカレイション［ディザイン］]
| インテリアデザイナー an interior designer
| インテリアデザイン interior design
**インド** India[インディア]
→インド(人)の Indian
| インド人 an Indian
| インド洋 the Indian Ocean
**インドア**【インドアの】indoor[インドア]
**イントネーション** (an) intonation[インタネイション]
・ＡＬＴにイントネーションを直してもらった.
The ALT corrected my *intonation*.
**インドネシア** Indonesia[インダニージャ]
| インドネシア人 an Indonesian
**イントロ** an intro[イントゥロウ]
・イントロ当てクイズ an *intro* quiz（►アメリカには"Name that Tune"(あのメロディーを当てろ)というイントロ当てクイズの人気番組があった(1950年代～80年代に放映)）
**インナー**（上着のすぐ下に着る衣服・下着）underclothes[アンダクロウズ]; underwear[アンダウェア]; undershirt[アンダシャート]
**インフォメーション**（情報）information[インファメイション]; (案内所, 受付) an information desk[デスク]
**インプット** input[インプット]（⇔アウトプット output）→にゅうりょく
→インプットする input
**インフルエンザ** influenza[インフルエンザ],《話》(the) flu[フルー]
・家族全員がインフルエンザにかかった.
The whole family caught *the flu*.
・インフルエンザがはやっている.
*Influenza* [*The flu*] is going around.
**インフルエンサー** an influencer[インフルエンサア]
**インフレ(ーション)** inflation[インフレイション]（⇔デフレ(ーション) deflation）
**いんよう**【引用する】quote[クウォウト]
・本から一節を引用する
*quote* a passage from a book
| 引用符(ふ) quotation marks（►記号は ' ' または " "）
| 引用文 a quotation
**インラインスケート** in-line skating[インラインスケイティング]

**いんりょう**【飲料】(a) drink[ドゥリンク], a beverage[ベヴァリッヂ]
・清涼(せいりょう)飲料 a soft *drink*
| 飲料水 drinking water
**いんりょく**【引力】gravitation[グラヴィテイション], gravity[グラヴィティ]

# う ウ

**ウィークエンド** a weekend[ウィーケンド]→しゅうまつ

**ウィークデー** a weekday[ウィークデイ]→へいじつ

**ウィークポイント** a weak point[ウィーク ポイント], a weakness[ウィークニス]

**ウイスキー** whiskey, whisky[(ホ)ウィスキィ]

**ウイニングショット** a winning shot[ウィニング シャット]

**ウイニングボール** a winning ball[ウィニング ボール]

**ウイニングラン** a victory lap[ヴィクトリィ ラップ]

**ウイルス** (生物の)(a) virus[ヴァイ(ア)ラス]; (コンピュータの)a (computer) virus[(カンピュータァ)]

**ウインク** a wink[ウィンク]
- **ーウインクする** wink (at ...)
- その歌手は私にウインクしてくれた.
  The singer *winked at* me.

**ウインタースポーツ** winter sports[ウィンタァ スポーツ]

**ウインドー** a window[ウィンドウ]

**ウインドーショッピング** window(-)shopping[ウィンドウシャッピング]
- ウインドーショッピングをする
  do *some window(-)shopping*
- ウインドーショッピングをしに行く
  go *window(-)shopping*

**ウインドサーフィン** windsurfing[ウィンドサーフィング]
- **ーウインドサーフィンをする** windsurf

**ウインドブレーカー** ⊛a windbreaker[ウィンドブレイカァ]

**ウインナソーセージ** (a) Vienna sausage[ヴィエナ ソースィッヂ]

**ウール** wool[ウール]
- **ーウールの** woolen
- ウールのジャケット a *woolen* jacket

**ウーロンちゃ**【ウーロン茶】oolong tea[ウーロング ティー]

**ううん** no[ノゥ]→いいえ

**うーん** mmm[ンー](▶考えこんだり満足したときなどに発する声)

## うえ¹【上(に)】

| ❶位置 | (表面に接して上に)on ...; (表面から離(は<i>な</i>)れて上に)above ...; (覆(お<i>お</i>)って)over ...; (低い位置から上へ)up |
|---|---|
| ❷上部, 頂上 | the top |
| ❸能力, 地位 | (上位の)higher, upper; (より優(すぐ)れた)better |
| ❹年齢(ねん) | older, elder |

❶[位置](表面に接して上に)on ...[アン]; (表面から離れて上に)above ...[アバヴ](⇔下(に)below (...)); (覆って)over ...[オウヴァ](⇔下(に)under ...); (低い位置から上へ)up[アップ](⇔下(に)down)
- 机の上に本がある.
  There is a book *on* the desk.
- 鳥がビルの上を飛んでいる.
  A bird is flying *above* the buildings.
- 私は敷(し)き布団(ふとん)の上にシーツを広げた.
  I spread a sheet *over* the mattress.(▶このspreadは過去形)
- エレベーターはたった今上に上がっていった.
  The elevator just went *up*.

❷[上部, 頂上]the top[タップ](⇔下 the bottom)
- 山の上
  *the top* of a mountain
- 上から下まで
  from *top* to bottom
- その単語は上から3行目にある. The word is in the third line from *the top*.
- 私の部屋は上(の階)にある.
  My room is *upstairs*.

❸[能力, 地位](上位の)higher[ハイア], upper[アッパァ](⇔下 lower); (より優れた)better[ベタァ]
- さらに上の地位
  a *higher* position
- 料理の腕前(うで)はタクのほうが私より上だ.
  Taku can cook *better* than I [me].

❹[年齢]older[オウルダァ], elder[エルダァ](⇔下 younger)
- 彼は私より5歳(さい)上だ.
  He is five years *older* than I [me].

**うえ²**【飢え】hunger[ハンガァ]
- 動物たちは飢えで死んだ.

The animals died of *hunger*.
→飢える get hungry, starve[スターヴ]

**ウエーター** a waiter[ウェイタァ]（→現在では男女の区別を避(さ)けて server も用いられる）

**ウェート**（重さ・体重）weight[ウェイト]
| ウェートトレーニング weight training
| ウェートリフティング weight lifting

**ウエートレス** a waitress[ウェイトゥリス] → ウエーター

**ウエーブ**（髪(かみ)の）a wave[ウェイヴ]；（応援(おうえん)の）a wave
・私たちは観客席でウエーブをした．
We did the *wave* in the stands.
→ウエーブの wavy
・私の髪はウエーブがかかっている．
My hair is *wavy*. / I have *wavy* hair.

**ウェールズ** Wales[ウェイルズ]

**うえき**【植木】（庭木）a garden tree[ガードゥン トゥリー]；（鉢(はち)植え）a potted plant[パッティド プラント]
| 植木鉢 a flowerpot
| 植木職人 a gardener

**ウエスト** a waist[ウェイスト]
・彼女はウエストが細い[太い]．
She has a small [large] *waist*.
・父のウエストは90センチだ．
My father's *waist* measures ninety centimeters.
| ウエストポーチ ⊗a belt bag, ⊗a fanny pack, ⊗a bumbag

**ウェットスーツ** a wet suit[ウェット スート]

**ウエディング** a wedding[ウェディング]
| ウエディングケーキ a wedding cake
| ウエディングドレス a wedding dress
| ウエディングプランナー a wedding planner

**ウェブ**〚コンピュータ〛the Web[ウェッブ]
| ウェブサイト a website: そのウェブサイトを見てみた．I went to the *website*.
| ウェブデザイナー a Web designer

**うえる**【植える】plant[プラント]
・私たちは公園に桜の木を植えた．
We *planted* cherry trees in the park.

**うお**【魚】a fish[フィッシュ]（複 fish, fishes）→さかな
| 魚市場 a fish market

**ウォーキング** a walking[ウォーキング]
**ウォークラリー** a walk rally[ウォーク ラリィ]
**ウォータースライダー** a water slide[ウォータァ スライド]
**ウォーミングアップ** a warm-up[ウォームアップ]
→ウォーミングアップする warm up
**うおざ**【魚座】Pisces[パイスィーズ]；（人）a Pisces

・私は魚座です．
I am a *Pisces*.

**ウォシュレット**〚商標〛（温水洗浄(せんじょう)便座）an automated toilet with water spray for washing[オータメイティド トイリット][ウォータァ スプレィ][ワッシング]

**うがい**【うがいをする】gargle[ガーグル]
・家に帰ったらうがいをしなさい．
*Gargle* when you get home.
| うがい薬 (a) gargle

## うかがう【伺う】

| ❶質問する | ask |
| ❷訪問する | visit;（人を）call on ... |
| ❸聞く | hear |

❶[質問する]ask[アスク]
・ちょっと伺いますが，駅へはどう行けばいいですか．
*Excuse me*, but may I *ask* you the way to the station?
❷[訪問する]visit[ヴィズィット]；（人を）call on ...[コール]
・今度の日曜日に伺います．
I'll *visit* [*call on*] you next Sunday.
❸[聞く]hear[ヒァ]
・お母様がご病気だと伺いました．
I *heard* that your mother was ill.

**うかつ**【うかつな】careless[ケアリス] →ふちゅうい
・私もうかつだった．It was *careless* of me.

## うかぶ【浮かぶ】

| ❶水面・空中に | float |
| ❷考えなどが | come to ...'s mind, occur (to ...) |

❶[水面・空中に]float[フロウト]（⇔沈(しず)む sink）
・雲が空に浮かんでいた．
Clouds were *floating* in the sky.
❷[考えなどが]come to ...'s mind[マインド], occur (to ...)[アカー]
・よい考えが浮かんだ．
A good idea *came to my mind*. / A good idea *occurred to* me. / I *came up with* a good idea.

**うかべる**【浮かべる】float[フロウト]
・ケンはおもちゃのボートを川に浮かべた．
Ken *floated* a toy boat on the river.
・ユキは目に涙(なみだ)を浮かべた．
Yuki had tears in her eyes.

**うかる**【受かる】（合格する）pass[パス]
・ぼくは入学試験に受かった．

うき¹

I *passed* the entrance examination.
**うき¹**【雨季】**the wet [rainy] season**[ウェット [レイニィ] スィーズン]→つゆ²
**うき²**【浮き】**a float**[フロウト]→つり¹図
**うきうき**【うきうきした】(陽気な)**cheerful**[チアフル];(幸福な)**happy**[ハッピィ]
- あしたは遠足なので,生徒たちはうきうきしている.
 Tomorrow is the school trip, so the students are in a *cheerful* mood.
➡うきうきして **cheerfully**
**うきわ**【浮き輪】(水泳用の)**a swim ring**[スウィムリング]
**うく**【浮く】**float**[フロウト]→うかぶ❶
**うぐいす**〚鳥〛**a bush warbler**[ブッシュ ウォーブラァ]
**ウクライナ Ukraine**[ユークレイン]
➡ウクライナ(人)の **Ukrainian**
∥ウクライナ人 **a Ukrainian**
**うけ**【受けがいい】**be popular (among ...)**[パピュラァ (アマング)]→うける❹
**うけいれる**【受け入れる】(受容する)**receive**[リスィーヴ];(聞き入れる)**accept**[アクセプト]
- 私の意見は受け入れられなかった.
 My opinion was not *accepted*.
**うけつぐ**【受け継ぐ】(性質・財産などを)**inherit**[インヘリット];(仕事などを)**take over**[テイク]
- 彼は母親の音楽の才能を受け継いでいる.
 He *inherited* his mother's talent for music.
**うけつけ**【受付】(ホテルなどの)**a reception desk**[リセプション デスク];(受付係)**a receptionist**[リセプショニスト]

ホテルの受付

**うけつける**【受け付ける】**accept**[アクセプト]
- 申しこみは来週まで受け付けている.
 Applications are *accepted* until next week.
**うけとめる**【受け止める】**take**[テイク]
- ケンは彼女の言葉を深刻に受け止めた.
 Ken *took* her words seriously.

# うけとる【受け取る】

**receive**[リスィーヴ], **get**[ゲット], **take**[テイク];(喜んで)**accept**[アクセプト]
- きのう彼からのメールを受け取った.
 I *received* [*got*] his text yesterday.
- ミキは彼のプレゼントを受け取った.
 Miki *accepted* his present.

> **くらべてみよう！** receive と accept
> **receive**: 受け手の意志に関係なく,来たものを受ける
> **accept**: 積極的に受け入れる

**うけみ**【受け身】〚文法〛(受動態)**the passive (voice)**[パッスィヴ (ヴォイス)](⇔能動態 **the active (voice)**)
➡受け身の **passive**
**うけもち**【受け持ち】**charge**[チャーヂ]→たんとう¹, たんにん
**うけもつ**【受け持つ】**be in charge (of ...)**[チャーヂ]
- 森先生は私たちのクラスを受け持っている.
 Mr. Mori *is in charge of* our class.
- 三木先生は数学を受け持っている.
 Ms. Miki *teaches* math. (←教えている)

# うける【受ける】

| ❶試験・手術などを | have, take |
| ❷教育・歓迎(欬)などを | get, receive |
| ❸損害などを | suffer |
| ❹人気がある | be popular |

❶[試験・手術などを]**have**[ハヴ], **take**[テイク]
- 英語の試験を受けた.
 I *had* [*took*] an English exam.
- 週4回数学の授業を受けています.
 We *have* four math classes a week.
- 彼は盲腸(もう)の手術を受けた.
 He *had* an operation for appendicitis.
❷[教育・歓迎などを]**get**[ゲット], **receive**[リスィーヴ]
- いい教育を受けるのは大事だ.
 It's important to *get* a good education.
- 私たちは温かい歓迎を受けた.
 We *received* a warm welcome.
❸[損害などを]**suffer**[サファ]
- その国は洪水(こう)で大きな被害(ひ)を受けた.
 The country *suffered* great damage from the flood.
❹[人気がある]**be popular**[パピュラァ]
〈人〉に受ける
be popular among [with]+〈人〉
- そのダンス動画は若者に受けている.

The dance video *is popular among* young people.
- ぼくのジョークはすごく受けた．
  My joke *went over* very well.

## うごかす【動かす】

| ❶ 場所・位置などを | move |
|---|---|
| ❷ 機械などを | work, run |
| ❸ 人の気持ちなどを | move |

❶ [場所・位置などを] **move**[ムーヴ]
- テーブルの上の物を動かさないで．
  Don't *move* the things on the table.

❷ [機械などを] **work**[ワーク], **run**[ラン]
- この機械の動かし方を知っていますか．
  Do you know how to *run* this machine?

❸ [人の気持ちなどを] **move**
- 彼女の温かい言葉が彼の心を動かした．
  Her kind words *moved* him.

**うごき**【動き】(a) **movement**[ムーヴマント], (a) **motion**[モウション]
- 彼は動きが速い[遅(おそ)い]．
  He is quick [slow] in his *movements*.

## うごく【動く】

| ❶ 位置が | move |
|---|---|
| ❷ 機械が | run, work |

❶ [位置が] **move**[ムーヴ]
- とても疲れた．もう少しも動けない．
  I'm so tired. I can't *move* anymore.

❷ [機械が] **run**[ラン], **work**[ワーク]
- このロボットはわずかな電気で動く．
  This robot *works* on a little electricity.
- 目覚まし時計が動いていなかった．
  The alarm clock wasn't *working*.

**うさぎ**【飼いうさぎ】a **rabbit**[ラビット]; (野うさぎ) a **hare**[ヘア]

**うし**【牛】a **cow**[カウ] (▶牛の鳴き声はmoo[ムー])
- 彼らは牛を飼っている．
  They raise *cows*.
- 毎日牛の乳を搾(しぼ)る．
  I milk *cows* every day.

―― 表現メモ ――

牛のいろいろ
雄牛(おうし) a bull
去勢した雄牛 an ox
雌牛(めうし) a cow
子牛 a calf
家畜(かちく)の牛全体 cattle
一般に「牛」をさす場合には雄(おす)と雌(めす)の区別をせずに cow を使います．

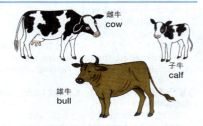

雌牛 cow
子牛 calf
雄牛 bull

**うしなう**【失う】**lose**[ルーズ]; (機会などを) **miss**[ミス]
- 希望を失わないで．Don't *lose* hope.
- 先生に話しかける機会を失った．I *missed* the opportunity to talk to my teacher.

## うしろ【後ろ】

the **back**[バック] (⇔前 the front) → あと¹ ❶
― 後ろの **back, rear**[リア]
- 車の後ろの席
  the *back* seat of a car / the *rear* seat
― 後ろへ **back, backward**
- アイは後ろを振(ふ)り返り，さよならと手を振った．Ai looked *back* and waved goodbye.
- 3歩後ろへ下がりなさい．
  Take three steps *backward*.
― …の後ろに **behind** …[ビハインド], **at the back of** …, 《米》《話》**in back of** …; (後部に) **in the back of** …
- その犬は大きな木の後ろに隠(かく)れた．
  The dog hid *behind* the big tree.
- おじは家の後ろに車を止めた．My uncle parked his car *at the back of* the house.
∥後ろ前に backward(s), back to front

**うしろあし**【後ろ足】a **hind leg**[ハインド レッグ], a **back leg**[バック レッグ]

**うず**【渦】a **whirlpool**[(ホ)ワールプール]

**うすあかり**【薄明かり】(日没(にちぼつ)後・日の出前の) **twilight**[トゥワイライト]

## うすい【薄い】

| ❶ 厚さが | thin |
|---|---|
| ❷ 濃度(のうど)・密度が | weak, thin |
| ❸ 色が | light, pale |

❶ [厚さが] **thin**[スィン] (⇔厚い thick)
- 薄い本 a *thin* book
- きゅうりを薄く切った．
  I sliced the cucumber into pieces.

❷ [濃度・密度が] **weak**[ウィーク] (⇔濃(こ)い strong), **thin**[スィン] (⇔濃い thick)

うずうず

- 薄いコーヒー weak coffee
- 父の髪(な)は薄くなってきた. My father's hair has gotten *thin*.
- 氷が解けてアイスティーが薄くなった. After the ice melted, the tea became *weak*.

❸ [色が] **light**[ライト], **pale**[ペイル] (⇔濃い dark)
- 薄い青 *light* [*pale*] blue

**うずうず**【うずうずする】(…したくて)**itch** (to+〈動詞の原形〉)[イッチ]
- ユイは外で遊びたくてうずうずしていた.
  Yui was *itching to* play outdoors.

**うすぎ**【薄着する】**dress lightly**[ドゥレス ライトゥリィ]
- 薄着をしすぎて風邪(な)を引いてしまった.
  I *dressed* too *lightly* and caught a cold.

**うずくまる crouch**[クラウチ], **squat**[スクワット]

**うすぐらい**【薄暗い】(場所が)**dark**[ダーク]; (光が)**dim**[ディム]
- 薄暗い部屋 a *dark* room

**うずまき**【渦巻き】→ うず

**うすめる**【薄める】**thin**[スィン]
- スープを牛乳で薄めた.
  I *thinned* the soup with milk.

**うすらぐ**【薄らぐ】(痛み・不安が)**ease**[イーズ]→ やわらぐ; (色・光が)**fade** (**away**)[フェイド]
- 悲しみが薄らいだ. My sorrow *eased*.

# うそ

**a lie**[ライ] (⇔真実 the truth)
- 罪のないうそ a white *lie*

→ うそをつく **tell a lie**, **lie**
- 彼は時々私にうそをつく. He sometimes *tells* me *lies*. / He sometimes *lies* to me.

→ うその **untrue**[アントゥルー], **false**[フォールス]
- うその話 an *untrue* story

> **これ、知ってる?**「うそ！」と英語で言うとき
> lieは日本語の「うそをつく」に比べ, 相手の人格までも否定してしまうほどの強い意味を持っています. ですから, 軽い気持ちで「うそでしょう」と言うときに "You're lying." とすると相手を強く非難することになってしまうので, "You're kidding!" や "No kidding!", "I can't believe it." などを使いましょう.
> ・「英語で満点取っちゃった」「うっそー！」
>   "I got full marks in English." "*You're kidding! / No kidding!*"

うそつき a liar
うそ発見器 a lie detector

**うた**【歌】**a song**[ソーング]
- 彼らの歌が好きです.
  I love their *songs*.
- 私の弟は歌がうまい[へただ]. My brother is a good [poor, bad] *singer*.

歌番組 a music show

# うたう【歌う】

**sing**[スィング]
- 彼らはきょう校歌を歌った.
  They *sang* the school song today.
- 私たちはピアノに合わせて歌った.
  We *sang* with [to] the piano.
- 大きな声で歌いなさい.
  *Sing* in a loud voice.

**うたがい**【疑い】(疑問)(**a**) **doubt**[ダウト]; (犯罪・不正の)(**a**) **suspicion**[サスピション]→ うたがう
- その男は盗(ぬす)みの疑いをかけられた. The man was under *suspicion* of stealing.

# うたがう【疑う】

**doubt**[ダウト]; (犯罪・不正を)**suspect**[サスペクト] (▶どちらも進行形にしない)
- 自分の目を疑った.
  I *doubted* my own eyes.
- 私を疑っているの？
  Do you *suspect* me?

**…だということを疑う**
doubt that ...
- 私たちは彼が無実であることを疑わなかった.
  We never *doubted that* he was innocent. (▶ふつう否定文・疑問文で用いる)

**…でないのではと疑う**
doubt whether [if] ...
- 私たちは彼が無実でないのではと疑っている.
  We *doubt whether* [*if*] he is innocent. (▶ふつう肯定文で用いる)

**…ではないかと疑う**
suspect that ...
- 彼女はその男を泥棒(どろぼう)ではないかと疑った.
  She *suspected that* the man was a thief.

**うたがわしい**【疑わしい】(不確かな)**doubtful**[ダウトゥフル]; (怪(あや)しい)**suspicious**[サスピシャス]
- 彼が勝てるかどうか疑わしい.
  It is *doubtful* whether [if] he can win.

# うち¹

(建物)**one's house**[ハウス]; (家庭)**one's home**[ホウム]; (家族)**one's family**[ファミリィ]→ いえ, かぞく
- うちには部屋が4つある.
  *My house* has four rooms.
- 自分のうちに勝(ま)る所はない.
  There is no place like *home*.
- うちの家族はみんな背が高い. *My family* are

all tall.（▶familyは、「家族全体」としてまとめて考える場合は単数扱いだが、このように1人1人を表す場合には複数扱い）

―うちへ[に] home
- もううちへ帰らなくっちゃ．I must go *home* now.（▶go to homeは×）
- 今度の日曜日はうちにいますか．
  Will you be *home* next Sunday?
- 今度うちへ遊びに来て．
  Come over *to my house* and play sometime.

―うちの（私の）my；（私たちの）our
- うちの母 *my* [*our*] mother
- うちのクラスは男子より女子のほうが多い．
  There are more girls than boys in *our* class.

## うち² 【内】

| ❶内側に | （内部）the inside；（屋内に）indoors, inside |
| ❷時間内に | in ..., within ...;（…の間に）while ..., during ...;（…する前に）before ... |
| ❸範囲（はんい）内で | （…のうちで）of ..., in ..., out of ... |

❶[内側に]（内部）the inside[インサイド]（⇔外（the）outside）→なか¹❶；（屋内に）indoors[インドァズ], inside
- うちの中は涼（すず）しい．
  It is cool *indoors*.

❷[時間内に]in ...[イン], within ...[ウィズイン]；（…の間に）while ...[(ホ)ワイル], during ...[ドゥ(ァ)リング]；（…する前に）before ...[ビフォア]
- 2, 3日のうちに電話します．
  I will call you *in* [*within*] a few days.
- 昼間のうちはとても暑かった．
  It was very hot *during* the day.
- 雨が降らないうちに買い物に行こう．
  Let's go shopping *before* it rains.

❸[範囲内で]（…のうちで）of ...[アヴ], in ..., out of ...[アウト]
- 3人のうちマリがいちばん若い．
  Mari is the youngest *of* the three.
- 家族のうち母がいちばん背が低い．
  My mother is the shortest *in* my family.
  （▶family, classなどまとまった単位を表す語の前ではinを用いる）
- 3人の生徒のうち2人は試験に合格するだろう．
  Two *out of* three students will pass the examination.

**うちあげ**【打ち上げ】（ロケットの）launch[ローンチ]；（作業後の）a（closing）party[クロウズィング パーティ]

**うちあける**【打ち明ける】（告げる）tell[テル]；（秘密・悩（なや）みを）reveal[リヴィール]
- 私は彼に秘密を打ち明けた．
  I *revealed* my secret to him.

**うちあげる**【打ち上げる】（ロケットなどを）launch[ローンチ], send up[センド アップ]；（花火などを）set off[セット]
- ロケットを打ち上げる *launch* a rocket

**うちあわせ**【打ち合わせ】（会合）a meeting[ミーティング]；arrangements[アレインヂマンツ]
―打ち合わせをする arrange, make arrangements
- 私たちはその音楽会のことで先生と打ち合わせをした．
  We *made arrangements* with the teacher about the concert.

**うちかえす**【打ち返す】（ボールを）return[リターン]；（なぐり返す）hit back[バック]

**うちかつ**【打ち勝つ】get over ...[ゲット], overcome[オウヴァカム]
- 彼は多くの困難に打ち勝った．
  He *got over* many difficulties.

**うちがわ**【内側】the inside[インサイド]（⇔外側 the outside）
- 箱の内側 the *inside* of a box
―内側の[に] inside（⇔外側の[に] outside）

**うちき**【内気な】shy[シャイ]
- 彼女はとても内気だ．
  She is very *shy*.

**うちけす**【打ち消す】（否定する）deny[ディナイ]
- 彼はうわさを打ち消した．
  He *denied* the rumor.

**うちこむ**【打ち込む】（熱中する）devote oneself（to ...）[ディヴォウト], be absorbed（in ...）[アブソーブド]；（入力する）input[インプット]
- 兄は中学時代，サッカーに打ちこんだ．
  My brother *devoted himself to* soccer during junior high school.
- データをパソコンに打ちこんだ．
  I *input* data into a PC.

**うちとける**【打ち解ける】（親しくなる）get [become] friendly[フレンドゥリィ]；open up（to ...）
- その子は私たちに打ち解けた．
  The child *became friendly* with us.
- 彼はすぐに新しい先生に打ち解けた．
  He soon *opened up to* his new teacher.

**うちみ**【打ち身】a bruise[ブルーズ]

## うちゅう 【宇宙】

## うちょうてん

the universe[ユーニヴァース]; (大気圏外の) space[スペイス]
- 私の夢は宇宙へ行くことだ.
  My dream is to travel to *space*.

宇宙科学 space science
宇宙科学者 a space scientist
宇宙ごみ space debris
宇宙時代 the space age
宇宙食 space food
宇宙人 an alien
宇宙ステーション a space station
宇宙船 a spaceship, a spacecraft
宇宙戦争 a space war
宇宙飛行 a space flight
宇宙飛行士 an astronaut
宇宙服 a spacesuit
宇宙旅行 space travel, a space trip

**うちょうてん**【有頂天になる】be overjoyed[オウヴァジョイド], go into ecstasy[エクスタスィ]
- 試合に勝って有頂天になった.
  I *was overjoyed* to win the game.

**うちわ¹** a (round) paper fan[(ラウンド) ペイパァ ファン]
- うちわであおいだ.
  I *fanned* myself.

**うちわ²**【内輪の】(家族だけの)family[ファミリィ]; (個人的な)private[プライヴィット]
- 内輪の式 a *family* [*private*] ceremony
- 内輪もめはやめよう.
  Let's stop arguing *among ourselves*.

## うつ¹【打つ】

| ❶たたく | strike, hit, beat, slap |
|---|---|
| ❷感動させる | move |

❶〔たたく〕strike[ストゥライク], hit[ヒット], beat[ビート], slap[スラップ]
- 時計が5時を打った.
  The clock *struck* five.
- 彼はラケットでボールを打っていた.
  He was *hitting* the ball with his racket.
- 彼は倒れて壁で頭を打った.
  He fell and *hit* his head *against* the wall.
- 子どもが太鼓を打っていた.
  The child was *beating* a drum.
- ミキは彼の背中を打った.
  Miki *slapped* him on the back.

> **くらべてみよう!** strike, hit, beat, slap
>
> **strike**:「打つ」という意味で最も一般的に用いる語です.
> **hit**:「ねらいを定めてから一撃を加える」という意味です.
> **beat**:「続けざまに打つ」という意味です.
> **slap**:「平手でピシャリと打つ」という意味です.

strike     hit

beat     slap

❷〔感動させる〕move[ムーヴ]
- 彼女の歌は私たちの心を打った.
  Her song *moved* us.

**うつ²**〔撃つ〕shoot[シュート], fire[ファイァ]
- ゲームに勝つためにはゾンビを撃たなくてはいけない.
  We have to *shoot* the zombies to win the game.

**うっかり**(不注意で)carelessly[ケアリスリィ]; (誤って)by mistake[ミステイク]
- うっかりしてドアにかぎを掛けるのを忘れた.
  I *carelessly* forgot to lock the door.
- うっかりして違うバスに乗ってしまった.
  I got on the wrong bus *by mistake*.

## うつくしい【美しい】

beautiful[ビューティフル] (⇔醜い ugly), lovely[ラヴリィ], good-looking[グッドルッキング]; (声などが)sweet[スウィート]
- この花は美しい.
  This flower is *beautiful*.

# うつる¹

> **くらべてみよう!** beautiful, pretty, lovely, good-looking
>
> **beautiful**:「美しい」という意味の最も一般的な語で、外見だけでなく内面的なものも含(ふく)めて「完全な美しさ」を表します.
> **pretty**:「美しい」というよりも、「かわいらしさ」に重点を置いて、小さいものなどに対して使います.
> **lovely**:「愛らしい美しさ」を言います.
> **good-looking**: 外見がよいことをさし、男性にも女性にも使います.

**うつくしさ**【美しさ】**beauty**[ビューティ]
**うつし**【写し】**a copy**[カピィ] → コピー

## うつす¹【写す，映す】

| ❶文書などを | copy |
|---|---|
| ❷写真などを | take |
| ❸鏡などに | reflect; (スライド・映画などを) project |

copy　　　take　　　reflect

❶〔文書などを〕**copy**[カピィ]
- 問題をノートに写しなさい.
  *Copy* the questions into your notebook.

❷〔写真などを〕**take**[テイク]
- 私は友達の写真を写した.
  I *took* a picture of my friends.
- 私たちは写真を写してもらった. We had our photograph *taken*. (►have＋〈人・物〉＋〈過去分詞〉で「〈人・物〉を…してもらう」の意)

❸〔鏡などに〕**reflect**[リフレクト]; (スライド・映画などを) **project**[プラヂェクト]
- 湖は満月を映していた.
  The lake *reflected* the full moon.
- 彼は映画をスクリーンに映した.
  He *projected* a movie on the screen.

## うつす²【移す】

| ❶位置・場所を | move |
|---|---|
| ❷病気を | give |

❶〔位置・場所を〕**move**[ムーヴ]
- いすをステージの近くまで移した.
  I *moved* the chair nearer to the stage.

❷〔病気を〕**give**[ギヴ]
- マユミに風邪(かぜ)をうつされてしまった.
  Mayumi *gave* me her cold. / I *got* a cold *from* Mayumi.

**うっすら**【うっすら(と)】(わずかに)**slightly**[スライトゥリィ]; (ぼんやりと)**vaguely**[ヴェイグリィ]
- 地面はうっすらと雪に覆(おお)われていた. The ground was *slightly* covered with snow.
- その光景をうっすらと覚えている.
  I *vaguely* remember the scene.

## うったえる【訴える】

| ❶告発する | accuse |
|---|---|
| ❷気持ちに | appeal (to ...) |
| ❸苦痛・苦情を | complain (of ..., about ...) |

❶〔告発する〕**accuse**[アキューズ]
- 彼女はその男を車を盗(ぬす)んだ罪で訴えた.
  She *accused* the man *of* stealing the car.

❷〔気持ちに〕**appeal** (to ...)[アピール]
- 彼のスピーチには聞き手の心に訴えるものがなかった. His speech didn't *appeal to* the audience.

❸〔苦痛・苦情を〕**complain** (of ..., about ...)[カンプレイン]
- 彼は歯痛を訴えた.
  He *complained of* a toothache.

**うっとうしい**(ゆううつな)**gloomy**[グルーミィ]; (どんよりした)**dull**[ダル]

**うっとり**【うっとりする】**be fascinated**[ファサネイティド]
- 私はその音楽にうっとりした.
  I *was fascinated with* the music.

**うつぶせ**【うつ伏せに】**on** *one*'**s stomach**[スタマック](⇔仰向(あおむ)けに**on** *one*'**s back**)
- うつぶせになった. I lay *on my stomach*.
- 私はたいていうつぶせで寝(ね)る.
  I usually sleep *with my face down*.

**うつむく　look down**[ルック], **hang** *one*'**s head**[ハング][ヘッド]
- 少年はがっかりしてうつむいた.
  The boy *looked down* disappointedly.
- 彼は恥(は)ずかしくてうつむいた.
  He *hung his head* in shame.

**うつりかわり**【移り変わり】**a change**[チェインヂ]
- 季節の移り変わり the *change* of seasons

## うつる¹【写る，映る】

| ❶写真などに | come out |
|---|---|
| ❷姿や形が | (鏡などに) be reflected; (テレビに) be on TV |

## うつる²

❶ 〔写真などに〕**come out**[アウト]
- その写真はよく写っている.
  The picture has *come out* well.
- この写真に写っているのはだれ？
  Who *is* the person *in* this picture?

❷ 〔姿や形が〕（鏡などに）**be reflected**[リフレクティド]；（テレビに）**be on TV**[ティーヴィー]
- 雲が池に映っていた.
  The clouds *were reflected* in the pond.
- パパがテレビに映っているよ. Dad *is on TV*.

## うつる²【移る】

| ❶移動する | move |
| ❷病気などが | catch |
| ❸話題・関心などが | change |

❶ 〔移動する〕**move**[ムーヴ]
- 彼の家族は田舎へ移った.
  His family *moved* to the country.

❷ 〔病気などが〕**catch**[キャッチ]
- 友達の風邪がうつった.
  I *caught* a cold from my friend.

❸ 〔話題・関心などが〕**change**[チェインヂ]
- 彼らの話題は学校のことからスポーツに移った. Their conversation *changed from* school *to* sports.

## うで【腕】

| ❶体の一部 | an arm |
| ❷能力 | ability；（技術）skill |

❶ 〔体の一部〕**an arm**[アーム]（▶肩から手首までを言う）

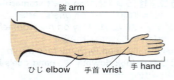

腕 arm ／ ひじ elbow ／ 手首 wrist ／ 手 hand

- 細い［太い］腕 slender［big］*arms*
- タクヤは両腕に大きな箱を抱えている.
  Takuya is holding a big box in his *arms*.
- 腕（の骨）を折った. I broke my *arm*.
- だれかが私の腕をつかんだ.
  Somebody took me by the *arm*.
- 2人は腕を組んで歩いて行った.
  The two walked *arm in arm*.

❷ 〔能力〕**ability**[アビリティ]；（技術）**skill**[スキル]
- 料理の腕が上がったね.
  Your *skill* in cooking has improved.
- **腕のいい skilled, skillful**
- とても腕のいい医者 a very *skillful* doctor

【慣用表現】
腕に覚えがある **have confidence in** one's **ability**: 柔道なら腕に覚えがある. I *have confidence in my ability* in judo.
腕によりをかける: 腕によりをかけてごちそうを作るわ. I'll cook *to the best of* my *ability*.
腕の見せ所: ここが腕の見せ所だ. Now is *the time to show* your *stuff*.

腕組み: 腕組みをした. I crossed my arms.
腕相撲 **arm wrestling**

## うでたてふせ【腕立て伏せ】**a push-up**[プッシュアップ]
- 腕立て伏せを50回した. I did fifty *push-ups*.

## うでどけい【腕時計】**a watch**[ワッチ], **a wristwatch**[リストゥワッチ]→とけい 図
- 彼女は腕時計をしている.
  She is wearing a *watch*.

## うてん【雨天】**rainy weather**[レイニィ ウェザァ]
- 雨天の場合，運動会は次の日曜日に延期される.
  In case of *rain*, the field day will be put off until next Sunday.

## うとうと【うとうとする】**doze**[ドウズ]；（こっくりする）**nod**[ナッド]
- 彼は電車の座席に座ってうとうとしていた.
  He was *dozing* in his seat on the train.

## うどん udon（**noodles**）[ヌードゥルズ]
- 焼きうどん fried *udon*（*noodles*）
- うどんは小麦粉で作られた（太い）めん類です.
  *Udon* are（thick）noodles made from wheat flour.

## うながす【促す】**urge**[アーヂ]
## うなぎ〖魚〗**an eel**[イール]
- うなぎのかば焼き broiled *eels*

## うなじ **the nape**[ネイプ]
## うなずく **nod**[ナッド]
- 彼はにっこり笑ってうなずいた.
  He *nodded* with a smile.

## うなる（苦痛で）**groan**（**with …**）[グロウン]；（犬が）**growl**（**at …**）[グラウル]（★発音注意）
- 私は痛くてうなった. I *groaned with* pain.

## うに〖動物〗**a sea urchin**[スィー アーチン]

**うぬぼれ** conceit[カンスィート]
- **うぬぼれる be conceited, flatter** *oneself*
- うぬぼれるなよ！ Don't *be so conceited*! / Don't *flatter yourself*!

**うねる**〖道などが〗**wind**[ワインド]

**うのみ**〖うのみにする〗**swallow**[スワロゥ]

# うばう 【奪う】

| ❶金(盆)・物を | rob, take |
|---|---|
| ❷心・注意を | fascinate |

❶〖金・物を〗**rob**[ラップ], **take**[テイク]→ぬすむ
〈人〉から〈金・物〉を奪う
rob＋〈人〉＋of＋〈金・物〉
- 彼らは彼から金を奪った．They *robbed* him *of* his money．(►robbed his moneyは×)
- 彼女はハンドバッグを奪われた．She was *robbed of* her handbag．(►受け身の形)
- その戦争は多くの人命を奪った．
The war *took* the lives of many people．

❷〖心・注意を〗**fascinate**[ファサネイト] (►しばしば受け身で用いる)
- 私はその美しい音楽に心を奪われた．
I was *fascinated* by the beautiful music．

**うばぐるま**〖乳母車〗**a baby carriage**[ベイビィ キャリッヂ] (►「ベビーカー」は和製英語), **a buggy**[バギィ]；(折りたたみ式)**a stroller**[ストゥロウラァ]

**うま**〖馬〗**a horse**[ホース]
- その女性は馬(の背)に乗った[から降りた]．
The lady got on [off] the *horse*．
- 馬に乗ったことはありますか．
Have you ever ridden a *horse*?

∥馬小屋 **a stable**

# うまい

| ❶じょうずな | good |
|---|---|
| ❷味がよい | good, delicious |

❶〖じょうずな〗**good**[グッド]
…がうまい
be good at＋〈-ing形または名詞〉
- サユリはスキーがうまい．
Sayuri *is good at* skiing．
- ケンは歌がうまい．
Ken is a *good* singer．
- うまい！ すごいサーブだ．
*Great*! A terrific serve!

❷〖味がよい〗**good, delicious**[ディリシャス]→おいしい
- この肉はうまい．This meat tastes *good*．

**うまく well**[ウェル]
- うまくできたらいいと思う．
I hope I can do it *well*．
- タカはうまくピアノを弾(%)いた．
Taka played the piano *well*．

- **うまくなる improve, become good at …**
- ユミは英語がとてもうまくなった．
Yumi's English has *improved* greatly．

- **うまくいく**（物事が）**go well**；（人と）**get along**（**well**）**with** …
- すべてうまくいった．Everything *went well*．
- 彼とはうまくいっていますか．
How are you *getting along with* him?

**うまとび**〖馬跳び〗**leapfrog**[リープフラッグ]
- 馬跳びをする *leapfrog* / play *leapfrog*

**うまる**〖埋まる〗**be buried**[ベリィド]；(いっぱいになる)**be full**（**of** …）[フル]
- 雪で車が埋まった．
The car *was buried* under the snow．
- ホールは人で埋まっていた．
The hall was *full of* people．

**うまれ**〖生まれ〗**birth**[バース]→うまれる
- 私は3月生まれだ．I was *born* in March．
- チエは生まれも育ちも北海道だ．Chie was *born* and brought up in Hokkaido．

- **生まれながらの born, natural**
- 生まれながらの詩人 a *born* poet

**うまれつき**〖生まれつき〗**by nature**[ネイチャァ]
- ミカは生まれつき体が丈夫(ヒォゥ)だ．
Mika is healthy *by nature*．

# うまれる 【生まれる】

**be born**[ボーン] (►bornはbearの過去分詞の1つ)

> 話してみよう！
> 😊あなたはいつ生まれましたか．
> When *were* you *born*?
> 😀2013年の6月5日です．
> I *was born* on June 5, 2013 (►June 5, 2013はJune (the) fifth, two thousand thirteenと読む)．
>
> 😊あなたはどこで生まれましたか．
> Where *were* you *born*?
> 😀広島で生まれました．
> I *was born* in Hiroshima．

- 彼女に赤ちゃんが生まれた．She *had* a baby．
- 生まれて初めてアメリカに行った．I went to the U.S. for the first time in my life．

# うみ¹ 【海】

**the sea**[スィー](⇔陸 land)；(大洋)**the ocean**[オウシャン] (►ふつうseaよりも大きな海をさす

## うみ²

が，⑱ではseaの代わりにも使われる）
- 静かな[荒(ぁ)れた]海
a calm [rough, stormy] *sea*（▶seaはふつうtheをつけて用いるが，calmなどの形容詞がつくとtheの代わりにa [an]が用いられる）
- 今度の日曜日に海へ行こう．
Let's go to *the sea* next Sunday.
- 私たちはきのう海に泳ぎに行った．We went swimming in *the ocean* yesterday.（▶to the oceanは×）

━海の marine
- 海の日 *Marine* Day
- 海の家 a *seaside* cottage

**うみ²**（傷口などの）**pus**[パス]

**うみべ**【海辺】**the seaside**[スィーサイド], **the beach**[ビーチ]
- 私たちは海辺で遊んだ．
We played on the *beach*.

## うむ¹【生む】

| ❶出産する | （人が）have a baby, give birth to ...；（卵を）lay |
| ❷産出する | produce |

❶[出産する]（人が）**have a baby**[ベイビィ], **give birth to ...**[バース]；（卵を）**lay**[レィ]
- 彼女は男の子を生んだ．
She *had a baby* boy. / She *gave birth to* a boy.
- つばめが巣に卵を生んだ．
A swallow *laid* eggs in the nest.

❷[産出する]**produce**[プラドゥース]
- 彼は日本が生んだ最も偉大(いだい)なサッカー選手の1人だ．
He is one of the greatest soccer players that Japan has ever *produced*.

**うむ²**【膿む】（傷などが）**fester**[フェスタァ]；（にきびなどが）**come to a head**[ヘッド]

**うめ**【梅】（実）**a plum**[プラム], **a Japanese apricot**[ヂャパニーズ アプリカット]；（木）**a plum tree**[トゥリー]；（花）**plum blossoms**[ブラッサムズ]
■ 梅干し **a pickled plum**

**うめあわせる**【埋め合わせる】**make up for ...**
- 必ずこの埋め合わせはするから．
I'll *make up for* this.

**うめく groan**（**with ...**）[グロウン]➡うなる

**うめたてる**【埋め立てる】**reclaim**[リクレイム]
■ 埋め立て処分場 reclaimed land；（ごみで埋めた）a landfill

**うめる¹**【埋める】**bury**[ベリィ]；（空所を）**fill in**[フィル]
- うちの犬はいつも骨を地面に埋めてしまう．
Our dog *buries* his bones in the ground.
- 次の空欄(くうらん)を埋めなさい．
*Fill in* the following blanks.

**うめる²**（ぬるくする）**add cold water**（**in ...**）[アッド コウルド ウォータァ]
- 熱いおふろを水でうめた．I *added cold water* to cool down the bath.

**うやまう**【敬う】**respect**[リスペクト], **look up to ...**[ルック]

**うやむや**【うやむやにする】**leave ... unsettled [unsolved]**[リーヴ][アンセトゥルド][アンサルヴド]
- その問題はうやむやのままだ．
The problem is *unsolved*.

## うら【裏】

| ❶裏面(りめん) | the back, the reverse（side） |
| ❷建物などの後ろ | the back, the rear |
| ❸野球で | the bottom（half） |

❶[裏面]**the back**[バック]（⇔表 the front），**the reverse（side）**[リヴァース（サイド）]
- コインの裏 *the reverse*（*side*）of a coin
- 足の裏が痛い．The *sole* of my foot hurts.
- コートの裏 the *lining* of a coat
- （表示で）裏をごらんください．⑱ *Over.* / Please turn *over*.（▶P.T.O.と略す）

━…の裏に **on the back of ...**
- カードの裏に on the *back* of a card
- チラシの裏に絵を描(か)いた．I draw a picture *on the back of* the leaflet.

❷ [建物などの後ろ] **the back, the rear**[リァ]
━ …の裏の[に] **at the back of ...**, 《話》**(in) back of ...**, **behind ...**
- 家の裏に車が止めてある. A car is parked *at the back of* my house.

❸ [野球で] **the bottom (half)**[バタム (ハーフ)] (⇔表 the top (half))
- 6回の裏に in *the bottom* of the sixth inning

裏表（両面）**both sides**
裏口 **the back door**
裏通り **a back street, an alley**
裏庭 **the backyard**
裏番組 **a program on a different channel**
裏門 **a back gate**
裏技 **a trick (of the trade)**

**うらがえし**【裏返しに】（中を表に）**inside out**[インサイド アウト]; （表を下に）**face down**[フェイス]
- ケンはトレーナーを裏返しに着ている. Ken wears his sweatshirt *inside out*.
- 答案用紙は裏返しに置きなさい. Put your answer sheet *face down*.

**うらがえす**【裏返す】**turn ... inside out**[ターン][インサイド アウト], **turn over**
- 彼はポケットを裏返してお金を探した. He *turned* his pocket *inside out* to look for the money.
- 手品師はトランプを裏返した. The magician *turned over* the card.

**うらぎり**【裏切り】**(a) betrayal**[ビトゥレイアル]
▌裏切り者 **a betrayer, a traitor**

**うらぎる**【裏切る】**betray**[ビトゥレイ]
- 友達の信頼(とん)は裏切れない. I won't *betray* my friend's trust.

**うらない**【占い】**fortune-telling**[フォーチュンテリング]
- 星占い a horoscope → ほし（星占(うらな)い）
▌占い師 **a fortune teller, a fortune-teller**

**うらなう**【占う】**tell ...'s fortune**[フォーチュン]
- アイは私の運勢をタロットカードで占った. Ai *told* me *my fortune* with tarot cards.

**うらみ**【恨み】**a grudge**[グラッヂ]
- これで恨みっこなしだよ. Now we are even. / No *hard feelings*.

**うらむ**【恨む】**bear [have] a grudge (against ...)**[ベァ][グラッヂ], **blame**[ブレイム]
- 親を恨むんじゃない. Don't *blame* your parents.

# うらやましい

**envious (of ...)**[エンヴィアス]
- 彼の新しい靴(くつ)がうらやましかった.

I was *envious* of his new shoes.
- 彼女はうらやましそうな顔つきをしていた. She had an *envious* look on her face.
- 君がうらやましいよ. I *envy* you.

**うららか**【うららかな】**beautiful**[ビューティフル], **clear and mild**[クリア][マイルド]
- うららかな春の日 a *beautiful* spring day

**ウラン**【化学】**uranium**[ユレイニアム]

**うり¹ a melon**[メラン] (►ウリ科植物の総称(そうしょう))

　　　　　　　　　　　　　慣用表現
うりふたつ **like two peas in a pod**: カズはお兄さんとうりふたつだ. Kazu and his brother are *like two peas in a pod*.

**うり²**【売り】**a sale**[セイル]; （セールスポイント）**a selling point**[セリング ポイント]
- 父は車を売りに出した. My father put his car up for *sale*. (► for a sale は×)

**うりきれ**【売り切れ】《話》**a sellout**[セルアウト], 《掲示》**SOLD (OUT)**[ソウルド (アウト)]

「本公演は売り切れです」の掲示（米国）

**うりきれる**【売り切れる】**be sold out**[ソウルド]
- チケットはすべて売り切れた. All the tickets *are sold out*.

**うりだし**【売り出し】**a sale**[セイル]
- 本日大売り出し 《掲示》SPECIAL *SALE* TODAY
- 売り出し中の新人歌手 a *rising* new singer

**うりだす**【売り出す】**put ... on sale**[セイル]
- 新型のパソコンが売り出された. A new-model PC was *put on sale*.

**うりば**【売り場】（店の）**a counter**[カウンタァ]; （デパートの）**a department**[ディパートゥメント]
- 食品売り場 the food *department*

**うりもの**【売り物】**goods for [on] sale**[グッヅ][セイル], 《掲示》**FOR SALE**

# うる【売る】

**sell**[セル] (⇔買う buy)
- あの店では花を売っている. That shop *sells* flowers. / They *sell*

flowers at that shop.(►「売っている」は is [are] selling とするのは×)
- 飲み物はどこで売っていますか. Where can I buy drinks?(◄どこで買えますか)

〈物〉を〈人〉に売る
sell+〈人〉+〈物〉/ sell+〈物〉+to+〈人〉
- 私は彼に本を売った. I *sold* him a book. / I *sold* a book *to* him.

〈物〉を〈値段〉で売る
sell+〈物〉+for [at]+〈値段〉
- 彼は腕(さ)時計を3000円で売った. He *sold* his watch *for* three thousand yen.

**うるうどし**【うるう年】**a leap year**[リープ イァ]
**うるおい**【潤い】**moisture**[モイスチャァ]
 ー潤す **moisten**[モイスン](★このtは発音しない)

# うるさい

| ❶騒々(ぞう)しい | noisy, loud |
| ❷しつこい | annoying |
| ❸気むずかしい | (好みが)particular; (口やかましい)nagging |

❶[騒々しい]**noisy**[ノイズィ], **loud**[ラウド]→やかましい❶
- 彼らはうるさかった. They were *noisy*.
- うるさい！ Be quiet!(◄静かにしろ)
❷[しつこい]**annoying**[アノイイング]
- うるさい蚊(か) an *annoying* mosquito
❸[気むずかしい](好みが)**particular**[パティキュラァ]; (口やかましい)**nagging**[ナギング]→やかましい❷
- ミキは着るものにうるさい.
Miki is *particular about* her clothes.

**うるし**【漆】(**Japanese**)**lacquer**[ラッカァ]

# うれしい

**glad**[グラッド], **happy**[ハッピィ], **pleased**[プリーズド](⇔悲しい sad, unhappy)
- うれしい出来事 a *happy* event
- チームの勝利がうれしかった.
I was *happy* about our team's victory.
- 彼はうれしそうだった. He looked *happy*.
  …してうれしい
  be glad [happy] to+〈動詞の原形〉
- お目にかかってうれしいです.
I'm *glad to* meet you.
- ユキはその知らせを聞いてうれしかった. Yuki *was glad* [*happy*] *to* hear the news.
  …であることがうれしい
  be glad [happy] that …
- 優勝してうれしい. I *am happy that* I won the championship.

 ーうれしいことに **to** *one*'s **delight**
- うれしいことに，試験に合格した.
*To my delight*, I passed the exam.
 ーうれしそうに **happily**

**うれる**【売れる】**sell**[セル], **be sold**[ソウルド]; (名前が)**be popular**[パピュラァ]
- 夏はアイスクリームがよく売れる.
Ice cream *sells* well in the summer.
- その本は200円で売れた.
The book (*was*) *sold for* 200 yen.

**うろうろ**【うろうろする】→うろつく
**うろこ**(魚などの)**a scale**[スケイル]
**うろたえる be upset**[アプセット]
- 彼女は彼の事故を知ってうろたえた. She *was upset* to learn about his accident.
**うろつく hang around**(…)[ハング アラウンド], **wander**(**around** …)[ワンダァ]
- 犬が近所をうろついていた.
A dog *was wandering around* in this neighborhood.

**うわー wow**[ワッ]
**うわがき**【上書きする】〖コンピュータ〗**overwrite**[オウヴァライト]
**うわぎ**【上着】**a coat**[コウト], **a jacket**[ヂャキット]

# うわさ

**a rumor**[ルーマァ]; (悪口，陰口(かげ))**a gossip**[ガスィップ]
- 先生が学校を辞(や)めるといううわさだ.
There is a *rumor* that our teacher is leaving school.
 ーうわさする **talk about** …, **gossip**
- ちょうど君のうわさをしていたんだ.
We were just *talking about* you.

**うわばき**【上履き】**slippers**[スリッパァズ], **indoor shoes**[インドァ シューズ]
- 上履き1足 a pair of *slippers*(►上履き2足は two pairs of *slippers*)

**うわべ**【上辺】**an appearance**[アピ(ア)ランス], **the surface**[サーフィス]

# うん¹【運】

**luck**[ラック], **fortune**[フォーチュン]
- 運を試してみよう. I'll try my *luck*.
 ー運の[が]よい **lucky**, **fortunate**[フォーチャナット]
- 君は運がいい. You're *lucky*.
 ー運の悪い **unlucky**, **unfortunate**
 ー運よく **luckily**, **fortunately**
 ー運悪く **unluckily**, **unfortunately**
- 運悪くアミは家にいなかった.
*Unfortunately* Ami was not at home.

**うん²  yes**[イェス], **all right**[ライト], **OK**[オウケイ],

sure[シュア], 《話》yeah[イェア]→はい¹ ❶

**うんが**【運河】a canal[カナル]
- スエズ運河 the Suez *Canal*

**うんきゅう**【運休】
- その列車はきょう運休だった. The train *was not running* today.

**うんこ**《話》poo[プー], poop[プープ]→だいべん

**うんざり**【うんざりする】be sick (of ...)[スィック], be disgusted (with ...)[ディスガスティド]
- 彼の冗談にはうんざりしている. I am *sick of* his jokes. / His jokes *disgust* me.

**うんせい**【運勢】fortune[フォーチュン]

**うんそう**【運送】transportation[トゥランスパテイション], transport[トゥランスポート]→ゆそう
運送業者 a transportation company, a carrier;（引っ越しの）a mover

**うんちん**【運賃】a fare[フェア]
- バスの運賃 a bus *fare*

# うんてん【運転】
(車の) driving[ドゥライヴィング]
- 安全運転 safety *driving*
- 母は車の運転がじょうずだ. My mother is a good *driver*.
- **運転する** drive
- あなたのお兄さんは車を運転しますか. Does your brother *drive* a car?
運転手 a driver
運転席 a driver's seat
運転免許証 a driver's license

**うんと** a lot[ラット]→たくさん ❶❷

# うんどう【運動】

| | | |
|---|---|---|
| ❶体を動かすこと | (an) exercise;（スポーツ）(a) sport | |
| ❷社会的・政治的活動 | a movement, a campaign | |
| ❸物体の動き | (a) movement, (a) motion | |

❶[体を動かすこと](an) exercise[エクササイズ];（スポーツ）(a) sport[スポート]
- 歩くのはいい運動だ. Walking is good *exercise*.
- 近ごろ運動不足だ. Recently I don't get enough *exercise*.
- ミキは運動なら何でも得意だ. Miki is good at all kinds of *sports*.
- **運動する** exercise, take[get] exercise
- 毎日運動したほうがいいですよ. You should *exercise* every day.

❷[社会的・政治的活動] a movement[ムーヴマント], a campaign[キャンペイン]
- 政治運動 a political *movement*
- 募金運動 a fund-raising *campaign*

❸[物体の動き](a) movement[ムーヴマント], (a) motion[モウション]
運動靴（スポーツ用）sports shoes;（スニーカー）sneakers
運動神経 reflexes: 彼女は運動神経がいい[鈍い]. She has quick [slow] *reflexes*.
運動選手 an athlete
運動部 a sports team
運動用具 sporting goods

**うんどうかい**【運動会】（学校の）a field day[フィールド デイ], a sports festival[スポーツ フェスタヴァル], 《英》a sports day

**うんどうじょう**【運動場】a playground[プレイグラウンド], a field[フィールド]

**うんめい**【運命】fate[フェイト], (a) destiny[デスティニィ]

# え エ

## え¹【絵】
a picture[ピクチャア], a drawing[ドゥローイング], painting[ペインティング], an illustration[イラストゥレイション]

> **くらべてみよう！** picture, drawing, painting, illustration
>
> **picture**:「絵」という意味で最も一般的に用いる語．
> **drawing**: クレヨン・鉛筆(えんぴつ)・ペンなどを使って線で描(か)いた絵．
> **painting**: 絵の具などを使って描いた水彩(すいさい)画や油絵など．
> **illustration**: 本，雑誌などの挿絵(さしえ)．
>
>
> drawing  painting  illustration

- モネの絵 a picture [painting] by Monet
- ジュンは絵を描くのが好きだ．
  Jun likes to draw [paint] pictures.
- 彼女は絵がうまい．
  She is good at drawing [painting].

| 絵日記 an illustrated diary
| 絵筆 a paintbrush

## え²【柄】a handle[ハンドゥル]
- ナイフの柄 the handle of a knife

## エアコン(装置)an air conditioner[エア カンディショナァ]

## エアロビクス aerobics[エ(ア)ロゥビクス](►単数扱い)

## えいえん【永遠の】eternal[イターヌル]
- 永遠の愛 eternal love
- **➡永遠に forever**[フォレヴァ]

## えいが【映画】
《主に⊛》a movie[ムーヴィ],《主に⊗》a film[フィルム],(総称(そうしょう))the movies

- 映画を見に行った．I went to the movies. / I went to (see) a movie.(►go to see the moviesは×)
- その映画はもう見ました．
  I have already seen the movie.
- そのホラー映画は今上映中だ．
  That horror movie is on now.
- **➡映画化する make ... into a movie**

| 映画音楽 movie music
| 映画館 a movie theater,《主に⊗》a cinema
| 映画監督(かんとく) a movie [film] director
| 映画祭 a film festival
| 映画スター a movie star
| 映画俳優 a movie [film] actor
| 映画評論家 a movie [film] critic
| 映画部 a film club
| 映画ファン a movie fan

## えいかいわ【英会話】English conversation[イングリッシュ カンヴァセイション]
- アユミは英会話を習っている．
  Ayumi is learning English conversation.

| 英会話学校 an English conversation school

## えいきゅう【永久】➡えいえん
| 永久歯 a permanent tooth

## えいきょう【影響】
(an) influence (on ...)[インフルアンス]

- その小説は若者に大きな影響を与(あた)えた．
  The novel had a great influence on young people.
- 台風の影響で電車が止まった．
  Because of the typhoon, the train service stopped.
- **➡影響する influence (on ...), have an effect (on ...)**
- **➡影響を受ける be influenced (by ...)**
- 私はその選手に大きな影響を受けた．
  I was greatly influenced by the player.

## えいぎょう【営業】business[ビズネス]
- 営業中《掲示》OPEN

「営業中です，お入りください」の表示(英国)

- **➡営業する (開店している)be open**
- あの店は9時から6時まで営業している．
  That store is open from nine to six.

| 営業時間 business hours

## えいけん【英検】『商標』the EIKEN Test[エイケン テ

スト. I took the EIKEN Grade 3 *test*.

## えいご【英語】
**English**[イングリッシュ], **the English language**[ラングウィッヂ]
- アメリカ英語 American *English*
- イギリス英語 British *English*
- ケンは英語をじょうずに話す. Ken speaks *English* well.
- 「定規」は英語で何と言いますか. What's the *English* for "*jogi*"?
- 次の文を英語にしなさい. Put the following sentence into *English*.
━英語の **English**
- 英語の先生 an *E*nglish teacher(▶Englishを強く発音する. teacherを強く発音すると「英国人の先生」の意味になる)
━英語で **in English**
- いつか英語でメールしたい. I want to be able to email *in English* someday.
∥英語部 an *English* club

**えいこう**【栄光】**glory**[グローリィ]
**えいこく**【英国】**(Great) Britain**[(グレイト) ブリトゥン]→イギリス
**えいさくぶん**【英作文】**(an) English composition**[イングリッシュ カンパズィション]
- きょうは英作文の宿題をしなくちゃ. I have to do my *English composition* homework today.

**えいじしんぶん**【英字新聞】**an English newspaper**[イングリッシュ ヌーズペイパァ]
**えいしゃ**【映写する】**project**[プラヂェクト]
**えいじゅう**【永住する】**settle down in ...**[セトゥル], **reside**[リザイド]
## エイズ AIDS [エ イ ズ] (▶Acquired Immune Deficiency Syndrome (後天性免疫(めんえき)不全症候(しょう)群)の略)

**えいせい**[1]【衛星】**a satellite**[サタライト]
- 気象衛星を打ち上げる launch a weather *satellite*
- 人工衛星が画像を送ってきた. The artificial *satellite* sent image data.
- 月は地球のただ1つの衛星だ. The moon is the only *satellite* of the earth.
∥衛星中継(ちゅうけい) **satellite (relay)**: そのテニスの試合は衛星中継された. The tennis match was *broadcast(ed) via satellite*.
∥衛星都市 a satellite city
∥衛星放送 satellite TV [television], satellite broadcasting: 衛星放送でサッカー中継をやっ

ているよ. They're showing soccer live on *satellite TV*.

**えいせい**[2]【衛生】(保健衛生)**health**[ヘルス]
- 公衆[精神]衛生 public [mental] *health*
━衛生的な **sanitary**[サナテリィ], **hygienic**[ハイヂェニック]; (清潔な) **clean**[クリーン]
- この台所は衛生的だ. This kitchen is very *clean*.

**えいぞう**【映像】**a picture**[ピクチャア]
**えいぶん**【英文】**an English sentence**[イングリッシュ センタンス]
- 英文の手紙を書きたい. I want to write a letter in *English*.

**えいべい**【英米】**Britain and the United States**[ブリトゥン][ユーナイティド ステイツ], **Britain and America**[アメリカ]
━英米の **British and American**
∥英米人 the British and the Americans

**えいやく**【英訳】**English translation**[イングリッシュトランスレイション]
━英訳する **translate [put] ... into English**
- この文章を英訳しなさい. *Translate* [*Put*] this sentence *into English*.

**えいゆう**【英雄】**a hero**[ヒーロウ]; (女性の) **a heroine**[ヘロウイン]
- 国民的英雄 a national *hero*
━英雄的な **heroic**[ヒロウィック]

**えいよう**【栄養】(栄養分) **nutrient**[ヌートゥリアント]; (栄養のある物) **nourishment**[ナーリッシュマント]
- 君はもっと栄養をとらなきゃ. You need more *nourishment*.
━栄養の[が]ある **nutritious**[ヌートゥリシャス], **nourishing**[ナーリッシング]
- 牛乳は栄養がある. Milk is *nourishing*.
∥栄養士 a dietician

**えいわじてん**【英和辞典】**an English-Japanese dictionary**[イングリッシュヂャパニーズ ディクショネリィ]

**ええ er**[アー], **um**[アム], **yes**[イェス]→はい[1]

**エーアイ**【ＡＩ】**AI**[エイアィ] (▶ artificial intelligenceの略)→じんこう[2]（人工知能）
- ＡＩを使って結果を予測してみる. I will use *AI* to predict the results.

**エーエム**【ＡＭ】**AM**[エイエム]
∥AM放送 AM broadcasting, AM radio

**エーエルティー**【ＡＬＴ】**an ALT**[エイエルティー] (▶ Assistant Language Teacher (外国語指導助手) の略)

**エース** (トランプなどの) **an ace**[エイス]; 『テニス』(サービスエース) **an ace, a service ace**[サーヴィス]; 『野球』 **a pitching ace**[ピッチング]

ええと

- スペードのエース the *ace* of spades

**ええと** well[ウェル]; Let me see.[レット ミー スィー]; Let's see.
- 「何時?」「ええと, 3時20分」 "What time is it?" "*Let me see*. It's three twenty."

**well と Let me see. と Let's see.**

well はためらい・思案などを表すときに, Let me see. や Let's see. は会話の途中(ちゅう)などで何かを考えたりして言葉がすぐに出てこないようなときに使います.

**エープリルフール** April Fools'[Fool's] Day [エイプラル フールズ デイ], All Fools' Day

**エープリルフール**

エープリルフールは, 4月1日には軽い冗談(じょう)やうそで人をかついでも許されるという西洋起源の習わしです. 4月1日のことを日本語では「エープリルフール」と言いますが, 英語で April Fool と言うと「4月1日にかつがれた人」の意味です.

**えがお**【笑顔】a smile[スマイル]
- 笑顔で with a *smile*
- みんなが笑顔だった.
  Everyone was *smiling*.

**えがく**【描く】(鉛筆(えん)・ペンで) draw[ドゥロー]; (絵筆で) paint[ペイント]→かく¹❷; (言葉で) describe[ディスクライブ]
- 彼は山の風景を描いた.
  He *drew* a mountain landscape.

# えき【駅】

a station[ステイション]; (停車駅) a stop[スタップ]
- 京都駅 Kyoto *Station*(▶駅名はふつう大文字で始め, a [an] や the をつけない)
- 彼女はケンを迎(むか)えに駅へ行った.
  She went to the *station* to meet Ken.
- 次の駅で降ります.
  I get off at the next *station* [*stop*].

**話してみよう!**
😊 横浜はここからいくつ目の駅ですか.
How many *stops* are there between here and Yokohama?
😃 2つ目です
There is one (*stop*). (← (間に) ひと駅あります) / It's the second *stop* from here.

- 次の停車駅はどこですか.
  What is the next *stop*?

**ここがポイント!**「鉄道の駅」と言うとき

station は鉄道の駅だけでなく, バスの発着所などもさすので, はっきりさせるときには, railroad [railway] station とします.

多くの人でにぎわう米国・ニューヨークのグランドセントラル駅

駅員 a station employee; (駅全体の) station staff
駅長 a stationmaster
駅ビル a station building
駅弁 a box lunch sold at a station

**エキサイト**【エキサイトする】become excited [イクサイティド]
- 私は話しているうちにだんだんエキサイトしてきた. I *became* increasingly *excited* as I talked.

**エキジビション**(公開演技) an exhibition[エクスィビション](★発音注意)

**えきしょう**【液晶】liquid crystal[リクウィッド クリストゥル]

液晶ディスプレイ an LCD (▶ a liquid crystal display の略)
液晶テレビ an LCD TV

**エキストラ** an extra[エクストゥラ]
**エキスパート** an expert[エクスパート]
**えきたい**【液体】liquid[リクウィッド]
- 液体燃料 *liquid* fuel

**えきでん**【駅伝(競走)】an ekiden
- 駅伝は長距離(り)のリレー競走です.
  An *ekiden* is a long-distance relay race.

**えきまえ**【駅前】in front of a station[フラント][ステイション]
- 駅前交番
  a police box *in front of a station*
- 駅前広場 a *station* plaza [square]
- 駅前通り a *station* street

**えぐい** terrible[テラブル], tough[タフ], nasty[ナスティ], (すごい) incredible[インクレダブル]→やばい
- このトレーニングはえぐい.

This training is *tough*.
- えぐい一日だった．
Today was a *terrible* day.

**エクササイズ** exercise[エクササイズ]
- 30分の軽いエクササイズをした．
I did thirty minutes of gentle *exercise*.

**えくぼ** a dimple[ディンプル]
- エリは笑うとえくぼができる．
Eri has *dimples* when she smiles.

**エクレア** an éclair[エイクレア][▶フランス語から]

# エコ
(環境に優(ゃさ)しい)eco-friendly[エコゥフレンドゥリィ], environment-friendly[インヴァイ(ァ)ランマントフレンドゥリィ]
| エコカー an eco-friendly car
| エコバッグ an eco-friendly bag

**エゴイスト** a selfish person[セルフィッシュ パースン], an egoist[イーゴウイスト]

**エコノミークラス** an economy class[イカナミィ クラス]

**えこひいき**【えこひいきする】be partial (to ...) [パーシャル]
- 加藤先生はだれに対してもえこひいきしない．
Mr. Kato *isn't partial to* anyone.

**エコロジー** (生態学)ecology[イカラヂィ]

# えさ
(動物の)food[フード]；(釣(つ)り用の)bait[ベイト] →つり¹図
**━えさをやる** feed
- 猫(ねこ)にえさをやったかい？
Did you *feed* our cat?

**えじき** (a) prey[プレイ]
- シマウマはライオンのえじきになった．
The zebra fell *prey* to the lion.

**エジプト** Egypt[イーヂプト]
**━エジプト(語, 人)の** Egyptian[イヂプシャン]
| エジプト人 an Egyptian

**えしゃく**【会釈】(うなずき)a nod[ナッド]；(お辞儀(ぎ))a bow[バゥ](★発音注意)
**━会釈する** nod (to ...)；bow (to ...)
- 彼女は私に会釈をした．
She *nodded* [*bowed*] *to* me.

**エスエヌエス**【SNS】[コンピュータ](an) SNS[エスエヌエス](▶social networking serviceの略．英語ではsocial mediaという言い方がふつう) =ソーシャルネットワーキングサービス

**エスエフ**【SF】sci-fi[サイファイ], science fiction[サイアンス フィクション]
| SF映画 a sci-fi movie [((主に⊕))film]
| SF小説 a sci-fi novel

**エスエフエックス**【SFX】SFX[エスエフエックス](▶special effects(特殊(とくしゅ)効果)の略)

**エスオーエス**【SOS】an SOS[エスオゥエス]
- SOSを発信する send out an *SOS*

**エスカレーター** an escalator[エスカレイタァ](★アクセント位置に注意)
- 上りのエスカレーターに乗った．
I got on an up *escalator*.
- 下りのエスカレーターに乗った．
I got on a down *escalator*.

**エスカレート**【エスカレートする】escalate[エスカレイト]

**エスキモー** an Inuit[イヌーイット], an Eskimo[エスキモゥ](▶現在では，ふつうInuitという言い方が好まれる) →イヌイット

**エスケープキー** [コンピュータ] the Escape key [イスケイプ キー]

**エスサイズ**【Sサイズ】a small size[スモール サイズ]

**エステ** beauty treatments[ビューティ トリートマンツ]
- エステサロン
a *beauty treatment* salon

**エスディージーズ**【SDGs】SDGs[エスディーヂーズ](▶Sustainable Development Goals(持続可能な開発目標)の略)
- この会社はSDGsにどう取り組んでいるのだろう．
I wonder what this company is doing for *SDGs*.

**エスニック** ethnic[エスニック]
| エスニック料理 ethnic food

**エスプレッソ** (コーヒー)espresso[エスプレッソゥ][▶イタリア語から]

**えだ**【枝】a branch[ブランチ]；(小枝)a twig[トゥイッグ]→き¹図
- 木の枝にすずめが止まっている．
A sparrow is sitting on the *branch*.

**えたい**【得体】
- 得体の知れない敵が現れた．
A *mysterious* enemy turned up.

**えだまめ**【枝豆】edamame(▶複数形では用いない)；a green soybean[グリーン ソイビーン]
- 祖母は枝豆をゆでた．
My grandmother boiled *edamame*.

**エチオピア** Ethiopia[イースィオウピア]
| エチオピア人 an Ethiopian

**エチケット** etiquette[エティキット]
- 君の行為(こうい)はエチケットに反する．
Your behavior goes against *etiquette*.

**えっ** (驚(おどろ)いて)Oh![オゥ], What![(ホ)ワット]；(聞き返して)Pardon?[パードゥン]

- えっ, マミはきょう休みなの?
  *What!* Is Mami absent today?

**エックスせん**【エックス線】**an X-ray**[エックスレイ]
→ レントゲン
- エックス線写真
  an *X-ray* (photograph)

**エッセー an essay**[エセィ]
▎**エッセ(ー)イスト an essayist**

**エッチ**【エッチな】(嫌らしい)**dirty**[ダーティ]
- エッチな目つき a *dirty* look

**えつらん**【閲覧する】(読む)**read**[リード]
▎**閲覧室 a reading room**

**えと**[干支]*eto*
- 干支は占星術で東洋の十二宮のことです. *Eto* are the signs of the Oriental zodiac in astrology.

**エヌジー**[NG]**N.G.**[エンヂー](►no goodの略)

**エヌジーオー**[NGO]**an NGO**[エンヂーオゥ](►non-govermental organization(非政府組織)の略)

**エヌピーオー**[NPO]**an NPO**[エンピーオゥ](►nonprofit organization (非営利組織)の略)

**エネルギー energy**[エナァヂィ]
- 太陽エネルギー solar *energy*
- 再生可能エネルギー renewable *energy*
- エネルギー危機 an *energy* crisis
- エネルギー問題 an *energy* problem

**エネルギッシュ**【エネルギッシュな】**energetic**
[エナァチェティック](►「エネルギッシュ」はドイツ語から)
- アキはエネルギッシュな女の子だ.
  Aki is an *energetic* girl.

**えのぐ**【絵の具】**paints**[ペインツ], **colors**[カラァズ]
- 水彩絵の具 water*colors*
- 油絵の具で絵を描いた.
  I painted a picture in oil *colors*.
▎**絵の具箱 a paint box**

**えはがき**【絵はがき】**a (picture) postcard**[ピクチャァ ポウストゥカード]

**えび**(小えび)**a shrimp**[シュリンプ]; (車えび)《主に英》**a prawn**[プローン]; (大きなえび)**a lobster**[ラブスタァ]
▎**えびフライ a deep-fried prawn**

**エピソード an episode**[エピソウド]

**エフエーキュー**[FAQ]**FAQ**[エフエイキュー](►frequently asked question(s)(よくある質問)の略)

**エフエム**[FM]**FM**[エフエム]
▎**FM放送 FM broadcasting, FM radio**

**エプロン an apron**[エイプラン](★発音注意)

**エフワン**【F1】**Formula One**[フォーミュラ ワン]
▎**F1グランプリ Formula One Grand Prix**
▎**F1ドライバー a Formula One driver**

**エベレスト Mt. Everest**[マウント エヴ(ァ)リスト]

**えほん**【絵本】**a picture book**[ピクチャァ ブック]

**えま**【絵馬】**a votive picture tablet**[ヴォウティヴ ピクチャァ タブリット](►votiveは「神に願いをかける」の意)

**エムサイズ**【Mサイズ】**a medium size**[ミーディアム サイズ]

**エメラルド an emerald**[エマラルド]
- エメラルドグリーン *emerald* green

**えもじ**【絵文字】**an emoji**[イモウヂ]

**えもの**【獲物】**game**[ゲイム]

**えら**(魚の)**gills**[ギルズ]

**エラー an error**[エラァ]
━**エラーをする make an error**

## えらい【偉い】

(偉大な)**great**[グレイト]; (重要な)**important**[インポータント]
- 彼のおじさんは偉いお医者さんだった.
  His grandfather was a *great* doctor.
- 偉い! *Well done!*(◄よくやった)

## えらぶ【選ぶ】

(選択する)**choose**[チューズ]; (慎重に選抜する)**select**[スィレクト], **pick**[ピック]; (投票で)**elect**[イレクト]
- ユミへのプレゼントを選ぼう.
  Let's *choose* a present for Yumi.
- 彼女は棚から白い帽子を選んだ.
  She *chose* a white hat from the shelf.
- 弟はいちばん大きいケーキを選んだ.
  My brother *selected* [*picked*] the biggest piece of cake.

〈人〉を〈役職など〉に選ぶ

choose+〈人〉+(as [to be])+〈役職など〉/
elect+〈人〉+(as [to be])+〈役職など〉
- 私たちはマリをチームのキャプテンに選んだ.
  We *chose* Mari *as* our team captain.
- 彼は再び大統領に選ばれた.
  He was *elected* President again.(►1名しかいない役職には[an]やtheをつけない)

**えり**【襟】**a collar**[カラァ](★color(色)と混同しないこと)
- ブラウスの襟 the *collar* of a blouse

**エリート the elite**[イリート]

**えりごのみ**【えり好みする】**be particular (about)**[パァティキュラァ], **be picky (about)**[ピッキィ]
- えり好みしていないで早く選んで!
  Don't *be particular*. Choose one quickly.

**えりまき**【襟巻き】→ スカーフ, マフラー

えんしゅつ

**える**【得る】get[ゲット]；（勝ち取る）gain[ゲイン]，win[ウィン]
- その曲は音楽祭で賞を得た．That song *got* [*won*] a prize at the music festival.
- 私は彼の信頼(½)を得た．
  I *gained* [*won*] his trust.
- この経験から多くのことを得た．
  I *learned* a lot from this experience.

**エルエルきょうしつ**【LL教室】a language laboratory[ラングウィッヂ ラバラトリィ]

**エルサイズ**【Lサイズ】a large size[ラーヂ サイズ]

**エルジービーティー(キュー)**【LGBT(Q)】LGBT(Q)[エルヂービーティー, エルヂービーティーキュー]（▶lesbian(レズビアン), gay(ゲイ), bisexual(バイセクシャル), transgender(トランスジェンダー)の略．queer(クイア)や questioning(性的指向や性自認が未確定の人)を加えることもある．性的マイノリティの人々の総称(㌢))

**エレガント**【エレガントな】elegant[エリガント]

**エレキギター** an electric guitar[イレクトゥリック ギター]

**エレクトーン** an electronic organ[イレクトゥラニック オーガン]

**エレクトロニクス** electronics[イレクトゥラニクス]（★アクセント位置に注意）

**エレベーター** ⓤan elevator[エリヴェイタァ], ⓑa lift[リフト]
- 私はエレベーターで5階まで行った．
  I took the *elevator* to the 5th floor.
- エレベーターで上がろう[降りよう]．
  Let's go up [down] in an *elevator*.

**えん¹**【円】

| ❶丸い形 | a circle |
|---|---|
| ❷日本の貨幣(⁽⁾)単位 | yen |

❶[丸い形] a circle[サークル]
- コンパスで円を描(⁾)いた．
  I drew a *circle* with a compass.
- 私たちは円になって座(⁾)った．
  We sat in a *circle*.
- 半円 a semi*circle*

❷[日本の貨幣単位] yen[イェン]（複 yen）
- 100円 one hundred *yen*

‖円グラフ a circle [pie] graph [chart]
‖円周 circumference
‖円周率 pi（▶記号π）
‖円高 a strong yen
‖円安 a weak yen

**えん²**【縁】（親せき関係）relation[リレイション]；（機会）a chance[チャンス]；（結びつき）connections[カネクションズ]

**えんかい**【宴会】（公式の）a banquet[バンクウィット]；（晩さん会）a dinner (party)[ディナァ (パーティ)]

**えんがわ**【縁側】an *engawa*；（ベランダ）a veranda(h)[ヴァランダ]
- 縁側は和風家屋のへりに沿ってある木製の廊下(⁾)です．An *engawa* is a wooden corridor along the outside edge of a Japanese-style house.

**えんがん**【沿岸】coast[コウスト]
- 太平洋沿岸 the Pacific *coast* / the *coast* of the Pacific Ocean

‖沿岸漁業 coastal [inshore] fishery

**えんき**【延期する】postpone[ポウストゥポウン], put off[プット]
- コンサートは今度の日曜日まで延期になった．The concert was *postponed* [*put off*] until next Sunday.

**えんぎ¹**【演技】performance[パフォーマンス], acting[アクティング]
━演技する perform
- 彼は見事に演技した．
  He *performed* excellently.

‖演技者 a performer

**えんぎ²**【縁起】(an) omen[オウマン]
- 縁起がいいね[悪いね]．
  It's *lucky* [*unlucky*].
- 祖母はすぐに縁起をかつぐ．My grandmother is apt to be *superstitious*.（◀迷信深い）

**えんきょり**【遠距離】a long distance[ローング ディスタンス]
- 遠距離通学は大変だ．Commuting *a long distance* is tiring.（▶「遠距離通勤」の場合も同じ言い方）

**えんげい¹**【園芸】gardening[ガードゥニング]
‖園芸高校 a gardening high school
‖園芸部 a gardening club

**えんげい²**【演芸】an entertainment[エンタテインマント]；（演芸会）a variety show[ヴァライアティ ショウ]

**エンゲージリング** an engagement ring[インゲイヂマント リング]（▶「エンゲージリング」は和製英語）

**えんげき**【演劇】drama[ドゥラーマ]；（個々の劇）a play[プレィ], a drama
‖演劇部 a drama club

**えんじ**（色）dark red[ダーク レッド]

**エンジニア** an engineer[エンヂニァ]（★アクセント位置に注意）

**えんしゅつ**【演出】direction[ディレクション]
━演出する direct
- この劇はだれが演出したのですか．
  Who *directed* this drama?

**えんじょ**

■演出家 a director

**えんじょ**【援助】help[ヘルプ]; (社会的・財政的な) assistance[アシスタンス], aid[エイド]; (後援(えん))support[サポート]
- 日本はアフリカの国々にもっと援助するだろう. Japan will give more *aid* to African countries.
- ■援助する help, assist

**えんじる**【演じる】play[プレイ], perform[パァフォーム], act[アクト]
- 彼女はその芝居(いば)でジュリエットを演じた. She *played* Juliet in the play.

**エンジン** an engine[エンヂン]
- 父はエンジンをかけた[止めた]. My father started [stopped] the *engine*.

**えんすい**【円錐】a cone[コウン]

**えんせい**【遠征】an expedition[エクスピディション]
- ■遠征する make an expedition
- その野球チームは来月,九州に遠征する. The baseball team will travel to Kyushu for a game next month.
- 遠征試合 an away game [match]
- 遠征隊 an expedition
- 遠征チーム a visiting team

**えんぜつ**【演説】a speech[スピーチ]
- ■演説する make [give] a speech, speak
- 私は多くの生徒の前で演説した. I *made a speech* in front of many students.

**えんせん**【沿線】along [on] the railroad line[レイルロウド ライン]
- 私は東海道線沿線に住んでいる. I live *near the* Tokaido *line*.

## **えんそう**【演奏】

a (musical) performance[(ミューズィカル) パァフォーマンス]
- ■演奏する play, perform
- マリはコンサートでギターを演奏した. Mari *played* the guitar at the concert.(▶「…を演奏する」と言うとき楽器名にはふつうtheをつける)
- 演奏会 a concert; (個人の) a recital
- 演奏者 a player, a performer

**えんそく**【遠足】a school trip[スクール トゥリップ], an excursion[イクスカージョン], an outing[アウティング]. (校外学習や社会科見学) a field trip[フィールド]
- 今度の水曜日は遠足だ. We will go on a *school trip* next Wednesday.

**エンターキー**〖コンピュータ〗the enter key[エンタァ キー]

**エンターテイナー** an entertainer[エンタァテイナァ]

**えんだん**【演壇】a speaker's platform[スピーカァズ プラットゥフォーム]

**えんちゅう**【円柱】a pillar[ピラァ], a column[カラム]; (図形) a cylinder[スィリンダァ]

**えんちょう¹**【園長】the director[ディレクタァ], the head[ヘッド]

**えんちょう²**【延長する】extend[イクステンド]
- 試合は延長された. The game time was *extended*. / The game *went into extra time*.
- 延長戦 〖野球〗extra innings; 〖サッカー〗overtime, ⓑextra time: 試合は延長戦に入った. The game went into *extra innings*. / The game went into *overtime*.

**えんどう**〖植物〗a pea[ピー]

**えんとつ**【煙突】a chimney[チムニィ]

**えんにち**【縁日】a fair[フェア]

**えんばん**【円盤】a disk[ディスク]; (円盤投げの) a discus[ディスカス]
- 空飛ぶ円盤 a flying *saucer* → ユーフォー
- 円盤投げ 〖スポーツ〗the discus (throw)

## **えんぴつ**【鉛筆】

a pencil[ペンスル]
- 赤鉛筆 a red *pencil*
- 色鉛筆 a colored *pencil*
- 鉛筆を削(ゖ)る sharpen a *pencil*
- 鉛筆の芯(い) the lead of a *pencil*(▶leadは[レッド]と発音する)
- 私はレポートを鉛筆で書いた. I wrote a paper in [with a] *pencil*.
- 鉛筆削り a pencil sharpener
- 鉛筆立て a pencil stand

**えんぶん**【塩分】salt[ソールト]

**えんまん**【円満な】(幸せな)happy[ハピィ]; (平和な)peaceful[ピースフル]
- 円満な家庭 a *happy* [*peaceful*] family

**えんりょ**【遠慮】(ためらう)hesitate[ヘズィテイト]; (控(ひか)える)refrain (from …)[リフレイン]
- 何でも遠慮しないで質問してください. Don't *hesitate* to ask me any questions.
- 遠慮なくいつでも電話してください. Feel free to call me anytime.
- 遠慮なくケーキを召(め)し上がってください. Please help yourself to the cake. (▶ help *oneself* to+〈料理など〉で「〈料理など〉を自分で取って食べる」の意)
- ■遠慮深い, 遠慮がちな reserved[リザーヴド]
- 遠慮がちな青年 a *reserved* young man

## おオ

**お**[尾]**a tail**[テイル]→しっぽ

**オアシス an oasis**[オウエイスィス](複 **oases**[オウエイスィーズ])

**おあずけ**【お預け】
- 楽しいことは来週までお預けだ．
  I have to *wait until* next week to have fun.
- (犬に)お預け．
  *Wait. / Stay. / Beg.*

**おい¹ a nephew**[ネフュー](⇔めい a niece)

**おい²**(呼びかけ)**Hello**[ヘロゥ], **Hi**[ハイ], **Hey**[ヘイ]

**おいかける**【追いかける】→おう¹❶

**おいこす**【追い越す】**pass**[パス]
- 私はマリを全速力で追い越した．
  I *passed* Mari at full speed.

## おいしい

**delicious**[ディリシャス], **good**[グッド]
- おいしい食事 a *delicious* meal
- おいしそうだ．
  It looks *delicious*.
- このシチューはとてもおいしい．
  This stew tastes *delicious* [*very good*].
- おいしかった．That was *good*.

**おいだす**【追い出す】(…を～から)**drive ... out of ~**[ドゥライヴ][アウト]
- 彼はカラスを畑から追い出した．
  He *drove* crows *out of* the field.

**おいたち**【生い立ち】**one's personal history**[パーサヌル ヒスタリィ], **one's background**[バックグラウンド]
- ミキは自分の生い立ちを話した．
  Miki talked about *her personal history*.

**おいつく**【追いつく】**catch up**(**with ...**)[キャッチ]
- 交差点で彼女に追いついた．
  I *caught up with* her at the crossing.

**おいで come**[カム]
- ナナ，こっちへおいで．*Come here*, Nana．(▶日本人の「おいで」のしぐさは英語圏の人には「あっちへ行け」に勘違いされやすいので注意)→ジェスチャー 知ってる?
- 今度の日曜日においでください．
  Please *come* next Sunday.

**おいはらう**【追い払う】**drive away**[ドゥライヴ アウェィ]→おいだす

**オイル oil**[オイル]

**おう¹**【追う】
- ❶ 追いかける　run after ..., chase; (追い求める)follow
- ❷ 追われる　(…に)be busy (with ...)

❶[追いかける]**run after ...**[ラン], **chase**[チェイス]; (追い求める)**follow**[ファロゥ]
- その猫(ねこ)はボールを追った．
  The cat *ran after* the ball.
- 彼女は流行を追っている．
  She *follows* fashion.

❷[追われる](…に)**be busy**(**with ...**)[ビズィ]
- 父はいつも仕事に追われている．
  My father *is* always *busy with* his work.

**おう²**【負う】
- ❶ 責任などを　take; (恩恵(おん)を)owe
- ❷ 傷などを　be injured, be wounded

❶[責任などを]**take**; (恩恵などを)**owe**[オゥ]
- 自分の行動に対して責任を負わなくてはいけない．
  You must *take* responsibility for your actions.

❷[傷などを]**be injured**[インヂャァド], **be wounded**[ウーンディド]
- 彼女は交通事故で重傷を負った．
  She *was* seriously *injured* in a traffic accident.

**おう³**【王】**a king**[キング]
- リア王 *King Lear*(▶特定の王をさすときは大文字で始める)

## おうえん【応援】

(声援)**cheering**[チアリング]

━応援する **cheer, support**[サポート]; (助ける)**help**
- 家族全員で走っている弟を応援した．
  The whole family *cheered* for my brother as he ran.
- 彼らは地元チームを応援した．
  They *supported* the home team.

# おうかん

| 応援合戦 cheerleading battle
| 応援団 cheerleaders
| 応援団長 the head cheerleader
| 応援練習 cheerleading practice

**おうかん**【王冠】a crown[クラウン]

**おうぎ**【扇】a (folding) fan[(フォウルディング) ファン]

**おうきゅう**【応急の】first-aid[ファーストエイド]
| 応急手当て first-aid treatment

**おうこく**【王国】a kingdom[キングダム]

**おうごん**【黄金】gold[ゴウルド]
- 黄金の golden[ゴウルドゥン]
| 黄金時代 the golden age

**おうし**【雄牛】a bull[ブル], (去勢した) an ox[アックス] (複 oxen[アクスン])(⇔雌牛(ﾒｽｳｼ) a cow)→うし

**おうじ**【王子】a prince[プリンス]
- ジョージ王子 Prince George (▶特定の王子をさすときには大文字で始める)

**おうしざ**【お牛座】Taurus[トーラス]; (人) a Taurus
- 私はお牛座です.
  I am a Taurus.

**おうじょ**【王女】a princess[プリンスィス]
- シャーロット王女 Princess Charlotte (▶特定の王女をさすときには大文字で始める)

**おうじる**【応じる】(答える) answer[アンサァ], respond[リスパンド]; (受け入れる) accept[アクセプト]
- 先生はいつでも私たちの質問に応じてくれる.
  The teacher *answers* our questions any time we want.
- 私たちは野球の試合の申しこみに応じた.
  We *accepted* the challenge to a baseball game.
- …に応じて according to …[アコーディング]
- 人数に応じて仕事を手分けした.
  We divided the task *according to* the number of people.

**おうしん**【往診】a doctor's visit[ダクタァズ ヴィズィット]
- 往診する go and see a patient[ペイシャント]
- 彼らは患者(ｶﾝｼﾞｬ)を往診してもらった. They had *a doctor come and see the patient*. (▶have+〈人・物〉+〈過去分詞〉で「〈人・物〉を…してもらう」の意)

**おうせつま**【応接間】(大邸宅(ﾀｲﾃｲﾀｸ)の) a drawing room[ドローイング ルーム]; (居間兼用の) a living room[リヴィング]

**おうだん**【横断する】cross[クロース], go across …[アクロース]
- 道路を横断する *cross* a road
| 横断歩道 a crosswalk

**おうて**【王手をかける】(将棋(ｼｮｳｷﾞ)で) check[チェック]

**おうひ**【王妃】a queen[クウィーン]

**おうふく**【往復する】go and return [back][リターン][バック]
- 駅までは往復20分かかる. It takes twenty minutes to *go* to the station *and back*.
- このバスは東京と新潟(ﾆｲｶﾞﾀ)の間を往復している. This bus *runs between* Tokyo *and* Niigata.
| 往復切符(ｷｯﾌﾟ) 《米》a round-trip ticket, 《主に英》a return ticket
| 往復はがき a prepaid return postcard

**おうへい**【横柄な】arrogant[アラガント]

**おうべい**【欧米】Europe and America[ユアラップ][アメリカ], the West[ウェスト]
- 欧米の Western[ウェスタァン]
| 欧米諸国 Western countries
| 欧米人 Europeans and Americans

**おうぼ**【応募】(an) application[アプリケイション]
- 応募する apply (for …)[アプライ], enter[エンタァ]
- エッセイコンクールに応募した.
  I *entered* an essay contest.
| 応募者 an applicant [エントラント]
| 応募用紙 an application [entrance] form

**おうむ**〖鳥〗a parrot[パラット]

**おうよう**【応用】application[アプリケイション]
- 応用する apply[アプライ]
- 公式をその問題に応用した.
  I *applied* the formula *to* the question.
| 応用問題 an advanced question

**オウンゴール**〖サッカー〗an own goal[オウン ゴウル]

**おえる**【終える】finish[フィニッシュ], end[エンド]; (完成させる) complete[カンプリート]
- 夕飯の前に宿題を終えた.
  I *finished* my homework before dinner.
- 私たちはその課程を終えた.
  We *completed* the course.

**…おえる**【…(し)終える】finish+〈-ing形〉[フィニッシュ]

- SNSに写真を全部投稿(とうこう)し終えた.
 I *finished* post*ing* all the photos on social media.(▶finish to+〈動詞の原形〉とするのは×)

**おお** Oh![オゥ]
- おお, 驚(おどろ)いた. *Oh*, what a surprise!

**おおあめ**【大雨】**a heavy rain**[ヘヴィ レイン]➡あめ¹

## おおい¹【多い】

| ❶数・量が | (数が)many;(量が)much;(数・量ともに)a lot of ..., lots of ... |
| --- | --- |
| ❷回数が | frequent;(しばしば)often |

❶〔数・量が〕(数が)**many**[メニィ](⇔少ない few);(量が)**much**[マッチ](⇔少ない little);(数・量ともに)**a lot of ...**[ラット], **lots of ...**
- マキは友達が多い.
 Maki has *many* [*a lot of*] friends.
- この地方は雨が多いですか.
 Do you have *much* rain in this area?
- 多ければ多いほどいい.
 The *more*, the better.
- 私たちの町は人口が多い.
 Our town has a *large* population.

❷〔回数が〕**frequent**[フリークワント];(しばしば)**often**[オーフン]
- 日本は地震(じしん)が多い.
 Earthquakes are *frequent* in Japan.
- 妹は寝坊(ねぼう)することが多い.
 My sister *often* oversleeps.

**おおい²**【覆い】**a cover**[カヴァ]
**おおい³** Hey![ヘィ], Hello![ヘロゥ]
- おおい, 聞こえるかい?
 *Hello*, can you hear me?

**おおいそぎ**【大急ぎで】**in a great hurry**[グレイト ハーリィ]

**おおいに**【大いに】**very**[ヴェリィ], **much**[マッチ], **very much, a great deal**[グレイト ディール]
- 私たちはコンサートを大いに楽しんだ.
 We enjoyed the concert *very much*.

## おおう【覆う】

**cover**[カヴァ]
〈物・人〉を〈物〉で覆う
cover+〈物・人〉+with+〈物〉
- アイは両手で口を覆った.
 Ai *covered* her mouth *with* her hands.
- 歩道は落ち葉で覆われている. The sidewalk is *covered with* fallen leaves.

**オーエル**【ОＬ】**an office worker**[オーフィス ワーカァ](▶英語では男女の区別をしない.「オーエル」,「オフィスレディ」は和製英語)

**おおかじ**【大火事】**a big fire**[ビッグ ファイア]➡かじ¹

**おおがた**【大型の, 大形の】**large**[ラーヂ], **big**[ビッグ], **large-sized**[-サイズド];(大規模の)**large-scale**[-スケイル]
- 大型の冷蔵庫 a *large-sized* refrigerator
- 大型連休 **a long holiday**

**オーガニック organic**[オーガニック]
- オーガニック野菜 *organic* vegetables

**おおかみ**【動物】**a wolf**[ウルフ](複 wolves[ウルヴズ])

**おおかれすくなかれ**【多かれ少なかれ】**more or less**[モァ][レス]
- 私にも多かれ少なかれ責任がある.
 I am also to blame, *more or less*.

## おおきい【大きい】

| ❶形・程度・規模が | big; large; great |
| --- | --- |
| ❷高さが | tall |
| ❸幅(はば)が | wide |
| ❹音量が | loud |
| ❺年長の | old, big |

❶〔形・程度・規模が〕**big**[ビッグ](⇔小さい little, small);**large**[ラーヂ](⇔小さい small);**great**[グレイト]
- 彼は手が大きい. He has *big* hands.
- ぼくのかばんはタカオのより大きい.
 My bag is *bigger* than Takao's.
- このスカートは私にはちょっと大きすぎる.
 This skirt is a little too *big* for me.
- 世界でいちばん大きい湖
 the *largest* lake in the world
- 大きな成功 a *great* success

> **くらべてみよう!** big と large と great
>
> **big**と**large**はほぼ同じように使われますが, bigは重さに重点があり, largeは広さに重点があります. 一方, **great**は形が大きいことよりも, 程度や質の面で「大きい」「偉大(いだい)である」ということに重点があります.

❷〔高さが〕**tall**[トール](⇔小さい short)
- 大きな木 a *tall* tree
- タクはクラスでいちばん大きい.
 Taku is the *tallest* in our class.

❸〔幅が〕**wide**[ワイド]
- 大きな川 a *wide* river
- この先に大きな道路がある.
 There is a *wide* street ahead.

# おおきく

❹〔音量が〕**loud**[ラウド]
- 大きい声 a *loud* voice
- もっと大きい声で話してください.
  Speak *louder*, please.

❺〔年長の〕**old**[オウルド], **big**→としうえ

## おおきく【大きく】

(形が) **big**[ビッグ], **large**[ラーヂ];(広さが)**wide**[ワイド]
- 男の子は目を大きく見開いた.
  The boy opened his eyes *wide*.
- 大きく息を吸った.
  I took a *deep* breath.

━大きくする **enlarge**[インラーヂ], **make ... bigger**[**larger**]
- ペットの犬の写真を大きくした.
  I *enlarged* the photo of my pet dog.

━大きくなる **grow**[グロゥ];(大人になる)**grow up**[アップ], **become bigger**[ビカム]
- 大きくなったら何になりたいの.
  What do you want to be when you *grow up*?

## おおきさ【大きさ】a **size**[サイズ]→サイズ
- あなたのシャツの大きさはどのくらいですか.
  What's your shirt *size*?

## おおきな【大きな】→おおきい

## おおく【多く(の)】

| ❶数・量が | (数が)many; (量が)much; (数・量ともに)a lot (of ...), lots (of ...) |
| --- | --- |
| ❷大部分が | most |

❶〔数・量が〕(数が)**many**[メニィ];(量が)**much**[マッチ];(数・量ともに)**a lot (of ...)** [ラット], **lots (of ...)** →たくさん❶❷
- 多くの人がパーティーに招かれた.
  *Many* [*A lot of*] people were invited to the party.
- 鎌倉(かまくら)には多くのお寺がある.
  There are *many* temples in Kamakura.

❷〔大部分の〕**most**[モウスト]
- 多くの生徒が欠席した.
  *Most* students were absent.

## おおぐい【大食い】a **big eater**[ビッグ イータァ]

## オークション an **auction**[オークション]

## オーケー OK, O.K., Okay[オウケィ], all right[オール ライト]
- すべてオーケーだ.
  Everything is *OK*[*all right*].
- 「手伝ってくれない?」「オーケー」
  "Will you help me?" "*OK*."

## おおげさ【大げさな】**exaggerated**[イグザヂャレイティド]

━大げさに言う **exaggerate**
- 彼はいつも話を大げさに言う.
  He always *exaggerates*.

## オーケストラ an **orchestra**[オーケストラ]

## おおごえ【大声】a **loud voice**[ラウド ヴォイス]
- 大声で話さないで.
  Don't talk in a *loud voice*.

━大声を出す **shout**[シャウト]

## おおさじ【大さじ】a **tablespoon**[テイブルスプーン] →さじ

## おおざっぱ【大ざっぱな】**rough**[ラフ];(むとんちゃくな)**careless**[ケァリス]
- 大ざっぱな計画 a *rough* plan
- 彼女はお金に対して大ざっぱだ.
  She is *careless* with her money.

━大ざっぱに **roughly**
- 大ざっぱに言えば *roughly* speaking

## おおさわぎ【大騒ぎ】a **big fuss**[ビッグ ファス]
- 昨晩若者たちが大騒ぎしていた. The young people *made a lot of noise* last night.

## オーストラリア Australia[オーストゥレイリア]

━オーストラリア(人)の **Australian**
オーストラリア人(1人)an **Australian**, (全体) **the Australians**

## オーストリア Austria[オーストゥリア]

━オーストリア(人)の **Austrian**
オーストリア人 an **Austrian**

## おおぜい【大ぜいの】**many**[メニィ], **a lot of ...**[ラット], **lots of ...**, **a great [large] number of ...**[グレイト][ラーヂ][ナンバァ]→おおく❶
- 東京駅は大ぜいの人で混雑していた.
  Tokyo Station was crowded with *a great number of* people.

## おおそうじ【大掃除】(年末の)**end-of-the-year home cleaning**[エンドアブザイァ ホウム クリーニング]
(▶欧米(おうべい)では春に大掃除をする習慣があり, spring-cleaningと呼ばれている) →そうじ[1]
- 日本では毎年年末に大掃除をします. In Japan, we *clean the whole house* at the end of every year. (◀家じゅうを掃除する)

# オーロラ

**オーソドックス**【オーソドックスな】**orthodox**[オーサダックス]

**オーダー**(注文)**an order**[オーダァ];(順序)**order**
- サラダを1つオーダーした.
 I placed *an order* for a salad.
- 監督はバッティングオーダーを変えた.
 The manager changed the batting *order*.

**オーダーメイド**【オーダーメイドの】**made-to-order**[メイドトゥオーダァ], **tailored**[テイラァド], **custom-made**[カスタムメイド]

**オーディオ**(装置)**audio equipment**[オーディオウイクウィップマント]

**オーディション an audition**[オーディション]
 ━(〜の)オーディションを受ける **audition**(**for** ...)
- アミはミュージカルのオーディションを受けた.
 Ami *auditioned for* a musical.

**おおどおり**【大通り】**a main street**[メイン ストゥリート]

**オートバイ a motorcycle**[モウタァサイクル](►「オートバイ」は和製英語)
- 早くオートバイに乗りたい.
 I want to ride a *motorcycle* soon.

**オードブル an hors d'oeuvre**[オァ ダーヴ](►フランス語から)

**オートマチック**【オートマチックの】**automatic**[オータマティック]

**オートミール oatmeal**[オウトゥミール]

**オートメーション automation**[オータメイション]

**オートロック**【オートロックの】**self-locking**[セルフラッキング]

**オーナー an owner**[オウナァ]

**オーバー¹**(衣服の)**a coat**[コウト], **an overcoat**[オウヴァコウト]

**オーバー²**【オーバーな】→ **おおげさ**

**オーバー³**【オーバーする】**go over ...**[ゴゥ オウヴァ]
- 予算をオーバーした.
 We *went over* budget.
- その車はスピードをオーバーした.
 The car *went over* the speed limit.

**オーバーオール overalls**[オウヴァオールズ]

**オーバースロー**〖野球〗**an overhand throw**[オウヴァハンド スロゥ]

**オーバーワーク overwork**[オウヴァワーク]

**オービー**【OB】(卒業生)**a graduate**[グラデュエイト];(クラブなどの)**a former member**[フォーマァ メンバァ]
- OB戦 a game against the *graduates*

**オーブン an oven**[アヴン]
 オーブントースター a toaster oven(►「オーブントースター」は和製英語)
 オーブンレンジ an electric and microwave oven(►「オーブンレンジ」は和製英語)

**オープン**【オープンする】**open**[オウプン]
 オープンカー an open car
 オープン戦〖野球〗an exhibition game

**オーボエ**〖音楽〗**an oboe**[オウボゥ]

**おおみそか**【大みそか】**the last day of the year**[ラスト デイ][イァ];(大みそかの晩)**New Year's Eve**[ヌー][イーヴ]→ 年中行事【口絵】
- 日本では一年の最後の日を「大みそか」と言います. In Japan *the last day of the year* is known as "*Omisoka*."

**おおむぎ**【大麦】**barley**[バーリィ]

**おおめ**【大目に見る】**overlook**[オウヴァルック]
- 先生はぼくの不注意を大目に見てくれた. The teacher *overlooked* my carelessness.

**おおもじ**【大文字】**a capital letter**[キャパトゥル レタァ](⇔小文字 a small letter)

**おおもの**【大物】**an important figure**[インポータント フィギャァ], **a VIP**[ヴィーアイピー](►**very important person**(重要人物)の略)

**おおもり**【大盛り】**a large helping**[ラーヂ ヘルピング], **a large serving**[サーヴィング], **a large portion**[ポーション]
- 大盛りのご飯 a *large helping* of rice

**おおや**【大家】**a landlord**[ランドゥロード];(女性)**a landlady**[ランドゥレイディ]

**おおやけ**【公の】(公共の)**public**[パブリック](⇔個人の private);(公式の)**official**[アフィシャル]
 ━公に in public; officially

**おおゆき**【大雪】**a heavy snow**[ヘヴィ スノゥ], **a heavy snowfall**[スノウフォール]→ ゆき

**おおらか**【おおらかな】**broad-minded**[ブロードマインディド];(寛大な)**generous**[ヂェナラス]

**オール¹**(全部の)**all**[オール]
- ケンはオール5をとった. Ken got top marks.

**オール²**(ボートの)**an oar**[オァ]

**オールスター**【オールスターの】**all-star**[オールスタァ]
 オールスターゲーム an all-star game

**オールナイト**【オールナイトの】**all-night**[オールナイト]

**オーロラ an aurora**[アローラ]

# おか

**おか**【丘】**a hill**[ヒル]
- あの丘に上ろう．Let's go up that *hill*.

# おかあさん【お母さん】

**a mother**[マ ザァ]（⇔ お 父 さ ん a father）；**Mother**,《話》**Mom**[マム],《話》**Mommy**[マミィ]（►子どもが用いる）
- お母さんは時々ぼくをしかる．
My *mother* sometimes scolds me.
- お母さん，私のハンカチはどこにあるの？
*Mom*, where is my handkerchief?

> **ここがポイント!**「お母さん」「お父さん」
> 家族の間では"Mother [Father]"と固有名詞のように使うのがふつうです．また，「お母さん[お父さん]」と呼びかけるときはふつう，"Mom"（「お父さん」は"Dad"）を使います．

**おかえし**【お返し】**a return**[リターン]
- プレゼントのお返しに彼女にクッキーをあげた．I gave her some cookies as a thank you for the present.

**おかえりなさい**【お帰りなさい】日≠英 → ただいま❶
- 「お母さん，ただいま」「お帰りなさい，サラ」
"Hi, Mom. I'm home." "*Hello*, Sara."

**おかげ**（…のおかげで）**thanks to ...**[サンクス]
- 彼女が助けてくれたおかげで病気が治った．
*Thanks to* her help, I have recovered from my illness.

# おかしい

| ❶こっけいな | funny, comical |
| ❷変な | strange; |
| | (ふつうでない)unusual; |
| | (故障した)wrong |
| ❸公正でない | unfair |

❶〔こっけいな〕**funny**[ファニィ], **comical**[カミカル]
- おかしな格好
a *funny* [*comical*] appearance
- 何がそんなにおかしいの．What's so *funny*?

❷〔変な〕**strange**[ストゥレインヂ]；(ふつうでない)**unusual**[アニュージュアル]；(故障した)**wrong**[ローング]
- ケンはきょう休みなの？ それはおかしいな．
Is Ken absent today? That's *strange*.
- ミカがケーキを食べないなんておかしいわ．
It is *unusual* that Mika won't eat cake.
- テレビの調子がおかしい．
Something is *wrong with* the TV.

❸〔公正でない〕**unfair**[アンフェア]
- その失敗をぼくのせいにするのはおかしいよ．
It's *unfair* to blame me for the failure.

**おかす**¹【犯す】(罪を)**commit**[カミット]；(法律などを)**break**[ブレイク]
- 罪を犯す *commit* a crime

**おかす**²【冒す】(危険を)**risk**[リスク]；(病気が)**affect**[アフェクト], **attack**[アタック]
- 彼は命の危険を冒して子どもを救った．
He saved the child at the *risk* of his own life.（►at the risk of ...は「…の危険を冒して」の意）

**おかす**³【侵す】(国・プライバシーを)**invade**[インヴェイド]；(法などを)**violate**[ヴァイオレイト]
- 彼のプライバシーを侵すのはよそう．
Let's not *invade* his privacy.

**おかず** 日≠英 **a dish**[ディッシュ]（►英語には「主食」に対する「おかず」という考え方はない）
- 今晩のおかずは何？
What's for *dinner* tonight?

**おがむ**【拝む】**worship**[ワーシップ]；(祈る)**pray**[プレィ]
- 私たちは東大寺で仏様を拝んだ．
We *worshiped* the Buddha at the Todaiji Temple.

**おかゆ**(米の)**rice porridge**[ライス ポーリッヂ]

**オカリナ**〖楽器〗**an ocarina**[アカリーナ]

**オカルト the occult**[アカルト]
▍オカルト映画 **an occult movie**[《主に米》**film**]

**おがわ**【小川】**a stream**[ストゥリーム]

# おかわり【お代わり】

**a second helping**[セカンド ヘルピング], **seconds**, **another helping**[アナザァ]；(飲み物)**a refill**[リフィル]
- お代わりをください．
Can I have *seconds*? / Please give me *another helping*.
- (飲み物の)お代わり自由《掲示》Free *Refills*

**おき**【沖の[に]】**offshore**[オーフショァ]
- 3キロ沖に three kilometers *offshore*

**…おき**【…おきに】**every**[エヴリィ]
- 1日おきに *every* other [*second*] day
- 3日おきに *every* fourth days（►「3日おき」とは「4日に1度」ということなのでevery three daysは×）
- 6時間おきにこの薬を飲んでください．
Take this medicine *every* six hours.（►「6時間に1度」の意）

**おきあがる**【起き上がる】**get up**[ゲット アップ]；(上半身だけ)**sit up**[スィット]

**おきて**【掟】**a rule**[ルール], **a law**[ロー]

# おくる¹

**おきどけい**【置き時計】**a table clock**[クラック]→とけい 図

**おぎなう**【補う】(不足分などを)**make up** (for ...); [メイクアップ]; (供給する)**supply**[サプライ]
- 睡眠(燃)不足を補いたい.
 I want to *make up for* lost sleep.

**おきにいり**【お気に入り】**a favorite**[フェイヴァリット]; (インターネットの)**favorites**
- お気に入りのバッグ my *favorite* bag

**おきもの**【置き物】**an ornament**[オーナマント]

## おきる【起きる】

| ❶起床(ஜ)する | get up; |
| --- | --- |
|  | (目を覚ます)wake up |
| ❷事件などが | happen |

❶[起床する]**get up**[ゲット アップ](⇔寝(a)る **go to bed**); (目を覚ます)**wake up**[ウェイク]

get up    wake up

- 私は毎朝6時に起きる.
 I *get up* at six o'clock every morning.
- 今すぐ起きなさい. *Get up* now.
- 今起きたばかりだ. I just *woke up*.

❷[事件などが]**happen**[ハパン]→おこる²

**おきわすれる**【置き忘れる】**leave**[リーヴ]
- テーブルの上に眼鏡を置き忘れた.
 I *left* my glasses on the table.

## おく¹【置く】

| ❶載(の)せる | put, set, place |
| --- | --- |
| ❷置いていく | leave |

❶[載せる]**put**[プット], **set**[セット], **place**[プレイス]
- 本をソファーの上に置いた.
 I *put* a book on the sofa.

❷[置いていく]**leave**[リーヴ]
- かぎを部屋に置いてきちゃった.
 I *left* my keys in the room.

**おく²**【奥】**the back**[バック]
- 引き出しの奥に in *the back* of a drawer
- 森の奥に *deep* in the forest

**おく³**【億】**a hundred million**[ハンドゥリッド ミリャン]
- 人口約1億2千万人 a population of about a *hundred* and twenty *million*
- 10億 a billion

**…おく**【…(して)おく】**leave**[リーヴ], **keep**[キープ] (▶keepは「意図的に…して[させて]おく」という意味合いが強い)
- 明かりをつけたままにしておいてはいけない.
 Don't *leave* the light on.
- 部屋をきれいにしておきなさい.
 *Keep* your room clean.

**おくがい**【屋外の】**outdoor**[アウトドァ](⇔屋内の **indoor**)
—屋外で[へ] **outdoors**[アウトドァズ]
- 屋外で運動しよう. Let's exercise *outdoors*.
 屋外スポーツ outdoor sports

**おくさん**【奥さん】**one's wife**[ワイフ](複 wives [ワイヴズ])
- 彼の奥さんは優(ॢ)しい. *His wife* is kind.
- 富田さんの奥さん *Mrs.* Tomita

**おくじょう**【屋上】**a roof**[ルーフ]

**オクターブ** **an octave**[アクティヴ]

**おくない**【屋内】**indoor**[インドァ](⇔屋外の, 野外の **outdoor**)
—屋内で[へ] **indoors**[インドァズ]
 屋内競技 indoor games
 屋内スポーツ indoor sports
 屋内プール an indoor swimming pool

**おくば**【奥歯】**a back tooth**[バック トゥース]

**おくびょう**【おく病な】**timid**[ティミッド], **cowardly**[カウアドリィ]
- 彼はおく病だ. He is *timid* [*cowardly*].
 おく病者 a coward, 《話》a chicken

**おくやみ**【お悔やみ】(**a**) **condolence**[カンドウランス]
- 心からお悔やみを申し上げます.
 Please accept my deepest *condolences*.

**おくらせる**【遅らせる】**delay**[ディレィ]
- 試合開始を30分遅らせた. We *delayed* the match by thirty minutes.

**おくりむかえ**【送り迎え】
- 母は弟を学校へ送り迎えしている.
 My mother *takes* my brother *to and from* school.

**おくりもの**【贈り物】→ プレゼント

## おくる¹【送る】

| ❶物を | send; (順々に)pass |
| --- | --- |
| ❷人を | see ... off; (車で)drive |
| ❸時を過ごす | spend, live, lead |

❶[物を]**send**[センド]; (順々に)**pass**[パス]
〈人〉に〈物〉を送る
send＋〈人〉＋〈物〉/ send＋〈物〉＋to＋〈人〉

## おくる²

- 私はタカにチケットを送った.
  I *sent* Taka a ticket. / I *sent* a ticket *to* Taka.
  ▬送り返す send back

❷[人 を]see ... off[スィー][オーフ]; (車 で)drive[ドゥライヴ]
- マリを送るために空港へ行った.
  I went to the airport to *see* Mari *off*.
- 母が駅まで送ってくれた.
  My mother *drove* me to the station.

❸[時を過ごす]spend[スペンド], live[リヴ], lead[リード]
- 彼女は幸せな人生を送った. She *lived* [*led*] a happy life. / She *lived* happily.
▮送る会 a farewell party

**おくる²**【贈る】**give**[ギヴ]; (改まって)**present**[プリゼント]
- 私は彼女にチョコレートを贈った.
  I *gave* her some chocolates. / I *gave* some chocolates *to* her.

# おくれる【遅れる, 後れる】

| ❶予定に | be late |
| ❷進歩・世の中などに | be behind |
| ❸時計が | lose; (遅れている)be slow |

❶[予定に]be late[レイト]
- 遅れてすみません.
  I'm sorry I'm [to be] *late*.
- バスは15分遅れた.
  The bus *was* fifteen minutes *late*. / The bus *was delayed* fifteen minutes.
- 私たちは予定より40分遅れている.
  We *are* forty minutes *behind* schedule.

❷[進歩・世の中などに]be behind[ビハインド]
- うちの家族はいまだに固定電話を使っているんだ. 後れてるよ. My family still uses a landline. They *are behind* the times.

❸[時計が]lose[ルーズ](⇔進む gain); (遅れている)be slow[スロウ]
- この時計はひと月に3分遅れる.
  This clock *loses* three minutes a month.
- ぼくの腕(ã)時計は1分遅れている.
  My watch *is* a [one] minute *slow*.

**おけ** a tub[タブ]; (手おけ)a pail[ペイル]

# おこす¹【起こす】

| ❶目を覚まさせる | wake (up) |
| ❷立たせる | raise |
| ❸生じさせる | cause |

❶[目を覚まさせる]wake (up)[ウェイク]
- あしたの朝7時に起こして. *Wake* me (*up*) at seven o'clock tomorrow morning.

❷[立たせる]raise[レイズ]
- 彼は転んだ子どもを起こしてやった.
  He *raised* a fallen child to his feet.

❸[生じさせる]cause[コーズ]
- 彼は学校で問題を起こしたことがない. He has never *caused* problems at school.

**おこす²**(火を)**make a fire**[メイク ア ファイア]
- ライターを使わずに火をおこした.
  I *made a fire* without a lighter.

**おこたる**【怠る】**neglect**[ニグレクト]
- 彼らは義務を怠った.
  They *neglected* their duties.

**おこない**【行い】**behavior**[ビヘイヴィア], **an action**[アクション], **an act**[アクト]
- 日ごろの行いが大事だ.
  Your everyday *behavior* is important.

# おこなう【行う】

| ❶する | do, give |
| ❷式典などを | have, hold |

❶[する]do, give[ギヴ]
- 来週英語のテストを行います.
  I'll *give* a quiz in English next week.

❷[式典などを]have[ハヴ], hold[ホウルド]
- 朝礼は毎週月曜日に行われる. We *have* a morning assembly every Monday.

**おこのみやき**【お好み焼き】 *okonomiyaki*; a Japanese-style pancake[ヂャパニーズスタイル パンケイク]

**おこり**【起こり】(起源)**the origin**[オーリヂン]; (原因)**the cause**[コーズ]; (始まり)**the beginning**[ビギニング]
- 事の起こりはたいしたことじゃなかった.
  *The beginning* was not a big problem.

**おごり** a treat[トゥリート]
- これはぼくのおごりだ.
  This is my *treat*. / This is *on* me.

**おこりっぽい**【怒りっぽい】→たんき

# おこる¹【怒る】

| ❶腹を立てる | get [become] angry, 《主に米》《話》get mad: (腹を立てている)be angry |
| ❷しかる | scold |

❶[腹を立てる]get [become] angry[アングリ], 《主に米》《話》get mad[マッド]; (腹を立てている)be angry
- 彼はめったに怒らない.

おしえ

He rarely *gets angry*.
〈人〉に(対して)怒る
get angry with [at]+〈人〉
・彼は友達に(対して)怒った.
 He *got angry with* [*at*] his friend.
〈事〉で怒る
get angry about [at, over]+〈事〉
・彼女はそのうわさに怒った.
 She *got angry about* [*at*] the rumor.
・サトルは君のことを怒っているようだよ.
 Satoru seems to *be angry with* [*at*] you.
━怒って **angrily**, **in anger**[アンガァ]
・父は怒ってどなった.
 My father shouted *in anger*.
❷[しかる]**scold**[スコウルド]
・彼をそんなに怒らないで.
 Don't *scold* him so much.
・両親に怒られた. My parents *scolded* me.

## おこる² 【起こる】
(偶然に)**happen**[ハパン], **occur**[アカァ](►後者のほうが形式ばった語); (計画的に)**take place**[テイク プレイス]; (急に)**break out**[ブレイク アウト]
・その事故はきのう起こった.
 The accident *happened* yesterday.
・彼女に何が起こったのですか.
 What *happened* to her?
・山火事が起こった. A forest fire *broke out*.
**おごる**(ごちそうする)**treat**[トゥリート]
・兄がハンバーガーをおごってくれた.
 My brother *treated* me to a hamburger.
**おさえる**【押さえる, 抑える】**hold**[ホウルド], **control**[カントゥロウル]
・ドアを押さえて開き, 客を通した. I *held* the door open when the guests entered.
・彼は怒りを抑えることができなかった.
 He couldn't *control* his anger.
**おさがり**【お下がり】(衣服などの)⊛《話》**hand-me-downs**[ハンドミーダウンズ]
**おさげ**【お下げ】(三つ編み)⊛**a braid**[ブレイド](►しばしば複数形で用いる)
・その女の子は髪をお下げにしている.
 The girl is wearing her hair in *braids*.
**おさない**【幼い】(幼少の)**very young**[ヤング]; (幼稚な)**childish**[チャイルディッシュ]
・幼いころアキラはいたずらっ子だった.
 Akira was a mischievous boy when he was *very young*.
**おさななじみ**【幼なじみ】**a childhood friend**[チャイルドフッド フレンド]
**おさまる**【収まる, 治まる】(静まる)**calm**(**down**)

[カーム]; (終わる)**be over**[オウヴァ], **stop**[スタップ]; (解決される)**be settled**[セトゥルド]
・風が収まった. The wind *calmed down*.
・女の子たちのくすくす笑いもやっと収まった.
 The girls' giggling has finally *stopped*.
・彼らの言い争いも治まったようだ.
 Their argument seems to *be settled*.
・せきが治まった. My cough *went away*.
**おさめる¹**【治める】**rule**[ルール], **govern**[ガヴァン]
・彼は長い間その村を治めた. He *ruled* (*over*) the village for a long time.
**おさめる²**【納める】(金を)**pay**[ペイ]
・両親が授業料を納めてくれた.
 My parents *paid* my tuition.
**おし**【推し】**a favorite**[フェイヴ(ァ)リット]
・そのグループであなたの推しはだれ？
 Who is your *favorite* in the group?
**おじ**【伯父, 叔父】**an uncle**[アンクル](⇔ おば an aunt)→おじさん
・おじは京都に住んでいる.
 My *uncle* lives in Kyoto.
**おしあう**【押し合う】**push one another**[プッシュ アナザァ]
・人々はステージに近づこうと押し合った.
 People *pushed one another* to get closer to the stage.

## おしい 【惜しい】
(もったいない)**too precious**[トゥー プレシャス]; (残念な)**too bad**[バッド], **sorry**[サリィ]
・このブレスレットを彼女にあげるのは惜しい.
 This bracelet is *too precious* to give her.
・惜しいことに彼女はレースで2着だった.
 It is *too bad* that she finished second in the race.
・惜しいなあ！ What a *pity* [*shame*]!

## おじいさん
(祖父)**a grandfather**[グラン(ドゥ)ファーザァ](⇔おばあさん a grandmother), 《話》**a grandpa**[グランパー](►呼びかけるときはGrandfatherまたはGrandpaを用いる); (年を取った男性)**an old** [**elderly**] **man** [オウルド [エルダァリィ] マン]
・マミのおじいさん Mami's *grandfather*
・昔々, おじいさんとおばあさんが住んでいました.
 Once upon a time, there lived an *old man* and an old woman.
**おしいれ**【押し入れ】**a closet**[クラズィット]
**おしえ**【教え】**teachings**[ティーチングズ]; (教育)**instruction**[インストゥラクション]
・キリストの教え Christ's *teachings*

## おしえる

教え子 one's (former) student: 彼の教え子が学校に来た. His former student came to school.

## おしえる【教える】

❶ 勉強・技術などを　teach
❷ 道・方法などを　（口頭で）tell;
　　　　　　　　　（行動や地図で）show

teach　　　　tell　　　　show

❶ [勉強・技術などを] teach [ティーチ]
- 彼は中学で英語を教えている. He *teaches* English at junior high school.

〈人〉に〈学科など〉を教える
teach ＋〈人〉＋〈学科など〉/
teach ＋〈学科など〉＋ to ＋〈人〉
- 彼は私たちに音楽を教えています.
He *teaches* us music. / He *teaches* music *to* us.

〈人・物〉に…のしかたを教える
teach ＋〈人・物〉＋ how to ＋〈動詞の原形〉
- 姉は私に泳ぎ方を教えてくれた.
My sister *taught* me *how to* swim.

❷ [道・方法などを]（口頭で）tell [テル]；（行動や地図で）show [ショウ]

〈人〉に〈事〉を教える
tell [show]＋〈人〉＋〈事〉
- 駅までの道を教えてくれる？ Can you *tell* [*show*] me the way to the station? (▶この場合 Can you teach me …は×)
- 君の電話番号を教えてくれないか.
Can you *give* me your phone number?

〈人〉に…のしかたを教える
tell [show]＋〈人〉＋ how to ＋〈動詞の原形〉
- このゲームの遊び方を教えてよ.
*Show* me *how to* play this game.

**おじぎ**【お辞儀】a bow [バウ]；（軽い）a nod [ナッド]
→ 習慣・マナー【口絵】

　─お辞儀をする bow (to …), make a bow (to …); nod (to …)
- 彼は私にお辞儀をした. He *bowed to* me.

**おしこむ**【押し込む】（…を～に）stuff … into ～ [スタッフ]
- かばんに洋服を押し込んだ. I *stuffed* [*crammed*] my clothes *into* my bag.

**おじさん**【伯父さん, 叔父さん】（親せきの）an uncle [アンクル]（▶呼びかけるときは Uncle を用いる）(⇔おばさん an aunt)；（年配の男性）a gentleman [ヂェントゥルマン]；（呼びかけ）Sir [サァ]（▶ていねいな呼びかけ）, ⦅話⦆Mister [ミスタァ]
- ダイスケおじさん Uncle Daisuke
- この腕（ぎ）時計はおじさんにもらった. This watch was given to me by my *uncle*.

**おしたおす**【押し倒す】push down [プッシュ ダウン]
**おしだす**【押し出す】（…を～から）push … out of ～ [プッシュ]
- ケンは彼を土俵（ぎょう）の外に押し出した.
Ken *pushed* him *out of* the ring.

**おしつける**【押しつける】push [プッシュ], press [プレス]；（強制する）force [フォース]
- 彼女はドアに体を押しつけた.
She *pushed* herself *against* the door.
- 父はいつも自分の意見をぼくに押しつけようとする. My father always tries to *force* his opinions on me.

**おしっこ**⦅話⦆(a) pee [ピー]
　─おしっこをする ⦅話⦆pee, take a pee

**おしつぶす**【押しつぶす】crush (down) [クラッシュ]
- 少年は缶（な）を押しつぶした.
The boy *crushed* the can.

**おしのける**【押しのける】push … away [aside] [プッシュ] [アウェイ] [アサイド]
- 彼女は私を押しのけた.
She *pushed* me *away* [*aside*].

**おしまい** → おわり

**おしむ**【惜しむ】（惜しんで使わない）spare [スペア]（▶ふつう否定文で用いる）；（残念に思う）regret [リグレット], be sorry for … [サリィ]
- 彼女は努力を惜しまなかった.
She *spared* no effort.
- 私たちはみな試合に負けたことを惜しんだ.
We all *regretted* losing the game.

**おじや** rice porridge [ライス ポーリッヂ]

**おしゃべり** a chat [チャット]；（やかましい）chatter [チャタァ]；（人）a talkative person [トーカティヴ パースン]
　─おしゃべりな talkative
- 母はおしゃべりだ. My mother is *talkative*.
　─おしゃべりする chat; chatter
- ぼくは放課後タカオとおしゃべりした.
I *chatted* with Takao after school.

**おじゃまします**【お邪魔します】日≠英 → じゃま

## おしゃれ【おしゃれな】

fashionable [ファッショナブル], smart [スマート]；（洗練された）chic [シーク]
- ユミはおしゃれだ. Yumi is *fashionable*.

- **おしゃれ(を)する be [get] dressed up**
  - 彼はきょうはおしゃれしている.
    He *is* all *dressed up* today.
- **おしょう**【和尚】**a Buddhist priest**[ブーディスト プリースト], (住職) **the chief priest**[チーフ]
- **おじょうさん**【お嬢さん】(人の娘) **a daughter**[ドータァ]; (若い女性) **a young lady**[ヤング レイディ]; (呼びかけ) **miss**[ミス], **young lady**
  - お嬢さんはお元気ですか.
    How is your *daughter*?
- **おしるこ** → しるこ
- **おしろい**(face) **powder**[(フェイス) パウダァ]
- **おしんこ** → つけもの

# おす[1]【押す】
**push**[プッシュ](⇔引く pull), **press**[プレス]
- 押さないでください.
  Don't *push* me, please.
- このボタンを押すとコピーがとれます.
  You can make a copy by *pushing* [*pressing*] this button.
- エレベーターのボタンを押した.
  I *pressed* a button on the elevator.

**おす[2]**【推す】(応援する) **support**[サポート], **cheer for**[チア]
- 私はこのアイドルを推しています.
  I *support* this pop idol.

**おす[3]**【雄】**a male**[メイル], **a he**[ヒー](⇔ 雌 a female, a she)
- 君の犬は雄,それとも雌? Is your dog (a) *male* or (a) female? / Is your dog a *he* or a *she*? (▶a he, a she は子どもがよく使う言い方)
- **雄の male, he-**
  - 雄猫 a *male* cat / a *he*-cat

**おすすめ**【お勧め】→ すすめ
- おすすめの本 a *recommended* book
- 食事をするのにおすすめの場所はどこですか.
  Can you *recommend* a good place to eat?

**おせじ**【お世辞】**flattery**[フラッタリィ]; (ほめ言葉) **a compliment**[カンプラマント]
- **お世辞を言う flatter; compliment**

話してみよう!
- 😊その帽子,とても似合うね.
  The hat suits you well.
- 😊お世辞ばっかり.
  You're just *flattering* me.

**おせちりょうり**【おせち料理】*osechi-ryori*; **a traditional New Year's dish in Japan**[トゥラディショヌル ヌー イアズ ディッシュ][ヂャパン]

---

**おせっかい**(人) **a busybody**[ビズィバディ]
- **おせっかいな nosy, nosey**[ノウズィ]
- **おせっかいを焼く meddle**[メドゥル]
- よけいなおせっかいを焼かないでよ. Don't *meddle* in my affairs. / (That's) none of your business. / Mind your own business. (▶後の2つの文は「君の知ったことか」の意)

**オセロ an Othello board game**[オウセロウ ボード ゲイム]

**おせん**【汚染】**pollution**[パルーション], **contamination**[カンタマネイション]
- **汚染する pollute, contaminate**[カンタマネイト]
- その海は油で汚染された.
  The sea is *polluted* with oil.

### 汚染のいろいろ
環境(かんきょう)汚染 environmental pollution
水質汚染 water pollution
大気汚染 air [atmospheric] pollution
放射能汚染 radioactive contamination

| 汚染物質 a pollutant

# おそい【遅い】→ おそく

| | |
|---|---|
| ❶時間が | late |
| ❷速度が | slow |

❶ [時間が] **late**[レイト](⇔早い early)
- マキは遅い夕食を取った.
  Maki had a *late* supper.
- 今となってはもう遅い. It is too *late* now.
- ケン,もう遅いから寝(ね)なさい.
  Go to bed, Ken. It's already *late*.
- 帰るのが遅くなった. I came home *late*.

**ここがポイント!** 「遅い」の late と「遅く」の late
**late** は形容詞「遅い」と副詞「遅く」が同じ形です. **lately** とすると「最近」という意味になるので注意しましょう.
- 遅いじゃない. You're *late*. (▶形容詞)
- ゆうべは遅くまで勉強した. I studied (until) *late* last night. (▶副詞)

❷ [速度が] **slow**[スロゥ](⇔ 速い fast, quick, rapid, speedy)
- 彼女は着替(きが)えるのが遅い. She is *slow* in [at] changing her clothes.
- 彼は読むのが遅い. He is a *slow* reader.

**おそう**【襲う】**attack**[アタック]; (災害・病気などが) **strike**[ストゥライク], **hit**[ヒット]
- 彼らは敵を襲った.

おそかれはやかれ

They *attacked* their enemy.
・台風は伊豆(ゾ)を襲った.
The typhoon *hit* Izu.

**おそかれはやかれ**【遅かれ早かれ】**sooner or later**[スーナァ][レイタァ]
・遅かれ早かれ彼らはその秘密を知るだろう.
They will know the secret *sooner or later*.

## おそく【遅く】→おそい

| ❶時間が | late |
| --- | --- |
| ❷速度が | slowly, slow |

❶[時間が]**late**[レイト](⇔早く early)
・寝(ネ)る時間が遅くなった. I went to bed *late*.
・私はゆうべ遅くまでテレビを見ていた.
I watched TV till *late* last night.
・遅くとも10時までには戻(モド)って来なさい.
Come back by 10 o'clock *at the latest*.
❷[速度が]**slowly**[スロウリィ], **slow**[スロゥ](⇔速く fast, quickly)
・彼はわざと遅く走った.
He ran *slowly* [*slow*] on purpose.

**おそなえ**【お供え】**an offering**[オーファリング]

**おそめ**【遅めの[に]】**late**[レイト]; **later**
・遅めの昼食を食べた. I had a *late* lunch.
・集まりはいつもより少し遅めに始まった. The meeting started a little *later* than usual.

**おそらく** →たぶん

**おそるおそる fearfully**[フィアフリィ], **timidly**[ティミッドゥリィ]

**おそれ**【恐れ】**fear**[フィア]; (危険性)**danger**[デインヂャァ]
・今夜は嵐(アラシ)になるおそれはない.
There is no *fear* of a storm tonight.

**おそれいりますが**【恐れ入りますが】**Excuse me, but ...**[イクスキューズ ミー], **I'm sorry to trouble you, but ...**[サリィ][トゥラブル]
・恐れ入りますが,トイレをお借りできますか.
*Excuse me, but* can I use the bathroom?

## おそれる【恐れる】

**be afraid**[アフレイド], **fear**[フィア](▶fearのほうが堅(カタ)い言い方で,ふつう進行形にできない)→こわがる

〈人・物・事〉を恐れる
be afraid of +〈人・物・事〉
・その子は雷(カミナリ)を恐れている.
The child *is afraid of* thunder.
…ではないかと恐れる
be afraid of +-ing形
・マコトは母親に怒(オコ)られるのではないかと恐れて

いた. Makoto *was afraid of* be*ing* scolded by his mother.
…するのではないかと恐れる
be afraid that ...
・ユリは試験に落ちるのではないかと恐れている. Yuri *is afraid that* she will fail (in) the exam.

**おそろい matching**[マッチング]→そろい
・私たちはおそろいのキーホルダーを買った.
We bought *matching* key chains.

## おそろしい【恐ろしい】

**terrible**[テラブル]; (ぞっとする)**horrible**[ホーラブル]; (ぎょっとする)**shocking**[シャッキング]; (危険な)**dangerous**[デインヂャラス]
・きのう恐ろしい事故を見た.
I saw a *terrible* accident yesterday.
・そのゾンビ映画は恐ろしかった.
The zombie movie was *horrible*.
━恐ろしく **terribly**; **horribly**
・外は恐ろしく暑い. It's *terribly* hot outside.

**おそわる**【教わる】**learn**[ラーン], **be taught**[トート]→ならう
・私はよく兄から英語を教わる.
I often *learn* English from my brother.

**オゾン**〔化学〕**ozone**[オウゾウン]
 オゾン層 the ozone shield, the ozone layer;
 オゾン層破壊(ハカイ) the ozone layer depletion[destruction]
 オゾンホール an ozone hole

**おたがい**【お互い】→たがい

**おたく**【お宅】(人の家)**...'s house**[ハウス]; (あなた)**you**[ユー]
・鈴木さんのお宅 Mr. Suzuki's *house*
・お宅はどちらですか. Where do *you* live?
(←どこに住んでいますか)
━お宅の **your**[ユア]
・「お宅の家族は何人ですか」「4人です」
"How many people are there in *your* family?" "There are four."

**オタク otaku**[アウターク], **a nerd**[ナード], **a geek**[ギーク]
・アニメオタク an anime *geek*
・秋葉原は「オタクの街」と呼ばれている.
Akihabara is called a "*Geek* Town."
━オタクっぽい **nerdy**, **geeky**

**おだてる flatter**[フラッタァ]
・おだてるなよ. Don't *flatter* me.

**おたまじゃくし**〔動物〕**a tadpole**[タッドゥポウル]

## おだやか【穏やかな】

(天候・海などが)**calm**[カーム], **quiet**[クワイアット];

(気候が)**mild**[マイルド];(風・声・人などが)**gentle**[ヂェントゥル]
- 穏やかな海 a *calm* sea
- この地方の気候は穏やかだ.
 The climate of this district is *mild*.
- 彼女は穏やかな人だ.
 She is a *gentle* person.
➡穏やかに **calmly, quietly; gently**
- 先生はいつも穏やかかに話す.
 Our teacher always speaks *quietly*.

**おち**【落ち】(話・ジョークなどの)**a punch line**[パンチ ライン]

**おちこぼれ**【落ちこぼれ】**a dropout**[ドゥラップアウト]
- 落ちこぼれたくない. I don't want to *be left behind*.(►置いてきぼりにされたくない)

**おちこむ**【落ち込む】(気が滅入(めい)る)**feel depressed**[フィールディプレスト], **feel blue**[ブルー]
- 彼女は試合に負けて落ちこんでいる. She *feels depressed* about losing the game.

**おちつき**【落ち着き】**calmness**[カームニス]
➡落ち着きの[が]ない **restless**[レストゥリス]
- 彼は授業中いつも落ち着きがない.
 He is always *restless* in class.

**おちつく**【落ち着く】**calm down**[カーム ダウン]
- 落ち着きなさい.
 *Calm down. / Calm yourself.*
➡落ち着いた **calm**
➡落ち着いて **calmly**
- ケンは落ち着いて話した. Ken spoke *calmly*.

**おちば**【落ち葉】**a fallen leaf**[フォーラン リーフ]

**おちゃめ**【お茶目な】**playful**[プレイフル]

## おちる 【落ちる】

| ❶ 落下する | **fall**; (急に)**drop** |
| ❷ 試験などに | **fail** (**in** ...); (成績が)**go down** |
| ❸ 染(し)み・色などが | **come out**; (洗って)**wash out** |

❶[落下する]**fall**[フォール];(急に)**drop**[ドゥラップ]
- 男の子が池に落ちた.
 A boy *fell* into the pond.
- 鉛筆(ぴつ)が机から落ちた.
 A pencil *fell* [*dropped*] off the desk.
- 飛行機が墜落(らく)した.
 The plane *crashed* [*fell* to the ground].

❷[試験などに]**fail**(**in** ...)[フェイル](►in を省くのがふつう)(⇔合格する **pass, succeed**(**in** ...));(成績が)**go down**[ゴゥ ダウン]
- 彼女は試験に落ちた.
 She *failed*(*in*) the examination.

- 成績が落ちた. My grades *went down*.

❸[染み・色などが]**come out**[カム アウト];(洗って)**wash out**[ワッシュ]
- この染みは落ちないだろう.
 This stain will not *come out*.

**おつかい**【お使い】→つかい

**おっかけ**【追っかけ】(歌手などの)**a groupie**[グルーピィ]

**おつかれさま**【お疲れ様】日≠英

> **これ、知ってる?** 英語に「お疲れ様」はない!?
> 英語には「お疲れ様」に当たる表現はありません. 仕事の終わりには Thank you for the good job.(よくやったね.),1日の終わりには Take care. See you (tomorrow).(気をつけて, また(明日)ね.)などと言います.

**おっくう**【おっくうな】**troublesome**[トゥラブルサム]→めんどう

**おっしゃる say**[セィ](►英語には「おっしゃる」に当たる敬語はない)→いう❶
- お名前は何とおっしゃいますか.
 May I have your name?
- おっしゃることがよくわかりません. I don't understand you [what you're *saying*].

**おっちょこちょい**(注意散漫(まん)な人)**a scatterbrain**[スキャッタブレイン]

**おっと¹**【夫】**a husband**[ハズバンド](⇔妻 **a wife**)

**おっと²**(話)**oops**[ウップス](►ちょっとしたまごつき・驚(おどろ)きなどを表す)
- おっと, しまった! *Oops!*

**おっとせい**[動物]**a fur seal**[ファー スィール]

**おっとり**【おっとりした】(寛大(かんだい)な)**gentle**[ヂェントゥル], **easy**[イーズィ];(のんびりした)**easygoing**[イーズィゴウイング]
- 彼女はおっとりしている. She is *easygoing*.

**おっぱい**(乳)**milk**[ミルク];(乳房(ぶさ))**a breast**[ブレスト]
- 彼女は赤ん坊(ぼう)におっぱいをあげている.
 She is *breast-feeding* her baby.
 (►breast-feed は「(赤ん坊)に母乳を飲ませる」の意)

**おつり**【お釣り】→つり²

**おてあらい**【お手洗い】→トイレ(ット)

**おでき a boil**[ボイル]

**おでこ a forehead**[フォーヘッド]

**おてだま**【お手玉】**a beanbag**[ビーンバッグ]

**おてつだいさん**【お手伝いさん】**a housekeeper**[ハウスキーパァ]

**おでん oden**

**おてんば a tomboy**[タムボーイ]
➡おてんばな **tomboyish**

- ミキはとてもおてんばだ．
Miki is very *tomboyish*.

## おと【音】
(a) **sound**[サウンド]；(騒音，雑音) **a noise**[ノイズ]；(音楽的な) **a tone**[トウン]

sound

noise

tone

- 鐘の音 the *sound* of a bell
- 変な音がした．I heard a strange *sound*.
- 音を立てるな．Don't make any *noise*.
- 高い[低い]音 a high [low] *tone*
- マキはラジオの音を大きく[小さく]した．
Maki turned up [down] the radio.(▶ turned up [down] the sound of the radioは×)

―表現メモ―
物音の表現いろいろ

ドシン　　ガチャン

バタン

## おとうさん【お父さん】
**a father**[ファーザァ](⇔お母さん a mother)；**Father**，《話》**Dad**[ダッド]，《話》**Daddy**[ダディ](▶子どもが用いる)→ **おかあさん** ポイント!
- この前の日曜日にお父さんと遊んだ．
I played with my *father* last Sunday.
- お父さん，キャッチボールしようよ．
Let's play catch, *Dad*!

## おとうと【弟】
**a brother**[ブラザァ]；(兄と区別して) **a little brother**[リトゥル]，**a younger brother**[ヤンガァ](⇔兄 an older [a big, an elder] brother)
→ **あに** ポイント!
- 私には弟が2人いる．
I have two *younger brothers*.
- ナオキはぼくのいちばん下の弟だ．
Naoki is my *youngest brother*.

**おどおど**【おどおどした】**timid**[ティミッド]；(びくびくした) **nervous**[ナーヴァス]
- その少年はいつもおどおどしている．
The boy always looks *timid*.

**おどかす**【脅かす】**scare**[スケァ]
- 脅かさないでよ．Don't *scare* me./(脅かされた後に) You *scared* me.

**おとぎばなし**【おとぎ話】**a fairy tale**[フェアリィ テイル]，**a nursery tale**[ナーサリィ]

## おとこ【男】
**a man**[マン](複 men[メン])(⇔女 a woman)；(男性) **a male**[メイル](⇔女 a female)
- あの男の人はだれ．
Who is that *man*?
- 男の赤ん坊 a baby *boy*
- 男の **male**(⇔女の female)
- 男らしい **manly**
男友達 a (male) friend (▶a boyfriendは「恋人」の意味なので注意)
男の子 a boy

**おとしあな**【落とし穴】**a pit**[ピット]；(上を覆い隠した) **a pitfall**[ピットフォール]

**おとしだま**【お年玉】**New Year's gift**[ヌー イァズ ギフト]
- お年玉は日本で正月に親や親せきから子どもたちへ与えられる小遣いのことです．
*Otoshidama* is money given to children by parents and relatives during New Year's season in Japan.
- おばは私にお年玉を1万円くれた．
My aunt gave me ten thousand yen as a *New Year's gift*.
お年玉付き年賀はがき a New Year's lottery postcard

**おとしもの**【落とし物】**a lost article**[ロースト アーティクル]
- 駅で落とし物をした．
I *lost something* at the station.
落とし物取扱所 a lost and found office

**おとしより**【お年寄り】→ **としより**

## おとす【落とす】

drop[ドゥラップ]；(失う)lose[ルーズ]
- コップを床(ゆか)に落としてしまった．
 I *dropped* a glass on the floor.
- 気を落とさないで．Don't *lose* heart.
- どこかにコンタクトレンズを落としちゃった．
 I *lost* my contact lens somewhere.（▶落としたその場ではdropを用いる）
- 彼は交通事故で命を落とした．
 He *lost* his life in a traffic accident.
- スピード落とせ《掲示》SLOW DOWN

「スピード落とせ／子どもが遊んでいます」の標識(米国)

**おどす**【脅す】threaten[スレットゥン]
**おとずれる**【訪れる】visit[ヴィズィット]；(来る)come[カム]→ほうもん
- 京都にはたくさんの観光客が訪れる．
 Many tourists *visit* Kyoto.
- やっと春が訪れた．
 Spring has *come* at last.

**おととい** the day before yesterday[イェスタァディ]
- おととい英語のテストがあった．We had an English test *the day before yesterday*.
- おとといの朝［晩］the morning [evening] *before last*

**おととし** the year before last[イア][ラスト]
- この家はおととし建てられた．This house was built *the year before last*.
- おととしの冬 the winter *before last*

## おとな【大人】

an adult[アダルト]，《話》a grown-up[グロウナップ]
- (映画館や遊園地などで)大人1枚，子ども2枚．
 One *adult* and two children, please.
- 大人もこの映画を楽しめる．Even *grown-ups* can enjoy this movie.
 ━**大人の** adult, grown-up[グロウナップ]（★名詞のgrown-upとのアクセントの違(ちが)いに注意）
 ━**大人になる** grow up[グロウ アップ]
- 大人になったらサッカー選手になりたい．
 I want to become a soccer player when I *grow up*.

大人料金 adult rate

**おとなしい**(もの静かな)quiet[クワイアット]；(穏(おだ)やかな)gentle[ヂェントゥル]
- エリはとてもおとなしいね．Eri is very *quiet*.
- おとなしい犬 a *tame* dog
 ━**おとなしく** quietly
- ここでおとなしく待っていてね．
 Wait here *quietly*.

**おとなっぽい**【大人っぽい】
- エミは年の割に大人っぽく見える．
 Emi looks *like a grown-up* for her age.

**おとめ**【乙女】a girl[ガール]
 ━**乙女チックな** girlish

**おとめざ**【乙女座】Virgo[ヴァーゴウ]；(人)a Virgo
- 私は乙女座です．I am a *Virgo*.

**おどり**【踊り】a dance[ダンス]；(踊ること)dancing[ダンスィング]
- 踊りの先生 a *dancing* instructor
- 私は踊りが苦手だ．
 I'm not good at *dancing*.

**おとる**【劣る】be inferior（to ...）[インフィ(ア)リア]，be worse（than ...）[ワース]
- あのパソコンはこれよりも質が劣る．That PC *is inferior* in quality *to* this one.

**おどる**【踊る】dance[ダンス]
- 踊りましょうか．Shall we *dance*?
- 私たちはフォークダンスを踊った．
 We *danced* a folk dance.

**おとろえる**【衰える】become weak[ウィーク]，decline[ディクライン]，fail[フェイル]
- 彼はだんだん体力が衰え始めた．
 He is *becoming weak*.
- 視力が衰えてきた．My eyesight is *failing*.

**おどろかす**【驚かす】surprise[サプライズ]
- そのニュースは私たちを驚かせた．
 The news *surprised* us.

**おどろき**【驚き】surprise[サプライズ]；(驚くべき事［物］)a surprise
- 彼がコンテストで優勝したとは驚きだった．
 It was *a surprise* that he won the contest.

## おどろく【驚く】

| ❶びっくりする | be surprised |
| ❷驚嘆(きょうたん)する | wonder |

❶[びっくりする]be surprised[サプライズド]
- ああ，驚いた．Oh, I'm *surprised*.

**…に驚く**
be surprised at [by]+〈名詞〉
- 私たちはそのニュースに驚いた．
 We *were surprised at* [*by*] the news.

# おないどし

**…して驚く**
be surprised to +〈動詞の原形〉
- 彼のメールを受け取って驚いた．
  I *was surprised to* receive his mail.

**…したことに驚く**
be surprised that ...
- 彼は彼女が怒り出したことに驚いた．
  He *was surprised that* she got angry.
- 驚いたことにケンはその試合に負けてしまった．*To my surprise*, Ken lost the game.
- 彼女は驚いて駆け出した．
  She started running *in surprise*.

**➡驚くべき surprising**
**➡驚くほど(に) surprisingly**
- タクは驚くほど短時間で宿題を終わらせた．
  Taku finished his homework in a *surprisingly* short time.

❷ [驚嘆する] **wonder**[ワンダァ]
- 自然の美しさにはいつも驚く．I always *wonder* at the beauty of nature.

## おないどし【同い年】
- ユミとマリは同い年だ．Yumi is *the same age* as Mari. / Yumi is *as old as* Mari.

## おなか a stomach[スタマック]
- 彼はおなかをこわしている．
  He has some *stomach* trouble.
- おなかが痛い．I have a *stomach*ache.
- おなかがいっぱいだ．I'm full.
- おなかがすいた．I'm hungry.

## おなじ【同じ】

the same[セイム]（►同一，あるいは種類や量・見かけが同じ別々のものを言う）(⇔異なった different)
- 私たちは同じ種類のスマホを持っている．
  We have *the same* kind of smartphones.
- ユキとエリは同じ中学に通っている．Yuki and Eri go to *the same* junior high school.
- 彼はコーラを注文し，私も同じものにした．
  He ordered cola, and I had *the same*.

**…と同じ+〈名詞〉**
the same +〈名詞〉+ as ［that］...
- ぼくはナオと同じかばんを持っている．
  I have *the same* bag *as* Nao.
- 彼女はきのうと同じセーターを着ている．
  She is wearing *the same* sweater *that* she wore yesterday.

**〈人・物・事など〉と同じくらい…**
as +〈形容詞・副詞の原級〉+ as +〈人・物・事など〉
- 私は母と同じくらいの背の高さだ．
  I am *as* tall *as* my mother.

**➡同じに alike**[アライク]
- 彼はどの子どもも同じに扱う．
  He treats all his children *alike*.

## おなら gas[ギャス], wind[ウィンド]
**➡おならをする pass gas, break wind**

## おに【鬼】(悪魔) a devil[デヴィル], a demon[ディーマン]; (童話などに出てくる)an ogre[オウガァ]; (鬼ごっこの)it
- おじは仕事の鬼だ．
  My uncle works like the *devil*.
- 鬼のお面をかぶった．I wore a *devil's* mask.
- マヤ，今度は君が鬼だよ．You're *it*, Maya!

鬼ごっこ tag: 鬼ごっこをしよう．Let's play *tag*.

## おにいさん【お兄さん】→あに

## おにぎり【お握り】 onigiri; a rice ball[ライス ボール] →食生活【口絵】
- おにぎりを作った．I made a *rice ball*.

## おねえさん【お姉さん】→あね

## おねがい【お願い】

a wish[ウィッシュ], a favor[フェイヴァ] →ねがい
- お願いがあるのですが．
  Would you do me a *favor*? / May I ask a *favor* of you? / May I ask you (for) a *favor*?
- 「コーヒーをもう一杯いかがですか」「はい，お願いします」
  "Would you like another cup of coffee?" "Yes, *please*."
- (注文で)チーズバーガーを1つお願いします．
  A cheeseburger, *please*.
- お母さん，お願い！ Mom, *please* help me!
- (電話で)ミカさんをお願いします．
  May I speak to Mika, *please*?

## おねしょ bedwetting[ベッドウェッティング]
**➡おねしょをする wet the bed**

## おの an ax[アックス]; (手おの)a hatchet[ハチット]

## おのおの →それぞれ

## おば【伯母，叔母】an aunt[アント](⇔おじ an uncle) →おばさん
- おばは北海道に住んでいる．
  My *aunt* lives in Hokkaido.

## おばあさん

(祖母) a grandmother[グラン(ドゥ)マザァ](⇔おじいさん a grandfather), 《話》a grandma[グランマー](►呼びかけるときはGrandmotherまたはGrandmaを用いる); (年を取った女性)an old woman[オウルド ウマン], an elderly lady[エルダァリィ レイディ]
- 君のおばあさんは何歳ですか．

How old is your *grandmother*?
- そのおばあさんは編み物をしていた.
The *old woman* was knitting.

**おはぎ** *ohagi*; a rice cake covered with bean jam[ライス ケイク カヴァド][ビーン ヂャム]

**おばけ**【お化け】(幽霊)a ghost[ゴウスト]; (怪物)a monster[マンスタァ]
| お化け屋敷 a haunted house

**おばさん**(伯母さん, 叔母さん)(親せきの)an aunt[アント](▶呼びかけるときはAuntを用いる)(⇔おじさん an uncle); (年配の女性)a lady[レイディ]; (呼びかけ)madam[マダム](▶ていねいな呼びかけ), ⦿ma'am[マム]
- スミコおばさん *Aunt* Sumiko
- あのおばさんが優しくしてくれた.
That *lady* was kind to me.

**おはよう**【お早う】Good morning.[グッド モーニング], (話)Morning.

> 話してみよう!
> ☺おはようございます, ブラウン先生.
> *Good morning*, Mr. Brown.
> ☻おはよう, ユキ.
> *Good morning*, Yuki.

**おび**【帯】(和服の)an obi, a sash[サッシュ]; (ベルト)a belt[ベルト]
- 帯は着物用のベルトのことです.
An *obi* is a *sash* for a kimono.

**おびえる** be frightened (by ..., at ...)[フライトゥンド]
- 私たちは激しい嵐におびえた. We *were frightened by* the violent storm.

**おひつじざ**【お羊座】Aries[エ(ア)リーズ]; (人)an Aries
- 私はお羊座です. I am an *Aries*.

**おひとよし**【お人よし】(気立てのよい人)a good-natured person[グッドネイチャァド パースン]

**おひなさま**【おひな様】(お内裏様に対して)an Empress doll[エンプリス]→ひなにんぎょう, ひなまつり

**おひる**【お昼】(正午)noon[ヌーン]; (午後)afternoon[アフタァヌーン]; (昼食)lunch[ランチ]

**オフィス**(事務所, 会社)an office[オーフィス]
| オフィスビル an office building

**オフェンス** offense[アフェンス](⇔ディフェンス defense)

**おふくろ**【お袋】(主に⦿)(話)one's mom[マム]
→おかあさん

**オフサイド**〚スポーツ〛offside[オーフサイド]
| オフサイドトラップ an offside trap
| オフサイドライン an offside line

**おふだ**【お札】a talisman[タラスマン]

**オフライン**[オフラインの[で]]〚コンピュータ〛offline[オーフライン](⇔オンラインの[で] online)

**おべっか** flattery[フラッタリィ]
→おべっかを使う flatter

**オペラ**(an) opera[アパラ]
| オペラ歌手 an opera singer
| オペラグラス (a pair of) opera glasses
| オペラ劇場 an opera house

**オペレーター** an operator[アパレイタァ]

**おぼうさん**【お坊さん】→そうりょ

**おぼえ**【覚え】memory[メマリィ], learning[ラーニング]
- 彼女は覚えが早い[遅い].
She is a fast [slow] *learner*.
- その話は以前聞いた覚えがある.
I *remember* having heard the story.

## おぼえている【覚えている】

remember[リメンバァ](⇔忘れる forget)
- 私は彼女の名前を覚えている.
I *remember* her name.(▶I am rememberingとするのは×)

**…したことを覚えている**
remember +⟨-ing形⟩
- 彼女にその本を貸したことを覚えていますか.
Do you *remember* lend*ing* the book to her?

**(これから)…することを覚えている**
remember to +⟨動詞の原形⟩
- 私は手紙を出すことを覚えていた.
I *remembered to* send the letter.

**…ということを覚えている**
remember that ...
- 彼はメグミとそこでデートしたことを覚えている. He *remembers that* he went on a date with Megumi there.

## おぼえる【覚える】

(習う)learn[ラーン]; (暗記する)learn ... by heart[ハート], memorize[メマライズ]
- どこでスペイン語を覚えたの.
Where did you *learn* Spanish?
- プログラミングの仕方を覚えた.
I *learned* how to program.
- スピーチを覚えなければならない.
I must *learn* the speech *by heart*.
- 私たちはたくさんの英単語を覚えた.
We *memorized* a lot of English words.

**おぼれる**(水に)be drowned[ドゥラウンド], drown[ドゥラウン](★発音注意)(▶いずれも「おぼれて死ぬ」の意)

# おぼん

- 川でおぼれて死にそうになったんだ.
  I nearly *drowned* in the river.

**おぼん**【お盆】→ぼん❷

**おまいり**【お参りする】visit[ヴィズィット]
- 神社にお参りした. I *visited* the shrine.

**おまえ** you[ユー]→あなた❶, きみ¹
- おまえ, そこで何やってんだ.
  What are *you* doing there?

## おまけ

(値引き)(a) discount[ディスカウント];(景品)a premium[プリーミアム], a free gift[フリー ギフト]
- あの店でおまけしてもらった.
  They gave me a *discount* at that store.
- おまけでシールをもらった.
  I got a sticker as a *free gift*.

**おまけに**(さらに悪いことに)to make matters worse[マタァズ ワース],(and)what is worse[(ホ)ワット]→そのうえ
- おまけに雨が降ってきた.
  *What is worse*, it began to rain.

**おまじない** a charm[チャーム]

**おまちどおさま**【お待ちどおさま】
- お待ちどおさまでした.
  *I'm sorry to have kept you waiting.*(←お待たせしてしてすみません)/ *Thank you for waiting.*(←待っていてくれてありがとう)

**おまもり**【お守り】a (lucky) charm[(ラッキィ) チャーム]

**おまわりさん**【お巡りさん】a police officer[パリース オーフィサァ];(呼びかけ)officer→けいかん

**おみくじ** a fortune (slip)[フォーチャン (スリップ)]
- 神社でおみくじを引いた.
  I drew a *fortune* at a shrine.
- おみくじは吉だった.
  The *fortune* said I would be lucky.

日本の神社で売られていたおみくじ

**おみこし**→みこし
**おむすび**→おにぎり
**おむつ** ⊛ a diaper[ダイアパァ]
- 彼女は赤ん坊(塔)のおむつを換(か)えた.
  She changed her baby's *diaper*.

**オムライス** an omelet filled with fried rice[アマリット][フィルド][フライド ライス]
**オムレツ** an omelet[アマリット]

## おめでとう

Congratulations![カングラチュレイションズ]
- 卒業おめでとう!
  *Congratulations* on your graduation!
- (試験に受かって)高校入学おめでとう.
  *Congratulations* on getting into high school.

> 話してみよう
>
> ☺優勝おめでとう!
> *Congratulations* on winning!
> 😀ありがとう.
> Thank you.
>
> ☺新年おめでとう!
> *Happy* New Year!
> 😀おめでとう.
> (The) Same to you. / Thank you. You, too.

- お誕生日おめでとう!
  *Happy* birthday (to you)!

> これ,知ってる? **Congratulations!と言うとき**
> Congratulations!は努力して成功した人に対して使う言葉なので, 新年やクリスマスのあいさつには使いません. また, 結婚(沈)式では, I wish you great happiness.やBest wishes!と言うのがふつうです.

**おめにかかる**【お目にかかる】meet[ミート], see[スィー]→あう¹
- お目にかかれてうれしいです.
  I'm glad to *meet* you. / I'm glad to *see* you.(▶meetは初対面のときに用いる)
- お目にかかれてよかったです. Nice *meeting* [*seeing*] you. / I enjoyed *meeting* you.(▶別れるときのあいさつ. meetは初対面のときに用いる)

## おもい¹【重い】

| | | |
|---|---|---|
| ❶重さが | | heavy |
| ❷病気などが | | serious; |
| | (気分などが) | depressed |
| ❸画像ファイルなどが | | large |

❶[重さが]heavy[ヘヴィ](⇔軽い light)
- 重い石 a *heavy* stone
- 彼女は以前より体重が重くなっている.

She is *heavier* than before.
━ 重く heavily
❷〔病気などが〕**serious**[スィ(ア)リアス];（気分などが）**depressed**[ディプレスト]
・重い病気
a *serious* illness
・リョウは宿題のことで気が重かった. Ryo felt *depressed* about his homework.
❸〔画像ファイルなどが〕**large**[ラーヂ]
・その画像ファイルはとても重かった.
The image file was very *large*.

**おもい²**【思い】（考え）(a) **thought**[ソート];（感じ方）**a feeling**[フィーリング];（願い）**a wish**[ウィッシュ];（愛情）**love**[ラヴ]
・あなたの思いがかないますように.
May your *wish* come true!
・ユミはいつも思いのままに行動する.
Yumi always does as she *likes*.

**おもいうかべる**【思い浮かべる】→そうぞう¹

**おもいがけない**【思いがけない】**unexpected**[アニクスペクティド]
・思いがけない光景
an *unexpected* sight
━ 思いがけなく **unexpectedly**
・思いがけなく彼女から返信が来た.
Her response came *unexpectedly*.

**おもいきって**【思い切って…する】
・思い切ってコンテストに応募(ぼう)した.
I *went ahead and* entered the contest.

**おもいきり**【思い切り】（できるだけ…）**as … as one can**
・彼はドアを思い切りたたいた.
He knocked on the door *as hard as he could*.

**おもいすごし**【思い過ごし】**imagination**[イマヂネイション]
・それは君の思い過ごしだ.
That's just your *imagination*.

**おもいだす**【思い出す】**remember**[リメンバァ];（…に〜を思い出させる）**remind**（… of 〜）[リマインド]
・小学校のころを思い出した.
I *remembered* my elementary school days.
・君を見ていると君のお兄さんを思い出すよ.
You *remind* me *of* your brother.

**おもいちがい**【思い違い】(a) **misunderstanding**[ミスアンダァスタンディング]

**おもいつき**【思いつき】**an idea**[アイディア]
・ユリはいつも思いつきだけでものを言う.
Yuri always says whatever *comes to mind*.

━ 思いつく **come up with …**[カム アップ], **think of …**[スィンク], **occur to …**[アカァ]（▶ occur to …は思いついたものが主語）
・いいことを思いついた.
I *came up with* a good idea. / A good idea *occurred to* me. / A good idea *came to* my mind.

**おもいで**【思い出】
**a memory**[メマリィ]
・私のいちばんの思い出
my best *memory*
・中学時代の楽しい思い出がたくさんある.
I have many good *memories* of my junior high school days.
・私たちは卒業の思い出にアルバムを作った.
We made photo albums as a *memento* of our graduation.（▶ mementoは「記念の品」の意）

**おもいどおり**【思い通り】
・すべて思い通りの結果になった.
Everything went *as I wanted*.

**おもいやり**【思いやり】**consideration**（**for …**）[カンスィダレイション], **kindness**[カインドゥニス]
━ 思いやりの［が］ある **kind**, **thoughtful**[ソートフル]
・彼はお年寄りに対して思いやりがある.
He is *kind to* senior citizens.
━ 思いやりのない **unkind**, **thoughtless**

**おもう**【思う】

| ❶考える | think;（見なす）consider, regard |
| ❷確信する | believe, be sure |
| ❸望む | want, hope |
| ❹推測する | suppose, ⊛《話》guess;（予期する）expect |
| ❺心配する | be afraid |
| ❻意図する | be going to＋〈動詞の原形〉 |
| ❼…かと思う | wonder |

❶〔考える〕**think**[スィンク];（見なす）**consider**[カンスィダァ], **regard**[リガード]

…だと思う
think（that）…
・ケイは親切だと思う.
I *think*（*that*）Kei is kind.
・彼の答えはまちがっていると思った.
I *thought that* his answer was wrong.
（▶thinkが過去形thoughtになると, その後の「主語＋動詞」の動詞も過去形になる）

## おもさ

☺ケンは試合に勝つと思いますか.
Do you *think*（*that*）Ken will win the game?
☻はい,そう思います./ いいえ,そうは思いません.
Yes, I *think* so. / No, I don't *think* so.

**話してみよう!**

### ここがポイント!「…でないと思う」と言うとき

思う内容が否定の場合は,that以下を否定文にするのではなくthinkを否定して「…と思わない」とするのがふつうです.
- この本はおもしろくないと思う.
  I don't *think* that this book is interesting.（▶I think this book is not interesting. とはあまり言わない）

- 彼らについてどう思いますか.
  What do you *think* of them?
- 人々は彼を偉大(いだい)なアーティストだと思っている. People *consider* him（to be）a great artist.
- 彼は正直だと思う. I *regard* him as honest.
❷[確信する]**believe**[ビリーヴ], **be sure**[シュア]
- 私たちは火星に生物がいると思っている.
  We *believe* that there is life on Mars.
- 彼女はきっとプロの歌手になると思う. I'm *sure* she will become a professional singer.
❸[望む]**want**[ウォント], **hope**[ホウプ]
…したいと思う
want［hope］to＋〈動詞の原形〉
- 私は彼らといっしょに行きたいと思う.
  I *want to* go with them.
…だといいなと思う
I hope（that）...
- あしたが晴れだといいなと思う. I *hope*（*that*）tomorrow will be a sunny day.
❹[推測する]**suppose**[サポウズ], ⊛《話》**guess**[ゲス]；（予期する）**expect**[イクスペクト]
- 彼女は来ると思う.
  I *suppose*（*that*）she will come.
- きょう学校でユカに会えると思う.
  I *expect* to see Yuka at school today.
❺[心配する]**be afraid**[アフレイド]（▶望ましくないことを予想する表現）
…ではないかと思う
be afraid（that）...
- ヒロは怒(おこ)るんじゃないかと思う.
  I'm *afraid that* Hiro will get angry.
❻[意図する]**be going to**＋〈動詞の原形〉
- 私は新しいかばんを買おうと思っている.

I'm *going to* buy a new bag.
- もっと勉強をがんばろうと思っている.
  I *am going to* study harder.
❼[…かと思う]**wonder**[ワンダァ]
- 彼は何歳(さい)なのかとミキは思った.
  Miki *wondered* how old he was.
- 何があったのかと思った.
  I *wondered* what happened.

## おもさ [重さ]**weight**[ウェイト]
- このラケットの重さはどのくらいですか.
  What is the *weight* of this racket?
➡重さがある, 重さを計る **weigh**[ウェイ]
- この小包の重さを計ってくれますか.
  Can you *weigh* this package, please?

# おもしろい

（興味深い）**interesting**[インタレスティング]；（笑わせるような）**funny**[ファニィ]；（ゆかいな）**amusing**[アミューズィング]；（興奮させる）**exciting**[イクサイティング]

interesting　　funny　　amusing

- おもしろい本 an *interesting* book
- 釣(つ)りはおもしろい.
  Fishing is *interesting*.

☺トランプをするのはどう？
How about playing cards?
☻おもしろそうだね.
（That）Sounds *interesting*.

**話してみよう!**

〈人〉にとって〈物・事など〉がおもしろい
〈人〉＋be interested in＋〈物・事など〉
- （私にとって）スキーはおもしろい.
  I'm *interested in* skiing.
- 子どもたちにとって英語はおもしろい.
  Children *are interested in* English. / English is *interesting* to children.
- 彼女はおもしろい顔をしてみせた.
  She made a *funny* face.
- 友達は私のことをおもしろいと言う.
  My friends say I'm *funny*.
- おもしろいパフォーマンスを見た.
  I saw an *amusing* performance.

**おもしろがる be amused**[アミューズド]
- 彼らはユカリの話を聞いておもしろがった.
  They *were amused* at Yukari's story.

**おもちゃ a toy**[トィ]
- おもちゃの扇風機(扇ぷうき) a *toy* fan
- 子どもたちはおもちゃで遊んでいる．
  The children are playing with their *toys*.
  おもちゃ箱 **a toy box**
  おもちゃ店 **a toy shop, a toy store**

――― 表現メモ ―――

**おもちゃのいろいろ**
ぬいぐるみ a stuffed toy
おもちゃの車 a toy car
ブロック blocks
トレーディングカード a trading card
着せ替(か)え人形 a dress-up doll

## おもて【表】

❶ 表面　　　　　　the front, the face
❷ 戸外，屋外　　　the outdoors;
　　　　　　　　　(外側)the outside
❸ 野球で　　　　　the top（half）

❶ [表面] **the front**[フラント](⇔裏 the back),
**the face**[フェイス]
- コインの表 *heads* / the head *side* of a coin
- **…の表に on the front of ...**
- ケンは小包の表に友達のあて名を書いた．
  Ken wrote his friend's address *on the front of* the package.

❷ [戸外，屋外] **the outdoors**[アウトドァズ](▶単数扱い); (外側)**the outside**[アウトサイド]
- 表でキャッチボールをしよう．
  Let's play catch *outdoors* [*outside*]. (▶この outdoors と outside は副詞)

❸ [野球で] **the top**（half）[タップ（ハーフ）](⇔裏 the bottom（half）)
- 6回の表に in *the top* of the sixth inning
  表通り **a main street**

**おもな**【主な】**main**[メイン], **chief**[チーフ]
- この地方の主な産物は何ですか．What are the *main* products of this region?
- オーストラリアの主な都市
  the *chief* cities of Australia

**おもに**¹【重荷】(重い荷物)**a heavy load**[ヘヴィ ロウド]; (重い負担)**a burden**[バードゥン]

**おもに**²【主に】**mainly**[メインリィ], **chiefly**[チーフリィ]; (大部分は)**mostly**[モウストゥリィ]
- 主にユキが小鳥の世話をする．
  Yuki *mainly* takes care of our birds.
- その合唱団のメンバーは主に少女だった．
  The members of the chorus were *mostly* girls.

**おもみ**【重み】**weight**[ウェイト]→おもさ

**おもり**¹【重り】(釣(つ)り糸の)**a sinker**[スィンカァ]
→つり¹図; (おもし)**a weight**[ウェイト]

**おもり**²【お守り】→こもり

**おもわず**【思わず】**in spite of** *oneself*[スパイト]
- 私たちは思わず笑ってしまった．
  We laughed *in spite of ourselves*.

**おもわれる**【思われる】→…らしい❶

**おもんじる**【重んじる】**value**[ヴァリュー]
- 兄は仕事よりもプライベートを重んじる．
  My brother *values* his private life above his business.

## おや¹【親】

*one*'s **parent**[ペァラント](▶「両親」を表すときは parents と複数形にする)
- 彼は親に従った．He obeyed *his parents*.
  親孝行：親孝行しなさい．*Be good to your parents*.
  親知らず **a wisdom tooth**
  親不孝：親不孝をしてしまった．I *haven't been a good son* [*daughter*]. (←いい息子[娘]ではなかった)

**おや**² **Oh!**[オゥ], **Oh dear!**[ディア], **Why!**[(ホ)ワィ], **Well!**[ウェル]
- おやまあ！ *Oh* (*dear*)!

**おやこ**【親子】**parent and child**[ペァラント][チャイルド], **family**[ファミリィ]
- 象の親子 an elephant and its baby
- 彼女たちは親子だ．
  They are *mother and daughter(s)*.
  親子げんか **a family argument**
  親子丼 **a bowl of rice with chicken and egg**

**おやじ** *one*'s **dad**[ダッド], (話)*one*'s **old man**[オウルド マン]→おとうさん

**おやすみなさい**【お休みなさい】**Good night**.
[グッド ナイト]

 話してみよう！

☺ おやすみなさい，お母さん．
　 *Good night*, Mom.
☺ ゆっくりおやすみ．
　 *Good night*. Sleep well.

- おばあちゃんに「おやすみなさい」を言ったの？
  Did you say *good night* to Grandma?

**おやつ a snack**[スナック], **refreshments**[リフレッシュマンツ]
- おやつをちょうだい．Give me a *snack*.

**おやゆび**【親指】(手の)**a thumb**[サム]; (足の)**a big toe**[ビッグ トウ]→て図，ゆび図

**およぎ**【泳ぎ】**swimming**[スウィミング]
- きのう川へ泳ぎに行った．
  I went *swimming* in the river yesterday.

およぐ

(▶ to the riverは×)
- エミは泳ぎがうまい.
 Emi is good at *swimming*.
- ひと泳ぎしよう. Let's go for a *swim*!(▶このswimは「泳ぐこと」の意味の名詞)

**およぐ**【泳ぐ】**swim**[スウィム]
- 私は泳げない. I can't *swim*.
- 「何メートル泳げますか」「200メートルくらいです」"How many meters can you *swim*?" "I can *swim* about 200 meters."
- きょうプールで泳いだ.
 I *swam* in the pool today.
- クロールで泳いだ.
 I *swam* the crawl.

**およそ**(だいたい)**about**[アバウト]
- その部屋にはおよそ15人がいた. There were *about* fifteen persons in the room.

**および**【及び】(時間などが)**last**[ラスト];(匹敵する)**match**[マッチ]
- そのコンサートは3時間に及んだ.
 The concert *lasted* three hours.
- 数学でアキラに及ぶ者はいない.
 No one can *match* Akira in math.
- ご心配には及びません.
 There's no *need* to worry.(◀心配する必要はありません)

**オランウータン**〖動物〗**an orangutan**[オーラングァタン]

**オランダ the Netherlands**[ネザァランヅ], **Holland**[ハランド]
➡オランダ(語, 人)の **Dutch**[ダッチ]
 オランダ語 **Dutch**
 オランダ人 **a Dutch person**

**おり**(動物の)**a cage**[ケイヂ]

**オリーブ**〖植物〗**an olive**[アリヴ]
 オリーブ油 **olive oil**

**オリエンテーション**(**an**)**orientation**[オーリアンテイション]
- 新入生のためのオリエンテーションは毎年行われる. A freshman *orientation* is held every year.

**オリエンテーリング orienteering**[オーリエンティ(ア)リング]

**おりかえし**【折り返し】(マラソンなどの)**a turn**[ターン];(すぐに)**soon**[スーン]
- 折り返し電話します.
 I'll call you *back soon*.

**おりがみ**【折り紙】**origami**[オリガーミ]; **paper folding**[ペイパァ フォウルディング]
- 折り紙は紙を折って形を作り上げる芸術です.
 *Origami* is the art of folding paper into figures.

**オリジナル an original**[アリヂャヌル]
➡オリジナルの **original**

**おりたたむ**【折り畳む】**fold**(**up**)[フォウルド]
➡折りたたみの **folding**
 折りたたみがさ **a folding umbrella**
 折りたたみ自転車 **a folding bicycle**

**おりまげる**【折り曲げる】**bend**[ベンド]

## おりる【下りる, 降りる】

| ❶高い所から | come down, go down, get down |
| ❷乗り物から | (列車・バスなど)get off; (車など)get out of ... |
| ❸地位・役目から | give up, 〈話〉quit |

❶[高い所から]**come down**[カム ダウン], **go down**[ゴゥ], **get down**[ゲット](⇔上がる **go up**)
- 彼は階段を降りた.
 He came *down* the stairs.
- その少年は木から降りてきた.
 That boy *got down* from the tree.
- 子どもたちが2階から降りてきた.
 The children *came downstairs*.

❷[乗り物から](列車・バスなど)**get off**[オーフ](⇔乗る **get on**);(車など)**get out of ...**[アウト](⇔乗る **get in**(...), **get into ...**)
- いつも中野駅で電車を降りる. I always *get off* the train at Nakano Station.
- マナはすばやく自転車から降りた.
 Mana *got off* her bicycle quickly.

> 話してみよう!
> ☺あなたはどこで降りるのですか.
>  Where are you *getting off*?(▶この場合現在進行形は近い未来を表す)
> ☻新宿です.
>  I'm *getting off* at Shinjuku.

- 私たちはタクシーから降りた.
 We *got out of* the taxi.

❸[地位・役目から]**give up**[ギヴ アップ], 〈話〉**quit**[クウィット]

- 彼らはゲームをおりた.
  They *quit* playing the game.

**オリンピック** **the Olympic Games**[オリンピック ゲイムズ], **the Olympics**
- 冬季オリンピック
  the Winter *Olympic Games*
- オリンピックで金メダルをとりたい.
  I hope to win a gold medal at *the Olympics*.
‖ オリンピック競技場 the Olympic stadium
‖ オリンピック記録 an Olympic record
‖ オリンピック選手 an Olympic athlete
‖ オリンピック村 the Olympic village

**おる¹**【折る】
(骨・木などを) **break**[ブレイク]；(紙・毛布などを) **fold (up)**[フォウルド]
- 木の枝を折ってはいけない.
  Don't *break* the branches of the tree.
- 彼は転んで右足の骨を折った.
  He fell and *broke* his right leg.
- 彼女はその紙を半分に折った.
  She *folded* the paper in half.

**おる²**【織る】**weave**[ウィーヴ]

**オルガン**〖楽器〗(パイプオルガン) **an organ**[オーガン], **a pipe organ**[パイプ]；(リードオルガン) **a reed organ**[リード]
- オルガンを弾(ひ)いた. I played the *organ*.
- 電子オルガン an electronic *organ*
‖ オルガン奏者 an organist

**オルゴール** ✱**a music box**[ミューズィック バックス]
(►「オルゴール」はオランダ語から)

**おれ**【俺】[アイ]→わたし ポイント!

**おれい**【お礼】**thanks**[サンクス]→れい² ❶
‖ お礼状 a *thank-you* letter

**おれる**【折れる】**break**[ブレイク]；(ポキンと) **snap**[スナップ]→おる¹；(降参する) **give in**[ギヴ イン]
- 足の骨が折れた. I *broke* my leg.
- シャープペンシルの芯(しん)が折れた.
  The mechanical pencil's lead *broke*.
- 大雪で木々の枝がたくさん折れた.
  Many branches of the trees *snapped* under (the) heavy snow.
- ついに父が折れた.
  At last my father *gave in*.

**オレンジ**〖植物〗**an orange**[オーリンヂ]；(色) **orange**
‖ オレンジジュース orange juice

**おろおろ**【おろおろする】**be upset**[アップセット]
- 彼は事故のことを聞いておろおろした. He *was upset* to hear about the accident.

**おろか**【愚かな】**foolish**[フーリッシュ], **stupid**[ストゥーピッド]→ばか
- そんなことをするなんて彼女は愚かだ.
  She is *foolish* enough to do something like that.
‖ 愚か者 a fool

**おろし**【卸】**wholesale**[ホウルセイル]
‖ 卸売り業者 a wholesaler

**おろす**【下ろす, 降ろす】

| ❶下のほうへ | take down, get ... down; (幕などを) pull down |
| ❷乗り物から | let off, 《話》drop off |
| ❸預金などを | withdraw |

❶〔下のほうへ〕**take down**[テイク ダウン], **get ... down**[ゲット]；(幕などを) **pull down**[プル]
- 彼女は棚(たな)から箱を下ろした.
  She *took down* a box from the shelf. /
  She *got* a box *down* from the shelf.
- ブラインドを下ろしてくれますか.
  Would you *pull down* the window shades?

take down / get ... down

pull down

- ジーンズのファスナーを下ろした.
  I *unzipped* my jeans.

❷〔乗り物から〕**let off**[レット オーフ], 《話》**drop off**[ドゥラッフ]
- 彼はミキを彼女の家の前で降ろした.
  He *let* Miki *off* in front of her house.
- 駅で降ろしてください.
  Please *drop* me *off* at the station.

❸〔預金などを〕**withdraw**[ウィズドゥロー]
- 預金から1万円下ろさなければならない.
  I must *withdraw* ten thousand yen from my account.

**おわかれかい**【お別れ会】**a farewell party**[フェアウェル パーティ]

**おわらい**【お笑い】→わらい
‖ お笑い芸人 a comedian
‖ お笑い番組 a comedy show

**おわり**【終わり】
**an end**[エンド]
- 3月の終わりに at the *end* of March
- 授業の終わりのチャイム

おわる

the bell for the *end* of the lesson
- 初めから終わりまで
from beginning to *end*
- 秋は終わりに近づいている．
Autumn is coming to an *end*.
- 休み時間は終わりだ．The break *is over*.
- きょうはこれで終わりです．
That's all for today. / So much for today.
━終わりの *last*［ラスト］，*final*［ファイヌル］

───慣用表現───

終わりよければすべてよし．
All's well that ends well.

## おわる【終わる】

| ❶おしまいになる | end; （終わっている） be over |
| --- | --- |
| ❷仕上がる | finish |

❶［おしまいになる］**end**［エンド］；（終わっている）**be over**［オウヴァ］
- 3時に授業が終わった．
The class *ended* at three o'clock.
- 春休みが終わった．Spring vacation *is over*.
（▶この場合は「終わっている」という意味なので was overは×）
- 私は昼食が終わってからいつも歯をみがく．
I always brush my teeth *after* lunch.

❷［仕上がる］**finish**［フィニッシュ］
- 宿題が全部終わった．
I *finished* all my homework.
- 彼はその本を読み終わった．
He *finished* the book.
- まだレポートが終わっていない．
I haven't *finished* my report yet.

**…おわる**【…（し）終わる】**finish**＋⟨-ing形⟩［フィニッシュ］
- ちょうど練習が終わったところだ．
I *finished* practic*ing*．(▶finished to practiceは×)

**おわれる**【追われる】→おう¹❷

**おん**【恩】**kindness**［カインドゥニス］；（好意）**favor**, ⓑ**favour**［フェイヴァ］
- ご恩は決して忘れません．
I'll never forget your *kindness*.
- 恩に着るよ．I *owe* you one.
━恩返しをする **return the favor**［リターン］

## おんがく【音楽】

**music**［ミューズィック］
- 音楽の授業［先生］a *music* class［teacher］
- 私たちはクラシック音楽を演奏した．

We played［performed］classical *music*.
- 私はよく音楽を聞く．I often listen to *music*.
- どんな音楽が好きですか．
What kind of *music* do you like?
- 私たちは音楽に合わせて踊った［歌った］．
We danced［sang］to the *music*.
━音楽の **musical**
┃音楽家 a musician
┃音楽会 a concert, a recital
┃音楽学校 a music school［academy］
┃音楽祭 a music festival
┃音楽室 a music room
┃音楽部 a music club

**おんし**【恩師】*one's*（former）**teacher**［(フォーマァ) ティーチャ］
- 恩師に会った．
I met *my former teacher*.

**おんしつ**【温室】**a greenhouse**［グリーンハウス］；（大型の）**a hothouse**［ハットハウス］
┃温室効果 the greenhouse effect
┃温室効果ガス a greenhouse gas

**おんじん**【恩人】(後援(ホェン)者）**a benefactor**［ベニファクタァ］
- あなたは私の命の恩人だ．
I *owe* my *life to* you. / You *saved* my *life*.
（←私の命を救った）

**おんすい**【温水】**warm water**［ウォーム ウォータァ］
┃温水プール a heated pool

**おんせつ**【音節】**a syllable**［スィラブル］

**おんせん**【温泉】**a hot spring**［ハット スプリング］（▶しばしば複数形で用いる）；（温泉の出る場所）**a spa**［スパー］
- 温泉に入った．I bathed in a *hot spring*.
- 先週箱根温泉に行った．I went to Hakone *Spa*［*Hot Springs*］last week.

**おんたい**【温帯】**the Temperate Zone**［テンパラット ゾウン］
━温帯の **temperate**

**おんだん**【温暖な】**warm**［ウォーム］，**mild**［マイルド］
- 地球温暖化 global *warming*
- この地方は気候が温暖だ．
This region has a *mild* climate.
┃温暖前線〘気象〙a warm front

**おんち**【音痴】**tone-deaf**［トウンデフ］；（音楽以外で）**be bad at …**［バッド］
- 父は音痴だ．My father is *tone-deaf*. / My father has *no ear* for music.
- 私は方向音痴だ．I'm *bad at* directions. / I have *no sense* of direction.

**おんてい**【音程】（music）**interval**［(ミューズィック)インタァヴァル］，**tune**［トゥーン］
- 音程を外しちゃうんだ．I can't stay on *key*.

**オンデマンド**【オンデマンドの[で]】〖コンピュータ〗**on demand**[ディマンド]
- 私たちはオンデマンドで映画を見た. We saw a movie *on demand*.

## おんど【温度】

**temperature**[テンパラチァ]

> 話してみよう!
> ☺この部屋の温度は何度ですか. What's the *temperature* of this room?
> ☻セ氏20度です. It is 20℃. (▶20℃はtwenty degrees centigrade[センティグレイド]またはCelsius[セルスィアス]と読む)

### これ、知ってる? 温度目盛りの「セ氏」と「カ氏」

「セ氏」(centigrade [Celsius])は氷点0度, 沸点100度. 記号℃で表され, 日本ではこれが使われます.
「カ氏」(Fahrenheit)は氷点32度, 沸点212度, 記号°Fで表され, 米国などで使われています.

セ氏(C)とカ氏(F)を併記した温度計

- 温度が急に下がった[上がった]. The *temperature* fell [rose] suddenly.
- 温度が高い[低い]. The *temperature* is high [low].
- 水の温度を計った. I took the *temperature* of the water.

**温度計 a thermometer**

**おんどく**【音読する】**read** (...) **aloud**[リード][アラウド](⇔黙読する read (...) silently)

**おんどり**(鶏の)**a cock**[コック], ㊍**a rooster**[ルースタァ](⇔めんどり a hen) → にわとり

## おんな【女】

**a woman**[ウマン](複 women[ウィミン])(⇔男 a man);(女性)**a female**[フィーメイル](⇔男 a male)
- あの女の人は彼女のおばだ. That *woman* [*lady*] is her aunt.
- 女の赤ん坊 a baby *girl*
**━女の female**(⇔男の male)
- 女の生徒 a *female* [*girl*] student
- 女の医者 a *woman* doctor
**━女らしい feminine**[フェミニン]
**女友達 a female friend**(▶a girlfriendは「恋人」の意なので注意)
**女の子 a girl**

**おんぶ**【おんぶする】**carry** [**have**] ... **on** *one*'s **back**[キャリィ][バック]
- 母親は赤ん坊をおんぶした. The mother *carried* her baby *on her back*.

**おんぷ**【音符】**a**(**musical**) **note**[ミューズィカル][ノウト]

**オンライン**【オンラインの[で]】〖コンピュータ〗**online**[アンライン](⇔オフラインの[で] offline)
- オンラインでチケットを買った. I bought a ticket *online*.
- 私たちはオンラインゲームで遊んだ. We played an *online* game.
- そのコンサートはオンライン配信された. The concert was broadcast *online*.

**オンラインショッピング online shopping, Internet shopping**
**オンライン会議 online meeting**
**オンライン授業, オンラインレッスン an online lesson, an online class**
**オンライン申請 online application**
**オンライン診療 online medical care**
**オンライン登録 online registration**

オンライン授業を受けている女の子

**おんわ**【温和な】**gentle**[ヂェントゥル], **mild**[マイルド]
- 私の祖父は温和な人だ. My grandfather is a *gentle* person.
- 温和な気候 a *mild* climate

# か カ

**か¹**【科】(大学・病院の)**a department**[ディパートゥマント]；(高校の)**a course**[コース]；(動植物の)**a family**[ファミリィ]

- 英文科
  the *department* of English literature
- 内科
  the *department* of internal medicine
- 普通(ふつう)科
  the general education *course*
- 商業科
  the business [commercial] *course*
- バラ科の植物 plants of the rose *family*

**か²**【課】(教科書などの)**a lesson**[レッスン]；(役所・会社などの)**a department**[ディパートゥマント], **a section**[セクション]

- 第3課を勉強した．
  I studied *Lesson* Three.
- 販売(はんばい)課
  the sales *department* [*section*]

**か³**【蚊】〖虫〗**a mosquito**[マスキートゥ]

- 蚊に刺(さ)された．
  I was bitten by a *mosquito*.
- 蚊取り線香(せんこう) **a mosquito coil**

## …か

❶疑問 (下記❶参照)
❷誘(さそ)い，申し出
　　Let's …, How [What] about …?,
　　Will you …?, Shall I …?
❸選択(せんたく) (…か〜か) (either) … or 〜

❶〔疑問〕
…か (▶be動詞を含(ふく)む文)
be動詞+〈主語〉+ …?
- あなたはこの学校の生徒ですか．
  *Are* you a student of this school?
- 近くにコンビニはありますか． *Is* there a convenience store around here?

…か (▶一般動詞を含む文)
Do [Does, Did] +〈主語〉+〈動詞の原形〉+ …?
- あなたはヒロを知っていますか．
  *Do* you know Hiro?
- 遠足は楽しかったですか．
  *Did* you enjoy the school trip?

…か (▶can, may, willなどの助動詞を含む文)
助動詞+〈主語〉+〈動詞の原形〉+ …?
- あなたはピアノを弾(ひ)けますか．
  *Can* you play the piano?
- 鉛筆(えんぴつ)を借りていいですか．
  *May* I borrow your pencil?

…か (▶What, Whenなどの疑問詞を含む文)
疑問詞+ be動詞+〈主語〉+ …?
　　　　 do [does, did]+〈主語〉+〈動詞の原形〉+ …?
　　　　 助動詞+〈主語〉+〈動詞の原形〉+ …?
　　　　 一般動詞[be動詞, 助動詞]+ …? (▶主語がWho [What]のとき)

- あなたの誕生日はいつですか．
  *When is* your birthday?
- だれがこのケーキを焼いたのですか．
  *Who baked* this cake?

❷〔誘い，申し出〕**Let's …**[レッツ], **How [What] about …?, Will you …?, Shall I …?** → …ませんか

- ゲームをしませんか．
  *Let's* play a video game. / *Shall we* play a video game?
- 映画でも見に行かないか．
  *How about* going to a movie?
- 4時ごろはどうですか．
  *How about* around four o'clock?
- ピザを食べない？
  *Will you* eat pizza? (▶Would you like (to eat) pizza? は，ていねいな言い方)
- 宿題を手伝いましょうか．
  *Shall I* help you with your homework?

❸〔選択〕(…か〜か) (**either**) … **or** 〜[(イーザァァ)]
→ どちらか
- あなたか私のどちらかが正しいはずだ．
  *Either* you *or* I must be right.
- 行きたいのか行きたくないのか彼に聞いて．
  Ask him *whether* he wants to go *or* not.

**が**〖虫〗**a moth**[モース]

## …が

❶主語を表して　　　　(下記❶参照)
❷目的語を表して　　　(下記❷参照)
❸しかし　　　　　　　**but**
❹そして　　　　　　　**and**

❶〔主語を表して〕
- 空が青い．*The sky* is blue.
- だれが窓ガラスを割ったの？
  *Who* broke the window?

❷〔目的語を表して〕
- タカは英語が大好きだ．
  Taka likes *English* very much.
- 答えがわかる？ Do you know *the answer*?
- あの木のそばに彼が見えますか．
  Can you see *him* by that tree?
- 彼女が好きなのね．You like *her*, don't you?

❸〔しかし〕**but**[バット]
- サユリを招待したが，彼女は来なかった．
  I invited Sayuri, *but* she didn't come.

❹〔そして〕**and**[アンド]
- 兄が2人いるが，2人とも医者だ．I have two brothers, *and* both of them are doctors.

**カー** a **car**[カー]
| カーステレオ a car stereo
| カーナビ a car navigation system
| カーラジオ a car radio

**があがあ**【があがあ鳴く】(あひるが)**quack**[クワック]

**カーキいろ**【カーキ色(の)】**khaki**[キャキ]

**かあさん**→おかあさん

**ガーゼ gauze**[ゴーズ]（★発音注意）

**カーソル**〖コンピュータ〗**a cursor**[カーサァ]
- カーソルを上［下］に動かしてください．
  Move the *cursor* up ［down］.
- 単語と単語の間にカーソルを置いた．
  I put the *cursor* between the words.

**カーディガン** a **cardigan**[カーディガン]

**ガーデニング gardening**[ガードゥニング]

**カーテン** a **curtain**[カートゥン]
- カーテンを開ける［閉める］ open ［close］ the *curtain*(s)（▶両開きの場合は複数形にする）
- カーテンを引いた．I drew the *curtain*(s).（▶開ける場合にも閉める場合にも用いる）
| カーテンレール a curtain rail

**カード** a **card**[カード]
- クリスマスカード a Christmas *card*
- バースデーカード a birthday *card*
- ポイントカード a point *card*
- キャッシュカード a cash ［bank］ *card*
- クレジットカード a credit *card*

**ガード**¹(陸橋) **an overpass**[オウヴァパス]

**ガード**²(護衛すること)**guard**[ガード]; (球技選手)**a defensive player**[ディフェンスィヴ プレイァ], **a defender**[ディフェンダァ]
| ガードマン(警備員)a (security) guard(▶「ガードマン」は和製英語)

**カートリッジ** a **cartridge**[カートゥリッヂ]

**ガードレール** a **guardrail**[ガードゥレイル]

**ガーナ Ghana**[ガーナ]
| ガーナ人 a Ghanaian

**カーニバル** a **carnival**[カーニヴァル]

**カーネーション**〖植物〗**a carnation**[カーネイション]

**ガーネット**(石)**a garnet**[ガーニット]

**カーブ**(道路などの)**a curve**[カーヴ]; 〖野球〗**a curve (ball)**[(ボール)]
- その車はカーブを高速で曲がった．
  The car took the *curve* at a high speed.
- カーブを投げられる？
  Can you throw a *curve* (*ball*)?
━カーブする **curve**, **bend**
- この道路はこの先で緩〈ﾞ〉く［急に］カーブする．
  This road *curves* gently ［sharply］ ahead.

**カーペット** a **carpet**[カーピット]

**カーボンニュートラル carbon neutral**[カーボン ニュートゥラル]

**カーラー**(髪〈ﾞ〉の)**a hair curler**[ヘァ カーラァ]

**ガーリック**〖植物〗**garlic**[ガーリック]

**カーリング**〖スポーツ〗**curling**[カーリング]

**カール** a **curl**[カール]
━カールする **curl**
- レイは髪〈ﾞ〉をカールした．
  Rei *curled* her hair.
━カールした **curly**
- カールした髪 *curly* hair

**ガールスカウト**(団体)**the Girl Scouts**[ガール スカウツ]; (団員)**a girl scout**

**ガールフレンド** a **girlfriend**[ガールフレンド](▶(親密な)女友達，恋人〈ﾞ〉を指す．単なる女友達は a (female) friend)(⇔ボーイフレンド a boyfriend)

# かい¹【会】

| ❶会合, 集まり | a meeting; (パーティー) a party |
| ❷団体 | an association, a society, a club |

❶〔会合, 集まり〕**a meeting**[ミーティング]; (パーティー)**a party**[パーティ]
- その会に出席しましたか．
  Did you attend the *meeting*?
- 歓迎〈ﾞ〉会 a welcome *party*

❷〔団体〕**an association**[アソウスィエイション], **a society**[ササイアティ], **a club**[クラブ]
- 保護者会 a parents' *association*
- 生徒会 a student *council*
| 朝の会 morning assembly
| 帰りの会 day-end assembly

**かい**²【貝】(a) **shellfish**[シェルフィッシュ](複 shellfish); (貝がら)**a shell**[シェル]
- 貝を拾った．I gathered *shells*.

**かい**³(オール)**an oar**[オァ]; (カヌーなどの)a

## かい⁴

**paddle**[パドゥル]
- かいでこいでいる．
  I'm using an *oar*.
- カヌーをかいでこいだ．
  I *paddled* a canoe.

**かい⁴**【かいがある】(報われる) **be rewarded**[リウォーディド]
- 努力のかいがあった．
  My efforts *were rewarded*.
- 徹夜したかいもなく，テストは駄目だった．
  My test results were awful even though I stayed up all night.

## …かい¹【…回】

| | |
|---|---|
| ❶回数，順序 | a time |
| ❷試合の | an inning; a round |

❶[回数，順序] **a time**[タイム] → なんかい
- 1回 once
- 2回 twice / two *times*
- 3回 three *times*
- 2, 3回 a couple of *times*（►「2回」の意味でも用いる）
- 数回 several *times* / a few *times*
- もう一回
  once more / one more *time* / again
- 週に2回 twice a week
- 2回目 the second *time*
- 3回目でやっと成功した．
  I finally made it on the third try.

❷[試合の]〖野球〗**an inning**[イニング]；〖テニス・ボクシング〗**a round**[ラウンド]
- 9回の表[裏]
  the top [bottom] of the ninth *inning*
- 2回戦 a second *round*

## …かい²

【…階】**a floor**[フロア]；(…階建て) **a story**[ストーリィ]
- 音楽室は2階にある．
  The music room is on the second [⑱first] *floor*.
- 3階建ての家
  a three-*story* [three-*storied*] house
- あのマンションは10階建てだ．That apartment building has ten *stories*.（►日本語の「マンション」と英語のmansionは違うことに注意 → マンション くらべて!）
- 私の寝室は2階にある．My bedroom is *upstairs*.（►2階建ての家で「上の階」の意）
- 下の階に *downstairs*

**ここがポイント!**「階」の数え方
「階」の数え方は米国と英国で違います．

米国
- 3階 the third floor
- 2階 the second floor
- 1階 the first floor
- 地階 the basement

英国
- 3階 the second floor
- 2階 the first floor
- 1階 the ground floor
- 地階 the basement

**がい**【害】**harm**[ハーム], **damage**[ダミッヂ]
- 害のある **harmful**
- 害のない **harmless**
- 害を与える，害する **do harm**（**to** …）, **damage**, **hurt**[ハート], **injure**[インヂァア]
- 台風は多くの農作物に害を与えた．
  The typhoon *damaged* [*did harm to*] a lot of crops.
- あなたの気分を害したのなら謝ります．
  I'm sorry if I (have) *hurt* your feelings.

**かいいぬ**【飼い犬】**a house dog**[ハウス ドーグ]

**かいいん**【会員】**a member**[メンバァ]
- 私はジャイアンツのファンクラブの会員だ．
  I'm a *member* of the Giants Fan Club.
- 会員になる **become a member**
  会員証 a membership card
  会員割引 a membership [members] discount

**かいえん**【開演する】**open**[オウプン], **begin**[ビギン]
- ショーは何時に開演しますか．
  What time does the show *begin*?
- 開演は午後6時です．
  *The curtain rises* at 6 p.m.（◀幕が上がる）

**かいおうせい**【海王星】〖天文〗**Neptune**[ネプトゥーン]

**かいが**【絵画】**a picture**[ピクチァア]；(油絵，水彩画) **a painting**[ペインティング]
- 絵画部 an art club

**かいかい**【開会】**the opening of a meeting**[オウプニング][ミーティング]
- ケンが開会の辞を述べた．
  Ken gave the *opening* address [speech].
- 開会する **open**（⇔閉会する **close**）, **start**
- オリンピックが開会した．
  The Olympic Games have *started*.
- 開会式 an opening ceremony

## かいがい【海外の】

**overseas**[オウヴァスィーズ];（外国の）**foreign**[フォーリン] → **がいこく**
・海外のニュース foreign news
━**海外へ**[に, で] **abroad**[アブロード], **overseas**
・海外に行きたい. I want to go abroad.（▶ go to abroadは×）
|海外旅行 overseas travel, a trip abroad: 海外旅行をした. I traveled abroad.
**かいかく**【改革】(a) **reform**[リフォーム]
・政治改革（a）political reform
━**改革する reform**
**かいかつ**【快活な】**cheerful**[チアフル], **lively**[ライヴリィ]
**かいかん**【会館】**a hall**[ホール]

# かいがん【海岸】

**the shore**[ショア], **the seashore**[スィーショア], **the seaside**[スィーサイド];（浜辺(はま), 海水浴場）**the beach**[ビーチ];（沿岸）**the coast**[コウスト]
・西海岸（米国の）the West Coast
・私は毎朝海岸をジョギングする.
 I jog along the shore every morning.
・彼らは海岸で日光浴をしていた.
 They were sunbathing at the beach.
|海岸線 a coastline
**がいかん**【外観】(an) **appearance**[アピ(ア)ランス]
**かいぎ**【会議】**a meeting**[ミーティング];（専門的な問題を扱う）**a conference**[カンフ(ァ)ランス]
・職員会議（学校の）a teachers' meeting
・国際会議 an international conference
・会議に出席するつもりだ. I'm going to attend the meeting.
・彼は今会議中だ. He is in a meeting now.
・今度の金曜に会議がある. We'll have［hold］a meeting next Friday.
|会議室 a conference［meeting］room
**かいきゅう**【階級】**a class**[クラス]
・上流［中流, 下層］階級
 the upper［middle, lower］class
**かいきょう**【海峡】**a strait**[ストゥレイト];（広い）**a channel**[チャヌル]
・関門海峡 the Kanmon Straits
・イギリス［英仏］海峡 the (English) Channel
**かいぎょう**【改行する】**begin a new line**
［**paragraph**］[ビギン] [ヌー ライン [パラグラフ]]
**かいきん**【皆勤】**perfect attendance**[パーフィクト アテンダンス]
・ケンは6年間皆勤だった. Ken had a perfect attendance record for six years.
|皆勤賞 an award for perfect attendance / a prize for perfect attendance
**かいぐい**【買い食いする】
・学校帰りに買い食いをしてはいけない.
 We are not allowed to buy and eat snacks on our way home.
**かいぐん**【海軍】**the navy**[ネイヴィ]
━**海軍の naval**[ネイヴァル]
**かいけい**【会計】**accounting**[アカウンティング];（勘定(かん)）**a check**[チェック], **a bill**[ビル]
・（飲食店で）会計をお願いします. Check, please. / Can I have the check please?
|会計係 an accountant;（レジ係）a cashier;（クラブ・生徒会などの）a treasurer
|会計士 an accountant
**かいけつ**【解決】（問題の）**solution**[サルーション];（争いの）(a) **settlement**[セトゥルマント]
━**解決する solve**[サルヴ], **settle**
・彼らは見事に事件［問題］を解決した. They solved the case［problem］perfectly.
|解決策 a solution
**かいけん**【会見】**an interview**[インタヴュー]
・記者会見 a press conference
━**会見する have an interview**（with ...）
**がいけん**【外見】(an) **appearance**[アピ(ア)ランス]
・人を外見で判断してはいけない. Don't judge people by their appearance.
**かいこ**¹【解雇】**discharge**[ディスチャーヂ], (a) **dismissal**[ディスミサル];（一時的な）**a lay-off**[レイオーフ] → **くび**❷
━**解雇する dismiss**,《主に英》**fire**[ファイア]
**かいこ**²【蚕】《虫》**a silkworm**[スィルクワーム]
**かいご**【介護】**care**[ケア], **nursing**[ナースィング]
・祖母は介護サービスが必要です.
 My grandmother needs nursing care.
━**介護する care for ..., nurse, take care of ...**
・両親は祖父の介護をしている.
 My parents are caring for my grandfather.
|介護施設(しせつ) a nursing home
|介護者 a care giver
|介護福祉(ふくし)士 a care worker
**かいこう**【開校する】**found a school**[ファウンド] [スクール]
・私たちの学校は1960年に開校した. Our school was founded［opened］in 1960.
|開校記念日 the anniversary of the founding of a school, the Foundation Day
**かいごう**【会合】→ **かい**¹❶
**がいこう**【外交】**diplomacy**[ディプロウマスィ]
━**外交の diplomatic**[ディプラマティック]
・その事件は外交問題になった.
 The incident became a diplomatic issue.
|外交員（保険などの）a salesperson
|外交官 a diplomat

がいこく

外交政策 a foreign policy
外交問題 a diplomatic problem

# がいこく【外国】

a foreign country[フォーリン カントゥリィ]
- 外国からの留学生 a *foreign* student
- **外国の** foreign
- **外国へ**[に, で, を] abroad[アブロード], overseas[オウヴァスィーズ]
- 私は外国へ行ったことがない. I've never been *abroad*[to *foreign* countries].
- レンは外国を旅行した. Ren traveled *abroad*[*overseas*].
- いつか外国に行って友達を作りたい. I want to go *abroad* and make friends there.

外国語 a foreign language
外国人 a foreigner, a person from another[a different]country(▶a foreignerには「よそ者」という感じがあるので, American(アメリカ人)のように国を具体的に言うほうがよい)

**がいこつ**【がい骨】a skeleton[スケルトゥン]
**かいさい**【開催する】hold[ホウルド]
- 2020年のオリンピックは2021年に東京で開催された. The 2020 Olympic Games were *held* in Tokyo in 2021.

開催国 a host country

**かいさつぐち**【改札口】a ticket gate[ティキット ゲイト]
- 自動改札口 an automated *ticket gate*

**かいさん**【解散する】(人・組織などが)break up[ブレイク]; (議会などが)dissolve[ディザルヴ]
- その人気グループは去年解散した.
That popular group *broke up* last year.
- 衆議院が解散した. The House of Representatives was *dissolved*.

**かいさんぶつ**【海産物】marine products[マリーン プラダクツ]; (食品)seafood[スィーフード]
**かいし**【開始】a start[スタート], a beginning[ビギニング]
- **開始する** start, begin→はじめる
- その試合が開始する時刻はいつですか.
What time does the game *start*?

**かいしめる**【買い占める】buy up[バイ]

# かいしゃ【会社】

a company[カンパニィ](▶Co., co. と略す); (職場)an office[オーフィス]
- 父は自動車会社に勤めている. My father works for an automobile *company*.
- 株式会社
a corporation / a (limited) *company*
- 兄は電車で会社に行く. My brother goes to work[the *office*] by train.

会社員 an office worker

**がいしゃ**【外車】a foreign(-made) car[フォーリン(メイド) カー], an imported car[インポーティド]
**かいしゃく**【解釈】(an) interpretation[インタープリテイション]
- **解釈する** interpret[インタープリット]

**かいしゅう**【回収】(a) collection[カレクション]
- 廃品(はい)回収 *collection* of waste articles
- **回収する** collect
- ペットボトルは週に1度回収される. Used plastic bottles are *collected* once a week.

回収日 (ごみの) garbage collection day

**かいじゅう**【怪獣】a monster[マンスタァ]
**がいしゅつ**【外出する】go out[アウト]; (外出している)be out
- 今外出するところだ.
I'm *going out* now.
- エミはきょう外出している.
Emi *is out* today.

**かいじょ**【介助する】assist[アスィスト]

介助犬 a service dog

**かいじょう¹**【会場】the meeting place[ミーティング プレイス]; (ホール)a hall[ホール]; (場所)a site[サイト]
- コンサート会場 a concert *hall*

**かいじょう²**【開場する】open[オウプン]
- 開場は6時半だ. *The doors open* at 6:30.

**かいじょう³**【海上の】marine[マリーン]
- **海上に**[で] at sea, on the sea

海上保安官 a Japan Coast Guard official
海上保安庁 the Japan Coast Guard

**がいしょく**【外食する】eat out[イート アウト]
- きょうはレストランで外食した.
We *ate out* at a restaurant today.

**かいすい**【海水】seawater[スィーウォータァ], salt water[ソールト ウォータァ]

海水パンツ swimming trunks

**かいすいよく**【海水浴】swimming in the sea[ocean][スウィミング][スィー[オウシャン]]
- 私たちは海水浴に行った.
We went *swimming in the sea*.

海水浴場 a beach (resort)

**かいすう**【回数】a time[タイム], the number of times[ナンバァ]→…かい¹ ❶

回数券 a coupon (ticket), a book of tickets

**かいせい¹**【改正】(a) revision[リヴィジョン]; (法律などの)(an) amendment[アメンドゥマント]
- 憲法改正
an *amendment* to the constitution
- **改正する** revise[リヴァイズ]; amend

**かいせい²**【快晴】fine weather[ファイン ウェザァ],

**fair weather**[フェア]
- きょうは快晴だ. It's *clear* today. / It's *good weather* today.
- ➡快晴の **clear**[クリア], **fine**, **fair**

**かいせつ**【解説】(説明)(an) **explanation**[エクスプラネイション]; (論評)(a) **commentary**[カマンテリィ]
- ニュース解説 news *commentary*
- その写真について解説してもらった.
  We listened to the *explanation* about the photos.
- ➡解説する **explain**[イクスプレイン]; **comment**(**on** ...)[カメント]
  | 解説者 a commentator: サッカー解説者 a soccer *commentator*
  | 解説書 a manual, a (practical) guide

**かいせん**【回線】(電話の) **a line**[ライン]; (電気の) **a circuit**[サーキット]
- 高速インターネット回線
  a high-speed Internet *connection*

**かいぜん**【改善】(an) **improvement**[インプルーヴマント]
- ➡改善する **improve**
- 自分の食生活を改善しようと思う.
  I want to *improve* my eating habits.

**かいそう¹**【海藻】**seaweed**[スィーウィード]
**かいそう²**【回想】(a) **recollection**[レカレクション]
- ➡回想する **recollect**
  | 回想シーン (a) flashback

**かいぞう**【改造】**remodeling**[リマドゥリング]
- ➡改造する **remodel**, **convert**[カンヴァート]
- 風呂(ふ)場を改造した.
  The bathroom was *remodeled*.

**かいぞうど**【解像度】**resolution**[レザリューション]
**かいそく**【快速】(a) **high speed**[ハイ スピード]
- ➡快速の **high-speed**, **rapid**, **fast**
  | 快速列車 a rapid(-service) train

**かいぞく**【海賊】**a pirate**[パイ(ア)ラット]
  | 海賊船 a pirate ship
  | 海賊版: 海賊版のＤＶＤ a *pirated* DVD

**かいたく**【開拓する】**develop**[ディヴェラップ]
- 彼らは医学の新しい分野を開拓した. They *developed* a new field of medicine.
  | 開拓者 a pioneer; (移住者)a settler

# **かいだん¹**【階段】
(屋内の)**stairs**[ステアズ]; (屋外の)**steps**[ステップス]; (手すりも含(ふく)めた一続きの)**a staircase**[ステアケイス]; (1段)**a stair, a step**
- 非常階段 emergency *stairs*
- 彼は階段を上った[下りた].
  He went up [down] the *stairs*.
- 男の子が階段から落ちた.
  A boy fell down the *stairs*.
- 私たちは階段をあわててかけ上った.
  We ran up the *stairs* in a hurry.
- 一段一段気をつけながら階段を下りた.
  I went down each *step* carefully.

**かいだん²**【会談】**a talk**[トーク](►ふつう複数形で用いる)
- 首脳会談 summit *talks*
- ➡会談する **have talks**(**with** ...)

**かいだん³**【怪談】**a ghost story**[ゴウスト ストーリィ]

**ガイダンス**(指導)**guidance**[ガイダンス]
**かいちく**【改築】**reconstruction**[リカンストゥラクション]
- ➡改築する **rebuild**, **reconstruct**
- 私たちの校舎は今改築中です. Our school building is being *rebuilt* now.

**がいちゅう**【害虫】**a harmful insect**[ハームフル インセクト]
**かいちゅうでんとう**【懐中電灯】⊛ **a flashlight**[フラッシュライト], ⊛**a torch**[トーチ]
**かいちょう**【会長】(会の代表)**a president**[プレザダント]; (会社の)**a chairperson**[チェアパースン]
- 生徒会の会長
  the student council *president*

**かいつう**【開通する】**open**[オウプン], **be opened**
- その橋は来年の春に開通する予定だ.
  That bridge will *be opened* next spring.

**かいてい¹**【海底】**the bottom of the sea**[バタム] [スィー]
- 海底までくっきり見えた. I could see clearly (to) *the bottom of the sea*.
- ➡海底の **submarine**[サブマリーン], **undersea**[アンダスィー]
  | 海底火山 an underwater volcano
  | 海底ケーブル submarine cables
  | 海底トンネル an undersea tunnel

**かいてい²**【改訂する】**revise**[リヴァイズ]
  | 改訂版 a revised edition

**かいてき**【快適な】**comfortable**[カムフ(ァ)タブル], **pleasant**[プレザント]
- 快適な温度 a *comfortable* temperature

**かいてん¹**【回転】**a turn**[ターン], **a spin**[スピン]
- そのスケーターは3回転半ジャンプを成功させた. The skater successfully landed a triple axel.
- ➡回転する[させる] **turn**, **spin** ➡ **まわる, まわす**
  | 回転競技〖スキー〗the slalom
  | 回転ずし店 a conveyor-belt sushi restaurant, a sushi-go-round, a sushi train
  | 回転ドア a revolving door
  | 回転木馬 ➡ メリーゴーラウンド

**かいてん²**【開店する】**open**[オウプン]（⇔閉店する close）
- そのパン店は午前8時に開店する.
  The bakery *opens* at 8 a.m.
- 開店時間（開店時刻）**(an) opening time**;（営業時間）**opening hours**

**ガイド**（案内人）**a guide**[ガイド]
- 音声ガイド an audio *guide*
- ガイドブック **a guidebook**, **a guide**

# かいとう¹【解答】
**an answer**[アンサァ], **a solution**[サルーション]
- 正しい解答 a correct [right] *answer*
- 間違(ちが)った解答 a wrong *answer*
- 試験問題の解答
  *answers* to the examination questions
- **解答する answer**;（解く）**solve** → **とく¹**
- 解答者（クイズ番組などの）**a panelist**
- 解答用紙 **an answer sheet**
- 解答欄(らん) **an answer column**

**かいとう²**【回答】**an answer**[アンサァ], **a reply**[リプライ] → **へんじ**
- **回答する answer, reply**
- アンケートに回答した.
  I *answered* a questionnaire.

**かいとう³**【解凍する】**defrost**[ディフロースト];『コンピュータ』**decompress**[ディカンプレス]

**がいとう**【街灯】**a streetlight**[ストゥリートライト], **a streetlamp**[ストゥリートランプ]

**かいどく**【買い得】**a bargain**[バーガン], **a good buy**[グッド バイ]
- これはお買い得! This is a real *bargain*!

**かいぬし**【飼い主】**the owner**[オウナァ], **the keeper**[キーパァ], **the master**[マスタァ]
- 犬が飼い主を待っている.
  The dog is waiting for its *owner*.

**がいはく**【外泊する】**sleep over**[スリープ オウヴァ], **stay out**[ステイ アウト]
- 兄はゆうべ友達の家に外泊した.
  My brother *stayed overnight* at his friend's house last night.

**かいはつ**【開発】**development**[ディヴェラップマント]
- 宇宙開発 space *development*
- **開発する develop**
- 新しい技術を開発したい.
  I want to *develop* (a) new technology.
- 開発途上(じょう)国 **a developing country**（⇔先進国 **a developed country**）

**かいばつ**【海抜】**above sea level**[アバヴ スィー レヴァル]
- 富士山は海抜3776メートルだ.
  Mt. Fuji is 3,776 meters *above sea level*.

**かいひ**【会費】**a（membership）fee**[(メンバァシップ) フィー]
- 1年に1回会費を集める[払(はら)う].
  I collect [pay] the *fee* once a year.

**がいぶ**【外部】**(the) outside**[アウトサイド]（⇔内部 **(the) inside**）
- **外部の[で] outside**（⇔内部の[で] **inside**）

**かいふく**【回復】**recovery**[リカヴァリィ]
- **回復する recover, get better**;（元気になる）**get well**;（天気などが）**improve**[インプルーヴ]
- 彼は風邪(かぜ)から回復した.
  He *recovered from* his cold.
- 天気はまもなく回復するだろう. The weather will *improve* [*get better*] soon.

**かいぶつ**【怪物】**a monster**[マンスタァ]

**かいほう¹**【解放する】**set ... free**[フリー], **release**[リリース]
- 犯人は人質を解放した.
  The criminal *set* the hostages *free*.

**かいほう²**【開放する】**open**[オウプン]
- その庭園は一般に開放されている.
  The garden is *open* to the public.（▶この openは形容詞）
- 開放厳禁《掲示》KEEP THE DOOR CLOSED

「ドアを開放しないでください」の表示（英国）

**かいほう³**【介抱する】（看護する）**nurse**[ナース]

**かいぼう**【解剖】**dissection**[ディセクション]
- **解剖する dissect**

**かいまく**【開幕する】**start**[スタート], **begin**[ビギン]
- Jリーグが開幕した.
  The J League has *begun*.

**かいめん**【海面】**the surface of the sea**[サーフィス][スィー]

# かいもの【買い物】
**shopping**[シャッピング]
- **買い物をする shop, buy** → **かう¹**
- **買い物に行く go shopping**
- テストが終わったら買い物に行きたい.
  I want to *go shopping* after the test.
- きのう新宿へ買い物に行った.
  I *went shopping* in Shinjuku yesterday.
- 買い物かご **a shopping basket**

買い物客 a shopper

**がいや**【外野】【野球】the outfield[アウトフィールド]（⇔内野 the infield）
- ケイは外野を守っている。Kei plays *outfield*.
  外野手 an outfielder
  外野スタンド the (outfield) stands [bleachers]
  外野席 outfield bleachers

**がいらいご**【外来語】a loan word[ロウン ワード], a borrowed word[バロウド]

**がいりゃく**【概略】an outline[アウトライン]

**かいりゅう**【海流】an ocean current[オウシャン カーラント], a current
- 日本海流 the Japan *Current* [*Stream*]

**かいりょう**【改良】(an) improvement[インプルーヴマント]
　**━改良する** improve
- 機械を改良した。I *improved* the machine.

**かいろ**【懐炉】a body warmer[バディ ウォーマァ]（▶はるタイプはa heat patch[ヒート パッチ]と言う）
- 使い捨てかいろ a disposable *body warmer*

**がいろじゅ**【街路樹】a tree on [by] the roadside[トゥリー][ロウドゥサイド]

## かいわ 【会話】
(a) conversation[カンヴァセイション]
- 英会話を習い始めた。
  I began to learn English *conversation*.
　**━会話(を)する** talk (with …), have a conversation (with …)
- 米国人の旅行者と英語で会話した。I *talked with* an American tourist in English.

## かう¹【買う】
buy[バイ]（⇔売る sell）,《話》get[ゲット]
- その店でノートを買った。
  I *bought* [*got*] a notebook at the store.
- 彼女は新しいかばんを安く買った。
  She *bought* a new bag cheap.

〈人〉に〈物〉を買う
buy+〈人〉+〈物〉/ buy+〈物〉+for+〈人〉
- おばあちゃんは私に自転車を買ってくれた。
  Grandma *bought* me a bicycle. /
  Grandma *bought* a bicycle *for* me.

〈物〉を〈金額〉で買う
buy [get]+〈物〉+for+〈金額〉
- 兄は腕時計を1万円で買った。My brother *bought* [*got*] a watch *for* 10,000 yen.
- (店で)これを買います。I'll take [*get*] this.

**かう²**【飼う】have[ハヴ], keep[キープ]; (家畜を) raise[レイズ]
- 「君のうちでは何かペットを飼ってる？」「うん、猫を飼ってるんだ」"Do you *have* any pets at home?" "Yes, we *have* a cat."
- 彼らは羊を飼っている。They *raise* sheep.

**カウボーイ** a cowboy[カウボーイ]
**ガウン** a gown[ガウン]
**カウンセラー** a counselor[カウンサラァ]
**カウンセリング** counseling[カウンサリング]
- カウンセリングを受けたほうがいいよ。
  You should get [receive] *counseling*.

**カウンター** a counter[カウンタァ]
**カウント**【野球】a count[カウント]
- カウントはスリーツーだ。The *count* is three (balls) and two (strikes).
　**━カウントする** count

**カウントダウン** a countdown[カウントダウン]
- 新年のカウントダウンが始まった。The New Year's (Eve) *countdown* has started.
　**━カウントダウンする** count down
- 私たちは学園祭までカウントダウンしている。
  We are *counting down* the days to the school festival.

## かえす 【返す】
return[リターン]; (人に) give back[バック]; (場所に) put back[プット]; (借金を) pay back[ペイ]
- きのうその本を図書館に返した。I *returned* the book to the library yesterday.
- それ、終わったら返してよ。*Give* it *back* to me when you are done with it.
- いすは元の場所に返すこと。
  *Put* the chair *back* in its place.
- 「お金はいつ返してくれるの」「あした返すよ」
  "When will you *give* me the money *back*?" "I'll *pay* you *back* tomorrow."

**かえって**（なおさら）(all) the more[モァ];（反対に）on the contrary[カントゥレリィ]
- そのニュースを聞いてかえって心配になった。
  That news made me worry *all the more*.
- 彼女のせいでかえって事態は悪化した。*On the contrary*, she made things much worse.

**かえで**【植物】a maple (tree)[メイプル (トゥリー)]

## かえり 【帰り】
(a) return[リターン]
- 彼女は父親の帰りを待っている。
  She is waiting for her father's *return*.
- 行きは母が車で送ってくれて、帰りはバスを使った。My mother drove me there, and I *returned* [*came back*] by bus.
- 兄はいつも帰りが遅い。
  My brother always *comes home* late.
　**━帰りに** on *one*'s way home [*back*]

## かえる¹

- 学校からの帰りにケンに会った. I met Ken *on my way home* from school.

## かえる¹【変える,換える,替える】

| ❶ 前と違(<sup>ちが</sup>)ったもの・状態にする | change, turn |
|---|---|
| ❷ 交換(<sup>こうかん</sup>)する | change, exchange |

❶〔前と違ったもの・状態にする〕**change**[チェインヂ], **turn**[ターン]

- 髪型(<sup>かみがた</sup>)を変えた. I *changed* my hairstyle.
- 気が変わった. I *changed* my mind.

〈A(人・物・事)〉を〈B(人・物・事)〉に変える
change [turn] +〈A(人・物・事)〉+ into +〈B(人・物・事)〉

- 君は自分の弱点を強さに変えられるよ. You can *turn* your weakness *into* a strength.

❷〔交換する〕**change**, **exchange**[イクスチェインヂ]→ とりかえる

- 私と席を替わってくれませんか. Would you *change* seats with me?

〈A(物)〉を〈B(物)〉と換える[替える]
change [exchange] +〈A(物)〉+ for +〈B(物)〉

- このお札を小銭(<sup>こぜに</sup>)に替えてもらえますか. Can you *change* [*exchange*] this bill *for* coins?
- このスニーカーをもうひとまわり大きいものと取り替えたい. I want to *change* [*exchange*] these sneakers *for* the next size up.

## かえる²【帰る】

**return**[リターン], 《話》**get back**[バック]; (帰って行く)**go back**[ゴゥ]; (帰って来る)**come back**[カム]; (家へ)**go home**[ホゥム], **come home**

- タカシはきのう北海道から帰った. Takashi *returned* [*got back*] from Hokkaido yesterday.
- 3時までには帰って来ます. I'll *come back* by three o'clock.
- レストランが閉まったので,帰らなくてはいけなかった. The restaurant was closed, so we had to *go back*.
- 彼らは家に帰った. They *went home*.

> 話してみよう!
> ☺お母さんはいつ帰って来るの.
> When will Mom *come home*?
> 😊もうすぐだよ.
> She'll *be back* soon.

- 私たちは歩いて帰った. We *walked home*.
- 帰る途中(<sup>とちゅう</sup>),牛乳を買ってきてちょうだい. Can you buy some milk on your way *home*?
- さて,もう帰らなければいけません. Well, I must go [*leave*] now.

## かえる³【返る】**be returned**[リターンド]

- なくした財布(<sup>さいふ</sup>)が返ってきた. My lost wallet *was returned* to me.
- 単語テストはあした返ってくるらしい. I hear the vocabulary test will *be returned* tomorrow.

## かえる⁴【卵・ひなが】**hatch**[ハッチ], **be hatched**

- 7羽のひながかえった. Seven chicks *hatched*.

## かえる⁵【動物】**a frog**[フラッグ]

- かえるが鳴いている. *Frogs* are croaking.

## かお【顔】

| ❶ 顔面 | a face;<br>(顔も含(<sup>ふく</sup>)めた頭部)a head |
|---|---|
| ❷ 表情 | a look |

❶〔顔面〕**a face**[フェイス];(顔も含めた頭部)**a head**[ヘッド]→ あたま ポイント!

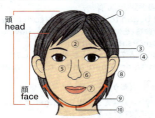

①髪 hair
②ひたい forehead
③まゆ eyebrow
④目 eye
⑤ほお cheek
⑥鼻 nose
⑦口 mouth
⑧耳 ear
⑨あご(全体) jaw
⑩あごの先端(<sup>せんたん</sup>) chin

- 顔を洗いなさい. Wash your *face*.
- マリは丸い[長い,四角い,卵形の]顔をしている. Mari has a round [a long, a square, an oval] *face*.
- 窓から顔を出してはいけません. Don't put your *head* out of the window. (► face ではないことに注意)
- 姉と私は顔を見合わせた. My sister and I looked at each other.

❷〔表情〕**a look**[ルック]

- 母は怒(<sup>おこ</sup>)った顔をしていた. My mother had an angry *look* on her face.

- エリはうれしそうな顔をしていた．
  Eri *looked* happy.（←うれしそうに見えた）
- この写真，みんないい顔をしてるね．
  Everyone *looks* great in this photo.
- 彼は痛くて顔をしかめた．
  He *grimaced* in pain.
- カイは恥(は)ずかしくて顔を赤らめた．
  Kai *blushed* [*turned red*] with embarrassment.

━━━━━━━━━━━━━━━━ 慣用表現 ━━━━

顔が売れる: 彼女はこの辺りでは顔が売れている．She *is famous* around here.
顔が広い: 父は顔が広い．
My father *knows a lot of people*.
顔を合わせる: きょうは先生と顔を合わせたくない．I don't want to *see* the teacher today.
顔を出す: ボブはその集まりに顔を出した．
Bob *showed up* at the meeting.
顔をつぶす: 彼は父親の顔をつぶした．
He made his father *lose face*.

**かおいろ**【顔色】
- ケンは彼女の言葉に顔色を変えた．When she said that, Ken's *expression* changed.（←表情を変えた）
- きょうは顔色が悪い[いい]ですね．
  You *look* pale [*well*] today.
- 私は父の顔色をうかがった．
  I tried to read my father's *face*.

**かおなじみ**【顔なじみ】
- 彼とは顔なじみです．
  I *know* him pretty *well*.

**かおまけ**【顔負け】
- 彼女はプロ顔負けの演奏をする．She can play *as well as* a professional musician.

**かおみしり**【顔見知り】
- マリのお母さんとは顔見知りです．
  I *know* Mari's mother *by sight*.

**かおもじ**【顔文字】『コンピュータ』**a face mark**[フェイス マーク]，**an emoticon**[イモウティカン]

**かおり**【香り】(a) **fragrance**[フレイグランス]，**scent**[セント]，**a sweet** [**nice**] **smell**[スウィート [ナイス] スメル]（●修飾(しゅうしょく)語のない単なる(a) smellは「悪臭(あくしゅう)」の意）→におい
- 新鮮(しんせん)ないちごの香り
  the fresh *smell* [*scent*] of strawberries
  ➡香りがする smell
- ばらはいい香りがする．
  Roses *smell* wonderful.

**がか**【画家】**a painter**[ペインタァ]，**an artist**[アーティスト]

**かがい**【課外の】**extracurricular**[エクストゥラカリキュラァ]

| 課外活動 **extracurricular activities**
| 課外授業 **an extracurricular class**

**かかえる**【抱える】**hold ... in** *one's* **arm(s)**[ホウルド][アーム(ズ)]
- その女の子はぬいぐるみの犬を抱えていた．
  The girl *held* a stuffed dog *in her arms*.
- 彼はわきに本を抱えて歩いていた．He was walking *with* a book *under his arm*.

**カカオ**【植物】(a) **cacao**[カカオ]

**かかく**【価格】**a price**[プライス]→ねだん
- 割引価格 a reduced [discounted] *price*

**かがく**¹【科学】**science**[サイアンス]
- 自然[社会]科学 natural [social] *science*
➡科学的な，科学の **scientific**[サイアンティフィック]
➡科学的に **scientifically**
| 科学技術 **technology**
| 科学者 **a scientist**
| 科学博物館 **a science museum**
| 科学部 **a science club**

**かがく**²【化学】**chemistry**[ケマストゥリィ]
- 化学の，化学的な **chemical**[ケミカル]
➡化学的に **chemically**
| 化学記号 **a chemical symbol**
| 化学式 **a chemical formula**
| 化学者 **a chemist**
| 化学反応 **chemical reaction**
| 化学物質 **chemical substance**
| 化学変化 **a chemical change**
| 化学薬品 **chemicals**

**かかげる**【掲げる】**put up**[プット]，**raise**[レイズ]；（旗を）**fly**[フライ]
- 私は祝日のたびに国旗を掲げる．I *fly* the national flag every holiday.

**かかし** **a scarecrow**[スケアクロウ]

**かかす**【欠かす】（逃(のが)す）**miss**[ミス]
- 私はその番組を欠かさず見ている．
  I never *miss* that show.
- 深い睡眠(すいみん)は健康に欠かせない．
  Deep sleep is necessary for good health.

**かかと**（足・靴(くつ)・靴下などの）**a heel**[ヒール]→あし図
- かかとの高い靴 high-*heeled* shoes / *heels*
- かかとの低い靴 low-*heeled* shoes

**かがみ**【鏡】**a mirror**[ミラァ]
- 手鏡 a hand *mirror*
- 彼は鏡で髪型(かみがた)をチェックした．
  He checked his hair in the *mirror*.
- 鏡で自分の姿を見てごらん．
  Look at yourself in the *mirror*.

**かがみもち**【鏡もち】**New Year's rice cake offering**[ヌー イアズ ライス ケイク オファリング]

## かがむ

**かがむ** bend down[ベンド], stoop[ストゥープ]
- 私たちはかがんでくりを拾った. We *bent down* and picked up some chestnuts.

**かがやかしい**【輝かしい】bright[ブライト], brilliant[ブリリアント]
- 輝かしい未来 a *bright* future
- 輝かしい成功 a *brilliant* success

## かがやく【輝く】

shine[シャイン]; (星などが)twinkle[トゥウィンクル]; (宝石などが)glitter[グリタァ]; (表情などが)brighten[ブライトゥン]
- 太陽が輝いている. The sun is *shining*.
- 空には星が輝いていた. The stars were *twinkling* [*shining*] in the sky.
- 彼女のルビーの指輪が輝いていた. Her ruby ring was *glittering*.
- その知らせに彼の顔はぱっと輝いた. His face *brightened* at the news.
- ユキのひとみは輝いていた. Yuki's eyes were *sparkling*.

**かかり**【係】a person in charge[パースン][チャーヂ]
- きょうは私がうさぎにえさをやる係だ. I'm *in charge* of feeding the rabbits today.

## かかる¹【掛かる】

| | |
|---|---|
| ❶垂れ下がる | hang; (かぶさる)be covered (with …) |
| ❷費用が | cost |
| ❸時間が | take |
| ❹電話が | have a (phone) call |
| ❺機能する | (かぎが)be locked; (エンジンなどが)start |
| ❻…次第である | depend on … |
| ❼医者に | see a doctor |
| ❽獲物などが | be caught |

❶ hang

❷ cost

❸ take

❶[垂れ下がる]hang[ハング]; (かぶさる)be covered (with …)[カヴァド]
- 壁に絵がかかっている. A picture is *hanging* on the wall. / There is a picture on the wall.
- ホットケーキにシロップがたっぷりかかっている. The pancake *is covered with* syrup.

❷[費用が]cost[コースト]
- 送料は720円かかった. The shipping *cost* 720 yen. (►このcostは過去形)
- 費用はどのくらいかかりますか. How much will it *cost*?

**〈〈人〉が〉…するのに〈金額・費用〉がかかる**
It costs(+〈人〉)+〈金額・費用〉+ to +〈動詞の原形〉
- 自転車を2時間借りるのに800円かかった. *It cost* (me) 800 yen *to* rent a bicycle for two hours. (►このcostは過去形)

❸[時間が]take[テイク]
- 完全な回復には1か月かかるだろう. Complete recovery will *take* a month.

**〈〈人〉が〉…するのに〈時間〉がかかる**
It takes(+〈人〉)+〈時間〉+ to +〈動詞の原形〉
- 宿題を済ませるのに4時間かかった. *It took* me four hours *to* finish my homework.

> 話してみよう
> ☺ 駅までどのくらいかかりますか.
> How long does it *take* to (get to) the station?
> 😊 10分くらいです.
> About ten minutes.

❹[電話が]have a (phone) call[(フォウン) コール]
- さっき電話がかかってきたよ. You *had a call* a little while ago.

❺[機能する](かぎが)be locked[ラックト]; (エンジンなどが)start[スタート]
- ドアにはかぎがかかっていた. The door *was locked*.
- エンジンがどうしてもかからない. The engine won't *start*.

❻[…次第である]depend on …[ディペンド]
- 私たちの勝利は彼にかかっている. Our victory *depends on* him.

❼[医者に]see a doctor[ダクタァ]
- 山田先生に月に1度かかっている. I *see* Dr. Yamada once a month.

❽[獲物などが]be caught[コート]
- くまがわなにかかった. The bear *was caught* in a trap.

**かかる²**(病気に)have[ハヴ], get[ゲット], suffer (from …)[サファ]
- 子どもは病気にかかりやすい. Children *get* sick easily.
- 妹ははしかにかかっている. My sister *has* the measles.
- インフルエンザにかかってしまった. I *caught* the flu.

…**かかる**【…(し)かかる】**be about to**+〈動詞の原形〉→…かける
- 電車に乗りかかったときにケンに会った. When I *was about to* get on the train, I met Ken.

…**かかわらず**【…(にも)かかわらず】**in spite of** …[スパイト], **though** …[ゾウ]
- 雨にもかかわらず試合は行われた. The game was played *in spite of* the rain. / The game was played *though* it was raining.

**かかわる**【関わる】**have ... to do with ~**, **concern**[カンサーン], **be involved with** …[インヴァルヴド]
- 私はその件に何も関わってない. I *have* nothing *to do with* that.
- 私は生徒会に関わっている. I'm *involved with* the student council.
- 昭和の歴史に関わる本を探している. I'm looking for books *on* Showa history.
- 彼とは関わらないほうがいいよ. You should *keep away* from him.

**かき¹**【夏期, 夏季】**summer**[サマァ], **summertime**[サマァタイム]
| 夏期休暇(きゅうか)→なつやすみ
| 夏期講習 a summer school

**かき²**【下記】**the following**[ファロウイング]
- 下記の物を持って来てください. Please bring *the following* items.
- 詳細(しょうさい)は下記のとおりです. The details are *as follows*.

**かき³**【柿】〖植物〗**a kaki; a (Japanese) persimmon**[(チャパニーズ) パスィマン]
- 干し柿 a dried *persimmon*

**かき⁴**【貝】**an oyster**[オイスタァ]
- かきフライ a fried *oyster*
- 生がき a raw *oyster*

# かぎ【鍵】

**a key**[キー]; (錠(じょう))**a lock**[ラック] (▶日本語の「かぎ」は, かぎと錠の両方をさすが, 英語では別々の語を用いる)

lock

key

- 合いかぎ a spare *key*
- 自転車のかぎ a bicycle *key*
- 金庫のかぎ a *key* to [*for*] the safe (▶a key of the safe は×) / a safe *key*
- かぎをなくしてしまった. I've lost my *keys*.
- これが問題を解くかぎだ. This is the *key to* solve the problem.

━かぎを掛(か)ける[閉める] **lock**
- 玄関(げんかん)には必ずかぎを掛けなさい. Be sure to *lock* the front door.
- ドアにはかぎが掛かっていた. The door was *locked*.

━かぎを開ける **unlock**
- かぎでドアを開けた. I *unlocked* [*opened*] the door with the key.

‖かぎ穴 a keyhole

**かきあつめる**【かき集める】**gather**[ギャザァ]; (くまでで)**rake up**[レイク]

**かきいれる**【書き入れる】**fill in**[フィル], 《主に米》**fill out**
- この用紙に必要事項(じこう)を書き入れてください. Please *fill in* [*out*] this form.

**かきかえる**【書き換える】(書き直す)**rewrite**[リーライト]
- ケイは作文を何度も書き換えた. Kei *rewrote* his composition many times.

**かきかた**【書き方】**how to write**[ライト]
- これが英語の手紙の書き方です. This is *how to write* a letter in English.

**かきごおり**【かき氷】**shaved ice**[シェイヴド アイス]

**かきこみ**【書き込み】**a note**[ノウト]
━書きこむ **write** (**in** …)[ライト]
- ネット掲示(けいじ)板にコメントを書きこんだ. I *wrote* a comment on the Internet message board.

**かきぞめ**【書き初め】**New Year's calligraphy**[ヌーイァズ カリグラフィ]
- 書き初めをした. I practiced *New Year's calligraphy*. / I wrote *the first calligraphy of the year*.

**かきとめ**【書留】(郵便の)《主に米》**registered mail**[レヂスタァド メイル], 《主に英》**registered post**[ポウスト]
- この手紙を書留でお願いします. I'd like to send this letter by *registered mail*.

## かきとめる

**書留料金** the registered mail fee

**かきとめる**【書き留める】**write**［**take**］**down**［ライト］
- 私はその単語をノートに書き留めた. I *wrote down* the word in my notebook.

**かきとり**【書き取り】**(a) dictation**［ディクテイション］
- 書き取りのテスト a *dictation* test
- 漢字の書き取りを練習をしよう. Let's practice *writing* kanji［Chinese characters］.

**かきなおす**【書き直す】→かきかえる

**かきね**【垣根】**a fence**［フェンス］；(生け垣)**a hedge**［ヘッヂ］

fence　　　　　　hedge

**かきまぜる**【かき混ぜる】(液体を)**stir**［スター］；(卵などを)**beat**［ビート］；(泡立つように)**whip**［(ホ)ウィップ］
- 私はカップの中のめんをはしでかき混ぜた.
I *stirred* the noodles in the cup with chopsticks.

**かきまわす**【かき回す】**stir**［スター］
- 彼はコーヒーに砂糖を入れてスプーンでかき回した.
He put some sugar in his coffee and *stirred* it with a spoon.

**かきゅう**【下級の】(階級・身分が)**lower**［ロウァ］；(地位・質が)**inferior**［インフィ(ァ)リア］；(年齢・役職が)**junior**［ヂューニァ］(⇔上級の senior)

**下級生 a younger student**（►英米では「上級生, 下級生」という考え方をあまりしない）→こうはい

## …かぎらない【…とは限らない】

(いつも…とは)**not always**［オールウェイズ］；(すべて…とは)**not all**［every］［オール］；(必ずしも…とは)**not necessarily**［ネサセラリィ］（►いずれも部分否定）
- ミキがいつも遅れるとは限らない.
Miki is *not always* late.
- だれもが英語を話せるとは限らない.
*Not everyone* can speak English.
- 新しいものが必ずしもいいとは限らない.
New things are *not necessarily* good.

## かぎり【限り】

| ❶限界 | a limit |
| ❷範囲(はん) | as … as |
| ❸…しない限り | unless |
| ❹…だけ | only, just |

❶［限界］**a limit**［リミット］
- 人間の欲望には限りがない.
There is no *limit* to human desire.
**→限りなく endlessly**

❷［範囲］**as … as**［アズ］
**できる限り…**
as … as possible / as … as one can
- できる限りお手伝いします. I will help you *as much as possible*［*I can*］.

**…する限り**
as long as …（►期間を表す）/
as far as …（►程度を表す）
- 生きている限りこの日のことは忘れない. I will never forget this day *as long as* I live.
- 私の知る限りヒロは決してうそをつかない.
*As far as* I know, Hiro never lies.

❸［…しない限り］**unless**［アンレス］
- 雨が降らない限り遠足に行く.
We'll go on a school trip *unless* it rains.

❹［…だけ］**only**［オウンリィ］, **just**［ヂャスト］
- 今回に限り許そう. I will forgive you *only* this one time. / I will forgive you *just* this time.
- これらの電子書籍は今回に限り半額で買える.
You can buy these e-books at half price this time *only*.

**かぎる**【限る】**limit**［リミット］
- 時間は限られている. Time is *limited*. / There is a time *limit*.（►このlimitは名詞）
- 図書館の利用はこの学校の生徒に限られる.
The use of the library is *limited to* the students of this school.

## かく¹【書く,描く】

| ❶文字・文章などを | write |
| ❷絵・図などを | (鉛筆などで)draw; (絵の具で)paint |

write　　　draw　　　paint

❶[文字・文章などを]**write**[ライト]
- 作文を書いた. I *wrote* a composition.
- ここに名前を書いてください.
Please *write* your name here.
- 答えは鉛筆で書きなさい.
*Write* your answers with a pencil.
- この本は英語で書かれている.
This book is *written* in English.
- お知らせには何て書いてあるの？
What does the notice *say*?

〈人〉に〈手紙など〉を書く

write＋〈手紙など〉＋to＋〈人〉/
write＋〈人〉＋〈手紙など〉
- 私はマキにメールを書いた. I *wrote* an email to Maki. / I *wrote* Maki an email.

〈人〉に手紙を書く

write（to）＋〈人〉（▶㊇ではしばしばtoを省く）
- たまには私たちに手紙を書いてね.
*Write*（*to*）us once in a while.

❷[絵・図などを]（鉛筆などで）**draw**[ドゥロー]；（絵の具で）**paint**[ペイント]
- その子どもは犬の絵を描いた.
The child *drew* a（picture of）dog.
- 私の趣味(しゅみ)は油絵を描くことだ.
My hobby is oil *painting*.
- 学校までの地図を描いてもらえますか. Would you *draw* me a map to the school?

**かく²**（ひっかく）**scratch**[スクラッチ]
- 彼は頭をかいた. He *scratched* his head.

**かく³**【欠く】**lack**[ラック]➡かける³
- スマホは現代の私たちに欠かせないものだ.
Nowadays everyone needs a smartphone.

**かく⁴**【核】**a nucleus**[ヌークリアス]
━核の **nuclear**[ヌークリア]
| 核エネルギー nuclear energy
| 核家族 a nuclear family
| 核実験 a nuclear test
| 核戦争 a nuclear war
| 核燃料 nuclear fuel
| 核の傘(かさ)（the）nuclear umbrella
| 核廃棄(はいき)物 nuclear waste
| 核爆弾(ばくだん) a nuclear bomb
| 核爆発 a nuclear explosion
| 核兵器 a nuclear weapon
| 核兵器削減(さくげん) nuclear disarmament

**かく⁵**【角】**an angle**[アングル]
- 直角 a right *angle*
- 鋭(えい)角 an acute *angle*
- 鈍(どん)角 an obtuse *angle*

**かく…¹**【各…】**each**[イーチ], **every**[エヴリィ]➡それぞれ
- 各部屋に in *each*［*every*］room
- 弁当は各自持参のこと.
You should *each* bring your own lunch.

**かく…²**【隔…】**every other …**[アザァ]
- その雑誌は隔週発売される. That magazine is published *every other* week.

**かぐ¹ smell**[スメル]；（くんくんと）**sniff（at …）**[スニッフ]
- マナはばらのにおいをかいだ.
Mana *smelled* the roses.

## かぐ² 【家具】

**furniture**[ファーニチャァ]
- その部屋には家具がほとんどなかった［たくさんあった］.
There was little［a lot of］*furniture* in that room.
- アメリカには家具付きの貸家が多い.
There are many *furnished* houses for rent in America.

> **ここが ポイント!** 「家具」の数え方
> furniture はいろいろな家具をまとめてさす語で, 数えられない名詞です. 家具を「1点」「2点」と数えるときには a piece of furniture, two pieces of furniture と言います.
> - この家具 *this piece* of furniture

| 家具店 ㊇**a furniture store**, ㊈**a furniture shop**

**がく**【額】（金額）**a sum**[サム]；（額縁(がくぶち)）**a（picture）frame**[（ピクチァァ）フレイム]
- 多額［少額］の金
 a large［small］*sum* of money
- 額に入った写真 a photo in a *frame*

**かくう**【架空の】**imaginary**[イマヂャネリィ], **fictitious**[フィクティシャス]
- 架空の動物 an *imaginary* animal

**かくえきていしゃ**【各駅停車】（列　車）**a local train**[ロウカル トゥレイン]
- この列車は各駅停車だ.
This train stops at *every station*.

**がくえん**【学園】**a school**[スクール]
| 学園祭 **a school festival**

**がくがく**【がくがくする】**shake**[シェイク]
- 緊張(きんちょう)で私のひざはがくがくしていた. My knees were *shaking* from nervousness.

**がくげいいん**【学芸員】**a curator**[キュレイタァ]

**がくげいかい**【学芸会】**a school（arts）festival** [スクール（アーツ）フェスタヴァル]

**かくげん**【格言】（ことわざ）**a saying**[セイイング],

かくご

a proverb[プラヴァーブ]

**かくご**【覚悟する】prepare[プリペァ], be［get］ready (for ...)[レディ]
- 最悪の事態を覚悟しておいたほうがいい. You should *prepare* for the worst.

**かくさしゃかい**【格差社会】a stratified society[ストラタファイド ササイアティ]

**かくざとう**【角砂糖】a cube［lump］of sugar[キューブ][ランプ][シュガァ]
- 角砂糖2個 two *cubes of sugar*

**かくさん**【拡散する】spread[スプレッド], be shared[シェアド]
- この投稿(とう)動画は100万回以上拡散(再生)された. This video (post) *was shared* more than one million times.

**かくしあじ**【隠し味】a secret ingredient[スィークリット イングリーディアント]

**かくしつ**【角質】keratin[ケラティン];（古くなった角質）dead skin cells[デッド スキン セルズ]

**かくじつ**【確実な】sure[シュァ], certain[サートゥン]
- 確実な方法 a *sure* way
- 彼が勝つのは確実だ. I'm *sure* [*certain*] (that) he will succeed. / He will *certainly* succeed.
- ➡確実に surely, certainly

**がくしゃ**【学者】a scholar[スカラァ]

**がくしゅう**【学習】learning[ラーニング], study[スタディ]
- この番組は英語の学習に役立つ. This program is useful for *learning* English.
- ➡学習する learn, study→ならう, まなぶ
  学習参考書 a study aid［guide］
  学習塾(じゅく) a cram school→じゅく
  学習障害 a learning disability (LD)

**かくしん**【確信】a strong belief[ストゥローング ビリーフ]
- ➡確信する be sure [certain] (of ...)
- 私は彼の成功を確信している. I'm *sure of* his success. / I'm *sure that* he will succeed.
- それについて確信はありますか. Are you *sure* [*certain*] about that?

## かくす【隠す】

hide[ハイド]
- テツは手紙を引き出しの中に隠した. Tetsu *hid* the letter in the drawer.
- 彼女は手で顔を隠そうとした. She tried to *hide* [*cover*] her face with her hands.
- 私たちのデートのことは友達には隠しておこう. Let's *keep* our date a *secret* (*from* our friends).
- ➡隠された hidden[ヒドゥン]

## がくせい【学生】

a student[ストゥードゥント]
- 彼女は京都大学の学生だ. She is a *student* at Kyoto University.
- 学生時代 one's school days: 兄は学生時代にたくさんの友達をつくった. My brother made a lot of friends in *his school days*.
  学生証 a student identification [ID] card
  学生生活 student life
  学生服 a school uniform
  学生割引 a student discount

**かくだい**【拡大する】（大きくする）make bigger[メイク ビッガァ], enlarge[インラーヂ];（大きく見せる）magnify[マグナファイ]
- マミは写真をクリックして拡大した. Mami clicked the photo and *enlarged* it.
- この双眼鏡(そうがんきょう)は物を8倍に拡大することができる. These binoculars can *magnify* things eight times.
  拡大鏡 a magnifying glass

**がくだん**【楽団】（オーケストラ）an orchestra[オーカストゥラ];（吹奏(すいそう)楽などの）a band[バンド]

**かくちょう**【拡張する】expand[イクスパンド], widen[ワイドゥン]
- 学校の前の道が拡張された. The road in front of our school was *expanded*.

**がくちょう**【学長】the president[プレザダント]

**かくてい**【各停】→かくえきていしゃ

**かくど**【角度】an angle[アングル]
- 角度を測る measure the *angle*
- この建物を違(ちが)った角度から見てみよう. Let's look at the building from a different *angle*.

**かくとう**【格闘】a fight[ファイト]
- ➡格闘する fight, struggle (with ...)[ストゥラグル]
  格闘家 a professional fighter
  格闘技 a combat sport
  格闘ゲーム a fighting game

**がくどうほいく**【学童保育】after-school childcare[アフタスクール チャイルドケア]

**かくとく**【獲得する】get[ゲット];（勝ち取る）win[ウィン]
- 私たちはコンテストで1等賞を獲得した. We *won* (the) first prize in the contest.

## かくにん【確認する】

check[チェック];（予約などを）confirm[カンファーム];（事実を）make sure (of ...)[シュァ]
- 答えを確認しましょう. Let's *check* the answers.

- 予約の確認をしたいのですが.
  I'd like to *confirm* my reservation.

## がくねん【学年】

(…学年) **a year**[イァ], ⊕**a grade**[グレイド]; (学年度) **a (school) year**[スクール]
- 中学の第1[2]学年 the first [second] *year* of junior high school (▶the first [second] grade は小学1[2]年の意)
- 兄は私より2学年上だ.
  My brother is two *years* ahead of me.
- 君とアキラは同じ学年ですか.
  Are you and Akira in the same *grade*?
- アメリカでは新学年は何月に始まりますか.
  In which month does the new *school year* begin in America?

▌学年末試験 a year-end examination, a final exam

**ここがポイント! 学年の表し方・日米の違い**

米国では小学校1年生から高校3年生に当たる12学年を通して数えます.「…年生」は数字の後にgraderをつけて, a seventh grader, an eighth grader, a ninth grader のようにします.

なお米国の学校制度は地域によって異なり, 小学校(5年または4年), ミドルスクール(3年または4年. 日本の中学校にあたる), 高校(4年)という12年間の学年構成が主流です.

| 日本の学年 | | 米国の学年 | 学年の言い方 | |
|---|---|---|---|---|
| 小学校 | 1 | 1 | the first | |
| | 2 | 2 | the second | |
| | 3 | 3 | the third | |
| | 4 | 4 | the fourth | |
| | 5 | 5 | the fifth | |
| | 6 | 6 | the sixth | grade [year] |
| 中学校 | 1 | 7 | the seventh | |
| | 2 | 8 | the eighth | |
| | 3 | 9 | the ninth | |
| 高校 | 1 | 10 | the tenth | |
| | 2 | 11 | the eleventh | |
| | 3 | 12 | the twelfth | |

## がくひ【学費】school expenses[スクール イクスペンスィズ]

## がくふ【楽譜】(sheet) music[(シート)ミューズィック]; (総譜) a score[スコァ]
- 私は楽譜が読めない. I can't read *music*.
- 彼は楽譜なしでギターを弾いた. He played the guitar by ear. / He played the guitar from memory.

▌楽譜集 a collection of sheet music

## がくぶ【学部】a department[ディパートゥメント], a faculty[ファカルティ]; (専門学部) a school[スクール]

## かくめい【革命】a revolution[レヴァルーション]
- フランス革命 the French *Revolution*
- 産業革命 the Industrial *Revolution*

―**革命の, 革命的な** revolutionary

## がくもん【学問】learning[ラーニング]; (研究) study[スタディ]
- 学問のある人 a *learned* person / a person of *learning* (▶このlearnedは[ラーニド]と発音する)

―**慣用表現**―

学問に王道なし.
There is no royal road to learning.

## がくようひん【学用品】school things [supplies][スクール スィングズ[サプライズ]]; (文房具) stationery[ステイショネリィ]

## かくり【隔離】isolation[アイサレイション], (病気による) quarantine[クオランティーン]
- 彼女は今, 隔離中です. She is under *quarantine* now.

―**隔離する** isolate, quarantine

## かくりつ【確率】probability[プラバビラティ]; (可能性) (a) possibility[パスィビラティ]

## がくりょく【学力】(academic) ability[(アカデミック)アビラティ], achievement[アチーヴメント]
- 生徒たちの学力が上がった.
  Students' *achievement* [*academic abilities*] improved.
- トモは学力がある[ない].
  Tomo is a good [poor] student.

▌学力テスト an achievement test

## がくれき【学歴】one's educational [academic] background[エデュケイショヌル[アカデミック]バックグラウンド], one's school career[スクール カリァ]
- 日本は学歴社会だ.
  *A person's educational background* is very important in Japan.
- 彼は高学歴だ. He is highly *educated*.

## かくれる【隠れる】

hide (oneself)[ハイド]
- アヤはテーブルの下に隠れた.
  Aya *hid* (*herself*) under the table.
- 親に隠れて映画に行った. I went to the movies *without* my parents' *permission*.

―**隠れた** hidden[ヒドゥン]
- 隠れた才能 a *hidden* talent

## かくれんぼ(う)【隠れん坊】hide-and-seek

## がくわり

[ハイダンスィーク]
- かくれんぼをしよう．
  Let's play *hide-and-seek*.

> **これ、知ってる？ 英語で遊ぶ「かくれんぼ」**
>
> 英語では「もういいかい」は"Ready or not, here I come."と言いますが，「まーだだよ」「もういいよ」に当たる返事はしません．
> また，かくれんぼうや鬼ごっこの「鬼」は it と言います．

**がくわり**【学割】a student discount［ストゥードゥント ディスカウント］

**かけ**【賭け】a bet［ベット］；（かけ事）gambling［ギャンブリング］
- かけに勝った［負けた］．I won [lost] a *bet*.
- かけをしよう．Let's make a *bet*. / Let's *bet*.

## かげ【陰，影】

❶日陰　　　（the）shade
❷人・物などの　a shadow；（シルエット）a silhouette
❸…の後ろで［に］behind …

❶［日陰］（the）shade［シェイド］
- あの木陰に座りましょう．
  Let's sit in the *shade* of that tree.

shade　　　　shadow

❷［人・物などの］a shadow［シャドゥ］；（シルエット）a silhouette［スィルエット］（▶フランス語から）
- 男の子は自分の影を踏んでいた．
  The boy stepped on his own *shadow*.

❸［…の後ろで［に］］behind …［ビハインド］
- 本棚の陰に *behind* the bookshelf
- 陰で人の悪口を言うな．Don't speak ill [badly] of others *behind* their backs.

**がけ**【崖】a cliff［クリフ］

**がけ崩れ** a landslide

**かけあし**【駆け足】a run［ラン］
- 駆け足で行こう．Let's *run*.

**かけい**【家計】a family budget［ファミリィ バヂット］
**家計簿** household accounts book［file］

**かげえ**【影絵】a shadow picture［シャドゥ ピクチャァ］

**かげき**[1]【過激な】radical［ラディカル］
- 過激な意見 a *radical* opinion

**かげき**[2]【歌劇】(an) opera［アパラ］→オペラ

**かげぐち**【陰口をきく】→かげ❸

**かけごえ**【掛け声】a shout［シャウト］；（呼び声）a call［コール］
- かけ声をかけてグラウンドを走った．
  We gave a *rallying cry* and ran around the field.

**かけざん**【掛け算】multiplication［マルタプリケイション］（⇔割り算 division）
━掛け算をする multiply［マルタプライ］, do multiplication→かける[1]❻

**かけじく**【掛け軸】a hanging scroll［ハンギング スクロウル］

**かけつ**【可決する】pass［パス］, carry［キャリィ］

**かけっこ**【駆けっこ】a race［レイス］
━駆けっこをする have [run] a race

**…かけて**【…にかけて】
- 今月10日から15日にかけて
  *from* the 10th *to* the 15th of this month
- 週末にかけて *over* the weekend
- 私たちは奈良から京都にかけて旅行した．
  We traveled *through* Nara *and* Kyoto.

**かけぶとん**【掛け布団】⊛a comforter［カンファタァ］, a quilt［クウィルト］（▶羽毛や羊毛などを詰めてキルティングした掛け布団）

**かけら** a (broken) piece［(ブロウカン) ピース］
- ガラスのかけら a *broken piece* of glass

## かける[1]【掛ける】

| | |
|---|---|
| ❶つるす | hang |
| ❷振り掛ける | put；（注ぐ）pour |
| ❸かぶせる | put … on, cover |
| ❹音楽などを | play, put … on |
| ❺時間・費用を | spend |
| ❻掛け算をする | multiply |
| ❼腰を掛ける | sit |
| ❽電話を | call |
| ❾言葉を | speak to … |
| ❿眼鏡を | put on, wear |
| ⓫留める | （かぎを）lock；（ボタンを）button |
| ⓬迷惑を | trouble |

hang / pour / put ... on [cover] / play [put ... on]

❶〔つるす〕**hang**[ハング]
- 壁にかかった絵
a picture *hung* on the wall
- コートを洋服掛けにかけた.
I *hung* my coat on the hook.
- 私はバッグを肩(☆)にかけた.
I *put* the bag *on* my shoulder.

❷〔振り掛ける〕**put**[プット];（注ぐ）**pour**[ポァ]
- リョウはコーンフレークに砂糖をたっぷりかける. Ryo *puts* a lot of sugar on his cornflakes.
- ラーメンにお湯をかけてください. *Pour* hot water into the ramen [Chinese noodles].

❸〔かぶせる〕**put ... on**, **cover**[カヴァ]
- やかんを火にかけた.
I *put* the kettle *on* the fire.
- 彼は赤ちゃんに毛布をかけた.
He *put* a blanket *on* the baby.

❹〔音楽などを〕**play**[プレィ], **put ... on**
- この新しい曲をかけてあげる.
I will *play* this new song [music] for you.
- 何か音楽かけて. *Put* some music *on*.
- ラジオをかけようよ.
Let's *turn* [*switch*] *on* the radio.

❺〔時間・費用を〕**spend**[スペンド]
- アオイは靴(⑤)にお金をかける.
Aoi *spends* a lot of money on shoes.
- 2時間かけて宿題をした. I *spent* two hours doing my homework.

❻〔掛け算をする〕**multiply**[マルタプライ]
- 5かける7は35.
Five *times* seven is thirty-five. / Five *multiplied* by seven is thirty-five.

❼〔腰掛ける〕**sit**[スィット]
- どうぞおかけください.
Please *have a seat*.

❽〔電話を〕**call**[コール]
- 10時にケイが電話をかけてきた.
Kei *called* me at ten o'clock.

❾〔言葉を〕**speak to ...**[スピーク]
- トモは迷子の女の子に声をかけた.
Tomo *spoke to* the lost girl.

❿〔眼鏡を〕**put on**（▶身に「つける」動作）; **wear**[ウェァ]（▶「つけている」状態）
- ケンはサングラスをかけた. Ken *put on* his sunglasses. / Ken *put* his sunglasses *on*.
- あなたのお父さんは眼鏡をかけていますか.
Does your father *wear* glasses?

⓫〔留める〕（かぎを）**lock**[ラック];（ボタンを）**button**[バトゥン]
- 玄関にかぎをかけましたか. Did you *lock* the front door?
- コートのボタンをかけなさい.
*Button*（up）your coat.

⓬〔迷惑を〕**trouble**[トゥラブル], **bother**[バザァ]
- ご迷惑をおかけしてすみません.
I'm sorry to *trouble* [*bother*] you.
- 母に迷惑をかけた. I *made*（a lot of）*trouble* for my mother.

**かける²**【駆ける】**run**[ラン]→ はしる
- リサは階段を駆け上がった[下りた].
Risa *ran* up [down] the stairs.

**かける³**【欠ける】（一部が）**chip**[チップ], **be chipped**;（不足している）**lack**[ラック], **be lacking**
- 欠けているカップ a *chipped* cup
- 彼は忍耐(☆)力に欠ける.
He *lacks* [*is lacking in*] patience.

**かける⁴**【賭ける】（金などを）**bet**[ベット]

**...かける**【…し掛ける】（…し始める）**begin to**＋〈動詞の原形〉[ビギン to];（…しようとしている）**be about to**＋〈動詞の原形〉[アバウト to];（あやうく）**almost**[オールモゥスト]→ ...かかる
- その少女はおぼれかけた.
The girl *almost* drowned.
- 寝(☆)かけたところに電話が鳴った.
*Just as* I fell asleep, the phone rang.
- 食べかけのパン half-eaten bread

**かげん**【加減】
- 「お加減はいかがですか」「あまりよくありません」"How are you *feeling*?" "I don't feel very well."

# かこ【過去】

**the past**[パスト]
- 過去と現在 *the past* and the present
- 過去の出来事 events in *the past*
- **過去の** past
- 過去2年間 for the *past* two years

過去形〖文法〗**the past tense**
過去進行形〖文法〗**the past progressive form**
過去分詞〖文法〗**the past participle**
過去問（題）**old examinations** [**exams**],

かご

**questions from past exams**

**かご** a basket[バスキット]; (鳥かご) a cage[ケイヂ]
- かごはオレンジでいっぱいだった.
  The *basket* was full of oranges.

**かこい**【囲い】(さく) a fence[フェンス]

**かこう¹**【加工する】process[プラセス]
- このうなぎは日本で加工されている.
  This eel was *processed* in Japan.

▎加工食品 *processed* food

**かこう²**【下降する】go down[ゴウ ダウン]
- 飛行機が下降した. The plane *went down*.

**かこう³**【火口】a crater[クレイタァ]

**かこう⁴**【河口】the mouth of a river[リヴァ]

**かごう**【化合する】combine[カンバイン]

▎化合物 a (chemical) compound

**かこむ**【囲む】surround[サラウンド]; (丸で) circle[サークル]
- 日本は周りを海に囲まれている. Japan is *surrounded* by the sea [ocean].
- 正しい答えを丸で囲みなさい.
  *Circle* the correct answer.
- 私たちはキャンプファイヤーを囲んで座った.
  We *sat around* the campfire.

**かさ**【傘】(雨傘) an umbrella[アンブレラ]; (日傘) a parasol[パラソール]
- 折り畳みの傘 a folding *umbrella*
- ワンタッチの傘 a push-button *umbrella*
- ビニール傘 a plastic *umbrella*
- 晴雨兼用傘 a UV protection *umbrella*
- 傘を畳む close an *umbrella*
- 傘を差す open an *umbrella*
- エリの傘に入れてもらった.
  Eri shared her *umbrella* with me.

▎傘立て an umbrella stand

**かさい**【火災】a fire[ファイア] → かじ¹

▎火災報知器 a fire alarm
▎火災保険 fire insurance

**かさかさ**【乾燥した】dry[ドゥライ]
- 私の肌は冬はかさかさになる.
  My skin gets very *dry* in (the) winter.

**がさがさ**【がさがさした】(ざらざらした) rough[ラフ]; (きめの粗い) coarse[コース]

**かざぐるま**【風車】a pinwheel[ピンホウィール], ⊛a windmill[ウィンドミル]

**かさなる**【重なる】(積み重なる) be piled (up)[パイルド]; (日付が) fall on ...[フォール]
- ノートが机の上に重なって置いてあった.
  Notebooks *were piled* on the desk.
- 来年はクリスマスイブと日曜が重なる.
  Christmas Eve *falls on* Sunday next year.

**かさねぎ**【重ね着】layers (of clothing)[レイアズ][クロウズィング], layering

- 重ね着ファッション the *layered* look
- 彼はTシャツにベストを重ね着していた.
  He *wore* a vest *over* his T-shirt.

**かさねる**【重ねる】layer[レイア]; (積み重ねる) pile (up)[パイル]
- パンの上にチーズとハムを重ねた. I *layered* the cheese and the ham on the bread.

**かさばる** be bulky[バルキィ]
- このダウンジャケットはかさばるけれど軽い.
  This down jacket *is bulky* but light.

**かざむき**【風向き】the direction of the wind[ディレクション][ウィンド]

**かざり**【飾り】a decoration[デカレイション], an ornament[オーナマント]
- クリスマスツリーの飾り
  Christmas tree *ornaments*
- この帽子にはもう少し飾りがほしい. I want some more *decorations* on this cap.

**かざる**【飾る】decorate[デカレイト]; (展示する) display[ディスプレイ]
- 彼女はバッジをラインストーンで飾った. She *decorated* the badge with rhinestones.
- ショーウインドーにかっこいい帽子が飾ってある. A cool hat is *displayed* in the store window.

**かざん**【火山】a volcano[ヴァルケイノウ]
- 火山が突然噴火した.
  The *volcano* erupted suddenly.
- 活火山 an active *volcano*

▎火山帯 a volcanic zone
▎火山灰 volcanic ash

# かし¹【菓子】

(甘い物全体)《主に⊛》(a) candy[キャンディ], ⊛sweets[スウィーツ]; (ケーキ類) (a) cake[ケイク]; (クッキー) ⊛a cookie, a cooky[クッキィ], ⊛a biscuit[ビスキット]

**ここがポイント!** candyと「キャンディー」

日本語の「キャンディー」はふつうあめをさしますが, ⊛のcandyはもっと意味が広く, チョコレート菓子やナッツ菓子なども含みます. ただし, ⊛では日本語の「キャンディー」はsweets, 「チョコレート」はchocolateで表します.

**菓子パン** a sweet roll, pastry
**菓子店** a confectionery, a candy store, 英 a sweet(s) shop
**菓子職人** a confectioner

**かし²**【貸し】
- 私はあなたに1000円貸しがある. You *owe* me 1,000 yen.(← あなたは私に1000円借りている)
**貸し自転車** a rental bicycle［bike］
**貸しボート** a rental boat

**かし³**【歌詞】**the words**（of a song）［ワーヅ］［(ソ)ーング］, **lyrics**［リリックス］

**かし⁴**【植物】**an oak**［オウク］

**カし**【力氏(の)】**Fahrenheit**［ファランハイト］（► F, F. と略す）→ **おんど** 知ってる?
- 水はカ氏32度で凍る. Water freezes at 32°F.（► 32°Fはthirty-two degrees Fahrenheitと読む）

**かじ¹**（火事）**a fire**［ファイア］
- 山火事 a forest *fire*
- 火事だ！ *Fire*!
- ゆうべ近所で火事があった. There was a *fire* near my house last night.
- 火事はまもなく消し止められた. The *fire* was soon put out.
- 隣(ﾄﾅﾘ)の家が火事だ. My neighbor's house is on *fire*.

**かじ²**【家事】**housework**［ハウスワーク］, **housekeeping**［ハウスキーピング］
- 私はよく家事を手伝う. I often help with the *housework*.
**家事をする** do（the）housework, keep house

**かじ³**（船の）**a rudder**［ラダァ］
**かじを取る** steer［スティア］

**がし**【餓死する】**starve to death**［スターヴ］［デス］

**かじかんだ** **numb**（with cold）［ナム］［コウルド］（★ numbのbは発音しない）
- 寒さで指がかじかんでいる. My fingers are *numb with cold*.

**かしきり**【貸し切りの】（乗り物が）**chartered**［チャータァド］；（店などが）**reserved**［リザーヴド］
- 貸し切りのバス a *chartered* bus
- レストランはパーティーで貸し切りだった. The restaurant was *reserved* for a party.

# かしこい【賢い】

**wise**［ワイズ］, **clever**［クレヴァ］, **smart**［スマート］, **bright**［ブライト］, **intelligent**［インテリヂャント］
- その学者はとても賢かった. The scholar was very *wise*.
- それはあまり賢い考えじゃない.

That's not a *clever* idea.
- 彼は賢い答えをした. He gave a *smart* answer.
- ミキはとても賢い. Miki is very *bright*.
- いるかは賢い動物だ. Dolphins are *intelligent* animals.

> **くらべてみよう！** wise, clever, smart, bright, intelligent
>
> **wise**: 知識や経験が豊富で正しい判断力を持っている
> **clever**: 頭の回転が速く機転がきく, ずる賢くて抜(ﾇ)け目ない
> **smart**: 抜け目なくて賢い
> **bright**: 頭がよい. 学校の成績がよい
> **intelligent**: 知能が高い

**かしこまりました** **Certainly.**［サートゥンリィ］
- 「そのかばんを見せてもらえますか」「かしこまりました」 "Can I see the bag?" "*Certainly*."

**カシス**【植物】**blackcurrant**［ブラックカーラント］, **cassis**［カスィース］

**かしだし**【貸し出しする】**lend out**［レンド アウト］
- その本は貸し出し中です. The book has been *lent out*.

**かしつ**【過失】**a mistake**［ミステイク］

**かじつ**【果実】**(a) fruit**［フルート］→ **くだもの**

**カジノ** **a casino**［カスィーノゥ］

**カシミア** **cashmere**［キャジミア］（★発音注意）

**かしや**【貸し家】**a house for rent**［ハウス］［レント］

**かしゃ**【貨車】**a freight car**［フレイト カー］

**かしゅ**【歌手】**a singer**［スィンガァ］
- Jポップの歌手になれたらいいな. I'd love to be a J-pop *singer*.

**かじゅ**【果樹】**a fruit tree**［フルート トゥリー］

**カジュアル**【カジュアルな】**casual**［キャジュアル］
**カジュアルウェア** casual wear［clothes］

**かしゅう**【歌集】**a songbook**［ソーングブック］

**かじゅう**【果汁】**fruit juice**［フルート デュース］→ **ジュース¹** くらべて！

**かじゅえん**【果樹園】**an orchard**［オーチャード］

**かしょ**【箇所】**a place**［プレイス］, **a spot**［スパット］
- 道路は数か所で通行止めになっていた. The road was closed in several *places*.
- 数学のテストで5か所間違(ﾏﾁｶﾞ)えた. I made five mistakes in the math exam.（►「…か所」という場合, one ..., two ...のように単に数字で表すことが多い）

**かじょうがき**【箇条書きにする】**list**［リスト］
- 要点を箇条書きにした. I *listed* the key points.

## …かしら

(疑い・疑問) **I wonder ...**[ワンダァ] (▶ふつう後ろに if や who, when, why などの疑問詞が続く); (依頼(いらい)) **Will you ...?**, (話) **Can you ...?**

- 寒くなるかしら. *I wonder if* it will be cold.
- 彼らは今どこにいるのかしら.
  *I wonder where* they are now.
- 手伝ってもらえないかしら.
  *Can you* give me a hand?

> **ここが ポイント!** wonder の後の語順
>
> **wonder** の後に if や where, who などの疑問詞が続く文ではふつうの疑問文とは違(ちが)って,
> **wonder** + 〈疑問詞〉 [**if**] + 〈主語〉 + 〈動詞〉
> の語順になります.

**かしらもじ** 【頭文字】(姓名(せいめい)の) **an initial**[イニシャル] (▶ふつう複数形で用いる)

- 私の名前の頭文字は M.T. だ.
  My *initials* are M.T.
- T はだれの頭文字? Whose *initial* is "T"? (▶頭文字が1つの場合は単数形)

**かじる** **bite**[バイト]; (ねずみなどが) **gnaw**[ノー] (★この g は発音しない)

- りんごをかじった.
  I *bit* (into) an apple.

## かす 【貸す】

| ❶ 金・物などを | lend |
| ❷ 有料で | rent (out) |

❶ [金・物などを] **lend**[レンド] (⇔借りる borrow) 〈人〉に〈物〉を貸す
lend + 〈人〉 + 〈物〉 / lend + 〈物〉 + to + 〈人〉

- ミキは私に辞書を貸してくれた.
  Miki *lent* me her dictionary. / Miki *lent* her dictionary *to* me.
- ちょっと手を貸してください.
  Please *lend* me a hand.

> **話してみよう!**
> ☺ 1000円貸してくれるかなあ?
>   Will you *lend* me 1,000 yen?
> ☺ うん,いいよ.
>   Sure.

- トイレを貸してもらえますか.
  May I use your bathroom?

❷ [有料で] **rent** (out)[レント (アウト)]

- おばは学生に部屋を貸している.
  My aunt *rents* (*out*) rooms to students.

## かず 【数】

**a number**[ナンバァ]; (数字) **a figure**[フィギャア]

- 先生は欠席者の数を数えた.
  The teacher counted the *number* of absent people.

─ **数多くの many, a lot of → たくさん ❶**

## ガス **gas**[ギャス]

- ガスをつけた. I turned on the *gas*.
- ガスを消した. I turned off the *gas*.
- 排気(はいき)ガス exhaust

| ガスストーブ a gas heater
| ガス中毒 gas poisoning
| ガス爆発(ばくはつ) a gas explosion
| ガス湯わかし器 a gas water heater
| ガス料金 the gas bill, gas charges → りょうきん **くらべて!**
| ガスレンジ a gas stove

**かすか** [かすかな] **faint**[フェイント]; (ぼんやりした) **dim**[ディム]

- かすかな音 a *faint* sound
- かすかな光 a *dim* light

─ **かすかに faintly; dimly**

- その少年のことをかすかに覚えている.
  I *faintly* remember the boy.

**カスタード** **custard**[カスタァド]

| カスタードクリーム custard cream
| カスタードプリン (a) custard pudding

**カスタネット** 〖楽器〗 **castanets**[キャスタネッツ]

**カステラ** (a) **sponge cake**[スパンヂ ケイク] (▶「カステラ」はポルトガル語から)

**かすみ** 〖気象〗 (a) **haze**[ヘイズ], (a) **mist**[ミスト]

**かすむ** **be hazy**[ヘイズィ], **be misty**[ミスティ]; (目が) **be blurred**[ブラード]

- 景色がかすんでいた. We had a *hazy* view of the landscape.
- 彼女の目は涙(なみだ)でかすんでいた.
  Her eyes *were blurred* with tears.

**かすりきず** 【かすり傷】 **a scratch**[スクラッチ]

- かすり傷を負った. I got a *scratch*.

**かすれる** (声が) **get hoarse** [**husky**][ホース [ハスキィ]]; (字が) **become blurred**[ブラード]

- きょうは声がかすれていてよくしゃべれない.
  I can't speak well as my voice is *hoarse* today.

## かぜ¹ 【風】

**the wind**[ウィンド]

- 南風 a south *wind* (▶形容詞がつくときはふつう a をつける)
- 冷たい [強い] 風 a cold [strong] *wind*
- 風がやんだ. The *wind* died away.

- 風通しのいい部屋 an *airy* room
- **―風の強い[ある]** windy
- **―風が吹(ふ)く** blow
- 風が強く吹いている.
  *The wind* is blowing hard.

## かぜ² 【風邪】

(a) **cold**[コウルド];（インフルエンザ）**influenza**[インフルエンザ],《話》**the flu**[フルー]
- ケンは風邪を引いた. Ken caught (a) *cold*.
- チエは風邪気味だ. Chie has a slight *cold*.
- 彼はひどい風邪で寝(ね)ている.
  He is in bed with a bad *cold*.
- リョウの風邪がうつってしまった.
  I caught [got] a *cold* from Ryo.
- 風邪はもう治りましたか.
  Did you recover from your *cold*?
- 風邪じゃなくて, インフルエンザでした.
  I had *the flu*, not *a cold*.
- 鼻風邪 a head *cold*
- 風邪薬 cold medicine

**かせい**【火星】〖天文〗**Mars**[マーズ]
- 火星人 a Martian

**かせいふ**【家政婦】**a housekeeper**[ハウスキーパァ]

**かせき**【化石】**a fossil**[ファサル]
- 化石燃料 fossil fuels

**かせぐ**【稼ぐ】（金を）**earn**[アーン], **make**[メイク];（時間を）**gain**[ゲイン];（点数を）**score**[スコァ]
- アキラがひとりでゴールを稼いだ.
  Akira *scored* all the goals by himself.

**かせつ**【仮設の】**temporary**[テンパレリィ], **makeshift**[メイクシフト]
- 仮設住宅 temporary housing, a makeshift house

**カセット** **a cassette**[カセット]
- カセットコンロ a portable stove, a camp stove

**かせん**【下線】**underline**[アンダァライン]
- **―下線を引く** underline
- 重要な語に下線を引いた.
  I *underlined* an important word.
- 重要な文に下線を引いた.
  I *underlined* an important sentence.

**かそ**【過疎の】（村などが）**underpopulated**[アンダァパピュレイティド]
- 過疎の村 an *underpopulated* village
- 過疎化 depopulation
- 過疎地 a sparsely populated area

**がそ**【画素】〖コンピュータ〗**a pixel**[ピクサル]

**かそう**【仮装する】**dress up as** ... [ドゥレス]
- 私は魔女(まじょ)の仮装をした.
  I *dressed up as* a witch.

- 仮装行列 a costume parade

**がぞう**【画像】**a picture**[ピクチァ], **video**[ヴィディオゥ], **an image**[イミッヂ]
- 画像処理 image processing

**かそうげんじつ**【仮想現実】**virtual reality**[ヴァーチュアル リアラティ], **VR**[ヴィーアー]

**かそうば**【火葬場】**a crematory**[クリーマトーリィ]

**かぞえる**【数える】**count**[カウント]
- 本の数を数えた. I *counted* the books.
- 1から20まで数えよう.
  Let's *count* from one to twenty.
- **―数えきれない** countless
- 数えきれないほどの星 *countless* stars

## かぞく 【家族】

**a family**[ファマリィ]
- うちは5人家族だ. There are five people in my *family*. / We are a *family* of five.
- 君の家は何人家族ですか. How large [big] is your *family*? / How many people are there in your *family*?

> **ここが ポイント!** 「家族」は単数？ 複数？
>
> 家族を1つのまとまりとして考える場合は単数扱い, 家族の1人1人を考える場合は複数扱いです. ただし, 米ではどちらの場合も単数扱いすることがあります.
> - 彼の家族は京都に住んでいる.
>   His *family* lives in Kyoto.

- ユミのうちは大家族だ[家族が少ない]. Yumi has a large [small] *family*.（►家族の多い少ないを言う場合, many, few は使わない）
- 「ご家族のみなさんはお元気ですか」「おかげさまでみんな元気です」"How is your *family*?" "They are all fine, thank you."
- 3階には8家族が住んでいる.
  Eight *families* live on the third floor.
- 家族旅行に行った.
  I took a *family* trip [travel].

### 表現メモ

**家族・親せきの呼び方**
兄・弟 a brother / 姉・妹 a sister
いとこ a cousin
おい a nephew / めい a niece
おじ an uncle / おば an aunt
親 a parent / 祖父, 祖母 a grandparent
祖父 a grandfather / 祖母 a grandmother
夫 a husband / 父 a father
妻 a wife / 母 a mother
息子(むすこ) a son / 娘(むすめ) a daughter

# ガソリン

**ガソリン** gasoline[ギャサリーン], 米《話》gas[ギャス], 英 petrol[ペトゥラル]

| ガソリンスタンド 米 a gas [filling, service] station, 英 a petrol station（▶「ガソリンスタンド」は和製英語）

## かた¹【肩】

a shoulder[ショウルダァ]

- 彼は肩をすくめた. He shrugged his shoulders.（▶戸惑(まど)いやあきらめの気持ちを表す動作. shouldersと複数形になることに注意）
- 肩が凝(こ)っている. I have stiff shoulders.
- ケンが私の肩をポンとたたいた.
Ken tapped me on the shoulder.
- 私は母の肩をもんであげた. I massaged my mother's shoulders for her.

―――慣用表現―――

肩を持つ: 彼女はいつもユリの肩を持つ. She always takes Yuri's side.
肩の力を抜(ぬ)く（リラックスする）relax

| 肩幅(はば): 彼は肩幅が広い. He has broad shoulders.

**かた²**【型, 形】a type[タイプ], (a) style[スタイル]; (車などの)a model[マドゥル]; (形)a form[フォーム]; (大きさ)size[サイズ]
- 最新型のパソコン a PC of the latest model
- 小型カメラ a small-sized camera

**…かた**【…方】(…気付)c/o[スィーオウ, ケアラヴ]（▶(in) care of の略. 手紙のあて名で用いる）
- サム・リード様方三木アユミ様
Ms. Miki Ayumi c/o Mr. Sam Reed

## かたい【堅い, 固い, 硬い】

| | |
|---|---|
| ❶物が | hard; (肉などが)tough |
| ❷意志・約束などが | firm, strong |
| ❸まじめな | serious |
| ❹表情が | stern |

❶　　　　　　　　　❷
hard　　　　　　　strong

❶[物が]hard[ハード]（⇔やわらかい soft）; (肉などが)tough[タフ]（⇔やわらかい tender）➡かたく❶
- このいすは堅い. This chair is hard.
- この肉は少し固い.
This meat is a little tough.

❷[意志・約束などが]firm[ファーム], strong[ストゥローング]➡かたく❷
- 堅い約束 a firm promise
- 堅い友情 a strong friendship
- 彼の意志は堅い. He has a strong will.

❸[まじめな]serious[スィ(ア)リアス]
- 堅い話 a serious talk

❹[表情が]stern[スターン]
- 先生の表情は固くなった.
The teacher looked stern.

**かだい**【課題】(宿題)homework[ホウムワーク], 《主に米》an assignment[アサインマント]; (解決すべき問題)a problem[プラブレム]
- この夏休みは課題が多い. I have a lot of homework this summer vacation.

| 課題曲 a set piece, an assigned song

**かたおもい**【片思い】one-sided [one-way] love[ワンサイディド [ワンウェイ] ラヴ]; a (secret) crush[(スィークリット) クラッシュ]
- 私のケイへの恋(こい)は片思いだった.
My love for Kei was one-sided [one-way].
- レイに片思いをしている.
I have a (secret) crush on Rei.

**かたがき**【肩書き】a title[タイトゥル]

**がたがた**(音を立てる)rattle[ラトゥル]; (寒さ・恐怖(きょう)などで震(ふる)える)tremble[トゥレンブル], shiver[シヴァ]
- バスが道をがたがた走っていった.
The bus rattled along the road.
- 彼女は恐怖でがたがた震えていた.
She was trembling with fear.
- 彼は寒さで震えていた.
He was shivering from the cold.

**かたかな**【片仮名】katakana; a katakana letter[レタァ]

## かたく【堅く, 硬く, 固く】

| | |
|---|---|
| ❶固まって | hard; (きつく)tightly |
| ❷強く | firmly, strongly |

❶[固まって]hard[ハード]; (きつく)tightly[タイトゥリィ]➡かたい❶
- ロープを固く結んだ. I tied the rope tightly.
━かたくなる become hard; (緊張(きんちょう)する)get nervous [tense][ナーヴァス]
- そんなに硬くならないで.
Don't be so nervous [tense].
- 私は硬くなってしまった.
I felt nervous [tense].

❷[強く]firmly[ファームリィ], strongly[ストゥローングリィ]➡かたく❷

- 私は試験に合格できると堅く信じている.
  I *firmly* believe that I can pass the exam.

**かたくるしい**【堅苦しい】**formal**[フォーマル]
- 先生の話は堅苦しかった.
  The teacher's talk was *formal*.

**かたぐるま**【肩車】**a shoulder ride**[ショウルダァ ライド]
  ━肩車する **carry ... on** one's **shoulders**
- ナオは弟を肩車していた.
  Nao was *carrying* his little brother *on his shoulders*.

## かたち【形】

**a shape**[シェイプ], **a form**[フォーム]
- 四角い形 a square *shape*
- ハートの形のケーキ a heart-*shaped* cake
- あの雲は象の形をしている.
  That cloud *looks like* an elephant.

## かたづける【片付ける】

| ❶ 整とんする | put away, clean up |
| ❷ 処理する | (終える)finish |

❶[整とんする]**put away**[アウェィ], **clean up**[クリーン]
- 本を片付けて. *Put* your books *away*.
- 私は机の上を片付けた.
  I *put away* the things on the desk.
- 母に部屋を片付けるように言われた. I was told by my mother to *clean up* my room.
- 食卓を片付けた. I *cleared* the table.

❷[処理する](終える)**finish**[フィニッシュ]
- きょうじゅうにこの宿題を片付けてしまおう.
  Let's *finish* this homework today.

**かたつむり**【動物】**a snail**[スネイル]
**かたな**【刀】**a sword**[ソード](★発音注意)
**かたほう**【片方】(2つのうちの一方)**one**(**of the pair**)[ワン][ペア], (もう一方)**the other**[アザァ]
→ いっぽう❶
- 靴下の片方をなくした.
  I lost *one* of my socks.

**かたまり**【固まり】**a lump**[ランプ]; (大きな)**a mass**[マス]
- 粘土の固まり
  a *lump* of clay

**かたまる**【固まる】**become hard**[ハード]; (ゼリーなどが)**set**[セット]
- 粘土が乾いて固まった.
  The clay has dried and *become hard*.
- ゼラチンが固まった. The gelatin has *set*.
- 固まって座らないで.
  Don't sit *huddled together*.

**かたみ**【形見】**a keepsake**[キープセイク]
**かたみち**【片道】**one way**[ワン ウェイ]
  ┃片道切符 Ⓑa one-way ticket, Ⓐa single (ticket)

**かたむく**【傾く】**lean**[リーン]; (日が)**set**[セット]
- この棚は少し傾いている.
  This shelf is *leaning* slightly to one side.
- 日が傾いてきた. The sun is *setting*.

**かたむける**【傾ける】**lean**[リーン]
- 少年は風に向かって体を前に傾けた.
  The boy *leaned* into the wind.
- 彼は私の話に耳を傾けた.
  He *listened* to my story.(←話を聞いた)
- ユキはこの作品に全力を傾けている.
  Yuki is *focusing* on this work.

**かためる**【固める】**harden**[ハードゥン]; (守りを)**strengthen**[ストゥレンクスン]
- 全日本チームは守りを固めた. The All-Japan team *strengthened* its defense.

**かたよる**【偏る】(偏見を持っている)**be biased**[バイアスト]
- 彼の意見は少し偏っている.
  His opinion *is* a little *biased*.
  ━偏った **biased**: (バランスの取れていない)**unbalanced**[アンバランスト]
- 偏った食事 an *unbalanced* diet

**かたる**【語る】**talk**[トーク], **tell**→ はなす¹❷❸
- 私たちは3時間も語り合った.
  We *talked* together for three hours.
- 君は真実を語るべきだ.
  You should *tell* the truth.
  ┃語り手 a narrator

**カタログ a catalog**[カタローグ]
**かだん**【花壇】**a flowerbed**[フラウァベッド]

## かち¹【価値】

(相対的な)**value**[ヴァリュー]; (本質的な)**worth**[ワース]
- この研究にはどのくらい価値がありますか.
  What is the *value* of this research?

**…の価値がある**
be worth +〈名詞〉
- やってみる価値はあるよ. It's *worth* a try.
- この切手は5万円の価値がある.
  This stamp *is worth* 50,000 yen.

**…する価値がある**
be worth +〈-ing形〉
- この本は読む価値がある.
  This book *is worth* read*ing*.
  ━価値のある **valuable**: **worthy**[ワーズィ]
- 価値のある絵 a *valuable* painting

**かち²**【勝ち】(**a**) **victory**[ヴィクトリィ](⇔負け(a)

…がち

defeat)
- 彼らの勝ちは決まっているようなものだ．
  Their *victory* seems certain.
- 君の勝ちだ．You *win*.

慣用表現

早い者勝ち．First come, first served.

**…がち**【…(し)がちだ】**tend to**+〈動詞の原形〉[テンド]，**be apt to**+〈動詞の原形〉[アプト]
- ケンは最近遅刻しがちだ．
  Ken *tends to* be late for class these days.

**かちあう**【かち合う】(日付が)**fall on** ...[フォール]
- こどもの日と日曜日がかち合った．
  Children's Day *fell on* a Sunday.

**かちかち**(音を立てる)**tick**[ティック]；(かちっとはめる)**snap**[スナップ]；(かちっという音)**a click**[クリック]；(固い)**hard**[ハード]
- 時計のカチカチという音が聞こえる．
  I can hear the clock *ticking*.
- このアイスクリームはかちかちに凍っている．
  This ice cream is frozen *hard*.

**がちがち**(歯が鳴る)**chatter**[チャタァ]；(緊張して)**freeze**[フリーズ]
- 寒くて歯がガチガチ鳴った．
  My teeth were *chattering* with cold.
- 緊張してがちがちになった．
  I was so nervous that I *froze*.

**かちき**【勝ち気】**strong-minded**[ストゥローングマインディド]
- 勝ち気な人 a *strong-minded* person

**かちく**【家畜】**a domestic animal**[ダメスティック アナマル]

**カチャカチャ**【カチャカチャ鳴らす[鳴る]】**rattle**[ラトゥル]
- 彼女のかぎがカチャカチャ鳴っている．
  Her keys are *rattling*.

**ガチャ**(ガチャ)[商標]**a capsule toy machine**[キャプサル トイ マシーン](▶カプセルトイの販売機)
- ガチャガチャを回した．
  I turned the handle of a *capsule toy machine*.

あめやおもちゃの入ったガチャガチャ(米国)

**ガチャン**(ガチャンという音)**a crash**[クラッシュ]
- 表でガチャンという音がした．
  I heard a *crash* outside.

**かちょう**【課長】**the section chief**[セクション チーフ]

**がちょう**[鳥]**a goose**[グース](複 geese[ギース])

**かつ**【勝つ】
(試合などに)**win**[ウィン](⇔負ける lose)；(相手に)**beat**[ビート]
- 私たちは(3対2で)その試合に勝った．
  We *won* the game (3 to 2).
- 次は絶対勝とうね．
  Let's *win* next time for sure.
- 100メートル走でカズに勝った．
  I *beat* Kazu in the 100-meter dash.

**カツ**(カツレツ)**a cutlet**[カットゥリット]
- 豚[チキン]カツ pork [chicken] *cutlet*
  カツ丼 a bowl of rice topped with a pork *cutlet* covered in eggs

**かつお**[魚]**a bonito**[バニートウ](複 bonito, bonitos)
  かつお節 a dried *bonito*；(けずり節) *bonito* flakes

**がっか**【学科】**a subject**[サブヂェクト]；(大学の)**a department**[ディパートゥマント]

**がつがつ**【がつがつ(と)】**greedily**[グリーディリィ]
- そんなにがつがつ食べないで．
  Don't eat so *greedily*.

**がっかつ**【学活】**homeroom activities**[ホウムルーム アクティヴィティズ]

## がっかり【がっかりする】

**be disappointed**(with ..., in ..., at ...,)[ディサポインティド]，**be discouraged**[ディスカーリッヂド]
- マキは負けてがっかりしていた．
  Maki *was disappointed* to have lost.
- ケイにはがっかりした．
  I *was disappointed in* Kei.
- あの映画にはがっかりだよ．
  I *was disappointed with* the movie. / The movie was *disappointing*. (▶物を主語にするときは〈-ing形〉)
- がっかりしないで．Don't *be discouraged*.

**かっき**【活気のある】**lively**[ライヴリィ](★発音注意)
- 活気のある授業 a *lively* class

## がっき[1]【学期】

(3学期制の)**a term**[ターム]；(2学期制の)**a semester**[スィメスタァ]
- 1[2, 3]学期 the first [second, third] *term*
- 来週新学期が始まる．

The new *term* begins next week.
■学期末試験 a term [final] examination

## がっき² 【楽器】
a musical instrument[ミューズィカル インストゥラマント]
- 「何か楽器を演奏しますか」「はい,ピアノを弾(ひ)きます」"Do you play a *musical instrument*?" "Yes, I play the piano."

表現メモ

楽器のいろいろ
管楽器 wind instruments
オーボエ an oboe / クラリネット a clarinet
サックス a saxophone / チューバ a tuba
リコーダー a recorder / トランペット a trumpet
トロンボーン a trombone / フルート a flute
ホルン a horn / ユーフォニアム a euphonium
弦(げん)楽器 stringed instruments
ギター a guitar / コントラバス a contrabass
チェロ a cello / バイオリン a violin
ビオラ a viola / マンドリン a mandolin
けん盤(ばん)楽器 keyboard instruments
エレクトーン an electronic organ
オルガン an organ / ピアノ a piano
打楽器 percussion instruments
タンバリン a tambourine
ティンパニ a timpani / ドラム a drum
ベース a bass / 木琴(きん) a xylophone

**がっきてき** 【画期的な】 epoch-making[エパックメイキング], landmark[ランドゥマーク]
- それは歴史上画期的な出来事だった.
That was a *landmark* event in history.

**がっきゅう** 【学級】 a class[クラス] → クラス

学級委員 a class officer
学級会 a homeroom meeting
学級活動 homeroom activities
学級通信 a class newsletter
学級日誌 a class journal
学級閉鎖 a temporary suspension of classes: 私たちのクラスはインフルエンザで先週学級閉鎖だった. Our class was told to stay at home due to the flu last week.

## かつぐ 【担ぐ】
❶肩(かた)に  carry ... on one's shoulder(s) [back]
❷だます  fool, play a trick (on ...)

❶[肩に]carry ... on one's shoulder(s) [back][キャリィ][ショウルダァ(ズ)][バック]
- 彼は大きなリュックサックを担いでいた. He was carrying a big backpack *on his back*.

❷[だます]fool[フール], play a trick (on ...)[プレィ][トゥリック]
- 私をかついでいるんでしょ?
You are trying to *fool* me, aren't you?

**がっくり** 【がっくりする】 be disappointed[ディサポインティド] → がっかり
- 彼はがっくり肩(かた)を落として座(すわ)った.
He sat with *drooping* shoulders.

**かっこ** a parenthesis[パレンサシィズ]; a bracket[ブラキット]; a brace[ブレイス]; a Japanese quotation mark[ヂャパニーズ クウォウテイション マーク](▶2つで1組なのでふつう複数形で用いる)
- (丸)かっこの中を計算しなさい. Calculate the figures in the *parentheses*.

ここがポイント！ かっこのいろいろ(複数形)

| | 複数形 | 複数形の読みかた |
|---|---|---|
| ( ) | parentheses | パレンサスィーズ |
| [ ] | brackets | ブラキッツ |
| { } | braces | ブレイスィズ |
| 「 」 | Japanese quotation marks | ヂャパニーズ クウォウテイション マークス |

**かっこいい** cool[クール]; (外見が) good-looking[グッド ルッキング], nice-looking[ナイス ルッキング]
- ケンってかっこいいね.
Ken is *cool*, isn't he?
- ユリはかっこいいTシャツを着ていた.
Yuri wore a *cool* T-shirt.

**かっこう¹** 【格好】 (an) appearance[アピ(ァ)ランス]
- 彼は格好を気にしない.
He doesn't care about his *appearance*.

**かっこう²** 【鳥】 a cuckoo[クークー](★発音注意)

## がっこう 【学校】
(a) school[スクール](▶「授業」の意味で用いる場合はaやtheをつけない)→p.141 ミニ絵辞典
- 学校で at *school*
- 学校が終わってから after *school*
- 私は学校へ行った. I went to *school*.
- エミは学校から帰った.
Emi came (back) home from *school*.
- 学校の帰りにミキに会った.
I met Miki on my way back from *school*.
- 学校を休んだ. I was absent from *school*.
- 学校を早退した. I left *school* early.
- その生徒は学校をサボった.
That student cut [skipped] *school*.
- 妹は学校に入学した.
My sister entered [started] *school*.
- 君はいつ学校を卒業したの?
When did you graduate from *school*?

# かっこわるい

- リョウは学校をやめた。Ryo quit *school*.
- あしたは学校が休みだ。
  We have no *school* tomorrow.
- 週5日学校がある。
  We have *school* five days a week.
- 学校は8時半に始まる。
  *School* begins at 8:30.
- 学校は3時半に終わる。
  *School* is over at 3:30.

【話してみよう!】
☺ 君はどこの学校に通っているの。
  What *school* do you go to?
😊 朝日中学です。
  I go to Asahi Junior High *School*.

表現メモ

**学校のいろいろ**
小学校 an elementary *school*
中学校 a junior high *school*
高等学校 a (senior) high *school*
高等専門学校 a technical college
国立学校 a national *school*
公立学校 a public *school*(▶︎ 英では「パブリックスクール(私立の全寮(りょう)制中高一貫校)」をさす)
私立学校 a private *school*

学校行事 school events
学校祭 a school festival
学校生活 school life, life at school → 学校生活【口絵】
学校説明会 a school exhibition
学校友達 a schoolmate; a classmate

**かっこわるい**【かっこ悪い】**awful**[オーフル]; (ばつの悪い)**embarrassing**[インバラスィング]
- この帽子(ぼう)はかっこ悪い。
  This hat looks *awful*.
- かっこ悪い思いをした。
  I experienced an *embarrassing* moment.

**かっさい**【喝采】(歓声(かんせい))**cheers**[チァズ]; (拍手(はくしゅ))**applause**[アプローズ]
- 私たちは喝さいした。
  We *cheered*.(▶︎ このcheeredは動詞)

**がっしゅく**【合宿】**a training camp**[トゥレイニングキャンプ]
- あしたから伊豆(いず)で合宿だ。We will go on a *training camp* in Izu from tomorrow.

**がっしょう**【合唱】**a chorus**[コーラス]
- 女声[男声, 混声]合唱
  a female [male, mixed] *chorus*
- 二部合唱 a two-part *chorus*
- ━合唱する sing ... in chorus
- 私たちは『さくら』を合唱した。
  We *sang* "*Sakura*" *in chorus*.
  合唱コンクール a chorus contest
  合唱祭 a choral festival
  合唱団[部] a chorus: 私は合唱部だった。
  I was a member of the *chorus*.

**かっしょく**【褐色(の)】**brown**[ブラウン]

**がっそう**【合奏】**an ensemble**[アーンサーンブル](▶︎ フランス語から)
- 私たちは『星に願いを』を合奏した。
  We played "When You Wish Upon a Star" at the concert.

**かっそうろ**【滑走路】**a runway**[ランウェイ]

**カッター a cutter**[カッタァ]

**かったるい** → めんどう, だるい
- 雨の日に出かけるのはかったるい。
  It's a *pain* to go out on a rainy day.

**がっちり**【がっちりした】(体格が)**strong**[ストゥローング], **solid**[サリッド]; (節約する)**stingy**[スティンヂィ]
- ヒロはがっちりした体格だ。
  Hiro has a *strong* build.
- ━がっちりと solidly; (しっかりと)firmly
- 私たちはがっちりと握手(あくしゅ)をした。
  We shook hands *firmly*.

**ガッツ** (根性(こんじょう))(話)**guts**[ガッツ]
- 彼女はすごくガッツがある。
  She has a lot of *guts*.
  ガッツポーズ a fist pump: 彼はガッツポーズをした。He *raised* his *fist(s) over* his *head in victory*.(← 勝ち誇(ほこ)って(両)こぶしを頭上に上げた)(▶︎「ガッツポーズ」は和製英語)

**かつて once**[ワンス], **before**[ビフォァ]; (疑問文・最上級の後で)**ever**[エヴァ]; (いまだかつて…ない)**never ... before**[ネヴァ]
- 彼はかつて歌手だった。He was *once* a singer.
  (▶︎ onceは過去形の文で用いる)
- 私はかつて神戸に住んでいた。
  I have lived in Kobe *before*.(▶︎ 現在完了形の文ではbeforeを用いる)
- かつてない大事故だった。It was the biggest accident that had *ever* occurred.
- ジュンはいまだかつて七面鳥を食べたことがない。
  Jun has *never* eaten turkey *before*.
- ━かつての former
- かつての先生に会いに行った。
  I went to see my *former* teacher.

**かって**【勝手な】**selfish**[セルフィッシュ]
- 君ってほんとに勝手だね。You are so *selfish*.
- ━勝手に (許可なしに)**without permission**; (好きなように)**as one likes [pleases]**
- 勝手に私の部屋に入らないで。

## 学校行事 School Events

健康診断(しんだん)
physical checkup

中間試験
midterm examination [exam]

修学旅行[遠足]
school trip

修学旅行で広島に行きます.
We are going to Hiroshima for our school trip.

文化祭の準備で忙しいの.
We are busy preparing for the school festival.

文化祭
school festival

球技大会
ball game tournament

合唱コンクール
chorus contest

マラソン大会
marathon

卒業式
graduation (ceremony)

スキー教室
skiing class

スキー教室に初めて参加します.
This is my first time in the skiing class.

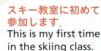

| 始業式 | opening ceremony | 冬休み | winter vacation |
| 入学式 | entrance ceremony | 春休み | spring vacation |
| 終業式 | closing ceremony | 校外学習,社会科見学 | field trip |
| 1学期 [新学期] | first [new] school term | 運動会 [体育祭] | field day / sports festival |
| 2学期 | second term | 水泳大会 | swim meet |
| 3学期 | third term | 音楽祭 | music festival |
| 期末試験 | term examination [exam] | スピーチコンテスト | speech contest |
| 学年末試験 | final examination [exam] | 授業参観 | school visit / parents' day |
| 夏休み | summer vacation | 創立記念日 | school foundation day |

かっと

Don't enter my room *without permission.*
・もう，勝手にしてよ！ Do *as you like!*

**かっと**【かっとなる】**lose** one's **temper**[ルーズ][テンパァ];（ひどく怒(%)る）**get very angry**[アングリィ]
・父はすぐかっとなる．
My father easily *loses his temper.*

**カット**¹（切ること）**a cut**[カット]
・ナオは髪(%)のカットに行った．
Nao got a hair*cut.*
**ーカットする cut→きる**¹ ❶
▎カットモデル **a haircut model**

**カット**²（挿絵(%)）**an illustration**[イラストゥレイション]

**ガット**（ラケットの）(**racket**)**string**(**s**)[(ラキット)ストゥリング(ス)]
・ガットが切れた．
I broke the *strings* on my racket.
・テニスラケットにガットを張ってもらった．
I had my tennis racket *strung.*（▶strung は動詞 string の過去分詞）

**かつどう**【活動】(**an**)**activity**[アクティヴィティ]（▶しばしば複数形で用いる）
・クラブ[野外]活動
club [outdoor] *activities*
・火山が活動を始めた．
The volcano became *active.*
**ー活動的な active**[アクティヴ]**→かっぱつ**

**かっぱつ**【活発な】**active**[アクティヴ], **lively**[ライヴリィ], **animated**[アニメイティド]
・活発な子 an *active* child
・活発な議論 a *lively* discussion

**カップ**（茶わん）**a cup**[カップ];（優勝杯(%)）**a cup**（▶しばしば the Cup の形で用いる）
・コーヒーカップ a coffee *cup*
・カップ1杯の紅茶 a *cup* of tea
・ワールドカップ the World *Cup*
▎カップケーキ **a cupcake**
▎カップめん **cup noodles, pot noodles, instant noodles in a cup**

**カップル a couple**[カップル]
・似合いのカップル
a well-matched [good] *couple*

**がっぺい**【合併する】（町村などが）**merge**[マーヂ]

**かつやく**【活躍する】**be active**[アクティヴ], **play an active role [part]**[プレイ][ロウル][パート]
・ミユは演劇部で活躍している．
Miyu *is active* in the drama club.
・きょうの試合ではケンが大活躍だった．Ken *played an active role* in today's game.

**かつよう**【活用する】**use**[ユーズ], **make use of ...**[ユース]

・学校の図書館をもっと活用しよう．
Let's *use* our school library more.

**かつら a wig**[ウィッグ];（部分的な）**a hair-piece**[ヘアピース]
・彼女はかつらを着けている．
She is wearing a *wig.*

**かつりょく**【活力】**vitality**[ヴァイタラティ], **energy**[エナァヂィ]
・彼は活力に満ちた人だ． He is *energetic.*

**かてい**¹【家庭】
（a）**home**[ホウム];（家族）**a family**[ファミリィ]
・彼女はしつけの厳しい家庭に育った．
She grew up in a strict *home.*
・幸せな家庭 a happy *home*
・裕福(%)な家庭 a rich *family*
**ー家庭の，家庭的な family, domestic**
・家庭の事情で
for *family* reasons
・父は家庭的な人（家庭を大事にする人）です．
My father is a *family* man.
・ジュンは家庭的な人（家事の好きな人）です．
Jun likes housekeeping.
・家庭的な雰囲気(%)
a *family-like* atmosphere
▎家庭科 **home economics, homemaking**
▎家庭科室 **a home economics room**
▎家庭科部 **a home economics club**
▎家庭教師 **a tutor, a private teacher**
▎家庭ごみ **domestic garbage**
▎家庭生活 **family [home] life**
▎家庭内暴力 **domestic violence**
▎家庭訪問 **a teacher's home visit**
▎家庭用品 **household articles**
▎家庭料理 **home cooking**

**かてい**²【仮定する】**suppose**[サポウズ]
・このコップが空だと仮定しよう．
*Suppose* that this glass is empty.

**かてい**³【過程】**a process**[プラセス]

**かでん**【家電】**home electronics**[ホウム イレクトゥラニックス], **home**（**electric**）**appliance**[ホウム（イレクトゥラニック）アプライアンス]
▎家電量販店 **an electronics store**

**かど**【角】**a corner**[コーナァ]
・棚(%)の角 the *corner* of a shelf
・彼はその角を曲がった．
He turned the *corner.*
・2番目の角を右に曲がりなさい．
Turn right at the second *corner.*
・角を曲がった所に around the *corner*
・角の交番 the *koban* on the *corner*

**かとう**【下等な】**low**[ロゥ]

- 下等生物 a *lower* form of life

**かどう**【華道】(the Japanese art of) **flower arrangement**[(ヂャパニーズ アート オブ)][フラウア アレンヂマント]
- 華道部 a *flower arrangement* club

**…かどうか** → …どうか

**かどまつ**【門松】**pine branch decorations** (**for the New Year**)[パイン ブランチ デカレイションズ][(フォーァ)]

**カトリック Catholicism**[キャサラスィズム]
— カトリックの **Catholic**[キャサリック]
- カトリック教会 a *Catholic* church
- カトリック教徒〈信者〉a *Catholic*

**かな**【仮名】**kana**[カナ](▶ 1文字を指すときは kana character[カナ キャリクタァ]と言う)
- かな漢字変換 **kana-kanji conversion**
- かな入力 **kana character input**

**…かな** → …かしら

**かなあみ**【金網】**wire netting**[ワイア ネッティング]

## かなう

| ❶ 願い・望みが | **come true** |
|---|---|
| ❷ 匹敵(ひってき)する | **match, equal** |

❶ [願い・望みが] **come true**[トルー]
- ついに夢がかなった．
  My dream *came true* at last.
- 願い事がかないますように．
  I hope my wish *comes true*!

❷ [匹敵する] **match**[マッチ], **equal**[イークワル] → かなわない
- 背泳ぎではだれもユキにかなわない．
  In the backstroke, no one can *compete* with Yuki. / In the backstroke, no one *compares* to Yuki.

**かなえる realize**[リーアライズ]
- 彼は夢をかなえた．
  He *realized* his dream.

## かなしい【悲しい】

**sad**[サッド], **unhappy**[アンハッピィ](⇔うれしい glad, happy, pleased)
- 悲しい話〈出来事〉a *sad* story [event]
- 彼女は悲しそうだった．She looked *sad*.

…して悲しい
be sad to +〈動詞の原形〉/ be sad that ...
- 事故のことを聞いてとても悲しい．
  I'm very *sad to* hear of the accident.
- 親友が大阪に引っ越(こ)して悲しい．I'm *sad that* my best friend moved to Osaka.

— 悲しさ **sadness**
— 悲しそうに, 悲しいことに **sadly, unhappily**

**かなしばり**【金縛り】
- 寝(ね)ている間に金縛りにあった．
  While sleeping, I *suddenly found myself unable to move*.

**かなしみ**【悲しみ】**sadness**[サッドゥニス], **sorrow**[サロゥ];(深い)**grief**[グリーフ]
- 私の心は悲しみでいっぱいだ．
  My heart is filled with *sadness*.
- 悲しみが和らいだ．
  My *sorrow* was eased.
- マナは深い悲しみに沈(しず)んでいた．
  Mana was overcome with *grief*.

**かなしむ**【悲しむ】**be sad**[サッド], **feel sad**[フィール]
- そんなに悲しまないで．
  Don't *be so sad*.
- 彼らは愛犬の死を悲しんだ．They *felt sad* about the death of their pet dog.

**カナダ Canada**[キャナダ]
— カナダ(人)の **Canadian**[カネイディアン]
- カナダ人(1人)a **Canadian**,(全体)the **Canadians**

**かなたの faraway**[ファーラウェイ]
- はるかかなたの宇宙 *deep* space
— かなたに **beyond**[ビヤンド], **far away**
- 地平線のかなたに *beyond* the horizon
- はるかかなたに湖が見えた．
  I saw a lake *far away*.

**かなづち**【金づち】**a hammer**[ハマァ]
- 金づちでくぎを打った．
  I hit a nail with a *hammer*.
- 私は金づちだ．
  I *can't swim at all*.(←まったく泳げない)

**かなもの**【金物】**hardware**[ハードウェア]
- 金物店 a *hardware* store

## かならず【必ず】

| ❶ きっと | **certainly** |
|---|---|
| ❷ いつも | **always** |

❶ [きっと] **certainly**[サートゥンリィ]
- その映画は必ず見に行きます．
  I will *certainly* [*definitely*] go to the movie.
- この方法なら必ずうまくいく．
  This method will *certainly* work.

必ず…する
be sure to +〈動詞の原形〉
- 必ずプレゼントを持ってきてね．
  *Be sure to* bring a present.

❷ [いつも] **always**[オールウェイズ]
- お正月には必ず初もうでに行きます．

I *always* visit a shrine during the New Year holidays.

**かならずしも…でない**【必ずしも…でない】→ かぎらない

## かなり
《話》**pretty**[プリティ], **rather**[ラザァ], **fairly**[フェアリィ]（▶rather は悪い意味で, fairly はよい意味で用いることが多い）, **quite**[クワイト]
- きのうはかなり暑かったね.
  It was *pretty* hot yesterday, wasn't it?
- ビルは日本語を話すのがかなりうまい.
  Bill can speak Japanese *pretty* [*fairly*] well.
- かなり遅(ﾁ)い朝食を食べた.
  I had a *fairly* late breakfast.
- この問題はかなり難しい.
  This question is *rather* [*quite*] difficult.
- かなりの人数 *quite* a few people

**カナリア**〖鳥〗**a canary**[カネ(ァ)リィ]（★発音・アクセント位置に注意）

**かなわない** **be no match for** ...[マッチ]→ かなう❷
- テニスではとてもクミにかなわない.
  I'm *no match for* Kumi in tennis.

**かに**〖動物〗**a crab**[クラブ]
- 私たちは旅行先でかに料理を食べました.
  We ate *crab* during the trip.

**かにざ**【かに座】**Cancer**[キャンサァ],（人）**a Cancer**
- 私はかに座です.
  I am a *Cancer*.

**かにゅう**【加入する】**join**[ﾁｮｲﾝ], **become a member**（**of** ...）[メンバァ]

**カヌー** **a canoe**[カヌー]

## かね¹【金】
**money**[マニィ]
- 私はお金をためている.
  I'm saving *money*.
- お金をたくさんもうけたい.
  I want to make a lot of *money*.
- ヒナは新しい服にお金を使った.
  Hina spent *money* on a new dress.
- 少しお金を貸してくれないか.
  Would you lend me some *money*?
- お金の持ち合わせがない.
  I have no *money* with me.
- お金はあした返します.
  I'll *pay* you *back* tomorrow.
- 「お金をいくら持ってる？」「2000円くらい」
  "*How much*（*money*）do you have?"
  "About two thousand yen."

> **ここが ポイント！** お金の表し方
> money は数えられない名詞なので, a をつけたり複数形にしたりせず, a lot of money（たくさんのお金）, a little money（少しのお金）のようにします. 一方, coin（硬貨(ﾛｳ)）や bill（紙幣(ﾍｲ)）は, a をつけたり複数形にしたりします.

**かね²**【鐘】**a bell**[ベル]
- 鐘が鳴った. The *bell* has rung [gone off].
- どこかでお寺の鐘が鳴っている.
  I hear a temple *bell* ringing somewhere.

**かねつ¹**【加熱する】**heat**[ヒート]
- 肉は加熱してください.
  *Heat* the meat up. / *Warm* the meat.

**かねつ²**【過熱する】**overheat**[オウヴァヒート]
- トースターが過熱して火事になった. The toaster *overheated* and caused a fire.
- その歌手の人気は過熱している. The popularity of the singer is *overwhelming*.

**かねもち**【金持ちの】**rich**[リッチ]（⇔ 貧乏(ﾎﾞｳ)な **poor**）
- ケンは金持ちになった. Ken became *rich*.
- この辺りには金持ちが住んでいる.
  *Rich* people live around here.

**かねる**【兼ねる】
- この部屋は食堂を兼ねている.
  This room *also serves as* a dining room.

**かねんごみ**【可燃ごみ】**burnable trash**[バーナブル トゥラッシュ], **burnable garbage**[バーナブル ガービッチ]

**かねんぶつ**【可燃物】**combustibles**[カンバスタブルズ]

**かのう¹**【可能な】**possible**[パシブル]（⇔ 不可能な **impossible**）→ できる❶
- 可能な限り頑張(ﾊﾞ)ります. I'll do as much as *possible*. / I'll do the best *that I can*.

**可能性 possibility, a chance**; （可能性のある）**promising**: まだ勝つ可能性はある. There is still a *chance* that we can win.
アミには可能性がある. Ami is *promising*.

## かのう² 【化のうする】 get [become] infected [ゲット [ビカム] インフェクティド]
- ひざの傷が化のうした。
  The wound on my knee *got infected*.

## かのじょ 【彼女】
❶ 女性をさす代名詞　she
❷ 恋人(こいびと)　a girlfriend

❶ [女性をさす代名詞] **she** [シー] (複 they [ゼイ])
- 彼女は西小学校出身です。
  *She* finished Nishi Elementary School.
- 彼女のお母さんは歯科医師です。
  *Her* mother is a dentist.
- 私は彼女たちを浅草に連れて行った。
  I took *them* to Asakusa.
- 私は彼女をじっと見つめた。 I gazed at *her*.
- これらの写真は彼女のものだ。
  These photos are *hers*.
- 彼女自身がそう言った。
  She *herself* said so.

**ここがポイント！ she (彼女) の変化形**

| 単数 | 複数 |
|---|---|
| 彼女は[が] she | 彼女たちは[が] they |
| 彼女の her | 彼女たちの their |
| 彼女を[に] her | 彼女たちを[に] them |
| 彼女のもの hers | 彼女たちのもの theirs |
| 彼女自身 herself | 彼女たち自身 themselves |

❷ [恋人] **a girlfriend** [ガールフレンド]
- 私の彼女がこのプレゼントをくれた。 My *girlfriend* gave me this present.

## かば 【動物】 a hippopotamus [ヒパパタマス], 《話》a hippo [ヒッポ]

## カバー a cover [カヴァ]; (本の) a jacket [チャキット]; (ベッドの) a bedspread [ベッドスプレッド]
— カバーする （埋(う)め合わせる）make up for ... [メイク]; (曲を) cover

## かばう (弁護する) speak up (for ...) [スピーク]; (守る) protect [プラテクト]
- 姉は私をかばってくれた。
  My sister *spoke up for* me.
- 母親は犬から子どもをかばった。
  The mother *protected* her child from the dog.

## かばん
a bag [バッグ]

- 彼はかばんからノートを取り出した。
  He took a notebook out of his *bag*.

ショルダーバッグ shoulder bag

書類かばん brief case

学生かばん school bag

スポーツバッグ gym bag

手提(てさ)げかばん tote bag

## かはんしん 【下半身】 the lower part of the body [ロウァ パート] [バディ]

## かはんすう 【過半数】 a [the] majority [マヂョーラティ]
- 過半数が賛成した。 The *majority* agreed.

## かび mold [モウルド]
— かびが生える get moldy
- パンにかびが生えた。 The bread *got moldy*.

## がびょう 【画びょう】 ⊕ a thumbtack [サムタック], ⊕ a drawing pin [ドゥローイング ピン]
— 画びょうで留める tack [タック]
- 壁(かべ)にポスターを画びょうで留めた。 I *tacked* [*pinned up*] a poster on the wall.

## かびん 【花瓶】 a vase [ヴェイス]

## かぶ¹ 【植物】 a turnip [ターニップ]

## かぶ² 【株】 (木の切り株) a stump [スタンプ]; (キャベツなどの) a head [ヘッド]; (株式) (a) stock [スタック]
| 株式投資 stock investment
| 株主 a stockholder

## カフェ (店) a café [キャフェイ]
- おしゃれなカフェ
  a fancy [fashionable] *café*
| カフェテラス a sidewalk café

## カフェオレ café au lait [キャフェイ オゥ レイ]
## カフェテリア a cafeteria [キャフェティ(ァ)リア]

## がぶがぶ 【がぶがぶ飲む】 guzzle [ガズル], gulp (down) [ガルプ]

## かぶき 【歌舞伎】 kabuki, Kabuki [カーブーキ], (個々の) a kabuki drama [play] [ドゥラーマ [プレイ]]
- 歌舞伎は男性の役者だけで演じられる伝統的な日本の演劇です。
  *Kabuki* is a traditional Japanese drama played only by male actors.

## カフス a cuff [カフ]
| カフスボタン a cuff link (▶ふつう複数形で用いる。「カフスボタン」は和製英語)

## かぶせる (上に載(の)せる) put ... on [プット]; (覆(おお)う) cover [カヴァ]
- アキはテディーベアに帽子(ぼうし)をかぶせた。

カプセル

Aki *put* a hat *on* the teddy bear.
- 食べ物にラップをかぶせた．
I *covered* the food with plastic wrap.

**カプセル** a capsule[キャプスル] → くすり
**カプチーノ** cappuccino[カーパチーノゥ]
**かぶと** a helmet[ヘルミット]
**かぶとむし**【かぶと虫】【虫】a beetle[ビートゥル]（► くわがた虫，てんとう虫なども含(ふく)む）

## かぶる

| ❶ 帽子(ぼう)などを | put on, wear |
| ❷ 覆(おお)われている | be covered with … |

❶〔帽子などを〕**put on**[プット]（⇔脱(ぬ)ぐ take off），**wear**[ウェア]（►wearは「かぶっている」という状態を表す）
- 帽子をかぶったほうがいいよ．
You should *put on* your hat.
- レイは白い帽子をかぶっている．
Rei is *wearing* a white hat.
- 彼は頭から布団(ふとん)をかぶって眠(ねむ)っていた．
He was sleeping *with* the quilt *over* his head.（►このwithは「…をした状態で」の意）

❷〔覆われている〕**be covered with** …[カヴァド]
- 山頂は雪をかぶっていた．The mountain top *was covered with* snow.

**かぶれる**（発しんができる）**get a rash**[ラッシュ]
**かふん**【花粉】**pollen**[パラン]
　花粉症(しょう) **hay fever**: 私は花粉症だ．I am *allergic to pollen*.

**かべ**【壁】a wall[ウォール]；（障害）a barrier[バリア]
- 壁にたくさんの絵が掛(か)けてあった．
There were many pictures on the *wall*.
- 私たちは言葉の壁を乗り越(こ)えた．
We got over the language *barrier*.
　壁打ち: 壁打ちをした．I hit a ball against the wall.
　壁紙 **wallpaper**
　壁新聞 **a wall newspaper**

**かへい**【貨幣】**money**[マニィ]；（硬貨(こうか)）**a coin**[コイン]

**かぼちゃ**【植物】a pumpkin[パンプキン]
**かま**[1]（料理器具）an iron pot[アイアン パット]
**かま**[2]（農具）a sickle[スィクル]

## かまう【構う】

（気にかける）**mind**[マインド]，**care**[ケア]（►しばしば疑問文・否定文で用いる）
- 人が何と言おうと構わない．
I don't *care* what other people say.
- だれが構うものか．Who *cares*?（►「だれも構わない，気にしない」（Nobody cares.）の意）
- 私に構わないで．
*Leave* me *alone*.（← 私を独りにしておいて）

**…しても構いませんか**
Would［Do］you mind if …?
- いっしょに行っても構いませんか．
*Would［Do］you mind if* I go with you?

 話してみよう

☺ 窓を開けても構いませんか．
*Would［Do］you mind* my opening the window?
☹ ええ，構いませんよ．
No, I don't. / No, not at all. / Of course not.（►「私が窓を開けることをあなたは気にしますか」の意味なので，「ええ，気にしません」の意味で答えるときはNoやnotを用いる）

- 入っても構いませんか．*May* I come in?

**かまきり**〖虫〗a (praying) mantis[(プレイイング) マンティス]
**がまぐち**【がま口】a framed coin purse[フレイムド コイン パース]
**かまぼこ** boiled fish paste[ボイルド フィッシュ ペイスト]

## がまん【我慢する】

**be patient**（**with** …）[ペイシャント]；《話》**put up with** …[プット]；**stand**[スタンド]；**bear**[ベア]
- 我慢しなさい．*Be patient*.
- 彼のわがままには我慢できない．
I can't *put up with* his selfishness.
- 痛くてもう我慢できない．
I can't *stand* the pain any more.

 くらべてみよう！ be patient, put up with …, stand, bear

**be patient**:「我慢する」という最も一般的な言い方
**put up with** …:「怒(いか)りや不愉快(ふゆかい)なことをしかたがないと大目に見る」の意
**stand, bear**:「苦痛や不愉快なことに耐(た)える」の意
**stand**は会話などで多く使い，**stand**と**bear**はふつうcanとともに疑問文や否定文で使う．

➡ **我慢強い** patient
- とても我慢強い人 a very *patient* person
➡ **我慢強く** patiently

## かみ[1]【紙】

paper[ペイパァ]

- 紙切れ1枚 a piece of *paper* / a sheet of *paper*（▶紙切れ2枚はtwo pieces of *paper* / two sheets of *paper*）
- 厚い[薄(ｳｽ)い]紙 thick [thin] *paper*
- 本を紙で包んだ. I wrapped a book in *paper*.
- その子は紙を2つに折った. The child folded the sheet of *paper* in two.
- ボール紙 cardboard

**ここがポイント！ 「紙」の数え方**
paperは「紙」の意味では数えられない名詞なので，aをつけたり複数形にしたりしません．枚数を数えるときはa piece of paper（1枚の紙），two pieces of paper（2枚の紙）のように言います．

紙くず wastepaper
紙コップ a paper cup
紙芝居(ｼﾊﾞｲ) a story told with picture cards
紙テープ a (paper) streamer, paper tape
紙ナプキン a paper napkin
紙パック（牛乳の容器など）a carton
紙飛行機 a paper plane
紙袋(ﾌﾞｸﾛ) a paper bag
紙吹雪(ﾌﾌﾞｷ) confetti
紙やすり sandpaper

## かみ[2]【髪】

**hair**[ヘァ]；（1本の髪の毛）**a hair**→け，ヘア
- 黒い髪 dark [black] *hair*
- アヤの髪は長くてさらさらしている. Aya has long, smooth *hair*.
- タクは髪を洗った. Taku washed [shampooed] his *hair*.
- ミウは髪をくしで[ブラシで]とかしている. Miu is combing [brushing] her *hair*.
- シンは髪を茶色に染めた. Shin dyed his *hair* brown.
- アキはいつも髪を短くして[編んで]いる. Aki always wears her *hair* short [in braids].
- ユウジは髪を乾(ｶﾜ)かした. Yuji dried his wet *hair*.
- 私は髪を切ってもらった. I had my *hair* cut.（▶このcutは過去分詞．have＋〈人・物〉＋〈過去分詞〉は「〈人・物〉を…してもらう」の意）
- 母は髪が白くなってきた. My mother's *hair* is turning gray.
- 父は髪が薄(ｳｽ)くならないか心配している. My father is worried that his *hair* might be thinning.
- 前髪 bangs

**髪型 a hairstyle**；（特に女性の）**a hairdo**: 私は朝に髪型を整える. I fix my *hair* in the morning.

**表現メモ 髪型のいろいろ**

ショートヘア short hair

ボブ bob

二つ結び pigtails

マッシュルームカット bowl cut

三つ編み braids

ポニーテール ponytail

セミロング shoulder length hair

ロングヘア long hair

パーマヘア perm
おだんご a bun / 丸刈り a buzz cut
角刈り a crew cut

## かみ[3]【神】

（キリスト教の）**God**（▶大文字で始め，aやtheをつけない）；（一般的に）**a god**[ガッド]；（女神(ﾒｶﾞﾐ)）**a goddess**[ガッディス]
- 人々は神に祈(ｲﾉ)っていた. People were praying to *God*.
- 彼らは神を信じている. They believe in *God*.

## がみがみ【がみがみ言う】

**nag (at ...)**[ナッグ]
- がみがみ言うのはやめてよ. Will you stop *nagging* (at) me?

## かみそり

**a razor**[レイザァ]
- 安全かみそり a safety *razor*
- 電気かみそり an electric *razor*
- かみそりの刃(ﾊ) a *razor* blade

## かみつ【過密な】

（場所・都市などが）**overcrowded**[オウヴァクラウディド]
- その都市は人口過密だ. The city is *overcrowded*.
- 過密スケジュール a tight schedule

## かみなり【雷】

（雷鳴(ﾗｲﾒｲ)）**thunder**[サンダァ]；（稲妻(ｲﾅｽﾞﾏ)）**lightning**[ライトゥニング]
- その少年は雷を怖(ｺﾜ)がった. The boy was frightened by the *thunder*.
- 妹は雷が怖い. My sister is afraid of *thunder*.
- その木に雷が落ちた. *Lightning* struck [hit] the tree.
- 雷が鳴っている. It's *thundering*.（▶この

**かみわざ**

thunderは「雷が鳴る」の意味の動詞)

**かみわざ**【神業】the work of God[ワーク][ガッド];(奇跡(きせき))a miracle[ミラクル]

**かむ**[1] bite[バイト];(食べ物を)chew[チュー]
- 私は唇(くちびる)をかんだ. I *bit* my lip.
- その犬に手をかまれた.
  The dog *bit* me on the hand.
- よくかんで食べなさい.
  *Chew* your food well.

**かむ**[2] (鼻を)blow one's nose[ブロゥ][ノゥズ]
- 鼻をかみなさい. *Blow* your nose.

**ガム**(chewing) gum[(チューイング) ガム]
- 風船ガム bubble *gum*
- 彼はいつもガムをかんでいる.
  He is always chewing *gum*.

**ガムテープ** duct tape[ダクト テイプ], packing tape[パッキング テイプ]

**カムバック** a comeback[カムバック]
— カムバックする make a comeback

**かめ**[1]【動物】(陸がめ)a tortoise[トータス];(海がめ)a turtle[タートゥル]

tortoise

turtle

**かめ**[2] (容器)a jar[ヂャー]

**かめい**【加盟する】join[ヂョイン]

**がめつい**(強欲(ごうよく)な)greedy[グリーディ];(けちな)《話》stingy[スティンヂィ]

**カメラ** a camera[キャメラ]
- オートフォーカスカメラ an automatic *camera*
- デジタルカメラ a digital *camera*
- ビデオカメラ a video *camera*
- スマホのカメラ a smartphone *camera*
- 一眼レフのカメラ
  a single-lens reflex *camera*
  カメラマン(写真家)a photographer
  カメラ店 a camera shop [store]

**カメレオン**【動物】a chameleon[カミーリアン]

**かめん**【仮面】a mask[マスク]
- その子は仮面をつけた.
  The child put on a *mask*.
- その子は仮面をとった.
  The child took off the *mask*.

**がめん**【画面】a screen[スクリーン];(映像)a picture[ピクチァ]
- パソコンの画面 a PC (display) *screen*
- ワイド画面のテレビ
  a television with a wide *screen*

**かも**【鳥】a (wild) duck[(ワイルド) ダック]

## かもく【科目】

a subject[サブヂクト]
- 試験科目 an examination *subject*
- 好きな科目は何ですか.
  What is your favorite *subject*?
- 私の得意な[不得意な]科目は数学だ.
  My strong [weak] *subject* is math.

**かもしか**【動物】an antelope[アンタロゥプ](複 antelope, antelopes);(日本かもしか)a Japanese serow[ヂァパニーズ セロゥ]

## …かもしれない

may+〈動詞の原形〉[メィ];(たぶん)《話》maybe[メイビィ], perhaps[パァハップス]
- 今夜は雪が降るかもしれない. It *may* snow tonight. / *Maybe* it'll snow tonight.
- 友達は来られないかもしれない.
  My friend *may* not be able to come.
- 私が間違(まちが)っているのかもしれない.
  I *might* be wrong.(►might (mayの過去形)を使うとさらに確信度が低くなる)
- ケンは道を間違えたかもしれない.
  *Perhaps* Ken took the wrong road.

**かもつ**【貨物】freight[フレイト];(船・飛行機の)(a) cargo[カーゴゥ]
  貨物船 a cargo boat, a freighter
  貨物列車 a freight train

**カモミール** c(h)amomile[キャマミール]

**かもめ**【鳥】a sea gull[スィー ガル]

**がやがや**【がやがやした】noisy[ノイズィ]
- がやがやしたレストラン a *noisy* restaurant
— がやがやと noisily
- 生徒たちはがやがやと部屋から出ていった.
  The students left the room *noisily*.

**かやく**【火薬】gunpowder[ガンパウダァ]

**カヤック** a kayak[カイアック]

**かゆい** itchy[イッチィ]
- 背中がかゆい.
  My back is *itchy*. / My back *itches*.

## かよう【通う】
(行く)**go** (**to** ...)[ゴゥ]; (学校・教会などに)**attend**[アテンド]
- 私は自転車[バス]で学校に通っている.
  I *go to* school by bicycle [bus].
- マキは塾(ジュク)に通っています.
  Maki *goes to* a *juku* [cram school].
- 彼は歩いて学校に通う. He *walks to* school.
- 姉は車で仕事に通っている.
  My sister *drives to* work.

**かようきょく**【歌謡曲】**a popular song**[パピュラァ ソーング]

**がようし**【画用紙】**drawing paper**[ドゥローイング ペイパァ]

**かようび**【火曜日】**Tuesday**[トゥーズデイ](▶常に大文字で始め, Tu., Tue., Tues. と略す)→**げつようび** ポイント!, **すいようび** ポイント!
- 火曜日は塾(ジュク)に行っている. I go to a *juku* [cram school] on *Tuesdays*.

**から¹**【空の】**empty**[エンプティ]
- 空の箱 an *empty* box
- ━空にする **empty**
- くずかごを空にした. I *emptied* the wastebasket.

**から²**【殻】(貝・卵・くるみなどの)**a shell**[シェル]→しろみ 図; (穀物の)**a husk**[ハスク]
- 卵の殻 an egg*shell*

# …から

| ❶場所 | from ...; (…から外へ)out of ...; (…から離(ハナ)れて)off ... |
| ❷時間 | from ...; (…以来)since ...; (…してから)after ... |
| ❸原因, 理由 | because ..., as..., since ...; (動機)out of ... |
| ❹原材料 | from ..., of ..., out of ... |
| ❺出所 | from ... |

❶[場所]**from** ...[フラム]; (…から外へ)**out of** ...[アウタヴ]; (…から離れて)**off** ...[オーフ]
- マークはカナダからやって来た.
  Mark is [comes] *from* Canada.
- ここから君の学校までどのくらいありますか.
  How far is it *from* here to your school?
- 窓から顔を出してはいけません. Don't put your head *out of* the window.
- 私たちは電車から降りた.

  We got *off* the train.(▶乗用車などから降りる場合はget out ofを用いる)
- 太陽は東から昇(ノボ)る.
  The sun rises *in* the east.
- 5ページから始めましょう.
  Let's begin *on* page 5.

❷[時間]**from** ...; (…以来)**since** ...[スィンス]; (…してから)**after** ...[アフタァ]
- 5月3日から5日まで
  *from* the third to the fifth of May
- 先週からずっとマイに会っていない.
  I haven't seen Mai *since* last week.
- 夕食が済んでから宿題をした.
  I did my homework *after* dinner.
- 私は5年前から彼を知っている.
  I have known him *for* five years.
- 3月21日から春休みが始まる.
  Spring vacation begins *on* March 21.

> **くらべてみよう！** **from と since**
> **from**: ある期間が始まったのがいつからかを表す.
> **since**: 「過去のある時から現在までずっと続いて」の意味で, ふつう現在完了形(have＋過去分詞)とともに使う.

❸[原因, 理由]**because** ...[ビコーズ], **as** ...[アズ], **since** ...→…ので; (動機)**out of** ...
- 「なぜ遅(オク)れたの」「寝坊(ネボウ)したから」 "Why were you late?" "*Because* I overslept."
- このペン, かわいいからいつも使っています. I always use this pen *because* it is cute.
- ケンは親切心から彼を助けた.
  Ken helped him *out of* kindness.

❹[原材料]**from** ..., **of** ..., **out of** ...(▶fromは原材料の性質が変化するものに, ofやout ofは変化しないものに用いる)
- 豆腐(トウフ)は大豆(ダイズ)から作られる.
  Tofu is made *from* soybeans.
- そのいすはかしの木からできている.
  The chair is made *of* oak.
- 彼は粘土(ネンド)からいろいろな物を作る.
  He makes various things *out of* clay.

❺[出所]**from** ...
- インドの友達からメールをもらった.
  I got an email *from* my friend in India.

**がら**【柄】**a pattern**[パタァン], **a design**[ディザイン]
- 花柄が流行している.
  Floral *patterns* are in fashion.

**カラー¹**(色彩(シキサイ))**a color**[カラァ]
カラーコピー a color copy
カラー写真 a color photo [picture]

**カラー**[2]（襟）**a collar**[カラァ]
**からあげ**【から揚げ】**deep-fried food**[ディープフライド フード]
- とりのから揚げ *deep-fried* chicken

**からい**【辛い】（ぴりっと）**hot**[ハット]；（塩辛い）**salty**[ソールティ]；（香辛料の効いた）**spicy**[スパイスィ]
- このカレーはかなり辛い．
  This curry is pretty *hot*.

**カラオケ karaoke**[カーラオウキィ]
- 私たちはよくカラオケに行く．
  We often go to *karaoke*.

**からかう**（笑い者にする）**make fun of ...**[ファン]；（冷やかす）**tease**[ティーズ]；（冗談を言う）**kid**[キッド]
- からかわないでよ．Don't *make fun of* me.

**からから**（のどが）**thirsty**[サースティ]；（天気が）**dry**[ドゥライ]
- のどがからからだ．I am［feel］*thirsty*.

**がらがら**（人のいない）**empty**[エンプティ]；（声）**harsh**[ハーシュ]
- 電車はがらがらだった．
  The train was almost *empty*.
- がらがら声 a *husky* voice

**からし mustard**[マスタァド]

**からす**【鳥】**a crow**[クロウ]
- からすが鳴いている．A *crow* is cawing.
- からすがごみ袋をつついている．
  *Crows* are picking at the garbage bags.

# ガラス

**glass**[グラス]；（窓ガラス）**a windowpane**[ウィンドウペイン]
- ガラス1枚 a sheet of *glass* / a pane of *glass*（▶ガラス2枚はtwo sheets of *glass* / two panes of *glass*）
- ガラスの花瓶 a *glass* vase

| ガラス細工 glasswork
| ガラス製品 glassware

# からだ【体】

| ❶ 人・動物などの | a body； (体格) (a) build |
| --- | --- |
| ❷ 健康状態 | health |

❶〔人・動物などの〕**a body**[バディ]；（体格）（a）**build**[ビルド]→p.150 ミニ絵辞典
- 健康な体 a healthy *body*
- けがをしないように体をきたえている．

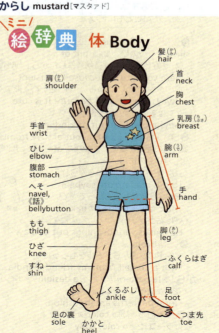

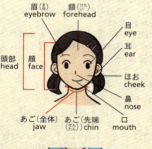

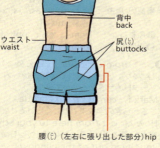

かりる

I am building up my *body* so I won't get injured.
- マナはがっしりした体をしている.
Mana has a strong *build*.

❷ [健康状態] **health** [ヘルス]
- 適度に運動するのは体によい. It's good for your *health* to do moderate exercise.
- 最近体の調子がいい.
I have been in good *shape* recently.
- 私の先生は体を壊(こわ)した. My teacher has become *ill*. (←病気になる)
- マイは体が丈夫(じょうぶ)だ. Mai is really *healthy*.
- 彼女は体が弱い. She is rather *weak*.
- 体がだるい.
I'm *feeling weak*. (←体の調子がよくない)
- 体の調子はどう? *How* are you *feeling*?
- 体を大切に. *Take* good *care of* yourself.

**からて** [空手] **karate** [カラーティ]
- 空手チョップ a *karate* chop
- 私は空手をする. I do *karate*.
- ユリは空手の黒帯だ.
Yuri is [has] a black belt in *karate*.
| 空手部 a *karate* team

**カラフル** [カラフルな] **colorful** [カラァフル]
**からまる** [絡まる] **get entangled** [インタングルド]
- 糸が絡まった. The threads *got entangled*.

**かり**¹ [仮の] (一時的な) **temporary** [テンパラリィ]
- 仮の校舎 a *temporary* school building
━ 仮に **temporarily** [テンパラリィ]; (…としたら) **if** … [イフ], **suppose** … [サポウズ]
- 仮に宝くじで100万円当たったとしたらどうしますか. *If* [*Suppose*] you won a million yen in a lottery, what would you do? (▶ 仮定を表す文なので, winではなくwonを, willではなくwouldを用いる)
- 仮免許(めんきょ)(自動車の)**a temporary driver's license** [**permit**]

**かり**² [借りがある] **owe** [オウ]
- 君に500円借りがある.
I *owe* you five hundred yen.
- カズにはずいぶん借りがある.
I *owe* Kazu a lot.

**かり**³ [狩り] **hunting** [ハンティング], **a hunt** [ハント]
- 彼は狩りに行った.
He went *hunting*.
- いちご狩り strawberry *picking*
- きのこ狩り mushroom *gathering*
━ 狩りをする **hunt**

**かり**⁴ [雁] [鳥] **a wild goose** [ワイルド グース]
**かりいれ** [刈り入れ] **a harvest** [ハーヴィスト]
- 稲(いね)の刈り入れ時だ. It is time to *harvest* the rice. (▶ この harvest は「刈り入れる」の意味の動詞)

**かりかり** [かりかりした] (食べ物が) **crisp** [クリスプ], **crispy** [クリスピィ]; (いらいらした) **irritated** [イリテイティド], **irritable** [イリタブル]
- かりかりのベーコン *crispy* bacon
- そんなにかりかりしないで.
Don't be so *irritable*.

**がりがり** [がりがりの] 《話》**skinny** [スキニィ]
- その犬はがりがりにやせていた.
The dog was terribly *skinny*.

**カリキュラム** a **curriculum** [カリキュラム]
**カリスマ** **charisma** [カリズマ] (★発音注意)
**カリフラワー** [植物] (a) **cauliflower** [コーラフラウァ] (★発音注意)

**がりべん** [がり勉] ⊗《話》**a grind** [グラインド]
━ がり勉する **grind away** (**at** *one*'s **studies**)
- 試験前はいつもがり勉する.
I always *grind away at my studies* before the exams.

**かりゅう**¹ [下流に] **down the river** [リヴァ], **downstream** [ダウンストゥリーム] (⇔上流に[へ] up the river, upstream); (…の下流に) **below** … [ビロウ]
- 約2キロ下流に橋がある.
There is a bridge about two kilometers *down the river*.
- その町は下流にある.
The town is located *downstream*.

**かりゅう**² [顆粒] **granules** [グラニュールズ]
- 顆粒のスープ soup *granules*

**かりょく** [火力の] **thermal** [サーマル]
| 火力発電 **thermal power generation**
| 火力発電所 **a thermal power plant**

## かりる [借りる]

| ❶ 金・物・考えなどを | borrow, use, owe |
| ❷ 有料で | rent, lease |

❶ [金・物・考えなどを] **borrow** [バロウ] (⇔貸す lend), **use** [ユーズ], **owe** [オウ]
- 君の自転車, 借りてもいい?
May I *borrow* your bicycle?
- 〈人〉から〈物〉を借りる
borrow +〈物〉+ from +〈人〉
- 私はケイから辞書を借りた.
I *borrowed* a dictionary *from* Kei.
- パソコンをお借りしてもいいですか.
May I *use* your PC?
- トイレを借りてください.
Can I *use* the bathroom? (▶ toiletは×)
- 君にいくら借りてたっけ?
How much do I *owe* you?

## かる

**くらべてみよう！ borrow と use と owe**

**borrow**: 移動して使うことを前提として「借りる」
**use**: その場で使うことを前提として「借りる」
**owe**: お金を「借りている」

borrow

use

owe

❷ [有料で] **rent** [レント], **lease** [リース]
- 自転車を借りようか．
 Shall we *rent* a bicycle?

**くらべてみよう！ rent と lease**

**rent** は一般に「（家・土地などを）料金を払って一定期間借りる」という意味ですが，特に米では「（車・道具などを）短期間借りる」意味でも用います．
**lease** は「料金を払って長期間借りる」という意味です．

**かる** 【刈る】（芝などを）**mow** [モゥ]; （髪などを）**cut** [カット]; （穀物を）**reap** [リープ]
- 芝生を刈った．I *mowed* the lawn.
- 髪を刈ってもらった．
 I had my hair *cut*. (► この cut は過去分詞．have ＋〈人・物〉＋〈過去分詞〉は「〈人・物〉を…してもらう」の意)
- 稲を刈る *harvest* rice

## かるい 【軽い】

| ❶重さが | **light** |
| ❷程度が | **light**; （病気など）**slight** |
| ❸簡単な | **easy** |

❶ [重さが] **light** [ライト] (⇔重い heavy)
- 軽い包み a *light* package
- きょうはかばんが軽い．
 My bag is *light* today.

❷ [程度が] **light**; （病気など）**slight** [スライト]
- 軽い昼食をとった．I had a *light* lunch.
- 軽い頭痛がする．I have a *slight* headache.

━軽く **lightly**; **slightly**
- その問題を軽く受け止めてはいけない．
 You shouldn't take the matter *lightly*.

❸ [簡単な] **easy** [イーズィ] (⇔難しい difficult)
- きょうは軽い練習だった．
 Our training was *easy* today.
- 軽い質問に答えた．
 I answered an *easy* question.

━軽く, 軽々と **easily**, **without difficulty**
- 彼は試験に軽く合格するだろう．
 He will pass the exam *easily*.

**カルシウム** 〖化学〗 **calcium** [キャルスィアム]

**カルタ** *karuta*; Japanese (playing) cards [ヂャパニーズ（プレイイング）カーヅ] (►「カルタ」はポルトガル語から)
- 私たちはカルタをした．We played *Japanese cards*.

**カルチャー culture** [カルチァァ]
∥カルチャーショック (a) **culture shock**

**カルテ** a **medical record** [メディカル レカァド], a **medical chart** [チャート] (►「カルテ」はドイツ語から)

**カルト** a **cult** [カルト]

**かるはずみ** 【軽はずみな】**careless** [ケアリス], **rash** [ラッシュ], **thoughtless** [ソートゥリス]

## かれ 【彼】

| ❶男性をさす代名詞 | **he** |
| ❷恋人 | **a boyfriend** |

❶ [男性をさす代名詞] **he** [ヒー] (複 they [ゼィ])

**ここがポイント！ he（彼）の変化形**

| 単数 | 複数 |
| --- | --- |
| 彼は[が]<br>he | 彼らは[が]<br>they |
| 彼の<br>his | 彼らの<br>their |
| 彼を[に]<br>him | 彼らを[に]<br>them |
| 彼のもの<br>his | 彼らのもの<br>theirs |
| 彼自身<br>himself | 彼ら自身<br>themselves |

- 私はレイを知っている．彼はサッカーがうまい．
 I know Rei. *He* plays soccer well.
- 彼のお父さんは野球のコーチだ．
 *His* father is a baseball coach.
- 私たちは彼を応援する．
 We will support *him*.
- 私は彼とテニスをした．
 I played tennis with *him*.
- これらのトロフィーは彼のものだ．
 These trophies are *his*.
- 彼自身がそう言った．He said so *himself*.

❷ [恋人] **a boyfriend** [ボーイフレンド]
- 私の彼がこの指輪をくれた．

My *boyfriend* gave me this ring.

**かれい**〖魚〗**a flatfish**[フラットゥフィッシュ]（複 flatfish, flatfishes）, **a plaice**[プレイス]

**カレー**（a）**curry**[カーリィ]
- カレー味 curry flavor
- カレー粉 curry powder
- カレーライス curry with［and］rice（▶「カレーライス」は和製英語）→ 食生活【口絵】

**ガレージ a garage**[ガラーヂ]

## かれら〖彼ら〗

**they**[ゼィ] → かれ, かのじょ

**ここがポイント！** they（彼ら）の変化形

| 彼らは[が] | they |
|---|---|
| 彼らの | their |
| 彼らを[に] | them |
| 彼らのもの | theirs |
| 彼ら自身 | themselves |

「彼女たち」や「それら」もtheyで表します.

- ヒロとケンは友達だ. 彼らはいつもいっしょにいる. Hiro and Ken are friends. *They* always spend time together.
- 彼らの趣味は釣りだ. *Their* hobby is fishing.
- 私はよく川の近くで彼らを見かける. I often see *them* by the river.
- 彼らに話しかけてみたい. I want to talk to *them*.
- これらのかばんは彼らのものだ. These bags are *theirs*.
- 彼ら自身で決めたことだ. They decided it *themselves*.

**かれる**¹〖枯れる〗**die**[ディ]；（しおれる）**wither**[ウィザァ]
- 花は全部枯れてしまった. The flowers all *died*.
- **─枯れた dead**[デッド]
- 枯れ木 a *dead* tree
- 枯れ葉 *dead* leaves

**かれる**²（声が）**go［get］hoarse**[ホース]
- 風邪で声がかれた. I *got hoarse* from my cold.

**カレンダー a calendar**[キャランダァ]

**かろう**〖過労〗**overwork**[オウヴァワーク]
- 彼は過労から病気になった. He got sick from *overwork*.
- 過労死: 彼女は過労死した. She *died from overwork*.

**がろう**〖画廊〗**an art gallery**[アート ギャラリィ]

**かろうじて barely**[ベアリィ], **narrowly**[ナロウリィ]
- ハルはかろうじてバスに間に合った. Haru was *barely* in time for the bus.

**カロリー a calorie**[キャロリィ]（▶cal. と略す）
- ハンバーガーはカロリーが高い. Hamburgers are high in *calories*.
- 高[低]カロリー食 high-[low-]*calorie* food
- カロリー計算 calorie counting
- カロリー制限 calorie control

## かわ¹〖川〗

**a river**[リヴァ]；（流れ）**a stream**[ストゥリーム]
- 吉野川 the Yoshino（River）（▶川の名前にはtheをつける）
- 彼らはボートで川を渡る. They cross the *river* by boat.
- 川に沿って歩いた. I walked along the *river*.
- カヌーで川を下った[上った]. We went down［up］the *river* by canoe.
- 川の向こう岸に家がある. There is a house across the *river*.
- 川に魚釣りに行こう. Let's go fishing in the *river*.
- 川岸 a riverside, a riverbank

## かわ²〖皮, 革〗

| ❶生皮 | （皮膚）（a）**skin**；（果物などの）（a）**skin**；（特にむいた後の）**peel** |
|---|---|
| ❷なめし革 | （a）**leather** |

❶〖生皮〗（皮膚）（a）**skin**[スキン]；（果物などの）（a）**skin**；（特にむいた後の）**peel**[ピール]
- 桃の皮 the *skin* of a peach
- バナナの皮で滑った. I slipped on a banana *peel*.
- **─皮をむく**（主に手で）**peel**；（刃物で）**pare**[ペァ] → **むく**²
- 彼はりんごの皮を器用にむいた. He *pared* the apple skillfully.
- 皮むき器 a peeler / a parer

❷〖なめし革〗（a）**leather**[レザァ]
- このコートは革でできている. This coat is made of *leather*.
- 革靴 leather shoes
- 革ジャン a leather jacket
- 革製品 leather goods

**がわ**〖側〗**a side**[サイド]
- 右[左]側 the right［left］*side*
- 道の両[片]側に on both *sides*［one *side*］of the street
- 公園は川のこちら[向こう]側にある. The park

is on this [the other] *side* of the river.
- 彼は私たちの側についた. He took our *side*.

## かわいい
**cute**[キュート], **pretty**[プリティ], **sweet**[スウィート], **kawaii**→ ここがすごい【口絵】;（美しい）**lovely**[ラヴリィ]
- この犬ほんとにかわいいね.
 This dog is really *cute*, isn't it?
- このシール, かわいい！
 These stickers are *so cute*!
- かわいいワンピースがほしい.
 I want a *pretty* dress.
- 日本発のカワイイファッション
 Japanese *kawaii* fashion

> **くらべてみよう！** cute と pretty
> **cute**: 人, 特に子どもや赤ちゃん, 動物, 小物などの見た目や雰囲気に対して用いる.
> **pretty**: 見た目がきれいなことに対して用いる.

**かわいがる love**[ラヴ]
- 彼は妹をかわいがっている.
 He *loves* his sister.

## かわいそう【かわいそうな】
**poor**[プア]
- かわいそうな動物 a *poor* animal
- そのかわいそうな子猫は凍えていた.
 The *poor* little cat was freezing.
- **→かわいそうに思う feel sorry [pity] (for ...)**
- 彼女がかわいそうに思えた.
 I *felt sorry for* her.

> 話してみよう！
> ☺ 病気でコンサートに行けなかったんだ.
> I was sick and had to miss the concert.
> 😊 まあ, かわいそう！
> What a *pity*!

**かわいらしい cute**[キュート]→ かわいい
**かわかす**【乾かす】**dry**[ドゥライ]→ ほす
- 髪をドライヤーで乾かした.
 I *dried* my hair with a hairdryer.
**かわく**[1]【乾く】**dry**[ドゥライ], **get dry**
- 洗濯物はすぐに乾くだろう.
 The laundry will *get dry* soon.
- **→乾いた dry**
- 乾いた布 a *dry* cloth
**かわく**[2]【渇く】**be thirsty**[サースティ]
- のどが渇いちゃった. I'm *thirsty*.

**かわせ**【為替】**exchange**[イクスチェインヂ]
- （外国）為替市場（**foreign**）**exchange market**
- 為替レート **exchange rate**
**かわった**【変わった】（珍しい）**unusual**[アニュージュアル]; (奇妙な)**strange**[ストゥレインヂ], **odd**[アッド]; (違った) **different**[ディファラント]
- 変わった植物 an *unusual* plant
- 彼って変わっているわよね.
 He is an *odd* person, isn't he?
- 何か変わったことはない？ What's *new*?
**かわら**[1]【河原, 川原】**a riverbank**[リヴァバンク]
**かわら**[2] **a tile**[タイル]
- かわらぶきの屋根
 a *tiled* roof（►このtiledは形容詞）

## かわり[1]【代わり】
（代わりの人[物]）**a substitute**[サブスタトゥート]
- 代わりの先生 a *substitute* teacher
- 私があなたの代わりをしましょう.
 I'll *take your place*.
- **→代わりに instead of ...**[インステッド], **in place of ...**, **in ...'s place**, **for ...**; (お返しに)**in return (for ...)**
- スプーンの代わりにフォークを使う.
 I use a fork *instead of* a spoon.
- 母の代わりに会合に出席するつもりだ.
 *In place of* my mother, I will attend the meeting.
- バターの代わりにオリーブオイルを使った.
 *Instead of* butter, we used olive oil.
- 代わりにやってあげよう. I'll do it *for* you.
- 手伝ってくれた代わりに彼女に本をあげた.
 I gave her a book *in return for* her help.
**かわり**[2]【変わり】(変化)(**a**) **change**[チェインヂ]; (違い)**difference**[ディファランス]
- どっちも変わりないよ.
 It makes no *difference* anyway.

## かわる[1]【変わる】
**change**[チェインヂ], **turn**[ターン]
- 風向きが北に変わった. The wind has *changed* to a northerly wind.
- 彼女はすぐ気が変わる.
 She often *changes* her mind.
- アヤのメールアドレスが変わっている.
 Aya's email address has *changed*.
- **…に変わる**
 **change [turn] to ... / change [turn] into ... / turn +〈形容詞〉**
- 社名がＡＢＣに変わった. The company name has *changed to* ABC.

# かんがえなおす

- その毛虫はちょうに変わった. The caterpillar *changed* [*turned*] *into* a butterfly.
- 木々の葉が黄色に変わった.
The leaves of the trees *turned* yellow.

〈A〉から〈B〉に変わる
change from +〈名詞A〉+ to +〈名詞B〉
- 信号が赤から青に変わった. The traffic signal *changed from* red *to* green.
➡変わりやすい **fickle**[フィックル]
- リオは気が変わりやすい. Rio is *fickle*.

## かわる² [代わる, 替わる]
(…の代わりをする)**take the place of** …[プレイス], **take …'s place**; (席などを)**change**[チェインヂ] ➡ かわり¹
- すみませんが, 席を替わっていただけませんか.
Excuse me, but would you mind *changing* seats with me?
- 私と代わってくれませんか.
Would you please *switch* with me?
- カナと代わります. I'll *put* Kana *on the phone* [*line*]. (▶電話での会話)

**かわるがわる** (交互に)**by turns**[ターンズ], **in turn(s)**; (かわるがわる…する)**take turns** +〈-ing形〉
- 私たちはかわるがわるゲームをした.
We *took turns* playing the video game.

**かん¹** [缶]**a can**[キャン], ⓑ**a tin**[ティン] ➡ かんづめ
- オレンジジュース1缶 a *can* of orange juice
- 空き缶 an empty *can*
- アルミ缶 an aluminum *can*
- スチール缶 a steel *can*
- 缶切り a *can* opener
- 缶ジュース *canned* juice

**かん²** [勘]**intuition**[イントゥイション], (話)**a hunch**[ハンチ]
- 彼女は勘がいい[悪い].
She has good [bad] *intuition*.
- 私の勘が当たった[外れた].
My *hunch* was right [wrong].

**かん³** [管]**a pipe**[パイプ], **a tube**[トューブ]
- 水道[ガス]管 a water [gas] *pipe*

**…かん¹** […間] (時間)**for** …[フォア], **in** …[イン]; (場所)**between** (… **and** ~)[ビトゥウィーン], **among** …[アマング]
- 彼は3日間病気で寝ている.
He has been sick in bed *for* three days.
- 1時間で戻ってきます.
I'll come back *in* an hour.
- ランナーは箱根・東京間を走る. The runners run *between* Hakone *and* Tokyo.

**…かん²** […巻]**a volume**[ヴァリューム] (▶ vol. と略す)
- 全3巻の小説 a novel in 3 *volumes*
- もうすぐこの漫画の5巻が出る. The fifth *volume* of this manga will be out soon.

**…かん³** [感] (感情)**a feeling of** …[フィーリング]; (感覚)**a sense of** …[センス]
- 幸福感 a *feeling* of happiness
- 責任感 a *sense* of responsibility

**がん¹** (病気の) **(a) cancer**[キャンサァ]
- 彼女はがんにかかっている. She has *cancer*.
- 祖父は肺がんで死んだ.
My grandfather died of lung *cancer*.

**がん²** [雁][鳥]**a wild goose**[ワイルド グース]

**かんいっぱつ** [間一髪]
- 間一髪で事故をまぬがれた.
I *narrowly* escaped from the accident.

**かんおけ** [棺おけ] ➡ ひつぎ

**かんか** [感化する]**influence**[インフルアンス]
- 彼女は友達に感化されやすい.
She *is* easily *influenced by* her friends.

**がんか** [眼科]**an eye clinic**[アイ クリニック]

**がんかい** [眼科医]**an eye doctor**[アイ ダクタァ]

## かんがえ [考え]

| | |
|---|---|
| ❶ 思いついたこと | an idea, (a) thought; (思考) thought |
| ❷ 意見 | an opinion, thoughts |
| ❸ 意図, 意志 | an intention |

❶[思いついたこと]**an idea**[アイディア], **(a) thought**[ソート]; (思考)**thought**
- 甘い[ばかげた]考え a naive [silly] *idea*
- それはいい考えだ.
That's a good *idea*.
- 彼は考えにふけっている.
He is deep [lost] in *thought*.

❷[意見]**an opinion**[アピニョン], **thoughts**
- 私の考えでは in my *opinion*
- マイは自分の考えを述べた.
Mai said [expressed] her *opinion*.
- 考えが変わった.
I changed my *mind*.

❸[意図, 意志]**an intention**[インテンション]
- 外国で勉強する考えはありますか.
Do you have any *intention* of studying abroad?

考え方 **one's way of thinking**: 君の考え方はいいね. I like *your way of thinking*.

**かんがえなおす** [考え直す]**think … over**[スィンク]
- 計画を考え直したら?
Why don't you *think* your plan *over*?

# かんがえる【考える】

① 思考する　think; (よく考える) think over, consider
② 意図する　think of [about]..., intend
③ 想像する　imagine; (予期する) expect
④ 見なす　regard ... as ～

①[思考する] think[スィンク]; (よく考える) think over, consider[カンスィダァ]

- 何を考えているの？
  What are you *thinking*?
- 行動する前によく考えなさい．
  *Think* before you act.
- 私はそう考えます．I *think* so.
- 私はそう考えません．I don't *think* so.

…について考える
think of [about] +〈名詞〉

- 私は将来について考えています．
  I'm *thinking of* [*about*] my future.
- その問題についてどう考えますか．
  What do you *think about* the problem?

…だと考える
think (that) ...

- それは私たちみんなの責任だと考えます．
  I *think* it's everyone's responsibility.

②[意図する] think of [about]..., intend[インテンド]

…しようと考えている
be thinking about +〈-ing形〉/ intend to +〈動詞の原形〉

- あした続きをやろうと考えている．I'm *thinking about* do*ing* the rest tomorrow.

③[想像する] imagine[イマヂン]; (予期する) expect[イクスペクト]

- その時の彼の気持ちを考えてみて．
  Just *imagine* how he felt then.
- だれも彼女が優勝するとは考えなかった．
  Nobody *expected* her to win the title.

④[見なす] regard ... as ～[リガード]

- 数学は難しい科目だと考えられている．
  Math is *regarded as* a difficult subject.

**かんかく¹**【間隔】(時間・空間の) an interval[インタァヴァル]; (空間の) (a) space[スペイス]

intervals

space

- 彼らは木を一定の間隔で植えた．
  They planted trees at regular *intervals*.
- 電車は5分間隔で来る．
  Trains come at five-minute *intervals*. / Trains come *every* five minutes.
- 壁と机の間に少し間隔を空けなさい．
  Leave some *space* between the wall and the desk.

**かんかく²**【感覚】(a) sense[センス], feeling[フィーリング]

- 方向感覚 a *sense* of direction
- 寒さで指の感覚がない．
  My fingers are numb from the cold.

━感覚の鋭い sensitive[センスィティヴ]

**かんがっき**【管楽器】a wind instrument[ウィンド インストゥラメント]

**カンガルー**【動物】a kangaroo[キャンガルー]

**かんかん**【かんかんに】

- シンはかんかんに怒っていた．
  Shin got *really mad*. / Shin got *all upset*.
- かんかん照りの暑い日 a *blazing* hot day

**がんがん**

- がんがん音楽をかけた．I played music *loudly*.
- 頭ががんがんする．
  I have a *splitting* headache.

**かんき**【換気】ventilation[ヴェンタレイション]

━換気する ventilate[ヴェンティレイト], air[エァ], let air in

- この部屋はよく換気されている．
  This room is well *ventilated*.
- 少し部屋の換気をしよう．
  I'll *air* this room for a while.

▮換気扇 a ventilator

**かんきゃく**【観客】(劇・コンサートなどの) an audience[オーディエンス] (►ふつう単数扱い); (スポーツなどの) a spectator[スペクテイタァ]

- 大ぜいの[少ない]観客
  a large [small] *audience*

▮観客席 a seat; (スタンド) the stands

# かんきょう【環境】

(an) environment[インヴァイ(ア)ランマント], surroundings[サラウンディングズ]

- 自然環境 natural *environment*
- 生活環境 living *environment*
- 環境を保護しよう．
  Let's protect the *environment*.
- ジュンはよい家庭環境で育った．
  Jun was brought up in a good home *environment*.
- 環境に優しい車 an *eco-*friendly car

▮環境汚染 environmental pollution

かんし¹

- 環境破壊(はかい) environmental disruption
- 環境被害(ひがい) environmental damage
- 環境負荷 environmental load
- 環境保護 environmental protection
- 環境ホルモン environmental hormones
- 環境問題 environmental problems

# かんけい【関係】

(a) relation[リレイション], (a) relationship[リレイションシップ]

- 国際関係 international *relations*
- 日本と中国との関係
 the *relations* between Japan and China
- 「モモとはどういう関係なの？」「いとこだよ」
 "What's your *relationship* to Momo?"
 "She's my cousin."

…との〜の関係がある

have 〜 to do with …（►〜にはsomething, much, littleなど，関係の度合いを表す語が来る）

- 彼はその事件と何らかの関係がある．
 He *has* something *to do with* the case.
- 私はこの問題とは何の関係もない．
 I *have* nothing *to do with* this problem.
- 君には関係ないよ．
 It's none of your business.

━関係している be related (to …)

- その２つの国は互(たが)いに密接に関係している．
 Those two nations *are* closely *related to* each other.
- 音楽関係の仕事 a job *related* to music
- 関係者 the person concerned
- 関係代名詞『文法』a relative pronoun

かんげい【歓迎】a welcome[ウェルカム]

- 私は新しいクラスメートたちから温かい歓迎を受けた．I received a warm *welcome* from my new classmates. / My new classmates gave me a warm *welcome*.

━歓迎する welcome

- 初心者でも歓迎します．
 We *welcome* beginners, too.
- 歓迎会 a welcome party

かんげき【感激する】be moved[ムーヴド], be touched[タッチト]→かんどう

- その映画に大感激した．
 I *was* greatly *moved* by the movie.

かんけつ¹【簡潔な】brief[ブリーフ], concise[カンサイス]

- 彼の言葉は簡潔で的を射ていた．
 His words were *brief* and to the point.

━簡潔に briefly, concisely

かんけつ²【完結する】conclude[カンクルード]

- 一話完結型のドラマ a one-episode drama

かんげんがく【管弦楽】orchestral music[オーケストゥラル ミューズィック]

- 管弦楽団 an orchestra

かんご【看護】nursing[ナースィング]

━看護する nurse；（世話をする）take care of …, care for …

- 看護学校 a nursing school
- 看護大学 a nursing college

がんこ【頑固な】stubborn[スタバァン], obstinate[アブスタナット]

- レイはとても頑固だ．Rei is quite *stubborn*.

━頑固に stubbornly, obstinately

かんこう【観光】sightseeing[サイトスィーイング]；（産業としての）tourism[トゥ(ア)リズム]

- 私たちは長野に観光に行った．
 We went *sightseeing* in Nagano.
- 「滞在(たいざい)の目的は何ですか」「観光です」
 "What's the purpose of your stay?"
 "*Sightseeing*."
- 観光案内所 a tourist information center
- 観光ガイド a tour guide
- 観光客 a tourist
- 観光シーズン tourist season
- 観光地 a sightseeing area
- 観光バス a sightseeing [tourist] bus
- 観光名所, 観光スポット a sightseeing spot
- 観光旅行 a sightseeing tour

かんこく【韓国】South Korea[サウス カリーア]

━韓国(人)の South Korean

- 韓国ツアー a Korean tour
- 韓国ドラマ a Korean TV drama
- 韓国語 Korean
- 韓国人 a South Korean

かんごし【看護師】a nurse[ナース]

- 私は将来看護師になりたい．
 I want to be a *nurse* in the future.

かんさい【関西(地方)】Kansai, the Kansai area [district][エ(ア)リァ[ディストゥリクト]]

かんさつ【観察】(an) observation[アブザァヴェイション], watching[ワッチング]

- 野鳥の観察 bird *watching*
- ありの観察をした．
 I carried out an *observation* of ants.
- 観察２日目に変化が見られた．
 I found a difference on the second day of *observation*.

━観察する observe[アブザーヴ], watch

かんさん【換算する】convert[カンヴァート]

- ドルを円に換算してもらえますか．
 Could you *convert* dollars into yen?

かんし¹【冠詞】『文法』an article[アーティクル]→て

かんし²
いかんし, ふていかんし
**かんし²**【監視する】watch[ワッチ], keep watch on [over] ...[キープ], keep an eye on ...[アイ]

# かんじ¹【感じ】

| ❶ 印象 | an impression;<br>(気持ち) a feeling |
|---|---|
| ❷ 感覚 | feeling;<br>(感触) a touch, a feel |

❶[印象] an impression[インプレッション]; (気持ち) a feeling[フィーリング]
- 彼が何か隠しているような感じがした.
 I got the *impression* that he was hiding something. / I had a *feeling* that he was hiding something.
- 「彼女はどんな感じだったの」「優しい感じの人だったよ」"What was she *like*?" "She *seemed to be* a kind person."
─感じのいい pleasant[プレザント]
- 感じのいい人 a *pleasant* person
─感じの悪い unpleasant

❷[感覚] feeling; (感触) a touch[タッチ], a feel
(►ともに複数形では用いない)
- 絹は触るとすべすべした感じがする.
 Silk is smooth to the *touch*.
- 綿のシャツはさらっとした感じがする.
 Cotton shirts *feel* smooth [light].

**かんじ²**【漢字】kanji; a Chinese character[チャイニーズ キャラクタァ]
‖漢字検定 the Japan Kanji Aptitude Tests
‖漢字検定部 a kanji club
‖漢字テスト a kanji quiz

**がんじつ**【元日】New Year's Day[ヌー イァズ デイ] → 年中行事【口絵】

**...かんして**【…に関して】about ...[アバウト], of ...[アヴ], on ...[アン] → …について❶

# かんしゃ【感謝】

thanks[サンクス]
- 私たちは先生方に感謝の言葉を述べた. We expressed our *thanks to* the teachers.
- 感謝の言葉もありません.
 I don't know how to *thank* you.
─感謝する (人に) thank; (物事に) be thankful [grateful] (for ...) [グレイトゥフル]
- 母のアドバイスに感謝している. I *am thankful* [*grateful*] to my mother *for* her advice.
〈人〉に…を感謝する
thank +〈人〉+ for ...
- 手伝っていただいて本当に感謝しています.
 *Thank* you very much *for* your help.

‖感謝状 a letter of thanks

**かんじゃ**【患者】a patient[ペイシャント]
**かんしゃく** a temper[テンパァ]
─かんしゃくを起こす lose *one*'s temper
- 弟はすぐかんしゃくを起こす.
 My brother *loses his temper* easily.

**かんしゅう¹**【観衆】→ かんきゃく
**かんしゅう²**【慣習】(a) custom[カスタム] → しゅうかん¹

**かんじゅせい**【感受性】sensibility[センシビラティ]; (敏感さ) sensitivity[センシティヴァティ]
─感受性の強い sensitive[センシティヴ]
- 感受性の強いミュージシャン
 a *sensitive* musician

**がんしょ**【願書】an application (form)[アプリケイション (フォーム)]
- 高校の入学願書 an *application* for admission to high school
- あしたまでに願書を送らなきゃ. I have to send in the *application* by tomorrow.

**かんしょう¹**【干渉する】interfere (in ...)[インタアフィア]
- 私のことに干渉しないで.
 Don't *interfere in* my affairs.

**かんしょう²**【鑑賞】appreciation[アプリーシエイション]
- 音楽鑑賞
 *listening to* music / music *appreciation*
─鑑賞する appreciate[アプリーシエイト]; (楽しむ) enjoy
- 芸術を鑑賞する. I *appreciate* art.
- 映画を鑑賞する.
 I *enjoy* seeing [watching] movies.

**かんしょう³**【感傷的な】sentimental[センティメントゥル]

**かんじょう¹**【感情】feelings[フィーリングズ]; (強い) (an) emotion[イモウション]
- 彼はめったに感情を表に出さない.
 He rarely shows his *feelings*.
- 私は友達の感情を傷つけてしまったようだ.
 I'm afraid I have hurt my friend's *feelings*.
- アオイは感情の激しい人だ.
 Aoi is a person of strong *emotions*.
─感情的な emotional
- ユイはすぐ感情的になる.
 Yui gets *emotional* easily.

**かんじょう²**【勘定】(勘定書き) a check[チェック], a bill[ビル]
- お勘定をお願いします. May I have the *check*, please? / *Check*, please.
- 勘定は私が払うよ. I'll pay. / This is on me.
 (► on ...は「…のおごりで」の意)

**━…を勘定に入れる** take ... into account
**がんじょう**【頑丈な】**solid**[サリッド]; (強い) **strong**[ストゥローング], **tough**[タフ]
- 頑丈な机 a *solid* desk

**かんしょく**【間食】**a snack**[スナック]
**━間食する** eat between meals

## かんじる【感じる】
**feel**[フィール]
- 彼は目に鋭(するど)い痛みを感じた.
  He *felt* a sharp pain in his eye.

**…と感じる**
feel +〈形容詞または過去分詞〉
- 私はおなかがへったと感じた.
  I *felt* hungry.

**〈人・物〉が…するのを感じる**
feel +〈人・物〉+〈動詞の原形〉
- 家が揺(ゆ)れるのを感じた.
  I *felt* the house shake.

**〈人・物〉が…しているのを感じる**
feel +〈人・物〉+〈-ing形〉
- だれかが私を見ているのを感じた.
  I *felt* somebody watch*ing* me.

**…だと感じる**
feel (that)...
- 冬が近づいていると感じる.
  I *feel* (*that*) winter is coming.

**かんしん**[1]【関心】**(an) interest**[インタラスト], **concern**[カンサーン]
- タクは外国の文化に大いに関心を示した.
  Taku showed a great *interest* in foreign cultures.

**━関心がある** be interested (in ...), be concerned (with ...)
- 私はボランティア活動に関心がある.
  I'm *interested in* volunteer activities.

**━関心を持つ** take interest (in ...), become interested (in ...)
- 彼は留学に関心を持ち始めた. He *became interested in* studying abroad.

**かんしん**[2]【感心する】**admire**[アドゥマイア], **be impressed**[インプレスト]
- あなたの勇気には感心します.
  I *admire* your courage.
- 私たちは彼のみごとな作品に感心した. We *were impressed* by his excellent work.

**━感心な** admirable[アドゥマラブル]

**かんじん**【肝心な】→ じゅうよう
**かんすう**【関数】**a function**[ファンクション]
- 1次関数 a linear *function*

**…かんする**【…に関する】**about** ...[アバウト], **on** ...[アン]→…ついて❶

- 環境(かんきょう)保護に関する講演 a lecture *on* the environmental protection

## かんせい[1]【完成】
**completion**[カンプリーション]
- その家は完成間近だ.
  The house is near *completion*.

**━完成する** be completed, be finished (▶ be completedのほうが形式ばった語)
- 新しい体育館はまだ完成していない.
  The new gym *is* not *completed* yet.

**━完成させる** complete, finish
- 月曜までに作品を完成させなければならない.
  I have to *finish* the work by Monday.

**かんせい**[2]【歓声】**a cheer**[チァ], **a shout of joy**[シャウト][ヂョイ], **cheering**[チァリング]
- サポーターたちは歓声を上げた.
  The supporters gave a *cheer*.

**かんせい**[3]【管制】**control**[カントゥロウル]
- 航空管制官 an air (traffic) controller

**▮管制塔**(とう) a control tower

**かんぜい**【関税】**customs**[カスタムズ], **duties**[ドゥーティズ], **a tariff**[タリフ]

**かんせつ**[1]【関節】**a joint**[ヂョイント]
- 肩(かた)の関節が外れた. My shoulder was dislocated. / My shoulder went out of *joint*.
- ひざの関節に痛みがある.
  I have a pain in my knee.

**かんせつ**[2]【間接の】**indirect**[インディレクト] (⇔直接の direct)

**━間接的に** indirectly
- そのことは間接的に聞いた.
  I heard about it *indirectly*.

**▮間接目的語** 〖文法〗an indirect object
**▮間接話法** 〖文法〗indirect speech [narration]

**かんせん**[1]【感染する】**be infected (with ...)**[インフェクティド], **catch**[キャッチ]
- ウイルスに感染したらしい.
  I think I *am infected with* the virus.

**▮感染症** an infectious disease

**かんせん**[2]【観戦する】**watch the game**[ワッチ][ゲイム]
- テレビでワールドカップを観戦した.
  I *watched* the World Cup on TV.

## かんぜん【完全な】
**complete**[カンプリート] (⇔不完全な incomplete), **perfect**[パーフィクト] (⇔不完全な imperfect)
- 完全な成功 complete [*perfect*] success
- 世の中に完全な人間などいない.

かんそ

Nobody is *perfect*.

> **くらべてみよう！ complete と perfect**
> **complete**: 必要なものが欠けずに備わっていること
> **perfect**: 必要なものがすべて備わっているだけでなく, 質においても申し分のないこと

━完全に **completely, perfect**
- 私は完全に彼を誤解していた.
 I *completely* misunderstood him.
| 完全試合 a *perfect* game
| 完全犯罪 a *perfect* crime

**かんそ**【簡素な】**simple**[スィンプル], **plain**[プレイン]

## かんそう¹【感想】

（印象）**an impression**[インプレッション]；（意見）**an opinion**[アピニャン]；（論評）**a comment**[カメント]
- マサは小説についての感想を述べた.
 Masa gave his *impression*(s) of the novel.
- その映画についての感想は？ What are your *impressions* of the movie?
- このエッセーについて感想を書いた.
 I wrote my *impressions* of this essay.
| 読書感想文 a book *report*

## かんそう²【乾燥した】

**dry**[ドゥライ], **dried**[ドゥライド]（▶dryの過去分詞）
- きょうは空気が乾燥している.
 The air is *dry* today.
━乾燥する **dry**（**up**）, **become**［**get**］**dry**
- 冬になると私の肌(はだ)はとても乾燥する.
 My skin *gets* very *dry* in winter.
| 乾燥機 a *drier*, a *dryer*
| 乾燥剤(ざい) a *desiccant*, a *drying agent*

**かんぞう**【肝臓】**a liver**[リヴァ]
- 肝臓がん *liver* cancer

**かんそく**【観測】（**an**）**observation**[アブザヴェイション]
- 気象観測
 weather *observation*
- 天体観測
 astronomical *observation*
━観測する **observe**[アブザーヴ]
- 毎晩星を観測する.
 I *observe* the stars every night.
| 観測所 an *observatory*

**かんたい**【寒帯】**the polar regions**[ポウラァ リージョンズ], **the frigid zones**[フリヂッド ゾウンズ]

**かんだい**【寛大な】**generous**[ヂェナラス], **tolerant**[タララント]

- チカは友人に寛大だ.
 Chika is *generous to* her friends.

**かんだかい**【甲高い】**high-pitched**[ハイピッチト], **shrill**[シュリル]
- 甲高い声で叫(さけ)んだ. I cried out in a *high-pitched* voice.

**かんたく**【干拓する】**reclaim**[リクレイム]
| 干拓工事 *reclamation works*
| 干拓地 *reclaimed land*

## かんたん¹【簡単な】

**easy**[イーズィ]（⇔難しい **difficult, hard**）；（単純な）**simple**[スィンプル]（⇔複雑な **complicated**）；（手短な）**brief**[ブリーフ]；（手軽な）**light**[ライト]
- 簡単な宿題 *easy* homework
- 私にとって数学は英語より簡単だ.
 Math is *easier* than English for me.
- 彼に簡単なメモを残した.
 I left a *brief* note for him.
- 簡単な食事を取った. I had a *light* meal.
**…するのは（〈人〉にとって）簡単だ**
It is easy（for +〈人〉+）to +〈動詞の原形〉
- 彼の家を見つけるのは簡単だった.
 *It was easy*（*for* me）*to* find his house. /
 His house was *easy* to find.
━簡単に **easily**; **simply**; **briefly**
- サチはその問題を簡単に解いた.
 Sachi solved the problem *easily*.

**かんたん²**【感嘆する】**admire**[アドゥマイア]
| 感嘆符(ふ)〖文法〗⑱**an exclamation point**[⑱**mark**]（▶記号は"！"）
| 感嘆文〖文法〗**an exclamatory sentence**

**がんたん**【元旦】（**the morning of**）**New Year's Day**[(モーニング)][ヌー イアズ デイ]

**かんだんけい**【寒暖計】**a thermometer**[サーモミタァ]

**かんちがい**【勘違い】**a mistake**[ミステイク], （**a**）**misunderstanding**[ミスアンダスタンディング]
- 私の勘違いでした. It was my *mistake*.
━勘違いする **mistake**
- ケンは私と友達を勘違いした.
 Ken *mistook* me for my friend.

**かんちょう**【干潮】（**a**）**low tide**[ロウ タイド]（⇔満潮（**a**）**high tide**）

**かんづめ**【缶詰】（缶詰食品）⑱**canned food**[キャンド フード], ⑱**tinned food**[ティンド]；（個々の）⑱**a can**[キャン], ⑱**a tin**[ティン]
- 桃(もも)の缶詰 a *can* of peaches
━缶詰の ⑱**canned**, ⑱**tinned**
- 缶詰のトマト *canned* tomatoes

**かんてん¹**【観点】**a point of view**[ポイント ヴュー], **a viewpoint**[ヴューポイント]

がんばる

- 別の観点 a different *point of view*

**かんてん**[2]【寒天】(食べ物)agar[アーガー]

**かんでん**【感電する】get an electric shock[イレクトゥリック シャック]

**かんでんち**【乾電池】a (dry) battery[(ドゥライ) バタリィ]

**かんとう**【関東(地方)】Kanto, the Kanto area [district][エ(ァ)リア[ディストゥリクト]]

# かんどう【感動】
(an) impression[インプレッション], (an) inspiration[インスピレイション]
- その歌は人々に大きな感動を与(ｱﾀ)えた.
The song had a strong *impression* on many people. / The song gave *feelings of happiness* to many people.

━**感動的な** moving, touching; (心に残る)impressive
- 感動的な映画 a *touching* movie

━**感動する** be moved, be touched; (心に残る)be impressed
- その話に深く感動した.
I *was* deeply *moved* by the story. / The story moved me deeply.
- ミクは感動して涙(ﾅﾐﾀﾞ)を流した.
Miku *was moved* to tears.
- 初めて富士山に登って感動した. I climbed Mt. Fuji for the first time and *was moved*.

**かんとうし**【間投詞】〚文法〛an interjection[インタァチェクション]

**かんとく**【監督】(スポーツなどの)a coach[コウチ], a manager[マニヂャァ]; (映画などの)a director [ディレクタァ]; (仕事などの)a supervisor[スーパァヴァイザァ]
- 私たちのチームの監督は厳しい.
The *coach* of our team is strict.
- 宮崎駿(ﾊﾔｵ)監督の映画
a Hayao Miyazaki movie / a movie *directed* by Hayao Miyazaki

━**監督する** direct; supervise

**カントリーミュージック** country music[カントゥリィ ミューズィック]

**かんな** a plane[プレイン]

**カンニング** cheating[チーティング](▶cunning は「ずるい」の意味で「試験での不正」の意味はない)

━**カンニングをする** cheat
- 彼女は数学の試験でカンニングをした.
She *cheated* on the math exam.
- 彼はカンニングをして見つかった.
He was caught *cheating*.
‖カンニングペーパー a cheat sheet

**かんねん**【観念】(感覚)a sense[センス]; (考え)an idea[アイディア]
- 時間の観念
a *sense* of time

**かんぱ**【寒波】〚気象〛a cold wave [snap][コウルド ウェイヴ [スナップ]]

**カンパ**(寄付したお金)a contribution[カントゥラビューション](▶「カンパ」はロシア語から)

━**カンパする** contribute[カントゥリビュート], chip in[チップ]

**かんぱい**[1]【乾杯】a toast[トウスト]
- 乾杯しましょう.
Let's make a *toast*.
- 乾杯！
*Cheers! / Here's to you!*

━**乾杯する** drink (to ...)
- 勝利を祝して乾杯しよう！
Let's *drink* (a toast) *to* our victory!

**かんぱい**[2]【完敗】a complete defeat[カンプリート ディフィート]

━**完敗する** be defeated completely

**カンバス** (a) canvas[キャンヴァス]

**かんばつ**【干ばつ】a drought[ドゥラウト]

# がんばる【頑張る】
(努力する)work hard[ワーク ハード], try hard[トゥライ]; (最善を尽(ﾂ)くす)do one's best[ベスト]; (持ちこたえる)hold out[ホウルド アウト]
- 英語を頑張ろう.
I will *work hard* on English.
- アキは試合に勝つために頑張った.
Aki *tried hard* to win the game.
- 一生懸命(ｹﾝﾒｲ)頑張ります.
I'll *do my best*.
- 最後まで頑張って！
*Hold out* to the end! /
Keep going!
- よく頑張ったね.
*Well done! /
Good job! /
Good for you!*

## かんばん

> **これ、知ってる?**「頑張れ」と英語で言うとき
>
> 日本語の「頑張れ」はさまざまな場面で使われますが, 英語にはこのような万能(ばんのう)の言葉はありません. 特に, 難しいことに立ち向かおうとしている人には, リラックスさせるような言い方をするのがふつうで, 状況(じょうきょう)によって次のような言葉を使い分けます.
>
> ▶スポーツなどの応援(おうえん)で
> - Come on!（さあ, どうしたんだ！）
> - Hang in there!（粘(ねば)れ！）
> - Go! Go!（攻(せ)めろ！）
> - Don't quit now!（あきらめるな！）
> - You can do it!（君ならできる！）
>
> ▶試験などを受ける人に
> - Take it easy!（気楽にやれ！）
> - Good luck!（幸運を祈(いの)る！）
> - Do your best!（ベストを尽くせ！）

**かんばん**【看板】a signboard[サインボード], a sign
**かんぱん**【甲板】a deck[デック]
**かんびょう**【看病する】nurse[ナース];（世話をする）look after ...[ルック], care for ...[ケア]
- 病気の父の看病をしなければならない.
  I have to *look after* my sick father.

**かんぶ**【幹部】（部活の）a leader[リーダァ];（会社などの）an executive[イグゼキュティヴ]

**かんぶん**【漢文】（文学）Chinese classics[チャイニーズ クラスィックス];（中国文）old Chinese writing[オールド チャイニーズ ライティング]

**かんぺき**【完ぺきな】perfect[パーフィクト]→かんぜん
- ユカは完ぺきな成績を収めた.
  Yuka got *perfect* grades.
- ダイキはいつも完ぺき！
  Daiki is always *perfect*!

**かんべん**【勘弁する】forgive[ファギヴ]→ゆるす❷
**かんぽうやく**【漢方薬】Chinese medicine[チャイニーズ メダスィン]
**カンボジア** Cambodia[キャンボウディア]
カンボジア人 a Cambodian
**カンマ**→コンマ
**かんまつ**【巻末】the end [back] of a book[エンド[バック]アヴ ア ブック]
**かんむり**【冠】a crown[クラウン]
**かんゆう**【勧誘】(an) invitation[インヴィテイション]

━勧誘する invite[インヴァイト], recruit[リクルート]
- テニス部に勧誘された.
  I was *invited* to join the tennis team.
- 新入生の勧誘をしよう.
  Let's *recruit* some new students.

**かんらんしゃ**【観覧車】a Ferris wheel[フェリス(ホ)ウィール]
- 友達と横浜の大観覧車に乗りました.
  I rode the giant *Ferris wheel* in Yokohama with my friends.

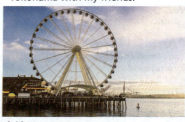

**かんり**【管理する】manage[マニッヂ]
管理人（アパートなどの）a superintendent, a custodian;（管理責任者）a manager

**かんりゅう**【寒流】a cold current[コウルド カラント]（⇔暖流 a warm current）

**かんりょう**【完了する】（物事を）complete[カンプリート], finish[フィニッシュ];（物事が）be completed, be finished
- ダウンロード完了. Download *completed*.
- 準備完了. Everything is ready [set].

**かんれん**【関連】→かんけい

**かんろく**【貫ろく】（存在感）presence[プレズンス];（威厳(いげん)）dignity[ディグニティ]
- 彼のお父さんは貫ろくがある.
  His father has an *air of importance*. / His father looks *dignified*.

**かんわ**【緩和する】relieve[リリーヴ], ease[イーズ], moderate[マダリット]

# き キ

## き¹【木】

| ❶樹木 | a tree |
|---|---|
| ❷木材 | wood;（材木）⑬lumber, ⑭timber |

❶[樹木]**a tree**[トゥリー]
- 高い[低い]木 a tall [short] *tree*
- 桜[松]の木 a cherry [pine] *tree*
- 私はよく木に登る. I often climb *trees*.
- 木を植えよう. Let's plant a *tree*.
- 彼は木を切り倒した.
  He cut down a *tree*.
- ふくろうが木に止まっている.
  An owl is sitting on the *tree*.

枝 branch
小枝 twig
葉（1枚）leaf
葉（複数）leaves
丸太 log
切り株 stump
幹 trunk
根 root

❷[木材]**wood**[ウッド];（材木）⑬**lumber**[ランバァ], ⑭**timber**[ティンバァ]
- このいすは木でできている.
  This chair is made of *wood*.
- ━木の **wooden**[ウドゥン]
- 木の橋 a *wooden* bridge
- 木登り tree climbing

## き²【気】

| ❶気持ち, 気分 | a heart,（a）mind,（an）intention |
|---|---|
| ❷気質, 性質 | a temper,（a）nature |
| ❸意識 | consciousness, mind |

→ きがあう, きがきく, きがする, きがつく, きにいる, きにする, きになる, きをつける

❶[気持ち, 気分]**a heart**[ハート],（a）**mind**[マインド],（an）**intention**[インテンション]
- 彼は気が優しい.
  He has a warm *heart*.
- 私は気が変わった. I've changed my *mind*.
- そのパーティーに行く気はない.
  I've no *intention* of going to the party.
- アキはヒロに気があるらしい.
  Aki seems to be interested in Hiro.
- 気がめいった. I felt depressed.
- 試験が終わって気が抜(ぬ)けた.
  I felt exhausted after the exam.
- 気が向いたら行くよ.
  I'll go when I feel like it.
- いろいろ気をつかってくれてありがとう.
  Thanks for worrying about me.
- 先生の言葉に彼は気を悪くした.
  He was offended by his teacher's words.

❷[気質, 性質]**a temper**[テンパァ],（a）**nature**[ネイチャァ]
- 彼は気が短いが彼の弟は気が長い.
  He has a short *temper*, but his brother is patient.
- サキは気がいい. Saki is good-*natured*.
- ━気の小さい **timid**[ティミッド]
- ━気の強い **bold**[ボウルド]

❸[意識]**consciousness**[カンシャスニス], **mind**
- 彼は気を失った. He lost *consciousness*.
- 君の気のせいだよ.
  It's just your *imagination*.

**ギア**（a）**gear**[ギア]

**きあい**【気合い】**spirit**[スピリット], **heart**[ハート]
- 気合いを入れて練習しよう.
  Let's put some *heart* into our practice.

**きあつ**【気圧】**atmospheric pressure**[アトゥマスフェリック プレッシャァ]
- 高[低]気圧
  high [low] *atmospheric pressure*
- 気圧計 a barometer

**キー a key**[キー]（▶かぎ, パソコンなどのキー, ピアノのけん盤(ばん)など）
- キーポイント（手がかり）a key（point）;（要点）the point
- キーボード a keyboard → コンピュータ図
- キーホルダー（リング状の）a key ring;（ケース状の）a key case;（くさり状の）a key chain（▶「キーホルダー」は和製英語）
- キーワード a key word

**キーパー**（サッカーなどの）**a goalkeeper**[ゴウルキーパァ], 《話》**a goalie**[ゴウリィ]

**きいろ**【黄色(の)】**yellow**[イエロウ]
- 黄色の上着 a *yellow* jacket
- 信号は黄色だ.
  The light is *yellow*.
- 木々の葉が黄色に変わった.
  The leaves have turned *yellow*.
- 黄色っぽい yellowish

## ぎいん【議員】

❶日本の
　(国会の) a member of the Diet, a Diet member
❷米国の
　(下院議員) a Representative;
　(上院議員) a Senator
❸英国の
　(下院議員) a member of Parliament;
　(上院議員) a member of the House of Lords

❶[日本の] (国会の) a member of the Diet[メンバァ][ダイアット], a Diet member
- 衆議院[参議院]議員
  a *member of the House* of Representatives [Councilors]
- 県[市, 区, 町, 村]議会議員
  a *member of* a prefectural [city, ward, town, village] *assembly*

❷[米国の] (下院議員) a Representative[レプリゼンタティヴ]; (上院議員) a Senator[セナァァ]

❸[英国の] (下院議員) a member of Parliament[メンバァ][パーラマント] (▶ MP, M.P. と略す); (上院議員) a member of the House of Lords[ハウス][ローヅ]

**キウイ** 〚鳥〛a kiwi[キーウィ]; 〚植物〛a kiwi (fruit)[(フルート)]

## きえる【消える】

❶火・明かりなどが
　(火が) go out; (消火される) be put out; (明かりが) go out, go off
❷あったものが
　disappear, go away;
　(音などがしだいに) fade away

❶[火・明かりなどが] (火が) go out[ゴウ アウト]; (消火される) be put out[プット]; (明かりが) go out, go off[オーフ]
- 明かりが急に消えた.
  The light *went out* suddenly.
- 火事はじきに消えるだろう.
  The fire will *be* soon *put out*.

❷[あったものが] disappear[ディサピァ] (⇔現れる appear), go away[アウェイ]; (音などがしだいに) fade away[フェイド]
- その少年は人ごみに消えた.
  The boy *disappeared* in the crowd.
- その音はしだいに消えていった.
  The sound *faded away*.

## きおく【記憶】

(a) memory[メマリィ]
- 記憶を失った. I lost my *memory*.

━ **記憶している** remember[リメンバァ]
- 彼の名前をはっきりと記憶していた.
  I *remembered* his name clearly.

　**…した記憶がある**
　remember ＋〈-ing形〉
- 以前彼女に会った記憶がある.
  I *remember* see*ing* her before.

━ **記憶する** (暗記する) memorize
- 英語の新出単語を記憶した.
  I *memorized* new English words.

**記憶喪失**(そう) memory loss; 〚医学〛amnesia
**記憶力** a memory: 彼は記憶力がいい[悪い].
He has a good [bad] *memory*.

**キオスク** a kiosk[キーアスク]

地下鉄駅ホームのキオスク(米国)

**きおん**【気温】temperature[テンパラチャァ] → おんど

**きか**¹【帰化する】become a citizen (of ...)[スィティズン], be naturalized[ナチャラライズド]
- 彼は日本に帰化した.
  He *became a citizen of* Japan.

**きか**²【幾何】(学) geometry[ヂアマトゥリィ]
▎幾何学模様 a geometrical pattern

**きが**【飢餓】famine[ファミン]

**きがあう**【気が合う】get along (well)[ゲット アローング (ウェル)]
- 私たちはとても気が合った.
  We *got along* really *well*.
- マキとは気が合う.
  I *get along* (*well*) with Maki.

## きかい¹【機械】

(個々の) a machine[マシーン], (まとめて) machinery[マシーナリィ]
- この機械はどうやって使うのですか. How do you use [operate] this *machine*?
- この工場には多くの機械がある.
  There is much *machinery* in this factory.

きき

━機械の, 機械的な **mechanical**[ミカニカル]
━機械的に **mechanically**
| 機械科 (学校の) a **mechanics course**
| 機械工学 **mechanical engineering**

## きかい² 【機会】

(偶然の)a **chance**[チャンス], an **opportunity**[アパチュー二ティ], an [the] **occasion**[アケイジョン]
- 彼女と話す機会を得た.
  I got a *chance* to talk to her.
- 彼女と話す機会を逃した.
  I lost the *chance* to talk to her.
- トシはニューヨークを訪れる機会があった.
  Toshi had a *chance* to visit New York.
- 私はフランス語を使う機会がほとんどない.
  I have few *opportunities* to use French.

**きがい**【危害】**harm**[ハーム] → がい

**ぎかい**【議会】an **assembly**[アセンブリィ]; (日本の国会)the **Diet**[ダイアット]; (米国の)**Congress**[カングリス]; (英国の)**Parliament**[パーラメント]
- 県[市, 区, 町, 村]議会 a prefectural [city, ward, town, village] **assembly**

**きかいたいそう**【器械体操】**apparatus gymnastics**[アパラタス ヂムナスティックス]

## きがえ 【着替え】

a **change** (**of clothes**)[チェインヂ][(クロウズ)]
- 私は着替えを2枚持っていた.
  I brought two *changes of clothes*.
  ━着替える **change** (*one's clothes*)
- 彼は体操服に着替えた.
  He *changed* into *his* gym *clothes*.

**きがかり**【気がかり】→ しんぱい

**きがきく**【気がきく】(気配りをする)**considerate**[カンスィダラット], **thoughtful**[ソートフル]
- 彼女は気がきく. She is *considerate*.

**きかく**【企画】a **plan**[プラン]; (大規模な)a **project**[プラヂェクト]; (企画すること)**planning**[プラニング] → けいかく

**きざる**【着飾る】**dress up**[ドゥレス アップ]
- アユはパーティーのために着飾った.
  Ayu *dressed up* for the party.

**きがする**【気がする】**feel**[フィール]; (…と直感する)**have a feeling** …[フィーリング]; (…したい感じだ)**feel like**+⟨-ing形⟩[ライク]
- 彼は来るような気がする.
  I *have a feeling* (that) he will come.
- 泣きたいような気がする.
  I *feel like* crying.

**きかせる**【聞かせる】(話して)**tell**[テル]; (…を〜に読んで)**read** … **to** 〜[リード]; (…を〜に歌って)**sing** … **for** 〜[スィング]
- ハワイ旅行の話を聞かせて.
  *Tell* me about your trip to Hawaii.

## きがつく 【気がつく】

(気づく)**be** [**become**] **aware** (**of** …)[アウェア], **notice**[ノウティス], **find**[ファインド], **realize**[リーアライズ]; (意識を取り戻す)**come to oneself** [**one's senses**][センスィズ]
- 彼は自分の弱さに気がついていた.
  He *was aware of* his weakness.
- 友達が私の新しい髪型に気がついてくれた. My friend *noticed* my new haircut.
- 彼女は部屋を間違えたことに気がついた.
  She *found* herself in the wrong room.
- ユウトはかぎをしめ忘れたことに気がついた.
  Yuto *realized* (that) he forgot to lock the door.
- 妹はやっと気がついた(=意識を取り戻した).
  My sister finally *came to her senses*.

**きがる**【気軽に】(進んで)**readily**[レディリィ], (遠慮なく)**freely**[フリーリィ], (喜んで)**willingly**[ウィリングリィ], **without hesitation**[ウィザウト ヘズィテイション]
- 彼は気軽にみんなを手伝ってくれる.
  He *willingly* helps others.
- どうぞ気軽に質問してください.
  Please *don't hesitate* to ask me any questions.

**きかん¹**【期間】a **period**[ピ(ァ)リアッド]
- 彼女は短期間私たちの家に滞在した.
  She stayed with us for a short *period*.
- テスト期間中は動画を見るのを我慢した.
  I refrained from watching videos *during* the exams.

**きかん²**【機関】(エンジン)an **engine**[エンヂン]; (手段)a **means**[ミーンズ](▶単数・複数扱い), a **medium**[ミーディアム](複 **media**[ミーディア]); (組織)an **organization**[オーガニゼイション]
- 蒸気機関 a steam *engine*
- 交通機関 (a) *means* of transportation
- 報道機関 news *media*
- 国際機関 an international *organization*
| 機関士 an **engineer**
| 機関車 an **engine**, a **locomotive**
| 機関銃 a **machine gun**

**きかん³**【器官】an **organ**[オーガン]
- 消化器官 digestive *organs*

**きかんし**【気管支】a **bronchial tube**[ブラーンキアル トゥーブ]
| 気管支炎 **bronchitis**

**きき**【危機】a **crisis**[クライスィス](複 **crises**[クライス

## ききいれる

- エネルギー危機 an energy *crisis*
- 私たちは危機に直面している.
  We are facing a *crisis*.
- 彼らは危機を乗り切った.
  They overcame the *crisis*.
  —**危機の, 危機的な critical**
- 危機的な状況だ.
  It's a *critical* situation.

危機一髪(いっぱつ)(で) by a hair's breadth:
危機一髪のところで死を免(まぬが)れた. I escaped death *by a hair's breadth*.
危機感 a sense of danger
危機管理 crisis management

**ききいれる**【聞き入れる】→ きく¹ ❸
**ききかえす**【聞き返す】listen to ... again[リスン]
- 私はその録音を何度も聞き返した.
  I listened to the recording many times.
**ききて**【聞き手】(聞く人) a listener[リスナァ]; (聴衆(ちょうしゅう)) an audience[オーディアンス]; (質問者) an interviewer[インタヴューァ]
**ききとり**【聞き取り】listening[リスニング]
- 英語の聞き取りは得意です.
  I am good at *listening* in English.

聞き取りテスト a listening (comprehension) test(▶ a hearing testは「聴力(ちょうりょく)検査」)

**ききとる**【聞き取る】(聞こえる) hear[ヒァ]; (人の言うことを理解する) follow[ファロゥ], catch[キャッチ]
- 私の言うこと[声]を聞き取れますか.
  Can you *hear* me?
- 彼が言ったことを聞き取れましたか.
  Could you *follow* [*catch*] what he said?
**ききのがす**【聞き逃す】fail to hear[フェイル][ヒァ], miss[ミス]
- ポイントを聞き逃した.
  I *missed* the point.
**ききめ**【効き目】(an) effect[イフェクト]
- 私のアドバイスは彼にまったく効き目がなかった.
  My advice had no *effect* on him.
  —**効き目のある effective**
- この薬は頭痛に効き目がある.
  This medicine is *effective* for a headache. / This medicine *works well* for a headache.
**ききゅう**【気球】(a) balloon[バルーン]
- 熱気球に乗りたい.
  I want to ride in a hot-air *balloon*.
**きぎょう**¹【企業】an enterprise[エンタァプライズ], a company[カンパニィ]
- 大企業 a large *enterprise* [*company*]

- 中小企業 (全体) small and medium-sized enterprises [*companies*]
- 民間企業 a private *enterprise*
- 外資系企業 a foreign *firm*
**きぎょう**²【起業する】start a business[スタート][ビズニス]
- 将来, 起業したい.
  I want to *start a business* in the future.
起業家 an entrepreneur
**ぎきょく**【戯曲】a drama[ドゥラーマ]
**ききん**¹【飢きん】(a) famine[ファミン]
**ききん**²【基金】a fund[ファンド]
- 国際通貨基金 the International Monetary *Fund*(▶ IMFと略す)
**ききんぞく**【貴金属】a precious metal[プレシァスメトゥル]

## きく¹【聞く】

| ❶耳で | (聞こえる) hear;<br>(注意して) listen (to ...) |
|---|---|
| ❷尋(たず)ねる | ask |
| ❸聞き入れる | (命令を) obey;<br>(忠告を) follow, take |

❶ [耳で] (聞こえる) hear[ヒァ]; (注意して) listen (to ...)[リスン]
- サイレンの音が聞こえる.
  I can *hear* the siren.
- 君のことはミカからいろいろ聞いているよ.
  I have *heard* a lot about you from Mika.
- 聞いてくれてありがとう.
  Thanks for *listening*.
- 彼女は音楽を聞いている.
  She is *listening to* music.
- お母さんの言うことをよく聞きなさい.
  *Listen* carefully *to* your mother.

…だと(うわさに)聞いている
I hear (that) ...
- 君はサッカーがうまいと聞いているよ. I *hear that* you are a good soccer player.

〈人・物〉が…するのを聞く
hear [listen to]+〈人・物〉+〈動詞の原形〉
- ドアが閉まるのを聞いた.
  I *heard* the door close.

〈人・物〉が…しているのを聞く
hear [listen to]+〈人・物〉+〈-ing形〉
- 父がいびきをかいているのを聞いた.
  I *heard* my father snor*ing*.
- 私たちはメグミが合唱団で歌っているのを聞いた.
  We *listened to* Megumi sing*ing* in the choir.

# きげん¹

**くらべて みよう！ hear と listen**

**hear**は「(意思に関係なく)聞こえる」ことを，**listen**は「聞こうとして耳を傾(カタム)ける」ことを意味します．また，**listen**は進行形にできますが**hear**はふつう進行形にできません．

hear

listen

❷〖尋ねる〗**ask**[アスク]
・彼にメールで聞いた．I *asked* him by email.
〈人〉に…を聞く
ask＋〈人〉＋…
・彼は店員に靴(クツ)の値段を聞いた．He *asked* a [the] salesclerk the price of the shoes.
〈人〉に…について聞く
ask＋〈人〉＋about …
・彼女は私に家族について聞いた．
She *asked* me *about* my family.
・先生に試験結果について聞いた．I *asked* my teacher *about* my exam results.
〈人〉に…かと聞く
ask＋〈人〉，"…?"／
ask＋〈人〉＋if [whether] …
・トオルは私に「その事件を知っている？」と聞いた．Toru *asked* me, "Do you know about the event?" / Toru *asked* me *if* [*whether*] I knew about the event.
〈人〉にいつ〖だれが，どこで，など〗…かと聞く
ask＋〈人〉，"When [Who, Where, etc.] …?"／
ask＋〈人〉＋when [who, where, etc.] …
・私はユカに「いつハワイに行くの？」と聞いた．I *asked* Yuka, "*When* will you go to Hawaii?" / I *asked* Yuka *when* she would go to Hawaii.
❸〖聞き入れる〗(命令を)**obey**[オウベイ]；(忠告を)**follow**[ファロウ]，**take**[テイク]
・彼は先生の助言を聞いた．He *followed* [*took*] his teacher's advice.

## きく²〖効く，利く〗
(効果がある)**be good**(**for** …)[グッド]，**be effective**(**against** …)[イフェクティヴ]；(機能・作用する)**work**[ワーク]
・この薬は頭痛に効きます．This medicine *is good* [*effective*] *for* headaches.
・自転車のブレーキがよく利かなかった．The brakes on my bicycle didn't *work* well.

**きく³**〖菊〗〖植物〗**a chrysanthemum**[クリサンサマム](★つづり・発音注意)，**a mum**[マム](▶略して言う)

**きぐ**〖器具〗(測定用などの)**an instrument**[インストゥラマント]；(調理などの)**a utensil**[ユテンサル]；(電気・ガスなどの)**an appliance**[アプライアンス]

**きくばり**〖気配り〗**care**[ケア]，**consideration**[カンスィダレイション]
━気配りする **be considerate of** …[カンスィダラット]
・ミナはいつも人に気配りしている．
Mina *is* always *considerate of* others.

**ぎくっと**〖ぎくりとする〗**be startled**(**by** …)[スタートゥルド]

**きぐるみ**〖着ぐるみ〗**a**(**mascot**)**costume**[(マスカット) カストゥーム]
・うさぎの着ぐるみ a rabbit *costume*

**きげき**〖喜劇〗(a)**comedy**[カマディ](⇔悲劇 (a) tragedy)
━喜劇の，喜劇的な **comic**, **comical**
┃喜劇俳優 a comedian

# きけん¹〖危険〗
(a)**danger**[デインヂャア](⇔安全 safety)；(自ら冒(オカ)す危険性)(a)**risk**[リスク]
・危険！近寄るな！
《掲示》*DANGER! KEEP OUT!*
・彼は生命の危険にさらされている．
His life is in *danger*.
・患者(カンジャ)は危険な状態を脱(ダッ)した．
The patient is out of *danger*.
・そんな危険を冒すほど愚(オロ)かじゃないよ．I'm not foolish enough to take such a *risk*.
━危険な **dangerous**[デインヂャラス](⇔安全な safe)；**risky**
・危険な場所 a *dangerous* place
〈〈人〉が〉…するのは危険だ
It is dangerous (for＋〈人〉) to＋〈動詞の原形〉
・あの山に登るのは危険だ．
*It is dangerous to* climb that mountain.
┃危険信号 a danger signal, a red light
┃危険人物 a dangerous person

**きけん²**〖棄権する〗(試合などを)**withdraw**(**from** …)[ウィズドゥロー]，(途中(トチュウ)で)**drop out**(**of** …)[ドゥロップ]；(投票を)**abstain from voting**[アブステイン][ヴォウティング]
・マラソンを途中で棄権した．
I *dropped out of* the marathon.

**きげん¹**〖期限〗**a time limit**[タイム リミット]，**a**

## きげん²

**deadline**[デッドゥライン]
- 課題は期限内に提出してください. Turn in your assignment before the *deadline*.
- 期限に遅(ぉく)れた. I missed the *deadline*.
- 期限に間に合った. I met the *deadline*.

**きげん²**【機嫌】(気分) **a mood**[ムード], **humor**[ヒューマァ] → ごきげん
- 母はきょう機嫌がいい[悪い]. My mother is in a good [bad] *mood* today.
- **機嫌よく cheerfully**[チアフリィ]
- **機嫌をとる flatter**[フラッタァ], **humor**

**きげん³**【紀元】→ せいれき
- 紀元前50年に in 50 *B.C.*
- キリスト紀元[西暦(せいれき)]5世紀に in the fifth century *A.D.*

> **ここが ポイント! B.C.とA.D.の読み方**
> 「紀元前」を意味する**B.C.**はBefore Christの略で[ビースィー]と発音します. また,「紀元」を意味する**A.D.**はラテン語Anno Domini(=in the year of our Lord)の略で[エイディー]と発音します. B.C.もA.D.もふつう年号の後に置きます.
> また最近ではA.D.の代わりにCE(=the Common Era 西暦紀元)が, B.C.の代わりにBCE(=Before the Common Era 西暦紀元前)がよく使われます. それぞれ, [スィーイー][ビースィーイー]と発音します.

**きげん⁴**【起源】(an) **origin**[オーリヂン], **beginning**(s)[ビギニング(ズ)]
- 生命の起源 the *origin* of life

**きこう**【気候】(a) **climate**[クライミット](★発音注意)
- 静岡の気候は温暖だ. The *climate* of Shizuoka is mild.
- ここの気候は彼には合わない. The *climate* here doesn't agree with him.
- **気候変動 climate change**

**きごう**【記号】**a sign**[サイン], **a symbol**[スィンバル]; (印) **a mark** → しるし
- 発音記号 a phonetic *sign* [*symbol*]
- 化学記号 a chemical *symbol*
- ト音記号 a G *clef* / a treble *clef*

## きこえる【聞こえる】

| ❶耳に入る | hear |
| ❷ある感じに響(ひび)く | sound |

❶ [耳に入る] **hear**[ヒァ]
- 声[音]が聞こえた. I *heard* a voice [sound].
- 「(電話で)もしもし, 聞こえますか」「いいえ, よく聞こえません」
 "Hello. Can you *hear* me?" "No, I can't *hear* you very well."

**〈人・物〉が…するのが聞こえる**
hear +〈人・物〉+〈動詞の原形〉
- だれかが叫(さけ)ぶのが聞こえた. I *heard* someone shout.

**〈人・物〉が…しているのが聞こえる**
hear +〈人・物〉+〈-ing形〉
- 電話が鳴っているのが聞こえた. I *heard* the phone ring*ing*.

❷ [ある感じに響く] **sound**[サウンド]
- 彼女は電話ではだいじょうぶそうに聞こえた. She *sounded* OK on the phone.

**きこく**【帰国する】(帰って来る) **return from abroad**[リターン][アブロード], **come back**[カム バック]; (帰って行く) **go back**[ゴゥ]
- 父は先週アフリカから帰国した. My father *came back* from Africa last week.
- 帰国子女[生徒] a returnee, a student who has recently returned (to Japan) from overseas

**ぎこちない awkward**[オークワァド], **clumsy**[クラムズィ]

**きこなす**【着こなす】**wear ... perfectly** [**stylishly**][ウェア][パーフィクトゥリィ][スタイリッシュリィ]
- ナオミは着物をうまく着こなしている. Naomi *wears* her kimono *perfectly*.

**きざ**【きざな】(気取った) **affected**[アフェクティド]; (はでな) **showy**[ショゥイ]
- きざな話し方 an *affected* way of talking

**ぎざぎざ**【ぎざぎざした】**jagged**[ヂャギッド]

**きさく**【気さくな】**friendly**[フレンドゥリィ], **open-hearted**[オゥプンハーティド], **frank**[フランク]

**きざし**【兆し】**a sign**[サイン]
- 春の兆し *signs* of spring

**きざむ**【刻む】(細かく) **cut**[カット], **chop** (**up**)[チャップ(アップ)]; (彫(ほ)る) **carve**[カーヴ]; (心に) **engrave**[イングレイヴ]
- 玉ねぎを細かく刻んでください. *Chop* the onions into small pieces.
- ユミは先生の言葉を胸に刻みこんだ. Yumi *engraved* her teacher's words in her heart [memory].

**きし¹**【岸】(川の) **a bank**[バンク]; (海・湖・大河の) **a shore**[ショァ]; (海岸) **a coast**[コウスト]
- その小屋は川の岸にある. The cottage is on the *bank* of the river.

**きし²**【騎士】**a knight**[ナイト](★この**k**は発音しない)

## きじ¹【記事】

(新聞・雑誌の)an article[アーティクル]; (ニュース)news[ヌーズ](★発音注意), a story[ストーリィ]
- 新聞の記事 a newspaper *article*
- ネットの記事 an *article* on the Net

**きじ**[2]【生地】(布地)(a) cloth[クロース], (a) fabric[ファブリック]; (布地の質)(a) material[マティ(ァ)リアル], (a) texture[テクスチャァ]; (パンなどの)dough[ドウ]

**きじ**[3]【鳥】a pheasant[フェザント]

**ぎし**【技師】an engineer[エンヂニァ](★アクセント位置に注意), a technician[テクニシャン]
- 土木技師 a civil *engineer*
- レントゲン技師 an X-ray *technician*

**ぎしき**【儀式】(式典)a ceremony[セラモウニィ]; (宗教上の)a service[サーヴィス]

**きしつ**【気質】(a) disposition[ディスパズィション], (a) temperament[テンパラマント]

**きじつ**【期日】(定められた)a (fixed) date[(フィックスト) デイト]; (しめ切り)a time limit[タイム リミット], a deadline[デッドゥライン] → きげん[1]

**ぎじどう**【議事堂】an assembly hall[アセンブリィ ホール]
- 国会議事堂 (日本の)the Diet Building; (米国の)the Capitol; (英国の)the Houses of Parliament

**きしゃ**[1]【汽車】a train[トゥレイン] → れっしゃ

**きしゃ**[2]【記者】a reporter[リポータァ]; (報道関係者)a journalist[チャーナリスト]
- 新聞記者 a newspaper *reporter* [*journalist*]
| 記者会見 a press [news] conference

**きしゅ**[1]【機種】a model[マドゥル]
- スマホの機種変更(%)をした. I got a new smartphone *model*.

**きしゅ**[2]【騎手】a jockey[ヂャッキィ]

**きしゅくしゃ**【寄宿舎】a dormitory[ドーミトーリィ], ⓤ(話)a dorm[ドーム]

**きじゅつ**【奇術】magic[マヂック] → てじな

**ぎじゅつ**【技術】a technique[テクニーク]; (技能)a skill[スキル]; (科学技術)technology[テクナラヂィ]
- 技術を上達させた. I improved my *skills*.
- 先端(%)技術 high *tech*(*nology*)
—技術の, 技術的な technical[テクニカル]
—技術的に technically
| 技術家庭科 technology and home economics
| 技術者 (技師)an engineer; (専門家)a technician

**きじゅん**【基準】(標準)a standard[スタンダァド]
- その試合に出るために一定の基準を満たす必要がある. You must meet a certain *standard* to qualify for the race.

**きしょう**[1]【起床する】get up[ゲット アップ] → おきる❶
| 起床時刻 wake-up time

**きしょう**[2]【気象】weather (conditions)[ウェザァ (カンディションズ)]
—気象の meteorological[ミーティアララヂカル]
| 気象衛星 a weather satellite
| 気象観測 weather observation(s)
| 気象台 a meteorological observatory
| 気象庁 the Japan Meteorological Agency
| 気象予報士 a weather forecaster

**きしょう**[3]【気性】(a) temper[テンパァ]
- あの選手は気性が激しい. That player has a violent *temper*.

**キス** a kiss[キス]
—キスをする kiss
- 彼女は赤ちゃんのほおにキスをした. She *kissed* her baby on the cheek.

## きず【傷】
(刃物(%)・銃(%)などによる)a wound[ウーンド]; (事故などによる)an injury[インヂャリィ]; (切り傷)a cut[カット]; (かき傷)a scratch[スクラッチ] → けが
- 軽い傷 a slight *wound* [*injury*]
- 彼らは試合で傷だらけになった. They were covered in *scratches* after the game.
| 傷跡(%) a scar

**きすう**【奇数】an odd number[アッド ナンバァ](⇔偶数(%) an even number)

**きずく**【築く】build[ビルド]
- 彼らはダムを築いた. They *built* a dam.

**きずつく**【傷つく】(体が)be [get] wounded[ウーンディド]; (体・気持ちが)be [get] injured[インヂァド], be [get] hurt[ハート]
- 彼はそのうわさにひどく傷ついた. He *was* deeply *hurt* by the gossip.

**きずつける**【傷つける】(体を)wound[ウーンド]; (体・気持ちを)injure[インヂャァ], hurt[ハート]
- 彼女は私の気持ちを傷つけた. She *hurt* my feelings. (▶このhurtは過去形)

**きずな** a bond[バンド]

**きせい**[1]【帰省】homecoming[ホウムカミング]
—帰省する go [return, come] home
- 兄が帰省した. My brother *came* home.
| 帰省ラッシュ the homecoming rush (during the holiday season)

**きせい**[2]【既製の】ready-made[レディメイド]

**ぎせい**【犠牲】(a) sacrifice[サクリファイス]; (代償(%))(a) cost[コースト]; (犠牲者)a victim[ヴィクティム]

## きせかえにんぎょう

- 多くの人々が交通事故の犠牲になった. A lot of people were *victims* of the traffic accident.
  - 犠牲にする sacrifice
- 部活のしすぎで勉強を犠牲にするな. Don't *sacrifice* your studies by spending too much time on club activities.

犠牲バント〖野球〗a sacrifice bunt
犠牲フライ〖野球〗a sacrifice fly

**きせかえにんぎょう**【着せ替え人形】a dress-up doll [ドゥレスアップ ダール]

**きせき**【奇跡】a miracle [ミラクル]
- 奇跡が起きた. A *miracle* happened.
  - 奇跡的な miraculous [ミラキュラス]
  - 奇跡的に by a miracle, miraculously

## きせつ【季節】

a season [スィーズン] →p.170 ミニ絵辞典
- 桜の季節 the cherry blossom *season*
- 私は季節の中で秋がいちばん好きだ. I like fall best of all the *seasons*.

季節風 a seasonal wind

**きぜつ**【気絶する】faint [フェイント]
- リョウは驚(がろ)きのあまり気絶しそうになった. Ryo almost *fainted* with surprise.

**きせる**【着せる】dress up [ドゥレス]
- 子どもたちが人形に服を着せている. The children are *dressing up* the doll.
- おばあちゃんが私に着物を着せてくれた. Grandma *helped* me *put on* a kimono.

**きせん**【汽船】a steamship [スティームシップ]

**ぎぜん**【偽善】hypocrisy [ヒパクラスィ], two-faced [トゥーフェイスト]

偽善者 a hypocrite, pretender

## きそ【基礎】

(基本の考え方) (the) basics [ベイスィックス]; (よ り所) a basis [ベイスィス] (複 bases [ベイスィーズ]) →きほん; (建物などの土台) a foundation [ファウンデイション], a base [ベイス]
- 建物の基礎 the *foundations* [*base*] of a building
- 英語を基礎から勉強し直そう. I will study English again from *the beginning*.
  - 基礎の, 基礎的な fundamental [ファンダメントル]; basic

基礎知識 a basic knowledge

**きそう**【競う】compete [コンピート] →きょうそう¹

## ミニ絵辞典 季節と月 Seasons and Months

11月 November
12月 December
10月 October
1月 January
9月 September
2月 February
8月 August
3月 March
7月 July
4月 April
6月 June
5月 May

秋 fall
冬 winter
夏 summer
春 spring

# きそく【規則】

a rule[ルール]；（法的な）a regulation[レギュレイション]
- サッカーの規則 the *rules* of soccer
- 規則を破るな. Don't break the *rules*.
- 規則を守ろう. Let's follow the *rules*.
- それは交通規則違反(はん)です. That's against (the) traffic *regulations*.

—**規則的な, 規則正しい regular**[レギュラァ]（⇔不規則な irregular）
- 規則正しい生活を送りたい. I want to keep *regular* hours.

—**規則的に regularly**

⦅慣用表現⦆

例外のない規則はない.（←すべての規則に例外がある）
**There is no rule without an exception. / Every rule has an exception.**

▮規則動詞〖文法〗a regular verb

# きぞく【貴族】an aristocrat[アリスタクラット]

# きた【北】

(**the**) **north**[ノース]（⇔南 (the) south）（►Nまたは N. と略す）
- 北はどっちの方角ですか. Which direction is *north*?
- 埼玉(さい)は東京の北にある. Saitama is to *the north* of Tokyo.（►to the north of ...は「…の北方に」の意）
- 札幌は日本の北にある. Sapporo is in *the north* [*northern* part] of Japan.（►in the north of ...は「…の中の北部に」の意）
- 私の家はその駅の2キロ北にある. My house is two kilometers *north* of the station.

—**北の north, northern**[ノーザン]（⇔南の south, southern）
- 北の空 the *northern* sky

—**北へ[に] to the north, northward**
- 台風は北に向かっている. The typhoon is moving *to the north*.

北アメリカ North America
北アルプス the Northern Alps
北風 a north wind
北口 the north exit
北国（北部地域）a northern district
北半球 the Northern Hemisphere→ちきゅう 図

# ギター a guitar[ギター]（★アクセント位置に注意）
- エレキギター an electric *guitar*
- 私はギターを弾(ひ)きます. I play the *guitar*.

# きたい¹【期待】

(**an**) **expectation**[エクスペクテイション]
- 両親の期待に応えるよう努力する. I try to meet my parents' *expectations*.
- 私たちの期待に反してチームは試合に負けてしまった. The team lost the match contrary to our *expectations*.

—**期待する expect**[イクスペクト]
〈人〉に[から]〈事〉を期待する
expect +〈事〉+ of [from]+〈人〉
- 私にあまり期待しすぎないでほしい. Don't *expect* too much *of* me.
- 友達の助けを期待した. I *expected* help *from* my friend.

〈人〉が…することを期待する
expect +〈人〉+ to +〈動詞の原形〉
- 私たちは彼らが優勝することを期待した. We *expected* them *to* win the championship.
- 私たちはリンが俳優として成功することを期待している. We *expect* that Rin will succeed as an actor.

# きたい²【気体】(a) gas[ギャス]

# ぎだい【議題】a subject [topic] for discussion[サブヂクト][タピック][ディスカッション]

# きたえる【鍛える】(訓練する)train[トゥレイン]；(体・筋肉などを)strengthen[ストゥレンクスン]
- コーチは選手たちを試合に備えて鍛えた. The coach *trained* the players for the game.

# きたく【帰宅する】(家に着く)get home[ゲット ホウム], return home[リターン]；(帰って来る)come home[カム], (帰って行く)go home[ゴゥ]
- 姉はたいてい9時ごろ帰宅する. My sister usually *gets* [*comes*] *home* about nine.
- もう帰宅時間だ. It's time to *go home*.
- 帰宅の途中(ちゅう)でミキに会った. I met Miki on my way home.

# きたちょうせん【北朝鮮】North Korea[ノース カリーァ]

—**北朝鮮(人)の North Korean**

# きだて【気立て】
- クミはとても気立てがいい. Kumi is very *good-natured*.

# きたない【汚い】

| ❶不潔な | dirty, unclean |
| ❷散らかった | messy |
| ❸卑怯(ひきょう)な | ⦅話⦆dirty, mean |
| ❹欲が深い | stingy |

# ギタリスト

❶[不潔な]**dirty**[ダーティ], **unclean**[アンクリーン](⇔きれいな clean)
- 汚い手で食べないで.
  Don't eat when your hands are *dirty*.

❷[散らかった]**messy**[メスィ]
- 汚い部屋をかたづけなくてはいけない.
  I have to clean my *messy* room.

❸[卑怯な]((話))**dirty**, **mean**[ミーン]
- 彼は私に汚い手を使った.
  He played a *mean* trick on me.

❹[欲が深い]**stingy**[スティンヂィ]
- 彼女は金に汚い. She is *stingy* with money.

**ギタリスト** a guitarist[ギターリスト]

**きたる**[来る]**next**[ネクスト], **coming**[カミング]
- 歓迎会は来る日曜日に催される.
  The welcome party will be held *next* Sunday. / The welcome party will be held this *coming* Sunday.

**きち**[1][基地]**a base**[ベイス]
- 空軍基地 an air *base*
- 海軍基地 a naval *base*

**きち**[2][機知]**wit**[ウィット]
━機知に富んだ **witty**
- 機知に富んだ言葉 a *witty* remark

**きち**[3][吉](占いで)**good luck**[グッド ラック], **good fortune**[フォーチュン]
- おみくじで吉を引いた.
  I drew an *omikuji* that said *good luck*.
- 大吉 excellent *luck*

**きちょう**[貴重な]**precious**[プレシャス];(金銭的な価値のある)**valuable**[ヴァリュ(ァ)ブル]
- 貴重な時間 a *precious* time
- 貴重な経験 a *valuable* experience
‖貴重品 valuables

**ぎちょう**[議長]**a chairperson**[チェア パースン], **the chair**
- 議長に選ばれた.
  I was elected *chair* [*chairperson*]. (▶1人しかいない役職にはa [an]やtheをつけない)

**きちょうめん**[きちょうめんな](きちんとした)**methodical**[メサディカル];(時間に)**punctual**[パンクチュアル];(正確な)**precise**[プリサイス]
- きちょうめんな人 a *methodical* person

# きちんと

❶整って **neatly**;(整とんされた)**neat, tidy**
❷規則的に **properly**;(時間どおりに)**punctually**

❶[整って]**neatly**[ニートゥリィ];(整とんされた)**neat**[ニート], **tidy**[タイディ]

- 彼はいつもきちんとした格好をしている.
  He is always dressed *neatly*.
- 彼女の部屋はきちんと片付いていた.
  Her room was *neat and tidy*.

❷[規則的に]**properly**[プラパァリィ];(時間どおりに)**punctually**[パンクチュアリィ]
- その時計はきちんと動いている.
  The clock works *properly*.
- 時間をきちんと守って来てね.
  Come *punctually* [*on time*], please.

# きつい

❶厳しい **hard**;(性格などが)**harsh**;(言葉が)**sharp**
❷窮屈な **tight**

hard　　　　tight

❶[厳しい]**hard**[ハード];(性格などが)**harsh**[ハーシュ];(言葉が)**sharp**[シャープ]
- 私たちのサッカーの練習はきつい.
  Our soccer practices are *hard*.
- 彼女はみんなにきつい態度をとる.
  She is *harsh* to everyone. / She is *strict* with everyone.
- きつい言葉 *harsh* [*sharp*] words

❷[窮屈な]**tight**[タイト](⇔緩い loose)
- この靴は私にはきつすぎる.
  These shoes are too *tight* for me.

**きつえん**[喫煙]**smoking**[スモウキング]
━喫煙する **smoke**
‖喫煙室[席] a smoking room [section]

**きづかう**[気遣う]**be worried**(about ...)[ワーリィド(アバウト)], **be concerned**(about ...)[カンサーンド]
- 彼の両親は彼の安否をとても気遣っている.
  His parents *are* very *worried* [*anxious*] *about* his safety.

**きっかけ**(機会)**a chance**[チャンス];(手がかり)**a clue**[クルー]
- 彼に話しかけるきっかけがつかめない.
  I can't get a *chance* to talk to him.

**きっかり exactly**[イグザクトゥリィ], **sharp**[シャープ], **just**[ヂャスト]
- 11時きっかりに *exactly* at eleven o'clock / eleven o'clock *sharp*
- バスは時間きっかりに来た.

# きどう¹

The bus came *just on time*.

**きつく** tightly[タイトゥリィ]; (厳しく)strictly[ストゥリクトゥリィ]
- **ーきつくする[なる]** tighten
- ねじをきつく締(<sup>し</sup>)めた.
  I *tightened* the screw.

**キック** a kick[キック]
- コーナーキック『サッカー』a corner (*kick*)
- **ーキックする** kick
  キックオフ 『サッカー・フットボール・ラグビー』**the kickoff**
  キックボード **a scooter**
  キックボクシング **kickboxing**

**きづく**【気づく】become[be] aware (of ...)[アウェア]; (目に留まる)notice[ノウティス]→きがつく
- **ー気づかれずに** secretly[スィークリットゥリィ]

**きっさてん**【喫茶店】a tearoom[ティールーム], Ⓐa coffee shop[コーフィ シャップ]

**ぎっしり** tightly[タイトゥリィ]
- そのかばんには本がぎっしり詰(<sup>つ</sup>)まっていた.
  The bag was *tightly* packed with books.
- スケジュールがぎっしり詰まっている.
  I have a *tight* schedule. (▶このtightは「ぎっしり詰まった」の意味の形容詞)

**きっすい**【生粋の】native[ネイティヴ]
- 生粋のニューヨークっ子
  a *native* New Yorker

**きっちり** (透(<sup>す</sup>)き間などがなく)tightly[タイトゥリィ]; (時刻・数量などが)exactly[イグザクトゥリィ]; (適切に)properly[プラパァリィ]
- びんにきっちりふたをして.
  Cap the bottle *tightly*.

**キッチン** a kitchen[キッチン]
- ダイニングキッチン a *kitchen* with a dining area / a *kitchen*-dining room (▶「ダイニングキッチン」は和製英語)

**きつつき**〖鳥〗a woodpecker[ウッドゥペッカァ]

**きって**【切手】a (postage) stamp[(ポウスティッヂ) スタンプ]
- 記念切手 a commemorative *stamp*
- はがきに切手をはった.
  I put a *stamp* on the postcard.
- 10円切手を10枚いただきたいんですが. I'd like to have ten 10-yen *stamps*, please.
  **切手収集** stamp collecting: 私の趣味(<sup>しゅみ</sup>)は切手収集だ. My hobby is *stamp collecting*. (= My hobby is *collecting stamps*.)

# きっと

surely[シュアリィ], certainly[サートゥンリィ]
- ケンはきっと試験に受かるだろう.
  Ken will *surely* pass the examination.
- **きっと…する**
  be sure [certain] to +〈動詞の原形〉
- 彼女はきっと元気になるよ.
  She *is sure to* recover.
- きっとメールして.
  *Be sure to* text me.
- **きっと…である**
  be sure [certain] (that)...
- うちのチームはきっと勝つ.
  I *am sure that* our team will win.

**きつね**〖動物〗a fox[ファックス]
**きつね色** light brown

**きっぱり** (はっきりと)flatly[フラットゥリィ], clearly[クリアリィ]; (完全に)completely[カンプリートゥリィ]
- きっぱり断った. I refused *flatly*.
- 父はきっぱりとたばこをやめた.
  My father stopped smoking *completely*.

**きっぷ**【切符】

a ticket[ティキット]
- 列車[バス]の切符 a train [bus] *ticket*
- コンサートの切符 a *ticket* for a concert
- 片道切符
  Ⓐa one-way *ticket* / Ⓑa single *ticket*
- 往復切符
  Ⓐa round-trip *ticket* / Ⓑa return *ticket*
- 大阪までの切符を2枚ください.
  Two *tickets* to Osaka, please.
**切符売り場** (駅の)a ticket office; (カウンター)a ticket counter; (劇場の)a box office
**切符(自動)販売機** a ticket machine

駅の切符自動販売機(英国)

**きてき**【汽笛】a whistle[(ホ)ウィッスル]
- 汽笛が鳴った. The *whistle* blew.

**きてん**【機転】wit[ウィット]
- レンは機転が利(<sup>き</sup>)く.
  Ren is quick-*witted* [*sharp*].

**きどう¹**【軌道】(天体・人工衛星などの)(an) orbit[オービット]
- 人工衛星は軌道に乗った.

きどう²

The satellite went into *orbit*.

**きどう²**【起動させる】〖コンピュータ〗**boot up**[ブート アップ], **start up**[スタート]
- コンピュータを起動させた．
  I *booted up* my computer.

**きとく**【危篤の】**critical**[クリティカル], **dangerous**[デインヂャラス]
- 彼は危篤だ．He is in a *critical* [*dangerous*] condition.

**きどく**【既読】(**already**) **read**[(オールレディ) レッド](▶read(読む)の過去分詞)
  **━既読がつく be marked as read**[マークト アズ レッド]
- そのメッセージには既読がついている．
  The message *is marked as* (already) *read*.
  **━既読スルーをする leave someone on read**[リーヴ サムワン アン レッド]

**きどる**【気取る】**put on airs**[エアズ]
- ケイはいつも気取っている．
  Kei always *puts on airs*.
  **━気取った affected**[アフェクティド]
- 気取った歩き方
  an *affected* way of walking
  **━気取って affectedly, in an affected manner**

**きない**【機内】
- このバッグを機内に持ちこめますか．
  Can I take this bag *on the plane*?
  | 機内サービス in-flight service
  | 機内食 an in-flight meal
  | 機内持ちこみ手荷物 carry-on baggage

**きなこ**【黄な粉】**soybean flour**[ソイビーン フラウァ]

## きにいる【気に入る】

**like**[ライク], **be pleased** (**with ...**)[プリーズド]
- 「新しい自転車はどうですか」「とても気に入っています」
  "How do you like your new bicycle?" "I *like* it very much."
- 私はクリスマスプレゼントが気に入った．
  I *was pleased with* my Christmas present(s).
  **━気に入った favorite**[フェイヴァリット]➡おきにいり

**きにする**【気にする】**worry** (**about ..., over ...**)[ワーリィ], **care**[ケア], **mind**[マインド]
- カホはいつもテストの点数を気にしている．
  Kaho always *worries about* her test scores.
- 私は彼らが言うことなんか気にしない．
  I don't *care* what they say.
- 気にするな．

Never *mind*. (▶mindはふつう否定文・疑問文で用いる)

**きになる**【気になる】(不安で)**be anxious about ...**[アンクシャス アバウト]; (…したい気がする)**feel like+〈-ing形〉**[フィール ライク]➡きぶん
- エミは自分の将来が気になっている．
  Emi *is anxious about* her future.
- 雨の日は出かける気になれない．
  I don't *feel like* going out on rainy days.
- ジュンのことが気になる？
  *Are* you *interested in* Jun?

**きにゅう**【記入する】(空欄などに)**fill in**[フィル イン], (書類・用紙などに)**fill out**[アウト]
- この用紙に記入してください．
  *Fill out* this form, please.

**きぬ**【絹】**silk**[スィルク]
  **━絹の silk**
- 絹のスカーフ a *silk* scarf
  **━絹のような silky**
  | 絹糸 silk thread

**ギネスブック the Guinness Book of World Records**[ギニス ブック][ワールド レカァズ]

## きねん【記念】

**commemoration**[カメメレイション]; (思い出)**a memory**[メマリィ]
- 私たちは卒業記念に校庭に桜の木を植えた．
  We planted cherry trees in the school-yard in *memory* of our graduation.
  **━記念する commemorate**[カメメレイト]
  **━記念の memorial**[マモーリアル]
  | 記念館 a memorial hall
  | 記念切手 a commemorative stamp
  | 記念写真 a souvenir photograph
  | 記念樹 a tree planted in commemoration of an event
  | 記念碑 a monument
  | 記念日 an anniversary; (追悼の)a memorial day
  | 記念品 a souvenir

## きのう¹【昨日】

**yesterday**[イェスタディ]
- きのうの朝[午後, 夕方]
  *yesterday* morning [afternoon, evening]
- きのうの夜
  *last* night
- きのうの今ごろ
  at this time *yesterday*
- きのう父と釣りに行った．
  I went fishing with my father *yesterday*.

きぶん

- きのうは水曜日だった．
  *Yesterday* was Wednesday.
- きのうの気温は何度だったかな．
  What was *yesterday*'s temperature?

**きのう²**【機能】**a function**[ファンクション]
- 脳の機能 the *function*(s) of the brain
─**機能的な** functional

**きのこ** a mushroom[マッシュルーム]
- 毒きのこ a poison *mushroom*
┃きのこ雲 a mushroom cloud

**きのどく**【気の毒な】**pitiful**[ピティフル], **sorry**[サリィ]
─**気の毒に思う** be [feel] sorry
- 私はその難民たちを気の毒に思う．
  I *feel sorry for* the refugees. (▶sorry for +〈人〉)
- 「私はひどい風邪を引いています」「それはお気の毒です」
  "I have a bad cold." "I'*m sorry* to hear that."

**きば**（象やいのししなどの）**a tusk**[タスク]；（おおかみや毒蛇などの）**a fang**[ファング]

**きばせん**【騎馬戦をする】**play cavalry battles**[プレィ][キャヴァルリィ バトゥルズ]

**きばつ**【奇抜な】（珍しい）**unusual**[アニュージュアル]；（風変わりな）**eccentric**[イクセントゥリック]

**きばらし**【気晴らし】（気分転換）**a change**[チェインヂ]；（娯楽）**a pastime**[パスタイム]
- 気晴らしに音楽を聞こう．
  Let's listen to music for *a change*.

**きびきび**【きびきびと】**quickly**[クウィックリィ], **snappy**[スナッピィ]
- 母はいつもきびきびと働いている．
  My mother is a *fast* worker.

# きびしい【厳しい】
（厳格な）**strict**[ストゥリクト]；（手加減しない）**severe**[スィヴィア]；（きつい）**hard**[ハード]
- 厳しい規則
  a *strict* rule
- 厳しい罰
  a *severe* punishment
- 厳しい訓練
  *severe* [*hard*] training
- 彼女は子どもに厳しい．
  She is *strict* with her child.
- この地方は冬の寒さが厳しい．
  The winter in this area is *severe*.
─**厳しく** strictly; severely
- 私はコーチに厳しくしかられた．
  I was *severely* scolded by my coach.

**くらべてみよう！ strict と severe**
**strict**: 規則を守るべきときやしつけなどの厳しさ
**severe**: いい加減にしたり妥協したりすることを許さない厳しさ，また天候の厳しさ

strict

severe [hard]

**きひん**【気品のある】**graceful**[グレイスフル], **elegant**[エリガント]

**きびん**【機敏な】**quick**[クウィック]
- ケンは動作が機敏だ．
  Ken moves *quickly*.
─**機敏に** quickly

**きふ**【寄付】**(a) donation**[ドウネイション], **contribution**[カントゥリビューション]
─**寄付する** donate[ドウネイト], contribute[カントゥリビュート]
- 私はその災害の被災者にお金をいくらか寄付した．
  I *donated* some money to the disaster victims.
┃寄付金 a donation, a contribution

**ぎふ**【義父】（夫または妻の父）**a father-in-law**[ファーザァインロー]（複 fathers-in-law）；（まま父）**a stepfather**[ステップファーザァ]

**ギブアップ**【ギブアップする】**give up**[ギヴアップ]

**ギプス** a（plaster）**cast**[(プラスタァ) キャスト]（▶「ギプス」はドイツ語から）
- 彼女は腕にギプスをしていた．
  Her arm was in a *cast*.

**ギフト** a gift[ギフト]
┃ギフト券 a gift certificate
┃ギフトショップ a gift shop

# きぶん【気分】
（一時的な）**a mood**[ムード]；（感情）**(a) feeling**[フィーリング]
- 楽しい気分で in a pleasant *mood*
- 私はまじめな話をする気分ではなかった．
  I was not in the *mood* for a serious talk.
- 彼女が私の気分を害した．
  She hurt my *feelings*.
- 気分がいい．
  （気持ちが）I *feel good*. /（体調が）I *feel well*.
- 気分が悪い．（気持ちが）I *feel bad*. /（体調が）I

## きぼ

- *feel* sick [ill].
- 気分はどうですか. How do you *feel*?
- ━…したい気分だ feel like+⟨-ing形⟩
- 私は泣きたい気分だった. I *felt like* crying.
- 気分転換(殺) a change: 気分転換に泳ぎに行こう. Let's go swimming for a *change*.
- 気分屋 a moody person

**きぼ**【規模】a scale[スケイル]
- 大[小]規模に on a large [small] *scale*

**ぎぼ**【義母】(夫または妻の母) a mother-in-law[マザァインロー](複 mothers-in-law);(まま母) a stepmother[ステップマザァ]

## きぼう【希望】

(望み)(a) hope[ホウプ];(願い)(a) wish[ウィッシュ](▶hopeは実現の可能性が高い場合、wishは低い場合に用いる)
- 希望を捨てるな. Don't give up *hope*.
- 彼は希望にあふれている. He is full of *hope*.
- 希望がかなった. My *wish* came true.
- 彼女の希望はいつか大統領になることだ. She *hopes* to be President one day.
- マキは希望どおり医師になった. Maki became a doctor just as she always *dreamed of*.
- ━希望する hope; wish
- 世界中のすべての人々が平和を希望している. All the people in the world *wish* for peace.

**…することを希望する**
hope [wish] to +⟨動詞の原形⟩/
hope (that) ...
- またお会いできるよう希望します. I *hope to* see you again.
- あなたが試験に合格することを希望します. I *hope* (*that*) you will pass the examination.

## きほん【基本】

(the) basics[ベイスィックス], fundamentals[ファンダメントゥルズ], a basis[ベイスィス](複 bases[ベイスィーズ])
- まず英語の基本を学びなさい. First learn *the basics* of English.
- ━基本的な basic, fundamental
- 基本的なミスをした. I made a *basic* mistake.
- ━基本的に basically, fundamentally
- ジュンの意見は基本的に正しいと思う. I think Jun's opinion is *basically* right.
- 基本的人権 (the) fundamental human rights

**きまえ**【気前のいい】generous[ヂェナラス]
- おばあちゃんはお金に気前がいい. Grandma is *generous* with her money.

**きまぐれ**【気まぐれな】(天気などが)changeable[チェインヂャブル];(性格が)capricious[カプリシャス]
- ━気まぐれに on a whim[(ホ)ウィム]

**きまじめ**【生まじめな】serious[スィ(ア)リアス]
- 生まじめな人 a *serious* person

**きまずい**【気まずい】(ばつの悪い)awkward[オークワァド]
- 気まずい沈黙(殺) an *awkward* silence

**きまつ**【期末】the end of a term[エンド][ターム]
期末試験 a term exam(ination);(学年末の) a final exam(ination), 米 an end-of-term exam

**きまま**【気ままな】(自分勝手な)selfish[セルフィッシュ];(気楽な)carefree[ケアフリィ]
- ━気ままに as one like
- ミドリはいつも気ままにふるまっている. Midori always behaves *as she likes*.

**きまり¹**【決まり】a rule[ルール]➡きそく
- それは私たちの学校の決まりに反する. It is against the *rules* of our school.
- よし、それで決まりだね. OK. That *settles* it.
- 決まり文句 a set phrase

**きまり²**【決まりが悪い】be embarrassed[インバラスト]
- 彼に靴下(殺)の穴を見られて決まりが悪かった. I *was* so *embarrassed* when he saw the hole in my sock.

## きまる【決まる】

| ❶決定される | be decided, be fixed |
| ❷さまになる | neat, cool |

❶[決定される]be decided[ディサイディド], be fixed[フィクスト]
- PK戦で試合が決まった. The game *was decided* by a penalty shoot-out.
- 出発の日取りが決まった. The date of the [our] departure *has been fixed*.
- ━決まっている (確実である) be sure[シュァ], be certain[サートゥン]
- マキがその試合に勝つに決まっている. Maki *is sure* to win the game. / I'm *certain* (that) Maki will win the game.

❷[さまになる]neat[ニート], cool[クール]
- きまってる！ That's *neat*! / How *cool*!

**きみ¹**【君】you[ユー](複 you)➡あなた❶
- おい君、そこへ入っちゃ駄目(%)だ.

Hey *you*! *You* can't go in there.
- 君の名前は何て言うの？ What's *your* name?
- 君たち，何やってんの？ What are *you* guys doing?(►2人以上への呼びかけでは女性を含(ふく)んでいてもguysと言うことができる)

**きみ**[2]【黄身】(a) **yolk**[ヨゥク](⇔白身 the white (of an egg))→しろみ図

**…ぎみ**【…気味】**kind of …**[カインド], **a little …**[リトゥル], **a slight …**[スライト]
- 彼は太り気味だ．
  He is *kind of* overweight. / He is *a little* overweight.
- 私は風邪(ぜ)気味だった．I had *a slight* cold.

**きみがわるい**【気味が悪い】**weird**[ウィァド], **creepy**[クリーピィ]
- 夜の墓場は気味が悪い．
  The graveyard feels *creepy* at night.

**きみどり**【黄緑(の)】**yellowish green**[イェロウィッシュ グリーン]

**きみょう**【奇妙な】**strange**[ストゥレインヂ], **odd**[アッド]
- 奇妙な風習 *strange* [*odd*] customs
**━奇妙なことに strangely（enough）**[(イナフ)]

**ぎむ**【義務】(a) **duty**[ドゥーティ], (an) **obligation**[アブリゲイション]
- 君はキャプテンとしての義務を果たさなくては．You must do your *duty* as captain.

| **義務教育 compulsory education→学校生活【口絵】** |

**きむずかしい**【気難しい】(扱(あつ)いにくい)**hard to get along with**[ハード][ゲット アロウング]; (喜ばせるのが難しい)**difficult [hard] to please**[ディフィカルト][プリーズ]
- 彼は気難しい．
  He is *hard to get along with*.

**キムチ kimchi**[キムチ]

**ぎめい**【偽名】**a false name**[フォールス ネイム]
- 偽名で under *a false name*

## きめる【決める】

| ❶決定する | decide |
| ❷決心する | decide, make up *one*'s mind |
| ❸選ぶ | choose |
| ❹成功させる | (下記❹参照) |

❶[決定する]**decide**[ディサイド]
- 私たちはまだ時間を決めていない．We haven't *decided* [*fixed*] the time yet.

**…することに決める**
decide to +〈動詞の原形〉/ decide that …
- 委員会はその計画を実行に移すことに決めた．
The committee *decided to* put the plan into action.
- 私たちは旅行を延期することに決めた．
  We *decided that* we would postpone the trip.
- 私は夜ふかしをしないことに決めている．
  I *make it a rule* not to stay up late at night.(◀決まりにしている)

❷[決心する]**decide**, **make up *one*'s mind**[メイク アップ][マインド]
- 彼は大学へ行くことに決めた．
  He *made up his mind* to go to college.

❸[選ぶ]**choose**[チューズ]
- どっちに決めた？
  Which one did you *choose*?

❹[成功させる]
- レンはサッカーの試合でゴールを決めた．
  Ren *scored* a goal in the soccer game.
- バスケットボールの試合でシュートを決めた．
  I *scored* a basket in the game.
- 野球でストライクを決めた．
  I pitched [threw] a strike.

**キモい gross**[グラウス], **yuck**[ヤック], **creepy**[クリーピィ]→きもち

**きもだめし**【肝だめし】**a test of courage**[テスト][カーリッヂ]
- 私たちはきもだめしをした．
  We had *a test of courage*.

## きもち【気持ち】

(感情)**feelings**[フィーリングズ]；(気分)**a mood**[ムード]→きぶん
- 不安な気持ち an uneasy *feeling*(►特定の気持ちを表すときにはa [an]がつく)
- リクの気持ちを傷つけてしまった．
  I hurt Riku's *feelings*.
- ほっとした気持ちになった．I felt relieved.

**━気持ち(の)よい pleasant**[プレザント]; (快適な)**comfortable**[カムフ(ァ)タブル], **cozy**[コウズィ]
- 気持ちよい風 a *pleasant* breeze
- このソファーはとても気持ちがよい．
  This sofa is very *comfortable*.

**━気持ち(の)悪い unpleasant**; (不快な)**uncomfortable**; (体調が)**feel sick**; (不気味な，いやな)**creepy, gross, disgusting**
- 少し気持ちが悪い．I *feel* a little *sick*.
- あの虫は見た目が気持ち悪い．
  That insect looks *gross*.

**━気持ちよく pleasantly; comfortably**

**きもの**【着物】(和服) **a kimono**[カモウノゥ]→衣生活【口絵】
- 着物は伝統的な日本の衣服です．A *kimono* is

ぎもん

a traditional Japanese clothing.
- 私はまだ着物を着たことがない.
I've never worn a *kimono*（in my life）.

## **ぎもん**【疑問】
（疑い）（a）**doubt**[ダウト]（★このbは発音しない）;（質問）（a）**question**[クウェスチョン]
- その疑問に答えた.
I answered the *question*.
- それについて疑問の余地はない.
There is no *doubt* [*question*] about it.

…かどうか疑問である
I doubt if [that] ... /
It is doubtful if [that] ...
- 彼がその仕事をできるかどうか疑問だ.
I *doubt* if [*that*] he can do the job.

疑問詞〘文法〙**an interrogative**
疑問符(ふ)〘文法〙**a question mark**（▶記号は"?"）
疑問文〘文法〙**an interrogative sentence**

**キャー**（叫(さけ)び声）**eek**[イーク]
━キャーと叫ぶ **shriek**[シュリーク], **scream**[スクリーム]

## **きゃく**【客】
（来訪者）**a visitor**[ヴィズィタァ];（家・ホテルなどの）**a guest**[ゲスト];（店などの）**a customer**[カスタマァ]（★お得意さまという意味を含む）;（買い物客）**a shopper**[シャッパァ];（乗客）**a passenger**[パセンヂァ]
- 空港は外国からの客で混雑していた.
The airport was crowded with foreign *visitors*.
- 50人の客がそのパーティーに招待された.
Fifty *guests* were invited to the party.
- バーゲンセールの買い物客
bargain sale *shoppers*
- この船には100人の乗客がいる.
There are 100 *passengers* on this ship.

**ぎゃく**【逆】**the contrary**[カントゥレリィ], **the opposite**[アパズィット], **the reverse**[リヴァース]
- 「右」の逆は「左」だ.
The *opposite* of "right" is "left."
━逆の **contrary, opposite, reverse**
- 逆の方向に in the *opposite* direction
━逆に（上下が）**upside down**;（表と裏が）**inside out**;（向き・順序などが）**the wrong way round**;（…とは反対に）**contrary to ...**
- 壁(かべ)の絵は上下逆に掛(か)かっている.
The picture on the wall is hanging *upside down*.
- 多くの人が言うのとは逆に, 私は彼を正直だと思う. *Contrary to* what many people say, I think he is honest.

**ギャグ a gag**[ギャグ];（ジョーク）**a joke**[ヂョウク]
- コメディアンのギャグはおもしろかった.
The comedian's *gags* were funny.
- 父はよくギャグを言う.
My father often tells *jokes*.
ギャグ漫画(まんが) **comedy manga**

**きゃくしつ**【客室】**a guest room**[ゲスト ルーム];（飛行機の）**a cabin**[キャビン]
客室乗務員 **a flight attendant, a cabin attendant**

**きゃくしょく**【脚色】（脚本にすること）**dramatization**[ドゥラマタイゼイション]
━脚色する **dramatize**[ドゥラマタイズ]

**きゃくせき**【客席】**an audience seat**[オーディアンス スィート];（客席全体）**audience seating**

**ぎゃくたい**【虐待】**ill-treatment**[イルトゥリートゥメント], (an) **abuse**[アビュース]
- 幼児虐待は犯罪だ. Child *abuse* is a crime.
━虐待する **treat ... cruelly, abuse**[アビューズ]
（★名詞との発音の違(ちが)いに注意）

**ぎゃくてん**【逆転する】（形勢などを）**reverse (itself)**[リヴァース], **be reversed**[リヴァースト];（試合などで）**come from behind**[ビハインド]
- 私たちのチームは逆転勝ちした. Our team *came from behind* and won the game.
逆転勝ち **a come-from-behind win**

**きゃくほん**【脚本】（劇の）**a play**[プレイ];（テレビドラマなどの）**a script**[スクリプト];（映画などの）**a scenario**[スィナリオゥ], **a screenplay**[スクリーンプレイ]
脚本家（劇の）**a playwright, a dramatist**;（テレビドラマなどの）**a scriptwriter**;（映画などの）**a scenario writer, a screenwriter**

**きゃくま**【客間】（宿泊用の）**a guest room**[ゲストルーム] ➡ おうせつま

**きゃしゃ**【きゃしゃな】**delicate**[デリケット];（ほっそりしている）**slim**[スリム], **slender**[スレンダァ];（やせている）**thin**[スィン]

**キャスター**（小さな車輪）**a caster**[キャスタァ];（ニュースキャスター）**a newscaster**[ヌーズキャスタァ], **an anchor**[アンカァ]

**キャスト**（配役全員）**a cast**[キャスト],（その1人）**a member of the cast**[メンバァ]

**きゃたつ**【脚立】**a stepladder**[ステップラダァ]

**きゃっかんてき**【客観的な】**objective**[アブチェクティヴ]（⇔主観的な **subjective**）
- 彼女は客観的な判断をした.
She made an *objective* decision.
━客観的に **objectively**

**キャッシュ cash**[キャッシュ] ➡ げんきん

キャッシュカード a cash card, a bank card
キャッシュレス cashless: キャッシュレス決済 cashless payment
**キャッチ**【キャッチする】(ボールなどを) **catch**[キャッチ]; (情報などを) **pick up**[ピック アップ]
キャッチフレーズ a catchphrase; (スローガン) a slogan
キャッチボール catch: キャッチボールをする play catch
キャッチホン〖商標〗a call-waiting telephone
**キャッチャー** a catcher[キャッチァ]
**キャットフード** cat food[キャット フード]
**キャップ** (帽子の) a cap[キャップ]; (ふた) a cap
**ギャップ** a gap[ギャップ]
• ギャップを埋める bridge [fill in] a gap
**キャビア** caviar(e)[キャヴィアー]
**キャビンアテンダント** a flight attendant[フライト アテンダント], a cabin attendant[キャビン]
**キャプション** a caption[キャプション]
**キャプテン** a captain[キャプタン]
**キャベツ** (a) cabbage[キャビッヂ] (★発音注意)
• キャベツ1個 a head of cabbage / 《話》a cabbage (▶キャベツ2個は two heads of cabbage / 《話》two cabbages)
**キャミソール** a camisole[キャミソウル]
**ギャラ** a performance fee[パフォーマンス フィー], pay[ペイ] (▶「ギャラ」は guarantee (保証) から)
**キャラ**(クター) (性格) (a) character[キャリクタア] → せいかく¹; (漫画などの登場人物) a cartoon [comic] character[カートゥーン [カミック]]
• これは人気キャラクターです.
This is a popular cartoon [comic] character.
キャラクターグッズ character goods, a character-themed item
**キャラバン** a caravan[キャラヴァン]
**キャラメル** (a) caramel[キャラマル]
**ギャラリー** (画廊) a gallery[ギャラリィ]; (見物客) the gallery
**キャリア** (経歴) a career[カリア]
**ギャル** a gal[ギャル], a girl[ガール]
**ギャング** (組織) a gang[ギャング], (その一員) a gangster[ギャングスタァ]
ギャング映画 a gangster movie
**キャンセル** cancellation[キャンセイション]
━キャンセルする cancel
• 予約をキャンセルしてもらえませんか. Would you cancel my reservation, please?
**キャンディー** 《主に英》(a) candy[キャンティ], 《主に英》a sweet[スウィート]; (棒付きのぺろぺろキャンディー) a lollipop[ラリィパップ]

candies　　　lollipops

**キャンドル** a candle[キャンドゥル]
**キャンバス** a canvas[キャンヴァス]
**キャンパス** (a) campus[キャンパス]
**キャンピングカー** a motorhome[モウタァホウム]
**キャンプ** a camp[キャンプ], camping[キャンピング]; (スポーツチームの合宿) a training camp[トゥレイニング]
• キャンプに行きたい. I want to go camping.
━キャンプをする camp
キャンプ場 a campground, a campsite
キャンプファイア a campfire
キャンプ村 a camping resort
**ギャンブル** (とばく) a gamble[ギャンブル]; (とばくをすること) gambling[ギャンブリング]
━ギャンブルをする gamble
**キャンペーン** a campaign[キャンペイン]
• 自然保護のキャンペーン
a nature preservation campaign
**きゅう**¹【九(の)】**nine**[ナイン] → さん¹
• 3かける3は9.
Three times three is [equals] nine.
• 私はその映画を9回見た.
I have seen the movie nine times.
━第九(の) the ninth[ナインス] (▶ 9thと略す)

## きゅう² 【急な】

| ❶差し迫った | (突然の) sudden; (緊急の) urgent |
|---|---|
| ❷流れが | rapid |
| ❸傾斜が | steep; (カーブが) sharp |

❶ [差し迫った] (突然の) sudden[サドゥン]; (緊急の) urgent[アーヂャント]
• 両親は急な用事で出かけている.
My parents are out on urgent business.
━急に suddenly, all of a sudden
• 空が急に暗くなった.
Suddenly, the sky became dark.
• 急に気温が下がった. There was a sudden drop in temperature.
❷ [流れが] rapid[ラピッド], fast-moving[ファストムーヴィング]

- 私たちは流れの急な川をいかだで下った.
 We went down the *fast-moving* river on a raft.

❸ [傾斜が] **steep**[スティープ]; (カーブが) **sharp**[シャープ]
- 急な坂道 a *steep* slope
- 急カーブ a *sharp* curve
- 急停車 an *emergency* stop
- 急ブレーキ: 急ブレーキをかける brake *suddenly*

**きゅう**[3]【級】(クラス) **a class**[クラス]; (学年・資格などの) **a grade**[グレイド]
- 私たちは学校で同級なんだ.
 We are in the same *class* at school.
- マナは私より2級上[下]だ.
 Mana is two *grades* above [below] me.
- そろばん3級をとった.
 I passed the third *grade* in abacus.

**きゅうえん**【救援】(貧困などの) **relief**[リリーフ]; (救助) **rescue**[レスキュー]
|| 救援物資 *relief* supplies

# きゅうか【休暇】

《主に米》**a vacation**[ヴェイケイション]; 《主に英》**holiday(s)**[ハラデイ(ズ)]; (祝祭日) **a holiday** → きゅうじつ
- 夏期休暇
 the summer *vacation* [*holidays*]
- 正月の休暇 the New Year *vacation*
- 父は1週間の休暇を取った.
 My father took a week's *vacation*.

> **くらべてみよう!** vacationとholiday
> 米国ではvacationは(長期)休暇に使い, holidayは祝祭日に対して使います. 英国では休暇にholidayを使います.

**きゅうかく**【嗅覚】**a sense of smell**[センス] [スメル]

**きゅうがく**【休学する】**be absent [away] from school**[アブサント [アウェイ]] [スクール]
- 私は1年間休学した.
 I *was absent from school* for one year.

**きゅうがた**【旧型】**an old model**[オウルド マドゥル]

**きゅうかん**【急患】**an emergency**[イマーチャンスィ], **an emergency case**[ケイス]

**きゅうぎ**【球技】**a ball game**[ボール ゲイム] (▶米では「野球の試合」の意味で用いることが多い)
- 球技をする play a *ball game*
|| 球技大会 a *ball game* tournament

**きゅうきゅう**【救急の】**first-aid**[ファーストエイド], **emergency**[イマーチャンスィ]
- 救急救命士 a paramedic
- 救急車 an *ambulance*: 救急車を呼んで! Call an *ambulance*!
- 救急箱 a *first-aid kit*
- 救急病院 an *emergency* hospital

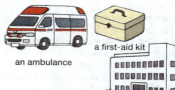

a first-aid kit

an ambulance

an emergency hospital

**ぎゅうぎゅう**【ぎゅうぎゅう詰(づ)めの】**crowded**[クラウディド], **jam-packed**[ヂャムパックト]

**きゅうぎょう**【休業する】**close**[クロウズ]
- 本日休業(掲示) *CLOSED* (TODAY)

**きゅうきょく**【究極の】**ultimate**[アルタマット]

**きゅうくつ**【窮屈な】(服・靴などが) **tight**[タイト]; (狭い) **small**[スモール]
- 窮屈な上着 a *tight* jacket
- そのいすは私には窮屈だった.
 The chair was too *small* for me.

# きゅうけい【休憩】

**a break**[ブレイク], **a rest**[レスト]; (学校の) **a recess**[リセス]; (劇・映画などの) **(an) intermission**[インタアミッション]
- トイレ休憩 《主に米》 a bathroom *break*
- ちょっと休憩をとった. I got some *rest*.
— **休憩する take [have] a break, take [have] a rest, rest**
- 5分間休憩しよう.
 Let's *have* [*take*] *a five-minute break*.
|| 休憩室 (ホテルなどの) a lounge, a lobby

**きゅうげき**【急激な】**sudden**[サドゥン]
- 急激な温度変化
 a *sudden* change in temperature
— **急激に suddenly**

**きゅうこう**[1]【急行】(列車) **an express (train)**[イクスプレス (トゥレイン)]
- 松本行きの急行 the *express (train)* to [for] Matsumoto
- この駅に急行は止まりますか. Do *express trains* make a stop at this station?
|| 急行券 an *express* ticket
|| 急行料金 *express* charges

**きゅうこう**[2]【休校になる】**be closed**[クロウズド]
- 大雪のため市内の全部の学校が休校になった.
 All the schools in the city *were closed*

due to heavy snow.

**きゅうこん**【球根】a bulb[バルブ]

**きゅうし**[1]【急死】a sudden death[サドゥン デス]
- 急死する die suddenly
- 彼は心臓発作のため急死した．
  He *suddenly died* from a heart attack.

**きゅうし**[2]【休止】a break[ブレイク], a shutdown[シャットダウン]

**きゅうしき**【旧式の】old-fashioned[オウルドファッションド]
- 旧式のカメラ an *old-fashioned* camera

**きゅうじつ**【休日】(祝祭日) a holiday[ハラデイ]; (自分の仕事のない日) a day off[デイ オーフ] → きゅうか くらべて!
- 姉は休日にはいつもテニスをする．
  My sister always plays tennis on her *days off*.

**きゅうしゅう**[1]【吸収する】absorb[アブゾーブ]; (知識などを) take in[テイク イン]
- 子どもたちは簡単に知識を吸収する．Children *absorb* knowledge easily. / Children *take in* knowledge easily.

**きゅうしゅう**[2]【九州(地方)】Kyushu, the Kyushu area [district][エ(ア)リア[ディストゥリクト]]

**きゅうじゅう**【九十(の)】ninety[ナインティ] → さん[1]
- 祖母は来月90歳になる．My grandmother will be *ninety* next month.
- 第九十(の) the ninetieth[ナインティイス] (▶ 90thと略す)

**きゅうしょ**【急所】(生命にかかわる所) a vital part[ヴァイトゥル パート]; (物事のいちばん大切な点) a point[ポイント]; (弱点) a weak point[ウィーク]

**きゅうじょ**【救助】(a) rescue[レスキュー]; (助け) help[ヘルプ]
- 救助を求めた．
  I called for *help*.
- 救助する rescue; (人命などを) save
- 彼らはその船の乗組員を救助した．
  They *rescued* the crew of the ship.
- 私たちは多くの人命を救助した．
  We *saved* many lives.
- 救助隊 a rescue team [party]

**きゅうじょう**【球場】a baseball stadium[ベイスボール ステイディアム], 米 a ballpark[ボールパーク]

# きゅうしょく【給食】
(学校の昼食) a school lunch[スクール ランチ]
- 給食時間 lunch break
- 給食室 a school kitchen

給食当番 lunch duty: 私は今週, 給食当番です．
I am on *lunch duty* this week at school. / I am *in charge of lunch* this week at school.
給食費 school lunch fee

**きゅうしん**【球審】【野球】the plate [chief] umpire[プレイト [チーフ] アンパイア]

**きゅうじん**【求人】a job offer[ヂャップ オーファ]
求人広告 a want ad, a help-wanted ad

**きゅうす**【急須】a teapot[ティーパット]

**きゅうすい**【給水】(a) water supply[ウォータ サプライ]
- 給水車 a water wagon [truck]

**きゅうせい**【急性の】acute[アキュート] (⇔慢性の) chronic[クラニック]

**きゅうせん**【休戦】a truce[トゥルース], a ceasefire[スィースファイア]

**きゅうそく**[1]【急速な】rapid[ラピッド]
- 彼女は急速な進歩をした．
  She made *rapid* progress.
- 急速に rapidly
- 時代は急速に変化している．
  Times are changing *rapidly*.

**きゅうそく**[2]【休息】a rest[レスト] → きゅうけい

**きゅうだん**【球団】a baseball club[ベイスボール クラブ], a baseball team[ティーム]

**ぎゅうたん**【牛タン】beef tongue[ビーフ タング]

**キューティクル** a (hair) cuticle[(ヘア) キューティクル]

**きゅうでん**【宮殿】a palace[パリス]
- バッキンガム宮殿 Buckingham *Palace*

**キュート**【キュートな】cute[キュート]

**きゅうどう**【弓道】Japanese archery[ヂャパニーズ アーチャリィ]

**ぎゅうどん**【牛丼】a bowl of rice with beef[ボウル] [ライス] [ビーフ]

**ぎゅうにく**【牛肉】beef[ビーフ]

**ぎゅうにゅう**【牛乳】milk[ミルク]
- 私は毎日牛乳をコップ1杯飲む．
  I drink a glass of *milk* every day.
- 牛乳パック a milk carton
  牛乳瓶 a milk bottle
  牛乳店 a milk shop, a dairy
  牛乳販売人 a milk dealer

**キューバ** Cuba[キューバ]
- キューバ(人)の Cuban

**キューピー** (人形) a kewpie doll[キューピィ ダル]

**きゅうびょう**【急病】a sudden illness[サドゥン イルニス]
- 彼は旅行中急病にかかった．He *suddenly fell [got] ill* during the trip.

きゅうめい

|急病人 an emergency case
**きゅうめい**【救命】**lifesaving**[ライフセイヴィング]
|救命具 a life preserver
|救命胴衣(ぃ) a life jacket
|救命ボート a lifeboat
**きゅうゆ**【給油】(燃料の補給)**refueling**[リフューアリング]
━給油する **refuel**; (車・オートバイなどに)**fill up**[フィル アップ]
|給油所 a gas [filling, service] station
**きゅうゆう**¹【級友】**a classmate**[クラスメイト]
・ケイは小学校時代の級友だ.
 Kei was my elementary school *classmate*.
**きゅうゆう**²【旧友】**an old friend**[オウルド フレンド]
**きゅうよう**¹【休養】**a rest**[レスト]
━休養する **rest**, **take** [**have**] **a rest**
**きゅうよう**²【急用】**urgent business**[アーヂャント ビズニス]
・彼は急用でたった今出かけた. He has just left on some *urgent business*.
**きゅうり**【植物】**a cucumber**[キューカンバァ]
**きゅうりょう**¹【給料】**pay**[ペィ]; (月給)**a salary**[サラリィ]; (日給・週給)**wages**[ウェィヂズ]
・この仕事の給料は1か月どれくらいですか.
 How much is the monthly *pay* for this job?
・彼はいい給料をもらっている.
 He *is paid* well. / He gets a good *salary*.
|給料日(a) payday
**きゅうりょう**²【丘陵】**a hill**[ヒル], **heights**[ハイツ]
**ぎゅっと tightly**[タイトゥリィ]; (強く)**hard**[ハード]
・ミクは母親の腕(ぅ)をぎゅっとつかんだ.
 Miku held her mother's arm *tightly*.
**きよう**【器用な】**handy**[ハンディ], **skillful**[スキルフル]
・彼女は手先がとても器用だ.
 She is really *skillful* with her hands.
━器用に **skillfully**

# きょう¹【今日】

**today**[トゥデイ]
・きょうのニュース
 *today*'s news
・きょうの朝[午後, 夕方]
 *this* morning [afternoon, evening]
・きょうの夜
 tonight
・来週[先週]のきょう
 a week from [ago] *today*

☺きょうは何曜日ですか.
 What day (of the week) is it *today*?
☻きょうは水曜日です.
 *Today* [It] is Wednesday.

☺きょうは何日ですか.
 What's the date (*today*)? / What's *today*'s date?
☻5月3日です.
 It's May (the) third. / It's the third of May.

・きょうは楽しかった. I had fun *today*.
・きょうはお暇(¿)ですか.
 Are you free *today*?
・きょうはうちの学校の16回目の創立記念日だ.
 *Today* is our school's 16th anniversary.
**きょう**²【凶】(占(ぅ)いで)**bad luck**[バッド ラック], **ill luck**[イル], **misfortune**[ミスフォーチュン]
・おみくじを引いたら大凶だった. The fortune slip I drew said I would have very *bad luck*.
**ぎょう**【行】**a line**[ライン](▶l.と略す. 複数行の場合はll.)
・上[下]から8行目
 the eighth *line* from the top [bottom]
・1ページは何行ありますか. How many *lines* are there on a single page?
・1行おきに書いた.
 I wrote on every other *line*.
**きょうい**¹【胸囲】**one's chest measurement**[チェスト メジャマント]
・あなたの胸囲はどれくらいですか.
 What is *your chest measurement*?
**きょうい**²【驚異】**(a) wonder**[ワンダァ]
━驚異的な **wonderful**, **amazing**[アメイズィング]
・彼は傷を負ったが驚異的な快復を見せた.
 He made an *amazing* recovery from his injuries.
**きょうい**³【脅威】**a threat**[スレット]
・このウイルスは人々にとって重大な脅威だ.
 This virus is a serious *threat* to the public.

# きょういく【教育】

**education**[エヂュケイション]
・学校[大学, 義務]教育
 school [college, compulsory] *education*
━教育の, 教育的な **educational**
━教育する **educate**[エヂュケイト]; (しつける)**discipline**[ディスィプリン]

- 彼女はハーバード大学で教育を受けた．
She was *educated* at Harvard University.

**教育委員会 the Board of Education**
**教育実習 practice teaching**
**教育実習生 a student teacher**
**教育制度 an educational system**
**教育テレビ educational television**
**教育番組 an educational (TV) program**
**教育費 educational expenses**

**きょういん**【教員】a **teacher**[ティーチァ] ➡ せんせい¹ ❶

**教員室 a teachers' room**
**教員免許 a teacher's license, a teaching certificate**

**きょうえん**【共演する】act with ...[アクト], play together[プレィ タゲザァ]
- 彼女はあの有名な俳優と映画で共演した．
She *acted with* that famous actor in a movie.

# きょうか¹【教科】

a **subject**[サブヂェクト]
- 「どの教科が好きですか」「私の好きな教科は数学と理科です」
"What *subjects* do you like?" "My favorite *subjects* are math and science."

== 表現メモ ==

**いろいろな教科**

| 国語 | Japanese | 体育 | P.E. / gym |
|---|---|---|---|
| 社会 | social studies | 音楽 | music |
| 数学 | math | 美術 | fine arts |
| 理科 | science | 技術・家庭 | technology |
| 英語 | English | | and home economics |

**きょうか²**【強化する】**strengthen**[ストゥレンクスン]

**きょうかい¹**【教会】(キリスト教の)a **church**[チャーチ]
- 私たちは毎週日曜日に教会に行く．
We go to *church* every Sunday.（▶礼拝のために行くときはaやtheをつけない）

**きょうかい²**【協会】an **association**[アソウスィエイション], a **society**[ササイアティ]

**きょうかい³**【境界】a **boundary**[バウンドゥリィ], a **border**[ボーダァ]
- その山脈がヨーロッパとアジアの境界になっている．Those mountains form the *boundary* between Europe and Asia.

**境界線 a boundary, a borderline**

**きょうがく**【共学】**coeducation**[コウエヂュケイション]

**━共学の coeducational**, (話)**coed**[コウエッド]

- 共学の学校 a *coeducational* school

**きょうかしょ**【教科書】a **textbook**[テクストブック]
- 歴史の教科書 a history *textbook*

**きょうかん**【共感】**sympathy**[スィンパスィ]

# きょうぎ【競技】

(試合) a **match**[マッチ], a **game**[ゲイム], a **contest**[カンテスト], a **competition**[カンパティション]; (運動競技) **athletics**[アスレティックス]; (種目) an **event**[イヴェント]

**競技会 a competition, a contest**; (スポーツの) **an athletic meet**
**競技者 an athlete**; (特に球技の) **a player**
**競技場 (競技会場) a stadium**; (競技するグラウンド) **a field**

**ぎょうぎ**【行儀】**manners**[マナァズ]; (ふるまい) **behavior**[ビヘイヴィァ]
- あの男の子は行儀がいい[悪い]．
That boy has good [bad] *manners*.
- 行儀よくしなさい．*Behave* (yourself)!

━行儀のよい **well-mannered**
━行儀の悪い **bad-mannered**

**きょうきゅう**【供給】**supply**[サプラィ](⇔需要(じゅ)**demand**); (ガス・水道などの) **service**[サーヴィス]
- 需要と供給 *supply* and demand（▶ふつう日本語と順序が逆になることに注意）

━供給する **supply, provide**[プラヴァイド]

**きょうぎゅうびょう**【狂牛病】**mad cow disease**[マッド カゥ ディズィーズ]

**きょうぐう**【境遇】(身の上) **circumstances**[サーカムスタンスィズ]; (状況(じょう)) **conditions**[カンディションズ]

**きょうくん**【教訓】(戒(いまし)め) **a lesson**[レッスン]
- 今回の経験は私にとっていい教訓になった．
This experience taught me a good *lesson*.

**きょうけん**【狂犬】**a mad dog**[マッド ドッグ]

**狂犬病 rabies**

**きょうげん**【狂言】(能狂言) **kyogen**; (偽(いつわ)り) **a hoax**[ホウクス]
- 狂言は伝統的な日本の喜劇です．*Kyogen* is a traditional Japanese comical play.

**きょうけんびょう**【狂犬病】**rabies**[レイビーズ]

**きょうこう**【強硬な】(断固とした) **firm**[ファーム]

**ぎょうざ** ➡ ギョーザ

**きょうざい**【教材】**teaching materials**[ティーチングマティ(ァ)リアルズ]

**きょうさく**【凶作】**a bad crop** [**harvest**][バッドクラップ][ハーヴェスト]
- 昨年は米が凶作だった．
We had a *bad crop* of rice last year.

**きょうさんしゅぎ**【共産主義】**communism**[カミュニズム]

## きょうさんとう

→共産主義の communist
共産主義国 a communist country
共産主義者 a communist

**きょうさんとう**【共産党】the Communist Party [カミュニスト パーティ]

**きょうし**【教師】a teacher [ティーチャ] → せんせい❶

**ぎょうじ**【行事】an event [イヴェント] → 年中行事【口絵】
- 学校行事 a school *event*
- 年中行事 an annual *event*

## きょうしつ【教室】

a classroom [クラスルーム] → p.185 ミニ絵辞典, 学校生活【口絵】
- 自分の教室に入った.
  I entered my *classroom*.
- 水泳教室 a swimming *class*
- 英会話教室に通っている. I take English conversation *classes* [*lessons*].
→教室で in the classroom

**きょうじゅ**【教授】(大学教授) a professor [プラフェッサァ] (▶ Prof. と略す)
- 山本教授 *Professor* Yamamoto
- 准(じゅん)教授 an associate *professor*

**きょうせい¹**【強制する】force [フォース], compel [カンペル]
- 彼はやりたくないことをやるように強制された. He was *forced* into doing something he didn't want to do.
→強制的な compulsory [カンパルサリィ], compulsive
→強制的に by force

**きょうせい²**【矯正】
- 私は(歯列)矯正をしている. I have braces.
矯正歯科(医院) orthodontist's office

## きょうそう¹【競争】

competition [カンパティション], a contest [カンテスト]
- 競争に勝った[負けた].
  I won [lost] the *competition*.
→競争する compete [カンピート]
- 彼と競争して勝った.
  I *competed* against him and won.
競争相手 a competitor; (ライバル) a rival
競争率 the competition rate: 競争率が高い (highly) competitive

**きょうそう²**【競走】a race [レイス]; (短距離(きょり)走) a dash [ダッシュ]
- 競走に勝った[負けた]. I won [lost] a *race*.
- 障害物競走 an obstacle *race*

- 100メートル競走 the 100-meter *dash*
→競走する race, run a race

**きょうそうきょく**【協奏曲】a concerto [カンチェアトウ]

**きょうそん**【共存】coexistence [コウイグズィスタンス]
→共存する live together [リヴ タゲザァ], coexist [コウイグズィスト]
- 私たちは動物と共存しなくてはならない.
  We must *coexist* with other wildlife.

## きょうだい【兄弟】

(男の) a brother [ブラザァ]; (女の) a sister [スィスタァ]

> 話してみよう
>
> ☺きょうだいはいますか.
>   Do you have any *brothers* and [or] *sisters*?
> ☻きょうだいはいません.
>   I don't have any *brothers* or *sisters*.
>
> ☺あなたには何人きょうだいがいますか.
>   How many *brothers* and *sisters* do you have?
> ☻男のきょうだいが2人と女のきょうだいが1人います.
>   I have two *brothers* and a *sister*.

- ジュンとサキはきょうだいだ.
  Jun and Saki are *brother* and *sister*. (▶この場合 a や the をつけない)
- きょうだいがほしい.
  I want a *brother* or a *sister*.
兄弟げんか: きのう弟と兄弟げんかをした.
  I *fought* with my *brother* yesterday.

**きょうだしゃ**【強打者】『野球』a heavy hitter [ヘヴィ ヒッタァ], 《米《話》》a slugger [スラッガァ]

**きょうだん**【教壇】a platform [プラットフォーム], a podium [ポウディアム]

**きょうちょう¹**【強調】(an) emphasis [エムファスィス] (複 emphases [エムファスィーズ]), stress [ストゥレス]
→強調する emphasize, stress
- 彼女はボランティア活動の大切さを強調した.
  She *emphasized* the importance of volunteer work.

**きょうちょう²**【協調】cooperation [コウアパレイション]
→協調する cooperate [コウアパレイト]

**きょうつう**【共通の】common [カマン], mutual [ミューチュアル]
- 共通の目的 a *common* objective

きょうつう

  教室 Classroom

① チョーク chalk
② 黒板消し eraser
③ 黒板 blackboard
④ 掲示(けい)板 bulletin board
⑤ カレンダー calendar
⑥ 時間割 class schedule
⑦ 花びん vase
⑧ ごみ箱 wastebasket
⑨ 机 desk
⑩ いす chair
⑪ 教卓(きょうたく) teacher's desk
⑫ CDプレーヤー CD player
⑬ 本箱 bookcase
⑭ 地球儀(ぎ) globe
⑮ テレビ TV
⑯ 地図 map
⑰ スピーカー speaker
⑱ かけ時計 clock

図書室 library

理科室 science laboratory

美術室 art room

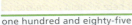
保健室 nurse's room

職員室 teachers' room

体育館 gym

- 共通の友人 a *mutual* friend
  共通語 a **common language**
  共通点: ケンとタクには共通点がたくさんある.
  Ken and Taku have a lot *in common*.

**きょうてい**【協定】an **agreement**[アグリーメント]

**きょうど**【郷土】one's **hometown**[ホウムタウン]→いなか

**きょうとう**【教頭】a **head teacher**[ヘッド ティーチャァ]

**きょうどう**¹【共同】**cooperation**[コウアパレイション]

　━共同の **common**[カマン], **joint**[ヂョイント]
- 私たちは共同の責任を負わなくてはならない.
  We must take *joint* responsibility.
　━共同で **joint**, (**do**) **together**[(ドゥー) タゲザァ]
　━共同で使う **share**[シェア]
- 私は姉と部屋を共同で使っている.
  My sister and I *share* a room.
  共同作業 **teamwork**, **joint operation**
  共同募金(ぼきん)(集まったお金)⊕a **community chest** [**fund**]

**きょうどう**²【協同】**cooperation**[コウアパレイション]

　━協同の **cooperative**[コウアパラティヴ]
  協同組合 a **co-op**

**きょうはく**【脅迫】a **threat**[スレット]; (ゆすり) **blackmail**[ブラックメイル]
　━脅迫する **threaten**; **blackmail**
  脅迫状 a **threatening letter**
  脅迫電話 a **threatening call**

**きょうふ**【恐怖】(a) **fear**[フィア], **terror**[テラァ], **horror**[ホーラァ]
- 彼は恐怖で青ざめた.
  He turned pale with *fear*.

**きょうふう**【強風】a **strong wind**[ストゥローング ウィンド]
  強風注意報 a **strong-wind warning**

**きょうほ**【競歩】**racewalking**[レイスウォーキング], **walking race**[ウォーキング レイス], **the walk**[ウォーク]

# きょうみ【興味】

(**an**) **interest**[インタラスト](▶複数形では用いない)
- 彼女は異文化に興味をもち始めた.
  She began to take an *interest* in different cultures.

**…に興味がある**
**be interested in**+〈名詞または -ing形〉/
**have an interest in**+〈名詞または -ing形〉
- 美術に興味がある. I *am interested in* art. /
  I *have an interest in* art.

- ナオは料理に興味を持っている.
  Nao *is interested in* cook*ing*.
　━興味深い **interesting**
- とても興味深い話 a very *interesting* story

**きょうむ**【教務】**school affairs**[スクール アフェアズ]
  教務主任 a **head of school affairs**, a **curriculum coordinator**

**きょうゆう**【共有する】**share**[シェア]→きょうどう¹

**きょうよう**【教養】**education**[エヂュケイション], **culture**[カルチャァ]
　━教養のある **cultured**, **well-educated**
- 教養のある人 a *cultured* person

**きょうりゅう**【恐竜】a **dinosaur**[ダイナソァ]

# きょうりょく¹【協力】

**cooperation**[コウアパレイション]
- 私にはあなたの協力が必要だ.
  I need your *cooperation*.
　━協力的な **cooperative**
　━協力する **cooperate**[コウアペレイト], **work together**
- 私たちは協力してその仕事を終えた. We *worked together* and finished the job.
- 君に協力しよう. I will *help* you.

**きょうりょく**²【強力な】**strong**[ストゥローング], **powerful**[パウアフル]
- 強力なチーム a *strong* team
　━強力に **strongly**, **powerfully**

**きょうれつ**【強烈な】**strong**[ストゥローング], **powerful**[パウアフル], **intense**[インテンス]
- 強烈な印象 a *strong* impression
- 強烈な痛み *intense* pain

**ぎょうれつ**【行列】(順序よく並んだ)a **line**[ライン], ⊕a **queue**[キュー]; (行進の)a **parade**[パレイド]
- 行列に並んだ. I stood in *line*.
　━行列する **line up**
- 多くの人が新製品を買うために行列していた.
  A lot of people were *lining up* to buy the brand-new product.

**ギョーザ** a **Chinese meat dumpling**[チャイニーズ ミート ダンプリング], a **gyoza**, a **pot sticker**[パット スティッカァ]

**きょか**【許可】**permission**[パァミッション]
- 私たちは先生の許可をもらった.
  We got our teacher's *permission*.
- 私は先生に早退する許可を求めた.
  I asked for (our teacher's) *permission* to leave school early.
- 許可なしにここに入ってはいけない. You cannot enter here without *permission*.

## きょろきょろ

- **許可する permit, allow**[アラゥ]
- 両親は子どもたちがふだんより遅くまで起きていることを許可した.
  The parents *permitted* their children to stay up later than usual.
- 許可証（公的な免許状）**a permit, a license**

**ぎょかいるい**【魚介類】**fish and shellfish**[フィッシュ][シェルフィッシュ]；（食べ物）**seafood**[スィーフード]

**ぎょぎょう**【漁業】**fishery**[フィッシャリィ], **fishing**[フィッシング]；（産業）**the fishing industry**[インダストゥリィ]
- 遠洋漁業 deep-sea [ocean] *fishing*
- 近海漁業 coastal [inshore] *fishing*
- 漁業組合 a fisherman's union

**きょく**【曲】**a tune**[トゥーン], **a melody**[メラディ]；（音楽作品）**music**[ミューズィック]；（歌）**a song**[ソング]
- 1曲 a piece of *music*（▶2曲は two pieces of *music*）
- テーマ曲 a (main) theme *song*
- この曲がとても好きです.
  I like this *tune* [*song*] very much.
- 彼は何曲かピアノで演奏した.
  He played some *melodies* on the piano.
- 曲名 a song title
- 曲目 （全体の）a program, （個々の）a number

**きょくげい**【曲芸】**acrobatics**[アクラバティックス]
- 曲芸の **acrobatic**
- 曲芸師 **an acrobat**

**きょくせん**【曲線】**a curve**[カーヴ], **a curved line**[カーヴド ライン] → せん²図
- 曲線を描く（曲線を引く）**draw a curve**；（カーブする）**curve**
- リクの打ったボールは曲線を描いて左へきれた. The ball Riku hit *curved* to the left.

**きょくたん**【極端な】**extreme**[イクストゥリーム]
- 極端な見解 *extreme* views
- 極端に **extremely**

**きょくとう**【極東】**the Far East**[ファー イースト]

**ぎょこう**【漁港】**a fishing port**[フィッシング ポート]

**きょじゃく**【虚弱な】（体力のない）**weak**[ウィーク]；（ひ弱な）**delicate**[デリケット]；（病弱な）**sickly**[スィックリィ]
- 虚弱体質 a weak constitution：彼女は虚弱体質だ. She has a *weak constitution*.

**きょじゅうしゃ**【居住者】**a resident**[レズィダント], **an inhabitant**[インハビタント]

**きょしょくしょう**【拒食症】**anorexia**[アナレクスィア]

**きょじん**【巨人】**a giant**[ヂャイアント]

**きょぜつ**【拒絶】(a) **refusal**[リフューザル], (a) **rejection**[リヂェクション]
- 拒絶する **refuse, reject**
- 彼らはその提案を拒絶した.
  They *rejected* the proposal.

**ぎょせん**【漁船】**a fishing boat**[フィッシング ボウト]

**ぎょそん**【漁村】**a fishing village**[ヴィリッヂ]

**きょだい**【巨大な】**huge**[ヒューヂ], **gigantic**[ヂャイギャンティック], **enormous**[イノーマス]

**ぎょっと**【ぎょっとする】（驚く）**be startled**[スタートゥルド], **start**[スタート]；（衝撃を受ける）**be shocked**[シャックト]
- 彼女は暗闇の人影にぎょっとした.
  She *was startled* by a figure in the darkness.

**きょとんと**（ぼんやりと）**blankly**[ブランクリィ]
- 彼はきょとんとした顔で壁を見つめていた.
  He was staring *blankly* at the wall.

# きょねん【去年】

**last year**[ラスト イア]
- 去年の今ごろ私は病気だった.
  I was sick about this time *last year*.
- 去年の夏にマナはおばを訪ねた.
  Mana visited her aunt *last* summer.
- 彼は去年の10月にそこへ行った.
  He went there *last* October.

> **ここがポイント！** last は「いちばん最後の」
> **last**は「過去でいちばん最後の」という意味です. last Octoberは今が11月か12月なら「今年の10月」をさし, 今が1月から9月ならば「去年の10月」をさします. はっきり「去年の10月」であると言いたいときは "October last year" と言います.

**きょひ**【拒否】(a) **refusal**[リフューザル]
- 拒否する **refuse** → ことわる

# きょり【距離】

(a) **distance**[ディスタンス]
- 短[長]距離 a short [long] *distance*
- AとBの間の距離は2キロメートルだ.
  The *distance* between *A* and *B* is two kilometers.
- ここから東京駅まで距離はどれくらいですか.
  How far is it from here to Tokyo Station?
- 家から図書館までは歩いて約10分の距離だ.
  It is about a ten-minute walk from my house to the library.

**きょろきょろ**【きょろきょろする】**look around**[ルック アラウンド]

## きらい

**きらい**【嫌いである】
do not like[ライク], dislike[ディスライク]；(大嫌い)hate[ヘイト]
- セロリは嫌いだ. I *don't like* celery. / I *dislike* celery. (▶後者のほうが意味が強い)
- 知らない人と話すのは嫌いだ. I *don't like* talking to people I don't know.
- くもは大嫌いだ. I *hate* spiders.

**きらう**【嫌う】do not like[ライク], dislike[ディスライク]；(ひどく)hate[ヘイト] → きらい
- 嫌われるのを怖(に)がるな！
Don't be afraid of being *disliked*!

**きらきら**【きらきら光る】(星などが)twinkle[トゥウィンクル]; (宝石などが)glitter[グリタァ], (宝石・星などが)sparkle[スパークル]

**きらく**【気楽な】easy[イーズィ]; (のんきな)easy-going[イーズィゴウイング]
- 気楽にいこう. Take it *easy*.
━気楽にする be at ease, make oneself at home[ホウム]
- どうぞ気楽にしてください.
Please *make yourself at home*.

**きり¹**【霧】(a) fog[ファッグ], (a) mist[ミスト](▶fogのほうが濃(こ)い)
- 濃い霧 thick *fog*
- 霧が晴れた. The *fog* has cleared (away).
━霧のかかった foggy, misty
┃霧雨(認) (a) drizzle

**きり²**(もみきり)a gimlet[ギムリット]; (ドリル)a drill[ドゥリル]; (千枚通し)an awl[オール]

**きり³**【切り】(物事の区切り)an end[エンド]; (限度)limits[リミッツ]
- 彼女は文句を言いだしたら切りがない.
Once she starts, there's *no end* to her complaining.
- 夕食だよ. 勉強に切りをつけてご飯にしてね.
Dinner is ready. *Put away* your studies and come to (the) table now.

## …きり

| | |
|---|---|
|❶…だけ|only, alone|
|❷…が最後で|the last time; (…以来～ない)not ～ since …|
|❸ずっと…のまま|(下記❸参照)|

❶[…だけ] only[オウンリィ], alone[アロウン]
- その生徒はひとりきりで外国へ行った.
The student went abroad *alone* [*by himself / herself*].

❷[…が最後で] the last time[ラスト タイム]; (…

以来～ない)not ～ since …[スィンス]
- サキとは5月に会ったきりだ.
I haven't seen Saki *since* May.

❸[ずっと…のまま]
- 両親はつきっきりで息子を看病した.
The parents looked after their son *without leaving* his bedside.

**ぎり**【義理】(義務)duty[ドゥーティ]; (義理の家族)… -in-law[ロー]
- リンは義理がたい.
Rin has a strong sense of *duty*.
- 義理の兄 a brother-*in-law*
━義理で out of a sense of duty[アウト][センス]

**きりかえる**【切り替える】change[チェインヂ]; (スイッチなどを)switch[スウィッチ]
- 彼女は気持ちを切り替えるのが早い.
Her mood *changes* quickly. (← 彼女の気分はすばやく変わる)
- 頭を切り替えなさい.
Try to look at it differently.

**きりかぶ**【切り株】a stump[スタンプ] → き¹図

**きりきず**【切り傷】a cut[カット]

**ぎりぎり**(限界)the (very) limit[リミット]; (最後の瞬間(かん))the last moment [minute][ラスト モウマント [ミニット]]
- ぎりぎり電車に間に合った.
I caught the train at *the last moment*.
- ぎりぎりまで勉強しなかった.
I put off studying till *the last minute*.

**きりぎりす**【虫】a grasshopper[グラスハッパァ](▶ばった, いなごなどを含(ふく)む)

**ギリシャ** Greece[グリース]
━ギリシャ(語, 人)の Greek[グリーク]
┃ギリシャ語 Greek
┃ギリシャ人 a Greek

**キリスト**(イエス・キリスト)Jesus Christ[ヂーザス クライスト]
━キリスト(教)の Christian[クリスチャン]
┃キリスト教 Christianity
┃キリスト教徒 a Christian

**きりたおす**【切り倒す】cut down[カット ダウン]
- 父はおので その木を切り倒した.
My father *cut down* the tree with an ax.

**きりつ¹**【規律】discipline[ディスィプリン]; (規則)rules[ルールズ]
- そのクラブは規律が厳しいことで有名だ. That club is famous for its strict *discipline*.
- 私たちは規律を守らなければいけない.
We must obey [keep] the *rules*.

**きりつ²**【起立する】stand up[スタンド アップ], rise[ライズ]
- 起立！ *Stand up!*

**きりつめる**【切り詰める】(節約する)**cut down (on ...)**[カット ダウン], **reduce**[リドゥース]
- ミサは食費を切り詰めている. Misa is *cutting down on* food costs.

**きりぬき**【切り抜き】**a clipping**[クリッピング]
- 新聞の切り抜き a newspaper *clipping*
- ━切り抜く **cut out, clip**
- 雑誌から記事を切り抜いた. I *cut out* an article from a magazine.

**きりぬける**【切り抜ける】(苦境を)**get [come] through**[スルー], **get out of ...**[アウト]
- 彼はなんとか困難を切り抜けた. He *got out of* trouble somehow.

**きりはなす**【切り離す】**cut off**[カット オーフ]; (分離する)**separate**[セパレイト]

**きりふき**【霧吹き】**a sprayer**[スプレイア]

**きりみ**【切り身】(骨のない肉・魚の)**a filet**[フィリット]; (薄い)**a slice**[スライス]

**きりゅう**【気流】**an air current**[エア カーラント], **a current of air**
- 上昇[下降]気流 upward [downward] *currents of air*

**きりょく**【気力】(元気)**energy**[エナァヂィ]; (意志の力)**will power**[ウィル パウァ]; (力強さ)**vigor**[ヴィガァ]
- そんなことをする気力はない. I don't have the *energy* to do that.

**きりわける**【切り分ける】**cut into pieces**[カット ピースィズ]
- ナイフとフォークで肉を切り分けた. I *cut* the meat *into pieces* with a knife and fork.

**きりん**【動物】**a giraffe**[ヂラフ]

## きる¹【切る】

| ❶刃物で | **cut**; (薄く)**slice** |
| ❷終了させる | (テレビ・ラジオなどを)**turn off, switch off**; (電話を)**hang up** |
| ❸トランプを | **shuffle** |

❶[刃物で]**cut**[カット]; (薄く)**slice**[スライス]
- 彼女はアップルパイを6つに切った. She *cut* the apple pie into six pieces.
- 彼は包丁で指を切った. He *cut* his finger with a kitchen knife.
- 髪をいつもより短く切ってください. Can you *cut* my hair shorter than usual, please?
- パンを薄く切ってもらえない? Will you *slice* the bread thin?

❷[終了させる](テレビ・ラジオなどを)**turn off** [ターン], **switch off**[スウィッチ](⇔入れる turn on, switch on); (電話を)**hang up**[ハング]
- テレビを切って. *Turn* [*Switch*] *off* the TV.
- 図書館ではスマホの電源を切らなければならない. We need to *turn* [*switch*] *off* our smartphones in the library.
- 電話をもう切らなくちゃ. I have to *hang up* now.

❸[トランプを]**shuffle**[シャフル]
- トランプを切って. *Shuffle* the cards!

###### 慣用表現
切っても切れない: ジュンと私は切っても切れない仲だ. Jun and I are very close. (←非常に親しい)

## きる²【着る】

**put on**[プット アン](⇔脱ぐ take off); (身じたくする)**get dressed**[ゲット ドゥレスト]; (着ている)**wear**[ウェア], **have ... on**; (試着する)**try ... on**[トゥライ]
- セーターを着なさい. *Put* your sweater *on*. / *Put on* your sweater.
- 学校へ行くために急いで服を着た. I *got dressed* for school in a hurry.
- すてきなコートを着ているね. You're *wearing* a nice coat.
- (店で)これを着てみてもいいですか. May I *try* this *on*?
- 服を着たまま眠ってしまった. I fell asleep *with* my clothes *on*.
- あなたは緑を着るとすごく似合うね. You look terrific *in* green.
- まだ服を着ていません. I'm not *dressed* yet.

> **くらべてみよう!** put on と wear と have ... on
> put on は「着るという動作」を, wear と have ... on は「着ているという状態」を表します.
>
>
>
> put on　　wear [have ... on]

**...きる**【...し切る】(終える)**finish+〈-ing形〉**[フィニッシュ]; (尽きる)**use up**[ユーズ アップ]
- 私はその本を2日で読みきった. I *finished* read*ing* the book in two days.

キルティング

- ジャムを使いきった. I *used up* all the jam.

**キルティング** quilting[クウィルティング]

**きれ**(布地)cloth[クロース]

**…きれ**【…切れ】(一片)a piece[ピース]; (薄い一片)a slice[スライス]

- 1枚の紙切れ a *piece* of paper
- 1切れのパン a *piece* [*slice*] of bread
- 2切れのハム two *pieces* [*slices*] of ham

## きれい【きれいな】

❶外見・見た目などが
　　　　　(美しい)beautiful;
　　　　　(かわいらしい)pretty
❷汚れや乱れがない
　　　　　(清潔な)clean;
　　　　　(澄んだ)clear;
　　　　　(整とんされた)neat, tidy

❶[外見・見た目などが] (美しい)beautiful[ビューティフル]; (かわいらしい)pretty[プリティ]

- きれいな夕日 a *beautiful* sunset
- あのワンピースはきれいだ.
  That dress is *pretty* [*beautiful*].

❷[汚れや乱れがない] (清潔な)clean[クリーン] (⇔汚い dirty); (澄んだ)clear[クリァ]; (整とんされた)neat[ニート], tidy[タイディ]

- 手はきれい? Are your hands *clean*?
- 泉の水はきれいだった.
  The spring water was *clear*.
- 彼はいつも部屋をきれいにしている.
  He always keeps his room *neat* and *tidy*.

**ーきれいに** (きちんと)neatly; (完全に)completely[カンプリートゥリィ]

- カナは字をきれいに書く.
  Kana writes *neatly*.
- そのことはきれいに忘れていた.
  I *completely* forgot about that.

**ーきれいにする** clean

**きれめ**【切れ目】(刃物の)a cut[カット], (中断)a break[ブレイク]

- 雲の切れ目 a *break* in the clouds

## きれる【切れる】

| ❶刃物が | cut well, be sharp |
| ❷切断される | break; (ぷつんと)snap |
| ❸電話などが | be cut off |
| ❹尽きる, なくなる | |
| | run out of …; (縁が)break off |
| ❺時間・期限が | be up, run out, expire |
| ❻頭がいい | be sharp |
| ❼かっとなる | lose one's cool, snap |

❶[刃物が]cut well[カット ウェル], be sharp[シャープ]

- このナイフはよく切れる.
  This knife *cuts well*. / This knife *is sharp*.
- このはさみはあまりよく切れない.
  These scissors don't *cut well*.

❷[切断される]break[ブレイク]; (ぷつんと)snap[スナップ]

- ロープが切れた. The rope *broke*.

❸[電話などが]be cut off[オーフ]

- 話している最中に電話が切れた. We *were cut off* in the middle of the call.

❹[尽きる, なくなる]run out of …[ラン アウト]; (縁が)break off

- しょうゆが切れた. We've *run out of* soy sauce. (▶ run out of …は人が主語)

❺[時間・期限が]be up[アップ], run out, expire[イクスパイア]

- 時間切れです. Time *is up*.
- パスポート(の有効期限)は今月末で切れる.
  My passport *expires* at the end of this month.

❻[頭がいい]be sharp

- ナオは頭が切れる. Nao *is sharp*.

❼[かっとなる]lose one's cool[ルーズ][クール], snap

- 彼女はすぐキレる.
  She *loses her cool* easily.

**キロ** a kilo[キーロウ]

| キロカロリー a kilocalorie (▶ kcalと略す)
| キログラム a kilogram (▶ kgと略す)
| キロバイト a kilobyte (▶ KBと略す)
| キロメートル a kilometer (▶ kmと略す)
| キロリットル a kiloliter (▶ klと略す)
| キロワット a kilowatt (▶ kWと略す)

## きろく【記録】

a record[レカァド]; (文書)a document[ダキュマント]

- 公式記録 an official *record*
- 彼は100メートル走で記録を持っている.
  He holds the *record* for the 100 meters.
- 記録を破った. I broke the *record*.

**ー記録的な** record[レカァド]

- 記録的な大雨 a *record* rainfall

**ー記録する** record[リコード](★名詞との発音・アクセント位置の違いに注意); (書き留めておく)keep … on record[キープ][レカァド]

- 毎日体重を記録している.
  I *record* my weight every day.

**記録映画** a documentary (film)
**記録係** (時間の)a timekeeper, (スコアの)a

**scorekeeper**
┃記録保持者 a record holder
**ぎろん**【議論】(**a**) **discussion**[ディスカッション], (**an**) **argument**[アーギュメント]
─**議論する** **discuss, talk about** ...; (論争する) **argue**
・私たちはその問題について議論した.
　We *discussed* the problem.
・それについては来週議論しましょう.
　Let's *talk about* it next week.
**きわどい**(危険な)**risky**[リスキィ], **dangerous**[デインヂャラス]; (接戦の)**close**[クロウス]; (微妙な)**delicate**[デリカット]
・きわどい勝負 a *close* game
**きわめて** **very**[ヴェリィ], **extremely**[イクストゥリームリィ]→**ひじょうに**
**きわめる**【極める】**master**[マスタア]
・彼女は柔道を極めるために一生懸命練習した.
　She practiced hard to *master* judo.
**きをつけ**【気をつけ】(号令)**Attention!**[アテンション]

# きをつける【気をつける】
**be careful**[ケアフル], **take care**[ケア], **watch** (**out**)[ワッチ (アウト)]
・道路を渡るときは気をつけて.
　*Be careful* when you cross the street.
・コップを割らないよう気をつけて.
　*Be careful* not to break the glass.
・体に気をつけてください.
　*Take* (good) *care of* yourself.
・気をつけて. 車が来るよ.
　*Watch out!* A car is coming.

**きん**【金】**gold**[ゴウルド]
─**金の**(金でできた)**gold**; (金のような, 金色の)**golden**[ゴウルドゥン]
・レンは金の指輪をしていた.
　Ren was wearing a *gold* ring.
┃金貨 a gold coin
┃金賞 a gold prize
┃金箔 gold leaf
┃金メダル a gold medal
**ぎん**【銀】**silver**[スィルヴァア]
─**銀の** **silver**
・銀のネックレス a *silver* necklace
┃銀貨 a silver coin
┃銀賞 a silver prize
┃銀箔 silver leaf
┃銀メダル a silver medal
**きんえん**【禁煙する】**give up smoking**[ギヴ アップ スモウキング]

・禁煙
　《掲示》*NO SMOKING*
┃禁煙車 a non-smoking car
┃禁煙席 a non-smoking seat
**ぎんが**【銀河】【天文】**the Milky Way**[ミルキィ ウェイ], **the Galaxy**[ギャラクスィ]
┃銀河系 a galaxy
**きんがく**【金額】**an amount of money**[アマウント][マニィ]
・かなりの金額 a large *amount of money*
**きんがしんねん**【謹賀新年】(**A**) **Happy New Year!**[ハッピィ ヌー イア]
**きんがん**【近眼の】→**きんし**²
**きんき**【近畿(地方)】**Kinki, the Kinki area** [**district**][エ(ア)リア [ディストゥリクト]]
**きんきゅう**【緊急の】**urgent**[アーヂャント]; (即座の)**immediate**[イミーディアット]
・緊急の用事で on *urgent* business
┃緊急事態 (an) emergency: 緊急事態にはこの番号に電話してください. Please call this number in an *emergency*.
**きんぎょ**【金魚】**a goldfish**[ゴウルドゥフィッシュ](複 goldfish, goldfishes)

┃金魚すくい goldfish scooping
┃金魚鉢 a goldfish bowl, a fishbowl
**キング** **a king**[キング]
・ハートのキング the *king* of hearts
**きんこ**【金庫】**a safe**[セイフ]
**きんこう**【近郊】**the suburbs**[サバーブズ]
・東京近郊に in the *suburbs* of Tokyo
**ぎんこう**【銀行】**a bank**[バンク]
・都市[地方, 信託]銀行
　a city [regional, trust] bank
・銀行にお金を預けた.
　I put money in the *bank*.
・銀行から1万円を下ろした. I took out ten thousand yen from the *bank*.
┃銀行員 a bank clerk [employee]
**きんし**¹【禁止】**prohibition**[プロウハビション], **a ban**[バン]
・駐車禁止
　《掲示》*NO PARKING*

# きんし²

- 立入禁止
  《掲示》KEEP OUT / KEEP OFF

「立入禁止」の掲示

- ➡禁止する（法律で）**prohibit**[プロウヒビット]；（公（共）に）**ban**
- ここで泳ぐことは禁止されている．
  It is *prohibited* to swim here.

**きんし²**【近視】⊕**nearsighted**[ニアサイティド]，⊕**shortsighted**[ショートサイティド]
- 弟は近視だ．My brother is *nearsighted*.

**きんじつ**【近日】（数日中に）**in a few days**[フューデイズ]；（まもなく）**soon**[スーン]
- 近日公開
  《掲示》COMING *SOON*（▶新作映画などの宣伝文句）

# きんじょ【近所】

**neighborhood**[ネイバァフッド]
- ➡近所の **neighboring**[ネイバリング]，**nearby**
- 母は近所の店で働いている．My mother works at a *nearby* store.
- 近所の人 a *neighbor*
- ➡近所に［で］**in the neighborhood**, **nearby**
- 近所に有名人がたくさん住んでいる．
  Many famous people live *in the neighborhood*.

**きんじる**【禁じる】**prohibit**[プロウヒビット]➡きんし¹

**きんせい¹**【金星】〖天文〗**Venus**[ヴィーナス]
**きんせい²**【均整】**balance**[バランス]
**きんせん**【金銭】**money**[マニィ]➡かね¹
**きんぞく**【金属】(a) **metal**[メトゥル]
- ➡金属（製）の **metal, metallic**[メタリック]
  ▮金属バット a metal bat

**きんだい**【近代】**modern times**[マダァン タイムズ]，**the modern age**[エイヂ]
- ➡近代の，近代的な **modern**
  ▮近代化 **modernization**

# きんちょう【緊張する】

**get ［feel］ nervous**[［フィール］ナーヴァス]，**become tense**[テンス]
- 試合の前は緊張する．

  I *get nervous* before matches.
- スピーチをする前は緊張する．
  I *get nervous* before making a speech.
- ➡緊張した **nervous, tense**
- 緊張した表情 a *nervous* expression

**きんトレ**【筋トレ】➡きんりょく（筋力トレーニング）
**ぎんなん**（いちょうの実）**a ginkgo nut**[ギンコゥナット]（★2つ目のgは発音しない）
**きんにく**【筋肉】(a) **muscle**[マスル]（★このcは発音しない）
- 腹筋運動をして筋肉をきたえる．I strengthen my *muscles* by doing sit-ups.
- ➡筋肉(質)の **muscular**[マスキュラァ]
  ▮筋肉痛 muscular pain

**きんねん**【近年】**in recent years**[リーセント イアズ]（▶ふつう完了形・過去形の文で用いる）

**きんぱつ**【金髪】**golden hair**[ゴウルドゥン ヘア]
- ➡金髪の（男性）**blond**[ブランド]，（女性）**blonde**；**fair**[フェア]

**きんぴらごぼう sautéed burdock root**[ソウティド バーダック ルート]

**きんべん**【勤勉な】**hard-working**[ハードワーキング]
- 日本人は勤勉な国民だとよく言われる．
  It is often said that the Japanese are a *hard-working* people.

**きんむ**【勤務】**duty**[ドゥーティ]；（仕事）**work**[ワーク]；（公務）**service**[サーヴィス]
- ➡勤務する **work**；（勤務中である）**be at work, be on duty**
- 父は午前9時から午後5時まで勤務している．
  My father *works* from 9 a.m. to 5 p.m.
  ▮勤務先：勤務先はどちらですか．（場所）Where do you work? /（会社名）What company do you work for?
  ▮勤務時間 **working hours**

**きんようび**【金曜日】**Friday**[フライデイ]（▶常に大文字で始め，Fr., Fri. と略す）➡げつようび
ポイント！，すいようび ポイント！
- 13日の金曜日 *Friday* the thirteenth

**きんりょく**【筋力】**muscular strength [power]**[マスキュラァ ストゥレンクス［パウァ］]
  ▮筋力トレーニング（筋トレ）**muscle-building, strength training**

**きんろう**【勤労】（仕事）**work**[ワーク]；（主に肉体的な）**labor**[レイバァ]
- 勤労感謝の日 *Labor* Thanksgiving Day

# く ク

**く¹** 【九(の)】 **nine**[ナイン] → きゅう¹
- 9時に at *nine* (o'clock)

**く²** 【区】(行政区分) **a ward**[ウォード]; (地区) **a district**[ディストゥリクト]
- 私は中野区に住んでいる.
 I live in Nakano *Ward*. (▶手紙のあて名などではふつう Nakano-ku とする)
 **区大会 a ward contest**; (競技の) **a ward competition**; (トーナメント形式) **a ward tournament**
 **区役所 a ward office**
 **区予選 ward preliminaries**

**く³** 【句】(文章の一節) **a passage**[パスィッヂ]; (2語以上の語の集まり) 〖文法〗 **a phrase**[フレイズ]

**ぐ** 【具】 **an ingredient**[イングリーディアント]
- カレーの具は何ですか.
 What are the main *ingredients* of curry?

**ぐあい** 【具合】 **a condition**[カンディション]; (やり方) **a way**[ウェイ]
- 祖母の具合はよくなってきた.
 My grandmother's *condition* is getting better.
- お父さんの具合はどうですか.
 How *is* your father?

**くい¹** **a stake**[ステイク]; (テント用ペグ) **a peg**[ペッグ]
- 彼は地面にくいを打ちこんだ.
 He drove a *stake* into the ground.

**くい²** 【悔い】(**a**) **regret**[リグレット] → こうかい¹
- 悔いが残らないように頑張る.
 I don't want to have *regrets*, so I will do my best.
 → 悔いる **regret**

**クイーン a queen**[クウィーン]
- スペードのクイーン the *queen* of spades

**くいき** 【区域】 **an area**[エ(ア)リア]; (特定の目的によって分けられた) **a zone**[ゾウン]; (行政上の) **a district**[ディストゥリクト]
- この区域は立入禁止だ.
 This *area* is off-limits.
- 危険区域 a danger *zone*

**くいしんぼう** 【食いしん坊】 **a big eater**[ビッグイータァ]

**クイズ a quiz**[クウィズ]
- 3問のクイズに正しく答えた.
 I answered three *quiz* questions correctly.
- 君にいくつかクイズを出すよ.
 I will give you some *quiz* questions.
 **クイズ番組 a quiz show, a quiz program**

**くいちがい** 【食い違い】 **a contradiction**[カントゥラディクション]

**くいちがう** 【食い違う】 **differ**[ディファ], **contradict**[カントゥラディクト]
- 彼らの意見は食い違っている.
 Their opinions *differ*.

**くいとめる** 【食い止める】 **stop**[スタップ]

**くう** 【食う】 **eat**[イート], **have**[ハヴ] → たべる; (虫などが) **bite**[バイト]; (消費する) **consume**[カンスーム]
- 体じゅう蚊(か)に食われた. I was *bitten* by mosquitoes all over my body.
- 大型車はガソリンをくう.
 Large cars *consume* a lot of gasoline.

**ぐう** (じゃんけんの) **rock**[ラック] → じゃんけん

**くうかん** 【空間】 **space**[スペイス]; (余地) **room**[ルーム]

## くうき 【空気】

❶ 気体　　　　　　air
❷ 雰囲気(ふんいき)　　(an) atmosphere

❶ 〔気体〕 **air**[エア]
- 新鮮(しんせん)な空気 fresh *air*
- 自転車のタイヤに空気を入れた.
 I put *air* into the bicycle tire.
- 空気が乾燥(かんそう)している. The *air* is dry.

❷ 〔雰囲気〕 (**an**) **atmosphere**[アトゥマスフィア]
- 教室の中の空気は張り詰(つ)めていた.
 The *atmosphere* in the classroom was very tense.
- 彼は空気を読めなかった.
 He couldn't take a hint.
 **空気入れ**(自転車用) **a bicycle pump**
 **空気銃**(じゅう) **an air gun**
 **空気清浄**(せいじょう)**機 an air cleaner**

**グーグー** (いびきをかく) **snore**[スノァ]; (おなかが鳴る) **growl**[グラウル], **rumble**[ランブル] (▶英語では動詞で表すことが多い)
- 父はグーグー大きないびきをかいていた.

My father was *snoring* loudly.
- おなかがグーグー鳴っている.
  My stomach is *growling* [*rumbling*].

**くうぐん**【空軍】**the air force**[エァ フォース]
- 空軍基地 an air base

**くうこう**【空港】**an airport**[エアポート]

ジョン・F・ケネディ国際空港(米国・ニューヨーク州)
- 成田国際空港 Narita International *Airport*
- 空港バス an airport bus
- 空港ビル an airport terminal building

**くうしゃ**【空車】**an empty taxi**[エンプティ タクスィ]; (タクシーの表示)**Vacant**[ヴェイカント]

**くうしゅう**【空襲】**an air raid**[エァ レイド]

**くうしょ**【空所】**a blank**[ブランク]
- 空所を正しい語で埋(う)めなさい.
  Fill in the *blanks* with the right words.

**ぐうすう**【偶数】**an even number**[イーヴン ナンバァ](⇔奇数(きすう) an odd number)

**くうせき**【空席】(座席の)**a vacant seat**[ヴェイカント スィート]; (欠員)**a vacancy**[ヴェイカンスィ]

**ぐうぜん**【偶然】(**a**) **chance**[チャンス], **an accident**[アクスィダント]; (偶然の一致(いっち))(**a**) **coincidence**[コウインスィダンス]

—偶然に **by chance**, **by accident**, **accidentally**[アクスィデンタリィ]
- バスの中で偶然友達に会った.
  I saw my friend *by chance* on the bus. /
  I *happened to* see my friend in the bus.

# くうそう【空想】

(**a**) **fantasy**[ファンタスィ](★発音注意); (楽しい)**a daydream**[デイドリーム]; (想像)(**an**) **imagination**[イマヂネイション]

—空想上の **imaginary**[イマヂネリィ]
- 空想上の生物 an *imaginary* creature

—空想する **daydream; imagine, fancy**
- 未来を空想するのが好きだ.
  I like to *daydream* about the future.
- 空想科学小説 SF, science fiction, sci-fi; (個々の)an SF novel, a science fiction novel, a sci-fi novel

**ぐうたら**【ぐうたらな】**lazy**[レイズィ]

**くうちゅう**【空中に】**in the air**[**sky**][エァ [スカィ]]
- 鳥が空中高く飛んだ.
  The bird flew high *in the air* [*sky*].
- 空中ぶらんこ a trapeze

**くうはく**【空白】**a blank**[ブランク]

**くうふく**【空腹】**hunger**[ハンガァ]

—空腹の **hungry**

**クーポン** a **coupon**[クーパン]

**くうゆ**【空輸する】**transport by air**[トゥランスポート [エァ]; (緊急(きんきゅう)に)**airlift**[エァリフト]

**クーラー**(エアコン)**an air conditioner**[エァ カンディショナァ](▶「エアコン」の意味での「クーラー」は和製英語); (冷却(れいきゃく)容器)**a cooler**[クーラァ]

**くうらん**【空欄】**a blank**[ブランク] → くうしょ

**クール**【クールな】(かっこいい)**cool**[クール]; (冷静な)**cool-headed**[クール ヘッディド]

**くうろ**【空路】**by air** [**plane**][エァ [プレイン]]

**クエスチョンマーク** a **question mark**[クウェスチョン マーク](▶記号は"?")

**かく**【区画】(土地の)**a lot**[ラット]; (市街の)**a block**[ブラック]

**くがつ**【九月】**September**[セプテンバァ](▶常に大文字で始め, Sept., Sep. と略す) → いちがつ
- アメリカでは9月に学年がスタートする.
  The school year begins in *September* in the U.S.

**くかん**【区間】**a zone**[ゾウン], **a section**[セクション]
- 区間記録 the record for that *section*

**き**【茎】**a stem**[ステム], **a stalk**[ストーク]

**くぎ** a **nail**[ネイル]
- 板にくぎを打った.
  I hammered a *nail* into the board.
- くぎを抜(ぬ)いた. I pulled out a *nail*.

—くぎで打ちつける nail
- くぎ抜き pincers, a nail puller

**くぎり**【区切り】(物事の)**an end**[エンド], **a stop**[スタップ]; (言葉・文章の)**a pause**[ポーズ]

# くぎる【区切る】

(分割(ぶんかつ)する)**divide**[ディヴァイド]; (文を)**punctuate**[パンクチュエイト], **separate**[セパレイト]; (休止する)**pause**[ポーズ]
- ピリオドで文を区切った.
  I *punctuated* the sentence with a period.
- 病室はカーテンで2つに区切られている.
  The hospital room is *divided* into two by a curtain.
- 言葉を区切ってゆっくり話した. I spoke slowly, *pausing* between my words.

**くく**【九九】**the multiplication table**[マルタプリケイション テイブル], **the times table**[タイムズ テイブル]

**くぐる**(通り抜(ぬ)ける)**pass** [**go**] **through** ...

[パス][スルー]；（下を通る）**pass [go] under ...**
- 車はトンネルをくぐった．
  The car *passed through* the tunnel.
- 船が橋の下をくぐっていった．
  A boat *passed under* the bridge.

## くさ【草】

（a）**grass**[グラス]；（雑草）**a weed**[ウィード]（▶しばしば複数形で用いる）
- 私たちは草の上に寝転(ﾈ)んだ．
  We lay down on the *grass*.
- 彼らは草を刈(ｶ)った．They cut the *grass*. /（草刈り機などで）They mowed the *grass*.
- その庭は草ぼうぼうだ．
  The garden is covered with *weeds*.
- **草取りをする weed**
  | 草刈り機 **a mower**
  | 草花 **a flower**
  | 草野球（アマチュア野球）**amateur baseball**

## くさい【臭い】

**smell（bad）**[スメル（バッド）]，《話》**stink**[スティンク]；（疑わしい）**suspicious**[サスピシャス]
- この肉は臭い．This meat *smells*（*bad*）.
- ガス[焦(ｺ)げ]臭い．
  I *smell* gas [something burning].
- 君の服はたばこ臭い．Your clothes *smell* like cigarettes [smoke].
- どうもあいつが臭いな．
  That guy looks *suspicious*.（◀疑わしい）

**くさり**【鎖】**a chain**[チェイン]
- 犬を鎖で犬小屋につないだ．I *chained* my dog to her kennel.（▶この chain は「…を鎖でつなぐ」の意味の動詞）

## くさる【腐る】

| ❶腐敗(ﾊｲ)する | **go bad, rot, spoil** |
| ❷気落ちする | **feel blue [depressed]** |

❶[腐敗する]**go bad**[バッド]，**rot**[ラット]，**spoil**[スポイル]
- 暑くて弁当が腐った．The box lunch *went bad* in the hot weather.
- **腐った bad, rotten, spoiled**
- そのりんごは腐っている．
  The apple is *rotten*.

❷[気落ちする]**feel blue [depressed]**[フィールブルー [ディプレスト]]
- そう腐るなよ．Don't *feel* so *depressed*.

**くし**¹ **a comb**[コウム]（★この **b** は発音しない）
- くしで髪(ｶﾐ)をとかした．I *combed* my hair.（▶この comb は「（毛）をくしでとかす」の意味の動詞）

**くし**² （焼きぐし）**a spit**[スピット]，**a skewer**[スキューア]
| くしカツ **fried meat and vegetables on skewers**
| くし焼き **kabobs**

## くじ

（1本の）**a lot**[ラット]；（宝くじ）**a lottery**[ラッタリィ]
- 私はくじ運がいい[悪い]．
  I'm lucky [unlucky] in [at] *lotteries*.
- くじに当たった[外れた]．
  I won [lost] the *lottery*.
- 私たちはくじでキャプテンを選んだ．
  We chose our captain by *lot*.

- **くじを引く draw（a lot）**

**くじく**（関節を）**sprain**[スプレイン]，**twist**[トゥウィスト]；（やる気を）**discourage**[ディスカーリッヂ]
- 足首をくじいた．I *sprained* my ankle.

**くじける get discouraged**[ディスカーリッヂド]，**lose heart**[ルーズ ハート]
- 失敗でくじけないで．
  Don't *get discouraged* by failure.

**くじゃく**〖鳥〗**a peacock**[ピーカック]；（雌(ﾒｽ)の）**a peahen**[ピーヘン]

**くしゃくしゃ**【くしゃくしゃの】**rumpled**[ランプルド]；（乱れている）**messy**[メスィ]
- ケンの髪(ｶﾐ)はいつもくしゃくしゃだ．
  Ken's hair is always *messy*.
- **くしゃくしゃにする rumple**；（紙などを）**crumple（up）**[クランプル]
- トモはその手紙をくしゃくしゃに丸めた．
  Tomo *crumpled up* the letter.

**くしゃみ a sneeze**[スニーズ]
- **くしゃみをする sneeze**

> **これ、知ってる？ くしゃみをした人にかける言葉**
> 英語圏(ｹﾝ)ではくしゃみをした人に対して Bless you!「お大事に」と言うことがあります．言われた人は Thank you. と答えます．

## くしょう

**くしょう**【苦笑】a bitter [forced] smile[ビタァ [フォースト] スマイル]

**くじょう**【苦情】a complaint[カンプレイント]
━苦情を言う complain[カンプレイン], make a complaint
- 私は騒音(数)のことで苦情を言った.
  I *made a complaint* about the noise.

**くじら**【鯨】【動物】a whale[(ホ)ウェイル]

**くしん**【苦心】pains[ペインズ]; (努力)(an)effort[エファト](▶しばしば複数形で用いる)
━苦心する take pains, work hard
- ナナは苦心してその問題を解いた.
  Nana *took pains* to solve the problem.

**くず**(廃物(数))waste[ウェイスト], ⊛trash[トゥラッシュ]; (紙くず)wastepaper[ウェイストペイパァ]→ごみ
- 紙くずを捨てた.
  I threw away the *wastepaper*.
| くずかご a trash can, a wastebasket

**くすくす**【くすくす笑う】chuckle[チャックル]; (主に子どもが)giggle[ギッグル]
- 子どもたちはくすくす笑い出した.
  The children started *giggling*.

**ぐずぐず**(のろのろと)slowly[スロウリィ]
- ぐずぐずするな.
  Hurry up. / Don't *waste time*.(◀急げ)
- ぐずぐずしないで宿題を片付けなさい.
  Stop *wasting time* and finish your homework.

**くすぐったい** tickle[ティックル]
- 背中がくすぐったい. My back *tickles*.

**くすぐる** tickle[ティックル]
- くすぐるのをやめてよ. Stop *tickling* me.

**くずす**【崩す】(お金を)change[チェインヂ]; (ものを)break[ブレイク]
- 彼は千円札を崩した.
  He *changed* the thousand-yen bill.
- 言葉の壁(か)を崩そう.
  Let's *break down* the language barrier.
- 体調を崩した. I fell sick.

## くすり【薬】

(内服薬)(a) medicine[メダスィン], a drug[ドゥラッグ](▶drugはしばしば「麻薬(数)」の意味で用いる); (塗(ぬ)り薬)an ointment[オイントマント]
- 頭痛に効く薬はありませんか.
  Do you have *medicine* for a headache?
- この薬は花粉症(ξ&)によく効きますよ.
  This *medicine* is good for hay fever.
- 病院で薬をもらった.
  I got some *medicine* from the doctor.
- 毎食後このせき止めの薬を2錠(ᠷ&)飲みなさい.
  Take two tablets of this cough *medicine* after each meal.(▶「薬を飲む」ときはdrinkを使わないことに注意)

### 薬のいろいろ

飲み薬

錠剤(ξ&) 　　粉薬　　　カプセル
pill [tablet]　powder　pill [capsule]

シロップ syrup
トローチ a (throat) lozenge

塗り薬　軟こう ointment, lotion
貼り薬　湿布(&%) pack, compress

| 薬箱 a medicine chest
| 薬店, 薬局 a pharmacy, ⊛a drugstore, ⊛a chemist's (shop)
| 薬屋さん(人), 薬剤師 a pharmacist, ⊛a druggist, ⊛a chemist

**くすりゆび**【薬指】the ring finger[リング フィンガァ]→ゆび 図

**くずれる**【崩れる】collapse[カラプス], break (down)[ブレイク]; (型が)lose *one*'s shape[ルーズ][シェイプ]
- そのトンネルは地震(乢)で崩れた.
  The tunnel *collapsed* in the earthquake.
- 天気が崩れた. The weather *broke*.
- かばんの形が崩れてしまった.
  The bag has *lost its shape*.

**くすんだ**(色が)dull[ダル], somber[サンバァ]

## くせ【癖】

a habit[ハビット]; (やり方)a way[ウェイ]
- 悪い癖がついてしまった.
  I fell [got] into a bad *habit*.
- 悪い癖を直そうとしている.
  I'm trying to break my bad *habits*.
- 彼はつめをかむ癖がある.
  He has the *habit* of biting his nails.
- 彼女はちょっと癖のある人だ.
  She has some strange *ways*.
━癖になる become a habit
| 癖毛(整えにくい髪(数))unruly hair; (縮れた髪)curly hair

**…くせに**【…のくせに】(…にもかかわらず)although …[オールゾウ], though …[ゾウ]
- リョウはスマホを持っていたくせに電話に出なかった. *Although* Ryo had his smartphone, he didn't answer it.

**くせん**【苦戦】a hard fight[ハード ファイト];（競技などで）a tight game[タイト ゲイム]→せっせん
━苦戦する have a hard fight, have a tight game

**くそっ!** Darn（it）![ダーン]

**くだ**【管】a tube[トューブ];（パイプ）a pipe[パイプ]

**ぐたいてき**【具体的な】concrete[カンクリート]（⇔抽象(ちゅうしょう)的な abstract);（明確な）specific[スピスィフィック]
・具体的な証拠(しょうこ) concrete evidence
━具体的に concretely;（詳(くわ)しく）in detail

**くだく**【砕く】break[ブレイク], crush[クラッシュ]
・氷を砕いた．I crushed the ice.

**くたくた**【くたくたである】be tired out[タイアドアウト], be exhausted[イグゾースティド]→つかれる
・2時間歩いたのでくたくただ．I'm tired out because I walked for two hours.

**くだける**【砕ける】break[ブレイク], smash[スマッシュ]
・波が岩に砕けた．
The waves *broke* against [on] the rocks.
・花瓶(かびん)が床(ゆか)に落ちて粉々に砕けた．
The vase fell onto the floor and *smashed* to bits.

# ください

(Please) give me ...[(プリーズ)];（I'd like)..., please[(ライク)]
・りんごを5個ください．
*Give me* five apples, *please*.
・チーズバーガーをください．
(*I'd like*) a cheeseburger, *please*.
・その赤いのをください．
*I'll take* that red one.

## …ください【…(して)ください】

❶…してほしい
　　Please＋〈動詞の原形〉,
　　Will you＋〈動詞の原形〉?,
　　Would you＋〈動詞の原形〉?
❷…しないでほしい
　　Please don't＋〈動詞の原形〉

❶[…してほしい]Please＋〈動詞の原形〉[プリーズ], Will you＋〈動詞の原形〉?, Would you＋〈動詞の原形〉?[ウッド]
・窓を開けてください．
*Please* open the window. / *Will you* open the window (, *please*)? / *Would you* (*please*) open the window?（▶後になるほどていねいな言い方）
・(私と)仲よくしてください．
*Please* be my friends.
・もう少し静かにしてください．*Would you* (*please*) be a little more quiet?
❷[…しないでほしい]Please don't＋〈動詞の原形〉
・そんなに大きな音を立てないでください．
*Please don't* make so much noise.

**くたびれる** be [get] tired[タイアド]
・先生の話を聞くのにくたびれた．
I *was tired* of listening to my teacher.

## くだもの【果物】

(a) fruit[フルート]

市場内の果物店（米国）

・私は毎日果物を食べる．I eat *fruit* every day.
・バナナ，パパイアなどの熱帯産の果物 tropical *fruit*(s) such as bananas and papayas

> **ここがポイント!** fruitにaをつける？
> 「果物」とまとめて言うときのfruitは数えられない名詞として扱い，ふつうaをつけたり複数形にしたりはしません．ただし果物の種類や個々の果物を言うときには，aをつけたり複数形にしたりすることもあります．

| 果物ナイフ a fruit [paring] knife
| 果物店 a fruit shop [store]

### 果物のいろいろ
いちご a strawberry / いちじく a fig
さくらんぼ a cherry / ざくろ a pomegranate
すいか a watermelon / なし a pear
ぶどう a grape / 桃 a peach
りんご an apple / オレンジ an orange
キウイ a kiwi / グレープフルーツ a grapefruit
バナナ a banana / パイナップル a pineapple
パパイア a papaya / ブルーベリー a blueberry
プラム a plum / マンゴー a mango
メロン a melon / ライチ a lychee
ライム a lime / ラズベリー a raspberry
レモン a lemon

**くだらない**（価値のない）**worthless**[ワースリス]；（ばかげた）**silly**[スィリィ]
- あのテレビ番組はくだらない．
 That TV program is *silly*.

**くだり**【下りの】**down**[ダウン]（⇔上りの up）；（坂道が）**downhill**[ダウンヒル]
- 下りのエスカレーター a *down* escalator
- 道はそこから下りになった．
 The road went *down* from there.
▶下り列車 an outbound train

**くだりざか**【下り坂】**a downward slope**[ダウンワァド スロウプ]
- 下り坂を転がり落ちた．
 I fell *down the hill*.
- 天気は下り坂だ．
 The weather is *changing for the worse*.

**くだる**【下る】**go down**[ゴゥ]（⇔上る go up）；（山を）**climb down**[クライム]
- 彼らはいかだで川を下った．
 They *went down* the river on a raft.
- 私たちは急いで山を下った．We *climbed [went] down* the mountain in a hurry.
- 観客は6万人を下らなかった．There were more than 60,000 spectators.

# くち【口】

| | |
|---|---|
| ❶人・動物などの | a mouth |
| ❷味覚 | taste |
| ❸しゃべること | (a) tongue |

くちびる — lip
歯 — tooth
舌 — tongue

❶[人・動物などの] **a mouth**[マウス]
- 彼女は口を閉じた．She closed her *mouth*.
- 口を大きく開けなさい．
 Open your *mouth* wide.
- 瓶（&#12441;ん）の口 the *mouth* of a bottle

❷[味覚] **taste**[テイスト]
- 日本料理はメグの口には合わなかった．
 Japanese food wasn't to Meg's *taste*.
- これは口に合う．It *tastes* good.（▶このtasteは動詞）

❸[しゃべること] **(a) tongue**[タング]
- あなたって本当に口が悪いわね．
 You really have a sharp *tongue*.
- 彼は口が軽い．He cannot keep a secret.
- 彼は口が重い．He's a person of few words.
- 私のことに口を出さないで．Don't poke [stick] your nose into my affairs.

---慣用表現---

口は災（わざわ）いの元．Words can get you into trouble.
良薬は口に苦し．Good medicine often tastes bitter.

---

**口癖**（くせ）（好きな言葉）**one's favorite phrase**：「どうにかなるさ」が彼の口癖だ．"It'll be OK" is *his favorite phrase*.

**ぐち**【愚痴】**a complaint**[カンプレイント]
━愚痴をこぼす **complain**

**くちあたり**【口当たり】**texture**[テクスチャア]
━口当たりがいい **smooth, mild**

**くちうるさい**【口うるさい】**nagging**[ナギング]

**くちごたえ**【口答えする】《話》**talk back**[トーク バック]，**answer back**[アンサァ]
- 先生に口答えしてはいけません．
 Don't *talk back* to the teacher.

**くちコミ**【口コミで】**by word of mouth**[ワード][マウス]
- そのレストランは口コミで人気が出た．
 The restaurant became popular *by word of mouth*.

**くちさき**【口先】**all talk**[オール トーク]
- 彼は口先だけで行動しない．
 He is *all talk* and no action.
- 口先だけの約束をしないで．
 Don't make a promise you can't keep.

**くちずさむ**【口ずさむ】**sing**[スィング]，**hum**[ハム]

**くちばし**（はと・あひるなどの）**a bill**[ビル]；（猛鳥（もうきん）類のかぎ状の）**a beak**[ビーク]

# くちびる【唇】

**a lip**[リップ]（▶ふつう複数形で用いる）→ くち 図
- 上［下］唇 the upper [lower] *lip*
- 唇をなめないで．
 Don't lick your *lips*.
- レンは（黙（だま）っていろと）唇に指を当てた．
 Ren put a finger to his *lips*.
- 彼は彼女の唇にキスした．
 He kissed her on the *lips*.

**くちぶえ**【口笛】**a whistle**[(ホ)ウィッスル]
━口笛を吹（ふ）く **whistle**
- 彼女は口笛を吹いて犬を呼んだ．
 She *whistled* to [for] her dog.

**くちべた**【口下手】（人）**a poor speaker**[プァ スピーカァ]

**くちべに**【口紅】**(a) lipstick**[リップスティック]
- 口紅2本 two *lipsticks*
- 口紅をつけたいな．I want to wear *lipstick*.
- マオは鏡に向かって口紅をつけた．Mao put *lipstick* on in front of the mirror.

**くちもと**【口元】**mouth**[マウス]
**ぐちゃぐちゃ**【ぐちゃぐちゃな】**messy**[メスィ]→ごちゃごちゃ, めちゃくちゃ
**くちょう**【口調】**a tone**[トウン]
- 彼の口調が突然(ﾄﾂｾﾞﾝ)変わった. His *tone*(of voice)changed suddenly.
- ケンは怒(ｵｺ)った口調で「わかってるよ」と言った. Ken said, "I know," in an angry *tone*.

### くつ【靴】
(短靴)**a shoe**[シュー]; (スニーカー)**a sneaker**[スニーカァ]; (長靴)**a boot**[ブート](▶いずれもふつう複数形で用いる)
- 靴1足 a pair of *shoes*(▶靴2足はtwo pairs of *shoes*)
- 玄関で靴を履(ﾊ)いた. I put on my *shoes* at the entrance.
- 玄関で靴を脱(ﾇ)いだ. I took off my *shoes* at the entrance.
- この靴は少しきつい. These *shoes* are a little tight.
- たまには靴を磨(ﾐｶﾞ)きなさい. Polish your *shoes* once in a while.
- 靴を履いたまま入っていいですか. Is it all right to enter with my *shoes* on?

スニーカー sneakers   ブーツ boots

ローファー loafers
厚底靴 platform shoes   ハイヒール high heels   ゴム長靴 rubber boots

▎靴墨(ｽﾞﾐ) **shoe polish**
▎靴擦(ｽﾞ)れ **a blister**
▎靴箱(げた箱) **a shoe rack**
▎靴ひも **a shoestring**, **a shoelace**
▎靴べら **a shoehorn**
▎靴店《主に》**a shoe store**,《主に》**a shoe shop**
▎靴職人 **a shoemaker**

**くつう**【苦痛】(**a**)**pain**[ペイン]
**クッキー** **a cookie**[クッキィ], **a biscuit**[ビスキット]
**くっきり**【くっきりと】**clearly**[クリアリィ]
**クッキング cooking**[クッキング]
▎クッキングスクール **a cooking school**
**くつした**【靴下】(短い靴下)**a sock**[サック]; (ハイソックス)**a knee sock**[ニー](▶いずれもふつう複数形で用いる)
- 靴下1足 a pair of *socks*(▶靴下2足はtwo pairs of *socks*)
- 靴下を履(ﾊ)いた. I put on my *socks*.
- 靴下を脱(ﾇ)いだ. I took off my *socks*.
▎靴下どめ **sock glue**

**クッション a cushion**[クッション]
**グッズ goods**[グッヅ]
**ぐっすり**(よく)**well**[ウェル]
- ゆうべはぐっすり眠(ﾈﾑ)れた？ Did you sleep *well* last night?
- ぐっすり眠れた. I slept *soundly*.
**ぐったり**(非常に疲(ﾂｶ)れている)**be dead tired**(**from ...**)[デッド タイアド], **be exhausted**[イグゾースティド]→くたくた
- みんな暑さでぐったりしていた. Everybody *was exhausted* from the heat.
**くっつく stick**[スティック], **cling**[クリング]; (ごく近くにいる)**be close together**[クロウス タゲザァ]
- ガムが靴(ｸﾂ)のかかとにくっついた. I have chewing gum *stuck* to the heel of my shoe.
**くっつける**(合わせる)**join**[ヂョイン], **put together**[タゲザァ]; (のりなどで)**paste**[ペイスト], **glue**[グルー], **stick**[スティック]
- 私は接着剤(ｻﾞｲ)で2つの破片(ﾊﾍﾝ)をくっつけた. I *joined* the two pieces with glue.
**ぐっと**(しっかり)**firmly**[ファームリィ]; (いちだんと)**much**[マッチ], **remarkably**[リマーカブリィ]
- 妹は私の手をぐっと握(ﾆｷﾞ)りしめた. My sister held my hand *firmly*.
- カナは去年ぐっと背が伸(ﾉ)びた. Kana grew *much* taller last year.
- その映画のラストシーンにはぐっときた. The last scene of the movie *touched* me *deeply*.
**グッピー**【魚】**a guppy**[ガッピィ]
**くつろぐ make** *one*self **at home**[ホウム], **relax**[リラックス]
- どうぞおくつろぎください. Please *make yourself at home*.
- 彼は日曜日の午後はふつう家でくつろいでいる. He usually *relaxes* at home on Sunday afternoons.
**くどい**
- 彼女の話はくどい. She *never stops* talking.
- くどいようだけど遅刻(ﾁｺｸ)しないでね. Sorry for *repeating myself*, but don't be late.

## くとうてん

**くとうてん**【句読点】a punctuation mark[パンクチュエイション マーク]（▶コンマ(,), ピリオド(.), コロン(:), セミコロン(;), 疑問符(ぎ)(?)など）

## くに【国】

a country[カントゥリィ], a nation[ネイション]; (故郷)one's hometown[ホウムタウン], one's home[ホウム]

- その国の公用語は英語だ. The official language of that *country* is English.
- 世界にはいくつ国がありますか. How many *countries* are there in the world?
- いろいろな国の友達がいる. I have friends from different *countries*.
- 日本は島国だ. Japan is an island *country*.
- お国はどちらですか. Where are you from?

**くにぐに**【国々】countries[カントゥリィズ], nations[ネイションズ]

- アジアの国々 the *countries* of Asia

**くばる**【配る】(配布する)hand out[ハンド アウト], give out[ギヴ]; (配達する)deliver[ディリヴァァ]

- 先生はテスト用紙を配った. The teacher *handed out* the test papers.

## くび【首】

| ❶人間・動物の | a neck; (頭部)a head |
| ❷解雇(かいこ) | (a) dismissal |

❶[人間・動物の]a neck[ネック]; (頭部)a head[ヘッド] → あたま ポイント!

- きりんは首が長い. Giraffes have long *necks*.
- 彼は首にマフラーを巻いていた. He was wearing a scarf around his *neck*.
- アミは首を横に振(ふ)って「ノー」と言った. Ami shook her *head* and said "No."
- 首筋が寒い. The back of my *neck* feels cold.
- 首を縦に振った. I nodded yes.（▶同意や賛成などを表す）

❷[解雇](a) dismissal[ディスミサル]

ー首になる get fired, be dismissed

- 彼は首になった. He was *fired*. / He *lost* his *job*.

〘慣用表現〙

首を長くする: マイは夏休みを首を長くして待っている. Mai is *looking forward to* the summer vacation.

**くびかざり**【首飾り】a necklace[ネックリス]
**くびわ**【首輪】(犬などの)a collar[カラァ]
**くふう**【工夫】(仕掛(しか)け)a device[ディヴァイス]; (考え)an idea[アイディア]

- 何かうまい工夫はありませんか. Don't you have any good *ideas*?

ー工夫する devise[ディヴァイズ]

**くぶん**【区分】a division[ディヴィジョン], a section[セクション]

ー区分する divide[ディヴァイド]

**くべつ**【区別】(a) distinction[ディスティンクション]

ー区別する(…を〜から)tell (... from 〜)[テル]

- イタリア語とスペイン語を区別するのは難しい. It's difficult to *tell* Italian *from* Spanish.

**くぼみ** a hollow[ハロゥ]; (路上の)a pothole[パットホウル]

- 道路のくぼみ a *pothole* in the road

ー くぼんだ hollow
ー くぼむ become hollow, sink

**くま**【熊】[動物]a bear[ベア]

- 白熊[ひぐま] a polar [brown] *bear*
- 熊のぬいぐるみ a teddy *bear* / a stuffed bear

**くまで**【くま手】a rake[レイク]

## くみ【組】

| ❶学級 | a class |
| ❷集団 | (グループ)a group; (チーム)a team |
| ❸ひとそろい | a set; (一対(いっつい))a pair |

❶[学級]a class[クラス]

- 私たちは去年いっしょの組だった. We were in the same *class* last year.
- アキは3年D組だ. Aki belongs to *Class* 3-D.

❷[集団](グループ)a group[グループ]; (チーム)a team[ティーム]

- 先生は私たちを5つの組に分けた. The teacher divided us into five *groups*.
- 今年は白組が赤組に勝った. The white *team* beat the red *team* this year.

❸[ひとそろい]a set[セット]; (一対)a pair[ペア]

- 1組の茶器 a tea *set*
- 1組の銀器 a *set* of silverware
- 2人1組で行動した. We did it in *pairs*.

**グミ**（菓子）(a) gummy (candy)[ガミィ]
**くみあい**【組合】a union[ユーニアン]

- 労働組合
  ㊎a labor *union*, ㊈a trade *union*

**くみあわせ**【組み合わせ】(a) combination[カンバネイション]; (競技などの)a match[マッチ], (a) pairing[ペアリング]

- テニスの試合の組み合わせ the *pairings* for the tennis tournament

**くみあわせる**【組み合わせる】(結合させる)

combine[カンバイン], put together[タゲザァ]; (取り合わせる) match[マッチ]
- 新しいジーンズに黄色いTシャツを組み合わせた. I *put together* my yellow T-shirt and my new jeans.

**くみきょく**【組曲】【音楽】a suite[スウィート]

**くみたて**【組み立て】(作業) assembly[アセンブリィ]; (構造)(a) structure[ストゥラクチァ]

**くみたてる**【組み立てる】assemble[アセンブル], put together[タゲザァ], build[ビルド]
- 鉄道模型を組み立てた. I *built* a model train.
- ジグソーパズルを組み立てた. I did a jigsaw puzzle.

## くむ[1]【組む】

| ❶交差させる | (腕(ﾃ)を)fold; (脚(ﾃ)・腕を)cross |
| --- | --- |
| ❷協力する | work together, cooperate |
| ❸ペアになる | pair (with ...) |

❶[交差させる](腕を)fold[フォウルド]; (脚・腕を)cross[クロース]
- 彼女は腕を組んだ. She *folded* her arms.
- 彼は脚を組んで座(ﾜ)っていた. He was sitting with his legs *crossed*. (▶「あぐらをかく」はsit cross-legged)

sit with one's legs crossed / sit cross-legged

- トモがアキと腕を組んで歩いているのを見た. I saw Tomo walking arm in arm with Aki.

❷[協力する]work together[ワーク タゲザァ], cooperate[コウアパレイト]
- 私はナオと組んで実験をした. Nao and I *worked together* to do the experiment.

❸[ペアになる]pair (with ...)[ペア]
- テニスの試合でケイとペアを組んだ. I was *paired with* Kei in the tennis match.
- 5人でグループを組んでください. Make a group of five.

**くむ[2]**(水などを)draw[ドゥロー]; (ポンプで)pump[パンプ]
- 彼らは水タンクから水をくんだ. They *drew* [*pumped*] water from the water tank.

## くも[1]【雲】

a cloud[クラウド]
- 雨雲 a rain *cloud*
- 厚い雲 a thick [heavy] *cloud*(s)
- 入道雲 a thunderhead / huge column of *clouds*
- 雲が出てきた. It became cloudy.
- 空には雲1つなかった. There was not a single *cloud* in the sky.

―雲のない cloudless
―雲の多い cloudy

**くも[2]**【虫】a spider[スパイダァ]
- くもの巣 a *spider*'s web / a cobweb
- くもの糸 a *spider*'s thread

## くもり【曇り】

cloudy (weather)[クラウディ (ウェザァ)]
- 九州南部は一日中曇りでしょう. It will be *cloudy* all day in southern Kyushu.
- 曇り時々雨 *cloudy* with occasional rain

―曇りの cloudy
曇りガラス frosted glass
曇り空 a cloudy sky

## くもる【曇る】

(空が) get [become] cloudy[クラウディ], cloud (over)[クラウド]; (ガラスなどが) fog up[ファグ]
- だんだん曇ってきた. It's *getting cloudy*.
- その知らせに彼女の顔が曇った. Her face *clouded over* at the news.
- 眼鏡が曇ってよく見えなかった. I couldn't see well because my glasses *fogged up*.

―曇った cloudy
- 曇った日はいつも気がめいる. I always feel depressed on a *cloudy* day.

## くやしい【悔しい】

(人が) be frustrated[フラストゥレイティド], be disappointed[ディサポインティド]; (事が) disappointing[ディサポインティング]
- 1点差で負けたときは本当に悔しかった. I *was* really *frustrated* when I lost by one point.
- 悔しい結果 a *disappointing* result

―悔し泣きする cry with frustration[クライ][フラストゥレイション]

**くやしさ**【悔しさ】regret[リグレット], frustration[フラストゥレイション]

# くやみ

- 悔しさをばねに頑張(がんば)る. I will use my *frustration* as motivation to work harder.

**くやみ**【悔やみ】**condolences**[カンドウランスィズ]
- お悔やみ申し上げます.
 Please accept my *condolences*.

**くやむ**【悔やむ】(後悔(こうかい)する)**regret**[リグレット]; (残念に思う)**be sorry**[サリィ]
- もっと勉強しておけばよかったと悔やんでいる. I *regret* that I didn't study harder.
- 今やらないと後で悔やむぞ.
 You'll *be sorry* if you don't do it now.

**くよくよ**【くよくよする】**worry** (**about** ..., **over** ...)[ワーリィ]
- そんなことでくよくよするな.
 Don't *worry about* such things.
- くよくよしないで. だいじょうぶだから.
 Take it easy. It's going to be all right.

**くら¹**【倉, 蔵】➡そうこ
**くら²**【鞍】**a saddle**[サドゥル]

## くらい¹【暗い】

| ❶場所・光が | (場所・色などが)**dark**; (光が)**dim** |
| ❷気持ちが | (陰気(いんき)な)**gloomy**; (気落ちした)**depressed** |

❶[場所・光が](場所・色などが)**dark**[ダーク](⇔明るい **light**); (光が)**dim**[ディム](⇔明るい **bright**)
- 君の部屋は暗い.
 It's *dark* in your room.
- 暗い所で読書するのは目によくない.
 It is not good for your eyes to read in a *dim* light.
**─暗くなる get** [**become**] **dark**
- 暗くならないうちに before (it *gets*) *dark*

❷[気持ちが](陰気な)**gloomy**[グルーミィ]; (気落ちした)**depressed**[ディプレスト]
- 彼は暗い性格だ. He tends to be *gloomy*.
- その知らせに彼女の気持ちは暗くなった.
 The news made her *depressed*.

**くらい²**【位】(地位・身分)(**a**) **rank**[ランク]; (等級)(**a**) **grade**[グレイド]; (数字の)**a digit**[ディヂット], (小数点以下の)**a place**[プレイス]
- 位の高い人 a person of high *rank*
- 100の位の数 a three-*digit* number
- 100分の1の位の数
 a number in the second decimal *place*

## …くらい

| ❶約… | **about** ..., ⑱《話》**around** ... |
| ❷…と同じくらい〜 | **as** 〜 **as** ... |
| ❸少なくとも… | **at least** |
| ❹…できないほど〜 | **too** 〜 **to** ... |

❶[約…]**about** ...[アバウト], ⑱《話》**around** ...[アラウンド]
- 山本先生は30歳(さい)くらいだ.
 Mr. Yamamoto is *about* thirty years old.
- 10分くらいで戻(もど)ります.
 I'll be back in *about* ten minutes.
- 300人くらいの生徒が体育館に集まった.
 *About* [*Around*] three hundred students gathered in the gym.

❷[…と同じくらい〜]**as** 〜 **as** ...
- マキは私と同じくらいの身長だ.
 Maki is *as* tall *as* I am.
- 3年生に負けないくらい強くなりたい.
 I want to be *as* strong *as* the third-year students.

❸[少なくとも…]**at least**[リースト]
- 2つくらいは外国語を話せるようになりたい.
 I want to be able to speak *at least* two foreign languages.

❹[…できないほど〜]**too** 〜 **to** ...[トゥー]
- 食事もできないくらい眠(ねむ)かった.
 I was *too* sleepy *to* eat. / I was *so* sleepy *that* I *couldn't* eat.

**グライダー a glider**[グライダァ]
**クライマックス a climax**[クライマックス]
- 劇はクライマックスに達した.
 The drama reached its *climax*.

**クラウドファンディング crowdfunding**[クラウドファンディング](▶ crowd(大勢の人)＋funding(資金調達)から)

**グラウンド**(学校の運動場)**a playground**[プレイグラウンド]; (競技場)**a field**[フィールド], **a ground**[グラウンド]
- サッカーグラウンド a soccer *field*
 グラウンドコンディション ground conditions
 グラウンドストローク a ground stroke
 グラウンド整備 groundskeeping

**ぐらぐら**【ぐらぐらする】(不安定である)**loose**[ルーズ], **unsteady**[アンステディ], **shaky**[シェイキィ]; (煮(に)え立つ)**boil**[ボイル]
- 歯がぐらぐらする. I have a *loose* tooth.

**くらげ**【動物】**a jellyfish**[チェリィフィッシュ](複 jellyfish)

**くらし**【暮らし】(生活)(**a**) **life**[ライフ](複 lives[ライヴズ]); (生計)**a** [**one's**] **living**[リヴィング]
- アメリカでの暮らしはどうですか.

How is *life* in the U.S.?
- 彼女は質素な暮らしをしている.
She leads a simple *life*.
- 彼は絵を描(か)いて暮らしを立てている.
He earns *his living* as a painter.

▍暮らし向き: 暮らし向きがいい[悪い] **be well [badly] off**

**クラシック**【クラシックな】(古典的な)**classical** [クラスィカル]
- クラシックバレエ[音楽]
*classical* ballet [music]

**くらす**【暮らす】**live**[リヴ] → くらし
- 都会でひとりで暮らしてみたい.
I want to *live* alone in a big city.
- 彼らは幸せに暮らしている. They *live* happily. / They lead a happy life.

# クラス

**a class**[クラス]
- カナと私は去年同じクラスだった. Kana and I were in the same *class* last year.
- 君のクラスには女子は何人いますか.
How many girls are there in your *class*?
- クラスの意見が分かれた. Opinion was divided in the *class*. (▶この classは「クラスの生徒たち」の意)
- (飛行機の)ファースト[エコノミー]クラス first [economy] *class*
- 吉野先生は私たちのクラスの担任だ.
Ms. Yoshino is our *homeroom* teacher.

▍クラス委員 **a class officer**
▍クラス会 **a class meeting**; (卒業後の) **a class reunion**
▍クラス替(が)え: クラス替えがあった. We had a *class change* [*shuffle*].
▍クラス対抗(こう)試合 **an interclass meet**
▍クラスメート **a classmate**

**グラス a glass**[グラス] → コップ
- ワイングラス a wine *glass*

**グラタン**【料理】**gratin**[グラートゥン]; **casserole**[キャサロウル] (▶ともにフランス語から)
- マカロニグラタン macaroni au *gratin*, macaroni and cheese

**クラッカー**(菓子)**a cracker**[クラッカァ], 愛 **a biscuit**[ビスキット]; (爆竹(ばく)) **a cracker**

**グラニューとう**【グラニュー糖】**granulated sugar**[グラニュレイティド シュガァ]

# クラブ[1]

**a club**[クラブ] → ぶかつ
- 私たちのクラブは県大会に出場した.
Our *club* competed in the prefectural tournament.
- 「どのクラブに入っているの?」「美術部だよ」
"What *club* are you in?"
"I'm in the art *club*."

▍クラブ会員 **a club member, a member of the club**
▍クラブ活動 **club activities**

**クラブ**[2] (トランプの)**a club**[クラブ]
- クラブのキング the king of *clubs*

**グラフ a graph**[グラフ]; (表)**a chart**[チャート]
- グラフを描(か)いた.
I drew [made] a *graph*.

▍グラフ用紙 **graph paper**

**グラブ** → グローブ

**グラフィックデザイナー a graphic designer** [グラフィック ディザイナァ]

**くらべる**【比べる】**compare** (... **with** [**to**] ~)[カンペァ]
- 父は何かにつけて私を姉[妹]と比べる.
My father *compares* me *with* my sister in everything.
- 去年の夏に比べたら, 今年はそれほど暑くない.
*Compared to* last summer, it's not so hot this year.

**くらむ**(目が)**be dazzled**[ダズルド]
- 車のヘッドライトで目がくらんだ.
I *was dazzled* by the car headlights.

**グラム a gram**[グラム] (▶ g., g, gm., gr. と略す)

**くらやみ**【暗やみ】**the dark**[ダーク], **darkness**[ダークニス]
- 暗やみで目が見える動物もいる.
Some animals can see in *the dark*.

**クラリネット**【楽器】**a clarinet**[クラリネット]

**グランド** → グラウンド

**グランドスラム a grand slam**[グランド スラム] (▶テニス・ゴルフでは主要4大会のすべてに優勝すること. 野球では満塁(まん)ホームラン)

**グランドピアノ a grand piano**[グランド ピアノゥ]

**グランピング glamping**[グランピング] (▶ glamorous (魅力(りょく)的な) + camping (キャンプ)から)

**グランプリ a grand prix**[グラーン プリー] (▶フラ

# くり

ンス語から）
**くり**〖植物〗**a chestnut**[チェスナット]
▶くり拾い **chestnut gathering**
**クリア**【クリアする】**clear**[クリァ]；（ゲームを）**beat**[ビート]，**complete**[カンプリート]
- ケイはレベル5をクリアした．
  Kei *beat* the fifth level.
**くりあげる**【繰り上げる】（予定を）**move up**[ムーヴ]，**advance**[アドゥヴァンス]
- 私たちはコンサートの日取りを3日繰り上げた．
  We *advanced* [*moved up*] the date of the concert by three days.
**グリーティングカード a greeting card**[グリーティング カード]
**クリーナー a cleaner**[クリーナァ]
**クリーニング cleaning**[クリーニング]，**laundry**[ローンドゥリィ]；（ドライクリーニング）**dry cleaning**[ドゥライ]

> クリーニング店 **a laundry, a cleaner(')s**（▶米国ではアポストロフィ（'）のない **a cleaners** が用いられることがある）：コートをクリーニング（店）に出した．I sent a coat to the *laundry* [*cleaner's*].

米国のクリーニング店

**クリーム**（食品）**cream**[クリーム]；（化粧(しょう)品）（**a**）**cream**
- コーヒーにクリームを入れますか．
  Do you like *cream* in your coffee?
- 手にクリームを塗(ぬ)った．
  I put hand *cream* on my hands.
- リップクリーム **lip balm**

| クリーム色 **cream** |
| クリームソーダ **a melon soda float**（▶「クリームソーダ」は和製英語） |
| クリームチーズ **cream cheese** |
| クリームパン **a cream bun** |

**グリーン**（緑）**green**[グリーン]

| グリーンエネルギー **green energy** |
| グリーン車 **a first-class car** |
| グリーンピース（豆）**(green) peas**；（国際環境保護団体）**Greenpeace** |

**クリエイター a creator**[クリィエイタァ]

**くりかえし**【繰り返し】（**a**）**repetition**[レピティション]；（歌の）**a refrain**[リフレイン]
**くりかえす**【繰り返す】
**repeat**[リピート]
- 私の後について繰り返しなさい．
  *Repeat* after me.
- 私はよく同じ間違(ちが)いを繰り返す．
  I often make the same mistakes.
━繰り返し（て）**repeatedly**；（何度も）**over and over**（**again**）；**again and again**
- その漫画(まんが)を繰り返し読んだ．I read that manga [comic book] *again and again*.
**クリケット**〖スポーツ〗**cricket**[クリキット]
**くりさげる**【繰り下げる】**move back** [**down**][ムーヴ バック[ダウン]]，**put off**[プット オーフ]
**クリスチャン a Christian**[クリスチャン]
**クリスマス Christmas**[クリスマス]（★つづり注意）；（クリスマスの日）**Christmas Day**[デイ]➡年中行事【口絵】

- もうすぐクリスマスだ．
  *Christmas* is coming soon.

> 話してみよう！
> ☺メリークリスマス！
> Merry *Christmas*!
> 😊メリークリスマス！
> (The) Same to you!
> （▶カードには I wish you a Merry Christmas and a Happy New Year. などと書く．また，宗教に関係なく使える "Happy Holidays!" も多く使われる）

- 私たちはクリスマスにスキーに行く．
  We are going skiing at *Christmas*.（▶at Christmasは「クリスマスの時期に」の意）

| クリスマスイブ **Christmas Eve** |
| クリスマスカード **a Christmas card** |
| クリスマス会 **a Christmas party** |
| クリスマスケーキ **a Christmas cake** |
| クリスマスツリー **a Christmas tree** |
| クリスマスプレゼント **a Christmas present** [**gift**] |

▎クリスマスリース a Christmas wreath
**クリック**[コンピュータ]**a click**[クリック]
- **クリックする click**
- アイコンをクリックしてください．
 Please *click* (on) the icon.
- ダブルクリックする double *click*

**クリップ** a clip[クリップ]; (紙留め)a paper clip[ペイパァ]
- その書類をクリップで留めた．
 I *clipped* the papers together.

**グリップ** a grip[グリップ]
**クリニック** a clinic[クリニック]
**グリル** a grill[グリル]

## くる【来る】

| ❶やって来る | come; (訪問する)visit; (到着する)arrive |
| --- | --- |
| ❷変化する | (…になる)become, get; (…し始める)begin |
| ❸由来する | come from … |

❶[やって来る]come[カム](⇔行く go); (訪問する)visit[ヴィズィット]; (到着する)arrive[アライヴ]→いく くらべて!
- こっちに来なさい．*Come* here.
- バスが来たよ．
 Here *comes* the bus.
- あなたはいつ日本に来たのですか．
 When did you *come* to Japan?

…しに来る
come and+〈動詞の原形〉/
come to+〈動詞の原形〉
- 来週遊びに来ませんか．Why don't you *come and* [*to*] see me next week?(▶《話》では come and see のほうをよく使う)
- 友達が家に泊(と)まりに来た．My friend *came to* stay overnight at my house.
- 多くの観光客が京都に来る．
 A lot of tourists *visit* [*come to*] Kyoto.
- 列車は時間どおりに来た．
 The train *arrived* on time.
- この町には前に来たことがある．
 I've *been to* this town before.(▶have been to …は経験を表す現在完了形で「…に行った[来た]ことがある」の意)

❷[変化する](…になる)become[ビカム], get[ゲット]; (…し始める)begin[ビギン]
- 日がだんだん短くなってきている．
 The days are *becoming* shorter.
- 暗くなってきた．It's *getting* dark.
- 雪が降ってきた．
 It *began* to snow. / It *started* snowing.

…するようになってくる
come to+〈動詞の原形〉
- 数学の授業がわかるようになってきた．
 I've *come to* understand the math class.

❸[由来する]come from …
- 北海道の地名の多くはアイヌ語から来ている．
 Many of the place names in Hokkaido *come from* the Ainu language.

**くるう**【狂う】(気が)go crazy[クレイズィ]; (夢中になって)be crazy about …[アバウト]; (機械などが)go wrong[ローング], get out of order[オーダァ]; (予定などが)go wrong, be upset[アプセット]
- 兄はサッカーに狂っている．
 My brother *is crazy about* soccer.
- あの時計は狂っている．
 That clock *is wrong*.
- その事故で私たちの計画はすべて狂ってしまった．All our plans *were upset* by that accident. / All our plans *went wrong* because of that accident.

## グループ

a group[グループ]
- グループを作った．We formed a *group*.
- グループに分かれよう．
 Let's break up into *groups*.
- 京都ではグループで自由行動をした．
 We were free to go around in *groups* in Kyoto.

 グループ学習 group study, group work
 グループ活動 group activities
 グループ交際 group dating

**くるくる**【くるくる回る】go［turn］round and round[ゴゥ[ターン] ラウンド], spin[スピン](▶英語では動詞で表すことが多い)

**ぐるぐる**(回る)go［turn］round and round[ゴゥ[ターン] ラウンド]; (旋回(せん)する)circle[サークル]; (巻く)roll[ロウル](▶英語では動詞で表すことが多い)

## くるしい【苦しい】

(困難な)hard[ハード]; (苦痛な)painful[ペインフル]
- 試合に勝つために苦しい練習に耐(た)えた．
 We endured all the *hard* training in order to win the game.
- 炎天下でのランニングは苦しかった．
 It was *painful* to run under the burning sun.
- すごく急いだので息が苦しかった．
 After hurrying so much, I *was out of*

## くるしみ

*breath*.
- その村人たちの生活は苦しい.
  The villagers are *badly off*.

**くるしみ** 【苦しみ】(苦痛)(a) **pain**[ペイン];(困難)(a) **hardship**[ハードシップ]
- 私たちは苦しみを乗り越(こ)えるたびに成長する. We grow each time when we overcome *hardship*.

**くるしむ** 【苦しむ】**suffer**(**from** ...)[サファ];(悩む) **be troubled**[トゥラブルド]
- 彼は病気でひどく苦しんでいた.
  He *suffered* a lot because of his illness.
- 彼女はその失敗のことでまだ苦しんでいる.
  She *is* still *troubled* by her mistake.

**くるしめる** 【苦しめる】**hurt**[ハート], **pain**[ペイン]

**くるぶし** an ankle[アンクル] → あし図

## くるま【車】

❶乗用車　　　a car;(車両一般)a vehicle
❷車輪　　　　a wheel

❶[乗用車] a **car**[カー];(車両一般)a **vehicle**[ヴィーアクル]
- 車に乗ろう.
  Let's get in [into] the *car*.
- 車から降りた.
  I got out of the *car*.

**ここがポイント！** 「車に乗る」と「車から降りる」
乗用車やタクシーなどの乗り降りにはget in [into] ...(…に乗る), get out of ...(…から降りる)を使いますが, バス・列車・自転車・馬などの乗り降りにはget on(乗る), get off(降りる)を使います.

- あなたのお姉さんは車の運転ができますか.
  Can your sister drive a *car*?
- 男の人が車にはねられた.
  A man was hit by a *car*.
- 私たちは車で箱根に行った.
  We went to Hakone by *car*. / We went to Hakone in our *car*. (▶by carは「交通手段としての車で」, in *one*'s carは「…の車に乗って」の意)
- 車に酔(よ)った.
  I got *carsick*.
- おばは車で私を家まで送ってくれた. My aunt drove me home. / My aunt gave me a ride home.

❷[車輪] a **wheel**[(ホ)ウィール]
車いす a **wheelchair**
車酔い **carsickness**

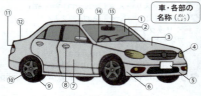

車・各部の名称

①フロントガラス ⊕windshield ⊕windscreen
②ワイパー wiper　③ボンネット ⊕hood ⊕bonnet
④ヘッドライト headlight
⑤ナンバープレート ⊕license plate ⊕number plate
⑥バンパー bumper　⑦ドア door
⑧ドアハンドル door handle　⑨タイヤ ⊕tire ⊕tyre
⑩車輪 wheel　⑪テールランプ taillight
⑫トランク ⊕trunk ⊕boot
⑬サイドミラー ⊕side (view) mirror ⊕wing mirror
⑭ハンドル steering wheel
⑮バックミラー rearview mirror

**くるみ** 〔植物〕a **walnut**[ウォールナット]
くるみ割り a **nutcracker**

**くるむ** **wrap up**[ラップ] → つつむ

**グルメ** a **gourmet**[グァメイ](▶フランス語から)

**くれ¹** 【暮れ】(年末) **the end of the year**[エンド][イア]

**くれ²** (ください) **give me** ...[ギヴ] → ください

**グレー** (灰色) **gray**[グレィ]

**クレーター** a **crater**[クレイタァ]

**クレープ** a **crepe**, a **crêpe**[クレイプ]

**グレープ** (ぶどう)(1粒(つぶ)の)a **grape**[グレイプ];(1房(ふさ)の)a **bunch of grapes**[バンチ]
グレープジュース **grape juice**

**グレープフルーツ** a **grapefruit**[グレイプフルート]

**クレーム** (苦情) a **complaint**[カンプレイント](▶claim[クレイム]は「(権利の)主張, 要求」の意味で「苦情」の意味はない)
- 彼女はサービスについてクレームをつけた.
  She made a *complaint* about the service. / She *complained* about the service.

**クレーン** a **crane**[クレイン]
クレーンゲーム a **crane game**
クレーン車 a **mobile crane**, a **crane truck**

**クレジット** **credit**[クレディット]
クレジットカード a **credit card**

**クレヨン** a **crayon**[クレイアン]
- 24色のクレヨン
  a twenty-four-color *crayon* set
- 彼女はクレヨンで絵を描(か)いた.
  She drew a picture with *crayons*.

## くれる¹

**give**[ギヴ]
- 父が私にこのペンをくれた. My father *gave*

this pen to me. / My father *gave* me this pen.
- みんなが私たちに拍手(はくしゅ)をくれた.
Everyone *gave* us a big hand.

## くれる² 【暮れる】

❶ 日・年などが (日が) **get [grow] dark**; (一年などが) **come to an end**
❷ 途方(とほう)に暮れる **do not know what to do**

❶ [日・年などが] (日が) **get [grow] dark**[ダーク]; (一年などが) **come to an end**[エンド]
- 日が暮れてきた.
It's *getting dark*.
- 今年も暮れた.
This year has *come to an end*.
❷ [途方に暮れる] **do not know what to do**[ノウ]
- 道に迷って途方に暮れた. I *lost my way, and I didn't know what to do*.

## …くれる 【…(して)くれる】

(▶特別に決まった言い方はなく,for＋〈人〉や動詞＋〈人〉,ていねいな言い方などで表す)
- 彼はそれを私のためにしてくれた.
He did it *for me*.
- 弟が机の移動を手伝ってくれた. My brother *helped* me (to) move the desk.
- 窓を開けてくれませんか. *Will [Could] you open the window, please?*
- 友達はわかってくれた.
My friend understood (me).

**クレンザー** (洗剤)**cleanser**[クレンザァ]

## くろ 【黒】

**black**[ブラック]
━ 黒い **black**; (髪(かみ)や皮膚(ひふ)などが) **dark**
- 黒いセーター a *black* sweater
- 私は黒い髪をしている.
I have *black* [*dark*] hair.
| 黒帯 a *black* belt (in judo)
| 黒っぽい **dark, blackish**

## くろう 【苦労】

(面倒(めんどう),骨折り)(**a**) **trouble**[トゥラブル]; (困難,苦難) (**a**) **difficulty**[ディフィカルティ]; (心配) (**a**) **worry**[ワーリィ]
- 親には大変苦労をかけた. I have given [caused] my parents much *trouble*.
- 苦労に耐(た)えた. We endured *hardship*.
━ 苦労する **have trouble [difficulty]** (**in**+

〈-ing形〉)
- 彼は数学の問題を解くのにずいぶん苦労した.
He *had* much *difficulty* (*in*) solving the math problems.

**くろうと** [玄人]**a professional**[プラフェッショヌル], 《話》**a pro**[プロウ] (⇔素人(しろうと) **an amateur**; (専門家, 熟練者) **an expert**[エクスパート]
**クローク a cloakroom**[クロウクルーム]
**クローバー** [植物]**a clover**[クロウヴァ]
- 四つ葉のクローバー
a four-leaf [four-leaved] *clover*

**グローバル** 【グローバルな】**global**[グロウバル]
- グローバルな視点でものを考えるようにしよう. Let's try to think about things from a *global* viewpoint.

**グローブ a glove**[グラヴ] (★発音注意)
- 投手はグローブをはめた.
The pitcher put on a *glove*.

**クロール the crawl**[クロール]
- クロールで泳いだ.
I swam *the crawl*.

**クローン** (複製生物)**a clone**[クロウン]
**くろじ** [黒字]**the black**[ブラック] (⇔ 赤字 **the red**); (利益) (**a**) **profit**[プラフィット]
**くろしお** [黒潮]*Kuroshio*; **the Japan Current**[ヂャパン カーラント]
**グロス¹** (リップグロス)**a lip gloss**[リップ グロス]
**グロス²** (12ダース)**gross**[グロウス]
**クロスカントリースキー cross-country skiing**[クロースカントゥリィ スキーイング]
**クロスワードパズル a crossword** (**puzzle**)[クロースワード (パズル)]
**グロテスク** 【グロテスクな】**grotesque**[グロウテスク]
**クロワッサン** (パン)**a croissant**[クルワサーント] (▶フランス語から) ➡ **パン図**

**くわ¹** [桑][植物]**a mulberry** (**tree**)[マルベリィ]
**くわ²** (農作業用の)**a hoe**[ホウ]
**くわえる¹** [加える]**add**[アッド]; (参加させる)**let ... join**[ヂョイン]
- 砂糖を2さじ加えてください.
*Add* two spoonfuls of sugar.
- 私たちも仲間に加えてよ. *Let* us *join* you.

**くわえる²** (口に)**have [hold] ... in** *one's* **mouth**[ホウルド][マウス]
- 猫(ねこ)が子猫をくわえた.
The cat *held* her kitten *in her mouth*.

**くわがたむし** [くわがた虫][虫]**a stag beetle**[スタッグ ビートゥル]

## くわしい 【詳しい】

## くわずぎらい

**❶詳細(しょうさい)な** detailed;（十分な）full
**❷深く知っている** be familiar (with ...), know ... very well

**❶[詳細な]** detailed[ディティルド]；（十分な）full[フル]
- コンピュータの詳しい知識
  a *detailed* knowledge of computers
- **詳しく** in detail
- そのことについて詳しく教えてください．
  Please tell me about it *in detail*.

**❷[深く知っている]** be familiar (with ...)[ファミリア], know ... very well[ノウ][ウェル]
- ケンはＳＦ映画に詳しい．
  Ken *knows a lot* about sci-fi movies.

**くわずぎらい**【食わず嫌い】
- 祖母はピザを食わず嫌いしている．
  My grandmother doesn't like pizza even though she's never even tried it.

**くわだて**【企て】（計画）a plan[プラン]；（試み）an attempt[アテンプト]
- **企てる** plan; attempt

**くわわる**【加わる】join[ヂョイン]
- ユキがチームに加わったら強力な戦力になるだろう．When Yuki *joins* our team, she will be a powerful asset.

**…くん**【…君】（男性）Mr.,《主に英》Mr[ミスタア] ➡ …さん ポイント!
- 中山くん，君はどう思いますか．
  (*Mr.*) Nakayama, what do you think?
- マコトくんの番だ．It's Makoto's turn.

### これ、知ってる？ 親しい人には名前だけで呼びかける

英語圏(けん)では友人や年下の人に対してはふつう名字ではなく下の名前や愛称(しょう)で呼びかけます．「…くん」「…さん」に当たる敬称は用いません．また両親や親しい年上の人に対しても名前だけで呼びかけることがあります．

**ぐん**【郡】a county[カウンティ]（►手紙のあて名で日本の「…郡」はふつう -gun を用いる）
- 鹿児島県大島郡
  Oshima-*gun*, Kagoshima Prefecture

**ぐんかん**【軍艦】a warship[ウォーシップ], a battleship[バトゥルシップ]

**ぐんぐん**（急速に）rapidly[ラピドゥリィ], fast[ファスト]；（大いに）remarkably[リマーカブリィ]
- 彼の英語力はぐんぐん伸(の)びた．
  His English improved *rapidly*.

**ぐんしゅう**【群衆】a crowd[クラウド]
- 日比谷公園にたくさんの群衆が集まった．
  A large *crowd* gathered in Hibiya Park.

**くんしょう**【勲章】a decoration[デカレイション], an order[オーダァ]

**ぐんじん**【軍人】a soldier[ソウルヂァア]

**くんせい**【くん製の】smoked[スモウクト]
- くん製のさけ *smoked* salmon（►「スモークサーモン」は和製英語）

**ぐんたい**【軍隊】the armed forces[アームド フォースィズ], an army[アーミィ]

**ぐんて**【軍手】cotton work gloves[カットゥン ワーク グラヴズ]

**ぐんとう**【群島】an archipelago[アーカペラゴゥ], a group of islands[グループ][アイランヅ]

**ぐんび**【軍備】armaments[アーママンツ]（►複数形で用いる）
- 軍備削減(げん) an *arms* cut [reduction]

**くんれん**【訓練】training[トゥレイニング]；（防災などの）(a) drill[ドゥリル]
- 避難(ひなん)訓練（火災の）a fire *drill*；（地震(じしん)の）an earthquake *drill*
- **訓練する** train; drill
- この犬は麻薬(まやく)をかぎ分けるように訓練されている．
  This dog is *trained* to sniff out drugs.

| 訓練士 a trainer
| 訓練所（犬の）a training school

犬の訓練場で訓練を受けるハスキー犬

# け ケ

**け** 【毛】
hair[ヘァ]; (1本の)a hair→かみ², ヘア; (動物の)fur[ファー]; (羊毛)wool[ウル]

a hair / hair

fur

wool

- (1本の)猫の毛 a cat hair

> **ここがポイント!** 「髪の毛」の数え方
> 髪の毛全体を言うときにはaやtheをつけず複数形にもしませんが,髪の毛1本1本を言うときにはa hair, two hairsとaをつけたり複数形にしたりします.

- 縮れ毛 curly hair
- おじは頭の毛が濃い.
  My uncle has a thick head of *hair*.
- ━毛深い hairy

**…け** 【…家】the family[ファミリィ]
- 佐藤家 the Sato *family* / the Satos

**ケア** (世話・手入れ)care[ケァ]
- スキンケア skin *care*
- ケアマネージャー a *care* manager
- ケアワーカー a *caretaker*

**けあな** 【毛穴】a pore[ポァ]
- この石けんは毛穴の汚れを落としてくれる.
  This soap removes the dirt from your *pores*.

**げい** 【芸】(演技)a performance[パフォーマンス]; (手品や動物の曲芸)a trick[トゥリック]
- ペットに芸を仕こむつもりだ.
  I will teach my pet *tricks*.

**けいい** 【敬意】respect[リスペクト]

**けいえい** 【経営】management[マニッヂマント] (★アクセント位置に注意)
- ━経営する run, keep, manage
- おばは会社を経営している.
  My aunt *runs* [*manages*] a company.
- 経営者 a manager

**けいえん** 【敬遠する】keep [stay] away (from …)[キープ [ステイ] アウェイ]; 《野球》walk … intentionally[ウォーク] [インテンショナリィ]
- ピッチャーはバッターを敬遠した. The pitcher *walked* the batter *intentionally*.

**けいおんがく** 【軽音楽】light music[ライト ミューズィック]

**けいか** 【経過】progress[プラグレス], course[コース]
- 彼女の手術後の経過は良好だ. She is making good *progress* after the operation.
- ━経過する pass
- 彼がパリへ出発してから10日経過した. Ten days have *passed* since he left for Paris.

**けいかい¹** 【警戒】(用心)caution[コーション]; (警備)guard[ガード]; (監視)(a) watch[ワッチ]
- ━警戒する guard; watch out, look out
- 警察はテロリストを警戒している. The police are *watching out* for terrorists.

**けいかい²** 【軽快な】(足取り・服装が)light[ライト]; (音が)rhythmical[リズミカル]
- 軽快な音楽 *rhythmical* music

## けいかく 【計画】

a plan[プラン]; (行事・番組などの)a program[プロウグラム]; (大規模な)a project[プラヂェクト]
- 計画を実行しよう.
  Let's carry out the *plan*.
- 夏休みの計画を立てた.
  I made a *plan* for the summer vacation.
- ケンの計画はうまくいった.
  Ken's *plan* worked out well.
- すべて計画どおりにいった. Everything went according to *plan*. / Everything went as *planned*.
- ━計画的な planned; (意図的な)intentional
- 計画的な犯罪 a *planned* [*premeditated*] crime
- ━計画する plan
- 私たちはピクニックを計画しているところだ.
  We are *planning* a picnic.

**けいかん** 【警官】a police officer[パリース オーフィサァ]→おまわりさん
- 警官隊 a police squad

**けいき** 【景気】(商売の)business[ビズニス], economy[イカナミィ]; (暮らし向きの)things[スィングズ], times[タイムズ]
- 景気がいい.
  *Business* is brisk. / The *economy* is up.
- 景気が悪い.
  *Business* is slow. / The *economy* is bad [weak].
- 不景気 a depression

**けいぐ** 【敬具】(友人・知人などへの手紙で)Sincerely yours[スィンスィアリィ], 《主に英》

Yours sincerely（▶いずれの場合も後ろにコンマ（,）をつけ，その後に自分の名前をサインする）

## けいけん【経験】
（an）experience［イクスピ（ァ）リアンス］
- 忘れられない経験
  an unforgettable *experience*
- 楽しい経験
  a pleasant *experience*
- つらい経験
  a bitter *experience*

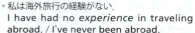

- 私は海外旅行の経験がない．
  I have had no *experience* in traveling abroad. / I've never been abroad.
- 私はそのことを経験から学んだ．
  I learned it by［from］*experience*.
- 経験豊かな看護師
  an *experienced* nurse
━経験する experience, have
- カオルはアメリカで多くのことを経験した．
  Kaoru *experienced* a lot in the U.S.

▍経験値（ゲームの）an experience point, EXP

**けいこ**（a）practice［プラクティス］；（習い事）a lesson［レッスン］；（スポーツなどの）training［トゥレイニング］→れんしゅう，レッスン
━けいこ（を）する practice
- 毎日ピアノのけいこをしている．I *practice*（play*ing*）the piano every day.

**けいご**【敬語】an honorific（expression）［アナリフィック（イクスプレッション）］
- 敬語を使う use *honorifics*

**けいこう**【傾向】a tendency［テンダンスィ］；（動向）a trend［トゥレンド］
- アスカは悪い冗談（じょうだん）を言う傾向がある．
  Asuka has a *tendency* to make nasty jokes.

**けいこうとう**【蛍光灯】a fluorescent lamp［light］［フル（ァ）レッスント ランプ［ライト］］

**けいこうペン**【蛍光ペン】a highlighter［ハイライタァ］

**けいこく**【警告】（a）warning［ウォーニング］
━警告する warn, give a warning
- 彼らは私たちにその川では泳がないよう警告した．
  They *warned* us not to swim in the river.

**けいさい**【掲載する】carry［キャリィ］
- この雑誌はワールドカップに関する記事を掲載している．
  This magazine *carries* an article about the World Cup.

**けいざい**【経済】economy［イカナミィ］
- 国際経済

the international［world］*economy*
━経済（上）の economic［イーカナミック］
- 経済上の理由で
  for *economic* reasons
━経済的な economical（⇔不経済な uneconomical）
━経済的に economically

▍経済学 economics
▍経済学者 an economist
▍経済大国 an economic power
▍経済問題 an economic problem

**けいさつ**【警察】the police［パリース］（▶複数扱い）
- 警察を呼んだほうがいい．We should call *the police*.
- 落とし物を警察に届けた．
  I took the lost item to *the police*.

▍警察官 a police officer
▍警察犬 a police dog
▍警察署 a police station
▍警察手帳 a police identification［ID］

## けいさん【計算】
a calculation［キャルキュレイション］；（算数の）a sum［サム］
- 計算を間違（まちが）えた．
  I made a mistake in my *calculation*(s).
- その子は計算が速い［遅い］．
  The child is quick［slow］at *sums*.
━計算する calculate［キャルキュレイト］; add up［アッド アップ］
- 釣（つ）り銭を頭の中で計算した．
  I *calculated* the change in my head.

⦅慣用表現⦆
計算に入れる：その可能性を計算に入れておくべきだ．You should take the possibility into account［consideration］．（←考慮（こうりょ）に）

▍計算器 a calculator

**けいし**【軽視する】make light［little］of ...［ライト［リトゥル］］
- ゲーム依存症（いぞんしょう）を軽視すべきではない．
  You shouldn't *make light of* game addiction.

**けいじ¹**【刑事】a（police）detective［(パリース) ディテクティヴ］

**けいじ²**【掲示】（公示）a notice［ノウティス］；（公報）a bulletin［ブラトゥン］；（標識）a sign［サイン］
━掲示する put up, post
- 試験の結果が掲示された．
  The results of the examinations were *posted*.

▍掲示板 a bulletin board

**けいしき**【形式】(a) form[フォーム](⇔内容 content)
━形式的な formal

**けいしゃ**【傾斜】(a) slope[スロウプ], a slant[スラント]
・急な[緩(ゆる)やかな]傾斜
　a steep [gentle] slope
━傾斜した slanted
・傾斜した屋根 a slanted roof

**げいじゅつ**【芸術】(an) art[アート]
━芸術的な, 芸術の artistic[アーティスティック]
・芸術的センス an artistic sense
　芸術家 an artist
　芸術作品 a work of art, an art work

**けいしょく**【軽食】a light meal[ライト ミール], a snack[スナック]

**けいせい**【形勢】the situation[スィチュエイション]
・形勢は私たちに有利だ.
　The situation is in our favor.
・形勢は私たちに不利だ.
　The situation is against us.

**けいぞく**【継続する】continue[カンティニュー]
・今後もボランティア活動を継続するつもりだ.
　I will continue voluntary work after this. /
　I will continue volunteering after this.
━継続的な continuous[カンティニュアス]
━継続的に continuously

**けいそつ**【軽率な】(不注意な)careless[ケアリス]; (深く考えない)thoughtless[ソートゥリス]; (早まった)hasty[ヘイスティ]
・それは軽率な行動だ.
　It's a careless action.
━軽率に carelessly; thoughtlessly

**けいたい**【携帯する】carry [bring] ... with ~
[キャリィ[ブリング]]
・登山の時は雨具を携帯しなさい.
　Carry rain gear with you when you climb a mountain.
━携帯用の portable
・携帯用充電(じゅうでん)器 a portable charger
　携帯電話 a cell phone,
　⊕a mobile (phone)(▶スマートフォンはsmartphoneと言う. →スマホ)
　携帯トイレ a portable toilet

**けいてき**【警笛】an alarm whistle[アラーム(ホ)ウィッスル]; (車などの)a horn[ホーン]
・警笛鳴らせ《掲示》SOUND YOUR HORN

**けいと**【毛糸】wool[ウル], woolen yarn [thread]
[ウルン ヤーン[スレッド]]
・毛糸を5玉買った.
　I bought five balls of yarn [wool].
━毛糸の woolen
・毛糸の帽子(ぼう) a woolen cap

**けいど**【経度】longitude[ランヂトゥード](▶long.と略す)(⇔緯度(い) latitude) →とうけい², ちきゅう図

**けいとう**【系統】a system[スィスティム]
━系統的な systematic[スィスティマティック]

**げいとう**【芸当】→げい

**げいにん**【芸人】an entertainer[エンタテイナァ]; (お笑いの)a comedian[カミーディアン]

**げいのう**【芸能】(娯楽(ごらく))entertainment[エンタテインマント]; (伝統芸能)traditional arts[トゥラディショヌル アーツ]
　芸能界 the entertainment world, show business
　芸能人 an entertainer; (テレビタレント)a TV personality
　芸能ニュース entertainment news
　芸能プロダクション a talent agency

**けいば**【競馬】horse racing[ホース レイスィング]
　競馬場《主に⊕》a racetrack

**けいはく**【軽薄な】frivolous[フリヴァラス]

**けいひ**【経費】expenses[イクスペンスィズ]→ひよう

**けいび**【警備】guard[ガード]
━警備する guard
・警察官が道を警備していた.
　The police guarded the road.
　警備員 a (security) guard
　警備会社 a security company

**けいひん**【景品】(おまけ)a giveaway[ギヴァウェイ]; (賞品)a prize[プライズ]

**けいべつ**【軽べつ】contempt[カンテンプト](▶複数形では用いない)
・彼は軽べつのまなざしで私を見た.
　He looked at me with contempt.
━軽べつする《話》look down on ..., despise[ディスパイズ](⇔尊敬する respect, look up to ...)
・彼に軽べつされている気がする.
　I always feel like he despises me.

**けいほう**【警報】a warning[ウォーニング], an alarm[アラーム]
・暴風雨警報 a storm warning

## けいむしょ

- 火災警報 a fire *alarm*
- **警報を出す** give a *warning*, raise the alarm
- 警報が出された. A *warning* was *given*.
- 警報器 an *alarm*: 警報が鳴った. The *alarm* went off.
- 警報装置 an *alarm* system

**けいむしょ**【刑所】a prison[プリズン]; a jail[ヂェイル]
- その泥棒は刑務所に入れられた.
  The thief was put in *prison*. / The thief was sent to *prison*.

**けいやく**【契約】a contract[カントゥラクト]
- **契約する** contract[カントゥラクト](★名詞とのアクセント位置の違いに注意), make a contract (with ...)

契約期間 a term of contract
契約金(スポーツ選手などの)contract money, a signing bonus
契約社員 a contract worker
契約書 a (written) contract

**…けいゆ**【…経由で】by way of ...[ウェイ], via ...[ヴァイア, ヴィーア]
- この飛行機はドバイ経由でパリへ行く.
  This plane flies to Paris *by way of* Dubai. / This plane flies to Paris *via* Dubai.

**けいようし**【形容詞】【文法】an adjective[アヂェクティヴ](▶a. またはadj.と略す)

**けいりゃく**【計略】(策略)a trick[トゥリック]; (わな)a trap[トゥラップ]

**けいりん**【競輪】*keirin*; bicycle racing[バイスィクル レイスィング]

**けいれい**【敬礼する】salute[サルート]

**けいれき**【経歴】one's background[バックグラウンド]; (職業上の)one's career[カリア]
- 彼女はどういう経歴の持ち主ですか.
  What is *her background*?

**けいれん** a cramp[クランプ]
- カズは脚にけいれんを起こした.
  Kazu had [got] a *cramp* in his leg.

**けいろうのひ**【敬老の日】Respect-for-the-Aged Day[リスペクト][エイヂド], Senior Citizens Day[スィニァァ スィティズン]

**ケーオー**【KO】a KO[ケイオウ](▶knockoutの略)
- 彼はKO勝ちした.
  He won by a *KO*.

**ケーキ**(a) cake[ケイク]
- 子どもたちはケーキが大好きだ.
  Children love *cake*.
- ケーキを焼いた.
  I baked a *cake*.
- ケンはケーキを3切れ食べた.
  Ken had three pieces of *cake*.

### ここがポイント!「ケーキ」の数え方

ホールケーキをさす場合はa cake, two cakesと数えますが, 切り分けたケーキは数えられない名詞として扱い, a piece of cake(ケーキ1切れ), two pieces of cake(ケーキ2切れ)と数えます.
- クリスマスケーキ1個 a Christmas *cake*
- 彼にケーキを1切れ切ってあげた.
  I cut *a piece of cake* for him.

### ケーキのいろいろ

ウエディングケーキ a wedding cake
カップケーキ a cupcake
シフォンケーキ (a) chiffon cake
ショートケーキ (a) (strawberry) sponge cake(▶これは日本の「ショートケーキ」. 欧米のshortcakeは, 焼いたビスケットなどの間にフルーツやクリームを挟んで積み重ねたもの)
スポンジケーキ (a) sponge cake
チーズケーキ (a) cheesecake
チョコレートケーキ (a) chocolate cake
デコレーションケーキ a decorated cake(▶「デコレーションケーキ」は和製英語)
パウンドケーキ (a) pound cake
パンケーキ a pancake
レアチーズケーキ (an) unbaked cheesecake
ロールケーキ (a) Swiss roll
バースデーケーキ a birthday cake

sponge cake    shortcake

ケーキ職人 a pastry chef
ケーキ店 a pastry shop, a cake shop [store]

**ケース**(入れ物)a case[ケイス]; (場合)a case
- バイオリンをケースから取り出した.
  I took the violin out from the *case*.
- それはケースバイケースだ.
  It [That] depends (on the situation). (←状況による)(▶「ケースバイケース」は和製英語)

ケースワーカー a caseworker

**ゲート** a gate[ゲイト]
- 私たちは3番ゲートから飛行機に乗った．
  We boarded at *Gate* 3.

**ゲートボール** Japanese croquet[チャパニーズ クロウケィ]（►「ゲートボール」は和製英語）

**ケーブル**（a）cable[ケイブル]
- ケーブルカー a cable car
- ケーブルテレビ cable（TV［television］），CATV

**ケーポップ**【Kポップ】K-pop[ケイパップ]，Korean pop music[カリーアン パップ ミューズィック]
- Kポップアイドル K-pop idol［star］

**ゲーマー** a gamer[ゲイマァ]

# ゲーム

a game[ゲイム] → しあい
- ゲームをして遊ぼう．
  Let's play a *game*.
- ゲームをクリアした．
  I finished the *game*.
- ゲームに勝った［負けた］．
  I won［lost］the *game*.
- ゲームセットです．
  The *game* is over.

――表現メモ――

**ゲームのいろいろ**
アクションゲーム an action game
アドベンチャーゲーム an adventure game
アバターゲーム metaverse
オンラインゲーム an online game
カードゲーム a card game
シミュレーションゲーム a simulation game
シューティングゲーム a shooter game
スポーツゲーム a sports game
ソーシャルゲーム a social-network game
（定額）課金制ゲーム a pay-to-play game
テレビゲーム a video game
パズルゲーム a puzzle game
無料ゲーム a free-to-play game
レースゲーム a racing game
ロールプレイングゲーム a role-playing game（RPG）

---

- ゲーム解説者 a game commentator
- ゲーム機 a game console
- ゲームクリエイター，ゲーム開発者 a（video）game developer（►ゲームクリエイターは和製英語）
- ゲーム実況 game streaming
- ゲームセンター an amusement arcade, a game center（► an arcade とも言う）
- ゲームソフト game software

自宅でオンラインゲームを楽しむ男性

## けが
（事故などによる）an injury[インヂャリィ]，a hurt[ハート]；（主に戦争や犯罪などで，刃物・銃などによる）a wound[ウーンド] → きず
- このけがは簡単には治らない．
  This *wound* won't heal easily.

**━けがをする** be［get］injured, be［get］hurt, hurt *oneself*
- 彼女はその事故でひどい［軽い］けがをした．
  She *was* seriously［slightly］*injured* in that accident.
- 気をつけないとけがをしますよ．
  Be careful, or you'll *hurt yourself*.
- 転んで腕にけがをした．
  I fell down and I *hurt* my arm.
- けが人（1人）an injured person, a wounded person；（まとめて）the injured［wounded］

**げか**【外科】surgery[サーヂャリィ]
- 外科医 a surgeon

**けがわ**【毛皮】（a）fur[ファー]；（毛皮製品）furs
- 毛皮のコートを着た．I wore a *fur* coat.

## げき【劇】
（芝居）a play[プレイ]；（戯曲）a drama[ドゥラーマ]
- 英語劇をした．We put on an English *play*. / We performed an English *play*.
- 劇を見に行った．I went to see a *play*.
- 学園祭で劇に出た．I appeared in a *play* at the school festival.

**━劇的な** dramatic[ドゥラマティック]
- 劇的な結末 *dramatic* ending
- 劇画 a story comic
- 劇作家 a dramatist, a playwright
- 劇団 a theatrical company

**げきから**【激辛の】extremely hot［spicy］[イクストゥリームリィ ハット][スパイスィ]
- 激辛のポテトチップス
  *extremely hot*［*spicy*］potato chips

**げきじょう**【劇場】a theater, ⓔtheatre[スィアタァ]

- 野外劇場 an open-air *theater*

**げきれい**【激励する】**encourage**[インカーリッヂ]→はげます
- もっと一生懸命(奶)勉強するよう弟を激励した．I *encouraged* my brother *to* study harder.

**げきろん**【激論】**a heated discussion**[ヒーティドディスカッション]

**げこう**【下校する】**go** [**come**] **home from school**[ホウム][スクール]
- もうすぐ下校時間だ．It's almost time to *go home*.
- 下校の途中(%)でかさをなくした．I lost my umbrella on my *way home from school*.

**けさ**【今朝】**this morning**[モーニング]
- けさは暑い．It's hot *this morning*.
- けさは早く[遅(鉛)く]目が覚めた．I woke up early [late] *this morning*.

**けさき**【毛先】**the end of** *one's* **hair**[エンド][ヘァ], **a hair end**
- 毛先を切りそろえてもらった．I had (*the ends of*) *my hair* trimmed.
- ユミは毛先をカールしている．Yumi curls *the ends of her hair*.

**けし**〖植物〗**a poppy**[パピィ]

**げし**【夏至】**the summer solstice**[サマァ ソルスティス]（⇔冬至 the winter solstice）

**けしいん**【消印】**a postmark**[ポウストゥマーク]

**けしき**【景色】（全体の）**scenery**[スィーナリィ]；（眺(⅔)め）**a view**[ヴュー]；（一場面）**a scene**[スィーン]；（陸地の）**a landscape**[ランドスケイプ]
- 屋上からの景色はすばらしい．The *view* from the roof is wonderful.
- 箱根は山の景色が美しいことで有名だ．Hakone is famous for its beautiful mountain *scenery*.
- 雪景色 a snow *scene*

**けしゴム**【消しゴム】〘主に⊕〙**an eraser**[イレイサァ], ⊕**a rubber**[ラバァ]
- それを消しゴムで消してください．Please erase it with an *eraser*.
- この消しゴムはよく消える．This *eraser* works well.

**けじめ**【けじめをつける】**draw a line**[ドゥロー][ライン]
- よいことと悪いことにけじめをつけなさい．*Draw a line* between right and wrong.

**げしゃ**【下車する】（バス・列車などから）**get off**[ゲット]→おりる❷
- 次の駅で下車しよう．Let's *get off* at the next station.

**げしゅく**【下宿する】（食事付きで）**board**[ボード]；（食事なしで）**lodge**[ラッヂ]

- 兄は学校の近くに下宿している．My brother is *boarding* [*lodging*] at a place near the school.

**げじゅん**【下旬に】**in late ...**[レイト]
- 7月下旬に暑くなる．It gets hotter *in late* July. / It gets hotter *toward the end of* July.

## けしょう【化粧】

**makeup**[メイカップ]→メイク
- 厚［薄］化粧 heavy [light] *makeup*

―**化粧（を）する put on** (*one's*) **makeup, do** (*one's*) **makeup**（▶「している」動作）；**wear makeup**（▶「した」状態）
- 初めて少し化粧した．
  I *put* some *makeup on* for the first time.

| 化粧室（公共のトイレ）a restroom
| 化粧品, コスメ cosmetics（▶複数扱い）, makeup items
| 化粧品店 a cosmetics store

表現メモ

### 化粧品のいろいろ
アイシャドウ eye shadow
アイブローペンシル an eyebrow pencil
アイライナー (an) eyeliner / 口紅 (a) lipstick
クリーム a facial cream / グロス lip gloss
化粧下地, ベースメイク makeup base
化粧水 (a) skin [face] lotion, toner
香水 perfume / コンシーラー a concealer
洗顔フォーム facial foam
洗顔料 a facial wash
脱毛クリーム a hair removal cream
チーク blush / つけまつげ false eyelashes
乳液 moisturizing lotion
日焼け止め sunscreen / 美容液 serum
ファンデーション (a) foundation
保湿クリーム (a) moisturizer
ボディーローション body lotion
マスカラ mascara / マニキュア nail polish
メイク落とし makeup remover
リップクリーム lip balm

# けっかん¹

## けす【消す】

❶ 火を　　　　**put out**
❷ 電気・テレビ・ガスなどを
　　　　**turn off, switch off**
❸ 文字などを
　　　　**erase**; (線を引いて)**cross out**
❹ 姿を　　　**disappear**

❶ put out　　　❷ turn [switch] off

❸ erase　　　　❹ cross out

❶〔火を〕**put out**[プット アウト]
・キャンプファイアーの火を消した.
　We *put out* the campfire.
・ケンはバースデーケーキのろうそくを消した.
　Ken *blew out* the candles on his birthday cake.(▶ blow outは「吹(ふ)き消す」の意)

❷〔電気・テレビ・ガスなどを〕**turn off**[ターン], **switch off**[スウィッチ](⇔つける turn on)
・テレビを消した.
　I *turned* [*switched*] *off* the TV.
・ガスを消したかどうか確認して.
　Make sure that you *turned off* the gas.

❸〔文字などを〕**erase**[イレイス];（線を引いて）**cross out**[クロース]
・黒板を消した.
　I *erased* [*cleaned*] the blackboard.

❹〔姿を〕**disappear**[ディサピア]
・男は人ごみの中へ姿を消した.
　The man *disappeared* into the crowd.

**げすい**【下水】(下水溝(こう)) **a drain**[ドゥレイン]
|下水管 **a drain pipe**
|下水工事 **drainage work**

**ゲスト a guest**[ゲスト]

**けずる**【削る】(鉛筆(えんぴつ)を) **sharpen**[シャープン]
・ナイフで鉛筆を削った.
　I *sharpened* the pencil with a knife.

**けた** (数字の) **a digit**[ディヂット], **a figure**[フィギャァ];（小数点以下の）**a place**[プレイス]→ くらい²
・4けたの数 a four-*digit* number / a number with four *digits*

**げた** *geta*; **Japanese (wooden) clogs**[チャパニーズ(ウドゥン) クラッグズ]
・ゆかたのときはげたを履(は)きます. We wear

[put on] *geta* with our *yukata*.
|げた箱 **a shoe cabinet** [**rack**]

**けだかい**【気高い】**noble**[ノウブル]

## けち【けちな】

**stingy**[スティンヂィ], **cheap**[チープ]
・けちな人
　a miser / a *stingy* [*cheap*] person
・けちけちするなよ. Don't be *stingy*.

〖慣用表現〗
けちをつける **find fault with** ...：彼は私のすることにいちいちけちをつける. He always *finds fault with* everything I do.

**ケチャップ ketchup**[ケチャップ]
・フライドポテトにケチャップをつけた.
　I put *ketchup* on my French fries.

**けつあつ**【血圧】**blood pressure**[ブラッド プレッシャァ]
・母は血圧が高い［低い］. My mother has high [low] *blood pressure*.

**けつい**【決意】**determination**[ディターマネイション];（a）**resolution**[レザリューション]→ けっしん
・私たちは決意を新たにした.
　We renewed our *determination*.
━ 決意する **decide**, **make a resolution**

**けつえき**【血液】**blood**[ブラッド]
|血液型 **a blood type**:「血液型は何ですか」「A型です」"What's your *blood type*?" "It's [My *blood type* is] A."
|血液型占(うらな)い **fortune-telling according to blood type**
|血液検査 **a blood test**

## けっか【結果】

(a) **result**[リザルト];（原因に対する）(an) **effect**[イフェクト]
・検査結果 the test *result*(s)
・原因と結果 cause and *effect*
・話し合いの結果, 試合は延期された.
　As a *result* of the discussion, the game was postponed.
・「試験の結果はどうだった？」「まあまあだったよ」"How did your exam turn out? / What were the *results* of your exam?" "Not so bad."
・結果がすべてだ. (The) *results* matter.

**けっかく**【結核】**tuberculosis**[トゥバーキュロウスィス]（▶ TBと略す）

**けっかん¹**【欠陥】**a defect**[ディフェクト];（ちょっとした欠点）**a flaw**[フロー]
━ 欠陥のある **defective**[ディフェクティヴ]

欠陥車 a defective car
欠陥商品 a defective product

**けっかん**[2]【血管】**a blood vessel**[ブラッド ヴェスル]

**げっかん**【月刊の】**monthly**[マンスリィ]
月刊誌 a monthly (magazine)

**げっきゅう**【月給】**monthly pay**[マンスリィ ペイ], **a (monthly) salary**[サラリィ] → **きゅうりょう**[1]

**けっきょく**【結局】**after all**[オール];（最後には）**in the end**[エンド]
- 結局アオイは行かなかった.
  Aoi didn't go *after all*.
- 結局姉に手伝ってもらった.
  I asked my sister to help me *in the end*.

**げっけいじゅ**【月桂樹】**a laurel**[ローラル]

## けっこう[1]

❶ よい　　nice, fine, good;（問題ない）all right;（用が足りる）do
❷ かなり　pretty, rather;（まあまあ）fairly
❸ 断って　No, thank you.

❶[よい]**nice**[ナイス], **fine**[ファイン], **good**[グッド];（問題ない）**all right**[ライト];（用が足りる）**do**[ドゥー]
- すてきな贈(おく)り物をありがとうございました.
  Thank you for the *nice* present.
- あしたまでにお返事いただければけっこうです.
  It'll be *all right* if you answer by tomorrow.
- どんな食べ物でもけっこうです.
  Any food *will do*.

❷[かなり]**pretty**[プリティ], **rather**[ラザァ];（まあまあ）**fairly**[フェアリィ]
- この辞典はけっこう役に立つ.
  This dictionary is *pretty* useful.
- ケンはけっこううまく英語を話す.
  Ken speaks English *fairly* well.

❸[断って]**No, thank you.**[サンキュー]

**話してみよう!**
😊 もう一杯(ぱい)紅茶をいかがですか.
Would you like another cup of tea?
🙂 いいえ、もうけっこうです. 十分いただきました.
*No, thank you.* I've had enough.

**けっこう**[2]【欠航する】**be canceled**[キャンサルド]
- フライトは欠航になった.
  The flight has *been canceled*.

**けっこう**[3]【決行する】**carry out**[キャリィ アウト], **go ahead**[アヘッド], **proceed**[プロスィード]
- 試合は天気に関係なく決行される.
  The game will *go ahead*, rain or shine.

**けつごう**【結合する】**combine**[カンバイン]

**げっこう**【月光】**moonlight**[ムーンライト]

**けっこん**【結婚】**marriage**[マリッヂ]
- 恋愛(れんあい)結婚 a love *marriage*
- 見合い結婚 an arranged *marriage*
━結婚する **marry, get married**;（結婚している）**be married**
- 私と結婚してくれる？
  Will you *marry* me?
- 彼女はヒロと結婚した.
  She *married* [*got married to*] Hiro.
- 彼らは結婚して10年になる.
  They have *been married* for ten years.

結婚記念日 a wedding anniversary
結婚式 a wedding (ceremony)：姉が6月に結婚式を挙げる. My sister will hold [have] her *wedding ceremony* in June.
結婚披露宴(えん) a wedding reception
結婚指輪 a wedding ring

**けっさく**【傑作】**a masterpiece**[マスタァピース]

**けっして**【決して…ない】**never**[ネヴァ];（少しも）**not (…) at all**[オール]
- 私は決して学校を休んだことがない.
  I have *never* been absent from school.
- 英語の試験は決してやさしくはなかった.
  The English test was *not* easy *at all*.

**げっしゃ**【月謝】**a monthly fee**[マンスリィ フィー]

**けっしょう**[1]【決勝(戦)】**the final(s)**[ファイヌル(ズ)], **the final game [match]**[ゲイム [マッチ]]
- 彼らは決勝に進んだ.
  They went on to *the finals*. / They reached *the finals*.
- 決勝戦で負けた. I lost in *the final game*.
- 準決勝 a semi*final*
- 準々決勝 a quarter*final*

**けっしょう**[2]【結晶】（雪などの）**a crystal**[クリストゥル];（苦労の末にできたもの）**results**[リザルツ], **fruits**[フルーツ]
- 雪の結晶 snow *crystals*
- 努力の結晶 the *results* of hard work / the *fruits* of our labor

**けつじょう**【欠場する】**be absent from …**[アブサント]
- 試合を欠場した.
  I *was absent from* the game.

**げっしょく**【月食】【天文】**a lunar eclipse**[ルーナァ イクリプス], **an eclipse of the moon**[ムーン]
- 皆既(かいき) [部分]月食
  a total [partial] *lunar eclipse*

## けっしん【決心】

**a decision**[ディスィジョン];（強固な）

**determination**[ディターマネイション]
- 留学するという彼女の決心は固い. Her *determination* to study abroad is firm.

━決心する **make up** *one*'**s mind, decide, determine**

**…する決心をする[がつく]**
decide to +〈動詞の原形〉/
make up *one*'s mind to +〈動詞の原形〉
- トモは看護師になる決心をした.
Tomo *decided* [*made up her mind*] *to* be a nurse.
- 彼に告白するかどうかまだ決心がつかない.
I cannot *decide* yet whether I will confess my love to him or not.

**けっせい**【結成する】**form**[フォーム]

# けっせき【欠席】
(**an**) **absence**[アブサンス]（⇔出席 presence）
- 彼女の欠席の理由は何ですか.
What is the reason for her *absence*?

━欠席する **be absent**（**from …**）, **do not attend**（⇔出席する be present, attend）
- きのう学校を欠席した.
I *was absent from* school yesterday.
- マオは先週からずっと欠席している.
Mao has *been absent* since last week.

欠席者 an absentee
欠席届 a notice [report] of absence
欠席日数 the number of days absent

**けつだん**【決断】**decision**[ディスィジョン]
- 彼はついに決断を下した.
He finally made a *decision*.
- 私は決断が早い[遅(ﾞお)い]. I am quick [slow] to *decide*. (▶このdecideは「決断する」の意味の動詞)

━決断力のある **decisive**
- 彼女は決断力のある人だ. She is *decisive*.

**けってい**【決定】**decision**[ディスィジョン]
━決定する **decide**

**けってん**【欠点】**a fault**[フォールト]；（弱点）**a weak point**[ウィーク ポイント]
- だれにでも欠点はある. Everyone has *faults*.
- 私の欠点は気の短いところだ.
My *weak point* is that I'm impatient.

**けっぱく**【潔白な】**innocent**[イナサント]
**げっぷ a belch**[ベルチ], **a burp**[バープ]
━げっぷをする **belch, burp**

**けっぺき**【潔癖な】（不正を嫌(ﾞき)う）**upright**[アップライト]；（清潔好きな）**be particular about cleanliness**[パティキュラァ][クレンリニス]

**けつまつ**【結末】（物・事の）**an end**[エンド]；（物語などの）**an ending**[エンディング]

- 映画は幸せな結末だった. The movie had a happy *ending*.（▶「ハッピーエンド」は和製英語）

**げつまつ**【月末】**the end of the month**[エンド][マンス]

**げつようび**【月曜日】**Monday**[マンデイ]（▶常に大文字で始め, Mon. と略す）→ すいようび ポイント!
- 月曜日に会いましょう.
I'll see you on *Monday*.

> ここが ポイント! 「この前の月曜日に」と「この次の月曜日に」
>
> on Mondayを過去形の文で使えば「この前の月曜日に」を表し, 現在形, 未来形の文で使えば「この次の月曜日に」を表します.
> - この前の月曜日に英語の試験があった.
> I had an English exam *on Monday*.
> - この次の月曜日に英語の試験がある. I'll have an English exam *on Monday*.

**けつろん**【結論】**a conclusion**[カンクルージョン]
- 結論として in *conclusion*
- 結論を教えてよ.（←結論は何？）
So, what was the *conclusion*?

━結論を出す[下す] **conclude, draw a conclusion**

**けとばす**【蹴飛ばす】**kick**（**away**）[キック (アウェィ)]→ ける

**けなす speak badly of …**[スピーク バッドゥリィ]→ わるくち

**けはい**【気配】**a sign**[サイン]
- その家には人の気配がまったくなかった.
There was no *sign* of life in the house.

**けばけばしい**（人目につく）**showy**[ショウィ]；（悪趣味(ﾞみ)な）**gaudy**[ゴーディ]；（どぎつい）**loud**[ラウド]

**げひん**【下品な】**vulgar**[ヴァルガァ], **indecent**[インディースント]（⇔上品な elegant）；（みだらな）**dirty**[ダーティ]
- 下品な言葉づかい a *vulgar* expression

**けむい**【煙い】**smoky**[スモウキィ]
**けむし**【毛虫】**a caterpillar**[キャタピラァ]
**けむり**【煙】**smoke**[スモウク]
- 煙が出ているよ. *Smoke* is coming out.
- たばこの煙が目にしみた.
The cigarette *smoke* irritated my eyes.

**けむる**【煙る】（煙が立つ）**smoke**[スモウク]；（かすんで見える）**look dim**[ルック ディム]

**けもの**【獣】**a beast**[ビースト]
**げらげら**【げらげら笑う】**laugh loudly**[ラーフ ラウドゥリィ]

**げり**【下痢】**diarrhea**[ダイアリーア]（▶直接的すぎる

ゲリラ

- のので日常会話では使わないほうがよい)
- 下痢をしている. I have loose bowels. / I have a bad stomach.

**ゲリラ** a guerrilla, a guerilla[ガリラ]（★発音注意）
**ゲリラごうう**【ゲリラ豪雨】**a sudden downpour** [rainfall][サドゥン ダウンポァ[レインフォール]], **torrential rain**[タレンシャル レイン]
**ける**【蹴る】**kick**[キック]
- 私にボールをけって.
  *Kick* the ball to me.
- 試合で脚(ぁし)をけられた.
  I was *kicked* in the leg during the game.

## けれども

but ...[バット], however[ハウエヴァ];（…だけども）though ...[ゾゥ], although ...[オールゾゥ]
- 甘(ぁま)いものはめったに食べないけれども, このチョコレートは好きだ. I rarely eat sweets, *but* I like these chocolates.
- 頭痛がしたけれども学校へ行った.
  *Though* I had a headache, I went to school.

**ゲレンデ** a (ski) slope[(スキー) スロウプ]（►「ゲレンデ」はドイツ語から）
**けわしい**【険しい】(傾斜(ゖぃしゃ)が急な) steep[スティープ];（顔つきが）stern[スターン], grim[グリム]
- 険しい山道 a *steep* mountain path

**けん**[1]【券】(切符(きっぷ)) a ticket[ティケット]
- 食券 a meal *ticket*
- 航空券 a flight [plane] *ticket*
  ▍券売機 a ticket machine

## けん[2]【県】

a prefecture[プリーフェクチャァ]
- 私は長野県出身です.
  I am [come] from Nagano *Prefecture*.
  ━**県の** prefectural[プリーフェクチャラル] → けんりつ

  県議会 the prefectural assembly
  県大会 a prefectural contest [(試合, 競技会) competition,（トーナメント）tournament]
  県知事 a prefectural governor
  県庁 a prefectural office
  県民: 兵庫県民 the people of Hyogo Prefecture
  県予選 prefectural preliminaries

**けん**[3]【剣】a sword[ソード]（★発音注意）
**けん**[4]【件】a matter[マタァ]
- その件について about that *matter*
- 今月はその交差点で事故が2件あった.
  This month there were two accidents at the crossing.

**…けん**【…軒】a house[ハウス], a door[ドア]
- おじは家を2軒持っている.
  My uncle owns two *houses*.
- ケンは数軒先に住んでいる.
  Ken lives a few *doors* away.

**げん**【弦】(楽器の) a string[ストゥリング]
  ▍弦楽器 a stringed instrument
**けんい**【権威】authority[アソーラティ];（人）an authority
- 彼は日本史の権威だ.
  He is an *authority on* Japanese history.

## げんいん【原因】

a cause[コーズ]
- 原因と結果 *cause* and effect
- 寝(ね)不足が頭痛の原因だ.
  A lack of sleep *caused* my headache.
- けんかの原因は何ですか.
  What *caused* the fight? / What was the *cause* of the fight?
  ━**原因となる** cause

**けんえき**【検疫】quarantine[クウォーランティーン]
**げんえき**【現役の】active[アクティヴ]
- 田中選手はまだ現役だ. Tanaka is still an *active* player. / Tanaka is still playing.

## けんか

a fight[ファイト];（口論）an argument[アーギュメント]
- 兄弟げんか
  a *fight* between brothers
  ━**けんかする** fight (with ...);（口論する）argue (with ...),《主に⊛》quarrel (with ...)
- リクはよく友達とけんかをする.
  Riku often *fights with* his friends.
- つまらないことでけんかするのはやめなさい.
  Stop *arguing* over small things.

**けんかい**【見解】(意見) an opinion[アピニャン];（見方）a view[ヴュー]
- 専門家たちが見解を述べた.
  The experts gave their *opinion*(s).

**けんがい**【圏外で[に]】(携帯(けいたい)電話やスマホで) out of (service) range[アウト] [(サーヴィス) レインヂ]
- 圏外で君からの電話に出られなかった.
  My cell phone was *out of range* and I couldn't get your call.

**げんかい**【限界】a limit[リミット]（►しばしば複数形で）
- もう体力の限界だ.
  I've reached the *limit* of my strength.
- それは我慢(がまん)の限界をこえていた.

It was beyond the *limits* of my patience.

**けんがく**【見学】a visit (for study)[ヴィズィット][(スタディ)], a field trip[フィールド トゥリップ]
━見学する visit (for study), go on a field trip;(体育の授業などを)look on, observe
- 私たちは工場を見学しに行く.
  We'll *go on a field trip* to a factory.

**げんかく**【厳格な】strict[ストゥリクト], severe[スィヴィア]→きびしい
- 厳格な先生 a *strict* [*severe*] teacher

**げんかん**【玄関】an entrance hall[エントゥランス ホール],(入り口)an entrance;(正面のドア)the (front) door[(フラント) ドァ];(張り出し屋根のある部分)a porch[ポーチ]
- 玄関のかぎを開けた.
  I unlocked the *front door*.
- 玄関で靴(⁵ⁿ)を脱(⁸)いだ.
  I took off my shoes at the *entrance*.

# げんき【元気】

spirits[スピリッツ], energy[エナァヂィ]
- 彼女は最近元気がいい[ない].
  She is in high [low] *spirits* these days.
- ソラはいつも元気いっぱいだ.
  Sora is always full of *energy*. / Sora is always very *lively*.
━元気な fine, well;(明るい)cheerful[チアフル];(活気のある)lively[ライヴリィ]
- 「きょうは元気そうだね」「ええ, とても」"You look *fine* today." "Yes, I feel great."
━元気に cheerfully
- ケンは元気に出発した. Ken left *cheerfully*.
━元気になる get well [better]
- おじいちゃんが早く元気になりますように.
  I hope Grandpa will *get well* soon.
━元気づける cheer (up)[チァア], encourage[インカーリッヂ]
- その歌に元気づけられた.
  The song *cheered* me *up*.
- ミキが元気づけてくれた.
  Miki *encouraged* me.
- ほら, 元気を出して. Come on, *cheer up*!

# けんきゅう【研究】

(a) study[スタディ], (a) research[リサーチ]
- 気候変動の研究
  the *study* of climate change
━研究する study, do research (in ..., on ...)
- マコトは日本文学の研究をしている.
  Makoto is *studying* [*doing research on*] Japanese literature.
**研究室 a study (room);(化学などの)a laboratory, (話)a lab**
**研究者 a researcher**
**研究所 a research institute**

**けんきょ**【謙虚な】modest[マダスト], humble[ハンブル]

**けんきん**【献金】a donation[ドゥネイション], a contribution[カントゥリビューション]
━献金する donate[ドゥネイト], contribute[カントゥリビュート]

**げんきん**【現金】cash[キャッシュ]
- 現金をあまり持っていない.
  I don't have much *cash*.
- 現金で払った. I paid in *cash*.
- (支払いは)現金ですか, カードですか.
  *Cash* or charge?
**現金書留 registered mail**
**現金自動預け払(⁶)い機 a cash machine [dispenser], an ATM (▶automated [automatic] teller machineの略)**

空港の現金自動預け払い機(米国)

**けんけつ**【献血】a blood donation[ブラッド ドゥネイション]
━献血する give [donate] blood
**献血車 a mobile blood bank**

**げんご**【言語】(a) language[ラングウィッヂ]→ことば❶
**言語学 linguistics(▶単数扱い)**
**言語学者 a linguist**

# けんこう【健康】

health[ヘルス]
- 心身の健康 physical and mental *health*
- 母はこのごろ健康が優(⁵)れない.
  My mother is in poor *health* these days.
- 適度な運動は健康によい. Moderate exercise is good for your *health*.
- 喫煙(⁸ⁿ)は健康に害を及(⁸)ぼす.
  Smoking is dangerous for your *health*.
- 「どうぞ健康に気をつけて」「ありがとう, あなたもね」
  "Please take (good) care of yourself [your *health*]." "Thanks, you too."

## げんこう

- 健康な, 健康的な **healthy, well**
  - カイは健康だ. Kai is *healthy*[*well*]. / Kai is *in good health*.
  - 健康食品 **health food**
  - 健康診断(状) **a physical (examination), a physical checkup, a health check,**《話》**a checkup**
  - 健康診断書 **a health certificate**
  - 健康保険 **health insurance**
  - 健康保険証 **a health insurance card**

**げんこう**【原稿】**a manuscript**[マニュスクリプト];（草稿）**a draft**[ドゥラフト];（スピーチなどの）**a script**[スクリプト]
- 原稿を書いた. I wrote a *manuscript*.
- ケンは原稿なしでスピーチをした. Ken made a speech without a *script*.
  - 原稿用紙（400字詰(づ)めの）**a (four-hundred-character) manuscript paper**

**げんこうはん**【現行犯で】**in the act (of ...)**[アクト]
- 彼は万引きの現行犯で逮捕(た)された. He was caught *in the act of* shoplifting.

**けんこくきねんのひ**【建国記念の日】**National Foundation Day**[ナショナル ファウンデイション]

**げんこつ a fist**[フィスト]
- 彼はげんこつでテーブルを数回たたいた. He hit the table with his *fist* several times.

**けんさ**【検査】**an examination**[イグザミネイション];（試験）**a test**[テスト];（点検）**a check**[チェック]
- あしたは身体検査だ. We will have a physical (examination) tomorrow.
  - ➡検査する **examine**[イグザミン]; **test; check**
- 彼女は私たちの手荷物を検査した. She *checked* our baggage.

## げんざい【現在】

**the present**[プレズント]
- ➡現在の **present, current**[カーラント]
- ➡現在は **at present, now**(▶nowのほうが口語的)
- 彼は現在14歳(さ)だ. He is *now* 14 years old.
  - 現在完了〚文法〛**the present perfect**
  - 現在形〚文法〛**the present tense**
  - 現在進行形〚文法〛**the present progressive form**
  - 現在分詞〚文法〛**the present participle**

**けんさく**【検索】**a search**[サーチ]
- ➡検索する **search, do**[**run**] **a search**
- インターネットでその本を検索した. I *searched* the Internet for the book.
  - 検索エンジン〚コンピュータ〛**a search engine**

**げんさく**【原作】**the original**[アリヂャヌル]
- このドラマは原作と全然違う. This drama is completely different from *the original* (work[story]).
- この映画の原作を読んだ. I read the novel that this movie is based on.
  - 原作者 **the original author**

**げんさん**【原産】（場所）**the place of origin**[プレイス][オーリヂン]
- ➡…原産の **native to ...**
- オーストラリア原産の果物 a fruit *native to* Australia

**けんじ**【検事】**a prosecutor**[プラスィキュータァ]

**げんし¹**【原子】**an atom**[アタム] ➡げんしりょく
- ➡原子の **atomic**[アタミック]
  - 原子爆弾(だん) **an atomic bomb**
  - 原子炉(ろ) **a nuclear reactor**

**げんし²**【原始の, 原始的な】**primitive**[プリマティヴ]
- 原始的なやり方 a *primitive* way
  - 原始時代 **the primitive age**
  - 原始人 **a primitive man**
  - 原始林 **a primeval forest**

**けんじつ**【堅実な】**steady**[ステディ]
- 堅実な人 a *steady* person

## げんじつ【現実】

**reality**[リアラティ], **actuality**[アクチュアラティ]
- 理想と現実 ideals and *reality*
- 夢が現実になった. My dream became a *reality*. / My dream came true.
- ➡現実の **real**[リー(ァ)ル], **actual**[アクチュアル]
- ➡現実に **really, actually**
- ➡現実的な **realistic**[リーアリスティック]（⇔非現実的な **unrealistic**）

**けんしゅう**【研修】**study and training**[スタディ][トゥレイニング]
  - 研修会 **a workshop**

**けんじゅう**【けん銃】**a pistol**[ピストゥル], **a handgun**[ハンドゥガン], **a gun**[ガン] ➡じゅう²

**げんじゅう**【厳重な】**strict**[ストゥリクト]
- ➡厳重に **strictly**
- 彼らは先生から厳重に注意された. They were *strictly* warned by the teacher.

**げんじゅうしょ**【現住所】**one's present address**[プレズント アドゥレス]
- 彼の現住所 his *present address*

**げんしゅく**【厳粛な】**solemn**[サラム]（★発音注意）

**けんしょう**【懸賞】**a prize**[プライズ]
- 彼女は懸賞に当たった. She won a *prize*.
- 雑誌の懸賞に応募(ぼ)した. I entered the magazine's lottery[contest].
  - 懸賞金 **prize money**

**げんしょう¹**【減少】(a) decrease[ディークリース](⇔増加 (an) increase), a fall[フォール]
━減少する decrease[ディクリース][★名詞とのアクセント位置の違いに注意](⇔増加する increase)→へる
・日本の人口は減少しつつある.
The population of Japan is *decreasing*.

**げんしょう²**【現象】a phenomenon[フィナマナン](複 phenomena[フィナマナ])
・自然現象 a natural *phenomenon*

**げんじょう**【現状】the present situation[プレズント スィチュエイション]
・現状では
under [in] *the present situation*

**げんしょく**【原色】(基本色) a primary color[プライメリィ カラァ];(鮮やかな色) a vivid color[ヴィヴィッド]

**げんしりょく**【原子力】nuclear energy[ヌークリァ エナァヂィ], atomic energy[アタミック]
| 原子力潜水艦 a nuclear submarine, an atomic submarine
| 原子力発電 nuclear power generation
| 原子力発電所 a nuclear power plant

**けんしん**【検診】a (medical) checkup[(メディカル) チェックアップ]
・定期検診 a regular *checkup*

**けんしんてき**【献身的な】devoted[ディヴォウティド]

**けんすい**【懸垂】a chin-up[チナップ]
・懸垂を10回できる？
Can you do ten *chin-ups*?

**げんせいりん**【原生林】a primeval [virgin] forest[プライミーヴァル [ヴァーヂン] フォーリスト]

**けんせつ**【建設】construction[カンストゥラクション]
・新しい図書館は今建設中だ.
The new library is under *construction*.
━建設的な constructive
・建設的な意見 a *constructive* opinion
━建設する construct, build[ビルド]
・ダムが建設された. A dam was *constructed*.
| 建設会社 a construction company
| 建設現場 a construction site

**けんぜん**【健全な】healthy[ヘルスィ], sound[サウンド], wholesome[ホウルサム]
・健全な身体に健全な精神が宿らんことを.
A *sound* mind in a *sound* body.

**げんそ**【元素】an element[エラマント]
| 元素記号 a chemical symbol, an atomic symbol

**げんぞう**【現像】development[ディヴェラップマント]

**げんそく**【原則】a principle[プリンスィプル]
・原則としてスマホの持ちこみは禁止になっている.
In *principle*, smartphones are prohibited.

**げんそん**【謙そんする】be modest[マダスト]
・そんなに謙そんしないでください.
Please don't *be so modest*.

**げんぞん**【現存の】existing[イグズィスティング]
・それは現存する世界最古のマンモスのきばだ.
It is the oldest tusk of a mammoth *existing* in the world.

# げんだい【現代】

the present day [age] [プレズント デイ [エイヂ]], today[トゥデイ]
・現代ではコンピュータはなくてはならないものだ. A computer is absolutely necessary *today*.
━現代の, 現代的な modern, contemporary; (今日の) present-day
・現代のアメリカ美術
*modern* [*contemporary*] American art
・現代の若者たち the youth (of) *today*
| 現代英語 current English
| 現代史 modern history
| 現代社会 modern society

**けんだま**【剣玉】a cup and ball[カッパンボール]
・私たちは剣玉をした. We played a *cup-and-ball game*.

cup and ball

**けんち**【見地】a point of view[ポイント] [ヴュー]
・医学的見地から
from a medical *point of view*

**げんち**【現地】the spot[スパット]
| 現地時間 local time

**けんちく**【建築】(建てること) construction[カンストゥラクション], building[ビルディング];(建築物) a building
・木造建築 a wooden *building*
・新しい野球場は現在建築中だ.
The new baseball stadium is *under construction* now. / The new baseball stadium is being *built* now.
━建築する build;(大規模なものを) construct
・彼は家を建築した. He *built* a house.
| 建築家 an architect
| 建築学 architecture
| 建築士 a registered architect

**けんていしけん**【検定試験】a certifying [licensing] examination[サァティファイイング [ライセンスィング] イグザマネイション]

**げんてん**【減点する】take off[テイク オーフ]

- 単語のつづりを間違(まちが)えて1点減点された. I had one point *taken off* because of a misspelled word.

**げんど**【限度】**a limit**[リミット]
- どんなものにも限度がある. There's a *limit* to everything. / Everything has its *limit*.

**けんとう¹**【見当】**a guess**[ゲス]
- 見当違(ちが)いをした. I made a wrong *guess*.
- **見当をつける guess**
- 彼が何歳(なんさい)なのか見当がつかない. I cannot *guess* how old he is.

**けんとう²**【健闘する】**put up a good fight**[グッド ファイト]
- 彼らは健闘したが負けてしまった. Although they *put up a good fight*, they lost.
- 健闘を祈(いの)る. *Good luck!*

**けんとう³**【検討する】**consider**[カンスィダァ], **examine**[イグザミン]

**けんどう**【剣道】**kendo**
- 剣道は竹の棒を使って行う日本の剣術です. *Kendo* is the Japanese art of fencing with bamboo sticks.
- マリは剣道4段だ. Mari is a fourth *dan* in *kendo*.
∥剣道部 **a kendo team**

**げんば**【現場】(事件・事故などの)**the scene**[スィーン]; (工事などの)**the site**[サイト]
- 事故現場 the *scene* of the accident
- 建設現場 the construction *site*

**げんばく**【原爆】**an atomic bomb**[アタミック バム], **A-bomb**[エイバム]
原爆記念日 **the anniversary of the atomic bombing**(**of Hiroshima**[**Nagasaki**])
原爆ドーム **the Atomic Bomb Dome** → 観光地【口絵】

**げんぱつ**【原発】→ げんしりょく(原子力発電所)

**けんばん**【鍵盤】(1音)**a key**[キー], (全体)**a keyboard**[キーボード]

**けんびきょう**【顕微鏡】**a microscope**[マイクラスコウプ]
- 電子顕微鏡 an electron *microscope*
- 私は顕微鏡で花粉を見た. I looked at pollen under [through] a *microscope*.

**けんぶつ**【見物】**sightseeing**[サイトスィーイング]
- **見物する**(名所などを)**see, visit**; (見物に行く)**go sightseeing**
- 祖母と東京見物をした. I *went sightseeing* in Tokyo with my grandmother.
∥見物席 **a seat**; (観覧席)**the stands**
∥見物人 (名所などの)**a sightseer**; (訪れる人)**a visitor**; (観客)**a spectator**

**けんぽう**【憲法】**a constitution**[カンスティトゥーション]
- 彼らは憲法を制定[改正]した. They established[revised] the *constitution*.
- 日本国憲法第9条 Article 9 of *the Constitution* of Japan
∥憲法記念日 **Constitution Memorial Day**

**げんまい**【玄米】**brown rice**[ブラウン ライス]

**げんみつ**【厳密な】**strict**[ストゥリクト]
- **厳密に strictly**
- 厳密に言えばこれは正解ではない. *Strictly* speaking, this is not the right answer.

**けんめい¹**【懸命に】→ いっしょうけんめい

**けんめい²**【賢明な】**wise**[ワイズ]
- 彼らが予定を変更(へんこう)したのは賢明だった. It was *wise* of them to change the plan.

**げんめつ**【幻滅する】**be disillusioned**(**with …**)[ディスィルージョンド]

**けんやく**【倹約する】**save**[セイヴ]
- ケンは小遣(こづか)いを倹約している. Ken is *saving* his allowance.
∥倹約家 **a thrifty person**

**けんり**【権利】**a right**[ライト]
- 権利と義務 *rights* and duties
- 彼らは他人の権利を尊重する. They respect the *rights* of others.
- 彼らは他人の権利を侵害(しんがい)する. They infringe on the *rights* of others.
- 18歳(さい)になると, 投票する権利を得る. At the age of eighteen, you get the *right* to vote.

**げんり**【原理】**a principle**[プリンスィプル]
- アルキメデスの原理 the Archimedes' *principle*

**けんりつ**【県立の】**prefectural**[プリーフェクチャラル]
∥県立高校 **a prefectural high school**

**げんりょう¹**【原料】**raw materials**[ロー マティ(ァ)リアルズ]
- 私たちは原料を輸入している. We import *raw materials*.
- しょう油の原料は何ですか. What *is* soy sauce *made from*?(←しょう油は何からできていますか)

**げんりょう²**【減量する】**lose weight**[ルーズ ウェイト]
- 私は2キロ減量したい. I want to *lose* two kilograms.

**けんりょく**【権力】**power**[パウァ]
∥権力者 **a person of power**

**げんろん**【言論】**speech**[スピーチ]
- 言論の自由 freedom of *speech*

# こ

## こ【子】

| ❶ 人間の | a child, a kid; (男の子) a boy; (女の子) a girl |
| --- | --- |
| ❷ 動物の | a baby |

❶ [人間の] **a child** [チャイルド] (複 **children** [チルドゥラン]), **a kid** [キッド]; (男の子) **a boy** [ボーイ]; (女の子) **a girl** [ガール]
- かわいい子 a cute *boy* [*girl*]
- ケイは末っ子だ. Kei is the youngest *child*.
- 私は一人っ子です. I am an only *child*.
- おばに女の子が生まれた. My aunt had a baby *girl*.
- うちの子 my *son* [*daughter*]

❷ [動物の] **a baby** [ベイビィ] → こいぬ, こねこ, こうし¹, こうま, こひつじ, こやぎ
- 子象 a *baby* elephant

## …こ【…個】

- りんご1個 an apple
- 箱2個 two boxes
- 角砂糖1個 a lump of sugar (►角砂糖2個は two lumps of sugar)
- ケーキ1個 (丸ごと) a cake, (切り分けた) a piece of cake (►ケーキ2個は (丸ごと) two cakes, (切り分けた) two pieces of cake)

two cakes　　　two pieces of cake

- このおにぎりは1個120円だ. These rice balls cost one hundred and twenty yen each [apiece].

### ここがポイント！ 「…個」と英語で言うとき
英語には日本語の「…個」「…枚」などのような物を数えるための特別な言葉はありません. 数えられる名詞の場合は, one [a, an], two, three …を名詞の前に置き, 2つ以上なら名詞を複数形にします. 数えられない名詞の場合は, a piece of …(1個の…), two pieces of …(2個の…) などの単位を表す語を用いて表します.

## ご¹【五(の)】 **five** [ファイヴ] → さん¹
- 5回 *five* times
- 5分の1 one [a] *fifth*
- —第五(の) **the fifth** [フィフス] (►5thと略す)
- 5列目 *the fifth* row
- 五角形 a pentagon

## ご²【語】 (単語) **a word** [ワード]; (言語) **a language** [ラングウィッヂ]
- この辞書には約1万語が収録されている. This dictionary contains about ten thousand *words*.
- 君の国では何語が話されていますか. What *language* is spoken in your country?

## ご³【碁】 (the game of) **go** [ゲイム]
- 碁はそれぞれ黒と白の丸い石を使って2人で競う盤(ばん)上ゲームです. *Go* is a board game played by two people using round black and white stones.
- 碁を打つのが好きだ. I like to play *go*.
- 碁石 a *go* stone
- 碁盤 a *go* board

## …ご【…後】

**after** … [アフタァ]; (今から…たったら) **in** … [イン]; (ある時間がたった後で) … **later** [レイタァ]; (…後ずっと) **since** … [スィンス]

- 放課後に会おう. Let's meet *after* school.
- 彼は5分後に戻(もど)ってきます. He will be back *in* five minutes.
- 3日後, 彼は沖縄へ出発した. He left for Okinawa three days *later*.
- 引っ越(こ)し後, ミドリからは連絡(れんらく)がない. I haven't heard anything from Midori *since* she moved.

## コアラ [動物] **a koala** (**bear**) [コウアーラ (ベァ)]

## こい¹【恋】

**love** [ラヴ]
- 初恋はいつですか. When was your first *love*?
- アスカに恋を打ち明けた. I confessed my *love* to Asuka.
- —恋する **love, be in love** (with …); (恋に落ちる) **fall in love** (with …)
- ミキに恋している. I'*m in love with* Miki.
- 2人はお互(たが)い一目で恋に落ちた. They *fell in love with* each other at first sight.
- 恋人 (男性) **a boyfriend**, (女性) **a girlfriend**: リンには恋人がいる. Rin has a *boyfriend* [*girlfriend*].
- 恋わずらい: 彼女は恋わずらいしている. She's *lovesick*.

## こい²【濃い】

❶色が　　　　　　dark, deep
❷濃度などが　　thick;
　　　　　　　　　（お茶・酒などが）strong

❶[色が] **dark**[ダーク]（⇔薄い **light**）, **deep**[ディープ]
- 濃い青色のTシャツ a *dark* blue T-shirt

❷[濃度などが] **thick**[スィック]（⇔薄い **thin**）;（お茶・酒などが）**strong**[ストゥローング]（⇔薄い **weak**）
- 濃いコーンスープ *thick* corn soup
- 濃い霧 a *thick* fog
- 父は濃いコーヒーが好きだ。
  My father likes *strong* coffee.

**こい³**[魚] **a carp**[カープ]
- こいのぼり a *carp* streamer

**ごい**[語い]（a） **vocabulary**[ヴォウキャビュレリィ]（►ある個人・作品などが用いる語の数全体）
- 彼は英語の語いが豊富だ［少ない］.
  He has a large [small] *vocabulary*.

**こいし**[小石] **a small stone**[スモール ストウン];（丸い）**a pebble**[ペブル]

**こいしい**[恋しい] **miss**[ミス], **long**（**for** ...）
- おばあちゃんの手料理が恋しい．
  I *miss* Grandma's cooking.

**こいぬ**[子犬] **a puppy**[パピィ]

**コイン a coin**[コイン]
- コインランドリー ⓜa **laundromat**, ⓑa **launderette**
- コインロッカー a（**coin-operated**）**locker**

**こう**（このように）**like this**[ライク],（**in**）**this way**[ウェイ];（以下のように）**as follows**[ファロウズ]
- こうしてみて．Try to do it *like this*. / Try to do it（*in*）*this way*.
- 先生はこう言っていた．The teacher said（*as follows*）: ...（►...に先生の言葉を続ける）

**ごう**[号] **a number**[ナンバァ];（雑誌などの）**an issue**[イシュー]
- 3号館 Building *Number* Three / Building *No*. 3
- 9号のスカート a *size* 9 skirt

**こうい¹**[行為]（1回の）**an act**[アクト];（一連の）（**an**）**action**[アクション];（ふるまい）**behavior**[ビヘイヴィア], **conduct**[カンダクト]
- 親切な[勇気ある]行為
  an *act* of kindness [bravery]

**こうい²**[好意]（親切）**kindness**[カインドゥニス];（支持）**favor**[フェイヴァ]
- 彼女は好意でそうした．
  She did it out of *kindness*.

━好意的な **kind, friendly**; **favorable**
- 彼はいつもわれわれに好意的だ．
  He is always *friendly* to us.

**こうい³**[校医] **a school doctor**[スクール ダクタァ]

**ごうい**[合意] **an agreement**[アグリーマント]
- 2つの国は合意に達した．The two nations reached [came to] an *agreement*.

━合意する **agree**

**こういう such**[サッチ] → こんな

**こういしつ**[更衣室]（体育館などの）**a locker room**[ラッカァ ルーム];（劇場などの）**a dressing room**[ドゥレッスィング]

**こういしょう**[後遺症] **an aftereffect**[アフタァイフェクト]（►ふつう複数形で用いる）

**ごうう**[豪雨] **heavy rain**[ヘヴィ レイン], **a downpour**[ダウンポァ]

## こううん【幸運】

（**good**）**luck**[（グッド）ラック]（⇔不運 **bad luck**）,（**good**）**fortune**[フォーチュン]（⇔不運（a）**misfortune**）
- あなたの幸運を祈ります．I wish you *good luck*. / *Good luck*（to you）!

━幸運な **lucky, fortunate**
- 私たちはよい先生が担任で幸運だった．
  It was *lucky* that we had a good homeroom teacher.

━幸運にも **luckily, fortunately**
- 幸運にも最後のバスに間に合った．
  *Luckily* I caught the last bus.

**こうえい¹**[後衛]『スポーツ』**a back**[バック]（⇔前衛 **a forward**）

**こうえい²**[光栄] **honor**[アナァ]
- あなたにお目にかかってとても光栄です．
  It is a great *honor* to meet you.

**こうえん¹**[公園] **a park**[パーク]
- 国立[記念]公園
  a national [memorial] *park*
- 代々木公園 Yoyogi *Park*（►公園名にはthe をつけず、大文字で始める）
- 彼らはよく公園で遊ぶ．
  They often play in the *park*.

**こうえん²**[講演] **a lecture**[レクチャァ]
- 『源氏物語』についての講演を聞いた．
  I attended the *lecture* on "The Tale of Genji."

━講演する **give a lecture**
- 講演会 a **lecture meeting**
- 講演者 a **lecturer, a speaker**

**こうえん³**[後援] **support**[サポート],《話》**a backup**[バックアップ];（資金的な）**sponsorship**[スパンサァシップ]

**―後援する** support, back up; sponsor
- 多くの企業がその選手を後援している. Many companies are *sponsoring* the athlete.

**後援会** a fan club; a support group
**後援者** a supporter, a backer; a sponsor

**こうえん**[4]【公演】a (public) performance [パブリック パフォーマンス]
**―公演する** perform

# こうか[1]【効果】
(an) effect [イフェクト]
- すぐに効果が現れた. It had an immediate *effect*.

**―効果的な** effective
- 英語を学ぶ効果的な方法 an *effective* way to learn English

**―効果的に** effectively

**こうか**[2]【校歌】a school song [スクール ソーング]
- 私たちは校歌を斉唱していた. We were singing the *school song* in unison.

**こうか**[3]【高価な】expensive [イクスペンスィヴ]
- 高価な贈り物 an *expensive* gift

**こうか**[4]【硬貨】a coin [コイン]
- 100円硬貨 a hundred-yen *coin*

**ごうか**【豪華な】luxurious [ラグジュ(ァ)リアス], gorgeous [ゴーヂャス], deluxe [ダラックス]
- 豪華なホテル a *luxurious* hotel
- 豪華なウエディングドレス a *gorgeous* wedding dress

豪華客船 a luxury liner

# こうかい[1]【後悔】
(a) regret [リグレット]

**―後悔する** regret, be sorry (for ...)
- 私は後悔していない. I have no *regrets*.
- 後悔しないように頑張る. I'll do my best so I won't *have* any *regrets* later.
- 今やらないと後で後悔しますよ. If you don't do it now, you'll *be sorry* later. / If you don't do it now, you'll *regret* it later.

慣用表現
**後悔先に立たず** It is no use crying over spilt milk. (◆こぼれたミルクを惜しんで泣いても何にもならない)

**こうかい**[2]【公開の】public [パブリック], open [オープン]
**―公開する**（開放する）open to the public;（展示する）put ... on
- その建物は一般に公開されている. The building is *open* to the public.

**公開授業** an open class
**公開討論会** a forum, an open forum, a public debate

**こうかい**[3]【航海】a voyage [ヴォイィッヂ]
**―航海する** sail, make a voyage
- 太平洋を航海したい. I want to *sail* the Pacific.

**こうがい**[1]【公害】(environmental) pollution [(インヴァイ(ァ)ランメントゥル) パルーション]
- この地域は騒音公害がひどい. There is a lot of noise *pollution* in this area.

**公害病** a pollution-related disease
**公害問題** a pollution problem

**こうがい**[2]【郊外】the suburbs [サバーブズ]
- レイは京都の郊外に住んでいる. Rei lives in *the suburbs* of Kyoto.

**こうがい**[3]【校外で】outside [out of] school [アウトサイド [アウト] [スクール]]

**校外学習** a field trip
**校外活動** out-of-school activities

**ごうがい**【号外】an extra (edition) [エクストゥラ (イディション)]

**こうかいどう**【公会堂】a public hall [パブリック ホール]

**こうかがくスモッグ**【光化学スモッグ】photochemical smog [フォウトウケミカル スマッグ]

**こうがく**【工学】engineering [エンヂニアリング]
- 工学部 the department of *engineering*

# ごうかく【合格】
passing [パスィング], success (in ...) [サクセス] (⇔不合格 failure)
- 試験合格おめでとう！ Congratulations on *passing* the examination!

**―合格する** pass, succeed (in ...) [サクスィード] (⇔落ちる, 不合格になる fail)
- 姉は西高校の入学試験に合格した. My sister *passed* [*succeeded in*] the entrance examination for Nishi High School.

**合格者** a successful candidate

## こうかん¹

合格通知 a letter of acceptance
合格点 a passing mark
合格率 the passing rate

**こうかん¹**【交換】(an) exchange[イクスチェインヂ]
- その本と交換でタクにキーホルダーをあげた.
  I gave Taku a key chain in *exchange* for the book.
- 電池交換が必要だよ. You need to *change* [*replace*] the batteries.
- **交換する** exchange, change;(新品との) replace[リプレイス]
- 私たちは意見を交換した. We *exchanged* opinions.
- このコートをもっと大きいものと交換してもらえますか.
  Could you please *exchange* this coat for a bigger one?

交換手(電話の) a telephone operator
交換留学生 an exchange student

**こうかん²**【好感】a good impression[グッド インプレッション]
- 彼は聴衆に好感を与えた. He made a *good impression* on the audience.
- 好感の持てる人 a *pleasant* person

**こうき¹**【後期】the latter period[ラタァ ピ(ァ)リアッド](⇔前期 the first period);(学期の) the second term[セカンド ターム]

**こうき²**【好機】a good chance[グッド チャンス], a good opportunity[アパァトゥーナティ]

**こうき³**【校旗】a school flag[スクール フラッグ]

**こうぎ¹**【抗議】a protest[プロウテスト]
- **抗議する** protest(against ...)[プラテスト](★名詞との発音・アクセント位置の違いに注意), make a protest(against ...)
- 監督は審判の判定に抗議した.
  The manager *protested against* the umpire's call.

**こうぎ²**【講義】a lecture[レクチャァ]
- **講義する** give a lecture(on ...)

**こうきあつ**【高気圧】high atmospheric pressure[ハイ アトゥマスフェリック プレッシャァ]

**こうきしん**【好奇心】curiosity[キュ(ァ)リアサティ]
- 好奇心にかられて out of *curiosity*
- **好奇心の強い** curious[キュ(ァ)リアス]
- 彼女は好奇心が強い.
  She is a *curious* person.

**こうきゅう¹**【高級な】high-class[ハイクラス], high-grade[-グレイド];(高価な) expensive[イクスペンスィヴ]

高級車 a luxury car
高級品 (high) quality goods

**こうきゅう²**【硬球】a hard ball[ハード ボール]
**ごうきゅう**【号泣する】weep[ウィープ]
**こうきょ**【皇居】the Imperial Palace[インピ(ァ)リアル パリス]
**こうきょう**【公共の】public[パブリック]

公共事業 a public enterprise
公共施設 public facilities
公共料金 public utility charges

**こうぎょう¹**【工業】(an) industry[インダストゥリィ]
- 重[軽]工業 heavy[light] *industry*
- 自動車工業
  the car[automobile] *industry*
- **工業の** industrial[インダストゥリアル]

工業地帯 an industrial area
工業都市 an industrial city

**こうぎょう²**【鉱業】the mining industry[マイニング インダストゥリィ], mining

**こうきょうがくだん**【交響楽団】a symphony orchestra[スィンファニィ オーカストゥラ]

**こうきょうきょく**【交響曲】a symphony[スィンファニィ]
- ベートーベンの第9交響曲
  Beethoven's 9th *Symphony*

**こうくう**【航空】
- 日本航空 Japan *Airlines*

航空会社 an airline (company)
航空機 an aircraft
航空券 a flight ticket, an air ticket
航空写真 an aerial photograph
航空便 airmail, air mail
航空路 an air lane

**こうけい**【光景】a sight[サイト], a scene[スィーン]
- 美しい光景 a beautiful *scene*

**こうげい**【工芸】(a) craft[クラフト]
- 伝統工芸 a traditional *craft*
- 美術工芸 arts and *crafts*

## ごうけい【合計】

a total[トウトゥル], the sum[サム]
- 合計955円です.
  The *total* will be 955 yen.

合計で…になる
be ... altogether [in total] / amount to ...

- 「いくらですか」「合計で3000円になります」
  "How much is it ?" "It *is* 3,000 yen *altogether*."
- **合計する** add up[アッド アップ]
- これらの数字を合計してください.
  Please *add up* these figures.

合計金額 the sum total

## こうさん

**こうげき**【攻撃】**an attack**[アタック], **offense**[オーフェンス](⇔防御(ぼうぎょ) **defense**)
- 攻撃的な **aggressive**[アグレッスィヴ]
- 攻撃的な作戦 an *aggressive* strategy
- 攻撃する **attack**

攻撃は最大の防御である.
*Offense* is the best defense.

**こうけん**【貢献】**a contribution**[カントゥリビューション]
- 貢献する **contribute**(**to** ...)[カントゥリビュート], **make a contribution**(**to** ...)
- エリは勝利に大きく貢献した.
Eri *contributed* greatly *to* the victory.
- 社会貢献したい. I want to *make a contribution* to society.

**こうげん**【高原】**highlands**[ハイランヅ], **heights**[ハイツ]

**こうご**¹【交互に】**alternately**[オールタァナットゥリィ], **in turn**[ターン] → こうたい¹

**こうご**²【口語】**spoken language**[スポウクン ラングウィッチ](⇔文語 written language)
- 口語の **spoken**, **colloquial**[カロウクウィアル]
- 口語英語 spoken English

## こうこう【高校】

**a**(**senior**) **high school**[(スィーニャァ) ハイ スクール]
- 高校1年生 a first-year student in *high school* / ®a freshman in *high school*
- 兄は高校へ通っている.
My brother goes to *high school*.

表現メモ

いろいろな高校
男子[女子]高校
a boys(')[girls(')] high school
都立高校 a metropolitan high school
県立[府立, 道立]高校 a prefectural high school
私立高校 a private high school
工業高校 a technical high school
商業高校 a commercial high school
水産高校 a fisheries high school
農業高校 an agricultural high school
全日制高校 a full-time high school
単位制高校
a credit-based[credit-system] high school
通信制高校 a correspondence high school

高校生 a high school student
高校生活 high school life
高校入試 a high school entrance examination
高校野球大会 a high school baseball tournament

**こうごう**【皇后】**the empress**[エンプレス](⇔天皇 the emperor)
皇后陛下 Her Majesty the Empress

**こうこがく**【考古学】**archaeology**[アーキアラヂィ]
考古学者 an archaeologist

**こうこく**【広告】**an advertisement**[アドゥヴァタイズマント], 《話》**an ad**[アッド]
- ネット広告 an Internet *advertisement*[*ad*]
- テレビ広告 a TV *commercial*
- 広告する **advertise**[アドゥヴァタイズ]
広告代理店 an advertising agency
広告欄(らん) an advertising column

**こうさ**¹【交差する】**cross**[クロース]
- この道はこの先で国道と交差します.
This street *crosses* the national highway up ahead.
交差点 an intersection, a crossing

**こうさ**²【黄砂】〖気象〗**yellow sand**[イェロウ サンド]

**こうざ**¹【講座】**a course**[コース]
- 初級英会話講座 a beginner's *course* in English conversation

**こうざ**²【口座】**an account**[アカウント]
- その銀行に口座を開いた.
I opened an *account* at[with] the bank.

**こうさい**【交際】(友人関係)**friendship**[フレンドゥシップ]
- 父は交際範囲(はんい)が広い[せまい]. My father has a large[small] circle of friends.
- 交際する **make**[**be**] **friends**(**with** ...), **keep company**(**with** ...); (恋人と)**go out**(**with** ...) → つきあう
- 母は悪い友達と交際しないようにと言った.
My mother told me not to *keep* bad *company*.
- 彼はナオと交際している.
He is *going out with* Nao.

**こうさく**【工作】**a handicraft**[ハンディクラフト]

**こうさん**【降参する】**give up**[ギヴ アップ], **give in**

# こうざん¹

(**to** ...)[イン]

**こうざん¹**〖高山〗**a high mountain**[マウンテン]
─高山の **alpine**[アルパイン]
| 高山植物 **an alpine plant**
| 高山病 **mountain [altitude] sickness**

**こうざん²**〖鉱山〗**a mine**[マイン]

**こうし¹**〖子牛〗**a calf**[キャフ](★このlは発音しない)(複 **calves**[キャヴズ])→うし

**こうし²**〖講師〗**an instructor**[インストゥラクタァ], **a lecturer**[レクチャラァ]

**こうし³**〖公私〗**public [work] and private (matters)**[パブリック[ワーク]][プライヴィット(マタァズ)]
・公私混同しないように. Don't mix up *work and private matters.*

**こうじ**〖工事〗**construction**[カンストゥラクション], **repair**[リペァ]
・工事中
〔掲示〕(建設中) UNDER *CONSTRUCTION*;
(作業中) CREW AT WORK

「工事中」の掲示

・その道路は工事中だった.
 The road was under *repair.*
| 工事現場 **a construction site**

**こうしえん**〖甲子園〗**Koshien Stadium**[ステイディアム]
・甲子園に出るのが私の夢だ.
 It's my dream to play at *Koshien.*

# こうしき 〖公式〗

| | |
|---|---|
| ❶数学などの | **a formula** |
| ❷公の | (正式の)**formal**;<br>(公の仕事の)**official** |

❶[数学などの]**a formula**[フォーミュラ]
❷[公の](正式の)**formal**[フォーマル]; (公の仕事の)**official**[アフィシャル]
・大統領は日本を公式訪問した. The President paid a *formal* visit to Japan.
─公式に **formally; officially**
| 公式記録 **an official record**
| 公式サイト **an official site**

| 公式戦 **a regular-season game**; 〖野 球〗**the pennant race**

**こうしつ**〖皇室〗**the Imperial Family**[インピ(ァ)リアル ファミリィ]

**こうじつ**〖口実〗**an excuse**[イクスキューズ], **a pretext**[プリーテクスト]
・休む口実 an *excuse* for absence

**こうして in this way**[ウェイ], **like this**[ライク]→こう

**こうしゃ¹**〖校舎〗**a school building**[スクール ビルディング]

**こうしゃ²**〖後者〗**the latter**[ラタァ](⇔ 前者 **the former**)

**こうしゅう¹**〖講習〗**a course**[コース], **a class**[クラス]
・7月は夏期講習に出ました.
 I took some summer *courses* in July.

**こうしゅう²**〖公衆〗**the public**[パブリック]
・公衆の面前で in *public*
| 公衆衛生 **public health**
| 公衆電話 **a public (tele)phone, a pay phone**
| 公衆道徳 **public morality**
| 公衆便所 **a public lavatory [toilet]**

**こうしょう¹**〖交渉〗(a) **negotiation**[ニゴウシエイション](▶しばしば複数形で用いる)
─交渉する **negotiate**[ニゴウシエイト]
・小遣(づか)いについて両親と交渉した.
 I *negotiated* with my parents about my allowance.

**こうしょう²**〖校章〗**a school badge**[スクール バッヂ]

**こうじょう¹**〖工場〗**a factory**[ファクトリィ]; (大規模な)**a plant**[プラント]
・工場見学 a field trip to a *factory*
・兄は自動車工場で働いている.
 My brother works in [at] a car *factory.*
| 工場地帯 **a factory district**
| 工場排水(ホェェ) **industrial wastewater**

**こうじょう²**〖向上〗(改 善)**improvement**[インプルーヴマント]; (進歩)**progress**[プラグレス]
─向上する **improve; make progress**
・私の英語の成績は向上している.
 My English grades have *improved.*
・彼女の数学の力はめざましく向上している.
 She is *making* great *progress* in math.

**ごうじょう**〖強情な〗(性格が)**stubborn**[スタバァン], **obstinate**[アブスタナット]

**こうしょきょうふしょう**〖高所恐怖症〗
・高所恐怖症だ. I'm afraid [scared] of high places. / I'm afraid [scared] of heights.

**こうしん¹**〖行進〗**a march**[マーチ]; (祝賀などの)**a parade**[パレイド]

- きょうは行進の練習をします. We are going to practice *marching* today.
 ━行進する **march; parade**
 ┃行進曲 **a march**
**こうしん**[2] 【更新する】**renew**[リヌー], **update**[アップデイト]
- 会員証を更新しなくては.
 I have to *renew* my membership.
- あなたは何回ぐらいブログを更新しますか.
 How often do you *update* your blog?
**こうしんりょう**【香辛料】**spices**[スパイスィズ]
**こうすい**【香水】**perfume**[パフューム]
- 姉は香水をつけている.
 My sister wears *perfume*.
- 母の香水をつけてみた.
 I put on my mother's *perfume*.
**こうずい**【洪水】**a flood**[フラッド]
- その洪水で橋が流されてしまった. The bridge was washed away in the *flood*.
- 去年この辺りは洪水に見舞(まい)われた.
 This area was *flooded* last year. (▶ この floodは「はんらんさせる」の意味の動詞)
**こうせい**[1]【構成】**composition**[カンポズィション], **structure**[ストラクチャア]
 ━構成する **make up, compose**[カンポウズ]
- サッカーのチームは11人で構成されている.
 A soccer team is *made up of* eleven players. / A soccer team is *composed of* eleven players.
**こうせい**[2]【公正な】**fair**[フェア]
- 公正な判断 a *fair* judgment
 ━公正に **fairly**
**こうせい**[3]【恒星】**a**（**fixed**）**star**[(フィックスト) スター], **a sun**[サン]
**ごうせい**【合成】
┃合成甘味(かん)料（**an**）**artificial sweetener**
┃合成写真 **a montage photograph**
┃合成繊維(せん)**a synthetic fiber**
┃合成着色料 **artificial coloring**
┃合成保存料 **artificial preservatives**
**こうせいぶっしつ**【抗生物質】**an antibiotic**[アンティバイアティック]
**こうせき**【功績】（業績）**an achievement**[アチーヴマント]；（貢献）（**a**）**contribution**[カントゥリビューション]
**こうせん**【光線】（一筋の）**a ray**[レィ], **a beam**[ビーム]；（光）**light**[ライト]
- 太陽光線 the *rays* of the sun / sun*beams*
- レーザー光線 a laser *beam*
**こうぜん**【公然の】**open**[オウプン], **public**[パブリック]
- 公然の秘密 an *open* secret
 ━公然と **openly, in public**
**こうそう**【高層の】**high-rise**[ハイライズ]
- 高層ビル a *high-rise* building
- 超(ちょう)高層ビル a skyscraper
**こうぞう**【構造】**structure**[ストラクチャア]
- 恐竜(きょうりゅう)の骨の構造
 the bone *structure* of a dinosaur
 ━構造上の **structural**

## こうそく[1]【校則】

**school regulations**[スクール レギュレイションズ], **school rules**[ルールズ]
- 彼は校則を守った[破った].
 He obeyed [broke] *school regulations*.
- 漫画(まんが)を学校に持ってくるのは校則違反(いはん)だ. Bringing comic books to school is against the *school rules*.

**こうそく**[2]【高速】（**a**）**high speed**[ハイ スピード]
- 高速のインターネット接続
 *high-speed* Internet access
┃高速道路 ⓐ**an expressway**, ⓑ**a freeway**, ⓑ**a motorway**：東名高速道路 the Tomei *Expressway*

## こうたい[1]【交代する, 交替する】

（代理をする）**take** ...**'s place**[プレイス]；（かわるがわるやる）**take turns**[ターンズ]
- あしたの当番交代してもらえる？
 Can you *take my place* tomorrow?
- 私たちは交代してお昼ご飯を食べに行った.
 We *took turns* to go for lunch.

take ...'s place　　　take turns

 ━交代で **by turns, in turn**
**こうたい**[2]【抗体】**an antibody**[アンティバディ]
- ワクチンが体に抗体ができるのを助ける.
 The vaccine will help your body develop [produce] *antibodies*.
**こうだい**【広大な】**vast**[ヴァスト]
**こうたいし**【皇太子】**the Crown Prince**[クラウン プリンス]；（英国の）**the Prince of Wales**[ウェイルズ]
┃皇太子妃(ひ) **the Crown Princess**；（英国の）**the Princess of Wales**
**こうたく**【光沢】（**a**）**shine**[シャイン], （**a**）**gloss**[グラス]（▶いずれも複数形では用いない）

こうちゃ

―光沢のある **shiny, glossy**

**こうちゃ**【紅茶】(**black**) **tea**[(ブラック) ティー]
- 紅茶を1杯いかがですか.
  How about a cup of *tea*?
- 母はいつも紅茶を飲んでいる.
  My mother always drinks *tea*. (▶いつもの習慣には,「飲んでいる」であっても現在進行形ではなく現在形を使う)

> **ここがポイント!** **black tea** とも
> 「紅茶」を英語で表す場合, ふつうはteaだけで通じますが, 日本の緑茶green teaなどと区別して black tea と言うこともあります.

**こうちょう**¹【校長】**a principal**[プリンスィパル]
- 中学の校長
  the *principal* of a junior high school
- きょうは校長先生のお話があるらしい. I hear our *principal* is going to talk today.
‖校長室 **the principal's office**

**こうちょう**²【好調】**good condition [shape]**[グッド カンディション [シェイプ]]
- 彼女は最近好調だ. She is in *good condition* [*shape*] these days.
- すべて好調だ.
  Everything is going *all right*. / Everything is going *well*.

# こうつう【交通】

**traffic**[トゥラフィック]; (輸送)**transportation**[トゥランスパテイション]
- この通りは交通が激しい.
  The *traffic* is heavy on this street.
- その学校は交通の便がよい.
  The school has good access to *transportation*.

交通安全 **traffic safety**: 交通安全週間 a *traffic safety* week
交通違反 **traffic violation**: 交通違反をしてはいけない. Don't break [violate] *traffic regulations*.
交通機関 **a means of transportation**
交通規則 **traffic regulations [rules]**
交通事故 **a traffic accident**
交通渋滞 **a traffic jam**: 私たちは交通渋滞にはまった. We were [got] caught in a *traffic jam*.
交通信号 **a traffic light**
交通整理 **traffic control**
交通費 **transportation expenses**
交通標識 **a traffic sign**

**こうつごう**【好都合な】**convenient**[カンヴィーニャント]→つごう

**こうてい**¹【校庭】**school grounds**[スクール グラウンツ], **a schoolyard**[スクールヤード]; (運動場) (a **school**) **playground**[プレイグラウンド]
- 私たちは校庭を3周走った. We ran three laps around the *schoolyard*.

**こうてい**²【皇帝】**an emperor**[エンペラァ]; (女性の)**an empress**[エンプリス]

**こうてい**³【肯定】**affirm**[アファーム]
―肯定的な **affirmative** (⇔否定的な **negative**)
‖肯定文〘文法〙**an affirmative sentence**

**こうてき**【公的な】(公の)**public**[パブリック] (⇔私的な **private**); (公務上の)**official**[アフィシャル]

**こうてつ**【鋼鉄】**steel**[スティール]

**こうてん**【好転する】**improve**[インプルーヴ], **change for the better**[チェインヂ][ベタァ]
- 事態は好転した.
  Things *changed for the better*.

**こうど**【高度】(a) **height**[ハイト]; (標高, 海抜)(an) **altitude**[アルティトゥード]
- 高度5000メートルで at a *height* of five thousand meters / at an *altitude* of five thousand meters
―高度な **advanced, high**
―高度に **highly**
- 高度に発達した文明 a *highly* developed civilization / an *advanced* civilization

**こうとう**¹【高等な】**high**[ハイ], **higher**[ハイァ]; (進歩した)**advanced**[アドゥヴァンスト]
‖高等学校 a (**senior**) **high school** → こうこう
高等教育 **higher education**
高等裁判所 **a high court**
高等専門学校 **a technical college**

**こうとう**²【口頭の】**oral**[オーラル]
―口頭で **orally**
‖口頭試問[試験] **an oral examination**

# こうどう¹【行動】

(行為)(an) **action**[アクション], **an act**[アクト]; (ふるまい)**behavior**[ビヘイヴィア], **conduct**[カンダクト]
- 自分の行動には責任を持ちなさい.
  Be responsible for your *actions*.
―行動する **do, act, take action; behave**
- 私たちは団体で行動した.
  We *did* everything as a group.
―行動的な **active**
- ユウコは行動的だ. Yuko is *active*.

**こうどう**²【講堂】**an auditorium**[オーディトーリアム]

**ごうとう**【強盗】(人)**a robber**[ラバァ], **a burglar**[バーグラァ]; (行為)(a) **robbery**[ラバリィ]

- 銀行強盗 a bank *robber*
- 昨夜コンビニに強盗が入った. A *burglar* broke into a convenience store last night.

**ごうどう**【合同の】**joint**[チョイント]
| 合同演奏会 a joint concert
| 合同授業 a joint class
| 合同練習 a joint practice session

**こうない**【校内で】**in school**[スクール], **on the school grounds**[グラウンヅ]
| 校内放送 a school PA［public address］system
| 校内暴力 school violence

**こうにゅう**【購入する】**buy**[バィ], **purchase**[パーチャス]

**こうにん**[1]【後任】(人) **a successor**（to ...）[サクセサァ]
- 彼女の後任はだれですか. Who is her *successor*?

**こうにん**[2]【公認の】**official**[アフィシャル], **officially recognized**[アフィシャリィ レカグナイズド]
| 公認記録 an official record

**こうのとり**〖鳥〗**a stork**[ストーク]

**こうば**〖工場〗→ こうじょう[1]

**こうはい**【後輩】(部活などの) **a younger ［junior］member**[ヤンガァ［ヂューニァ］メンバァ] (⇔先輩 (紀)) **an elder［older］member, a senior member**; (年少者) **one's junior**
- 彼は部活の後輩だ. He is a *junior member* of our club.
- マユは私の2年後輩だ. Mayu is two years *my junior*. / Mayu is two years behind me.

**こうばい**[1]【こう配】(傾 (姓) き) **a slope**[スロウプ]
- こう配の急な［緩 (裳) やかな］坂道 a steep [gentle] *slope*

**こうばい**[2]【購買】**purchase**[パーチャス]
| 購買部 (学校の) a school store

**こうはん**【後半】**the latter half**[ラタァ ハーフ], **the second half**[セカンド] (⇔前半 **the first half**); (時期の終わり) **late**[レイト]
- 試合の後半 *the latter half* of the match
- 後半20分に in the twentieth minute of *the second half*
- 父は40代後半だ. My father is in his *late* forties.

**こうばん**[1]【交番】**a koban; a police box**[パリース バックス] (▶英語圏 (炊) では日本の交番のような形態はない)
- 交番のおまわりさんが来てくれた. A（police）officer from the *police box* came over.

近代的な建物の交番 (日本)

**こうばん**[2]【降板する】〖野球〗**leave the mound**[リーヴ][マウンド]
- ピッチャーは3回に降板した. The pitcher *left the mound* in the third inning.

**こうひょう**[1]【公表する】**make ... public**[パブリック] → はっぴょう
- 事件の真相が公表された. The facts of the case were *made public*.

**こうひょう**[2]【好評な】**popular**[パピュラァ], **well-received**[ウェルリスィーヴド]
- その雑誌は好評だ. That magazine is *popular*.

**こうふう**【校風】(伝統) (a) **school tradition**[スクール トゥラディション]; (特徴 (沼う)) **school characteristics**[キャリクタリスティックス]

**こうふく**[1]【幸福】**happiness**[ハピニス]
- 幸福をお祈 (沿) りします. I wish you *happiness*.
- **幸福な happy** (⇔不幸な **unhappy**)
- 幸福な家庭 a *happy* family
- **幸福に happily** → しあわせ

**こうふく**[2]【降服】**surrender**[サレンダァ]
- **降服する surrender**（to ...）
- 長い戦いの後, 敵は降服した. After a long battle, the enemy *surrendered*.

**こうぶつ**[1]【好物】**one's favorite（food）**[フェイヴァリット（フード）]
- 君の好物は何? What is *your favorite food*?

**こうぶつ**[2]【鉱物】**a mineral**[ミナラル]
| 鉱物資源 mineral resources

# こうふん【興奮】

**excitement**[イクサイトゥマント]
- **興奮する be［get］excited**
- コンサートですごく興奮した. I *was*［*got*］very *excited* at the concert.
- そのニュースを聞いて私たちは興奮した. We *were excited* by the news.
- 興奮したファンがステージにかけ寄った. The *excited* fans ran up to the stage.

**―興奮して** excitedly, in excitement
- 彼らは旅行について興奮して話した.
  They talked *excitedly* about their trip.

**こうへい**【公平な】**fair**[フェア](⇔不公平な unfair)
- 彼は公平な判断を下した.
  He made a *fair* judgment.
- 山田先生はだれに対しても公平だ.
  Ms. Yamada is *fair to* everyone.
- **―公平に fairly**
- このケーキは2人で公平に分けよう.
  Let's share this cake *fairly* between us.

**こうほ**【候補(者)】**a candidate**[キャンディデイト]; (推薦された人)**a nominee**[ナミニー]
- 生徒会長候補 a *candidate* for the student council president
- アカデミー賞候補たち
  *nominees* for the Academy Awards

**ごうほう**【合法的な】**legal**[リーガル]

**こうま**【小馬, 子馬】(小馬)**a pony**[ポウニィ]; (雄の子馬)**a colt**[コウルト]; (雌の子馬)**a filly**[フィリィ]

**ごうまん**【ご慢な】**arrogant**[アラガント]
- 彼はごう慢だ. He is *arrogant*.

**こうみょう**【巧妙な】**clever**[クレヴァ], **skillful**[スキルフル]
- 巧妙なわな a *clever* trap
- **―巧妙に cleverly, skillfully**

**こうみん**【公民】(教科の)**civics**[スィヴィックス]

**こうみんかん**【公民館】**a community center**[カミューナティ センタァ], **a public hall**[パブリック ホール]

**こうむいん**【公務員】**a civil [public] servant**[スィヴァル [パブリック] サーヴァント], **an official**[アフィシャル]
- 国家公務員 a government *official*
- 地方公務員 a local government *official*
- 公務員試験 civil-service examinations

**こうむる**【被る】**suffer**[サファ]
- その町は台風で大きな損害を被った.
  That town *suffered* great damage from the typhoon.

**こうもく**【項目】**an item**[アイタム]

**こうもり**〖動物〗**a bat**[バット]

**こうもん**【校門】**a school gate**[スクール ゲイト]

**ごうもん**【拷問】(a) **torture**[トーチァ]
- **―拷問にかける torture**

**こうよう**[1]【紅葉】**red leaves**[レッド リーヴズ], **colored leaves**[カラァド]
- **―紅葉する turn red**
- 東北地方では木々の葉が美しく紅葉している.
  Autumn leaves are *turning red* and yellow in the Tohoku region.

紅葉のライトアップ(岩手県奥州市)

**こうよう**[2]【公用】**official business**[アフィシャル ビズニス]
- 公用で on *official business*
- 公用語 an official language

**こうらく**【行楽】**an outing**[アウティング]
- 行楽客 ⓐa vacationer, ⓑa holiday maker
- 行楽地 a holiday resort, a resort area

**こうり**【小売り】**retail**[リーテイル]
- **―小売りする retail**
- 小売り店 a retail store [shop]

**こうりつ**【公立の】**public**[パブリック](⇔私立の private)
- 公立中学校 a *public* junior high school
- 公立図書館 a public library

**ごうりてき**【合理的な】**rational**[ラショヌル], **reasonable**[リーズナブル], **logical**[ラヂカル]
- 合理的に rationally, reasonably

**こうりゃく**【攻略する】**capture**[キャプチァ]
- そのゲームを(うまく)攻略できた.
  I was able to (successfully) finish the game.
- 攻略サイト(ゲームの)a (game) cheat site
- 攻略本(ゲームの)a strategy guide (for a video game), a hints-and-tips book (for a video game)

**こうりゅう**【交流】(やりとり)(an) **exchange**[イクスチェインヂ]; (親ぼく)**friendship**[フレンドゥシップ]; (電流の)**an alternating current**[オールタァネイティング カーラント](⇔直流 direct current)(►AC, acと略す)
- 文化交流 cultural *exchange*
- 国際交流のイベント
  an international *exchange* event
- 交流試合 a friendly match
- 交流戦(野球で)an interleague game

**ごうりゅう**【合流する】**join**[チョイン]
- 公園で友人たちと合流する予定だ.
  I'm going to *join* my friends at the park.

**こうりょ**【考慮】**consideration**[カンスィダレイション]
- 私たちは彼の意見も考慮に入れる必要がある.

We need to *take* his opinion *into consideration*.
━考慮する **consider**[カンスィダァ], **take ... into consideration**

**こうりょく**【効力】(an) **effect**[イフェクト]
・その薬は効力を発揮した.
 The medicine had an *effect*.
━効力のある **effective**
━効力のない **ineffective**

**こうれい**【高齢の】**aged**[エイヂド]
高齢化 **aging**: 高齢化社会 an *aging* society
高齢者（1人）**an aged**［**elderly**］**person**, (まとめて) **the aged, senior citizens**

**ごうれい**【号令】**a command**[カマンド], **an order**[オーダァ]
・コーチは選手たちに「整列」と号令をかけた. The coach *ordered* the athletes to line up.

**こうろん**【口論】**an argument**[アーギュメント], 《主に英》**a quarrel**[クウォーラル] → けんか
━口論する **argue**, 《主に英》**quarrel**

# こえ 【声】
(人の) **a voice**[ヴォイス]; (鳥の) **a song**[ソーング]; (鳥・虫の) **a chirp**[チャープ]
・なみだ声 a tearful *voice*
・虫の声 insect *chirps*
・アキはいつも大きな［小さな］声で話す.
 Aki always speaks in a loud［low］*voice*.
・風邪で声が出ない.
 I've got a cold and (I've) lost my *voice*.
・声がかすれてしまった.
 My *voice* became hoarse.
・マキが声を出して本を読んでいる.
 Maki is reading a book *aloud*.
・彼らは声をそろえて「はい」と言った.
 They said, "Yes" *in unison*.
声変わり **the change of voice**: 弟は声変わりしたばかりだ. My brother's *voice* has just *broken*［*changed*］.

**ごえい**【護衛】(人) **a (security) guard**[(スィキュ(ァ)ラティ) ガード], (同行者) **an escort**[エスコート]

**こえだ**【小枝】**a twig**[トゥウィッグ] → き¹ 図

# こえる 【越える, 超える】

| ❶越えて行く | **go**［**get**］**over ..., cross**; (跳び越す) **clear** |
| ❷上回る | **be over ..., be more than ...** |

❶[越えて行く] **go**［**get**］**over ...**[ゴゥ［ゲット］オウヴァ], **cross**[クロース]; (跳び越す) **clear**[クリア]
・その町へ行くのに山を2つ越えた. We went *over* two mountains to get to the town.
・ボールはエンドラインを越えた.
 The ball *crossed* over the end line.
・ポチがさくを越えて逃げてしまった.
 Pochi *cleared* the fence and ran away.

go over　　　cross　　　clear

❷[上回る] **be over ..., be more than ...**[モア]
・田中さんは80歳を超えている. Mr. Tanaka *is over* eighty.
・参加者は1000人を超えた. There *were more than* a thousand participants.
・彼の得点は平均点を超えていた.
 His score *was above* average.

**ゴーカート a go-cart**[ゴウカート]
**コーギー**(ウェルシュ・コーギー犬) **a (Welsh) corgi**[(ウェルシュ) コーギィ]
**ゴーグル goggles**[ガッグルズ]
**コース a course**[コース]; (競争・競泳などの) **a lane**[レイン]
・ハイキングコース a hiking *course*
・高校進学コース
 a high school preparatory *course*
・フルコースのディナー
 a full-*course*［six-*course*］dinner
**コーチ a coach**[コウチ]
━コーチする **coach**
・彼はサッカー部のコーチをしている.
 He *coaches* the soccer team.
**コーディネーター a coordinator**[コウオーダネイタァ]
**コーディネート**【コーディネートする】**coordinate**[コウオーダネイト]
・ヒロはコーディネートが上手だ.
 Hiro is good at *coordinating* an outfit.
**コーデュロイ corduroy**[コーダロイ], **cord**[コード]
**コート¹**(球技の競技場) **a court**[コート]
・バスケット［テニス］コート
 a basketball［tennis］*court*
**コート²**(衣服) **a coat**[コウト], **an overcoat**[オウヴァコウト]
・コートを着た.
 I put on the *coat*.
・コートを脱いだ.
 I took off the *coat*.
**コード¹**(電気の) **a cord**[コード]
・延長コード an extension *cord*

**コード²**〘和音〙**a chord**[コード]
**コード³**〘暗号〙**a code**[コード]
- バーコード a bar *code*
- コード番号 a code number

**コードレス**〘コードレスの〙**cordless**[コードゥリス]
- コードレス電話 a cordless telephone

**コーナー**(曲がり角，すみ)**a corner**[コーナァ]；(走路の)**a turn**[ターン]；(売り場の)**a section**[セクション]
- アニメコーナー the anime *section*
- コーナーキック (サッカーで) a corner kick

**コーヒー coffee**[コーフィ]
- 濃いコーヒー strong *coffee*
- 薄い[アメリカン]コーヒー
  weak *coffee* (►「アメリカンコーヒー」は和製英語)
- アイス[ホット]コーヒー
  ice(d) [hot] *coffee*
- ブラック[ミルク]コーヒー
  black [milk] *coffee*
- コーヒー1杯
  a cup of *coffee* (►コーヒー2杯は two cups of coffeeだが，店などではふつう a coffee, two coffeesと注文する)
- コーヒーを入れましょう．
  I'll make (some) *coffee*.
- 「コーヒーに何か入れますか」
  「クリームと砂糖を入れてください」
  "How would you like your *coffee*?"
  "With cream and sugar, please."
- コーヒーカップ a coffee cup
- コーヒー牛乳 coffee-flavored milk
- コーヒーショップ a coffee shop
- コーヒーポット a coffee pot
- コーヒー豆 coffee beans
- コーヒーミル a coffee grinder [mill]
- コーヒーメーカー a coffee maker

**ゴーヤー**〘植物〙**a bitter gourd**[ビタァ ゴード]
**コーラ**(a) **cola**[コウラ]；(コカコーラ)〘商標〙**Coca-Cola**[コウカコウラ]，〘話〙**Coke**[コウク]
**コーラス a chorus**[コーラス]
**こおらせる**〘凍らせる〙**freeze**[フリーズ]

## こおり〘氷〙

**ice**[アイス]
- 角氷1個 an *ice* cube
- かき氷 shaved *ice*
- 氷のかたまり
  a lump of *ice* / (大きな) a block of *ice*
- 池には氷が張っていた．
  The pond was covered with *ice*.
- 彼女の指は氷のように冷たかった．
  Her fingers were as cold as *ice*.
- 氷砂糖 sugar crystals
- 氷枕 an ice pack
- 氷水 iced water

**こおる**〘凍る〙**freeze**[フリーズ]
- 水は零度で凍る．
  Water *freezes* at zero degrees.

## ゴール

(球技での)**a goal**[ゴウル]；(競走での)**a finish**[フィニッシュ]
- その試合でゴールを決めた．
  I scored a *goal* in the game.
- ゴールイン：ケンが1着でゴールインした．Ken crossed [reached] *the finish line* first.

> **これ，知ってる?** 「ゴールイン」と英語で言うとき
> 「ゴールイン」は和製英語です．ランナーなどがゴールインする場合は break the tape, ヨットがゴールインする場合は sail across the finish line などとも言います．

- ゴールエリア the goal zone
- ゴールキーパー a goalkeeper
- ゴールキック a goal kick
- ゴールライン a goal line

**ゴールデンウイーク** 'Golden Week' holidays [ゴウルドゥン ウィーク ハラデイズ] (►「ゴールデンウイーク」は和製英語なので説明が必要)→年中行事〘口絵〙
- ゴールデンウイークは4つの国民の祝日を含む4月末から5月初めにかけての期間を言います．*Golden Week* is a period in late April and early May that includes four national holidays.

**ゴールデンタイム**(テレビ・ラジオの)**prime time**[プライム タイム] (►「ゴールデンタイム」は和製英語)
**ゴールド gold**[ゴウルド]→きん
**コールドゲーム**〘野球〙**a called game**[コールド ゲイム]
- 試合は雨のためコールドゲームになった．The

game was *called off* because of rain.
**こおろぎ**〘虫〙**a cricket**[クリキット]
**コーン**¹【とうもろこし】㊇**corn**[コーン], ㊇**maize**[メイズ]
┃コーンスープ **corn soup**
┃コーンスターチ **cornstarch**
┃コーンフレーク **cornflakes**
**コーン**²（アイスクリームの）**a cone**[コウン]
**こがい**【戸外の】**outdoor**[アウトドア], **outside**[アウトサイド]
━戸外で **outdoors, outside, in the open air**
**ごかい**【誤解】（**a**）**misunderstanding**[ミスアンダァスタンディング]
・彼女は友達の誤解を解いた。She cleared up her friend's *misunderstanding*.
━誤解する **misunderstand, take ［get］ ... wrong**
・君は誤解されるかもしれないよ。
 You may be *misunderstood*.
・誤解しないで。Don't *get* me *wrong*.
**ごかく**【互角の】**even**[イーヴン]
・私たちは互角に戦った。
 We had an *even* fight.
**ごがく**【語学】**language**（**study**）[ラングウィッヂ]
・マリは語学に強い。
 Mari is good at *languages*.
**ごかくけい**【五角形】**a pentagon**[ペンタガーン]
**こかげ**【木陰】**the shade of a tree**[シェイド]
・木陰で昼寝をした。
 I took a nap in *the shade of a tree*.
**こがす**【焦がす】**burn**[バーン]; （表面を）**scorch**[スコーチ]
・彼はトーストを焦がした。
 He *burned* his toast.
・私はシャツを焦がさないように注意してアイロンをかけた。I carefully ironed my shirt so as not to *scorch* it.
**こがた**【小型の, 小形の】**small**[スモール], **small-sized**[スモールサイズド]; （携帯可能な）**pocket**[パキット]
・小型の自動車 a *small* car
・小型のカメラ a *pocket*［*compact*］camera
**ごがつ**【五月】**May**[メイ]（▶常に大文字で始める）→いちがつ
・私は5月生まれだ。I was born in *May*.
・5月5日はこどもの日だ。*May* 5 is Children's Day.（▶ May 5は May（the）fifth と読む）
┃五月人形 **dolls for the children's Festival**
**こがら**【小柄な】**small**[スモール], **small-sized**[スモールサイズド]
**こがらし**【木枯らし】**a cold winter wind**[コウルドウィンタァウィンド]

**ごきげん**【ご機嫌】（機嫌がいい）**be in a good mood**[グッドムード]→きげん²
・カズはご機嫌だ。Kazu *is in a good mood*.
・「ご機嫌いかがですか」「おかげさまで元気です」
 "How are you?" " I'm fine, thank you."
**こぎって**【小切手】**a check**[チェック]
**ごきぶり**〘虫〙**a cockroach**[カックロウチ]
**こきゅう**【呼吸】**breathing**[ブリーズィング], **respiration**[レスパレイション]; （息）（**a**）**breath**[ブレス]
・人工呼吸 artificial *respiration*
・彼は呼吸が荒い。He is *breathing* hard.
・彼は呼吸が速い。He is *breathing* fast.
━呼吸する **breathe**[ブリーズ]（★発音注意）
・森で深呼吸した。
 I *breathed* deeply in the forest.
┃呼吸困難 **difficulty in breathing**
**こきょう**【故郷】（**one's**）**home**[ホウム], **one's hometown**[ホウムタウン]; （出生地）**one's birthplace**[バースプレイス]
・母は19歳で故郷を出た。My mother left (*her*) *home* at the age of nineteen.
・故郷の松江が懐かしい。
 I miss *my hometown*, Matsue.
・佐賀が父の故郷だ。
 Saga is *my father's birthplace*.
━故郷の［に］**home**
**こぐ**（舟を）**row**[ロウ]; （自転車を）**pedal**[ペドゥル]
・私たちは池でボートをこいだ。
 We *rowed* a boat on the pond.
・自転車を一生懸命こいだ。
 I *pedaled* hard on my bicycle.
**ごく**¹【語句】**words and phrases**[ワーヅ][フレイズィズ]
**ごく**²（非常に）**very**[ヴェリィ]
・ごく最近 *very* recently
**こくおう**【国王】**a king**[キング]
**こくがい**【国外の】**foreign**[フォーリン]（⇔国内のdomestic）→がいこく
━国外へ［に, で］**abroad, overseas**
**こくぎ**【国技】**the national sport**［**game**］[ナショヌルスポート［ゲイム］]
・相撲は日本の国技だ。
 Sumo is *the national sport* of Japan.

# こくご【国語】

（日本語）**Japanese**[ヂャパニーズ]; （言語）**a language**[ラングウィッヂ]
・国語の授業 a *Japanese* class
・彼女は国語の先生だ。
 She is a *Japanese* teacher.

## ごくごく

- ユリは2か国語を話せる. Yuri speaks two *languages*. / Yuri is bilingual.
  ┃国語辞典 a Japanese dictionary

**ごくごく**【ごくごく飲む】gulp（down）[ガルプ（ダウン）]

## こくさい【国際的な】

**international**[インタァナショナル], **cosmopolitan**[カズマパラタン]

- ユニセフは国際的な組織だ.
  UNICEF is an *international* organization.
  国際会議 an international conference
  国際化する internationalize
  国際関係 international relations
  国際空港 an international airport
  国際結婚（けっこん）an international marriage: 国際結婚したい. I want to *marry* a person of a different nationality.
  国際交流 international exchange(s)
  国際線 an international flight [line]
  国際電話 an international (telephone) call, an overseas call: 国際電話のかけ方を知ってる？Do you know how to make an *international call*?
  国際都市 a cosmopolitan city
  ┃国際連合 ➡ こくれん

**こくさん**【国産の】domestic[ダメスティック]；（日本製の）Japanese-made[ヂャパニーズメイド]
  国産車 a domestic car；（日本製の）a Japanese [Japanese-made] car
  国産品 domestic products [goods]

**こくじん**【黒人】a black person[ブラック パースン]；（アフリカ系アメリカ人）an African-American[アフリカンアメリカン]；（全体）black people[ピープル]
  ━黒人の black; African-American

**こくせき**【国籍】(a) [one's] nationality[ナショナリティ]
- 「リク，君の国籍はどこ？」「日本だよ」
  "What is *your nationality*, Riku?" "I'm Japanese."（▶国籍を言う場合は名詞Japanでなく形容詞Japaneseを用いる）
- ジャックの国籍はイギリスだ.
  Jack's *nationality* is British.

**こくたい**【国体】(国民体育大会) the National Athletic Meet[ナショナル アスレティック ミート]

**こくていこうえん**【国定公園】a quasi-national park[クウェイザイナショナル パーク]

**こくど**【国土】（国）a country[カントゥリィ]；（土地）land[ランド]
- 日本は国土が狭（せま）い.
  Japan is a small *country*.

**こくどう**【国道】a national highway[ナショヌル ハイウェイ]
- 国道3号線 *National Highway* 3 /（地図・標識などで）Route 3

**こくない**【国内の】domestic[ダメスティック], home[ホウム]（⇔国外の foreign）
- 国内のニュース *domestic* news
  ━国内へ[に, で] in the country
  国内線 a domestic flight [line]
  国内総生産 gross domestic product（▶GDPと略す）

**こくはく**【告白】(a) confession[カンフェッション]
  ━告白する confess;（告げる）tell
- ジュンに好きだと告白した.
  I *told* Jun that I liked him.

**こくばん**【黒板】a blackboard[ブラックボード]；⊛ a chalkboard[チョークボード]
- 黒板をふいた. I erased [cleaned] the *blackboard*.
- 電子黒板 an electronic *blackboard*
- 答えを黒板に書いた.
  I wrote the answer on the *blackboard*.
  ┃黒板消し a blackboard eraser

**こくふく**【克服する】overcome[オウヴァカム], get over[ゲット オウヴァ]
- 彼は弱点を克服しようと努力した.
  He tried to *overcome* his weakness.

**こくほう**【国宝】a national treasure[ナショヌル トゥレジャァ]
- 人間国宝 a living *national treasure*
- 法隆寺は日本の国宝だ. Horyuji temple is a *national treasure* of Japan.

**こくみん**【国民】(全体) a nation[ネイション]（▶単数扱い），(一国の人々) a people[ピープル]（▶複数扱い）；(1人の) a citizen[スィティズン]
- 日本国民 (1人) a Japanese (*citizen*), (全体) the Japanese (*people*)（▶複数扱い）
- 全国民 every *citizen* / the whole *nation*
  ━国民の, 国民的な national[ナショヌル]
- 国民的アイドル a *national* idol
- 国民的人気ドラマ
  a *nationally* popular TV drama
  国民栄誉（えいよ）賞 a People's Honor Award
  国民性 the national character
  国民総生産 gross national product（▶GNPと略す）
  国民投票 a referendum

**こくもつ**【穀物】cereals[スィ(ア)リアルズ], grain[グレイン]

**ごくらく**【極楽】(a) paradise[パラダイス]；（天国）heaven[ヘヴン]

**こくりつ**【国立の】national[ナショヌル]

国立競技場 National Athletic Field
国立公園 a national park
国立大学 a national university

**こくるい**【穀類】→こくもつ

**こくれん**【国連】(国際連合) **the United Nations** [ユーナイティド ネイションズ](▶単数扱い. UN, U.N. と略す)

米国・ニューヨークにある国連本部

- 日本の首相が国連でスピーチをする.
 The Prime Minister of Japan is going to give a speech at the *UN*.

国連安全保障理事会 the United Nations Security Council
国連憲章 the United Nations Charter
国連職員 a staff member of the United Nations
国連総会 the United Nations General Assembly
国連大使 the ambassador to the United Nations
国連本部 the United Nations Headquarters

**こけ**【植物】**moss**[モース]
- その庭は一面こけに覆(おお)われている.
 The garden is covered with *moss*.
 ーこけのはえた **mossy**

**コケコッコー**(にわとりの鳴き声)
**cock-a-doodle-doo**[カッカドゥードゥルドゥー]

**こけし** a *kokeshi* (doll) [ダール]
- こけしは日本の木製の人形です.
 A *kokeshi* is a Japanese wooden doll.

**こげる**【焦げる】**burn**[バーン]
- この目玉焼きは焦げている.
 This fried egg is *burnt*.

# ここ

| ❶場所 | (ここへ[に]) here; |
| | (この場所) this place |
| ❷期間 | (過去の) the past, the last; |
| | (未来の) the next |

❶[場所] (ここへ[に]) here[ヒァ](⇔そこへ[に] there); (この場所) this place[プレイス]

---

ごご

- ここへ来て. Come (over) *here*.
- 確かにここに置いた.
 I am sure I put it *here*.
- ここから学校まで歩いてどのくらいかかりますか. How long does it take to walk to school from *here*?

**ここに…がある[いる]**
Here is [are] +〈人・物〉(▶〈人・物〉が単数形ならisに, 複数形ならareになる)

- ここに帽子(ぼう)がある. *Here is* a hat.(▶否定文はThere isn't a hat here.)
- ここにペンが3本ある. *Here are* three pens.
- 私はここで暮らして快適だ.
 I am comfortable living in *this place*.
- ここが私たちの教室です.
 *This* is our classroom.
- ここはどこですか.
 Where am I?
- ここだけの話だよ. Keep it between you and me.(←あなたと私の間での)

**話してみよう!**

☺ぼくの本はどこだっけ？
 Where is my book?
☻ここにあるよ.
 *Here* it *is*. / *Here* you *are*.(▶ともに物を渡(わた)しながら言う. 物をさして言う場合は "It's *here*.")

（Where is my book? / Here it is.）

❷[期間] (過去の) **the past**[パスト], **the last**[ラスト]; (未来の) **the next**[ネクスト]

- ここ2, 3日ずっと熱があった.
 I have had a fever for *the past* few days.
- ここ2, 3日は涼しいでしょう.
 It'll be cool for *the next* few days.

# ごご【午後】

**afternoon**[アフタァヌーン](▶正午から夕方まで)(⇔午前 morning), **p.m., P.M.**[ピィーエム](▶正午から午前0時までの時刻の後ろにつける)(⇔午前 a.m., A.M.)

- 午後に in the *afternoon*
- 午後4時に
 at four in the *afternoon* / at 4 *p.m.*
- 今週の日曜日の午後に

on this Sunday *afternoon*(▶特定の日の午後を言う場合にはonを使う)
・2月3日の午後に on the *afternoon* of Feb. 3(▶Feb. 3はFebruary (the) thirdと読む)
・父はきょう[あした]の午後に帰ってきます.
My father will come back this [tomorrow] *afternoon*.(▶this, yesterday, every, one, allなどがつくと前置詞は使わない)
・トモは午後遅(#)くやってきた.
Tomo came late in the *afternoon*.

**ココア**(粉末)**cocoa**[コウコウ](★発音注意); (飲み物)**hot chocolate**[ハット チョーカラット], **cocoa**

**こごえる**【凍える】**freeze**[フリーズ]
・こごえるほど寒い.
It's *freezing* cold.
・多くの動物がこごえ死んだ.
Many animals *froze* to death.

**ここちよい**【心地よい】**pleasant**[プレザント], **comfortable**[カムフ(ァ)タブル]; (さわやかな)**refreshing**[リフレッシング]
・心地よいそよ風
a *pleasant* breeze
・この曲は耳に心地よい.
This music is *pleasant* to listen to.

**こごと**【小言を言う】**scold**[スコウルド]
・また母に小言を言われた.
I was *scolded* by my mother again.

**ココナッツ a coconut**[コウカナット]

**ここのか**(the) **ninth**[ナインス]
・9日目 the *ninth* day
・9日間 for *nine* days

**ここのつ**【九つ(の)】**nine**[ナイン]→きゅう¹

# こころ【心】

| ❶気持ち | (a) heart |
| ❷考え, 精神 | (a) mind |

❶〔気持ち〕(a) **heart**[ハート]
・クミは心の優(#)しい人だ.
Kumi has a kind *heart*.
・カズは私に心を開いてくれた.

Kazu opened his *heart* to me.
・心温まる話
a *heart*warming story
・私は心から祖母を愛している.
I love my Grandma with all my *heart*.
・心に残る夏休みになった.
I'll always remember this summer vacation.

━**心(の底)から from (the bottom of) one's heart, sincerely**[スィンスィァリィ]
・君には心の底から感謝しています.
I thank you *from the bottom of my heart*.

❷〔考え, 精神〕(a) **mind**[マインド]
・新しい考えが心に浮(う)かんだ.
A new thought crossed my *mind*.
・もっと勉強をがんばろうと心に決めた.
I made up my *mind* to study harder.
・心の広い[狭(#)い]人 a broad-*minded* [narrow-*minded*] person

━**心の込もった thoughtful**[ソートフル]
━**心を打つ move**[ムーヴ], **touch**[タッチ]
・私はその役者の演技に心を打たれた.
I was *moved* [*touched*] by the actor's performance.

━**心ならずも reluctantly**[リラクタントゥリィ]
・心ならずも学級委員を引き受けた.
I *reluctantly* accepted the position of class officer.

**こころあたり**【心当たり】**an idea**[アイディア]
・彼がどこに行ったか心当たりはないですか.
Do you have any *idea* where he went?

**こころがける**【心掛ける】(…することを)**try to** +〈動詞の原形〉[トゥライ]
・バランスのよい食事を取るよう心掛けている.
I *try to* eat a balanced diet.

**こころがまえ**【心構えをする】 **be prepared [ready]** (for ...) [プリペァド [レディ]]
・万一に対する心構えが必要だ. We need to *be prepared* [*ready*] *for* a rainy day.(▶a rainy dayは「困ったとき」の意)

**こころがわり**【心変わり】**a change of mind**[チェインヂ] [マインド]
━**心変わりする change** one's **mind**
・彼女は急に心変わりをした.
She suddenly *changed her mind*.

**こころざし**【志】(意志)(a) **will**[ウィル]; (決意)(a) **resolution**[レザリューション]

**こころづかい**【心遣い】(配慮(#))**consideration**[カンスィダレイション]; (思いやり)**thoughtfulness**[ソートゥフルニス]

**こころづよい**【心強い】(安心できる)**reassuring**

[リーアシュアリング]; (元気づける)**encouraging**[インカーリッヂング]
- 心強い言葉
  *encouraging* words

**こころぼそい**【心細い】(不安な)**uneasy**[アニーズィ]; (寂しい)**lonely**[ロウンリィ]
- ひとりでそこへ行くのは心細い.
  I feel *uneasy* going there alone.

**こころみ**【試み】**a trial**[トゥライアル], **a try**[トゥライ]; (企て)**an attempt**[アテンプト]

**こころみる**【試みる】**try**[トゥライ]
- にきびを治そうとあらゆる方法を試みた.
  I *tried* everything to cure my pimples.

**こころゆくまで**【心行くまで】**to one's heart's content**[ハーツ コンテント], **as much as ... want**[マッチ][ウォント]
- 夏休みには心行くまで本を読んだ. I read books *to my heart's content* during the summer vacation.
- 日曜日は心行くまで眠ることができる.
  I can sleep *as much as* I *want* on Sundays.

**こころよい**【快い】**nice**[ナイス], **pleasant**[プレザント]
- **快く** **gladly**[グラッドゥリィ], **willingly**[ウィリングリィ]
- 彼は快く手伝ってくれた.
  He helped me *willingly*.

**ござ** *goza*; **a rush mat**[ラッシュ マット]

**コサージュ** **a corsage**[コーサージ]

**ございます** 日≠英 (▶英語にはこれに当たる表現がないので, ていねいな表現や省略しない言い方を用いて表す)
- 「エレベーターはどこですか」「あちらでございます」
  "Where is the elevator?" "It is located over there." (▶ "Over there." でも通じるが, It is located ... とすることでていねいさが加わる)

**こさじ**【小さじ】**a teaspoon**[ティースプーン]→さじ

**こさめ**【小雨】**a light rain**[ライト レイン], **a drizzle**[ドゥリズル]
- 小雨が降っている.
  It's *raining lightly*. / It's *drizzling*.

# こし¹【腰】

(腰のくびれた部分)**a waist**[ウェイスト]; (左右に張り出した部分)**a hip**[ヒップ](▶ふつう複数形で用いる); (背中の下部)**a (lower) back**[(ロウァ)バック]
- 腰が痛い.
  My *lower back* hurts.
- どうぞ腰を下ろしてください.
  Please take a seat.

こしょう¹

**ここがポイント!** 日本語の「腰」は範囲(はん)が広い

日本語の「腰」は英語よりも広い部分をさすので, 英語に訳すときはどの部分を言うのかを考えて使い分けましょう.

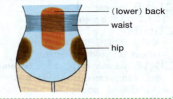
(lower) back
waist
hip

**こし²**【古紙】**paper waste**[ペイパァ ウェイスト]

**こじ**【孤児】**an orphan**[オーファン]
- 戦災孤児 a war *orphan*

**ごじ**【誤字】**a misspelling**[ミスペリング], **the wrong character**[ローング キャリクタァ]

**こじあける**【こじ開ける】(力ずくで)**force ... open**[フォース][オウプン]; (壊して)**break ... open**[ブレイク]
- ドアがこじ開けられていた.
  The door was *forced open*.

**こしかける**【腰掛ける】**sit**[スィット]→すわる

**ごしごし**(ブラシでこする)**scrub**[スクラブ]
- 床をごしごしみがいた.
  I *scrubbed* the floor.

**こしつ**【個室】**one's (own) room**[(オウン) ルーム]; (病院などの)**a private room**[プライヴィット]
- 自分の個室がほしい. I want *my own room*.

**こじつけ** **(a) distortion**[ディストーション]

**ゴシップ** **(a) gossip**[ガスィップ]

**ごじゅう**【五十(の)】**fifty**[フィフティ]→さん¹
- 私の父は52歳だ.
  My father is *fifty*-two years old.
- 50代の紳士 a gentleman in his *fifties*
- **第五十(の)** **the fiftieth**[フィフティアス](▶50thと略す)
■五十音 the Japanese syllabary

**ごじゅうのとう**【五重の塔】**a five-storied pagoda**[ファイヴストーリィド パゴウダ]

**ごじゅん**【語順】**word order**[ワード オーダァ]

# こしょう¹【故障】

**trouble**[トゥラブル]; **a breakdown**[ブレイクダウン]
- エンジンの故障 engine *trouble*
- 彼はひざの故障で試合を欠場した. He missed the game due to a knee *injury*.
- **故障する** **break down**; (故障している)**be out of order**
- コピー機が故障してしまった.

## こしょう²

The copy machine has *broken down*.
- そのコンピュータは故障している.
The computer *doesn't work*. / The computer *isn't working*.
- 故障中《掲示》*OUT OF ORDER*

**こしょう²** pepper[ペッパァ]
| こしょう入れ a pepper shaker

**こじらせる**
- 風邪(䒑)をこじらせてしまった.
I *made* my cold *get worse*.

**こじれる** get worse[ゲット ワース], become[get] complicated[ビカム[ゲット]カンプラケイティド];(人間関係が)go sour[ゴゥ サゥァ]
- 話し合いはこじれてしまった.
The discussion has *become complicated*.

## こじん【個人】

an individual[インディヴィヂュアル]
- 個人の権利 the rights of the *individual*
━**個人の, 個人的な（個々の）**individual; (私的な)personal[パーサヌル], private[プライヴィット](⇔公の public)
- 個人の自由 *individual* freedom
- 個人的にはこの作品が一番だと思う.
My *personal* opinion is that this work is the best.
━**一個人的に** personally
- その歌手を個人的に知っている.
I know the singer *personally*.
| 個人差（an）individual difference
| 個人主義 individualism
| 個人授業 a private lesson
| 個人種目 an individual event
| 個人情報 personal information
| 個人戦 an individual competition
| 個人メドレー an individual medley
| 個人練習 individual practice

**こじんまり**【こじんまりした】→こぢんまり

**こす¹**【越す, 超す】→こえる
- ようこそお越しくださいました.
I'm so glad you could *come*.

**こす²**（こし器で）strain[ストゥレイン], filter[フィルタァ]

**こずえ** the top of a tree[タップ][トゥリー], a treetop[トゥリータップ]

**コスチューム** a costume[カストゥーム]

**コスト**（a）cost[コースト]→ひよう

**コスパ**（コストパフォーマンス）
━**コスパがいい** a good value for the［your］money[グッド ヴァリュー][マニィ]
- この定食はコスパがいい.
This set meal is *a good value for the*

*money*.

**コスプレ**【コスプレする】cosplay[カズプレィ], play dress-up[プレィ ドゥレサップ]
- そのイベントにはアニメのコスプレをしている人がたくさん来ていた.
Many people came to the event *in costumes* of anime characters.

**コスメ** cosmetics[カズメティック]→けしょう

**コスモス**《植物》a cosmos[カズマス](★発音注意)(複 cosmos, cosmoses)

**こする** rub[ラブ]; (こすってきれいにする)scrub[スクラブ]
- 両目をこすった. I *rubbed* my eyes.
- ケンはタオルで体をこすった. Ken *scrubbed* his body with a wash cloth.

## こせい【個性】

(特性)individuality[インディヴィヂュアラティ]; (人柄(糀))(a)personality[パーサナラティ]
- 彼女の個性を尊重したい.
I want to respect her *individuality*.
- これらの絵には生徒の個性がよく出ている.
These pictures show the students' *individuality*.
- 彼は個性が強い.
He has a strong *personality*.
━**個性的な（独自の）**individual[インディヴィヂュアル], unique[ユーニーク]; (目立つ)distinctive
- 個性的な顔立ち a *distinctive* face

**こせき**【戸籍】a family register[ファミリィ レヂスタァ]

**こぜに**【小銭】(small)change[(スモール)チェインヂ], a coin[コイン]
- 小銭の持ち合わせがない.
I have no *small change* with me.
| 小銭入れ a coin purse

**ごせん**【五線】
| 五線紙 a music sheet
| 五線譜(⌃) a score

## ごぜん【午前】

morning[モーニング](▶夜明けまたは真夜中から正午まで)(⇔午後 afternoon), a.m., A.M.[エィエム](▶午前0時から正午までの時刻の後ろにつける)(⇔午後 p.m., P.M.)
- 午前に in the *morning*
- 午前9時に
at nine in the *morning* / at 9 *a.m.*
- 今週の土曜日の午前に
on this Saturday *morning*(▶特定の日の午前を言う場合にはonを使う)
- 1月6日の午前に on the *morning* of Jan. 6

ごちそうさま

(▶Jan. 6はJanuary (the) sixthと読む)
- きょう[あした]の午前にパリに出発します.
I'll leave for Paris this [tomorrow] *morning*.(▶this, yesterday, every, one, allなどがつくと前置詞を使わない)
- ケンは午前早くにやってきた.
Ken came early in the *morning*.

**…こそ**(まさに)**just**[チャスト];(まさにその)**the very**[ヴェリィ](▶It is ... that [who, when, which] 〜.などの強調構文で用いることが多い)
- これこそ私が探していた本だ.
This is *just* the book(that)I was looking for. / This is *the very* book(that)I was looking for.
- 今度こそ this time(round)

**こそこそ**【こそこそと】(内緒(ﾅぃしょ)で)**secretly**[スィークリットゥリィ]➡こっそり

**こそだて**【子育て】➡いくじ[1]

**ごぞんじ**【ご存じ】(知っている)**know**[ノゥ]
- あの男性をご存じですか.
Do you *know* that man?

**こたい**【固体】**a solid**(**body**)[サリッド(バディ)]

**こだい**【古代】**ancient times**[エインシャント タイムズ]
━古代の ancient
- 古代ギリシャ ancient Greek
古代史 ancient history
古代文明 ancient civilization

**こたえ**【答え】(解答)**an answer**[アンサァ]
- この答えは合っている.
This *answer* is correct[right].
- 間違(ﾏちが)った答えを書いてしまった.
I have written the wrong *answer*.

## こたえる[1]【答える】
**answer**[アンサァ](⇔尋(たず)ねる ask)
- ＡＬＴの質問に答えられなかった.
I couldn't *answer* the ALT's question.
- 「わかりません」と私は答えた.
I *answered*, "I don't understand." / I *answered* that I didn't understand.(▶that以下のdon'tも時制の一致(ｲっち)によりdidn'tになる)

**こたえる[2]**【応える】(期待・要求に)**meet**[ミート], **live up to ...**[リヴ アップ トゥ];(応じる)**respond**(**to ...**)[リスパンド];(つらい)**be hard**(**on ...**)[ハード]
- 私は両親の期待に応えるために頑張(がんば)るつもりだ. I'll do my best to *meet* [*live up to*] my parents' expectations.
- 歌手はファンのリクエストに応えた.The singer *responded to* the fans' requests.
- プレッシャーが身に応えた.

The pressure *was hard on* me.

**ごたごた**(もめ事)**trouble**[トゥラブル]
- 彼女がまたごたごたを起こした.
She caused *trouble* again.

**こたつ a kotatsu**
- こたつは布団(ﾌﾄん)で覆(ｵぉ)われたテーブルで下にヒーターがついています.
A *kotatsu* is a quilt-covered table with a heater underneath.
- こたつにあたった.
I warmed myself under the *kotatsu*.

**こだま an echo**[エコゥ]
━こだまする echo
- 私の声が山々にこだました. My voice *echoed* through the mountains.

## こだわる
(好みなどを追求する)**be particular** [**fussy**] (**about ...**)[パァティキュラァ [ファスィ] (アバウト)];(固執(ｺしっ)する)**stick** (**to ...**)[スティック]
- 彼女は着る物にこだわる. She *is particular about* the clothes she wears.
- 細かなことにこだわるな.
Don't *get caught up* in petty details.

**ごちそう a big** [**nice**] **meal**[ビッグ [ナイス] ミール]
- 私たちはごちそうを食べた.
We had a *nice meal*.
━ごちそうする(おごる)**treat**[トゥリート]
- おじさんが夕飯をごちそうしてくれた.
My uncle *treated* me to dinner.

**ごちそうさま** 日≠英

> **これ、知ってる?** 「ごちそうさま」と英語で言いたかったら
>
> 英語には「ごちそうさま」に当たる決まった言い方はありません. 自宅で食事をしている場合は特に何も言わないことも多いのですが,
> - I'm finished. May I be excused?
>   (食べ終わったから, 席を外してもいい？)
> などと言うこともあります.
> 食事に招かれたときには, 感謝を表す意味で
> - Thank you. I enjoyed the dinner [lunch] very much.
>   (ありがとうございます. 夕食[昼食]はとてもおいしかったです)
> - Thank you. Everything was delicious.
>   (ありがとうございます. みんなとてもおいしかったです)
> などと言います. また, 帰り際(ぎわ)に
> - I had a very good time. Thank you.
>   (おかげさまでとても楽しかったです)
> と言えば気持ちが伝わります.

# ごちゃごちゃ

- 「ごちそうさまでした」
「お粗末(そまつ)さまでした」
"It was a wonderful meal. Thank you." "I'm glad you enjoyed it."
などと会話することもあります.

It was a wonderful meal. Thank you.

**ごちゃごちゃ**【ごちゃごちゃした】(散らかっている) **messy**[メスィ]
- この部屋はいつもごちゃごちゃしている. This room is always *messy*.

**こちょう**【誇張】(an) **exaggeration**[イグザヂャレイション]
━ 誇張する **exaggerate**[イグザヂャレイト]

## こちら

| ❶ 場所 | (ここへ[に]) here; (この場所) this place; (こちらの方向へ) this way |
|---|---|
| ❷ 人, 物 | this |

❶ [場所](ここへ[に]) **here**[ヒァ](⇔あちら there); (この場所) **this place**[プレイス]; (こちらの方向へ) **this way**[ウェイ]
- こちらへ来てください. Come *here*, please.
- こちらは雨が降っている. It's raining *here*.
- こちらからはそれがよく見えない. I can't see it well from *here*.
- こちらへどうぞ. *This way*, please.

❷ [人, 物] **this**[ズィス](複 **these**[ズィーズ])(⇔あちら that)
- (紹介(しょうかい)して) こちらはユイです. *This* is Yui.
- こちらが私の母です. *This* is my mother.

> 話してみよう!
> ☺はじめまして. お会いできてうれしいです. Hello. It's nice to meet you.
> ☻こちらこそ. Nice to meet you, too.

━ こちらの **this**

**こぢんまり**【こぢんまりした】(居心地のいい) **snug**[スナッグ], **small and cozy**[スモール][コウズィ]; (小さな) **small**
- こぢんまりした寝室(しんしつ) a *snug* bedroom

**こつ a knack**[ナック](★このkは発音しない)
- ケンはやっとこつをつかんだ. Ken finally got the *knack*.

**こっか¹**【国家】**a nation**[ネイション], **a state**[ステイト]
━ 国家の **national**[ナショナル]
| 国家公務員 → こうむいん
| 国家試験 **a national examination**

**こっか²**【国歌】**a national anthem**[ナショナル アンサム]

**こっか³**【国花】**a national flower**[フラウァ]

**こっかい**【国会】(日本の) **the Diet**[ダイアット]; (米国の) **Congress**[カングリス]; (英国の) **Parliament**[パーラマント](▶いずれも常に大文字で始める)
- 現在国会は開会[閉会]中だ. *The Diet* is now in session [recess].
| 国会議員 → ぎいん
| 国会議事堂 → ぎじどう

**こづかい**【小遣い】(主に子どもの) 米**an allowance**[アラウアンス], 英**pocket money**[パキット マニィ]
- ユキは月に3000円の小遣いをもらっている. Yuki gets an *allowance* of 3,000 yen a month.
- お小遣いで漫画(まんが)を買った. I bought a comic book with my *allowance*.

**こっき**【国旗】**a national flag**[ナショナル フラッグ]; (日本の) **the Japanese flag**[ヂャパニーズ]
- 国旗を掲(かか)げる[降ろす] raise [lower] the *national flag*

**こっきょう**【国境】**a border**[ボーダァ]
- 国境なき医師団 Doctors Without *Borders*
- カナダの国境を越(こ)えてアメリカに入った. I crossed the Canadian *border* into the U.S.

**コック**(料理人) **a cook**[クック](★発音注意)
| コック長 **a chief cook**, **a chef**

**コックピット a cockpit**[カックピット]

**こっくり**【こっくりする】(うなずく) **nod**[ナッド]; (眠(ねむ)くて) **nod**

**こっけい**【こっけいな】(おかしな) **funny**[ファニィ]; (笑いを誘(さそ)う) **comical**[カミカル]
- 彼がサングラスをするとこっけいに見える. He looks *funny* with sunglasses on.

**…ごっこ**【…ごっこをする】**play ...**[プレイ]
- 鬼(おに)ごっこをしよう. Let's *play* tag.

## こつこつ

| ❶ たたく音 | a tap |
|---|---|
| ❷ 努力して | steadily, diligently |

❶ [たたく音] **a tap**[タップ]
━ こつこつ音を立てる **click**; (たたく) **knock**, **tap** (▶英語では動詞で表すことが多い)
- 彼女の靴(くつ)のかかとのこつこつという音が聞こえた. I heard the *tapping* of her heels.

❷[努力して]**steadily**[ステディリィ], **diligently**[ディラヂェントゥリィ]
- こつこつ勉強したほうがいいよ.
  You should study *diligently*.

**ごつごつ**【ごつごつした】**rough**[ラフ]

**こつずい**【骨ずい】**bone marrow**[ボウン マロウ]
| 骨ずい移植 a bone marrow transplant
| 骨ずいバンク a bone marrow bank

**こっせつ**【骨折する】**break**（**a bone**）[ブレイク]([ボウン])
- 彼は右足を骨折した. He *broke* his right leg.

**こっそり secretly**[スィークリットゥリィ], **in secret**
- エミはこっそり誕生日パーティーを企画した.
  Emi planned the birthday party *secretly*.
- 彼が本当のことをこっそり教えてくれた.
  *In secret*, he told me the truth.

**ごっそり all**[オール]
- 泥棒(どろぼう)が母の宝石をごっそり取って行った.
  A thief stole *all* my mother's jewelry.

**こっち here**[ヒァ]→こちら❶

**こづつみ**【小包】**a package**[パキッヂ], **a parcel**[パーサル];（小包郵便）**parcel post**[ポウスト]
- これを小包で送りたいんですが.
  I would like to send this by *parcel post*.

**こってり**【こってりした】(味が)**rich**[リッチ], **heavy**[ヘヴィ]

**こっとうひん**【骨とう品】**an antique**[アンティーク]
| 骨とう品店 an antique shop

**コットン cotton**[カトゥン]
- 化粧(けしょう)用のコットン a *cotton* ball
- コットンのさらさらした感じが好き.
  I like the smooth touch of *cotton*.

**コップ**（ガラスの）**a glass**[グラス], (陶器(とうき)などの)**a cup**[カップ]（▶「コップ」はオランダ語から）
- コップ1杯(ぱい)の水 a *glass* of water
- 紙コップ a paper *cup*

glass　　　cup　　　paper cup

**こてい**【固定する】**fix**[フィックス]
| 固定観念 a fixed idea

**こてきたい**【鼓笛隊】**a drum and fife band**[ドゥラム][ファイフ バンド]

**こてん**[1]【古典】(1編の)**a classic**[クラスィック], (まとめて)**the classics**
—古典の **classic, classical**
| 古典音楽 classical music→クラシック
| 古典文学 classical literature, the classics（▶単数扱い）

**こてん**[2]【個展】**a private exhibition**[プライヴィット エクスィビション], **a one-man exhibition**

## こと[1]【事】

| | |
|---|---|
| ❶物事, 事柄(がら) | **a thing**;（事柄）**a matter** |
| ❷…すること | 〈-ing形〉, **to**+〈動詞の原形〉 |
| ❸…ということ | **that** … |
| ❹…したことがある | **have**+〈過去分詞〉 |

❶[物事, 事柄]**a thing**[スィング];（事柄）**a matter**[マタァ]
- 毎日することがたくさんある.
  I have a lot of *things* to do every day.
- 笑い事じゃないよ. It's no laughing *matter*.
- 彼に大事なことを言い忘れた. I forgot to tell him *something* important.
- 君に聞きたいことがあるんだ.
  I have *something* to ask you.
- 私の知ったことじゃない.
  It's none of my business.

❷[…すること]〈-ing形〉, **to**+〈動詞の原形〉
| …することは〜だ
| 〈-ing形〉+is+〈形容詞〉/
| It is+〈形容詞〉+to+〈動詞の原形〉
- ギターを弾(ひ)くことは楽しい.
  Play*ing* the guitar is fun.
- 一度に全部やることは難しい.
  *It is* hard *to* do everything at the same time.（▶itはto以下を表す仮の主語）
- 私は友達とおしゃべりすることが好きだ.
  I like talk*ing* with my friends. / I like *to* talk with my friends.
- 私の言うことを聞いて. Please listen to me.

❸[…ということ]**that** …[ザット]
- 彼らが付き合っていることを知ってる？
  Do you know *that* they are going out?

| …ということだ
| They say that …
- 彼は近いうちにクラブをやめるということだ.
  *They say that* he is going to quit the club soon.

❹[…したことがある]**have**+〈過去分詞〉→…こ とがある❶
- 何回も水泳大会に出たことがある.
  I *have* been in the swimming contest

## こと²

**こと²**【琴】a koto
- 琴は日本のハープです．
  A *koto* is a Japanese harp.
- 私は琴を弾(ひ)きます．I play the *koto*.

**…ごと¹**
(…おきに) every …[エヴリィ]；(…するたびに) every time …[タイム]
- その大会は2年ごとに開催(さい)される．
  The contest is held *every* two years.
- 私たちのチームは試合ごとに強くなった．
  Our team became stronger *every time* we had a game.
- 1日ごとに day by day

**…ごと²** whole[ホウル]
- 私たちはケーキを丸ごと食べた．
  We ate a *whole* cake.
- じゃがいもを皮ごとゆでた．
  I boiled the potatoes in their jackets. / I boiled the potatoes with their skins on.

**こどう**【鼓動】(心臓の) a beat[ビート]
- 胸の鼓動が高まった．My heart *beat* fast.
- **鼓動する** beat

## …ことがある

| ❶経験がある | have＋〈過去分詞〉, once［ever]＋〈過去形〉 |
| --- | --- |
| ❷場合がある | (時々) sometimes; (しばしば) often |

❶〔経験がある〕have＋〈過去分詞〉, once[ever]＋〈過去形〉[ワンス［エヴァ]]

**話してみよう！**
😊 海外へ行ったことがありますか．
*Have* you ever been abroad?
😊 以前グアムへ行ったことがあります．
I *have* been to Guam before.

- こんなにおもしろい映画は見たことがない．I've never seen such an interesting movie.

❷〔場合がある〕(時々) sometimes[サムタイムズ]；(しばしば) often[オーフン]
- 時々お弁当を忘れることがある．
  I *sometimes* forget to bring my lunch.
- 彼女はよく寝坊(ぼう)することがある．
  She *often* oversleeps.

**ことがら**【事柄】a matter[マタァ]→こと¹❶
**こどく**【孤独】solitude[サリトゥード]；(独りの寂(さみ)しさ) loneliness[ロウンリィニス]
- 彼は孤独を楽しんでいる．
  He enjoys *solitude*.
- 友人がほとんどいないので孤独を感じることがある．
  I often feel *lonely* because I have few friends.
- **孤独な** solitary; lonely

**ことごとく** all[オール], every[エヴリィ]→すべて
- 予想がことごとく外れた．
  *All* my guesses were wrong.

**ことし**【今年】this year[ズィス イア]
- 今年はできるだけ多くの本を読もうと思う．
  I am going to read as many books as possible *this year*.
- エリは今年の5月で15歳(さい)だ．
  Eri will be fifteen *this* May.

**ことづけ** a message[メスィッヂ]
- マリからのことづけがあります．
  I have a *message* for you from Mari.
- **ことづける** leave a message
- 彼にことづけてもらえますか．
  Can I *leave a message* for him?

**ことなる**【異なる】be different (from …)[ディファラント], differ (from …)[ディファ]→ちがう❷
- **異なった** different(⇔同じ the same)
- 異なった色のペン *different* colored pens

**…ことになっている**【…(する)ことになっている】
(未来の予定) be to＋〈動詞の原形〉, be supposed to＋〈動詞の原形〉[サポウズド]
- 私たちは6時にここで会うことになっている．
  We *are* (*supposed*) *to* meet here at six o'clock.
- パーティーのケーキはケンが準備することになっている．Ken *is supposed to* prepare the cake for the party.
- マキがスピーチをすることになっている．
  Maki *is going to* make a speech.

**ことによると** possibly[パスィブリィ], maybe[メイビィ]→もしか

## ことば【言葉】

| ❶言語 | (a) language |
| --- | --- |
| ❷語句 | (単語) a word; (表現) an expression; (言葉遣(づか)い) language |

❶〔言語〕(a) language[ラングウィッヂ] (▶日本語，英語などの具体的な言語の場合は数えられる名詞として扱う)
- 英語は世界中で広く話されている言葉だ．
  English is a *language* spoken widely all over the world.

❷〔語句〕(単語) a word[ワード]；(表現) an expression[イクスプレッション]；(言葉遣い)

language
- 別の言葉で言えば
  in other *words*
- 自分の気持ちを言葉で表してみた．
  I tried to put my feelings into *words*.
- うまい言葉が見つからない．
  I can't find the right *words*.
- 話し[書き]言葉
  spoken [written] *language*
- 花言葉
  the *language* of flowers
- わかりやすい言葉でスピーチした．I made a speech in plain [easy] *language*.
- 言葉遣い: 彼の言葉遣いはきちんとしている．
  His *way of talking* is polite.

## こども 【子供】
a **child**[チャイルド](複 **children**[チルドゥラン])，《話》**a kid**[キッド]
- 子どものころは野球をしていました．
  I played baseball when I was a *child*.
- 子ども扱(<small>あつか</small>)いしないでほしい．
  I don't want to be treated like a *child*.
- おじに子どもはいない．
  My uncle has no *children*.
- 10歳(<small>さい</small>)以下の子どもは無料です．
  *Children* aged ten or under are free.
➡子どもの，子どもっぽい **childish**[チャイルディッシュ]
- この服は子どもっぽい．
  This outfit is *childish*.（►childishは「子どもじみた」という悪い意味）
➡子どもらしい **childlike**[チャイルドライク]

**こどものひ**【こどもの日】**Children's Day**[チルドゥランズ デイ]➡年中行事【口絵】
**ことり**【小鳥】**a**（**little**）**bird**[(リトゥル) バード]
- 彼女は小鳥を1羽飼っている．
  She has a *little bird*.
**ことわざ a proverb**[プラヴァーブ]，**a saying**[セイイング]
- ことわざにもあるように，「転ばぬ先のつえ」だ．
  As the *proverb* says [goes], "Look before you leap."
**ことわり**【断り】(拒絶(<small>きょぜつ</small>))(**a**) **refusal**[リフューザル]; (許可)**permission**[パァミッション]; (通知)**a notice**[ノウティス]
- 断りの手紙
  a letter of *refusal*
- 彼女は断りもなしに休んだ．She was absent without *permission* [*notice*].
- ペットお断り
  《掲示》(店などで)**NO PETS ALLOWED**

「ペットお断り」の掲示

## ことわる 【断る】
(拒絶(<small>きょぜつ</small>)する)**refuse**[リフューズ]; (よい話を)**turn down**[ターン ダウン]; (ていねいに)**decline**[ディクライン]; (許可をもらう)**get** (…'s) **permission**[パァミッション]
- 彼は私の申し出を断った．
  He *refused* [*turned down*] my offer.
- 彼女に教科書を貸すのを断った．
  I *refused* to lend my textbook to her.
- 前もって先生に断っておいたほうがいい．
  You had better *get* the *teacher's permission* in advance.

**こな**【粉】**powder**[パウダァ]
➡**粉の powdered, powdery**
粉薬 **powdered medicine, a powder**➡くすり
粉砂糖 **powdered sugar**
粉せっけん **soap powder**
粉チーズ **grated cheese**
粉ミルク **powdered milk**
粉雪 **powdery snow**

**こなごな**【粉々に】**to [into] pieces**[ピースィズ]
- グラスが落ちて粉々になった．
  A glass fell and broke *into pieces*.
**こにもつ**【小荷物】**a package**[パキッヂ]，**a parcel**[パーサル]
**コネ**(**クション**) **a connection**[カネクション]，《話》**pull**[プル]
- 父はその会社にコネがある．My father has *connections* in the company.
**こねこ**【子猫】**a kitten**[キトゥン]
**こねる** (粉などを)**knead**[ニード] (★このkは発音しない)
- パン生地をこねた．I *kneaded* the dough.

## この
❶話し手の近くの物・人をさして
　　　　　　　　　　　**this**
❷最近の　　　　　**this**; (過去の)**the last, the past**; (未来の)**the next**

## このあいだ

**❶**[話し手の近くの物・人をさして]**this**[ズィス](複 these)(⇔あの that)
- 彼のこの自転車 *this* bicycle of his
- このかばんは私のものだ. *This* bag is mine.
- この人たちはブラジルから来た.
 *These* people come from Brazil.

**❷**[最近の]**this**;(過去の)**the last**[ラスト], **the past**[パスト];(未来の)**the next**[ネクスト]
- この冬は暖かい.
 It has been warm *this* winter.
- この数か月間彼女に会っていない. I haven't seen her for *the past* few months.

**このあいだ**【この間】(先日)**the other day**[アザァ デイ];(最近)**recently**[リースントゥリィ], **lately**[レイトゥリィ]
- この間駅でケンを見かけた.
 I saw Ken at the station *the other day*.
- 私はこの間まで福岡に住んでいた.
 I was living in Fukuoka until *recently*.

**このあたり**【この辺りに】→このへん

**このうえ**【この上】(ほかに)**else**[エルス];(これ以上)**any more**[エニィ モァ], ⊛**anymore**[エニモァ], **any further**[ファーザァ]
- この上何を話したいというの?
 What *else* do you want to talk about?

**このかた**【この方】(男性)**this gentleman**[チェントゥルマン],(女性)**this lady**[レイディ]
- この方が吉田さんです.
 *This* is Mr.[Ms., Mrs., Miss] Yoshida.

**このくらい**(大きさ)**about this**[アバウト ズィス];(程度)**like this**[ライク]
- その石はこのくらいの大きさだった.
 The stone was (*about*) *this* big.

## このごろ

(近ごろ)**these days**[ズィーズ デイズ];(ごく最近)**recently**[リースントゥリィ], **lately**[レイトゥリィ];(今日(こんにち))**nowadays**[ナウアデイズ]→さいきん[1]
- このごろ体育の授業で柔道(じゅうどう)をやっている.
 *These days* we do judo in P.E. class.

**このさき**【この先】(前方に)**ahead**[アヘッド];(今後)**from now** (**on**)[ナウ]
- ラーメン屋さんはこの先にある.
 The ramen shop is just *ahead*.
- この先は私がやります.
 I'll take over *from now on*.
- この先進入禁止《掲示》NO ENTRY

**このつぎ**【この次】**next**[ネクスト];(次のとき)**next time**[タイム]
- この次の水曜日に *next* Wednesday
- この次はいっしょに行こう.
 We will go together *next time*.

**このとおり**(このように)**like this**[ライク];(見たとおり)**as you** (**can**) **see**[スィー]
- このとおりに紙を折ってください.
 Please fold the paper *like this*.

**このところ**→さいきん[1], このごろ

**このは**【木の葉】→は[2]

**このへん**【この辺】(この近くに)**near**[**around**] **here**[ニァ[アラウンド]ヒァ], **in this neighborhood**[ネイバァフッド]
- この辺にコンビニはありますか. Is there a convenience store *near*[*around*] *here*?

## このまえ【この前】

(先日)**the other day**[アザァ デイ];(前回)**last**[ラスト]
- この前彼からメッセージが来た. I received a message from him *the other day*.
- この前会ったのはいつだっけ?
 When did we see each other *last*?
 ━この前の **last**;(以前の)**former**
- この前の日曜日に *last* Sunday

**このましい**【好ましい】(好感が持てる)**good**[グッド], **nice**[ナイス];(望ましい)**desirable**[ディザイ(ア)ラブル]

**このまま as it is**(**now**)[ナゥ], **as they are**(**now**)→そのまま
- 机の上をこのままにしておいて. Leave the things on the desk *as they are*.

**このみ**【好み】(a)**taste**[テイスト]
- このかばんは私の好みじゃない.
 This bag isn't (to) my *taste*.
 ━好みの **favorite**[フェイヴァリット]
- 私の好みの色 my *favorite* color(s)
- 彼は好みのタイプだ. He is my type.

**このむ**【好む】**like**[ライク]→すき[1]

**このような such**[サッチ]→こんな

**このように like this**[ライク], (**in**) **this way**[ウェイ]
- 子犬はこのように抱(だ)いてください.
 You should hold the puppy in your arms *like this*. / You should hold the puppy in your arms *in this way*.

**こばむ**【拒む】**refuse**[リフューズ]→ことわる

**こはるびより**【小春日和】**an Indian summer**[インディアン サマァ], **hot weather in fall**[ハット ウェザァ][フォール](▶Indian summerは米国・カナダで晩秋にみられる暖かい天候のこと)

**こはん**【湖畔】**a lakeside**[レイクサイド]
- 湖畔のホテル a *lakeside* hotel

## ごはん【ご飯】

(米飯)(**boiled**[**cooked**]) **rice**[(ボイルド[クック

ト)) ライス］；(食事)a meal[ミール]

a bowl of rice

a meal

- ご飯1ぜん a bowl of *rice*（►ご飯2ぜんはtwo bowls of *rice*）
- ご飯を炊いた. I boiled [cooked] *rice*.
- ご飯を茶わんによそった. I put *rice* in a bowl.
- リョウは7時にご飯を食べた. Ryo had a *meal* at seven.

**コピー** (複写)a **copy**[カピィ]；(広告文)**copy**
— コピーする **copy**, **make a copy**（**of** ...）
- これを5部コピーしてもらえますか. Could you *make* five *copies of* this ?
| コピー機 a **copy machine**, a（**photo**）**copier**
| コピー商品 a **fake product**
| コピーライター a **copywriter**

**こひつじ**【子羊】a **lamb**[ラム]（★このbは発音しない）

**こびと**【小人】a **dwarf**[ドゥウォーフ]（複 dwarfs, dwarves[ドゥウォーヴズ]）
- 『白雪姫と7人の小人』'Snow White and the Seven *Dwarfs*'

**コピペ copy and paste**[カピィ アン ペイスト], **copy-paste**→ インターネット, コンピュータ
— コピペする **copy and paste**
- 友達のメルアドをコピペした. I *copied and pasted* my friend's email address.

**こぶ**(打撲による)a **bump**[バンプ]；(腫れ物)a **lump**[ランプ], (らくだの)a **hump**[ハンプ]
- 頭にこぶができた. I got a *bump* on my head.

**ごぶさた**
- ごぶさたしております. (手紙などで)Sorry for not writing for a long time. / (人に会って) I haven't seen you for [in] a long time.

**こぶし** a **fist**[フィスト]
- 彼はこぶしを握った. He clenched his *fist*(*s*).

**コブラ**【動物】a **cobra**[コウブラ]

**こぶり**【小降りになる】**let up**[レット アップ]
- 雨がようやく小降りになってきた. The rain is finally *letting up*.

**こふん**【古墳】an **ancient tomb**[エインシャント トゥーム]（★tombのbは発音しない）

**こぶん**【古文】**Japanese classics**[ヂャパニーズ クラスィックス]

**ごぼう**【植物】a **burdock**[バーダック], a **burdock root**[ルート]

## こぼす
(液体を)**spill**[スピル]；(食べ物を)**drop**[ドゥラップ]；(涙を)**shed**[シェッド]；(愚痴を) **complain**（**about** ...）[カンプレイン（アバウト）]
- テーブルにみそ汁をこぼしてしまった. I *spilled* miso soup on the table.
- 母は私の成績が悪いとこぼしてばかりいる. My mother is always *complaining about* my bad grades.

**こぼれる**(液体が)**spill**（**from** ...）[スピル]；(涙が)**fall**[フォール], **drop**[ドゥラップ]
- 紅茶がカップからTシャツにこぼれた. Tea *spilled from* the cup on to my T-shirt.
- 目から涙がこぼれた. Tears *fell* from my eyes.

**こま¹**(おもちゃ)a（**spinning**）**top**[(スピニング) タップ]
- マコトはこまを回すのが上手だ. Makoto is good at spinning *tops*.（►この spinningは動詞)

**こま²**(将棋の)a **piece**[ピース]；(チェスの)a **chessman**[チェスマン]（複 chessmen）

**コマ**(漫画・映画の)a **frame**[フレイム]
- 4コマ漫画 a four-*frame* comic strip

**ごま**【植物】**sesame**（**seeds**）[セサミ（スィーツ）]

┌─────────[慣用表現]─────────┐
ごまをする **flatter**: 彼はごまをするから嫌いだ. I hate him because he is a *flatterer*. / I hate him because he is an *apple-polisher*.
└───────────────────────────┘

| ごま油 **sesame oil**

**コマーシャル** a **commercial**[カマーシャル]（►英語ではＣＭと略さない）
| コマーシャルソング a **commercial jingle**, an **advertising jingle**

## こまかい【細かい】

| ❶小さい | **small**；(粒の)細かい **fine**；(ささいな) **trivial** |
| ❷詳しい | **detailed** |
| ❸繊細な | **sensitive**, **delicate** |
| ❹金に | **tight**（**with** ...）, **stingy** |

❶[小さい]**small**[スモール]；(粒の細かい)**fine**[ファイン]；(ささいな)**trivial**[トゥリヴィアル]
- 細かいお金 *small* change
- そんな細かいことはどうでもいい. The *small* stuff doesn't matter.
- 細かい霧雨 *fine* drizzle

## ごまかす

ー細かく **into pieces**[ピースィズ]
- にんじんを細かく刻んだ.
 I cut a carrot *into pieces*.
- この1万円札を細かくしてもらえる?
 Can you *change* this ten thousand yen bill, please?

❷〔詳しい〕**detailed**[ディテイルド]
- 細かい説明 a *detailed* explanation

❸〔繊細な〕**sensitive**[センスィティヴ], **delicate**[デリカット]
- 彼女は神経が細かい. She is *sensitive*.

❹〔金に〕**tight**(**with** …)[タイト], **stingy**[スティンヂィ]
- 彼はお金に細かい.
 He is *tight* [*stingy*] *with* (his) money.

**ごまかす**(だます)**deceive**[ディスィーヴ], **cheat**[チート]; (うそをつく)**lie**[ライ]
- ごまかされないぞ. You can't *deceive* me.
- 彼女はテストの結果をごまかした.
 She *lied* about her test result.

**こまどり**【こま鳥】〘鳥〙**a robin**[ラビン]

**こまらせる**【困らせる】(いらいらさせる)**annoy**[アノイ]; (悩ませる)**bother**[バザァ]; (苦しめる)**trouble**[トゥラブル]

## こまる【困る】

(苦労する)**have trouble**[**difficulty**][トゥラブル[ディフィカルティ]], **be in trouble**; (とほうにくれる)**be at a loss**[ロース]
- 困ったな, どうしよう.
 I'm *in trouble*. What shall I do?
- 彼の質問に対する返事に困った. I *was at a loss* as to how to answer his question.
- 何かお困りですか. Is anything *troubling* you? (←何かがあなたを困らせていますか)

## ごみ

(紙・ぼろ・缶などの)⊛**trash**[トゥラッシュ], ⊛**rubbish**[ラビッシュ]; (生ごみ)⊛**garbage**[ガービッヂ], **waste**[ウエイスト]; (紙くず)**wastepaper**[ウェイストペイパァ]; (公共の場所の)**litter**[リッタァ]; (ほこり)**dust**[ダスト]
- 燃える[燃えない]ごみ
 burnable [unburnable] *trash*
- ごみを捨てた. I threw away the *trash*.
- ごみは分別しないと駄目だよ.
 You should separate the *garbage*.
- 月曜日と木曜日にごみを出します.
 We take out the *garbage* on Mondays and Thursdays.
- ごみ捨て禁止
 《掲示》NO *LITTERING*

「ごみ捨て禁止」の掲示

- 目にごみが入った.
 I've got a speck of *dust* in my eye.

| ごみ収集車 a garbage truck
| ごみ収集日 a garbage collection day
| ごみ捨て場 a garbage collection area; (埋め立て地の)a landfill
| ごみ箱 ⊛a trash [garbage] can, (室内の)a wastebasket; ⊛a dustbin
| ごみ袋 a trash bag

**こみあう**【込み合う】**be crowded**(**with** …)[クラウディド]→こむ

**こみいった**【込み入った】**complicated**[カンプラケイティド]
- この推理小説の筋は込み入っている.
 The plot of this mystery is *complicated*.

**こみち**【小道】(山道)**a path**[パス]; (市街地の)**a lane**[レイン]

**コミック**(漫画本)**a comic**(**book**)[カミック[ブック]]→まんが

**コミッショナー a commissioner**[カミッショナァ]

**コミュニケーション communication**[カミューナケイション]
- 親子のコミュニケーション *communication* between parents and children

ーコミュニケーションをとる **communicate**[カミューナケイト]
- 英語でコミュニケーションがとれるようになりたい. I want to be able to *communicate* in English.

## こむ【込む】

(混雑する)**be crowded**(**with** …)[クラウディド], **be jammed**[チャムド]
- 電車は通勤通学の人々でとても込んでいた.
 The train *was* very *crowded with* commuters. / The train was *jammed with* commuters.
- 道が込んでいて遅刻した.
 I was late because of a *traffic jam*. (▶a traffic jamは「渋滞」の意)
- 高速道路は込んでいた.
 Traffic was *heavy* on the expressway.

**ゴム** rubber[ラバァ]
- 輪ゴム a *rubber* band
- ゴム印 a *rubber* stamp
- ゴムボート a *rubber* boat [dinghy, raft]
- ゴムボール a *rubber* ball

**こむぎ**【小麦】wheat[(ホ)ウィート]
- 小麦色 light brown；(肌(悔)が)tan: 彼女の肌はきれいな小麦色に焼けている. She has a nice *tan*.
- 小麦粉 (a) flour
- 小麦畑 a *wheat* field

**こめ**【米】rice[ライス]
- 祖父は米を作っている.
  My grandfather grows *rice*.
- 米をといだ. I washed the *rice*.
- 米店 a *rice* shop
- 米販売(蓋)人 a *rice* dealer

**こめかみ** a temple[テンプル]
**コメディアン** a comedian[カミーディアン]
**コメディー** a comedy[カミディ]
**こめる**【込める】(含(ふく)める)include[インクルード]
- 心を込めて彼にお礼を言った.
  I thanked him *with* all my heart.

# ごめん¹
(ごめんなさい)I'm sorry.[サリィ]; Excuse me.[イクスキューズ ミー]; Pardon me.[パードゥン]
- ごめんなさい. カップを割ってしまいました.
  *I'm sorry*. I broke the cup.
- ごめんなさい. ちょっと通らせてください.
  *Excuse me*. Could I get through, please?
- ごめんなさい. もう一度言ってくださいますか.
  *I beg your pardon*. Could you say that again, please?

…してごめんなさい
I'm sorry to +〈動詞の原形〉/
I'm sorry (that) ...
- 遅(おく)れてごめんなさい. *I'm sorry to* be late. /
  *I'm sorry (that)* I'm late.

> **くらべてみよう!** I'm sorry. と Excuse me. と Pardon me.
>
> **I'm sorry.**は相手に大きな迷惑(ぬ)をかけたり, 物を壊(こわ)したりして謝(あやま)る場合などに使います. また, **Excuse me.**, **Pardon me.**は相手に肩(かた)がぶつかったり, 人前でげっぷが出たりするなど失礼をわびる場合に使います. たいていの場合, 軽い意味の「ごめんなさい」はExcuse me.やPardon me.に相当します.

**ごめん²**【ご免だ】(断って)no more ...[モア]
- 戦争は二度とごめんだ. *No more* wars!

**ごめんください**
- ごめんください. だれかいませんか.
  *Excuse me*. Is anyone in [home]?

**コメンテーター** a commentator[カマンテイタァ]
**コメント** (a) comment[カメント]
**こもじ**【小文字】a small letter[スモール レタァ] (⇔大文字 a capital letter)
**こもの**【小物】small articles[スモール アーティクルズ]
**こもり**【子守】babysitting[ベイビィスィッティング]; (人)a babysitter[ベイビィスィッタァ]
 ━子守をする babysit[ベイビィスィット]
| 子守歌 a lullaby

**こもる**(閉じこもる)shut *oneself* up[シャット][アップ]; (満ちる)be filled (with ...)[フィルド]
- 家にこもっていてはいけないよ.
  Don't *shut yourself up* in the house.
- 台所には煙(けむり)がこもっていた.
  The kitchen *was filled with* smoke.

**こもん**【顧問】an adviser[アドヴァイザァ], a consultant[カンサルタント]
- 部活の顧問 a club *adviser*

**こや**【小屋】(粗末(そまつ)な)a hut[ハット]; (簡素な)a cabin[キャビン]; (物置)a shed[シェッド]
- 犬小屋 a doghouse / a kennel

**こやぎ**【子やぎ】a kid[キッド]
**こやく**【子役】a child actor[チャイルド アクタァ]
**ごやく**【誤訳】(a) mistranslation[ミストゥランスレイション]
 ━誤訳する mistranslate

**こやま**【小山】(丘(おか), 低い山)a hill[ヒル]
**こゆう**【固有の】peculiar (to ...)[ピキューリャァ]; (ある土地に)native (to ...)[ネイティヴ]
- 日本固有の文化 culture *peculiar to* Japan
- 日本固有の動物 animals *native to* Japan
| 固有名詞〖文法〗a proper noun

**こゆび**【小指】(手の)a little finger[リトゥル フィンガァ], pinkie[pinky][ピンキィ]; (足の)a little toe[トゥ]→ゆび図

**こよみ**【暦】a calendar[キャランダァ]
- 暦の上ではもう冬だ. It is already winter according to the *calendar*.

**こら**(注意を喚起(かんき)して)Hey![ヘィ]
- こら！そこで何してるんだ？
  *Hey*, what are you doing there?

**こらえる**(我慢(がまん)する)bear[ベァ], stand[スタンド](►ともにふつう疑問文・否定文で用いる)→がまん; (怒り, 涙(なみだ), 笑いなどを)hold back[ホウルド バック]
- 怒りをこらえた. I *held back* my anger.
- マリはこらえきれずに泣き出した.
  Mari *couldn't help* but cry.

## ごらく

**ごらく**【娯楽】amusement[アミューズマント], entertainment[エンタテインマント]；(気晴らし) recreation[レクリエイション]
┃娯楽番組 an entertainment program

**こらしめる**【懲らしめる】punish[パニッシュ]；(思い知らせる) teach ［give］ ... a lesson[ティーチ][レッスン]

**コラム** a column[カラム]

**ごらん**【ご覧】
- やってごらんよ. *Try* it.
- ほらごらん, 言ったとおりじゃないか. *See*? I told you so.

**こりこり**
- これはこりこりしておいしい. This is *crunchy* and delicious.

**こりごり**
- もうこりごり. Once was *enough*. (←一回で十分だ)
- 彼といっしょに出かけるのはこりごりだ. I *never want to* go out with him.

**こりしょう**【凝り性】(熱中する人) an enthusiast[インスーズィアスト]；(完全主義者) a perfectionist[パァフェクショニスト]

**こりつ**【孤立】isolation[アイサレイション]
→孤立する be isolated ( from ... )
- これを言ったら孤立してしまうかも. I'm afraid I'll *be isolated* if I say this.

**ゴリラ**【動物】a gorilla[ガリラ]

**こりる**【懲りる】(教訓を学ぶ) learn a lesson[ラーン][レスン]
- もう懲りました. I *learned a* ［*my*］ *lesson*.

**こる**【凝る】(熱中する) be crazy ( about ... )[クレイズィ(アバウト)]；(肩(な)が) have stiff shoulders[スティフ ショウルダァズ]
- ミキはテニスに凝っている. Miki *is crazy about* playing tennis.
- 父はいつも肩が凝っている. My father always *has stiff* shoulders.
→凝った (念入りな) elaborate[イラバラット]

**コルク** (コルク栓(な)) a cork[コーク] → せん³
- コルクの栓抜き a *cork*screw

**ゴルフ** golf[ガルフ]
- ゴルフをする. I play *golf*.
- 母といっしょにゴルフに行った. I went *golfing* with my mother.
┃ゴルフクラブ (場所, 団体) a golf club, a country club；(打棒) a (golf) club
┃ゴルフ場 a golf course

**ゴルファー** a golfer[ガルファ]

# これ
(話し手の近くの物, 人をさして) this[ズィス] (複 these[ズィーズ]) (⇔あれ that)

これは…だ
(…が単数のとき) This is ... /
(…が複数のとき) These are ...
- これはチューリップだ. *This is* a tulip. / *These are* tulips.
- 「これは何ですか？」「キーホルダーです」 "What is *this*?" "It's a key chain."
- 英語でこれを何と言うの？ What do you call *this* in English?
- (店で) これをください. Can I have *this*? / I'll take *this*.

**これから** (今後) from now on[ナゥ], after this[ズィス]；(将来) in (the) future[フューチャァ]
- これからはもっと気をつけて. Pay more attention *from now on*.

**コレクション** a collection[カレクション]

**コレクター** a collector[カレクタァ]

**コレクトコール** a collect call[カレクト コール]

**これくらい** this much[ズィス マッチ]
- これくらいでいいですか. Is *this much* OK?

**これほど** so[ソゥ] → こんな
- 彼がこれほど有名だとは知らなかった. I didn't know that he was *so* famous.

**これまで** (今まで) so far[ソゥ ファー], until ［till］ now[アンティル ［ティル］ ナゥ]
- これまでのところ学校生活を楽しんでいる. I've been enjoying my school life *so far*.
- きょうはこれまで. That's all for today. / So much for today. (▶授業などの終わりに用いる)

**これら** these[ズィーズ] (▶thisの複数形) → これ

**コレラ** cholera[カララ]

**…ころ** (…するころ) time ...[タイム]；(…のとき) when ...[(ホ)ウェン]
- もうケイは家に着いたころだろう. It is about *time* kei got home.
- 子どものころはよく鬼(な)ごっこをして遊んだ. *When* I was a child, I used to play tag.

**ゴロ**【野球】a grounder[グラウンダァ]

**…ごろ** (およそ) about ...[アバウト], around ...[アラウンド]
- 兄は毎晩8時ごろ帰って来る. My brother returns home at *about* eight every evening.
- 昼ごろ集まろう. Let's get together *around* noon.
- 去年の今ごろ *this time* last year

**ころがす**【転がす】roll[ロウル]
- さいころを転がした. I *rolled* the dice.

**ころがる**【転がる】roll[ロウル]
- 小銭(な)が溝(な)へ転がっていった.

Some change *rolled* into the gutter.

**ごろごろ**（▶英語では動詞で表すことが多い）
- 雷(かみなり)がゴロゴロ鳴った．
  The thunder *rumbled*.
- きのうは一日中家でごろごろしていた．
  I stayed at home *doing nothing* all day yesterday.

**ころす**【殺す】**kill**[キル]

**コロッケ a croquette**[クロウケット]

**コロナ**（コロナウイルス）**coronavirus**[カロウナヴァイラス]
- コロナに感染した．
  I was infected with *coronavirus*.
- コロナウイルス検査は陽性［陰性］だった．
  I tested positive [negative] for the *coronavirus*.
- コロナ禍(か) the *corona* pandemic
- 新型コロナウイルス感染症(しょう) COVID-19（▶COVIDはcoronavirus diseaseの略．2019年から）

**ころぶ**【転ぶ】**fall**（**down**）[フォール（ダウン）]；（つまずいて）**trip**（**over ...**）[トゥリップ（オウヴァ）]
- 走っちゃ駄目(だめ)．転ぶよ．
  Don't run, you might *fall*.
- そこの段につまずいて転ばないように．
  Be careful not to *trip over* that step.

**ころも**【衣】（天ぷらなどの）**batter**[バタァ]；（パン粉の）**breading**[ブレディング]

**ころもがえ**【衣替え】*koromogae*; **a seasonal change of clothing**[スィーザヌル チェインヂ][クロウズィング]➡年中行事［口絵］

**コロン a colon**[コウラン]（▶記号は:）

**コロンビア Colombia**[カランビア]
| コロンビア人 **a Colombian**

## **こわい**【怖い】

（恐(お)ろしい）**terrible**[テラブル], **frightening**[フライトゥニング], 《話》**scary**[スケ(ア)リィ], **fearful**[フィアフル]；（厳格な）**strict**[ストゥリクト]
- 怖い夢 a *bad* [*frightening*] dream
- ああ怖かった．
  That was *scary*. / I was *scared*.
- うちの父は怖い．
  My father is *strict*.
- 私は幽霊(ゆうれい)が怖い．
  I *am afraid of* ghosts. (←こわがる)

**こわがる**【怖がる】**be afraid**（**of ...**）[アフレイド], **be scared**（**of ...**）[スケァド]
- 妹は大きな犬を怖がる．
  My sister *is afraid* [*scared*] *of* big dogs.

**こわごわ**（おどおどと）**timidly**[ティミッドゥリィ]；（用心深く）**cautiously**[コーシャスリィ]

## **こわす**【壊す】

❶破壊(はかい)する **break**
❷健康を損(そこ)ねる **ruin**; （痛める）**damage**

❶[破壊する]**break**[ブレイク]
- 弟のおもちゃを壊してしまった．
  I *broke* my brother's toy.
❷[健康を損ねる]**ruin**[ルーイン]; （痛める）**damage**[ダミッヂ]
- 父は働きすぎて体を壊した． My father *ruined* his health by working so much.
- ユキがまたおなかを壊した．
  Yuki *had* stomach *trouble* again.

## **こわれる**【壊れる】

**break**[ブレイク], **be broken**[ブロウカン]；（故障している）**be out of order**[アウト][オーダァ]
- 瓶(びん)は粉々に壊れた．
  The bottle *broke* into pieces.
- このいすは壊れている． This chair *is broken*.
- そのパソコンは壊れている．
  The PC *is out of order*.

**こん**【紺（の）】**dark blue**[ダーク ブルー], **navy blue**[ネイヴィ]
- 紺の制服 a *dark blue* uniform

**こんかい**【今回】**this time**[タイム]➡こんど❶

**こんがり**【こんがり焼く】（パンを）**toast**[トウスト]; (肌(はだ)を)**tan**[タン]
- 海辺で肌がこんがり焼けた．
  I got *tanned* at the beach.

**こんき**【根気】**patience**[ペイシャンス]
- ジグソーパズルを完成させるには根気がいる． It takes *patience* to finish a jigsaw puzzle.
━根気よく **patiently**

**こんきょ**【根拠】**grounds**[グラウンヅ]
- 何を根拠にそう言うの？
  On what *grounds* do you say so?
━根拠のない **groundless**
- 根拠のないうわさ a *groundless* rumor

**コンクール a contest**[カンテスト]（▶「コンクール」はフランス語から）
- 書道コンクール a calligraphy *contest*

**コンクリート concrete**[カンクリート]
- 鉄筋コンクリートの家
  a reinforced *concrete* house

## **こんげつ**【今月】

**this month**[マンス]
- 今月の初め［末］に
  at the beginning [end] of *this month*
- ケンの誕生日は今月の12日だ． Ken's birthday

is on the 12th of *this month*.
- 今月は雨がほとんど降らなかった．
We have had little rain *this month*.

今月号 the current issue

**こんご**【今後】**from now on**[ナゥ], **after this**, **in the future**[フューチァ]
- 今後は毎日朝食を食べます．I will eat breakfast every day *from now on*.
- 今後何が起こるかわからない．I don't know what will happen *in the future*.
→今後の future
- クラブの今後の予定 the club's *future* plans

**こんごう**【混合】**mixture**[ミックスチァ]
→混合する **mix**[ミックス], **blend**→まぜる
混合ダブルス mixed doubles

**コンサート** a concert[カンサート]
- その歌手はコンサートを開いた．
The singer gave [held] a *concert*.
- きのう野外コンサートに行った．
I went to an open-air *concert* yesterday.

野外コンサートのリハーサルの様子(英国)

コンサートホール a concert hall
コンサートマスター a concertmaster

**こんざつ**【混雑する】**be crowded**[クラウディド]
- 東京ディズニーランドはいつも混雑している．
Tokyo Disneyland *is* always *crowded*.

# **こんしゅう**【今週】

**this week**[ウィーク]
- 今週の初め[末]に
at the beginning [end] of *this week*
- 今週の水曜日に授業が始まる．
Classes begin on Wednesday *this week*. / Classes begin *this* (*coming*) Wednesday.
- 私は今週(いっぱい)学校を休む．
I will be absent from school *this week*.
- 今週中にこの本を読まなければならない．
I have to read this book *this week*. / I have to read this book *within the week*.

今週号 the current issue: 今週号の『週刊少年サンデー』を買った．I bought *the current issue* of 'Weekly Shonen Sunday.'

**こんじょう**【根性】**guts**[ガッツ]; (意志)**will**
- タクは根性がある．Taku has *guts*.
- 君にこんなに根性があるとは思わなかった．
I didn't think you had such a strong *will*.

**こんせいがっしょう**【混声合唱】**a mixed chorus**[ミックスト コーラス]

**コンセンサス** a consensus[カンセンサス]
- 私たちはコンセンサスを得た．
We reached a *consensus*.

**コンセント** an (electrical) outlet[(イレクトゥリカル) アウトゥレット], a socket[サキット] (▶「コンセント」は和製英語)
- コンピュータのプラグをコンセントに差しこんだ．I plugged the computer into the *outlet*.

**コンソメ** (料理)consommé[カンソメィ](▶フランス語から), clear soup[クリア スープ]

**コンダクター** a conductor[カンダクタァ]

**コンタクトレンズ** a contact lens[カンタクト レンズ]
- ヒナはコンタクトレンズをしている．
Hina wears *contact lenses*.
- 彼はコンタクトレンズを入れた．
He put in his *contact lenses*.
- 彼はコンタクトレンズを外した．
He took out his *contact lenses*.

**こんだて**【献立】**a menu**[メニュー]
- 夕飯の献立 a dinner *menu*

**コンチェルト**『音楽』(協奏曲)**a concerto**[カンチェァトゥ](▶イタリア語から)

**こんちゅう**【昆虫】**an insect**[インセクト], 《主に米》**a bug**[バッグ]

昆虫採集 insect-collecting

**コンディショナー** (a) conditioner[カンディショナァ]

**コンディション** shape[シェイプ], (a) condition[カンディション]
- コンディションがいい．I'm in good *shape*.
- コンディションが悪い．I'm out of *shape*.

**コンテスト** a contest[カンテスト]
- スピーチコンテスト a speech *contest*

**コンテナ** (貨物用) a container[カンテイナァ]

**コンテンツ** (中身, 内容)contents[カンテンツ]

**コント** a short skit[ショート スキット]

# **こんど**【今度】

| | | |
|---|---|---|
| ❶今回 | this time, now | |
| ❷この次 | next time; (そのうち)sometime; (別の機会に)another time, some other time | |
| ❸新しい | new | |

コンビニ(エンスストア)

❶[今回]**this time**[タイム], **now**[ナゥ]
- 今度こそ勝ちたい。I want to win *this time*.
- 今度は君が話す番だ。
  *Now* it's your turn to talk.

❷[この次]**next time**[ネクスト タイム];(そのうち)**sometime**[サムタイム];(別の機会に)**another time**[アナザァ], **some other time**[アザァ]
- 今度は忘れずに宿題をやろう。I won't forget to do my homework *next time*.
- 今度遊びに来ない?
  Won't you come to see me *sometime*?
- その話はまた今度にしよう。
  Let's discuss it *another time*. / Let's discuss it *some other time*.

━今度の **next, coming**
- 今度の試合は勝てるといいな。
  I hope we win the *next* game.
- 今度の週末に会おう。
  Let's meet *this*(*coming*)weekend.

❸[新しい]**new**[ヌー]
- 今度の先生は優(やさ)しい。
  Our *new* teacher is nice.

**こんどう**【混同する】**confuse**[カンフューズ], **mix up**[ミックス アップ];(…を〜と取り違(ちが)える)**take**[**mistake**]… **for** 〜[ミステイク]
- 公私混同すべきではない。We should not *confuse* work and private matters.

**コントラバス**〖楽器〗**a contrabass**[カントゥラベイス]

**コントロール control**[カントゥロウル]
- あの投手はコントロールがよい[悪い]。
  That pitcher has good[poor] *control*.

━コントロールする **control**
コントロールキー〖コンピュータ〗**a control key**

## こんな

**such**[サッチ], **like this**[ライク], **this kind**[**sort**] **of** …[カインド[ソート]]→そんな
- こんなことでくよくよするな。
  Don't worry about *such* a thing.
- こんなTシャツがほしい。
  I want a T-shirt *like this*.

━こんなに **so**[ソゥ]
- きょう,こんなに寒くなるとは思わなかった。
  I didn't expect it to be *so* cold today.

**こんなん**【困難】(**a**)**difficulty**[ディフィカルティ];(面倒(めんどう))**trouble**[トゥラブル];(苦難)(**a**)**hardship**[ハードシップ]
- 困難を克服(こくふく)した。I overcame the *difficulties*.
- 両親は多くの困難に耐(た)えた。
  My parents bore many *hardships*.
- マラソンを完走することは彼には困難だった。
  It was *difficult*[*hard*] for him to complete the marathon.

━困難な **difficult; hard**

**こんにち**【今日】**today**[トゥデイ];(このごろ)**nowadays**[ナウアデイズ]
- 今日では着物を着る若者は少ない。
  Few young people wear kimonos *today*[*nowadays*].

━今日の(現代の)**present-day**[プレズントデイ]
- 今日の日本
  *present-day* Japan / *today's* Japan

## こんにちは

**Hello.**[ヘロゥ],《話》**Hi.**[ハイ];(午前中に)**Good morning.**[グッド モーニング];(午後に)**Good afternoon.**[グッド アフタァヌーン](▶ Good morning. や Good afternoon. はやや改まったあいさつ)

> ☺トム, こんにちは。
>   *Hello*, Tom.
> 😊こんにちは,ケン,元気?
>   *Hi*, Ken. How are you?(▶ Hello. よりも Hi. のほうがくだけた言い方)

話してみよう!

**コンパクト**(化粧(けしょう)道具)**a compact**[カンパクト]
━コンパクトな **compact**
コンパクトカー **a compact car**
コンパクトカメラ **a compact camera**
コンパクトディスク **a compact disc**(▶ CDと略す)

**コンパス**(製図用具)**a compass**[カンパス],(**a pair of**)**compasses**[(ペァ)](▶ 単数扱い);(方位計)**a compass**
- コンパスで円を描(か)いた。
  I drew a circle with a *compass*.

**こんばん**【今晩】→こんや
**こんばんは Good evening.**[グッド イーヴニング], **Hello.**[ヘロゥ],《話》**Hi.**[ハイ]
- こんばんは,ケンジ。
  *Hi*[*Good evening*], Kenji.
  (▶ 親しい間柄(あいだがら)では, Hello. や Hi. で済ませることもある)

**コンビ**(2人組)**a pair**[ペァ](▶「コンビ」は combination(組み合わせ)から)

**コンビーフ corned beef**[コーンド ビーフ]
**コンビニ(エンスストア)a convenience store**[カンヴィーニャンス ストア](▶「コンビニ」と略すのは和製英語)→p.254 ミニ絵辞典, ここがすごい【口絵】

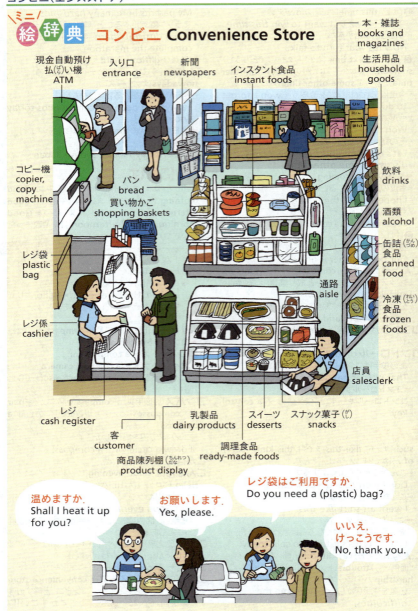

**コンビネーション** combination[カンバネイション]
**コンピュータ** a computer[カンピューターァ]（▶ふつう個人用のコンピュータはpersonal computerと言い，PCと略す）→ パソコン，インターネット

デスクトップコンピュータ　　　　プリンター
desktop (computer)　　　　　printer

①モニター monitor
②スクリーン screen　③キーボード keyboard
④マウス mouse　⑤マウスパッド mouse pad
⑥USBメモリー USB (flash) drive
⑦CD／DVD-ROMドライブ CD/DVD-ROM drive

・コンピュータを使ってゲームをした．We used the *computer* to play (video) games.
・私はコンピュータで映画を見る．
I watch movies on my *computer*.
・(コンピュータで)ファイルを開いてパスワードを入力してください．Open the file and type [enter] the password.

**コンピュータウイルス** a computer virus
**コンピュータグラフィックス** computer graphics (▶CGと略す)
**コンピュータゲーム** a computer game
**コンピュータ室** a computer room
**コンピュータ部** a computer club

―― 表現メモ ――
コンピュータに関することば
共有フォルダ a shared folder
ブラウザ a browser
起動する start up, boot up
終了する turn off, shut down
クリックする click
ダブルクリックする double-click
ドラッグする drag
コピペする copy and paste
削除する，消去する delete
入力する enter, type
(ファイル)を開く open
(ファイル)を閉じる close
保存する save

**こんぶ**【昆布】kombu; a kind of kelp[ケルプ]
**コンプレックス**（劣等感）an inferiority complex[インフィ(ァ)リオーリティ カンプレックス]
・私は自分の野球の腕前にコンプレックスを持っている．I have an *inferiority complex* about my baseball skills.
**こんぼう**【こん棒】a club[クラブ]；(体操用の)an Indian club[インディアン]
**コンポスト**（堆肥）compost[カンポウスト]
**こんぽんてき**【根本的な】fundamental[ファンダメントゥル]，basic[ベイスィック]
・根本的な誤り a *fundamental* error
―**根本的に** fundamentally, basically
**コンマ**（句読点）a comma[カマ]（▶記号は，）
・コンマを打ち忘れた．
I forgot to put in a *comma*.
**こんもり**（木などが茂った）thick[スィック]
・こんもり茂った杉林
a *thick* cedar forest

## こんや 【今夜】

(夜が明けるまで)tonight[トゥナイト]；(日没から就寝まで)this evening[イーヴニング]
・今夜は雪になりそうだ．
It looks like we'll have snow *tonight*.
・今夜は見たいテレビ番組がある．
I have a TV program to see *this evening*.
**こんやく**【婚約】an engagement[インゲイヂマント]
―**婚約する** be [get] engaged (to ...)
・そのお笑い芸人は歌手と婚約した．The comedian *got engaged to* a singer.
**婚約者** (男の)a fiancé; (女の)a fiancée
**婚約指輪** an engagement ring (▶「エンゲージリング」は和製英語)
**こんらん**【混乱】confusion[カンフュージョン]
―**混乱する** be confused
・私たちは彼の説明に混乱した．
We *were confused* by his explanation.
**こんろ**（持ち運びのできる）a portable (cooking) stove[ポータブル (クッキング) ストウヴ]；(キッチンの)a (cooking) stove
・ガスこんろ a gas *stove*
・IHこんろ an induction *stove*

**さ**【差】a difference[ディファランス]
- 年齢(ねんれい)の大きな差 a big *difference* in age
- 私たちのチームは1点差で負けた.
  Our team lost *by* one point.

# さあ

| | |
|---|---|
| ❶声をかけて | now, come on |
| ❷ためらって | well, let me see |
| ❸わからないとき | 《話》Who knows?, I don't know. |

❶[声をかけて]**now**[ナゥ], **come on**[カモン]
- さあ,始めよう. *Now*, let's get started.
- さあ,来い[頑張(がん)れ]! *Come on*!
- さあ,出かけよう. *Let's go.*

❷[ためらって]**well**[ウェル], **let me see**[レット ミー スィー]
- さあ,そうは思いませんが.
  *Well*, I don't think so.

**話してみよう!**

☺トムはいつ来るの.
When will Tom come?
☻さあ,たぶん金曜日かな.
*Let me see*, maybe on Friday.

❸[わからないとき]《話》**Who knows?**[ノゥズ], **I don't know.**
-「彼女はどこにいるの」「さあ」
  "Do you know where she is?"
  "*Who knows? / I don't know.*"

**サーカス** a circus[サーカス]

**サーキット** a circuit[サーキット]
**サークル**(円)a circle[サークル];(同好会,クラブ)a club[クラブ], a group[グループ]
**ざあざあ**【ざあざあ降る】(雨 が)pour[ポァ], rain heavily[レイン ヘヴィリィ]
**サーチエンジン**〖コンピュータ〗search engine [サーチ エンヂン]
**サード** → さんるい
**サーバー**(テニスなどの)a server[サーヴァ]; 〖コンピュータ〗a server

# サービス

(客への)service[サーヴィス];(テニスなどの)a service → サーブ
- このホテルはサービスがよい[悪い].
  The *service* at this hotel is good [poor].
- これはサービスです. You can get this (*for*) *free*. / This is *free of charge.* (←無料です)

サービスエース an ace
サービスエリア a rest stop, 《米》a service area
サービス料 a service charge

**サーブ**(テニス・バレーボールなどの)a serve[サーヴ], a service[サーヴィス]
━サーブ(を)する serve (a ball)
**サーファー** a surfer[サーファ]
**サーフィン** surfing[サーフィング]
- 湘南(しょうなん)にサーフィンに行った.
  I went *surfing* at Shonan.
━サーフィンをする surf

**サーフボード** a surfboard[サーフボード]
**サーモン**(鮭(さけ))salmon[サマン]
**さい**〖動物〗a rhinoceros[ライナサラス](複 rhinoceros, rhinoceroses), 《話》a rhino[ライノゥ](複 rhino, rhinos)

# …さい【…歳】

... year(s) old[イァ(ズ) オウルド]

**話してみよう!**

☺あなたは何歳ですか.
How *old* are you?
☻14歳です.
I'm fourteen (*years old*).

- 兄は私より3歳年上だ. My brother is three *years* older than I [me].
- ケンは7歳から12歳までテニスを練習していた. Ken practiced tennis from *the age of* seven to twelve.
- ━…歳の … **year-old**
- 6歳の女の子 a six-*year-old* girl (▶yearが単数形であることに注意)
- ━…歳のときに **at the age of** …[エイヂ]
- 15歳のときに *at the age of* fifteen

**さいあい**【最愛の】**dearest**[ディアリスト], **beloved**[ビラヴィド]

**さいあく**【最悪(の)】**the worst**[ワースト]
- 最悪の場合には in *the worst* case
- きょうは人生最悪の日だ. This is *the worst* day of my life.
- 最悪の気分だ. I feel *terrible*.

**ざいあく**【罪悪】(宗教・道徳上の) **a sin**[スィン]; (法律上の) **a crime**[クライム] →つみ

**さいかい**¹【再会する】**meet … again**[ミート] [アゲン]

**さいかい**²【再開する】**resume**[リズーム], **reopen**[リオウプン]

**さいかい**³【最下位】**last place**[ラスト プレイス]
- 私たちのチームは最下位だった. Our team finished in *last place*.

**さいがい**【災害】**a disaster**[ディザスタァ]; (大災害) **a catastrophe**[カタストゥラフィ]
- 自然災害 a natural *disaster*
- いとこが災害にあった. My cousin was caught in the *disaster*.
- 災害救助隊 **a disaster relief team**

被災者を助ける災害救助隊

災害支援(しえん) **disaster assistance**
災害派遣 **a disaster relief operation**

**ざいがく**【在学する】**be in [at] school**[スクール], **be enrolled**[インロウルド]
- 在学証明書 **a certificate of student registration**

**さいかくにん**【再確認する】**reconfirm**[リーカンファーム]

**さいきょう**【最強の】**the strongest**[ストゥローンギスト], **the most powerful**[モウスト パウァフル]

- 最強のチーム the *strongest* team

**さいきん**¹【最近】
**recently**[リースントゥリィ], **lately**[レイトゥリィ] (▶ともに現在完了形や過去形の文で用いる)
- 彼女は最近空手を習いはじめた. She has *recently* started learning karate.
- 私は最近彼に会っていない. I haven't seen him *lately*.
- ━最近の **recent**; (この前の) **last**[ラスト]
- 最近の出来事 *recent* events

**さいきん**²【細菌】**bacteria**[バクティ(ァ)リァ] (▶複数扱い), **a germ**[チャーム]; (微(び)生物) **a microbe**[マイクロウブ]

**さいく**【細工】(製品) **work**[ワーク]
- 竹細工 bamboo *work*
- 見事な細工の指輪 a well-*crafted* ring

**さいくつ**【採掘する】**mine**[マイン]

**サイクリング cycling**[サイクリング], **a bicycle [bike] ride**[バイスィクル [バイク] ライド]
- サイクリングに行こう. Let's go *cycling*.

**サイクル a cycle**[サイクル] →しゅうき

サイクルヒット 『野球』**the cycle**: 彼はサイクルヒットを打った. He hit for *the cycle*.

**さいけつ**【採決する】**take a vote (on …)**[ヴォウト], **vote (on …)**
- 私たちはその提案を採決した. We *took a vote on* the proposal. / We *voted on* the proposal.

**さいげつ**【歳月】**time**[タイム], **years**[イアズ]
- その事故以来10年の歳月が流れた. Ten *years* have passed since the accident.

**さいげん**【再現する】**re-create**[リクリエイト], **reproduce**[リプラドゥース]
- 古い町並みが再現されている. The old townscape has been *reproduced*.

## さいご¹【最後】

**the last**[ラスト], **the end**[エンド] (⇔ 最初 the first, the beginning)
- その小説を最後まで読んだ. I read the novel to *the end*.
- ━最後の **the last**, **final**[ファイヌル]
- きょうは学園祭の最後の日だ. Today is the *final* day of our school festival.
- ━最後に **last**, **lastly**, **finally**
- エリが最後に来た. Eri came *last*. / Eri was *the last* to come. (←来た最後の人だった)

**さいご**²【最期】**one's death**[デス]
- ドラマで主人公は最期を遂(と)げた. The hero met *his* [*her*] *death* in the drama.

## さいこう【最高(の)】

(質・程度が)**the greatest**[グレイティスト]; (高さ・程度が)**the highest**[ハイイスト]; (最良の)**the best**[ベスト]; (すばらしい)**great**[グレイト]

- 彼は最高の漫画家だと思う.
 I think he is *the greatest* comic artist.
- それは今までのところ最高のアイデアだ.
 That is *the best* idea so far.
- それ最高だね！ That's *great*!

**最高気温** the highest temperature; (天気予報で)**high**
**最高記録** the best record
**最高裁判所** the Supreme Court
**最高点** the highest score: 数学のテストの最高点 *the highest score* on the math test

## さいころ a **dice**[ダイス] (►元は a die の複数形だが, 現在はふつう単数も複数も dice を用いる)

- さいころを振った. I rolled *the dice*.

## さいこん【再婚する】get married again[マリィドアゲン], remarry[リマリィ]

## ざいさん【財産】property[プラパァティ]; (巨額の)(a) fortune[フォーチュン]

- 祖父は財産を築いた.
 My grandfather made *a fortune*.

## さいしあい【再試合】a rematch[リマッチ]

## さいじつ【祭日】→ しゅくじつ

## さいしゅう¹【最終(の)】

**the last**[ラスト], **the final**[ファイヌル]

- 彼は最終電車に乗り遅れた.
 He missed *the last* train.

**最終回** (野球の)**the last inning**; (テレビドラマなどの)**the last episode**
**最終日** the last day: 旅行の最終日におみやげを買った. I bought some gifts on *the last day* of my trip.

## さいしゅう²【採集する】collect[カレクト], gather[ギャザァ]

- 昆虫採集をした. I *collected* insects.

## さいしょ【最初】

**the first**[ファースト], **the beginning**[ビギニング]
(⇔最後 the last, the end)

- 最初から最後まで from *beginning* to end
- その映画の最初を見逃してしまった.
 I missed *the beginning* of the movie.

**━最初の the first, original**[アリヂャヌル]

- 彼女は最初の女性大統領だ.
 She is *the first* woman president.

**━最初に first, in the beginning**; (初めて)**for the first time**

- 最初にケイに秘密を打ち明けた.
 I *first* told the secret to Kei.
- 最初にスキーに行ったのはいつですか. When did you go skiing *for the first time*?

**━最初は first, at first**

- 最初はあまりじょうずにテニスができなかった.
 *At first*, I couldn't play tennis very well.

## さいしょう【最小(の), 最少(の)】(大きさが)the smallest[スモーリスト]; (分量が)the least[リースト]

- 世界最小の鳥
 *the smallest* bird in the world

**最小公倍数** the least [lowest] common multiple (► L.C.M. と略す)

## さいじょう【最上(の)】the best[ベスト]

- 言語を学ぶ最上の方法は何ですか. What is *the best* way to learn a language?

**最上級** 〖文法〗the superlative
**最上級生** a senior (student)

## さいしょうげん【最小限】a minimum[ミニマム] (⇔最大限 a maximum)

**━最小限の minimum**

## さいしん【最新(の)】the latest[レイティスト], the newest[ヌーイスト]

- 最新の情報 *the latest* information

**最新型** (自動車などの)**the latest [newest] model**

# サイズ

a **size**[サイズ]

- 「サイズは何ですか」「M です」
 "What *size* are you?" "I'm a *size* M."
- このセーターはサイズが合わない.
 This sweater is not my *size*.
- 私はテーブルのサイズを測った.
 I measured *the size* of the table.
- フリーサイズのTシャツ
 a one-*size*-fits-all T-shirt

### 表現メモ いろいろなサイズ表示

Sサイズ small / Mサイズ medium
Lサイズ large / XLサイズ extra large
XXLサイズ extra extra large

米国のハンバーガーショップの表示

**さいせい**【再生】(録音・録画などの)**a playback**[プレイバック]; (廃物の)**recycling**[リーサイクリング]
▪再生する **play back; recycle**
再生可能エネルギー **renewable energy**
再生工場 **a recycling plant**
再生紙 **recycled paper**
再生品 **a recycled product**

**ざいせい**【財政】**finance**[ファイナンス]

**さいせん¹**【再選】**reelection**[リーイレクション]
▪再選する **reelect**

**さいせん²**【さい銭】**an offertory**[オファートゥリィ], **donation**[ドウネイション]
∥さい銭箱 **an offertory box, a donation box**

**さいぜん**【最善】**the [one's] best**[ベスト]
・後悔しないように最善を尽くした.
I did *my best* so that I wouldn't have any regrets.
▪最善の **the best**

**さいせんたん**【最先端の】(最も進んだ)**the most advanced**[モウスト アドゥヴァンスト]; (最近の)**the latest**[レイティスト]
・最先端の技術
*the most advanced* technology

**さいそく¹**【催促する】**press**[プレス], **urge**[アーヂ]
・私は彼に答えを催促した.
I *pressed* him for an answer.

**さいそく²**【最速の】**the fastest**[ファスティスト]

**サイダー** (a) **soda**[ソウダ] (▶ciderは「りんごジュース」,「りんご酒」のこと)

**さいだい**【最大の】**the biggest**[ビッギスト], **the largest**[ラーヂスト], **the greatest**[グレイティスト]
・琵琶湖は日本最大の湖です. Lake Biwa is *the largest* lake in Japan.
∥最大公約数 **the greatest common denominator**[divisor] (▶G.C.D.と略す)

**さいだいげん**【最大限】**a maximum**[マクスィマム] (⇔最小限 a minimum)
▪最大限の **maximum**
・試合に勝つために最大限の努力をした.
I tried *as hard as I could* to win the game.

**ざいたく**【在宅する】**be at home**[ホウム]
・お父さんはご在宅ですか.
*Is* your father (*at*) *home*? / *Is* your father *in*?
∥在宅介護 **home care, home nursing**
在宅勤務 **telecommuting, teleworking, working from home**
▪在宅勤務をする (勤務先から離れて) **work from home**; (リモートワークで) **work remotely**; (自営業など主に自宅で働く場合) **work at home**

・姉は今在宅勤務をしている.
My sister is *working from home* now.

**さいたん**【最短(の)】**the shortest**[ショーティスト]
・最短コース *the shortest* course

**さいちゅう**【最中に】**during** ...[ドゥ(ァ)リング], **in the middle of** ...[ミドゥル]
・夕食の最中に地震があった.
There was an earthquake *during* [*in the middle of*] dinner.

## さいてい【最低(の)】

**the lowest**[ロウイスト]; (最悪の)**the worst**[ワースト]
・きのうは最低の日だった.
Yesterday was *the worst* day ever.
∥最低気温 **the lowest temperature**; (天気予報で) **low**

**さいてき**【最適な】**the most suitable**[モウスト スータブル]; (最良の)(**the**) **best**[ベスト]
・散歩に最適な靴
*the most suitable* shoes for walking

**さいてん**【採点する】**mark**[マーク], **grade**[グレイド]
・先生は答案を採点した. The teacher *marked* [*graded*] the examination papers.

**サイト** (インターネット上の) **a website**[ウェブサイト]
・ユリはサイトを開設した.
Yuri opened [made] a *website*.
・アニメのサイトによくアクセスする.
I often visit anime *websites*.
・サイトが更新されていた.
The *website* has been updated.

**サイド** **a side**[サイド]
∥サイドアウト 〖バレーボール〗**side-out**
サイドスロー 〖野球〗**a sidearm throw** (▶「サイドスロー」は和製英語)
サイドボード **a sideboard**
サイドミラー **a side**(**view**) **mirror**→くるま 図

**さいなん**【災難】**a misfortune**[ミスフォーチュン], **a disaster**[ディザスタァ], **an accident**[アクスィダント]
・災難に遭った.
I had an *accident*.

# さいのう【才能】

(a) **talent**[タラント], a **gift**[ギフト]; (能力)(an) **ability**[アビラティ]
- 彼は自分の才能を伸(の)ばした.
  He developed his *talent*.
- ケンはすばらしいダンスの才能を発揮した.
  Ken displayed a great *talent* for dance.
- カイは音楽の才能がある.
  Kai has a *gift* for music.
- 才能のある **talented**, **gifted**

**さいばい**【栽培する】**grow**[グロウ], **raise**[レイズ]
- 彼らは野菜を栽培している.
  They *grow* vegetables.

**さいはっこう**【再発行する】**reissue**[リーイシュー]
- 生徒手帳を再発行してもらいたいのですが.
  I would like to have my student handbook *reissued*. (▶have＋〈人・物〉＋〈過去分詞〉で「〈人・物〉を…してもらう」の意)

**さいばん**【裁判】(a) **trial**[トゥライアル]; (判決) **judgment**[ヂャッヂマント]
- 裁判をする **judge**
  裁判官 a **judge**
  裁判所（法廷(ほうてい)）a **court**; (建物) a **courthouse**; 地方裁判所 district ***court***, 家庭裁判所 family ***court***

**さいふ**【財布】a **wallet**[ワリット], (小銭(こぜに)入れ) a **coin purse**[コイン パース] (▶purseのみだと⊛では小型ハンドバッグをさす)

wallet

coin purse

**さいほう**【裁縫】**sewing**[ソウイング]（★発音注意), **needlework**[ニードゥルワーク]
- 裁縫をする **sew**
  裁縫道具 a **sewing kit**

**さいぼう**【細胞】a **cell**[セル]
  細胞分裂(ぶんれつ) a **cell division**

**さいほうそう**【再放送】(テレビ番組・映画の) a **rerun**[リーラン], a **repeat**[リピート]
- あの番組の再放送が見たい. I want to watch the *rerun* of that program.
- 再放送(を)する **rerun**[リーラン], **repeat**

**さいまつ**【歳末】**the end of the year**[エンド][イア]
- 歳末の **year-end**

**ざいもく**【材木】**wood**[ウッド]; (製材した) ⊛ **lumber**[ランバァ], ⊕ **timber**[ティンバァ]

**さいよう**【採用する】(考え・技術などを) **adopt**[アダプト]; (雇(やと)う) **hire**[ハイア], **employ**[インプロイ]
- 私の考えがクラスで採用された.
  My idea was *adopted* by our class.
- 採用試験 **an employment examination**

**さいりよう**【再利用】**recycling**[リーサイクリング]
- 再利用する **recycle**, **reuse**[リーユーズ]

# ざいりょう【材料】

(a) **material**[マティ(ァ)リアル]; (料理の) an **ingredient**[イングリーディアント]
- 建築材料 building *materials*
- このケーキの材料は何ですか.
  What are the *ingredients* for this cake?

**サイレン** a **siren**[サイ(ァ)ラン]

**さいわい**【幸いな】(幸福な) **happy**[ハッピィ]; (幸運な) **lucky**[ラッキィ], **fortunate**[フォーチャナット]
- けがをしなかったのは幸いでした.
  I was *lucky* that I didn't get hurt.
- 幸い(に) **luckily**, **fortunately**
- 電車は遅(おく)れていたが、幸い授業に間に合った. The train was late, but *fortunately* I was in time for the class.

# サイン

(署名) a **signature**[スィグナチャァ]; (有名人の) an **autograph**[オータグラフ]; (合図) a **sign**[サイン]; (野球の) a **signal**[スィグナル]

signature

autograph

- (有名人に対して)サインをいただけますか.
  May I have your *autograph*?
- コーチはバッターにサインを送った.
  The coach gave a *signal* to the batter.
- サイン入りの写真 an *autographed* photo
- サインする **sign**; **autograph**
- この書類にサインしてください.
  Please *sign* this document.
  サイン会 an **autograph session**
  サイン帳 an **autograph book**
  サインペン a **felt-tip (pen)** (▶「サインペン」は和製英語)

**サウジアラビア** **Saudi Arabia**[サウディ アレイビア]
  サウジアラビア人 a **Saudi**

**サウスポー**【野球】a **left-handed pitcher**[レフトハンディド ピッチャァ], a **lefty**[レフティ]

**サウナ** a **sauna (bath)**[ソーナ (バス)]

**サウンド**(a) **sound**[サウンド]
▎サウンドトラック **a sound track**

## …さえ

❶ …ですら　　　　　　**even**
❷ ただ…さえすれば　　**if only …**

❶ […ですら] **even**[イーヴン] (▶ふつう修飾(しゅうしょく)する語句の直前に置く)
・そんなことは幼い子どもでさえ理解できる.
  *Even* a small child can understand that.
・私は歩くことさえできなかった.
  I could not *even* walk.
❷ [ただ…さえすれば] **if only …**[オウンリィ]
・お金さえあればなあ. *If only* I had money.
  (▶現在の事実と反対の願望を表す言い方. If only の後の動詞は過去形にする)

〈人〉は…しさえすればよい
all+〈人〉+have to do is (to)+〈動詞の原形〉/〈人〉+only have to+〈動詞の原形〉
・あなたは私に電話さえすればよい.
  *All* you *have to do is (to)* call me. / You *only have to* call me.

**さえぎる**【遮る】(人の話などを)**interrupt**[インタラプト]; (行く手を)**block**[ブラック]
・大きな岩が道を遮っている.
  A huge rock is *blocking* the road.

**さえずる sing**[スィング]
・たくさんの鳥がさえずっている.
  Many birds are *singing*.

**さえる**(光・色・音などが)**be clear**[クリァ], (頭が)**be sharp**[シャープ]; (目が)**be (wide) awake**[(ワイド) アウェイク]
・きょうはさえてるね.
  You *are sharp* today.
・ゆうべは目がさえて眠(ねむ)れなかった. I *was* lying *awake* last night and couldn't get to sleep.

**さお a pole**[ポウル], **a rod**[ラッド]
・釣(つ)りざお a fishing *rod*

**さか**【坂】**a hill**[ヒル], **a slope**[スロウプ]
・急な[緩(ゆる)やかな]坂
  a steep [gentle] *hill*
・坂を上った[下りた].
  I went up [down] a *hill*.

**さかあがり**【逆上がりする】(鉄棒で)**do a back hip circle**[バック ヒップ サークル]

**さかい**【境】**a border**[ボーダァ], **a boundary**[バウンダリィ]

**さかえる**【栄える】**prosper**[プラスパァ], **flourish**[フラーリッシュ]
・この町は江戸時代に栄えた.
  This town *prospered* in the Edo era.

**さかさま**【逆さま(に)】(上下が)**upside down**[アップサイド ダウン]; (頭から先に)**headfirst**[ヘッドファースト]; (裏表が)**inside out**[インサイド アウト]; (後ろ前に)**on backward**[バックワド]
・壁(かべ)にかかっている絵は逆さまだ.
  The picture on the wall is *upside down*.
・彼は逆さまに階段から落ちた.
  He fell *headfirst* down the stairs.

## さがす【探す, 捜す】

❶ 捜索(そうさく)する　　(人・物を)**look for …**,
　　　　　　　　　　　**search for …**;
　　　　　　　　　　　(場所などを)**search**
❷ 地図・辞書で　　　　**look up**

❶ [捜索する](人・物を)**look for …**[ルック], **search for …**[サーチ]; (場所などを)**search**
・私は昆虫(こんちゅう)に関する本を探した.
  I *looked for* a book on insects.
・警察はいなくなった子どもを捜した.
  The police *searched for* the missing child.
・家の中をくまなく捜した. I *searched* the house from top to bottom.
❷ [地図・辞書で] **look up**[アップ]
・この単語を辞書で探しなさい.
  *Look up* this word in your dictionary.

**さかだち**【逆立ち】**a handstand**[ハンドスタンド]
━逆立ちする **do a handstand**, **stand on one's hands**
・逆立ちしてみて.
  Try *standing on your hands*.

## さかな【魚】

**a fish**[フィッシュ] (複 **fish, fishes**) (▶種類をさすときに fishes を用いる場合がある); (魚肉)**fish**
・焼き魚 (a) grilled [broiled] fish
・肉より魚のほうが好きだ.
  I like *fish* better than meat.

ひれ fin
尾(お) tail
えら gill
うろこ scale

▎魚釣(つ)り fishing: 父はよく魚釣りに行く.
  My father often goes *fishing*.
▎魚店 a fish shop
▎魚販売(はんばい)人 a fish dealer

**さかのぼる**(川を)**go up**[ゴウ アップ]; (以前に戻(もど)る)**trace back**[トゥレイス バック]

- その言葉の起源は8世紀のインドにさかのぼる.
  The origin of the word can be *traced back* to eighth-century India.
- 話は18世紀にさかのぼる.
  The story *goes back* to the 18th century.
- その魚は川をさかのぼった.
  The fish *swam* [*went*] *up* the river.

**さかみち**【坂道】a slope[スロウプ] → さか
**さかや**【酒屋】a liquor store[リカァ ストァ]
**さからう**【逆らう】go against ...[アゲンスト]
- 人の流れに逆らうな.
  Don't *go against* the flow of people.
- 彼は両親に逆らって家を出た.
  He *went against* his parents and left home.

**さかり**【盛り】the height[ハイト]; (全盛期)the prime[プライム]
- 夏の盛りに
  in *the height* of summer
  盛り場 an amusement [entertainment] area

## さがる【下がる】

| ❶位置が | go down, fall |
|---|---|
| ❷ぶら下がる | hang（down） |
| ❸後退する | step back, move back |

❶[位置が]go down[ゴゥ ダウン], fall[フォール] (⇔上がる go up, rise)
- 熱が下がった.
  My fever has *gone down*. / My fever has *fallen*.
- 気温が2度まで下がった.
  The temperature *went down* to 2℃. / The temperature *fell* to 2℃. (▶ 2℃はtwo degrees centigrade[Celsius]と読む)
- 今学期は成績が下がった.
  My grades have *fallen* this term.

❷[ぶら下がる]hang（down）[ハング]
- 大きなランプが天井から下がっている.
  A big lamp is *hanging*（*down*）from the ceiling.

❸[後退する]step back[ステップ バック], move back[ムーヴ]
- 白線の後ろに下がってください.
  *Step back* behind the white line, please.

**さかん**【盛んな】(栄えている)prosperous[プラスパラス]; (人気のある)popular[パピュラァ]; (活発な)active[アクティヴ]
- 日本では野球が盛んです.
  Baseball is *popular* in Japan.
  ─盛んに actively

## さき【先】

| ❶先端(せんたん) | an end; (とがっている)a point; (指・舌などの)a tip |
|---|---|
| ❷将来 | the future |
| ❸前方に | ahead |
| ❹順番 | (最初に)first; (…する前に)before ...; (前もって)in advance |

❶[先端]an end[エンド]; (とがっている)a point[ポイント]; (指・舌などの)a tip[ティップ]
- 棒の先 the *end* of a stick
- 鉛筆(えんぴつ)の先 the *point* of a pencil
- 舌の先 the *tip* of the tongue

end — point — tip

❷[将来]the future[フューチァア]
- 少しは先のことを考えなさい.
  Think about your *future* a little bit.

❸[前方に]ahead[アヘッド]
- おじの家は約50メートル先にある.
  My uncle's house is about 50 meters *ahead*.
- 私たちは先に進んだ. We moved *ahead*.

❹[順番](最初に)first[ファースト]; (…する前に)before ...[ビフォァ]; (前もって)in advance[アドゥヴァンス]
- 私が先に話します. I will talk *first*.
- 私は父より先におふろに入った.
  I took a bath *before* my father（did）.
- 先に料金を支払(しはら)わなければならなかった.
  I had to pay *in advance*.
- お先にどうぞ. *Go ahead*. / *After you*.

**さぎ**¹【詐欺】(a) fraud[フロード], a swindle[スウィンドゥル]
  詐欺師 a fraud, a swindler

**さぎ**²[鳥]a (snowy) heron[(スノウィ) ヘラン]

**サキソホン**【楽器】a saxophone[サクサフォウン], 《話》a sax[サックス]

**さきどり**【先取りする】be ahead (of ...)[アヘッド]
- ユリはいつも流行を先取りしている.
  Yuri *is* always *ahead of* fashion.

**さきほど**【先ほど】a little while ago[リトゥル (ホ)ワイル アゴゥ]
- マリは先ほど家を出ました.
  Mari left the house *a little while ago*.

**さきまわり**【先回りする】**go on ahead**[アヘッド]
- 弟は先回りして私を驚かした．
  My brother *went on ahead* (of me) and surprised me.

**さきゅう**【砂丘】**a** (**sand**) **dune**[(サンド) ドゥーン]
- 鳥取砂丘 the Tottori *sand dunes*

**さぎょう**【作業】**work**[ワーク]
- **作業する** work
- 彼は作業中だ．He is *working* now.
- 作業中《掲示》MEN AT *WORK*

|**作業員** a worker
|**作業服** work clothes

**さく**[1]【咲く】
**come out**[カム アウト]；(主に観賞用の花が) **bloom**[ブルーム]；(主に果樹の花が) **blossom**[ブラッサム]
- 庭のゆりは来週咲くだろう．The lilies in the garden will *bloom* [*come out*] next week.
- 春になるとりんごの木に花が咲く．
  The apple tree *blossoms* in the spring.
- **咲いている** be in bloom [blossom]
- 今桜が満開に咲いている．
  The cherry trees *are* now *in* full *bloom*.

米国のワシントンD.C.で，満開に咲いている桜

**さく**[2]【柵】**a fence**[フェンス]
**さく**[3]【裂く】(紙などを) **tear**[テア]；(縦に) **split**[スプリット]；(関係を) **separate**[セパレイト]
- 私はその紙を2つに裂いた．
  I *tore* the sheet of paper in two.

**さく**[4]【割く】(時間を) **spare**[スペア]
- ちょっと時間を割いてくれる？
  Can you *spare* me a few minutes?

**さくいん**【索引】**an index**[インデックス]
**さくさく**(食べ物が) **crisp**[クリスプ], **crispy**[クリスピィ]；(動きが) **smoothly**[スムーズリィ]
- 会議はさくさく進んだ．
  The meeting went *smoothly*.

**さくし**【作詞する】**write** (**the**) **words** [**lyrics**] (**for a song**)[ライト][ワーツ[リリックス]]
- 彼は多くの歌の作詞をした．
  He *wrote the lyrics* for many songs.

|作詞家 a lyricist；(作曲もする) a songwriter

**さくじつ**【昨日】→きのう[1]
**さくしゃ**【作者】(著者) **an author**[オーサァ]；(筆者) **a writer**[ライタァ]；(絵などの) **an artist**[アーティスト]
- このエッセーの作者はだれですか．
  Who is the *writer* of this essay? / Who wrote this essay?

**さくじょ**【削除する】**delete**[ディリート]

|削除キー（デリートキー）a delete key

**さくせい**【作成する】**make**[メイク], **prepare**[プリペア]
**さくせん**【作戦】(戦略) **a strategy**[ストゥラタヂィ]；(個々の戦術) **tactics**[タクティクス]（▶単数・複数扱い）；(軍事行動) **operations**[アパレイションズ]
**さくねん**【昨年】**last year**[ラスト イァ]→きょねん
**さくばん**【昨晩】**last night**[ラスト ナイト]→さくや
**さくひん**【作品】(**a**) **work**[ワーク]
- 芸術作品 a *work* of art / an art *work*
- 授業で文学作品を読んだ．
  We read a literary *work* in class.

**さくぶん**【作文】(**a**) **composition**[カンパズィション], (**an**) **essay**[エセイ]
- 宿題で英作文を書いた．I wrote an English *composition* [*essay*] for class.

**さくもつ**【作物】(**a**) **crop**[クラップ]
- 作物が収穫された．
  The *crops* were harvested.

**さくや**【昨夜】**last night**[ラスト ナイト], **yesterday evening**[イェスタァデイ イーヴニング]
- 昨夜マリがメールしてきた．
  Mari texted me *last night*.

**さくら**【桜】(木) **a cherry tree**[チェリィ トゥリー]；(花) **cherry blossoms**[ブラッサムズ]
- 関東地方では桜が満開だ．*Cherry trees* are in full bloom in the Kanto area.

**さくらそう**【桜草】〖植物〗**a primrose**[プリムロウズ]
**さくらんぼ a cherry**[チェリィ]
**さくりゃく**【策略】**a trick**[トゥリック]
**さぐる**【探る】(捜す) **search**[サーチ]；(手足などで) **feel**[フィール]；(調査する) **investigate**[インヴェスティゲイト]
- 私はかぎを取り出そうとポケットを探った．I *searched* [*felt* in] my pocket *for* the key.

**ざくろ**〖植物〗**a pomegranate**[パムグラニット]
**さけ**[1]【魚】**a salmon**[サマン](複 salmon)
**さけ**[2]【酒】(酒 類) **liquor**[リ カ ァ], (**alcoholic**) **drinks**[(アルカホーリック) ドゥリンクス]；(日本酒) **sake**[サキ]
- **酒を飲む** drink, have a drink
- 私の父はよく酒を飲む．

My father often *drinks*.
酒店, 酒屋 **a liquor store**［shop］
酒販売(熊)人 **a liquor dealer**

**さけびごえ**【叫び声】**a cry**［クラィ］, **a shout**［シャウト］;（悲鳴）**a scream**［スクリーム］
- 助けを求める叫び声が聞こえた.
  I heard a *cry* for help.

## さけぶ【叫ぶ】

**cry**（**out**）［クラィ（アウト）］, **shout**［シャウト］, **scream**［スクリーム］
- 少女は助けを求めて叫んだ.
  The girl *cried* for help.
- 彼は「独りにしてくれ」と叫んだ.
  He *shouted*, "Leave me alone!"
- リンは蛇(ﾍﾋ)を見て叫んだ.
  Rin *screamed* when she saw a snake.

> **くらべて みよう！ cry と shout と scream**
>
> **cry**: 恐怖(ｷｮｳﾌ)・驚(ｵﾄﾞﾛ)き・喜びなどのために「感情的になって叫び声を上げる」という意味. 度合いが強いときは **cry out**（大きな叫び声を上げる）を使う.
> **shout**:「大きな声を出して叫ぶ」という意味の一般的な語.
> **scream**:「金切り声を上げる」という意味.

**さける¹**【避ける】**avoid**［アヴォィド］, **keep away from ...**［キープ アウェィ］
- 私たちはラッシュアワーを避けた.
  We *avoided* the rush hour.
- おじは脂(ｱﾌﾞﾗ)っぽい食べ物を避けるようにしている. My uncle tries to *keep away from* greasy foods.

**さける²**【裂ける】（紙などが）**tear**［テァ］(★発音注意);（縦に）**split**［スプリット］

## さげる【下げる】

| ❶低くする | **lower**;（頭を）**bow** |
| ❷つるす | **hang** |

❶［低くする］**lower**［ロウァ］;（頭を）**bow**［バゥ］
- その店は価格を下げた.
  The store *lowered* its prices.
- 私はみなに頭を下げて部屋を出た.
  I *bowed* to everyone and left the room.

❷［つるす］**hang**［ハング］
- 彼女は壁(ｶﾍﾞ)に絵を下げた.
  She *hung* a painting on the wall.

**さこつ**【鎖骨】**a collarbone**［カラァボウン］
**ささ**〖植物〗**bamboo grass**［バンブー グラス］;（ささの葉）**a bamboo leaf**［リーフ］

**ささい**【ささいな】**trivial**［トゥリヴィアル］, **small**［スモール］
- ささいなこと
  a *trivial* matter

**ささえ**【支え】（a）**support**［サポート］
- 彼の支えがなければそれはできなかった.
  I couldn't do it without his *support*.
➡支える **support**
- 多くのファンがチームを支えている.
  Many fans *support* the team.

**ささえ**〖貝〗**a turban shell**［ターバン シェル］, **a top shell**［タップ］

**ささげる devote**［ディヴォウト］
- 彼は教育に一生をささげた.
  He *devoted* his life *to* education.

**さざなみ**【さざ波】**ripples**［リップルズ］
- 湖面にさざ波が立っていた.
  There were *ripples* on the（surface of the）lake.

**ささみ**（鶏(ﾆﾜﾄﾘ)の）**chicken tenders**［チキン テンダァズ］

**ささやか**【ささやかな】**small**［スモール］, **little**［リトゥル］
- ささやかなプレゼント a *small* gift

**ささやき a whisper**［(ﾎ)ウィスパァ］
➡ささやく **whisper**
- 彼女は私の耳もとで何かささやいた.
  She *whispered* something in my ear.

**ささる**【刺さる】**stick**［スティック］, **pierce**［ピアス］
- ガラスの破片(ﾊﾍﾝ)が指に刺さった.
  I *got* a sliver of glass *stuck* in my finger.

**さじ a spoon**［スプーン］
- 大さじ1杯(ﾊﾟｲ)
  one table*spoon*
- 小さじ2杯の砂糖(ｻﾄｳ)
  two tea*spoon*fuls of sugar

**さしあげる**【差し上げる】（与(ｱﾀ)える）**give**［ギヴ］
➡あげる¹ ❸
- このプレゼントを差し上げましょう.
  I would like to *give* this present to you.

**さしいれ**【差し入れ】**something as encouragement**［サムスィング］［インカーリッヂマント］
- 差し入れに冷たい飲み物をもらった.
  I received cold drinks as *encouragement*.

**さしえ**【挿絵】**an illustration**［イラストゥレイション］
- この雑誌には挿絵がたくさんある.
  This magazine has a lot of *illustrations*.

**ざしき**【座敷】**zashiki**;（畳(ﾀﾀﾐ)を敷(ｼ)いた部屋）**a tatami-matted room**［-マッティド ルーム］;（日本式の部屋）**a Japanese-style room**［チャパニーズ スタイル］ ➡住生活〖口絵〗

## さしこむ【差し込む】

❶光が　　　　shine in
❷物を　　　　put ... in, insert;
　　　　　　　（プラグを）plug ... in

❶[光が]**shine in**[シャイン イン]
- 窓から日が差しこんでいる. The sun is *shining in* through the window.

❷[物を]**put ... in**[プット イン], **insert**[インサート];（プラグを）**plug ... in**[プラグ イン]
- プラグをコンセントに差しこんでもらえますか. Would you *put* the plug *in* the outlet?

**さしず**【指図】**directions**[ディレクションズ], **orders**[オーダァズ] → めいれい
- 私たちはコーチの指図に従った. We followed our coach's *directions*.
- 彼はあなたの指図は受けない. He doesn't take *orders* from you.
→指図する **direct, order**

**さしだす**【差し出す】**hold out**[ホウルド アウト]
- 彼は私に右手を差し出した. He *held out* his right hand to me.

‖差出人 **a sender**

**さしつかえる**【差し支える】（不都合が生じる）**be inconvenient**[インカンヴィーニャント]
- 差し支えなければこれをお借りできませんか. If it's not *inconvenient*, can I borrow this? / If you don't mind, can I borrow this?

**さしみ**【刺身】**sashimi**[サシーミ];（sliced）**raw fish**[（スライスト）ロー フィッシュ]
- 刺身は生の魚の薄(ぅ)切りからなる料理です. *Sashimi* is a dish consisting of slices of raw fish.

**さす¹**【刺す】（針などで）**prick**[プリック];（蚊(ゕ)が）**bite**[バイト];（はちが）**sting**[スティング]

prick　　　bite　　　sting

- 針で指を刺してしまった. I *pricked* my finger on a needle.
- 蚊に腕(ぅ)を刺された. I was *bitten* on the arm by a mosquito.

**さす²**【指す】（指し示す）**point**[ポイント];（指名する）**call on**[コール]
- 彼は家の近くの大きな木を指した. He *pointed* to a big tree near his house.
- 先生はケンのことをよく指す. The teacher often *calls on* Ken.

**さす³**【差す】（日が）**shine**[シャイン];（花を）**put**[プット];（傘(ゕさ)を）**open**[オウプン], **put up**
- 日が差している. The sun is *shining*.
- 彼女はゆりを花瓶(びん)に差した. She *put* the lilies in the vase.
- 雨が降り始めたので傘を差した. I *opened* my umbrella because it began to rain.

## さすが

（本当に）**really**[リー(ァ)リィ], **just as I expected**[ヂャスト イクスペクティド];（…でさえ）**even**[イーヴン]
- あなたはさすがにテニスがうまい. *Just as I expected*, you are *really* a good tennis player.
- さすがの彼もそのパズルがとけなかった. *Even* he couldn't solve the puzzle.

**さずける**【授ける】**grant**[グラント];（与(ぁた)える）**give**[ギヴ]

**サステナブル（な）** **sustainable**[サステイナブル] → じぞく
- サステナブルな社会 a *sustainable* society

**サスペンス** **suspense**[サスペンス]（★アクセント位置に注意）

‖サスペンス映画 **a suspense movie**

**ざせき**【座席】**a seat**[スィート] → せき¹

‖座席指定券 **a reserved-seat ticket**

**ざせつ**【挫折】（計画などの）（a）**collapse**[カラプス];（失敗）（a）**failure**[フェイリャァ]
- 私の計画は挫折した. My plan ended in *failure*.

## …させる

❶強制的に　　　　　　make
❷本人の希望どおりに　let, allow
❸頼(た)んで　　　　　　have, get

❶[強制的に]**make**[メイク]

〈人〉に…させる

make＋〈人〉＋〈動詞の原形〉
- 母は私に部屋の掃除(ぅじ)をさせた. My mother *made* me clean my room.
- ケンはその仕事をさせられた. Ken *was made to* do the job.（▶受け身のときはto＋〈動詞の原形〉となる）

❷[本人の希望どおりに]**let**[レット], **allow**[アラゥ]

〈人〉に…させる

let＋〈人〉＋〈動詞の原形〉
- 彼にもう一度やらせてあげなさい. *Let* him try it again.
- 私に自己紹介(ょぅ)させてください.

### ざぜん

*Let* me introduce myself.

❸ [頼んで] **have**[ハヴ], **get**[ゲット] ➡ …もらう

〈人〉に…させる

have ＋〈人〉＋〈動詞の原形〉／
get ＋〈人〉＋ to ＋〈動詞の原形〉

- 後で彼に電話させましょうか．
Shall I *have* him call you later?
- 私は彼女に宿題を手伝わせた．I *got* her *to* help me with my homework.

**ざぜん**【座禅】**zazen**; **Zen [sitting] meditation**[ゼン[スィッティング] メデタイション]

- 私たちは座禅を組んだ．
We practiced *Zen [sitting] meditation*.

**さそう**【誘う】**ask**[アスク], **invite**[インヴァイト]

- 私はミキを映画に誘った．I *asked* Miki to (go to) the movies (with me).

**さそり**【動物】**a scorpion**[スコーピアン]

**さそりざ**【さそり座】**Scorpio**[スコーピオゥ]；(人)**a Scorpio**

- 私はさそり座です．I am a *Scorpio*.

**さだめる**【定める】**decide**[ディサイド] ➡ **きめる**❶

**ざだんかい**【座談会】**a round-table talk**[ラウンドゥテイブル トーク], **a discussion meeting**[ディスカッション ミーティング]

**さつ**【札】⓶**a bill**[ビル], ⓶**a (bank) note**[(バンク) ノウト]

- 1万円札 a ten thousand yen *bill*
- 札入れ a wallet

**…さつ**【…冊】**a book**[ブック], **a copy**[カピィ]

- 買いたい本が3冊ある．
There are three *books* I want to buy.
- 彼はその本を2冊買った．
He bought two *copies* of the book.

**ざつ**【雑な】**sloppy**[スラッピィ], **careless**[ケアリス]

- 彼女は雑な仕事をした．
Her work was *sloppy* [*careless*].

**さつえい**【撮影する】(写真を)**take a picture** [**photograph**] (**of** …)[ピクチァ [フォウタグラフ]]；(映画を)**shoot**[シュート], **film**[フィルム]

- 彼らは映画を撮影している．
They are *shooting* a movie.
- 撮影禁止《掲示》
NO PICTURES / NO PHOTOGRAPHY

▍撮影所 a film [movie] studio

**ざつおん**【雑音】(**a**) **noise**[ノイズ]

**さっか**【作家】**a writer**[ライタァ]；(著者)**an author**[オーサァ]；(小説家)**a novelist**[ナヴァリスト]

- SF作家 a *writer* of science fiction

**ざっか**【雑貨】**general goods**[ヂェナラル グッヅ]

- あの店にはかわいいインテリア雑貨がたくさんある．
They have many cute home *goods* at that store.

▍雑貨店 a variety store

**サッカー soccer**[サッカァ], ⓶**football**[フットゥボール] ➡ p.267 ミニ絵辞典

- 私はよくサッカーをする．I often play *soccer*.
- 私たちのチームはサッカーの試合で勝った．
Our team won the *soccer* game.

▍サッカー競技場 a soccer stadium
▍サッカー選手 a soccer player
▍サッカー部 a soccer team
▍サッカーボール a soccer ball

**さっかく**【錯覚】(**an**) **illusion**[イルージャン]

- 目の錯覚 an optical *illusion*

**さっき** ➡ さきほど

**さっきょく**【作曲】**a (musical) composition**[(ミューズィカル) カンパズィション]

**━作曲する compose**[カンポウズ]

- この曲はだれが作曲したのですか．
Who *composed* this music?

▍作曲家 a composer

**さっきん**【殺菌する】**sterilize**[ステラライズ]；(低温で)**pasteurize**[パスチャライズ]

▍殺菌剤 sterilizer

**サックス a saxophone**[サクサホーン], 《略》**a sax**

**ざっくばらん**【ざっくばらんに】(率直に)**frankly**[フランクリィ]

- ざっくばらんに話そうよ．Let's talk *frankly*.

**さっさと quickly**[クウィックリィ]

- さっさと宿題を済ませなさい．
Finish your homework *quickly*.

**サッシ a sash**[サッシュ], **a window frame**[ウィンドウ フレイム]

- アルミサッシの窓
an aluminum-*framed* window

## ざっし【雑誌】

**a magazine**[マガズィーン]；(専門的な)**a journal**[ヂャーヌル]

- 週刊の雑誌 a weekly (*magazine*)
- 少女雑誌 a girls' *magazine*
- 漫画雑誌 a comic (*magazine*)

**ざっしゅ**【雑種】**a mixed breed**[ミックスト ブリード]

- 雑種の犬 a mutt

## ざっしゅ

### ミニ絵辞典 サッカー Soccer

サッカー競技場 soccer stadium

パス（する）
pass

ドリブル（する）
dribble

シュートする
shoot

ヘディング（する）
head (a ball)

| | | | |
|---|---|---|---|
| ける, キック | kick | フェイント（をかける） | fake |
| アシスト（する） | assist | ゴールを決める | score [make] a goal |
| オフェンス, 攻撃(こうげき) | offense | ディフェンス, 守備 | defense |
| コーナーキック | corner kick | フリーキック | free kick |
| ペナルティキック | penalty kick | ゴールキック | goal kick |
| オウンゴール | own goal | オフサイド | offside |
| キックオフ | kickoff | ハーフタイム | half time |
| アディショナルタイム | additional time | ハットトリック | hat trick |
| PK戦 | penalty shoot-out | イエロー[レッド]カード | yellow [red] card |
| スローイン | throw-in | ファウル | foul |

two hundred and sixty-seven

さつじん

- うちの猫(ﾈｺ)は雑種です．
  Our cat is a *mixed breed*.

**さつじん**【殺人】**murder**[マーダァ]
殺人事件 a murder (**case**)
殺人犯 a murderer
殺人未遂(ﾐｽｲ) (**an**) **attempted murder**

**ざつぜん**【雑然とした】**messy**[メスィ]
- 彼女の部屋は雑然としている．
  Her room is *messy*.

**ざっそう**【雑草】**a weed**[ウィード]
━雑草を抜(ﾇ)く **weed, pull out weeds**
- この前の日曜日に庭の雑草を抜いた．
  I *weeded* the garden last Sunday.

**さっそく at once**[ワンス]，《話》**right away**[ライト アウェイ]
- さっそく本題に入りましょう．Let's get down to business *at once*. / Let's get down to business *right away*.（▶このbusinessは「肝心(ｶﾝｼﾞﾝ)の用件」の意）

**ざつだん**【雑談】**a chat**[チャット]，**small talk**[スモール トーク]
━雑談する **have a chat**[ハヴ]，**chat**

**さっちゅうざい**【殺虫剤】**an insecticide**[インセクタサイド]，**bug spray**[バッグ スプレイ]
- ごきぶりに殺虫剤をかけた．
  I sprayed *insecticide* on the cockroach.

**さっと**（すばやく）**quickly**[クウィックリィ]；（急に）**suddenly**[サドゥンリィ]
- 車がさっと通り過ぎた．
  A car passed by *quickly*.

**ざっと**（おおよそ）**about**[アバウト]，**roughly**[ラフリィ]；（手短に）**briefly**[ブリーフリィ]
- 体育館にはざっと100人の生徒がいた．
  There were *about* [*roughly*] a hundred students in the gym.
- 彼は計画をざっと説明した．
  He explained the plan *briefly*.

**さっとう**【殺到する】**rush**[ラッシュ]
- 多くの人が出口に殺到した．
  Many people *rushed* to the exit.

## さっぱり

| ❶味が | plain, light, simple |
| ❷気分が | refreshed |
| ❸服装などが | neat |
| ❹まったく…ない | not ... at all |

❶〔味が〕**plain**[プレイン]，**light**[ライト]，**simple**[スィンプル]
- 昼食にはさっぱりしたものが食べたい．I'd like to have something *light* for lunch.

❷〔気分が〕**refreshed**[リフレッシュト]
- ふろに入ったのでさっぱりした．
  After taking a bath, I felt *refreshed*.

❸〔服装などが〕**neat**[ニート]
- ミオはいつもさっぱりした服装をしている．
  Mio is always *neatly* dressed.

❹〔まったく…ない〕**not ... at all**[オール]
- 彼の話は何がなんだかさっぱりわからなかった．I couldn't understand him *at all*.

**さつまいも**【さつま芋】**a sweet potato**[スウィート パテイトウ]

**ざつよう**【雑用】**a chore**[チョァ]
- 午後は雑用をした．
  I did the *chores* in the afternoon.

**さて**（ところで）**now**[ナゥ]，**well**[ウェル]
- さて，次は何だ？ *Now*, what's next?

**さといも**【里芋】**a taro**[ターロゥ]

## さとう【砂糖】

**sugar**[シュガァ]
- 砂糖1さじ
  a spoonful of *sugar*（▶砂糖2さじはtwo spoonfuls of *sugar*）
- 角砂糖1個
  a cube of *sugar*（▶角砂糖2個はtwo cubes of *sugar*）

> **ここがポイント!**「砂糖」の数え方
>
> sugarにはふつうaやtheはつかず複数形にもしません．ただし，話し言葉では「砂糖1さじ」，「角砂糖1個」という意味でa sugarのように言います．
>
> - 「コーヒーに砂糖をいくつ入れましょうか」「2つお願いします」
>   "How many *sugars* would you like in your coffee?" "Two, please."

砂糖入れ a sugar bowl
砂糖きび sugar cane

**さどう**【茶道】(**the**) **tea ceremony**[ティー セラモウニィ]
茶道部 a tea ceremony club

**さとる**【悟る】（理解する）**realize**[リーアライズ]
- 事の重大さを悟った．
  I *realized* the importance of the matter.

**サドル a saddle**[サドゥル] → じてんしゃ図

**さなぎ a pupa**[ピューパ]，**a chrysalis**[クリサリス]

**さば**〖魚〗**a mackerel**[マッカラル]（複 mackerel, mackerels）

**サバイバル survival**[サァヴァイヴァル]

**さばく¹**【砂漠】(**a**) **desert**[デザァト]
- サハラ砂漠 the Sahara (*Desert*)

■砂漠化 desertification

**さばく²**【裁く】**judge**[ヂャッヂ]
- その事件は裁かれた. The case was *judged*.

**さび¹**(金属などの)**rust**[ラスト]
- ━さびた **rusty**
- さびたくぎ a *rusty* nail
- ━さびる **rust, get rusty**

**さび²**(曲・歌などの)**the chorus**
- その歌のさびのところが大好き.
I love *the chorus* of that song.

## さびしい【寂しい】

**lonely**[ロウンリィ], **lonesome**[ロウンサム]
- 私はとても寂しい. I'm so *lonely*.
- ━寂しく思う **feel lonely**;(人がいなくて)**miss**
- 君がいなくなると寂しくなるよ.
I will *miss* you.

**さびれた**【寂れた】**deserted**[ディザーティド]

**サブ**(交代選手)**a substitute**[サブスタトゥート]
- サブカルチャー a subculture
- サブキャプテン a subcaptain
- サブタイトル subtitles
- サブリーダー a subleader

**サファイア**(a)**sapphire**[サファイア]

**サファリ**(a)**safari**[サファーリィ]
- サファリパーク ⊕a **wild animal park**, ⊕a **safari park**

**サブスク(リプション)** a **subscription**[サブスクリプション]

**ざぶとん**【座布団】a **zabuton**; a **cushion**[クッション]
- 座布団は日本のフロアクッションです.
A *zabuton* is a Japanese floor *cushion*.

**サプライズ**(a)**surprise**[サプライズ]
- それはちょっとしたサプライズだった. That's something of (a) *surprise* (for me).

**サプリ(メント)** a **supplement**[サプラメント]

**さべつ**【差別】**discrimination** (against ...)[ディスクリミネイション(アゲンスト)]
- 人種差別 racial *discrimination*(▶「人種差別主義者」はa racist)
- 性差別 gender [sexual] *discrimination*

━差別する **discriminate**(against ...)[ディスクリミネイト]

**さほう**【作法】**manners**[マナァズ], **etiquette**[エティキット]→ぎょうぎ
- 父は礼儀(ぎ)作法にうるさい.
My father is particular about *manners*.
- 茶道の作法
(Japanese) tea ceremony *etiquette*

**サポーター**(応援(えん)者)a **supporter**[サポータァ];(男子の運動用の)a **jockstrap**[ヂャックストゥラップ], an **athletic supporter**[アスレティック]

**サボテン**【植物】a **cactus**[キャクタス]

**さほど**(さほど…ない)**not so**[ソゥ]→それほど

## サボる

(学校を)**cut school**[カット スクール];(授業を)**cut [skip] class**[[スキップ] クラス];(仕事を)**neglect one's work**[ニグレクト][ワーク]
- 彼はきのう学校をサボった.
He *cut school* yesterday. / He *cut [skipped] classes* yesterday.
- 仕事をサボると首になるよ. If you *neglect your work*, you will be fired.

**…さま**【…様】(男性)**Mr.**,《主に⊕》**Mr**[ミスタァ](複 Messrs.[メサァズ]);(既婚(こん)・未婚に関係なく女性)**Ms.**,《主に⊕》**Ms**[ミズ](複 Mses., Ms's[ミズィズ]);(未婚女性)**Miss**[ミス](複 Misses);(既婚女性)**Mrs.**,《主に⊕》**Mrs**[ミスィズ](複 Mmes.[メイダム])→…さん ポイント!
- 新井ケンイチ様 *Mr.* Arai Kenichi(▶日本人の姓名(めい)を英語の中で言ったり書いたりするときは、英語圏(けん)の名前と同じく「名→姓」とすることも、また日本語と同じく「姓→名」の順で表すこともできる)
- 中山サトミ様方 c/o *Ms.* Nakayama Satomi(▶ Ms. を省くこともある. c/oは(in) care of の略)

**サマー** summer[サマァ]
- サマーキャンプ a summer camp
- サマースクール (a) summer school
- サマータイム ⊕ **daylight saving time**(▶DSTと略す), ⊕ **summer time**

**さまざま**【さまざまな】**various**[ヴェ(ァ)リアス], **many kinds of** ...[メニィ カインヅ], **different**[ディファラント]→いろいろ

**さます¹**【冷ます】**cool**[クール]
- 飲む前にスープを冷ましなさい.
Let your soup *cool* before you eat it.

**さます²**【覚ます】(目を)**wake(up)**[ウェイク]
- 彼は毎朝7時に目を覚ます.
He *wakes up* at seven every morning.

**さまたげる**【妨げる】**disturb**[ディスターブ], **block**

さまよう

[ブラック]
- 大きな音が私の睡眠(訳)を妨げた.
  A loud noise *disturbed* my sleep.
- 岩が通行を妨げていた.
  A rock *blocked* the passage.

**さまよう** wander (**about**)[ワンダァ (アバウト)]
- 彼らは森の中をさまよった.
  They *wandered* in the woods.

**さみしい**[寂しい]→さびしい

**サミット**(先進国首脳会議)**a summit**[サミット], **a summit meeting [conference]**[ミーティング [カンフ(ァ)ランス]]

## さむい【寒い】

**cold**[コウルド](⇔暑い **hot**); (肌(¦)寒い)**chilly**[チリィ]; (凍(¦)るように)**freezing**[フリーズィング]
- 寒い朝 a *cold* [*chilly*] morning
- 凍りつくように寒い夜 a *freezing* night
- きょうはとても寒い. It's very *cold* today.
- 寒くないの？ Aren't you *cold*?
─寒くなる **get [grow] cold**[ゲット [グロウ]] (▶ itを主語とする)
- だんだん寒くなってきている.
  It's *getting colder* and *colder*.

**さむけ**[寒け]**a chill**[チル]
- 寒けがする. I feel a *chill*.

**さむさ**[寒さ](**the**) **cold**[コウルド]
- 寒さには耐(¦)えられない.
  I can't stand *the cold*.

**さむらい**[侍]**a samurai**[サマライ]; **a Japanese warrior**[ヂャパニーズ ウォーリァ]

**さめ**〘魚〙**a shark**[シャーク](複 sharks, shark)

## さめる¹【冷める】

(冷たくなる)**get cold**[コウルド]; (興味を失う) **lose interest (in ...)**[ルーズ インタリスト], **cool down**[クール]
- コーヒーが冷めるよ.
  Your coffee is *getting cold*.
- 姉はその歌手への熱が冷めてしまった.
  My sister has *lost interest in* the singer.

**さめる²**【覚める】(眠(¦)りから)**wake (up)**[ウェイク]
- 私は5時ごろ目が覚めた.
  I *woke up* around 5 o'clock.

**さめる³**(色が)**fade (away)**[フェイド (アウェイ)]

**さもないと** or[オァ], **otherwise**[アザァワイズ]→そうしないと

**さや**(豆の)**a pod**[パッド], **a shell**[シェル]; (刀の)**a sheath**[シース]
| さやいんげん a string bean
| さやえんどう a snow pea

**さゆう**【左右】**left and right**[レフト] [ライト]
- 道を渡(¦)るときは左右を見なさい. Look *left and right* when you cross the street.
- ボートが左右に揺(¦)れた.
  The boat rocked *from side to side*.
| 左右対称(¦)の **symmetrical**

**さよう**【作用】(**an**) **action**[アクション], (**an**) **effect**[イフェクト]
─作用する **act**

## さようなら

**goodby(e)**[グッドゥバイ], **see you**[スィー], **so long**[ローング], 《話》**bye**[バイ]

☺ さようなら, ケン.
  *Goodbye*, Ken.
☻ さようなら, ミキ.
  *Goodbye*, Miki.

- さようなら. またあした.
  *See you* tomorrow.

ここがポイント! 「さようなら」の言い方

「さようなら」を表す最も一般的な語はgoodby(e)ですが, 実際の会話では近いうちにまた会う場合, See you (tomorrow). やSee you next week. などと言うのがふつうです. 親しい間柄(¦)では「じゃあね」という感じでSee you later., So long., Take care., Bye (now). などと言います.

**さよなら**→さようなら
| サヨナラ勝ち winning in the bottom of the ninth inning
| サヨナラホームラン a walk-off home run

**さら**【皿】**a dish**[ディッシュ]; (大皿)**a platter**[プラタァ]; (平皿, 取り皿)**a plate**[プレイト]; (受け皿)**a saucer**[ソーサァ]
- 弟が皿を洗う.
  My brother washes [does] the *dishes*.
- 皿を片付けなさい.
  Clear away the *dishes*.

さわやか

platter

plate

saucer

**さらいげつ**【再来月】**the month after next**[マンス][ネクスト]

**さらいしゅう**【再来週】**the week after next**[ウィーク][ネクスト]
- 再来週の金曜日 the Friday *after* next

**さらいねん**【再来年】**the year after next**[イア][ネクスト]

**さらさら**【さらさらした】**dry**[ドゥライ], **smooth**[スムーズ]
- さらさらした砂 *dry* sand
- さらさらした髪 *smooth* hair
- **さらさら(と)いう murmur**[マーマァ], **rustle**[ラスル]

**ざらざら**【ざらざらの】**rough**[ラフ](⇔ 滑らかな smooth); (砂で) **sandy**[サンディ]
- ざらざらした手 *rough* hands

**さらす expose**[イクスポウズ]
- 子どもたちは危険にさらされた．
  The children were *exposed* to danger.

**サラダ**（a）**salad**[サラッド] (★発音注意)
- ポテトサラダを作ってください．
  Please make (a) potato *salad*.
- サラダオイル salad oil
- サラダドレッシング salad dressing

**さらに**（いっそう）**much**[マッチ], **still**[スティル], **even**[イーヴン]; (その上) **more**[モァ], **further**[ファーザァ] → もっと
- 状況はさらに悪くなっている．Things are getting *much* worse.（▶muchは比較級の意味を強める）
- 彼女はその店でさらにもう１品買った．
  She bought one *more* item at the shop.
- 先生はさらに説明した．
  The teacher explained *further*.

**サラブレッド a thoroughbred**[サラブレッド]

**サラミ**（ソーセージ）**salami**[サラーミ]

**サラリーマン an office worker**[オーフィス ワーカァ], **a white-collar worker**[(ホ)ワイトカラァ], **a salaried worker**[サラリィド]

**ざりがに**【動物】**a crayfish**[クレイフィッシュ](複 crayfish, crayfishes)

**さりげない**【さり気ない】
- さりげない会話 *natural* conversation
- **さりげなく**
- 彼はさりげなく私を助けてくれた．
  He helped me *as if it was nothing*.

**さる**¹【去る】
- ❶ 場所を離れる　leave, go away
- ❷ 過ぎて行く　be over, pass

❶ [場所を離れる] **leave**[リーヴ], **go away**[ゴゥ アウェイ]
- 彼女は東京を去った．She *left* Tokyo.
- ケンは何も言わずに去っていった．
  Ken *went away* without saying a word.

❷ [過ぎて行く] **be over**[オゥヴァ], **pass**[パス]
- 夏が去った．
  Summer *is over*. / Summer has *gone*.
- 台風が去った．
  The typhoon has *passed*.
- 去る7月 *last* July（←この前の）

**さる**²【猿】【動物】**a monkey**[マンキィ]; (チンパンジー・ゴリラなど尾のない) **an ape**[エイプ]

monkey

ape

**慣用表現**
猿も木から落ちる．Nobody [No one] is perfect.（←完ぺきな人などいない）

**さる**³【申】(十二支の) **the Monkey**[マンキィ]

**ざる a Japanese colander**[ヂャパニーズ カランダァ]
- ざるそば cold buckwheat noodles served on a bamboo tray

**…される**→…れる

**さわがしい**【騒がしい】**noisy**[ノイズィ](⇔静かな quiet)
- 教室はとても騒がしかった．
  The classroom was very *noisy*.

**さわぎ**【騒ぎ】(騒音) **a noise**[ノイズ]; (空騒ぎ) (a) **fuss**[ファス](▶複数形では用いない)
- この騒ぎはいったい何なんだ．
  What's this *noise* [*fuss*] all about?

**さわぐ**【騒ぐ】
**make**（a）**noise**[ノイズ]; (大げさに騒ぎたてる) **make a fuss**[ファス]
- 授業中にそんなに騒ぐな．
  Don't *make* so much *noise* in class.
- ケイは何でもないことで騒いでいた．
  Kei was *making a fuss* about nothing.

**さわやか**【さわやかな】**refreshing**[リフレッシング];

## さわる

(新鮮な) **fresh**[フレッシュ]
- さわやかな味 a *refreshing* taste
- 山の空気は本当にさわやかだった. The mountain air was really *fresh*.
- さわやかな気分だ. I feel *refreshed*.

**さわる**【触る】**touch**[タッチ], **feel**[フィール]
- 彼女はそっと赤ちゃんに触った. She *touched* the baby gently.
- 彼女の額に触って熱があるかを確かめた. I *felt* her forehead to see if she had a fever.
- 触るべからず《掲示》DO NOT *TOUCH*

**さん**[1]【三(の)】**three**[スリー]
- 3回[3度, 3倍] *three* times
- 私の弟は3歳だ. My brother is *three* (years old).
- 私たちは3人で出かけた. *Three* of us went out.
- 3拍子 triple time
- 3分の1 one [a] *third*
- 3分の2 two *thirds*
- 第三(の) the **third**[サード](▶ 3rdと略す)
- 3月の第3月曜日 the *third* Monday in March

三冠王 (**a winner of**) **a triple crown**
3乗 **a cube**: 2の3乗は8だ. The *cube* of 2 is 8.
三人称《文法》**the third person**

**さん**[2]【酸】(an) **acid**[アシッド] → さんせい[2]

## …さん

(男性)**Mr.**[ミスタァ](複 Messrs.[メサァズ]);(既婚・未婚に関係なく女性)**Ms.**[ミズ],《主に⑱》**Ms**(複 Mses., Ms's[ミズィズ]);(未婚女性)**Miss**[ミス](複 Misses);(既婚女性)**Mrs.**[ミスィズ],《主に⑱》**Mrs**(複 Mmes.[メイダーム])→ …くん

《知ってる?》
- 原さんは銀行に勤めている. *Mr.* Hara works for a bank.

> **ここが ポイント！** **Mr., Ms., Miss, Mrs. の使い方**
> 
> (1) Mr., Ms., Miss, Mrs. は「…さん」や「…様」に当たる改まった言い方で, 目上の人に対してや公の場などで使います.
> (2) Mr., Ms., Miss, Mrs. は名字または姓名の前につけ, 下の名前だけにはつけません.
> ○ *Mr.* Tanaka
> ○ *Mr.* Tanaka Ichiro
> × *Mr.* Ichiro
> (3) 女性には Miss, Mrs., Ms. を用います. 以前は未婚女性には Miss, 既婚女性には Mrs. と使い分けていましたが, 最近はその区別のない Ms. を用いることが多くなりました.

## さんか【参加する】

**participate**(**in** …)[パーティサペイト], **take part**(**in** …)[パート], **join**[ヂョイン]
- 夏期講習に参加した. I *participated in* the summer course.
- 彼女は鎌倉への日帰りバスツアーに参加した. She *joined* a one-day bus tour to Kamakura.

参加校 a participating school
参加者 a participant
参加賞 a prize for participation

**さんかく**【三角(形)】**a triangle**[トゥライアングル]
- 三角(形)の **triangular**[トゥライアンギュラァ]

三角関係 a love triangle
三角巾 a sling
三角定規 a triangle
三角州 a delta

**さんがつ**【三月】**March**[マーチ](▶常に大文字で始め, Mar.と略す)→ いちがつ
- 3月に in *March*
- 3月3日のひな祭りは日本の伝統的な行事だ. The Doll(s') Festival on *March* 3 is a traditional event in Japan. (▶ March 3 は March (the) third と読む)→ ひなまつり

**さんかん**【参観する】**visit**[ヴィズィット]
- きのう授業参観があった. Our parents *visited* our class yesterday.

参観日 an open house

**さんぎいん**【参議院】**the House of Councilors**[ハウス][カウンサラァズ]

参議院議員 a member of the House of Councilors

**さんきゃく**【三脚】(カメラの) **a tripod**[トゥライパッド]

**さんぎょう**【産業】(an) **industry**[インダストゥリィ]
- 第1次産業 a primary *industry*
- 産業の **industrial**[インダストゥリアル]

産業革命 the Industrial Revolution
産業廃棄物 industrial waste

**ざんぎょう**【残業】**overtime**(**work**)[オウヴァタイム(ワーク)]
- 残業する work overtime

**サングラス sunglasses**[サングラスィズ]
- その男性はサングラスをかけていた. The man was wearing *sunglasses*.

**さんご**《動物》**coral**[コーラル]

さんご礁 a coral reef

**さんこう**【参考】(a) **reference**[レフ(ァ)ランス]
- 参考にする **refer**(**to** …)[リファー]
- 自分のメモを参考にしてよい.

You may *refer to* your notes.
━参考になる **be helpful**
- 彼女のアドバイスはとても参考になった．
 Her advice *was* very *helpful*.
┃参考書（辞書・百科事典など）**a reference book**；(学習参考書)**a study aid**

**ざんこく**【残酷な】**cruel**[クルーアル]
- 彼は残酷な人だ．He is *cruel*.

**さんざん**【散々】(ひどく)**severely**[スィヴィアリィ]，**terribly**[テリブリィ]
- 父にさんざんおこられた．
 I was scolded *terribly* by my father.
- 大雨でさんざんな目にあった．
 We had a *hard time* in the heavy rain.

**さんじ**【惨事】(a) **disaster**[ディザスタァ]

**さんじゅう**¹【三十(の)】**thirty**[サーティ]→ **さん**¹
- 彼は30代だ．He is in his *thirties*.
 ━第三十(の) **the thirtieth**[サーティアス]（▶30th と略す）
- 第30代内閣総理大臣
 *the thirtieth* [*30th*] Prime Minister
┃30分 **thirty minutes**, **half an hour**

**さんじゅう**²【三重の】**triple**[トゥリプル]
┃三重唱[奏] **a trio**

**さんしゅつ**【産出する】**produce**[プラドゥース]
- オーストラリアは大量の金を産出する．
 Australia *produces* a great deal of gold.

**ざんしょ**【残暑】**the heat of late summer**[ヒート][レイト サマァ]

**さんしょう**【参照】(a) **reference**[レフ(ァ)ランス]
 ━参照する **refer**(**to** ...)[リファー]
- この辞書を参照しなさい．
 *Refer to* this dictionary.
- 40ページを参照せよ．*See* page 40.

**さんしん**【三振】【野球】**a strikeout**[ストゥライクアウト]
- ピッチャーは10個の三振を取った．
 The pitcher got ten *strikeouts*.
 ━三振する **strike out**

**さんすう**【算数】**arithmetic**[アリスマティック]

# **さんせい**¹【賛成する】

**agree**[アグリー](⇔反対する **oppose**)；**be for** ...[フォア](⇔反対する **be against** ...)
- 賛成の人は手をあげてください．
 Raise your hand if you *agree*.

☺それについて賛成ですか，反対ですか．
 Are you *for* it, or against it?
☺全面的に賛成だよ．
 I'm all *for* it.

〈物・事〉に賛成する
 **agree to**+〈物・事〉/ **be in favor of**+〈物・事〉
- 彼はあなたの計画に賛成するだろう．
 He will *agree to* your plan. / He will *be in favor of* your plan.

〈人〉に賛成する
 **agree with**+〈人〉
- 彼女に賛成します．
 Do you *agree with* her?

…することに賛成する
 **agree to**+〈動詞の原形〉
- 生徒たちは投票で決めることに賛成した．
 The students *agreed to* take a vote.

**さんせい**²【酸性】**acidity**[アスィダティ]
 ━酸性の **acid**[アスィッド]
┃酸性雨 **acid rain**

**さんそ**【酸素】【化学】**oxygen**[アクスィヂャン]
┃酸素マスク **an oxygen mask**

**ざんだか**【残高】**the balance**[バランス]

**サンタクロース Santa Claus**[サンタ クローズ]

**サンダル a sandal**[サンドゥル]（▶ふつう複数形で用いる）

sandals　　　　　flip-flops

- サンダル1足
 a pair of *sandals*（▶サンダル2足はtwo pairs of *sandals*）
- ビーチサンダル
 **flip-flops**

**さんだんとび**【三段跳び】【スポーツ】**the triple jump**[トゥリプル ヂャンプ]; **the hop, step and jump**[ハップ][ステップ]

**さんち**【産地】**a producer**[プラドゥーサァ]
- 北海道は国内最大のじゃが芋(\*)の産地だ．
 Hokkaido is the biggest potato-*producer* in the country.
┃産地直送: 産地直送のりんご apples *sent direct from the orchard*

**さんちょう**【山頂】**the top**[サミット] **of a mountain**[タップ][マウンテン], **the mountaintop**[マウンテンタップ]

**サンデー**¹(日曜日)**Sunday**[サンデイ]→ **にちようび**

**サンデー**²(アイスクリームに果物などをのせたデザート)**a sundae**[サンデイ]

# サンドイッチ

sundaes

**サンドイッチ** a sandwich[サンドゥウィッチ]
- ハムのサンドイッチ a ham *sandwich*

# ざんねん【残念に思う】
be sorry[サリィ], regret[リグレット]

**…ということを残念に思う**
I'm sorry (that)… . / It's too bad (that)… .
- 君を助けてあげられなくて残念に思う.
 *I'm sorry (that)* I can't help you.
- 君がいっしょに行けないのは残念だ.
 *It's too bad (that)* you can't go with us.

**…して残念に思う**
I'm sorry to+〈動詞の原形〉
- カナが引っ越すと聞いて, 残念に思う.
 *I'm sorry to* hear Kana will move.

**話してみよう！**
☺ マリにふられた.
 Mari dumped me.
☹ それは, 残念！
 Oh, I'm sorry.

**さんねんせい**【3年生】（小学校の）a third-year student[サードィアストゥードゥント], ⊛a third grader[グレイダァ]；（中学校の）a third-year student, ⊛（ふつう）a eighth grader[エイトゥス]；（3年制高校の）a third-year student, ⊛a senior[スィーニア], （4年制高校・大学の）⊛a junior[ヂューニア]→がくねん ポイント！
- 私は中学3年生だ. I'm a *third-year student* in junior high school. / I'm a *ninth grader*. / I'm in *the ninth grade*.

**サンバ**〖音楽〗(a) samba[サンバ]
**さんぱい**【参拝する】visit[ヴィズィット]
- 八幡宮(はちまん)に参拝した.
 We *visited* Hachiman Shrine.

**さんばし**【桟橋】a pier[ピア]
**さんぱつ**【散髪】a haircut[ヘアカット]
- 理髪店へ散髪に行った.
 I went to the barber's for a *haircut*.
━散髪する get a haircut
- 彼は散髪した[してもらった].
 He *got a haircut*. / He *had his hair cut*.

**さんびか**【賛美歌】a hymn[ヒム]（★発音注意）
**さんぷく**【山腹】a hillside[ヒルサイド], a mountainside[マウンテンサイド]
- 山腹に on a *hillside* [*mountainside*]

**さんふじんか**【産婦人科】obstetrics and gynecology[アブステトゥリックス][ガイナカラヂィ]
| 産婦人科医（産婦人科）an obstetrician；（婦人科医）a gynecologist

**さんぶつ**【産物】a product[プラダクト]
- 農[海]産物 farm [marine] *products*

**サンフランシスコ** San Francisco[サン フランシスコゥ]（▶米国カリフォルニア州の都市）
**サンプル**（見本）a sample[サンプル]

# さんぽ【散歩】
a walk[ウォーク]
- 散歩に行きませんか.
 Would you like to go for a *walk*?
━散歩する take a walk, walk
- 父は毎日公園を散歩する.
 My father *walks* in the park every day.
- 犬を散歩させた. I *took* my dog for a *walk*. / I *walked* my dog.
| 散歩道 a walk；（遊歩道）a promenade

**さんま**〖魚〗a (Pacific) saury[ソーリィ]
**さんみ**【酸味】(a) sour taste[サウァ テイスト]
- 酸味が強い have a strong *sour taste*

**さんみゃく**【山脈】a mountain range[マウンテン レインヂ], mountains
- 飛騨(ひだ)山脈
 the Hida *Mountains* / the Hidas

**さんりんしゃ**【三輪車】a tricycle[トゥライスィクル]
- その子どもは三輪車に乗っていた.
 The child was riding a *tricycle*.

**さんるい**【三塁】〖野球〗third base[サード ベイス]
| 三塁手 a third baseman
| 三塁打 a triple, a three-base hit
| 三塁ランナー the runner on third base

## し シ

**し¹** 【四(の)】 **four**[フォア] → よん

**し²** 【市】 **a city**[スィティ]
- 奈良(<sub>な</sub>)市 Nara(►ふつう英語ではcityを使わず地名のみで表す. 手紙のあて名などではNara-shiとする場合もある)
- ─市の **city** → しりつ¹
  市議会 a city assembly
  市大会 a city contest;(試合, 競技会)a city competition;(トーナメント)a city tournament

**し³** 【詩】(1編の)**a poem**[ポウイム];(まとめて)**poetry**[ポウイトゥリィ]
- 彼は詩を書いた. He wrote a *poem*.
- 宮沢賢治の詩が好きです.
  I like Miyazawa Kenji's *poetry*.

**し⁴** 【死】(a) **death**[デス]
- 祖父の死 my grandfather's *death*
- 事故死 an accidental *death*

**…し** 【…氏】**Mr.**, 《主に⊛》**Mr**[ミスタァ](複 **Messrs.**[メサァズ])(►女性にはMiss, Ms., Mrs.を用いる)
→…さん ポイント!
- 鈴木氏 *Mr.* Suzuki

**じ** 【字】(漢字などの)**a character**[キャリクタァ];(アルファベットの)**a letter**[レタァ];(手書きの)**handwriting**[ハンドゥライティング] → もじ
- 漢字 Chinese *characters*
- 英語のアルファベットは26字ある.
  The English alphabet has 26 *letters*.
- ユキは字がうまい[へただ].
  Yuki has good [poor] *handwriting*.

**…じ** 【…時】
… **o'clock**[アクラック]

> 話してみよう!
> ☺今何時ですか.
>   What time is it (now)?
> ☻(ちょうど)10時です.
>   It's ten *o'clock* (sharp).

- 3時50分(4時10分前)に
  at three fifty / at ten to four
- その番組は7時30分に始まる.
  The show starts at seven thirty. / ⊛The show starts at half past seven.
- 私は6時ごろ起きた. I got up at about six.
- 2時から4時までテニスをした.
  I played tennis from two to four.
- 私はふつう11時以降に寝(ね)る. I usually go to bed after eleven (*o'clock*).
- 14時 fourteen hundred *hours*(►24時間制ではo'clockではなくhoursを用いる. 数字で表すと14:00となる)

> **ここがポイント!** o'clockの使い方
> **o'clock**はof the clockの略で, ちょうど「…時」と言うときにだけ使います. 例えば「5時ちょうど」と言いたいときにはfive o'clockと言えますが, 5時10分などの「…分」がつくときは使えません. また, a.m.(午前)やp.m.(午後)といっしょには使えません. なお, o'clockは省略することができます.

しあい

### しあい 【試合】
(野球などの)**a game**[ゲイム];(テニス・ボクシングなどの)**a match**[マッチ]
- 練習試合 a practice *game* [*match*]
- 対校試合 an interschool *game*
- 引退試合 a retirement *match*
- どうしても試合に勝ちたい.
  I really want to win the *game* [*match*].
- 私たちは2対3で試合に負けた.
  We lost the *game* [*match*] 2 to 3.
- 次の試合には出場したい. I want to take part in the next *match*.
- ─試合(を)する **play** (against …), **have a game** [**match**]
- レッズはアントラーズとサッカーの試合をした. The Reds *had a* soccer *game against* the Antlers.

> **くらべてみよう!** gameとmatch
> 団体競技の場合, ⊛ではbaseballやbasketballなど-ballのつくスポーツにはgameを, tennisなどにはmatchを使います. ⊛ではどちらにもmatchを使います. また, 個人競技やペアでする競技の場合は, ⊛⊛ともmatchを使います.

**しあがる**【仕上がる】**be finished**[フィニッシュト], **be completed**[カンプリーティド]→**かんせい**[1]
- 私たちの文集が仕上がった．
  A collection of our compositions has *been completed*.

**しあげる**【仕上げる】**finish**[フィニッシュ], **complete**[カンプリート]→**かんせい**[1]
- 夏休みの宿題を仕上げた．
  I have *finished* my summer homework.

**しあさって three days from now**[スリー デイズ][ナウ]（▶英語では具体的に曜日で表すことが多い）

**シアター theater**[スィーアタァ]

# しあわせ【幸せ】
**happiness**[ハピィニス]
- **━幸せな happy**
- いい友達に恵まれて幸せだ．
  I'm *happy* to have good friends.
- ケーキを食べているときが一番幸せです．
  I feel *happiest* when I'm eating cake.
- **━幸せに happily**
- 彼らは幸せに暮らしている．
  They are living *happily*.
- お幸せに．
  *Good luck. / Best wishes. / God bless you.*

**シーエム**【CM】**a commercial**[カマーシャル]（▶「シーエム」と略すのは和製英語）
┃CMソング **a commercial jingle, a song from a commercial**

**しいく**【飼育する】**raise**[レイズ], (繁殖(はんしょく)のために) **breed**[ブリード]
┃飼育員 **a zookeeper**

**シージー**【CG】**computer graphics**[カンピュータァ グラフィックス], **CG**[スィーヂー]

**シーズン a season**[スィーズン]→**きせつ**
- スキーシーズン
  the ski *season*
- シーズン中
  during the *season*
┃シーズンオフ **the off season**（▶「シーズンオフ」は和製英語）

**シーソー a seesaw**[スィーソー]
- 子どもたちはシーソーをしている．
  The children are playing on a *seesaw*.
┃シーソーゲーム（接戦）**a seesaw [close] game**

**しいたけ**【植物】**a shiitake (mushroom)**[マッシュルーム]

英国の市場で売られているしいたけ

**シーツ a (bed) sheet**[(ベッド) シート]

**シーッ**（静かに）**sh(h)**[シッ], **hush**[ハッシュ]
- シーッ，赤ちゃんが寝(ね)ています．
  *Shh*! [*Hush*!] The baby's asleep.

**シーディー**【CD】**a CD**[スィーディー] (複 CDs)（◀compact diskの略）
┃CDプレーヤー **a CD player**

**シート**[1]（座席）**a seat**[スィート]
┃シートベルト **a seat belt**

**シート**[2]（切手の）**a sheet**[シート]; （覆(おお)うもの）**a cover**[カヴァ]

**シード**【シードする】**seed**[スィード]
- あの高校はそのトーナメントで第1シード校だった．
  That high school was *seeded* first in the tournament.
┃シード選手 **a seeded player**

**ジーパン jeans**[ヂーンズ]（▶「ジーパン」は和製英語）→**ジーンズ**

**ジープ**『商標』**a jeep**[ヂープ]

**シーフード seafood**[スィーフード]

**シール a sticker**[スティッカァ]
- ミキはスマホにたくさんシールをはった．Miki put a lot of *stickers* on her smartphone.

**しいん**[1]【子音】**a consonant**[カンサナント]（⇔母音(ぼいん) **a vowel**）

**しいん**[2]【死因】**the cause of death**[コーズ][デス]

**しーん**【しーんとする】
- クラスはしーんとしていた．
  The class *was silent*.

**シーン**（場面）**a scene**[スィーン]; （光景）**a sight**[サイト]
- 戦闘(せんとう)シーン **a battle *scene***

**じいん**【寺院】**a (Buddhist) temple**[(ブーディスト) テンプル]→**てら**

**ジーンズ jeans**[ヂーンズ]
- ジーンズ1本
  a pair of *jeans*（▶ジーンズ2本は **two pairs of *jeans***）
- ケンはいつもジーンズをはいている．
  Ken always wears *jeans*.

しおり

**しうんてん**【試運転】(列車・車などの) **a trial run**[トゥライアル ラン]; (車の) **a test drive**[テスト ドゥライヴ]

**シェア**【シェアする】**share**[シェア]
- そのメッセージはインターネットでシェアされた. The message was *shared* on the Internet.

**しえい**【市営の】**city**[スィティ]
| 市営球場 a city ballpark
| 市営バス a city bus

**じえい**【自衛】**self-defense**[セルフディフェンス]
| 自衛隊 the Self-Defense Forces
| 自衛隊員 a Self-Defense official

**シェイプアップ**【シェイプアップする】**get into shape**[シェイプ]

**シェーク shake**[シェイク]
- バニラシェーク vanilla *shake*

**ジェーポップ J pop**[チェイ パップ]
- ジェーポップの歌手 *J-pop* singer

**ジェーリーグ**【Jリーグ】**J. League**[チィ リーグ] (▶正式名はthe Japan Professional Football League)

# ジェスチャー

(身ぶり) (**a**) **gesture**[チェスチァア]
━ジェスチャーをする gesture
- アヤは「あっちへ行って」というジェスチャーをした. Aya *gestured* to us to go away.

> **これ、知ってる?** 日本と意味が異なるジェスチャー
>
> 英語圏(けん)で「私」を示すときは、自分の鼻ではなく胸を指します.「こっちへ来て」は、手のひらを上に向けて手招きします. 手のひらを下に向けて振(ふ)ると「あっちへ行って」で、日本語とは逆の意味になってしまいます.
>
>
> 私(胸を指す)　こっちへ来て.　あっちへ行って.
> I　　　　　　　Come here.　　Go away.

**ジェット jet**[チェット]
| ジェット機 a jet (plane)
| ジェットコースター a roller coaster (▶「ジェットコースター」は和製英語)

**シェットランド・シープドッグ**(犬) **a Shetland sheepdog**[シェットランド シープドーグ]

**シェパード**(犬) **a German shepherd**[チャーマン シェパァド], ⓔ**an Alsatian**[アルセイション]

**シェフ a chef**[シェフ](▶フランス語から)

**ジェラート gelato**[チャラートゥ](▶イタリア(風)のアイスクリーム. イタリア語から)

イタリアのジェラート店で売られているジェラート

**ジェル gel**[チェル]
- 整髪(せいはつ)用ジェル hair *gel*

**シェルター a shelter**[シェルタァ]
- 核(かく)シェルター a nuclear *shelter*

**しえん**【支援】**support**[サポート]
━支援する support

**ジェンダー gender**[チェンダァ]
━ジェンダーレスな **genderless**[チェンダァリス]
| ジェンダー教育 gender education
| ジェンダー平等 gender equality
| ジェンダー問題 gender issue

# しお¹【塩】

**salt**[ソールト]
- 塩1つまみ a pinch of *salt*
- 塩ラーメン *salt*-flavored ramen (noodles)
- 塩を取ってください. Pass me the *salt*, please.
━塩の, 塩辛(から)い **salty**
- このみそ汁(しる)は少し塩辛い. This miso soup is a little *salty*.
| 塩味 salty (taste)
| 塩水 salt water

**しお²**【潮】(**a**) **tide**[タイド]; (潮流) **a current**[カーラント]
- 満ち潮 the rising [flood] *tide*
- 引き潮 the falling [ebb] *tide*
- 潮が満ちてきている. The *tide* is rising [coming in].
- 潮が引いてきている. The *tide* is going out [on the ebb].
- 潮の流れに乗って[逆らって]泳いだ. I swam with [against] the *current*.
| 潮風 a sea breeze
| 潮干狩り clam-gathering

**…しおえる**【…(し)終える】→おえる

**しおからい**【塩辛い】→しお¹

**ジオラマ a diorama**[ダイアラマ]

**しおり**(本にはさむ) **a bookmark**[ブックマーク]; (手引き) **a leaflet**[リーフリット], **a guide**[ガイド]

## しおれる

- ページの間にしおりを挟んでおいた. I put a *bookmark* between the pages.
- 修学旅行のしおり a school trip *leaflet*

**しおれる** wither[ウィザァ]
- 強い日差しに花がしおれた. The flowers *withered* in the beating sun.

**しか¹**【鹿】【動物】a deer[ディア](複 deer)(▶単複同形)
∥鹿せんべい crackers for deer

**しか²**【歯科】dentistry[デンティストゥリィ]
∥歯医 a dentist→はいしゃ¹

**しか³**【市価】the market price[マーキット プライス]

## …しか【…しか〜ない】

only[オウンリィ](▶only だけで「…しか〜ない」という意味なので not は不要)
- 私は 500 円しか持ってない. I have *only* five hundred yen (with me).
- きのうは部員が 2 人しか来なかった. *Only* two club members came yesterday.
- 夏休みになって,まだ数日しかたっていない. It's been *only* a few days since the summer vacation started.
- 水筒には水が少ししかなかった. There was *only* a little water in the water bottle.

**しかい¹**【司会】(番組などの)a master of ceremonies[マスタァ][セリモウニィズ](▶M.C. と略す), a host[ホウスト]; (会議の)a chair[チェア], a chairperson[チェアパースン]
—司会をする(会議の)chair
- マキが生徒総会の司会をした. Maki *chaired* the student council assembly.

**しかい²**【視界】sight[サイト]
- 海が急に視界に入ってきた. The sea suddenly came into *sight*.

**しがい¹**【市外】the suburbs[サバーブズ]→こうがい²
∥市外局番 an area code

**しがい²**【死がい】a dead body[デッド バディ]

**じかい**【次回】next time[ネクスト タイム]→こんど❷

**しがいせん**【紫外線】ultraviolet rays[アルトゥラヴァイアリット レイズ](▶UV と略す)
∥紫外線防御 UV protection, sun protection

**しがいち**【市街地】a city area[スィティ エ(ァ)リア], a downtown area[ダウンタウン]

**しかえいせいし**【歯科衛生士】a dental hygienist[デントゥル ハイヂーニスト]

**しかえし**【仕返しする】get even (with …)[イーヴン], revenge[リヴェンヂ]
- マリは姉に仕返ししたかった. Mari wanted to *get even with* her sister.

**…しかかる**→…かかる

**しかく¹**【四角(形)】(正方形)a square[スクウェア]; (長方形)a rectangle[レクタングル]→せいほうけい 図
—四角(形)の, 四角い square
- 四角い箱 a *square* box

**しかく²**【資格】(a) qualification[クワリフィケイション]; (免許)a license[ライサンス]
- 看護師の資格を取りたい.
I want to obtain *qualifications* to be a nurse.
—資格がある be qualified[クワリファイド]
- 彼にはコーチの資格がある.
He *is qualified* as a coach.
—資格を取る get a qualification

**しかく³**【視覚】the sense of sight[センス][サイト]
∥視覚障がい者 a visually impaired person

**じかく**【自覚する】be aware (of …)[アウェア], be conscious (of …)[カンシャス]
- 彼は自分の責任を自覚していなかった.
He *was* not *aware* of his responsibilities.

**しかけ**【仕掛け】(装置)a device[ディヴァイス]; (からくり)a trick[トゥリック]
∥仕掛け花火 professional fireworks

**…しかける**→…かける

**しかし** but …[バット], however …[ハウエヴァ]
- 彼は必死に頑張った. しかしそれをできなかった. He tried really hard *but* he couldn't do it.

**じかせい**【自家製の】homemade[ホウムメイド]

**しかた** a way[ウェィ]; (やり方)how to+〈動詞の原形〉→ほうほう, やりかた
- それをするにはいろいろなしかたがある.
There are many *ways* to do it.
- このソフトウェアの操作のしかたがよくわからない. I don't know *how to* use this software well.

## しかたない

(避けられない)cannot be helped[ヘルプト]; (…せざるをえない)cannot help+〈-ing形〉; (…しても無駄だ)It is no use+〈-ing形〉[ユース]
- しかたないよ. It *can't be helped*.
- そうするよりしかたなかった.
I *couldn't help doing* that.
- 先生に言ってもしかたないよ.
*It is no use* saying it to the teacher.

**…しがち**→…がち

**しがつ**【四月】April[エイプラル](▶常に大文字で始め, Apr. と略す)→いちがつ

- 入学式は4月5日だ. The entrance ceremony is held on *April* 5th.
- 4月から2年生だ. I will be a second-year student in *April*. (▶ from Aprilは×)

■四月ばか→エープリルフール

**じかに** directly[ディレクトゥリィ]→ちょくせつ

**しがみつく** cling (to ...)[クリング]
- その小さな女の子は父親にしがみついた.
The little girl *clung to* her father.

**しかめる** (心配・怒りなどで) frown[フラウン];（苦痛・嫌悪などで）make a face[フェイス]
- 彼は顔をしかめて私を見た.
He *frowned* at me.

**しかも** (そのうえ) besides[ビサイヅ], moreover[モーロウヴァ];（それなのに）and yet[イェット]
- 彼女は頭がいい. しかもだれに対しても優しい. She is smart. *Moreover*, she is kind to everyone.
- この新製品はすごく役に立つ, しかも安い.
This new product is very useful, *and yet* inexpensive.

**じかようしゃ** [自家用車] a family car[ファミリィカー], a private car[プライヴィット]

**しかる** scold[スコウルド],（話）tell off[テル]
- 父は私がうそをついたのでしかった.
My father *scolded* me for telling a lie.
- しかられちゃった！ I was *told off*!

**しがん** [志願] (an) application[アプリケイション]
━志願する apply (to ..., for ...)[アプラィ]
- 彼は朝日高校への入学を志願するつもりだ.
He will *apply for* admission *to* Asahi High School.

■志願者 an applicant

## じかん【時間】

| ❶時, 時刻 | time |
| ❷時の単位 | an hour |
| ❸一定の時間 | a period;（授業）a class;（勤務・営業などの）hours |

❶ [時, 時刻] time[タイム]
- お時間はありますか？
Do you have some *time*?
- この宿題は時間がかかるだろう.
This homework will take *time*.
- 私たちはその店で時間をつぶした.
We killed *time* at the shop.
- 時間を無駄にしないように気をつけている.
I try not to waste (my) *time*.
- 時間切れです. *Time's* up.
- コンサートは時間どおりに始まった.
The concert started on *time*.
- 彼は列車の時間に間に合った.
He was in *time* to catch the train.

…する時間だ
It's time to +〈動詞の原形〉/
It's time (that) ...
- もう寝る時間だ. *It's time to* go to bed.

…する時間がある
have time to +〈動詞の原形〉
- その本を読む時間がなかった.
I *had no time to* read the book.
- ミオはいつも時間を守る.
Mio is always punctual.
- 駅までどれくらい時間がかかりますか？ How long does it take to get to the station?

❷ [時の単位] an hour[アウア]
- 私は2時間英語を勉強した.
I studied English for two *hours*.
- あっという間に1時間たった.
One *hour* went by really quickly.

❸ [一定の時間] a period[ピ(ァ)リアッド];（授業）a class[クラス];（勤務・営業などの）hours
- 数学は2時間目だ.
Math is in the second *period*.
- きょうは6時間授業がある.
We have six *classes* today.
- 私は渡辺先生の英語の時間が好きだ.
I like Mr. Watanabe's English *class*.
- 営業時間 business *hours*

■時間割り ⊛ a (class) schedule, ⊛ a timetable

## しき¹【式】

| ❶儀式 | a ceremony |
| ❷数学・化学などの | （公式）a formula;（方程式・等式）an equation |

❶ [儀式] a ceremony[セリモウニィ]
- 入学式 an entrance *ceremony*
- 卒業式 a graduation *ceremony*
- 結婚式 a wedding (*ceremony*)
- 両親が式に参列した.
My parents attended the *ceremony*.
- 祖父のお葬式に行った.
I went to my grandfather's funeral.

❷ [数学・化学などの] (公式) a formula[フォーミュラ] (複 formulas, formulae[フォーミュリィ]);（方程式・等式）an equation[イクウェイション]
- 化学式 a chemical *formula*
- 方程式を解いた. I solved the *equation*.

**しき²**【四季】(the) four seasons[フォア スィーズンズ]
- 日本には四季がある. Japan has *four seasons*. /

しき³

There are *four seasons* in Japan.
- 私は四季の中で秋がいちばん好きだ．
I like fall (the) best of *the four seasons*.

**しき³**【指揮する】(楽団を)**conduct**[カンダクト]，**lead**[リード]；(軍隊を)**command**[カマンド]
- 彼女はブラスバンドの指揮をした．
She *conducted* the brass band.
▍指揮者 a *conductor*

**…しき**【…式】(やり方)**a way**[ウェイ]；(様式)**a style**[スタイル]
- 英国式の生活 the British *way* of life
- 洋式トイレ a Western-*style* toilet

**じき¹**【時期】**time**[タイム]；(季節)(a) **season**[スィーズン]→ きせつ
- 家の大掃除(ぢ)をする時期になった．
It's *time* to clean the whole house.
- 種まきの時期に大雨が降った．
It rained heavily in the sowing *season*.

**じき²**【磁気】**magnetism**[マグニティズム]
━磁気の **magnetic**[マグネティック]

**じき³**【磁器】**porcelain**[ポーサリン]；(まとめて)**china**[チャイナ]

**しきい**【敷居】**a threshold**[スレッショウルド]

**しきさい**【色彩】(a) **color**，⊛(a) **colour**[カラァ]
━色彩豊かな **colorful**

**しきし**【色紙】**an autograph paperboard**[オータグラフ ペイパァボード]

**しきたり**(a) **custom**[カスタム]，(a) **tradition**[トゥラディション]

**しきち**【敷地】(1区画の土地)**a lot**[ラット]；(用地)**a site**[サイト]

**じきに soon**[スーン]→ まもなく

**しきもの**【敷物】(床(ゆか)の一部に敷く)**a rug**[ラグ]；(野外用の)**a picnic blanket**[ピクニック ブランキット]

**しきゅう¹**【至急】**at once**[ワンス]，**right away**[ライト アウェイ]，**immediately**[イミーディアトゥリィ]→ すぐ❶
- 至急やります．I'll do it *at once*. / I'll do it *right away*. / I'll do it *immediately*.
━至急の **urgent**[アーチャント]

**しきゅう²**【四球】→ フォアボール
**しきゅう³**【死球】→ デッドボール

**じきゅう**【時給】**hourly wage**[アウアリィ ウェイヂ]
- 時給はいくらですか．
How much is the *hourly wage*?(▶自分がいくらもらえるかたずねるとき) / How much do you get *paid by the hour*?(▶相手がいくらもらっているかたずねるとき)
- 兄は時給1200円のアルバイトをしている．
My brother has a part-time job that pays 1,200 *yen an hour*.

**じきゅうじそく**【自給自足の】**self-sufficient**[セルフサフィシャント]
- その国は石油を自給自足している．
The country is *self-sufficient* in oil.

**じきゅうそう**【持久走】**long-distance running**[ローングディスタンス ラニング]

**じきゅうりょく**【持久力】**stamina**[スタミナ]

**じぎょう**【事業】(a) **business**[ビズニス](▶複数形では用いない)；(大規模な)**an enterprise**[エンタプライズ]
- おばは新しい事業を始める．
My aunt will start a new *business*.
- 父は事業に成功[失敗]した．My father succeeded [failed] in *business*.

**しぎょうしき**【始業式】**the opening ceremony**[オウプニング セリモウニィ](▶欧米(おう)の学校ではふつう始業式は行わない)
- 始業式はあしただ．*The opening ceremony* will be held tomorrow.

**しきり**【仕切り】**a partition**[パーティション]
━仕切る(分ける)**divide**，**partition**；(取りしきる)**manage**，**run**
- その行事をレンがひとりで仕切った．
Ren *ran* the event by himself.

**しきりに very often**[オーフン]，**frequently**[フリークワントゥリィ]；(熱心に)**eagerly**[イーガァリィ]
- ケンは私をしきりに訪ねてきた．
Ken visited me *very often*. / Ken visited me *frequently*.
- 彼はしきりに外国へ行きたがっている．
He *is eager to* go abroad.

**しきん**【資金】**a fund**[ファンド](▶しばしば複数形で用いる)；(資本金)**capital**[キャピトゥル]
- 私たちのクラブは資金が不足している．
Our club is short of *funds*.
- 支援(ぇん)団体が資金をたくさん集めた．
The support group raised a lot of *money*.

**しく**【敷く】**lay (out)**[レイ]，**spread (out)**[スプレッド]
- 私は10時に布団(ふとん)を敷いた．
I *laid out* my futon at 10 o'clock.
- 彼らは床(ゆか)に新聞を敷いた．
They *spread out* the newspaper on the floor.

**じく**【軸】**an axis**[アクスィス](複 **axes**[アクスィーズ])

**しぐさ**(身ぶり)**a gesture**[チェスチァア]→ ジェスチャー

**ジグザグ**【ジグザグの[に]】**zigzag**[ズィグザグ]
- ジグザグに走った．
I ran in a *zigzag* pattern.
━ジグザグに…する **zigzag**

じげん¹

- 私たちは山道をジグザグに上った．
  We *zigzagged* up the mountain.

**しくしく**（しくしく泣く）**sob**[サッブ]（▶英語では動詞で表すことが多い）
- その子はしくしく泣いていた．
  The child was *sobbing*.

**しくじる**（失敗する）**fail**[フェイル]；（間違(まちが)いをする）**make a mistake**[ミステイク]

**ジグソーパズル a jigsaw puzzle**[チグソー パズル]

**シグナル a signal**[スィグナル] → あいず

**しくみ**【仕組み】（構造）**structure**[ストゥラクチャァ]；（仕掛(しか)け）**a mechanism**[メカニズム]

**シクラメン**〘植物〙**a cyclamen**[スィクラメン]（★アクセント位置に注意）

**しけい**【死刑】**the death penalty**[デス ペナルティ]
- 裁判官は彼女に死刑を宣告した．
  The judge sentenced her to *death*.

**しげき**【刺激する】**stimulate**[スティミュレイト]
— 刺激的な **stimulating**；（興奮させる）**exciting**
- 彼の講演は刺激的だった．
  His lecture was *stimulating*.

**しげみ**【茂み】**a thicket**[スィキット], **a bush**[ブッシュ]

**しげる**【茂る】**grow thick**[グロウ スィック]
- その川に沿って草が茂っていた．
  Weeds *grew thick* along the river.

## しけん【試験】

| | |
|---|---|
| ❶ 学校などの | **an examination, 《話》an exam, a test**；（小テスト）⓶ **a quiz** |
| ❷ 検査 | **a test** |

❶ [学校などの] **an examination**[イグザミネイション], 《話》**an exam**[イグザム], **a test**[テスト]；（小テスト）⓶ **a quiz**[クウィズ]（複 quizzes）
- きょう英語の試験がある．
  We have an English *examination* today.
- 来年高校の入学試験を受ける．
  I'll take an entrance *examination* for high school next year.
- 彼は試験に合格した[落ちた]．
  He passed [failed] the *exam*.
- 「試験はどうだった？」「すごく難しかった[簡単だった]」
  "How was the *exam*?" "It was pretty tough [easy]."
- 試験の準備をしなきゃ．
  I must prepare for the *test*.
- 彼女は試験でいい[悪い]点を取った．
  She got a good [bad] score on the *test*.
- 英単語の試験
  an English words [vocab(ulary)] *quiz*

表現メモ

**試験のいろいろ**
中間試験 a midterm examination
学期末試験 a term examination；（学年末の）a final examination, ⓶an end-of-term examination
入学試験 an entrance examination
筆記試験 a written examination
実技試験 a (practical) skills test
面接試験 an interview
実力試験 an achievement test
模擬(ぎ)試験 a trial examination
一次試験 a first-stage examination
二次試験 a second-stage examination
国家試験 a national examination
検定試験 a standardized examination

❷ [検査] **a test**
- 臨床(りんしょう)試験 a clinical *test*

**試験会場 an exam room**
**試験科目 an examination subject**
**試験監督(かんとく) a proctor**
**試験期間 an examination period**
**試験日 an examination date**
**試験問題 an examination question**

**しげん**【資源】**resources**[リーソースィズ]
- エネルギー資源 energy *resources*
- その国は天然資源が豊富だ．
  The country is rich in natural *resources*.

**資源ゴミ recyclable waste**

**じけん**【事件】（法律上の）**a case**[ケイス]；（重大な出来事）**an event**[イヴェント]；（小さな出来事）**an incident**[インスィダント]
- 殺人事件 a murder *case*
- わが家の重大事件
  an important *event* for our family

**じげん¹**【次元】（数学で）**a dimension**[ダイメンション]；（水準）**(a) level**[レヴァル]
- 彼の作品は次元が違(ちが)う．
  His work is beyond our *level*.

— …次元の **dimensional**
- 3次元[3Ｄ]の模型 a three-*dimensional*

じげん² model

**じげん²**【時限】(授業時間) **a period**[ピ(ァ)リアッド], **a class**[クラス]
・水曜日は5時限だ．
We have five *classes* on Wednesday(s).
■時限爆弾(炎) **a time bomb**

**しけんかん**【試験管】**a test tube**[テスト トゥーブ]

**しご**【死語】**an obsolete word**[アブソリート ワード]
━死語になる **become obsolete**
・この言葉はすでに死語だ．
This word has *become obsolete*.

**じこ¹**【事故】
**an accident**[アクスィダント]
・自転車で事故を起こした．
I caused a bicycle *accident*.
・彼は事故に遭(ぁ)った．
He had [was involved in] an *accident*.
・この交差点で交通事故があった．A traffic *accident* happened at this crossing.
・鉄道［自動車］事故
a railroad [car] *accident*

**じこ²**【自己】**self**[セルフ]（複 **selves**[セルヴズ]），**oneself**→ じぶん❶
・音楽は彼女が自己を表現する手段の1つだ．
Music is one of the ways she expresses *herself*.
■自己紹介(ホポ) **a self-introduction**: 自己紹介させてください．Let me *introduce myself*.
自己中心的な **selfish, self-centered**
自己ベスト **a personal best**
自己流 **one's own way**: 私の生け花は自己流です．I arrange flowers *in my own way*.

**しこう**【思考】**thought**[ソート]，**thinking**[スィンキング]

**じごう**【次号】**the next issue**[ネクスト イシュー]

**じごうじとく**【自業自得】
・それは自業自得だ．
You asked for it.（►「自分で求めた」の意）

**しこく**【四国（地方）】**Shikoku, the Shikoku area [district]**[エ(ァ)リア [ディストゥリクト]]

**じこく**【時刻】**time**[タイム]→ じかん❶
■時刻表 **a (time) schedule**, 豪**a timetable**

**じごく**【地獄】**hell**[ヘル]（⇔天国 **heaven**）

**しごと**【仕事】

| ❶職業 | **a job, work** |
| ❷職務 | **a task**;（義務）**duty** |
| ❸商売 | **business** |

❶[職業] **a job**[チャブ], **work**[ワーク]→ しょくぎょう
・姉は仕事を探している．
My sister is looking for a *job*.
・兄は仕事をやめた．My brother quit his *job*.
・私にはしなければならない仕事がたくさんある．I have a lot of *work* to do.
・「あなたのお父さんの仕事は何ですか」「会社員です」
"What does your father do?" "He *works* at a company."（►He's an office worker. とはあまり言わない）
・彼は今仕事中だ．
He is *working* now. / He is at *work* now.
━仕事をする **work**
・将来出版関係の仕事をしたい．I want to *work* in publishing in the future.
❷[職務] **a task**[タスク];（義務）**duty**[ドゥーティ]
・彼の仕事は会社のサイトを作ることだ．
His *task* [*job*] is to make the company's website.
❸[商売] **business**[ビズニス]
・彼女は仕事でシンガポールへ行った．
She went to Singapore on *business*.
■仕事場 **a workplace**

**じさ**【時差】**(a) time difference**[タイム ディファランス]
・シドニーと東京では1時間の時差がある．
There is a one-hour *time difference* between Sydney and Tokyo.
■時差ぼけ **jet lag**: まだ時差ぼけなんです．I'm still suffering from *jet lag*.

**しさつ**【視察する】**inspect**[インスペクト]

**じさつ**【自殺】**(a) suicide**[スーイサイド]
━自殺する **commit suicide**, **kill** *oneself*

**じさん**【持参する】(持って来る) **bring**[ブリング]; (持って行く) **take**[テイク]
・お弁当を持参してください．
*Bring* your lunch.

**しじ¹**【支持】**support**[サポート]
━支持する **support, back up**
・多くのファンがそのラグビーチームを支持した．
A lot of fans *supported* the rugby team.
■支持者 **a supporter**

**しじ²**【指示】(指図) **directions**[ディレクションズ], **instructions**[インストゥラクションズ]
・加藤先生の指示に従いなさい．Follow Ms. Kato's *directions* [*instructions*].
━指示する **direct, instruct**

**じじ**【時事の】**current**[カーラント]
■時事問題 **current events**

**ししざ**【しし座】**Leo**[リーオゥ];（人）**a Leo**
・私はしし座です．
I am a *Leo*.

## じじつ【事実】
a fact[ファクト]；(真実)the truth[トゥルース]
- ジャーナリストは事実を報道した．
 The journalist reported the *facts*.
- この話は事実に基(もと)づいている．
 This story is based on *fact*.
- それは事実に反する．
 It is contrary to the *facts*.
- 事実の true
- ユキが転校するというのは事実ですか．
 Is it *true* that Yuki will change to another school?

## ししゃ¹【死者】
(1人)a dead person[デッドパース ン]，(まとめて)the dead
- その事故で10人の死者が出た．
 Ten people were killed in the accident.

## ししゃ²【支社】
a branch（office）[ブランチ（オーフィス）]（⇔本社 the head [main] office）

## ししゃ³【使者】
a messenger[メッセンヂャァ]

## ししゃかい【試写会】
a preview[プリーヴュー]

## じしゃく【磁石】
a magnet[マグニット]；(羅針盤(らしんばん))a compass[カンパス]

## ししゃごにゅう【四捨五入する】
round（off）[ラウンド]，(端数(はすう)を切り上げる)round up，(端数を切り下げる)round down
- 1.2を四捨五入すると1になる．
 1.2 can be *rounded off* to 1.

## じしゅ【自主的な】
independent[インディペンダント]
- 自主的に independently
- 自主性 independence
- 自主トレ(ーニング) individual workouts

## ししゅう¹【刺しゅう】
embroidery[インブロイダリィ]
- 刺しゅうする embroider
- 上着にイニシャルを刺しゅうした．
 I *embroidered* my initials on the jacket.
- 刺しゅう糸 embroidery thread

## ししゅう²【詩集】
a collection of poems[カレクション][ポウイムズ]

## しじゅう¹【四十(の)】
forty[フォーティ]→よんじゅう

## しじゅう²【始終】
always[オールウェイズ]→いつも

## じしゅう【自習する】
study on *one's* own [スタディ][オウン]，study by *oneself*
- 5時間目は自習だった．
 We *studied on our own* in the fifth period.
- 放課後，自習した．I *studied by myself* after classes were over.
- 自習時間 a study hour
- 自習室 study space, ⓂⓈstudy hall

## しじゅうそう【四重奏】
a quartet[クウォーテット]

## じしゅく【自粛する】
refrain（from）[リフレイン]
- みな外出を自粛した．
 Everyone *refrained from* going out.

## ししゅつ【支出】
(an) outgo[アウトゴゥ]，(an) expense[イクスペンス]（⇔収入（an）income）
- 支出する spend

## ししゅんき【思春期】
adolescence[アダレサンス]，puberty[ピューバティ]
- 思春期の adolescent
- 思春期の少年[少女] an adolescent

## ししょ【司書】
a librarian[ライブレ(ァ)リアン]

## じしょ【辞書】
a dictionary[ディクシャネリィ]
- 私は辞書を引いた．I consulted a *dictionary*.
- その単語を和英辞書で調べなさい．
 Look up the word in your Japanese-English *dictionary*.
- 電子辞書 an electronic *dictionary*

## じじょ【次女】
[the] second daughter[セカンド ドータァ]

## しじょう【市場】
a market[マーキット]
- 国内[海外]市場
 the domestic [overseas] *market*

## じじょう【事情】
circumstances[サーカムスタンスィズ]；(理由)a reason[リーズン]
- 家庭の[個人的な]事情で
 for family [personal] *reasons*

## じじょう²【自乗】→にじょう

## ししょうしゃ【死傷者】
casualties[キャジュアルティズ]
- その事故で多数の死傷者が出た．
 The accident caused many *casualties*.

## ししょく【試食】
tasting[テイスティング]
- 試食する try（a food sample）

## じしょく【辞職する】
resign[リザイン]，(話)quit[クウィット]
- 大臣は辞職した．
 The minister *resigned* from his job.

## じじょでん【自叙伝】→じでん

## しじん【詩人】
a poet[ポウイット]

## じしん¹【自信】
confidence[カンフィダンス]，self-confidence[セルフ-]

## じしん²

- 私は自信がついた.
  I gained *confidence*.
- 私は自信をなくした.
  I lost *confidence*.
- 彼は自信満々だった.
  He was full of *confidence*.
- 彼女は自信を持って「そうよ」と答えた.
  She answered "yes" with *confidence*.
- **自信のある confident**
- 私は英語力に自信がある. I'm *confident* in my English. / I have *confidence* in my English.
- 私は1等賞を取る自信がなかった.
  I was not *confident* that I would win (the) first prize. / I was not *confident* of winning (the) first prize.
- **自信を持つ have confidence, be confident**
- もっと自分に自信を持ちなさい. You should be more *confident* in yourself.

### じしん²【地震】

**an earthquake**[アースクウェイク]→ しんど

- 弱い[強い]地震
  a weak [strong] *earthquake*
- 明け方に大地震があった. There was a big *earthquake* at dawn. / We had a big *earthquake* at dawn.
- 日本では頻繁(ひんぱん)に地震が起こる.
  *Earthquakes* often occur in Japan.

地震速報 an earthquake alert
地震予知 an earthquake prediction

**じしん³【自身】oneself**[ワンセルフ]→ じぶん ポイント！
- 自分自身でしなさい. Do it *yourself*.

**じすい【自炊する】cook one's own meals**[クック][オウン ミールズ]
- 兄は自炊している.
  My brother *cooks his own meals*.

### しずか【静かな】

**quiet**[クワイアット](⇔騒(さわ)がしい noisy), **silent**[サイラント]; (穏(おだ)やかな)**calm**[カーム]
- 静かな夜 a *quiet* night
- 静かな海 a *calm* sea
- 森の中は暗くて静かだった.
  It was dark and *silent* in the forest.
- **静かに quietly, silently; calmly**
- 彼女はいつも静かに話す.
  She always speaks *quietly*.
- もう少し静かにしてください.
  Could you be a little more *quiet*?

**…しすぎる→…すぎる**
**しずく【滴】a drop**[ドゥラップ]

- 雨の滴 *drops* of rain / rain*drops*

**しずけさ【静けさ】quiet**[クワイアット], **silence**[サイランス], **calm**[カーム]
- 夜の静けさ the *silence* of the night
- 嵐(あらし)の前の静けさ
  the *calm* before a storm

**システム a system**[スィスティム]
システムエンジニア a systems engineer
システムキッチン a built-in kitchen unit (►「システムキッチン」は和製英語)

**じすべり【地滑り】a landslide**[ランドスライド]

**しずまる【静まる】become quiet**[クワイアット]; (穏(おだ)やかになる)**calm (down)**[カーム]
- 教室は静まった. The class *became quiet*.
- 嵐(あらし)が静まった.
  The storm *calmed down*.

### しずむ【沈む】

| ❶下方に行く | (船などが)**sink**; (太陽などが)**set** |
| ❷気持ちが | **be [feel] depressed** |

❶[下方に行く](船などが)**sink**[スィンク](⇔浮(う)かぶ float); (太陽などが)**set**[セット](⇔昇(のぼ)る rise, come up)
- 彼らのボートはゆっくりと沈んでいった.
  Their boat slowly *sank*.
- 太陽は西に沈む. The sun *sets* in the west.

❷[気持ちが]**be [feel] depressed**[フィール ディプレスト]
- 彼は気が沈んでいた. He *was depressed*.

**しずめる¹【沈める】sink**[スィンク]
**しずめる²【静める】calm (down)**[カーム]
- 先生は生徒たちを静めた.
  The teacher *calmed down* the students.

**しせい【姿勢】(a) posture**[パスチャァ]; (態度)**an attitude**[アティテュード]
- ユミは姿勢がよい[悪い].
  Yumi has good [poor] *posture*.
- 姿勢を正しなさい. (立っているとき)
  Straighten up. / (座(すわ)っているとき)Sit up straight.

**じせい¹【時勢】(the) times**[タイムズ]
- 時勢に遅(おく)れている気がする. I feel like I'm falling behind *the times*.

**じせい²【自制】self-control**[セルフカントゥロウル]
- **自制する control oneself**
- 君はもっと自制するべきだ.
  You should *control yourself* more.

**せいかつ【私生活】(one's) private life**[プライヴィット ライフ]
**しせき【史跡】a historic spot [site, place]**[ヒス

トーリック スパット [サイト, プレイス]

**しせつ**【施設】**an institution**[インスティトゥーション]; (設備) **facilities**[ファスィリティズ]; (子ども・老人などの) **a home**[ホウム]
- 公共施設
  a public *institution* / public *facilities*
- 福祉(ぐ)施設 a welfare *institution* / welfare *facilities*
- 介護(ぐ)施設 a nursing *home*

**しせん**【視線】**an eye**[アィ](▶ しばしば *one's eyes* で用いる), **a look**[ルック]
- 偶然(ん)彼らの視線が合った.
  *Their eyes* met by chance.
- 彼女は私から視線をそらした.
  She broke off *eye* contact with me. / She looked away from me.

# しぜん【自然】

**nature**[ネイチァ]
- 自然の法則 the law of *nature*
- 人間は自然を破壊した.
  Human beings destroyed *nature*.
- 自然を守るにはどうしたらいいだろう？
  What should we do to protect *nature*?
- 自然の大きさを改めて感じた. I realized the greatness of *nature* once again.

**—自然な natural**(⇔不自然な unnatural)
- 彼女がそう考えるのは自然なことだ.
  It is *natural* that she thinks so.

**—自然に naturally**; (ひとりでに) **by itself**
- 子どもは自然に言葉を学ぶ.
  Children learn languages *naturally*.
- エアコンが自然に切れた.
  The air conditioner went off *by itself*.

自然界 the natural world
自然科学 natural science
自然科学者 a (natural) scientist
自然食品 natural foods
自然破壊 the destruction of nature
自然保護 the preservation of nature, environmental protection

**じぜん**【慈善】**charity**[チャリティ]
**—慈善の charitable**
‖慈善事業 charitable work
‖慈善団体 a charity

**しそ**【植物】**Japanese mint**[ミント], **Japanese basil**[ベイズル]

**しそう**【思想】**(a) thought**[ソート], **(an) idea**[アィディア]
- 思想の自由 freedom of *thought*
- 西洋の思想 Western *ideas*
‖思想家 a thinker

**…しそうだ** → …そうだ❸

**じそく**【時速】**speed**（per hour）[スピード (パー アゥア)]
- 父は時速60キロで運転した. My father drove at a *speed* of 60 kilometers *per hour*.

**じぞく**【持続する】**continue**[カンティニュー], **last**[ラスト]

**—持続可能な sustainable**[サステイナブル]
- 持続可能な社会 a *sustainable* society
‖持続可能性 a sustainability

**…しそこなう** → …そこなう

**しそん**【子孫】**a descendant**[ディセンダント](⇔先祖, 祖先 an ancestor)

**じそんしん**【自尊心】**pride**[プライド]
- 彼の自尊心は傷ついた. His *pride* was hurt.

**—自尊心のある proud**[プラウド]
- 彼女は自尊心が強い[強い].
  She is very *proud*.

# した¹【下(に)】

| ❶下方 | (真下に) **under** …; (離(は)れて下に) **below** (…); (下方へ) **down** |
| --- | --- |
| ❷下部 | (最下部, 底) **the bottom**; (下(位)の) **lower** |
| ❸年下の | **younger, junior** |

❶[下方](真下に)**under** …[アンダァ](⇔上(に) over …); (離れて下に)**below** (…)[ビロゥ](⇔上(に) above …); (下方へ)**down**[ダウン](⇔上(に) up)

- クリスマスツリーの下にプレゼントがあった.
  There was a present *under* the Christmas tree.
- 飛行機は雲の下を飛んだ.
  The airplane flew *below* the clouds.
- その箱を下に置きなさい.
  Put that box *down*.
- 弟は階段を降りていった. My brother went *down* the stairs.

under …　　below (…)　　down

❷[下部](最下部, 底)**the bottom**[バタム](⇔上 the top); (下(位)の)**lower**[ロウァ](⇔上 upper)
- それは30ページのいちばん下に書いてある.
  It is written at *the bottom* of page 30.
- 私の成績は彼女より下だった.

した²

My grades were *lower* than hers.
❸[年下の] **younger**[ヤンガァ] (⇔上 older, elder), **junior**[チューニァ] (⇔年上の senior)
- 彼は私より4つ下だ.
  He is four years *younger* than I [me].

**した²**【舌】**a tongue**[タング] → くち図
- 人に向かって舌を出しちゃだめよ.
  Don't stick out your *tongue* at others.

# …した

(►ふつう動詞の過去形で表す)
- 私は部屋を掃除(そうじ)した. I *cleaned* my room.
  (► cleanedは規則動詞cleanの過去形)
- 彼はミキと話をした. He *spoke* to Miki. (► spokeは不規則動詞speakの過去形)

> **ここがポイント!** 過去形の作り方
>
> 動詞は変化のしかたによって規則動詞と不規則動詞の2つに分けられます. 規則動詞の場合, 原則としてplay(遊ぶ)→played(遊んだ), start(出発する)→started(出発した) などのように原形の語尾(ごび)に-edをつけます. 不規則動詞はこの原則から外れるもので, 例えば, go(行く)→went(行った), make(作る)→made(作った)などのように変化する形はさまざまです. この辞典では*印がついている動詞が不規則動詞です. 具体的な変化については, 巻末の変化表を見てください.

**したい**【死体】**a dead body**[デッド ボディ]
**…したい**→…たい¹
**…しだい**【…次第】(…するとすぐに) **as soon as …**[スーン]; (…によりけりだ) **depend on …**[ディペンド], **be up to …**
- 駅に着き次第電話をください. Call me *as soon as* you arrive at the station.
- 天候次第で遠足は中止になる.
  The school trip may be canceled *depending on* the weather.
- すべてあなた次第だ. It's all *up to* you.

**じたい¹**【事態】**a situation**[スィチュエイション], **things**[スィングズ]
- 事態は悪化している. The *situation* is getting worse. / *Things* are getting worse.

**じたい²**【辞退する】**decline**[ディクライン]
- 大会の出場を辞退することにした.
  We decided *not to participate* in the tournament.

# じだい 【時代】

(時期) **a period**[ピ(ア)リアッド], **an age**[エイヂ], **an era**[イ(ア)ラ]; (時勢)(**the**) **times**[タイムズ]

- 江戸時代 the Edo *period* [*era*]
- 原始時代 primitive *times*
- 私たちはITの時代に生きている.
  We live in the IT *age*.
- 時代は変わりつつある. *Times* are changing.
- 彼は学生時代によく一人旅をした.
  He often traveled alone during his school [college] *days*.
- 君の考えは時代遅(おく)れだ.
  Your ideas are out-of-*date*.
- 子ども時代, この川で遊んだ.
  During my childhood, I used to play in this river. (← 子どものころ)

▮時代劇 (侍(さむらい)の) **a samurai drama**

**しだいに gradually**[グラヂュアリィ] → だんだん
**したう**【慕う】**adore**[アドァ]; (尊敬する) **respect**[リスペクト]; (心引かれる) **be attached**[アタッチト]
- イズミはお姉さんを慕っている.
  Izumi *adores* her sister.

**したがう**【従う】**follow**[ファロウ]; (服従する) **obey**[オウベィ]; (ついて行く) **follow**
- アキはいつも姉に従っている.
  Aki always *follows* her sister.
- 私たちは菊池先生の指示に従った.
  We *obeyed* Mr. Kikuchi's instructions.
- ガイドに従って工場を見学した. *Following* our guide, we made a tour of the factory.

**したがき**【下書き】(原稿(こう)の) **a draft**[ドゥラフト]; (絵の) **a rough sketch**[ラフ スケッチ]
**したがって**→だから

# …したがって

| ❶ …するにつれて | as … |
| ❷ …どおりに | according to … |

❶[…するにつれて] **as …**[アズ]
- 彼は有名になるにしたがって忙(いそが)しくなった.
  *As* he became more famous, he also became busy.

❷[…どおりに] **according to …**[アコーディング]
- 計画にしたがって *according to* the plan

**…したがる**→…たがる
**したぎ**【下着】**underwear**[アンダァウェア]; (女性用) **lingerie**[ラーンジャレィ]

# したく 【支度, 仕度】

**preparations**[プレパレイションズ] → じゅんび, ようい¹

━**したくができて be ready**[レディ]
- したくはできましたか. *Are* you *ready*?
- 朝食のしたくができた. Breakfast *is ready*.

━**したく(を)する get ready, prepare**[プリペア], **make preparations**

- 学校に行くしたくをしなさい．
  *Get ready* to go to school. / *Get ready* for school.
- 父はロンドンへ行くしたくをしている．
  My father is *preparing* to go to London.

**じたく**【自宅】**one's house**[ハウス]（複 **houses**[ハウズィズ]），**one's home**[ホウム]
- 彼女の自宅は京都にある．
  Her *house* is in Kyoto.
- 彼は今自宅にいない．He is not（at）*home* now. / He is out.（←出かけている）

**…したくてたまらない**→たまらない
**…したことがある**→…ことがある❶

## したしい【親しい】
**close**[クロウス], **friendly**[フレンドゥリィ]
- 親しい友人 a *close* friend
- **親しくなる become friendly with …**
- カナと私は親しくなった．
  I *became friendly with* Kana.

**したじき**【下敷き】**a pencil board**[ペンサル ボード]（►英米ではノートに下敷きは用いない）
- **下敷きになる be buried［trapped］（under …）**[トゥラップト]
- その男性は車の下敷きになった．
  The man *was trapped under* the car.

**したしむ**【親しむ】**get［be］familiar（with …）**[ファミリァ]；（楽しむ）**enjoy**[インチョィ]
- レイは科学技術にとても親しんでいる．
  Rei *is* very *familiar with* technology.

**…しだす**→…だす
**したたる**【滴る】**drip**[ドゥリップ]
**…したて**→…たて
**…したところだ**→…ところだ❸

**じたばた**【じたばたする】（もがく）**struggle**；（あわてる）**panic**
- 彼は逃げようとしてじたばたした．
  He *struggled* to escape.
- じたばたするな．Don't *panic*.

**…したほうがいい［よい］**→…ほうがいい［よい］
**したまち**【下町】**the old part（of …）**[オウルド パート], **the old town**[タウン]
**…したら**→…たら
**…したり**→…たり
**しち¹**【七（の）】**seven**[セヴン]→なな
**しち²**【質に入れる】**pawn**[ポーン]
  ▮質店 a pawnshop
**じち**【自治】**self-government**[セルフガヴァンメント], **autonomy**[オータノミィ]
  ▮自治体 a local authority
**しちがつ**【七月】**July**[ヂュラィ]（►常に大文字で始め，Jul. と略す）→いちがつ

**しちごさん**【七五三】***Shichi-go-san***; **the Seven-Five-Three Festival**[セヴンファィヴスリー フェスタヴァル]→年中行事【口絵】
- 七五三は3歳（さい），5歳，7歳の子どもたちを祝う日です．
  *Shichi-go-san* is a festival day for children of three, five and seven years of age.

**しちじゅう**【七十（の）】**seventy**[セヴンティ]→ななじゅう
**しちみとうがらし**【七味唐辛子】***shichimi***; **seven-flavored spice**[セヴンフレイヴァド スパイス]
**しちめんちょう**【七面鳥】【鳥】**a turkey**[ターキィ]
**しちゃく**【試着する】**try on**[トゥラィ]
- このワンピース，試着していいですか．
  Can I *try* this dress *on*?
  ▮試着室 a fitting room

**シチュー**（a）**stew**[ストゥー]
- ビーフシチュー beef *stew*

**しちょう**【市長】**a mayor**[メィア]
- 大阪市長 the *Mayor* of Osaka
- 金子市長 *Mayor* Kaneko

**しちょうかく**【視聴覚の】**audio-visual**[オーディオゥヴィジュアル]
  ▮視聴覚教材 audio-visual materials
  ▮視聴覚室 an audio-visual room

**しちょうしゃ**【視聴者】（1人）**a viewer**[ヴューァ]，（まとめて）**an audience**[オーディアンス]
**しちょうりつ**【視聴率】**a rating**[レイティング]（►しばしば複数形で用いる）
- このテレビドラマは視聴率が高い［低い］．
  This TV drama has high［low］*ratings*.

**しつ¹**【質】（a）**quality**[クワリティ]
- このバターは質がよい［悪い］．
  This butter is good［poor］*quality*.
- 量より質が大切だ．*Quality* is more important than quantity.

**しつ²**【室】**a room**[ルーム]
- 305号室 *Room* 305（►305はthree-oh-fiveと読む）

**シッ** sh(h)[シッ], **hush**[ハッシュ]→シーッ
**じつ**【実の】**real**[リー(ァ)ル], **true**[トゥルー]
- 彼女は彼を実の父親のように扱（あつか）う．

She treats him like her *real* father.
**━実は** in fact, to tell the truth, as a matter of fact
- 実はぼくはスキーが得意なんだ．
*In fact*, I am good at skiing. / *As a matter of fact*, I am good at skiing.
- 実は最初君を好きではなかったんだ．*To tell the truth*, I didn't like you at first.
**━実に** really, truly
- それは実におもしろい映画だった．
It was a *really* interesting movie.

**じつえん**【実演】a demonstration[デマンストレイション]
**━実演する** give a demonstration

**しつおん**【室温】room temperature[ルーム テンパラチャァ]

**しっかく**【失格する】be disqualified[ディスクワリファイド]
- 彼はレースに失格になった．
He *was disqualified from* the race.

## しっかり【しっかりした】

❶土台・作りなどが firm, strong；（きつく締まった）tight
❷人・意志・計画などが steady；（信頼できる）reliable

❶〔土台・作りなどが〕firm[ファーム], strong[ストゥローング]；（きつく締まった）tight[タイト]
- しっかりした体格 a *strong* physique
**━しっかり（と）** firmly, firm; tight, tightly
- 私はしっかりベルトを締めた．
I fastened the belt *firmly*.
- 私は包みをひもでしっかりと縛った．
I tied up the package *tightly*.
❷〔人・意志・計画などが〕steady[ステディ]；（信頼できる）reliable[リライアブル]
- しっかりした人 a *reliable* person
**━しっかり（と）**（一生懸命に）hard；（堅実に）steadily
- しっかり勉強しなさい．Study *hard*.
- しっかりしなさい．
Pull yourself together! / Come on!

**じっかん**【実感】a (strong) feeling[(ストゥローング) フィーリング]
- まだ実感がわかない．I still can't believe it.
**━実感する** realize[リーアライズ], (really) feel
- 京都に来てよかったと実感している．
I (*really*) *feel* glad to be in Kyoto.

**しっき**【漆器】lacquerware[ラッカウェア]

**じつぎ**【実技】practical skills[プラクティカル スキルズ]
- 音楽の実技 *practical skills* in music
実技試験 a (practical) skills test

**しつぎょう**【失業】unemployment[アニンプロイマント]
**━失業する** lose *one*'s job
- 彼は失業した．He has *lost his job*.
失業者（1人）an unemployed person,（まとめて）the unemployed
失業率 the unemployment rate

**じつぎょう**【実業】business[ビズニス]
実業家 a businessperson
実業高校 a vocational high school

**じっきょうちゅうけい**【実況中継】live coverage[ライヴ カヴァリッジ]

**じっきょうほうそう**【実況放送】(生放送) a live broadcast[ライヴ ブロードキャスト]
**━実況放送で[の]** live
- これはロンドンからの実況放送です．
This is *live* from London.

**しっくり**【しっくりいく】get along well (with …)[アロング ウェル]
- 最近カオルとしっくりいかないんだ．
Recently I haven't been *getting along well with* Kaoru.

**じっくり**（念入りに，注意深く）carefully[ケァフリィ]；（あわてずに）without haste[ヘイスト]
- 彼はそれをじっくり考えた．
He thought about it *carefully*.
- その問題にじっくり取り組みたい．I want to work on the problem *without haste*.

**しつけ**（精神面の）discipline[ディスィプリン]；（心身両面の）training[トゥレイニング]；（行儀・作法の）manners[マナァズ]
- 家庭のしつけ family *discipline*
- その子はしつけがいい[悪い]．
That child is well [badly] *disciplined*.
**━しつける** discipline; train
- 子犬をしつけた．We *trained* the puppy.

**しっけ**【湿気】（適度な）moisture[モイスチァ]；（不快な）damp[ダンプ]；（湿度）humidity[ヒューミディティ]
**━湿気のある** moist; damp; humid
- きょうは湿気がある．It's *humid* today.

**じっけん**【実験】(an) experiment[イクスペラマント], a test[テスト]
- 私たちの実験は成功[失敗]した．
Our *experiment* was a success [failure].
- 核実験 a nuclear *test*
**━実験の，実験的（な）** experimental[イクスペラマントゥル]
**━実験（を）する** experiment, do [perform]

an experiment
・理科の実験をした.
We *did a* science *experiment*.

実験室 a laboratory

**じつげん**【実現する】**come true**[トゥルー]；(実現させる)**realize**[リーアライズ]
・やっと私の夢が実現した.
At last my dreams have *come true*.
・夢の実現のために頑張(ばん)れ.
Try hard to *realize* your dream.

**しつこい**(しつような)**persistent**[パァスィスタント]；(食べ物が)**heavy**[ヘヴィ]
・彼はすごくしつこい. He is very *persistent*.
・このデザートは私にはしつこすぎる.
This dessert is too *heavy* for me.

**じっこう**【実行する】**carry out**[キャリィ アウト]
・彼は計画を実行した.
He *carried out* his plan.
実行委員会 **an executive committee**
実行力：田中さんは実行力がある. Mr.［Ms.］Tanaka is a person of action.

**じっさい**【実際の】**true**[トゥルー], **real**[リー(ア)ル], **actual**[アクチュアル]
・それは実際の話だ. That's a *true* story.
━実際に **really, actually, practically**
・実際, 出かけたくなかった.
*Actually*, I didn't want to go out.
━実際(のところ) **in fact**

**じつざい**【実在の】**real**[リー(ア)ル]
・実在の人物 a *real* person
━実在する **exist**[イグズィスト]
・その奇妙(きみょう)な動物は実在する.
That strange animal actually *exists*.

**じっし**【実施する】(計画などを)**put ... into practice**[プラクティス], **carry out**[キャリィ アウト]；(行事などを)**hold**[ホウルド]
・私たちはその計画を実施した.
We *carried out* the plan.
・そのスポーツイベントは5月に実施される.
The sports event will be *held* in May.

**じっしゅう**【実習】**practice teaching**[プラクティス ティーチング]

教育実習生 **a student teacher**

**しっしん**[1]【失神する】**faint**[フェイント]
・貧血で失神した. I *fainted* due to anemia.

**しっしん**[2]【湿しん】**a rash**[ラッシュ]

**しっそ**【質素な】**simple**[スィンプル], **plain**[プレイン]
・私は質素な生活に慣れている.
I'm used to living a *simple* life.
・彼女は質素な服装をしている.
She is dressed *simply*［*plainly*］.
━質素に **simply, plainly**

**しっそう**【疾走する】**run at full speed**[ラン][フル スピード]

**しったかぶり**【知ったかぶり】
・彼は何にでも知ったかぶりをする.
He *pretends to know* everything.

**じっち**【実地の】**hands-on**[ハンゾオン]
・実地訓練 *hands-on* training

**しっちたい**【湿地帯】**wetland**[ウェットランド]

**しっている**【知っている】→しる[1]

**しってん**【失点】**loss**[ロース]
━失点する **lose a point**[ルーズ][ポイント]

**しっと** **jealousy**[チェラスィ]
・ツカサはしっとからそう言った.
Tsukasa said that out of *jealousy*.
━しっと深い **jealous**
・あなたはしっと深いね. You're *jealous*!
━しっとする **be jealous**（**of** ...）, **envy**
・私は彼女のよい成績にしっとしていた.
I *was jealous of* her good grades.

**しつど**【湿度】**humidity**[ヒューミディティ]
・きょうは耐(た)えられないほど湿度が高い.
The *humidity* is unbearably high today.

# じっと

(動かないで)**still**[スティル]；(忍耐(にんたい)強く)**patiently**[ペイシャントゥリィ]
・彼はじっと立っている. He is standing *still*.
・彼女は騒音(そうおん)にじっと耐(た)えた.
She *patiently* put up with the noise.
・彼はその少女をじっと見た.
He stared at the girl.

**しっとり**【しっとりした】(湿(しめ)り気のある)**moist**[モイスト]
・しっとりした肌(はだ) *moist* skin

**しつない**【室内の】**indoor**[インドア]→おくない
━室内で **indoors**[インドアズ]
・子どもたちは室内で遊んだ.
The children played *indoors*.

**ジッパー** **a zipper**[ズィッパァ]→ファスナー

# しっぱい【失敗】

(**a**) **failure**[フェイリャァ]（⇔成功(**a**) **success**）

## しっぷ

- その芝居(しばい)は失敗だった.
The play was a *failure*.
- 私たちの計画は失敗に終わった.
Our plan ended in *failure*.
- 大失敗だ！ I really *screwed up*!

**━失敗する fail (in ...)**(⇔成功する succeed (in ...))
- 姉は入試に失敗した.
My sister *failed* the entrance exam.
- 失敗しちゃった！ I *blew it*!

〈慣用表現〉
失敗は成功のもと. Every *failure* is a stepping stone to success.(←すべての失敗は成功への踏(ふ)み石だ)

**しっぷ**【湿布】a pack[パック], a compress[カンプレス]
- 温[冷]湿布
a warm [cold] *pack* [*compress*]

**じつぶつ**【実物】(物)the real thing[リー(ァ)ル スィング]; (人)the real person[パーソン]
- この肖像(しょうぞう)画は実物そっくりだ. This portrait looks just like *the real person*.
**━実物の real**
**実物大**: 実物大の模型 a *life-size* model

**しっぽ a tail**[テイル]

〈慣用表現〉
しっぽを出す(本性を現す)show *one's true colors*: 彼はとうとうしっぽを出した. He finally *showed his true colors*.

**しつぼう**【失望】disappointment[ディサポイントゥマント]
**━失望する be disappointed**
- 私は試合の結果に失望した. I *was disappointed at* the result of the game.
- 私たちは彼に失望した.
We *were disappointed in* him.
- 彼女はその知らせを聞いて失望した.
She *was disappointed* to hear the news.

**しつめい**【失明する】lose *one's* eyesight[ルーズ] [アイサイト], become blind[ブラインド]
- 父は失明した. My father *lost his eyesight*.

## しつもん【質問】

a question[クウェスチョン]
- 1つ質問があります. I have a *question*.
- 先生は質問に答えた.
The teacher answered the *question*.
- 何か質問がありますか. Do you have any *questions*? / Any *questions*?
**━質問する ask, ask a question**
- いくつか質問してもいいですか.
May I *ask* you some *questions*?

〈人〉に〈事〉を質問する
ask＋〈人〉＋〈事〉
- 弟は私に英語で「武士」を何と言うかと質問した. My little brother *asked* me how to say "*bushi*" in English.
- 私はあなたに質問したいことがたくさんある.
I have a lot of *questions* to *ask* you.

**じつよう**【実用的な】practical[プラクティカル]
実用英語 practical English

## じつりょく【実力】

(能力) (real) ability[(リー(ァ)ル) アビラティ]
- 私は試合で実力を発揮した.
I showed my *real ability* in the game.
**━実力のある able, competent**[カンピタント]
- いちばん実力のある生徒
the most *able* student
- ケンは英語の実力がある.
Ken is *competent* in English.
**実力者**(影響(えいきょう)力のある人)an influential figure
**実力テスト** an achievement test

**しつれい**【失礼】(謝罪)I'm sorry. [ソリィ]; (軽いおわび, 断り)Excuse me.[イクスキューズ] → ごめん¹, すみません❶❸
- 失礼ですが, 浜さんではありませんか.
*Excuse me*, but aren't you Ms. Hama?

〈話してみよう〉
☺ ちょっと失礼します.
*Excuse me*.
😊 どうぞ.
Sure. / Certainly.

- 失礼ですが, 何とおっしゃいましたか.
*I beg your pardon*? / *Excuse me*?(▶ともに上げ調子で言う)
- そろそろ失礼します.
Excuse me, but I must be going now.
**━失礼な rude**[ルード], **impolite**[インパライト]
- 失礼な態度をとらないように.
Be careful not to be *rude*.

**…するのは失礼だ**
It is rude [impolite] to＋〈動詞の原形〉
- 口の中をいっぱいにしてしゃべるのは失礼だ.
*It is rude* [*impolite*] *to* speak with your mouth full.

**じつれい**【実例】an example[イグザンプル] → れい¹

**しつれん**【失恋】a broken heart[ブロウカン ハート], lost love[ロスト ラヴ]
- 彼は失恋で苦しんでいた.

He was suffering from a *broken heart*.
ー失恋する have *one*'s heart broken
- 失恋しちゃった. I *had my heart broken*. / I've *got a broken heart*.

**じつわ**【実話】a **true story**[トゥルー ストーリィ]
- この映画は実話に基(もと)づいている. This movie is based on a *true story*.

…**してあげる**➡…あげる
**してい**【指定する】**appoint**[アポイント]
- 指定された時間 the *appointed* time

指定校 **a designated school**
指定席（予約席）**a reserved seat**
指定図書 **a set book**

…**していい**[**よい**]➡…いい❷
…**していた**➡…いた
…**している**➡…いる
…**しておく**➡…おく
**してき**¹【指摘する】**point out**[ポイント アウト]
- 先生は私の間違(まちが)いを指摘した. The teacher *pointed out* my mistake.

**してき**²【私的な】**private**[プライヴィット], **personal**[パーソヌル] (⇔公的な **public**)
- 私的な用事で on *private* business
- 私の私的なことに干渉しないで. Don't interfere in my *personal* affairs [*matters*].

…**してください**➡…ください❶
…**してくれませんか**➡…くれる
…**してくれる**➡…くれる
…**してしまう**➡…しまう
**してつ**【私鉄】⊛**a private railroad**[プライヴィット レイルロウド], ⊛**a private railway**[レイルウェイ]
…**しては**➡…ては❶, …ませんか
…**してはいけない**➡…いけない❷
…**してはならない**➡…ならない❷
…**してほしい**➡…ほしい
…**してみる**➡…みる
…**しても**➡…ても
…**してもいい**[**よい**]➡…いい❷
…**してもらいたい**➡…もらう
…**してもらう**➡…もらう
**してん**¹【支店】（会社の）**a branch（office）**[ブランチ（オーフィス）]; （店の）**a branch（store）**[（ストァ）]
- 横浜支店 the Yokohama *branch*

支店長 **a branch manager**

**してん**²【視点】**a point of view**[ポイント][ヴュー], **a viewpoint**[ヴューポイント]
**しでん**【市電】（路面電車）⊛**a streetcar**[ストゥリートカー], ⊛**a tram**[トゥラム], **tramcar**[トゥラムカー]
**じてん**¹【事典】➡ひゃっかじてん
**じてん**²【辞典】**a dictionary**[ディクショナリィ]➡じしょ

- 英和辞典 an English-Japanese *dictionary*
- 和英辞典 a Japanese-English *dictionary*

**じでん**【自伝】**an autobiography**[オータバイアグラフィ]

# じてんしゃ【自転車】

**a bicycle**[バイスィクル], (《話》)**a bike**[バイク]
- 私は自転車に乗るのが好きだ. I like to ride a *bicycle* [*bike*].
- アユは自転車で学校に通っている. Ayu goes to school by *bicycle*. (▶手段を示すbyの後にはaやtheをつけない)

荷台 carrier
サドル saddle
ハンドル handlebar
反射板 reflector
ブレーキレバー brake lever
スポーク spoke
泥(どろ)よけ fender
チェーン chain
ペダル pedal
タイヤ ⊕tire, ⊛tyre

自転車置き場 **a bicycle shed**
自転車道 **a bicycle path, a bikeway**
自転車旅行 **a cycling trip**

**しどう**【指導】**guidance**[ガイダンス]; （教え）**instruction**[インストゥラクション]
- 進路指導教員 a *guidance* counselor

ー指導（を）する（教科を）**teach**;（スポーツを）**coach: guide, lead, instruct**
- ベーカー先生が英語の発音を指導する. Ms. Baker *teaches* us how to pronounce English.
- 三木先生がバレー部の指導をしている. Mr. Miki *coaches* our volleyball team.

指導員 **an instructor, a coach**
指導者 **a leader**
指導力 **leadership**

**じどう**¹【自動の】**automatic**[オータマティック]
ー自動的に **automatically**

自動運転 **autonomous driving**
自動運転車 **a self-driving [driverless] car**
自動改札（機）**an automatic ticket gate**
自動ドア **an automatic door**
自動販売(はんばい)機 **a vending machine**➡ここがすごい【口絵】

**じどう**²【児童】（子ども）**a child**[チャイルド]（複

じどうし

children[チルドゥラン]）；(学童)a schoolchild[スクールチャイルド]（複 schoolchildren）

児童虐待(ぎゃく) child abuse
児童文学 children's literature

**じどうし**【自動詞】[文法]an intransitive verb[イントゥランサティヴ ヴァープ]（▶v.i., viと略す）

## じどうしゃ【自動車】

a car[カー], ⊕an automobile[オータモビール], ⊕《話》an auto[オートゥ], ⊕a motorcar[モウタカー]→くるま❶

- 自動車に乗った．I got in [into] the car.
- 自動車から降りた．I got out of the car.
- 兄は自動車を運転できる．
  My brother can drive (a car).

自動車教習所 a driving school
自動車工場 a car factory
自動車産業 the automobile industry
自動車事故 a car accident [crash]
自動車メーカー a car manufacturer
自動車レース a car race

**しとしと**【しとしと降る】(雨 が)drizzle[ドゥリズル], rain gently[レイン チェントゥリィ]

- 一日中雨がしとしと降った．
  It drizzled all day long.

**じとじと**（しめった）wet[ウェット], damp[ダンプ]

- きょうはじとじとしている．It's damp today.

**しとやか**【しとやかな】graceful[グレイスフル]

─しとやかに gracefully

**じどり**【自撮り】a selfie[セルフィ]→しゃしん

─自撮りする take a selfie

**しな**【品】(製品)a product[プラダクト]；(品物)an article[アーティクル], an item[アイタム]；(商品)goods[グッヅ]

- 当時この品は100円だった．
  This product was 100 yen in those days.
- この品はどこの店でも手に入る．
  This article is available at every store.
- 多くの種類の品 a large variety of goods
- その漫画(まんが)は品切れです．
  That comic book is out of stock.

**しない¹**【市内に[の]】in the city[スィティ]

- 彼は松本市内に住んでいる．
  He lives in (the city of) Matsumoto.

市内通話 a local call

**しない²**【竹刀】a bamboo sword[バンブー ソード]

**…しない**→…ない❷
**…しないうちに**→うち²❷
**…しないで**→…ないで
**…しないでください**→…ください❷
**…しなかった**→…なかった
**…しながら**→…ながら❶

**…しなくてもいい[よい]**→…いい❸
**…しなければいけない**→…いけない❶
**…しなければならない**→…ならない❶
**…しなさい**→…なさい

**しなもの**【品物】an article[アーティクル], an item[アイタム]；(商品)goods[グッヅ]；(製品)a product[プラダクト]→しな

- この品物はよく売れる．
  This article [item] sells well.

**シナモン** cinnamon[スィナモン]

**しなやか**【しなやかな】(柔軟な, 曲げやすい)flexible[フレクスィブル]；(やわらかな)soft[ソフト]；(身体・動作などが)supple[サプル]

- バレエのダンサーの動きはとてもしなやかだ．
  Ballet dancers are very supple.

**シナリオ** a scenario[スィナリオゥ], a script[スクリプト]；(映画の)a screenplay[スクリーンプレイ]

シナリオライター a scriptwriter; a screenwriter

**じなん**【次男】[the] second son[セカンド サン]

**…しに**（…するために）to+〈動詞の原形〉

- スキーをしに苗場へ行った．
  I went to Naeba to ski.
- ミワはボランティア活動をしに岩手へ行った．
  Miwa went to do volunteer work in Iwate.

─…しに行く go+〈-ing形〉

- コウは原宿へ洋服を買いに行った．
  Ko went clothes shopping in Harajuku.

**しにがみ**【死神】Death[デス]

**…しにくい**→…にくい

**しにものぐるい**【死に物狂いの】desperate[デスパリット]

─死に物狂いで desperately；(命がけで)for one's life

- 死に物狂いで走った．I ran for my life.

## しぬ【死ぬ】

die[ダイ]（⇔生きる live）；be killed (in ...)[キルド]; pass away[パス アウェイ]

- 私の父は40歳(さい)で死んだ．
  My father died at the age of forty.
- 多くの子どもが飢(う)えで死んだ．
  Many children died of hunger.
- 彼はけががもとで死んだ．
  He died from his injuries.
- そのミュージシャンは若くして死んだ．
  The musician died young.
- その交通事故で3人が死んだ．
  Three were killed in the traffic accident.
- 王は2年前に死んだ．
  The king passed away two years ago.

- 私はおなかが減って死にそうだった.
  I *was dying of* hunger.
- 死ぬほどあなたに会いたい.
  I *am dying to* see you.

> **くらべて みよう!** die と be killed と pass away
>
> **die**:「死ぬ」という意味の最も一般的な語.「病気・飢え・老衰(ろうすい)などで死ぬ」ときは die of ... を,「不注意やけがで死ぬ」ときは die from ... を使うのがふつう.
> **be killed**:「事故・災害・戦争などで死ぬ」ときに使う.
> **pass away**:「亡(な)くなる」という意味の遠回しな言い方.

━死んだ, 死んでいる **dead**[デッド]
- 祖母が死んで10年になる. My grandmother has been *dead* for ten years.

**じぬし**【地主】**a landowner**[ランドウオウナァ]
**しのびこむ**【忍び込む】**steal ［sneak］into** ...[スティール［スニーク］]
- 昨夜男がその建物に忍びこんだ. A man *sneaked into* the building last night.

**しば**【芝】**the grass**[グラス], **lawn**[ローン] ➡ しばふ
- 庭の芝を刈(か)った.
  I mowed the *lawn* in the yard.
 ▍芝刈り機 **a lawn mower**

**しはい**【支配】**rule**[ルール]
━支配する **rule**, **control**, **dominate**
- 若い王がその国を支配している.
  A young king *rules* the country.
 ▍支配者 **a ruler**
 ▍支配人 **a manager**

**しばい**【芝居】**a play**[プレィ] ➡ げき, えんげき
**しばいぬ**【柴犬】**a Shiba Inu**(**dog**)
**じはく**【自白】(**a**) **confession**[カンフェション]
━自白する **confess**

**しばしば often**[オーフン](▶一般動詞の前, または be動詞・助動詞の後に置くのがふつう)
- 彼女はしばしば学校に遅刻(ちこく)する.
  She is *often* late for school.
- 姉はしばしば湖へ釣(つ)りに行く.
  My sister *often* goes fishing at the lake.

**...しはじめる**➡...はじめる

**しはつ**【始発】(列車)**the first train**[ファースト トゥレイン]
- 始発に乗ろう. Let's take *the first train*.
 ▍始発駅 **a terminal**(▶「終着駅」の意味でも使う)

**じはつてき**【自発的な】**voluntary**[ヴァランテリィ]
- 自発的な練習 *voluntary* practice
━自発的に **voluntarily**, **of** *one's* **own free will**
- 彼は自発的にお年寄りに席を譲(ゆず)った.
  He gave up his seat *of his own free will* to the senior citizen.

**しばふ**【芝生】**the grass**[グラス], **lawn**[ローン]
- 芝生の上に寝(ね)転がるのは気持ちいい.
  It's comfortable to lie on *the grass*.
- 芝生に入らないでください.
  《掲示》KEEP OFF *THE GRASS*

「芝生に入らないでください」の掲示

**しはらい**【支払い】(**a**) **payment**[ペイマント]
━支払う **pay** ➡ はらう❶
 ▍支払日 **the payment date**

## しばらく

> ❶少しの間　**for a**(**little**)**while**;
> （ほんの少しの間）
> （**for**）**a moment**［**second**］
> ❷長い間　（**for**）**a long time**

❶[少しの間]**for a**(**little**)**while**[(リトゥル)(ホ)ワイル];（ほんの少しの間）(**for**)**a moment**[**second**][モウマント[セカンド]]
- 私たちはしばらく黙(だま)っていた.
  We kept silent *for a while*.
- しばらくお待ちください.
  Wait *a moment*[*second*], please.

❷[長い間](**for**)**a long time**[ロング タイム]
- しばらくぶりですね. I haven't seen you *for a long time*. / It has been *a long time* since I saw you last.

**しばる**【縛る】**tie**[タィ], **bind**[バインド]
- ケンは靴(くつ)ひもをぎゅっと縛った.
  Ken *tied* his shoestrings tightly.
- アユはいつも髪を縛っている.
  Ayu always *ties* up her hair.

**じばん**【地盤】**the ground**[グラウンド]
- このあたりは地盤がゆるい.
  *The ground* is not firm around here.
 ▍地盤沈下 **ground subsidence**

**じはんき**【自販機】➡ じどう¹(自動販売(はんばい)機)
**じひ**【自費で】**pay by** *oneself*[バィ]
- 姉は自費で留学した. My sister *paid by*

*herself* to study abroad.

**じびか**【耳鼻科】(医師)**an ear, nose, and throat doctor**[イァ] [ノゥズ] [スロゥト] [ダクタァ]（▶ ENT doctor と略す）; (耳鼻咽喉科医院)**an ear, nose, and throat hospital**[ハスピトゥル], **an otolaryngologist**[オウトウラリンガデスト]

**じひょう**【辞表】**a (letter of) resignation**[(レタァ)] [レズィグネイション]

**じびょう**【持病】**a chronic disease [illness]**[クラニック ディズィーズ [イルニス]]

**しびれる become [go] numb**[ナム], **be asleep**[アスリープ], 《話》**go to sleep**[スリープ]（▶現在完了形で用いる）
- 手が寒さでしびれている.
  My hands are *numb* with cold.
- 足がしびれた. My legs have *gone to sleep*. / My legs *are asleep*.

## しぶい【渋い】

| ❶味が | **bitter** |
| ❷服装・色などが | (趣味のよい) **tasteful**; (地味な)**quiet** |
| ❸表情などが | (不機嫌な)**sour**; (むっつりした)**sullen** |

❶〔味が〕**bitter**[ビタァ]
❷〔服装・色などが〕(趣味のよい)**tasteful**[テイストゥフル]; (地味な)**quiet**[クワイァット]
- 川田さんは渋い服を着ている.
  Ms. Kawada's clothes are *tasteful*.
❸〔表情などが〕(不機嫌な)**sour**[サゥァ]; (むっつりした)**sullen**[サラン]

**しぶき**(霧状の)**spray**[スプレィ]; (水はね)**a splash**[スプラッシュ]

**しふく**【私服】**one's own clothes**[オウン クロウズ]
- その日は(制服ではなく)私服でいいらしい.
  I hear (that) we can pick *our own clothes* that day.

**しぶしぶ unwillingly**[アンウィリングリィ], **reluctantly**[リラクタントゥリィ]
- 私たちはしぶしぶ出発した.
  We *unwillingly* [*reluctantly*] set off.

**シフト**(移動・交替)**a shift**[シフト]
▶シフトキー『コンピュータ』**a shift key**

**しぶとい tough**[タフ], **persistent**[パァスィスタント]
- 敵チームはしぶといだろう.
  The opponent will be *tough*.

## じぶん【自分】

| ❶自分自身 | **oneself** |
| ❷私 | **I** |

❶〔自分自身〕**oneself**[ワンセルフ]（▶人称・数によってそれぞれ変化する）
- 彼女は自分をいい先生だと思っている. She believes *herself* to be a good teacher.
- 自分のことについて少し話させてください.
  Let me tell you a little bit about *myself*.
- 彼は自分が食べるためにラーメンを作った.
  He made ramen (noodles) for *himself*.
━自分の one's (own)
- 自分の辞書を使いなさい.
  Use *your own* dictionary.
━自分で (by) oneself
- 戸田さんは自分でその小屋を建てた.
  Mr. Toda built the hut *by himself*.

> **ここがポイント!** oneself(自分自身)の変化形
> *oneself*は主語の人称・数・性によって下記のように変化します. oneselfをそのまま用いるのは主語がoneのときだけです.
> ■主語が単数のとき
>
> | 一人称 | 私 | myself |
> |---|---|---|
> | 二人称 | あなた | yourself |
> | 三人称 | 彼 | himself |
> |  | 彼女 | herself |
> |  | それ | itself |
>
> ■主語が複数のとき
>
> | 一人称 | 私たち | ourselves |
> |---|---|---|
> | 二人称 | あなたたち | yourselves |
> | 三人称 | 彼ら<br>彼女たち<br>それら | themselves |

❷〔私〕**I**[アィ]→わたし
- 自分がしました. *I* did it.

**じぶんかって**【自分勝手な】**selfish**[セルフィッシュ], **self-centered**[セルフセンタァド]
- 彼は自分勝手だ. He is *selfish*.

**しへい**【紙幣】**paper money**[ペイパァ マニィ], ⊛**a bill**[ビル], ⊛**a (bank) note**[(バンク) ノウト]

世界各国の紙幣

**じへいしょう**【自閉症】**autism**[オーティズム]
**しほう**【四方に[を]】(方角)**in every direction**[エ

**しぼう**[1]【志望する】**want**[ワント], **wish**[ウィッシュ]
- 姉は会計士を志望している.
  My sister *wants* to be an accountant.
- あなたはどの学校を志望しますか.
  What school do you *want* to enter?

志望校 the school of *one*'s *choice*: 私の第一志望校は東高校だ. *My* first *choice* is Higashi High School.

**しぼう**[2]【死亡】**death**[デス]
→死亡する (病気などで)**die**[ダイ]; (事故などで)**be killed** (**in** …)→しぬ
死亡事故 a fatal accident
死亡者→ししゃ[1]
死亡率 the death rate

**しぼう**[3]【脂肪】**fat**[ファット]
- この食べ物は脂肪が多すぎる.
  This food contains too much *fat*.
→脂肪の多い fatty

**じほう**【時報】**a time signal**[タイム シグナル]

**しぼむ wither**[ウィザァ]
- その花はすぐにしぼんだ.
  The flowers *withered* soon.

**しぼりだす**【絞り出す】**squeeze out**[スクウィーズ]
- 彼女は残りのケチャップを絞り出した. She *squeezed out* the rest of the ketchup.

**しぼる**【絞る,搾る】(タオルなどをねじって)**wring** (**out**) [リング (アウト)]; (汁などを取る) **squeeze**[スクウィーズ]
- タオルを絞った. I *wrung* (*out*) the towel.
- レモンを搾った. I *squeezed* a lemon.
- 牛の乳を搾った. I *milked* a cow.

wring (out)　　squeeze　　milk

- テーマを絞らなければならない.
  I have to *narrow* the subject.

**しほん**【資本】**capital**[キャピトゥル]
資本金 (a) capital (▶複数形では用いない)
資本主義 capitalism

**しま**[1]【島】**an island**[アイランド]
- 佐渡島 Sado *Island* / the *Island* of Sado
- 離れ島 a remote *island*
島国 an island country

**しま**[2]【縞】**a stripe**[ストゥライプ]
- 縦[横]じま vertical [horizontal] *stripes*
→しまの striped→もよう 図
- しまのTシャツ a *striped* T-shirt

**しまい**【姉妹】**a sister**[スィスタァ]→きょうだい

- あなたには姉妹がいますか.
  Do you have any *sisters*?
姉妹校 a sister school
姉妹都市 a sister city: 私たちの市はボストンと姉妹都市です. Our city is a *sister city* of Boston.

## しまう

(かたづける)**put away**[プット アウェイ]; (元の位置に戻す)**put back**[バック]; (保管する)**keep**[キープ]
- 今すぐこれらの物を全部しまいなさい.
  *Put* all these things *away* right now.
- 母は眼鏡をケースにしまった. My mother *put* the glasses *back* in the case.
- 牛乳を冷蔵庫にしまいなさい.
  *Put* the milk in the refrigerator.

**…しまう**[…(して)しまう](終える)**finish**[フィニッシュ], **get through**[ゲット スルー], **have**+〈過去分詞〉
- 彼は来週の月曜日までにその仕事を終えてしまうだろう. He will *finish* [*get through*] the job by next Monday.
- 私はもう昼食を食べてしまった.
  I *have* had lunch already.
- 兄はオーストラリアへ行ってしまった.
  My brother *has* gone to Australia.

**しまうま**【シマウマ】【動物】**a zebra**[ズィーブラ] (複 zebra, zebras)

**じまく**【字幕】**a caption**[キャプション], **subtitles**[サブタイトゥルズ]
- 日本語字幕つきのアメリカ映画 an American movie with Japanese *subtitles*

**…しましょう**→…ましょう
**…します**→…ます
**…しません**→…ない[2]
**…しませんか**→…ませんか, …か[2]

**しまつ**【始末する】(処理する)**deal with** …[ディール]; (処分する)**dispose** (**of** …) [ディスポウズ]

**しまった Oops!**[ウプス], **Gee!**[チー], **Oh, no!**[オゥノゥ]
- しまった, 違う所に名前を書いた. *Oops*, I wrote my name in the wrong place.

## しまる[1]【閉まる】

**close**[クロウズ], **shut**[シャット]
- その店は8時に閉まる.
  The shop *closes* at eight o'clock.
- ドアがひとりでに閉まった.
  The door *closed* by itself.
- 窓がどうしても閉まらなかった.
  The window wouldn't *shut*.

しまる²

**話してみよう!**
☺(店で)何時に閉まりますか.
What time do you *close*?
●8時に閉まります.
We *close* at eight.

**しまる²**【締まる】(きつく結ばれる)**be tied**[タイド], **be tightened**[タイトゥンド]
・(スポーツなどで)締まっていこう！
Let's go on and win!

## じまん【自慢する】
(誇りにする)**be proud**（**of** ..., **about** ...）[プラウド]；(鼻にかける)**boast**（**of** ..., **about** ...）[ボウスト]
・クラスで足がいちばん速いことが自慢だ.
I'm *proud of* being the fastest runner in the class.
・彼は親が金持ちであることをいつも自慢する.
He always *boasts about* the wealth of his parents.

**しみ**【染み】**a spot**[スパット], **a stain**[ステイン]；(インクなどの)**a blot**[ブラット]
・カーペットに染みがついている.
There is a *spot* [*stain*] on the carpet.
→染みをつける **stain**; **blot**

**じみ**【地味な】**plain**[プレイン], **sober**[ソウバァ]
・地味なドレス a *plain* dress
・地味な色 *sober* [*plain*] colors

**しみこむ**【染み込む】**soak**[ソウク]
・水が砂に染みこんだ.
Water *soaked* into the sand.

**シミュレーション a simulation**[スィミュレイション]

**しみる**【染みる】**soak**[ソウク], **stain**[ステイン]；(ひりひりする)**smart**[スマート]
・雨がTシャツに染みた.
The rain *soaked* through my T-shirt.
・ソースがじゅうたんに染みた.
The sauce *stained* the rug.
・煙(けむ)が目に染みた.
My eyes *smarted* from the smoke.
・彼の歌は心に染みた.
I was *deeply impressed* by his song.

**しみん**【市民】**a resident**（**of a city**）[レズィダント][(スィティ)], **a citizen**[スィティズン]（▶citizenは「国民」の意味で用いることが多い）
・福岡市民 a *resident* of Fukuoka
・アメリカ市民 an American *citizen* / a *citizen* of the United States
→市民の **civil**
┃市民会館 **a city hall**
┃市民権 **citizenship**
┃市民生活 **civil life**
┃市民センター **a civic center**
┃市民団体 **a citizens' group**

**じむ**【事務】**office work**[オーフィス ワーク], **clerical work**[クレリカル]
┃事務員 **a clerk**, **an office worker**
┃事務所[室] **an office**

**ジム**(体育館)(話)**a gym**[ヂム], **a gymnasium**[ヂムネイズィアム]
・スポーツジム a *gym*

**しめい¹**【氏名】**a**（**full**）**name**[(フル) ネイム]
・ここに氏名を書いてください. Write down your（*full*）*name* here, please.

**しめい²**【指名する】**nominate**[ナミネイト], **name**[ネイム]
・カズはクラブの部長に指名された.
Kazu was *nominated* [*named*] (as) president of our club.（▶1人しかいない役職名にはaやtheはつけない）
┃指名打者【野球】**a designated hitter**（▶DHと略す）

**しめい³**【使命】**a mission**[ミッション], **duty**[ドゥティ]
・主人公は使命を果たそうとした.
The hero tried to carry out his *mission*.

**しめきり**【締め切り】**a deadline**[デッドライン]
・締め切りに間に合わなかった.
I couldn't meet the *deadline*.

## しめきる【閉め切る，締め切る】

| ❶戸などを | keep ... closed |
| ❷申しこみなどを | close |

**❶**[戸などを]**keep ... closed**[キープ][クロウズド]
・彼らは一日中窓を閉め切っていた. They *kept* the windows *closed* all day long.
**❷**[申しこみなどを]**close**
・冬期講習の参加申しこみはあした締め切ります. Applications for the winter course will *close* tomorrow.

**しめしめ**
・しめしめ，すべて思った通りになった. *I've got it*! Everything turned out as I thought.

**じめじめ**【じめじめした】**damp**[ダンプ], **wet**[ウェット], **humid**[ヒューミッド]

**しめす**【示す】(見せる)**show**[ショウ]；(指し示す)**point**[ポイント]
・このイラストは登録方法を示している.
This illustration *shows* how to register.
・例を示してくれますか.
Can you *show* [*give*] me an example?

- 矢印は出口を示している.
The arrow *points* to the exit.
- 温度計は10度を示している.
The thermometer *reads* ten degrees.

**しめなわ**【注連縄】**a sacred straw rope**[セイクリッド ストゥロー ロウプ]

## しめる¹【閉める】
**close**[クロウズ], **shut**[シャット]
- 窓を閉めてくれませんか. Would you *close* [*shut*] the window, please?
- 店は9時に閉めます.
We *close* the store at 9 p.m.

## しめる²【締める】
(留める)**fasten**[ファスン]; (身につける)**put on**[プット]; (きつく結ぶ)**tighten**[タイトゥン]
- シートベルトを締めてください.
*Fasten* your seat belts, please.
- ネクタイを締める必要がありますか.
Do I need to *put on* a tie? / Do I need to wear a tie?
- 彼はきょうストライプのネクタイを締めている. He is *wearing* a striped tie today.

**しめる³**【占める】**occupy**[アキュパイ]
- その店は旅行者の一団で占められていた.
The shop was *occupied* by a group of tourists.

**しめる⁴**【湿る】**get wet** [**damp, humid**][ウェット][ダンプ, ヒューミッド]](⇔乾(かわ)く dry)
━湿った **wet, damp, moist**
- このタオルは湿っている.
This towel is *damp* [*wet*].
- きょうは空気が湿っている.
It's [The air is] *humid* today.

**じめん**【地面】**the ground**[グラウンド]
- 彼は地面に横たわった.
He lay on *the ground*.

**しも**【霜】**frost**[フロスト]
- 今朝庭に霜が張っていた. The garden was covered with *frost* this morning.

**じもと**【地元の】**local**[ロウカル], **home**[ホウム]
- 地元のテレビ局 a *local* TV station
- 地元のチームが勝った.
The *home* team won.

**しもやけ**【霜焼け】**chilblains**[チルブレインズ]; (凍傷(とうしょう))**frostbite**[フロストバイト]
- 指に霜焼けができた.
I've got *chilblains* on my fingers.

**しもん**【指紋】**a fingerprint**[フィンガプリント](►ふつう複数形で用いる)

**しや**【視野】(**a field of**) **view**[(フィールド)][ヴュー], **vision**[ヴィジョン]; (見解)**an outlook**[アウトゥルック]
- 広い視野を持てるように英語を学んでいます.
I'm learning English in order to have a broad *view* of the world.

**じゃあ well**[ウェル], **then**[ゼン]→では
- じゃあ, 後で.
*See you* later. / I'll *see you* later.

**ジャー**(魔法瓶(まほうびん)) ⊛**a thermos** (**bottle**)[サーマス (バトゥル)], ⊕**a thermos** (**flask**)[(フラスク)](►この意味では a jar は×)

**ジャージ**(上下)**a sweatsuit**[スウェットスート]; (上)**a sweatshirt**[スウェットシャート]; (下)**sweatpants**[スウェットパンツ]; (生地)**jersey**[チャーズィ]

**ジャーナリスト a journalist**[チャーナリスト]
**ジャーナリズム journalism**[チャーナリズム]
**シャープ**『音楽』**a sharp**[シャープ](►記号は#)(⇔フラット a flat)
**シャープペンシル a mechanical pencil**[ミカニカル ペンサル](►**a sharp pencil**は「とがった鉛筆(えんぴつ)」の意)

**シャーベット** ⊛(**a**) **sherbet**[シャーベット], ⊕(**a**) **sorbet**[ソーベット]

**シャイ**【シャイな】**shy**[シャイ]
**ジャイカ**【JICA】**JICA**[チャイカ], **Japan International Cooperation Agency**[チャパン インタァナショヌル コウアパレイション エイヂャンスィ]

**しゃいん**【社員】(1人)**an employee**[インプロイイー], **a staff member**[スタッフ メンバァ], (まとめて)**the staff**
- この会社には社員が100人いる. This company has one hundred *employees*.

**しゃおんかい**【謝恩会】**a thank-you party for the teachers**[サンキュー パーティ][ティーチャズ]

## しゃかい【社会】
(**a**) **society**[ササイアティ]; (地域社会)**a community**[カミューナティ]; (世間)**the world**[ワールド]
- アルバイトは若者が社会を勉強する場になる.
Part-time jobs help young people to learn about *society*.
- 大人になったら社会に貢献(こうけん)したい. I want to contribute to *society* when I grow up.
- ミカは18歳(さい)で社会に出た. Mika went out into *the world* at the age of 18.
━社会の, 社会的な **social**; (公共の)**public**
━社会的に **socially**
社会科 **social studies**
社会科見学 **a field trip**
社会研究部 **a social studies club**
社会主義 **socialism**

## じゃがいも

| 社会人 a member of society |
| 社会生活 life as a member of society |
| 社会福祉(し) social welfare |
| 社会福祉事業 social welfare work |
| 社会保障 social security |
| 社会問題 a social problem [issue] |

**じゃがいも**【じゃが芋】a potato[パテイトウ]
**しゃがむ** squat[スクワット], crouch[クラウチ]
**しゃがれた** hoarse[ホース], husky[ハスキィ]
- しゃがれた声 a *hoarse* voice

**しゃく**【しゃくにさわる】be offended[アフェンディド]; (他者・事柄(認)が主語)offend, get on ...'s nerves[ナーヴズ]
- 彼の質問はしゃくにさわった。
  His question *offended* me. / I *was offended* by his question.
- 彼女はしゃくにさわる。
  She *gets on my nerves*.

**…じゃく**【…弱】a little less than ...[リトゥル レス]
- ケンは100mを12秒弱で走った。
  Ken ran one hundred meters in *a little less than* twelve seconds.
- 駅まで1キロ弱離れている。The station is *a little less than* one kilometer away.

**じゃくし**【弱視】poor eyesight[プァ アイサイト]
**しゃくしょ**【市役所】a city hall[スィティ ホール]
**じゃぐち**【蛇口】㊥ a faucet[フォースィット], 《主に㊨》a tap[タップ]→すいどう 図
- 蛇口を開けた[閉めた]。
  I turned on [off] the *faucet*.

**じゃくてん**【弱点】a weak point[ウィーク ポイント], a weakness[ウィークニス]
**しゃくほう**【釈放する】release[リリース], set ... free[フリー]
**しゃくや**【借家】a rented house[レンティド ハウス]
**しゃげき**【射撃】shooting[シューティング]
- 射撃する shoot

**ジャケット**(上着)a jacket[ヂャキット], a short coat[ショート コウト]; (本などのカバー)a jacket
**しゃこ**【車庫】a garage[ガラージュ]; (屋根だけの)a carport[カーポート]
**しゃこう**【社交的な】sociable[ソウシャブル]
- 彼は社交的だ[でない]。
  He is *sociable* [*unsociable*].
| 社交ダンス ballroom dancing

**しゃざい**【謝罪】(an) apology[アパラヂィ]
- 謝罪する apologize → あやまる¹

**しゃしょう**【車掌】a conductor[カンダクタァ]

## しゃしん【写真】
a picture[ピクチャァ], a photograph[フォウタグラフ], 《話》a photo[フォウトウ]

- 写真を撮(と)りましょう。
  Let's take a *picture*.
- 私の写真を撮ってもらえますか。
  Would you take my *picture*?
- 私たちは写真を撮ってもらった。We had our *picture* taken.(▶have+〈人・物〉+〈過去分詞〉で「〈人・物〉を…してもらう」の意)
- あなたの家族の写真を見せてください。
  Please show me a *picture* of your family.
- この写真を引きのばしてもらえますか。
  Could you enlarge this *picture*?
- その写真はよく撮れている。The *photo* came out well.(◀写りのいい状態で出てきた)
- この写真をタグづけしてＳＮＳに載(の)せた。
  I tagged this *photo* and put it on social media.
- 写真を加工したの？
  Did you retouch your *photo*?
- この写真はピンぼけだ。
  This *picture* is out of focus.
- 兄の趣味(しゅ)は写真だ。
  My brother's hobby is *photography*.
- リョウは写真映(ば)えする。Ryo is photogenic.

### いろいろな写真

| カラー写真 | a color photo |
| 白黒写真 | a black-and-white photo |
| 記念写真 | a commemorative [souvenir] photo |
| 卒業写真 | a graduation photo |
| スナップ写真 | a snapshot |
| 自撮り写真 | a selfie |

| 写真家 a photographer |
| 写真集 a photograph collection |
| 写真立て a photo frame |
| 写真部 a photography club |

**ジャズ**〖音楽〗jazz[ヂャズ]
| ジャズダンス jazz dancing
| ジャズバンド a jazz band

**…しやすい**→…やすい
**ジャスミン**〖植物〗jasmine[ヂャズミン]

▶ジャスミン茶 jasmine tea

**しゃせい**【写生】sketching[スケッチング]；（写生画）a sketch
━写生する sketch
・富士山を写生した. I *sketched* Mt. Fuji.

**しゃせつ**【社説】an editorial[エディトーリアル], a leading article[リーディング アーティクル]

**しゃたく**【社宅】a company-owned house [apartment][カンパニィオウンド ハウス[アパートマント]]

**しゃち**【動物】a killer whale[キラァ (ホ)ウェイル]

**しゃちょう**【社長】a president[プレズィデント], 《主に米》a CEO[スィーイーオゥ]（▶chief executive officer の略）
・副社長 a vice *president*

# シャツ
（ワイシャツ）a shirt[シャート]；（下着）米an undershirt[アンダシャート], 英a vest[ヴェスト]
・Tシャツ a T-*shirt*
・半そで[長そで]シャツ a short-sleeved [long-sleeved] *shirt*
・ケンはシャツを着た. Ken put on his *shirt*.
・ケンはシャツを脱(ぬ)いだ. Ken took off his *shirt*.

> **ここが ポイント!** 下着の「シャツ」は shirt でない
> **shirt**はふつう「ワイシャツ」の意味で使います.「下着」には米undershirt, 英vestを使うのがふつうです.「ワイシャツ」は和製英語「ホワイト・シャツ」がなまったものです.

shirt

米undershirt, 英vest

**しゃっきん**【借金】(a) debt[デット]（★このbは発音しない）
━借金する borrow money；（借金している）owe[オゥ], be in debt

**ジャック**（トランプの）a jack[ヂャック]

**しゃっくり** a hiccup[ヒカップ]
・しゃっくりが止まらなかった. I couldn't stop my *hiccups*.
・しゃっくりをする hiccup, have the hiccups

**ジャッジ**（審判(しんぱん)員）a judge[ヂャッヂ]；（判定）judgment[ヂャッヂマント]

**シャッター**（カメラの）a shutter[シャッタァ]；（建物の）a shutter（▶ふつう複数形で用いる）

・カメラのシャッターを押してくれますか.
Would you take a picture for me, please?
・もうシャッターが降りていた. The *shutters* have already been closed.

**シャットアウト**（締(し)め出すこと）shutting out [シャッティング アウト]；『野球』（完封(かんぷう)）a shutout[シャッタウト]
━シャットアウトする shut out

**しゃどう**【車道】a road[ロウド], a roadway[ロウドウェイ]

**シャトルバス** a shuttle bus[シャトゥル バス]

**しゃぶる** suck[サック]
・弟が親指をしゃぶっている.
My brother is *sucking* his thumb.

**しゃべる** talk[トーク]；（雑談する）chat[チャット]；（告げる）tell[テル]
・彼女はいつもよくしゃべる.
She always *talks* a lot.
・私たちは一晩中しゃべった.
We *chatted* all night.
・これは秘密だからだれにもしゃべらないでね.
This is a secret, so don't *tell* it to anyone.

**シャベル** a shovel[シャヴァル]→スコップ

**シャボンだま**【シャボン玉】a (soap) bubble[(ソウプ) バブル]（▶「シャボン」はポルトガル語から）
・子どもたちはシャボン玉を飛ばした[吹(ふ)いた]. The children blew *bubbles*.

## じゃま【邪魔(を)する】
（妨害(ぼうがい)する）disturb[ディスターブ]；（口を挟(はさ)む）interrupt[インタラプト]
・勉強しているとき邪魔をしないで.
Don't *disturb* me when I am studying.
・セナはいつも私たちの話の邪魔をする.
Sena always *interrupts* us.
・通行の邪魔をしているよ.
You're *in my way*.（◀私の通り道にいる）
・きょうお邪魔してよろしいでしょうか.
Can I *visit* [*come and see*] you today?
・こんにちは, お邪魔します. Hello. May I come in?（◀入ってもいいですか）

**しゃみせん**【三味線】a shamisen
・三味線をひく play the *shamisen*

**ジャム**（果肉入り）jam[ヂャム]；（果肉を含(ふく)まない）jelly[ヂェリィ]
・トーストにいちごジャムを塗(ぬ)った. I spread [put] strawberry *jam* on my toast.

**シャムネコ**【シャム猫】a Siamese cat[サイアミーズ キャット]

**しゃめん**【斜面】a slope[スロウプ]
・急な斜面 a steep *slope*

**しゃもじ** a rice scoop [spoon][ライス スクープ

[スプーン]]

**じゃり**【砂利】gravel[グラヴァル]
▎砂利道 a gravel road [walk, path]

**しゃりょう**【車両】(乗り物) a vehicle[ヴィーイクル]; (列車の) a car[カー]
• 車両通行止め《掲示》CLOSED TO TRAFFIC

**しゃりん**【車輪】a wheel[(ホ)ウィール] → くるま 図

**しゃれ**（冗談(じょうだん)) a joke[ヂョウク]; (ごろ合わせ) a pun[パン]
- しゃれを言う tell a joke; make a joke; make a pun

**しゃれた** fashionable[ファッショナブル], stylish[スタイリッシュ], fancy[ファンスィ]
• しゃれた靴(くつ) *fashionable* shoes

**じゃれる** play with ...[プレィ]
• うちの猫(ねこ)はボールでじゃれるのが好きだ.
Our cat likes to *play with* a ball.

**シャワー** a shower[シャウァ]
• 私は朝シャワーを浴びる.
I take a *shower* in the morning.

**シャワートイレ**〖商標〗(温水洗浄(せんじょう)便座) an automated toilet with water spray for washing[オータメイティド トイリット][ウォータァ スプレィ][ワッシング]

**ジャンクフード** junk food[ヂャンク フード]

**ジャンクメール** junk mail[ヂャンク メイル], spam[スパム]

**ジャングル** the jungle[ヂャングル]
▎ジャングルジム ㋐ a jungle gym, ㋑ a climbing frame

**じゃんけん** *janken*; (the game of) rock-paper-scissors[ラック ペイパァ スィザァズ] (► rock は「石(＝ぐう)」, paper は「紙(＝ぱあ)」, scissors は「はさみ(＝ちょき)」の意)

> **これ、知ってる？ じゃんけんの代わりに…**
> 「じゃんけん」は日本から世界に広まり始めていますが, 英米で順番などを決めるときはふつうコインを使います. コインを投げ上げて "Heads or tails?" と言い, 表か裏か予想して決めます.

**シャンソン** a chanson[シャンサン] (► フランス語から)

**シャンデリア** a chandelier[シャンドリァ] (★アクセント位置に注意)

**ジャンパー** a (baseball [stadium]) jacket[(ベイスボール [ステイディアム]) ヂャキット]; (スポーツ用の) a windbreaker[ウィンドブレイカァ]

> **ここがポイント！ 「ジャンパー」は jumper でない**
> 日本語の「ジャンパー」(ゆったりした上着)は, 英語では jacket と言います. jumper は, ㋐ では「そでなしワンピース, ジャンパースカート」, ㋑ では「セーター」の意味です.

jacket　　㋐jumper　　㋐sweater
　　　　　　㋑pinafore　　㋑jumper

▎ジャンパースカート ㋐ a jumper, ㋑ pinafore

**ジャンプ** a jump[ヂャンプ]
- ジャンプする jump
▎ジャンプシュート 〖バスケットボール〗a jump shot

**シャンプー** (a) shampoo[シャンプー] (★アクセント位置に注意)
- シャンプーする shampoo

**ジャンボ** (ジャンボジェット機) a jumbo[ヂャンボゥ], a jumbo jet[ヂェット]

**ジャンル** a genre[ヂャーンラ] (► フランス語から)

**しゅい**【首位】the top[タップ], first place[ファーストプレイス], the lead[リード]
• 私たちのチームが首位に立った.
Our team took *the lead*.
▎首位打者 a leading hitter

**しゆう**【私有の】private[プライヴィット]
▎私有地 private land

# しゅう¹【週】
a week[ウィーク]
• 今[先, 来]週 this [last, next] *week*
• 再来週 the *week* after next
• 先々週 the *week* before last
• 今月の2週目
the second *week* of this month
• 1週間に4回数学の授業があります.
We have four math classes a *week*.
• 私は毎週ピアノのレッスンを受けている.
I have a piano lesson every *week*.

しゅうかん[1]

- 来週の日曜日に出かけよう．
 Let's go out *next* Sunday.

**しゅう**[2]【州】(米国の) **a state**[ステイト]；(英国の) **a county**[カウンティ]

**…しゅう**【…周】**a lap**[ラップ]

## じゆう【自由】

(束縛(ばく)されない自由) **freedom**[フリーダム]；(束縛から解放された自由) **liberty**[リバァティ]

- 言論の自由 *freedom* of speech

**━自由な free**

- 来ても来なくてもあなたの自由だよ．
 You are *free* to come or not.

**━自由に freely**

**自由に…する**
feel free to +〈動詞の原形〉

- どうぞ自由に私の家に来て．
 Please *feel free to* visit my home.
- 自由にお菓子を取ってください．
 Please *help yourself* to the snacks.

**自由型** 〖水泳〗**freestyle**
**自由契約選手 a free agent**
**自由作文 a free composition**
**自由席 an unreserved seat**

**じゅう**[1]【十(の)】**ten**[テン] → さん[1]

- 何十個ものボール *dozens* of balls
- 10分の1 a [one] *tenth*

**━第十(の) the tenth**[テンス] (▶10thと略す)

**じゅう**[2]【銃】**a gun**[ガン]；(ピストル) **a pistol**[ピストゥル]

**━銃を撃(う)つ shoot [fire] (a gun)**

- 熊(くま)は銃で撃たれた．The bear was *shot*.

**銃規制 gun control**
**銃撃(じゅう)戦 a gunfight**

## …じゅう【…中】

❶ 期間　throughout …, all through …；(…の間に) during …
❷ 場所　all over …, throughout …, round …, around …

❶ [期間] **throughout …**[スルーアウト], **all through …**[スルー]；(…の間に) **during …**[ドゥ(ァ)リング]

- 一晩中 *throughout* the night / *all* night (*long*)
- 一年中 *all through* the year / *all* (*the*) year *around*
- 一日中 *all* day (*long*)
- 私たちは冬休み中スキーをして楽しんだ．
 We enjoyed skiing *throughout* [*all through*, *during*] the winter vacation.

❷ [場所] **all over …**[オウヴァ], **throughout …**, **round …**[ラウンド], **around …**[アラウンド]

- 世界中で[に]
 *all over* the world / *around* the world
- そのニュースは町中に広まった．The news spread *all over* the town. / The news spread *throughout* the town.

**しゅうい**【周囲】(外周) (a) **circumference**[サァカンファランス]；(環境(きょう), 周りの状況(じょう)) **surroundings**[サラウンディングズ]

- その湖は周囲が5キロある．The lake is five kilometers *in circumference*.
- 私の家の周囲はとても静かだ．
 It's very quiet *around* my house.

**━周囲に[を] around**

- 周囲を見回した．I looked *around*.

**じゅうい**【獣医】**a veterinarian**[ヴェタラネ(ァ)リアン], 《話》**a vet**[ヴェット]

**じゅういち**【十一(の)】**eleven**[イレヴン] → さん[1]

- 私の友達は犬を11匹(ひき)飼っている．
 My friend has *eleven* dogs.

**━第十一(の) the eleventh**(▶11thと略す)

**じゅういちがつ**【十一月】**November**[ノウヴェンバァ] (▶常に大文字で始め, Nov. と略す) → いちがつ

**しゅうかい**【集会】**a meeting**[ミーティング], **a gathering**[ギャザリング]；(総会) **an assembly**[アセンブリィ]

- 私たちは集会を開いた．We had a *meeting*.
- 全校集会 a school *assembly*

**集会場 an assembly hall**

**しゅうかく**【収穫】**the harvest**[ハーヴィスト]；(収穫物) **a crop**[クラップ], **a harvest**

- 米の収穫が多かった[少なかった]．
 We had a large [small] rice *crop*. / The rice *harvest* was good [bad].

**━収穫する harvest**
**収穫期 harvest time**
**収穫量 harvest amount**

**しゅうがくりょこう**【修学旅行】**a school trip** [**excursion**][スクールトゥリップ[イクスカージョン]], **class trip**[クラス] (▶classには「同期」の意味があり, 学年単位の旅行はclass tripを用いると伝わりやすい) → 学校生活【口絵】

- 私たちは修学旅行で広島に行った．
 We went on a *school trip* to Hiroshima.

**じゅうがつ**【十月】**October**[アクトウバァ] (▶常に大文字で始め, Oct. と略す) → いちがつ

## しゅうかん[1]【習慣】

(個人の) (a) **habit**[ハビット]；(しきたり) (a) **custom**[カスタム] → 習慣・マナー【口絵】

## しゅうかん²

- 寝坊(ねぼう)する習慣がついてしまった. I've got into the *habit* of getting up late.
- 日本にはお彼岸(ひがん)に墓参りをする習慣がある. It is the *custom* in Japan to visit family graves around the vernal and autumnal equinox.

habit

custom

**しゅうかん²**【週間】a week[ウィーク]
- 何週間も for *weeks*
- 交通安全週間 Traffic Safety *Week*
- 読書週間 Book *Week*
- 私たちは2週間ハワイに滞在(たいざい)した. We stayed in Hawaii for two *weeks*.
- 彼は1週間前にカナダへ帰った. He went back to Canada a *week* ago.

**しゅうかん³**【週刊の】weekly[ウィークリィ]
| 週刊誌 a weekly (magazine)

**しゅうき**【周期】(期間) a period[ピ(ァ)リアッド]; (循環(じゅんかん)) a cycle[サイクル]

**しゅうぎいん**【衆議院】the House of Representatives[ハウス][レプリゼンタティヴズ]
| 衆議院議員 a member of the House of Representatives

**しゅうきゅう**【週休】(週ごとの休み) a weekly holiday[ウィークリィ ハリデイ]
| 週休2日(制) a five-day week

**じゅうきゅう**【十九(の)】nineteen[ナインティーン]→さん¹
- 第十九(の) the nineteenth (▶19thと略す)

**じゅうきょ**【住居】a house[ハウス](複 houses[ハウズィズ]), a residence[レズィダンス](▶後者は形式ばった語)

**しゅうきょう**【宗教】religion[リリヂョン]
- 宗教の, 宗教的な religious

**じゅうぎょういん**【従業員】an employee[インプロイイー]; (労働者) a worker[ワーカァ]→しゃいん
- 従業員のみ《掲示》STAFF ONLY

**しゅうぎょうしき**【終業式】the closing ceremony[クロウズィング セリモウニィ](▶欧米(おうべい)の学校ではふつう終業式は行わない)

**しゅうきん**【集金する】collect money[カレクト マニィ]

**じゅうく**【十九(の)】→じゅうきゅう

**シュークリーム** a creampuff[クリーム パフ](▶「シュークリーム」はフランス語から)

**しゅうげき**【襲撃】(an) attack[アタック]
- 襲撃する attack

**じゅうけんどうじょう**【柔剣道場】a judo and kendo dojo[チュードウ]

**じゅうご**【十五(の)】fifteen[フィフティーン]→さん¹
- 15分 *fifteen* minutes / a *quarter* (of an hour)
- 4時15分前だ. It's a *quarter* to four.
- 第十五(の) the fifteenth (▶15thと略す)

**しゅうごう**【集合する】gather[ギャザァ], get together[トゥゲザァ], (日時などを決めて) meet[ミート]→あつまる❶
- 全生徒が体育館に集合した. All the students *gathered* in the gym.
- 何時に集合しましょうか. What time shall we *meet*?
| 集合時間 a meeting time
| 集合場所 a meeting place

**じゅうごや**【十五夜】(満月の夜) a night with a full moon[ナイト][フル ムーン]; (中秋の) the night of the harvest moon[ハーヴィスト ムーン]→年中行事(月見)[口絵]

**ジューサー** a juicer[チューサァ]

**しゅうさい**【秀才】a bright person[ブライト パースン]

**じゅうさん**【十三(の)】thirteen[サーティーン]→さん¹
- 第十三(の) the thirteenth (▶13thと略す)
- 13日の金曜日 Friday the thirteenth (▶欧米(おうべい)では不吉な日とされる)

**しゅうじ**【習字】calligraphy[カリグラフィ]

**じゅうし¹**【十四(の)】→じゅうよん

**じゅうし²**【重視する】make much of ...[マッチ], put stress on ...[ストゥレス], emphasize[エンファサイズ]
- 河合先生はコミュニケーションを重視する. Ms. Kawai *makes much of* communication.

**じゅうじ**【十字】a cross[クロス]
- 南十字星 the Southern *Cross*
| 十字架(か) a cross
| 十字路 a crossroads

**じゅうしち**【十七(の)】→じゅうなな

**じゅうじつ**【充実した】full[フル], fruitful[フルートゥフル]; (内容のある) substantial[サブスタンシャル]
- マリは充実した生活を送っている. Mari lives a *full* [*fruitful*] life. / Mari leads life *to the full*.
- 充実した1年だった. I had a *fruitful* year.

**しゅうしふ**【終止符】a period[ピ(ァ)リアッド], 《英》a full stop[フル スタップ]

**しゅうしゅう**【収集】(集めること) collecting[カ

しゅうちゅう

レクティング］；(集めた物) **a collection**[カレクション]
→収集する **collect** →あつめる
・趣味(しゅみ)はかわいい文房具を収集することだ．
My hobby is *collecting* cute stationery.

**じゅうじゅん**【従順な】**obedient**[オビーディアント]
・従順な子ども an *obedient* child

# じゅうしょ【住所】

**an address**[アドゥレス]
・名前と住所を教えてください．
May I have your name and *address*?(▶語順に注意．address and nameは×)
・あなたの住所はどこですか．
What is your *address*? / Where do you live?(▶Where is your address?は×)
┃住所録 an *address* book

**じゅうしょう**【重傷】**a serious injury**[スィ(ァ)リアス インヂャリィ]，**a severe wound**[スィヴィア ウーンド]
・彼は自動車事故で重傷を負った．
He suffered a *serious injury* in a car accident. / He was *seriously injured* in a car accident.

**しゅうしょく**【就職】**employment**[インプロイメント]
→就職する **get**［**find**］**a job**
・姉はエンジニアとして就職したがっている．My sister wants to *get a job* as an engineer.
・兄は地元の銀行に就職した．
My brother *found a job* at a local bank.
┃就職活動 job hunting
┃就職試験 an employment test［exam］

**しゅうしん**【就寝する】**go to bed**[ベッド]→ねる¹ ❶

**じゅうしん**【重心】**the center of gravity**[センタァ][グラヴィティ]

**シューズ shoes**[シューズ]→くつ

**ジュース**¹(飲料)(a) **juice**[ヂュース]
・オレンジジュース orange *juice*

┌─ くらべて みよう！ **juice と drink と beverages** ─┐
│ **juice**は厳密には果汁(かじゅう)100%のものだけ │
│ をさし，それ以外は **drink**と言います．「炭酸 │
│ 飲料」は **soda**，「清涼(せいりょう)飲料」は **soft** │
│ **drink**と言います．また水以外の「飲み物」の │
│ 総称(そうしょう)が **beverages** です． │
└─────────────────────────┘

**ジュース**²(テニスなどでの)**deuce**[ドゥース]

**しゅうせい**【修正する】**correct**[カレクト]，**revise**[リヴァイズ]
┃修正液 correction fluid, ⓜwhiteout
┃修正テープ a correction tape

**しゅうせん**【終戦】**the end of war**[エンド][ウォー]

┃終戦記念日 the anniversary of the end of the war

**しゅうぜん**【修繕する】→しゅうり

**じゅうたい**¹【重体，重態】**(a) critical condition**[クリティカル カンディション]
・その患者(かんじゃ)は重体だ．The patient is in *critical*［*serious*］*condition*.

**じゅうたい**²【渋滞】**a traffic jam**[トゥラフィック ヂャム]
・私たちは渋滞につかまってしまった．
We got caught in a *traffic jam*.

**じゅうだい**¹【十代】**one's teens**[ティーンズ](▶語尾(ごび)に -teenがつく13歳(さい)から19歳までの年齢(ねんれい)をさす)
・彼女は10代の前半［後半］だ．
She is in *her* early［late］*teens*.
・10代の人 a *teenager*

**じゅうだい**²【重大な】**important**[インポータント]；(深刻な) **serious**[スィ(ァ)リアス]，**grave**[グレイヴ]
・君に重大な話がある．
I have something *important* to tell you.
・彼は重大な過(あやま)ちを犯(おか)した．
He made a *serious*［*grave*］mistake.

**じゅうたく**【住宅】**a house**[ハウス](複 houses[ハウズィズ])，(まとめて) **housing**[ハウズィング]
・木造住宅 a wooden *house*
┃住宅地 a residential area
┃住宅問題 a housing problem
┃住宅ローン a house［housing］loan

**しゅうだん**【集団】**a group**[グループ]
・集団で in a *group*
┃集団感染(かんせん) group infection
┃集団下校: 私たちは集団下校した．We came home from school in a group.
┃集団行動: 私たちは修学旅行の間集団行動をした．We *acted together as a group* during the school trip.
┃集団生活 living in a group

**じゅうたん**(床(ゆか)全体に敷(し)く) **a carpet**[カーペット]；(床の一部に敷く) **a rug**[ラッグ]
・床に新しいじゅうたんを敷いた．
I laid［put］a new *carpet* on the floor.

# しゅうちゅう【集中】

**concentration**[カンサントゥレイション]
→集中する (専念する) **concentrate**（**on** ...）[カンサントゥレイト]，(人・建物などが) **be concentrated**
・宿題に集中しなさい．
*Concentrate on* your homework.
・多くの工場がこの地区に集中している．Many factories *are concentrated* in this area.
┃集中豪雨(ごうう) a localized（torrential）

しゅうてん

downpour
集中治療室 an intensive care unit(▶ICUと略す)
集中力 (one's power of) concentration

**しゅうてん**【終点】the last stop[ラスト スタップ], a terminal[ターミヌル］；（目的地）a destination[デスティネイション]
- この電車の終点はどこですか．What is this train's *destination* [*last stop*]?
- バス［鉄道］の終点 a bus [train] *terminal*

**しゅうでん**【終電】(列車) the last train[ラスト トゥレイン]

**じゅうてん**【重点】（重要な点）an important point[インポータント ポイント]；（強調）(an) emphasis[エムファスィス]（複 emphases[エムファスィーズ]）, stress[ストゥレス]
- その高校は英語教育に重点を置いている．The high school puts *emphasis* on English education.
- **重点的に**（集中的に）intensively

## じゅうでん【充電する】

charge[チャーヂ]
- スマホを充電しなくちゃ．I must *charge* my smartphone.

充電器 a charger
充電期間 charge period

**シュート**（サッカー・バスケットボールなどの）a shot[シャット]；（野球のシュートボール）a screwball[スクルーボール]
- ダンクシュート a dunk (*shot*)
- ヘディングシュートでゴールを決めた．I scored a goal with a header.
- **シュートする**（ゴールに）shoot[シュート]
- 彼女はゴールにシュートした．She *shot* at the basket.（▶バスケットボールで）

**じゅうどう**【柔道】judo[ヂュードウ]
- カオルは毎日柔道をする．Kaoru practices *judo* every day.
- 佐々木先生は柔道の黒帯だ．Mr. Sasaki is [has] a black belt in *judo*.

柔道部 a judo team

**しゅうどういん**【修道院】(男子の) a monastery[マナステリィ]，(女子の) a convent[カンヴェント]

**しゅうとく**【習得する】master[マスタァ], acquire[アクワイア]
- 英語を習得したい．I want to *master* English.

**じゅうなな**【十七(の)】seventeen[セヴンティーン] → **さん**[1]
- **第十七(の)** the seventeenth（▶17thと略す）

**じゅうなん**【柔軟な】flexible[フレクスィブル]；（体が）supple[サプル]
- **柔軟性** flexibility[フレクスィビリティ]

柔軟体操 stretching

**じゅうに**【十二(の)】twelve[トゥウェルヴ] → **さん**[1]
- **第十二(の)** the twelfth[トゥウェルフス]（▶12thと略す）

十二支 the twelve signs of the Oriental zodiac

子(ね)
the Rat

丑(うし)
the Cow

寅(とら)
the Tiger

卯(う)
the Rabbit

辰(たつ)
the Dragon

巳(み)
the Snake

午(うま)
the Horse

未(ひつじ)
the Sheep

申(さる)
the Monkey

酉(とり)
the Rooster

戌(いぬ)
the Dog

亥(い)
the Boar

**じゅうにがつ**【十二月】December[ディセンバァ]（▶常に大文字で始め, Dec.と略す）→ **いちがつ**

**しゅうにゅう**【収入】(an) income[インカム]（⇔支出 (an) outgo, (an) expense）
- 彼は収入が多い［少ない］. He has a large [small] *income*.

**しゅうにん**【就任する】take office[オーフィス]

**しゅうねん**【執念】（不屈（ふくつ）の精神）persistence[パァスィスタンス]
- 勝利への執念 *persistence* to win
- 彼は執念深い．He does *not* give up easily.

**…しゅうねん**【…周年】（記念日）an anniversary[アニヴァーサリィ]
- 私たちの学校の創立50周年記念日 the fiftieth *anniversary* of our school

**じゅうはち**【十八(の)】eighteen[エイティーン] → **さん**[1]
- **第十八(の)** the eighteenth（▶18thと略す）

**しゅうばん**【週番】weekly duty[ウィークリィ デューティ]
- 今週は週番だ．I *am on duty* this *week*.

**じゅうびょう**【重病の】seriously ill [sick][スィ(ァ)リアスリィ イル [スィック]]
- 彼は重病だ．He's *seriously ill* [*sick*].

**しゅうぶん**【秋分】the autumnal [fall] equinox[オータムナル [フォール] イークウァナックス]
- 秋分の日 *Autumnal* [*Fall*] *Equinox* Day

## じゅうぶん【十分な】

enough[イナフ]

- この自転車を買うのに十分なお金がない．
I don't have *enough* money to buy this bike.
- じゃがいもは2個あれば十分だ．
Two potatoes will be *enough*.
- 十分いただきました．I've had *enough*.（►このenoughは「十分な量」という意味の名詞）

**…するのに十分なほど～だ**
~ enough to +〈動詞の原形〉
- あなたは1人で旅行するのに十分な年になった．
You are old *enough to* travel alone.（► are enough old toは×）
━**十分に enough**；（程度が）**well**[ウェル]
- 健康には十分に気をつけて．
Take *good* care of yourself.

**しゅうまつ**【週末】**a weekend**[ウィークエンド]（► 土曜日と日曜日．金曜日の夜を含(ﾌﾞ)めることもある．「平日」はa weekday）
- 週末に on [㊌at] the *weekend*
- 私はおじの家で週末を過ごした．
I spent the *weekend* at my uncle's.
- 週末は毎週部活です．I attend club activities every *weekend*.
- 楽しい週末を！ Have a nice *weekend*!

**じゅうまん**【十万】**a hundred thousand**[ハンドゥラッド サウザンド]
- 50万 five *hundred thousand*（► hundredの前に2以上の数詞がきても，hundred, thousandのどちらも複数形にしない）
- 何十万という人々
*hundreds of thousands* of people（►「何十万の…」というときはhundredもthousandも複数形にする）

**じゅうみん**【住民】**an inhabitant**[インハビタント]，**a resident**[レズィダント]

**しゅうや**【終夜】(all) **through the night**[ナイト]，**all night long**[ロング]
|終夜運転 **all-night service**

**じゅうやく**【重役】**a director**[ディレクタァ]，**an executive**[イグゼキュティヴ]

**しゅうゆうけん**【周遊券】**an excursion ticket**[イクスカージョン ティキット]

**しゅうよう**【収容する】**hold**[ホウルド]，**accommodate**[アカマデイト]
- このホールは2000人を収容できる．
This hall *holds* two thousand people.
- 負傷者は病院に収容された．
The injured were *accommodated* at the hospital. / The injured were *taken to* the hospital.

## じゅうよう【重要(性)】

**importance**[インポータンス]
━**重要な important**
- 重要な書類 an *important* document
- マキにとっていい成績をとることは重要なことだった．Getting good grades was *important* to Maki.

**…することは(〈人〉にとって)重要だ**
It is important (for +〈人〉+) to +〈動詞の原形〉
- 外国語を学ぶことは私たちにとって重要だ．
*It is important for* us *to* learn foreign languages. / Learning foreign languages is *important* for us.
|重要人物 **a very important person**（►ふつうVIPと略して用いる）
|重要文化財 **an important cultural property**

**じゅうよん**【十四(の)】**fourteen**[フォーティーン]→**さん**¹
━**第十四(の) the fourteenth**（► 14thと略す）

## しゅうり【修理】

**repair**[リペア]，**mending**[メンディング]，**fixing**[フィクスィング]
- 修理中で under *repair*
- この時計は修理がききません．
This watch is beyond *repair*.
━**修理する repair, mend, fix**
- 彼はタイヤのパンクを修理した．
He *repaired* [*fixed*] the flat tire.
- レイは壊(ｺﾜ)れた人形を修理した．
Rei *mended* the broken doll.
- タブレットを修理してもらった．I had my tablet *repaired*．（► have +〈人・物〉+〈過去分詞〉で+「〈人・物〉を…してもらう」の意）

> **くらべてみよう！　repairとmendとfix**
> **repair**: 自動車，家，コンピュータなど仕組みが複雑な物や機械類を修理するときに使う．
> **mend**: 主に衣服や靴(ｸﾂ)，かぎなど小さな物を直すときに使う．
> **fix**: 上記のいずれの場合も使える．

repair　　fix　　mend

|修理工 **a repairman**
|修理店 **a repair shop**

**しゅうりょう**¹【終了する】**end**[エンド]，**come to**

**しゅうりょう²**

an end[カム], finish[フィニッシュ] → おわる

**しゅうりょう²**【修了する】complete[カンプリート], finish[フィニッシュ]
- 兄は今春高校課程を修了した. My brother *completed* high school this spring.
- **修了式** the closing ceremony

**じゅうりょう**【重量】weight[ウェイト] → おもさ
- **重量あげ**〖スポーツ〗weight lifting

**じゅうりょく**【重力】gravity[グラヴィティ]
- 重力の法則 the law of *gravity*
- 無重力状態 weightlessness

**しゅうれい**【終礼】a closing assembly[クロウズィング アセンブリィ]

**しゅうろく**【収録】recording[リコーディング]
- → 収録する record
- その動画は先週収録された. The video was *recorded* last week.

**じゅうろく**【十六(の)】sixteen[スィクスティーン] → さん¹
- → 第十六(の) the sixteenth (▶ 16thと略す)

**しゅえい**【守衛】(門番)a doorkeeper[ドァキーパァ]; (警備員)a guard[ガード]

**ジュエリー** jewelry[ヂューアルリィ]

**しゅえん**【主演する】star[スター], play the leading part[プレイ リーディング パート]
- その映画の主演はだれですか. Who *stars* [*plays the leading part*] in the movie?

**シュガーレス** sugar-free[シュガァフリー]

**しゅかんてき**【主観的な】subjective[サブヂェクティヴ](⇔客観的な objective)
- 君の判断は主観的すぎる. Your opinion is too *subjective*.

**しゅぎ**【主義】a principle[プリンスィプル]

## じゅぎょう【授業】

(集団の)a class[クラス]; (集団または個人的な)a lesson[レッスン]; (学校の授業全体)school[スクール]
- 数学の授業 a math *class* [*lesson*]
- 4時間目の授業は何ですか. What *class* do you have in the fourth period?
- 水曜日は授業が5時間ある. We have five *classes* on Wednesday(s).
- 私たちは毎日学校で授業を受ける. We have *classes* at school every day.
- 彼は授業についていくのが大変だ. He is having a hard time following the *class* [*lessons*].

> 話してみよう!
> ☺英会話の授業は週何時間ありますか.
> How many English conversation *lessons* do you have a week?
> ☺週2時間です. Two *lessons* a week.

- そのとき私たちは授業中だった. We were *in class* then.
- あしたは授業がない. We have no *school* [*classes*] tomorrow.
- 授業は8時30分に始まる. *School* begins at eight thirty.
- 授業に10分遅刻した. I was ten minutes late for *class*.
- **授業参観** school visit; (参観日)an open house
- **授業時間** school hours
- **授業日数** the number of school days
- **授業料** school fees, tuition fees

**じゅく**【塾】a juku (school)[(スクール)]; a cram school[クラム]
- ケンは塾に通っている. Ken goes to a *juku* [*cram school*].

**じゅくご**【熟語】an idiom[イディアム], a set phrase[セット フレイズ], an idiomatic phrase[イディアマティック]

**しゅくさいじつ**【祝祭日】→ しゅくじつ

**しゅくじ**【祝辞】a congratulatory speech[カングラチュラトーリィ スピーチ]
- だれが祝辞を述べるのですか. Who makes the *congratulatory speech*?

**しゅくじつ**【祝日】a national holiday[ナショヌル ハリデイ]
- あしたは祝日で学校は休みだ. Tomorrow is a *national holiday* so we have no school.

**表現メモ**

**日本の祝日**
元日 New Year's Day
成人の日 Coming-of-Age Day
建国記念の日 National Foundation Day
天皇誕生日 The Emperor's Birthday
春分の日 Vernal [Spring] Equinox Day
昭和の日 *Showa* Day
憲法記念日 Constitution Memorial Day
みどりの日 Greenery Day
こどもの日 Children's Day
海の日 Marine Day
山の日 Mountain Day
敬老の日 Respect-for-the-Aged Day, Senior Citizens Day
秋分の日 Autumnal [Fall] Equinox Day
スポーツの日 Health-Sports Day
文化の日 Culture Day
勤労感謝の日 Labor Thanksgiving Day

**しゅくしゃ**【宿舎】an inn[イン]

**しゅくしょう**【縮小】(a) reduction[リダクション]
- → 縮小する reduce, make ... smaller

**じゅくす**【熟す】ripen[ライパン], be ripe[ライプ]

- 柿(かき)は秋に熟す.
 A persimmon *ripens* in the fall.
- そのバナナはまだ熟してない.
 The bananas aren't *ripe* yet.

**じゅくすい**【熟睡する】**sleep well**[スリープ ウェル], **have a good sleep**[グッド]
- 昨夜は熟睡した. I *slept well* last night. / I *had a good sleep* last night.

## しゅくだい【宿題】
**homework**[ホウムワーク],《主に⊛》**an assignment**[アサインマント]
- 英語の宿題 English *homework* / an English *assignment*
- 宿題が終わった.
 I have finished my *homework*.
- 宿題が多すぎるよ. I have too much *homework*.(▶homeworkは数えられない名詞なのでtoo many homeworksは×)
- 先生はたくさん宿題を出した.
 The teacher gave us a lot of *homework* [*assignments*].
 ━宿題をする do *one's* homework
- 宿題をしなきゃ.
 I have to *do my homework*.

**しゅくでん**【祝電】**a congratulatory telegram**[カングラチュラトーリィ テリグラム]

**じゅくどく**【熟読する】**read … carefully**[リード][ケァフリィ]
- 教科書を熟読した.
 I *read* the textbook *carefully*.

**しゅくはく**【宿泊する】**stay**[ステイ]→とまる²
 宿泊客 (宿の) a hotel guest; (家庭の) a home guest
 宿泊設備 lodging, accommodations
 宿泊料金 hotel [room] charges

**しゅくふく**【祝福する】**bless**[ブレス]
- 神の祝福がありますように!
 (May) God *bless* you!

**しゅくめい**【宿命】**fate**[フェイト], (a) **destiny**[デスティニィ]

**じゅくれん**【熟練】**skill**[スキル]
 ━熟練した skilled, skillful; (経験を積んだ) experienced[イクスピ(ァ)リアンスト]

**しゅげい**【手芸(品)】**handicrafts**[ハンディクラフツ]
 手芸部 a handicrafts club

**しゅけん**【主権】**sovereignty**[サヴランティ]

## じゅけん【受験する】
**take an exam [examination]**[イグザム [イグザミネイション]](▶入学試験の場合はtake an entrance exam [examination]とする)

- 彼女は受験して合格した.
 She *took an exam* and passed it.
- 朝日高校を受験するつもりだ. I will *take an entrance exam* for Asahi High School.
- 兄は受験の準備で忙(いそが)しい. My brother is busy preparing for an *examination*.
 受験科目 examination subjects
 受験校 a school to apply to
 受験者 an examinee; (志願者) an applicant
 受験生 a student preparing to take the entrance examinations
 受験地獄(じごく) an examination hell
 受験番号 an examinee's (seat) number
 受験票 an examination admission card
 受験勉強 entrance exam preparation
 受験料 an examination fee

**しゅご**【主語】【文法】**a subject**[サブヂェクト]

**じゅこう**【受講する】**take a course**[コース]
- 夏期講習を受講するの?
 Do you *take* [*attend*] *a* summer *course*?

**しゅさい**【主催する】**sponsor**[スパンサァ], **organize**[オーガナイズ]
- それは旅行会社の主催だった.
 It was *sponsored* by a travel agency.
 主催者 a sponsor, an organizer

**しゅざい**【取材】**coverage**[カヴァリッヂ]
 ━取材する cover; (人を) interview; (資料を集める) gather material
- 優勝チームは新聞社の取材を受けた.
 The winning team was *interviewed* by a newspaper reporter.

**しゅし¹**【種子】**a seed**[スィード]

**しゅし²**【趣旨】(ねらい) **the aim**[エイム]; (目的) **the object**[アブヂェクト]

**しゅじゅつ**【手術】**an operation**[アパレイション]
- がんの手術 a cancer *operation*
 ━手術(を)する (医師が) operate[アパレイト]; (患者が) have an operation
- 盲腸(もうちょう)の手術をした[受けた].
 I *had an operation* for appendicitis.
 手術室 an operating room
 手術台 an operating table

**しゅしょう¹**【主将】**a captain**[キャプティン]
- レンはバスケットボール部の主将だ. Ren is the *captain* of our basketball team.

**しゅしょう²**【首相】**a prime minister**[プライム ミニスタァ]

**じゅしょう**【受賞する】**win a prize [award]**[ウィン][プライズ [アウォード]]
- この映画はアカデミー賞を受賞した.
 This movie *won* an Academy *Award*.
 受賞者 a (prize) winner

**しゅしょく**【主食】a staple food[ステイプル フード]
- 米は日本人の主食だ.
  Rice is the *staple food* of Japan.

**しゅじん**【主人】(夫)one's husband[ハズバンド]; (店主)a storekeeper[ストウカーパァ]; (客をもてなす人)a host[ホウスト], (女主人)a hostess[ホウスティス]

**じゅしん**¹【受信する】receive[リスィーヴ](⇔送信する send)
- 私は毎日たくさんのメールを受信する.
  I *receive* many emails [texts] every day.
受信機 a receiver
受信箱 an inbox
受信料 a license [subscription] fee

**じゅしん**²【受診する】consult [see] a doctor [カンサルト] [ダクタァ]

**しゅじんこう**【主人公】the main character[メイン キャリクタァ]; (男の)a hero[ヒーロウ]; (女の)a heroine[ヘロウイン]
- その漫画(ホシ)の主人公は外科医だ. *The* comic's *main character* is a surgeon.

**しゅせき**【首席】the top[タップ], the head[ヘッド]
- 彼女は首席で卒業した.
  She graduated at *the top* of her class.

**しゅだい**【主題】the subject[サブヂクト]; (小説・音楽などの)the theme[スィーム]
主題歌 a theme song

**しゅだん**【手段】a means[ミーンズ](複 means)(▶単複同形); (最後の手段)a resort[リゾート]→ほうほう
- 医師たちはあらゆる手段を尽(?)くした.
  The doctors tried every possible *means*.
- 言語はコミュニケーションの手段だ.
  Language is a *means* of communication.
- 最後の手段で as a last *resort*

**しゅちょう**【主張】(権利としての)(a) claim[クレイム]; (意見)one's opinion[アピニャン]
- 彼女の主張では in *her opinion*
━主張する claim; (言い張る)insist(on ...)
- 彼は自力でそれをやると主張した.
  He *insisted* on doing it by himself. / He *insisted* that he would do it by himself.

**しゅつえん**【出演】an appearance[アピ(ァ)ランス]
━出演する appear
- その俳優はテレビに出演している.
  The actor *appears* on TV.
- その俳優は映画に出演している.
  The actor *appears* in a movie.
出演者 a performer, (まとめて)the cast
出演料 pay, a performance fee

**しゅっか**【出火する】break out[ブレイク アウト]
- 台所から出火した. A fire *broke out* in the kitchen. / A fire *started* in the kitchen.

**しゅつがん**【出願する】apply[アプライ], make an application[アプリケイション]
- 東高校に出願した.
  I *applied* to Higashi High School.

**しゅっきん**【出勤する】go to work[ワーク]
- 母はたいてい9時ごろ出勤する. My mother usually *goes to work* at about nine.

**しゅっけつ**¹【出血】bleeding[ブリーディング]
━出血する bleed
- 傷から出血した.
  My cut *bled*. / I *bled* from the cut.

**しゅっけつ**²【出欠をとる】take [call] the roll [コール][ロウル]→しゅっせき

**しゅっこう**【出港する】set sail[セイル]
- 船が出港した. The ship *set sail*.

**しゅっこく**【出国】departure[ディパーチャァ](⇔入国 entry)
出国手続き departure procedures

**しゅっさん**【出産する】give birth(to ...)[ギヴ バース]→うむ¹❶

**しゅつじょう**【出場する】participate in ...[パーティスィペイト], take part in ..., enter[エンタァ]
- 将来オリンピックに出場したい. In the future, I want to *participate in* the Olympics.
- 彼はけがで運動会に出場できなかった.
  He couldn't *take part in* the field day due to an injury.
出場校 a participating school
出場者 a participant
出場停止 suspension

**しゅっしょうりつ**【出生率】the birthrate[バースレイト]

# しゅっしん【出身である】

(土地)be from ...[フラム], come from ...[カム]; (学校)graduate from ...[グラヂュエイト]
- 私は日本の奈良(ᵅ)出身だ.
  I'm *from* Nara, Japan.
- パットはシカゴ大学の出身だ. Pat *graduated from* the University of Chicago.
- 「あなたはどこの出身ですか」「名古屋です」
  "Where do you *come from*? / Where *are* you *from*?" "I *come from* Nagoya. / I *am from* Nagoya."
出身校 an alma mater
出身地 a hometown, a birthplace

**しゅっせ**【出世する】succeed in life[サクスィード][ライフ]

# しゅっせき【出席】

attendance[アテンダンス]; (出席していること)

presence[プレゼンス]（⇔欠席（an）absence）
- 谷先生は毎朝出席をとる. Mr. Tani takes [calls] the roll every morning.

━出席する attend; be present（⇔欠席する be absent（from ...））
- 私たちのチームは壮行(そうこう)会に出席した.
Our team *attended* the send-off party.

| 出席者（1人）a person（who is）present, an attendee;（まとめて）the attendance
| 出席番号 a student number in a class
| 出席簿(ぼ) a roll（book）

**しゅつだい**【出題する】make a question[クウェスチョン], make an exam[イグザム]
- 広田先生は教科書から出題した.
Ms. Hirota *made questions* based on the textbook.

| 出題範囲(はんい) the range of exam questions

**しゅっちょう**【出張】a business trip[ビズニストゥリップ]
- 姉は明日から3日間の出張です. My sister will go on a three-day *business trip* tomorrow.

━出張する go ... on business

**しゅっぱつ**【出発】
departure[ディパーチャァ]（⇔到着(ちゃく) arrival）
- 雪のため出発が30分遅(おく)れた.
The *departure* was delayed for half an hour because of snow.

━出発する leave, start from ..., depart
- あしたは朝早く出発しなければならない.
I must *leave* early in the morning tomorrow.
- 私は来月日本を出発する. I will *leave* Japan next month.（▶ leave fromは×）
- ツアーバスは東京駅を出発した. The tour bus *started from* Tokyo Station.

〈場所〉へ向かって出発する
leave［start］for ＋〈場所〉
- ヒロの家族はハワイへ向かって出発した.
Hiro's family *left for* Hawaii.

〈場所A〉へ向かって〈場所B〉を出発する
leave ＋〈場所B〉＋ for ＋〈場所A〉
- 私たちは大阪へ向かって東京を出発した.
We *left* Tokyo *for* Osaka.

| 出発式 a departure ceremony
| 出発時刻 the departure time
| 出発点 the starting point
| 出発日 the departure date
| 出発ロビー a departure lounge

**しゅっぱん**【出版】publication[パブリケイション]
━出版する publish[パブリッシュ]
- この本は小学館から出版されている.
This book is *published* by Shogakukan.（▶ from Shogakukanは×）

| 出版社 a publishing company
| 出版物 a publication

**しゅっぴ**【出費】expenses[イクスペンスィズ]
- 出費を抑(おさ)えなければならない.
We must cut down（on）*expenses*.

**しゅっぴん**【出品する】exhibit[イグズィビット], enter[エンタァ],（売りに出す）put up for sale[プット][セイル]
- 彼女はコンクールに写真を出品した.
She *entered* her photo in the contest.
- ネットオークションにアクセサリーを出品した.
I *put* some accessories *up for sale* on an Internet auction.

**しゅつりょく**【出力】〖コンピュータ〗output[アウトプット]（⇔入力 input）
━出力する output

**しゅと**【首都】the capital（city）[キャピトゥル（スィティ）]
- 日本の首都はどこですか. What's *the capital* of Japan?（▶ Where ...は×）

| 首都圏(けん) the metropolitan area

**しゅどう**【手動の】manual[マニュアル]
**じゅどうたい**【受動態】→ うけみ
**しゅとして**【主として】chiefly[チーフリィ], mainly[メインリィ]→ おもに[2]
**ジュニア**（10代の人）a teenager[ティーネイチャァ];（息子(むすこ), 二世）junior[チューニア]（▶ Jr., jr.と略す）
- ジュニア向け月刊誌
a monthly for *teenagers*

**しゅにん**【主任】the head[ヘッド], the chief[チーフ]
- 英語科の主任
*the head* of the English Department

**シュノーケル** a snorkel[スノーケル]
**しゅび**【守備】defense, ⑱defence[ディフェンス];〖野球〗fielding[フィールディング]
- 私たちのチームは守備が弱い.
Our team is poor at *fielding*.

━守備をする defend; field
| 守備側 the defense

**しゅふ**[1]【主婦】a housewife[ハウスワイフ]（複 housewives[-ワイヴズ]），⑱a homemaker[ホウムメイカァ]（▶後者は主夫（a house husband）も含(ふく)めた語）

**しゅふ**[2]【首府】→ しゅと

**しゅみ**【趣味】
a hobby[ハビィ];（娯楽(ごらく)）a pastime[パスタイ

## じゅみょう

ム]；(好み)(a) **taste**[テイスト] → p.311 ミニ絵辞典

話してみよう！
☺あなたの趣味は何ですか．
Do you have any *hobbies*?
☻私の趣味はピアノを弾(ひ)くことです．
(Yes.) My *hobby* is playing the piano.

- ナオは服の趣味がいい[悪い]．
  Nao has good [bad] *taste* in clothes.
- この歌は私の趣味じゃない．
  This song is not to my *taste*.

**じゅみょう**【寿命】(命の長さ) **a life**（**span**）[ライフ (スパン)]；(耐久時間) (**a**) **life** (複 **lives**[ライヴズ])
- 女性の平均寿命
  the average *life span* of women
- 車の寿命 the *life* of a car
- せみは寿命が短い．A cicada has a short *life*.

**しゅもく**【種目】(競技の) **an event**[イヴェント]
- トラック種目 a track *event*

**じゅもん**【呪文】**a spell**[スペル]；(災難よけの) **a charm**[チャーム]
- 魔女(まじょ)は呪文を唱えた．
  The witch cast a *spell*.

**しゅやく**【主役】**the leading part**［**role**］[リーディング パート ［ロウル］]
- 主役を演じた．I played *the leading part*.

**じゅよ**【授与する】**give**[ギヴ], **award**[アウォード]
- その選手は金メダルを授与された．
  The athlete was *awarded* a gold medal.

**しゅよう**【主要な】**main**[メイン], **chief**[チーフ] → おもな；(大規模な) **major**[メイヂャァ]
▎主要都市 a major city

**じゅよう**【需要】**demand**[ディマンド] (⇔供給 supply)
- 需要と供給 supply and *demand*（►日本語と逆の語順に注意）
- この製品は需要が多い．
  These products are in great *demand*.

**しゅりょう**【狩猟】**hunting**[ハンティング]

## しゅるい【種類】

**a kind**[カインド], **a sort**[ソート], **a type**[タイプ]
- この種類の映画 this *kind* [*sort*] of movie / a movie of this *kind*（► kind [sort] of の後に単数名詞がきても a や an はつかない）
- さまざまな種類の鳥 various *kinds* of birds / birds of various *kinds*
- あなたはどんな種類の食べ物が好きですか．
  What *kind* of food do you like?
- この水族館には何種類の魚がいますか．
  How many *kinds* of fish do they have in this aquarium?

- これらの猫(ねこ)は同じ種類です．
  These cats are the same *kind*.

**しゅわ**【手話】**sign language**[サイン ラングウィッヂ]
- 手話で話そう．
  Let's talk in *sign language*. / Let's use *sign language*.

**じゅわき**【受話器】**a receiver**[リスィーヴァ]
- 私は受話器を取った．
  I picked up the *receiver*.
- 私は受話器を置いた．
  I put down the *receiver*.

**しゅん**【旬】**a season**[スィーズン]
- ぶどうは今が旬だ．
  Grapes are now in *season*.

## じゅん¹【順】

(順序) **order**[オーダァ]；(順番) **a turn**[ターン]
- 番号順に in numerical *order*
- 身長[年齢(ねんれい)]順に
  in *order* of height [age]
- アルファベット順に
  in alphabetical *order* / alphabetically
- 名前は成績順に載(の)っています．
  You are listed in *order* of your scores.
- 私たちは順に馬に乗った．
  We took *turns* riding the horse.
- 先着順に on a first-come-first-served basis

order

turn

**じゅん²**【純な】(混じり気のない) **pure**[ピュア]；(純真な) **innocent**[イナサント]
▎純愛 pure love
▎純金 pure [solid] gold
▎純毛 pure wool

**じゅんい**【順位】**ranking**[ランキング]
▎順位決定戦 (同点者間の) a playoff

**じゅんえん**【順延になる】**be postponed**[ポウストゥポウンド], **be put off**[プット] → えんき

**しゅんかん**【瞬間】**a moment**[モウマント], **an instant**[インスタント]
- 最後の瞬間に at the (very) last *moment*
- その瞬間，頭が真っ白になった．
  At the *moment*, I was upset.
▎瞬間接着剤 a quick-drying glue

**じゅんかん**【循環】(**a**) **circulation**[サーキュレイション]
━循環する **circulate**[サーキュレイト]
━循環型の **recycle-oriented**[リーサイクルオーリエ

## 趣味(しゅみ) Hobbies

趣味は何ですか.
Do you have any hobbies? /
What do you do for fun?

将棋(しょうぎ)が私の趣味です.
Shogi is my hobby. /
Shogi is one of my hobbies.

スポーツ観戦
watching sports

切手[コイン, フィギュア]の収集
collecting stamps [coins, models]

サイクリング
cycling

テニス(をすること)
playing tennis

ケーキ作り
making cakes

プラモデル作り
making plastic models

登山 mountain climbing

| | |
|---|---|
| 映画鑑賞(かんしょう) | watching movies |
| 音楽鑑賞 | listening to music |
| 料理 | cooking |
| 写真撮影(さつえい) | taking pictures |
| 絵を描(か)くこと | painting pictures |
| カラオケ | singing karaoke |
| 旅行 | traveling |
| 釣(つ)り | fishing |
| キャンプ | camping |
| スキー | skiing |
| ダンス | dancing |
| サーフィン | surfing |
| スケートボード | skateboarding |
| ガーデニング | gardening |
| 散歩 | walking |

バードウォッチング
birdwatching

ギター(をひくこと)
playing the guitar

## じゅんきゅう

・循環型社会 a recycle-oriented society
‖**循環バス** a circle [loop-line] bus

**じゅんきゅう**【準急】**a local express (train)**[ロウカル イクスプレス(トゥレイン)]

**じゅんきょうじゅ**【准教授】**an associate professor**[アソウシイット プラフェッサァ]

**じゅんけっしょう**【準決勝】**a semifinal**[セミファイヌル](▶準決勝は2試合あるのでふつう複数形the semifinalsで用いる)
・私たちのチームは準決勝に進んだ. Our team went on to *the semifinals*. / Our team advanced to *the semifinals*.
・彼は準決勝で敗退した.
He was defeated in *the semifinals*.

**じゅんさ**【巡査】**a police officer**[パリース オーフィサァ], 《話》**a cop**[カップ]
・交通巡査 a traffic *police officer*

**じゅんじゅん**【順々に】(次々に)**one after another**[アナザァ]; (順番に)**in turn**[ターン]; (1人[1つ]ずつ)**one by one**

**じゅんじゅんけっしょう**【準々決勝】**a quarterfinal**[クウォータァファイヌル](▶準々決勝は4試合あるのでふつう複数形the quarterfinalsで用いる)→じゅんけっしょう

**じゅんじょ**【順序】**order**[オーダァ]
・一定の順序で in regular *order*
・これらの名前は順序が間違(ボホネッガ)っている.
These names are in the wrong *order*.

**じゅんじょう**【純情な】**pure**[ピュア]
・リツは純情だ. Ritsu has a *pure* heart.

**じゅんしん**【純真な】**pure**[ピュア]

**じゅんすい**【純粋な】**pure**[ピュア]
・純粋な心 a *pure* heart
—**純粋に purely**

**じゅんちょう**【順調な】**smooth**[スムーズ]
—**順調に all right, well**; (何の障害もなく)**smoothly**
・すべて順調だ.
Everything is going *all right*.

**じゅんばん**【順番】**a turn**[ターン]→ばん²❶
・順番に in *turn*
・順番をお待ちください.
Wait (for) your *turn*, please.

## じゅんび【準備】

(a) **preparation**[プレパレイション]
・そのレストランはまだ準備中だ.
The restaurant is still in *preparation*.
—**準備(を)する prepare**[プリペァ]; (準備がされている)**be ready**[レディ]
・ケンは食事を準備した.

Ken *prepared* the meal.
・夕食の準備ができたよ. Dinner *is ready*.
—**…の[する]準備をする**
**make[get] ready for +〈事〉**
・寝(ね)る前にあしたの準備をしなきゃ.
I have to *get ready for* tomorrow before going to bed.
・私たちは送別会の準備をした. We *made preparations for* the farewell party.
—**…の[する]準備ができている**
**be ready for +〈事〉/**
**be ready to +〈動詞の原形〉**
・私はテストの準備ができている.
I *am ready for* the exam.
・私たちは修学旅行に行く準備ができている.
We *are ready to* go on a school trip.
‖**準備運動 warm-up exercises, a warm-up**
‖**準備室 a preparation room**

**しゅんぶん**【春分】**the vernal[spring] equinox**[ヴァーヌル[スプリング] イークウィナックス]
・春分の日 *Vernal*[*Spring*] *Equinox* Day

**じゅんゆうしょう**【準優勝】**second place**[セカンド プレイス]
—**準優勝する take[win] second place**
・バレー部は市大会で準優勝した.
The volleyball team *won second place* in the city tournament.
‖**準優勝者 a runner-up**

**しよう¹**【使用】**use**[ユース]
・使用上の注意 directions for *use*
・多くのタブレットが学校で使用されている.
Many tablets are in *use* at schools.
—**使用する use**[ユーズ](★名詞との発音の違(ボホネッガ)いに注意)→つかう¹
‖**使用禁止** 《掲示》(故障で)**OUT OF ORDER**

セルフサービスのコーヒーミルに貼られた「使用禁止」の表示

‖**使用者 a user**; (雇(ボ)い主)**an employer**
‖**使用中** (トイレが)《掲示》**OCCUPIED**
‖**使用料** (土地・部屋などの)**rent**

**しよう²**【私用】(自分の用事)**private business**[プライヴィット ビズニス]; (個人用)**personal use**[パーサヌル ユース]
・彼は私用で神戸へ行った.

He went to Kobe on *private business*.

# …しよう

❶ 勧誘 → …ましょう❶
❷ …しようとする
　　　　　（試みる）**try to**＋〈動詞の原形〉;
　　　　　（…しようとしている）
　　　　　**be going to**＋〈動詞の原形〉,
　　　　　**be about to**＋〈動詞の原形〉

❶ [勧誘] → …ましょう❶
❷ […しようとする]（試みる）**try to**＋〈動詞の原形〉[トゥライ];（…しようとしている）**be going to**＋〈動詞の原形〉[ゴウイング], **be about to**＋〈動詞の原形〉
- 私は逃げようとしたができなかった.
  I *tried to* run away, but I couldn't.
- 彼女が駅に着いたとき, 電車はまさに発車しようとしていた. The train *was*（just）*about to* leave when she got to the station.

**しょう¹**【賞】**a prize**[プライズ] → じゅしょう
- 1等賞（the）first *prize*
- 残念賞 a consolation *prize*
- ノーベル賞 the Nobel *prize*
- 芥川賞 the Akutagawa *Prize*
- アカデミー賞 an Academy *Award*

**しょう²**【章】**a chapter**[チャプタァ]
- 第3章 the third *chapter* / *Chapter* 3（▶後者は chapter three と読む）

**しょう³**【省】（英国・日本などの）**a ministry**[ミニストゥリィ];（米国の）**a department**[ディパートゥマント]

### 日本の省の言い方
外務省 Ministry of Foreign Affairs
環境省 Ministry of the Environment
経済産業省 Ministry of Economy, Trade and Industry
厚生労働省 Ministry of Health, Labour and Welfare
国土交通省 Ministry of Land, Infrastructure, Transport and Tourism
財務省 Ministry of Finance
総務省 Ministry of Internal Affairs and Communications
農林水産省 Ministry of Agriculture, Forestry and Fisheries
防衛省 Ministry of Defense
法務省 Ministry of Justice
文部科学省 Ministry of Education, Culture, Sports, Science and Technology

---

**…しょう¹**[…(しま)しょう] → …ましょう
**…しょう²**[…(で)しょう] → …でしょう
**…しょう³**[…勝]**a win**[ウィン]
- 私たちのチームは4勝2敗だった.
  Our team had four *wins* and two losses.

**じょう**【錠】**a lock**[ラック] → かぎ

**…じょう¹**[…条]**an article**[アーティクル]
- （日本国）憲法第9条
  *Article* 9 of the（Japanese）Constitution

**…じょう²**[…畳]
- 6畳の部屋
  a six-*tatami mat* room / a six-*mat* room

**…じょう³**[…城]**castle**[キャスル]
- 姫路城 Himeji *Castle*

**じょうえい**【上映する】**show**[ショウ]
- その映画は今劇場で上映中だ. The movie is *showing* at the theaters now.
- **上映されている be on**
- その映画館では何が上映されていますか.
  What's *on* at the movie theater?

**しょうエネ**【省エネ】**energy saving**[エナァディ セイヴィング]
- **省エネの energy-saving**
- 省エネ型冷蔵庫
  an *energy-saving* refrigerator

**じょうえん**【上演する】**put on**[プット], **perform**[パフォーム], **present**[プリゼント]
- 秋に英語劇を上演します.
  We will *perform* an English play in the autumn.

**しょうか¹**【消化】**digestion**[ダイヂェスチョン]
- **消化する digest**
- めん類は消化しやすい.
  Noodles are easy to *digest*.
- **消化器官**（まとめて）**the digestive organs**
- **消化不良 indigestion**

**しょうか²**【消火する】**put out the fire**[アウト][ファイア], **extinguish the fire**[イクスティングウィッシュ] → けす❶

消火器 a fire extinguisher
消火訓練 a fire-fighting drill
消火栓 a fire hydrant

歩道に設置された消火栓（米国）

**しょうが**〚植物〛**ginger**[ヂンヂャァ]
**じょうか**〚浄化する〛**purify**[ピュ(ァ)リファイ]
▮浄化装置 **purifying equipment**

# しょうかい【紹介】

(**an**) **introduction**[イントゥラダクション]
━紹介(を)する **introduce**[イントゥラドゥース]
・私の友達を紹介します.
 Let me *introduce* one of my friends.
 〈人A〉を〈人B〉に紹介する
 introduce＋〈人A〉＋to＋〈人B〉
・ホワイト先生を紹介します.
 I'll *introduce* Mr. White *to* you.
▮紹介状 **a letter of introduction**

**しょうがい**¹〚障害(物)〛**an obstacle**[アブスタクル], **barrier**[バリア]; (困難)**a difficulty**[ディフィカルティ]; (身体的・精神的な)**a disability**[ディサビラティ], **a handicap**[ハンディキャップ]
・障害を乗り越(こ)えなくてはならない. We must overcome *obstacles* [*difficulties*].
・学習障害 learning *disabilities*
・発達障害 a developmental *disorder*
▮障がい者(まとめて)**people with disabilities**, **people who are disabled**
▮障害物競走 **an obstacle race**

**しょうがい**²〚生涯〛**a life**[ライフ](複 lives[ライヴズ]); (一生の間)**for all** *one's* **life**[オール]; (この先ずっと)**for the rest of** *one's* **life**[レスト]→いっしょう
・あの幸せな日々を私は生涯忘れないだろう.
 I will remember those happy days *for the rest of my life*.
▮生涯教育 **lifelong education**

**じょうがい**〚場外〛
・マコトは場外ホームランを打った.
 Makoto hit an *out-of-the-park* homer.

**しょうがくきん**〚奨学金〛**a scholarship**[スカラァシップ]
・アズサは奨学金をもらって(勉強して)いる.
 Azusa is (studying) on a *scholarship*.

**しょうがくせい**〚小学生〛**a schoolchild**[スクールチャイルド](複 schoolchildren[-チルドゥラン]), ⓜ**an elementary schoolchild**[エラメンタリィ], 《主に⑭》**a primary schoolchild**[プライメリィ]; (男子)**a schoolboy**[スクールボーイ]; (女子)**a schoolgirl**[スクールガール](▶schoolchildは小学生以外にも用いる)

**しょうがつ**〚正月〛(新年)(**the**) **New Year**[ヌーイァ]; (元日)**New Year's Day**[デイ]
・私は正月に友達と出かけた. I went out with my friends on *New Year's Day*.
▮正月休み **the New Year holidays**

**しょうがっこう**〚小学校〛ⓜ**an elementary school**[エラメンタリィ スクール], 《主に⑭》**a primary school**[プライメリィ]→がっこう
・弟は小学校に通っている. My little brother goes to *elementary school*.
・妹は小学校5年だ. My sister is in the fifth grade. / My sister is a fifth grader.

**しょうがない**→しかたない

**じょうかまち**〚城下町〛**a castle town**[キャスル タウン]

**しょうき**〚正気〛**senses**[センスィズ], **sanity**[サニティ]
・私は正気に返った. I came to my *senses*.
━正気の **sane**[セイン]
・彼は正気じゃない.
 He is insane [out of his mind].

**しょうぎ**〚将棋〛**shogi**
・将棋のこま a *shogi* piece
・将棋は日本のチェスです.
 *Shogi* is Japanese chess.
・2人は将棋を指しています.
 The two are playing *shogi*.
・彼は将棋が強い.
 He is a good *shogi* player.
▮将棋盤(ばん) **a shogi board**
▮将棋部 **a shogi club**

**じょうき**〚蒸気〛**steam**[スティーム], **vapor**[ヴェイパァ]
▮蒸気機関車 **a steam locomotive**

**じょうぎ**〚定規〛**a ruler**[ルーラァ]
・三角定規 a triangle

**じょうきげん**〚上機嫌で〛**in high spirits**[ハイ スピリッツ], **in** (**a**) **good humor**[グッド ヒューマァ]

**しょうきゃく**〚焼却する〛**incinerate**[インスィナレイト]
▮焼却炉(ろ) **an incinerator**

**じょうきゃく**〚乗客〛**a passenger**[パサンヂャァ]
・その飛行機には80人の乗客がいた.
 There were 80 *passengers* on the plane.

**じょうきゅう**〚上級の〛(年齢(ねん)・役職が)**senior**[スィーニャァ](⇔下級の junior); (レベルが上の)**advanced**[アドヴァンスト]
・上級の英会話クラス
 an *advanced* English conversation class
▮上級生 **an older student**(▶英米では「上級生,下級生」という考え方をあまりしない)→せんぱい

**しょうぎょう**〚商業〛**commerce**[カマース], **business**[ビズニス]
━商業の **commercial**[カマーシャル]
▮商業科 **the commercial course**
▮商業高校 **a commercial high school**

**じょうきょう**[1]【状況】**the situation**[スィチュエイション], **the circumstances**[サーカムスタンスィズ]
- この状況ではここにとどまったほうがよい. Under *the circumstances*, we'd better stay here.
- 状況はよく[悪く]なっている. *Things* are getting better [worse].

**じょうきょう**[2]【上京する】(東京に行く)**go up to Tokyo**[ゴッ]; (東京に来る)**come up to Tokyo**[カム]
- いとこが先月上京してきた. My cousin *came up to Tokyo* last month.

**しょうきょくてき**【消極的な】(受け身の)**passive**[パッスィヴ](⇔積極的な active); (否定的な)**negative**[ネガティヴ](⇔積極的な positive)
- ケンは消極的だ. Ken is *passive*.
- 先生はその意見に対して消極的だった. The teacher was *negative* to the idea.

**しょうきん**【賞金】**prize money**[プライズ マニィ], **a prize**; (報償(ほう)金)**a reward**[リウォード]
- 彼は賞金100万円を獲得(かく)した. He won [got] *a prize* of one million yen.

**じょうくう**【上空】
- 飛行機は富士山の上空を飛んだ. The plane flew through *the sky above* Mt. Fuji.

**じょうげ**【上下に】**up and down**[アップ][ダウン]
- 飛行機は上下に揺(ゆ)れた. The plane went *up and down*.
- 上下関係: 柔道(じゅう)部は上下関係が厳しい. Judo team has a strict *pecking order*.

**じょうけい**【情景】**a scene**[スィーン], **a sight**[サイト]

**しょうげき**【衝撃】(a) **shock**[シャック]
- 彼女の死は全世界に大きな衝撃を与(あた)えた. Her death was [came as] a great *shock* to the world.
- **衝撃的な shocking**
- 衝撃的な出来事 a *shocking* event

**じょうけん**【条件】**a condition**[カンディション]
- 両親は私が毎日えさを与(あた)えるという条件で犬を飼うことを許してくれた. My parents allowed me to have a dog on (the) *condition* that I feed him every day.
- **条件つきの conditional**
- 条件反射 conditioned reflex

**しょうこ**【証拠】**evidence**[エヴィダンス], **proof**[プルーフ]
- 状況(じょう)証拠 circumstantial *evidence*
- 物的証拠 physical *evidence*
- 彼らがうそをついたという証拠は何もない. There is no *evidence* [*proof*] that they lied.

**しょうご**【正午】**noon**[ヌーン]
- 正午に at *noon*
- 正午のニュース the *twelve o'clock* news / the *midday* news

**しょうこうぐち**【昇降口】(学校の)**school building entrance**[スクール ビルディング エントゥランス]

**しょうさい**【詳細】**details**[ディテイルズ]
- **詳細な detailed**
- 詳細な説明 a *detailed* explanation
- **詳細に in detail**
- 事実を詳細に報告した. I reported the facts *in detail*.

**じょうざい**【錠剤】**a tablet**[タブリット]→くすり 図

**しょうさん**【賞賛】(ほめること)**praise**[プレイズ]; (感嘆(かん))**admiration**[アドゥマレイション]
- **賞賛する praise; admire**[アドゥマイア]→ほめる

**しょうじ**【障子】**a shoji**（screen）[(スクリーン)]
- 障子は紙の間仕切りのことです. A *shoji* is a sliding paper screen.

**しょうしか**【少子化】**a declining birth rate**[ディクライニング バース レイト]

## しょうじき【正直】

**honesty**[アニスティ]
- **正直な honest**; (率直(そっ)な)**frank**
- 正直な人 an *honest* person
- マリはいつも正直だ. Mari is always *honest*.
- **正直に honestly; frankly**
- 正直に言って, 君の意見には賛成できない. To be *honest* (with you), I don't agree with you. / *Frankly* (speaking), I don't agree with you.
- 正直に話してよ. Tell me the true story.

━━━━━━━━━━━━━ 慣用表現 ━━━━━━━━━━━━━

三度目の正直. **Third time lucky**.

---

**じょうしき**【常識】**common sense**[カマン センス]; (知識)**common knowledge**[ナリッヂ]
- それは常識だ. It's *common knowledge*. / Everybody knows it. (←みんな知っている)
- **常識がある have common sense**
- あの人は常識に欠ける. That person lacks *common sense*. / That person *has* no *common sense*.

**しょうしゃ**[1]【商社】**a business firm**[ビズニス ファーム]; (貿易会社)**a trading company**[トゥレイディング カンパニィ]

**しょうしゃ**[2]【勝者】**a winner**[ウィナァ]

**じょうしゃ**【乗車する】(自動車に)**get on** ...[ゲット]; (自動車に)**get in** ...; (利用する)**take**[テイク]→のる[1]❶❷

## しょうしゅう

- 列車[バス]に乗車した. I *got on* a train [bus].

乗車券 a ticket

**しょうしゅう**【召集する】call[コール]

**じょうじゅん**【上旬に】early in ...[アーリィ], in early ...

- 5月上旬に *early in* May /(5月の初めに)*at the beginning of* May
- 私は来月上旬にアメリカに行く. I'll leave for America *early* next month. (► この場合early in next monthは×)

**しょうしょ**【証書】(証明書)a certificate[サァティフィカット]

**しょうじょ**【少女】a girl[ガール](⇔少年 a boy)(► 一般的に若い成人女性をさすこともある. 10歳(ポい)くらいまでの女の子は a little girlと言うことが多い)

- おばは少女のころおてんばだった. My aunt was a tomboy when she was a (little) *girl*.

ー少女のような, 少女らしい girlish[ガーリッシュ]

少女雑誌 a girls' magazine, a magazine for girls

少女時代 *one*'s girlhood

少女漫画(ポミミぬ) a girls' comic

**しょうしょう**【少々】some[サム]; (量・程度が)a little[リトゥル]; (数が)a few[フュー]; (時間が)a moment[モウマント]→すこし

- なべにバターを少々入れてください. Please put *some* butter in [into] the pan.
- 少々お待ちください. Just *a moment*, please.

**しょうじょう¹**【症状】a symptom[スィンプタム]

**しょうじょう²**【賞状】a certificate (of merit)[サァティフィカット] [(メリット)]

**じょうしょう**【上昇する】go up[ゴゥ], rise[ライズ]

- 物価が上昇している. Prices are *going up*.

**しょうしょく**【小食, 少食】

- 彼女は小食だ. She doesn't eat much. / She *eats* little. / She *eats* like a bird.

**しょうじる**【生じる】occur[アカー], happen[ハプン], take place[プレイス]→おこる²

**しょうしん**【昇進】(a) promotion[プラモウション]

ー昇進する be promoted

**しょうじんりょうり**【精進料理】a vegetarian diet[ヴェヂテ(ァ)リアン ダイアット]

## じょうず【じょうずな】

good[グッド](⇔へたな bad)

…がじょうずだ

be good at +〈-ing形または名詞〉

- ミドリはバイオリンがじょうずだ. Midori *is good at* play*ing* the violin. / Midori is a *good* violinist. / Midori plays the violin *well*.

ーじょうずに well[ウェル]

- テニスがじょうずになりたい. I want to play tennis *well*.
- ケンは私よりじょうずに英語をしゃべれる. Ken can speak English *better* than me.

**じょうすい**【浄水】

浄水器 a water purifier

浄水場 a water purification plant

**じょうすいどう**【上水道】waterworks[ウォータァワークス]

**しょうすう¹**【少数】the [a] minority[マノーリティ](► 複数形では用いない)(⇔多数 the [a] majority)

ー少数の(a) few ...[フュー], a small number of ...→すこし くらべて!

- ごく少数の生徒が試験に合格した. Only *a few* students passed the exam.
- ごく少数の生徒しか試験に合格しなかった. Only *few* students passed the exam. (►「〜しなかった」と否定的な言い方の場合にはaをつけない)

少数意見 a minority opinion

少数民族 a minority (race)

**しょうすう²**【小数】『数学』a decimal[デスィマル]

小数点 a decimal point(►小数点はpointと読み, 例えば, 10.23はten point two threeのように, 小数点以下を1けたずつ読む)

**じょうせい**【情勢】the situation[スィチュエイション]

**しょうせつ**【小説】(長編の)a novel[ナヴァル]; (物語)a story[ストーリィ]; (総称(ポミぬ))fiction[フィクション]

- 短編小説 a short *story*
- 恋愛(<sub>れんあい</sub>)小説 a love *story*
- 連載(<sub>れんさい</sub>)小説 a serial *story*
- 推理小説 a mystery

小説家 a novelist

**じょうせん**【乗船する】go on board[ボード], go aboard[アボード]

**しょうぞうが**【肖像画】a portrait[ポートゥリット]

**しょうそく**【消息】(情報)news[ヌーズ](► 単数扱い)

- 彼女からは何の消息もない. I haven't had any *news* from her. / I haven't heard from her.
- その飛行機は依然(<sub>いぜん</sub>)として消息不明だ. The airplane is still missing.

## しょうたい¹【招待】

(an) invitation[インヴィテイション]

- 彼は私の招待に応じた[を断った].
He accepted [declined] my *invitation*.
━招待する **invite**[インヴァイト]
- 招待してくれてどうもありがとう.
Thank you for *inviting* me.
〈人〉を〈会・食事〉に招待する
invite＋〈人〉＋to＋〈会・食事〉
- ヒカルが誕生日パーティーに招待してくれた.
Hikaru *invited* me to his birthday party.
招待客 an invited guest
招待券 an invitation ticket
招待試合 an invitation game [match]
招待状 an invitation (card)

**しょうたい**[2] 【正体】*one*'s **true character**[トゥルーキャリクタァ];（身元）*one*'s **identity**[アイデンティティ]
- 彼は正体を明かした.
*His true character* was revealed.

**じょうたい** 【状態】**a state**[ステイト],（**a**) **condition**[カンディション]
- 精神状態 a mental *state*
- この国の経済状態
the economic *state* of this country
- 健康状態 a physical *condition*

**しょうだく** 【承諾する】**consent**（**to** ...）[カンセント];（許可する）**permit**[パァミット]
- 先生は私たちが体育館を使うことを承諾しなかった. The teacher didn't *permit* us to use the gym.

**じょうたつ** 【上達する】**make progress**（**in** ...）[プラグレス], **improve**（**in** ...）[インプルーヴ]
- 彼女はゴルフがすごく上達した.
She *made* great *progress in* golf.
- 彼の英語は驚くほど上達した.
His English has *improved* remarkably.

**じょうだん** 【冗談】**a joke**[ヂョウク]
- ほんの冗談だよ.
It's just [only] a *joke*. / I'm just *joking*.
- 冗談のつもりでやったんだ. I did it for *fun*.
- あの先生には冗談が通じない.
That teacher has no sense of humor.
━冗談を言う **joke**, **tell** [**make**] **a joke**,《話》**kid**
- 冗談はやめろ. Stop *joking*.
- 冗談でしょ. You're *kidding*! / No *kidding*!

**しょうち** 【承知する】（承諾する）**say yes**（**to** ...）[セィイェス];（許す）**forgive**[ファギヴ];（知っている）**know**[ノウ]
- 両親は私の一人旅を承知しなかった.
My parents didn't *say yes to* my traveling alone.
- うそをついたら承知しないよ.

If you lie, I won't *forgive* you.

**しょうちょう** 【象徴】**a symbol**[スィンバル]
- 平和の象徴 a *symbol* of peace
━象徴する **symbolize**[スィンバライズ]

**しょうてん**[1] 【商店】《主に米》**a store**[ストァ],《主に英》**a shop**[シャップ] →みせ
商店街 a shopping center, a (shopping) mall
商店主 ⊛a storekeeper, ⊛shopkeeper

**しょうてん**[2] 【焦点】（**a**) **focus**[フォウカス]（複 focuses, foci[フォウサィ]);（話の）**the point**[ポイント] →ピント

**しょうとう** 【消灯する】**turn off** [**put out**] **the light**[ターン][アウト][ライト]
消灯時間 lights-out

**しょうどう** 【衝動】（**an**) **impulse**[インパルス]
- 彼と話したいという衝動にかられた.
I had an *impulse* to talk with him.
━衝動的な **impulsive**[インパルスィヴ]
━衝動的に **impulsively**, **on impulse**
- Tシャツを衝動買いした. I bought this T-shirt *on impulse*.
衝動買い impulse shopping: ついてない日だったから衝動買いをした. I had a bad day so I went *impulse shopping*.

**じょうとう** 【上等な】（高品質の）**high quality**[ハイクワリティ];（良質な）**fine**[ファイン]
- 上等な時計 a *high quality* watch
- 上等なコート a *fine* coat

**しょうどく** 【消毒する】**sterilize**[ステラライズ], **disinfect**[ディスィンフェクト] →じょきん
- 手をアルコールで消毒した.
I *disinfected* my hands with alcohol.

消毒液（手の）hand sanitizer
消毒剤 disinfectant

…**しようとする**→…しよう❷

**しょうとつ** 【衝突】（自動車などの）(**a**) **collision**[カリジョン], **a crash**[クラッシュ];（意見などの）**a clash**[クラッシュ]
- 正面衝突 a head-on *collision* [*crash*]
━衝突する **collide**（**with** ...）[カライド], **crash**（**against** ..., **into** ...); **clash**（**with** ...）

## しょうに

- タクシーがトラックと衝突した.
  A taxi *collided with* a truck.
- 車が壁(☆)に衝突した.
  A car *crashed into* the wall.
- その計画をめぐって私たちは衝突した.
  We *clashed with* each other over the plan.

衝突事故（自動車の）a car crash

**しょうに**【小児】an **infant**[インファント], a **small child**[スモール チャイルド]

小児科医 a children's doctor, a pediatrician
小児科医院 pediatric office, ⓐa pediatric clinic
小児まひ polio

**しょうにゅうどう**【鍾乳洞】a **limestone cave**[ライムストウン ケイヴ]

**しょうにん¹**【証人】a **witness**[ウィットゥニス]

**しょうにん²**【商人】a **merchant**[マーチャント]; (小売商)《主にⓐ》a **storekeeper**[ストウキーパァ], 《主にⓔ》a **shopkeeper**[シャップキーパァ]; (卸(ぎ)売り業者) a **dealer**[ディーラァ]

**しょうにん³**【承認】**approval**[アプルーヴァル]
―**承認する approve**

**しょうにんずう**【少人数】
- 少人数クラス a *small* class

**じょうねつ**【情熱】(a) **passion**[パッション]
- 彼の音楽にかける情熱はすばらしい.
  His *passion* for music is great.
―**情熱的な passionate**[パッシャナット]
―**情熱的に passionately**

**しょうねん**【少年】a **boy**[ボーイ]（⇔少女 a girl）
- 頭のよい少年 a clever［bright］*boy*
- 私の兄は少年のころ水泳が得意だった.
  My brother was a good swimmer when he was a *boy*.
―**少年のような, 少年らしい boyish**[ボーイイッシュ]

少年時代 one's boyhood
少年犯罪 juvenile crime
少年法 the Juvenile Law［Act］

**じょうば**【乗馬】(**horseback**) **riding**[(ホースバック) ライディング]
- 彼女は乗馬をする.
  She *rides a horse*.

乗馬クラブ a riding club

**しょうはい**【勝敗】**victory or defeat**[ヴィクトゥリィ][ディフィート]
- 彼が勝敗のかぎです.
  The game is in his hands.
- 勝敗の分かれ目 a big situation

**しょうばい**【商売】**business**[ビズニス]
- 後藤氏はアメリカで商売を始めた.
  Mr. Goto started a *business* in the U.S.
- 彼女の商売は繁盛(ぜる)していた.
  Her company was doing good *business*.

**じょうはつ**【蒸発】**evaporate**[イヴァパレイト]; (人が) **disappear**[ディサピァ]
- 水は熱せられると蒸発する.
  Water *evaporates* when it is heated.

**じょうはんしん**【上半身】**the upper part of the body**[アッパァ パート][バディ]

**しょうひ**【消費】**consumption**[カンサンプション]
―**消費する consume**[カンスーム]
- 日本人は大量のまぐろを消費している.
  Japanese *consume* tons of tuna.

消費期限 a consume-by date
消費者 a consumer
消費税 a consumption tax
消費量（amount of）consumption

**じょうびやく**【常備薬】**household medicine**[ハウスホウルド メダスィン]

**しょうひょう**【商標】a **trademark**[トゥレイドゥマーク]

**しょうひん¹**【商品】**goods**[グッツ]（►複数扱い）, a **commodity**[カマディティ]

商品券 a gift certificate
商品名 a product name

**しょうひん²**【賞品】a **prize**[プライズ]
- 彼はそのコンテストで賞品をもらった.
  He got a *prize* in the contest.

**じょうひん**【上品な】**elegant**[エリガント], **graceful**[グレイスフル], **refined**[リファインド]（⇔下品な vulgar）
- 上品な婦人 a *refined* lady / an *elegant* lady
―**上品に elegantly, gracefully**
- マコトは上品にふるまった.
  Makoto behaved *elegantly*.

**しょうぶ¹**【勝負】a **game**[ゲイム], a **match**[マッチ]
- 私たちは勝負に勝った［負けた］.
  We won［lost］the *game*.
- テニスでは彼とは勝負にならない.
  I'm no *match* for him in tennis.
―**勝負する play, have a game**

**しょうぶ²**【植物】a **sweet flag**[スウィート フラッグ], a **Japanese iris**[ヂャパニーズ アイ(ァ)リス]

## じょうぶ【丈夫な】

(健康な) **healthy**[ヘルスィ]; (強い) **strong**[ストゥローング], **sturdy**[スタァディ]
- 私はすごく丈夫だ.
  I'm very *healthy*.
- 丈夫な机
  a *strong*［*sturdy*］desk

healthy

 strong [sturdy]

**しょうべん**【小便】urine[ユ(ァ)リン], 《話》pee[ピー]（►複数形では用いない）
━小便をする urinate, 《話》have a pee
- その子はよく寝(ね)小便をする. The child often *wets* the bed.(←ベッドをぬらす)

**しょうぼう**【消防】fire fighting[ファイア ファイティング]

|消防訓練 a fire drill
|消防士 a firefighter
|消防車 a fire engine
|消防署 a fire station

# じょうほう【情報】

information[インファメイション];（知らせ）news[ヌーズ]
- 1つの情報
  a piece of *information*(►2つの情報はtwo pieces of *information*)
- 最新情報 the latest *information*
- レポートのためにネットで情報を集めた.
  I gathered *information* for the report on the web.

|情報科学部 an information science club
|情報化社会 an information-oriented society
|情報技術 information technology(►ITと略す)
|情報教育 information and communication education, ICT education(►ICTは Information and Communication Technologiesの略)
|情報源 a source of information
|情報産業 the information industry
|情報網(もう) an information network

**しょうみきげん**【賞味期限】the expiration date[エクスパレイション デイト]

**じょうみゃく**【静脈】a vein[ヴェイン]（⇔動脈 an artery)

**しょうめい¹**【証明】proof[プルーフ];（数学などの）(a) demonstration[デマンストゥレイション]
━証明する prove[プルーヴ]; demonstrate[デマンストゥレイト]
- 彼は自分が正しかったことを証明した.
  He *proved* that he was right.
|証明書 a certificate

**しょうめい²**【照明】lighting[ライティング], illumination[イルーマネイション]
━照明する light (up)
|照明係 a lighting technician

**しょうめん**【正面】the front[フラント]
━正面の front
- 正面のドア［玄関(げん)］ the *front* door
━…の正面に in front of …
- 彼の家の正面に大きな木がある.
  There is a big tree *in front of* his house.
|正面衝突(とつ) a head-on collision

**しょうもう**【消耗する】consume[カンスーム], use up[ユーズ];（体力を）exhaust[イグゾースト]
|消耗品 consumables

**じょうやく**【条約】a treaty[トゥリーティ]
- 日本はその国と平和条約を結んだ.
  Japan made [concluded] a peace *treaty* with the country.

**しょうゆ**【しょうゆ】soy (sauce)[ソィ (ソース)]

**じょうようしゃ**【乗用車】a car[カー]→くるま❶

# しょうらい【将来】

the future[フューチャァ]
- 近い将来(に) in *the* near *future*
- 私の将来の夢 my dreams for *the future*
- 「将来何になりたいですか」「医者になりたいです」"What do you want to be in *the future*?" "I want to be a doctor."
━将来性のある, 将来有望な promising

**しょうり**【勝利】(a) victory[ヴィクタリィ]（⇔敗北 (a) defeat)
- 勝利のポーズ a *victory* pose
|勝利者 a winner, a victor
|勝利投手〖野球〗a winning pitcher

**じょうりく**【上陸】landing[ランディング]
━上陸する land
- 台風は沖縄に上陸した. The typhoon *hit* Okinawa.(←沖縄を襲(おそ)った)

**しょうりゃく**【省略】(短縮)abbreviation[アブリーヴィエイション];（省くこと）(an) omission[オウミッション]
- L.A.はロサンゼルスの省略だ.
  L.A. is the *abbreviation* for Los Angeles.

じょうりゅう¹

―省略する **abbreviate**[アブリーヴィエイト]; **omit**
- この語を省略してはいけない．
  Don't *omit* this word.

**じょうりゅう**¹【上流に［へ］】**up the river**[リヴァ], **upstream**[アップストゥリーム]
- さけは産卵するために川の上流へ行く．
  Salmon go *up the river* to spawn.
  ‖上流階級 the upper class

**じょうりゅう**²【蒸留する】**distill**[ディスティル]
‖蒸留水 distilled water

**しょうりょう**【少量の】**a little**[リトゥル]→すこし❷

**じょうりょくじゅ**【常緑樹】**an evergreen tree**[エヴァグリーン トゥリー]

**じょうろ a watering can**[ウォータリング キャン]

**しょうわ**【昭和】(元号)***Showa***→へいせい
- 昭和時代 the *Showa* period

**ショー a show**[ショウ]
- モーターショー a motor *show*
  ショーウインドー a store window (=⊕a shop window)
  ショーケース a showcase
  ショールーム a showroom

**じょおう**【女王】**a queen**[クウィーン]
- エリザベス女王 *Queen* Elizabeth
  女王あり a queen ant
  女王ばち a queen bee

**ジョーカー**(トランプの)**a joker**[ヂョウカァ]

**ジョーク a joke**[ヂョウク]→じょうだん

**ショート**【野球】(選手)**a shortstop**[ショートスタップ]; (ポジション)**shortstop**; 【電気】**a short circuit**[ショート サーキト]

**ショートカット**(短い髪(%))**short hair**[ショートヘァ]; (短くした髪形)**a short haircut**[ヘアカット]; 【コンピュータ】**a shortcut**[ショートカット]

**ショートケーキ**(a)**sponge cake**[スパンヂ ケイク]→ケーキ

**ショートパンツ shorts**[ショーツ]

**ショール**(肩掛(%)け)**a shawl**[ショール]

**しょか**【初夏】**early summer**[アーリィ サマァ]
- 初夏に
  in *early summer* / *early* in *summer*

**じょがい**【除外する】**exclude**[イクスクルード]

**しょき**¹【初期】**the beginning**[ビギニング]
- 平成初期に
  *at the beginning* of the *Heisei* era
  ―初期の［に］**early**
- モーツァルトの初期の作品
  *early* works of Mozart
  ―初期化する【コンピュータ】**initialize**, **format**

**しょき**²【書記】**a secretary**[セクレタリィ]; (官庁の)**a clerk**[クラーク]

**しょきゅう**【初級の】**elementary**[エラメンタリィ]; (初心者向けの)**beginner's**, **beginners'**[ビギナーズ]
- 初級コース an elementary course

**じょきん**【除菌】**sterilization**[ステラライゼイション]→しょうどく
‖除菌シート sanitizing wipes

**ジョギング jogging**[ヂャギング]
―ジョギングをする **jog**

**しょく**【職】**a job**[ヂャブ]→しごと❶

**しょくいん**【職員】(1人)**a staff member**[スタッフ メンバァ], (まとめて)**the staff**
‖職員会議 (教師の) a teachers' meeting
‖職員室 (教員室) a teachers' room

**しょくえん**【食塩】**salt**[ソールト]→しお¹
‖食塩水 a salt [saline] solution

## しょくぎょう【職業】

**an occupation**[アキュペイション]; **a job**[ヂャブ]; **a profession**[プラフェッション]; **(a) trade**[トゥレイド]→p.322〜p.323 ミニ絵辞典

> 話してみよう
> 😊 あなたのお父さんの職業は何ですか．
> What is your father's *occupation* [*job*]? / What does your father do?
> 😀 会社員です．
> He's a company employee. / He works at a company.

- 将来コンピュータ関係の職業につきたい．
  I want to get [have] a computer-related *job* in the future.

> くらべてみよう！ occupation, job, profession, trade
>
> **occupation**と**job**は職業全般(%)に広く使われる言い方です．occupationが形式ばった言い方で正式な書類などに使われるのに対し，jobは口語的な語です．また，**profession**は医師・弁護士・科学者・芸術家など「特定の専門知識や技能を要する職業」に，**trade**は建築家・美容師など「特殊(%)技術を要する職業」に使います．

‖職業病 an occupational disease

**しょくご**【食後に】**after a meal**[ミール]

## しょくじ【食事】

**a meal**[ミール]
- 軽い［たっぷりの］食事 a light [big] *meal*
- 兄はよく自分の食事を作る．
  My brother often makes his own *meals*.

- 食事の用意ができたよ．
 Dinner [Breakfast, Lunch] is ready.(←夕食[朝食, 昼食]が)
- 食事中に at the table
— 食事をする eat, have a meal
- 私たちはたいてい一日に3回食事をする．
 We usually *have* three *meals* a day.
- 今夜は外で食事をしよう．
 Let's *eat* out tonight.

> **ここが ポイント！ 食事の言い方**
>
> **meal** は「1回分の食事」を表す一般的な語です．具体的に示す場合は「朝食」には **breakfast**,「昼食」には **lunch**,「夕食」には **supper** や **dinner** を使います．dinner は時刻に関係なく量が多く一日で最も重要な食事のことを，supper はいつもどおりの夕食，軽く取る夕食のことを言います．昼が dinner のとき，夕食は supper と言います．

**食事制限 diet**: 姉は食事制限をしている．My sister is on a *diet*.

**しょくぜん**【食前に】**before a meal**[ミール]

**しょくたく**【食卓】**a (dining) table**[(ダイニング)テイブル]
- 私たちは食卓に着いた．We sat at the *table*.
**食卓塩 table salt**

**しょくちゅうどく**【食中毒】**food poisoning**[フード ポイズニング]
- 生徒たちは食中毒にかかった．The students got [came down with] *food poisoning*.

**しょくどう**【食堂】(家の) **a dining room**[ダイニングルーム]; (飲食店) **a restaurant**[レストラント]; (セルフサービスの) **a cafeteria**[キャフィティ(ア)リア]
- 学生食堂 a (school) *cafeteria*
**食堂車 a dining car**

**しょくにん**【職人】**a craftsman**[クラフツマン](複 craftsmen[-マン]), **a craftsperson**[クラフツパースン](複 craftspeople[-ピープル])
- 腕のいい職人
 a skilled *craftsperson*
**職人芸 craftsmanship**

**しょくば**【職場】**a workplace**[ワークプレイス]
**職場体験 internship**

**しょくパン**【食パン】**bread**[ブレッド]
- 食パン1枚
 a slice of *bread* (▶食パン2枚は two slices of *bread*)

**しょくひ**【食費】**food expenses**[フード イクスペンスィズ]

**しょくひん**【食品】**food**[フード]
- インスタント食品 instant *food*
- 冷凍食品 frozen *food*
**食品添加物 a food additive**
**食品ロス food waste**

## しょくぶつ【植物】
**a plant**[プラント]
- 野生の植物 wild *plants*
- 高山植物 an alpine *plant*
- 熱帯植物 a tropical *plant*
- 理科の授業で植物を栽培している．
 We grow *plants* in science class.
— 植物性の **vegetable**[ヴェヂタブル], **plant-based**[プラントベイスト]
**植物園 a botanical garden**

**しょくみんち**【植民地】**a colony**[カラニィ]
**しょくむ**【職務】**(a) duty**[ドゥーティ]
**しょくもつ**【食物】**(a) food**[フード] → たべもの
**食物連鎖 the food chain**

**しょくよう**【食用の】**edible**[エディブル]
**食用油 cooking oil**

**しょくよく**【食欲】**(an) appetite**[アピタイト]
- 私は食欲がある．
 I have a good *appetite*.
- 私は食欲がない．
 I have no *appetite*.
- 私は食欲があまりない．
 I have a poor *appetite*.

**しょくりょう**【食糧】**food**[フード]
**食糧危機 a food shortage [crisis]**
**食糧問題 the food problem**

**しょくりょうひん**【食料品】**food**[フード]
- たくさんの食料品 a lot of *food*
**食料品売場 a food area**
**食料品店 a grocery, a grocery store**

**しょくりん**【植林】**afforestation**[アフォーリステイション]

**しょげる be depressed**[ディプレスト], **be in low spirits**[ロゥ スピリッツ]
- 私はしょげてしまった．I *was depressed*.
- 彼はしかられてしょげていた．
 He was scolded, so he *was in low spirits*.

**じょげん**【助言】**advice**[アドゥヴァイス], **a tip**[ティップ] → アドバイス，ちゅうこく
- 私は彼女に助言を求めた．
 I asked her for *advice*.
- 助言をどうもありがとう．
 Thanks for your *advice*.

## じょこう【徐行する】
**go slow(ly)**[スロゥ(リィ)]; (減速する) **slow down**[スロゥ ダウン]
- 徐行
 《掲示》(GO) SLOW / DRIVE SLOWLY

しょさい

「徐行」の標識を持つ工事現場の男性(米国)

**しょさい**【書斎】a study [スタディ]

**じょさんし**【助産師】a midwife [ミッドゥワイフ]

**じょし**【女子】
(女の子) a girl [ガール]; (成人女性) a woman [ウマン] (複 women [ウィミン])
・私たちの学校は男子よりも女子のほうが多い. There are more *girls* than boys in our school.
|女子(高)校 a girls' (high) school
|女子生徒 a girl [female] student
|女子大学 a women's university [college]
|女子トイレ (学校の) a girls' bathroom; (一般に) ⊛a ladies' room, ⊕the Ladies

**じょしゅ**【助手】an assistant [アスィスタント]
|助手席 a passenger seat

**しょしゅう**【初秋】early fall [autumn] [アーリィ フォール [オータム]]
・初秋に in *early fall* [*autumn*] / *early in fall* [*autumn*]

**しょしゅん**【初春】early spring [アーリィ スプリング]
・初春に in *early spring* / *early in spring*

**しょじょ**【処女】a virgin [ヴァーヂン]

**じょじょ**【徐々に】gradually [グラヂュアリィ] → だんだん

**しょしんしゃ**【初心者】a beginner [ビギナァ]

## ミニ絵辞典 職業 Occupation

医師 doctor

会社員 office worker

歌手 singer

看護師 nurse

客室乗務員 flight attendant

警察官 police officer

作家 writer

写真家 photographer

| | |
|---|---|
| イラストレーター | illustrator |
| 音楽家 | musician |
| 科学者 | scientist |
| 教師 | teacher |
| 公務員 | public servant |
| サッカー選手 | soccer player |
| ジャーナリスト | journalist |
| エンジニア | engineer |

| | |
|---|---|
| 画家 | painter |
| 菓子職人 | confectioner |
| 銀行員 | bank clerk |
| ゲームクリエイター | game creator |
| コック | cook |
| 歯科医 | dentist |
| 政治家 | statesman, politician |
| 大工 | carpenter |

- スキーの初心者 a *beginner* skier

# じょせい【女性】
a **woman**[ウマン](複 women[ウィミン])(⇔男性 a man), a **lady**[レイディ]
―女性の **female**[フィーメイル]

**じょせき**【書籍】a **book**[ブック]→ほん

**じょせつ**【除雪する】**remove snow**[リムーヴ スノゥ] ∥除雪車 **a snow plow**

**じょそう**【助走】**an approach run**[アプロウチ ラン]
―助走する **run up**

**じょそうざい**【除草剤】a **weed killer**[ウィード キラァ]

**じょぞく**【所属する】**belong** (**to** ...)[ビロング]
- 私は陸上部に所属している.
I *belong to* the track-and-field team.

**じょたい**【所帯】a **household**[ハウスホウルド];(家族)a **family**[ファミリィ]

**しょたいめん**【初対面である】**meet ... for the first time**[ミート][ファースト タイム]
- 彼女とは初対面だった.
I *met* her *for the first time*.

**しょち**【処置】a **measure**[メジャァ](▶しばしば複数形で用いる);(手当て)(a) **treatment**[トゥリートゥマント]
- 看護師はけが人に応急処置をした.
The nurse gave first *aid* to the injured.
―処置する **deal with** ...;(手当てする)**treat**

**しょちゅうみまい**【暑中見舞い】(はがき)a **summer greeting card**[サマァ グリーティング カード]
- 暑中お見舞い申し上げます. How are you

将来何になりたい？
What do you want to be in the future?

絵を描(か)くのも漫画(まんが)を読むのも好きだから,漫画家になりたいな.
I like drawing and reading comics, so I want to be a cartoonist.

獣医(じゅうい)
vet [veterinarian], animal doctor

消防士
fire fighter

通訳
interpreter

パイロット
pilot

美容師
hairdresser

保育士
nursery-school teacher

| | | | |
|---|---|---|---|
| デザイナー | designer | 農家 | farmer |
| 庭師, 植木職人 | gardener | パン職人 | baker |
| 俳優 | actor | プログラマー | programmer |
| ファッションモデル | fashion model | メイクアップアーティスト | makeup artist |
| 弁護士 | lawyer | 野球選手 | baseball player |
| 薬剤師 | pharmacist | ユーチューバー | YouTuber |
| ツアーガイド | tour guide | 理髪(りはつ)師 | barber |
| トリマー | pet groomer | 漁師 | fisher |

しょっかく

getting along during this hot summer? (←暑い夏をどう過ごしていますか)

**しょっかく**【触覚】**the sense of touch**[センス] [タッチ]

**しょっき**【食器】(まとめて)**tableware**[テイブルウェア]; (食卓(しょくたく)の)**the dishes**[ディッシズ]
- 私が食器を洗った. I did *the dishes*.
- 食器を片付けて. Clear *the table*.(←食卓を)

食器洗い機 a dishwasher
食器棚(だな) a cupboard

**ジョッキ** a (beer) **mug**[ピア] マグ]

**ショッキング**【ショッキングな】**shocking**[シャッキング]

**ショック** a **shock**[シャック]
- 彼の死は私にとって大きなショックだった. His death was a great *shock* to me. / I was very much *shocked* by his death.
- リエはショックから立ち直った. Rie got over the *shock*.

ショック死: 彼はショック死した. He *died of shock*.

**しょっちゅう** **very often**[オーフン], **frequently**[フリークワントゥリィ]

**ショット** a **shot**[シャット]
- ナイスショット! Good *shot*!

**しょっぱい** **salty**[ソールティ]

**ショッピング** **shopping**[シャッピング] → かいもの

ショッピングカート a shopping cart
ショッピングセンター a shopping center, a (shopping) mall
ショッピングバッグ a shopping bag

**しょてん**【書店】⊛a **bookstore**[ブックストラ], ⊛a **bookshop**[ブックシャップ]

**しょとう**¹【初等の】**elementary**[エラメンタリィ], **primary**[プライメリィ]

初等教育 elementary [primary] education

**しょとう**²【初冬】**early winter**[アーリィ ウィンタァ]
- 初冬に in *early winter* / *early* in *winter*

**しょとう**³【諸島】**islands**[アイランヅ]
- 伊豆(いず)諸島 the Izu *Islands*

**しょどう**【書道】**calligraphy**[カリグラフィ]

書道部 a calligraphy club

**じょどうし**【助動詞】『文法』**an auxiliary verb**[オーグズィリャリィ ヴァーブ] (►aux. (v.)と略す)

**しょとく**【所得】(an) **income**[インカム]

**しょにち**【初日】**the first day**[ファースト デイ], **the opening day**[オウプニング]

**しょばつ**【処罰】(a) **punishment**[パニッシュマント]
━処罰する punish

**しょひょう**【書評】a **book review**[ブック リヴュー]

**しょぶん**【処分する】(始末する)**dispose**(of ...)[ディスポウズ]; (罰(ばっ)する)**punish**[パニッシュ]
- 私は古いおもちゃを処分した. I *disposed* [*got rid*] *of* my old toys.

**しょほ**【初歩】**the ABC**(s), **ABC('s)**[エイビースィー(ズ)], **the basics**[ベイスィックス]
- 料理の初歩 *the ABC*('s) of cooking
━初歩の, 初歩的な elementary[エラメンタリィ]
- 科学の初歩的な知識 an *elementary* knowledge of science

**しょほう**【処方する】**prescribe**[プリスクライブ]

処方箋(せん) a prescription

**しょみん**【庶民】**the common people**[カマン ピープル]
━庶民的な popular[パピュラァ]

**しょめい**【署名】a **signature**[スィグナチャア]
- 駅の近くで署名を集めた. We collected *signatures* near the station.
━署名する sign[サイン]
- ここに署名しなさい. *Sign* your name here.

署名運動 a signature-collecting campaign

**じょめい**【除名する】**expel**[イクスペル]
- 彼はバスケ部を除名された. He was *expelled* from the basketball team.

**しょもつ**【書物】a **book**[ブック] → ほん

**じょや**【除夜】**New Year's Eve**[ヌー イアズ イーヴ]
- 除夜の鐘(かね)が聞こえた. I heard the temple bells on *New Year's Eve*.

**しょゆう**【所有する】**have**[ハヴ], **own**[オウン], **possess**[パゼス]
- この車はだれが所有しているのですか. Who *owns* this car?

所有格 『文法』the possessive case
所有者 an owner
所有物 one's property; (身の回りの物) one's (personal) things [belongings]

**じょゆう**【女優】an **actress**[アクトゥリス] (►最近では男女の区別を避(さ)けてactorが多く用いられる)

**しょり**【処理する】**handle**[ハンドゥル], **deal with** ...[ディール]

**しょるい**【書類】a **document**[ダキュマント] (►しばしば複数形で用いる), **papers**[ペイパァズ]
- 重要書類 important *documents* [*papers*]

書類選考 selection based on application forms

**ショルダーバッグ** a **shoulder bag**[ショウルダァ バッグ] → かばん 図

**しょんぼり**【しょんぼりした】**dejected**[ディチェクティド]; (悲しそうな)**sad**[サッド]
- しょんぼりした顔 a *dejected* look
━しょんぼりと dejectedly

**じらい**【地雷】a **landmine**[ランドマイン]

**しらが**【白髪】(a) gray hair[グレィ ヘァ], (a) silver hair[スィルヴァ]
- 父はこのごろ白髪が出てきた. My father has gotten some *gray hairs* recently.

**しらかば**【白かば】〖植物〗a white birch[(ホ)ワイト バーチ]

**しらける**【白ける】(だいなしになる)be spoiled [スポイルド]
- 彼の発言で雰囲気(ふんいき)が白けてしまった. His comment *spoiled* the atmosphere.

**しらじらしい**【白々しい】(見えすいた) transparent[トゥランスペ(ァ)ラント]
- しらじらしいうそ a *transparent* lie

**しらす**〖魚〗whitebait[(ホ)ワイトベイト]

**じらす** keep ... hanging [in suspense][キープ][ハンギング][サスペンス]
- 彼女は私たちをいつまでもじらせた. She *kept* us *hanging* [*in suspense*] for the longest time.

**しらずしらず**【知らず知らず】without realizing it[ウィザウト リーアライズィング]
- 知らず知らず彼と友達になった. I became friends with him *without realizing it*.

**しらせ**【知らせ】news[ヌーズ](▶単数扱い); (報告)a report[リポート]
- あなたによい知らせと悪い知らせがあります. I have good *news* and bad *news* for you.
- 私たちはその知らせを聞いて喜んだ. We were happy to hear the *news*.

## しらせる【知らせる】

let ... know[レット][ノゥ], inform[インフォーム]; (教える)tell[テル]

〈人〉に〈事〉を知らせる
let+〈人〉+ know+〈事〉/
inform+〈人〉+ of +〈事〉
- メールアドレスを知らせてください. *Let* me *know* your email address.
- 私たちは先生にその事件を知らせた. We *informed* our teacher *of* the incident.
- 日本に着いたら知らせてください. Please *tell* me when you arrive in Japan.
- (アナウンスで)お知らせします. May I have your attention, please?

**しらたま**【白玉】a rice flour dumpling[ライス フラウァ ダンプリング]

**しらべ**【調べ】(調査)(an) investigation[インヴェスティゲイション], (an) examination[イグザミネイション]; (楽曲)a tune[トゥーン], a melody[メラディ]

## しらべる【調べる】

| ❶調査する | investigate, examine, look into ..., check; (学術的に)research |
| ❷辞書などで | look up, consult |

❶[調査する]investigate[インヴェスティゲイト], examine[イグザミン], look into ...[ルック], check[チェック]; (学術的に)research[リサーチ]
- 警察はその殺人事件を調べている. The police are *investigating* [*looking into*] the murder case.
- 新聞で最新情報を調べた. We *checked* the newspapers for current information.

❷[辞書などで]look up, consult[カンサルト]
- 辞書でこの単語を調べよう. Let's *look up* this word in the dictionary.
- その店の住所をインターネットで調べてくれる? Can you *look up* the address of the shop on the Internet?
- 彼は地図を調べた. He *consulted* a map.

**しらみ**〖虫〗a louse[ラウス](複 lice[ライス])

**しらんかお**【知らん顔をする】(無視する)ignore[イグノァ]→しらんぷり
- 私が大声で呼んだのに兄は知らん顔をした. I called out to my brother, but he *ignored* me.

**しらんぷり**【知らんぷりをする】pretend not to recognize[プリテンド][レカグナイズ]→しらんかお

**しり**【尻】the buttocks[バタックス], (話)the bottom[バタム]

## しりあい【知り合い】

an acquaintance[アクウェインタンス]; (友人)a friend[フレンド]
- 彼は私の知り合いだ. He's an *acquaintance* of mine.

━知り合いである know
- 小田さんは昔からの知り合いです. I've *known* Ms. Oda for years.

━知り合う get [come] to know, get acquainted (with ...)
- 私はクラブ活動で彼と知り合った. I *got to know* him through club activities.
- あなたと知り合えてうれしいです. I'm glad to *get acquainted with* you.

**シリアル**(a) cereal[スィ(ァ)リアル]

## シリーズ

a series[スィ(ァ)リーズ](複 series)(▶単複同形)

じりき

- ハリー・ポッターのシリーズ
the Harry Potter *series*
- (野球の)日本シリーズ the Japan *Series*

**じりき**【自力で】**by** oneself[バイ]
- 私はその数学の問題を自力で解いた．
I solved the math question *by myself*.

**しりごみ**【尻ごみする】**hesitate**[ヘズィテイト]
- 尻ごみしないで頑張って．
Don't *hesitate* to try your best.

**しりぞく**【退く】**draw back**[ドゥロー バック]；(辞職・辞任する)**retire**[リタイア], **step down**[ステップ]
- 彼は日本チームの監督を退いた．
He *stepped down* as the manager of the All Japan team.

**しりつ**¹【市立の】**municipal**[ミュニスィパル], **city**[スィティ]

┃市立学校 a municipal school
┃市立図書館 a city［municipal］library
┃市立病院 a city［municipal］hospital

**しりつ**²【私立の】**private**[プライヴィット]（⇔公立の public）

┃私立学校 a private school

**じりつ**【自立する】**become independent**（of ...）[インディペンデント]➡どくりつ

**しりとり**【尻取り】*shiritori*; a word-chain game [ワードゥチェイン ゲイム]

> これ、知ってる？ **英語でもしりとり**
> 米国ではgeography[ヂアグラフィ]と呼ばれる，地名を使ったしりとりをします．たとえば，Boston[ボーストン]→New York[ヌー ヨーク]→Kansas[キャンザス]→San Francisco[サン フランスィスコゥ]のようにつなげていきます．

**しりもち**【尻もちをつく】**fall on** one's **buttocks**[bottom][フォール] [バタックス [バタム]]
- 彼は尻もちをついた．
He *fell on his buttocks [bottom]*.

**しりょう**【資料】**materials**[マティ(ア)リアルズ], **data**[デイタ]
- 必要な資料を集めなきゃ．
I have to collect［gather］the necessary *materials*.

┃資料館［室］archives［a reference room］
┃資料集 a source book

**しりょく**【視力】**eyesight**[アイサイト], **sight**[サイト]
- 私は視力がいい［弱い］．
I have good［bad］*eyesight*.
- 右目の視力は0.6だった．
My *eyesight* in my right eye was 0.6.
- 彼は視力を失った．
He lost his *sight*.
- 祖父の視力はだんだん衰えてきている．
My grandfather's *eyesight* is failing little by little.

┃視力検査 an eye test

## しる¹【知る】

**know**[ノウ]（▶進行形にしない）
- 私はアキの住所を知っている．
I *know* Aki's address.
- 私はケンを彼が子どものときから知っている．
I have *known* Ken since he was a child.
- 彼女のことは名前だけなら知っている．
I *know* her only by name.
- 「ヒロの誕生日を知っていますか」「いいえ，知りません」
"Do you *know* when Hiro's birthday is?" "No, I don't."

〈人・物・事〉について知っている
┃know about＋〈人・物・事〉/
┃know of＋〈人・物・事〉
- 私はユリの家族について知っている．
I *know about* Yuri's family.
- 私はそのロック歌手について知っている．
I *know of* the rock singer.（▶「うわさに聞いて間接的に知っている」の意）

…だということを知っている
┃know that ...
- 学校のだれもが森先生が厳しい先生だということを知っている．
Everyone in the school *knows that* Ms. Mori is a strict teacher.

…か知っている
┃know if［what, when, whichなど］...
- それが正しいかどうかだれも知らなかった．
Nobody *knew if* it was correct or not.
- あした何時にその試合が始まるのか知らない．
I don't *know when* the game will start tomorrow.
- エミはスキーのしかたをまったく知らない．
Emi doesn't *know how* to ski at all.
- 私の知る限り彼は私の意見に賛成していた．
As far as I *know*, he agreed with me.
- おまえの知ったことか．
(It's) none of your business!

━知られた **known, famous**[フェイマス]
- その歌手は世界的に知られている．
The singer is *known* to the world.
- 私の秘密がクラスじゅうに知られてしまった．
My secret became *known* to everybody in the class.

━知られていない **unknown**

# しん¹

### ここがポイント！ I don't know. の使い方

(1) Do you know ...?と聞かれて「知りません」と答える場合は、No, I don't. / No, I don't know it. のどちらも使います。「わからない」は I don't know. を使います。

(2) 道を聞かれたときに I don't know. とだけ答えるとぶっきらぼうな印象を与(あた)えることがあります。Sorry. (すみません)や I'm a stranger around here. (この辺のことは知らないのです)などをつけましょう。

- 「目黒駅はどこか知っていますか」
  「すみませんが，知りません(この辺には詳(くわ)しくないので)」
  "Do you know where Meguro Station is?"
  "Sorry, *I don't know.* (I'm a stranger around here.)"

―――――――慣用表現―――――――

知らぬが仏. **Ignorance is bliss.**

**しる²**【汁】**juice**[チュース]；(スープ)**soup**[スープ]；(肉汁(にくじゅう))**gravy**[グレイヴィ]
- みそ汁 miso *soup*
- 汁の多い juicy

**シルク silk**[スィルク]→きぬ
‖シルクロード **the Silk Road**

**しるこ**【汁粉】***shiruko*; sweet red bean soup**[スウィート レッド ビーン スープ]

## **しるし**【印】

(目印)**a mark**[マーク]；(ある意味を表示する)**a sign**[サイン]；(記念・証拠(しょうこ))**a token**[トウクン]
- 地図上のこの印は郵便局を表している。
  This *mark* on the map stands for a post office.
- **印をつける mark, check**
- その間違(まちが)いに印をつけた。
  I *marked* the error.

**シルバー silver**[スィルヴァ]

**シルバーシート seats for senior citizens and people with disabilities**[スィーツ][スィーニャァ スィティズンズ][ピープル][ディサビラティーズ] (►「シルバーシート」は和製英語)

**じれったい be irritated**[イリテイティド], **be impatient**[インペイシャント]
- じれったい思いをした。
  I *was irritated*.

**…しれない**→…かもしれない

**しれん**【試練】**a trial**[トゥライアル]；(試す手段)**a test**[テスト]

**しろ¹**【白】
**white**[(ホ)ワイト]
- ユミは白い服を着ていた。
  Yumi was dressed in *white*.
- **白い white**; (肌(はだ)が)**fair**[フェア]
- 白い建物 a *white* building
- 彼は色が白い。He has *fair* skin.
‖白熊(しろくま)【動物】**a polar bear**
‖白バイ **a police motorcycle**

**しろ²**【城】**a castle**[キャスル]

**…しろ→…なさい**

**しろうと**【素人】(アマチュア)**an amateur**[アマチュア] (⇔玄人(くろうと) a professional)
- **素人の amateur**
- 素人のカメラマン
  an *amateur* photographer
‖素人っぽい **amateurish**

**じろじろ**【じろじろ見る】**stare (at ...)**[ステア]
- みんなが私をじろじろ見た。
  Everyone *stared at* me.

**シロップ syrup**[スィラップ]

**しろみ**【白身】(卵の)**the white (of an egg)**[(ホ)ワイト][(エッグ)] (⇔黄身(きみ) a yolk)；(魚の)**white flesh**[フレッシュ]

黄身 yolk　殻(から) shell　白身 white

**じろりと**(鋭(するど)い目つきで)**with a piercing look**[ピアスィング ルック]

**しわ a wrinkle**[リンクル], **a line**[ライン]
- 祖母の手はしわだらけだ。
  My grandmother's hands are full of *wrinkles*.
- アイロンでハンカチのしわをのばした。
  I ironed out the *wrinkles* in the handkerchief.
- **しわになる wrinkle**
- しわになったシャツ a *wrinkled* shirt

**しわざ**【仕業】(過失)**a fault**[フォールト]
- だれのしわざだ？
  Who *did* it?

**しん¹**(果物などの)**a core**[コァ]；(鉛筆(えんぴつ)の)**(a) lead**[レッド] (★「リード」でないことに注意)；(ろうそく・ランプの)**a wick**[ウィック]
- りんごのしん
  the *core* of an apple
- 鉛筆のしんがまた折れた。
  The *lead* of the pencil broke again.

# しん²

 core
 lead
 wick

**しん²**【真の】**true**[トゥルー], **real**[リー(ア)ル], **genuine**[ヂェニュイン]
- 真の友情 *true* [*genuine*] friendship
- 真の実力 *real* ability [competence]

**しん…**【新…】**new**[ヌー] → あたらしい
- 新曲 a *new* song [release]

**じんいてき**【人為的な】**artificial**[アーティフィシャル]

**しんか**【進化】**evolution**[エヴァルーション]
─**進化する evolve**[イヴァルヴ]
- 人間は猿から進化したそうだ. It is said that humans *evolved* from apes.
‖進化論 the theory of evolution

**シンガー a singer**[スィンガァ]
‖シンガーソングライター a singer-songwriter

**しんがく**【進学する】**go（on）to …**
- アイは今年の春に高校に進学した. Ai *went on to* high school this spring.
‖進学校 ⊗a preparatory school
‖進学塾 a cram school

**じんかく**【人格】**(a) character**[キャリクタァ], **(a) personality**[パーサナラティ]
- 二重[多重]人格 a split [multiple] *personality*

**しんがた**【新型】**a new type [style]**[ヌー タイプ [スタイル]];（車などの）**a new model**[マドゥル]
- 新型のカメラ a *new* camera *model*
- 最新型 the *latest model* [*type*]
‖新型ウイルス (a) new virus

**しんがっき**【新学期】**a new school term**[ヌー スクール ターム]

**シンガポール Singapore**[スィンガポアァ]
‖シンガポール人 a Singaporean

**しんかん**【新刊】**a new publication**[ヌー パブリケイション]
‖新刊書 a new book

**しんかんせん**【新幹線】**the Shinkansen; the Japanese bullet train**[ヂャパニーズ ブリット トゥレイン]
- 東海道新幹線 the Tokaido *Shinkansen*

**ジンギスカン**〚料理〛**a (Mongolian) mutton barbecue**[(マンゴウリリアン) マトゥン バービキュー]

**しんきゅう**【進級する】**be promoted (to …)**[プラモウティド]
- クミは中学3年生に進級した. Kumi *was promoted to* the 9th grade this year.

**しんきろう**【しん気楼】**a mirage**[ミラージュ]

**しんきろく**【新記録】**a new record**[ヌー レカァド]
- リョウは新記録を樹立した. Ryo made [set] a *new record*.
- 世界新記録 a *new* world record

**しんきんかん**【親近感を持つ】**feel close (to …)**[フィール クロウス]
- 新しい先生に親近感を持った. I *felt close to* our new teacher.

**しんぐ**【寝具】**bedding**[ベッディング], **bedclothes**[ベッドゥクロウズ]

**しんくう**【真空】**a vacuum**[ヴァキューム]
‖真空パック vacuum packing

**ジンクス (a) jinx**[ヂンクス]（▶縁起(えんぎ)の悪いことやその原因となる人やものに用いる）

**シングル**〚野球〛（シングルヒット）**a single (hit)**[スィングル (ヒット)];（ホテルの1人部屋）**a single room**[ルーム]
‖シングルベッド a single bed
‖シングルマザー a single mother

**シングルス**（テニスなどで）**a singles**[スィングルズ]

**シンクロナイズドスイミング synchronized swimming**[スィンクラナイズド スウィミング] → アーティスティックスイミング

**しんけい**【神経】**a nerve**[ナーヴ];（度胸）**(a) nerve**
- あの人は神経が図太い. That person has a lot of *nerve*.
- ジュンは神経が細い. Jun is sensitive.
─**神経質な nervous**[ナーヴァス]
- そう神経質になるな. Don't be so *nervous*.
‖神経症(しょう) a neurosis
‖神経痛 neuralgia

**しんげつ**【新月】**a new moon**[ヌー ムーン]

**しんけん**【真剣な】**serious**[スィ(ア)リアス];（熱心な）**earnest**[アーニスト]
- ナオミはとても真剣な顔をしていた. Naomi looked quite *serious*.
─**真剣に seriously**
- もっと真剣に練習をしてもらいたい. I want you to practice more *seriously*.
‖真剣勝負 a serious match

**じんけん**【人権】**human rights**[ヒューマン ライツ]
- 基本的人権を守るべきだ. We should defend fundamental *human rights*.

**しんげん(ち)**【震源(地)】**the epicenter of an earthquake**[エピセンタァ] [アースクウェイク]

**しんこう¹**【進行】**progress**[プラグレス]
- そのプロジェクトは現在進行中だ. The project is now in *progress*.
─**進行する make progress**
‖進行係 a program director
‖進行形〚文法〛the progressive form

**しんこう²**【信仰】**(a) faith**[フェイス], **(a) belief**

[ビリーフ]
- 信仰する believe (in ...), have faith (in ...)
- その国民はイスラム教を信仰している. The people in that country *believe in* Islam.

## しんごう【信号(機)】
(交通信号灯)a traffic light[トゥラフィック ライト]
(► しばしばthe traffic lightsで用いる), a signal[スィグナル]
- その運転手は信号を無視した.
  The driver ignored the *traffic light*.
- 信号が赤から青に変わった.
  The *traffic light* changed from red to green. (►信号の「青」は英語ではgreen)

歩行者用の信号(米国)

## じんこう¹【人口】(a) population[パピュレイション](►複数形では用いない)
- その国は人口が多い[少ない]. That country has a large [small] *population*.
- 私たちの市は人口が増加[減少]した.
  The *population* of our city has increased [decreased].

話してみよう!
😊 あなたの町の人口はどれくらいですか.
What is the *population* of your town?
😊 約5万人です.
It's about fifty thousand.

人口密度 population density
人口問題 the population problem

## じんこう²【人工の】artificial[アーティフィシャル], man-made[マンメイド]
人工衛星 an artificial satellite, a man-made satellite
人工呼吸 artificial respiration
人工呼吸器 a respirator / a ventilator
人工知能 an artificial intelligence, AI
人工芝 synthetic grass [turf]
人工林 an artificial forest

## しんこきゅう【深呼吸する】take a deep breath
[ディープ ブレス], breathe deeply[ブリーズ ディープ

リィ]

## しんこく¹【深刻な】serious[スィ(ア)リアス]
- 深刻な顔 a *serious* look
- 深刻に seriously
- 深刻に考えすぎないで.
  Don't take it too *seriously*.

## しんこく²【申告する】(課税品などを)declare[ディクレア]

話してみよう!
😊 (税関で)何か申告するものはありますか.
Do you have anything to *declare*?
😊 いいえ, 何もありません.
No, I've nothing to *declare*.

## しんこん【新婚の】newly married[ヌーリィマリィド]
- 2人は新婚ほやほやだ.
  The two have *just married*.
新婚夫婦 newlyweds, a newly married couple
新婚旅行 a honeymoon: 彼らはヨーロッパへ新婚旅行に行った. They went to Europe on their *honeymoon*.

## しんさ【審査】an exam
- 審査する judge
審査員 a judge, an examiner
審査結果 the exam result

## しんさい【震災】an earthquake disaster[アースクウェイク ディザスタァ]
- 多くの人がその大震災で被害にあった.
  Many people suffered from the great *earthquake*.
震災被災者 an earthquake victim

## しんさつ【診察】a medical examination[メディカル イグザミネイション]
- 医師の診察を受けた. I *consulted* a doctor.
- 診察する examine[イグザミン]
- 医者は私の鼻とのどを診察した. The doctor *examined* my nose and throat.
診察券 a consultation card
診察室 a consulting room

## しんし【紳士】a gentleman[ヂェントゥルマン](複 gentlemen[-マン])(⇔婦人 a lady)
紳士服 menswear, men's wear

## しんしつ【寝室】a bedroom[ベッドルーム]

## しんじつ【真実】the truth[トゥルース](⇔うそ a lie)
- 彼女はついに真実を語った.
  She finally told *the truth*.
…というのは真実だ
It is true that ...
- 早起きは三文の徳というのは真実だ. *It is true*

しんじゃ

*that* the early bird catches the worm.
- ➡真実の true
- 真実の愛 *true* love

**しんじゃ**【信者】**a believer**［ビリーヴァ］

**じんじゃ**【神社】**a（Shinto）shrine**［(シントウ) シュライン］
- 下鴨神社 the Shimogamo *Shrine*
- 神社にお参りしよう．Let's visit a *shrine*.

**ジンジャーエール ginger ale**［ヂンヂァァ エイル］

**しんじゅ**【真珠】**a pearl**［パール］
- 真珠のネックレス a *pearl* necklace

**じんしゅ**【人種】**a race**［レイス］
- ➡人種の，人種的な **racial**［レイシャル］
- 人種差別 racial discrimination, racism
- 人種問題 a race problem［issue］

**しんしゅつ**【進出する】**move into ...**［ムーヴ］, **advance into［to］...**［アドゥヴァンス］
- 日本代表は準決勝に進出した．
- The Japan national team *advanced*［*went on*］*to* the semifinals.

# しんじる【信じる】

**believe**［ビリーヴ］, **believe in ...**；（信用する）**trust**［トゥラスト］
- 私は彼を信じる．I *believe* him.
- あなたの言うことは何も信じられない．
- I can't *believe* anything you say.
- 弟はサンタクロースの存在を信じている．
- My little brother *believes in* Santa Claus.
- 私たちはみんなコーチを信じている．
- All of us *trust* our coach.

**…ということを信じる**
believe（that）...
- 私はうちのチームが試合に勝つと信じている．
- I *believe that* our team will win the game.
- 私は彼が成功すると信じている．
- I'*m sure that* he will succeed.

> **くらべてみよう！** believe と believe in
>
> believe は人の言ったこと，出来事，事柄（話）などを「信じる」ときに，believe in は存在・宗教・人格・能力など何か不確かなものを「信じる」ときに使います．
> - 私は神を信じる．
>   ×I believe God.
>   ○I *believe in* God.

**しんしん**【心身】**mind and body**［マインド］［バディ］
- 私は心身ともに健康だ．
- I am healthy in *mind and body*.

**しんじん**【新人】**a newcomer**［ヌーカマァ］, **a new face**［フェイス］；（スポーツで）（話）**a rookie**［ルーキィ］
- 新人王〖野球〗the Rookie of the Year
- 新人歌手 a new singer
- 新人賞 the rookie-of-the-year award
- 新人戦 a rookie match［game］

**しんすい**【浸水する】**be flooded**［フラッディド］
- 校舎が浸水した．
- The school building *was flooded*.

**しんせい¹**【神聖な】**holy**［ホウリィ］, **sacred**［セイクリッド］

**しんせい²**【申請する】**apply（for ...）**［アプライ］
- パスポートを申請した．
- I *applied for* a passport.

**じんせい**【人生】**(a) life**［ライフ］(複 lives［ライヴズ］)
- 幸福な人生を送りたい．
- I want to lead［live］a happy *life*.
- 人生を大いに楽しもう．
- Let's enjoy *life* to the fullest.
- 人生観 a view of life

**しんせき**【親戚】**a relative**［レラティヴ］→ しんるい

**シンセサイザー**〖楽器〗**a synthesizer**［スィンササイザァ］

# しんせつ【親切】

**(a) kindness**［カインドゥニス］
- ご親切にどうもありがとうございます．
- Thank you very much for your *kindness*. / It is very *kind*［*nice*］of you.
- ➡親切な **kind**（⇔不親切な unkind）, **nice**
- あなたはとても親切だ．You are very *kind*.

**〈人〉に親切だ**
be kind to +〈人〉
- 他人に親切にしなさい．*Be kind to* others.
- ➡親切に(も) **kindly**
- 彼は親切にも公園へ行く道を教えてくれた．He *kindly* showed me the way to the park.

**親切に(も)…する**
be kind enough to +〈動詞の原形〉
- ナツは親切にも妊婦(にんぷ)に席を譲(ゆず)った．
- Natsu *was kind enough to* give up her seat to a pregnant woman.

**しんせん**【新鮮な】**fresh**［フレッシュ］
- 新鮮な空気 *fresh* air
- 新鮮な野菜 *fresh* vegetables

**しんぜん**【親善】**friendship**［フレンドシップ］, **goodwill**［グッドウィル］
- 国際親善を深めるための催(もよお)しがある．
- There will be an event to promote international *friendship*.
- ➡親善の **goodwill**
- 親善試合 a goodwill［friendly］game

**しんそう**【真相】（真実）**the truth**［トゥルース］

# しんぱい

## しんぞう【心臓】

| ❶内臓の器官 | a heart |
|---|---|
| ❷勇気, 度胸 | nerve |

❶[内臓の器官]**a heart**[ハート]
- 彼は心臓が弱い.
  He has a weak *heart*. / He has *heart* trouble.
- マラソン選手は心臓が丈夫(じょう)だ.
  Marathon runners have strong *hearts*.
- お化け屋敷(やしき)に入ったとき私の心臓はどきどきしていた.
  My *heart* was beating very fast when I entered the haunted house.

❷[勇気, 度胸]**nerve**[ナーヴ]
- 相当な心臓だな.
  You've got a lot of *nerve*.
- 私は心臓が弱い.
  I am shy [nervous]. (←気が弱い)

心臓移植 a heart transplant
心臓病 heart disease, heart trouble
心臓発作(ほっ) a heart attack
心臓マッサージ heart massage
心臓まひ heart failure

**じんぞう**¹【人造】→ じんこう²
**じんぞう**²【じん臓】a kidney[キッドゥニィ]
**しんだ**【死んだ】dead[デッド]→ しぬ
**しんたい**【身体】a body[バディ]
—身体の physical[フィズィカル]
身体検査 a physical examination [checkup]
身体障がい者→ しょうがい¹(障がい者)
身体測定 the physical measurements
身体能力 physical ability

**しんだい**【寝台】a bed[ベッド]; (船・列車の)a berth[バース]
寝台車 a sleeping car, a sleeper

**じんたい**【人体】a human body[ヒューマン バディ]
**しんたいそう**【新体操】rhythmic gymnastics[リズミック ヂムナスティックス](▶複数扱い)
**しんだん**【診断】(a) diagnosis[ダイアグノウスィス] (複 diagnoses[ダイアグノウスィーズ])
- 医者の診断はどうだった？
  What was the doctor's *diagnosis*?
- 健康診断 a medical *examination*
—診断する diagnose[ダイアグノウス]
- おじはウイルスに感染(かんせん)していると診断された.
  My uncle was *diagnosed* with a virus.
診断書 a medical certificate

**しんちく**【新築の】newly-built[ヌーリィビルト]
- 新築の家 a *newly built* house

**しんちゅう**【真ちゅう】brass[ブラス]

## しんちょう¹【身長】

(a) **height**[ハイト]→ せ❷
- 先生が私の身長を測った.
  The teacher measured my *height*.
- リクは父と同じくらいの身長だ.
  Riku is as *tall* as his father.

**しんちょう**²【慎重な】(注意深い)**careful**[ケァフル]; (言動が)**discreet**[ディスクリート]
—慎重に carefully; discreetly

**しんてん**【進展する】(発展する)**develop**[ディヴェラップ]; (進歩する)**progress**[プラグレス]

**しんど**【震度】a seismic intensity[サイズミック インテンスィティ]
- きょう, 震度3の地震があった. There was an earthquake with a *seismic intensity* of 3 (on the Japanese scale) today.

**じんと**【じんとくる】(感動する)**be touched**[タッチト], **be moved**[ムーヴド]
- 彼女の親切にじんときた.
  I *was touched* by her kindness.

**しんどう**¹【振動】(a) vibration[ヴァイブレイション]; (振(ふ)り子などの)a swing[スウィング]
—振動する vibrate[ヴァイブレイト]; swing

**しんどう**²【震動】(a) vibration[ヴァイブレイション]
—震動する vibrate[ヴァイブレイト], shake→ ゆれる

**じんどう**【人道的な】humane[ヒューメイン]
人道支援(えん) humanitarian aid[support]

**シンナー**(paint) thinner[(ペイント) スィナァ]

**しんにゅう**【侵入する】invade[インヴェイド]; (家などに)break into …[ブレイク]
- 泥棒(どろぼう)が家に侵入した.
  A burglar *broke into* the house.
侵入者 an invader, an intruder

**しんにゅうせい**【新入生】a new student[ヌーストゥードゥント]; (大学および米国の4年制高校の1年生)a freshman[フレッシュマン](複 freshmen[-マン])(▶女性にも用いる)

**しんにん**【新任の】new[ヌー]
- 宇佐見先生は新任の英語の先生だ.
  Ms. Usami is our *new* English teacher.

**しんねん**¹【新年】(年初の数日間)(the) New Year[ヌー イア]
新年会 a New Year's party

**しんねん**²【信念】(a) faith[フェイス], (a) belief[ビリーフ]
- 揺(ゆ)るぎない信念 an unshakable *faith*

## しんぱい【心配(事)】

(a) worry[ワーリィ], (an) anxiety[アングザイアティ]

## シンバル

- 父は心配事がたくさんあるようだ. My father seems to have a lot of *worries*.
- **心配する**（気にかける）**worry**（about ...）, **be worried**（about ...）, **be anxious**（about ...）;（恐(おそ)れる）**be afraid**（of ...）
- 心配しないで.
  Don't *worry*. / Don't *be anxious*.
- 次のテストのことが心配だ.
  I'm *worried about* the next exam.
- 私は地震(じしん)が起こるのではと心配だ. I'm *afraid* that an earthquake may occur.

**シンバル**〖楽器〗**cymbals**[スィンバルズ]

**しんぱん**〖審判〗（野球・バレーボール・テニスなどの）**an umpire**[アンパイア];（バスケットボール・サッカー・レスリングなどの）**a referee**[レファリー]（★ともにアクセント位置に注意）;（体操などの）**a judge**[ヂャッヂ]
- **審判をする referee**;（野球の）**umpire**

**しんぴ**〖神秘〗(a) **mystery**[ミスタリィ]
- **神秘的な mysterious**[ミスティ(ァ)リアス]

**しんぴん**〖新品の〗**brand-new**[ブラン(ドゥ)ヌー], **new**[ヌー]
- これは新品のパソコンだ.
  This is a *brand-new* PC.

**しんぷ**[1]〖神父〗**a priest**[プリースト];（呼びかけ, 尊称(そんしょう)）**Father**[ファーザァ]
- ネルソン神父 *Father* Nelson

**しんぷ**[2]〖新婦〗**a bride**[ブライド]（⇔新郎(しんろう) a bridegroom, a groom）

**シンフォニー**〖交響楽[曲]〗**a symphony**[スィンフォニィ]

**じんぶつ**〖人物〗**a person**[パースン];（劇などの登場人物）**a character**[キャリクタァ], **a personality**[パーソナリティ]
- 偉大(いだい)な人物 a great *person*
- 人物画 **a portrait**

**シンプル**[シンプルな]**simple**[スィンプル]

**しんぶん**〖新聞〗**a newspaper**[ヌーズペイパァ], **a paper**[ペイパァ]
- 父は毎朝2紙の新聞を読む.
  My father reads two *newspapers* every morning.
- 新聞に私たちの試合のことが出ていた.
  Our game appeared [was] in the *newspaper*.
- きょうの新聞によれば急な選挙があるようだ.
  Today's *newspaper* said [reported] that there will be a sudden election.
- うちでは日本新聞を取っている.
  We get the Nihon.（▶新聞名にはtheがつく）
- 新聞記事 **a newspaper article**
- 新聞記者 **a newspaper reporter**
- 新聞紙 **a newspaper**
- 新聞社 **a newspaper company**[**office**]
- 新聞部 **a newspaper club**

いろいろな種類の新聞（英国・ロンドン）

**しんぽ**〖進歩〗**progress**[プラグレス]
- **進歩する progress**[プラグレス], **make progress**;（上達する）**improve**[インプルーヴ]
- ノゾミの英語はとても進歩している.
  Nozomi's English has *improved* a lot.
- **進歩的な progressive**

**しんぼう**〖辛抱〗**patience**[ペイシャンス]→がまん
- **辛抱強い patient**
- **辛抱強く patiently**
- 彼は順番がくるのを辛抱強く待った.
  He waited（for）his turn *patiently*.
- **辛抱する endure, bear, put up with ...**

**じんぼう**〖人望〗（人気）**popularity**[パピュラリティ];（尊敬）**esteem**[イスティーム]
- **人望がある popular**[パピュラァ]; **well-respected**[ウェルリスペクティド]

**しんぼく**〖親睦〗**friendship**[フレンドシップ]
- 親睦を図(はか)るためにパーティーを開いた.
  We gave a party to promote *friendship*.
- 親睦会 **a social gathering**,（話）**a get-together**

**シンポジウム a symposium**[スィンポウズィアム]（複 **symposiums, symposia**[スィンポウズィア]）

**シンボル a symbol**[スィンボル]→しょうちょう
- はとは平和のシンボルだ.
  Doves are a *symbol* of peace.
- シンボルマーク **a symbol**;（会社などの）**a logo**

**しんまい**〖新米〗（新人）**a newcomer**[ヌーカマァ];（初心者）**a beginner**[ビギナァ]

**じんましん a nettle rash**[ネトゥル ラッシュ], **hives**[ハイヴズ]
- 体じゅうにじんましんが出た.
  I got *hives* all over my body.

**しんみ**〖親身〗
- 先生は親身になって聞いてくれた. The teacher listened with a *sympathetic* ear.

**しんみつ**〖親密な〗**close**[クロウス]

**じんめい**〖人命〗(a) **life**[ライフ]（複 **lives**[ライヴ

ズ］），(a) **human life**［ヒューマン］
人命救助 **lifesaving**
**しんや**【深夜】**midnight**［ミッドゥナイト］
━深夜に **in the middle of the night**; (夜遅(おそ)く) **late at night**
- その店は深夜も営業している．
 They are open 24 hours a day.(←1日24時間開いている)
深夜番組 **a midnight program**［**show**］
深夜放送 **a late night broadcast**
**しんゆう**【親友】**a close**［**good**］**friend**［クロウス［グッド］フレンド］, **one's best friend**［ベスト］
- アキは私の親友だ．Aki is *my best friend*.
**しんよう**【信用】**trust**［トゥラスト］
━信用する **trust**; (本当だと思う) **believe**
- 私はもう彼を信用することができない．
 I can't *trust* him anymore.
- 彼は私の話を信用しなかった．
 He didn't *believe* my story.
━信用できる **trustworthy**［トゥラストワーズィ］
**しんらい**【信頼】**trust**［トゥラスト］
━信頼する **trust**; (頼(たよ)る) **rely** (**on** …)［リライ］
- 私はコーチを信頼している．I *trust* my coach.
━信頼できる **reliable**［リライアブル］
**しんり**[1]【心理】(a) **psychology**［サイカラヂィ］
心理学 **psychology**
心理学者 **a psychologist**
心理テスト **a psychological test**
**しんり**[2]【真理】(a) **truth**［トゥルース］
- 哲学者は真理を追究する．
 A philosopher seeks (after) *truth*.
**しんりゃく**【侵略】(an) **invasion**［インヴェイジョン］
━侵略する **invade**
- 映画ではその町はゾンビに侵略された．
 In the movie, the town was *invaded* by zombies.
侵略者 **an invader**
**しんりょうじょ**【診療所】**a clinic**［クリニック］
**しんりょく**【新緑】**fresh green leaves**［フレッシュ グリーン リーヴス］
**しんりん**【森林】**a forest**［フォーリスト］, **a wood**［ウッド］(►しばしばthe woodsで用いる) → もり

森林火災 **a forest fire**
森林公園 **a forest park**
森林破壊【伐採(ばっさい)】**deforestation**
森林浴 **relaxing in the woods**

**しんるい**【親類】
**a relative**［レラティヴ］
- 父方の親類 *relatives* on my father's side
- ケンは私の遠い［近い］親類だ．
 Ken is my distant［close］*relative*.
**じんるい**【人類】**the human race**［ヒューマン レイス］, **humans**(►最近では男女の区別を避(さ)けてmankindを使わないのがふつう)
- 人類の起源 the origin of *the human race*
人類学 **anthropology**
**しんれい**【心霊の】**psychic**［サイキック］
心霊現象 **a psychic phenomenon**
心霊写真 **a psychic photograph**
**しんろ**【進路】**a course**［コース］
- 台風は進路を変えた．
 The typhoon changed its *course*.
- 将来の進路を決めた？
 Have you decided what to do in the future?
進路相談 **career counseling**
**しんろう**【新郎】**a bridegroom**［ブライドグルーム］, **a groom**［グルーム］(⇔新婦 **a bride**)
**しんわ**【神話】(1つの) **a myth**［ミス］, (まとめて) **mythology**［ミサラヂィ］
- ギリシャ神話
 the Greek *myths*［*mythology*］

## す / ス

**す¹**【巣】(鳥・虫・小動物の) a nest[ネスト];(くもの) a web[ウェブ];(みつばちの) beehive[ビーハイヴ], a honeycomb[ハニコウム]
- ありの巣 an ant *nest*
- すずめが巣を作った.
  A sparrow made [built] a *nest*.

nest　web　honeycomb　beehive

▮巣箱(鳥の) a birdhouse

**す²**【酢】vinegar[ヴィニガァ]

**ず**【図】(絵) a drawing[ドゥローイング];(挿絵) an illustration[イラストゥレイション];(図解) a figure[フィギャァ];(図表) a diagram[ダイアグラム]
- 5ページの図3 *figure* 3 on page 5

**すあし**【素足】bare feet[ベア フィート]→ はだし

**ずあん**【図案】a design[ディザイン], a pattern[パタァン]

**スイーツ**(あめ、チョコレートなど)《主に米》candy[キャンディ], desserts[ディザーツ],《主に英》sweets[スウィーツ]

**スイートピー**【植物】a sweet pea[スウィート ピー]

## すいえい【水泳】

swimming[スウィミング]
- 水泳の試合 a *swimming* competition
- アヤは水泳が得意だ.
  Aya is good at *swimming*. / Aya is a good swimmer.
- アヤは水泳が苦手だ. Aya is bad at *swimming*. / Aya is a bad swimmer.

━水泳をする swim→ およぐ
水泳教室 a swimming class
水泳選手 a swimmer
水泳大会 a swim meet
水泳パンツ swim [swimming] trunks
水泳部 a swimming team
水泳帽 a swimming cap

**すいか**【植物】a watermelon[ウォータァメラン]

**すいがい**【水害】(洪水) a flood[フラッド]
- この町はよく水害に見舞われる.
  This town often suffers from *floods*.

▮水害地 a flooded area

**すいがら**【吸い殻】a cigarette butt[スィガレット バット]

**すいきゅう**【水球】『スポーツ』water polo[ウォータァ ポウロウ]

**すいぎゅう**【水牛】【動物】a water buffalo[ウォータァ バッファロウ]

**すいぎん**【水銀】mercury[マーキュリィ]

**すいげん**【水源】the source of a river[ソース]

**すいこむ**【吸い込む】(息を) breathe in[ブリーズ]
- トワは息を大きく吸いこんだ.
  Towa *breathed in* deeply.

**すいさいが**【水彩画】a watercolor (painting)[ウォータァカラァ (ペインティング)]
- 私たちは水彩画を描いた. We painted with *watercolors*.(← 水彩絵の具で)

**すいさんぶつ**【水産物】marine products[マリーン プラダクツ]

**すいじ**【炊事】cooking[クッキング]

▮炊事道具 (まとめて) kitchenware

**すいしつ**【水質】water quality[クワリティ]

**すいしゃ**【水車】a waterwheel[ウォータァ(ホ)ウィール]

▮水車小屋 a water mill

**すいじゃく**【衰弱する】become [grow] weak[ビカム [グロウ] ウィーク]
- その子猫はひどく衰弱していた.
  The kitten has *grown* terribly *weak*.

**すいじゅん**【水準】a standard[スタンダァド], a level[レヴァル]
- 生活水準 the living *standard* / the *standard* of living
- 日本の教育水準は高い.
  The *level* of education in Japan is high.

**すいしょう**【水晶】crystal[クリスタゥル]

**すいじょう**【水上の[で]】on the water[ウォータァ]
水上スキー water-skiing
水上バス a water-bus

**すいじょうき**【水蒸気】(water) vapor[ウォータァ ヴェイパァ];(湯気) steam[スティーム]

**スイス** Switzerland[スウィッツァランド]
━スイス(人)の Swiss[スウィス]

┃スイス人 a Swiss

**すいすい**【すいすい(と)】(すばやく) **swiftly**[スウィフトゥリィ]; (楽に) **easily**[イーズィリィ]

**すいせい**[1]【彗星】〖天文〗**a comet**[カミット]

**すいせい**[2]【水星】〖天文〗**Mercury**[マーキュリィ]

**すいせん**[1]【推薦】**a recommendation**[レカメンデイション]

━推薦する **recommend**（**to** ...）[レカメンド]
・彼は私にこの辞書を推薦した．
　He *recommended* this dictionary *to* me.
┃推薦状 a letter of recommendation
┃推薦図書 recommended reading
┃推薦入学 admission by recommendation

**すいせん**[2]【水仙】〖植物〗**a narcissus**[ナースィサス]; (らっぱ水仙) **a daffodil**[ダフォディル]

**すいせんトイレ**【水洗トイレ】**a flush toilet**[フラッシュ トイリット]

**すいそ**【水素】**hydrogen**[ハイドゥラヂャン]
┃水素エンジン a hydrogen engine
┃水素爆弾(ばくだん) a hydrogen bomb, an H-bomb

**すいそう**[1]【水槽】**a（water）tank**[(ウォータァ) タンク]; (魚などの) **an aquarium**[アクウェ(ァ)リアム]

**すいそう**[2]【吹奏する】**play**[プレィ], **blow**[ブロウ]
┃吹奏楽 wind music
┃吹奏楽団 a brass band
┃吹奏楽部 a school band
┃吹奏楽器 a wind instrument

**すいそく**【推測】**a guess**[ゲス]
・彼女の推測は当たった．
　Her *guess* was right. / She *guessed* right.
・彼女の推測は外れた．
　Her *guess* was wrong. / She *guessed* wrong.
━推測する guess, make a guess

**すいぞくかん**【水族館】**an aquarium**[アクウェ(ァ)リアム]

**すいちゅう**【水中の】(水面下の) **underwater**[アンダァウォータァ]
━水中に[で] in the water, under water
┃水中カメラ an underwater camera
┃水中眼鏡 (水泳用の)（swimming）goggles

**すいちょく**【垂直な】**vertical**[ヴァーティカル] (⇔水平な horizontal)
━垂直に **vertically**
┃垂直線 a vertical line
┃垂直跳(と)び a vertical jump

# スイッチ
a switch[スウィッチ]
━スイッチを入れる **switch**［**turn**］**on**[ターン]
・彼女はテレビのスイッチを入れた．
　She *switched*［*turned*］*on* the TV.

━スイッチを切る **switch**［**turn**］**off**
┃スイッチヒッター〖野球〗a switch-hitter

**すいてい**【推定】**an estimate**[エスタマット], **an estimation**[エスタメイション]
━推定する **estimate**[エスタメイト]

**すいでん**【水田】**a rice field** [**paddy**][ライス フィールド [パディ]]→た[1]

**すいとう**【水筒】**a water bottle**[ウォータァ バトゥル]

**すいどう**【水道】(設備) **a water supply**[ウォータァ サプライ]; (水道水) **tap** [**running**] **water**[タップ [ラニング]]

蛇口(じゃぐち) ⊛**faucet** 〖主に⊛〗**tap**
水道の水 tap [running] water
洗面台 ⊛**sink** ⊛**washbasin**

・水道が止まってしまった．
　The *water supply* was cut off.
・父はいつも水道の水を飲んでいる．
　My father always drinks *tap water*.
・ケンは水道の水を出した［止めた］．
　Ken turned on [off] the faucet.
　（▶faucet は水道の「蛇口(じゃぐち)」）
┃水道管 a water pipe
┃水道工事 waterworks
┃水道料金 the water bill, water charges

**すいとる**【吸い取る】**soak up**[ソウク アップ], **absorb**[アブゾーブ]
・テーブルの上の水をふきんで吸い取った．
　I *soaked up* the water on the table with a kitchen cloth.

**すいばく**【水爆】→すいそ（水素爆弾(ばくだん)）

**すいはんき**【炊飯器】**a rice cooker**[ライス クッカァ]

**ずいひつ**【随筆】**an essay**[エセィ]
┃随筆家 an essayist

**すいぶん**【水分】(水) **water**[ウォータァ]; (果物・野菜・肉などの) **juice**[ヂュース]
・このすいかは水分が多い．
　This watermelon is *juicy*.

**ずいぶん**（非常に）**very**[ヴェリィ], **very much**[マッチ], **a lot**[ラット]; (かなり) **fairly**[フェアリィ]
・きょうはずいぶん涼(すず)しかった．
　It was *very* cool today.
・彼とはずいぶん前に会った．
　I saw him a *long* time ago.

**すいへい**【水平な】(平らな) **level**[レヴァル], **horizontal**[ホーラザントゥル] (⇔垂直な vertical)
━水平に **horizontally**
┃水平線 the horizon: 太陽が水平線(の下)に沈

(沈)んだ. The sun has sunk below *the horizon*.

**すいみん**【睡眠】**sleep**[スリープ] → ねむる
- 十分な睡眠を取ることは大切だ.
　It is important to have a good *sleep*.
| 睡眠時間 **hours of sleep**
| 睡眠不足 (a) **lack of sleep**: 最近睡眠不足だ. I haven't had enough *sleep* lately.
| 睡眠薬 a **sleeping pill** [**drug**]

**スイミング swimming**[スウィミング]
| スイミングクラブ a **swimming team**
| スイミングスクール a **swimming school**

**すいめん**【水面】**the surface of the water**[サーフィス][ウォータァ]
- 水面に **on the water**

**すいようび**【水曜日】**Wednesday**[ウェンズデイ]（★つづり注意. 最初のdは発音しない）(▶常に大文字で始め, **Wed.** と略す) → げつようび [ポイント!]
- 水曜日の朝に
　on *Wednesday* morning

> **ここが ポイント!** **last Wednesday** とは いつの水曜日？
>
> **last**は「現在に一番近い過去の」という意味です. **last Wednesday**はいつそう言っているのかによって意味が変わります.
>
> 火曜日に言ったら… 　金曜日に言ったら…
>
> - I met Yumi *last Wednesday*.
>   火曜日に言った場合
>   　先週の水曜日にユミに会った.
>   金曜日に言った場合
>   　(今週の)水曜日にユミに会った.
>   「先週の水曜日に」ということをはっきりさせる場合は, **on Wednesday last week** とします.

**すいり**【推理】**reasoning**[リーズニング]
　→推理する **reason**
| 推理作家 a **mystery writer**
| 推理小説 (探偵(たんてい)小説) a **detective story**; (ミステリー) a **mystery** (**novel**)

**すいりょく**【水力】**hydropower**[ハイドゥロウパウァ]
| 水力発電 **hydroelectric power generation**
| 水力発電所 a **hydroelectric power plant**

**すいれん**【植物】**a water lily**[ウォータァ リリィ]
**スイング** (バットなどを振(ふ)ること) **a swing**[スウィング]; 【音楽】**swing**

**すう**¹【吸う】
(空気などを) **breathe** (**in**)[ブリーズ(イン)](★発音注意); (たばこを) **smoke**[スモウク]; (吸いこむ) **suck**[サック]
- さわやかな空気を吸った.
　I *breathed* (*in*) the fresh air.
- 君のお父さんはたばこを吸いますか.
　Does your father *smoke*?
- 掃除(そうじ)機でごみを全部吸い取った. The vacuum cleaner *sucked* up all the dust.

breathe　　　smoke　　　suck

**すう**²【数】**a number**[ナンバァ] → かず
- 生徒数 the *number* of students

**すう…**【数…】**several**[セヴ(ァ)ラル], **a few**[フュー], **some**[サム]
- 数回 *several* times
- 数か月前 *several* [*a few*] months ago (▶ふつう**several**は **a few** よりも多い数に用いる)
- 数種類のりんご *several* kinds of apples
- 数千人 *several* thousand people / thousands of people
- 数十個のたまご dozens of eggs

**スウェーデン Sweden**[スウィードゥン]
　→スウェーデン(語, 人)の **Swedish**[スウィーディッシュ]
| スウェーデン語 **Swedish**
| スウェーデン人 a **Swede**

**スウェット** (上下) **a sweatsuit**[スウェットスート]; (上) **a sweatshirt**[スウェットシャート]; (上・フードつき) **a hoodie**[フーディ]; (下) **sweatpants**[スウェットパンツ]

**すうがく**【数学】**mathematics**[マサマティックス], 《米》《話》**math**[マス], 《英》《話》**maths**[マスス] (▶単数扱い)
- 私は数学が得意[苦手]だ.
　I am good [poor] at *math* (*ematics*).
- 数学の宿題をした.
　I did my *math* homework.
| 数学者 a **mathematician**

**すうじ**【数字】
(数) **a number**[ナンバァ]; (記号) **a numeral**[ヌーマラル], **a figure**[フィギャァ] → かず
- 縁起(えんぎ)のよい数字 a lucky *number*
- アラビア[ローマ]数字
　Arabic [Roman] *numerals*

- 私は数字に弱い[強い]. I'm bad [good] with numbers.

**すうしき**【数式】a numerical formula[ヌーメリカル フォーミュラ]

**ずうずうしい**（厚かましい）brash[ブラッシュ], impudent[インピュダント];（恥知らずの）shameless[シェイムリス]
- ずうずうしい態度 *impudent* behavior
- 彼はずうずうしい. He has a lot of *nerve*. / He is *brash* [*shameless*].

**スーツ** a suit[スート]
**スーツケース** a suitcase[スートゥケイス]
**スーパー（マーケット）** a supermarket[スーパァマーキット]（▶「スーパー」と略すのは和製英語）
- スーパーに買い物に行った. I went shopping at a *supermarket*.

**スーパーマン**（超人）a superman[スーパァマン]（複 supermen[-メン];（漫画・映画の主人公）Superman

**スープ soup**[スープ]
- 私はスープを飲んだ. I had [ate, drank] *soup*.（▶eatはスプーンを使って飲むときに, drinkはカップから直接飲むときに用いる）

eat soup    drink soup

スープ皿 a soup plate;（深いもの）a soup bowl

**ズームレンズ** a zoom lens[ズーム レンズ]
**すえ**【末】（終わり）the end[エンド];（…の後で）after[アフタァ]
- 先週の末に at *the end* of last week
- 彼は猛勉強の末, 試験に合格した. He passed the examination *after* studying hard.
  - **末の**（年齢が）(the) youngest
  末っ子 the youngest child: ショウは3人兄弟の末っ子だ. Sho is *the youngest* of three brothers.

**すえる**【据える】（置く）put[プット], set[セット];（取りつける）fix[フィックス], install[インストール]

**ずが**【図画】（絵の具でかくこと）painting[ペインティング];（鉛筆などでかくこと）drawing[ドゥローイング]
| 図画工作 arts and crafts

**スカート** a skirt[スカート]
- デニムスカート a denim *skirt*
- アユはスカートをはいた. Ayu put on the *skirt*.
- アユはスカートを脱いだ. Ayu took off the *skirt*.
- ナオは赤いスカートをはいている. Nao is wearing a red *skirt*.

**スカーフ** a scarf[スカーフ]（複 scarfs, scarves[スカーヴズ]）
- ケイはスカーフをしていた. Kei was wearing a *scarf*.

**ずかい**【図解】an illustration[イラストゥレイション]
 ―**図解する** illustrate[イラストゥレイト]

**ずがいこつ**【頭がい骨】a skull[スカル]
**スカイダイビング** skydiving[スカイダイヴィング]
**スカウト**（スポーツ・芸能の）a (talent) scout[(タラント) スカウト]
 ―**スカウトする** scout (out)

**すがお**【素顔】
- 彼女の（化粧をしていない）素顔を見たことがない. I've never seen her *face without makeup*.
- 家にいる時は素顔の自分でいられる. When I am at home, I can be my *true self*.

**すがすがしい** refreshing[リフレッシング];（新鮮な）fresh[フレッシュ] → さわやか
- すがすがしい朝 a *refreshing* morning

**すがた**【姿】
（体型）a figure[フィギャァ];（外見）(an) appearance[アピ(ァ)ランス]
- そのモデルはほっそりとした姿をしている. The model has a slender *figure*.
- リンは鏡で自分の姿を見た. Rin looked at herself in a mirror.
 ―**姿を現す** appear, show up
 ―**姿を消す** disappear

**スカッシュ**〘スポーツ〙squash[スクワッシュ];（ソーダ飲料）squash

**すがる**（つかまる）cling to ...[クリング];（頼りにする）depend on ...[ディペンド]

**ずかん**【図鑑】an illustrated book[イラストゥレイティド ブック]
- 植物図鑑 an *illustrated book* of plants

**スカンク**〘動物〙a skunk[スカンク]

**すき**[1]【好きである】
like[ライク], be fond (of ...)[ファンド]（▶likeよりもくだけた言い方で, 意味が強い）;（大好きである）love[ラヴ]
- 私は花がとても好きだ. I *like* flowers very much. / I *am* very *fond of* flowers.（▶一般的に「花が好き」と言う場合はふつうflowersと複数形にする）
- 彼は車が大好きだ. He *loves* cars.

## すき[2]

- 彼女はロック音楽があまり好きではない. She doesn't *like* rock music very much.

### …することが好き[大好き]だ
like [love] +‹-ing形› / like [love] to +‹動詞の原形› / be fond of +‹-ing形›

- 野球をするのが好きだ. I *like* play*ing* baseball. / I *like to* play baseball. / I *am fond of* play*ing* baseball.

### ‹A›よりも‹B›が好きだ
like +‹B›+ better than +‹A› / prefer +‹B›+ to +‹A›

- 私は猫(ねこ)よりも犬が好きだ. I *like* dogs *better than* cats. / I *prefer* dogs *to* cats.
- テニスとバレーボールではどちらが好きですか. Which do you *like better*, tennis or volleyball?

### …がいちばん好きである
like + ... +(the) best

- レイは学科の中で英語がいちばん好きだ. Rei *likes* English (*the*) *best* of all subjects.

**好きな** favorite [フェイヴァリット]

- これが私の好きな本です. This is my *favorite* book.
- 好きな映画は何ですか. What is your *favorite* movie?
- きょうは好きなだけ遊んでいいよ. You may [can] play *as much as you want* today.

**すき[2]** (機会) a chance [チャンス]

- 彼らは逃(に)げ出すすきをうかがっていた. They were waiting for a *chance* to escape. (←待っていた)
- すきを見せてはいけない. You should keep your guard up. (←油断してはいけない)

**すぎ**【杉】【植物】a (Japanese) cedar [(チャパニーズ) スィーダァ]

## …すぎ【…過ぎ】

❶ 時間, 年齢(ねん)（時間）after ..., past ...;（年齢）over ..., past ...
❷ 程度　too

❶[時間, 年齢]（時間）after ... [アフタァ], past ... [パスト];（年齢）over ... [オウヴァ], past ...

- 今5時10分過ぎだ. It is ten minutes *after* [＊*past*] five now.
- 彼女のおばあさんは80過ぎだ. Her grandmother is *over* eighty.

❷[程度] too [トゥー] → …すぎる

- 食べすぎは体によくない. Eating *too* much is not good for your health.

**スキー**（運動）skiing [スキーイング];（スキー板）a ski [スキー];（ふつう複数形で用いる）

- フリースタイルスキー freestyle *skiing*
- スキー1組 a pair of *skis*（►スキー2組はtwo pairs of *skis*）
- 私は山形へスキーに行った. I went *skiing* in Yamagata.

**スキーをする** ski

スキーウエア skiwear, a ski suit
スキー教室 a skiing class
スキー場（ゲレンデ）ski slopes;（行楽地としての）a ski resort
スキー部 a skiing team

①スキー帽(ぼう) ski cap [hat]
②スキージャケット ski jacket
③スキーストック ski poles
④スキー靴(ぐつ) ski boots
⑤スキー板 skis
⑥スキーパンツ ski pants
⑦スキー手袋 ski gloves
⑧スキー用ゴーグル ski goggles
⑨スキーリフト ski lift
⑩スキーヤー skier

（pole, boot, ski, gloveはセットで使う場合複数形を用いる）

**すききらい**【好き嫌い】preferences [プレフ(ァ)ランスィズ]

- 着るものに関しては特に好き嫌いはありません. I don't have any particular *preferences* about what I wear.
- 食べ物の好き嫌いをしてはいけません. Don't *be so picky* about your food. (►pickyは「えり好みをする」の意味の形容詞)

**ずきずき**【ずきずきする】throb [スロッブ]

- 頭がずきずきする. My head is *throbbing*.

**スキップ** a skip [スキップ]

**スキップする** skip

**すきとおった**【透き通った】transparent [トゥランスペ(ァ)ラント], clear [クリア] → すむ[3]

- 透き通った声 a *clear* voice

**…すぎない**【…(に)すぎない】only [オウンリィ]

- それはうわさにすぎない. It's *only* a rumor.

**すきま**【透き間】an opening [オウブニング];（割れ目）a crack [クラック]

- 塀(へい)の透き間 a *crack* in the fence / an *opening* in the

fence
▪透き間風（a）draft
**すきやき**【すき焼き】sukiyaki[スーキヤーキ]; beef cooked with vegetables at the table[ビーフ クックト][ヴェヂャタブルズ][テイブル]→食生活【口絵】
**スキャナー** scanner[スキャナァ]
**スキャン**【スキャンする】scan[スキャン]
**スキャンダル** a scandal[スキャンドゥル]
**スキューバダイビング**〖スポーツ〗scuba diving[スキューバ ダイヴィング]
**スキル**（a）skill[スキル]

## すぎる【過ぎる】

| ❶場所を | pass, go by; |
| ❷時間が | pass, go by; (超(ご)える) be past ..., be over ... |

❶[場所を]**pass**[パス], **go by**[ゴゥ バィ]
・列車はちょうど熱海を過ぎたところだ．
 The train has just *passed* Atami.
❷[時間が]**pass**, **go by**; (超える)**be past** ...[パスト], **be over** ...[オウヴァ]
・あっという間に時間が過ぎた．
 The time *passed* [*went by*] very quickly.
・もう11時を過ぎた．
 It's *past* eleven o'clock now.
・夏休みが過ぎて，2学期が始まった．
 The summer vacation *is over* and the second term has started.（←終わって）
・あの人は30歳(ミ)を過ぎているんじゃないかな．
 I guess that person *is over* thirty.
**…すぎる**（程度が）**too**[トゥー]
・この肉はかたすぎる．
 This meat is *too* tough.
・今夜は食べすぎちゃった．I ate *too* much tonight. / I've overeaten tonight.

**…すぎて〜ない**
too ...（for +〈人〉+）to +〈動詞の原形〉/
so ... that 〜（▶that 以下は否定の文）
・彼の質問は私には難しすぎて答えられなかった．His question was *too* difficult *for me to* answer. / His question was *so* difficult *that* I couldn't answer it.

**スキンケア** skin care[スキン ケア]
**スキンシップ** emotional communication via touch [physical contact][イモウショナル カミューナケイション ヴァイア タッチ [フィズィカル カンタクト]]（▶「スキンシップ」は和製英語）
**スキンダイビング**〖スポーツ〗skin diving[スキン ダイヴィング]
**スキンヘッド** a skinhead[スキンヘッド]
**すく**（腹が）**be hungry**[ハングリィ]；（乗り物などが）

be not crowded[クラウディド]
・おなかがすいた．I'm hungry.
・バスはすいていた．
 The bus *was not crowded*.

## すぐ

| ❶直ちに | at once, immediately; (…するとすぐに)as soon as ...; (すばやく)quickly |
| ❷まもなく | soon |
| ❸…の近くに | near ... |
| ❹簡単に | easily |

❶[直ちに]**at once**[ワンス], **immediately**[イミーディアットゥリィ]; (…するとすぐに)**as soon as** ...[スーン]; (すばやく)**quickly**[クウィックリィ]
・すぐにケンにメールしなさい．
 Text Ken *at once*. / Text Ken *immediately*.
・ケイはベッドに入るとすぐに眠(ᐸ)った．Kei fell asleep *as soon as* she went to bed.
・彼はその難問をすぐに解いた．
 He *quickly* solved the difficult question.
❷[まもなく]**soon**[スーン]
・彼女はすぐ帰ってくるだろう．
 She'll be back *soon*.
・すぐに試験だ．The examination is coming *soon*.
❸[…の近くに]**near** ...[ニア]
・私の家は駅からすぐだ．
 My house is *near* the station.
❹[簡単に]**easily**[イーズィリィ]
・マキはすぐ笑う．Maki laughs *easily*.
**すくい**【救い】**help**[ヘルプ]
・けが人は大声で救いを求めた．
 The injured man cried for *help*.
**スクイズ**〖野球〗**a squeeze play**[スクウィーズ プレィ]
**すくう**¹【救う】（救助する）**save**[セイヴ], **rescue**[レスキュー]；（助力する）**help**[ヘルプ]
・その医者は父の命を救ってくれた．
 The doctor *saved* my father's life.
**すくう**²（砂などを）**scoop**（**up**）[スクープ（アップ）]
・その子はシャベルで砂をすくってバケツに入れた．The child *scooped* sand with a shovel into the bucket.
**スクーター** a scooter[スクータァ]
**スクープ** a scoop[スクープ]
**スクール** a school[スクール]→がっこう
 スクールカウンセラー a school counselor
 スクールカラー（特色）the character of a school

**スクールバス** a school bus

## すくない【少ない】

（数が）**few**［フュー］（⇔多い many）；（量が）**little**［リトゥル］（⇔多い much）；（数・量が）**small**［スモール］；（回数が）**seldom**［セルダム］→すこし❶❷, めった

- そのイベントに来た人は少なかった.
  *Few* people came to the event.
- 父は口数が少ない.
  My father is a man of *few* words.
- この夏は雨が少ない.
  We have had *little* rain this summer.
- この村は人口が少ない.
  This village has a *small* population.
- 彼女と話をすることは非常に少ない.
  I *seldom* talk to her.（←めったにない）

**すくなくとも**【少なくとも】**at least**［リースト］
- 毎日少なくとも1時間はギターの練習をする.
  I practice the guitar every day for *at least* one hour.

**すくなめ**【少なめ】**small**［スモール］, **little**［リトゥル］, **smaller**［スモーラァ］
- 少なめのご飯 a *small* serving of rice

**すくめる**（首を）**duck**［ダック］；（肩（%^)を）**shrug**［シュラッグ］
- 彼は肩をすくめた.
  He *shrugged* his shoulders.

**スクラッチカード** a scratch card［スクラッチ］

**スクラップ**（記事の切り抜（\*）き）⊛ **a clipping**［クリッピング］, ⊛ **a cutting**［カッティング］
**スクラップブック** a scrapbook

**スクラム**『ラグビー』**a scrum**［スクラム］
- スクラムを組め！ Form a *scrum*!

**スクランブルエッグ**（いり卵）**scrambled eggs**［スクランブルド エッグズ］（► scramble eggs は「卵をかき混ぜる」の意）→たまご

**スクリーン** a screen［スクリーン］→コンピュータ図
**スクリーンセーバー** a screensaver

**スクリプト** a script［スクリプト］

**スクリュー** a screw［スクルー］

## すぐれる【優れる】

❶まさっている　be better（than ...）,
　　　　　　　　be superior（to ...）
❷（否定形で）気分などが
　　　　　　　　not feel well

❶［まさっている］**be better**（than ...）［ベタァ］, **be superior**（to ...）［スピ（ァ）リァ］
- ナナのパソコンは私のより優れている.
  Nana's computer *is better than* mine. /
  Nana's computer *is superior to* mine.
- 優れた **excellent**［エクサラント］, **superior**
- 優れた音楽家 an *excellent* musician

❷［（否定形で）気分などが］**not feel well**［フィール ウェル］
- きょうは気分が優れない.
  I don*'t feel well* today.

**スクロール**（a）scroll［スクロウル］
**スクロールする** scroll
- 画面を上［下］にスクロールした.
  I *scrolled* up［down］the screen.

**スクワット** a squat［スクワット］

**ずけい**【図形】**a figure**［フィギャァ］
- 図形を描（が）く draw a *figure*

**スケート** skating［スケイティング］
- スピードスケート speed *skating*
- フィギュアスケート figure *skating*
- インラインスケート inline *skating*
- 私たちは池にスケートをしに行った.
  We went *skating* on the pond.
**スケートをする** skate
**スケート靴**（⑤）**skates**: スケート靴1足 a pair of *skates*（►スケート靴2足はtwo pairs of *skates*）
**スケート部** a skating team
**スケートリンク** a skating rink

**スケートボード**（板）**a skateboard**［スケイトボード］；（遊び）**skateboarding**［スケイトボーディング］

━スケートボードをする skateboard

**スケール**（規模）a scale［スケイル］
- スケールの大きな夢
  a large-*scale*［big］dream

**スケジュール** a schedule［スケヂュール］
- スケジュールどおりに on *schedule*
- 彼女のスケジュールはとてもハードだ.
  She has a very heavy［tight］*schedule*.
━スケジュールを立てる make a schedule

**ずけずけ**【ずけずけ言う】**speak bluntly**［スピーク ブラントゥリィ］
- 彼はいつもずけずけものを言う.
  He always *speaks bluntly*.

**スケッチ** a sketch［スケッチ］

―スケッチする sketch, make a sketch
スケッチブック a sketchbook

**スケボー** → スケートボード

**すける**【透ける】transparent[トゥランスペ(ァ)ラント], see-through[スィースルー]
- 中身が透けて見えるバッグを持っている.
I have a *see-through* bag.

**スコア** (競技の得点) a score[スコァ]; (楽譜(がく)) a score
- 私たちは3対1のスコアで試合に勝った.
We won the game by a *score* of 3-1.(▶ 3-1はthree to oneと読む)
スコアブック a scorebook
スコアボード a scoreboard

# すごい

| ❶すばらしい | 《話》great, wonderful, amazing |
|---|---|
| ❷程度のひどい | terrible, awful; (激しい)heavy |

❶　　　　　　　　　❷
great　　　　　　terrible

❶[すばらしい]《話》great[グレイト], wonderful[ワンダァフル], amazing[アメイズィング]
- いつかすごいカメラマンになりたい. I want to become a *great* photographer someday.

話してみよう！
☺入学試験に受かったんだ.
I passed the entrance exam.
😊それはすごいや.
That's *great*!

- すごいニュース *amazing* news

❷[程度のひどい]terrible[テラブル], awful[オーフル]; (激しい)heavy[ヘヴィ]
- すごい暑さ *terrible* heat
- きのうはすごい雨だった.
There was *heavy* rainfall yesterday.

―すごく terribly, awfully; heavily
- すごく疲(つか)れた.
I'm *terribly* [*really*] tired.
- すごく雪が降った.
It snowed *heavily*.

**ずこう**【図工】arts and crafts[アーツ][クラフツ]
**スコール** a squall[スクウォール]
**スコーン** (パン) a scone[スコウン]

# すこし【少し】

| ❶数が | a few, some, few |
|---|---|
| ❷量が | a little, some; (少ししかない, ほとんどない) little |
| ❸程度が | a little; (あやうく) almost, nearly |
| ❹時間・距離(きょ)が | (時間) a minute, a little while; (距離) a short distance |

❶[数が]a few[フュー](⇔たくさん many), some[サム], few→❷くらべて!
- 冷蔵庫に卵が少しある.
There are *a few* eggs in the refrigerator.
- 冷蔵庫に卵が少ししかない.
There are *few* eggs in the refrigerator.

❷[量が]a little[リトゥル](⇔たくさん much), some; (少ししかない, ほとんどない) little
- 牛乳パックにミルクが少し入っている.
There is *a little* milk in the carton.
- 牛乳パックにミルクが少ししか入っていない.
There is *little* milk in the carton.
- もう少しミルクを飲みたい.
I want to drink *some* more milk.
- 夏休みがもう少し長いといいな. I wish that summer vacation were [could be] *a little* longer.

**くらべてみよう！** a few, few, a little, little, some

a few, fewは数について, a little, littleは量について, someは数・量の両方について使われ, それぞれ次のような名詞と結びつきます.
　(a) few＋〈数えられる名詞の複数形〉
　(a) little＋〈数えられない名詞〉
　some＋〈数えられる名詞の複数形
　　　　または数えられない名詞〉
fewもlittleもaがつくと「少しはある」という肯定的な意味に, aがつかないと「少ししかない」という否定的な意味になります. 同じ数や量について言う場合でも, 言う人の感じ方によって, 「少しはある」「少ししかない」のどちらの意味にもなります.

❸[程度が]a little[リトゥル]; (あやうく)almost[オールモウスト], nearly[ニアリィ]
- メアリーは少し日本語を話す.
Mary speaks *a little* Japanese.
- 少しおなかがすいた.
I'm *a little bit* hungry.
- 少しはテニスがうまくなった.

すこしも

I got *a little* better at playing tennis.
- もう少しでバスに乗り遅(ぉく)れるところだった.
I *almost* [*nearly*] missed the bus.
　━少しずつ **little by little**, **gradually**
❹[時間・距離が] (時間) **a minute**[ミニット], **a little while**[(ホ)ワイル]; (距離) **a short distance**[ショート ディスタンス]
- 少しお待ちください.
Wait *a minute*, please.
- 私たちは少し休んでから出かけた. We rested for *a little while* then went out.
- バス停までほんの少しです.
It's just *a short distance* to the bus stop.

**すこしも**【少しも…ない】**not**(…)**at all**[オール], **not**(…)**in the least**[リースト]→ぜんぜん

**すごす**【過ごす】
**spend**[スペンド], **pass**[パス]
- 私たちは週末を山で過ごした. We *spent* our weekends in the mountains.

| …をして〈時間〉を過ごす |
|---|
| spend＋〈時間〉＋〈-ing形〉 |

- ゆうべはゲームをして過ごした.
I *spent* last night play*ing* a video game.
- のんびりと過ごしたい.
I want to *spend*（some）time relax*ing*.
- 楽しい1年を過ごした.
I *had* a fun year. / It *was* a fun year.
- いかがお過ごしですか.
How are you *getting along*?

**スコットランド Scotland**[スカットゥランド]（▶グレートブリテン島北部に位置する英国の一区分）
　━スコットランド（語, 人）の **Scottish**, **Scots**
　スコットランド語 **Scots**
　スコットランド人 **a Scot**

**スコップ**（小型の）**a scoop**[スクープ]（★発音注意）;（シャベル）**a shovel**[シャヴァル]

**すごろく** *sugoroku*; **a traditional board game using dice, similar to snakes and ladders**[トラディショヌル ボード ゲイム ユーズィング ダイス スィミラァ トゥ スネイクス アンド ラダァズ]

**すし sushi**[スーシ]→食生活【口絵】
- 回転ずし（店）a conveyor-belt *sushi* restaurant
　すし職人 a *sushi* chef
　すし屋（店）a *sushi* restaurant;（カウンター式の）a *sushi* bar

**すじ**【筋】

| ❶[線] | a line; (しま) a stripe |
| ❷[話の] | a story, a story line, a plot; (論理) logic |

❶[線]**a line**[ライン];（しま）**a stripe**[ストゥライプ]
- 手のひらの筋 the *lines* on the palm
❷[話の]**a story**[ストーリィ], **a story line**[ライン], **a plot**[プラット];（論理）**logic**[ラヂック]
- その小説の筋 the *plot* of the novel
　━筋の通った **logical**
- 彼の意見は筋が通っている.
His opinion is *logical*.

**ずじょう**【頭上の】**overhead**[オウヴァヘッド]
　━頭上に **over**[**above**] one's head, **overhead**[オウヴァヘッド]
- 頭上の星空がきれいだ. The starry sky *above my head* is beautiful.
- 頭上注意《掲示》WATCH YOUR HEAD

**すす soot**[スット]
　━すすだらけの **sooty**

**すず**[1]【鈴】**a bell**[ベル]
- 鈴を鳴らして祈(いの)った.
I rang the *bell* and prayed.

**すず**[2]【化学】**tin**[ティン]

**すすき**[植物]**Japanese pampas grass**[ヂャパニーズ パンパス グラス]

**すすぐ rinse**（out）[リンス（アウト）]
- 水で口をすすいだ.
I *rinsed out* my mouth with water.

**すずしい**[涼しい]**cool**[クール]（⇔暖かい **warm**）
- 涼しい風 a *cool* wind
- この部屋は涼しい. This room is *cool*.
- きょうは涼しいね. It's *cool* today, isn't it?

**すすむ**【進む】

| ❶前方に動く | move [go] forward, advance |
| ❷進歩する | advance, make progress, improve |
| ❸時計が | gain; (進んでいる) be fast |

❶[前方に動く]**move**[**go**]**forward**[ムーヴ [ゴゥ] フォーワァド], **advance**[アドヴァンス]
- 行列はゆっくりと進んだ. The line of people *moved forward* slowly.
- 私たちのチームは準決勝に進んだ.
Our team *advanced* to the semifinals.
- 将来大学に進みたい.
I want to *go on to* college in the future.
❷[進歩する]**advance**[アドゥヴァンス], **make progress**[プラグレス], **improve**[インプルーヴ]
- AI技術はこの数年で急速に進んだ.
AI technology has *advanced* rapidly these past few years.
- きょうは勉強がどんどん進んだ. I *made* great

*progress* in my studies today.
- 進んだ **progressive**[プラグレスィヴ], **advanced**
❸ [時計が] **gain**[ゲイン](⇔遅(おく)れる lose); (進んでいる) **be fast**[ファスト]
- この時計は1日に30秒進む.
  This clock *gains* thirty seconds a day.
- 私の腕(うで)時計は3分進んでいる.
  My watch *is* three minutes *fast*.

**すずむ**【涼む】**enjoy the cool air**[インチョイ][クールエア], **cool off**[オーフ]
**すずむし**【鈴虫】【虫】a (**bell**) **cricket**[クリキット]
**すすめ**【勧め】**advice**[アドゥヴァイス]; (推薦(すいせん)) **a recommendation**[レカメンデイション]
- 私は父の勧めに従った.
  I took [followed] my father's *advice*.
- 何がお勧めですか.
  What do you *recommend*?
- この本はお勧めです.
  I *recommend* this book.
**すずめ**【鳥】**a sparrow**[スパロウ]

# すすめる[1] 【勧める】

| ❶忠告する | advise |
| ❷推薦(すいせん)する | recommend |
| ❸差し出す | offer |

❶ [忠告する] **advise**[アドゥヴァイズ]
〈人〉に…するよう勧める
advise ＋〈人〉＋ to ＋〈動詞の原形〉
- 彼女は私に医者に行くよう勧めた.
  She *advised* me *to* see a doctor.
❷ [推薦する] **recommend**[レカメンド]
- 母は私にその本を勧めた. My mother *recommended* that book *to* me.
❸ [差し出す] **offer**[オーファ]
- おばは私にクッキーを勧めてくれた.
  My aunt *offered* me some cookies.

# すすめる[2] 【進める】

| ❶前に動かす | advance, go ahead (with ...); (どんどん行う) go on (with ...) |
| ❷時計を | set [put] ... ahead |

❶ [前に動かす] **advance**[アドゥヴァンス], **go ahead** (**with** ...)[ゴウ アヘッド]; (どんどん行う) **go on** (**with** ...)
- この計画を進めなさい.
  *Go ahead with* this plan.
❷ [時計を] **set** [**put**] ... **ahead**[セット][プット][アヘッド]
- 時計を3分進めておいた.

I *set* the clock *ahead* by three minutes.
**すずらん**【植物】**a lily of the valley**[リリィ][ヴァリィ]
**すずり**【硯】**an inkstone**[インクストウン]
**すすりなく**【すすり泣く】**sob**[サッブ], **weep**[ウィープ]
**すする**(一口飲む)**take** [**have**] **a sip**[スィップ]; (音を立てて) **slurp**[スラープ]; (鼻を) **sniff**[スニフ]
- スープは音をたててすすってはいけません.
  You shouldn't *slurp* your soup.
**すすんで voluntarily**[ヴァランテ(ァ)ラリィ]
**すそ**(衣服の) **a hem**[ヘム]
- スカートのすそを上げた[下ろした].
  I took up [down] the *hem* of the skirt.
**スター a star**[スター]
- 彼はテニス界のスターになった.
  He became a tennis *star*.
**スターティングメンバー** (スポーツで) **a starting line up**[スターティング ラインナップ](▶「スターティングメンバー」は和製英語)
**スタート a start**[スタート]
- ランナーたちはいいスタートを切った.
  The runners made a good *start*.

━スタートする **start, make a start**
スタート係 **a starter**
スタート台 **a starting block**
スタートライン **the starting line**
**スタイリスト a stylist**[スタイリスト]
**スタイル** (様式, 型) **a style**[スタイル]; (体形) **a figure**[フィギャア]
- そのモデルはスタイルがよい. The model has a good *figure*. (▶styleに「体形」の意味はない)
**スタジアム a stadium**[ステイディアム]
**スタジオ a studio**[ストゥーディオゥ](★発音注意)
**スタッフ** (全体) **the staff**[スタッフ]; (その1人) **a staff member**[メンバァ]
**スタミナ stamina**[スタミナ]
- ナオはスタミナがある.
  Nao has a lot of *stamina*.
- ナオはスタミナがない.
  Nao has no *stamina*.
**スタメン**➡スターティングメンバー
**すたれる**【廃れる】(流行などが) **go out of fashion**[ファッション]; (使われなくなる) **go out**

**スタンド**

of use[ユース]
- その表現は廃れつつある．
That expression is *going out of use*.

**スタンド**（観客席）**the stands**[スタンツ]；（売店）**a stand**[スタンド]；（電気スタンド）**a desk lamp**[デスク ランプ]
- ライトスタンド『野球』the right *stands*
- ホットドッグスタンド a hot dog *stand*

**スタンドプレー a grandstand play**[グランスタンド プレィ]（▶「スタンドプレー」は和製英語）

**スタントマン a stunt person, a stuntperson**[スタント パースン], **a stunt double**[スタント ダブル]

**スタンバイ standby**[スタン(ドゥ)バィ]
━スタンバイする **stand by, be on standby**

**スタンプ a stamp**[スタンプ]
━スタンプを押す **stamp**

**スチーム**（蒸気）**steam**[スティーム]
┃スチームアイロン a steam iron

**スチール**（鋼鉄）**steel**[スティール]
┃スチール缶 a steel can

**スチュワーデス** → **きゃくしつ**（客室乗務員）

**…ずつ**
- 先生は私たちひとりずつと握手した．Our teacher shook hands with us *one by one*.
- 私たちはいちごを5個ずつ食べた．We ate five strawberries *each*.
- サヤの病気は少しずつよくなっている．Saya is getting better *little by little*.

**ずつう【頭痛】a headache**[ヘデイク]
- きょうは少し［ひどく］頭痛がする．I have a slight [bad] *headache* today.

**すっかり quite**[クワイト]；（完全に）**completely**[カンプリートゥリィ]，**all**[オール]
- すっかり疲れてしまった．I'm *quite* tired.
- リョウはすっかり元気になった．Ryo has *completely* recovered.
- 庭はすっかり枯れ葉で覆われている．The garden is *all* covered with dead leaves.

**すっきり【すっきりした】**（こぎれいな）**neat**[ニート]；（気分が）**refreshed**[リフレッシュト]
- 泣いたらすっきりした．I felt *refreshed* after crying.

# ずっと

| | |
|---|---|
| ❶時間的な継続 | **all the time,** **(all) through;** **(いつも)always** |
| ❷距離的な継続 | **all the way** |
| ❸程度 | **much, far** |

❶[時間的な継続]**all the time**[オール][タイム]，**(all) through**[スルー]；（いつも）**always**[オールウェイズ]
- 奈良にいる間ずっと雨が降っていた．It was raining *all the time* while I was in Nara.
- 彼は夏の間ずっとおじの家にいた．He stayed at his uncle's home *all through* the summer.
- 私はずっと漫画家になりたかった．I have *always* wanted to be [become] a cartoonist.
- きのう，私はずっと家にいた．I was at home *all day* yesterday.
- 妹は朝からずっと泣いている．My sister *has been* crying since this morning.（▶have been +〈-ing形〉で現在完了進行形をつくり，「ずっと…している」の意）
- ずっと彼らと友達でいたい．I want to be friends with them *forever*.

❷[距離的な継続]**all the way**[ウェィ]
- 彼は学校から家までずっと走って帰った．He ran *all the way* home from school.

❸[程度]**much**[マッチ]，**far**[ファー]
- 彼のほうがケンよりずっと背が高い．He is *much* taller than Ken is.（▶muchやfarは比較級，最上級を強める）
- ずっと前に *a long time* ago / *long* ago

**すっぱい sour**[サゥァ]
- このいちごはすごくすっぱい．This strawberry tastes very *sour*.
- すっぱいものが好きだ．I like *sour* (tasting) food.

**すっぴん【素っぴん】without makeup**[ウィザゥト メイカップ]
- 私は素っぴんで出かけた．I went out *without makeup*.

**すで【素手】a bare hand**[ベァ ハンド]
- 素手で熱いなべに触ってしまった．I touched the hot pan with my *bare hand*.

**スティック a stick**[スティック]
- スティックのり a glue *stick*

**ステーキ（a）steak**[ステイク]
- ハンバーグ（ステーキ）a hamburger *steak*

> 話してみよう！
> ☺ステーキの焼き方はどのようにしますか．How would you like your *steak* (done)?
> ☻ミディアム［レア, ウェルダン］でお願いします．Medium [Rare, Well-done], please.

ストレス

**ステージ** a stage[ステイヂ]
- ステージでは緊張した.
I was nervous on the *stage*.

**ステーション** a station[ステイション]
- 宇宙ステーション a space *station*

## すてき【素敵な】
nice[ナイス], wonderful[ワンダァフル], 《話》great[グレイト]
- すてきな贈り物 a *nice* present
- すてき！ How *nice* [*wonderful*, *great*]!
- 私たちはすてきな時間を過ごした.
We had a *wonderful* time.

**ステッカー** a sticker[スティッカァ]
**ステッキ** a walking stick[ウォーキング スティック], a cane[ケイン]
**ステップ** (ダンスなどの)a step[ステップ]

## すでに
(肯定文で)already[オールレディ]; (疑問文で)yet[イェット]→もう❶; (以前に)before[ビフォア]
- 彼女はすでに宿題を終えている.
She has *already* finished her homework.

## すてる【捨てる】

| ❶不要なものを | throw away |
| ❷希望などを | give up |

❶[不要なものを]throw away[スロウ アウェイ]
- 古い漫画を捨てた.
I *threw away* my old comics.
❷[希望などを]give up[ギヴ アップ]
- 希望を捨てるな. Don't *give up* hope.
┃捨て犬[猫] an abandoned dog [cat]

**ステレオ** (装置)a stereo (set)[ステリオウ (セット)]; (方式)stereo
**ステンドグラス** stained glass[ステインド グラス]
**ステンレス** stainless steel[ステインリス スティール]
**スト** a strike[ストゥライク]→ストライキ
**ストア** a store[ストァ]→みせ
**ストーカー** a stalker[ストーカァ]

**ストーブ** a heater[ヒータァ], a stove[ストウヴ] (▶㊨ではstoveはふつう調理用の「こんろ」をさす)
- 電気ストーブ an electric *heater*
- ガスストーブ a gas *heater*
- 石油ストーブ an oil *heater*
- ストーブをつけ[消し]て.
Please switch on [off] the *heater*.

**ストーリー** (物語)a story[ストーリィ]; (筋)a plot[プラット]
- ストーリー展開 a *story* line
- そのドラマのストーリーを知ってる？
Do you know the *story* of the drama?

**ストール** a stole[ストウル], shawl[ショール]
**ストッキング** (パンティストッキング)㊨pantyhose[パンティホウズ] (▶複数扱い), ㊧tights[タイツ]
- ストッキング1足
a pair of *pantyhose* (▶ストッキング2足は two pairs of *pantyhose*)
- 私はストッキングをはいた[脱いだ].
I pulled on [off] my *pantyhose*.

**ストック** (スキーの)a ski pole[スキー ポウル] (▶ふつう複数形で用いる)

**ストップ** a stop[スタップ]
━ストップする stop →とまる¹❶
┃ストップウォッチ a stopwatch

**ストライキ** (a) strike[ストゥライク] (★発音注意)
- 彼らはストライキ中だ.
They are (out) on (a) *strike*.

**ストライク** 〖野球〗a strike[ストゥライク] (⇔ボール a ball)→カウント
┃ストライクゾーン the strike zone

**ストライプ** a stripe[ストゥライプ]
**ストラップ** a strap[ストゥラップ]
**ストリート** a street[ストゥリート]
┃ストリートチルドレン street children
┃ストリートパフォーマー a street performer

**ストリーミング** 〖コンピュータ〗streaming[ストリーミング]
- その映画はオンラインのストリーミングで配信される. The movie will be *streamed* online.

**ストレート** 〖野球〗(速球)a fastball[ファストボール]
━ストレートな[で]straight[ストゥレイト]
- 私たちは(1セットも落とさずに)ストレートで勝った. We won in *straight* sets.
- ストレートな発言 a *straightforward* remark (←率直な)

**ストレス** (a) stress[ストゥレス]
- 車の騒音でストレスがたまった.
The traffic noise put me under *stress*.
- 私たちはサッカーをしてストレスを発散した. We played soccer to de*stress*.

**ストレッチ**(ストレッチ運動)**stretching exercises**[ストレッチング エクササイズィズ]
　ーストレッチをする **stretch**
**ストロー** a **straw**[ストゥロー]
**ストローク** a **stroke**[ストゥロウク]
**ストロベリー** a **strawberry**[ストゥロゥベリィ]
**すな**【砂】**sand**[サンド]
* 目に砂が入った.
  I got some *sand* in my eye.
  砂嵐(あらし) a **sandstorm**
  砂時計 an **hourglass**
  砂場 a **sandbox**
  砂浜(はま) a **sandy beach**
**すなお**【素直な】(従順な)**obedient**(to ...)[オウビーディアント];(温和な)**gentle**[ヂェントゥル], **mild**[マイルド]
* レイは素直な性格をしている.
  Rei is *gentle* by nature. / Rei has a *gentle* nature.
　ー素直に **obediently**
**スナック**(軽食)a **snack**[スナック];(酒を出す店)a **bar**[バー], 圏 a **pub**[パブ](▶ a snack barは「軽食堂」のことでふつう酒類は出さない)
**スナップ**(写真)a **snapshot**[スナップシャット]
**すなわち** that is (to say)[(セイ)], or, **namely**[ネイムリィ]→つまり
**スニーカー** a **sneaker**[スニーカァ](▶ふつう複数形で用いる)→ くつ 図
* スニーカー1足
  a pair of *sneakers*(▶スニーカー2足は two pairs of *sneakers*)
**すね**(向こうずね)a **shin**[シン]→ あし 図
**すねる**【拗ねる】**sulk**[サルク]
* すねるのはやめなさい. Don't *sulk*.
　ーすねた **sulky**
**ずのう**【頭脳】**brains**[ブレインズ], a **head**[ヘッド]→あたま❸
  頭脳戦 a **tactical game**, a **battle of wits**
**スノー** **snow**[スノゥ]
  スノータイヤ a **snow tire**
  スノーボード a **snowboard**: スノーボードに行った. I went *snowboarding*.
  スノーモービル a **snowmobile**
**すのもの**【酢の物】**vinegared food**[ヴィニガァド フード]
**スパ**(温泉複合施設(しせつ))a **spa**[スパー]
**スパート** a **spurt**[スパート]
　ースパートする **spurt**
**スパイ** a **spy**[スパイ]
　ースパイする **spy** (on ...)
**スパイク**(靴(くつ)底の金具)a **spike**[スパイク];〖バレーボール〗a **spike**

　ースパイクする **spike** (a ball)
  スパイクシューズ **spikes**, **spiked shoes**: スパイク(シューズ)に穴があいた. I got a hole in my *spikes*.
  スパイクタイヤ a **studded tire**
**スパイス**(a) **spice**[スパイス]
　ースパイスの効いた **spicy**
**スパゲッティ** **spaghetti**[スパゲティ](▶イタリア語から)
* トマトソースとカルボナーラ, どちらのスパゲッティが好きですか.
  Which do you like [prefer], *spaghetti* with tomato sauce or carbonara?
**すばしっこい** **quick**[クウィック]
**スパナ** ⓐ a **wrench**[レンチ], ⓑ a **spanner**[スパナァ]
**ずばぬけた**【ずば抜けた】**outstanding**[アウトスタンディング], **exceptional**[イクセプショヌル]
* ユキは走り高跳(と)びではずば抜けていた.
  Yuki was *outstanding* in the high jump.
　ーずば抜けて **outstandingly**, **exceptionally**;(最上級とともに)**by far**
* テツはクラスでずば抜けて足が速い. Tetsu is *by far* the fastest runner in the class.
**スパム**(迷惑(めいわく)メール)**spam**[スパム], a **spam email**[イーメイル]
**すばやい**【素早い】**quick**[クウィック]
* すばやい決断 a *quick* decision
　ーすばやく **quickly**
* 彼女は何かをすばやく机の中に隠(かく)した.
  She *quickly* hid something in her desk.

# すばらしい
**wonderful**[ワンダフル], **splendid**[スプレンディッド],《話》**great**[グレイト], **fantastic**[ファンタスティック]
* 何てすばらしいコンサートだったんだろう.
  How *wonderful* the concert was!
* 弁護士はすばらしい職業だと思う.
  I think being a lawyer is a *great* job [profession].

> 話してみよう!
> ☺ケイの演奏, どうだった?
> How was Kei's performance?
> ☻すばらしかったよ!
> *Fantastic*!

　ーすばらしく **wonderfully**, **splendidly**
**スパンコール** **spangles**[スパングルズ], **sequins**[スィークウィンズ]
* スパンコールのバッグ
  a *sequined* bag

すべて

**スピーカー** a loudspeaker[ラウドゥスピーカァ], a speaker[スピーカァ]

**スピーチ** a speech[スピーチ]
- スピーチをする make [give] a speech
- スピーチコンテスト a speech contest

**スピーディー**【スピーディーな】speedy[スピーディ]
- スピーディーに speedily, quickly[クウィックリィ]

**スピード** (a) speed[スピード]
- 作業のスピードを上げた. I increased the *speed* of my work.
- スピードを落とせ！ Slow down!
- スピード違反 speeding
- スピードスケート speed skating

**ずひょう**【図表】a chart[チャート], a diagram[ダイアグラム]; (グラフ) a graph[グラフ]

**スフィンクス** a sphinx; (ギザの)the Sphinx[スフィンクス]

**スプーン** a spoon[スプーン]
- スプーン1杯の砂糖 a *spoonful* of sugar

**ずぶぬれ**【ずぶぬれになる】get wet thoroughly [ウェット サーロウリィ], get soaked [drenched] to the skin[ソウクト[ドゥレンチト]][スキン]
- 雨にあってずぶぬれになった. I *got soaked to the skin* in the rain.

**すぶり**【素振り】a practice swing[プラクティス スウィング]
- 素振りをする do a practice swing, practice *one's* swing
- 毎日朝食前にテニスの素振りをする. I *practice my* tennis *swing* every day before breakfast.

**スプリンクラー** a sprinkler[スプリンクラァ]

**スプレー** a spray[スプレィ]
- スプレーする spray

**スペア** a spare[スペア]
- スペアキー a spare key
- スペアタイヤ a spare tire

**スペアリブ** spareribs[スペアリブズ]

**スペイン** Spain[スペイン]
- スペイン(語, 人)の Spanish[スパニッシュ]
- スペイン語 Spanish
- スペイン人 a Spaniard

**スペース** (空間, 余白) (a) space[スペイス], room (for ...)[ルーム]; (宇宙) space
- 私の部屋には収納スペースがない. There's no storage *space* in my room.
- 父の部屋には机を置くスペースがない. There's no *space* [*room*] for a desk in my father's room.
- スペースシャトル a space shuttle

**スペード** (トランプの)a spade[スペイド]
- スペードのキング the king of *spades*

**…すべきだ**→…べき

**スペシャリスト** a specialist[スペシャリスト]
- AIのスペシャリスト an AI *specialist*

**スペシャル**【スペシャルな】special[スペシャル]
- スペシャル番組 a special program

**すべすべ**【すべすべした】smooth[スムーズ]
- 私の肌はすべすべしている. I have *smooth* skin. / My skin is *smooth*.

# すべて

everything[エヴリィスィング], all[オール]
- 私にできることはすべてやります. I'll do *everything* [*all*] (that) I can do.
- その店にある物はすべて100円だった. *Everything* in the store was one hundred yen.
- 「これですべてですか」「はい. これですべてが整いました」"Is that *all*?" "Yes. *Everything* is done [ready] now."
- すべての every, all
- すべての生徒がその旅行に行く. *Every* student is going on that trip. / *All* students are going on that trip.

> **くらべてみよう！** **every と all**
>
> **every**: ひとつひとつのものについて「そのどれもがみんな」という意味で使い, 後ろに単数名詞が来ます.
>
> **all**: 全体をひとつにまとめて「すべて(の)」という意味で使い, 後ろには数えられる名詞の複数形か, 数えられない名詞が来ます.
> - すべての生徒がクラブに入っている.
>   *Every* student belongs to a club.
>   *All* student**s** belong to a club.
> - お金はすべて盗まれてしまった.
>   *All* my money was stolen.
>
> また, every, allの文にnotを使うと「すべての…が〜というわけではない」という部分否定になります.

- すべての生徒がクラブに入っているわけではない.
  Not *every* student belongs to a club.
  Not *all* students belong to a club.
  全体を否定する場合は,次のようになります.
- すべての生徒がクラブに入っていない.
  No student belongs to a club.

**すべりこむ**【滑り込む】**slide into ...**[スライド]
- 走者は三塁に滑りこんだ.
  The runner *slid into* third base.

**すべりだい**【滑り台】**a slide**[スライド]

## すべる【滑る】

| ❶滑らかに進む | slide;<br>(スケートで)skate;<br>(スキーで)ski |
|---|---|
| ❷つるっと | slip |
| ❸試験に | fail (in ...) |

❶〔滑らかに進む〕**slide**[スライド];(スケートで)**skate**[スケイト];(スキーで)**ski**[スキー]
- テツは急な斜面を滑り降りた.
  Tetsu *slid* down the steep slope.
- 私たちは凍った湖の上を滑った.
  We *skated* on a frozen lake.

❷〔つるっと〕**slip**[スリップ]
- ぬかるんだ道で滑ってしまった.
  I *slipped* on the muddy road.

➡滑りやすい **slippery**[スリッパリィ]
- 凍結した道路は滑りやすい.
  Icy roads are *slippery*.

❸〔試験に〕**fail (in ...)**[フェイル]
- 私は試験に滑った.
  I *failed* the exam.

**スペル**(**a**) **spelling**[スペリング](▶spellは「(語を)つづる」という意味の動詞)→つづり
- 私はスペル・ミスをした.
  I made a *spelling* mistake.

## スポーツ

(**a**) **sport**[スポート](▶「スポーツ一般」を言うときにはふつう複数形で用いる)
- 私はスポーツが好きだ.
  I like *sports*.
- 何かスポーツをしますか.
  Do you play any *sports*?
- スポーツをもっと楽しみたい.
  I want to enjoy *sports* more.
- スポーツの日
  Health-Sports Day→年中行事【口絵】

スポーツ医学 sports medicine
スポーツウエア sportswear
スポーツカー a sports car
スポーツクラブ a sports club
スポーツ新聞 a sports newspaper
スポーツ選手 an athlete
スポーツ中継 a live sportscast
スポーツテスト a physical fitness test
スポーツドリンク a sports drink
スポーツトレーナー an athletic trainer
スポーツニュース sports news
スポーツ番組 a sports program
スポーツマン an athlete
スポーツマンシップ sportsmanship
スポーツ用品 sporting goods

**表現メモ**
**スポーツのいろいろ(「スポーツをする」と言うとき)**

(1)種目名のもとの形に動詞の意味があるものはその動詞を使う(▶以下の例のかっこの中はもとの動詞を表す)
(例)私はスキーをする. I ski.
  スキー skiing (ski)
  スケート skating (skate)
  スノーボード snowboarding (snowboard)
  水泳 swimming (swim)
  ジョギング jogging (jog)
  登山, クライミング climbing (climb)

(2)種目名に動詞の意味がないものは, 種目に応じて動詞をつける
① play をつけるもの(主に球技)
(例)私は野球をする. I play baseball.
  野球 baseball
  ソフトボール softball
  サッカー soccer, ⊕football
  バスケットボール basketball
  車いすバスケットボール wheelchair basketball
  バレーボール volleyball
  ハンドボール handball
  アメフト American football
  ラグビー rugby
  ゴルフ golf
  テニス tennis
  卓球 table tennis
  車いすテニス wheelchair tennis
  バドミントン badminton
② practice や do をつけるもの
(例)私は空手(のけいこ)をする.
I practice karate.
  空手 karate / 剣道 kendo

柔道(どう) judo / 体操 gymnastics
ボクシング boxing
(例)私はヨガをする. I do yoga.
エアロビクス aerobics / ヨガ yoga

**スポーティー**【スポーティーな】**sporty**[スポーティ]
**スポットライト a spotlight**[スパットライト]
**ズボン** ⊛**pants**[パンツ],《主に⊛》**trousers**[トゥラウザァズ](►「ズボン」はフランス語から)
- ズボン1本
  a pair of *pants*(►ズボン2本はtwo pairs of *pants*)
- ズボンをはいた. I put on my *pants*.
- ズボンを脱(ぬ)いだ. I took off my *pants*.

**スポンサー a sponsor**[スパンサァ]
**スポンジ**(a) **sponge**[スパンヂ]
▮スポンジケーキ (a) **sponge cake**
**スマート**【スマートな】(ほっそりした)**slim**[スリム], **slender**[スレンダァ](►「ほっそりした」という意味ではsmartは用いない); (センスのいい)**stylish**[スタイリッシュ], **smart**[スマート]
- その人はスマートになった.
  The person became *slim*.

**スマートフォン a smartphone**[スマートフォウン] → スマホ
**すまい**【住まい】(家)**a house**[ハウス](複 houses [ハウスィズ]); (住所)**one's address**[アドゥレス]
- お住まいはどちらですか. Where do you live? / May I ask *your address*?

## すます 【済ます】
(終える)**finish**[フィニッシュ],《話》**get through (with ...)**[ゲット スルー]; (間に合わせる)**make do (with ...)**[メイク]
- 昼食はシリアルで済ませた.
  I *made do with* cereal for lunch.

**スマッシュ**(テニスなどの)**a smash**[スマッシュ]
▶ スマッシュする **smash**
**すまない**(申し訳なく思う)**be**[**feel**] **sorry (for ...)**[サリィ]→すみません❶
- 迷惑(わく)をかけてすまないと思っている.
  I *am sorry for* causing you trouble.

**スマホ a smartphone**[スマートフォウン]
- スマホでメールした.
  I texted with my *smartphone*.
- スマホでSNSに投稿(とう)した.
  I posted on the social media with my *smartphone*.
- スマホの電源を入れた[切った].
  I turned on [off] the *smartphone*.
- スマホの充電が切れそうだ. My *smartphone* is running out of battery.

- スマホを充電したい.
  I want to charge my *smartphone*.

### スマホ関連のことば
タップする tap / スワイプする swipe
縮小する pinch in / 拡大する pinch out
長押しする tap and hold / 更新する update
消去する delete / アップデートする update
スクロールする scroll
格安スマホ low-cost smartphone
顔認証 face recognition
指紋(もん)認証 fingerprint recognition

**すみ¹**【墨】(墨汁(じゅう))**India ink**[インディア インク], **Chinese ink**[チャイニーズ]; (固形の)**sumi, an ink stick**[スティック]
**すみ²**【炭】**charcoal**[チャーコウル]
- 私たちは肉を炭(火)で焼いた.
  We cooked meat over *charcoal*.
**すみ³**【隅】**a corner**[コーナァ]
- 部屋の右隅にテーブルが1つあった.
  There was a table in the right-hand *corner* of the room.

## すみません
❶謝(あやま)って **I'm sorry.**,《話》**Sorry.**
❷感謝して **Thank you., Thanks.**
❸呼びかけ・依頼(らい)など **Excuse me.**

## すみれ

**❶** [謝って] **I'm sorry.** [サリィ], 《話》**Sorry.** → ごめん¹

> 😊 あっ, すみません. 間違(まちが)えました.
> Oh! *I'm sorry*. I made a mistake.
> 😀 だいじょうぶですよ.
> That's all right.

- 遅(おく)れてすみません.
  *I'm sorry* I'm late.

**❷** [感謝して] **Thank you.** [サンキュー], **Thanks.** [サンクス] → ありがとう

> 😊 手伝いましょう.
> Let me give you a hand.
> 😀 すみません.
> *Thank you*.

**❸** [呼びかけ・依頼など] **Excuse me.** [イクスキューズ] (▶話し手が2人以上のときはExcuse us.)
- すみませんがドアを開けていただけますか.
  *Excuse me*, but would you please open the door?

**すみれ** 【植物】**a violet** [ヴァイアリット]; (三色すみれ) **a pansy** [パンズィ]
| すみれ色 **violet**; (薄紫(うすむらさき)) **lavender**

## **すむ**¹ 【住む】
**live**（in ..., at ...）[リヴ]

> 😊 どこに住んでいるの?
> Where do you *live*?
> 😀 大阪だよ.
> I *live in* Osaka.

- 私は川田町55番地に住んでいる.
  I *live at* 55 Kawada-machi. (▶番地を言うときはatを用いる)
- ほかにだれがこの階に住んでいるの?
  Who else *lives on* this floor?
- 私は外国に住みたい. I want to *live* abroad.
  (▶live in abroadは×)
- カスミはこの2年間祖母といっしょに住んでいる. Kasumi has *lived* with her grandmother for the last two years.

## **すむ**² 【済む】

| ❶終わる | finish, be finished, be over |
|---|---|
| ❷用が足りる | do |
| ❸解決する | be settled |

**❶** [終わる] **finish** [フィニッシュ], **be finished**, **be over** [オウヴァ]
- 宿題が済んだらあしたの準備をする.
  After I *finish* my homework, I will prepare for tomorrow.
- 忘れなさい. もう済んだことだ. Forget that!
  It *is* already *over* [in the past].

**❷** [用が足りる] **do** [ドゥー]
- この季節はまだ手袋(てぶくろ)なしで済む.
  We can *do* without gloves in this season.

**❸** [解決する] **be settled** [セトゥルド]
- これは金で済む問題じゃない.
  This matter can't *be settled* with money.
- 気は済んだか?
  *Are* you *satisfied* [*happy*] now?

**すむ**³ 【澄む】 **become clear** [クリア]
━澄んだ **clear**; (透明(とうめい)な) **transparent** [トゥランスペ(ア)ラント]
- 澄んだ水 *clear* water
- 彼女は澄んだ声をしている.
  She has a *clear* voice.
- ここは空が澄んでいる.
  The sky is *clear* here.

**スムージー** **a smoothie** [スムーズィ]

**スムーズ** 【スムーズな】**smooth** [スムーズ]
━スムーズに **smoothly**
- すべてがスムーズに運んだ.
  Everything went *smoothly*.

**すもう** 【相撲】**sumo**（**wrestling**）[スーモゥ(レスリング)]
- 相撲はレスリングのように闘う形をとる日本の伝統的な国技です.
  *Sumo* is a form of wrestling and is the traditional national sport in Japan.
- ケンと相撲を取った. I did *sumo wrestling* with Ken.
- 相撲の取り組み a *sumo* match [bout]
| 相撲取り a *sumo* wrestler
| 相撲部 a *sumo* team

**スモッグ** **smog** [スマッグ]
- 光化学スモッグ
  photochemical *smog*

**すやすや** 【すやすや(と)】**peacefully** [ピースフリィ]; (ぐっすりと) **soundly** [サウンドゥリィ]
- 赤ちゃんはすやすや眠(ねむ)っている.
  The baby is sleeping *peacefully*.

**…すら even** [イーヴン] → …さえ❶
- 私ですらそれを知っている.
  *Even* I know that.

**スライス a slice** [スライス]
━スライスする **slice**
| スライスチーズ **sliced cheese**

**スライダー**〖野球〗**a slider**[スライダァ]
**スライディング**〖野球〗**sliding**[スライディング]
**スライド**(映写用の)**a slide**[スライド]
**ずらす**(移動させる)**move**[ムーヴ], **shift**[シフト];
(予定より前に)**move up**; (予定より後に)**push back**[プッシュ バック]
- 雨だから練習時間をずらそう.
 Let's *push back* the practice time because it's raining.
**すらすら**【すらすら(と)】(スムーズに)**smoothly**[スムーズリィ]; (簡単に)**easily**[イーズィリィ]; (流ちょうに)**fluently**[フルーアントゥリィ]
- マナブは問題をすらすらと解いた.
 Manabu solved the questions *easily*.
- チアキは英語をすらすら話すことができる.
 Chiaki can speak English *fluently*.
**スラッガー a slugger**[スラッガァ]
**スラックス trousers**[トゥラウザァズ], **slacks**[スラックス]→ズボン
**スラムがい**【スラム街】**a slum**[スラム], **the slums**
**すらり**【すらりとした】**slender**[スレンダァ]
- その人形はすらりとした足をしている.
 The doll has *slender* [*slim*] legs.
**スランプ a slump**[スランプ]
- 彼は今スランプだ.
 He's now in a *slump*.
- ケイはスランプから抜け出した.
 Kei came out of a *slump*.
**すり**(人)**a pickpocket**[ピックパケット]; (行為)**pickpocketing**[ピックパケッティング]→する³
- すりにご用心.
 《掲示》BEWARE OF *PICKPOCKETS*
**スリーディー**【3Dの】**3D**[スリーディー], **three-dimensional**[スリーディメンショヌル]
■ スリーディープリンター **3D printer**

3Dプリンターを使っている様子

**すりおろす**(おろし金などで)**grate**[グレイト]
- 大根をすりおろした.
 I *grated* a Japanese radish.
**すりきず**【すり傷】(体の)**a scrape**[スクレイプ]; (物の)**a scratch**[スクラッチ]
**すりきれる**【擦り切れる】**wear out**[ウェア アウト]

━擦り切れた **worn-out**[ウォーンナウト]
**スリッパ** ⊛**a scuff** (**slipper**)[スカッフ (スリッパァ)], ⊛**a mule**[ミュール](▶ふつう複数形で用いる. 英語のslipperはダンスシューズのようなかかとのある室内ばきをさすことが多い)
- スリッパ1足
 a pair of *scuffs*(▶スリッパ2足は two pairs of *scuffs*)
- スリッパをはいた.
 I put on some *scuffs*.

**スリップ**(下着)**a slip**[スリップ]; (足を滑らすこと)**a slip**; (車の横滑り)**a skid**[スキッド]
━スリップする **slip**; **skid**
- 私たちの乗った車は雪でスリップした.
 Our car *skidded* in the snow.
**すりつぶす mash**[マッシュ]; (粉にする)**grind** (**down**)[グラインド (ダウン)]
**スリム**【スリムな】**slim**[スリム]
**すりむく**【擦りむく】**graze**[グレイズ], **skin**[スキン], **scrape**[スクレイプ]
- ひじを擦りむいた.
 I *scraped* my elbow.
**スリラー a thriller**[スリラァ]
**スリル a thrill**[スリル]
- お化け屋敷はスリル満点だった.
 The haunted house was full of *thrills*. / The haunted house was really *thrilling*.
━スリルのある **thrilling**

# する¹

| | |
|---|---|
| ❶行う | do |
| ❷ゲーム・スポーツなどを | play, practice |
| ❸ある状態に | be, make, get; (職にある)be |
| ❹…の値段である | cost; |
| (…の価値がある) | be worth |
| ❺感じられる | have, feel; (音が)hear |
| ❻決める | decide, have |

❶ [行う] **do**[ドゥー]

# する²

> 話してみよう!
> ☺ きょうは何をするの.
> What are you going to *do* today?
> ☻ 何もすることがないんだ.
> I have nothing to *do*.

- いっしょに皿洗いをしようよ.
  Let's *do* the dishes together.

### ここがポイント! 「…する」のいろいろな言い方
英語では「…する」はdoを用いた表現のほかにも、いろいろな動詞を使って表されます. 何をするのかによって、動詞を使い分けます.
〈動詞1語の例〉
- 毎日ピアノを練習する.
  I *practice* the piano every day.
- 毎日英語の勉強をする.
  I *study* English every day.

〈動詞＋名詞の例〉
- メグと遊ぶ約束をした.
  I *made a promise* to play with Meg.
- パットが私たちにアドバイスしてくれた.
  Pat *gave some advice* to us.
- 食事の後休憩(きゅうけい)した.
  We *had a rest* after our meal.

〈動詞＋形容詞の例〉
- 私たちはしばらくの間静かにしていた.
  We *were quiet* for a while.
- このジュースはさわやかな味がする.
  This juice *tastes fresh*.

❷〖ゲーム・スポーツなどを〗**play**[プレイ], **practice**[プラクティス]
- ゲームをするのは好きですか.
  Do you like *playing* video games?
- きのうサッカーをした.
  I *played* soccer yesterday.
- 体育の授業で柔道(じゅうどう)をした.
  We *practiced* judo in P.E. class.

❸〖ある状態に〗**be, make**[メイク], **get**[ゲット]; (職にある)**be**
- 動物にはやさしくしなさい.
  *Be* kind to animals.
〈人・物〉を…にする
make＋〈人・物〉＋〈名詞・形容詞・過去分詞〉
- 私たちはミドリを班長にした.
  We *made* Midori group leader.
- 友人はいつも私を元気にしてくれる.
  My friend always *makes* me happy.
- おばは弁護士をしている.
  My aunt *is* a lawyer.

❹〖…の値段である〗**cost**[コースト]; (…の価値がある)**be worth**[ワース]
- この自転車は2万円した. This bicycle *cost* (me) twenty thousand yen.
- あの絵は何百万円もするほどの価値がある.
  That picture *is worth* millions.

❺〖感じられる〗**have**[ハヴ], **feel**[フィール]; (音が)**hear**[ヒア]
- ひどい頭痛がする.
  I *have* a bad headache.
- 目まいがする. I *feel* dizzy.
- 鳥の声がする. I *hear* the song of birds.

❻〖決める〗**decide**[ディサイド], **have**
- 彼はテニス部の合宿に行くことにした.
  He *decided* to go to the tennis team's training camp.
- きょうはコーンフレークにしよう.
  I'll *have* cornflakes today.

**する²**〖擦る〗(マッチを)**strike**[ストゥライク]; (こする)**rub**[ラップ]
- 彼女はマッチを擦った. She *struck* a match.

**する³ pick**[ピック]➔すり
- 人ごみで財布(さいふ)をすられた.
  I had my pocket *picked* in the crowd. / I had my wallet *stolen* in the crowd. (←盗(ぬす)まれた)

**ずる**〖ずるをする〗**cheat**[チート]
- その少年はトランプでいつもずるをする.
  The boy always *cheats* at cards.

**ずるい** (悪賢(わるがしこ)い)**sly**[スライ], **cunning**[カニング]; (不公正な)**unfair**[アンフェア]
- 彼はずるい. He's *sly* [*dishonest*].
- それはずるいよ.
  That's *not fair*! / That's *unfair*!

**スルーパス**〖サッカー〗**a through pass**[スルー パス], **a through ball**[ボール]

**…すること**➔こと¹❶
**…することがある**➔…ことがある❷
**…することになっている**➔…ことになっている

**するする**〖するする(と)〗(容易に)**easily**[イーズィリィ]; (滑(なめ)らかに)**smoothly**[スムーズリィ]

**ずるずる** (音を立てて)**slurp**[スラープ]; (滑(すべ)る)

slide (**down**)[スライド]
- 坂をずるずると滑り落ちた．
I *slid down* the slope.

**…するため**→…ため❷
**…するだろう**→…でしょう
**…するつもりだ**→…つもりだ❶❷
**すると**(そして)**and**; (それから)**then**[ゼン]→そうすると

## するどい 【鋭い】

**sharp**[シャープ](⇔鈍(にぶ)い **dull**); (感覚・能力が) **keen**[キーン], **acute**[アキュート]
- 鋭いナイフ a *sharp* knife
- 鋭い痛みを感じた．I felt a *sharp* pain.
- 象は聴覚(ちょうかく)が鋭い．
Elephants have a *keen* sense of hearing.

━鋭く **sharply**; **keenly**

**…するところだ**→…ところだ❷
**…するとすぐ**→すぐ❶
**…するな**→…な
**…するべきだ**→…べき
**…するほうがいい**[**よい**]→…ほうがいい[よい]
**するめ dried squid**[ドゥライド スクウィッド]
**ずるやすみ**【ずる休みする】⊗ **play hooky**[プレィ フッキィ], **skip**[スキップ]
- 彼は学校をずる休みした．
He *skipped* school. / He *played hooky* (from school).

**…するように**→…ように
**…するようになる**→…なる❸
**ずれ**(a) **difference**[ディファランス], **a gap**[ギャップ]; (時間の)**a lag**[ラッグ]
- 世代間のずれ the generation *gap*
- 大人と子どもでは考え方にずれがある．
There is a *difference* of views between adults and children.

**すれすれ**(かろうじて)**barely**[ベアリィ], **narrowly**[ナロウリィ]; (触れそうで)**almost**[オールモウスト]
- 彼はすれすれで試験に合格した．
He *barely* passed the exam.
- トラックは塀(へい)すれすれを走っていった．The truck passed *almost* hitting the wall.
- その鳥は水面すれすれを飛んでいった．
That bird flew *right* up to the surface of the water.

**すれちがう**【擦れ違う】**pass each other**[パス イーチ アザァ]
- 私たちは廊下(ろうか)でよく擦れ違う．
We often *pass each other* in the hallway.

**…すればするほど**→…ほど❹
**ずれる**(正しい位置から)**be out of position**[アウト][パズィション]; (今いる所から)**move**[ムーヴ];

### すんぽう

(要点から)**be off the point**[ポイント]; (くいちがう)**be different** (**from …**)[ディファラント]
- 前が見えないのですこしずれてください．
Please *move* a little because I can't see.
- 君の意見は要点から少しずれているよ．
Your remark *is* a little *off the point*.

**スローイン**〖スポーツ〗**a throw-in**[スロウイン]
**スローガン a slogan**[スロウガン]
**スロープ a slope**[スロウプ]
**スローモーション slow motion**[スロウ モウション]

## すわる

【座る】**sit** (**in …, on …**)[スィット], **sit down**[ダウン], **take a seat**[スィート], **be seated**[スィーティド]
- ヒナがソファーに座っている．
Hina is *sitting* on the sofa.
- マユが私の隣(となり)に座った．
Mayu *sat* next to me.
- お父さんがあぐらをかいて座っている．
My father is *sitting* cross-legged.
- 彼は足を組んで座った．
He *sat* with his legs crossed.
- 弟は今机に向かって座っている．
My brother is now *sitting* at his desk.
- 座ってください．Please *sit down*. / Please *take a seat*. / Please *be seated*. (▶後のものほど改まった言い方になる)

**すんぜん**【(…する)寸前に】**just before …**[ヂャスト ビフォァ]
- 彼は家が崩(くず)れ落ちる寸前に家から飛び出した．He ran out of the house *just before* it collapsed.

**すんなり easily**[イーズィリィ], **without any difficulty**[ディフィカルティ], **smoothly**[スムーズリィ]

**すんぽう**【寸法】**a measurement**[メジャァマント], **a size**[サイズ]

# せ セ

**せ**【背】

| ❶ 背中 | the [one's] back |
| ❷ 背丈, 身長 | a height |

❶ [背中] the [one's] back [バック]
- いすの背 the *back* of a chair
- 彼は背をまっすぐに伸(º)ばした.
  He straightened *his back*.

❷ [背丈, 身長] a height [ハイト]

> 話してみよう!
>
> ☺背はどれくらいありますか.
> What is your *height*? / How *tall* are you?
> ☺150センチです.
> I am a hundred and fifty centimeters (*tall*). (▶米国ではfeetやinch(es)を用いて I'm five feet(*tall*). のように言うのがふつう)

- 父は背が高い[低い].
  My father is *tall* [*short*].
- 私はユキより3センチ背が低い. I am three centimeters *shorter* than Yuki.
- 兄は家族の中でいちばん背が高い.
  My brother is the *tallest* in our family.
- 君と私でどちらが背が高いか比べよう.
  Let's see who is *taller*, you or I [me].

**せい**¹【…のせいで】because of ...[ビコーズ], due to ...[ドゥー]
- 大雪のせいでバスが止まった.
  *Because of* the heavy snow, the buses stopped running. / *Due to* the heavy snow, the buses stopped running.
- これはだれのせい？ Who's *fault* is this?
- 私のせいにしないで.
  Don't *blame* me for that!

**せい**²【性(別)】(a) sex [セックス]
- 性別や年令に関係なく
  regardless of *sex* or age
- ─性の, 性的な sexual [セクシュアル]
  | 性教育 sex education
  | 性差別 sexism, sexual discrimination
  | 性的嫌(ﾔ)がらせ sexual harassment

**せい**³【姓】a family name [ファミリィ ネイム], a last name [ラスト ネイム], a surname [サーネイム]
- 彼の姓は田中だ.
  His *family name* is Tanaka.

**せい**⁴【精】(精霊(ﾚｲ)) a spirit [スピリット]; (精力) energy [エナァジィ]
- もっと精を出して勉強しなさい.
  Study *harder*!

**…せい**【…製の】(生産地) made in ...[メイド]; (素材) made of [from] ...
- 中国製のシャツ a shirt *made in* China
- 木製の食器
  dishes *made of* wood / wooden dishes

**ぜい**【税】(a) tax [タックス]
- 消費税 a consumption *tax*
- 所得税 an income *tax*
- この価格は税こみ[別]ですか.
  Does this price include [exclude] *tax*?
  | 税務署 a tax office

**せいい**【誠意】sincerity [スィンセリティ]
- 私は彼女に誠意を示そうとした.
  I tried to show my *sincerity* to her.
- ─誠意のある sincere [スィンスィア]

**せいいっぱい**【精いっぱい】as hard as one can [ハード], as hard as possible [パスィブル]
- ケンは精いっぱい勉強した.
  Ken studied *as hard as he could*.
- 精いっぱいやりなさい. Do your *best*.

**せいうち**【動物】a walrus [ウォールラス]

**せいえん**【声援】(声援すること) cheering [チアリング]; (声援の声) a cheer [チア]→おうえん
- ─声援する cheer

**せいおう**【西欧】(西洋) the West [ウェスト]; (ヨーロッパ) Europe [ユ(ｱ)ラップ]; (西ヨーロッパ) West [Western] Europe [[ウェスタァン]]

**せいか**¹【成果】(a) result [リザルト]; (苦労などの) a fruit [フルート]
- 私たちの努力の成果が見られた.
  We saw the *results* of hard work.

**せいか**²【聖火】(オリンピック会場の) the Olympic Flame [アリンピック フレイム]; (聖火リレーの) the Olympic Torch [トーチ]
  | 聖火ランナー a torchbearer
  | 聖火リレー the Olympic Torch relay

**せいかい**【正解】a correct [right] answer [カ

クト [ライト] アンサァ]
- 正解に丸をつけた．
I circled the *correct answer*.
- この問題の正解はCだ．
The *right answer* to this question is C.

## せいかく¹【性格】
(a) **character**[キャリクタァ]; (人柄(ﾋﾞﾄｶﾞﾗ))(a) **personality**[パーサナリティ]
- 彼はよい性格をしている．
He has a good *character* [*personality*].
- 彼女の性格は私のとまるっきり違(ﾁｶﾞ)う．
Her *personality* is completely different from mine.
- ヒロは明るい性格をしている．
Hiro is cheerful.
- その男の子は性格が悪い．
The boy is mean.

## せいかく²【正確な】
(正しい)**correct**[カレクト](⇔不正確な incorrect); (厳密な)**exact**[イグザクト], **precise**[プリサイス]; (精密な)**accurate**[アキュラット](⇔不正確な inaccurate)
- この時計は正確ですか．Is this clock *correct*?
- この語の正確な意味は何ですか．What is the *precise* meaning of this word?
━**正確に correctly**; **precisely**; **accurately**
- それを正確に計算しなさい．
Be sure to calculate it *correctly*.
**せいがく**【声楽】**vocal music**[ヴォウカル ミューズィック]
┃声楽家 a vocalist, a singer

## せいかつ【生活】
(a) **life**[ライフ](複 **lives**[ライヴズ]), **living**[リヴィング]; (生計) a **living**
- 学校生活 school *life*
- 日常生活 everyday [daily] *life*
━生活(を)する **live**, **lead a ... life**
- 充実した生活をするつもりだ．
I intend to *lead* [*live*] a full *life*.
┃生活習慣 a lifestyle: カナダの生活習慣が好きです．I like the *lifestyle* in Canada.
┃生活水準 the standard of living
┃生活費 the cost of living, living expenses
**ぜいかん**【税関】(**the**)**customs**[カスタムズ](▶単数扱い)
- 税関を通ってください．
Please go through *customs*.
**せいかんざい**【制汗剤】**antiperspirant**[アンティパースパラント]

**せいき¹**【世紀】**a century**[センチュリィ]
- 半世紀 a half *century* / half a *century*
- 彼は20世紀の初め[終わり]に生まれた．He was born in the early [late] 20th *century*.
- 何世紀にもわたって話は語り継(ﾂ)がれた．The story was passed down for *centuries*.
┃世紀末 the end of the century
**せいき²**【正規の】**regular**[レギュラァ]; (公式の)**formal**[フォーマル]
**せいぎ**【正義】**justice**[ヂャスティス], **right**[ライト]
- 正義の味方 a champion of *justice*(▶この championは「守り手」の意)
┃正義感 a sense of justice: 彼女は正義感が強い．She has a strong *sense of justice*.
**せいきゅう**【請求】**a demand**[ディマンド]; (要望)**a request**[リクウェスト]
━請求する **ask**; (代金などを)**charge**[チャーヂ]
- 靴(ｸﾂ)の代金として8000円を請求された．
They *charged* me eight thousand yen for the shoes.
┃請求書 a bill
**せいきょう**【生協】**co-op**[コウアップ](▶consumer cooperativeの略)
- 毎週生協が食べ物を配達してくれる．The *co-op* delivers meals to us each week.
**ぜいきん**【税金】→ぜい
**せいけい¹**【生計】**a living**[リヴィング](▶ふつう複数形では用いない)
- 両親は生計を立てるために働いている．My parents work to make [earn] a *living*.
**せいけい²**【西経】**the west longitude**[ウェスト ランヂトゥード]→とうけい²
**せいけい³**【整形】(美容)**cosmetic surgery**[カズメティック サージャリィ]
┃整形外科 (診療(ﾘｮｳ)科名)**orthopedics**; (病院)**an orthopedic hospital**
**せいけつ**【清潔な】**clean**[クリーン](⇔不潔な dirty, unclean)
- 清潔なハンカチ a *clean* handkerchief
- 手を清潔にしておきなさい．
Keep your hands *clean*.
**せいげん**【制限】(数量の)**a limit**[リミット]; (行為(ｺｳｲ)の)**restriction**[リストゥリクション]
- 制限なしにそれを利用できます．
You can use it without *limit*.
━制限する **limit**; **restrict**
- 祖父は病気のため食事が制限されている．
My grandfather is on a *restricted* diet because of his illness.
┃制限時間 a time limit: そのテストの制限時間は50分です．The *time limit* of the test is fifty minutes.

# せいこう

制限速度 a speed limit

## せいこう【成功】

(a) success[サクセス](▶成功した事柄(ことがら)を具体的にさす場合はaをつける)(⇔失敗 (a) failure)
- 成功を祈(いの)ります. I wish you *success*.
- そのミュージカルは大成功だった.
  The musical was a great *success*.

━成功する succeed(in ...)[サクスィード](⇔失敗する fail(in ...)), be successful(in ...)
- 得点に成功した. I *succeeded* [*was successful*] *in* scoring a goal.
- 彼はミュージシャンとして成功した.
  He *succeeded* as a musician.

**せいざ**[1]【星座】a constellation[カンスタレイション]; (星占(うらな)いの)a sign[サイン]
- 「あなたの星座は何ですか」「お羊座です」
  "What's your *sign*?" "I'm an Aries."

### 星座名
お羊座 Aries[エ(ア)リーズ]
お牛座 Taurus[トーラス]
双子(ふたご)座 Gemini[ヂェマナイ]
かに座 Cancer[キャンサァ]
しし座 Leo[リーオゥ]
乙女(おとめ)座 Virgo[ヴァーゴゥ]
天びん座 Libra[リーブラ]
さそり座 Scorpio[スコーピオゥ]
射手座 Sagittarius[サヂャテ(ア)リアス]
やぎ座 Capricorn[キャプリコーン]
水がめ座 Aquarius[アクウェ(ア)リアス]
魚座 Pisces[パイスィーズ]

12星座の一覧図

星座早見表 a star chart

**せいざ**[2]【正座する】kneel on both knees[ニール][ボウス ニーズ], sit in *seiza*[スィット]→習慣・マナー[口絵]

**せいさく**[1]【製作, 制作】(映画などの)production[プラダクション]; (製造)manufacturing[マニュファクチャリング]

━製作[制作]する make, produce[プラドゥース]; manufacture
- いつか映画を製作したい.
  I want to *produce* a movie someday.
制作者(演劇・番組などの)a producer
製作者 a maker; (製造業者)a manufacturer
製作所 a factory
制[製]作費 production costs

**せいさく**[2]【政策】a policy[パリスィ]
- 外交政策 a foreign *policy*
- 経済政策 an economic *policy*

**せいさん**[1]【生産】production[プラダクション]
- 大量生産 mass[large-scale] *production*
- 国内総生産 gross domestic *product*(▶ GDPと略す)

━生産する make; (製品・農産物などを)produce[プラドゥース]; (機械で大量に)manufacture[マニュファクチャァ]
- この工場ではテレビを生産している. This factory *produces* [*manufactures*] TVs.
生産者 a producer
生産高(an)output
生産地 a production area

**せいさん**[2]【精算する】adjust[アヂャスト], settle[セトゥル]

**せいし**[1]【生死】life and [or] death[ライフ][デス]
- それは生死にかかわる問題だ.
  It's a matter of *life and death*.

**せいし**[2]【制止する】control[カントゥロウル], hold back[ホウルド バック]
- 警察はデモ隊を制止しようとした.
  The police tried to *hold back* the demonstrators.

**せいじ**【政治】politics[パリティクス](▶単数扱い); (国を治めること)government[ガヴァンマント]
- 彼は政治にまったく興味がない.
  He has no interest in *politics*.
- 民主政治 democratic *government*

━政治の, 政治的な political[パリティカル]
政治家 a statesman, a politician
政治改革 a political reform
政治問題 a political issue[problem]

**せいしき**【正式な】formal[フォーマル]; (公式の)official[アフィシャル]
- 正式なディナー
  a *formal* dinner

━正式に formally; officially
- 試合の日程が正式に発表された.
  The date of the game was *officially* announced.

**せいしつ**【性質】

# せいせき

| ❶生まれつきの性質 | （a）nature;<br>（気質）a disposition |
|---|---|
| ❷物事の特性 | （a）nature;<br>（特質）a property |

❶[生まれつきの性質]（a）nature[ネイチァ]; (気質)a disposition[ディスパズィション]→ せいかく[

- 彼女は優しい性質だ. She has a gentle *nature*. / She is gentle by *nature*.

❷[物事の特性]（a）nature; (特質)a property[プラパァティ]

- シリカゲルには湿気(しっけ)を吸収する性質がある.
  Silica gel has the *property* of absorbing moisture.

**せいじつ**【誠実な】sincere[スィンスィア]; (忠実な)faithful[フェイスフル]; (正直な)honest[アニスト]

- 誠実な人 an *honest* person / a *sincere* person

━**誠実に** sincerely; faithfully; honestly

- 彼女は私の疑問に誠実に答えてくれた.
  She answered my question *sincerely*.

**せいじゅく**【成熟する】(人・動物などが)mature[マチュァ]; (果物などが)ripen[ライパン]→ じゅくす

━**成熟した** mature; ripe

**せいしゅん**【青春】one's youth[ユース]

- 青春を無駄(むだ)にするな.
  Don't waste *your youth*.

━**青春の** youthful

|青春時代 one's youth, one's youthful days:
母は青春時代の思い出を語った. My mother talked about *her youth*.

**せいしょ**¹【聖書】the（Holy）Bible[(ホウリィ) バイブル]

- 旧約[新約]聖書 the Old [New] *Testament*

**せいしょ**²【清書】a fair copy[フェア カピィ]

━**清書する** make a fair copy（of …）

**せいしょう**【斉唱】unison[ユーニサン]

━**斉唱する** sing in unison

**せいじょう**【正常な】normal[ノーマル]

- 彼の食欲は正常に戻(もど)った.
  His appetite has returned to *normal*.

━**正常に** normally

**せいしょうねん**【青少年】young people[ヤング ピープル], the youth[ユース]

|青少年犯罪 juvenile delinquency

**せいしん**【精神】mind[マインド], (a)spirit[スピリット]

- ボランティア精神 a volunteer *spirit*

━**精神的な** mental[メントゥル], spiritual[スピリチュアル](⇔物質的な material)

- 精神的なストレスのせいで眠(ねむ)れない.
  I cannot sleep due to *mental* stress.

━**精神的に** mentally

- 彼は精神的に強い[不安定だ].
  He is *mentally* strong [unstable].

|精神安定剤 a tranquilizer
精神科医 a psychiatrist
精神科病院 a mental hospital
精神状態 mental condition
精神年齢(ねんれい) (a) mental age
精神障がい a mental disorder
精神力 mental [spiritual] strength

**せいじん**¹【成人】an adult[アダルト], 《話》a grown-up[グロウナップ]→ おとな

- 成人の日 Coming-of-Age Day

━**成人する** come of age; (大人になる)grow up[グロウ アップ]

|成人式 a coming-of-age ceremony

**せいじん**²【聖人】a saint[セイント]

**せいず**【製図】drawing[ドゥローイング]; (設計図などの)drafting[ドゥラフティング]

━**製図する** draw; draft

**せいぜい**(多く見積もっても)at most[モウスト]; (できるだけ)as … as one can, as … as possible[パスィブル]

- 高くてもせいぜい500円だろう.
  It will cost 500 yen *at most*.
- せいぜい頑張(がんば)って練習しなさい.
  Practice *as* hard *as you can*. / Practice *as* hard *as possible*.

**せいせいどうどう**【正々堂々と】fair[フェア], fairly[フェアリィ]

- 正々堂々と戦うべきだ.
  You need to play *fair* [*fairly*].

# せいせき【成績】

(学業などの評価)《主に米》a grade[グレイド], a mark[マーク]; (競技などの結果)a result[リザルト]

- 私は（学校での）成績がよい[悪い].
  My *grades* (at school) are good [bad].
- マミの成績が上がった[下がった].
  Mami's *grades* went up [down].
- 英語のテストでよい成績をとった.
  I got a good *mark* on my English test.
- スピーチコンテストの成績が発表された.
  The *results* of the speech contest were announced.

> 話してみよう！
> ☺ 1学期の成績どうだった？
>   How were your first term *grades*?
> ☻ まあまあだった.
>   I did okay.

## せいせんしょくりょうひん

**成績表** a report card

**せいせんしょくりょうひん**【生鮮食料品】**fresh foods**[フレッシュ フーヅ]

**せいそう**【清掃】**cleaning**[クリーニング] ➡ そうじ¹

**せいぞう**【製造】**manufacture**[マニュファクチャァ]; (生産) **production**[プラダクション] ➡ せいさん¹
- 製造業 the manufacturing industry
- 製造業者 a manufacturer; a maker

**せいそく**【生息する】**inhabit**[インハビット]
- 生息地 a habitat

**せいぞん**【生存】**existence**[イグズィスタンス]; (生き残ること) **survival**[サァヴァイヴァル]
- 適者生存 the *survival* of the fittest
- **→生存する exist; survive**
- 生存競争 the struggle for existence
- 生存者 a survivor

**せいだい**【盛大な】**grand**[グランド], **big**[ビッグ]
- 盛大な歓迎(然)会だった.
  It was a *grand* [*big*] welcome party.

**せいたいけい**【生態系】**an ecosystem**[イーコウスィステム]

**ぜいたく luxury**[ラクシャリィ](★発音注意)
- うちでは海外旅行をするというぜいたくはできなかった. We couldn't afford the *luxury* of traveling abroad.
- **→ぜいたくな luxurious**[ラグジュ(ァ)リアス]
- ぜいたくな生活を送りたい.
  I want to live a *luxurious* life.

**せいち**【聖地】**a sacred spot**[セイクリッド スパット]
- 聖地巡礼 a pilgrimage

**せいちょう**【成長, 生長】**growth**[グロウス]
- 子どもは成長が早い. Children *grow* fast.
- **→成長[生長]する (育つ) grow; (大人になる) grow up**
- 彼女は成長して消防士になった.
  She *grew up* to be a firefighter.
- あの選手は今年急成長した.
  That player *improved* so much this year.

**せいてつじょ**【製鉄所】**a steel mill**[スティール ミル]

**せいてん**【晴天】**fine [fair] weather**[ファイン[フェア] ウェザァ]

**せいでんき**【静電気】**static electricity**[スタティック イレクトゥリスィティ]

**せいと**【生徒】
**a student**[ストゥーデント], **a pupil**[ピューパル], (男子) **a schoolboy**[スクールボーイ]; (女子) **a schoolgirl**[スクールガール]
- 私は朝日中学の生徒だ. I am a *student* at Asahi Junior High School.
- 3年C組の生徒はとても活動的だ. The third year *students* in class C are very active.
- 全校生徒 the whole school (▶単数扱い)
- 生徒会 a student council: 私は生徒会活動をしている. I'm involved in the *student council*.
- 生徒会室 the student council office
- 生徒会選挙 an election for the student council
- 生徒会長 the student council president
- 生徒総会 a student council assembly
- 生徒手帳 a student handbook

**せいど**【制度】**a system**[スィスティム]
- 社会制度 a social *system*
- 教育制度は改められるべきだ. The educational *system* should be reformed.

**せいとう¹**【正当な】**just**[ヂャスト], **right**[ライト]; (適正な) **good**[グッド]
- 君にはその申し出を断る正当な理由がある. You have a *good* reason to reject the offer.
- **→正当化する justify**[ヂャスティファイ]
- 体罰(誌)を正当化することはできない.
  Nothing can *justify* physical punishment.
- 正当防衛 self-defense: 私は正当防衛で反撃(詳)した. I fought back in *self-defense*.

**せいとう²**【政党】**a political party**[パリティカル パーティ]
- 彼らは新しい政党を結成した.
  They formed a new *political party*.
- 保守政党 a conservative *party*

**せいどう**【青銅(の)】**bronze**[ブランズ]
- 青銅器時代 the Bronze Age

**せいどく**【精読】**careful [intensive] reading**[ケアフル [インテンスィヴ] リーディング]
- **→精読する read ... carefully [intensively]**

**せいとん**【整とんする】➡ せいり¹

**せいなん**【西南】➡ なんせい

**せいねん**【青年】**a young man [woman]**[ヤングマン[ウマン]], **a youth**[ユース]; (全体) **young people**[ピープル]
- 彼はりっぱな青年だ.
  He is a fine *young man*.
- 青年海外協力隊 Japan Overseas Cooperation Volunteers
- 青年時代 one's youth, one's young days: 彼は青年時代を大阪で過ごした. He spent *his youth* in Osaka.

**せいねんがっぴ**【生年月日】*one's* **date of birth**[デイト][バース]
- 「あなたの生年月日はいつですか」「2012年3月13日です」"What's *your date of birth*?"

"It's March 13, 2012."/(友人同士の会話などで)"*When were* you *born*?" "I *was born* on March 13, 2012."

**せいのう**【性能】(エンジンなどの)**performance**[パァ**フォ**ーマンス];(効率)**efficiency**[イ**フィ**シャンスィ]
━**性能のよい efficient, high-performance**
・これは性能のよいパソコンです.
This is a *high-performance* PC.

**せいはんたい**【正反対の】
・兄と私は性格が正反対だ. My brother and I are *totally different* from each other.

**せいび**【整備】(技術的な修理点検)(a) **service**[**サ**ーヴィス]
━**整備する**(技術的に修理・点検をする)**service**;(修理する)**fix**[フィックス], **repair**[リ**ペ**ア], **maintain**[メイン**テ**イン]
・きのう自転車を整備した.
I *fixed* my bicycle yesterday.
・試合前にグラウンドを整備した. We *got* the athletic field *ready* for the game.
│整備工場 **a maintenance shop**
│整備士(自動車の)**a car mechanic**;(飛行機の)**a ground crew**

**せいひれい**【正比例】**direct proportion**[ディレクト プラ**ポ**ーション]→ひれい

**せいひん**【製品】**a product**[プ**ラ**ダクト];(大量生産された)**manufactured goods**[マニュ**ファ**クチャァド グッヅ];(商品)**goods**
・新製品が開発された.
A new *product* was developed.
・国内製品 domestic [home] *products*
・外国製品 foreign *products*
・電化製品 (electric) *appliances*

**せいふ**【政府】**a government**[**ガ**ヴァンマント]
・日本政府 the Japanese *Government*

**せいぶ**【西部】**the western part**[**ウェ**スタァン パート], **the west**[**ウェ**スト];(米国の)**the West**
・私は北海道の西部で生まれた. I was born in *the western part* of Hokkaido.
━**西部の western**
│西部劇 **a western**(movie)

# せいふく¹【制服】

**a uniform**[**ユ**ーニフォーム]→衣生活【口絵】
・学校の制服 a school *uniform*
・私たちは制服を着て登校しなくてはならない.
We must go to school in *uniform*.(▶in uniform は「制服を着て」の意. この場合aはつかない)

**せいふく²**【征服】(a) **conquest**[**カ**ンクウェスト]
━**征服する conquer**[**カ**ンカァ]

│征服者 **a conqueror**

**せいぶつ**【生物】**a living thing**[**リ**ヴィング ス**ィ**ング], **a creature**[ク**リ**ーチャァ],(まとめて)**life**[ライフ]
・地球上のすべての生物
all *living things* on earth
・深海の生物 *creatures* in the deep sea
・彼は火星に生物がいると主張している.
He claims that there is *life* on Mars.
│生物学 **biology**
│生物学者 **a biologist**

**せいぶつが**【静物画】**a still life**[スティル ライフ]

**せいぶん**【成分】**an ingredient**[イング**リ**ーディアント], **a component**[カン**ポ**ウナント]
・キャンディーの主成分は砂糖だ.
The main *ingredient* of candy is sugar.
・空気の化学成分は何ですか.
What is the chemical *component* of air?

**せいべつ**【性別】**sex**[セックス]→せい²

**せいぼ¹**【聖母】(聖母マリア)**the Virgin Mary**[**ヴァ**ーヂン **メ**(ァ)リィ]

**せいぼ²**【歳暮】**a year-end gift** [**present**][イァ**エ**ンド ギフト[プ**レ**ズント]](▶欧米(热)にはお歳暮をやりとりする習慣はない)

**せいぼう**【制帽】(学校の)**a school cap**[スクール **キャ**ップ]

**せいほうけい**【正方形】**a square**[スク**ウェ**ア]
━**正方形の square**
・正方形の板 a *square* board

正方形の板　　　　長方形の板
a square board　　a rectangular board

**せいほく**【西北】→ほくせい

**せいみつ**【精密な】**precise**[プリ**サ**イス];(詳細(しょう)な)**detailed**[ディ**テ**イルド]
・精密な地図 a *detailed* map
━**精密に precisely**
│精密機械 **a precision machine**
│精密検査 (体の)**a thorough examination** [**checkup**];(機械などの)**a close** [**thorough**] **examination**

**せいめい¹**【生命】(a) **life**[ライフ](複 lives[ライヴズ])→いのち
・彼女の生命は危険な状態にある.
Her *life* is in danger.
│生命保険 **life insurance**

**せいめい²**【姓名】**a** (**full**) **name**[(フル) **ネ**イム]→なまえ

**せいめい³**【声明】**a statement**[ス**テ**イトゥマント]
・共同声明 a joint *statement*

# せいもん

- 首相は声明を出した．
  The prime minister made a *statement*.

**せいもん**【正門】**the front**［**main**］**gate**［フラント［メイン］ゲイト］

**せいやくがいしゃ**【製薬会社】**a pharmaceutical company**［ファーマスーティカル カンパニィ］

**せいゆう**【声優】**a voice actor**［ヴォイス アクタァ］；(►男女の区別なく使われる．女性は **a voice actress** とも言う)

**せいよう**[1]【西洋】**the West**［ウェスト］(⇔東洋 the East)；（西洋諸国）**the Western countries**［ウェスタァン カントゥリィズ］

― 西洋の **Western, western**
| 西洋史 **European history**
| 西洋人 **a Westerner**
| 西洋文明 **Western civilization**

**せいよう**[2]【静養】（休養）**(a) rest**［レスト］

― 静養する **rest, take**［**have**］**a rest**

- 夏の間静養した．I took *a rest* during the summer.

**せいり**[1]【整理】**arrangement**［アレインヂマント］

― 整理する **put ... in order, tidy**（**up**）［タイディ］, **organize**［オーガナイズ］

- これらの資料を整理してください．
  Please *put* these materials *in order*.
- レイの部屋はいつも整理されている．
  Rei's room is always *neat and tidy*.
- 考えを整理しなければならない．
  I have to *organize* my thoughts.
| 整理券 **a（numbered）ticket**
| 整理番号 **a reference number**

**せいり**[2]【生理】（生物の体の機能）**physiology**［フィズィアラヂィ］；（月経）**a period**［ピ(ァ)リアッド］

- 生理中です．I'm on my *period*.
| 生理痛【話】**cramps**: 生理痛がある．I have *cramps*.
| 生理用ナプキン **a（sanitary）napkin, a pad**

**せいりつ**【成立する】（組織などが）**be established**［イスタブリッシュト］, **be organized**［オーガナイズド］, **be formed**［フォームド］

**ぜいりつ**【税率】**a tax rate**［タックス レイト］

- 消費税の税率 the consumption *tax rate*

**せいりょういんりょう**【清涼飲料】**a soft drink**［ソフト ドゥリンク］

**せいりょく**[1]【勢力】（権力）**power**［パウァ］；（影響力）**influence**［インフルアンス］；（物理的な力）**force**［フォース］

- 勢力争い *power* struggle
- 台風の勢力が急激に増して[衰えて]きている．The *force* of the typhoon is rapidly increasing [decreasing].

― 勢力のある **powerful; influential**［インフルエンシャル］

**せいりょく**[2]【精力】**energy**［エナァヂィ］

― 精力的な **energetic**［エナァチェティック］, **vigorous**［ヴィガラス］

― 精力的に **energetically, with energy**

**せいれき**【西暦】**the Christian era**［クリスチャン イ(ァ)ラ］, **A.D.**［エイディー］(► Anno Domini の略), **the Common Era**［カマン イ(ァ)ラ］(►宗教色のない言い方．C.E. と略す)→ **きげん**[3]

- その男性は西暦306年に生まれた．The man was born in 306 *A.D.* / The man was born in (the year) 306.

**せいれつ**【整列する】**line up**［ライン］→ **ならぶ**

- 私たちは新モデルを買うために整列した．
  We *lined up* to buy a new model.
- 私たちは4列に整列した．（縦に）We *lined up* in fours. /（横に）We *lined up* in four rows.

**セーター a sweater**［スウェタァ］(★発音注意), 〈英〉**jumper**［ヂャンパァ］

**セーフ**【セーフの】（だいじょうぶな）**safe**［セイフ］；〖野球〗**safe**(⇔アウトの out)

- 走者は二塁にセーフだった．
  The runner was *safe* at second.

**セーブ** 〖野球〗**a save**［セイヴ］

― セーブする 〖コンピュータ〗**save**

― セーブを上げる 〖野球〗**get**［**have**］**a save**

- 林投手は今年，12セーブを上げた．Hayashi got [had] twelve *saves* this year.

**セーラーふく**【セーラー服】**a sailor-style uniform**［セイラァスタイル ユーニフォーム］

**セール a sale**［セイル］→ **バーゲン**（セール）

- 閉店［年末］セール
  a closing-down [year-end] *sale*
- 在庫一掃セール a clearance *sale*
- セール品 a *sales* item
- このバッグはセールで買った．
  I bought this bag at a *sale*.

スーパーのセール品コーナーの表示（米国）

**セールスマン a salesperson**［セイルズパースン］(►男女の区別なく用いる)

**せおう**【背負う】**carry ... on one's back**［キャリィ］［バック］

- ケンは妹を背負っていた．
Ken *carried* his sister *on his back*.

**せおよぎ**【背泳ぎ】**the backstroke**[バックストゥロウク]
- 背泳ぎをするのが好きです．
I like to do [swim] *the backstroke*.

# せかい【世界】

**the world**[ワールド]
- 世界でいちばん有名な人はだれですか．Who is the most famous person in *the world*?
- 私の夢は世界じゅうを旅行することだ．
My dream is to travel all over *the world*.
- 世界の人々と交流するのが好きだ．
I like to communicate with people all over *the world*.
- 彼は自分の小さな世界に引きこもった．
He withdrew into his own small *world*.
- スヌーピーは世界的に有名なキャラクターだ．
Snoopy is a *world*-famous character.
- 第一次世界大戦 *World* War one (►World War one と読む)/ the First *World* War
- 第二次世界大戦 *World* War II (►World War two と読む)/ the second *World* War

―**世界的な worldwide, global**[グロウバル]
- 貧困は世界的な問題だ．
Poverty is a *global* issue.

―**世界的に internationally**[インタナショヌリィ]

世界遺産 a World Heritage site
世界一 the best in the world
世界一周旅行 a round-the-world tour: 世界一周旅行をしたい．I want to *travel around the world*.
世界史 world history
世界(新)記録 a (new) world record
世界選手権大会 the world championship (meet)
世界平和 world peace

**せかす hurry（up）**[ハーリィ], **rush**[ラッシュ]
- せかさないで．Don't *hurry* [*rush*] me.

**セカンド**→にるい

# せき¹【席】

**a seat**[スィート]
- 窓側の席 a window *seat*
- 通路側の席 an aisle *seat*
- 指定席 a reserved *seat*
- 自由席 a non-reserved *seat*
- 席に着きなさい．Sit down. / Take a *seat*.
- 席を替わってもいいですか．
Can I change my *seat*?
- ユミの隣の席に座った．

I took a *seat* next to Yumi.
- 「この席は空いていますか」「はい，空いてます」
"Is this *seat* taken? / Is someone sitting here?"(►前者のほうがていねい)
"No, it's free [vacant]. / No, no one is sitting here."
- エリはいつもお年寄りに席を譲る．Eri always gives up her *seat* to senior citizens.
- 私と席を替わってくれませんか．
Can you change *seats* with me?
(►change a seatは×)
- 席をつめていただけますか．
Would you mind moving over a little?

席替え：きょうは席替えをした．Today we *changed* our *seats*.

**せき²a cough**[コーフ] (★発音注意)
- せきが止まらないんです．
I can't stop *coughing*.

―**せきをする cough, have a cough**
- 妹はひどい[軽い]せきをしている．
My little sister has a bad [slight] *cough*.

せき止め a cough medicine；（ドロップの）a cough drop
せき払い: 彼はせき払いをした．He *cleared* his *throat*.

**せきがいせん**【赤外線】**infrared rays**[インフラレドレイズ]

**せきじゅうじ**【赤十字(社)】**the Red Cross (Society)**[レッドクロス (ササイアティ)]

**せきせつ**【積雪】**snow**[スノゥ]
- 積雪量 a snowfall

**せきたん**【石炭】**coal**[コウル]

**せきどう**【赤道】**the equator**[イクウェイタァ] →ちきゅう図
- その国は赤道直下にある．
The country is right on *the equator*.

# せきにん【責任】

(仕事・義務などの)(a) responsibility (for ...) [リスパンスィビリティ]；(過失)(a) fault[フォールト]
- 私は自分の責任を果たした．I fulfilled [carried out] my *responsibility*.
- バスに乗り遅れたのは私の責任じゃない．
It's not my *fault* that we missed the bus.

―**責任が[の]ある responsible**[リスパンスィブル]
- あなたは自分のしたことに責任がある．
You are *responsible* for what you did.
- 彼女は責任のある地位に就いている．
She holds a *responsible* position.

責任感 a sense of responsibility: 彼は責任感が強い．He has a strong *sense of responsibility*.

# せきはん

**責任者** a person in charge
**せきはん**【赤飯】*sekihan*; red bean rice[レッド ビーン ライス]
**せきめん**【赤面する】blush[ブラッシュ]
- 彼女は恥(は)ずかしくて赤面した．
  She *blushed* with embarrassment.
**せきゆ**【石油】oil[オイル], petroleum[パトゥロウリアム]
**石油会社** an oil company
**石油ストーブ** an oil heater
**セクシー** sexy[セクスィ]
**セクハラ** sexual harassment[セクシュアル ハラスマント]
**せけん**【世間】(世の中) the world[ワールド]; (人々) people[ピープル]
- 彼は世間ではほとんど知られていない．
  He is little known to *the world*.
- 世間ではワールドカップのことが話題だ．
  *People* are talking about the World Cup.
- 世間の目を気にしてしまう．I worry too much about what *people* think.
- カオルは世間知らずだ．
  Kaoru knows little of *the world*.
**世間話** a chat, small talk: 祖父母はお隣(となり)と世間話をしている．My grandparents are *chatting* [having a *chat*] with their neighbor.
**せこい** sneaky[スニーキィ]; (けちな) stingy[スティンディ]; (ずるい) cunning[カニング]
- せこいことするなよ．
  Don't be *sneaky*.
**セし**【セ氏(の)】centigrade[センティグレイド], Celsius[セルシィアス] (▶C, C.と略す) → おんど
- セ氏15度の水 water at 15℃ (▶15℃は fifteen degrees centigrade [Celsius]と読む)
**せすじ**【背筋】one's back → せ❶
- 背筋を伸(の)ばした．
  I straightened up (*my back*).
- 背筋がぞくっとした．
  I got a *chill*.
**セスナ** a Cessna[セスナ]
**…せずにいられない** cannot help+〈-ing形〉[ヘルプ], cannot help but+〈動詞の原形〉
- それを見たら笑わずにいられなかった．
  I *couldn't help* laugh*ing* when I saw it. / I *couldn't help but* laugh when I saw it.
**せだい**【世代】a generation[ヂェナレイション]
- 若い世代 the younger *generation*
- 世代間のギャップ
  the *generation* gap

**セダン**(車の型) a sedan[スィダン]

**せつ**[1]【節】(文章の区切り) a paragraph[パラグラフ]; (引用などに用いる) a passage[パスィッヂ]; 『文法』a clause[クローズ]
**せつ**[2]【説】(意見，主張) an opinion[アピニャン], a view[ヴュー]; (学説) a theory[スィーアリィ]
- 父は簡単には自分の説を曲げない．
  My father sticks to his *opinions*. / My father doesn't easily change his *opinions*.
**せっかい**【石灰】lime[ライム]
**石灰岩** limestone
**石灰水** limewater
**せっかく**
- せっかく教室へ行ったのにだれもいなかった．
  I went *all the way* to the classroom, but no one was there.(←わざわざ)
- せっかくのお招きですが，その日は予定がいっぱいです．
  Thank you for your *kind* invitation, but my schedule is full that day.(←親切な)
- やってみなさい．せっかくの機会なんだから．
  Try it. It's a *rare* opportunity.(←めったにない)
**せっかち**【せっかちな】impatient[インペイシャント]
- アキラはせっかちだ．Akira is *impatient*.
**せっきじだい**【石器時代】the Stone Age[ストウン エイヂ]
**せっきょう**【説教】(お小言) a lecture[レクチャァ], a scolding[スコウルディング]; (教会の) a sermon[サーマン]
**━説教する** scold, lecture; (教会で) preach[プリーチ]
- 私は規則を破って説教された．
  I was *scolded* for breaking the rules.
**ぜっきょう**【絶叫する】scream[スクリーム]
- 絶叫マシーン a *scary* ride
**せっきょくてき**【積極的な】(活動的な) active[アクティヴ](⇔消極的な passive); (肯定(こうてい)的な) positive[パズィティヴ](⇔消極的な negative)
- 彼女は何事にも積極的だ．
  She is *active* in everything.
- 私は人生に積極的な態度をとるようにしてい

る．I try to take a *positive* attitude toward life.
➡積極的に **actively**; **positively**; (精力的に) **aggressively**[アグレッスィヴリィ]
・彼は積極的にボランティア活動をしている．
He is *actively* doing volunteer activities.
・レンはサッカーをするとき積極的なプレーをする．Ren plays soccer *aggressively*.

**せっきん**【接近する】**approach**[アプロウチ], **come near**（**to** …）[カム ニァ]
・大型台風が関東地方に接近している．
A large-scale typhoon is *approaching* the Kanto area.

**せっく**【節句】**a seasonal festival**[スィーザヌル フェスタヴァル]
・桃(もも)の節句 the Doll(s') *Festival*➡ひなまつり

**セックス sex**[セックス]
➡セックスする **make love**（**to** … [**with** …]）, **have sex**（**with** …）

**せっけい**【設計】**a plan**[プラン], **a design**[ディザイン]
・人生設計 a life *plan*
➡設計する **plan**, **design**
・この建物は有名な建築家が設計したものだ．
This building was *designed* by a famous architect.
| 設計者 **a planner**, **a designer**
| 設計図 **a plan**, **a blueprint**

**せっけん**【石けん】**soap**[ソウプ]
・洗顔［浴用］石けん facial［bath］*soap*
・石けん1個 a bar of *soap* / a cake of *soap*
・石けん2個 two bars of *soap* / two cakes of *soap*
・石けんでよく手を洗いなさい．
Wash your hands well with *soap* and water.（▶英語では「石けんと水で」と言う）

**ゼッケン**（番号）**a number**[ナンバァ], **an athlete's number**[アスリーツ], **a player's number**[プレイァズ];（番号布）**a number cloth**[クロス]（▶「ゼッケン」はドイツ語から）
・ゼッケン8番の選手 player *number* 8

**せっこう**【石こう】（粉末の）**plaster**[プラスタァ]

**ぜっこう¹**【絶交する】**break off**（**with** …）[ブレイク], **be through**（**with** …）[スルー]
・彼とは絶交した．I *broke off with* him.
・君とはもう絶交だ．
I *am through*［*finished*］*with* you.

**ぜっこう²**【絶好の】（申し分のない）**perfect**[パーフィクト], **ideal**[アイディ(ァ)ル];（最善の）**the best**[ベスト]
・彼は得点する絶好のチャンスを逃(のが)した．

He missed a *perfect* chance to score.

**ぜっさん**【絶賛する】**praise** … **highly**[プレイズ ハィリィ]
・彼女の演奏は絶賛された．
People *praised* her performance *highly*.

**せっし**➡セし

**せつじつ**【切実な】（深刻な）**serious**[スィ(ァ)リァス], **acute**[アキュート];（緊急の）**urgent**[アーヂャント]

**せっしゅ**【接種】（an）**inoculation**[イナキュレイション], **vaccination**[ヴァクスィネイション]
・私はインフルエンザの予防接種を受けた．I got a *vaccination against* the flu.
➡接種する **inoculate**[イナキュレイト], **vaccinate**[ヴァクスィネイト]

**せっしょく**【接触】**contact**[カンタクト],（**a**）**touch**[タッチ]
・電気の接触が悪いようだ．
The electrical *contact* seems to be bad.
➡接触する（連絡(れんらく)する）**contact**;（触れる）**touch**;（出会う，連絡する）**come into contact**（**with** …）

**せっしょくしょうがい**【摂食障害】**an eating disorder**[イーティング ディスオーダァ], **anorexia**[アナレクスィア]

**せっすい**【節水する】**save water**[セイヴ ウォータァ]

**せっする**【接する】（接触(せっしょく)する）**contact**[カンタクト], **touch**[タッチ];（…と出会う）**come into contact**（**with** …）, **meet**[ミート]
・直線Aは点Pにおいて円Bと接する．
The straight line A *touches* the circle B at point P.
・カオルは多くの留学生と接した．
Kaoru *came into contact with* many overseas students.

**せっせと**（懸命(けんめい)に）**hard**[ハード];（忙(いそが)しく）**busy**[ビズィ], **busily**[ビズィリィ]
・両親はいつもせっせと働いている．
My parents are always working *hard*.
・マオはせっせと家の掃除(そうじ)をしている．
Mao is *busy* cleaning the house.

**せっせん**【接戦】**a close match**［**game**, **race**］[クロウス マッチ［ゲイム, レイス]］
・きのうの試合は接戦だった．
Yesterday's game was a *close one*.（▶oneはgameのこと）

**せつぞく**【接続】（**a**）**connection**[カネクション]
➡接続する **connect**（**with** …）
・インターネットに接続した．
I got *connected* to the Internet.
・この電車は次の駅で成田行きの急行に接続します．This train *connects with* an express to

Narita at the next stop.
|接続詞〖文法〗a conjunction
**セッター**〖バレーボール〗a setter[セッタァ]

# ぜったい【絶対の】
absolute[アブサルート]
- 私は彼に絶対の信頼(‰)をおいている.
I have *absolute* trust in him.
━絶対に **absolutely**[アブサルートゥリィ], **definitely**[デフィニットゥリィ]
- 彼がそう言ったというのは絶対に確かですか.
Are you *absolutely* sure that he said that?
- 絶対に違(%)う.
*Absolutely* not! / *Definitely* not!(▶強い否定)

**絶対に…する**
be sure to +〈動詞の原形〉
- 絶対にコンサートに来てよね.
*Be sure to* come to the concert.

**絶対に…ない**
never +〈動詞の原形〉
- 絶対にあきらめない. I will *never* give up.
- 私たちは試合に絶対に勝ちたい. We want to win *at all costs*.(◀どんなことをしても)

**ぜったいぜつめい**【絶体絶命である】be in a desperate situation[デスパラット スィチュエイション]
- 彼は絶体絶命だった.
He *was in a desperate situation*.

**せっちゃくざい**【接着剤】**glue**[グルー], (an) **adhesive**[アドゥヒースィヴ]

**ぜっちょう**【絶頂】the peak[ピーク], the height[ハイト]
- 彼女は今成功の絶頂にある.
She is now at *the peak* of success.
- 彼は今人気の絶頂です.
He is at his *height* in popularity now.

**せってい**【設定】setting[セッティング]
━設定する set up

**せってん**【接点】a contact (point)[カンタクト]

**せつでん**【節電する】save electricity [power] [セイヴ イレクトゥリスィティ[パウァ]]
- 節電モード a *power-saving* mode

# セット
(ひとそろい)a set[セット], a kit[キット]; (映画・球技などの)a set; (髪(%)の)a set
- コーヒーセット a coffee *set*
- 救急セット a first-aid *kit*
- マミは初めの2セットを取った.
Mami won the first two *sets*.(◀勝った)

━セットする set
- 目覚まし時計を午前6時にセットした.
I *set* my alarm for 6 a.m.
|セットプレー〖サッカー〗a set play [piece]
|セットポイント〖テニス〗a set point

**せっとく**【説得する】**persuade**[パァスウェイド]; (納得させる)**convince**[カンヴィンス]
- ミワは母親を説得してカメラを買ってもらった. Miwa *persuaded* her mother *to* buy a camera.
|説得力: 彼のスピーチは説得力があった. His speech was *persuasive*.

**せつない**【切ない】**painful**[ペインフル], **sad**[サッド]; (曲などが)**bittersweet**[ビタスウィート]
- 親友が引っ越(°)しをしたので切ない. I'm *sad* because my best friend moved away.

**ぜっぱん**【絶版で】out of print[プリント]
- その漫画(%)本は絶版だ.
The comic book is *out of print*.

**せつび**【設備】**facilities**[ファスィリティズ], **equipment**[イクウィップマント]
- この学校にはすばらしい設備がある.
This school has excellent *facilities*.
- この病院は設備がよい[悪い].
This hospital is well [poorly] *equipped*.

**せつぶん**【節分】*setsubun*; the Eve of the first day of spring[イーヴ][ファースト デイ][スプリング]→年中行事【口絵】
- 節分の豆まき
the bean-throwing ceremony

**ぜっぺき**【絶壁】a cliff[クリフ]

**ぜつぼう**【絶望】despair[ディスペア]
- 絶望のあまり out of *despair*
━絶望的な hopeless[ホウプリス], desperate[デスパラット]
- 状況(きょう)は絶望的に思える.
The situation seems *hopeless*.
━絶望する despair, lose [give up] hope
- 彼女は将来に絶望したりしなかった.
She never *lost hope* for her future.

# せつめい【説明】
(an) explanation[エクスプラネイション]
- それには説明が必要です.
That needs *explanation*.
━説明する explain[イクスプレイン]
〈人〉に〈事〉を説明する
explain +〈事〉+ to +〈人〉
- 先生は私たちにその問題を説明した. The teacher *explained* the problem *to* us.
…だと(いうことを)説明する
explain that ...

- 彼は自分が京都出身だと説明した．
  He *explained that* he was from Kyoto.
- なぜ遅(ホ<)れたのかを説明してくれる？
  Can you *explain* why you were late?

**説明会** an *explanatory meeting*: 学校説明会 a school *orientation* (*meeting*)
**説明書** *instructions*, a *manual*

**ぜつめつ**【絶滅】**extinction**[イクスティンクション]
- 白熊(ミホセぐ)は絶滅の危機にあります．
  Polar bears are in danger of *extinction*.

➡**絶滅する become extinct, die out**
- 多くの生物が絶滅しかかっている．
  Many living things are *dying out*.

**絶滅危惧(キメ)種 an endangered species**

**せつやく**【節約する】**save**[セイヴ]; (切り詰(ッ)める)**cut**(**down**)[カット] ➡ きりつめる
- まとめ買いすればお金を節約できます．
  You can *save* money if you buy things in bulk.

**せつりつ**【設立】**establishment**[イスタブリッシュマント]; (創立)**foundation**[ファウンデイション]
➡**設立する establish, set up; found**[ファウンド]
- ユニセフは1946年に設立された．
  UNICEF was *founded* in 1946.

**せとないかい**【瀬戸内海】*Seto* **Inland Sea**[インランド スィー]

**せともの**【瀬戸物】**china**[チャイナ], **chinaware**[チャイナウェア]
➡**瀬戸物の ceramic**[スィラミック], **china**

# せなか【背中】

**the** [*one's*] **back**[バック]
- 背中が痛い．
  My *back* hurts. / I have a *back*ache.
- 彼の背中は曲がっている．*His back* is bent.
- 彼女は私たちに背中を向けた．
  She turned *her back* on us.
- おばあちゃんは背中を丸めて座(ゥサ)っている．
  Grandma is sitting with *her back* hunched.

# せのび【背伸びする】

❶ 背筋を伸ばす
  (背中を伸ばす)**stretch** (*oneself*);
  (つま先立ちする)
  **stand on** *one***'s tiptoes**
❷ 実力以上のことをする
  **do more than** *one* **can**

❶[背筋を伸ばす](背中を伸ばす)**stretch** (*oneself*)[ストゥレッチ]; (つま先立ちする)**stand on** *one***'s tiptoes**[スタンド][ティップトウズ]
- 両腕を上げて背伸びしてください．
  Please lift your arms and *stretch* up.
- ケンは塀(ヘᄂ)の向こう側を見ようと背伸びした．
  Ken *stood on his tiptoes* to look over the fence.

❷[実力以上のことをする]**do more than** *one* **can**[モア]
- 背伸びをしないほうがいいよ．
  You shouldn't *do more than you can*.

**せばんごう**【背番号】**a uniform number**[ユーニフォーム ナンバァ]

**ぜひ**
- パーティーにぜひいらしてください．
  We'd *like* you *to* come to the party.
- ぜひ近いうちに遊びに来て．
  *Be sure to* come and see me soon.
- ぜひ試してみたいです．
  I'd *love* to try it.

**セピアいろ**【セピア色(の)】**sepia**[スィーピア]
**せびろ**【背広】**a suit**[スート]
**せぼね**【背骨】**the backbone**[バックボウン], **the spine**[スパイン]

# せまい【狭い】

(幅(ば)が)**narrow**[ナロウ](⇔広い **wide, broad**); (小さい)**small**[スモール](⇔広い **big, large**)
- 狭い通路 a *narrow* passage
- この道は狭すぎて車が通れない．
  This road is too *narrow* for a car to pass through.
- 彼女は心が狭い．She is *narrow*-minded.
- 彼は視野が狭い．He has *narrow* views.
- 私の部屋は狭い．My room is *small*.

narrow   small

## せまる【迫る】

❶近づく approach; (時期などが) draw near
❷強く促(うなが)す press

❶ [近づく] **approach**[アプロウチ]; (時期などが) **draw near**[ドゥローニァ]
- 後ろの走者が迫ってきている.
  The next runners are *approaching*.
- 新学期が迫っている. The new school term will *start soon*. / The new school term is *drawing near*.

❷ [強く促す] **press**[プレス]
- 彼は彼女に返事を迫った. He *pressed* her *to* reply. / He *pressed* her *for* an answer.

**せみ**〖虫〗a **cicada**[スィケイダ](複 cicadas, cicadae[スィケイディー])

**ゼミ** → セミナー

**セミコロン** a **semicolon**[セミコウラン](► 記号は;)

**セミナー** a **seminar**[セミナー]

**ゼミナール** → セミナー

**せめて** **at least**[リースト] → すくなくとも
- 彼女の誕生日にせめて電話だけはするべきだよ. You should *at least* call her on her birthday.

**せめる¹**【攻める】**attack**[アタック](⇔守る defend), **make an attack**
- 私たちは相手チームを両サイドから攻めた.
  We *attacked* the opponent from both sides.

**せめる²**【責める】**blame**[ブレイム]
- 彼らはその事故で互(たが)いに相手を責めた. They *blamed* each other *for* the accident.

**セメント** **cement**[スィメント]

**ゼラチン** **gelatin**[チェラトゥン]

**ゼラニウム**〖植物〗a **geranium**[チァレイニアム]

**セラミック** **ceramic**[セラミック]

**ゼリー** ⓐ**jello**[チェロウ], **Jell-O**[チェロウ], ⓐ(a) **jelly**[チェリィ](► Jell-Oは商標)

**せりふ**(芝居(しばい)の)(one's) **lines**[ラインズ]
- あなたがせりふを言う番ですよ.
  It's your turn to say *your lines*.
- 私は本番中にせりふをとちった.
  I blew *my lines* during the performance.

**…せる** → …させる

**セルフサービス** **self-service**[セルフサーヴィス]
- ドリンクはセルフサービスです.
  *Help* yourself to drinks. (◆自由に取る)
  ━セルフサービスの **self-service**
- セルフサービスのガソリンスタンド
  a *self-service* gas station

**セルフタイマー** a **self-timer**[セルフタイマァ]

**セレナーデ**〖音楽〗a **serenade**[セリネイド]

**セレブ** a **celebrity**[サレブラティ]

**セレモニー** → しき¹ ❶

**ゼロ** (a) **zero**[ズィ(ア)ロウ], **nothing**[ナッスィング] → れい³
- プログラミングに関する知識はゼロだ. I know *nothing* at all about programming.

**セロテープ**〖商標〗→ セロハンテープ

**セロハン** **cellophane**[セラフェイン]
┃セロハン紙 **cellophane paper**

**セロハンテープ** **tape**[テイプ], 〖商標〗ⓐ **Scotch tape**[スカッチ], 〖商標〗ⓑ **Sellotape**[セラテイプ]

**セロリ** **celery**[セラリィ]
- セロリ1本
  a stick of *celery*(► セロリ2本はtwo sticks of *celery*)

**せろん**【世論】→ よろん

## せわ【世話】

**care**[ケア]; (援助(えんじょ)) **help**[ヘルプ]; (迷惑(めいわく), 厄介(やっかい)) **trouble**[トゥラブル]
- たいへんお世話になりました.
  Thank you so much for your *help*.
- 弟は私に世話をかけてばかりいる. My brother always causes *trouble* for me.
- 彼は世話のやける人だ. He is *troublesome*.
  ━世話(を)する **take care of** ..., **look after** ...
- 私がペットのかめの世話をしている.
  I *take care of* my pet turtle.
- マコトは子どもの世話をするのに慣れている.
  Makoto is used to *taking care of* children. / Makoto is used to *looking after* children.

## せん¹【千(の)】

**a thousand**[サウザンド], **one thousand**
- 5000円 five *thousand* yen (► thousandの前に2以上の数詞が来ても, thousandsと複数形にはしない)
- 何千もの人々がオリンピックの競技場に集まった. *Thousands of* people gathered in the Olympic stadium. (►「何千もの…」のときはthousandsと複数形にする)
- 2025年 two *thousand* twenty-five
- 千倍 a *thousand* times
- 千分の一 one thousandth
┃千円札 a thousand-yen bill

## せん²【線】

a **line**[ライン]; (車線) a **lane**[レイン]; (鉄道などの

路線) **a line**
- 太い[細い]線 a bold [fine] *line*
- 斜線 a slanted *line* / a *slash*

線のいろいろ
- 直線 straight line
- 曲線 curved line
- 点線 dotted line
- ジグザグの線 zigzag line
- 平行線 parallel lines

- (鉄道路線の)山手線 the Yamanote *Line*
- 国道16号線 National *Route* 16
- 彼らの乗る列車は7番線から発車する. Their train leaves from *Track* (No.)7.
━線を引く **draw a line**[ドゥロー]; (下線を) **underline**[アンダァライン]
- 直線を引きなさい. *Draw* a straight *line*.
- ミキは新しい単語の下に線を引いた. Miki *underlined* the new words.

**せん**[3] 【栓】(穴をふさぐための) **a plug**[プラグ], (瓶(び)の) **a stopper**[スタッパァ]; (コルク栓) **a cork**[コーク]
- 耳栓 ear *plugs*
- おふろの栓を抜(ぬ)いた. I pulled out the *plug* of the bathtub.
- (コルク)栓を抜きましょうか. Shall I pull the *cork* out of the bottle?

栓抜き **a bottle opener**; (コルク用の) **a corkscrew**

**ぜん**[1] 【善】(よいこと) **good**[グッド](⇔悪 (an) evil); (正しいこと) **right**[ライト]
- 善と悪を区別することが大事だ. It's important to tell *good* from evil.

━慣用表現━
善は急げ. Don't hesitate in doing a *good deed*.

‖善悪 **right and wrong, good and evil**

**ぜん**[2] 【禅】**Zen** (**Buddhism**)[ゼン (ブーディズム)]
**ぜん…**[1] 【全…】(すべての) **all**[オール]; (全体の) **whole**[ホウル], **entire**[インタイア]
- 全人類 *all* humanity
- 全日本チーム the *all*-Japan team
- 全世界 the *whole* [*entire*] world

**ぜん…**[2] 【前…】(かつての) **ex-**[エクス], **former**[フォーマァ]; (その前の) **previous**[プリーヴィアス]
- 前生徒会長 an *ex*-president of the student council / a *former* president of the student council
- 前日 the *previous* day

**せんい** 【繊維】(a) **fiber**[ファイバァ], a **textile**[テクスタイル]
- 食物繊維 dietary *fiber*
- 化学繊維 (a) chemical *fiber*

繊維工業 the textile industry
繊維製品 textile products

**ぜんい** 【善意】**goodwill**[グッドウィル]; (親切心) **kindness**[カインドゥニス]
- 彼女は善意で私を手伝ってくれた. She helped me out of *kindness*.

**せんいん** 【船員】**a sailor**[セイラァ], (まとめて) **the crew**[クルー]

**ぜんいん** 【全員】**all the members**[メンバァズ]
- クラス全員がその映画を楽しんだ. *All the members* of the class enjoyed the movie.
- クラス全員で練習した. We practiced with *everyone* in the class.

全員一致(いっち): 全員一致でその提案を受け入れることに決めた. *All of us agreed* to the proposal.

**ぜんえい** 【前衛】『スポーツ』**a forward**[フォーワァド] (⇔後衛 a back)

**ぜんかい**[1] 【前回】**(the) last time**[ラスト タイム]
━前回の **last, previous**[プリーヴィアス]
- 前回のテストの点が悪かった. The *last* test score was bad.

**ぜんかい**[2] 【全快する】**recover** [**get over**] **completely**[リカヴァ カンプリートゥリィ]
- 彼女はインフルエンザから全快した. She *got over* her flu *completely*.

**ぜんがく** 【全額】**the total amount**[トウトゥル アマウント], **all** *one's* **money**[マニィ]
- 銀行から全額を引き出した. I withdrew *all my money* from the bank.

**ぜんかくもじ** 【全角文字】『コンピュータ』**a full-size character**[フルサイズ キャリクタァ]

**せんかん** 【戦艦】**a battleship**[バトルシップ]
**せんがん** 【洗顔する】**wash** *one's* **face**[ワッシュ] [フェイス]
- いつも朝食前に洗顔をする. I always *wash my face* before breakfast.

‖洗顔フォーム **a facial foam**

**ぜんかん** 【全巻】**the complete set**[カンプリート]
- その漫画(まんが)を全巻買った. I bought *the complete set* of that comic.

**ぜんき** 【前期】**the first period**[ファースト ピ(ァ)リアッド] (⇔後期 the latter period); (学期の) **the first term**[ターム]

**せんきょ** 【選挙】(an) **election**[イレクション]
- 総選挙 a general *election*
- 学級委員長の選挙に出てみたら?

### せんきょうし

Why don't you run in the *election* for class president?
- 選挙でレイが議長に選ばれた. Rei was *elected* chairperson.(►役職が1人に限られる場合はaやtheをつけない)
- **━選挙する elect**
- 選挙違反 election violations
- 選挙運動 an election campaign
- 選挙演説 a campaign speech
- 選挙権 the right to vote

**せんきょうし**【宣教師】**a missionary**[ミッシャネリィ]

**せんぎょうしゅふ**【専業主婦】**a stay-at-home mom**[ステイタットホウム マム], **a housewife**[ハウスワイフ](►専業主夫は a stay-at-home dad, a house husband)

**せんぎり**【千切りにする】**shred**[シュレッド]
- 千切りのキャベツ *shredded* cabbage

**せんげつ**【先月】**last month**[ラスト マンス]
- 先月クラス替えがあった. Classes were rearranged *last month*.(►at [in] last monthは×)
- 先月初め[末]に海外に行った. At the beginning [end] of *last month*, I went abroad.
- 先々月 the month before last
- 先月号 last month's issue

**せんげん**【宣言】(**a**) **declaration**[デクラレイション]
- (アメリカ合衆国の)独立宣言 the *Declaration* of Independence
- **━宣言する declare**[ディクレァ]
- 彼はオリンピックの開会を宣言した. He *declared* the Olympics to be open.

**せんご**【戦後の】**postwar**[ポウストゥウォー](⇔戦前の prewar)
- **━戦後に after the war**
- 祖父は戦後生まれだ. My grandfather was born *after the war*.(◄戦後に生まれた)

**ぜんご**【前後に】(方向が)**back and forth**[バック フォース]; (時間的に)**before and after**[ビフォァ][アフタァ]; (およそ)**about ...**[アバウト]
- その子はいすに座って前後に動いた. The child sat in a chair and moved *back and forth*.
- 運動の前後に水分を取りなさい. Drink water *before and after* you play sports.
- その人は40歳前後に見えた. The person looked *about* forty.
- 前後左右: 前後左右を見回したが, 部屋にはだれもいなかった. I *looked around*, but there wasn't anyone in the room.

**せんこう¹**【専攻】(専攻科目)**one's specialty**[スペシャルティ], ⓐ **one's major**[メイヂャァ]
- 彼の専攻は哲学でした. *His major* was philosophy.
- **━専攻する specialize (in ...)**[スペシャライズ], ⓐ **major (in ...)**
- 姉は物理学を専攻している. My sister *majors in* physics.

**せんこう²**【線香】**an incense stick**[インセンス スティック]
- 私たちは墓に線香を供えた. We offered *incense sticks* at the grave.
- 線香花火 toy fireworks, a sparkler

**せんこう³**【先攻する】**attack first**[アタック ファースト];〖野球〗**bat first**[バット];〖テニス・バレーボール〗**serve first**[サーヴ]

**ぜんこう**【全校】**the whole school**[ホウル スクール]
- 全校生徒の前で表彰された. I received an award before *the whole school*.
- **━全校の schoolwide**
- 全校の行事 a *schoolwide* event
- 全校集会 an assembly for the whole school
- 全校生徒 all the students of a school, the whole school

**せんこく**【宣告する】(刑を)**sentence**[センタンス]; (告げる)**tell**[テル]

### ぜんこく【全国】

**the whole country**[ホウル カントゥリィ]
- 全国各地で in *all* parts of *the country*
- 兄は全国を旅している. My brother travels *all over the country*.
- **━全国の national**[ナショヌル]
- **━全国的な nationwide**[ネイションワイド]
- 全国的な流行 a *nationwide* trend
- **━全国(的)に all over the country**
- 全国大会 (スポーツの)a national athletic meet; (集会)a national convention
- 全国ツアー a nationwide tour

**センサー a sensor**[センサァ]

**せんさい**【繊細な】**delicate**[デリキット], **sensitive**[センシティヴ]
- タクは繊細な感情の持ち主だ. Taku is a person with *delicate* feelings.

**せんざい**【洗剤】(**a**) **detergent**[ディターヂャント]
- 洗たく用洗剤 laundry *detergent*

**せんさく**【詮索する】(…を)**nose around [into ...]**[ノウズ アラウンド], **poke one's nose into ...**[ポウク][ノウズ]
- **━詮索するような nosy**

**せんし**【戦死する】**be killed in (the) war**[キルド]

[ウォー]
**せんしつ**【船室】a cabin[キャビン]
**せんじつ**【先日】the other day[アザァ デイ]
- 先日おもしろい映画を見ました. I saw an interesting movie *the other day*.

**ぜんじつ**【前日】the previous day[プリーヴィアス デイ];（…の前日）the day before …[ビフォア]
- テストの前日 *the day before* the exam

**せんしゃ**【戦車】a tank[タンク]
**せんしゃ**【前者】the former[フォーマァ]（⇔後者 the latter）
- 私は歴史小説とミステリーを読んだ. 前者は後者よりおもしろかった. I read a historical novel and a mystery novel. *The former* was more interesting than the latter.

## せんしゅ【選手】
（球技などの）a player[プレイァ];（運動選手）an athlete[アスリート]
- 野球選手 a baseball *player*
- 彼女は有名な選手だ. She is a famous *athlete*.
- リレーの選手 a relay *runner*（▶「選手」に当たる英語はrunner, skierのように動詞＋-erの形で表されることが多い）

┃選手権 a championship, a title
┃選手権大会 a championship series

## せんしゅう【先週】
last week[ラスト ウィーク]
- ミキは先週テニスの試合に出た. Miki took part in a tennis match *last week*.
- 先週に続いてテストがあった. We also had a similar test *last week*.（◀先週と同じように）
- ジュンは先週の火曜日に九州から帰ってきた. Jun came back from Kyushu *last Tuesday*. → きょねん ポイント!
- 先週のきょう a *week ago* today

┃先週号 last week's issue

**ぜんしゅう**【全集】a complete series[カンプリート スィ(ァ)リーズ];（特定の作家などの）the complete works[ワークス]
- 古典文学全集 a *complete series* of works of classical literature
- 宮沢賢治全集 *the complete works* of Miyazawa Kenji

**せんじゅつ**【戦術】tactics[タクティクス];（戦略）a strategy[ストゥラタディ]

**せんじょう**【戦場】a battlefield[バトルフィールド]

**ぜんしょう¹**【全勝する】win all（the）games[ウィン][ゲイムズ]
- 私たちのチームはその大会で全勝した. Our team *won all the games* in the tournament.

**ぜんしょう²**【全焼する】be burned down[バーンド]
- この地域のすべての家が全焼した. All the houses *were burned down* in this area.

**せんじょうこうすいたい**【線状降水帯】a linear rainband[リニア レインバンド]

**せんしょくたい**【染色体】a chromosome[クロウマソウム]

**ぜんしん¹**【全身】the whole body[ホウル バディ]
- 全身が痛い. My *whole body* hurts.
━全身に all over one's body
- 全身に汗をびっしょりかいた. I'm sweating *all over my body*.

**ぜんしん²**【前進】(an) advance[アドゥヴァンス], progress[プラグレス]
━前進する advance, make progress
- 日々前進することが大事だ. It's important to *make progress* every day.

**せんしんこく**【先進国】a developed country[ディヴェラップト カントゥリィ]（⇔開発［発展］途上（じょう）国 a developing country）
┃先進国首脳会議 → サミット

**せんす**【扇子】a (folding) fan[(フォウルディング) ファン]

**センス**（感覚）(a) sense[センス];（好み）taste[テイスト]
- 彼はユーモアのセンスがある［ない］. He has a [no] *sense* of humor.
- あなたは服のセンスがいい. You have a good fashion sense. / You have good taste in clothes.

**せんすい**【潜水】diving[ダイヴィング]
━潜水する dive → もぐる
┃潜水艦（かん） a submarine
┃潜水士 a diver
┃潜水服 a diving suit

## せんせい¹【先生】

❶ 教師　　a teacher;
　　　　　（大学教授）a professor;
　　　　　（特殊（とくしゅ）技術の）an instructor

❷ 医師などの敬称（けいしょう）
　　　　　doctor

## せんせい²

**❶**【教師】**a teacher**[ティーチァ];（大学教授）**a professor**[プラフェッサァ];（特殊技術の）**an instructor**[インストゥラクタァ]
- 中学校の先生
  a junior high school *teacher*
- 英語の先生 an Énglish *tèacher*（Englishを強く発音）/ a *teacher* of English（►an Ènglish téacherのようにteacherを強く発音すると「英国人の先生」の意になる）
- 竹内先生は私たちのクラスの担任だ.
  *Mr.*［*Ms.*］Takeuchi is our homeroom teacher.（►teacher Takeuchiは✕）

**❷**【医師などの敬称】**doctor**[ダクタァ]
- うちのホームドクターは原先生です.
  Our family doctor is *Dr.* Hara.

> **ここがポイント!** 「…先生」と呼びかける場合
> 男の先生：Mr.＋姓（せい）
> 女の先生：Ms.＋姓
> を使います. また, 名前を言わずに, 男性教師にはsir, 女性教師にはma'amと呼びかけることもあります. また, 医師の場合は男女にかかわりなくDr.をつけ, 呼びかけるときにはDoctorと言います.
> - おはようございます, 佐藤先生.
>   Good morning, *Mr.*［*Ms.*］Sato.
> - 先生, 席に戻（もど）ってもいいでしょうか.
>   *Sir*［*Ma'am*］, can I go back to my seat?

**せんせい²**【宣誓】**an oath**[オウス]
　▬**宣誓する take an oath, swear**[スウェァ]
- 彼女はオリンピックの開会式で選手宣誓した.
  She *took an oath* at the opening of the Olympics.

**ぜんせい**【全盛（期）】
- そのアイドルグループは今が全盛期だ. The idol group is *at the peak of* their *career* now.

**せんせいじゅつ**【占星術】→ほし（星占（うらな）い）
**センセーション a sensation**[センセイション]
**ぜんせかい**【全世界】**the whole world**[ホウル ワールド], **all the world**
　▬**全世界に throughout**［**all over**］**the world**[スルーアウト]
- そのニュースは全世界に広まった.
  The news spread *all over the world*.

**せんぜん**【戦前の】**prewar**[プリーウォー]（⇔戦後のpostwar）
　▬**戦前に before the war**

## ぜんぜん【全然】

（全然…ない）**not**（…）**at all**;（まったく, 完全に）**completely**[カンプリートゥリィ]
- 私は彼のことを全然覚えていない.
  I *don't* remember him *at all*.
- これは私が学校で習ったことと全然違（ちが）う.
  This is *completely* different from what I learned at school.
- 彼女がどこへ行ったか全然見当がつかない.
  I have *no* idea where she has gone.

**せんせんげつ**【先々月】**the month before last**[マンス]［ラスト］
**せんせんしゅう**【先々週】**the week before last**［ウィーク］［ラスト］
**せんぞ**【先祖】**an ancestor**[アンセスタァ]（⇔子孫 a descendant）
**せんそう**【戦争】（長期の）（**a**）**war**[ウォー]（⇔平和 peace）
- その国は戦争に勝った［負けた］.
  The country won［lost］the *war*.
- A国とB国の間で戦争が始まった. A *war* broke out between *A* and *B*. / A *war* started between *A* and *B*.
- 日本は再び戦争をすることはないだろう.
  Japan will never go to *war* again.
- これら2国は現在戦争中だ.
  These two nations are at *war* now.
▎戦争映画 a war movie

**ぜんそく**【ぜん息】**asthma**[アズマ]（★発音注意）
- 彼はぜん息持ちだ. He has *asthma*.
- 昨晩ぜん息の発作（ほっさ）に襲（おそ）われた.
  I had an *asthma* attack last night.

**ぜんそくりょく**【全速力で】**at full speed**[フルスピード], **as fast as** *one* **can**[ファスト]
- 彼は全速力で走った.
  He ran *as fast as he could*.

**センター a center**, ⓑ**a centre**[センタァ];〖野球〗（ポジション）**center field**[フィールド];（選手）**a center fielder**[フィールダァ]
- ショッピングセンター［モール］ a shopping *center*［mall］
- 市民センター a citizen's *center*
- ホームセンター a home-improvement

center [store] / a hardware store
■センターライン a centerline

## ぜんたい【全体】
the whole[ホウル]（⇔部分（a）part）
- 全体として as a whole
- この本は全体的に見てかなり難しい．This book is on the whole rather difficult.
- 国全体がお祭り気分だった．The whole nation was in a festive mood.
━全体の whole, all, entire[インタイア]

## せんたく¹【洗濯】
（a）wash[ワッシュ], washing[ワッシング], laundry[ローンドゥリィ]（★発音注意）
- あなたのスカートは洗濯中です．Your skirt is in the wash.
- 洗濯が好きだ．I like to do the washing.
- このコートを洗濯に出さなきゃ．I have to take this overcoat to the laundry.（▶クリーニング店のことも laundry と言う）
━洗濯する wash, do the washing [laundry]
洗濯機 a washing machine： このシャツは洗濯機で洗えますか．Is this shirt machine washable?
洗濯ばさみ ⊛a clothespin, ⊛a clothespeg
洗濯物（the）laundry： 洗濯物を干さないといけない．I have to hang（out）the laundry. / 洗濯物を取りこまないといけない．I have to bring in the laundry.

## せんたく²【選択】（a）choice[チョイス]
- 君は選択を誤った．You made a bad [wrong] choice.
- 君には選択の余地がない．You have no choice.
━選択する choose[チューズ] → えらぶ
選択科目 an elective subject
選択コース an elective course
選択肢（し）the choices

## せんたん【先端】（先）a point[ポイント], a top[タップ]；（先頭）forefront[フォアフラント]
■先端技術 high-tech, high-technology

## ぜんち【全治する】（人が）recover completely[リカヴァ カンプリートゥリィ]；（けがが）heal [cure] completely[ヒール キュア]

## ぜんちし【前置詞】〖文法〗a preposition[プレパズィション]（▶ prep. と略す）

## センチ【（メートル）】a centimeter[センティミータァ]（▶ cm, cm. と略す）

## センチメンタル【センチメンタルな】
sentimental[センティメントゥル]

## せんちゃく【先着】
- 先着順に in order of arrival / on a first-come, first-served basis
- 先着30人がイベントに参加できる．The first thirty people can take part in the event.

## せんちょう【船長】a captain[キャプティン]

## ぜんちょう¹【全長】the full [total] length[フル トウトゥル レングス]
- この川の全長は50キロメートルだ．The full length of this river is fifty kilometers. / This river is fifty kilometers long.

## ぜんちょう²【前兆】an omen[オウマン], a sign[サイン]；（病気などの）a symptom[スィンプタム]
- よい［悪い］前兆 a good [bad] omen

## ぜんてい【前提】（仮定）（an）assumption[アサンプション]；（理論の）a premise[プレミス]
- それを前提として，このことについて話し合おう．Let's discuss this on that assumption.

## せんでん【宣伝】（an）advertisement[アドゥヴァタイズマント]
━宣伝する advertise[アドゥヴァタイズ]
- このスナック菓子はテレビでよく宣伝されている．They often advertise this snack on TV.
■宣伝ポスター an advertising poster

## セント a cent[セント]（▶米国などの貨幣（か）単位）

## せんど【鮮度】freshness[フレッシュニス]
- 魚の鮮度を保つのは難しい．It's difficult to keep fish fresh.

## ぜんと【前途】（a）future[フューチャァ]
- あなたの前途は希望に満ちあふれている．You have a bright future before you.
━前途有望な promising[プラミスィング]
- 彼は前途有望な選手だ．He is a promising athlete.

## せんとう¹【先頭】the lead[リード], the head[ヘッド]
- 彼女はレースで先頭を走った．She took the lead in the race.
- 私は列の先頭にいた．I was at the head of the line.
■先頭打者（チームの）a lead-off batter；（その回の）the first batter

## せんとう²【戦闘】a battle[バトル], a fight[ファイト]

## せんとう³【銭湯】a public bath[パブリック バス]

## セントラルヒーティング central heating[セントゥラル ヒーティング]

## せんにゅうかん【先入観】prejudice[プレヂュディス]
- 先入観で人を判断してはいけない．You shouldn't look at people with prejudice.

ぜんにん

・この問題について先入観なしで話そう．
Let's talk about this issue with an open mind.(←広い心で)

**ぜんにん**【善人】**a good person**[グッド パースン]（⇔悪人 a bad［wicked］person）

**せんねん**【専念する】**devote** *oneself* **(to ...)**[ディヴォウト]

・これからは勉強に専念します．I will *devote myself to* studying from now on.

**ぜんねん**【前年】**the previous year**[プリーヴィアスァ]；（…の前年）**the year before ...**[ビフォァ]

・それはオリンピックの前年だった．
It was *the year before* the Olympics.

## せんぱい【先輩】

（部活などの）**an elder[older] member**[エルダァ［オウルダァ］メンバァ], **a senior member**[スィーニャァ]（⇔後輩 a younger［junior］member）；（年長者）**one's senior**

・彼女は部活の先輩だ．
She is *a senior member* of our club.
・彼は私より2年先輩だ．He is two years *my senior.* / He is *my senior* by two years.

**せんばつ**【選抜】**selection**[スィレクション]

・全国選抜高校野球大会
the National High School Baseball Invitational Tournament

➡選抜する **select, choose**[チューズ]➡えらぶ

・彼女は50人の志願者の中から選抜された．
She was *selected* from among fifty applicants.

| 選抜試験 a selective examination
| 選抜チーム an all-star team

**せんぱつ**【先発する】（先に出る）**start in advance**[スタート][アドヴァンス]

| 先発投手『野球』a starting pitcher
| 先発メンバー➡スターティングメンバー

**ぜんはん**【前半】**the first half**[ファースト ハーフ]（⇔後半 the latter[second] half）；（時期の始まり）**early ...**[アーリィ]

・試合の前半を見逃した．
I missed *the first half* of the game.
・おじは30代前半だ．
My uncle is in his *early* thirties.

## ぜんぶ【全部】

**all**［オウル］；（全体）**the whole**[ホウル]

・チケットは全部売り切れだ．
The tickets are *all* sold out.
・彼の漫画の全部がおもしろいわけではない．
Not *all* of his manga are interesting.

・彼はケーキを全部食べた．He ate the *whole* cake. / He ate *all* of the cake.

➡全部の **all**；（あらゆる）**every**➡すべて くらべて！ **whole**

➡全部で **in all, in total**[トウトゥル]

・オレンジは全部で8個ある．
There are eight oranges *in all*.
・全部でいくらですか．
How much is it *in total*?

**せんぷうき**【扇風機】**an electric fan**[イレクトゥリック ファン], **a fan**

・扇風機をかけて［止めて］ください．
Please turn on［off］the *fan*.

**せんべい** a (Japanese) rice cracker[(チァパニーズ) ライス クラッカァ]

**ぜんぽう**【前方に】**ahead**[アヘッド]；（前方へ）**forward**[フォーワァド]

・前方に進んでください．
Please move *forward*.

➡…の前方で［に］**in front of ...**[フラント], **before ...**[ビフォァ], **ahead of ...**

・前方で交通事故があった．
There was a traffic accident *ahead of* us.

**ぜんまい** a spring[スプリング]

・その子はおもちゃのぜんまいを巻いた．
The child wound up the toy's *spring*.

| ぜんまい仕掛け clockwork

**せんまん**【千万】**ten million**[テン ミリャン]

・何千万羽もの鳥 *tens of millions of* birds

**せんめい**【鮮明な】**clear**[クリア], **vivid**[ヴィヴィッド]

・鮮明な画像 a *clear* image

➡鮮明に **clearly, vividly**

・私はその事故をまだ鮮明に記憶している．
I still remember the accident *vividly*. / I still have a *vivid* memory of the accident.

**ぜんめつ**【全滅する】**be completely destroyed**[カンプリートゥリィ ディストゥロイド], **be wiped out**[ワイプト アウト]

・その村は洪水で全滅した．
The village *was completely destroyed* by the flood.

**せんめん**【洗面する】**wash** *one's* **face**[ワッシュ][フェイス]➡せんがん

| 洗面器 a washbowl
| 洗面所（家庭の）a bathroom；（公共の場所の）a restroom➡トイレ(ット)
| 洗面台 ⓐ a sink, ⓑ a washbasin➡すいどう 図
| 洗面道具 toiletries

**ぜんめん**¹【全面】**the entire surface**[インタイア サーフィス]

➡全面的な **entire**；（完全な）**complete**
➡全面的に **entirely; completely**

- 全面的にあなたの提案に賛成だ. I *completely* [*entirely*] agree with your proposal.

**ぜんめん**[2]【前面】the front[フラント]

**せんもん**【専門】a specialty[スペシャルティ]→せんこう[1]
- 彼女の専門は経済学だ.
  Her *specialty* is economics. / She *specializes in* economics.
- ━専門の, 専門的な special;(特別の技術・知識を要する)technical[テクニカル]
- ━専門にする specialize (in ...)

| 専門家 a specialist, an expert
| 専門学校 a vocational school
| 専門知識 specialized [special, technical] knowledge
| 専門店 a specialty store
| 専門分野 an academic specialty

**ぜんや**【前夜】the previous night[プリーヴィアス ナイト];(…の前夜)the night before ...[ビフォア];(祭日の)the eve[イーヴ]
- 出発前夜 *the night before* the departure
- クリスマスの前夜 Christmas *Eve*
| 前夜祭 an eve (of a festival)

**せんやく**【先約】a previous engagement [appointment][プリーヴィアス インゲイヂメント[アポイントゥマント]]
- ━先約がある have a previous engagement [appointment], be booked up[ブックト]
- ごめん, きょうは先約があるんだ.
  Sorry, but I *have a previous engagement* [*appointment*] today. / Sorry, I'm *booked up* today.

**せんよう**【専用】private [personal] use[プライヴィット[パーサヌル] ユース];(…専用の)for ... only[オウンリィ]
- 彼は自分専用のタブレットを持っている. He owns a tablet for his own *personal use*.
- 非常口専用のドア
  a door *for* emergency use *only*

**せんりつ**【旋律】a melody[メラディ]

**せんりゃく**【戦略】(a) strategy[ストゥラタヂィ]

**ぜんりゃく**【前略】日≠英 Dear ...[ディア](▶英文の手紙では特に「前略」に相当するものはなく, 書き出しは Dear Mr. Brown,(ブラウン様)のようにする)

**せんりょう**[1]【占領】occupation[アキュペイション]
- 日本はかつてアメリカの占領下にあった.
  Japan was once under U.S. *occupation*.
- ━占領する occupy[アキュパイ]
| 占領軍 an occupation army

**せんりょう**[2]【染料】(a) dye[ダイ]

**ぜんりょう**【善良な】good[グッド], goodnatured [グッドネイチャド]
- 善良な村人たち *good* villagers

**ぜんりょうせい**【全寮制】
- 全寮制の高校 a *boarding* high school

**ぜんりょく**【全力】
- テストでは全力を尽(つ)くしてください.
  Please *do* your *best* on the test.
- 彼はテニスをマスターするのに全力を注いだ.
  He devoted *all* his *energy to* mastering tennis.

**ぜんりん**【前輪】a front wheel [tire][フラント(ホ)ウィール[タイア]]
- 自転車の前輪が壊(こわ)れている.
  The *front wheel* of my bicycle is flat.

**せんれい**[1]【洗礼】(a) baptism[バプティズム]
- ━洗礼を受ける be baptized[バプタイズド]
- 彼女は15歳(さい)の時洗礼を受けた.
  She *was baptized* when she was fifteen.
| 洗礼名 a Christian [baptismal] name

**せんれい**[2]【先例】a precedent[プレスィデント]
- 先例を破った.
  We broke a *precedent*.

**ぜんれつ**【前列】the front row[フラント ロウ]
- 前列の人たち, 座(すわ)ってください.
  Will the people in *the front row* please sit down?

**せんれん**【洗練された】refined[リファインド], sophisticated[サフィスティケイティド]
- 洗練された振(ふ)る舞(ま)い *refined* manners
- 洗練された人 a *sophisticated* person

**せんろ**【線路】a (railroad) track [line][(レイルロウド) トゥラック[ライン]]

# そ ソ

**…ぞい**【…沿いに】**along**[アローング];(…に面して)**on**[アン]
- その川沿いに *along* the river
- 海岸沿いの家 a house *on* the coast

カリフォルニア・マリブの海岸沿いに並ぶ家々(米国)

## そう¹

❶そのとおり  yes, that's right;
   (否定の疑問文に対して)no
❷疑問, あいづち, ためらい
   (疑問, あいづち)Is that so?, Really?;
   (ためらい)Let me see.
❸そのような[に]  so, that
❹そんなに  so, that

❶〔そのとおり〕**yes**[イェス], **that's right**[ザッツ ライト];(否定の疑問文に対して)**no**[ノゥ]

> 話してみよう!
> ☺これはあなたの辞書ですか.
>   Is this your dictionary?
> ☻はい, そうです.
>   *Yes*(, it is).

> ☺あなたが新しい学級委員長になったの?
>   Are you the new class president?
> ☻そうですよ.
>   *That's right*.

> ☺きょうは部活がないの?
>   Don't you have club activities today?
> ☻そうよ, *No*, I don't.

❷〔疑問, あいづち, ためらい〕(疑問, あいづち)**Is that so?**[ザット], **Really?**[リー(ァ)リィ];(ためらい)**Let me see.**[レット][スィー]
- そう? そんなはずないと思うけど.
  *Really?* It can't be true!

> ☺また女の子に振(ふ)られたんだ.
>   A girl turned me down again.
> ☻そう, 残念だったね.
>   *Really?* Bad luck!

> ☺何時に帰ってくる?
>   What time will you come back?
> ☻ええと, そうだなあ, 5時ごろ.
>   Well, *let me see*. Around 5:00.

❸〔そのような[に]〕**so**[ソゥ], **that**
- 私もそう思う. I think *so*, too.
- そうなるといいな. I hope *so*.
- そういう考え方はいやだ.
  I don't like *that* way of thinking.

> ☺きょうは宿題をやらなくちゃ.
>   I have to do my homework today.
> ☻私もそうなの.
>   *So do I*.

❹〔そんなに〕**so**, **that**→そんな
- そう怒(おこ)るなよ. Don't get *so* angry.

**そう²**【沿う】→そって
**そう³**【添う】(期待などに)**meet**[ミート]
- 期待に添えるよう頑張(がんば)ります.
  I'll try to *meet* your expectations.
**そう⁴**【僧】(仏教の)**a**(**Buddhist**)**priest**[(ブーディスト)プリースト]
**そう⁵**【層】(地層・社会などの)**a layer**[レイァ];(階級)**a class**[クラス]
- 厚い雪の層 a deep *layer* of snow
**…そう→**…そうだ❷❸
**ぞう¹**【象】〖動物〗**an elephant**[エラファント]
**ぞう²**【像】(彫像(ちょうぞう))**a statue**[スタチュー];(姿)**an image**[イミッヂ]
- 自由の女神(めがみ)像 the *Statue* of Liberty
- モアイ像 a Moai *statue*
**そうあたりせん**【総当たり戦】**a round-robin tournament**[ラウンドラビン トゥァナマント]
**そうい¹**【相違】(**a**)**difference**[ディファランス]
- 意見の相違はしかたがない. *Differences* in opinion cannot be helped.
━相違がある **differ**(**from …**)→ちがう❷
**そうい²**【創意】(独創性)**originality**[アリヂャナラティ];(発明の才)**invention**[インヴェンション]
━創意に富んだ **original**[アリヂャヌル], **inventive**, **creative**
**そういう such**[サッチ]→そんな
**そういえば**【そう言えば】(思い出すと)**That**

そうさ²

reminds me.[ザット リマインヅ]; (考えてみると) Come to think of it, ... .[スィンク]; (ところで) By the way, ... .[ウェイ]
- そう言えば,後でミキに話さなくてはいけない. *That reminds me*, I have to talk to Miki later.(▶remindは「…に(〜ということを)思い出させる」の意)
- そう言えば,君はあの歌手によく似ているよね. *Come to think of it*, you really look like that singer.

**そうおん**【騒音】(a) **noise**[ノイズ]
- そんなに騒音を立ててはいけません. Don't make so much *noise*.
∥騒音公害 noise pollution

**ぞうか¹**【増加】(an) **increase**[インクリース](⇔減少 (a) decrease)
- 人口の増加 population growth
━増加する **increase**[インクリース](⇔減少する decrease) → ふえる
- 日本の高齢者人口は年々増加している. The population of Japan's elderly is *increasing* year by year.

**ぞうか²**【造花】an **artificial flower**[アーティフィシャル フラウァ]

**そうかい**【総会】a **general meeting** [**assembly**][ヂェナラル ミーティング [アセンブリィ]]
- 国連総会 the United Nations *General Assembly*

**そうがく**【総額】the **total amount**[トウトゥル アマウント], **the** (**sum**) **total**[(サム)]
- 募金は総額10万円になった. *The total amount* of the donations came to one hundred thousand yen.

**そうかん**【創刊する】**start**[スタート]
∥創刊号 the first issue

**ぞうかん**【増刊号】an **extra issue** [**edition**][エクストゥラ イッシュー [イディション]]

**そうがんきょう**【双眼鏡】**binoculars**[ビナキュラァズ], **field glasses**[フィールド グラスィズ]
- 双眼鏡1台 a pair of *binoculars*(▶双眼鏡2台は two pairs of *binoculars*)

**そうき**【早期の】**early**[アーリィ]
- 彼女の病気は早期に発見された. Her illness was found in its *early* stages.

**そうぎ**【葬儀】a **funeral** (**service**)[フューナラル (サーヴィス)] → そうしき

**ぞうき**【臓器】an **internal organ**[インターヌル オーガン]
∥臓器移植 an (internal) organ transplant
∥臓器提供者 an (organ) donor

表現メモ
臓器のいろいろ
脳 brain / 肺 lung / 食道 esophagus
心臓 heart / 肝臓 liver / 胃 stomach
腎臓 kidney / すい臓 pancreas
大腸 large intestine / 小腸 small intestine
ぼうこう bladder

**そうきゅう**【送球】a **throw**[スロウ]
- 二塁へ送球した. I made a *throw* to second.

**ぞうきん**【雑巾】(床用)a (**floor**) **cloth**[(フロァ)クロース]; (ほこり用)a **dust cloth**[ダスト クロース]
- 全員で床をぞうきんがけした. We all wiped the floor with *cloths*.

**ぞうげ**【象牙】**ivory**[アイヴ(ァ)リィ]

**そうけい**【総計】a **total**[トウトゥル] → ごうけい

**そうげい**【送迎】
∥送迎デッキ(空港の)an observation deck
∥送迎バス a shuttle bus; (ホテルなどの)a courtesy bus

**そうげん**【草原】**grasslands**[グラスランヅ]

**そうこ**【倉庫】a **warehouse**[ウェァハウス], a **storehouse**[ストァハウス]

**そうご**【相互の】**mutual**[ミューチュアル] → たがい
- 相互の理解を深めることが大事だ. It's important to deepen *mutual* understanding.

**そうごう**【総合的な】**integrated**[インタグレイティド]; (一般的な)**general**[ヂェナラル]; (すべてを含む)**all-around**[オールアラウンド]; (広範囲にわたる)**comprehensive**[カンプリヘンスィブ]
- 総合的な学習の時間 a period for *integrated* [*general*] study [studies]
━総合的に (一般に)**generally**; (全体に)**overall**
∥総合大学 a university(▶単科大学は a college)
∥総合点 overall points
∥総合病院 a general hospital

**そうこうかい**【壮行会】a **send-off party**[センドオーフ パーティ]

**そうさ¹**【捜査】(an) **investigation**[インヴェスタゲイション]; (捜索) (a) **search**[サーチ]
- その事件は捜査中だ. The case is under *investigation*.
━捜査する **investigate**[インヴェスタゲイト]; **search**
∥捜査令状 a search warrant

**そうさ²**【操作】(機械などの)**operation**[アパレイション]
━操作する **operate**[アパレイト]
- 祖父は機械を操作している. My grandfather is *operating* the machine.

**そうざい**【総菜】**ready-made dish**[レディメイド ディッシュ]
| 総菜店 **a deli**: 総菜店でお総菜を買った. I bought some ready-made food at a *deli*.

**そうさく¹**【捜索】**(a) search**[サーチ]
― 捜索する **search**（**for**...）→ さがす❶
・警察はその家を捜索した. The police *searched* the house.
| 捜索隊 **a search party**

**そうさく²**【創作】（活動）**a creation**[クリエイション]；（作品）**a work**[ワーク]
― 創作する **create**；（小説などを書く）**write**（**a novel**）

# そうじ¹【掃除】

**cleaning**[クリーニング]
― 掃除する **clean, do the cleaning**；（掃く）**sweep**[スウィープ]；（ふく）**wipe**[ワイプ]；（ほこりを払う）**dust**[ダスト]；（モップで）**mop**[マップ]
・自分の部屋を毎日掃除する.
I *clean* (*up*) my room daily.
・きのう祖父母を手伝って掃除した.
I helped my grandparents *do the cleaning* yesterday.
・きょうは私がトイレを掃除する当番です. It's my turn to *clean* the bathroom today.
・私は毎日机のふき掃除をする.
I *wipe* the desk every day.
・学校で大掃除をした.
We *did* a general *cleaning* at our school.

sweep / wipe / dust / mop

| 掃除機 **a**（**vacuum**）**cleaner**: 居間に掃除機をかけてくれる？ Can you vacuum the living room?
| 掃除道具 **a cleaning kit**

**そうじ²**【送辞】**a farewell speech**[フェアウェル スピーチ]

**そうしき**【葬式】**a funeral**（**service**）[フューナラル（サーヴィス）]
・祖母の葬式に参列した.
I attended my grandmother's *funeral*.

**そうして**（そのようにして）**in that way**[ウェィ]；（それから）**and**[アンド], (**and**) **then**[ゼン]→ そして
・そうして私は難関を切り抜けた. *In that way*, I managed to get out of trouble.

**そうしないと or**[オァ]（▶命令文とコンマに続いて用いる）, **otherwise**[アザァワイズ]
・今ベストを尽くしなさい. そうしないと後悔しますよ. Do your best now, *or* you will regret it later.

**そうしゃ¹**【走者】**a runner**[ラナァ]
**そうしゃ²**【奏者】**a player**[プレイァ]
**そうじゅう**【操縦する】（飛行機を）**fly**[フライ]；（船を）**steer**[スティア]；（機械を）**operate**[アパレイト]
| 操縦かん **a control stick**
| 操縦士（飛行機の）**a pilot**
| 操縦席 **a cockpit**

**そうしゅん**【早春】**early spring**[アーリィ スプリング]
・早春に in *early spring* / *early* in *spring*

**ぞうしょ**【蔵書】**a collection of books**[カレクション][ブックス]
・この図書館には蔵書が3万冊ある. This library has a *collection of* 30,000 *books*.

**そうしょく¹**【草食の】（動物が）**plant-eating**[プラントイーティング]
| 草食動物 **herbivore, a plant-eating animal**

**そうしょく²**【装飾】**decoration**[デカレイション]
・室内装飾 interior *decoration* /（室内設計）interior *design*
― 装飾する **decorate**[デカレイト]→ かざる
| 装飾品 **a decoration, an ornament**

**そうしん**【送信する】**send**[センド]（⇔受信する **receive**）
・友達にメールを送信した.
I *sent* an email to my friend.

**ぞうしん**【増進】**increase**[インクリース], **promote**[プラモウト]
・適度な運動は健康を増進する. Moderate exercise *promotes* good health.

**そうしんぐ**【装身具】**accessories**[アクセサリィズ]
**ぞうすい¹**【増水する】**rise**[ライズ], **swell**[スウェル]
・その川は急に増水した.
The river has suddenly *swollen*.

**ぞうすい²**【雑炊】**rice porridge**［**gruel**］[ライス ポーリッヂ][グルーアル]

**そうすると**（それでは）**then**[ゼン]；（もしそうなら）**if so**[ソゥ]
・そうするとそれはだれの分なの？
Whose piece [part] is that, *then*?

**そうすれば and**[アンド]（▶命令文とコンマに続いて用いる）
・今すぐチケット売り場に行きなさい. そうすればまだチケットが買えますよ.
Go to the ticket office right now, *and*

you can still get a ticket.
- あなたがそうすればきっと夢はかないます. If you *do so* [*that*], your dream will surely come true.

**ぞうせん**【造船】**shipbuilding**[シップビルディング]
∥造船所 a shipyard

**そうそう**【早々】**early**[アーリィ], **as soon as ...**[スーン]
- 彼は来月そうそうカナダに出発する. He is leaving for Canada *early* next month.
- 私は新学期そうそう風邪(ॢ)を引いた. I caught a cold *as soon as* the new term started.

## **そうぞう¹**【想像】

(**an**) **imagination**[イマヂネイション];(推測)**a guess**[ゲス]
- そのかぼちゃは想像を絶する大きさだった. The size of the pumpkin was beyond all *imagination*.
- みなさんのご想像にお任せします. I'll leave it to your *imagination*.
━想像上の **imaginary**[イマヂネリィ]
- 想像上の動物 an *imaginary* animal
━想像する **imagine**[イマヂン]; **guess**
- 自分の将来を想像してみた. I tried to *imagine* my future.
- 次に何が出てくるか想像してごらん. *Guess* what's coming out next.
∥想像力(**an**) **imagination**: 想像力を働かせなさい. Use your *imagination*.

**そうぞう²**【創造】**creation**[クリエイション]
━創造的な **creative**
━創造する **create**
∥創造力 **creative power**

**そうぞうしい**【騒々しい】**noisy**[ノイズィ]
- 騒々しい通り a *noisy* street

**そうぞく**【相続】**an inheritance**[インヘリタンス]
━相続する **inherit**
∥相続人(男性の)**an heir**[エァ];(女性の)**an heiress**[エァリス]

## **…そうだ**

❶ …と聞いている **I hear**(**that**)**..., people**[**they**] **say**(**that**)**...**
❷ …のようだ (…のように見える)**look, look like ...**; (…と思われる)**seem**
❸ …の可能性がある (…しそうだ)**be likely to**+〈動詞の原形〉; (すんでのところで…する)**almost, nearly**

❶[…と聞いている]**I hear**(**that**) **...**[ヒァ], **people**[**they**] **say**(**that**) **...**[ピープル][セィ]

- ケンが来月引っ越(ǚ)すそうだ. *I hear*(*that*) Ken is moving next month.
- 彼はいい先生だそうだ. *People*[*They*] *say that* he is a good teacher.

❷[…のようだ](…のように見える)**look**[ルック], **look like ...**;(…と思われる)**seem**[スィーム]
- あのケーキはおいしそうだった. That cake *looked* delicious.
- 新しいコーチは厳しそうな人だ. The new coach *looks like* a strict person. (▶look likeの後には名詞か〈-ing形〉が続く)
- お金が足りなくなりそうだ. It *seems* [*looks like*] I don't have enough money.
- 彼の話はおもしろそうだ. His story *sounds* interesting.

❸[…の可能性がある](…しそうだ)**be likely to** +〈動詞の原形〉[ライクリィ];(すんでのところで… する)**almost**[オールモウスト], **nearly**[ニアリィ]
- 雨が降りそうだ. It *is likely to* rain. / It *looks like* rain.
- バスに乗り遅(ᎎ)れそうだった. I *almost* missed the bus.
- おなかがすいて死にそうだ. I'm *nearly* dead from hunger.

**そうたい**【早退する】(学校を)**leave school early**[リーヴ スクール アーリィ]
- 熱があったので学校を早退した. I *left school early* because I had a fever.

**そうだい**【壮大な】**magnificent**[マグニフィサント]
- 壮大な景色 *magnificent* scenery

## **そうだん**【相談】

**a talk**(**with ...**)[トーク];(助言)**advice**[アドゥヴァイス];(専門家との)(**a**) **consultation**(**with ...**)[カンサルテイション]
- 両親と相談した. I had a *talk with* my parents.
- ちょっと相談に乗ってくれる? Can you give me some *advice*?
- それは無理な相談だ. That's an impossible *request*.
━相談する **talk**(**to ...**, **with ...**), **have a talk**(**with ...**); **consult**(**with ...**)[カンサルト]
- 先生にもう一度相談したほうがいいよ. You should *talk to* [*with*] your teacher again.
- 兄に高校のことについて相談した. I *talked to* [*with*] my brother *about* high school.
- お医者さんに相談しましたか. Have you *consulted* a doctor?
∥相談相手: 彼には相談相手がいなかった. He had no *one to talk to*.

そうち

|相談室 a counselor's office
**そうち**【装置】**a device**[ディヴァイス], (まとめて)**equipment**[イクウィップメント]
- 安全装置 a safety *device*
- 舞台装置 a stage *setting* [*set*]

**ぞうちく**【増築する】**enlarge**[インラーヂ], **add on (to …)**[アッド アン]
- 家を増築する *enlarge* [*add on to*] a house

**そうちょう**【早朝に】**early in the morning**[アーリィ][モーニング]
- 日曜日の早朝(に) *early* Sunday *morning*

**そうです Yes, …**[イェス], **that's right**[ライト]; (否定の疑問文に対して)**No, …**[ノゥ] → そう¹ ❶

**そうですね well**[ウェル]

**そうとう**【相当】**considerable**[カンスィダラブル]
- 相当な量の水が無駄(むだ)になった.
  A *considerable* amount of water was wasted.
➡相当に → かなり
➡相当する **be equal (to …)**[イークワル]; (…の価値がある)**be worth …**[ワース]
- その時代の10円は,今の100円に相当した.
  Ten yen in those days *was equal to* one hundred yen today.
- 500円相当のクーポン
  a coupon *worth* five hundred yen

**そうどう**【騒動】(もめ事)(a) **trouble**[トゥラブル]; (社会的な)(a) **disturbance**[ディスターバンス]; (暴動)**a riot**[ライアット]
- 騒動を起こした生徒がいた.
  Some students were making *trouble*.

**そうなん**【遭難する】(事故にあう)**meet with an accident**[ミート][アクスィダント], **meet with a disaster**[ディザスタァ]; (行方(ゆくえ)不明になる)**be lost …**[ロースト]
- 何人かが山で遭難した. Some people *were lost* on the mountain. / Some people *went missing* on the mountain.
|遭難者 a victim

**ぞうに**【雑煮】*zoni*
- 雑煮はもちや野菜,鳥肉または魚などが入ったスープです.正月の食べ物です.
  *Zoni* is soup containing rice cakes, vegetables, chicken or fish. It is a dish served on New Year's day.

**そうにゅう**【挿入】(an) **insertion**[インサーション]
➡挿入する **insert**

**そうび**【装備】(まとめて)**equipment**[イクウィップメント]; (登山・探検などの)**an outfit**[アウトフィット]
➡装備する **equip**; **outfit**
- 私たちは冬山用の装備をした. We *equipped* ourselves for the winter mountains.

**そうべつ**【送別の】**farewell**[フェアウェル]
|送別会 a farewell party: 小野先生の送別会を開こう. Let's have [hold] a *farewell party* for Ms. Ono.

**そうめん**【素麺】**thin wheat noodles**[スィン (ホ)ウィート ヌードゥルズ]

**ぞうり**【草履】**zori; a (Japanese) sandal**[(チャパニーズ) サンドゥル](▶ふつう複数形で用いる)
- ぞうり1足 a pair of (*Japanese*) *sandals*

**そうりだいじん**【総理大臣】**the Prime Minister**[プライム ミニスタァ]

**そうりつ**【創立】**foundation**[ファウンデイション], **establishment**[イスタブリッシュマント]
➡創立する **found, establish**
- 私たちの学校は80年前に創立された. Our school was *founded* eighty years ago.
創立記念日 the anniversary of the foundation: 学校の創立記念日 the school *foundation day*
|創立者 a founder

**そうりょ**【僧侶】**a (Buddhist) priest**[(ブーディスト) プリースト]

**そうりょう**【送料】(郵便の)**postage**[ポウスティッヂ]; (荷物の)**shipping**[シッピング]; (配達料)**delivery charges**[ディリヴ(ァ)リィ チャーヂズ]
- この小包の送料はいくらですか.
  What is the *postage* for this parcel?
- 送料こみ[別]で合計1000円だ.
  The total is 1,000 yen including [excluding] *delivery charges*.

**ソウル¹ Seoul**[ソウル](▶韓国(かんこく)の首都)

**ソウル²**【音楽】**soul music**[ソウル ミューズィック]

**そえる**【添える】(付け加える)**add**[アッド]; (添付(てんぷ)する)**attach**[アタッチ]; (…に添えて)**together with …**[タゲザァ]
- 彼の演奏は行事に活気を添えた. His performance *added* liveliness *to* the event.
- 手紙を添えて彼に本を贈(おく)った. I gave him a book *together with* a letter.

**ソーシャルネットワーキングサービス**〖コンピュータ〗**social media**[ソウシャル ミーディア], **social networking service**[ソウシャル ネットワーキング サーヴィス](▶英語ではsocial mediaという言い方がふつう)

表現メモ

SNS関連のことば
炎上(えんじょう)する cause a stir
バズる, 拡散する spread fast, go viral
シェアする share / フォローする follow
フォロワー a follower

**ソース** sauce[ソース]; (ウスターソース)**Worcester sauce**[ウスター]; (中濃(ちゅうのう)ソース)**a thick sauce**(▶英語のsauceは料理, 菓子などに用いる液体調味料すべてをさす)
- カラメル[カスタード]ソース
 (a) caramel [custard] *sauce*
- コロッケにソースをかけた.
 I put (*Worcester*) *sauce* over a croquette.

**ソーセージ** (a) **sausage**[ソースィッヂ]
- ウインナーソーセージ
 (a) Vienna *sausage* / Ⓐ (a) wiener
- フランクフルトソーセージ
 (a) frankfurt *sausage* / a frankfurter

**ソーダ** soda[ソウダ]
▎ソーダ水 soda, soda water

**ソート** 【ソートする】【コンピュータ】sort[ソート]

**ソーラー** solar[ソウラァ]
▎ソーラーエネルギー solar energy
▎ソーラーカー a solar car
▎ソーラーハウス a solar house
▎ソーラーパネル solar panels

**ゾーン** a zone[ゾウン]
▎ゾーンディフェンス zone defense

**そく**【即】→そくざ

**…そく**【…足】**a pair of** ...[ペア]
- スニーカー3足 three *pairs of* sneakers

**ぞくご**【俗語】(個々の)**a slang word**[スラング ワード], (全体)**slang**

**そくざ**【即座に】**immediately**[イミーディアットゥリィ], **at once**[ワンス]
- アイは即座にその問いに答えた. Ai answered the question *immediately* [*at once*].

**そくし**【即死する】**be killed instantly** [**on the spot**][キルド インスタントゥリィ][スパット]
- その自動車事故で乗客全員が即死した.
 All the passengers *were killed instantly* in the car accident.

**そくしん**【促進】**promotion**[プラモウション]
 ━促進する **promote**

**ぞくする**【属する】**belong** (**to** ...)[ビローング]
- マオは美術部に属している.
 Mao *belongs to* the art club.

**そくせき**【即席の】(食べ物が)**instant**[インスタント]→そっきょう
▎即席ラーメン instant ramen (noodles)

**ぞくぞく**[1]【ぞくぞくする】(寒さ・恐怖(きょうふ)などで)**shiver**[シヴァ]; (期待・うれしさなどで)**be thrilled**[スリルド]
- 彼は寒さでぞくぞくした.
 He *shivered* with cold.

**ぞくぞく**[2]【続々と】**one after another**[アナザァ]
- 会場に人が続々と入ってきた. People were coming into the hall *one after another*.

**そくたつ**【速達】Ⓑ **special delivery**[スペシャル ディリヴ(ァ)リィ], Ⓐ **express delivery**[イクスプレス]
- この書類を速達で送りたいのですが.
 I would like to send this document by *special delivery*.
▎速達料金 a special delivery charge

**そくてい**【測定】**measurement**[メジャァマント], **check**[チェック]
- 体重測定 weight *check* [*measurement*]
 ━測定する **measure**; (重さを)**weigh**[ウェィ]→はかる

**そくど**【速度】(a) **speed**[スピード]
- 最高速度 (the) maximum *speed*
- 制限速度 the *speed* limit

「制限速度時速15マイル」の標識(米国)

- 台風は1時間に70キロの速度で日本に接近している.
 The typhoon is approaching Japan at a *speed* of 70 kilometers per hour.
- 速度を上げるな. Don't *speed* up. (▶このspeedは「速度を上げる」の意の動詞)
- 速度を落としてください. Please slow down.
▎速度計 a speedometer

**そくとう**【即答する】**give an immediate answer**[イミーディアット アンサァ]

**そくばく**【束縛】(a) **restraint**[リストゥレイント]
 ━束縛する **restrain, restrict, tie** (**down**)
- 私は時間に束縛されるのは嫌だ.
 I don't like being *restricted* by the time.

**ぞくへん**【続編】**a sequel**[スィークワル]
- あの漫画(まんが)の続編が読みたい. I want to read the *sequel* to that manga.

**そくほう**【速報】(ニュース速報)**a news flash**[ヌーズ フラッシュ]

**そくめん**【側面】**a side**[サイド]; (物事の)**an aspect**[アスペクト]

**そくりょう**【測量】**a survey**[サーヴェイ], **measurement**[メジャァマント]
 ━測量する **survey**[サァヴェイ]
▎測量技師 a surveyor

**そくりょく**【速力】→そくど

**ソケット** a socket[サキット]

## そこ¹【そこへ[に]】
(その場所)there[ゼア]; (その点)that[ザット]
- そこへ行ったことがありますか.
 Have you been *there* before?
- そこから電車に乗った.
 I got on a train from *there*.
- 君の本はどこかそこらにあるはずだ.
 Your book is somewhere over *there*.
- 私が言いたかったのはそこだよ.
 *That*'s what I wanted to say.

**―そこまで so far, so much, that much**
- あなたの言うことはそこまではわかります.
 I understand you *so far*.
- そこまで言うことはなかったのに.
 You shouldn't have said *that much*.
- 冬はすぐそこまで来ている.
 Winter is *just around the corner*.

## そこ²【底】
the bottom[バタム]; (靴の)a sole[ソウル]
- 海の底 *the bottom* of the ocean
- 心の底から感謝しています. I thank you from *the bottom* of my heart.
- 底の厚い靴 thick-soled shoes
- 底なしの沼 a *bottom*less swamp

**そこく**【祖国】one's motherland[マザァランド], one's (home) country[(ホウム) カントゥリィ]

**そこそこ**(ほんの)only about …[オウンリィ アバウト]; (せいぜい)not more than …[モア], at most[モウスト]; (まあまあ)《話》Not (so) bad.[バッド], So-so.[ソウソウ]
- 私のいとこはまだ10歳そこそこだ.
 My cousin is *only about* 10 years old.
- それは5000円そこそこの値段のはずだ.
 It should cost five thousand yen *at most*.
- 「テストの点数はどうだった?」「そこそこだね」
 "How did you do [score] on the test?" "*Not bad. / So-so.*"

**そこで**(それだから)so[ソゥ], therefore[ゼアフォァ]; (その場所で)there[ゼア]
- このTシャツはその店で最後の1枚だった. そこで私はそれを買った. This T-shirt was the last one in the store. *So*, I bought it.

**そこなう**【損なう】spoil[スポイル]; (駄目にする)ruin[ルーイン]; (感情を)hurt[ハート]
- あのビルはここからの景色を損なっている.
 That building *spoils* the view from here.
- 喫煙は健康を損なう.
 Smoking will *ruin* your health.
- 彼女の言葉が彼の機嫌を損ねた.
 Her words *hurt* his feelings.

**…そこなう**【…(し)損なう】miss[ミス], fail to+〈動詞の原形〉[フェイル]
- 私は最終バスに乗り損なった.
 I *missed* the last bus.
- 少年は虫を捕り損なった.
 The boy *failed to* catch the insect.

**そざい**【素材】(a) material[マティ(ァ)リアル]; (料理の)an ingredient[イングリーディアント]

**そしき**【組織】(an) organization[オーガニゼイション]; 『生物』tissue[ティシュー]
 **―組織的な** organized; (系統的な)systematic
 **―組織する** organize[オーガナイズ]

**そしつ**【素質】(才能)(a) talent[タラント]; (資質)the makings[メイキングズ]
- ケイは美術の素質がある.
 Kei has a *talent* for art.
 **―素質のある** talented, gifted

## そして
and[アンド], (and) then[ゼン]→それから
- 私たちの学校には鳥, うさぎ, そしてかめがいる. We have birds, rabbits, *and* turtles in our school.
- そしてついにその日がやってきた.
 *Then*, the day finally came.

**そしょう**【訴訟】a lawsuit[ローステ]
- 彼は訴訟を起こした. He filed a (*law*)*suit*.

**そせん**【祖先】an ancestor[アンセスタァ](⇔子孫 a descendant)

**そそぐ**【注ぐ】pour[ポァ]→つぐ¹; (流れこむ)flow[フロウ]
- その川は太平洋に注いでいる.
 That river *flows into* the Pacific Ocean.
- 受験勉強に全力を注いだ.
 I *devoted* myself *to* studying for the entrance examination(s). (←専念する)

**そそっかしい**(不注意な)careless[ケアリス]
- そそっかしいね. You are so *careless*!
- 教科書を忘れるなんて彼はそそっかしい.
 How *careless* of him to forget to bring his textbook!

**そそのかす** tempt(to …, into …)[テンプト], put … up(to …)[プット][アップ]
- だれかが彼をそそのかしてうそをつかせた.
 Someone *tempted* him *into* lying. / Someone *tempted* him *to* lie.

**そだいごみ**【粗大ごみ】large-size refuse[トラッシュ][ラーヂサイズ レフュース][トゥラッシュ]

**そだち**【育ち】
- 彼女は育ちがいい.
 She comes from a good *background*.
- 育ち盛りの子ども a *growing* child

- エミは都会育ちだ．
 Emi was *brought up* in the city.

## そだつ【育つ】
**grow（up）**[グロウ（アップ）];（育てられる）**be brought up**[ブロート], **be raised**[レイズド]
- この植物は育つのがとても速い．
 This plant *grows* very fast.
- 私は沖縄で育った．
 I *grew up* in Okinawa. / I *was raised* in Okinawa.
- クミは育ってりっぱな画家になった．
 Kumi *grew up* to be a fine artist.

## そだてる【育てる】
(人を)**bring up**[ブリング];(人・動植物を)**raise**[レイズ];(作物・植物を)**grow**[グロウ];(選手などを)**train**[トゥレイン]

bring up [raise]

raise

grow　　train

- 祖母は3人の子どもをひとりで育てた．
 My grandmother *brought up* three children all by herself. / My grandmother *raised* three children all by herself.
- マオは家でうさぎを育てている．
 Mao *raises* a rabbit at home.
- 私はうちの庭でトマトを育てている．
 I'm *growing* tomatoes in our garden.
- 私たちのコーチはたくさんの野球選手を育ててきた．Our coach has *trained* many baseball players.(←訓練してきた)

## そち【措置】**measures**[メジャァズ]
- 政府はその国に対して断固とした措置をとった．The government took firm *measures* against that country.

## そちら
(そこに[で, へ])(**over**) **there**[(オウヴァァ) ゼァ];(遠くのものをさして)**that**[ザット];(相手をさして)**you**[ユー]
- トイレはそちらです．
 The bathroom is *over there*.
- では私はそちらをいただきます．
 Then I will take *that* one.
- あしたそちらに伺(ウカガ)ってもよろしいですか．
 Is it OK to call on *you* tomorrow?

## そつぎょう【卒業】
**graduation**[グラヂュエイション]
- 卒業おめでとう．
 Congratulations on your *graduation*!
- 卒業する **graduate**（**from** ...）[グラヂュエイト];(終える)**finish**
- どの学校を卒業しましたか．
 Which school did you *graduate from*?
- 私は今年の3月に中学を卒業する．I am *finishing* junior high school this March.
 卒業アルバム a yearbook
 卒業式 a graduation（ceremony）, ⊗（高校・大学の）a commencement
 卒業証書 a diploma
 卒業生 a graduate
 卒業制作 a memorial work of graduation
 卒業文集 graduation essays

卒業証書を受け取る学生(日本)

## そっきょう【即興の】**improvised**[インプラヴァイズド], **impromptu**[インプランプチュー]
- 即興のスピーチ
 an *improvised* [*impromptu*] speech
- 即興で作る[する] **improvise**
- そのバンドは即興で演奏した．The band *improvised* their performance.
 即興曲 an impromptu, an improvisation

## ソックス a **sock**[サック]（▶ふつう複数形で用いる）→ くつした

## そっくり
(似ている)**look exactly like** ...[ルックイグザクトゥリィ ライク];(全部)**all**[オール]
- あなたはお母さんにそっくりだ．
 You *look exactly like* your mother.
- 金庫の中のお金をそっくり盗(ヌス)まれた．
 *All* of the money in the safe was stolen.

## そっけない【素っ気ない】(冷淡な)**cool**[クール];(ぶっきらぼうな)**blunt**[ブラント]
- 彼は私にいつもそっけない態度をとる．
 He is always *cool* to me.

## そっこう【速攻】(サッカー・バレーボールなどの)a **swift attack**[スウィフト アタック]

そっせん

- （バスケットボールの）速攻攻撃 run and gun offense

**そっせん**【率先する】**take the lead**[テイク][リード], **be the first**[ファースト]
- アイはいつも率先して森先生の手伝いをする. Ai *is* always *the first* to help Ms. Mori.

**そっち** → そちら

**そっちょく**【率直な】**frank**[フランク]
- あなたの率直な意見を聞かせてください. Tell［Give］me your *frank* opinion.
- **率直に frankly**
- 率直に言えばこれはおいしくない. *Frankly* speaking, this doesn't taste good.

**そって**【…に沿って】**along**[アローング], **down**[ダウン]
- この道に沿って行きなさい. Go *down* this street.
- 私たちはこの線路に沿って行った. We went *along* this railroad line.

**そっと**（静かに）**quietly**[クワイアットゥリィ];（優しく）**softly**[ソフトゥリィ];（こっそりと）**secretly**[スィークリットゥリィ]
- そっとその部屋に入った. I *quietly* entered the room.
- 彼女は授業中, エミにそっとそのメモを渡した. She *secretly* handed the note to Emi in class.
- 彼のことはしばらくそっとしておこうよ. Let's *leave* him *alone* for the moment.

**ぞっと**【ぞっとする】（身ぶるいする）**shudder**[シャダァ], **shiver**[シヴァ]
- 蛇のことを考えただけでもぞっとする. I *shudder* when I think of snakes.

**そで**（衣類の）**a sleeve**[スリーヴ]
- セーターのそで the *sleeve* of a sweater
- 私はそでをまくった. I rolled up my *sleeves*.
- 長［半］そでのシャツ a long-*sleeved*［short-*sleeved*］shirt
- そでなしのブラウス a *sleeve*less blouse

# そと【外】

（外部）**(the) outside**[アウトサイド]（⇔内, 中 **the inside**）→ そとがわ
- 外は雨だ. It's raining *outside*.
- **外の outside**;（屋外の）**outdoor**[アウトドァ]
- 外の壁は白く塗られていた. The *outside* wall was painted white.
- **外で[に] out, outside**;（屋外で）**outdoors**[アウトドァズ]
- 晴れた日は外で仕事をするほうが好きだ. On a sunny day, I prefer working *outdoors*.
- **外に出る go out, go outside**［**outdoors**］

- 外に出て遊ぼうよ. Let's *go out* and play.
- 部屋の外に出てください. Please *go outside* the room. / Please *leave* the room.

**そとがわ**【外側】**the outside**[アウトサイド]（⇔内側 the inside）
- このパンは外側が固い. This bread is hard on *the outside*.
- **外側の[に] outside**（⇔内側の[に] **inside**）

**そなえつける**【備え付ける】**equip**[イクウィップ], **provide**[プラヴァイド];（家具を）**furnish**[ファーニッシュ]
- 各教室にはエアコンが備え付けられている. Each classroom is *equipped with* an air conditioner.

**そなえもの**【供え物】**an offering**[オーファリング]

**そなえる¹**【備える】（非常事態などに）**provide**（**for** …）[プラヴァイド];（準備する）**prepare**（**for** …）[プリペア];（性質・能力などを）**have**[ハヴ]
- ユカは弁論大会に備えて頑張っている. Yuka is working hard to *prepare for* the speech contest.
- 万一の場合に備えないといけない. We should *prepare for* a rainy day.（▶a rainy dayは「困ったとき」の意）
- アキラは音楽の才能を備えている. Akira *has* musical talent.

**そなえる²**【供える】**offer**[オーファ]
- 祖父の墓に花を供えた. I *put* flowers on my grandfather's grave.

**ソナタ**〖音楽〗**a sonata**[サナータ]
- ショパンのソナタ a *sonata* by Chopin

# その

**that**[ザット]（複 **those**[ゾウズ]）;（前に話題になった物・人をさして）**the**[ザ];（それの）**its**[イッツ]（▶itの所有格）→ あの
- その日, 雨が降った. It rained on *that* day.
- その丸いのは何？ What's *that* round thing?
- その手袋は私のです. *Those* gloves are mine.
- その映画はとてもつまらなかった. *The* movie was very boring［dull］.
- 犬がその長い尾をふった. The dog wagged *its* long tail.

**そのあいだ**【その間に】**meanwhile**[ミーン(ホ)ワイル]

**そのあと** → そのご

**そのうえ besides**[ビサイヅ], **moreover**[モーロウヴァ], **what's more**[ワッツモァ]
- 歌手たちも, 音楽もすばらしく, そのうえダンス

そのとき

も最高だった.
The singers were wonderful, the music was great, and *moreover*, their dance performance was fantastic.
・この本はとてもおもしろくて, そのうえ長すぎない.
This book is very interesting, and *what's more*, it's not very long.

## そのうち

| ❶近いうちに | (まもなく)**soon,** |
| | **before long;** (やがて) |
| | **in time;** (近日中に) |
| | **one of these days** |
| ❷いつか | **someday** |

❶[近いうちに](まもなく)**soon**[スーン], **before long**[ビフォァ ローング]; (やがて)**in time**[タイム]; (近日中に)**one of these days**[デイズ]
・ユミはそのうち戻(もど)るはずだ. Yumi should be back *soon* [*before long*].
・そのうちに風も収まるだろう.
The wind will die down *in time*.
・そのうち大きな嵐(あらし)が来ると言われている.
It is said that we will have a big storm *one of these days*.
❷[いつか]**someday**[サムデイ]
・そのうちまた会いましょう.
I will see you again *someday*.

**そのかわり instead**[インステッド]; (だけど)**but**[バット]
・料理はできないけど, そのかわり皿洗いをするよ.
I can't cook, so I'll do the dishes *instead*.
・来てもいいけど, そのかわり遅(おく)れちゃ駄目(だめ)だよ.
You can come, *but* you must not be late.

**そのくせ still**[スティル], (**and**)**yet**[イェット]→それなのに
・彼は甘(あま)いものはきらいだと言う. そのくせケーキを食べる. He says he doesn't like sweet things, but he *still* eats cakes.

**そのくらい**→それくらい

## そのご【その後】

| ❶そのあと | **after that**; (それから…後に) |
| | **... later**; (順序)**then** |
| ❷その時以来 | **since**(**then**) |

❶[そのあと]**after that**[ザット]; (それから…後に)**... later**[レイタァ]; (順序)**then**[ゼン]
・その後どうなったの?

What happened *after that*?
・その後3年たって彼女に再会した.
I met her again three years *later*.
・夕食を食べ, その後, ふろに入った.
I had dinner, *then* I took a bath.
❷[その時以来]**since**(**then**)[スィンス](▶現在完了形の文で用いる)
・私はその後彼女に会っていない.
I haven't seen her *since*(*then*).

**そのころ**(当時)**in those days**[デイズ]; (その時)(**at**)**that time**[タイム], **then**[ゼン]
・私はそのころバスケットボールの選手になりたいと思っていた. *In those days* I wanted to become a basketball player.
・そのころまでには授業も終わっているだろう.
Classes will be finished *by then*.

**そのた**【その他】**the others**[アザァズ]; (残り)**the rest**[レスト]; (それ以外に)**else**[エルス]; (…など)**and so on**[ソゥ]
・教科書を机の上に置いて, その他はかばんに入れなさい. Put the textbook on your desk, and *the others* in your bag.
・その他必要なものはありますか.
Do you need anything *else*? / Is there anything *else* you need?
・私たちは旅行中に釣(つ)りをしたり山に登ったり, その他いろいろなことをした.
During the trip, we fished, climbed a mountain *and so on*.
━その他の **other**

**そのため**【そのため(に)】(理由)**for that reason**[リーズン]; (目的)**for that purpose**[パーパス]; (結果)**so**[ソゥ]
・そのために今回は行けません.
*For that reason* I can't go this time.
・自転車を買いたい. そのためにお金をためている. I want to buy a bike. I am saving money *for that purpose*.
・雨が降っていた. そのため運動会は中止になった. It was raining, *so* the field day was canceled.

**そのとおり**(**That's**)**right.**[ライト], **Exactly.**[イグザクトゥリィ]
・そのとおりだ.
*That's right.* / You're *right*. / *Exactly*.

**そのとき**【その時(に)】**at that time**[タイム], **then**[ゼン]; (その瞬間(しゅんかん))**at the moment**[モウマント]
・その時あなたはどこにいましたか.
Where were you *then* [*at that time*]?
・駅に着いたちょうどその時電車が来た.
The train arrived *at the* very *moment* I got to the station.

**そのば**【その場で】**on the spot**[スパット], **there and then**[ゼア][ゼン]
- 私たちは釣(つ)った魚をその場で焼いた. We caught some fish and grilled them *on the spot*.

**そのへん**【その辺に[で]】**around there**[アラウンドゼア]
- さっきその辺で君の犬を見たよ. I saw your dog *around there* a little while ago.

**そのほか** → そのた

**そのまま**【同じ状態で】**as it is**[アズ], **as they are**
- 本をそのままにしておいてください. Leave the books *as they are*.
- (電話で)そのままお待ちください. Please *hold* the line.

**そのもの** *itself*[イットゥセルフ](複 themselves[ザムセルヴズ])
- 人生そのものが大切だ. Life *itself* is important.
- 彼は正直そのものだ. He is honesty *itself*.
- ユキは真剣(しんけん)そのものだった. Yuki was *very* serious.

**そのような** **such**[サッチ] → そんな

**そのように** **like that**[ライク], (**in**) **that way**[ウェイ]

## そば¹ 【…のそばに】
(すぐ近くに)**by** …[バイ], **close to** …[クロウス], **near** …[ニア]; (わきに)**beside** …[ビサイド]
- 窓のそばに立った. I stood *by* the window.
- 私の家は駅のすぐそばだ. My house is very *close to* the station.
- 母は私のそばに腰(こし)を下ろした. My mother sat *beside* me.
- そばにいて. Stay with me.
- そばに来ないで. Keep away from me.
- **そばの** **nearby**[ニアバイ]
- 私たちはそばの公園に行った. We went to a *nearby* park.

**そば²** **soba**: **buckwheat noodles**[バック(ホ)ウィートヌードゥルズ]【食生活【口絵】
- 私たちは年越(としこ)しそばを食べた. We ate *buckwheat noodles* on New Year's Eve.
- そば店 **a noodle shop**, **a soba shop**

**そばかす** **freckles**[フレックルズ]
- ケイはそばかすがある. Kei has *freckles*.

**そびえる** **rise**[ライズ]
- その塔(とう)はビル群の中にそびえている. The tower *rises* above the buildings.

**そふ**【祖父】**a grandfather**[グラン(ドゥ)ファーザァ] (⇔祖母 a grandmother) → おじいさん

**ソファー** **a sofa**[ソウファ] → いす図

**ソフト**【ソフトな】(柔(やわ)らかい)**soft**[ソーフト]; (人当たりが)**gentle**[ヂェントゥル]
- ソフトウエア 『コンピュータ』**software**(⇔ハードウエア hardware), **application**
- ソフトクリーム (**a**) **soft serve** (**ice cream**) (▶「ソフトクリーム」は和製英語)
- ソフトテニス 『スポーツ』**soft tennis**
- ソフトドリンク **a soft drink**
- ソフトボール 『スポーツ』**softball**; (球)**a softball**

**そふぼ**【祖父母】**grandparents**[グラン(ドゥ)ペアランツ]

**ソプラノ**【音楽】(音域)**soprano**[サプラノゥ]; (歌手)**a soprano**

**そぼ**【祖母】**a grandmother**[グラン(ドゥ)マザァ] (⇔祖父 a grandfather) → おばあさん

**そぼく**【素朴な】**simple**[スィンプル], **plain**[プレイン]
- 素朴な人 *a simple* man [woman]

**そまつ**【粗末な】(質の悪い, 貧弱(ひんじゃく)な)**poor**[プア]; (古びた)**shabby**[シャビィ]; (質素な)**plain**[プレイン], **simple**[スィンプル]
- そのホールの設備は粗末なものだった. The facilities at the hall were *poor*.
- その少年は粗末な身なりをしていた. The boy wore *shabby* clothes.
- 粗末な食べ物 *plain* food
- **粗末にする** (無駄(むだ)に使う)**waste**[ウェイスト]
- 時間を粗末にするな. Don't *waste* your time.

**そまる**【染まる】**dye**[ダイ](★つづり・発音注意)
- この布はよく染まる. This cloth *dyes* well.

**そむく**【背く】**disobey**[ディソベイ]
- 彼は規則に背いた. He *disobeyed* the rules.

**そむける**【背ける】(顔を)**turn** (**one's face**) **away**[ターン][フェイス][アウェイ]; (目をそらす)**look away**[ルック]
- 彼女は怒(おこ)って彼から顔を背けた. She *turned her face away* from him in anger.

**そめる**【染める】**dye**[ダイ](★つづり・発音注意); (色付

けする）**color**［カラァ］
・姉は髪(かみ)を茶色に染めた.
My sister *colored* ［*dyed*］ her hair brown.

**そや**【粗野な】（不作法な）**rude**［ルード］;（乱暴な）**rough**［ラフ］
・粗野な振(ふ)る舞(ま)い
*rude* ［*rough*］ behavior

**そよう**【素養】（知識）**knowledge**［ナリッヂ］
・父はスペイン語の素養がある.
My father has some *knowledge* of Spanish.

**そよかぜ**【そよ風】**a** （**soft** ［**gentle**］） **breeze**［（ソーフト ［ヂェントゥル］） ブリーズ］
・そよ風が吹(ふ)いている.
There is a *gentle breeze*.

**そよそよ**【そよそよと】（穏(おだ)やかに）**softly**［ソーフトゥリィ］, **gently**［ヂェントゥリィ］
・風がそよそよと吹(ふ)いている.
The wind is blowing *softly* ［*gently*］.

## そら[1]【空】

**the sky**［スカィ］, **the air**［エァ］
・空にたくさん星が出ているよ.
You can see a lot of stars in *the sky*.
・たこは空高く舞(ま)い上がった.
The kite soared high into *the sky*.
・青い空 a blue *sky*（►skyはふつうtheをつけて用いるが, 形容詞がつくとa ［an］＋〈形容詞〉＋skyとなることがある）
・空の旅 a trip *by air* ［*plane*］
‖空色 **sky blue**

**そら**[2]【そらで】**by heart**［ハート］
・この歌の歌詞をそらで覚えなさい.
Learn the words of this song *by heart*.

**そらす**【逸らす】（話を）**change**［チェインヂ］;（方向を）**turn … away**［ターン］［アウェィ］;（注意などを）**distract**［ディストゥラクト］
・彼女は突然(とつぜん)話をそらした.
She suddenly *changed* the subject.

**そらまめ**【そら豆】『植物』㊍**a fava bean**［ファーヴァ ビーン］, ㊌**a broad bean**［ブロード］

**そり** **a sled**［スレッド］,（馬・犬が引く）**a sleigh**［スレィ］

sled

sleigh

・そりで坂を下った.
We went down the slope on a *sled*.

**そる**[1]（ひげなどを）**shave**［シェイヴ］
・父は毎朝ひげをそる.
My father *shaves* every morning.
・私は無駄(むだ)毛をそった.
I *shaved* my unwanted hair.

**そる**[2]【反る】（曲がる）**bend**［ベンド］;（体が）**bend backward**［バックワァド］

## それ

❶聞き手に近い所の物・人をさす代名詞 **that**
❷前に話題になった物・人をさす代名詞 **it**

❶〔聞き手に近い所の物・人をさす代名詞〕**that**［ザット］（複 those［ゾウズ］）

**それは…だ**
（主語が単数のとき）That is … /
（主語が複数のとき）Those are …

・それは君の猫(ねこ)? *Is that* your cat?
・それは私の靴(くつ)だ. *Those are* my shoes.
・それはどういう意味ですか.
What does *that* mean?
・「風邪(かぜ)を引いたようです」「それはいけませんね」
"I seem to have caught a cold."
"*That*'s too bad."

❷〔前に話題になった物・人をさす代名詞〕**it**［イット］（複 they［ゼィ］）

**ここがポイント!** it（それ）の変化形

| 単数 | 複数 |
|---|---|
| それは［が］ it | それらは［が］ they |
| それの its | それらの their |
| それを［に］ it | それらを［に］ them |
| — | それらのもの theirs |
| それ自身 itself | それら自身 themselves |

・レイは子犬を飼っていて, それはとてもかわいい. Rei has a puppy and *it* is very cute.

### それいぜん

- それ，本気で言ってるの？
  Do you really mean *it*?

**それいぜん**【それ以前】before that[ザット]

**それいらい**【それ以来】since then[スィンス ゼン], after that[ザット]→それから

## それから

(その後)after that[ザット](▶過去形の文で用いる); (それ以来)since (then)[スィンス (ゼン)] (▶現在完了形の文で用いる); (次に)(and) then, next[ネクスト]

- 彼の生活はそれから変わった．
  His lifestyle changed *after that*.
- それから彼女とは話をしていない．
  I haven't talked to her *since*.
- 私たちは昼ごはんを食べ，それから家に帰った．
  We ate lunch, *and then* went home.
- それから何をすればいいでしょうか．
  What do I have to do *next*?

**それくらい** that much[マッチ]

- それくらいのことをするのは難しくはなかった．It wasn't hard to do *that much*.
- それくらいのことでそんなに悲しまないで．
  Don't get so sad over *such* a small thing.

## それぞれ

each[イーチ](▶代名詞eachは単数扱い)

**━それぞれの** each(▶形容詞eachの後には単数名詞が来る)

- うちの学校では生徒はそれぞれ弁当を持参する．*Each* student brings their own lunch in our school.

持参した弁当を食べる中学生(日本)

**━それぞれ(に)** each

- 先生は私たちそれぞれに地図を配った．
  Our teacher gave a map to *each* of us.
- それぞれペンを2本ずつもらった．
  We got two pens *each*.

**それだけ**(限定して)all[オール]; (程度・割合)that much[マッチ]

- 持っているのはそれだけですか．
  Is that *all* you have?
- それだけじゃない．That's not *all*.
- それだけならいいんですが．I hope that's *all*.
- それだけのお金があれば1年快適に暮らせるよ．
  You can live comfortably for a year with *that much* money.
- それだけはごめんだ．I will do anything *but that*.(←それ以外ならどんなことでもする)

**それっきり**(最後の物・事)the last[ラスト]; (それ以来)since[スィンス]→それから

- 私の持っているお金はそれっきりだ．
  That's *the last* money I have.
- それっきり彼の姿を見た者はいない．
  No one has seen him *since*.

## それで

(そして)and (then)[アンド (ゼン)]; (それゆえに)so[ソゥ]

- それでどうなったんですか．
  *And* (*then*) what happened?
- 雨に降られちゃった．それでぬれているんだ．I was caught in a shower, *so* I'm wet.

**それでこそ**

- よくセーブした．それでこそうちのゴールキーパーだ．
  Well saved. *That*'s our goalkeeper.

**それでは**(ということは)then[ゼン]; (では)well (then)[ウェル]

- それでは私が間違(ﾏﾁｶﾞ)っていると言うのですか．*Then* do you mean I'm wrong?
- それでは授業を始めましょう．
  *Well* (*then*), let's begin the lesson.

**それでも**(しかし)but[バット]; (なお)still[スティル]

- 困難なのはわかっているが，それでもやってみたい．I know it's difficult, but I *still* want to try.

**それどころ**

- 忙(ｲｿｶﾞ)しくて今はそれどころじゃない．
  I am too busy to do that now.(←そんなことはやっていられない)

**それどころか** on the contrary[カントゥレリィ]→…どころか

- 作品の出来はよくなかった．それどころか完全な失敗作だった．
  The work wasn't good. *On the contrary*, it was a complete failure.

**それとなく**(間接的に)indirectly[インディレクトゥリィ]→ほのめかす

- 私たちは彼に二度と遅刻(ﾁｺｸ)をしないようそれとなく注意した．We warned him *indirectly* not to be late again.
- メグは彼にもう来ないでほしいとそれとなく言った．Meg *hinted* to him that she didn't

want him to come again.
**それとも or**[オァ]
- サッカーを見たいですか，それとも野球ですか．Do you want to watch soccer, *or* baseball?

**それなのに (and) yet**[イェット], **but (still)**[バット スティル]
- 私は彼に何度もメールした．それなのに彼は一度も返事をよこさなかった．I texted him again and again, *but* he never replied.

**それなら if so**[ソゥ], **then**[ゼン]
- 疲れたの？ それなら少し休もう．Are you tired? *Then* let's take a little break.

**それに besides**[ビサイツ] → そのうえ
- 宿題があるから出かけられないよ．それに雨も降っているし．I can't go out because I have to do my homework. *Besides*, it's raining.

**それにしても** (それでも)**still**[スティル]; (たとえそうだとしても)**even so**[イーヴン ソゥ]
- 本人は何度も間違えたと言ったが，それにしても彼の演奏はすばらしかった．He said he made many mistakes, but *still* [*even so*], his performance was wonderful.

**それはそうと** (ところで)**by the way**[ウェイ]
- それはそうとテレビに出たそうだね．*By the way*, I heard you appeared on TV.

**それほど** (そんなに)**so**[ソゥ]
- それほど悪くもない．It's not *so* bad.
- 彼がそれほどあの絵を気に入っていたとは知らなかった．I didn't know he liked that picture *so* much.

**それまで** (それまでずっと)**till [until] then**[ゼン]; (その時までには)**by then**[バイ]
- それまで私は逆立ちができなかった．I couldn't do a handstand *until then*.
- それまでには準備しておいて．Be ready *by then*.

**それら those**[ゾウズ] (▶ that の複数形), **they**[ゼイ] (▶ it の複数形) → それ

**それる** (目標物から)**miss**[ミス]; (話が)**get off (the) track**[ゲット][トゥラック]
- 矢は的の中心をわずかにそれた．The arrow just *missed* the center of the target.
- 三木先生はよく話がそれる．Mr. Miki often *gets off (the) track*.

**ソロ a solo**[ソウロゥ]
- ピアノソロ a piano *solo*
- ソロホームラン a *solo* homer

**そろい** (一式)**a set**[セット]; (〜が同じ…)**... of the same 〜**[セイム]
- 茶道具ひとそろい

a tea *set* / a *set* of tea things
- おそろいの(デザインの)コート coats *of the same* design

## そろう

| ❶集まる | **get together**; (来る)**come** |
|---|---|
| ❷完全になる | **complete** |
| ❸等しい | **be equal** |

get together　　complete　　be equal

❶[集まる]**get together**[ゲット タゲザァ]; (来る)**come**[カム]
- 元日には親せきみんながそろう．My relatives *get together* on New Year's Day.
- みんながそろうまでここで待とう．Let's wait here until everyone *comes*.
- あの店には新しい品物がそろっている[いない]．That shop *has* a large [poor] *selection* of new items.

❷[完全になる]**complete**[カンプリート]
- あとカード1枚でコレクションがそろう．One more card will *complete* my collection.

❸[等しい]**be equal**[イークワル]
- 箱の中のいちごは大きさがそろっている．The strawberries in the pack *are equal* in size.

## そろえる

| ❶整える | **put ... in order, arrange** |
|---|---|
| ❷完全にする | **complete** |
| ❸同じにする | (声をそろえて)**in unison** |

❶[整える]**put ... in order**[プット][オーダァ], **arrange**[アレインヂ]
- 棚の上の本をそろえた．I *put* the books on the shelf *in order*.
- 靴を脱いだらきちんとそろえなさい．When you take your shoes off, *arrange* them neatly.

❷[完全にする]**complete**[カンプリート]
- なんとか頑張って古い漫画のコレクションをそろえた．I managed to *complete* my collection of old comic books.

❸[同じにする] (声をそろえて)**in unison**[ユーニスン]

- 子どもたちは声をそろえて歌った.
  The children sang *in unison*.

**そろそろ**(まもなく)**soon**[スーン], **before long**[ビフォァ ローング]; (ほとんど)**almost**[オールモウスト]
- そろそろ彼がやってくるはずだ.
  He will be coming *soon* [*before long*].
- そろそろ寝(ね)る時間だ.
  It's *almost* time to go to bed.

**そろばん an abacus**[アバカス] (★発音注意)

**そわそわ**[そわそわと]**restlessly**[レストゥリスリィ]; (神経質に)**nervously**[ナーヴァスリィ]
━**そわそわ(と)する be restless; be nervous**
- どうしてそんなにそわそわしているの？
  Why *are* you so *restless* [*nervous*]?

**そん**[損](a) **loss**[ロース](⇔得(a) **profit**)→そんしつ; (不利なこと)(a) **disadvantage**[ディスアドゥヴァンティッヂ]→ふり¹
━**損をする lose**[ルーズ]
- クレーンゲームで2000円も損をした. I *lost* 2,000 yen playing that claw game.
- その服を買って1000円も損をした.
  I *wasted* 1,000 yen buying that dress.
- 買わないと損をするよ!
  It's a must-buy! (←買うべきものだ)

**そんがい**[損害]**damage**[ダミッヂ]; (金銭上の)a **loss**[ロース]
- その村は台風の損害を被(こうむ)った.
  The village suffered *damage* in [from] the typhoon.
━**損害を与(あた)える damage, do damage (to ...)**

**そんけい**[尊敬]**respect** (**for** ...)[リスペクト]
━**尊敬する respect, look up to ...**[ルック アップ] (⇔軽べつする look down on ...)
- 私たちは田代先生を尊敬している.
  We *respect* [*look up to*] Mr. Tashiro. / We have *respect for* Mr. Tashiro.

**そんざい**[存在]**existence**[イグズィスタンス]
━**存在する exist**
∥存在感 presence: 彼には存在感がある. He has a *presence*.

**ぞんざい**[ぞんざいな](粗野(そや)な)**rude**[ルード], **rough**[ラフ]; (不注意な)**careless**[ケアリス]
━**ぞんざいに rudely, roughly; carelessly**
- 彼はぞんざいに話す. He speaks *rudely*.

**そんしつ**[損失](a) **loss**[ロース]
- 彼らは多大な損失を被(こうむ)った.
  They suffered a great *loss*.

**そんちょう¹**[村長]**a mayor**[メイア]
**そんちょう²**[尊重]**respect**[リスペクト]
━**尊重する respect**
- 私たちはみなの個性を尊重するべきだ. We should *respect* everyone's individuality.

## そんな

**such**[サッチ], **like that**[ライク ザット], **that kind [sort] of ...**[カインド] [ソート]]
- あなたがそんな無責任な人だとは知らなかった.
  I didn't know that you were *such* an irresponsible person.
- そんなこと, 言わないで！
  Don't say *such* a thing!
- ずっとそんなふうにしていたら, あなたのお父さんは怒(おこ)るよ. Continue acting *like that*, and your father will get angry.
- 私はそんなことは一言も言わなかった.
  I never said *that kind of* thing. / I said no *such* thing.
- そんなはずはないよ. *That* can't be true!
━**そんなに so, that, (so) much**
- そんなに早くは起きられないよ.
  I can't get up *so* early.
- そんなに(たくさん)食べられるの？
  Can you eat *that* much?
- そんなに勉強していない.
  I don't study (*so*) *much*.
- そんなに人は多くなかった.
  There weren't many people.

**ゾンビ a zombie**[ザンビィ]

ハロウィーンでゾンビの仮装をした男の子

**ぞんぶん**[存分に](好きなだけ)**as much as** *one* **likes**[マッチ] [ライクス]; (十分に)**fully**[フリィ]
- 試験が終わったら存分にゲームができる.
  I can play video games *as much as I like* after the exam is over.

**そんみん**[村民]**a villager**[ヴィリッヂァァ]

# た タ

**た¹**【田】a rice field [**paddy**][ライス フィールド [パディ]]
- 彼らは田を耕している．
  They are plowing a *rice field*.

**た²**【他の】→ほか, そのた

**…た**【…(し)た】(►ふつう動詞の過去形で表す)
- 私は部屋を掃除(そうじ)した．
  I *cleaned* my room.
  (►cleanedは規則動詞cleanの過去形)
- ヒロはエリと話をした．
  Hiro *spoke* with Eri.
  (►spokeは不規則動詞speakの過去形)

> **ここがポイント！ 過去形の作り方**
> 動詞には大きく分けて規則動詞と不規則動詞の2種類があります．
> (1)規則動詞：原形の語尾(ごび)に-edをつけます．
>   play(遊ぶ)＋-ed→played
>   like(好きな)＋-ed→liked(►eを取って-edをつける)
> (2)不規則動詞：形がいろいろ変わります．
>   go(行く)→went
>   make(作る)→made
> 変化については，巻末の変化表を参照してください．

**…だ**→…です

**ターゲット** a target[ターゲット]
　━**ターゲットとする** target
- この店は10代をターゲットとしている．
  This shop *targets* teenagers.

**ターコイズ**(石) a turquoise[タークォイズ]

**ダース** a dozen[ダズン]
- コーラ1ダース a *dozen* colas
- コーラ2ダース two *dozen* colas(►2ダース以上でもdozensではなくdozen)
- 半ダースの鉛筆(えんぴつ)
  half a *dozen* pencils /
  a half *dozen* pencils

**ダーツ** darts[ダーツ](►単数扱い)
- ダーツをする．
  I play *darts*.

**タートルネック** a turtleneck[タートゥルネック]
- タートルネックのセーター
  a *turtleneck* sweater

**ターミナル** a terminal[ターミヌル]→しゅうてん
- エアターミナル
  an air *terminal*
- バスターミナル
  a bus *terminal*

**ターン** a turn[ターン]
- 私はターンした．
  I made a *turn*. / I *turned*.
- 車はUターンした．
  The car made [did] a U-*turn*.

**たい¹**【隊】a party[パーティ]

**たい²**【魚】a sea bream[スィー ブリーム]
　**たい焼き** a *taiyaki*; a fish-shaped pancake filled with sweet bean paste

**タイ¹**(同点) a tie[タィ]→ひきわけ
　━**タイになる[する]** tie
- 得点は2対2のタイだった．
  The score was *tied* at two to two.
　**タイ記録** a tie：彼は100m走で日本タイ記録を出した．He *tied* the Japan record for [in] the 100-meter dash.

**タイ²** Thailand[タイランド]
　**タイ人** a Thai person

**…たい¹**
(希望する) want[ワント], would like[ウッド ライク], hope[ホウプ]→…もらう
　**…したい**
　want [would like, hope] to+〈動詞の原形〉
- 私は家に帰りたい．
  I *want to* go home.
- 今は何も食べたくない．
  I don't *want to* eat anything now.
- いっしょに行きたいです．
  I *would like to* go with you.
- またお会いしたいです．
  I *hope to* see you again.

## …たい²

> **くらべてみよう！** want と would like と hope
>
> **want**は自分の願望を表す一般的な語です．しかし直接的すぎて相手に失礼にひびくこともあります．それを避（さ）けるためにはていねいな言い方の**would like**を用います．I would likeはしばしばI'd likeと短縮して使います．**hope**は実現する可能性があることを願う場合に使います．

**…たい²**【…対(〜)】(組み合わせ)《話》**...versus ~**[ヴァーサス]（▶vs. と略す）; (点数, 比率)**... to ~**[トゥー]

- 日本対イラクのサッカーの試合
  a Japan *vs.* Iraq soccer match / a soccer match *between* Japan *and* Iraq
- 私たちのチームは3対2でリードしている．
  Our team is winning (by a score of) 3 *to* 2. (←3対2で勝っている)

## だい¹【代】

| | |
|---|---|
| ❶代金 | (値段) a price; (料金) a charge, a bill; (乗り物の) a fare; (サービス料) a fee |
| ❷年代 | a time |
| ❸世代 | (a) generation |

❶[代金](値段)**a price**[プライス]; (料金)**a charge**[チャーヂ], **a bill**[ビル]; (乗り物の)**a fare**[フェア]; (サービス料)**a fee**[フィー]

- バス代 bus *fare*
- 親が電話代を払っている．
  My parents pay the phone *bill*.
- 昼食代に500円もらった．
  I was given five hundred yen for lunch.

❷[年代]**a time**[タイム]

- 1990年代初めに in *the* early 1990(')*s*（▶1990(')sはnineteen ninetiesと読む. the (nineteen) ninetiesで(19)90年代)
- 私たちは10代だ．We are teenagers.
- 先生は30代後半だと思う．I think my teacher is in his [her] late 30*s*.（▶30sはthirtiesと読む. *one*'s thirtiesで30(歳（さい）)代）

❸[世代]**(a) generation**[ヂェナレイション]

- 代々 from *generation* to *generation*
- 彼らは(親子)3代にわたって医者だ．They have been doctors for three *generations*.

## だい²【台】

| | |
|---|---|
| ❶物をのせるための | a stand |
| ❷数の範囲（はんい） | (下記❷参照) |

❶[物をのせるための]**a stand**[スタンド]; (壇（だん）)**a platform**[プラットフォーム]

❷[数の範囲]

- 7時台のバス
  buses *between* seven *and* eight o'clock
- 英語の成績はたいてい70点台だ．My English grades are usually *in* the seventies.

**だい³**【題】(本・映画の題名)**a title**[タイトゥル]; (作文・スピーチなどの主題)**a subject**[サブヂェクト]

- その映画の題を覚えていますか．Do you remember the *title* of the movie?
- スピーチの題は「日本の未来」だった．The *subject* of the speech was 'Japan's Future.'

**だい⁴**【大】(大きい)**big**[ビッグ], **large**[ラーヂ]

- コーラの大をください．A *large* coke, please.

**─大の great**

- 私たちは大の仲良しだ．
  We are *great* friends.

大家族 a large family
大企業（きぎょう） a big business

**だい…**【第…】

- 第1土曜 the first Saturday
- 第2位 Second Place
- 第6問 question *no.* 6（▶ no. 6はnumber sixと読む）

**たいあたり**【体当たりする】**bang** [**throw**] **oneself (against ...)**[バング][スロゥ]

- 彼はどろぼうに体当たりした．
  He *threw himself against* the thief.
- 彼女の演技はまさに体当たりだった．She truly *threw herself* into her performance.

**たいい**【大意】(概略（がいりゃく）)**an outline**[アウトライン]; (要約)**a summary**[サマリィ]

- その本の大意
  the *outline* [*summary*] of the book

**たいいく**【体育】(教科)**physical education**[フィズィカル エヂュケイション]（▶ PE, P.E.と略す）, **gym**[ヂム]

- きょうの体育は鉄棒だ．We are practicing the horizontal bar in *P.E.* class today.

体育館 a gymnasium, 《話》a gym
体育館ばき gym shoes
体育祭 a sports festival, a field day → 学校生活【口絵】

## だいいち【第一の】

**first**[ファースト]（▶ふつうtheをつけて用いる）; (重要度などが)**primary**[プライメリィ]

- 第1課
  *the first* lesson / lesson (*number*) one
- 第1の理由

the *primary* reason
ー第一(に) **first, first of all, in the first place**
安全第一〘掲示〙SAFETY *FIRST*
第一印象 *one*'s **first impression**: 日本の第一印象はいかがですか. What is *your* **first impression** of Japan?
第一次産業 **primary industry**
第一歩 **the first step**: きょうから第一歩を踏(ふ)み出そう. Let's take *the* **first step** today.

**たいいん**〘退院する〙**leave（the）hospital**[リーヴ][ハスピトゥル]（▶ 米ではふつう the をつけない）
・彼は来週退院する.
　He will *leave the hospital* next week.

**ダイエット a diet**[ダイアット]
・私はダイエット中だ. I am on a *diet*.
ーダイエットする **diet, go on a diet**;（減量する）**lose weight**[ルーズ ウェイト]

**ダイオキシン dioxin**[ダイアクシン]

# たいおん〘体温〙
（a）**temperature**[テンパラチャァ]
・体温を計ってみよう.
　I will take my *temperature*.
・体温が上がった[下がった].
　My *temperature* rose [fell].
・体温は何度なの？
　What's your *temperature*?
・きょうの体温は36度だ.
　My *temperature* today is 36 degrees.
┃体温計 **a（clinical）thermometer**

**たいか**¹〘大家〙(名人) **a master**[マスタァ]
・書道の大家
　a *master* in Japanese calligraphy
**たいか**²〘耐火(性)の〙**fireproof**[ファイアプルーフ]
**たいかい**〘大会〙(スポーツの) **an（athletic）meet**[(アスレティック) ミート]; (トーナメント) **a tournament**[トゥアナマント]; (競技の) **a competition**[カンパティシャン], **a contest**[カンテスト]; (総会) **a general meeting**[ヂェナラル ミーティング]
・野球の全国大会に出場した. We took part in the national baseball *tournament*.
・私たちのサッカーチームは県大会で優勝した.
　Our soccer team won the prefectural *competition*.
・学校でスピーチ大会がある.
　We have a speech *contest* at school.
・東京にはマラソン大会がある.
　There is a marathon in Tokyo.

**たいがい mostly**[モウストゥリィ]→たいてい
**たいかく**〘体格〙(a) **build**[ビルド]→たいけい
・カズは体格がいい. Kazu has a good *build*.
**たいがく**〘退学する〙**quit [leave] school**[クウィット [リーヴ] スクール], **drop out of school**
・いとこは退学して働き始めた. My cousin *quit school* and started working.
ー退学させる **expel ... from school**[イクスペル]

# だいがく〘大学〙
(総合大学) **a university**[ユーナヴァースィティ]; (単科大学) **a college**[カリッヂ]
・兄は大学に入った. My brother entered (the) *university*.

> 話してみよう!
> ☺ お姉さんはどこの大学に行っているの？
> What *university* does your sister go to?
> 😊 京都大学です.
> She goes to Kyoto *University*.

・私は四年制大学へ進学したい. I want to go to a four-year *university*.
・彼は国立大学を受験した. He took the examination for a national *university*.
・ケンは大学で物理学を勉強するつもりです.
　Ken is going to study physics at *college*.
・私は共学の[女子]大学に進学したい. I want to go to a coed [women's] *university*.
┃大学院 ⊛ **a graduate school**, ⊛ **a postgraduate course**
┃大学生 **a college [university] student**
┃大学入試 **a college [university] entrance examination**
┃大学病院 **a university hospital**
┃大学野球 **college baseball**

**たいき**¹〘大気〙(空気) **the air**[エア]
┃大気汚染(おせん) **air pollution**
┃大気圏(けん) **the atmosphere**
┃大気圏外 **outer space**
**たいき**²〘待機する〙**wait**[ウェイト]
・救急車が待機していた.
　The ambulance was *waiting*.

**だいぎし**〘代議士〙(日本の) **a member of the Diet**[メンバァ][ダイアット], **a Diet member**

**たいきゅうせい**

**たいきゅうせい**【耐久性がある】**durable**[デュアラブル]

**だいきらい**【大嫌い】**hate**[ヘイト]
- ピーマンが大嫌いだ．
  I *hate* green peppers.

**たいきん**【大金】**a lot of money**[ラット][マニィ]

**だいきん**【代金】**a price**[プライス]；(サービスに対する)**a charge**[チャーヂ]
- 本の代金はいくらでしたか．
  How much was the book? / What was the *price* of the book?
- 私は自転車の代金として2万円支払(はら)った．
  I paid 20 thousand yen for the bicycle.

**だいく**【大工】**a carpenter**[カーパンタァ]
┃大工道具 **carpenter's tools**

**たいぐう**【待遇】**treatment**[トゥリートゥマント]；(ホテルなどの)**service**[サービス]

**たいくつ**【退屈な】**boring**[ボーリング], 米**dull**[ダル]
- 退屈な番組 a *boring* [*dull*] program
- 授業は退屈だった．
  The class was *boring*.
- 彼は退屈そうだ．He looks *bored*.
- **退屈する be**[**get**]**bored**(**with** ...)
- きのうはすることがなくて退屈だった．I *was bored* yesterday because I had nothing to do.

**たいけい**【体型】**a figure**[フィギャア]
- その選手は理想的な体型をしている．
  The athlete has an ideal *figure*.
- ほっそりした体型 a slender figure
- たくましい体格 a strong build

**たいけつ**【対決】**a match**[マッチ]
- 夢の対決 a dream *match*
- **対決する face off**[フェイス]
- 両チームはあした対決します．
  The two teams will *face off* tomorrow.

**たいけん**【体験】(**an**)**experience**[イクスピ(ァ)リアンス]→けいけん
- 私の子どものころの体験
  my childhood *experience*
- **体験する experience**；(困難・つらいことなどを)**go through** ...[スルー]
- 不思議な体験をした．
  I had a strange *experience*.
┃体験学習 **learning through**(**practical**)**experience**

**たいこ**【太鼓】**a drum**[ドゥラム]
- 大太鼓 a bass [big] *drum*
- 小太鼓 a snare [small, side] *drum*
- 太鼓をたたいてチームを応援(おうえん)した．
  We beat the *drum* for our team.

**たいこう¹**【対抗】(反対)**an opposition**[アパズィション]；(対抗意識)**rivalry**[ライヴァルリィ]
- クラス対抗試合 an interclass match
- **対抗する match**[マッチ], **oppose**[アポウズ]；(競う)**compete**[カンピート]
- 数学でレンに対抗できる生徒はいない．
  No one can *match* Ren at mathematics.

**たいこう²**【対校の】**interschool**[インタスクール]
┃対校試合 **an interschool match**

**だいこん**【大根】【植物】**a Japanese radish**[チャパニーズ ラディッシュ], **a giant radish**[ヂャイアント ラディッシュ]
┃大根おろし (食べ物)**grated Japanese radish**；(道具)**a radish grater**

**たいざい**【滞在】**a stay**[ステイ]
- 私のニューヨーク滞在中に
  during my *stay* in New York / while I was (*staying*) in New York
- **滞在する stay**(**at** ..., **in** ..., **with** ...)
- 日本にどれくらい滞在する予定ですか．How long are you going to *stay in* Japan?
- 私はベスの家に滞在します．
  I will stay *with* Beth.

**たいさく**【対策】**a measure**[メジャア], **a step**[ステップ](▶ともにしばしば複数形で用いる)
- 彼らはいろいろな対策をした．
  They took various *measures*.
- テスト対策の勉強をした．
  I studied to *prepare for* the test.

**だいさんしゃ**【第三者】**a third party**[サード パーティ]

**たいし**【大使】**an ambassador**[アンバサダァ]
- 駐日(ちゅうにち)アメリカ大使
  the U.S. *ambassador* to Japan
┃大使館 **an embassy**

**たいじ**【退治する】(いのしし・熊(くま)・毒蛇(どくへび)などを)**beat**[ビート], **conquer**[カンカァ], **destroy**[ディストゥロイ], **kill**[キル]；(駆除(くじょ)する)**get rid of** ...[リッド]
- うちの庭のすずめばちを退治したい．
  I want to *get rid of* the wasps in my yard.

# **だいじ**【大事な】

(重要な)**important**[インポータント]; (貴重な)**precious**[プレシャス]; (価値のある)**valuable**[ヴァリュ(ア)ブル]➡たいせつ
- 何よりも健康が大事だ. Nothing is more *important* than your health.
- お大事に. Take care (of yourself)./(病人に) I hope you get better soon.

**たいした** (偉大(ﾀﾞ)な)**great**[グレイト]; (重大な)**serious**[スィ(ｱ)リアス]; (非常に)**very**[ヴェリィ], **much**[マッチ]
- 彼女のこの作品はたいしたものだ. This work of hers is *great*.
- 彼のけがはたいしたことなかった. His injury was not *serious*.

**たいして** [たいして…ない]**not very** [**so**] **...**[ヴェリィ[ソウ]], **not ... very** [**so**] **much**[マッチ]
- けさはたいして寒くない. It's *not very* cold this morning.
- パーティーはたいしておもしろくなかった. I didn't enjoy the party *very much*.

**…たいして** [… (に) 対して](対象)**to ...**[トゥー], **toward**[トード], **for ...**[フォァ]; (…に反対して)**against ...**[アゲンスト]➡たいする
- ユカはお年寄りに対してとても親切だ. Yuka is very kind *to* senior citizens.
- 質問に対して答えられなかった. I couldn't give an answer *to* the question.
- ご協力に対して心から感謝しています. Thank you very much indeed *for* your help.

**たいしゅう**[1]【大衆】**the (general) public**[(ヂェナラル) パブリック]
- 大衆的な **popular**[パピュラァ]

**たいしゅう**[2]【体臭】**body odor**[バディ オウダァ]

## たいじゅう【体重】

**weight**[ウェイト](★このghは発音しない)
- 体重が減った. I lost *weight*.
- 体重が3キロ増えた. I gained 3 kilograms.
- 体重を計る, 体重がある **weigh**
- 彼女は毎日(自分の)体重を計る. She *weighs* herself every day.
- 体重はどのくらいある? How much do you *weigh*?
- その赤ん坊(ﾎﾞｳ)は体重が3000グラムあった. The baby *weighed* 3 kilograms.
- 体重計 **a scale**: 体重計で体重を計った. I checked my weight on the *scale*.
- 体重測定 **weight measurement**

**たいしょう**[1]【対象】**an object**[アブヂェクト]; (研究などの主題, 話題)**a subject**[サブヂェクト]
- 対象にする **be intended for ...**
- この辞書は中学生を対象としている. This dictionary *is intended for* junior high school students.

**たいしょう**[2]【対照】**contrast**[カントゥラスト]
- 対照的な **contrasting**[カントゥラスティング]; (反対の)**opposite**[アパズィット]
- ケンと私は性格が対照的だ. Ken and I are exactly *opposite* in character.

**たいしょう**[3]【対称】(数学で)**symmetry**[スィメトゥリィ]
- 対称の **symmetrical**[スィメトゥリカル]

**たいしょう**[4]【大賞】
- この映画は外国のコンテストで大賞をとった. This movie won (the) *first prize* in an international competition.

**たいしょう**【退場する】(去る)**leave**[リーヴ];【スポーツ】(退場させられる)**be thrown out**[スロウン アウト]
- 彼はレッドカードで退場になった. He *was thrown out* with a red card.

**だいしょう**【大小】
- 大小さまざまのバッグ bags in various sizes

## だいじょうぶ【大丈夫な】

**all right**[オール ライト],《話》**okay, OK**[オウケィ]; (安全な)**safe**[セイフ]

話してみよう!
😊 だいじょうぶ? 疲(ﾂｶ)れているみたいだけど. Are you *all right*? You look tired.
😊 だいじょうぶだよ, ありがとう. I'm *OK*. Thank you.

…してもだいじょうぶだ
It is all right to+⟨動詞の原形⟩/ It is safe to +⟨動詞の原形⟩
- この犬をなでてもだいじょうぶだ. *It is all right to* pet this dog. / *It is safe to* pet this dog.
- だいじょうぶだよ. It's *OK*. / *No problem*. (←問題ないよ)
- その患者(ｼｬ)はもうだいじょうぶだ. The patient is *out of danger* now. (←危険な状態を脱(ﾀﾞ)している)

**たいしょく**【退職】(定年での)**retirement**[リタイアマント]
- 退職する **retire (from ...)**; (辞職する)**quit**[クウィット]
- 退職金 **a retirement allowance**

**たいしん**【耐震の】**earthquake-resistant**[アースクウェイクリズィスタント]

**だいじん**【大臣】(日本・英国の)**a minister**[ミニスタァ](▶米国の「大臣」はsecretary)

- 総理大臣 the Prime *Minister*
- 外務大臣 the Foreign *Minister*

**だいず**【大豆】[植物]**a soybean**[ソイビーン]

**だいすう**【代数】**algebra**[アルヂァブラ]

**だいすき**【大好きである】**like ... very much**[ライク][ヴェリィ マッチ], **love**[ラヴ], **be very fond（of ...)**[ファンド] → すき¹

**…たいする**【…(に)対する】(対象)**to ...**[トゥー], **toward**[トード], **for ...**[フォァ]; (…に反対する)**against ...**[アゲンスト]
- その質問に対するアイの答えははっきりしていた。Ai's answer *to* the question was clear.
- アニメに対する偏見(%)がある。
  There's a bias *against* anime.

**たいせいよう**【大西洋】**the Atlantic（Ocean）**[アトゥランティック（オウシャン)]

**たいせき**【体積】**volume**[ヴァリューム]
- この球の体積 the *volume* of this sphere

## たいせつ【大切な】

(重要な)**important**[インポータント]; (貴重な)**precious**[プレシャス]; (価値のある)**valuable**[ヴァリュ(ァ)ブル]
- これらはとても大切な写真だ。
  These are very *important* photos.
- 大切な思い出 *precious* memories
- 大切な物は引き出しにしまってある。
  I keep *valuable* things in a drawer.

(〈人〉が)…することは大切だ
It is important（for+〈人〉+）to+〈動詞の原形〉/ It is important that+〈人〉...
- よく眠(%)ることは大切だ。
  *It is important for* us *to* sleep well. / *It is important that* we sleep well.

━**大切さ importance**
━**大切に** (慎重(%)に)**carefully**[ケアフリィ], **with care**
━**大切にする cherish**[チェリッシュ], **treasure**[トゥレジャァ]; (体を)**take care of ...**
- 祖母との時間を大切にしている。
  I *cherish* my time with Grandma.
- 体を大切にしてください。
  Please *take care of* yourself.

**たいせん¹**【大戦】**a great war**[グレイト ウォー]; (世界戦争)**a world war**[ワールド]
- 第二次世界大戦 *World War* II（▶IIは[トゥー]と読む)

**たいせん²**【対戦する】**play（with ..., against ...)**[プレイ]
- 日本はブラジルと対戦する。
  Japan will *play against* Brazil.

┃対戦相手 **an opponent**

## たいそう【体操】

(競技)**gymnastics**[ヂムナスティックス]（▶複数扱い), 《話》**gym**[ヂム]; (体の運動)（**physical) exercises**[(フィズィカル) エクサァサイズィズ]
- 器械体操 apparatus *gymnastics*
- 新体操 rhythmic *gymnastics*
- 準備体操 warm-up *exercises*
━**体操(を)する do exercises**
- 祖父は毎朝ラジオ体操をする。My grandfather *does* radio *exercises* every morning.

┃体操着 **a gym suit**
┃体操選手 **a gymnast**
┃体操部 **a gymnastics team**

**だいだ**【代打】**a pinch hitter**[ピンチ ヒッタァ]
- 代打は松田だ。The *pinch hitter* is Matsuda.

## だいたい

(約)**about**[アバウト]; (ほとんど)**almost**[オールモウスト], **nearly**[ニアリィ]; (大部分の)**most（of ...)**[モウスト]
- 家から公園まで歩いてだいたい20分だ。
  It takes *about* 20 minutes to walk from my house to the park.
- 宿題をだいたいやり終えた。
  I have *almost* finished my homework.
- だいたいの生徒は帰宅した。
  *Most of* the students have gone home.

**だいだい**【代々】→ だい¹❸

**だいだいいろ**【だいだい色(の)】**orange**[オーリンヂ]

**だいたすう**【大多数】**a [the] majority**[マヂョーラティ]
━**大多数の most** → だいぶぶん

**たいだん**【対談】**a talk**[トーク]; (会見)**an interview**[インタァヴュー]
━**対談する talk with ..., have a talk（with ...), have an interview（with ...）**

**だいたん**【大胆】**bold**[ボウルド]

**だいち¹**【大地】**the earth**[アース]; (地面)**the ground**[グラウンド]

**だいち²**【台地】(高原)**a plateau**[プラトウ]

**たいちょう¹**【体調】**physical condition**[フィズィカル カンディション], 《話》**shape**[シェイプ]
- 体調がいい。
  I'm in good *condition* [*shape*].
- 体調がよくない。I'm in poor [bad] *shape*.

**たいちょう²**【隊長】**a captain**[キャプタン], **a leader**[リーダァ]

**タイツ tights**[タイツ]（★このghは発音しない)

**たいてい** (ふつうは)**usually**[ユージュアリィ]; (一般に)**generally**[ヂェナラリィ]; (大部分は)**mostly**

[モウストゥリィ]
- 昼休みはたいてい友達とテニスをする．
I *usually* play tennis with my friend during my lunch break.
━たいていの **most**
- たいていの人が彼を知っている．
*Most* people know him.

**タイト**【タイト（な）】**tight**[タイト]
- タイトなスケジュール a *tight* schedule
- タイトスカート a *tight* skirt

**たいど**【態度】**an attitude**（**toward** ..., **to** ...）[アティテュード（トード）], (a) **manner**[マナァ]
- 君の態度が気に入らない．
I don't like your *attitude* [*manner*].
- 私に対する彼女の態度が変わった．
Her *attitude toward* [*to*] me changed.
- 彼はいつも授業態度が悪い．
He always *behaves* badly in class.

**たいとう**【対等の】（等しい）**equal**[イークワル]; (互角の) **even**[イーヴン]
- 対等の立場で on an *equal* footing
━対等に **equally**

**だいとうりょう**【大統領】**a president**[プレザダント]
- ジョン F. ケネディは第35代合衆国大統領だった．
John F. Kennedy was the 35th *President* of the United States.
- リンカーン大統領 *President* Lincoln
| 大統領選挙 a presidential election
| 大統領夫人（アメリカの）the First Lady

**だいどころ**【台所】**a kitchen**[キッチン] →p.396
ミニ絵辞典
- 台所で両親を手伝った．
I helped my parents in the *kitchen*.
| 台所仕事 kitchen work
| 台所用品 kitchenware

**タイトル**（表題）**a title**[タイトゥル]; (選手権) **a title, a championship**[チャンピアンシップ]
- その漫画のタイトル
the *title* of the comic book
| タイトルマッチ a title match

**だいなし**【だいなしにする】**ruin**[ルーイン]
- つまらない口げんかをしてデートはだいなしになった．
A trivial argument *ruined* the date.

**ダイナマイト dynamite**[ダイナマイト]

**ダイナミック**【ダイナミックな】**dynamic**[ダイナミック]

**ダイニングキッチン a kitchen with a dining area**[キッチン][ダイニング エ(ァ)リア]（►「ダイニングキッチン」は和製英語）

**ダイニングルーム a dining room**[ダイニング ルーム]

**たいねつ**【耐熱の】**heat-resistant**[ヒートレズィスタント]

**ダイバー a diver**[ダイヴァ]

**たいばつ**【体罰】**corporal punishment**[コーパラル パニッシュマント]
- コーチは選手に体罰を加えてはならない．
Coaches should never inflict *corporal punishment* on their players.

**たいはん**【大半】→だいぶぶん

**たいびょう**【大病】**a serious illness**[スィ(ァ)リアス イルネス] →びょうき

**だいひょう**【代表(者)】**a representative**[レプリゼンタティヴ]
- ケイがクラスの代表に選ばれた．Kei was elected as the class *representative*.
- 日本代表（チーム）
the Japanese national team
━代表的な（典型的な）**typical**[ティピカル]
━代表する **represent**
- ユミが学校を代表してその会議に出た．Yumi *represented* our school at the meeting.
| 代表作 one's masterpiece: これは私の代表作だ．This is *my masterpiece*.
| 代表団 a delegation

**ダイビング diving**[ダイヴィング]
- スキンダイビング skin *diving*
- スキューバダイビング scuba *diving*
━ダイビングする **dive**
| ダイビングキャッチ a diving catch

**たいぶ**【退部する】**leave** [**quit**] **the club**[リーヴ][クウィット][クラブ]
- 本気で退部するの？ Are you serious about *quitting the club*?

**タイプ**(型) **a type**[タイプ]; (好み) **one's type**
- このタイプのカメラはありませんか．
Do you have this *type* of camera?
- レイはいい人だけどタイプじゃない．
Rei is a nice person, but not *my type*.

**だいぶ very**[ヴェリィ]; (かなり)《話》**pretty**[プリティ]; (►比較級を強めて) **much**[マッチ]
- だいぶ寒くなってきた．
It's getting *very* [*pretty*] cold.
- だいぶ待たないといけないようだ．I think we will have to wait *for a long time*.

**たいふう**【台風】**a typhoon**[タイフーン]
- 台風15号が日本に接近している．
*Typhoon* No. 15 is approaching Japan.
- 九州はしばしば大型台風に襲われる．
Kyushu is often hit by large-scale *typhoons*.

**だいぶつ**【大仏】**a great statue of Buddha**[グレ

イト スタチュー］［ブーダ］
- 奈良(なら)の大仏 the *Great Buddha* at Nara

# だいぶぶん【大部分】

(大半) **most**[モウスト], **the greater part**[グレイタァ パート]; (たいてい) **mostly**[モウストゥリィ]
- 小遣(こづか)いの大部分をゲームに費(つい)やした．
I spent *most* [*the greater part*] of my allowance on video games.
- 私の友達は大部分が西小学校出身だ．
My friends are *mostly* from Nishi elementary school.

**━大部分の most**
- 大部分の中学生がこの日にテストを受ける．
*Most* junior high school students take tests this day.

**たいへいよう**【太平洋】**the Pacific**（**Ocean**）[パスィフィック (オウシャン)]

# たいへん

(非常に，とても) **very**[ヴェリィ], (**very**) **much**[マッチ], **really**[リー(ア)リィ]; (程度がひどく) **terribly**[テラブリィ]
- たいへん寒かった．
It was *very* [*really*] cold.
- その知らせを聞いてたいへんうれしいです．
I am *very* happy to hear the news.

**━たいへんな hard, difficult; (重大な) serious; terrible**
- 犬の世話をするのはたいへんだ．It's *hard* [*difficult*] to take care of a dog.
- これはたいへんなことだ．
This is very *serious*.
- それはたいへんな間違(まちが)いだ．
It's a *terrible* mistake.

**だいべん**【大便】**feces**[フィースィーズ], **stool**(**s**)[ストゥール(ズ)], 《話》**poop**[プープ]

**━大便をする have a**（**bowel**）**movement**[(バウ(ァ)ル) ムーヴメント], 《話》**poop**

**たいほ**【逮捕】(**an**) **arrest**[アレスト]

**━逮捕する arrest**
- 警察はその男を万引きで逮捕した．The police *arrested* the man for shoplifting.

‖逮捕状 an arrest warrant

**たいほう**【大砲】**a cannon**[キャナン]
**たいぼう**【待望の】**long-awaited**[ローングアウェイティド]
**だいほん**【台本】**a script**[スクリプト]; (映画の脚本(きゃくほん)) **a scenario**[スィナリオウ]
**タイマー a timer**[タイマァ]
- タイマーをセットした．
I set the *timer*.
- タイマーを切った．
I turned off the *timer*.
- タイマーが鳴っている．
The *timer* is going off.

**たいまつ a torch**[トーチ]
**たいまん**【怠慢な】**neglectful**[ニグレクトゥフル]→なまける

# タイミング

**timing**[タイミング]
- タイミングがいい［悪い］．
The *timing* is good [bad].
- 彼女に電話するタイミングをのがした．
I didn't have a *chance* to call her.

**━タイミングのよい timely**
- 彼がタイミングよく現れた．
He showed up at a very *timely* moment.

**タイム** (時間) **time**[タイム]; (試合などの一時中止) (**a**) **time-out**[タイムアウト], 《話》**time**
- サムのタイムは世界記録だ．
Sam's *time* is the world record.
- その選手はタイムを要求した．
The player called (for) a *time-out*.
- タイム！ *Time out*!

**━タイムを計る time**
- レースのタイムを計ろう．
We will *time* the race.

‖タイムカプセル a time capsule
タイムトラベル time travel: タイムトラベルをしてみたい．I want to *time travel*. / I want to *travel in* [*through*] *time*.
タイムマシン a time machine

**タイムリー**【タイムリーな】**timely**[タイムリィ]
‖タイムリーヒット〖野球〗**an RBI single**（▶RBI は run(s) batted in (打点)の略）

**だいめい**【題名】**a title**[タイトゥル]→だい³
**だいめいし**【代名詞】〖文法〗**a pronoun**[プロウナウン]（▶pron. と略す）
**タイヤ a tire**[タイア]→くるま図，じてんしゃ図
- タイヤがパンクした．I've got a flat *tire*.

# ダイヤ

| ❶鉄道の運行 | a (train) schedule, a timetable |
| ❷トランプの | a diamond |

❶[鉄道の運行]**a**（**train**）**schedule**[(トゥレイン)スケジュール], **a timetable**[タイムテイブル]
- 鉄道のダイヤ the *train schedule*

❷[トランプの]**a diamond**[ダイアマンド]
- ダイヤのキング the king of *diamonds*

**ダイヤモンド**（**a**）**diamond**[ダイアマンド]
**ダイヤル a dial**[ダイアル]

## たいよう

━ダイヤルする dial
- 110番にダイヤルして！
 Dial [Call] 110! (►110は[ワン ワン オゥ]と読む)

### たいよう【太陽】
the sun[サン]
- 太陽は東から昇(ﾉﾎﾞ)り西に沈(ｼｽﾞ)む. The sun rises in the east and sets in the west.
- ユウは太陽のように明るい. Yu is cheerful like the sun.
━太陽の solar[ソウラァ]
┃太陽エネルギー solar energy
┃太陽系 the solar system
┃太陽光発電 solar power generation
┃太陽電池 a solar battery
┃太陽電池パネル a solar panel
┃太陽熱 solar heat

米国・カリフォルニア州の太陽電池パネル

**だいよう**【代用する】substitute[サブスティトゥート]
┃代用品 a substitute (for ...)

**たいら**【平らな】flat[フラット], even[イーヴン]; (水平な)level[レヴァル]
- 平らな表面 a flat surface
━平らにする level
- でこぼこのグラウンドを平らにしなくては. We have to level the rough playground.

**たいらげる**【平らげる】eat up[イート アップ]
- マユはピザをまるごと平らげた. Mayu ate up the whole pizza.

**だいり**【代理】(代役) a substitute (for ...)[サブスティトゥート]
- だれがキャプテンの代理をするの？ Who will act as the captain's substitute?
━…の代理で for ..., in place of ...
- けがをしたメンバーの代理でリレーに出た. I ran in the relay in place of the injured member.
┃代理店 an agency
┃代理人 an agent

**だいリーグ**【大リーグ】(アメリカの)the major leagues[メイヂャァ リーグズ]

━大リーグ選手 a major leaguer

**たいりく**【大陸】a continent[カンタナント]
- ユーラシア大陸 the Eurasian continent
━大陸の, 大陸的な continental[カンタネントゥル]
┃大陸性気候 a continental climate
┃大陸棚(ﾀﾞﾅ) a continental shelf

**だいりせき**【大理石】marble[マーブル]

**たいりつ**【対立】(反対)opposition[アパズィション]; (衝突(ｼｮｳﾄﾂ))(a) conflict[カンフリクト]
━対立する be against ..., be opposed (to ...)[アポウズド]
- 2つのグループは対立している. The two groups are opposed to each other.

**たいりょう**¹【大量(の)】a large quantity (of ...)[ラーヂ クワンタティ], a great deal (of ...)[グレイト ディール]; (たくさんの)a lot of ...[ラット]
- ジャムを作るのに大量の砂糖がいる. Making jam requires a large quantity of sugar.
━大量に in quantity, in large quantities
┃大量生産 mass production

**たいりょう**²【大漁】a good catch[グッド キャッチ]

**たいりょく**【体力】physical strength[フィズィカル ストゥレンクス]; (スタミナ)stamina[スタミナ]
- 私たちは体力をつけないといけない. We must build up our physical strength.
- 私は体力がある[ない]. I'm (physically) strong [weak].
┃体力測定[テスト] a physical fitness test

**タイル** (a) tile[タイル]
━タイルを張る tile
- タイルを張った床(ﾕｶ) a tiled floor

**ダイレクトメール** direct mail[ディレクト メイル] (►DMと略す)

**たいわ**【対話】(a) dialog[ダイアローグ]; (会話)a conversation[カンヴァセイション]

**たいわん**【台湾】Taiwan[タイワーン]

**たうえ**【田植え】rice-planting[ライスプランティング]
━田植えをする plant rice

**ダウン**¹ down[ダウン]
━ダウンする(下がる) fall, drop; (病気などで)come [be] down (with ...); (ボクシングで)be knocked down[ナックト]
- 2学期は成績がダウンした. My grades fell in the second term.
- マラソン終了後にダウンした. I was exhausted after the marathon.

**ダウン**²(鳥の羽毛)down[ダウン]
- ダウンの布団(ﾌﾄﾝ) a down quilt
┃ダウンジャケット a down jacket

**タウンし**【タウン誌】a community magazine

[カミューニティ マガズィーン]

**ダウンロード**【ダウンロードする】[コンピュータ]**download**[ダウンロウド](⇔アップロード upload)
- 彼は写真をパソコンにダウンロードした．
  He *downloaded* the pictures to the PC.

**たえず**【絶えず】(間断なく)**continuously**[カンティニュアスリィ], **continually**[カンティニュアリィ]

**たえまない**【絶え間ない】**continuous**[カンティニュアス]

━絶え間なく continuously
- 早朝から絶え間なく雪が降っている．
  It has been snowing *continuously* since early this morning.

# たえる[1]【耐える】
**bear**[ベア], **stand**[スタンド], **endure**[インドゥア], **put up with** ...[プットアップ]→がまん
- レギュラーになれるなら，厳しい練習に耐えるつもりだ．
  I will *put up with* strict practice to become a regular member.
- その子どもは歯の痛みに耐えられずに泣き出した．The child couldn't *stand* the toothache any longer and began to cry.
- 彼らは何か月もの苦しい状況に耐えた．
  They *endured* months of hard times.

**たえる[2]**【絶える】(死に絶える)**die out**[ダイアウト], **become extinct**[イクスティンクト]
- 恐竜(きょうりゅう)は約6600万年前に絶えた．
  Dinosaurs *died out* about 66 million years ago. / Dinosaurs *became extinct* about 66 million years ago.

**だえん**【だ円】**an ellipse**[イリプス]; (卵形)**an oval**[オウヴァル]

# たおす【倒す】
(打ち倒す)**knock down**[ナックダウン]; (投げ倒す)**throw down**[スロウ]; (切り倒す)**cut down**[カット]; (負かす)**beat**[ビート], **defeat**[ディフィート]
- 誤って花瓶(かびん)を倒してしまった．
  I *knocked over* a vase by mistake.
- 彼は世界チャンピオンを倒した．
  He *beat* the world champion.

**タオル a towel**[タウ(ァ)ル]
- タオルで手をふいた．
  I dried my hands with a *towel*.
▎**タオルケット a terry-cloth blanket**

# たおれる【倒れる】

| ❶立っている物が横になる | fall, fall down |
| ❷病気・過労などで | fall ill |
| ❸死ぬ，終わる | be killed, end |

❶[立っている物が横になる]**fall**[フォール], **fall down**[ダウン]
- 彼は仰向(あおむ)け[うつ伏(ぶ)せ]に倒れた．
  He *fell* on his back [stomach].
- その古い家は台風で倒れた．The old house *fell down* during the typhoon.

❷[病気・過労などで]**fall ill**[イル]
- 彼女は過労で倒れた．
  She *fell ill* from overwork.

❸[死ぬ，終わる]**be killed**[キルド], **end**[エンド]
- 鎌倉幕府は1333年に倒れた．The Kamakura feudal government *ended* in 1333.

**たか**[鳥]**a hawk**[ホーク]

**だが**(しかし)**but** ...[バット]→けれども, しかし
- 不思議だが本当だ．It's mysterious *but* true.

# たかい【高い】

| ❶下からの長さ・距離(きょり)がある | |
| | high, tall |
| ❷温度・程度などが | high |
| ❸値段が | high, expensive |
| ❹声・音が | loud; |
| | (甲高(かんだか)い)high |

❶[下からの長さ・距離がある]**high**[ハイ](⇔低い low), **tall**[トール](⇔低い short, low)
- 高い天井(てんじょう) a *high* ceiling
- 彼女はクラスでいちばん背が高い．
  She is the *tallest* student in the class.
- 東京スカイツリーは日本のどの建物よりも高い．The Tokyo Skytree is *taller* than any other building in Japan.

> **くらべてみよう！** high と tall
>
> **high**: 高度に重点を置いた語で，主に「高さがあって幅(はば)も広いもの」に使う
> **tall**: 地上からの距離に重点が置かれ，「同じ種類の中で高いもの」「細長くて高さがあるもの」に使う
> - 高い山 a *high* mountain
> - 高い木 a *tall* tree

high

tall

# たがい

❷〔温度・程度などが〕**high**(⇔低い low)
- その子は体温が高い.
The child has a *high* temperature.
- 彼はレベルの高い高校へ入った.
He entered a *highly* ranked high school.
(▶「ハイレベル」は和製英語)

❸〔値段が〕**high**(⇔安い low), **expensive**[イクスペンスィヴ](⇔安い cheap, inexpensive)(▶high は値段, expensive は物・店に用いる)
- ニューヨークは物価が高い.
Prices are *high* in New York.
- 新しい自転車がほしいけど高い.
I want a new bicycle but it is *expensive*.
- あの遊園地の入場料はとても高い.
The admission fee for the amusement park is very *expensive*.

❹〔声・音が〕**loud**[ラゥド]; (甲高い)**high**(⇔低い low)
- 高い声で
in a *high*-pitched [*high*, *loud*] voice

## たがい【互いに(を)】

**each other**[イーチ アザァ], **one another**[ワン アナザァ]
- お互いに助け合いましょう.
Let's help *each other*. / Let's help *one another*.
- 彼らは互いに手を取り合った.
They held *each other's* hands.
- 私たちは互いに問題を出し合った.
We asked *each other* questions.
- 私たちは互いにプレゼントを交換(記)した.
We exchanged presents with *one another*.
- 両親は互いに尊敬し合っている.
My parents respect *each other*.

**たかく**【高く】(位置が)**high**[ハィ]; (地位・程度などが)**high, highly**[ハィリィ]
- 思い切り高く跳(と)びなさい.
Jump as *high* as possible.
- エリの絵は高く評価された.
Eri's picture was *highly* appreciated.

**たがく**【多額】**a large amount [sum] of money**[ラーヂ アマゥント [サム]][マニィ]

**たかくけい**【多角形】**a polygon**[パリガン]

**たかさ**【高さ】**height**[ハィト]
- 彼の背の高さは約170センチだ.
His *height* is about 170 centimeters.
- **高さが…ある high, tall**
- 富士山は高さ3776メートルです.
Mt. Fuji is 3,776 meters *high*.

**だがし**【駄菓子】**cheap sweets [candy]**[チープス ウィーツ [キャンディ]]
- 駄菓子店 an old-fashioned candy store

**たかだい**【高台】**heights**[ハィツ]

**だがっき**【打楽器】**a percussion instrument**[パアカッション インストゥラマント]

**たかとび**【高跳び】〖スポーツ〗(走り高跳び)**the high jump**[ハィ ヂャンプ]; (棒高跳び)**the pole vault**[ポゥル ヴォールト]
- 走り高跳びの選手 a high jumper

**たかまる**【高まる】(増大する)**grow**[グロゥ], **increase**[インクリース]
- 新しい映画への期待が高まっている.
There is *growing* anticipation for the new movie.

**たかめる**【高める】**raise**[レィズ]; (改良する)**improve**[インプルーヴ]; (気持ちを)**lift up**[リフト アップ]
- 生産技術を高める必要がある. It is necessary to *raise* production techniques.
- コーチは私の気持ちを高めてくれた.
The coach *lifted up* my spirits.
- 集中力を高めなくては.
I need to *get more* focused.

**たがやす**【耕す】**plow**[プラゥ], **cultivate**[カルタヴェイト]
- 春になると畑を耕す.
We *plow* a field in spring.

**たから**【宝】**(a) treasure**[トゥレジァァ]
- 宝くじ a (public) lottery
- 宝探し a treasure hunt
- 宝物 a treasure: アメリカでの経験は私の宝物だ. My experiences in America are my *treasures*.

## だから

(それゆえ)**(and) so**[ソゥ]; (…だから)**because …**[ビコーズ]
- お昼にカレーを食べた. だから夕食にはもうカレーは食べたくない. I ate curry and rice for lunch, *so* I don't want to eat curry again for dinner.
- だからどうだっていうの？ *So* what?
- 申しこみをしなかったのだからレースには参加できないよ.
You can't take part in the race *because* you didn't register for it.

**たかる rip off**[リップ オーフ]; (食べ物・飲み物などを)〖話〗**freeload**[フリーロゥド]

**…たがる**【…(し)たがる】**want to+**〈動詞の原形〉[ワント], **be eager to+**〈動詞の原形〉[イーガァ]
- 彼女は声優になりたがっている.
She *wants* [*is eager*] *to* be a voice actor.

**たき**【滝】a waterfall[ウォータフォール], falls[フォールズ](▶fallsはしばしば滝の名前に用いる)
- 華厳(けごん)の滝(the) Kegon *Falls*
- 滝つぼ the basin of a waterfall

**だきあう**【抱き合う】hug each other[ハッグ イーチ アザァ]

**たきこみごはん**【炊き込み御飯】mixed rice with assorted ingredients[ミクスト ライス][アソーティドイングリーディアンツ]

**タキシード** a tuxedo[タクスィードウ]

**だきしめる**【抱き締める】hug[ハッグ]→だく

**たきび**【たき火】a bonfire[バンファイア], a fire[ファイア]
- たき火をしよう.
  Let's build [make] a *fire*.
- 私たちはたき火に当たった.
  We warmed ourselves at the *fire*.

**だきゅう**【打球】
- 打球はレフトスタンドに入った.
  The *ball* flew over the left field stands.

**だきょう**【妥協】(a) compromise[カンプラマイズ]
- 妥協する compromise, make a compromise

**たく**【炊く】(ご飯を)cook[クック], boil[ボイル]
- うちは毎日ご飯を炊く.
  We *boil* [*cook*] rice every day.

**だく**【抱く】(抱き締(し)める)hug[ハッグ]
- 私たちは皆抱き合った.
  We all *hugged*.
- おばあちゃんは泣いている子を優(やさ)しく抱いた.
  Grandma *hugged* the crying child gently.

**たくあん** pickled daikon radish[ピックルド][ラディッシュ]

## たくさん【たくさん(の)】

| | |
|---|---|
| ❶数が | many; a lot (of ...); lots (of ...); plenty (of ...) |
| ❷量が | much; a lot (of ...); lots (of ...); plenty (of ...) |
| ❸十分 | enough |

❶[数が]many[メニィ](⇔少し a few); a lot (of ...)[ラット]; lots (of ...); plenty (of ...)[プレンティ]
- たくさんの車
  *many* [*a lot of*] cars
- 本文に知らない単語がたくさんあった.
  I didn't know *many* of the words in the passage.
- 今週はすることがたくさんある.
  There are *a lot of* things to do this week.

❷[量が]much[マッチ](⇔少し a little); a lot (of ...); lots (of ...); plenty (of ...)
- 私たちは試合のためにたくさん練習した.
  We practiced *a lot* for the game.
- 今年はお年玉をたくさんもらった.
  I received *a lot of* gift money this New Year.
- 今年は雨がたくさん降った. We've had *much* [*a lot of*] rain this year.
- きょうは友達とあまりたくさんしゃべれなかった.
  I couldn't talk with my friends *very much* today.

> **くらべてみよう！** many, much, a lot of ..., lots of ..., plenty of ...
>
> **many**の後には数えられる名詞の複数形が来るのに対し, **much**の後には数えられない名詞が来ます.
> **a lot of ..., lots of ..., plenty of ...**の後には数えられる名詞も数えられない名詞もどちらも来ます.
> many, muchは《話》では主に疑問文, 否定文で使います. また, a lot of ..., lots of ..., plenty of ...は肯定文で使うのがふつうです.
>
>
>
> many cars    much rain

❸[十分]enough[イナフ]
- こんなのもうたくさんだ.
  I've had *enough* of this!

**タクシー** a taxi[タクスィ], a cab[キャブ]
- 私たちはタクシーで病院へ行った.
  We took a *taxi* to the hospital.
- タクシーを呼んでください.
  Would you call a *taxi* for me? / Would you get me a *taxi*?
- タクシーに乗ろう.
  We will take a *taxi*.
- タクシーで行こう.
  We will go by *taxi*.
- タクシーの運転手
  a *taxi* driver / a *cab*driver
- タクシー乗り場 a taxi stand
- タクシー料金 a taxi fare

## タクト

タクシー乗り場の表示(米国)

**タクト** (指揮棒) **a baton**[バトン]

**たくはい**【宅配】**home(parcel)delivery**[ホウム(パーサル)ディリヴ(ァ)リィ]→でまえ
- うちはよくピザの宅配を頼む. My family often order a pizza *delivered*.

**宅配便 home[door-to-door] delivery[service]**: 宅配便で注文した品物が届いた. I received an item I ordered by *home delivery*.

**たくましい strong(and firm)**[ストゥローング][(ファーム)];(筋肉の発達した)**muscular**[マスキュラァ]
- レンはたくましい体格をしている. Ren has a *strong* build.

**たくみ**【巧みな】**skillful**[スキルフル];(巧妙な)**clever**[クレヴァ]
**━巧みに skillfully; cleverly**
- 選手たちは巧みにパスをつないでいった. The players passed the ball on *skillfully*.

**たくらみ**【企み】(陰謀)**a plot**[プラット], **a scheme**[スキーム];(計略)**a trick**[トゥリック]
**━企む plot(to+〈動詞の原形〉), scheme(to+〈動詞の原形〉)**

**たくわえ**【蓄え,貯え】(貯蔵)**a store**[ストァ], **a stock**[スタック]
**━たくわえる store(up), save**
- 地震に備えて食糧をたくわえなくてはならない. We must *store(up)* food for an earthquake.

**たけ¹**【竹】【植物】(a) **bamboo**[バンブー]
竹馬(bamboo) stilts: 竹馬に乗れますか. Can you walk on *stilts*?
竹ぐし a bamboo skewer
竹ざお a bamboo pole
竹の子 a bamboo shoot
竹やぶ a bamboo grove

**たけ²**【丈】(長さ)**length**[レングス];(高さ)**height**[ハイト]
- このジーンズの丈をつめてもらえますか. Would you shorten these jeans?

## …だけ

❶…のみ　　　　　only, just
❷限定, 程度　　　as … as 〜
❸十分な　　　　　enough, worth, all

❶[…のみ] **only**[オウンリィ], **just**[ヂャスト]
- それができるのはマリだけだ. *Only* Mari can do it.
- 一度だけ *only*[*just*] once
- きょうだけね. *Just* for today.
- 妹は少しだけ英語を話せる. My sister can speak English *just* a little.

**…だけでなく〜も**
not only … but(also)〜/〜 as well as …
- 数学だけでなく国語も勉強しないと. I have to study *not only* math *but also* Japanese.

**ここが ポイント!** **only の位置**

onlyは原則として修飾する語の直前におきます. onlyの位置によって意味が異なってきます.
- それに興味があるのは君だけだ. *Only you* are interested in it.
- 君はそれだけに興味があるね. You are interested *only* in it.
- 君はそれに興味があるだけだ. You are *only* interested in it.

❷[限定, 程度] **as … as 〜**[アズ]
- ほしいだけりんごを取りなさい. Take *as* many apples *as* you want.
- 私はできるだけ早く帰りたい. I want to go home *as* early *as* I can.

❸[十分な] **enough**[イナフ], **worth**[ワース], **all**[オール]
- みんなに行き渡るだけケーキはありますか. Is there *enough* cake for everyone?
- その漫画は読むだけの価値はあるよ. The comic is *worth* reading.
- それだけだ. That's *all*.

**だげき**【打撃】**a blow**[ブロウ];(精神的な)**a shock**[シャック];(大きな損害)**damage**[ダミッヂ];〖野球〗**batting**[バッティング]
- 試合で負けたことは私たちには打撃だった. The lost game was a *blow*[*shock*] to us.
- 彼は打撃がうまい. He's good at *batting*.

**だけど but**[バット]→しかし

**たこ¹ a kite**[カイト]
- お正月にはたこを揚げる. We fly *kites* during the New Year.

**たこ**[2]〖動物〗**an octopus**[アクタパス]
　**たこ焼き**：たこ焼きは、小さな丸い粉の生地にたこが入ったものだ．*Takoyaki* is a little dough ball stuffed with octopus.

**ださい** **uncool**[アンクール], **dowdy**[ダウディ]
- ださい服 *dowdy* clothes

**だし**[1]〖山車〗（パレード用の）**a float**[フロゥト]

**だし**[2]〖出し〗（料理の）（**soup**）**stock**[(スープ) スタック]

**たしか**〖確かな〗**sure**[シュァ]（信頼(%)できる）**reliable**[リライアブル]
- 「それは確かですか」「確かです」
  "Are you *sure* about it?" "Yes, I'm *sure*."
- かぎをここに置いたのは確かですか．
  Are you *sure* you put the key here?
- この情報は確かだ．
  This information is *reliable*.

→確かに **surely**

**たしかめる**〖確かめる〗**make sure**［**certain**］[シュア［サートゥン］]；（照合して）**check**[チェック]
- 事実を確かめなくては．
  I have to *make sure* of the fact.
- 忘れ物をしていないか確かめなさい．*Make sure that* you haven't left anything behind.
- バスの時間を確かめます．I'll *check* the time for the bus schedule.

**たしざん**〖足し算〗**addition**[アディション]（⇔引き算 subtraction）

→足し算をする **add**（**up**）

**だしゃ**〖打者〗〖野球〗**a batter**[バッタァ], **a hitter**[ヒッタァ]
- 4番打者 the clean-up（*hitter*）
- 強打者 a slugger

**だじゃれ**〖ごろ合わせ〗**a pun**[パン], **a play on words**[プレィ][ワーヅ]
- 父はよくだじゃれを言う．
  My father often makes *puns*.

**たしょう**〖多少〗（数が）**a few**[フュー]；（量が）**a little**[リトゥル]；（いくらか）**some**[サム], **somewhat**[サム(ホ)ワット]
- 私は英語を多少話せます．
  I can speak *a little* English.
- 私の意見はあなたの意見とは多少違(%)う．
  My opinion is *somewhat* different from yours.

**たす**〖足す〗**add**[アッド]
- スープにもう少し塩を足してください．
  *Add* some salt to the soup, please.
- 3足す7は10．
  Three *and* seven makes［equals］ten. /
  Three *plus* seven is ten.

**たすう**

**だす**〖出す〗

| ❶中から外に | （取り出す）**take out**； |
|  | （舌・顔などを）**put out**, |
|  | **stick out** |
| ❷提出する | **hand in** |
| ❸郵便物を | **send**, 《主に⊕》**mail**, |
|  | 《主に⊕》**post**； |
|  | （手紙を書く）**write** |
| ❹与(%)える | **give**；（飲食物を）**serve**； |
|  | （金を）**pay** |
| ❺大声を | **shout** |

❶［中から外に］（取り出す）**take out**[テイク アゥト]；（舌・顔などを）**put out**[プット], **stick out**[スティック]
- ユキはその袋(%)からキャンディーを出した．
  Yuki *took* candies *out* of the bag.
- 男の子が窓を開けて顔を出した．
  A boy opened the window and *put* [*stuck*] his head *out*.（←頭を）
- 水をはき出した．I *spat out* some water.

❷［提出する］**hand in**[ハンド イン]
- 宿題を出さなくちゃ．
  I have to *hand in* my homework.

❸［郵便物を］**send**[センド], 《主に⊕》**mail**[メイル], 《主に⊕》**post**[ポゥスト]；（手紙を書く）**write**[ライト]
- 私は小包を出すために郵便局へ行った．I went to the post office to *send* a package.
- この手紙を出して来てくれない？
  Can you go and *mail* this letter?
- 友達に年賀状を出した．
  I *wrote* New Year's cards to my friends.

❹［与える］**give**[ギヴ]；（飲食物を）**serve**[サーヴ]；（金を）**pay**[ペィ]
- きょうはたくさん宿題を出された．We were *given* a lot of homework today.
- お客さん全員にお茶を出した．
  I *served* tea *to* all the guests.
- 私の代金は兄が出してくれた．
  My brother *paid* for me.

❺［大声を］**shout**[シャゥト]
- 大きな声を出すな．Don't *shout*.

**…だす**〖…(し)出す〗**begin**[ビギン], **start**[スタート]

…（し）出す
begin［start］+ to +〈動詞の原形〉/
begin［start］+〈-ing形〉

- 雨が降り出した．It *began*［*started*］to rain. / It *began*［*started*］rain*ing*.
- 妹は突然(%)泣き出した．
  My sister *burst into* tears.

**たすう**〖多数〗（大多数）**the**［**a**］**majority**[マヂョー

## たすかる

ラティ］(▶複数形では用いない)(⇔少数 the [a] minority)
—**多数の many, a lot of ..., a (great) number of ...** → **たくさん❶**
|多数決 **decision by majority**: 多数決で決めよう. Let's take a vote.(◀投票する)

**たすかる**【助かる】(救われる)**be saved**[セイヴド]; (生き残る)**survive**[サァヴァイヴ]; (役に立つ)**be helpful**[ヘルプフル]
- 乗客は全員助かった. All the passengers *survived*.
- 助かった, ありがとう. It's really *helpful*. Thanks.
- おかげで助かりました. Thank you for your help. (◀助力に感謝します)

**たすけ**【助け】**help**[ヘルプ]
- 彼は大声で助けを呼んだがだれも来なかった. He cried for *help*, but no one came.
- 患者(ﾍﾟで)には看護師の助けが必要だ. The patient needs a nurse's *help*.

## たすける【助ける】

| ❶ 手伝う | help |
| ❷ 救う | help, save, rescue |

❶ [手伝う] **help**[ヘルプ]
- 世界の子どもたちを助ける仕事につきたい. I want to get a job *helping* children around the world.

〈人〉が…するのを助ける
help+〈人〉+〈動詞の原形〉/
help+〈人〉+with ...
- おばあちゃんがコートを着るのを助けてあげた. I *helped* Grandma put on her coat.
- お父さんがいつも私の宿題を助けてくれる. My father always *helps* me *with* my homework. (▶helps my homeworkは×)

—**助け合う help each other**
- 人はお互いに助け合わないといけない. People should *help each other*.

❷ [救う] **help, save**[セイヴ], **rescue**[レスキュー]
- 助けてくれ. *Help* (me)!

〈人〉を〈危険など〉から助ける
save [rescue]+〈人〉+from+〈危険など〉
- その男の人は火の中から子どもを助けた. The man *saved* the child *from* a fire.

## たずねる¹【尋ねる】

(質問する)**ask**[アスク](⇔答える answer)→ **きく¹❷**
- 私たちはスタジアムまでの行き方をたずねた. We *asked* the way to the stadium.

〈人〉に〈物・事〉をたずねる
ask+〈人〉+〈物・事〉
- 彼女は私の住所をたずねた. She *asked* me my address.
- おたずねしたいことがあるのですが. Can [May] I *ask* you a question?

〈人〉に〈物・事〉についてたずねる
ask+〈人〉+about+〈物・事〉
- 私は先生に中国の歴史についてたずねた. I *asked* my teacher *about* the history of China.

## たずねる²【訪ねる】

**visit**[ヴィズィット]; (人を)**call on ...**[コール]; (場所を)**call at ...**→ **ほうもん**
- 私は母校の小学校を訪ねた. I *visited* [*called at*] my old elementary school.
- 祖父が訪ねてきた. My grandfather *came to see* us.

**だせい**【惰性】(習慣)(a) **habit**[ハビット]; (物理の慣性)**inertia**[イナーシャ]
—**惰性で out of [from] habit**

**だせき**【打席】**at bat**[バット]
- ケイが打席についた. Kei was *at bat*.

**だせん**【打線】**the batting order**[バッティング オーダァ]
- 上位[下位]打線 the top [bottom] of *the batting order*

## ただ¹【只(の)】

| ❶ 無料の | free |
| ❷ ふつうの | common |

❶ [無料の] **free**[フリー]
- 映画のただ券 a *free* movie ticket

—**ただで (for) free, free of charge**[チャーヂ], **for nothing**[ナッスィング]
- あの店は私の自転車をただで直してくれた. That shop repaired my bicycle *free of charge*.
- ただより高いものはない. We never get something *for nothing*.

「ただでワイファイが使えます」という表示（米国）

❷[ふつうの]**common**[カマン]
- ただの風邪(ホセ)だ.
  It's just a *common* cold.

# ただ² 【唯】

| ❶単に | only, just |
| ❷唯一(ネビ)の | only |

❶[単に]**only**[オウンリィ], **just**[チャスト]
- 私はただサキと話したかっただけだった.
  I *only* wanted to talk with Saki.
- 先生はただ「わかった」と言った.
  The teacher *just* said, "I see."

❷[唯一の]**only**
- リンはただ1人テストで満点だった.
  Rin is the *only* student who got a perfect score.

**だだ**【だだをこねる】(わがままにふるまう)**act selfishly**[アクト セルフィッシュリィ]

# ただいま 【ただ今】

| ❶帰ったときのあいさつ | hi, hello |
| ❷現在 | now, at present; (たった今)just now |
| ❸今すぐ | right away, soon |

❶[帰ったときのあいさつ] 日≠英 **hi**[ハィ], **hello**[ヘロゥ](▶決まった言い方はなく,「帰ったよ」を意味する表現や, hiなどを用いる)
- 「ただいま, 帰ったよ」
  "*Hi*, I'm home [back]!"

❷[現在]**now**[ナゥ], **at present**[プレズント]; (たった今)**just now**[チャスト]
- ただ今の時刻は8時ちょうどです.
  It's 8 o'clock sharp *now*.
- 父はただ今外出中です.
  My father is out *now* [*at present*].

❸[今すぐ]**right away**[ライト アウェイ], **soon**[スーン]
- ただ今参ります.
  I'll be with you *right away*.

**たたえる** **praise**[プレイズ]
- 私たちは選手たちをたたえた.
  We *praised* the players.

**たたかい**[戦い, 闘い]**a fight**[ファイト]; (戦闘(ムラ))**a battle**[バトゥル]; (戦争)(**a**) **war**[ウォァ]
- 貧困との闘い the *fight* against poverty
- これは自分との戦いです.
  This is a *fight* against myself.
- 戦いは3日間続いた.
  The *battle* continued for three days.

**たたかう**【戦う, 闘う】**fight**(**against ..., with ...**)[ファイト], **battle**[バトゥル]
- 決勝戦でチームはよく戦った. The team *fought* well in the final match.
- このゲームでは武器で敵と戦います.
  In this game, we *fight against* an enemy using a weapon.
- 2国は領土をめぐって戦った. The two countries *fought* over their territory.

# たたく
(打つ)**hit**[ヒット]; (続けて)**beat**[ビート]; (こぶしで)**knock**(**on ..., at ...**)[ナック]; (軽く)**pat**[パット]; (手を)**clap**[クラップ]
- 私をたたかないで！ Don't *hit* me!
- 彼らは太鼓(ホピ)をたたいた.
  They *beat* drums.
- だれかがドアをたたいた.
  Somebody *knocked on* the door.
- 友達が私の肩をぽんとたたいた.
  A friend *patted* me *on* the shoulder.
- みんな手をたたいて喜んだ.
  We all *clapped* our hands with joy.

**ただし**(しかし)**but**[バット]

# ただしい 【正しい】
**right**[ライト](⇔間違(ホセが)った **wrong**); (正確な)**correct**[カレクト]
- 正しい決断 a *right* decision
- 正しい答え a *correct* answer
- あなたの言うことは正しい. You're *right*.
- 両親がそう言うのは正しかった.
  My parents were *right* to say so.
- ━正しく **rightly**; **correctly**
- 彼はその単語を正しく発音できなかった. He couldn't pronounce the word *correctly*.
- ━正す **correct**→ ていせい

**ただちに**【直ちに】**at once**[ワンス]→ すぐ❶
**たたみ**【畳】(**a**) **tatami**; **a tatami**[**straw**] **mat** [[ストゥロー] マット]→ …じょう²
**たたむ**【畳む】**fold**(**up**)[フォウルド]
- 傘(ホセ)を畳んだ. I *folded* the umbrella.
- ミキはハンカチを4つに畳んだ. Miki *folded* her handkerchief into fours.

**ただよう**【漂う】**float**[フロウト], **drift**[ドゥリフト]
- 木の葉が水面を漂っている.
  Leaves are *floating* on the water.

**たち**(性質)**nature**[ネイチャァ]; (気質)(**a**) **temper**[テンパァ]
- 兄は怒(ホカ)りっぽいたちだ.
  My brother gets angry easily.
- たちの悪い風邪(ホセ)を引いている. I have a bad

たち

**…たち** ...(e)s (▶名詞の複数形で表す)
- クラスメートたち my classm*ates*
- 彼の子どもたち his child*ren*

**たちあがる**【立ち上がる】**stand up**[スタンド], **rise to** *one*'**s feet**[ライズ][フィート]
- みないっせいに立ち上がった.
  We all *rose to our feet* all at once.

**たちあげる**【立ち上げる】《コンピュータ》**boot up**[ブート アップ], **start up**[スタート]

**たちいりきんし**【立入禁止】《掲示》**KEEP OUT**[キープ アウト], **NO TRESPASSING**[トゥレスパスィング]

「立入禁止」の掲示(米国)

- ここは立ち入り禁止です.
  You cannot enter here.

**たちいる**【立ち入る】(入る)**enter**[エンタァ]; (干渉(かんしょう)する)**interfere**[インタァフィア]; (介入(かいにゅう)する)**intrude**[イントゥルード]

**たちぎき**【立ち聞きする】**listen secretly**(**to** ...)[リスン スィークリットゥリィ]

**たちさる**【立ち去る】**leave**[リーヴ], **go away**[ゴウ アウェイ]→**さる**¹

**たちどまる**【立ち止まる】**stop**[スタップ]
- 立ち止まってスマホを見た.
  I *stopped* to check [look at] my smartphone. (▶*stopped* checking [looking at]は「見るのをやめた」の意)

**たちなおる**【立ち直る】**get over**[ゲット オウヴァ], **recover**(**from** ...)[リカヴァ]
- ケンは失敗から立ち直った.
  Ken *got over* his failure.

**たちのぼる**【立ち上る】**go up**[ゴウ アップ], **rise**[ライズ]
- 温泉から湯気が立ち上っている.
  Steam is *rising* from the hot spring.

**たちば**【立場】(人の置かれた状況(じょうきょう))**a place**[プレイス], **a situation**[スィチュエイション], **a position**[パズィション]
- 彼の立場になってみなさい.
  Put yourself in his *place*.
- 私は不利な立場に追いこまれた.
  I was put in a difficult *situation*.

**たちばなし**【立ち話をする】**stand and talk**[スタンド][トーク]
- 彼らは公園でよく立ち話をしている.
  They often *stand and talk* at the park.

**たちまち at once**[ワンス], **immediately**[イミーディアットゥリィ]; (一瞬(いっしゅん)のうちに)**in an instant**[インスタント]→**すぐ❶**

**だちょう**【鳥】**an ostrich**[オーストゥリッチ](複 ostriches, ostrich)

**たちよみ**【立ち読みする】**browse**[ブラウズ]
- 書店で雑誌を立ち読みした.
  I *browsed* magazines at the bookstore. / I *read* magazines at the bookstore (*without buying* them).

**たちよる**【立ち寄る】**drop in**((人の所に)**on** ..., (場所に)**at** ...)[ドゥラップ], **stop by**[スタップ]
- 友達のところに立ち寄った. I *dropped in at* my friend's house. / I *dropped in on* my friend.

## たつ¹【立つ】

| ❶縦になる | (立っている)**stand**; (立ち上がる)**stand up** |
| ❷出発する | **leave, start** |

❶[縦になる](立っている)**stand**[スタンド]; (立ち上がる)**stand up**
- その城は山の上に立っている.
  The castle *stands* on a mountain.
- 私たちはずいぶん長い間立っていた.
  We *stood* for a very long time.
- 弟は立ったままメールを打っていた.
  My brother *stood* while texting.
- 先生のそばに立っている女の子はだれ?
  Who is the girl *standing* by our teacher?

❷[出発する]**leave**[リーヴ], **start**[スタート]→**しゅっぱつ**
- 父は中国にたった.
  My father *left* for China.

## たつ²

(時間が)**pass**[パス], **go by**[**on**][ゴウ バィ[アン]]
- あの出来事から4年がたった.
  Four years have *passed* since that event.
- 1時間たったら出かけられる.
  I can go out *in* an hour. (←1時間後に)

**たつ**³【建つ】(建築される)**be built**[ビルト]
- 駅のそばに大きなビルが建った. A large building *was built* near the station.

**たつ**⁴【断つ, 絶つ】**cut off**[カット オーフ], **break off**[**with**][ブレイク オーフ]
- どういうわけか彼はすべての友達との付き合い

を絶った. For some reason he *cut off* all contact with his friends.
**たつ**[5]【竜, 辰】**a dragon**[ドゥラガン]；(十二支の) **the Dragon**
**たっきゅう**【卓球】**table tennis**[ティブル テニス], 《話》**ping-pong**[ピングパング](▶Ping-Pongは米国の商標)
・卓球をした. We played *table tennis*.
| 卓球台 a ping-pong table
| 卓球部 a table tennis team
**だっきゅう**【脱臼する】**dislocate**[ディスロウケイト]
・テニスをしていて足首を脱臼した.
I *dislocated* my ankle playing tennis.
**ダッグアウト**【野球】**a dugout**[ダガウト]
**ダックスフント**【犬】**a dachshund**[ダークスフント]
**タックル a tackle**[タックル]
→タックルする **tackle, make a tackle**
**だっこ**【抱っこする】**carry**［**hold**］... **in** *one's* **arms**[キャリィ［ホウルド］][アームズ]
・エミは子猫(ﾞ)を抱っこしていた.
Emi was *carrying* a kitten *in her arms*.
・パパ, 抱っこして. Pick me up, Dad.
**だっしめん**【脱脂綿】**absorbent cotton**[アブゾーバント カットゥン]
**たっしゃ**【達者な】(元気な)**well**[ウェル]；(健康な)**healthy**[ヘルスィ]；(じょうずな)**good**[グッド]
**ダッシュ**(突進(ﾂ))**a dash**[ダッシュ]；(記号)**a dash**
→ダッシュする **dash**
**だっしょく**【脱色する】(漂白(ﾊｸ)する)**bleach**[ブリーチ]
・脱色した髪(ﾐ) *bleached* hair
**たっする**【達する】

| | |
|---|---|
| ❶場所・段階に | **reach, get to ...,** **arrive**（**at ..., in ...**） |
| ❷数量に | **reach, amount**（**to ...**） |
| ❸目的などを | **achieve** |

❶[場所・段階に]**reach**[リーチ], **get to ...**[ゲット], **arrive**（**at ..., in ...**）[アライヴ]
・彼らは山の頂上に達した. They *reached*［*got to*］the top of the mountain.
❷[数量に]**reach**[リーチ], **amount**（**to ...**）[アマウント]
・入場者は100万人に達した. The number of attendees *reached* one million.
❸[目的などを]**achieve**[アチーヴ]→たっせい
**たっせい**【達成する】**achieve**[アチーヴ], **accomplish**[アカンプリッシュ]
・チームの目標を達成した.
We *achieved* the team's goal.
| 達成感 a sense of accomplishment

**だっせん**【脱線する】**derail**[ディーレイル], **run off the track**[ラン][トゥラック]；(話が)**get off**
・昨夜列車が脱線した. A train *derailed*［*ran off the track*］last night.
・ケンはしょっちゅう話が脱線する.
Ken always *gets off* topic.
**だっそう**【脱走する】**escape**[イスケイプ]
**たった**(ただ…だけ)**only**[オウンリィ]；(ちょうど)**just**[ヂャスト]
・その練習にはたった5人しかいなかった. There were *only* 5 people at the training.
・バスはたった今出た. The bus left *just* now.
**…だった**→…でした
**タッチ a touch**[タッチ]；【野球】**a tag**[タッグ]
・タッチの差で電車をのがした.
I missed the train *by seconds*［*a hair*］.
→タッチする (触(ﾌ)る)**touch**；(ICカードなどを)**touch, tap**[タップ]；【野球】**tag**(▶この意味ではtouchは×)
・読み取り機にICカードをタッチして.
*Touch* your IC card on the reader. /
*Touch* the reader with your IC card.
| タッチアウト: ランナーはタッチアウトになった. The runner was *tagged out*.
| タッチアップ 《野球》**a tag up**
| タッチスクリーン 《コンピュータ》**a touch screen**
| タッチダウン 《アメリカンフットボール・ラグビー》**a touchdown**
| タッチライン 《サッカー・ラグビー》**a touchline**

# だって

| | |
|---|---|
| ❶なぜなら…だから | **because ...;**（しかし）**but** |
| ❷…でさえ | **even;**（…もまた）**too** |

❶[なぜなら…だから]**because ...**[ビコーズ]；(しかし)**but**[バット]
・謝(ﾔ)らないよ. だって彼はうそをついたんだから. I won't apologize *because* he told me a lie.
・「部屋を掃除(ｿｳ)しなさい」「だってきのうしたよ」
"Clean your room!"
"*But* I did yesterday."
❷[…でさえ]**even**[イーヴン]；(…もまた)**too**[トゥー]
・私にだって解ける問題だ.
This is a question *even* I can solve.
・「疲(ｶ)れたよ」「私だって疲れてるんだ」
"I'm tired." "I'm tired, *too*."
**たづな**【手綱】**rein**(**s**)[レイン(ズ)]
**だっぴ**【脱皮する】**shed skin**[シェッド スキン]

**タップダンス** a tap dance [タップ ダンス]
**たっぷり** a lot (of ...) [ラット], plenty (of ...) [プレンティ], (まるまるの) full [フル] → まる…
- パンケーキにたっぷりクリームをかけてもらった. I had *a lot of* cream served on my pancake.
- 時間はまだたっぷりある. We still have *plenty of* time.

**たつまき**【竜巻】a tornado [トーネイドウ]
- 突然(た)竜巻が発生した. A *tornado* has suddenly formed.

**だつもう**【脱毛】(毛が抜けること) hair loss [ヘア ロース]; (除毛) hair removal [ヘア リムーヴァル]
— 脱毛する remove (one's) hair [リムーヴ][ヘア]
脱毛器具 a hair remover
脱毛クリーム a hair removal cream

**たて¹**【縦】(長さ) length [レングス] (⇔横 width)
- そのテーブルは縦が2メートルある. The table is 2 meters in *length*. / The table is 2 meters *long*.
— 縦の (垂直の) vertical [ヴァーティクル] (⇔横の horizontal)
- 縦の線 a *vertical* line

vertical lines    horizontal lines

— 縦に vertically (⇔横に horizontally)
- 日本語はふつう縦に書く. Japanese is usually written *vertically*.

**たて²**【盾】(記念の) a plaque [プラック], (武具) a shield [シールド]

**…たて**【…(し)たての】new- [ヌ -], newly [ヌ - リィ] (▶また, new や fresh などの語と組み合わせて表現することも多い)
- 生まれたての赤ん坊(肾) a *new*-born baby
- 焼きたてのパイ a *freshly* baked pie
- ペンキ塗(ぬ)りたて《掲示》WET PAINT

**…だて**【…建ての】-story [ストーリィ], -storied
- 10階建てのビル a ten-*story* building

**たてうり**【建て売り】(住宅) a ready-built house [レディビルト ハウス]

**たてかえる**【立て替える】pay ... for ~ [ペイ]
- ミワが電車賃を立て替えてくれた. Miwa *paid* the train fare *for* me. / Miwa *paid* my train fare.

**たてかける**【立て掛ける】(…を~に) lean ... against ~ [リーン], prop (up) ... against ~ [プラップ (アップ)]
- 壁(災)にはしごを立てかけた. I *leaned* a ladder *against* the wall.

**たてがみ** a mane [メイン]

**たてぶえ**【縦笛】【楽器】a recorder [リコーダァ]

**たてふだ**【立て札】a sign [サイン], a bulletin board [ブレティン ボード]

**たてもの**【建物】a building [ビルディング]
- 木造2階建ての建物 a two-story wooden *building*

## たてる¹【立てる】

| ❶まっすぐにする | stand, set up, put up |
| ❷計画・音などを | make |

❶ [まっすぐにする] stand [スタンド], set up [セットアップ], put up [プットアップ]
- テーブルの上にろうそくを1本立てた. I *stood* a candle on the table.
- 彼は海岸にビーチパラソルを立てた. He *set up* a beach parasol on the beach.

❷ [計画・音などを] make [メイク]
- 冬休みの計画はもう立てましたか. Have you already *made* plans for winter vacation?
- 大きな音を立てないで. Don't *make* any loud noises.
- 今学期の目標を立てよう. Let's *set up* goals for this term.

## たてる²【建てる】

build [ビルド]
- 新しいビルが建てられた. A new building was *built*.
- おじは伊豆(ぬ)に家を建てた. My uncle *built* a house in Izu.
- 私たちはシロに犬小屋を建ててやった. We *built* Shiro a doghouse. / We *built* a doghouse *for* Shiro.

**だてん**【打点】RBI [▶ run(s) batted in の略]
- その選手は50打点をあげた. The player has 50 *RBIs*.

**たどうし**【他動詞】【文法】a transitive verb [トゥランサティヴ ヴァーブ] (▶ v.t., vt と略す)

**たとえ**【例え】(比ゆ) a metaphor [メタフォァ]; (例) an example [イグザンプル]

**たとえ…でも** even if [though]… [イーヴン イフ [ゾウ]] → …でも❷
- たとえ雨が降っても試合は行われる. The game will be held *even if* it rains.

## たとえば【例えば】

for example [イグザンプル] (▶ e. g. [イーヂー] と略して書く場合もある), like [ライク]

# たのしむ

- 私は動物を飼いたい，例えば犬とか猫(ﾈｺ)を．
  I want to have a pet. *For example*, a dog or a cat.
- 南国の果物，例えばマンゴー，パパイヤ，パイナップルなどが好きだ．I like tropical fruits *like* mangos, papayas, or pineapples.

**たとえる**【例える】**compare ... to ～**[カンペァ]
- 人生はよく旅に例えられる．
  Life is often *compared to* a journey.

**たどりつく**【たどり着く】**get to**[ゲット], **reach**[リーチ] →**つく**¹❶
- 頂上にたどり着いた．
  We *reached* the summit.

**たどる follow**[ファロウ], **go along ...**[アロォング]
- 山道をたどって行った．I *followed*［*went along*］a mountain path.

**たな**【棚】**a shelf**[シェルフ]（複 **shelves**[シェルヴズ]）;（列車などの）**a rack**[ラック]
- 棚の上に本がたくさん置いてある．
  There are a lot of books on the *shelf*.

**たなばた**【七夕】**the Star Festival**[スタァ フェスタヴァル]→**年中行事**[口絵]
- 七夕は7月に行われる．
  *The Star Festival* is celebrated in July.

**たに**【谷】**a valley**[ヴァリィ]
┃谷川 **a mountain stream**

**だに**〘虫〙**a tick**[ティック]

**たにん**【他人】**others**[アザァズ], **other people**[ピープル];（知らない人）**a stranger**[ストゥレインヂァァ]
- 他人のことを悪く言うのはよくない．
  It's not good to speak badly of *others*.
- 赤の他人 **a total**［**perfect**］**stranger**

**たぬき**〘動物〙**a raccoon dog**[ラクーン ドーグ]

━━━━━━━━━〔慣用表現〕━━━━━━━━━
たぬき寝入(ｲ)りをする **pretend to be asleep**
（←寝ているふりをする）

---

**たね**【種】
❶植物の種子
　（a）**seed**;（桃(ﾓﾓ)・梅などの）**a stone**;
　（りんご・みかんなどの）**a pip**
❷もとになるもの
　（心配などの）（a）**cause**;
　（話の）**a topic**;（手品の）**a trick**

❶〔植物の種子〕（a）**seed**[スィード];（桃・梅などの）**a stone**[ストウン];（りんご・みかんなどの）**a pip**[ピップ]
━**種をまく sow, plant**［**sow**］**seeds**
- 私たちは校庭に野菜の種をまいた．We *sowed* vegetable seeds in the school yard.
━**種なしの seedless**

- 種なしぶどう *seedless* **grapes**
❷〔もとになるもの〕（心配などの）（a）**cause**[コーズ];（話の）**a topic**[タピック];（手品の）**a trick**[トゥリック]
- テストが心配の種だ．
  The test is the *cause* of my worries.
- 種も仕掛(ｶｹ)けもありません．
  There is no（secret）*trick* to this.

## たのしい【楽しい】

**be**［**have**］**fun**[ファン]; **pleasant**[プレザント];（幸せな）**happy**[ハッピィ]
- 楽しい思い出
  a *pleasant*［*fun*, *happy*］memory
- 友達の家に行って楽しかった．
  I *had fun* at my friend's house.
- ユミ，あなたといると楽しいよ．
  Yumi, I'm *happy* to be with you.
- 「遠足はどうだったの」「楽しかったよ」"How was the school trip?" "It *was fun*."
- サッカーをするのは楽しい．
  It's *fun* to play soccer.
- クラブは楽しいかい？
  Do you *enjoy* the club?
━**楽しく pleasantly; happily**
- 私たちは楽しく英会話の練習をした．We practiced English conversation *pleasantly*.
- 私たちは3年間を楽しく過ごした．
  We spent three years *happily*.

**たのしませる**【楽しませる】**entertain**[エンタァテイン];（喜ばせる）**please**[プリーズ]
- 手品師は子どもたちを楽しませた．
  The magician *entertained* the children.

## たのしみ【楽しみ】

（a）**pleasure**[プレジァ],（an）**enjoyment**[インヂョイマント], **fun**[ファン]
┃…**するのを楽しみにしている**
┃**be looking forward to**＋〈**-ing**形〉
- 映画に行くのを楽しみにしている．I'm *looking forward to* g*oing* to the movie.
- 友達からのメッセージを読むのが何よりの楽しみだ．Nothing gives me more *pleasure* than reading messages from my friends.

## たのしむ【楽しむ】

**enjoy**[インチョイ], **have a good time**[グッド タイム], **have fun**[ファン]
- 私たちはコンサートをとても楽しんだ．
  We *enjoyed* the concert very much.
┃…**して**［**することを**］**楽しむ**
┃**enjoy**＋〈**-ing**形〉
- 私は時々旅行をして楽しむ．

I sometimes *enjoy* travel*ing*. (▶ enjoy to travelは×)
- 楽しんでらっしゃい. *Have a good time*! (▶ 遊びに出かける人などに言う)
- 楽しんでね. *Enjoy yourself*!

## たのみ【頼み】
(依頼) (**a**) **request**[リクウェスト]; (願い) **a favor**[フェイヴァ]
- 私は彼女の頼みを断った.
  I refused [turned down] her *request*.
- 私の頼みを聞いてくれる？ Will you do me a *favor*? / May I ask you a *favor*?

慣用表現
頼みの綱 the last [only] hope: 君はチームの頼みの綱だ. You are our team's *only hope*.

## たのむ【頼む】
❶ 依頼する　　　ask
❷ 注文する　　　order

❶ [依頼する] **ask**[アスク]
〈人〉に〈物・事〉を頼む
ask +〈人〉+ for +〈物・事〉
- 他のクラブにも応援を頼んだ.
  We *asked* the other clubs *for* help.
〈人〉に…してくれるように頼む
ask +〈人〉+ to +〈動詞の原形〉
- だれかに犬の世話をしてくれるように頼もう.
  Let's *ask* someone *to* take care of our dog.
- 父に買い物に行ってくるように頼まれた. I was *asked* by my father *to* go shopping.
❷ [注文する] **order**[オーダァ]
- ピザとコーラを頼んだ.
  I *ordered* a pizza and a cola.

**たのもしい**【頼もしい】**reliable**[リライアブル]
- 頼もしい人 a *reliable* person

**たば**【束】**a bunch**[バンチ], **a bundle**[バンドゥル]
- 花束 a *bunch* of flowers / a bouquet
- 新聞紙の束 a *bundle* of newspapers
  ➡束にする→ たばねる

**たばこ**（紙巻き）**a cigarette**[スィガレット]
　➡たばこを吸う **smoke**
- たばこを吸うのは健康に悪い.
  *Smoking* is bad for your health.

**タバスコ**[商標]**Tabasco sauce**[タバスコゥ ソース]
- ピザにタバスコをかけた.
  I put *Tabasco sauce* on the pizza.

**たばねる**【束ねる】**tie up**[タイ]

- アオイは髪をゴムで束ねた.
  Aoi *tied* her hair *up* with a hair tie.

**たび¹**[旅]**travel**[トゥラヴァル], **a trip**[トゥリップ], **a journey**[チャーニィ]→ りょこう
　➡旅をする **travel, take a trip**; (旅に出る)**go on a trip**
- 一人旅をしてみたい. I want to *travel* alone.
- 旅人 a *traveler*

**たび²**[足袋]*tabi*; **Japanese socks**[ヂャパニーズ サックス]
- 着物のときには足袋をはきます.
  When you wear a kimono, you put *Japanese socks* on.

**タピオカ tapioca**[タピオゥカ]; (球状の)**tapioca pearls**[タピオゥカ パールズ], **boba**[ボゥバ]
- タピオカティー[ドリンク] **bubble tea**, (**tapioca**) **pearl tea, boba**(**tea**)

**たびたび**(しばしば)**often**[オーフン], **frequently**[フリークワントゥリィ]; (何度も)**many times**[メニィ タイムズ]
- この人はテレビでたびたび見ます.
  I *often* see this person on TV.
**…たびに every time**[エヴリィ タイム]
- 電車が到着するたびに、たくさんの人が降りてくる. Many people get off *every time* a train arrives.

**ダビング**
　➡ダビングする (複製する)**make a copy** (**of ...**)
- 彼女はペットの猫の写真をＣＤ10枚にダビングした. She *made* 10 *copies of* the CD of her pet cat pictures.

**タフ**[タフな]**tough**[タフ]

**タブー**（**a**) **taboo**[タブー]
- 彼女にその話題を出すのはタブーだ.
  That topic is *taboo* with her. (▶このtabooは形容詞)

**だぶだぶ**[だぶだぶの] (衣服が)**loose**[ルース], **baggy**[バギィ]
- だぶだぶのセーター
  a *loose* [*baggy*] sweater

**ダブる**(重複する)**be doubled**[ダブルド], **overlap**[オウヴァラップ]; (日程が)**fall on ...**[フォール]

たまご

- 祭日が日曜日とダブっている．
  The national holiday *falls on* a Sunday.
- ものがダブって見える．
  I see *double*.

**ダブル**【ダブルの】**double**[ダブル]
　ダブルクリックする〘コンピュータ〙
  **double-click**
　ダブルスチール〘野球〙**a double steal**
　ダブルフォールト〘テニス〙**a double fault**
　ダブルプレー〘野球〙**a double play**
　ダブルヘッダー〘野球〙**a doubleheader**
　ダブルベッド **a double bed**

**ダブルス**〘スポーツ〙**doubles**[ダブルズ]（▶単数扱い）
- ダブルスのパートナー
  a *doubles* partner
- 混合ダブルス mixed *doubles*
- 友達と組んでダブルスの試合をした．
  I played *doubles* with my friend.

**タブレット**〘コンピュータ〙**a tablet**（**computer**）[タブリット（カンピュータァ）]

## たぶん

（ひょっとしたら）**perhaps**[パァハプス], **maybe**[メイビィ]；（十中八九）**probably**[プラバブリィ]
- たぶんあしたは雨になると思う．
  *Perhaps* it will rain tomorrow.
- この教科書はたぶんユミのだ．
  This textbook is *probably* Yumi's.

**たぶんか**【多文化の】**multicultural**[マルティカルチャラル]

**たべあるき**【食べ歩き】
- 私たちはベトナムで食べ歩きをするつもりだ．
  We're going to try eating in different places in Vietnam.

**たべごろ**【食べ頃】
- このメロンは食べごろだ．
  This melon *is ready to eat*.

**たべほうだい**【食べ放題の】**all-you-can-eat**[オールユーキャンイート]
- 食べ放題の店
  an *all-you-can-eat* restaurant
- この店では2000円でピザが食べ放題だ．
  You *can eat* as many pizzas *as you want* for 2,000 yen at this restaurant.

## たべもの【食べ物】

（食物）（**a**）**food**[フード]；（何か食べる物）**something to eat**[サムスィング][イート]
- 冷蔵庫に食べ物は何も残っていなかった．
  There was no *food* left in the refrigerator.
- すしは日本でいちばん人気のある食べ物の1つです．
  Sushi is one of the most popular *foods* in Japan.
- 何か食べ物をちょうだい．
  Give me *something to eat*.

**たべる**【食べる】
**eat**[イート], **have**[ハヴ]
- 私たちはおはしでご飯を食べます．
  We *eat* rice with chopsticks.
- 朝食は何を食べましたか．
  What did you *have*［*eat*］for breakfast?
  （▶eatよりhaveのほうがていねいな言い方）
- ケンは食べるのが速い［遅い］．
  Ken *eats* quickly［*slowly*］.
- うちは1週間に1回は外で食べる（外食する）．
  Our family *eats* out once a week.
- ユキはお弁当を残さず食べた．
  Yuki *ate* up all her lunch.
- おやつを食べ過ぎた．
  I *ate* too many snacks.
- それ，おいしいよ．食べてごらんよ．
  It's delicious. *Try* it.

**たま**[1]【球, 玉】（ボール）**a ball**[ボール]；（球形の物）**a ball**；（電球）**a bulb**[バルブ]；（硬貨）**a coin**[コイン]
- 10円玉 a ten-yen *coin*

**たま**[2]【弾】**a bullet**[ブリット]

**たまご**【卵】**an egg**[エッグ] → しろみ 図
- 卵の白身
  the white of an *egg* / an *egg* white
- 卵の黄身 the yolk of an *egg* / an *egg* yolk
- 卵の殻 an *egg*shell
- 卵を割った［ゆでた］．
  I broke［boiled］an *egg*.

話してみよう！
😊 卵はどのように（調理）しますか？
  How would you like your *eggs*?
😊 スクランブルエッグでお願いします．
  Scrambled, please.

- 彼女は医者の卵だ．
  She is a future doctor.

表現メモ

**卵料理のいろいろ**
生卵 a raw egg / 落とし卵 poached eggs
ゆで卵 a boiled egg
（固ゆでの）a hard-boiled egg
（半熟の）a soft-boiled egg
オムレツ an omelet
ハムエッグ ham and eggs
ベーコンエッグ bacon and eggs

## たましい

スクランブルエッグ scrambled eggs

卵焼き a Japanese omelet

目玉焼き sunny-side up / fried eggs

**たましい**【魂】(霊魂(れいこん))(a) **soul**[ソウル];(精神) **a spirit**[スピリット]

**だます deceive**[ディスィーヴ], **cheat**[チート]
- 弟をだました．
  I *deceived* my brother.

**たまたま by chance**(チャンス)→ ぐうぜん

**たまつき**【玉突き】(ビリヤード)**billiards**[ビリャーヅ](▶単数扱い);(自動車の玉突き事故)**a pileup**[パイラップ]

**たまに occasionally**[アケイジョナリィ], **once in a while**[ワンス][(ホ)ワイル]
- おじはたまに私に会いに来る．
  My uncle *occasionally* comes to see me.
- たまには部屋を掃除(そうじ)しなければ．I have to clean up my room *once in a while*.

**たまねぎ**【玉ねぎ】[植物]**an onion**[アニャン]

**たまらない**
- 暑くてたまらない．
  I *can't stand* the heat.
- その物語は悲しくてたまらなかった．
  The story was *too* sad.
- 新しいゲームがほしくてたまらない．I *badly* want *to* get a new game. / I *am dying to* get a new game.
- おかしくてたまらなかった．I *could not help* laugh*ing*. (◀笑わざるを得なかった)

**たまりば**【たまり場】(話)**a hangout**[ハングアウト], **a gathering spot**[ギャザリング スパット], **a haunt**[ホーント]

**たまる**(集まる)**collect**[カレクト], **gather**[ギャザァ];(増えていく)**pile up**[パイル]
- ポイントがたまった．
  I've *collected* [*earned*] points.
- 机の上にほこりがたまっていた．
  Dust *collected* [*gathered*] on the desk.
- 宿題がたまっている．
  My homework has *piled up*.
- 自転車を買うお金がたまった．
  I *saved* enough money to buy a bicycle.
- ストレスがたまる．I get stressed.

## だまる【黙る】
**become silent**[サイラント];(黙っている)**keep silent**[キープ];(静かになる)**become quiet**[クワイアット]
- このことは黙っていて．
  *Keep silent* about this. / *Don't tell* this to anyone.
- 黙れ！
  (*Be*) *quiet*! / *Shut up*! / *Silence*!
  (▶Shut up!は非常に強い調子の言い方)
- アイは家の人に黙って外出した．
  Ai went out *without telling* anybody in her family.

**ダム a dam**[ダム]
- 彼らは黒部ダムを造った．
  They built Kurobe *Dam*.

## …ため【(…の)ため】

| | |
|---|---|
| ❶利益 | for … |
| ❷目的 | for …;(…するために) to+〈動詞の原形〉, in order to+〈動詞の原形〉 |
| ❸理由, 原因 | because of … |

❶[利益]**for …**[フォア]
- 私は世界平和のために働きたい．
  I want to work *for* world peace.

—**ためになる useful, helpful**;(…にとって)**be good for …**
- これはためになる本らしい．
  I heard that this book is *useful*.

❷[目的]**for …**;(…するために)**to+〈動詞の原形〉, in order to+〈動詞の原形〉**[オーダァ]
- 何のために日本に来たのですか．
  What did you come to Japan *for*?

…するために
to+〈動詞の原形〉/
in order to+〈動詞の原形〉
- ユキはカナダに行くために英語を勉強している．
  Yuki is studying English (*in order*) *to* go to Canada.

…するための〜
〜 to+〈動詞の原形〉
- コーチは急いでいたので私と話すための時間がなかった．
  My coach was in such a hurry (that) he had no time *to* talk to me.

❸[理由, 原因]**because of …**[ビコーズ]
- 雨のために決勝戦は延期された．The final was postponed *because of* rain.
- バスが遅(おく)れたために遅刻(ちこく)しました．
  I'm late *because* the bus was (running) behind schedule.

## だめ【駄目な】

❶ 役に立たない，無駄な
　**no good, useless**;
　（よくない）**be not good**
❷ …してはいけない
　**must [should] not**+〈動詞の原形〉,
　**Don't**+〈動詞の原形〉
❸ …しなくてはいけない
　**have to**+〈動詞の原形〉,
　**must**+〈動詞の原形〉
❹ …できない
　**cannot**+〈動詞の原形〉

❶ [役に立たない, 無駄な] **no good**[グッド], **useless**[ユースリス]; （よくない）**be not good**
- 彼の絵は駄目だ. His painting is *no good*.
- 努力をしたが駄目だった.
　All my efforts were *useless* [*in vain*].
- 台風でりんごが駄目になった.
　The typhoon *damaged* the apples.

❷ […してはいけない] **must [should] not**+〈動詞の原形〉[マスト [シュッド]], **Don't**+〈動詞の原形〉 →…ならない❷
- そこへ入っては駄目だよ.
　You *mustn't* [*shouldn't*] go in there.

❸ […しなくてはいけない] **have to**+〈動詞の原形〉[ハフタ], **must**+〈動詞の原形〉 →…ならない❶
- もっと早く起きなくては駄目だ.
　You *have* [*need*] *to* wake up earlier.

❹ […できない] **cannot**+〈動詞の原形〉[キャン]
- 2時は駄目です. I *can't* make it at two.
- きょうはついていない. 何をやっても駄目だ.
　Today is not my day. I *can* do *nothing* well.

駄目もと: 駄目もとでやってみよう. Let's do it anyway. We *have nothing to lose*.（←とにかくやろう, 私たちに失うものはない）

## ためいき【ため息】 **a sigh**[サイ]
━ため息をつく **sigh, give a sigh**
- 私はほっとため息をついた.
　I *sighed* with relief.

## ダメージ **damage**[ダミッヂ]
- ダメージが大きかった.
　The *damage* was serious.
━ダメージを受ける **be [get] damaged**

## ためし【試し】 **a try**[トゥライ]; （試用）**a trial**[トゥライアル]
- 試しにやってみなさい.
　*Give* it *a try*.
- アンは試しにすしを食べてみた.
　Ann *tried* (*eating*) sushi.

## ためす【試す】
**try**[トゥライ], **attempt**[アテンプト]; （検査する）**test**[テスト]
- そのやり方を試してみるべきだ.
　You should *try* doing it that way.
- これは体力を試すテストだ.
　This is to *test* your physical strength.

## ためらい （a）**hesitation**[ヘズィテイション]
- 彼はためらいなく川の中へ飛びこんだ. He dove into the river without *hesitation*.
- ケイはためらいがちに話した.
　Kei spoke *haltingly*.

## ためらう **hesitate**[ヘズィテイト]
- 私は先生に質問するのをためらった.
　I *hesitated* to ask the teacher a question.

## ためる （お金を）**save up**[セイヴ]; （貯蔵する）**store**[ストア]
- 兄はアルバイトでお金をためた. My brother *saved up* money by working part-time.

## たもつ【保つ】 **keep**[キープ]
- 遊びと勉強のバランスを保ちたい.
　I want to *keep* a good balance between study and play.

## たやすい **easy**[イーズィ], **simple**[スィンプル] →やさしい¹

## たより¹【便り】 （手紙）**a letter**[レタァ]; （消息）**news**[ヌーズ]
- お便りありがとう.
　Thank you for your *letter*.
- 最近ユリから便りがありましたか.
　Have you *heard* from Yuri lately?

## たより²【頼り】 **reliance**[リライアンス]; （援助）**help**[ヘルプ]
- 地図を頼りに行った. I got there with the *help* of a map.
━頼りになる **reliable**[リライアブル]
- 我々のゴールキーパーは頼りになる.
　Our goalkeeper is *reliable*.
━頼りない **unreliable**
━頼りにする →たよる

## たよる【頼る】
**depend**（**on** ...）[ディペンド], **rely**（**on** ...）[ライ]; （当てにする）《話》**count on** ...[カウント]
- 日本は食べ物の多くを海外に頼っている.
　Japan *depends* [*relies*] *on* foreign countries for much of its food.
- いつも姉を頼っている.
　I always *rely* [*depend*] *on* my sister.
- 頼りにしているよ. I'm *counting on* you.

## たら 《魚》 **a cod**[カッド]（複 cod, cods）

…たら

たらこ cod roe

## …たら【…(し)たら】

❶ 仮定, 条件　　　(もし…なら)if ...;
　　　　　　　　(…したとき)when ...

❷ …したらどうですか
　　　Why don't you+〈動詞の原形〉?,
　　　How about+〈-ing形〉?

❶ [仮定,条件] (もし…なら)if ...[イフ]; (…したとき)when ...[(ホ)ウェン]

- 無理だったらいいよ.
  Don't worry *if* it's difficult for you.
- カオルが来たら出発しよう. Let's start *when* Kaoru comes. (▶未来のことでもwhen以下の時制は現在形になる)
- もっと英語ができたらなあ. *I wish* I were better at English. (▶現在の事実に反することを仮定する)

❷ […したらどうですか] Why don't you+〈動詞の原形〉?[(ホ)ウィ], How about+〈-ing形〉?[ハウ アバウト]

- もっと運動をしたら？ *Why don't you* get some more exercise? / *How about* get*ting* some more exercise?

**だらく**【堕落】corruption[カラプション]
　— 堕落する, 堕落させる corrupt[カラプト]
- 堕落した生活 a *corrupted* life

**…だらけ** be full of ...[フル], be covered with ...[カヴァド]
- ナオの作文はミススペリングだらけだ.
  Nao's composition *is full of* misspellings.
- そのユニフォームは泥(タ)だらけだった.
  The uniform *was covered with* mud.

**だらける** be lazy[レイズィ], slack off[スラック]
- きょうもだらけちゃった.
  I have *been lazy* today, too.

**たらこ**[魚]cod roe[カッド ロウ]

**だらしない** (服装などが)untidy[アンタイディ]; (生活・行動などが)lazy[レイズィ]
- だらしないよ. You are too *lazy*!

**たらす**【垂らす】(ぶらさげる)hang[ハング]; (液体を)drip[ドゥリップ]
- 屋上から幕が垂らされていた.
  The banner was *hung* from the rooftop.

**…たらず**【…足らず】less than ...[レス]
- 1時間足らずで終わると思う.
  I think it'll end in *less than* an hour.

**たらたら**
- とても暑いのでみな不満たらたらだった.
  Everyone was complaining because it was so hot.

**だらだら**【だらだらした】(長々続く)long and boring[ローング][ボーリング]; (怠惰(タ)な)lazy[レイズィ]
- だらだらした話 a *long and boring* talk
- だらだらした生活をするな.
  Don't lead a *lazy* life.
- だらだら歩かないで. Don't walk so *slowly*.

**タラップ** (飛行機の)a ramp[ランプ]; (船の)a gangway (ladder)[ギャングウェイ (ラダァ)] (▶「タラップ」はオランダ語から)

**…たり**【…(し)たり】and[アンド]
- 私は動画を見たり本を読んだりした.
  I watched videos *and* read books.

**ダリア**[植物]a dahlia[ダリャ]

**だりつ**【打率】[野球]a batting average[バッティング アヴ(ァ)リッヂ]
- 彼の打率は3割2分5厘(%)だった.
  His *batting average* was .325. (▶.325は three twenty-fiveと読む)

**たりょう**【多量の】→ たいりょう¹, たくさん❷

## たりる【足りる】

(十分である)be enough (for ...)[イナフ], sufficient[サフィシャント]

- この宿題をするのに1時間あれば足りるだろう.
  One hour will *be enough for* me to do this homework.
- お金が足りない.
  I don't have *enough* money.
- この試合に出るにはメンバーが足りない.
  We don't have *enough* members to take part in the game.
- 彼は忍耐(ミシ)が足りない.
  He is lacking in patience.

**たる** a barrel[バラル]

**だるい** feel tired[フィール タイアド], be dull[ダル]
- 体がだるい. I *feel tired*.
- 足がだるい. My legs *felt heavy*.

**だるま** a Daruma doll[ダール]

**たるむ** (ぴんと張っていたものが)come loose[ルース], slacken[スラックン]; (取り組む姿勢などが)be lazy[レイズィ]
- スニーカーのひもがたるんでいる.
  The laces of my sneakers are *loose*.
- 最近たるんでいる気がする.
  I feel I'*m lazy* these days.

**たれ** sauce[ソース]

## だれ【誰】who[フー]

- だれがそう言ったのですか. *Who* said so?
- だれがこれをやったのかわかりません.
  I don't know *who* did this.

たんか²

### ここがポイント！ who(だれ)の変化形

| だれが | who |
| --- | --- |
| だれの | whose |
| だれを[に] | whom, (話) who |
| だれのもの | whose |

**話してみよう！**

☺(ドアのノックに応答して)だれ？
*Who's* there?(← だれがそこにいるの？) / *Who* is it?
😊アヤです.
It's Aya.

- これはだれのバッグですか.
  *Whose* bag is this?
- だれからのメッセージを読んでいるの？
  *Whose* message are you reading?
- だれに電話しているの？
  *Who* [*Whom*] are you calling?
- だれといっしょにいたの？
  *Who* [*Whom*] have you been *with*?

**だれか**【誰か】
(肯定文で)**someone**[サムワン], **somebody**[サムバディ]；(疑問文・否定文などで)**anyone**[エニィワン], **anybody**[エニィバディ](►いずれも単数扱い. somebody, anybodyのほうが口語的)

- だれかが片付けてくれた.
  *Someone* has put things away.
- だれか手伝ってくれる人はいませんか.
  Is there *anyone* who can help us? / Can *anybody* help (us)?
- だれか私の靴(⸤)を見なかった？
  Has *anyone* seen my shoes?
- だれかほかの人に頼んで.
  Ask *someone* else.

**だれでも**【誰でも】
(みんな)**everyone**[エヴリィワン], **everybody**[エヴリィバディ]；(どんな人でも)**anyone**[エニィワン], **anybody**[エニィバディ](►いずれも単数扱い)

- だれでもそのことは知っている.
  *Everybody* knows that.
- そんな簡単な問題はだれでも解けるよ.
  *Anyone* can solve such an easy problem.

**たれまく**【垂れ幕】**a hanging banner**[ハンギング バナァ]

**だれも**【誰も】(みんな)**everybody**[エヴリィバディ], **everyone**[エヴリィワン]；(だれも…ない)**no one**[ノゥ ワン], **nobody**[ノゥバディ], **none**[ナン](►noneは複数扱いにすることが多い. それ以外は単数扱い)

- だれもが彼女を好きだ. *Everybody* likes her.
- 体育館にはだれもいなかった. There was *no one* in the gym. / There was *nobody* in the gym.
- だれも教えてくれなかった.
  *Nobody* told me.

**たれる**【垂れる】(垂れ下がる)**hang**[ハング], **hang down**[ダウン]；(滴(⸤)る)**drip**[ドゥリップ]

- ヒロの髪(⸤)は肩(⸤)まで垂れている.
  Hiro's hair *hangs* about her shoulders.
- 屋根から雨水が垂れていた.
  Rainwater was *dripping* from the roof.

**だれる** **be lazy**[レイズィ]

**タレント**(テレビなどに出演する)**a personality**[パーサナラティ], **a star**[スタァ](► starは売れっ子について言い, ふつうsinger(歌手), actor(役者)など具体的に言う. この意味ではa talentは×)

- テレビの人気タレント
  a popular TV *personality* [*star*]

**…だろう** ➡ …でしょう

**タワー a tower**[タウァ]

- 東京タワー Tokyo *Tower*

**たわし a scrub brush**[スクラブ ブラッシュ]

**たわら a straw rice bag**[ストゥロー ライス バッグ]

**たん**(のどの)**phlegm**[フレム](★発音注意)

**タン**(舌肉)(**a**) **tongue**[タング](★発音注意)

- 牛タン (a) beef *tongue*
- ∥タンシチュー beef tongue stew

**だん¹**【段】(階段の1段)**a step**[ステップ]；(柔道(⸤)・空手などの)**a dan**, **a degree**[ディグリー]

- 石段 stone *steps*
- リオは剣道(⸤)2段だ. Rio has a second *degree* black-belt in *kendo*.

**だん²**【壇】**a platform**[プラットフォーム]；(スピーチなどをするための)**a podium**[ポゥディアム]

**だんあつ**【弾圧する】**oppress**[アプレス]

- その国では大統領が民衆を弾圧している.
  The people of that country are *oppressed* by their president.

**たんい**【単位】**a unit**[ユーニット]；(大学・高校の授業の)**a credit**[クレディット]

- アメリカの長さの単位は何ですか.
  What are the *units* of length in the U.S.?

**たんか¹**【担架】**a stretcher**[ストゥレッチァア]

- その病人は担架で運ばれた. The sick person was carried on a *stretcher*.

**たんか²**【短歌】**a tanka**

- 短歌は31音節からなる日本の詩です.
  A *tanka* is a 31-syllable Japanese poem.
- 母は短歌を詠(⸤)む.
  My mother composes *tanka*.

**タンカー** a tanker[タンカァ]
**だんかい**【段階】(進展の局面)a stage[ステイヂ], a phase[フェイズ]
**だんがん**【弾丸】a bullet[ブリット]
**たんき**【短気な】short-tempered[ショートテンパァド], quick-tempered[クウィック-]
- 兄は短気だ.
  My brother is *short-tempered*.
- 短気を起こさないで.
  Don't lose your temper.

**たんきだいがく**【短期大学】a junior college[ヂューニア カリッヂ] → だいがく
**たんきょり**【短距離】(短い距離)a short distance[ショート ディスタンス]；(短距離走)a sprint[スプリント], a dash[ダッシュ]
| 短距離走者 a sprinter
**タンク**(容器)a tank[タンク]
| タンクローリー a tanker truck

**だんけつ**【団結する】
- みなで団結すれば、試合で勝つことができるよ.
  If we all *work together*, we can win the game.

**たんけん**【探検】(探検すること)(an) exploration[エクスプラレイション]；(探検旅行・遠征(芯))an expedition[エクスペディション]
- 南極探検 an *expedition to* the Antarctica
- 探検する explore[イクスプロア]
| 探検家 an explorer
| 探検隊 an expedition

**たんげん**【単元】a unit[ユーニット]
**だんげん**【断言する】assert[アサート]
- ケンはだれがうそをついていたかわかったと断言した. Ken *asserted* that he knew who was lying.

## たんご【単語】

a word[ワード]；(語い)(a) vocabulary[ヴォウキャビュレリィ]
- 彼は基本的な英単語を1000個覚えた. He memorized 1,000 basic English *words*.
- その単語を辞書でひいた.
  I looked up the *word* in the dictionary.
- あしたは単語のテストだ.
  We have a *vocabulary* test tomorrow.
| 単語帳 a wordbook

**タンゴ** a tango[タンゴゥ]
**だんご**【団子】a dumpling[ダンプリング]
**たんこう**【炭鉱】a coal mine[コウル マイン]
**たんごのせっく**【端午の節句】Children's Day[チルドランズ デイ]
**だんごむし**【団子虫】a pill bug[ピル バッグ]
**だんさ**【段差】difference in level[ディファランス] [レヴァル]
- 段差がある uneven[アンイーヴァン]
**ダンサー** a dancer[ダンサァ]
**たんざく**【短冊】a (decorative) strip of paper[(デカラティヴ) ストゥリップ][ペイパァ]
**たんさん**【炭酸】『化学』carbonic acid[カーバニック アスィッド]
| 炭酸飲料 a carbonated drink, soda
| 炭酸ガス carbon dioxide
| 炭酸水 soda (water)

## だんし【男子】

(男の子)a boy[ボーイ]；(男性)a man[マン](複 men[メン])
| 男子(高)校 a boys' (high) school
| 男子生徒 a boy [male] student
| 男子トイレ (学校の)the boys' bathroom; (一般に)⦿the men's room

**だんじき**【断食】a fast[ファスト]
- 断食する fast, go on a fast
**たんしゅく**【短縮する】(短くする)shorten[ショートゥン]
| 短縮形 『文法』a shortened [contracted] form (► I'm, don'tなど)
| 短縮授業 shortened school hours

## たんじゅん【単純な】

(簡単な)simple[スィンプル] (⇔複雑な complicated)
- 理由はそれほど単純ではない.
  The reason is not so *simple*.
- 彼は単純だね. He is *simple-minded*.

**たんしょ**【短所】a weak point[ウィーク ポイント] (⇔長所 a strong [good] point) → けってん
**だんじょ**【男女】(男性と女性)man and woman[マン][ウマン]；(男の子と女の子)boy and girl[ボーイ][ガール] (►いずれも冠詞をつけない)
| 男女共学 coeducation, 『話』coed → きょうがく
| 男女差別 gender [sexual] discrimination
| 男女同権 equal rights for men and women
| 男女平等 equality between men and

women

**たんじょう**【誕生】(a) birth[バース]
ー誕生する be born[ボーン]→うまれる
┃誕生祝い a birthday present [gift]
┃誕生石 a birthstone
┃誕生パーティー a birthday party

# たんじょうび【誕生日】
a birthday[バースデイ]

**話してみよう!**

☺誕生日おめでとう. これ, あなたに.
Happy *birthday* (to you)! This is for you.
☻どうもありがとう. とてもうれしいです.
Thank you very much. I'm so happy.

☺あなたの誕生日はいつですか.
When is your *birthday*?
☻3月13日です.
It's March 13.

・きょうは彼女の15回目の誕生日だ.
Today is her fifteenth *birthday*.
・誕生日には何をもらったの?
What did you get for your *birthday*?

**たんしん¹**【単身で】alone[アロウン]
・主人公は単身で城に入った.
The hero entered the castle *alone*.
・父は単身赴任(ふにん)している.
My father is living away from the rest of our family on business.

**たんしん²**【短針】(時計の)the hour hand[アウァ ハンド](⇔長針 the minute hand)→とけい図

**たんす**(整理だんす)a chest (of drawers)[チェスト][(ドゥロアズ)]; (洋服だんす)a wardrobe[ウォードロウブ]

**ダンス** a dance[ダンス]; (踊ること)dancing
・ダンスの練習をした. I practiced *dancing*.
・フォークダンス a folk *dance*
・ブレイクダンス a break*dance*
ーダンスをする dance

┃ダンスパーティー a dance; (大規模な)a ball

## だんたい

**表現メモ**

### ダンスのいろいろ
コンテンポラリー a contemporary dance
社交ダンス a ballroom dance
ジャズダンス a jazz dance
ストリートダンス a street dance
タップダンス a tap dance
バレエ a ballet (dance)
ヒップホップダンス a hip-hop (dance)
フォークダンス a folk dance
フラダンス hula, a hula dance, hula dancing
ブレークダンス a breakdance, breaking
ベリーダンス a belly dance
モダンダンス a modern dance

**たんすい**【淡水】fresh water[フレッシュ ウォータァ]
┃淡水魚 a freshwater fish
**だんすい**【断水】
・断水になった.
The water supply was cut off.
**たんすいかぶつ**【炭水化物】(a) carbohydrate [カーボウハイドゥレイト]
**たんすう**【単数】〖文法〗the singular (number) [スィンギュラァ (ナンバァ)](▶s., sing. と略す)(⇔複数 the plural (number))
┃単数形〖文法〗the singular (form)

# だんせい【男性】
a man[マン](複 men[メン])(⇔女性 a woman)
ー男性の male[メイル]

**だんぜん**【断然】(最上級, 比較級を強めて)far[ファー], by far; (明確に)definitely[デファニットゥリィ]
・アキラは断然足が速い.
Akira is *by far* the fastest runner.
・私は断然, 沢さんの味方だよ.
I'm *definitely* on the side of Ms. Sawa.

**たんそ**【炭素】carbon[カーボン]
・一酸化[二酸化]炭素
*carbon* monoxide [dioxide]

**たんだい**【短大】→たんきだいがく
**だんたい**【団体】a group[グループ]
・自由時間も団体で行動した. We acted as a *group* in our free time, too.
┃団体競技 a team sport
┃団体行動 group activity, doing things as a group
┃団体戦 a team match
┃団体旅行 a group tour
┃団体割引 a group discount [reduction]: その動物園には団体割引がある. The zoo offers *group discounts*.

## だんだん

**だんだん**
(しだいに) **gradually** [グラヂュアリィ]; (少しずつ) **little by little** [リトゥル]
- だんだんつまらなくなってきた.
 I'm *gradually* getting bored.

**だんだん…になる**
**get [become]＋〈比較級〉(＋and＋〈比較級〉)**
- 東の空がだんだん明るくなってきた.
 It's *getting brighter (and brighter)* in the eastern sky.

**たんたんと**【淡淡と】**cool** [クール], **indifferently** [インディフ(ァ)ラントリィ]

**だんち**【団地】**a housing complex** [ハウズィング カンプレックス], **an apartment complex** [アパートゥ マント]

**たんちょう¹**【単調な】(変化のない) **monotonous** [マナタナス]; (退屈(たいくつ)な) **dull** [ダル]
- 単調な練習 *monotonous* training

**たんちょう²**【短調】【音楽】**a minor (key)** [マイナァ (キィ)] (⇔長調 a major (key))
- ト短調 G *minor*

**たんてい**【探偵】**a detective** [ディテクティヴ]
■探偵小説 a detective story

**たんとう¹**【担当している】**in charge (of ...)** [チャーヂ]
- ここの掃除(そうじ)の担当はだれ？Who is *in charge of* cleaning this place? / Who is *responsible for* cleaning this place?

**たんとう²**【短刀】**a dagger** [ダガァ]

**だんとう**【暖冬】**a mild [warm] winter** [マイルド [ウォーム] ウィンタァ]

**だんトツ**【断トツ】**far ahead of ...** [ファー アヘッド]
- 断トツの1位 *clear* winner
- このドラマは断トツの人気だ.
 This drama is *far more* popular than other programs.

**たんなる**【単なる】**mere** [ミァ]; (ただ…だけ) **only** [オウンリィ], **just** [チャスト]
- それは単なるうわさだ.
 It's *only* a rumor.

**たんに**【単に】**only** [オウンリィ], **just** [チャスト]
- 単に思ったことを言っただけだ.
 I *just* said what I thought.
- アキは単に頭がいいだけでなく，クラスのリーダーでもある.
 Aki is *not only* bright, *but (also)* the leader of the class.

**たんにん**【担任】(担任教師) **a homeroom teacher** [ホウムルーム ティーチァ]
- 大田先生はうちのクラスの担任だ.
 Ms.Ota is our *homeroom teacher*.

─**担任する be in charge (of ...)**
- 理科はだれが担任しているの？
 Who's *in charge of* science? / Who's teaching science?

**だんねん**【断念する】**give up** [ギヴ アップ] →あきらめる

**たんぱ**【短波】**shortwave** [ショートウェイヴ]
■短波放送 shortwave broadcasting

**たんぱくしつ**【たん白質】**protein** [プロティーン]

**タンバリン**【楽器】**a tambourine** [タンバリーン]

**たんパン**【短パン】**shorts** [ショーツ]
- 寝るときは短パンとTシャツです.
 I sleep in a T-shirt and *shorts*.

**ダンプカー** ⊛**a dump truck** [ダンプ トゥラック], ⊛ **a dumper (truck)** [ダンパァ] (▶「ダンプカー」は和製英語)

**ダンベル dumbbells** [ダンベルズ]

**たんぺん**【短編の】**short** [ショート]
■短編映画 a short film
■短編小説 a short story

**だんぺん**【断片】**a fragment** [フラグマント]; **a piece** [ピース]
─**断片的な fragmentary**

**たんぼ a rice field [paddy]** [ライス フィールド [パディ]] →た¹

**だんぼう**【暖房】**heating** [ヒーティング]; (暖房器具) **a heater** [ヒータァ]
- 暖房を入れて.
 Turn on the *heater*.
─**暖房する heat**
- この部屋は暖房が入っている[いない].
 This room is *heated [not heated]*.

**だんボール**【段ボール】(紙) **cardboard** [カードボード]; (箱) **a cardboard box** [バックス]

**たんぽぽ**【植物】**a dandelion** [ダンダライアン]

**だんめん**【断面】(切断面) **a section** [セクション]
■断面図 a cross section

**だんらく**【段落】**a paragraph** [パラグラフ]

**だんりゅう**【暖流】**a warm current** [ウォーム カラント] (⇔寒流 a cold current)

**だんりょく**【弾力のある】**elastic** [イラスティック]

**だんろ**【暖炉】**a fireplace** [ファイアプレイス]

# ち チ

## ち¹【血】
**blood**[ブラッド]（★発音注意）
- シャツに血が付いているよ.
  Your shirt is stained with *blood*.
- **血が出る bleed**[ブリード]
- 鼻血が出ているよ.
  Your nose is *bleeding*.
- **血の, 血まみれの bloody**
| 血豆 a blood blister: 指に血豆ができた. I got a *blood blister* on my finger.

## ち²【地】the earth[アース], the ground[グラウンド]
- 地の果て the end(s) of *the earth*

## チアガール a cheerleader[チアリーダァ]（►「チアガール」は和製英語）

## チアリーダー a cheerleader[チアリーダァ]
- チアリーダーたちはすごいパフォーマンスをした. The *cheerleaders* gave a great performance.

## チアリーディング cheerleading[チアリーディング]

## ちあん【治安】public safety[パブリック セイフティ] → ここすごい【口絵】
- その地区は治安がいい［悪い］.
  That area is safe [dangerous].

## ちい【地位】(a) position[パズィション]

## ちいき【地域】an area[エ（ァ）リア]; (地区)a district[ディストゥリクト]; (ある特色を持った)a region[リージャン]
- この地域は雨があまり降らない.
  We don't have much rain in this *area*.
- **地域の regional**; (特定地域の)**local**[ロウカル]
- 地域のニュース *local* news
| 地域社会 a community

## ちいさい【小さい】

| | | |
|---|---|---|
| ❶大きさが | small; <br>（小さくてかわいい）little; <br>（非常に小さい）tiny | |
| ❷背が | short | |
| ❸年少の | young, little, small | |
| ❹音量が | low, small | |

❶[大きさが]**small**[スモール]（⇔大きい large）; （小さくてかわいい）**little**[リトゥル]（⇔大きい big）; （非常に小さい）**tiny**[タイニィ]
- 小さい町 a *small* town
- このTシャツは私には小さすぎます.
  This T-shirt is too *small* for me.
- 小さい子猫が鳴いていた.
  A *little* kitten was meowing.
- 彼女は小さい飾りのついたネックレスをしている. She is wearing a necklace with a *tiny* ornament.

small　　　little

❷[背が]**short**[ショート]（⇔大きい tall）
- 妹は家族でいちばん背が小さい.
  My sister is the *shortest* in our family.

❸[年少の]**young**[ヤング], **little, small**
- 小さいときの夢は漫画家になることだった.
  I wanted to be a manga artist when I was *small*.

❹[音量が]**low**[ロウ], **small**
- 彼女の声はとても小さかった.
  Her voice was very *small*.
- **小さくする**（音量を）**lower**[ロウァ], **turn down**[ターン ダウン]
- この部屋では声を小さくしないといけない.
  You must *lower* your voice in this room.
- テレビの音を小さくしなさい.
  *Turn* the TV *down*. / *Turn down* the TV.

## ちいさな【小さな】→ちいさい

## チーズ (a) cheese[チーズ]
- チーズ1切れ a slice of *cheese* / a piece of *cheese*
- （写真を撮るときに）はい, チーズ！
  Say *cheese*!
| チーズケーキ (a) cheesecake
| チーズトースト cheese toast
| チーズバーガー a cheeseburger
| チーズフォンデュ cheese fondue

## チータ【動物】a cheetah[チータ]

## チーフ a chief[チーフ]

## チーム
a team[ティーム]
- 野球［サッカー］チームに入った.
  I joined a baseball [soccer] *team*.
| チームプレー team play
| チームメイト a teammate
| チームワーク teamwork

## ちえ【知恵】wisdom[ウィズダム]
- 江戸時代の人の知恵 the *wisdom* of the

people in the Edo era
- 私たちは知恵をしぼった. We racked our *brains*.
- **知恵のある wise**[ワイズ]
- 知恵の輪 a puzzle ring

**チェーン a chain**[チェイン] → じてんしゃ 図
- 自転車のチェーン a bicycle *chain*
- ドアにチェーンを掛(か)け忘れた. I forgot to latch the door.
- チェーンストア a chain store

**チェコ the Czech Republic**[チェック リパブリック], **Czechia**[チェキア]
- **チェコ(語,人)の Czech**

**チエス chess**[チェス]
- 私は兄とチェスをした. I played *chess* with my brother.

## チェック¹
(点検,照合) **a check**[チェック]
- **チェックする check**; (採点する,記録する) **mark**[マーク]
- エリは答えをチェックした. Eri *checked* the answers.
- 旅行の持ち物をもう一度チェックした. I double-*checked* what to bring on the trip.
- 彼はきょうの出席をチェックした. He *marked* today's attendance.
- チェックイン (a) check-in: 私たちはホテルにチェックインした. We *checked into* a hotel. / We *checked in* at a hotel.
- チェックアウト (a) check-out: 彼らはあしたチェックアウトする. They will *check out* tomorrow.

「チェックアウトは午前11時/チェックインは午後3時」というホテル受付の掲示(米国)

**チェック²**【チェックの】(柄(がら)が) **check**[チェック], **checkered**[チェッカード], **checked**[チェックト] → もよう 図
- チェックのシャツ a *checkered* shirt
- 今年はチェックがはやりらしい. I heard that *checkered* designs are in this year.

**チェリー a cherry**[チェリィ]
**チェロ**〖楽器〗**a cello**[チェロウ]
- チェロ奏者 a cellist

**チェンジ a change**[チェインヂ]
- **チェンジする change**

**ちか**【地下】(地下室) **a basement** (**room**)[ベイスマント(ルーム)] → デパちか
- 地下2階 the second *basement* floor
- **地下の underground**[アンダーグラウンド]
- **地下に[で] underground**[アンダーグラウンド]
- 地下街 an underground shopping center, an underground mall
- 地下水 underground water
- 地下道 ⊛an underpass, ⊛a subway

## ちかい¹【近い】→ ちかく

| | |
|---|---|
| ❶距離(きょり)が | near; (すぐそば)close (to …) |
| ❷時期が | near, soon |
| ❸関係が | close, near |
| ❹数値・時間が | almost, nearly |

❶[距離が] **near**[ニア] (⇔遠い far); (すぐそば) **close** (**to** …)[クロウス]
- 図書館は学校に近い. The library is *near* [*close to*] our school.
- 駅はここから近い. The station is *near* here. (▶near from here は✕)

❷[時期が] **near, soon**[スーン]
- 近い将来 in the *near* future
- クリスマスが近い. Christmas is *near*.
- 中間試験が近い. The midterm exams are coming *soon*.
- **近いうちに soon, before long**
- 近いうちに会おうね. See you *soon*.

❸[関係が] **close, near**
- モエと私はとても近い親戚(しんせき)だ. Moe and I are very *close* [*near*] relatives.

❹[数値・時間が] **almost**[オールモウスト], **nearly**
- もう12時に近い. It's *almost* [*nearly*] 12 o'clock.

**ちかい²**【誓い】(神などに対する) **an oath**[オウス], **a vow**[ヴァウ]

**ちかい³**【地階】**the basement**[ベイスマント] → ちか

## ちがい【違い】
(**a**) **difference**[ディファランス]
- 能と歌舞伎(かぶき)の違いがわかりますか. Can you tell the *difference* between Noh and Kabuki?

## …ちがいない【…(に)違いない】

**must**＋〈動詞の原形〉[マスト], **be sure**[シュァ]
- 彼の話は本当に違いない．
  His story *must* be true.
- タカシがピザを食べたに違いない．
  Takashi *must* have eaten the pizza.（▶ must have＋〈過去分詞〉で「…したに違いない」という過去の推量を表す）
- 彼女は試験に合格するに違いない．
  I'*m sure* she will pass the examination.

**ちかう**【誓う】**swear**[スウェア]
- 毎日日記をつけようと自分自身に誓った．
  I *swore* to myself that I would keep a diary every day.

## ちがう【違う】

| | |
|---|---|
| ❶…ではない | be not ... |
| ❷異なる | (be) different (from ...), differ (from ...) |
| ❸間違っている | (be) wrong |

❶[…ではない] **be not** ...[ナット]
- 「失礼ですが田中さんでしょうか」「いいえ，違います」"Excuse me, but are you Mr. Tanaka?" "No, I'*m not*."
- 「彼女は君の妹？」「違うよ」
  "Is she your sister?" "No, she *isn't*."

❷[異なる] **(be) different**（**from** ...）[ディファラント], **differ**（**from** ...）[ディファ]
- 彼女のバッグは私のバッグと違う．
  Her bag *is different from* mine.
- ケイは以前とは少し違って見えた．Kei looked a little *different* from before.
- その双子(ホェ)は性格がかなり違う．
  The twins *differ* greatly in character.

━…と違って **unlike** ...[アンライク]
- 私と違って兄は足が速い．*Unlike* me, my older brother can run fast.

❸[間違っている] **(be) wrong**[ローング]
- その答えは違うよ．That answer is *wrong*.
- 違う番号にかけてしまった．
  I called the *wrong* number.

## ちかく【近く】

| | |
|---|---|
| ❶場所が | near; (すぐそば)close (to ...) |
| ❷時期が | soon |
| ❸数値・時間が | nearly, almost |

❶[場所が] **near**[ニァ]; (すぐそば)**close**（**to** ...）[クロウス]➡ちかい¹ ❶
- この近くに書店はありますか．
  Is there a bookstore *near* here?

- 彼は学校の近くに住んでいる．
  He lives *near*［*close to*］the school.
━近くの **nearby**[ニァバイ]
- 近くのコンビニ
  a *nearby* convenience store

❷[時期が] **soon**[スーン]➡ちかい¹ ❷
- 近く新しい先生が来るらしいよ．
  I heard a new teacher is coming *soon*.

❸[数値・時間が] **nearly, almost**[オールモウスト]➡ちかい¹ ❹
- 50人近くの乗客がけがをした．
  *Nearly*［*Almost*］fifty passengers got injured.
- 昼近くまで寝てしまった．
  I slept till *about* noon.

**ちがく**【地学】**geology**[ヂアラヂィ]

**ちかごろ**【近ごろ】**recently**[リースントゥリィ], **lately**[レイトゥリィ], **these days**[デイズ]
- 彼は近ごろメッセージをくれない．
  He hasn't sent me a message *recently*.
━近ごろの **recent**

## ちかづく【近づく】

**approach**[アプロウチ]; (近づいてくる)**come up**（**to** ...）[カム アップ], **come near**[ニァ]; (近づいていく)**go up**（**to** ...）[ゴウ], **go near**
- 台風が九州に近づいている．
  A typhoon is *approaching* Kyushu.
- 見知らぬ人が私に近づいてきた．
  A stranger *came up to* me.
- 犬に近づいた．
  I *went near* the dog.
- ワールドカップが近づいている．
  The World Cup is *close at hand*.（←間近に迫(ﾐ)っている）
- その場所には近づくな．
  Keep away from that place.

**ちかづける**【近づける】**bring**［**put**］... **close**（**to** ...）[ブリング［プット］][クロウス], **bring**［**put**］... **near**[ニァ]
- 火のそばに紙を近づけないで．
  Don't *bring* the paper *close to* the fire.

**ちがった**【違った】**different**[ディファラント]
- 違った見方 a *different*（point of）view

**ちかてつ**【地下鉄】⊛ **a subway**[サブウェイ], ⊛ **(the) underground**[アンダグラウンド]
- 地下鉄で渋谷まで行った．
  I went to Shibuya by *subway*. / I took *the subway* to Shibuya.（▶交通手段を表すbyの後ではaやtheをつけない）

**ちかみち**【近道】**a shortcut**[ショートゥカット], **the shortest way**[ショーテスト ウェイ]

ちかよる

- これが学校へのいちばんの近道だ.
  This is *the shortest way* to the school.
  ➡近道をする **take a shortcut**
- 私たちは公園を通って近道をした.
  We *took a shortcut* through the park.

**ちかよる**【近寄る】➡ ちかづく

## ちから【力】

❶体などの力　　power;（活力）energy;
　　　　　　　（体力）strength
❷能力　　　　　ability
❸援助(≧ん), 助け　help

❶[体などの力]**power**[パウァ];（活力）**energy**[エナァディ];（体力）**strength**[ストゥレンクス]
- 音楽の力
  the *power* of music
- 私はその試合で力を使い果たした.
  I used up all of my *energy* in the game.
- 彼らは力いっぱい綱(ミネ)を引っ張った.
  They pulled the rope with all their *strength*.
➡力の強い **strong, powerful**
- 弟は私より力が強い.
  My little brother is *stronger* than I [me].
➡力の弱い **weak**

❷[能力]**ability**[アビラティ]
- 彼には変化に対応する力がある.
  He has the *ability* to deal with change.
- 英語の力をつけたい.
  I want to improve my English.
- 自分の力で問題を解きなさい.
  Solve the problem *yourself*.

❸[援助, 助け]**help**[ヘルプ]
- あなたの力が必要だ.
  I need your *help*.
- 困っている人たちの力になりたい. (⬅助けたい)
  I want to *help* people in trouble.

**ちからづよい**【力強い】**strong**[ストゥローング], **dynamic**[ダイナミック], **powerful**[パウアフル]
| 力強い応援(ネン) *strong* support

**ちかん**【痴漢】**a**（**train**）**pervert**[(トゥレイン) パァヴァート], **a groper**[グロウパァ]

## ちきゅう【地球】

**the earth**[アース]（▶ the Earthとも書く）, **the globe**[グロウブ]
- 地球は太陽の周りを回っている. *The earth* goes [revolves] around the sun.
➡地球の **global**
| 地球温暖化 **global warming**
| 地球儀(ギ) **a globe**

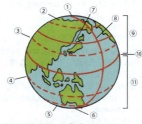

①北極 the North Pole
②北極圏(ケン) the Arctic Circle
③北回帰線 the Tropic of Cancer
④南回帰線 the Tropic of Capricorn
⑤南極圏 the Antarctic Circle
⑥南極 the South Pole
⑦緯度 latitude　⑧経度 longitude
⑨北半球 the Northern Hemisphere
⑩赤道 the equator
⑪南半球 the Southern Hemisphere

**ちぎる tear**（**off**）[テァ (オーフ)]
- 私は雑誌のページをちぎった.
  I *tore* a page out of a magazine.
- 彼女はその写真を細かくちぎった.
  She *tore* the photo into pieces.

**チキン**（鶏(ڐり)の）肉)**chicken**[チキン]
- フライドチキン fried *chicken*

| チキンナゲット **a chicken nugget**
| チキンライス **chicken pilaf**

**ちく**【地区】**a district**[ディストゥリクト];（地域）**an area**[エ(ァ)リア]
- 住宅地区 a residential *area*
| 地区大会 **a district contest** [**competition, tournament**]
| 地区予選 **district preliminaries**

**ちくさん**【畜産】**stock-raising**[スタックレイズィング]
| 畜産農家 **a livestock farmer**

**ちくしょう**【畜生】**Darn it!**[ダーン], **Shoot!**[シュート]

**ちくちく**【ちくちくする】**be scratchy**[スクラッチィ]
- このセーターはちくちくする.
  This sweater *is scratchy*.

**ちぐはぐ**【ちぐはぐな】**odd**[アッド]；(食い違(ちが)った)**inconsistent**[インカンスィスタント]
- 彼が言うことは時々ちぐはぐだ. The things he says are sometimes *inconsistent*.
- あなたの上履(ばき)は左右ちぐはぐよ. Your indoor shoes are not a pair.

**ちくわ a fish sausage**[フィッシュ ソースィッヂ]

**ちけい**【地形】**topography**[タパグラフィ], **geographical features**[ヂーアグラフィカル フィーチャァズ], **landform**[ランドゥフォーム]

**チケット a ticket**[ティキット]→**きっぷ**
- 映画のチケットをただでもらっちゃった. I got a movie *ticket* for free!
- ネットでチケットを予約した. I reserved a *ticket* online.

## ちこく【遅刻する】
**be late (for ...)**[レイト]
- 遅刻してすみません. I'm sorry I'm *late*.
- きょうは授業に10分遅刻した. I *was* ten minutes *late for* class today.
- 学校に遅刻しそうになったけど, 間に合った. I *was* almost *late for* school, but I made it.

**ちじ**【知事】**a governor**[ガヴァナァ]
- 東京都［愛知県］知事 the *Governor* of Tokyo [Aichi(Prefecture)]

## ちしき【知識】
**(a) knowledge**[ナリッヂ](★発音注意)(▶複数形では用いない)；(情報)**information**[インフォメイション]
- 実用的な知識 practical *knowledge*
- ハルは豊富な科学の知識を持っている. Haru has an extensive *knowledge* of science. / Haru *knows* a lot *about* science.
- この問題を解決するにはもっと知識が必要だ. I need more *information* to solve this problem.
▌知識人 **an intellectual**

**ちじょう**【地上】**(the) ground**[グラウンド]；(空に対して)**(the) earth**[アース]
- 地上100メートル one hundred meters above the *ground*
- 地上の楽園 a paradise on *earth*
━地上に［で］(地面の上に)**on the ground**；(地面より上に)**above ground**

**ちじん**【知人】**an acquaintance**[アクウェインタンス]→**しりあい**

## ちず【地図】
(1枚の)**a map**[マップ]；(地図帳)**an atlas**[アトゥラ ス]
- 世界地図 a *map* of the world
- 日本地図 a *map* of Japan
- 白地図 a blank *map*
- 道路地図 a road *map*
- ケンは私に家までの地図をかいてくれた. Ken drew a *map* to his house for me.

map　　　　atlas

**ちすじ**【血筋】**blood**[ブラッド]；(家柄(がら))**family**[ファマリィ]

**ちせい**【知性】**intellect**[インタレクト]；(知能)**intelligence**[インテリヂャンス]
━知性的な **intellectual**[インタレクチュアル]；(知能の高い)**intelligent**

**ちたい**【地帯】**an area**[エ(ァ)リア]；(境界のはっきりした)**a zone**[ゾウン]；(地理的な)**a region**[リーヂャン]
- 工業地帯 an industrial *area*
- 山岳(がく)地帯 a mountainous *area*
- 安全［危険］地帯 a safety [danger] *zone*
- 森林地帯 a forest *region*

## ちち¹【父】
**a father**[ファーザァ](⇔母 a mother)→**おとうさん**
- 父の日 *Father's* Day
- 父は銀行に勤めている. *My father* works for a bank.

**ちち²**【乳】**milk**[ミルク]；(乳房(ぼう))**a breast**[ブレスト]
━乳を搾(しぼ)る **milk**
- ハルカは牛の乳を搾ってみた. Haruka tried *milking* a cow.

**ちちおや**【父親】**a father**[ファーザァ]→**おとうさん**

**ちちかた**【父方の】**paternal**[パターヌル]
- 父方の祖母は90歳だ. My *paternal* grandmother is ninety years old.

**ちぢこまる**【縮こまる】**curl up**[カール アップ], **huddle up**[ハドゥル アップ]
- 冷たい風で体が縮こまった. I *curled up* because of the chilly wind.

**ちぢむ**【縮む】**shrink**[シュリンク]
- セーターを洗ったら縮んでしまった. My sweater *shrank* when I washed it.

**ちぢめる**【縮める】**shorten**[ショートゥン], **cut off**
- ズボンの丈(たけ)を縮めてくれない？ Will you *shorten* my pants?
- 彼は自己ベストタイムを10秒も縮めた. He *cut*

ten seconds *off* his personal record.

**ちちゅうかい**【地中海】the Mediterranean (Sea)[メダタレイニアン (スィー)]

**ちぢれる**【縮れる】curl (up)[カール (アップ)], frizzle[フリズル]
━縮れた curly, frizzy
・縮れた髪(ホ) curly [*frizzy*] hair

**ちつじょ**【秩序】(public) order[オーダァ]
━秩序正しい[正しく] orderly

**ちっそ**【窒素】nitrogen[ナイトゥラヂャン]

**ちっそく**【窒息する】choke[チョウク]

**ちっとも** not ... at all[オール]
・彼の話はちっともおもしろくなかった.
His story was *not* interesting *at all*.

**チップ¹**(サービスに対するお礼のお金)a tip[ティップ](★発音注意)
・この料金にチップは含まれていない.
The price doesn't include the *tip*.
━チップをやる tip, give a tip
・父はウエーターにチップを2ドル渡(ホ)した.
My father *tipped* the waiter two dollars.

**チップ²**【野球】a tip[ティップ](★発音注意)

**チップ³**(野菜などの薄切り)a chip[チップ]
・ポテトチップ(ス) ⊛potato *chips*, ⊛(patato)*crisps*

**ちっぽけ**【ちっぽけな】petty[ペティ]

**ちてき**【知的な】intellectual[インタレクチュアル]; (知能の高い)intelligent[インテラヂャント]
・彼女はとても知的だ.
She is very *intelligent*.

**ちなみに** by the way[ウェィ]

**…ちなんで**[…(に)ちなんで]after ...[アフタァ]
・彼はおじにちなんでケンと名付けられた.
He was named Ken *after* his uncle.

**ちのう**【知能】intelligence[インテラヂャンス]
━知能の高い intelligent
・チンパンジーは知能が高い.
Chimpanzees are *intelligent*.
| 知能検査 an intelligence test, a mental test; (知能指数テスト)an IQ test
| 知能指数 an intelligence quotient (▶IQ, I.Q. と略す)

**ちび**【ちびの】tiny[タイニィ], little[リトゥル]
| ちびっこ a kid, a little one

**ちびちび** little by little[リトゥル バィ リトゥル]
━ちびちび飲む(すする) sip

**ちぶさ**【乳房】a breast[ブレスト]

**チフス** typhoid (fever)[タイフォイド (フィーヴァ)]

**ちへいせん**【地平線】the horizon[ハライズン]
・太陽がゆっくりと地平線上に昇(ホタ)った.
The sun slowly rose over *the horizon*.

**ちほう**【地方】a region[リーヂャン]; (狭(ル)い)a district[ディストゥリクト], an area[エ(ア)リア]; (田舎(ヒ)ホ))the country[カントゥリィ]
・熱帯地方 the tropical *region*
・きのう,関西地方に大雨が降った. There was a heavy rain in the Kansai *area* yesterday.
・彼は地方の中学生だ.
He is a junior high school student living in *the countryside*.
━地方の (地元の)local
| 地方公務員 a local government worker
| 地方色 local color
| 地方新聞 a local paper

**ちめい¹**【地名】a place name[プレイス ネイム]

**ちめい²**【致命的な】fatal[フェイトゥル]
・彼は試合で致命的なミスをした.
He made a *fatal* error in the game.
| 致命傷 a fatal wound

## ちゃ【茶】

tea[ティー]; (緑茶)green tea[グリーン], (紅茶)black tea[ブラック] (▶英米ではteaと言えばふつうblack teaをさす)

black tea　　　　　　　　green tea

・濃(こ)い[薄(ラ)い, 苦い]お茶
strong [weak, bitter] *tea*
・ほうじ茶 roasted *tea*
・母はお茶を1杯(ぱ)飲んだ.
My mother had [drank] a cup of *tea*.
・私はお茶を入れた[出した].
I made [served] *tea*.
・お茶にしましょう. Let's have a *tea* break.
・もう1杯お茶はいかがですか.
How about another cup of *tea*?
| 茶さじ a teaspoon
| 茶の湯 tea ceremony

**チャージ**【チャージする】charge[チャーヂ]
・ICカードをチャージしなくちゃ.
My IC card needs *charging*.

**チャーシュー** Chinese barbecued pork[チャイニーズ バービキュード ポーク]
| チャーシュー麺(ミ) noodles with slices of barbecued pork

**チャーター**【チャーターする】charter[チャータァ]
・学校は遠足にバスをチャーターした.

The school *chartered* a bus for the school trip.
▪チャーター機 a *chartered* plane
**チャート** a chart[チャート]
**チャーハン** fried rice[フライド ライス]
・えびチャーハン *fried rice* with shrimp
**チャーミング**【チャーミングな】(魅力的な) charming[チャーミング], attractive[アトゥラクティヴ]
**チャーム** a charm[チャーム]
**チャイム** chimes[チャイムズ]; (学校の)bell[ベル]
・チャイムが鳴っている.
The *chimes* are ringing.
・学校のチャイム the school *bell*
**ちゃいろ**【茶色(の)】brown[ブラウン]
・薄(う)[焦(こ)げ]茶色 light[dark] *brown*
▪茶色っぽい brownish
**ちゃかす**(冗談(じょう)扱(あつ)いする)make fun of ...[ファン]
・ちゃかさないでよ. Stop *making fun of* me.

## …ちゃく【…着】

| ❶到着 | be due (at ..., in ...) |
| ❷着順 | (…着になる)finish ..., come in ... |
| ❸服の1着 | a suit, a dress |

❶ [到着] be due (at ..., in ...)[ドゥー]
・その飛行機は10時に成田着の予定です.
The plane *is due at* Narita at ten.
❷ [着順] (…着になる) finish ...[フィニッシュ], come in ...[カム]
・ユキはマラソンで3着になった. Yuki *finished* [*came in*] third in the marathon.
❸ [服の1着] a suit[スート], a dress[ドゥレス]
・スーツ4着 four *suits*(of clothes)
**ちゃくじつ**【着実な】steady[ステディ]
ー着実に steadily; (一歩一歩) step by step
・私の英語は着実に伸(の)びている.
I'm making *steady* progress in English.
**ちゃくしょく**【着色する】color, ⑱colour[カラァ]; (ある色に塗(ぬ)る)paint[ペイント]
▪着色料 coloring
**ちゃくしん**【着信】an incoming call[インカミング コール]
▪着信履歴 (スマホの)incoming call history; (Eメールの)incoming email history
**ちゃくしんおん**【着信音】a ringtone[リングトゥウン]
・スマホの着信音をオフにした.
I turned off the *ringtone* on my smartphone.
・メッセージの着信音 a message alert
**ちゃくせき**【着席する】take a [one's] seat[スィート], have a seat, be seated[スィーティド], sit down[スィット ダウン]
・生徒はいっせいに着席した. The students *took their seats* all at once.
**ちゃくち**【着地する】get down, land[ランド]
**ちゃくちゃく**【着々と】 ⇨ ちゃくじつ
**ちゃくメロ**【着メロ】a ringtone[リングトゥウン]
**ちゃくりく**【着陸】(a) landing[ランディング](⇔離(り)陸(a) takeoff)
ー着陸する land (⇔離陸する take off), make a landing
・私たちの飛行機はスムーズに着陸した.
Our plane *landed* smoothly.
**ちゃっかり**【ちゃっかりした】shrewd[シュルード]
・ミワはちゃっかりその人気歌手といっしょに写真を撮(と)ってもらっていた. Miwa was *shrewd* enough to take a picture with the pop singer.
**チャック**(主に⑱)a zipper[ズィッパァ], ⑱a zip[ズィップ], a fastener[ファスナァ] → ファスナー
**ちゃづけ**【茶漬け】rice with green tea poured on it[ライス][グリーン ティー][ポード]
**チャット**(a) chat[チャット]
ーチャットする chat online
・兄は2時間もチャットしていた. My brother spent two hours *chatting online*.
▪チャットルーム a chat room
**ちゃのま**【茶の間】(居間)a living room[リヴィング ルーム]
**ちゃぱつ**【茶髪】dyed brown hair[ダイド ブラウン ヘア]
**ちやほや**【ちやほやする】
・みんなその犬をちやほやした.
Everyone *made a fuss* over the puppy.
**チャリティー** charity[チャラティ]
▪チャリティーコンサート a charity concert
**チャリ(ンコ)** → じてんしゃ
**チャレンジ** → ちょうせん[1]
・チャレンジしてみる！ I'll give it a *try*.
ーチャレンジする try, take up
**ちゃわん**【茶わん】(ご飯用)a (rice) bowl[(ライス) ボウル]; (飲み物用)a cup[カップ], a teacup[ティーカップ]
・茶わん1杯(はい)のご飯 a *bowl* of rice
**…ちゃん**(▶英語であてはまる表現はない) → …さん
**チャンス** a chance[チャンス], an opportunity[アパァトゥーナティ] → きかい[2]
・このチャンスを逃(のが)すな.

Don't miss this *chance* [*opportunity*].

**ちゃんと** (きちんと) **properly**[プラパァリィ]; (確かに) **surely**[シュアリィ]; (正確に) **exactly**[イグザクトゥリィ]; (一生懸命(犬))に) **hard**[ハード]
- ちゃんと話せるかな？ I wonder if I will be able to speak *properly*?
➡ ちゃんとした **proper**

**チャンネル a channel**[チャヌル] (★発音注意)
- 彼はチャンネルを替(か)えた。
  He changed the *channel*.
- そのドラマは8チャンネルでやっている。
  The drama is on *Channel* 8.

**チャンピオン a champion**[チャンピアン], 《話》a **champ**[チャンプ]
- テニスの世界チャンピオン
  a world *champion* in tennis

**ちゅう¹**[注] **a note**[ノウト]; (脚(きゃ)注) **a footnote**[フットノウト]

**ちゅう²**[中] (平均) **(an) average**[アヴ(ァ)リッヂ]; (真ん中) **the middle**[ミドゥル]
- 成績は中の上[下]くらいだ。 My grades are slightly above [below] *average*.
➡ 中くらいの **average, medium**[ミーディアム]
- 中くらいの身長の生徒
  a student of *medium* height

## …ちゅう […中]

| ❶期間 | **during …, in …** |
|---|---|
| ❷最中 | (…の最中) **under …**; (…する間) **while …** |
| ❸場所 | **in …** |
| ❹数の範囲(ばん) | **out of …** |

❶ [期間] **during …**[ドゥ(ァ)リング], **in …**[イン]
- 夏休み中に *during* the summer vacation
- セール中で店内は混んでいた。
  The store was crowded *during* the sale.
- 午前中に *in* the morning
- 2, 3日中に *in* a few days
- 一日中 *all day long*

❷ [最中] (…の最中) **under …**[アンダァ]; (…する間) **while …**[(ホ)ワイル]
- 新しい校舎はまだ工事中です。
  The new school building is still *under* construction.
- 勉強中に話しかけないで！
  Don't talk to me *while* I'm studying!

❸ [場所] **in …**
- 空気中に *in* the air

❹ [数の範囲] **out of …**[アウト]
- 10問中7問が正解だった。
  I got 7 questions correct *out of* 10.

## ちゅうい [注意]

| ❶意識を集中すること | **attention** |
|---|---|
| ❷用心, 心遣(づか)い | **care** |
| ❸忠告 | **advice**; (警告) **warning** |

pay attention (to …)   take care (of …)

❶ [意識を集中すること] **attention**[アテンション]
➡ 注意深い **attentive** (⇔不注意な careless)
➡ 注意深く **attentively**
➡ 注意する **pay attention (to …)**[ペィ]
- 彼の言うことを注意して聞こう。
  Let's *pay attention to* what he says.

❷ [用心, 心遣い] **care**[ケア]
➡ 注意深い **careful** (⇔不注意な careless)
➡ 注意深く **carefully, with care**
- 彼は凍(こお)った道を注意深く歩いた。
  He walked *carefully* on the icy road.
➡ 注意する **take care (of …), be careful**
- ガラス製品は注意して扱(あつか)ってください。
  Please *take care* of glass products.
- インフルエンザにかからないように注意してください。 *Be careful* not to catch (the) flu.

❸ [忠告] **advice**[アドゥヴァイス]; (警告) **warning**[ウォーニング]
- 一言注意しておきたい。
  Let me give you a piece of *advice*.
➡ 注意する **advise**[アドゥヴァイズ] (★名詞とのつづり・発音の違(ちが)いに注意); **warn**
- 私は何度も弟に注意した。
  I have *warned* my brother many times.
- 注意報 a warning

**ちゅういち**[中1] ➡ ちゅうがく

**チューインガム chewing gum**[チューイング ガム], **gum**
- チューインガム1枚
  a stick [piece] of *chewing gum*

## ちゅうおう [中央]

**the middle**[ミドゥル]; (中心) **the center**, 徹 **the centre**[センタァ]
- 道路の中央に *in the middle* of the road
- その公園は町の中央にある。
  The park is in *the center* of the town.
➡ 中央の **middle; central**[セントゥラル]

ちゅうしゃ¹

中央アジア Central Asia
中央アメリカ Central America

**ちゅうか**【中華】Chinese[チャイニーズ]
中華街 a Chinatown
中華料理 Chinese food [dishes]
中華料理店 a Chinese restaurant

**ちゅうがえり**【宙返り】a somersault[サマソールト], a flip[フリップ]
・少女は前方[後方]宙返りをした.
The girl did a front [back] *flip*.

# ちゅうがく【中学(校)】
(主に日本の)a junior high school[チューニァ ハィ スクール], a junior high
・公立[私立]中学校
a public [private] *junior high school*
・私は西中学に通っている.
I go to Nishi *Junior High School*.
・私は中学1[2, 3]年生です.
I'm a first-[second-, third-]year student at (a) *junior high school*.
中学時代 one's junior high school days
中学生活 one's junior high school life: 中学生活は楽しい. *My junior high school life* is fun.

**ちゅうがくせい**【中学生】(主に日本の)a junior high school student[チューニァ ハィ スクール ストゥードゥント]
・ケンは中学生だ.
Ken is a *junior high school student*.

**ちゅうがっこう**【中学校】→ ちゅうがく

**ちゅうかん**【中間】the middle[ミドゥル]
━中間の middle, mid-[ミッド]
━…の中間に halfway [midway] between ... and 〜[ハーフウェイ/ミッドウェイ]; (間に) between ... and 〜
・岡山は神戸と広島の中間にある. Okayama is *halfway between* Kobe *and* Hiroshima.
中間試験 a midterm examination [exam]

**ちゅうきゅう**【中級の】intermediate[インタァミーディアット]
・英会話の中級クラス an *intermediate* class in English conversation

**ちゅうきょりそう**【中距離走】a middle-distance race[ミドゥル ディスタンス レイス]
中距離走者 a middle-distance runner

**ちゅうくらい**【中位の】medium[ミーディアム]

**ちゅうけい**【中継】(中継放送)a (remote) broadcast[(リモウト) ブロードゥキャスト]
・サッカーの試合の生中継があるよ.
There'll be a live *broadcast* of a soccer game.

━中継する broadcast, report from ...

**ちゅうげん**【(お)中元】(贈り物)a midyear gift[ミッドイア ギフト](▶欧米にはお中元をやりとりする習慣はない)

**ちゅうこ**【中古の】used[ユーズド], secondhand[セカンドゥハンド]
・中古のゲームソフトを買った.
I bought a *used* video game.
中古車 a used [secondhand] car

**ちゅうこう**【中高】
中高一貫教育 a unified junior and senior high school education system
中高一貫校 an integrated [combined] junior and senior high school
中高生 junior and senior high school students

**ちゅうこうねん**【中高年の】middle-aged

**ちゅうこく**【忠告】(助言)advice[アドゥヴァイス]
・私たちは先生の忠告に従った. We followed [took] our teacher's *advice*.
━忠告する advise[アドゥヴァイズ](★名詞とのつづり・発音の違いに注意)
・父は私に忠告してくれた. My father gave me some *advice*.(▶ an adviceは×)
〈人〉に…するよう忠告する
advise +〈人〉+ to +〈動詞の原形〉
・コーチは彼にもっと練習するように忠告した.
The coach *advised* him *to* practice more.

**ちゅうごく¹**【中国】China[チャイナ]
━中国(語, 人)の Chinese[チャイニーズ]
中国語 Chinese
中国人 a Chinese

**ちゅうごく²**【中国(地方)】Chugoku, the Chugoku area [district][エ(ァ)リア [ディストゥリクト]]

**ちゅうざいしょ**【駐在所】a police box[パリース バックス]

**ちゅうし**【中止する】stop[スタップ]; (取りやめる) call off[コール オーフ], cancel[キャンサル]
・運動会は雨で中止になった.
The field day was *called off* because of rain. / The field day was *canceled* because of rain.

**ちゅうじつ**【忠実な】faithful (to ...)[フェイスフル]
・うちの犬は母に忠実だ.
Our dog is *faithful to* our mother.
━忠実に faithfully

**ちゅうしゃ¹**【注射】(an) injection[インヂェクション], (話)a shot[シャット]
━注射(を)する (医者が)give a shot, inject[インヂェクト]; (患者が)get [have] a shot
・インフルエンザの予防注射をした[受けた].

four hundred and twenty-seven

I *got* [*had*] *a shot* against influenza.
┃注射器 a syringe

**ちゅうしゃ²**【駐車】**parking**[パーキング]
- 駐車禁止
  《掲示》NO *PARKING*

公園の「駐車禁止」の掲示(カナダ)

━駐車する park
┃駐車違反 a parking violation
┃駐車場 a parking lot

**ちゅうじゅん**【中旬に】**in the middle of ...**[ミドゥル], **in mid-...**
- 3月中旬にスキーに行きます. I'll go skiing *in the middle of* March. / I'll go skiing *in mid*-March.

**ちゅうしょう**【抽象的な】**abstract**[アブストゥラクト](⇔具体的な concrete)
┃抽象画 an abstract painting
┃抽象名詞【文法】an abstract noun

**ちゅうしょうきぎょう**【中小企業】 **small and medium-sized businesses**[スモール][ミーディアム サイズド ビズニスィズ]

# ちゅうしょく【昼食】

**lunch**[ランチ]
- 遅い[軽い]昼食 a late [light] *lunch* (▶形容詞がつくと a [an]+〈形容詞〉+lunchとなる)
- きょうの昼食はカレーだった. I had [ate] curry and rice for *lunch* today.
- 日曜の昼食は父が作る.
  My father cooks *lunch* on Sundays.
┃昼食時間 lunchtime

# ちゅうしん【中心】

**the center**, 《英》**the centre**[センタァ]
- 円の中心 the *center* of a circle
- そのホテルは町の中心にあります. The hotel is in *the center* of the town.
━中心の central[セントゥラル]
┃中心人物 a key person

**ちゅうせい¹**【中世】(西洋史で)**the Middle Ages**[ミドゥル エイヂズ]; (日本史で)**the Medieval Period**[ミーディイーヴァル ピ(ァ)リアッド]

**ちゅうせい²**【中性の】**neutral**[ヌートゥラル]
┃中性洗剤 (a) neutral detergent

**ちゅうせん**【抽選】**a raffle**[ラッフル], **a lottery**[ラッタリィ]→くじ
- 私は抽選に当たった[外れた].
  I won [didn't win] the *raffle* [*lottery*]. / I *drew* the winning [losing] *lot*.
┃抽選券 a lottery ticket

**ちゅうたい**【中退する】**quit school**[クウィット スクール], **drop out of school**[ドゥラップ アウト]
- 彼は高校を中退した.
  He *quit* [*dropped out of*] high *school*.
┃中退者 a dropout

**ちゅうだん**【中断する】(やめる)**stop**[スタップ]; (妨げる)**interrupt**[インタラプト]
- 試合は雨で中断された.
  The game was *interrupted* by rain.

**ちゅうちゅう**(吸う)**suck**[サック]; (ねずみが鳴く)**squeak**[スクウィーク]

**ちゅうちょ**(a) **hesitation**[ヘザテイション]
- 私はちゅうちょなくメンバーに加わった.
  I joined as a member without *hesitation*.
━ちゅうちょする hesitate→ためらう

**ちゅうと**【中途の[で]】**halfway**[ハーフウェイ]
┃中途半端:中途半端でやめるな. Don't give up *in the middle*.

**ちゅうとう**【中東】**the Middle East**[ミドゥル イースト]
━中東の Middle Eastern[イースタン]

**ちゅうどく**【中毒】(毒物による)**poisoning**[ポイザニング]
- 10人が食中毒にかかった. Ten people got [suffered from] food *poisoning*.

**チューナー** a tuner[トゥーナァ]

**チューニング** tuning[トゥーニング]

**ちゅうねん**【中年】**middle age**[ミドゥル エイヂ]
━中年の middle-aged
- 中年の夫婦 a *middle-aged* couple

**チューバ**【楽器】a tuba[トゥーバ]

**ちゅうび**【中火】**medium heat**[ミーディアム ヒート]
- スープを中火であたためた.
  I heated the soup over *medium heat*.

**ちゅうぶ¹**【中部】(中央の部分)**the central part**[セントゥラル パート]

**ちゅうぶ²**【中部(地方)】**Chubu, the Chubu area [district]**[エ(ァ)リア [ディストゥリクト]]

**チューブ** a tube[トゥーブ]
- チューブ入り歯みがき a *tube* of toothpaste

**ちゅうもく**【注目】**attention**[アテンション]
- 彼女の発明は注目を集めた.
  Her invention gathered *attention*.

- レイは私たちの野球チームの注目の新人だ.
  Rei is the new *up-and-comer* on our baseball team.
- **注目する** *pay* [*give*] *attention to* ...
- 私は注目されてしまった.
  Everyone *paid attention to* me.
- **注目すべき** *remarkable*

**ちゅうもん**【注文】**an order**[オーダァ]
- すみません, 注文したいのですが.
  Excuse me, could you take our *order*?
- **注文する** *order*
- ネットで本を注文した.
  I *ordered* the book from an online shop.

**ちゅうりつ**【中立の】**neutral**[ヌートゥラル]
- 先生は中立を守ろうとしていた.
  The teacher tried to remain *neutral*.
∥中立国 a *neutral* nation [state]

**チューリップ**〖植物〗**a tulip**[トゥーリップ]

**ちゅうりゅう**【中流】(社会階級の)**the middle class**[ミドゥル クラス]; (川の)**the middle of a river**[リヴァ]
- **中流の** *middle-class*

**ちゅうりんじょう**【駐輪場】**a bicycle parking lot**[バイスィクル パーキング ラット], **a bicycle shed**[シェッド]

**ちゅんちゅん**(すずめなどが鳴く)**chirp**[チャープ], **twitter**[トゥイッタァ]

**ちょう¹**【蝶】〖虫〗**a butterfly**[バタァフライ]
∥蝶ネクタイ a bow tie
∥蝶結び a bowknot

**ちょう²**【腸】(腸全体)**the bowels**[バウ(ァ)ルズ], (大腸と小腸)**the intestines**[インテスティンズ]
- 大[小]腸 the large [small] *intestine*

**ちょう³**【兆】**a trillion**[トゥリリャン]
- 10兆円
  ten *trillion* yen (▶ ten trillions yenは×)

**ちょう⁴**【庁】**an agency**[エイヂャンスィ]

**ちょう…**【超…】**really**[リー(ァ)リィ], **super**[スーパァ], **extremely**[イクストゥリームリィ]
- その宿題は超簡単だった.
  That homework was *really* [*super*] easy.
∥超ミニ(スカート) a micro skirt

**…ちょう**【…調】〖音楽〗→たんちょう², ちょうちょう²

**ちょういちりゅう**【超一流の】**super**[スーパァ]
- 彼は超一流のゲーマーだ.
  He is a *super* gamer.

**ちょうおんそく**【超音速の】**supersonic**[スーパァサニック]
- 超音速のスピードで at *supersonic* speed
∥超音速機 a *supersonic* plane

**ちょうおんぱ**【超音波】**ultrasound**[アルトゥラサウンド]
- **超音波の** *ultrasonic*[アルトゥラサニック]

**ちょうか**【超過】**excess**[イクセス]
- **超過する** *exceed*[イクスィード]

**ちょうかく**【聴覚】(**the sense of**) **hearing**[(セ)ンス)] [ヒ(ア)リング]
- その犬は聴覚が鋭い[にぶい]. That dog has a good [bad] sense of *hearing*.

**ちょうかん**【朝刊】**a morning edition** [**paper**][モーニング イディション [ペイパァ]]

**ちょうきょう**【調教】**training**[トゥレイニング]
- **調教する** *train*
- 彼女はいるかを調教している.
  She is *training* a dolphin.
∥調教師 a trainer

**ちょうきょり**【長距離】**a long distance**[ローング ディスタンス]
∥長距離走 a long-distance race
∥長距離走者 a long-distance runner
∥長距離電話 a long-distance call

**ちょうこう**【兆候】**a sign**[サイン]; (病気の)**a symptom**[スィンプタム]
- 彼はインフルエンザの兆候を示していた.
  He showed *symptoms* of the flu.

**ちょうこうそう**【超高層の】**high-rise**[ハイライズ]
∥超高層ビル a high-rise building, a skyscraper
∥超高層マンション a high-rise apartment building

**ちょうこく**【彫刻】(**a**) **sculpture**[スカルプチャァ], (**a**) **carving**[カーヴィング]
∥彫刻家 a sculptor, an engraver
∥彫刻刀 a chisel

**ちょうさ**【調査】(事故・犯罪の)(**an**) **investigation**[インヴェスタゲイション]; (実態の)**a survey**[サァヴェイ]
- 探偵は調査を開始した.
  The detective started an *investigation*.
- (アンケート)調査をしてみたい.
  I'd like to conduct a *survey*.
- **調査(を)する** *investigate*; *survey*
- その事件は調査中だ.
  The case is being *investigated* now.
∥調査書 an investigation report

# ちょうし【調子】

| | |
|---|---|
| ❶ 体調, 具合 | condition, shape |
| ❷ 音の | (a) tune |
| ❸ 口調 | a tone |
| ❹ やり方 | a way |
| ❺ 勢い, はずみ | (下記❺参照) |

❶[体調, 具合] **condition**[カンディション], **shape**

## ちょうじゅ

[シェイプ]
- 私はこのところ体の調子がいい.
  I'm in good *shape* these days.
- (あいさつで)調子はどうですか.
  How are you (doing)?
- 調子が悪い.
  I'm not feeling well.

❷[音の](a) **tune**[トゥーン]
- 彼女は調子外れに歌った.
  She sang out of *tune*.

❸[口調]**a tone**[トウン]
- 父は怒(ᡠ̂)った調子で私に話をした.
  My father spoke to me in an angry *tone*.

❹[やり方]**a way**[ウェイ]
- その調子だ！ That's the *way*! / *Way* to go!

❺[勢い, はずみ]
- 日本チームは調子が出てきた. The Japan team looks like they are coming back.
- 調子に乗っちゃだめ！
  Don't get carried away!

**ちょうじゅ**【長寿】**long life**[ローング ライフ]
- 長寿のひけつは何ですか.
  What is the secret of *long life*?

**ちょうしゅう**【聴衆】**an audience**[オーディアンス]
(▶単数・複数扱い)
- たくさんの[少ない] 聴衆 a large [small] *audience*(▶many [few] audienceは×)

**ちょうしょ**【長所】**a strong [good] point**[ストゥローング [グッド] ポイント](⇔短所 a weak point), **strength**[ストゥレンクス]
- ナオの長所は明るいことだ. Nao's *strong point* is cheerfulness. / Nao's *strength* is cheerfulness.

**ちょうじょ**【長女】**the oldest daughter**[オウルディスト ドータァ], **the eldest daughter**[エルディスト](▶娘(ᡠ̂)が2人の場合はthe older [elder] daughterを用いる)
- 私は長女です. I'm *the oldest* [*eldest*] *daughter* in my family.

**ちょうじょう**【頂上】**the top**[タップ], **the summit**[サミット], **the peak**[ピーク]
- 私たちは山の頂上にたどり着いた. We reached *the top* [*summit*] of the mountain.

# ちょうしょく【朝食】

**breakfast**[ブレックファスト]
- 軽い朝食 a light *breakfast* (▶形容詞がつくとa [an]+[形容詞]+breakfastとなる)
- 朝食を食べている時に
  at [during] *breakfast*
- ふつう何時に朝食を食べますか. What time do you usually have [eat] *breakfast*?
- けさは朝食を抜(ᡠ̂)いた.
  I skipped *breakfast* this morning.
- 朝食にはパンよりご飯だ.
  I prefer rice to bread for *breakfast*.

**ちょうしん¹**【長針】(時計の)**the minute hand**[ミニット ハンド](⇔短針 the hour hand)→とけい図

**ちょうしん²**【長身の】**tall**[トール]
- 彼女は長身だ.
  She is *tall*.

**ちょうしんき**【聴診器】**a stethoscope**[ステサスコウプ]

**ちょうせつ**【調節】**adjustment**[アヂャストゥマント]
━調節する **adjust**
- この画面は明るさが調節できる. You can *adjust* the brightness of this screen.

**ちょうせん¹**【挑戦】**a challenge**[チャリンヂ]
- 私たちは西中学校の挑戦に応じた.
  We accepted Nishi Junior High School's *challenge*.
━挑戦する **challenge**; (試みる)**try, give ... a try**
- 次の試合で彼に挑戦する. I'll be *challenging* him in the next game.
- 「できるかどうかわからない」「挑戦してみたら」
  "I don't know if I can do it." "Just *try*."
▍挑戦者 **a challenger**

**ちょうせん²**【朝鮮】**Korea**[カリーア]→かんこく, きたちょうせん
━朝鮮(語, 人)の **Korean**
▍朝鮮語 **Korean**
▍朝鮮人 **a Korean**
▍朝鮮半島 **the Korean Peninsula**

**ちょうだい**→ ください
- 何か飲み物をちょうだい.
  *Give me* something to drink.

**…ちょうだい**【…(して)ちょうだい】→ … ください

**ちょうちょう¹**【町長】**a mayor**[メイア]

**ちょうちょう²**【長調】[音楽]**a major（key）**[メイジャァ（キィ）](⇔短調 a minor (key))
- イ長調 A *major*

**ちょうちん a (paper) lantern**[ランタァン]

**ちょうてん**【頂点】**the top**[タップ], **the peak**[ピーク]

# ちょうど

**just**[ヂャスト]; (正確に)**exactly**[イグザクトゥリィ]
- ちょうどいいときに来たね.
  You came at *just* the right moment.
- 列車はちょうど10時に発車した.
  The train left at *exactly* ten o'clock.

**ちょうど…するところだ**
be about to +〈動詞の原形〉
・今ちょうど出かけるところだ.
I *am about to* leave.

**ちょうど…したところだ**
have just +〈過去分詞〉
・母はちょうど帰ってきたところだ.
My mother *has just* returned.

**ちょうどうけん**【聴導犬】a hearing dog

**ちょうとっきゅう**【超特急】(列車)a superexpress[スーパイクスプレス]

**ちょうない**【町内】neighborhood[ネイバァフッド]
町内会 a neighborhood association
町内会長 a neighborhood association president

**ちょうなん**【長男】the oldest son[オウルディストサン], the eldest son[エルディスト](►息子が2人の場合は the older [elder] son を用いる)
・私は長男です. I'm *the oldest* [*eldest*] *son* in my family.

**ちょうのうりょく**【超能力】supernatural powers[スーパァナチュラル パウァズ]
超能力者 a person with supernatural powers

**ちょうはつ**【長髪】long hair[ローング ヘア]
・その写真家は長髪にしている.
The photographer has his *hair long*.

**ちょうぶん**【長文】a long passage[パスィッヂ]

**ちょうへん**【長編の】long[ローング]
長編映画 a long movie
長編小説 a long novel

**ちょうほうけい**【長方形】a rectangle[レクタングル]→せいほうけい 図
━長方形の rectangular[レクタンギュラァ]

**ちょうまんいん**【超満員】overcrowded[オウヴァクラウディド],《話》jam-packed[ヂャムパックト]
・スタジアムは超満員だった. The stadium was *overcrowded* [*jam-packed*].

**ちょうみりょう**【調味料】(a) seasoning[スィーズニング](►塩, こしょうなど. 砂糖は含まない)

**ちょうみん**【町民】(1人)a citizen[スィティズン], (全体)townspeople[タウンズピープル]

**…ちょうめ**【…丁目】日≠英 -chome(►日本独特の言い方. ふつう数字だけを書く)
・東京都新宿区四谷9丁目2番5号
9-2-5 Yotsuya, Shinjuku-ku, Tokyo

**ちょうやく**【跳躍】a jump[ヂャンプ]
━跳躍する jump

**ちょうり**【調理】cooking[クッキング]; (調理法) cookery[クッカリィ]→りょうり❶
━調理する prepare[プリペア], make; (熱を加えて)cook

調理器具 cooking utensils
調理師 a cook
調理室 a food-preparation room
調理実習 cooking practice
調理台 a food-preparation table
調理方法 a recipe

**ちょうりつ**【調律】tuning[トゥーニング]
調律師 a piano tuner

**ちょうりゅう**【潮流】(a) tide[タイド]

**ちょうりょく**【聴力】hearing (ability)[ヒ(ァ)リング (アビラティ)]
・祖父は聴力が衰えてきている.
My grandfather is losing his *hearing*.
聴力検査 a hearing test

**ちょうれい**【朝礼】a morning assembly[モーニング アセンブリィ](►日本的な習慣)

**ちょうわ**【調和】harmony[ハーマニィ]
・私たちは環境と調和して生きなければならない. We should live in *harmony* with the environment.
━調和する go well (with …), harmonize (with …)[ハーマナイズ]
・このカーテンは部屋とよく調和している.
These curtains *go well with* the room.

**チョーク** chalk[チョーク]
・チョーク1本
a piece of *chalk*(►チョーク2本はtwo pieces of *chalk*)
・黄色のチョークで書いて.
Write with yellow *chalk*.

**ちょき**(じゃんけんで)scissors[スィザァズ]→じゃんけん

**ちょきん¹**【貯金】savings[セイヴィングズ]; (銀行預金)a deposit[ディパズィット]
・レオは貯金で自転車を買った. Reo bought a bicycle with her *savings*.
━貯金する(ためる)save (money)
・兄はオートバイを買うために貯金している.
My brother is *saving money* to buy a motorcycle.
貯金通帳 a bankbook, a passbook
貯金箱 a piggy bank

bankbook

piggy bank

**ちょきん²**【ちょきんと切る】snip[スニップ], cut off[カット オーフ]

**ちょくご**【直後に】right [just] after …[ライト [ヂャスト]]

**ちょくせつ**【直接の】**direct**[ディレクト](⇔間接の indirent)
　━直接(に) **directly**; (本人自ら)**in person**
・それについては先生に直接相談しなさい．
　You should talk to your teacher *directly* [*in person*] about that.
▮直接目的語〖文法〗a direct object
▮直接話法〖文法〗direct speech [narration]

**ちょくせん**【直線】**a straight line**[ストゥレイト ライン]→せん²図
・一直線に[直線距離で] in a *straight line*
・定規で直線を引いた．
　I drew a *straight line* with a ruler.
▮直線コース a straight course

**ちょくぜん**【直前に】**right** [**just**] **before** …[ライト [チャスト]
・テストの直前に風邪(鯵)を引いた．
　I caught a cold *just before* the test.

**ちょくちょく**（**very**）**often**[オーフン]

**ちょくつう**【直通の】(乗り換(炒)えがない)**direct**[ディレクト], **through**[スルー], (途中(勮)で止まらない)**nonstop**[ナンスタップ]
▮直通列車 a through train; a nonstop train

**ちょくめん**【直面する】**face**[フェイス], **be faced** (**with** …)[フェイスト]
・私はどうしようもない問題に直面していた．
　I *was faced with* an impossible problem.

**ちょくやく**【直訳】**a literal translation**[リタラル トゥランスレイション]
　━直訳する **translate** … **literally** [**word for word**]

**ちょくりつ**【直立の[して]】**upright**[アップライト]
　━直立する **stand upright** [**straight**][ストゥレイト]

**ちょくりゅう**【直流】**direct current**[ディレクト カーラント](⇔交流 alternating current)(▶DCと略す)

**ちょこちょこ**【ちょこちょこ歩く】**toddle**[タドゥル]

**ちょこっと**→ちょっと❶

**チョコ**（**レート**）(**a**) **chocolate**[チョーカラット]
・板チョコ1枚
　a bar of *chocolate* / a *chocolate* bar
・生チョコ
　very soft *chocolate* made with cream
▮チョコレートケーキ a chocolate cake

**ちょさくけん**【著作権】**copyright**[カピィライト]
**ちょしゃ**【著者】**an author**[オーサァ]; (筆者) **a writer**[ライタァ]
**ちょしょ**【著書】**a book**[ブック]
**ちょすいち**【貯水池】**a reservoir**[レザァヴワー]
**ちょぞう**【貯蔵】**storage**[ストーリッヂ]; (貯蔵物)

(**a**) **stock**[スタック]
　━貯蔵する **store**
▮貯蔵室 a storeroom

**ちょちく**【貯蓄】(蓄(鯵)えること)**saving**[セイヴィング]; (貯金)**savings**[セイヴィングズ]→ちょきん¹
　━貯蓄する **save**

**ちょっかい**【ちょっかいを出す】**tease**[ティーズ], **meddle**（**with**）[メドゥル]

**ちょっかく**【直角】**a right angle**[ライト アングル]
▮直角三角形 a right(-angled) triangle

**ちょっかん**【直感】**intuition**[イントゥーイション]
・直感がさえてるね．
　Your *intuition* is good!
　━直感的に **intuitively**[イントゥーイティヴリィ], **by intuition**

**チョッキ** 米**a vest**[ヴェスト], 英**a waistcoat**[ウェスカット](▶「チョッキ」はポルトガル語から)

**ちょっきゅう**【直球】**a fastball**[ファストゥボール]
・そのピッチャーは直球勝負だ．The strong point of that pitcher is his *fastball*.

**ちょっけい**【直径】**a diameter**[ダイアマタァ]
・その池の直径は10メートルだ．
　The pond is ten meters in *diameter*. / The pond is ten meters across.

**ちょっこう**【直行する】**go straight**[ゴウ ストゥレイト], **go direct**[ディレクト], **go directly**
・遅(粵)れたので駅へ直行します．I'm late, so I will *go directly* to the station.

**ちょっこうびん**【直航便】(飛行機)**a nonstop flight**[ナンスタップ フライト]
・パリへの直航便 a *nonstop flight* to Paris

# ちょっと

| ❶少し | a little, 《話》a bit |
|---|---|
| ❷少しの間 | (just) a minute [moment, second] |
| ❸呼びかけ | (親しい人に)Hey!, 米Say! |

❶[少し]**a little**[リトゥル], 《話》**a bit**[ビット]
・これはちょっと変だ．
　This is *a little* strange.
・バターがほんのちょっと残っていた．
　There was *a little* butter left.
・あと1週間ちょっとで試験だ．
　We have an exam in *a little* over a week.
・この上着は私にはちょっと大きすぎる．
　This jacket is *a bit* too large for me.

❷[少しの間]**(just) a minute** [**moment**, **second**][(チャスト)][ミニット[モウマント, セカンド]]
・ちょっと待ってよ．私は反対だ．
　Wait *a minute*! I'm against it.
・エミはちょっと前に出かけた．

- Emi left *a moment* ago.
- もうちょっとで学校に遅刻するところだった. I was *almost* late for school.
- ❸[呼びかけ](親しい人に)**Hey!**[ヘィ], ⊛**Say!**[セィ]
- ちょっと, それは私のペンだよ.
  *Hey*, that's my pen.

**ちょっぴり** a little[リトゥル], a bit[ビット]→ちょっと❶

**ちょろちょろ**(流れる)**trickle**[トゥリックル]

**ちらかす**【散らかす】(ごみを)**litter**[リタァ];(部屋などを)**leave** ... **untidy**[リーヴ][アンタイディ]
- ごみを散らかさないでください
  《掲示》NO *LITTERING*

**ちらかる**【散らかる】(場所が)**be**(**in**)**a mess**[メス], **be untidy**[アンタイディ];(物が)**be scattered**[スキャタァド]
- ハルの部屋はいつも散らかっている.
  Haru's room *is* always (*in*) *a mess*.

**ちらし**【散らし】**a flier**[フライァ];(折りこみの)**a leaflet**[リーフリット];(手渡しの)**a handbill**[ハンドビル]
| 散らし寿司 **sushi in a bowl with a variety of ingredients on top**

**ちらちら**(光が)**flicker**[フリッカァ], **shimmer**[シマァ], **glimmer**[グリマァ];(見る)**peek**(**at** ...)[ピーク], **steal**(**a few**)**glances**(**at** ...)[スティール(ア フュー)グランスィズ]
- 明かりがちらちらしている.
  The light is *flickering*.
- 雪がちらちら降ってきた.
  The snow began to fall in flakes. / The snow began to fall lightly.

**ちらっと briefly**[ブリーフリィ]
- 隣の人をちらっと見た. I *briefly* looked at the person next to me.

**ちらばる**【散らばる】**be scattered**[スキャタァド]
- 彼の部屋には漫画本が散らばっていた.
  Comic books *were scattered* all over his room.

**ちらほら here and there**[ヒァ アンド ゼァ]
- 桜の花がちらほら咲いている. The cherry blossoms are out *here and there*.

**ちり**¹【地理】**geography**[ヂィアグラフィ]
**ちり**²(ほこり)**dust**[ダスト]

━━━慣用表現━━━
ちりも積もれば山となる. Many drops make an ocean.(←たくさんの水滴が海を作る)

| ちり取り **a dustpan**

**チリ Chile**[チリ]
| チリ人 **a Chilean**

**ちりがみ**【ちり紙】(a)**tissue**[ティシュー](▶tissue paper は「包装用の薄い紙」の意)

**ちりょう**【治療】(**medical**)**treatment**[メディカル トゥリートゥマント]
- 彼は頭の傷の治療を受けている.
  He is under *treatment* for a head injury.
━治療する **treat**
- 私はきのう歯を治療してもらった.
  I had my tooth *treated* yesterday.(▶have +〈人・物〉+〈過去分詞〉で「〈人・物〉を…してもらう」の意)

**ちる**【散る】(花や葉が)**fall**[フォール]
- 桜はもう散ってしまった.
  The cherry blossoms have *fallen* now.

**チワワ**(犬)**a chihuahua**[チワーワ]

**ちんぎん**【賃金】**wages**[ウェイヂズ];(給料)**pay**[ペィ]

**チンする heat**[**cook**] ... **in a microwave**[ヒート][クック][マイクロウェイヴ], **zap**[ザップ]
- 夕飯はハンバーグをチンして.
  *Heat* a hamburger *in the microwave* for dinner. / *Zap* a hamburger for dinner.

**ちんたい**【賃貸】(賃貸契約)**a lease**[リース]
| 賃貸アパート[マンション] **a rental apartment**
| 賃貸料 (**a**)**rent**

**ちんちん**【ちんちんする】(犬が)**beg**[ベッグ], **stand on** *one*'**s hind legs**[スタンド][ハインド レッグズ]
- うちの犬はちんちんができる.
  Our dog can *stand on its hind legs*.

**ちんつうざい**【鎮痛剤】**a painkiller**[ペインキラァ]

**チンパンジー**【動物】**a chimpanzee**[チンパンズィー](★アクセント位置に注意)

**ちんぷんかんぷん**【ちんぷんかんぷんだ】(全然理解できない)**not understand**(...)**at all**[アンダスタンド][オール]
- 私にはこの本はちんぷんかんぷんだ.
  I *can*'*t understand* this book *at all*.

**ちんぼつ**【沈没する】**sink**[スィンク]
- その客船は嵐で沈没した.
  The passenger ship *sank* in the storm.

**ちんもく**【沈黙】**silence**[サイランス]
- 彼女が沈黙を破った.
  She broke the *silence*.
- 私たちはどちらも沈黙を守った.
  We both kept *silent*.
━沈黙した, 沈黙の **silent**
━沈黙する **fall silent**

**ちんれつ**【陳列する】**exhibit**[イグズィビット](★発音注意), **display**[ディスプレィ]→てんじ¹
| 陳列室 **a display room**
| 陳列棚 **a showcase**
| 陳列品 **an exhibit**

# つ ツ

**ツアー** a tour[トゥァ]; (団体旅行)a group tour[グループ]; (パックツアー)a package tour[パキッヂ](►「パックツアー」は和製英語)
- スキーツアーに行く予定だ．
  I will go on a ski *tour*.
- 家族でツアーに入ってヨーロッパを回った．
  My family traveled around Europe on a *group tour*.
- そのバンドは全国ツアーをした．
  The band went on a nation-wide *tour*.

**ツアーコンダクター** a tour conductor

**つい¹**(うっかり)carelessly[ケアリスリィ]; (思わず)in spite of oneself[スパイトォヴ][ワンセルフ]; (ほんの)only[オウンリィ], just[ヂャスト]→うっかり
- つい人の悪口を言ってしまった．
  I *carelessly* spoke ill of others.
- ダイエット中なのについ食べちゃった．
  I broke my diet *in spite of myself*.
- つい2, 3分前に戻ってきたところだ．I returned *only* [*just*] a few minutes ago.

**つい²**【対】a pair (of ...)[ペァ], a couple (of ...)[カップル]
- 1対のティーカップ a *pair of* tea cups

**ツイート** a tweet[トゥイート](►旧ツイッターのつぶやきのこと)
- **ツイートする** tweet

**ツイード** tweed[トゥイード]

**ついか**【追加】(an) addition[アディション]
- **追加の** additional, more[モァ]
- 追加のメンバー an *additional* member
- 追加のフライドポテトを注文した．
  I ordered *more* French fries.
- **追加する** add
  追加注文 an additional order
  追加料金 an additional [extra] charge: 追加料金を払わないとだめです．You have to pay *an additional charge*.

**ついきゅう¹**【追及する】(事件などを)examine[イグザミン], investigate[インヴェスタゲイト]; (~の責任を…に)blame ... for ~[ブレイム]
- 人々は彼に事故の責任を追及した．
  People *blamed* him *for* the accident.

**ついきゅう²**【追求】pursuit[パスート]
- **追求する** pursue[パスー], seek[スィーク]
- 彼らは真実を追求している．
  They are *pursuing* the truth.

**ついし**【追試(験)】a makeup examination [exam][メイカップ イグザミネイション[イグザム]],《話》a makeup
- 数学の追試を受けなくてはならない．
  I need to take a *makeup exam* in math.

**ついしん**【追伸】a postscript[ポウストゥスクリプト](►手紙などではPS, psと略し, これに続けて追加の用件を書く)

**ついせき**【追跡】a chase[チェイス], pursuit[パスート]
- **追跡する** chase, pursue[パスー]

**…ついた**【…(の)付いた】with ...[ウィズ]
→…つき¹
- ストラップのついたかばん
  a bag *with* a strap

**ついたち**【一日】(the) first[ファースト]
- 4月1日
  April (*the*) *first* / *the first* of April

**ついたて**【つい立て】a screen[スクリーン]

**ツイッター** Twitter[トゥイタァ](►ソーシャルネットワーキングサービスの1つ. Xの旧名称)

## …ついて 【…(に)ついて】

❶ …に関して　　about ..., of ..., on ...
❷ …ごとに　　per ...

❶【…に関して】about ...[アバウト], of ...[オヴ], on ...[アン]
- あなたの趣味について話してください．
  Please tell me *about* your hobbies.
- その本は何について書いてあるの?
  What's that book *about*?
- この絵についてどう思いますか．
  What do you think *of* this painting?
- 彼はずっと遺伝子について研究している．
  He has been doing research *on* genes.

❷【…ごとに】per ...[パァ]→…つき²

**ついで**(機会)a chance[チャンス]
- ついでがあれば私の家に遊びに来てください．
  Please come and see me when you have a *chance*.
- **ついでに**(この機会に)incidentally[インサデンタリィ], by the way; (途中で)on one's way; (…するとき)when ...
- ついでにあなたに言いたいことがある．
  *Incidentally*, I have something to tell you.
- 駅へ行くついでにこの漫画雑誌を買ってきてよ．Can you get a comic magazine for me *on your way to* the station?

**ついていく**【ついて行く】follow[ファロウ]; (いっしょに行く)go with ...[ゴウ]; (遅れない)keep up with ...[キープ アップ]

- 先生の後をついて行った．
  We *followed* our teacher.
- 私は学校まで妹について行った．
  I went to the school *with* my sister.
- 数学の授業についていけない．
  I can't *keep up with* my math class.

**ついている→**うん¹
- きょうはついている．
  Today I'm *lucky*. / Today is *my*（*lucky*）*day*.

**ついてくる**【ついて来る】**follow**[ファロゥ]；（いっしょに来る）**come with ...**[カム]
- その犬は家までずっと私の後をついて来た．The dog *followed*［*came*（*along*）*with*］me all the way to my house.

**ついとつ**【追突する】**run into ... from behind**[ラン][ビハインド]
- その車はバスに追突した．
  The car *ran into* the bus *from behind*.
- **－追突される be hit from behind**
- 私たちの車は交差点でタクシーに追突された．
  Our car *was hit from behind* by a taxi.

# ついに

（とうとう）**finally**[ファイナリィ], **at last**[ラスト]
- ついに夏休みの宿題が終わった．
  I *finally* finished my homework for the summer vacation.
- この間の試合でついに彼女を負かした．
  I *finally* beat her in the last match.
- ついに彼は家にたどり着いた．
  *At last* he reached home.

**ついばむ peck at ...**[ペック]
- 鶏（にわとり）がえさをついばんでいる．
  A chicken is *pecking at* its food.

**ついほう**【追放する】**expel**[イクスペル], **exile**[イグザイル], **get rid of ...**[ゲット リッド アヴ]

**ついやす**【費やす】（金・時間を）**spend**[スペンド]；（無駄（むだ）に）**waste**[ウェイスト]→**つかう❷**
- ケンはゲームにたくさんのお金［時間］を費やしている．Ken *spends* a lot of money［time］on games.

**ついらく**【墜落】（飛行機の）**a crash**[クラッシュ]
- **－墜落する crash**

**ツイン twin**[トゥウィン]
- ツインベッド *twin* beds

**つういん**【通院する】**go to（the）hospital**[ハスピトゥル]

**つうか**【通過する】（通り過ぎる）**pass**[パス], **go through ...**[ゴゥ スルー]
- 列車はちょうど浜松を通過した．
  The train has just *passed* Hamamatsu.

**つうがく**【通学する】（学校に行く）**go to school**[ゴゥ][スクール]；（学校に来る）**come to school**[カム]
- 多くの生徒がバスで通学している．
  Many students *come to school* by bus.
- 私は歩いて通学する．
  I walk to school.
- **通学区域 a school district**
- **通学路 school route**

**つうきん**【通勤する】**go to work**[**one's office**][ゴゥ][ワーク][オーフィス], **commute**[カミュート]
- 父は電車で通勤している．
  My father *goes to work*［*his office*］by train.
- **通勤客 a commuter**
- **通勤電車 a commuter train**
- **通勤ラッシュ the rush hour**

**つうこう**【通行】（交通）**traffic**[トゥラフィック]
- この道は一方通行だ．
  This is a one-way street.（▶《掲示》ではONE WAY）

「一方通行」の標識（米国）

- この道は通行禁止です．This street is closed.（▶《掲示》ではCLOSED TO *TRAFFIC*, NO THOROUGHFARE）
- 左側通行《掲示》KEEP TO THE LEFT
- **－通行する pass**[パス]
- **通行人 a passer-by**
- **通行料金 a toll**

**…つうじて**【…を通じて】**throughout ...**[スルーアウト]
- ここは一年を通じて気候がよい．We have a comfortable climate *throughout* the year.
- 私はマリを通じて彼女と出会った．
  I met her *through* Mari.

**つうじょう**【通常】（いつも）**usually**[ユージュアリィ]；（一般に）**generally**[ヂェナラリィ]

**ツーショット a snapshot［photo］of two people**[スナップシャット][フォゥトウ][トゥー ピープル]
- 私と親友とのツーショット
  a photo of myself with my best friend

# つうじる【通じる】

## つうしん

> ❶ 道・鉄道などがつながる
> lead (to ...), go (to ...)
> ❷ 理解される
> be understood; (言語が) be spoken;
> (自分の言葉が) make oneself understood
> ❸ 電話がつながる
> get through (to ...)

❶ [道・鉄道などがつながる] **lead** (to ...) [リード], **go** (to ...) [ゴウ]
- この道は奈良(<small>なら</small>)公園に通じている.
  This road *leads to* Nara Park.

❷ [理解される] **be understood** [アンダストゥッド]; (言語が) **be spoken** [スポウカン]; (自分の言葉が) **make** oneself **understood**
- ハワイのショッピングセンターでは日本語が通じた. Japanese *was spoken* at the shopping mall in Hawaii.
- 英語はあまりじょうずに話せなかったが何とか通じた. I couldn't speak English well, but somehow I *made myself understood*.
- 私のジョークは先生に通じなかった.
  The teacher didn't get my joke.

❸ [電話がつながる] **get through** (to ...) [ゲットスルー]
- マキに何度も電話したが通じなかった.
  I called Maki again and again but couldn't *get through to* her.

**つうしん**【通信】**communication** [カミューナケイション]

— 通信する **communicate** (with ...) [カミューナケイト]

| 通信衛星 a communications satellite
通信教育 a correspondence course: 兄は通信教育を受けている. My brother is taking *a correspondence course*.
通信販売(<small>ばい</small>) [通販] mail order: このワンピースは通販で買った. I bought this dress by *mail order*. / I bought this dress online.
| 通信簿(<small>ぼ</small>) a report card

**つうち**【通知】(**a**) **notice** [ノウティス]

— 通知する **notify** [ノウティファイ], **inform** [インフォーム]

| 通知表 a report card

**つうちょう**【通帳】(銀行の) **a bankbook** [バンクブック], **a passbook** [パスブック]

**ツーピース a two-piece** [トゥーピース]

**つうやく**【通訳】**interpretation** [インタープリテイション]; (通訳者) **an interpreter** [インタープリタァ]
- 同時通訳 simultaneous *interpretation*; (通訳者) a simultaneous *interpreter*
- 選手は通訳を通して話した. The player spoke through an *interpreter*.

— 通訳する **interpret**, **translate** [トゥランスレイト]
- 彼の言っていることを通訳してくれませんか.
  Would you *interpret* [*translate*] what he is saying?

**つうよう**【通用する】(考えなどが) **be accepted** [アクセプティド]; (貨幣(<small>か</small>)などが) **be in use** [ユース]
- この考え方はアメリカでは通用しない.
  This way of thinking *is* not *accepted* [*acceptable*] in the U.S.
- このお札(<small>さつ</small>)はもう通用しないと思う.
  I think this bill *isn't in use* yet.

| 通用門 a side gate

**ツーリング touring** [トゥアリング]

**ツール a tool** [トゥール]

**つうろ**【通路】**a way** [ウェイ], **a passage** [パスィッヂ]; (座席と座席の間の) **an aisle** [アイル]
- 荷物を通路に置いてはいけない.
  We should not put our bags in the *aisle*.
- 通路側の席 an *aisle* seat

**つうわ**【通話】**a** (**phone**) **call** [コール]
- 市内通話 a local *call*

| 通話料 the charge for a (phone) call

**つえ a** (**walking**) **stick** [(ウォーキング) スティック], **a cane** [ケイン]
- おじいさんがつえをついて歩いていた.
  An old man was walking with a *cane*.

**つかい**【使い】(用足し) **an errand** [エランド]; (人) **a messenger** [メッサンチャァ]
- モエ, お使いに行ってきてくれる?
  Moe, will you go on an *errand* for me? / Moe, will you run an *errand* for me?

**つかいかた**【使い方】**how to use** [ハウ] [ユーズ]
- これの使い方を説明してくれる?
  Will you explain *how to use* this?

**つかいこなす**【使いこなす】**make full use** (**of** ...), [メイク フル ユース], **master** [マスタァ]
- 私はこのタブレットを使いこなせる. I am able to *make full use of* this tablet.

**つかいすて**【使い捨ての】**disposable** [ディスポウザブル], **throwaway** [スロウアウェイ]; (1回限りの) **single-use** [スィングルユース]
- 使い捨てかいろ
  a *disposable* body warmer
- この紙皿は使い捨てだ. These paper plates are *disposable* [*single-use*].

**つかいみち**【使い道】**how to spend** [ハウ] [ユーズ]
- みんなでそのお金の使い道について話し合った. We discussed *how to spend* the money.

**つかいわける**【使い分ける】

- アズサは行く場所によってかばんを使い分けている. Azusa *uses* different bags *depending on* where she goes.

## つかう【使う】

| | |
|---|---|
| ❶使用する | use |
| ❷費(つい)やす | spend; (無駄(むだ)に)waste |
| ❸雇(やと)う | employ |

❶[使用する]**use**[ユーズ]
- この辞典, 使ってもいい？
  May I *use* this dictionary?
- カナダでは英語とフランス語が使われている.
  English and French are *used* [*spoken*] in Canada.
- このパソコンは使いやすい[にくい].
  This PC is easy [hard] to *use*.
- **─…を使って**(手段)➜…で❷

❷[費やす]**spend**[スペンド]; (無駄に)**waste**[ウェイスト]

〈金など〉を〈物・人・事〉に使う
spend+〈金など〉+on[《主に英》for]+〈物・人・事〉
- レイは洋服にお金を使いすぎる. Rei *spends* too much money *on* clothes.
- 旅行の準備に2時間使った.
  I *spent* two hours preparing for the trip.

❸[雇う]**employ**[インプロイ]

**つかえる**¹【仕える】**serve**[サーヴ]
**つかえる**²(引っ掛かる, 詰まる)**get stuck**[ゲットスタック], **choke**[チョウク]; (言葉が)**stumble**[スタンブル], **stutter**[スタッタァ]
- パンがのどにつかえた.
  Bread *got stuck* in my throat.

**つかまえる**【捕まえる】**catch**[キャッチ], **get**[ゲット], **grab**[グラブ]; (逮捕(たいほ)する)**arrest**[アレスト]
- とんぼを捕まえた.
  I *caught* a dragonfly.
- その男は私の右腕(うで)を捕まえた.
  The man *caught* me by the right arm.
- 警察は泥棒(どろぼう)を捕まえた.
  The police *arrested* [*caught*] the thief.

**つかまる**【捕まる】**be caught**[コート]; (逮捕される)**be arrested**[アレスティド]; (つり革(かわ)などに)**hold on** (**to** …)[ホウルド アン]
- 指名手配の男が捕まった. The wanted man *was caught* [*arrested*].
- つり革につかまった.
  I *held on to* a strap.

## つかむ

(手で)**catch**[キャッチ], **grasp**[グラスプ], **hold**[ホウルド]; (意味などを)**grasp**, **get**[ゲット]
- ケンは素手(すで)でボールをつかんだ. Ken *caught* the ball with his bare hands.
- 先生の話の要点がつかめなかった. I couldn't *grasp* the teacher's point. / I didn't *get* the teacher's point.

**つかる**【浸かる】(水・お湯に)**soak**[ソウク], **dip**[ディップ]; (水浸たしになる)**be flooded**[フラディド]
- 温泉に浸かるとすごくリフレッシュする. I feel so refreshed when I *soak* in a hot spring.
- 大雨で多くの家が水に浸かった. Many houses *were flooded* because of heavy rain.

**つかれ**【疲れ】**tiredness**[タイアドニス], **fatigue**[ファティーグ]
- リラックスして疲れを取った.
  I relaxed and got over my *tiredness* [*fatigue*].

## つかれる【疲れる】

**get tired** (**from** …)[タイアド]; (疲れている)**be tired**
- 一日中歩き回ったのでくたくたに疲れた.
  I *got* very *tired from* walking all day.
- 疲れたの？
  *Are* you *tired*?
- 彼はひどく疲れている様子だった. He looked *exhausted*. / He looked *very tired*.

## つき¹【月】

| | |
|---|---|
| ❶天体 | the moon |
| ❷暦(こよみ) | a month |

❶[天体]**the moon**[ムーン]
- 月が出た.
  *The moon* has risen [come out].
- 今夜は月が出ている[いない].
  There is a [no] *moon* tonight.

a crescent moon　a half moon　a full moon
三日月　　　　　半月　　　　満月

❷[暦]**a month**[マンス]
- 月の初め[終わり]
  the beginning [end] of the *month*
- 私は月に1度フットサルをする.
  I play indoor soccer once a *month*.
- バレエのレッスンは月に8000円です.
  My ballet lessons cost eight thousand yen per *month*.

## つき²

### 表現メモ

**月の言い方**
1月 January / 2月 February / 3月 March
4月 April / 5月 May / 6月 June / 7月 July
8月 August / 9月 September / 10月 October
11月 November / 12月 December

**つき²**【運】luck[ラック]→うん¹
**…つき¹**【…付きの】with …[ウィズ]
- バス付きの部屋
 an apartment *with* a bathroom
- 1年間保証付きのテレビ
 a TV *with* a one-year guarantee

**…つき²**【…(に)つき】【…ごとに】per …[パァ], a …
- レンタサイクルを借りるのに1日につき500円を支払った. I paid five hundred yen *a* [*per*] day to rent a bicycle.

## つぎ¹【次(の)】

next[ネクスト]
- 私たちは次の駅で降りなければなりません.
 We need to get off at the *next* station.
- 次の水曜日に会おう.
 Let's see each other *next* Wednesday.
- 木曜日は閉店だったが,その次の日には開いていた. The shop was closed on Thursday but was open (on) the *next* day.(►特定の日の「次の日」という場合にはtheをつける)
- 次の方, どうぞ. *Next*, please.
- 次の次の週末に行きます.
 I'll go in the weekend after *next*.
- 次から次へ人が入ってくる.
 People come in one after another.
━**次に**[は] next;(次回に)next time[タイム];(…の次に[は])next to …
- さて,次は何をすればいいですか.
 Well, what should I do *next*?
- 次はフミヤも連れてきて. *Next time*, please bring Fumiya with you.
- テニスの次にバレーボールが好きだ.
 *Next to* tennis, I like volleyball.

**つぎ²**【継ぎ】a patch[パッチ]
━**継ぎを当てる** patch, put a patch

**つきあい**【付き合い】association[アソウスィエイション]→こうさい, つきあう
- サラは付き合いがいい[悪い].
 Sara is *sociable* [*unsociable*].

## つきあう【付き合う】

(いっしょに行く)go [come] (with …)[ゴゥ[カム]];(仲間として)be friends with …[フレンツ];(恋人と)see[スィー](►ふつう進行形で用いる),

go out (with …)[アウト], date[デイト]
- 歓迎(炊)会に必要な物の買い物に行くんだ. 付き合ってくれない？
 I'm going to buy some things for the welcome party. Can you *come with* me?
- 父は彼らとは付き合うなと言った.
 My father told me not to *be friends with* them.
- ミキはケンと1年近く付き合っている.
 Miki has been *seeing* [*dating*] Ken for almost a year.
- もう付き合ってられないよ.
 I can't stand you anymore.

**つきあたり**【突き当たり】the end (of …)[エンド]
- 私の家はこの道の突き当たりにある.
 My house is at *the end of* this road.
━**突き当たる**(行き止まりになる)come to the end of the road[カム][エンド][ロウド]

**つぎあわせる**【継ぎ合わせる】stick [patch] together[スティック][パッチ][タゲザァ]
**つきさす**【突き刺す】stick[スティック]
**つきそい**【付き添い】(人)an attendant[アテンダント]
**つきそう**【付き添う】attend[アテンド];(病人などに)take care of …[テイク][ケァ];(ついて行く)go with …[ゴゥ], accompany[アカンパニィ]
- 両親は病気の子どもに付き添った.
 The parents *took care of* their sick child.
- 彼女は友達に付き添われていた.
 She was *accompanied* by her friend.

**つきだす**【突き出す】(舌・手足などを)stick out[スティック アウト]
- 子どもたちは彼に向かって舌を突き出した. The children *stuck* their tongues *out* at him.

**つぎつぎ**【次々に】one after another[アナザァ]
- 生徒たちが次々に教室から出てきた.
 The students came out from the classroom *one after another*.

**つきっきり**
- 兄は私につきっきりでいろいろ教えてくれた.
 My brother *stayed by* my *side* and taught me many things.

**つきでる**【突き出る】stick out[スティック アウト]
**つきとおす**【突き通す】→つらぬく
**つきひ**【月日】(時)time[タイム];(日々)days[デイズ]
- 月日のたつのは早い.
 *Time* flies.

**つきまとう**【付きまとう】follow … around[ファロゥ][アラウンド]
- 私に付きまとわないで.
 Don't *follow* me *around*!

**つきみ**【月見】moon-viewing[ムーンヴューイング]
- 月見をする enjoy（watching）a full moon

**つぎめ**【継ぎ目】a joint[ヂョイント]；（布などの）a seam[スィーム]

**つきゆび**【突き指をする】sprain one's finger[スプレイン][フィンガァ]
- 彼は試合で突き指をした．
  He sprained his finger in the game.

**つきる**【尽きる】(なくなる) run out（of ...）[ランアウト]；(体力などが) be exhausted[イグゾースティド] → なくなる¹ ❷
- ガソリンが尽きたらしい．
  It seems（that）we ran out of gas.
- 力が尽きた．My strength gave out. / My strength was exhausted.

**つく**¹【着く】

| | | |
|---|---|---|
| ❶ 到着(とうちゃく)する | | arrive（at ..., in ...）, get to ..., reach |
| ❷ 席に | | sit down, have [take] a seat |

❶ [到着する] arrive（at ..., in ...）[アライヴ], get to ...[ゲット], reach[リーチ]
- 真夜中に大阪駅に着いた．We arrived at Osaka Station at midnight.
- ユミはきのう名古屋に着いた．
  Yumi arrived in Nagoya yesterday.
- ようやく家に着いた．
  I finally arrived [got] home.（▶home は副詞なので arrive at [got to] home は ×）
- 列車は何時に東京に着きますか．When does the train get to Tokyo? / When does the train reach Tokyo?（▶reach は他動詞なので前置詞は不要）

> **くらべてみよう！** arrive at と arrive in
> arrive at：比較(ひかく)的狭(せま)いと感じられる場所（点のイメージ）に「着く」
> arrive in：比較的広いと感じられる場所（面のイメージ）に「着く」

❷ [席に] sit down[スィット ダウン], have [take] a seat[スィート]
- どうぞ席にお着きください．Have [Take] a seat, please.

**つく**²（明かりなどが）come on[カム アン]；（ついている）be on
- 明かりがついた[ついていた]．
  The light came [was] on.

**つく**³【付く】(くっついて離(はな)れない) stick（to ...）[スティック]；(染(し)みなどが) be stained

（with ...）[ステインド]；(付属する) have[ハヴ]
- シャツにソースが付いているよ．
  Your shirt is stained with sauce.
- このバッグにはポケットが5つ付いている．
  This bag has 5 pockets.

**つく**⁴【突く】(強く押(お)す) push[プッシュ]；(針などで軽く) prick[プリック]

**つぐ**¹【注ぐ】pour（out）[ポァ（アウト）]
- コップに麦茶をついだ．
  I poured barley tea into a glass.

**つぐ**²【継ぐ】(...の跡(あと)を) succeed[サクスィード]；(地位・仕事・財産などを) succeed to ...；(仕事などを) take over[テイク オウヴァ]
- 父の跡を継ぎたい．
  I want to succeed my father.

**つくえ**【机】a desk[デスク]
- カイはよく机に向かう．
  Kai frequently sits at his desk.

**つくし** a horsetail[ホーステイル]

**つくす**【尽くす】(...する) do[ドゥー], try[トゥライ]
- 全力を尽くした．I did all I can（do）. / I did [tried] my best.

**つくづく**
- つくづく自分は絵がへただ．
  I'm just no good at drawing.

**つぐなう**【償う】make up（for ...）[メイク アップ]

**つくりかた**【作り方】how to make[ハッ][メイク]
- ピザの作り方を教えてくれる？
  Can you tell me how to make a pizza?

**つくりなおす**【作り直す】remake[リメイク], remodel[リマドゥル]

**つくりばなし**【作り話】a made-up story[メイダップ ストーリィ]
- 作り話をしているでしょ．You're making up that story, aren't you?

**つくる**【作る，造る】

| | | |
|---|---|---|
| ❶ 製作する，製造する | | make |
| ❷ 建造する | | build, construct |
| ❸ 創作する | | write; |
| | (曲などを) | compose |
| ❹ 調理する | | make, prepare; |
| | (加熱して) | cook; |
| | (パン・菓子などを) | bake |
| ❺ 組織する | | form |
| ❻ 栽培(さいばい)する | | grow |

❶ [製作する，製造する] make[メイク]
- あの会社はコンピュータゲームを作っている．
  That company makes [produces] computer games.

## つくろう

**〈人〉に〈物〉を作る**
make＋〈人〉＋〈物〉/ make＋〈物〉＋for＋〈人〉
- 友達がこのアクセサリーを作ってくれた. My friend *made* me these accessories. / My friend *made* these accessories *for* me.
- 豆腐(とうふ)は大豆から作られる. Tofu is *made from* soybeans.(▶材料の形が残っていない場合はfromを使うことが多い)
- このテーブルはかしの木で作られている. This table is *made of* oak.(▶材料がそのまま見てわかる場合はofを使うことが多い)

❷[建造する]**build**[ビルド], **construct**[カンストゥラクト]
- 新しい駅が造られている. A new station building is being *built*.

❸[創作する]**write**[ライト]；(曲などを)**compose**[カンポウズ]
- その歌手は歌詞も作る. The singer *writes* lyrics, too.
- これはスティーブが作った曲だ. This is the music (that) Steve *composed*.

❹[調理する]**make**, **prepare**[プリペァ]；(加熱して)**cook**[クック]；(パン・菓子などを)**bake**[ベイク]
- トマトサラダを作った. I *made* [*prepared*] a tomato salad.(▶加熱しない場合, cookは×)
- 夕食にカレーライスを作った. I *cooked* curry and rice for supper.
- 私はケーキを作るのが好きです. I like *baking* cakes.

❺[組織する]**form**[フォーム]
- ロックバンドを作ろうよ. Let's *form* a rock band.

❻[栽培する]**grow**[グロウ]
- おばは庭でトマトを作っている. My aunt *grows* tomatoes in her garden.

**つくろう**【繕う】**mend**[メンド]

**…づけ**【…付け】**dated** ...[デイティド], **of** ...[アヴ]
- 12月13日付けのはがき a postcard *dated* [*of*] December 13

**つげぐち**【告げ口する】(…に～のことを)**tell** ... **on** ～[テル]
- 私のことをお父さんに告げ口しないで. Don't you dare *tell* dad *on* me.

**つけくわえる**【付け加える】**add**[アッド]
- 何か付け加えることがありますか. Do you have anything to *add*?

**つけこむ**【付け込む】**take advantage of** ...[アドゥヴァンティッヂ]
- 彼は私の弱みに付け込んだ. He *took advantage of* my weakness.

**つけもの**【漬物】(a) **pickle**[ピックル](▶しばしば複数形で用いる. 米ではきゅうりの酢(す)漬けをさすことが多い)

## つける¹【付ける】

| | |
|---|---|
| ❶離(はな)れなくさせる | **attach**; (取り付ける)**put, fix** |
| ❷電気・火を | (電気を)**turn on, put on**; (火を)**light** |
| ❸塗(ぬ)る | **put**; (バターなどを)**spread** |
| ❹日記・記録などを | **keep** |
| ❺ついて行く | **follow, chase** |

❶[離れなくさせる]**attach**[アタッチ]；(取り付ける)**put**[プット], **fix**[フィックス]
- プレゼントにカードを付けた. I *attached* the card to the present.
- おじが壁(かべ)に棚(たな)を付けた. My uncle *put* a shelf on the wall.

❷[電気・火を](電気を)**turn on**[ターン アン](⇔消す turn off), **put on**；(火を)**light**[ライト]
- 電気をつけてください. *Turn on* the light, please.
- ろうそくに火をつけてくれる？ Can you *light* the candle?
- エアコンがつけっ放しだ. The air conditioner *is* left *on*.

❸[塗る]**put**；(バターなどを)**spread**[スプレッド]
- 彼女は傷に薬をつけた. She *put* the medicine on the wound.
- タカはトーストにジャムをつけた. Taka *spread* jam on his toast.

❹[日記・記録などを]**keep**[キープ]
- 彼は日記をつけている. He *keeps* a diary.

❺[ついて行く]**follow**[ファロウ], **chase**[チェイス]
→ついていく

## つける²【着ける】

**put on**[プット アン], **wear**[ウェァ](▶put onは「身につける」動作を表し, wearは「身につけている」状態を表す)
- アキはイヤリングを着けた. Aki *put on*

earrings. / Aki *put* earrings *on*.
- 彼はシャツにバッジを着けていた．
 He was *wearing* a badge on his shirt.

**つける**³【浸ける，漬ける】（浸(ひた)す）**soak**[ソウク]；（少し浸す）**dip**[ディップ]；（漬物にする）**pickle**[ピックル]

**つげる**【告げる】**tell**[テル]，**say**[セイ]
- その男性は名前も告げずに立ち去った．
 The man left without *saying* his name.

# つごう【都合】

**convenience**[カンヴィーニャンス]
- 都合のいいときに来てください．
 Please come at your *convenience*.
- 今度の日曜日，都合はどう？
 Are you free next Sunday?
━**都合のいい convenient**
- 野球をするのに都合のいい場所
 a *convenient* place to play baseball
- いつが都合がいいですか？
 When is *convenient* [*good*] for you? (▶ When are you convenient? は×)
━**都合の悪い inconvenient**
- あしたは都合が悪いんですが．I'm sorry, tomorrow is *inconvenient* for me.

**つじつま**【つじつまが合う】**be consistent**[カンスィスタント]；（論理的である）**be logical**[ラヂカル]
- 君の話はつじつまが合わない．Your story *is* not *consistent*. / Your story *is inconsistent*.

**つた**[植物]（**an**）**ivy**[アイヴィ]

# つたえる【伝える】

| ❶ 知らせる | **tell**；（報道する）**report** |
| ❷ 紹介(しょう)する | **introduce**； |
| | （伝承する）**pass down** |
| ❸ 電気・熱などを | **conduct** |

❶ [知らせる]**tell**[テル]；（報道する）**report**[リポート]
- このことを先生に伝えたの？
 Did you *tell* the teacher about this?
- ケンによろしく伝えてください．→ よろしく

 Please *say hello to* Ken (for me).
❷ [紹介する]**introduce**[イントゥラドゥース]；（伝承する）**pass down**[パス ダウン]→ つたわる❷
- だれが野球を日本に伝えたのですか．
 Who *introduced* baseball to [into] Japan?
- 伝統を伝えるのは重要だ．
 It's important to *pass down* tradition.
❸ [電気・熱などを]**conduct**[カンダクト]

# つたわる【伝わる】

| ❶ うわさなどが | **spread** |
| ❷ 紹介(しょう)される | **be introduced**； |
| （伝承される） | **be handed down** |
| ❸ 光・音などが | **travel** |

❶ [うわさなどが]**spread**[スプレッド]
- そのうわさはすぐ学校中に伝わった．
 The rumor soon *spread* throughout the school.
❷ [紹介される]**be introduced**[イントゥラドゥースト]；（伝承される）**be handed down**[ハンディド ダウン]→ つたえる❷
- キリスト教は16世紀に日本に伝わった．
 Christianity *was introduced* into Japan in the 16th century.
- この着物はわが家に代々伝わるものだ．This kimono has *been handed down* in my family from generation to generation.
❸ [光・音などが]**travel**[トゥラヴァル]

**つち**【土】**earth**[アース]；（土壌(じょう)）**soil**[ソイル]；（地面）**the ground**[グラウンド]
- 土のかたまり a lump of *earth*
- この辺りの土はやせて[肥えて]いる．
 The *soil* around here is poor [rich].

**つつ**【筒】**a pipe**[パイプ]；**a tube**[トューブ]

# つづき【続き】

（番組などの次の回）**the next episode**[ネクスト エパソウド]；（残りの部分）**the rest**[レスト]
- このドラマの続きが待ち遠しい．
 I'm looking forward to *the next episode* (of this program).
- 宿題の続きをやらなくちゃ．
 I have to do *the rest* of my homework.

**つつく poke**[ポウク]；（鳥が）**peck**[ペック]
- 友達が私の背中をつついた．
 My friend *poked* me in the back. (▶ふつう poked me in my back は×)

# つづく【続く】

## つづける

| ❶ 継続(けいぞく)する | continue, go on; (ある期間)last |
|---|---|
| ❷ 後に続く | follow |

❶ 〔継続する〕**continue**[カンティニュー], **go on**[ゴゥ アン]；(ある期間)**last**[ラスト]
- ミーティングは6時まで続いた. The meeting *continued* [*lasted*] until six o'clock.
- 雨が4日間降り続いている. It has been raining for four days.(►「ずっと…し続ける」は have been＋〈-ing形〉で表す)
- 次回に続く（連続物が）To be *continued*.
- 大型の台風が続いた. Big typhoons occurred *one after another*.

❷ 〔後に続く〕**follow**[ファロウ]
- ケイに続いて私たちはみんな川に飛びこんだ. *Following* Kei, we all jumped into the river.

## つづける【続ける】

**continue**[カンティニュー], **go on**[ゴゥ アン], **keep on**[キープ]
- 先生は授業を続けた.
  The teacher *continued* the class.
- 彼らはちらりと私を見たがおしゃべりを続けた. They glanced at me and *went on* talking.

**…つづける**【…し続ける】**continue**［**go on**］＋〈-ing形〉, **keep**（**on**）＋〈-ing形〉, **continue**＋**to**＋〈動詞の原形〉
- そんな調子で練習し続けると疲れるよ. You'll get tired if you *continue*［*go on*］practic*ing* like that.
- 足が少し痛かったが私は走り続けた. I felt a slight pain in my foot, but I *kept*（*on*）run*ning*.

**つっこむ**【突っ込む】（…を～の中に）**put ... into** ～[プット]；(激突(げきとつ)する)**run into**［**against**］**...**[ラン]
- 彼はお金をポケットに突っこんだ. He *put* the money *into* his pocket.
- トラックが一時停止の標識に突っこんだ. A truck *ran into* the stop sign.

**つつじ**【植物】**an azalea**[アゼイリァ]
**つつしみ**【慎み】**modesty**[マデスティ]
— 慎み深い **modest**[マデスト]
**つつしむ**【慎む】（言動などに注意する）**be careful**（**about ...**, **of ...**）[ケァフル]
- 言葉を慎みなさい.
  *Be careful of* your language. / *Be careful*（**in**）what you say.

**つつみ**[1]【包み】**a package**[パキッヂ], 《主に⊕》**a parcel**[パーサル]
- まだ包みを開けていない.
  I haven't opened the *package* yet.
  包み紙 **wrapping paper**

**つつみ**[2]【堤】**a bank**[バンク]；(堤防)**an embankment**[エンバンクマント]

**つつむ**【包む】**wrap**（**up**）[ラップ（アップ）]；(覆(おお)う)**cover**[カヴァ]
- これをプレゼント用に包んでもらえますか.
  Would you *wrap* this as a present? / Would you gift-wrap this?

- 湖は朝もやに包まれていた. The lake was *covered* with morning mist.

**つづり**（**a**）**spelling**[スペリング]
- つづりの間違(まちが)いを見つけた.
  I found some *spelling* mistakes.
— **つづる**（語を）**spell**
- あなたの名前はどうつづりますか.
  How do you *spell* your name?
- アメリカではcolorをuを入れないでつづる. In America, people *spell* color without a "u".(►⊕ではcolorではなく, colourとつづる)

**つとめ**[1]【勤め】(仕事)**work**[ワーク]；(勤め口)**a job**[ヂャブ]
- 両親は毎日勤めに出ます.
  My parents go to *work* every day.
- ケンは勤めを辞(や)めた. Ken quit his *job*.

**つとめ**[2]【務め】(義務)（**a**）**duty**[ドゥーティ]

**つとめる**[1]【勤める】**work**（**for ...**, **at ...**, **in ...**）[ワーク]→はたらく
- 佐野さんは銀行に勤めている.
  Mr. Sano *works for*［*at*, *in*］a bank.

**つとめる**[2]【努める】**try**[トゥライ], **make an effort**[エファト]→どりょく
- 彼女は技術の向上に努めた. She *made an effort* to improve her skills.

**つとめる**[3]【務める】(役割を)**play**[プレイ], **act as ...**[アクト]
- エミが私たちの案内役を務めた.
  Emi *acted as* our guide.

**つな**【綱】**a rope**[ロウプ]；(細い)**a cord**[コード]；(犬用の)**a dog leash**[ドーグ リーシュ]
- 私たちは綱を張った［ほどいた］.
  We stretched [loosened] the *rope*.

## つまらない

綱引き（a）**tug-of-war**: 綱引きをした. We played *tug-of-war*.
綱渡り **tightrope walking**
**ツナ tuna**[トゥーナ]
ツナ缶 **a canned tuna**
**つながる be connected**（**to ..., with ...**）[カネクティド]
- 下関は門司とトンネルでつながっている. Shimonoseki *is connected to* Moji by a tunnel.
**つなぐ**（結びとめる）**tie**[タィ]；（結合する）**join**[ジョィン]；（接続する）**connect**[カネクト]
- その女性は犬を柱につないだ. The woman *tied* her dog to a pole.
- キーボードをコンピュータにつないでくれる？ Will you *connect* the keyboard to the computer?
- 子どもたちは手をつないで歩いていた. The children were walking *hand in hand*.
**つなみ**【津波】**a tsunami**[ツナーミ]；**a tidal wave**[タィダル ウェィヴ]
**つねに**【常に】**always**[オールウェィズ] → いつも
**つねる pinch**[ピンチ]
- 夢でないことを確かめようと自分をつねってみた. I *pinched* myself to make sure I was not dreaming.
**つの**【角】（牛・羊などの角）**a horn**[ホーン]；（雄じかなどの枝状の角）**an antler**[アントゥラァ]；（かたつむりなどの）**antenna**[アンテナ]（複 **antennae**[アンテニィ]）

horns    antlers    antennae

**つば spit**[スピット]；（だ液）**saliva**[サライヴァ]
→つばを吐く **spit**
**つばき**【植物】**a camellia**[カミーリァ]
**つばさ**【翼】**a wing**[ウィング]
- その鳥は翼を広げた［畳んだ］. The bird spread [folded] its *wings*.
**つばめ**【鳥】**a swallow**[スワロゥ]
**つぶ**（粒）（穀物・砂・塩などの）**a grain**[グレイン]；（水滴の）**a drop**[ドゥラップ]
- 1粒の米［砂］ a *grain* of rice [sand]
- 雨粒 a *drop* of rain
**つぶす crush**[クラッシュ]，**smash**[スマッシュ]；（すりつぶす）**mash**[マッシュ]；（時間を）《話》**kill**[キル]
- うっかり箱をつぶしてしまった. I carelessly *crushed* a box.
- ゆでたじゃがいもをつぶしてください.

Please *mash* the boiled potatoes.
- 時間をつぶさなくちゃいけない. I need to *kill* some time.
**つぶやく murmur**[マーマァ]；（不平などを）**mutter**[マタァ]
**つぶる**（目を）**close**[クロゥズ] → とじる¹
**つぶれる**（形が崩れる）**be crushed**[クラッシュト]；（予定などが）**cancel**[キャンサル]；（破産する）**go bankrupt**[ゴゥ バンクラプト]
- 台風で授業がつぶれた. The class was *canceled* because of the typhoon.
- 去年は多くの会社がつぶれた. A lot of companies *went bankrupt* last year.
**つぼ a pot**[パット]，（広口の）**a jar**[ヂャァ]
**つぼみ a bud**[バッド]
- 桜のつぼみが色づいている. The cherry blossom *buds* are turning pink.
**つぼめる**（狭くする）**make narrow**[メイク ナロゥ]；（傘を）**close**[クロゥズ]，**fold**（**up**）[フォゥルド]；（口などを）**purse**[パース]
**つま**【妻】**a wife**[ワイフ]（複 **wives**[ワイヴズ]）（⇔夫 a husband）
**つまさき**【つま先】**a tiptoe**[ティップトウ]
- つま先立ちしてください. Please stand on *tiptoe*.（▶この場合aやtheをつけない）
**つまずく stumble**（**on ..., over ...**）[スタンブル]，**trip**（**on ..., over ...**）[トゥリップ]
- 階段でつまずいて転げ落ちた. I *stumbled on* the stairs and fell down.
**つまみぐい**【つまみ食いする】**pick at ...**[ピック]
- 夕食のおかずをつまみ食いしないで. Don't *pick at* your dinner.
**つまむ pick**（**up**）[ピック（アップ）]
- 私はピンセットでビーズをつまんだ. I *picked up* the beads with a pair of tweezers.
- 臭くて鼻をつまんだ. I *held* my nose because it stank.
**つまようじ a toothpick**[トゥースピック]

# つまらない

❶ おもしろくない　**boring, dull; bored**
❷ ささいな　**little, small**

❶ [おもしろくない]**boring**[ボーリング]，**dull**[ダル]；**bored**[ボード]（▶人を主語にして用いる）
- つまらない映画だった. It was a *boring* [*dull*] movie.
- 彼はつまらなそうだ. He looks *bored*.
❷ [ささいな]**little**[リトゥル]，**small**[スモール]
- 彼はいつもつまらないことで悩んでいる. He always worries about *little* things.
- つまらないものですが.

# つまり

Here's something for you. (▶英米ではあまりへりくだった言い方は好まれない. Here's a little something for you. あるいはThis is a small gift for you. などがふつう)

**つまり**(すなわち)**that is** (**to say**)[(セィ)], **in other words**[アザァ ワーヅ]; (手短に言えば)**in short**[ショート]
- ユマは私の姉の娘(むすめ), つまり私のめいだ.
  Yuma is my sister's daughter. *That is to say*, she is my niece.
- つまり, 行きたくないんですね.
  *In short*, you don't want to go, do you?

**つまる**【詰まる】(いっぱいである)**be packed**[パクト], **be filled** (**with** ...)[フィルド]; (ふさがる)**be stopped** (**up**)[スタップ(アップ)]; **be stuffed**[スタフト]; (流れが)**clog**[クラッグ]; (息が)**choke**[チョウク]
- この引き出しにはセーターが詰まっている.
  This drawer *is filled with* sweaters.
- 花粉症(しょう)で鼻が詰まっている. My nose *is stuffed* because of hay fever.
- 流しが詰まった. The sink is *clogged*.

**つみ**【罪】(法律上の)**a crime**[クライム]; (道徳・宗教上の)**a sin**[スィン]
- その男性は罪を犯(おか)した.
  The man committed a *crime*.
  - **罪のある guilty**[ギルティ]
  - **罪のない innocent**[イナセント]

**つみき**【積み木】(**building**) **blocks**[(ビルディング)ブラックス]

**つむ**[1]【積む】(積み上げる)**pile** (**up**)[パイル(アップ)]; (積みこむ)**load**[ロウド]
- 机の上にたくさんの本が積まれていた.
  Many books were *piled up* on the desk.
- トラックに自転車を積んだ. I *loaded* [*put*] my bicycle on the truck.

**つむ**[2]【摘む】**pick**[ピック]
- いちごを摘んだ.
  I *picked* some strawberries.

**つむぐ**【紡ぐ】**spin**[スピン]

**つめ**(人の手足の)**a nail**[ネイル], **fingernail**[フィンガァネイル]; (動物の)**a claw**[クロー]→ゆび図
- つめを切らなきゃ.
  I have to cut my *nails*.
- 姉は手のつめを長く伸(の)ばしている.
  My sister let her *fingernails* grow long.
  ‖ つめ切り **nail clippers**

**…づめ**【…詰めにする】**pack**[パック]
- それを箱詰めにした.
  I *packed* it *in* a box.

**つめあわせ**【詰め合わせの】**assorted**[アソーティド]
- クッキーの詰め合わせ
  *assorted* cookies

**つめえり**【詰め襟】**a stand-up collar**[スタンダップカラァ]
- 詰め襟の制服
  a school uniform with a *stand-up collar* / Japanese male school uniform

**つめこむ**【詰め込む】**pack**[パック], **stuff**[スタフ], **cram**[クラム]
- お土産(みやげ)をかばんに詰めこんだ.
  I *packed* many souvenirs into the bag.

# つめたい【冷たい】

**cold**[コウルド] (⇔熱い, 温かい **hot**), **chilly**[チリィ]
- 冷たい風 a *cold* [*chilly*] wind
- 冷たい人 a *cold* person
- 冷たいものが飲みたい.
  I want to drink something *cold*.
- 君の手はとても冷たい.
  Your hands are very *cold*.
- あなたは私に冷たい.
  You are *cold* to [*with*] me.
  - **冷たく coldly**
- 「もう会いたくない」と彼女は冷たく言った.
  "I don't want to see you any more," she said *coldly*.

# つめる【詰める】

(物などを)**pack**[パック], **fill**[フィル], **stuff**[スタフ]; (服などの寸法を)**shorten**[ショートゥン], **take in**[テイク イン]
- お店の人がお菓子(かし)を箱に詰めてくれた.
  The salesclerk *packed* the candies into the box. / The salesclerk *filled* [*stuffed*] the box with the candies.
- 「荷物はもう詰めた?」「まだ詰めているところだよ」"Have you already *packed*?" "I'm still *packing*."

- 席を少し詰めてもらえますか.
  Would you *move over* a little?

# …つもりだ【…(する)つもりだ】

つらら

| ❶意図 | intend to+〈動詞の原形〉, mean to+〈動詞の原形〉 |
|---|---|
| ❷予定 | be going to+〈動詞の原形〉, will |
| ❸思いこみ | think, believe |

❶[意図]**intend to**+〈動詞の原形〉[インテンド], **mean to**+〈動詞の原形〉[ミーン]
- セナは医者になるつもりだ.
 Sena *intends to* be a doctor.
- 彼女の気持ちを傷つけるつもりはなかった.
 I didn't *mean to* hurt her feelings.

❷[予定]**be going to**+〈動詞の原形〉[ゴウイング], **will**[ウィル]
- 今度の週末はハイキングに行くつもりだ.
 I'm *going to* go on a hike this weekend.

❸[思いこみ]**think**[スィンク], **believe**[ビリーヴ]
- 彼は自分では人気者のつもりでいる.
 He *thinks*[*believes*] he is popular.

**つもる**【積もる】(雪・ちりなどが)**lie**[ライ], **cover**[カヴァ]; (重なって高くなる)**pile up**[パイル アップ]
- 屋根に雪がたくさん積もっていた.
 Snow *lay* thickly on the roof. / The roof was *covered* with thick snow.

**つや**¹ **gloss**[グラス], **luster**[ラスタァ]
━つやのある→ つやつや

**つや**²【通夜】**a wake**[ウェイク]

**つやつや glossy**[グラッスィ], (髪(ホネ)の毛が)**sleek**[スリーク]
- これを付けると肌(キ)がつやつやになるよ.
 This cream will make your skin *glossy*.

**つゆ**¹【露】**dew**[ドゥー]
- 朝顔に露が降りていた. The morning glory was wet with *dew*. (←露でぬれていた)

**つゆ**²【梅雨】*Tsuyu*; **the rainy season**[レイニィ スィーズン]→ 年中行事[口絵]
- 梅雨はふつう6月から7月にかけての雨の多い時期を指します. *Tsuyu* is *the rainy season* which usually occurs from June to July.
- 梅雨に入った.
 *The rainy season* has started.
- 梅雨が明けた. *The rainy season* is over.

**つゆ**³ (吸い物)**soup**[スープ]; (だし汁)**broth**[ブロース]
- そばつゆ soba dipping *broth*

# つよい【強い】

(力・程度が)**strong**[ストゥローング](⇔ 弱い **weak**), **powerful**[パウアフル]; (得意である)**be good at ...**[グッド]
- 風が強い. The wind is *strong*.
- もっと強い人間になりたい.
 I want to be a *stronger* person.
- 強い磁石 a *powerful* magnet
- エリはコンピュータに強い.
 Eri *is good at* computers.
━強く **strongly**; (激しく)**hard**[ハード]
- ドアを強くたたいた.
 I knocked *hard* on the door.
- ケイはボールを強くけった.
 Kei hit the ball *hard*.

**つよがる**【強がる】**act tough**[アクト タフ], **bluff**[ブラフ]
- 彼は強がっているだけだよ.
 He's just *acting tough*. / He's just *bluffing*.

**つよき**【強気の】**aggressive**[アグレッスィヴ]
- 彼女の強気のプレーがチームを勝利へ導いた.
 Her *aggressive* play led the team to victory.

**つよさ**【強さ】**strength**[ストゥレンクス]

**つよび**【強火】**high heat**[ハイ ヒート]
- ガスは強火にしてください.
 Turn the gas to *high* (*heat*).
- 肉を強火で焼いた. I cooked meat on *high* (*heat*).

**つよみ**【強み】(長所)**a strong point**[ストゥローング ポイント]; (利点)**an advantage**[アドゥヴァンティッヂ]

**つよめる**【強める】**strengthen**[ストゥレンクスン], **make stronger**[メイク ストゥロンガァ]; (明かり・ガスなどを)**turn up**[ターン アップ]
- ガスの火を強めてください.
 Would you *turn up* the gas?

# つらい

**hard**[ハード], **tough**[タフ]; (精神的に)**painful**[ペインフル]
- 早起きはつらい.
 Getting up early is *hard* for me.
- この授業はつらい.
 This class is *tough*.
- 最近, 学校でつらい目に遭(ア)った.
 Recently, I had a *hard* time at school.

…**するのはつらい**
It is hard[tough, painful] to+〈動詞の原形〉
- 毎日2時間練習するのはつらい.
 *It's tough to* practice two hours a day.
- 彼女が苦しむのを見るのはつらい.
 *It's painful to* see her suffer.

**つらぬく**【貫く】(やり通す)**stick to ...**[スティック]
- 自分の主張を貫くつもりです.
 I'm going to *stick to* my opinion.

**つらら an icicle**[アイスィクル]

### つり¹

- つららが木の枝から垂れ下がっていた.
  *Icicles* hung from tree branches.

**つり¹**【釣り】(魚釣り)**fishing**[フィッシング]

- 釣りが趣味です.
  *Fishing* is one of my hobbies.

**→釣りをする fish**

釣り具 fishing tackle
釣り人(ニネ) an angler, a fisher
釣り船 a fishing boat
釣り堀(ᵇり) a fishing pond

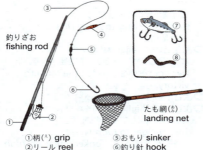

釣りざお fishing rod
たも網(ぁみ) landing net

①柄(ぇ) grip
②リール reel
③釣り糸 fishing line
④浮(う)き float
⑤おもり sinker
⑥釣り針 hook
⑦ルアー lure
⑧えさ bait

**つり²**【釣り】(釣り銭)**change**[チェインヂ]

- はい, お釣りです.
  Here's your *change*.
- お釣りは200円だった.
  I got 200 yen in *change*.
- 5000円でお釣りはありますか.
  Can you give me *change* for a five thousand yen bill?

**つりあい**【釣り合い】**balance**[バランス];(調和)**match**[マッチ]

**→釣り合う balance, match**

**つりかわ**【つり革】**a strap**[ストゥラップ]

- つり革につかまってください.
  Please hold on to a *strap*.

**つりばし**【釣り橋】**a suspension bridge**[サスペンション ブリッヂ]

米国・ニューヨークのハドソン川にかかる釣り橋

**つる¹**【釣る】**catch**[キャッチ];(魚をとる)**fish**[フィッシュ] → つり¹

- 私は魚を5匹(ʊき)釣った.
  I *caught* five fish.
- 池で魚を釣るのが好きだ.
  I like to *fish* in the pond.

**つる²**(ぶら下げる)**hang**[ハング]

- 私は部屋にレースのカーテンをつった.
  I *hung* lace curtains in the room.
- 彼は右腕(ラで)をつっていた.
  He had his right arm in a sling.(▶slingは「三角巾(ᵏん)」の意)

**つる³**(ひきつる)**have a cramp**[ハブ][クランプ]

- 泳いでいて足がつった.
  I *have a cramp* in my leg from swimming.
  (▶つっている状態を表す)

**つる⁴**【鶴】〖鳥〗**a crane**[クレイン]
**つる⁵**(植物の)**a vine**[ヴァイン]
**つる⁶**【弦】(楽器の)**a string**[ストゥリング];(弓の)**a bowstring**[ボウストゥリング]

**つるす hang**[ハング] → つる²

**つるつる**(つるつるした)(滑(すべ)りやすい)**slippery**[スリッパリィ];(滑(なめ)らかな)**smooth**[スムーズ]

- 雨上がりの道路はつるつるしていた.
  The road was *slippery* after the rain.

**つるはし a pickax**(e)[ピックアックス](複 pickaxes)

**…つれて**[…につれて]**as** ...[アズ] → …したがって❶

**つれていく**【連れて行く】**take**[テイク]

- お父さん, 野球に連れて行ってよ. Dad, *take* me to a baseball game, please.
- 毎朝犬を散歩に連れて行く.
  I *take* my dog for a walk every morning.

**つれている**【連れている】**be with** ...[ウィズ]

- アキはいとこを連れていた.
  Aki *was with* her cousin.

**つれてくる**【連れて来る】**bring**[ブリング]

- 彼は弟のケンをいっしょに連れて来た.
  He *brought* his brother Ken with him.

**つんつん**(不機嫌(ᵏげん)な)**cross**[クロース]

- どうして彼はつんつんしているのかな. I wonder why he is *cross* [*angry*] (with me).

**つんと**

- アオイはつんとしている.
  Aoi is *stuck up*. / Aoi is *snobbish*.
- わさびが鼻につんときた.
  Wasabi *stung* my nose.

## て【手】

| ❶体の部位 | a hand; (腕)an arm |
| --- | --- |
| ❷方法, 手段 | a way, a means |
| ❸人手 | a hand; (手伝い)help |

❶〔体の部位〕a hand[ハンド]; (腕)an arm[アーム]
→うで 図, ゆび 図

- 右手を上げてください.
Please raise your right *hand*.
- 彼女は(両)手に何か持っていた.
She had something in her *hand(s)*.
- 彼はお年寄りの手をひいてあげた.
He led an elderly person by the *hand*.
- 子どもたちは手をつないで歩いていた. The *children* were walking *hand in hand*.
- 手を触(ふ)れないでください
《掲示》*HANDS* OFF
- 私はノートを取ろうと手をのばした.
I stretched out my *arm* to pick up the notebook. / I reached for the notebook.
- ジュンは私にさようならと手を振った.
Jun waved goodbye to me.

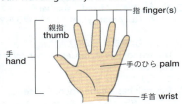

指 finger(s)
親指 thumb
手 hand
手のひら palm
手首 wrist

❷〔方法, 手段〕a way[ウェイ], a means[ミーンズ]
(▶単複同形)
- ほかに手がない. There's no other *way*.

❸〔人手〕a hand; (手伝い)help[ヘルプ]
- ちょっと手を貸してもらえない？
Will you give me a *hand*, please?
- 猫(ねこ)の手も借りたいくらい忙(いそが)しい.
I'm so busy I'll take any *help* I can get.
(←どんな助けでもいいくらい忙しい)
- 手が空いている人を連れてきて.
Get someone who is free.

―――慣用表現―――
**手に入れる get**: 欲しかったものをやっと手に入れた. I *got* something I really wanted.
**手につかない cannot concentrate（on ...)**: 心配で勉強が手につかない. I'm so worried that I *can't concentrate on* my studies.
**手も足も出ない** (太刀(たち)打ちできない) **be no match（for ...)**: 試合相手に手も足も出なかった. I *was no match for* my opponent in the game.

---

## …で

| ❶場所 | in ..., at ... |
| --- | --- |
| ❷手段, 道具 | by ..., in ..., on ...; (道具)with ... |
| ❸原因, 理由 | because of ..., of ..., from ... |
| ❹材料, 原料 | of ..., from ... |
| ❺時間, 期間 | (…したら)in ...; (…以内に)within ... |
| ❻値段・年齢(ねんれい)・速度など | at ..., for ... |

❶〔場所〕in ...[イン], at ...[アット]（▶ふつうinは比較(ひかく)的広い場所に, atは一点を意識するような狭(せま)い場所に用いる)
- 私は千葉で生まれた. I was born *in* Chiba.
- 学校で防災訓練をした.
We did an emergency drill *at* school.
- バス停でアイに会った.
I met Ai *at* the bus stop.
- ここで待っているから. I'll wait here.

❷〔手段, 道具〕by ...[バイ], in ..., on ...[アン]; (道具)with ...[ウィズ]
- バスで学校へ通っています.
I go to school *by* bus.
- そのことはメールで母に知らせた.
I told my mother about it *by* email.
- この本は英語で書かれている.
This book is written *in* English.
- 私はその事件についてインターネットで調べた.
I looked up the incident *on* the Internet.
- きのうの試合をテレビで見た. I watched yesterday's game *on* TV. (on the TVは×)
- エリと電話で話した.
I talked with Eri *on* [*over*] the phone.
- 鉛筆(えんぴつ)で答えを書きなさい. Write your answers *with* a pencil.

❸〔原因, 理由〕because of ...[ビコーズ], of ...[アヴ], from ...[フラム]
- 悪天候で電車が遅(おく)れた. The train was delayed *because of* bad weather.
- 祖父はがんで死んだ. My grandfather died *of* cancer. (▶「病気」という直接的な原因にはofを用いる → しぬ くらべて！)

❹〔材料, 原料〕of ..., from ...

- この箱は木でできている．
This box is made *of* wood. (▶材料が見てわかる場合はofを使うことが多い)
- ワインはぶどうで作る．Wine is made *from* grapes. (▶材料が見ただけではわからない場合はfromを使うことが多い)

❺〔時間，期間〕(…したら)**in** ...; (…以内に)**within** ...〔ウィズイン〕
- 1時間で戻ります．
I'll be back *in* [*within*] an hour.

❻〔値段・年齢・速度など〕**at** ..., **for** ...〔フォア〕
- その店はTシャツを800円で売っている．The store sells T-shirts *for* 800 yen.
- 全速力で走った．
I ran *at* full speed.
- レイは35歳で俳優になった．
Rei became an actor *at* the age of 35.

**であい**【出会い】**an encounter**〔インカウンタァ〕
**であう**【出会う】**meet**〔ミート〕; (偶然に)**come across** ... →あう¹ ❶
- 駅で偶然先生に出会った．I *met* my teacher by chance at the station.

**てあし**【手足】**one's arms and legs**〔アームズ〕〔レッグズ〕
- 目覚めてベッドの中で手足を伸ばした．
I woke up and stretched *my arms and legs* in bed.

**てあたりしだい**【手当たり次第に】**at random**〔ランダム〕
- 図書館の本を手当たり次第に読んだ．
I read library books *at random*. (▶このreadは過去形)

**てあて**【手当(て)】(治療)**(a) (medical) treatment**〔(メディカル)トゥリートゥマント〕
- 応急手当てを受けた．
I was given first-aid (*treatment*).
➡**手当てをする treat**
- けがした生徒の手当てをした．
I *treated* the injured students.

**てあらい**【手洗い】**a bathroom**〔バスルーム〕→トイレ〔ット〕

**…である**→…です

**ていあん**【提案】**a suggestion**〔サグチェスチョン〕; (主に公式の)**a proposal**〔プラポウザル〕
- 何か提案はありませんか．
Do you have any *suggestions*?
➡**提案する suggest; propose**
- ミサはもう少し待ってみようと提案した．
Misa *suggested* [*proposed*] *that* we wait a little longer.

**ティー**(お茶)**tea**〔ティー〕
- ミルク[レモン]ティー

*tea* with milk [lemon]
- ハーブティー herbal *tea*
- ティーカップ a teacup
- ティースプーン a teaspoon
- ティータイム a coffee [tea] break
- ティーバッグ a tea bag

**ディーエヌエー**【DNA】**DNA**〔ディーエヌエィ〕
- DNA鑑定 a DNA test

**ディージェー**【DJ】**a DJ**〔ディーヂェィ〕→ディスクジョッキー

**ティーシャツ a T-shirt**〔ティーシャート〕

**ディーゼル**(ディーゼルエンジン)**a diesel (engine)**〔ディーザル(エンヂン)〕
- ディーゼル車 a diesel (car)

**ディーブイディー**【DVD】〖コンピュータ〗**a DVD**〔ディーヴィーディー〕(▶digital versatile [video] diskの略)
- DVDプレーヤー a DVD player

**ていいん**【定員】**a (fixed) number**〔(フィクスト)ナンバァ〕, **(a) capacity**〔カパサティ〕(▶複数形では用いない)
- その学校は募集定員が増えた．
The school has increased its *capacity* for applicants.
- この会場の定員は500名だ．
This hall has a *capacity* of 500 seats.
- エレベーターは定員をオーバーしている．
The elevator is overcrowded.

**ティーンエージャー a teenager**〔ティーネイヂャァ〕(▶-teenのつく13歳(thirteen)から19歳(nineteen)までを言う)

**ていえん**【庭園】**a garden**〔ガードゥン〕

**ていか**¹【低下する】**fall**〔フォール〕, **drop**〔ドゥラップ〕
- 気温が急激に低下した．The temperature *fell* [*dropped*] sharply.

**ていか**²【定価】**a (fixed) price**〔(フィクスト)プライス〕
- この靴の定価はいくらですか．
What's the *price* of these shoes?

**ていかんし**【定冠詞】〖文法〗**a definite article**〔デファニット アーティクル〕(▶theのこと)

**てい き**【定期的な】**regular**〔レギュラァ〕

**定期的に** regularly
**定期入れ** a pass case, a pass holder
**定期演奏会** a regular concert
**定期券** a commuter pass; (電車の)a train pass; (バスの)a bus pass
**定期預金** a fixed deposit, a time deposit

**ていぎ**【定義】a definition[デファニション]
- **定義する** define[ディファイン]

**ていあつ**【低気圧】low atmospheric pressure[ロゥ アトゥマスフェリック プレッシァ]

**ていきゅうび**【定休日】a regular holiday[レギュラァ ハラデイ]
- あの店は月曜が定休日です．
  The shop is *closed* on Mondays.

**ていきょう**【提供する】(差し出す)offer[オーファ]; (与(あた)える)give[ギヴ]; (番組などを)sponsor[スパンサァ], present[プリゼント]
- この番組はC＆Cの提供でお送りしています．
  This program is *presented* by C&C.

**テイクアウト** ⊛takeout[テイクアウト], ⊛takeaway[テイカウェイ]
- 急いでいたのでテイクアウトにした．
  I was in a hurry so I got *takeout*.
- **テイクアウトで** to go
- テイクアウトでハンバーガーを2つください．
  Two hamburgers *to go*, please.

**ディクテーション**(書き取り) (a) dictation[ディクテイション]

**デイケア** day care[デイケア]
**デイケアセンター** a day care center

**ていこう**【抵抗】(a) resistance[リズィスタンス]
- **抵抗する** resist
- **抵抗力** resistance (to ...)

**ていこく**¹【帝国】an empire[エンパイア]
**帝国主義** imperialism

**ていこく**²【定刻】the appointed [fixed] time[アポインティド [フィックスト] タイム]
- 定刻に到着(とうちゃく)した．
  We arrived *on time* [*schedule*].

**ていし**【停止】a stop[スタップ]
- **停止する** stop
- **停止信号** a stop sign

**ていじ**【定時】a regular [fixed] time[レギュラァ [フィクスト] タイム]
- 特急は定時に着いた．
  The express arrived *on schedule*.
- **定時制高校** a part-time high school, an evening high school, a night high school

**デイジー**〖植物〗a daisy[デイズィ]

**ていしゃ**【停車】a stop[スタップ]
- 次の停車(駅)は横浜です．
  The next *stop* is Yokohama.

**停車する** stop, make a stop
- この電車は各駅に停車します．
  This train will *stop* at every station.

**ていしゅつ**【提出する】hand in[ハンド]; (郵送などで)send in[センド]
- レポートを提出しなくてはいけない．
  I have to *hand in* my paper.
- **提出物** things to be handed in

**ていしょく**【定食】a set meal[ミール]

**ディスカウント** a discount[ディスカウント]
- このバッグはディスカウント価格で買えた．
  I bought this bag at a *discount* rate.
- **ディスカウントショップ** a discount store [shop]

**ディスカッション** (a) discussion[ディスカッション] → とうろん, ぎろん

**ディスク**〖コンピュータ〗a disk, a disc[ディスク]

**ディスクジョッキー** a disc jockey[ディスク ヂャッキィ], a DJ[ディーヂェイ]

**ディズニー** Disney[ディズニィ]
- ディズニーのキャラクター
  a *Disney* character
- ディズニー映画 a Disney movie
- **ディズニーリゾート** Disney Resort

**ディズニーランド** Disneyland[ディズニィランド]
- 一日中ディズニーランドで過ごした．
  We spent all day at *Disneyland*.

**ディスプレイ**〖コンピュータ〗a display[ディスプレイ]

**ていせい**【訂正】(a) correction[カレクション]
- **訂正する** correct
- 誤りを訂正した．
  I *corrected* my errors.

**ていたく**【邸宅】a residence[レズィダンス]; (大邸宅)a mansion[マンション]

**ティッシュ(ペーパー)** a tissue[ティシュー], (▶tissue paperは包装用の薄(うす)い紙をさす); 〖商標〗a Kleenex[クリーネックス](複 Kleenex, Kleenexes)
- ティッシュ(ペーパー)の箱
  a *tissue* box / a box of *tissues*

**ていでん**【停電】a power failure[パウア フェイリャァ], a blackout[ブラックアウト]
- ゆうべ停電があった．
  There was a *power failure* last night. /
  There was a *blackout* last night.

**ていど**【程度】(度合い) (a) degree[ディグリー]; (水準) (a) level[レヴァル]
- 彼の話はある程度は本当だ．
  His story is true to some *degree*.
- この本は中学校程度の生徒を対象に書かれている．

This book is written for junior high school *level* students.

**ディナー**（a）dinner[ディナァ]

# ていねい【ていねいな】

（礼儀(ぎ)正しい）polite[パライト]；（念入りな）careful[ケアフル]
- ていねいな言い方
  a *polite* way of expression
- **ーていねいに** politely; carefully; neatly
- もっとていねいに話したほうがいい．
  You should speak more *politely*.
- その箱はていねいに扱(あつか)ってください．
  Please handle the box *carefully* [*with care*].
- ミキはいつもていねいに書く．
  Miki always writes *neatly*.

**ていねん**【定年】a retirement age[リタイアマントエイヂ]
- あの会社は65歳(さい)が定年だ．The *retirement age* at that company is 65.
- **ー定年退職する** retire

**ていばん**【定番の】standard[スタンダァド]
- 定番の贈(おく)り物
  a *standard* gift
- 「イエスタデイ」は父の定番の曲だ．
  "Yesterday" is my father's *standard*〈number〉.

**ていひょう**【定評】（よい評判）a good reputation[グッド レピュテイション]
- その品物は品質に定評がある．
  The item has a *good reputation* for its quality.

**ディフェンス** defense[ディフェンス]（⇔オフェンス offense）
- きょうはディフェンスが弱かった［強かった］．
  The *defense* was weak [strong] today.

**ディフェンダー** a defender[ディフェンダァ]

**ディベート**（討論）（a）debate[ディベイト]
- **ーディベートをする** debate
- 私たちはその問題について1時間ディベートした．
  We *debated* on [over, about] the issue for an hour.

**ていへん**【底辺】『数学』the base[ベイス]
**ていぼう**【堤防】a bank[バンク]
**ていぼく**【低木】a shrub[シュラブ]
**でいり**【出入りする】come and go[カム アン ゴゥ]，（よく訪(おとず)れる）visit ... frequently[ヴィズィット][フリークワントゥリィ]
‖**出入り口** a doorway

**ていりゅうじょ**【停留所】a stop[スタップ]

米国のバス停留所
- バスの停留所で待っているよ．
  I'll wait for you at the bus *stop*.

**ていれ**【手入れ】（世話）care[ケァ]；（修理）repair[リペァ]
- **ー手入れする** take care of ...
- グローブの手入れをちゃんとしなさい．
  *Take* good *care of* your glove.

**ディレクター** a director[ディレクタァ]
**ティンパニー**『楽器』timpani[ティンパニ]
**テークアウト**→テイクアウト
**デーゲーム** a day game[デイ ゲイム]
**データ** data[デイタ]（▶もとはdatumの複数形だが，単数扱いもされる）
- データを保存した．I saved the *data*.
‖**データベース** a database

**デート** a date[デイト]
- タオをデートに誘(さそ)いたい．
  I want to *ask* Tao *out*.
- **ーデートする** date, have a date（with ...）
- ケイとデートした．
  I *had a date with* Kei.

**テーピング** taping[テイピング]
- **ーテーピングする** tape up
- ひざをテーピングしてもらった．
  I had my knee *taped up*.（▶「have＋〈人・物〉＋〈過去分詞〉」で「〈人・物〉を…してもらう」の意）

**テープ**（a）tape[テイプ]
- **ーテープをはる**［で留める］tape
- そのポスターをテープで壁(かべ)にはった．
  I *taped* the poster on the wall.
‖**テープレコーダー** a tape recorder

**テーブル** a table[テイブル]
- テーブルに着いた．We sat at〈the〉*table*.
  （▶⊕ではふつうtheをつける）
- テーブルを片付けますね．
  I'll clear the *table*.
‖**テーブルクロス** a tablecloth
‖**テーブルマナー** table manners

**テーマ** a theme[スィーム]（★発音注意）
‖**テーマソング** a theme song

■テーマパーク a theme park
**ておくれ**【手遅れになる】be too late[レイト]
- 手遅れにならないうちにやめたほうがいい．
It's better to stop before it *is too late*.
**デオドラント** deodorant[ディーオウダラント]
■デオドラントスプレー deodorant spray
**てがかり**【手掛かり】(解決の糸口) a clue[クルー]
- そのなぞを解く手掛かりは何一つなかった．
There was no *clue* to the mystery.
**てがき**【手書き】handwriting[ハンドライティング]

# でかける【出かける】
(外出する) go out[アウト]；(出発する) leave[リーヴ], start[スタート]
- これから友達と出かけるんだ．
I'm *going out* with my friend.
━**出かけている** be out
- 彼は今出かけています．He *is out* now.
**てかげん**【手加減する】go easy on …[イーズィ]
- 手加減はしないよ．
I won't *go easy on* [*with*] you.
**てかてか**【てかてかしている】shiny[シャイニィ], glistening[グリスニング]
- 顔が汗(蕊)ででかてかしている．
My face is *shiny* with sweat.
**でかでか**【でかでかと】(大きな文字で) in big letters[ビッグ レタァズ]；(大々的に) in a big way
**てがみ**【手紙】a letter[レタァ]
- 手紙をありがとう．
Thank you for your *letter*.
- きのうあなたの手紙を受け取りました．
I received your *letter* yesterday.
━**手紙を書く** write[ライト]（to …), write a letter (to …)
- 私はカナダの友達に手紙を書いた．I *wrote* (*a letter*) *to* my friend in Canada.
- 長い間手紙を書かなくてすみません．I'm sorry I haven't *written to* you for so long.
**てがら**【手柄】(功績) credit[クレディット]；(すばらしい働き) an outstanding job[アウトスタンディング チャブ]
- エミの手柄だよ．Emi deserves the *credit*.
- お手柄だ！ *Good job!*（←よくやった！）
**てがる**【手軽な】(使いやすい) handy[ハンディ]；(簡単な) easy[イーズィ], simple[スィンプル]；(量の少ない) light[ライト]
- 手軽な運動 *easy* [*simple*] exercise
- 手軽な食事 a *light* meal
━**手軽に** easily, simply
**てき**【敵】an enemy[エナミィ]（⇔味方 a friend）；(競争相手) a rival[ライヴァル]；(対戦相手) an opponent[アポウナント]

**でき**【出来】(結果) (a) result[リザルト]
- 出来がよかった．The *results* were good.
- 上出来！（自分にとって）This is good enough!；（他人に対して）Well *done*! / *Good job*! / Excellent!
**できあい**【出来合いの】ready-made[レディメイド]
**できあがる**【出来上がる】be completed[カンプリーティド], be finished[フィニッシュト]→かんせい¹
- やっとポスターが出来上がった．
The poster has finally *been completed*.
**てきい**【敵意】hostility[ハスティラティ]
━**敵意のある** hostile[ハストゥル]
- 彼は私に敵意をもっている．
He is *hostile* with me.
**てきおう**【適応する】adapt *one*self（to …）[アダプト]
- 幼い子どもは新しい環境(銬ヮ)にすぐに適応する．Young children *adapt to* new surroundings easily.
**できごと**【出来事】(日常の) an occurrence[アカーランス]；(大きい) an event[イヴェント]；(小さい) an incident[インサダント]
- ありふれた出来事
an everyday *occurrence*［*thing*］
- 転校は私には大きな出来事だった．Changing schools was a big *event* for me.
**てきざいてきしょ**【適材適所】the right person in the right place[ライト パースン][ライト プレイス]
**できし**【でき死する】drown[ドゥラウン]→おぼれる
**テキスト**(教科書) a textbook[テクストブック]；(本文，原文) text[テクスト]
- テキストの8ページを開きなさい．
Open your *textbook*(*s*) to［ at］ page 8.
**てきする**【適する】be suitable[スータブル], be good[グッド], be fit[フィット]
- その靴(⸦)はハイキングには適さない．
Those shoes *are* not *suitable* for hiking.
- マリはその役に適している．
Mari *is good* for the role.
**てきせい**【適性】(an) aptitude[アプタテュード]
- 私は教師の適性があると思う．
I think I might be good at teaching.
■適性検査 an aptitude test
**てきせつ**【適切な】appropriate[アプロウプリィアット], apt[アプト]
- 彼女のふるまいはその場に適切なものではなかった．Her behavior was not *appropriate* for the occasion.
- 先生は私に適切なアドバイスをくれた．
My teacher gave me some *apt* advice.
**できたて**【出来たての】fresh[フレッシュ]
- このパイは出来たてだ．

## てきちゅう

This pie is *fresh* from the oven.

**てきちゅう**【的中する】(的に当たる)**hit the mark**[マーク];(予想が)**guess right**[ゲス ライト]
- 私の予想は的中した. My *guess* was *right*.

**てきど**【適度の】**moderate**[マダリット]
- 適度の運動 *moderate* exercise
- **━適度に moderately**

## てきとう【適当な】

❶ふさわしい　**suitable, proper**
❷いい加減な　**sloppy;**
　　　　　　　(無責任な)**irresponsible;**
　　　　　　　(あいまいな)**vague**

❶[ふさわしい]**suitable**[スータブル], **proper**[プラパァ]
- ハイキング用の適当な靴(⌒)がない. I don't have any *suitable* shoes for hiking.

❷[いい加減な]**sloppy**[スラッピィ];(無責任な)**irresponsible**[イリスパンサブル];(あいまいな)**vague**[ヴェイグ]
- 彼女ったら本当に適当なんだから. She is really *sloppy* [*irresponsible*]!
- 彼はいつも適当な返事をする. He always gives me a *vague* answer.
- **━適当に**(いい加減に)**not ... properly; roughly**[ラフリィ]

**…できない→…ない**❸

**てきぱき**【てきぱきと】(速く)**quickly**[クウィックリィ];(効率よく)**efficiently**[イフィシャントゥリィ]
- 彼はてきぱきと宿題を片付けた. He did his homework *quickly* [*efficiently*].

**てきよう**【適用する】**apply**(**to** ...)[アプライ]
- その規則は子どもには適用されない. The rule doesn't *apply to* children.

## できる

❶可能である　**can**+〈動詞の原形〉,
　　　　　　　**be able to**+〈動詞の原形〉
❷優(⁸)れている
　　　　　　　(じょうずだ)**be good**(**at** ...),
　　　　　　　**do well;**(成績がよい)**bright**
❸完成する　**be finished;**(終える)**finish;**
　　　　　　　(用意が整う)**be ready**
❹作られる　**be made;**(育つ)**grow**

❶[可能である]**can**[キャン]+〈動詞の原形〉, **be able to**+〈動詞の原形〉[エイブル]

…することができる
can+〈動詞の原形〉/
be able to+〈動詞の原形〉
- リサは3か国語を話すことができる.
Risa *can* speak three languages.
- 「スキーはできますか」「はい,少しだけ/いいえ,できません」"*Can* you ski?" "Yes, a little. / No, I *can't*."
- 練習したら泳ぐことができるようになるよ.
You will *be able to* swim if you practice.

> **くらべてみよう!** **can と be able to**
> ほぼ同じ意味で使いますが, **be able to**のほうがやや堅(ホ)い言い方です. また, **can**はほかの助動詞(will, may, mustなど)といっしょに使うことはできないので,その場合は **be able to**を使います.
> また**could**は「…する能力があった」という意味なので,「…を(実際に)成しとげた」ことを表すにはふつう **was** [**were**] **able to**を使います.

❷[優れている](じょうずだ)**be good**(**at** ...)[グッド], **do well**[ウェル];(成績がよい)**bright**[ブライト]
- トモは編み物ができる.
Tomo *is good at* knitting.
- 彼はよくできる生徒だ. He *does well* at school. / He is a *bright* student.

❸[完成する]**be finished**[フィニッシュト];(終える)**finish**;(用意が整う)**be ready**[レディ]
- その橋はまだできていない.
The bridge *is* not *finished* yet.
- 宿題ができた. I *finished* my homework.
- 朝食ができたよ. Breakfast *is ready*.

❹[作られる]**be made**[メイド];(育つ)**grow**[グロウ]
- しょうゆは大豆からできる.
Soy sauce *is made* from soybeans.
- 沖縄ではパイナップルができる.
Pineapples *grow* in Okinawa.

**できるだけ as** ... **as possible**[パスィブル]**, as** ... **as** *one* **can**
- できるだけ多くの本を読みなさい. Read *as* many books *as possible* [*you can*].
- できるだけ早く起きた.
I got up *as* early *as possible* [*I could*].

**できれば if possible**[パスィブル]**, if** *one* **can**
- できれば窓側の席がいいんですが.
I'd like a window seat, *if possible*.
- できれば金曜日までに終わらせてください.
*If you can*, please finish it by Friday.

**てぎわ**【手際のよい】**skillful**[スキルフル]
- **━手際よく skillfully**

**でぐち**【出口】**an exit**[エグズィット](⇔入り口 an entrance)

高速道路の「出口専用」の標識(米国)

**テクニック**(a) technique[テクニーク]
**テクノロジー** technology[テクナラヂィ]
**てくび**【手首】a wrist[リスト]→うで 図, て 図
**てこ** a lever[レヴァ]
**てこずる** have trouble (with ...)[トゥラブル]
- この問題はてこずりそうだ. I think I'll have trouble with this problem.

**てごたえ**【手ごたえ】(反応)(a) response[リスパンス], (a) reaction[リアクション]; (効果)(an) effect[イフェクト]; (感触)feeling[フィーリング]
- 手ごたえはよかった.
I have a good feeling about it.

**でこぼこ**【でこぼこの】rough[ラフ], uneven[アニーヴン]; (道が)bumpy[バンピィ]
- でこぼこの道 a rough [bumpy] road

**デコレーション**(装飾)(a) decoration[デカレイション]
|デコレーションケーキ a decorated [fancy] cake(▶デコレーションケーキは和製英語)

**てごろ**【てごろな】(扱(あつか)いやすい)handy[ハンディ]; (値段が)reasonable[リーズナブル]
- 手ごろな値段で at a reasonable price

**てごわい**【手ごわい】(強い)strong[ストゥローング]; (意志や考えを曲げない)tough[タフ]
- 対戦相手はなかなか手ごわかった.
The opponent was rather strong.

**デザート**(a) dessert[ディザート]
**デザイナー** a designer[ディザイナァ]
- インテリアデザイナー an interior designer
- ウェブデザイナー a Web designer
- グラフィックデザイナー a graphic designer
- ファッションデザイナー a fashion designer

**デザイン**(a) design[ディザイン]
- …のデザインを変更[改良]する
change [improve] the design of ...
**-デザインする** design
- 自分のトートバッグをデザインした.
I designed my tote bag.

**てさぐり**【手探りする】feel around (for ...)[フィール アラウンド]

- 私は手探りでコンタクトレンズを探した.
I felt around for a contact lens.

**てさげ**【手提げ】a handbag[ハンドゥバッグ]; (買い物用)a shopping bag[シャッピング バッグ]; (大型の)a tote bag[トウト]→かばん 図

**てざわり**【手触り】touch[タッチ]
- コットンは手触りがいい. The cotton is soft to the touch. / The cotton feels soft.

**でし**【弟子】a pupil[ピューパル], a disciple[ディサイプル]

**デジカメ**→デジタル(デジタルカメラ)
**てしごと**【手仕事】hand work[ハンド ワーク]

## …でした (▶動詞の過去形を用いて表す)

- きのうはいい天気でした.
It was sunny yesterday.
- きのうは暇(ひま)でした.
We had nothing to do yesterday.

**デジタル**【デジタルの】digital[ディヂトゥル]
|デジタルカメラ a digital camera
|デジタル時計 (置き時計)a digital clock→とけい 図; (腕(うで)時計)a digital watch
|デジタル放送 digital broadcasting

**てじな**【手品】magic[マヂック]; (個々の)a (magic) trick[トゥリック]
- 彼は私たちに手品を見せてくれた.
He showed us some magic tricks.
|手品師 a magician

**でしゃばり**【出しゃばりの】intrusive[イントゥルースィヴ]; (話)pushy[プッシィ]
- 出しゃばりな人 an intrusive [pushy] person
**-出しゃばる** put oneself forward[フォーワァド]
- 出しゃばるな.
Don't put yourself forward! / Don't be so forward!

## …でしょう

❶未来　will+〈動詞の原形〉
❷推測　(…と思う)think (that) ..., suppose (that) ...; (確信している)be sure (that) ...
❸念を押(お)す　isn't it?, right?

❶[未来]will+〈動詞の原形〉[ウィル]
- あすは雨でしょう.
It will be rainy tomorrow.
- 彼はすぐ戻(もど)るでしょう.
He will come back soon.
❷[推測](…と思う)think (that) ...[スィンク], suppose (that) ...[サポウズ]; (確信している)be sure (that) ...[シュァ]

## …です

- ミキは来ないでしょう．
  I don't *think* Miki will come.
- ジュンはきっと試験に合格するでしょう．
  I'*m sure* (*that*) Jun will pass the exam.

❸ [念を押す] **isn't it?, right?** [ライト] (▶しばしば付加疑問文で表す) → …ね

- この子犬，かわいいでしょう．
  This puppy is cute, *isn't it*?
- あなたも行きたいんでしょう？
  You also want to go, *right*?

## …です

be の現在形 (▶ am, are, is)

> **ここが ポイント！ be の現在形**
>
> 主語によって次のように変化します．
>
> | 単数 | | 複数 | |
> |---|---|---|---|
> | 主語 | be動詞 | 主語 | be動詞 |
> | I | am | we | are |
> | you | are | you | are |
> | he } she } it | is | they | are |

- 私は中学生です．
  I *am* [I'*m*] a junior high school student.

> 話してみよう！
> 😊 あなたはテニス部に入っているのですか．
>   *Are* you on the tennis team?
> 😄 はい，そうです．Yes, I *am*.

- あしたはハイキングです．
  We *are* going on a hike tomorrow.

**てすう**【手数をかける】**bother**[バザァ]
- お手数をおかけして申し訳ありません．
  I'm sorry to *bother* you.

∥手数料 a charge

**デスク**(机) **a desk**[デスク]
∥デスクトップコンピュータ **a desktop** (**computer**) → コンピュータ図

## テスト

**a test**[テスト]；(試験) **an examination**[イグザミネイション]，(話) **an exam**[イグザム]；(小テスト) **a quiz**[クウィズ] (複 quizzes)

- 私たちはきのうテストを受けた．
  We took [had] a *test* yesterday.
- テストでいい [悪い] 点を取った．
  I got a good [bad] grade on a *test*.
- テストはどうだった？ How did you do in the *exam*? / How was the *exam*?

━**テストする test, give a test**

**…ですね** (念を押(ぉ)す) **isn't it?, right?**[ライト] (▶しばしば付加疑問文で表す) → …ね

**てすり**【手すり】**a handrail**[ハンドレイル]
- 手すりにおつかまりください．
  Please hold [use] the *handrail*.

**てせい**【手製の】**handmade**[ハンドメイド]；(自家製の) **homemade**[ホウムメイド]

**てそう**【手相】**palm**(**lines**)[パーム (ラインズ)]
- 彼女は手相を見てくれた．
  She read my *palm*.

∥手相占(うらな)い **palmistry, palm reading**
∥手相占い師 a palm reader

**でたらめ nonsense**[ナンセンス]
- そのうわさは全部でたらめだ．
  The rumor is all *nonsense*. / The rumor is *not true* at all.

━**でたらめな random**[ランダム]；(うその) **false**[フォールス]

**てぢか**【手近の】**handy**[ハンディ]

**てちょう**【手帳】**a**(**pocket**)**notebook**[(パキット) ノウトブック]，**a**(**pocket**)**diary**[ダイアリィ]；(スケジュール帳) **a**(**schedule**)**planner**[(シェヂュール) プランナァ]
- 手帳に予定を記入した．
  I wrote the plan down in my *notebook* [*planner*].
- 生徒手帳 a student *handbook*

**てつ**【鉄】**iron**[アイアン]；(鋼鉄) **steel**[スティール]
∥鉄条網(じょう) a barbed wire fence

**でっかい very big**[ビッグ]，**huge**[ヒューヂ]，**gigantic**[ヂャイギャンティック]

**てつがく**【哲学】**philosophy**[フィラサフィ]
∥哲学者 a philosopher

**てつき**【手つき】**a hand**[ハンド]
- 慣れた [不器用な] 手つきで
  with practiced [clumsy] *hands*
- ヒロは慣れた手つきでパスタを料理した．
  Hiro cooked pasta skillfully.

**てっき**【鉄器】**ironware**[アイアンウェア]
∥鉄器時代 the Iron Age

**デッキ**(船の) **a deck**[デック] (★発音注意)

**てっきょ**【撤去する】**remove**[リムーヴ]，**clear**[クリァ]；(車などを) **tow away**[トウ アウェイ]

**てっきょう**【鉄橋】**an iron bridge**[アイアン ブリッヂ]；(鉄道の) **a railroad bridge**[レイルロウド]

**てっきり**
- てっきり帰ったと思っていた．
  I'*m sure* you have already gone home.

**てっきん**【鉄琴】【楽器】**a glockenspiel**[グラッカンスピール]

**てっきんコンクリート**【鉄筋コンクリート】
**reinforced concrete**[リーインフォースト カンクリー

…て|は

**てづくり**【手作りの】(手製の)**handmade**[ハンドメイド]; (自家製の)**homemade**[ホウムメイド]
- 手作りのクッキー *homemade* cookies

**てっこう**【鉄鋼】**steel**[スティール]

**デッサン** a **sketch**[スケッチ](►「デッサン」はフランス語から)

**てつだい**【手伝い】**help**[ヘルプ]; (手伝う人)a **help, a helper**[ヘルパァ]→❸, てつだう
- お手伝いさん
  a *housekeeper* / a *helper*

## てつだう【手伝う】

**help**[ヘルプ]
- 私は時々母を手伝う.
  I sometimes *help* my mother.

〈人〉の〈事〉を手伝う
help＋〈人〉＋with＋〈事〉
- 姉が私の宿題を手伝ってくれた.
  My sister *helped* me *with* my homework.
  (►*helped* my homework は×)

〈人〉が…するのを手伝う
help＋〈人〉(＋to)＋〈動詞の原形〉
- この机を動かすのを手伝ってくれない？
  Will you *help* me (*to*) move this desk?

**てつづき**【手続き】(a) **procedure**[プラスィージャァ]
- きちんとした手続きを踏(ふ)まなくてはならなかった. I had to follow the regular *procedure*.

**てってい**【徹底的な】**thorough**[サーロゥ](★発音注意)

━**徹底的に thoroughly**

**てつどう**【鉄道】⊛ a **railroad**[レイルロウド], ⊛ a **railway**[レイルウェイ]
| 鉄道運賃 railroad fare
| 鉄道事故 a railroad [railway] accident, a train accident

**デッドヒート** a **close race**[クロウス レイス](►a dead heat は「同着」の意)

**デッドボール**【デッドボールを受ける】【野球】**be hit by a pitch**[ピッチ](►「デッドボール」は和製英語)
- レンはデッドボールを受けた.
  Ren *was hit by a pitch*.

**てっぱん**【鉄板】**an iron plate**[アイアン プレイト]
| 鉄板焼 meat and vegetables grilled on an iron plate

**てっぺん** the **top**[タップ]; (山の)the **summit**[サミット]→ちょうじょう
- 頭のてっぺんから足の先まで
  from head to toe [foot, heel]

**てつぼう**【鉄棒】(体操の)**the horizontal bar**[ホーラザントゥル バー]
- 小さいころ鉄棒を練習した.
  I practiced on the *horizontal bar* when I was little.

**てっぽう**【鉄砲】a **gun**[ガン]; (ライフル)a **rifle**[ライフル]

**てつや**【徹夜する】**stay [sit] up all night**[ステイ ナイト]
- ゆうべは本を読んでいて徹夜した.
  I *stayed up all night* reading a book.
- 徹夜で勉強した. I studied *all night*.

**でていく**【出て行く】→でる❶

**テディベア** a **teddy bear**[テディ ベア]

**テナー**→テノール

**でなおす**【出直す】(再び来る)**come again**[アゲン]; (やり直す)**make a fresh start**[フレッシュ スタート]
- あした出直します.
  I'll *come again* tomorrow.

**てにいれる**【手に入れる】**get**[ゲット]; (買う)**buy**[バイ]→て❶

**テニス tennis**[テニス]
- テニスをするのが好きだ.
  I like playing *tennis*.
- サチはテニスがとてもじょうずだ.
  Sachi plays *tennis* very well. / Sachi is a very good *tennis* player.
| テニスコート a tennis court
| テニスシューズ tennis shoes
| テニス部 a tennis team

**デニム**(厚地綿布)**denim**[デニム]

**てにもつ**【手荷物】(まとめて)**baggage**[バギッヂ]
- 手荷物1個
  a piece of *baggage* (►手荷物2個はtwo pieces of *baggage*)
| 手荷物一時預かり所 (駅などの)a baggage room; (ホテルの)a cloakroom
| 手荷物検査 a baggage inspection [check]

**てぬき**【手抜きする】**slack off**[スラック オーフ]
- 合唱の練習で手抜きしてしまった.
  I *slacked off* during chorus practice.

**てぬぐい**【手ぬぐい】a (hand) **towel**[(ハンド) タウ(ァ)ル], a **Japanese towel**[ヂャパニーズ タウ(ァ)ル]→タオル

**テノール**【音楽】(音域)**tenor**[テナァ]; (歌手)a **tenor**

**てのひら**【手のひら】a **palm**[パーム](►「手の甲(こう)」はthe back of the hand)→て図

## …ては

❶ …してはどうですか
　　　Why don't you＋〈動詞の原形〉?,
　　　《話》Why not＋〈動詞の原形〉?
❷ …のわりには　　for ...
❸ …の立場では　　as ...

❶ […してはどうですか] **Why don't you**＋〈動詞の原形〉?, 《話》**Why not**＋〈動詞の原形〉?
- やってみてはどうですか．
 *Why don't you* give it a try? / *Why not* give it a shot?

❷ […のわりには] **for** ...［フォア］
- 夏にしては寒い．*For* summer, it's cold.

❸ […の立場では] **as** ...［アズ］
- 彼女はキャプテンとしては頼(たよ)りになる．
 She is reliable *as* a captain.

**では**（さて）**well**［ウェル］, **now**［ナゥ］
- では，そろそろ失礼します．
 *Well*, I must be going now.
- では始めましょう．*Now*, let's begin.

**…では**（場所, 位置）**in** ...［イン］, **at** ...［アット］; (判断の根拠(こんきょ)) **in** ...
- アメリカではどのように新年を祝いますか．
 How do you celebrate the New Year *in* America?
- 私の考えでは彼が間違(まちが)っている．
 *In* my opinion, he is wrong.

**デパート** **a department store**［ディパートゥマントストア］（▶「デパート」は和製英語）
- デパートに買い物に行った．
 I went shopping at a *department store*.
 （▶to a department storeは×）

**デパちか**【デパ地下】**the food area[section] in a department store basement**［フード エ(ァ)リア［セクション］］［ディパートゥマント ストア ベイスマント］

**…ではない** → …ない❶
**…ではないか** → …ありませんか

**てばなす**【手放す】**part with** ...［パート］
- ペットの犬を手放さなければならなかった．
 We had to *part with* our pet dog.

**でばん**【出番】**turn**［ターン］

**てびき**【手引(き)】(指導書, 案内書) **a guide**［ガイド］, **a manual**［マニュアル］

**デビュー** **a debut**［デビュー］（▶フランス語から）
　**─デビューする** **make** *one*'**s debut**
- 彼はこの作品でデビューした．
 He *made his debut* with this work.

**てぶくろ**【手袋】
（5指に分かれている） **a glove**［グラヴ］; (ミトン) **a mitten**［ミトゥン］（▶ともにふつう複数形で用いる）

mittens　　gloves

- 手袋1組 a pair of *gloves* （▶手袋2組はtwo pairs of *gloves*）
- 母は皿を洗うときゴム手袋をする．My mother wears rubber *gloves* when she does the dishes.
- 暑いので手袋を外した．
 I took off my *gloves* because it was hot.

**てぶら**【手ぶらで】**empty-handed**［エンプティハンディド］
- 手ぶらで来てください．Come *empty-handed*. / Just bring yourself.

**デフレ（ーション）** **deflation**［ディフレイション］（⇔インフレ(ーション) inflation）

**てほん**【手本】**an example**［イグザンプル］, **a (role) model**［(ロウル) マドゥル］
- 母は私によい手本を示してくれた．
 My mother showed me a good *example*.
- 彼を手本にした．
 I followed his *example*.
- 姉は私の手本です．
 My sister is my *role-model*.

**てま**【手間】(かかる時間) **time**［タイム］; (労力) **labor**［レイバァ］
　**─手間がかかる** **take a lot of time**
- この宿題は手間がかかった．
 This homework *took a lot of time*.

**デマ** **a false [groundless] rumor**［フォールス［グラウンドゥリス］ルーマァ］（▶「デマ」はドイツ語から）

**てまえ**【手前】**this side**［サイド］
　**─…の手前で before** ...
- あの交差点の手前で降ろしてください．
 Please drop me off just *before* that intersection.

**でまえ**【出前】
- 今夜は寿司(すし)の出前をとろう．
 We'll *order in* some sushi tonight.
　**─出前をする deliver**［ディリヴァ］
- 出前してくれますか．
 Do you *deliver*?（▶お店の人に）→ **たくはい**

**でまかせ**【出任せの】**unreliable**［アンリライアブル］
- 彼の言うことは全部出任せだ．
 All that he says is *unreliable*.

**てまねき**【手招きする】**beckon**［ベカン］
- リカはもっとそばに来て手招きした．
 Rika *beckoned* me to come closer.

**でむかえる**【出迎える】**meet**［ミート］

- 彼は空港で私たちを出迎えてくれた．
  He came to *meet* us at the airport.

**でめきん**【出目金】〖魚〗**a popeyed goldfish**［パップアイド ゴウルドフィッシュ］

**デメリット a demerit**［ディーメリット］

**…ても**（たとえ…ても）**even if** …［イーヴン］；（どんなに…しても）**however**［ハウエヴァ］→…でも❷, どんなに

**でも but** …［バット］→ しかし, だが

**デモ a demonstration**［デマンストゥレイション］,〘話〙**a demo**［デモゥ］

━デモをする **demonstrate**［デマンストゥレイト］

デモ行進 **a demonstration**（parade）
デモ隊 **demonstrators**

## …でも

| ❶…でさえ | **even** |
| ❷たとえ…でも | **even if**［**though**］… |
| ❸どの…でも | **any** |
| ❹例えば | **say**, **something like** |

❶［…でさえ］**even**［イーヴン］（▶修飾(しゅうしょく)する語（句）の前に置く）

- 今でも彼の顔をはっきり思い出せる．*Even* now I can remember his face clearly.
- そこは10月でも泳げる．You can go swimming there *even* in October.

❷［たとえ…でも］**even if**［**though**］…［ゾゥ］（▶if［though］の後は内容が未来のことでも現在形で表す）

- その試合は雨でも行われる．
  The match will be held *even if* it rains.

❸［どの…でも］**any**［エニィ］

- どれでも好きな色を選びなさい．
  Pick *any* color you like.

❹［例えば］**say**［セイ］, **something like**［サムスィング ライク］

- ピザでも注文しようか．
  Shall we order, *say*, a pizza?

**デモクラシー democracy**［ディマクラスィ］

**てもと**【手もとに】**at hand**［ハンド］

- 私はいつも手もとにスマホを置いている．
  I always keep my smartphone *at hand*.

**デュース**〖スポーツ〗**deuce**［デュース］

**デュエット a duet**［ドゥーエット］

- 友達とデュエットした．
  I sang a *duet* with my friend.

**てら**【寺】**a**（**Buddhist**）**temple**［(ブーディスト) テンプル］

- 京都ではお寺に行きました．
  I went to *temples* in Kyoto.

**てらす**【照らす】**light**（**up**）［ライト］

- タワーはライトで明るく照らされていた．
  The tower was brightly *lit up*.

**テラス a terrace**［テラス］

**デラックス**【デラックスな】**deluxe**［ダラックス］

**テリア**（犬）**a terrier**［テリア］

**デリート**【デリートする】〖コンピュータ〗（削除(さくじょ)する）**delete**［ディリート］

**デリケート**【デリケートな】（微妙(びみょう)な）**delicate**［デリカット］（★発音・アクセント位置に注意）；（過敏(かびん)な）**sensitive**［センスィティヴ］

- デリケートな気持ち a *delicate* feeling
- デリケートな肌(はだ) *sensitive* skin

**てりやき**【照り焼き】**teriyaki**

- 照り焼きバーガー a *teriyaki* burger
- 照り焼きは, しょうゆとみりんでつやが出るように焼く, 日本の調理法です. *Teriyaki* is a Japanese cooking technique in which food is cooked with soy sauce and *mirin* so that it becomes glossy.

**てる**【照る】**shine**［シャイン］

- 太陽がさんさんと照っている．
  The sun is *shining* brightly.

## でる【出る】

| ❶中から外へ | （出て行く）**go out**, **get out**; |
| | （出て来る）**come out** |
| ❷出発する | **leave**, **start** |
| ❸現れる | **come out**, **appear**; （見つかる）**be found**; （出演する）**appear** |
| ❹出席する | **attend**;（参加する）**take part**（**in** …） |
| ❺卒業する | **graduate**（**from** …） |
| ❻電話に | **answer** |

go out

leave

come out

take part（in …）

❶［中から外へ］（出て行く）**go out**［ゴゥ アウト］, **get out**［ゲット］;（出て来る）**come out**［カム］

- チャイムが鳴るとみんな教室から出た．
  We *went out of* the classroom when the

## てるてるぼうず

bell rang.
- 男の人が建物から出て来た．
A man *came out of* the building.

❷[出発する]**leave**[リーヴ], **start**[スタート]
- 毎朝7時半に家を出る．I *leave* home at 7:30 every morning.

❸[現れる]**come out**, **appear**[アピア]；(見つかる)**be found**[ファウンド]；(出演する)**appear**
- 星が出た．The stars *came out*.
- お化けが出た！ A ghost *appeared*!
- なくしたかぎが出て来た．
The lost key *was found*.
- うちの犬は以前テレビに出たことがある．
Our dog has *appeared* [*been*] on TV before.

❹[出席する]**attend**[アテンド]；(参加する)**take part**（**in** ...）[パート]
- ミーティングに出た．
I *attended* the meeting.
- マコトはマラソンに出た．
Makoto *took part in* a marathon.
- 彼女はけがで試合に出られない．She can't *play* in games because of her injury.

❺[卒業する]**graduate**（**from** ...）[グラヂュアット]
- ケンは去年大学を出た．
Ken *graduated from* college last year.

❻[電話に]**answer**[アンサァ]
- 電話に出た．I *answered* the phone.
- 私が(電話に)出るわ．I'll *get* it.

**てるてるぼうず**【照る照る坊主】**a paper doll to which children pray for fine weather**[ペイパァ ダール][チルドゥラン プレィ][ファイン ウェザァ]

**テレパシー telepathy**[タレパスィ]

**テレビ**(放送)**television**[テラヴィジョン], **TV**[ティーヴィー]；(受像機)**a television**（**set**）, **a TV**（**set**）
- 祖父はテレビを毎晩見る．My grandfather watches *TV* every night.
- テレビをつけて[消して]ください．
Please turn on [off] the *TV*.
- テレビの音を大きく[小さく]してください．
Please turn up [down] the *TV*.
- 昨夜テレビでサッカーの試合を見た．I watched a soccer game on *TV* last night.

**テレビカメラ a TV camera**
**テレビ局 a TV station**
**テレビゲーム a video game**
**テレビショッピング（TV）home shopping**
**テレビタレント a TV star [personality]**
**テレビディレクター a TV director**
**テレビ番組 a TV program [show]**；好きなテレビ(番組)は何ですか．What is your favorite *TV program*?

### 表現メモ いろいろなテレビ番組

| アニメ | anime, an animated cartoon, a cartoon |
| --- | --- |
| 歌番組 | a music show |
| お笑い | a comedy |
| クイズ番組 | a quiz show |
| スポーツ番組 | a sports program |
| トーク番組 | a talk show |
| ドラマ | a drama |
| 生中継(ちゅう) | a live broadcast |
| ニュース番組 | a news program |
| バラエティー | a variety show |
| 報道番組 | a news report |
| 恋愛コメディ | a romantic comedy |
| 連続ドラマ | a soap opera, a TV drama |

**テレホン a telephone**[テラフォウン]→**でんわ**
**てれる**【照れる】**feel shy**[フィール シャイ]
- 彼はほめられて照れた．He *felt shy* when he was praised.
- 女の子に話しかけるのは照れくさい．
I'm *shy* about talking to girls.

**照れ屋 a shy person**
**テレワーク telecommuting**[テリコミューティング], **teleworking**[テリワーキング], **working from home**[ワーキング][ホウム]
━**テレワークする work from home**, **work remotely**[リモウトゥリィ]

**テロリスト a terrorist**[テラリスト]
**テロ(リズム) terrorism**[テラリズム]
**てわけ**【手分けする】**divide**[ディヴァイド]
- 私たちは手分けして宿題をした．
We *divided* the homework among us.

**てわたす**【手渡す】**hand**[ハンド], **pass**[パス]
- マリは次のランナーにバトンを手渡した．
Mari *handed* [*passed*] the baton to the next runner.

# てん¹【点】

| | |
|---|---|
| ❶評価点 | a score, a point, a mark; (成績)《主に米》a grade |
| ❷得点 | (テニスなどの)a point; (サッカーなどの)a goal; (野球などの)a run; (総得点)a score |
| ❸箇所(かしょ) | a point |
| ❹記号 | a dot, a point |

❶[評価点] a score[スコア], a point[ポイント], a mark[マーク]; (成績)《主に米》a grade[グレイド] → せいせき

- 理科は満点だった.
  I got a perfect *score* in science.
- 英語は50点だった.
  I got 50 *points* in English.
- 彼は数学でいい[悪い]点を取った.
  He got a good [bad] *grade* in math.

❷[得点] (テニスなどの)a point; (サッカーなどの)a goal[ゴウル]; (野球などの)a run[ラン]; (総得点)a score

- チームは3点入れた.
  The team scored three *points*.

❸[箇所] a point

- その点に関しては私も君と同じ意見だ.
  I agree with you on that *point*.

❹[記号] a dot[ダット], a point

- 小数点 a decimal *point*
- 「i」の点を打った. I *dotted* an "i".

**てん²**【天】(空)the sky[スカイ]; (天国)heaven[ヘヴン]

- 天と地 *heaven* and earth

**でんあつ**【電圧】(a) voltage[ヴォウルティッヂ]

**てんいん**【店員】a salesclerk[セイルズクラーク], a clerk[クラーク]

**でんえん**【田園】(田舎(いなか))the country[カントゥリィ]

－田園の rural[ル(ァ)ラル]

田園地帯 a rural area, the countryside

**でんかせいひん**【電化製品】electric(al) appliances[イレクトゥリック(イレクトゥリカル) アプライアンスィズ]

**てんかぶつ**【添加物】additives[アダティヴズ]

- このおにぎりは添加物が入っていない.
  This *onigiri* is *additive*-free.

## てんき【天気】

the weather[ウェザァ]

- あしたの天気はどうですか.
  What will *the weather* be (like) tomorrow?
- きのうは一日中天気が悪かった.

*The weather* was bad all day yesterday.
- 天気がよく[悪く]なった. *The weather* changed for the better [worse].
- きょうは天気がいい. It's fine today.

天気雨 a sun shower
天気図 a weather chart
天気予報 a weather forecast [report]: 天気予報によると, あしたは雨らしい. According to the *weather forecast* [*report*], it will be rainy tomorrow.

**天気のいろいろ**
雨 rainy / 霧(きり) foggy / 曇(くも)り cloudy
晴れ sunny / 雪 snowy
(天気予報で)晴れ時々曇り fair, partly cloudy

**自然現象**
嵐(あらし) storm / 稲光 lightning
風 wind / 雷(かみなり) thunder
気温 temperature / 雲 cloud / 氷 ice
台風 typhoon / 竜巻(たつまき) tornado
津波(つなみ) tsunami / 虹(にじ) rainbow

## でんき¹【電気】

(電灯)a light[ライト]; (電力)electricity[イレクトゥリサティ]

- 電気をつけて[消して].
  Turn on [off] the *light*.
- この車は電気で動く.
  This car runs on *electricity*.

－電気の electric[イレクトゥリック], electrical

電気かみそり an electric razor [shaver]
電気自動車 an electric car [vehicle]
電気スタンド a desk lamp
電気ストーブ an electric heater
電気製品 electric appliances
電気毛布 an electric blanket
電気料金 the electricity bill [charges]

**でんき²**【伝記】a biography[バイアグラフィ]

- ヘレン・ケラーの伝記
  the *biography* of Helen Keller

**でんきゅう**【電球】a light bulb[ライト バルブ]

- 電球が切れてしまった.
  The *light bulb* has burned [gone] out.

**てんきょ**【転居】a move[ムーヴ], moving[ムーヴィング] → ひっこし, ひっこす

**てんきん**【転勤】(a) transfer[トゥランスファー]

－転勤する be transferred (to ...)[トゥランスファード]

- 兄は大阪へ転勤になった.
  My brother *was transferred to* Osaka.

**てんぐ**【天ぐ】a *tengu*; a Japanese long-nosed

# でんぐりがえる

goblin[チャパニーズ ローングノウズド ガブリン]

**でんぐりがえる**【でんぐり返る】(前回りする)do a forward roll[ドゥー][フォーワァド ロウル], (後ろ回りする)do a backward roll[ドゥー][バックワァド ロウル]

**てんけいてき**【典型的な】typical[ティピカル]
- 典型的なタイ料理 a *typical* Thai dish

**てんけん**【点検】check[チェック]; (綿密な)inspection[インスペクション]
- エレベーターは点検中で乗れない．
  We can't get in the elevator as it is currently under *inspection*.

**でんげん**【電源】a power source[パウァ ソース]; (電力の供給)a power supply[サプライ]
- 外出の前にエアコンの電源を切った．I turned off the air conditioner before I left.

▎電源スイッチ a power switch

**てんこ**【点呼】a roll call[ロウル コール]
- 1時に点呼がある．
  There is a *roll call* at one (o'clock).
- ━点呼する call [take] the roll

**てんこう¹**【転校する】transfer（to ...）[トゥランスファー], change schools[チェインヂ スクールズ]
- マリは大阪の学校に転校した．Mari has *transferred to* a school in Osaka.
- 小学生の時転校した．I *changed schools* when I was in elementary school.

▎転校生 a transfer student

**てんこう²**【天候】the weather[ウェザァ]→てんき

**でんこう**【電光】(電灯の光)electric light[イレクトゥリック ライト]

▎電光掲示(じ)板 an electric bulletin board

**てんごく**【天国】heaven[ヘヴン]（►しばしば Heaven で用いる）(⇔地獄(じく)hell); (理想的環境(きょう))a paradise[パラダイス]（►複数形では用いない）
- 彼は天国へ行った．
  He went to *Heaven*.
- 歩行者天国 a pedestrian's *paradise*

**でんごん**【伝言】a message[メスィッヂ]
- ケンから伝言を受け取った．
  I got a *message* from Ken.
- ミオに伝言をお願いできますか．
  Can I leave a *message* for Mio?

▎伝言板 a message board

**てんさい¹**【天才】(人)a genius[チーニャス]; (才能)genius
- 数学の天才 a mathematical *genius*

**てんさい²**【天災】a natural disaster[ナチャラル ディザスタァ]

**てんさく**【添削】(a) correction[カレクション]
- ━添削する correct

- マイクが私の英作文を添削してくれた．
  Mike *corrected* my English composition.

**てんし**【天使】an angel[エインヂャル]

**てんじ¹**【展示】(an) exhibition[エクサビション], (a) display[ディスプレイ]
- ━展示する exhibit[イグズィビット], display, show
- ピカソの絵が美術館に展示されている．
  Picasso's paintings are being *exhibited* in the museum.

▎展示会 an exhibition, a display
▎展示品 an exhibit

**てんじ²**【点字】braille, Braille[ブレイル]
- 点字の本 a book in *braille*

▎点字ブロック tactile paving [blocks, tiles][タクティル ペイヴィング[ブラックス, タイルズ]]

**でんし**【電子】an electron[イレクトゥラン]
- ━電子の electronic[イレクトゥラニック]

▎電子オルガン an electronic organ
▎電子顕微鏡(けんびきょう) an electron microscope
▎電子工学 electronics（►単数扱い）
▎電子黒板 an electronic blackboard [board, whiteboard]
▎電子辞書 an electronic dictionary
▎電子書籍(しょせき) an electronic book, an e-book
▎電子ピアノ an electronic piano
▎電子マネー electronic money
▎電子メール (an) email→メール
▎電子レンジ a microwave (oven)

**でんじは**【電磁波】an electromagnetic wave[イレクトゥロウマグネティック ウェイヴ]

# でんしゃ【電車】

a train[トゥレイン]→ここがすごい[口絵]; (市街電車)⊛a streetcar[ストゥリートゥカー], ⊛a trolley[トゥラリィ], ⊛a tram[トゥラム], tramcar[トゥラムカー]

- 各駅停車の電車 a local *train*
- 急行電車 an express *train*
- 学校に電車で行く．I go to school by *train*.
- 渋谷で電車に乗った．
  I took [got on] a *train* at Shibuya.

## てんぷく

- 全員が電車から降りた. Everyone got off the *train*.
- 8時10分の電車に乗り遅(ﾞ)れた. I missed the 8:10 *train*. (▶8:10は eight ten と読む)
- この電車は新大阪行きだ. This *train* is bound for Shin-Osaka.
- 新宿で電車を乗り換(ｶ)えてください. Please change *trains* at Shinjuku. (▶ trains と複数形になる)
 ┃電車賃 a train fare

**てんじょう**【天井】a ceiling[スィーリング]
**テンション** spirits[スピリッツ], energy[エナヂィ]
**でんしんばしら**【電信柱】→でんちゅう
**てんすう**【点数】→てん¹❶❷
**でんせつ**【伝説】a legend[レヂェンド]
━伝説上の, 伝説的な legendary[レヂェンデリィ]
- 伝説の英雄 a *legendary* hero

**てんせん**【点線】a dotted line[ダティド ライン]→せん²図
**でんせん¹**【電線】an electric wire[イレクトゥリック ワイア]
**でんせん²**【伝染】infection[インフェクション]
━伝染性の infectious[インフェクシャス], contagious[カンテイジャス]
- この病気は伝染性だ. This disease is *contagious*.
━伝染する (人が) be infected (with ...); (病気が) spread[スプレッド]→うつる²❷
 ┃伝染病 an infectious disease

**でんせん³**【伝線】(靴下(ﾞ)の) a run[ラン]
- ストッキングが伝線しているよ. You've got a *run* in your pantyhose.

**てんそう**【転送する】forward[フォーワァド]
- このメールをタカに転送してください. Please *forward* this email to Taka.

**てんたい**【天体】a heavenly body[ヘヴンリィ]
 ┃天体観測 astronomical observation
 ┃天体望遠鏡 an astronomical telescope

**でんたく**【電卓】a pocket calculator[パキット キャルキュレイタァ]

## でんち【電池】

a battery[バッテリィ], a cell[セル]
- 電池が切れている. The *battery* is dead.
- これは電池で動く. This uses *batteries*.
- 乾電池 a dry *cell* [*battery*]
- 太陽電池 a solar *cell* [*battery*]
- 単1電池 a D (*cell*) *battery*
- 単3電池 a AA (*cell*) *battery* (▶AAは double A[ダブル エィ]と読む)

**でんちゅう**【電柱】a utility pole[ユーティリティ ポウル]; (電話線の) a telephone pole[テリフォウン]

**てんちょう**【店長】a (store) manager[マニヂァァ]
**テント** a tent[テント]
- ここにテントを張ろう. Let's put up a *tent* here. / Let's pitch a *tent* here.
- テントを畳(ﾞ)んで. Take [Pull] down the *tent*.

**でんとう¹**【伝統】(a) tradition[トゥラディション]
- 私たちの店はおいしいパンを作ってきた伝統がある. Our shop has a *tradition* of baking good bread.
━伝統的な traditional
 ┃伝統芸能 traditional arts
 ┃伝統工芸 traditional crafts

**でんとう²**【電灯】a light[ライト], an electric light[イレクトゥリック]→でんき¹
**でんどう**【電動の】electric[イレクトゥリック]
 ┃電動かみそり an electric razor [shaver]
 ┃電動自転車 an electric bike [bicycle], an e-bike
 ┃電動自動車 an electric car [vehicle]

**てんとうむし**【てんとう虫】【虫】⊛a ladybug[レイディバッグ], ⊛a ladybird[レイディバード]
**てんどん**【天丼】*tendon*: a bowl of rice topped with tempura[ボウル][ライス][トップド][テンプラ]
**てんにゅう**【転入する】move in[ムーヴ イン], transfer (to ...)[トゥランスファー]→てんこう¹
**てんねん**【天然の】natural[ナチュラル]
 ┃天然ガス natural gas
 ┃天然記念物 a natural monument; (動物の)a protected animal; (植物の)a protected plant
 ┃天然資源 natural resources
 ┃天然パーマ (髪(ﾞ)の)naturally curly hair

**てんのう**【天皇】the emperor[エンペラァ] (⇔皇后 the empress)
 ┃天皇誕生日 the Emperor's Birthday
 ┃天皇陛下 His Majesty the Emperor

**てんのうせい**【天王星】【天文】Uranus[ユ(ｱ)ラナス]
**でんぱ**【電波】a radio wave[レイディオウ ウェイヴ]
 ┃電波時計 a radio wave clock
 ┃電波望遠鏡 a radio telescope

**てんびんざ**【てんびん座】Libra[リーブラ]; (人) a Libra
- 私はてんびん座です. I am a *Libra*.

**てんぶ**【転部する】change clubs[チェインヂ]
- 美術部から剣道部へ転部した. I *changed from the club* to the *kendo team*. (▶運動部には team を用いる)

**てんぷ**【添付する】attach[アタッチ]
 ┃添付ファイル an attached file

**てんぷく**【転覆する】be overturned[オウヴァター

## てんぷら

ンド]

**てんぷら** tempura[テンプラ] ➡ 食生活【口絵】
- てんぷらは魚や野菜をたっぷりの油で揚(ぁ)げた日本の料理です. *Tempura* is Japanese deep-fried fish and vegetables.

**でんぷん**【でん粉】starch[スターチ]

**テンポ**(a) tempo[テンポゥ](▶イタリア語から);(速さ, ペース)a pace[ペイス]
- アップテンポの曲 an up-*tempo* song

**てんぼう**【展望】(眺(ﾅｶﾞ)め)a view[ヴュー];(見通し)an outlook[アウトゥルック]
| 展望台 an observation deck [platform, tower]

**でんぽう**【電報】a telegram[テレグラム]
| 彼に電報を打った. I sent him a *telegram*.

**デンマーク** Denmark[デンマーク]
━ デンマーク(語, 人)の Danish[デイニッシュ]
| デンマーク人 a Dane

**てんめつ**【点滅する】blink[ブリンク]

**てんもんがく**【天文学】astronomy[アストゥラナミィ]
| 天文学者 an astronomer
| 天文部 an astronomy club

**てんもんだい**【天文台】an astronomical observatory[アストゥラナミカル アブザーヴァトーリィ]

**てんらんかい**【展覧会】an exhibition[エクサビション], a show[ショウ]
- その画家は来月展覧会を開く. The artist will hold an *exhibition* next month.

**でんりゅう**【電流】an electric current[イレクトゥリック カーラント], a current

**でんりょく**【電力】(electric) power[(イレクトゥリック) パウァ];(電気)electricity[イレクトゥリサティ]
| 電力会社 an electric power company
| 電力計 a wattmeter

## でんわ【電話】

a telephone[テリフォウン], a phone[フォウン];(通話)a call[コール], a phone call
- アキと電話で話した. I talked with Aki on [over] the *phone*.
- 兄は今電話中だ. My brother is on the *phone* right now.
- 電話を借りてもいいですか. May I use your *phone*?(▶May I borrowは✕)
- あした電話して. Give me a *call* tomorrow.
- ケン, 電話だよ. Ken, there's a *call* for you.
- 彼はいきなり電話を切った. He suddenly hung up.
- 電話を切らずにお待ちください. Hold on, please.

━ 電話をかける call

😊電話, だれからだった？
Who was the *call* from?
😀マリから. 後でもう一度かけるよ.
It was from Mari. I'll *call* her back later.

### 電話のいろいろ

| | |
|---|---|
| スマホ(スマートフォン) | a smartphone |
| 携帯(ｹｲﾀｲ)電話 | Ⓐa cell phone, Ⓑa mobile phone |
| 固定電話 | a landline, a landline phone |
| 公衆電話 | a public phone, a pay phone |
| コードレス電話 | a cordless phone |
| テレビ電話 | a video phone |
| 留守番電話 | an answering machine |
| 市内電話 | a local call |
| 長距離(ｷｮﾘ)電話 | a long-distance call |
| 国際電話 | an international call |

| 電話局 a telephone office
| 電話帳 a phone book, a telephone directory
| 電話番号 a (tele)phone number: 彼に私の電話番号を教えた. I gave him my *phone number*.
| 電話料金 the telephone bill

# と ト

**と¹**【戸】a door[ドア] → ドア

**と²**【都】(行政区分)a metropolis[ミトゥラパリス]; (東京都)Tokyo Metropolis(▶住所の場合はふつう単に Tokyo とする) → けん²
　─都の metropolitan[メトゥラパリタン] → とりつ
都大会 a prefectural contest [(試合、競技会)competition, (トーナメント)tournament]
都知事 the Governor of Tokyo
都庁 the Tokyo Metropolitan Government Office
都民 a citizen of Tokyo

## …と

| ❶ AとB | and; (どちらか)or |
|---|---|
| ❷ …とともに | with …; (…に対して) with …, against … |
| ❸ …するとき | when …; (…するとすぐ) as soon as … |
| ❹ …ということ | that … |
| ❺ …ならば | if … |

❶ [AとB] **and**[アンド]; (どちらか)**or**[オァ]
・ケンと私はよい友達だ.
　Ken *and* I are good friends.
・数学と理科と体育が好きだ.
　I like math, science(,) *and* P.E.(▶3つ以上の語句を並べる場合, 途中(ちゅう)はコンマで区切り, 最後の語句の前に and をつける. and の前のコンマは省略できる)
・コーヒーと紅茶ではどちらが好きですか.
　Which do you like better, coffee *or* tea?

❷ […とともに] **with** …[ウィズ]; (…に対して) **with** …, **against** …[アゲンスト]
・今度の土曜日に母と買い物に行くつもりだ.
　I'll go shopping *with* my mother next Saturday.
・日本はイタリアとサッカーの試合をした.
　Japan had a soccer game *against* Italy.

❸ […するとき] **when** …[(ホ)ウェン]; (…するとすぐ) **as soon as** …[スーン]
・私が手を振(ふ)ると彼も私に手を振った.
　*When* I waved to him, he waved back.
・家に入ると電話が鳴りだした.
　*As soon as* I entered the house, the telephone began to ring.

❹ […ということ] **that** …[ザット](▶(話)ではしばしば省略される)

・あなたは正しいと思う.
　I think (*that*) you are right.

❺ […ならば] **if** …[イフ]
・一生懸命(淡)勉強しないと試験に受からないよ. *If* you don't study hard, you won't pass the exam.

## …ど【…度】

| ❶ 回数 | a time |
|---|---|
| ❷ 角度, 温度 | a degree |

❶ [回数] **a time**[タイム] → …かい¹ ❶
・1度[2度, 3度] once [twice, three *times*](▶「2度」は two times とも言う)
・年に2, 3度
　two or three *times* a year
・何度言えばわかるんですか.
　How many *times* do I have to tell you?

❷ [角度, 温度] **a degree**[ディグリー]
・セ氏15度 fifteen *degrees* centigrade [Celsius](▶15℃と略す)
・気温がマイナス(セ氏)20度に下がった.
　The temperature dropped to minus twenty *degrees* centigrade [Celsius].
・30度の角度で
　at an angle of thirty *degrees*

**ドア a door**[ドア]
・ドアを開けて. Open the *door*.
・ドアを閉めて. Close [Shut] the *door*.
・ドアにはかぎがかかっている.
　The *door* is locked.
・だれかがドアをノックした.
　Somebody knocked on [at] the *door*.

**とい¹**【問い】a question[クウェスチョン] → しつもん

**とい²**【樋】a gutter[ガタァ], a drainpipe[ドゥレインパイプ]

**といあわせ**【問い合わせる】ask[アスク]
・私は品物について店に電話で問い合わせた.
　I called the store to *ask* about the item.

## …という

| ❶ …という名前の | named …, called …; (…とかいう人)a … |
|---|---|
| ❷ …ということ | that … |
| ❸ …というのに | though …, although … |
| ❹ …というのは | because … |

❶ […という名前の] **named** …[ネイムド], **called** …[コールド]; (…とかいう人)**a** …
・トムというアメリカ人の少年に出会った.
　I met an American boy *named* Tom.
・クリスマス島という名の島を知ってる?

ドイツ

Do you know an island *called* Christmas Island?
- 少し前に鈴木さんという人から電話がありました. *A* Mr. Suzuki called you a short time ago.

❷ [...ということ] **that** ...[ザット] (▶《話》ではしばしば省略される)
- きょう授業がないということを聞きましたか. Have you heard (*that*) there will be no classes today?

❸ [...というのに] **though** ...[ゾゥ], **although** ...[オールゾゥ]
- 秋というのに暑い. It's hot outside even *though* it's already fall.

❹ [...というのは] **because** ... → なぜなら

**ドイツ** Germany [ヂャーマニィ]
▬ ドイツ(語, 人)の German
| ドイツ語 German
| ドイツ人 a German

**トイレ**(ット) (家庭の) ⊛ a **bathroom** [バスルーム], 《主に⊛》a **toilet** [トイリット]; (公共の) a **restroom** [レストルーム]
- トイレをお借りしてもいいですか. May I use the *bathroom*? (▶ May I borrow は×)
- トイレはどちらですか. Where is the *restroom*?
- 男子用[女子用]トイレ a men's [ladies'] *room*

性別問わずすべての人が使えるトイレの表示

| トイレットペーパー (a roll of) **toilet paper**

**とう¹** [塔] a **tower** [タゥァ]; (仏教の) a **pagoda** [パゴゥダ]
- エッフェル塔 the Eiffel *Tower*
- 五重の塔 a five-storied *pagoda*

**とう²** [党] a (**political**) **party** [(パリティカル) パーティ]
| 党員 a member of the party

**...とう¹** [...等] a **class** [クラス], a **grade** [グレイド]
- (列車などの)1[2]等車 a first [second] *class* car
- 私たちのクラスは1等賞を取った. Our class won (the) first prize.
- 彼は3等に入った. He finished [came in] third.

**...とう²** [...頭] **head** [ヘッド] (複 head) (▶単複同形)
- 牛50頭 fifty *head* of cattle (▶ふつうはfifty cowsと言う)
- 祖父は牛を80頭飼っている. My grandfather has eighty cows.

## どう¹

| ❶状態をたずねる | (何) **what**; (どのように) **how** |
| ❷方法をたずねる | (何) **what**; (どのように) **how** |
| ❸提案, 勧誘(勢) | **How about ...?, What about ...?** |

❶ [状態をたずねる] (何) **what** [(ホ)ワット]; (どのように) **how** [ハゥ]
- どうしたの? *What*'s the matter? / *What*'s wrong?
- それからどうなったの? *What* happened then?
- どう思う? *What* do you think?
- ミキが学校に来なかった. どうしたのかと思った. Miki didn't come to school. "*What happened?*" I wondered.
- 調子はどう? *How* are you doing?
- 旅行はどうでしたか. *How* was the trip?
- その映画はどうでしたか. *How* did you like the movie?
- 結果がどうなるか楽しみだ. I can't wait to see *how* things will turn out.

❷ [方法をたずねる] (何) **what**; (どのように) **how**
- 学校へはどうやって通っていますか. *How* do you go to school?
- あっ, どうしよう. Oh, no! *What* should I do?
- どうしたらいいかわからない. I don't know *what* to do. (← 何をすべきか)
- この問題をどう解けばいいかわからない. I don't know *how* to solve this problem.

❸ [提案, 勧誘] **How** [**What**] **about ...?**
- スケートに行くのはどうですか. *How* [*What*] *about* going skating?
- コーヒーを一杯どう? *How* [*What*] *about* a cup of coffee?

**どう²** [銅] **copper** [カパァ]; (青銅) **bronze** [ブランズ]
| 銅貨 a copper (coin)
| 銅線 copper wire
| 銅メダル a bronze medal

**どう³** [胴] the **trunk** [トゥランク] → どうたい

**どう⁴** [道] (行政区分) a **prefecture** [プリーフェクチャァ]; (北海道の) **Hokkaido Prefecture** (▶住所の場合はふつう単にHokkaidoとする) → けん², どうりつ

道大会 a prefecture-wide contest [(試合, 競技会) competition, (トーナメント) tournament]

どう… 【同…】the same... [セイム] → おなじ

とうあん 【答案】an examination paper [イグザミネイション ペイパァ], a paper, an answer sheet [アンサァ シート]
- 答案を集めてください. Please collect the (*examination*) *papers*.
- 彼は白紙のままで答案を提出した. He handed in a blank *paper*.

どうい 【同意】(an) agreement [アグリーメント]
━同意する (人に) agree (with ...), (事に) agree (to ...) → さんせい¹
┃ 同意語 a synonym (⇔反意語 an antonym)

どういう (何) what [(ホ)ワット]; (方法, 状態) how [ハウ]
- この単語はどういう意味ですか. *What* does this word mean?
- クリスマスはどういうふうに祝いますか. *How* do you celebrate Christmas?

## どういたしまして

| ❶お礼に対して | You're welcome. |
| ❷謝罪に対して | That's all right., Never mind. |

You're welcome.

That's all right.

❶ [お礼に対して] You're welcome. [ウェルカム]

話してみよう!

☺ 花をどうもありがとう.
Thank you very much for the flowers.
😊 どういたしまして.
*You're welcome*.

**ここがポイント!** 「どういたしまして」のいろいろな言い方
お礼に対する「どういたしまして」にはほかに次のような言い方があります.
Not at all.
No problem.
My pleasure.
Don't mention it.
Any time. (←いつでもどうぞ)

❷ [謝罪に対して] That's all right. [ライト], Never mind. [ネヴァ マインド]

話してみよう!

☺ 待たせてごめんなさい.
I'm sorry to have kept you waiting.
😊 どういたしまして.
*That's all right*.

とういつ 【統一】(単一性) unity [ユーナティ]
━統一する unify [ユーナファイ]

どういつ 【同一の】the same [セイム] → おなじ
┃ 同一人物 the same person

## どうか

❶ 依頼(いらい), 懇願(こんがん)  please
❷ どうかしている be wrong [up] (with ...), be the matter (with ...)

❶ [依頼, 懇願] please [プリーズ] → どうぞ
- どうか私の話を聞いてください. *Please* listen to me.

❷ [どうかしている] be wrong [up] (with ...) [ローング], be the matter (with ...) [マタァ]
- 彼女最近どうかしているよ. Something *is wrong* [*up*] *with* her recently.
- 「どうかしたの?」「ちょっと目まいがするんだ」"*What's the matter*?" "I feel a little dizzy."

…どうか 【…かどうか】if (... or not) [イフ], whether (... or not) [(ホ)ウェザァ]
- それが本当かどうかわかりません. I don't know *if* [*whether*] it's true *or not*.
- ケンにその歌を知っているかどうか聞いてごらん. Ask Ken *if* he knows that song.
- 試験に合格できるかどうか不安だ. I feel anxious about *whether* I can pass the exam.

どうが 【動画】(アニメーション) an animation [アナメイション]; 《コンピュータ》video [ヴィディオゥ]
- マナはよく動画を撮(と)って編集している. Mana often shoots *videos* and edits them.
- 動画をユーチューブに投稿(とうこう)した. I posted [uploaded] a *video* on YouTube.
┃ 動画サイト a video site
┃ 動画配信サービス (video) streaming service

とうがらし 【唐辛子】red pepper [レッド ペッパァ]

どうかん 【同感である】agree (with ...) [アグリー]
- まったく同感です. I quite *agree* (*with* you). / Exactly. (←そのとおりです)

**とうき¹**【冬期, 冬季】**the winter season**[ウィンタァ スィーズン]➡ふゆ
| 冬季オリンピック **the Winter Olympics**
| 冬期講習 **a winter course** [**program, session**]

**とうき²**【陶器】**pottery**[パタリィ]；（陶磁器）**china**[チャイナ]

**とうぎ**【討議】(a) **discussion**[ディスカッション], (a) **debate**[ディベイト]
- その問題は現在討議中だ.
  The problem is under *discussion*.
➡討議する **discuss, debate**➡とうろん

**どうき**【動機】**a motive**[モウティヴ]

**どうぎご**【同義語】**a synonym**[スィナニム]（⇔反意語 **an antonym**）

**とうきゅう¹**【投球】**a throw**[スロウ], **a pitch**[ピッチ], **pitching**[ピッチング]
➡投球する **throw a ball, pitch**

**とうきゅう²**【等級】**a class**[クラス], **a grade**[グレイド]

**とうぎゅう**【闘牛】**a bullfight**[ブルファイト]
| 闘牛士 **a bullfighter**

**どうきゅう**【同級】**the same class**[セイム クラス]
- 私はトモと同級だ.
  I am in *the same class* as Tomo. / Tomo and I are in *the same class*.
| 同級生 **a classmate**

**どうきょ**【同居する】**live together**[リヴ タゲザァ], **live with ...**
- 私は父方の祖父母と同居している.
  I *live with* my father's parents.

**とうきょう**【東京都】**Tokyo Metropolis**[トウキオウ ミトゥロパリス]➡と²
- 東京23区 **23 wards of** *Tokyo*

**どうぐ**【道具】**a tool**[トゥール]；（家事用の）**a utensil**[ユーテンサル]
- 大工道具 carpenter's *tools*
- 台所道具 kitchen *utensils*
| 道具箱 **a toolbox**

**どうくつ**【洞くつ】**a cave**[ケイヴ]

**とうげ**【峠】**a（mountain）pass**[(マウンテン) パス]

**とうけい¹**【統計】**statistics**[スタティスティックス]
- 統計によると出生率は下がる一方だ.
  According to the *statistics*, the birthrate is continuing to fall.

**とうけい²**【東経】**the east longitude**[イースト ランヂャトゥード]
- 明石は東経135度に位置している.
  Akashi is located at 135 degrees *east longitude*.

**とうげい**【陶芸】**ceramics**[セラミックス]
| 陶芸家 **a potter**
| 陶芸部 **a pottery club**

**どうけん**【同権】**equal rights**[イークワル ライツ]
- 男女同権
  *equal rights* for men and women

**とうこう¹**【登校する】**go [come] to school**[スクール]
- 私は自転車で登校している.
  I *go to school* by bicycle.
- 彼は登校中に事故に遭った. He had an accident *on his way to school*.
| 登校拒否 **refusal to go to school**: 彼女は登校拒否をしている. She *refuses to go to school*.
| 登校日 **a school day**

**とうこう²**【投稿する】（インターネット上に）**post**[ポウスト]
- 私はサイトに写真をよく投稿する.
  I often *post* pictures on the website.

**どうこうかい**【同好会】**a club**[クラブ]

**どうさ**【動作】**a movement**[ムーヴメント]（▶ふつう複数形で用いる）
- コアラは動作が遅い. Koalas are slow in their *movements*. / Koalas *move* slowly.

**とうざい**【東西】**east and west**[イースト] [ウェスト]
| 東西南北 **north, south, east and west**（▶日本語との語順の違いに注意）

**とうさん**【倒産する】**go bankrupt**[バンクラプト]

**とうし¹**【投資】**investment**[インヴェストゥメント]
➡投資する **invest**

**とうし²**【闘志】**fighting spirit**[ファイティング スピリット], **fight**[ファイト]
- 彼は闘志満々だ. He is full of *fight*.

**とうし³**【凍死する】**freeze to death**[フリーズ] [デス]

**とうじ¹**【当時】（その時）**then**[ゼン], **at that time**[タイム]; **in those days**[デイズ]
- 当時彼らは埼玉に住んでいた.
  They lived in Saitama *at that time*.
- ビートルズは当時いちばん人気のあるグループだった. The Beatles were the most popular group *in those days*.

**とうじ²**【答辞】**a graduation speech**[グラヂュエイション スピーチ]
- アキは卒業生を代表して答辞を読んだ.
  Aki made a *speech* on behalf of the graduating students.

**とうじ³**【冬至】**the winter solstice**[ウィンタァ サルスティス]（⇔夏至 **the summer solstice**）

**どうし**【動詞】『文法』**a verb**[ヴァーブ]（▶v. と略す）

**…どうし**【…同士】
- 彼らはいとこ同士だ. They are cousins.
- 私たちは友達同士でプレゼントを交換する.

とうせん

We exchange gifts with our friends.

## どうじ【同時に】
at the same time[セイム タイム]；（一度に）at a [one] time；（…すると同時に）as soon as ...[スーン]
- 弟と私は同時にインフルエンザにかかった．
 My brother and I caught the flu *at the same time*.
- 私は同時に2つのことはできません．
 I can't do two things *at the same time*. / I can't do two things *at one time*.
- 電話を切ると同時にまた鳴り出した．
 *As soon as* I hung up, the phone began to ring again.
| 同時通訳 simultaneous interpretation；（人）a simultaneous interpreter

## とうじつ【当日（は，に）】
(on) that day[デイ]；（定められた日）on the day
- 当日はあいにく雨だった．
 Unfortunately it rained *on that day*.
| 当日券 a ticket at the door

## どうして
（なぜ）why[(ホ)ワィ]，《話》how come[ハッ]；（どうやって）how→なぜ
- どうして遅刻(ஜく)したのですか．*Why* were you late? / *How come* you were late?
- どうしてスペインへ行くの？
 *Why* are you going to Spain?
- どうして私のメールアドレスを知ってるの？
 *How* did you know my email address?

## どうしても
really[リー(ァ)リィ]，by all means[ミーンズ]
- きょうどうしても宿題を終えないといけない．
 I *really* have to finish my homework today.
- どうしても彼女に会わなければなりません．
 I must see her *by all means*.
- どうしても窓が開かない．
 The window *won't* open.
- 彼はどうしても中国へ行くと言った．
 He *insisted on* going to China.
- それはどうしても信じられない．
 I *just can't* believe it.
| どうしても…してしまう
can't help +⟨-ing形⟩
- この写真を見るとどうしても笑ってしまう．
 I *can't help* laugh*ing* at this photo.

## とうしゅ【投手】《野球》a pitcher[ピッチャァ]
- 勝利[敗戦]投手

 a winning [losing] *pitcher*
- 投手交代が行われた．
 The *pitcher* was changed [relieved].

## トウシューズ《バレエ》pointe shoes[プヮントシューズ]

## とうしょ【投書】a letter（to the editor）[レタァ] [(エダタァ)]
▬投書する write (a letter) to ...
- 私は新聞に投書した．
 I *wrote a letter to* the newspaper.
| 投書箱 a suggestion box
| 投書欄(ಜು) the readers' column

## とうじょう¹【登場する】（現れる）appear[アピァ]；（舞台(ぶた)に）come on (the stage)[ステイヂ]；（脚本(きゃく)のト書きで）enter[エンタァ]
- 新しいヒーローが登場した．
 A new hero *appeared*.
- ドラマの登場人物 a character in a drama

## とうじょう²【搭乗する】board[ボード]
| 搭乗券 a boarding pass

## どうじょう¹【同情】sympathy[スィンパスィ]
▬同情する feel sorry [sympathy] (for ...)
- みんなが彼女に同情した．
 Everybody *felt sorry for* her.

## どうじょう²【道場】a training hall[トゥレイニングホール]

## どうしようもない（望みがない）be hopeless[ホウプリス]
- 彼はどうしようもないよ．He *is hopeless*.
- ほかにどうしようもない．
 There is no other way.

## とうしんだい【等身大の】life-size(d)[ライフサイズ(ド)]

## どうすれば how[ハッ]
- どうすればそんなにさらさらの髪になるの？
 *How* can I get smooth hair like yours?
- 私はどうすればいいのですか．
 *What* should I do?(←何をすれば)

## どうせ anyway[エニウェイ]，after all[オール]
- 「ノートをなくしてがっかりだね」「どうせいらなかったよ」"Too bad you lost your notebook." "I didn't need it *anyway*."
- どうせやるなら今やりなさい．
 If you're going to do it (*anyway*), then do it now.
- どうせ君の勝ちだよ．You win *after all*.

## とうせん【当選する】be elected[イレクティド]；（くじなどに）win (a prize)[ウィン][(プライズ)]
- 高橋さんが生徒会長に当選した．
 Takahashi *was elected* student council president.
- 姉はハワイ旅行に当選した．

とうぜん

My sister *won* a trip to Hawaii.
当選者（選挙の）**a successful candidate**;（くじなどの）**a prize winner**
当選番号 **a winning [lucky] number**

# とうぜん【当然の】

**natural**[ナチャラル]

〈人〉が…するのは当然だ
It is natural for+〈人〉+to+〈動詞の原形〉/
It is natural that+〈人〉（+should）+〈動詞の原形〉

- 彼が怒（おこ）るのは当然だ. *It's natural for him to get angry.* / *It's natural that he should get angry.*
- 「あしたの部活には行くの？」「当然さ」
"Are you going to the club activity tomorrow?" "*Of course* (I am)."

# どうぞ

（ていねいな依頼（いらい））**please**[プリーズ];（返事）**certainly**[サートゥンリィ],《話》**sure**[シュア]

- どうぞおかけください. *Please* take your seat.
- こちらへどうぞ.（Come）this way, *please*.
- クッキーをどうぞ.
  *Please* have some cookies.
- どうぞお先に. *Please* go ahead. / *After you*.（▶「(私は)あなたの後から」の意）
- どうぞよろしくお願いします.（初めて会ったとき）Nice to meet you. /（頼みごとをして最後に）Thank you.（▶英語には決まり文句はない）

> 話してみよう！
> ☺ペンをお借りしてもいいですか.
> May I use your pen?
> ☻ええ, どうぞ.
> *Certainly.* / *Sure.* / *Go ahead.*
> ──────────
> ☺ちょっと消しゴムを貸してくれる？
> Please lend me your eraser.
> ☻（差し出して）はい, どうぞ.
> *Here you are.* / *Here you go.*

**とうそう¹**【逃走する】**escape**[イスケイプ], **run [get] away**[ランアウェイ]→にげる
**とうそう²**【闘争】**a fight**[ファイト]
**どうそう**【同窓である】
- ケンと私は同窓だ. Ken and I *went to the same school.*（◀同じ学校に通った）
同窓会（会合）**a school [class] reunion**
**どうぞう**【銅像】**a bronze statue**[ブランズ スタチュー]
**とうそつりょく**【統率力】**leadership**[リーダァシップ]

**とうだい**【灯台】**a lighthouse**[ライトゥハウス]
**どうたい**【胴体】（人・動物の）**the trunk**[トゥランク];（飛行機などの）**the body**[バディ]
胴体着陸 **a belly-landing**

# とうちゃく【到着】

**arrival**[アライヴァル]（⇔出発 departure）
─到着する **arrive**（**at** ..., **in** ...）, **reach**, **get to** ...→つく¹
- バスは定刻に到着した.
The bus *arrived* on schedule [time].
到着ゲート **an arrival gate**
到着時刻 **the arrival time**
到着ホーム **an arrival platform**
到着ロビー **an arrival lounge**

**とうてい**→とても❷
**…どうですか**（提案）**How about ...?**[ハゥ], **What about ...?**[(ホ)ワット]→どう¹❸
**どうてん**【同点】**a tie**[タィ]
─同点になる[する] **tie**
- ユウのゴールで同点になった.
Yu's goal *tied* the score.
同点ホームラン **a game-tying home run**
**とうとい**【尊い】（貴重な）**precious**[プレシャス];（高貴な）**noble**[ノウブル]
- 生命は尊い. Life is *precious*.
**とうとう at last**[ラスト], **finally**[ファイナリィ]→ついに
**どうどう**【堂々とした】**dignified**[ディグナファイド]
- 堂々とした態度で in a *dignified* manner
─堂々と **grandly**;（正々堂々と）**fair (and square)**
**どうとく**【道徳】**morals**[モーラルズ]
─道徳的な **moral**
道徳教育 **moral education**
道徳心 **a moral sense**
**とうなん¹**【東南】**the southeast**[サウスイースト]→なんとう
─東南の **southeast, southeastern**
東南アジア **Southeast Asia**
**とうなん²**【盗難】(a)**theft**[セフト];（強奪（ごうだつ））(a)**robbery**[ラバリィ]
- 彼は財布（さいふ）の盗難に遭（あ）った. He *had his wallet stolen.*（◀財布を盗（ぬす）まれた）
盗難事件 **a (case of) theft, a robbery**
盗難車 **a stolen car**;（自転車）**a stolen bicycle [bike]**
盗難品 **stolen property**
**どうにか somehow**[サムハゥ]→なんとか
**とうにゅう**【豆乳】**soy milk**[ソィ ミルク]
**どうにゅう**【導入する】**introduce**[イントゥラドゥー

**とうにょうびょう**【糖尿病】**diabetes**[ダイアビーティス]

**とうばん**【当番】(順番)**a turn**[ターン]
- きょう黒板を消す当番は私だ. It's my *turn* to erase the blackboard today.

**どうはん**【同伴する】**go**[**come**] **with** ...[ゴゥ], **accompany**[アカンパニィ]
- 未成年者は保護者同伴のこと. Minors must be *accompanied* by their parents.

**とうひょう**【投票】**voting**[ヴォウティング], **a vote**[ヴォウト]
- 投票で決めよう. Let's decide with a *vote*. / Let's *vote* on it.
- **─投票する a vote** (**for** ..., **against** ...)
- 私はその提案に賛成[反対]の投票をした. I *voted for* [*against*] the proposal.
- ▎投票所 **a polling station** [**place**]
- ▎投票箱 **a ballot box**
- ▎投票日 **an election day**
- ▎投票用紙 **a ballot**

**とうふ**【豆腐】**tofu**[トウフー], (**soy**)**bean curd**[(ソィ)ビーン カード]
- 豆腐1丁 **a block of** *tofu* (▶豆腐2丁は**two blocks of** *tofu*)

米国のスーパーで売られている豆腐

**とうぶ**【東部】**the eastern part**[イースタァン パート], **the east**[イースト]
- 千葉は日本の東部にある. Chiba is in *the eastern part* of Japan.
- **─東部の eastern**

**どうふう**【同封する】**enclose**[インクロウズ]
- 旅行のときの写真を数枚同封します. I am *enclosing* a few photos from the trip.

# どうぶつ【動物】
**an animal**[アナマル]
- 野生動物 wild *animals*
- 動物にえさを与(ぁた)えないでください. Please do not feed the *animals*.
- この動物をペットとして飼いたい. I want to keep this *animal* as a pet.

▎動物愛護 **animal protection**
▎動物愛護センター **an animal care center**
▎動物園 **a zoo**: 上野動物園(the) Ueno *Zoo*
▎動物病院 **an animal hospital**

**とうぶん**【当分】(しばらくの間)**for some time**[タイム], **for a while**[(ホ)ワイル]; (今のところ)**for the present**[プレズント]
- 当分雨は降らないだろう. It won't rain *for some time*.

**とうほく**¹【東北】**the northeast**[ノースイースト]→ほくとう

**とうほく**²【東北(地方)】**Tohoku**, **the Tohoku area** [**district**][エ(ァ)リア [ディストゥリクト]]

**どうみゃく**【動脈】**an artery**[アータリィ] (⇔静脈(じょうみゃく)) **a vein**)

**とうみん**【冬眠】**hibernation**[ハイバァネイション], **winter sleep**[ウィンタァ スリープ]
- **─冬眠する hibernate**[ハイバァネイト]

**とうめい**【透明な】**transparent**[トゥランスペァラント]; (澄(す)んだ)**clear**[クリァ]
- ▎透明な水 *clear* water
- ▎透明度 **transparency**

**どうめい**【同盟】(**an**) **alliance**[アライアンス]

**どうめいし**【動名詞】『文法』**a gerund**[チェランド]

# どうも
| | |
|---|---|
| ❶とても | **very**(**much**) |
| ❷どことなく, なんだか | (下記❷参照) |
| ❸軽い応答 | (お礼の言葉)**Thank you.**, **Thanks.**; (あいさつ)**Hi.** |

❶[とても]**very**(**much**)[ヴェリィ(マッチ)]
- どうもすみません. I'm *very* sorry.
- どうもありがとう. Thank you *very much*.

❷[どことなく, なんだか]
- どうもきょうはおなかの調子が悪い. My stomach *just* doesn't feel well today.

❸[軽い応答](お礼の言葉)**Thank you.**[サンキュー], **Thanks.**; (あいさつ)**Hi.**[ハィ]
- 手伝ってくれてどうも. *Thanks* for your help.

**どうもう**【どう猛な】**fierce**[フィアス]

**とうもろこし** ⓐ**corn**[コーン], ⓑ**maize**[メイズ]
- (皮つきの)とうもろこし1本 an ear of *corn* / a cob of *corn*
- とうもろこしの皮 a *corn* husk
- とうもろこしのひげ (*corn*) silk
- ▎とうもろこし畑 **a cornfield**

**どうやって how**[ハゥ]
- このいすはどうやって畳(たた)むの? *How* do you fold this chair?

**どうやら**【どうやら…だ】**seem**[スィーム], **look**

**とうよう**

like ...[ルック ライク], be likely; (なんとか) somehow[サムハウ]
- どうやらルリは試験に合格したらしい.
  It *seems that* Ruri passed the exam.
- どうやら雪になりそうだ.
  It *looks like* snow. / It's *likely* to snow.

**とうよう**【東洋】the East[イースト](⇔西洋 the West), the Orient[オーリアント]
➡東洋の Eastern[イースタァン], Oriental[オーリィエントゥル]
  ┃東洋史 Oriental history
  ┃東洋人（アジア人）an Asian

**どうよう**¹【童謡】a nursery rhyme[ナーサリィ ライム], a children's song[チルドゥランズ ソーング]

**どうよう**²【動揺する】get upset[アップセット]; (動揺している) be upset
- その知らせに動揺した.
  I *got upset* at the news.

**どうよう**³【同様の】the same (as ...)[セイム]
➡同様に like ..., as good as ...
- エミはお姉さん同様テニスがじょうずだ. Emi is a good tennis player *like* her sister.
- この自転車は新品同様だ.
  This bicycle is *as good as* new.

**どうり**【道理】reason[リーズン]
➡道理で…だ No wonder ...[ワンダァ]
- 「リエは試験に受かったんだ」「どうりであんなにうれしそうなんだ」"Rie passed the test." "*No wonder* she looks so happy."
➡道理にかなった reasonable
- あなたの言うことは道理にかなっている.
  What you say is *reasonable*.

**どうりつ**【道立の】Hokkaido prefectural[プリーフェクチャラル]
- 北海道立の高校
  a *Hokkaido prefectural* high school

**どうりょく**【動力】(motive) power[(モウティヴ) パウァ]

**とうるい**【盗塁】〖野球〗a steal[スティール]
➡盗塁する steal a base
- 彼は二塁へ盗塁した. He *stole* second.
  ┃盗塁王 the stolen base leader

# **どうろ**【道路】

a road[ロウド], a way[ウェイ]; (街路) a street[ストゥリート]➡みち❶
- 私たちは広い道路を渡(わた)った.
  We crossed the wide [big] *road*.
- この道路は交通量が多い. There is always a lot of traffic on this *road*.
- 幹線道路 a high*way*
  ┃道路工事（建設）road construction; (修理)

road repairs
  ┃道路地図 a road map
  ┃道路標識 a road sign

**とうろう**【灯ろう】Japanese traditional lantern[ヂャパニーズ トゥラディショヌル ランタァン]

**とうろく**【登録】(a) registration[レヂストゥレイション]
➡登録する register[レヂスタァ]

**とうろん**【討論】(a) discussion[ディスカッション], (a) debate[ディベイト]
➡討論する discuss, debate
- その問題について何時間も討論した. We *discussed* the problem for many hours.
  (▶ discuss about the problemは×)
  ┃討論会 a debate, a discussion

**どうわ**【童話】a children's story[チルドゥランズ ストーリィ]; (おとぎ話) a fairy tale[フェアリィ テイル]

**とえい**【都営の】(Tokyo) Metropolitan[(トウキョウ) メトゥラパリタン]
  ┃都営バス a metropolitan bus

**とお**【十(の)】ten[テン]➡じゅう¹

# **とおい**【遠い】

far[ファー](⇔近い near), distant[ディスタント], be a long way[ローング ウェイ]
- ここから駅まではかなり遠い.
  The station is pretty *far* from here. / It *is a long way* from here to the station.
- 遠い昔に in the *distant* past
- アヤは私の遠い親せきだ.
  Aya is a *distant* relative of mine.
- 祖母は耳が遠い.
  My grandmother is *hard of* hearing.

**とおか**【十日】(the) tenth[テンス]
- 10日目 *the tenth day*
- 10日間 for *ten days*

# **とおく**【遠く(に)】

far[ファー], far away[ファーラウェイ], in the distance[ディスタンス]
- あんまり遠くへ行っちゃ駄目(だめ)よ.
  Don't go too *far*.
- 遠くに大島が見える.
  You can see Oshima *in the distance*.
➡遠くの➡とおい

**とおざかる**【遠ざかる】go [move] away[ムーヴ アウェイ]

**とおざける**【遠ざける】keep ... away[キープ][アウェイ]
- ライターは小さな子どもから遠ざけておくべきだ. You should *keep* lighters *away* from small children.

**…どおし**【…通し】all through …[スルー]
- 私たちは夜通ししゃべった．
We talked *all through* the night.
- 名古屋まで立ち通しだった．
I had to stand *all the way to* Nagoya.

**…とおして**【…通して】→…つうじて

## とおす【通す】

| ❶通過させる | let … through, pass |
|---|---|
| ❷案内する | show |

❶[通過させる] let … through[レット][スルー], pass[パス]
- すみません，通してください．
Excuse me. *Let* me *through*, please.
- 針に糸を通した．
I *threaded* a needle.

❷[案内する] show[ショウ]
- マキは私を部屋に通してくれた．
Maki *showed* me into the room.

**トースター** a toaster[トウスタァ]
**トースト** toast[トウスト]
- トースト1枚
a slice of *toast* (▶トースト2枚はtwo slices of *toast*)
- **トーストする** toast

**トーテムポール** a totem pole[トウタム ポウル]
**トートバッグ** a tote bag[トウト バッグ]
**ドーナツ** a doughnut, ⊛ a donut[ドウナット]（★doughnutのghは発音しない）
**トーナメント** a tournament[トゥァナマント]
- 私たちのチームは決勝トーナメントに進んだ．
Our team advanced to the final *tournament*.

**ドーピング** doping[ドウピング]
▎ドーピングテスト a drug test, a dope test
**ドーベルマン**（犬）a Doberman[ドウバァマン]
**とおまわしの**【遠回しの】indirect[インダレクト]
- **遠回しに** indirectly
- 彼は遠回しにそれを説明した．
He explained it *indirectly*.

**とおまわり**【遠回り】a detour[ディートゥァ]
- 道に迷って遠回りした．
I got lost and made a *detour*.

**ドーム** a dome[ドウム]
- 東京ドーム the Tokyo *Dome*

## とおり【通り】

a street[ストゥリート], an avenue[アヴァヌー]（▶それぞれSt., Ave.と略す）, a road[ロウド]→どうろ, みち¹

- にぎやかな通り a busy *street*
- この通りをまっすぐ行って右へ曲がりなさい．
Go straight down this *street* and turn right.
- 通りで財布（さいふ）を拾った．
I found a wallet on the *street*.
- 郵便局は通りの向かい側にある．The post office is across the *street*.

**…とおり**[どおり] as …[アズ]
- 私の言うとおりにしなさい．
Do (just) *as* I tell you.
- 予想どおりにあのチームは強かった．*As* we had expected, that team was strong.
- 父はいつもどおり7時に帰宅した．
My father came home at seven *as* usual.
- 私たちは時間どおりに駅に着いた．
We arrived at the station just *on time*.
- そのとおりです．
You are *right*. / That's *right*.
- 思ったとおりだ．That's what I thought.

**とおりかかる**【通りかかる】pass by …[パス]
- 帰り道にマミの家の前を通りかかった．
I *passed by* Mami's house on my way home.

**とおりすぎる**【通り過ぎる】pass (by)[パス], go past …[パスト]
- うっかりして駅を通り過ぎてしまった．
I carelessly *went past* the station.

**とおりぬける**【通り抜ける】go through[スルー], pass through[パス]
- 改札口を通り抜けた．
I *went through* the ticket gate.

**とおりみち**【通り道】a way[ウェイ]；(通路) a passage[パスィッヂ]
- 学校への通り道に小さな公園がある．There is a small park on my *way* to school.

## とおる【通る】

| ❶通過する | pass, go；(運行する) run |
|---|---|
| ❷合格する | pass |

❶[通過する] pass[パス], go[ゴゥ]；(運行する) run[ラン]→とおりかかる, とおりすぎる

- この道は車がたくさん通る。
A lot of cars *pass* along this road.
- ここはバスが15分ごとに通っている。
Buses *run* every 15 minutes here.
- リカの声はよく通る。
Rika's voice *carries* very well.
  ―…を通って **through**[スルー]
- 商店街を通って帰った。I went back *through* the shopping arcade.
❷〔合格する〕**pass**
- その試験に通った。I *passed* the exam.

**トーン** a **tone**[トウン]

**…とか** **like** …[ライク], **such as** …[サッチ]
- ケーキとかクッキーとかの甘(ぁま)いものがほしい。I'd like something sweet *like* cake or cookies.

**とかい**【都会】**a city**[スィティ], **a town**[タウン]
- 東京は大都会だ。Tokyo is a big *city*.
- 都会の人たちはいつも忙(いそが)しそうだ。People in the *city* always seem busy.
- 彼は都会育ちだ。He grew up in the *city*.
  ―都会の **city**, **urban**[アーバン]
- 都会の生活 *city* [*urban*] life

**とかげ**〖動物〗**a lizard**[リザァド]

**とかす**¹【溶かす】〔水などに〕**dissolve**[ディゾルヴ];〔熱で〕**melt**[メルト]
- 塩を水に溶かして。
*Dissolve* salt in water.
- まずバターをなべに溶かします。
First *melt* the butter in a pan.

**とかす**²〔ブラシで〕**brush**[ブラッシュ];〔くしで〕**comb**[コウム](★このbは発音しない)
- 今髪(かみ)をとかしている。
I'm *brushing* [*combing*] my hair now.

**どかす** **get** … **out of the** […'**s**] **way**[アウト オヴェ]→ **どける**

**とがった** **pointed**[ポインティド], **sharp**[シャープ]
- とがった鉛筆(えんぴつ) a *sharp* pencil(►「シャープペンシル」はa mechanical pencil)

**ドカン**(ドカンという音)**a bang**[バング]
- ドカンという音にびっくりした。
I was surprised to hear a *bang*.

**とき**¹【時】

〔時間〕**time**[タイム]
- キャンプで楽しい時を過ごした。
I had a good *time* at the camp.
- 時がたつにつれ私たちは親しくなった。
We became close as *time* passed.
- その時あなたは何をしていましたか。What were you doing at that *time*? / What were you doing then?

〖慣用表現〗
時は金なり。Time is money.

**とき**²〖鳥〗**an ibis**[アイビス], **a Japanese crested ibis**[ヂャパニーズ クレスティド]

## …とき

**when** …[(ホ)ウェン], **as** …[アズ];(…の間)**while** …[(ホ)ワイル]
- 私は11歳(さい)のとき初めて外国に行った。I went abroad for the first time *when* I was eleven.
- それを聞いたときとてもうれしかった。
*When* I heard that, I was very happy.
- 帰ってくるとき子犬を見つけた。
I found a puppy *as* I was coming home.
- 寝ているときに雨が降り出した。
It began to rain *while* I was sleeping.

**どき**【土器】**an earthenware vessel**[アーサンウェア ヴェスル], (まとめて)**earthenware**

**どきっと**【どきっとする】**be startled**[スタートゥルド]
- 突然(とつぜん)名前を呼ばれてどきっとした。
I *was startled* when my name was called suddenly.

## ときどき【時々】

**sometimes**[サムタイムズ](►ふつう一般動詞の前, be動詞・助動詞の後に置く), **now and then**[ナウ ゼン]
- 父は時々夕食を作る。
My father *sometimes* cooks dinner.
- 彼は時々学校に遅刻(ちこく)する。
He is *sometimes* late for school.

**どきどき**【どきどきする】(心臓が)**beat fast**[ビート ファスト], **flutter**[フラッタァ]
- スピーチをする前はいつもどきどきする。
My heart always *beats fast* before I make a speech.

**ときふせる**【説き伏せる】**persuade**[パァスウェイド] → **せっとく**

**ときめく**(胸が)**beat fast**[ビート ファスト]→ **どきどき**

**ドキュメンタリー** a **documentary**[ダキュメンタリィ]

| ドキュメンタリー番組 a documentary program

**どきょう**【度胸】(勇気)**courage**[カーリッヂ], 《話》**guts**[ガッツ]
  ―度胸のある **bold**, **courageous**[カレイヂャス]
- うちのキャプテンは度胸があるよ。
Our captain is *courageous*.

**ときょうそう**【徒競走】**a footrace**[フットレイス]

**とぎれる**
- インターネットの接続がとぎれた. The Internet (connection) has *been cut off*.
- 会話がとぎれた.
There was a *break* in the conversation .

**とく¹**【解く】(問題を)**solve**[サルヴ], **answer**[アンサァ];(ほどく)**undo**[アンドゥー]→ほどく
- 数人の生徒しかその問題を解けなかった.
Only a few students could *solve* the problem.
- この結び目, 解ける?
Can you *undo* [*untie*] this knot?

**とく²**【溶く】**beat**[ビート], **mix**[ミックス]
- 卵を溶いてちょうだい. *Beat* an egg.
▎とき卵 a *beaten* egg

**とく³**【得】(利益)(a) **profit**[プラフィット](⇔損(a) loss)
━**得な profitable**;(経済的な)**economical**
- 得な買い物 a good *bargain* [*deal*]
━**得する make a profit, gain**[ゲイン]
- 最後には得をした.
I *gained* something in the end.

**とぐ**【研ぐ】**sharpen**[シャーパン];(米を)**wash**[ワッシュ]

**どく¹**【毒】(a) **poison**[ポイズン];(蛇・くもなどの)**venom**[ヴェナム]
- ゲームのしすぎは目に毒だ.
Playing video games for too long is *bad* for your eyes.
━**毒のある poisonous**[ポイザナス]
- このきのこには毒がある.
This mushroom is *poisonous*.
▎毒ガス **poison gas**
▎毒蛇 a *poisonous snake*

**どく²** **get out of the [...'s] way**[アウト][ウェイ];(わきへ)**step aside**[ステップ アサイド]
- どいて! *Get out of my way*!
- 私はわきへどいた. I *stepped aside*.

## とくい【得意な】

❶ じょうずな　　　　　**good, strong**
❷ 自慢の　　　　　　　**proud**

❶[じょうずな]**good**[グッド](⇔不得意な **bad** [**not good**](at ...)), **strong**[ストゥローング]
━**…が得意だ**
**be good at**＋〈-ing形または名詞〉
- リオは料理が得意だ. Rio *is good at* cook*ing*. / Rio is a good cook.
- カレーは得意料理の1つです.
*I'm good at* mak*ing* curry.
- 姉はスポーツはなんでも得意だ.

My sister *is good at* every sport.
- 私の得意科目は音楽です.
My *strong* subject is music.
❷[自慢の]**proud**[プラウド]
- 彼は得意そうな顔をした. He looked *proud*.
━**得意そうに proudly**

**とくぎ**【特技】**one's talent**[タラント]; **a special skill**[スペシャル スキル]
- 彼女の特技は人の物まねです.
Impersonation is one of her *talents*. / She's really *good at* impersonation.

**どくさいしゃ**【独裁者】**a dictator**[ディクテイタァ]

**とくさんぶつ**【特産物】**a specialty**[スペシャルティ], **a special product**[スペシャル プラダクト]

**どくじ**【独自の】(独創的な)**original**[アリヂャヌル];(自分自身の)**one's own**[オウン]
- 彼はそれを独自のやり方で発見した.
He discovered it in *his own* way.

**とくしつ**【特質】**a characteristic**[キャリクタリスティック]

**どくしゃ**【読者】**a reader**[リーダァ]
▎読者欄 a *readers' column*

**とくしゅ**【特殊な】**special**[スペシャル]
- 彼女には特殊な才能がある.
She has a *special* talent.
▎特殊効果(映画などの)**special effects**(▶SFXと略す)
▎特殊メイク **special effects makeup**

**とくしゅう**【特集】(記事)**a feature**(**article**)[フィーチャア(アーティクル)]
- 今月号はジブリ映画の特集が載っているって. I heard the magazine has a *feature on* Ghibli animations this month.
━**特集する feature**
▎特集号 **a special issue**

## どくしょ【読書】

**reading**[リーディング]
━**読書(を)する read**
- 時間があるときに読書するのが好きです.
I like *reading* books in my free time.
▎読書家 a (*great*) *reader*
▎読書感想文 **a book report**
▎読書室 **a reading room**
▎読書週間 **Book Week**

**どくしょう**【独唱】**a (vocal) solo**[(ヴォウカル) ソウロウ]
━**独唱する sing a solo**
▎独唱会 **a recital**

**とくしょく**【特色】**a characteristic**[キャリクタリスティック]→とくちょう¹

**どくしん**【独身の】**single**[スィングル], **unmarried**

### とくせい

[アンマリィド]
- リツは独身だ. Ritsu is *single*.
┃独身生活 **single life**

**とくせい**【特製の】**specially made**[スペシャリィ]
- わが家特製のカレーライスを食べてみて.
Try our *specially made* curry and rice.

**どくせん**【独占する】**monopolize**[マナパライズ], **have all ... to** *oneself*
- うちのテレビは祖父がいつも独占している.
Grandpa always *monopolizes* the TV.
- 独占インタビュー an *exclusive* interview

**どくそう**¹【独創的な】**original**[アリヂャヌル]

**どくそう**²【独奏】**a solo**[ソウロゥ]
━独奏する **play a solo**
┃独奏会 **a recital**

**ドクター a doctor**[ダクタァ]
ドクターストップ **a doctor's order**: ドクターストップのため試合に参加できない. I can't take part in the match on *doctor's orders*. (▶「ドクターストップ」は和製英語)

**とくだい**【特大】**king-size**[キングサイズ], **supersize**[スーパァサイズ]
━特大の **extra large**
- 私たちは特大のピザを注文した. We ordered a *supersize* pizza. / We ordered an *extra large* pizza.

**とくだね**【特種】**a scoop**[スクープ]

**とぐち**【戸口】**a doorway**[ドアウェイ]
- 戸口に in the *doorway* / at the door

**とくちょう**¹【特徴】**a characteristic**[キャリクタリスティック], **a feature**[フィーチャァ]
- 白黒のしま模様がしまうまの特徴だ.
Black and white stripes are a *characteristic* of the zebra.
━特徴のある **characteristic, distinctive**
- 彼女の声は特徴がある.
She has a *distinctive* voice.

**とくちょう**²【特長】→ちょうしょ

**とくてい**【特定の】**specific**[スピスィフィック]

### とくてん¹【得点】

**a point**[ポイント]; (野球の)**a run**[ラン]; (サッカーなどの)**a goal**[ゴウル]; (試験の)**a mark**[マーク]; (総得点)**the score**[スコァ]→てん¹❶❷
━得点する **score**
- 5得点した. I *scored* 5 points.
得点王 **the top scorer**
得点掲示(じ)板 **a scoreboard**

**とくてん**²【特典】**a privilege**[プリヴィリッヂ]

**どくとく**【独特の】(ほかに類のない)**unique**[ユーニーク]; (特徴(ちょう)的な)**characteristic**[キャリクタリスティック], **distinctive**[ディスティンクティヴ]

- その習慣はこの地方独特のものだ.
The custom is *unique* to this district.
- 味噌(そ)には独特のにおいがある.
Miso has a *distinctive* smell.

### とくに【特に】

**especially**[イスペシャリィ], **particularly**[パァティキュラァリィ], **in particular**; (用途(と)に合わせて)**specially**[スペシャリィ]
- 特に留学生のために和食を作りました.
I made Japanese food *particularly* for the foreign students.
- 私は果物, 特にいちごが好きだ.
I like fruit, *particularly* strawberries.
- あしたは特にすることがない. I don't have anything *in particular* to do tomorrow.

**とくばい**【特売】**a sale**[セイル]→バーゲン(セール)
┃特売品 **a bargain**

**とくはいん**【特派員】**a (special) correspondent**[(スペシャル) コーラスパンダント]
- NHKのニューヨーク特派員
a NHK's New York *correspondent*

### とくべつ【特別の】

**special**[スペシャル], **particular**[パァティキュラァ]
- きょうは特別な日だ. Today is a *special* day.
━特別に **specially, especially, particularly**→とくに
特別活動(学校の)**extracurricular activities**
特別支援(えん)学校 **a special needs education school**
特別賞 **a special prize**
特別番組 **a special program**
特別料金(割増しの)**an extra charge**; (割引きの)**a specially reduced charge**

**とくめい**【匿名の】**anonymous**[アナナマス]
- 匿名の手紙 an *anonymous* letter
━匿名で **anonymously**

**どくやく**【毒薬】(a) **poison**[ポイズン]

**とくゆう**【特有の】**characteristic**[キャリクタリスティック], **peculiar**[ピキューリャァ], *one's* **own**[オウン]
- この地域は特有のダンスがある.
This region has a dance all of *its own*.
- 花粉症特有の症状(じょう)
a *characteristic* symptom of hay fever

**どくりつ**【独立】**independence**[インディペンダンス]
━独立した **independent**
- 兄はすでに親から独立している. My older brother is already *independent* of our parents.
━独立する **become independent**

- 1783年にアメリカはイギリスから独立した．
America *became independent* from Britain in 1783. (▶独立宣言は1776年)
| **独立国** an independent country

**どくりょく**【独力で】**by [for]** *oneself*[バイ[フォァ]], **on** *one's* **own**[オウン]
- 私は独力でその問題を解いた．I solved the problem *by myself*. / I solved the problem *on my own*.

**とげ**（ばらなどの）**a thorn**[ソーン]；（木などの）**a splinter**[スプリンタァ]；（サボテンなどの）**spine**[スパイン]；（動植物の）**prickle**[プリクル]

thorn　　　　　　splinter

spine

- 指にとげが刺(さ)さった．抜(ぬ)かないと．
I got a *splinter* [*thorn*] in my finger. I must draw it out.
| **とげ抜き**（a pair of）**tweezers**

## とけい【時計】

（腕(うで)時計）**a watch**[ワッチ]；（置き時計，掛(か)け時計）**a clock**[クラック]

目覚まし時計
alarm clock

置き時計
table clock

デジタル時計
digital clock

掛け時計
wall clock

腕時計
watch

①文字盤(ばん) face　　②時針，短針 hour hand
③分針，長針 minute hand　　④秒針 second hand

- 私の時計では3時15分だ．
It's three fifteen by my *watch*.
- この時計は合ってる？
Does this *watch* keep good time?
- あの時計は10分進んでいる［遅(おく)れている］．
That *clock* is ten minutes fast [slow].
- 彼女は目覚まし時計を7時にセットした．
She set the alarm *clock* for seven.
- デジタル時計 a digital *watch* [*clock*]
- クオーツ時計 a quartz *watch* [*clock*]
- 砂時計 an hourglass
- 時計の針 a *clock* hand
| **時計台** a clock tower
| **時計回りに** clockwise: 時計回りに回った．I turned clockwise.
| **時計店** a watch shop
| **時計職人** a watchmaker

**とけこむ**【溶け込む】**fit in**[フィット]
- 転校生は学校に溶けこむのに時間がかかった．
It took a long time for the new student to *fit in* the school.

**とける¹**【溶ける】（熱で）**melt**[メルト]；（水などに）**dissolve**[ディザルヴ]
- アイスクリームが溶けちゃった．
My ice cream has *melted*.
- 砂糖が完全に溶けていない．
The sugar hasn't *dissolved* completely.

**とける²**【解ける】（解決する）**be solved**[サルヴド]；（ほどける）**come untied** [**undone**][アンタイド[アンダン]]
- 謎(なぞ)が解けた．The mystery *was solved*.

**とげる**【遂げる】（やり遂げる）**achieve**[アチーヴ]
- 中国はめざましい発展を遂げた．China has *achieved* remarkable progress.

**どける get ... out of the way**[アウト][ウェイ], **move**[ムーヴ]
- その箱をどけてくれない？
Will you *get* that box *out of the way*?

**とこ**【床】**a bed**[ベッド]

## どこ

**where**[(ホ)ウェァ]
- 市役所はどこですか．
*Where* is the city hall?
- ここはどこですか．*Where* am I?（▶同行者がいるときはWhere are we? と言う）
- 東京のどこの出身ですか．
*Where* in Tokyo are you from? / *What part* of Tokyo are you from?
- そのシャツ，どこ［どこの店］で買ったの？
*Where* [*At which* store] did you buy that shirt?

## どこか

- どこへ行ったらいいのかわからない. I don't know *where* to go.
- 京都でおすすめの場所はどこですか. *Where* do you recommend to go in Kyoto?
- どこの塾へ行っているの？ *What* cram school are you going to?
- そのジョークのどこがおもしろいのかわからない. I don't know *what* is funny about that joke.

## どこか
**somewhere**[サム(ホ)ウェア], **anywhere**[エニ(ホ)ウェア] (▶後者は疑問文やifの文で用いる)
- それは自分の部屋のどこかにあるに違(㌍)いない. It must be *somewhere* in my room.
- はずかしくてどこかに隠(㌍)れてしまいたかった. I was embarrassed and wanted to hide *somewhere*.
- この夏はどこかへ行く予定ですか. Are you going *anywhere* this summer?
- どこかでうちの犬を見かけたら知らせてください. Please let us know if you find our dog *anywhere*.

**どこにでも anywhere**[エニ(ホ)ウェア], **everywhere**[エヴリィ(ホ)ウェア]
- この店はどこにでもあるね. We can find this shop *everywhere*.

**どこにも…ない not … anywhere**[エニ(ホ)ウェア], **nowhere**[ノウ(ホ)ウェア]
- コンビニがどこにもない. We can*not* find a convenience store *anywhere*.
- (今年は)夏休みにどこにも行かなかった. I didn*'t* go *anywhere* during the summer vacation (this year).

**とこのま**【床の間】**tokonoma**→住生活【口絵】
- 床の間は和室にある美術品を飾(㌍)るための奥(㌍)まった所です. A *tokonoma* is an alcove for artworks in a tatami room.

**どこまで how far**[ファー]
- 数学の授業はどこまで進んだ？ *How far* did we get in math?

**どこまでも**(最後まで)**to the end**[エンド]; (世界の果てまでも)**to the ends of the earth**[アース]; (果てしなく)**endlessly**[エンドゥリスリィ]
- 佐藤コーチ, どこまでもついて行きます！ Mr. Sato, we'll follow you *to the ends of the earth*!

**とこや**【床屋】(理髪(㌍)店) **a barbershop**[バーバシャップ]; (理髪師) **a barber**[バーバァ]

## ところ【所】

(場所) **a place**[プレイス], **a spot**[スパット]→ばしょ
- ハワイはとてもよい所だった. Hawaii was a great *place* to go.
- ここが彼の生まれた所だ. This is the *place* where he was born.
- あきらめないのが君のよいところだ. You never give up. That's your good *point*.

**ところが but**[バット]→しかし

**…どころか far from …**[ファー]
- やせるどころか太っちゃった. *Far from* losing weight, I have gained weight.
- その年老いた犬は走るどころか歩くこともできない. The old dog can't walk, *much less* run.

## …ところだ

❶ …しているところだ
　　　　　　**be**＋〈-ing形〉
❷ …するところだ
　　　　　　**be going to**＋〈動詞の原形〉,
　　　　　　**be about to**＋〈動詞の原形〉
❸ …したところだ
　　　　　　**have**＋〈過去分詞〉
❹ もう少しで…するところだった
　　　　　　**almost …, nearly …**

❶ […しているところだ]**be**＋〈-ing形〉
- 今宿題をしているところです. I*'m* do*ing* my homework now.
- カズはその時昼食を食べているところだった. Kazu *was* hav*ing* lunch then.

❷ […するところだ]**be going to**＋〈動詞の原形〉[ゴウイング], **be about to**＋〈動詞の原形〉[アバウト]
- 買い物に行くところです. I *am going* (*to* go) shopping.
- マコトは出かけるところだった. Makoto *was about to* go out.

❸ […したところだ]**have**[ハヴ]＋〈過去分詞〉
- ちょうどその本を読み終えたところだ. I *have* just finished reading the book.

❹ [もう少しで…するところだった]**almost …**[オールモウスト], **nearly …**[ニアリィ]
- もう少しでバスに乗り遅(㌍)れるところだった. I *nearly* missed the bus.

**ところで**(それはそうと)**by the way**[ウェイ]
- ところでＵＦＯを信じる？ *By the way*, do you believe in UFOs?

**ところどころ here and there**[ヒア][ゼア]
- ところどころに雪が積もっていた. Snow covered the ground *here and there*.

**ドサッ**(ドサッという音) **a thud**[サッド] (▶ふつう複数形では用いない)

- 何かがドサッと落ちてきた．
  Something fell with a *thud*.

**とざん**【登山】**mountain climbing**[マウンテン クライミング]
- 富士登山 *climbing* Mt. Fuji
- ━登山する **climb**［**go up**］**a mountain**
- 姉は登山が好きです．
  My sister enjoys *climbing mountains*.
  登山家 a mountaineer, an alpinist
  登山靴 (a pair of) mountain-climbing boots
  登山者 a mountain climber
  登山隊 a mountaineering party

## とし¹【年】

| ❶時の単位 | a year |
| ❷年齢 | an age, a year |

❶[時の単位]**a year**[イア]
- 年の初め［暮れ］に
  at the beginning [end] of the *year*
- よいお年を．Happy New *Year*!
- 「何年生まれですか」「ひつじ年です」
  "What *year* of the Chinese zodiac were you born in?"
  "The *year* of the sheep."
- 年がたつにつれてその事件のことは忘れられた．As the *years* passed [went by], the case was forgotten.

❷[年齢]**an age**[エイヂ], **a year**
- ユキと私は同い年だ．
  Yuki and I are the same *age*.
- ユカは年のわりには大人っぽく見える．
  Yuka looks mature for her *age*.

> 😊お兄さんの年はいくつですか？
> How *old* is your brother?
> 😀19歳です．
> He is nineteen (*years old*).

━年を取った **old**(⇔若い young)
━年を取る **get**［**grow**］**old**
年越しそば soba noodles eaten on New Year's Eve

**とし²**【都市】**a city**[スィティ], **a town**[タウン]→とかい
- 工業都市 an industrial *city*
- 商業都市 a commercial *city*
- 大阪は西日本の主要都市だ．
  Osaka is a major *city* in Western Japan.
  都市銀行 a city bank
  都市計画 city planning

**どじ**（ばかな間違い）**a stupid mistake**[ストゥーピッド ミステイク]
- またどじを踏んでしまった！
  I've made a *stupid mistake* again!
- ━どじな（まぬけな）**stupid**

**としうえ**【年上の】**older**[オウルダァ], **senior**[スィーニァ]
- ケンはぼくより3歳年上です．
  Ken is three years *older* than I [me]. / Ken is my *senior* by three years.
- 「エリとアキはどちらが年上ですか」「アキです」
  "Who is *older*, Eri or Aki?" "Aki is."
- 3人の中では私がいちばん年上です．
  I am *the oldest* of the three. (▶3人以上のときはthe oldestとする)

**とじこめる**【閉じ込める】**shut up**[シャット]；（かぎをかけて）**lock up**[ラック]
- 狭い部屋に閉じこめられた．
  I was *locked up* in a small room.

**とじこもる**【閉じこもる】**shut** *oneself* **up**[シャット]
- 彼はいつも部屋に閉じこもっている．
  He always *shuts himself up* in his room.

**としごろ**【年ごろ】（およその年齢）**age**[エイヂ]
- ケンは私と同じくらいの年ごろだ．
  Ken is about my *age*.

**としした**【年下の】**younger**[ヤンガァ], **junior**[ヂューニァ]
- 彼はエミより4歳年下だ．
  He is four years *younger* than Emi.
- マリとリクとではどちらが年下なの？
  Who is *younger*, Mari or Riku?
- 私は4人の中でいちばん年下だ．
  I am *the youngest* of the four. (▶3人以上のときはthe youngestとする)

**…として as …**[アズ]
- 私は学校代表としてスピーチをします．
  I'll make a speech *as* a representative of our school.

**…としては for …**[フォア]→…ては❷❸
**…としても**→…でも❷

**どしどし**（自由に…する）**feel free to+**〈動詞の原形〉[フィール フリー]
- どしどし質問してください．
  *Feel free to* ask questions.

**とじまり**【戸締まりをする】**lock (up)**[ラック]
- 戸締まりをした？
  Have you *locked* the doors?

**どしゃぶり**【土砂降り】**heavy rain**[ヘヴィ レイン]
- きょうは土砂降りだった．
  We had *heavy rain* today.

**としょ**【図書】**books**[ブックス]

- 参考図書 a reference *book*
- 推薦(5%)図書 a recommended *book*
- 図書カード a book coupon
- 図書室 a library, a reading room

**どじょう**〖魚〗a loach[ロウチ]

**としょかん**【図書館】a library[ライブレィリィ]
- 図書館から本を2冊借りた.
  I borrowed two books from the *library*.
- 図書館員 a librarian

**としより**【年寄り】an old [elderly] person[オウルド [エルダァリィ] パースン], (全体) old [elderly] people[ピープル], the old, the elderly; (高齢者) senior citizens[スィーニャァ スィティズンズ]
- 彼はお年寄りに親切だ.
  He is kind to *the elderly [old people]*.

## とじる¹【閉じる】

close[クロウズ], shut[シャット](⇔開く open)
- 私は目を閉じた. I *closed* my eyes.
- 教科書を閉じなさい. *Close* your textbooks.

**とじる²**(1つにつづる) file[ファイル]
- 私はテストの答案をバインダーにとじている.
  I *file* my test papers in a binder.

**としん**【都心】the center [central part] of the city[センタァ[セントゥラル パート]][スィティ]; (商業地域) downtown[ダウンタウン]

**ドシン**(ドシンという音) a thud[サッド](▶ふつう複数形では用いない)
- ドシンという音がした. I heard a *thud*.

**トス**(軽く投げること) a toss[トース]
— トスする toss

**どせい**【土星】〖天文〗Saturn[サタァン]

**とそう**【塗装する】paint[ペイント]

**どそく**【土足】with *one's* shoes on[シューズ]
- 土足厳禁〖掲示〗TAKE *YOUR SHOES* OFF

**どだい**【土台】(建物などの) a foundation[ファウンデイション], a base[ベイス]

**ドタキャン**【ドタキャンする】cancel ... at the last moment[キャンサル][ラスト モウメント]
- 私は約束をドタキャンしてしまった.
  I *canceled* (the appointment) *at the last moment*.

**とだな**【戸棚】(食器用の) a cupboard[カバァド](★発音注意)

**どたばた**【どたばたする】(走り回る) run about noisily[ラン アバウト ノイズィリィ]; (騒ぎ立てる) make a fuss[ファス]

**とたん**【…した途端(に)】as soon as ...[スーン], just as ...[チャスト]
- 彼はベッドに入ったとたんに眠(3)ってしまった. He fell asleep *as soon as* he got into the bed.

**どたんば**【土壇場で】at the last moment [minute][ラスト モウメント [ミニット]]
- 彼は土壇場でゴールを決めた.
  He scored a goal *at the last minute*.

**トタンやね**【トタン屋根】a tin roof[ティン ルーフ]
(▶「トタン」はポルトガル語から)

**とち**【土地】land[ランド]; (地面) ground[グラウンド]; (土) soil[ソイル]
- 広大な土地 a large piece of *land*
- 東京は土地の値段が非常に高い.
  *Land* in Tokyo is very expensive.

## とちゅう【途中で】

on the [*one's*] way[ウェイ]; (物事の) halfway[ハーフウェイ]
- 駅に行く途中でアオイに会った.
  I met Aoi *on my way* to the station.
- 家に帰る途中で財布(%)をなくした.
  I lost my wallet *on my way* home.
- 途中で何か買おう.
  Let's get something *on the way*.
- 途中であきらめるな.
  Don't give up *halfway*.
- お話の途中ですみません.
  Excuse me for interrupting you.
- 途中下車する stop over: 私は奈良(%)で途中下車した. I *stopped over* in Nara.

## どちら

| ❶ どれ | which |
| ❷ どこ | where |
| ❸ だれ | who |

❶[どれ] which[(ホ)ウィッチ]
- どちら(のチーム)が勝ったの.
  *Which* (team) has won?
- どちらの自転車があなたのですか.
  *Which* bicycle is yours?
- ミントとバニラではどちらの味が好きですか.
  *Which* flavor do you like better, mint or vanilla?
- どちらがいいか決められない.
  I can't decide *which* is better.
- 私はどちらでもいい.
  *Either* will do. / *Both* are fine with me.

❷[どこ] where[(ホ)ウェア]
- どちらへ行かれるのですか.
  *Where* are you going?
- ご自宅の住所はどちらですか. *What* is your home address?(▶ Where is ...? は×)

❸[だれ] who[フー]
- どちら様ですか.

…とって

（電話で）*Who*'s calling, please? /（面と向かって）May I have your name, please? /（ノックに答えて）*Who* is it, please?

# どちらか

either[イーザァ]；（…か～のどちらか）either ... or ～

- ケンか私のどちらかがお皿を洗わなければならない．*Either* Ken *or* I have to wash the dishes.（▶either A or Bが主語になる場合,動詞の形はBに合わせる）

**―どちらかといえば** if anything；（むしろ…したい）would rather＋〈動詞の原形〉

- どちらかといえば犬より猫(❤ː)を飼いたい．
I'd *rather* have a cat than a dog.

# どちらも → りょうほう

| ❶肯定文で | both；（…も～もどちらも）both ... and ～ |
| --- | --- |
| ❷否定文で | neither, not ... either；（…も～もどちらもない）neither ... nor ～ |

❶ [肯定文で] both[ボウス]；（…も～もどちらも）both ... and ～

- 私の両親はどちらも教師だ．
*Both*（of）my parents are teachers.
- トモとマキはどちらも髪(ﾞ)が長い．
*Both* Tomo *and* Maki have long hair.
- どちらもいいと思う．I like *both*（of them）.

❷ [否定文で] neither[ニーザァ], not ... either[イーザァ]；（…も～もどちらもない）neither ... nor ～[ノァ]

- 漫画(☆)はどちらもおもしろくなかった．
*Neither* comic was interesting.
（▶neither（…）が主語になる場合,動詞の形は原則として単数形に合わせる）
- その映画のどちらも見たことがない．
I haven't seen *either* of the movies.
- エミも私のどちらも練習に行かない．
*Neither* Emi *nor* I go to practice.
（▶neither A nor Bが主語になる場合,動詞の形はBに合わせる）

**とっか**【特価で】on sale[セイル]

- 私はこれを特価で買った．I got this *on sale*.

**とっかつ**【特活】extracurricular activities[エクストゥラカリキュラァ アクティヴィティズ]

**とっきゅう**【特急】a limited［special］express[リミティド［スペシャル］イクスプレス]；（超(ﾞ)特急）a super-express[スーパァイクスプレス]

**とっきょ**【特許】a patent[パトゥント]

**どっきり**【どっきりする】→ どきっと

どっきりカメラ（番組）a candid camera show / a prank show

**ドッキング**【ドッキングする】dock[ダック]

**ドック**（船の整備施設(ｾﾂ)）a dock[ダック]

**ドッグショー** a dog show[ドーグ ショウ]

**とっくに** long ago[ローング アゴゥ], already[オールレディ]

- その漫画(☆)はとっくに読んでしまった．
I read that comic book *long ago*.

**ドッグフード** dog food[ドーグ フード]

**ドッグラン** dog run[ドーグ ラン]

**とっくん**【特訓】（スポーツの）intensive training[インテンスィヴ トゥレイニング]；（教科などの）intensive lessons[レスンズ]

- 毎日曜日にテニスの特訓を受けている．I do *intensive training* in tennis on Sundays.

**とっけん**【特権】a privilege[プリヴァリッヂ]

**とっさに** in an instant[インスタント]

**ドッジボール** dodgeball[ダッヂボール]

- ドッジボールをしよう．
Let's play *dodgeball*.

**どっしり**【どっしりした】（大きくて重い）massive[マッスィヴ]；（態度などが堂々とした）dignified[ディグナファイド]

**とっしん**【突進する】rush[ラッシュ], dash[ダッシュ]

- みな入り口に突進した．
Everyone *rushed* to the entrance.

**とつぜん**【突然】suddenly[サドゥンリィ]

- 彼女は突然泣き出した．
*Suddenly* she began to cry.

**―突然の** sudden；（予期しない）unexpected

- 突然すぎてびっくりした．
It was too *sudden* and surprised me.

**どっち** → どちら❶

**どっちみち**（いずれにせよ）anyway[エニウェイ]；（結局は）after all[オール]

- どっちみち同じだよ．*Anyway*, it's the same.

**とって**【取っ手】a handle[ハンドゥル]；（丸いもの）a knob[ナップ]（★このkは発音しない）

handle — knob
handle — knob

**…とって**【…（に）とって】for ...[フォァ], to ...[トゥー]

- 私にとって徹夜は大変だ．
It's hard *for* me to stay up all night.

## とっておく

- テストの結果は私にとって不本意なものだった．
 The test result was disappointing *for* me.
- この写真は私にとって大切なものだ．
 This photo is important *to* me.

## とっておく【取って置く】
keep [キープ]；（使わないで）set [put] aside [アサイド]，save [セイヴ]
- 彼は好きなものは最後に取って置く．
 He *saves* the things he likes until last.
- 先に行って席を取って置くよ．
 I'll go ahead and *get* a seat for you.

**とってかわる**【取って代わる】replace [リプレイス]，take the place of ... [プレイス]
- 明治政府が江戸幕府に取って代わった．
 The Meiji government *replaced* the Edo government.

**とってくる**【取って来る】go and get [ゴゥ][ゲット]，fetch [フェッチ]
- 教科書を取って来なきゃ．
 I have to *go and get* the textbook.
- （犬に向かって）取って来い．*Fetch*!

**どっと**
- 彼のジョークにみなどっと笑った．
 We *burst out* laugh*ing* at his joke.

**ドット**（点）a dot [ダット]

**とっぱ**【突破する】break through ... [ブレイク スルー]；（試験を）pass [パス]
- 私たちのチームは1回戦を突破した．Our team *broke* [*got*] *through* the first round.

**トッピング**（料理の）（a）topping [タッピング]
**トップ** the top [タップ], the first [ファースト]
- ユカはいつもクラスのトップだ．
 Yuka is always at *the top* of her class.
| トップバッター〖野球〗the leadoff man [batter]
| トップモデル a top model

**どて**【土手】a riverbank [リヴァバンク]

## とても

❶非常に　　　　very, so,（very）much
❷とうてい…ない　hardly, not possibly

❶[非常に] very [ヴェリィ], so [ソゥ], (very) much [マッチ] → ひじょうに くらべて!
- ケンはとても背が高い．Ken is *very* tall.
- お会いできてとてもうれしいです．
 I'm *very* [*so*] glad to meet you.
- 夏休みはとても楽しかった．I enjoyed the summer vacation *very much*.

❷[とうてい…ない] hardly [ハードゥリィ], not possibly [パサブリィ]
- とても信じられない．I can *hardly* believe it.
- とてもそんなことできない．
 I can't *possibly* do such a thing.

**とても…なので～** so ... that ～[ソゥ] → あまりに
- そのアトラクションはとても楽しかったのでまた乗りたい．The ride was *so* exciting *that* I want to ride it again.

**とどうふけん**【都道府県】prefecture(s) [プリーフェクチャァ]
- 47都道府県 47 prefectures

## とどく【届く】

❶到着(ちゃく)する　arrive, be delivered；
　　　　　　　　　（手に入る）get, receive
❷手などが　　　　reach

❶[到着する] arrive [アライヴ], be delivered [ディリヴァド]；（手に入る）get [ゲット], receive [リスィーヴ]
- その荷物は宅配便で届く．
 The parcel will *arrive* by delivery service.
- ユキの手紙はきのう届いた．
 I *received* a letter from Yuki yesterday.

❷[手などが] reach [リーチ]
- 棚(たな)の上の本に届きますか．
 Can you *reach* the book on the shelf?
- それは小さな子の手の届かない所に置いておきなさい．Keep it out of the *reach* of small children. (▶このreachは名詞)

**とどけ**【届（け）】（通知）a notice [ノウティス]
- 欠席届を出した．
 I handed in my *notice* of absence.

## とどける【届ける】

❶送る　　send；（配達する）deliver；
　　　　（持って行く）take
❷通知する　report

❶[送る] send [センド]；（配達する）deliver [ディリヴァ]；（持って行く）take [テイク]
- 祖母の誕生日に声のメッセージを届けた．
 I *sent* a voice message to my grandmother for her birthday.
- 新しいテレビがきのう届けられた．
 A new TV was *delivered* yesterday.
- この花をおじいちゃんに届けてちょうだい．
 *Take* these flowers to Grandpa.

❷[通知する] report [リポート]
- 盗難(とうなん)を警察に届けた．
 We *reported* the theft to the police.

**ととのう**【整う】**be ready**[レディ]
- 準備はすっかり整っている.
  Everything *is ready*.

**ととのえる**【整える,調える】(用意する)**get ... ready**[レディ]; (調子を)**get into [in] good shape**[グッド シェイプ]
- 修学旅行のしたくを整えた.
  I *got* my things *ready* for a school trip.
- レースに備えて体調を整えなさい.
  *Get in good shape* for the race.

**とどまる stay**[ステイ], **remain**[リメイン]
- 嵐が止むまでそこにとどまった. We *stayed* there until the storm was over.

**とどろく** (音が)**roar**[ロァ], **boom**[ブーム]

**ドナー** (臓器などの)**a donor**[ドゥナァ]
| **ドナーカード a donor card**

**トナカイ**〖動物〗**a reindeer**[レインディア](複 reindeer)(▶単複同形)

**どなた** → どちら ❸

**どなべ**【土鍋】**an earthenware pot**[アーサンウェァ パット]

## となり【隣の[に]】

**next**[ネクスト], **next-door**[ネクストゥドァ]
- 隣の人 a neighbor
- 隣の家 the house *next* door
- 隣の家の人 a *next-door* neighbor
- 今井さんはうちの隣に住んでいる.
  Ms. Imai lives *next* door to us.

━…の隣の[に] **next to ...**
- ＡＢＣ銀行は郵便局の隣にあります.
  ABC Bank is *next to* the post office.
- 私の隣の人は寝ていた.
  The person *next to* me was sleeping.
- 友達の隣に座りたい.
  I want to sit *next to* my friend.

隣近所 **the neighborhood**; (隣近所の人たち) **neighbors**

**どなる**【怒鳴る】**shout**[シャウト], **yell**[イェル]
- 私に怒鳴らないで.
  Don't *yell* at me!

**とにかく** (いずれにしても)**anyway**[エニウェイ], **anyhow**[エニハゥ], **in any case**[エニィ ケイス]
- とにかくやってみよう. Let's try it *anyway*.
- とにかくすごいんだから. *In any case*, it's incredible.

**どにち**【土日】**Saturday and Sunday**[サタァデイ][サンデイ], **the weekend**[ウィークエンド] → しゅうまつ

## どの

| ❶疑問 | which, what |
| ❷どの…(で)も | any, every |
| ❸どの…も〜ない | not 〜 any ..., no |

❶[疑問]**which**[(ホ)ウィッチ], **what**[(ホ)ワット]
- どの教科がいちばん好きですか.
  *Which* subject do you like best?
- どの単語を使えばいいかわからない.
  I don't know *which* word to use.
- どの本がほしいですか. *Which* [*What*] book do you want?(▶ふつう限られたものの中から選ぶ場合はwhich, 不特定多数の中から選ぶ場合はwhatを用いる)
- どの駅で乗りかえればいいですか. At *what* station should I change (trains)?

❷[どの…(で)も]**any**[エニィ], **every**[エヴリィ]
- どの本でもいいよ. *Any* book will do.
- どのロックファンもその歌を知っている.
  *Every* rock music fan knows that song.
- どの電車も新宿に止まる.
  *All* trains stop at Shinjuku.

❸[どの…も〜ない]**not 〜 any ..., no**[ノゥ]
- 彼女はどの写真も気に入らなかった.
  She did*n't* like *any* of the photos.
- どの生徒も答えられなかった.
  *No* student could answer.

## どのくらい

| ❶数 | how many |
| ❷量,金額 | how much |
| ❸時間,長さ | how long |
| ❹距離 | how far |
| ❺大きさ,高さ | how big [large], how tall [high] |
| ❻頻度 | how often, how many times |
| ❼程度 | how |

❶[数]**how many**[ハゥ メニィ] → いくつ❶
- どのくらいの人が来るの？
  *How many* people are coming?
- どのくらい漫画本を持っている？
  *How many* comic books do you have?

❷[量,金額]**how much**[マッチ] → いくら¹❶
- ミルクは瓶にどのくらい残っていますか.
  *How much* milk is left in the bottle?
- どのくらいお小遣いをもらいましたか.
  *How much* (money) did you get for your allowance?
- そのゲームソフトはどのくらいしますか.
  *How much* is that game software?

❸[時間,長さ]**how long**[ローング]

- 成田からハワイまで飛行機でどのくらいかかりますか. *How long* does it take to fly from Narita to Hawaii?
- この橋の長さはどのくらいですか. *How long* is this bridge?

❹[距離] **how far**[ファー]
- ここからビーチまでどのくらいありますか. *How far* is it from here to the beach?

❺[大きさ, 高さ] **how big**[ラージ], **how tall**[トール], **how high**[ハイ]
- 身長はどのくらいありますか. *How tall* are you?

❻[頻度] **how often**[オーフン], **how many times**[メニィ タイムズ] → なんかい
- 週にどのくらい塾に行くの？ *How often* in a week do you go to cram school? / *How many times* a week do you go to cram school?

❼[程度] **how**
- その映画はどのくらい怖かったですか. *How* scary was the movie?
- どのくらいがんばったの？ *How* hard did you try?

**とのさま**【殿様】**a lord**[ロード]

**どのていど**【どの程度】→ どのくらい

**どのへん**【どの辺】**Where ...?**[(ホ)ウェァ], **What part ...?**[(ホ)ワット パート]
- その店はどの辺にあるの？ *Where* is that store?
- アメリカのどの辺の出身ですか. *What part* of the U.S. are you from?

**どのように how**[ハウ] → どう¹ ❶❷

**とばす**【飛ばす】**fly**[フライ]; (吹き飛ばす)**blow off**[ブロゥ]; (抜かす)**skip**[スキップ]
- 帽子を飛ばしてしまった. My hat *flew* off.
- 台風で屋根が飛ばされた. The roof was *blown off* in the typhoon.
- 第10課は飛ばすんだって. I heard we'll *skip* lesson ten.
- 紙飛行機を飛ばした. I *threw* a paper plane.

**とび**[鳥]**a kite**[カイト]

**とびあがる**【飛び上がる】**jump (up)**[チャンプ]
- みな飛び上がって喜んだ. Everyone *jumped* for joy.

**とびうお**【飛び魚】[魚]**a flying fish**[フライイング フィッシュ]

**とびおきる**【飛び起きる】**jump out of bed**[チャンプ][ベッド]
- 寝過ごしてあわてて飛び起きた. I overslept and *jumped out of bed* in a panic.

**とびおりる**【飛び降りる】**jump off [down]**[チャンプ]
- 猫は塀から飛び降りた. The cat *jumped down* from the wall.

**とびこえる**【飛び越える】**jump over ...**[チャンプ]
- マサトはフェンスを飛び越えた. Masato *jumped over* the fence.

**とびこみ**【飛び込み】(水泳の)**diving**[ダイヴィング]
━飛びこむ **jump (into ...)**; (頭から水中に)**dive (into ...)**
- 子どもたちは川に飛びこんだ. The children *jumped into* the river.

▌飛びこみ台 **a diving board**

**とびだす**【飛び出す】(走って出る)**run out**[ラン]
- 私たちは校舎の外へ飛び出した. We *ran out* of the school building.

**とびちる**【飛び散る】(ものが)**fly (off)**[フライ]; (水などが)**spatter**[スパッタァ]
- スカートに泥が飛び散った. My skirt was *spattered* with mud.

**とびつく**【飛びつく】**jump at ...**[チャンプ]
- うちの犬が興奮して私に飛びついてきた. Our dog *jumped at* me excitedly.

**トピック**(話題)**a topic**[タピック]

**とびのる**【飛び乗る】**jump on [into] ...**[チャンプ]
- 彼女はその電車に飛び乗った. She *jumped on* the train.

**とびばこ**【跳び箱】**a horse**[ホース]
- 跳び箱を跳べなかった. I couldn't jump over the *horse*.

**とびまわる**【飛び回る】**fly around**[フライ アラウンド]

**とびら**【扉】**a door**[ドァ] → ドア

**とぶ¹**【飛ぶ】
**fly**[フライ]
- 鳥が空を飛んでいる. Birds are *flying* in the sky.
- 鳩がいっせいに飛び立った. The pigeons *flew* away together.
- 私は病院へ飛んで行った. I *rushed* to the hospital. (←急いで行った)

**とぶ²**【跳ぶ】**jump**[チャンプ]
- その選手はとても高く跳ぶことができる. That athlete can *jump* very high.

**どぶ a ditch**[ディッチ]

**とほ**【徒歩で】**on foot**[フット]
- 学校までは徒歩で15分かかる. It takes fifteen minutes to get to school *on foot*.

**とほう**【とほうにくれる】**be at a loss**[ロース], **do not know what to do**[ノウ][(ホ)ワット]
- とほうにくれてしまった. I *was at a loss.* / I *didn't know what to do.*

**とぼける**(知らんぷりする)**play dumb**[プレィ ダム]；(おどける)**play the fool**[フール]
- とぼけないでよ．
 Don't *play dumb*!

**とぼしい**【乏しい】**poor**(in ...)[プァ]；(不足した)**short**(of ...)[ショート]
- お金が乏しくなってきた．
 I'm running *short of* money.

**とぼとぼ**【とぼとぼ歩く】**walk slowly**[ヘヴィリィ]，**plod**[プラッド]

**トマト**〖植物〗**a tomato**[タメィトゥ]
| トマトケチャップ **tomato ketchup**
| トマトジュース **tomato juice**
| トマトソース **tomato sauce**

**とまどう**【戸惑う】**be confused**[カンフューズド]

**とまりがけ**【泊まりがけで】**overnight**[オウヴァナイト]
- 泊まりがけでいとこの家に行った．
 I went to stay *overnight* with my cousin. / I went to stay *overnight* at my cousin's house.

## とまる¹【止まる, 留まる】

| ❶動かなくなる | stop |
| ❷駐車(ちゅうしゃ)する | park, be parked |
| ❸鳥が | perch, sit |

❶[動かなくなる]**stop**[スタップ]
- 目覚ましが止まっていた！
 My alarm clock *stopped*!
- この列車は新神戸に止まりますか．
 Does this train *stop* at Shin-Kobe?
- 涙が止まらなかった．
 I couldn't *stop* crying.

❷[駐車する]**park**[パーク]，**be parked**
- 道に赤い車が止まっていた．
 A red car *was parked* in the street.

❸[鳥が]**perch**[パーチ]，**sit**[スィット]
- からすが電柱に止まっていた．Crows were *sitting* on the electricity pole.

## とまる²【泊まる】

**stay**(at ..., in ..., with ...)[ステイ]
- 両親はホテルに泊まった．
 My parents *stayed at* a hotel.
- 京都に泊まった．
 We *stayed in* Kyoto.
- 友達がうちに泊まりに来る．
 My friend is going to *stay with* us.

**とみ**【富】**wealth**[ウェルス]
**ドミノ**(ゲーム)**dominoes**[ダミノウズ]
**とむ**【富む】**be rich**(in ...)[リッチ]→**ほうふ¹**

## とめる¹【止める】

| ❶動きを | stop |
| ❷電気・水道などを | turn off |

❶[動きを]**stop**[スタップ]
- 彼女は車を止めた．She *stopped* the car.
- けんかを止めて！
 *Stop* [*Break up*] the fight!

❷[電気・水道などを]**turn off**[ターン]
- マイはエアコンを止めた．Mai *turned off* the air conditioner.

**とめる²**【泊める】**put up**[プット]
- 友達を泊めてあげたいんだ．
 I want to *put* my friend *up*.

## とめる³【留める】

(固定する)**fasten**[ファスン]，**fix**[フィックス]；(ピンで)**pin**(down)[ピン]

fasten　　　fix　　　pin

- 私はクリップでレポートを留めた．I *fastened* the papers together with a paper clip.
- 彼女はその本に目を留めた．
 She *fixed* her eyes on the book.
- 壁(かべ)にポスターが留めてあった．
 A poster was *pinned* on the wall.

**とも**【友】**a friend**[フレンド]→**ともだち**

**…とも both**[ボウス]；(どちらも…ない)**neither**[ニーザァ]→どちらも
- 私たちは2人とも野球部員だ．*Both of* us are members of the baseball team. / *Both of* us are on the baseball team.
- 私たちは2人ともスポーツが得意ではない．
 *Neither* of us is good at sports.

**ともかく anyway**[エニウェィ]→**とにかく**
**ともかせぎ**【共稼ぎ】→**ともばたらき**

## ともだち【友達】

**a friend**[フレンド]
- リエは私の友達だ．Rie is a *friend* of mine.
- こちらは私の友達のタカシです．
 This is my *friend* Takashi.
- ジュンとタカはいい友達だ．
 Jun and Taka are good *friends*.
- 友達をたくさん作りたい．
 I want to make a lot of *friends*.

## ともなう

- 親しい友達 a close *friend*
- クラスの友達 a class*mate*
- **友達になる make friends（with ...）**
- ヒロとケンは友達になった．
  Hiro *made friends with* Ken.

**ともなう**【伴う】(あわせ持つ) **involve**[インヴァルヴ]; (連れ歩く) **go with ...**[ゴゥ], **take ...（with）**[テイク]

- 自由には責任が伴う．
  Freedom *involves* responsibility.

**ともに together**[タゲザァ] → いっしょ❶

**ともばたらき**【共働き】

- うちの両親は共働きだ．
  *Both*（of）my parents *are working*.

**どようび**【土曜日】**Saturday**[サタァデイ]（▶常に大文字で始め，Sat. と略す）→ げつようび ポイント!，すいようび ポイント!

- 土曜日には練習がある．I have training on *Saturdays*.（▶ on Saturdaysと複数形にすると「土曜日にいつも」という意味が強くなる）

**とら**【虎】〖動物〗**a tiger**[タイガァ]

**トライ**【トライする】**try**[トゥライ]

- バンジージャンプにトライしたい．
  I want to *try* bungee jumping.

**ドライ**【ドライな】(情に流されない) **unemotional**[アニモゥショヌル]; (事務的な) **businesslike**[ビズニスライク]

- 彼はドライな性格だ．He is *not emotional*. / He is *businesslike*.
  ドライアイス dry ice
  ドライクリーニング dry cleaning
  ドライフラワー a dried flower

**トライアスロン triathlon**[トゥライアスラン]

**トライアングル**〖楽器〗**a triangle**[トゥライアングル]（★アクセント位置に注意）

**ドライバー** (ねじ回し) **a screwdriver**[スクルードゥライヴァ]; (運転者) **a driver**[ドゥライヴァ]

**ドライブ** (運転) **a drive**[ドゥライヴ]

- **ドライブする go for a drive**
- この夏ドライブに行った．
  We *went for a drive* this summer.
  ドライブスルー a drive-through: ドライブスルーでハンバーガーを買った．I bought a hamburger at the *drive-through*.

**ドライヤー a hair dryer**[ヘア ドゥライア]

**トラウマ** (a) **trauma**[トゥラウマ]

- そのつらい経験が彼女のトラウマとなった．The terrible experience *traumatized* her.

**とらえる**【捕らえる】**catch**[キャッチ] → つかまえる

**トラクター a tractor**[トゥラクタァ]

**ドラゴン a dragon**[ドゥラガン]

**トラック**¹ (貨物自動車) **a truck**[トゥラック], 英 **a lorry**[ローリィ]

**トラック**² (陸上競技の) **a track**[トゥラック]
トラック競技 track events

**ドラッグ**【ドラッグする】〖コンピュータ〗**drag**[ドゥラッグ]

**ドラッグストア a drugstore**[ドゥラッグストア]

**トラッド**【トラッドな】**traditional**[トゥラディショヌル]

**ドラフト draft**[ドゥラフト]
ドラフト会議 a draft conference
ドラフト制 the draft system

**トラブル**（a）**trouble**[トゥラブル]

- 妹はいつもトラブルを起こす．My sister always makes［causes］*trouble*.
- 主人公はトラブルに巻きこまれた．
  The hero got into *trouble*.
  トラブルメーカー a troublemaker

**ドラマ a drama**[ドゥラーマ]

- 連続テレビドラマ a soap opera / a TV *drama*

**ドラマチック**【ドラマチックな】**dramatic**[ドゥラマティック]

**ドラム a drum**[ドゥラム]

- 彼はドラムをたたく．He plays the *drums*.
  ドラム奏者 a drummer

**ドラムかん**【ドラム缶】**a drum**[ドゥラム]

**とられる**【取られる】→ とる¹❹❼❿

**トランク** (旅行かばん) **a suitcase**[スートゥケイス]; (車の) **a trunk**[トゥランク] → くるま図

**トランクス trunks**[トゥランクス]; (下着) **boxer shorts**[バクサァ ショーツ]

**トランシーバー a transceiver**[トゥランスィーヴァ]; 〖話〗**a walkie-talkie**[ウォーキィトーキィ]

**トランスジェンダー transgender**[トゥランスヂェンダァ]

**トランプ** (遊び) **cards**[カーヅ]

- トランプをしよう．Let's play *cards*.
- 君がトランプを切る［配る］番だよ．It's your turn to shuffle［deal］the *cards*.
- トランプ占いをしてくれる？ Will you tell me what the *cards* say about my future?

**トランペット a trumpet**[トゥランピット]

- 彼はトランペットを演奏する．
  He plays the *trumpet*.
  トランペット奏者 a trumpeter

**トランポリン a trampoline**[トゥランパリーン]（★アクセント位置に注意）

**とり**【鳥】**a bird**[バード]

- 鳥がさえずっている．*Birds* are singing.
- もうすぐ渡(た)り鳥がやって来る．The migratory *birds* will be coming soon.
  鳥インフルエンザ bird flu

# とりちがえる

鳥かご a (bird) cage
鳥肉 (鶏の)chicken

**ドリア** a *rice casserole*[ライス キャサロウル]
- えびドリア a *rice casserole* with shrimp

**とりあう**【取り合う】(奪い合う)**fight**(**over** …)[ファイト]
- 子どもたちはおやつを取り合った．
  Children *fought over* the snacks.
- 連絡を取り合いましょう．
  Let's *keep in touch*.

**とりあえず**(今は)(**for**) **now**[ナゥ]; (当分の間) **for the time being**[タイム]; (まず)**first**(**of all**)[ファースト]
- とりあえず教科書は読んでおこう．
  I'll read the textbook *for now*.
- とりあえず飲み物を買った．
  I bought drinks *first*(*of all*).

**とりあげる**【取り上げる】(手に取る)**pick** [**take**] **up**[ピック]; (奪う)**take away**[アウェイ]; (扱う)**take up**
- 弟に漫画を取り上げられた．
  My brother *took away* my comic books.
- それはミーティングの議題として取り上げよう．Let's *take* it *up* as a meeting topic.

**とりあつかい**【取り扱い】**handling**[ハンドゥリング]
- 取り扱い注意《掲示》*HANDLE* WITH CARE
- 取り扱い説明書 an instruction manual

**とりあつかう**【取り扱う】(道具を)**handle**[ハンドゥル]; (論じる)**treat**[トゥリート]→あつかう

**とりい**【鳥居】**a Shinto shrine gate**[シントウ シュライン ゲイト]

**トリートメント**(髪の) a (hair) treatment [(ヘァ) トゥリートゥマント]
- 髪にトリートメントをした．
  I put a *treatment* on my hair.

**とりいれ**【取り入れ】**a harvest**[ハーヴィスト]→しゅうかく

**とりいれる**【取り入れる】(収穫する)**harvest**[ハーヴィスト], **gather in**[ギャザァン]; (採用する)**take**[テイク], **adopt**[アダプト]
- 私のアイデアを取り入れてもらった．
  My ideas were *adopted*.

**とりえ**【取り柄】**a strong** [**good**] **point**[ストゥローング [グッド] ポイント]→ちょうしょ

**トリオ** a trio[トゥリーオゥ]

**とりかえす**【取り返す】**get** [**take**] **back**[バック]
- 友達から自分のペンを取り返した．
  I *got* my pen *back* from my friend.
- 遅れは取り返さないと．
  I need to *make up* for the delay.

**とりかえる**【取り替える】**change**[チェインヂ], **exchange**[イクスチェインヂ]; (つけ替える) **replace**[リプレイス]→こうかん¹
- 電池を取り替えよう．
  I'll *change* the batteries.
- このカードを君のカードと取り替えてくれる？
  Will you *exchange* your card for this?

**とりかかる**【取り掛かる】**begin**[ビギン], **start**[スタート]
- 試験勉強に取りかからなくちゃ．
  I must *start* to study for the exams.

**とりかこむ**【取り囲む】**surround**[サラウンド]
- チームメンバーが投手を取り囲んだ．The team members *surrounded* the pitcher.

**とりかわす**【取り交わす】**exchange**(**with** …)[イクスチェインヂ]

**とりきめ**【取り決め】(**an**) **arrangement**[アレインヂマント]

**とりくみ**【取り組み】(相撲の対戦)**a sumo match**[スーモゥ マッチ], **a match**; (物事への)**an approach**[アプロウチ]

**とりくむ**【取り組む】**tackle**[タックル], **work on** …[ワーク]
- 彼らは難問に取り組んだ．
  They *tackled* [*worked on*] the difficult problem.

**とりけす**【取り消す】(予約)**cancel**[キャンサル], 《話》**call off**[コール]; (発言)**take back**[バック]
- 私は歯医者の予約を取り消した．
  I *canceled* my dentist's appointment.
- 今言ったことは取り消します．
  I *take back* what I said just now.

**とりこ**(捕虜) **a prisoner**[プリズナァ]
- 彼は J ポップアイドルのとりこだ．
  He *is crazy about* J-pop idols.(◀夢中だ)

**とりこわす**【取り壊す】**pull down**[プル]
- その古いビルは取り壊された．
  The old building was *pulled down*.

**とりさげる**【取り下げる】**drop**[ドゥラップ], **withdraw**[ウィズドゥロー]

**とりざら**【取り皿】**a plate**[プレイト]
- サラダを分けるための取り皿をください．Can we have extra *plates* to share the salad?

**とりしきる**【取り仕切る】**manage**[マニッヂ]

**とりしらべ**【取り調べ】(**an**) **investigation**[インヴェスタゲイション]
 ━取り調べる **investigate**[インヴェスタゲイト]
- その件は今取り調べられている．
  The case is being *investigated*. / The case is currently under *investigation*.

**とりだす**【取り出す】**take out**[アウト]
- エリはかばんからスマホを取り出した．
  Eri *took* a smartphone *out* of her bag.

**とりちがえる**【取り違える】(…を〜と間違える)

## とりつ

mistake ... for ~[ミステイク]; (誤解する)
**misunderstand**[ミスアンダスタンド]→まちがえる, ごかい

**とりつ**【都立の】**Tokyo metropolitan**[メトゥラポリタン]

| 都立高校 a (Tokyo) metropolitan (senior) high school

**トリック a trick**[トゥリック]
| トリックアート **optical illusion art**

**とりつける**【取り付ける】(くっつける)**attach**[アタッチ]; (固定する)**fix**[フィックス]
- リュックにフックを取り付けた.
  I *attached* a hook to my backpack.
- エアコンが取り付けられた.
  The air conditioner was *fixed*.

**とりのぞく**【取り除く】**remove**[リムーヴ], **take away**[アウェイ]
- 彼らは放射性物質を取り除いている. They are *removing* radioactive substances.

**とりはずす**【取り外す】**take off**[テイク], **remove**[リムーヴ]→はずす

**とりはだ**【鳥肌】**goosebumps**[グースバンプス], **goose pimples**[グース ピンプルズ]
- 寒くて鳥肌が立った.
  I got *goosebumps* from the cold.
- そのアニメは鳥肌ものだった.
  The anime gave me *chills*.

**とりひき**【取り引き, 取引】(商売)**business**[ビズネス], **trade**[トゥレイド]
━取り引きする **do business with** ...

**トリプル**【トリプルの】**triple**[トゥリプル]
| トリプルプレー〖野球〗**a triple play**

**ドリブル dribbling**[ドゥリブリング]
━ドリブルする **dribble**
- 佐藤はゴールまでドリブルした.
  Sato *dribbled* to the goal.

**トリマー a pet groomer**[ペット グルーマァ]

**とりまく**【取り巻く】→とりかこむ, かこむ

**とりみだす**【取り乱す】**be upset**[アップセット]
- ハルはその知らせを聞いて取り乱した.
  Haru *was upset* by the news.

**とりもどす**【取り戻す】→とりかえす

**とりやめる**【取りやめる】**call off**[コール], **cancel**[キャンセル]→ちゅうし
- 遠足は取りやめになった.
  The school trip was *called off*.

## どりょく【努力】

(**an**) **effort**[エファト], **hard work**[ハード ワーク]
- 努力なしでは何事も達成できない. You can't achieve anything without *effort*.
━努力する **make an effort, work hard, try hard**
- 彼は努力して成功した.
  He *made an effort* and succeeded.
- 彼女はスタメンに選ばれるために努力している. She is *trying* (*hard*) to be selected as a starting player.
| 努力家 **a hard worker**
| 努力賞 **an award for effort**

**とりよせる**【取り寄せる】(注文する)**order**[オーダァ]
- うちではネットで野菜を取り寄せている.
  We *order* vegetables online.

**ドリル**(穴あけ機)**a drill**[ドゥリル]; (練習)(**a**) **drill**; (練習問題)**an exercise**[エクサァサイズ]

**とりわけ especially**[イスペシャリィ], **particularly**[パァティキュラァリィ]→とくに

**ドリンク a drink**[ドゥリンク]
| ドリンク剤(栄養)**an energy drink**

## とる¹【取る】

| | | |
|---|---|---|
| ❶手で持つ | take; (取り上げる)pick up | |
| ❷手渡(ﾜﾀ)す | pass, hand; (取ってやる)get | |
| ❸手に入れる | get; (賞などを)win | |
| ❹盗(ﾇｽ)む | steal; (奪(ｳﾊﾞ)う)take away | |
| ❺脱(ﾇ)ぐ, 外す | take off | |
| ❻食べる | have, eat | |
| ❼時間・場所を | take up | |
| ❽購読する | (新聞などを)subscribe | |
| ❾選ぶ | take, choose | |
| ❿料金などを | charge | |
| ⓫ノートを | take | |

❶〔手で持つ〕**take**[テイク]; (取り上げる)**pick up**[ピック]
- 私はりんごを手に取った. I *took* an apple.
- 彼はペンを取って書き始めた. He *picked up* a pen and began writing.

❷〔手渡す〕**pass**[パス], **hand**[ハンド]; (取ってやる)**get**[ゲット]
- バターを取ってください.
  *Pass* me the butter, please.
- 車のかぎを取ってきて.
  Go and *get* me the car key.

❸〔手に入れる〕**get**; (賞などを)**win**[ウィン]
- 数学は何点取れた?
  How many points did you *get* in math?
- 彼女はそのコンテストで1等賞を取った.
  She *won* (the) first prize in the contest.

❹〔盗む〕**steal**[スティール]; (奪う)**take away**[アウ

ェィ]
- 自転車が取られた.
  My bicycle was *stolen*.
- だれかが傘(ﾅ)を取っていった.
  Someone has *taken* my umbrella *away*.
❺[脱ぐ, 外す]**take off**
- 帽子(ﾎﾞｳ)を取りなさい.
  *Take off* your hat. / *Take* your hat *off*.
❻[食べる]**have**[ﾊｳﾞ], **eat**[ｲｰﾄ]
- もっと野菜を取りなさい.
  *Eat* more vegetables.
- 遅(ｵｿ)い時間に昼食を取った.
  I *had* a late lunch.
❼[時間・場所を]**take up**
- 宿題をするのに時間を取られてしまう. Doing homework *takes up* most of my time.
❽[購読する](新聞などを)**subscribe**
- うちでは地方紙を取っている. My family *subscribes to* a local newspaper.
❾[選ぶ]**take**, **choose**[ﾁｭｰｽﾞ]
- 数学の特訓コースを取った.
  I *took* an intensive course in math.
- どれを取ろうかな？
  I wonder which I should *choose*.
❿[料金などを]**charge**[ﾁｬｰﾁﾞ]
- ヘアカットにいくら取られるかな？
  How much will they *charge* me for a hair cut?
⓫[ノートを]**take**
- ちゃんとノートを取っておいた.
  I didn't forget to *take* notes.

## とる² [撮る・録る]
(写真を)**take**[ﾃｲｸ]➡さつえい
- 旅行中にたくさんの写真を撮った.
  I *took* a lot of pictures during the trip.
- このカメラで動画が撮れるよ.
  You can *take* videos with this camera.

## とる³ [採る・捕る]
(花・きのこなどを)**gather**[ｷﾞｬｻﾞｧ];（魚などを）**catch**[ｷｬｯﾁ]
- エミは森できのこを採った.
  Emi *gathered* mushrooms in the forest.
- この川では秋になるとさけがとれる.
  You can *catch* salmon in this river in fall.
**ドル a dollar**[ﾀﾞﾗｧ](▶記号は$)
- 10ドル ten *dollars*
**トルコ Turkey**
  ━トルコ(語, 人)の **Turkish**
  ┃トルコ石 **a turquoise**
  ┃トルコ人 **a Turk**

## どれ
**which**[(ﾎ)ｳｨｯﾁ]➡どちら❶
- どれがいい？ *Which* (one) do you like?
**どれい【奴隷】a slave**[ｽﾚｲｳﾞ]
  ┃奴隷制度 **slavery**
**トレー**(盆)**a tray**[ﾄｩﾚｨ]
**トレーディングカード a trading card**[ﾄｩﾚｲﾃﾞｨﾝｸﾞ ｶｰﾄﾞ]
**トレード【トレードする】trade**[ﾄｩﾚｲﾄﾞ]
- その選手はジャイアンツからタイガースにトレードされた. The player was *traded* from the Giants to the Tigers.
**トレードマーク a trademark**[ﾄｩﾚｲﾄﾞｩﾏｰｸ]
**トレーナー**(シャツ)**a sweatshirt**[ｽｳｪｯﾄｼｬｰﾄ](▶この意味ではa trainerは×)➡スウェット；(練習の指導者)**a trainer**[ﾄｩﾚｲﾅｧ]
**トレーニング training**[ﾄｩﾚｲﾆﾝｸﾞ]
- 自主トレーニング individual *training*
- 春季トレーニングが始まった.
  Spring *training* has started.
  ━トレーニングする **train**
  ┃トレーニングウェア（上下）**a sweatsuit**
  ┃トレーニングキャンプ **a training camp**
  ┃トレーニングシャツ **a sweatshirt**
  ┃トレーニングパンツ（トレパン）**sweatpants**
**トレーラー a trailer**[ﾄｩﾚｲﾗｧ]
**どれくらい➡ どのくらい**
**ドレス a dress**[ﾄﾞｩﾚｽ]
**とれたて【取れ立ての】fresh**[ﾌﾚｯｼｭ], **fresh-picked**[ﾌﾚｯｼｭﾋﾟｯｸﾄ], **freshly picked**[ﾌﾚｯｼｭﾘｨ ﾋﾟｯｸﾄ]
- うちの菜園からの取れ立ての野菜です. These vegetables are *fresh* [*freshly picked*] from our garden.
**トレッキング trekking**[ﾄｩﾚｯｷﾝｸﾞ]
  ━トレッキングする **trek**
  ┃トレッキングシューズ **trekking boots**
**ドレッシング (a) dressing**[ﾄﾞｩﾚｯｼﾝｸﾞ]

## どれでも
**any**[ｴﾆｨ], **whichever**[(ﾎ)ｳｨｯﾁｴｳﾞｧ]
- どれでも好きな飲み物を選べます.
  You can choose *any* drink you like.
- どれでもいいよ. *Whichever* will do.
**トレパン➡ トレーニング（トレーニングパンツ）**
**どれほど➡ どんなに, どのくらい**

## どれも
**every**[ｴｳﾞﾘｨ], **all**[ｵｰﾙ]；(どれも…ない)**not ... any**[ｴﾆｨ]
- 料理はどれもおいしかった. *Every* dish was

とる

delicious. (▶everyの後ろは単数形)
- ぬいぐるみはどれもかわいい.
All those stuffed animals are cute. (▶allの後ろに数えられる名詞が来る場合は複数形)
- 私は彼の小説をどれも読んだことがない.
I haven't read *any* of his novels.

## とる【取れる, 捕れる, 撮れる】

| ❶ 外れる | come off |
| ❷ 痛みなどが | be gone |
| ❸ 収穫(しゅうかく)などがある | |
| 　(作物が) | be produced; |
| 　(魚が) | be caught |
| ❹ 写真が | come out |

❶ [外れる] come off [カム]
- ボタンが取れかかっている.
A button is *coming off*.

❷ [痛みなどが] be gone [ゴーン]
- やっと歯の痛みが取れた.
My toothache *is gone* at last.

❸ [収穫などがある] (作物が) be produced [プラドゥースト]; (魚が) be caught [コート] → とる³
- 長野ではりんごがよくとれる.
A lot of apples *are produced* in Nagano.

❹ [写真が] come out [アウト] → とる²
- この写真, よく撮れてるね.
This photo *came out* well, didn't it?

**トレンド** a trend [トゥレンド]
- 最近のトレンド the latest *trend*

**どろ**【泥】mud [マッド]; (汚(よご)れ) dirt [ダート]
　─ 泥だらけの muddy
- 私の靴(くつ)は泥だらけだった. My shoes were *muddy* (covered with *mud*).

**トローチ** a (throat) lozenge [(スロウト) ラザンチ]

**ドローン** (無人飛行機) a drone [ドゥロウン]
- 上を飛んでいくドローンを見た.
I saw a *drone* flying over me.
　─ ドローンを飛ばす [操作する] fly [control, operate] a drone

**とろける** melt [メルト] → とける¹
- とろけるチーズ a *melty* cheese slice

**ドロップ** (菓子) a drop [ドゥラップ]

**ドロップアウト**【ドロップアウトする】drop out [ドゥラップ]

**とろとろ** (煮(に)る) simmer [スィマァ]
- とろとろのオムレツ a *creamy* omelet

**どろどろ**【どろどろの】(泥(どろ)で) muddy [マディ]; (液体が) thick [スィック]

**トロピカル** tropical [トゥラピカル]
　─ トロピカルフルーツ tropical fruits

**トロフィー** a trophy [トゥロウフィ] (★アクセント位置に注意)

**どろぼう**【泥棒】(こそ泥) a thief [スィーフ] (複 thieves [スィーヴズ]); (強盗(ごうとう)) a robber [ラバァ]; (夜盗) a burglar [バーグラァ]
- 泥棒に入られた.
A *thief* [*burglar*] broke into our house.

**トロンボーン**【楽器】a trombone [トゥランボウン]

**どわすれ**【度忘れする】forget ... for the moment [ファゲット][モウメント]
- 彼女の名前を度忘れした. I've *forgotten* her name *for the moment*.

**トン** (重さの単位) a ton [タン] (▶ t. と略す)

**ドン** (ドンという音) a bang [バング]
- その車は壁(かべ)にドンとぶつかった. The car crashed into the wall with a *bang*.
- 位置に着いて, 用意, ドン!
On your mark(s), get set, *go*!

**…どん**【…丼】a ... (rice) bowl [(ライス) ボウル], rice topped with ... [トプト]
- 牛丼 a beef *bowl*

**とんカツ**【豚カツ】a (deep-fried) pork cutlet [(ディープフライド) ポーク カットゥリット]

**どんかん**【鈍感な】insensitive (to ...) [インセンスィティヴ], dull [ダル]

**どんぐり**【植物】an acorn [エイコーン]

**とんこつ**【豚骨】pork bones [ポーク ボウンズ]
- 豚骨スープ
a broth made from *pork bones*
- 豚骨ラーメン ramen (noodles) (cooked) in *pork bone* stock

**とんじる**【豚汁】miso soup with pork and vegetables [スープ][ポーク][ヴェヂタブルズ]

**どんぞこ**【どん底】the bottom [バタム]
　─ どん底で at *one's* worst

**とんだ** (ひどい) terrible [テラブル] → とんでもない
- とんだ目に遭(あ)ってしまった.
I had a *terrible* experience.

**とんち** (a) (ready) wit [(レディ) ウィット]

**どんちゃんさわぎ**【どんちゃん騒ぎをする】have a wild party [ワイルド パーティ]

**とんちんかん**【とんちんかんな】(見当違(ちが)いの) beside the point [ポイント], irrelevant [イレラヴァント]
- 彼はとんちんかんな返事をした. His answer was *beside the point*. / He gave an *irrelevant* answer.

**とんでもない** (たいへんな, ひどい) awful [オーフル], terrible [テラブル]
- とんでもないことに巻きこまれちゃったよ.
I got caught in an *awful* mess.
- 「彼のこと, 好きなの?」「とんでもない」
"Do you like him?"

どんより

"*Of course not! / Not at all!*"

**トントン**〔ノックなどの音〕**a knock**[ナック], **a tap**[タップ]

━**トントンたたく knock, tap**
- だれかがドアをトントンたたいている.
  Somebody is *knocking* at [on] the door.

## どんどん

| ❶たたく音 | a bang |
| ❷物事の進行 | (連続して)on and on; |
|  | (急速に)rapidly, fast |

❶〔たたく音〕**a bang**[バング]

━**ドンドンたたく bang**
- だれかがドアをドンドンたたくのが聞こえた.
  I heard someone *banging* on the door.

❷〔物事の進行〕(連続して)**on and on**[アンナンドアン]; (急速に)**rapidly**[ラピッドゥリィ], **fast**[ファスト]
- 少女はどんどん歩いて行った.
  The girl walked *on and on*.
- 友達の英語はどんどん上達している.
  My friend's English is improving *rapidly*.

## どんな

| ❶どのような | (何の)what; |
|  | (どんな種類の)what kind of ... |
| ❷どんな方法・状態で | how, what ... like |
| ❸どんな…でも | any |
| ❹たとえ…でも | whatever |

❶〔どのような〕(何の)**what**[(ホ)ワット]; (どんな種類の)**what kind of ...**[カインド]
- どんな国に行ってみたい？
  *What* country would you like to visit?
- どんな色が好きですか.
  *What* is your favorite color?
- どんなスポーツが好きですか.
  *What kind of* sports do you like?

❷〔どんな方法・状態で〕**how**[ハゥ], **what ... like**[ライク]
- これはどんなふうに開けるの？
  *How* do you open this?
- どんな方法でそこまで行ったの？
  *How* did you get there?
- ライブはどんなだった？
  *What* was the live concert *like*?

❸〔どんな…でも〕**any**[エニィ]➡どの❷
- どんな中学生でもそれを知っている.
  *Any* junior high student knows it.
- どんなときでも助けてあげられるよ.
  I can help you *any* time.

- (バレエダンサーになるためなら)どんな苦労にも耐(た)えられる. I can put up with *any* kind of hardship (to be a ballet dancer).

❹〔たとえ…でも〕**whatever**[(ホ)ワットエヴァ]
- どんなことがあっても希望を捨てちゃだめだよ. Never give up hope, *whatever* happens.

**どんなに how**[ハゥ], **so**[ソゥ]; (どんなに…でも) **no matter how ...**[マタァ], **however ...**[ハウエヴァ]
- 私がどんなにあなたを好きかわかってる？
  Do you know *how* much I love you?
- 毎日どんなに大変だったことか.
  *How* hard it was every day!
- どんなに練習がきつくても彼は不平を言わなかった. *No matter how* hard the practice was, he didn't complain.

**トンネル a tunnel**[タヌル]
- 列車はトンネルを通り抜(ぬ)けた.
  The train went through the *tunnel*.

**どんぶり**【丼】**a bowl**[ボウル]

**とんぼ**【虫】**a dragonfly**[ドゥラガンフライ]

**とんぼがえり**【とんぼ返り】(宙返り)**a somersault**[サマソールト], **a flip**[フリップ]
- とんぼ返りをした. I did a *flip*.
- 大阪へとんぼ返りした. I went to Osaka and came back without resting.

**ドンマイ Never mind!**[ネヴァ マインド], **Don't worry about it!**[ワーリィ](▶Don't mind.は×)

**とんや**【問屋】(店)**a wholesale store**[ホウルセイルストア]; (人)**a wholesale dealer**[ホウルセイル ディーラァ]

**どんよく**【貪欲な】**greedy**[グリーディ]

**どんより**【どんよりした】**gloomy**[グルーミィ], **dull**[ダル]; (曇(くも)った)**cloudy**[クラウディ]; (鉛(なまり)色の)**gray**[グレィ]
- きょうはどんよりした空だ.
  The sky is *gloomy* [*cloudy*] today.

# な ナ

**な**【名】(名前) **a name**[ネイム] → なまえ, なづける

**…な**【…(する)な】**Don't**+〈動詞の原形〉, **Never**+〈動詞の原形〉[ネヴァ] (► Neverのほうが強い禁止を表す)
- 大きな声で話すな.
 *Don't* talk loudly.
- 乾(かわ)かないうちは絵に触(ふ)るな.
 *Never* touch a painting when it's wet.

## …なあ

| ❶願望 | I hope …, I wish … |
|---|---|
| ❷感嘆(かん) | How …!, What …! |

❶[願望]**I hope …**[ホウプ], **I wish …**[ウィッシュ] (►I hope …は実現の可能性のある願望を, I wish …はかなえられない, または実現の可能性のきわめて低い願望を表す)

**…するといいなあ**
I hope (that)…
- このプレゼントを気に入ってくれるといいなあ. *I hope* (*that*) you will like this gift.
- また君に会えるといいなあ.
 *I hope* to see you again.

**…ならばなあ**
I wish +〈主語〉+〈過去形〉(►現在の事実に反することやかなえられないことを表す)
- 私がお金持ちだったらなあ.
 *I wish* I were [(話)was] rich.(►実際はお金持ちではない)

**…だったならなあ**
I wish +〈主語〉+ had +〈過去分詞〉(►過去の事実に反することやかなえられなかったことを表す)
- きのう彼女に本当のことを言っていればなあ.
 *I wish* I *had* told her the truth yesterday. (►実際は本当のことを言わなかった)

❷[感嘆]**How …!**[ハゥ], **What …!**[(ホ)ワット] →なんて
- おもしろいなあ. *How* interesting!
- カッコいいダンスだなあ.
 *What* a cool dance!

**ナース**(看護師) **a nurse**[ナース]
| ナースコール (ボタン) **a nurse call button**
| ナースステーション **a nurses' station**

## ない

| ❶存在しない | be not, There is [are] not any …, There is [are] no …, do not exist |
|---|---|
| ❷所有していない | do not have any …, have no … |

❶[存在しない]**be not, There is [are] not any …, There is [are] no …, do not exist**[イグズィスト]
- 兄は家にいない.
 My brother *isn't* at home.
- ペットボトルに水が全然ない. *There isn't any* water in the plastic bottle. / *There is no* water in the plastic bottle.
- 火星人はいないと思う. I *don't* think Martians *exist*.(►「…でないと思う」は, ふつう「…だとは思わない」の形でthinkを否定する)

❷[所有していない]**do not have any …, have no …**
- ぼくはお金を持っていない. I *don't have any* money. / I *have no* money.(► not anyのほうがnoより意味が強い)
- あしたは学校がない.
 We *have no* school tomorrow.

> **ここがポイント!** no +〈数えられる名詞〉
> noの後に数えられる名詞が続くとき, ふつう1つしかないものの場合には単数形を, 複数あると考えられる場合には複数形を使います. また,「きょうだい」のようにどちらもありえるときは, ふつう複数形を使います.

## …ない

| ❶…ではない | be not … |
|---|---|
| ❷…しない | do not +〈動詞の原形〉, will not +〈動詞の原形〉 |
| ❸…できない | cannot +〈動詞の原形〉 |

❶[…ではない]**be not …**
- これはうちの猫(ねこ)じゃない.
 This *is not* our cat.
- テストは難しくなかった.
 The tests *were not* difficult.

❷[…しない]**do not +〈動詞の原形〉, will not +〈動詞の原形〉**
- ぼくは野球はしない. I *don't* play baseball.

(▶don'tはdo notの短縮形)
- 彼女は同じ間違(ちが)いをしない.
 She *doesn't* make the same mistakes twice.(▶doesn'tはdoes notの短縮形)
- あしたは外出しない.
 I *will not* go out tomorrow.

❸[…できない]**cannot**+〈動詞の原形〉[キャナット]
- 私はうまく歌えない.
 I *can't* sing well.(▶can'tはcannotの短縮形)
- 彼は勉強に集中できない.
 He *can't* concentrate on his studies.

**ナイーブ**【ナイーブな】(せんさいな)**delicate**[デリケット];(精神的に敏感(びん)な)**sensitive**[センスィティヴ](▶英語のnaiveは「世間知らず」.意味が違(ちが)うので注意)

**ないか**【内科】**internal medicine**[インターヌル メダスィン]
┃内科医 a physician

**…ないか**[1] […(し)ないか]→…ませんか
**…ないか**[2] [(では)ないか]→…ありませんか

**ないがい**【内外で】(国の)**both at home and abroad**[ボウス][ホウム][アブロード]

**ないかく**【内閣】**a cabinet**[キャビナット](▶しばしばthe Cabinetの形で用いる)
- 伊藤内閣 the Ito *Cabinet*
┃内閣総理大臣 the Prime Minister

**ナイジェリア Nigeria**[ナイヂ(ァ)リァ]

**ないしょ**【内緒】(**a**)**secret**[スィークリット]
- このことはみんなには内緒だよ.
 Keep this *secret* from everybody.
━内緒の secret
━内緒で secretly, in secret
- ユミは内緒で姉のケーキを食べた.
 Yumi *secretly* ate her sister's cake.
┃内緒話 a private talk [conversation]

**ないしん**【内心では】**inside**[インサイド], **at heart**[ハート]
- 私は内心では緊張していた.
 I was nervous *inside*.

**ないしんしょ**【内申書】**a report card**[リポート カード]
- 内申書があまりよくなかった.
 My *report card* was not very good.

**ナイス nice**[ナイス], **good**[グッド]
┃ナイスキャッチ a nice [good] catch
┃ナイスショット a good [nice] shot(▶goodのほうが一般的)

**ないせん**【内戦】**a civil war**[スィヴァル ウォー]

**ないぞう**【内臓】**internal organs**[インターヌル オーガンズ]

**ナイター a night game**[ナイト ゲイム](▶「ナイター」は和製英語)

**…ないで**[…(し)ないで]**without**+〈-ing形〉[ウィザウト]
- 彼はさようならも言わないで行ってしまった.
 He left *without* saying goodbye.

**ナイトゲーム a night game**[ナイト ゲイム]
**ナイフ a knife**[ナイフ](複 knives[ナイヴズ])
- このナイフはよく切れない.
 This *knife* is not sharp.
- その国ではナイフとフォークで食事をしない.
 They don't eat with a *knife* and fork in that country.(▶ナイフとフォークで1セットと考えるので, aはknifeの前にのみつける)

**ないぶ**【内部】(内側)(the)**inside**[インサイド](⇔外部(the)outside)→なか[1]❶
━内部の[で] inside[インサイド](⇔外部の[で]outside)

**ないめん**【内面】**inner**[イナァ]

**ないや**【内野】『野球』**the infield**[インフィールド](⇔外野 the outfield)
┃内野安打 an infield hit
┃内野ゴロ an infield grounder
┃内野手 an infielder
┃内野スタンド the (infield) stands [bleachers]:打球が内野スタンドに入った.
 The ball went into *the infield stands [bleachers]*.
┃内野席 the infield bleachers:内野席で野球の試合を見た. We watched the baseball game from *the infield bleachers*.
┃内野フライ an infield fly ball

**ないよう**【内容】(書物などの趣旨(しゅし))**content**[カンテント];(具体的な項目(こうもく)・中身)**contents**[カンテンツ](⇔形式(a)form)
- その本の内容 the *content(s)* of the book

**ナイロン nylon**[ナイラン]
**ナイン**『野球』**the nine**[ナイン]

**なえ**【苗】**a seedling**[スィードゥリング];(苗木)**a sapling**[サプリング]
- いねの苗を植えた.
 We planted rice *seedlings*.
┃苗床(なえどこ) a seedbed

**なお**(まだ, 依然(いぜん)として)**still**[スティル];(さらに, いっそう)**much**[マッチ](▶比較(ひかく)級を修飾(しゅうしょく)する)
- 試合は今もなお続いている.
 The game is *still* going on.
- なおいっそうがんばります.
 I'll work *much* harder.

**なおさら all the more**[モァ]
- なおさらその映画が見たくなった.
 I wanted to see the movie *all the more*.

## なおす¹【直す】

| ❶ 修理する | 《話》fix;<br>(複雑なものを)repair;<br>(簡単なものを)mend |
|---|---|
| ❷ 訂正(ぜい)する | correct;<br>(悪い習慣などを)break |
| ❸ 翻訳する | translate |

❶[修理する]《話》fix[フィックス］;(複雑なものを)repair[リペァ］;(簡単なものを)mend[メンド］
- 父が自転車を直してくれた．
  My father *fixed* my bicycle.
- パソコンを直してもらった．I had the PC *repaired*.(▶have＋〈人・物〉＋〈過去分詞〉は「〈人・物〉を…してもらう」の意)
- 母が私の破れたドレスを直してくれた．
  My mother *mended* my torn dress.

❷[訂正する]correct[カレクト］;(悪い習慣などを)break[ブレイク］
- 母は私の間違(まちが)いを直した．
  My mother *corrected* my mistakes.
- 寝坊(ねぼう)の習慣を直さないと．
  I have to *break* [*get rid of*] the habit of oversleeping.

❸[翻訳する]translate[トゥランスレイト］
- この文を英語に直してください．
  Please *translate* [*put*] this sentence *into* English.

## なおす²【治す】

(病気・患者(かんじゃ)を)cure[キュァ］;(けが・傷を)heal[ヒール］;(治療(ちりょう)する)treat[トゥリート］

〈人〉の〈病気〉を治す
cure＋〈人〉＋of＋〈病気〉

- その薬が父の病気を治してくれた．The medicine *cured* my father *of* his illness.
- 脚(あし)の傷を治すのに1か月かかった．It took a month for my injured leg to *heal*.
- がんを治す新薬を発明したい．I want to invent a new drug to *treat* cancer.

## なおる¹【直る】

| ❶ 修理される | 《話》be fixed;<br>(複雑なものが)be repaired;<br>(簡単なものが)be mended |
|---|---|
| ❷ 癖(くせ)が | break, get rid of ... |

❶[修理される]《話》be fixed[フィックスト］;(複雑なものが)be repaired[リペァド］;(簡単なものが)be mended[メンディド］
- パソコンは1週間で直ります．The PC will *be fixed* [*repaired*] in a week.

❷[癖が]break[ブレイク］, get rid of ...[リッド］
- 夜ふかしの習慣が直らない．I can't *break* [*get rid of*] the habit of staying up late.

## なおる²【治る】

(元気になる)get well[ウェル］;(回復する)recover (from ...)[リカヴァ］, get over ...[ゲト］;(傷が)heal[ヒール］
- 病気はもうすっかり治った．I've completely *recovered from* my illness. / I've completely *gotten over* my illness.
- 「風邪(かぜ)はどう？」「おかげさまで，だんだん治ってきています」"How's your cold?" "It's *getting better*. Thank you."

## なか¹【中】

| ❶ 内部 | (the) inside |
|---|---|
| ❷ …のうちで | among ...: of ...: in ... |

❶[内部](the) inside[インサイド］(⇔外(the) outside)
- 建物の中は暗かった．
  The *inside* of the building was dark.
- ─ …の中に in ..., inside ...
- 箱の中に古い本がたくさん入っていた．
  There were many old books *in* the box.
- 中に入って．Come *in* [*inside*].(▶このin, insideは副詞)
- ─ …の中へ into ...
- 私たちはトンネルの中へ入った．
  We went *into* the tunnel.
- ─ …の中から out of ...
- 彼はかばんの中から写真を何枚か取り出した．
  He took some photos *out of* his bag.
- ─ …の中を(通り抜(ぬ)けて)through ...[スルー］
- すりは人ごみの中を走り去った．
  The pickpocket ran away *through* the crowd.

into a tunnel
out of a tunnel
in a car
through a tunnel

❷[…のうちで]among ...[アマング］; of ...[アヴ］; in ...[イン］
- 彼は生徒の中で人気がある．

He is popular *among* students.
- ケンは3人の中でいちばん背が高い．
Ken is the tallest *of* the three.
- タオは家族の中でいちばん若い．
Tao is the youngest *in* her family.

> **くらべてみよう！** **amongとofとin**
>
> **among**: 後に名詞の複数形がきます．
> ・私の兄弟の中で *among* my brothers
> **of**: 後に数詞または名詞の複数形がきます．
> ・その4人の中で *of* the four
> **in**: 後に集合体や場所を表す名詞の単数形がきます．
> ・クラスの中で *in* the class

## なか² 【仲がいい】

**be good friends**［グッド フレンツ］, **be on good terms**（**with ...**）［タームズ］→ なかよく
- アキとユミは仲がいい．
Aki and Yumi *are good friends*.
- うちの家族は仲がいい．
We are a *close* family.
- 二人は仲が悪い．The two don't *get along with* each other.

## ながい 【長い】

**long**［ローング］（⇔短い **short**）
- 彼女は髪が長い．She has *long* hair.
- もっと長い間いたかった．
I wanted to stay *longer*.
- 長い間会わなかったね．
I haven't seen you for a *long* time.

**ながいき**【長生きする】**live long**［リヴ ローング］
- ペットの犬には長生きしてほしい．
I want my pet dog to *live long*.

**ながいす**【長椅子】（ベンチ）**a bench**［ベンチ］, （ソファー）**a couch**［カウチ］

**ながいも**【長芋】**a Chinese yam**［チャイニーズ ヤム］

**ながく**【長く】**long**［ローング］
- このごろ日が長くなってきた．
The days are getting *longer* these days.
- スカートをあと2センチ長くしたい．I want to make the skirt two centimeters *longer*.

**ながぐつ**【長靴】（ゴムの）**a rubber boot**［ラバァ ブート］→ くつ図; （雨靴）**a rain boot**［レイン］（►いずれもふつう複数形で用いる）

**なかごろ**【中頃】**about the middle（of ...）**［アバウト］［ミドゥル］
- 11月の中ごろ（に）
*about the middle of* November

**ながさ**【長さ】**length**［レングス］

- 「この橋の長さはどれくらいですか」「800mです」"How *long* is this bridge?" "It's 800 meters in *length*." / It's 800 meters *long*.
— **...の長さがある ... long**

**ながし**【流し】**a**（**kitchen**）**sink**［（キッチン）スィンク］

**ながす**【流す】（押し流す）**wash away**［ワッシュ アウェイ］; （涙などを）**shed**［シェッド］; （トイレで）**flush**［フラッシュ］; （うわさを）**spread**［スプレッド］
- 橋は洪水で流された．The bridge was *washed away* by a flood.
- 少女は涙を流した．The girl *shed* tears.

**なかせる**【泣かせる】（感動で）**move ... to tears**［ムーヴ］［ティアズ］; （意地悪などをして）**make ... cry**［クライ］
- その役者の演技が泣かせた．The actor's performance *moved* us *to tears*.
- あれは泣かせる映画だったね．That was a *touching* [*moving*] story, wasn't it?

**ながそで**【長袖の】**long-sleeved**［ロング スリーヴド］
- 私はヒロが着ている長袖シャツが好きです．
I like the *long-sleeved* shirt that Hiro is wearing.

**…なかった**【…（し）なかった】**did not＋〈動詞の原形〉**（►過去形で表す）
- 彼は時間どおりに来なかった．
He *didn't* come on time.

**…なかったら**【…がなかったら】**without ...**［ウィザウト］
- 君のアシストがなかったら，シュートを決められなかったよ．I could not have scored a goal *without* your assist.

**ながつづき**【長続きする】**last long**［ラスト ローング］
- ぼくの幸運は長続きしなかった．
My luck didn't *last long*.

**ながでんわ**【長電話する】**talk long on the phone**［トーク ローング］［フォウン］
- 姉はいつも長電話する．My sister always *talks long on the phone*.

**なかなおり**【仲直りする】**make up（with ...）**, **be[become] friends again**［フレンツ アゲン］
- アユとミキはその日のうちに仲直りした．
Ayu and Miki *made up with* each other within the day.
- 仲直りしようよ．Let's *be friends again*.

## なかなか

❶ かなり　　　**very, pretty, quite**
❷ なかなか…ない
（容易には…ない）**not easily**; （どうしても…ない）**will not＋〈動詞の原形〉**; （長い間…しない）**not ... for a long time**

## なかにわ

**なかなか**
❶ [かなり] **very**[ヴェリィ], **pretty**[プリティ], **quite**[クワイト]
- その本はなかなかおもしろい.
  The book is *very* interesting.
- なかなかいいね！ *Pretty* good! / Not bad!
- 兄はなかなかのスポーツマンだ.
  My brother is *quite* an athlete.

❷ [なかなか…ない] (容易には…ない) **not easily**[イーズィリィ]; (どうしても…ない) **will not**＋〈動詞の原形〉; (長い間…しない) **not ... for a long time**[ローング タイム]
- 彼はこのコンピュータをなかなかうまく使えない. He *can't* use this computer *easily*.
- びんのふたがなかなか取れない.
  The cap of the bottle *won't* come off.
- バスはなかなか来なかった.
  The bus did *not* come *for a long time*.
- 朝なかなか起きられない. It's *hard* for me to get up in the morning.

**なかにわ**【中庭】**a courtyard**[コートゥヤード], **a court**[コート]

**ながねぎ**【長ねぎ】**a leek**[リーク]

**なかば**【半ば】(半分) **half**[ハーフ]; (中ごろ) **the middle**[ミドゥル]
- 宿題は半ばすんだ.
  My homework is *half* done.
- 8月半ばに in *the middle* of August
- 父は40代半ばだ.
  My father is in his *mid*-forties.

**ながびく**【長引く】(延長される) **be prolonged**[プラローングド]; (時間がかかる) **take a long time**[ローング タイム]
- その試合は雨のために長引いた.
  The game *was prolonged* due to rain.

## なかま【仲間】
(友人) **a friend**[フレンド]; (いっしょに行動する) **company**[カンパニィ]; (集団) **a group**[グループ]
- 彼女は塾(ジク)の仲間だ.
  She is a *friend* of mine from *juku* [cram school].
- 彼は悪い仲間と付き合っているんだって.
  I hear that he runs with a bad *crowd*.
- 仲間に入らない？ Will you *join* us?
- 仲間外れ: 彼はクラスで仲間外れにされていた.
  He was always *left out* in the class.
- 仲間割れ **a split**

**なかみ**【中身】**contents**[カンテンツ]
- スーツケースの中身は何ですか.
  What are the *contents* of your suitcase?

**ながめ**【眺め】**a view**[ヴュー]
- このビルからの眺めはすばらしい. The *view* from this building is wonderful.

**ながめる**【眺める】**look**[ルック]; (動いているものを) **watch**[ワッチ]
- 彼女は時々窓から外を眺めた. She sometimes *looked* out of the window.

**ながもち**【長持ちする】(続く) **last long**[ラスト ローング]; (食品が) **keep for a long time**[キープ][ローング タイム]
- このバッテリーは長持ちする.
  This battery *lasts long*.
- 野菜は冷蔵庫に入れておけば長持ちする.
  Vegetables *keep for a long time* in the refrigerator.

**なかゆび**【中指】(手の) **the middle finger**[ミドゥル フィンガァ]; (足の) **the third toe**[サード トゥ]→ ゆび 図

## なかよく【仲良く】
**happily**[ハッピリィ]
ー仲良くする **get along well**（with ...）[ウェル]→なか²
- 私たちはブラジルから来た生徒と仲良くしている. We *get along well with* the student from Brazil.
- 彼らはすぐに仲良くなった.
  They soon *became* [*made*] *friends* (*with* each other).
- これから仲良くしてください.
  Please *be nice* to me.

**なかよし**【仲良し】**a good friend**[グッド フレンド]→なか²
- ユリとは小学校からの仲良しだ.
  Yuri and I have been *good friends* since elementary school.

## …ながら

❶ …する間に　　while ..., as ...
❷ …だけれども　though ..., although ...

❶ [...する間に] **while** ...[(ホ)ワイル], **as** ...[アズ]
- 彼らはテレビを見ながら夕食を食べた.
  They ate dinner *while* watching TV.
- 私たちは歩きながらたくさんおしゃべりをした. We talked a lot *as* we walked along.

❷ [...だけれども] **though** ...[ゾゥ], **although** ...[オールゾゥ]
- 彼は答えを知っていながら言わなかった.
  He didn't say the answer *although* he knew it.
- 残念ながらお役に立てません.
  I'm sorry, *but* I can't help you.

**ながれ**【流れ】**a flow**[フロゥ] (▶複数形では用いな

い), a *stream*[ストゥリーム]
- 水の流れ the *flow*[*stream*] of water
- そのホームランで試合の流れが変わった.
  The home run changed the *flow* of the game.
- 時の流れ the *passage* of time

**ながれぼし**【流れ星】**a shooting star**[シューティング スター]

## ながれる【流れる】

| ❶水などが | run, flow |
|---|---|
| ❷時が | go by, pass |
| ❸中止になる | be called off |

❶[水などが]**run**[ラン], **flow**[フロウ]
- 江戸川は東京の東部を流れている.
  The Edo River *runs*[*flows*] through the eastern part of Tokyo.

❷[時が]**go by**[ゴウ バイ], **pass**[パス]
- 時の流れるのははやい.
  Time *goes by* quickly.

❸[中止になる]**be called off**[コールド オーフ]
- 試合は嵐のため流れた.
  The game *was called off* because of the storm.

**なぎ**【凪】**a calm**[カーム]
**なきがお**【泣き顔】**a crying face**[クライイング フェイス]
**なきごえ**【泣き声, 鳴き声】(人・動物などの)**a cry**[クライ]; (鳥・虫などの)**a song**[ソーング]
- 赤ちゃんの泣き声が聞こえる.
  I hear a baby's *cry*. / I hear a baby *crying*.

――表現メモ――
動物の鳴き声のいろいろ

**なきごと**【泣き言を言う】**complain**[カンプレイン]
- 今さら泣き言を言っても無駄だ.
  It's no use *complaining* now.

**なきむし**【泣き虫】**a crybaby**[クライベイビィ]

## なく¹【泣く】

**cry**[クライ]; (涙を流す)**weep**[ウィープ]; (すすり泣く)**sob (out)**[サッブ (アウト)]

- 赤ちゃんはミルクがほしくて泣いている.
  The baby is *crying for* its milk.
- 痛くて泣いた. I *cried* with [from the] pain.
- 私たちはうれし泣きした.
  We *cried* [*wept*] for joy.
- 泣きたい気分だった. I felt like *crying*.

## なく²【鳴く】

(鳥・虫が)**sing**[スィング], **chirp**[チャープ] (▶具体的な鳴き声を表すときは動物によって異なる動詞を用いる)
- 鳥が鳴いている. The birds are *singing*.

――表現メモ――
動物によって異なる「…が鳴く」の言い方
(あひるが) quack / (牛が) moo
(馬が) whinny, neigh / (かえるが) croak
(小鳥, 虫が) chirp / (猿が) chatter
(鶏が)(おんどり)crow; (めんどり)cluck
(猫が) meow / (ねずみが) squeak
(はとが) coo / (羊が) bleat / (豚が) oink

**なぐさめ**【慰め】
- 彼女に慰めの言葉をかけようとした.
  I tried to say something to *comfort* her.

**なぐさめる**【慰める】**comfort**[カムファト]; (元気づ

## なくす

ける）**cheer up**［チア アップ］
- ケンは友人を慰めた．
Ken *comforted* his friend.

**なくす**【無くす，亡くす】**lose**［ルーズ］→ うしなう
- ぼくはどこかで眼鏡をなくしてしまった．
I've *lost* my glasses somewhere.
- 彼女は先月おじいさんを亡くした．
She *lost* her grandfather last month.

**…なくて**（…ではなくて〜）**not … but** 〜
- いるかは魚ではなくてほ乳動物だ．
A dolphin is *not* a fish *but* a mammal.

**なくてはならない** **essential**［イセンシャル］, **vital**［ヴァイトゥル］

**…なくてもいい**【よい】【…（し）なくてもいい［よい］】→ …いい ❸

## なくなる¹【無くなる】

❶ 紛失(ふんしつ)する
　　　**lose**;
　　（見当たらない）**be missing**;
　　（消失する）**be gone**
❷ 尽(つ)きる　**run out**（**of** …）

❶［紛失する］**lose**［ルーズ］；（見当たらない）**be missing**［ミスィング］；（消失する）**be gone**［ゴン］
- 財布(さいふ)がなくなっちゃった！I have *lost* my wallet! / My wallet *is missing*!
- 席に戻(もど)ると，かばんがなくなっていた．
When I came back to my seat, my bag *was gone*.

❷［尽きる］**run out**（**of** …）［ラン アウト］
- 時間がなくなってしまった．
Time has *run out*. / I've *run out of* time.

**なくなる²**【亡くなる】**die**［ダイ］, **pass away**［パス アウェイ］→ しぬ くらべて!
- その俳優は去年亡くなった．
The actor *passed away* last year.

**なぐる**【殴る】**hit**［ヒット］；（殴り倒(たお)す）**knock down**［ナック ダウン］；（平手で）**slap**［スラップ］
- 強盗(ごうとう)は私の頭を殴った．The robber *hit* me *on* the head.（▶ on my head は×）
- ボクサーは対戦相手を殴り倒した．The boxer *knocked* his［her］opponent *down*.

**なげく**【嘆く】**be sad**［サッド］, **cry over** …［クライ］；（嘆き悲しむ）**grieve**［グリーヴ］
- 彼女は飼い犬の死を嘆いた．
She *cried over* the death of her pet dog.

**なげだす**【投げ出す】（仕事などを）**give up** …［ギヴ アップ］
- 途中(とちゅう)で投げ出したらプロのサッカー選手にはなれないよ．
You'll never become a professional soccer player if you *give up* half way.

**なげる**【投げる】
**throw**［スロウ］, **pitch**［ピッチ］；（軽く）**toss**［トス］

〈人・物〉に〈物〉を投げる
throw ＋〈人・物〉＋〈物〉/
throw ＋〈物〉＋ to ＋〈人・物〉
- マリははとにパンくずを投げた．Mari *threw* the pigeons bread crumbs. / Mari *threw* bread crumbs *to* the pigeons.

〈人・物〉目がけて〈物〉を投げる
throw ＋〈物〉＋ at ＋〈人・物〉
- 彼女は私に野球のボールを投げた．
She *threw* a baseball *at* me.

**…なければ**（…がなければ）**without** …［ウィザウト］；（もし…しなければ）**if … not**, **unless** …［アンレス］
- 私たちは水がなければ生きていけない．
We can't live *without* water.
- 一生懸命(けんめい)勉強しなければ，試験に落ちるよ．
*If* you *don't* study hard, you will fail the exam. / *Unless* you study hard, you will fail the exam.

**…なければならない**【…（し）なければならない】→ …ならない ❶

**なこうど**【仲人】**a go-between**［ゴウビトゥウィーン］, **matchmaker**［マッチメイカァ］

**なごむ** **feel at ease**［フィール］［イーズ］, **relax**［リラックス］
- 私たちは音楽を聞いてなごんだ．We *felt at ease* while listening to the music.

**なごやか**【和やかな】**friendly**［フレンドゥリィ］
- 和やかな雰囲気(ふんいき)の会合
a *friendly* meeting

**ナサ** **NASA**（アメリカ航空宇宙局：National Aeronautics and Space Administration の略）

米国・フロリダ州にある NASA の宇宙センター

**…なさい**【…（し）なさい】（▶主語（you）を省略して，動詞の原形で始める命令文の形をとる）
- 静かにしなさい．*Be* quiet.
- もっと大きな声で話しなさい．

*Speak* louder [*up*].
**なさけ**【情け】(哀(あわ)れみ)**pity**[ピティ]; (親切) **kindness**[カインドゥニス]
　**━情け深い kind**
**なさけない**【情けない】(惨(みじ)めな)**miserable**[ミザラブル]; (恥(は)ずかしい)**shameful**[シェイムフル]
・情けない気持ちになった. I felt *miserable*.
・カンニングをしたなんて情けない.
　It's *shameful* of you to cheat.
**なし**〖植物〗**a pear**[ペア]
**…なしで without** …[ウィザウト]
・彼女はすべて電卓なしで計算した.
　She calculated everything *without* a calculator.
**なしとげる**【成し遂げる】**accomplish**[アカンプリッシュ], **achieve**[アチーヴ]
**なじむ**(慣れる)**get used to** …[ユーストゥ] ➡ **なれる ❶**; (服などが)**fit**[フィット]
・マキは新しい環境(かんきょう)になじんできている.
　Maki is *getting used to* the new environment.
・ジーンズが体になじんできた.
　The jeans got to *fit* me better.
**なす an eggplant**[エッグプラント]
**なすりつける**(汚す)**smear**[スメア]; (…のせいにする)**put the blame on** …[プット][ブレイム]
・彼は私に責任をなすりつけた.
　He *put the blame on* me.

## なぜ

**why**[(ホ)ワィ], **how come?**[ハゥカム]; (何のために)(《話》)**what … for?**[(ホ)ワット] ➡ **どうして**

話してみよう！

😊 きのうはなぜ学校を休んだの？
*Why* were you absent from school yesterday?
😕 病気で寝(ね)ていたんだよ.
Because I was sick in bed.

・「そのパンを食べちゃ駄目(だめ)よ」「なぜ？」"You mustn't eat the bread." "*Why not?*"(▶否定文に対して「なぜ駄目なの？」とその理由をたずねる場合は, **not** が必要)
・彼がなぜうそをついたのかわからない.
　I don't know *why* he told a lie.
・なぜだかわからないけどきょうは出かけたくない. I don't know *why*, but I don't want to go out today.
**なぜか somehow**[サムハゥ], **for some reason**[リーズン]
・なぜか眠(ねむ)れなかった.
　*Somehow* I couldn't sleep.

## なぜなら

**because** …[ビコーズ]
・このＰＣはよく売れている. なぜなら持ち運びしやすいから. This PC sells well *because* it is easy to carry.
**なぞ**(なぞなぞ)**a riddle**[リドゥル]; (不思議なこと)**a mystery**[ミスタリィ]
・このなぞ(なぞ)が解ける？
　Can you solve this *riddle*?
・宇宙はいまだになぞだらけだ.
　The universe is still full of *mystery*.
　**━なぞの mysterious**[ミスティ(ア)リアス]
**なぞる trace**[トゥレイス]
**なた a hatchet**[ハチェット]
**なだかい**【名高い】**famous**[フェイマス], **well-known**[ウェルノゥン]; (悪名高い)**notorious**[ノゥトーリアス]
**なだめる**(落ち着かせる)**soothe**[スーズ], **calm**(**down**)[カーム(ダウン)]
・キャプテンは腹を立てた選手たちをなだめた.
　The captain *calmed* the angry players.
**なだらか**【なだらかな】**gentle**[チェントゥル]
・なだらかな坂 a *gentle* slope
**なだれ**【雪崩】**a snowslide**[スノゥスライド], **an avalanche**[アヴァランチ]

「なだれに注意」の標識

**ナチュラル**【ナチュラルな】**natural**[ナチャラル]
・ナチュラルメイク *natural* makeup

## なつ【夏】

(**a**)**summer**[サマァ] ➡ **はる¹**
・東京の夏はひどく暑い. In Tokyo it's awfully hot in (the) *summer*.
・今年[去年]の夏は雨が多かった.
　We had a lot of rain this [last] *summer*.
**夏風邪**(かぜ)(**a**)**summer cold**
**夏時間** ⦅米⦆**daylight saving time**, ⦅英⦆**summer time**(▶夏の間, 日照時間を有効に利用するため標準時間を１時間進める制度)
**夏ばて**：夏ばてだ. I'm *suffering from the summer heat*.
**夏服 summer clothes**; (制服)**summer**

## なつかしい

**uniform**
夏ミカン a *natsumikan* fruit
夏やせ：夏やせした. I *lost weight in the summer*.

**なつかしい**【懐かしい】
- この写真は懐かしい.
 This photo *brings back memories*.
- マリは日本の家族が懐かしい.
 Mari *misses* her family in Japan. (▶miss は「…がいなくて寂(ᡒᢅ)しく思う」の意)

**なつく** be attached to ...[アタッチト]
- うちの子猫(ᡒᢅ)は母になついている.
 Our kitten *is attached to* my mother.

**なづける**【名付ける】name[ネイム]
- 彼はその犬をバディと名付けた.
 He *named* the dog Buddy.
- 彼は父の名にちなんでナオと名付けられた.
 He was *named* Nao after his father.

**ナッツ**（木の実）a nut[ナット]

**…なっている**【…(することに)なっている】➡ …ことになっている

**なってない**（とても悪い）very bad[バッド]
- コーチはぼくのシュートがなってないと言った.
 The coach told me that my shot was *very bad*.

**なっとう**【納豆】natto; fermented soybeans[ファメンティド ソイビーンズ]（▶「発酵(ᡒᢅ)させた大豆」の意）

**なっとく**【納得する】be convinced (that .../of ...)[カンヴィンスト], be satisfied (with ...)[サティスファイド]
- 自分の結果に納得している.
 I *am satisfied with* my results.

**なつやすみ**【夏休み】⊕(the) summer vacation[サマァ ヴァケイション], ⊕(the) summer holiday(s)[ハラデイ(ズ)] ➡年中行事【口絵】
- 夏休みに自転車旅行をした. I took a bicycle trip during *the summer vacation*.

**なでしこ**〖植物〗a pink[ピンク]

**なでる**（さする）stroke[ストゥロウク];（軽くたたくようにして）pat[パット]; rub[ラブ]
- ケンは子犬の頭をなでた.
 Ken *patted* his puppy's head.
- 彼はレースの後, ひざをなでた.
 He *rubbed* his knee after the race.

**…など** and so on;（人をさすとき）and others[アザァズ];（…などの）such as ...[サッチ アズ]
- 私たちは庭にチューリップ, カーネーションなどを植えた. In our garden we planted tulips, carnations, *and so on*.
- 祖母はチョコレートやクッキーなどのお菓子をくれた. Our grandmother gave us sweets *such as* chocolates and cookies.

**ナトリウム**〖化学〗sodium[ソウディアム] (▶「ナトリウム」はドイツ語から)

**なな**【七(の)】seven[セヴン] ➡ さん¹
- 妹は7歳(ᡒᢅ)です.
 My sister is *seven* (years old).
- 七色の虹(ᡒᢅ) a *seven*-colored rainbow
- **一第七(の)** the seventh[セヴンス] (▶7thと略す)

**ななじゅう**【七十(の)】seventy[セヴンティ] ➡ さん¹
- (19)70年代 the (nineteen) *seventies*
- **一第七十(の)** the seventieth[セヴンティイス] (▶70thと略す)

**ななつ**【七つ(の)】seven[セヴン] ➡ なな

**ななめ**【斜めの】diagonal[ダイアガナル], slanted[スランティド]
- 斜めの線を引いた. I drew a *diagonal* line.
- **一斜めに** diagonally
- 道路を斜めに渡(ᡒᢅ)ってはいけません.
 Don't go *diagonally* across the road.

## なに【何】

**what**[(ホ)ワット] ➡ なん…
- 夕飯に何を食べたいですか.
 *What* do you want to eat for dinner?
- ここで何やってるの？
 *What* are you doing here?
- 動物は何がいちばん好きですか.
 *What* animal do you like best?
- 何が起こったの？ *What* happened?
- 「ひもがいるな」「何に使うの？」
 "I need a string." "*What* (is it) for?"
- 日記に何を書いたらいいかわからない.
 I don't know *what* to write in my diary.

## なにか【何か】

(肯定文で)something[サムスィング];（疑問文・if [whether]を含む文で）anything[エニィスィング]
- 君の机の上に何かあるよ.
 There is *something* on your desk.
- 何か食べ物をくださいませんか. Would you give me *something* to eat? (▶肯定の答えを期待している場合や, 人にものを勧(ᡒᢅ)める場合は, 疑問文中でもsomethingを使う)
- コーヒーか何か飲みませんか.
 Would you like coffee or *something*?
- 何かほしいものがあったら言ってね.
 Let me know if you want *anything*.
- 丘(ᡒᢅ)の上に何か見えますか. Can you see *anything* on the top of the hill?
- 何かコメントはありますか？
 Are there *any* comments?

## なまける

**なにがなんでも**【何が何でも】**no matter what**[マタァ(ホ)ワット], **at any cost**[エニィ コスト]→ どうしても
- 何が何でも勝たなきゃいけない．
  We must win *no matter what*. / We must win *at any cost*.

**なにげない**【何げない】**casual**[キャジュアル]
- 私たちは何げない会話をした．
  We had a *casual* conversation.
- **何げなく casually, in a casual way**

**なにしろ anyway**[エニィウェイ]→ とにかく

**なにも**【何も…ない】**not … anything**[エニィスィング], **nothing**[ナッスィング]
- けさは何も食べていない．
  I *didn't* eat *anything* this morning.
- きょうは何もおもしろいことがなかった．
  There was *nothing* exciting today.（▶ nothing ＋〈形容詞〉の語順に注意）

**なにもかも**【何もかも】**everything**[エヴリィスィング]；（何もかも…ない）**nothing**[ナッスィング]
- ホームステイの体験は何もかもすばらしかった．*Everything* I experienced during my homestay was wonderful.

**なにより**〈形容詞・副詞の比較級〉＋**than anything else**[エニィスィング エルス]
- 愛情はなにより大切だ．Love is *more* important *than anything else*.
- お役に立ててなによりです．
  *Happy*［*Glad*］to be of help.

**なのか**【七日】（**the**）**seventh**[セヴンス]
- 7日目 *the seventh day*
- 7日間 *for seven days*

**…なので**→ …ので，だから

**…なのに**→ …のに❶，けれども

**ナプキン**（食卓(しょく)用）**a napkin**[ナプキン]；（生理用）**a sanitary napkin**[サナテリィ]

**なふだ**【名札】**a name card**[ネイム カード]，
**a nameplate**[ネイムプレイト]

**なべ**（浅めで片柄(え)の）**a pan**[パン]；（深めで両柄の）**a pot**[パット]
- 今夜はなべ（料理）だ．
  We are having a one-*pot* dish（cooked at the table）tonight.

## なま【生の】

| ❶加熱していない | **raw, uncooked**；（新鮮(しん)な）**fresh** |
| ❷実況(じっ)の | **live** |

❶[加熱していない]**raw**[ロー], **uncooked**[アンクックト]；（新鮮な）**fresh**[フレッシュ]
- 生の魚 *raw fish*

❷[実況の]**live**[ライヴ]
- 生のコンサートを見に行った．
  We went to see a *live* concert.
- 生演奏 a live performance
- 生傷 a fresh wound
- 生クリーム fresh cream
- 生ごみ garbage
- 生卵 a raw egg
- 生中継(ちゅう) a live broadcast, a live stream
- 生チョコレート fresh creamy chocolate
- 生煮えの half-cooked
- 生ハム raw ham
- 生ビール draft beer
- 生放送 a live broadcast
- 生水 unboiled water
- 生野菜 fresh vegetables

**なまいき**【生意気な】**cheeky**[チーキィ]
- その男の子は生意気だ．That boy is *cheeky*.

## なまえ【名前】
**a name**[ネイム]
- そのゲームの名前は何ですか．
  What is the *name* of that game? / What *is* that game *called*?
- ココという名前の犬 a dog *named* Koko

> 話してみよう！
> ☺お名前を教えていただけますか．
> May I ask［have］your *name*, please?
> ☻森田コウジです．
> My *name* is Koji Morita.

> **ここがポイント！** 名前のたずね方
> What's your name? はふつう目下に対して使う言い方です．場合によっては失礼な感じを与(あた)えるので，初対面の人にはMay I ask［have］your name? が適切です．また，Who are you? は「おまえはだれなんだ」と問いただす調子になるので，名前を聞くときには使わないようにしましょう．

> **ここがポイント！** 名前の順序
> 英語圏(けん)の人の名前はMary Whiteのように「名（first name）」「姓（family［last］name）」の順になります．日本人の名前は，例えば「田中ユミ」はYumi Tanakaとすることも，Tanaka Yumiとすることもできます．

**━名前を付ける name**→ なづける
**なまぐさい**【生臭い】**fishy**[フィッシィ]
**なまける**【怠ける】（する意欲がなくて）**be lazy**[レ

イズィ］；（当然すべきことをしない）**neglect**［ニグレクト］
- だんだん怠けるようになってきた．
I'm getting *lazy*.
- ナオはきょう部屋を掃除するのを怠けた．
Nao *neglected* to clean his room today.
→怠け者 a *lazy* person

**なまこ** a **sea cucumber**［スィー キューカンバァ］
**なまず**【魚】a **catfish**［キャットフィッシュ］（複 catfish）
**なまぬるい**【生ぬるい】**lukewarm**［ルークウォーム］
**なまり**¹ an **accent**［アクセント］；（方言）a **dialect**［ダイアレクト］
- ロビンは英語なまりの日本語を話す．Robin speaks Japanese with an English *accent*.

**なまり**²【鉛】**lead**［レッド］（★発音注意）
**なみ**¹【波】a **wave**［ウェイヴ］；（さざ波）a **ripple**［リップル］
- 波が岸に打ち寄せていた．The *waves* were beating against the shore.
- 波に乗ろう！ Let's catch a *wave*!

**なみ**²【並み】（平均）**the average**［アヴ(ァ)リッヂ］
**なみき**【並木】**a row of trees**［ロウ］［トゥリーズ］
並木道 a **tree-lined street**［road］；（大通り）**an avenue**

## なみだ【涙】
a **tear**［ティア］（▶ふつう複数形で用いる）
- うれし涙 *tears* of joy
- 彼女は涙を流した．She shed *tears*.
- 涙が出そうだった．I was close to *tears*.
- 涙をふきなさい．Dry［Wipe］your *tears*.
- 私は涙をこらえた．I fought back my *tears*.
- ヒロの目は涙でいっぱいになった．
Hiro's eyes filled with *tears*.

**なみだぐましい**【涙ぐましい】**painful**［ペインフル］
- 涙ぐましい努力 *painful* efforts
**なみだぐむ**【涙ぐむ】**be moved to tears**［ムーヴド］［ティアズ］
- 景色がとてもきれいで涙ぐんだ．The view was so beautiful that I *was moved to tears*.
**なみだもろい**【涙もろい】**cry easily**［クライ イーズィリィ］
- ヨウコは涙もろい．Yoko *cries easily*.
**なめくじ**【動物】**a slug**［スラッグ］
**なめらか**【滑らかな】**smooth**［スムーズ］（★発音注意）（⇔ざらざらの rough）
- この布は滑らかだ．This cloth feels *smooth*.
→滑らかに **smoothly**

## なめる
（ぺろりと）**lick**［リック］；（しゃぶる）**suck**［サック］；（液体を）**lap**（**up**）［ラップ］

- 彼は唇をなめた．He *licked* his lips.
- 男の子はあめをなめていた．
The boy was *sucking* on a piece of candy.
- その犬はミルクをなめていた．
The dog was *lapping up* the milk.

**なや**【納屋】**a barn**［バーン］
**なやます**【悩ます】（困らせる）**trouble**［トゥラブル］；（心配させる）**worry**（**about** ...）［ワーリィ］；（じゃまする・迷惑をかける）**bother**［バザァ］
- 住民は騒音に悩まされていた．The residents *were bothered* by the noise.

**なやみ**【悩み】（心配）（a）**worry**［ワーリィ］；（問題）a **problem**［プラブレム］；（困っていること）**trouble**［トゥラブル］→なやむ
- 将来について悩み事がたくさんある．
I have many *worries* about my future.
- 部屋が狭いことが彼の悩みの種だった．
The small room was a *problem* for him.

## なやむ【悩む】
（不安・心配で）**worry**（**about** ..., **over** ...）［ワーリィ］, **be worried**（**about** ..., **over** ...）［ワーリィド］；（病気・特定の原因で）**be troubled**（**about** ..., **with** ...）［トゥラブルド］
- そんなつまらないことで悩まないで．
Don't *worry about* such little things.
- 私は将来についてとても悩んでいる．
I *am worried* a lot *about* my future.
- 友達へのプレゼントのことで少し悩んでいる．
I'm a little *troubled about* a gift for my friend.

**…なら**（もし…ならば）**if** ...［イフ］；（…に関しては）**as for** ..., **as to** ...
- 物まねならケンがクラスで一番だよ．*If you are* talking about imitations, Ken is the best in the class.（←物まねについて言うなら）
- もし，ピアノがひけるなら，ぼくたちのバンドに入れるよ．*If you can* play the piano, you can join our band.

**ならいごと**【習い事】**lessons**［レッスンズ］
- ジュンはピアノの習い事でいそがしかった．
Jun was busy going to his piano *lessons*.

## ならう【習う】
（学ぶ）**learn**［ラーン］；（教科として）**study**［スタディ］；（レッスンを受ける）**take lessons**［レッスンズ］
- 私たちは学校で英語を習っている．
We *study*［*learn*］English at our school.
- ぼくは彼女にチェロを習っている．
I *take* cello *lessons* from her.

**…することを習う**
**learn**（**how**）**to** +〈動詞の原形〉

- ぼくはギターを習いたい．
  I want to *learn how to* play the guitar.

**慣用表現**

**習うより慣れろ**．Practice makes perfect.（← 練習すれば完全になる）

**ならす¹**【鳴らす】**sound**[サウンド]；（鐘(かね)・ベルなどを）**ring**[リング]；（クラクション・らっぱなどを）**honk**[ハンク]，**blow**[ブロウ]
- 運転手はクラクションを鳴らした．
  The driver *sounded* the horn.

**ならす²**【慣らす】（習慣づける）**accustom**[アカスタム]，**get used to** ...[ユースト]；（動物を）**tame**[テイム]
- 耳を英語に慣らすようにしている．
  I'm trying to *get used to* the sound of English.

**ならす³**【平らにする】**level**[レヴァル]

## …ならない

| ❶必要 | **must**+〈動詞の原形〉，**have to**+〈動詞の原形〉 |
| --- | --- |
| ❷禁止 | **must not**+〈動詞の原形〉，**may not**+〈動詞の原形〉，**should not**+〈動詞の原形〉，**Don't**+〈動詞の原形〉 |
| ❸仕方がない | **can't help**+〈-ing形〉 |

❶〔必要〕**must**+〈動詞の原形〉[マスト]，**have to**+〈動詞の原形〉[ハフタ]➡…いけない❶

**…しなければならない**

must+〈動詞の原形〉／ have to+〈動詞の原形〉
- 今朝はバスに乗らなくてはならない．
  I *must* catch the bus this morning.
- 今夜は宿題をしなくてはならない．I *must* [*have to*] do my homework tonight.

**くらべてみよう！** **must と have to**

**must**は「どうしても…しなければならない」といった強いひびきを持つので，日常の会話ではやわらかな言い方の**have to**を多く用います．

**ここがポイント！** 「…しなければならない」の過去・未来を表す表現

**must**には過去形がないので，「…しなければならなかった」を表すには**had to**を使います．また，**must**は助動詞なので，他の助動詞と同時に使うことはできません．したがって未来のことを表すには**will have to**を使います．

なりきる

- 宿題をしなくてはならなかった．
  I *had to* do my homework.
- きょうは私が夕食を作らなければならないだろう．
  I *will have to* cook supper today.

❷〔禁止〕**must not**+〈動詞の原形〉，**may not**+〈動詞の原形〉[メイ]，**should not**+〈動詞の原形〉[シュッド]，**Don't**+〈動詞の原形〉[ドウント]➡…いけない❷

**…してはならない**

must not+〈動詞の原形〉／
may not+〈動詞の原形〉／
should not+〈動詞の原形〉／
Don't+〈動詞の原形〉
- 図書館で騒(さわ)いではいけない．
  You *mustn't* [*may not*, *shouldn't*] be noisy in the library. ／ *Don't* be noisy in the library.
- うそをついてはならない．
  You *shouldn't* tell lies.

**ここがポイント！** 「…してはならない」の言い方

否定形**must not**は「絶対に…してはならない」という強い禁止を表します．おだやかな禁止を表すには**may not**を用います．

❸〔仕方がない〕**can't help**+〈-ing形〉[ヘルプ]
- 試験の結果が気になってならない．
  I *can't help* worry*ing* about the results of the exam.

**ならぶ**【並ぶ】（人が整列する）**line up**[ライン アップ]，圏**queue**（**up**）[キュー]（★発音注意）；（縦1列に）**stand in**（**a**）**line** [圏**queue**][スタンド]；（横1列に）**stand in a row**[ロウ]➡れつ図
- 並んでください．Will you *line up*, please?
- 私は切符(きっぷ)を買うために列に並んだ．
  I *stood in* (*a*) *line* to buy a ticket.

**━並んで side by side**
- 私たちは並んで座(すわ)った．
  We sat *side by side*.

**ならべる**【並べる】（整列させる）**line up**[ライン アップ]；（縦1列に）**put ... in a line**；（横1列に）**put ... in a row**[ロウ]；（配置する）**arrange**[アレインヂ]➡れつ図
- 彼は本を本棚(ほんだな)に並べた．He *lined up* [*arranged*] the books on the shelf.
- 私たちはいすを縦1列［横1列］に並べた．
  We *put* our chairs *in a line* [*row*].
- テーブルにお皿を並べてくれる？
  Will you *set* the table?

**なりきる**【なり切る】（役に）**get into** *one***'s role** [ロウル]

**…なりそうだ**
- 彼は主人公になり切った.
He *got into his role* of the hero.

**…なりそうだ** be likely to+〈動詞の原形〉[ライクリィ]→…そうだ❸

**…なりたい**→…なる❶

**なりたつ**【成り立つ】→なる³

**…なりに**
- 私なりに努力したが、結果を出せなかった.
I tried *in my (own) way*, but my efforts didn't bear fruit.

**なりゆき**【成り行き】(the) course[コース]
- 今は成り行きに任せよう.
I will let things *take their course*.

**なる¹**【鳴る】sound[サウンド]; (ベル・鐘(%)などが) ring[リング]; go off[ゴゥ オーフ](▶特に目覚まし時計などに使う)
- 電話が鳴ってるよ.
The telephone is *ringing*.
- 朝6時に目覚まし時計が鳴った. The alarm clock *went off* at six in the morning.

**なる²**【(実が)】grow[グロゥ]; (木が実をつける)bear[ベア]
- この木にはたくさんのりんごがなる.
A lot of apples *grow* on this tree.
- 桃(%)の木に実がなった.
The peach tree *bore* fruit.

**なる³**【成る】(構成されている)consist(of …)[カンスィスト], be made up(of …)[メイド アップ]
- 天の川は無数の星から成っている. The Milky Way *consists of* countless stars.

## …なる【…(に)なる】

❶ある状態に
become, be, get

❷ある状態から別の状態に
turn, change

❸…するようになる
come [get] to+〈動詞の原形〉;
(…できるようになる)
learn to+〈動詞の原形〉

❹…の結果になる
come to …;
(総計して)come [amount] to …;
(計算して)make

❺時が…に達する
come around; (時がたつ)be, have+〈過去分詞〉

❶[ある状態に]become[ビカム], be[ビー], get[ゲット]

…になる
become+〈名詞・形容詞〉/ get+〈形容詞〉

- 姉は大学生になった.
My sister *became* a university student.
- 暗くなってきた.
It's *getting* [*becoming*, *growing*] dark.

> 話してみよう!
> ☺君は将来何になりたいの.
> What do you want to *be* in the future?
> 😊ジャーナリストになりたいです.
> I want to *be* a journalist.(▶未来のことについてはbecomeよりbeを使うのがふつう)

- 私は来年17歳(%)になる.
I will *be* seventeen next year.
- 頭が痛くなった. I *got* a headache.

❷[ある状態から別の状態に]turn[ターン], change[チェインヂ]
- 木の葉が赤くなった.
The leaves *turned* red.
- 毛虫が蝶(%)になった. A caterpillar *turned* [*changed*] *into* a butterfly.

❸[…するようになる]come [get] to+〈動詞の原形〉[カム]; (…できるようになる)learn to+〈動詞の原形〉[ラーン]
- すぐに新しい学校が楽しくなるよ. You will *come to* enjoy the new school soon.
- コウタはスライダーが投げられるようになってきた. Kota is *learning to* throw a slider.

❹[…の結果になる]come to …; (総計して) come [amount] to …[アマウント]; (計算して)make[メイク]
- お勘定(%)は3500円になります.
Your bill *comes* [*amounts*] *to* three thousand five hundred yen.
- 48足す33は81になる.
Forty-eight and thirty-three *make*(*s*) eighty-one.

❺[時が…に達する]come around[アラウンド]; (時がたつ)be, have+〈過去分詞〉(▶現在完了形)
- 春になると何か新しいことをしたくなる.
I want to do something new when spring *comes around*.
- 私たちが出会ってから6年になる.
It *is* six years since we met. / Six years *have* passed since we met.

**なるべく** as … as possible [one can][パスィブル]
- なるべく早く来てください. Please come *as* soon *as possible* [*you can*].
- なるべくお金をためよう. I'm going to save *as* much money *as possible*.

# なるほど

❶ 相づちの言葉として
　I see., Of course.;
　(わかったとき)I get it!, OK.
❷ 本当に　　indeed, really

❶ [相づちの言葉として]**I see.**[スィー], **Of course.**[アフコース]; (わかったとき)**I get it!**[ゲット], **OK.**[オゥケィ]
- 「この辞書は便利だよ」「なるほど，使ってみるよ」"This dictionary is helpful." "*I see*. I'll try it."

❷ [本当に]**indeed**[インディード], **really**[リー(ァ)リィ]
- なるほど，これは大きなかぼちゃだ．
  This is *really* a big pumpkin.

**ナレーション** (a) **narration**[ナレイション]
　**ーナレーションする narrate**[ナレイト]
**ナレーター a narrator**[ナレイタァ]
**なれなれしい too friendly**（with …）[フレンドゥリィ]
- その店員さんはやけになれなれしかった．
  The shop assistant was *too friendly*.
- なれなれしくしないで．
  Don't get *fresh* with me.

# なれる【慣れる】

❶ 人が　　get [become] used to …;
　　　　　(慣れている)be used to …
❷ 動物が　　be tame

❶ [人が]**get [become] used to …**[ビカム ユースト]; (慣れている)**be used to …**

**…に慣れる**
**get [become] used to** +〈名詞または -ing 形〉
- 新しい学校にすぐ慣れるだろう．
  You'll soon *get used to* the new school.
- 2, 3か月すると彼女は早起きに慣れた．
  After a few months she *got used to* gett*ing* up early.

**…に慣れている**
**be used to** +〈名詞または -ing 形〉
- 彼はコンピュータを使うのに慣れていない．
  He *is* not *used to* us*ing* a computer.

❷ [動物が]**be tame**[テイム]
- この馬はとても人になれている．
  This horse *is* quite *tame*.

**なわ**【縄】**a rope**[ロウプ]; (細い)**a cord**[コード]
　‖ 縄ばしご **a rope ladder**
**なわとび**【縄とび】**a jump rope**[ヂャンプ ロウプ]
　ー縄とびをする **jump rope**

# なん…【何…】

→なに, なんかい, なんさい, なんじ, なんにち, なんにん, なんねん, なんようび

❶ 不特定の物事　　what
❷ 不特定の数量　　(いくらか)some;
　　　　　　　　　(たくさん)many

❶ [不特定の物事]**what**[(ホ)ワット]

😊 これは何ですか．
　　*What* is this?
😊 お弁当箱です．
　　It's a lunch box.

話してみよう！

- (聞き返して)何だって？ *What*?
- あれ，何て言うんだっけ？
  *What* do you call that?
- 英語の試験は何点だった？
  *What* [*How many* points] did you get on the English exam?
- 君，何年生？
  *What* grade are you in?

❷ [不特定の数量](いくらか)**some**[サム]; (たくさん)**many**[メニィ]
- かごにオレンジが何個か入っている．
  There are *some* oranges in the basket.
- 人気のパンを買うのに何時間も並んだ．
  I stood in line for *many* hours to buy the popular bread.

**なんい**【南緯】**the south latitude**[サウス ラティトゥード]

# なんかい【何回】

**how many times**[ハウ メニィ タイムズ], **how often**[オーフン]
- 金沢には何回行きましたか．*How many times* have you been to Kanazawa?
- 週何回くらいテニスの練習をしているの？
  *How often* do you practice tennis a week?

　ー何回も **many times**; (繰(°)り返して)**again and again**[アゲン]; (しばしば)**often**
- あなたに何回もメッセージを送ったよ．
  I sent you messages *again and again*.

**なんかん**【難関】**a difficulty**[ディフィカルティ], **an obstacle**[アブスタクル]
**なんきゅう**【軟球】**a rubber ball**[ラバァ ボール]→なんしき
**なんきょく**【南極】**the South Pole**[サウス ポウル] (⇔北極 the North Pole)→ちきゅう 図

- 南極の Antarctic[アンタークティック] (⇔北極の Arctic)

南極海 the Antarctic Ocean
南極観測隊 an Antarctic survey (party)
南極大陸 the Antarctic Continent, Antarctica
南極探検 an Antarctic expedition
南極点 the South Pole

**なんこう**【軟こう】(an) ointment[オイントゥマント]

**なんごく**【南国】a southern country[サザーン カントゥリィ]
- 南国の tropical[トゥラピカル]
・マンゴーは南国の果物です．
  A mango is a *tropical* fruit.

## なんさい【何歳】
how old[オウルド]

> 話してみよう！
> ☺君のお父さんは何歳ですか．
>   *How old* is your father?
> 😊45歳です．
>   He is forty-five (years old).

・何歳で水泳を始めましたか．*How old* were you when you started swimming?

## なんじ【何時】
what time[(ホ)ワット タイム]; (いつ)when[(ホ)ウェン]

> 話してみよう！
> ☺何時ですか．
>   *What time* is it? / Do you have the time? (►くだけた言い方)
> 😊12時50分です．/ 1時10分前です．
>   It's twelve fifty. / It's ten minutes to one.

・何時ごろ行ったの？ *When* did you go?

**なんしき**【軟式】
軟式テニス softball tennis
軟式野球 rubberball baseball

**なんじゃく**【軟弱な】(人が) wimpy[ウィンピィ], sissy[スィスィ]
- 軟弱な人 a wimp, a sissy

**なんせい**【南西】the southwest[サウスウェスト] (► SWと略す．「西南」の訳語も同じ．)
- 南西の southwest, southwestern
- 南西に southwest, to [in] the southwest

**ナンセンス** nonsense[ナンセンス]

**なんだ** Oh[オゥ], What[(ホ)ワット] (►驚(おどろ)き・意外な気持ちなどを表す)
・なんだ，君か．中に入りなよ．
  *Oh*, it's you! Come in.
・なんだ，ぼくにはこれだけ？
  *What*? Is this all for me?

**なんだか**(どういうわけか) somehow[サムハウ]; (幾分(いくぶん)) somewhat[サム(ホ)ワット]→なぜか，なんとなく
・なんだか疲(つか)れてた．
  I am *somewhat* tired.

**なんだかんだ**【何だかんだ】
・何だかんだでマリとずっとメールしていた．
  I texted with Mari for many hours.

**なんちょう**【難聴】impaired hearing[インペアド ヒ(ァ)リング]

## なんて【何て】
(何て…なのだろう) How …![ハゥ]; (何て…な〜だろう) What …![(ホ)ワット]

**…は何て〈形容詞・副詞〉なのだろう**
How+〈形容詞・副詞〉+ ... +〈動詞〉!
・この花は何てきれいなのだろう．
  *How* beautiful this flower is!
・彼女は何てピアノがうまいのだろう．
  *How* well she can play the piano!

**…は何て〈形容詞〉な〜なのだろう**
What (a [an])+〈形容詞〉+ 〜 + ... +〈動詞〉!
・彼らは何て親切な人たちなのだろう．
  *What* kind people they are!
・何てことをしてしまったんだ！
  *What* have I done!

**…なんて**
・彼が満点を取ったなんて，信じられない．
  I (just) can't believe that he got full marks.

**なんで**【何で】why[(ホ)ワィ]→なぜ

## なんでも【何でも】
(どんなものでも) anything[エニィスィング]; (どれでも全部) everything[エヴリィスィング]; (何でもない) nothing[ナッスィング]
・君のためなら何でもするよ．
  I will do *anything* for you.
・「夕食は何がいい？」「何でもいいよ」

"What do you want to have for dinner?"
"*Anything* is fine."
- ケンはそのアニメのことなら何でも知っている.
Ken knows *everything* about that anime.
- 「どうかしたの」「何でもないよ」
"What's the matter?" "*Nothing*."

**なんてん**【難点】**a difficult point**[ディフィカルト ポイント]

**なんと**【何と】

| ❶疑問 | what, how |
|---|---|
| ❷感嘆(かんたん) | how, what |

❶[疑問] **what**[(ホ)ワット], **how**[ハウ]
- 「桜」は英語で何と言いますか.
*How* do you say "sakura" in English?

❷[感嘆] **how, what**→なんて

**なんど**【何度】→なんかい
- 熱は何度あるの.
*What*'s your temperature?

**なんとう**【南東】**the southeast**[サウスイースト](▶SEと略す.「東南」の訳語も同じ)
— 南東の **southeast, southeastern**
— 南東に **southeast, to [in] the southeast**

**なんとか**(どうにか)**somehow**[サムハウ]
- なんとか月曜日までにこの宿題を終わらせます.I'll finish this homework by Monday *somehow*.
— なんとか…する **manage to**+〈動詞の原形〉[マニッヂ]
- カズはアキラとなんとか仲直りした.
Kazu *managed to* make up with Akira.

**なんとなく somehow**[サムハウ]→なんだか
- なんとなく彼が好きになれない.
*I don't know why*, but I don't like him.

**なんとも**
- なんとも大変なことになった.
The situation is really troublesome.

**なんども**【何度も】→なんかい

**なんにち**【何日】(日数をたずねて)**how many days**[ハウ メニィ デイズ];(月日をたずねて)**what day**[(ホ)ワット デイ]
- 北海道には何日滞在(たいざい)する予定ですか.
*How many days* are you going to stay in Hokkaido?
- きょうは何日? *What*'s the *date* today? / *What day* of the month is it today?

**なんにん**【何人】**how many people**[ピープル]
- 何人家族ですか. *How many* (*people*) are there in your family?

**なんねん**【何年】
(年数をたずねて)**how many years**[ハウ メニィ イアズ];(年月をたずねて)**what year**[(ホ)ワット イア]
- あの事故から何年になりますか. *How many years* have passed since that accident?

> 😊 あなたは何年生まれですか.
> In *what year* were you born? /
> When were you born?
> 😀 2011年生まれです.
> I was born in 2011.

話してみよう!

- 子どものとき外国に何年も住んでいた.
I lived abroad for *many years* when I was a child.

**なんの**【何の】→なに

**なんぱ**【難破する】**be wrecked**[レックト]

**ナンバー a number**[ナンバァ](▶No., no.と略す);(車の)**a license number**[ライサンス]
- ナンバープレート ⊛**a license plate**, ⊛**a number plate**→くるま図
- ナンバーワン **number one**

**なんばん**【何番】→ばん²❶❷
- あなたは何番ですか? What *number* are you?

**なんびょう**【難病】**a grave disease**[グレイヴ ディズィーズ]

**なんぶ**【南部】**the southern part**[サザァン パート], **the south**[サウス];(米国の)**the South**
— 南部の **southern**

**なんべい**【南米】**South America**[サウス アメリカ]
— 南米の **South American**
- 南米大陸 **the South American Continent**

**なんべん**【何べん】→なんかい

**なんぼく**【南北】**north and south**[ノース][サウス](▶日本語と逆の語順に注意)
- 南北戦争 (米国の)**the** (**American**) **Civil War**

**なんみん**【難民】**a refugee**[レフュヂー]
- 難民キャンプ **a refugee camp**

**なんもん**【難問】**a difficult question** [**problem**] [ディフィカルト クウェスチョン [プラブラム]]

**なんようび**【何曜日】
- きょうは何曜日ですか.
*What day of the week* is it today?

# に

**に¹**【二(の)】**two**[トゥー]→**さん¹**
- 2回 twice / *two* times
- 2分の1 a half / one half
- **—第二(の) the second**[セカンド]（▶2ndと略す）

**に²**【荷】（積み荷）**a load**[ロウド]

慣用表現
**荷が重い be too much**（**for** ...）：キャプテンになるのは私には荷が重すぎる. Being a captain *is too much for* me.

## …に

| | |
|---|---|
| ❶時 | at ..., on ..., in ... |
| ❷場所 | at ..., in ..., on ... |
| ❸方向, 帰着点 | to ..., for ..., toward ... |
| ❹動作の対象・目的 | （対象）to ..., for ...;（目的）for ... |
| ❺原因, 理由 | at ..., with ... |
| ❻動作主 | by ... |
| ❼割合 | a, out of ... |

❶[時]**at** ...[アット], **on** ...[アン], **in** ...[イン]
- 私はけさ6時に起きた.
  I got up *at* six this morning.
- 日曜日に泳ぎに行こう.
  Let's go swimming *on* Sunday.
- 私は2012年5月13日に生まれた.
  I was born *on* May 13, 2012.
- 5月7日の午後に来てください.
  Please come *on* the afternoon of May 7.（▶単に「午前[午後]に」は *in* the morning [afternoon]だが, 特定の日の午前[午後]をさす場合は on を用いる）
- 祖父は1947年に生まれた.
  My grandfather was born *in* 1947.
- 私たちは3月に宮崎へ引っ越しします.
  We are moving to Miyazaki *in* March.

> **くらべてみよう！** 時を表す at と on と in
> **at**:「時の一点, 時刻」を言うときに使います.
> **on**:「日, 曜日」を言うときに使います.
> **in**:「年, 月, 季節, 世紀」のように「比較的長い時」について使います.

❷[場所]**at** ..., **in** ..., **on** ...
- 私たちはバス停に並んだ.
  We lined up *at* the bus stop.
- 私は大阪に住んでいる. I live *in* Osaka.
- 壁にすてきな絵が飾ってあった.
  There was a nice picture *on* the wall.

> **くらべてみよう！** 場所を表す at と in と on
> **at**:「一点を意識するような狭い場所」を示します.
> **in**:「比較的広い場所」や「ある範囲の内側」を示します.
> **on**: 表面に接触した状態であれば「…の上に」「…の側面に」「…の下に」など広い意味で用いることができます.

❸[方向, 帰着点]**to** ...[トゥー], **for** ...[フォア], **toward** ...[トード]
- 私は東京ディズニーランドに行きたい.
  I want to go *to* Tokyo Disneyland.
- 彼は大阪に出発した. He left *for* Osaka.
- ケンは川のほうに行った.
  Ken went *toward* the river.

> **くらべてみよう！** to と for と toward
> **to**: 方向に加えて,「その場所まで行く」という帰着点を表します.
> **for**:「…に向かって」というはっきりした目標地点を示します.
> **toward**: 移動の方向を表す語で, 実際にそこまで行くかどうかは問題にしません.

❹[動作の対象・目的]（対象）**to** ..., **for** ...;（目的）**for** ...
- 彼は妹にお菓子をあげた. He gave snacks *to* his sister. / He gave his sister snacks.
- 家族全員でドライブに行った. I went *for* a drive with the whole family.

❺[原因, 理由]**at** ..., **with** ...[ウィズ]
- 母はその知らせに驚いた.
  My mother was surprised *at* the news.
- 彼女は痛さに跳びあがった.
  She jumped *with* pain.

❻[動作主]**by** ...[バイ]
- ケンは両親にしかられてばかりいる.
  Ken is always scolded *by* his parents.

❼[割合]**a, out of** ...[アウト]→**つき²**
- 1週間に1度 once *a* week
- 10人に1人 one *out of* ten people

**にあう**【似合う】**suit**[スート];（調和する）**go**（**well**）**with** ...[ゴウ]**[マッチ]**;（服などが）**look nice**[**good**]（**on** ...）[ルック ナイス[グッド]]
- そのドレスはユキによく似合っていた.
  The dress *suited* Yuki well. / The dress

*looked* really *nice* [*good*] *on* Yuki.
- このスカートにはどのセーターが似合うかな. Which sweater *goes well with* this skirt?
- 赤が似合いますね. You *look good* in red.

**にいさん**【兄さん】→ あに

**にえる**【煮える】**boil**[ボイル], **be boiled**;（料理される）**cook**[クック], **be cooked**
- このにんじんはよく煮えている. These carrots *are well cooked*.

## におい
(a) **smell**[スメル]（▶形容詞がつかない場合は「悪臭(あくしゅう)」の意味になることが多い）;（不快な）**an odor**[オウダァ]
— においがする **smell**
- このゆりは甘(あま)いにおいがする. This lily *smells* sweet. / This lily *has a* sweet *smell*.
- これはコーヒーのようなにおいがする. This *smells* like coffee.

**におう**→ におい

**にかい**[1]【二回】**twice**[トゥワイス]→ にど, …かい[1]

**にかい**[2]【二階】⊕ **the second floor**[セカンド フロア], ⊕ **the first floor**[ファースト]→ …かい[2]
- 私の部屋は2階にある. My room is on *the second floor*.
- 2階建ての家 a *two-story* house
— 2階で[に] **upstairs**[アップステァズ]
- 2階に上がろう. Let's go *upstairs*.

**にがい**【苦い】(味 が)**bitter**[ビタァ](⇔ 甘(あま)い **sweet**);（経験などがつらい）**bitter, hard**[ハード]
- この薬は苦い. This medicine tastes *bitter*.
- 苦い経験をした. I had a *bitter* experience.

**にがうり**【苦うり】→ ゴーヤー

**にがおえ**【似顔絵】**a portrait**[ポートゥリット]
- エリが似顔絵を描(か)いてくれた. Eri drew a *portrait* of me.

**…にかけて**→ …かけて

**にがす**【逃がす】**let … go**[レット][ゴゥ], **set … free**[セット][フリー];（機会を）**miss**[ミス]
- 子どもたちはかぶと虫を逃がしてやった. The children *let* the beetles *go*.

**にがつ**【二月】**February**[フェビュエリィ]（▶常に大文字で始め, Feb.と略す）→ いちがつ
- ここでは2月に雪がたくさん降る. We get a lot of snow here in *February*.

## にがて【苦手な】
**be not good**（**at …**）[グッド], **bad**（**at …**）[バッド], **weak**（**in …**）[ウィーク]
- 英語は苦手だ. I *am not good at* English.
- 数学は私の一番苦手な科目です. Math is my *weakest* subject.
- くもは苦手だ. I *don't like* spiders.
- 押しの強い人は苦手だ. I *don't get along with* aggressive people.

**にがわらい**【苦笑いする】**smile bitterly**[スマイル ビタァリィ]

**にきび a pimple**[ピンプル], **acne**[アクニ]

- 顔ににきびがある. I have some *pimples*.
— にきびだらけの **pimply**[ピンプリィ]
  にきび用化粧(けしょう)水 **acne lotion**
  にきび面(づら) a *pimply* face

**にぎやか**【にぎやかな】**lively**[ライヴリィ]（★発音注意）;（通りなどが）**busy**[ビズィ];（騒々(そうぞう)しい）**noisy**[ノイズィ]
- にぎやかな通り a *busy* street
- 会場はとてもにぎやかだった. The place was very *lively*.

**にぎり**【握り】**a knob**[ナブ], **a grip**[グリップ]

**にぎる**【握る】(手に持つ)**hold**[ホウルド];（握りしめる）**grasp**[グラスプ], **grip**[グリップ]（▶gripのほうが握り方が強い）

hold

grip

- 彼女はその子の手を優(やさ)しく握った. She *held* the child's hand gently.
- ラケットをしっかり握りなさい. *Grip* your racket tightly.

**にぎわう**（混雑する）**be crowded**（**with …**）[クラウディド]
- 原宿は買い物客でにぎわっていた. Harajuku *was crowded with* shoppers.

## にく【肉】
(食用の肉)**meat**[ミート]（▶ふつう鶏(とり)肉・魚肉は含(ふく)まない）;（人間・動物の肉, 果肉）**flesh**[フレッシュ]

にくい

> **ここがポイント!** 「肉」の言い方
> 英語では動物の名前とその食肉との呼び方が異なることがあります.
> 牛肉 beef / 豚(ぶた)肉 pork /
> 羊の肉 mutton / 子羊の肉 lamb

肉団子 a meatball
肉ばなれ: 肉ばなれを起こした. I *pulled a muscle*.
肉まん a (steamed) meat bun
肉店, 精肉店 a meat [butcher] shop
肉料理 meat dish

**にくい**【憎い】hateful[ヘイトゥフル] → にくむ
- 憎い敵 a *hateful* enemy

## …にくい【…(し)にくい】
difficult to+〈動詞の原形〉[ディフィカルト], hard to+〈動詞の原形〉[ハード]
- この本は読みにくい.
This book is *difficult* [*hard*] *to* read. / It's *difficult* [*hard*] *to* read this book.

**にくがん**【肉眼】the naked eye[ネイキッド アイ]
**にくしみ**【憎しみ】(a) hatred[ヘイトゥリッド]
**にくしょく**【肉食の】(動物が)flesh-eating[フレッシュイーティング]
| 肉食動物 carnivore, a flesh-eating animal
**にくたい**【肉体】the body[バディ]
━肉体の physical[フィズィカル], bodily
━肉体的に physically
| 肉体労働 physical labor
**にくまれぐち**【憎まれ口をたたく】say nasty things (to …)[セィ ナスティ スィングズ]
**にくむ**【憎む】hate[ヘイト] (⇔愛する love)
- 戦争を何よりも憎む.
I *hate* war more than anything else.
**にくらしい**【憎らしい】hateful[ヘイトゥフル] → にくい
**にぐるま**【荷車】(手押(お)し車)a cart[カート]
**にぐん**【二軍】(野球)a second team[セカンド ティーム], a farm team[ファーム ティーム]

## にげる【逃げる】
run away (from …)[ラン アウェイ], get away (from …)[ゲット], escape (from …)[イスケイプ]
- 野良(のら)犬から逃げた.
I *ran away from* the stray dog.
- 公園で私の犬が逃げ出した.
My dog *got away from* me in the park. / My dog *escaped from* me in the park.
- この問題からは逃げられない.
We can't *escape from* this problem.

**にこにこ**【にこにこする】smile (at …)[スマイル]→にっこり
**にごる**【濁る】become [get] muddy[ビカム][マディ]; (濁っている)be muddy
- 大雨の後で, 川は濁っていた. After the heavy rain, the river *was muddy*.
━濁った muddy; (空気が)foul[ファウル]
**にさん**【二三(の)】(二つ三つの)two or three[トゥー][スリー]; (いくつかの)a few[フュー]
- 二三日前に *two or three* days ago
- 二三質問があります.
I have *a few* questions.
**にさんかたんそ**【二酸化炭素】carbon dioxide[カーボン ダイアクサイド]

## にし【西】
(the) west[ウェスト](⇔東 (the) east)(▶W.と略す) → きた
- 太陽は西に沈(しず)む. The sun sets in *the west*. (▶to the westは×)
- 長崎は佐賀の西にある.
Nagasaki lies (to *the*) *west* of Saga.
━西の west, western[ウェスタァン](⇔東の east, eastern)
━西へ[に] west, westward[ウェストワード]
| 西風 a west wind
| 西口 a west exit
| 西日本 Western Japan
| 西日 the afternoon sun
**にじ**[1] a rainbow[レインボウ]
- にじが出た. A *rainbow* appeared.
| にじ色 rainbow colors

にじ色の旗

**にじ**[2]【二次の】(二番目の)second[セカンド]; (二次的な)secondary[セカンデリィ]
- 第二次世界大戦 World War II(▶IIはtwoと読む)/ *the Second* World War
**…にしたがって**【…に従って】→ …したがって
**…にしては**→…ては❷
**にじむ**(ペン・紙などが)blot[ブラット]; (文字などが)be blurred[ブラード]; (インク・色などが)run[ラン]

- 文字が水でにじんだ. The letters *were blurred* by water.

**にじゅう¹**【二十(の)】**twenty**[トゥウェンティ]
- 彼女は20代だ. She is in her *twenties*.
- 20分の1 a *twentieth*
- **第二十(の)** **twentieth**[トゥウェンティアス](▶ 20thと略す)

| 二十世紀 the twentieth century
| 二十一世紀 the twenty-first century

## にじゅう²【二重の】
**double**[ダブル]
- **二重に** double; (二度)twice[トゥワイス]

| 二重あご a double chin
| 二重唱[奏] a duet
| 二重人格(人)a person with a split personality
| 二重丸 a double circle

**にじょう**【二乗】a **square**[スクウェア]
- 3の二乗は9. 3 *squared* is 9.
- **二乗する** square

**にじる**【煮汁】**broth**[ブロース]
**にしん**〘魚〙a **herring**[ヘリング]〘複 herring, herrings〙
**ニス** **varnish**[ヴァーニッシュ]
- **ニスを塗(ぬ)る** varnish

**…にすぎない**→…すぎない
**にせ**【偽の】**false**[フォールス], **fake**[フェイク]
- 偽のパスポート a *false* passport
- 偽のダイヤモンド a *fake* diamond

| 偽札 a counterfeit note
| 偽物 fake; (模造品)an imitation

**にせい**【二世】(日系アメリカ〔カナダ〕人の)a **Nisei**, a **nisei**[ニーセイ](複 Nisei, Niseis, nisei, niseis), **second generation**[セカンド ヂェナレイション]; (王・女王などの)the second
- エリザベス2世 Elizabeth II(▶IIはthe secondと読む)

**にせる**【似せる】(まねる)**imitate**[イミテイト]; (手本に合わせて)**model**(**on** ...)[マドゥル]
**にせん**【二千】**two thousand**[トゥー サウザンド]
**にたにた**【にたにた笑う】**smirk**[スマーク]

## …にち【…日】
(日にち)a **day**[デイ]; (日付)a **date**[デイト]→ p.509 ミニ絵辞典
- 3月は31日ある. There are thirty-one *days* in March.
- 期末テストまであと何日ですか. How many *days* are left before the term exam?

---

**ミニ絵辞典** …日(曜日 Day 日付 Date)

| 日曜日 Sunday | 月曜日 Monday | 火曜日 Tuesday | 水曜日 Wednesday | 木曜日 Thursday | 金曜日 Friday | 土曜日 Saturday |
| --- | --- | --- | --- | --- | --- | --- |
| SUN | MON | TUE | WED | THU | FRI | SAT |
| 1 1st first | 2 2nd second | 3 3rd third | 4 4th fourth | 5 5th fifth | 6 6th sixth | 7 7th 運動会 seventh |
| 8 8th eighth | 9 9th ninth | 10 10th tenth | 11 11th eleventh | 12 12th twelfth | 13 13th thirteenth | 14 14th fourteenth |
| 15 15th fifteenth | 16 16th sixteenth | 17 17th seventeenth | 18 18th eighteenth | 19 19th nineteenth | 20 20th twentieth | 21 21st twenty-first |
| 22 22nd twenty-second | 23 23rd twenty-third | 24 24th twenty-fourth | 25 25th twenty-fifth | 26 26th twenty-sixth | 27 27th twenty-seventh | 28 28th twenty-eighth |
| 29 29th twenty-ninth | 30 30th thirtieth | 31 31st thirty-first | ☆ 5月8日=May 8(th)は May (the) eighthのように読む. | | | |

運動会はいつなの? When is the field day?

7日の土曜日だよ. It's on Saturday, the seventh.

## にちえい

- きょうは何日ですか. What's the *date* today? / What *date* is it today?
- 9月3日に on September 3 (► September 3 は September (the) third と読む)

**にちえい**【日英の】Japanese-British[チャパニーズ ブリティッシュ], Japan-U.K.[ヂャパン ユーケィ]

**…にちがいない**【…に違いない】→…ちがいない

**にちじ**【日時】the time and date[タイム][デイト] (►日本語と逆の語順に注意)

**にちじょう**【日常の】everyday[エヴリデイ], daily [デイリィ]

> 日常会話 everyday conversation
> 日常茶飯事(ぱん): そんなことは日常茶飯事だ. It *always happens*.
> 日常生活 daily life

**…にちなんで**→…ちなんで

**にちべい**【日米の】Japanese-American[チャパニーズ アメリカン], Japan-U.S.[ヂャパン ユーエス]

> 日米関係 Japan-U.S. relations

**にちぼつ**【日没】(a) sunset[サンセット]

**にちや**【日夜】(昼も夜も)day and night[デイ][ナイト]

**にちようだいく**【日曜大工】do-it-yourself[ドゥー イットゥアセルフ]; (人)a do-it-yourselfer

**にちようび**【日曜日】Sunday[サンデイ] (► 常に大文字で始め, Sun. と略す)→げつようび ポイント!, すいようび ポイント!

- 日曜日はのんびり過ごす. I have a relaxed time on *Sunday*.

**にちようひん**【日用品】daily necessities[デイリィ ナセサティズ]

**…について**→…ついて

**にっか**【日課】daily work[デイリィ ワーク]

- 犬の散歩を日課にしている. I walk our dog *every day*. (◄毎日犬を散歩させる)

**にっかん**【日刊の】daily[デイリィ]

> 日刊紙 a daily (newspaper)

**…につき**→…つき²

**にっき**【日記(帳)】a diary[ダイアリィ]→p.511 ミニ絵辞典

- 絵日記 a picture *diary*
- 私は日記をつけている. I keep a *diary*.

**ニックネーム** a nickname[ニックネイム]→あだな

**にっけい**【日系の】Japanese[チャパニーズ]

- 日系アメリカ人 a *Japanese*-American
- 日系ブラジル人 3世 a third-generation *Japanese*-Brazilian
- 日系企業 a *Japanese* company

**にっこう**【日光】sunlight[サンライト], sunshine[サンシャイン], the sun[サン]

- 直射日光 direct *sunlight*

> 日光浴 sunbathing: 日光浴をした. I *sunbathed*. / I *bathed in the sun*.

**にっこり**【にっこりする】smile (at …)[スマイル]

- リエは私を見てにっこりした. Rie *smiled* at me.
- ナオはにっこりしてあいさつした. Nao greeted me with a *smile*.

**にっし**【日誌】a diary[ダイアリィ]; (公的な)a journal[チャーヌル]

- 私たちは学級日誌をつけている. We keep a class *journal*.

**にっしゃびょう**【日射病】→ねっちゅう(熱中症)

**にっしょく**【日食】a solar eclipse[ソウラァ イクリプス]

- 皆既(がい)日食 a total *solar eclipse*
- 部分日食 a partial *solar eclipse*

**にっすう**【日数】(the number of) days[(ナンバァ)][デイズ]

**にっちゅう**【日中】in the daytime[デイタイム], during the day[ドゥ(ァ)リング][デイ]

**にっちょく**【日直】class duty[クラス ドゥーティ]

- マサルは金曜日に日直だった. Masaru was on *class duty* on Friday.

**にってい**【日程】schedule[スケデュール]

> 日程表 a program, a schedule

**ニット**【ニットの】knit[ニット] (★このkは発音しない)

- きょうはニットのスカートをはいている. I'm wearing a *knit* skirt today.

**にっぽん**【日本】Japan[ヂャパン]→にほん

**につめる**【煮詰める】boil down[ボイル ダウン]

**…につれて**→…したがって❶

**にている**【似ている】→にる¹

# 日記 Diary

Friday, July 11
We had nice weather this morning, but rain this afternoon. After school, we didn't have tennis practice because of rain, so I went to the library to read some books. I met Yumi, who lives next door to me, there, and we did our homework together.

On our way home, we shared her umbrella because I didn't have mine with me.

7月11日 金曜日
けさは天気がよかったけど，午後は雨が降った．放課後，雨でテニスの練習がなかったので，本を読みに図書室へ行った．そこで，隣(となり)に住んでいる由美と会って，宿題をいっしょにした．

私は傘(かさ)を持っていなかったので，帰りは由美の傘でいっしょに帰った．

Saturday, July 12
I went shopping with my sister in Shibuya in the morning. There was a sale, so it was very crowded. I bought a new bag, but she didn't buy anything.

In the afternoon, we went to Shinjuku to see a movie. It was a lot of fun!

At night we talked about our day with our parents.

7月12日 土曜日
午前中，姉と渋谷へ買い物に行った．セールをやっていたので，とても混雑していた．私は新しいバッグを買ったけど，姉は何も買わなかった．

それから午後は映画を見に新宿に行った．すごくおもしろかった．

夜は一日のことを両親と話した．

| [時を表す語(句)] | | [天気を表す語] | |
|---|---|---|---|
| きょう today | きのう yesterday | 晴れの | sunny |
| 先日 the other day | あした tomorrow | くもりの | cloudy |
| 午前[午後]に in the morning [afternoon] | | 雨の降る | rainy |
| 夕方に in the evening | | 雪の降る | snowy |
| 夜に at night | | 風の強い | windy |
| きょう[きのう]の朝 this [yesterday] morning | | 嵐(あらし)の | stormy |
| きょう[きのう]の午後 this [yesterday] afternoon | | | |
| きょう[きのう]の夕方 this [yesterday] evening | | | |
| きょう[きのう]の夜 tonight [last night] | | | |
| 今[先/来]週 this [last / next] week | | | |
| 先々週 the week before last | | | |
| 再来週 the week after next | | | |
| おととい[さきおととい] the day before yesterday [three days ago] | | | |
| あさって[しあさって] two [three] days from now | | | |

# にど【二度】

two times[トゥー タイムズ], twice[トゥワイス];（再び）again[アゲン]
- 私はディズニーランドに2度行ったことがある.
 I have been to Disneyland *twice*.

**━二度目(の) second[セカンド]**
- 京都を訪(ﾄﾞｽ)れるのは2度目だ.
 This is my *second* visit to Kyoto.（←これが2度目の訪問だ）

**━二度と…ない never ... again[ネヴァ]**
- もう二度とそんなことはしません.
 I'll *never* do that *again*.

**慣用表現**

二度あることは三度ある. Things always happen in threes.

|二度寝: 二度寝してしまった. I *fell back to sleep*.

**にとう【二等】**（2番目）the second[セカンド];（2級）the second class[クラス]
▌二等賞 second prize

**…にとって ➡ …とって**

**…になる ➡ …なる**

**ににんさんきゃく【二人三脚】**（競技）a three-legged race[スリーレギッド レイス]

**にねんせい【2年生】**（小学校の）a second-year student[セカンドイア ストゥーデゥント],〈米〉a second grader[グレイダァ];（中学校の）a second-year student,〈米〉（ふつう）a seventh grader[セブンス];（3年制高校の）a second-year student,〈米〉a junior[ジューニァ],（4年制高校・大学の）〈米〉a sophomore[サファモア] ➡ がくねん **ポイント!**
- ぼくは中学2年生だ.
 I'm a *second-year student* at [in] a junior high school.

# …には

| ❶時間, 場所 | （時間）at ..., on ..., in ...;（期限）by ...;（期間）within ...;（場所）at ..., in ... |
| ❷…にとっては | for ...;（…に対しては）to ... |
| ❸…するためには | to+〈動詞の原形〉|

❶[時間, 場所]（時間）at ...[アット], on ...[アン], in ...[イン],（期限）by ...[バイ],（期間）within ...[ウィズイン];（場所）at ..., in ... ➡ …に ❶❷
- 父は日曜にはゴルフに行く.
 My father goes golfing *on* Sundays.
- 昼までには戻(ﾓﾄﾞ)るよ.
 I'll be back *by* noon.
- 渋谷(ﾔ)にはたくさんの店がある.
 There are many stores *in* Shibuya.

❷[…にとっては] for ...[フォァ],（…に対しては）to ...[トゥー] ➡ …に ❹
- この本はぼくには難しすぎる.
 This book is too difficult *for* me.
- お年寄りには親切にしなさい.
 Be kind *to* senior citizens.

❸[…するためには] to+〈動詞の原形〉
- 医者になるには一生懸命(ﾒｲ)勉強しなくては.
 You must study hard *to* be a doctor.

# にばい【二倍】

twice[トゥワイス], double[ダブル] ➡ ばい
- あの部屋はこの部屋の2倍の広さがある.
 That room is *twice* as large as this one.
- この道だと時間が2倍かかる. If we go this way, it'll take *twice* as long.

**━二倍になる[する] double**
- 部員は5年間で2倍になった.
 The members of the club have *doubled* in five years.

# にばん【二番】

（順番）the second[セカンド];（番号）number two[ナンバァ トゥー]

**━二番目の second**（▶ふつうtheをつけて用いる）
- 世界で2番目に大きい国はどこですか.
 What's *the second* largest country in the world?

**…にはんして【…に反して】➡ …はんして**

# にぶい【鈍い】

dull[ダル]（⇔鋭(ｽﾙﾄﾞ)い sharp）;（動作・反応が遅(ｵｿ)い）slow[スロウ]
- 鈍い痛み
 a *dull* pain
- コアラは動きが鈍い.
 Koalas are *slow* in moving.

**━鈍る become [get] dull**
- しばらく練習しなかったので腕が鈍った.
 My skills have *become dull* because I haven't practiced for a while. / I *lost my touch* because I haven't practiced for a while.

**にふだ【荷札】**a tag[タッグ];（はり札）a label[レイバル]（★発音注意）

# にほん【日本】

Japan[ヂャパン] ➡ p.513  ミニ絵辞典
- 私は日本で生まれ育った.
 I was born and raised in *Japan*.
- 日本の首都は東京だ.
 The capital of *Japan* is Tokyo.

# にほん

- **日本(語, 人)の** Japanese [ヂャパニーズ]
- 多くの人が日本の伝統文化に触れた.
  Many people experienced traditional *Japanese* culture.
- 日本アルプス the Japan Alps
- 日本海 the Japan Sea, the Sea of Japan
- 日本語 Japanese, the Japanese language
- 日本国民 the Japanese people
- 日本酒 sake
- 日本シリーズ〖野球〗the Japan Series
- 日本人 (1人) a Japanese, (全体) the Japanese: 私は日本人だ. I am *Japanese*. (▶国籍(こくせき)を言うときはふつう形容詞を用いる)
- 日本代表 a national team player
- 日本文化 Japanese culture
- 日本料理 Japanese food [dishes]
- 日本列島 the Japanese archipelago

## ミニ絵辞典 英語になった日本語

### Japanese Words Adopted into English

ラーメンが好きです.
I love ramen.

日本の食べ物で何が好きですか.
What's your favorite Japanese food?

**伝統文化** traditional culture

着物 kimono

盆栽(ぼんさい) bonsai

**食べ物** food

豆腐(とうふ) tofu

すし sushi

**その他** other

折り紙 origami

禅(ぜん) Zen

空手(からて) karate

カラオケ karaoke

アニメ anime

| [食べ物] | | [伝統文化] | | [その他] | |
|---|---|---|---|---|---|
| 刺身(さしみ) | sashimi | 歌舞伎(かぶき) | Kabuki | コスプレ | cosplay |
| すき焼き | sukiyaki | 能 | Noh | オタク | otaku |
| てんぷら | tempura | 俳句 | haiku | 漫画(まんが) | manga |
| ラーメン | ramen | 相撲(すもう) | sumo | 台風 | typhoon |

five hundred and thirteen

東京都心のビル街と富士山

**…にもかかわらず** → …かかわらず

## にもつ 【荷物】
(手荷物)⊛ **baggage**[バギッヂ], ⊛ **luggage**[ラギッヂ]; (梱包した荷物・小包) **a package**[パキッヂ] → に²
- 荷物1個 a piece of *baggage* (►荷物2個は two pieces of *baggage*)
- しばらく荷物を見ていてもらえますか. Could you watch my *baggage* for a while?
- この荷物を送ってくれる？
Can you send this *package*?
- 荷物をまとめなければ.
I have to pack my *things*.

**にもの**【煮物】a simmered dish[シマァド ディッシュ]
**ニャー**(猫の鳴き声)meow[ミアゥ]
━ニャーと鳴く meow
**にやにや**【にやにや笑う】smirk[スマーク]
**にやり**【にやりと笑う】grin[グリン]
**ニュアンス** nuance[ヌアーンス]

**にゅういん**【入院する】go into [to] (the) hospital[ハスピトゥル] (►⊛ではふつう the をつけない)
- ぼくは盲腸で入院した. I *went to (the) hospital* with a case of appendicitis.
- 妹は今入院している.
My sister is *in (the) hospital* now.
‖ 入院患者 an inpatient

**にゅうえき**【乳液】moisturizing lotion[モイスチャライズィング ロウション]
**にゅうかい**【入会する】join[ヂョイン], become a member (of ...)[ビカム][メンバァ]
- ファンクラブに入会した.
I *joined* the fan club.
‖ 入会金 an entrance fee

## にゅうがく 【入学する】
enter (a) school[エンタァ][スクール]
- 姉は来年高校に入学する. My sister will *enter* high *school* next year.
‖ 入学願書 an application form for admission
‖ 入学金 an enrollment fee
‖ 入学志願者 an applicant
‖ 入学式 an entrance ceremony
‖ 入学試験 an entrance examination
‖ 入学手続き admission procedures

**にゅうこく**【入国】entry[エントゥリィ](⇔ 出国 departure)

## にゅうし¹ 【入試】
an entrance examination[エントゥランス イグザミネイション], an entrance exam[イグザム]
- 私は来春高校入試を受ける.
I'll take the *entrance examination* for high school next spring.
- 彼は入試に受かった[落ちた]. He passed [failed] the *entrance examination*.

**にゅうし²**【乳歯】a baby [(主に⊛)milk] tooth[ベイビィ][ミルク][トゥース]
**ニュージーランド** New Zealand[ニュー ズィーランド]
━ニュージーランドの New Zealand
‖ ニュージーランド人 (1人) a New Zealander, (全体) the New Zealanders

**にゅうしゃ**【入社する】enter [join] a company[エンタァ][ヂョイン][カンパニィ]
**にゅうしゅ**【入手する】get[ゲット]
━入手できる be available[アヴェイラブル]
- その動画はどこで入手できますか.
Where *is* the video *available*? / Where can I *get* the video?

**にゅうしょう**【入賞する】win a prize[ウィン][プライズ] → にゅうせん
- シュンは2位に入賞した.
Shun *won* second *prize*.
‖ 入賞者 a prizewinner

**にゅうじょう**【入場】(an) entrance[エントゥランス], (an) admission[アドゥミッション]
━入場する enter
- 選手たちがスタジアムに入場した.
The players *entered* the stadium.
‖ 入場券 an admission ticket; (駅の) a platform ticket
‖ 入場行進 an entrance march
‖ 入場無料《掲示》ADMISSION FREE
‖ 入場料 an admission fee, admission

## ニュース
news[ヌーズ](★発音注意)(►単数扱い)
- ニュース1件
a piece of *news* (►ニュース2件は two pieces of *news*)
- 7時のニュース

the seven o'clock *news*
- 海外[国内]ニュース
foreign [domestic] *news*
- スポーツニュース sports *news*
- 私はテレビでそのニュースを見た.
I watched the *news* on TV.
- ネットで最新のニュースをチェックしよう. I'll check the latest *news* on the Internet.

ニュース解説 a news commentary
ニュース解説者 a news commentator
ニュースキャスター an anchor (person)
(▶newscasterは「ニュースを読む人」の意)
ニュース速報 a news flash
ニュース番組 a news program

**にゅうせいひん**【乳製品】**dairy products**[デ(ァ)リィ プラダクツ]

**にゅうせん**【入選する】**win a prize**[ウィン][プライズ]
- エミの絵がコンクールで入選した.
Emi's painting *won a prize* in the contest.

入選作 a winning work

**にゅうぶ**【入部する】**join a club**[ヂョイン][クラブ]
- アキは演劇部に入部した.
Aki *joined* the drama *club*.
- エミはテニス部に入部した.
Emi *joined* the tennis *team*. (▶運動部にはteamを用いる)

**にゅうもん**【入門する】**become a pupil**[ビカム][ピューパル]

入門コース a beginner's course
入門書 a beginner's book

**ニューヨーク** (**the State of**) **New York**[ヌー ヨーク] (▶米国北東部の州); **New York** (**City**)[(スィティ)] (▶ニューヨーク州の都市)

**にゅうよく**【入浴】**a bath**[バス], **bathing**[ベイズィング] →ふろ
━入浴する take [have] a bath, bathe

入浴剤 bath salts
入浴時間 bath time

**にゅうりょく**【入力】〖コンピュータ〗**input**[インプット] (⇔出力 output)
━入力する **input**, **enter**[エンタァ]
- 彼らはすべてのデータをコンピュータに入力した.
They *input* [*entered*] all the data into the computer.

**にょう**【尿】**urine**[ユ(ァ)リン] →おしっこ
**…によって** →…よって
**…による** →…よる
**…によれば** →…よれば

**にょろにょろ**【にょろにょろする】(へびなどが) **wriggle** (**about**)[リグル]

**にら garlic chives**[ガーリック チャイヴズ]

**にらむ** (怒って) **glare** (**at** …)[グレァ]; (見つめる) **stare** (**at** …)[ステア]
- (試合の)相手はぼくをにらんだ.
The opponent *glared at* me.
- 2人の力士は互いににらみ合った.
The two sumo wrestlers *stared at* each other.

**にらめっこ** a staring game[ステアリング ゲイム]
━にらめっこする play a staring game

**にりゅう**【二流の】**second-class**[セカンド クラス], **second-rate**[-レイト]
- 二流の作家 a *second-rate* writer

## にる¹【似る】
**look like** …[ルック ライク], **resemble**[リゼンブル], **be similar** (**to** …)[スィ ミ ラァ]; (親 に)**take after** …

- ケンは母親に似ている.
Ken *looks like* his mother. (▶is looking likeは×) / Ken *resembles* his mother. (▶is resemblingは×) / Ken *takes after* his mother. (▶is taking afterは×)
- 君のバッグはぼくのと似ている.
Your bag *is similar to* mine.
- 姉と私はまったく似ていない.
My sister and I *have* nothing *in common*.
(←共通点が何もない)
━…に似て **like** …
- 彼は父親に似て[似ず]とても背が高い.
He is very tall *like* [*unlike*] his father.

**にる**²【煮る】**boil**[ボイル]; (料理する) **cook**[クック]; (とろ火で) **simmer**[スィマァ], **stew**[ストゥー]
- 豆を5分間煮なさい.
*Boil* the peas for five minutes.
- 肉をトマトソースで煮た.
I *cooked* the meat in tomato sauce.

**にるい**【二塁】〖野球〗**second base**[セカンド ベイス]

二塁手 a second baseman
二塁打 a two-base hit, a double

**にわ**【庭】(家の周囲の) **a yard**[ヤード]; (草木の植わった) **a garden**[ガードゥン]
- 庭のチューリップが満開だ. The tulips in the *garden* are in full bloom.
- 裏庭 a back*yard*

庭いじり gardening
庭師 a gardener

**にわかあめ**【にわか雨】**a** (**sudden**) **shower**[(サドゥン) シャウア]
- 家に帰る途中ににわか雨にあった.
I was caught in a *shower* on my way home.

## にわとり

**にわとり**【鶏】〖鳥〗**a chicken**[チキン],（おんどり）**a rooster**[ルースタァ],（めんどり）**a hen**[ヘン],（ひな）**a chick**[チック]（▶一般に「鶏」と言うときはchickenを用いる）
- おじの家では鶏を飼っている.
 My uncle's family raises *chickens*.
▍鶏小屋 **a henhouse**

## にんき【人気】

**popularity**[パピュララティ]
- そのロックグループは女の子の間でとても人気がある.
 The rock group is very *popular* with [among] girls.
- この動画は最近人気が出てきた.
 This video program has recently become *popular*.
━人気のある **popular**[パピュラァ]
- これはクラスでいちばん人気のある漫画だ.
 This is the most *popular* comic in our class.
▍人気歌手 **a popular singer**
 人気投票 **a popularity vote**
 人気番組 **a popular program**
 人気者 **a favorite**

**にんぎょ**【人魚】**a mermaid**[マーメイド]
**にんぎょう**【人形】**a doll**[ダール]
- 妹は人形で遊んでいる.
 My sister is playing with a *doll*.
- 着せ替え人形 **a dress-up doll**
 操り人形
 **a puppet / a marionette**
▍人形劇 **a puppet show**

## にんげん【人間】

**a human**（**being**）[ヒューマン (ビーイング)];（人類）**human beings, human race**[レイス]→**ひと**
- 人間は火をおこせる唯一の動物だ. The *human race* is the only animal that can make fire.
━人間の **human**
━人間味のある **humane**[ヒューメイン]
- 彼女は人間味のある人だ.
 She is a *humane* person.
▍人間関係 **human relations**
 人間国宝 **a living national treasure**
 人間性 **human nature, humanity**
 人間ドック **a full medical checkup**

**にんじゃ**【忍者】**a ninja**
- 忍者は特別に訓練された昔のスパイでした.
 A *ninja* was a specially trained spy in former days.

**にんしょう**【人称】〖文法〗**person**[パースン]
- 一[二, 三]人称
 the first [second, third] *person*
▍人称代名詞 〖文法〗**a personal pronoun**

**にんじょう**【人情】**human feelings**[ヒューマン フィーリングズ], **human nature**[ネイチャア]
- 人情に厚い人々 warm-*hearted* people

**にんしん**【妊娠している】**be pregnant**[プレグナント]
- おばは今妊娠している.
 My aunt is *pregnant* now.

**にんじん**〖植物〗**a carrot**[キャラット]
**にんずう**【人数】**the number of people**[ナンバァ][ピープル]
- グループごとの人数を数えなさい. Count *the number of people* in each group.
- うちの家族は大[少]人数だ.
 Our family is large [small].

**にんそう**【人相】**looks**[ルックス]
- 人相の悪い男 an evil-*looking* man

**にんたい**【忍耐】**patience**[ペイシャンス]→**がまん**
- 目標を達成するには忍耐がいる.
 It takes *patience* to achieve a goal.
━忍耐強い **patient**

**にんちしょう**【認知症】**dementia**[ディメンシア]
**にんにく**〖植物〗**a garlic**[ガーリック]
**にんぷ**【妊婦】**a pregnant woman**[プレグナント ウマン]
**にんむ**【任務】（義務）(**a**) **duty**[ドゥーティ]（▶しばしば複数形で用いる）;（仕事）**a task**[タスク];（使命）**a mission**[ミッション]
- 宇宙飛行士たちは任務を果たすことができた.
 The astronauts could carry out their *mission*.

**にんめい**【任命する】**appoint**[アポイント], **name**
- ユキはその会議の議長に任命された. Yuki was *appointed* chairperson of the meeting.

# ぬ ヌ

**ぬいぐるみ**【縫いぐるみ】**a stuffed toy**[スタッフト トィ]；（動物の）**a stuffed animal**[アナマル]
- 熊の縫いぐるみ
  a teddy bear /
  a *stuffed* bear

**ぬいもの**【縫い物】**sewing**[ソウイング]
→縫い物をする **sew**

**ぬう**【縫う】**sew**[ソウ]（★発音注意）
- おばは私にブラウスを縫ってくれた．
  My aunt *sewed* me a blouse.

**ヌード nude**[ヌード]→はだか

**ヌードル noodles**[ヌードゥルズ]

**ぬか rice bran**[ライス ブラン]
  ぬか床 **fermented rice-bran bed**
  ぬか漬け **rice bran pickles**

**ぬかす**【抜かす】
**leave out**[リーヴ アウト], **skip**[スキップ]→ぬく❸
- 最初の問題を抜かして次の問題に進んだ．
  We *skipped* the first question and went on to the next one.

**ぬかる be muddy**[マディ]
- 雨が降って道がぬかっている．
  The road *is muddy* after the rain.

**ぬかるみ mud**[マッド]

**ぬきうち**【抜き打ちの】**surprise**[サプライズ]
  抜き打ち検査 **a surprise inspection**
  抜き打ちテスト **a surprise test**, ⊛**a pop quiz**

## ぬく【抜く】

| ❶抜き取る | **pull out** |
| ❷追い抜く | **pass**;（勝る）**beat** |
| ❸省く | **skip, omit** |

❶[抜き取る]**pull out**[プル アウト]
- 私は歯医者で歯を抜いてもらった．
  I had my tooth *pulled out* by a dentist.
  （▶have＋〈人・物〉＋〈過去分詞〉で「〈人・物〉を…してもらう」の意）

❷[追い抜く]**pass**[パス]；（勝る）**beat**[ビート]
- オートバイがぼくたちの車を抜いていった．
  A motorcycle *passed* our car.
- 私はレースでミキを抜いた．
  I *beat* Miki in the race.

❸[省く]**skip**[スキップ], **omit**[オウミット]
- サヤは時々朝食を抜く．
  Saya sometimes *skips* breakfast.

**ぬぐ**【脱ぐ】
（服を全部）**get undressed**[ゲット アンドゥレスト]；（身につけているものを取る）**take off**[テイク オーフ]（⇔着る，かぶる，履く **put on**）
- おふろに入る前に服を脱いだ．
  I *got undressed* before I took a bath.
- ケンはコートを脱いだ．Ken *took off* his coat. / Ken *took* his coat *off*.
- 日本では家に入るとき靴を脱ぐ．
  In Japan, we *take off* our shoes when entering a house.

**ぬぐう wipe**[ワイプ]→ふく³

**ぬけがら**【抜け殻】**a cast-off skin**[キャストゥオーフ スキン], **a slough**[スラフ]

**ぬけだす**【抜け出す】**leave**[リーヴ]
- 練習を抜け出した．I *left* the training.

**ぬけている**【抜けている】
- 彼は賢いけれど時々どこか抜けている．
  He is smart but *not* always *all there*.

**ぬけめ**【抜け目のない】**shrewd**[シュルード], 《話》**clever**[クレヴァ]
- 彼はお金に関して抜け目がない．
  He is *shrewd* about money.
→抜け目なく **shrewdly**, 《話》**cleverly**

## ぬける【抜ける】

| ❶取れる | **come off** [**out**] |
| ❷あるべきものが | **be missing** |
| ❸通り抜ける | **go through** … |

❶[取れる]**come off** [**out**][カム オーフ [アウト]]
- 歯が抜けた．My tooth *came* [*fell*] *out*.
- このくぎはなかなか抜けない．
  This nail won't *come out*.

❷[あるべきものが]**be missing**[ミスィング]
- その本は最後の数ページが抜けている．The last few pages *are missing* from the book.

❸[通り抜ける]**go through** …[スルー]
- 電車はトンネルを抜けた．
  The train *went through* the tunnel.

**ぬげる**【脱げる】**come off**[カム オーフ]
- 走っているときに左の靴が脱げた．My left shoe *came off* while I was running.

**ぬすみ**【盗み】（a）**theft**[セフト], **stealing**[スティーリング]

**ぬすみぐい**【盗み食いをする】**eat … secretly**[イート][スィークリットゥリィ]
- 彼女はおやつを盗み食いした．
  She *ate* the snack *secretly*.

### ぬすむ【盗む】steal[スティール]

- 財布(さいふ)を盗まれた．
  I had my purse *stolen*. / My purse was *stolen*. (▶I was stolen my purse.は×．前者のhave＋〈人・物〉＋〈過去分詞〉は「〈人・物〉を…される」の意)

### ぬの【布】cloth[クロース]

- 布の靴(くつ)
  *cloth* shoes

### ぬま【沼】(a) marsh[マーシュ], (a) swamp[スワンプ]

### ぬらす wet[ウェット]

- 彼女はタオルをぬらした．
  She *wet* the towel.

### ぬりえ【塗り絵】coloring, ⓑcolouring[カラリング]

- 塗り絵をしよう．
  Let's *color a picture*.

### ぬる【塗る】

(塗料(とりょう)などを)paint[ペイント]；(色を)color, ⓑcolour[カラァ]；(薄(うす)く伸(の)ばす)spread[スプレッド]；(薬・クリームなどを)apply[アプライ], put[プット]

- ペンキ塗りたて《掲示》WET *PAINT*

…を～色に塗る
paint［color］＋〈名詞〉＋〈形容詞〉

- 私はその箱を白く塗るつもりだ．
  I'm going to *paint* the box white.
- マリは太陽を赤く塗った．
  Mari *colored* the sun red.

〈A〉に〈B〉を塗る
spread＋〈名詞B〉＋on＋〈名詞A〉

- ケンはトーストにバターを塗った．
  Ken *spread* butter *on* a piece of toast.
- 傷口に薬を塗りなさいよ．
  *Apply* some medicine *to* the wound. / *Put* some medicine *on* the wound.

### ぬるい lukewarm[ルークウォーム]

- ぬるい湯 *lukewarm* water
- おふろがぬるかったよ．
  The bath *wasn't warm enough*.

### ぬるぬる【ぬるぬるの】slimy[スライミィ]；(油で)greasy[グリースィ]

### ぬれぎぬ【濡れ衣】a false accusation[フォールス アキュゼイション]

- マコトは濡れ衣を着せられた．
  Makoto was *accused falsely*.

## ぬれる

get wet[ウェット]

- にわか雨にあってぬれてしまった．
  I was caught in a shower and *got wet*.
- 雨で服がぬれてしまった．
  I *got* my clothes *wet* in the rain.

━ぬれた wet

- ぬれた服を脱(ぬ)ぎなさい．
  Take off your *wet* clothes.

# ね ネ

**ね¹**【根】(植物の) **a root**[ルート] → き¹図
- 彼女は根は親切だ. She is kind *at heart*.
- それは根も葉もないうわさにすぎない.
  It's just a groundless rumor.

**ね²**【値】**a price**[プライス] → ねだん

**ね³**【音】**a sound**[サウンド]；(楽器の) **a tone**[トウン]；(虫の) **a chirp**[チャープ] → おと
- 鈴の音 the *sound* of the bell

## …ね

❶ …ですね 〈肯定文〉, +〈否定の疑問形〉
❷ …ではないですね 〈否定文〉, +〈肯定の疑問形〉

> **ここがポイント！ 付加疑問文**
> 相手に「…ね」と同意を求めたり, 念を押したりする場合は付加疑問文を使います. 付加疑問文は, 肯定文には否定の疑問形を, 否定文には肯定の疑問形をそれぞれつけてつくります. 下げ調子で言うと軽く念を押す感じに, 上げ調子で言うと疑問の気持ちが強く, 相手に答えを求める感じになります.

❶ […ですね]〈肯定文〉, +〈否定の疑問形〉
- きょうはいい天気ですね.
  It's a beautiful day today, *isn't it*?
- 「君は英語を話しますね」「はい, 話します」"You speak English, *don't you*?" "Yes, I do."
- トモはピアノが弾けますよね.
  Tomo can play the piano, *can't she*?

❷ […ではないですね]〈否定文〉, +〈肯定の疑問形〉
- 「あなたはそこにいませんでしたね」「はい, いませんでした」"You weren't there, *were you*?" "No, I wasn't."
- 私, お姉ちゃんと似てないよね.
  I don't look like my sister, *do I*?
- まだ宿題を仕上げていないのね. You haven't finished your homework yet, *have you*?

**ねあげ**【値上げする】**raise prices**[レイズ プライスィズ]
- 先月バスの運賃が値上げされた.
  Bus fares were *raised* last month.

**ネイティブスピーカー a native speaker**[ネイティヴ スピーカァ]

**ネイビー**(紺色) **navy blue**[ネイビィ ブルー]

**ネイリスト a manicurist**[マニキュアリスト]

**ネイル**(爪) **a nail**[ネイル] → マニキュア
- ネイルアート **nail art**
- ネイルケア **nail care**

**ねいろ**【音色】**sound**[サウンド]

**ねうち**【値打ち】**value**[ヴァリュー] → かち¹

**ねえ**(呼びかけて)《話》**Say!**[セィ], **Hey!**[ヘィ]；(注意をほかに向けさせるとき) **Look!**[ルック], **Listen!**[リスン]
- ねえ, 今夜映画を見に行かない？ *Say*, how about going to a movie tonight?
- ねえ, あそこに花が咲いているよ.
  *Hey* [*Look*]! There is a flower blooming over there.

**ねえさん**【姉さん】 → あね

**ネーブル**〖植物〗**a navel orange**[ネイヴァル オーリンヂ]

**ネーム a name**[ネイム] → なまえ

**ねおき**【寝起き】
- 私は寝起きが悪い. I am a slow waker.

**ネオン**(サイン) **a neon** (**sign**)[ニーアン (サイン)]

**ネガ**〖写真〗**a negative**[ネガティヴ]

## ねがい【願い】

(願望, 願い事) **a wish**[ウィッシュ]；(a) **hope**[ホウプ]；(依頼) **a request**[リクウェスト]
- 願いがかなった. My *wish* has come true.
- 彼は私の願いを聞き入れた[聞き入れなかった]. He accepted [refused] my *request*.

## ねがう【願う】

(望む) **hope** (**for** ...)[ホウプ], **wish** (**for** ...)[ウィッシュ]；(► hopeは実現の可能性がある事柄について用い, wishは実現可能な事柄についても不可能な事柄についても用いる)；(頼む) **ask**[アスク]
- だれもが平和を願っている.
  Everyone *hopes* [*wishes*] *for* peace.

…であることを願う
hope [wish] that ...
- 私たちは彼が早く元気になることを願っている. We *hope that* he will get well soon.

…することを願う

## ねがえり

hope [wish] to +〈動詞の原形〉
- またあなたにお会いできることを願っています. I *hope to* see you again.

**ねがえり**【寝返りを打つ】**turn over in bed**[ターン オウヴァ][ベッド]

**ねかす**【寝かす】**lay down**[レィ ダウン]

**ねかせる**【寝かせる】(眠らせる)**put ... to bed** [**sleep**][スリープ]; (横にする)**lay**[レィ]
- 弟を寝かせた. I *put* my brother *to bed*.

**ねぎ**【植物】**a leek**[リーク]

**ねぎる**【値切る】**bargain**(**down**)[バーガン]
- 母はその魚を600円から500円に値切った. My mother *bargained down* the price of the fish from 600 yen to 500 yen.

**ねぐせ**【寝癖】
- 髪に寝癖がついてしまった. My *hair* got *messed up while sleeping*.

**ネクタイ a tie**[タイ], **a necktie**[ネックタイ]; (蝶ネクタイ)**a bow**(**tie**)[ボウ]
- 彼はネクタイを締めた. He put on a *tie*.

ネクタイピン **a tiepin**

**ネグリジェ a nightgown**[ナイトゥガウン], 《話》**a nightie**[ナイティ]

**ねこ**【猫】**a cat**[キャット]; (子猫)**a kitten**[キトゥン]
- うちでは猫を飼っている. We have a *cat*.
- 猫はニャーと鳴いた. The *cat* meowed.

猫舌: 私は猫舌だ. I *can't eat or drink hot things*.

猫背 **a stoop**

**ねごと**【寝言を言う】
- 彼は寝言を言う. He *talks in his sleep*.

**ねこむ**【寝込む】(病気で)**be sick [ill] in bed**[スィック[イル]][ベッド]
- 彼女は寝こんでいる. She *is sick in bed*.

**ねころぶ**【寝転ぶ】**lie**(**down**)[ライ(ダウン)]
- 彼はソファーに寝転んでいた. He was *lying* on the sofa.

**ねさげ**【値下げする】**cut the price**[カット][プライス], **reduce the price**[リドゥース]
- 靴の価格が2000円に値下げされた. The *prices* of the shoes were *reduced to* two thousand yen.

**ねじ a screw**[スクルー]
- 彼はねじを締めた[緩めた]. He tightened [loosened] the *screw*.

ねじ回し **a screwdriver**

**ねじる twist**[トゥイスト]
- 足首をねじった. I *twisted* my ankle.

**ねすごす**【寝過ごす】**oversleep**[オウヴァスリープ]
- けさは1時間寝過ごしてしまった. I *overslept* an hour this morning.

**ねずみ**【動物】(大形の)**a rat**[ラット]; (小形の)**a mouse**[マウス](複 **mice**[マイス])

ネズミ取り **a mousetrap**

**ねぞう**【寝相】
- 彼女は寝相が悪い. She *tosses about* [*around*] in bed.

**ねた** (小説などの)**material**[マティ(ァ)リアル]; (すしの)**a sushi ingredient**[スーシ イングリーディアント]

**ねたきり**【寝たきりである】
- 祖父はその心臓発作以来寝たきりです. My grandfather has *been sick in bed* since his heart attack.

**ねたみ envy**[エンヴィ]; (しっと)**jealousy**[ヂェラスィ]

━**ねたむ envy**[エンヴィ]; **be jealous**(**of ...**)
- 彼らは私の成功をねたんでいた. They *were jealous of* my success.

**ねだる ask**[アスク]
- 女の子は母親にアイスクリームをねだった. The girl *asked* her mother *for* ice cream.

## ねだん【値段】

**a price**[プライス]
- 手ごろな[安い]値段で at a reasonable [low] *price*
- この本の値段はいくらですか. What's the *price* of this book? / How much is this book?
- この時計は値段が高すぎる. The *price* of this watch is too high. / This watch is too expensive.

## ねつ【熱】

**heat**[ヒート]; (体温)(**a**) **temperature**[テンパラチャ]; (病熱)(**a**) **fever**[フィーヴァ]
- 太陽熱 solar *heat*
- 40度の熱が出た. I had a *temperature* of forty degrees.
- 少し熱があるんです. I have a slight *fever*. / I feel a little *feverish*.
- 熱が下がった. My *fever* came down.
- 熱が上がった.

My *fever* went up.
「熱を計ってみた？」「うん，でも熱はないんだ」
"Did you take your *temperature*?" "Yes, but I have no *fever*."
- スケートボード熱が再燃した．
I'm back into skateboarding.

**ねつい**【熱意】**eagerness**[イーガァニス]
**ネッカチーフ a neckerchief**[ネッカァチーフ]
**ねつき**【寝つき】
- その子どもは寝つきがいい．
The child *falls asleep* easily.
- 私は寝つきが悪い．
I can't *get to sleep* quickly.

**ねっき**【熱気】**an air of excitement**[エア][イクサイトゥメント]
**ねっきょう**【熱狂的な】**enthusiastic**[インスーズィアスティック]
- 彼はあの歌手の熱狂的なファンだ．
He is an *enthusiastic* fan of that singer.
➡熱狂する **get excited**[イクサイティド]

**ねつく**【寝つく】➡ねつき
**ネックレス a necklace**[ネックリス]
- 彼女は真珠(ﾊ゙ｰﾙ)のネックレスをしていた．
She was wearing a pearl *necklace*.

**ねっしゃびょう**【熱射病】**heatstroke**[ヒートゥストゥロウク]
**ねっしん**【熱心な】**eager**(**in** ...)[イーガァ], **keen**[キーン], **hard**[ハード]
- エリはボランティア活動に熱心だ．
Eri is *eager in* her volunteer work.
➡熱心に **eagerly, keenly, hard**
- 私たちは熱心に練習した．We practiced *hard*.

**ねっする**【熱する】**heat**(**up**)[ヒート(アップ)]
**ねったい**【熱帯】**the tropics**[トゥラピックス]
➡熱帯の **tropical**
熱帯雨林 a tropical rain forest
熱帯魚 a tropical fish
熱帯植物 a tropical plant
熱帯夜 a "tropical night", a sweltering night

**ねっちゅう**【熱中している】**be crazy**(**about** ...)[クレイズィ(アバウト)], **be absorbed**(**in** ...)[アブソーブド]
- 弟は読書に熱中している．
My brother *is absorbed in* reading.
熱中症 heatstroke

**ネット**[1]（あみ）**a net**[ネット]
- バックネット『野球』a backstop（▶「バックネット」は和製英語）
ネットイン: ボールはネットインした．The ball *hit the net and went in*.（▶「ネットイン」は和製英語）

**ネット**[2]（インターネット）**the Internet**[インタネット], **the Net**
- ネットで本を買った．I bought a book on *the Internet*. / I bought a book *online*.
ネットいじめ cyberbullying
ネットオークション an online auction
ネットカフェ an Internet café
ネットゲーム an online game
ネットサーフィン surfing the Internet
ネットショッピング online shopping
ネット犯罪 cybercrime
ネットワーク a network

**ねっとう**【熱湯】**boiling water**[ボイリング]
**ねつぼう**【熱望する】**be eager**(**for** ...)[イーガァ], **long**(**for** ..., **to**＋(動詞の原形))[ローング]
- 私はアメリカに行くことをずっと熱望している．I've been *longing to* go to the U.S.

**ねづよい**【根強い】
- これは日本で最も根強い人気のあるバラエティ番組だ．
This is the *longest-running* variety show in Japan.（◀最も長く続いている番組）

**ねつれつ**【熱烈な】**ardent**[アードゥント], **passionate**[パッシャナット]
- 彼はサッカーの熱烈なファンだ．
He's an *ardent* fan of soccer.

**ねどこ**【寝床】**a bed**[ベッド]
**ネパール Nepal**[ナポール]
ネパール人 a Nepalese
**…ねばならない**➡…ならない❶
**ねばねば**【ねばねばした】**sticky**[スティッキィ]
**ねばり**【粘り】**stickiness**[スティックニス]，（頑張(ｶ゙ﾝ ﾊ゙)り）**strenuousness**[ストゥレイニュアスニス]
**ねばりづよい**【粘り強い】**tenacious**[タネイシャス], **persistent**[パァスィスタント]
- 彼は粘り強い．He doesn't *give up easily*.（◀簡単にはあきらめない）

**ねばる**【粘る】（ねばねばする）**be sticky**[スティッキィ];（やり通す）**stick**(**to** ...)[スティック]
- 最後まで粘るんだ！*Stick to* it to the end!

**ねびき**【値引き】（**a**）**discount**[ディスカウント]
➡値引きする **give ... a discount, discount**
- 店員は10%値引きしてくれた．
The salesclerk *gave* me a 10% *discount*.

**ねぶくろ**【寝袋】**a sleeping bag**[スリーピング]
**ねぶそく**【寝不足】
- 寝不足だ．
I didn't *have* [*get*] enough sleep.

**ねぼう**【寝坊】
（人）**a late riser**[レイト ライザァ], **a sleepyhead**[スリーピィヘッド]

## ねぼける

—**寝坊する** (遅く起きる) **get up late**; (寝過ごす) **oversleep**
- ぼくはけさ寝坊した.
  I *got up late* this morning. / I *overslept* this morning.

**ねぼける**【寝ぼける】(寝ぼけている) **be half asleep**[ハーフ アスリープ]
- 電話が鳴った時私は寝ぼけていた.
  I *was half asleep* when the phone rang.

**ねまき**【寝巻き】**night clothes**[ナイト クロウズ]; (パジャマ) **pajamas**[パチャーマズ] (★アクセント位置に注意)→パジャマ, ネグリジェ

## ねむい【眠い】

**sleepy**[スリーピィ]
- 数学の授業中私はとても眠かった.
  I was [felt] very *sleepy* in the math class.
- 眠そうだね. You look *sleepy*.

—**眠くなる get sleepy**
- 本を読んでいたら眠くなった.
  I *got sleepy* while reading a book.

**ねむけ**【眠気】**sleepiness**[スリーピニス]
- 眠気を払うために顔を洗った. I washed my face to get rid of the *sleepiness*.

**ねむり**【眠り】(a) **sleep**[スリープ]
- 彼は深い眠りに落ちた.
  He fell into a deep *sleep*.

## ねむる【眠る】

**sleep**[スリープ], **have a sleep**; (眠りにつく) **go to sleep, fall asleep**[アスリープ]
- ぼくはふつう8時間眠る.
  I usually *sleep* (for) eight hours.
- ゆうべはよく眠れましたか.
  Did you *sleep* well last night? / Did you *have* a good *sleep* last night?
- 私はいつの間にか眠ってしまった.
  I *fell asleep* before I knew it.

—**眠っている be asleep**
- 地震が起きた時彼女はぐっすり眠っていた.
  She *was* fast *asleep* when the earthquake struck.

**ねらい**(目的) (an) **aim**[エイム]
- この実験のねらいは何ですか.
  What's the *aim* of this experiment?

—**ねらう aim** (at [for] ...)
- ぼくは国立の高校をねらうつもりだ. I intend to *aim for* a national high school.

## ねる¹【寝る】

| ❶布団に入る | go to bed |
| ❷眠る | sleep |
| ❸横になる | lie down |

go to bed

sleep

lie down

❶[布団に入る]**go to bed**[ベッド] (⇔起きる **get up**)
- 私はいつも12時を過ぎて寝る.
  I always *go to bed* after twelve.
- ゆうべはいつもより早く[遅く]寝た.
  I *went to bed* earlier [later] than usual last night.
- もう寝る時間だ.
  It's time *for bed*. / It's time to *go to bed*.

—**寝ている be in bed**
- アキは3日間病気で寝ている.
  Aki has *been* sick *in bed* for three days.

❷[眠る]**sleep**[スリープ]→ねむる
- お昼までぐっすり寝たい.
  I want to *sleep* deeply until noon.
- ケンはテレビを見ているうちに寝てしまった.
  Ken *fell asleep* as he was watching TV.

❸[横になる]**lie down**[ライ]
- 芝生の上にあおむけに寝た.
  I *lay down* on my back on the grass.

**ねる²**【練る】(粉・土を) **knead**[ニード] (★この k は発音しない); (よく混ぜる) **mix up**[ミックス]; (計画などを) **work out**[ワーク アウト]
- パンの生地をよく練ってください.
  *Knead* the dough well.
- 夏休みの計画を練った. We *worked out* a plan for the summer vacation.

## ねん¹【年】

| ❶1年 | a year |
| ❷学年 | a year, ⊕a grade |

❶[1年]**a year**[イア]

- 年に1度 once a *year*
- 令和5年 the 5th *year* of Reiwa
- ぼくは2012年生まれだ. I was born in 2012.
- オリンピックは4年に1度開かれる.
  The Olympic Games are held every four *years*.
- 私たちは5年前にこの町に引っ越(ご)してきた.
  We moved to this city five *years* ago.
- 1年ぶりにエリに会った.
  I met Eri after one *year*.

❷〖学年〗**a year**[イァ], ⊛**a grade**[グレイド]→がくねん

話してみよう!

☺君は今何年？
  What *grade* are you in?
☻中学1年だよ. I'm in the first *year* of junior high.

**ねん²**〖念〗(気持ち)**a feeling**[フィーリング]
 —念を押す **tell ... again**[テル][アゲン]
- 9時に来るよう彼に念を押した.
  I *told* him *again* to come at nine.
 —念のため(に)(用心のために)**just in case**; (確認のために)**just to make sure**
- 念のために答案を見直した. I looked over the answers again *just to make sure*.
 —念入りに **carefully**[ケアフリィ]

**ねんがじょう**〖年賀状〗**a New Year's card**[ヌーイァズ カード]→習慣・マナー〖口絵〗
- やっと年賀状を出した.
  I finally sent *New Year's cards*.

**ねんかん¹**〖年間の〗**annual**[アニュアル]
- 年間の雨量 an *annual* rainfall

**ねんかん²**〖年鑑〗**a yearbook**[イァブック]

**ねんきん**〖年金〗**a pension**[ペンション]
- 祖母は年金で暮らしている.
  My grandmother lives on her *pension*.

**ねんごう**〖年号〗**the name of an era**[イ(ァ)ラ]

**ねんざ**〖ねんざする〗**sprain**[スプレイン]
- 足首をねんざした. I *sprained* my ankle.

**ねんし**〖年始〗**the beginning of the year**

**ねんじゅう**〖年中〗(一年の間 ずっと)**all (the) year round**[オール][イァ ラウンド]; (いつも)**always**[オールウェイズ]

|年中無休: あの店は年中無休だ. That store is *open all year round*.

**ねんしょう**〖年少〗(若い)**young**[ヤング]; (年下の)**younger**[ヤンガァ]→としした

**…ねんせい**〖…年生〗→がくねん ポイント！

**ねんだい**〖年代〗
- 90年代に
  in the 90(')s (▶90(')sはninetiesと読む)

**ねんちゅうぎょうじ**〖年中行事〗**an annual event**[アニュアル イヴェント]→年中行事〖口絵〗

**ねんちょう**〖年長の〗(年上の)**old**[オウルド]; (より年上の)**older**[オウルダァ]→としうえ

**ねんど¹**〖粘土〗**clay**[クレィ]

**ねんど²**〖年度〗**school year**[スクール イァ]; **fiscal year**[フィスクル イァ]

**ねんねん**〖年々〗(年ごとに)**year by year**[イァ]; (毎年)**every year**[エヴリィ], **year after year**; (毎年毎年)**from year to year**

**ねんぱい**〖年配の〗**elderly**[エルダァリィ]

**ねんぴょう**〖年表〗**a chronological table**[クラノラヂカル テイブル]

**ねんまつ**〖年末〗**the end of the year**[イァ]
|年末大売出し a year-end (bargain) sale

**ねんりょう**〖燃料〗**fuel**[フューアル]
|燃料電池 a fuel cell

**ねんりん**〖年輪〗(木の)**an annual ring (of a tree)**[アニュアル リング][(トゥリー)]

**ねんれい**〖年齢〗(an) **age**[エイヂ], **years**[イァズ]→とし¹❷
- 平均年齢 the average *age*
- 私は兄と年齢が離れている.
  My brother and I are far apart in *age*.
|年齢制限 the age limit

# の ノ

の【野】a field [フィールド]

## …の

❶ …が所有する, …に所属する（下記❶参照）
❷ …に関する　about ..., on ..., of ..., in ...;（…のための）for ...
❸ …でできた　of ...;（…で書かれた）in ...
❹ …にいる　in ..., at ..., on ...
❺ …による　by ...

❶ […が所有する, …に所属する]（▶代名詞の所有格,〈名詞〉+ 's, of +〈名詞〉で表す）

### ここが ポイント! 代名詞の所有格

| 単数 | | 複数 | |
|---|---|---|---|
| 私の | my | 私たちの | our |
| あなたの | your | あなたたちの | your |
| 彼の | his | 彼らの | their |
| 彼女の | her | 彼女たちの | their |
| それの | its | それらの | their |

- 私のかばん my bag
- 姉の上着 my sister's jacket
- 先生たちの部屋はどこですか．Where is the teachers' room?（▶-s で終わる名詞の複数形には，アポストロフィ（'）のみつける）
- ユミは私[ケイ]の友達だ．
  Yumi is a friend of mine [Kei's].
- 彼女の目の色は茶色だ．
  The color of her eyes is brown.
- 私は朝日中学の2年生だ．
  I'm in the second year at Asahi Junior High School.（▶at の代わりに of は×）

### ここが ポイント! 〈名詞〉+ 's と of +〈名詞〉

原則として〈名詞〉が「人」や「動物」の場合は〈名詞〉+ 's を，「無生物」の場合は of +〈名詞〉を使います．
- ケンの部屋 Ken's room
- この机の脚(あし) the legs of this desk
ただし，無生物でも〈名詞〉+ 's の形を使うことが多くなってきています．
また，時間や距離(きょり)を表す場合は〈名詞〉+ 's を使います．
- 1時間の休憩(きゅう) an hour's rest
- 歩いて5分の距離 five minutes' walk（▶ s で終わる複数名詞の場合は ' だけつける）

❷ […に関する] about ... [アバウト], on ... [アン], of ... [アヴ], in ... [イン];（…のための）for ... [フォア]
- 映画の本 a book about [on] movies
- 英語の先生
  a teacher of English / an English teacher
- 歴史のテスト
  an exam in history / a history exam
- 子どものおもちゃ a toy for children

❸ […でできた] of ...;（…で書かれた）in ...
- 父は木の家を建てた．
  My father made a house of wood.
- 英語の歌詞 lyrics in English

❹ […にいる] in ..., at ... [アット], on ... →…に❷
くらべて!
- 沖縄のおじ my uncle in Okinawa
- 駅のカフェ a café at the station
- 壁(かべ)の絵 a picture on the wall

❺ […による] by ... [バイ]
- ルノワールの絵 a painting by Renoir

ノイローゼ〖医学〗(a) neurosis [ヌ(ア)ロウスィス]
ーノイローゼの neurotic

のう¹【脳】a brain [ブレイン]
　脳死 brain death
　脳しんとう concussion
　脳波 brain waves

のう²【能】(能楽)(a) Noh [ノウ], Noh play [プレイ]
のうえん【農園】a farm [ファーム]
のうか【農家】(農場経営者)a farmer [ファーマァ];（住居）a farmhouse [ファームハウス]
のうぎょう【農業】agriculture [アグリカルチャァ], farming [ファーミング]

- 私のおじは農業をやっている．
  My uncle is engaged in agriculture.
ー農業の agricultural [アグリカルチャラル]
　農業協同組合 an agricultural cooperative (association)
　農業高校 an agricultural high school
　農業用水 agricultural water

のうぐ【農具】a farming tool [ファーミング トゥール]
のうさぎょう【農作業】farming [ファーミング]
のうさくぶつ【農作物】crops [クラップス]
のうさんぶつ【農産物】farm [agricultural]

produce[ファーム [アグリカルチャラル] プラドゥース]
**のうしゅく**【濃縮する】**concentrate**[カンサントゥレイト]
┃濃縮ジュース concentrated juice
**のうじょう**【農場】**a farm**[ファーム]
┃農場主 a farmer
**のうそっちゅう**【脳卒中】**a stroke**[ストゥロウク]
- 祖父は70歳(ホェ)のとき脳卒中にかかった.
 My grandfather had a *stroke* when he was seventy.
**のうそん**【農村】**a farm village**[ファーム ヴィリッヂ], **a farming village**[ファーミング]
┃農村地帯 a farm area
**のうち**【農地】**farmland**[ファームランド]
**のうてんき**【脳天気】**carefree**[ケアフリー], **easygoing**[イーズィゴウイング], **optimistic**[アプティミスティック]
**のうどうたい**【能動態】『文法』**the active**(**voice**)[アクティヴ (ヴォイス)](⇔受け身, 受動態 the passive (voice))
**ノウハウ know-how**[ノウハウ]
**のうみん**【農民】**a farmer**[ファーマァ]
**のうやく**【農薬】**agricultural chemicals**[アグリカルチャラル ケミカルズ]
┃農薬散布 crop-dusting
**のうりつ**【能率】**efficiency**[イフィシャンスィ]
- 音楽がかかっていないと勉強の能率が上がらない. I can't study *well* without music.
━能率的な **efficient**
━能率的に **efficiently**
**のうりょう**【納涼】
┃納涼花火大会 a summer evening fireworks display
┃納涼祭り a summer evening festival
**のうりょく**【能力】(**an**) **ability**[アビラティ]; (受容能力)(**a**) **capacity**[カパスィティ]
- コーチは私の運動能力を伸(º)ばしてくれた.
 My coach helped me develop my athletic *ability*.
━能力のある **able**[エイブル], **of ability**, **capable**[ケイパブル]

> …する能力がある
> be able to+〈動詞の原形〉/
> be capable of+〈-ing形〉
- 彼にはその問題を解く能力がある.
 He *is able to* solve the problem. / He has the *ability* to solve the problem.
**ノーコメント no comment**[カメント]
**ノースリーブ sleeveless**[スリーヴリス]

# ノート
(帳面) **a notebook**[ノウトブック](▶この意味では

a noteは×); (メモ)**a note**[ノウト]

notebook　　　　note

- 彼はノートにその単語を書いた. He wrote down that word in his *notebook*.
- 生徒たちは熱心にノートを取った.
 The students took *notes* diligently.
┃ノートパソコン a notebook (computer), a laptop (computer) ➡ コンピュータ 図

**ノーヒットノーラン a no-hitter**[ノウヒッタア]
- ぼくは試合でノーヒットノーランを達成した.
 I pitched a *no-hitter* in the game.
**ノーベルしょう**【ノーベル賞】**a Nobel Prize**[ノウベル プライズ]
- 山中教授はノーベル生理学・医学賞を受賞した.
 Prof. Yamanaka was awarded the *Nobel Prize* for Physiology or Medicine.
**のがす**【逃す】**miss**[ミス]
- 博多行きの午前8時のバスを逃してしまった.
 I *missed* the 8 a.m. bus for Hakata.
**のがれる**【逃れる】**escape**(**from …**)[イスケイプ], **run away**(**from …**)[ラン アウェィ], **get away**(**from …**)[ゲット]➡ にげる
**のけもの**【のけ者】**an outcast**[アウトキャスト]
- 彼はクラスメートからのけ者にされていた.
 He *was shut out* by his classmates.
**のこぎり a saw**[ソー]
━のこぎりで切る **saw**
**のこす**【残す】**leave**[リーヴ]
- 彼は私たちによい[悪い]印象を残した.
 He *left* a good [bad] impression on us.
- 私にはほとんど時間が残されていない.
 I have little time *left*.
**のこり**【残り】**the rest**[レスト]; (食事などの)**leftovers**[レフトオゥヴァズ]
- アヤはほしいものを取り, 残りを弟にあげた.
 Aya took what she wanted, and gave *the rest* to her younger brother.
- (食べ物の)残りは冷蔵庫に入れなさい.
 Put the *leftovers* in the refrigerator.

# のこる【残る】

| ❶余る | be left |
|---|---|
| ❷とどまる | stay, remain |

❶[余る]**be left**[レフト](▶leftはleaveの過去分詞)
- ケーキが少し残っている.

## のせる

There *is* some cake *left*.

❷[とどまる]**stay**[ステイ], **remain**[リメイン]
- 放課後ケイは教室に残った.
  Kei *stayed* in the classroom after school.
- 彼女の言葉は今でも心に残っている.
  Her words still *remain* in my mind.

## のせる【乗せる, 載せる】

| ❶車などに | give ... a ride; (途中(ちゅう)で拾う)pick up |
|---|---|
| ❷上に置く | put |

❶[車などに]**give ... a ride**[ライド]; (途中で拾う)**pick up**[ピック アップ]
- おじが学校まで車に乗せていってくれた.
  My uncle *gave* me *a ride* to school. / My uncle *drove* me to school.
- 彼女は帰宅途中ぼくを車に乗せてくれた.
  She *picked* me *up* on her way home.

❷[上に置く]**put**[プット]
- テーブルの上に足を載せてはいけません.
  Don't *put* your feet *on* the table.

**のぞく¹**[こっそり]**peep**(into ...)[ピープ]; (のぞきこむ)**look into ...**[ルック]
- 窓から部屋の中をのぞいた. I *peeped into* the room through the window.

**のぞく²**[除く]**take off**[テイク オーヴ], **remove**[リムーヴ], (話)**get rid of ...**[リッド]
━…を除いて **except ...**[イクセプト]
- パーティーでは私を除いて全員がアメリカ人だった. All the people at the party were Americans *except* me.

**のそのそ**【のそのそと】**sluggishly**[スラギッシュリィ]

## のぞみ【望み】

(希望, 願い)(**a**)**wish**[ウィッシュ], (**a**)**hope**[ホウプ]; (見こみ)(**a**)**chance**[チャンス]
- 望みはかなえられた.
  My *wish* came true.
- 私たちがそのチームに勝つ望みはほとんどない. There is little *hope* that we can beat the team.
- まだコンサートのチケットが手に入る望みはあるよ. There is still a *chance* for us to get tickets to the concert.

## のぞむ【望む】

(欲(ほっ)する)**want**[ワント]; (希望する)**wish**[ウィッシュ], **hope**[ホウプ](▶wishは実現の可能性を問わずに用い, hopeは実現可能な事柄について用いる); (期待する)**expect**[イクスペクト]
- カナが何を望んでいるのかわからない.

I don't know what Kana *wants*.

**…を望む**
wish [hope] for ...
- 親は子どもの幸せを望むものだ. Parents *wish for* their children's happiness.

**…することを望む**
hope [want] to +〈動詞の原形〉
- ヒロはカナダに行くことを望んでいる.
  Hiro *hopes* to go to Canada.

**〈人〉が…することを望む**
hope that +〈人〉+… / want [expect] +〈人〉+ to +〈動詞の原形〉
- 早く回復されることを望んでいます.
  I *hope that* you feel better soon.
- 父は私が教師になることを望んでいる.
  My father *wants* [*expects*] me *to* be a teacher.

**のち**【後に】**after ...**[アフタァ]; (後ほど)**later**[レイタァ], **afterwards**[アフタァワァッツ]→ あと¹❷, …ご
- 晴れ後曇(くも)り. Fair, *later* cloudy.

**ノック a knock**[ナック]
━ノックする **knock**(at ..., on ...)
- だれかがドアをノックしている.
  Someone is *knocking at* the door.
┃ノックダウン **a knockdown**

**ノックアウト a knockout**[ナックアウト](▶KO, K.O.と略す)
━ノックアウトする **knock out**

**のっとる**【乗っ取る】(飛行機などを)**hijack**[ハイヂャック]; (会社などを)**take over**[テイク オウヴァ]

## …ので

**because ...**[ビコーズ], **since ...**[スィンス], **as ...**[アズ]
- 寝坊(ぼう)をしたので電車に乗り遅(おく)れてしまった.
  I missed the train *because* I overslept.
- マミは10年間アメリカに住んでいたので, アメリカのことをよく知っている.
  Mami knows a lot about America *since* she lived there for ten years.

## のど

**a throat**[スロウト]
- のどが痛い. I have a sore *throat*.
- のどが渇(かわ)いた. I'm thirsty.
┃のどあめ **a cough drop**
┃のど自慢大会 **an amateur singing contest**
┃のどぼとけ **the Adam's apple**

**のどか**【のどかな】**calm**[カーム], **peaceful**[ピースフル]; (天候などが)**mild**[マイルド]
- そこはのどかな村だ.
  It is a *peaceful* village.

# …のに

❶ …にもかかわらず
　though ..., although ...,
　in spite of ...;（しかし）but ...
❷ …するために
　to+〈動詞の原形〉
❸ 願望（…すべきだ）should+〈動詞の原形〉;
　（…ならいいのに）I wish ...

❶ [...にもかかわらず] **though** ...[ゾゥ], **although** ...[オールゾゥ], **in spite of** ...[スパイト];（しかし）**but** ...
- 雪が降っているのに彼はコートを着ないで出かけた．*Though* it was snowing, he went out without a coat.
- エミはけがをしているのに試合に出場した．Emi played in the game *in spite of* her injury.

❷ [...するために] **to**+〈動詞の原形〉
- うちから学校へ行くのに歩いて1時間かかる．It takes at least an hour *to* walk to school from my house.

❸ [願望]（…すべきだ）**should**+〈動詞の原形〉[シュッド];（…ならいいのに）**I wish** ...[ウィッシュ]→…なあ❶
- もっと早く起きればいいのに．You *should* get up earlier.
- 彼が今ここにいたらいいのに．*I wish* he *were* here now.（▶I wish +〈主語〉+〈過去形〉は現在の事実に反することや不可能なことを表す）

**ののしる** **curse**[カース];（人を）**call** ... (**bad**) **names**[コール][（バッド）ネイムズ]

## のばす【伸ばす, 延ばす】

| ❶期日を | （延期する）put off, postpone; （延長する）extend |
|---|---|
| ❷長くする | make ... longer; （髪(熨)・ひげを）grow |
| ❸まっすぐにする | straighten, stretch (out); （手を）reach (for ...) |
| ❹発達させる | develop, improve |

❶

put off　　　grow

straighten

improve

❶ [期日を]（延期する）**put off**[プット オーフ], **postpone**[ポウストゥポウン];（延長する）**extend**[イクステンド]
- 私は出発を1週間延ばした．I *put off* my departure for a week.
- 私たちはその町での滞在(蕊)を3日延ばした．We *extended* [*prolonged*] our stay in the town for three days.

❷ [長くする] **make** ... **longer**[ローンガァ];（髪・ひげを）**grow**[グロゥ]
- 私は髪を伸ばしているところだ．I'm *growing* my hair long.

❸ [まっすぐにする] **straighten**[ストゥレイトゥン], **stretch** (**out**)[ストゥレッチ（アウト）];（手を）**reach** (**for** ...)[リーチ]
- 背筋を伸ばしなさい．*Straighten* your back.
- ベッドの上で思いきり体を伸ばした．I *stretched* (myself) *out* on the bed.
- 彼は塩を取ろうと手を伸ばした．He *reached for* the salt.

❹ [発達させる] **develop**[ディヴェラップ], **improve**[インプルーヴ]
- 英語力を伸ばす努力をした．I made an effort to *improve* my English.

**のはら**【野原】**a field**[フィールド]

**のばら**【野ばら】【植物】**a wild rose**[ワイルド ロウズ]

**のび**【伸びをする】**stretch** (**out**)[ストゥレッチ（アウト）]→のばす❸

**のびのび**【のびのびした】**carefree**[ケアフリー]

## のびる【伸びる, 延びる】

| ❶成長する | grow;（発達する）make progress |
|---|---|
| ❷延期される | be put off, be postponed |

❶ [成長する] **grow**[グロゥ];（発達する）**make progress**[プラグレス]
- ぼくは1年で10センチ身長が伸びた．I *grew* ten centimeters in one year.
- アユミは英語の力がぐんと伸びた．Ayumi *made* great *progress* in English.

❷ [延期される] **be put off**[プット オーフ], **be postponed**[ポウストゥポウンド]
- 遠足は来週まで延びた．The school trip *was put off* till next week.

**ノブ**（取っ手）**a knob**[ナップ]（★このkは発音しない）

## のべる

**のべる**【述べる】(意見などを) **express**[イクスプレス] → いう❶
- 率直(そっちょく)に意見を述べてください.
 Please *express* your opinions frankly.

**のぼせる**(ぼうっとする) **get** [**feel**] **dizzy**[[フィール] ディズィ]; (夢中になる) **be crazy**(**about ...**)[クレイズィ]
- 長ぶろしてのぼせてしまった.
 I *got dizzy* after taking a long bath.

**のぼり**【上りの】**up**[アップ](⇔下りの down); (坂道が) **uphill**[アップヒル]
- 上りのエスカレーター an *up* escalator
|上り坂 an *uphill* slope
|上り電車 an inbound train

## のぼる【上る, 登る, 昇る】

| | |
|---|---|
|❶上のほうへ|**go up**|
|❷木・山などに|**climb**|
|❸太陽などが|**rise**, **come up**|

❶[上のほうへ]**go up**[ゴウ アップ](⇔下る go down)
- 私は階段を上った. I *went up* the stairs.

❷[木・山などに]**climb**[クライム]
- 富士山に登ったことがありますか.
 Have you ever *climbed* Mt. Fuji?

❸[太陽などが]**rise**[ライズ], **come up**[カム アップ](⇔沈む set)
- 太陽は東から昇る. The sun *rises* in the east.
 (▶from the eastは×)

**のみ**¹【蚤】[虫] **a flea**[フリー]
- 蚤の市 a *flea* market(▶この場合freeは×)

**のみ**²【道具】**a chisel**[チズル]

**…のみ only**[オウンリィ], **just**[ヂャスト] → …だけ❶

**のみこむ**【飲み込む】**swallow**[スワロゥ]; (理解する) **understand**[アンダァスタンド]
- カプセルを飲みこんだ. I *swallowed* a capsule.

**ノミネート**【ノミネートする】**nominate**[ナマネイト]

**のみみず**【飲み水】**drinking water**[ドゥリンキング ウォータァ]

**のみもの**【飲み物】(**a**) **drink**[ドゥリンク] → ジュース¹ くらべて!
- 温かい飲み物をもらえますか.
 Can I have a hot *drink*?
- 何か冷たい飲み物がほしい.
 I want *something* cold *to drink*.

話してみよう!
- ☺飲み物は何にしますか.
 What would you like to *drink*?
- ☻ココアをお願いします.
 I'll have hot chocolate, please.

## のむ【飲む】

**drink**[ドゥリンク], **have**[ハヴ]; (薬を) **take**[テイク]
- 私は毎朝コップ1杯(ぱい)のミルクを飲む.
 I *drink* a glass of milk every morning.
- お茶でも飲みませんか.
 Would you like to *have* some tea?
- 寝(ね)る前にこの薬を飲みなさい.
 *Take* this medicine before going to bed.
- スープを飲むときに音をたててはいけません.
 You should not slurp when *eating* soup.
 (▶スープを飲むとき, スプーンを使う場合はeatを, カップなどから直接飲む場合にはdrinkを用いる)
- うちの父はお酒を飲まない.
 My father doesn't *drink*.(▶このdrinkは「(習慣的に)酒を飲む」の意)

**のら**【野良】**stray**[ストゥレイ], **homeless**[ホウムリス]
- 野良犬[猫(ねこ)]
 a *stray* [*homeless*] dog [cat]

**のり**¹(接着用の) **paste**[ペイスト], **glue**[グルー]
 —のりではる **paste**, **glue**

**のり**²(食品)**nori**
- 焼き[味付け]のり
 toasted [seasoned] *nori*
- のりは乾燥させた海藻(かいそう)です.
 *Nori* is dried seaweed.
|のり巻き **vinegared rice rolled in nori**

**のり**³【乗り】**a groove**[グルーヴ]
- 乗りのいい曲
 a piece with a *groove*
- コンサートの客は乗りがよかった.
 The spectators at the concert were really into it.

**のりおくれる**【乗り遅れる】**miss**[ミス], **be late**(**for ...**)[レイト]
- 最終電車に乗り遅れてしまった.
 I *missed* the last train.
- 早くしないとバスに乗り遅れますよ.
 Hurry up, or you'll *be late for* the bus.

**のりかえ**【乗り換え】**a change**[チェインヂ], (**a**) **transfer**[トゥランスファー]
|乗り換え駅 a *transfer* station

**のりかえる**【乗り換える】**change**[チェインヂ], **transfer**[トゥランスファー]
- 佐賀行きはどこで乗り換えたらいいのですか.
 Where should I *change* trains for Saga?
 (▶trainsと複数形にすることに注意)
- 上野で銀座線に乗り換えよう.
 Let's *change to* the Ginza Line at Ueno.

**のりき**【乗り気である】**be enthusiastic**(**about ...**)[インスーズィアスティック (アバウト)]

- 私はそのデートにあまり乗り気ではなかった.
  I *wasn't* very *enthusiastic about* the date.

**のりくみいん**【乗組員】(1人) **a crew member**[クルー メンバァ], (全員) **the crew**
- 乗組員は全員無事だった.
  All *the crew* were all right.

**のりこえる**【乗り越える】(向こう側に) **climb**[クライム], **get over** ...[ゲット]; (克服する) **overcome**[オウヴァカム]
- ヒデはやっと失恋(ハん)を乗り越えた.
  Hide finally *got over* his breakup.

**のりこす**【乗り越す】**ride past** ...[ライド パスト]
- 居眠(ねむ)りをして乗り越してしまった.
  I was sleeping and *rode past* my station.

**のりすごす** → のりこす

**のりつぐ**【乗り継ぐ】**make a connection**[カネクション]
- 京都で私鉄に乗り継いだ.
  I *made a connection* at Kyoto with a private railway.

**のりば**【乗り場】(バスの) **a bus stop**[バス スタップ]; (駅の) **a platform**[プラットフォーム]; (タクシーの) **a taxi stand**[タクスィ スタンド]

# のりもの【乗り物】

**a vehicle**[ヴィーアクル]; (海上の) **a vessel**[ヴェサル]; (空の) **an aircraft**[エァクラフト]; (遊園地の) **a ride**[ライド]
| 乗り物酔(よ)い **motion sickness**, **travel sickness**

# のる¹【乗る】

❶乗りこむ (電車・バス・飛行機などに)
  **get on** (...);
  (車・タクシーに) **get in** (...), **get into** ...
❷乗り物を利用する
  **take**; (自転車・馬などに) **ride**;
  (飛行機に) **fly**
❸物の上に **get on** ...

❶[乗りこむ] (電車・バス・飛行機などに) **get on** (...)[ゲット アン](⇔降りる **get off**); (車・タクシーに) **get in** (...)[イン], **get into** ...[イントゥー](⇔降りる **get out of** ...)
- 私たちは空港行きのバスに乗った.
  We *got on* the bus for the airport.
- ほら, 車に乗りなさい.
  Come on, *get in* the car.

❷[乗り物を利用する] **take**[テイク]; (自転車・馬などに) **ride**[ライド]; (飛行機に) **fly**[フライ]

take　　ride　　fly

- 彼女は毎朝7時50分の電車に乗る.
  She *takes* the 7:50 train every morning.
- 自転車に乗ろう.
  Let's *ride* bicycles [bikes].
- ユキは飛行機に乗るのが怖(こわ)い.
  Yuki is afraid of *flying*.

❸[物の上に] **get on** ...
- びくびくしながら体重計に乗った.
  I *got on* the scales uneasily.

**のる²**【載る】(掲載(けいさい)される) **appear**[アピア], **be reported**[リポーティド], **be on** ...[in ...][アン [イン]]; (上にある) **be on** ...
- 兄の記事がその雑誌に載った. My brother's article *appeared* in the magazine.
- その店はこの地図に載っていない.
  The store *is* not *on* this city map.

**ノルウェー Norway**[ノーウェイ]
|―ノルウェー(語, 人)の **Norwegian**[ノーウィーヂャン]
|  ノルウェー人 **a Norwegian**

**ノルディック Nordic**[ノーディック]
|  ノルディック種目 **the Nordic events**

**ノルマ a quota at work**[クウォウタ][ワーク]

**のろい¹ a curse**[カース]
- 魔女(まじょ)は王子にのろいをかけた.
  The witch put *a curse* on the prince.

**のろい² slow**[スロウ] → おそい❷

**のろう curse**[カース]

**のろのろ slowly**[スロウリィ]

**のんき**【のんきな】**easygoing**[イーズィゴウイング]; (気楽な) **easy**[イーズィ]; (楽天的な) **optimistic**[アプタミスティック]
- 彼女はのんきな人だ.
  She is an *easygoing* person.

**ノンステップバス a low-floor bus**[ロウフロァ バス]

# のんびり【のんびりする】

**relax**[リラックス], **take it easy**[テイク][イーズィ]
- 昨夜はのんびりしてテレビを見ていた.
  I *took it easy* and watched TV last night.
|―のんびりした **relaxed**; (静かな) **quiet**[クワイアット]
- きのうの午後はのんびり過ごした.
  I spent a *quiet* afternoon yesterday.

**ノンフィクション nonfiction**[ナンフィクション](⇔フィクション **fiction**)

## は ハ

### は¹【歯】
a tooth[トゥース](複 teeth[ティース])→くち図
- 虫歯 a bad [decayed] *tooth*
- 前[奥]歯 a front [back] *tooth*
- 上の歯 an upper *tooth*
- 下の歯 a lower *tooth*
- 毎食後歯を磨きなさい.
  Brush your *teeth* after every meal.
- 歯が痛い.
  I have a *tooth*ache. / My *tooth* aches.
- 食事中に妹の歯が抜けた.
  My sister's *tooth* fell out while she was eating.
- 歯を抜いてもらった. I had a *tooth* pulled.
  (▶have+〈人・物〉+〈過去分詞〉は「〈人・物〉を…してもらう」の意)
- 私は歯の矯正をしている.
  I'm getting my *teeth* straightened.

━歯の dental[デントゥル]
- 歯の検診
  *dental* examination

**歯ぐき** the gums

**歯並び**: 彼女は歯並びがいい[悪い]. She has even [uneven] teeth.

### は²【葉】
a leaf[リーフ](複 leaves[リーヴズ])→き¹図; (すすきなどの細長い葉)a blade[ブレイド]; (針状の葉)a needle[ニードゥル]
- 落ち葉 a fallen *leaf*
- 枯れ葉 a dead *leaf*
- かえでの葉 maple *leaves*

### は³【刃】
an edge[エッヂ]; (刀身)a blade[ブレイド]
- このかみそりの刃はよく切れる[あまり切れない].
  This razor's *edge* is sharp [dull].

**刃物** (まとめて)cutlery; (包丁など)a knife

### …は
❶ 主語を表して　　　　　　(下記❶参照)
❷ 目的語を表して　　　　　(下記❷参照)

❶ [主語を表して]
- 私はユミをよく知っている.
  I know Yumi very well.
- それは黒猫だ. It's a black cat.

❷ [目的語を表して]

>  **日本語の「…は」が目的語を表す場合**
>
> 日本語では同じような物を比べて言うとき,目的語を「…は」と言う場合があります. たとえば,「(にんじんはきらいだが)トマトは好きだ」と言うとき,「トマト tomatoes」は「好きだ like」の目的語にあたります. これを英語で言う場合,「…は」は〈動詞〉+〈名詞〉の〈名詞〉の位置に入ります.
> - トマトは好きだ.
>   I like tomatoes.
>   　〈動詞〉〈名詞〉

- 犬は好きですか. Do you like *dogs*?
- 月曜日はきらいだ. I hate *Mondays*.

### ば【場】
(場所)a place[プレイス]; (特定の)a spot[スパット]; (劇の場面)a scene[スィーン]
- その場の全員が幸せを感じた.
  Everybody at that *place* felt happy.

### はあ
(驚きなどを表して)oh[オゥ]; (答えて)yes[イェス]; (問い返して)What?[(ホ)ワット]

### バー
(走り高跳びなどの)a bar[バー]

**バーコード** a bar code

### ぱあ
(じゃんけんの)paper[ペイパァ]→じゃんけん

### ばあい【場合】
a case[ケイス]; (特定のとき)a time[タイム]
- 緊急の場合はドアは手で開けられる.
  In *case* of an emergency, the door can be opened manually.
- 今はけんかをしている場合じゃない.
  This is no *time* for fighting.
- 参加できない場合はお知らせください.
  Please let us know *if* you can't attend.
- それは場合によりけりだ.
  That *depends*. / It (all) *depends*.

### バーガー
a burger[バーガァ]→ハンバーガー

**パーカー** a hoodie[フーディ]
**パーカッショニスト** a percussionist[パァカッショニスト]
**パーカッション** percussion[パァカッション]
**バーゲン(セール)** a sale[セイル] (▶「バーゲンセール」は和製英語)

「バーゲン/最大70%引き」の表示

- このジーパンはバーゲンで安く買った.
  I got these jeans cheap at a *sale*.
- その店では洋服のバーゲンをしている.
  That store has a *sale* on clothes. / Clothes are on *sale* at that store.

∥バーゲン品 sale goods

**バージョン**〘コンピュータ〙a version[ヴァージョン]
∥バージョンアップする upgrade
**バースデー** a birthday[バースデイ] → たんじょう, たんじょうび
　バースデーカード a birthday card
　バースデーケーキ a birthday cake
　バースデーパーティー a birthday party
　バースデープレゼント a birthday present [gift]
**パーセンテージ** (a) percentage[パァセンティッヂ]
**パーセント** percent, per cent[パァセント] (▶記号は%)

- 生徒の95パーセントが高校に進学する.
  Ninety-five *percent* of students go on to high school.

**バーチャル(リアリティー)**〘コンピュータ〙virtual reality[ヴァーチュアル リアラティ], VR[ヴィーアー] (▶コンピュータによって現実そっくりに作り出される仮想世界)

**パーツ** (部品)parts[パーツ]
**パーティー** a party[パーティ]

- クリスマスにパーティーを開こう.
  Let's have [give, throw] a *party* on Christmas.
- 歓迎(然)[お別れ]パーティー
  a welcome [farewell] *party*

**ハート** (トランプの)a heart[ハート]; (心臓)a heart; (心, 気持ち)(a) heart

- ハートのエース
  the ace of *hearts*
- ハート形のクッキー
  a *heart*-shaped cookie

**ハード** 【ハードな】(厳しい)hard[ハード]; (予定などが)tight[タイト]

- ハードなトレーニング
  a *hard* workout
- ハードなスケジュール
  a *tight* schedule
- バスケをハードにプレーした.
  We played basketball really *hard*.

**パート** (一部分)a part[パート]; (パートタイムの仕事)a part-time job[パートタイム チャブ], (人)a part-timer[パートタイマァ], a part-time worker[ワーカァ]

━ パートの[で] part-time

- 彼女は近くの店でパートをしている.
  She works *part-time* at a nearby store.

**ハードウエア**〘コンピュータ〙hardware[ハードウェア](⇔ソフトウエア software)
**バードウォッチング** birdwatching[バードワッチング]

━ バードウォッチングをする birdwatch

**パートタイマー** → パート
**パートタイム** → パート
**ハードディスク**〘コンピュータ〙a hard disk[ハードディスク]
**パートナー** a partner[パートゥナァ]
**ハードル** a hurdle[ハードゥル]

- ハードルを跳(と)ぶ
  clear [jump over] a *hurdle*

∥ハードル競走 the hurdles (▶単数扱い)
∥ハードル選手 a hurdler

**バーナー** a burner[バーナァ]
**ハーネス** a harness[ハーニス]

- 犬にハーネスをつけた.
  I put a *harness* on my dog.

**はあはあ** 【はあはあ言う】pant[パント], gasp[ギャスプ]
**ハーフ** (試合の前[後]半)a half[ハーフ]

- 彼は日本とアメリカのハーフだ.
  He has both Japanese and American

ハーブ

origins.(←彼は日本とアメリカにルーツを持つ) / He has a Japanese father and an American mother.(←彼には日本人の父とアメリカ人の母がいる)

┃ハーフコート〖バスケットボール〗a half court
┃ハーフサイズ half size
┃ハーフタイム half(-)time
┃ハーフブーツ half boot(s)
┃ハーフマラソン a half marathon

**ハーブ**(薬草)an herb[アーブ]
┃ハーブティー herbal tea

**ハープ**〖楽器〗a harp[ハープ]
┃ハープ奏者 a harpist

**パーフェクト**【パーフェクトな】perfect[パーフィクト]→かんぜんな, かんぺき

**バーベキュー** a barbecue[バービキュー](►BBQ, Bar-B-Qなどと略す)
・庭でバーベキューをした.
 We had a *barbecue* in the yard.

**バーベル** a barbell[バーベル]

**パーマ** a permanent [パーマナント], 《話》a perm[パーム]
・彼はパーマをかけている.
 He has a *perm*.
・私は天然パーマだ.
 I have naturally *curly hair*.

**ハーモニー**(a) harmony[ハーモニィ]

**ハーモニカ**〖楽器〗a harmonica[ハーモニカ]

**パール** a pearl[パール]→しんじゅ

# はい¹

| ❶質問に対して | yes; (否定が入った疑問文に対して)no |
| ❷出席の返事 | Here., Present., Yes. |
| ❸物を差し出して | Here you are., Here it is. |

❶〔質問に対して〕yes[イェス](⇔いいえ no);(否定が入った疑問文に対して)no[ノゥ]
・「君はこの近くに住んでいるのですか」「はい, そうです」
 "Do you live near here?" "*Yes*, I do."
・「あの少年がタクヤですか」「はい, そうです」
 "Is that boy Takuya?" "*Yes*, he is."
・「あなたは納豆(鬱)が食べられないのですか」「はい, 食べられません」
 "Can't you eat natto?"
 "*No*, I can't."
・「サッカーは好きじゃないの?」「はい(好きじゃありません)」
 "Don't you like soccer?"
 "*No*(, I don't)."

 「はい」と no

英語では, 例えば, Can't you play the piano?(あなたはピアノが弾(º)けないのですか)という否定が入った疑問文に対して, 弾ける場合はYes, I can.(いいえ, 弾けます), 弾けない場合はNo, I can't.(はい, 弾けません)と答えます. このように英語では, 質問の形に関係なく, 答えが「…でない」という場合はNoで答えます.

❷〔出席の返事〕Here.[ヒァ], Present.[プレズント], Yes.[イェス]
・「中村君」「はい」
 "Nakamura?" "*Here. / Present. / Yes.*"

❸〔物を差し出して〕Here you are., Here it is.
・「赤ペンを貸してもらえる?」「はい, どうぞ」
 "Can I borrow your red pen?"
 "*Here it is. / Here you are.*"

**はい²**〖肺〗a lung[ラング](►「両方の肺」はthe lungs)
┃肺活量 lung capacity

**はい³**〖灰〗ash[アッシュ], ashes[アッシズ]

# …はい¹〖…杯〗

(カップに)a cup of …[カップ];(グラスに)a glass of …[グラス]
・(カップ)1杯の紅茶
 a *cup of* tea (►(カップ)2杯の紅茶は *two cups of* tea)
・(グラス)1杯の水
 a *glass of* water (►(グラス)2杯の水は *two glasses of* water)
・ご飯をもう1杯もらえますか.
 Can I have *another bowl of* rice?
・砂糖は2杯入れてください.
 I'll take *two spoonfuls of* sugar, please.

**…はい²**〖…敗〗(a) loss[ロース], (a) defeat[ディフィート]→…しょう³
・彼はこれで今シーズン3敗めだ.
 This is his third *loss* of the season.

# ばい 〖倍〗

| ❶2倍 | twice, double |
| ❷…倍 | … times |

❶〖2倍〗**twice**[トゥワイス], **double**[ダブル]
- …の2倍の大きさ *double* the size of …
- いつもの2倍は食べた.
  I ate *twice* as much as usual.
- あの靴(⑤)の値段はこの靴の倍だ. Those shoes cost *twice* as much as these (ones).

❷〖…倍〗**… times**[タイムズ]
- この公園は東京ドームの約3倍の広さがある.
  This park is about three *times* as big as the Tokyo Dome.

**パイ**(a) **pie**[パイ], ⑱**tart**[タート]
- アップルパイ (an) apple *pie*
- パイ1切れ a piece of *pie* (►パイ2切れは two pieces of *pie*)
- パイ皮 a piecrust

**はいいろ**〖灰色(の)〗**gray**, ⑱**grey**[グレィ]
‖灰色っぽい grayish

**ハイウエー**(高速道路)⑱ **a freeway**[フリーウェィ], **an expressway**[イクスプレスウェィ], ⑱**a motorway**[モウタァウェィ] (►highwayは「幹線道路」の意味で, 日本の国道や県道に当たる)

米国・サンディエゴのハイウエー(高速道路)

**はいえい**〖背泳〗〖水泳〗**the backstroke**[バックストゥロウク]→**せおよぎ**

**ハイエナ**〖動物〗**a hyena**[ハイーナ]

**はいえん**〖肺炎〗**pneumonia**[ヌモウニャ] (★このpは発音しない)

**バイオ**(テクノロジー) **biotechnology**[バイオウテクナラディ]

**バイオマス biomass**(**energy**)[バイオマス(エナ(ァ)ディ)]

**バイオリズム**(a)**biorhythm**[バイオウリズム]

**バイオリン**〖楽器〗**a violin**[ヴァイアリン] (★アクセント位置に注意)
- カナは上手にバイオリンを弾(ひ)いた.
  Kana played the *violin* well.
‖バイオリン奏者 a violinist

**ハイカー a hiker**[ハイカァ]

**はいかん**〖拝観〗
‖拝観券 an admission ticket
‖拝観者 a visitor
‖拝観料 an admission fee

**はいきガス**〖排気ガス〗**exhaust**(**gas**)[イグゾースト(ギャス)], **exhaust fumes**[フュームズ]

**はいきぶつ**〖廃棄物〗**waste**[ウェイスト]

**はいきん**〖背筋〗**back muscles**[バック マスルズ]

**ばいきん**〖ばい菌〗**a germ**[チャーム], **bacteria**[バクティ(ァ)リア] (►bacteriumの複数形. 単数形ではほとんど用いない)

**ハイキング hiking**[ハイキング], **a hike**[ハイク]
- 今度の日曜に足柄山にハイキングに行こう.
  Let's go *hiking* [on a *hike*] up Mt. Ashigara next Sunday.
‖ハイキングコース a hiking trail

**バイキング**(料理)**a buffet**[バフェィ] (►この意味ではa Vikingは×);(北欧(⑤)の海賊(ぞく)) (1人)**a Viking**[ヴァイキング], (全体)**the Vikings**
- バイキング料理を食べた.
  I had a *buffet* meal.
- 中華料理のバイキング
  a Chinese *buffet*
- バイキング形式(食べ放題)のレストラン
  an *all-you-can-eat* restaurant

**はいく**〖俳句〗**a haiku**(**poem**)[ハイクー(ポウアム)]
- 学校で俳句を作った.
  We wrote *haiku*(*poems*) at school.
- 俳句は五七五の3つの部分から成っています.
  A *haiku poem* consists of three lines of 5-7-5 syllables, respectively.

**バイク a motorcycle**[モウタァサイクル], 《主に⑱》**a motorbike**[モウタァバイク] (►bikeは「自転車」の意味で用いることが多い)

**はいけい**[1]〖背景〗**a background**[バックグラウンド]
- 海を背景に写真を撮(と)った.
  We took a picture with the ocean in the *background*.

**はいけい**[2]〖拝啓〗**Dear …**[ディア]

**はいざら**〖灰皿〗**an ashtray**[アッシュトゥレィ]

**はいし**〖廃止する〗**get rid of …**[リッド], **abolish**[アバリッシュ]
- その規則を廃止したい.
  I want to *get rid of* the rule. / I want to *abolish* the rule.

**はいしゃ**[1]〖歯医者〗**a dentist**[デンティスト]

## はいしゃ[2]

- きょう歯医者さんに行かなくちゃ. I have to go to the *dentist* today.

**はいしゃ**[2]【敗者】**a loser**[ルーザァ]
▌敗者復活戦 **a consolation match**

**ハイジャック**（a）**hijacking**[ハイヂャッキング], (a) **hijack**
―ハイジャックする **hijack**

**はいしゅつ**【排出】**emission**[イミッション]
―排出する **emit**

**はいしん**【配信】**streaming**[ストゥリーミング], **broadcast**[ブロードキャスト], **webcast**[ウェブキャスト]
- ライブ配信 live *streaming* [*broadcasting*]
- オンデマンド配信 on-demand *streaming* [*broadcasting*]
―配信する（動画を）**stream**（a video）
- （動画）配信サービス a（video）*streaming* service

**はいすい**【排水】**drainage**[ドゥレイニッヂ]
▌排水管 **a drainage pipe**

**はいせん**[1]【敗戦】（a）**defeat**[ディフィート]
▌敗戦投手 **a losing pitcher**

**はいせん**[2]【配線】**wiring**[ワイアリング]

**ハイソックス knee socks**[ニー サックス]

**はいたつ**【配達】（a）**delivery**[ディリヴ(ァ)リィ]
―配達する **deliver**
- ピザは30分以内に配達された. A pizza was *delivered* within thirty minutes.
- 彼らは品物を即日配達してくれる. They *deliver* items on the same day.
▌配達料 **a delivery charge**

**ハイタッチ a high five**[ハイ ファイヴ]
―ハイタッチする **high-five**, **give high fives**
- 私たちはお互いにハイタッチした. We *gave* each other *high fives*.

**はいち**【配置】（an）**arrangement**[アレインヂマント]
―配置する **arrange**

**ハイティーン late teens**[レイト ティーンズ]

**ハイテク high technology**[ハイ テクナラヂィ]
―ハイテクの **high-tech**[ハイテック]

**ばいてん**【売店】（屋台, 露店(えん)）**a stand**[スタンド]; （駅などの）**a kiosk**[キーアスク]; （学校の）**a school store**[スクール ストァ]

**バイト**[1] **a part-time job**[パートタイム ヂャブ]→アルバイト
―バイトをする **work part-time**[ワーク パートタイム]
- 私の姉はコンビニでバイトをしている. My sister is *working part-time* at a convenience store.

**バイト**[2]〖コンピュータ〗**a byte**[バイト]

**パイナップル a pineapple**[パイナプル]

**はいはい**【はいはいする】**crawl**[クロール]→はう

**バイバイ Bye!**[バイ], **Bye-bye!**[バイバイ], **See you!**[スィー]→さようなら

**バイパス a bypass**[バイパス]

**ハイヒール a high heel**[ハイ ヒール], **a high-heeled shoe**[ハイヒールド シュー]（►ともにふつう複数形で用いる), **heels**→くつ図

**ハイビジョンテレビ a high-definition television**[ハイデファニション テラヴィジョン]（►HDTVと略す）

**ハイビスカス**〖植物〗**a hibiscus**[ハイビスカス]

**はいふ**【配布】**distribution**[ディストゥリビューション]
―配布する **distribute**[ディストゥリビュート], **hand out**→くばる
▌配付資料 **a handout**

**パイプ**（管）**a pipe**[パイプ], **a tube**[トューブ];（刻みたばこ用の）**a pipe**
▌パイプオルガン **a (pipe) organ**

**ハイファイ**【ハイファイ(の)】**hi-fi**[ハイファイ]（► high-fidelityの略）

**ハイブリッド a hybrid**[ハイブリッド]
▌ハイブリッドカー **a hybrid car**

**バイブル the Bible**[バイブル]→せいしょ[1]

**ハイフン a hyphen**[ハイファン]（►part-timeのように語をつないで複合語を作るときや, 語の途中(ちゅう)で行が変わるときなどにつなぎに用いる）

**はいぼく**【敗北】（a）**defeat**[ディフィート](⇔勝利)（a）**victory**→まけ

**はいやく**【配役】（全体）**the cast**[キャスト]

**はいゆう**【俳優】**an actor**[アクタァ]
- 主演俳優 a leading [starring] *actor*
- 舞台(たい)俳優 a stage *actor* [*player*]

**ハイライト a highlight**[ハイライト]
- オリンピックのハイライト the *highlights* of the Olympic Games

**ばいりつ**【倍率】(レンズ の)（a）**magnification**[マグニフィケイション];（競争率）**the competitive rate**[カンペタティヴ レイト]
- あの高校の入試は倍率が高い. The entrance examination for that high school is very *competitive*.

**はいりょ**【配慮する】**consider**[カンスィダァ], **think of**[スィンク オヴ]

**バイリンガル a bilingual**[バイリンガル]
―バイリンガルの **bilingual**
- エミは日本語と英語のバイリンガルだ. Emi is *bilingual* in Japanese and English.

## はいる【入る】

| | |
|---|---|
| ❶外から中へ | come in, go in, get in, enter |
| ❷学校・クラブなどに | (学校に)enter; (クラブなどに)join |
| ❸収容する | hold |
| ❹含(ふく)まれる | contain, include |
| ❺始まる | start, begin |

❶〔外から中へ〕**come in**[カム], **go in**[ゴゥ], **get in**[ゲット], **enter**[エンタァ]
- どうぞ入ってください.
  Please *come in*.
- 彼はそっと部屋に入った. He *went into* the room quietly. / He *entered* the room quietly.

❷〔学校・クラブなどに〕(学校に)**enter**; (クラブなどに)**join**[ヂョイン]
- 姉は大学に入った.
  My sister *entered* the university.
- 選抜(せんばつ)チームに入った.
  I *joined* the special team.
- 何のクラブに入るつもりですか.
  Which club are you going to *join*?
- 美術部に入っている. I *belong to* the art club.

❸〔収容する〕**hold**[ホウルド]
- あの競技場は1万人入る. That stadium *holds* ten thousand people.
- ケーキは冷蔵庫に入っているよ.
  Your cake *is in* the refrigerator.

❹〔含まれる〕**contain**[カンテイン], **include**[インクルード](►「含む物」が主語となる)
- キウイにはビタミンCがたくさん入っている.
  Kiwis *contain* a lot of vitamin C.

❺〔始まる〕**start**[スタート], **begin**[ビギン]
- あしたから夏休みに入る.
  Summer vacation *starts* tomorrow.

**はいれつ**【配列】(an) **arrangement**[アレインヂマント]
- **―配列する arrange**

**パイロット a pilot**[パイラット]

**バインダー a binder**[バインダァ]

**はう crawl**[クロール], **creep**[クリープ]
- 毛虫が葉の上をはっていた.
  A caterpillar was *crawling* on the leaf.

**ハウス house**[ハウス]
- ‖**ハウス栽培(さいばい) greenhouse cultivation**

**パウダー powder**[パウダァ]
- ‖**パウダースノー powder snow**

**バウンド a bounce**[バウンス]
- ワンバウンドでボールをキャッチしろ.
  Catch the ball on the first *bounce*!
- **―バウンドする bounce, bound**

**はえ**〖虫〗**a fly**[フライ]
- ‖**はえたたき a fly swatter**

**はえる**【生える】**grow**[グロゥ]
- 庭に雑草がたくさん生えてきている. A lot of weeds are *growing* in the garden.

**はおる**【羽織る】**put on**[プット]→きる²

**はか**【墓】**a grave**[グレイヴ], **a tomb**[トゥーム]
- 祖父のお墓に行った.
  I visited my grandfather's *grave*.
- ‖**墓石 a gravestone**
- ‖**墓参り a visit to the (family) grave**

## ばか

(人)**an idiot**[イディアット], **a fool**[フール]; (ばかげたこと)**nonsense**[ナンセンス]
- 彼の話を信じるなんてなんてばかだったんだ.
  What a *fool* I was to believe his story!
- **―ばかな foolish, stupid**[ストゥーピッド], **silly**
- ばかみたい.
  How *stupid*!
- 階段を飛び降りるなんてばかなことをするな.
  Don't do something *stupid* like jumping down the stairs.
- **―ばかにする make a fool of ...**; (からかう)**make fun of ...**; (見下す)**look down on ...**
- ばかにしないで. Stop *making fun of* me.

**はかい**【破壊】**destruction**[ディストゥラクション]
- **―破壊する destroy**[ディストゥロイ]

**はがき a postcard**[ポウストカード]
- 往復はがき a reply-paid *postcard*
- アキは奈良(なら)から絵はがきをくれた. Aki sent me a picture *postcard* from Nara.

**はがす**(乱暴に)**tear off**[テァ], **peel off**[ピール]
- 壁(かべ)のポスターはすべてはがされた. All the posters on the wall were *torn off*.

**はかせ**【博士】**a doctor**[ダクタァ](►名前の前につけるときはDr., Drと略す)
- 野口博士 *Dr.* Noguchi
- ‖**博士号 a doctorate**

**はかどる make (rapid) progress**[(ラピッド) プラグレス]
- 宿題ははかどっていますか. Are you *making progress* with your homework?

**ぱかぱか**【ぱかぱか歩く】(馬が) **clip-clop**[クリップクラップ]

**ばかばかしい ridiculous**[リディキュラス]; (愚(おろ)かな)**silly**[スィリィ], **foolish**[フーリッシュ]
- ばかばかしい.
  *Ridiculous*! / *Nonsense*!
- **―ばかばかしいこと nonsense**[ナンセンス]

**はかり a scale**[スケイル](►しばしば複数形で用いる); (天びん)**a balance**[バランス]

…ばかり

kitchen scale

bathroom scale

balance

## …ばかり

| ❶ただ…だけ | only …, nothing but …; (全部) all |
| --- | --- |
| ❷いつも, 絶えず | always |
| ❸ちょうど | just |
| ❹およそ | about … |

❶〔ただ…だけ〕**only** …[オウンリィ], **nothing but** …[ナスィングッ]; (全部) **all**[オール]
- その子はそこに座って泣くばかりだった.
 The child *only* sat there and cried.
- 兄はゲームばかりしている. My brother does *nothing but* play games.
- これらは私の好きな曲ばかりだ.
 These are *all* my favorite songs.
- リカはアメリカばかりかカナダにも住んだことがある. Rika has lived *not only* in America *but* also in Canada.

❷〔いつも, 絶えず〕**always**[オールウェイズ]
- ぼくはその試合のことばかり考えている.
 I'm *always* thinking about the match.
- 弟は邪魔ばかりする.
 My brother is *always* bothering me.

❸〔ちょうど〕**just**[チャスト]
- アオイは中国から帰ってきたばかりだ.
 Aoi has *just* come back from China.

❹〔およそ〕**about** …[アバウト]
- 教室には生徒が10人ばかりいた. There were *about* ten students in the classroom.
- 1時間ばかり勉強した.
 I studied for *about* an hour.

## はかる 【測る, 量る, 計る】

(大きさ・広さ・長さ・量などを) **measure**[メジャ]; (重さを) **weigh**[ウェイ]; (時間を) **time**[タイム]; (体温を) **take**[テイク]

measure　　weigh

time　　take

- 私は弟の身長を測った.
 I *measured* my brother's height.
- ケンは体重を計った. Ken *weighed* himself.
- コーチは私のタイムを計った.
 The coach *timed* me.
- 看護師はぼくの体温を計った.
 The nurse *took* my temperature.

**はがれる** **come off**[カム]; (皮がむけるように) **peel off**[ピール]
- 塀のペンキがはがれてきた. The paint on the wall is *coming* [*peeling*] *off*.

**バカンス** ⊛ (a) **vacation**[ヴェイケイション], ⊛ **holidays**[ハラデイズ]

**はきかえる** 【履き替える】 **change**(**into** …)[チェインヂ]
- 入口で上ばきに履き替えた. I *changed into* indoor shoes at the entrance.

**はきけ** 【吐き気がする】 **feel sick**[フィール スィック]
- 吐き気がするんです.
 I *feel sick*. / I *feel like throwing up*.

**はぎしり** 【歯ぎしりする】 **grind** one's **teeth**[グラインド][ティース]
- 彼は睡眠中よく歯ぎしりする.
 He often *grinds his teeth* in his sleep.

**パキスタン** **Pakistan**[パキスタン]
▌パキスタン人 a **Pakistani**

**はきだす** 【吐き出す】 → はく²

**はきはき** 【はきはきした】 (はっきりした) **clear**[クリア]; (歯切れよい) **brisk**[ブリスク]
━はきはきと **clearly**; **briskly**

## はく¹ 【履く】

**put on**[プット] (⇔脱ぐ **take off**); (はいている) **wear**[ウェア], **have** … **on** → きる² くらべて!
- エリはジーンズをはいた. Eri *put on* her jeans. / Eri *put* her jeans *on*.
- マコはいつもスニーカーを履いている.
 Mako always *wears* sneakers.

- ミカはきょうお気に入りのスカートをはいている. Mika *has* her favorite skirt *on* today. / Mika is *wearing* her favorite skirt today.
- アメリカでは靴を履いたまま家の中に入る. In America, you can go into a house *with* your shoes *on*.

**はく**[2]【吐く】(息を)breathe (out)[ブリーズ アウト]; (食べたものを)throw up[スロゥ], vomit[ヴァミット]; (つばを)spit (out)[スピット]
- 私は船に酔って吐いてしまった. I got seasick and *threw up*.

**はく**[3]【掃く】sweep[スウィープ]
- 床を掃きなさい. *Sweep* the floor.

**はぐ** take [tear] off[テイク[ティア] オーフ]→はがす

**ハグ**【ハグする】hug[ハッグ]
- 私たちはしっかりハグし合った. We *hugged* each other tightly.

**バグ**〔コンピュータ〕a bug[バッグ]

**パグ**(犬)a pug[パッグ]

**はくい**【白衣】a white coat[(ホ)ワイト コウト]

**はぐき**【歯茎】a gum[ガム]

**ばくげき**【爆撃】bombing[バミング]
— 爆撃する bomb

**はくさい**【白菜】〔植物〕(a) Chinese cabbage[チャイニーズ キャビッヂ]

**はくし**[1]【白紙の】blank[ブランク]
- 彼は白紙の答案を出した. He handed in a *blank* answer sheet.

**はくし**[2]【博士】→はかせ

## はくしゅ【拍手】

(hand) clapping[(ハンド) クラッピング], 《話》a hand; (拍手喝さい)applause[アプローズ]
- 私たちは観客から拍手をもらった. The audience gave us a big *hand*.
— 拍手する clap (one's hands); applaud
- その俳優が現れると観客は拍手をした. When the actor appeared, the audience *clapped their hands*.
— 拍手喝采する clap and cheer[チア]

**はくじょう**[1]【白状する】confess[カンフェス]; (認める)admit[アドゥミット]
- すべてを白状した. I *confessed* everything.
- カイはうそをついたと白状した. Kai *admitted* that he had told a lie.

**はくじょう**[2]【薄情な】heartless[ハートゥリス]; (冷淡な)cold-hearted[コウルドハーティド]; (不親切な)unkind[アンカインド]

**ばくしょう**【爆笑する】burst into laughter[バーストゥ[ラーフタァ], burst out laughing[ラーフィング]
- 私たちは彼の冗談に爆笑した. We *burst into laughter* at his joke.

**はくしょん** ⊛achoo[アーチュー], ⊛atishoo[アティシュー]→くしゃみ

**はくじん**【白人】a Caucasian[カーケイジャン]; (全体)Caucasian (people)[カーケイジャン(ピープル)]

**ばくぜん**【漠然とした】vague[ヴェイグ]
— 漠然と vaguely

**ばくだい**【ばく大な】huge[ヒューヂ], vast[ヴァストゥ]
- 町の復興にはばく大なお金がかかるだろう. The reconstruction of the town will cost a *huge* amount of money.

**ばくだん**【爆弾】a bomb[バム] (★後のbは発音しない)
- 爆弾が爆発した. A *bomb* exploded.
- 原子爆弾 an atomic *bomb* / an A-*bomb*
- 時限爆弾 a time *bomb*
— 爆弾を落とす bomb, drop a bomb

**はくちょう**【白鳥】〔鳥〕a swan[スワン]

**バクテリア** bacteria[バクティ(ア)リア]

**バクてん**【バク転】a back handspring[バック ハンドゥスプリング]

**はくねつ**【白熱した】heated[ヒーティド]
- 白熱した試合だった. It was a *heated* match.

**はくは**【爆破する】blow up[ブロゥ], blast[ブラストゥ]

**ぱくぱく**【ぱくぱく食べる】gobble (down)[ガブル (ダウン)], munch[マンチ]
- お腹がすいていたので昼ごはんをぱくぱく食べた. I was hungry so I *gobbled down* my lunch.

**はくはつ**【白髪】white hair[(ホ)ワイト ヘア], gray hair[グレイ]

**ばくはつ**【爆発】an explosion[イクスプロウジョン]; (火山の)(an) eruption[イラプション]
- ガス爆発 a gas *explosion*
— 爆発する explode, 《話》blow up; erupt
- その火山は3年前に爆発した. That volcano *erupted* three years ago.

**ばくふ**【幕府】shogunate[ショウガナット]
- 江戸幕府 the Edo *shogunate*

**はくぶつかん**【博物館】a museum[ミューズィーアム](★アクセント位置に注意)
- 博物館に見学に行った. I visited a *museum*.

**ばくやく**【爆薬】an explosive[イクスプロウスィヴ]

**はくらんかい**【博覧会】an exposition[エクスパズィション], 《話》an expo[エクスポゥ], a fair[フェア]
- 万国博覧会 a world *exposition*

**はくりょく**【迫力のある】powerful[パウァフル]
- 迫力のある演説 a *powerful* speech

**はぐるま**【歯車】a gear (wheel)[ギア (ホ)ウィール]

**はぐれる** lose sight of ...[ルーズ サイト]
- 人ごみで友達とはぐれてしまった. I *lost sight of* my friends in the crowd.

**ばくろ**【暴露する】expose[イクスポウズ]; (明かす)

はけ

**disclose**[ディスクロウズ], **reveal**[リヴィール]
**はけ** a brush[ブラッシュ]
**はげ**(はげた部分)a bald spot[ボールド スパット]
ーはげた bald→はげる
・彼ははげている. He is *bald*.
∥はげ頭 a bald head

## はげしい【激しい】

(猛烈な)hard[ハード], violent[ヴァイアラント];(苦痛などが)severe[スィヴィア];(量・程度が)heavy[ヘヴィ]
・それは激しい戦いだった.
It was a *hard* fight.
・激しい嵐が町をおそった.
A *violent* storm hit the city.
・彼は胸に激しい痛みを感じた.
He felt a *severe* pain in his chest.
・この時間帯は車の往来が激しい. The traffic is *heavy* at this time of the day.
ー激しく hard, violently; severely; heavily
・雨が激しく降っている. It is raining *hard*.
**バケツ** a bucket[バキット], ⊛a pail[ペイル]
・バケツ1杯の水
a *bucket* [*bucketful*] of water
・バケツに水を入れた. I filled a *bucket* with water. / I put water into a *bucket*.
**バゲット** a baguette[バゲット]
**はげます**【励ます】encourage[インカーリッヂ], cheer up[チア]
・落ちこんでいるといつも彼が励ましてくれる.
Every time I feel depressed, he *cheers* me *up*. / Every time I feel depressed, he *encourages* me.
・もう一回トライして, と彼女を励ました.
I *encouraged* her to try again.
**はげみ**【励み】encouragement[インカーリッヂメント]
ー励みになる encouraging
**はげむ**【励む】work hard[ワーク ハード];(練習などに)train hard[トゥレイン]
・レンはトレーニングに励んでいる.
Ren is *training hard*.
**ばけもの**【化け物】(怪物)a monster[マンスタァ];(幽霊)a ghost[ゴウスト]
**はげる**(髪が)go [get] bald[ボールド]→はげ;(塗ったものが)come off[カム]→はがれる
・父の頭ははげてきた.
My father is *getting bald*.
**ばける**【化ける】change into ...[チェインヂ イントゥ]
**はけん**【派遣する】send[センド], dispatch[ディスパッチ]
**はこ**【箱】a box[バックス];(保管や輸送のための)a case[ケイス]

・その箱には何が入っていますか.
What's in the *box*?
・チョコレート1箱 a *box* of chocolates
・弁当箱 a lunch *box*
**はごいた**【羽子板】a battledore[バトゥルドァ]
**はごたえ**【歯応えがある】(やわらかい)chewy[チューイ],(かたい)tough[タフ];(パリパリしている)crunchy[クランチィ]
・このいかは歯応えがある.
This squid is *chewy*.

## はこぶ【運ぶ】

| ❶ほかの場所へ | carry, take, bring |
| ❷進行する | go |

❶[ほかの場所へ]carry[キャリィ], take[テイク], bring[ブリング]→もっていく, もってくる
・この箱を2階に運ぶのを手伝ってくれない?
Will you help me *carry* this box upstairs?
・彼は病院へ運ばれた.
He was *taken* to a hospital.
❷[進行する]go[ゴゥ]
・物事がいつもうまく運ぶとは限らない.
Things don't always *go* well.
**バザー** a bazaar[バザー](★アクセント位置に注意)
**ぱさぱさ** dry[ドゥライ]
・このパンは固くてぱさぱさしている.
This bread is hard and *dry*.
・私の髪はぱさぱさだ. My hair is too *dry*.
**はさまる**【挟まる】be [get] caught (in ..., between ...)[コート]
・上着がドアに挟まった.
My coat *got caught in* the door.
・何かが歯に挟まっている. Something *is stuck in* my teeth. / Something *is caught between* my teeth.
**はさみ** scissors[スィザァズ]
・はさみ1丁 a pair of *scissors*(▶はさみ2丁は two pairs of *scissors*)
・このはさみはよく切れる.
These *scissors* cut well.
**はさむ**【挟む】(間に入れる)put ... between 〜[ビトゥウィーン];(指などを)pinch[ピンチ], catch[キャッチ];(口を)interrupt[インタラプト]
・マリはその本の間にしおりを挟んだ.
Mari *put* a bookmark *between* the pages of the book.
・私はドアに指を挟んでしまった. I *pinched* [*caught*] my finger in the door.
・口を挟まないで. Don't *interrupt* us.
・昼休みをはさんで試験が4つある.
We have four exams with a lunch break

**はさん**【破産する】go bankrupt[バンクラプト]
**はし¹**[橋]a bridge[ブリッヂ]
- 私たちは橋を渡った.
  We crossed a *bridge*.
- 新しい橋が架けられた.
  A new *bridge* was built.
- その川には多くの橋が架かっている.
  There are many *bridges* across the river.
- つり橋 a suspension *bridge*

**はし²**(食事用の)a chopstick[チャプスティック](▶ふつう複数形で用いる)
- 豆をはしで食べるのは難しい.
  It's hard to eat beans with *chopsticks*.

**はし³**[端](末端)an end[エンド];(縁)an edge[エッヂ];(わき)a side[サイド]
- ロープの一方の端 the *end* of the rope
- 彼はベンチの端に腰掛けた.
  He sat down on the *edge* of a bench.
- その男は道の端に立っていた. The man was standing by the *side* of the road.

**はじ**【恥】(a) shame[シェイム]
- 彼は恥を知らない(恥知らずな)やつだ.
  He has no sense of *shame*.
- 恥を知れ.
  *Shame* on you!
- **━恥をかく get embarrassed**→はずかしい
- みんなの前で恥をかいた.
  I *got embarrassed* in front of everyone.
- 彼に恥をかかせた. I *embarrassed* him.

**はしか**(the) measles[ミーズルズ]
- 赤ん坊ははしかにかかった.
  The baby caught (*the*) *measles*.

**はじく**(指で)snap[スナップ];(水を)repel[リペル]
- 私のコートは水をはじく.
  My coat *repels* water.

**はじける** burst[バースト], pop[ポップ]
- ポケットがいっぱいではじけそうだ.
  My pockets might *burst* because they are so full.

**はしご** a ladder[ラダァ]
- はしごを上った.
  I climbed [went up] the *ladder*.
- はしごを降りた.
  I climbed [went] down the *ladder*.
- 彼は塀にはしごを掛けた.
  He set a *ladder* against the fence.
- はしご車 a *ladder* truck

**はじまり**【始まり】the beginning[ビギニング], the start[スタート];(起源)the origin[オーラヂン]
- 新たな一年の始まりだ.
  It's *the beginning* of a new year.

# はじまる【始まる】
(開始する)begin[ビギン], start[スタート];(店・会などが)open[オウプン]
- 新学期は4月から始まる. The new school year *begins* in April. (▶from Aprilは×)
- 「映画は何時に始まりますか」「8時半です」
  "What time does the movie *begin* [*start*]?" "At eight thirty."
- 私たちはコンサートが始まる30分前に着いた.
  We arrived thirty minutes before the concert *started*.
- 銀行は9時に始まる.
  The banks *open* at nine.

# はじめ【初め, 始め】
the beginning[ビギニング], the start[スタート]→さいしょ
- 初めから終わりまで
  from *beginning* to end (▶beginningとendが対になっているのでtheをつけない)
- **━初めは at first**
- 初めはあの声優が好きではなかった.
  I didn't like that voice actor *at first*.
- **━初めの the first**
- 映画の初めの10分間は退屈だった. *The first* ten minutes of the movie were boring.
- **━初めに first, at the beginning**
- 今年の初めに伊勢に行った. I traveled to Ise *at the beginning* of this year.

# はじめて【初めて】
(最初に)first[ファースト];(生まれて初めて)for the first time[タイム]
- 初めて彼女に会ったのはいつですか.
  When did you *first* meet her?
- ナオはきょう初めてテニスをした. Nao played tennis today *for the first time*.
- こんなきれいな花火を見たのは初めてです.
  This is *the first time* I have seen such beautiful fireworks!
- **━初めての first**
- 今回が初めての海外旅行だ.
  This is my *first* trip abroad.
- **…して初めて〜**
  not 〜 until …
- その本を読んで初めて読書のおもしろさを知った.
  I *didn't* know that reading was so interesting *until* I read the book.

**はじめまして** Nice to meet you.[ナイス][ミート];(くだけて)Hello![ヘロウ], Hi![ハイ];(改まって)How do you do?[ハウ]

## はじめる

> 話してみよう！
> 😊 はじめまして，私の名前は森ハルカです．
> *Nice to meet you*. My name is Mori Haruka.
> 😊 こちらこそはじめまして．
> *Nice to meet you*, too.

## はじめる【始める】
**begin**[ビギン], **start**[スタート]
- ぼくは4月から野球を始めた．
  I *started* playing baseball in April.
- では，レッスン1から始めましょう．
  Now, let's *begin* with Lesson 1.
- ミーティングは何時から始めようか．
  What time should we *start* the meeting?
- ぼくはドラムの練習を始めたばかりだ．I have just *started* practicing the drums.

**…はじめる**【…(し)始める】**start**［**begin**］**to**＋〈動詞の原形〉[スタート［ビギン］], **start**［**begin**］＋〈-ing形〉
- 雨が降り始めた．It *began*［*started*］*to* rain. / It *began*［*started*］rain*ing*.

**ばしゃ**【馬車】**a carriage**[キャリッヂ]

**はしゃぐ get excited**[イクサイティド]；(喜んで飛び回る) **romp about**［**around**］[ランプ][アラウンド]
- そんなにはしゃがないで．
  Don't *get* so *excited*!

**パジャマ pajamas**, ⑱**pyjamas**[パチャーマズ]（▶ふつう上下でひとそろいなので複数）；**sleepwear**[スリープウェア]
- パジャマ1着 a pair of *pajamas*（▶パジャマ2着は two pairs of *pajamas*）
- パジャマのシャツ(上)
  a *pajama* top / a *pajama* shirt
- パジャマのズボン(下)
  *pajama* bottoms / *pajama* pants

## ばしょ【場所】
(所) **a place**[プレイス]；(空間) **room**[ルーム], **space**[スペイス]→ところ
- それを元あった場所に戻(ﾞ)しなさい．
  Put it back in its *place*.
- 座(ﾞ)る場所がなかった．
  There was no *room*［*space*］to sit down.

**はしら**【柱】**a pillar**[ピラァ], (電柱など) **a pole**[ポウル]
┃柱時計 **a wall clock**

**はしりたかとび**【走り高跳び】〖スポーツ〗**the high jump**[ハィ ヂャンプ]

**はしりはばとび**【走り幅跳び】〖スポーツ〗**the long jump**[ローング ヂャンプ]

**はしりまわる**【走り回る】**run around**[アラウンド]

## はしる【走る】
**run**[ラン]
- ミキは走るのが速い．
  Miki *runs* fast. / Miki is a fast *runner*.
- 彼は家までずっと走って行った．
  He *ran* all the way home.
- うちの犬がぼくのほうへ走ってきた．
  Our dog came *running* to me.
- 5kmレースを走る予定だ．
  I will *run* in a 5 km race.

**はじる**【恥じる】**be**［**feel**］**ashamed**（**of** …）[フィール][アシェイムド]→はずかしい

**はす**〖植物〗**a lotus**[ロウタス]

## …はず【…はずだ】
(当然) **should**[シュッド], **must**[マスト]；(…する予定だ) **be to**＋〈動詞の原形〉, **be supposed to**＋〈動詞の原形〉[サポウズド]
- 彼はそのことを知っているはずだ．
  He *should* know that.
- ポチは今ごろきっとおなかをすかせているはずだ．Pochi *must* be hungry by now.
- その荷物はきょう届くはずだった．
  The package *was*（*supposed*）*to* arrive today.

━**…はずがない cannot**＋〈動詞の原形〉
- それが本当であるはずがない．
  It *cannot*［《話》*can't*］be true.

## バス¹
**a bus**[バス]
- 彼らはバスに乗った．They got on a *bus*.
- 彼らはバスから降りた．They got off a *bus*.
- 5番のバスに乗ってください．
  Please take the No. 5 *bus*.
- バスで学校へ通う．
  I go to school by *bus*.
- 終バスに乗り遅(ﾞ)れた．
  I missed the last *bus*.
- 6時のバスに間に合った．
  I caught the six o'clock *bus*.
- このバスは高崎に行きますか．
  Does this *bus* go to Takasaki?
- バスの中で先生に会った．
  I met my teacher on the *bus*.

┃バスガイド **a bus conductor**
┃バスターミナル **a bus terminal**
┃バス停(留所) **a bus stop**
┃バス料金 **a bus fare**
┃バス路線 **a bus line**［**route**］

🈁 表現メモ

**バスのいろいろ**
空港（リムジン）バス an airport limousine
貸し切りバス a chartered bus
市営バス a city bus
2階立てバス a double-decker (bus)
長距離バス a long-distance bus
マイクロバス a minibus, a microbus
夜行バス a night [overnight] bus
送迎バス a pickup bus
スクールバス a school bus
観光バス a sightseeing bus
路線バス a city bus

英国の2階建てバス

**バス²**（ふろ）a bath[バス]
バスタオル a bath towel
バスマット a bath mat
バスルーム a bathroom

**バス³**【音楽】（音域）bass[ベイス]；（歌手）a bass
バスクラリネット【楽器】a bass clarinet
バストロンボーン【楽器】a bass trombone

**バス⁴**【魚】a bass[バス]
バスつり bass-fishing

**パス**（球技・トランプなどの）a pass[パス]；（無料券）a (free) pass[(フリー)]
━**パスする**（球技・トランプなどで）pass；（合格する）pass；（やめておく）pass on ...
・「あなたの番だよ」「パスする」
"It's your turn." "(I) pass."
・食べ過ぎたのでデザートはパスしよう．
I ate too much, so I'll pass on dessert.

# はずかしい【恥ずかしい】
（きまりが悪い）be embarrassed[インバラスト]；
（恥じる）be [feel] ashamed[フィール アシェイムド]；（内気である）be shy[シャイ]
・道で転んで本当に恥ずかしかった．I was so embarrassed when I fell on the road.
・間違ったことをして恥ずかしかった．
I was [felt] ashamed of myself for doing the wrong thing.

・恥ずかしがらないで．
Don't be shy.
━**恥ずかしそうに** shyly[シャイリィ]
・彼は恥ずかしそうにスピーチを始めた．
He shyly began his speech.

**パスケース**（定期券入れ）a commuter-pass holder[カミュータァパス ホウルダァ]

**バスケット**（かご）a basket[バスキット]

**バスケットボール**【球技】basketball[バスキットゥボール]；（ボール）a basketball
・ぼくらは放課後バスケットボールをする．
We play basketball after school.
バスケットボールシューズ basketball shoes
バスケットボール部 a basketball team

**はずす**【外す】（取り外す）take off[テイク]，remove[リムーヴ]；（ゴールなどを）miss[ミス]；（ボタンなどを）undo[アンドゥー]；（席を）leave one's seat[リーヴ][スィート]
・眼鏡を外した．
I took off my glasses.
・その選手はゴールを外した．
The player missed the goal.
・彼女は席を外した．She left her seat.
・私たちは羽目をはずしてしまった．
We enjoyed ourselves too much.

**パスタ** pasta[パースタ]
**バスタブ** a bathtub[バスタブ]
**パステル** a pastel[パステル]
パステル画 a pastel painting
パステルカラー pastel-colored：パステルカラーのワンピース a pastel-colored dress

**バスト** a bust[バスト]
**はずべき**【恥ずべき】shameful[シェイムフル]
**パスポート** a passport[パスポート]
・パスポートを申請しなくちゃ．
I must apply for my passport.

**はずむ**【弾む】bounce[バウンス]
・このボールはよく弾む．
This ball bounces well.
・アメリカでの生活について話が弾んだ．
We had a lively conversation about life in America.（←活気のある会話をした）

**パズル** a puzzle[パズル]
・パズルを解いた．I solved the puzzle.

**はずれ**【外れ】（くじの）a blank[ブランク]；（当たらないこと）a miss[ミス]；（郊外）the suburbs[サバーブズ]，the outskirts[アウトスカーツ]；（端）the edge[エッヂ]
・外れくじを引いてしまった．
I drew a blank.
・町の外れに住んでいる．
I live in the outskirts of the town.

# はずれる【外れる】

❶ 取れる　**come off**
❷ 当たらない　**miss**；(間違っている) **be wrong**；(くじが) **lose**

come off

miss

be wrong

lose

❶〔取れる〕**come off**[カム]
- 自転車のチェーンが外れた.
  The chain of my bicycle *came off*.

❷〔当たらない〕**miss**[ミス]；(間違っている) **be wrong**[ローング]；(くじが) **lose**[ルーズ]
- 彼の矢は的を外れた.
  His arrow *missed* the mark.
- きょうの天気予報は外れた.
  The weather forecast *was wrong* today.
- くじ引きは外れた. I *lost* the lottery.

**パスワード a password**[パスワード]
- パスワードを入力した. I entered [typed (in)] my [the] *password*.
- パスワードを変更[保存]した.
  I changed [saved] the *password*.

**はぜ**〖魚〗**a goby**[ゴウビィ]

**パセリ**〖植物〗**parsley**[パースリィ]

**パソコン a (personal) computer**[(パーサヌル) カンピュータァ]**, a PC**[ピースィー]
- 自分のパソコンを持ってる？
  Do you have your own *computer*?
- パソコンを使ってゲームをした.
  We used the *computer* to play games.
- パソコンでグラフを作った.
  I made a graph on my *PC*.

**はた**【旗】**a flag**[フラッグ]
- 旗を掲げた. I put up a *flag*.
- 旗を下ろした. I took down a *flag*.
- 彼らは旗を振ってメダリストたちを迎えた. They waved *flags* as they welcomed the medalists.

▍旗ざお **a flagpole**

**はだ**【肌】**(a) skin**[スキン]
- 白い[黒い, 小麦色の]肌
  fair [dark, tanned] *skin*
- 赤ん坊(ぼう)はすべすべした肌をしている.
  Babies have smooth *skin*.
- 私は乾燥(かんそう)[敏感(びんかん)]肌だ.
  My *skin* is dry [sensitive].
- テニス部の雰囲気(ふんいき)が私の肌に合っていた.
  I was able to *fit into* the tennis team.

▍肌着 (まとめて) **underwear**
▍肌ざわり **a [the] touch**：このタオルは肌ざわりがいい[悪い]. This towel is smooth [rough] to *the touch*.

**バター butter**[バタァ]
- バターを塗(ぬ)ったパン bread and *butter*

━バターを塗る **butter, spread butter on ...**
- パンにバターを塗った. I *buttered* [*spread butter on*] my bread.

▍バターナイフ **a butter knife**

**ばたあし**【ばた足】**the flutter kick**[フラッタァ キック]
- ばた足で泳いだ.
  I swam by *kicking* my *feet*.

**はだあれ**【肌荒れ】**rough skin**[ラフ スキン]

**パターン a pattern**[パタァン]

**はだか**【裸の】**naked**[ネイキッド], **nude**[ヌード]；(むき出しの) **bare**[ベア]
- その少年は上半身裸だった.
  The boy was *naked* to his waist.

━裸になる **take off** one's **clothes**
- 彼は裸になった. He *took off his clothes*.

**はたけ**【畑】**a field**[フィールド]
- 父は毎日畑を耕す.
  My father plows the *fields* every day.

**はだざむい**【肌寒い】**chilly**[チリィ]

**はだし a bare foot**[ベア フット]

━はだしで **barefoot**
- はだしで走った. I ran *barefoot*.

**はたす**【果たす】(実行する) **carry out**[キャリィ アウト]；(実現する) **achieve**[アチーヴ]
- 自分の義務を果たしなさい.
  *Carry out* your duty. / *Do* your duty.
- 彼は目的を果たすためにがんばった.
  He worked hard to *achieve* his goal.
- 父は約束を果たした.

My father *kept* his promise.
**はたち**【二十(歳)】**twenty**（**years old**）[トゥウェンティ (イアズ オウルド)]
**ばたばた**【ばたばたと】(音を立てて)**noisily**[ノイズィリィ]；(次々に)**one after another**[ワン アフタァ アナザァ]
- 生徒たちは廊下をばたばた走っていた. The students were running *noisily* in the corridor.
- 一日中ばたばたした. I've been *busy* all day long.（←忙しくしていた）

**ぱたぱた**【ぱたぱたと】(動かす)**flap**[フラップ]
- うちわでぱたぱたあおいだ. I *flapped* my fan.

**バタフライ**〖水泳〗**the butterfly**（**stroke**）[バタフライ (ストゥロウク)]

**はたらき**【働き】(労働, 仕事)**hard work**[ハード ワーク]；(機能)**a function**[ファンクション]
- カナの働きで掃除が早く終わった. We finished the cleaning early thanks to Kana's *hard work*.
- 心臓の働きが衰えた. The *function* of the heart has declined.

| 働き口 **a job**
| 働き者 **a hard worker**

## はたらく【働く】

**work**（**for ..., at ..., in ...**）[ワーク]
- 父は商社で働いている. My father *works for* a trading company.（►会社はふつうforを使う）
- 姉は書店で働いている. My sister *works at* a bookstore.
- 兄は看護師として働いている. My brother *works* as a nurse. / My brother is a nurse.
- 彼はとてもよく働く. He *works* very hard.
- 頭を働かせなさい. *Use* your head.

**バタン**(音)**a slam**[スラム]（►複数形では用いない）, **a bang**[バング]
━**バタンと閉まる**[閉める]**slam**
- ドアがバタンと閉まった. The door *slammed* shut.

**はち¹**【八(の)】**eight**[エイト]→**さん¹**
- この車は8人乗りだ. This car carries *eight* people.（←8人を運ぶ）
━第八(の) **the eighth**[エイトゥス]（★つづり・発音注意）（►8thと略す）

**はち²**〖虫〗**a bee**[ビー]；(みつばち)**a honeybee**[ハニィビー]；(すずめばち)**a wasp**[ワスプ]
- はちに刺された. I got stung by a *bee*.
- 女王[働き]ばち a queen [worker] bee
- はちの巣 a beehive / a honeycomb→**す¹図**

**はち³**【鉢】**a bowl**[ボウル]，(植木鉢)**a**（**flower**）**pot**[(フラウア) パット]

**ばち**【罰】(a) **punishment**[パニッシュマント]
- 罰が当たったのさ. It *serves* you *right*!
- そんなことすると罰が当たるよ. You will *pay dearly* for that.（←高い代償を払うことになる）

**はちうえ**【鉢植え】**a potted plant**[パッティド プラント]
- 鉢植えのばら *potted* roses

**はちがつ**【八月】**August**[オーガスト]（►常に大文字で始め, Aug.と略す）→**いちがつ**
- 私たちは毎年8月にキャンプに行く. We go camping in *August* every year.

**はちじゅう**【八十(の)】**eighty**[エイティ]→**さん¹**
- 80年代の音楽 music in the *eighties*
━第八十(の) **the eightieth**[エイティイス]（►80thと略す）

**ぱちぱち**(音)**crackle**[クラックル]；(拍手)**clap**[クラップ]；(目を)**blink**[ブリンク]
- 手をぱちぱちたたいた. I *clapped* my hands.
- 彼女は目をぱちぱちさせた. She *blinked* her eyes.

**はちまき**【鉢巻き】**a headband**[ヘッドバンド]
- はちまきをした. I wore a *headband*.

**はちみつ honey**[ハニィ]

**はちゅうるい**【は虫類】**reptiles**[レプタイルズ]，(1匹)**a reptile**

**はちょう**【波長】〖物理〗**a wavelength**[ウェイヴレングス]
- マリと私は波長が合う. Mari and I are on the same *wavelength*. / Mari and I get along well.

**パチンコ pachinko**
| パチンコ店 **a pachinko parlor**

**はつ…**【初…】**first**[ファースト], **initial**[イニーシャル]
- 初勝利[デート] a *first* victory [date]

**…はつ**【…発】(場所)**from ...**[フラム]
- 東京発横須賀行きの電車 a train *from* Tokyo for Yokosuka
- 8時発の急行 the 8 o'clock express

**ばつ¹**【罰】(a) **punishment**[パニッシュマント], (a) **penalty**[ペナルティ]（★アクセント位置に注意）
- 罰として庭の掃除をさせられた. I was made to clean the yard as a *punishment*.
━**罰する punish**
- カンニングをして罰せられた. I was *punished* for cheating.
| 罰ゲーム **a penalty game**

**ばつ²**(×印)**an X**[エックス]

## ばつ³

━ばつをつける put an X (on ...)

## ばつ³
━ばつが悪い feel awkward[フィール オークワァド], feel embarrassed[インバラスト]
- うそがばれてばつが悪かった.
I *felt embarrassed* because my lie was revealed.

**はついく**【発育】growth[グロウス]
━発育する grow→そだつ

**はつおん**【発音】(a) pronunciation[プラナンスィエイション](★動詞とのつづりの違(ちが)いに注意)
- カオルの英語の発音はとてもいい. Kaoru's English *pronunciation* is very good.
- 先生は私の発音を直してくれた. The teacher corrected my *pronunciation*.
━発音する pronounce[プラナウンス]
- この単語はどう発音するのですか.
How do you *pronounce* this word?
‖発音記号 a phonetic symbol [sign]

**はつか**【植物】peppermint[ペパァミント]
**ハッカー**【コンピュータ】a hacker[ハッカァ]
**はつかねずみ** a mouse[マウス](複 mice[マイス])
**はつがんせい**【発がん性の】carcinogenic[カースィナチェニック]
‖発がん性物質 a carcinogen

**はっき**【発揮する】bring out[ブリング アウト]
- 力を十分に発揮できた. I was able to *bring out* the best in myself.

## はっきり【はっきりした】
clear[クリア], (明白な)obvious[アブヴィアス]
- 彼女ははっきりした声をしている.
She has a *clear* voice.
- 私はやりたいことがはっきりしていない.
I don't have a *clear* vision of what to do.
- 彼らが正しいことははっきりしている.
It's *clear* [*obvious*] that they are right.
━はっきりと clearly
- その島はここからはっきりと見える.
We can see the island *clearly* from here.

**ばっきん**【罰金】a fine[ファイン], a penalty[ペナルティ]
- 駐車違反(ちがはん)の罰金は1万円だ. The *fine* for illegal parking is ten thousand yen.

**バック**(背景)a background[バックグラウンド]; 【スポーツ】a back[バック](⇔フォワード a forward)
- 富士山をバックに写真を撮(と)ろう.
Let's take a picture with Mt. Fuji in the *background*.
━バックする back (up), go back
━バックさせる back (up)
‖バックスクリーン 【野球】the batter's eye (screen)
‖バックストローク the backstroke
‖バックナンバー a back number [issue]
‖バックネット 【野球】a backstop(►「バックネット」は和製英語)
‖バックハンド a backhand
‖バックミラー a rearview mirror(►「バックミラー」は和製英語)→くるま図

**バッグ** a bag[バッグ]→かばん
**パック**(包み)a pack[パック]; (紙製容器)a carton[カートゥン]; (美容用)a facial mask[フェイシャル マスク]
- 牛乳パック a *carton* of milk
‖パック旅行 a package tour

**バックアップ**(後援(こうえん), 支援)a backup[バックアップ]; 【コンピュータ】a backup
━バックアップをとる make a backup
━バックアップする support, back up

**はっくつ**【発掘】(an) excavation[エクスカヴェイション]
━発掘する excavate[エクスカヴェイト]

**バックル** a buckle[バックル]

**ばつぐん**【抜群の】outstanding[アウトスタンディング], excellent[エクサラント]
- 彼には抜群の記憶力がある.
He has an *excellent* memory.

**パッケージ**(包み)a package[パキッヂ]
**はっけつびょう**【白血病】leukemia[ルーキーミア]
**はっけん**【発見】(a) discovery[ディスカヴァリィ]
━発見する (未知のものを)discover; (無くしたものを)find[ファインド]
- ニュートンは引力を発見した.
Newton *discovered* gravity.
‖発見者 a discoverer

**はつげん**【発言する】speak[スピーク], say[セィ]
- 反省会で自分たちのプレーについて発言した.
I *spoke* about our plays at the review meeting.

**はつこい**【初恋】one's first love[ファースト ラヴ]
- 初恋はいつ? When was *your first love*?
- リオは私の初恋(の人)だ.

Rio is *my first love*.

**はっこう**【発行する】(本などを)**publish**[パブリッシュ]
- この雑誌は隔週(かくしゅう)で発行される. This magazine is *published* every other week.

**発行部数** (a) **circulation**

**ばっさい**【伐採する】**cut down**[カット]
- 森林伐採 **deforestation**

**ばっさり**(切る)**cut off**[カット], **chop off**[チョップ]
- (自分で)前髪(まえがみ)をばっさり切った. I *cut off* my bangs.

**はっさん**【発散する】**release**[リリース], **let out**[レット アウト]
- 泳ぎに行ってストレスを発散できた. I was able to *get rid of* my stress by swimming. / I was able to *destress* by swimming.

**ばっし**【抜糸する】**remove the stitches**[リムーヴ][スティッチズ]

**バッジ a badge**[バッヂ]
- このバッジをつけないといけない. We have to wear this *badge*.

**はっしゃ**[1]【発車する】**leave**[リーヴ], **depart**[ディパート]
- 次の急行は9時10分に発車する. The next express *leaves* at 9:10. (▶読み方は nine ten / ten after nine)
- バスは定刻に発車した. The bus *departed* on schedule.

**発車時刻 the departure time**

**はっしゃ**[2]【発射する】(銃(じゅう)などを)**fire**[ファイア]; (ロケットなどを)**launch**[ローンチ]

**はっしょうち**【発祥地】**the birthplace**[バースプレイス]

**ばっすい**【抜粋】**an extract**[エクストゥラクト]
—**抜粋する extract**[イクストゥラクト]

**はっする**【発する】(においなどを)**give off**[ギヴ]; (光・熱などを)**send off**[センド], **radiate**[レイディエイト]
- 納豆(なっとう)は強烈なにおいを発する. Natto *gives off* a strong smell.

**はっせい**[1]【発生する】(起こる)**occur**[アカー], **happen**[ハプン]; (戦争・火事などを)**break out**[ブレイク アウト]→ **おこる**[2]
- けさ, そこで事故が発生した. An accident *occurred* there this morning.

**はっせい**[2]【発声する】**vocalize**[ヴォウカライズ]
**発声練習 vocal exercises**: 本番の前に発声練習をした. We did *vocal exercises* before the performance. / We *practiced vocalization* before the performance.

**はっそう**【発送する】**send out**[off][センド アウト]; (郵便物を)《主に⊕》**mail**[メイル], 《主に⊕》**post**[ポウスト]→ **だす**❸

**ばった**〖虫〗**a grasshopper**[グラスハッパァ]

**バッター**〖野球〗**a batter**[バタァ]
バッターボックス **a batter's box** (▶「バッターボックス」は和製英語)

**はったつ**【発達】**development**[ディヴェラップメント]; (成長)**growth**[グロウス]; (進歩)**progress**[プラグレス]
- 過度のダイエットは体の発達によくない. Excessive diet is bad for physical *growth*.
—**発達する develop**; **grow**; **progress**[プラグレス]
- 日本では鉄道網(もう)が発達している. The rail system is highly *developed* in Japan.

**ばったり**(不意に)**unexpectedly**[アニクスペクティドゥリィ]
- きょう駅でばったり島先生に会った. I *ran into* Mr. Shima at the station today.

**ばっちり perfect**[パーフィクト]
- 英語の試験はばっちりだった. I did *perfect* on the English exam.

**バッティング**〖野球〗**batting**[バッティング]

**バッテリー**(電池)**a battery**[バタリィ]; 〖野球〗**a battery**
- ぼくはカズヤとバッテリーを組んでいる. I form a *battery* with Kazuya.

**はってん**【発展】**development**[ディヴェラップメント], **growth**[グロウス]
—**発展する develop**, **grow**
- 新しい駅ができて町は発展した. The town *developed* more after the new station was built.
- その国の経済は急速に発展した. The economy of that country has *grown* rapidly.

**発展途上国 a developing country** (⇔先進国 a developed country)

**はつでん**【発電する】**generate electricity**[チェナレイト イレクトゥリサティ]
**発電機 a generator**
**発電所 a power station [plant]**

表現メモ

**いろいろな発電**
火力発電 thermal power generation
水力発電 hydroelectric power generation
原子力発電 nuclear power generation
風力発電 wind power generation
地熱発電 geothermal power generation
太陽光発電 solar power generation

**はっと**【はっとする】**be startled**[スタートゥルド]

## バット

- 彼女は急な物音にはっとした.
  She *was startled* by the sudden noise.

**バット**（野球の）**a bat**[バット]
- バットを振(ふ)る練習をした.
  I practiced swinging a *bat*.

**ハットトリック**〔サッカー〕**a hat trick**[ハットトゥリック]
- 彼はハットトリックを決めた.
  He scored a *hat trick*.

**はつねつ**【発熱】**a fever**[フィーヴァ]
- 39度の発熱
  a *fever* of 39 degrees（Celsius）
- 軽い［中程度の］発熱 a mild [moderate] *fever*
━発熱する have a fever

**はつばい**【発売】（販売(はんばい)）(a) **sale**[セイル]；（商品・本などの）**release**[リリース]
- その新商品は発売中だ. The new product is now on *sale*.
━発売する sell, put ... on sale; release
- 新しいゲームが発売される.
  A new video game will be *put on sale*.
∥発売日 a sale date: この雑誌の発売日は金曜日だ. This magazine *comes out on* Friday.

**はっぴ** a happi（**coat**）[コウト]

**ハッピー**【ハッピーな】**happy**[ハッピィ]
∥ハッピーエンド a happy ending (▶「ハッピーエンド」は和製英語)

**はつひので**【初日の出】**the first sunrise of the New Year's**[ファースト サンライズ][ヌー イァズ]

## はっぴょう【発表】

（知らせ）(an) **announcement**[アナウンスマント]；（調査結果などを）**a presentation**[プレザンテイション]
━発表する（知らせる）**announce**, make ... **public**[パブリック]；（意見などを）**present**[プリゼント], make a presentation
- 自由研究の結果をクラスで発表した.
  I *presented* the results of my school research project to the class.
- 入試の結果はあした発表される.
  The results of the entrance exam will be *announced* [*made public*] tomorrow.
∥発表会（独奏会）a recital, performance

**バッファロー**【動物】**a buffalo**[バファロゥ]

**はっぽうスチロール**【発泡スチロール】**polystyrene**[パリスタイ(ァ)リーン], 〖商標〗**Styrofoam**[スタイ(ァ)ラフォウム]

**はつみみ**【初耳】**news**[ヌーズ]
- それは初耳だな. That's *news* to me.

**はつめい**【発明】**invention**[インヴェンション]；（発明品）**an invention**
━発明する **invent**
- だれがアイパッドを発明したのですか.
  Who *invented* the iPad?
∥発明家 an inventor

**はつもうで**【初もうで】**the New Year's first shrine visit**[ヌー イァズ ファースト シュライン ヴィズィット]
- 神社に初もうでした. I made my *first shrine visit of the New Year* at the shrine.

**はつゆめ**【初夢】**the first dream of the year**[ファースト ドゥリーム][イア]
- 初夢を見た.
  I had my *first dream of the year*.

**はで**【はでな】（色・柄(がら)などが）**loud**[ラウド]；（目立つ）**showy**[ショウィ]
- 彼はいつもはでな服を着ている.
  He always wears *showy* clothes.
- このシャツは私にははですぎる.
  This shirt is too *loud* for me.

**パティシエ a pastry chef**[ペイストゥリィ シェフ]（▶「パティシエ」はフランス語から）
- 将来，パティシエになりたい. I want to become a *pastry chef* in the future.

**ばてる get exhausted**[イグゾースティド]；（ばてている）**be beat**[ビート]
- 5キロ走ったらばてた. I *got exhausted* after running five kilometers.

**はと**【鳥】**a pigeon**[ピヂャン]; **a dove**[ダヴ]（▶小型の白いはとを指す）
- 伝書ばと a carrier [homing] *pigeon*
- はとは平和の象徴(しょうちょう)だ.
  The *dove* is a symbol of peace.
∥はと時計 a cuckoo clock

**パトカー a police car**[パリース カー], **a patrol car**[パトゥロウル]

**バドミントン badminton**[バドゥミントゥン]（★アクセント位置に注意）
- バドミントンをするのが好きだ.
  I like to play *badminton*.
∥バドミントン部 a badminton team

**パトロール patrol**[パトゥロウル]
- 警察がパトロール中です.
  The police are on *patrol*.
━パトロールする patrol
∥パトロールカー → パトカー

**バトン a baton**[バタン]（★発音注意）
∥バトンタッチ a baton pass（▶「バトンタッチ」は和製英語）: 私はエミにバトンタッチした.
I *passed* the *baton* to Emi.
∥バトントワラー a baton twirler
∥バトントワリング baton twirling

# はな¹【花】

(草木の)**a flower**[フラウァ]; (果樹の)**a blossom**[ブラッサム]

- 祖父母はいろいろな種類の花を育てている.
  My grandparents grow various kinds of *flowers*.
- 花を生けるのが好きです.
  I like to arrange *flowers*.
- 花びんの花が散ってしまった.
  The *flowers* in the vase are gone.
- 桜の花が満開だ.
  The cherry *blossoms* are in full bloom.

➡花が咲(ﾞ)く **bloom, come out**
- この花は夕方に咲く.
  This flower *blooms* in the evening.

➡花のような **flowery**[フラウ(ァ)リィ]
- 花のようなきれいな色が好きです.
  I like pretty *flowery* colors.

花言葉 **the language of flowers**
花束 **a bouquet**(▶フランス語から), **a bunch of flowers**: ばらの花束 *a bouquet* [*bunch*] *of* roses
花畑 **a flower garden**
花店, 花屋 **a flower shop**
花屋さん (人)**a florist**
花輪 **a (flower) wreath**

―表現メモ―

いろいろな花

朝顔 morning glory
カーネーション carnation
きく chrysanthemum
たんぽぽ dandelion
ばら rose
チューリップ tulip
ひまわり sunflower
ゆり lily

# はな²【鼻】

**a nose**[ノウズ]; (象の)**a trunk**[トゥランク]; (犬・馬などの)**a muzzle**[マズル]

nose　　trunk　　muzzle

- 彼は鼻が高い[低い]. He has a long [flat] *nose*. (▶a high [low] noseは×)
- 鼻をかみなさい. Blow your *nose*.
- 鼻が詰(ﾞ)まっている.
  My *nose* is stuffed up.
- その子は鼻をほじっていた.
  The kid was picking his *nose*.
- 象は鼻が長い.
  An elephant has a long *trunk*.
- 鼻の穴 a nostril
鼻歌: 鼻歌を歌う **hum** a tune
鼻声 **a nasal voice**
鼻血 **a nosebleed**: 彼は鼻血が出ていた. His *nose* was *bleeding*.
鼻水: 一日中鼻水が止まらない. I've had a *runny nose* all day. / My *nose* has been *running* all day.

# はなし【話】

| ❶会話 | (談話)(**a**)**talk**; (会話)(**a**)**conversation** |
| ❷物語 | **a story** |
| ❸話題 | **a subject, a topic**; (うわさ)**a rumor** |

❶〔会話〕(談話)(**a**)**talk**[トーク]; (会話)(**a**)**conversation**[カンヴァセイション]

- 校長先生は話が長い.
  The principal's *talk* is long.
- ちょっと話があるんだけど.
  Can I *talk* to you for a minute?
- うちの両親は話がわかる.
  My parents are *understanding*.
- 彼は話がうまい. He is a good *speaker*.
- (電話で)お話し中です. The line is *busy*.

➡話をする **talk, have a talk**; (おしゃべりする)**chat**[チャット]
- ぼくはマコトと話をした.
  I *talked* with Makoto.
- 彼女は友達と話をするのが好きだ.
  She likes to *chat* with her friends.

# はなしあう

❷[物語] **a story**[ストーリィ]
- 彼は私の話を信じた. He believed my *story*.

❸[話題] **a subject**[サブヂェクト], **a topic**[タピック];（うわさ）**a rumor**[ルーマァ]
- 今度は違う話をしよう.
  Let's change the *subject* [*topic*].
- 佐藤先生が学校をやめるという話を聞いた.
  I heard a *rumor* that Ms. Sato is going to leave the school.

━話が合う **get along well with ...**

**はなしあう**【話し合う】**talk**（**with ...**）[トーク], **discuss**[ディスカス]
- 私は将来の計画について両親と話し合った.
  I *talked with* my parents about my future plans.
- 彼らはその問題を話し合った.
  They *discussed* the problem.

**はなしかける**【話しかける】**talk to ...**[トーク], **speak to ...**[スピーク]
- 電車の中で知らない人が話しかけてきた.
  A stranger *spoke to* me on the train.

**はなしことば**【話し言葉】**spoken language**[スポウカン ラングウィヂ]

## はなす¹【話す】→ いう くらべて!

| | |
|---|---|
| ❶ 言語を話す | speak |
| ❷ 語り合う, しゃべる | talk |
| ❸ 告げる, 伝える | tell |

❶[言語を話す] **speak**[スピーク]
- 父は中国語を話すのがとてもじょうずだ.
  My father *speaks* Chinese very well.
- もう少しゆっくり話してもらえますか.
  Could you *speak* more slowly?
- 英語を話せるようになりたい.
  I want to be able to *speak* English.
- メキシコでは何語を話しますか. What language do they *speak* in Mexico?

❷[語り合う, しゃべる] **talk**[トーク]
- （電話で）ケンと話したいので代わってくれますか. I'd like to *talk* to [with] Ken. Would you put him on（the line）?
- その赤ちゃんは少しだけ言葉が話せる.
  The baby can *talk* a little.
- これがきのう話していた本だよ. This is the book I was *talking* about yesterday.

❸[告げる, 伝える] **tell**[テル]
- 本当のことを話して. *Tell* me the truth.
- 話したいことがあるんだ.
  I have something to *tell* you.
- あなたの学校生活について話してください.
  Please *tell* us about your life at school.

## はなす²【放す】

（手を）**let ... go**[レット][ゴゥ], **let go of ...**;（自由にする）**set ... free**[フリー], **let ... loose**[ルース]
- 放して. *Let* me *go*!
- 絶対にロープを放すんじゃない.
  Never *let go of* the rope.
- 犬を庭に放した.
  I *let* my dog *loose* in the yard.

## はなす³【離す】

**separate**[セパレイト], **part**[パート]
- 先生はけんかをしている2人の生徒を離した.
  The teacher *separated* the two students who were fighting.
- 手荷物から目を離してはいけません.
  Don't *take* your eyes *off* the baggage. / Keep your eyes on the baggage.

**バナナ a banana**[バナナ]
- バナナ1房 a bunch of *bananas*
- バナナの皮 a *banana* peel

**はなび**【花火】**fireworks**[ファイアワークス];（手で持つ）**a sparkler**[スパークラァ], **small fireworks**[スモール ファイアワークス]

fireworks　　　　sparkler

- 公園で花火をした. We played with *sparklers* in the park. / We set off（*small*）*fireworks* in the park.
- 花火を見に行こう.
  Let's go（to）watch the *fireworks*.

▮花火大会 **a fireworks display** [**festival**]

**はなびら**【花びら】**a petal**[ペトゥル]

**はなみ**【花見】**cherry blossom viewing**[チェリィ ブラッサム ヴューイング]→ 年中行事【口絵】
- 春になると花見をする.
  We *view cherry blossoms* in spring.

**はなむこ**【花婿】**a bridegroom**[ブライドグルーム]（⇔花嫁）**a bride**)

**はなやか**【華やかな】（豪華な）**gorgeous**[ゴーヂャス];（はでな）**showy**[ショウィ], **colorful**[カラフル]
- 華やかなパーティー a *gorgeous* party

**はなよめ**【花嫁】**a bride**[ブライド]（⇔花婿）

bridegroom）
▌花嫁衣装(ﾄﾞﾚｽ) **a wedding dress**
**はなればなれ**【離れ離れになる】**get separated**[セパレイティド]
・私たちは人ごみの中で離れ離れになった．
 We *got separated* in the crowd.

## はなれる【離れる】

（去る）**leave**[リーヴ]；（離れている）**be away**[アウェィ]；（近づかない）**keep away（from ...）**[キープ]
・兄は去年故郷を離れた．My brother *left* our hometown last year.
・バス停はここから200メートル離れている．The bus stop *is* 200 meters *away* from here.
・その機械から離れていなさい．
 *Keep away from* the machine.
・弟と2歳(さい)年が離れている．
 My brother and I are two years *apart*.

**はにかむ be shy**[シャイ], **be bashful**[バッシュフル]
━はにかんで **shyly**
**パニック (a) panic**[パニック]
━パニックになる **panic, get into a panic**
・火事が起こったとき，私たちはパニックになった．When a fire broke out, we *panicked* [*got into a panic*].
**バニラ vanilla**[ヴァニラ]（★アクセント位置に注意）
▌バニラアイスクリーム **vanilla ice cream**
▌バニラエッセンス **vanilla essence**
**はね**【羽，羽根】（翼(つばさ)）**a wing**[ウィング]；（羽毛(うもう)）**a feather**[フェザァ]；（バドミントンの）**a shuttlecock**[シャトゥルカック]
▌羽根つき：アイと羽根つきをした．I played *traditional Japanese badminton* with Ai.
▌羽布団(ぶとん) **a feather quilt**
**ばね a spring**[スプリング]
**ハネムーン a honeymoon**[ハニィムーン]
**はねる**（飛び上がる）**jump（up）**[チャンプ]；（ボールなどが）**bounce**[バウンス]；（飛び散る）**splash**[スプラッシュ]；（車が）**hit**[ヒット]
・このボールはよくはねる．
 This ball *bounces* well.
・うちの犬が車にはねられた．
 Our dog was *hit* by a car.
**パネル a panel**[パヌル]
▌パネルディスカッション **a panel discussion**
**パノラマ**（全景）**a panorama**[パナラマ]
▌パノラマ写真 **a panoramic photo(graph)**

## はは【母】

**a mother**[マザァ]（⇔父 **a father**）→ おかあさん

・母の日 *Mother's* Day
・母は銀行に勤めている．
 My *mother* works for a bank.
・彼女は2人の子どもの母だ．
 She is the *mother* of two（children）．

母の日向けの花束売り場
（英国）

## はば【幅】

（a）**width**[ウィドゥス]
━幅の広い **wide, broad**[ブロード]
▌幅の広い川 a *wide* river
━幅の狭(せま)い **narrow**
・その道は幅が狭い．
 The road is *narrow*.
━…の幅がある ... **wide**
・この布は幅が90センチある．
 This cloth is 90 centimeters *wide*.
・この川の河口はどれくらいの幅がありますか．
 How *wide* is the mouth of this river?
▌幅跳(と)び 『スポーツ』**the long jump**
**パパ dad**[ダッド], **daddy**[ダディ]（▶daddyは幼い子どもがよく使う語．なおpapaは⊗(話)以外ではほとんど使わない）
**パパイア**〖植物〗**a papaya**[パパーヤ]
**ははおや**【母親】**a mother**[マザァ] → はは，おかあさん
**ははかた**【母方の】**on one's mother's side**[マザーズ サイド]
・母方の親せきに会った．
 I saw my relatives *on my mother's side*.
・母方の祖父 *my mother's* father
**ばばぬき**【ばば抜き】（トランプの）**old maid**[オウルド メイド]
**ババロア**〖菓子〗**Bavarian cream**[バヴェ(ァ)リアン クリーム]
**パピヨン**（犬）**a papillon**[パピアン]
**パビリオン a pavilion**[パヴィリャン]
**パフ**（化粧(けしょう)用の）**a powder puff**[パウダァ パフ]
**パフェ a parfait**[パーフェイ]（▶「パフェ」はフランス語から）
・チョコレートパフェ a chocolate *parfait*

## パフォーマンス

**パフォーマンス** a performance[パフォーマンス]

**はぶく**【省く】(省略する)omit[オウミット]; (節約する)cut down[カット], save[セイヴ]
- この段落を省きたい。
 I want to *omit* this paragraph.
- 新しい掃除(<sub>そう</sub>)機を使えばかなりの時間と手間が省ける。The new vacuum cleaner can *save* a lot of time and trouble.

**ハプニング** an unexpected incident[アニクスペクティド インサダント]
- ハプニングが起きた。An *unexpected incident* happened [has occurred].
- うれしいハプニング a happy *accident*

**はブラシ**【歯ブラシ】a toothbrush[トゥースブラシュ]

**パプリカ** a bell pepper[ベルペッパァ]

**バブル** a bubble[バブル]

**はへん**【破片】a (broken) piece[(ブロウカン) ピース]
- ガラスの破片 a *piece* of broken glass

**はまぐり**〖貝〗a clam[クラム]

**はまち**〖魚〗a young yellowtail[イェロウテイル]

**はまべ**【浜辺】a beach[ビーチ]
- 浜辺で遊んだ。We played on the *beach*.

## はまる

(ぴったり合う)fit[フィット]; (穴などに落ちこむ)fall (into ..., in ...)[フォール]; (動けなくなる)get stuck[スタック]; (夢中になる)be crazy about ...[クレイズィ]

fit

fall

get stuck

be crazy about ...

- そのかぎはかぎ穴にぴったりはまった。
 The key *fit* the lock exactly.
- タイヤがぬかるみにはまってしまった。
 The tire *got stuck* in the mud.
- レイはこのゲームにはまっている。
 Rei *is crazy about* this game.

**はみがき**【歯磨き】(練り歯磨き)toothpaste[トゥースペイスト]; (チューブ入りの)a tube of toothpaste[トューブ]
- 食後は歯磨きをしなさい。
 *Brush* your *teeth* after you eat.

**はみだす**【はみ出す】go over ...[ゴウ], stick out[スティック アウト]
- 白線からはみ出さないで。
 Don't *go* [*step*] *over* the white line.

**はみでる**【はみ出る】hang out[ハング アウト], stick out[スティック]
- 彼のシャツのすそがはみ出ていた。
 His shirttail was *hanging out*.
- ケイの足が毛布からはみ出ていた。
 Kei's feet *stuck out* from the blanket.

**ハミング** humming[ハミング]
— ハミングする hum

**ハム**(肉製品)ham[ハム]
| ハムエッグ ham and eggs (▶「ハムエッグ」は和製英語)
| ハムサンド a ham sandwich (▶「ハムサンド」は和製英語)

**ハムスター**〖動物〗a hamster[ハムスタァ]

**はめ**【羽目】
- 羽目をはずしすぎて後でしかられた。We *had too much* fun and got scolded later.

**はめつ**【破滅】ruin[ルーイン]
— 破滅する be ruined

## はめる

(身につける)put on[プット アン]; (はめている)wear[ウェァ], have ... on[ハヴ]; (窓などをはめこむ)fit[フィット]
- 彼女は指輪をはめた。She *put on* a ring.
- 父は黒い時計をはめている。
 My father *has* a black watch *on*. / My father is *wearing* a black watch.

**ばめん**【場面】a scene[スィーン]
- 最後の場面がいちばん好きだ。
 I like the last *scene* the best.

**はもの**【刃物】an edged tool[エッヂド トゥール]

## はやい【早い、速い】→はやく

❶ 時間が early
❷ 速度が fast; (動作が)quick; (動作・速度が)rapid, speedy

early

fast

❶ [時間が] early[アーリィ] (⇔遅(<sub>おそ</sub>)い late)
- 彼女は寝(<sub>ね</sub>)るのが早い。
 She goes to bed *early*.

はらう

- 夕食を食べるにはまだ早い．
  It's (still) too *early* to have supper.
- 早ければ早いほどよい．
  The *sooner*, the better.

❷〔速度が〕**fast**[ファスト]；(動作が)**quick**[クウィック]；(動作・速度が)**rapid**[ラピッド], **speedy**[スピーディ](⇔遅い slow)

- ミキは走るのがとても速い．Miki runs very *fast*. / Miki is a very *fast* runner.
- ルイは物覚えが速い．Rui is a *quick* learner.
- 時のたつのは早いものだ．
  Time *flies*. (←時間は飛ぶように過ぎる)

**はやおき**〔人〕**an early riser**[アーリィ ライザァ]
➡早起きする get up early→はやね

**はやがてん**【早合点する】(結論を急ぐ)**jump to conclusions**[ヂャンプ][カンクルージョンズ]

## はやく【早く，速く】→はやい

❶時間が　　early；(すぐに)soon
❷速度が　　fast；(動作が)quickly

❶〔時間が〕**early**[アーリィ](⇔遅(おそ)く late)；(すぐに)**soon**[スーン]
- 朝早く *early* in the morning
- ユカはいつもより早く家を出た．
  Yuka left the house *earlier* than usual.
- 早く大人になりたい．
  I want to be an adult *soon*.
- できるだけ早く返事がほしいです．
  I'd like your reply as *soon* as possible.

❷〔速度が〕**fast**[ファスト]；(動作が)**quickly**[クウィックリィ](⇔遅く slow(ly))
- ケンはとても速く走った．
  Ken ran very *quickly*.
- もっと速く泳げるようになりたい．
  I want to be able to swim *faster*.
- 早く来て！ Come *quickly*!

**はやくち**【早口である】**speak fast**
- 彼はかなり早口だ．He *speaks* pretty *fast*.

┃早口言葉 **a tongue twister**

**はやさ**【早さ，速さ】(a)**speed**[スピード]
**はやし**【林】**woods**[ウッヅ]→もり〔くらべて！〕
- 林の中を散歩した．I walked in the *woods*.

**ハヤシライス rice with hashed beef**[ライス][ハッシュド ビーフ]

**はやす**【生やす】**grow**[グロゥ]
- 父は時々ひげを生やす．
  My father sometimes *grows* a beard.

**はやとちり**【早とちり】→はやがてん
**はやね**【早寝する】**go to bed early**[ベッド アーリィ]
- 私はいつも早寝早起きすることにしている．
  I make it a rule to *keep early hours*.

**はやびけ**【早引けする】(学校を)**leave school early**[リーヴ スクール アーリィ]→そうたい

**はやべん**【早弁する】
- 彼は3時間目の後，早弁した．He *had* an *early lunch* after the third period.

**はやまる**【早まる】**be moved up**[ムーヴド]
- 試合の日程が一週間早まった．The date of the game *was moved up* by one week.
- そう早まるな．Don't be so *hasty*.

**はやめ**【早めに】**early**[アーリィ], (予定より)**ahead of time**[アヘッド][タイム]
- きょうは早めに寝(ね)たい．
  I want to go to bed *earlier* today.
- 早めに宿題を終えた．
  I finished my homework *ahead of time*.

**はやめる**【早める，速める】(期日などを)**move up**[ムーヴ アップ]；(速度を)**quicken**[クウィッカン]
- 私は歩調を速めた．I *quickened* my pace.

**はやり**(a)**fashion**[ファッション]→りゅうこう

## はやる

❶流行している(人気がある)be popular；
　　　　　　　　　　(服などが)be in fashion
❷病気などが　　go around

❶〔流行している〕(人気がある)**be popular**[パピュラァ]；(服などが)**be in fashion**[ファッション]
- この歌は今とてもはやっている．
  This song *is* very *popular* now.
- 今どんな髪型(がみがた)がはやっているの？ What kind of hair style *is in fashion* now?

❷〔病気などが〕**go around**[ゴゥ アラウンド]
- またインフルエンザがはやっている．
  The flu *is going around* again.

**はら**【腹】**a stomach**[スタマック](★つづり・発音注意), **a belly**[ベリィ]→い，おなか
- 腹が痛い．
  My *stomach* hurts.
- すごく腹が減った．
  I'm very hungry.
- 何にそんなに腹を立てているんだい？
  What made you so angry? / What are you so mad about?

**ばら**【植物】**a rose**[ロウズ]
➡ばら色の **rosy**

**バラード a ballad**[バラッド]
**はらいた**【腹痛】**a stomachache**[スタマッケイク]
**はらいもどし**【払い戻し】**a refund**[リーファンド]
➡払い戻す **refund**[リファンド]

## はらう【払う】

# バラエティー

❶金を　　　　　pay
❷注意などを　　pay
❸ほこりなどを　dust (off)

**❶[金を] pay**[ペィ]
- 父が勘定(かんじょう)を払った．
  My father *paid* the bill.
- 彼はその本に5000円払った．
  He *paid* 5,000 yen for the book.
- ケンはぼくに500円払った．Ken *paid* me 500 yen. / Ken *paid* 500 yen *to* me.

**❷[注意などを] pay**
- 彼は私の忠告に注意を払わなかった．
  He didn't *pay* attention to my warning.

**❸[ほこりなどを] dust (off)**[ダスト]
- 書店員が本のほこりを払っていた．
  A salesclerk at the bookstore was *dusting* the books.

**バラエティー** variety[ヴァライアティ]
▮バラエティー番組 a variety show

**パラグライダー** paragliding[パラグライディング]

**はらぐろい**【腹黒い】black-hearted[ブラックハーティド], wicked[ウィキッド]

**パラシュート** a parachute[パラシュート]

**はらす**【晴らす】(疑いを)clear[クリア], (…に恨(うら)みを)have revenge on ...[リヴェンヂ]
- 彼は疑いを晴らした．
  He *cleared* himself of suspicion.
- うっぷんを晴らした．We *blew off* steam.

**パラソル** a parasol[パラソール] →ビーチ(ビーチパラソル)

**パラダイス** a paradise[パラダイス]

**はらっぱ**【原っぱ】a field[フィールド], an open field[オウプン]

**はらばい**【腹ばいになる】get [lie] on one's stomach[ラィ][スタマック]
- 腹ばいになった．
  I *got* [*lay*] *on my stomach*.

**はらはら**【はらはらする】(不安で)feel nervous[フィール ナーヴァス]; (興奮して)get excited[イクサイティド]
- 空中ブランコは見ていてもはらはらする．
  Watching the flying trapeze makes me *feel nervous* [*excited*].
  ➡はらはらするような exciting
- はらはらするような試合だった．
  It was an *exciting* game.

**ばらばら**【ばらばらに】(粉々になって)to pieces[ピースィズ]; (別々に)separately[セパラットゥリィ]
- 少年は時計をばらばらに分解した．The boy took the clock *to pieces*. / The boy took the clock *apart*.
- 私たちはばらばらに帰った．
  We went home *separately*.

**ぱらぱら**(続けて落ちる)sprinkle[スプリンクル], scatter[スキャタァ]; (ページなどをめくる)leaf [flip] through ...[リーフ フリップ スルー]
- アイは肉に塩とこしょうをぱらぱらかけた．Ai *sprinkled* salt and pepper on the meat.
- 彼はその雑誌をぱらぱらとめくった．
  He *leafed through* the magazine.
- 数分間雨がぱらぱら降った．
  It *drizzled* for several minutes.

**ばらまく** scatter[スキャタァ]
- 床に鉛筆(えんぴつ)をばらまいてしまった．
  I *scattered* my pencils all over the floor.

**パラリンピック** the Paralympics[パラリンピックス]

**バランス** balance[バランス]
- 私はバランスを失って平均台から落ちた．
  I lost my *balance* and fell off the beam.
- 竹馬はバランスをとるのが難しい．It's difficult to keep your *balance* on stilts.
- バランスのとれた食事 a well-*balanced* diet

**はり¹**【針】(縫(ぬ)い針)a needle[ニードゥル]; (留め針)a pin[ピン], (釣(つ)り針)a hook[フック], (時計の)a hand[ハンド], (はちなどの)a sting[スティング]

縫(ぬ)い針
needle

留め針
(straight) pin

釣(つ)り針
hook

時計の針
hand

はちの針
sting

- 針に糸を通してください．
  Please thread a *needle*.
- 時計の針 the *hands* of a clock
▮針箱 a workbox

**はり²**【張り】tension[テンション]
- 張りのある声 a *strong* voice

**はり³**(はり治療(ちりょう))acupuncture[アキュパンクチャァ]
▮はり師 an acupuncturist

**パリ** Paris[パリス] (►フランスの首都)

**バリアフリー**【バリアフリーの】accessible[アクセ

サブル], **easy access**[イーズィー アクセス]（▶「バリアフリー」はだれでも利用しやすいという意味なのでaccessibleが適切. barrier-freeは「障害(物)を取り除いた」という意味）
- バリアフリーの環境 an *easily accessible* environment

**パ・リーグ** the Pacific League[パスィフィック リーグ]
**ハリウッド** Hollywood[ハリウッド]
**バリエーション**（a）variation[ヴァリエイション]
**はりがね**【針金】（a）wire[ワイア]
**はりがみ**【貼り紙】a poster[ポウスタァ]
**バリカン** hair clippers[ヘア クリッパーズ]
**ばりき**【馬力】（a）horsepower[ホースパウァ]（▶複数形では用いない. HP, hpと略す）
**はりきる**【張り切る】be in high spirits[ハイ スピリッツ], be fired up[ファイアド]
- 私のクラスはみんな体育祭に向けて張り切っている. My class *is* all *fired up* for the sports festival.
  ━**張り切って**（熱心に）**enthusiastically**[インスーズィアスティカリィ]
- 姉は張り切って働いている. My sister is working *enthusiastically*.

**バリケード** a barricade[バラケイド]
**ハリケーン** a hurricane[ハーラケイン]
**はりつける**【貼り付ける】➡はる²
**バリトン**〖音楽〗（音域）baritone[バラトウン];（歌手）a baritone
**ばりばり**
- ばりばり働いている I am working *hard*.
- せんべいをばりばり食べた. I *crunched* the rice crackers as I ate them.

**ぱりぱり** crisp[クリスプ]
━**ぱりぱりした** crispy

# はる¹【春】
（a）spring[スプリング]
- 春の初めに[終わりに] early [late] in *spring* / in (the) early [late] *spring*
- 2024年の春に in the *spring* of 2024（▶特定の年の春を表すときはtheをつける）
- 春が来た. *Spring* has come.
- 春になると桜が咲く.
  Cherry blossoms come out in *spring*.
- 私は来年の春には高校生になる. I'll be a high school student next *spring*.（▶next, last, thisなどとともに用いるときはinをつけない）
  **春風** a spring breeze［wind］
  **春雨**（春の雨）(a) spring rain;（食べ物）gelatin noodles

**はる²**【貼る】**put**[プット], **stick**[スティック];（のりで）**paste**[ペイスト]
- ユリは自分の部屋の壁にその歌手のポスターをはった. Yuri *put* a poster of the singer on the wall of her room.
- 封筒に切手をはった.
  I *put*［*stuck*］a stamp on an envelope.

**はる³**【張る】（ひも などを）**stretch**[ストゥレッチ];（テントを）**set up**[セット], **put up**[プット]
- ここにテントを張ろう.
  Let's *set up* a tent here.
- 障子を張った. I *put*［*pasted*］new paper on the shoji sliding screen.

**はるか**【はるかに】（遠くに）**in the distance**[ディスタンス], **far**[ファー];（程度が）**far, by far, much**[マッチ]➡ずっと❸
- 私たちははるか遠くに島が見えた.
  We could see an island *in the distance*.

**バルコニー** a balcony[バルカニィ]
**はるさめ**【春雨】➡はる¹（春雨）
**はるばる** all the way[ウェイ]
- 彼ははるばるインドからやってきた.
  He came *all the way* from India.

**パルプ**（wood）**pulp**[(ウッド) パルプ]
**はるまき**【春巻き】a spring roll[スプリング ロウル]
**はるやすみ**【春休み】(the) spring vacation[スプリング ヴェイケイション]

# はれ【晴れた】
**fine**[ファイン], **fair**[フェア], **sunny**[サニィ]（▶天気予報の表示ではふつうfairを用いる）➡はれる¹❶
- あしたは晴れでしょう.
  It will be *fine*［*fair*］tomorrow.
- 晴れ後曇り. *Fair*, cloudy later.
- 晴れ時々曇り. *Fair*, partly cloudy.

**バレエ**（a）ballet[バレイ]（★このtは発音しない）
- バレエを習っている. I take *ballet* lessons.
- クラシックバレエ classical *ballet*
  **バレエ団** a ballet company
  **バレエダンサー** a ballet dancer

**ハレーすいせい**【ハレーすい星】Halley's comet[ハリーズ カミット]
**パレード**（a）parade[パレイド]

## バレーボール

→パレードする parade

**バレーボール**〖球技〗volleyball[ヴァリィボール]; (ボール)a volleyball
- 放課後バレーボールをした．
  We played *volleyball* after school.
‖バレーボール部 a volleyball team

**はれつ**【破裂】a burst[バースト]
→破裂する burst, blow up

**パレット** a palette[パリット]

**バレリーナ** a ballerina[バラリーナ]

## はれる¹【晴れる】

| ❶空・天候が | clear up, be fine [nice] |
|---|---|
| ❷疑いが | disappear, be cleared |
| ❸心・気分が | cheer up, feel better |

❶[空・天候が] **clear up**[クリァプ], **be fine [nice]**[ファイン [ナイス]]
- だんだん空が晴れてきた．
  The sky is gradually *clearing up*.
- あすは晴れるでしょう．
  It will *be fine* tomorrow.

❷[疑いが]**disappear**[ディサピア], **be cleared**(▶後者は人が主語)
- 彼に対する疑いはまだ晴れない．My doubts about him have not *disappeared* yet.
- あなたに対する疑いはすっかり晴れた．You *are* now *cleared* of suspicion.

❸[心・気分が]**cheer up**[チァ], **feel better**[フィール ベタァ](▶ともに人が主語)
- 君に悩みを話せてずっと気分が晴れた．
  I *felt* much *better* after telling you about my problems.

**はれる²**(手足などが)**swell**[スウェル]
- ねんざした足首がひどくはれた．
  My sprained ankle *swelled up*.
→はれた swollen[スウォウラン]

**ばれる** come out[カム アウト]
- 秘密はすぐにばれた．
  The secret soon *came out*.

**バレンタインデー**（**St.**）**Valentine's Day**[(セイント) ヴァランタインズ デイ]→年中行事[口絵]

- 「バレンタインデーに何を作るの？」「チョコレートケーキを作るよ」
  "What are you going to make on *Valentine's Day*?" "I'm going to make a chocolate cake."

> これ、知ってる？  バレンタインデー
>
> 2月14日はキリスト教の聖人，聖バレンタインを記念する日です．この日，主に欧米(穀)では大切な人にバレンタインカードやチョコレート，花などを贈(穀)ります．

**ハロウィーン** Halloween[ハロウィーン]

> これ、知ってる？  ハロウィーン
>
> 10月31日，万聖節(穀)(⊛All Saints' Day)の前夜のこの日，子どもたちはお化けのふん装をして近所の家を回り，"Trick or treat."(お菓子(穀)をくれなきゃいたずらするぞ)と言ってお菓子をもらいます．家々の玄関(穀)先にはかぼちゃをくりぬいて作ったちょうちん(jack-o'-lantern)が飾(穀)られたりします．

**バロック**（バロック様式）**the baroque**[バロウク]

**パロディー** a parody[パラディ]

**バロメーター** a barometer[バラミタァ]

**パワー**（力，体力）**power**[パウァ]

**ハワイ** Hawaii[ハワイィ]; (ハワイ諸島)the Hawaiian Islands[ハワイアン アイランヅ]
→ハワイ（人）の Hawaiian

**パワハラ**（パワーハラスメント）**workplace bullying**[ワークプレイス ブリイイング], **abuse of authority**[アビューズ][アソーラティ]

**パワフル**【パワフルな】**powerful**[パウアフル]

## はん¹【半】

（a）half[ハーフ]（複 halves[ハーヴズ])
- 5時半だ．It's five thirty / It's *half* after five.
- 1時間半 an [one] hour and a *half* / one and a *half* hours
‖半ズボン shorts
‖半そでシャツ a short-sleeved shirt

**はん²**【班】a group[グループ]
- 先生は生徒を6班に分けた．The teacher divided the students into six *groups*.
‖班長 a group leader

**はん³**【判】a seal[スィール], a stamp[スタンプ]
→判を押(⁸)す put *one's* seal [stamp]
- 彼は書類に判を押した．
  He *put his seal* on the form.

**はん⁴**【版】an edition[イディション], a version[ヴァ

## ばん¹【晩】

（日没(にちぼつ)から寝(ね)るころまで）**(an) evening**
[イーヴニング]；（日没から日の出まで）**(a) night**
[ナイト]（⇔朝 morning）→よる¹, こんや

- 寒い晩だった．
  It was a cold *evening*.
- 今晩の8時に電話してね．
  Call me at eight this *evening*. / Call me at eight *tonight*.
- あしたの晩，映画に行きませんか．Shall we go to a movie tomorrow *night*?（▶this, every, tomorrowなどがつくときはinやatなどをつけない）
- 彼は日曜の晩に帰ってくる予定だ．He is going to come back on Sunday *evening*.（▶特定の日の「晩に」と言うときにはonをつける）
- 彼らは朝から晩まで働く．They work from morning till *night*.
- 一晩じゅう all *night*（long）

## ばん²【番】

❶ 順番　**one's turn**；（…番目）（下記❶参照）
❷ 番号　**a number**
❸ 見張り　**a watch**

❶〔順番〕**one's turn**[ターン]；（…番目）序数で表す
- 君が話す番だよ．
  It's *your turn* to speak.
- うちのクラスはリレーで2番だった．Our class *placed second* in the relay race.
- 「あなたはクラスで何番？」「10番だよ」
  "Where do you stand [rank] in your class?" "I am *tenth*."

❷〔番号〕**a number**[ナンバァ]
- あなたの電話番号は何番ですか．
  What's your phone *number*?

❸〔見張り〕**a watch**[ワッチ]
- **一番をする watch**（**over ...**）
- 荷物の番をしてもらえますか．
  Would you *watch*（*over*）my baggage?

**バン**（自動車）**a van**[ヴァン]

## パン

（食パン）**bread**[ブレッド]
- 食パン1枚 a slice of *bread*（▶食パン2枚は two slices of *bread*）
- パンにバターを塗(ぬ)ったら？ Why don't you spread butter on your *bread*?
- リンはよくパンを焼く．
  Rin often bakes *bread*.

### パンのいろいろ

黒パン brown bread

精白パン white bread

ベーグル bagel

クロワッサン croissant

フランスパン French bread

⊕丸パン（ハンバーガー用など） bun

トースト toast

ロールパン roll

| パンくず (bread) crumbs
| パン粉 bread crumbs
| パン店 a bakery
| パン職人 a baker

**はんい**【範囲】**(a) range**[レインヂ]
- ユミは趣味(しゅみ)の範囲が広い．
  Yumi has a wide *range* of interests.
- 試験の範囲はレッスン4から6までです．
  The examination *covers* from Lesson 4 to Lesson 6.

**はんいご**【反意語】**an antonym**[アンタニム]（⇔同意語，同義語 a synonym）

**はんえい**【繁栄】**prosperity**[プラスペラティ]
━**繁栄する prosper**[プラスパァ]

**はんが**【版画】**a print**[プリント]；（木版画）**a woodcut**[ウッドカット]，**a woodblock print**[ウッドブラック]；（銅版画）**an etching**[エッチング]

**ハンガー a hanger**[ハンガァ]
- ハンガーにコートをかけた．
  I hung my coat on a *hanger*.

**はんがく**【半額】**half (the) price**[ハーフ][プライス]；（運賃などの）**half (the) fare**[フェア]
- 私はこのTシャツを半額で買った．
  I bought this T-shirt at *half (the) price*.

**ハンカチ a handkerchief**[ハンカァチーフ]（複 handkerchiefs, handkerchieves[ハンカァチーヴズ]）

**ハンガリー Hungary**[ハンガリィ]
━ハンガリー（語，人）の **Hungarian**[ハンガ(ァ)リアン]
| ハンガリー人 a Hungarian

**バンガロー a cabin**[キャビン]，**a lodge**[ロッヂ]

**はんかん**【反感】
- 実を言うと彼に反感を抱(ﾀﾞ)いているんだ.
  To tell the truth, I don't *like* him.

**はんきょう**【反響する】echo[エコゥ]→ひびき

**パンク**¹(パンクしたタイヤ)a flat（tire）[フラット（タイア）]
- 自転車のパンクを修理してください.
  Please fix the *flat* on my bike.
- ━パンクする（人・車などが主語）have［get］a flat（tire）;（タイヤが主語）go flat
- タイヤがパンクしてしまった.
  I *got* a *flat tire*. / The tire *went flat*.

**パンク**²(ファッション・音楽などの)punk[パンク]
- パンクロック punk rock

**ハンググライダー** a hang glider[ハング グライダァ]

**ばんぐみ**【番組】a program[プロウグラム], a show[ショウ]→テレビ
- ラジオ番組 a radio *program*
- テレビのクイズ番組 a quiz *show* on TV
- 私はスポーツ番組を見るのが好きだ.
  I like watching sports *programs*.

**バングラデシュ** Bangladesh[バングラデシュ]

**はんけい**【半径】a radius[レイディアス]

**パンケーキ** a pancake[パンケイク]
- 焼きたてのパンケーキにシロップをかけた.
  I poured syrup on freshly made *pancakes*.

**はんげき**【反撃する】counterattack[カウンタァアタック]

**はんげつ**【半月】a half moon[ハーフ ムーン]→つき¹図

**ばんけん**【番犬】a watchdog[ワッチドーグ]

**はんこ**【判こ】→はん³

**はんこう**【反抗】(a) resistance[リズィスタンス]
- ━反抗する resist;（反発する）rebel（against ...）[リベル]
- ━反抗的な rebellious[リベリャス]
  反抗期：弟は今反抗期だ. My brother is at a *rebellious age*.

**はんごう**【飯ごう】a camping pot[キャンピング]
- 飯ごう炊(ﾀﾞ)さん cooking in a camping pot

# **ばんごう**【番号】
a number[ナンバァ]（▶ No., no. と略す）
- 電話番号 a (tele)phone *number*
- 出席番号 a student *number*
- 受験番号 an examinee's (seat) *number*
- あなたの部屋の番号は何番ですか.
  What's your room *number*?
- （電話で）番号をお間違(ﾏﾁｶﾞ)えですよ.
  I'm afraid you have the wrong *number*.
- ━番号の numerical[ヌーメリカル]
- 番号の順に並んでください.
  Please line up in *numerical* order.

**ばんこく**【万国】(すべての国)all countries[カントゥリィズ], all nations[ネイションズ]
- 万国旗 the flags of the world
- 万国博覧会 a world exposition,《話》an expo

**ばんごはん**【晩ご飯】(a) dinner[ディナァ], (a) supper[サパァ]→ゆうしょく

**はんざい**【犯罪】a crime[クライム]
- 犯罪を犯(ｵｶ)せば刑務所行きだ.
  If you commit a *crime*, you go to jail.
- 犯罪者 a criminal
- 犯罪心理学 criminal psychology
- 犯罪心理学者 a criminal psychologist

**ばんざい**【万歳】hurrah[ハラー], hurray[ハレィ]
- 万歳, 宿題が終わった.
  *Hurrah*! I've finished my homework.

**ハンサム**【ハンサムな】good-looking[グッドゥルッキング]→うつくしい くらべて!, handsome[ハンサム]

**はんじ**【判事】a judge[チャッヂ]

**ばんじ**【万事】everything[エヴリィスィング], all[オール]
- 万事うまくいっている. *Everything*［*All*］is going well.

**パンジー**【植物】a pansy[パンズィ]

**バンジージャンプ** bungee jumping[バンヂ]

**...はんして**【...に反して】against ...[アゲンスト], contrary to ...[カントゥレリィ]
- 自らの意志に反して行動したくない.
  I don't want to act *against* my will.
- 私たちの予想に反してそのチームは負けてしまった. *Contrary to* our expectations, the team lost the game.

**はんしゃ**【反射】reflection[リフレクション]
- ━反射する reflect
- 月の光が水面に反射していた. Moonlight was *reflected* on the surface of the water.
- 反射材 a reflective material
- 反射神経 reflexes

**はんじゅく**【半熟の】soft-boiled[ソフトボイルド]
- 半熟卵 a *soft-boiled* egg

**はんじょう**【繁盛する】prosper[プラスパァ]

**はんしょく**【繁殖】breeding[ブリーディング]
- ━繁殖する breed

**バンズ**〖米〗(ハンバーガー用の) a hamburger bun [ハンバーガァ バン]

**はんする**【反する】(違反する) be against ... [アゲンスト]; (逆である) be contrary (to ...) [カントゥレリィ] → …はんして
- それはルールに反する.
  It's *against* the rules.

**はんせい**【反省】(振り返ること) reflection [リフレクション]; (後悔) (a) regret [リグレット]
— **反省する** reflect (on ...), think over; regret
- 私は自分の態度を反省した.
  I *reflected on* my attitude.
- あんなことを言ったのを深く反省しています.
  I deeply *regret* having said such a thing.

| 反省会 a review meeting: 反省会をしよう.
Let's *reflect on* what we have done.

**はんせん**【反戦の】antiwar [アンティウォー]

**ばんそう**【伴奏】(an) accompaniment [アカンパニィマント]
- 先生のピアノの伴奏で歌った. We sang to our teacher's piano *accompaniment*.
— **伴奏する** accompany
- ケンはギターで彼女の伴奏をした.
  Ken *accompanied* her on the guitar.

| 伴奏者 an accompanist

**ばんそうこう** an adhesive plaster [アドゥヒースィヴ プラスタァ], 〖商標〗 a Band-Aid [バンドエイド]

**はんそく**【反則】a foul [ファウル]
- 彼は反則をした. He committed a *foul*.

**はんそで**【半袖】short sleeves [ショート スリーヴズ] → はん¹ (半そでシャツ)

**パンダ**【動物】a panda [パンダ]
- レッサーパンダ a lesser *panda*

# はんたい【反対】

(逆) the opposite [アパズィット]; (異議) (an) objection [アブチェクション]; (対立) (an) opposition [アパズィション] → ぎゃく
- 「過去」の反対は何ですか.
  What's *the opposite* of "the past"?
— **反対の** (逆の) opposite, the other
- あなたとは反対の意見です.
  I have the *opposite* opinion to yours.
— **反対する** oppose [アポウズ] (⇔賛成する agree); be against ... (⇔賛成する be for ...)
- その提案には反対だ.
  I *oppose* the proposal.
— **…に反対して** against ...

| 反対運動 an opposition movement
| 反対側: 私たちの学校は通りの反対側にある.
Our school is on *the other* [*opposite*] *side* of the street.

| 反対語 an antonym

**バンダナ** a bandana [バンダナ]

**はんだん**【判断】(a) judgment [チャッヂマント]; (決定) (a) decision [ディスィジョン]
- 私の判断は正しかったのだろうか.
  I wonder if I made the right *decision*.
- ミキは冷静な判断力をもっている.
  Miki is good at making calm *judgments*.
— **判断する** judge; decide [ディサイド]
- 人を見た目で判断してはいけない.
  Don't *judge* people by their looks.

**ばんち**【番地】(家の番号) a house [street] number [ハウス [ストゥリート] ナンバァ]
- 君の家は何番地ですか.
  What's your *street number*?

**パンチ**【打撃】a punch [パンチ]; (穴開け器) a punch

**パンツ**【下着】underpants [アンダァパンツ], (男性用) boxer shorts [ボクサァ ショーツ], briefs [ブリーフス], (女性用) panties [パンティズ]; (ズボン) pants (▶いずれも数えるときは a pair of ..., two pairs of ...となる)
- 海水パンツ swimming *trunks*
- ショートパンツ shorts

**はんつき**【半月】half a month [ハーフ [マンス], a half month

**ハンデ** a handicap [ハンディキャプ], a disadvantage [ディスアドゥヴァンティッヂ]

**はんてい**【判定】(判断) (a) judgment [チャッヂマント]; (決定) (a) decision [ディスィジョン]

**パンティー**(女性用下着) panties [パンティズ]

| パンティーストッキング pantyhose (▶複数扱い. 「パンティーストッキング」は和製英語)

**ハンディキャップ** a handicap [ハンディキャップ]

**パンデミック** a pandemic [パンデミック] (▶感染症の世界的大流行)

**はんてん**【はん点】a spot [スパット]
— **はん点のある** spotted

**バント**〖野球〗 a bunt [バント]
- 犠牲バント a sacrifice *bunt*
— **バントする** bunt

**バンド**¹ (ひも, 帯) a band [バンド]; (ベルト) a belt [ベルト]
- ヘアバンド a hair *band* / a head *band*

**バンド**² (楽団) a band [バンド]
- ロック [ジャズ] バンド a rock [jazz] *band*

**はんとう**【半島】a peninsula [パニンシュラ]
- 朝鮮半島 the Korean *Peninsula*

**はんとし**【半年】half a year [ハーフ [イァ], a half year

**ハンドバッグ** a handbag [ハンドゥバッグ], 〖米〗 a purse [パース]

## ハンドブック

**ハンドブック** a handbook[ハンドゥブック]
**ハンドボール**〖球技〗handball[ハンドゥボール];（ボール）a handball
▮ハンドボール部 a handball team
**パントマイム**（a）pantomime[パンタマイム]
**ハンドル**

❶乗り物の（車の）a（steering）wheel;（自転車の）handlebars
❷インターネットの（ハンドルネーム）a handle

❶[乗り物の]（車の）a（steering）wheel[(スティアリング)(ホ)ウィール]→くるま図;（自転車の）handlebars[ハンドゥルバーズ]→じてんしゃ図(▶いずれもa handleは×)
・運転手はハンドルを右に切った.
 The driver turned the *steering wheel* to the right.
・左ハンドルの車 a car with left-*hand drive*
❷[インターネットの]〖コンピュータ〗(ハンドルネーム) a handle[ハンドゥル]
**はんにち**【半日】a half day[ハーフ デイ]
**はんにん**【犯人】a culprit[カルプリット];（犯罪者）a criminal[クリミヌル]
**ばんねん**【晩年】one's later years[レイタァ イアズ]
・これは彼女の晩年の小説です.
 She wrote this novel in *her later years*.
**はんのう**【反応】(a) reaction[リアクション],(a) response[リスパンス]
・それに対する彼の反応はどうでしたか.
 What was his *reaction* toward that?
・連鎖(ホミー)反応 a chain *reaction*
━反応する react, respond
**ばんのう**【万能】all-(a)round[オール(ア)ラウンド]
▮万能選手 an all-(a)round player
**はんぱ**【半端な】odd[アッド]
**ハンバーガー** a hamburger[ハンバーガァ](★アクセント位置に注意),《話》a burger[バーガァ]

**ハンバーグ**(ステーキ) a hamburger steak[ハンバーガァ ステイク]
**はんばい**【販売】(a) sale[セイル]
━販売する sell→うる

・その本はこの店で販売されている.
 That book is *sold* at this store.
**ばんぱく**【万博】a world exposition[ワールド エクスパズィション],《話》an expo[エクスポウ]
**はんはん**【半々の】half and half[ハーフ], fifty-fifty[フィフティ]
**ばんばん**
・ドアをばんばんたたいた.
 I *banged* on the door.
**ぱんぱん**
・お腹がぱんぱんだ. I'm *full*.
**はんぴれい**【反比例】inverse proportion[インヴァース プラポーション]→ひれい
**パンプス** a pump[パンプ](▶ふつう複数形で用いる)
**パンフレット** a pamphlet[パムフレット];（商品宣伝用の）a brochure[ブロウシュァ]

## はんぶん【半分】

(a) half[ハーフ](複 halves[ハーヴズ])
・クラスの半分は塾(シ゚)に通っている. *Half*(of) the class goes to cram schools.
・ミキはケーキを半分に切った.
 Miki cut the cake in *half*［into *halves*］.
・グラスに水が半分入っていた.
 The glass was *half* full with water.

・私は本を姉の半分しか持っていない. I only have *half* as many books as my sister.
━半分にする halve
**ハンマー** a hammer[ハマァ]
▮ハンマー投げ〖スポーツ〗the hammer throw
**ハンモック** a hammock[ハマック]
**はんらん¹**【氾濫】a flood[フラッド]
━はんらんする flood, overflow[オウヴァフロウ]
・川がはんらんした. The river *flooded*.
**はんらん²**【反乱】(a) revolt[リヴォウルト],(a) rebellion[リベリャン]
━反乱を起こす revolt(against ...)
**はんろん**【反論】an argument[アーギュマント]
━反論する argue[アーギュー]

# ひ ヒ

## ひ[1] 【日】

| | | |
|---|---|---|
| ❶太陽 | the sun; | (日光)sunshine, sunlight |
| ❷昼間 | a day | |
| ❸1日 | a day; | (日取り)a date |

❶[太陽]**the sun**[サン]; (日光)**sunshine**[サンシャイン], **sunlight**[サンライト]
- 日が明るく照っている.
 *The sun* is shining brightly.
- 日が昇(º)った[沈(º)んだ].
 *The sun* has risen [set].
- この部屋は日がよく当たる.
 This room gets a lot of *sunlight*.

❷[昼間]**a day**[デイ]
- 日がだんだん長く[短く]なってきた.
 The *days* are getting longer [shorter].
- 日が暮れないうちに before dark

❸[1日]**a day**; (日取り)**a date**[デイト]
- ある日 one *day*
- 私は遠足の日に病気になってしまった.
 I got sick on the *day* of the school trip.
- ピクニックに行く日を決めよう.
 Let's fix the *date* for the picnic.
- いつの日かまた会えればいいね.
 I hope I'll see you again some *day*.
- 日ごとに寒くなっている.
 It's getting colder *day* by *day*.

## ひ[2] 【火】

(a) **fire**[ファイア] (►たき火・暖房(㌎)用の火などにはaをつける); (たばこ・マッチなどの)**a light**[ライト]; (火事)(a) **fire**
- 火を消してちょうだい. Please put out the *fire*. / (ガスの)Please turn off the gas.
- カーテンに火がついた.
 The curtain caught *fire*.
- バーベキューをするのに火をおこした. We made [built] a *fire* to have a barbecue.
- 私は手を火にかざして暖めた.
 I warmed my hands over the *fire*.
- ろうそくの火を吹(º)き消した.
 I put [blew] out the *candle*.
- **━火をつける** (たばこ・ろうそくなどに)**light**; (放火する)**set fire (to ...)**

## び 【美】 **beauty**[ビューティ]

## ピアス (耳用の)(**pierced**) **earrings**[(ピアスト)イァリングズ] (►「ピアス」は和製英語. earringsでピアスもイヤリングも表す. ピアスでない「イヤリング」を表す場合は clip-on earrings と言う)
- 姉はピアスをしている.
 My sister wears *earrings*.
- 彼女は耳にピアスの穴を開けた.
 She had her ears *pierced*.

## ひあたり 【日当たり】
- 日当たりのよい部屋 a *sunny* room

## ピアニスト **a pianist**[ピアニスト]

## ピアノ **a piano**[ピアノウ]
- ピアノを弾(º)くのが好きです.
 I like to play the *piano*.
- 彼は4歳の時からピアノを習っている. He has taken *piano* lessons since he was four.
- ピアノの練習をしなくちゃ.
 I have to practice the *piano*.
- グランドピアノ a grand *piano*
- たて型[アップライト]ピアノ an upright *piano*

## ヒアリング (聞き取り)**listening comprehension**[リスニング カンプリヘンション] (►この場合hearingは×)
- ヒアリングの練習
 a drill in *listening comprehension*
 ヒアリングテスト a listening comprehension test

## ピーアール 【ＰＲ】**PR**, **P.R.**[ピーアー] (►public relationsの略)

## ひいおじいさん **a great-grandfather**[グレイトゥグランファーザァ], **a great-granddad**[グレイトグランダッド]

## ひいおばあさん **a great-grandmother**[グレイトゥグランマザァ], **a great-grandma**[グレイトグランマー]

## ビーカー **a beaker**[ビーカァ]

## ひいき 【ひいきする】**favor**[フェイヴァ], **play favorites**[プレイ フェイヴァリッツ]
- 父は弟をひいきしていると思う. I think that my father *favors* [*plays favorites* with] my brother.
- **━ひいきの favorite**[フェイヴァリット]

## ピーク **a peak**[ピーク]
- 彼はラッシュのピークに電車に乗る. He takes the train at the *peak* of the rush hour.

## ビーグル (犬)**a beagle**[ビーグル]

## ビーズ **a bead**[ビード]
- ビーズでブレスレットを作った.
 I made a bracelet with *beads*.
- ビーズのリング a *beaded* ring

## ピースサイン **a peace sign**[ピース サイン], **a V**

**sign**[ヴィー]
- アミはカメラに向かってピースサインをした.
Ami made a *peace* [V] *sign* for the camera.

**ヒーター** a heater[ヒータァ]
**ビーだま**[ビー玉]a marble[マーブル]
**ビーチ** a beach[ビーチ]

ビーチサンダル flip-flops(▶beach sandals は海岸で履く履き物の総称)
ビーチパラソル a beach umbrella(▶「ビーチパラソル」は和製英語)
ビーチバレー beach volleyball
ビーチボール a beach ball

**ピーティーエー**【PTA】a PTA, a P.T.A.[ピーティーエイ](▶Parent-Teacher Associationの略)
**ビート**(音楽の拍子)a beat[ビート]
**ピーナッツ** a peanut[ピーナット]
ピーナッツバター peanut butter
**ビーバー**【動物】a beaver[ビーヴァ]
**ぴいぴい**【ぴいぴい鳴く】peep[ピープ], chirp[チャープ]
**ビーフ**(牛肉)beef[ビーフ]
ビーフシチュー beef stew
ビーフステーキ (a) steak, (a) beefsteak
**ピーマン**【植物】a green pepper[グリーン ペッパァ], a sweet pepper[スウィート](▶「ピーマン」はフランス語から)
**ヒール** a heel[ヒール]
**ビール** beer[ビア]
- ビール1杯 a glass of *beer*
- ビール1びん[缶]a bottle [can] of *beer*

**ヒーロー** a hero[ヒーロウ]
**ひえしょう**【冷え性】
- 私は冷え性です. My hands and feet *get cold easily*. (←手足がすぐに冷たくなる)

**ひえる**【冷える】get cold [chilly][コウルド[チリィ]]
- 今夜は冷えるだろう. It'll *get cold* tonight.
- よく冷えたジュースを飲んだ.
I drank a glass of *ice-cold* juice.

**ピエロ** a clown[クラウン](▶「ピエロ」はフランス語から)

**ビオラ**[楽器]a viola[ヴィオウラ]
**ひがい**【被害】damage[ダミッヂ]
ー被害を与える damage, do [cause] damage (to ...)
- 台風は農作物に被害を与えた.
The typhoon *damaged* the crops.
ー被害を受ける be damaged
被害者 a victim
被害妄想 paranoid

**ひかえ**【控え】(予備)a reserve[リザーヴ]→ほけつ; (写し)a copy[カピィ], a duplicate[ドゥープリカット]
- レポートの控えを取った.
I made a *copy* of my paper.
控え選手 a reserve player

**ひかえめ**【控え目】(程度が適度な)modest[マディスト]; (おとなしい)reserved[リザーヴド]
**ひがえり**【日帰り】(旅行)a day trip[デイトゥリップ]
- 私たちは日帰りで伊豆へ行った.
We made a *day trip* to Izu.

**ひかえる**【控える】(減らす)cut down (on ...); (…を避ける)refrain from ...[リフレイン]
- 彼は健康のために塩分を控えている. He is *cutting down on* salt for his health.
- ジャンクフードを食べるのは控えなさい.
*Refrain from* eating junk food.

**ひかく**【比較】(a) comparison[カンパリスン]
ー比較的 comparatively[カンパラティヴリィ], relatively[レラティヴリィ]
ー比較する compare[カンペア]→くらべる
比較級〘文法〙the comparative

**ひかげ**【日陰】the shade[シェイド]
- 日陰で休んだ. I took a rest in *the shade*.

**ひがさ**【日傘】a parasol[パラソール]

# ひがし【東】

(the) east[イースト](⇔西 (the) west)(▶E.と略す)→きた
- 太陽は東から昇る. The sun rises in *the east*. (▶from the eastは×)
- 千葉は東京の東にある.
Chiba lies to *the east* of Tokyo.
ー東の east, eastern[イースタァン](⇔西の west, western)
ー東へ[に] east, eastward(s)[イーストワァド(-ワァツ)]
東アジア East Asia
東風 an east [easterly] wind
東口 the east exit
東日本 Eastern Japan

**ひがた**【干潟】mudflats[マッドゥフラッツ]
**ぴかぴか**【ぴかぴかの】shiny[シャイニィ]
**ひがむ**(ねたむ)be [get] jealous (of ...)[ヂェラ

ス]
- そうひがむな. Don't *be* so *jealous*.
- 彼女はひがみっぽい.
She tends to *get jealous*.

# ひかり【光】
**light**[ライト]
- 太陽の光 sun*light* / sun*shine*
- 窓から光が差しこんで来た.
The *light* poured through the window.

光ケーブル an *optical cable*
光センサー an *optical sensor*
光ディスク an *optical disk*
光ファイバー an *optical fiber*

# ひかる【光る】
**shine**[シャイン];（星などが）**twinkle**[トゥウィンクル];（宝石などが）**glitter**[グリタァ];（ぴかっと）**flash**[フラッシュ]
- 今夜は月が明るく光っている.
The moon is *shining* brightly tonight.
- 夜空で星が光っている.
The stars are *twinkling* in the night sky.
- 西の空に稲妻(いなずま)が光った.
Lightning *flashed* in the western sky.

**ひかれる**【引かれる】
- 私は彼の正義感に引かれた.
I *was drawn* to his sense of justice.

**ひかんてき**【悲観的な】**pessimistic**[ペシミスティック]（⇔楽天的な, 楽観的な **optimistic**）
- 悲観的になるなよ. Don't *be pessimistic*.

**…ひき**【…匹】（▶ふつう, 数えたい動物を複数形にして表す）
- 猫を2匹飼っている.
I have two *cats*.
- 何匹ペットがいるの？
How many *pets* do you have?

**ひきあげる**【引き上げる】（上 に）**pull up**[プル アップ];（料金などを）**raise**[レイズ]
- 最近電車の運賃が引き上げられた.
Train fares were *raised* recently.

**ひきいる**【率いる】**lead**[リード], **head**[ヘッド]

**ひきうける**【引き受ける】**take**（**on**）[テイク]
- 彼はその仕事を引き受けた.
He *took on* the job.

**ひきおこす**【引き起こす】（事件などを）**cause**[コーズ], **bring about**[ブリング アバウト]

**ひきかえ**【引き替え】（**an**）**exchange**[イクスチェインヂ]→ こうかん¹

引き替え券（手荷物の）**a claim ticket**［**tag**］;（景品の）**a coupon**

**ひきかえす**【引き返す】**turn back**[ターン バック]

**ひきがえる**【動物】**a toad**[トウド]
**ひきこもり**【引きこもり】（状態）**withdrawal from society**[ウィズドゥローアル][ササアイアティ],（人）**a shut-in**[シャットゥイン]
**ひきこもる**【引きこもる】（家 に）**stay indoors**[ステイ インドアズ];（交流を避(さ)ける）**withdraw from society**[ウィズドゥロー][ササアイアティ]
- きょうは一日中家に引きこもっていた.
I *stayed in the house* the whole day today. / I *stayed indoors* the whole day today.

**ひきざん**【引き算】**subtraction**[サブトゥラクション]（⇔足し算 **addition**）
━引き算をする **subtract**

**ひきしめる**【引き締める】**tighten**[タイトゥン];（気持ちなどを）**brace**（**up**）[ブレイス]
- ベルトを引き締めた. I *tightened* my belt.
- 試合に向けて気持ちを引き締めなさい.
*Brace up* for the match.

**ひきずる**【引きずる】（重い物を）**drag**[ドゥラッグ]
- 彼はけがした足を引きずっていた.
He *dragged* his injured foot along.

**ひきだし**【引き出し】（机などの）**a drawer**[ドゥロァ]
- 引き出しを開けた［閉めた］.
I opened［shut］ the *drawer*.

**ひきだす**【引き出す】**draw**［**pull**］**out**[ドゥロー［プル］アウト];（預金を）**take out**[テイク], **withdraw**[ウィズドゥロー]
- 彼女は銀行口座から3万円を引き出した.
She *withdrew* thirty thousand yen from her bank account.

**ひきつぐ**【引き継ぐ】**take over**[テイク], **succeed**[サクスィード]
- 彼はチームのキャプテンを引き継いだ.
He *took over* the post of captain of the team.

**ひきつける**【引き付ける】（人の注意などを）**attract**[アトゥラクト], **draw**[ドゥロー]

**ひきつる**【引きつる】→ つる³

**ひきとめる**【引き止める】**hold back**[ホウルド バック]

**ビキニ**（女性用水着）**a bikini**[ビキーニィ]

**ひきにく**【ひき肉】**ground**［**minced**］**meat**[グラウンド［ミンスト］ミート]

**ひきにげ**【ひき逃げ】（事件）**a hit-and-run**（**accident**）[ヒットアンドラン（アクスィダント）]
━ひき逃げする **hit and run**

**ひきぬく**【引き抜く】**pull out**［**up**］[プル アウト［アップ］], **pick out**[ピック アウト]

**ひきのばす**【引き伸ばす】（写真を）**enlarge**[インラーヂ];（時間などを）**prolong**[プラローング], **extend**[イクステンド],（ゴムなどを）**stretch**[ストレッチ]→

## ひきはなす

のばす
- 輪ゴムをめいっぱい引き伸ばした. I *stretched* a rubber band as much as I could.

**ひきはなす**【引き離す】**separate**[セパレイト]
- 先生は口げんかしていた生徒たちを引き離した. The teacher *separated* the students who were arguing.

**ひきょう**【卑きょうな】(ずるい)**unfair**[アンフェァ]; (おく病な)**cowardly**[カウアドゥリィ]
- それは卑きょうだよ. That's *unfair* [*not fair*]!
- 卑きょう者(おく病者)**a coward**

**ひきわけ**【引き分け】**a draw**[ドゥロー], **a tie**[タイ]
- その試合は引き分けに終わった. The game ended in a *tie*.

## ひく¹【引く】

| ❶引っ張る | pull, draw |
| ❷減ずる | (引き算をする)subtract; (値段を)give a discount |
| ❸辞書で調べる | (言葉を)look up; (辞書を)use |
| ❹注意などを | draw, attract |
| ❺風邪(猊)を | catch |

❶〔引っ張る〕**pull**[プル](⇔押(お)す push), **draw**[ドゥロー]
- ドアを(手前に)引いて開けなさい. *Pull* the door open.
- カーテンを引いてください. Please *draw* the curtains.
- 定規で直線を引いた. I *drew* a straight line with a ruler.
- (写真を撮(と)るとき)あごを引いて. *Tuck in* your chin!

 pull  draw  draw

❷〔減ずる〕(引き算をする)**subtract**[サブトゥラクト]; (値段を)**give a discount**[ディスカウント]
- 値段を引いてもらえませんか. Could you *give* me *a discount*?
- 10引く3は7. Ten *minus* three is seven.

❸〔辞書で調べる〕(言葉を)**look up**[ルック]; (辞書を)**use**[ユーズ]
- 辞書でprogressという単語を引いた. I *looked up* the word "progress" in my dictionary.
- 君はもっと辞書を引くべきだ. You should *use* a dictionary more often.

❹〔注意などを〕**draw**, **attract**[アトゥラクト]
- 彼の衣装(いしょう)はみんなの目を引いた. His costume *drew* everybody's attention.
- 彼女の笑顔(えがお)に引かれた. I was *attracted* by her smile.

❺〔風邪を〕**catch**[キャッチ]
- 私はよく風邪を引く. I often *catch* a cold.

**ひく²**〔車・人が〕**run over**[ラン]
- その猫(ねこ)は車にひかれた. The cat was *run over* by a car.

## ひく³【弾く】

(楽器を)**play**[プレイ]
- 父はバイオリンを弾く. My father *plays* the violin.
- ケンはギターで1曲弾いた. Ken *played* a tune on the guitar.

**ひく⁴**(のこぎりなどで)**saw**[ソー]; (粉を)**grind**[グラインド]

## ひくい【低い】

| ❶高さが | low; (身長が)short |
| ❷声・音が | low |
| ❸温度・程度などが | low |

❶〔高さが〕**low**[ロゥ](⇔高い tall, high); (身長が)**short**[ショート](⇔高い tall)
- 低いビル a *low* building
- ケンは背が低い. Ken is *short*.
- 私はエリより5センチ背が低い. I'm five centimeters *shorter* than Eri.
- 彼女は鼻が低い. She has a *flat* nose.

> **low と short**
> **low**: 高さ・位置, 声などが低い場合に使う
> **short**: 身長が低い場合に使う

低い 高い 低い 高い
low tall[high] short tall

❷〔声・音が〕**low**(⇔高い high)
- 彼は低い声で話す.

He speaks in a *low* voice.
- 低くする **lower**;（テレビの音などを）**turn down**
  - テレビの音を低くして. *Turn down* the TV.
❸〔温度・程度などが〕**low**（⇔高い high）

**ピクニック a picnic**[ピクニック]
- ピクニックに行こう. Let's go on a *picnic*.

**びくびく**【びくびくする】**be afraid**[アフレイド]
- 母に怒（おこ）られるのではないかとびくびくしている. I'm *afraid* of being scolded by my mother.
- びくびくして **nervously**[ナーヴァスリィ]
  - 彼はびくびくしながら箱を開けた.
  He *nervously* opened the box.

**ぴくぴく**【ぴくぴく動く】**twitch**[トゥィッチ]

**ピクルス pickles**[ピックルズ]

**ひぐれ**【日暮れ】（日没（ぼつ））（**a**）**sunset**[サンセット],（**an**）**evening**[イーヴニング]
- 日暮れ前に帰ってきなさい.
  Come home before *dark*.

**ひげ**（口ひげ）**a mustache**[マスタッシュ];（あごひげ）**a beard**[ビアド];（ネコなどのひげ）**whiskers**[(ホ)ウィスカァズ]

口ひげ mustache

あごひげ beard

（ネコなどの）ひげ whiskers

- 父は口ひげを生やしている.
  My father has a *mustache*.
- 兄のひげが生えてきた. My brother's facial hair has begun to grow. / My brother's *beard* has begun to grow.
- ひげをそる **shave**

**ひげき**【悲劇】（**a**）**tragedy**[トゥラヂディ]（⇔喜劇（**a**）comedy）
- 悲劇的な **tragic**

**ひけつ¹**【秘けつ】**a secret**[スィークリット], **a key**[キー]
- 料理がうまくなる秘けつは何ですか. What's the *key* to becoming a good cook?

**ひけつ²**【否決】**rejection**[リヂェクション]
- 否決する **reject**
  - 私たちの要求は否決された.
  Our demand was *rejected*.

**ひこう¹**【飛行】（**a**）**flight**[フライト]
- 有人宇宙飛行 a manned space *flight*
- 飛行船 an airship

**ひこう²**【非行】**delinquency**[ディリンクワンスィ]
- 彼女は非行に走った.
  She turned to *delinquency*.
- 非行少年［少女］a juvenile delinquent（▶ 男女ともに用いる）, a delinquent boy［girl］

**びこう**【尾行する】**follow**[ファロウ]

## ひこうき【飛行機】

**a plane**[プレイン], **an airplane**[エアプレイン]
- 飛行機に乗ったことはありますか.
  Have you ever been on a *plane* before?
- ケンは飛行機で那覇（なは）へ行った. Ken went to Naha by *plane*. / Ken *flew* to Naha.
- 飛行機雲 a vapor trail
- 飛行機事故（墜落（ついらく）事故）a plane crash

**ひこうしき**【非公式の】**unofficial**[アンオフィシャル];（個人的な）**private**[プライヴェイト]

**ひごろ**【日頃】（ふだん）**always**[オールウェイズ];（定期的に）**on a regular basis**[レギュラァ ベイスィス]
- 日ごろからサッカーの練習をしている.
  We practice soccer *on a regular basis*.

**ひざ a knee**[ニー]（★この**k**は発音しない）;（座（すわ）ったときの腰（こし）からひざがしらまで）**a lap**[ラップ]（▶ふつう複数形では用いない）→あし図
- ひざががくがくする.
  My *knees* are wobbling.
- 彼女は子どもをひざの上に載（の）せていた.
  She held her child on her *lap*.
- ひざがしら a kneecap

**ビザ**（査証）**a visa**[ヴィーザ]

**ピザ**（**a**）**pizza**[ピーツァ]

**ひさい**【被災する】**suffer**[サファ], **be hit**（**by** ...）[ヒット]
- この間の台風で被災した. We *suffered* damage from the recent typhoon.
- 被災者 a victim
- 被災地 a disaster［stricken］area

**ひざし**【日差し】**the sun**[サン], **sunlight**[サンライト]
- 日差しが強かった. *The sun* was strong.

## ひさしぶり【久しぶりに】

**after a long time**[ローング タイム]
- 久しぶりにクラス会を開いた.
  We held a class reunion *after a long time*（of not seeing each other）.
- 久しぶりですね. I haven't seen you *for a long time*. / It's been *a long time*.

**ひざまずく kneel**（**down**）[ニール]

**ひさん**【悲惨な】**miserable**[ミザラブル]；（悲劇的な）**tragic**[トゥラヂック]；（ひどい）**terrible**[テラブル]
- 悲惨な出来事 a *tragic* event

**ひじ** an **elbow**[エルボゥ]→うで 図
- 彼は机にひじをついていた．
  He rested his *elbows* on the desk.
- ひじ掛(か)けいす an armchair→いす 図

**ひしがた**【ひし形】a **diamond**[ダイ(ァ)マンド]

**ひじき**（*hijiki*）**seaweed**[スィーウィード]

**ビジネス business**[ビズニス]→しごと❸
- ビジネスクラス a business class
- ビジネスマン（会社員）an office worker；（実業家）a businessperson

**ひしゃく** a **dipper**[ディパァ]；（おたま）a **ladle**[レイドゥル]

**ビジュアル visual**[ヴィジュアル]

**ひじゅう**【比重】**specific gravity**[スピスィフィック グラヴィティ]

**びじゅつ**【美術】（an）**art**[アート]；（文学・音楽などと区別して）**the fine arts**[ファイン アーツ]
- 美術学校 an art school
- 美術館 an art museum [gallery]
- 美術室 an art room
- 美術展 an art exhibition
- 美術品 a work of art
- 美術部 an art club

**ひしょ**[1]【秘書】a **secretary**[セクラテリィ]

**ひしょ**[2]【避暑する】**summer**[サマァ]
- 毎年夏に軽井沢へ避暑に行く．We *spend the summer* in Karuizawa every year.
- 避暑地 a summer resort

**ひじょう**【非常】（非常事態）（an）**emergency**[イマーヂャンスィ]→きんきゅう（緊急事態）
- 非常の場合はこのボタンを押しなさい．
  Press this button in case of *emergency*.
- 非常階段 a fire escape
- 非常口 an emergency exit
- 非常ベル an emergency bell；（火災用）a fire alarm

**びしょう**【微笑】a **smile**[スマイル]→ほほえみ

**ひじょうしき**【非常識】**absurd**[アブサード]；（思慮(りょ)のない）**thoughtless**[ソートゥリス]
- あいつは非常識なやつだ．He is *lacking in common sense*. / He is *thoughtless*.（←常識に欠けている）

## ひじょうに【非常に】

**very**[ヴェリィ]，(**very**) **much**[マッチ]，**so**[ソゥ]，**really**[リー(ァ)リィ]
- そのお寺は非常に美しかった．
  The temple was *very* beautiful.
- 会えて非常にうれしいです．
  I'm *very* [*so*] glad to meet you.
- そのニュースを聞いて非常に驚(きそ)いた．I was *very* (*much*) surprised at the news.
- ユキは非常にダンスがうまい．Yuki dances *really* well. / Yuki is a *very* good dancer.
- 彼女はあなたに非常に会いたがっていた．
  She *really* wanted to see you.

非常に…ので〜する
so ... that 〜
- 非常に疲(つか)れていたので早く寝(ね)た．
  I was *so* tired *that* I went to bed early.

> **くらべてみよう！** **very** と (**very**) **much** と **so**
> **very** は形容詞・副詞を，(**very**) **much** は動詞を強める場合にそれぞれ使います．**so** は very の代わりによく使います．
> - 彼は非常に背が高い．He is *very* tall.
> - 私は彼女の歌が非常に好きだ．
>   I like her songs *very much*.

**びしょぬれ**【びしょぬれになる】→ずぶぬれ

**びしょびしょ**【びしょびしょになる】**get soaking wet**[ゲット ソウキング ウェット]，**drench**[ドゥレンチ]→ずぶぬれ

**びじん**【美人】a **beautiful woman** [**girl**][ビューティフル ウマン[ガール]]，a **beauty**[ビューティ]

**ビスケット** ⓐ a **cookie**[クッキィ]，ⓑ a **biscuit**[ビスキット]

**ヒステリー hysteria**[ヒステリア]
- ヒステリーを起こす get [become] hysterical
- リンはヒステリーを起こした．
  Rin *became hysterical*.

**ピストル** a **pistol**[ピストゥル]，a **gun**[ガン]

**びせいぶつ**【微生物】a **microbe**[マイクロウブ]

**ひそか**【ひそかに】**secretly**[スィークリットゥリィ]→こっそり

**ひそひそ**【ひそひそと】**in a low voice**[ロゥ ヴォイス]，**in a whisper**[(ホ)ウィスパァ]

**ひだ**（衣服の）a **pleat**[プリート]，a **fold**[フォウルド]，a **crease**[クリース]
- スカートのひだが取れちゃった．
  My skirt has lost its *pleats*.

**ひたい**【額】a **forehead**[フォーリッド]（★発音注意）
- リエは額が広い[せまい]．
  Rie has a high [low] *forehead*.

**ひたす**【浸す】（完全に）**soak**[ソゥク]；（少し）**dip**[ディップ]
- 泥(どろ)だらけのソックスを漂白剤(ざい)に浸した．I *soaked* the muddy socks in bleach.

**ビタミン** a **vitamin**[ヴァイタミン]（★発音注意）
- にんじんはビタミンAが豊富だ．

Carrots are rich in *vitamin* A.
┃ビタミン剤 a vitamin pill [tablet]

# ひだり【左】
(方向)the [*one's*] left[レフト](⇔ 右の[*one's*] right)
• ケンの左に座っている少女がエリです.
The girl sitting on *Ken's left* is Eri.
━左の left
━私の左足[手] my *left* foot [hand]
━左に[へ] to the left, left
• 2番目の角を左に曲がりなさい.
Turn (*to the*) *left* at the second corner.
• 左側通行《掲示》KEEP (*TO THE*) *LEFT*
左上 (the) upper [top] left: 左上に on *the upper left*
左腕 the [*one's*] left arm
左側 left, (the) left side, the left-hand side
左きき (左ききの)left-handed; (左ききの人) a left-handed person: 私は左ききです. I'm *left-handed*.; (サウスポー)a southpaw
左下 (the) lower [bottom] left
左端 (the) (far) left

**ひたる**【浸る】soak (up)[ソゥク], be absorbed (in ...)[アブソーブド]
• この公園は雰囲気に浸れるところだ.
The park is a nice spot to *soak up* the atmosphere.

**ぴちぴち**【ぴちぴちした】(元気な)lively[ライヴリィ]
**ぴちゃぴちゃ**(なめる)lap[ラップ]
**ピッ**(音)peep[ピープ], beep[ビープ]; (電子音)bleep[ブリープ]
• ピッという音を聞いた. I heard a *beep*.

**ひっかかる**【引っ掛かる】get stuck[スタック]
• スカートのすそがドアに引っ掛かった.
My skirt hem *got stuck* in the door.
• ひっかかった! I *was fooled*! (←だまされた)

**ひっかききず**【引っかき傷】a scratch[スクラッチ]
**ひっかく**【引っかく】scratch[スクラッチ]
• 猫がドアを引っかいている.
The cat is *scratching* at the door.

**ひっかける**【引っ掛ける】(掛けてつるす)hang[ハング], hook[フック]; (誤って)catch[キャッチ]
• セーターをくぎに引っ掛けてしまった.
I *caught* my sweater on a nail.
┃引っ掛け問題 a trick question

**ひっき**【筆記】writing[ライティング]
┃筆記試験 a written examination
┃筆記体: 筆記体で書きなさい. Write in *cursive*.
┃筆記用具 a pen-and-pencil set

**ひつぎ** a coffin[コーフィン], a casket[キャスキット]

**ビッグ** big[ビッグ]
• ビッグイベント a *big* event
**ピック**〖音楽〗(ギターの)a pick[ピック]
**ピックアップ**【ピックアップする】pick out[ピック アウト], choose[チューズ]→えらぶ
**ビッグバン** the Big Bang[ビッグ バング]

**びっくり**【びっくりする】be surprised[サァプライズド], be amazed[アメイズド]→おどろく❶
• 本当にびっくりした. I *was* really *surprised*.
━びっくりするような surprising, amazing
━びっくりさせる surprise, amaze; (怖がらせる)scare[スケァ]
•「わっ, びっくりした!」「ここにいるの, 気づかなかった?」"Ah, you *scared* me!" "You didn't know I was here?"
┃びっくり箱 a jack-in-the-box

**ひっくりかえす**【ひっくり返す】(倒す)upset[アプセット]; (裏返す)turn ... over[ターン]; (上下に)turn ... upside down[アップサイド ダウン]; (表裏に)turn ... inside out[インサイド アウト]
• 犬が走り回って花瓶をひっくり返した.
Our dog ran around and *upset* the vase.

**ひっくりかえる**【ひっくり返る】turn over[ターン]; (倒れる)fall over[フォール]
• 地震でいすがひっくり返った.
The chairs *fell over* in the earthquake.

**ひづけ**【日付】a date[デイト]→…にち
• その手紙の日付は3月5日だった.
The letter was *dated* March 5.
━日付を書く date
┃日付変更線 the (international) date line

**ひっこし**【引っ越し】a move[ムーヴ], moving[ムーヴィング]
**ひっこす**【引っ越す】move[ムーヴ]
• 東京から名古屋へ引っ越した.
We *moved* from Tokyo to Nagoya.
• 木田家は先週引っ越して来た[行った].
The Kidas *moved* in [out] last week.

**ひっこみじあん**【引っ込み思案な】shy[シャイ]
**ひっこめる**【引っ込める】draw in ...[ドゥロー]; (撤回する)withdraw[ウィズドゥロー]
• カタツムリは角を引っ込めた.
The snail *drew in* its horns.

**ピッコロ**〖楽器〗a piccolo[ピッカロゥ]
**ひっさつわざ**【必殺技】a special move[スペシャル ムーヴ]
**ひっし**【必死の】desperate[デスパラット]
• 医者たちは彼女の命を救おうと必死の努力をした. The doctors made a *desperate* effort to save her life.
━必死に desperately

**ひつじ**【羊】〖動物〗a sheep[シープ](複 sheep)(▶

# ひっしゅう

単複同形〉;(子羊)**a lamb**[ラム](★この**b**は発音しない)
- 羊の群れ a flock of *sheep*
- 羊の肉 *mutton* /(子羊の肉, ラム肉)*lamb*
∥羊飼い a shepherd

**ひっしゅう**【必修の】**required**[リクワイアド], **compulsory**[カンパルサリィ]
∥必修科目 a required [compulsory] subject

**ひつじゅひん**【必需品】**necessities**[ネセサティズ];(日常生活の)**daily necessities**[デイリィ]

**びっしょり**→ずぶぬれ
- 汗でびっしょりだった. I was *all sweaty*.

**びっしり**
- 予定がびっしり詰(つ)まっている.
  I have a *busy* schedule.

**ひったくり**(行為)**a snatch**[スナッチ], **a mugging**[マギング];(人)**a snatcher**[スナッチァア]

**ひったくる snatch**(**away**)[スナッチ(アウェイ)]
- その男は彼女のハンドバッグをひったくった.
  The man *snatched* her handbag.

**ぴったり**(正確に)**exactly**[イグザクトゥリィ];(すきまなく)**close**[クロウス], **closely**;(完ぺきに)**perfectly**[パーフィクトゥリィ]
- 代金は1000円ぴったりだった.
  It cost (me) *exactly* 1,000 yen.
- はぐれるからぴったりついてきなさい.
  Stay *close* to [by] me or you'll get lost.
- このワンピースは私にぴったりだ.
  This dress fits me *perfectly*.
- 時間ぴったりに駅に着いた.
  I got to the station *right on* time.

**━ぴったりの exact**; **tight**[タイト]; **perfect**

**ピッチ**(速度)(a) **pace**[ペイス](▶この意味ではpitchは×);(サッカー場)**a field**[フィールド]
- 急ピッチで at a fast *pace*

**ヒッチハイク hitchhiking**[ヒッチハイキング]

**ピッチャー**〖野球〗**a pitcher**[ピッチァア]
- 先発ピッチャー a starting *pitcher*

**ピッチング pitching**[ピッチング]

**ひってき**【匹敵する】**be equal**(**to ...**)[イークワル]; **be a match**(**for ...**)[マッチ]

**ヒット**〖野球〗**a hit**[ヒット];(映画・歌などの大当たり)**a hit, a success**[サクセス]
- 彼はヒットを3本打った. He got three *hits*.
- この映画は大ヒットした.
  This movie was a big [great] *hit*.
∥ヒットエンドラン a hit-and-run
∥ヒット曲 a hit song
∥ヒットチャート(音楽の)a record chart(▶「ヒットチャート」は和製英語)

**ひっぱる**【引っ張る】**pull**[プル];(引きずる)**drag**[ドゥラッグ]→ひく¹❶
- マリは私の袖(そで)を引っ張った.

Mari *pulled* me by the sleeve.
- キャプテンはいつもチームを引っ張ってくれる. The captain always *leads* our team.

**ヒップ the hips**[ヒップス]→こし¹
- ヒップハンガーのパンツ *hip*-hugging pants

**ヒップホップ**【ヒップホップの】**hip-hop**[ヒップホップ]

# ひつよう【必要】

(a) **need**[ニード]

**━必要な necessary**(⇔不要な unnecessary)
- 必要ならこの自転車を使えます.
  You can use this bike if (it is) *necessary*.

**〈〈人〉が)…することは必要だ**
It is necessary (for+〈人〉+)to+〈動詞の原形〉 / need + to + 〈動詞の原形〉
- リクはもっと運動する必要がある.
  *It is necessary for* Riku *to* exercise more. /
  Riku *needs to* exercise more.

**━必要である need**
- 新しいノートが必要だ.
  I *need* a new notebook.
- この自転車は修理が必要だ.
  This bicycle *needs* repairing.

**…する必要はない**
don't have [need] to + 〈動詞の原形〉
- あなたがそこへ行く必要はありません.
  You *don't have* [*need*] *to* go there.

**ひてい**【否定する】**deny**[ディナイ]
- 彼は間違(まちが)えたことを否定している.
  He *denies* that he made a mistake.

**━否定的な negative**[ネガティヴ](⇔肯定(こうてい)的な affirmative)
∥否定文〖文法〗a negative sentence

**ビデオ**(a) **video**[ヴィディオウ]→どうが
- 時々ネットでビデオを見る.
  I sometimes watch *videos* online.
∥ビデオカメラ a video camera
∥ビデオゲーム a video game
∥ビデオ判定 instant replay, video review

**ひでり**【日照り】**dry weather**[ドゥライ ウェザァ];(干ばつ)(a) **drought**[ドゥラウト]

# ひと【人】

| | | |
|---|---|---|
| ❶1人の | a person,(男性)a man,(女性)a woman | |
| ❷複数の | people;(ほかの人々)others, other people | |
| ❸人類 | a human(being); human beings, human race | |
| ❹人柄(がら) | (a) personality, nature | |

❶[1人の]**a person**[パースン]（▶男女の別なく用いる），(男性)**a man**[マン]（複 men[メン]），(女性)**a woman**[ウマン]（複 women[ウィミン]）
- 彼は明るい人だ．He is a cheerful *person*.
- あの男[女]の人はだれですか．
  Who is that *man* [*woman*]?
- ユミはどんな人ですか．
  What kind of *person* is Yumi? / What is Yumi like?

❷[複数の]**people**[ピープル]；(ほかの人々)**others**[アザァズ], **other people**
- デパートは人であふれていた．The department store was full of *people*.
- 人には親切にしなさい．Be kind to *others*.
- 犬が好きな人もいれば猫が好きな人もいる．Some *people* like dogs, and *others* like cats.

❸[人類]**a human**（being）[ヒューマン（ビーイング）]；**human beings**[ビーイングズ], **human race**[レイス] → にんげん
- いつか人は火星に行ける．
  Someday *human beings* can go to Mars.

❹[人柄]（a）**personality**[パーサナラティ], **nature**[ネイチャァ]
- 彼はすっかり人が変わってしまった．
  He has become quite another *man*.

# ひどい

| ❶程度がはなはだしい | **terrible**; (雨などが)**heavy**; (病気などが)**bad** |
|---|---|
| ❷残酷な | **cruel**; (つらい)**hard**; (意地悪な)**mean** |

❶[程度がはなはだしい]**terrible**[テラブル]；(雨などが)**heavy**[ヘヴィ]；(病気などが)**bad**[バッド]
- ひどい間違いをした．
  I made a *terrible* mistake.
- ゆうべはひどい雨だった．
  We had *heavy* rain last night.
- タクはひどい風邪を引いている．
  Taku has a *bad* cold.

➡**ひどく terribly**; **heavily**; **badly**
- ひどく暑かった．It was *terribly* hot.
- マユはあなたにひどく会いたがっている．
  Mayu wants to see you *badly*.

➡**ひどくなる get worse**[ワース]

❷[残酷な]**cruel**[クルーァル]；(つらい)**hard**[ハード]；(意地悪な)**mean**[ミーン]
- 子どもたちはその犬にひどい仕打ちをした．
  The children were *cruel* to the dog.
- きのうはひどい目にあった．
  I had a *hard* time yesterday.
- 「今の話はうそ，本当にごめん」「ひどい！」
  "Everything I just said was a lie. I'm so sorry." "That was *mean*!"

**ひといき**【一息】**breath**[ブレス]
- 一息ついた．I caught my *breath*.
- あと一息だ．We are *almost* there.

**ひとがら**【人柄】（a）**personality**[パーサナラティ]
- 彼は人柄がいい．
  He has a good *personality*.

**ひとくち**【一口】(ひとかじり)**a bite**[バイト]；(ひとすすり)**a sip**[スィップ]；(一口分)**a mouthful**[マウスフル]
- このハンバーガー，一口かじる？
  Do you want a *bite* of this hamburger?

**ひとこと**【一言】**a (single) word**[(スィングル)ワード]
- 一言で言うと in a *word*
- 一言も言わずに彼は立ち去った．
  He left without saying a *word*.

**ひとごと**【人ごと】**somebody else's problem** [**business**][サムバディ エルズズ プロブレム[ビズニス]]
- それは人ごとじゃないよ．
  It could happen to us.（←自分たちにも起こりうる）

**ひとごみ**【人込み】**a crowd**[クラウド]
- 彼女は人ごみをかき分けて進んだ．
  She made her way through the *crowd*.

**ひとごろし**【人殺し】(殺人)（a）**murder**[マーダァ]；(殺人者)**a murderer**[マーダラァ], **a killer**[キラァ]

**ひとさしゆび**【人さし指】**a forefinger**[フォーフィンガァ], **an index finger**[インデックス フィンガァ] → ゆび図

**ひとしい**【等しい】**equal (to ...)**[イークワル]
- この三角形はあの三角形と面積が等しい．
  This triangle is *equal to* that one in area.

**ひとじち**【人質】**a hostage**[ハスティッヂ]
- 50人が人質にとられた．
  Fifty people were taken *hostage*.

# ひとつ【一つ】

| ❶1個 | **one**; (それぞれ)**each** |
|---|---|
| ❷…さえ | **even** |
| ❸さて，試しに | **just** |

❶[1個]**one**[ワン]；(それぞれ)**each**[イーチ]
- 私にも1つください．May I have *one*, too?
- テニスは私の好きなスポーツの1つだ．
  Tennis is *one* of my favorite sports.
- ここに箱が2つある．1つは大きくて軽く，もう1つは小さくて重い．
  Here are two boxes. *One* is big and light, and *the other* is small and heavy.

## ひとで[1]

- 1つずつシャツのボタンを外した.
  I undid my shirt buttons *one* by *one*.
- それは1ついくらですか.
  How much is *each* of these?

**━1つの** a[ア, 《強く言うとき》エィ], an[アン,《強く言うとき》アン], one

- かごの中にキウイが1つある.
  There is *a* kiwi fruit in the basket.

> **ここがポイント! 「1つ」の言い方**
> (1) 数えられる名詞にはaまたはanをつけます. 子音(a, e, i, o, u以外の音)で始まる語にはaを, 母音(a, e, i, o, uの音)で始まる語にはanを用います.
> - 1つのかぎ *a* key
> - 1つのりんご *an* apple
> - 1つの古い机 *an* old desk
>
> (2) 数えられない名詞にはa piece of ...などをつけます.
> - 1つのニュース[家具]
>   *a piece of* news [furniture]

**❷**〔…さえ〕**even**[イーヴン]
- ぼくはオムレツ1つ作れない.
  I can't *even* make an omelet.
- 空には雲一つなかった.
  There was not a *single* cloud in the sky.

**❸**〔さて, 試しに〕**just**[チャスト]
- じゃあひとつやってみよう.
  I'll *just* give it a try.

**ひとで[1]**【動物】**a starfish**[スターフィッシュ]（複 starfish, starfishes）

**ひとで[2]**【人手】（働き手）**a hand**[ハンド]
- 人手が足りない.
  We are short of *hands* [*people*].

**ひとどおり**【人通り】**pedestrian traffic**[パデストゥリアン トゥラフィック]
- この道は人通りが多い[ない].
  There are [are not] many *pedestrians* on this street. / This street is busy [quiet].

**ひとなつこい**【人なつこい】**friendly**[フレンドゥリィ]

**ひとなみ**【人並みの】（ふつうの）**ordinary**[オーダネリィ]; (平均的な)**average**[アヴ(ァ)リッチ]

**ひとびと**【人々】**people**[ピープル] → ひと❷

**ひとまえ**【人前で】**in public**[パブリック], **in front of other people**[フラント][アザ ピープル]
- 人前で話すのは苦手だ.
  I'm not good at speaking *in public*.

**ひとみ**（瞳孔（ﾞしこう））**a pupil**[ピューパル]; (目)**an eye**[アィ] → め[1]図

**ひとみしり**【人見知りする】**be shy [afraid of strangers]**[シャィ][アフレイド][ストゥレインチャァズ]
- 赤ちゃんは人見知りする.
  The baby *is shy* [*afraid of strangers*].

**ひとめ[1]**【一目で】**at first sight**[ファースト サイト], **at a glance**[グランス]
- 一目でその人が分かった.
  I recognized the person *at a glance*.

一目ぼれ: そのアーティストに一目ぼれした.
I *fell in love* with the artist *at first sight*.

**ひとめ[2]**【人目】（注目）**attention**[アテンション]
- その建物は人目を引いた.
  The building attracted *attention*.
- 彼は人目を気にしない. He doesn't care *what people say* [*think*] about him.

**ひとやすみ**【一休み】**a break**[ブレイク], **(a) rest**[レスト]

**━一休みする take [have] a break**

## ひとり【一人, 独り】

| ❶1人の人 | one, one person |
| ❷一人も…ない | no one, nobody |
| ❸独(ひと)りで | alone, by *oneself* |

**❶**〔1人の人〕**one**[ワン], **one person**[パースン]
- 友達の1人が弁論大会で優勝した. *One* of my friends won a speech contest.
- 彼らは1人ずつ入ってきた.
  They came in *one* by *one*.
- 料金は1人当たり3000円です.
  We charge 3,000 yen per *person*.

**━1人の one, a**[ア,《強く言うとき》エィ], **an**[アン,《強く言うとき》アン]; （ただ1人の）**only**[オゥンリィ]
- 私には兄が1人いる.
  I have *one* [*a*] brother.

**❷**〔一人も…ない〕**no one, nobody**[ノゥバディ]
- そこに行ったことがある人は一人もいない.
  *No one* has ever been there.
- だれ一人としてその話を信じなかった.
  *Nobody* believed the story.

**❸**〔独りで〕**alone**[アロウン], **by oneself**[バィ] → ひとりで
- 独りにしてくれ. Leave me *alone*.

一人旅 travel alone
一人っ子 an only child
一人ひとり each and every person
一人息子（ﾞむすこ） an only son
一人娘（ﾞむすめ） an only daughter

**ひとりぐらし**【一人暮らしする】**live (all) by oneself**[リヴ], **live alone**[アロウン]
- 兄は一人暮らしをしている.
  My brother *lives* (*all*) *by himself*.

**ひとりごと**【独り言を言う】**talk to oneself**[トーク]

ひび[1]

- 彼はいつも独り言を言っている．
He always *talks to himself*.

**ひとりじめ**【独り占めする】have ... all to *oneself* [ハヴ オール]
- 今週の土曜日の午後，私はテレビを独り占めする．This Saturday afternoon I *have* the TV *all to myself*.

# ひとりで【独りで】

(独りぼっちで)alone[アロウン], by *oneself*[バイ]; (独力で)by *oneself*
- 彼女のおじいさんは独りで暮らしている．Her grandfather lives *alone* [*by himself*].
- 独りでこの問題を解きなさい．Answer this question *by yourself*.
━ひとりでに by *itself*
- ドアがひとりでに開いた．The door opened *by itself*.

**ひとりぼっち**【独りぼっちで】(ひとりで)alone [アロウン]; (さびしく)lonely[ロウンリィ]
- その子はひとりぼっちで遊んでいた．The child was playing *alone*.

**ひな** a baby bird[ベイビィ バード]; (鶏(紫)の)a chick[チック]

**ひなぎく**【ひな菊】［植物］a daisy[デイズィ]

**ひなた**【ひなたで】in the sun[サン]
| ひなたぼっこ sunbathing : ひなたぼっこをする sunbathe

**ひなにんぎょう**【ひな人形】ornamental *Hina* dolls[オーナメントゥル][ダールズ]

**ひなまつり**【ひな祭り】the Doll(s')Festival[ダール(ズ) フェスタヴァル]→年中行事[口絵]
- ひな祭りは女の子の幸せと長寿(ﾁﾞｭ)を願い3月3日に行われる祭りです．*Hinamatsuri* is the festival for girls celebrated on March 3rd to wish them a happy and long life.

**ひなん**[1]【避難】(an) evacuation[イヴァキュエイション]
━避難する take shelter, evacuate[イヴァキュエイト]
- 人々は体育館に避難した．People *took shelter* in the gym.
| 避難訓練 an evacuation drill; (火災の)a fire drill
| 避難者 an evacuee
| 避難所 a shelter
| 避難命令 an evacuation order

**ひなん**[2]【非難】(the) blame[ブレイム]; (批判)(a) criticism[クリタスィズム]
━非難する blame; criticize[クリタサイズ]
- 彼女はそのことで非難された．She was *blamed* for it.

**ビニール** plastic[プラスティック]
━ビニールの plastic
| ビニールハウス a plastic greenhouse
| ビニール袋(ﾌﾞ) a plastic bag

**ひにく**【皮肉】(いやみ)sarcasm[サーカズム], irony [アイ(ア)ラニィ]
━皮肉の sarcastic[サーキャスティック], ironic[アイラニック]
━皮肉を言う make sarcastic comments
- また彼は皮肉を言っている．He's *making sarcastic comments* again.

**ひにち**【日にち】(日取り)a date[デイト], a day[デイ]; (日数)days
- 試験の日にちが決まった．The exam *date* was set.
- 試験までもう日にちがない．There are a few *days* left until the day of the exam.

**ひにん**【避妊する】use birth control[ユーズ バース カントゥロウル]

**ひねくれた** twisted[トゥウィスティド], cynical[スィニカル]

**びねつ**【微熱】a slight fever[スライト フィーヴァ]
- 微熱がある．I have a *slight fever*.

**ひねる**(ねじる)twist[トゥウィスト]; (栓(堂)・スイッチなどを)turn on [off][ターン]
- 試合中手首をひねった．I *twisted* my wrist during the game.

**ひのいり**【日の入り】(a) sunset[サンセット]

**ひので**【日の出】(a) sunrise[サンライズ]

**ひのまる**【日の丸】the Rising Sun (flag)[ライズィング サン (フラッグ)]

**ひばいひん**【非売品】an article not for sale[アーティクル][セイル]

**ひばく**【被ばくする】(原子爆弾に)be a victim of an atomic bomb[ヴィクティム][アトミック バム], be a victim of a nuclear bomb[ヌークリァ バム]; (放射線に)be exposed to radiation[イクスポウズド][レイディエイション]
| 被ばく国 (原子爆弾の)a country that was a victim of an atomic bomb
| 被ばく者 (原子爆弾の)an atomic bomb victim

**ひばな**【火花】a spark[スパーク]
━火花が散る spark

**ひばり**［鳥］a lark[ラーク], a skylark[スカイラーク]

**ひはん**【批判】(a) criticism[クリタスィズム]; (非難)(the) blame[ブレイム]
━批判的な critical[クリティカル]
- 彼らはその計画に批判的だ．They are *critical* of the project.
━批判する criticize[クリタサイズ]; blame

**ひび**[1] a crack[クラック]

**ひび²**【日々】daily[デイリィ]
**ひびき**【響き】(音) a sound[サウンド]; (反響) an echo[エコゥ]
━響く sound; echo
- 彼らの歌声がその大きなホールに響いた.
Their songs *echoed* in the big hall.
**ひひょう**【批評】(専門的な)(a) criticism[クリタスィズム]; (寸評)(a) comment[カメント](★アクセント位置に注意); (本などの) a review[リヴュー]
━批評する criticize[クリタサイズ]; comment (on ...); review
∥批評家 a critic
**びびる** be frightened[フライトゥンド], chicken out[チキン アウト]
- 行け, 今さらびびるな.
Come on! You can't *chicken out* now!
**びひん**【備品】equipment[イクウィップマント]
**ひふ**【皮膚】(a) skin[スキン]→はだ
- がさがさ[すべすべ]の皮膚
rough [smooth] *skin*
- 赤ちゃんの皮膚はデリケートだ.
Babies have delicate *skin*.
皮膚科 dermatology
皮膚がん skin cancer
皮膚病 a skin disease
**びふう**【微風】a breeze[ブリーズ]
**ひふくしつ**【被服室】a sewing room[ソウイング ルーム]
**ビブラート**【音楽】a vibrato[ヴィブラートウ]

# **ひま**【暇】
(時間) time[タイム]; (余暇) free time[フリー], spare time[スペア]
- 忙しくて本を読む暇がない. I'm so busy that I have no *time* to read (books).
- 泣いている暇はないよ.
There's no *time* for crying.
- ぼくたちはトランプをして暇をつぶした.
We killed *time* playing cards.
- 暇な時は何をしてるの. What do you do in your *spare* [*free*] *time*?
━暇な free (⇔忙しい busy)
- あしたは暇ですか.
Are you *free* tomorrow?
**ひまご**【ひ孫】a great-grandchild[グレイト グランチャイルド](複 great-grandchildren[-チルドゥラン])
**ヒマラヤン**(猫の)a Himalayan[ヒマレイアン]
**ひまわり**【植物】a sunflower[サンフラウァ]
**ひまん**【肥満】fatness[ファットニス], obesity[オウビーサティ]
━肥満の obese
∥肥満児 a overweight child

**ひみつ**【秘密】
a secret[スィークリット]
- 私はリエにある秘密を打ち明けた.
I told Rie a *secret*.
- 秘密を守れる？
Can you keep a *secret*?
- 秘密がばれてしまった.
The *secret* came out.
- 話して. 絶対秘密にするから.
Tell me. I swear I'll keep it a *secret*.
- ユカは私の秘密をばらした.
Yuka gave away my *secret*.
- これはぼくたちだけの秘密だよ. This is just *between you and me*. / This is just *between us*.
━秘密の secret, hidden[ヒドゥン]
**びみょう**【微妙な】(細心の注意を要する)delicate[デリカット]; (差などが) subtle[サトゥル](★このbは発音しない); (あやふやな) iffy[イフィ]
- それは微妙な問題だ.
That's a *delicate* problem.
- ちょっと微妙だね. That's (a bit) *iffy*.
**ひめ**【姫】a princess[プリンスィス]
**ひめい**【悲鳴】a scream[スクリーム]
━悲鳴を上げる scream
- 彼女はくもを見て悲鳴を上げた.
She *screamed* at the sight of the spider.
**ひも**(a) string[ストゥリング]; (太い)(a) cord[コード]
- ケンはその箱をひもで縛った.
Ken tied the box up with *string*.
**ひもの**【干物】(魚の) a dried fish[ドゥライド フィッシュ]
**ひやあせ**【冷や汗】a cold sweat[コウルド スウェット]
- 冷や汗をかいた. I broke out in a *cold sweat*.
**ひやかす**【冷やかす】tease[ティーズ]
- 新婚ほやほやのカップルを冷やかした.
We *teased* the newly-married couple.

# **ひゃく**【百(の)】
a hundred[ハンドゥリッド], one hundred→さん¹
- 300 three *hundred*(▶ hundredの前に2以上の数詞が来ても, hundredsとはしない)
- 450 four *hundred* (and) fifty
- 100点を取った.
I got a *hundred* points. / I got full marks.
- 何百人もの人 *hundreds of* people(▶「何百もの」と言う場合にはhundredsと-sがつく)
- 百人一首 a classical anthology of one *hundred waka* poems
- 100分の1 one [a] *hundredth*

**ひゃくまん**【百万(の)】a million[ミリャン], one million

**ひやけ**【日焼け】a suntan[サンタン], a tan[タン]; (痛むほどの)(a) sunburn[サンバーン]
━日焼けする get a tan, get tanned
・きれいに日焼けしているね.
　You've got a nice tan.
・ひどく日焼けした. I got a bad sunburn.
・日焼けした肌 tanned skin
‖日焼け止め (a) sun screen

**ひやしちゅうか**【冷やし中華(そば)】Chinese cold noodles[チャイニーズ コウルド ヌードゥルズ]

**ヒヤシンス**〘植物〙a hyacinth[ハイアシンス]

**ひやす**【冷やす】cool[クール]
・コーラを冷蔵庫で冷やした.
　I cooled the cola in the refrigerator.
・少し頭を冷やしなさい.
　Cool it a bit! / Calm down a bit!
━冷やした chilled; (氷で)iced

**ひゃっかじてん**【百科事典】an encyclopedia[インサイクロピーディア]

**ひゃっかてん**【百貨店】→ デパート

**ひやひや**【ひやひやする】be nervous[ナーヴァス], be worried[ワーリィド]
・私たちはどうなることかとひやひやした.
　We were worried about how things would turn out.

**ひややっこ**【冷や奴】chilled tofu[チルド トウフー]

**ひゆ**【比喩】a figure of speech[フィギャァ][スピーチ], a metaphor[メタフォー]

**ピュア**【ピュアな】pure[ピュア]

**ヒューズ**〘電気〙a fuse[フューズ]
・ヒューズが飛んだ. The fuse has blown.

**ひゅうひゅう**【ひゅうひゅう吹く】(風が)howl[ハウル], whistle[(ホ)ウィッスル]

**ビューラー**〘商標〙an eyelash curler[アイラッシュ カーラァ]

**ビュッフェ**(立食)a buffet[バフェィ](►「ビュッフェ」はフランス語から)
・ビュッフェ(スタイル)の昼食 a buffet lunch

# ひよう【費用】
(an) expense[イクスペンス], a cost[コスト]
・旅行の費用 traveling expenses
━費用が(…だけ)かかる cost
・「費用はどのくらいかかりますか」「2万円くらいです」
　"How much will it cost?" "About twenty thousand yen."

**ひょう**¹【表】a table[テイブル], a list[リスト]
・時刻表 a timetable
・予定表 a schedule
━表にする make a list (of ...)

**ひょう**²【票】a vote[ヴォウト]
・彼は30票獲得した. He got thirty votes.
━票を入れる vote
・君に1票入れるよ. I'll vote for you.

**ひょう**³〘動物〙a leopard[レパァド](★発音注意); (黒ひょう)a panther[パンサァ]

**ひょう**⁴〘気象〙hail[ヘイル]; (1粒の)a hailstone[ヘイルストウン]
━ひょうが降る hail(► itを主語とする)

**びよう**【美容】beauty[ビューティ]
‖美容院 a beauty salon
‖美容師 a hairdresser

# びょう¹【秒】
a second[セカンド](► sec.と略す)
・5分10秒 five minutes (and) ten seconds
・100メートルを13秒で走る. I run one hundred meters in thirteen seconds.
‖秒針 a second hand
‖秒読み (a) countdown→カウントダウン

**びょう**²→ がびょう

# びょういん【病院】
a hospital[ハスピトゥル]
・検査を受けに病院に行った. I went to the hospital to have a checkup.
・患者は病院へ運ばれた. The patient was taken to (the) hospital.
・救急病院 an emergency hospital
・総合病院 a general hospital
・大学病院 a university hospital
・動物病院 an animal hospital / a pet hospital

**ひょうか**【評価】(an) evaluation[イヴァリュエイション], rating[レイティング]
━評価する evaluate[イヴァリュエイト], estimate[エスティメイト], rate
・他人の能力を評価するのは難しい.
　It's difficult to evaluate others' abilities.
・先生は私たちの作文を5段階で評価した.
　The teacher rated our compositions on a

**ひょうが**【氷河】a glacier[グレイシャァ]
氷河期 the ice age

# びょうき【病気】
(an) illness[イルニス], (a) sickness[スィックニス], (a) disease[ディズィーズ] →p.573 ミニ絵辞典
- おじは心臓の病気にかかっている. My uncle is suffering from heart *disease*.
- 早く病気がよくなるといいですね.
I hope you'll get well soon.
━病気の[で] sick, ill
- 弟は先週から病気で寝(ね)ている. My brother has been *sick* in bed since last week.
━病気になる get [become] sick
- 旅行先で病気になった.
I *got* [*became*] *sick* while traveling.

**ひょうきん**【ひょうきんな】funny[ファニィ], comical[カミカル]

**ひょうげん**【表現】(an) expression[イクスプレション]
- 表現の自由 freedom of *expression*
━表現する express
- 自分の気持ちを表現するのは難しかった.
It was hard to *express* myself.

**びょうげんきん**【病原菌】a (disease) germ [bacteria][(ディズィーズ) チャーム [バクティ(ァ)リア]]

**ひょうご**【標語】(a) slogan[スローガン]; (モットー) a motto[マトウ]

**ひょうさつ**【表札】a doorplate[ドアプレイト]

**ひょうざん**【氷山】an iceberg[アイスバーグ]

**ひょうし¹**【表紙】(本の) a cover[カヴァ]

**ひょうし²**【拍子】(音楽の) time[タイム], beat[ビート]
- 4分の2拍子の曲
a piece in two-four [two-quarter] *time*
- 子どもたちは足で拍子をとった. The children tapped their feet to the *beat*.

**ひょうしき**【標識】a sign[サイン]
- 交通[道路]標識 a traffic [road] *sign*

**びょうしつ**【病室】a sickroom[スィックルーム]; (病院の) a hospital room[ハスピトゥル ルーム]

**びょうしゃ**【描写】(a) description[ディスクリプション]
━描写する describe[ディスクライブ], give a description (of ...)

**ひょうじゅん**【標準】a standard[スタンダァド]; (平均) an average[アヴ(ァ)リッヂ]
- 彼のテストの得点は標準以上[以下]である. His test score is above [below] (the) *average*.
━標準的な standard; average

標準語 the standard language, standard Japanese

**ひょうしょう**【表彰する】honor[アナァ]
- 彼は成績が優秀(しゅう)だったので表彰された.
He was *honored* for his achievements.
表彰式 an awards ceremony
表彰状 a testimonial
表彰台 the winners' platform, a podium

**ひょうじょう**【表情】a look[ルック], an expression[イクスプレッション]
- タクは心配そうな表情で私を見た. Taku looked at me with a worried *expression*.
- アミは真剣(しんけん)な表情をしていた.
Ami *looked* serious.

**びょうじょう**【病状】(a) condition[カンディション] (▶複数形では用いない)

**ひょうだい**【表題】(本・詩などの) a title[タイトゥル]

**ひょうてん**【氷点】the freezing point[フリーズィング ポイント]
- 氷点下20度です. It's twenty degrees below zero [*the freezing point*].

**びょうどう**【平等】equality[イクワラティ]
- 男女平等
*equality* between men and women
━平等な equal[イークワル]
- 私たちはみな法の前に平等である.
We are all *equal* before the law.
━平等に equally

**びょうにん**【病人】a sick person[スィック パースン]; (患者(かんじゃ)) a patient[ペイシャント]

**ひょうはく**【漂白する】bleach[ブリーチ]
漂白剤(ざい) bleach

**ひょうばん**【評判】(a) reputation[レピュテイション]; (人気) popularity[パピュララティ]
- その医師は評判がよい[悪い]. That doctor has a good [poor] *reputation*.
- 彼は友達の間で評判がよい.
He is *popular* among [with] his friends.

**ひょうほん**【標本】a specimen[スペサマン]
- 昆虫(こんちゅう)の標本 *specimens* of insects

**ひょうめん**【表面】a surface[サーフィス]
- 湖の表面 the *surface* of the lake
━表面的な superficial[スーパァフィシャル]
- 彼女の優(やさ)しさは表面的だ.
Her kindness is only *superficial*.

**ひょうりゅう**【漂流する】drift (about)[ドゥリフト]

**ひょうろん**【評論】(a) criticism[クリタスィズム], (a) review[リヴュー]
評論家 (芸術の) a critic, (経済などの) an analyst

**ひよけ**【日よけ】a sunshade[サンシェイド]; (ブラ

# ミニ絵辞典 病気 Illness

どうされましたか.
Can you tell me what's wrong?

医師 doctor
看護師 nurse

きのうから頭が痛くて せきが出るんです.
I've had a headache and a cough since yesterday.

患者(かんじゃ) patient

### 症状(しょうじょう)を説明する

熱がある
have a fever

微(び)[高]熱がある
have a slight [high] fever

寒気がする
feel a chill

吐(は)き気がする
feel sick [nauseous]

鼻水が出る
have a runny nose

せきが出る
have a cough

くしゃみが出る
have a sneezing fit

食欲がない
have no appetite

頭が痛い
have a headache

おなかが痛い
have a stomachache

のどが痛い
have a sore throat

下痢(げり)をしている
have diarrhea

| | | | |
|---|---|---|---|
| 風邪(かぜ)をひいている | have a cold | 風邪をひく | catch [get] a cold |
| 花粉症(かふんしょう)である | have hay fever | アレルギーがある | have allergies |
| 歯が痛い | have a toothache | 背中[腰]が痛い | have a backache |
| 車に酔(よ)う | get carsick | インフルエンザにかかる | catch the flu |

five hundred and seventy-three

## ひよこ

**ひよこ**(鶏のひな)**a chick**[チック]

**ひょっこり**(偶然);(不意に)**unexpectedly**[アニクスペクティドゥリィ]

**ひょっと**【ひょっとしたら,ひょっとして】**possibly**[パサブリィ], **perhaps**[パァハップス], **by any chance**[チャンス]→もしか
- ひょっとしたらケンも来るかもしれない. Ken may *possibly* come, too.
- ひょっとして佐藤さんを知っていますか. Do you *happen to* know Ms. Sato?

**ぴょんと**
—ぴょんと飛ぶ **hop**[ホップ], **leap**[リープ]
- はしごからぴょんと飛びおりた. I *hopped* down from the ladder.

**びら**(手渡しの)**a flier, a flyer**[フライア], **a leaflet**[リーフレット];(はり紙)**a poster**[ポウスタァ]
- びらをはった. I put up a *poster*.
- びらを配っているのはだれですか. Who is giving out *fliers*?

**ひらいしん**【避雷針】**a lightning rod**[ライトゥニング ラッド]

**ひらおよぎ**【平泳ぎ】**the breaststroke**[ブレストストゥロウク]
—平泳ぎをする **swim the breaststroke**

**ひらがな**【平仮名】**a Japanese *hiragana***(**syllabary character**)[ジャパニーズ][スィラベリィ キャリクタァ]

**ひらく**【開く】

| | |
|---|---|
| ❶開ける | open |
| ❷開催する | hold, have, give |
| ❸開花する | come out, open |

❶[開ける]**open**[オウパン](⇔閉じる close, shut)
- 教科書の21ページを開きなさい. *Open* your textbooks to page 21.
- きょう図書館は8時まで開いている. The library is *open* till eight today.(►このopenは形容詞)

❷[開催する]**hold**[ホウルド], **have**[ハヴ], **give**[ギヴ]
- エミの歓迎会を開いた. We *had* [*gave*] a welcome party for Emi.
- ワールドカップは4年に1度開かれる. The World Cup is *held* every four years.

❸[開花する]**come out**[アウト], **open**→さく¹
- 朝顔の花が開き始めている. The morning glories are just *opening* [*coming out*].

**ひらたい**【平たい】**flat**[フラット]→たいら

**ピラニア**〖魚〗**a piranha**[ピラーニャ]

**ひらひら**【ひらひらする】**flutter**[フラッタァ]

**ピラフ pilaf**[ピラーフ]

**ピラミッド a pyramid**[ピラミッド]

**ひらめ**〖魚〗**a flatfish**[フラットフィッシュ](複 flatfish, flatfishes), **a flounder**[フラウンダァ]

**ひらめく flash**[フラッシュ], **strike**[ストゥライク]
- 名案がひらめいた. A good idea *struck* me.

**びり the last**[ラスト], **the bottom**[バタム]
- 彼はクラスの中でびりだ. He's at *the bottom* of his class.
- マラソンでびりから2番目だった. I was second to (*the*) *last* in the marathon.

**ピリオド a period**[ピ(ァ)リアッド](►記号は,)

**ひりつ**【比率】(a) **ratio**[レイショウ](★発音注意)→わりあい❶
- うちのクラブの男女の比率は3対2だ. The *ratio* of boys to girls in our club is three to two.

**びりっ**
- コンセントをさわったらびりっときた. I got a *shock* from the outlet.

**ぴりっ**
—ぴりっとした(味)**spicy**[スパイスィ], **sharp**[シャープ]

**ひりひり**【ひりひりする】**sting**[スティング], **burn**[バーン]
- ひざのすりむいたところがひりひりする. The scratch on my knee *stings*.

**びりびり**【びりびり破る】**tear up**[テア], **rip ... into pieces**[リップ][ピースィズ]

**ぴりぴり**【ぴりぴりする】(痛みで)**tingle**[ティングル];(緊張して)**strained**[ストゥレインド], **tense**[テンス], **uptight**[アップタイト]
- みんなぴりぴりしていた. Everyone was *tense* [*uptight*].

**ビリヤード billiards**[ビリヤヅ](►単数扱い)

**ひりょう**【肥料】**fertilizer**[ファータライザァ]
- 有機肥料 an organic *fertilizer*

**ひる¹**【昼】
(正午)**noon**[ヌーン];(昼間)(**the**) **day**[デイ], (**the**) **daytime**[デイタイム];(昼食)**lunch**[ランチ]
- 昼前[昼過ぎ]に before [after] *noon*
- 昼までに宿題を済ませよう. I'm going to finish my homework by *noon*.
- 父は昼も夜も働く. My father works *day* and night.
- コアラは昼眠り,夜活動する. Koalas sleep during *the day* and become active at night.
- お昼にしましょう. Let's have *lunch* now.

ひん

▍昼休み a lunch break; (昼食時間)lunchtime
ひる²〖動物〗a leech[リーチ]
ビル a building[ビルディング]
- 高層ビル a high-rise *building* / (超(ちょう)高層ビル)a skyscraper
- 7階建てのビル a seven-story *building*
▍ビル街 a street of large office buildings
ひるごはん【昼ご飯】lunch[ランチ]→ちゅうしょく
ひるね【昼寝】a nap[ナップ]
━昼寝をする take a nap
ひるま【昼間】(the) daytime[デイタイム]
ひれ(魚の)a fin[フィン]
ヒレ(ヒレ肉)a fillet[フィリット](★発音注意)
ひれい【比例】proportion[プラポーション]
- 正[反]比例 direct [inverse] *proportion*
━比例する be in proportion (to …), be proportional (to …)
- XはYに(正)比例[反比例]する. X *is* directly [inversely] *proportional to* Y.
ひれつ【卑劣な】mean[ミーン]; (不正な)dirty[ダーティ]

## ひろい【広い】

(幅(はば)が)wide[ワイド], broad[ブロード](⇔狭(せま)い narrow); (面積が)big[ビッグ], large[ラーヂ](⇔狭い small); (広大な)vast[ヴァスト]

> **くらべてみよう！** wide, broad, big, large
> **wide**は「2点間の距離(きょり)や幅が広い」, **broad**は「面として広がりがある」という意味です. また, **big**, **large**はどちらも「面積の広さ」という意味で, **big**のほうが口語的です.

- 横幅の広い道路[川] a *wide* road [river]
- 広い庭のある家 a house with a *big* yard
- 肩幅が広いですね.
  You have *broad* shoulders.
- 彼の部屋はかなり広い.
  His room is quite *large*.
- ケイは心の広い人だ. Kei is a *broad*-minded [*big*-hearted] person.
━広く, widely, broadly
- 窓は広く開いていた.
  The window was *wide* open.
- エジソンは世界的に広く知られている. Edison is *widely* known around the world.
━広くする widen[ワイドゥン]→ひろげる
ヒロイン a heroine[ヘロウイン]

## ひろう¹【拾う】

pick up[ピック]; (見つける)find[ファインド]
- 空き缶(かん)を拾ってください.

Please *pick up* the empty cans.
- 通りで手袋(てぶくろ)を片方拾った.
  I *found* a glove on the street.
- 母はタクシーを拾った.
  My mother *got* [*caught*] a taxi [*cab*].
ひろう²【疲労】fatigue[ファティーグ], exhaustion[イグゾースチョン]→つかれ, つかれる
ひろう³【披露する】show[ショウ], present[プリゼント]→みせる
▍披露宴(えん) a wedding reception
ビロード velvet[ヴェルヴィット](▶「ビロード」はポルトガル語から)
ひろがる【広がる】spread (out)[スプレッド(アウト)]
- 私たちの目の前に草原が広がっていた.
  The grasslands *spread out* before us.

## ひろげる【広げる】

spread (out)[スプレッド(アウト)]; (幅(はば)などを)widen[ワイドゥン], extend[イクステンド], broaden[ブロードゥン]; (開く)open[オウプン]
- 彼はトランプを机の上に広げた.
  He *spread out* the cards on the desk.
- その狭(せま)い道は去年広げられた.
  The narrow road was *widened* last year.
- 外国へ行き視野を広げたい. I want to go abroad and *broaden* my horizons.
ひろさ【広さ】(面積)(an) area[エ(ア)リア]; (幅(はば))width[ウィドゥス]→はば
- その公園の広さはどれくらいですか.
  How large is that park? / What's the *area* of that park?
- この道の広さは5メートルだ.
  The *width* of this road is five meters. / This road is five meters *wide*.
ひろば【広場】(空き地)an open space [place][オウプン スペイス[プレイス]]; (人の集まる場所)a square[スクウェア], a plaza[プラーザ]
ひろま【広間】a hall[ホール]
ひろまる【広まる】spread[スプレッド]
- そのうわさはすぐに広まった.
  The rumor *spread* quickly.
- そのゲームは男の子の間で広まっている.
  The game *is popular* among boys.
ひろめる【広める】spread[スプレッド]
- だれがそのうわさを広めたの.
  Who *spread* the rumor?
- 知識を広めよう.
  Let's *broaden* our knowledge.
びわ〖植物〗a loquat[ロウクワット]
ひん【品のよい】(洗練された)refined[リファインド]; (優雅(ゆうが)な)elegant[エリガント]→じょうひん

## びん¹

**ー品のない** unrefined, vulgar[ヴァルガァ]

## びん¹【瓶】

a bottle[バトゥル]; (広口の) a jar[ジャー]

飲み物などの瓶 bottle / 広口の瓶 jar

- 牛乳[ビール]瓶 a milk [beer] *bottle*
- 空き瓶 an empty *bottle*
- マーマレードの瓶 a *jar* of marmalade

**びん²**【便】(飛行機の) a flight[フライト]
- パリ行きの便 a *flight* bound for Paris / a *flight* going to Paris
- 航空便でどのくらいかかりますか.
  How long does it take by *airmail*?
- 彼は宅配便でりんごを送ってくれた. He sent me apples by (home) *delivery service*.

**ピン** a pin[ピン]; (ヘアピン) a hairpin[ヘアピン]
- 安全ピン a safety *pin*
- **ーピンで留める** pin (up)

**びんかん**【敏感な】sensitive (to ...)[センスィティヴ]
- この植物は寒さに敏感だ.
  This plant is *sensitive to* the cold.
- 敏感肌 sensitive skin

**ピンク**【ピンク(の)】pink[ピンク]
- ピンクっぽい pinkish

**ひんけつ**【貧血】anemia[アニーミァ]
- 貧血で気を失った. I fainted from *anemia*.
- 軽い貧血を起こした. I was slightly *anemic*.

**ビンゴ**(ゲーム) bingo[ビンゴゥ]
- パーティーでビンゴをした.
  We played *bingo* at the party.

**ひんこん**【貧困】poverty[パヴァティ]

**ひんし**【品詞】『文法』a part of speech[パート][スピーチ]

**ひんしつ**【品質】(a) quality[クワラティ]
- この時計は品質がよい[悪い].
  This watch is of good [poor] *quality*.

**ひんじゃく**【貧弱な】poor[プア]

**びんしょう**【敏捷な】quick[クウィック]

**ピンセット** tweezers[トゥウィーザァズ](▶複数扱い.「ピンセット」はオランダ語から)

**びんせん**【便せん】letter paper[レタァ ペイパァ]; (1冊の) a letter pad[パッド]
- 便せん1枚 a sheet of *letter paper*(▶便せん2枚はtwo sheets of *letter paper*)

**ピンチ**(危機) a crisis[クライスィス](複 crises[クライスィーズ]), a tough situation[タフ スィチュエイション], a pinch[ピンチ]
- 彼はなんとかピンチを切り抜(&#x306c;)けた.
  He managed to get out of the *crisis* [*tough situation*].
- ピンチヒッター a pinch hitter

**びんづめ**【瓶詰めの】bottled[バトゥルド]

## ヒント

a hint[ヒント]; (手がかり) a clue[クルー]
- もう1つヒントをあげよう.
  I'll give you one more *hint*.
- "水"がそのなぞを解くヒントになった.
  "Water" was the *clue to* the mystery.

**ぴんと**(張る) stretch[ストレッチ], strain[ストレイン]; (思い当たる) click[クリック], ring a bell[リング ア ベル], sound right[サウンド ライト]
- ロープをぴんと張って.
  *Stretch* the rope tight.
- ぴんときた? Does it *ring a bell*?
- ぴんときた. Now I got it!

**ピント**(a) focus[フォウカス](▶「ピント」はオランダ語から)
- この写真はピントがずれている.
  This photo is out of *focus*.
- この写真はピントが合っている.
  This photo is in *focus*.
- **ーピントを合わせる** focus
- 私はその鳥にカメラのピントを合わせた.
  I *focused* my camera on the bird.

**ひんぱん**【頻繁に】often[オーフン], frequently[フリークワントゥリィ]→よく¹❶

**びんぼう**【貧乏】poverty[パヴァティ]
- **ー貧乏な** poor[プア](⇔金持ちの rich)
- 貧乏な家 a *poor* family
- 貧乏ゆすり:貧乏ゆすりをしないで. Please don't *jiggle* your *legs*.

**ピンポン**(卓球(&#x305f;&#x3063;&#x304d;&#x3085;&#x3046;)) ping-pong[ピングパング](▶Ping-Pongは米国の商標), table tennis[テイブル テニス]

フィールド

**ふ**【府】（行政区分）**a prefecture**[プリーフェクチャァ] → けん²
- 京都府 Kyoto *Prefecture*（►住所の場合はふつう単に Kyoto とする）
- **府の prefectural**[プリーフェクチャラル]→ふりつ
  府大会 a prefectural contest［(試合, 競技会) competition,（トーナメント）tournament］
  府立高校 a prefectural high school

**ぶ**【部】
（部分）**a part**[パート];（クラブ）**a club**[クラブ],（運動部）**a team**[ティーム]→ ぶかつ;（部署, 部門）**a department**[ディパートゥマント];（学部）**a department, a faculty**[ファカルティ];（本などの数）**a copy**[カピィ]
- 第1部 *Part One*
- レンは科学部に入った．
  Ren joined the science *club*.
- 教育学部 the *Department* of Education
- その本は100万部以上売れた．The book sold more than one million *copies*.

**ファースト**→ いちるい
**ファーストクラス first class**[ファースト クラス]
**ファーストネーム a first name**[ファースト ネイム] → なまえ ポイント！
**ファーストフード fast food**[ファスト フード]
┃ファーストフード店 a fast-food restaurant
**ファーム**（二軍）**a farm**（**team**）[ファーム (ティーム)]
**ぶあいそう**【無愛想な】**unfriendly**[アンフレンドゥリィ];（ぶっきらぼうな）**blunt**[ブラント]
**ファイター a fighter**[ファイタァ]
**ファイト**（闘志）**fight**[ファイト];（掛け声）**Go, go, go!**[ゴゥ]
┃ファイトマネー prize money
**ファイナル**（決勝戦, 最終戦）**the finals**[ファイヌルズ], **the final round**[ラウンド]
**ファイル a file**[ファイル]
━**ファイルする file**
**ファインプレー a nice play**[ナイス プレィ], **an amazing play**[アメイズィング]
**ファウル**（反則）**a foul**[ファウル];『野球』**a foul**
┃ファウルフライ 『野球』a foul fly
┃ファウルボール 『野球』a foul ball
**ファゴット** 『楽器』**a bassoon**[バスーン]
**ファスナー** 《主に米》**a zipper**[ズィッパァ], 《英》**a zip**[ズィップ], **a fastener**[ファスナァ]
- ファスナーを開けた．I undid the *zipper*.
- バッグのファスナーを閉めた．
  I *zipped* up the bag.

**ぶあつい**【分厚い】**very thick**→ あつい³ ❶
**ファックス**（電送方法）(**a**) **fax**[ファックス]
━ファックスで送る fax
**ファッション** (**a**) **fashion**[ファション]
┃ファッションショー a fashion show
┃ファッションデザイナー a fashion designer
┃ファッションモデル a fashion model
**ファミリー a family**[ファミリィ]
**ファミリーレストラン a family restaurant**[ファマリィ レスタラント], **a diner**[ダイナァ]
**ファミレス**→ ファミリーレストラン

**ふあん**【不安】
**anxiety**[アングザィアティ], **uneasiness**[アニーズィネス]
- 私は不安でいっぱいだった．
  I was full of *anxiety*.
━**不安な anxious**[アンクシャス], **uneasy**[アニーズィ], **restless**[レストゥリス], **nervous**[ナーヴァス], **worried**[ワーリィド]
- 1人で海外に行くのは不安だ．
  I feel *uneasy* about going abroad alone.
- 試験の前はいつも不安になる．
  I always get *nervous* before an exam.
- 彼は不安そうだった．He looked *worried*.

**ファン a fan**[ファン]
- サッカーの大ファンだ．
  I'm a big *fan* of soccer.
- あなたはだれ[どのチーム]のファンですか．
  Who [Which team] are you a *fan* of?
┃ファンクラブ a fan club
┃ファンレター a fan letter
**ファンタジー** (**a**) **fantasy**[ファンタスィ]
┃ファンタジー小説 a fantasy novel
**ふあんてい**【不安定な】**unstable**[アンステイブル];（天候などが）**changeable**[チェインヂャブル]
- 情緒不安定な人 an *unstable* person
**ファンデーション**（化粧用の）**foundation**[ファウンデイション]
**ファンファーレ fanfare**[ファンフェア]（★発音注意）
**ふい**【不意に】（思いがけずに）**unexpectedly**[アニクスペクティドゥリィ];（突然）**suddenly**[サドゥンリィ]

**フィート a foot**[フット]（複 **feet**[フィート]）（►長さの単位．約30.48センチメートル．ft. と略す）
**フィーリング feeling**[フィーリング]
- 彼女とはフィーリングが合わない．
  She and I don't have good *chemistry*.
**フィールド**（競技場）**a field**[フィールド]
┃フィールドアスレチック field athletics

## フィギュア

**|フィールド競技** a field event
**フィギュア**〔人形〕an action figure[アクション フィギャァ], a doll[ダール]
**フィギュアスケート**《スポーツ》figure skating[フィギャァ スケイティング]
**フィクション** fiction[フィクション](⇔ノンフィクション nonfiction)
**ブイサイン**【Vサイン】a peace [V] sign[ピース〔ヴィー〕サイン]→ピースサイン
**フィット**【フィットする】fit[フィット]
• このセーターは体にフィットする.
  This sweater *fits* me well.
**フィットネスクラブ** a gym[ヂム], a fitness club[フィットニス クラブ]
**フィナーレ** a finale[フィナーリィ]
**フィニッシュ** a finish[フィニッシュ]
→フィニッシュする finish
**フィリピン** the Philippines[フィラピーンズ]
→フィリピン(人)の Philippine
**|フィリピン人** a Filipino
**フィルター** a filter[フィルタァ]
• エアコンのフィルターを交換(炊)した.
  I replaced the *filter* on the air conditioner.
**フィルム** (a) film[フィルム]
• カラー[白黒]フィルム
  (a) color [black and white] *film*
**ぶいん**【部員】(クラブの)a club [team] member[クラブ〔ティーム〕メンバァ]
• テニス部の部員 a *member* of the tennis team / a tennis team *member*
• 今年は部員がたくさん入った. A lot of new *members* joined our club this year.
**フィンランド** Finland[フィンランド]
→フィンランド(語, 人)の Finnish[フィニッシュ]
**|フィンランド人** a Finn
**ふう**[1]【封】a seal[スィール]
→封をする seal
• その手紙の封をして[切って]ください.
  Please *seal* [open] the letter.
**ふう**[2]【風】(やり方)(a) way[ウェイ], a manner[マナァ]; (様式)a style[スタイル]; (型)a type[タイプ]
• このレバーをこんなふうに動かしなさい.
  Move this lever this *way*. / Move this lever *like* this.
• 日本風の庭園 a Japanese-*style* garden
**ブーイング** booing[ブーイング]
→ブーイングをする boo
• ステージの人たちはブーイングを浴びせられた.
  The people on the stage were *booed*.
**ふうき**【風紀】discipline[ディスィプリン]
**ふうきり**【封切り】(a) release[リリース]
**ブーケ**(花たば)a bouquet[ブケィ]
• 花嫁(湖)のブーケ a bridal *bouquet*
**ふうけい**【風景】(広い景色)scenery[スィーナリィ]; (眺(陰)め)a view[ヴュー]
• 美しい風景 beautiful *scenery*
**|風景画** a landscape
**ふうし**【風刺】a satire[サタイア]
**ふうしゃ**【風車】a windmill[ウィンドゥミル]
**ふうしゅう**【風習】→ふうぞく
**ふうしん**【風しん】Rubella[ルーベラ]
**ふうせん**【風船】a balloon[バルーン]
• 風船をふくらまそう.
  Let's blow up a *balloon*.
• 風船が割れた.
  The *balloon* burst.
**|風船ガム** bubble gum
**ふうそく**【風速】wind speed[ウィンド スピード]
• 現在の風速は30メートルだ. The *wind* is blowing at 30 meters *per second*.
**|風速計** a wind gauge
**ふうぞく**【風俗】manners[マナァズ], (a) custom[カスタム]
**|風俗習慣** manners and customs
**ブーツ** a boot[ブート](►ふつう複数形で用いる)→くつ図
• ブーツ1足 a pair of *boots*(►ブーツ2足は two pairs of *boots*)
**フード**[1]〔食べ物〕food[フード]
• ドッグ[キャット]フード dog [cat] *food*
• フードコート a *food* court
**フード**[2]〔覆(羨)い, ずきん〕a hood[フッド]
**ふうとう**【封筒】an envelope[エンヴァロウプ]
• 手紙を封筒に入れた.
  I put the letter into an *envelope*.
**プードル**(犬)a poodle[プードゥル]
• トイプードル a toy *poodle*

**ふうふ**【夫婦】a (married) couple[(マリィド) カップル], husband and wife[ハズバンド][ワイフ](►複数形は husbands and wives)
• 新婚(説)の夫婦 a newly-*married couple*
**|夫婦げんか** a fight between husband and wife / an argument between husband and wife

**ブーム**(にわか景気) a boom[ブーム]; (一時的な流行)《話》a fad[ファッド]
- サッカーブーム
  a soccer *boom*
- マイブームは料理です.
  I'm really *into* cooking now.(←料理にはまっている)(▶「マイブーム」は和製英語)
- ブームになる become a fad
  そのゲームはブームになった.
  That game *became a fad*. / That game *became popular*.

**ブーメラン** a boomerang[ブーマラング]

**ふうりょく**【風力】wind force[ウィンド フォース]; (発電用の) wind power[パウァ]
  風力発電 wind power generation
  風力発電所 a wind farm

**ふうりん**【風鈴】a wind chime[ウィンド チャイム]

**プール** a (swimming) pool[(スウィミング) プール]
- 室内プール
  an indoor *swimming pool*
- 私は毎週プールへ泳ぎに行く.
  I go to the *pool* for a swim every week.

**ふうん**【不運】(a) misfortune[ミスフォーチュン](⇔幸運 (good) fortune), bad luck[バッド ラック](⇔幸運 (good) luck)
- 不運な unfortunate[アンフォーチュニット], unlucky[アンラッキィ]
- 不運にも unfortunately, unluckily
- 不運にも彼は交通事故で大けがをした.
  *Unfortunately*, he was seriously injured in a traffic accident.

**ふえ**【笛】a whistle[(ホ)ウィスル]; (縦笛) a recorder[リコーダァ]; (横笛) a flute[フルート]
- 笛を吹(ふ)く blow a whistle, play the recorder [flute]

**フェア¹**【フェアな】fair[フェア]
- それはフェアじゃない.
  It's not *fair*.
  フェアトレード fair trade
  フェアプレー fair play: フェアプレーをしよう. Let's *play fair*.

**フェア²**(見本市) a fair[フェア]
- ブックフェア
  a book *fair*

**ふえいせい**【不衛生な】unsanitary [アンサニタリィ], dirty and unhealthy[ダーティ アンド アンヘルスィ]

**フェイント** a feint[フェイント]
- フェイントをかける feint, fake[フェイク]

**フェスティバル** a festival[フェスタヴァル]

**フェリー**(ボート) a ferry[フェリィ], a ferryboat[フェリィボウト]

**ふえる**【増える】
increase[インクリース](⇔減る decrease); (体重などが) gain[ゲイン](⇔減る lose)

increase　　　　　gain

- 部員数が増えた. The number of club members has *increased*.
- 休み中に体重がすごく増えた. I *gained* a lot of weight during the holidays.
- 知識が増えるのは楽しい.
  It's fun to learn new things.

**フェルト** felt[フェルト]
- フェルトペン a *felt*-tip pen

**フェレット**〖動物〗a ferret[フェリット]

**フェンシング** fencing[フェンスィング]
- 父は若いころフェンシングをしていた.
  My father *fenced* when he was young.

**フェンス** a fence[フェンス]

**フォアボール**〖野球〗a walk[ウォーク](▶「フォアボール」は和製英語)
- フォアボールを与(あた)える walk
- ピッチャーはバッターにフォアボールを与えた. The pitcher *walked* the batter.

**フォーク**(食事用の) a fork[フォーク]; 〖野球〗(フォークボール) a forkball[フォークボール]
- ナイフとフォーク a knife and *fork*(▶「1組のナイフとフォーク」の意味では最初にのみaをつける)
- デザートをフォークで食べた. I ate the dessert with a *fork*.

**フォークソング** a folk song[フォウク ソーング]

**フォークダンス** a folk dance[フォウク ダンス]

**フォーマル**【フォーマルな】formal[フォーマル]

**フォーム**(スポーツなどの) (a) form[フォーム]; (洗顔用の) foam[フォウム]
- 彼の打撃(だげき)[投球]フォームはきれいだ.
  His hitting [pitching] *form* is beautiful [good].

**フォトフレーム** a photo frame[フォウトウ フレイム]

**フォルダ(ー)** a folder[フォウルダァ]

**フォルテ**〖音楽〗forte[フォーティ]

**フォロー**【フォローする】follow[ファロウ]

**フォワード**〖スポーツ〗a forward[フォーワード](▶FWと略す)(⇔バック a back)

**フォント**〘コンピュータ〙〔書体〕**a font**[ファント]
**ぶか**〔部下〕**a staff member**[スタッフ メンバァ]

# ふかい¹ 〔深い〕

**deep**[ディープ]（⇔浅い **shallow**）;（濃い）**thick**[スィック], **dense**[デンス]
- 深い川[海, 井戸]
  a *deep* river [sea, well]
- 深い眠り a *deep* sleep
- 深い霧 a *thick* [*dense*] fog
- この湖はこの辺りがいちばん深い. This lake is *deepest* around here.（►ほかの湖との比較ではないのでdeepestにtheはつかない）

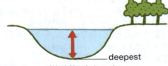
deepest

━**深く deep**,（比ゆ的に）**deeply**
- そのことは深く反省している.
  I'm *deeply* sorry for that.

**ふかい²**〔不快な〕**unpleasant**[アンプレザント]
‖不快指数 the discomfort index（►DIと略す）

**ふかさ**〔深さ〕(a) **depth**[デプス]
- プールの深さ the *depth* of the pool
━**…の深さがある … deep**
- この池の深さは5メートルだ.
  This pond is five meters *deep*.

**ふかす steam**[スティーム]
- じゃが芋をふかした.
  I *steamed* some potatoes.

# ぶかつ 【部活(動)】

**club activities**[クラブ アクティヴィティズ] →p.582〜p.583 ミニ絵辞典, 学校生活［口絵］
- 週3回, 部活がある. I have [attend] *club activities* three times a week.

> 話してみよう!
> ☺何か部活やっている?
> Are you in any *clubs*?
> ☻うん, 柔道部に入っているんだ.
> Yes. I'm on the judo *team*.（►運動部にはteamを使う）

**ぶかっこう**【不格好な】**ill-shaped**[イルシェイプト], **shapeless**[シェイプリス]

**ふかのう**【不可能な】**impossible**[インパスィブル]（⇔可能な **possible**）
- 宿題を10時までに仕上げるのは不可能だ. It's *impossible* for me to finish homework by ten.（►I am impossible to …は×）

**ふかんぜん**【不完全な】**imperfect**[インパーフィクト]（⇔完全な **perfect**）, **incomplete**[インカンプリート]（⇔完全な **complete**）

**ぶき**【武器】**a weapon**[ウェパン],（まとめて）**arms**[アームズ]

**ふきかえ**【吹き替え】（映画で）**dubbing**[ダビング]
- この映画の日本語吹替え版はありませんか.
  Do you have a Japanese *dubbed* version of this movie?
━**吹き替える dub**[ダブ]
- その声優が映画(のせりふ)を日本語に吹き替えた. The voice actor *provided the* Japanese *dubbing* for the film.

**ふきけす**【吹き消す】**blow out**[ブロウ アウト]
- ケーキのろうそくの火を吹き消した.
  I *blew out* the candles on the cake.

**ふきげん**【不機嫌で】**in a bad mood**[バッド ムード]
- 父はきのう不機嫌だった. My father was *in a bad mood* yesterday.

**ふきこむ**【吹き込む】（息を）**blow (in)**[ブロウ];（録音する）**record**[リコード]

**ふきそく**【不規則な】**irregular**[イレギュラァ]（⇔規則的な **regular**）
‖不規則動詞〘文法〙an irregular verb

**ふきだす**【吹き出す】（思わず笑い出す）**burst into laughter**[バースト イントゥ ラーフタァ], **burst out laughing**[ラーフィング]
- 私のジョークに彼らは吹き出した.
  They *burst into laughter* at my joke. / They *burst out laughing* at my joke.

**ふきつ**【不吉な】**unlucky**[アンラッキィ]
**ふきつける**【吹きつける】**spray**[スプレィ]
**ふきとばす**【吹き飛ばす】**blow away**[ブロウ アウェィ], **blow off**[オーフ]
- 看板が強風で吹き飛ばされた. The signboard was *blown away* by the strong wind.

**ふきとる**【ふき取る】**wipe (away)**[ワイプ (アウェィ)] → **ふく³**

**ぶきみ**【不気味な】**weird**[ウィアド]（★発音注意）, **creepy**[クリーピィ]

**ふきゅう**【普及する】**spread**[スプレッド], **become popular**[パピュラァ]
- 日本の漫画は世界じゅうに普及した.
  Japanese comics *became popular* all over the world.

**ふきょう**【不況】(a) **recession**[リセッション];（深刻な）**a depression**[ディプレッション]→ ふけいき
- 不況でたくさんの人が失業した.
  Many people lost their jobs because of the *recession*.

**ぶきよう**【不器用な】**clumsy**[クラムズィ], **awkward**[オークワァド]

・姉は手先が不器用だ. My sister is *clumsy* [*awkward*] with her hands.

**ふきん**[1]〖食器用〗**a dishtowel**[ディッシュタウ(ァ)ル], **a dishcloth**[ディッシュクロス];（台ふきん）**a kitchen cloth**[キッチン クロース]

**ふきん**[2]〖付近〗**neighborhood**[ネイバァフッド] → きんじょ
・この付近 *around* here

## ふく[1]〖服〗

（衣類）**clothes**[クロウズ]（★発音注意）（▶複数扱い）;（主に女性の）（**a**）**dress**[ドレス];（スーツ）**a suit**[スート];（衣類）**clothing**[クロウズィング], **wear**[ウェア], **an outfit**[アウトフィット]

・服を脱(ぬ)いでワンピースに着替(きが)えた.
I took off my *clothes* and changed into a *dress*.
・ミキは赤い服を着ていた.
Miki was wearing a red *dress*. / Miki was dressed in red.
・子ども服 children's *wear*

━服を着せる **dress**
・子どもたちは人形に服を着せた[の服を脱がせた]. The children *dressed* [*undressed*] their dolls.

┃服店, 衣料品店 **a clothing store**, **apparel**

表現メモ

### いろいろな服
ジャケット a jacket
シャツ a（dress）shirt
パンツ（a pair of）pants,《主に英》trousers
スカート a skirt / ワンピース a dress
ジーンズ（a pair of）jeans
Tシャツ a T-shirt / ブラウス a blouse
スーツ a suit / コート a coat
セーター a sweater / パーカー a hoodie
トレーナー a sweatshirt
制服 a uniform
タンクトップ a tank top
カーディガン a cardigan
オーバーオール overalls
ダウン（コート）a down coat

## ふく[2]〖吹く〗

（風が）**blow**[ブロウ];（楽器・ホイッスルなどを）**play**[プレイ], **blow**;（口笛を）**whistle**[(ホ)ウィッスル]

blow

play [blow]

play

whistle

・きょうは風が強く吹いている.
It [The wind] is *blowing* hard today.
・彼女はとてもじょうずにフルートを吹いた.
She *played* the flute very well.

**ふく**[3] **wipe**[ワイプ];（水気をふき取る）**dry**[ドゥライ];（モップで）**mop**[マップ]
・ヒロシはテーブルをふいた.
Hiroshi *wiped* the table.
・タオルで手をふいてください.
Please *dry* your hands with a towel.
・今すぐモップで床(ゆか)をふきなさい.
*Mop* the floor right now.

**ふく…**〖副…〗**vice-**[ヴァイス]
・副部長（文化系クラブの）a *vice*-president /（体育系クラブの）a *vice*-captain

┃副校長 a *vice*-principal
┃副賞 an extra prize

**ふぐ**〖魚〗**a blowfish**[ブロウフィッシュ]（複 **blowfish**, **blowfishes**）

**ふくげん**〖復元する〗**restore**[リストァ]

**ふくざつ**〖複雑な〗**complicated**[カンプラケイティド]（⇔単純な, 簡単な **simple**）
・複雑な話 a *complicated* story
・それについては複雑な心境だ.
I have *mixed* feelings about it.
━複雑にする **complicate**

**ふくさよう**〖副作用〗**a side effect**[サイド イフェクト]

**ふくさんぶつ**〖副産物〗**a by-product**[バイプラダクト]

**ふくし**[1]〖副詞〗〘文法〙**an adverb**[アドゥヴァーブ]（▶ adv. と略す）

**ふくし**[2]〖福祉〗**welfare**[ウェルフェァ]
・社会福祉 social *welfare*
┃福祉国家 a welfare state
┃福祉事業 welfare work
┃福祉施設 a welfare institution, welfare facilities

**ふくしゃ**〖複写〗→ コピー

## ふくしゅう[1]〖復習〗

（**a**）**review**[リヴュー]
━復習する **review**
・もし英語を復習しなかったら忘れてしまうだろう. If you don't *review* your English, you will forget it.

**ふくしゅう**[2]〖復しゅう〗**revenge**[リヴェンヂ]
━復しゅうする **get** [**take**] **revenge**（**on** …）

## ふくしゅう²

### ミニ絵辞典 部活動 Club Activities

何のスポーツが好き？
What sports do you like?

サッカーが好きです。
サッカー部に入っています。
I like soccer.
I'm on the soccer team.

**運動部**

野球部
baseball team

サッカー部
soccer team

バレーボール部
volleyball team

バスケットボール部
basketball team

ソフトテニス部
soft tennis team

卓球（たっきゅう）部
table tennis team

バドミントン部
badminton team

水泳部
swimming team

陸上部
track-and-field team

体操部
gymnastics team

柔道（じゅうどう）部
judo team

剣道部
kendo team

[試合に関連する表現]

| | | | |
|---|---|---|---|
| 試合に勝つ | win a game [match] | 試合で負ける | lose a game [match] |
| （相手）…に勝つ | defeat / beat ... | （相手）…に負ける | lose to ... |
| 練習試合 | a practice game [match] | 大会で優勝する | win a meet |
| 3対2で勝つ[負ける] | win [lose] by three to two | 引き分け | tie |

## ふくしゅう²

何か部活に入ってる?
Are you in any clubs?

私は料理部に入っています.
I'm in the cooking club.

**文化部**

美術部
art club

写真部
photography club

料理部
cooking club

演劇部
drama club

英語部
English club

放送部
broadcasting club

新聞部
newspaper club

吹奏(すいそう)楽部
school [brass] band

合唱部
chorus (club)

天文部
astronomy club

科学部
science club

コンピュータ部
computer club

書道部
calligraphy club

茶道部
tea ceremony club

華道(かどう)部
flower arrangement club

将棋(しょうぎ)部
shogi club

five hundred and eighty-three

## ふくじゅう

**ふくじゅう**【服従する】obey[オウベィ]

**ふくすう**【複数】『文法』the plural（number）[プル（ァ）ラル（ナンバァ）]（▶ pl. と略す）（⇔単数 the singular（number））
　■複数形『文法』the plural（form）

**ふくせい**【複製】(a) reproduction[リープラダクション], a replica[レプリカ]

**ふくそう**【服装】clothes[クロウズ]（★発音注意）, (a) dress[ドゥレス]
- 彼は服装を気にしない．
  He doesn't care about his *clothes*.
- エミは暖かい服装をしていた．
  Emi was *dressed* warmly.（▶ この dress は「…に服を着せる」の意味の動詞）

**ふくつう**【腹痛】a stomachache[スタマックエイク]
- 腹痛がする．I have a *stomachache*.

**ふくびき**【福引き】a lottery[ラッタリィ]
- 福引きが当たって割り引き券をもらった．
  I won a *lottery* and got a coupon.

**ふくぶくろ**【福袋】a lucky bag[ラッキィ バッグ]

# ふくむ【含む】

（成分として）contain[カンテイン]；（数の中に）include[インクルード]
- この果物はビタミンCをたくさん含んでいる．
  This fruit *contains* a lot of vitamin C.
  ━…を含めて including …
- 先生を含めて25人がバスに乗りこんだ．
  Twenty-five people, *including* the teacher, got on the bus.

**ふくめん**【覆面】a mask[マスク]

**ふくらはぎ** a calf[カーフ]（複 calves[カーヴズ]）→ あし 図

**ふくらます**【膨らます】blow up[ブロウ]
- この風船を膨らましてくれない？
  Will you *blow up* this balloon?

**ふくらむ**【膨らむ】swell[スウェル]
- 餅を焼いたら膨らんだ．The rice cake *swelled*（*up*）as it was cooked.
- その知らせを聞いて胸がふくらんだ．
  The news *filled* me *with* hope.

**ふくれる**【膨れる】（不機嫌になる）be sullen[sulky][サラン［サルキィ］]
- そんなにふくれないで．Don't *be so sullen*.

**ふくろ**【袋】a bag[バッグ]
- 紙［ビニール］袋 a paper［plastic］*bag*
- ポップコーンを1袋全部食べちゃった．
  I ate a whole *bag* of popcorn.

**ふくろう**〘鳥〙an owl[アウル]（★発音注意）

**ふくわじゅつ**【腹話術】ventriloquism[ヴェントゥリラクウィズム]

**ふけ**（頭皮の）dandruff[ダンドゥラフ]

**ふけいき**【不景気】(経済の不況)hard［bad］times[ハード［バッド］タイムズ], a slump[スランプ]→ ふきょう

**ふけいざい**【不経済な】uneconomical[アニカナミカル]（⇔経済的な economical）

**ふけつ**【不潔な】dirty[ダーティ], unclean[アンクリーン]（⇔清潔な clean）

**ふける**[1]【老ける】age[エイヂ], grow old
- 祖父はずいぶん老けた．
  My grandfather has *aged* a lot.
- 父は年より老けて見える．
  My father looks *old* for his age.

**ふける**[2]【更ける】get［become］late[レイト]
- 夜もだいぶ更けてきた．
  It's *getting* very *late*.

**ふける**[3]（夢中になる）be absorbed（in …）[アブソーブド]→ むちゅう

**ふけんこう**【不健康な】unhealthy[アンヘルスィ]

**ふこう**【不幸】unhappiness[アンハッピィニス]
  ━不幸な unhappy（⇔幸福な happy）；(不運な) unfortunate[アンフォーチュニット]
- 不幸な子ども時代 an *unhappy* childhood
  ━不幸にも unfortunately
- 不幸にも彼女はその事故でけがをしてしまった．*Unfortunately*, she was injured in the accident.

**ふごう**【符号】a sign[サイン], a mark[マーク]

**ふごうかく**【不合格】failure[フェイリャァ]（⇔合格 passing）
  ━不合格になる fail（⇔合格する pass）
- 彼はその試験で2回不合格になった．
  He *failed* the examination twice.

**ふこうへい**【不公平な】unfair[アンフェア]（⇔公平な fair）；（えこひいきする）partial[パーシャル]
- 不公平な扱い *unfair* treatment
  ━不公平に unfairly; partially

**ふごうり**【不合理な】unreasonable[アンリーズナブル], irrational[イラショヌル]

**ふさ**【房】（花・果実の）a bunch[バンチ]；（髪・糸などの）a tuft[タフト]；（房飾り）a tassel[タッサル]
- 1房のぶどう a *bunch* of grapes

**ブザー** a buzzer[バザァ](★発音注意)
**ふさい**【夫妻】husband and wife[ハズバンド][ワイフ]➡ふうふ
・金田夫妻 *Mr. and Mrs.* Kaneda
**ふざい**【不在】absence[アブセンス]
━不在の absent
━不在である be not at home[ホウム], be away[アウェィ]
・母は不在です. My mother *is not at home*.
▌不在者投票 absentee voting
**ふさがる**（閉じる）close（up）[クロウズ], be closed[クロウズド]；（場所が使用中である）be occupied[アキュパイド]
・傷口がふさがった.
The cut has *closed up*. / The cut has *healed*.
・男性用トイレはふさがっていた.
The men's room *was occupied*.
**ふさく**【不作】a bad［poor］crop[バッド［プァ］クラップ]
・今年はりんごが不作だった.
We had a *bad crop* of apples this year.
**ふさぐ**（閉ざす）stop[スタップ], close[クロウズ]；（覆(おお)う）cover[カヴァ]；（遮(さえぎ)る）block[ブラック]
・車の騒音(そうおん)が聞こえないように耳をふさいだ.
I *closed*［*covered*］my ears to block out the car noises.
・彼らはバリケードで道路をふさいだ.
They *blocked* the road with a barricade.
**ふざける**（冗談(じょうだん)を言う）joke[ヂョウク]；（ばかなことをする）fool around[フール アラウンド], （人をばかにする）make fun of ...[ファン]
・彼はちょっとふざけていただけだよ.
He was only *joking*.
・ふざけるのはやめなさい.
Stop *fooling around*!
**ふさふさ**【ふさふさした】（髪(かみ)などが）thick[スィック]；（しっぽの毛などが）bushy[ブッシィ]
・ふさふさしたしっぽ a *bushy* tail
**ふさわしい** right[ライト], suitable[スータブル], appropriate[アプロウプリアット]
・君はチームのキャプテンにふさわしい人物だ.
You are the *right* person to become the team captain.
・彼の服装はその場にふさわしくなかった.
His clothes were not *suitable*［*appropriate*］for the occasion.
**ふさんせい**【不賛成】disapproval[ディスアプルーヴァル], disagreement[ディスアグリーマント]➡はんたい
**ふし**【節】（メロディー）a tune[トゥーン], a melody[メラディ]

ふじゅん¹

**ふじ**【植物】（a）wisteria[ウィスティ（ア）リア]
**ぶし**【武士】a samurai[サムライ], a warrior[ウォーリァ]

## **ぶじ**【無事】
（安全）safety[セイフティ]
・行方(ゆくえ)不明だった子どもは無事見つかった.
The missing child was found *safe*.
・彼は階段から落ちたが無事だった. He fell down the stairs, but he was *all right*.
━無事な safe, well, all right
━無事に safely, safe and sound[サウンド]
・兄が無事にロンドンに着いたのでほっとした.
I was relieved that my brother arrived in London *safely*.
・私たちは無事に家に帰った.
We got home *safe and sound*.
**ふしかてい**【父子家庭】single-parent household[スィングル ペアラント ハウスホウルド]

## **ふしぎ**【不思議】
a wonder[ワンダァ]；（不可解なこと）a mystery[ミスタリィ]
・世界の七不思議
the Seven *Wonders* of the World
・ヨウジがここにいないなんて不思議だ.
It's *strange* that Yoji is not here.
━不思議な（変な）strange[ストゥレインヂ]；mysterious[ミスティ（ア）リアス]
・不思議な経験 a *strange* experience
━不思議なことに strangely（enough）
━不思議に思う wonder
・なぜそんなことが起こったのか不思議に思う.
I *wonder* why something like that happened.
**ふじさん**【富士山】Mt. Fuji[マウント]
**ふしぜん**【不自然な】unnatural[アンナチャラル]（⇔自然な natural）
**ぶしつ**【部室】a club room[クラブ ルーム]
**ふじゆう**【不自由】（不便）(an) inconvenience[インカンヴィーニアンス]
・電気のない生活はとても不自由だ. It's very *inconvenient* to live without electricity.
━不自由な inconvenient；（体が）physically disabled［challenged］[フィズィカリィ ディセイブルド［チャリンヂド］]
**ふじゅうぶん**【不十分な】not enough[イナフ], insufficient[インサフィシャント]
・自転車を買うにはお金が不十分だった. I did*n't* have *enough* money to buy a bicycle.
**ふじゅん¹**【不順な】（気候が）unseasonable[アンスィーズナブル], （変わりやすい）changeable[チェ

# ふじゅん²

インチャブル], (不定期の)**irregular**[イレギュラァ]
- 生理不順 *irregular* periods

**ふじゅん²**【不純な】**impure**[インピュア]
- 不純な動機 a *wrong* reason

**ふしょう**【負傷】(事故による)**an injury**[インチャリィ]; (武器などによる)**a wound**[ウーンド]→ けが
- 負傷者(1人) **an injured person, a wounded person**, (まとめて)**the injured [wounded]**

**ぶじょく**【侮辱】**an insult**[インサルト]
- **侮辱する insult**[インサルト](★名詞とのアクセント位置の違いに注意)
- 彼は私を友達の前で侮辱した.
 He *insulted* me in front of my friends.

**ふしん**【不審な】**doubtful**[ダウトフル], **suspicious**[サスピシャス]→ あやしい

**ふじん¹**【夫人】**a wife**[ワイフ](複 wives[ワイヴズ]); (敬称)**Mrs.**, 《主に⑱》**Mrs**[ミスィズ](複 Mmes. [メイダーム])→ …さん ポイント!
- 田中夫人 *Mrs.* Tanaka

**ふじん²**【婦人】**a woman**[ウマン](複 women[ウィミン]), **a lady**[レイディ](▶ woman よりていねいな語)(⇔紳士 a gentleman)
- 婦人用の **women's, ladies'**
- 婦人服 **women's [ladies'] wear**

**ふしんせつ**【不親切な】**unkind**[アンカインド](⇔親切な kind)

**ふすま a fusuma**
- ふすまは厚紙, 木, あるいは布でできた日本の引き戸です.
 A *fusuma* is a Japanese sliding door made of thick paper, wood, or cloth.

**ふせい**【不正】(an) **injustice**[インチャスティス], (a) **wrong**[ローング]
- 彼は不正をはたらいた.
 He did something *wrong*.
- 彼は試験で不正をした(カンニングをした).
 He *cheated* on the exam.
- **不正な unjust**[アンチャスト], **wrong, dishonest**[ディスアニスト]; (法律に反する)**illegal**[イリーガル]

**ふせいかく**【不正確な】**incorrect**[インコレクト](⇔正確な correct), **inaccurate**[イナキュラット](⇔正確な accurate)

**ふせいこう**【不成功】**a failure**[フェイリャァ]→ しっぱい

**ふせぐ**【防ぐ】(予防する)**prevent**[プリヴェント], **keep out**[キープ アウト]; (保護する)**protect**[プラテクト]
- 伝染病が広がるのを防がねばならない.
 We must *prevent* the spread of infectious diseases.
- 寒さを防ぐために厚手のコートを着た. I put on a thick coat to *keep out* the cold.

**ふせる**【伏せる】(表を下にする)**turn ... face down**[フェイス]; (上を下にする)**turn ... upside down**[アップサイド]; (目を)**look down**[ルック]; (身を)**lie down**[ライ]
- 試験問題を伏せてください.
 Please *turn* your exams *face down*.

**ふせん**【付箋】**a sticky note**[スティッキィ ノウト], 《商標》**a Post-it**[ポウストイット]
- **付箋を貼る attach a sticky note**[アタッチ]

**ふせんしょう**【不戦勝する】**win by default**[ウィン][ディフォールト]

**ぶそう**【武装】**an armament**[アーマメント]
- **武装する arm**[アーム]

**ふそく**【不足】(a) **lack**[ラック], (a) **shortage**[ショーティッヂ]; (不十分)**insufficiency**[インサフィシャンスィ]
- 睡眠不足で気分が悪くなった.
 I got sick from *lack* of sleep.
- **不足する lack, run short (of ...), be short (of ...)**(▶ともに人が主語)
- 人手が不足している. We *are short of* hands. / We're *running short of* hands.

**ふぞく**【付属する】**be attached**(to ...)[アタッチト]
- この中学はB大学の付属だ. This junior high school *is attached to* B university.
- B大学付属中・高等学校 B University Junior and Senior High School
- 付属品 **accessories, an attachment**

**ふた**(箱・器などの)**a lid**[リッド]; (瓶などの)**a cap**[キャップ]; (覆い)**a cover**[カヴァ]
- 缶のふたを開けてくれませんか.
 Would you take the *lid* off the can?
- 瓶のふたを戻してください.
 Please put the *cap* back on the bottle.

**ふだ**【札】(カード)**a card**[カード]; (張り札)**a label**[レイバル](★発音注意); (下げ札)**a tag**[タッグ]
- 値札 a price *tag*
- 荷物には名札を付けたほうがいいよ.
 You should put a name *tag* on *your* baggage.

**ぶた**【豚】**a pig**[ピッグ]; (食肉用の)**a hog**[ハッグ]

豚小屋 **a pigpen**
豚肉 **pork**

**ぶたい**【舞台】**a stage**[ステイヂ]；（劇・小説などの）**a scene**[スィーン]
- ハムレットが舞台に登場した．
  Hamlet came [appeared] on the *stage*.
  舞台装置 **a stage set**
  舞台美術 **stage design**

<慣用表現>

清水の舞台から飛び下りる：清水の舞台から飛び下りるような気持ちで留学することに決めた．I decided to *take the plunge* and study abroad.（←思いきって決めた）

**ふたえ**【二重の】**double**[ダブル]
二重まぶた **a double eyelid**；彼は二重まぶたです．He has *double eyelids*.

**ふたご**【双子】**twins**[トゥウィンズ]；（その一方）**a twin**
- 彼らは双子だ．They are *twins*.
- **双子の twin**
- 双子の兄弟 *twin* brothers
- 双子の妹がいます．I have a *twin* sister.（►自分と妹が双子）/ I have *twin* sisters.（►妹2人が双子）

**ふたござ**【双子座】**Gemini**[チェミニィ]；（人）**a Gemini**
- 私は双子座です．I am a *Gemini*.

**ふたたび**【再び】**again**[アゲン] ➡ **また¹❶**

# ふたつ【二つ】

（2個）**two**[トゥー]；（両方）**both**[ボウス]
- この町には中学校が2つある．There are *two* junior high schools in this town.
- りんごを2つに切りなさい．
  Cut the apple in *two*.
- 2つもください．Give me *both* of them.
- 2つもいらない．
  I don't want *either* of them. / I want *neither* of them.（►全体否定）

**ふたまた**【二股】
- 二股に分かれた道 a *forked* road
- 彼は二股をかけている．
  He is dating two girls at once.

# ふたり【二人】

**two**[トゥー], **two people** [**persons**][ピープル [パースンズ]]；（両人）**both**[ボウス]
- 2人1組で問題を解いた．We solved the problems in groups of *two*.
- 部屋には2人しか残っていなかった．There were only *two people* left in the room.

- 私たちは2人ともテニス部だ．
  *Both* of us belong to the tennis team.
- 二人乗り：自転車の二人乗りは危険だ．It's dangerous for *two people* to *ride on the same* bicycle *at once*.

**ふたん**【負担】（重荷）**a burden**[バードゥン]
- 両親に負担をかけたくない．I don't want to be a *burden* on my parents.

**ふだん** **usually**[ユージュアリィ]；（いつも）**always**[オールウェイズ]
- 日曜日はふだん何をしていますか．
  What do you *usually* do on Sundays?
- **ふだんの usual**；（毎日の）**everyday**[エヴリィディ]
- **ふだんより（も） than usual**
- けさはふだんより早く起きた．
  I got up earlier *than usual* this morning.
  ふだん着 **everyday clothes** [**wear**]

**ふち**【縁】（へり）**an edge**[エッヂ]；（コップや帽子（ぼう）などの）**a brim**[ブリム]；（眼鏡などの）**a frame**[フレイム]；（円形のものの）**a rim**[リム]
- 彼女はコップの縁まで水を入れた．She filled the glass to the *brim* with water.

- **縁なしの edgeless; rimless; brimless**
- 縁なしの眼鏡 *rimless* glasses

**ぶち spots**[スパッツ]; **patches**[パッチズ]
- ぶち猫 a *spotted* cat, a *tabby* cat

**ぶちこわす**【ぶち壊す】➡ **こわす❶**

**プチプチ bubble wrap**[バブル ラップ]，（►プチプチも bubble wrap も商標．正式には気泡（きほう）緩衝（かんしょう）材）, **bubble wrap packing**[バブル ラップ パッキング]

**ふちゅうい**【不注意】**carelessness**[ケアリスニス]
- **不注意な careless**（⇔注意深い **careful, attentive**）
- 不注意なミスをしないように気をつけたい．
  I want to take care not to make *careless* mistakes.

**ふちょう**【不調である】**be in bad condition**[バッド カンディション]；（選手・チームなどが）**be in a slump**[スランプ]
- 試合のときぼくは絶不調だった．I *was in* an extremely *bad condition* in the game.

**ぶちょう**【部長】（体育系クラブの）**a captain**[キャ

## ぶつ

プテン］；（文化系クラブの）**a president**[プレズィダント]；（会社などの）**a manager**[マニヂャァ], **a head**[ヘッド]
- サッカー部の部長
  a *captain* of the soccer team

**ぶつ**（たたく, 殴（なぐ）る）**hit**[ヒット]；（平手で）**slap**[スラップ]→ うつ¹ くらべて!
- 彼女が先に私をぶった. She *hit* me first.

## ふつう¹【ふつうの】

**usual**[ユージュアル]；（ありふれた）**common**[カマン], **ordinary**[オーディナリィ]；（平均的な）**average**[アヴ（ァ）リッヂ]
- ふつうの風邪（かぜ） a *common* cold
- ふつうの人 an *ordinary* person
- 私の身長はふつう[ふつう以上／ふつう以下]だ.
  I'm *average* [above *average* / below *average*] in height.

━ふつう(は) **usually** → いつも, ふだん
━ふつうでない **unusual**[アニュージュアル], **not normal**[ノーマル]

| 普通科 a general course
| 普通名詞【文法】a common noun
| 普通郵便《主に米》**ordinary mail**, 《主に英》**ordinary post**
| 普通列車 a local train

**ふつう²**【不通になる】**be suspended**[サスペンディド]
- 大雪のため新幹線が不通になった.
  The *Shinkansen* Line *was suspended* because of heavy snow.

**ふつか**【二日】(the) **second**[セカンド]
- 2日目 *the second day*
- 2日間 for *two days*

**ぶっか**【物価】**prices**[プライスィズ]
- 東京は物価が高いと言われている.
  It is said that *prices* are high in Tokyo.

**ふっかつ**【復活】**a revival**[リヴァイヴァル]
━復活する **revive**
| 復活祭（キリスト教の）**Easter**

## ぶつかる

❶ 接触（せっしょく）する
　　　（当たる）**hit**;
　　　（衝突（しょうとつ）する）**run into ...**
❷ 障害などに遭（あ）う
　　　**meet with ...**
❸ かち合う　（日時が）**fall on ...**;
　　　（対戦する）**compete with ...**

❶[接触する]（当たる）**hit**[ヒット]；（衝突する）**run into ...**[ラン]
- ボールが顔面にぶつかった.
  A ball *hit* me in the face.
- 交差点でオートバイと車がぶつかった.
  A motorcycle and a car *ran into* each other at the intersection.

❷[障害などに遭う]**meet with ...**[ミート]
- 私たちは人生で多くの困難にぶつかる.
  We *meet with* many difficulties in life.

❸[かち合う]（日時が）**fall on ...**[フォール]→ あたる❼；（対戦する）**compete with ...**[カンピート]
- 2回戦で西中とぶつかった.
  We *competed with* [*against*] Nishi Junior High School in the second game.

**ふっき**【復帰】(a) **return**[リターン], **a comeback**[カムバック]
━復帰する **return, come back, make a comeback**
- ミキは次の試合で復帰する. Miki will *make a comeback* in the next game.

**ふっきゅう**【復旧】**restoration**[レストレイション]
━復旧する **be restored**[リストード]
- 地震から3日後, 電力が復旧した.
  Three days after the earthquake, electricity *was restored*.

**ぶっきょう**【仏教】**Buddhism**[ブーディズム]
| 仏教徒 a **Buddhist**

**ぶっきらぼう**【ぶっきらぼうな】**blunt**[ブラント]
━ぶっきらぼうに **bluntly**

**ふっきる**【吹っ切る】**get over ...**
- きのうの試合のことは吹っ切るべきだよ.
  You need to *get over* yesterday's game.

**ふっきん**【腹筋】**abdominal muscles**[アブダミナル マスルズ]；（腹筋運動）**a sit-up**[スィットアップ]
- 腹筋を何回できる？
  How many *sit-ups* can you do?

**フック** a **hook**[フック]
- フックに上着をかけた.
  I hung my jacket on the *hook*.

**ブック** a **book**[ブック]
| ブックカバー a (**book**) **jacket**
| ブックマーク『コンピュータ』**a bookmark**（▶よく見るサイトを登録する機能）

**ふっくら**【ふっくらした】**full**[フル], **plump**[プランプ]
- ふっくらしたほっぺた *full* [*plump*] cheeks

**ぶつける**（強く打ち当てる）**hit**[ヒット]；（物を投げつける）**throw (against)**[スロゥ (アゲンスト)]；（頭などを）**knock**[ナック]
- 彼女はいすにひざをぶつけた.
  She *hit* her knee *against* the chair.
- 彼は壁（かべ）にボールをぶつけた.
  He *threw* a ball *against* the wall.

**ふっこう**【復興】(再建)reconstruction[リーカンストゥラクション], recovery[リカヴァリィ]
- 災害からの復興 recovery from the disaster
—**復興する** reconstruct; (復元する)restore[リストァ] → ふっきゅう

**ぶっしつ**【物質】(精神・心と区別して)matter[マタァ]; (特定の性質を備えた)a substance[サブスタンス]
- 化学物質 a chemical substance
—**物質的な** material[マティ(ァ)リアル](⇔精神的な spiritual)

**プッシュ**【プッシュする】push[プッシュ]

**ぶつぞう**【仏像】an image of Buddha[イミッヂ ブーダ], a Buddha statue[スタチュー]

**ぶったい**【物体】an object[アブヂクト]
- 未確認飛行物体 an unidentified flying object (▶UFOと略す)

**ぶつだん**【仏壇】a family Buddhist altar[ファマリィ ブーディスト オールタァ]

**ふっとう**【沸騰する】boil[ボイル]
- やかんの湯が沸騰している. The kettle is boiling.

**ぶっとおし**【ぶっ通しで】without a break[ブレイク]
- 彼は3時間ぶっ通しで練習した. He practiced for three hours without a break.

**フットサル**〘球技〙futsal[フットゥサル], indoor soccer[インドァ サッカァ]

**フットボール**〘球技〙football[フットボール](▶⓶ではAmerican football, ⓫ではsoccerをさす); (ボール)a football

**フットワーク** footwork[フットワーク]

**ぶつぶつ**(つぶやくように言う)murmur[マーマァ]; (不平を言う)mutter[マタァ], complain[カンプレイン]

**ぶつり**【物理(学)】physics[フィズィックス](▶単数扱い)
| 物理学者 a physicist

**ふで**【筆】(毛筆)a writing brush[ライティング ブラッシュ]; (絵画用)a paintbrush[ペイントブラッシュ], a brush[ブラッシュ]
| 筆立て a pen stand
| 筆箱 a pencil box; (筆入れ)a pencil case

**ふていかんし**【不定冠詞】〘文法〙an indefinite article[インデフ(ァ)ニット アーティクル](▶a, anのこと)

**ふていき**【不定期の】irregular[イレギュラァ], occasional[アケイジョナル]

**ふていし**【不定詞】〘文法〙an infinitive[インフィニティヴ](▶to+〈動詞の原形〉のこと)

**ブティック** a boutique[ブーティーク](▶フランス語から)

**プディング**(a) pudding[プディング]

**ふてきとう**【不適当な】not good[グッド], unsuitable[アンスータブル], improper[インプラパァ]

**ふてくされる** sulk[サルク]
- ケンは試合に負けてふてくされていた. Ken was sulking because he lost the game.

**ふと**(突然)suddenly[サドゥンリィ]; (偶然)by chance[チャンス]
- 彼女はふと立ち止まった. She suddenly stopped.
- 私はふとしたことからタクと知り合いになった. I got to know Taku by chance [coincidence].

## ふとい【太い】

| ❶物の周囲や幅が | thick, big |
| ❷声が低くて大きい | deep |

❶[物の周囲や幅が]thick[スィック](⇔細い thin), big[ビッグ]
- 太いロープ a thick rope
- 太い線を引く draw a thick line
- 太い腕 a thick [big] arm

❷[声が低くて大きい]deep[ディープ](⇔細い small)
- 彼は太い声をしている. He has a deep voice.

**ぶどう**¹【植物】(1粒)a grape[グレイプ](▶ふつう複数形で用いる); (木, つる)a grapevine[グレイプヴァイン], a vine[ヴァイン]
- ぶどう1房 a bunch of grapes
| ぶどう園 a vineyard
| ぶどう狩り grape picking
| ぶどう酒 wine

**ぶどう**²【武道】martial arts[マーシャル アーツ]
| 武道館 a martial arts hall

**ふとうこう**【不登校】school refusal [avoidance] [スクール リフューザル[アヴォイダンス]]
- 小学生のとき私は不登校気味だった. I often refused to go to school when I was in elementary school.

**ふとくい**【不得意な】(能力の劣った)weak[ウィーク]; (へたな)bad [not good] (at ...)[バッド[グッド]](⇔得意な good)
- 君の不得意科目は何ですか. What is your weak subject?
- 私は料理が不得意だ. I'm not good at cooking.

**ふところ**【懐】(胸の)the bosom[ブザム], (お金)a purse[パース]

**ふとさ**【太さ】(直径)**thickness**[スィックニス]
━…の太さがある ... **thick**
- その丸太は太さが50センチある．
 The log is 50 centimeters *thick*.

**ふともも**【太もも】**a thigh**[サィ]

## ふとる【太る】
**get**[**grow**]**fat**[ファット]；(体重が増える)**gain**[**put on**]**weight**[ゲイン][ウェイト](⇔やせる lose weight)
- 最近彼は太ってきた．
 He is *gaining weight* these days.
- 食べ過ぎで太った．
 I *put on weight* because I ate too much.
- 私は1か月で2キロ太った．
 I've *gained* two kilograms in a month.

━太った **fat**(⇔やせた **thin**)；(太りすぎの)**overweight**[オウヴァウェイト](▶fatはしばしば軽べつ的な意味合いを含(ふく)む)
- 私の父は太っている．
 My father is *overweight*.
- その赤ちゃんは丸々と太っていた．
 The baby was *chubby*.

## ふとん【布団】
**Japanese futon**[チャパニーズ フータン]；(掛(か)け布団)⊛ **a comforter**[カンファタァ], **a quilt**[クウィルト]；(敷(し)き布団)**a mattress**[マットゥリス]；(寝具(ぐ)類)**bedding**[ベッディング]→住生活[口絵]
- 布団を敷いた．
 I spread[laid out] the *Japanese futon* set.
- 布団を畳(たた)んだ．
 I folded up the *Japanese futon* set.

**ふな**【魚】**a crucian**(**carp**)[クルーシャン(カープ)]
**ふなびん**【船便】**sea mail**[スィー メイル]
**ふなよい**【船酔い】**seasickness**[スィースィックニス]
━船酔いする **get seasick**
**ぶなん**【無難な】**safe**[セイフ]
- 無難な話題 a *safe* topic

## ふね【船】
**a ship**[シップ], **a boat**[ボウト](▶shipは大型の船をさす．boatは小型の船をさすことが多いが，《話》ではしばしばshipと同じ意味で用いる)→ボート
- 私たちは船に乗った．
 We got on board the *ship*.
- 私たちは船から降りた．
 We got off the *ship*.
- 船に乗って
 aboard a *ship* / on board a *boat*
- 船で宮崎へ行った．
 I went to Miyazaki by *ship*.(▶手段を表すbyの後ではaやtheをつけない)/I took a *ship* to Miyazaki.

**ふねんぶつ**【不燃物】**incombustibles**[インカンビュスタブルズ]
**ふはい**【腐敗】**decay**[ディケィ]；(堕落(らく))**corruption**[カラプション]
━腐敗する **decay: corrupt**→くさる❶
**ふひつよう**【不必要な】→ふよう
**ふひょう**【不評の】**unpopular**[アンポピュラァ]
- 新しいお菓子(し)は甘(あま)すぎて不評だ．
 The new snack is *unpopular* because it's too sweet.
- 私の演技は不評だった．
 My performance did*n't go over well*.

**ふびょうどう**【不平等】**inequality**[イニクワラティ]
━不平等な **unequal**[アニークワル]；(不公平な)**unfair**[アンフェア]
**ぶひん**【部品】**a part**[パート]
**ふぶき**【吹雪】**a snowstorm**[スノウストーム]；(猛(もう)吹雪)**a blizzard**[ブリザァド]
**ぶぶん**【部分】(**a**) **part**[パート](⇔全体 the whole)
- この教科書は5つの部分で構成されている．
 This textbook is made up of five *parts*.
━部分的な **partial**[パーシャル]
━部分的に **partially**
**ふへい**【不平】**a complaint**[カンプレイント]
━不平を言う **complain**(**about ..., of ...**)
- 彼は小遣(づか)いのことで不平を言っていた．He was *complaining about* his allowance.
**ふべん**【不便な】**inconvenient**[インカンヴィーニャント](⇔便利な **convenient**)
- そこは電車で行くには不便だ．
 It's *inconvenient* to go there by train.
**ふぼ**【父母】**one's parents**[ペ(ア)ランツ], **one's father and mother**[ファーザァ][マザァ]
**ふほう**【不法な】**illegal**[イリーガル], **unlawful**[アンローフル]

┃不法投棄(き) **illegal dumping**
**ふまじめ**【不まじめな】(真剣(けん)でない)**not serious**[スィ(ァ)リアス]
**ふまん**【不満】**dissatisfaction**[ディスサティスファクション]；(不平)**a complaint**[カンプレイント]
━不満である **be not satisfied**(**with ...**)
- テストの結果に不満だ．
 I'm *not satisfied with* the test results.
**ふみきり**【踏切】**a**(**railroad**)**crossing**[(レイルロウド)クロースィング]
- 踏切をわたった．
 I crossed[went over] a *railroad crossing*.

# プライベート

「踏切／止まれ」の標識(米国)

**ふみだい**【踏み台】**a stool**[ストゥール]

**ふみんしょう**【不眠症】**a sleeping problem**[スリーピング プラブレム], **insomnia**[インサムニア]
- 彼は不眠症だ. He has a *sleeping problem*.

**ふむ**【踏む】**step on** …[ステップ]
- 君はぼくの足を踏んでいるよ.
  You're *stepping on* my foot.
- 画びょうを踏んでしまった.
  I *stepped on* a pushpin.

**ふめい**【不明な】(はっきりしない)**not clear**[クリア], **unclear**[アンクリア];(未確認(%)の)**unknown**[アンノウン]
- うちの猫(ஐ)はいまだ不明だ. The whereabouts of our cat is still *unknown*.

**ふめいよ**【不名誉】**dishonor**[ディスアナァ], **disgrace**[ディスグレイス]
  ━不名誉な **dishonorable, disgraceful**

**ふめつ**【不滅の】**immortal**[イモートゥル]

**ふめん**【譜面】**music**[ミューズィック], **a score**[スコァ]
  ‖譜面台 **a music stand**

**ふもと the foot**[フット], **the base**[ベイス]
- 阿蘇山のふもとに at *the foot* of Mt. Aso

**ふやかす soak**[ソウク]
- ゼラチンを水でふやかした.
  I *soaked* gelatin in water.

**ふやす**【増やす】**increase**[インクリース]
- 英語の語いを増やしたい. I want to *increase* my English vocabulary.
- 友達を増やしたい.
  I want to *make more* friends.

## ふゆ【冬】

(a) **winter**[ウィンタァ] → はる¹
- 暖かい[寒い]冬 a mild [cold] *winter*
- 今年の冬は雪がとても多かった.
  We had a lot of snow this *winter*.
- スキーとスケートは冬のスポーツだ.
  Skiing and skating are *winter* sports.
  ‖冬服 **winter clothes**

**ふゆかい**【不愉快な】**unpleasant**[アンプレザント](⇔愉快な **pleasant**)
- 不愉快な一日 an *unpleasant* day

**ふゆやすみ**【冬休み】(the) **winter vacation**[ウィンタァ ヴァケイション]

**ぶよ**〖虫〗**a gnat**[ナット]

**ふよう**【不用な, 不要な】(不必要な)**unnecessary**[アンネサセリィ](⇔必要な **necessary**);(役に立たない)**useless**[ユースリス]
- 不要なものは捨てよう. Let's throw away *unnecessary* things. / Let's throw away what we do*n't need* any more.
  ‖不用品 **unnecessary item**

**ぶよう**【舞踊】**a dance**[ダンス];(踊ること)**dancing**[ダンスィング]
- 日本舞踊 a Japanese *dance*

**ぶようじん**【不用心な】(危険な)**not safe**[セイフ], **unsafe**[アンセイフ];(不注意な)**careless**[ケァリス]

**ふようど**【腐葉土】**leaf mold**[リーフ モウルド]

**ブラ a bra**[ブラー]

**フライ¹**〖料理〗**deep-fried [fried] food**[ディープ フライド[フライド]フード]
- えびフライ a *deep-fried* prawn
  ━フライにする **deep-fry, fry** → あげる²
  ‖フライ返し **a spatula**

**フライ²**〖野球〗**a fly**[フライ], **a fly ball**[ボール]
  ━フライを打つ **hit a fly (ball), fly**

**フライト a flight**[フライト]
  ‖フライトアテンダント **a flight attendant**

**プライド pride**[プライド] → じそんしん, ほこり²
  ━プライドが高い **be proud**[プラウド]

**フライドチキン fried chicken**

**フライドポテト** ⓶**French fries**[フレンチ フライズ], ⓑ**chips**[チプス](►「フライドポテト」は和製英語)

fried chicken and French fries

**プライバシー privacy**[プライヴァスィ]
- あなたのプライバシーは守ります.
  I guard [protect] your *privacy*.
- 私のプライバシーを侵害(㐂)しないでください.
  Don't disturb [intrude on] my *privacy*, please.

**フライパン a frying pan**[フライイング パン]

**プライベート**【プライベートな】(私的な)**private**[プライヴィット]

**フライング** 〖スポーツ〗a false start[フォールス スタート]
- 1人の走者がフライングをした．
 A runner made a *false start*.

**ブラインド** a blind[ブラインド], ⊛a（window）shade[（ウィンドウ）シェイド]
- ブラインドを上げて［下げて］ください．Please raise [lower, pull down] the *blind(s)*.

**ブラウザ** a browser[ブラウザァ]
**ブラウス** a blouse[ブラウス]
**プラカード** a placard[プラカード]
**プラグ** a plug[プラグ]
- プラグを抜(ぬ)いて．Please pull the *plug*.

**ぶらさがる**【ぶら下がる】hang（down）[ハング]
- 少年は鉄棒にぶら下がった．
 The boy *hung* from a horizontal bar.

**ぶらさげる**【ぶら下げる】hang[ハング]
- タオルをフックにぶら下げた．
 I *hung* the towel on a hook.

**ブラシ** a brush[ブラッシュ]
- 歯ブラシ a tooth*brush*
 ━ブラシをかける
- ズボン［髪(かみ)］にブラシをかけた．
 I *brushed* my pants [hair].

**ブラジャー** a bra[ブラー]
**ブラジル** Brazil[ブラズィル]
 ━ブラジル（人）の Brazilian[ブラズィリャン]
 ‖ブラジル人 a Brazilian

**プラス** a plus[プラス]（▶記号は＋）（⇔マイナス a minus）
- 1プラス1は2だ．
 One *plus* one is [equals, makes] two.
- これは彼の将来にとってプラスになるだろう．
 This will have a *positive* influence on his future．（←よい影響(えいきょう)を与(あた)える）
 ━プラスの plus, positive[パズィティヴ]

**フラスコ** a flask[フラスク]
**プラスチック** plastic[プラスティック]
 ━プラスチック（製）の plastic
- これらのおもちゃは全部プラスチック製だ．
 These toys are all made of *plastic*.
 ‖プラスチックごみ plastic garbage

**ブラスバンド** 〖音楽〗a brass band[ブラス バンド]
 ‖ブラスバンド部 a brass band

**フラ（ダンス）** hula[フーラ], a hula dance[ダンス], hula dancing

**プラチナ** platinum[プラタナム]

**ぶらつく** stroll[ストゥロウル]；（散歩する）take a walk[ウォーク] → ぶらぶら ❶

**ブラック**【ブラック（の）】black[ブラック]
- （コーヒーは）ブラックでお願いします．
 Make it *black*, please. / I'd like my coffee *black*, please.
 ‖ブラックバス 〖魚〗a black bass
 ‖ブラックホール a black hole
 ‖ブラックユーモア black humor
 ‖ブラックリスト a blacklist

**フラッシュ**（a）flash[フラッシュ], a flashlight[フラッシュライト]
- カメラマンはフラッシュをたいた．
 The photographer used（a）*flash*.
 ‖フラッシュカード a flash card

**ブラッシング** brushing[ブラッシング]

**ふらっと**
- いとこがふらっと訪ねてきた．
 My cousin *dropped in* on us.

**フラット** 〖音楽〗a flat[フラット]（▶記号は♭）（⇔シャープ a sharp）
 ━フラットで 〖スポーツ〗（きっかり）flat
- 彼は100メートルを10秒フラットで走った．
 He ran a hundred meters in 10 seconds *flat*.

**プラットホーム** a platform[プラットフォーム]
**プラネタリウム** a planetarium[プラネタ(ァ)リアム]（★アクセント位置に注意）

**ふらふら**【ふらふらする】（目まいがする）feel dizzy[フィールディズィ]
- お腹がすいてふらふらになった．
 I *became dizzy* with hunger.

## ぶらぶら【ぶらぶらする】

❶あてもなく歩く
 stroll, wander;
 （散歩する）take a walk
❷無駄(むだ)に過ごす
 spend time idly, waste time
❸ぶら下がっている物が揺(ゆ)れ動く
 swing, sway

❶［あてもなく歩く］stroll[ストゥロウル], wander[ワンダァ]；（散歩する）take a walk[ウォーク]
- 彼女は浜辺(はまべ)をぶらぶら歩いた．
 She *strolled* along the beach.

❷［無駄に過ごす］spend time idly[スペンド タイム アイドゥリィ], waste time[ウェイスト タイム]
- 何もせずぶらぶら過ごした．
 I *spent time idly* doing nothing.

❸［ぶら下がっている物が揺れ動く］swing[スウィング], sway[スウェイ]
- その男の子は机の下で足をぶらぶらさせていた．The boy was *swinging* his legs under the desk.

**フラミンゴ** 〖鳥〗a flamingo[フラミンゴウ]
**プラム** 〖植物〗a plum[プラム]

**プラモデル** a plastic model[プラスティック マドゥル]
**ふられる**¹【降られる】→ふる¹
**ふられる**²【振られる】→ふる²❸
**プラン** a plan[プラン]→けいかく
　━プランを立てる plan, make a plan
**ブランク**(途切れ)a break[ブレイク], a gap[ギャプ];(空欄)a blank[ブランク]
- 3か月のブランクは彼には長く感じられた. The three-month *break* felt too long to him.

**プランクトン**〖生物〗plankton[プランクタン]
**フランクフルトソーセージ** a frankfurter[フランクファータァ]
**ぶらんこ** a swing[スウィング]
- 子どもたちはぶらんこで遊んでいた. The children were playing on the *swings*.

**フランス** France[フランス]
　━フランス(語,人)の French[フレンチ]
　| フランス語 French
　| フランス人(男性の)a Frenchman,(女性の)a Frenchwoman,(全体)the French
　| フランスパン French bread→パン 図
　| フランス料理 French food;(調理法)French cuisine

**プランター** a planter[プランタァ]
**ブランチ** brunch[ブランチ]
- この前の日曜日はブランチを食べた. We had *brunch* last Sunday.

**ブランデー** brandy[ブランディ]
**ブランド** a brand[ブランド]
- 有名ブランドのバッグ a *brand*-name bag

**ふり**¹【不利】(a) disadvantage[ディサドゥヴァンティッヂ](⇔有利(an) advantage)
- 彼らは不利な立場にあった. They were at a *disadvantage*.

**ふり**²【ふりをする】pretend[プリテンド]
- 病気のふりをするのはやめなさい. Stop *pretending* to be sick.

**ぶり**〖魚〗a yellowtail[イェロウテイル]

**…ぶり**

| ❶時間の経過 | (…の間で初めて)for the first time in …;(…の後)after …;(…以来)since … |
|---|---|
| ❷様子 | a way of … |

❶〔時間の経過〕(…の間で初めて)**for the first time in …**[ファースト タイム];(…の後)**after …**[アフタァ];(…以来)**since …**[スィンス]
- 彼は5年ぶりに日本に帰ってきた. He came back to Japan *for the first time in* five years.
- 私は2年ぶりにアユミに会った. I saw Ayumi *after* two years.

❷〔様子〕**a way of …**[ウェイ]
- 彼の話しぶりが気に入らない. I don't like his *way of* talking. / I don't like *the way* he talks.

**フリー**【フリーの】

free[フリー];(自由契約の)freelance[フリーランス]
| フリーのカメラマン
| a *freelance* photographer
| フリーキック〖サッカー〗a free kick
| フリーサイズ one size fits all(►「フリーサイズ」は和製英語):フリーサイズのTシャツa *one-size-fits-all* T-shirt
| フリースクール a free school
| フリースタイル(水泳,スキーなどの)freestyle
| フリースロー〖スポーツ〗a free throw
| フリーダイヤル a toll-free number(►「フリーダイヤル」は和製英語)
| フリーパス an unlimited pass
| フリーバッティング〖野球〗(a) batting practice

**フリーザー** a freezer[フリーザァ]
**フリージア**〖植物〗a freesia[フリージァ]
**フリース**(衣服)(a) fleece[フリース]
**フリーズ**【フリーズする】freeze[フリーズ]
**フリーター** a job-hopping part-time worker[ヂャブハッピング パートタイム ワーカァ]
**ブリーダー** a breeder[ブリーダァ]
- 犬のブリーダー a dog *breeder*

**ブリーフ** briefs[ブリーフス](►女性用もさす);(男性用)underpants[アンダァパンツ]
**フリーマーケット** a flea market[フリー マーキット](►この場合 free は×)
**ふりかえきゅうじつ**【振替休日】a substitute holiday[サブスタトゥート ハラデイ]
**ふりかえる**【振り返る】turn around[ターン アラウンド], look back[ルック バック]
- 彼は振り返って私に手を振った. He *turned around* and waved at me.
- 自分の過去を振り返ってごらん. *Look back* on your past. / *Reflect* on your past.

**ふりかける**【振りかける】sprinkle[スプリンクル], put on[プット]
- 魚に塩をふりかけた. I *sprinkled* salt on the fish.

**ブリキ** tin[ティン], tinplate[ティンプレイト](►「ブリキ」はオランダ語から)
- ブリキ缶 a *tin* can

**プリクラ**〖商標〗(機械)an automatic photo booth[オータマティック フォウトゥ ブース];(シール)

**photo-sticker**[フォウトウスティッカァ]
- 友達といっしょにプリクラを撮(と)った. I took some *photo-stickers* with my friend.
▮プリクラ手帳 a photo sticker album

**ふりこ**【振り子】a **pendulum**[ペンヂュラム]
**フリスビー**〚商標〛(a) **Frisbee**[フリズビィ]
**プリズム** a **prism**[プリズム]
**ふりそで**【振り袖】a **long-sleeved kimono**[ロングスリーヴド カモゥノゥ]
**ふりつ**【府立の】**prefectural**[プリフェクチャラル]
▮府立高校 a prefectural high school
**ふりつけ**【振り付け】**choreography**[コーリアグラフィ], **dance moves**[ダンス ムーヴズ]
━振り付ける **choreograph**[コーリアグラフ]
▮振り付け師 a choreographer
**ぶりっこ**【ぶりっ子】→…ぶる
**ブリッジ**(橋)a **bridge**[ブリッヂ];(トランプの)**bridge**
**プリペイドカード** a **prepaid card**[プリーペイド カード]
**フリマ** a **flea market**[フリー マーキット]→フリーマーケット
**ふりまわす**【振り回す】→ふる²❶
**ふりむく**【振り向く】**turn around**[ターン アラウンド], **look back**[ルック バック]→ふりかえる
**ふりょう**【不良の】**bad**[バッド];(行動が)**delinquent**[ディリンクワント]→ひこう²
▮不良少年[少女] a juvenile delinquent
▮不良品 a defective product
**フリル** a **frill**[フリル]
- フリルのついたワンピース
  a dress with *frills* / a *frilly* dress
**プリン**(a) **pudding**[プディング]
**プリンス** a **prince**[プリンス]
**プリンセス** a **princess**[プリンスィス]
**プリンター** a **printer**[プリンタァ]→コンピュータ図

# プリント
(配布物)a **handout**[ハンドアウト];(プリント模様)a **print**[プリント]
━プリントする **print**
**プリントアウト**【プリントアウトする】**print out**[プリント アウト]

## ふる¹【降る】
(雨が)**rain**[レイン];(雪が)**snow**[スノゥ](▶いずれも it を主語とする);(落ちてくる)**fall**[フォール]
- 一日中雨[雪]が降っていた.
  It was *raining* [*snowing*] all day.
- 雪がちらちら降ってきた.
  The snow began to *fall* in flakes.
- 登校途中(ちゅう)で雨に降られた. I *was caught in a shower* on my way to school.
- この地方は雨がたくさん降る.
  We *have* a lot of *rain* in this region.

## ふる²【振る】
❶揺(ゆ)り動かす
　(前後左右に)**shake, swing**;
　(手・ハンカチを)**wave**;
　(尾(お)・頭を)**wag**
❷振りかける
　**sprinkle, put on**
❸交際相手を
　(交際していて)**dump, drop**;
　(交際を申しこんで)**turn … down**

❶〔揺り動かす〕(前後左右に)**shake**[シェイク], **swing**[スウィング];(手・ハンカチを)**wave**[ウェイヴ];(尾・頭を)**wag**[ワッグ]

shake　　swing

wave　　wag

- 彼は首を横に振った. He *shook* his head.(▶不許可・不賛成を表す)
- 彼は高めの速球を振った.
  He *swung* at a high fastball.
- 子どもたちが私たちに手を振っている.
  The children are *waving to* us.
- 犬はうれしそうにしっぽを振った.
  The dog *wagged* its tail happily.
❷〔振りかける〕**sprinkle**[スプリンクル], **put on**
- ステーキにこしょうを振った.
  I *sprinkled* some pepper on the steak.
❸〔交際相手を〕(交際していて)**dump**[ダンプ], **drop**[ドゥラップ];(交際を申しこんで)**turn … down**[ターン]
- ケイにふられた.(つき合っていてふられた)Kei *dumped* me. /(告白してふられた)Kei *turned* me *down*.

**フル full**[フル]
- 想像力をフルに生かした.
  I made *full* use of my imagination.
- サッカーの試合にフル出場した.
  I played for the *entire* soccer game.

**…ぶる**(ふりをする)**pretend**[プリテンド]

- 彼女はかわい子ぶっている.
  She is *pretending* to be cute.

## ふるい【古い】
**old**[オウルド]（⇔新しい new）；（時代遅(おく)れの）**old-fashioned**[オウルドファッションド], **out-of-date**[アウトアヴデイト]；（中古の）**used**[ユーズド]
- この柱時計はとても古い.
  This wall clock is very *old*.
- そんな古い考えはだれも聞かないよ. Nobody will listen to such *old-fashioned* ideas.

**ブルー**【ブルー（の）】**blue**[ブルー]
┃ブルージーンズ（blue）jeans

**ブルース blues**[ブルーズ]

**フルーツ**（a）**fruit**[フルート]➡ くだもの
┃フルーツケーキ（a）fruitcake
┃フルーツサンド a fruit sandwich

**フルート**【楽器】**a flute**[フルート]
- 彼は上手にフルートを吹(ふ)く.
  He plays the *flute* well.
┃フルート奏者 a flute player, a flutist

**ブルーベリー a blueberry**[ブルーベリィ]

**ふるえる**【震える】**shake**[シェイク]；（恐怖(きょうふ)・寒さなどで）**tremble**[トゥレンブル], **shiver**[シヴァ]
- 彼女の声は怒りで震えていた.
  Her voice was *shaking* with anger.
- その子犬は寒くて震えていた. The puppy was *trembling* because it was cold.

**ふるぎ**【古着】**used**［**second-hand, thrifted, vintage**］**clothing**［**clothes**］[ユーズド［セカンドハンド, スリフティド, ヴィンティッヂ］クロウズィング［クロウズ］]

┃古着店 a second-hand clothes store
┃古着ファッション thrifty look

**ふるさと**（*one*'s）**home**[ホウム], *one*'s **hometown**[ホウムタウン]➡ こきょう

**フルスピード**【フルスピードで】**at full**［**top**］**speed**[フル［タップ］スピード]

**フルセット**〖スポーツ〗**a full set**[フル]

**ブルドーザー a bulldozer**[ブルドウザァ]

**ブルドッグ**【犬】**a bulldog**[ブルドーグ]

**フルバック**〖スポーツ〗**a fullback**[フルバック]

**ぶるぶる**（震(ふる)える）**shake**[シェイク], **shiver**[シヴァ]➡ ふるえる

**ぷるぷる**
- このゼリーはぷるぷるしている.
  The jelly is *jiggling*［*jiggly*］.
- 赤ちゃんの肌(はだ)はぷるぷるだ.
  A baby's skin is *very soft*.

**ブルペン**〖野球〗**a bullpen**[ブルペン]

**ふるほん**【古本】**a secondhand book**[セカンドハンド ブック], **a used book**[ユーズド]
┃古本屋（店）a secondhand［used］bookstore

**ふるまい**【振る舞い】**behavior**[ビヘイヴィァ]
━ふるまう **behave**
- 子どもたちは客の前で行儀(ぎょうぎ)よくふるまった. The children *behaved* themselves in front of the guests.（▶このbehaveには「行儀よく」の意味も含まれる）

**ふれあい**【触れ合い】（a）**contact**[カンタクト], **rapport**[ラポァ]
━触れ合う **come in contact**（**with** ...）, **have a good rapport**（**with** ...）
- 自然と触れ合う機会があった. We had（a）chance to *come in contact with* nature.

**ぶれい**【無礼】➡ しつれい

**フレー**（掛(か)け声）**Hooray!**[フレイ], **Hurrah!**[ハラー]

**プレー**（a）**play**[プレイ]
- ファインプレー a nice［fine］*play*
━プレーする **play**
┃プレーオフ a play-off
┃プレーボール Play ball!（▶号令）

**ブレーカー**（電流遮断(しゃだん)装置）**a**（**circuit**）**breaker**[（サーキット）ブレイカァ]

## ブレーキ
**a brake**[ブレイク]（▶しばしば複数形で用いる）
━ブレーキをかける **brake**, **put on the brakes**
- 彼は坂道でブレーキをかけた. He *braked*［*put on the brakes*］on the downhill.

**ブレーク**【ブレークする】**make a**（**big**）**hit**[（ビッグ）ヒット], **be a big hit**
- その俳優は最新作の映画でブレークした.
  That actor *was a big hit* in her［his］last movie.

**フレーズ a phrase**[フレイズ]
- 前に聞いたことがあるようなフレーズだ.
  I think I've heard that *phrase* before.

**プレート a plate**[プレイト]
- ナンバープレート
  license *plate* / ⓘnumber *plate*

**フレーバー a flavor**[フレイヴァ]

## フレーム

- 何フレーバーのアイスクリームが好きですか. What *flavors* of ice cream do you like?

**フレーム** a frame[フレイム]
- 眼鏡のフレーム eyeglass *frames*

**プレーヤー**(競技者, 演奏者) a player[プレイァ]
- ＤＶＤプレーヤー a DVD *player*

**プレーン**【プレーン(な)】plain[プレイン]
- プレーンヨーグルト *plain* yogurt

**ブレザー** a blazer[ブレイザァ]

**ブレスレット** a bracelet[ブレイスリット]

**プレゼン(テーション)** a presentation[プレザンテイション]
- 文化祭についてプレゼンした. I gave a *presentation* about the cultural festival.

## プレゼント

a present[プレザント], a gift[ギフト]
- 誕生日のプレゼント a birthday *present*

話してみよう！

☺君へのプレゼントだよ.
Here is a *present* for you. / This is for you.
😊ありがとう. 開けてもいい？
Thank you. May I open it?

- クリスマスに友達とプレゼント交換をした. On Christmas Day, I exchanged *gifts* with my friends.

**━プレゼントする give ... (as a present)**
- 母にネックレスをプレゼントした. I *gave* my mother a necklace (*as a present*).

**プレッシャー** pressure(s)[プレッシァ(ズ)]
- 彼はプレッシャーを感じているに違いない. He must feel [be under] *pressure*.
- 試験が終わってプレッシャーから解放された. The exam is over and I was released from the *pressure*.

**フレッシュ**【フレッシュな】fresh[フレッシュ]

**プレハブ**【プレハブの】prefabricated[プリーファブリケイティド], prefab[プリーファブ]
- プレハブの家[建物] a *prefabricated* house[building]

**プレミア(ム)** premium[プリーミアム]
- プレミア付きの商品 a *premium* product

**ふれる**【触れる】touch[タッチ]
- 絵に触れないでください. Please don't *touch* the paintings. / Please keep your hands off the paintings.
- 多くの人に日本の文化に触れてほしい. I want many people to *experience* Japanese culture.

**ぶれる**(写真が)be blurred[ブラード]; (軸が) go off course[コース]

**フレンチ** French[フレンチ]
- フレンチトースト *French* toast
- フレンチドレッシング *French* dressing
- フレンチブル(ドッグ) a *French* bulldog
- フレンチネイル a *French* manicure

**ブレンドコーヒー** blended coffee[ブレンディドコーフィ]

**フレンドリー**【フレンドリーな】friendly[フレンドリィ]
- その集まりはとてもフレンドリーな雰囲気だった. The gathering had a very *friendly* atmosphere.

## ふろ

a bath[バス] ➡住生活【口絵】

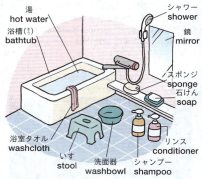

- 私は毎日ふろに入る. I take [have] a *bath* every day.
- 父はいつも長ぶろだ. My father always takes long *baths*.
- 彼はふろからあがった. He got out of the *bath*.
- おふろがわきましたよ. The *bath* is ready.

**ふろ場 a bathroom** (▶英語では, ふつうトイレも備わっているものをさす)

**ふろ屋**(公衆浴場) **a public bath**

**プロ** a professional[プラフェッショヌル], 《話》a pro[プロゥ](⇔アマチュア an amateur)
- プロの professional, pro
- プロのテニス選手になりたい. I want to be a *professional* tennis player.
- プロテスト a professional qualification test
- プロ野球 professional baseball

**フロア** a floor[フロア]
- フロアスタンド a *floor* lamp

**フローズン** frozen[フロウズン]
- フローズンドリンク a *frozen* drink
- フローズンヨーグルト *frozen* yogurt

すいかのフローズンドリンク

**ブローチ** a brooch[ブロウチ]
**フローリング** a wooden floor[ウドゥン フロァ]
- ぼくの部屋はフローリングだ. My room has a *wooden floor*.

**ブロガー** a blogger[ブラガァ]
**ふろく**【付録】(おまけ)something extra[サムスィング エクストゥラ], a free-gift[フリーギフト]; (追加記事)a supplement[サプラマント]; (巻末の)an appendix[アペンディクス]

**ブログ** a blog[ブラグ]
- ブログを立ち上げた. I started a *blog*.

**プログラマー** a programmer[プロウグラマァ]
**プログラミング** programming[プロウグラミング]
**プログラム** (催し物などの)a program[プロウグラム]; 〘コンピュータ〙a program

**プロジェクト** a project[プラヂェクト]
- プロジェクトチーム a *project* team

**ふろしき** a furoshiki
- ふろしきは物を包んだり持ち運んだりするために日本人が使うスカーフのような布です. A *furoshiki* is a scarf-like cloth used by Japanese for wrapping or carrying things.

**プロセス** (a) process[プラセス]
- 私は解決までのプロセスを大事にしたい. I want to place importance on the *process* until it's resolved.

**プロダクション** an agency[エイヂャンスィ], a production[プラダクション]

- 芸能プロダクション a talent *agency*

**ブロック** a block[ブラック]
- ブロックする block
- スパムメッセージをブロックした. I *blocked* a spam message.
- ブロック体 a block letter

**ブロッコリー** 〘植物〙broccoli[ブラッカリィ]
**プロテクター** 〘スポーツ〙a protector[プラテクタァ]
**プロテスタント** (信者)a Protestant[プラタスタント]; (教派)Protestantism[プラタスタンティズム]
**プロデューサー** a producer[プラドゥーサァ]
**プロバイダー**(インターネット接続業者)a provider[プラヴァイダァ]
**プロパンガス** propane (gas)[プロウペイン(ギャス)](★発音注意)
**プロフィール** a profile[プロウファイル](★発音注意)
**プロフェッショナル→** プロ
**プロペラ** a propeller[プラペラァ]
- プロペラ機 a propeller plane

**プロポーズ** a proposal[プラポウザル]
- プロポーズする propose (to ...)

**プロモーションビデオ** a promo[プロウモゥ]
**プロレス** professional wrestling[プラフェッショヌル レスリング]
- プロレスラー a professional wrestler

**フロン(ガス)** 〘商標〙freon gas[フリアン ガス]; chlorofluorocarbon[クローロウフル(ァ)ロウカーバン](►CFCと略す)

**ブロンズ** bronze[ブランズ]
**フロント** (ホテルの)the front [reception] desk[フラント [リセプション] デスク]
**ブロンド** (男性)a blond[ブランド](►女性にa blondeを用いるのは侮蔑的なので避ける)
- ブロンドの blond, blonde(►ふつう男性にはblondを, 女性にはblondeを使うが, ⦿ではともにblondを使う傾向がある)

**フロントガラス** ⦿a windshield[ウィンドシールド], ⦿a windscreen[ウィンドスクリーン](►「フロントガラス」は和製英語)→くるま図

**ふわふわ** (やわらかい)soft[ソーフト], fluffy[フラッフィ]
- ふわふわのタオルが好きだ. I like *fluffy* towels.

**ふん**¹【分】
(時間の)a minute[ミニット](►m, m., min.と略す)
- 数分間待った. I waited for several *minutes*.

話してみよう!
😊 何時？
What time is it?
😀 10時2分前だよ.
It's two *minutes* to ten.

### ふん²

- 家から学校までは歩いて10分だ．
  It takes ten *minutes* to walk from my house to school. / It's a ten-*minute* walk from my house to school.
- コンサートは5分後に始まる．
  The concert will start in five *minutes*.
- 映画が始まる3分前に映画館に着いた．
  I arrived at the movie theater three *minutes* before the movie started.
- 昨晩，友達と30分以上チャットした．
  Last night, I chatted with my friend for more than thirty *minutes*.
- 8時15分に学校が始まる．
  School begins at eight fifteen.

**ふん²**（鳥などの）**droppings**[ドゥラッピングズ]；（牛や馬などの）**dung**[ダング]
- 奈良(なら)公園には鹿のふんがたくさん落ちている．There are a lot of deer *droppings* in Nara Park.

**ぶん¹**【文】a **sentence**[センタンス]；（作文）a **composition**[カンパズィション]→ぶんしょう

**ぶん²**【分】（割り当て）**one's share**（**of** ...）[シェア]；（部分）a **part**[パート]
- 彼は自分の分の仕事をした．
  He did *his share of* the work.
- 1人分のパン one *serving* of bread
- パイを4等分した．I divided the pie into four (*parts*).
- 1000円分のお菓子(かし)を買っていいよ．
  You may buy one thousand yen's *worth* of sweets.
- 5分の1 a [one] *fifth*

**ふんいき**【雰囲気】an **atmosphere**[アトゥモスフィア]，an **air**[エア]
- 明るい雰囲気
  a cheerful *atmosphere*

**ふんか**【噴火】（an）**eruption**[イラプション]
- 富士山の噴火が心配だ．
  I worry about the *eruption* of Mt. Fuji.
- —噴火する **erupt**
| 噴火口 a **crater**

米国・デスバレー国立公園の火山の噴火口

**ぶんか**【文化】(a) **culture**[カルチャア]
- 日本の文化 Japanese *culture*
- 文化の日 *Culture* Day
- —文化の，文化的な **cultural**[カルチャラル]
| 文化祭 a **cultural festival**；（学校祭）a **school festival**
| 文化部 a **cultural club**→学校生活[口絵]

**ぶんかい**【分解する】**take ... apart**[アパート]
- 故障した時計を分解した．
  I took the broken clock *apart*.

**ぶんがく**【文学】**literature**[リタラチャア]
- アメリカ文学 American *literature*
- —文学の **literary**[リタレリィ]
| 文学作品 a **literary work**
| 文学者 a **literary person**, a **person of letters**

**ぶんかざい**【文化財】a **cultural asset**[カルチャラル アセット]

**ぶんかつ**【分割】**division**[ディヴィジョン]
- —分割する **divide**[ディヴァイド]，**split**[スプリット]

**ぶんげい**【文芸】**art and literature**[アート][リタラチャア]；（文学）**literature**
| 文芸部 **literature club**

**ぶんこ**【文庫】a **library**[ライブレリィ]
- 学級文庫 a class *library*

**ぶんこう**【分校】a **branch school**[ブランチ スクール]

**ぶんこぼん**【文庫本】a **paperback**（**edition**）[ペイパァバック（エディション）]，a **pocketbook**[パキットブック]

**ぶんし**【分子】〖物理・化学〗a **molecule**[マラキュール]；〖数学〗a **numerator**[ヌーマレイタァ]（⇔分母 a **denominator**）

**ふんしつ**【紛失する】**lose**[ルーズ]（▶人が主語），**be missing**[ミッスィング]（▶物が主語）
- パスポートを紛失した．
  I *lost* my passport.
- かばんが紛失した．My bag *is missing*.
| 紛失物 a **lost [missing] article**

**ぶんしゅう**【文集】（作文集）a **collection of compositions**[カレクション][カンパズィションズ]
- 卒業文集 graduation *writings*

**ぶんしょ**【文書】a **document**[ダキュマント]

**ぶんしょう**【文章】（文）a **sentence**[センタンス]；（作文）a **composition**[カンパズィション]；（書き物）**writing**[ライティング]
- 英語でいくつか文章を書いた．
  I wrote a couple of *sentences* in English.
- 文章を書くのが好きです．I like *writing*.
- 彼は文章がうまい[へただ]．
  He *is a good [poor] writer*. / He *writes well [badly]*.

**ふんすい**【噴水】a **fountain**[ファウンタン]

**ぶんすう**【分数】〖数学〗**a fraction**[フラクション]

> **ここがポイント!** 分数の読み方
>
> 分数を読むときは分子(基数), 分母(序数)の順に読みます.
> - 2分の1(½)　　one half, a half (▶one secondは×)
> - 3分の1(⅓)　　one third, a third
> - 4分の1(¼)　　one [a] quarter, one [a] fourth
>
> 分子が2以上の場合, 分母は複数形になります.
> - 3分の2(⅔)　　two thirds
>
> また, 帯分数は整数部分と分数部分をandでつなぎます.
> - 2と5分の3(2 ⅗)　two and three fifths

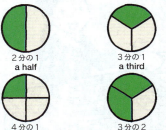

2分の1　a half　　3分の1　a third
4分の1　a fourth　3分の2　two thirds

**ぶんせき**【分析】(an) **analysis**[アナラシィス] (複 **analyses**[アナラシィーズ])
　━**分析する analyze**[アナライズ]
**ふんそう**【紛争】**a dispute**[ディスピュート], **conflict**[カンフリクト]
**ぶんたん**【分担】(仕事などの)**one's share (of …)**[シェア]
・ごみ出しは私の分担です.
　Taking out the garbage is *my share of* the work.
　━**分担する share**
・旅行の費用は分担しよう.
　Let's *share* the traveling expenses.
・その漫画(ホネル)はストーリーと絵を2人の人が分担している.
　That comic's story and illustrations are *made by* two *different people*.
**ぶんちょう**【文鳥】〖鳥〗**a Java sparrow**[チャーヴァ スパロウ]
**ぶんちん**【文鎮】**a paperweight**[ペイパァウェイト]
**ぶんつう**【文通】**correspondence**[コーラスパンダンス]
　━**文通する correspond (with …), exchange letters (with …)**[イクスチェインヂ レタァズ]
**ふんとう**【奮闘する】**struggle**[ストゥラグル], **make a great effort**[グレイト エファト]
**ぶんぱい**【分配する】**distribute**[ディストゥリビュート], **divide**[ディヴァイド], **share**[シェア]
**ふんばる**【踏ん張る】(持ちこたえる)**hold on**[ホウルド] → がんばる
**ぶんぷ**【分布】**distribution**[ディストゥリビューション]
　━**分布する be distributed**[ディストゥリビューティド]
**ぶんぶん**(羽音を立てる)**buzz (around, about)**[バズ (アラウンド, アバウト)](▶英語では動詞で表すことが多い)
・はちがぶんぶん飛び回っている.
　Bees are *buzzing around* [*about*].

**ぶんぷん**
・マリはぷんぷん怒(ホ)っている.
　Mari is *very* angry.
・台所はカレーのにおいがぷんぷんしていた.
　There was a *strong* smell of curry in the kitchen.
**ぶんべつ**【分別の】**separate**[セパラット]
・ごみの分別収集
　*separate* collection of garbage
　━**分別する separate**[セパレイト]
・私たちの市ではごみは分別しなくてはならない. We must *separate* the garbage in our city.

**ぶんぼ**【分母】〖数学〗**a denominator**[ディナマネイタァ](⇔分子 a numerator)
**ぶんぽう**【文法】**grammar**[グラマァ]
・英文法 English *grammar*
　━**文法(上)の grammatical**[グラマティカル]
・この文にはいくつか文法の間違(ホポ)いがある.
　This sentence has some *grammatical* mistakes.

# ぶんぼうぐ【文房具】
(全体)**stationery**[ステイショネリィ]
→p.600 ミニ絵辞典
　文房具店 a stationery store
　文房具屋さん(人)a stationer
**ふんまつ**【粉末】**powder**[パウダァ]
**ぶんめい**【文明】(a) **civilization**[スィヴィリゼイション]
・古代エジプト文明
　ancient Egyptian *civilization*

## ぶんや

**ぶんや**【分野】a field [フィールド]
**ぶんらく**【文楽】Bunraku; a Bunraku puppet show [パピット ショウ]
**ぶんり**【分離】separation [セパレイション]
　━分離する separate [セパレイト]
**ぶんりょう**【分量】(a) quantity [クワンタティ], an amount [アマウント]
**ぶんるい**【分類する】classify [クラサファイ]
**ぶんれつ**【分裂する】split (into ...) [スプリット]
**ふんわり**【ふんわりした】fluffy [フラッフィ], soft [ソフト], airy [エアリィ]
・ケーキは軽くてふんわりしていた．
The cake was light and *fluffy*.
　━ふんわりと softly [ソフトリィ]

文明国 a civilized country
文明社会 a civilized society

## ミニ絵辞典　文房具 Stationery

定規を忘れちゃった．貸してくれる？
I forgot my ruler. Would you lend me yours?

はい，どうぞ．
Sure, here you go.

①筆箱 pencil case
②鉛筆(えんぴつ)けずり pencil sharpener
③シャープペンシル mechanical pencil
④ボールペン ballpoint (pen)
⑤蛍(けい)光ペン highlighter
⑥ホチキスの針 staple(s)
⑦ホチキス stapler
⑧消しゴム eraser
⑨鉛筆 pencil

①のり glue
②はさみ scissors
③カッター (box) cutter
④修正テープ correction tape
⑤クリップ paper clip
⑥ふせん sticky note
⑦セロハンテープ tape

①コンパス compass
②定規 ruler
③分度器 protractor
④三角定規 triangle

①クリアファイル plastic folder
②ノート notebook
③(リング)バインダー (ring) binder
④ルーズリーフ loose-leaf notebook
⑤下じき pencil board

教科書 textbook
辞書 dictionary

へいきん

## …へ

| ❶ 方向 | (到達点・方向) to …; (…のほうへ) toward …; (行き先) for … |
| --- | --- |
| ❷ …の中へ | in …, into … |
| ❸ …の上へ | on …, onto … |
| ❹ 対象 | for …, to … |

❶ [方向] (到達点・方向) **to** …[トゥー]; (…のほうへ) **toward** …[トード]; (行き先) **for** …[フォア]
- 「どこへ行くの」「新宿へ行く途中だよ」
"Where are you going?" "I'm on my way *to* Shinjuku."
- その男の人は私のほうへ歩いてきた．
The man walked *toward* me.
- 私たちはシドニーへ向け成田を出発した．
We left Narita *for* Sydney.
- 君はそこへ行くべきだったのに．
You should have gone there. (▶ gone to there は×)

❷ […の中へ] **in** …[イン], **into** …[イントゥー]
- 服をクローゼットへしまった．
I put the clothes away *in* the closet.
- 彼は洞穴の中へ入って行った．
He went *into* the cave.
- 中へ入って来てもらえますか．
Could you come *in*, please? (▶ このinは副詞)

❸ […の上へ] **on** …[アン], **onto** …[アンタ]
- その箱を棚の上へ戻しなさい．
Put the box back *on* [*onto*] the shelf.

❹ [対象] **for** …, **to** …
- ぼくはユキへのプレゼントに本を買い，カードに「ユキへ」と書いた．
I bought a book *for* Yuki as a gift and wrote "*To* Yuki" on the card.

## ヘア

hair[ヘア] → かみ², け
- ヘアアレンジ hair styling
- ヘアケア hair care
- ヘアスタイル a hairstyle; (特に女性の)《話》a hairdo
- ヘアドネーション a hair donation
- ヘアメイク hair styling and makeup
- ヘアメイクアーティスト a hair makeup artist

### いろいろなヘアグッズ (hair accessories)
- カーラー a curler, a (hair) roller
- カチューシャ a headband / くし a comb
- シュシュ a scrunchie, a hair tie
- ドライヤー a hair dryer / バレッタ a barrette
- ヘアアイロン a hair iron, a straightener
- ヘアクリップ a hair clip
- ヘアゴム an elastic hair band, a hair tie
- ヘアジェル hair gel / ヘアスプレー hair spray
- ヘアバンド a headband
- ヘアピン a hairbrush, a bobby pin
- ヘアブラシ a hairbrush / ヘアワックス hair wax

## ペア

**a pair**[ペア]
- ペアの相手 a (*pair*) partner
- **ペアを組む pair up (with …), be paired (with …)**
- 隣に座っている人とペアを組みなさい．
*Pair up with* a person sitting next to you.

**へい**【塀】**a wall**[ウォール]; (垣) **a fence**[フェンス]

**へいかい**【閉会】**the closing of a meeting**[クロウズィング][ミーティング]
- **閉会する close** (⇔開会する open) (▶ 人が主語), **come to an end** (▶ 会が主語)
- 閉会式 a closing ceremony

**へいがん**【併願】
- 3つの高校に併願した．
I *applied to* three high schools.

**へいき¹**【兵器】**a weapon**[ウェパン](★発音注意), (まとめて) **arms**[アームズ]
- 核兵器 nuclear *weapons*

**へいき²**【平気である】(気にならない) **do not mind**[マインド], **do not care**[ケア]; (だいじょうぶである) **be all right**[ライト]
- 寒さは平気だ．I *don't mind* the cold.
- 「医者を呼ぼうか？」「いや，平気だよ」"Shall I call a doctor?" "No, I'*m all right*."

do not mind   be all right

## へいきん【平均】

(an) **average**[アヴ(ァ)リッヂ]; (均衡，バランス) **balance**[バランス]
- 彼の成績は平均より上[下]だ．His grades are

## へいこう

above [below] (the) *average*.
- **平均の, 平均的な** average
- **平均して** on average
- 私は毎日平均して3時間勉強する. I study for three hours a day *on average*.

| 平均寿命 the average life expectancy
| 平均台 a balance beam
| 平均点 an average score
| 平均年齢(ねん) the average age

**へいこう**【平行の】**parallel** (to ..., with ...)[パラレル]
- その線路は川に平行に走っている.
 The railroad runs *parallel to* the river.

| 平行四辺形 a parallelogram
| 平行線 parallel lines →せん² 図

**べいこく**【米国】**America**[アメリカ], **the United States** (of America)[ユーナイティド ステイツ] → アメリカ

**へいさ**【閉鎖する】**close**[クロウズ], **close down**

**へいさつ**【併殺】『野球』**a double play**[ダブル プレィ]
- 併殺された. I hit into a *double play*.

**へいし**【兵士】**a soldier**[ソウルヂャア]

**へいじつ**【平日】**a weekday**[ウィークデイ](▶ふつう土曜日と日曜日以外の日を言う)
- 平日はいつも7時に起きる.
 I always get up at 7 on *weekdays*.

**へいじょう**【平常の】**usual**[ユージュアル]
- **平常どおり** as usual
- あしたは平常どおり授業がある.
 We will have classes *as usual* tomorrow.

**へいせい**【平成】(元号)*Heisei*
- この本は平成26年に発行された. This book was published in the twenty-sixth year of *Heisei*. / This book was published in 2014.(▶日本以外では元号になじみがないので, 西暦(せい)に直して書くほうがよい)

**へいたい**【兵隊】(兵士)**a soldier**[ソウルヂャア]

**へいてん**【閉店する】(その日の営業を終える)**close**[クロウズ](⇔開店する open); (廃(はい)業する)**close down**
- 当店は午後6時に閉店します.
 We *close* at 6 p.m.
- 閉店間際 just before *closing* time
- 本日閉店 《掲示》*CLOSED* TODAY

「本日閉店します」の表示(英国)

**へいねつ**【平熱】(a) **normal** (body) **temperature**[ノーマル (バディ) テンパラチャア]
- 平熱だ. My *temperature is normal*.
- 平熱に戻(もど)った. My *fever went down*.(← 熱が下がった)

**へいほう**【平方】**a square**[スクウェア]
- この畑の面積はおよそ800平方メートルだ.
 This field is about eight hundred *square* meters in area.

| 平方根 『数学』a square root

**へいぼん**【平凡な】(ふつうの)**ordinary**[オーディナリィ]; (ありふれた)**common**[カマン]; (平均的な)**average**[アヴ(ァ)リッヂ]
- 平凡な家庭 an *ordinary* family
- 平凡な成績だった. I got *average* grades.

**へいめん**【平面】**a plane**[プレイン]

**へいや**【平野】**a plain**[プレイン]
- 十勝平野 the Tokachi *Plain*(s)

# へいわ【平和】

**peace**[ピース](⇔戦争 (a) war)
- 世界平和を守りたい.
 I want to keep [protect] world *peace*.
- 長い戦争の後, その国に平和が戻(もど)った.
 After a long war, *peace* returned to the country.
- **平和な** peaceful
- **平和に** peacefully

| 平和運動 a peace movement
| 平和条約 a peace treaty

**ペイント paint**[ペイント]
- 水性ペイント watercolors

**へえ**(驚(おどろ)き)**Wow!**[ワゥ]; (感嘆(かんたん))**What?**[(ホ)ワット]; (本当に)**Really!**[リー(ァ)リィ]

**ベーカリー a bakery**[ベイカリィ]

**ベーキングパウダー baking powder**[ベイキング パウダァ]

**ベーグル**(パン)**a bagel**[ベイガル] → パン 図

**ベーコン bacon**[ベイカン]
| ベーコンエッグ bacon and eggs(▶「ベーコンエッグ」は和製英語)

**ページ**

**a page**[ペイヂ](▶略す場合, 1ページのみはp., 複数ページにわたる場合はpp. とする)
- ページをめくってください.
 Please turn (over) the *page*.
- 教科書の15ページを開きなさい.
 Open your textbooks to [@at] *page* 15.
- この本は500ページ以上ある.
 This book has more than 500 *pages*.
- その文章は50ページにのっている.
 You'll find the sentences on *page* 50.

- 3ページから10ページまで
  *pages* 3 to 10 / *pp.* 3-10

**ベーシック**【ベーシックな】**basic**[ベイスィック]
- ベーシックな問題から片付けよう．
  Let's start with the *basic* problems.

**ベージュ**【ベージュ(の)】**beige**[ベイジュ]

**ベース**[1]〖野球〗**a base**[ベイス] → るい[1]
- スリーベースヒット
  a three-*base* hit / a triple

**ベース**[2](基礎(ﾞ)) **a basis**[ベイスィス] (複 bases[ベイスィーズ])

**ベース**[3]〖楽器〗(コントラバス) **a double bass**[ダブル ベイス]；(ベースギター) **a bass (guitar)**[(ギター)] → バス[3]
- 私はベースを弾(ʰ)く．I play the *bass*.
  ベース奏者 a bassist

**ペース** (a) **pace**[ペイス]
- ペースを上げて．Quicken your *pace*.
- 私は自分のペースで走った．
  I ran at my own *pace*.
- 彼はペースを落とした．
  He slowed down his *pace*.
- ペースを上げて宿題を片付けた．
  I *sped* up and finished my homework.

**ペースト** (肉などを練ったもの) (a) **paste**[ペイスト]
  ━ペーストする〖コンピュータ〗**paste**[ペイスト]

**ベースボール baseball**[ベイスボール] → やきゅう

**ペースメーカー a pacemaker**[ペイスメイカァ]

**ペーパー paper**[ペイパァ] → かみ[1]
  ペーパータオル a paper towel
  ペーパーテスト a written test [examination]
  ペーパーナイフ a paper knife

**ベール** (女性のかぶり物) **a veil**[ヴェイル]

**…べき**【…(す)べき(だ)】

**should**+〈動詞の原形〉[シュッド]，**ought to**+〈動詞の原形〉[オータ]；(…しなければならない) **must**+〈動詞の原形〉[マスト]，**have to**+〈動詞の原形〉[ハフタ]

　…すべきだ
　should+〈動詞の原形〉/ ought to+〈動詞の原形〉/ must+〈動詞の原形〉
- 君はもっと寛大(ﾀﾞ)になるべきだ．
  You *should* [*ought to*] be more tolerant.
- 人は生きたいように生きるべきだ．
  People *should* [*ought to*] live the way they want.
- 金を借りたら返すべきだ．If you borrow money, you *must* return it.

　…すべきでない
　should not+〈動詞の原形〉/ must not+〈動詞の原形〉

- 子どもはこんな動画を見るべきではない．
  Children *should not* watch this kind of video.
- 未成年者はアルコールを飲むべきではない．
  Minors *must not* drink.

　何を[いつ, いかに…]…すべきか
　what [when, how ...]+to+〈動詞の原形〉
- 将来何をすべきかわからない．
  I don't know *what to* do in the future.
- いかにしてこの問題を解決すべきか考えた．
  I thought about *how to* solve the problem.

　…すべき〜(…して当然の〜)
　〜+to+〈動詞の原形〉
- 私にはやるべき宿題がたくさんある．
  I have a lot of homework *to* do.

**へきが**【壁画】**a wall painting**[ウォール ペインティング], **a mural**[ミュ(ｧ)ラル]

**ペキン**【北京】**Beijing**[ベイヂン] (▶中国の首都)

**ヘクタール a hectare**[ヘクテァ] (▶面積の単位. ha, ha. と略す)

**ぺこぺこ** (空腹である) **be very hungry**[ハングリィ], **be starving**[スターヴィング]；(へつらう) **flatter**[フラッタァ]
- おなかがぺこぺこだ．
  I'*m very hungry* [*starving*].

**へこみ** (物にぶつかってできる) **a dent**[デント]
  ━へこむ dent, be [get] dented

**ベジタリアン a vegetarian**[ヴェヂテ(ｧ)リアン]

**ベスト**[1] (最善) **the** [**one's**] **best**[ベスト]
- 結果を気にするな．ベストを尽(ｽ)くせばいいんだ．Don't worry about the results. Just do *your best*.
- 自己ベストを更新したい．
  I want to break my personal *record*.
  ベストセラー a best seller: ベストセラー作家 a best-selling author
  ベストテン the top ten

**ベスト**[2] (衣服の) **a vest**[ヴェスト]

**へそ a navel**[ネイヴァル], 〖話〗**a bellybutton**[ベリィバトゥン]
  ━へそを曲げる get cross
  へその緒 an umbilical cord
  へそのごま belly button lint
  へそ曲がり (人) (a) twisted (person)

**へそくり secret savings**[スィークリット セイヴィングズ]

**へた**[1]【下手な】

**bad**[バッド] (⇔じょうずな good)
- 彼はへたな言い訳をした．
  He gave a *bad* excuse.

　…がへただ

へた²
- be bad at +⟨-ing形または名詞⟩
- 私は球技がへただ. I *am bad at* ball sports.
- 父は料理がへただ. My father *is bad at* cooking. / My father is a *bad* cook.
- 私は口べただ. I'*m not a good* talker.

へた²【植物の】a stem end[ステム エンド]
へたくそ→へた¹
べたべた→べとべと
ペタペタ（貼る）paste[ペイスト];（たたく）slap[スラップ];（足音）pit-a-pat[ピタパット]
ペダル a pedal[ペドゥル]→じてんしゃ図
　—ペダルを踏む pedal
へちま a loofah[ルーファ], a sponge cucumber[スパンヂ キューカンヴァ]
ぺちゃくちゃ【ぺちゃくちゃ話す】chatter[チャタァ]
- 私は友達といつもぺちゃくちゃしゃべっている.
  My friend and I are always *chattering*.

ぺちゃんこ[ぺちゃんこの]flat[フラット]
- （パンクして）ぺちゃんこのタイヤ a *flat* tire
- その箱はぺちゃんこになっていた（つぶれていた）. The box was *badly crushed*.

## べつ【別の】
another[アナザァ]（▶後には単数形が来る）;（同じでない）different[ディファラント];（ほかの）other[アザァ]→べつに, ほか
- 店員は私に別のスカーフを見せた. The shop clerk showed me *another* scarf.
- その男は別の事件で逮捕された. The man was arrested for a *different* offense.
- 別の方法はありませんか.
  Isn't there any *other* way?
- 別の言葉で言えば in *other* words

べっかく【別格の】special[スペシャル]
べっかん【別館】an annex[アネックス]
べっきょ【別居する】live apart（from ...）[リヴァ パート], be separated（from ...）[セパレイティド]
べつじん【別人】a different person[ディファラント パースン]
- マリは別人のようだった.
  Mari was like a *different person*.

べっそう【別荘】（大きい）a villa[ヴィラ];（小さい）a cottage[カッティッヂ];（避暑用の）a summer house[サマァ ハウス]
べったり（つく）stick[スティック];（いっしょにいる）be（always）together[（オールウェイズ）]
- ジャムが服にべったりついた.
  The jam *stuck* to my clothes.

ヘッド a head[ヘッド]
- ヘッドコーチ a head coach
- ヘッドスライディング a head-first slide: 彼はヘッドスライディングした. He *slid head first*.

## ベッド
a bed[ベッド]
- ゆうべは10時にベッドに入った.
  I went to *bed* at ten last night.
- 彼はベッドの中で本を読んでいた. He was reading a book in *bed*.（▶in a bedは×）
- 君はベッドで寝るの, それとも布団で寝るの？ Do you sleep in a *bed* or on the Japanese futon?
- 自分でベッドを整えなさい.
  Make your *bed* by yourself.
- シングルベッド a single *bed*
- ダブルベッド a double *bed*
- 2段ベッド a bunk *bed*
- ベッドカバー a bedspread
- ベッドタウン a bedroom town[community, suburb]（▶「ベッドタウン」は和製英語）
- ベッドルーム a bedroom

ペット a pet[ペット]
- 私はハムスターをペットとして飼っている.
  I have a hamster as [for] a *pet*.
- ペットショップ a pet shop
- ペットフード pet food
- ペットホテル a pet hotel

ペットボトル a plastic bottle[プラスティック バトゥル]（▶ペット PETはpolyethylene terephthalateの略）

ヘッドホン headphones[ヘッドフォウンズ];（マイク付きの）a headset[ヘッドセット]

headphones　　　headset

- ヘッドホンをつけてください.
  Please put on *headphones*.

**ヘッドライト** a headlight[ヘッドライト], a headlamp[ヘッドゥランプ]（►ともにふつう複数形で用いる）→くるま図

## べつに【別に】
（特別には）**particularly**[パァティキュラァリィ], **specially**[スペシャリィ];（分けて，離して）**separately**[セパラットゥリィ]
- 「泳ぎに行きたい？」「別に」"Would you like to go swimming?" "Not *particularly*."
- 「何か質問ある？」「別に」"Do you have any questions?" "Nothing *in particular. / Not really*."
- 今度の日曜日は別に予定はありません．I have nothing *particular* to do this Sunday.
- その汚いシャツは別に洗いなさい．Wash that dirty shirt *separately*.

━…は別にして **apart**［**aside**］**from** ...
- ニュース番組は別にしてテレビはあまり見ない．*Apart*［*Aside*］*from* news programs, I don't watch TV very much.

**べつべつ**【別々の】**separate**[セパラット]
- 私たちは別々の部屋に泊まった．We stayed in *separate* rooms.
- (店で)勘定は別々にしてください．*Separate* checks, please. / Can we have *separate* checks, please?

━別々に **separately**
- 両親は今別々に住んでいる．My parents are living *separately* now.

**べつめい**【別名】**another name**[アナザァ ネイム]
- 西芳寺は別名「苔寺」とも呼ばれる．Saiho-ji Temple is *also called*［*known as*］the "Moss Temple".

**へつらう flatter**[フラッタァ], **play up to** ...[プレイ]

**ヘディング** a **header**[ヘッダァ], (a) **heading**[ヘディング]

━ヘディングする **head**（**a ball**）
| ヘディングシュート：彼はヘディングシュートを決めた．He *scored with a header*.

**ベテラン an expert**[エクスパート]（►veteranは米では「退役軍人」の意味で用いることが多い）

━ベテランの（経験豊かな）**experienced**[イクスピ(ァ)リアンスト], **veteran**[ヴェタラン]
- ベテランの弁護士 an *experienced* lawyer
- ベテランの野球選手 a *veteran* baseball player

**ベトナム Vietnam**[ヴィエトゥナーム]

━ベトナム（語，人）の **Vietnamese**[ヴィエットゥナミーズ]
| ベトナム人 a **Vietnamese**

## ぺらぺら

**へとへと**【へとへとである】（非常に疲れている）**be exhausted**[イグゾースティド], **be tired out**[タイアド アウト]
- へとへとだ．I'm *exhausted*［*tired out*］.

**べとべと**【べとべとする】（ねばねば）**sticky**[スティッキィ],（脂で）**greasy**[グリースィ]
- キャンディーを食べたら指がべとべとした．I had *sticky* fingers after eating the candy.
- べとべとした髪 *greasy* hair

**ペナルティ**《スポーツ》**a penalty**[ペナルティ]
| ペナルティエリア **a penalty area**
| ペナルティキック **a penalty kick**

**ペナント a pennant**[ペナント]
| ペナントレース《野球》**a pennant race**

**べに**【紅をつける】**rouge**[ルージュ]→くちべに

**ベニヤいた**【ベニヤ板】**plywood**[プライウッド]

**ペパーミント peppermint**[ペパァミント]
- ペパーミントガム *peppermint* gum

**へび**【蛇】**a snake**[スネイク];（十二支の）**the Snake**
- 毒蛇 a poisonous *snake*

**ヘビー**【ヘビーな】**heavy**[ヘヴィ]
| ヘビー級 **heavy weight**
| ヘビーメタル **heavy-metal rock**

**ベビー a baby**[ベイビィ]
| ベビーカー **a buggy**[バギィ], **a baby carriage**[キャリッヂ],（折りたたみ式）**a stroller**
| ベビーシッター **a babysitter**: ベビーシッターをする（子守をする）**babysit**
| ベビーフード **baby food**
| ベビー服 **baby clothes**
| ベビーベッド ⊛**a crib**, ⊛**a cot**

## へや【部屋】

a **room**[ルーム]→p.606 ミニ絵辞典
- 広い［狭い］部屋 a large［small］*room*
- 私の家は5部屋ある．There are 5 *rooms* in our house. / Our house has 5 *rooms*.
- 自分の部屋を片付けた．I cleaned my *room*.
- 自分だけの部屋がほしい．I want my own *room*.
- 彼は8畳の部屋を弟といっしょに使っている．He shares the eight-mat *room* with his brother.

**へらす**【減らす】**reduce**[リドゥース];（量・経費を）**cut down**（**on** ...）[カット];（体重を）**lose**[ルーズ]
- 彼は体重を3キロ減らした．He *lost* three kilograms.
- 父は医者にたばこの量を減らすように忠告された．The doctor advised my father to *cut down on* smoking.

**ぺらぺら**（流ちょうに）**fluently**[フルーアントゥリィ];

## ベランダ

(薄(ネ)っぺらの) **thin**[スィン]
- ジュンは英語がぺらぺらだ.
  Jun speaks English *fluently*.

**ベランダ** a **veranda**(**h**)[ヴァランダ];（玄関(炊)前の）⊛a **porch**[ポーチ];（2階以上にあり，屋根のない）a **balcony**[バルカニィ]

**へり** an **edge**[エッヂ]

**ペリカン** 〖鳥〗a **pelican**[ペリカン]

**へりくつ** 【へ理屈】a **pointless argument**[ポイントゥリス アーギュメント]
— へ理屈を言う **quibble**[クウィブル]

**ヘリコプター** a **helicopter**[ヘリカプタァ],《話》a **chopper**[チャッパァ]

**ヘリポート** a **heliport**[ヘリポート]

## へる 【減る】

**decrease**[ディクリース]（⇔増える increase）;（体重などが）**lose**[ルーズ]（⇔増える gain）
- 去年は外国人観光客の数が減った.
  The number of foreign tourists *decreased* last year.
- 私は体重が2キロ減った.
  I have *lost* two kilograms.
- おなかが減った. I got hungry.

**ベル** a **bell**[ベル];（玄関(炊)の）a **doorbell**[ドァベル]
- ベルの音 sound of a *bell* / a ring
- 非常ベル an emergency *bell*
- 授業開始のベル the class *bell*
- 玄関のベルを鳴らした. I rang a *doorbell*.

**ペルー Peru**[パルー]
— ペルー（人）の **Peruvian**[パルーヴィアン]
‖ ペルー人 a Peruvian

**ベルギー Belgium**[ベルヂャム]
— ベルギー（人）の **Belgian**[ベルヂャン]
‖ ベルギー人 a Belgian

**ヘルシー** 【ヘルシーな】**healthy**[ヘルスィ]
- 豆腐(ょう)はヘルシーな食べ物だ.
  Tofu is *healthy* food.

**ペルシャ**（猫(キュ)）a **Persian**[パージャン]

**ヘルスメーター bathroom scales**[バスルーム スケイルズ]（▶「ヘルスメーター」は和製英語）

**ベルト** a **belt**[ベルト]
- 彼はベルトを締(ヒ)めた［ゆるめた］.
  He tightened [loosened] his *belt*.
- ベルトがきつい. My *belt* feels tight.
‖ ベルトコンベヤー a belt conveyer

**ヘルパー** a **helper**[ヘルパァ]

**ヘルメット** a **helmet**[ヘルミット], ⊛a **hard hat**[ハード ハット]

**ベルリン Berlin**[バーリン]（▶ドイツの首都）

**ベレーぼう** 【ベレー帽】a **beret**[バレィ]（★このtは発音しない）→ ぼうし¹図

## へん¹ 【変な】

ミニ絵辞典 私の部屋 My Room

- クローゼット closet
- 電気スタンド desk lamp
- カレンダー calendar
- 掛(か)け時計 clock
- ポスター poster
- エアコン air conditioner
- パソコン PC
- 本箱 bookcase
- ランプ lamp
- 机 desk
- いす chair
- 鏡 mirror
- 目覚まし時計 alarm clock
- まくら pillow
- シーツ sheet
- 掛け布団 comforter
- ベッド bed
- たんす chest of drawers
- テニスラケット tennis racket
- ぬいぐるみ stuffed animal
- ごみ箱 wastebasket
- カーペット carpet

**strange**[ストゥレインヂ], **odd**[アッド]
- ゆうべとても変な夢を見た．
  I had a very *strange* dream last night.
- きょうのおとうさんは様子が変だよ．
  Dad isn't him*self* today.

…であるのは変だ
It is strange [odd] that ...
- 部屋にだれもいないなんて変だ. *It's strange [odd] that* there is no one in the room.

**へん²**【辺】(周辺,辺り) **a neighborhood**[ネイバァフッド]; (多角形の) **a side**[サイド]
- この辺に
  in this *neighborhood* / *around* here
- 三角形には辺が3つある．
  A triangle has three *sides*.

**べん**【便のよい】**convenient**[カンヴィーニャント] →べんり

**…べん**【…弁】(なまり) **an accent**[アクセント]; (方言) **a dialect**[ダイアレクト]
- 彼は名古屋弁で話す．
  He speaks with a Nagoya *accent*. / He speaks in Nagoya *dialect*.

**ペン a pen**[ペン]
- 先生はいつもペンで書く．
  Our teacher always writes with a *pen*. / Our teacher always writes in *pen*.
- ボール[サイン]ペン a ballpoint [felt] *pen*
  ペンケース **a pencil case**
  ペンネーム **a pen name**
  ペンフレンド《主に⊛》**a pen pal**, ⊛**a pen friend**

**へんか**【変化】(a) **change**[チェインヂ]; (多様性) (a) **variety**[ヴァライアティ]
- 状況の変化 a *change* in the situation
- **変化する change** → かわる¹
- 紙の色は赤から青に変化した. The color of the paper *changed from* red *to* blue.
∥変化球〖野球〗**a breaking ball**

**べんかい**【弁解】(an) **excuse** (**for …**)[イクスキュース]
- **弁解する make excuses**
- ユミは母の手伝いをしなかったことを弁解した. Yumi *made excuses* for not helping her mother.

**へんかん¹**【返還】(a) **return**[リターン]
- **返還する return**

**へんかん²**【変換する】**convert**[カンヴァート], **transform**[トゥランスフォーム], **change**[チェインヂ]
- ローマ字を漢字に変換した. I *converted* Roman letters into Chinese characters.

**ペンキ paint**[ペイント]
- ペンキ塗りたて《掲示》WET *PAINT*

- **ペンキを塗る paint**
- 私たちは壁に黄色のペンキを塗った．
  We *painted* the wall yellow.
∥ペンキ職人 **a painter**

**へんきゃく**【返却】(a) **return**[リターン]
- **返却する return**
- この本は水曜日までに返却してください．
  Please *return* this book by Wednesday.
∥返却日 **a date of return**, **a due date**

## べんきょう【勉強】

**study**[スタディ], **work**[ワーク]
- 姉は時々私の勉強を見てくれる. My sister sometimes helps me with my *studies*.
- 勉強よりスポーツのほうが好きです．
  I prefer playing sports to *studying*.
- この物語は勉強になった．
  This story *taught* me *a good lesson*. / I *learned a lot* from this story.
- ケンは勉強ができる．
  Ken *does well* in school.
- **勉強する study, work**
- 数学の試験勉強をした．
  I *studied* for the math examination.
- 医師になるにはもっと一生懸命に勉強しなければ. To be a doctor, I have to *study* harder.
- 勉強していても集中できなかった．
  I couldn't concentrate while *studying*.
∥勉強家 **a hard worker**
勉強時間 **study hours**
勉強部屋 **a study**

**へんきょく**【編曲】**arrangement**[アレインヂマント]
- **編曲する arrange**

**ペンギン**〖鳥〗**a penguin**[ペングウィン](★発音注意)

**へんけん**【偏見】(a) **prejudice** [**bias**] (**against …**)[プレヂュディス[バイアス](アゲンスト)]
- 人種的偏見 racial *prejudice*
- 人々がアニメに対する偏見をもたないようにしたい. I want people to be free from their *prejudices against* animation.

**べんご**【弁護】**defense**[ディフェンス]
- **弁護する defend**
∥弁護士 **a lawyer**

**へんこう**【変更】**a change**[チェインヂ]
- 時間割りの変更
  a *change* in the class schedule
- **変更する change**
- 私たちは悪天候のために計画を変更しなくてはならなかった. We had to *change* our plans because of bad weather.

**べんざ**【便座】**a toilet seat**[トイリット スィート]

## へんさち

**へんさち**【偏差値】one's adjusted score[アジャスティドスコァ]
- 偏差値がずいぶん上がった.
  My *adjusted score* has gone up a lot.
- あの高校に入るには偏差値60が必要だよ.
  You need an *adjusted score* of at least 60 to enter that high school.

## へんじ【返事】

an answer[アンサァ], a reply[リプライ]
- 返事はいつもらえますか.
  When can I have [get] your *answer*?
- 彼女からまだ返事が来ない.
  I haven't received a *reply* from her yet.
- (手紙などで)お返事をお待ちしています. I am looking forward to *hearing from* you. (▶ hear from は「…から便りがある」の意)
**━返事をする** answer, reply (to …)
- ケンは私たちが呼んでも返事をしなかった.
  Ken didn't *answer* when we called him.

**へんしゅう**【編集】editing[エディティング]
**━編集する** edit
| 編集者 an editor
| 編集長 a chief editor, an editor-in-chief
| 編集部 the editorial department

**べんじょ**【便所】→ トイレ(ット)

**べんしょう**【弁償する】pay (for …)[ペィ]
- 君は自転車を壊(こわ)したのだから, 弁償しなければならない. Since you broke the bike, you have to *pay for* it.

**へんしょく**【偏食する】have an unbalanced diet[アンバランスト ダイアット]

**ペンション** a small (country) hotel[スモール(カントゥリィ) ホウテル], a country inn[イン]

**へんしん¹**【変身する】transform oneself (into …)[トゥランスフォーム], change (into …)[チェインヂ]

**へんしん²**【返信】a reply[リプライ] → へんじ
**━返信する** reply, answer[アンサァ]
| 返信メール a reply mail
| 返信メッセージ a return message

**へんじん**【変人】an odd person[オッド パースン]

**へんせいき**【変声期】→ こえ(声変わり)
- 彼は変声期だ. His *voice is changing*.

**へんそう**【変装】(a) disguise[ディスガイズ]
**━変装する** disguise oneself (as …)
- その刑事(けいじ)はペンキ職人に変装した. The detective *disguised himself as* a painter.

**ペンダント** a pendant[ペンダント]

**ベンチ** a bench[ベンチ] → いす 図
- ベンチに座(すわ)った. I sat on a *bench*.

**ペンチ** (cutting) pliers[(カッティング) プライアズ]

**ベンチャー** a venture[ヴェンチャァ], start-up[スタートアップ]

**へんとう**【返答】→ へんじ

## べんとう【弁当】

(昼食)(a) lunch[ランチ]; (箱に入った)a packed [box] lunch[パックト[バックス]]

- きょうは弁当を持って来なかった.
  I didn't bring (a) *lunch* with me today.
- 父は毎朝私たちの弁当を作ってくれる.
  My father makes *lunches* for us every morning.
- コンビニ弁当 a convenience store *lunch*
| 弁当箱 a lunch box

**へんとうせん**【扁桃腺】tonsils[タンスィルズ]
- 扁桃腺がはれている.
  My *tonsils* are swollen.

**へんぴ**【辺ぴな】remote[リモウト]

**べんぴ**【便秘】constipation[カンスタペイション]
- 3日ほど便秘しています. I've suffered from *constipation* for three days.

**へんぴん**【返品する】return[リターン]
- 姉はネットで買った靴(くつ)を返品した. My sister *returned* the shoes she bought online.

**へんぺいそく**【扁平足】flat feet[フラット フィート]

## べんり【便利な】

(都合がよい)convenient[カンヴィーニャント](⇔不便な inconvenient); (役に立つ)useful[ユースフル]; (手ごろな)handy[ハンディ]
- そのスーパーは家の近くにあるのでとても便利だ. That supermarket is very *convenient* because it is near my house.
- そのホールへはバスで行くのが便利です. It's *convenient* to take a bus to the hall.
- 便利な道具 a *handy* [*useful*] tool

**べんろん**【弁論】(演説)public speaking[パブリックスピーキング]; (討論)(a) debate[ディベイト]
| 弁論大会 a speech contest

ぼうがい

# ほ ホ

**ほ¹**【穂】（麦などの）**an ear**[イァ]
**ほ²**【帆】**a sail**[セイル]
**…ほ**【…歩】**a step**[ステップ]
- 5歩進みなさい［下がりなさい］.
 Take five *steps* forward [backward].
- 疲(つか)れてもう一歩も歩けない.
 I'm too tired to take another *step*.

**…ぽい**
- ユウタはいい人っぽい.
 Yuta *seems* nice.
- 彼女はあきっぽい.
 She *gets* tired of things *easily*.

**ほいく**【保育】**childcare**[チャイルドケア]
 ━保育する **nurse**
 ┃保育士 **a nursery(-school) teacher, a childcare worker**
 ┃保育園・保育所 **a nursery, a nursery school, a day-care center**

**ボイコット a boycott**[ボイカット]
 ━ボイコットする **boycott**

**ぽいすて**【ぽい捨て】**littering**[リタリング]

**ホイッスル a whistle**[(ホ)ウィッスル]

**ホイップ**【ホイップする】**whip**[(ホ)ウィップ]
 ┃ホイップクリーム **whipped cream**

**ホイル foil**[フォイル]
- アルミホイル **aluminum** *foil*

**ぼいん**【母音】**a vowel**[ヴァウ(ァ)ル]（⇔子音(しいん) **a consonant**）

**ポイント**（得点）**a point**[ポイント]；（要点）**the point**
- その選手は連続4ポイントを上げた.
 The player scored 4 *points* in a row.
- その話のポイントがつかめなかった.
 I didn't get *the point* of the story.
 ┃ポイントカード **a discount [reward] card**

## ほう¹【方】

❶方角, 方向　　 **a direction, a way**
❷比較(ひかく), 対比　**better than …**
❸…（する, した）ほうがいい［よい］
　　　　　　　　→…ほうがいい［よい］

❶[方角, 方向]**a direction**[ディレクション], **a way**[ウェイ]
- どうぞこちらのほうへ. This *way*, please.
 ━…のほうへ **toward …**[トード], **in the direction of …**
- 「ケンはどちらのほうへ行きましたか」「学校のほうへ行きましたよ」"Which *way* did Ken go?" "He went *toward* [*in the direction of*] the school."

❷[比較, 対比]**better than …**[ベタァ]（▶比較級を用いて表す）
- 彼は勉強よりスポーツのほうが好きだ. He likes playing sports *better than* studying. / He *prefers* playing sports *to* studying.
- 私より妹のほうが背が高い. My younger sister is *taller than* I [me].
- こっちのほうがよさそうだ.
 This one looks *better*.（←よりよく見える）

❸[…（する, した）ほうがいい［よい］]→…ほうがいい［よい］

**ほう²**【法】(a) **law**[ロー]→ほうりつ

**ぼう**【棒】**a stick**[スティック]
- 私は頭を棒でたたかれた.
 I was struck on the head with a *stick*.
 ┃棒グラフ **a bar graph**
 ┃棒高跳(たか)び【スポーツ】**the pole vault**

**ぼういんぼうしょく**【暴飲暴食する】**eat and drink too much**[イート][ドゥリンク][マッチ]

**ぼうえい**【防衛】**defense**[ディフェンス]
 ━防衛する **defend**

**ぼうえき**【貿易】**trade**[トゥレイド]
 ━貿易する **trade (with …)**
 ┃貿易会社 **a trading company**

**ぼうえんきょう**【望遠鏡】**a telescope**[テリスコウプ]
- 彼は望遠鏡で月を見ていた. He was looking at the moon through a *telescope*.
- 天体望遠鏡 **an astronomical** *telescope*

**ほうおう**【法王】（ローマ法王）**the Pope**[ポウプ]

**ぼうおん**【防音の】**soundproof**[サウンドプルーフ]
- このホールは防音になっている.
 This hall is *soundproof*.
 ┃防音室 **a soundproof room**

**ほうか**【放火】**arson**[アースン]
 ━放火する **set fire (to …)**
 ┃放火魔(ま) **a habitual arsonist**

**ぼうか**【防火の】（耐火(たいか)の）**fireproof**[ファイアプルーフ]
 ┃防火訓練 **a fire drill**

**ほうかい**【崩壊する】**fall down**[フォール ダウン], **be destroyed**[ディストゥロイド]
- 地震(じしん)でビルが崩壊した.
 The building *was destroyed* by the earthquake.

**ぼうがい**【妨害する】**disturb**[ディスターブ]；（阻止(そし)する）**obstruct**[アブストゥラクト]
- 騒音(そうおん)で私は安眠(あんみん)を妨害された.
 The noise *disturbed* my sleep.

six hundred and nine

## …ほうがいい[よい]

**…ほうがいい[よい]**【…(する, した)ほうがいい[よい]】**should**+《動詞の原形》[シュッド], **would rather**+《動詞の原形》[ウッド ラザァ]
- もっと気をつけたほうがいい.
 You *should* be more careful.
- 医者に診(み)てもらったほうがいい.
 You *should* see a doctor.
- 彼女に電話しないほうがいいと思うよ.
 I don't think you *should* call her.
- 家でテレビを見ているほうがいい. I *would rather* stay at home and watch TV.
- 泳ぎに行くよりテニスをするほうがいい.
 I *prefer* playing tennis *to* going for a swim.

**ほうがく**【方角】**a direction**[ディレクション]
- この方角には東京駅があります.
 Tokyo station is in this *direction*.
- その男は反対の方角に歩いていった. The man walked in the opposite *direction*.

北(N) north
北西(NW) northwest
北東(NE) northeast
西(W) west
東(E) east
南西(SW) southwest
南東(SE) southeast
南(S) south

**ほうかご**【放課後に】**after school**[スクール]
- 私は放課後毎日柔道(じゅうどう)の練習をする.
 I practice judo *after school* every day.

**ほうがんし**【方眼紙】**graph paper**[グラフ ペイパァ]

**ほうがんなげ**【砲丸投げ】〖スポーツ〗**the shot put**[シャット プット]

**ほうき¹ a broom**[ブルーム]
- 私たちは床(ゆか)をほうきできれいに掃(は)いた.
 We swept the floor clean with a *broom*.

**ほうき²**【放棄する】**give up**[ギヴ アップ], **abandon**[アバンダン]
- 彼はキャプテンとしての責任を放棄した. He *gave up* his responsibility as captain. / He *abandoned* his responsibility as captain.

**ぼうぎょ**【防御】**defense**[ディフェンス](⇔攻撃(こうげき) an attack, offense)
ー防御する **defend**

**ぼうぐ**【防具】(剣道(けんどう)などの) **protective gear**[プラテクティヴ ギァ]

**ほうけん**【封建的な】**feudal**[フュードゥル]
‖封建時代 **the feudal age**

**ほうげん**【方言】**a dialect**[ダイアレクト]→…べん

**ぼうけん**【冒険】(an) **adventure**[アドヴェンチァ]
ー冒険(を)する **have an adventure**; (危険を冒(おか)す) **take a risk**
- 私はサマーキャンプで多くの冒険をした. I *had a lot of adventures* at summer camp.
- 冒険することは人生において大切だ.
 *Taking risks* is important in life.
‖冒険家 **an adventurer**

**ほうこう**【方向】**a direction**[ディレクション], **a way**[ウェイ], **a course**[コース]
- ここからだと体育館はどの方向になりますか.
 Which *way* [*direction*] is the gym from here?
- 方向を見失った.
 I lost my *way*.
- 方向を間違(まちが)えた.
 I went the wrong *way*.
‖方向音痴(おんち): 私は方向音痴だ. I have *no sense of direction*.

**ぼうこう**【暴行】**violence**[ヴァイアランス]; (強姦(ごうかん)) (a) **rape**[レイプ]
ー暴行する **use violence** (on …); **rape**

**ほうこく**【報告】**a report**[リポート]
ー報告する **report** (on …)
- 調べた結果を彼に報告してください. *Report* the [your] research results to him.
- 私たちのチームが勝ったことを報告した.
 We *reported* our team's victory.
‖報告書 **a report**

**ぼうさい**【防災】**disaster prevention**[ディザスタァ プリヴェンション]
‖防災訓練 **an emergency drill**
‖防災頭巾(ずきん) **an emergency hood**
‖防災マップ **a disaster prevention map**
‖防災用品 **emergency supplies**

**ほうさく**【豊作】**a good harvest**[グッド ハーヴィスト], **a good crop**[クラップ]
- 今年はりんごが豊作だった.
 We had a *good harvest* [*crop*] of apples this year.

**ぼうさん**【坊さん】→ぼうず

**ほうし**【奉仕】**service**[サーヴィス]
ー奉仕する **serve**
- 私は社会に奉仕したい.
 I want to *serve* the public.
‖奉仕活動 **volunteer work**

**ほうじ**【法事】**a (Buddhist) memorial service** [(ブーディスト) ミモーリアル サーヴィス]

**ぼうし¹**【帽子】
**a hat**[ハット]; (縁のない) **a cap**[キャップ]

野球帽 baseball cap
スキー帽 ski cap [hat]
麦わら帽子 straw hat
ベレー帽 beret

- 帽子をかぶりなさい．
 Put on your *hat*. / Put your *hat* on.
- 彼は帽子を取った．
 He took off his *hat*. / He took his *hat* off.
- その少年は帽子をかぶっていた．
 The boy was wearing a *cap*.

**ぼうし**[2]【防止する】**prevent**[プリヴェント]
- 犯罪を防止しなくては．
 We need to *prevent* crime.

**ほうしゃ**【放射性の】**radioactive**[レイディオウアクティヴ]
- 放射性物質
 a *radioactive* material [substance]
- 放射性廃棄(き)物 *radioactive* waste
 放射線 radioactive rays, radiation
 放射能 radioactivity

**ほうしゅう**【報酬】(a) **reward**[リウォード]
**ほうしん**[1]【方針】(政策)a **policy**[パラスィ]；(計画)a **plan**[プラン]
- 彼らは方針を変えた．
 They changed their *policy* [*plans*].
- 方針を立てよう．Let's make *plans*.
- 教育方針 an educational *policy*

**ほうしん**[2]【放心】
- その時私は放心状態だった．
 I was *in shock* then.

**ぼうず**【坊主】a **Buddhist monk**[ブーディスト マンク]
 坊主頭（つるつる頭の）a shaven head
 坊主刈(が)り buzz-cut: 私は坊主刈りにした．I had my *hair buzz-cut*.

**ぼうすい**【防水の】**waterproof**[ウォータプルーフ]
 防水時計 a waterproof watch

**ほうせき**【宝石】a **jewel**[チューアル], a **gem**[チェム]；(宝石類)**jewelry**[チューアルリィ]
 宝石店 a jeweler's shop
 宝石箱 a jewel box

# ほうそう[1]【放送】

**broadcasting**[ブロードキャスティング]；(1回の放送)a **broadcast**[ブロードキャスト]
- 衛星放送 satellite *broadcasting*
- 2か国語放送 a bilingual *broadcast*
- ラジオの深夜放送（番組）
 a midnight radio *show* [*program*]
- 再放送 a rerun
- ➡放送する **broadcast**；(テレビで)**televise**[テレヴァイズ], **telecast**[テリキャスト]
- その試合は国立競技場から生放送された．
 The game was *broadcast* live from the National Stadium. (▶このbroadcastは過去分詞)
 放送局 a broadcasting station, (テレビの)a television station, (ラジオの)a radio station
 放送室 a broadcasting room [booth]；(放送局の)a studio
 放送部 a broadcasting club

**ほうそう**[2]【包装】**wrapping**[ラッピング]；(贈(おく)り物用)**gift-wrapping**[ギフト-]
- ➡包装する **wrap**（up）→ つつむ
 包装紙 wrapping paper

**ぼうそう**【暴走する】(人が車で)**drive recklessly**[ドゥライヴ レックリスリィ]；(車などが)**run out of control**[ラン][カントゥロウル]
 暴走族（集団）a motorcycle gang

**ほうそく**【法則】a **law**[ロー]
- 重力の法則 the *law* of gravity

**ほうたい**【包帯】a **bandage**[バンディッヂ]
- メグミは指に包帯をしていた．
 Megumi had a *bandage* on her finger.
- 包帯を外さないでね．
 Don't remove the *bandage*.
- 私は傷口に包帯をした．
 I put a *bandage* on the cut.

**…ほうだい**【…放題】
- 2000円で食べ放題．You can eat as much as you like for 2,000 yen.
- 1日乗り放題の乗車券
 a one-day unlimited ride pass

**ほうち**【放置】**leave**[リーヴ], **abandon**[アバンダン]
 放置自転車 an abandoned bicycle

**ぼうちゅうざい**【防虫剤】(虫よけ)(an) **insect repellent**[インセクト リペラント]；(衣料用の)a **mothball**[モースボール]

**ほうちょう**【包丁】a **kitchen knife**[キッチン ナイフ]

**ぼうちょう**【膨張する】**expand**[イクスパンド], **swell**[スウェル]
- 気体は熱で膨張する．Gas *expands* with heat.

**ほうっておく leave** [**let**] ... **alone**[リーヴ[レット]][アロウン]；(無視する)**ignore**[イグノァ]
- ほうっておいて．*Leave* me *alone*.
- この問題はしばらくほうっておこう．
 Let's *put* this matter *aside* for a while.

# ぼうっと

**ぼうっと**(ぼんやりとかすんで)**dimly**[ディムリィ]；(かすかに)**faintly**[フェイントゥリィ]；(うわの空で)**absent-mindedly**[アブサントマインディドゥリィ]→ぼんやり

━ぼうっとする **space out**[スペイス], **daydream**[デイドゥリーム]

・ぼうっとしていたら先生に指された．
The teacher called on me when I was *spacing out*. / The teacher called on me when I was *daydreaming*.

**ほうてい**【法廷】**a**(**law**)**court**[(ロー)コート]

**ほうていしき**【方程式】**an equation**[イクウェイション]

・その方程式を解くのは難しかった．
It was difficult to solve the *equation*.

**ほうどう**【報道】**news**[ヌーズ], **a report**[リポート]

・その事件に関する最新の報道
the latest *report* on the case
・報道の自由 freedom of the *press*

━報道する **report**

・新聞はそのスキャンダルを第1面で報道した．
Newspapers *reported* the scandal on their front pages.

| 報道機関 **the news media, the press**
| 報道陣(じん) (**a group of**) **reporters, the press**

**ぼうどう**【暴動】**a riot**[ライアット]

・町で暴動が発生した．
A *riot* started in the town.

**ほうにん**【放任する】

・彼らは子どもを放任している．They *let* their children *do as they please*.

**ぼうねんかい**【忘年会】**a year-end party**[イァエンドパーティ]

**ぼうはてい**【防波堤】**a breakwater**[ブレイクウォータァ]

**ぼうはん**【防犯】**crime prevention**[クライムプリヴェンション]

| 防犯カメラ **a security camera**
| 防犯ベル **a burglar alarm**

**ほうび**【褒美】**a reward**(**for** ...)[リウォード], **a prize**(**for** ...)[プライズ]

・満点の褒美に時計をもらった．I received a watch as a *reward for* a perfect score.

**ほうふ**¹【豊富な】**rich**[リッチ], **abundant**[アバンダント], **a lot of**[ラット]

・これらの地域は鉱物資源が豊富だ．These areas are *rich* [*abundant*] in minerals.
・彼は鉄道の知識が豊富だ．
He knows *a lot* about railroads.

━豊富に **abundantly**

**ほうふ**²【抱負】(野心的な望み)**an ambition**[アンビション]; (期待)**one's hope**(**s**)[ホウプ(ス)]

・私の将来の抱負
my ambitions [hopes] for the future
・新年の抱負 New Year's *resolution*

**ぼうふう**【暴風】**a storm**[ストーム], **a stormy wind**[ストーミィウィンド]

| 暴風雨 **a rainstorm**
| 暴風雨警報 **a rainstorm warning**

**ぼうふうりん**【防風林】**a windbreak**[ウィンドブレイク]

# ほうほう【方法】

**a way**[ウェイ]; (一定の計画に従う)**a method**[メサッド]; (手段)**a means**[ミーンズ](複 **means**)(▶単複同形)

・この方法でいいかしら．
I wonder if this *way* is all right.
・私の方法のほうがうまくいくだろう．
My *method* will work better.
・効率のよい勉強方法
an efficient study *method*

**ほうぼう**【方々】(あちこち)**here and there**[ヒアゼア]; (至る所)**everywhere**[エヴリィ(ホ)ウェア]

・私たちは方々捜(さが)し回った．
We searched *everywhere*.

**ほうむる**【葬る】**bury**[ベリィ](★発音注意)

**ほうめん**【方面】(地域)**an area**[エ(ァ)リア], **a district**[ディストゥリクト]; (方向)**a direction**[ディレクション]; (分野)**a field**[フィールド]

・私たちは大阪方面に向かった．We went in the *direction* of Osaka. / We went *toward* Osaka.
・彼はこの方面では非常に有名な人だ．
He is a very famous person in this *field*.

**ほうもん**【訪問】**a visit**[ヴィズィット]; (短時間の)**a call**[コール]→たずねる²

・今度の水曜日に家庭訪問がある．
My homeroom teacher will *visit* my house next Wednesday.

━訪問する **visit**; (人を) **call on** ...; (場所を) **call at** ...

・その歌手は被災(ひさい)地の学校を訪問した．The singer *visited* a school in the disaster

[stricken] area.
**訪問者 a visitor**
**ぼうや**【坊や】a（little）boy[(リトゥル) ボーイ], a son[サン]
**ほうようりょく**【包容力】
- 包容力がある人 a broad-minded person
**ぼうよみ**【棒読みする】read ... in a monotone [リード][マナトウン]
**ほうりだす**【ほうり出す】(外へ投げ出す)throw out[スロウ アウト];（途中でやめる）give up [ギヴ アップ]
- 数学の問題が難しすぎたので途中で放り出した。The math problems were too hard so I *gave up*.
**ほうりつ**【法律】a law[ロー], (全体)the law
- 彼らは法律を守った［破った］。
They obeyed［broke］*the law*.
- それは法律に違反している。
That is against *the law*. / That is illegal.
- 飲酒運転は法律で禁止されている。
*The law* prohibits drunken driving.
**ほうりなげる**【ほうり投げる】throw[スロウ], toss[トス]→なげる
**ほうりゅう**【放流する】release[リリース]
- 亀が海に放流された。
The turtles were *released* into the sea.
**ぼうりょく**【暴力】violence[ヴァイアランス]
- 人に暴力を振るってはいけない。
You should not use *violence* against other people.
- 家庭内暴力 domestic *violence*
- 校内暴力 school *violence*
- **暴力的な** violent
- 暴力団 a gang, a *yakuza* organization
**ボウリング**〖スポーツ〗bowling[ボウリング]
- **ボウリングをする** bowl
- ボウリング場 a bowling alley
**ほうる** throw[スロウ]→なげる
**ぼうれい**【亡霊】a ghost[ゴウスト]
**ほうれんそう**【ほうれん草】〖植物〗spinach[スピニッチ]
**ほうろう**【放浪する】wander (around, about) [ワンダァ (アラウンド, アバウト)]
**ほえる** (犬が) bark (at ...)[バーク];（猛獣が）roar[ロァ];（遠ぼえする）howl[ハウル]
- あの犬はいつも私にほえる。
That dog always *barks at* me.
**ほお** a cheek[チーク]
- その赤ちゃんはピンク色のほおをしていた。
The baby had pink [rosy] *cheeks*.
- うれし涙が彼のほおを流れた。
Tears of joy ran down his *cheeks*.

# ホーム¹

- ほおずり: 私はその子猫にほおずりをした。
I *rubbed* my *cheek* against the kitten.
- ほおづえ: 彼女はほおづえをついた。She *rested* her *chin* on her *hand*(s).
**ボーイ** (レストランの) a waiter[ウェイタァ];（ホテルの）a bellboy[ベルボーイ]
**ボーイスカウト** (団体) the Boy Scouts[ボーイスカウツ];（団員）a boy scout
**ボーイッシュ**【ボーイッシュな】boyish[ボーイイッシュ]
**ボーイフレンド** a boyfriend[ボーイフレンド]（►（親密な）男友達、恋人を指す。単なる男友達は a（male）friend）(⇔ガールフレンド a girlfriend)
**ポーカー** (トランプの) poker[ポウカァ]
**ボーカル** (声楽) a vocal[ヴォウカル];（人）a vocalist [ヴォウカリスト]
**ボーク** 〖野球〗a balk[ボーク]
**ホース** a hose[ホウズ] (★発音注意)
- 庭にホースで水をまいた。
I watered the yard with a *hose*.
**ポーズ**（姿勢）a pose[ポウズ]
- このポーズはかっこいい。This *pose* is cool.
- **ポーズを取る** pose (for ...)
- 彼女は写真のポーズを取った。
She *posed for* a photograph.
**ボーダーライン** a borderline[ボーダァライン]
- 私は受かるか落ちるかのボーダーラインにいると思う。I think I'm on the *borderline* between passing and failing.
**ポータブル** portable[ポータブル]
- ポータブルラジオ［プレーヤー］a portable radio［player］
**ポーチ** (小物入れ) a pouch[パウチ]
**ボート** a boat[ボウト] (►船全般をさして用いる);（手こぎの）a rowboat[ロウボウト]→ふね
- 私たちはボートをこいで遊んだ。
We had fun rowing a *boat*.
- **ボートをこぐ［に乗る］** boat
- 彼らは湖へボートに乗りに行った。
They went *boating* on the lake.
- ボートレース a boat race, a regatta
**ボードゲーム** a board game[ボードゲイム]
**ボーナス** a bonus[ボウナス]
**ほおばる** stuff one's mouth (with ...)[スタッフ][マウス]
- ピザをほおばった。
I *stuffed my mouth with* pizza.
**ホープ** (期待される人物) a hope[ホウプ]
- 彼女はテニス部のホープだ。
She is the *hope* of the tennis team.
**ホーム**¹ (駅の) a platform[プラットフォーム]

## ホーム²

- 列車は3番ホームから発車する. The train will leave from *platform*(No.)3.

**ホーム²**(家庭)a home[ホウム];(老人・障がい者などの施設(しせつ))a home;『野球』home(plate)[(プレイト)]

- 老人ホーム a nursing *home*
- ホームゲーム a home game
- ホームスチールする steal home
- ホームセンター a home-improvement center[store], a hardware store
- ホームチーム the home team
- ホームベース home plate
- ホームヘルパー a home care giver

**ホームイン**【ホームインする】『野球』get[reach]home[ゲット[リーチ]ホウム], cross the(home)plate[クロース ザ(プレイト)]

**ホームシック**【ホームシックの】homesick[ホウムスィック]

- ホームシックにかかった.
  I got[am] *homesick*.

**ホームステイ** a homestay[ホウムステイ]

- アメリカの家庭にホームステイしたい.
  I'd like to *stay with* an American *family* in the U.S.
- ホームステイ先 a host family

**ホームドラマ** a family drama[ファミリィ ドゥラーマ](►「ホームドラマ」は和製英語)

**ホームページ**(サイト)a website[ウェブサイト](►Websiteとも), a site[サイト];(トップページ)a homepage[ホウムペイジ]→サイト

**ホームラン** a home run[ホウム ラン], a homer[ホウマァ]

- 打者はサヨナラホームランを打った. The batter hit a game-ending *home run*.
- 満塁(まんるい)ホームラン a grand slam
- ホームラン王 a home run king

**ホームルーム**(教室)a homeroom[ホウムルーム];(時間)homeroom, a homeroom hour[アウァ]

**ホームレス**(1人)a homeless person[ホウムリス パースン],(全体)the homeless, homeless people[ピープル]

**ポーランド** Poland[ポウランド]
ーポーランド(語, 人)の Polish[ポウリッシュ]
‖ポーランド人 a Pole

**ボーリング**→ ボウリング

**ホール**(大広間, 会館)a hall[ホール]

## ボール¹

(球)a ball[ボール];『野球』a ball(⇔ストライク a strike)

- ボールを打った[投げた].
  I hit[threw] a *ball*.
- 外野手はボールを取った[取り損ねた].
  The outfielder caught[missed] the *ball*.
- カウントはツーボール, ワンストライクだ.
  The count is two *balls* and one strike.
‖ボールコントロール ball control

**ボール²**(容器)a bowl[ボウル]
- サラダボール a salad *bowl*

**ポール** a pole[ポウル]

**ボールがみ**(ボール紙)cardboard[カードボード]

**ホールディング**『スポーツ』holding[ホウルディング]

**ボールペン** a ballpoint(pen)[ボールポイント(ペン)]

**ほおん**【保温】
- 高い保温性 high *heat retention*
- スープを夕方まで保温しておいた.
  I *kept* the soup *warm* until evening.

## ほか

(単数の人・物)another[アナザァ],(the)other[アザァ];(複数の人・物)(the)others(►other, othersの前にtheがつくとほかのもの全部をさす)

- ほかの人はどこ? Where are *the others*?

ーほかの another, other, else[エルス](►elseはsome-, any-, no-がつく語, および疑問詞の後で用いる)

- ほかの国(1か国)*another* country /(2か国以上)*other* countries
- エミはほかの人と話している.
  Emi is talking with *another* person.
- ほかの物を見せてもらえますか.
  Show me *another* one, please?
- テーマパークではそのほかのいろいろな乗り物にも乗った. We rode many *other* rides in the theme park.
- ほかに質問はありませんか.
  Do you have any *other* questions?
- だれかほかの人にたずねてみます.
  I'll ask somebody *else*.

ー…のほかに(…を除いて)except …[イクセプト];(…に加えて)besides …[ビサイツ]

- ケンのほかはみんな宿題をやってきた.
  Everyone did their homework *except* Ken.
- ピアノのほかにダンスを習っている. *Besides* the piano, I also take lessons in dance.

**ぽかぽか**(暖かい)warm[ウォーム]
- きょうはぽかぽか陽気だ. It's nice and *warm* today.(►nice and …は気持ちのよさを強調する言い方)

**ほがらか**【朗らかな】cheerful[チアフル]→あかるい❷

━朗らかに cheerfully
**ほかん**【保管する】**keep**[キープ]→あずかる
**ぽかん**【ぽかんとする】
- 彼は口をぽかんと開けて立っていた. He stood with his mouth gaping wide open.

**ぼき**【簿記】**bookkeeping**[ブックキーピング]
**ボキャブラリー** a **vocabulary**[ヴォウキャビュレリィ]
**ほきゅう**【補給する】**supply**[サプライ];（燃料を）**refuel**[リーフューアル]
- 父は車に燃料を補給した.
 My father *refueled* his car.
- 暑い日は水分を補給してください.
 *Drink* enough water on hot days.

**ぼきん**【募金する】**collect contributions**[カレクト カントゥラビューションズ], **raise funds**（for ...）[レイズ ファンツ]
- 私たちは街頭で募金した. We *collected contributions* on the street.
- 赤い羽根共同募金 a red feather campaign
┃募金活動 a fund-raising campaign
┃募金箱 a collection box

**ぼく** I [アイ]（複 we [ウィー]）→わたし
**ほくい**【北緯】**the north latitude**[ノース ラタトゥード]
**ボクサー** a **boxer**[バクサァ]
**ぼくし**【牧師】a **minister**[ミニスタァ];（聖職者）a **clergyman**[クラーヂマン]（複 clergymen）
**ぼくじょう**【牧場】a **stock farm**[スタック ファーム];（大規模な）⊗a **ranch**[ランチ];（放牧地）a **pasture**[パスチャァ]
**ボクシング boxing**[バクスィング]
- ボクシングの試合 a *boxing* match
━ボクシングをする box（with ..., against ...）
┃ボクシングジム a boxing gym

**ほぐす**（緊張を）**ease the tension**[イーズ][テンション];（もつれを）**disentangle**[ディセンタングル]
- 彼のジョークが場の雰囲気(ふんいき)をほぐした.
 His joke *eased the tension* in the room.
- お風呂は筋肉をほぐすのによい.
 A hot bath is good for *relaxing* muscles.

**ほくせい**【北西】**the northwest**[ノースウェスト]（▶NW と略す.「西北」の訳語も同じ）
━北西の northwest, northwestern
━北西に northwest, to [in] the northwest
**ぼくそう**【牧草】**grass**[グラス]
┃牧草地（草地）a meadow;（放牧地）a pasture
**ぼくちく**【牧畜】**stock farming**[スタック ファーミング]
**ほくとう**【北東】**the northeast**[ノースイースト]（▶NE と略す.「東北」の訳語も同じ）
━北東の northeast, northeastern
━北東に northeast, to [in] the northeast
**ぼくとう**【木刀】a **wooden sword**[ウドゥン ソード]

**ほくとしちせい**【北斗七星】**the Big Dipper**[ビッグ ディッパァ]

**ほくぶ**【北部】**the northern part**[ノーザァン パート], **the north**[ノース]
━北部の northern
**ほくべい**【北米】**North America**[ノース アメリカ]
━北米の North American
┃北米大陸 the North American Continent
**ほくろ** a **mole**[モウル]
- 彼女はあごにほくろがある.
 She has a *mole* on her chin.
**ほげい**【捕鯨】**whaling**[(ホ)ウェイリング]
┃捕鯨船 a whaling ship

## ほけつ【補欠】

（代わりの人）**a substitute**[サブスティトゥート], **an alternate**[オールタァネット]
- 姉は補欠で大学に入学できた. My sister was able to enter the university as an *alternate*（on the waiting list）.
- その高校は補欠を募集しているよ.
 That high school is recruiting students to fill vacant spots.
┃補欠選手 a reserve（player）, a substitute（player）, a bench warmer

## ポケット

a **pocket**[パキット]
- 胸[わき]のポケット a breast [side] *pocket*
- ポケットに穴が開いていた.
 There was a hole in the *pocket*.
- ヒロは両手をポケットに突(つ)っこんで歩いていた. Hiro was walking with his hands in his *pockets*.
- エミはポケットからかぎを取り出した.
 Emi took the key out of her *pocket*.
┃ポケットティッシュ pocket tissues

**ぼける**（ピントが）**be out of focus**[フォウカス];（年を取って）**get** [**become**] **senile**[スィーナイル]
- その写真はちょっとぼけている.
 The photo *is* slightly *out of focus*.
- このごろおじいちゃんはぼけてきた.

**ほけん¹**

Grandpa is *getting senile* these days.

**ほけん¹**【保健】**health**[ヘルス]
- 保健委員 a student health officer
- 保健師 a health nurse;（学校の）a school nurse
- 保健室 a nurse's room
- 保健所 a（public）health center
- 保健体育 health and physical education
- 保健福祉センター a health and welfare center

**ほけん²**【保険】**insurance**[インシュ(ァ)ランス]
- 旅行保険に入った．I got travel *insurance*.
- 健康［生命］保険 health［life］*insurance*
- ―保険をかける **insure**
- 保険会社 an insurance company
- 保険金 insurance money

**ほご**【保護】**protection**[プラテクション]
- ―保護する **protect**
- このクリームは紫外(がい)線から肌(はだ)を保護する．This cream *protects* your skin from ultraviolet［UV］rays.
- 保護区域（a）sanctuary
- 保護者 a guardian;（親）a parent
- 保護者会 a parents' meeting, a PTA meeting
- 保護色 protective coloring

**ぼご**【母語】**a native language**[ネイティヴ ラングウィッヂ], **a mother tongue**[マザァ タング]
- 私の母語は日本語です．My *native language* is Japanese.

**ぼこう**【母校】**one's（old）school**[(オウルド) スクール]
- 母校でクラス会があった．We had a class reunion at *our（old）school*.

**ほこうしゃ**【歩行者】**a pedestrian**[パデストゥリアン], **a walker**[ウォーカァ]
- 歩行者天国 a vehicle-free promenade

**ぼこく**【母国】**one's home（country）**[ホウム(カントゥリィ)], **one's native country**[ネイティヴ]
- 彼の母国はアメリカです．*His home country* is America.
- 母国語→ぼご

**ほこり¹ dust**[ダスト]
- 机はほこりをかぶっていた．The desks were covered with *dust*.
- ―ほこりっぽい **dusty**
- ―ほこりを払(はら)う **dust（off, down）**
- 私はキーボードのほこりを払った．I *dusted off* the keyboard.

**ほこり²**【誇り】**pride**[プライド];（自尊心）**self-respect**[セルフリスペクト]
- 彼は私たちの学校の誇りだ．He is the *pride* of our school.
- その武士は誇りが高かった．The samurai was *proud*.
- ―誇りに思う［を持つ］**be proud（of ...）**[プラウド], **take pride in ...**
- 君を誇りに思うよ．I'*m proud of* you.
- 母は自分の仕事に誇りを持っている．My mother *is proud of* her work. / My mother *takes pride in* her work.

**ほころび a rip**[リップ], **a tear**[テァ]
- シャツのほころびを繕(つくろ)った．I mended the *tear* in my shirt.
- ―ほころびる **be torn**（▶tornはtear(引き裂(さ)く)の過去分詞）;（つぼみが開く）**open**
- 桜のつぼみがほころんでいる．The cherry blossom buds are *opening*.

**ぼさぼさ**【ぼさぼさの】（髪(かみ)が）**messy**[メスィ], **uncombed**[アンコウムド]
- 寝(ね)起きで髪(かみ)がぼさぼさだ．My hair is *messy* in the morning. / I have bed hair.

## ほし【星】

**a star**[スタァ]
- 今夜は星がたくさん出ている．There are a lot of *stars* tonight.
- 空には星がきらめいている．*Stars* are twinkling in the sky.
- 流れ星 a shooting *star*
- 星占(うらな)い（個々の）**a horoscope**;（占星(せんせい)術）**astrology**: 星占いによると今月は恋愛運がいいようだ．My *horoscope* says that I'm lucky with love this month.
- 星印（＊印）an asterisk
- 星空 a starry［starlit］sky

## ほしい

**want**[ワント], **would like**[ウッド ライク]（▶would likeはていねいで控(ひか)え目）
- 新しい自転車がほしい．I *want* a new bicycle. / I *would like* a new bicycle.
- 何か温かい飲み物がほしいなあ．I *want something hot to drink*.（▶something＋〈形容詞〉＋to＋〈動詞の原形〉の語順になる）
- 誕生日には何がほしいの？ What do you *want* for your birthday?
- これは私がずっとほしかった物だ．This is what I have always *wanted*.

**…ほしい**【…（して）ほしい】**want**[ワント], **would like**[ライク]（▶would likeのほうがていねい）

〈人〉に…してほしい

want［would like］＋〈人〉＋to＋〈動詞の原形〉
- すぐに君にここへ来てほしい．

I *want* you *to* come here at once.
- 海に連れて行ってほしいんです. I *would like* you *to* take me to the beach.

**ポシェット** a pochette[ポウシェット]
**ぼしかてい**【母子家庭】**a single-parent household**[スィングゥルペアラント ハウスホウルド]
**ほしがる**【ほしがる】**want**[ワント] → ほしい
**ほしくさ**【干し草】**hay**[ヘイ]
**ポジション**（位置）**a position**[パズィション]
- 彼はピッチャーからショートにポジションを変えた. He changed *positions* from pitcher to shortstop.
- タクはレギュラーのポジションをとった. Taku became a regular *player*.

**ほしぶどう**【干しぶどう】**a raisin**[レイズン]
**ほしゅ**【捕手】〖野球〗**a catcher**[キャッチァラ]
**ほしゅう¹**【補習】**a supplementary lesson**[サプラメンタリィ レッスン]
- 夏休みに2週間の補習がある. We have *supplementary lessons* for two weeks during the summer vacation.

**ほしゅう²**【補修（する）】**repair**[リペァ]
**ほじゅう**【補充】**a supplement**[サプラマント]
→補充する **supplement**;（満たす）**fill（up）**
**ぼしゅう**【募集する】（社員・会員などを）**recruit**[リクルート];（寄付などを）**raise**[レイズ], **collect**[カレクト]
- 美術部の部員を募集しています. We are *recruiting* members for the art club.
- うちの学校は1月に入学志望者の募集をする. Our school will *accept applications* for admission in January.
- ボランティア募集
  〖掲示〗**VOLUNTEER WANTED**
|募集広告 **an advertisement**,〖話〗**a want ad**

**ほしゅてき**【保守的な】**conservative**[カンサーヴァティヴ]
**ほじょ**【補助】**help**, **assistance**[アスィスタンス]
→補助する **help**, **assist**, **support**[サポート]
|補助いす **a spare chair**;（バスなどの）**a jump[folding] seat**;（劇場の）**an extra seat**

**ほしょう¹**【保証】**a guarantee**[ギャランティー]（★アクセント位置に注意）;（確信）（**an**）**assurance**[アシュ(ア)ランス]
→保証つきの **guaranteed**
- このコンピュータは3年間の保証つきだ. This computer is *guaranteed* for three years. / This computer has [comes with] a three-year *guarantee*.
|保証書 **a guarantee**
|保証人 **a guarantor**

**ほしょう²**【保障】**security**[スィキュ(ア)ラティ]

- 社会保障（制度）**social *security*（system）**
- 保障する **secure**

**ほしょう³**【補償】**compensation**[カンパンセイション]
- 補償する **compensate（for ...）**[カンパンセイト]
**ほす**【干す】（乾(かわ)かす）**dry**[ドゥライ];（虫干しする）**air**[エア]
- 彼はぬれた靴をひなたに干した. He *dried* his wet shoes in the sun.
- 私は洗濯物を外に干した. I hung the washing out to *dry*.（▶hang ... out は「（洗濯物などを）外につるす」の意）
- 晴れた日には掛け布団(ぶとん)を干す. I *air* the comforters on a sunny day.

**ボス** a boss[ボス], a head[ヘッド]
**ポスター** a poster[ポウスタァ]
- 私たちはポスターを壁にはった. We put up a *poster* on the wall.
|ポスターカラー **a poster color**

**ポスト** ⓤa mailbox[メイルバックス], ⓑa postbox[ポウストゥバックス]

米国のポスト　　英国のポスト

→ポストに入れる《主にⓤ》**mail**,《主にⓑ》**post**
- 彼女はその手紙をポストに入れた. She *mailed* the letter. / She *dropped* the letter *into the mailbox*.

**ホストファミリー** a host family[ホウスト ファマリィ]（▶家族1人1人はホストファーザー a host father, ホストマザー a host mother, ホストペアレント a host parentなどと言う）
**ボストンバッグ** a travel bag[トゥラヴァル バッグ]
**ホスピス** a hospice[ハスピス]
**ぼせい**【母性】**motherhood**[マザァフッド], **maternity**[マターニティ]

## ほそい【細い】

| ❶物や人が | **thin**;（ほっそりした）**slender**, **slim**;（やせこけた）〖話〗**skinny**;（狭(せま)い）**narrow** |
| ❷声が | **weak**, **thin**, **small** |

❶[物や人が]**thin**[スィン]（⇔太い **thick**）;（ほっそりした）**slender**[スレンダァ], **slim**[スリム];（やせこ

けた)《話》**skinny**[スキニィ]; (狭い)**narrow**[ナロゥ]
- 細い糸 a *thin* [*fine*] thread
- 細くて長い指 long *slender* fingers
- 細い道 a *narrow* road

thin

slender

narrow

━細くする **make ... thin [slender], slim**
- ウェストを細くしたい．
  I want to *slim* my waist.

❷〔声が〕**weak**[ウィーク], **thin**, **small**[スモール](⇔太い **deep**)
- 彼女は声が細い．She has a *weak* voice.

**ほそう**【舗装する】**pave**[ペイヴ]
- 舗装してない道 an un*paved* road
▎舗装道路 **a paved road, a pavement**

**ほそく**【補足する】**add**[アッド]; (補う)**supplement**[サプラマント]

**ほそながい**【細長い】**long and narrow**[ローング][ナロゥ], (ほっそりした)**long and thin**[スィン]

**ほそみ**【細身の】**slim-fit**[スリムフィット], **slim-cut**[スリムカット]
- 細身のジーンズ *slim-fit* jeans
- ヒロキは細身のジャケットを着ていた．
  Hiroki wore a *slim-cut* jacket.

**ほぞん**【保存】**preservation**[プレザヴェイション]
━保存する **preserve**[プリザーヴ], **keep**;『コンピュータ』**save**
- この食品は冷凍(と゚う)庫で1か月保存できる．
  This food can be *kept* in a freezer for a month.
- データを保存した？ Did you *save* the data?
▎保存食 **preserved food**
▎保存料 **preservatives**

**ポタージュ**(a)**potage**[ポウタージ](►フランス語から), **thick soup**[スィック スープ]

**ほたて(がい)**【帆立(貝)】**a scallop**[スカラップ]

**ほたる**【蛍】〖虫〗**a firefly**[ファイアフライ]

**ぼたん**〖植物〗**a peony**[ピーアニィ]
- ぼたん雪 large flakes of snow

# ボタン

**a button**[バトゥン]
- エレベーターのボタンを押した．
  I pushed the elevator *button*.
- ブラウスのボタンが取れかかってるよ．The *button* on your blouse is coming off.
━ボタンを掛(か)ける **button**(**up**)
- シャツのボタンを掛けた．
  I *buttoned*(*up*)my shirt.
━ボタンを外す **unbutton**
- シャツのボタンを外した．
  I *unbuttoned* my shirt.
▎ボタン穴 **a buttonhole**

**ぼち**【墓地】**a graveyard**[グレイヴヤード]; (特に教会所属地外の)**a cemetery**[セマテリィ]

**ホチキス a stapler**[ステイプラァ]
- ホチキスの針 **a staple**
━ホチキスで留める **staple**

**ほちょう**【歩調】(a)**pace**[ペイス], (a)**step**[ステップ]

**ほちょうき**【補聴器】**a hearing aid**[ヒ(ア)リング エイド]

**ほっかいどう**【北海道(地方)】 **Hokkaido**, **the Hokkaido area**[**district**][エ(ア)リア [ディストゥリクト]]

**ほっきょく**【北極】**the North Pole**[ノース ポゥル](⇔南極 the South Pole)➜ちきゅう 図
━北極の **Arctic**[アークティック](⇔南極の Antarctic)
▎北極海 **the Arctic Ocean**
▎北極ぐま **a polar bear**
▎北極圏 **The Arctic Circle**
▎北極星 **the polestar, the North Star**
▎北極点 **the North Pole**

**ホック a hook**[フック]
━ホックを掛(か)ける **hook**(**up**)
━ホックを外す **unhook**

**ボックス**(仕切り席)**a box**(**seat**)[バックス (スィート)]; (電話の)**a booth**[ブース]
- バッターボックス the batter's *box*

**ホッケー**〖スポーツ〗**hockey**[ハッキィ], ⓈⒶ**field hockey**[フィールド]

**ほっさ**【発作】**a fit**[フィット]; (激しい)**an attack**[アタック]
- 父が心臓発作を起こした．
  My father had a heart *attack*.

**ぼっしゅう**【没収する】**confiscate**[カンファスケイト], **take away**[テイク]
- 母に漫画(まんが)を没収された．My mother *took* the comics *away* from me.

**ほっそり**【ほっそりした】➜ほそい❶

**ホッチキス**➜ホチキス

**ほっと**【ほっとする】(安心する)**be**[**feel**]**relieved**[**easy**][フィール リリーヴド [イーズィ]]; (ため息をつく)**give a sigh**[サィ]
- 試験が終わってほっとした．
  I *was relieved* to finish the exam.

**ホット hot**[ハット]
- ホットコーヒー *hot* coffee
- ホットミルク *hot* [*warm*] milk
- ホットな話題 a *hot* topic

**ポット**（魔法瓶(びん)）**a thermos（bottle）**[サーマス(バトゥル)]；（紅茶の）**a teapot**[ティーパット]；（コーヒーの）**a coffeepot**[コーフィパット]

**ぼっとう**【没頭している】**be absorbed（in ...）**[アブソーブド]
- 彼はテニスに没頭している．
  He *is absorbed in* playing tennis.

**ホットケーキ a pancake**[パンケイク]➡パンケーキ

**ホットドッグ a hot dog**[ハット ドーグ]
**ポップコーン popcorn**[パップコーン]
**ポップス**【音楽】**pop（music）**[パップ（ミューズィック）]
▎ポップス歌手 **a pop singer**

**ほつれる**（衣服などが）**become [get] frayed**[フレイド]；（髪(かみ)などが）**come loose**[ルース]
- アップにした髪(かみ)がほつれてきた．
  My bun is *coming loose*.

**ボディー a body**[バディ]
▎ボディーガード **a bodyguard**
▎ボディーシャンプー **body shampoo**
▎ボディーチェック（空港などでの）**a security check**（▶「ボディーチェック」は和製英語）
▎ボディービル **body-building**
▎ボディーボード **bodyboarding**
▎ボディーランゲージ **body language**

**ポテト a potato**[パテイトウ]
- フライドポテト ㊤**French fries** / ㊦**chips**
▎ポテトサラダ **potato salad**
▎ポテトチップ(ス) ㊤**potato chips**, ㊦**(potato) crisps**

**ほてる**【火照る】**feel hot**[フィール ハット]；（顔が）**flush**[フラッシュ], **burn**[バーン]
- 恥(は)ずかしくて顔がほてった．
  My face *flushed* with shame.

**ホテル a hotel**[ホウテル]
- 私たちは湖のそばのホテルに泊(と)まった．
  We stayed at a *hotel* by the lake.
- 父がホテルを予約した．
  My father booked a *hotel*.
- ホテルにチェックインした．
  We checked in at the *hotel*.
- ホテルをチェックアウトした．
  We checked out of the *hotel*.
▎ホテルマン **a hotel clerk**

## …ほど

❶およそ　**about ...;（…かそのくらい）... or so**
❷そんなに　**such, that**
❸…ほど〜ではない
　　　　　**not as [so] 〜 as ...**
❹…すればするほど
　　　　　**the＋〈比較(ひかく)級〉, the＋〈比較級〉**

❶〔およそ〕**about ...**[アバウト]；（…かそのくらい）**... or so**
- 教室には生徒が10人ほどいた．There were *about* ten students in the classroom.
- 1時間ほどで戻(もど)ります．
  I'll be back in an hour *or so*.

❷〔そんなに〕**such**[サッチ], **that**[ザット]
- これほどおもしろい映画だとは思わなかった．
  I didn't expect that it would be *such* an interesting movie.
- それほど悪くないよ．It's not *that* bad.
- 立っていられないほどの地震(じしん)だった．
  The earthquake was so strong *that* I couldn't stay standing.

❸〔…ほど〜ではない〕**not as [so] 〜 as ...**
- 彼はお兄さんほど背が高くない．
  He is *not as* tall *as* his brother.
- 私はタオほど速く走れない．
  I can't run *as* fast *as* Tao.
- 健康ほど大切なものはない．
  *Nothing* is *as* precious *as* your health.

❹〔…すればするほど〕**the＋〈比較級〉, the＋〈比較級〉**
- 早ければ早いほどいい．
  *The sooner, the better.*
- 彼女を知れば知るほど好きになる．*The more* I get to know her, *the more* I like her.

**ほどう**¹【歩道】㊤**a sidewalk**[サイドウォーク], ㊦**a pavement**[ペイヴマント]
- 横断歩道
  **a *pedestrian* crossing** / ㊦**a crosswalk**
▎歩道橋 **a pedestrian overpass**

**ほどう**²【補導する】**guide**[ガイド], **take ... into protective custody**[プラテクティヴ カスタディ]
- 少年たちは万引で警官に補導された．
  The boys were *taken into custody* by the police for shoplifting.

**ほどく undo**[アンドゥー], **untie**[アンタイ]（⇔結ぶtie）
- 彼は靴(くつ)のひもをほどいた．

ほとけ

He *untied* his shoestrings.
・結び目をほどいてくれませんか.
Would you *undo* the knot?
**ほとけ**【仏】(仏陀(だ))a Buddha[ブーダ]
**ほどける** come［get］undone[アンダン], come loose[ルース]
**ほととぎす**〖鳥〗a lesser cuckoo[レッサ クークー]
**ほとりに** on ...[アン], by ...[バィ], near ...[ニァ]
・その建物は川のほとりにある.
The building is *by* the river.
**ボトル** a bottle[バトゥル]

# ほとんど

| ❶ほぼ | almost, nearly |
| ❷ほとんど…ない | hardly; (量・程度が) little; (数が) few |

❶[ほぼ]**almost**[オールマウスト], **nearly**[ニアリィ]
・新しい体育館はほとんど完成している. The new gym is *almost*［*nearly*］finished.
・ほとんど毎日 *almost* every day
━**most**, **almost all**
・ほとんどの生徒は上手に英語を話したがっている. *Most* (of the) students want to speak English well.
・ほとんどの子どもはおもちゃ遊びが好きだ. *Almost all* children like to play with toys.
❷[ほとんど…ない]**hardly**[ハードゥリィ]; (量・程度が)**little**[リトゥル]; (数が)**few**[フュー]
・ほとんど自分の目が信じられなかった.
I could *hardly* believe my eyes.
・ヒロが宿題を忘(わす)れることはほとんどない.
Hiro *hardly* ever forgets to do his homework.
・びんに牛乳がほとんど残っていない.
There is *little* milk left in the bottle.
**ポニーテール** a ponytail[ポウニィテイル]
・リナは髪(かみ)をポニーテールにしている.
Rina wears her hair in a *ponytail*.
**ぼにゅう**【母乳】mother's milk[マザァズ ミルク]
━**母乳で育てる** breastfeed
**ほにゅうびん**【ほ乳瓶】a baby bottle[ベイビィ バトゥル]
**ほにゅうるい**【ほ乳類】mammals[ママルズ], (1個体) a mammal

# ほね【骨】

| ❶動物の | (a) bone |
| ❷苦労 | pains |

❶[動物の](a) bone[ボウン]
・魚の骨がのどに引っ掛(か)かった.

A fish *bone* got stuck in my throat.
・スキー中に足の骨を折ってしまった.
I broke my leg while skiing.
❷[苦労]**pains**[ペインズ]
━**骨を折る** take pains, make efforts
・この本を読むのは骨が折れる. It is *hard work* for me to read this book.

◆慣 用 表 現◆
骨折り損のくたびれもうけ:私たちの努力は骨折り損のくたびれもうけだった. All our efforts were in vain. (←すべての努力が無駄(だ)になった)

**ほのお**【炎】a flame[フレイム]
・ろうそくの炎 the *flame* of a candle
・その家は炎に包まれていた.
The house was in *flames*.
**ほのぼの**【ほのぼのとした】heartwarming[ハートウォーミング]
・ほのぼのとした話 a *heartwarming* story
**ほのめかす** suggest[サグチェスト]
・先生は問題の解き方をほのめかした.
The teacher *suggested* a way to solve the problem.
**ポピュラー**【ポピュラーな】popular[パピュラァ]
│ポピュラー音楽 pop(ular) music
│ポピュラーソング a popular song
**ボブ**(髪型(がた)) bob[バブ]
**ボブスレー**〘スポーツ〙(そり) a bobsled[バブスレッド]; (競技) bobsledding[バブスレッディング]
**ポプラ**〖植物〗a poplar[パプラァ]
**ポプリ** potpourri[ポウプリー]
**ほほ**→ ほお
**ほぼ…** about ...[アバウト], around ...[アラウンド]
→ だいたい, ほとんど❶
**ほほえましい**(心温まる) heartwarming[ハートウォーミング]; (楽しい) pleasant[プレザント]
・ほほえましい光景 a *heartwarming* scene
**ほほえみ** a smile[スマイル]
・彼はほほえみを浮(う)かべながら答えた.
He answered with a *smile*.
**ほほえむ** smile (at ...)[スマイル]
・赤ちゃんは私にほほえんだ.
The baby *smiled at* me.
**ポメラニアン**(犬) a Pomeranian[パマレイニアン]

# ほめる【褒める】

praise[プレイズ], speak well of ...[スピーク ウェル]; (賞賛する) admire[アドゥマイア]

〈事〉のことで〈人・物・事〉をほめる
praise + 〈人・物・事〉+ for + 〈事〉
・母は私の頑張(がんば)りをほめてくれた.

ホワイト

My mother *praised* me *for* my hard work.
- 彼はめったに人をほめない.
He seldom *speaks well of* people.
- ナオはほめられてうれしかった.
Nao was happy to be *praised*.

**ぼや** a small fire[スモール ファイア]
**ぼやく** complain (about ...)[カンプレイン]
- ミキはいつも宿題のことをぼやいている.
Miki always *complains about* her homework.

**ぼやける** blur[ブラー]
- この写真はぼやけている.
This picture is *blurry*.

**ぼやぼや** (ぼやぼやする) be careless[ケアリス], be slow[スロウ] → ぼんやり

**ほら**¹ (呼びかけ) Hey![ヘィ], Look![ルック], Listen![リスン]
- ほら[ほら見て], いるかだよ!
*Hey* [*Look*]! There goes a dolphin!
- ほら(聞いて), これ私の大好きな曲.
*Listen*. This is my favorite music.

**ほら**² (大げさな話) a big talk[ビッグ トーク]
━ほらを吹(ふ)く talk big
┃ほら吹き(人) a big talker

**ホラーえいが** 【ホラー映画】a horror movie[ホーラァ ムーヴィ]

**ほらあな** 【洞穴】a cave[ケイヴ]

**ボランティア** (人) a volunteer[ヴァランティア]
┃ボランティア活動 (a) volunteer activity, volunteer work: 私はボランティア活動をしている. I do *volunteer work*. / I work as a *volunteer*.
┃ボランティア部 a volunteer club

**ほり** 【堀】a moat[モウト]

**ポリエステル** polyester[パリエスタァ]

**ポリシー** a policy[パラスィ]
- 私のポリシーは自分に正直であることだ.
My *policy* is to always be honest with myself.

**ほりだしもの** 【掘り出し物】a find[ファインド]; (安い買い物) a bargain[バーガン]

**ほりだす** 【掘り出す】dig out[ディッグ アウト], dig up[アップ] → ほる¹

**ポリぶくろ** 【ポリ袋】a plastic bag[プラスティック バッグ]

**ボリューム** volume[ヴァリューム]
- テレビのボリュームを上げて[下げて].
Turn up [down] the *volume* of the TV.
- ボリュームのある食事 a large meal

**ほりょ** 【捕虜】a prisoner (of war)[プリザナァ] [(ウォア)]

**ほる**¹ 【掘る】dig[ディッグ]
- 地面に深い穴を掘りなさい.
*Dig* a deep hole in the ground.
- 私たちはじゃがいもを掘った.
We *dug* (up) potatoes.

**ほる**² 【彫る】carve[カーヴ]
- 私は木に名前を彫った.
I *carved* my name into a tree.

**ボルダリング** bouldering[ボウルダリング]

**ボルト**¹ (ねじ) a bolt[ボウルト]
- ボルトを締(し)めた. I fastened a *bolt*.

**ボルト**² a volt[ヴォウルト] (▶電圧の単位. V, v と略す)

**ポルトガル** Portugal[ポーチュガル]
━ポルトガル(語, 人)の Portuguese[ポーチュギーズ]
┃ポルトガル語 Portuguese
┃ポルトガル人 a Portuguese

**ポルノ** pornography[ポーナグラフィ], 《話》porno[ポーノゥ], porn[ポーン]

**ホルモン** (a) hormone[ホーモウン]
┃ホルモン焼き grilled animal entrails

**ホルン** 〖楽器〗a horn[ホーン]

**ほれい** 【保冷する】keep cool[キープ クール]
┃保冷剤 an ice pack
┃保冷箱 a cooler

**ボレー** 〖スポーツ〗a volley[ヴァリィ]
━ボレーをする volley

**ほれる** fall in love (with ...)[フォール][ラヴ], fall for ...
- あのアイドルにほれてしまった. I *fell for* that idol. / I *have a crush on* that idol.

**ぼろ** (ぼろ布)《話》(a) rag[ラッグ]; (ぼろ服) rags
┃ぼろ靴($) worn-out shoes

**ポロ** 〖スポーツ〗polo[ポウロゥ]

**ぼろい** → ぼろぼろ

**ポロシャツ** a polo shirt[ポウロゥ シャート]

**ほろにがい** 【ほろ苦い】bittersweet[ビタスウィート]

**ほろびる** 【滅びる】fall[フォール], perish[ペリッシュ], die out[ダイ アウト]
- その国はもう滅びてしまった.
The country has already *perished*.

**ほろぼす** 【滅ぼす】destroy[ディストゥロィ]
- 彼らは敵を滅ぼした.
They *destroyed* the enemy.

**ぼろぼろ** 【ぼろぼろの】ragged[ラッグド]; (すり切れた) worn-out[ウォーンアウト]
- ぼろぼろの運動靴($)
*worn-out* sports shoes

**ホワイト** white[(ホ)ワイト]
┃ホワイトソース white sauce

## ほん

ホワイトハウス the White House
ホワイトボード a whiteboard

## ほん【本】
**a book**[ブック]
- 歴史に関する本 a *book* on history
- 英語で書かれた本 a *book* in English
- 太宰(だざい)治の本 a *book* by Dazai Osamu
- おもしろい本を読んだ. I read an interesting *book*.
- 兄は本を読むのが好きだ. My brother likes reading *books*.
- 1か月に何冊本を読みますか. How many *books* do you read a month?
- その本の作者はだれですか. Who is the writer of that *book*?

本棚(だな) a bookshelf
本箱 a bookcase
本屋, 書店 ⊛ a bookstore, ⊛ a bookshop
本屋さん(人), 書店員 a bookseller

表現メモ

**本のいろいろ**
絵本 a picture book
攻略本(ゲームの) a strategy guide (book)
子どもの本 a children's book
辞書 a dictionary / 小説 a novel
図鑑(かん) an illustrated reference book
年鑑(かん) an almanac
百科事典 an encyclopedia
漫画(まんが) a comic (book)
ハードカバー a hardcover
文庫本 a paperback, a pocket book
ペーパーバック a paperback

## ぼん【盆】

| ❶平たい器 | a tray |
| ❷仏教の行事 | Bon: the Bon festival |

❶[平たい器]**a tray**[トゥレイ]
❷[仏教の行事]**Bon: the Bon festival**[フェスタヴァル] ➡ 年中行事[口絵]
- 盆は先祖の魂(たましい)を慰(なぐさ)めるために7月または8月に行われる仏教の祭りです. *Bon* is a Buddhist festival held in July or August to console the spirits of the ancestors.

盆踊(おど)り the Bon festival (folk) dance
盆休み the Bon holidays

**ほんかくてき**【本格的な】(本物の)**genuine**[チェニュイン]; (本気の)**serious**[スィ(ァ)リアス]
- 本格的な練習が始まった. The *serious* training has started.

**ほんき**【本気の】**serious**[スィ(ァ)リアス]
- 「来年イギリスに行くよ」「本気なの?」 "I'm going to Great Britain next year." "Are you *serious*?"

━**本気で[に] seriously, in earnest**[アーニスト]
- 本気で勉強した. I studied *seriously* [for real].
- 彼女の言ったことを本気にするなよ. Don't take her words *seriously*.
- それ, 本気で言ってるんじゃないんでしょう? You don't really *mean it*, do you?

**ほんごく**【本国】**a home country**[ホウム]
**ホンコン**【香港】**Hong Kong**[ハンカング]
**ぼんさい**【盆栽】**a bonsai**[バンサイ], **a miniature tree**[ミニャチャァ トゥリー]
**ほんしつ**【本質】**essence**[エスンス]
━**本質的な essential**[イセンシャル]
━**本質的に essentially**
**ほんじつ**【本日】**today**[トゥデイ]
- 本日休業《掲示》CLOSED *TODAY*

**ほんしゃ**【本社】**the head [main] office**[ヘッド [メイン] オーフィス](⇔支社 a branch (office))
**ほんしゅう**【本州】**Honshu, the Main Island of Japan**[メイン アイランド][ヂァパン]
**ほんしん**【本心】(意図)**real intention**[リー(ァ)ル インテンション]; (気持ち)**true feelings**[トゥルー フィーリングズ]
- ミキは私に本心を打ち明けた. Miki told me her *real intention*(s).
- 彼の本心がわからない. I don't know his *true feelings*.

**ほんせき**【本籍】**a permanent [legal] address**[パーマナント [リーガル] アドゥレス]
**ほんたい**【本体】the (main) body[(メイン) バディ]; (ゲームの)**the main system**[スィステム], **the system itself**[イットセルフ]
**ぼんち**【盆地】**a basin**[ベイスン]
- 甲府(こうふ)盆地 the Kofu *Basin*

**ほんてん**【本店】**the head [main] store**[ヘッド [メイン] ストァ] ➡ ほんしゃ
**ほんと**➡ ほんとう
**ほんど**【本土】**the mainland**[メインランド]
**ボンド**《商標》➡ せっちゃくざい
**ポンド**(重量の単位)**a pound**[パウンド](▶1ポンドは約454グラム, 記号はlb.); (英国などの通貨単位)**a pound**(▶記号は£)

## ほんとう【本当の】

**real**[リー(ァ)ル], **true**[トゥルー]
- 夢かと思ったら本当だった. I thought it was a dream but it was *real*.
- それは本当の話だ. That's a *true* story.

- 彼女が転校するというのは本当だ．
It's *true* that she will transfer to another school.
- 本当のことを話しなさい．Tell me *the truth*.

━**本当に really, truly**
- 本当にありがとう．I *truly* thank you.
- きょうは本当に楽しかった．
We had a *really* good time today.
- 彼の話を本当に信じているの？
Do you *really* believe his story?
- 「その服よく似合うね」「本当に？ ありがとう」
"The dress looks nice on you." "*Really*? Thanks."

━**本当は in fact, really, actually**[アクチュアリィ]；(本当を言えば) **to tell the truth**
- ケンは本当はにんじんがきらいだ．
Ken *actually* doesn't like carrots.
- 本当はミーティングに行きたくなかった．
*To tell the truth*, I didn't want to go to the meeting.

**ほんにん【本人】the person *oneself*** [パースン]；**the actual person**[アクチュアル]，**the person in question**[クウェスチャン]
- それはマリ本人から直接聞いた話だ．
I heard it directly from Mari *herself*.
- 本人に聞かないとわからない．If you don't ask *the actual person*, you won't know.
- これは本人でなければできない．
This must be done in person.

**ほんね【本音】true feelings**[トルー フィーリングズ]

**ボンネット**(自動車の)⊕**a hood**[フッド]，⊕**a bonnet**[バニット] → **くるま** 図

**ほんの only**[オウンリィ]，**just**[ヂャスト]
- ほんの少しだけ泳げます．I swim *just* a little.
- 姉はほんの2，3分前に家を出た．My sister left the house *only* a few minutes ago.
- 彼はまだほんの子どもだ．
He is *only* [*just*] a child.

**ほんのう【本能】(an) instinct**[インスティンクト]
━**本能的な instinctive**[インスティンクティヴ]
━**本能的に instinctively, by instinct**

**ほんば【本場】the home**[ホウム]
- ブリティッシュロックの本場
*the home* of British rock
- 本場の松阪牛を食べた．
I ate *genuine* [*real*] Matsuzaka beef.

**ほんばん【本番】**
- ぶっつけ本番で without (any) rehearsal
- 本番で間違(ちが)えてしまった．I messed up during the *actual performance*.
- いよいよ本番だ．This is it!

**ほんぶ【本部】the head office**[ヘッド オーフィス]，a center[センタァ]

**ポンプ a pump**[パンプ]
━ポンプでくみ出す **pump**

**ほんぶり【本降りになる】begin to rain hard**[ビギン][レイン ハード]

**ほんぶん【本文】the text**[テクスト]

**ボンベ a cylinder**[スィリンダァ](►「ボンベ」はドイツ語から)
- ガスボンベ a gas *cylinder*

**ほんみょう【本名】a real name**[リー(ァ)ル ネイム]

**ほんめい【本命】(優勝候補の) the favorite**[フェイヴ(ァ)リット]，**a sure bet**[シュア ベット]；(恋愛の) **one's true love**[トルー ラヴ]
- これが兄の本命の大学だ．
This college is my brother's *first choice*.

**ほんもの【本物の】genuine**[チェニュイン]，**real**[リー(ァ)ル]
- これは本物のダイヤモンドですか．
Is this a *real* [*genuine*] diamond?

**ほんやく【翻訳】(a) translation**[トゥランスレイション]
- アヤはシェイクスピアの作品を翻訳で読んだ．
Aya read Shakespeare in *translation*.
━**翻訳する translate**
- これを英語に翻訳していただけませんか．
Could you *translate* this *into* English please?
┃**翻訳家 a translator**

**ぼんやり【ぼんやりした】(不明りょうな) vague**[ヴェイグ]；(うわの空の) **absent-minded**[アブサントマインディド]；(不注意な) **careless**[ケアリス]
- 彼女のことはぼんやり覚えている．
I have *vague* memories of her.
- ぼんやりしていて乗り過ごしてしまった．
I was *careless* and rode past my station.
- ぼんやりしていてテストに自分の名前を書き忘れた．I *absent-mindedly* forgot to write my name on the test.
- 姉は一日中ぼんやりしていた．
My sister was *daydreaming* all day.
- ぼんやりするな！ Watch out! / Look out! / Be careful! (← 気をつけろ)
━**ぼんやりと vaguely; carelessly**

**ほんらい【本来の】original**[アリヂナル]
━**本来(は) originally**
- 豆腐(とうふ)は本来中国から来たものだ．
Tofu *originally* came from China.

**ほんるい【本塁】**〘野球〙**home (plate)**[ホウム (プレイト)] → **ホーム²**
┃**本塁打 a home run, a homer**

**ま【間】**(時間)*time*[タイム]; (部屋)*a room*[ルーム]
- 彼はあっという間に帰って来た.
  He came back in no *time*.
- 6畳(じょう)間 a six-tatami mat *room*

**ま…【真…】**(ちょうど)*right*[ライト] → まうえ, ました

**まあ** (促(うなが)したり, なだめたりして)*come on*[カモン]; (ためらって)*well*[ウェル]; (驚(おどろ)きを表して)*Oh!*[オッ], *My!*[マイ]
- まあ落ち着けよ. *Come on*. Calm down.
- まあ, あきらめるしかないかな.
  *Well*, I suppose I'll have to give it up.
- まあ, すてきな服. *Oh*, what a lovely dress!

**マーカー** (蛍光(けいこう)ペン)*a marker*[マーカァ], *a highlighter*[ハイライタァ]

**マーガリン** *margarine*[マーヂャリン] (★発音注意)

**マーガレット**【植物】*a marguerite*[マーガリート]

**マーク** (印)*a mark*[マーク]; (記号)*a sign*[サイン]
━**マークする** *mark*; 『スポーツ』*mark*, *cover*, *give special attention*[スペシャル アテンシャン]
- 彼は相手チームからマークされた.
  He was *marked* by the opposing team.
  マークシート (用紙)*a computer-scored answer sheet*
  マーク試験 *a computer-scored exam*, *a multiple-choice exam*

**マーケット** (市場)*a market*[マーキット]

**マージャン** *mahjong*[マーヂャング]

**マーチ** (行進曲)*a march*[マーチ]

**マーチングバンド** *a marching band*[マーチング バンド]

**まあね** *Well*, *yes*.[ウェル イェス]
- 「これ自分で作ったの？」「まあね」
  "You (have) made this yourself?" "*Well*, *yes*."

**まあまあ** (まずまず)*not so bad*[バッド], *so-so*[ソウソウ]; (なだめて)*Now*, *now*.[ナウ]
- 今回の点数はまあまあだった.
  The score was *so-so* this time.
- 「テストはどうだった？」「まあまあだね」
  "How did your test go?" "*Not so bad*."
- まあまあ, そうせっかちにならないで.
  *Now*, *now*, don't be so impatient.

**マーマレード** *marmalade*[マーマレイド]

**まい…【毎…】**

*every* …[エヴリィ]; (…につき)*a* …[ア]
- 私は毎朝7時に起きる.
  I get up at seven *every* morning.
- 毎日[月, 年] *every* day [month, year]
- 毎晩 *every* evening [night]
- 毎回 *every* time
- 毎週1回 *once a* week

**…まい【…枚】**

*a piece of* …[ピース]; (紙・ガラスなどの)*a sheet of* …[シート]; (パン・ハムなどの)*a slice of* …[スライス]
- 2枚の紙 two *pieces* [*sheets*] *of* paper
- 食パン3枚 three *slices of* bread

two pieces [sheets] of paper　　three slices of bread

**マイクロバス** *a microbus*[マイクロウバス] (複 microbuses, ⊕microbusses), *a minibus*[ミニバス] (複 minibuses, ⊕minibusses)

**マイク** (ロホン)*a microphone*[マイクラフォウン], 《話》*a mike*[マイク]
- 彼女はマイクを使って歌った.
  She sang using a *microphone*.
- マイクが入っていない.
  The *microphone* is not on.

**まいこ**【舞妓】*an apprentice geisha*[アプレンティス ゲイシャ]

**まいご**【迷子】*a lost child*[ロースト チャイルド]
- 男の子は駅で迷子になった.
  The boy *got lost* in the station. / The boy *lost* his *way* in the station.

**まいしゅう**【毎週】*every week*[エヴリィ ウィーク]
- 毎週ピアノのレッスンを受けている.
  I take piano lessons *every week*.

- その漫画(まんが)雑誌は毎週月曜発売だ. The comic magazine comes out *every* Monday.
- **―毎週の weekly**

**まいそう**【埋葬する】**bury**[ベリィ](★つづり・発音注意)

**まいたけ a maitake mushroom**[マッシュルーム]

**まいつき**【毎月】**every month**[エヴリィ マンス]
- 彼女は毎月模擬(もぎ)試験を受ける.
  She takes a practice exam *every month*.
- **―毎月の monthly**
- 君の毎月の小遣(こづか)いはいくらですか.
  How much is your *monthly* allowance?

**まいとし**【毎年】**every year**[エヴリィ イア]
- ケンの家族は毎年ハワイへ行く.
  Ken's family goes to Hawaii *every year*.
- **―毎年の yearly, annual**[アニュアル]

**マイナー**【マイナーな】**minor**[マイナァ]
▎マイナーリーグ **a minor league**

**マイナス a minus**[マイナス](►記号は－)(⇔プラス **a plus**)
- 7マイナス2は5.
  Seven *minus* two is [equals] five.
- 気温がマイナス10度まで下がった.
  The temperature fell to ten degrees *below zero*.
- **―マイナスの minus, negative**[ネガティヴ]
- それにはマイナスのイメージがある.
  It has a *negative* image.
▎マイナス思考 **negative thinking**

**マイナンバー Individual Number**[インディヴィデュアル ナンバァ]
- マイナンバーカード
  an *Individual Number* Card

# まいにち【毎日】

**every day**[エヴリィ デイ]
- 毎日2時間は勉強しなければ. I have to study (for) at least two hours *every day*.
- 毎日毎日同じことを言われている. I've been told the same thing *day after day*.
- **―毎日の daily, everyday**

**まいねん**【毎年】→ **まいとし**

**まいばん**【毎晩】**every evening**[エヴリィ イーブニング], **every night**[ナイト]
- 私は毎晩ニュースを見る.
  I watch a news show *every night*.

**マイブーム**【マイブームだ】**be into ...**(►「マイブーム」は和製英語)
- 最近のマイブームは絵を描(か)くことだ.
  These days, I'm *into* drawing.

**マイペース**【マイペースで】**at one's own pace**[オウン ペイス](►「マイペース」は和製英語);(自分のやり方で)**in one's own way**[ウェイ]

- マイペースで走ればいいんだよ.
  Just run *at your own pace*.
- ケンは何事もマイペースでやる.
  Ken does everything (*in*) *his own way*.

**マイホーム one's own home**[オウン ホウム](►「マイホーム」は和製英語)
- 姉はマイホームを買いたがっている.
  My sister wants to buy *her own home*.

**まいる**【参る】

| ❶移動する | (来る)**come**;(行く)**go**;(参拝する)**visit** |
| ❷降参する | **give up** |

❶[移動する](来る)**come**[カム];(行く)**go**[ゴウ];(参拝する)**visit**[ヴィズィット]
- すぐに参ります. I'll *come* at once.
- 私たちの先祖の墓に参った.
  We *visited* our family grave.

❷[降参する]**give up**[ギヴ]
- 参った. 君の勝ちだ. I *give up*. You win.

**マイル a mile**[マイル](►長さの単位. 約1.6キロメートル)

**マイルド**【マイルドな】**mild**[マイルド]
- マイルドな味 *mild* taste

**まう**【舞う】**dance**[ダンス]→ **おどる**

**まうえ**【真上に】**right [just] above ...**[ライト[ヂャスト] アバヴ];(頭上高くに)**directly overhead**[ディレクトゥリィ オウヴァヘッド]
- その建物の真上に *right above* the building

**マウス**〚コンピュータ〛**a mouse**[マウス](複 **mice**[マイス], **mouses**)→ **コンピュータ**図
▎マウスパッド **a mousepad**

**マウスピース a mouthpiece**[マウスピース]

**マウンテンバイク a mountain bike**[マウンテン バイク]

**マウンド**〚野球〛**a mound**[マウンド]
- ピッチャーはマウンドを降りた[に上がった].
  The pitcher left [took] the *mound*.

# まえ【前(に)】

| ❶場所が | (前部・正面)**the front**;(…の)**in front (of ...), before ..., ahead (of ...)**;(前方へ)**forward** |
| ❷時間が | **before ...**;(現在から…前に)**... ago**;(以前に)**before, once**;(最後に)**last** |

❶[場所が](前部・正面)**the front**[フラント](⇔後ろ **the back**);(…の)**in front (of ...), before ...**[ビフォア], **ahead (of ...)**[アヘッド];(前方へ)**forward**[フォーワド]

## まえあし

- 前から順に in order from *front* to back
- 前から3番目の席だ. My seat is third from *the front*.
- このジャケットはジッパーが前にある. This jacket has a zipper in (*the*) *front*.
- 校門の前に集合した. We got together *in front of* the school gate.
- 私のすぐ目の前でその事故が起こった. That accident happened right *before* my eyes.
- クミが私たちの前を走っているよ. Kumi is running *ahead of* us.
- 前に出ていただけませんか. Could you step *forward*, please?

**━前の** front
- 彼は車の前の席に座った. He sat in the *front* seat of the car.

❷〔時間が〕before …; (現在から…前に)… ago［アゴウ］;（以前に）before, once［ワンス］;（最後に）last［ラスト］
- 私は寝る前に翌日の準備をする. I prepare for the next day *before* I go to bed.
- 体育祭の3日前にけがをした. I got injured three days *before* the sports festival.
- 私は2年前に小学校を卒業した. I finished elementary school two years *ago*.
- 前にここに来たことがある. I have been here *before*.
- 彼は前に生徒会長だったことがある. He was *once* a student council president.
- 前に韓国に行ってから2年が過ぎた. Two years have passed since I *last* visited Korea.

**━前の**（この前の）last;（その前の）previous［プリーヴィアス］;（元の）former［フォーマァ］
- この前の冬にスキーに行った. We went skiing *last* winter.
- 前の首相 the *former* prime minister

**まえあし**【前足】(四足獣の)a forefoot［フォーフット］, a foreleg［フォーレッグ］

**まえうり**【前売り】(an) advance sale［アドゥヴァンス セイル］
- チケットの前売りはいつからですか. When will they begin selling the tickets *in advance*? / When will they begin *advance* ticket *sales*?

前売り券 an advance ticket

**まえがみ**【前髪】(切りそろえた)bangs［バングズ］, ⊛fringe［フリンヂ］
- 前髪を切った. I had my *bangs* cut.

**まえば**【前歯】front tooth［フラント トゥース］(複 front teeth［ティース］)

**まえむき**【前向きな】positive［パズィティヴ］
- 前向きな姿勢 a *positive* attitude

**━前向きに** positively
- 前向きに考えよう. Let's think *positively*.

**まえもって**【前もって】beforehand［ビフォァハンド］, in advance［アドゥヴァンス］

**まかす**【負かす】beat［ビート］, defeat［ディフィート］
- その試合で私は6点差で相手を負かした. I *beat* [*defeated*] my opponent by six points in the match.

**まかせる**【任せる】leave (to …)［リーヴ］
- この件はジュンに任せました. I *left* this job *to* Jun.
- 成り行きに任せることにしよう. *Let* things take their own course.

**まがりかど**【曲がり角】a corner［コーナァ］
- 次の曲がり角を右に曲がってください. Turn right at the next *corner*.

## まがる【曲がる】

(物などが)bend［ベンド］;（曲線状に）curve［カーヴ］;（方向が変わる）turn［ターン］
- この道路はそこで急に曲がっている. This road *bends* [*curves*] sharply from there.
- この線は曲がっている. This line is *curved*.
- 学校のところを左に曲がってください. Please *turn* (to the) left at the school.
- 背中が曲がっているよ. Your back is *stooped* [*curved*].

**━曲がった** bent; curved;（くねくねと）winding［ワインディング］
- 曲がりくねった道 a *winding* road
- 曲がったことは大嫌いだ. I hate *dishonesty*.

**マカロニ** macaroni［マカロウニィ］(▶イタリア語から)

マカロニグラタン macaroni au gratin

**まき**（たきぎ）firewood［ファイアウッド］, wood

**まきげ**【巻き毛】curly hair［カーリィ ヘア］

**まきこまれる**【巻きこまれる】(渋滞などに)be caught in …［コート］;（けんか・事故などに）be involved in …［インヴァルヴド］
- 彼は事故に巻きこまれた. He *was involved in* the accident.

**まきじゃく**【巻き尺】a tape measure[テイプ メジャァ]
**まきちらす**【まき散らす】(ばらまく)scatter[スキャタァ];(水や粉を)sprinkle[スプリンクル] → まく⁴
**まきつく**【巻きつく】coil[wind](itself)[コイル[ワインド](イットゥセルフ)]
・朝顔のつるが棒に巻きついた. Vines of morning glory *wound* around the stick.
**まきば**【牧場】(放牧地) a pasture[パスチァア];(牧草地)(a) meadow[メドウ]
**まぎらわしい**【紛らわしい】(類似して混乱させる)confusing[カンフューズィング];(判断を誤らせる)misleading[ミスリーディング]
・これらの単語は紛らわしい. These words are *confusing*.
**まぎわ**【…の間際に】(…の直前に)just before …[チャスト], at the last minute[ラスト ミニット]
・その店は閉店間際に商品を値下げする. The shop lowers the prices of its goods *just before* it closes.

# まく¹【巻く】

(丸める)roll(up)[ロウル];(くるむ)wrap[ラップ];(包帯を)bandage[バンディッヂ];(ねじって)wind(up)[ワインド]

roll　　　　　wrap　　　　bandage

・紙を巻いて望遠鏡を作った. I *rolled* a sheet of paper into a paper telescope.
・彼女はマフラーを首に巻いた. She *wrapped* a scarf around her neck.
・医者は私の腕に包帯を巻いた. The doctor *bandaged* my arm.

**まく²**【幕】(舞台などの)a curtain[カートゥン];(芝居の一区切り)an act[アクト]
・幕が上がった[下りた]. The curtain rose[fell].
・『ロミオとジュリエット』の第2幕第1場 *Act* II, Scene 1 of 'Romeo and Juliet'

**まく³**(種を)plant[プラント], sow[ソウ]
・庭にひなぎくの種をまいた. We *planted* daisy seeds in the garden.

**まく⁴**(ばらまく)scatter[スキャタァ];(水や粉を)sprinkle[スプリンクル]
・庭に水をまいた. I *sprinkle*d water on the garden. / I *watered* the garden.
・私たちは節分に豆をまく. We *throw* beans (at things) on *Setsubun*.

**マグカップ** a mug[マッグ]
**マグニチュード** magnitude[マグナトゥード](▶地震の規模を表す単位. 記号はM)
・マグニチュード7の地震があった. There was an earthquake with a *magnitude* of 7 (on the Richter scale). (▶the Richter scaleは地震の規模を示す目盛り)
**マグマ**【地質】magma[マグマ]
**まくら** a pillow[ピロウ]
・彼らは男の子のまくら元にプレゼントを置いた. They put the gift by the boy's *pillow*.
∥まくらカバー a pillowcase
**まくる**(そでなどを)roll up[ロウル]
・彼はそでをまくって仕事にとりかかった. He *rolled up* his sleeves and went to work.
**まぐれ**《話》a fluke[フルーク];(運)chance[チャンス], luck[ラック]
・彼らの勝利は単なるまぐれだ. Their victory was just a *fluke*. / Their victory was pure *luck*.
・ぼくはまぐれで満点を取った. I got a perfect score just by *chance*.
∥まぐれ当たり a lucky guess
**まぐろ**【魚】a tuna[トゥーナ](複 tuna, tunas)
**まけ**【負け】(a) defeat[ディフィート](⇔勝ち(a) victory)
・負けを認めたらどうだ. Why don't you just admit your *defeat*?
・君の負けだ. You've *lost*. / You *lose*. / You *lost*.
∥負け犬 an underdog
**まけおしみ**【負け惜しみ】sour grapes[サウァ グレイプス](▶『イソップ物語』より)
・負け惜しみを言うな. Don't cry *sour grapes*.
・彼は負け惜しみが強い. He is a *bad loser*.
**まけずぎらい**【負けず嫌いの】(競争心の強い)competitive[カンペタティブ]
・彼女はとても負けず嫌いだ. She is very *competitive*. / She really *hates to lose*.

# まける¹【負ける】

| ❶試合などで | lose;(打ち負かされる)be beaten |
| ❷抵抗できなくなる | give in(to …), give way(to …) |

❶[試合などで]lose[ルーズ](⇔勝つ win);(打ち負かされる)be beaten[ビートゥン]
・この試合は負けられない. We can't *lose* this game.
・私たちは彼らにこてんぱんに負けた.

**まける²**

We *lost* to them overwhelmingly.
- ぼくたちのチームは7対1で負けた.
Our team *got beaten* by (a score of) 7 to 1.
- ユミは泳ぎでは学校のだれにも負けない.
Yumi is the top swimmer at the school.

❷ [抵抗できなくなる] **give in** (**to** ...) [ギヴ], **give way** (**to** ...) [ウェィ]
- 眠気に負けた.
I *gave way to* the sleepiness.

**まける²** (値段を) **give a discount** [ディスカウント]
- もう少しまけてもらえませんか.
Can you *give* me *a discount*?

**まげる** 【曲げる】 **bend** (**down**) [ベンド]; (主張を) **change** [チェインヂ]
- ひじを曲げて. *Bend* your elbow.

**まけんき** 【負けん気の強い】→まけずぎらい

**まご** 【孫】 **a grandchild** [グラン(ドゥ)チャイルド] (複 **grandchildren** [-チルドゥラン]), (女の) **a granddaughter** [グランドータァ], (男の) **a grandson** [グラン(ドゥ)サン]

**まごころ** 【真心】 (誠実さ) **sincerity** [スィンセラティ]
- 真心を込(こ)めて手紙を書いた.
I wrote the letter with all *sincerity*.
━真心の込もった **sincere** [スィンスィァ]

**まごつく** (混乱して慌(あわ)てる) **be** [**get**] **confused** [カンフューズド]
- まごついてどうしたらいいかわからなかった.
I *was confused* and didn't know what to do.

**まこと** 【誠に】 **really** [リー(ァ)リィ], **very** [ヴェリィ]
- 誠に申し訳ない. I am *really* [*very*] sorry.

**まごまご** 【まごまごする】 **feel lost** [フィール ロースト]

**まさか** (そんなはずはない) **That can't be true.** [トゥルー], **No!**, **Oh no!** [オゥ]; (冗談(じょうだん)でしょ) **No kidding!** [キディング], **No way!** [ウェィ]
- まさか, そんなはずはない.
*Oh, no! That can't be true!*
- 「宝くじで1億円当たったんだ」「まさか」
"I won a hundred million yen in a public lottery." "*No kidding!*"

**まさつ** 【摩擦】 **friction** [フリクション]

**まさに¹** (ちょうど) **just** [ヂャスト], **exactly** [イグザクトゥリィ]; (確かに) **certainly** [サートゥンリィ]
- まさに君の言うとおりだ. *Exactly*.
- これはまさに私のほしかったものです.
This is *just* [*exactly*] what I wanted.
- マオこそまさに学級委員長にふさわしい人物だ. Mao is *certainly* the right person to be the class president.

**まさに²** 【まさに…しようとしている】 **be** (**just**) **about to**＋〈動詞の原形〉 [(ヂャスト) アバウト] →…しよう❷
- ぼくが駅に着いたとき, 電車はまさに発車しようとしていた. The train *was* (*just*) *about to* leave when I got to the station.

**まさる** 【勝る】 **be better** (**than** ...) [ベタァ], **be superior** (**to** ...) [スピ(ァ)リァ]
- 数学でユカに勝る生徒はいない. Yuka *is better than* other students in math. / Yuka *is superior to* other students in math.

**まざる** 【混ざる, 交ざる】 **mix** [ミックス], **blend** [ブレンド]; (ごちゃごちゃに) **get mixed up** [ミックスト] →まじる, まぜる
- いろいろな色が混ざっている.
Various colors are *mixed* together.
- 卵とバターがまだちゃんと混ざっていない.
The egg and the butter are not properly *mixed* yet.

**まし** 【ましな】 (よりよい) **better** [ベタァ]
- もう少しましなものはなかったの？
Wasn't there anything *better*?
- そんなことをするくらいなら死んだほうがましだ. I'*d rather die than* do such a thing.
(▶I'dはI wouldの短縮形)

**マジ** 【マジな】 (真剣(しんけん)な) **serious** [スィ(ァ)リアス], **for real** [リー(ァ)ル]
- それ, マジ？
Are you *serious* [*for real*] about that?
━マジに [で] **seriously**, **really**
- マジで驚いた. I was *really* surprised.

**ました** 【真下に】 **right** [**just**] **under** ... [ライト [ヂャスト]]
- テーブルの真下に *right under* the table

**マジック** (手品) **magic** [マヂック]; (フェルトペン) (**permanent**) **marker** [(パーマナント) マーカァ] (▶油性であることを明確にしたいときはpermanentを付けて言う)

**まして** (もっと…だ) **much more** [マッチ モァ]; (もっと…でない) **much less** [レス]
- うちの犬は以前にもましてかわいくなった.
Our dog is *much* cuter than before.
- ジュンは自転車にも乗れないのに, まして一輪車に乗れるわけがない. Jun can't even ride a bicycle, *much less* a unicycle.

**まじない** **a charm** [チャーム], **a spell** [スペル] →まほう

# **まじめ** 【まじめな】

(本気の) **serious** [スィ(ァ)リアス]; (熱心な) **earnest** [アーニスト]
- どうしたの, まじめな顔しちゃって.
What's wrong? You look so *serious*.

- ケンはまじめな生徒だ.
  Ken is an *earnest* student.
- **まじめに seriously; earnestly**
- もっとまじめにやろう.
  Let's do this more *seriously*.
- そんなにまじめに取るなよ.
  Don't take it so *seriously*.

**まじゅつ**【魔術】**magic**[マヂック]
**マシュマロ a marshmallow**[マーシュメロウ]
**まじょ**【魔女】**a witch**[ウィッチ]

## …ましょう【…(し)ましょう】

❶ 勧誘 (かんゆう)　　　　Let's+〈動詞の原形〉
❷ 相手の意向　　　　Shall I+〈動詞の原形〉?
❸ 話し手の意志　　　　I will+〈動詞の原形〉

❶〔勧誘〕**Let's+〈動詞の原形〉**[レッツ]

話してみよう!

☺ 公園へ行きましょう.
　*Let's* go to the park.
☺ ええ, そうしましょう. / いいえ, 行きたくないです.
　Yes [Sure]. / No, I don't want to.

- きょう外に出るのはよしましょう.
  *Let's* not go outside today.

❷〔相手の意向〕**Shall I+〈動詞の原形〉?**[シャル] → …か❷

- 麦茶を入れましょうか.
  *Shall I* get you a glass of barley tea?

❸〔話し手の意志〕**I will+〈動詞の原形〉**[ウィル]

- 私が皿を洗いましょう.
  *I will* do [wash] the dishes.

**ましょうめん**【真正面】**directly in front**[ディレクトゥリィ][フラント]
- 私の家は学校の真正面にある. My house is *directly in front* of the school.

**まじる**【混じる, 交じる】**mix**[ミックス]
- 油と水は混じらない.
  Oil and water don't *mix*.
- 彼は子どもたちに混じって野球をした.
  He *joined* the kids playing baseball in the field.

**まじわる**【交わる】(交差する)**cross**[クロース], **intersect**[インタァセクト] → こうさ¹
- その2本の高速道路は東京の西で交わっている.
  The two freeways *cross* [*meet*] just west of Tokyo.

**ます**¹〔魚〕**a trout**[トゥラウト](複 trout, trouts)
- にじます a rainbow *trout*

**ます**²【増す】**increase**[インクリース]; (重さ・力などを)**gain**[ゲイン] → ふえる; (大きく【強化】する)**add to** …[アッド]

- 飛行機はスピードを増した.
  The plane *gained* speed.
- このスパイスは料理の風味を増す. This spice will *add to* the taste of the food.

## …ます【…(し)ます】

❶ 現在の事実・習慣　　（下記❶参照）
❷ 意志, 予定　　will+〈動詞の原形〉,
　　　　　　　　be going to+〈動詞の原形〉

❶〔現在の事実・習慣〕(►動詞の現在形で表す)→ する¹ **ポイント!**

- ぼくは父と時々キャッチボールをします.
  I sometimes *play* catch with my father.
❷〔意志, 予定〕**will+〈動詞の原形〉**[ウィル], **be going to+〈動詞の原形〉**[ゴウイング]
- 私が彼女にそのことについて話します.
  I *will* tell her about it.
- 彼はあした出発します.
  He's *going to* leave tomorrow.

## まず

❶ 最初　　　　　　　first（of all）
❷ たぶん　　　　　　probably

❶〔最初〕**first（of all）**[ファースト]
- まず宿題を終わらせよう.
  I'll finish my homework *first*.
- まず最初に野菜を切ってください.
  *First of all*, cut the vegetables.
❷〔たぶん〕**probably**[プラバブリィ]
- マキはまず遅(おく)れて来るだろう.
  Maki will *probably* be late.

**ますい**【麻酔】**anesthesia**[アナスィージャ]
- 麻酔からさめた.
  I came out of the *anesthesia*.

**まずい**(味が)**taste bad**[**terrible**][テイスト バッド][テリブル]; (不適切である)**be not good**[グッド]
- このハンバーガーはまずい. This hamburger *tastes bad*. / This hamburger doesn't *taste good*.
- 先生にうそをつくのはまずいよ.
  *It's not good* to lie to the teacher.

**マスカット a muscat（grape）**[マスカット（グレイプ）]
**マスカラ mascara**[マスキャラ]
- ナオはたっぷりマスカラをつけた.
  Nao put on heavy *mascara*. / Nao applied heavy *mascara*.

**マスク a mask**[マスク]
- マスクを外した. I took off a *mask*.

## マスコット

- マスクをつけた. I put on a *mask*.
- 学校にマスクをして行った. I wore a *mask* to school.
- 使い捨てマスク a disposable *mask*

**マスコット** a mascot[マスカット]

**マスコミ**(新聞, テレビ, 雑誌など) **the (mass) media**[(マス) ミーディア], **the press**[プレス]
- その事件はマスコミの注目を集めた. The incident attracted attention from *the mass media*.

**まずしい**【貧しい】**poor**[プァ] (⇔豊かな rich, wealthy, well-off)
- 彼は子どものころ貧しい暮らしをしていた. He was *poor* when he was a child.
- 彼女は心が貧しい. She is *small*-minded. (←狭(せま)い)

**マスター**[1]【マスターする】**master**[マスタァ]
- 英語をマスターしたい. I want to *master* English.

**マスター**[2]（店の）**a manager**[マニヂァァ]

**マスタード** mustard[マスタァド]

**ますます more and more**[モァ] (►このほか〈比較級〉+and+〈比較級〉の形で表す)
- 彼の話はますますおもしろくなった. His talk became *more and more* interesting.
- ますます寒くなってきた. It's getting *colder and colder*.

**ませる**【ませている】**be precocious**[プリコウシャス], **be too grown-up**[グロウナップ]
- ませた口をきくな. Don't *be precocious*.
- その少年はませている. The boy *acts like an adult*. / The boy acts *precociously*.

## まぜる【混ぜる, 交ぜる】

**mix**[ミックス];（かき混ぜる）**stir**[スター]→かきまぜる

mix

stir

- 牛乳と卵と砂糖をすべて混ぜなさい. *Mix* the milk and eggs and sugar (together).

**…ません**【…(し)ません】→…ない❷

## …ませんか【…(し)ませんか】

**How [What] about**+〈-ing形〉?[ハゥ [(ホ) ワット] アバウト], **Won't you**+〈動詞の原形〉?[ウォウント], **Why don't you**+〈動詞の原形〉?[(ホ) ワィ]
- 「少し休みませんか」「いいですね」 "*How about* tak*ing* a short break?" "That's a good idea."
- 「いっしょに海に行きませんか」「ごめんなさい, きょうは駄目(だめ)なんです」 "*Why don't you* come with us to the beach?" "Sorry, but I can't today."
- 「ジュースを飲みませんか」「ありがとう, いただきます」 "*Would you like* some juice?" "Yes, thank you."

## また[1]

| ❶再び | again |
| ❷同じく | too, also;（否定文で）either |
| ❸そのうえ | and, ～ as well as … |

❶[再び]**again**[アゲン]
- またあそこに行きたい. I want to visit there *again*.
- またあした会いましょう. See you *again* tomorrow.

❷[同じく]**too**[トゥー], **also**[オールソウ];（否定文で）**either**[イーザァ]
- 彼もまた水泳が好きだ. He likes swimming *too*. / He *also* likes swimming.
- 君が行かないのなら, 私もまた行きません. If you don't go, I won't go *either*.

❸[そのうえ]**and, ～ as well as …**[ウェル]
- その先生は優(やさ)しいだけでなく, またおもしろい. The teacher is kind *and* funny. / The teacher is funny *as well as* kind.

**また**[2]（人や木・衣服の）**the crotch**[クラッチ];（もも）**a thigh**[サィ] (★発音注意)
- 世界をまたにかけて活躍(かつやく)したい. I want to be active all over the world.

## まだ

| ❶今もなお | still |
| ❷まだ…ない | not … yet |
| ❸ほんの | only |
| ❹さらに | still |

❶[今もなお]**still**[スティル]
- 約束をまだ覚えていますか. Do you *still* remember your promise?

❷[まだ…ない]**not … yet**[イェット]
- 私はまだ宿題をしていない. I haven*'t* done my homework *yet*. (►yetはふつう文の最後に置く)

❸[ほんの]**only**[オウンリィ]
- 彼はまだ子どもだ. He is *only* a child.
- まだ5時半だ. It's *only* five-thirty.

❹[さらに]**still**[スティル]
- 学ばなければならないことがまだたくさんあ

る. I *still* have a lot of things to learn.

**またがる**(馬などに)**ride**[ライド];(広がる)**extend [spread] over ...**[イクステンド [スプレッド] オウヴァ]
- その国立公園は3県にまたがっている. The national park *extends over* three prefectures.

**またぐ step over ...**[ステップ オウヴァ]
- 水たまりをまたいだ. I *stepped over* a puddle.

**またせる**【待たせる】**keep ... waiting**[キープ ウェイティング]
- お待たせして申し訳ありません. I'm sorry to have *kept* you *waiting*.

**またたく**(瞬く)(星などが)**twinkle**[トゥウィンクル]
- 空にはたくさんの星が瞬いていた. A lot of stars were *twinkling* in the sky.
- 瞬く間に in an instant

**または or**[オァ];(…か〜かどちらか)**either ... or 〜**[イーザァ]
- あしたは曇りまたは雨になるだろう. It will be cloudy *or* rainy tomorrow.
- こちらの道, またはそちらの道のどちらからでも駅に行けますよ. You can go *either* this way *or* that way to the station.

**まだまだ→** まだ❸❹

**まだら**【まだらな】**spotted**[スパッティド]
- まだら模様の犬 a *spotted* dog

# まち【町, 街】
**a town**[タウン], **a city**[スィティ](▶townより大きい);(中心街)**a downtown**[ダウンタウン]
- そのうわさは町じゅうに広まった. The rumor spread through the *town*.
- あした町へ買い物に行く. I'm going *downtown* to do some shopping tomorrow.(▶このdowntownは「町へ」の意味の副詞)
- 町役場 **a town office**,(建物)**a town hall**

**まちあいしつ**【待合室】**a waiting room**[ウェイティング ルーム]

**まちあわせる**【待ち合わせる】**meet**[ミート]
- 時計台の前で6時に待ち合わせよう. Let's *meet* in front of the clock tower at six.

**まぢか**【間近に】**near [close] at hand**[ニア [クロウス]][ハンド];(迫っている)**be coming up soon**[スーン]
- ピアノの発表会が間近に迫っている. The piano recital *is coming up soon*.

**まちがい**【間違い】(誤り)**a mistake**[ミステイク], **an error**[エラァ]
- 同じ間違いを二度としないように. Never make the same *mistake* twice.
- あなたの投稿にはいくつかつづりの間違いがあった. There were some spelling *mistakes* in your post.
- 間違い電話: 間違い電話がかかってきた. Someone *called* me *by mistake*.
(かかってきて)番号をお間違えですよ. Sorry, but you've *got the wrong number*.

**まちがいない**【間違いない】**certain**[サートゥン], **sure**[シュァ]→ たしか
- 私たちのチームが勝つことは間違いない. I'm *sure* [*certain*] our team will win.
- 間違いなく **certainly, surely**;(間違いなく…しなさい)**be sure to**+〈動詞の原形〉
- 今晩間違いなくメールしてくださいね. Please *be sure to* text me tonight.

**まちがう**【間違う】→ まちがえる

# まちがえる【間違える】
(誤解する)**mistake**[ミステイク];(誤る)**be wrong**[ローング];(ミスをする)**make a mistake, make an error**[エラァ]
- 私の考えは間違っていた. I *was wrong*.
- あなたはいつも計算を間違えるね. You are always *making* calculation *mistakes*! / You are always making miscalculations!
〈A(人・物)〉を〈B(人・物)〉と間違える mistake+〈A(人・物)〉+for+〈B(人・物)〉
- その男性を担任の先生と間違えた. I *mistook* the man *for* my homeroom teacher.
- 間違って **by mistake**
- 間違って違う教室に行った. I went to the wrong classroom *by mistake*.

**まちがった**【間違った】**mistaken**[ミステイカン], **wrong**[ローング](⇔正しい right)
- あなたの考え方は間違っていると思う. I think your way of thinking is *wrong*.

**まちどおしい**【待ち遠しい】**can't [can hardly] wait (for ...)**[ハードゥリィ][ウェイト]
- 誕生日が待ち遠しい. I *can hardly wait for* my birthday.

# まつ¹【待つ】

| ❶人・物を | **wait (for ...)** |
| ❷楽しみにして | **look forward to ...** |

❶〔人・物を〕**wait (for ...)**[ウェイト]
- ぼくは駅でナオを待っていた. I was *waiting for* Nao at the station.

## まつ²

- ちょっとお待ちください．
  *Wait* a minute [moment, second], please. /（電話で）*Hold on*, please.
- 授業が始まるのを待った．
  I *waited for* class to begin.

❷ [楽しみにして] **look forward to ...** [ルック フォーワァド]（▶進行形で用いることが多い）

**…を楽しみに待つ**
look forward to ＋〈名詞または -ing 形〉

- 伊豆(い)旅行を楽しみに待っています．
  I'm *looking forward to* the trip to Izu.
- お会いするのを楽しみに待っています．
  We are *looking forward to* seeing you.

**まつ²【松】**[植物] **a pine（tree）**[パイン（トゥリー）]
松かさ [松ぼっくり] **a pine cone**
松葉 **pine needles**
松林 **a pine forest** [**wood**]
松やに **pine resin**

**まっか【真っ赤な】red** [レッド], **deep [bright] red** [ディープ [ブライト]]；（深紅(し)の）**crimson** [クリムズン]；（明るい）**scarlet** [スカーリット] → **あか¹**

- 彼は怒(お)って顔が真っ赤になった．
  He turned *red* with anger.
- 真っ赤なうそ a *downright* lie

**まっくら【真っ暗な】pitch dark** [ピッチ ダーク], **pitch-dark**

- 外は真っ暗だ．It's *pitch dark* outside.
- お先真っ暗だ．I'm in a *hopeless* situation.（←絶望的な状況(じょうきょう)に置かれている）

**まっくろ【真っ黒な】black** [ブラック], **pitch black** [ピッチ], **pitch-black**

- 魚が真っ黒に焦(こ)げてしまった．
  The fish were burned *black*.
- ユカの顔は日焼けしてまっ黒だった．
  Yuka's face was deeply tanned.

**まつげ eyelashes** [アイラッシズ] → め¹ 図

- リンは長いまつげをしていた．
  Rin had long *eyelashes*.
- つけまつげ false *eyelashes*

**マッサージ（a）massage** [マサージュ]（★発音注意）

- マッサージに行った．
  I went to get a *massage*.

━**マッサージする massage** → もむ

- 足をマッサージしてもらった．
  I had my legs *massaged*.

**まっさいちゅう【真っ最中に】in the middle [midst]（of ...）**[ミドゥル [ミドゥスト]]

- 彼らは授業の真っ最中だった．
  They were *in the middle of* class.

**まっさお【真っ青な】deep blue** [ディープ ブルー]；（顔色が）**(very) pale** [ペイル]

- きょうは空が真っ青だ．
  The sky is *deep blue* today.

━**真っ青になる turn pale**

- 彼はその知らせを聞いて真っ青になった．
  He *turned pale* at the news.

**まっさかさま【真っ逆さまに】headfirst** [ヘッドゥファースト]

- 彼ははしごから真っ逆さまに落ちた．
  He fell *headfirst* from the ladder.

**まっさき【真っ先に】(まず最初に) first** [ファースト]

- 私たちは真っ先に彼を病院に連れていった．
  *First* we took him to the hospital.

**マッシュルーム**[植物] **a mushroom** [マッシュルーム]

**まっしろ【真っ白な】pure white** [ピュア(ホ)ワイト], **snow-white** [スノウ-]

- そのシャツは真っ白だ．
  The shirt is *pure white*.

## まっすぐ【まっすぐな】

**straight** [ストゥレイト]

- まっすぐな線を引いて．Draw a *straight* line.
- ユミは毎日学校からまっすぐ家に帰る．
  Yumi goes *straight*（back）home from school every day.
- この道をまっすぐ行くと目の前に海が見えます．Go *straight* and you'll see the sea ahead of you.

**まったく（完全に）absolutely** [アブサルートゥリィ], **quite** [クワイト], **completely** [カンプリートゥリィ], **totally** [トウタリィ]；（本当に）**really** [リー(ア)リィ], **indeed** [インディード]；（まったく…ない）**not ... at all** [オール]

- まったく君の言うとおりだよ．
  You are *absolutely* right.
- ぼくの意見は君の意見とまったく違(ちが)う．
  My opinion is *completely* [*totally*] different from yours.
- 私はまったく料理ができない．
  I can*not* cook *at all*.
- 「きょうは暑いね」「まったくだね」
  "It's hot today, isn't it?" "*Yes, it is.*"

━**まったくの complete, total**

- その計画はまったくの失敗だった.
 The plan was a *complete* failure.

**まつたけ**【松たけ】**a matsutake mushroom**[マッシュルーム]

**マッチ**[1]（試合）**a match**[マッチ]
- タイトルマッチ a title *match*
- マッチポイント『スポーツ』match point: 彼がサーブを決めたらマッチポイントだ. If he aces this serve, it will be *match point*.

**マッチ**[2] **a match**[マッチ]
- 母はマッチをすってろうそくをつけた. My mother struck a *match* and lit a candle.
- マッチ箱 a matchbox
- マッチ棒 a matchstick

**まっちゃ**【抹茶】**powdered green tea**[パウダァド グリーン ティ]
- 抹茶風味のアイスクリーム green tea (flavored) ice cream

**マット a mat**[マット]
- マット運動 exercises on a mat

**マットレス a mattress**[マットゥリス]

**まつばづえ**【松葉づえ】**a crutch**[クラッチ]
- 彼は今松葉づえをついて歩いている. He is walking on *crutch*(*es*) now.

**マップ a map**[マップ]

# まつり【祭り】
**a festival**[フェスタヴァル]
- 夏祭りに行きますか. Are you going to the summer *festival*?

**慣用表現**

後の祭り: 今になって文句を言っても後の祭りだ. It's *too late* to complain about it now. (← 遅すぎる)

**まつる**【祭る】（神社に祭られる）**be enshrined in**[インシュラインド]
- 徳川家康は東照宮に祭られている. Tokugawa Ieyasu *is enshrined in* Toshogu.

# …まで

| ❶場所 | to … |
| ❷時間 | to …, till …, until … |
| ❸範囲の強調 | even |

❶[場所]**to …**[トゥー]
- 駅までの道順を教えていただけますか. Could you show me the way *to* the station?
- 1番から5番までの問題を解いた. I solved questions one *through* five.

❷[時間]**to …, till …**[ティル], **until …**[アンティル]
- 9時から4時まで授業がある. We have class from nine *to* four.
- 私たちは朝から晩まで練習した. We practiced from morning *till* night.
- 木曜まで暇がないんだ. I will not be free *until* Thursday.

❸[範囲の強調]**even**[イーヴン]
- 日曜日まで早起きしなくてはいけない. I have to get up early *even* on Sunday (morning).

**…までに**（期限）**by …**[バイ]; (…の前に) **before …**[ビフォア]
- あした6時までにここに来てください. Please come here *by* six o'clock tomorrow.
- 休みが始まるまでに作文を提出してください. Please hand in an essay *before* the holiday starts.

**まと**【的】（標的）**a mark**[マーク], **a target**[ターギット]; (対象) **an object**[アブヂェクト]
- 矢は的に当たった［的をはずれた］. The arrow hit [missed] the *mark* [*target*].
- ミキはみんなの注目の的だ. Miki is the *focus* of everyone's attention.

# まど【窓】
**a window**[ウィンドウ]
- 窓際の席 a seat by the *window* /(乗り物の) a *window* seat
- 窓を開けて[閉めて]くれない？ Will you open [close, shut] the *window*?
- 窓の外を見てごらん. Look out (of) the *window*.
- 窓から顔を出すな. Don't stick your head out of the *window*.
- 窓ガラス a windowpane
- 窓口 (切符の売り場の) a ticket window; (銀行の) a teller's window
- 窓枠 a window frame

**まとまり unity**[ユーナティ]
- そのクラスはまとまりがいい. There is *unity* in the class.

**まとまる**（考えなどが）**take shape**[シェイプ]; (合意に達する) **reach [come to] an agreement**[リーチ][アグリーメント]; (クラスなどが) **be united**[ユーナイティド]
- 考えがだんだんとまとまってきた. My ideas are gradually *taking shape*.
- 私たちの間でようやく話がまとまった. We finally *reached an agreement*.
- 私たちのチームはまとまっている. Our team *is united* [*in unity*].

**まとめ**（要約）**a summary**[サマリィ]

**まとめがい**【まとめ買いする】**buy in bulk**[バイ]

六百三十三 633

# まとめる

[バルク]
- 観光客がおみやげをまとめ買いしている. The tourists are *buying* souvenirs *in bulk*.

## まとめる
(ばらばらのものを) **put** [**get**] ... **together**[タゲザァ]; (集める) **collect**[カレクト]; (考えなどを) **put** [**get**] ... **into shape**[シェイプ]; (要約する) **summarize**[サマライズ]
- 旅行のために荷物をまとめた.
  I *put* my things *together* for the trip.
- 本にするためにその作家の手紙がまとめられた. The writer's letters were *collected* for a book.
- 話の要点をまとめた. I *summarized* the main points of the story.
- 話す前に考えをまとめなさい.
  *Form* your thoughts before speaking.
- **まとめて** (**all**) **together**
- 全部まとめていくらですか.
  How much is it (*all*) *together*?

**マナー manners**[マナァズ]
- 生徒たちはマナーがよかった[悪かった]. The students had good [bad, no] *manners*.
- テーブルマナー table *manners*

**マナーモード**(携帯(ﾀﾞｲ)電話の)**silent mode**:
携帯電話をマナーモードにした. I set my cell phone to *silent* (*mode*). (▶《話》では mode が省略されることが多い)

「マナーモードに設定しました」の表示 (activatedは「起動した」の意味)

**まないた a cutting board**[カッティング ボード]
**まなつ**【真夏】**midsummer**[ミッドゥサマァ]

## まなぶ【学ぶ】
(身につける)**learn**[ラーン]; (勉強する)**study**[スタディ]
- 兄は中国語を学んでいる.
  My brother is *learning* Chinese.
- 私は彼から多くのことを学んだ.
  I *learned* a lot of things from him.
- ぼくは水泳教室で泳ぎ方を学んだ. I *learned* (how) to swim at a swimming school.
- 彼女は大学で生物を学んだ. She *studied* biology at her university.

**マニア**
- おじはスポーツカーマニアだ.
  My uncle *is crazy about* sports cars.
- 彼女は歴史武将(ｼｮｳ)マニアだ.
  She *is into* samurai lords.

## まにあう【間に合う】
(時間に)**be in time** (**for** ...) [タイム]; (列車などに)**catch**[キャッチ]; (用が足りる)**do**[ドゥー]
- 私はぎりぎりでそのコンサートに間に合った.
  I *was* just *in time for* the concert.
- 2時の列車に間に合わなかった. We missed [couldn't *catch*] the two o'clock train.
- これで間に合うだろう. This will *do*.
- きょう朝礼に間に合わなかった. I was late for the morning assembly today.

**マニキュア nail polish**[ネイル パリッシュ]
- 姉はピンクのマニキュアをしている.
  My sister wears pink *nail polish*.
- **マニキュアを塗(ﾇ)る do one's nails**
- きのうマニキュアを塗った.
  I *did my nails* yesterday.

**マニュアル a manual**[マニュアル]
**まぬがれる**【免れる】(逃(ﾉｶﾞ)れる)**escape** (**from** ...) [イスケイプ]; (避(ｻ)ける) **avoid**[アヴォイド]
- 父は事故で危(ｱﾔ)うく死を免れた. My father narrowly *escaped* death in the accident.
- ケンは責任を免れようとした.
  Ken tried to *avoid* his responsibility.

**まぬけ**【間抜け】**a fool**[フール] → ばか
- **間抜けな foolish**

**まね** (**an**) **imitation**[イミテイション]; (物まね) **mimicry**[ミミックリィ]
- この絵はゴッホの代表作のまねだ.
  This painting is an *imitation* of a van Gogh masterpiece.
- **まね(を)する imitate**[イミテイト], **mimic, copy**
- 彼は木村先生のまね(をするの)がうまい.
  He is good at *imitating* Mr. Kimura.
- 彼女はすぐ人のまねをする. She is a *copycat*. (▶ a copycatは「人のまねをする人」のこと)

**マネージャー a manager**[マニヂャァ]; (運動部の) **a team's caretaker**[ティームズ ケアテイカァ]
**マネキン a mannequin**[マネキン]

## まねく【招く】

| ❶招待する | invite |
| ❷引き起こす | cause, bring about ... |

❶ [招待する] **invite**[インヴァイト] → しょうたい¹
❷ [引き起こす] **cause**[コーズ], **bring about**[ブリング アバウト]

- 市長の発言は誤解を招いた. The mayor's remark *caused* a misunderstanding.
- 不注意な運転がその事故を招いた. Careless driving *brought about* the accident. / Careless driving *caused* the accident.

━招き (an) **invitation**[インヴィテイション]

┃招き猫(ﾈﾞ) **a beckoning cat**

**まばたき a blink**[ブリンク]
━まばたき(を)する **blink** (*one*'s eyes)

**まばら**【まばらな】**few**[フュー], **thin**[スィン], **sparse**[スパース]
- そのコンサートは観客がまばらだった. There were *few* people at the concert.

━まばらに **thinly**, **sparsely**

**まひ**【まひする】(動かなくなる) **be paralyzed**[パラライズド]; (無感覚になる) **be numb** (**with** ...)[ナム](★この**b**は発音しない)
- 彼は下半身がまひしていた. He *was paralyzed* from the waist down.
- 台風で交通がまひした. The traffic *was paralyzed* by the typhoon.
- 寒さで両足がまひしてしまった. My feet *are numb with* cold.
- 心臓まひ heart *failure*
- 小児まひ polio

**まひる**【真昼】**broad daylight**[ブロード デイライト]
- 真昼に事件が起きた. The accident occurred in *broad daylight*.

**マフィン a muffin**[マフィン]

**まぶしい dazzling**[ダズリング]
- まぶしい日光 *dazzling* sunlight

**まぶた an eyelid**[アイリッド] →**め**¹図
- 一重(ﾋﾞﾄ)[二重(ﾋﾞﾄ)]まぶた single [double] *eyelids*

**まふゆ**【真冬】**midwinter**[ミッドゥウィンタァ]

**マフラー** (襟(ｴﾘ)巻き) **a scarf**[スカーフ](複 **scarfs**, **scarves**[スカーヴズ])(▶**muffler**を襟巻きという意味で使うのは古い言い方); (自動車などの消音器) **a muffler**[マフラァ]

**まほう**【魔法】**magic**[マジック]
- そのおばあさんは魔法を使ってかぼちゃを馬車に変えた. The old woman used *magic* to turn the pumpkin into a coach.
- 魔女は王女に魔法をかけた. The witch cast a *spell* on the princess. (▶**spell**は「呪文(ｼﾞｭﾓﾝ)」の意)

━魔法の **magic**
- 魔法のじゅうたん a *magic* carpet
- 魔法のつえ a *magic* wand

┃魔法使い(女の)**a witch**, (男の)**a wizard**
┃魔法瓶(ﾋﾞﾝ) **a thermos bottle**

**マホメット Muhammad**[ムハマッド], **Mohammed**[モウハミッド](▶男性の名. またイスラム教の創始者)

**まぼろし**【幻】**a vision**[ヴィジョン]

**ママ mommy**[マミィ], **mom**[マム](▶**mommy**は幼児が用いる語)

**…まま** (同じ状態で) **as it is**, **as they are**
- それはそのままにしておいて. Just leave it *as it is*.
- 靴(ｸﾂ)のまま入って来ていいですよ. You can come in *with* your shoes on.
- ドアを開けたままにしておいて. *Keep* [*Leave*] the door open.

**ままごと playing house**[プレイング ハウス]
━ままごとをする **play house**

**まむし**【動物】**a** (**pit**) **viper**[(ピット) ヴァイパァ]

**まめ**¹【豆】(いんげん・そら豆などの) **a bean**[ビーン]; (えんどうなどの丸い) **a pea**[ピー]
- いんげん豆 a kidney *bean*
- 父はコーヒー豆をひいた. My father ground coffee *beans*.

┃豆電球 **a miniature bulb**
┃豆まき: 豆まきをする **scatter beans**

**まめ**²(水ぶくれ) **a blister**[ブリスタァ]
- かかとにまめができた. I've got a *blister* on my heel.
- まめがつぶれた. My *blister* broke.

**まめ**³【まめな】(勤勉な) **diligent**[ディリヂャント], **hardworking**[ハードワーキング]
━まめに **diligently**, **hard**
- 彼はまめに働く. He works *diligently* [*hard*].

**まもなく soon**[スーン]
- 雨はまもなく上がるだろう. The rain will stop *soon*.

**まもり**【守り】(a) **defense**[ディフェンス]
- 守りをかためよう. Let's strengthen our *defense*.

## まもる【守る】

❶厳守する (約束を)**keep**;
         (規則を)**obey**, **follow**
❷攻撃(ｺﾞｳｹﾞｷ)などから **defend**;
         (保護する)**protect**

❶[厳守する](約束を)**keep**[キープ]; (規則を)**obey**[オウベィ], **follow**[ファロウ]
- 約束を守って. *Keep* your promise [*word*].
- 校則は守らなければいけません. You must *obey* [*follow*] the school regulations.
- 時間を守ることは大切だ. It is important to *be punctual*.
- しめ切りを守れなかった. I couldn't [wasn't

able to] *meet* the deadline.
❷ [攻撃などから]**defend**[ディフェンド](⇔攻(ゼ)める attack);(保護する)**protect**[プラテクト]
・日本はよくゴールを守った.
  Japan did a great job *defending* the goal.
・これは環境を守るのに役立つ.
  This helps *protect* the environment.
**まゆ**¹【眉】**an eyebrow**[アイブラゥ]→め¹図
・彼女は眉が濃(ゴ)い[うすい].
  She has thick [thin] *eyebrows*.
**まゆ**²【繭】**a（silk）cocoon**[(スィルク) カクーン]

## まよう【迷う】
(道に)**lose** *one's* **way**[ルーズ][ウェィ], **get lost**[ロースト];(困惑(ワシ)する)**be at a loss**[ロース]
・山の中で道に迷った. I *lost my way* in the mountains. / I *got lost* in the mountains.
・私は返事に迷った.
  I *was at a loss* for an answer.
・どっちの高校を選んだらいいか迷っている.
  I *can't make up my mind* which high school to choose. / I *can't decide* which high school to choose.
**まよなか**【真夜中】**the middle of the night**[ミドゥル][ナイト];(午前零(ゼ)時)**midnight**[ミッドゥナイト]
**マヨネーズ mayonnaise**[メイアネイズ](★発音注意)(▶フランス語から)
・サラダにマヨネーズをかけた.
  I put *mayonnaise* on the salad.
▎マヨネーズ味 **mayonnaise-flavor**: マヨネーズ味のクラッカー *mayonnaise-flavored* crackers
**マラソン a marathon**（race）[マラサン (レイス)]
・マラソンをしようよ. Let's run a *marathon*.
・フルマラソン a full *marathon*
・ジュンは東京マラソンに出る.
  Jun will take part in the Tokyo *Marathon*.
▎マラソン選手 a **marathon runner**
▎マラソン大会 a **marathon**
**まり a ball**[ボール]
・まりをついた. I bounced a *ball*.
**マリネ a marinade**[マラネイド]
**マリン**(海の)**marine**[マリーン]
▎マリンスポーツ **marine sports**
**マリンバ**〖楽器〗**a marimba**[マリンバ]

## まる【丸】
**a circle**[サークル];(輪)**a ring**[リング]
・二重丸 a double *circle*
・花丸 a flower mark
▬丸で囲む **circle**
・正しい語を丸で囲みなさい. *Circle* [Put a *circle* around] the correct word.
▎まるばつ式テスト **a true-false test**
**まる… whole …**[ホウル], **full …**[フル]
・彼はまる5日留守にしていた.
  He was away for five *whole* [*full*] days.
**まるあんき**【丸暗記する】**memorize …mechanically**[メマライズ][ミキャニカリィ], **learn … by rote**[ラーン] [ロウト]
**まるい**【丸い, 円い】**round**[ラウンド]
・円いテーブル a *round* table
・妹は丸い顔をしている.
  My sister has a *round* face.
・子どもたちは円く(輪に)なって座(ゼ)った.
  The children sat *in a circle*.
**まるがり**【丸刈り】**a crew cut**[クルー カット], **close-cropped hair**[クロウスクラプト ヘァ]
・ケイは頭を丸刈りにしている.
  Kei has a *crew cut*.
**まるごと**【丸ごと】**whole**[ホウル]
・ユミはケーキを丸ごと持ってきた.
  Yumi brought a *whole* cake.
**まるた**【丸太】**a log**[ローグ]→き¹図
▎丸太小屋 **a log cabin**

**マルチーズ**(犬)**a Maltese**[モールティーズ]
**まるで**(あたかも)**just like …**[ヂャスト ライク], **as if …**[イフ], **as though …**[ゾゥ];(まったく)**quite**[クワイト], **entirely**[インタイァリィ]
・まるでテレビドラマのようだった.
  It was *just like* a TV drama.
・彼は私をまるで赤ん坊(ゾ)のように扱(カッ)う.
  He treats me *as if* I were a baby.(▶現在のことでも as if [though] の後にはふつう動詞の過去形が来る. be 動詞は主語にかかわらずふつう were を用いる)
・彼女はその先生の前ではまるで別人になる.
  She becomes an *entirely* different person in front of the teacher.
**まるめる**【丸める】(巻く)**roll**[ロウル];(しわくちゃにする)**crumple**[クランプル]
・賞状を丸めた. I *rolled* up the diploma.
**まれ**【まれな】**rare**[レァ]

まんが

- この地域でこの動物が発見されるのはまれだ.
  It's *rare* to see this animal in this area.
- **まれに** *rarely*
- 彼はまれにしか学校に遅刻(ﾁｺｸ)しない.
  He is *rarely* late for school.

**マレーシア** Malaysia[マレイジャ]
- マレーシア人 a Malaysian

**マロン** a chestnut[チェスナット]→ くり
- マロングラッセ a marron glacé
- マロンクリーム marron cream

## まわす【回す】
turn[ターン]; (軸(ｼﾞｸ)を中心に)spin[スピン]; (手渡(ﾃﾜﾀ)す)pass[パス]
- ドアの取っ手を回した.
  I *turned* the doorknob.
- こまを回すのが得意だ.
  I'm good at *spinning* tops.
- このプリントを後ろに回してください.
  *Pass* the handouts back.
- 砂糖を回してください
  *Pass* me the sugar, please.

## まわり¹【…の周りを[に]】
around …[アラウンド]
- アキは周りを見た.
  Aki looked *around* her.
- 彼らは先生の周りに集まった.
  They gathered *around* their teacher.
- この周りに公園はありますか.
  Are there any parks *around* here? / Are there any parks in this *neighborhood*?
- この池は周りが約200メートルある.
  This pond is about 200 meters *around*.

**まわり²**【…回りで】by way of …, via …[ヴァイア]
- 東京回りで *by way of* Tokyo
  回り道 the [a] long way around [round], a detour, a roundabout way: 回り道をしなくてはいけなかった. We had to go the [a] *long way around* [*round*].

## まわる【回る】
turn[ターン]; (軸(ｼﾞｸ)を中心に)spin[スピン]; (…の周りを)go around …[アラウンド]
- こまは勢いよく回っている.
  The top is *spinning* very fast.
- 地球は太陽の周りを回っている. The earth *goes* [*moves*] *around* the sun.
- 少年を探してみな走り回った. Everyone ran *around* looking for the boy.
- 目が回った.
  I felt *dizzy*.

## まん【万(の)】
ten thousand[テン サウザンド](▶英語には「万」という単位はない. thousandの前に2以上の数詞が来ても, thousandsとはしない)
- 3万5千 thirty-five *thousand*
- 40万 four hundred thousand
- 100万 a million
- 何万人もの人々がそこにいた.
  There were *tens of thousands* of people.(▶tens of thousandsは「何万もの」の決まった言い方)

**まん…**【満…】full[フル]
- ユミは来月満15歳になる.
  Yumi will become [turn] fifteen next month.(▶英語では「満…歳」の数え方しかしないため, ふつうfullを用いないで表現する)

**まんいち**【万一】(非常の場合)(an) emergency[イマーチャンスィ]; (もし…ならば)if …[イフ], in case …[ケイス]
- 万一の場合にはこのボタンを押してください.
  Please push this button in an *emergency*. / Please push this button in case of *emergency*.
- 万一電車に乗り遅(ｵｸ)れたらどうする?
  *If* we don't catch the train, what should we do?

**まんいん**【満員の】full[フル]; (混雑した)crowded[クラウディド]
- **満員である** be full of …
- コンサートホールは聴衆(ﾁｮｳｼｭｳ)で満員だった.
  The concert hall *was packed* [*full*].
- 満員電車 a crowded [packed] train

**まんえん**【まん延する】spread[スプレッド]; prevail[プリヴェイル]
- ウイルスが世界中にまん延した.
  The virus *spread* globally.

## まんが【漫画】
(a) manga[マンガ]; (漫画本)a comic (book)[ブック]; (数こまの)a comic strip[ストゥリップ]; (1こまの風刺(ﾌｳｼ)漫画)a cartoon[カートゥーン]→ ここがすごい【口絵】
- 漫画をかくのが好きだ.
  I like to draw *manga*.
- この漫画は大ヒットしている.
  This *manga* is a big hit.

- 4こま漫画 a four-frame *comic strip*
- 連載(ﾚﾝｻｲ)漫画 serial *manga*
- 少年[少女]漫画 *comics* for boys [girls](▶雑誌または本をさす)
- **漫画の** comic

# まんかい

漫画家 a comic artist, (風刺漫画家) a cartoonist, a manga artist

米国の書店の漫画売り場

**まんかい**【満開で】in full bloom[フル ブルーム]
- 桜の花が満開だ.
The cherry blossoms are *in full bloom*.

**マングローブ**〖植物〗a mangrove[マングロウヴ]

**まんげつ**【満月】a full moon[フル ムーン] → つき¹図
- 満月だ. It's a *full moon*. / The *moon is full*.

**マンゴー**〖植物〗a mango[マンゴゥ]

**まんざい**【漫才】*manzai*; a comic dialogue[カミック ダイアログ]

∥漫才コンビ a comedy duo

**まんじゅう** a bean jam bun[ビーン ヂャム バン]

**マンション** (1戸の) ⑧an apartment[アパートゥメント], ⑧a flat[フラット]; (分譲(ぶんじょう)マンション)a condominium[カンダミニアム]; (建物)⑧an apartment building[ビルディング], ⑧a block of flats[ブラック]

### くらべてみよう! 「マンション」と「アパート」
英語ではマンションとアパートの区別はなく, どちらもその1世帯分を⑧an apartment, ⑧a flatと言います. なおmansionは「豪華(ごうか)な大邸宅(ていたく)」のことを言います.

⑧an apartment building
⑧a block of flats

a mansion

**まんせい**【慢性の】chronic[クラニック](⇔急性のacute)

# まんぞく【満足】

satisfaction[サティスファクション]
━満足な (望みどおりの) satisfactory[サティスファクタリィ]; (十分な) sufficient[サフィシャント]
- 彼は英語の試験で満足な成績を取れなかった.
He didn't get a *satisfactory* grade in the English exam.
━満足する be satisfied (with ...)[サティスファイド]
- 彼は新しい学校に満足している. He *is satisfied* [*pleased*] *with* his new school.

**まんちょう**【満潮】(a) high tide[ハイ タイド](⇔干潮 (a) low tide)

**マンツーマン** man-to-man[マントゥマン], one-to-one[ワナンワン]
- 大木先生はマンツーマンで教えてくれる.
Ms. Oki teaches me *one-on-one*.

∥マンツーマンディフェンス a one-on-one defense

**まんてん**【満点】⑧a perfect score[パーフィクト スコア], ⑧full marks[フル マークス]
- 英語のテストで満点を取った. I got a *perfect score* on [in] the English test.

**マント** a cloak[クロウク]; (ケープ) a cape[ケイプ]

**マンドリン**〖楽器〗a mandolin[マンダリン]

**まんなか**【真ん中】the middle[ミドゥル]; (中心) the center[センタァ]
- 真ん中のケーキをください.
I'd like the cake in *the middle*.
- 町の真ん中にいます.
I'm in *the middle* [*center*] of town.

**マンネリ**【マンネリの】stereotyped[ステリアタイプト], routine[ルーティーン]
- この種のストーリーは, 以前はおもしろかったが今ではマンネリになった. This kind of story was interesting before, but it has become *stereotyped*.

**まんねんひつ**【万年筆】a fountain pen[ファウンタン ペン]

**まんびき**【万引き】shoplifting[シャップリフティング]; (人) a shoplifter[シャップリフタァ]
━万引きする shoplift

**まんぷく**【満腹の】full[フル]
- もう満腹だ. I'm *full*. / I've *had enough*.

**マンホール** a manhole[マンホウル]

**まんまえ**【真ん前】right in front of ...[ライト][フラント]

**マンモス**〖動物〗a mammoth[マモス]

**まんるい**【満塁】
- 満塁になった. The bases are *loaded*.

∥満塁ホームラン a grand slam

**み¹**【実】(果物)**fruit**[フルート]；(堅い木の実)**a nut**[ナット]；(いちごなどの)**a berry**[ベリィ]

fruit　　nut　　berry

- かきの木がたくさん実をつけた．
 The persimmon tree bore a lot of *fruit*.
━実のある (充実した)**fruitful**
- 私たちは実のある議論をした．
 We had a *fruitful* discussion.

**み²**【身】(体)**a body**[バディ]；(立場)**a place**[プレイス]
- 彼女の身になってみなさい．
 Put yourself in her *place* [*position*].

**みあい**【見合い(を)する】**meet with a prospective marriage partner**[ミート][プラスペクティヴ マリッヂ パートゥナァ]
┃見合い結婚 **an arranged marriage**

**みあげる**【見上げる】**look up** (at ...)[ルック]
- 空を見上げた．I *looked up at* the sky.

**みあたる**【見当たる】→**みつかる**
- ドアのかぎが見当たらない．
 I can't *find* the key to the door.

**みいだす**【見いだす】**find** (out)[ファインド]；(発見する)**discover**[ディスカヴァ]→**みつける**
- 解決策を見いだした．We *found* a solution.

**ミーティング a meeting**[ミーティング]
- 毎週金曜日にはミーティングがある．
 We have a *meeting* every Friday.

**ミート**(肉)**meat**[ミート]
┃ミートソース **meat sauce**
┃ミートパイ **a meat pie**
┃ミートボール **a meatball**

**ミイラ a mummy**[マミィ]

**みうごき**【身動き】
- 身動きもできなかった．
 I couldn't even *move*.

**みうしなう**【見失う】**lose sight of** ...[ルーズ サイト]
- 彼は泥棒を見失ってしまった．
 He *lost sight of* the robber.

**みうち**【身内】(家族)**a family**[ファミリィ]；(親せき)**a relative**[レラティヴ]

**みえ**(虚栄心)**vanity**[ヴァニティ]；(見せびらかし)**show**[ショウ]
━みえを張る **show off**
┃みえっ張り **a vain person, a show-off**

**みえる**【見える】

| ❶目に入る | **see**；(見えてくる)**come in [into] sight** |
| ❷見ることができる | **can see, be seen**；(肉眼で見える)**be visible** |
| ❸…のように思われる | **look, seem** |

❶[目に入る]**see**[スィー]；(見えてくる)**come in [into] sight**[サイト]
- 遠くに稲光が見えた．I *saw* (a flash of) lightning in the distance.
〈人・物〉が…するのが見える
**see**＋〈人・物〉＋〈動詞の原形〉
- メグミが通りを渡るのが見えた．
 I *saw* Megumi cross the street.
〈人・物〉が…しているのが見える
**see**＋〈人・物〉＋〈-ing形〉
- 男の子たちが公園で遊んでいるのが見えた．
 I *saw* some boys play*ing* in the park.
- バスの窓越しに富士山が見えてきた．
 Mt. Fuji *came into sight* through the bus window.

❷[見ることができる]**can see, be seen**；(肉眼で見える)**be visible**[ヴィザブル]
- 「ほら，流れ星見える？」「何も見えないよ」
 "Look, *can* you *see* the shooting star?"
 "I *can't see* anything."
- それらの小さな虫は肉眼ではほとんど見えない．Those tiny insects *are* hardly *visible* to the naked eye.

❸[…のように思われる]**look**[ルック], **seem**
- 彼らは今とても幸せそうに見える．
 They *look* very happy now.
- 彼女は弁護士のように見える．She *looks* like a lawyer. (▶名詞が続くときはlook likeとする)
- カズはスポーツが得意そうに見える．Kazu *seems* to be good at sports. (▶seem to ＋〈動詞の原形〉で「…であるように見える」)

**みおくる**【見送る】**see ... off**[スィー]
- 私は駅でいとこを見送った．
 I *saw* my cousin *off* at the station.

**みおとす**【見落とす】**overlook**[オウヴァルック]；(意識しないで)**miss**[ミス]→**みのがす**

**みおぼえ**【見覚えがある】**remember seeing [having seen]** (before)[リメンバァ スィーイング]
- 彼女の顔には見覚えがある．
 I *remember seeing* her face.

**みおろす**【見下ろす】**look down**[ルック ダウン]；(…

## みかい

を見下ろす位置にある)**overlook**[オウヴァルック]
(►場所・建物などが主語)
- 私は10階の窓から通りを見下ろした.
 I *looked down* on the street from the tenth floor window.
- 東京スカイツリーから街全体を見下ろせる.
 Tokyo Skytree *overlooks* the whole city.

**みかい**【未開の】(文化が開けていない)**uncivilized**[アンスィヴァライズド]

**みかいけつ**【未解決の】**unsolved**[アンサルヴド]
- 未解決の問題 an *unsolved* problem

**みかく**【味覚】(the sense of) **taste**[(センス)][テイスト]
- 彼女は味覚がよい.
 She has a good *sense of taste*.

**みがく**【磨く】(つやを出す)**polish**[パリッシュ];(ブラシで)**brush**[ブラッシュ];(技術などを)**improve**[インプルーヴ]
- 靴(⑤)を磨いた. I *polished* my shoes.
- 私は朝食の後に歯を磨く.
 I *brush* my teeth after breakfast.
- 彼はテニスのバックハンドの腕(ǎ)を磨いた.
 He has *improved* his backhand in tennis.

**みかけ**【見かけ】(**an**) **appearance**[アピ(ァ)ランス];(容ぼう)**looks**[ルックス]
- 人を見かけで判断してはいけない. Don't judge a person by his or her *looks*.

**みかける**【見かける】**see**[スィー]
- 友達を見かけたが彼女は私に気づかなかった.
 I *saw* my friend but she didn't see me.

**みかた¹**【味方】**a friend**[フレンド](⇔敵 an enemy)
━味方する **stand by ..., be on ...'s side, take ...'s side**
- ぼくたちはいつでも君の味方だよ.
 We *are* always *on your side*.
- 君は彼の味方をするの?
 Are you *taking his side*?

**みかた²**【見方】(観点, 見地)**a viewpoint**[ヴューポイント], **a point of view**[ポイント][ヴュー];(見解)**a view**
- 私たちはこの問題について見方が違(⅗)う.
 We have different *views* on the matter.

**みかづき**【三日月】**a crescent** (**moon**)[クレスント(ムーン)]→つき¹図

**みかん a *mikan*; a mandarin orange**[マンダリンオーリンヂ]
- みかんをむいた.
 I peeled a *mikan*.
 ▎みかん畑 a *mikan* grove

**みかんせい**【未完成の】**unfinished**[アンフィニッシュト];(不完全な)**incomplete**[インコンプリート]

**みき**【幹】**a trunk**[トゥランク]→き¹図

## みぎ【右】

(方向)**the** [**one's**] **right**[ライト](⇔左 the [one's] left)
- 右に見える島が江の島です. The island you see on *your right* is Enoshima.
- 右から5番目に写っているのが私です.
 The fifth person from *the right* is me.
- イタリア料理店の右にアイスクリームの店がある. To *the right* side of the Italian restaurant, there is an ice cream shop.
- 右側通行《掲示》KEEP (TO THE) *RIGHT*

「右側通行」の標識(米国)

- 回れ右! About face! (►号令)
━右の **right**
- 右の席 the *right* seat
━右に[へ] **to the right, right**
- 次の角を右に曲がってください.
 Turn (*to the*) *right* at the next corner.
 右上 (**the**) **upper** [**top**] **right**
 右腕 (体の)**the** [**one's**] **right arm**
 右側(⅗) **right**, (**the**) **right side, the right-hand side**
 右きき (右ききの)**right-handed**;(右ききの人)**a right-handed person**: ぼくは右ききだ. I'm *right-handed*.
 右下 (**the**) **lower** [**bottom**] **right**
 右端(ぱ) (**the**) (**far**) **right**

**ミキサー a mixer**[ミクサァ];(ジュース用の)**a blender**[ブレンダァ]

mixer    blender

**みくだす**【見下す】**look down** (**on ...**)[ルック ダウン]→けいべつ

**みぐるしい**【見苦しい】**ugly**[アグリィ], **disgraceful**

[ディスグレイスフル]

**みけねこ**【三毛猫】a tortoiseshell cat[トータスシェル キャット]

**みこし** a *mikoshi*; a portable (Shinto) shrine [ポータブル (シントウ) シュライン]
- みこしを担(かつ)ぎたい.
  I want to carry a *portable shrine*.

**みごと**【みごとな】wonderful[ワンダァフル], beautiful[ビュータフル], splendid[スプレンディド]
- みごとなばら *beautiful* roses
- おみごと！*Good* job!
- 私はみごとにだまされた. I was *completely* taken in. (←完全にだまされた)

**みこみ**【見込み】a possibility[パサビラティ] (►複数形では用いない), (a) chance[チャンス]
- 雨の降る見こみはありません.
  There is no *possibility* [*chance*] of rain.
- 彼が勝つ見こみは十分にある.
  He has a good *chance* of winning.

**みこん**【未婚の】unmarried[アンマリィド], single[スィングル]

**ミサ**(a) mass, (a) Mass[マス]

**ミサイル** a missile[ミサル]
- ミサイルを発射する launch a *missile*

**みさき**【岬】a cape[ケイプ]

**ミサンガ** a promise ring[プラミス リング]

## みじかい【短い】

short[ショート] (⇔長い long)
- 短い試合だった. It was a *short* game.
- 日が短くなってきた.
  The days are getting *shorter*.
- 父は気が短い.
  My father has a *short* temper.

━短くする shorten
- ヒロは髪(かみ)を短くした.
  Hiro got his hair *cut*.

**みじかめ**【短め】short[ショート], shortish[ショーティッシュ]

**みじめ**【惨めな】miserable[ミザラブル]
- 惨めな気分になった. I felt *miserable*.

**みじゅく**【未熟な】(成熟していない)immature[イマチュア]; (経験がない)inexperienced[イニクスピ(ァ)リアンスト]
- 私はまだ未熟だ. I am still *inexperienced*.

未熟児 a premature baby

**みしらぬ**【見知らぬ】(なじみのない)strange[ストゥレインヂ], unfamiliar[アンファミリァァ]→みち[2]
- 見知らぬ場所 an *unfamiliar* place
- 見知らぬ人
  a stranger / an *unfamiliar* person

**ミシン** a sewing machine[ソウイング マシーン]

**ミス**[1]（間違(まちが)い）a mistake[ミステイク], an error [エラァ]→まちがい

━ミスをする make a mistake, make an error →まちがえる

**ミス**[2]（未婚(こん)女性に対する敬称(けいしょう)）Miss[ミス]→…さん ポイント！

## みず【水】

water[ウォータァ]; (湯に対して)cold water[コウルド] (►「湯」はhot water); (水中)(the) water
- 川の水 river *water*
- きれいな［にごった］水
  clean [cloudy] *water*
- 飲み水 drinking *water*
- 水を1杯(ぱい)飲んだところだ.
  I just drank [had] a glass of *water*.
- 水の中に飛びこんだ. I dove into *the water*.

━水をやる water
- 植木に水をやってください.
  Please *water* the plants.

水草 a water plant
水たまり a puddle; (大きな)a pool
水鉄砲(でっぽう) a water pistol
水鳥 a water bird
水ぶくれ a blister
水不足 lack of water, (a) water shortage

**みずいろ**【水色(の)】light blue[ライト ブルー]

**みずうみ**【湖】a lake[レイク] (►湖の名前にはaやtheをつけない. 十和田湖ならばLake Towadaとする)
- 湖のほとりに by the *lake*
- きのう私たちは湖へボートに乗りに行った.
  We went boating on the *lake* yesterday.

**みずがめざ**【水がめ座】Aquarius[アクウェ(ァ)リアス]; (人)an Aquarius
- 私は水がめ座です. I am an *Aquarius*.

**みずから**【自ら】oneself[ワンセルフ] (►myself, yourselfなど主語に合わせた形にして使う)
- 彼は自ら彼女に会いに来た.
  He *himself* came to see her.

**みずぎ**【水着】a swimsuit[スウィムスート], a bathing suit[ベイズィング スート]; (ビキニ) a bikini[ビキーニ]; (男性用の)swimming trunks[トゥランクス]

**みすごす**【見過ごす】→みのがす

**ミスター**（男性に対する敬称(けいしょう)）Mr.[ミスタァ] (複 Messrs.[メサァズ])→…さん ポイント！

**みずたまもよう**【水玉模様】polka dots[ポウルカ ダッツ]

━水玉模様の polka-dot→もよう 図
- 水玉模様のブラウス a *polka-dot* blouse

**ミステリー**（なぞ, 神秘）(a) mystery[ミスタリィ];

### みすてる

(推理小説) **a mystery**（**story** [**novel**]）[ストーリィ [ナヴァル]]

**みすてる**【見捨てる】**desert**[ディザート], **abandon**[アバンダン], **leave**[リーヴ]

**みずびたし**【水浸しになる】**be under water**[ウォータァ]; (洪水で) **be flooded**[フラディド]
- 部屋が洪水で水浸しになった．
  The room *was flooded*.

**みすぼらしい shabby**[シャビィ]

## みせ【店】

《主に米》**a store**[ストァ], 《主に英》**a shop**[シャップ]
- その店で牛乳を1本買ってきて．Can you get a carton of milk at the *store*?
- この店は高い [安い]．
  This *store* is expensive [inexpensive].
- この店はよくテレビで紹介される．
  This *store* is often shown on TV.
- この店は何時に開店 [閉店] しますか．
  What time does this *store* open [close]?
- 母は店を経営している．
  My mother owns [runs] a *shop*.

――― 表現メモ ―――

### 店のいろいろ
アウトレットショップ an outlet store
おもちゃ店 a toy store
家具店 ⓐa furniture store, ⓑa furniture shop
菓子店 a confectionery, a candy store
カフェ a café
キオスク a kiosk
喫茶店 ⓐa coffee shop, ⓑa tearoom
薬店, 薬局 a pharmacy
果物店 a fruit shop [store]
靴店 ⓐa shoe store, ⓑa shoe shop
クリーニング店 a laundry [cleaner(')s]
コンビニエンスストア a convenience store
魚店 a fish store
ショッピングモール a shopping mall
書店 ⓐa bookstore, ⓑa bookshop
スーパーマーケット a supermarket
デパート a department store
電器店 an electrical appliance store
理髪店 a barbershop
ドラッグストア a drugstore
肉店, 精肉店 a meat [butcher] shop
花屋(店), 生花店 a flower shop
100円ショップ a 100-Yen shop
美容院 a beauty salon
ファストフードレストラン a fast-food restaurant
ファミリーレストラン a family restaurant
文房具店 a stationery store
八百屋(店) a fruit and vegetable store
レストラン a restaurant

**みせいねん**【未成年】（未成年者）**a minor**[マイナァ]
- 彼はまだ未成年である．
  He is still *under age*. / He is still a *minor*.

**みせかけ**【見せかけ】(a) **pretense**[プリテンス]（►複数形では用いない）, **show**[ショウ]
- 彼女の親切は単なる見せかけだ．
  Her kindness is just a *pretense*.

**ミセス**（既婚女性に対する敬称）**Mrs.**[ミスィズ]（複 Mmes. [メイダーム]）→…さん ポイント！

**みせびらかす**【見せびらかす】**show off**[ショウ]
- 彼は新しい時計を見せびらかした．
  He *showed off* his new watch to us.

**みせもの**【見せ物】**a show**[ショウ]

## みせる【見せる, 診せる】

**show**[ショウ]; (医者にかかる) **see**[スィー]
- 入り口で切符を見せなければなりませんよ．You must *show* your ticket at the entrance.

〈人〉に〈物〉を見せる
show＋〈人〉＋〈物〉 / show＋〈物〉＋to＋〈人〉
- 私は彼らにすい星の写真を見せた．
  I *showed* them pictures of the comet. / I *showed* pictures of the comet *to* them.
- あのバッグを見せてください．
  Please *show* me that bag.
- ちょっと見せて．
  Let me *have a look*. / Can I *take a look*?
- できるだけ早く医者に診せたほうがいいよ．
  You should *see* a doctor as soon as possible.
- 次の試合では彼女に勝ってみせるわ．
  I *will* beat her in the next match.

**みそ**（食品）**miso**
- みそは発酵させた大豆ペーストです．
  *Miso* is fermented soybean paste.
‖ **みそ汁 miso soup**

**みぞ**【溝】**a ditch**[ディッチ], **a gutter**[ガタァ]

**みそこなう**【見損なう】(見逃す)**miss**[ミス]; (見誤まる)**misjudge**[ミスヂャッヂ]; (失望する)**be disappointed**(in ...)[ディサポインティド]
- ごめんね，君のこと見損なっていたよ．
 Sorry, I've *misjudged* you.
- 彼を見損なった．I'm *disappointed in* him.

**みぞれ**〘気象〙**sleet**[スリート]
━みぞれが降る **sleet**
- みぞれが降っていた．It was *sleeting*.

**…みたい**【…みたい(な)】**like** ...[ライク], **as** ...[アズ]→…ようだ，…ような[に]
- 田中選手みたいに泳ぎたい．
 I want to swim *like* Tanaka.
- 君はまだ準備ができていないみたいだね．
 You don't *seem* to be ready yet.

**みだし**【見出し】(新聞の)**a headline**[ヘッドゥライン]; (標題)**a title**[タイトゥル]
┃見出し語 **a headword, an entry word**

**みだしなみ**【身だしなみ】*one's* **appearance(s)**[アピ(ァ)ランス(イズ)]
- 彼女は身だしなみがいい[よくない]．She is careful [careless] about *her appearance*.

**みたす**【満たす】(いっぱいにする)**fill**[フィル]→いっぱい❷; (満足させる)**satisfy**[サティスファイ]; (条件などを)**meet**[ミート]
- 彼はおやつを食べて空腹を満たした．He *satisfied* his hunger by eating a snack.

**みだす**【乱す】**disturb**[ディスターブ]
- その行為は世界の平和を乱すだろう．
 The action will *disturb* world peace.

**みため**【見た目】*one's* **appearance**[アピ(ァ)ランス] →みだしなみ
- ケイは見た目がいい．Kei is good-*looking*.

**みだれる**【乱れる】**be in a mess**[メス], **be in disorder**[ディスオーダァ]
- 私の部屋はひどく乱れている．
 My room *is in a* complete *mess*.

# **みち¹**【道】

| | |
|---|---|
| ❶ 道路 | **a road**; (通り)**a street** |
| ❷ 道筋, 道順 | **a way, a route** |
| ❸ 手段, 方法, 進路 | **a way, a course** |

❶[道路]**a road**[ロウド]; (通り)**a street**[ストゥリート]
- この道を行くと駅に出ます．
 This *road* leads you to the station.
- 子猫が道を歩いている．
 A kitten is walking along the *street*.
- 対向車に道を譲ってあげた．
 I made *way* for the oncoming car.

❷[道筋, 道順]**a way**[ウェイ], **a route**[ルート]

- すみませんが駅への道を教えてください．
 Excuse me, but please tell me the *way* to the station.
- 道に迷ってしまったようだ．
 It seems that I lost my *way*.
- 道を間違えて遅刻しました．
 I went the wrong *way* and so I was late.

❸[手段, 方法, 進路]**a way, a course**[コース]
- 成功への道 the *way to* success
┃道順 **directions**
┃道しるべ **a signpost**
┃道なり: 道なりに行ってください．Go *along the road*.

**みち²**【未知の】**unknown**[アンノウン]; (なじみのない)**strange**[ストゥレインヂ]
- 未知の世界 the *unknown* world

**みちあんない**【道案内】(人)**a guide**[ガイド]
━道案内(を)する **show ... the way**(to ...)
- その少年が城まで道案内をしてくれた．The boy *showed* me *the way to* the castle.

**みぢか**【身近な】**familiar**[ファミリャァ], **close**[クロウス]
- 身近な友人 a *close* friend
- もっと身近な例をあげてください．
 Please give us a more *familiar* example.

**みちがえる**【見違える】
- 彼は見違えるほど変わった．
 He has changed so much (that) I can hardly recognize him.
- エリは髪を切ったら見違えた．Eri looked *different* after she got her hair cut.

**みちくさ**【道草する】(うろつく)**hang around**[ハング アラウンド]; (立ち寄る)**drop in**[ドゥラップ]
- 学校が終わったら道草しないで帰って来なさい．Come straight home after school.(←まっすぐ帰って来なさい)

**みちのり**【道のり】→きょり

**みちばた**【道端】**the roadside**[ロウドゥサイド]
- 道端にたんぽぽが咲いている．The *dandelions* are in bloom by [at] the *roadside*.

**みちびく**【導く】**lead**[リード]; (案内する)**guide**[ガイド]
- 努力が彼を成功へと導いた．
 Hard work *led* him *to* success.

**みちる**【満ちる】(いっぱいである)**be full**(of ...)[フル], **be filled**(with ...)[フィルド]
- 彼女の顔は喜びに満ちていた．
 Her face *was filled with* joy.

**みつ**(はちみつ)**honey**[ハニィ]; (花の)**nectar**[ネクタァ]

**みつあみ**【三つ編み】㊍ **a braid**[ブレイド], ㊎ **a plait**[プレイト]

- サユリは髪(かみ)を三つ編みにしている.
 Sayuri wears her hair in *braids*.

**みっか**【三日】(the) **third**[サード]
- 3日目 *the third* day
- 3日間 for *three* days

**みっかぼうず**【三日坊主】
- 三日坊主で終わらないようにしたい.
 I will try not to *give up easily*.

## みつかる【見つかる】

**can find**[ファインド], **be found**[ファウンド]; (発見される)**be discovered**[ディスカヴァド]; (何かをしていて)**be**［**get**］**caught**[コート]
- その本が見つからない.
 I *can't find* the book.
- 私の財布はまだ見つかっていない.
 My wallet has not *been found* yet.
- 古代都市の遺跡(いせき)が見つかった.
 The ruins of an ancient city have *been discovered*.
- 彼女はカンニングしていて見つかった.
 She *was caught* cheating on an exam.

**ミックス**【ミックスする】**mix**（**up**）[ミックス] → まぜる

ミックスジュース mixed juice
ミックスダブルス (テニスなどの)mixed doubles

## みつける【見つける】

**find**[ファインド]; (努力して方法を)**find out**[アウト]; (発見する)**discover**[ディスカヴァ]
- 私は道で100円玉を見つけた. I *found* a hundred-yen coin on the street.
- サナが私のかぎを見つけてくれた.
 Sana *found* my key（*for* me）.
- 辞書の中からこの単語を見つけられない.
 I can't *find* this word in the dictionary.
- 彼は問題を解く,より簡単な方法を見つけた.
 He *found out* an easier way to solve the question.
- 秘密(ひみつ)のドアを見つけた.
 I *discovered* a secret door.

**みっしゅう**【密集する】
- 東京には人口が密集している.
 Tokyo *is densely populated*.（←人が透(す)き間なく住んでいる）

**ミッションスクール** a **Christian school**[クリスチャン スクール]

**みっせつ**【密接な】**close**[クロウス]
- 密接な関係 a *close* relationship

**みっつ**【三つ(の)】**three**[スリー] → さん¹

**ミット**〘野球〙a **mitt**[ミット]

**みつど**【密度】**density**[デンサティ]
- 人口密度 population *density*

**みっともない**（恥(は)ずべき）**shameful**[シェイムフル], **dishonorable**[ディスオナラブル];（みすぼらしい）**shabby**[シャビィ]

**みつばち**〘虫〙a **honeybee**[ハニィビー]

**みつめる**【見詰める】**gaze**（**at** …）[ゲイズ], **stare**（**at** …）[ステア]
- 私は彼をじっと見詰めた. I *stared at* him.

**みつもる**【見積もる】**estimate**[エスタメイト]
 ━見積もり an estimate

**みつりょう**【密猟】**poaching**[ポウチング]

**みつりん**【密林】a **thick**［**dense**］**forest**[スィック［デンス］フォーリスト]; (熱帯の)a **jungle**[ヂャングル]

**みてい**【未定の】**undecided**[アンディサイディド], **unfixed**[アンフィクスト]
- 次のミーティングの日にちはまだ未定だ.
 The date of the next meeting is still *unfixed*［*undecided*］.

**みとおし**【見通し】(視界)**visibility**[ヴィザビラティ]; (見こみ)an **outlook**[アウトゥルック]
- もやで見通しがきかなかった. The *visibility* was poor because of the fog.
- 将来の見通しは明るい.
 The *outlook* for the future is bright.

**みどころ**【見所】a **highlight**[ハイライト]
- 運動会の見所はリレーだ. The *highlight* of the field day is the relays.
- 東京にはたくさんの見所がある.
 There are many *places to see* in Tokyo.

**みとめる**【認める】(本当だと)**admit**[アドゥミット];(受け入れる)**accept**[アクセプト];（…が～するのを）**allow**（… **to**+〈動詞の原形〉）[アラゥ]
- 彼は自分の過(あやま)ちを認めた.
 He *admitted* his error.
- 先生は私の遅刻(ちこく)の理由を認めてくれなかった. The teacher didn't *accept* my reason for being late.
- その部屋への立ち入りは認められていない. We are not *allowed to* go into the room.

**みどり**【緑(の)】**green**[グリーン]; (緑の草木)**greenery**[グリーナリィ]

- 緑の葉 green leaves
- 緑の多い町に住みたい. I want to live in a city with a lot of greenery.
- みどりの日 Greenery Day

∥緑っぽい greenish

**みとれる**【見とれる】**be charmed [fascinated] (by ...)**[チャームド][ファサネイティド]
- すばらしい眺(なが)めに見とれてしまった.
 I was fascinated by the splendid views.

**ミトン mittens**[ミトゥンズ]→**てぶくろ**

**みな**【皆】**all**[オール];(人)**everybody**[エヴリバディ], **everyone**[エヴリワン];(物)**everything**[エヴリスィング](▶ all以外はいずれも単数扱い)→**みんな**
- 彼らはみな3年生だ.
 They are all third-year students.
- 友達みなが私の誕生日を祝ってくれた.
 My friends all celebrated my birthday.
- みなさん, おはようございます.
 Good morning, everybody.
- みな努力家だ.
 Everyone works hard.

**みなおす**【見直す】
(再び見る)**look over ... again**[ルック][アゲン];(より高く評価する)**have a better opinion (of ...)**[ベター アピニャン], **think better (of ...)**[スィンク]
- 作文をもう一度見直しなさい.
 Look over your essay again.
- 彼女を見直したよ.
 I came to have a better opinion of her. /
 I came to think better of her.

**みなす**【見なす】**regard (as ...)**[リガード], **consider**[カンスィダァ]
- 彼はその学校で最も優(すぐ)れたサッカー選手と見なされている.
 He is regarded as the best soccer player in that school.

**みなと**【港】**a harbor**[ハーバァ];(商港, 港町)**a port**[ポート]

∥港町 a port town

**みなみ**【南】
**(the) south**[サウス](⇔北 (the) north)(▶ S. と略す)→**きた**
- 居間は南に向いている.
 The living room faces (the) south.

━**南の south, southern**[サザン](⇔北の north, northern)
- 日本の南の地方にその動物は生息している.
 The animal lives in the southern part of Japan.

━**南へ[に] south, southward**
∥南風 a south wind
∥南口 the south exit
∥南十字星 the Southern Cross
∥南半球 the Southern Hemisphere→**ちきゅう**図
∥南向き south-facing: 南向きの部屋
a south-facing room

**みなみアフリカ**【南アフリカ】**South Africa**[サウス アフリカ]
∥南アフリカ人 a South African

**みなもと**【源】**a source**[ソース];(起源)**(an) origin**[オーラヂン]
- チョコレートは私の元気の源だ.
 Chocolate is my source of energy.

**みならう**【見習う】**follow ...'s example**[ファロウ][イグザンプル]
- マドカを見習いなさい.
 You should follow Madoka's example.

**みなり**【身なり】(服装)**dress**[ドゥレス];(外見)**one's appearance**[アピ(ア)ランス]→**みだしなみ**
- タオはいつもきちんとした身なりをしている.
 Tao is always neatly dressed.

**みなれた**【見慣れた】**familiar**[ファミリァァ]
- 見慣れた顔 a familiar face

**ミニ**(小さい)**mini**[ミニ];(小型の物)**a mini**
∥ミニカー a minicar;(おもちゃの)a miniature car
∥ミニスカート a miniskirt, 《話》a mini
∥ミニトマト a cherry tomato

**みにくい**【醜い】**ugly**[アグリィ](⇔美しい beautiful), **unattractive**[アナトゥラクティヴ]

**ミニチュア a miniature**[ミニチュアァ](★発音注意)
━**ミニチュアの miniature**
∥ミニチュア・シュナウザー (犬) a miniature schnauzer
∥ミニチュア・ダックスフント (犬) a miniature dachshund

## みにつける【身につける】

| | |
|---|---|
| ❶衣類などを | (動作)put on;(着ている状態)wear |
| ❷技術・知識を | acquire, learn |

❶[衣類などを](動作)**put on**;(着ている状態)**wear**[ウェア]→**きる**²
❷[技術・知識を]**acquire**[アクワイア], **learn**[ラーン]
- 実践(じっせん)的な英語力を身につけたい.
 I want to acquire practical English skills.

**みぬく**【見抜く】(うそなどを)**see through ...**[スィー スルー];(正体を)**find out**[ファインド アウト]

- 彼女は私のうそを見抜いた.
  She *saw through* my lie.

**みね**【峰】a peak [ピーク]

**ミネラル** a mineral [ミナラル]

▍ミネラルウォーター mineral water

**みのがす**【見逃す】(大目に見る) overlook [オウヴァルック]; (見落とす) miss [ミス]
- どんな間違いも見逃してはならない. You must not *overlook* any kind of error.
- 好きなテレビ番組を見逃してしまった.
  I *missed* my favorite TV program.

**みのまわり**【身の回りの物】 one's (personal) things [belongings] [(パーサヌル) スィングズ [ビローンギングズ]]
- 身の回りの物をかたづけなさい.
  Put *your things* in order.

**みのる**【実る】have [bear] fruit [ベア フルート]
- この木はよく実る.
  This tree *bears* a lot of *fruit*.
- 今までの努力は実らなかった.
  All my efforts *bore* no *fruit*.

**みはらし**【見晴らし】a (fine) view [(ファイン) ヴュー]
- ぼくの部屋は見晴らしがいい.
  My room has a *fine view*.

**みはり**【見張り】(人) a guard [ガード]

**みはる**【見張る】guard [ガード], watch [ワッチ], keep watch [キープ]
- このバッグを見張っていて.
  Please *watch* this bag.

**みぶり**【身振り】(a) gesture [チェスチャア]
- 身振り手振りで意味を伝えた. I communicated by *gestures* [*body language*].

**みぶん**【身分】(社会的地位) (a) (social) status [position] [(ソウシャル) ステイタス [パズィション]]
▍身分証明書 an identification (card), an ID (card)

**みほん**【見本】a sample [サンプル]

**みまい**【見舞い】(病人などの) a visit [ヴィズィット]
━ 見舞う visit
- おじいちゃんを見舞いに病院へ行った.
  I *visited* Grandpa in the hospital.

▍見舞い客 a visitor

**みまもる**【見守る】watch [ワッチ], keep one's eye (on …) [キープ] [アイ]
- 母はいつもぼくを見守ってくれていた.
  My mother always *kept her eye on* me.

**みまわす**【見回す】look around (…) [ルック アラウンド], look about (…) [アバウト]
- 彼は座席を捜してバスの中を見回した.
  He *looked around* for a seat in the bus.

**みまわる**【見回る】(巡回する) patrol [パトゥロウル]
━ 見回り patrol

**…みまん**【…未満】under … [アンダァ], less than … [レス]
- 5歳未満の子どもは無料だ.
  Children *under* five are free of charge.

## みみ【耳】

an ear [イァ]; (聴力) hearing [ヒ(ァ)リング]
- 大きな耳
  big *ears*
- エリは私の耳もとで何かささやいた.
  Eri whispered something in my *ear*.
- おばあちゃんは耳が遠い.
  Grandma is hard of *hearing*.

━ 耳が聞こえない deaf [デフ]; (聞こえなくなる) go deaf, lose one's hearing
- 彼は耳が聞こえなくなった.
  He lost *his hearing*.

━━━ 慣用表現 ━━━

耳を傾ける listen (to …): 彼らは先生の話にじっと耳を傾けた. They *listened to* the teacher carefully.

▍耳あか earwax: 耳あかを取ってくれる? Can you clean my ear(s)?
▍耳あて earmuffs
▍耳かき an earpick; (綿棒) 【商標】a Q-tip
▍耳たぶ an earlobe
▍耳鳴り: 耳鳴りがする. *My ears* are *ringing*.

**みみず**【虫】an earthworm [アースワーム]

**みもと**【身元】…'s identity [アイデンタティ]
- 身元保証人
  a guarantor

**みゃく**【脈】a pulse [パルス]
- 医師は私の脈をとった.
  The doctor took my *pulse*.

**みやげ**【土産】(記念の品) a souvenir [スーヴァニァ]; (贈り物) a present [プレゼント]
- 修学旅行で京都に行っておみやげを買った.
  I bought a *souvenir* during our school trip to Kyoto.

## 土産物店 a souvenir shop

スペインの土産物店

**みやこ**【都】(首都) the capital[キャピトゥル]
- 大阪は水の都と呼ばれている.
  Osaka is called a *city* of waterways.

**みやぶる**【見破る】→ みぬく

**ミャンマー** Myanmar[ミャンマー]
- ミャンマー人 a Myanmarese

**ミュージカル** a musical[ミューズィカル]

**ミュージシャン** a musician[ミューズィシャン]

**ミュージック** music[ミューズィック]

**みょう**【妙な】strange[ストゥレインヂ], odd[アッド], queer[クウィァ] → きみょう, へん¹

**みょうごにち**【明後日】the day after tomorrow [デイ][タマーロゥ]

**みょうじ**【名字】a family name[ファミリィ ネイム] → せい³

**みょうにち**【明日】tomorrow[タマーロゥ] → あした

**みょうばん**【明晩】tomorrow night [evening] [タマーロゥ ナイト][イーヴニング]

## みらい【未来】

the future[フューチァ]; (前途) (a) future
- 地球の未来
  the *future* of the earth
- 未来の乗り物
  a *future* vehicle
- 彼には明るい未来がある.
  He has a bright *future*.
- **未来に** in the future
- **未来都市** city of the future

**ミリ…**(1000分の1) milli-[ミリ]
- ミリグラム a *milli*gram (►mgと略す)
- ミリメートル a *milli*meter (►mmと略す)
- ミリリットル a *milli*liter (►mlと略す)

**みりょく**【魅力】(a) charm[チャーム], (an) attraction[アトゥラクション], appeal[アピール]
- **魅力的な** attractive, charming
- 魅力的な笑顔
  a *charming* smile

**みりん** sweet rice wine used in cooking[スウィート ライス ワイン ユーズド][クッキング]

## みる¹【見る】

❶ 目でとらえる (目に入る) see;
　　　　　　　(目を向ける) look (at …);
　　　　　　　(継続して動きを) watch
❷ 目を通す (詳しく) examine;
　　　　　　(ざっと) look over;
　　　　　　(調べる) look … up;
　　　　　　(読む) read
❸ 世話をする look after …, take care of …

❶〔目でとらえる〕(目に入る) see[スィー]; (目を向ける) look (at …)[ルック]; (継続して動きを) watch[ワッチ]

**〈人・物〉が…するのを見る**
see +〈人・物〉+〈動詞の原形〉
- 彼女はリクが教室から出て行くのを見た.
  She *saw* Riku leave the classroom.
- 私は鳥が飛び去るのを見た.
  I *saw* the birds fly away.

**〈人・物〉が…しているのを見る**
see +〈人・物〉+〈-ing形〉
- あひるが池で泳いでいるのを見た.
  I *saw* ducks swimm*ing* in the pond.
- こんなにきれいな花は今まで見たことがない.
  I've never *seen* such a pretty flower.
- あそこのにじを見てごらん.
  *Look at* the rainbow over there.
- ぼくはよくテレビでサッカーの試合を見る.
  I often *watch* soccer games on TV.

### くらべてみよう！ see と look と watch

**see**: 自然に目に入ってきて「見える」という意味
**look**: 対象となるものを見ようとして意識的に「目を向ける」こと
**watch**:「注意して見守る」という意味で, 動いているもの・試合・事態の変化などを look よりも長い間見続けること

see　　look　　watch

❷〔目を通す〕(詳しく) examine[イグザミン]; (ざっと) look over[オウヴァ]; (調べる) look … up; (読む) read[リード]

## みる²

- ぼくの書いた作文を見てくれる？
Would you *look over* my essay?
- その俳優のことをネットで見てみるよ．
I'll *look up* the actor on the Internet.

❸ [世話をする] **look after ..., take care of ...** [ケア]

- だれが赤ちゃんの面倒を見るの？
Who will *look after* the baby? / Who will *take care of* the baby?

慣用表現

**見て見ぬふりをする pretend not to see**: 彼がクッキーを1つ食べるのを見て見ぬふりをした．I *pretended not to see* him take a cookie.

**みる²**【診る】(診察する) **see** [スィー], **examine** [イグザミン]; (診察してもらう) **see**
- お医者さんにみてもらったら？ How about *seeing* [*consulting*] a doctor?

**…みる**【…(して)みる】(試す) **try** [トゥライ]; (…を試してみる) **try + ⟨-ing形⟩**
- この靴をはいてみてもいいですか．
Can I *try* these shoes on?
- マリは試しにギターをひいてみた．
Mari *tried play*ing the guitar.

**ミルク milk** [ミルク]
- 粉ミルク powdered *milk*
- コーヒーにミルクを入れますか．
Would you like *milk* in your coffee?
‖ミルクティー **tea with milk**

**みわける**【見分ける】**tell the difference** [ディファランス] → くべつ
- バターとマーガリンを見分けられますか．
Can you *tell the difference between* butter *and* margarine? / Can you *distinguish between* butter *and* margarine?

**みわたす**【見渡す】**look out (over ...)** [ルック アウト (オウヴァ)], **overlook** [オウヴァルック]
- そのタワーからは海が見渡せる．
The tower *looks out over* the sea.
- 見渡す限り雪で覆われていた．There was snow *as far as the eye could see*.

**ミンク**【動物】**a mink** [ミンク]; (毛皮) **mink**

**みんげいひん**【民芸品】**a folk craft** [フォウク クラフト]

**みんしゅう**【民衆】**the people** [ピープル]

**みんしゅく**【民宿】**a tourist home** [トゥ(ア)リスト ホウム], 米 **a guesthouse** [ゲストハウス]

**みんしゅしゅぎ**【民主主義】**democracy** [デマクラスィ]

**みんしゅてき**【民主的な】**democratic** [デマクラティック]

**みんぞく**【民族】(国民) **a people** [ピープル]; (人種) **a race** [レイス]
- アジアの諸民族
the *peoples* of Asia / the Asian *races*
- 少数民族 an *ethnic* minority

‖民族衣装 **ethnic [native] costume**
‖民族音楽 **folk music**
‖民族舞踊 **folk dance**

**ミント**【植物】**mint** [ミント]

## みんな

**all** [オール]; (人) **everybody** [エヴリバディ], **everyone** [エヴリワン]; (物) **everything** [エヴリスィング] (▶ all以外はいずれも単数扱い) → ぜんいん, ぜんぶ

- 私たちはみんなピクニックを楽しんだ．
*All* of us enjoyed the picnic. / We *all* enjoyed the picnic.
- みんながバスを降りた．
*Everybody* got off the bus.
- ポケットの中の物をみんな出した．I took out *everything* I had in my pockets.

━**みんなで**（いっしょに）**all together** [タゲザァ]; (合計で) **in all, altogether** [オールタゲザァ]

- みんなでこの歌を歌ってください．
Please sing this song *all together*.
- これらはみんなでいくらですか．
How much are these *altogether*?

**みんぽう**【民放】**a commercial TV station** [カマーシャル ティーヴィー ステイション]

**みんよう**【民謡】**a folk song** [フォウク ソング]

**みんわ**【民話】**a folk tale** [フォウク テイル]

# む ム

**む**【無】nothing[ナッスィング]
**むいか**【六日】(the) sixth[スィックスス]
- 6日目 *the sixth day*
- 6日間 *for six days*

**むいしき**【無意識】unconsciousness[アンカンシャスニス]
- 無意識の unconscious
- 無意識に unconsciously
- 彼は無意識にそうしてしまった．
  He did it *unconsciously*.

**むいみ**【無意味な】meaningless[ミーニングリス]
- 無意味な議論 a *meaningless* argument

**ムース**（菓子（∑））(a) mousse[ムース]；〘商標〙（整髪（殿）料）mousse

**ムード**（雰囲気（殿））(an) atmosphere[アトゥマスフィア]（▶複数形では用いない）；(一時的な気分) a mood[ムード]
- 町はお祭りムードだった．
  The town was in a festive *mood*.

**ムートン** mouton[ムータン]（▶フランス語から）

**むかい**【向かいの】opposite[アパズィット]
- うちの向かいの家 the house *opposite* ours
- 私の家は通りを挟（∑）んで本屋の向かいにある．
  My house is across the street from the bookstore.
- 向かい風 a head wind

**むがい**【無害な】harmless[ハームリス]（⇔有害な harmful）

## むかう【向かう】

| ❶…の方向に | head (for ...);|
| （…へ向けて出発する） | leave for ..., start (for ...) |
| ❷面する | face |

❶［…の方向に］head (for ...)[ヘッド]；（…へ向けて出発する）leave for ...[リーヴ], start (for ...)[スタート]
- 台風は四国へ向かっている．
  The typhoon is *heading for* Shikoku.
- 生徒たちはあしたカナダへ向かう．
  The students will *leave for* Canada tomorrow.
- その列車は東京を出て大阪へ向かった．
  The train *left* Tokyo *for* Osaka. / The train *started from* Tokyo *for* Osaka.
- 父は日ごとに快方へ向かっている．
  My father *is getting* better day by day.

❷［面する］face[フェイス]
- 私たちの家は線路に向かって建っている．
  Our house *faces* the railway.
- 向かって左から2人目が私です．
  The second person from the left is me.

## むかえる【迎える】

（歓迎（然）する）welcome[ウェルカム]；（出迎える）meet[ミート]；（車で）pick up[ピック]；（あいさつして）greet[グリート]
- ホストファミリーは私を温かく迎えてくれた．
  The host family *welcomed* me warmly.
- 駅までケンを迎えに行ってくれない？
  Will you go to the station to *meet* Ken?
- 空港までおじが車で迎えに来てくれた．
  My uncle *picked* me *up* at the airport.

## むかし【昔】

the old days[オウルド デイズ], old times[タイムズ]；(ずっと前に) long ago[ローング アゴゥ], a long time ago[タイム]；(かつて) once[ワンス]
- 彼女は昔のことを話すのが好きだ．
  She likes talking about *the old days*.
- 彼は昔イギリスに住んでいた．
  He lived in Britain *a long time ago*.
- 昔この辺に大きな木があった．There *used to* be a big tree around here.
- 昔々 *once upon a time*
- 昔の old
- トモは昔からの友達の1人だ．
  Tomo is one of my *old* friends.
- 昔話 an old story [tale]

**むかつく** feel sick [disgusted][フィール スィック [ディスガスティド]]；(腹が立つ) be [get] mad[マッド]
- 胃がむかつく．
  I *feel sick* in the stomach.
- あのうわさを聞いたときはむかついた．I *was* [*got*] *mad* when I heard that rumor.

## むかって【…に［へ］向かって】

| ❶…の方向へ | toward ..., for ... |
| ❷…に対して | to ...; |
|  | （…を目がけて）at ... |
| ❸…に逆らって | against ... |

❶［…の方向へ］toward ...[トード], for ...[フォア]
- 気球は北西へ向かって飛んでいった．
  The balloon flew *toward* the northwest.

❷［…に対して］to ...[トゥー]；（…を目がけて）at ...[アット]

## むかで

- 君は彼女に向かってそんなことを言ったの？
  Did you say such a thing *to* her?
- その犬は私に向かってほえた．
  The dog barked *at* me.

❸ [...に逆らって] **against** ...[アゲンスト]

- さけが上流に向かって泳いでいた．Salmon were swimming *against* the stream.

**むかで** 〖虫〗 **a centipede**[センティピード]
‖ むかで競走 a centipede race

**むかむか** 〖むかむかする〗→むかつく

**むかんかく**【無感覚(な)】**insensitive**[インセンスィティヴ], **numb**[ナム]

**むかんけい**【無関係な】**unrelated**[アンリレイティド]

- 私は彼らのけんかとは無関係だった．
  I *had nothing to do* with their fight.

**むかんしん**【無関心】**indifference**[インディフ(ァ)ランス]
— 無関心な **indifferent**（**to ...**）

- 彼はスポーツに無関心だ．He is *indifferent to* sports. / He *has no interest in* sports.

**むき¹**【向き】（**a**）**direction**[ディレクション]→むく¹ ❶❷

- 風向きはどっちですか．
  Which *direction* is the wind blowing?
- 私の部屋は南向きだ．
  My room *faces* south.

**むき²**〖むきになる〗**take things seriously**[スィ(ァ)リアスリィ]; （怒る）**get upset**[アプセット]

- 彼はちょっとしたことでもむきになる．
  He *gets upset* over little things.

**むぎ**【麦】〖植物〗（小麦）**wheat**[(ホ)ウィート]; （大麦）**barley**[バーリィ]; （ライ麦）**rye**[ライ]
‖ 麦茶 barley tea
‖ 麦畑 a wheat field; a barley field
‖ 麦わら帽子(ぼうし) a straw hat→ぼうし¹図

## むく¹ 【向く】

| | |
|---|---|
| ❶方向を変える | （目・顔を向ける）**look**; （体などを向ける）**turn** |
| ❷面する | **face** |
| ❸適する | **be suitable**（**for ...**）, **be suited**（**for ...**, **to ...**）, **be fit**（**for ...**） |

❶ [方向を変える]（目・顔を向ける）**look**[ルック]; （体などを向ける）**turn**[ターン]

- 後ろを向いてください．
  Please *look* back. / Please *turn* around.
- 下を向くな．Don't *look* down.
- 左を向いてもらえますか．
  Can you *turn to* the left?
- 少年はこっちを向いて笑った．
  The boy *looked* this way and smiled.

❷ [面する] **face**[フェイス]

- そのホテルは海のほうを向いている．
  The hotel *faces* the sea.

❸ [適する] **be suitable**（**for ...**）[スータブル], **be suited**（**for ...**, **to ...**）, **be fit**（**for ...**）[フィット] → ...むけ

- ハルは自分が音楽に向いていないと思った．
  Haru thought (that) she *was* not *suited for* music.

## むく²

（皮を）**peel**[ピール], **pare**[ペア]（► peelは手で，pareはナイフなどを使って「むく」こと）

- 猿(さる)がバナナの皮をむいている．
  The monkey is *peeling* a banana.
- リンはりんごの皮をむくのがじょうずだ．
  Rin is good at *paring* an apple.

**むくいる**【報いる】**reward**[リウォード]

**むくち**【無口な】**quiet**[クワイアット], **silent**[サイラント]

- 無口な男の子 a *quiet* boy
- 妹は無口だ．My sister doesn't *talk much*.

**...むけ**【...向け】**for ...**[フォア]

- この辞典は中学生向けだ．
  This dictionary is (suitable) *for* junior high school students.

**むける**【向ける】（転じる）**turn**[ターン]; （指・カメラなどを）**point**[ポイント]; （批判などを）**aim**[エイム]

- パンダは背を向けてしまった．
  The panda *turned* his back.
- 私はカメラを家族のほうに向けた．I *pointed* [*aimed*] my camera *at* my family.

**むげん**【無限の】**infinite**[インフィニット]
— 無限に **infinitely**

## むこう¹ 【向こう】

（もう一方の）**the other side**[アザァ サイド]; （反対側）**the opposite side**[アパズィット]

- ホテルは大通りの向こうにある．
  The hotel is *across* [on *the other side* of] the avenue.

むずかしい

- 向こうから人が寄ってきた.
  A person came toward me.
- **向こうに** **over there**; (…を横切って)**across** ...; (…を越(゜)えて)**beyond** ...[ビヨンド]
- ほら,向こうに東京タワーが見えるよ.
  Look! You can see the Tokyo Tower *over there*.
- この建物の向こうには何があるのですか.
  What is *beyond* this building?

**むこう**[2]【無効な】**invalid**[インヴァリッド](⇔有効な valid)
∥無効投票 an *invalid* vote

**むこうりょう**【無香料の】**fragrance-free**[フレイグランスフリー]
∥無香料化粧(しょう)品 *fragrance-free* cosmetics

**むごん**【無言の】**silent**[サイレント]
∥無言電話 a *silent* telephone call

**むざい**【無罪の】**innocent**[イナサント], **not guilty**[ギルティ](⇔有罪の guilty)

## むし[1]【虫】

**an insect**[インセクト], **a bug**[バッグ], **a worm**[ワーム]

- 虫を捕(つか)まえるのが好きです.
  I like to catch *insects*.
- 彼は虫に刺(さ)された.
  He was [got] bitten by an *insect* [a *bug*].
- 虫が鳴いている. *Insects* are chirping.
- ぼくは釣(つ)りをするときは虫をえさにする.
  I use *worms* for bait when I fish.
- お気に入りのセーターが虫に食われた.
  My favorite sweater was eaten by *moths*.

> **くらべて みよう!** insect と bug と worm
> **insect**:「昆虫(こんちゅう)」という意味で一般的に使う.
> **bug**: なんきんむし,ありなどの「小さな虫」.
> **worm**: みみず・毛虫・芋(いも)虫・うじ虫などの「はう虫」.

∥虫かご an *insect cage*
∥虫刺され an *insect bite*, a *sting*
∥虫眼鏡 a *magnifying glass*

**むし**[2]【無視する】**ignore**[イグノァ]
- ドライバーは信号を無視した.
  The driver *ignored* the traffic lights.

**むじ**【無地の】**plain**[プレイン]
- 無地のノート a *blank* notebook

**むしあつい**【蒸し暑い】**hot and humid**[ハット][ヒューミッド], **muggy**[マギィ]
- きょうは蒸し暑い. It is *hot and humid* today. / It is *muggy* today.

**むじつ**【無実】**innocence**[イナサンス]
━**無実の** **innocent**, **not guilty**[ギルティ]

**むしば**【虫歯】**a cavity**[キャヴィティ]→は[1]
- 私は虫歯が3本ある. I have three *cavities*.
- 虫歯を予防する prevent *cavities*

**むじゃき**【無邪気な】**innocent**[イナサント]
- 無邪気な子ども an *innocent* child

**むしゃくしゃ**【むしゃくしゃする】 **feel** [**be**] **irritated**[イリテイティド]
- 朝から何となくむしゃくしゃしている.
  I've *been irritated* for some reason since this morning.

**むじゅうりょく**【無重力】**zero gravity**[ズィ(ア)ロウ グラヴァティ]; (無重力状態)**weightlessness**[ウェイトリスニス]

**むじゅん**【矛盾する】**contradict**[カントゥラディクト], **be inconsistent** (**with** ...)[インカンスィスタント]
- 彼の行動は言葉と矛盾している.
  His actions *contradict* his words. / His actions *are inconsistent with* his words.

**むじょうけん**【無条件の】**unconditional**[アンカンディショヌル]
━**無条件で** **unconditionally**

**むしょく**[1]【無色の】**colorless**[カラァリス]

**むしょく**[2]【無職である】**have no job**[チャブ]; (失業中である) **be out of a job**, **be unemployed**[アニンプロイド]

**むしる** **pull off**[プル]; (雑草を)**weed**[ウィード]
- 父は庭で草をむしっている.
  My father is *weeding* in the garden.

**むしろ** **rather** (**than** ...)[ラザァ]
- コンサートに行くよりむしろ家にいたい. I'd *rather* stay home *than* go to a concert.
- むしろ,君がこれをやるべきだ.
  *In fact*, you should do this.

**むじん**【無人の】**uninhabited**[アニンハビティド]
∥無人島 an *uninhabited* island, a *desert island*

**むしんけい**【無神経な】**insensitive**[インセンスィティヴ]
- それを言うなんて無神経だ.
  It's *insensitive* of you to say that.

**むす**【蒸す】**steam**[スティーム]

**むすう**【無数の】**countless**[カウントゥリス], **numberless**[ナンバァリス]
- 空に無数の星が見える.
  We can see *countless* stars in the sky.

## むずかしい【難しい】

(困難な)**difficult**[ディフィカルト], **hard**[ハード](⇔簡単な, 易しい easy); (気難しい)**difficult**; (深刻な)**serious**[スィ(ア)リアス]

# むすこ

- 難しい質問 a *difficult* question
- 数学の試験はとても難しかった. The math exam was very *hard* [*difficult*].

**…するのは(〈人〉にとって)難しい**
It is difficult [hard] (for +〈人〉+) to +〈動詞の原形〉

- 英語でメッセージを送るのは私にとって難しい. *It is difficult* [*hard*] *for me to* text a message in English.
- その質問は難しすぎて私には答えられなかった. The question was too *difficult* for me to answer. / The question was so *difficult* that I couldn't answer it.
- 彼は難しい人だ. He is a *difficult* person. / He is *hard* to get along with.

**むすこ**【息子】a son[サン] (⇔娘(ﾑｽﾒ) a daughter)
- いちばん上[末]の息子
  the oldest [youngest] *son*
- 小野夫妻には息子が3人いる.
  Mr. and Mrs. Ono have three *sons*.

**むすびつき**【結びつき】(関係)(a) **connection**[カネクション]; (きずな)**ties**[タイズ]
- **結びつく connect**(with...), **be connected**(with...)

**むすびつける**【結びつける】(留める)**fasten**[ファスン](★このtは発音しない); (縛(しば)る)**tie**[タイ]→むすぶ; (関連づける)**connect**[カネクト]

**むすびめ**【結び目】a **knot**[ナット](★このkは発音しない)

**むすぶ**【結ぶ】**tie**[タイ](⇔ほどく untie); (縛(しば)る)**bind**[バインド]
- 靴(くつ)ひもを結んだほうがいいよ.
  You should *tie* your shoestrings.
- 私たちは友情で結ばれていた.
  We were *bound* by friendship.

**むずむず**【むずむずする】**feel itchy**[フィール イッチィ]; (くすぐったい)**tickle**[ティクル]
- 体じゅうがむずむずする.
  I *feel itchy* all over my body.
- 鼻がむずむずする.
  My nose *tickles*.

**むすめ**【娘】a **daughter**[ドータァ](⇔息子(ﾑｽｺ) a son); (若い女性)a **girl**[ガール]
- いちばん上[末]の娘
  the oldest [youngest] *daughter*
- ひとり娘 the only *daughter*

**むぜい**【無税】**duty-free**[ドゥーティーフリー]

**むせきにん**【無責任な】**irresponsible**[イリスパンサブル]
- 今やめるなんて彼は無責任だ.
  It is *irresponsible* of him to quit now.

**むせん**【無線】**radio**[レイディオゥ]
- **無線で wirelessly**[ワイアレスリィ], **by radio**

## むだ【無駄】
(a) **waste**[ウェイスト]
- ずっとテレビゲームをするなんて時間の無駄だ. It is a *waste* of time to play video games all the time.
- **無駄な wasteful**; (無益な)**useless**[ユースリス](⇔有益な useful), **no use**
- それは無駄な努力だった.
  It was a *useless* effort.

**…しても無駄だ**
It is no use +〈-ing形〉 /
It is no use to +〈動詞の原形〉

- 彼に話しても無駄だ.
  *It is no use* tell*ing* him. / *It is no use to* tell him.
- そこに行かないよう彼女を説得しようとしたが無駄だった. I tried *in vain* to persuade her not to go there.
- **無駄にする waste**
- お金を無駄にするな.
  Don't *waste* your money.

無駄遣(づか)い (a) **waste** (of money)
無駄話 **idle talk**

**むだん**【無断で】(無許可で)**without permission**[ウィザウト パァミッション]; (無届けで)**without notice**[ノウティス]
- 彼女は無断で私の自転車を使った.
  She used my bike *without permission*.
- 彼は学校を無断で欠席した. He was absent from school *without notice*.

**むち**[1] a **whip**[(ホ)ウィップ]
- **むち打つ whip**

むち打ち症(しょう) (a) **whiplash**

**むち**[2]【無知】**ignorance**[イグナランス]
- **無知な ignorant**

**むちゃ**【むちゃな】(不合理な)**unreasonable**[アンリーザナブル]→むり; (向こう見ずな)**reckless**[レックリス]
- むちゃな運転 *reckless* driving

**むちゃくりく**【無着陸で[の]】**nonstop**[ナンストップ]

**むちゅう**【夢中である】(熱狂(ねっきょう)する)**be crazy** [**mad**] (**about** ...)[クレイズィ][マッド]; (没頭(ぼっとう)する)**be absorbed** (**in** ...)[アブソーブド], **be into** ...[イントゥー]
- ミキはあの歌手に夢中だ.
  Miki *is crazy about* that singer.
- 彼はコンピュータゲームに夢中になっている. He *is absorbed in* computer games.

**むっつ**【六つ(の)】**six**[スィックス]→ろく

**むっつり**【むっつりした】(不機嫌(ふきげん)な)**sullen**[サラン]

**むっと**【むっとする】(怒って)**turn sullen**[ターン サラン］; (暑さで)**be stifling**[スタイフリング]
- 彼はそれを聞いた瞬間むっとした. He *turned sullen* the moment he heard it.
- この部屋はむっとする. It *is stifling* in this room.

**むてき**【無敵の】**unbeatable**[アンビータブル]

**むてんか**【無添加の】**additive-free**[アディティヴフリー]
- このパンは無添加です. This bread is *additive-free*.
- このジュースは砂糖無添加だ. This juice doesn't contain sugar.

**むとんちゃく**【むとんちゃくな】**indifferent**(to ...)[インディフ(ァ)ラント], **careless**(about ...)[ケアリス(アバウト)] → むかんしん

**むないた**【胸板】**the chest**[チェスト]

**むなさわぎ**【胸騒ぎがする】**feel uneasy**[フィール アニーズィ]
- 何か胸騒ぎがする. I *feel* somewhat *uneasy*.

**むなしい vain**[ヴェイン], **empty**[エンプティ]
- 何だかむなしい気がした. I felt *empty* somehow.
→ むなしく **in vain**

## むね【胸】
**a chest**[チェスト]; (胸部の前面, 乳房)**a breast**[ブレスト]; (胸囲)**the bust**[バスト]; (心臓, 心)**a heart**[ハート]
- 胸を張って背筋を伸ばして！ Keep your *chest* out and back straight!
- 私は胸がどきどきしている. My *heart* is beating fast.
- 地震の被災者のことを考えると胸が痛む. I *feel sorry for* the victims of the earthquake.
- それは胸が張り裂けるような話だ. That's a *heartbreaking* story.
- そのシーンは胸にジーンときました. The scene *touched* me *deeply*.

胸ポケット **a breast pocket**

**むねにく**【胸肉】(鶏の)**chicken breast**[チキン ブレスト]（▶胸肉の一部である「ささみ」はchicken tendersと言う→ ささみ)

**むのう**【無能な】**incompetent**[インカンピタント], **inefficient**[イニフィシャント]

**むのうやく**【無農薬の】**chemical-free**[ケミカルフリー]

無農薬野菜 **organic vegetables**

**むふんべつ**【無分別(な)】**thoughtless**[ソートリス]

**むめんきょ**【無免許で】**without a license**[ウィザウト][ライサンス]

無免許運転 **driving without a license**

**むら**【村】**a village**[ヴィリッヂ]

村人 **a villager**
村役場 **a village office**

**むらがる**【群がる】(人が)**crowd**[クラウド], **gather**[ギャザァ]; (鳥・羊などが)**flock**[フラック]
- 人々がスタジアムの外に群がった. People *gathered* outside (of) the stadium.

**むらさき**【紫(の)】**purple**[パープル]; (すみれ色)**violet**[ヴァイオリット]

紫っぽい **purplish**

## むり【無理な】
(不可能な)**impossible**[インパスィブル]; (不合理な)**unreasonable**[アンリーザナブル]

…するのは((人)にとって)無理だ
It is impossible (for +〈人〉+) to +〈動詞の原形〉
- 午前5時に起きるのは(私には)無理だ. *It is impossible* (*for* me) *to* get up at 5 a.m.
- 無理言わないでよ. Don't be *unreasonable*.
- 私は無理して起きていた. I *forced* myself *to* stay awake.
- 彼がそうするのも無理はない. It is natural for him to do so. (←当然だ)
- 無理だよ, そんなことできない. No, I *can't* do that!
- 無理だ. *No way*［*chance*].
- 無理するな, 気楽にやれ)Take it easy. /(頑張りすぎるな)Don't *work too hard*.
→ 無理に (力ずくで)**by force**

**むりょう**【無料の】**free**[フリー](⇔有料の pay, paid)→ ただ❶
- 入場無料 (掲示)ADMISSION *FREE*

**むりょく**【無力な】**powerless**[パウァリス]

**むれ**【群れ】(人の)**a crowd**[クラウド]; (鳥・羊などの)**a flock**[フラック]; (動物の)**a herd**[ハード]; (おおかみの)**a pack**[パック]; (魚などの)**a school**[スクール]

人の群れ
a crowd of people

鳥の群れ
a flock of birds

動物の群れ
a herd of animals

魚の群れ
a school of fish

# め

## め¹【目】

| | |
|---|---|
| ❶身体器官の | an eye |
| ❷まなざし | (目つき)a look, eyes; (視線)eyes |
| ❸視力 | eyesight, sight |

❶[身体器官の] **an eye**[アイ]
- 目を開けなさい[閉じなさい]. Open [Close] your *eyes*.
- 私は黒い目をしている. I have brown [dark] *eyes*. (▶black eye(s)は「目の周りの黒いあざ」の意)
- 私は寝(ね)不足で目が赤かった. My *eyes* were bloodshot from lack of sleep. (▶bloodshotは「(目が)充血(じゅうけつ)した」の意)
- 彼女の目は輝(かがや)いていた. Her *eyes* were shining.
- けさは6時に目が覚めた. I *woke up* at six this morning.
- 明るいヘッドライトに目がくらんだ. I *was dazzled* by the bright headlights.
- おなかがすくと時々目が回る. I sometimes *feel dizzy* when I get hungry.

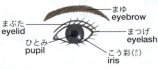

まゆ eyebrow / まぶた eyelid / まつげ eyelash / ひとみ pupil / こう彩(さい) iris

❷[まなざし] (目つき)**a look**[ルック], **eyes**; (視線)**eyes**
- 彼女は私を優(やさ)しい[冷たい]目で見た. She gave me a gentle [cold] *look*.
- 私と目が合うとミキはほほえんだ. When Miki's *eyes* met mine, she smiled.
- 友人のほうに目を向けた. I turned my *eyes* to my friend. / I *looked at* my friend.
- 目をそらした. I turned my *eyes* away.
- 赤ちゃんから目が離せない. I can't take my *eyes* off the baby.
- 空港では自分の荷物から目を離(はな)すな. Keep an *eye* on your baggage at the airport.
- 彼女は生徒たちのレポートに目を通した. She *looked over* her students' reports.

❸[視力] **eyesight**[アイサイト], **sight**[サイト]
- 彼女は目がいい[悪い]. She has good [bad, poor] *eyesight*.
━目が見えない **blind**; (見えなくなる)**go blind, lose** *one***'s (eye)sight** ➔ しつめい
- その少年は目が見えなかった. The boy was *blind*.

―――――― 慣用表現 ――――――

**見る目がある have an eye for ...**: 長田先生は美術品を見る目がある. Mr. Nagata *has an eye for* art.

**目がない be very fond of ...**: マリは甘(あま)い物に目がない. Mari *is very fond of* sweet things.

**目を合わせる make eye contact**

**目を引く eye-catching**: 目を引くポスター an *eye-catching* poster

**目を丸くする**: 彼女はその知らせを聞いて目を丸くした. Her *eyes opened wide* in surprise when she heard the news.

## め²【芽】(花・葉の)**a bud**[バッド]; (枝・茎(くき)の)**a sprout**[スプラウト]
━芽が出る **bud; sprout, come into bud**

## …め【…目】(順序)(▶ふつう序数で表す)
- ここから3つ目の駅が品川です. The third stop from here is Shinagawa.
- 大阪は日本で2番目に大きな都市です. Osaka is the second largest city in Japan.

## めあて【目当て】**an aim**[エイム], **a purpose**[パーパス]
- 彼の目当てはその女の子に会うことだった. His *aim* was to see the girl.

## めい **a niece**[ニース](⇔おい a nephew)

## めいあん【名案】**a good idea**[グッド アイディア]
- それは名案だ. That's a *good idea*.
- 名案が浮かんだ. I hit on [upon] a *good idea*.

## めいおうせい【冥王星】**Pluto**[プルートウ]

## めいが【名画】(有名な絵)**a famous picture [painting]**[フェイマス ピクチャ [ペインティング]]; (傑作(けっさく))**a masterpiece**[マスタァピース]

## めいかく【明確な】**clear**[クリア]
- 明確な答え a *clear* answer

→明確に clearly
めいきゅう【迷宮】labyrinth[ラビリンス]
めいきょく【名曲】(有名な曲)a famous piece (of music)[フェイマス ピース][ミューズィック];(有名な歌)a famous song[ソーング];(傑作)a musical masterpiece[マスタァピース]
メイク(化粧)makeup[メイカップ]
- メイクアップアーティスト a *makeup* artist
- メイクポーチ a *makeup* bag
- メイク直し a *makeup* touch-up

→メイクする put on (one's) makeup, do (one's) makeup→けしょう

めいげつ【明月】a full moon[フル ムーン]→まんげつ
めいさい【迷彩】camouflage[キャマフラージ]
めいさく【名作】a masterpiece[マスタァピース]
めいさん【名産】a well-known[special] product[ウェルノウン [スペシャル] プラダクト], a specialty
- 京都の名産品 a *specialty* of Kyoto

めいし¹【名詞】〖文法〗a noun[ナウン]
めいし²【名刺】a card[カード];(仕事用の)a business card[ビズニス]
めいしゃ【目医者】an eye doctor[アイ ダクタァ]
めいしょ【名所】a famous place[フェイマス プレイス], the sights[サイツ]
- 日光の歴史的名所 *famous* historical *places* in Nikko
- 東京の名所見物をした. I did [saw] *the sights* of Tokyo.

めいじる【命じる】order[オーダァ]→めいれい
めいしん【迷信】(a) superstition[スーパァスティション]
→迷信深い superstitious
めいじん【名人】(大家)a master[マスタァ];(熟練者)an expert[エクスパート]
- 将棋の名人 a *master* of shogi, a shogi *master*
- 釣りの名人 an *expert* in fishing

めいせい【名声】fame[フェイム]
- 彼はこの映画で俳優としての名声を得た. He won *fame* as an actor in this film.

めいちゅう【命中する】hit[ヒット]
- 矢は的の真ん中に命中した. The arrow *hit* the center of the target.

めいはく【明白な】clear[クリア]→あきらか
めいぶつ【名物】(産物)a well-known [special] product[ウェルノウン [スペシャル] プラダクト];(呼び物)an attraction[アトゥラクション]→めいさん
めいぼ【名簿】a list[リスト]
- メンバーの名簿を作った. I made a *list* of the members.
- 名簿に私の名前が載っていなかった. My name wasn't on the *list*.

めいめい each[イーチ]→それぞれ
めいよ【名誉】(an) honor[アナァ](★このhは発音しない), a credit[クレディット]
- 次の試合でもっといいプレーをして名誉を挽回したい. We want to restore our *honor* by playing better in the next game.
→名誉ある honorable
‖名誉会長 an honorary chairperson

めいりょう【明瞭】clear[クリア]→はっきり;(発音・言葉が)articulate[アーティキュラット]
めいる be depressed[ディプレスト]
- なんだか気がめいっちゃって. I'm kind of *depressed*. (▶kind of は「幾分」の意)

めいれい【命令】an order[オーダァ]
- 私はキャプテンの命令に従った. I obeyed [followed] the captain's *order*(s).
- 彼女は命令に背いた. She ignored the *order*.
→命令する order
〈人〉に…するように命令する
order+〈人〉+to+〈動詞の原形〉
- 母は私に部屋を掃除するように命令した. My mother *ordered* me *to* clean my room.
‖命令文〖文法〗an imperative sentence

めいろ【迷路】a maze[メイズ]
- 迷路にはまった. I was lost in a *maze*.

めいろう【明朗な】cheerful[チアフル]

## めいわく【迷惑】

trouble[トゥラブル]→めんどう
- 迷惑な annoying[アノイイング], troublesome
- 迷惑をかける trouble, bother[バザァ]
- 私は彼女にたいへん迷惑をかけた．
 I *troubled* her a lot.
- ご迷惑をおかけしてすみませんでした．I'm sorry to have *troubled* [*bothered*] you.
‖迷惑メール a spam mail

**メイン**【メインの】(主要な)main[メイン], chief[チーフ]
‖メインイベント the main event
‖メインディッシュ the main course [dish]

**めうえ**【目上】*one's* senior[スィーニャァ]
- 目上の人には礼儀正しくしなければいけませんよ．
 You must be polite to *your seniors*.

**メーカー** a manufacturer[マニュファクチャラァ], a maker[メイカァ]
- 君のパソコン，どこのメーカーの？
 What *make* is your computer?(▶What makerは×)

**メーキャップ**→メイク

**メーター** (計器)a meter[ミータァ]; (長さの単位)a meter→メートル

**メーデー** May Day[メィデイ](▶5月1日)

**メートル** a meter[ミータァ](▶m, m.と略す)
- このトンネルの長さは200メートルだ．
 This tunnel is two hundred *meters* long.
- 100メートル走 the 100-*meter* dash

**メーリングリスト** a mailing list[メイリング リスト]

## メール

email, e-mail[イーメイル]; (1通の)an email, an e-mail, a text[テクスト], (携帯で打つ場合)a text message[テクスト メスィッヂ]
- 「メール届いた？」「うん，届いたよ」"Did you get my *text message*?" "Yes, I got it. / Yes, I did."
- メールで画像を送るよ．
 I'll send the photo [image] by *email*.
- メールする send an email, email, (携帯で打つ場合)text
- 後でメールするね．I'll *text* you later.
‖メールアドレス an email address: メールアドレス，何？ What's your *email address*?
‖メールマガジン an email magazine

**メーン**→メイン

**めかくし**【目隠し(を)する】blindfold[ブラインドフォウルド]

**めがける**【目がける】aim (at ...)[エイム]→めざす
- 大きな犬が私を目がけて飛びかかってきた．
 A big dog sprang *at* me.

**めかた**【目方】weight[ウェイト](★このghは発音しない)→おもさ，たいじゅう

**めがね**【眼鏡】glasses[グラスィズ]
- 眼鏡1つ a pair of *glasses* (▶眼鏡2つはtwo pairs of *glasses*)
- 眼鏡をかけた．I put on my *glasses*.
- 眼鏡を外した．I took off my *glasses*.
- 彼女はいつも眼鏡をかけている．
 She always wears *glasses*.
‖眼鏡店 an eyeglass shop

**メガホン** a megaphone[メガフォウン]

**めがみ**【女神】a goddess[ガッディス]
- 幸運の女神 *Lady* Luck

**メキシコ** Mexico[メクスィコゥ]
- メキシコ(人)の Mexican
‖メキシコ人 a Mexican
‖メキシコ料理 Mexican dishes
‖メキシコ湾 the Gulf of Mexico

**めきめき**【めきめき(と)】remarkably[リマーカブリィ]

**めぐすり**【目薬】eye drops[アイ ドゥラップス]
- 左目に目薬をさした．
 I put *eye drops* in my left eye.

**めぐまれる**【恵まれる】be blessed (with ...)[ブレスト]; (才能などに)be gifted (with ...)[ギフティド]
- 彼は多くの才能に恵まれている．
 He *is gifted with* many talents.

**めぐりあう**【巡り合う】(偶然に)run into ...[ラン], meet ... by chance[ミート][チャンス]; (出会う)meet
- テニス部で昔の友達に巡り合った．I *ran into* an old friend at the tennis team.

**めくる** (ページを)turn over[ターン]
- 本のページをめくった．
 I *turned over* the pages of a book.

**めぐる**【巡る】go around[ゴゥ アラウンド], make the round[メイク][ラウンド]
- 月日は巡る．Time *goes around*.

**めげる** (落ちこむ)feel [be] down[フィール]; (ひるむ)feel [be] discouraged (by ...)[ディスカーリッヂド]
- 試合に負けて彼女はこのところめげている．
 She's *been down* lately because she lost the game.

## めざす【目ざす】

aim (at ..., to+《動詞の原形》)[エイム]
- ぼくたちは県大会での優勝を目ざしている．

めちゃくちゃ

We *aim to* win the prefectural championship.
- 彼はゴール目ざして走った.
 He ran *for* the finish line.

**めざましい**【目覚ましい】**remarkable**[リマーカブル]
- クミは英語で目覚ましい進歩を遂(と)げた.
 Kumi has made *remarkable* progress in English.

**めざましどけい**【目覚まし時計】**an alarm**(**clock**)
[アラーム(クラック)]→**とけい**図
- 目覚まし時計を6時にセットした.
 I set the *alarm clock* for six.

**めざめる**【目覚める】**wake up**[ウェイク]
- 私はけさ6時に目覚めた.
 I *woke up* at six this morning.

**めし**【飯】(米飯)(**cooked**)**rice**[(クックット)ライス]; (1回の食事)**a meal**[ミール]→**ごはん**

**めしあがる**【召し上がる】**have**[ハヴ], **eat**[イート]→**たべる**
- 何を召し上がりますか. What would you like to *have*[*eat*]?(▶英語には「召し上がる」に当たる敬語はなく, この例のようにhaveやeatをていねいな言い方で表現する)

**めした**【目下】**one's junior**[チューニア]

**メジャー¹**【メジャーな】(主要な)**major**[メイヂャァ]
| メジャーリーグ〖野球〗**the Major Leagues, the majors**

**メジャー²**(巻き尺)**a tape measure**[テイプ メジャァ]

**めじるし**【目印】**a mark**[マーク]; (目印となる建物など)**a landmark**[ランドゥマーク]
- 君の地図に目印をつけておくね.
 I'll put a *mark* on your map.
- この背の高いビルが目印です.
 This tall building is a *landmark*.

**めす**【雌】**a female**[フィーメイル], **a she**(⇔雄(#) a male, a he)(▶a she, a heは子どもがよく使う言い方)→**おす³**
 ━**雌の female, she-**
- 雌猫(*\u3099*) a *female* cat / a *she*-cat

**メス**(手術用の)**a surgical knife**[サーヂカル ナイフ]

## めずらしい【珍しい】
(まれな)**rare**[レァ]; (ふつうでない)**unusual**[アニュージュアル]
- 珍しい花 a *rare* flower
- 彼がこんなに時間に遅(\u304a)れるなんて珍しい.
 It's *rare*[*unusual*] for him to be so late.
 ━**珍しく unusually**
- きょうは冬にしては珍しく暖かい.
 It's *unusually* warm today for winter.

**めせん**【目線】

- 中学生の目線から見るとこのテレビ番組はおもしろい. This TV program looks interesting *for* a junior high school student.

**メゾソプラノ**〖音楽〗(声域)**mezzo-soprano**[メツォウサプラノウ]; (歌手)**a mezzo-soprano**

**めそめそ**【めそめそする】**sob**[サッブ]

**めだか**〖魚〗**a**(**Japanese**)**killifish**[(ヂャパニーズ)キリフィッシュ](複 killifish)(▶単複同形)

**めだつ**【目立つ】**stand out**[スタンド]
- そのビルは目立つから見落とすことはない.
 The building *stands out*, so you can't miss it.
| 目立ちたがり屋 a showy person: アイは目立ちたがり屋だ. Ai is *a showy person*.

**メタバース metaverse**[メタヴァース]
- メタバースは仮想空間だ.
 The *metaverse* is a virtual world.

**めだま**【目玉】**an eyeball**[アイボール]
| 目玉商品 a loss leader
| 目玉焼き fried eggs; ⊗(片面だけ焼いた)eggs sunny-side up; (軽く両面を焼いた)eggs over easy→**たまご**

**メダリスト a medalist**[メダリスト]

**メダル a medal**[メドゥル]
- メダルを獲得(&)した. I won a *medal*.
- 金[銀, 銅]メダル
 a gold [silver, bronze] *medal*

第32回オリンピック競技大会(2020/東京)での金銀銅メダル

**めぢから**【目力】**eloquent eyes**[エラクワント アイズ]

## めちゃくちゃ

**a mess**[メス]
- 嵐(&)の後で庭はめちゃくちゃだった. The garden was(in)a *mess* after the storm.
- 旅行はめちゃくちゃ楽しかった.
 The trip was *so much* fun.
 ━**めちゃくちゃな**(散らかった)**messy**; (無謀(む)な)**reckless**; (ばかげた)**crazy**; (筋の通らない)**unreasonable**
- おもちゃを片づけないので彼の部屋はいつもめちゃくちゃだ. His room is always *messy*

because he never cleans up his toys.
- 彼女はめちゃくちゃなことを言った. She said *crazy* [*unreasonable*] things.
━めちゃくちゃにする **mess up**
- 彼が私たちの計画をめちゃくちゃにした. He *messed up* our plan.

**めちゃめちゃ** → めちゃくちゃ

**めつき**【目つき】**a look**[ルック]→ め¹ ❷
- (怒(おこ)った) 怖(こわ)い目つき an angry *look*

**メッシュ mesh**[メッシュ]
- メッシュを入れた髪(かみ)の毛 *streaked* hair

# メッセージ
**a message**[メスィッヂ]
- メールでメッセージを送った. I sent a *message* by email.
- みんなで先生にメッセージを寄せ書きした. We wrote our teacher a card full of *messages*. (← メッセージでいっぱいのカードを書いた)

# めった【めったに】
(めったに…ない) **seldom**[セルダム], **rarely**[レアリィ] (▶ 一般動詞の前, be動詞・助動詞の後に置く)
- 姉はめったにテレビを見ない. My sister *rarely* [*seldom*] watches TV.
- 彼はめったに遅刻(ちこく)しない. He is *seldom* late.

**めつぼう**【滅亡】**a fall**[フォール]
━滅亡する **fall, be ruined**

**メディア the media**[ミーディア]

**めでたい**(喜ばしい)**happy**[ハッピィ]

**メドレー**『音楽』**a medley**[メドゥリィ]
┃メドレーリレー **a medley relay**

**メトロノーム a metronome**[メトゥラノゥム]

**メニュー a menu**[メニュー]
- メニューを見せてもらえますか. (▶ レストランで) Can I see the *menu*?
- これが私たちのコーチが決めた練習メニューです. This is the training *schedule* set by our coach.

**めのまえ**【…の目の前に[で]】**before …'s eyes**[アイズ], **in front of …**[フラント]; (…の面前で)**in …'s presence**[プレゼンス]
- それはぼくのすぐ目の前で起きた. It happened right *before my eyes*.
- 「私のかばんはどこ？」「君のすぐ目の前にあるじゃないか」"Where's my bag?" "It's just [right] *in front of* you."

**めまい**【目まいがする】**feel dizzy**[フィール ディズィ]
- 目まいがした. I *felt dizzy*.

**メモ a note**[ノウト], **a memo**[メモゥ]

━メモする **take** [**make**] **a note**（**of …**）
┃メモ帳 **a memo pad, a scratch pad**
┃メモ用紙 **memo** [**note, scratch**] **paper**

**めもと**【目元】**an eye**[アイ]
- すずやかな目元 clear *eyes*

**めもり**【目盛り】**a scale**[スケイル]

**メモリー**『コンピュータ』(記憶(きおく)装置)**a memory**[メマリィ]; (容量)**memory**
- PCのメモリーを増設したい. I want to expand my PC's *memory*.
┃メモリーカード **a memory card**

**めやに**【目やに】**eye mucus**[アイ ミューカス]

**メリーゴーラウンド a merry-go-round**[メリィゴウラウンド], ⊗ **a carousel**[キャラセル], ⊗ **a roundabout**[ラウンダバウト]

**メリット an advantage**[アドゥヴァンティッヂ]

**メルアド** → メール(メールアドレス)

**メルボルン Melbourne**[メルバァン] (▶ オーストラリアの都市)

**メロディー a melody**[メラディ]

**メロン a melon**[メラン]

**めん**¹【綿】**cotton**[カトゥン]
- 綿のシャツ a *cotton* shirt

**めん**²【めん類】**noodles**[ヌードゥルズ]

**めん**³【面】(仮面)**a mask**[マスク]; (剣道(けんどう)の)**a face guard**[フェイス ガード]; (側面)**a side**[サイド]

mask　　　　　face guard

- 彼にも優(やさ)しい面があるのよ. He also has a kind *side*.

**めんえき**【免疫】**immunity**[イミューナティ]
- 多くの人々がそのウイルスに対する免疫を持っていない. Many people have no *immunity* to the virus.

めんみつ

→免疫の immune
**めんかい**【面会する】**see**[スィー], **meet**[ミート]
- 6号室の小田さんに面会したいのですが．
  I'd like to *see* Ms. Oda in Room 6.

面会時間 **visiting hours**
面会謝絶 《掲示》**NO VISITORS**: 彼女は今，面会謝絶です．She is *not allowed to see any visitors* now.

**めんきょ**【免許(証)】**a license**[ライサンス]
- 運転免許(証)を取りたい．
  I want to go get a driver's *license*.

**めんじょ**【免除する】**exempt**[イグゼンプト]
**めんじょう**【免状】**a diploma**[ディプロウマ]
**めんする**【面する】**face**[フェイス]
- 私のマンションは大通りに面している．
  My apartment *faces* a main street.

**めんぜい**【免税の】**tax-free**[タックスフリー], **duty-free**[ドゥーティフリー]
免税店 **a duty-free shop**
免税品 **duty-free goods**

**めんせき**【面積】(**an**) **area**[エ(ァ)リア]
- 私の部屋の面積は20平方メートルだ．The *area* of my room is 20 square meters.

**めんせつ**【面接】**an interview**[インタァヴュー]
- 先週高校の面接を受けた．I had an *interview* for a high school last week.

→面接する **interview**
面接官 **an interviewer**
面接試験 **an interview**; (口頭試験)**an oral examination**

**めんぜん**【面前】→めのまえ
**メンタル** **mental**[メントゥル]
- 彼はメンタル面が強い．
  He is *mentally* tough.

**めんだん**【面談】**an interview**[インタァヴュー]
- きのう三者面談があった．I had a parent-student-teacher *meeting* yesterday.

# めんどう【面倒】

**trouble**[トゥラブル]; (世話)**care**[ケア]→めいわく
- 彼は親に面倒ばかりかけている．He always causes *trouble* for his parents.

→面倒な，面倒くさい **troublesome**
- 面倒なことはしたくないよ．I don't want to do anything *troublesome*.
- 面倒くさいなあ．What a *pain*!
- 手伝うのが面倒くさい．It's a *bother* to help.
- 私は面倒くさがり屋です．I'm a *lazy* person.

→面倒をかける **trouble**
- 面倒をおかけしますが，この荷物を動かすのを手伝ってもらえませんか．
  I'm sorry to *trouble* [*bother*] you, but can you help me move this baggage?

→面倒を見る **take care of ..., look after ...**
- 弟の面倒は私が見ます．
  I'll *take care of* my little brother. / I'll *look after* my little brother.

**めんどり**(鶏(雌)の)**a hen**[ヘン](⇔おんどり a cock, ⊛a rooster)→にわとり
**メンバー** **a member**[メンバァ]
**めんみつ**【綿密な】**careful**[ケアフル], **close**[クロウス]; (詳細(しょうさい)な)**detailed**[ディティルド]

# も モ

**も**【藻】seaweed[スィーウィード]

## …も

❶ …もまた　　　　（肯定文で）too, also;
　　　　　　　　　（否定文で）either
❷ …も〜も　　　　… and 〜, both … and 〜,
　　　　　　　　　… as well as 〜
❸ …さえ　　　　　even
❹ …ものたくさんの　as much as …,
　　　　　　　　　as many as …

❶〔…もまた〕(肯定文で)**too**[トゥー], **also**[オールソゥ];(否定文で)**either**[イーザァ]
- 私もその歌を歌える. I can sing that song, *too*. / I can *also* sing that song.(▶tooはしばしばコンマ(,)とともに文末に置く. alsoは一般動詞の前, be動詞・助動詞の後に置く. tooのほうがより口語的)
- 「眠いなあ」「ぼくもだよ」
"I'm sleepy." "Me, *too*. / So am I."
- 私もにんじんが好きではない.
I don't like carrots, *either*.

❷〔…も〜も〕**… and 〜**[アンド], **both … and 〜**[ボウス], **… as well as 〜**[ウェル]
- ケンもユミもスピーチコンテストに参加した.
*Both* Ken *and* Yumi took part in the speech contest.
- 彼はピアノもバイオリンも弾(ひ)ける. He can play the piano *as well as* the violin.

**…も〜も—ない**
neither … nor 〜
- この部屋は暑くも寒くもない.
It is *neither* hot *nor* cold in this room.

❸〔…さえ〕**even**[イーヴン]
- お年寄りもそのロックコンサートを楽しんだ.
*Even* elderly people enjoyed the rock concert.

❹〔…ものたくさんの〕**as much as …**[マッチ], **as many as …**[メニィ](▶…が数えられない名詞の場合はas much asを, 数えられる名詞の場合はas many asを用いる)
- このジーンズ, 1万円もしたんだ. These jeans cost *as much as* ten thousand yen.

## もう

❶ すでに　　　　（肯定文・疑問文で）
　　　　　　　　already;（疑問文で）yet
❷ 今ごろは　　　by now, by this time
❸ まもなく　　　（今）now;（すぐに）soon
❹ さらに　　　　（もっと）more;（もう一つ, 別の）
　　　　　　　　another;（もう…ない）not
　　　　　　　　… any more, not … any longer

❶〔すでに〕(肯定文・疑問文で)**already**[オールレディ];(疑問文で)**yet**[イェット]

**もう…してしまった**
have already +〈過去分詞〉
- もうその本を読み終えてしまった. I *have already* finished reading the book.
- 君はもう5回もあの映画を見たの？ You've *already* seen that movie five times?(▶驚(おどろ)きや意外な気持ちを持って確認する表現)

**もう…し(てしまい)ましたか**
Have+主語+〈過去分詞〉+yet?
- もう昼食を食べましたか.
*Have* you eaten lunch *yet*?

❷〔今ごろは〕**by now**[ナゥ], **by this time**[タイム]
- エミはもう帰宅しているだろう.
Emi is probably at home *by now*.
- もう寝(ね)る時間だよ.
It is time to go to bed.

❸〔まもなく〕(今)**now**;(すぐに)**soon**[スーン]
- もうおいとまします. I'd better go *now*.
- 母はもう戻(もど)ってくるでしょう.
My mother will be back *soon*.

❹〔さらに〕(もっと)**more**[モァ];(もう1つ, 別の)**another**[アナザァ];(もう … ない)**not … any more, not … any longer**[ローンガァ]→もういちど, もうすこし
- もうちょっとお茶が飲みたい.
I'd like to have some *more* tea.
- もう一杯(ぱい)水をください.
Give me *another* glass of water, please.
- 人々はもうその公園を利用していない.
People don't use that park *any more*.
- もう, やっていられない！
I can't do it *any more*! / I can't stand it *any longer*!(◀もう我慢(がまん)できない)
- もうこれ以上待てない.

I can't wait *any longer* [*more*].
**もういちど**【もう一度】*again*[アゲン], *once again*[ワンス アゲン], *one more time*[モァ タイム]→いちど
**もうがっこう**【盲学校】*a school for the visually impaired*[スクール][ヴィジュアリィ インペアド]
**もうかる**(人が主語)*make money*[マニィ];(物が主語)*pay*[ペィ], *be profitable*[プラフィタブル]→もうける
・この仕事はもうからない.
This job does not *make* much *money*.
**もうけ**(a) *profit*[プラフィット]
**もうける** *make a profit*[プラフィット], *profit*;(金を稼(かせ)ぐ)*make money*[マニィ]
・おじは何百万円ももうけた. My uncle *made* [*profited*] millions of yen.
**もうしあげる**【申し上げる】*say*[セイ], *tell*[テル]→いう❶
**もうしこみ**【申し込み】*an application*[アプラケイション]
・申しこみの締(し)め切りは5月30日です.
The deadline for *applications* is May 30.
申込者 *an applicant*
申込用紙 *an application form*
**もうしこむ**【申し込む】*apply*[アプライ];(試合を)*challenge*[チャレンヂ];(結婚(けっこん)を)*propose*[プラポウズ]
・兄はその奨学(しょうがく)金を申しこんだ.
My brother *applied for* the scholarship.
・ぼくたちはテニスの試合を申しこまれた.
We were *challenged* to a tennis game.
**もうしでる**【申し出る】(援助(えんじょ)などを)*offer*[オーファ]
**もうしぶん**【申し分ない】*perfect*[パーフィクト];(理想的な)*ideal*[アイディー(ァ)ル]
**もうじゅう**【猛獣】*a fierce animal*[フィアス アナマル]
**もうしょ**【猛暑】
・この夏は猛暑だ.
This summer has been *extremely hot*.
猛暑日 *an extremely hot day*, *a boiling hot day*
**もうしわけない**【申し訳ない】*I deeply apologize*.[ディープリィ アパラヂャイズ]→すみません❶, ごめん¹
・本当のことを言わず申し訳ありませんでした.
*I deeply apologize* for not telling the truth.
・遅(おく)れて申し訳ありません.
*I'm sorry* I'm late.
**もうすぐ** *soon*[スーン]
・もうすぐ夏休みだ.
Summer holidays are coming *soon*.
・もうすぐテストがある.
We are going to have tests *soon*.
・もうすぐ10時だ. It's *almost* ten(o'clock).
**もうすこし**【もう少し】(量・程度を)*a little more*[リトゥル モァ];(数を)*a few more*[フュー];(時間を)*a little longer*[ローンガァ]
・もう少しゆっくり話してください.
Please speak *a little more* slowly.
・キャンディーをもう少しください.
Please give me *a few more* candies.
・もう少しここにいたい.
I'd like to stay here *a little longer*.
━**もう少しで**(危(あや)うく)*almost*, *nearly*
・ケンはもう少しで池に落ちるところだった.
Ken *nearly* fell into the pond.
・もう少しで学校に遅(おく)れるところだった.
I was *almost* late for school.
**もうちょう**【盲腸】*the appendix*[アペンディックス]
・ぼくは盲腸の手術をした.
I had my *appendix* removed(out).
盲腸炎(えん) *appendicitis*
**もうどうけん**【盲導犬】*a guide dog*[ガイド ドーグ], *a seeing eye dog*[スィーイング アイ], 『商標』*Seeing Eye dog*

**もうふ**【毛布】*a blanket*[ブランキット]
・電気毛布 *an electric blanket*
**もうもく**【盲目の】*blind*[ブラインド]
**もうれつ**【猛烈な】*violent*[ヴァイアラント], *terrible*[テラブル]
・猛烈な嵐(あらし) *a violent storm*
━**猛烈に** *violently*, *terribly*, *hard*
**もうれんしゅう**【猛練習する】*practice extremely hard*[プラクティス イクストゥリームリィ ハード], *train hard*[トゥレイン ハード]
・彼女は試合に勝つために猛練習した.
She *practiced hard* to win the game.

# **もえる**【燃える】

*burn*[バーン]
・乾(かわ)いた木は燃えやすい.
Dried wood *burns* easily.
・家が燃えている.

The house is *burning* [*on fire*].
- エミはバスケットボールに燃えている. Emi *is really into* basketball.(▶be into ...は「…に打ちこんでいる,…に凝(こ)っている」の意)

**モー** moo[ムー](▶牛の鳴き声)

**モーグル**〚スポーツ〛mogul[モウガル], mogul skiing[スキーイング]

**モーター** a motor[モウタァ];(エンジン)an engine[エンヂン]
∥モーターボート a motorboat

**モーニング**(朝)morning[モーニング]
∥モーニングコール a wake-up call(▶「モーニングコール」は和製英語)
∥モーニングサービス a breakfast special(▶「モーニングサービス」は和製英語)

**モール** a mall[モール]
- ショッピングモール a shopping *mall*

**もがく** struggle[ストゥラグル]
- 魚はもがいて網(あみ)から逃(のが)れ出た.
  The fish *struggled* out of the net.

**もぎ**【模擬】
∥模擬試験 a practice test [exam(ination)], a mock test [exam(ination)]: 公開模(擬)試(験)を受けた. I took a *mock test*.
∥模擬店(軽食の)a refreshment booth

**もくげき**【目撃する】witness[ウィットゥニス]
∥目撃者 a witness, an eyewitness

**もくざい**【木材】wood[ウッド];(製材したもの)⊕lumber[ランバァ], ⊕timber[ティンバァ]

**もくじ**【目次】(a table of) contents[(テイブル)][カンテンツ]

**もくせい¹**【木星】〚天文〛Jupiter[チューパタァ]

**もくせい²**【木製の】wooden[ウドゥン]

**もくぞう**【木造の】wooden[ウドゥン]
- 木造の家 a *wooden* house
- あの家は木造だ.
  That house is *made of wood*.

**もくたん**【木炭】charcoal[チャーコウル]

# もくてき【目的】

a purpose[パーパス], a point[ポイント];(ねらい)an aim[エイム];(目標)a goal[ゴウル]
- この活動の目的は何ですか. What is the *purpose* [*point*] of this activity?
- 目的を達成したい.
  I want to achieve my *goal*.
- 彼らはプレゼントを買う目的で店に行った.
  They went to a shop *to* buy some gifts.
∥目的格〚文法〛the objective case
∥目的語〚文法〛an object
∥目的地 a destination

**もくとう**【黙とう】a silent prayer[サイラント プレァ]

━黙とうする pray silently [in silence]

**もくどく**【黙読する】read (...) silently[リード][サイラントゥリィ](⇔音読する read (...) aloud)

**もくひょう**【目標】a goal[ゴウル];(ねらい)an aim[エイム]
- それが私の今年の目標です.
  That's my *goal* this year.
- 目標を達成するために頑張(がんば)ります.
  I'll work hard to achieve my *goal*.
- 目標は県大会で入賞することだ. Our *goal* is to win a prize in the prefectural competition.

**もくもく**(煙(けむり)が出る)pour out[ポァ アウト], smoke[スモウク]
- 魚を焼いたら, 煙がもくもく出た. We grilled the fish and it started to *smoke*.

**もぐもぐ**(食べる)munch[マンチ]
- うさぎがえさをもぐもぐ食べた.
  The rabbit *munched* on its food.

**もくようび**【木曜日】Thursday[サーズデイ](▶常に大文字で始め, Th., Thur., Thurs.と略す)→げつようび ポイント!, すいようび ポイント!
- 部活のミーティングは木曜日に開かれる.
  Our club meeting is on *Thursday*.

**もぐら**〚動物〛a mole[モウル]

**もぐる**【潜る】dive[ダイヴ]
- 水中に潜るのが好きだ.
  I like to *dive into* the water.
- あなたはどのくらい水中に潜っていられますか. How long can you *stay underwater*?

**もくれん**〚植物〛a magnolia[マグノウリァ]

**もけい**【模型】a model[マドゥル]
- 弟は模型飛行機を作った.
  My brother made a *model* airplane.

**モザイク** mosaic[モウゼイイック](★発音注意)
- テレビの容疑者の顔にはモザイクがかかっていた. The suspect's face was *blurred out* on TV.

# もし¹

(もし…ならば)if ...[イフ]
- もしあした雨なら, 私たちはハイキングに行きません. *If* it rains tomorrow, we won't go

- on a hike.
- もし3級に受かったら、準2級を受けたい。 *If* I pass the third-grade test, I want to take the pre-second grade.
- もしぼくが君の立場だったら、そういうことはしないだろう。 *If* I *were* you, I wouldn't do that.（►現在の事実に反することを仮定するときは、ifの後の動詞は過去形。 be動詞の場合はふつうwereを用いる）

**もし²**【模試】→もぎ（模擬試験）

## もじ【文字】
（アルファベットの）**a letter**[レタァ]；（漢字などの）**a character**[キャリクタァ]→じ
- 大[小]文字 a capital [small] *letter*
- 絵文字 an emoji（►「イモウジ」と発音する）
- 顔文字 かおもじ
- 文字どおり literally

**文字化け garbling**: ファイルが文字化けしている。 The file is completely *garbled* [*unreadable*].

**もしか**【もしかしたら、もしかすると】**maybe**[メイビィ], **perhaps**[パァハプス], **possibly**[パサブリィ]
- もしかすると彼は私に腹を立てているかもしれない。 *Maybe* he is angry with me.

**もしも**（**just**）**in case**[(チャスト)][ケイス]；（もし…ならば）**if** …[イフ]→もし¹
- もしものときのために傘(ポ)を持って行きなさい。 Take your umbrella *just in case*.
- もしものことがあったら電話しなさい。 Call me *in case* of an emergency.

**もしもし**（電話で）**hello**[ヘロゥ]；（呼びかけ）**Excuse me.** [イクスキューズ]→ちょっと❸
- もしもし、ホワイトさんをお願いします。 *Hello*. May I speak to Mr. White?

**もじもじ**【もじもじと】（ためらって）**hesitantly** [ヘズィタントゥリィ]；（恥(¹)ずかしがって）**shyly**[シャイリィ]

━ **もじもじする hesitate**[ヘズィテイト]; **be shy**

**もず**〖鳥〗**a shrike**[シュライク]
**モスク a mosque**[マスク]（►イスラム教の寺院）
**もずく *Mozuku* seaweed**[スィーウィード]
- もずく酢(ス)
  *Mozuku seaweed* in vinegar sauce

**モスクワ Moscow**[マスコゥ]（►ロシア連邦の首都）
**もぞうし**【模造紙】**Japanese vellum**（**paper**）[チャパニーズ ヴェラム (ペイパァ)]
**もたもた**【もたもたする】**be slow**[スロゥ]
- もたもたするな。 Don't *be* so *slow*! / Hurry up!

**もたれる**（壁(¹)などに）**lean**[リーン]
- カナは壁にもたれていた。

Kana was *leaning against* the wall.
- 胃にもたれる食事 a *heavy* meal

**モダン**【モダンな】**modern**[マダァン]
- モダンバレエ *modern* ballet

**もち**（a）**rice cake**[ライス ケイク]
- もちを焼こう。 Let's grill some *rice cakes*.
- 私たちはもちをついた。 We pounded steamed rice to make *rice cake(s)*.

**もちつき rice cake making**
**もち肌**(ジ) **soft skin**

**もちあげる**【持ち上げる】**lift**（**up**）[リフト]
**もちあるく**【持ち歩く】**carry**[キャリィ]
- 彼はいつもそのノートを持ち歩いている。 He always *carries* the notebook with him.

**モチーフ a motif**[モウティーフ]
- 花をモチーフにしたネックレス a necklace with a flower *motif*

**もちいる**【用いる】**use**[ユーズ]→つかう❶
**もちかえり**【持ち帰り】→もちかえる
**もちかえる**【持ち帰る】**bring back**[ブリング バック]；（家へ）**take**［**bring**］… **home**[テイク][ホウム]
- 私物はすべて家に持ち帰った。 I *took* all my things（*back*）home.
- これを持ち帰りできますか。 Can I get this *to go*, please?

> 話してみよう！
> ☺こちらでお召(%)し上がりですか、お持ち帰りですか。
> For here or *to go*?
> ☻持ち帰りです。
> *To go*, please.

━ **持ち帰りの take-out**[テイカウト]
- 持ち帰りのフライドチキン *take-out* fried chicken

**もちこむ**【持ち込む】（…を～に）**bring** … **into** ~ [ブリング]
- 図書館には飲食物を持ちこまないでください。 Don't *bring* food or beverages *into* the library.

**もちだす**【持ち出す】**take**［**carry**］**out**[キャリィ アウト]
- 私たちは机を廊下(ポ)に持ち出した。 We *carried* the desks *out* into the hallway.

**もちぬし**【持ち主】**an owner**[オウナァ]
**もちはこぶ**【持ち運ぶ】**carry**（**around**）[キャリィ (アラウンド)]
- このPCは持ち運ぶのに便利だ。 This PC is easy to *carry around*.

━ **持ち運びのできる portable**

モチベーション

**モチベーション** motivation[モウタヴェイション]
- モチベーションが上がった[下がった].
My *motivation* increased[decreased].

**もちもち**【もちもち】chewy[チューウィ]

**もちもの**【持ち物】one's things[スィングズ];（所持品）one's belongings[ビローンギングズ]
- あしたの持ち物をチェックした.
I checked *my things* for tomorrow.
- 私は持ち物をフロントに預けた. I checked *my things* in at the front desk.
- 持ち物検査
check of personal *belongings*

**もちゅう**【喪中だ】be in mourning[モーニング]
- 今年わが家は喪中で年賀状を出さない.
We *are in mourning* this year and won't send New Year's cards.

# もちろん

of course[コース], sure[シュア], certainly[サートゥンリィ]（▶certainlyはていねいな言い方）,〖話〗Why not?[(ホ)ワイ]
- 「うちのクラブに入らない？」「もちろん」
"Will you join our club?"
"*Of course* (I will)."

> 話してみよう！
> ☺ぼくのこと怒(ホコ)ってないよね？
> You are not angry with me, right?
> ☻もちろん.
> *Of course not.*（▶否定の問いに「もちろん」と答えるときにはnotが必要）

# もつ【持つ】

| ❶手にしている | have;（握(ニギ)る）hold;（運ぶ）carry |
| ❷所有する | have, own, keep |
| ❸心に抱(イタ)く | have |
| ❹持続する | last;（飲食物が）keep |
| ❺担当する | be in charge of ... |

❶[手にしている]have[ハヴ];（握る）hold[ホウルド];（運ぶ）carry[キャリィ]
- その少年は手にゲーム機を持っていた. The boy *had* a game machine in his hands.
- これをちょっと持っていてもらえませんか.
Could you *hold* this for a second?
- 荷物を持ってあげましょうか.
Shall I *carry* your baggage?

❷[所有する]have, own[オウン]（▶ownはhaveより形式ばった語）, keep[キープ]
- 私の父は自動車を2台持っている.
My father *has* [*owns*] two cars.

❸[心に抱く]have
- カナダにとても興味を持っている.
I *have* a strong interest in Canada.
- 私たちは同じ考えを持っていた.
We *had* the same idea.

❹[持続する]last[ラスト];（飲食物が）keep
- このバッテリーは36時間もつ.
This battery *lasts* for 36 hours.
- 肉はあまり長くもたない.
Meat doesn't *keep* for long.

❺[担当する]be in charge of ...[チャーヂ]
- 北野先生は私たちのクラスを持っている.
Ms. Kitano *is in charge of* our class.

**もっきん**【木琴】〖楽器〗a xylophone[ザイラフォウン]

**もっこう**【木工】woodworking[ウッドゥワーキング]
‖ 木工室 a woodworking room

**もったいない**（無駄(ダ)である）be (a) waste[ウェイスト];（よすぎる）be too good[トゥー グッド]
- そんなことをするなんて時間がもったいない.
It's *a waste of* time to do such a thing.
- あのかばんを捨てただって？ なんてもったいない！ You threw away that bag? What *a waste*!
- この時計は私にはもったいない.
This watch *is too good* for me.

# もっていく【持って行く】

take[テイク]（⇔持って来る bring）→もってくる 図

〈人〉に〈物〉を持って行く
take＋〈物〉＋to＋〈人〉/ take＋〈人〉＋〈物〉
- この箱をユミへ持って行ってくれない？
Will you *take* this box *to* Yumi? / Will you *take* Yumi this box?
- 傘(カサ)を持って行きなさい.
*Take* your umbrella with you.
- 君の誕生日パーティーにプレゼントを持って行くよ. I'll *bring* a present to your birthday party.（▶話し相手のところに持って行く場合はbringを使う）

# もってくる【持って来る】

bring[ブリング]（⇔持って行く take）, get[ゲット]
- 教科書を持って来るのを忘れないようにね.
Don't forget to *bring* your textbooks.

〈人〉に〈物〉を持って来る
bring [get]＋〈人〉＋〈物〉/
bring＋〈物〉＋to＋〈人〉
- かばんを持って来てくれない？ Will you *bring* [*get*] me the bag, please? / Will you *bring* the bag *to* me, please?

bring     take

〈場所〉に〈物〉を持って来る
bring+〈物〉+to+〈場所〉
- 学校にこんな物を持って来てはいけない．
 You must not *bring* something like that *to* school.

## もっと
**more**[モァ]（►そのほか形容詞・副詞の比較(%)級を使って表す）
- もっと食べたいな．I want to eat *more*.
- アメリカでの生活についてもっと教えて．
 Tell me *more* about your life in America.
- もっとゆっくり話してもらえませんか．
 Could you speak *more* slowly?
- もっと一生懸命(%)勉強しなさい．
 You must study *harder*.
- もっといい物を見せてください．
 Show me a *better* one, please.

**モットー** a motto[マトウ]

**もっとも**[最も]**(the) most**[モゥスト]（►そのほか形容詞・副詞の最上級を使って表す）➔ **いちばん❷**
- あなたにとって学校生活で最も大切なものは何ですか．What is *the most* important thing in your life at school?
- ナイル川は世界で最も長い川だ．The Nile is *the longest* river in the world.
- 君たち4人のうちで最も足が速いのはだれ？
 Who can run (the) *fastest* of you four?

**もっとも**[もっともな]（当然の）**natural**[ナチャラル]；（道理にかなった）**reasonable**[リーザナブル]
- 君がそう考えるのももっともだ．
 It's *natural* that you should think so.
- もっともな言い訳 a *reasonable* excuse
- あなたの言うことはもっともだ．
 You're *quite right*.

**モップ** a mop[マップ]
**もつれる** tangle[タングル], get tangled
- 糸がもつれた．The thread *got tangled*.
- 舌がもつれた．I couldn't speak clearly. / I *got tongue-tied*.

**もてあます**[持て余す]**not know what to do with** ...[ノゥ], **difficult to deal with** ... [ディフィカルト][ディール]

- 暇(%)を持て余した．I *didn't know what to do with* my free time.

**もてなし**（歓待(%)）**hospitality**[ハスピタリティ], a **welcome**[ウェルカム]
**もてなす**（接待する）**entertain**[エンタァテイン]; **welcome**[ウェルカム], **treat**[トゥリート]
- 彼の家族は私を温かくもてなしてくれた．
 His family *welcomed* me warmly.

**モデム** a modem[モゥダム]
**もてもて** very popular[パピュラァ]➔ **もてる**
**もてる** be popular (**with**..., **among** ...)[パピュラァ]
- 兄は女の子にもてる．My brother *is popular with* [*among*] girls.

**モデル** a model[マドゥル]
- ファッションモデル a fashion *model*
 モデルガン a model gun
 モデルチェンジ a model changeover

## もと¹[元]
（原因）(a) **cause**[コーズ]；（起源）(an) **origin**[オーラヂン]
- 誤解が彼らのけんかの元だった．
 A misunderstanding was the *cause* of their fight.
- この単語の元になったのはフランス語だ．
 The *origin* of this word is French.

―**元の**（当初の）**original**[アリヂャヌル]；（以前の）**former, previous**
- 元大統領 a *former* President
- 元の持ち主 the *previous* owner
- 元カレ[元カノ]
 an *ex*-boyfriend [*ex*-girlfriend]
- 金づちを元の場所に戻(%)しなさい．
 Put the hammer back *where it was*.
- すべてを元の通りにした．
 I put everything back *into place*.

―**元は before, once, formerly**
- 私のおばは元は中国に住んでいた．
 My aunt *once* lived in China.
- この辺りに元は池があった．
 There *used to* be a pond around here.

**もと²**[基]➔ **もとづく**
- この映画はコミックを基に作られた．
 The movie is *based* on the comic.

**もどかしい frustrating**[フラストゥレイティング], **impatient**[インペイシャント]
**モトクロス** motocross[モウトウクロース]
**もどす**[戻す]**return**[リターン], **put ... back**
- バットとグローブを体育館に戻しなさい．
 *Return* the bats and gloves *to* the gym.

**もとづく**[基づく]**be based (on** ...)[ベイスト]

もとめる

- 彼の話は自身の体験に基づいている.
  His talk *is based on* his own experiences.

## もとめる【求める】

❶頼む　　ask (for ...);
　　　　　(依頼する) request
❷探す　　look for ..., seek

❶[頼む] **ask (for ...)**[アスク]; (依頼する) **request**[リクウェスト]
- マユミが私に助けを求めてきた.
  Mayumi *asked for* my help.
- その問題について生徒たちは先生にアドバイスを求めた. The students *requested* their teacher's advice on the matter.

❷[探す] **look for ...**[ルック], **seek**[スィーク]
- 私たちはいじめの解決策を求めている. We are *looking for* a solution to bullying.

**もともと**(元来は) **originally**[アリヂャヌリィ]; (初めから) **from the beginning**[ビギニング]; (生まれつき) **by nature**[ネイチァァ]
- この本はもともとは姉のものだった.
  This book was *originally* my sister's.
- 彼はもともと静かだ. He is quiet *by nature*.

## もどる【戻る】

(帰って来る) **come back**[バック]; (帰って行く) **go back**[ゴゥ]; **return**[リターン] → **かえる**[2]
- 5時までに戻って来なさい.
  *Come back* by five.
- ミキはテニスをした後教室に戻った.
  Miki *went back* to the classroom after playing tennis.
- 父が昨晩大阪から戻った. My father *returned* from Osaka last night.

**モニター** a **monitor**[マニタァ] → コンピュータ図
**モニュメント** a **monument**[マニュマント]

## もの[1]【物】

❶物事, 物体　a thing; (同類のもの) one;
　　　　　　(何か) something, anything
❷…のもの　(下記❷参照)

❶[物事, 物体] **a thing**[スィング]; (同類のもの) **one**[ワン]; (何か) **something**[サムスィング], **anything**[エニスィング]
- 彼女はポーチからいろいろな物を出した. She took out various *things* from her pouch.
- もっと大きいものを見せてください.
  Show me a larger *one*, please. (▶しばしば a [an] ＋形容詞＋one の形で使う)
- 何か飲み物がほしい.

  I'd like to have *something* to drink.
❷[…のもの] (▶名詞＋'s, 所有代名詞で表す)

### ここがポイント! 所有代名詞

| 私のもの | mine | 私たちのもの | ours |
| あなたのもの | yours | あなたたちのもの | yours |
| 彼のもの | his | 彼らのもの | theirs |
| 彼女のもの | hers | 彼女たちのもの | theirs |
| 私の父のもの | my father's | | |

- 「この本はだれのものですか」「私のものです」
  "Whose book is this?" "It's *mine*."
- そのノートはエミのものだった.
  That notebook was *Emi's*.

**━…のものである belong to ...**
- これらの写真はタカシのものだ.
  These photos *belong to* Takashi. / These photos *are Takashi's*.

**もの[2]【者】a person**[パースン]
- 頑固者 a stubborn *person*

**ものおき**【物置】a **storeroom**[ストゥルーム]; (小屋) a **shed**[シェッド]; (押し入れ) a **closet**[クラズィット]

**ものおじ**【物おじする】(内気だ) **be shy**[シャイ]; (臆病だ) **be timid**[ティミッド]
**━物おじしない be fearless, be courageous**

**ものおと**【物音】(a) **sound**[サウンド]; (騒音, 雑音) a **noise**[ノイズ] → **おと**

**ものおぼえ**【物覚え】(a) **memory**[メマリィ]
- 彼女は物覚えがいい［悪い］.
  She has a good [bad] *memory*.

**ものがたり**【物語】a **story**[ストーリィ]; (架空の) a **tale**[テイル]; (ぐう話) a **fable**[フェイブル]

### くらべてみよう！ story と tale

**story:** 実話にも作られた話にも使う.
**tale:** 作られた話にのみ使う.

- 『ウォルト・ディズニー物語』
  'The Walt Disney *Story*'
- 『源氏物語』 'The *Tale* of Genji'

**モノクロ**【モノクロの】**black and white**[ブラック][(ホ)ワイト]

**ものごと**【物事】**things**[スィングズ]
- 君は物事を深刻に考えすぎる.
  You take *things* too seriously.

**ものさし**【物差し】a **ruler**[ルーラァ]
**ものずき**【物好きな】(変わった) **strange**[ストゥレインヂ]; (好奇心の強い) **curious**[キュ(ア)リアス]
**ものすごい huge**[ヒューヂ], **incredible**[インクレダブル] (▶よい意味でも悪い意味でも使う); (よい意味で) **terrific**[タリフィック]; (悪い意味で)

**terrible**[テリブル]
- ものすごい失敗をしちゃった．
  I've made a *huge* [*terrible*] mistake.
- **ものすごく incredibly, extremely**
- あのグループはものすごく人気がある．
  That group is *extremely* popular.

**…ものだ**【…(した)ものだ】**used to**＋〈動詞の原形〉[ユーストゥ]
- 子どものころリツとよくキャッチボールをしたものだ．I *used to* play catch with Ritsu when I was a child.

**ものたりない**【物足りない】**not enough**[イナフ]
- お昼はハンバーガーだけでは物足りないよ．
  Just a hamburger is*n't enough* for me for lunch.
- ふつうの観光だと物足りなかった．
  I wasn't *satisfied* with normal sightseeing．(←満足しなかった)

**モノトーン**【モノトーン(の)】**monotone**[マナトウン]
- このモノトーンの写真は印象的だ．
  This *monotone* photo is impressive.

**ものともしない ignore**[イグノァ], **overcome**[オウヴァカム]
- 彼女は数々の困難をものともしなかった．
  She *overcame* many difficulties.

**ものほし**【物干し】
┃物干しざお **a laundry pole**
┃物干し場 **a balcony for drying clothes**

**ものまね**【物まね】**imitations**[イミテイションズ]；(まねをする人)**a mimic**[ミミック]→まね
- ケンは物まねが得意だ．
  Ken is good at *imitations*.
- **物まねをする imitate, mimic**

**ものもらい**〖医〗**a sty**[スタイ]

**モノレール a monorail**[マノウレイル]

**ものわすれ**【物忘れ(する)】**forget easily**[ファゲットイーズィリィ], **be forgetful**[ファゲットフル]
- 母は最近物忘れがひどい．
  Recently, Mom *forgets easily*.

**モバイル**【モバイルの】**mobile**[モウバル]

**もはや**(もはや…ない)**no longer …**[ローンガァ], **not … any longer**
- プロの選手になることはもはや夢ではない．
  Becoming a professional player is *no longer* a dream.

**もはん**【模範】**a model**[マドゥル], **an example**[イグザンプル]→てほん
- **模範的な model**
- ユカリは模範的な生徒だ．
  Yukari is a *model* student.
- 模範試合 a *demonstration* game

**もふく**【喪服】**a mourning dress**[モーニング ドゥレス]

**もふもふ fluffy**[フラッフィ]→ふわふわ

**もほう**【模倣】(**an**)**imitation**[イミテイション]→まね

**…もまた**→…も❶

**もみ**〖植物〗**a fir**(**tree**)[ファー(トゥリー)]

**もみあげ sideburns**[サイドバーンズ]

**もみじ**〖紅葉〗〖植物〗(かえで)**a maple**[メイプル]；(紅葉(こうよう))**autumn leaves**[オータム リーヴズ]

**もむ massage**[マサージュ], **give … a massage**
- 母の肩(かた)をもんであげた．
  I *gave* my mother a *massage*.
- このかいろはもんで使ってください．
  *Rub* this body warmer before using it.

**もめごと**【もめ事】(**a**)**fight**[ファイト]
- 最近もめ事が多い．
  We have had many *fights* recently.

**もめる fight**[ファイト]；(口論する)**argue**[アーギュー], **have an argument**[アーギュマント], 《主に米》**quarrel**[クウォーラル]; **have trouble**[トゥラブル]
- 兄は父ともめた．My brother *had an argument with* my father.

**もめん**【木綿】**cotton**[カトゥン]
┃木綿糸 **cotton thread**

**もも**¹〖桃〗〖植物〗**a peach**[ピーチ]
- 桃の花 *peach* blossoms
- 桃の節句→ひなまつり

**もも**²(太もも)**a thigh**[サイ](★この gh は発音しない)→あし 図

**ももいろ**【桃色】**pink**[ピンク], **peach color**[ピーチ]

**ももにく**【もも肉】(鶏(とり)の)**a chicken leg**[**thigh**][チキン レッグ(サイ)], (豚の)**a pork leg**[**thigh**][ポーク]

**もや**〖気象〗(**a**)**haze**[ヘイズ], (**a**)**mist**[ミスト](▶ mist のほうが濃(こ)い)
- 湖にもやがかかっていた．
  There was a *haze* over the lake.
- **もやのかかった hazy, misty**

**もやし**〖植物〗**bean sprouts**[ビーン スプラウツ]

**もやす**【燃やす】**burn**[バーン]
- 庭でごみを燃やしてはいけない．

Don't *burn* trash in the garden.

**もやもや**
- もやもやした気持ちだ. I feel *confused*.

## もよう【模様】

❶ 柄, 図案　　　　a pattern, a design
❷ 様子　　　　　 a look

❶ [柄, 図案] **a pattern**[パタァン], **a design**[ディザイン]
- 水玉模様のブラウス
  a blouse with a polka-dot *pattern*
- 花模様のスカーフ
  a scarf with a flowery *pattern*

 しま模様の striped
 チェック模様の check(er)ed
 水玉模様の polka-dot

━模様替えをする (配置替え) **rearrange**
- 部屋の模様替えをした.
  I *rearranged* my room.

❷ [様子] **a look**[ルック]
- 空模様が怪しい. It looks like rain.
- 海は荒れ模様だった. The sea looked rough.

**もよおし**【催し】(行事) **an event**[イヴェント]; (会合) **a meeting**[ミーティング]
━催す **hold**, **give**, **have**
- この夏に大きなイベントが催されます.
  A big event will be *held* this summer.

**もより**【最寄りの】**near**[ニァ], **nearest**[ニァレスト]
- 最寄りの駅 the *nearest* station

**もらいもの**【もらい物】**a gift**[ギフト], **a present**[プレザント]

## もらう

(物などを) **get**[ゲット], **receive**[リスィーヴ], **have**[ハヴ], **be given**[ギヴン]
- 彼は月に3000円のお小遣いをもらっている.
  He *gets* an allowance of three thousand yen a month.
- 友達からメールをもらった. I *received* [*got*] a text message from a friend.
- これ, もらってもいいかな？ May I *have* this?
- ケンは父から腕時計をもらった.
  Ken *was given* a watch by his father.

## …もらう【…(して)もらう】

**have**[ハヴ], **get**[ゲット] ➔ …させる ❸
- 父にパソコンを買ってもらった.
  My father bought me a PC. (←父がパソコンを買ってくれた)

〈物〉を…してもらう
have [get] +〈物〉+〈過去分詞〉
- 私たちは近くの人に写真を撮ってもらった.
  We *had* our picture taken by a person near us.
- 彼女はきのう髪を切ってもらった.
  She *had* [*got*] her hair cut yesterday.

〈人〉に…してもらう
have +〈人〉+〈動詞の原形〉/
get [ask] +〈人〉+ to +〈動詞の原形〉
- 父に車に乗せてもらいます.
  I'll *have* my father give me a ride.
- アキはお母さんにからあげを作ってもらった.
  Aki *had* her mother cook deep-fried chicken. / Aki *got* her mother *to* cook deep-fried chicken.
- 姉に英語を見てもらおう.
  I'll *ask* my sister *to check* my English.

〈人〉に…してもらいたい
want [would like] +〈人〉+ to +〈動詞の原形〉(▶ would like のほうがていねいな言い方)
- あなたに仲間になってもらいたい.
  We *want* you *to* join our group.
- あなたにこの解答をチェックしてもらいたい.
  I *would like* you *to* check these answers.
- 母に喜んでもらえたらうれしい.
  I hope my mother likes it.

**もらす**【漏らす】(秘密を) **leak**[リーク], **let out**
- アキが秘密をもらしちゃった.
  Aki *leaked* the secret.

**モラル morals**[モーラルズ] ➔ どうとく

**もり**【森】**a wood**[ウッド] (▶ しばしば the woods で用いる); **a forest**[フォーリスト]
- 森に行こう. Let's go into *the woods*.
- その鳥は森の奥深くにすんでいる.
  The birds live deep in a *forest*.

> **くらべてみよう！ wood と forest**
> **wood**: 比較的小さく, 人が立ち入るような森.
> **forest**: 大きく深い森で, 野生動物が生息し, 人が立ち入らないような森. 原生林や熱帯雨林などにも使う.

## もりあがる【盛り上がる】

(膨らんで高くなる) **swell**[スウェル]; (気分が) **become** [**grow**] **lively**[グロゥ ライヴリィ], **be in full swing**[フル スウィング]
- コンサートは盛り上がっていた.

The concert was *becoming lively*.
- 学校祭で大いに盛り上がった. Our school festival was really *exciting*.
- 話が盛り上がった. The conversation *became heated*.

**もりもり**（食べる）**eat heartily**[イート ハーティリィ]

**もる**【盛る】（料理を）**serve**[サーヴ]；（誇張(こちょう)する）**exaggerate**[イグチャザレイト]
- 姉がご飯を盛ってくれた. My sister *served* me rice.
- 話を盛ってるね. You are *exaggerating*.

**モルモット**〖動物〗**a guinea pig**[ギニィ ピッグ]（▶「モルモット」はオランダ語から）

**もれる**【漏れる】**leak**[リーク]
- パイプから水が漏れている. Water is *leaking* from the pipe.

**もろい fragile**[フラヂャイル]
- このコップはもろい. This glass is *fragile*.
- 涙もろい cry *easily*

**もろに directly**[ディレクトゥリィ]

**もん**【門】**a gate**[ゲイト]
- 校門 a school *gate*
- 裏門 a back *gate*
- 門は7時に開きます. The *gate* opens at seven.
- 門を閉めた？ Have you closed the *gate*?
- 正門のところで会おう. I'll meet you at the front *gate*.

**もんく**【文句】（不平）（**a**）**complaint**[カンプレイント]；（語句）**words**[ワーヅ]，**a phrase**[フレイズ]
- 文句はないよ. I have no *complaints*.
- 好きな歌の文句 favorite *words* of a song
- 決まり文句 a set *phrase*
- 文句なし without *question* [any *questions*]
— **文句を言う complain**（**about ...**）
- 彼らは練習のことで文句を言っていた. They were *complaining about* the training.

**もんげん**【門限】（**a**）**curfew**[カーフュー]
- 彼は門限を破った. He broke *curfew*.

**モンゴル Mongolia**[マンゴウリァ]

**モンスター a monster**[マンスタァ]

## もんだい【問題】

**a question**[クウェスチョン], **a problem**[プラブラム], （事柄(がら)）**a matter**[マタァ]；（困っている）（**a**）**trouble**[トゥラブル]；（政治・経済上の）**an issue**[イシュー]

- 数学のテストでできない問題がいくつかあった. I couldn't answer some of the *questions* on the math test.
- そんなことは問題外だ. That sort of thing is out of the *question*.
- この問題をどうしたら解決できるだろうか. How can we solve this *problem*?
- これは大問題です. This is a serious *problem*.
- それは時間の問題だ. It is a *matter* of time.
- 私たちはその問題をきのう議論した. We discussed the *matter* yesterday.
- まだ問題が解決していない. We still have *trouble*.
- 環境問題 an environmental *issue*
- 過去問題を3年分やった. I studied old exams from the past three years.

**問題集**（試験の）**a collection of examination questions**；（練習帳）**a workbook**
**問題用紙 a question sheet**

**もんどう**【問答】**questions and answers**[クウェスチョンズ][アンサァズ]

**もんぶかがくしょう**【文部科学省】**The Ministry of Education, Culture, Sports, Science and Technology**[ミニストリィ アヴ エデュケイション カルチャァ スポーツ サイアンス アンド テクナラヂィ]

**モンブラン**（ケーキ）**a Mont Blanc cake**[モン ブラーングッ]（▶フランス語から）

# や ヤ

**や**【矢】**an arrow**[アロゥ]（▶「弓」は bow）
- 彼は矢を放った. He shot an *arrow*.

### …や〜

| ❶…と〜 | ... and 〜 |
| ❷…または〜 | ... or 〜 |

❶[…と〜] **... and**[アンド]
- 私はりんごやぶどうが好きだ.
  I like apples *and* grapes.

❷[…または〜] **... or**[オァ]
- 夏休みの宿題は2週間やそこらではできない.
  My summer homework will take over two weeks *or* so.

**やあ Hi!**[ハイ]**, Hello!**[ヘロゥ]
- やあ, 元気? *Hi* [*Hello*]! How are you?

**ヤード a yard**[ヤード]（▶長さの単位. 1ヤードは3フィート. 91.44センチメートル. ya. と略す）

**やえば**【八重歯】**a double tooth**[ダブル トゥース]

**やおや**【八百屋】（店）**a fruit and vegetable store**[フルート][ヴェヂャタブル ストア], (英)**a greengrocer's**（**shop**）[グリーングロウサァズ (シャップ)]

**やがい**【野外の】**outdoor**[アウトドァ]（⇔屋内の indoor）, **open-air**[オウプンエァ]
- 野外で **outdoors**
- 野外活動 **outdoor activities**
- 野外コンサート **an open-air concert**
- 野外ステージ **an open-air stage**

**やかた**【館】**a mansion**[マンション]

**やがて**（まもなく）**soon**[スーン], **before long**[ローング]；（ほとんど）**almost**[オールモウスト], **nearly**[ニアリィ]
- やがて冬休みだ.
  It will *soon* be winter vacation.
- ここに来てやがて3年になる. It has been *nearly* three years since I came here.

### やかましい

| ❶騒がしい | noisy |
| ❷厳しい | strict; （好みがうるさい）particular |

❶[騒がしい]**noisy**[ノイズィ]→ うるさい❶
- 外がやかましい. It's *noisy* outside.
- やかましい! *Be quiet*!（←静かにしなさい）

❷[厳しい]**strict**[ストゥリクト]；（好みがうるさい）**particular**[パァティキュラァ]→ うるさい❸
- あの学校は規則がやかましい.
  That school has *strict* rules.

━**やかましく strictly**
- 母はチャットをやめるようにとやかましく言う. My mother *keeps telling* me to stop chatting online.

**やかん¹**【夜間】**a kettle**[ケトゥル]
- やかんで湯をわかした.
  I boiled water in a *kettle*.

**やかん²**【夜間】（**a**）**night**[ナイト]→ よる¹
- 夜間学校 **a night school**

**やき**【焼き…】（オーブンで）**baked**[ベイクト], （油で）**fried**[フライド], （焼き網などで）**grilled**[グリルド], （オーブンやじか火で）**roasted**[ロウスティド]
- 焼きおにぎり a *grilled* rice ball
- 焼きのり *toasted* [*roasted*] seaweed

**やぎ**【山羊】【動物】**a goat**[ゴウト]

**やきいも**【焼き芋】**a baked sweet potato**[ベイクト スウィート パテイトウ]

**やきがし**【焼き菓子】**baked goods** [**sweets**][ベイクト グッズ [スウィーツ]]

**やぎざ**【やぎ座】**Capricorn**[キャプリコーン]；（人）**a Capricorn**
- 私はやぎ座です. I am a *Capricorn*.

**やきそば**【焼きそば】**chow mein**[チャウ メイン]（▶中国語から）, **fried Chinese noodles**[フライド チャイニーズ ヌードゥルズ]

**やきたて**【焼きたての】**freshly baked**[フレッシュリィ ベイクト]
- このパンは焼きたてだ.
  This bread is *freshly baked*.

**やきとり**【焼き鳥】**yakitori**
- 焼き鳥は木のくしに刺した鳥肉を焼き網で焼いたものです. *Yakitori* is grilled chicken on a wooden skewer.

**やきにく**【焼き肉】**grilled meat**[グリルド ミート]
- 昨夜は焼き肉だった.
  We had *grilled meat* last evening.

**やきもち**【焼きもち】（**a**）**jealousy**[チェラスィ]
━**焼きもちをやく be jealous**（**of ...**）
- 彼女は君に焼きもちをやいているんだよ.
  She *is jealous of* you.

**やきゅう**【野球】**baseball**[ベイスボール]→ p.671
ミニ絵辞典
- 野球をしようよ. Let's play *baseball*.（▶スポ

やきゅう

野球 Baseball

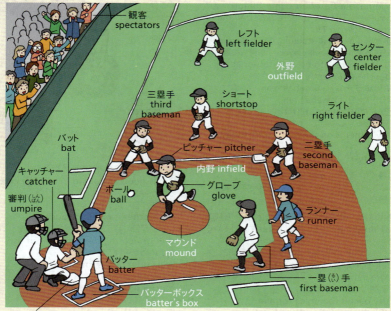

ホームランを打つ
hit a home run

三振(さん)する
strike out

エラーをする
make an error

盗塁(とうるい)する
steal a base

| 表 | top | 裏 | bottom |
|---|---|---|---|
| ストライク | strike | (カウントの)ボール | ball |
| フォアボール | walk | デッドボール | hit by pitch |
| セーフで | safe | アウトで | out |
| ダブルプレー | double play | ゴロ | grounder |
| 満塁ホームラン | grand slam | サヨナラホームラン | game-ending home run |
| 犠牲(ぎせい)フライ | sacrifice fly | バント | bunt |
| ピンチヒッター | pinch hitter | 監督(かんとく) | manager |

## やきん

一つ名にはtheをつけない)
- テレビでプロ野球の試合を見た. I watched a professional *baseball* game on TV.
- あしたは野球の試合がある.
We have a *baseball* game tomorrow. / (テレビで)There will be a *baseball* game tomorrow on TV.

**野球場** a baseball stadium, ⊛a ballpark
**野球選手** a baseball player: プロ野球の選手になりたい. I want to be a professional *baseball player*.
**野球部[チーム]** a baseball team
**野球ファン** a baseball fan

**やきん**【夜勤】a night shift[ナイト シフト]
- 父はきょうは夜勤だ.
My father is on the *night shift* today.

## やく¹【役】

| ❶役割 | a role, (a) part; (任務)(a) duty; (仕事)a job |
|---|---|
| ❷劇の | a part, a role |

❶[役割] a role[ロウル], (a) part[パート]; (任務)(a) duty[ドゥーティ]; (仕事) a job[ヂャブ] ➔ やくめ
- インターネットは私たちの生活で重要な役を果たしている. The Internet plays an important *role* in our life.
- その役は彼には荷が重い.
The *part* is too much for him.

━役に立つ useful[ユースフル], helpful
- 車は私たちの日常生活でとても役に立っている. Cars are very *useful* in our daily lives.
- 何かお役に立てることはありませんか.
May I *help* you with anything?

━役に立たない useless[ユースリス]

❷[劇の] a part, a role
- 彼はロミオの役を演じた.
He played the *part*[*role*] of Romeo.

## やく²【焼く】

| ❶食べ物を | (オーブンで)bake; (焼き網(熱)の上でじか火で) broil, grill; (油で) fry; (トーストを)toast; (オーブンやじか火で肉を)roast |
|---|---|
| ❷燃やす | burn |
| ❸肌(熱)を | get a tan |

❶[食べ物を](オーブンで) bake[ベイク]; (焼き網の上でじか火で) broil[ブロイル], grill[グリル]; (油で) fry[フライ]; (トーストを) toast[トウスト]; (オーブンやじか火で肉を) roast[ロウスト]

bake, broil [grill], fry, toast, roast

- 彼女はパンを焼くのが得意だ.
She is good at *baking* bread. (←パンを作るのが得意だ)
- 兄はさんまを焼いている.
My brother is *broiling* sauries.
- シェフが目の前でステーキを焼いてくれた. The chef *grilled* the steak in front of us.
- 朝食に卵を焼いてくれる?
Will you *fry* eggs for breakfast?
- パンを1枚軽く焼く
*toast* a slice of bread lightly

❷[燃やす] burn[バーン]
- 彼はごみを焼いた.
He *burned* the trash.

❸[肌を] get a tan[タン]
- 肌を焼いた. I *got a tan*.

**やく³**【約】about[アバウト]
- 公園まで歩いて約10分だ. It's *about* a ten minute walk to the park.

**やく⁴**【訳】(翻訳(訳))(a) translation[トゥランスレイション]; (訳書) a version[ヴァージョン]
- 「ハムレット」の日本語訳 a Japanese *translation*[*version*] of 'Hamlet'

**やくざいし**【薬剤師】a pharmacist[ファーマシスト]

**やくしゃ**【役者】(俳優) an actor[アクタァ]; (舞台の) a stage performer[ステイヂ パァフォーマァ]

**やくしょ**【役所】a government office[ガヴァンメント オーフィス]
- 市役所 a city hall [*office*]
- 区役所 a ward *office*

**やくす**【訳す】(…を~に)translate ... into ~[トゥランスレイト], put ... into ~
- この文を英語に訳しなさい. *Translate* [*Put*] this sentence *into* English.

## やくそく【約束】

a promise[プラミス], one's word[ワード]; (面会の約束, 予約)(an) appointment[アポイントゥマント]

- 必ず約束は守ります.
  I'm sure to keep *my promise* [*word*].
- ケンは絶対約束を破らない.
  Ken never breaks *his promises* [*word*].
- 日曜日に彼女と会う約束がある. I have an *appointment* to see her on Sunday.
- 約束の時間に駅に着いた. I arrived at the station at the *appointed* time.

➡ 約束する promise
- 約束した通りそこへ行った.
  I went there as I *promised*.
- 約束する？ (You) *Promise*?

**((人)に)…する約束をする**
promise(+〈人〉+)to +〈動詞の原形〉
- 友達はいっしょに行くと(私に)約束した. My friend *promised* (me) *to* go with me.
- 二度とそんなことはしないと彼に約束した. I *promised* him never *to* do it. / I *promised* him (that) I would never do it.

**やくだつ**【役立つ】**useful**[ユースフル], **helpful**[ヘルプフル], **of use**[ユース] ➡ やく¹ ❶

**やくにん**【役人】**a government** [**public**] **official**[ガヴァンマント [パブリック] アフィシャル]

**やくば**【役場】➡ やくしょ

**やくひん**【薬品】(薬剤(ぎい))(a) **medicine**[メダスィン], **a drug**[ドゥラッグ]; (化学薬品)**a chemical**[ケミカル]

**やくみ**【薬味】**a spice**[スパイス]

**やくめ**【役目】(任務)(a) **duty**[ドゥーティ]; (役割) **a role**[ロウル]; (仕事)**a job**[チャブ] ➡ やく¹ ❶
- ユキはチームの主将としての役目を果たした.
  Yuki performed her *duties* as captain of the team.
- 庭掃除(そうじ)は私の役目だ.
  It is my *job* to clean the yard.

**やくわり**【役割】**a role**[ロウル], (a) **part**[パート] ➡ やく¹ ❶
- 毎日の運動は健康のために重要な役割を果たす. Daily exercises play an important *role* in health.

**やけ desperation**[デスパレイション], **despair**[ディスペア]

➡ やけになる **get** [**become**, **be**] **desperate**
- そんなにやけになるな.
  Don't *get* so *desperate*.
- やけ食いしたい気分だ.
  I feel like stress eating.

**やけい**【夜景】**a night view**[ナイト ヴュー]

**やけど burn**[バーン]

➡ やけどする **burn**, **get burned**
- オーブンで指にやけどした.
  I *burned* my finger on the oven.

## やける【焼ける】

❶ 燃える
  **burn, be burned**
❷ 食べ物が
  **be roasted [broiled]**;
  〈パンなどが〉**be baked [toasted]**
❸ 肌(はだ)が
  〈適度に〉**be tanned**;
  〈過度に〉**be sunburned [sunburnt]**

❶ [燃える]**burn**[バーン], **be burned**
- マグネシウムは焼けて明るい光を出す.
  Magnesium *burns* with a bright light.
- 火事で3軒(けん)の家が焼けた.
  Three houses were *damaged* in the fire.

❷ [食べ物が]**be roasted [broiled]**[ロウスティド [ブロイルド]]; 〈パンなどが〉**be baked [toasted]**[ベイクト [トウスティド]]
- トーストが焼けた. The bread *is toasted*.
- この肉はよく焼けていない[焼けすぎだ].
  This meat is under*done* [over*done*].

❸ [肌が]〈適度に〉**be tanned**[タンド]; 〈過度に〉**be sunburned [sunburnt]**[サンバーンド [サンバーント]]
- よく日に焼けてるね.
  You *are* well *tanned*.

**やこう**【夜行】(列車)**an overnight train**[オウヴァナイト トゥレイン]; (バス)**an overnight bus**[バス]
- 私たちは夜行列車で北海道へ行った.
  We took a *night train* to Hokkaido.

## やさい【野菜】

**a vegetable**[ヴェヂタブル](▶ふつう複数形で用いる), ⊕**veggies**[ヴェヂィズ]; (青物)**greens**[グリーンズ]
- 新鮮(しんせん)な野菜 fresh *vegetables*
- 祖父母は野菜を栽培(さいばい)している.
  My grandparents are growing *vegetables*.
- 野菜を食べると美容によい.
  Eating *vegetables* is good for beauty.

野菜いため **sautéed vegetables**
野菜サラダ **vegetable salad, green salad**
野菜ジュース **vegetable juice**
野菜スープ **vegetable soup**
野菜畑 (家庭の)**a vegetable garden**

## やさしい¹

**表現メモ**

**いろいろな野菜**
アスパラ asparagus
アボカド an avocado
オクラ an okra / かぶ a turnip
かぼちゃ a pumpkin
カリフラワー (a) cauliflower
キャベツ (a) cabbage
きゅうり a cucumber
さつま芋 a sweet potato
じゃが芋 a potato / ズッキーニ zucchini
大根 a Japanese radish, a giant radish
玉ねぎ an onion
とうもろこし ⊛corn, ⊛maize
トマト a tomato / なす an eggplant
にんじん a carrot
白菜 (a) Chinese cabbage
ピーマン a green pepper, a sweet pepper
ブロッコリー broccoli / ほうれん草 spinach
レタス (a) lettuce

## やさしい¹【易しい】

**easy**[イーズィ](⇔難しい difficult, hard);(単純な)**simple**[スィンプル]→かんたん¹
- やさしい問題 an *easy* question / a *simple* question
- 試験は思ったよりやさしかった.
  The exam was *easier* than I thought.
- このパソコンは操作するのがやさしい.
  This computer is *easy* to operate.

**…するのは(〈人〉にとって)やさしい**
It is easy (for+〈人〉+)to+〈動詞の原形〉
- 英語を話すのはぼくにとってやさしくない.
  *It's* not *easy for* me *to* speak English.

## やさしい²【優しい】

**gentle**[ヂェントゥル];(親切な)**kind**[カインド]
- 彼女は優しい声で歌った.
  She sang in a *gentle* voice.
- 彼はだれにでも優しい.
  He is *kind* to everyone.
- 太陽エネルギーは環境に優しい.
  Solar energy is eco-*friendly*.
**━優しく gently; kindly**
- 先生は優しく教えてくれた.
  The teacher taught us *kindly*.
**━優しさ kindness**

**やし**【植物】**a palm**[パーム]
- やしの実 a *coconut*

**やじ booing**[ブーイング], **jeering**[ヂアリング]
‖ やじ馬 a curious onlooker

**やしき**【屋敷】(大邸宅(訟))**a mansion**[マンション]

**やしなう**【養う】(家族を)**support**[サポート];(育てる)**bring up**[ブリング];(能力などを伸(の)ばす)**improve**[インプルーヴ], **develop**[ディヴェラップ]
- 留学して英語力を養いたい.
  I want to *improve* my English (skills) by studying abroad.

**やしゅ**【野手】**a fielder**[フィールダァ]

**やじゅう**【野獣】**a wild animal**[ワイルド アナマル], **a beast**[ビースト]

**やしょく**【夜食】**a midnight [late-night] snack**[ミッドナイト [レイトナイト] スナック]
- 夜食にラーメンを作った.
  I cooked ramen (noodles) for a *midnight snack*.

**やじるし**【矢印】**an arrow**[アロゥ]

**やしん**【野心】**(an) ambition**[アンビション]
**━野心的な ambitious**[アンビシャス]

**やすあがり**【安上がりな】**cheap**[チープ], **cheaper**
- そこに行くには電車よりバスのほうが安上がりだ.
  It's *cheaper* to go there by bus than by train.

## やすい【安い】

**cheap**[チープ](⇔高い expensive); **inexpensive**[イニクスペンスィヴ](⇔高い expensive); **low**[ロゥ](⇔高い high)
- 安いものを買ってね.
  Buy a *cheap* one.
- このバッグは上等でしかも安い.
  This bag is good and *inexpensive*.
- 彼女のバイト料は安い.
  Her part-time job pay is *low*.

**くらべてみよう!** **cheap と inexpensive と low**
**cheap**:「値段が安い」という意味の最も一般的な語.「質が劣(おと)る」「安物の」という意味合いがある.
**inexpensive**:「低価格の」の意.
**low**:「低い」を表す語でprice, salaryなどの「金額」という意味を含(ふく)む語とともに使う. 売り手が「安い」と言う場合は**reasonable**(手ごろな), **economical**(得な)などを使う.

**━安く cheap, at a low price**
- 秋葉原では電気製品が安く買えますよ.
  You can buy electrical appliances *cheap* [*at low prices*] in Akihabara.

**…やすい**【…しやすい】(…するのが容易だ)**be easy to+〈動詞の原形〉**[イーズィ]; (…しがちだ)**be apt to+〈動詞の原形〉**[アプト]
- 彼の説明はわかりやすい.

His explanation *is easy to* understand.
- 私は風邪を引きやすい．I'm *apt to* catch cold. / I catch cold *easily*.

**やすうり**【安売り】**a sale**[セイル]
- あの店では今安売りをしている．
That store is having a *sale* now.

┃安売り店 **a discount store**［**shop**］

家具の安売り店の看板（米国）

**やすっぽい**【安っぽい】**cheap**[チープ]

## やすみ【休み】

| ❶休息 | （a）**rest**; （休憩）**a break** |
| ❷休日，休業 | **a holiday**; （休暇）**a vacation** |
| ❸欠席，欠勤 | （an）**absence** |

❶［休息］（a）**rest**[レスト]；（休憩）**a break**[ブレイク]
- 一休みしようよ．Let's take a *rest*［*break*］．
- 昼休みに during a lunch *break* /（昼食時に） at lunchtime
- 授業と授業の間には10分間の休みがある．
We have a ten-minute *break* between classes.

❷［休日，休業］**a holiday**[ハラデイ]；（休暇）**a vacation**[ヴェイケイション]
- あしたは休みだ．
It's a *holiday* tomorrow.
- きょうは学校が休みだ．
We have *no* school［classes］today.
- この店は木曜日が休みだ．
This store is *closed* on Thursdays.
- 夏休みが3か月もあるなんてうらやましいな．
I'm jealous of your three-month summer *vacation*.

❸［欠席，欠勤］（an）**absence**[アブサンス]
━休みである **be absent**
- きょう鈴木さんは休みだ．
Ms. Suzuki *is absent* today.

## やすむ【休む】

| ❶休息する | **rest**, **take**［**have**］**a rest** |
| ❷欠席・欠勤している | **be absent** |
| ❸睡眠を取る | （布団に入る）**go to bed**；（眠る）**sleep** |

rest, take [have] a rest　　be absent　　go to bed

❶［休息する］**rest**[レスト], **take**［**have**］**a rest**
- 休む暇もない．I have no time to *rest*.
- ちょっと休もう．Let's *take*［*have*］*a rest*.
- 休め！At *ease*!（▶号令）

❷［欠席・欠勤している］**be absent**[アブサント]
- 私は風邪で学校を休んだ．
I *was absent* from school with a cold.
- 姉は会社を休んだ．
My sister *took a day off*.

❸［睡眠を取る］（布団に入る）**go to bed**[ベッド]；（眠る）**sleep**[スリープ]
- きょうは早く休みなさい．
*Go to bed* early today.
- 父さん，おやすみなさい．*Good night*, Dad.

**やすめる**【休める】**rest**[レスト]
- 読書の後は目を休めなさいよ．
*Rest* your eyes after reading.

**やすもの**【安物】**cheap stuff**[チープ スタッフ], **junk**[ジャンク]
- 安物のおもちゃ a *cheap* toy

**やすらか**【安らかな】**peaceful**[ピースフル]
━安らかに **peacefully**

**やすらぐ**【安らぐ】**feel at ease**[フィール][イーズ]
- 友達といるとやすらぐ．
I *feel at ease* with my friends.

**やすり a file**[ファイル]
- 爪やすり a nail *file*
- 紙やすり sandpaper
━やすりをかける **file**

**やせい**【野生の，野性の】**wild**[ワイルド]
┃野生植物 **a wild plant**
┃野生動物 **a wild animal**

## やせる

（体重が減る）**lose weight**[ルーズ ウェイト]（⇔太る gain［put on］weight）
- あと5キロやせたい．
I want to *lose* 5 more kilograms.

- **やせた** thin (⇔太った fat); (ほっそりした) **slender**, **slim**
  - 彼は背が高くてやせている. He is tall and *slim*.
- **やだ** *no* [ノゥ]
  - あっ, やだ, 猫がまたソファにおしっこした. Oh, *no*! The cat peed on the sofa again.
- **やたい**【屋台】**a stand** [スタンド], **a stall** [ストール]
  - お祭りの屋台で綿あめを買った. I bought cotton candy from a *stall* at the festival.
- **やたら**【やたらに】(過度に) **too** [トゥー]; (しょっちゅう) **too often** [オーフン]
  - そのケーキはやたらに甘かった. The cake was *too* sweet.
  - 彼はやたらに難しい言葉を使う. He uses difficult words *too often*.
- **やちょう**【野鳥】**a wild bird** [ワイルドバード]
  ┃野鳥観察 **bird-watching**
- **やちん**【家賃】(a) **rent** [レント]
- **やつ a guy** [ガイ], **a fellow** [フェロゥ]
  - いいやつ a nice *guy* [*fellow*]
- **やつあたり**【八つ当たりする】**take it out on ...** [アウト]
  - 私に八つ当たりしないで. Don't *take it out on* me.
- **やっかい**【厄介な】**difficult** [ディフィカルト], **troublesome** [トゥラブルサム] → めいわく, めんどう
  - 厄介な問題 a *difficult* problem
- **やっきょく**【薬局】**a pharmacy** [ファーマスィ], ⊛ **a drugstore** [ドゥラッグストア], ⊛ **a chemist's** [ケミスツ]

 米国の薬局

米国のdrugstoreでは薬のほかに日用雑貨, 雑誌, 食品なども売られており, ホットドッグやコーヒーなど軽食を出すところも多くあります.

- **やった** (喜び・感激などの叫び声) **Yippee!** [イッピィ], **Great!** [グレイト]; (自分が) **I did it!** [ディド], **I made it!** [メイド]; (相手が) **You did it!, Well done!** [ダン]
  - やった, あしたは授業がない. *Yippee!* No school for tomorrow!
- **やっつ**【八つ(の)】**eight** [エイト] → はち¹
- **やっつける beat** [ビート]
  - 次回はやっつけてやる. We'll *beat* them next time!
- **やっていく get along** (**with ...**, **in ...**) [アローング]
  - 彼女とうまくやっていけるかな. I'm wondering whether I can *get along* well with her.
- **やってくる**【やって来る】(近寄る) **come up** (**to ...**) [カム]; (季節などが巡って来る) **come around** [アラウンド]
  - 先生がぼくのほうにやって来た. The teacher *came up to* me.
- **やってみる** → ...みる

## やっと

(ついに) **at last** [ラスト], **finally** [ファイナリィ]; (かろうじて) **just** [ヂャスト]; (苦労して) **manage to +〈動詞の原形〉** [マニッヂ]
- やっと1学期が終わった. The first term is over *at last*.
- バスにやっと間に合った. I was *just* in time for the bus.
- 私はやっとテストの準備を終えた. I *managed to* finish preparing for the test.

- **やっぱり** → やはり
- **ヤッホー Yoo-hoo!** [ユーフー], **Hey!** [ヘイ]
- **やど**【宿】**lodging** [ロッヂング], **an inn** [イン], **a hotel** [ホウテル] → ホテル, りょかん
- **やとう¹**【雇う】**employ** [インプロイ], **hire** [ハイア]
  - あの店では新しいバイトを雇うそうだ. I heard that store is *hiring* new part-timers.
  ┃雇い主 **an employer**
- **やとう²**【野党】**an opposition party** [アポズィションパーティ]
- **やどかり**【宿借り】〖動物〗**a hermit crab** [ハーミットクラブ]
- **やなぎ**【柳】〖植物〗**a willow** (**tree**) [ウィロゥ]
- **やぬし**【家主】**the owner of the house** [オウナァ] [ハウス], **a landlord** [ランドロード]
- **やね**【屋根】**a roof** [ルーフ]
  - 赤い屋根の家 a house with a red *roof* / a red-*roofed* house
  ┃屋根裏部屋 **an attic, a loft**

## やばい

(大変だ) **no good** [グッド], **bad** [バッド]; 《話》(すごくいい) **awesome** [オーサム]
- これはやばい. This is *no good*. (►「困ったことになった」の意) / (危険だ) That's *risky*.

- 今度零(れい)点を取ったらやばいよ. I'll *be in trouble* if I get a zero next time. (►「困ったことになる」の意)
- この味やばいよ. This taste is *awesome*! / I *like* this taste *too much*. (◄すごくいい)

# やはり

| | |
|---|---|
| ❶ …もまた | (肯定文で)**too**, **also**; (否定文で)**either** |
| ❷ 今なお, それでもなお | **still**; (にもかかわらず)**yet**, **nevertheless**; (結局)**after all** |
| ❸ 思ったとおり | **as**(**one**)**expected** |

❶ [‥‥もまた] (肯定文で)**too**[トゥー], **also**[オールソゥ](►tooのほうが口語的); (否定文で)**either**[イーザァ] ➡…も❶
- この店もやはりいっぱいだ. This store is crowded, *too*.
- 私もやはり出席できません. I will not be able to attend, *either*.

❷ [今なお, それでもなお] **still**[スティル]; (にもかかわらず)**yet**[イェット], **nevertheless**[ネヴァザレス]; (結局)**after all**[オール]
- 両親は今もやはりぼくを子ども扱(あつか)いする. My parents *still* treat me like a child.
- 彼はわがままだけどやはり彼が好きです. He is selfish but I like him *nevertheless*.

❸ [思ったとおり] **as**(**one**)**expected**[イクスペクティド]
- やはり日本チームは強かった. The Japanese team was strong, *as I expected*.

**やばん**【野蛮な】**savage**[サヴィッヂ], **barbarous**[バーバラス]

**やぶ a thicket**[スィキット]; (低木の茂(しげ)み)**a bush**[ブッシュ]

▸ やぶ医者 **a quack**

**やぶく**【破く】**tear**[テア]➡やぶる❶

**やぶける**【破ける】**tear**[テア]➡やぶれる¹

# やぶる 【破る】

| | |
|---|---|
| ❶ 物を | (引き裂(さ)く)**tear**; (壊(こわ)す)**break** |
| ❷ 負かす | **beat**, **defeat**; (記録を)**break** |
| ❸ 規則・約束などを | **break** |

❶ [物を] (引き裂く)**tear**[テア]; (壊す)**break**[ブレイク]
- 彼女はチラシを細かく破った. She *tore* the flier into pieces.
- くぎに引っかけてパンツを破いてしまった. I *tore* my pants on a nail.
- 彼らはドアを破った. They *broke* the door open.

❷ [負かす]**beat**[ビート], **defeat**[ディフィート]; (記録を)**break**
- レッズは5対2でメッツを破った. The Reds *beat* [*defeated*] the Mets (by) 5 to 2.
- 1500メートル走の記録を破った. I *broke* the record for the 1500 meter run.

❸ [規則・約束などを]**break**
- 彼らは校則を破った. They *broke* [*violated*] school regulations.
- 私は約束を破りません. I will not *break* my promise [word].

**やぶれる**¹【破れる】**tear**[テア], **be torn**[トーン]
- ジーンズが破れてるよ. Your jeans *are torn*.
- 彼の夢は破れた. His dream did *not come true*. (◄実現しなかった)

**やぶれる**²【敗れる】**be beaten**[ビートゥン], **be defeated**[ディフィーティド]; (試合に)**lose**[ルーズ]
- 決勝戦で敗れた. I *lost* (in) the finals. / I *was beaten* [*defeated*] in the finals.

**やぼったい**【野暮ったい】(服装などが)**unfashionable**[アンファッショナブル]

# やま【山】

| | |
|---|---|
| ❶ 山岳(がく) | **a mountain**; (低い)**a hill**; (…山)**Mt.** … |
| ❷ 多量の | **a lot of** …; (山積みの)**a heap** [**pile**] **of** … |
| ❸ 予想 | **a guess** |
| ❹ 山場 | (劇などの)**the climax** |

❶ [山岳]**a mountain**[マウンテン]; (低い)**a hill**[ヒル]; (…山)**Mt.** …[マウント]
- 高い[低い]山 a high [low] *mountain*
- あしたは山に登る. We will climb [go up] the *mountain* tomorrow.
- さあ, 山を下りよう. Let's go down the *mountain* now.
- 伊吹(いぶき)山の頂上に着いた. We reached the top of *Mt*. Ibuki.

夏の長野・八ヶ岳(日本)

## やまいも

❷ [多量の] **a lot of ...**[ラット]; (山積みの) **a heap [pile] of ...**[ヒープ][パイル]
- 山ほどの宿題が出された.
  *A lot of* homework was given out.

❸ [予想] **a guess**[ゲス]
- 試験問題の山がいくつか当たった.
  I had some lucky *guesses* on the exam questions.

❹ [山場] (劇などの) **the climax**[クライマックス]

| 山火事 a forest fire
| 山崩(く)れ a landslide
| 山国 a mountainous area, a mountainous country
| 山小屋 a mountain cottage [hut], a lodge
| 山登り mountain climbing
| 山開き start of the mountaineering season
| 山道 a mountain path

**やまいも**【山芋】【植物】**a yam**[ヤム]

**やまおく**【山奥の】**deep in the mountains**[ディープ][マウンテンズ]
- 私たちは山奥の温泉に行った. We went to a hot spring *deep in the mountains*.

**やましい**【やましいと感じる】**feel guilty**[フィールギルティ]

**やまびこ**【山びこ】**an echo**[エコゥ]

**やまわけ**【山分けする】**split [divide, share]... equally**[スプリット][ディヴァイド, シェア][イークワリィ]; (2人で) **go fifty-fifty**[フィフティフィフティ]
- 弟とお菓子を山分けした. My brother and I *split* the candies *equally*.

**やみ** **darkness**[ダークニス], **the dark**[ダーク]
- 猫(ねこ)はやみの中でも目が見える. Cats can see even in *darkness* [*the dark*].
- 真実はやみの中だ.
  The truth is in *the darkness*.

| やみ夜 a dark night

**やむ** **stop**[スタップ]
- 雨がやんだ. It has *stopped* raining. / The rain has *stopped*.
- 赤ちゃんは泣きやまなかった.
  The baby didn't *stop* crying.

**やむちゃ**【飲茶】**dim sum**[ディム サム]

**やむをえない**【やむを得ない】(避(さ)けられない) **unavoidable**[アナヴォイダブル] → **しかたない**
- やむを得ない事情で欠席した. I was absent because of *unavoidable* circumstances.

━**やむを得ず…する** **be obliged [forced] to+**〈動詞の原形〉[アブライヂド]
- やむを得ず行くことになった.
  I *was obliged to* go.
- やむを得ず試合は中止された.
  We *were forced to* cancel the game.

## やめる¹

**stop**[スタップ]; **give up**[ギヴ]; **quit**[クウィット]; **cancel**[キャンサル]
- お願いだから、やめて.
  Please *stop* it! / Please don't!
- 兄は学校をやめた. My brother *quit* school.
- 父はお酒をやめた.
  My father *gave up* drinking. / My father *quit* drinking.

…**するのをやめる**
**stop** +〈-ing形〉
- けんかはやめなさい. *Stop* fight*ing*. (▶Stop to fight. は「けんかをするために立ち止まる」という意味になるので注意)

> **くらべてみよう！** stop, give up, quit, cancel
> **stop**:「やめる」という意味の最も一般的な語.
> **give up**:「習慣などを完全にやめてしまう」という意味を表す.
> **quit**: 口語的な語でstop, give upのどちらとも交換(こうかん)可能だが、「完全にやめてしまう」というニュアンスを含(ふく)む.
> **cancel**: 予定を取りやめるときに使う.

**やめる²**【辞める】《話》**quit**[クウィット], **leave**[リーヴ]; (辞職する) **resign**[リザイン]; (定年で) **retire**[リタイア]
- バスケット部を辞めたい. I want to *quit* [*leave*] the basketball team.

**やや** (少し) **a little**[リトゥル], 《話》**a bit**[ビット]
- あしたはやや曇(くも)るでしょう.
  It'll be *a little* cloudy tomorrow.

**ややこしい** **complicated**[カンプラケイティド], **complex**[カンプレックス] → **ふくざつ**

**やらせる** **let** +〈人〉+〈動詞の原形〉→ …**させる**❷

**やり** **a spear**[スピア]; (競技用の) **a javelin**[ヂャヴァリン]

| やり投げ 〖スポーツ〗**the javelin** (**throw**)

**やりがい**【やりがいのある】**worth doing**[ワース], **worthwhile**[ワース(ホ)ワイル], **challenging**[チャリンヂング]

- やりがいのある役をください.
  Please give me a *challenging* role.

**やりかけ**【やりかけの】**unfinished**[アンフィニッシュト]
- 宿題がやりかけだ.
  My homework is *unfinished*. / I *haven't finished* my homework *yet*.

**やりかた**【やり方】**a way**[ウェィ], **how to+**〈動詞の原形〉[ハゥ] → しかた
- 新しいやり方で in a new *way*
- このゲームのやり方を教えて.
  Please show me *how to* play this game.

**やりすぎる**【やり過ぎる】**go too far**[トゥー ファー], **do too much**[マッチ]
- それはちょっとやり過ぎじゃない?
  That's *going too far*, isn't it?

**やりとげる**【やり遂げる】**complete**[カンプリート], **make it through**[スルー], **carry out**[キャリィ]
- 彼は困難な練習をやり遂げた.
  He *made it through* the tough training.

**やりとり**【やり取りする】**exchange**[イクスチェインヂ]
- 友達と意見のやり取りをした. I *exchanged* opinions with my friends.

**やりなおす**【やり直す】**do ... over again**[オウヴァ アゲン]
- もう一度やり直すよ. I'll *do* it *over again*.

## やる

❶する　　　**do**; (競技・ゲームなどを)**play**
❷与(あた)える　**give**

❶[する]**do**[ドゥー]; (競技・ゲームなどを)**play**[プレィ]
- 宿題やった?
  Have you *done* your homework yet?
- 今何をやっているの?
  What are you *doing* now?
- よくやった.
  Good [Nice] job! / You've *done* well.
- キャッチボールをやろうよ. Let's *play* catch.
- 5チャンネルで今何をやっているの?
  What's *on* Channel 5 now?

❷[与える]**give**[ギヴ]
- これを君にあげるよ.
  I'll *give* this to you. / I'll *give* you this.
- 犬にえさをやる時間だ.
  It's time to *feed* the dog.

**…やる**【…(して)やる】→ …あげる

**やるき**【やる気】**spirit**[スピリット], **motivation**[モウタヴェイション], **willingness**[ウィリングニス]
- やる気がないのか?
  Don't you have any *spirit*?
- やる気をなくした.
  I've lost my *motivation* to do it.
- 挑戦(ちょうせん)しようというやる気が大切だ.
  *Willingness* to try is important.
- 彼らはやる気満々だ.
  They *are eager to do* it.
──**やる気がある** **be motivated**[モウタヴェイティド], **be willing（to …）**
- やる気あるの?
  *Are* you really *willing to* do it?

**やれやれ** **well**[ウェル], **at last**[ラスト]; **Oh, my!**[オウ マイ]
- やれやれ, やっと家に帰れる.
  *At last*! We can go home now.

## やわらかい【柔らかい, 軟らかい】

**soft**[ソーフト](⇔かたい hard); (肉などが)**tender**[テンダァ](⇔かたい tough)
- このタオルは柔らかい. This towel is *soft*.
- 柔らかい肉 *tender* meat

**やわらぐ**【和らぐ】(痛み・緊張(きんちょう)・不安などが)**ease**[イーズ], **be eased**
- 痛みは和らいだ. The pain has *eased*.
- 母の不安は和らいだようだ.
  My mother's concern seems to *be eased*.
- 彼女の冗談(じょうだん)でその場の雰囲気が和らいだ.
  Her joke *relaxed* the people there.
- 寒さが和らいできた.
  It's getting a little warmer.

**やわらげる**【和らげる】**soften**[ソーフン](★このtは発音しない); (苦痛などを)**ease**[イーズ]
- その薬は頭痛を和らげた.
  The medicine *eased* my headache.

**ヤング** (若い人々)**young people**[ヤング ピープル]

**やんちゃ**【やんちゃな】**naughty**[ノーティ], **mischievous**[ミスチヴァス]

**やんわり** **gently**[ヂェントゥリィ], **softly**[ソフトゥリィ]
- 私は彼の提案をやんわり断った.
  I *gently* refused his proposal.

# ゆ ユ

**ゆ**【湯】

hot water[ハット ウォータァ]；(熱湯)boiling water[ボイリング]；(ふろ)a bath[バス]

- そのホテルはお湯が出なかった．
  *Hot water* didn't come out at the hotel.
- お湯をわかした．
  I boiled *water*.

湯上がり(に) after a bath
湯船 a bathtub

**ゆいいつ**【唯一の】only[オウンリィ]
**ゆいごん**【遺言】a will[ウィル]
**ゆいしょ**【由緒ある】historic[ヒストーリック]
- 由緒ある寺 a *historic* temple

**ゆう¹**【結う】(髪を)do[ドゥー]
- アヤが髪を結ってくれた．
  Aya *did* my hair.

**ゆう²**【言う】→いう

**ゆうい**【優位】an advantage[アドヴァンティッヂ]
- 私たちは優位に立っている．
  We have an *advantage*.

**ゆういぎ**【有意義な】meaningful[ミーニングフル]

**ゆううつ**【憂うつな】depressed[ディプレスト], 《話》blue[ブルー], gloomy[グルーミィ]
- 試験のことを考えるとゆううつになる．
  I feel *depressed* when I think of exams.
- 彼女はゆううつそうな顔をしている．
  She looks *gloomy* [*blue*].

**ゆうえき**【有益な】useful[ユースフル], helpful[ヘルプフル], good[グッド]
- 有益な忠告
  *useful* [*helpful*] advice

**ゆうえつかん**【優越感】
- 彼女はケンに対して優越感をもっていた．
  She *felt superior* to Ken.

**ゆうえんち**【遊園地】an amusement park[アミューズマント パーク]

ジェットコースター roller coaster
観覧車 Ferris wheel
お化け屋敷 haunted house
売店 stand
コーヒーカップ whirling teacup
メリーゴーランド merry-go-round

**ゆうが**【優雅な】elegant[エリガント], graceful[グレイスフル]

**ゆうかい**【誘拐】kidnapping[キッドゥナッピング]
➡誘拐する kidnap
- その子どもは誘拐された．
  The child was *kidnapped*.

誘拐犯 a kidnapper

**ゆうがい**【有害な】harmful[ハームフル](⇔無害な harmless), bad[バッド]
- たばこは健康に有害だ．Smoking is *harmful* to your health.

有害物質 harmful substances

## ゆうがた【夕方】

(an) evening[イーヴニング]
- 夕方は時間があります．
  I'll have time in the *evening*.
- 金曜日の夕方は塾です．I go to a *juku* [cram school] on Friday *evening*.
- あしたの夕方，お宅にお邪魔します．
  I'll visit you tomorrow *evening*.

**ゆうかん¹**【夕刊】(朝刊と区別して)an evening edition[イーヴニング イディション]；(夕刊紙)an evening paper[ペイパァ]

**ゆうかん²**【勇敢な】brave[ブレイヴ]
➡勇敢に bravely
- 彼は勇敢にも強盗をつかまえた．
  He *bravely* [*courageously*] caught the robber.

**ゆうき¹**【勇気】courage[カーリッヂ]；(勇敢さ)bravery[ブレイヴァリィ]
- 私にはそれを言う勇気がなかった．
  I didn't have the *courage* to say it.
➡勇気のある courageous[カレイヂャス]; brave
- 1人で外国に行くとは彼は勇気があるよ．It's *courageous* of him to go abroad alone.

―勇気づける **encourage**[インカーリッヂ]
- マリはトモコの言葉に勇気づけられた．
  Tomoko's words *encouraged* Mari.

**ゆうき²**【有機の】**organic**[オーガニック]
| 有機栽培(ホム) **organic cultivation**
| 有機野菜 **organic vegetables**

**ゆうぎ**【遊戯】**play**[プレイ], **a game**[ゲイム]→あそび；(幼稚(ホラ)園の) **playing and dancing**[ダンシング]

**ゆうぐれ**【夕暮れ】**dusk**[ダスク]
- 夕暮れに at *dusk*

**ゆうげん**【有限の】**limited**[リミティッド]

**ゆうこう¹**【友好】**friendship**[フレンドゥシップ]
―友好的な **friendly**
- 彼らは私たちに対してとても友好的だった．
  They were very *friendly* to us.

**ゆうこう²**【有効な】(効果がある) **effective**[イフェクティヴ]；(切符(ホマ)などが) **valid**[ヴァリッド] (⇔無効な **invalid**)
- 有効な方法 an *effective* method
- この切符は1か月有効だ．
  This ticket is *valid* [*good*] for a month.
―有効に **effectively**
- 夏休みを有効に使うように．Use your summer vacation *effectively*. / Make *good use of* your summer vacation.

**ゆうごはん**【夕ご飯】→ゆうしょく

**ユーザー**(利用[使用]者) **a user**[ユーザァ]

**ゆうざい**【有罪の】**guilty**[ギルティ] (⇔無罪の **innocent, not guilty**)

**ゆうしゃ**【勇者】**a brave man**[ブレイヴ マン]

**ゆうしゅう**【優秀な】**excellent**[エクサラント]
- 優秀な生徒 an *excellent* student
- 彼女は優秀な成績で中学校を卒業した．
  She finished junior high school with *excellent* grades.
- 最優秀選手
  the most *valuable* player (▶MVPと略す)

**ゆうじゅうふだん**【優柔不断な】**weak-minded**[ウィークマインディド], **wishy-washy**[ウィッシィワッシィ]
- 彼は優柔不断でさっさと決められない．He's *wishy-washy* and can't decide quickly.

# ゆうしょう【優勝】
(勝利) **(a) victory**[ヴィクタリィ]；(選手権) **a championship**[チャンピアンシップ], **a title**[タイトゥル]
―優勝する **win the championship, win first prize**
- うちの学校は地区大会で団体優勝した．
  Our school *won the* team *championship* in the local tournament.
- 彼は弁論大会で優勝した．
  He *won* the speech contest.
| 優勝カップ a championship cup, a trophy
| 優勝旗 a championship flag, a pennant
| 優勝決定戦 the finals, (同点の際の) a playoff
| 優勝者 a champion, a winner
| 優勝チーム the championship team, the winning team

**ゆうじょう**【友情】**friendship**[フレンドゥシップ]
- 私たちのチームは強い友情で結ばれている．
  Our team is united by (a) strong *friendship*.
| 友情出演 cameo appearance

# ゆうしょく【夕食】
(晩の軽い食事) **(a) supper**[サパァ]；(一日のうちの主要な食事) **(a) dinner**[ディナァ]→ちょうしょく
- 軽い夕食
  a light *supper* (▶形容詞がつくとa [an] +〈形容詞〉+ supper [dinner]となる)
- 母は今，夕食の準備をしている．My mother is cooking [making] *dinner* now.
- 家族と夕食をとった．
  I had *dinner* with my family.
- 夕食ができましたよ．*Dinner* is ready.

**ゆうじん**【友人】**a friend**[フレンド]→ともだち

**ユース youth**[ユース]
| ユースチーム the youth team

**ゆうずう**【融通】
―融通がきく **flexible**
- 私のスケジュールは融通がきく．
  My schedule is *flexible*.
―融通がきかない **inflexible**
- 融通がきかない校則が多い．
  There are many *inflexible* school rules.

**ユースホステル a youth hostel**[ユース ハストゥル]

**ゆうせい**【優勢だ】**lead**[リード], **be superior (to ...)**[スピ(ア)リァ]
- どちらが優勢ですか．Who is *in the lead*?

## ゆうせん¹

**ゆうせん¹**【優先】priority[プライオーラティ]
- 最優先の問題 a matter of high *priority*
- ―優先する have［take］priority（over ...）
優先順位 the order of priority
優先席 priority seats

英国の路面電車の優先席

**ゆうせん²**【有線の】wired[ワイアド]
有線テレビ cable television（▶CATVと略す）
有線放送 cable broadcasting

**ゆうそう**【郵送する】《主に⊕》mail[メイル],《主に⊕》post[ポウスト], send ... by mail［post］[センド]
- これを郵送してください.
Please *send* this *by mail*.
郵送料 postage

**ユーターン** a U-turn[ユーターン]
- ―ユーターンする make a U-turn
- 車はユーターンした.
The car *made a U-turn*.
ユーターンラッシュ a return rush

**ゆうだい**【雄大な】grand[グランド], magnificent[マグニファスント]

**ゆうたいけん**【優待券】a coupon[クーパン], a complimentary ticket[カンプラメンタリィ ティキット]

**ゆうだち**【夕立】an evening shower[イーヴニング シャウァ]
- 家に帰る途中(ちゅう)夕立にあった. I was caught in an *evening shower* on my way home.

**ユーチューバー** a YouTuber[ユートゥーバァ]
- 将来はユーチューバーになりたい. I want to be a *YouTuber* in the future.

**ユーチューブ**〘商標〙YouTube[ユートューブ]
- 昨夜はユーチューブの動画を見た. I watched a video on *YouTube* last night.

**ゆうどう**【誘導する】guide[ガイド], direct[ディレクト]
- 案内係の人が席まで誘導してくれた. The usher *guided*［*directed*］me to my seat.

**ゆうとうせい**【優等生】(優秀(ゆうしゅう)な)an excellent student[エクサラント ストゥードゥント];（模範(はん)的な）a model student[マドゥル]

**ゆうどく**【有毒な】poisonous[ポイズナス]
有毒ガス poisonous gas

**ユートピア**（a）Utopia[ユートウピア]

**ゆうのう**【有能な】able[エイブル], capable[ケイパブル]

**ゆうはん**【夕飯】→ゆうしょく

**ゆうひ**【夕日】the setting［evening］sun[セティング［イーヴニング］サン]
- 夕日が沈んでいくのを見た.
We saw *the sun setting*.

**ゆうび**【優美】elegance[エリガンス], grace[グレイス]
- ―優美な elegant, graceful

**ゆうびん**【郵便】《主に⊕》mail[メイル],《主に⊕》post[ポウスト]
- 私に郵便は来ていますか.
Is there any *mail* for me?
- ―郵便で送る mail, post, send ... by mail［post］[センド]
郵便受け ⊕a mailbox, ⊕a letter box
郵便切手 a（postage）stamp
郵便局 a post office
郵便配達人 a mail［letter］carrier
郵便はがき a postcard
郵便番号 ⊕a zip code, ⊕a postcode
郵便ポスト ⊕a mailbox, ⊕a postbox
郵便料金 postage

**ユーフォー** a UFO[ユーエフオゥ]（複 UFO's, UFOs）（▶unidentified flying object（未確認飛行物体）の略）
UFOキャッチャー a crane game

**ユーフォニアム**〘楽器〙a euphonium[ユーフォウニアム]

**ゆうふく**【裕福な】rich[リッチ], wealthy[ウェルスィ]
→かねもち, ゆたか

## ゆうべ

| ❶きのうの夜 | last night, yesterday evening |
| ❷夕刻 | （an）evening |

❶[きのうの夜]last night[ラスト ナイト], yesterday evening[イェスタデイ イーヴニング]
- ゆうべは寒かった. It was cold *last night*.

❷[夕刻]（an）evening[イーヴニング]
- 音楽の夕べ the *evening* for music

**ゆうぼう**【有望な】promising[プラミスィング]
- 有望な新人 a *promising* newcomer

## ゆうめい【有名な】

famous[フェイマス], well-known[ウェルノウン];（悪名高い）notorious[ノウトーリアス]

- その寺は美しさで有名になった. The temple became *famous for* its beauty.
- 彼は世界的に有名なミュージシャンだ. He is a musician *famous* all over the world. / He is a world-*famous* musician.
- その政治家はうそつきで有名だ. The politician is a *notorious* liar.

**有名校** a *famous* school, a big-name school
**有名人** a *famous* person, a celebrity

**ユーモア** humor[ヒューマァ]
- 私たちのリーダーはユーモアがある. Our leader has a good sense of *humor*.
- 彼女の話はいつもユーモアたっぷりだ. The things she says are always *funny*.

**ユーモラス**【ユーモラスな】humorous[ヒューマラス]

**ゆうやけ**【夕焼け】(a) sunset[サンセット], the evening glow[イーヴニング グロウ]

**ゆうよう**【有用な】useful[ユースフル]

**ゆうらんせん**【遊覧船】a pleasure boat[プレジャァ ボウト]

# ゆうり【有利】
(an) advantage[アドゥヴァンティッヂ](⇔不利 (a) disadvantage)
- 英語が話せると有利だ. It is an *advantage* if you can speak English.

**→有利な advantageous**[アドゥヴァンテイヂャス]
- 状況は日本チームに有利だった. The situation was *advantageous* for the Japanese team.

# ゆうりょう【有料の】
pay[ペイ], paid[ペイド](⇔無料の free)
- 有料のアトラクション a *paid* attraction

**有料サイト** a *paid* site
**有料駐車(ちゅうしゃ)場** a *paid* parking lot
**有料トイレ** a *pay* toilet
**有料道路** a toll road
**有料放送番組** a *pay-per-view* (program)

**ゆうりょく**【有力な】(影響(えいきょう)力のある) influential[インフルエンシャル]; (強力な) powerful[パウアフル], strong[ストゥローング]
- 有力な政治家 an *influential* politician
- 有力選手 a *strong* player

**有力者** an *influential* person

**ゆうれい**【幽霊】a ghost[ゴウスト]
- 幽霊がいたらこわい. I'm afraid if there's a *ghost*.
- あなたは幽霊がいると思いますか. Do you believe in *ghosts*?
- あの部屋には幽霊が出るらしい. That room is said to be *haunted*.

**幽霊屋敷(やしき)** a *haunted* house

**ユーロ** an euro[ユ(ア)ロウ](▶記号は€)

**ゆうわく**【誘惑】(a) temptation[テンプテイション]
- 誘惑に打ち勝たなくちゃ. I have to overcome my *temptations*.
- チョコレートの誘惑に負けちゃった. I gave in to the *temptation* of chocolate.
- 彼は眠りたい誘惑と戦っていた. He was resisting the *temptation* to sleep.

**→誘惑する tempt**[テンプト]

**ゆか**【床】a floor[フロア]
**床板** floorboards
**床運動**〖スポーツ〗the floor exercises
**床下** under the floor
**床暖房** floor heating

# ゆかい【愉快な】
pleasant[プレザント](⇔不愉快な unpleasant), cheerful[チアフル], nice[ナイス]→たのしい; (ひょうきんな)funny[ファニィ]
- 愉快なおしゃべりだった. It was a *pleasant* talk.
- 彼は愉快な人だ. He is *fun* (to be with). / He is a *funny* guy.

**→愉快に pleasantly, cheerfully**

**ゆかた**【浴衣】a yukata→衣生活〖口絵〗
- 浴衣は略式の夏の着物です. A *yukata* is an informal summer kimono.

**ゆがむ** be warped[ウォープト], be distorted[ディストーティド]
- この図はゆがんでいる. This figure *is distorted*.

**ゆがめる** distort[ディストート], twist[トゥウィスト]
- 彼は痛みに顔をゆがめた. His face was *distorted* [*twisted*] with pain.

# ゆき【雪】
snow[スノウ]
- 初雪 the first *snow*
- ぼたん雪 large *snow*flakes
- 雪が30センチ積もっている.

## ゆきづまり

The *snow* is thirty centimeters deep.
- 昨夜は10年来の大雪だった.
We had the heaviest *snow* in the past ten years last night.
- 道は雪に埋もれていた.
The street was buried under the *snow*.
- 屋根の雪おろしをした. I removed the *snow* from the roof of a house.
- 雪になりそうだ.
It looks like *snow*. / It's likely to *snow*.
- **雪の多い, 雪の降る snowy**[スノウィ]
- **雪が降る snow**(▶itを主語とする)
- 雪が降っている. It's *snowing*.
- 雪かき: 雪かきをした. We *shoveled away* the *snow*.
- 雪合戦 **a snowball fight**
- 雪国 **a snowy region [area], a snowy country**
- 雪だるま **a snowman**: 雪だるまを作ろう！ Let's make [build] a *snowman*!
- 雪解け **a thaw**
- 雪解け水 **meltwater**
- 雪祭り **a snow festival**

**ゆきづまり**【行き詰まり】→いきづまり
**ゆきどまり**【行き止まり】→いきどまり
**ゆきわたる**【行き渡る】→いきわたる
**ゆく**【行く】→いく
**ゆくえ**【行方】
- うちの猫の行方がわからない.
We don't know *where* our cat *is*.
- 行方不明 **missing**: 乗客が1人行方不明だ. One passenger is *missing*.

**ゆげ**【湯気】**steam**[スティーム]
- **湯気が立つ steam**
- 料理から湯気が立っていた.
The dish was *steaming*.

**ゆけつ**【輸血】(a) **blood transfusion**[ブラッド トゥランスフュージョン]
- 私は輸血を受けた.
I got [was given] a *blood transfusion*.

**ゆざめ**【湯冷めする】**feel chill after a bath**[フィール チル][バス]

**ゆしゅつ**【輸出】**export**[エクスポート](⇔輸入 **import**)
- **輸出する export**[イクスポート]
- 日本は多くの車をアメリカに輸出している.
Japan *exports* many cars to the U.S.
- 輸出国 **an exporting country**
- 輸出品 **an export**

**ゆず**【柚子】〘植物〙(a) **yuzu; a Japanese citron**[ヂャパニーズ スィトラン]

**ゆすぐ rinse**[リンス]
- 口をゆすいだ. I *rinsed* (*out*) my mouth. / I *washed out* my mouth.

**ゆすり**【恐喝】**blackmail**[ブラックメイル]
- **ゆする blackmail**

**ゆする**【揺する】(揺り動かす)**shake**[シェイク]; (揺りかごなどを)**swing**[スウィング]
- 私たちは栗の木を揺すった.
We *shook* chestnut trees.
- 弟を揺すって起こした.
I *shook* my brother awake.

## ゆずる【譲る】

(与える)**give**[ギヴ]; (譲歩する)**give in** (**to** ...); (手放す)**give up**
- エリはお年寄りに席を譲った.
Eri *gave up* her seat *to* a senior citizen.
- キャプテンの座は譲れない.
I cannot *give up* the captainship.

**ゆそう**【輸送する】**transport**[トゥランスポート]
- 水や食料が輸送された.
Water and food were *transported*.
- 輸送機関 **a means of transportation**
- 輸送船 **a transport ship**

**ゆたか**【豊かな】**rich**[リッチ], **wealthy**[ウェルスィ], **well-off**[ウェルオーフ](⇔貧しい **poor**)
- 彼は豊かな家庭に生まれた. He was born *rich* [into a *wealthy* family].

**ユダヤ**(ユダヤ人)**a Jewish person**[ヂューイッシュ パースン]
- **ユダヤ(人)の Jewish**
- ユダヤ教 **Judaism**

**ゆだん**【油断する】(不注意である)**be careless**[ケアリス]; (用心を怠る)**be off** *one*'s **guard**[ガード]
- 私はちょっと油断した. I was a little *careless*.
- 油断しているすきにかばんを盗まれた.
I had my bag stolen when I *was off my guard*.
- 油断するな！ Stay alert!

## ゆっくり

**slowly**[スロウリィ]
- もっとゆっくり話してください.
Please speak more *slowly*.
- きょうはバスにゆっくり間に合った.
I made it to my bus *with plenty of time*.
- 年末まで時間は十分あるから、ゆっくりでいいよ. You have plenty of time until the end of the year, so please *don't rush*. (←急がないで)
- **ゆっくりする** (くつろぐ)**relax**[リラックス], (時間をかける)**take** *one*'s **time**[テイク][タイム]

- 選手たちは試合の後はゆっくりする.
 The players *relax* after the game.
- ゆっくりしていってください.
 You can stay here *as long as you want*.
 (←好きなだけここにいていいですよ)
- 急いでないのでゆっくりしてね. We are not in a hurry, so *take your time*.
 ➡ゆっくりした **slow**[スロウ]
- ゆっくりした曲 *slow* music
- ゆっくりしたペースで走った.
 I ran at a *slow* pace.

**ゆったり**【ゆったりした】(衣服が)**loose**[ルース];
(気分が)**relaxed**[リラックスト];(時間などが)
**relaxing**[リラクスィング]➡ゆっくり
- ゆったりしたセーター a *loose* sweater
- 彼は家族とゆったりした時間を過ごした.
 He had a *relaxing* time with his family.
 ➡ゆったりと **comfortably**

**ゆでたまご**【ゆで卵】**a boiled egg**[ボイルド エッグ]

**ゆでる boil**[ボイル]
- 卵をかたくゆでた.
 I hard(-)*boiled* the eggs.

**ゆでん**【油田】**an oil field**[オイル フィールド]

**ゆとり**➡よゆう
- 私たちにはもっとゆとりが必要だ. We need more *free time*.(←自由な時間が)

**ユニーク**【ユニークな】(独特の)**unique**[ユーニーク];
(独創的な)**original**[アリヂャヌル]

**ユニセフ UNICEF**[ユーニセフ](▶設立当初の名称 United Nations International Children's Emergency Fund の略. 現在の正式名称は United Nations Children's Fund)

**ユニット a unit**[ユーニット]
- 教科書のユニット6を勉強した.
 We studied textbook *unit* 6.
- その歌手たちはユニットを組んで歌っている.
 The singers sing in a *group*.
 ➡ユニット(式)の **unit, modular**
 ┃ユニットバス a modular bath(▶「ユニットバス」は和製英語)

**ユニバーサル universal**[ユーナヴァーサル]
┃ユニバーサルデザイン **universal design**

**ユニホーム a uniform**[ユーナフォーム]

**ゆにゅう**【輸入】**import**[インポート](⇔輸出 export)
 ➡輸入する **import**[インポート]
- 大豆(ダイッ)はアメリカから輸入されている.
 Soybeans are *imported* from the U.S.
┃輸入品 **an import**

**ユネスコ UNESCO**[ユネスコウ](▶United Nations Educational, Scientific, and Cultural Organization の略)

**ゆのみ**【湯飲み】**yunomi**; **a teacup**[ティーカップ]

# ゆび【指】

(手の)**a finger**[フィンガァ](▶ふつう「親指」(thumb)以外の指を言う);(足の)**a toe**[トウ]
- ミキは指が細い. Miki has slender *fingers*.
- 指で耳をふさいだ.
 I put my *fingers* in my ears.
- 指でOKサインを出した.
 I made a ring with my *fingers*.

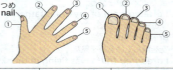

|  | 手 | 足 |
| --- | --- | --- |
| ①親指 | thumb | big toe |
| ②人さし指 | forefinger, index finger | second toe |
| ③中指 | middle finger | third toe |
| ④薬指 | ring finger | fourth toe |
| ⑤小指 | little finger, pinky, pinkie | little toe |

┃指切り **pinky promise**: 秘密を守ろうと私たちは指切りした. We made a promise to keep the secret by *linking* our *little fingers*.
┃指先 **a fingertip**
┃指相撲(ゆびずもう) **thumb wrestling**
┃指人形 **a hand puppet**

**ゆびさす**【指差す】**point**[ポイント]
- 人を指差すのは失礼だ.
 It's rude to *point at* people.

**ゆびわ**【指輪】**a ring**[リング]
- ピンクの石のついた指輪をはめた.
 I put on a *ring* with a pink stone.
- 彼女は結婚指輪をしていない.
 She doesn't wear a wedding *ring*.

**ゆぶね**【湯船】**a bathtub**[バスタブ]

**ゆみ**【弓】**a bow**[ボウ]
- 弓を引くのはむずかしい.
 Drawing a *bow* is difficult.
┃弓矢 **a bow and arrows**

# ゆめ【夢】

**a dream**[ドゥリーム];(悪夢)**a nightmare**[ナイトメア]
- 怖(こわ)い夢 a fearful [terrible] *dream*
- 彼女はその時夢からさめた.
 She woke up from a *dream*.
- 歌手になるのが夢だ.
 My *dream* is to be a singer.
- あなたの夢はきっとかないますよ.
 Your *dream* will certainly come true.

## ゆらい

- テレビに出られるなんて夢みたい. It's like a *dream* to be able to appear on TV.
- ここで君に会うなんて夢にも思わなかった. I never *dreamed* I would see you here.
■ 夢を見る **dream**, **have a dream**
- 悪い夢を見た. I *had a nightmare* [bad *dream*].

…の夢を見る
dream of ...
- よく祖父の夢を見る. I often *dream of* my grandfather.

…という夢を見る
dream that ...
- 空を飛んでいる夢を見た. I *dreamed that* I was flying in the sky.
■ 夢のような **dreamlike**

**ゆらい**【由来】**the origin**[オーラヂン]
- カステラはポルトガル菓子に由来している. *Kasutera originates* from Portuguese cake.

**ゆらす**【揺らす】**shake**[シェイク], **swing**[スウィング], **rock**[ラック]
- 風が木の枝を揺らした. The wind *shook* the branches of the trees.
- その選手はゴールネットを揺らした. The player *shook* (the back of) the net with his goal. (←ゴールを決めた)

**ゆり**【植物】**a lily**[リリィ]
**ゆりかご**【揺りかご】**a cradle**[クレイドゥル]
**ゆるい**【緩い】**loose**[ルース] (⇔きつい tight), **slack**[スラック]
- この結び目は緩い. This knot is *loose*.
- スカートが緩くなった. My skirt has gotten *looser*.
- うちの校則はゆるい. Our school rules are *not strict*. (←厳しくない)
■ 緩く **loosely**
- 靴(くつ)ひもを緩く結んでしまった. I tied my shoestrings *loosely*.

**ゆるキャラ a mascot**[マスカット]
**ゆるし**【許し】(許可)**permission**[パミッション]→きょか

## ゆるす【許す】

| ❶許可する | **permit, allow** |
| ❷責めないでおく | **forgive**; (ちょっとしたことを)**excuse** |

❶[許可する]**permit**[パミット], **allow**[アラウ]
- ここでは飲食は許されていない. Eating and drinking are not *allowed* here.
- 母がそれを許してくれない. My mother doesn't *permit* that.

〈人〉が…するのを許す
permit [allow]＋〈人〉＋to＋〈動詞の原形〉
- 両親はバレエを習うのを許してくれた. My parents *allowed* me *to* take ballet lessons.

❷[責めないでおく]**forgive**[ファギヴ]; (ちょっとしたことを)**excuse**[イクスキューズ]
- 今回だけは許してください. Please *forgive* me just this time.

〈人〉が…する[した]のを許す
forgive [excuse]＋〈人〉＋for＋〈-ing形または名詞〉
- 彼女がうそをついたことは許せない. I can't *forgive* her *for* telling a lie.

**ゆるふわ soft and fluffy**[ソフト][フラッフィ], **light and airy**[ライト][エアリィ]
**ゆるむ**【緩む】**get** [**become**] **loose**[ルース], **unwind**[アンワインド]; (気が)**be careless**[ケアリス], **be off guard**[ガード]
- 靴(くつ)ひもが緩んだ. The shoestring has *become loose*.
- レンは気が緩んでいたのでテストで間違(まちが)えた. Ren made a mistake in the test because he *was careless*.

**ゆるめる**【緩める】**loosen**[ルースン]; (緊張を)**relax**[リラックス]
- 彼はベルトを緩めた. He *loosened* his belt.

**ゆるやか**【緩やかな】(坂・カーブなどが)**gentle**[ヂェントゥル]; (速度が)**slow**[スロウ]
- 緩やかな坂道 a *gentle* slope

**ゆれ**【揺れ】**a swing**[スウィング], **a tremble**[トゥレンブル]

## ゆれる【揺れる】

(振動(しんどう)する)**shake**[シェイク]; (前後左右に)**swing**[スウィング], **sway**[スウェイ]
- 地震(じしん)で家が揺れた. My house *shook* in the earthquake.
- 飛行機がひどく揺れた. The airplane *shook* badly.
- 風にばらが揺れていた. The roses were *swaying* in the breeze.

**ゆわかし**【湯沸かし】**a kettle**[ケトゥル]
- ガス湯沸かし器 a gas *water heater*

# よ ヨ

**よ¹**【世】(世間, 世の中)**the world**[ワールド]
- この世 this *world*
- あの世 the other *world* / another *world*

**よ²**【夜】(a)**night**[ナイト]→ よる¹
- 夜通し雨が降った. It rained all *night*(long).
- もうすぐ夜が明ける. The *day* will soon *break*.
- 夜が更(ふ)けてきた. It's getting *late*.
▎夜風 a *night breeze*

**よあけ**【夜明け】(a)**dawn**[ドーン](★発音注意), **daybreak**[デイブレイク]
- 夜明けに at *dawn*[*daybreak*]

**よい¹**【良い】→ いい
**good**[グッド](⇔悪い bad); (うれしい)**happy**[ハッピィ], **glad**[グラッド]
- よい年でありますように. I hope you have a *good* year.
- この本はよくなかった. This book wasn't *good*.
- 君が試験に受かってよかったよ. I'm *glad* that you passed the exam.
- あしたお天気だとよいのだが. I *hope* it will be good weather tomorrow.

**よい²**【宵】**early evening**[アーリィ イーヴニング]

**よう¹**【用】**something to do**[サムスィング], **business**[ビズニス]
- きょうは大事な用がある. I have *something* important *to do* today.
- 兄は急ぎの用があって出かけた. My brother left to take care of *something* urgent.
- ケンは用もないのによく来る. Ken often comes to me for no particular *reason*.

**よう²**【酔う】(酒に)**get drunk**[ドゥランク]; (乗り物に)**get sick**[スィック]
- 彼はすぐ酒に酔う. He *gets drunk* easily.
- ユミは車[電車, 船, 飛行機]に酔った. Yumi *got* car*sick*[train*sick*, sea*sick*, air*sick*].

**…よう¹**【…用】**…'s, for …**[フォア]
- 男子用[女子用]トイレ boys'[girls']room
- 中学生用の辞書 a dictionary *for* junior high school students

**…よう²**【…(し)よう】→ …ましょう
**…よう³**→ …ようだ, …ような[に]

**ようい¹**【用意】

**preparation(s)**[プレパレイション(ズ)](►ふつう複数形で用いる)→ じゅんび, したく
━用意のできた **be ready**[レディ]
〈事・物〉の用意ができている
be ready for +〈事・物〉
- あしたの学校の用意はできている.
I'*m ready for* school tomorrow.
…する用意ができている
be ready to +〈動詞の原形〉
- 出発する用意はできている？
*Are* you *ready to* leave?
━用意(を)する **prepare**(for …)[プリペァ], **get … ready**
- きょうは修学旅行の用意をしなきゃ. I have to *prepare for* the school trip today.
- 全員のお弁当が用意されていた.
Lunch boxes are *prepared for* everyone.

**ようい²**【容易な】**easy**[イーズィ]→ かんたん¹, やさしい¹

**ようか**【八日】(**the**)**eighth**[エイトゥス]
- 8日目 *the eighth day*
- 8日間 for *eight days*

**ようが**【洋画】(映画)**a foreign movie**[**film**][フォーリン ムーヴィ[フィルム]]

**ようかい**【妖怪】(幽霊(ゆうれい))**a ghost**[ゴウスト]; (怪物(かいぶつ))**a monster**[マンスタァ]

**ようかん** *yokan*
- ようかんは甘いゼリー状の豆のペーストです.
*Yokan* is sweet jellied bean paste.

**ようがん**【溶岩】**lava**[ラーヴァ]

米国・ハワイ州のキラウエア火山の溶岩

**ようき¹**【容器】**a container**[カンテイナァ]

**ようき²**【陽気な】**cheerful**[チァフル], **lively**[ライヴリィ]
- アイはいつも陽気だ. Ai is always *cheerful*.
━陽気に **cheerfully**

**ようぎ**【容疑】(a)**suspicion**[サスピション]
━容疑をかける **suspect**[サスペクト]
- 彼は万引きの容疑をかけられた.
He was *suspected of* shoplifting.
▎容疑者 a *suspect*

**ようきゅう**【要求】**a demand**[ディマンド]

ようぐ

─**要求する** **demand, request**
・チケットの払いもどしを要求するつもりだ．
I'll *demand* a refund on the ticket.

**ようぐ**【用具】(用具一式)**equipment**[イクウィップマント]
・野球用具 baseball *equipment*

**ようけん**【用件】**business**[ビズニス]
・ご用件は何ですか．May I help you?

**ようご**[1]【養護】**nursing**[ナースィング]；(世話)**care**[ケア]
▎養護教諭 a school nurse

**ようご**[2]【用語】(専門分野の語)**a term**[ターム]
・専門用語 a technical *term*

**ようこそ welcome**[ウェルカム]
・ようこそわが校へ．*Welcome* to our school!

**ようさい**【洋裁】**dressmaking**[ドゥレスメイキング]

**ようし**[1]【用紙】(書式)**a form**[フォーム]；(紙)**paper**[ペイパァ]
・この用紙に記入しなさい．Fill out this *form*.
・申込用紙 an application *form*
・解答用紙 an answer *sheet*

**ようし**[2]【養子】**an adopted child**[アダプティド チャイルド]
─**養子にする adopt**

**ようし**[3]【要旨】(要点)**the point**[ポイント], **the gist**[ヂスト]；(要約)**a summary**[サマリィ]

**ようし**[4]【容姿】**appearances**[アピ(ァ)ランスィズ]
・容姿端麗な good-*looking*

**ようじ**[1]【用事】→よう[1]

**ようじ**[2]【幼児】**a small child**[スモール チャイルド], **an infant**[インファント]
▎幼児教育 preschool education

**ようじ**[3]【つまようじ】**a toothpick**[トゥースピック]

**ようしき**【様式】(形式)(**a**) **style**[スタイル]；(やり方)**a way**[ウェイ]
・彼の生活様式は一風変わっている．
His life*style* is peculiar.

**ようしょ**【洋書】**a foreign book**[フォーリン ブック], **an imported book**[インポーティド ]

**ようしょく**[1]【洋食】**Western food**[ウェスタァン フード]

**ようしょく**[2]【養殖】**farming**[ファーミング], **culturing**[カルチャリング]
・カキの養殖 oyster *farming* [*culturing*]
─**養殖する raise**[レイズ], **farm**
▎養殖うなぎ a farmed eel
▎養殖場 a farm
▎養殖真珠 a cultured pearl

**ようじん**【用心する】**take care**[ケァ], **be careful**[ケアフル]
・違法サイトに用心しなさい．
*Be careful* of illegal websites.
・すりに用心．*Beware* of pickpockets!
─**用心深い careful, cautious**[コーシャス]
・母はとても用心深いよ．
My mother is very *careful* [*cautious*].
─**用心深く carefully, cautiously**

## ようす【様子】

❶ 状態　　　　(下記❶参照)
❷ 外見　　　　(下記❷参照)
❸ 気配　　　　**a sign**

❶〔状態〕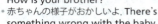
・お兄さんの様子はどうですか．
How is your brother?
・赤ちゃんの様子がおかしいよ．There's something wrong with the baby.
・この様子だと学校には行けそうもない．
I am in no condition to go to school.
・ウェブでホームステイの様子を見ることができます．You can see what a homestay is like on the website.

❷〔外見〕
・ケンは疲れている様子だ．Ken *looks* tired.
・彼女は様子が変だった．
Something *looked* strange about her.

❸〔気配〕**a sign**[サイン]
・雨が降る様子はない．
There is no *sign* of rain.

**ようする**【要する】**need**[ニード]→ひつよう；(時間・労力を)**take**[テイク]；(費用を)**cost**[コースト]

**ようするに**【要するに】**in short**[ショート]；(結局)**after all**[オール]
・要するにそれがけんかの原因なんだね．
*In short*, that is what started their fight.

**ようせい**[1]【妖精】**a fairy**[フェアリィ]

**ようせい**[2]【養成】**training**[トゥレイニング]
─**養成する train**

**ようせい**[3]【陽性の】**positive**[パズィティヴ]
・ウイルス(検査)は陽性だった．
I tested *positive* for the virus.

**ようせき**【容積】(**a**) **capacity**[カパサティ](▶複数形では用いない)

**ようそ**【要素】(構成要素)**an element**[エラマント]；(要因)**a factor**[ファクタァ]

**…ようだ**(…らしい)**seem**[スィーム]；(…のように見える)**look**(**like** …)[ルック (ライク)]
・母は疲れているようだ．
My mother *seems* (to be) tired. / My mother *looks* tired.
・雪になるようだ．It *looks like* snow.
・秋に新しいシリーズが始まるようだ．
*Apparently*, a new series starts this fall.

**ようだい**【容態, 容体】(a) **condition**[カンディション](▶複数形では用いない)
- 彼女の容態はよくなりつつある.
 Her *condition* is improving.

**ようち**【幼稚な】**childish**[チャイルディッシュ]
- そんな考え方は幼稚すぎる.
 It's *childish* to think that way.

**ようちえん**【幼稚園】**a kindergarten**[キンダガートゥン]
▍幼稚園児 **a kindergartener**

**ようちゅう**【幼虫】**a larva**[ラーヴァ]

**ようつう**【腰痛】**lower back pain**[ロウァ バック ペイン]

**ようてん**【要点】**the point**[ポイント], **the gist**[ヂスト]
- 君の話の要点はわかった[わからなかった].
 I got [missed] your *point*.
- テスト前に要点をまとめておこう.
 I'll summarize the main *points* before the exam.

**ようと**【用途】(a) **use**[ユース](★発音注意)
- プラスチックは用途が広い.
 Plastic has a lot of *uses*.

**…ようとする**【…(し)ようとする】→ …しよう❷

# …ような[に]【…のような[に]】
**like** …[ライク], **as** …[アズ];(まるで…のように)**as if** …[イフ]
- それは牛肉のような味がする.
 It tastes *like* beef.
- 卵をこのように泡(ポ)立ててください.
 Please whip the eggs *like* this.
- 言われたようにやってみよう.
 I'll do *as* I am told.
- 君のようにスキーが滑(ヒジ)れたらなあ.
 I wish I could ski *as* well *as* you.

━ **…のような気がする feel like** …
- ピアノがうまくなったような気がする.
 I *feel like* I'm improving at the piano.

━ **…のように思われる[見える] look** …, **seem** …, **sound** …[サウンド]
- その島への旅は危険のように思われた. The trip to the island *sounded* dangerous.

**…ように**【…(する)ように】**to**+〈動詞の原形〉[トゥー], **so that** …[ソゥ]
- 先生に職員室に来るように言われた.
 The teacher has told me *to* come to the teachers' room.
- 寝(ネ)過ごさないように目覚ましをセットした.
 I set the alarm *so that* I wouldn't oversleep.(▶この set は過去形)
- おばあちゃんの具合がよくなりますように.
 I hope Grandma gets better.

**…ようになる**【…(する)ようになる】→ …なる❸

## ようび【曜日】
(the) **day of the week**[デイ][ウィーク]→ げつようび, すいようび
- 私たちの時間割は曜日で決まっている. Our schedule is set according to *the day of the week*.

> 話してみよう!
> 😊 きょうは何曜日ですか.
>  What *day* (*of the week*) is it today?
> 😊 月曜日です.
>  It's Monday.

───── 表現メモ ─────

**曜日の言い方**

| 月曜日 Monday | 火曜日 Tuesday |
|---|---|
| 水曜日 Wednesday | 木曜日 Thursday |
| 金曜日 Friday | 土曜日 Saturday |
| 日曜日 Sunday | |

**ようひん**【用品】**goods**[グッヅ], **supplies**[サプライズ], **an article**[アーティクル]
- スポーツ用品 sporting *goods*
- 学用品 school *supplies*
- 事務用品 office *supplies*
- 家庭用品 household *goods* / *supplies*
- 台所用品 kitchenware / kitchen *utensils*
- 日用品 daily *necessities*

**ようふく**【洋服】**clothes**[クロウズ];(和服に対して)**Western clothes**[ウェスタァン]→ ふく¹
▍洋服だんす **a wardrobe**

**ようぶん**【養分】**nourishment**[ナーリッシュマント]

**ようほう¹**【用法】(言葉の)**usage**[ユースィヂ]

**ようほう²**【養蜂】**beekeeping**[ビーキーピング]
▍養蜂家 **a beekeeper**

**ようむいん**【用務員】**a janitor**[ヂャニタァ]

**ようもう**【羊毛】**wool**[ウル]

**ようやく¹ at last**[ラスト], **finally**[ファイナリィ]→ やっと

**ようやく²**【要約】**a summary**[サマリィ]
━ 要約する **summarize**[サマライズ], **sum up**[サム]
- この文章を300字に要約しなさい.
 *Summarize* this passage in 300 characters.

**ようりょう**【要領】(要点)**the point**[ポイント];(こつ)**a knack**[ナック](▶複数形では用いない)
- 彼女の発言は要領を得なかった.
 Her remark was not to *the point*.
- カイは要領がいい. Kai is smart.

**ようりょくそ**【葉緑素】**chlorophyll**[クローラフィル]

**ようれい**【用例】an example[イグザンプル]
- 先生は用例をいくつか教えてくれた．
Our teacher gave some *examples*.

**ヨーグルト** yog(h)urt[ヨウガァト]

**ヨーヨー** a yo-yo[ヨゥヨウ]

**ヨーロッパ** Europe[ユ(ァ)ラップ]（★発音注意）
━ヨーロッパ(人)の European[ユ(ァ)ラピーアン]
ヨーロッパ大陸 the European Continent
ヨーロッパ連合 the European Union（▶EUと略す）

**よか**【余暇】spare time[スペァ], leisure[リージャァ]

**ヨガ** yoga[ヨウガ]
- ミホはヨガが好きだ．Miho likes to do *yoga*.

**よかん**【予感】feeling[フィーリング], a hunch[ハンチ]
- これについてはいやな予感がする．
I have a bad *feeling* about this.
- ただの予感さ．It's just a *hunch*.

**よき**【予期】→ よそう¹
━予期する expect[イクスペクト]

**よきょう**【余興】(an) entertainment[エンタァテインマント]

**よきん**【預金】a deposit[ディパズィット]→ちょきん¹;（銀行口座）a bank account[バンク アカウント]
- 普通(ふつう)預金 an ordinary *deposit*
- 定期預金 a time［fixed］*deposit*
- 銀行預金を5千円下ろした．I withdrew five thousand yen from my *bank account*.
━預金する deposit
- 銀行に1万円預金した．I *deposited* ten thousand yen in the bank.
‖預金通帳 a passbook, a bankbook

## よく¹

| ❶しばしば | often |
| ❷非常に,十分に | well;（たくさん）a lot;（念入りに）carefully |
| ❸うまく,健康に | well |
| ❹驚(おどろ)いて | （下記❹参照） |

❶［しばしば］**often**[オーフン]（▶一般動詞の前, be動詞, 助動詞の後に置く）
- 兄はよく学校に遅(おく)れる．
My brother is *often* late for school.
- 以前は友達とよくキャッチボールした．
I *used to* play catch with my friend.

❷［非常に, 十分に］**well**[ウェル];（たくさん）a lot[ラット];（念入りに）**carefully**[ケァフリィ]
- ゆうべはよく眠(ねむ)れましたか．
Did you sleep *well* last night?
- よく食べた．I ate *a lot*.
- よく聞いてください．Please listen *carefully*.

❸［うまく, 健康に］**well**
- 彼女は日本語はあまりよくしゃべれない．
She can't speak Japanese very *well*.
- きょうのテストはよくできた．
I did *well* on the test today.
- よくやった．*Well* done!
- お母さんが早くよくなるといいですね．
I hope your mother will get *well* soon.

❹［驚いて］
- よく来てくれたね．*How nice* of you to come!
- よくそんなことが言えるね．
*How* can you say such a thing?
- 大変な練習によく耐(た)えられましたね．
You've been doing well with your hard training, haven't you?

**よく²**【欲】(a) desire[ディザィア];（どん欲）greed[グリード]
- 彼女は知識欲がおう盛だ．
She has a great *desire* for knowledge.
- あの人は欲が深そうだ．
The person looks *greedy*.

**よく…**【翌…】the next …[ネクスト], the following …[ファロウイング]
- 翌日 the next［*following*］day
- 彼が来日した翌朝に (on) the morning *after* he came to Japan

**よくしつ**【浴室】a bathroom[バスルーム]

**よくそう**【浴槽】a bathtub[バスタブ]

**よくなる**【良くなる】improve[インプルーヴ];（体調が）get better[ベタァ]
- 成績がよくなった．My grades *improved*.
- 風邪(かぜ)はすっかりよくなりました．
I've completely *recovered* from my cold.

**よくばり**【欲張りな】greedy[グリーディ]

**よくばる**【欲張る】be greedy[グリーディ]
- 欲張ってはいけない．Don't *be greedy*.

**よくぼう**【欲望】(a) desire[ディザィア]

**よけい**【余計な】（不必要な）unnecessary[アンネセセリィ];（余分な）extra[エクストゥラ]
- 余計なものは買わないようにしている．
I try not to buy *unnecessary* things.
- 余計なことは言わないように．
Don't say *unnecessary* things.
- 余計なお世話だ．Mind your own business.
（←自分自身のことを考えなさい）

**━余計に**（量・程度などが）**too much**；（数が）**too many**, **more**, **over**
- 彼に50円余計にあげてしまった．
 I gave him 50 yen *too much*.
- 冬にはラーメンが余計においしく感じられる．
 Ramen tastes *even more* delicious in winter.
- セーターを1枚余計に買いました．
 I bought an *extra* sweater.

**よける**（わきに）**step aside**［ステップ アサイド］；（すばやく身をかわす）**dodge**［ダッヂ］
- 車が来たのでよけた．
 I *stepped aside* as a car came along.

**よげん**【予言】**a prediction**［プリディクション］, **a prophecy**［プラファスィ］
- 予言が当たった．
 My *prediction* came true.
**━予言する predict**
**┃予言者 a prophet**

## よこ【横】

| ❶横幅(はば) | width |
|---|---|
| ❷側面 | a side |
| ❸隣(となり) | a side |

❶［横幅］**width**［ウィドゥス］(⇔縦 length)
- 横30センチの箱
 a box 30 centimeters in *width*
- この板は横が50センチ，縦が1メートルある．
 This board is 50 centimeters *wide* and one meter long.

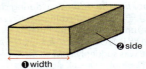
❶width　❷side

❷［側面］**a side**［サイド］
- 箱の横に名前を書いてください．Please write down your name on the *side* of the box.
❸［隣］**a side**
- 彼は私の横に座(すわ)った．He sat at my *side*.
- 私たちは横に並んで歩いていた．
 We were walking *side by side*.
**━横の side**；（水平の）**horizontal**［ホーラザントゥル］(⇔縦の vertical)
- 横の入り口 a *side* entrance［door］
**━横に horizontally**(⇔縦に vertically)
**━横へ［を］aside, away**
- 彼は横を向いた．He looked *away*［*aside*］.
**━…の横に beside …, by …, at the side of …**
- 駐輪(ちゅうりん)場は校庭の横にある．The bicycle shed is *beside* the schoolyard.
- 私はそれを机の横に置いた．
 I put it *at the side of* the desk.
**━横になる lie down**［ライ］
**┃横顔 a profile**
**┃横書き horizontal writing**

**よこうえんしゅう**【予行演習】(a) **rehearsal**［リハーサル］
- 体育祭の予行演習があった．We had a *rehearsal* for the sports festival.

**よこぎる**【横切る】**cross**［クロース］
- ここで道を横切るときは気をつけなさい．Be careful when you *cross* the street here.
**━…を横切って across …**
- コンビニは道を横切ったところにある．
 The convenience store is *across* the road.

**よこく**【予告】(a) **notice**［ノウティス］
- 予告なしにテストがあった．
 We had an exam without any *notice*.
**━予告する give notice**
**┃予告編（映画の）a preview**

**よこす**（与(あた)える）**give**［ギヴ］；（行かせる，送る）**send**［センド］

**よごす**【汚す】**get**［**make**］**… dirty**［ダーティ］；（染(し)みを付ける）**stain**［ステイン］；（汚染(おせん)する）**pollute**［パルート］
- その女の子は靴(くつ)を汚してしまった．
 The girl *got* her shoes *dirty*.
- アイスクリームでブラウスを汚しちゃった．
 I *stained* my blouse with ice cream.

**よこたえる**【横たえる】**lay**［レィ］
**よこたわる**【横たわる】**lie (down)**［ライ］
- 芝生(しばふ)の上に横たわった．
 We *lay*（*down*）on the grass.

**よこづな**【横綱】〖スポーツ〗**a yokozuna**
- 横綱は相撲(すもう)のグランドチャンピオンです．
 A *yokozuna* is a grand champion in sumo wrestling.

**よこどり**【横取りする】**snatch**［スナッチ］；（盗(ぬす)む）**steal**［スティール］

**よこむき**【横向き】
- 私は横向きで眠(ねむ)る．
 I sleep *on* my *side*.
- 横向きの顔 a profile (⬅横顔)

**よごれ**【汚れ】**dirt**［ダート］；（しみ）**a stain**［ステイン］
- 父は車の汚れを洗い落とした．
 My father washed the *dirt* off the car.
- この雑誌には汚れがある．
 There's a *stain* on this magazine.
- この汚れは落ちますか．
 Will this *stain* come out?
**┃汚れ物（洗濯(せんたく)物）washing**

## よごれる【汚れる】

become dirty[ダーティ]; (染(そ)みで)be stained[ステインド]; (汚染(おせん)される)be polluted[パルーティド]

- 白い洋服はすぐに汚れる.
  White clothes *become dirty* easily.
- ジーパンがペンキで汚れていた.
  My jeans *were stained* with paint.
- その川は汚れている. The river *is polluted*.
- ━汚れた dirty, polluted

**よさん【予算】** a budget[バヂット]

- お楽しみ会の予算を立てよう. Let's make [draw up] a *budget* for a fun party.

**よし**(承諾(しょうだく)・納得(なっとく)して)all right[ライト], OK[オゥケィ]; (ほめて)good[グッド]

**よじのぼる【よじ登る】** climb (up)[クライム]

**よしゅう【予習】** preparation[プレパレイション]
- ━予習する prepare (for ...)[プリペア]
- あしたの授業の予習をしなきゃいけない.
  I have to *prepare for* tomorrow's class.

**よしん【余震】** an aftershock[アフタァシャック]

**よす** stop[スタップ]→やめる1

**よせあつめ【寄せ集め】** a mix[ミックス], a jumble[ヂャンブル]
- ━寄せ集める put [get] together[プット[ゲット] タゲザァ], gather[ギャザァ]

**よせがき【寄せ書き】** a card with messages[カード][メスィッヂズ]
- 先生に寄せ書きをした. We wrote a *card with* our *messages* on it to our teacher.
- 卒業式の日に寄せ書きをした.
  We made a *collection of messages* on our graduation day.

**よせる【寄せる】**(…を~に近づける)put ... near ~[ニァ]; (引き寄せる)draw[ドゥロー]; (動かす)move[ムーヴ]; (思いを)be in love with ...[ラヴ]
- 机を壁(かべ)のほうに寄せよう.
  Let's *put* the desk *near* the wall.

**よせん【予選】** a preliminary[プリリマネィリィ]; (陸上競技などの)a (preliminary) heat[ヒート]; (サッカーなどの)a qualifying round[クワリファイイング ラウンド]
- 日本は予選を通過した. The Japan team made it through the *preliminaries*.
- 彼は100メートル走の1次予選を通過した.
  He got through the first *heat* in the 100-meter dash.
- そのサッカーチームは予選落ちした.
  The soccer team lost in the *qualifying round*.

**よそ** some other place[アザァ プレイス]→ほか

- ━よその other, another
- よその国々 *other* countries
- よその店で探してみます.
  I'll look for it at *another* shop.
- ━よそで somewhere else
- ━よそから来た人 a stranger

**よそいき【よそ行きの】** one's best[ベスト]
- よそ行きの服を着た.
  I put on *my best* clothes.

## よそう1【予想】

(an) expectation[エクスペクテイション](►しばしば複数形で用いる); (推測)a guess[ゲス]
- 予想に反して,そのチームは勝った. Contrary to our *expectations*, the team won.
- 私の予想は当たった. My *guess* was right.
- ━予想する expect[イクスペクト]; guess
- そのドラマは予想(した)よりずっとおもしろかった. I enjoyed the TV drama much more than I *expected*.
- 予想したとおり彼は遅刻(ちこく)した.
  He was late as (I had) *expected*.
- ┃予想外の unexpected

**よそう2**(料理を)serve[サーヴ]
- 姉がごはんをよそってくれた.
  My sister *served* the rice.

**よそく【予測する】** predict[プリディクト]; (データに基づいて)forecast[フォーキャスト]

**よそみ【よそ見する】** look aside [the other way][ルック アサイド [ウェイ]]
- 彼は授業中よそ見をしていた. He was *looking the other way* during class.

**よそよそしい**(冷たい)cold[コゥルド]; (友好的でない)unfriendly[アンフレンドゥリィ]
- 彼は私に対して急によそよそしくなった.
  He was suddenly *cold* to me.

**よだれ** drool[ドゥルール], slobber[スラバァ]
- ━よだれを垂らす drool, slobber
- 赤ちゃんがよだれ掛けによだれをたらしている. The baby is *drooling* [*slobbering*] on his bib.
- (おいしそうな)においでよだれが出てきた.
  The smell made my mouth *water*.

**よち1【予知】** (a) prediction[プリディクション]
- ━予知する predict
- 地震(じしん)を予知するのは難しい.
  It's difficult to *predict* earthquakes.

**よち2【余地】** room[ルーム]
- この点に関しては検討の余地がある. There's *room* for discussion on this point.

**よちよち【よちよち歩く】** toddle[タドゥル], (アヒルなどが)waddle[ワドゥル]

**よっか**【四日】(the) **fourth**[フォース]
- 4日目 *the fourth day*
- 4日間 *for four days*

**よつかど**【四つ角】**a crossing**[クロースィング], **a crossroads**[クロースロウヅ](複 crossroads)(▶単複同形)

**よっきゅう**【欲求】(a) **desire**[ディザィア]
▌欲求不満 **frustration**

**よっつ**【四つ(の)】**four**[フォア]→よん

**…によって**【…によって】**by …**[バイ]
- これは日本人によって発明された. *This was invented by a Japanese.*

**ヨット** ⊛ **a sailboat**[セイルボゥト], ⊛ **a sailing boat**[セイリング ボゥト];(レース用・大型豪華(ごうか)船)**a yacht**[ヤット]
- 海にはヨットが出ていた. *Yachts were sailing on the sea.*
▌ヨットパーカー **a windbreaker**
▌ヨットハーバー **a marina, a yacht harbor**
▌ヨットレース **a yacht race**

**よつば**【四つ葉(の)】**four-leaf**[フォーリーフ]
- 四つ葉のクローバー *a four-leaf clover*

**よっぱらい**【酔っ払いの】**drunken**[ドゥランカン]
━酔っ払う **get drunk**;(酔っ払っている)**be drunk**→よう²
▌酔っ払い運転 **drunk(en) driving**

## よてい【予定】

(計画)**a plan**[プラン](▶しばしば複数形で用いる);(時間・日程に関する)**a schedule**[スケデュール]
- 夏休みの予定を立てた. *I made plans for my summer vacation.*
- 午後は何か予定があるの？ *Do you have any plans for this afternoon?*
- 予定を変更(へんこう)しようよ. *Let's change our plan(s).*
- 私はきょう予定があってあなたといっしょに行けない. *I have plans today so I can't go with you.*(▶a planでなくplansを使う)
- バスは予定より10分遅(おく)れて来た. *The bus came ten minutes behind schedule.*
- 予定どおり(に) *as planned / on schedule*

**…する予定だ**
**be planning to**＋〈動詞の原形〉/
**be scheduled to**＋〈動詞の原形〉

- あした横浜に行く予定だ. *I'm planning to go to Yokohama tomorrow.*
- 学校祭は来週始まる予定だ. *Our school festival is scheduled to start next week.*
- その映画は7月に公開される予定だ. *The movie is scheduled to be released in July.*
▌予定表 **a schedule**

**よとう**【与党】**the ruling party**[ルーリング パーティ], **the government [governing] party**[ガヴァンマント][ガヴァニング] パーティ]

**よなか**【夜中】(真夜中)(in) **the middle of the night**[ミドゥル][ナイト];(夜遅(おそ)く)**late at night**[レイト];(夜中の12時)**midnight**[ミッドナイト]

**よねんせい**【四年生】(大学の, ⊛ 高校の)**a senior**[スィーニャァ]

**よのなか**【世の中】(世間)**the world**[ワールド];(時勢)**times**[タイムズ]
- 世の中はどんどん変わっている. *Times are changing very fast.*

**よはく**【余白】(欄外(らんがい))**a margin**[マーヂン];(空欄)**a blank**[ブランク], **space**[スペイス]
- ページの余白に *in the margin of a page*

**よび**【予備】**spare**[スペア]
- 予備のかぎ[タイヤ] *a spare key [tire]*
▌予備校 **a cram school**
▌予備知識 **background knowledge**

**よびかける**【呼びかける】(呼ぶ)**call**(**out**)**…**[コール](アウト)]
- 道で急に呼びかけられた. *My name was suddenly called on the street.*
- もっとたくさんの人に募金(ぼきん)を呼びかけてみましょうか. *How about asking [appealing to] more people to donate?*

**よびすて**【呼び捨てにする】**address by last name only**[アドゥレス][ラスト ネイム オウンリィ]

**よびだす**【呼び出す】**call**[コール];(放送で)**page**[ペイヂ]
- 先生は両親を学校へ呼び出した. *The teacher called my parents to the school.*
- お呼び出しを申し上げます, 河合様. *Paging Mr. Kawai.*
▌呼び出し音(電話の)**a ring-back tone**

**よびりん**【呼び鈴】(玄関の)**a doorbell**[ドアベル]

## よぶ【呼ぶ】

| | |
|---|---|
| ❶ 呼びかける | **call** |
| ❷ 自分のところに来るように | **call**; |
| （呼びに行かせる） | **send for …**; |
| （用がある） | **want** |
| ❸ 称(しょう)する, 名づける | **call** |
| ❹ 招く | **invite** |

## よふかし

**❶**〔呼びかける〕**call**[コール]
- だれかが私の名前を呼んだ．
  Someone *called* my name.
- 彼は大声で助けを呼んだ．
  He *called* out for help.

**❷**〔自分のところに来るように〕**call**；（呼びに行かせる）**send for ...**[センド]；（用がある）**want**[ワント]
- お母さんが呼んでるよ．Mom is *calling* you. / Mom *wants*（to see）you.
- タクシーを呼んでください．Please *call* me a taxi. / Please *call* a taxi *for* me.
- 警察を呼んで！*Call* the police!（← 電話して！）
- 医者を呼びに行ってもらおう．
  I'll *send for* the doctor.

**❸**〔称する，名づける〕**call**
〈名詞A〉を〈名詞B〉と呼ぶ
**call**＋〈名詞A〉＋〈名詞B〉
- 私たちは新しいALTを「リズ」と呼んでいる．
  We *call* our new ALT "Liz".

**❹**〔招く〕**invite**[インヴァイト]
- 彼は私を誕生パーティーに呼んでくれた．
  He *invited* me *to* his birthday party.

**よふかし**【夜更かしする】**stay**［**sit**］**up late**[ステイ][レイト]
- 夜更かししてはいけない．
  You shouldn't *stay*［*sit*］*up late*.

**よふけ**【夜更けに】**late at night**[レイト][ナイト]
- 私は夜更けまで勉強した．
  I studied until *late at night*.

**よぶん**【余分な】**extra**[エクストゥラ]；（予備の）**spare**[スペア]
- ぼくは余分なお金を持っていなかった．
  I had no *extra* money.

**よほう**【予報】**a forecast**[フォーキャスト]
- 天気予報によるとあしたは雨だ．The weather *forecast* says it will rain tomorrow.
- 天気予報が当たった［外れた］．The weather *forecast* was right［wrong］.
- **━予報する forecast**

**よぼう**【予防】**prevention**[プリヴェンション]
- **━予防する prevent**[プリヴェント]
- うがいは風邪の予防によい．Gargling is a good way to *prevent* a cold.
- 予防接種（a）**vaccination, a shot**：インフルエンザの予防接種を受けた．I got a flu *shot*.

**よほど**（かなり）**very**[ヴェリィ], **very much**[マッチ]；（ずっと）**much**（▶比較級を強調する）
- 兄はよほど疲れているに違いない．
  My brother must be *very* tired.
- その高校に入るためにはよほどがんばらないと．You need to study *much* harder to enter that high school.

**よみかえす**【読み返す】**read again**[リード アゲン], **reread**[リーリード]

**よみがえる**【生き返る】**come back to life again**[バック][ライフ アゲン], **revive**[リヴァイヴ]；（思い出などが）**come back（to ...）**
- 当時の思い出がよみがえった．
  The memories of that time *came back*.

**よみかけ**【読みかけの】
- 読みかけの本 a *partially read* book

**よみかた**【読み方】
- この漢字の読み方が分からない．I don't know *how to read* this Chinese character.

**よみきり**【読み切りの】**one-shot**[ワンシャット]

**よみもの**【読み物】**reading**[リーディング]；（本）**a book**[ブック]
- 何かおもしろい読み物はありませんか．Do you have *anything* interesting *to read*?

## よむ【読む】

**read**[リード]
- その英文を声を出して読んだ．
  I *read* the English text aloud.
- 日本チームが勝ったことを新聞で読んだ．
  I *read* in the paper that the Japanese team won.
- 日本チームが勝ったことをネットで読んだ．
  I *read* on the Internet that the Japanese team won.
- 子どもたちに絵本を読んであげた．
  I *read* picture books to children.
- この小説を読んだことがありますか．
  Have you ever *read* this novel?
- 君は楽譜が読める？
  Can you *read* music?
- **━読みやすい（書き文字が）readable**[リーダブル]
- **━読みにくい（書き文字が）unreadable**
- これは読みにくい字だ．
  This handwriting is *unreadable*.

**よめ**【嫁】（息子の妻）**daughter-in-law**[ドーァインロー]（複 **daughters-in-law**[ドーァズインロー]）；（妻）**wife**[ワイフ]（複 **wives**[ワイヴズ]）

**よやく**【予約】（席・ホテル・切符などの）(**a**)**reservation**[レザヴェイション], (**a**)**booking**[ブッキング]；（医者などの）(**an**)**appointment**[アポイントゥマント]
- 私は予約を取り消した．
  I canceled my *reservation*.
- 10時に歯医者さんの予約をしてある．I have a dental *appointment* at ten. / I have an *appointment* with my dentist at ten.
- **━予約する reserve**[リザーヴ], **book, make a**

**reservation**, **make an appointment**
- 父は沖縄行きの便を予約した．
My father *reserved* the seats on an airplane for Okinawa.
▮予約席 a *reserved* seat, 《掲示》**RESERVED**

**よゆう**【余裕】（場所の）(a) **space**［スペイス］, **room**［ルーム］；（時間の）**time (to spare)**［タイム］［（スペァ）］
- バスにはあと10人乗る余裕がある．The bus has enough *room* for ten more people.
- ゲームをやる時間の余裕がない．
I don't have *time* to play games.
- 出発までにはまだ余裕がある．
I still have some *time* before I leave.
- 私には新しいスマホを買う余裕はない．I can't *afford*（to buy）a new smartphone.（▶ afford は「…を買う余裕がある」の意）

## …より

| ❶比較 | than … |
| ❷…から | from … |

❶[比較] **than …**［ザン］（▶比較級の後ろに置く）
- 私はエミより背が高い．I'm taller *than* Emi.
- 姉は私より2つ年上だ．
My sister is two years older *than* I［me］.
- この歌はあの曲より明るい感じだ．This song sounds more cheerful *than* that one.
- いつもより早起きした．
I woke up earlier *than* usual.
- バレーボールより野球のほうが好きだ．
I like baseball more *than* volleyball.
❷[…から] **from …**［フラム］→…から❶❷❺
- ユミより（手紙などの最後で）*From* Yumi

**よりかかる**【寄りかかる】 **lean against**［**on**, **over**］…［リーン アゲンスト］
- 彼は壁に寄りかかった．
He *leaned against* the wall.

**よりみち**【寄り道する】**stop at … on** *one*'**s way**［スタップ］［ウェイ］, **drop in**［ドゥラップ］→たちよる, みちくさ
- コンビニに寄り道した．I *stopped at* a convenience store *on my way*.

## よる¹【夜】

（日没から日の出まで）(a) **night**［ナイト］；（日没から寝るまで）(an) **evening**［イーヴニング］（▶ evening は日本語の「夕方」よりも長い時間帯をさす）
- 夜に at *night* / in the *evening*
- きのうの夜 last *night*
- きょうの夜 tonight / this *evening*（▶ this, last, yesterday, every, one, all などを伴う場合は前置詞は不要）
- 夜から朝まで from *night* till morning
- 私はしばしば夜遅くまでドラマを見る．
I often watch dramas until late at *night*.
- 私は土曜の夜に映画に行った．
I went to a movie on Saturday *evening*.（▶特定の日の夜には on を使う）
- 夜9時までに帰らなければならない．I have to get back by nine in the *evening*.

**よる²**【寄る】（近づく）**come close (to …)**［クロウス］；（立ち寄る）**drop in**［**by**］［ドゥラップ］
- 鹿がたくさん私たちのほうに寄ってきた．
A lot of deer *came closer to* us.
- 帰りにカナの家に寄った．I *dropped in* at Kana's house on my way home.

## …よる【…による】

| ❶…によって起こる | **be caused by …**; （…のせいである）**be due to …** |
| ❷…に基づく | **be based on …** |
| ❸…次第である | **depend on …** |

❶[…によって起こる] **be caused by …**［コーズド］；（…のせいである）**be due to …**［ドゥー］
- その事故は酔っ払い運転によるものだった．The accident *was caused by* a drunk driver. / The accident *was due to* a drunk driver.
❷[…に基づく] **be based on …**［ベイスト］
- この計画は彼の考えによるものだ．
This plan *is based on* his idea.
❸[…次第である] **depend on …**［ディペンド］
- お天気によるね．
It *depends on* the weather.
- それは時と場合による．
That (all) *depends*. / It (all) *depends*.

**…よれば**【…によれば】**according to …**［アコーディング］
- 天気予報によればあしたは雨だ．
*According to* the weather forecast, it will rain tomorrow.

**よれよれ**【よれよれの】（みすぼらしい）**shabby**［シャビィ］；（着古した）**worn-out**［ウォーンアウト］
**よろい armor**［アーマァ］
**よろこばす**【喜ばす】**please**［プリーズ］, **make … happy**［ハッピィ］
- その知らせは彼女を喜ばせた．
The news *pleased* her.
- 両親を喜ばせたい．
I want to *make* my parents *happy*.
**よろこび**【喜び】**joy**［ヂョイ］, **pleasure**［プレジァァ］,

よろこぶ

delight[ディライト]
- 喜びで胸がいっぱいだ. I'm filled with *joy*.
- ファンは喜びのあまり飛び上がった.
  The fans jumped with *joy*.

## よろこぶ【喜ぶ】
be happy[ハッピィ], be glad[グラッド], be pleased[プリーズド]
- ケンはそのプレゼントをとても喜んだ.
  Ken *was* very *pleased* with the present.

…ということを喜ぶ
be happy [glad] that ...
- 私たちは祖母が元気になったことを喜んでいる.
  We *are happy* [*glad*] *that* our grandmother is well again.

喜んで…する
be glad [happy] to +〈動詞の原形〉
- 喜んでゲームに参加した.
  I *was happy to* take part in the game.
━喜んで glad, with pleasure[プレジァァ]
- 「代わりにそこに行ってくれませんか」「喜んで」
  "Would you please go there instead of me?" "*With pleasure*."

**よろしい** all right[ライト], OK[オッケィ];(…してよい)may+〈動詞の原形〉
- これでよろしいですか.
  Is this *all right*? / Is this *OK*?
- 帰宅してよろしいですか. *May* I go home?

**よろしく**(▶英語には「よろしく」に当たる語はない)
- 佐藤タカシです. どうぞよろしく. My name's Sato Takashi. *It's nice to meet you*.
- レイによろしく伝えてください.
  *Please say hello to* Rei for me. / *Please give my best regards to* Rei. (▶後者はていねいな言い方)

**よろめく** stagger[スタガァ]
- その馬はよろめいて倒(たお)れた.
  The horse *staggered* and fell down.

**よろよろ**【よろよろする】stagger[スタガァ], stumble[スタンブル]➡よろめく

**よろん**【世論】public opinion[パブリック アピニャン]
∥世論調査 a public opinion poll

## よわい【弱い】

| ❶体・力などが | weak |
| ❷音・光などが | faint, weak |
| ❸得意でない | be bad at ... |

❶[体・力などが]weak[ウィーク](⇔強い strong)
- 彼は体が弱い. He is *weak*. / He is *frail*.
- 彼女は意志が弱い. She has a *weak* will.
- あのチームは弱い. The team is *weak*.
━弱くする make ... weak, weaken
━弱くなる grow [become] weak(er), weaken

❷[音・光などが]faint[フェイント], weak
- 弱い光 a *weak* [*faint*] light
- 弱い地震(じん)があったらしい. They say that there was a *small* earthquake.
━弱くする turn down
- ガスの火を弱くした. *Turn down* the gas.

❸[得意でない]be bad at ...[バッド]
- 私は理科に弱い. I'*m bad at* science.

**よわき**【弱気な】weak[ウィーク];(おく病な)timid[ティミッド]
- 敵に3ゴール先取されて弱気になった.
  We got *discouraged* after our opponents scored the first three goals.

**よわさ**【弱さ】weakness[ウィークニス]

**よわね**【弱音をはく】show weakness[ショウ ウィークニス], complain[カンプレイン]
- 足が痛いと弱音をはいた.
  I *complained* that my feet hurt.
- 弱音をはくな.
  Don't *give up*! / Never *say die*!

**よわび**【弱火】low heat[ロウ ヒート]
- にんじんを弱火で煮た.
  I cooked carrots at *low heat*.

**よわみ**【弱み】a weakness[ウィークニス], a weak point[ウィーク ポイント]
- 人の弱みに付けこまないで. Don't take advantage of other peoples' *weaknesses*.

**よわむし**【弱虫】(ひきょうな)a coward[カウァド], 《話》a wimp[ウィンプ], 《話》a chicken[チッキン]

**よわめる**【弱める】➡よわい❶❷

**よわよわしい**【弱々しい】(力のない)weak[ウィーク], feeble[フィーブル];(声・光などが)faint[フェイント]

**よわる**【弱る】(弱くなる)get [grow] weak[ウィーク], weaken➡こまる
- うちの犬は日増しに弱っている.
  Our dog is *getting weaker* day by day.
- 弱ったな. どうしよう.
  Oh no! I don't know what to do.

**よん**【四(の)】four[フォア]➡さん¹
- 4級 the *fourth* grade
- 4分の1 a quarter / a *fourth*
- 4分の3 three quarters / three *fourths*
━第四(の) the fourth[フォース](▶4thと略す)

**よんじゅう**【四十(の)】forty[フォーティ]➡さん¹
━第四十(の) the fortieth[フォーティアス](▶40thと略す)

らいひん

# ら ラ

**ラーメン** ramen (noodles)[ラーメン (ヌードゥルズ)], Chinese noodles (in soup)[チャイニーズ] [(スープ)] ➡ 食生活[口絵]
- ラーメン1杯 a bowl of *ramen*
- カップラーメン
  instant *ramen* (*noodles*) in a cup
- ラーメン店 a ramen shop

**らい…**【来…】next …[ネクスト], the coming …[カミング]
- 彼女は来春高校を卒業します. She will graduate from high school *next* spring.

**…らい**【…来】since …[スィンス]
- 昨年来 *since* last year

**らいう**【雷雨】a thunderstorm[サンダストーム]
- きのうは激しい雷雨があった. There was a severe *thunderstorm* yesterday.

**ライオン**【動物】a lion[ライアン]; (雌(学)の) a lioness[ライアニス]

lion　　　lioness

**らいきゃく**【来客】(訪問者) visitor[ヴィズィタァ]; (招待客) a guest[ゲスト]

# らいげつ【来月】
**next month**[ネクスト マンス]
- 来月の10日に
  on the tenth of *next month*
- 私たちは来月修学旅行に行く. We're going on a school trip *next month*.
- 再来月 the month after next

# らいしゅう【来週】
**next week**[ネクスト ウィーク]
- 来週スキーに行く.
  I'll go skiing *next week*.
- 来週の木曜日に海に行こうよ.
  Let's go to the beach *next* Thursday. / Let's go to the beach on Thursday *next week*.

**ここがポイント!** nextは「来週の」にも「今週の」にも

nextは「この次の」という意味なので, next Thursdayは例えばきょうが金曜日なら「来週の木曜日」となります. もしきょうが月曜日ならば「今週の木曜日」と考える人もいますので, 今週の木曜日であることをはっきりさせたい場合はon *this* Thursdayと言います. 逆に来週の木曜日であることをはっきりさせたいときはon Thursday *next* weekとします. ➡ すいようび ポイント!

- 来週のきょうはテストだ.
  We will have a test *a week from* today.
- 再来週 the week after next

**ライス**(ご飯)(cooked) rice[(クックット) ライス]
**ライセンス**(a) license[ライサンス]
**ライター¹** a lighter[ライタァ]
**ライター²**(著作家) a writer[ライタァ]
**ライト¹**(明かり) a light[ライト]
- ライトアップ: 建物はライトアップされていた.
  The building *was illuminated*.

**ライト²**【野球】(右翼(ﾖﾎ)) right field[ライト フィールド]; (右翼手) a right fielder[フィールダァ]

**ライトノベル** a light novel[ライト ナヴァル]
**ライトバン**(荷物運搬(ﾉﾝ)車) a delivery truck [®van][ディリヴ(ァ)リィ トゥラック [ヴァン]]; (ワゴン車)® a (station) wagon[(ステイション) ワガン], ® an estate car[イステイト カー] (►「ライトバン」は和製英語)

**ライナー**【野球】a line drive[ライン ドゥライヴ], a liner[ライナァ]; (電車) liner

# らいねん【来年】
**next year**[ネクスト イァ]
- 来年の6月に *next* June / in June *next year*
- 私は来年留学したい.
  I want to study abroad *next year*.
- この花は来年の今ごろさくだろう. This flower will come out about this time *next year*.

**ライバル** a rival[ライヴァル]
- ジュンと私はライバルだ.
  Jun and I are *rivals*.
- ライバル意識 a sense of rivalry

**らいひん**【来賓】an honored guest[アナァド ゲスト], a guest

ライフ

┃来賓席 the guests' seats

**ライフ**【(a) life[ライフ](複 lives[ライヴズ])
- キャンパスライフ campus life
- ライフジャケット a life jacket
- ライフスタイル a lifestyle
- ライフライン a lifeline
- ライフワーク lifework

**ライブ**【ライブの[で]】live[ライヴ]
- ライブ映像 live image
- ライブコンサート a concert
- ライブハウス a club with live music
- ライブ放送 a live broadcast

**ライフル** a rifle[ライフル]
**ライム**〖植物〗a lime[ライム]
**ライむぎ**〖ライ麦〗rye[ライ]
┃ライ麦パン rye bread
**らいめい**〖雷鳴〗(a clap of) thunder[サンダァ]
**ライン**(線)a line[ライン]; (水準)a standard[スタンダァド]
- スタートライン a starting line
- 合格ライン a passing mark(←合格点)

**ラインアップ**(野球などの)a lineup[ライナップ]
**ラインストーン** a rhinestone[ラインストウン]
**ラウンジ** a lounge[ラウンヂ]
**ラウンド**(ボクシング・ゴルフなどの)a round[ラウンド]
**ラオス** Laos[ラーオゥス]
**らがん**〖裸眼〗the naked eye[ネイキッド アィ]
┃裸眼視力 unaided vision

## らく【楽な】

| ❶容易な | easy |
|---|---|
| ❷安楽な | comfortable, easy |

easy　　　comfortable

❶〔容易な〕**easy**[イーズィ]
- 楽な方法 an *easy* way
- 宿題は思ったより楽だった. The homework was *easier* than I thought.

…**するのは楽だ**
It is easy to＋〈動詞の原形〉
- 荷物を1人で運ぶのは楽ではなかった. *It wasn't easy to* carry the bags by myself.

━**楽に easily**
- ハードルは楽にクリアした. We cleared the hurdle *easily*.

❷〔安楽な〕**comfortable**[カムフ(ァ)タブル], **easy**
- 楽な姿勢で横になった. I laid down in a *comfortable* position.
- 気を楽にしなさい. *Relax*!

**らくえん**〖楽園〗a paradise[パラダイス]

## らくがき【落書き】

(なぐり書き)a scribble[スクリッブル]; (公共の場の壁(ﾍｷ)などの)graffiti[グラフィーティ]

scribble

graffiti

- 私の町では落書きが問題になっている. *Graffiti* is a problem in our town.

━**落書きする scribble, doodle**[ドゥードゥル]
- 妹が私のノートに落書きした. My sister *scribbled* in my notebook.

**らくご**〖落語〗a comic storytelling[カミック ストーリィテリング]
┃落語家 a comic storyteller

**らくしょう**〖楽勝〗an easy win[イーズィ ウィン], 《話》a piece of cake[ピース][ケイク]
- そんなの楽勝だ. It's *a piece of cake*.
━**楽勝する win easily**

**らくせん**〖落選する〗(選挙で)lose an election[ルーズ]; (コンクールなどで)be rejected[リジェクティド]
- 彼は選挙で落選した. He *lost* the *election*.
- 私の作品は落選だった. My work has *been rejected*.

**らくだ**〖動物〗a camel[キャマル]
**らくだい**〖落第する〗(不合格になる)fail (in ...) [フェイル], 《話》flunk[フランク]
┃落第生 a failure; (学年などの)a repeater
┃落第点 a failing grade

**らくてんてき**〖楽天的な〗optimistic[アプタミスティック](⇔悲観的な pessimistic)
┃楽天家 an optimist

**らくのう**【酪農】**dairy farming**[デ(ァ)リィ ファーミング]
▎酪農家 a dairy farmer
**ラグビー** **rugby**[ラグビィ], **rugby football**[フットゥボール]
▎ラグビー部 a rugby team
**らくらく**【楽々と】**easily**[イーズィリィ]
**ラクロス**〖スポーツ〗**lacrosse**[ラクロース]
**ラケット**(テニス・バドミントンの)**a racket**[ラキット]; (卓球の)⊛**a paddle**[パドゥル], ⊛**a bat**[バット]
**ラザニア** **lasagna**[ラザーニャ]

## …らしい

❶…のように見える・思われる
　**seem, look like, appear**
❷…だそうだ
　**They say**(**that**)…, **I hear**(**that**)…
❸…にふさわしい
　(…の特徴(とくちょう)がある)**like**;
　(典型的な)**typical**

❶[…のように見える・思われる]**seem**[スィーム], **look like** …[ルック ライク], **appear**[アピァ]
▎…であるらしい
seem [appear] (to be)＋〈形容詞・名詞〉
・ヒロはいいやつらしい.
　Hiro *seems* (*to be*) a nice guy. / Hiro *appears* (*to be*) a nice guy.
▎…らしい
It seems (that) …
・彼女は今忙(いそが)しいらしい.
　*It seems that* she is busy now.
・どうやら雨になるらしい.
　*It looks like* rain. / *It is likely to* rain.
❷[…だそうだ]**They say**(**that**) …[セィ], **I hear**(**that**) …[ヒァ]
・タクは留学するらしい.
　*They say that* Taku will study abroad. / *I hear that* Taku will study abroad.
・そうらしいね. So I *heard*. / I *guess* so.
❸[…にふさわしい](…の特徴がある)**like**; (典型的な)**typical**[ティピカル]
・遅(おく)れるなんてあなたらしくないね.
　It isn't *like* you to be late.
**ラジオ**(放送)**the radio**[レイディオゥ]; (受信機)**a radio**
・ラジオを聞く listen to *the radio*
・その歌はラジオで聞いたことがある.
　I have heard that song on *the radio*.
・ラジオをつけて[消して]くれる？
　Will you turn on [off] *the radio*?

・ラジオの音を大きく[小さく]してちょうだい.
　Turn up [down] the *radio*, please.
▎ラジオ講座 a radio course
▎ラジオ体操 radio gymnastics exercises
▎ラジオ番組 a radio program
▎ラジオ放送局 a radio station
**ラジカセ a radio cassette recorder**[レイディオゥ カセット リコーダァ]
**ラジコン**(無線操縦)**radio control**[レイディオゥ カントゥロウル]
▎ラジコンカー a radio-controlled car
**ラスク**(パン菓子の)**a rusk**[ラスク]
**ラスト the last**[ラスト]→**さいご**¹
▎ラストシーン the last scene
▎ラストスパート one's last [final] spurt: ランナーはラストスパートでゴールに飛びこんだ. With his *last spurt* of energy, the runner dove across the finish line.
**ラズベリー**〖植物〗**a raspberry**[ラズベリィ]
**らせん**【らせんの】**spiral**[スパイ(ァ)ラル]
▎らせん階段 a spiral staircase
**らっかせい**【落花生】〖植物〗**a peanut**[ピーナット]
**らっかんてき**【楽観的な】**optimistic**[アプタミスティック](⇔悲観的な pessimistic)
**ラッキー**【ラッキーな】**lucky**[ラッキィ]
・ラッキー！
　(自分に)*Lucky me*! / *Yes*! / *All right*! / (相手に)*Lucky you*! / *Good for you*!
・ラッキーなことに校門で彼女に会った.
　I *luckily* had a chance to see her at the school gate.
**らっこ**〖動物〗**a sea otter**[スィー アッタァ]
**ラッシュ**(**アワー**)(**the**) **rush hour**[ラッシュ アウァ]
**らっぱ a trumpet**[トゥランペット]
**ラッパー**〖音楽〗**a rapper**[ラパァ]
**ラッピング wrapping**[ラッピング]
━ラッピングする **wrap**; (プレゼント用に)**gift-wrap**[ギフトゥラップ]
・これをバレンタイン用にラッピングしてもらえますか.
　Could you *wrap* this for Valentine's Day?
**ラップ**¹(食品を包む)**plastic wrap** [**film**][プラスティック ラップ [フィルム]], **wrapping film**[ラッピング]
━ラップする wrap
**ラップ**²〖音楽〗**rap**(**music**)[ラップ (ミューズィック)]
━ラップする rap
**ラップ**³〖スポーツ〗**a lap**[ラップ]
▎ラップタイム lap time: コーチはぼくの100mのラップタイムを計った. The coach measured my 100-meter *lap time*.
**ラップトップ**(**コンピュータ**)**a laptop** (**computer**)[ラップタップ (カンピュータァ)]

**ラディッシュ**〖植物〗a radish[ラディッシュ]
**ラテン**【ラテンの】Latin[ラトゥン]
- ラテンアメリカ Latin America
- ラテン音楽 Latin music

**ラノベ** → ライトノベル
**ラバー**(卓球の) a table tennis rubber[ティブル テニス ラバァ]
**ラフ**【ラフな】(服装が) casual[キャジュアル], informal[インフォーマル]
**ラブ**(愛) love[ラヴ]; 〖テニス〗(無得点) love
- ラブゲーム 〖テニス〗a love [shutout] game
- ラブコメディ a love comedy
- ラブシーン a love scene
- ラブストーリー a love story
- ラブソング a love song
- ラブレター a love letter

**ラベル** a label[レイブル] (★発音注意)
- 瓶にラベルをはった.
  I put a *label* on the jar.

**ラベンダー**〖植物〗lavender[ラヴェンダァ]
- ラベンダーの香り the scent of *lavender*

**ラムネ** *Ramune* soda[ソウダ] (▶「ラムネ」は lemonade がなまったもの)
**ラメ** lamé[ラーメィ] (▶フランス語から)
- ラメ入りのセーター a *lamé* sweater
- ラメ入りのマニキュア *glitter* nail polish

**ラリー**(テニスなどの) a rally[ラリィ]; (自動車の) a rally, a car rally[カー]
- 長いラリーの末, ポイントを獲得した.
  After a long *rally*, I won the point.
- パリ・ダカールラリー the Paris-Dakar *Rally*

**…られる** → …れる
**らん¹**〖植物〗an orchid[オーキッド]
**らん²**【欄】(新聞などの) a section[セクション], a column[カラム]; (空所) (a) space[スペイス]
- スポーツ欄 the sports *section* [*page*(s)]

**らんおう**【卵黄】egg yolk[エッグ ヨウク]
**らんかん**【欄干】a handrail[ハンドゥレイル]
**ランキング** ranking[ランキング]
**ランク**(a) rank[ランク]
— ランクづけする rank
- その歌はベストテンにランク(づけ)されている. The song is *ranked* in the top ten.

**らんざつ**【乱雑な】messy[メスィ]
**ランジェリー**(女性用肌着) lingerie[ラーンジャレィ] (▶フランス語から)
**ランチ**(昼食)(a) lunch[ランチ] → ちゅうしょく
- お子様ランチ a kid's *lunch*
- ランチタイム lunchtime
- ランチルーム a lunchroom

**らんとう**【乱闘】a scuffle[スカッフル], a brawl[ブロール]

**ランドセル** a *randoseru*; a school backpack[スクール バックパック], a school satchel[サッチャル] (▶「ランドセル」はオランダ語から)
**ランドリー**(a) laundry[ローンドゥリィ]
- コインランドリー a coin *laundry*

**ランナー** a runner[ラナァ]
- 長距離[マラソン]ランナー
  a long-distance [marathon] *runner*
- 短距離ランナー
  a *sprinter*

**らんにゅう**【乱入する】break in[ブレイク イン]
**ランニング**(走ること) running[ラニング]
— ランニングする run, jog[ヂャッグ]
- ランニングシャツ(下着) a sleeveless undershirt (▶「ランニングシャツ」は和製英語)
- ランニングシューズ running shoes
- ランニングホームラン an inside-the-park home run (▶「ランニングホームラン」は和製英語)

**らんぱく**【卵白】egg white[エッグ (ホ)ワイト]
- 卵白を角が立つまであわ立ててください.
  Beat *egg whites* until they form peaks.

**ランプ**(照明) a lamp[ランプ]
- アルコールランプ a spirit *lamp*

**らんぼう**【乱暴】violence[ヴァイアランス]
— 乱暴な (荒っぽい) rough[ラフ]; (暴力的な) violent
- ユリは乱暴な言葉づかいをするようになった.
  Yuri came to have a *rough* tongue.
- 乱暴はよせ.
  Stop being so *violent*.
— 乱暴に roughly; violently

**らんよう**【乱用】(an) abuse[アビュース]
— 乱用する abuse[アビューズ]

# り リ

リサイクル

**リアル**【リアルな】**realistic**[リーアリスティック]
- **リアルに realistically**

**リーグ a league**[リーグ]
- セ・リーグ the Central *League*
- パ・リーグ the Pacific *League*
- (米国の)メジャーリーグ the Major *Leagues* / the majors
- リーグ戦 (野球などの)**a league game**; (テニスなどの)**a league match**

**リーダー**(指導者)**a leader**[リーダァ]
- **リーダーシップ leadership**: ケンはリーダーシップを発揮(はっ)した. Ken demonstrated *leadership*.

**リード¹ a lead**[リード] (▶複数形では用いない)
- 3点のリード a three-point *lead*
- 私たちのチームが大きく[わずかに]リードしている. Our team has a wide [narrow] *lead*.
- **リードする lead**
- リードボーカル the *lead* vocal

**リード²**(引き綱(ﾂﾅ))**a leash**[リーシュ]
**リード³**(楽器の)**a reed**[リード]
**リール a reel**[リール]→つり¹図

**りえき**【利益】(a) **profit**[プラフィット]
- 利益を上げる **make (a) profit, profit**

**りか**【理科】**science**[サイアンス]
- 理科の先生 a *science* teacher
- 理科室 **a science laboratory**

理科部 **a science club**

**りかい**【理解する】**understand**[アンダァスタンド]→わかる❶
- ユリとはお互(たが)いによく理解しあえる. Yuri and I *understand* each other well.
- あの授業は理解しにくい[しやすい]. That class is difficult [easy] to *understand*.
- **理解のある understanding**
- 私の両親はとても理解がある. My parents are very *understanding*.

**りがくりょうほう**【理学療法】**physiotherapy**[フィズィオウセラピィ]
- 理学療法士 **a physiotherapist**

**リカバリー**(回復)(a) **recovery**[リカヴァリィ]

**りく**【陸】**land**[ランド](⇔海 the sea)
- 陸にすむ動物 a *land* animal
- ボートが陸にたどり着いた. The boat arrived at *shore*.

## リクエスト
**a request**[リクウェスト]
- 誕生日プレゼントに何かリクエストはある？ Do you have any *request*s for your birthday present?
- **リクエストする request, make a request**
- ヒット曲をラジオ番組にリクエストした. I *requested* a hit song on a radio program.

**りくぐん**【陸軍】**the army**[アーミィ]
**りくじょうきょうぎ**【陸上競技】⊛**track and field**[トゥラック][フィールド], ⊛**athletics**[アスレティックス]
- 陸上競技会 ⊛**a track-and-field meet**, ⊛**an athletic meet**
- 陸上競技部 ⊛**a track-and-field team**, ⊛**an athletics team**

**りくつ**【理屈】**reason**[リーズン], **logic**[ラヂック]
- 彼は理屈っぽい. He *argues too much*. (←議論しすぎる)
- **理屈に合った reasonable**[リーズナブル], **logical**[ラヂカル]
- その説明は理屈に合っている. The explanation is *reasonable*.
- **理屈に合わない unreasonable**[アンリーズナブル], **illogical**[イラヂカル]

**リクライニングシート a reclining seat**[リクライニング スィート]
**リクリエーション**→レクリエーション
**りこう**【利口な】**clever**[クレヴァ], **smart**[スマート], **bright**[ブライト], **wise**[ワイズ]→かしこい
- あの女の子はとても利口そうだ. That girl looks very *bright*.

**リコーダー**〖楽器〗**a recorder**[リコーダァ]
**リコール**【リコールする】**recall**[リコール]
**りこてき**【利己的な】**selfish**[セルフィッシュ]
- 利己主義 **egoism**

**りこん**【離婚】(a) **divorce**[ディヴォース]
- **離婚する get divorced**（**from** ...）, **divorce**
- 私の両親は5年前に離婚した. My parents *got divorced* five years ago.

**リサイクル recycling**[リーサイクリング]
- **リサイクルする recycle**
- これらの古着はリサイクルされる.

These pieces of used clothing will be *recycled*.
- **リサイクルできる recyclable**[リーサイクラブル]
  - この紙はリサイクルできる．
    This paper is *recyclable*.
  - **リサイクルショップ a secondhand shop**

**リサイタル** a recital[リサイトゥル]
**りし**【利子】interest[インタレスト]
**りす**【動物】a squirrel[スクワーラル]
**リスク** risk[リスク]
  - この選択はリスクを伴（ﾄﾓﾅ）う．
    This choice carries some *risks*.

**リスト**（一覧表）a list[リスト]
  - 彼女の名前はリストにある．
    Her name is on the *list*.
  - リストアップされた単語 the words on the *list*（▶「リストアップ」は和製英語）
- **リストを作る list, make a list**
  - 旅行に持っていくもののリストを作った．
    I *listed*［*made a list of*］the things to take on the trip.
  - **リストバンド a wristband**[リストバンド]

**リストラ**（人員カット）downsizing[ダウンサイジング]
- **リストラされる get laid off**[レイド オーフ], **be fired**[ファイアド]→**くび ❷**

**リスニング** listening[リスニング]
  - リスニングテスト a listening comprehension test

**リズム**（a）rhythm[リズム]
  - 私たちはリズムに合わせて踊（ｵﾄ）った．
    We danced to the *rhythm*.
  - リズム感：ミカはリズム感がいい．Mika has good *rhythm*.

**りせい**【理性】reason[リーズン]
- **理性的な rational**[ラショヌル]

**リセット**【リセットする】reset[リーセット]
  - リセットボタン a reset button

# りそう【理想】

an ideal[アイディー(ｱ)ル]
  - 理想と現実のギャップ
    the gap between the *ideal* and the real
  - ユリは理想が高い．Yuri has high *ideals*.
- **理想的な ideal**
  - きょうは遠足には理想的な天気だ．
    The weather today is *ideal*［*perfect*］for a school trip.

**リゾート** a resort[リゾート]
  - 海辺のリゾート a seaside *resort*
  - リゾートホテル a resort hotel

**りそく**【利息】interest[インタレスト]

**リターナブルびん**【リターナブル瓶】a returnable bottle[リターナブル バトゥル]
**リターン** a return[リターン]
- **リターンする return**
  - リターンキー a return key：リターンキーを押してください．Please hit the *return key*.
  - リターンマッチ a return match［game］

**リタイア**【リタイアする】（競技などを）drop out[ドゥラップ アウト]；（退職を）retire[リタイア]
  - 暑さのため多くのランナーがレースをリタイアした．Many runners *dropped out* of the race due to the heat.

**リダイアル**【リダイアルする】redial[リーダイアル]
  - リダイアルボタンを押した．
    I pressed the *redial* button.

**りつ**【率】a rate[レイト]
  - 競争率 a competitive *rate*
  - 打率 a batting *average*

**りっきょう**【陸橋】an overhead bridge[オウヴァヘッド ブリッヂ]；（高架（ｺｳｶ）道路）⊛ an overpass[オウヴァパス], ⊛ a flyover[フライオウヴァ]

**りっけん**【立憲の】constitutional[カンスタテューショナル]
  - 立憲君主制 a *constitutional* monarchy

**りっこうほ**【立候補する】run（for ...）[ラン]
  - 生徒会長選挙に立候補した．I *ran for* student council president.
  - 立候補者 a candidate

**りっしょう**【立証する】prove[プルーヴ]
**りっしょく**【立食】a buffet[バフェィ]
  - 立食パーティー a buffet party

**りったい**【立体】a solid（body）[サリッド（バディ）]
- **立体的な three-dimensional**[スリーディメンショヌル]

**リットル** a liter[リータァ]（▶l, l. と略す）

**りっぱ**【立派な】good[グッド], fine[ファイン]；（すばらしい）great[グレイト], wonderful[ワンダフル]
  - 彼はりっぱな先生だ．He is a *good* teacher.
- **立派に well**
  - ヒロはりっぱに役割を果たした．
    Hiro has done his job *well*. / Hiro has done a *great* job.
  - 彼女はりっぱにスピーチをした．
    She made a *good* speech.

**りっぷく**【立腹】anger[アンガァ]；（強い怒り）(a) rage[レイヂ]→**いかり¹**

**リップクリーム** lip balm[リップ バーム], lip cream[クリーム]

**りっぽう¹**【立方】〖数学〗a cube[キューブ]
  - 1立方メートル a *cubic* meter
  - 立方体 a cube

**りっぽう²**【立法】legislation[レヂスレイション]

**りとう**【離島】an isolated island[アイサレイティド アイランド]
**リトマスしけんし**【リトマス試験紙】litmus paper[リトマス ペイパァ]
**リトルリーグ** Little League[リトゥル リーグ]
**リニアモーターカー** a linear motor car[リニア モウタァ カー]
**リニューアル**【リニューアルする】renew[リヌー]
**リノベ(ーション)** renovation[レナヴェイション] → リフォーム

## リハーサル
(a) rehearsal[リハーサル]
ーリハーサルをする rehearse[リハース]
・本番に備えて何度もリハーサルをした.
We *rehearsed* for the performance many times.
**リバーシブル**【リバーシブルの】reversible[リヴァーサブル]

リバーシブルのジャケット

**リバイバル**(再演, 再上映) a revival[リヴァイヴァル]
**リバウンド**〖球技〗a rebound[リーバウンド]; (体重の) a weight rebound[ウェイト]
・彼女は試合で何本もリバウンドを取った.
She had a lot of *rebounds* in the game.
**りはつ**【理髪】a haircut[ヘァカット]
　理髪師 a barber
　理髪店 ⓜa barbershop, ⓔa barber's (shop)
**リハビリ(テーション)** rehabilitation[リーハビラテイション], 《話》rehab[リーハブ]
ーリハビリをする undergo rehabilitation
**リビング(ルーム)** a living room[リヴィング ルーム](►「リビング」と略すのは和製英語)
**リフォーム**【リフォームする】(衣服を) tailor[テイラァ]; (家を) remodel[リーマドゥル], renovate[レナヴェイト]
・祖父母は家をリフォームした. My grandparents *renovated* their house.
・パンツをリフォームした. I *tailored* my pants. (← 体に合うように丈(ﾀｹ)を詰(ﾂ)めた)
**リフティング**〖サッカー〗lifting[リフティング]
**リフト**(スキー場の) a (ski) lift[(スキー) リフト]

**リベンジ** revenge[リヴェンヂ] → ふくしゅう²
**リボン** a ribbon[リバン]
・プレゼントにリボンをかける
tie a *ribbon* around the present
**リムジン** a limousine[リマズィーン]
　リムジンバス (空港送迎(ｿｳｹﾞｲ)用の) an airport bus [limousine] (►「リムジンバス」は和製英語)
**リメーク**【リメークする】remake[リーメイク]
・その映画はリメークされた.
That film was *remade*.
・ジーンズをバッグにリメークした.
I *turned* my jeans *into* a bag.
**リモート**【リモートの】remote[リモウト]
　リモート会議 an online meeting
　リモートワーク remote work
　リモート学習 remote learning
ーリモート勤務する work remotely; work from home
　リモコン (a) remote control[リモウト カントゥロウル], 《話》a remote
・リモコンでテレビのスイッチを切った.
I switched off the TV with the *remote*.
**りゃく**【略】(短縮, 省略) abbreviation[アブリーヴィエイション]; (略した語) an abbreviation → しょうりゃく

## りゆう【理由】
(a) reason[リーズン]
・このような理由で遅(ｵｸ)れました.
I was late for this *reason*.
・その映画を見たいと思った理由を教えて.
Tell me (the *reason*) *why* you wanted to see the movie.
・彼女は理由もなくテニス部をやめた.
She quit the tennis team for no *reason*.
・そんなことは理由にならない.
That is no *excuse*.
**りゅう**【竜】a dragon[ドゥラガン]

## りゅうがく【留学する】
study abroad[スタディ アブロード], go abroad for study
・父は高校生のときに留学した.
My father *studied abroad* when he was a high school student.
・私はアメリカに留学して建築を学びたい. I want to *go to* the U.S. *to study* architecture.
　留学生 (海外から来た) a foreign student; (海外へ行っている) a student studying abroad: 交換(ｺｳｶﾝ)留学生 an exchange student
**りゅうかん**【流感】→ インフルエンザ

# りゅうこう【流行】

(洋服などの)(a) fashion[ファッション], (a) vogue[ヴォウグ]
- 姉はいつも最新の流行を追っている. My sister is always following the latest *fashions*.
- このヘアスタイルは流行遅(おく)れだ. This hairstyle is out of *fashion*.

▬流行の **fashionable**;(人気のある)**popular**[パピュラァ]

▬流行する **come into fashion**;(流行している) **be in fashion**;(病気などが)**be prevalent**[プレヴァラント], **spread**[スプレッド]
- 今年はピンクが流行するだろう. Pink will *be in fashion* this year. / Pink will *come into fashion* this year.
- インフルエンザが全国で流行している. The flu *is spreading* throughout the country.
- 今スノーボードが大流行している. Snowboarding *is* very *popular* now.

‖流行語 **a word [phrase] in fashion**

**リュージュ**〖スポーツ〗**luge**[ルージュ]
**リユース**【リユースする】**reuse**[リーユーズ]
**りゅうせい**【流星】(流れ星) **a shooting star**[シューティング スター];(いん石) **a meteor**[ミーティア]

‖流星群 **a meteor shower**

**りゅうちょう**【流ちょうな】**fluent**[フルーアント] → すらすら
**りゅうひょう**【流氷】**drift ice**[ドゥリフト アイス], **floating ice**[フロウティング]
**リューマチ rheumatism**[ルーマティズム]
**リュック(サック) a backpack**[バックパック]
- ユカはリュックを背負った. Yuka put a *backpack* on her shoulders.

**りよう**【利用する】**use**[ユーズ], **make use of ...**[ユース] → つかう❶
- 私はよくこの図書館を利用する. I often *use* this library.

**りょう**¹【量】(a) **quantity**[クワンタティ], **an amount**[アマウント]
- 多[少]量の水 a large [small] *amount* of water

**りょう**²【寮】**a dormitory**[ドーマトーリィ], 《話》**a dorm**[ドーム]
- 兄は学校の寮に住んでいる. My older brother lives in a school *dorm* [*dormitory*].
- 全寮制の学校 a *boarding* school

‖寮生 **a boarding student**

**りょう**³【猟】(狩猟(しゅりょう)) **hunting**[ハンティング];(銃(じゅう)による) **shooting**[シューティング]

▬猟をする **hunt; shoot**

‖猟犬 **a hunting dog, a hound**

**りょう**⁴【漁】**fishing**[フィッシング]

▬漁をする **fish**

**…りょう**【…両】**a car**[カー]
- この列車は10両編成です. This train has ten *cars*.
- 新幹線の5両目に乗った. I rode in the fifth *car* on the Shinkansen.

**りょうあし**【両足・両脚】**both feet**[ボウス フィート], **both legs**[レッグズ]
**りょうおもい**【両思い】
- 彼らは両思いだ. They *love each other*.

**りょうかい**¹【了解】(理解) (an) **understanding**[アンダスタンディング](→複数形では用いない);(承諾(だく)) **consent**[カンセント]
- 暗黙(あんもく)の了解 a tacit *understanding*
- 了解. *All right*! / *OK*! /(無線で)*Roger*!

▬了解する **agree**[アグリー], **understand**[アンダスタンド]

**りょうかい**²【領海】**territorial waters**[テリトーリアル ウォータァズ]
**りょうがえ**【両替する】**exchange**[イクスチェインヂ], **change ... into**[チェインヂ];(お金をくずす) **change, break**[ブレイク]
- これをドルに両替してください. Please *exchange* this for dollars. / Please *change* this *into* dollars.
- 千円札を百円玉に両替してもらえますか. Could you *change* [*break*] a thousand yen bill *into* hundred yen coins?

**りょうがわ**【両側】**both sides**[ボウス サイヅ]
- 通りの両側に土産(みやげ)物店がたくさんある. There are a lot of souvenir shops on *both sides* of the street.

# りょうきん【料金】

(a) **charge**[チャーヂ], **a rate**[レイト], **a fare**[フェア], **a toll**[トウル], **a fee**[フィー]
- 公共料金 public utility *charges*
- 水道料金 water *charge*
- 学生料金 a student *rate*
- 入場料金 an entrance *fee*
- 博多までの新幹線の料金はいくらですか. What [How much] is the *fare* to Hakata by Shinkansen?

### くらべてみよう！ charge, rate, fare, toll, fee

**charge**: 電気[ガス]料金・クリーニング代・ホテル代など，主に「労力・サービスに対して支払(はら)われる料金」を表します．また「料金」を表す最も一般的な語で広く使われます．
**rate**: 割引料金・団体料金など，「一定の基準に従った値段，規定料金」を表します．
**fare**: タクシー・バス・列車・飛行機などの「運賃」に使います．
**toll**: 橋・道路・港などの「通行料金」です．
**fee**: 「専門職の人を雇(やと)うための料金」で，医師・弁護士・家庭教師などに対するものです．また会費や入場料にもfeeを使います．

料金所 a tollgate
料金表 a list of charges

**りょうくう**【領空】territorial air[テラトーリアル エア]
**りょうし**【漁師】a fisher[フィッシャァ]
**りょうじ**【領事】a consul[カンサル]
領事館 a consulate
**りょうしき**【良識】good sense[グッド センス]
**りょうしゅうしょ**【領収書】a receipt[リスィート]
・領収書をください．Can I have the *receipt*?
**りょうしん**[1]【両親】one's parents[ペ(ア)ランツ]
・両親といっしょに旅行に行った．
I went traveling with *my parents*.
**りょうしん**[2]【良心】(a) conscience[カンシャンス]
・良心がとがめてそれをできなかった．
My *conscience* wouldn't let me do that.
━**良心的な** conscientious[カンシエンシャス]，(値段が)affordable[アフォーダブル]
**りょうて**【両手】both hands[ボウス ハンヅ]
**りょうど**【領土】(a) territory[テリトーリィ]
領土問題 a territorial issue

## りょうほう【両方】

| ❶肯定文で | both; (…も〜も両方とも)both ... and 〜 |
| ❷否定文で | neither; (…も〜も両方とも—でない) — neither ... nor 〜, not — either ... or 〜 |

❶[肯定文で]**both**[ボウス]; (…も〜も両方とも) **both ... and 〜**
・両方とも好きだ．I like *both* (of them).
・私は和食も中華(ちゅうか)料理も両方とも好きだ．
I like *both* Japanese *and* Chinese food.
・彼女は歌も踊(おど)りも両方ともできる．
She can *both* sing *and* dance.

━**両方の both**
・映画は両方ともおもしろかった．
*Both* (the) movies were good. / *Both* of the movies were good.
❷[否定文で]**neither**[ニーザァ]; (…も〜も両方とも — でない) — **neither ... nor 〜, not — either ... or 〜**[イーザァ]
・私は肉も魚も食べない．
I eat *neither* meat *nor* fish. / I don't eat *either* meat *or* fish.
・これらの本は両方とも読んだことがない．
I have *never* read *either* of these books.

## りょうり【料理】

| ❶料理すること | cooking |
| ❷1皿の料理 | a dish; (食べ物)food |

❶[料理すること]**cooking**[クッキング] →p.706
ミニ絵辞典
・私は料理が好きだ．I like *cooking*.
・料理の本
⊕a *cook*book / ⊕a *cook*ery book
・父は料理がうまい．
My father *cooks* well. / My father is a good *cook*.(▶後者のcookは「料理人」という意味の名詞)
━**料理する** prepare[プリペア], make[メイク]; (火を使って)cook
・マキは私たちにビーフシチューを料理してくれた．Maki *cooked* [*made*] us beef stew.

### ここがポイント！ 加熱しない料理に cook は×
サラダ(salad)やサンドイッチ(sandwich)など，加熱しない料理をするときにはcookは使えません．makeやprepareを使います．→つくる❹

❷[1皿の料理]**a dish**[ディッシュ]; (食べ物)**food**[フード]
・おせち料理 New Year *dishes*
・カレーライスはぼくの大好きな料理だ．
Curry and rice is my favorite *dish*.
・日本料理 Japanese *food*(s) [*cuisine*]
・家庭料理 home *cooking*
・私の得意料理はオムレツです．
My specialty is omelets.
料理学校 a cooking school

## りょうりつ

料理人 a cook, a chef
料理番組 a cooking program
料理部 a cooking club

**りょうりつ**【両立させる】
- 勉強と部活動を両立させるのは難しい.
  It's hard to *balance* studying *with* club activities.

**りょかく**【旅客】a traveler [トゥラヴァラァ]；(乗客) a passenger [パセンヂァァ]

旅客機 a passenger plane

**りょかん**【旅館】a (Japanese-style) hotel [(ヂャパニーズスタイル) ホウテル]；(田舎(いなか)風の) an inn [イン]→ホテル

**りょくちゃ**【緑茶】green tea [グリーン ティー]

# りょこう【旅行】

a trip [トゥリップ], travel(s) [トゥラヴル(ズ)], a tour [トゥア], a journey [チャーニィ], a voyage [ヴ

## 料理法 How to Cook

オーブンで焼く
bake

あぶり焼きする
grill

油でいためる, 焼く
fry

(肉などを)焼く
roast

トーストにする
toast

ゆでる
boil

蒸(む)す
steam

揚(あ)げる
deep-fry

とろ火で煮(に)る
stew

薄(うす)切りにする
slice

みじん切りにする
chop

混ぜる
mix

・「旅行はどうだった？」「とても楽しかったよ」
"How was your *trip*?" "I enjoyed it very much."
・私は旅行が好きだ．I like *traveling*.
・（旅に出る人へ）楽しい旅行を！
Have a nice *trip*! / Enjoy your *trip*!
━旅行する travel, make a trip;（旅行に出る） go on a trip
・海外旅行をしたことがありますか．
Have you ever *traveled* abroad?
・ぼくはいつか世界一周旅行をしたい．I want to *travel* around the world someday.
・お正月には家族で温泉旅行に行きます．
Our family is *going on a trip* to a hot spring over New Year's.

 **trip, travel, tour, journey, voyage**

**trip**: もともとは比較(ひかく)的短い旅行をさす語でしたが，現在ではそれに限らず，最も一般的に使う語です．
**travel**: 「旅行すること」を意味しますが，しばしばtravelsで遠方・外国への旅行を表します．
**tour**: 観光や視察などのため各地を回る「周遊旅行」を表します．
**journey**: 主に「陸路での長距離(きょり)の旅行」をさし，tripより形式ばった語です．
**voyage**: 「海路での長い旅行」「宇宙旅行」などを表します．

**旅行のいろいろ**
海外旅行 overseas travel, a trip abroad
観光旅行 a sightseeing tour
新婚(しんこん)旅行 a honeymoon
団体旅行 a group tour
パック旅行 a package tour
日帰り旅行 a day trip

旅行案内所 a tourist information office
旅行ガイド（本）a guidebook
旅行者 a tourist, a traveler
旅行代理店 a travel agency

**りょひ**【旅費】traveling expenses[トゥラヴァリング イクスペンスィズ]
**リラックス**【リラックスする】relax[リラックス]
・ベッドの上でリラックスするのが好きだ．
I like to *relax* on my bed.
**リリース**【リリースする】release[リリース]
**リリーフ**『野球』（リリーフ投手）a relief pitcher

## りんり

[リリーフ ピッチャァ]
━リリーフする relieve
**りりく**【離陸】（a）takeoff[テイクオーフ]（⇔着陸（a）landing）
━離陸する take off（⇔着陸する land）
・私たちの飛行機はソウルに向けて離陸した．
Our plane *took off* for Seoul.
**リレー** a relay（race）[リーレイ（レイス）]
・400メートルリレー a 4×100 relay race（▶4×100 is four by one hundredと読む）
・メドレーリレー a medley *relay*
**りれき**【履歴】〖コンピュータ〗a history[ヒスタリィ]
履歴書 a résumé
**りろん**【理論】(a) theory[スィーアリィ]
━理論的な theoretical[スィーアレティカル]
**りんかいがっこう**【臨海学校】a summer school by the sea[サマァ スクール][スィー]
**りんかく**【輪郭】an outline[アウトライン]
**りんかんがっこう**【林間学校】a summer camp in the woods[サマァ キャンプ][ウッヅ], an open-air school[オウプンエァ スクール]
**りんきおうへん**【臨機応変な】resourceful[リソースフル], depending on the circumstances[ディペンディング][サーカムスタンスィズ]
**りんぎょう**【林業】forestry[フォーレストゥリィ]
**リンク**¹（スケートの）a (skating) rink[(スケイティング) リンク]
**リンク**²〖コンピュータ〗a link[リンク]
**リング**（ボクシングの）a (boxing) ring[(バクスィング) リング]；（指輪）a ring
・エンゲージリング an engagement *ring*
**りんご**〖植物〗an apple[アップル]
・りんごの木 an *apple* tree
**りんごく**【隣国】a neighboring country[ネイバリング カントゥリィ]
**りんじ**【臨時の】（一時的な）temporary[テンパレリィ]；（特別の）special[スペシャル]
臨時集会 a special meeting
臨時ニュース a news flash
臨時列車 a special train
**りんしょう**【輪唱】〖音楽〗a round[ラウンド]
━輪唱する sing a round[スィング]
輪唱曲 a canon
**りんじん**【隣人】a neighbor[ネイバァ]
**リンス** (a) conditioner[カンディショナァ]
━リンスする rinse[リンス]
・髪(かみ)をリンスした．I *rinsed* my hair.
**りんり**【倫理(学)】ethics[エスィックス]
━倫理的な ethical[エスィカル]

**ルアー** (釣りの) a lure[ルア] → つり¹図
┃ルアーフィッシング lure fishing

**るい¹** 【塁】〖野球〗(a) base[ベイス]
・一[二, 三]塁 first [second, third] base
・本塁 home base [plate]
・ぼくは一塁を守っている. I play first base.
┃塁審 a base umpire

**るい²** 【類】a kind[カインド]

**るいご** 【類語】a synonym[スィナニム]

**るいじ** 【類似(点)】similarity[スィマラㇻティ], resemblance[リゼンブランス]
➡類似する resemble → にる¹
➡類似した similar[スィマラァ], like[ライク]
・類似した事件が数年前にあった. There was a similar case several years ago.
┃類似品 (模造品) an imitation

**ルーキー** 〖主に米〗(新人) a rookie[ルキィ] → しんじん

**ルーズ** 【ルーズな】(だらしのない) sloppy[スラッピィ]; (時間に) not punctual[パンクチュアル]; (不注意な) careless[ケァリス]
・姉は時間にルーズだ. My sister isn't punctual.
・彼はお金にルーズだ. He is careless with money.

**ルーズリーフ** (ノート) a loose-leaf notebook[ルースリーフ ノウトブック] (★looseの発音に注意)

**ルーツ** roots[ルーツ]

**ルート¹** (道筋) a route[ルート]; (経路) a channel[チャヌル]; (伝達手段) channels

**ルート²** 〖数学〗(平方根) a (square) root[(スクウェア) ルート]
・ルート4は2だ. The square root of four is two.

**ルービックキューブ** 〖商標〗a Rubik's Cube[ルービックス キューブ], the Cube
・ルービックキューブをした. I played with a Rubik's Cube. / I solved a Rubik's Cube.

**ルーペ** a magnifying glass[マグナファイイング グラス] (►「ルーペ」はドイツ語から)

**ルーマニア** Romania[ルメイニァ]
➡ルーマニア(語, 人)の Romanian
┃ルーマニア人 a Romanian

**ルーム** a room[ルーム]
┃ルームサービス room service
┃ルームメイト a roommate

## ルール

a rule[ルール]
・彼はルールを守った[破った]. He obeyed [broke] the rule.
・彼女のプレーはルール違反だった. Her play was against the rules.
┃ルールブック a rulebook

**ルーレット** a roulette wheel[ルーレット (ホ)ウィール]

## るす 【留守】

(an) absence[アブサンス]
➡留守にしている be out[アウト], be not at home[ホウム]; (旅行などで不在である) be away[アウェィ]
・母は今留守だ. My mother is out now. / My mother is not at home now.
・彼はいつも居留守を使う. He always pretends to be out.
┃留守番: 両親が留守の間, 留守番をした. I stayed at home while my parents were away.

**るすばんでんわ** 【留守番電話】(応答する側) an answering machine[アンサリング マシーン]; (残すメッセージ) a voice mail[ヴォイス メイル], a voice-mail
・留守番電話にメッセージを残した. I left a voice mail [message on the answering machine].

**ルックス** (容ぼう) looks[ルックス]
・彼はルックスがいい. He has good looks. / He is good-looking.

**ルネッサンス** the Renaissance[レナサーンス]

**ルビー** a ruby[ルービィ]

**ルポライター** a reporter[リポータァ]

# れ レ

**レア**【レアの】(肉の生焼けの)**rare**[レァ];(まれな)**rare**
レアチーズケーキ an unbaked cheesecake

## れい¹【例】
an **example**[イグザンプル]
- 典型的な例 a typical *example*
- 例を挙げると for *example* [*instance*]
- もう1つ例を挙げましょう.
  I'll give you another *example*.

## れい²【礼】

❶ 感謝　　　(感謝の言葉)**thanks**;
　　　　　　(感謝の気持ち)**gratitude**;
　　　　　　(謝礼)(a) **reward**
❷ お辞儀(ﾀﾞ)　**a bow**

❶ [感謝](感謝の言葉)**thanks**[サンクス];(感謝の気持ち)**gratitude**[グラタトゥード];(謝礼)(a) **reward**[リウォード]
- お礼の印(ﾙﾞ)に本をお送りします. I will send you a book as a token of my *gratitude*.
━礼を言う **thank**, **say thanks**
- 私は彼にプレゼントの礼を言った.
  I *thanked* him *for* the present.
- 何とお礼を言えばいいのかわかりません.
  I don't know how to *thank* you.
❷ [お辞儀]**a bow**[バゥ](★発音注意)
━礼をする **bow**(**to** ...)
- 私たちは授業の始めと終わりに礼をします. We *bow* at the beginning and end of class.

## れい³【零】
(a) **zero**[ズィ(ｱ)ロゥ]
- 0.7(*zero*) point seven
- (電話番号などで)2301 two three *0* one (▶0は[オゥ]と読み, oh とも書く)
- 私たちは4対0で勝った.
  We won by four to *nothing*.
- 時計が午前零時を打った.
  The clock struck *twelve* midnight.
零下 **below zero**: 零下10度 ten degrees *below zero*
零点 (a) **zero**

**れい⁴**【霊】a **spirit**[スピリット], (a) **soul**[ソウル]
**レイ**(ハワイで首に飾(ｶﾞ)る花輪)a **lei**[レィ]
**レイアウト**(a) **layout**[レイアウト]
━レイアウトする **lay out**
**れいか**【冷夏】a **cool summer**[クール サマァ]
**れいがい**【例外】(an) **exception**[イクセプション]
- 例外なく without *exception*
- この規則にはいくつか例外がある.
  There are some *exceptions* to this rule.
**れいかん**【霊感】(an) **inspiration**[インスピレイション]→インスピレーション
**れいぎ**【礼儀】(礼儀作法)**manners**[マナァズ]
━礼儀正しい **polite**[ポライト]
- 彼女はいつも礼儀正しい. She is always *polite*. / She *has good manners*.
**れいきゅうしゃ**【霊柩車】a **hearse**[ハース]
**れいこく**【冷酷な】**cruel**[クルーアル], **cold-blooded**[コウルドブラッディド]
**れいしょう**【冷笑】a **sneer**[スニア]
**れいじょう**【礼状】a **thank-you letter**[サンキュー レタァ]
**れいせい**【冷静】**cool**[クール], **calm**[カーム]
- 彼女は冷静だった.
  She kept *cool*. / She kept a *cool* head.
━冷静に **calmly**
- 彼は冷静に返事をした. He *calmly* replied.
- 彼は冷静に判断できる.
  He can make a *cool-headed* decision.

## れいぞうこ【冷蔵庫】
a **refrigerator**[リフリヂャレイタァ], (話)a **fridge**[フリッヂ]→p.710 ミニ絵辞典
- 冷蔵庫を開けた. I opened the *refrigerator*.
- 冷蔵庫から牛乳を出してね.
  Take out the milk from the *refrigerator*.
- 生ものは冷蔵庫に入れておきなさい.
  Keep raw food in the *fridge*.

**れいだい**【例題】an **exercise**[エクサァサイズ], a **sample question**[サンプル クウェスチョン]
**れいたん**【冷淡な】**cold**[コウルド]
**れいとう**【冷凍する】**freeze**[フリーズ]
━冷凍の **frozen**[フロウズン]
冷凍庫 a **freezer**: アイスクリームを冷凍庫に入れた. I put the ice cream in the *freezer*.
冷凍食品 **frozen food**
**れいねん**【例年の】**annual**[アニュアル]
━例年どおり **as in other years**, **as usual**
━例年になく **unusually**
**れいはい**【礼拝】**worship**[ワーシップ];(礼拝式)a **service**[サーヴィス]
- 毎日曜日に教会へ礼拝に行く. I go to *worship* [*services*] at church every Sunday.
礼拝堂 a **chapel**
**れいぶん**【例文】an **example**(**sentence**)[イグザンプル(センタンス)]

**れいぼう**【冷房】
air conditioning[エァ カンディショニング]; (装置) an air conditioner
— 冷房のきいた air-conditioned
- 図書館は冷房がきいている.
 The library is *air-conditioned*.

**れいわ**【令和】(元号)Reiwa[レイワー]→ へいせい
- 令和元年に
 in the first year of *Reiwa* / in *Reiwa* 1

**レインコート** a raincoat[レインコウト]

**レインシューズ** rain boots[レイン ブーツ](▶ふつう複数形で用いる)

**レーサー** ㋐a race［㋖racing］car driver[レイス［レイスィング］カー ドゥライヴァ]

**レーザー** a laser[レイザァ]
| レーザー光線 a laser beam
| レーザープリンター a laser printer

**レーシングカー** ㋖a race car[レイス カー], ㋖a racing car[レイスィング]

**レース¹**(競争, 競走)a race[レイス]
- リクはレースに勝つ［負ける］だろう.
 Riku will win［lose］the *race*.

**レース²**(カーテンなどの)lace[レイス]

**レーズン**(干しぶどう)a raisin[レイズン]

**レーダー** radar[レイダァ]

**レール**(鉄道・カーテンなどの)a rail[レイル]

**レーン**(ボウリング・競走・競泳などの)a lane[レイン]; (車線)a lane

**レオタード** a leotard[リーアタード]

**れきし**【歴史】history[ヒスタリィ]
- 日本の歴史 Japanese *history*
- この博物館にはたくさんの歴史が詰(つ)まっている. This museum contains a lot of *history*.
— 歴史的な historic[ヒストーリック]
- 歴史的な出来事 a *historic* event
— 歴史上の historical
- 歴史上の人物 a *historical* figure
| 歴史小説 a historical novel

**レギュラー**(正選手)a regular (player)[レギュラァ (プレイア)]
- チームのレギュラーになりたい.
 I want to be a *regular* on the team.
- 彼はそのテレビ番組のレギュラーだ. He appears *regularly* on that TV program.
— レギュラーの regular

**レギンス** leggings[レギングズ]

**レクリエーション**(a) recreation[レクリエイション]
- レク(リエーション)を楽しんだ.
 We enjoyed *recreational activities*.

**レゲエ**〚音楽〛reggae[レゲィ]

**レゴ**〚商標〛Lego[レゴゥ]

**レコーディング** recording[リコーディング]

**レコード**(レコード盤(ばん))a record[レカァド]; (競技記録)a record

**レザー**(皮・革)leather[レザァ]

## レジ
(商店などの)a checkout (counter)[チェッカウト (カウンタァ)]; (機械)a cash register[キャッシュ レヂスタァ]; (レジ係)a cashier[キャッシァ]
| レジ袋 a plastic (shopping) bag

**レシート**(領収書)a receipt[リスィート]

**レシーバー**(スポーツで)a receiver[リスィーヴァ]; (受話器など)a receiver

**レシーブ**(スポーツで)receiving[リスィーヴィング]
— レシーブする receive

**レシピ** a recipe[レスィピィ]
- 私はレシピに従った. I followed the *recipe*.
- このレシピによると, 卵が2個必要だ. This *recipe* calls for two eggs. / According to this *recipe*, we need two eggs.
| レシピ本 a recipe book

**レジャー**(余暇(よか))leisure[リージャァ]; (娯楽(ごらく))(a) recreation[レクリエイション]

**レスキューたい**【レスキュー隊】a rescue (party[team])[レスキュー (パーティ[ティーム])]

**レストラン** a restaurant[レスタラント]
- きょうはレストランで夕食を食べよう.
 We'll have dinner at a *restaurant* today.

**レスラー** a wrestler[レスラァ]
- プロレスラー a professional *wrestler*

**レスリング** wrestling[レスリング]

**レセプション**(歓迎会)a reception[リセプション]

**レター**(手紙)a letter[レタァ]

**レタス**〚植物〛(a) lettuce[レティス](★発音注意)
- レタス1個 a head of *lettuce*

## れつ【列】
(縦の)a line[ライン]; (横の)a row[ロゥ]; (順番を待つ人の)(a) line, ㋖a queue[キュー]

line　　　row

- 最前列 the front *row*
- 少年たちはゲームを買うために列を作った.
 The boys formed［made］a *line* to buy the game.
- 列に並んで待たなくてはならなかった.
 We had to stand in *line*［㋖*queue*］.

## レッカーしゃ

- 列に割りこまないでよ. ⊛Don't cut in *line*. / ⊛Don't jump the *queue*.

**レッカーしゃ**【レッカー車】**a tow truck**[トゥ トゥ ラック], ⊛**a wrecker**[レッカァ], ⊛**a breakdown truck**[ブレイクダウン トゥラック]

## れっしゃ【列車】

**a train**[トゥレイン] → でんしゃ

- 列車の時刻表 《主に⊛》**a** *train* **schedule**, 《主に⊛》**a timetable**
- この列車は東京へ行きますか.
  Does this *train* go to Tokyo?
- そこに普通(ふつう)列車で行った.
  We went there by a local *train*.

―表現メモ―

**列車のいろいろ**
始発列車 the first train
最終列車 the last train
特急列車 a limited express train
急行列車 an express train
快速列車 a rapid train
準急列車 a local express train
普通列車 a local train
直通列車 a through train
夜行列車 an overnight train
臨時列車 a special train
貨物列車 a freight train

▍列車事故 a train accident

## レッスン

**a lesson**[レッスン]

- 英会話のレッスン an English conversation *lesson* / a *lesson* in English conversation
- ケンは週に1回ギターのレッスンを受けている.
  Ken takes a guitar *lesson* once a week.

**レッテル a label**[レイブル]
 ━**レッテルをはる label**
- 彼はいたずらっ子というレッテルをはられた.
  He was *labeled* as a mischievous boy.

**れっとう**【列島】**islands**[アイランツ], **an archipelago**[アーカペラゴウ]
- 日本列島 the Japanese *Islands* [*Archipelago*]

**れっとうかん**【劣等感】**an inferiority complex**
[インフィ(ァ)リオーラティ カンプレックス]
- 私はユミに対して劣等感を持っている.
  I *feel inferior* to Yumi.

**れっとうせい**【劣等生】**a poor student**[プァストゥドゥント], **a slow learner**[スロウ ラーナァ]

**レッドカード**〖サッカー〗**a red card**[レッド カード]
- 審判(ばん)は彼にレッドカードを出した.
  The referee gave him a *red card*.

**レトリバー**〘犬〙**a retriever**[リトゥリーヴァ]

**レトルトしょくひん**【レトルト食品】
**cook-in-the-packet food**[クックインザパキット フード], **ready-made food**[レディメイド フード]

**レトロ retro**[レトゥロウ]

**…れば**【…(す)れば】→…たら

**レバー**[1]〘取っ手〙**a lever**[レヴァ]

**レバー**[2]〘食品としての肝臓(ぞう)〙**liver**[リヴァ]

**レパートリー a repertory**[レパァトーリィ], **a repertoire**[レパァトゥワー]
- 彼にはレパートリーが100曲くらいある.
  There are about a hundred songs in his *repertoire*.

**レフェリー a referee**[レファリー] → しんぱん

**レフト**〖野球〗(左翼(よく))**left field**[レフト フィールド]; (左翼手)**a left fielder**[フィールダァ]

**レプリカ a replica**[レプリカ]

**レベル**(**a**) **level**[レヴァル]
- 2人は同レベルだ.
  They are on the same *level*.
- あの学校はレベルが高い.
  The school has a high academic *level*.
- 私はまだ試合に出るレベルになっていない.
  I haven't reached competition *level* yet.
 ━**レベルアップする improve**[インプルーヴ]

**レポーター a reporter**[リポータァ]

**レポート**(課題, 研究論文)**a paper**[ペイパァ]; (報告書)**a report**[リポート]
- あしたはレポートを提出しなければならない.
  I have to hand in my *paper* tomorrow.

**レモネード** ⊛**lemonade**[レマネイド], ⊛**lemon squash**[レマン スクワッシュ]

手作りのレモネードスタンドでレモネードを売る子ども

**レモン** a lemon [レマン]
- レモンの皮 a *lemon* rind
- レモンの汁 *lemon* juice
- レモンをしぼって，エビフライにかけた．
  I squeezed a *lemon* on the fried shrimp.
- レモン色 *lemon* yellow
- レモンスカッシュ ⊛*lemon* soda, ⊛**lemonade**
- レモンティー tea with *lemon*

**レリーフ** a relief [リリーフ]

## …れる【…(さ)れる】

| | | |
|---|---|---|
| ❶ 受け身 | be＋〈過去分詞〉 | |
| ❷ 被害(ﾊﾞｲ) | have＋〈人・物〉＋〈過去分詞〉 | |
| ❸ 可能 | can＋〈動詞の原形〉, | |
| | be able to＋〈動詞の原形〉 | |

❶ [受け身] **be＋〈過去分詞〉**(▶日本語では受動態 (受け身)でも英語では能動態で言う場合が多い)
- エミはみんなに愛されている．
  Emi *is* loved by everybody. / Everybody loves Emi. (▶後者のほうがふつうの言い方)

❷ [被害] **have＋〈人・物〉＋〈過去分詞〉**
- ゆうべ自転車を盗(ﾇｽ)まれた．
  I *had* my bicycle stolen last night.

❸ [可能] **can＋〈動詞の原形〉**[キャン], **be able to＋〈動詞の原形〉**[エイブル]
- もっと早く走れるかな？
  I wonder if I *can* run faster?

**れんあい**【恋愛】love [ラヴ] → こい¹
- 姉は恋愛中だ．
  My sister is in *love*.
- 今週私の恋愛運はいい．
  I'm lucky in *love* this week.
- 恋愛結婚(ｹｯ) a *love* marriage
- 恋愛小説 a *love* story

**れんが** (1個の) a brick [ブリック], (まとめて) brick
- れんがで建てた家 a *brick* house
- れんがの塀(ﾍｲ) a *brick* wall

**れんきゅう**【連休】consecutive holidays [カンセキュティヴ ハリデイズ]
- 5月には連休がある．
  There are *consecutive holidays* in May.
- 3連休は何か計画してる？
  Do you have any plans for the three-day holiday?

**れんごう**【連合】(an) alliance [アライアンス], union [ユーニアン]

**れんこん** a lotus root [ロウタス ルート]
- れんこんの皮をむいた．
  I peeled a *lotus root*.

**れんさい**【連載】a serial [スィ(ｱ)リアル]
- この漫画(ﾏﾝ)の連載がもうすぐ終わっちゃう．
  The *serial* of this manga will end soon.
- 連載小説 a *serial* novel
- 連載漫画 *serial* manga

**れんさはんのう**【連鎖反応】a chain reaction [チェイン リアクション]

**レンジ**(電子レンジ) a microwave (oven) [マイクロウェイヴ (アヴァン)]
- ご飯をレンジでチンした．
  I heated rice in the *microwave*.

**れんじつ**【連日】every day [エヴリィ デイ], day after day [アフタァ]

## れんしゅう【練習】

(a) practice [プラクティス], an exercise [エクササイズ]; (スポーツなどの) training [トゥレイニング]
- 彼は非常に練習熱心だ．
  He *trains* very hard.
- **━練習(を)する** practice, exercise; train
- ナオは毎日シュートの練習をしている．
  Nao *practices* shooting every day.
- 練習曲 an étude, a practice piece
- 練習試合 a practice game [match]
- 練習場 a training field, a training room
- 練習日 a training day
- 練習問題 an exercise

**れんしょう**【連勝】consecutive wins [victories] [カンセキュティヴ ウィンズ (ヴィクタリズ)]
- 私たちのチームは3連勝した．
  Our team *won* three games *in a row*.
- 連勝記録 a record for consecutive wins

**レンズ** a lens [レンズ]
- 凹(ｵｳ)[凸(ﾄﾂ)]レンズ
  a concave [convex] *lens*
- 望遠レンズ a telephoto *lens*
- 眼鏡のレンズを布でふいた．
  I wiped my eyeglass *lenses* with a cloth.

**れんそう**【連想】association [アソウスィエイション]
- **━連想する**(…から～を) associate (... with ~) [アソウスィエイト]
- 「うさぎ」というとどんなイメージを連想する？
  What image do you *associate with* rabbits?

## れんぞく

━連想させる（…に～を）remind (... of ～)[リマインド]

┃連想ゲーム an association game

## れんぞく【連続】

(a) succession[サクセション]；(同種のものの)a series[スィ(ア)リーズ](複 series)（▶単複同形）

- きのうは失敗の連続だった．
  I made a *series* of errors yesterday.
- その旅行は驚きの連続だった．
  The trip was *full* of surprises.
- 弟はそのゲームを3時間連続でプレーしていた．
  My brother played the game for three hours *straight*.

━連続した continuous[カンティニュアス], consecutive[カンセキュティヴ]

━連続して continuously, consecutively, without a break；(次々と)one after another

- きょうはいいことが連続している．
  Good things are taking place *one after another* today.

┃連続ドラマ a serial drama

### れんたい【連帯】
┃連帯責任 collective responsibility

### レンタカー a rent-a-car[レンタカー], a rental car[レンタル カー]
- 父はスキーに行くためにレンタカーを借りた．
  My father *rented a car* to go skiing.

### レンタル【レンタルの】rental[レンタル]
━レンタルする rent
┃レンタル店 a rental shop
┃レンタル料金 a rental fee

### レントゲン (エックス線写真) an X-ray[エックスレイ]（▶「レントゲン」はエックス線発見者の名から）
━レントゲン(写真)を撮(と)る X-ray
- 私は肺のレントゲンを撮ってもらった．I had my lungs *X-rayed*. (▶ have＋〈人・物〉＋〈過去分詞〉で「〈人・物〉を「…してもらう」の意)

┃レントゲン検査 an X-ray examination

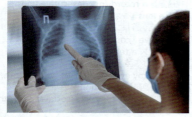

### れんにゅう【練乳】condensed milk[カンデンスト ミルク]
### れんぱ【連覇する】
- テニス部は区大会で4連覇した．
  The tennis team *won* four *consecutive championships* in the ward competition.

### れんぱい【連敗する】
- 柔道(じゅうどう)部は5連敗してしまった．The judo team *lost* five matches *in a row*. / The judo team had five *consecutive losses*.

### れんぱつ【連発する】
- 彼は試合でミスを連発した．He *repeatedly made* errors in the match.
- くしゃみを連発した．
  I sneezed several times *in a row*.

### れんぽう【連邦】a federation[フェデレイション]; a union[ユーニアン]

### れんめい【連盟】a league[リーグ]
- 高校野球連盟
  the Senior High School Baseball *League*

## れんらく【連絡】

contact[カンタクト], message[メスィッヂ]；(列車などの)a connection[カネクション]

- エリから連絡があった．
  I received a *message* from Eri.

━連絡する contact, get in touch with ...[タッチ]; connect (with ...)

- 友達にメールで連絡した．
  I *contacted* my friend by email.
- 連絡してください．
  Please *get in touch with* me.
- この列車は名古屋で「こだま」に連絡します．
  This train *connects with* a Kodama bullet train at Nagoya.

┃連絡先 contact information; (住所)an address; (電話)a contact phone number; (メール)an email address
┃連絡船 a ferry, a ferryboat
┃連絡網(もう) an emergency telephone network

### れんりつ【連立】coalition[コウアリション]
┃連立政権 a coalition government
┃連立内閣 a coalition cabinet
┃連立方程式 simultaneous equations

ローマ

# ろ ロ

**ろう** wax [ワックス]
┃ろう人形 a wax figure

**ろうか**【廊下】
(学校・ホテルなどの長い) a corridor [コーリダァ]; (玄関から部屋への) 米a hall [ホール], a hallway [ホールウェイ], a passage(way) [パスィッヂ(ウェイ)]
・廊下では静かに. Be quiet in the *corridor*.

**ろうがっこう**【ろう学校】a school for the deaf [スクール] [デフ], a school for hearing-impaired children [スクール] [ヒァリングインペアド チルドレン]

**ろうがん**【老眼】far-sighted because of age [ファーサイティド] [エイヂ]

**ろうがんきょう**【老眼鏡】reading glasses [リーディング グラスィズ]

**ろうご**【老後】
・両親は老後のために貯金している.
My parents are saving money for *their old age*. / My parents are saving money for *their retirement*. (←退職後のために)

**ろうしゃ**【ろう者】(まとめて) deaf people [デフ ピープル], (1人) a hearing-impaired person [ヒァリングインペアド パースン]

**ろうじん**【老人】(男性) an old [elderly] man [オウルド][エルダリィ] マン], (女性) an old [elderly] woman [ウ マ ン], (1人) an old [elderly] person (▶old よりも elderly を使うほうがていねい); (まとめて) the elderly, the aged [エイヂド]; (高齢者) senior citizens [スィーニァァ スィティズンズ] → としより
┃老人ホーム a nursing home

**ろうすい**【老衰】
・老衰で死ぬ die of old age

**ろうそく** a candle [キャンドゥル]
・私はろうそくに火をつけた.
I lit a *candle*.
・エミはろうそくの火を吹き消した.
Emi blew out a *candle*.
┃ろうそく立て a candlestick

**ろうどう**【労働】(仕事) work [ワーク]; (主に肉体を使う) labor [レイバァ]
┃重労働 hard work [labor]
┃肉体労働 physical labor
━労働する work; labor → はたらく
┃労働組合 a labor union
┃労働時間 working hours
┃労働者 a worker; a laborer

**ろうどく**【朗読する】read aloud [リード アラウド]

**ろうにん**【浪人】
・兄は大学受験で浪人することにした.
My brother decided to *wait for another chance to enter* the university.

**ろうねん**【老年】old age [オウルド エイヂ]

**ろうひ**【浪費】(a) waste [ウェイスト]
・ゲームを何時間もするのは時間の浪費だ.
Playing games for hours is a *waste* of time.
━浪費する waste

**ろうりょく**【労力】(労働) labor [レイバァ]; (骨折り)(an) effort [エフォト]

**ローカル**【ローカルな】(その地方の, 地元の) local [ロウカル] (▶「田舎の」の意味はない)
┃ローカル線 a local line
┃ローカルニュース local news

**ローション** lotion [ロウション]

**ローストチキン** roast chicken [ロウスト チキン]

**ローストビーフ** roast beef [ロウスト ビーフ]

**ロータリー**(環状交差点) a rotary [ロウタリィ], 米a traffic circle [トゥラフィック サークル], 英a roundabout [ラウンダバウト]

**ローティーン**(one's) early teens [アーリィ ティーンズ] (▶13〜15歳くらいまで.「ローティーン」は和製英語)
・ローティーンの少女たち
girls in *their early teens*

**ローテーション**(輪番, 交代) rotation [ロウテイション]
・ケンはローテーション入りした.
Ken was in the *rotation*.

**ロードショー** a (movie's) first-run showing [(ムーヴィズ) ファーストゥラン ショウイング]

**ロードレース**(1回の) a road race [ロウド レイス], (まとめて) road racing [レイスィング]

**ロードワーク** roadwork [ロウドワーク]

**ロープ** a rope [ロウプ]
┃ロープウエー (ケーブルカー) a cable car

**ローファー**(靴) a loafer [ロウファ] (▶ふつう複数形で用いる) → くつ図

**ローマ** Rome [ロウム] (▶イタリアの首都)
━ローマ(人)の Roman [ロウマン]

――――慣用表現――――

ローマは一日にして成らず.
Rome was not built in a day.

┃ローマ教皇 the Pope
┃ローマ字 Roman letters, the Roman alphabet
┃ローマ数字 Roman numerals

**ローラー** a roller[ロウラァ]
**ローラースケート**(遊び)roller-skating[ロウラァスケイティング];(靴(⑤))a roller skate[ロウラァ スケイト](▶ふつう複数形で用いる)
━ローラースケートをする roller-skate
・私たちはきのうローラースケートをした.
We *roller-skated* yesterday.
**ローラーブレード**(遊び)in-line skating[インライン スケイティング];(靴(⑤))『商標』a Rollerblade[ロウラァブレイド], in-line skates

**ロールキャベツ**(料理)stuffed cabbage[スタッフト キャビッヂ]
**ロールケーキ** a Swiss roll[スウィス ロウル], ⊛ (ジャムをはさんだもの)a jelly roll[チェリィ]
**ロールパン** a roll[ロウル]→パン 図
**ロールプレイ** role-play[ロウルプレイ]
┃ロールプレイングゲーム a role-playing game (RPG)
**ローン** (a) loan[ロウン]
・住宅ローン a home *loan*
**ろく**【六(の)】**six**[スィックス]→さん¹
・ケンは6年生だ. Ken is in the *sixth* grade.
━第六(の) the sixth[スィックスス](▶6thと略す)
・第六感 a *sixth* sense
**ログアウト**【ログアウトする】log out [off][ローグ アウト[オーフ]]
**ログイン**【ログインする】log in [on][ローグ イン[アン]]
**ろくおん**【録音】recording[リコーディング]
━録音する record
・彼女の歌を録音した. I *recorded* her song.

# **ろくが**【録画】
video recording[ヴィディオウ]
━録画する record
・私,そのドラマを録画したわよ.
I have *recorded* the TV drama.
・あの番組の録画予約をしておかないと.
I need to set the recorder to *record* that show.
**ろくがつ**【六月】June[チューン](▶常に大文字で始め, Jun.と略す)→いちがつ
・6月の花嫁(㊗) a *June* bride
・日本では6月は梅雨(⑦)の時期です.
*June* is the rainy season in Japan.
**ろくじゅう**【六十(の)】sixty[スィックスティ]
・(19)60年代の (nineteen) *sixties*
━第六十(の) the sixtieth[スィックスティアス](▶60thと略す)
**ろくでなし**(役に立たない人)
a good-for-nothing[グッドファナッスィング]
**ろくに**
━ろくに…しない hardly
・話しかけたけれど,テツはろくに返事もしてくれなかった.
I talked to Tetsu, but he *hardly* replied.
**ログハウス** a log house[ローグ ハウス], a log cabin[キャビン]
**ロケ(ーション)** (a) location[ロウケイション](▶「ロケ」と略すのは和製英語)
・彼らは香港(㋙)でロケをした.
They went on *location* in Hong Kong.
**ロケット** a rocket[ラキット]
・彼らはロケットの打ち上げに成功した. They succeeded in [at] launching a *rocket*.
┃ロケット発射台 a launch pad
**ロゴ** a logo[ロウゴゥ]
・ロゴ入りTシャツ a T-shirt with a *logo*
**ろこつ**【露骨な】downright[ダウンライト], direct[ディレクト]
**ロサンゼルス** Los Angeles[ローサンヂャルス], L.A.[エルエイ](▶米国の都市)

米国・ロサンゼルスのベニスビーチ

**ろじ**【路地】an alley[アリィ], a lane[レイン]
**ロシア** Russia[ラシャ]
━ロシア(語,人)の Russian
┃ロシア語 Russian
┃ロシア人 a Russian
┃ロシア連邦(㋿) the Russian Federation
**ろしゅつ**【露出】exposure[エクスポウヂァ]
━露出する expose[エクスポウズ]
**ろじょう**【路上で[の]】on a street[ストゥリート], on the road[ロウド]
**ロスタイム**『サッカー』injury time[インヂャリ タ

イム], **additional time**[アディシャヌル タイム]
**ろせん**【路線】**a route**[ルート]
- バス路線 a bus *route*
│路線バス a bus on a regular route

# ロッカー
**a locker**[ラッカァ]
- コインロッカー a coin-operated *locker*
│ロッカールーム a locker room

**ろっかくけい**【六角形】**a hexagon**[ヘクサガーン]
**ロック**[1]〖音楽〗**rock (music)**[ラック (ミューズィック)];（ロックンロール）**rock-and-roll, rock-'n'-roll**[ラッカンロウル]
│ロック歌手 a rock singer
│ロックバンド a rock band
**ロック**[2]（錠(じょう)）**a lock**[ラック]→かぎ
━ロックする **a lock**
**ロッククライミング rock climbing**[ラッククライミング]
**ロックダウン lockdown**[ラックダウン]
**ろっこつ**【ろっ骨】（1本の）**a rib**[リブ]
- アキは転んでろっ骨を折った．
  Aki fell down and broke a *rib*.
**ロッジ a lodge**[ラッヂ], **a cabin**[キャビン]
**ろてんぶろ**【露天風呂】**an open-air bath**[オウプンエァ バス]

紅葉の時期の露天風呂（日本・山形県）

**ろば**〖動物〗**a donkey**[ダンキィ]
**ロビー a lobby**[ラビィ]
**ロブスター a lobster**[ラブスタァ]
**ロフト a loft**[ローフト]
**ロボット a robot**[ロウバット]
- 産業用ロボット an industrial *robot*
│ロボット工学 robotics
**ロマン**
- 宇宙にはロマンがある．Outer space *excites* people.（←わくわくさせる）
**ロマンス romance**[ロウマンス]
**ロマンチスト a romantic**[ロウマンティック]（►「ロマンチスト」は和製英語）
**ロマンチック**【ロマンチックな】**romantic**[ロウマンティック]
- ロマンチックな話 a *romantic* story
**ロム ROM**[ラム]（► read-only memoryの略）
**ろめん**【路面】**road surface**[ロウド サーフィス], **the surface of a road**
│路面電車 ⊛a streetcar, ⊛a tram (car)
**ろん**【論】（議論）**(an) argument**[アーギュマント];（研究）**studies**[スタディズ]
**ろんがい**【論外】**out of the question**[アウト][クウェスチョン]
- 一晩中出かけるなんて論外だ．Going out all night is *out of the question*.
**ロング**【ロングの】**long**[ローング]
│ロングスカート a long skirt
│ロングセラー a longtime seller（►「ロングセラー」は和製英語）
│ロングヘア long hair
│ロングラン a long run
**ろんじる**【論じる】**discuss**[ディスカス];（議論する）**argue**[アーギュー]→はなしあう
**ろんそう**【論争】**(a) dispute**[ディスピュート]
━論争する **dispute, argue**[アーギュー]
**ロンドン London**[ランダン]（►英国の首都）
│ロンドンっ子 a Londoner
│ロンドン塔(とう) the Tower of London
**ろんぶん**【論文】**a paper**[ペイパァ];（新聞・雑誌などの）**an article**[アーティクル];（文学などの）**an essay**[エセィ]
- マザー・テレサの一生について論文を書いた．
  I wrote a *paper* on the life of Mother Teresa.
- 卒業論文 a graduation *thesis*
**ろんり**【論理】**logic**[ラヂック]
━論理的な **logical**
━論理的に **logically**
- もっと論理的に話してください．
  Please talk more *logically*.

# わ ワ

**わ¹**【輪】(円の)a circle[サークル];(リング状の)a ring[リング];(車輪の)a wheel[(ホ)ウィール]
- 輪になって in a circle

**わ²**【和】(合計)the sum[サム], a total[トウトゥル];(調和)harmony[ハーマニィ]

**わあ** Wow[ヮゥ], Hey[ヘィ]
- わあ,なんてきれいな景色! Wow, what a beautiful view!
- 「あしたスキーに行こう」「わあ,やったあ」"Let's go skiing tomorrow." "Hey, that would be great!"

**ワーキングホリデー** a working holiday[ワーキング ハラデイ]

**ワーク** work[ワーク]
- チームワーク teamwork
  ワークブック a workbook

**ワースト** (最悪のこと)the worst[ワースト]
  ワースト記録 the worst record

**ワールド** (世界)the world[ワールド]
  ワールドカップ the World Cup
  ワールドシリーズ (米大リーグの)the World Series
  ワールドベースボールクラシック the World Baseball Classic(▶WBCと略す)

**ワイシャツ** a (dress) shirt[(ドゥレス) シャート](▶「ワイシャツ」はwhite shirtがなまったもの)

**わいせつ**【わいせつな】obscene[アブスィーン], dirty[ダーティ], indecent[インディースント]

**ワイド**【ワイドな】(幅の広い)wide[ワイド]
  ワイドショー a TV talk show
  ワイドスクリーン (画面)a wide screen

**ワイパー** (車)a (windshield) wiper[(ウィンドシールド) ワイパァ]→くるま 図

**ワイファイ**〚商標〛Wi-Fi[ワイファイ]
- Wi-Fiが使えるカフェ a Wi-Fi enabled café
- Wi-Fiによるインターネットアクセス Wi-Fi Internet access
- Wi-Fi接続 a Wi-Fi connection

**ワイヤレス** wireless[ワイァリス]
  ワイヤレスマイク a wireless microphone

**わいろ** a bribe[ブライブ]

**わいわい**
- 私たちはわいわい騒いで楽しんだ. We made a lot of noise and had fun.

**ワイン** wine[ワイン]
- 赤[白]ワイン red [white] wine
- ワイン1本[1杯]  a bottle [glass] of wine
  ワイングラス a wineglass

**わえいじてん**【和英辞典】a Japanese-English dictionary[ヂャパニーズ イングリッシュ ディクショナリィ]
- 和英辞典で単語を引いた. I looked up a word in a Japanese-English dictionary.

**わおん**【和音】a chord[コード]

**わか**【和歌】a waka;(まとめて)traditional Japanese poetry of thirty-one syllables[トゥラディショヌル ヂャパニーズ ポウイトゥリィ][サーティワン スィラブルズ];(短歌)a tanka→たんか²

## わかい¹【若い】
young[ヤング](⇔年を取った old)
- 私は彼女より6歳若い. I am six years younger than her.
- 私は兄弟3人の中でいちばん若い. I'm the youngest of three brothers.
- 先生は若いときにイギリスに留学していた. The teacher studied in England when he was young.

**わかい²**【和解】→なかなおり

**わかさ**【若さ】youth[ユース]

**わがし**【和菓子】⊛ (a) Japanese candy[ヂャパニーズ キャンディ], ⊛ a Japanese sweet[スウィート]

**わかす** (沸かす)(沸騰させる)boil[ボイル]
- お茶を飲むために湯を沸かした. I boiled some water to make tea.
- お風呂を沸かしてくださいね. Please prepare [heat] the bath.

**わかちあう**【分かち合う】share[シェア]
- 私たちは喜びも悲しみも分かち合った. We shared joy and sorrow.

**わかば**【若葉】young leaves[ヤング リーヴズ];(新緑)fresh green (leaves)[フレッシュ グリーン]

## わがまま【わがままな】
selfish[セルフィッシュ], self-centered[セルフセンタァド]

**わかめ** wakame; soft seaweed[ソーフト スィーウィード]

**わかもの**【若者】(1人)a young person [man, woman][ヤング パースン[マン, ウマン]],(全体)young people[ピープル], the youth[ユース]
  若者言葉 young people's language

**わがや**【わが家】our [my] home[ホウム], our [my] house[ハウス]

- わが家には部屋が5つある.
  There are five rooms in *our home*.
- わが家がいちばん.
  *Our house* is the best place.

**わからずや**【分からず屋】(頑固(がんこ)な) **an obstinate person**[アブスタナット パースン]

**わかりきった**【分かりきった】**plain**[プレイン], **obvious**[アブヴィアス]

**わかりにくい**【分かりにくい】(理解しにくい) **hard** [**difficult**] **to understand**[ハード [ディフィカルト]][アンダスタンド]
- 彼の話はわかりにくかった. His speech was *hard* [*difficult*] *to understand*.

**わかりやすい**【分かりやすい】(理解しやすい) **easy to understand**[イーズィ][アンダスタンド]
- この説明はわかりやすい.
  This explanation is *easy to understand*.

## わかる【分かる】

❶ 理解する　　　understand, see
❷ 知る, 知っている　know;
　　　　　　　　　(経験的にわかる) find;
　　　　　　　　　(見分ける) tell

❶ [理解する] **understand**[アンダスタンド], **see**[スィー]
- わかりました.
  I *understand* [*see*]. / I *got* it.
- 妹は英語が少しわかる.
  My sister *understands* English a little.
- ケンはきょうの授業がわからなかった.
  Ken couldn't *understand* today's class.
- 父はぼくのことをわかってくれない.
  My father doesn't *understand* me.
- 私の言ってることがわかりますか. Do you *see* what I mean? / Did I make myself clear?
  (▶ Do you understand me? は失礼)
- この問題, 全然わからない.
  I can't *solve* this problem.

❷ [知る, 知っている] **know**[ノゥ] (▶進行形では用いない); (経験的にわかる) **find**[ファインド]; (見分ける) **tell**[テル] (▶ can tell または be able to tell の形で用いる)
- そんなことわかっているよ. I *know* that.
- 自分のクラスはいつわかるのかな？
  When will I *know* which class I'm in?
- これを何と言えばよいかわからない.
  I don't *know* how to say this.
- ナオがとてもいい子なのがわかった.
  I *found* Nao (to be) very nice.
- 弟は犬とおおかみの違い(ちがい)がわからない.
  My brother can't *tell* the difference between dogs and wolves.

**わかれ**【別れ】(別れること) (**a**) **parting**[パーティング]; (別れの言葉) (**a**) **goodbye**[グッドバイ]
- ケンジは友達に別れを告げた.
  Kenji said *goodbye* to his friends.
- お別れはさびしいです. I'll *miss* you.
▮お別れ会 a farewell party

**わかれみち**【分かれ道】**a fork**（**in the road**）[フォーク (ロウド)]
- その分かれ道を左に行ってください.
  Please go left at the *fork*.
- 私は人生の分かれ道に立っていた. I was standing at the *crossroads* of my life.

## わかれる¹【別れる】

**part**（**from** ...）[パート], **split**（**up**）[スプリット]; (恋人(こいびと)同士などが) **break up**[ブレイク]; (離婚(りこん)する) **get divorced**[ディヴォースト]
- ぼくは駅でノリオと別れた.
  I *parted* ways with Norio at the station.
- 私たちは校門を出たところで別れた. We *split up* after we left the school gate.
- マリは彼氏と先週別れた. Mari *broke up* with her boyfriend last week.

**わかれる²**【分かれる】(分離(ぶんり)する) **divide**（**up into** ...）[ディヴァイド], **be divided**（**into** ...）; (分裂(ぶんれつ)する) **split**[スプリット]
- 私たちは3つのグループに分かれた.
  We *divided* (*up*) *into* three groups.
- 彼と意見が分かれた.
  My opinion *is different from* his.

**わき**（横, 側）**a side**[サイド]
━**わきに** **by** ..., **beside** ...[ビサイド]; (隣(となり)に) **next to** ...[ネクスト]
- お店のわきに自転車をとめた.
  I parked my bicycle *beside* the shop.
- 彼はわきに数冊本をかかえていた.
  He had some books *under his arm*.
━**わきへ**（**に**）**aside**
- 私たちはわきに寄った. We moved *aside*.

**わきのした**【わきの下】**an armpit**[アームピット]
**わきばら**【わき腹】（**the**）**side of** *one's* **body**[サイド][バディ]
- 左のわき腹が痛い.
  The left *side of my body* hurts.

**わきまえる** **know better**[ノゥ ベタァ]
**わきやく**【脇役】**a supporting role**[サポーティング ロウル]
- 脇役のキャラクター a *supporting* character

## わく¹【沸く】

（湯が）**boil**[ボイル]; （興奮する）**be**［**get**］**excited**

## わく²

[イクサイティド]
- お湯が沸いてる.
 The water is *boiling*.
- 優勝してクラスが沸いた.
 The class *got excited* by its victory.
- おふろが沸いたよ.
 The bath *is ready* [*heated*].

**わく²**【枠】(縁(ふち)) **a frame**[フレイム]
- 窓枠 a window *frame*

**わく³**(水・温泉などが) **come out**[カム アウト], **spring**(**up**)[スプリング(アップ)]
- そこでは温泉がわいている.
 A hot spring *comes out* there.
- それを聞いて希望がわいてきた.
 After hearing that, I got my hopes *up*.

**わくせい**【惑星】**a planet**[プラニット]

――― 表現メモ ―――

**惑星のいろいろ**
水星 Mercury / 金星 Venus /
地球 the earth, Earth / 火星 Mars /
木星 Jupiter / 土星 Saturn / 天王星 Uranus /
海王星 Neptune

**ワクチン**〖医学〗(**a**) **vaccine**[ヴァクスィーン]
━…にワクチンを接種する **vaccinate**[ヴァクスィネイト]
- インフルエンザのワクチンを接種した.
 I was *vaccinated* against the flu. / I received a flu *vaccine*.
▍ワクチン注射 (**a**) **vaccination**

## わくわく 【わくわくする】

**be** [**get**] **excited**[イクサイティド]
- 修学旅行のことを考えるとわくわくする.
 I *am excited* about the school trip.
- みんなわくわくしながら待っていた.
 We all waited with *anticipation*.
━わくわくして **excitedly**
- わくわくして眠れない.
 I *am* too *excited* to sleep.
━わくわくするような **exciting**

## わけ 【訳】

| ❶ 理由 | (a) reason |
| --- | --- |
| ❷ 意味 | a sense, (a) meaning |

❶〔理由〕(**a**) **reason**[リーズン]
- 欠席の訳を説明した.
 I explained (the *reason*) *why* I was absent.
- これにはちゃんとした訳がある.
 I have a good *reason* for this.
- 彼はどういう訳かそれが嫌(きら)いだった.
 For some *reason*, he didn't like it. / *Somehow* he didn't like it.
━…する訳がない **cannot**+〈動詞の原形〉
- このチームが負ける訳がない.
 This team *cannot* lose.
━すべて…する訳ではない **not … every**
- すべての人がパンダを見たい訳ではない.
 *Not everyone* wants to see a panda.
━…する訳にはいかない **cannot**+〈動詞の原形〉
- 弟を1人にして外出するにはいかない.
 I *can't* go out leaving my brother alone.
❷〔意味〕**a sense**[センス], (**a**) **meaning**[ミーニング]
- この英語, わけがわからない.
 This English doesn't make *sense*.

**わけまえ**【分け前】**a share**[シェア]

## わける 【分ける】

**divide**[ディヴァイド]; (より分ける) **separate**[セパレイト]; (分配する) **share**[シェア]; (髪(かみ)を) **part**[パート]

〈物〉を〈数〉に分ける
divide+〈物〉+into+〈数〉
- そのケーキを4つに分けなさい.
 *Divide* the cake *into* four (pieces).

〈物〉を〈人〉と分ける
divide [share]+〈物〉+with+〈人〉
- 私はチョコレートを妹と分けた. I *divided* [*shared*] the chocolates *with* my sister.
- 彼は髪を真ん中で分けた.
 He *parted* his hair in the middle.

**わゴム**【輪ゴム】**a rubber band**[ラバァ バンド], **an elastic** (**band**)[イラスティック]
- 輪ゴムで遊ばないでください. Please don't play with the *rubber bands*.

**ワゴン**(自動車の) ⊛**a station wagon**[ステイション ワガン]; (配ぜん用) ⊛**a wagon**, **a** (**serving**) **cart**

**わざ**【技】**a skill**[スキル]; (柔道(じゅうどう)などの)(**a**) **technique**[テクニーク]
- スキーの技をみがきたい.
 I want to polish my skiing *skills*.
- 多くの技を身につけた.
 I learned many *techniques*.

**わざと on purpose**[パーパス], **intentionally**[インテンショナリィ]
- わざとやったんだね.
 You did that *on purpose*!

**わざとらしい**(不自然な) **unnatural**[アンナチャラル]; (むりやりの) **forced**[フォースト]
- わざとらしい笑顔
 a *forced* smile

**わさび**〖植物〗**wasabi**[ワサービィ], **Japanese horseradish**[ヂァパニーズ ホースラディッシュ]

**わざわい**【災い】(災難)(**a**)**disaster**[ディザスタァ], **trouble**[トゥラブル];(不幸)(**a**)**misfortune**[ミスフォーチュン]

**わざわざ**(特別に)**specially**[スペシャリィ];(はるばる)**all the way**[オール][ウェイ]
- **わざわざ…する take the trouble to**+〈動詞の原形〉[トゥラブル]
- わざわざ見送りに来てくれてありがとう．
  Thank you for *taking the trouble to* see me off.

**わし**〖鳥〗**an eagle**[イーグル]

**わしつ**【和室】**a Japanese-style room**[ヂァパニーズ スタイル ルーム]

**わしょく**【和食】**Japanese food**[ヂァパニーズ フード], **Japanese cuisine**[クウィズィーン]→食生活【口絵】

**ワシントン Washington**(**, D. C.**)[ワシンタン(ディースィー)](▶コロンビア特別区，米国の首都);(州)**Washington**(▶米国北西部の州)

**わずか**【わずかな】(数が)**a few**[フュー];(量が)**a little**[リトゥル];(程度が)**slight**[スライト]→すこし
- 練習に来たメンバーはほんのわずかだった．
  Only *a few* members came to practice.
- 牛乳はわずかしか残っていない．
  There's only *a little* milk left. / There is*n't* much milk left.

**わすれっぽい**【忘れっぽい】**forgetful**[ファゲットフル]
- 祖母はこのごろ忘れっぽくなった．
  My grandmother is getting *forgetful* these days.

**わすれもの**【忘れ物をする】
- 忘れ物をしちゃった．
  I *left* something *behind*.
- 忘れ物はない？
  Do you have everything(with you)?

▌忘れ物預かり所 **Lost and Found**

# わすれる【忘れる】

| ❶覚えていない | forget |
| ❷置き忘れる | leave |

forget

leave

❶〔覚えていない〕**forget**[ファゲット](⇔覚えている **remember**)
- この単語の意味を忘れちゃった．
  I have *forgotten* the meaning of this word.
- あなたのことはけっして忘れません．
  I'll never *forget* you.

**…するのを忘れる**
**forget to**+〈動詞の原形〉
- 私は宿題を提出するのを忘れてしまった．
  I *forgot to* hand in my homework.

**…したのを忘れる**
**forget**+〈-ing形〉
- ここに来たことをけっして忘れません．
  I'll never *forget* com*ing* here.

**…ということを忘れる**
**forget that** ...
- あしたが誕生日だということを忘れていた．
  I *forgot that* tomorrow is my birthday.

**忘れずに…してください**
**Remember to**+〈動詞の原形〉/ **Don't forget to**+〈動詞の原形〉
- 牛乳を買うのを忘れないでね．*Remember to* buy milk. / *Don't forget to* buy milk.

❷〔置き忘れる〕**leave**[リーヴ](▶場所を示す語とともに使う)
- かさをバスに忘れたみたい．
  I think I *left* my umbrella in the bus.
- 辞書を家に忘れた．I *forgot* my dictionary at home. (▶持って来るべき物を忘れた場合)

**わすれんぼう**【忘れん坊】**a forgetful person**[ファゲットフル パースン]

**わせい**【和製の】**made in Japan**[メイド イン ヂァパン]

**わた**【綿】**cotton**[カットゥン]

▌綿あめ **cotton candy**

**わだい**【話題】**a topic**[タピック], **a subject**[サブヂクト]
- 話題を変えよう．
  Let's change the *subject*[*topic*].
- 彼女は話題が豊富だ．She can speak about lots of *topics*[*subjects*].

**わたくし**【私】→わたし

**わたくしたち**【私たち】→わたしたち

## わたし【私】

I[アイ]（複 we[ウィー]）（▶ Iは常に大文字で書く）→ わたしたち

**ここがポイント！** I（私）の変化形

| 単数 | 複数 |
|---|---|
| 私は[が]<br>I | 私たちは[が]<br>we |
| 私の<br>my | 私たちの<br>our |
| 私を[に]<br>me | 私たちを[に]<br>us |
| 私のもの<br>mine | 私たちのもの<br>ours |
| 私自身<br>myself | 私たち自身<br>ourselves |

- 私は中学3年生だ. I am a third-year student at a junior high school.
- 私のかばんはどこ？ Where is *my* bag?
- 父が私を野球の試合に連れて行ってくれた. My father took *me* to a baseball game.
- クミが私にこの本をくれた. Kumi gave *me* this book.
- 「この自転車はだれの？」「私のよ」 "Whose bicycle is this?" "It's *mine*."
- 私自身が決めました. I decided it *myself*.

**ここがポイント！** Iはオールラウンドプレーヤー

日本語では「自分」のことを呼ぶのに「わたし」「わたくし」「ぼく」「おれ」などいろいろな言い方をしますが、英語では非常にていねいな「わたくし」から、かなりくだけた感じの「おれ」まで、すべてI（my, me, mine, myself）で表現します。

**Iの位置**

Iと他の代名詞や名詞を並べる場合は、ふつう二人称、三人称、一人称の順に並べるので、Iは最後に来ます。

- 君とユリとぼくはクラスメートだ. You, Yuri and I are classmates.

**わたしたち**【私たち】**we**[ウィー]（▶ 単数形はI）→ わたし

- 私たちは中学生だ. *We* are junior high school students.
- 私たちの先生は親切だ. *Our* teacher is nice.
- コーチが私たちを励ましてくれた. *Our* coach encouraged *us*.
- この作品は私たちのものです. This work is *ours*.

- それは私たち自身でやった. We did it *ourselves*.

**わたす**【渡す】**give**[ギヴ], **hand**[ハンド]

- このプレゼントを彼に渡したい. I want to *give* this present to him. / I want to *give* him this present.

**わたりどり**【渡り鳥】**a migratory bird**[マイグラトーリィ バード]

**わたりろうか**【渡り廊下】**a connecting corridor**[カネクティング コーリダァ]

## わたる【渡る】

**cross**[クロース], **go across** ...[ゴゥ アクロース], **go over** ...

- 公園の前の道を渡った. I *crossed* the street in front of the park.
- 彼は川を泳いで渡った. He swam *across* the river.
- つばめは春に海を渡ってくる. Swallows come *across* the sea in spring.

**ワックス wax**[ワックス]
　━ワックスを塗る **wax**

**わっと**【わっと泣き出す】**burst into tears**[バースト][ティアズ], **burst out crying**[クライイング]

**ワット a watt**[ワット]（▶電力の単位．W, w.と略す）
- 100ワットの電球 a 100-*watt* light bulb

**ワッフル**（菓子）**a waffle**[ワフル]

**ワッペン**（布製の記章）**an emblem**[エンブラム]

**わな a trap**[トゥラップ]
- きつねのわなを仕掛けた. We set a fox *trap*.
- くまがわなに掛かった. A bear was caught in a *trap*.

**わなげ**【輪投げ】**quoits**[クオイツ], ⓜ**ringtoss**[リングトース], ⓜ**hoopla**[フープラ]

**わに**〖動物〗（アフリカ・南アジア産の大型の）**a crocodile**[クラカダイル]；（米国・中国産の小型の）**an alligator**[アリゲイタァ]

**わび an apology**[アパラヂィ]
　━わびる **apologize**[アパラヂャイズ]
- 彼は私に失敗をわびた. He *apologized* to me for his mistake.

**わふう**【和風の】**Japanese-style**[ヂャパニーズスタイル]
- 和風ハンバーグ a hamburger steak with *Japanese* seasoning

**わふく**【和服】**Japanese clothes**[ヂャパニーズ クロウズ]（▶複数扱い）, **a kimono**[カモウノゥ] → きもの, 衣生活〖口絵〗

**わぶん**【和文】（日本語）**Japanese**[ヂャパニーズ]
- 和文を英訳した. I translated the *Japanese* text into English.

**わへい**【和平】**peace**[ピース]

**わめく** shout[シャウト], yell[イェル], cry[クライ]
**わやく**【和訳する】translate [put] ... into Japanese[トゥランスレイト[プット]][ヂャパニーズ]
- 次の英文を和訳してください．
  Please *translate* the following English sentences *into Japanese*.

**わら**（1本の）a straw[ストゥロー]，（まとめて）straw
- わらぶき屋根 a *straw* [thatched] roof

## わらい【笑い】

（声を立てての）a laugh[ラーフ], laughter[ラフタァ]；（ほほえみ）a smile[スマイル]
- 少年たちは笑いをこらえた．
  The boys suppressed a *laugh*.
- 笑いが止まらない．I can't stop *laughing*.
- 笑い事じゃない．It's no *laughing* matter. / Don't laugh.（←笑うな）（▶後者の laugh は「笑う」という意味の動詞）
- 彼の物まねはみんなの笑いをとった．
  His imitations made everyone *laugh*.
- お笑い a *comic* performance
- お笑い芸人 a comedian

笑い声 laughter
笑い話 a joke, a funny story
笑いもの （物笑いのたね）a laughingstock；（人）a fool

## わらう【笑う】

laugh（at ...）[ラーフ]；（ほほえむ）smile（at ...）[スマイル]
- ぼくたちは大声で笑った．
  We *laughed* loudly.
- 何を笑っているの？
  What are you *laughing at*?
- 彼は笑われて赤くなった．
  They *laughed* at him and he blushed.
- 彼女が私に笑いかけた．She *smiled at* me.
- クラスメートはくすくす笑った．
  The classmates *giggled*.

> **くらべて みよう！ laugh と smile**
> **laugh**：「声を出して笑う」という意味で，おもしろかったりうれしい場合にも，あざ笑う場合にも使います．
> **smile**：「声を出さずにほほえむ」という意味で，多くの場合，好意を表します．
>
>     
>    laugh          smile

**わり**【割】（割合）a rate[レイト]；（百分率）（a）percent[パセント]（▶記号は%）
- 全生徒の6割
  sixty *percent* of all students

## わりあい【割合】

| ❶比率 | (a) ratio, a rate |
| ❷比較的 | relatively, rather |

❶[比率]（a）ratio[レイシオゥ], a rate[レイト]（▶ratio は「…対…」というように2つのものの間の比率を表すときに使う）
- 砂糖1，塩2の割合で混ぜてください．
  Mix sugar and salt at a *ratio* of 1 to 2.
- 大学に進学する高校生の割合はおよそ50%だ．
  About 50% of high school students go on to college.（▶... % of A が主語のときは動詞は A に合わせる）

❷[比較的]relatively[レラティヴリィ], rather[ラザァ] → わりに

**わりあて**【割り当て】（仕事・任務などの）(an) assignment[アサインマント]
- 私の割り当ては体育館の掃除(そうじ)だ．
  My *assignment* is to clean the gym.
— 割り当てる assign[アサイン]
- クラス全員に仕事が割り当てられた．Each of the class was *assigned* some work.

**わりかん**【割り勘】
— 割り勘にする split the bill
- 割り勘にしよう．Let's *split the bill*.

**わりこむ**【割り込む】（列に）cut in line[カット][ライン]；（話に口を出す）interrupt[インタラプト]
- 列に割りこまないで．
  Don't *cut in line*.
- 彼女はよく私たちの話に割りこむ．
  She often *interrupts* us.

**わりざん**【割り算】division[ディヴィジョン]（⇔掛(か)け算 multiplication）
— 割り算をする divide[ディヴァイド], do division

**わりと** → わりに

**わりに**【割に（は）】（比較的）relatively[レラティヴリィ], rather[ラザァ], fairly[フェァリィ]；（…の割に）for ...[フォア]
- この校舎は割に新しい．
  This school building is *relatively* new.
- リサは年の割に若く見える．
  Lisa looks young *for* her age.

**わりばし**【割り箸】disposable (wooden) chopsticks[ディスポウザブル（ウドゥン）チャプスティックス]
- 割り箸を2つに割った．I split the *disposable (wooden) chopsticks* into two.

## わりびき【割引】

**a discount**[ディスカウント]

- 私はこの靴(⑤)を4割引で買った. I bought these shoes at a 40 percent *discount*.
- 割引はありますか？ Is there any *discount*?

「火曜日は高齢(ホトゅう)者割引／食料品が5％引」の掲示(米国)

➡割引する discount

- 割引してもらった. I got it *discounted*.

**割引券 a discount ticket [coupon]**
**割引乗車券 a reduced fare ticket**

## わる【割る】

| ❶ 壊(ã)す | break |
| ❷ 分ける | divide |

❶〔壊す〕**break**[ブレイク]
- 教室の窓ガラスを割ってしまった.
  I *broke* a window of the classroom.

❷〔分ける〕**divide**[ディヴァイド]
- 6割る2は3.
  Six *divided* by two is [equals] three.

## わるい【悪い】

| ❶ 好ましくない, 劣(ã)っている | bad |
| ❷ 道徳上よくない, 間違(ちが)った | wrong, bad |
| ❸ 具合・調子が | wrong; (体調が) sick, ill |
| ❹ すまない | sorry |

❶〔好ましくない, 劣っている〕**bad**[バッド]（⇔いい, よい good）
- テストの結果が悪かった.
  The results of the test were *bad*.
- きのうは天気が悪かった.
  The weather was *bad* yesterday.
- たまには雨降りも悪くない.
  Sometimes rain is not so *bad*.
- 祖父は記憶(ã)力が悪い.
  My grandfather has a *bad* memory.

**…に悪い**
be bad for ...
- 夜更(ふ)かしのしすぎは健康に悪い.
  Staying up late too much *is bad for* you.
- さらに悪いことに雨が降ってきた.
  To make matters *worse*, it began to rain. / What's *worse*, it began to rain.

❷〔道徳上よくない, 間違った〕**wrong**[ローング], **bad**[バッド]
- 彼は何か悪いことをしたの？
  Did he do something *wrong*?

**…するのは悪い**
It is wrong [bad] to +〈動詞の原形〉
- うそをつくのは悪いことだ.
  *It is wrong* [*bad*] *to* tell lies.
- 悪いのは私です. I *am to blame*.（▶be to +〈動詞の原形〉で「…されるべきである」の意）

❸〔具合・調子が〕**wrong**[ローング]；（体調が）**sick**[スィック], **ill**[イル]
- このテレビは調子が悪い.
  Something is *wrong* with this TV.
- どこか具合が悪いの？
  Is there anything *wrong* with you?
- 気分が悪い.
  I feel *sick* [*ill*]. / I don't feel *good*.
- 顔色が悪いよ. どうしたの？
  You look *pale*. What's the matter?

> **くらべてみよう！** sickとill
> 「体の具合が悪い」と言うときには⊕では主にsickを使います. illは形式ばった感じになります. ⊕ではillがふつうで, sickを使うと「吐(は)き気がする」という意味が強くなります.

❹〔すまない〕**sorry**[サリィ]
- 悪いけれどきょうは行けません.
  *Sorry*, but I can't go today.

## わるがしこい【悪賢い】**cunning**[カニング], **sly**[スライ]

## わるぎ【悪気】
- 悪気はなかったんだ.
  I didn't *mean to hurt* you.

## わるくち【悪口を言う】**speak badly of** ...[スピーク バッドゥリィ], **call ... names**[コール ネイムズ]
- 他人の悪口を言うな. Don't *speak badly of* others. / Don't *talk about* others *behind their backs*.（←陰(ホゖ)口を言ってはいけない）
- 男の子たちは彼の悪口を言った.
  The boys *called* him *names*.

## ワルツ a waltz[ウォールツ]
➡ワルツを踊(ã)る dance a waltz, waltz

## わるふざけ【悪ふざけ】**a prank**[プランク], **a practical joke**[プラクティカル チョウク]
- 子どもたちは悪ふざけをしあっている.
  The children are playing *pranks* on each

other.
**わるもの**【悪者】**a bad person**[バッド パースン]; (映画などでの)**a bad guy**[ガイ]
**われ**【我】(私)**I**[アイ] (複 we[ウィー]) → わたし
**われる**【割れる】(壊れる)**break**[ブレイク]; (数が割り切れる)**be divided**[ディヴァイディド]
- 花瓶(ﾋﾞﾝ)は粉々に割れた.
 The vase *broke* into pieces.
- 頭が割れるように痛い.
 I have a *splitting* headache.
**われわれ**【我々】**we**[ウィー] → わたしたち
**わん¹**【湾】**a bay**[ベイ]; (大きい)**a gulf**[ガルフ]
- 東京湾 Tokyo *Bay*
- メキシコ湾 the *Gulf* of Mexico
**わん²**【椀, 碗】**a bowl**[ボウル]
**ワンタッチ**【ワンタッチで】
- その傘(ｶｻ)はワンタッチで開く. That umbrella opens *with the push of a button*.
**ワンタン a wonton**[ワンタン]
**わんぱく**【腕白な】**naughty**[ノーティ], **mischievous**[ミスチヴァス]
**ワンパターン**【ワンパターンの】(型にはまった)**stereotyped**[ステリオタイプド], **always the same**[オールウェイズ][セイム] (►「ワンパターン」は和製英語)
- 君のアイデアはワンパターンだ.
 Your ideas are *always the same*.
**ワンピース a dress**[ドゥレス] (►one-pieceはa one-piece swimsuit(ワンピースの水着)のように主に水着について用いる形容詞)
**ワンポイント a (single) point**[(スィングル) ポイント]
ワンポイントリリーフ 〖野球〗**a spot reliever**
ワンポイントレッスン **a lesson on one specific point**
**ワンボックスカー a van**[ヴァン]
**ワンマン**【ワンマンの】
- ワンマンショー **a one-man [one-woman] show**(►男女の区別を避(ｻ)けるためにa one-person showやa solo showと言われることもある)
- このバスはワンマン運転だ.
 This bus is operated *by only one person*.
- うちの監督はワンマンだ.
 Our coach is *self-centered*.
**わんりょく**【腕力】(体力)**physical strength**[フィズィカル ストゥレンクス]
- タオは腕力に自信がある.
 Tao is confident in her *physical strength*.
**ワンルームマンション a studio apartment**[ストゥーディオウ アパートゥメント]
**わんわん**(犬)**a doggy**[ドギィ] (►幼児語)
**ワンワン**(犬の鳴き声)**bowwow**[バウワゥ]
➡ワンワンほえる **bark**

# を ヲ

## …を
(►〈他動詞〉+〈名詞〉または〈自動詞〉+〈前置詞〉+〈名詞〉で表す)

> **ここがポイント!** 「…を〜する」を表す 他動詞と自動詞
>
> すぐ後に〈名詞〉がくる動詞を〈他動詞〉と言います. これに対して, すぐ後に〈名詞〉を続けることができず, 間に〈前置詞〉を必要とする動詞を〈自動詞〉と言います. 「…を〜する」は〈他動詞〉+〈名詞〉または〈自動詞〉+〈前置詞〉+〈名詞〉で表しますが, そのどちらを用いるかは動詞によって決まっています.
>
> - 私たちはテレビを見た.
>  We *watched* TV. (►watchは他動詞)
> - 私たちは写真を見た.
>  We *looked* at the photos. (►lookは自動詞)
>
> どちらも〈名詞〉の代わりに〈代名詞〉がくる場合には下に挙げた目的格を使います.

### 代名詞の目的格

| 単数 | | 複数 | |
|---|---|---|---|
| 私を | me | 私たちを | us |
| あなたを | you | あなたたちを | you |
| 彼を | him | 彼らを | them |
| 彼女を | her | 彼女らを | them |
| それを | it | それらを | them |

- 私たちは昼食を食べた.
 We ate *lunch*.
- 私は君を忘れない.
 I won't forget *you*.
- ケンは彼女を尊敬している.
 Ken respects *her*.
- 彼は私たちを知っている.
 He knows *us*.
- 彼らは音楽を聞いた.
 They listened *to music*.
- マリが私を待っている.
 Mari is waiting *for me*.
- 彼の友達は彼を見てほほえんだ.
 His friends looked *at him* and smiled.

## 付録 英文のつくり方

### 英文のつくり方の基本を知ろう

日本語と英語の文はどんなふうに違うかを知って、文を組み立ててみましょう.

#### 英文のつくり方① 「だれは何をする」の場合

**ステップ1　主語探し**
英語には「だれは」にあたる主語が必要です. たとえば, あなたが「毎日サッカーを練習する」と言ったら, この文には主語が隠れています.「私は」が主語ですね. 日本語では「私は」と言わなくても通じますが, 英語では主語が必要です. まず主語を見つけましょう.

**ステップ2　動詞探し**
「何をする」の「する」にあたるものを「動詞」と言います. この文では「練習する」が動詞です.

**ステップ3　英語の語順に並べる**
日本語と英語の大きな違いの1つは語順. 日本語とは違う並べ方を見てみましょう. 主語と動詞は"ステップ1, 2"で確認しました. 残ったのは「サッカーを」です. この「何を」も英語の文をつくる大事な要素です.

というように,「動詞」と「何を」の順番が逆になります.
その後に,「毎日 (every day)」のような"そのほかの情報"を加えます.
「毎日サッカーを練習する」は, **I practice soccer every day.** となりますね.

#### 英文のつくり方② 「だれはどんなだ」の場合

もう1つ例文を見てみましょう. 今度は「何をする」でなく「どんなだ」の文です.

**ステップ1　主語探し**
「ケンは14歳だ」の主語は「ケン」ですね.

**ステップ2　動詞探し**
「何をする」ではなく「どんなだ」の文では,「だ」が動詞になります. このような場合, be動詞を使います. 主語はKenなのでisを使います(be動詞の形は, この辞書の見出し語「…です」を参照).

**ステップ3　英語の語順に並べる**
「ケンは14歳だ」には「何を」にあたるものはなくて,「どんな」にあたるのが「14歳」ですね.

この場合でも, 語順は

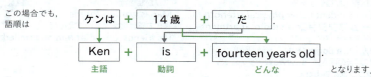

となります.

# 英文の主語を決める練習をしてみよう

言いたい日本語を英語にするときには，まず主語を決めることが大事です．
その主語の決め方を実際の文で考えてみましょう．

### 主語探しの練習① 　「…が」

「犬がほしい」を英語で言うとき，主語は「犬」でしょうか．「犬が何かをほしがっている」のではないですね．「ほしい」のは「私」です．この文は，「私は犬がほしい」と考えます．主語は「私は（I）」，動詞は「ほしい（want）」，「何を」は「犬（dog）を」です．

### 主語探しの練習② 　「…は」

「あしたはテストだ」を英語で言うとき，主語は「あした」でしょうか．
「あした（tomorrow）＝テスト（test）」ではないので，× Tomorrow is a test. とは言えません．is は，is の前の語と後の語の関係がイコールのとき（たとえば，He is Japanese.（彼は日本人だ）は，he=Japanese なので OK）に使います．
この文では，動作をする「人」を主語にします．テストを受けるのは「私たち」ですね．「あした私たちはテストを受ける」という文にして考えてみましょう．
主語は「私たちは」，動詞は「受ける」，「何を」は「テストを」になり，"そのほかの情報" の「あした」を加えます．

となります．

---

#### 和英辞書を活用してみよう！

「テストを受ける」の「受ける」が have だって，どうしたらわかるの？と思ったあなた．そのためにこの和英辞典があります．「うける（受ける）」を引くと，「❶試験・手術などを ❷教育・歓迎（欤迎）などを ❸損害などを ❹人気がある」という4つの語義（＝意味）ごとに訳語と例文があります．「テストを受ける」は❶にあたります．自分の言いたいことに近い意味や表現を辞書で探して，英語を言ったり書いたりしてみましょう．

# 「…がある」「…がいる」の言い方

英語には，726ページで紹介した「だれは何をする」「だれはどんなだ」以外に，「だれが…にある［いる］」を表す形もあります．この「だれ」は人でなくものや動物の場合でも同じです．

### 「There is [are] +だれ+ ...」を使って言う

There is [are] ... は「…がある［いる］」を表す言い方です．「猫(ねこ)がいすの上にいる」と言いたかったら，次のような順番に並べます．

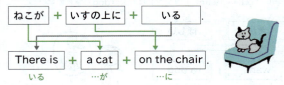

もし，「いる」人や「ある」ものが複数なら，
There are three books on the table.（テーブルの上に3冊の本がある）
のように，is が are になります．

### 「…がある」「…がいる」の応用編

たとえば，「テニス部には30人の部員がいる」と言いたかったらどうでしょうか．
There are thirty members in the tennis team.
と言うこともできますが，次のように have [has] を使うこともできます．

#### 「have [has] +だれ」を使う
「テニス部には30人の部員がいる」を「テニス部が30人の部員を持っている」と考えて，主語を「テニス部」にした言い方です．
The tennis team has thirty members.

#### 「だれ +be 動詞+場所」を使う
もうひとつ別の例です．たとえば，「マリは教室にいる」と言いたいときは，「マリ」を主語にして，「いる」を表す be 動詞を使って言います．
Mari is in the classroom.
この形は，「特定の人やものがいる［ある］」場合に使うもので，その「特定の人やもの」を主語にします．
このページの最初の例をもう一度見てみましょう．「だれの猫かわからない，ある一匹(ぴき)の猫がいすの上にいる」と言う場合には There is a cat on the chair. と言いますが，「あなたの猫はいすの上にいますよ」と言いたいときは，「特定の人やもの」について言っているので，
Your cat is on the chair.
となります．

# ちょっと長い文を英語で言いたいときは

長い文は無理に1つの英文で言おうとしなくても大丈夫なのです．
まずは"伝える"ことが大事．できるだけ簡単な英語でトライしてみましょう．

### 長い文を2つの短い英文で言う場合①

「お母さんがつくってくれたサンドイッチはおいしかった」と言いたいとき，どうしますか．
2つの文に分けると言いやすくなります．
「お母さんがサンドイッチをつくってくれた」+「それら（＝サンドイッチ）はおいしかった」
とすることができますね．語順は p.726 ページで確認しました．

| 「お母さんが | + | つくった | + | サンドイッチを」 | 「それらは | + | だった | + | おいしい」 |
|---|---|---|---|---|---|---|---|---|---|
| My mother | | made | | sandwiches . | They | | were | | delicious . |
| 主語 | | 動詞 | | 何を | 主語 | | 動詞 | | どんな |

My mother made sandwiches.  They were delicious.

これで言いたいことを表せます．

### 長い文を2つの短い英文で言う場合②

「一日中ゲームをやって楽しかった」と言いたいとき，これも2つの文に分けて言うことができます．
ところで，主語は何でしょう．ゲームをやったのは「私」ですから，主語は「私は」です．

「私はゲームを一日中やった」+「それ（＝一日中ゲームをやったこと）は楽しかった」と分けて考えます．

| 「私は | + | やった | + | ゲームを | + | 一日中」 | 「それは | + | だった | + | 楽しい」 |
|---|---|---|---|---|---|---|---|---|---|---|---|
| I | | played | | video games | | all day long | It | | was | | fun . |
| 主語 | | 動詞 | | 何を | | (そのほかの情報) | 主語 | | 動詞 | | どんな |

I played video games all day long.  It was fun.

という2つの文で言うことができました．ここで使った it は，「一日中ゲームをやったこと」をさしますが，「遊んだいくつかのビデオゲーム」をさす場合は，video games を they で受けて，They were fun.（それらは楽しかった）と言うこともできます．

seven hundred and twenty-nine　　　　729

# 不規則動詞・助動詞の変化表

| 原形 | 過去形 | 過去分詞 | 現在分詞(-ing形) |
|---|---|---|---|
| am (be) …である | was | been | being |
| are (be) …である | were | been | being |
| arise 起こる | arose | arisen | arising |
| awake 目覚める | awoke, awaked | awoke, awaked, awoken | awaking |
| babysit 子守(こもり)をする | babysat | babysat | babysitting |
| be (am, are, is) …である | was, were | been | being |
| bear 耐(た)える | bore | borne, born | bearing |
| beat 打つ | beat | beaten, beat | beating |
| become …になる | became | become | becoming |
| begin 始める | began | begun | beginning |
| bend 曲げる | bent | bent | bending |
| bet 賭(か)ける | bet, betted | bet, betted | betting |
| bind 縛(しば)る | bound | bound | binding |
| bite かむ | bit | bitten, bit | biting |
| bleed 出血する | bled | bled | bleeding |
| bless 祝福する | blessed, blest | blessed, blest | blessing |
| blow 吹(ふ)く | blew | blown | blowing |
| break 壊(こわ)す | broke | broken | breaking |
| breed 産む | bred | bred | breeding |
| bring 持って来る | brought | brought | bringing |
| broadcast 放送する | broadcast, broadcasted | broadcast, broadcasted | broadcasting |
| build 建てる | built | built | building |
| burn 燃える | burned, burnt | burned, burnt | burning |
| burst 破裂(はれつ)する | burst | burst | bursting |
| buy 買う | bought | bought | buying |
| can …できる | could | — | — |
| cast 配役を決める | cast | cast | casting |
| catch 捕(つか)まえる | caught | caught | catching |
| choose 選ぶ | chose | chosen | choosing |
| cling くっつく | clung | clung | clinging |
| come 来る | came | come | coming |
| cost (金額)がかかる | cost | cost | costing |
| creep はう | crept | crept | creeping |
| cut 切る | cut | cut | cutting |
| daydream 空想する | daydreamed, daydreamt | daydreamed, daydreamt | daydreaming |
| deal 分配する | dealt | dealt | dealing |
| die 死ぬ | died | died | dying |
| dig 掘(ほ)る | dug | dug | digging |
| dive 飛びこむ | dived, ⊛dove | dived | diving |
| do (does) する | did | done | doing |
| draw 引く | drew | drawn | drawing |
| dream 夢を見る | dreamed, dreamt | dreamed, dreamt | dreaming |
| drink 飲む | drank | drunk | drinking |
| drive 運転する | drove | driven | driving |

| 原形 | 過去形 | 過去分詞 | 現在分詞(-ing形) |
|---|---|---|---|
| dwell 住む | dwelt, dwelled | dwelt, dwelled | dwelling |
| eat 食べる | ate | eaten | eating |
| fall 落ちる | fell | fallen | falling |
| feed えさを与(た)える | fed | fed | feeding |
| feel 感じる | felt | felt | feeling |
| fight 戦う | fought | fought | fighting |
| find 見つける | found | found | finding |
| fit 合う | fitted, 《主に英》 fit | fitted, 《主に英》 fit | fitting |
| flee 逃(に)げる | fled | fled | fleeing |
| fly 飛ぶ | flew | flown | flying |
| forbid 禁じる | forbade | forbidden | forbidding |
| forecast 予報する | forecast, forecasted | forecast, forecasted | forecasting |
| forget 忘れる | forgot | forgot, forgotten | forgetting |
| forgive 許す | forgave | forgiven | forgiving |
| freeze 凍(こお)る | froze | frozen | freezing |
| get 手に入れる | got | got, gotten | getting |
| give 与(あた)える | gave | given | giving |
| go 行く | went | gone | going |
| grind ひいて粉にする | ground | ground | grinding |
| grow 育つ | grew | grown | growing |
| hang 掛(か)ける | hung | hung | hanging |
| 首をつるして殺す | hanged | hanged | hanging |
| have, has 持っている | had | had | having |
| hear 聞こえる | heard | heard | hearing |
| hide 隠(かく)す | hid | hidden, hid | hiding |
| hit たたく | hit | hit | hitting |
| hold 手に持っている | held | held | holding |
| hurt 痛む | hurt | hurt | hurting |
| input 入力する | input, inputted | input, inputted | inputting |
| is (be) …である | was | been | being |
| keep 持ち続ける | kept | kept | keeping |
| kneel ひざまずく | knelt, kneeled | knelt, kneeled | kneeling |
| knit 編む | knit, knitted | knit, knitted | knitting |
| know 知っている | knew | known | knowing |
| lay 置く | laid | laid | laying |
| lead 導く | led | led | leading |
| lean 寄りかかる | leaned, 《主に英》 leant | leaned, 《主に英》 leant | leaning |
| leap ぴょんと跳(と)ぶ | 《主に英》 leaped, 《主に英》 leapt | 《主に英》 leaped, 《主に英》 leapt | leaping |
| learn 習う | learned, 《主に英》 learnt | learned, 《主に英》 learnt | learning |
| leave 離(はな)れる | left | left | leaving |
| lend 貸す | lent | lent | lending |
| let ～させる | let | let | letting |
| lie 横になる | lay | lain | lying |
| lie うそをつく | lied | lied | lying |
| light 明かりをつける | lighted, lit | lighted, lit | lighting |

| 原形 | 過去形 | 過去分詞 | 現在分詞(-ing形) |
| --- | --- | --- | --- |
| lose 失う | lost | lost | losing |
| make 作る | made | made | making |
| may …してもよい | might | — | — |
| mean 意味する | meant | meant | meaning |
| meet 会う | met | met | meeting |
| mimic まねする | mimicked | mimicked | mimicking |
| mistake 間違(まちが)える | mistook | mistaken | mistaking |
| misunderstand 誤解する | misunderstood | misunderstood | misunderstanding |
| mow 刈(か)る | mowed | mowed, mown | mowing |
| must …しなければならない | (must) | — | — |
| output 出力する | output, outputted | output, outputted | outputting |
| overcome 打ち勝つ | overcame | overcome | overcoming |
| overhear ふと耳にする | overheard | overheard | overhearing |
| oversleep 寝過(ねす)ごす | overslept | overslept | oversleeping |
| overtake 追いつく | overtook | overtaken | overtaking |
| overwrite 上書きする | overwrote | overwritten | overwriting |
| panic パニックになる | panicked | panicked | panicking |
| pay 払(はら)う | paid | paid | paying |
| picnic ピクニックに行く | picnicked | picnicked | picnicking |
| prove 証明する | proved | proved, proven | proving |
| put 置く | put | put | putting |
| quit やめる | quit, quitted | quit, quitted | quitting |
| read 読む | read [réd レッド] | read [réd レッド] | reading |
| rebuild 改築する | rebuilt | rebuilt | rebuilding |
| remake 作り直す | remade | remade | remaking |
| reset リセットする | reset | reset | resetting |
| rewrite 再び書く | rewrote | rewritten | rewriting |
| rid 取り除く | rid, ridded | rid, ridded | ridding |
| ride 乗る | rode | ridden | riding |
| ring 鳴る | rang | rung | ringing |
| rise 上がる | rose | risen | rising |
| run 走る | ran | run | running |
| saw のこぎりで切る | sawed | sawed, ⊛sawn | sawing |
| say 言う | said | said | saying |
| see 見える | saw | seen | seeing |
| seek 探し求める | sought | sought | seeking |
| sell 売る | sold | sold | selling |
| send 送る | sent | sent | sending |
| set 用意する | set | set | setting |
| sew 縫(ぬ)う | sewed | sewed, sewn | sewing |
| shake 振(ふ)る | shook | shaken | shaking |
| shall …しましょうか | should | — | — |
| shave (ひげ)をそる | shaved | shaved, shaven | shaving |
| shed 流す | shed | shed | shedding |
| shine 輝(かがや)く | shone | shone | shining |
| 磨(みが)く | shined | shined | shining |
| shoot 撃(う)つ | shot | shot | shooting |
| show 見せる | showed | shown, showed | showing |
| shrink 縮む | shrank, shrunk | shrunk, shrunken | shrinking |
| shut 閉める | shut | shut | shutting |

| 原形 | 過去形 | 過去分詞 | 現在分詞(-ing形) |
|---|---|---|---|
| sing 歌う | sang | sung | singing |
| sink 沈(しず)む | sank | sunk | sinking |
| sit 座(すわ)る | sat | sat | sitting |
| sleep 眠(ねむ)る | slept | slept | sleeping |
| slide 滑(すべ)る | slid | slid, slidden | sliding |
| smell においをかぐ | smelled, smelt | smelled, smelt | smelling |
| sow (種)をまく | sowed | sown, sowed | sowing |
| speak 話す | spoke | spoken | speaking |
| speed 急ぐ | sped, speeded | sped, speeded | speeding |
| spell つづる | spelled, 《主に英》spelt | spelled, 《主に英》spelt | spelling |
| spend 使う | spent | spent | spending |
| spill こぼす | spilled, 《主に英》spilt | spilled, 《主に英》spilt | spilling |
| spin 紡(つむ)ぐ | spun | spun | spinning |
| spit つばを吐(は)く | spit, 《主に英》spat | spit, 《主に英》spat | spitting |
| split 裂(さ)く | split | split | splitting |
| spoil 駄目(だめ)にする | spoiled, spoilt | spoiled, spoilt | spoiling |
| spread 広げる | spread | spread | spreading |
| spring 跳(と)ぶ | sprang, sprung | sprung | springing |
| stand 立つ | stood | stood | standing |
| steal 盗(ぬす)む | stole | stolen | stealing |
| stick 突(つ)き刺(さ)す | stuck | stuck | sticking |
| sting 刺(さ)す | stung | stung | stinging |
| stink 臭(くさ)い | stank, stunk | stunk | stinking |
| stride 大またに歩く | strode | stridden | striding |
| strike 殴(なぐ)る | struck | struck, stricken | striking |
| strive 努力する | strove, strived | striven, strived | striving |
| swear 誓(ちか)う | swore | sworn | swearing |
| sweat 汗(あせ)をかく | sweated, sweat | sweated, sweat | sweating |
| sweep 掃(は)く | swept | swept | sweeping |
| swell 膨(ふく)らむ | swelled | swelled, swollen | swelling |
| swim 泳ぐ | swam | swum | swimming |
| swing 振(ふ)る | swung | swung | swinging |
| take 取る | took | taken | taking |
| teach 教える | taught | taught | teaching |
| tear 引き裂(さ)く | tore | torn | tearing |
| tell 話す | told | told | telling |
| think 思う | thought | thought | thinking |
| throw 投げる | threw | thrown | throwing |
| thrust 強く押(お)す | thrust | thrust | thrusting |
| tie 結ぶ | tied | tied | tying |
| tread 踏(ふ)む | trod | trodden, trod | treading |
| undergo 経験する | underwent | undergone | undergoing |
| understand 理解する | understood | understood | understanding |
| undo (undoes) ほどく | undid | undone | undoing |
| untie ほどく | untied | untied | untying |
| unwind 緩(ゆる)む | unwound | unwound | unwinding |
| upset 心を乱す | upset | upset | upsetting |
| wake 目が覚める | woke, waked | woken, waked | waking |

| 原形 | 過去形 | 過去分詞 | 現在分詞(-ing形) |
|---|---|---|---|
| wear 着ている | wore | worn | wearing |
| weave 織る | wove | woven, wove | weaving |
| weep しくしく泣く | wept | wept | weeping |
| wet ぬらす | wet, wetted | wet, wetted | wetting |
| will …だろう | would | — | — |
| win 勝つ | won | won | winning |
| wind 巻く | wound | wound | winding |
| withdraw 引っこめる | withdrew | withdrawn | withdrawing |
| wring 絞(しぼ)る | wrung | wrung | wringing |
| write 書く | wrote | written | writing |

**動詞の変化形には，-ed をつける以外に次のようなパターンがあります．**

① 「-d をつける」形をとる
　-e で終わる語がこのパターンをとります．〈-ing形〉は e をとって -ing をつけます．
　例) live 住んでいる　　lived　　　　　lived　　　　（〈-ing形〉は living）
　　　use 使う　　　　　used　　　　　used　　　　（〈-ing形〉は using）

② 「y を i にかえて -ed をつける」形をとる
　原則として「子音字 + y」で終わる語がこのパターンをとります．
　例) cry 泣く　　　　　cried　　　　　cried　　　　（〈-ing形〉は crying）
　　　study 勉強する　　studied　　　　studied　　　（〈-ing形〉は studying）

③ 「子音字を重ねて -ed をつける」形をとる
　原則として「短母音 + 子音字」で終わる語がこのパターンをとります．
　例) drop 落ちる　　　　dropped　　　　dropped　　　（〈-ing形〉は dropping）
　　　occur 起こる　　　 occurred　　　 occurred　　　（〈-ing形〉は occurring）

# 不規則形容詞・副詞の変化表

| 原級 | 比較級 | 最上級 |
|---|---|---|
| bad 悪い | worse | worst |
| badly 悪く | worse | worst |
| far 《距離》遠くに | farther | farthest |
| 《時間・程度》ずっと | further | furthest |
| good よい | better | best |
| ill 病気で；悪く | worse | worst |
| kindly 親切に | more kindly, kindlier | most kindly, kindliest |
| late 《時刻・時期》遅(おそ)い | later | latest |
| 《順番》遅い | latter | last |
| likely …しそうである | likelier, more likely | likeliest, most likely |
| little 小さい；少し | less | least |
| many 多数の | more | most |
| much 多くの | more | most |
| old 年取った | older | oldest |
| 《英》で兄弟関係を示すとき） | elder | eldest |
| shy 恥(は)ずかしがる | shyer, shier | shyest, shiest |
| slippery 滑(すべ)りやすい | ⎡ slipperier,<br>⎣ more slippery | ⎡ slipperiest,<br>⎣ most slippery |
| sly ずるい | slyer, slier | slyest, sliest |
| well よく；健康で | better | best |

形容詞・副詞の変化形には, -er, -est をつける以外に次のようなパターンがあります.

① 「-r, -st をつける」形をとる
 -e で終わる語がこのパターンをとります.
  例) large 大きい   larger   largest
   safe 安全な   safer   safest

② 「y を i にかえて -er, -est をつける」形をとる
 原則として「子音字 + y」で終わる語がこのパターンをとります.
  例) happy 幸せな   happ*ier*   happ*iest*
   early 早く；早い   earl*ier*   earl*iest*

③ 「子音字を重ねて -er, -est をつける」形をとる
 原則として「短母音 + 子音字」で終わる語がこのパターンをとります.
  例) big 大きい   big*ger*   big*gest*
   sad 悲しい   sad*der*   sad*dest*

**プログレッシブ
中学英和・和英辞典** 第2版

2024年12月2日　第1刷発行

編　者　吉田研作
発行者　石川和男
発行所　株式会社 小学館
　　　　〒101-8001
　　　　東京都千代田区一ツ橋2-3-1
　　　　電話　編集　03-3230-5170
　　　　　　　販売　03-5281-3555

DTP組版　株式会社昭和ブライト
印刷所　　TOPPANクロレ株式会社
製本所　　株式会社若林製本工場

©Shogakukan 2014, 2024　Printed in Japan
ISBN 978-4-09-510799-8

＊造本には十分注意しておりますが、印刷、製本など製造上の不備がございましたら「制作局コールセンター」(フリーダイヤル 0120-336-340)にご連絡ください。(電話受付は、土・日・祝休日を除く9:30〜17:30)
＊本書の無断での複写(コピー)、上演、放送等の二次使用、翻案等は、著作権法上の例外を除き禁じられています。
＊本書の電子データ化等の無断複製は著作権法上の例外を除き禁じられています。代行業者等の第三者による本書の電子的複製も認められておりません。

小学館の辞書公式ウェブサイト『ことばのまど』
https://kotobanomado.jp/